王其英 编著

武威金石志

WUWEI
JINSHI ZHI

天津古籍出版社
天津出版傳媒集團

武威市凉州文化研究院文库 02

《武威金石志》編纂委員會

主　　　　編：王其英
副　主　　編：張國才　王守榮
編　　　　著：王其英
成　　　　員：（以姓氏筆畫爲序）
　　　　　　　王蘊瑾　李元輝　周生瑞　皇甫海　柴多茂
　　　　　　　梁繼紅　張長寶　張學瑞　楊文科　楊沛欣
　　　　　　　楊琴琴　賈海鵬　趙大泰　趙勇忠　謝治強

《武威金石志》編纂人員

主　　　　編：王其英

涼州卷

原　主　　編：王其英
原副　主　編：趙以太
原參編參校人員：党壽山　孫壽齡　田志成　梁繼紅　連芝愛
　　　　　　　李忠文　張文生　王　君　程愛民　郭建瑩
資　料　增　補：王其英　梁繼紅　柴多茂　高　輝　劉詩穎
初稿編修及注釋：王其英　柴多茂　梁繼紅　張學瑞　高　輝
編撰審訂統稿：王其英

民勤卷

資料整理及初稿：周生瑞　周飛飛　王其英　梁繼紅
初稿編修及注釋：王其英　柴多茂　周飛飛
編撰 審訂 統稿：王其英

古浪卷

資料整理及初稿：楊文科　王其英　王子璠　梁繼紅
初稿編修及注釋：王其英　楊文科　柴多茂
編撰 審訂 統稿：王其英

天祝卷

資料整理及初稿：皇甫海　王其英　李占忠　程對山
初稿編修及注釋：王其英　柴多茂
編撰 審訂 統稿：王其英

考稽札記卷

編　　　撰：王其英

圖片資料提供：劉　忠　楊文科　周生瑞　周飛飛　李占忠
　　　　　　　涼州區區志辦公室　武威市博物館
校對及編務：楊沛欣　王蘊瑾　張學瑞

序言

序 一

《武威金石志》即將殺青付梓，其英以書稿相示，並邀約爲序。

其英是武威史志工作的佼佼者，長期默默地致力於武威市、涼州區的歷史、文化、古籍的梳理、研究和編纂，成果累累，奉獻多多。二十年前，其英擔任武威市（今涼州區）政府辦公室副主任，一度分管地方史志工作。地方史志工作是專業性很強的一項業務，一般而言，作爲辦公室分管負責人大多也不過就是過問一下，象徵性地表示關心支持，提些要求什麽的。其英卻不然。他不僅認真負責，協調解决相關問題和困難，還不辭辛苦，親身投入研究、編纂工作，尤其是策劃編纂《武威市地方志叢書》，規劃了三十多部，囊括地方政治、經濟、文化和社會各個行業，提出并制定了叢書的體例、行文規範和編纂要求。截至他離任時，已出版（刊印）二十多部，遠遠走在了全省市、縣專業志編纂的前列。由他擔任主編的《武威金石録》以及《武威市城鄉環境保護建設志》《武威市教育志》《武威市廣播電視志》等四部專業志榮獲全省地方史志一等獎。其英真抓實幹、務實嚴謹的工作作風和熱愛史志、勤學篤行的精神，受到省、市地方史志主管部門的高度贊賞。2004年3月，他被甘肅省地方史志編纂委員會評爲全省地方史志先進工作者。當時全省評選表彰了50名先進工作者，都是常年在一綫工作的地方史志人員，其英是唯一的非專業人員，而是縣區的一位分管行政負責人。多年來，他通過直接或間接地關注并參與地方史志工作，逐步深入到武威及涼州地方史志苑之中，并傾力耕耘，辛勤著述。近年來，碩果頻見，又陸續出版了多部關於武威和涼州歷史文化的著作，成爲武威名副其實、造詣深厚的地方文史專家。可以説，較之許多多年甚至終身從事地方史志的工作人員，無論從名氣還是成果而言，他都毫不遜色，甚至有過之而無不及。編史修志是一項十分清苦、辛苦的工作，有些人避之唯恐不及，其英卻懷着對涼州的深厚感情，自願傾情投入，堅韌執着，孜孜不倦，筆耕不輟，爲承傳和弘揚中華民族的優秀傳統和涼州地方文化盡心盡力。我們大家應該向他學習。

"金石"一詞，起源很早。《吕氏春秋·求人篇》説夏禹"功績銘於金石"。

高誘注曰："金，鐘鼎也；石，豐碑也。"傳說大禹鑄九鼎并作鐘鼎書，并在衡山岣嶁峰樹碑記載治水事。古人鑄造鐘鼎樹立碑碣，大抵皆鐫文字，用以頌功、紀事、寓戒。據中國現今出土文物，未發現周及周以前的石刻，而鑄刻在鐘鼎上的銘辭却很多，這種文字稱爲鐘鼎文，也稱金文。比較著名的有三代青銅器毛公鼎，鑄有499個字的銘文，其他三代青銅器如散氏盤、虢季子白盤、大盂鼎等都鑄有較多的文字，記載了當時的社會歷史。代替金文而起的是石刻文。中國現存最早的刻石文字是秦國初期的石鼓文，之後秦始皇時期的泰山、嶧山、會稽、琅琊四大刻石，是現存最早的石刻文書。漢代以來，產生了大量的金石作品，其内容不但記述歷史人物的功績，還有許多歷史和社會史料，形式上除文字外，還有人物、衣冠、車馬、臺閣、卉草、花紋，以至唐代的昭陵六駿等。由於金石作品反映的是當時的社會生活情況，所以它保存了許多史料，具有很高的歷史價值和古代語言文字研究價值，可填補史書之闕遺，同時也具有很高的藝術價值和科學價值。

金石學，是中國優秀傳統文化的組成部分。它是以三代青銅彝器銘文和歷史石刻碑版文字爲研究對象的一門學科，是考古學的前身。但隨着古代文物的大量出土，金屬文物也不限於三代彝器，石刻文物也擴大到相鄰的品種。於是，金石研究的對象愈來愈多，金石學的領域也愈來愈廣，研究的内容也超過了"文字"範圍。大體說來，金石學肇始於宋代歐陽修、趙明誠諸家，至清代乾嘉時最盛。淵藪源流，精深久遠，可上溯至兩漢學官。金石學專作出土古文字的輯録考證，但不必僅限於金石，其中往往藴藏着史籍文獻所不載録的大量寶貴史料，如甲骨、金文、簡牘、碑刻等等，對於研究歷史，可發蒙解疑，補正闕誤，甚至有再造之功，所謂"存史、證史、補史、創史"即是。而以史爲鑒，知古以明今，繼往而開來，又是社會進步的必由之路。故金石學歷來備受當政者與修志治史者的重視。

武威是西北地區的文化"奥區"，中西交通孔道，絲綢之路重鎮，曾是五涼都會，乃古代多民族文化交匯的熔爐和河西的政治、經濟、文化中心，古人留下了厚重的包括金石作品在内的歷史文化遺產，再加上境内寺廟宫觀遍布城鄉，文人墨客所遺詩詞、對聯、匾額不可勝計。雖經歲月侵蝕，記載、保存下來的不多，但彙集起來可也是洋洋大觀。這裏，更有世界藝術瑰寶、中國旅遊標志銅奔馬及銅車馬儀仗俑，世界西夏學的濫觴——西夏碑，中國石窟"涼州模式"鼻祖天梯山石窟，爲西藏地方置於中央政府直接管理奠定基礎的見證地白塔寺及其碑刻，多民族團結統一的遺物高昌王世勳碑、西寧王碑和弘化公主及吐谷渾王室墓碑，曾一度爲北方佛教文化中心的標志鳩摩羅什寺及羅什塔，稀世珍寶武威醫藥簡等漢代簡牘，等等。這些雖以輝煌的地域文化爲其特色，實則是蜚聲中外的國寶級文化遺產，極具歷史、科學、藝術價值，更是彌足珍貴的人文景觀和旅遊資源。

改革開放以來，在全國範圍興起了大規模的修志高潮，爲編纂金石志録提供了難得的機遇。18年前，其英率先編纂出版的《武威金石録》，在省内外產生了積極的影響，爲全省各縣、市、區編纂金石著録起了示範帶頭作用。2007年12月，我曾主持甘肅省地方史志學會在蘭州召開了《甘肅金石録》編纂座談會，甘肅金石著録編纂工作全面啓動。2012年6月，我主持甘肅省地方史志學會在蘭州再次舉行《甘肅金石録》編纂座談會，會議就編纂《甘肅金石録》的重要意義、編纂體例、文字規範及要求、出版印刷等具體問題進行了討論，并形成一致意見，有力地指導和推動了《甘肅金石録》各地分卷的編纂工作。十多年來，全省的金石録編纂工作成績斐然，陸續進入出版階段。

武威王其英君，積二十年之功，在其2001年主編出版的《武威金石録》基礎上，調查鈎沉，新增許多金石著録文獻資料，又將今民勤縣、古浪縣和天祝縣境内的金石作品囊括其中，形成名實相符而又完整的"武威金石"著録。《武威金石志》按現行政區劃分涼州卷、民勤卷、古浪卷、天祝卷，收録各個歷史時期產生和現存的金文、石刻、匾額等。根據編纂體例，除收録傳統金石作品外，增加了"題解""作者簡介""注釋"三部分内容，對方便讀者理解金石内容，加深閱讀觀感，具有積極而重要的作用；又將具有地方特色的"岩畫""匾額"一并納入其中，對疏理保護地方文化遺產更爲有益。特别值得肯定的是，編者將其多年來對武威金石作品的搜集整理、輯佚編修、探索研究所得，輯爲"考稽札記"一卷收録其中，計一百多篇，三十多萬字，對人們正確認識武威金石文化的内涵和外延、聚焦某一專題或課題都具有重要的參考價值，同時也具有研究路徑的指引指導意義。在每卷中，編者按金石類别分類，依時間順序羅列，對每一通金石作品進行校注、考釋和題解，頗盡詳備。在"考稽札記"中，綜合歸納，分類論列，演釋要旨，指門引路。所有這些，對讀者瞭解、認識、研究武威金石及其歷史文化，提供了極大的方便。武威豐富的金石文化，從多方面記載了域内政治、經濟、文化、教育、民族、宗教、軍事、水利、刑訟、風俗和人物等方面的史料，將各個部分彙集起來，成爲《武威金石志》這樣一部包括一百三十多萬字、二百多幅圖片在内的洋洋壯觀的最新研究成果。我初閱《武威金石志》書稿，感到收録齊全，編排科學，考釋準確，表述詳實，既符合規範體例的要求，又結合地方實際，在策劃、立意、編排上甚見功力，是一部不可或缺的金石學專著。

志書的作用，是"資治、教化、存史"。《武威金石志》所收錄的內容雖然僅爲歷代金石的絕大部分，遺漏、錯訛之處在所難免。但《武威金石志》無异是全面再現武威歷史悠久、文化燦爛和重要戰略地位及豐厚人文資源的一部宏篇巨制，一個時代的標志。整理、研究這些金石文獻，對於後人正確認識祖國歷史文化的燦爛多彩，豐富祖國歷史文化遺產寶庫，特別是對凉州歷史文化研究具有極爲重要的價值，也可以説是凉州文化的活水源頭和查證工具。繼承和弘揚優秀傳統文化，是對歷史負責，也是對後人負責。瞭解昨天，才能珍惜今天；認識武威，才能熱愛武威。《武威金石志》的出版，不僅對拓寬凉州文化的研究具有重大作用，也必將對宣傳凉州、推介凉州，進一步提升凉州文化的影響力發揮重大的作用。

《武威金石志》這部宏著的出版，既是其英多年來夙興夜寐、孜孜以求、勤奮治學的結晶，更是他不負韶華、珍重人生、彰顯人生價值的寫照。感謝其英爲武威奉獻了一部彌足珍貴的煌煌宏著，也爲隴上志苑精心培植了一個新的志種。在《武威金石志》行將出版之際，讓我們衷心地爲之點贊祝賀。

是爲序。

張克復

2019 年 8 月 6 日

（作者爲中華詩詞學會副會長，甘肅省人民政府文史研究館館員、甘肅省地方史志學會會長、甘肅省詩詞學會會長，原任甘肅省地方史志辦公室副主任、巡視員）

序 二

其英發來《武威金石志》書稿囑爲序，我於金石純屬外行，至誠難却，勉以應命。

其英是西北師院中文系1981屆（77級）畢業生，爲當代中國教育史上"特殊一代"之一員。這一代人是我國改革開放事業的積極參與者和實踐者，意氣風發，敢闖敢擔當，投身於時代大潮。其英在繁忙政務之暇，關注故鄉文史，琢磨"金石"，勵志修"志"，積數十年而不倦，孜孜矻矻，由外行而專精，成果盈矚，業界贊譽，正是他們人生道路的一個堅實印記！忝爲老師，我對這一代的學生深懷敬愛之情。

武威自西漢建郡，歷二千多年，恒爲隴右雄州，河西首郡，地靈人杰，文物繁富，是我國西北地區金石存量最多的地區之一。昔人云"祁連磅礴擁孤城，文物當年似兩京"（清·張翮），誠非過譽。18年前初讀其英主編的《武威金石錄》，我寫過一篇小文，稱贊該書是"我省進入新世紀之際面世的第一部地區金石史志，不但'開（我省）地縣金石專志的成功先例'（甘肅省博物館原館长初世賓語），也是對武威這個國家歷史文化名城燦爛深厚文化積澱的一次集中的、濃縮的展現……堪稱武威金石文物集大成之力作。它誠然是武威文化界、編纂諸公沉浸濃郁、含英咀華，焚膏繼晷、精勤勞作之成果，更是武威地區生機勃勃、富於創造力的文化精神所孕育。"《武威金石錄》掇取武威數千年文物之精華，秉承先人銘功金石、傳之不朽的創造精神，謹遵知古明今、繼往開來的科學態度，匯成四十多萬字的皇皇巨著，其所集錄的正是一部"銘于金石"的青春不磨、光華永存的武威信史，讓人們在認識武威歷史文化的厚重底蘊的同時，勵志奮發，去鑄造、去鐫刻古城更美好的前景。《武威金石錄》的面世，其歷史價值、其現實意義，不言而喻。同時，拙文中也不避謭陋，向其英提出一些勘誤補缺之管見。不意多年後，在我幾於淡忘此事時，其英忽來電暢敘其郁郁窮年、艱辛求索、增訂前志的情境，乃復見一百三十多萬字《武威金石志》之完稿，面目一新矣！

新"志"較之前"錄"，不僅是内容範圍的擴大和收錄數量的增多，更着力於編纂品質之提升，努力"糾正差錯，彌補缺漏，補充資料，提高原文的準確率和釋文的科學性"，"力求做到追溯有源，考證有據，科學、系統、全面地展現武威金石的歷史文化元素和地域人文景觀"。（《武威金石志》内容提要）愚拙涓滴之冀望，其英乃報以學海洪波，其情其志，浩乎瀚矣！粗略閱覽，誠如所言：《志》中除廣泛收錄今武威市境域各區縣見存或載諸文獻的歷代金石文物，展示原件，移錄文獻，輔以必要的考證、簡明的注解釋讀和作者簡介，書後又特錄"考稽札記卷"，對武威金石中綜合性、專業性、學術性若干重點，作了專題性的探討綜述，既有史實鈎玄提要之介紹，更有個人鑽研所得的體悟，頗有助於讀者閱讀理解，體現了向民眾普及金石文化、宣介地域優秀歷史傳統的良苦用心，既是其英多年徜徉涼州文化長河，孜孜以求、勤勉耕耘的記錄，也堪稱新時代志書體式的某種新創。

誠然，金石之學，浩博精深，探究鐘鼎彝器碑碣石刻，兼及甲骨簡牘瓦當泥封，考辨古今文字變異、歷史生活遷變，涉及考古文物、天文地理、宗教民俗、文學藝術、科學造作等等廣泛的學科領域，加之中華文明歷時之長遠，地域之廣闊，文物累積之繁多，即便某一地區的史志，亦需放眼全國，悉心搜羅，爬羅剔抉，張皇幽眇；其文字點校闡釋，尤需謹嚴不苟，否則難成完璧，這就對修撰史志提出極高要求，同時也是史志工作者畢生追求的崇高目標。今日舉國上下處處皆重修志，自然是個好現象，但也難免出現良莠雜陳之弊，識者所以惕懼戒慎，庶免其疚乎！

子曰：我非生而知之者也，好古，敏而求之者也（《論語·述而》）。其英蓋篤志行此道者矣！百萬多字規模之著錄，不免尚存或此或彼之疏漏、不足，實不可免。有鑒於此，我在祝賀其英大著付梓的同時，更寄望於他賣志前行，積跬步以至千里，日新其事，以達盡美盡善之境界。

胡大浚 己亥秋暮於蘭州

（作者曾任西北師範大學中文系主任、教授，西北師範大學古籍整理研究所所長，甘肅省唐代文學學會會長、全國高校古籍整理研究工作委員會委員）

祁連磅礴擁孤城　文物當年似兩京
——武威金石文化概觀

在人類發展的歷史長河中，中華民族創造了博大精深的華夏文明，留下了光輝燦爛的文化瑰寶，歷史之悠久，內容之豐富，形式之多樣，世所罕見。大約在距今五千年左右，我們的祖先就創造了文字，并把它刻在金石（包括甲骨）上，使中華文化有了真實可信的文字記録，人類也"因文字的發明與它的應用於文獻記録而轉入文明時代"。（恩格斯：《家庭、私有制和國家的起源》）斗轉星移，五千年的文明積累，形成了豐富多彩的中華文化序列。在這個序列中，金石文化璀璨奪目。

金石就是古代鎸刻文字、頌功、紀事的鐘鼎碑碣。金石學是中國考古學的前身。它原本是以夏商周三代青銅彝器銘文和歷史石刻碑版文字爲主要研究對象的一門學科，偏重於著録和考證文字資料，以達到證經補史的目的。但隨着古代文物的大量出土，金石文物也不限於三代彝器，石刻文物也擴大到它們相鄰的品種。於是，金石研究的對象愈來愈多，金石學的領域也愈來愈廣，研究的内容也超過了文字範圍。武威出土的金石作品以石刻爲多，也有不少金文和岩畫、簡牘、匾額等。爲便於人們了解這方面的知識和加深對武威歷史文化的認識，兹將這方面的知識作一簡要介紹。

（一）

"金石"一詞，起源很早。《吕氏春秋·求人篇》説夏禹"功績銘於金石"。高誘注曰："金，鐘鼎也；石，豐碑也。""金"就是金屬，主要是銅器，指有銘文或文字的銅器；"石"主要指有文字的石刻。傳説大禹鑄九鼎并作鐘鼎書，并在衡山岣嶁峰樹碑記載治水事。古人鑄造鐘鼎樹立碑碣，大抵皆鎸文字，用以頌功、紀事、寓戒。據我國現今出土文物，除岩畫外，未發現周及周以前的碑刻，而鑄刻在鐘鼎上的銘辭却很多，這種文字稱爲鐘鼎文，也稱金文。比較著名的三代銅器毛公鼎，鑄有499個字的銘文，其他三代銅器如散氏盤、虢季子白盤、大盂鼎等都鑄有較多的文字，記載了當時的社會歷史。代替金文而起的是石刻文。我國現存最早的刻石文字是秦國早期的石鼓文，之後秦始皇時期的泰山、嶧山、會稽、琅玡等四大刻石，是現存最早的碑版。漢代以來，產生了大量的金石作品，其内容不但記述歷史人物的功績，還有許多歷史和社會史料，形式上除文字外，還有人物、衣冠、車馬、臺閣、卉草、花紋、鳥獸等，以至唐代的昭陵六駿等。由於金石作品反映的是當時的社會生活，所以它保存了許多史料，具有很高的歷史價值和古代語言文字研究價值，同時也具有很高的藝術價值和科學價值，就連唐代武則天的無字碑也如此。

并不是凡刻有文字的石頭都是碑。碑起源很早，傳說堯舜之前就有碑。《說文》："碑……豎石也。"就其作用而言，碑可分爲四種。一是立於宮、廟門前"識日景，引陰陽"，類似於"日晷"，實際上是古代的一種記事鐘。二是宗廟院内拴祭祀牲畜的石柱。三是公卿大夫門前用來系馬的石頭，類似於系馬樁。四是墓碑。墓碑和前述三種碑不同。這種碑原爲大木，後來發展爲一塊大石板，中間上端穿一個圓洞。古人辦葬事，把石板或大木直立於墓穴四角，利用它來扣牢粗大的繩索，慢慢地把棺材放下去。起先，這種墓碑都是無字的，殯儀結束後隨即留在墓穴裏。大約到西漢晚期，人們就用這現成的碑，簡單地刻上墓主的姓名、官位、生卒年月等；再後來就越來越複雜，文字也漸漸多起來，通過樹碑而達到立傳，進而紀功頌德。這塊石板就被稱爲墓碑。陸龜蒙《野廟碑》云："碑者，悲也。古者懸而窆，用木……而又移之以石。"這就簡單地表述了碑的用途及其發展變化。今天辭彙中的"樹碑立傳""口碑""豐碑""銘刻""銘記"即源於此。從此以後，人們稱刻有文字的石板爲碑，不刻文字的反而不算碑了。樹立墓碑之風氣至東漢開始盛行，墓碑成了炫耀身世的重要手段。不僅用文字爲死去的人樹碑，還有繪圖爲馬樹碑的，昭陵六駿就是唐太宗李世民爲他的六匹駿馬刻像樹碑。歷史上不少文章、繪畫、書法等，就是經刻石才流傳下來的。由於碑刻文字的廣泛應用，碑文也逐漸成爲一種文體。

同時，碑的形制也漸趨固定，製作愈來愈精細。一塊碑可以分爲幾部分。碑的上方稱碑額或碑首（碑頭），刻有螭、龍、虎、雀等飾物；下面長方形的一段，即刻碑文的一面稱碑面，或稱碑陽，其背面爲碑陰。碑陰有的刻字，有的沒有，有的原來沒有，後人補刻。碑是一塊石板，或厚或薄，厚的墓碑，其側由於較寬闊，可以用來刻字，也可以刻花紋，稱爲碑側。靠近碑文第一行的側面稱爲右側，靠近碑文末一行的側面稱爲左側。碑的兩側，也常有刻字的，著名的大碑，碑側刻有螭龍花草圖案。早期的碑，碑額和碑面是連在一起的整塊石板，漢碑較小，魏晉以後，愈來愈高大。到了唐代，碑的製作愈加精工，碑額和碑面分用兩塊石板刻成裝配。爲了防止碑石沉陷，常製一塊長方形的平面石板，依照碑的寬度和厚度，刻成一個凹起的槽，將碑嵌入其中，這就是碑座，又稱碑趺。由於碑座常刻成"贔屓"（音 bìxì，據説爲龍生九子之一，因其力大善於負重，以馱石碑爲形象），形似一巨大烏龜，故碑趺又稱龜趺。碑座或龜趺都没有文字。碣是碑的别體，一般碑高於碣，漢代以後碑和碣并稱於世。

一般來説，墓碑因立處各异，亦有不同名稱。立在墓道上的稱爲神道碑，立於墓前的稱爲墓表。墓表一般没有銘（韵文）。安葬逝者時和棺槨一起埋在墓穴内的石頭（或墓碑）稱爲墓志，刻有姓名、世系、事迹等内容，主要是防備陵谷變遷時讓後人辨認。最初的墓志并無定例，發展到後來，墓志一如碑刻。刻在墓志上的文字有稱爲墓志的，也有稱爲墓志銘的，有的還有序。志即記識、記載之意。碑志就是以碑記事，是碑文中的前半部分，一般用散文寫成。銘，又稱辭、頌，原系"銘刻"之意。碑銘是碑文中的韵語部分，用以概括全篇。墓碑文字是適應古代殯葬制度而産生的古代應用文，作爲原始的歷史資料，可補史書闕遺，舉凡官職、世系、地理、風俗、文學、書法、文字等，内容極豐，素爲學術界所重視。除作爲墓葬斷代的確證外，墓志等碑文對於我國文字的演變、書法藝術的研究，也是非常珍貴的材料。至於墓志銘，更不乏佳作，如韓愈《柳子厚墓志銘》、歸有光《寒花葬志》、張溥《五人墓碑記》等，成爲古代散文家精心構思、馳聘文筆的一種文體，流傳不絶。

祠堂是子孫紀念祖先、民衆紀念清官的建築物，寺廟宫觀是信徒和民衆供奉佛祖、菩薩、聖賢、神仙的建築物。在這些建築門前的竪石上刻上文字，記述受祭祀者的道行功績，就稱祠廟碑。在漢魏以前，人們對於碑的觀念，只限於墓碑和祠廟碑兩種，其共同點是都限於紀念過去的人物、現實的和神話傳説中的人物，至於記載其他事物的石刻，一般都不稱爲碑。發展到後來，碑的内涵和外延都發生了變化，大凡重要的建築物、重要的活動、重要的事件以及喜慶、祝賀、開張、竣工等社會生活中的現象都可以立碑紀念。

石刻文字的主體是碑，碑的主體是陵墓碑和祠廟碑。和碑相關的是帖。碑是石刻；拓打其文字（即拓本），或把碑上的文字影摹在絹素或紙本上，以供人們臨寫，就是帖。古代没有照相機和複印掃描技術，唯一的辦法就是影寫。但影摹文字勢必愈來愈失真。因此，有人仿刻碑的辦法，把原迹刻在石頭上。據説唐玄宗曾把《蘭亭序》刻在白玉石上，置於學士院中，打本賜朝臣，於是拓本流傳；清乾隆帝刻《三希堂帖》，於是帖字的意義有了發展。凡是把許多名家的字迹刻在石頭上或木板上的都稱爲帖，比較有名的如《淳化閣帖》《大觀帖》等。之後，碑帖混同，學習書法或臨碑，或臨帖，幾乎都一樣。

除碑以外，摩崖文字、宗教造像、塔銘、經幢也屬於金石。把文字刻在山壁上，這種形式的石刻文字稱爲"摩崖"。摩崖不算碑，但也有稱碑的。摩崖的起源，可上溯到遠古時代的岩畫，但一個是畫，一個是文字。許多名山上都有摩崖，如泰山上歷史摩崖文字累累，氣象雄偉。把佛像刻在山壁上，或用石頭、木頭、金屬等雕成的形象統稱爲造像。石窟中的佛像都是造像。銅造像最早有文字記載的是秦始皇，他銷天下兵器鑄金人十二，立於宫門之前。造像盛於北魏，與北魏皇帝崇佛密切相關。造像有大有小，大的可以占据一座山峰，如四川樂山大佛，小的可以供養於家庭佛堂中。造像大都有銘文，有的書法非常精美。塔銘其實也是墓志。和尚、尼姑死後都用火葬，造一個塔形墓，將其骨灰安放其中，另外刻一塊方形或長方形的志銘，砌在塔的正面，這就是塔銘。這種塔幾乎每一個古寺都有，而以少林寺的塔林爲大觀。經幢是盛行於唐代的佛教石刻。一般形式是一個六角形或八角形的石柱，上有寶蓋，下有蓮花座，樹立在佛殿或山門前、或大道口、或驛亭旁，柱上各面都刻有佛經和其他文字。

除上述以外，秦漢瓦當、古陶、古磚、甲骨、匾額等，只要是有文字和圖畫的都可以歸入金石作品之列。

以上是石刻及其石刻的近類。金屬方面的作品主要有古兵、銅器、古鏡、古錢、符牌、古印等。古代的兵器一般都刻有銘文，記載製造者或使用者的人名，或國名、邑名、軍隊名。說是銅器其實包括金、銀、錫等。古代貴族的日用銅器、裝飾物、陪葬品、兵馬俑等，製作非常精美，或宗教人物，或龍、鳳、虎、龜、麒麟、馬等動物，或花草樹木，或鼎、爐、燈、壺、洗（臉盆）等物。許多銅器上都有銘文，記載器物之重量、製作師工姓名等，甘肅武威出土的銅奔馬及銅車馬儀仗俑上就刻有文字和符號。古代的銅鏡大都鑄有銘文或圖形。古錢也稱古泉。錢，原是一種農具的名稱，其形狀類似鐵鏟，充當原始交易之貨幣，有刀、布、貝錢和鏟形錢等，後取天圓地方之義，製成方孔圓形金屬幣。錢幣作爲歷史文物，不僅是政治、經濟、文化的反映，而且很多具有高超的書法、藝術價值。符牌是作爲發兵、出入宫禁、奉命調動的信物，有虎符、魚符、龜符、銅牌和牙牌等，形狀不一。古印也稱璽、印、寶、鈐、章等，有官印和私印。印章作爲一種實用的信物和政治權力的象徵，起源於春秋，確立於戰國，興盛於秦漢，至明清發展爲兼具欣賞價值的一種文人篆刻藝術。傳說西周時代就有了官印，周天子分封諸侯時鑄銅印，爲做官和行使職權、發號施令的憑證。秦始皇統一中國，鑄玉璽，文字出於李斯之手，後世以玉璽爲皇權的象徵。除銅印外，還有玉印、金印、牙印、木印、泥印（封泥）等，行内有"周印最早""秦璽最寶"之説。

由於金石起源早、種類多、價值高，很早以前就引起專家學者和金石愛好者的垂青，留下了許多記載和研究金石的著述。南朝梁元帝蕭繹的《碑英》120卷，是我國著録碑碣石刻的始創之作。金石學形成於北宋時期，歐陽修是金石學的開創者，其《集古録》和劉敞《先秦古器圖碑》、宋徽宗趙佶《宣和博古圖》、吕大臨《考古圖》、趙明誠《金石録》等都是宋代研究金石的專著。宋代之後，金石著作汗牛充棟。清代學者王鳴盛等人正式提出金石學這一名稱。之後，金石學受乾嘉學派影響，進入鼎盛時期。乾隆年間曾據清宫所藏古物，御纂《西清古鑒》等書，推動了金石研究的復興；其後有《積古齋鐘鼎彝器款識》《捃古録金文》《寰宇訪碑録》《金石萃編》《古泉匯》《金石索》等書，均爲有成就的金石學著作。這一時期研究範圍擴大，鑒别和考釋水平顯著提高。近代以王國維、羅振玉、郭沫若、朱劍心、馬衡最著名，都對金石學作了較全面的總結。宋朝石鼓文的出土和清末甲骨文的發現是金石學的重要里程碑。衆多的學者，通過研究金石上的文字，考證我國文字的始原與演進，修正了許多經史之訛誤，搜訪遺闕，拓寬了歷史學、語言學、考古學、民族學、宗教學、圖書學、地理學和書法、美術、文學等方面研究的領域。

清代武威籍學者張澍就是一名著名的金石學家，他於1804年發現西夏碑，成爲研究西夏學的第一位學者，并著有《大足金石録》《博古圖録》等金石專著，同時在他衆多的著述中收録、輯録了許多碑刻文獻。民國武威名士賈壇酷愛金石，發現、收藏并保護了不少金石。

（二）

中國豐富多彩的金石文化序列中，包含着歷代武威人民的偉大創造。據歷史記載和現有金石作品研究分析，武威歷史上產生過豐富的金石作品，有不少作品極具歷史、科學、藝術價值，在我國金石史上占據重要地位。本書收集的760多通件作品雖然是一個不小的數字，但在武威兩千多年的歷史長河中仍然是微不足道的一部分，其他或遭毁棄、或仍然長眠於地下。

在武威現有的金石作品中，屬於"金"的部分主要是鍑、鐘、鼎、印、鏡、壶、刀、幣、錠、筒和佛教造像、動物等，數量不多，但種類較爲齊全。

最早的一件青銅器當屬經專家初步推斷是秦末漢初匈奴鑄造的大型青銅鍑。在匈奴駐牧之地武威出土的這件青銅器，連同歷史記載的匈奴人用來祭天的銅鑄人像祭天金人，反映出當時匈奴的經濟發展程度和高超的金屬鑄造工藝水平。漢代銅印、銅鏡和涼造新泉，雖然數量較少，仍可反映出武威歷史之悠久及古代經濟、文化繁榮之斑。漢尚方規矩鏡，上面除刻有銘詞和十二地支外，還以纖細流暢的綫條勾勒出8種奇異的飛禽走獸，整個鏡面圖案布局協調，配合相映成趣，頗具藝術價值。雷臺漢墓出土的銅奔馬及銅車馬儀仗俑，其造型精美，設計獨特，寓意深刻，頗具浪漫色彩，是無與倫比的藝術珍品，堪稱我國青銅藝術的巔峰之作。武威長史印、宣威長印、姑臧右尉印、臨松令印等，這類文物雖然數量有限，但具有較高的研究價值。臨松令印爲正方形，邊長2厘米，上有紐，爲拱形，陰刻篆文"臨松令印"四字。據《晉書·地理志》《甘州府志》記載，臨松爲郡、縣名，在今甘肅民樂縣境內。臨松印及前涼霸文刀、後涼麟嘉刀，是研究五涼時期行政建置、官職、武器裝備的珍貴文物。元代銅壺、銅熏鼎，鑄造精美，銘文完整，從一個側面反映了地方官吏與西涼州人民共同參與佛事活動和各民族之間友好相處的社會生活。

古錢也稱古泉。錢，原來是一種農具的名稱，其形狀類似鐵鏟，充當原始交易之貨幣，有刀、布、貝錢和鏟形錢等，後取天圓地方之意，製成圓形方孔金屬印幣。錢幣有鑄幣和紙幣兩大類。在涼州發現的錢幣達15萬枚之多，有漢代半兩、貨泉、五銖；唐代開元通寶、乾元通寶；五代的乾德通寶、漢元通寶；南宋的建炎通寶、紹興通寶；西夏福聖寶錢、天盛元寶等。在武威出土的最珍貴的鑄幣當屬涼造新泉。據專家研究，涼造新泉是前涼時期涼州本土鑄造的錢幣，是當代錢幣界所矚目的罕見錢幣之一，被稱爲中國古代錢幣寶庫中的一顆明珠。目前發現涼造新泉有三種版式。涼造新泉的發現，是研究魏晉十六國時期河西經濟和貨幣流通狀況的實物資料。在涼州出土的西夏錢幣殊爲珍貴，特別是西夏銘刻計量銀錠和西夏文錢。在出土的22件銀錠中，有17件錠面有銘文及戳記符號，填補了西夏使用銀幣有記載而無實物的空白，是研究西夏經濟發展和鑄幣的第一手實物資料。

唐代大雲銅鐘，高2.26米，重約5噸，下鑄6耳，形狀古樸精美，鐘聲宏亮；鐘體圖案分上、中、下三部分，每部分又分6格，分別飾以飛天、天王、力士和鬼族，綫條流暢，神態逼真，突出地表現了雍容華貴、雄奇壯偉、不著一字、盡得風流的冶煉鑄造藝術，是罕見的鑄造藝術珍品，也是涼州平安吉祥的象徵。元代薩班銅造像是西藏統一於中華民族大家庭的歷史見證。

屬於"石"的部分主要有兩類，一類是人類早期的藝術作品岩畫，一類是真正意義上的碑刻及少量的石造像。碑是武威金石中的大族，形式上有碑記、墓志、銘序、墓表、壙志等，從内容看主要有五類。

一是頌功記事碑刻。這類碑刻主要是墓志（神道碑）及功德碑、世勛碑、孝廉碑、烈（貞）女碑等，記載達官顯貴及其家族的歷史、功勛和清官良吏、忠孝節義之士（女）的事迹。本書收録墓志140多通，加上一些功德碑，涵蓋了武威歷史名人中的一大部分。《賈思伯碑》《賈思伯墓志銘》給我們提供了一個值得研究的人物家族。碑載，思伯爲"武威姑臧人"；《北史》《魏書》都有類似記載。據考，武威賈氏源於西漢賈誼，賈誼之後曾爲武威太守，子孫入籍武威，并出過許多名人，如三國賈詡，北朝賈思伯、賈思同兄弟等。武威是賈氏郡望所在，《廣韻》曰："賈姓望出武威。"賈思伯先輩及其後代在山東爲官并寓居壽光，與賈思伯兄弟同時代的中國古代傑出的農學家、《齊民要術》的作者賈思勰爲山東壽光人，清代著名學者張澍認爲"後魏賈思勰疑是思伯、思同兄弟輩"。今山東淄博市齊城農業高新開發區萬畝農業示範園内建有賈思勰紀念館，紀念館一層共分三部分，第一部分主要展出賈思勰及同宗兄弟賈思同、賈思伯的生平要略。這一情況説明，張澍的推測是成立的，武威名人榜上又增一位舉世名人。唐德宗《賜太尉段秀實紀功碑》歌頌了段秀實面對叛賊朱泚的淫威，不畏强暴，英勇就義的英雄氣概，可以説是柳宗元《段太尉逸事狀》的姊妹篇。清《武禹亭碑記》記述了武威籍軍官武禹亭於嘉慶九年（1804）在臺灣的一次海戰中，率部英勇戰鬥，身負17處傷而壯烈殉國的事迹，表現了一位愛國軍人精忠保國、視死如歸的精神。順便補一句，武禹亭是清朝時期在臺灣任職的三位凉州軍人之一，另外兩位是唐希順、趙開府，都有相關碑刻及歷史記載。歷史上武威武將世家衆多，如段韶家族，安氏家族（包括安元壽、李抱玉、李抱真等），契苾何力家族，論弓仁家族，吴允誠家族，達雲家族，楊嘉謨及武威"楊家將"，李栖鳳家族，民勤王氏、馬氏、彭氏家族，古浪毛忠家族、張起鵾家族等；烈士武臣如蘇敬、徐廉、張達、李義、張烈等，文苑精華如陰鏗、李益、余闕、張美如、張澍、李于鍇等，著名清官良吏如祁光宗、武廷適、范仕佳、歐陽永裿、徐思靖、杜振宜、文楠、王賜鈞、陳佳英、鐵珊、張兆衡、康陶然等；史書不載的武威籍名將巨宦姚辯、辇賓、張琮、翟舍集、郭千里等；還有長眠於凉州大地的四位唐朝公主弘化公主、李彩、李季英、武氏，誥命夫人契苾夫人、新息郡夫人、雷太夫人及李益夫人盧氏、令文豪元稹深切懷念的庶岳母段氏、貞烈民女鳳姐、高節婦楊氏，等等。這衆多的歷史名人群像，從武威碑刻中都能領略到他們的功勛業迹和精神風采。另外，武威的一些漢族姓氏和由少數民族姓氏演變而來的單、帖、鐵、妥、朵、脫、火、魯、論、若干（苟）、毛等姓氏，還有對絲綢之路產生重要影響的西域粟特商胡"昭武九姓"之康、安、曹、石、史、翟姓等，大都可以從武威碑刻中找到源頭來歷之綫索。從武威現存的碑刻和碑刻文獻中，展現了武威從古到今，人才濟濟，地靈人杰的歷史面貌，真可謂，武威英華輩出，石碑爲證！

二是寺廟宮觀碑刻。這類碑刻一般立於寺、廟、宮、觀、祠堂、壇臺等處。武威寺廟宮觀衆多，大凡規模較大者都有碑刻，記載其肇建、重建、修繕等歷史演變過程，這對研究祠廟和宗教歷史文化及社會背景具有重要價值。刻於明宣德年間的《重修涼州百塔寺志》《建塔記》，記載了涼州白塔寺及發生在公元13世紀的"涼州會談"情況，向世人昭示了西藏成爲中華民族大家庭一員的重要歷史。武威文廟究竟建於何時，目前通行的說法是建於明朝正統年間（1436—1449），主要依據是立於明成化六年（1470）的《重修涼州衛儒學記》碑。但根據《重修武威文廟碑記》（1938）和《重修文廟創建廟產碑記》（1949）等記載，文廟始建年代應在前涼或西夏。此二碑雖然創制時間較晚，但確屬根據有關記載和"父老傳聞"及文廟的"規模宏大，氣象雄壯"的情形確定其"非府縣文廟所及"，可謂言之鑿鑿。如把文廟的肇建年代確定爲前涼，則提前了1000多年；如確定爲西夏，則提前了約400年。根據全國現存文廟的情況考察，武威文廟確實具有國家級文廟的規制，推測其始建於前涼或西夏是有充分根據的。唐代的《涼州御山瑞像因緣記》碑，記述了一個極富傳奇色彩的佛教故事，對研究北魏高僧劉薩訶的行迹和解說敦煌莫高窟的一些壁畫、塑像提供了實物資料，歷來爲敦煌研究者所重視。《海藏寺藏經閣記》碑，記述了清朝雍正年間（1723—1735）海藏寺主持際善法師，不畏艱險，歷時8年，東行求經的動人事迹。正是這一壯舉，使朝廷欽賜海藏寺明版三藏真經6820卷，加上明英宗頒賜羅什寺漢文版大藏經1套共4000多卷，使武威成爲全國屈指可數的館藏明版藏經最多的地區之一。刻於明天啓二年（1622）的《增修大雲寺碑記》，記載了日本僧人志滿遊歷涼州，於洪武十六年（1383）開始募化增修大雲寺的一段歷史，成爲中日佛教文化交流史上的佳話。

佛教在涼州的傳播應早於中原。《羅什寺碑》說"涼地建塔，始自於秦"。十六國時期，武威一度爲北中國佛教中心，高僧法師輩出，譯經成就顯著。明清時期，寺廟遍布城鄉，特別是敕建寺院較多，如清應寺、大雲寺、羅什寺、白塔寺、海藏寺、上應寺（蓮花山）、金塔寺、廣善寺（天梯山石窟）、安國寺、福壽寺等。這些寺院規模宏大，高僧雲集，多爲河西乃至西北名刹，且集中了許多著名的寺廟碑刻。同時，在這些寺廟的創建與重建、修繕當中，湧現出一批名垂後世的官員和縉紳，他們鍾愛并守護涼州名勝古迹及金石碑刻的不世情懷令後人尊敬有加。除儒、佛、道之外，武威是河西天主教、基督教、伊斯蘭教傳播較早的地區，祆教、景教、摩尼教、薩滿教等古老宗教在涼州也有很深的足迹，唐代涼州的祆神祠規模較大，武威康氏、安氏、史氏曾爲祆教薩保。因之，也保存了這方面的一些碑刻。參閱考稽札記卷之"寺廟春秋"部分。

三是少數民族碑刻。武威是少數民族活動的重要地區，少數民族政權統治時間較長，是真正意義上的民族融合的大熔爐，保存了較多且在金石史上占有重要地位的少數民族碑刻。弘化公主暨慕容氏王室的 10 通墓志，爲研究唐王朝的民族政策、民族關係和吐谷渾民族的歷史、家族世系、民族融合等提供了寶貴的資料。元朝大學士虞集撰寫的《高昌王世勛碑》和元朝名臣危素撰寫的《西寧王碑》，一面爲漢文，一面爲回鶻文，敘述了回鶻（維吾爾族的前身）人的起源和變遷，史料價值極高，是研究高昌回鶻歷史、語言及高昌王、西寧王家世的珍貴資料。《重修護國寺感通塔碑銘》，是目前中外學者研究西夏文字和西夏歷史文化最完整、最系統、最重要的實物資料，内容極爲豐富，有反映社會經濟和階級關係方面的内容，也有反映官職、民族關係、佛教盛況方面的内容，同時還記載了一次歷史文獻所沒有記載的大地震，尤其對西夏語言文字的研究堪稱"活字典"，在中外學術界影響頗大。隋唐時期的《姚辯墓志》《安伽墓志》《康阿達墓志》《論弓仁碑》《史思禮墓志》《安元壽墓志》《李抱真墓志》《李元諒墓志》《契苾明碑》《翟公墓志》《若干元墓志》，元代的《孫都思氏世勛碑》，明代的《恭順伯吳公神道碑》等，記載了武威衆多的少數民族俊彦的來歷及其功業仕宦，對研究民族遷徙、民族融和、民族文化、宗教信仰及婚姻關係、姓氏演變等極具歷史價值。參閱考稽札記卷相關部分。

四是社會生活碑刻。這類碑刻主要有水利碑、祭田（水、龍）碑、簡史碑、書院碑、田産碑、廟産碑、紳民碑等，反映社會生活的各個方面。水是生命賴以生存和經濟社會發展的基礎，歷來備受重視。大量的水利碑刻記載了武威的水利沿革、祭水、分水、水系、水利資産、興修水利、水事訴訟與調解判案等方面的内容，對今天的勘界、水資源普查、水文氣象研究、矛盾糾紛調處具有重要的參考利用價值。清歐陽永裪撰寫的《敦節儉條約》碑，娓娓道來，事實清楚明白，説理樸實無華，字字句句都在警示人們反對奢侈，提倡節儉，特别是"喪祭之費用宜節也""嫁娶之費用宜減也""酬酢之饌飲宜簡也"的大聲疾呼，在今天仍具有重要的教育警示作用。《大清中堂憲節捐資養羊濟貧碑記》《甘肅布政使徐杞為請免柳林湖等地屯戶借欠錢糧事奏摺》等幾通反映扶貧、減負和為民請命的碑刻，對今天的精准扶貧、減負惠民和保護農民利益具有積極的意義。《建置書院碑記》《創設古浪龍山書院碑記》和創建興文社助學、送學的許多碑刻，記載了地方縉紳士庶為了實現莘莘學子的青雲夢想，慷慨解囊，創建書院、修建學官、籌設公益基金、議定垂久章程，在很大程度上減輕了廣大學子赴省上京參考的費用負擔，這種代表民間公益精神的民族優秀傳統，是當代中國公益文化自信的固有基因。《涼州衛忠節祠記》《重修節義祠碑記》等專祠創建碑刻，在當前踐行社會主義核心價值觀，崇尚鄉賢文化的新形勢下，對管窺古代社會的道德建設和鄉賢文化建設，重新審視、發掘和研究鄉賢文化傳承有着重要的現實意義。《旌表席氏九世同居碑》所傳遞的和睦相處、孝友親情的價值觀，是傳統文化中歷久彌新、永貫古今的道德準則。武威自古重視醫學，歷史上名醫、名藥、醫藥名著代不乏人，《修建三皇廟記》等5通醫藥、健康、名醫碑刻，昭示着武威醫藥文化的博大精深。《賈公（溫）墓志》中關於唐代神策軍經商、角逐於長安東西兩市、共同與民爭利的信息，開軍人經商之先河，對研究唐代禁軍的經濟活動具有重要價值。《韓祖廟碑文》《昌松瑞石碑》所記載的奇異故事，在對神靈的敬畏中蘊含着豐富的社會學意義。

五是當代紀念性碑刻。主要有奠基碑、建廠（校）碑、創業碑、共建碑、紀念碑、烈士碑等，有新建、重建、落成等，大同小异，從不同方面表達歌功頌德、祝賀紀念之意，同第一種基本類似，但不同之處在於此類碑刻從不同側面反映了中華人民共和國成立以來，武威人民在中國共產黨和人民政府的領導下，戰天鬥地、艱苦創業的英雄業績，一掃舊碑刻之文風，抒當家做主之情懷，比較真實地反映了武威半個多世紀的歷史進程和巨大變化。另外還有一些寄寓理想、教育教化等內容的碑刻，如騰飛碑、勸戒碑等，還有一些地名碑、界碑、里程碑等，是當代社會重視教育、崇尚法制的反映。民勤縣以金石為載體，將許多重要文獻和已佚碑刻或鑄於鐘體，或重新刻碑，使之承傳久遠。

六是岩畫、造像和匾額。岩畫被人們譽為"美術世界的活化石"，是遠古先民在岩石上通過磨刻和塗畫，來描繪、記錄他們的生產方式、生活內容及其想像和願望，展現了遠古時代的社會生活情形。這類作品雖然存量不多，歷史年代不詳，但它為武威增加了一種重要的石刻文化類型，具有極高的研究價值。涼州區西營鎮甘泉溝石馬踢戰岩畫，在約4平方米的岩石上，畫有一牛二鹿三馬和數羊；松樹鎮蓮花山岩畫，按圖形爲動物和太陽；蓮花山獸紋石渾然天成，似一只猛虎卧於山坡，傳說漢飛將軍李廣在一次打獵中，誤把此石當作猛虎，一箭勁射，連羽入石，故史書有"李廣疑石爲虎，射之没羽"的記載。因刻有狼、鹿、牛、羊、馬諸形，故名獸紋石，極具藝術價值。古浪縣大靖鎮昭子山岩畫，分布於長約 30 米，高約 10 米的黑色石壁上，面積約 4 平方米，有羊、狗、人面等圖案，藴含着太陽崇拜、動物圖騰崇拜、巫神崇拜、山石崇拜等内容，也有反映太陽變化及氣候、生態環境方面的内容。武威岩畫中的各種圖像，構成了文字發明以前，河西先民最早的"文獻"，不僅涉及原始先民的經濟和社會生活，同時也是他們的精神産品，以原始的藝術語言再現了當時的社會生活。爲數不多的岩畫，既填補了武威岩畫的空白，也反映了石器時代的武威先民生活，是研究原始社會生活和原始宗教活動的重要實物資料。

把佛像刻在山壁上，或用玉、石、木、金屬等雕成的形象統稱爲造像。造像有大有小，大小殊異。目前在武威境内發現的造像種類，數量雖然不多，但也展現了古涼州金石文化的豐富多彩。雜木寺石崖造像、古城石佛造像、廣善寺石佛造像（天梯寺大佛）、高興寺釋迦牟尼石造像、北涼石塔、天尊石造像等，雖年代久遠，但無不展現了當時雕刻的高超技藝。大河驛釋迦佛銅造像、銅佛寺薩班造像、接引寺銅佛像、慶豐寺銅造像、白衣菩薩銅像等，形象逼真傳神，尤以明萬曆年間鑄造的較多，鑄造技藝高超，具有很高的藝術價值，而薩班造像民族、宗教特徵突出，兼具政治、藝術價值。

匾額是集文學、書法、篆刻和工藝美術於一體的藝苑奇葩，是中華民族及漢字文化傳統國家（地區）獨有的藝術瑰寶，歷來爲廣大人民群衆所喜聞樂見。匾額一般懸挂或鑲嵌於名山勝景、寺觀官殿、廳堂牌坊、亭臺樓閣、庭院宅第、店鋪館舍等建築之上，與整個建築渾然一體，交相輝映，起着渲染主題、顯示地位、烘托氣氛、畫龍點睛的重要作用，《水滸傳》中的"聚義廳"匾或"忠義堂"匾，皇帝御座上懸的"正大光明"匾，地方官署衙門上懸的"明鏡高懸"匾，就是這方面的典型。武威匾額遺存豐富，其中不乏大家之作，有的被收入《中華名匾》一書。中國近現代史上著名人物如林則徐、左宗棠、牛鑒、于右仁、張大千等均有墨寶留存，但今天多已無處尋覓；原中共中央總書記、國家主席江澤民爲武威題寫的"銀武威"匾，當代名家趙樸初先生爲文廟題寫的"頂禮文宗"匾都是不可多得的匾中珍品。武威匾額在民國年間保存最多者當數武威文廟和涼州陝西會館，據説分别不下 300 塊，若保存至今，可建造兩處琳琅滿目的匾額博物館。我們今天看到的匾額除其他零星分布和近人題刻之外，主要是文昌宮桂籍殿幸存的數十塊匾額。這些匾額鐫刻年代較早，書法造詣精湛，如贊頌武威人文薈萃、文風鼎盛的"書城不夜"匾，重視并強調精神文明建設的"文明以正""文明長晝""天下文明""文教開宗""人文化成"匾，寓意聚精會神、弘揚正氣的"聚精揚紀"匾；注重道德修養、以德治國的"德盛化神""帝德廣運"匾等。古浪縣的名勝古迹和寺廟裏，保存、新鐫了不少匾額，大多爲當代名人題寫，各具特色。書中收錄的匾額，雖然所選範圍和數量有限，但作爲與武威金石、古迹相輔相成的文化遺產，是武威人民優秀文化傳統的藝術結晶，可以讓讀者和文物愛好者對武威的金石、古迹等文化遺產有一個比較完整的瞭解和印象，同時供人們在創作、研究、遊覽時有所借鑒、有所欣賞、有所啓發，或從中受到一種藝術陶冶，以豐富其精神文化生活。

"武威莫道是邊城，文物前賢起後生。不見古來盛名下，先於李益有陰鏗"（清·許蓀荃）。武威歷史悠久，名人輩出，文化源遠流長，加上土沃物繁，人煙撲地，寺廟宮觀、名宅府第眾多，更有絲綢之路重鎮、中西交通孔道的地理位置，不乏達官顯貴與名人賢士，留傳的金石翰墨自是不少，能够保留下來的雖是百花之一瓣，但彙集起來亦可謂洋洋大觀，猶如清代武威籍詩人張翽所言："祁連磅礴擁孤城，文物當年似兩京。"縱觀武威金石，從數量而言，蔚爲大觀，是西北地區金石存量最多的地區之一，如果把它們集中到一起，就是一個規模宏大的碑林或金石博物館；從形式而言，名目繁多，我國現存碑刻中的各種形式幾乎無所不有；從歷史、科學、藝術價值而言，珍品眾多，不少作品是我國金石中的姣姣者，如前述匈奴鑄造的大型青銅鍑、漢代銅奔馬及銅車馬儀仗俑、西夏碑、高昌王世勛碑、西寧王碑等；從內容而言，比較客觀真實地反映了武威數千年的歷史，反映了遠古先民到當代武威人民戰天鬥地、認識自然、改造自然、建設美好家園的生活。一句話，武威金石，是一部濃縮的武威歷史，是武威人民的偉大創造和智慧結晶。

（三）

武威，亦名姑臧，又稱涼州。漢武帝元狩二年（前121年）前，先後爲戎羌、月氏、烏孫、匈奴等民族統治。這些古老的民族，是河西地區最早的開發者和建設者。漢武帝收復河西并置河西四郡之後，漢民族逐漸西遷并成爲河西的主體民族。河西在中原政權的的統治和影響下，雖然在一度時期曾被漢民族以外的民族所統治，但中原文化傳統根深蒂固。魏晉南北朝時期，武威曾爲涼州駐所，又是前涼、後涼、南涼、北涼首都，可謂河西首府、四涼古都，歷史上有過相當時期的繁榮，"遠游武威郡，遥望姑臧城。車馬相交錯，歌吹日縱橫。"（温子升《涼州樂歌》）就是對當時武威繁榮景象的形象描述。不僅如此，在城市規模和建築類型上也處處體現出王都的特色，遺存的文物古迹不僅數量衆多，而且價值不菲，非一般城市所能相比。隋唐時期，社會經濟高度發達，武威分別爲涼州都督府（總管府）、河西節度使駐地，成爲長安以西最大、最繁華的城市，王維、高適、岑參等許多文學家、藝術家把涼州作爲重點描寫的對象和創作的源頭之一，涼州曲（詞、行、歌）、西涼樂舞、西涼伎（獅子舞）、霓裳羽衣舞等著名藝術作品在這裏誕生。據統計，僅以《涼州詞》命名或以涼州爲背景的唐詩就有100多首，而且佳作頗多，至今傳唱不衰。詩中對邊城衆多繁榮景象和自然景物的描寫有着一定的歷史依據和客觀真實，"大漠孤烟直，長河落日圓。""吾聞昔日西涼州，人烟撲地桑柘稠。""涼州七城（里）十萬家""葡萄美酒夜光杯""唯有涼州歌舞曲，流傳天下樂閑人"……以及後來的"市廛人語殊方雜，道路車聲百貨稠。""武威莫道是邊城，文物前賢起後生。""塞北江南稱此地""武威大邑古涼州""雄心一片在西涼""高調依然在五涼"等名句至今有着旺盛的生命力。五代之後，北方少數民族崛起，多國鼎立，陸上絲綢之路中斷，武威的地位雖有所下降，但歷史文化傳統始終傳承不輟。

現代武威城的規模（指舊城改造前），基本上是明代奠定的基礎，大小城樓較多，主要是由於當時來自北方蒙元殘餘勢力的頻繁入侵搔擾，側重於軍事防衛，政治、經濟、文化功能相對淡化，趕不上四涼政權和隋唐時期。盡管如此，仍然保存了許多過去的優勢，城市布局嚴謹，名勝古迹衆多，寺廟宫觀遍布，有些建築之宏大精美在河西地區首屈一指。武威經歷了慘絶人寰的1927年大地震和之後的多次天灾人禍，史料記載中的古迹大多不存，但從僅存的城市布局和名勝古迹仍可窺見當年的繁華與嚴整，從中體現出它的興衰和發展變化。

武威寺廟宫觀數量之多可以平均到每村一座以上。這是廣大人民祭祀祖宗和進行宗教活動的重要場所，既反映了宗教活動的自由普及，同時也是統治階級利用神權統治人民的重要載體，而作爲精神文化和物質文化結晶的建築，却無不體現出勞動人民的智慧，反映着他們的理想和祈求，蘊含着豐富的文化價值。被稱爲"隴右學宫之冠"的武威文廟，規模之宏大、布局之謹嚴、建築之精美在西北地區都是僅見的。在中國古代的祠廟宫殿中，文廟（孔廟）是僅次於故宫皇城的崇高殿堂；在地方城市建築中，文廟也是最宏偉的建築之一。武威文廟當屬此例。文廟儒學院（涼州府學）和各縣書院，培養了一大批武威士子。據不完全統計，僅清代就有文武進士67名、文武舉人705名，秀才以下不計其數，其中不乏著名學者、文學家、教育家、書畫藝術家和達官顯貴，在武威文廟和其他寺廟、古迹中保存了衆多名人的碑刻、匾額、楹聯等作品。文昌宫、魁星閣、武廟、關公廟、三官廟、雷臺觀、東岳臺等道教建築分布城鄉，還有社稷壇、先農壇、神祇壇、文壇、厲壇及尹夫人臺（亦稱寶融臺、皇娘娘臺、劉林臺）、狄臺等祭祀性建築和紀念性建築，成爲人們宗教活動的重要場所。

　　武威是佛教文化東漸的重要地區，佛教寺院較多，大雲寺、清應寺、羅什寺、安國寺、天梯寺等聞名中外，象徵佛教四大部洲（以武威城爲中心）的白塔寺、金塔寺、蓮花寺、海藏寺形成武威藏傳佛教體系，其影響遠遠超出了武威和涼州。武威名僧輩出，聲名遠播。鳩摩羅什、浮陀跋摩、曇無讖、玄高、劉薩訶、唐三藏、薩班、八思巴等一批高僧在此駐足客居，或弘揚佛法，或譯經講學，或通過宗教活動實現政治目的，同時在涼州完成了許多佛經的原創性翻譯。涼州佛教陣容强大，竺佛念、慧嵩、道朗、道泰、智嚴、寶雲、章嘉三世、土觀三世等一批涼州高僧崛起，他們或西行西域、印度學法求經，或東下長安、洛陽，南下建康（南京）、廣州講經譯經，傳播佛法，爲佛教文化和中外文化交流孜孜以求；涼州僧人曇曜更是在主持開鑿天梯山石窟之後，東下大同，主持開鑿了雲岡石窟，并爲後來龍門石窟的開鑿提供了技術力量，創立了世界石窟史上著名的"涼州模式"，爲中國美術史、石窟史、佛教史寫下了光輝的一頁。武威一度成爲我國北方佛教文化中心絕不是偶然的，這是與一大批佛教文化名人開壇講經、翻譯著述、興建寺塔、開鑿佛窟等辛勤努力是分不開的，也是由武威安定的政治社會環境和良好的人文環境造就的，且對中外文化交流産生過重大而深遠的影響。隨着中外文化交流的廣泛，天主教、基督教、伊斯蘭教在武威落户，有些西方傳教士客死武威并立碑紀念。

　　武威作爲四涼古都和州府駐地，加上氣候、地理、風水等原因，名人墓葬較多，著名的有雷台漢墓、前涼王張氏墓葬群、弘化公主及吐谷渾王族墓葬群、西寧王墓葬、高昌王墓葬、毛忠墓葬、張俊哲墓葬、李闕王家族墓、紅軍西路軍墓葬等，還有著名的磨嘴子、旱灘坡、王景寨、五壩山等衆多的墓葬群，出土了許多國寶級和國家一級文物。武威現存的古建築、古墓群、石窟寺、石刻、青銅器等，是歷史上衆多文物古迹中僅存的一小部分，但它仍然是武威歷史文化繁榮厚重的縮影和象徵，既是地域歷史文化的豐厚積澱，也是武威金石文化的重要載體，具有重要的歷史、藝術、科學價值和旅遊文化價值。

（四）

　　以上對金石文化的一些基本知識、武威金石的主要内容及其金石文化的載體作了簡要介紹；書中的"考稽札記卷"，重點對武威金石的一些綜合性、專業性、學術性課題進行了簡要的綜述或初步的探討，既有史實鈎玄提要的知識介紹，也有個人研習的心得體悟，將學術性和知識性、可讀性融爲一體，對讀者進一步了解武威金石文化的内涵和外延、聚焦某一專題或課題都具有一定的參考意義。整理古代歷史文化遺産，是弘揚民族優秀文化、提高民族自信心的重要條件。中華民族的歷史是地域史、民族史的綜合，應該屬於各代、各族、各地人民。熱愛祖國、熱愛家鄉、熱愛民族，懷念祖先、孝敬父母、慎終追遠，是人之常情，人皆有之；人人都有權利整理、挖掘、繼承民族歷史和地域文化遺産，都有權利和責任去學習、研究、發現以至提出新的見解和詮釋。歷史長河，代代相繼！

　　武威在幾千年的歷史長河中，民族種類較多，王朝更替頻繁，各民族政治、經濟、文化和地理、語言、宗教、民俗、社會生活各不相同，彼此在争奪與交流中，曾演出過一幕幕威武雄壯的歷史話劇，終以各民族文化的交匯融合和中原文化傳統的傳承而延續。在此過程中，文化傳統源遠流長，學術研究歷代不輟，涼州士子聞名天下。三國時賈詡爲孫武、吴起兵法作注。五涼時一批學者、高僧雲集涼州，著書立説，譯經講學，爲涼州贏得了"多士"的美稱。北魏時一批涼州學者經邦論道，成爲當時思想文化和制度建設的中堅；陰仲達、段承根爲名臣崔浩所重，薦爲著作郎，參修國史。隋唐時的涼州更是學術文化的薈萃之地，是邊塞詩和涼州樂舞的源頭所在。元代武威籍學者余闕曾參修宋、遼、金三史，并爲五經傳作注。清初張宗孟潛心研究天文、數學和易經，尤其是乾嘉之後，伴隨着考據學的盛行，涌現出了像張澍、張珌美、張美如、潘挹奎、李銘漢、李于鍇等一批有影響的學人，對經學、史學、金石、文學、書畫和地方文獻整理挖掘貢獻頗大。特别是張澍，在地方史志學方面的成就屬當時的一流水平，"姓氏五書"是國内系統研究姓氏學、民族學的絶學；金石學方面發現了西夏碑等重要碑刻，是西夏學的發軔之人，由此武威也成爲西夏學的誕生之地；同時他還考證出武威安氏從宋代以來在鐫字刻碑方面的重要貢獻；他是敦煌學的先驅之一，輯佚成就影響到魯迅，整個學術貢獻受到張之洞、梁啓超、向達等名人的肯定。清代涼州高僧章嘉三世活佛、土觀三世活佛知識淵博，著作丰富，不僅是舉世聞名的佛教大德，也是著名的大学者。近人李鼎超、李鼎文兄弟對家鄉歷史文化研究不遺餘力，著述頗豐；還有一批如聶守仁、梁新民、党壽山、馮天民、孫壽齡、楊常青、朱應昌、喬高才讓、李玉壽、宋振林、徐兆壽、陳開紅、李林山、李學輝、黎大祥、王繼中、李占忠、李發玉等爲涼州文化而盡心竭力者。雖然涼州文化博大精深，但也造成了不少歷史人物、事件在史籍中的空白和訛誤，給後人的研究與傳播帶來了不便和困難。保護、探究自己家鄉的歷史是邑人應盡的責任和義務。爲家鄉——中國歷史文化名城武威做上一些必要的注腳，盡上一份綿薄之力，尤其在國家提出"一帶一路"倡議和大力弘揚中華優秀傳統文化的今天，讓世人進一步認識武威的歷史和現狀，就是我們進行這一工作的企冀和目的。

《武威金石志》的編纂，開始於1998年，以當時的武威市（今涼州區）爲行政單元，人員方面除趙以太先生以外，蓮芝愛、李忠文諸君都是兼職人員，且以老同志爲主，大都沒有受過系統的歷史科學特別是金石學的訓練，使用的資料基本都由自己積累和文博部門及相關單位提供，可資參考的書籍資料奇缺，許多問題索解無門，只好留待後證，以疑存疑。2001年8月，《武威金石錄》正式出版，在當時的武威文史界引起較大反響。但因爲它是一部不成熟的資料彙編，確實存在着不少缺憾。當時，一些有識之士也曾建議加上金石背景材料和作者簡介、注釋等，但由於多方面的原因，難以做到"大而全"。金石之學，涉及面極廣，學問淵博精深，時長，難度很大，要求很高，雖然素抱敬畏之心，如履薄冰，不敢輕易涉足。說來好笑，我和我的團隊對金石之學本是外行，且都不是專業工作者，進入此門，純屬偶然。但我們知道，在自然和人爲下，碑刻文字每時每刻都在風化、剝蝕、脫落，整理編輯地方金石文獻刻不容緩，決不能使這一工作因多種顧慮而半途而廢，甚至流產而抱恨終身。當時，趙以太先生曾一再提醒我儘早牽頭爲之，《武威金石錄》就是在他的一再攛掇下搞出來的。編纂金石志書確實是一個很好的課題，整理古籍，意義重大，但只好等待時機，另尋出路。

機會終於來了！2007年12月，在著名學者張克復先生的倡導和主持下，甘肅省地方史志學會、省新聞出版局、省文化出版社在蘭州召開《甘肅金石錄》編纂座談會，編纂工作全面啓動；2012年6月，由甘肅省地方史志學會牽頭，在蘭州再次舉行《甘肅金石錄》編纂座談會，會議就編纂該書的重要意義、編纂體例、文字規範及要求、出版印刷等具體問題進行了討論，并形成一致意見，有力地指導和推動了《甘肅金石錄》各地分卷的編纂工作。之後，我們在《武威金石錄》的基礎上，以今天武威市行政區劃增加民勤、古浪、天祝三縣內容，并繼續增補涼州區內容，新增題解、作者介紹、注釋三部分內容，進一步規範了編纂體例。另外，還撰寫了一百多篇、三十多萬字的"考稽札記"，從不同角度或綜述或分述、或簡或繁，探討了許多有關武威金石的專題，以幫助讀者閱讀理解其内容，冀求向社會普及金石文化、宣介地域優秀歷史文化傳統之目的，也算是對新時代金石志書體式的一種探索。在此過程中，金石文獻的移錄、校勘、標點、作注，都是絲毫不能馬虎的細緻活。此時此刻，備感學問之淺薄，工具書之重要（基層最缺乏就是工具書）。爲保證全書的科學性、學術性、知識性和可讀性相統一，我們在不斷增補新材料、悉心編校審訂的基礎上，把糾正差錯、彌補缺漏、提高原文的準確率和釋文的科學性作爲最高追求，認真分析，仔細推敲，孜孜以求，探微索隱，力求做到追溯有源，考證有據，信實爲本，以科學、系統、全面地展現武威金石的歷史文化元素和地域人文景觀，盡可能把它做得完善完美一些，爭取以更好的品質呈獻於社會和廣大文史工作者。

爲了與2001出版的《武威金石錄》相區別，擬名爲《武威金石志》，一字之差，内容、體例殊异，其中的艱辛甘苦更是不同尋常。作爲一部展現武威歷史文化的資料長編，能做到這個份上，拿出這個成果，實屬不易，盡管有許多不盡人意之處，但它對於保存武威歷史文獻，在給後世研究者提供參考資料方面仍有不可或缺的重要價值。遺憾的是受經費、人員、時間和精力所限，對許多出土、存放金石之地（館）未進行全面系統的考察，對有些明知存在問題的地方亦未進行深入索解，只好如此而已。我們的工作一定還有許多不足，書中肯定還有不少錯訛和疏漏之處，期望得到專家學者和讀者的批評指正，期望今後有武威金石志補正（證）、補錄、補闕等問世。最後衷心感謝爲本書的編纂和出版付出心血、提供多方面指導、支持、幫助的各位師友、領導、專家和同志們！

王其英

2020年1月於涼州

凡 例

一、本書按照"存真、求實、慎改、標注"的原則，以保持原文、原意爲宗旨。結構按照現行行政區域分卷編輯，因數量多寡不同，分類不求劃一；另置"考稽札記卷"於行政區域分卷之後。收錄時間无上限，下迄2019年底。

二、本書收錄內容的基本原則是，凡出土（發現）於武威，或有文獻記載的武威金石資料，全部收錄；籍貫爲武威人却不在武威出土的具有重要價值的碑志，盡量收錄；在武威做官任職的名宦而碑志出土於武威以外地方的，精選收錄；當代碑志，只收錄部分具有代表性的。

三、標點、斷句按《常用標點符號用法簡表》進行；爲維持原文，并保持全書用字一致，故一律采用規範繁體字；爲方便今人閱覽，采用橫排版式。

四、對原文中的异體字或不規範用字，直接用規範繁體字糾正；對原文中的訛、脱、衍、倒、缺文字，根據能夠比照的權威資料進行改正、增删；對重要訛誤，進行説明；對缺損字而無法補遺的，則用"□"或"……"號標示。

五、爲防止混淆，凡金石原文與其他説明性文字以不同的字體相區别。

六、對每則金石篇目進行題解，説明其鎸立年代、形制、尺寸、文字出處、流轉過程、存藏地點、保存現狀等，概述主要内容和大意。對金石文字中比較陌生的歷史地名、人物、事件、帝王年號、生僻字詞、掌故習俗及帶有民族歧視的文句、容易引起歧義的字詞等，作簡明扼要的注釋（注音）；凡文字或意思尚不能確定的不作注。注釋用"①②……"標號，采用文末注；同一人物出現在不同篇目時，或用"參見＊文"表明，或根據金石内容强調其某一方面。對金石篇目的作者，包括撰文、書丹、篆額者進行簡介，一些無名或難以查找的作者用"作者不詳"表明，不主觀臆斷。對以上情況，一般不做考證。

七、限於篇幅，照片只收錄部分文字清楚、形制完整的代表性作品。

八、清朝以前用舊紀年，夾注公元紀年；民國以後用公元紀年，必要時夾注舊紀年。保留原文中的度量單位、數字。

目　錄

凉州卷

第一編　岩　畫

蓮花山岩畫
(一) 獸文石（0004）　(二) 太陽與石狼（0004）　(三) 獵人與獵犬（0005）
甘泉溝岩畫
(一) 石馬踢戰（0005）　(二) 牧馬圖（0006）　(三) 怪獸（0006）　(四) 虎形圖（0006）

第二編　金　文

漢　朝
青銅鍑及刻字石頭（0007）　祭天金人（0008）　武威長史印（0008）　宣威長印（0009）　姑臧右尉印（0009）　漢黃羊鏡（0009）　一刀平五千（0010）　貨泉（0010）　(漢) 五銖（0011）　尚方規矩鏡（0011）　雷臺漢墓銅器銘（0012）　長宜子孫連弧紋銅鏡 (一)（0013）　長宜子孫連弧紋銅鏡 (二)（0013）　位至三公雙夔銅鏡（0013）　君宜高位連弧紋銅鏡（0014）　長宜子孫銅鏡（0014）　連弧紋銘文銅鏡（0014）　漢代錢幣（0014）

魏晉　南北朝
杜寶玉印（0015）　前涼霸文刀（0015）　涼造新泉（0016）　前涼金錯泥筒（0016）　後涼麟嘉刀（0017）　臨松令印（0017）　(南陳) 五銖（0018）　(北周) 布泉（0018）

隋　唐

（隋）五銖（0019）　開元通寶（0019）　乾元通寶（0019）　大雲寺古鐘（0020）　蓮花山七級磚塔鐵冠（0021）

宋　西夏　元

西夏文福聖寶錢（0023）　西夏文大安寶錢（0023）　元德通寶（0024）　天盛元寶（0024）　乾祐元寶　乾祐寶錢（0025）　天慶元寶（0025）　皇建元寶（0025）　光定元寶（0026）　西夏鏨刻銘文計量銀錠（0026）　西夏首領印（一）（0027）　西夏首領印（二）（0027）　西夏文宮門就寢待命符牌（一）（0028）　西夏文宮門就寢待命符牌（二）（0028）　西夏棋子（0028）　五代十國及宋金錢幣简述（0029）　薩班造像（0029）　索巴讓摩鐵像（0030）　至元款銅壺（兩件)(0030）　至正款銅壺（兩件）（0031）　至正款銅熏鼎（0032）　八思巴文大元通寶（0033）

明　清

羅什寺鐘（0034）　洞兒寺鐘（0034）　羅什塔銅頂銅鈴（0034）　釋迦佛造像（0035）　接引佛造像（兩尊）（0035）　關壯繆立馬銅像（0035）　慶豐寺造像（兩尊)(0035）　白衣菩薩銅像（0036）　銅佛像（0036）　城隍廟鐘（0037）　銘文樓閣式鐵爐（0037）　陝西西路征行萬户印（0038）　桂子聯芳銅鏡（0038）　銅印章（0038）　蓮花山鐵鐘（0039）　五子登科銅鏡（一）（0039）　五子登科銅鏡（二）（0039）　狀元及第銅鏡（0039）

中華人民共和國

皇臺寺皇娘娘銅造像（0040）　海藏寺鐵鼎（0040）　武威南城門廣場太平鼎（041）

第三編　碑　石

漢　朝

澄華井碣（042）　寶公臺碑（043）

魏晉　南北朝

南山崖中佛像（0044）　廣善寺石佛造像（0044）　北涼石塔（0045）

隋　唐

天尊石造像（0046）　羅什寺地址石碣（0046）　涼州衛大雲寺古刹功德碑（0047）　涼州御山瑞像因緣記（0053）　贈太尉段秀實紀功碑（0057）

宋 西夏 元

涼州重修護國寺感通塔碑銘（0061） 敏公講主江南求法功德碑（0067） 孫都思氏世勛碑（0069） 亦都護高昌王世勛碑（0072） 鎮國寺碑（0078） 藏文刻石（0078）

明 朝

福壽寺碑（0079） 西營河纏山沿溝石記（0079） 重修羅什寺碑（0079） 明敕賜金塔寺碑記（0081） 重修涼州白塔志（0081） 建塔記（0083） 涼州衛修文廟暨儒學記（0084） 重修福壽寺碑記（0087） 漢藏合記碑（0087） 重修涼州廣善寺碑銘（0088） 石燈柱（0090） 重修涼州衛儒學記（0091） 成化御敕修海藏寺碑記（0094） 重修海藏寺碑記（0095） 重修善應寺碑記（0097） 涼州衛忠節祠記（0099） 真武廟碑記（0102） 明北斗宮新創藏經樓碑記（0102） 敕贈上柱國光祿大夫左都督諡忠剛張公祠記（0104） 藏經閣碑記（0107） 水神廟碑記（0107） 修涼州城記（0107） 明楊佑三官神祠碑（0108） 敕賜清應禪寺碑記（0109） 欽差督理糧儲屯田水利兼理馬政分守西寧道陝西布政司右布政使北直隸大名滑臺祁公永思碑記（0111） 增修大雲寺碑記（0114） 修建三皇廟記（0117） 花寨子大明碑（0119）

清 朝

副總戎劉友元平逆回碑（0120） 陳立三皇廟房課祭典以垂永久碑記（0121） 改建東岳臺增創廟貌碑記（0123） 創建斗姥臺閣記（0126） 敕建重修古刹安國寺功德題名碑記（0128） 重建清應寺碑文（0129） 重修清應寺塔記（0131） 重修白塔碑記（0133） 羅什寺碑（0135） 重造梵音藏經碑（0137） 涼州衛高頭壩與永昌衛烏牛壩之爭水利碑（0139） 清聖祖御制訓飭士子文（碑）（0141） 涼莊道憲武廷適創建書院碑（0142） 重修文廟碑記（0144） 創建李氏家廟蔭善庵碑記（0145） 重修高溝堡廟碑（日月華嚴龍碑）（0147） 判發武威高頭壩與永昌烏牛壩用水執照水利碑（0149） 重修清應寺塔頂碑記（0151） 大方伯整飭分守涼莊道恩憲何大宗師優崇學校設立鄉會路費垂遠戴德碑記（0153） 始置名宦祠祭田碑記（0154） 判發武威高頭壩與永昌烏牛壩用水執照水利碑（0157） 乾隆御祭總兵張烈文碑（0160） 《御祭碑》後張君熹題跋（碑）（0160） 海藏寺藏經閣記（0164） 石城山石盆（0165） 雷臺觀碑記（0165） 灣泉湖水租增入書院碑（0167） 東岳

靈臺續築後臺重建山門碑記（0169） 西來寺碑記（0169） 重建蓮花山黑虎財神殿碑（0169） 判發武威縣高頭壩與永昌縣烏牛壩用水執照水利勒石碑（0172） 敦節儉條約（0175） 城隍廟甬道學產執照碑記（0178） 判發武威高頭壩與永昌烏牛壩用水執照水利碑（0180） 重修文廟祭田碑記（0183） 文昌宮補修彩繪碑記（0186） 武廟重修碑記（0188） 萬緑重新（重修大雲寺鐘樓碑記）（0189） 乾隆二十五年碑記（0191） 魁星閣創典祭田題名記（0192） 重修文廟碑（0192） 重修安國寺碑記（0194） 大清張公碑記（0195） 雜大二壩漏水碑（0197） 修葺碑記（重修海藏寺碑記）（0199） 大清乾隆政德碑（0201） 泮池水利碑記（0201） 重修羅什寺碑文（0202） 重修羅什寺寶塔碑記（0203） 武威興文社當商營運生息碑記（0205） 文昌宮敬惜字紙會碑記（0207） 重修節義祠碑記（0210） 武威廣興文社碑記（0211） 城隍廟官隙地及鋪面入租佐鄉會試碑記（0213） ……氏三代神位碑記（0215） 陝西同州府蒲城縣衆姓捐資題名碑記（0217） 補葺雷祖廟碑記（0219） 清重修陝西會館碑記（0220） 甘肅涼州府聖廟碑銘（0222） 重修節義祠碑記（0223） 蒼夫子神座祭田記（0225） 武威武徵君李孝廉傳（0226） 重建昭忠祠碑銘并記（0231） 蓮花山文昌閣重修碑記（0232） 阜成寺碑記（0233） 范公祠記（0235） 嚴禁裁賣田産碑記（0236） 馬騰龍等十二人紀功碑（0237） 判發永昌烏牛壩武威三岔與鎮番蔡旗用水執照水利碑（0239） 懷六壩磨灣泉源水利碑記（0240） 武威軍各營頻年種樹記碑（0241） 奉憲豁免采買六渠麥草以除民累勒石永禁碑（0244） 張掖與山丹攤派茇草及捆草民夫永遠禁革碑記（0245） 判武威九墩溝民與鎮番農民控争石羊河水利一案碑（0246） 鐵道台判武威與鎮番兩縣互控洪水河水源案碑（0252） 大清中堂憲節捐資養羊濟貧碑記（0255） 晋築靈鈞臺碑（0258） 公議建孫氏墓碑記（0259） 尹夫人臺碑（0260）

年代不詳

石城山碑（0265） 高興寺釋迦牟尼石造像（0265） 蓮花山棋盤石（0265） 蓮花山財神殿碑（0266） 蓮花山天橋石匾（0266） 善應寺碑（0266） 龍宮坡石龍（0266） 重修雷祖臺士庶姓名碑（0267） 西把截堡碑（0268） 藥王泉碑（0268） 武威紳民碑（0268）

中華民國

特授上大夫監督財政司法調遣警備軍隊甘涼道道尹馬署理古浪縣行政長官兼理司法事務詹爲建立石碑以垂久遠事案（長流壩水利碑）（0270） 武威縣—永昌縣界碑（0271） 維修蓮花山百子觀音閣碑記（0272） 四等嘉禾章國務院存記簡任職武威縣縣長康公生祠記（0273） 中央新編陸軍騎兵第二師師長馬公子雲碑（0277） 重修武威文廟碑記（0279） 計開東路甘新公路橋梁溝道數目單（0282） 涼州公教信友遷葬麥神父并興修公墳碑記（0283） 重修文廟創建廟產碑記（0285）

中華人民共和國

修建武威大禮堂碑記（0288） 革命烈士紀念碑（兩通）（0289） 蘇福榮烈士碑（0290） 王禎年烈士碑（0290） 武威兒童樂園創建記（0291） 武威市城標落成記（0292） 新建文化廣場石雕記（四尊）（0293） 重建革命烈士紀念碑（0295） 三盤磨小學教學樓修建碑記（0296） 甘肅涼州曲酒廠建廠碑記（0297） 騰飛碑序（0298） 地動儀模型（0299） 涼州百塔寺簡史碑（0299） 增修大雲寺碑記（據明版同名碑刻重刻）（0301） 奠基碑文（0302） 甘肅涼州皇臺酒廠創業碑（建廠十周年賀詞四篇）（0303） 武威城區東郊窑溝村修建教學樓碑記（0306） 沙漠公園軍民共建碑銘（0307） 中國人民解放軍八四八零八部隊植樹治沙紀念碑（0308） 南營水庫修建碑記（三通）（0309） 林則徐手迹勒石銘（兩通）（0311） 愛心堂記（0312） 孔子二千伍百四十八年行教像（0313） 維修魁星閣記（0314） 重修無量殿碑（0315） 榮華公司碑記（0316） 教師新村落成記（0317） 武威市西營河渠首改建工程簡介碑（0318） 武威酒業集團廠標（0318） 重修蓮花山黑虎財神殿碑記（0319） 西路紅軍紀念碑（0321） 重修天城寺碑（0321） 武威南城門廣場地面石刻（0323） 維修武威白塔寺遺址暨復原薩班靈骨塔碑記（0324） 維修武威白塔寺遺址暨復原薩班靈骨塔題詞碑（兩通）（0325） 維修松濤寺碑記（0326） 武威歷代進士名錄碑（0328） 張清堡古槐寺記（0332） 武威南城門樓碑記（0332） 鳩摩羅什舌舍利塔修繕記（0333） 修建鳩摩羅什寺捐資碑（三通）（0335） 重修羅什寺碑文（重刻）（0335） 重修羅什寺寶塔碑記（重刻）（0336）

第四編 墓 志

魏晋 南北朝

前秦梁舒墓表（0337） 賈思伯碑（0338） 魏故散騎常侍尚書右僕射使持節鎮東將軍青州使君賈君墓志銘（0341） 魏故武威太守賈君墓志銘（0343） 齊故大司馬武威昭景王段君墓志（0344）

隋 朝

周驃騎將軍右光禄大夫雲陽縣開國男鞏君墓志銘（0349） 王賢墓志銘（0351） 隋故成公府君墓志銘序（0352） 周故儀同大將軍府參軍段君墓志（0354） 隋故左屯衛大將軍左光禄大夫姚恭公墓志銘并序（0354） 大隋故銀青光禄大夫始扶汴蔡四州刺史段使君墓志（0359） 凉故儀同三司尚藥奉御劉君墓志并序（0360）

唐 朝

大唐上儀同故康莫覃息阿達墓志銘（0362） 大唐綿州萬安縣令故毛府君墓志銘（0363） 隋故燕山府鷹擊郎將曹府君墓志銘（0364） 唐故銀青光禄大夫行睦州刺史上柱國開國侯南安公張琮碑（0366） 大唐故左光禄大夫段公墓志（0371） 晁大明墓志（0372） 隋燕王府録事段夫人之志銘并序（0373） 郭長生墓志銘（0376） □□劉府君墓志銘（0377） 唐故上開府上大將軍安府君墓志銘并序（0378） 大唐故李君夫人孟氏墓志并序（0379） 大唐故將仕郎段府君墓志銘（0381） 大唐故段府君夫人墓志銘并序（0383） 唐故隋奉車都尉姑臧段君瑋墓志銘并序（0385） 大唐故上柱國邊君墓志銘并序（0388） 唐維州刺史安侯神道碑（0390） 大唐徐州長史朝請大夫上護軍故王府君墓志（0393） 大唐故右威衛將軍上柱國安府君墓志銘并序（0396） 唐故明威府隊正紇單府君墓志銘（0401） 唐故涼州長史元仁惠石柱銘并序（0402） 大周故弘化大長公主李氏賜姓曰武改封西平大長公主墓志銘并序（0405） 周故鎮軍大將軍行左豹韜衛大將軍青海國王烏地也拔勤豆可汗墓志銘并序（0408） 大唐故政樂王慕容君墓志銘并序（0410） 河東陰山郡安樂王慕容神威遷奉墓志并序（0412） 大唐隴西郡夫人李氏墓志銘（0413） 大唐金城縣主墓志銘（0414） 唐朔方軍節度副使金紫光禄大夫行光禄卿

上柱國五原公燕王慕容公故妻太原郡夫人武氏墓志銘并序（0415） 押渾副使忠武將軍右監門衛中郎將員外置同正員檢校閤甄府都督攝左威衛將軍借紫金魚袋代樂王上柱國慕容明墓志銘（0416） 大唐故朔方軍節度副使兼知部落使金紫光禄大夫行光禄卿員外置同正員五原郡開國公燕王上柱國慕容曦光墓志銘（0417） 大唐故左領軍衛大將軍慕容神威君墓志銘并序（0418） 直秘書省韋君妻賈氏玄堂志（0421） 大唐左屯衛將軍皋蘭州都督渾公夫人契苾氏墓志銘并序（0422） 大周故鎮軍大將軍行左鷹揚衛大將軍兼賀蘭州都督上柱國涼國公契苾君之碑銘並序（0424） 大唐故徐州長史太原王君夫人馮氏墓志銘并序（0432） 唐故契苾夫人墓志銘并序（0433） 撥川郡王碑奉敕撰（0435） 大唐上柱國翟公墓志銘并序（0439） 大唐故右威衛將軍武威安公故妻新息郡夫人下邳翟氏（六娘）墓志銘并序（0440） 大唐故特進涼國公行道州別駕契苾公墓志銘并序（0442） 大唐故代國夫人史氏墓志銘并序（0445） 邠王府長史陰府君碑（0446） 故九姓突厥契苾李中郎贈右領軍衛大將軍墓志文（0448） 唐故壯武將軍右龍武軍翊府中郎將武威郡史府君墓志銘并序（0449） 大唐故朝議大夫行晉陵郡長史護軍段府君墓志銘并序（0452） 雲麾將軍郭公神道碑（0454） 唐故相王府隊正段公墓志銘并序（0456） 唐故贊善大夫贈使持節都督原州諸軍事原州刺史賜紫金魚袋上柱國周府君墓志銘并序（0458） 大唐若干君墓志銘（0460） 大唐故朝議大夫行晉陵郡長史段府君墓志銘并序（0462） 唐贈揚州大都督段府君神道碑銘并序（0464） 唐故寶應功臣開府儀同三司試太常卿上柱國隴西郡開國公兼射生使李府君墓志銘并序（0467） 相國義陽郡王李公墓志銘（0469） 昭義軍節度度支營田兼澤潞磁邢洺等州觀察處置等使光禄大夫檢校司空同中書門下平章事兼潞州大都督府長史上柱國義陽郡王李公德政碑銘并序（0475） 唐故華州潼關鎮國軍隴右節度支度營田觀察處置洮軍等使開府儀同三司檢校尚書左僕射兼華州刺史御史大夫武康郡王贈司空李公墓志銘并序（0479） 唐故朝議郎行太子通事舍人賜緋魚袋李君墓志銘并序（0483） 唐檢校尚書考功郎中兼御史中丞李君夫人范陽盧氏墓志銘（0486） 驃騎大將軍論公神道碑銘并序（0487） 唐左千牛韋佩母段氏墓志銘（0490） □□□武軍節度征馬將雲麾將軍守左金吾衛大將軍守殿中監封太原縣開國男食邑三百户王公故夫人武威段氏墓志銘并序（0491）

唐故朝議郎內供奉守慶州司馬上柱國賜紫金魚袋賈公故夫人潁川縣太君陳氏墓誌銘并序（0493） 賈氏中殤室女第廿娘墓誌（0494） 唐故銀青光祿大夫守禮部尚書致仕上輕車都尉安城縣開國伯食邑七百戶贈太子少師隴西李府君墓誌銘并序（0495） 大唐故銀青光祿大夫檢校太子賓客上柱國陽武縣開國子充右神策軍衙前正將專知兩市回易武威賈公墓誌銘并序（0500） 唐姑臧李氏故第二女墓誌銘并序（0502） 唐故朝議郎守殿中省尚藥奉御翰林供奉上柱國賜緋魚袋段府君墓誌銘并序（0504） 唐故銀青光祿大夫檢校左散騎常侍兼安北都護御史大夫充振武麟勝等軍州節度觀察處置蕃落兼權充度支河東振武營田等使上柱國北海縣開國侯食邑五百戶契苾府君墓誌銘并叙（0506） 唐故清河郡張府君夫人武威郡石氏墓誌銘并序（0509） 唐隴西李氏女十七娘墓誌銘并序（0510） 唐故容管經略押衙銀青光祿大夫檢校太子賓客上柱國武威安府君墓誌銘（0512） 亡室姑臧李氏墓誌銘并序（0515） 唐故□翰林供奉朝散大夫□守右千牛衛將軍上柱國賜紫金魚袋殷府君墓誌銘并序（0517） 唐故大同軍防禦使金紫光祿大夫檢校吏部尚書兼御史大夫上柱國武威郡開國伯食邑七百戶段公墓誌銘并序（0520） 唐武安府校尉楊君碑（0522）

宋 金 元

大金故武威段公墓表（0523） 武威郡侯段鐸墓表（0525） 宗親之記（0527） 大元敕賜追封西寧王忻都公神道碑銘（0528） 涼都公搭搭父西台中丞遠都巴兒墓刻（0531） 余忠宣公死節記碑（0531）

明 朝

故推誠輔運宣忠效力武臣柱國後軍都督府左都督西寧侯宋公神道碑銘（0536） 明故恭順伯吳公神道碑（0540） 故昭勇將軍蘇公壙誌（0543） 明故驃騎將軍徐公壙誌（0543） 敕賜上柱國光祿大夫左都督諡忠剛張公墓誌銘（0544） 故驃騎將軍鎮守寧夏地方總兵官左軍都督府都督同知誥贈光祿大夫洪崖李公墓表（0546） 明故上柱國光祿大夫鎮守永寧蘭州等處地方總兵□□□都督府左都督楊公墓誌（0549）

清 朝

張希顏墓碑（0551） 張俊哲墓碑（0552） 誥封一品李母雷太夫人墓誌銘（0554） 唐國寵碑記（0557） 誥授榮祿大夫陝西寧夏等處地方挂印總兵官都督僉

事加一級承武張公墓誌銘（0557） 烈女鳳姐墓碑（0559） 嚴氏墓誌銘（0561）
本塋土主之神位（0562） 趙開府碑（0562） 大襄政楊老太翁德壽神道之
碑（0569） 敕封奉國將軍唐公墓誌（0570） 敕封武顯將軍韓自昌之神道
碑（0570） 武禹亭碑記（0571） 敕授儒林郎晋封武翼都尉陳君貢禹墓表（0578）
陳君貢禹墓表碑陰書事（0579） 賜進士出身戶部員外郎張玉溪先生墓表（0580）
張介侯墓誌銘（0581） 誥授奉直大夫山西朔州知州前翰林院庶吉士張公
墓表（0585） 張公墓表碑陰書事（0587） 欽命大法國傳教士節□照公（0592）
安濟貧（0593） 葛天民（0594）

中華民國

施樂習（0595） 伊司鐸保禄之墓（0595） 祁進修（0596） 步司鐸保禄之
墓（0597）

中華人民共和國

理智法師功德碑（0598） 李氏墓誌暨家族簡史碑（0600）

第五編　匾額選粹

一、武威文廟匾額薈萃

萬世文宗（0605） 化峻天樞（0606） 陽春一曲（0606） 彩徹樞衡（0607）
德盛化神（0608） 司文章命（0609） 掌仙桂籍（0609） 文明長晝（0610）
彩振台衡（0611） 文昌帝君贊（0612） 陰騭下民（0614） 帝德廣運（0614）
學宗衍聖（0615） 炳呈斗上（0616） 曜握斯文（0617） 光接三台（0617）
瑞預化成（0618） 先天炳蔚（0619） 輝騰七曲（0619） 天象人文（0620）
光聯奎壁（0621） 桂宮傳清（0621） 綱維名教（0622） 聚精揚紀（0622）
書城不夜（0623） 雲漢天章（0624） 輝增西垣（0624） 貴相太常（0625）
孝友文章（0626） 人文化成（0626） 桂籙垂青（0627） 天下文明（0627）
誕敷文德（0628） 經天緯地（0629） 輝暎梯峰（0629） 牖啟人文（0630）
文以載道（0630） 輔元開化（0631） 神有鑒衡（0632） 文明以正（0632）
斡旋文運（0633） 爲斯文宰（0634） 文教開宗（0634） 斯文主宰（0635）
月殿騰輝（0635） 天衢（0636） 雲路（0636） 櫺星門（0637） 太和元氣（0637）
義路（0638） 禮門（0638） 頂禮文宗（0639）

二、武威鳩摩羅什寺匾額擷英

大雄寶殿（0640）　羅什法師紀念堂（0640）　羅什塔院（0640）　鳩摩羅什寺（0641）　人間净土（0641）　大光明藏（0642）　理化十方（0642）　法相莊嚴（0642）　慧日高懸（0643）　高樹法幢（0643）　愛國愛教（0643）　普照十方（0644）　無上法門（0644）　圓融無礙（0644）　升無上堂（0644）　弘範三界（0645）

三、其他著名匾額存目

民勤卷

第一編　金　文

中華人民共和國

聖容寺大雄寶殿門前鐘（0649）　聖容寺觀音堂鐘（0650）　聖容寺吉祥鐘（0651）　生態警鐘（銘辭）（0652）

第二編　碑　石

明　朝

蘇武山銘（0654）　□□□記（0655）　重修麗澤寶塔寺記（0656）　奏請添築西關疏（0660）　補修聖容寺碑記（0660）　彭公忠勇祠碑記（0662）　彭公忠勇祠碑（0665）　磚砌城垣記（0666）　創建水神廟碑記（0668）

清　朝

重建關帝廟碑（0670）　重修學宮記（0671）　重修玄真閣碑（0672）　重修城隍廟碑記（0672）　總龍王廟碑記（0673）　移建藥王宮碑（0674）　屯壩水利碑（0675）　首四壩水利碑（0677）　重修蘇公祠記（0680）　重修雷臺記（0682）　紅沙梁水利碑（0683）　建置書院碑記（0684）　各壩水利碑（0687）　重修二郎廟記（0690）　重修學宮記（0692）　建置崇文社碑記（0693）　生員碑（0695）　吳志齋德政碑（0696）

中華民國

洮沙灣水利碑（0698）　圖書館碑（0700）

年代不詳

重修碑記（0701） 漢中郎將蘇武牧羝處碑（0701） □□將□□公□忠記（0702） 青麻石高碑（0704） 雷臺廟碑（0704） 皇清碑（0704）

中華人民共和國

紅崖山水庫碑（0705） 瀚海明珠碑（0706） 沙漠公園照壁碑（0708） 宋和治沙紀念碑（0709） 中國道教生態林建設基地碑（0710） "綠洲魂"雕塑碑座碑文（0711） "綠洲魂"沙漠兩面碑文（0712） 蘇武廣場碑記（0712） 防沙治沙紀念碑（一）（0714） 防沙治沙紀念碑（二）（0714） 陽光產業碑（0715） 惠民碑（0716） 甘肅民勤連古城國家級自然保護區碑（0717） 望海亭碑（0719） 民勤賦（0720） 明清兩代綠洲農業開發（0729） 胡楊頌（0731） 生態文化園雕塑長廊前言（0731） 祭風表（0733） 鎮番縣歷史志（0734） 綠洲壯歌（0735） 節水賦（0736） 生態文化園記（0738） 明清兩朝進士碑（0740） 明清兩朝舉人碑（0741） 文公定案碑記（0744） 鎮番水利圖説（0746） 鎮番水例（0748） 水利源流説（0750） 縣署碑記（0751） 鎮番龍王廟碑記（0753） 甘肅巡撫元展成為昌寧湖地方乾旱請停試種事奏摺（0754） 甘肅布政使徐杞為請免柳林湖等地屯户借欠錢糧事奏摺（0755） 甘肅布政使吴紹詩為請將柳林湖地方屯田升科事奏摺（0757） 鐵道判武威九墩溝民與鎮番農民控爭石羊河水利案碑（0759） 鐵道判洪水河案碑（0765） 甘肅鎮番縣民柴彪奏請移民碑（0768） 張掖專區一九六〇年灌溉用水示範規章碑（0769） 關於解決武威民勤永昌三縣用水問題的報告碑（0770） 民勤縣河井水統一分配方案即各灌區配水量碑（0776）

第三編 墓 志

清 朝

烈婦楊氏墓碑（0779） 高節婦墓志銘（0780）

古 浪 卷

第一編 岩 畫

昭子山岩畫（0785） 古浪縣大靖鎮昭子山岩畫考察記（0785）

第二編 金 文

古 代

大司農平斛銘文（0791） 王府營鐵鐘銘文（0792）

中華人民共和國

龍泉寺鐵鼎（0794） 青山寺鐵鐘銘文（0795） 龍泉寺鐵磬（0796） 羅漢樓鐵鐘銘文（0796） 龍泉寺香爐（兩件）（0797） 龍泉寺鐵鐘（0798） 青山寺鐵鼎（兩件）（0798） 玉祖臺鐵鐘銘文（0800） 裴家營觀音寺吉祥鐘（0800） 裴家營觀音寺吉祥鼎（0801）

第三編 碑 石

唐 朝

城隍廟石造像碑（0802）

明 朝

勸忠祠碑記（0803） 孝行碑記（0805） 甘酒石石刻（0806） 涼莊保障石額（0807） 松山平魯碑（0808） 蕩空松山碑記（0809） 定松山碑（0813） 三眼井堡記（0814） 大明碑（0816） 山川險絕石刻（0817） 關帝顯聖碑（0818） 參戎王公碑記（0818）

清 朝

重修奶子佛碑（0821） 大靖參戎邊公德政碑記（0822） 道批勘驗地界碑（0823） 渠壩水利碑文（0824） 倡捐社倉記（0825） 禁革老人記（0826） 增建義學記（0827） 裴堡池塘水利碑（0828） 土門關帝廟廟產碑（0829） 長流

川六壩水利碑記（0830）　創設古浪龍山書院碑記（0831）　興文社碑記（0832）　呂氏碑記（0834）　呂氏明堂碑（0835）　朱氏明堂碑（0836）　旌表席氏九世同居碑（0837）　老城道光轎樓石刻（0838）　年氏碑志序（0838）　毛侯墓地恢復碑（0840）　裴家堡水利雨源池塘碑記（0841）　旌表張門節孝三世碑（0843）

年代不詳
三義殿瑞獸碑（0844）　土門關帝廟碑（0844）　老城雙喜碑（0845）　狀元崖石刻（0845）　蟠龍額無字碑（0845）　橐籥石刻（0846）　千骨碑（0846）　昌靈山百子洞磚雕對聯（0847）

中華民國
長流壩水利碑（0848）　邑侯張公德政碑（0849）　邑侯梁公德政碑（0849）　邑侯王公德政碑（0850）　當坊土主碑（0850）　青女使者碑（0850）　陸軍騎兵第五軍軍長甘新公路甘段督辦馬公子雲暨騎五師第二旅旅長韓公受天建修古浪段公路功德碑記（0851）　督修古浪段公路德政碑（0852）

中華人民共和國
古豐渠落成紀念碑（工程紀要）（0854）　石俊文烈士紀念碑（0856）　石坡子渡槽題刻（0857）　石節水庫題刻（0858）　源遠流長碑（0858）　西路紅軍紀念碑（0859）　古浪縣抗震救灾重建家園紀念碑（0859）　財神閣保護碑（0860）　三義殿保護碑（0860）　橫梁山紅軍烈士紀念碑（0861）　乾柴窪紅九軍烈士紀念碑（兩通）（0862）　青山寺大雄寶殿碑記（0862）　蒼松潤澤碑（0864）　八步沙治沙造林碑記（0864）　隍廟重建碑記（0865）　古浪縣捐資助學碑（0866）　古浪縣抗震救災碑（0867）　古浪縣農電建設碑（0868）　古浪縣情碑（0869）　古浪縣三西建設成就碑（0870）　古浪縣水利建設碑（0871）　景電二期古浪灌區碑（0872）　以工代賑建設碑（0873）　通津橋碑（0874）　重建龍泉寺功德碑序二（0875）　重建龍泉寺功德碑序三（0876）　昌松瑞石碑（0877）　狀元崖碑（0878）　重建龍泉寺功德碑（0879）　長城遺址保護碑（兩通）（0880）　涼州葡萄詩酒賦（碑）（0881）

第四編 墓 志

古 代

大周大都督同州薩保安君墓志銘（0889） 周驃騎將軍右光禄大夫雲陽縣開國男鞏君墓志銘（0890） 明故恩榮壽官雙河胡公始配劉孺人繼配胡孺人合葬墓志銘（0892） 左公墓碑（0894） 王經家族墓碑（0894） 張仲杰神道碑（0895） 順天府尹張公神道碑（0896） 張將軍神道碑（0896）

中華人民共和國

紅九軍烈士墓志銘（0897） 中國工農紅軍西路軍九軍烈士墓（0898）

第五編 匾額選粹

古 代

土門三義殿題記（0899） 大靖火廟大殿題記（0899） 土門山陝會館馬祖廟題記（0900） 循環今錫福匾（0900）

中華人民共和國

古浪縣土門東壁橋修復序言匾（0901） 古浪縣修復東壁橋賬目公布匾（0902） 財神閣節榮金管匾（0903） 財神閣匾（0904） 財神閣修繕記事匾（0904） 財神閣永錫純嘏匾（0905） 裴家營觀音寺南海如來匾（0906） 三義殿風雲際會匾（0906） 三義殿大臣風匾（0907） 三義殿王者佐匾（0907） 羅漢樓匾（0907） 羅漢樓彌倫天地匾（0908） 三義殿義普雲天匾（0908） 三義殿風英絶世匾（0908） 三義殿匾（0909） 修復柏臺三義殿志匾（0909） 柏臺三義殿修繕工程事項公布匾（0910） 三義殿弘揚道教匾（0912） 維修羅漢樓功德志匾（0912） 財神閣招財納福匾（0913） 青山寺懸匾記（0913） 財神閣集金添彩匾（0914） 青山寺大雄寶殿匾（0914） 青山寺主持正法匾（0915） 青山寺萬法禪思匾（0915） 青山寺續佛慧命匾（0915） 裴家營觀音寺修繕記事匾（0916） 山陝會館乾坤正氣匾（0917） 山陝會館春仁秋義匾（0918） 土門修繕山陝會館匾銘贊（0918） 繕修土門山陝會館名譽會長芳名錄匾（0919） 財神閣恩施澤沐匾（0920） 財神閣峻極天市匾（0921）

天祝卷

第一編　碑　石

古　代

石門寺峽口石壁彌勒佛石刻像銘（0925）　光明女佛石佛像銘（0926）　百靈寺碑（敕賜普福寺紀功德碑）（0926）　蕩空松山碑記（0929）　報恩寺界碑座（0929）　古城村番漢交界碑（0930）　馬廠番地界碑文（0931）　重修莊浪茶馬廳衙署碑記（0931）　莊浪屬署題名碑記（0932）　韓祖廟碑文（0936）

中華民國

甘青劃界碑（一）（0938）　甘青劃界碑（二）（0940）　汪益堃紀念碑（兩通）（0941）　軍政部永登軍牧場紀念碑（0951）

中華人民共和國

松山古城遺址保護碑（0954）　天堂寺雕像（0954）　祝藏口三官廟碑暨修繕三官廟碑銘記（0956）　佛教造像等（0957）

第二編　匾額選粹

東大寺魯迦堪布囊謙經堂題記（0958）　柔丹噶擦寺匾（0958）　天堂寺匾（六塊）（0959）

考稽札記卷

一、姓氏探源

段秀實與武威段姓流源述略（0963）　賈思伯與武威賈姓流源述略（0967）
陰鏗與武威陰姓流源拾零（0969）　武威王姓流源拾零（0970）
武威李姓流源述略（0973）　武威張姓流源拾零（0978）
武威梁姓流源拾零（0981）　武威晁姓流源拾零（0982）
武威成姓流源拾零（0983）　武威徐姓流源拾零（0983）

武威嚴姓流源拾零（0984）　　　　武威殷姓流源拾零（0985）
李白《贈郭將軍》詩與凉州雲麾將軍郭公神道碑——兼議武威郭姓流源（0986）
武威邊姓流源拾零（0989）　　　　達雲與武威達姓流源述略（0990）
余闕與武威余姓流源述略（0992）　武威契苾氏流源及其部族述略（0994）
姚辯與武威姚姓流源述略（0996）　武威單姓流源拾零（0998）
武威帖、鐵、脱、火等姓氏流源拾零（0999）　武威論姓流源拾零（1001）
武威吳姓流源及吳允誠家族述略（1003）　武威毛姓流源拾零（1004）
武威若干複姓與苟姓流源拾零（1005）　武威康姓流源拾零（1006）
李抱真與武威安姓流源述略（1008）　武威曹姓流源拾零（1012）
武威史姓流源拾零（1013）　武威石姓與石氏郡望拾零（1014）
武威翟姓流源拾零（1017）　古浪吕姓流源與旗杆石探微（1019）
古浪年姓流源拾零（1020）　民勤馬姓流源及馬氏功勛人物述略（1021）
民勤彭姓流源拾零（1022）　武威楊姓流源與凉州楊家將述略（1023）

二、清官良吏

武威碑刻中的清官良吏形象（1033）　凉州知府歐陽永裪惠政與其社會風俗觀叙議（1039）　清代古浪知縣徐思靖的爲民情懷（1043）　民國初年的武威縣縣長康陶然的兩大貢獻（1045）　明朝名臣楊博與武威碑刻軼事（1047）

三、群英忠烈

大唐將門的氣骨——有關段秀實的兩通皇帝碑刻（1049）　楊嘉謨墓誌銘與武威楊府巷（1050）　楊嘉謨軍旅生涯碑刻簡記（1053）　周曉——一位挺身力戰而被叛軍謀殺的少年英雄（1054）　魯滅全收唐土地 兵回争擁漢旌旗——明朝收復松山之役碑刻綜述（1058）　保家衛國的英烈世家與民勤聖容寺（1064）　歷經二十五年始塵埃落定的海戰調查報告——武威軍人武禹亭血灑臺灣海峽（1065）　清朝時期在臺灣任職的三位凉州軍人（1068）　民勤的蘇武碑刻和武威的英雄傳説（1070）

四、良女傳芳

武威碑刻中的賢妻良女形象（1072）　長眠於凉州大地的四位唐朝公主（1076）　風流才子元稹的相思與真情（1079）　爲貞烈民女立傳 倡忠誠義勇精神（1080）

五、寺廟春秋

武威歷史上最早的寺院大雲寺及其演變（1082）　武威歷史上最早的寺院

碑刻——涼州衛大雲寺古刹功德碑（1085） "隴右學宮之冠"武威文廟的前世今生——武威文廟碑刻綜述（1087） 六百年前羅什寺的一次浴火重生——武威羅什寺碑刻綜述（1097） 西藏納入中原王朝的歷史見證——武威白塔寺碑刻綜述（1100） 河西"梵宮之冠"海藏寺的興衰——武威海藏寺碑刻綜述（1102） 一位明朝太監的佛教情懷——武威廣善寺碑刻拾零（1104） 氣勢恢宏 佛道一體的蓮花山景觀——武威蓮花山碑刻綜述（1105） 藏有佛祖真身舍利的華夏名刹涼州清應寺今昔——武威清應寺（北斗宮）碑刻綜述（1107） 一座湮没於歷史深處的河西名刹安國寺——武威安國寺碑刻拾零（1110） 武威世家盛族的私寺家廟（1110） 涼州名勝靈鈞臺與皇娘娘臺今昔——武威壇臺碑刻綜述（1112） 古代士大夫的民生情懷和助學情結——武威城隍廟碑刻拾零（1116） 一座座湮没於歷史深處的名刹古廟——武威寺廟碑刻拾零（1117） 鍾愛并守護涼州名勝古迹及金石碑刻的不世情懷——武威官民保護修繕文物古迹紀略（1120） 一生致力於武威文物古迹保護的儒商——賈壇（1126）

六、民族宗教

武威少數民族金石碑刻綜述（1129） 安伽墓志所傳遞的粟特信息（1132） 一位涼州禪師（高僧）的南游記（1134） 揭開西夏王朝神秘面紗的利器——西夏碑（1136） 一曲回鶻民族東遷的壯歌——高昌王世勳碑與西寧王碑解析（1138） 元史無傳而樹碑涼州的大元開國功臣赤老溫家族——孫都思氏世勳碑解析（1140） 從保存的天主教碑刻管窺天主教在武威的傳播（1142）

七、金石傳奇

武威歷史上最早的書法碑刻——澄華井碣（1144） 匈奴祭天金人猜想（1146） 流傳千古的佛教傳說——涼州御山瑞像因緣記碑解讀（1148） 天祝烏鞘嶺韓湘子廟軼事（1150） 唐代涼州昌松瑞石與皇位繼承（1152） 古浪出土的國家標準量器——大司農平斛（1154）

八、世事變遷

武威碑刻作者綜述（1155） 武威碑刻志主綜述（1160） 從賈溫墓志窺探唐代神策軍的商業行爲（1164） 由醫藥名醫碑刻兼談武威醫藥文化（1167） 武威水利碑刻綜述（1170） 古代名人墓葬保護的困惑（1176） 民國軍政

部永登（松山）軍牧場軼事（1177）

九、惠民善政

武威古代碑刻中的扶貧與減負惠政內容（1180） 武威軍各營頻年種樹記碑與左公柳（1184） 民勤開發史上爲民請命的幾位封疆大吏（1186） 從民勤移民碑管窺民勤移民新疆情況（1189） 民勤開發史上影響水利公平公正的兩大鐵案（1191） 清代古浪教育發展史上的兩件大事（1194） 從武威教育類碑刻探析清代的送學禮及其助學義舉（1195）

十、民風鄉俗

康熙皇帝訓飭士子文碑的重要價值（1202） 文明以傳的良好社會文化氛圍——敬惜字紙碑傳遞出的古老文化傳統（1203） 從武威文廟專祠暨碑刻管窺古代社會的道德建設——兼議鄉賢文化建設（1206） 一篇飽含深情與熱淚的人物碑傳（1212） 會館文化與武威會館碑刻匾額述略（1214） 蘇山書院——民勤文風熾盛的標誌和里程碑——簡說建置書院碑記及其他（1218） 情真意切 激勵後人的家族墓志（1221） 睦族敦宗 九世同居——兼說累世同居家族（1225） 武威墓志中關於對死亡的表述語詞舉隅（1226）

十一、專題研討

武威碑志的歷史文獻價值（1229） 武威碑志的文學藝術價值（1247） 武威碑志的書法藝術價值（1260）

主要參考文獻（1269）

附錄一：涼州歷代建置沿革簡表（1271）
附錄二：中國歷史紀年簡表（1276）

後　記（1278）

武威金石志

凉州卷

本卷目录

第一编 岩　画／(0003)
第二编 金　文／(0007)
第三编 碑　石／(0042)
第四编 墓　志／(0337)
第五编 匾額選粹／(0604)

第一編 岩 畫

　　岩畫，被人們譽爲"美術世界的活化石"，是人類繪畫的萌芽狀態，又是古代先民留下的藝術瑰寶。岩畫起源於石器時代，是先民利用尖狀硬石砸擊磨刻在山崖峭壁及巨石上的一種象形藝術。人類最古老的書寫文字産生於5000年前，岩畫産生於文字之前，它以藝術的形式記録了遠古狩獵時代人類生産活動的情况，揭示了人類早期的經濟活動、社會實踐、宗教信仰、美學觀念、部族争鬥等。中國岩畫歷史悠久，藴藏豐富。河西地區均有岩畫分布，武威岩畫發現於涼州區西鄉。1990年，在武威地區、武威市文物聯合普查時，經豐樂鎮幹部李忠文提供綫索并配合，發現了涼州西鄉蓮花山及其周圍的甘泉溝溝口峭壁上有岩畫和岩畫遺存，因面積較小，未進行進一步的考古考察，具體年代不詳。後經李忠文進行初步考察，并將考察成果收入其編寫的《涼州岩畫》（內部刊印）一書。這些刻畫在山崖峭壁及石頭上以馬爲主要對象的動物畫面，訴説着西部馴馬、養馬的歷史和先民的活動，是武威原始美術藝術的瑰寶。據傳，在武威其他地方如古浪、天祝和涼州金山等地也有岩畫分布，并有知情人提供的一些綫索和資料，但截至目前，還未進行過這方面的普查，也未見諸考古報告。

蓮花山岩畫

　　蓮花山，系祁連山的支脉，位於涼州區松樹鎮境内，距武威城西南15千米。因層巒合抱，叠加如蓮，故名。蓮花山不僅以山勢雄偉、氣象深邃、層巒叠嶂、風景壯美馳名河西，更以寺廟衆多、殿宇相接、梵語經聲、香烟繚繞，以及獸文石、藥王泉、鎮魔塔、岩畫、碑刻、傳説、活佛誕生地等豐厚的文化積澱而爲千古名勝，并成爲涼州人心中的一座名山、聖山。

（一）獸文石

[題解] 位於涼州區松樹鎮內蓮花山腳下。岩石體量5米×1.5米×1.9米，似一隻猛虎臥於山坡上。《晉書·張軌傳》："姑臧又有玄石，白點成二十八宿"。《涼州府志備考·遺事記》引《前涼錄》："姑臧送玄石，白點如星，成二十八宿"。據考，現存獸文石上的動物為二十八宿的一部分，其他因年久風化，風吹雨浸或人為破壞已不存在。另據《舊圖經》《五涼全志·地理志》《涼州府志備考·祥異古迹》載：武威城西南松樹鄉約30里處的蓮花峰下有巨石，青質白紋，有虎、狼、鹿、馬、牛、羊諸形，故名"獸文石"。一面刻虎、馬、牛、羊、豕，其中虎形50×30厘米，牛形63×36厘米，羊形45×40厘米，豕形82×50厘米；另一面刻有馬、鹿、香爐、碑形，其中馬形47×30厘米，鹿形47×30厘米，香爐25×15厘米，碑形40×20厘米。另有一些後來刻寫的文字等。圖形構思巧妙，簡潔逼真，尤其虎形圖，好似一隻猛虎

下山，咆哮如雷狀；馬形圖昂首朝天，後足騰空揚尾，驚回首作嘶鳴奔馳狀。當地傳說，漢飛將軍李廣在一次打獵中，誤把此石當做猛虎，一箭勁射，連羽入石。所以，史書有"李廣疑石為虎，射之沒羽"的記載。清代武威人陳炳奎作《獸文石歌》，形象地描述了獸文石的基本情況："蓮花山前草色碧，碧蓮花開千萬尺。層巒疊嶂摩雲霄，下有獸文之怪石。獸文石，何蒼蒼！虎形豹文各异狀，或類鹿馬或牛羊。青為質兮白為文，赤狐白狼共友群。自是天成非人力，古色斑斕多雅致。倚壁附崖幾風霜，詎埋蒼苔無人識！倘逢李廣開弓弩，誤認猛虎應沒羽。"此詩對我們認識獸文石、保護獸文石具有重要的歷史價值和藝術價值。

（二）太陽與石狼

[題解] 位於蓮花山腳下，距離獸文石南300米處。岩石體量4.3×4×2米，似龜形。

岩畫按圖形爲動物和太陽。動物岩畫150×60厘米見方，似狼狀。此處有一山溝本地人俗稱"石狼溝"，可能與此有關。另一面爲兩個太陽，一大一小，70×60厘米見方，看似一神龜馱着太陽，可能是上古時期先民崇拜太陽神的表意形式。

（三）獵人與獵犬

[題解] 位於蓮花山下，距離獸文石南2公里處（松樹鎮馮良寨村西的黑石窩）。岩石體量2×0.8×0.4米。岩畫一面爲60

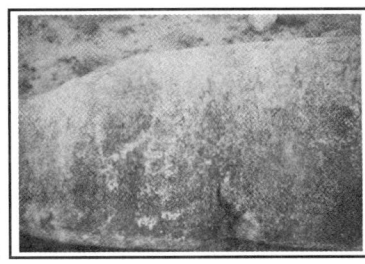
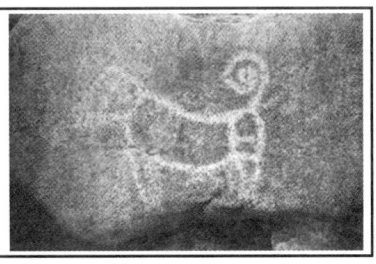

厘米高的一人形，看似手持棍棒追逐獵物，是上古時期先民狩獵和生產勞動的表像形式。另一面爲64×45厘米見方的一隻獵犬，看似注視着前方的獵物，以待捕捉。這組岩畫反映出上古時期人類已成功馴化家犬并運用於狩獵當中。

甘泉溝岩畫

甘泉溝，位於凉州區西營鎮二溝村石城山南4公里處（蓮花山西），距武威城約35千米。《讀史方輿紀要》記載："甘泉溝在武威縣西。"這裏，山勢陡峭，溝壑深邃，草木豐茂，野獸衆多，氣候溫涼，景色幽静。原有寺廟遺迹多處，毀於何時，史無記載。20世紀70年代以前，還生長着葱郁的灌木叢和楊樹林，之後隨着氣候變暖、乾旱少雨和人爲原因，植被遭到嚴重破壞，但今天還是山青草豐的天然牧場。

（一）石馬踢戰

[題解] 位於甘泉溝溝口山崖峭壁上，距地面約10米，岩畫面積約4平方米，畫面有3馬、2鹿、1牛和數隻羊。因其中有2馬看似後足

踢戰，故稱"石馬踢戰"。因多年的雨水侵蝕、風化，又缺乏必要的保護，岩畫大部分已脫落，目前僅存2鹿、3馬。

（二）牧馬圖

[題解] 距"石馬踢戰"西約200米處。岩石長1米，寬1.1米，高0.5米，畫面爲100×50厘米，刻有人、馬、牛形狀，其中人形高15×7厘米；（大）馬形44×21厘米；四小馬分別爲：6×4厘米，8×4厘米，17×9厘米，9×3厘米；牛形16×7厘米。這組岩畫手法樸拙，綫條簡潔粗獷，用"○"和"十"就表現出一個人形，反映出原始牧人與牧馬的基本狀況。

（三）怪　獸

[題解] 距"石馬踢戰"西約200米處，與牧馬圖相鄰。岩石長1.8米，寬1米，高0.5米，畫面爲70×66厘米的怪獸圖形。這幅怪獸圖形看似古代神話傳說中的靈獸麒麟。

（四）虎形圖

[題解] 距"石馬踢戰"西約1公里的小白楊溝溝口西側的石嘴峭壁上，距地面2米，岩畫面積4.5平方米，畫面分別爲73×37厘米、47×22厘米的兩隻虎形圖。這組畫面簡潔而流暢，生動而逼真，反映出先民已將老虎作爲山神崇拜的偶像。

第二編 金文

漢朝

青銅鍑及刻字石頭

[題解] 2006年4月27日，涼州區張義鎮河灣村三組出土。經甘肅省文物部門鑒定測量，器物整體爲圓柱形，通高1.18米，其中底高0.19米，底徑0.38米；上端口徑0.87米，深0.97米，腹圍3.42米；虎耳長0.19米，高0.07米；重約230千克。底部表面有明顯的烟熏痕迹。刻字石頭，長0.43米，寬0.3米，高0.05米，兩面均有刀刻痕迹，似文字，又像記事符號。經專家初步推斷，這是一件罕見的可能是秦末漢初匈奴鑄造的大型青銅鍑，青銅器及刻字石頭具有"單純而强烈的北方草原民族文化特點"，年代應在西漢武帝（前140）以前。鍑（fù），釜屬，似瓮。石頭上所刻文字或符號，是否爲匈奴用的文字或符號，待進一步考證研究。武威爲當時匈奴休屠王所據，這裏地勢平坦，水草豐美，是發展農牧業的理想之地。如此巨大的青銅器在匈奴駐牧之地出土，反映出當時匈奴高超的經濟發展水平和金屬鑄造工藝技術（參見《隴右文博》2006年第2期黎大祥文《武威發現罕見匈奴大型青銅鍑》）。

祭天金人

[題解] 祭天金人是匈奴人用來祭天的銅鑄人像，上刻有符號。其大小、形狀、符號均不詳。原有駐牧石羊河流域的匈奴休屠王掌管，其王宮在姑臧城（今甘肅武威市涼州區四壩鎮境內）。漢武帝元狩二年（前121）春，漢使驃騎將軍霍去病擊破匈奴休屠王城，奪走了匈奴人的珍寶"祭天金人"，置於長安甘泉宮內，漢亡後，下落不明。司馬遷《史記·匈奴列傳》："漢使驃騎將軍去病將萬騎出隴西，過焉支山千餘里，擊匈奴，得胡首虜萬八千餘級，破得休屠王祭天金人。"班固《漢書·霍去病傳》："……收休屠祭天金人。"《史記集解》記載：《漢書音義》曰："匈奴祭天處本在雲陽甘泉山下，秦奪其地，後徙之休屠王右地，故休屠有祭天金人象，祭天人也。"《史記索隱》記載：韋昭云："作金人以爲祭天主。"崔浩云："胡祭以金人爲主，今浮圖金人是也。"《史記正義》記載：《括地志》云："徑路神祠在雍州、雲陽縣西北九十里甘泉山下，本匈奴祭天處，秦奪其地，後徙休屠右地。"按：金人即今金佛像，是其遺法，立以爲祭天主也。由此可知，這尊金佛像本在甘泉山義渠戎神廟內，秦軍擊敗義渠後，隨義渠一起從甘泉山遷到休屠王右地（今武威一帶），霍去病很可能在休屠王宮的宗廟裏得到這尊金人像。佛家或以爲休屠王金人是最早的佛像，其說存疑。東漢明帝永平七年（64），因夜夢金人所引，派使者往天竺取經。幾年後，白馬馱經回到洛陽，佛教正式傳入中國。這個記載又似乎與休屠王金人有關。

武威長史印

武威長史

[題解]《金石索》："'武威長史'印四字見《印萃》。"《漢書·地理志》："武威郡，故匈奴休屠王地，武帝太初四年（前101）開。"《漢書·百官表·郡守》："秦官有丞，邊郡又有長史，掌兵馬。"《後漢書·百官志》："郡當戍邊者，丞爲長史。"武威邊郡，故置長史。印出武威，今佚。引自《隴右金石錄》。

漢武帝元狩或太初年間置武威郡。長史，官名，秦置。歷史上各個時期執掌事務不一，多爲幕僚性質的官員，相當於現在的秘書長或幕僚長。邊地的郡亦設長史，爲太守的佐官。

宣威長印

宣威長印

[題解]《金石索》："'宣威長印'四字見《印統》。"《漢書·地理志》："宣威，屬武威郡。"印出武威，今佚。引自《隴右金石錄》。

漢武威郡轄十縣，宣威即其一，在今民勤縣境內。漢代縣級長官，人口萬戶以上稱爲"令"，萬戶以下稱爲"長"。當時的宣威縣人口不足萬戶，故稱"長"。

姑臧右尉印

姑臧右尉

[題解]《金石索》："'姑臧右尉'印四字見《印統》。"《漢書·地理志》："姑臧，漢屬涼州武威郡，在雒陽西三千五百里。"印出武威，今佚。引自《隴右金石錄》。

漢武威郡轄十縣，姑臧縣（今涼州區）爲其郡治。右尉，官名。古代縣有縣尉，輔佐縣令掌一縣兵馬。

漢黃羊鏡

(銘詞) 胡虜殄滅天下復，風雨時節五穀熟。黃羊作鏡四夷服，多賀國家人民息。長保二親得天力，傳告後世樂舞極。

[題解] 此鏡爲漢鏡，約造於漢安帝元初六年（119）。鏡重約七八兩，銅質，

蒼青色，四周作迴旋花紋。銘詞皆小篆，共35字。銘詞與《金石索》記載有異。銘詞與《西清古鑒》漢鏡多同，銘詞僅異"黃羊"二字。考：安帝永初年間（107—113），羌亂，騷州郡，人民大擾，歷數年始漸平息。此鏡或為元初己未（漢安帝元初六年，119年）所造，蓋"己"屬黃色，而未則為羊。是時羌亂初諡，故其銘詞如此也。鏡出武威，今佚。引自《隴右金石錄》。

鏡，古代用銅磨制而成。銅鏡原本是古人正衣冠、飾面容的生活用品，在青銅器時代初期就已經出現。由於銅鏡的鑄造工藝、紋飾、銘文等無不反映特定的時代背景和政治、經濟、宗教、藝術及風俗習慣等，具有重要的收藏和研究價值。

一刀平五千

一刀平五千

[題解] 刀，古代錢幣的一種，銅質，由生產工具的刀演變而來，流通於春秋戰國時期，種類很多，上面鑄有文字。秦統一後廢，其後王莽新朝政權（9—23）曾鑄造刀幣。

一刀平五千，匙形，錢文篆書，又稱"金錯刀"。由環柄和刀身兩部分，通長7.5厘米，重30克。環柄為一方孔圓錢，環文上"一"，下"刀"，字陰刻，字陷處填以黃金，并且加以打磨，使字面與錢面平齊。刀身上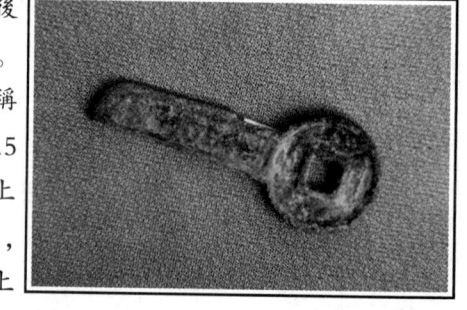鑄有陽文"平五千"三字。平是值的意思，即表示一枚刀幣價值等於五千。1996年5月，出土於武威市涼州區二十里大沙灘。今存武威市博物館。

貨泉

貨泉

[題解] 於1997年9月武威城內東大街涼州賓館建設工程當中出土，今存武威市博物館。泉，古代錢幣的名稱。銅制，錢徑2.3厘米，穿（錢幣的方孔）寬0.8厘米，厚0.1厘米，面、背皆有內外郭。

"貨泉"是王莽新朝政權所鑄的錢幣。王莽的幣制改革是失敗的，但莽錢製作精良，爲後世所稱道。"貨泉"堪稱是王莽後期鑄幣的代表作，是莽錢中較珍貴的品種，具有很高的歷史研究價値和收藏價値。

（漢）五銖

五銖

[題解] 於1997年9月武威城內東大街涼州賓館建設工程當中出土，今存武威市博物館。銅制，錢徑2.6厘米，穿寬0.9厘米，厚0.1厘米，面無內郭，背內外郭，"五"字交筆彎曲。經專家推斷爲東漢五銖。

五銖爲中國古代貨幣。銖，古代重量單位，二十四銖爲一兩，即50克的二十四分之一（各個時期標準不盡相同）。五銖錢是用重量作爲貨幣單位的錢幣，始於漢武帝時期，終於唐武德年間，歷經700餘年，是中國錢幣史上使用時間最長的金屬貨幣，在中國貨幣發展史上具有深遠影響，奠定了中國硬通貨幣圓形方孔的傳統。五銖錢外圓內方，象徵着天地乾坤。

尚方規矩鏡

(銘詞) 王氏作鏡真大好，上有仙人不知老，渴飲玉泉饑食棗，浮游天下遨四海，壽如金石爲國寶。

[題解] 青銅質，圓形，直徑18厘米，厚0.3厘米，重675克。鏡面平整光滑。背面正中一圓鈕，四葉紋鈕座，座外雙邊方框，框內篆書十二地支銘，間隔十二個小乳釘；框外規矩紋及青龍、白虎、朱雀、玄武四神紋爲鏡背主題紋飾。外區環繞

一圈銘文帶，銘文隸書，順時針方向排列。寬平緣，兩圈鋸齒紋，中間一圈雙綫斜折紋。1987年8月，在武威市涼州區長城鄉徵集，今存武威市博物館。

尚方，古代製造和掌管帝王所用器物的官署。規矩鏡，古代銅鏡。始見於西漢，武帝、王莽時期最爲流行。因鏡紋有規則的裝飾格式而得名，又因多用青龍、白虎、朱雀、玄武四神圖案作裝飾，又稱規矩四神鏡。漢代是我國統一多民族封建國家的強盛時期，封建經濟呈現出空前的繁榮。隨着經濟的發展，金屬鑄造工藝不斷進步，是我國銅鏡發展的重要時期，全國許多地區都有漢代銅鏡出土。

雷臺漢墓銅器銘

1. 龜鈕銀印銘文：□□將軍章；□□□軍章；□□□□章。

2. 銅軺車馬頸銘文：守張掖長張君前夫人輦車馬將車奴一人，從婢一人；守張掖長張君後夫人輦車馬將車奴一人，從婢一人；守左騎千人張掖長張君小車馬御奴一人；冀張君小車馬御奴一人；冀張君夫人輦車馬將車奴一人，從婢二人。

3. 銅俑銘文：張氏婢（4件）；張氏奴（8件）。

4. 銅馬銘文：冀張君騎一匹，牽馬奴一人；守左騎千人張掖長張君騎一匹，牽馬奴一人；守張掖長張君郎君阿聃騎一匹，牽馬奴一人。

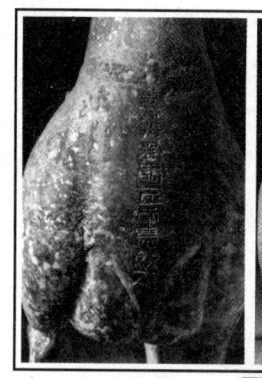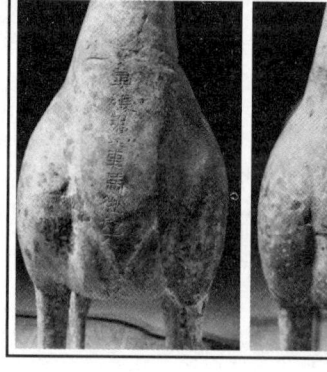

[題解] 1969年10月，武威市涼州區金羊鎮新鮮村農民在雷祖廟所在地的雷臺之下，挖地道時發現一座墓葬，經專家考證確定爲東漢墓葬。墓室結構是用小磚砌成的多室墓，從墓門至後室長達40餘米，墓前室有左右耳室，墓中室有

一右耳室，中室後爲後室。墓中清理出土了200多件文物，28000多枚錢幣，銅車馬置放在前室及耳室中。1983年10月被國家旅游局確定爲全國旅游標志的銅奔馬（亦稱馬踏飛燕、天馬等）就在其中，原物存甘肅省博物館。今出土地雷臺廣場布展品系放大6倍的復仿製品。

從出土器物銘文可知，此墓爲漢代張掖郡守張將軍之墓。從龜鈕銀印看，張將軍級別很高。因爲漢代官員印鈕都有明確規定，只有高官（王、侯及一千石以上官員）才可使用龜鈕。

長宜子孫連弧紋銅鏡（一）

長宜子孫

[題解] 直徑14厘米，厚0.6厘米。今存武威市博物館。

長宜子孫連弧紋銅鏡（二）

長宜子孫

[題解] 直徑8厘米，厚0.2厘米。1996年5月，武威市涼州區懷安鄉二十里大沙灘出土。今存武威市博物館。

位至三公雙夔銅鏡

位至三公

[題解] 直徑10.8厘米，厚0.4厘米。武威市涼州區和平鎮出土。今存武威市博物館。

君宜高位連弧紋銅鏡

君宜高位

[題解] 直徑 13.3 厘米，厚 0.3 厘米。1990 年 10 月，武威市涼州區西營鎮營兒村出土。今存武威市博物館。

長宜子孫銅鏡

長宜子孫

[題解] 直徑 8 厘米，厚 0.5 厘米。圓形，中間圓鈕，周邊有字，最外沿寬邊。今存武威市博物館。

連弧紋銘文銅鏡

[題解] 直徑 8.5 厘米，厚 0.5 厘米。圓形，有鈕，周圍一圈字，已模糊不清，外沿寬邊。今存武威市博物館。

漢代錢幣

武威出土錢幣較爲豐富，各朝各代都有。最早的當爲秦漢半兩，兩漢五銖。王莽貨泉、大泉等都有大量出土，版式、書體較多，除重點外，不再一一列舉。

魏晋 南北朝

杜寶玉印

杜寶

[題解] 武威靈鈞臺（東岳臺）出土，年代爲魏晋時期。印高1.35厘米，邊長1.3厘米。質料爲優質和田玉。印面白文篆書"杜寶"二字，圓雕龜紐，印臺較厚。字體局部勻稱，章法、刀工均達到爐火純青的水平。今存武威市博物館。

前涼霸文刀

霸

[題解] 陶弘景《古今刀劍録》：前涼張寔造刀百口，無故刀盡失。文曰："霸"。《十六國春秋》：晋元帝大興元年，前涼張寔造刀一百口，無故盡失。文曰"霸"。造刀在元帝大興元年（318），寔立已六年矣。今佚。引自《隴右金石録》。

前涼（301—376），十六國之一。301年，張軌任涼州刺史，領護羌校尉。其間，課農桑、立學校、鑄五銖錢，多所建樹。西晋滅亡後，張氏仍據守涼州，成爲割據政權，史稱前涼。前涼極盛時，統治範圍包括今甘肅、寧夏西部以及新疆大部。376年被前秦所滅。張寔，即前涼國君張寔（271—320），前涼肇建者張軌長子，前涼第二代國主，314—320年在位。

刀，兵器。鍛造時一般鑄題名、名號、年號等。

涼造新泉

涼造新泉

[題解] 涼造新泉（錢幣名），爲前涼張軌及其後人所鑄，銅質，大小不一，直徑約1.8—2.2厘米，穿0.6厘米，厚0.1厘米，重1.4—2克。正面隸書（或有篆書）"涼造新泉"，背無文。1984年出土於武威城區，1989、1990年兩次發現於涼州區紅星鄉宏寺村，今存武威市博物館。涼造新泉屬篆文直讀，面背內外均有郭。版別至少分爲大樣、中樣、小樣3種。大樣直徑1.96—2.2厘米，中樣直徑1.89—1.95厘米，小樣直徑僅爲1.30—1.79厘米，重量在0.6—2.1克之間。早在1970年，在陝西就出土了一枚涼造新泉，直徑1.80厘米，重1.5克。1984年3月，武威東關窖藏的發現，使涼造新泉有了新證。清嘉慶十年（1805），劉青園在武威發現了3枚涼造新泉，他當時推定此錢是前涼張軌所鑄，但考證資料已佚失。涼造新泉在錢文上突破了秦漢以來以重量爲錢名的傳統，當是中國最早的國號地名錢，對後世中國貨幣鑄造和貨幣經濟發展影響巨大。同時也是中國貨幣錢文由篆文向隸文轉型、趨於實用的代表性幣種，對研究十六國經濟史提供了直證。

張軌（255—314），字士彥，雍州安定郡烏氏縣（今甘肅平涼市）人。晉朝時任涼州牧，是前涼政權的締造者。他在治理涼州期間，任用賢能，安置流民，發展農業，增修城池，興辦學校，提倡儒學，恢復貨幣流通，鑄造錢幣，爲河西經濟發展奠定了基礎。涼造新泉是他治理涼州期間所鑄造的貨幣，也是我國古代第一種以國號爲錢文的圓形方孔錢。

前涼金錯泥筒

靈華紫閣服乘金錯泥筒。升平十三年十月，涼中作部造。平章殿帥臣范晃督，臣綦毋務舍人，臣史融；錯匠邢苟，鑄匠王虜。

[題解] 前涼時著名青銅器，造於前涼升平十三年（369）十月，銅鑄，呈竹筒狀，下馬蹄形短足，外飾金錯龍虎紋，中有三小圓耳。通高11.7厘米，口徑7.9厘米。器底有金錯銘文47字，記載了鑄造時間、地點、督造大臣、錯匠、鑄匠姓名等資訊。今存陝西省博物館。

升平，東晉穆帝年號（357—361）。穆帝於升平五年（361）已故，但前涼仍奉東晉爲正朔，建國後同時沿用東晉年號至二十年（376）滅亡。此處的升平十三年實際上是晉廢帝太和四年（369），前涼張天錫太清七年。

後涼麟嘉刀

麟嘉

[題解] 陶弘景《古今刀劍錄》：後涼呂光以麟嘉元年（389），即晉孝武帝太元十四年（389），造一刀，銘背曰"麟嘉"，長三尺六寸。《十六國春秋》卷八十一、《晉書》卷一百二十二：後涼麟嘉元年造刀一口，銘其背曰"麟嘉"，長三尺六寸。今佚。引自《隴右金石錄》。

後涼（386—403），十六國時期氐族貴族呂光建立的政權。東晉太元八年（383）苻堅淝水兵敗後，前秦瓦解，呂光據有姑臧（今甘肅武威），於386年稱大將軍、涼州牧；389年稱三河王，後改稱天王，建立大涼，改元麟嘉，史稱後涼。後涼統治範圍包括今甘肅西部和寧夏、青海、新疆一部分。403年，呂隆降後秦，後涼滅亡。

臨松令印

臨松令印

[題解] 印銅質，重50克，正方形，邊長2厘米，印高2.3厘米。橋形鈕。印面刻"臨松令印"四字楷書，白文。1982年，武威市文管會從民間徵集，收藏於武威市博物館，後退歸原收藏人保存。

临松，《晋书·地理志》"凉州"条及《甘州府志》卷四载，临松为郡县名，郡、县均设在临松山下的南古城（今甘肃民乐县境内），在甘州（今张掖市）"城南一百里，前凉张天锡置临松郡，北凉改临松县。"据史籍记载，前凉王张天锡（363—376）在此置临松郡，北凉沮渠蒙逊（401—432）在此改置临松县，前后约40余年。

郡县为中国古代行政区划单位。郡的长官称为郡守、太守，其印章称为郡章；县的长官为县令，或称知县、县宰、县长。因此，武威发现的这枚"临松令印"，当为北凉时期文物，即北凉国张掖郡属县临松县令之印。

（南陈）五铢

五铢

[题解] 铜质，钱径2.5厘米，穿宽0.15厘米，面、背皆内外郭。此钱为陈文帝天嘉年间（560—566）所铸。铸工极精，为五铢钱中的一绝。于1997年9月武威城区东大街凉州宾馆修建工程中出土，今存武威市博物馆。

五铢钱是中国古代流通的一种铜币，最初铸于汉武帝元狩五年（前118年），钱文"五铢"二字得名于它的重量。

（北周）布泉

布泉

[题解] 铜质，钱径2.5厘米，穿宽0.8厘米，厚0.15厘米，面、背皆内外郭。所铸年代为北周武帝时期（560—578），铸造精良。于1997年9月武威城区东大街凉州宾馆修建工程中出土，今存武威市博物馆。

布泉是中国古代流通的一种货币。以"布泉"为钱文的货币，在我国历史上有两个时期铸造过，一是新朝王莽时期，二是南北朝时期的北周。

隋 唐

（隋）五銖

五銖

[題解] 銅質，錢徑2.1厘米，穿寬0.8厘米，厚0.15厘米，面、背皆有內外郭。所鑄年代爲隋朝，鑄造精良。於1997年9月武威城區東大街凉州賓館修建工程中出土，今存武威市博物館。

開元通寶

開元通寶

[題解] 有銅質和銀質兩種，錢徑2—2.6厘米不等，穿寬0.6—0.8厘米，厚0.1—0.15厘米，版式較多。於1997年9月武威城區東大街凉州賓館修建工程中出土，今存武威市博物館。

開元，唐玄宗年號，713—741年，共29年。

乾元通寶

乾元通寶

[題解] 銅質，錢徑2.2—3.9厘米，穿寬0.6—0.8厘米，厚0.1—0.2厘米，版

式較多。於1997年9月武威城東大街涼州賓館修建工程中出土，今存武威市博物館。

乾元，唐肅宗年號，758—760年，共3年。

大雲寺古鐘

[題解] 銅質，高226厘米，口徑115厘米，厚12厘米，重約6噸，懸掛於武威大雲寺鐘樓上。其鑄造時代傳說各異，或云前涼張天錫時所鑄，或云爲唐代遺物，而最晚者謂鑄於五代。民國年間，甘肅靖遠縣范禹勤（振緒）先生客居武威，請其查驗審復。其叙鐘鑄形甚悉，曰似近《山海經》故事，志怪像物或在魏晉。爲便於理解和研究，兹將相關資料備録如下。

清張澍《養素堂詩集》自注：大雲寺鐘，故老相傳，張軌居涼，日大水漂鐘至境上，軌築臺懸之。見舊載籍，鐘周遭相間，鑄仙人花草，形甚活動。

《新通志稿》《甘肅金石志》：大雲寺古鐘，在武威城東北隅，高九尺，口徑四尺，鐘首有蠡，無孔，鑄雲龍神鬼花紋，無款識。相傳云，周敬王時，物荒遠無稽殊，不足信；或云，實五代時所制也，然亦無可考證。鐘口已多剥蝕。

《隴右金石録》：此鐘時代傳聞各异，其形狀甚古樸。所傳聞以五代爲最近，因附於此。

《范振緒書牘》：承囑審定大雲寺銅鐘，證以《山海經》所載，頗有可資探討者。鐘之花紋六面，面分上中下三格。其三面中格，均坐一披甲人，著靴，胯下各跪伏一人，兩傍各侍二人，皆赤足、肉袒。披甲人，一持弓引滿，一執短叉，一高舉一橢圓形物。此三面上下二格，中間均有六爪花紋，爪尖折轉，由花紋中伸出斜綫，直達四角；又二面上格飛仙，下格雲龍，姿勢活潑可觀；中格與前三面上下格同。又一面上格飛仙，下格武士持戈兩傍，挺立左右，臂際有帶如蛇，自下而上旋其尾，交穿於腦後。中格花紋與前二面同，每面每格下均有小格，有獸二，左獨角張口，脊有鬐，虎爪蛇尾；右頂有長鬣張口，虎爪蛇尾。就披甲與執戈者諭，似當日表見武功者。然考莫高、榆林二窟，畫天像似有坐而披甲者；飛仙則莫高各石室頂上亦多有之，是又近於宗教畫者。執此推測，六爪花紋，疑即指禪家六塵，四斜綫，疑即普及四大部洲之義；惟各小格中之二獸及執戈挺立者，頗近《山海經》所載故事。二獸中獨角者似蛟似蠱雕，而尾有不同；頂有長鬣者似麠鴞，而目不同，似鼓似乘黃，而尾有不同；執戈者似巫咸國人，但《經》（當指《山海經》）云操蛇，此則蛇盤繞於兩臂，或即餌蛇者，近是此畫。在下格，漫漶不清，無法細審也。披甲之彎弓者，是否弈射十日，或蜮民國捍弓射蛇故事。鄙見所及《山海經》本，多有後人參入。此鐘當爲佛教流入中土以後所成。屈宋以降，郭璞注《爾雅》《山海經》，張華著《博物志》，劉安著《淮南子》以及左思《二都》，平子（張衡）《兩京》各賦，多叙异物，晋漢人著作最好志怪。而鑄鐘异，亦當時風氣使然歟。

現代考古學家、著名學者向達《唐代長安與西域文明：西征小記》（1942年）："大雲寺旁一鐘樓，上懸大鐘一，'大雲曉鐘'爲昔日凉城八景之一，鐘青銅鑄……謂前凉時物，實者唐代所鑄耳。"

當代著名考古學家宿白《武威行——河西訪古叢考之一》（1991年）："乾隆《武威縣志·地理》古迹條：'鐘樓，城東北隅。（鐘）相傳五代時鑄。'從該鐘形制上考察，可推斷爲唐制。"

范振緒（1872—1960），字禹勤，祖籍甘肅靖遠縣。著名書法家。早年加入中國同盟會，曾任縣長、國會議員、省政府顧問等職。1936年，應駐防武威的國民軍騎兵第5軍軍長馬步青聘請，擔任馬府教師，移居武威。1941年與張大千同往敦煌，研究壁畫。新中國成立後任省政協副主席。著有《東雪草堂筆記》《蘭州事變紀略》等。

蓮花山七級磚塔鐵冠

[題解] 八角七級磚塔爲仿印度閣樓式，坐落在海拔2491米的蓮花山半山腰一金字形的峰頂上面。建造年代不詳，至遲在唐代之前。塔高21米，角角繞檐，挂有風鈴，頂有鐵冠，內裝佛經，稱"經頂"或"金頂"。1927年大地震坍塌，鐵冠佚。唐朝詩人高適詩《和竇侍御登凉州七級浮圖之作》，描寫了該塔的

雄偉壯觀及登塔所見所感。詩曰："化塔圪中起，孤高宜上躋。鐵冠雄賞眺，金界寵招攜。空色在軒戶，邊聲連鼓鼙。天寒萬里北，地豁九州西。清興揖才彥，峻風和端倪。始如陽春後，具物皆筌蹄。"

蓮花山，位於武威城西南約15千米處的松樹鎮境內，海拔2900多米。因其山勢雄偉，奇峰環列，層巒疊嶂，四面險峰宛如盛開的瓣瓣蓮花而得名。山上佛教、道教建築規模宏偉，殿宇相接，加上山泉秀麗，景色宜人，歷來爲游覽勝地，也是歷代文人墨客詠詩作畫的佳境。唐代詩人高適，清代詩人張玿美、陳炳奎等都有佳作傳世；著名畫家張大千曾兩次登臨蓮花山，作有《蓮花山圖》。山下的獸文石，古稱"玄石"，據說是古代羌人崇拜的圖騰。

宋 西夏 元

西夏文福聖寶錢

(西夏文) 福聖寶錢

[題解] 銅質，正面4字爲西夏文，漢譯爲"福聖寶錢"，面文旋讀，光背無文。武威、寧夏均有出土，今存武威市博物館。福聖寶錢爲西夏的早期貨幣，製作粗疏，但形制工整。福聖，西夏毅宗嵬名諒祚年號（1053—1056），全稱爲"福聖承道"。

西夏文又名河西字、番文、唐古特文，是記錄西夏党項族語言的文字。1038年，李元昊建立夏國，命大臣野利仁榮創制。形體方整，筆畫繁冗，結構仿漢字，又有其特點。曾在西夏王朝所統轄的今寧夏、甘肅、陝西北部、內蒙古南部等地流通約兩個世紀。元明時期，仍在一些地區流傳。西夏文專家李范文認爲，西夏文字全部共計5917字，而實際上有意義的共5857字。

西夏文大安寶錢

大安寶錢

[題解] 武威出土，今存武威市博物館。面文旋讀，光背，錢徑2.4厘米。這是目前西夏文錢幣中出土最多的一種。

大安，西夏惠宗趙秉常年號（1075—1085）。

元德通寶

元德通寶

[題解] 清代時出土於武威，今佚。馬國翰引劉青園説：涼州土人掘地得古錢數瓮，其中開元最多，北宋遼錢及西夏元德、天盛、乾祐、天慶、光定、皇建數品，亦不少。元德爲乾順第七改元，其元年當宋宣和二年也（《隴右金石録》）。

又，元德重寶，版式爲折二型錢，銅文楷書"元德重寶"，直徑爲2.7厘米，中間方孔，邊長0.5厘米。今存世僅幾枚，極爲少見。今存武威市博物館。

馬國翰（1794—1857），字詞溪，號竹吾，濟南歷城人，著名文獻學家、藏書家。道光十二年（1832）進士，歷任陝西敷城、石泉、雲陽知縣，隴州知州。編纂《玉函山房輯佚書》700多卷，共輯佚書594種。

劉青園（1784—1850），即劉師陸，字青園，號子欽，山西洪洞人。清代中葉金石學家、藏書家。嘉慶二十五年（1820）進士，歷任翰林院編修、廣東清遠縣知縣、湖北荆宜施道。平生博雅好古，尤善收藏古籍古錢古物，藏書達7000餘種。1805年在游歷武威時，發現了"涼造新泉"和西夏窖藏錢幣多種，是研究西夏文字和西夏錢幣的拓荒者。

元德是西夏崇宗趙乾順年號（1119—1127）。天盛、乾祐、天慶、光定、皇建均爲西夏國君年號，時間爲1149—1211年，當爲南宋時期。宣和，宋徽宗年號，二年即1120年。

天盛元寶

天盛元寶

[題解] 有銅、鐵錢兩種，現存武威市博物館。這是西夏貨幣中鑄造和流通最多的貨幣。鐵錢中還發現一種小鐵錢，俗稱半文錢。在銅、鐵錢中，還發現背面鑄有"西"字的。有學者認爲，此錢爲西涼府所鑄，"西"代表西涼府。

這種銅、鐵錢不多，鐵錢背鑄"西"者尤其少見。

天盛，西夏仁宗趙仁孝年號（1149—1169）。

乾祐元寶 乾祐寶錢

乾祐元寶　乾祐寶錢

[題解] 武威出土，今存武威市博物館。有銅、鐵兩種，小平錢。銅錢存世很少，有楷、行、隸書等多種書體，錢文精美。鐵錢較多，錢文一般爲隸書，存世較多。

乾祐，西夏仁宗趙仁孝年號（1170—1193）。

天慶元寶

天慶元寶

[題解] 清代出土於武威，今佚。馬國翰引劉青園說：涼州土人掘土得古錢數瓮，中有此錢，今未之見也（《隴右金石錄》）。

又，1999年修建武威電信大樓時出土，今存武威市博物館。錢文漢字，楷書。錢徑2.4厘米，文字精美。

又，西夏文天慶寶錢，武威出土，今存武威市博物館。面文旋讀，光背，錢徑2.4厘米，重約4克。

天慶，西夏桓宗李純祐年號（1194—1206）。

皇建元寶

皇建元寶

[題解] 武威出土，今存武威市博物館。直徑2.4厘米，重3.6克左右。"皇

建元寶"四字書體端莊秀麗，邊廓峻深。美制而量豐，今存世不多。

皇建，西夏襄宗趙安全年號（1210—1211）。

光定元寶

光定元寶

[題解] 直徑2.6厘米，穿0.6厘米。正面楷書"光定元寶"，背無文。錢文一般爲楷書，"光定元寶"四字俊逸瀟灑，微含行書氣韵，是西夏最末一代錢幣。該錢傳世數量頗豐。今存武威市博物館。

光定，西夏神宗李遵頊年號（1212—1223）。

西夏鏨刻銘文計量銀錠

（一）真花銀壹錠，重伍拾兩壹錢。

（二）肆拾玖兩捌，伍拾兩陸錢，行人任應和。

（三）真花銀壹錠。

（四）使正，夏家記。

（五）肆拾陸兩陸錢，朱司□□□（"□"爲西夏文，下同——編者注），貳拾伍兩捌錢。

（六）肆拾玖兩捌錢，行人裴元、宋□秤。

（七）官正、官正、官正。

（八）肆拾玖兩肆錢。

（九）趙鋪記，肆拾玖兩捌錢，足秤子木、張。

（十）貳拾肆兩肆錢，貳拾肆兩叁錢。足宋晨溫秤，行人□□□，秤子傅元、郭榮斬。

[題解] 銀質，束腰，兩端呈圓弧狀，正面鏨刻文字、符號各兩行，背面布

滿大小不一的蜂窩。長約 11 厘米，寬 5.5 厘米，重約 1.5 千克。1987 年 9 月武威市東大街署東巷出土，共 10 塊。同時出土的還有 12 塊，鏨刻符號，無字。今存武威市博物館。銘文序號為編者所加。

鏨刻銘文計量銀錠是西夏貨幣中銀錠的重量標準。從其形狀、鏨刻的文字及戳記看，這批銀錠不是在同一個鑄模中鑄造的，而是有好幾種模型，這足以說明這批銀錠是在流通過程中被砸印的，比較真實地記錄了當時白銀流通的情況。

西夏首領印（一）

（西夏文）首領。上。元德六年。苟途萬。

[題解] 銅質，印面正方形，邊長 5 厘米。刻九疊篆書西夏文"首領"二字，柄端刻代表用印方向的西夏文"上"字，柄一側刻西夏文"元德六年"四字，另一側刻西夏文"苟途萬"三字。西夏大德六年（1124）鑄造，現由武威市涼州區南營鄉（現屬新華鎮）某收藏家收藏。

從整個銅印看，有制印時間、首領姓名及確定用印上下方向等，與已發現的西夏首領印的制印方法、內容及風格基本一致，制印嚴謹，西夏文字刻制規整。此印章的發現，不僅為研究西夏時的制印及篆刻藝術提供了珍貴的實物資料，而且對考察西夏中後期的軍事、政治以及確定沿邊堡寨之一西涼府南營城的鎮守將領提供了第一手資料。

苟途萬，西夏將軍，疑為少數民族（党項人）人氏。

西夏首領印（二）

（西夏文）首領。上。大慶丑年。神錢櫃袋。

[題解] 銅質，印面正方形，邊長 5 厘米。刻九疊篆書西夏文"首領"二字，柄端刻西夏文"上"，柄一側刻西夏文"大慶丑年"，另一側刻"神錢櫃袋"4 字。今佚。

大慶丑年，經查《中國歷史紀年表》，夏仁宗大慶年間（1140—1144）無丑年，夏仁宗人慶二年（1145）爲乙丑年。疑"大慶丑年"爲"人慶丑年"。

西夏文宫門就寢待命符牌（一）

（西夏文）宫門就寢待命。泊哈察戈。

[題解] 銅質，長8.5厘米，寬5厘米，厚1.5厘米。正面鐫楷書西夏文兩行六字"宫門就寢待命"，背面楷書西夏文"泊哈察戈"四字。西夏時鑄造。現由武威市某收藏家收藏。

從目前已公布的西夏符牌看，有"敕走馬牌""宫門守禦牌""文宿衛牌""内宿待命"（均爲私人收藏物）等，形狀有馬蹄形、長方形、圓形等。這些符牌，是宫中人員在宫内通行的必用之物。宫門就寢待命，是負責宫門宿衛治安人員的身份證明。"泊哈察戈"其意不詳。

西夏文宫門就寢待命符牌（二）

（西夏文）宫門就寢待命。勒尚千狗。

[題解] 銀質，長7.5厘米，寬5.3厘米。正面鐫楷書西夏文兩行六字"宫門就寢待命"，背面楷書西夏文"勒尚千狗"兩行四字。西夏時鑄造。1995年夏，原武威市（今凉州區）人民政府院内東側施工時出土，現由武威私人收藏。勒尚千狗是負責宫門後勤治安將官的姓名。據姓名推定，應爲少數民族（党項）人氏。

西夏棋子

（正面西夏文） 士　　**（背面漢文）** 士

[題解] 銅質，圓形，直徑2.5厘米，厚0.4厘米。正面陽刻西夏文"士"，背面陽刻漢文"士"。現由武威私人收藏。

西夏文字的創制借鑒了漢字的形制，有單純字和合體字兩大類，其筆畫多在10畫左右，撇、捺等斜筆較多，結構均勻，格局周正，體系完整，個性鮮明。該棋子的發現，對於西夏文化和體育、娛樂、游戲的研究具有重要意義。

五代十國及宋金錢幣簡述

武威除出土漢代至西夏錢幣外，還出土數量不等的五代十國至金代的錢幣，其中有前蜀王宗衍時鑄造的"乾德元寶"；南唐李璟（嗣主）大保年間鑄造的"開元通寶""唐國通寶"；宋太祖時期的"宋元通寶"，宋太宗時期的"太平通寶""淳化元寶""至道元寶"，宋真宗時期的"咸平元寶""景德元寶""祥符元寶""祥符通寶""天禧通寶"，宋仁宗時期的"天聖元寶""明道元寶""景祐元寶""皇宋元寶""至和元寶""至和通寶""嘉祐元寶""嘉祐通寶"，宋英宗時期的"治平元寶""治平通寶"，宋神宗時期的"熙寧元寶""元豐通寶"，宋哲宗時期的"元祐通寶""紹聖元寶""元符通寶"，宋徽宗時期的"聖宋元寶""崇寧重寶""大觀通寶""政和通寶""宣和通寶"，宋高宗時期的"紹興元寶""紹興通寶"；金代海陵王完顏烈時期的"正隆元寶"等。其中以宋代最多。在中國歷史上，五代十國和宋朝對武威及河西未能進行有效管轄和統治，這些貨幣的出土對宋夏關係的研究意義重大。武威市博物館保存的這批銅錢，版式豐富，書體有楷、行、隸、草、篆、瘦金、宋體七種，對研究古代貨幣流通、政權更迭、金屬鑄造、書法藝術等具有重要價值。

薩班造像

[題解] 薩班，即薩班貢嘎堅贊（1182—1251），藏傳佛教薩迦派第四代祖師。生於薩迦款氏家族，自幼受到嚴格的釋典、經學教育，通達五明，學識淵博，被西藏僧俗譽為"薩迦班智達"，簡稱薩班，意為薩迦派的大學者，也是著名的詩人和宗教政治家。薩班造像，銅頭鐵身，頭戴尖頂長耳僧帽，身著藏式僧衣，袒

右肩袈裟，雙手放在胸前結説法印，相容堅毅，跏趺端坐於蓮花座上。約鑄造於薩班去世後不久，原供奉於距武威城東南白塔寺不遠的大河驛銅佛寺（今屬武南鎮），今存涼州大雲寺。

索巴讓摩鐵像

[題解] 生鐵鑄，今佚，未留下圖片和相關文字。

據傳，索巴讓摩是蒙元時期西藏高僧薩迦派四祖薩班的妹妹，以出行者隨薩班一行前來涼州，在涼州城西的蓮花山寺坐禪修行，圓寂後信士弟子用生鐵給她鑄了一尊一人高的塑像，并將兩顆牙齒舍利裝入塑像内，供奉在蓮花山寺的佛殿裏。

至元款銅壺（兩件）

（一）
（銘文）至元丙戌①西涼②報慈安國禪寺僧仁敏置

（二）
（銘文）至元丙戌西涼報慈安國禪寺僧仁敏置

[題解] 銅壺共兩件。一件高 43.5 厘米，口徑 9 厘米，底徑 17 厘米，重 6750 克。直口，折沿内收，長頸，斜肩，鼓腹，下腹斜收，喇叭形圈足，足端下折；頸、腹套接，頸腹處焊接銜環龍首耳，左耳缺一環；口沿下綫刻銘文 16 字；飾雲雷紋、梅花等圖案。鑄造精細，體態秀美。一件殘，殘高 21 厘米，口徑 16.7 厘米，肩部底徑 11.5 厘米，重 1650 克。口沿下刻同樣銘文 16 字。1982 年 7 月出土於武威縣（今涼州區）校尉鄉（今屬古城鎮）珍珠臺。今存武威市博物館。

[注釋]

①至元丙戌：至元爲元世祖忽必烈年號（1264—1294），共 31 年；丙戌爲至元二十三年，即 1286 年。

②西凉：爲當時的西凉州。元朝統治凉州初期，沿襲宋、夏舊制，以凉州爲西凉府。至元十五年（1278），置永昌路，降西凉府爲西凉州。

至正款銅壺（兩件）

（一）

（銘文）苟金剛寶　苟五　史敬臣　李文進　苟潤僧奴　蒙德信　景克柔　同義　李文貴　趙文德　趙文富　馬文貴　欽從禄　車夫壽　何狗兒子　張伯明　何仲安　淳六月姐　雍巴兒　欽從道　李花嚴奴　楊文貴　趙文貴　李宅王氏　姚仲和　周五十三

匠人：苟文進

至正元年七月廿五日鑄就

（二）

（銘文）趙庭秀　張五十　宋世革　王盡才　劉夫壽　王六十三　何二　齊大平　范子和　李五　來三　恩吉祥　李榮　李氏三姐　八十　王宅善兒　蒲氏住姐　趙黑女兒　大平奴　楊府判　李仲德　張總管　趙三　趙經歷　李宅唐氏　楊善人兒　王三　馬世忠　王永德　車二　王党兀　徐大　鄒宗禄　曹大　何文德　車安安　崔友義　鄧才貴　小的　呈納兒　衆家奴　車三　撒的迷失　王提舉　李宅周氏　宋德壽　何同和　宋世榮　劉姓家奴　韓文進　宋德亮

[題解] 銅壺一對共兩件。一件高55厘米，口徑18厘米，底徑24厘米，重11250克；一件高57.5厘米，口徑15.5厘米，底徑24厘米，重14250克。兩件造型基本相同，盤口内斂，高束頸，平肩，鼓形腹，喇叭形高圈足，無底。通體飾紋。頸部爲連續錢紋；頸中部一圈凸弦紋；頸上部飾龍首形耳，耳銜環腹部三組，從上至下依次爲圓形雲雷紋、連續折綫紋、二道連續折綫形成的菱形紋，折綫空白處飾雲雷紋；三組紋飾之間飾方形雲雷紋。圈足一圈鑄銘文，刻信士弟子姓名78人及落款"至正元年七月廿五日"。鑄造工藝粗獷古樸，合範

痕迹明顯。爲佛教禮器。1982年7月，出土於武威縣（今涼州區）校尉鄉（今屬古城鎮）珍珠臺。今存武威市博物館。

至正，元惠宗（順帝）年號（1341—1370），共28年。至正元年即1341年。

至正款銅熏鼎

（銘文）建都班①府尉② 蒲都波羅澤監司 脱因黑漢總管 薛長史 完者帖木大使 李同知 蒙德信 景克柔 同義 李文貴 趙文德 趙文富 牟朝迷 姚仲仁 賢講主 □吉祥 里思 伯家奴 曾付 薛文勝 楊明義 央都 任才貴 王提舉 邢德顯 何文義 高世安 高阿舊多 令真巴 楊氏妹妹 蒙宅李氏 景宅姚氏 張令真思 蠻買驢 張宅嚴氏 李氏引兒 瞿宅玉娥 楊宅亦柔 嚴達之 喜吉祥 楊元瑞 郭二 薛十月 薛吉祥 景文才 樊文義 王國義 忽都的斤 黄宅秀直 順二嫂 會首右録

[題解] 銅熏鼎口徑51.5厘米，高65厘米。盤口，直頸，雙耳，溜肩，鼓腹，腹部兩側象鼻銜環；弧形底，三足中空，爲虎頭形。盤口四周爲鏤空纏枝梅花，頸部兩面各有一條浮雕龍，頂部爲弧形的雙層兩耳，高於盤口；內層空，內外之間爲鏤空纏枝梅花；腹部一周有四方長方形開窗，窗內飾鏤空折枝牡丹；多個部位飾人物、動物浮雕造像和花卉、紋飾等，所有紋飾均塗彩。鼎由四個模範合範而成，肩部一周鑄銘文。銘文內容爲信士弟子姓名及官職，有庶民百姓，也有不少達官顯貴，反映出當時社會對佛教的崇信和重視。鼎中有六個人名出現在至正款銅壺（二）上，説明鑄造時間也應該是至正元年（1341）七月廿五日，或此前後不久。1982年7月，出土於武威縣（今涼州區）校尉鄉（今屬古城鎮）珍珠臺。今存武威市博物館。

"建都班"在銘文中的出現，進一步印證了《孫都思氏世勛碑》（參見該碑題解及注釋）所載建都班在永昌路西涼州的活動情況。根據同期出土文物和當時歷史考察，銅熏鼎銘文中的"建都班府尉"應當就是《孫都思氏世勛碑》記載的建都班。建都班父子生活在永昌路西涼州，因此他們對西涼州有着深厚的感情。銘文稱"建都班府尉"，説明建都班曾任府尉一職。經查元代官職，"府尉"，即縣尉，專職捕盜，與同僚共同負責地方治安。出於維護地方統治的特殊需要，元廷不斷強化縣尉的作用。據《孫都思氏世勛碑》載，建都班曾任永昌路達魯花赤、總管及永昌王王府尉,既管理王府事務,又管理永昌路及下屬西涼州的各項事務。以他爲首的地方官吏,與西涼州人民一起,積極參與西涼州的佛事活動,從一個側面反映了他與西涼州人民的密切關係。元代"西涼報慈安國禪寺"遺址窖藏銅器銘文的發現,不僅爲研究元代宗教信仰、民族交往、冶金鑄造等方面提供了十分珍貴的實物資料,也反映了碑文中記載的蒙古孫都思家族後代建都班與涼州各民族之間的友好來往與親密關係。

[注釋]

①建都班:見《孫都思氏世勳碑》注。

②府尉:即王府尉,是專門負責王府及地方治安的長官。

八思巴文大元通寶

[題解] 武威市涼州區懷安鎮、永昌鎮劉沛村均有出土,今存武威市博物館。元武宗至大三年(1310)鑄。八思巴文對讀,錢徑4.5厘米,重18.6—20克,八思巴大元通寶發行量較大,全國多地均有出土。

八思巴(1235—1280),藏傳佛教薩迦派第五代祖師,四代祖師薩班之侄,元世祖忽必烈時任國師。曾創制蒙古新字,世稱"八思巴蒙古新字"。

明 清

羅什寺鐘

[題解]《新通志稿》：羅什寺鐘在武威羅什寺，高三尺，口徑三尺餘。明成祖永樂四年（1406）鑄（《隴右金石録》《甘肅金石志》）。今佚。

洞兒寺鐘

[題解]《新通志稿》：洞兒寺鐘在武威洞兒寺，形制身短而口侈，與羅什寺鐘同，亦永樂四年（1406）鑄（《隴右金石録》《甘肅金石志》）。今佚。

洞兒寺，位於羅什寺後側，建於明代，毀於1927年大地震。

羅什塔銅頂銅鈴

[題解]《新通志稿》：羅什寺鎏金銅塔頂，高五尺餘，明洪熙元年（1425）重鑄，其創作之時不可考矣。民國十六年五月地震，塔圯墮地裂爲數片；又有銅塔鈴，亦同年所鑄，墮地後尚有完好者，多爲人盜去（《隴右金石録》《甘肅金石志》）。今佚。

釋迦佛造像

[題解]《隴右金石錄》《新通志稿》：釋迦佛銅像，在武威縣東三十里大河驛，像高七尺。明嘉靖四年（1525）鑄，無款識。今佚。

接引佛造像（兩尊）

[題解]《新通志稿》：接引銅佛像二尊，一在武威羅什寺，高三尺，銅質，無款識，年代亦不可考；一在武威縣東北淨土樓，高五尺，鐵質。萬曆三年（1575）造。民國16年匪陷城，樓毀，而佛像亦俱燼焉（《隴右金石錄》《甘肅金石志》）。今佚。

關壯繆立馬銅像

[題解]《新通志稿》：關壯繆銅像在武威縣西街，像高八尺，乘馬橫刀，重三千斤。明萬曆三十五年（1607）山西孝義鑄。光緒二十一年（1895）盜竊銅刀去（《隴右金石錄》《甘肅金石志》）。今佚。

關壯繆，即三國名將關羽。其死後後主劉禪追諡爲壯繆侯，宋高宗追贈爲壯繆武安王。繆同"穆"。孝義，今山西孝義市，明代屬汾州府，今屬呂梁市。

慶豐寺造像（兩尊）

[題解]《新通志稿》：觀音銅像在武威慈悲庵，高四尺三寸，背鎸款識七行，其後庵毀，移東巷慶豐寺。寺內原有地藏銅像，高三尺，俱明萬曆三十九年（1611）造（《隴右金石錄》）。今佚。

慈悲庵，位於武威城東北隅，建於明代，毀於1927年大地震。慶豐寺，位於武威城區東巷子，始建年代不詳，今已不存。

白衣菩薩銅像

（銘文）涼州衛掌印指揮張顯茂、室人唐氏，雲游釋子比丘道清、比丘尼真雲，二人前來在涼州北土城門空地，告准開建立修白衣寺①一座，殿內無主像，□僧乞化十方衆信人等，各發虔心，喜括銅金資財，鑄造白衣菩薩金像一尊，保吉祥如意者□應□。住持僧人真雲、道清，徒如性、如清、真□、性志，法孫性圓、性從，俗徒妙興、妙秀、妙定、妙空、妙德、妙榮、妙藍、妙心，助録信士岳得時、陳繼薰。

萬曆三十九年三月初八日造，醴泉縣②金火匠③薛天機、薛望效法建經。

[題解] 銅像，坐式，高134厘米，身後有銘文。從銘文可知：銅像來自涼州城北白衣寺。該寺建於明代，由涼州衛掌印指揮張顯茂及雲游僧人道清等聯合修建。寺院建成後，寺僧募化資財，鑄造白衣菩薩銅像一尊。鑄造於明萬曆三十九年（1611）三月八日。今存武威市博物館。

[注釋]

①白衣寺：一在武威城區大什字西北角，建於明代，毀於清末；一在城北海子巷，建於明代，毀於1972年大地震。

②醴泉縣：即今陝西禮泉縣，屬咸陽市轄。

③金火匠：金屬鑄造師。銘文中提到的金火匠薛天機、薛望與後面《銅佛像》中提到的匠人薛天仁、薛天吉、薛福当是同一地方的人。兩像的鑄造時間相差13年，當爲同一批工匠鑄造。薛天機、薛天吉疑爲同一人。

銅佛像

（銘文）天啓四年三月二十五日造。

馬乘熊、室人馬氏；陝西西安府醴泉縣匠人薛天仁、薛天吉，男薛福；涼州衛千户吳希、堯龍；老人辛應選、妻張氏，男郝德保、劉天受、常大寶、段宋文；三原縣李志議□□□；山西太平縣客人韓國召、施艮二西住矢；蘭州人段宋文、同年斤，胡尚賢妻劉氏；大明國山西汾州府考義縣尚義芳；三甲人氏功德主馬乘熊、妻馬氏，長男馬升雲、妻陳氏，次男生員馬義高、妻趙氏，長孫馬如龍、女朝□，次孫馬如武，女哲妲；李馨妻馬氏、陸氏，男李□、□□。

[題解] 銅像，坐式，缺雙手，通高119厘米，身後有銘文，標明鑄造時間和捐資者姓名。造於明天啓四年（1624）三月二十五日。捐資人有涼州本地人，陝西西安府人，山西太平縣人、汾州人，蘭州人等共31人。今存武威市博物館。

城隍廟鐘

[題解]《隴右金石録》《新通志稿》：武威城隍廟鐘，高三尺五寸，口徑二尺，明天啓五年（1625），副總兵宋偉鑄。今佚。

城隍廟，即老城隍廟，亦稱府城隍廟，位於武威城大什字西北角，建於明洪武二十年（1387）。1941年6月22日（農曆五月二十八日）被日本飛機投彈炸毀，僅存戲樓，後毀於民國末期。1946年在武威城區共和街中段北側新建縣城隍廟，毀於1958年。

銘文樓閣式鐵爐

[題解] 鐵質。高126厘米，寬50厘米，厚39厘米。樓閣重檐歇山頂，下爲鼎式，四足雙耳，由蓋、身兩部分分體鑄造而成。蓋爲三開間重檐歇山頂樓閣，樓有回廊，蓋上均勻分布烟孔，樓閣臺基飾一周方錢紋。身爲方鼎式，方盤口，口沿内折，四重沿，直頸，弧腹，四方足外撇，頸部焊接長條形雙耳，頸部前後兩面正中有方形鏤孔，頸部腹部四周均鑄有銘文，爲捐資人姓名，文字難辨。四足鑄有雲紋，通體有合範痕迹。腹刻捐鑄者姓名。今存武威市博物館。

陝西西路征行萬户印

萬户

[題解] 鐵質。印面正方形，邊長5.5厘米，厚2厘米，印面篆書。重600克。1985年7月，武威市涼州區張義鎮沙金臺出土。今存武威市博物館。

陝西西路，今甘肅省明代屬陝西省管轄，陝西西路相當於今甘肅省。萬户，官名，即萬户之長。金初設置，歷代相沿，爲世襲官職。

桂子聯芳銅鏡

桂子聯芳

[題解] 銅質。直徑28.8厘米，厚1.9厘米，重3200克。外雙圈中鐫"桂子聯芳"四字，外平沿雙圈，圓鈕。今存武威市博物館。

桂子，即桂花，是對桂花擬人化的愛稱，常見於文學作品。"桂子聯芳"寓富貴吉祥、世代綿長之意。

銅印章

[題解] 銅質。長2厘米，寬1.9厘米，厚0.8厘米，50克。1986年11月，從武威市涼州區長城鄉徵集。今存武威市博物館。

蓮花山鐵鐘

[題解] 鐵質。鐘體通高51厘米，口徑36厘米；八耳。清嘉慶七年（1802）五月八日鑄造，系蓮花山文昌宮所藏。今存蓮花山娘娘殿。

五子登科銅鏡（一）

五子登科

[題解] 銅質，圓形。直徑9.3厘米，厚0.3厘米。鐫"五子登科"四字。1987年3月，從武威市涼州區下雙鄉張泗村徵集。今存武威市博物館。

五子登科銅鏡（二）

五子登科

[題解] 銅質圓形，中圓鈕。直徑9.6厘米，厚0.5厘米，重125克。鐫楷書"五子登科"四字。1992年6月，從武威市涼州區金塔鄉青銅村徵集。今存武威市博物館。

狀元及第銅鏡

狀元及第

[題解] 銅質，圓形。直徑12.7厘米，厚0.4厘米，重150克。鐫"狀元及第"四字。1983年10月，從武威市涼州區東關街寺巷子居民中徵集。今存武威市博物館。

中華人民共和國

皇臺寺皇娘娘銅造像

[題解] 造像高400厘米，侍童高210厘米。今存甘肅皇臺集團公司尹臺寺內。

皇臺寺，即尹臺寺，原稱寶融臺，位於武威城西北2.5千米處的金羊鎮宋家園村。據史料記載，420年，北凉沮渠蒙遜滅西凉，攜西凉皇后尹夫人到姑臧。蒙遜在西漢末年寶融所築的臺基上爲她修建房屋，讓她住下來。唐高祖李淵系西凉國王李暠的十六世子孫。爲了紀念祖先，在尹夫人臺的基礎上修建了寺院，名爲尹臺寺，民間稱皇娘娘臺。遺址尚存。今皇臺寺及其造像皆爲後人所造，時間爲20世紀90年代。古尹臺寺與今皇臺寺相距約1千米。

海藏寺鐵鼎

海藏寶鼎　大雄寶殿。
佛曆二仟伍佰肆拾貳年

[題解] 今存武威市海藏寺。海藏寺位於武威城西北2.5千米處，占地13460平方米，是河西地區保存較爲完整的古建築之一，被譽爲"梵宫之冠"。

據有關資料，佛教創始人釋迦牟尼一說生於公元前624年，一說爲公元前565年。以此佛曆二仟伍佰肆拾貳年推算爲1918年，或1977年。

武威南城門廣場太平鼎

弘揚歷史文化，提高城市品位。

武威市人民政府

公元（陽曆）二零零二年十月一日

（陰曆）二零零二年八月二十五日

[題解] 鼎立於2002年國慶日，正值武威市建市挂牌一周年之際。2001年5月，國務院批准撤銷武威地區，設立地級武威市，原縣級武威市改爲凉州區。爲紀念這一事件，武威市政府鑄造了一尊青銅太平鼎。太平鼎依司母戊大方鼎形制、尺寸鑄造，立於南城門廣場中央約11米見方的三層石質底座上面，顯得威武有力又四平八穩，寓意武威歷史文化輝煌渾厚，經濟社會繁榮安定。

司母戊大方鼎，又稱后母戊方鼎、司母戊鼎、后母戊大方鼎，1939年3月出土於河南安陽市武官村，現藏於中國國家博物館。大方鼎帶耳高133厘米，口長110厘米，口寬79厘米，壁厚6厘米，重833千克；腹部呈長方形，下承四柱足。方鼎是我國目前發現最大、最重的青銅器，是商代青銅文化頂峰時期的代表作，集中反映了我國古代冶鑄技術的高度發展和輝煌成就。

第三編 碑 石

漢 朝

澄華井碣

澄華井

[題解] 碑碣長條形，長133厘米，寬36厘米，厚27厘米。碑殘缺，字迹早已不存。今存武威市博物館。澄華井，已枯，遺迹尚存，位於今武威市東大街市政府院內。清代武威籍學者張澍、張美如有詠澄華井的詩篇。

碣（jié），刻石中的一類形制，一般指圓頂的石碑。《後漢書·竇憲傳》注："方者謂之碑，圓者謂之碣。"漢代以前的刻石没有固定形制，後人將刻有文字的獨立天然石塊稱作"碣"。

據相關資料記載：武威凉莊道署內有澄華堂，上題某年浚井得一小石碣，鐫"澄華井"三字，乃伯英手迹，今其石已不存。另據清代邑人張澍《養素堂詩集》自注：凉州道署有井，康熙初，井中掘得石碣，鐫"澄華井"三字，係張芝隸書，并有銘，某觀察遷任載之去。清凉莊道署在今武威市凉州區東大街118號，即今武威市人民政府所在地。據有關資料，此爲東漢武威郡署所在地。

張芝（？—192？），字伯英，東漢敦煌郡淵泉縣（今瓜州縣）人。東漢名臣張奐（曾任武威太守）長子。著名書法家，今草的創始人。其草書精勁絕倫，冠絶古今，歷史上稱爲"草聖"。《後漢書·張奐傳》："長子芝最知名，及弟昶并善草書。"文字雖簡，却道出了張芝的書法成就和享有的盛名。張芝書寫"澄華井"時，當其父任武威太守期間。

竇公臺碑

[題解] 竇融臺旁樹有《竇公臺碑》。大約在西漢末年淮陽王劉玄更始年間（23—25），竇融歸附劉玄，出任張掖屬國都尉。劉玄敗，被推行河西五郡大將軍事。因保境安民，任人唯賢，政績卓著，故立碑頌德。碑已佚。

竇公臺，又名尹夫人臺、劉林臺、皇娘娘臺，遺址在今武威城區金羊鎮宋家園村。竇公即竇融（前16—62年），字周公，扶風平陵（今陝西咸陽市）人。累世爲河西官吏。原爲新莽政權將領，拜波水將軍。繼歸劉玄，任職河西。東漢初年，曾割據河西12年，行河西五郡大將軍事，後歸附漢光武帝，任涼州牧、大司空等職，封安豐侯，備受恩遇，子孫多顯貴。

魏晉 南北朝

南山崖中佛像

[題解] 據《北涼錄》：先是蒙遜有涼土，專弘事佛，於涼州南百里崖中，大造形像，千變萬化，驚人眩目。有土聖僧可如人等，常自徑行，初無寧舍，遙見則行，人至便止。觀其面貌，狀如其中泥塑形象，人咸异之。乃羅土於此，後往看之，足迹隱隱，今見如此（《涼州府志備考·祥异古迹》）。現存洞窟3層，佛龕18個，佛像一百多尊，窟內發現有北涼及北魏、隋、唐至明、清時期的塑像、壁畫、絹畫、經卷及漢藏寫經，大多在原址武威天梯山石窟保存，部分保存在甘肅省博物館。天梯山石窟佛像大都毀弃，今佛像爲1992年至2002年陸續修復或重塑。

南山崖中佛像，即今武威天梯山石窟，也稱涼州石窟，位於甘肅省武威城南50千米處的涼州區張義鎮燈山村。創建於十六國時的北涼遷都姑臧時期（412—439），後經歷代開鑿，規模宏大，建築雄偉。其中主體建築大佛窟如來坐像，高約30米，造像神態逼真，雄宏大氣。天梯山石窟是中國內地開鑿最早的石窟之一，也是中國早期石窟藝術的杰出代表，是雲岡石窟、龍門石窟的源頭，在中國佛教史上占有重要的地位，有"中國石窟鼻祖"之稱。現爲全國重點文物保護單位。南山，因在武威城之南，故名，其範圍比較寬泛。

廣善寺石佛造像

[題解] 據《隴右金石錄》《五涼全志》記載：大佛寺在武威南一百里，有石佛像，高九丈，貫樓九層。大佛寺一名廣善寺，即天梯山石窟，創建於北涼時期（412—439）。

北涼石塔

[題解] 北涼盛事佛教，在中國佛教史上有不少創舉。北涼石塔是北涼時期雕刻的佛教文物，是中國現存最古老的塔例，它是佛教雕刻史上的一項輝煌成就，代表着雕刻技巧、審美觀念與宗教內涵，是研究藝術史、宗教史不可或缺的一環。現存北涼石塔共有十四座，是20世紀在武威、酒泉、敦煌、吐魯番等地陸續發現的，其中十一座收藏在國內的博物館，三座流向國外，分別收藏在中國國家博物館、甘肅省博物館、絲綢之路博物館、武威市博物館、敦煌市博物館、敦煌研究院和美國克利夫蘭藝術博物館、德國柏林國家博物館。

北涼石塔保留了較多的犍陀羅佛塔造像特徵，代表着我國早期佛教藝術的雕刻題材、造像特徵和藝術風格，北魏的石窟、造像與北涼的石窟、造像有着直接的淵源關係。石塔造型大多相同，以二重八面形塔基和覆鉢形塔身構成，塔身頂部雕相輪和寶蓋。第一層塔基作八角形，每面陰刻身着印度式服飾的供養人物，人物的上端雕有中國傳統文化的八卦圖樣；第二層刻《增壹阿含經》(結禁品)，塔身開有八個拱形龕，龕內雕有七身坐佛和一身交腳菩薩像，爲過去七佛和未來佛，塔身的佛像，因尺幅較小，故略爲粗略，但仍維持着西方的特徵，着通肩袈裟，衣紋呈現U形的平行布排。十分特殊的是，第一身維衛佛與八卦中的震卦置於同方，第八身彌勒菩薩則與艮卦同方位，《周易·説卦》有"帝出乎震"之説，可能是當時的教團將過去七佛與未來佛結合周易的思想，藉以推演出佛法生生不息、三世常存的義理。塔是印度佛教文化產物，北涼石塔自然也是以佛教的圖像、經典爲表現主體，但卻以中國傳統易學、道學的概念構築而成，不但顯示着當時佛教的特質，也是中印文化交流的明證。

北涼武威石塔殘高77厘米，底徑27厘米。塔頂殘，塔身圓形，鑿龕三層，基座方形。塔身共計24龕，每龕皆拱形龕。上層八龕爲八坐佛，中層七坐佛及一交腳彌勒菩薩龕像，下層七坐佛及一右舒相菩薩龕像。佛像皆着通肩袈裟，禪定印。無經文和發願文。今存武威市博物館。

隋 唐

天尊①石造像

垂拱②三年八月七日，女道士張妙端爲天皇及見存父母并一切衆生，敬造天尊像并仙童、玉女一區③。功就，願一切衆生離苦解脱！

[題解] 亦稱"道教天尊石造像"，又稱"武威垂拱三年天尊石造像"。原由武威名士郭中藩先生收藏，20世紀70年代捐獻給武威地區博物館，現存武威市博物館。造像雕刻逼真，文字清晰，聊聊50字，記載了雕刻此像的時間、人物和目的意義。

[注釋]
①天尊：即道教尊神元始天尊，三清之首（玉清）。泛指道教中的尊貴天神。
②垂拱：武則天稱帝之後的年號之一。垂拱三年爲687年。
③區：造像碑的計量單位。又，玉的計數單位，十件爲"區"。

羅什寺地址石碣

羅什寺地址四至臨街。敬德記

[題解] 石碣方形，高41厘米，寬39厘米，厚13厘米。這是一塊羅什寺地基四至界碑，對研究羅什寺規模具有重要意義，現存武威市博物館。敬德，不詳。一説爲唐朝名將尉遲恭（585—658），字敬德。敬德雖爲唐朝功臣，一生征南戰北，但史料未記載其在凉州的行迹，故存疑。

凉州衛大雲寺古刹功德碑

夫無爲者静而長樂，應物者成而不有。是知冥權弗恃，彌倫大悲，可主方便於三界之中。汲引四生，弘宣八政，非八萬四千無以開其妙門之路，三十七品（無以）弘其净土之衢者也。

大雲寺者，晋凉州牧張天錫①升平②之年所置也，本名宏藏寺，後改爲大雲寺。因則天大聖皇妃③臨朝之日，創諸州各置大雲，隨改號爲天賜庵。其地接四郡，境控三邊（衝要），俯蒼松而環城，珍白蘭而作鎮。揆日影，占星表，三時説法，已布金沙，四柱成臺，遠分瓔珞。當陽有花樓重閣，囗院有三門回廊，依寶林而秀出，干瑶光而直上，洵人天之福地，爲善信所皈依也。時有明牧右武衛將軍、御史中丞、内供奉、持節河西諸郡節度大使、赤水軍④大使、九姓大使、監秦凉州倉庫使、檢校凉州都督、河内司馬名逸客⑤，晋南陽王模十三代孫也，英瑋明允，特達聰亮，負經濟之偉才，屬會昌之鴻運，學綜群玉，文擅擲金，撫俗安邊，武昭神算。加以宿植善因，深究玄理，按部餘晷，虔誠净土，重興般若之臺，廣塑真如之像。兼（赤）水軍副使、右武（衛）將軍陳宗北，左金吾衛翊府中郎將安忠敬⑥，軍長史萬徹，軍司馬王休祥，神烏縣令胡宗輔，并門承詩禮，世襲箕裘，席工文墨，與悟兵機，深達般若，樂修檀行。乃愬惠司馬等，僉議裝嚴，於北面畫十善十惡，四面行廊則兵爲喜舍，樹檀那之副，明曠劫之因。於堂中面畫净土變，西面畫地獄變、畫高僧變，并刊傳贊。院山門内各畫神王二，東西兩門各畫金剛。其後地獄變中，觀音菩薩二、地藏一，齊空放光，久而不滅。花樓院有七層木浮圖，即張氏建寺之日造，高一百八十尺，層列周圍二十八間，面列四户八窗，一一相似。屋巍巍以崇立，殿赫赫以宏敞，擬璃臺之懸居，狀層城之始構。年代邈遠，其下層微有凋落，欲加繕補，人力未就。俄而，東西三間，忽然摧倒，因掘舊基，得古錢一瓮，以助工役。後司馬公復典軍州，共爲營構，總剔四面，更敞重檐。於南禪院回廊，畫佛法藏羅漢聖僧變、摩騰法東萊變、七女變；北禪院畫三界圖、九相觀音福，比丘翻經譯典，有造經房一所。梓匠呈材，河宗獻寶；咨銑以三品，訪丹於九區；抵鵲無遺，傷蛇咸録。鄄人運成風之巧，晋臣灑翰墨之輝。雲聯梵殿，烟凝珍館；目屬寶坊，儼焉相對。雕薨鏤角，金鳳盤龍；刊名模金，分身留影；地土聿廣，樓閣相連；變現無方，感通隨念。

　　至若須彌地主，虚宫梵王；是名菩薩，月光童子。如請説經，猶言護法。内控六賊，外伏四魔；皈依祖師，同申戒律。心悟一乘，行聞正果；道存八方，弘施濟度。爲現在楷梯，乃將來龜鏡。寺主雪獻法師，俗姓安氏，姑臧人，驃騎大將軍安公子孫。高蓋駟馬，平生不屑；宴坐經行，深心自悟。玄該四攝，言絶二邊；營事伽藍，備盡精力。所有營構，悉稟規模。上座證净法師，俗姓王氏，太原人。高邁非常，晚近無等操尚，遠情利益。維那玄證法師崇穎、前上座守廉等，并志誠明瞻，風神疏朗，共圖經始，大願成就。加以崇草園林，列蒔花果；琪樹争妍，瑤臺森列；價重香山，名高芝圃；法域之侣，朝夕來游；行李之徒，瞻仰不輟。誠西極之慈航，而五涼之勝事也。況乎，義冠人天，福禔中外；萬祀無疆，千秋莫朽。爰紀其事，兼贊以偈：

　　逖聽人代，恃求古今；至宫不宰，法乳無音。罕通惠樹，直敞稠林；何以出音，惟聞覺地。出俗云何，證在煩惱；修持奚故，達在生老。利物非速，古今未早；無去無來，曰法曰道。雖在譬喻，言説皆空；雖在圖像，無有是同。迹權混實，理契感通；智周惟理，匪我求蒙。教法兆基，伽藍土地；梵宇宫殿，經臺樓閣。寶鎮垂蘇，璿題流鐸；光陰弘耀，烟露忽霍。三休概日，千尋倒影；花散梅梁，蓮披藻井。翔鴨不及，玄態自逞；超士伏歷，王人摩頂。即安靈館，式紹禪關；頓漸成學，廣施積善。道彌有路，義總無餘；一超色相，永敦居諸。

唐景雲二年前頊（領）修文閣（館）學士劉秀撰

朝行郎、涼州神烏縣主簿、譙郡夏侯湛篆額

（張澍按：碑系重刻，"預"誤作"頊"。）

[題解] 此碑原爲唐碑，以碑尾"唐景雲二年（711）……"爲證。原碑已佚，現爲明代重刻。在重刻時加入明代痕迹，如"涼州衛"等（"衛"是明代始設的軍政機構名稱），但主要内容還是唐代的，故張澍《涼州府志備考》將此文收入唐代藝文卷。碑文簡述了大雲寺的歷史和概況，重點記載了唐景雲年間的一次重大修繕活動及修繕後的宏大規模和富麗堂皇，加上住持雪獻法師的涼州安氏貴族身份，對今天研究大雲寺的歷史演變、規制、規模等提供了重要依據，其重要性不言而喻。

因錯訛較多（碑文中部分已改，或加括號標出），兹將甘肅近代著名學者張維先生《隴右金石録》對此碑的分析和考證，照録如下，供研究者參考。

據《金石萃編》云：涼州衛大雲寺碑，高七尺三寸，廣三尺三寸三分，二十六行，行九十八字。正書篆額題"前潁修文閣學士劉秀撰"，"前潁"二字未詳。"朝行郎、涼州神烏縣主簿、譙郡夏侯湛篆額"，而不列書碑，銜名夏侯湛，又不云并書，亦莫曉也。《唐書·百官志》無"朝行郎"之階，神烏（碑文作"神鳥"——編者）縣屬涼州武威郡，武德⑦三年置，總章元年改曰武威，神龍元年復改名。夏侯湛官主簿在神烏，復故之後七年也。《百官志》下縣主簿從九品，上階曰文林郎。神烏是下縣，則主簿當是文林郎，不知碑何以作"朝行"也。

文云："則天大聖皇妃臨朝之日，創諸州各置大雲。"武后於長安五年正月中宗復位，後號曰則天大聖皇帝，碑何以稱皇妃也。《新唐書·武后紀》："天授元年七月，頒大雲經於天下。"《長安志》："懷遠坊東南隅大雲經寺，武太后初，此寺沙門宣政進《大雲經》，經中有女主之符，因改爲大雲經寺，遂令天下每州置一大雲經寺。涼州之有大雲始於此也。"文云："大雲寺者，晋涼州牧張天錫升平之年所置也，本名宏藏寺。"《晋書·張天錫附張軌傳》云："是大都督、大將軍、校尉、涼州牧、西平西元靚之叔。興寧⑧元年，天錫入禁門潛害元靚，國人立天錫，亦號大將軍、校尉、涼州牧、西平公。"若升平在興寧之前，其時天錫尚未爲涼州牧，蓋年遠誤記也。又云："司馬逸客，晋南陽王模十三代孫也。"《晋書·宗室傳》："南陽王模乃高密文獻王泰之子，略略之弟，即模也，字元表。少好學，與元帝及范陽王虓俱有稱於宗室，初封平昌公，累遷鎮東大將軍，鎮許昌，進爵南陽王事。"在永興初年，下訖開元⑨初，歷四百餘年，宜乎司馬逸客十三代孫也。

碑系重刻，如諸"軍"作"君"，"畫"作"盡"，"東""來"作"菜"，"雕甍"作"甍"皆訛字，則翠"前潁""朝行"及不云書人，亦皆脱誤也。

羅振玉⑩《敦煌本摩尼教經》殘卷跋，摩尼教⑪經首尾殘缺，但存中間，寺儀第五出家，儀第六二篇而已。伯希和⑫氏據經中二宗□祭之文，證以佛祖統紀定爲摩尼教經。吾友蔣君伯斧⑬據《唐書》及《會要》謂摩尼，至唐代入中國，予意當在唐前。《唐會要》謂大曆⑭爲摩尼□寺，賜名大雲、光明。以《長安志》考之，光明之名，蓋昉於隋文，大雲之稱則改於武周，至大曆賜額乃合二名爲一耳。《長安志》注言：隋延興寺，僧曇延因隋文賜以蠟燭，自然發□奇之，改所居爲光明寺。曇延請更立寺以廣其教，離未明言，曇延爲摩尼，然云：其教則非固有之佛教。可知曇延時雖已置寺，而教未顯。至唐，其徒衆乃僞造大雲經，托女主之符以媚武后，始得敕令天下創寺，度僧勢乃浸盛，而其教卒不昌。《長安志》所記雖略，然蛛絲馬迹隱隱可考。是其教隋文時已入中土，非唐代乃入也。伯斧題之，乃據以作摩尼教考然。予終以未得其最初流入中國之時代爲憾，嗣細審唐劉秀所撰《涼州衛大雲寺碑》及老子《化胡經》，始知其教，晉已流行涼州衛。碑云："大雲寺者，晉涼州牧張天錫所置，本名宏藏寺，後改爲大雲寺。因則天大聖皇妃臨朝之日，諸州各置大雲，隨後改號爲天賜庵。"老子《化胡經》云："我乘自然光明道氣，從真寂境至蘇鄰國中，誕降王室爲太子，號末摩尼，轉大法輪、說經戒律、定慧等法，乃至三際及二宗門，教化天人，令知本際。上至明界，下及幽途，所有衆生，皆從此度。摩尼之後，年垂五九，金氣將興，我法當盛，西方聖象衣彩自然來入中洲。"就此二者考之，知涼州衛大雲寺始創於晉，其教之流傳乃由西而來，故涼州先有之。《化胡經》爲晉王浮僞造，其所言與此經一一符合，均晉代已有摩尼之證。又《辯正論》稱王浮爲道士，《化胡經》亦有中洲道士，廣說因緣語，知此教初托道教。故王浮僞造《化胡經》而羼入摩尼教旨，其人蓋道士而摩尼者也。《化胡經》雖爲道家，又頗攀附釋氏，其叙摩尼教，亦有轉大法輪、說經戒律、定慧等法語，均依傍竺法之證，經中又有三教混齊，同歸於我語三教者，老也，釋也，摩尼也，同歸於我者。老子本爲道教，而今尹喜托生爲佛陀，而已又別創末摩尼也。既云："三教同歸，故在晉，以道士行之，隋以後又以比丘行之；其所居之寺，在晉曰宏藏，在隋曰延興。因燭焰之靈微而改名光明，且以揭其教旨，因僞造大雲經，托女主之符因改名大雲名。天錫以示寵異，初援於老，後入於釋，固非欲依附以謀浸入俾勢盛，而後扇其宗風焉"。乃先後數百年間，卒不得遂終，不能脫離老釋而獨立，故從來記述不以爲道士，即以爲僧徒，而不知其別爲一教其來也。自西涼而終，仍漸滅於沙州與高昌，宋以後遂無聞焉。中國史家於宗教事實記載，至略釋氏撰著中，偶及外道亦語焉不詳。今幸於《長安志》《化胡經》《涼州碑》及此殘經參互考證，始得其教之涯略，不知尚有他書可考否。爰記之，以質世之，治其教學者。又東友桑原博士鷙藏⑮，謂摩尼教始於漢獻帝建安中波斯人摩尼，唐初其教似已由波斯傳入中國，其言創教之時代不知其所自出，而以《化胡經》考之，則不甚合。《化胡經》言，襄王⑯之時，其歲乙酉，我遠中國後四百五十年，爲末摩尼，其後年垂五九，金氣將興，我法當盛，西方聖象來入中洲。據所云，則摩尼教之創始在周襄王後四百五十年，乃漢高后之二年乙卯⑰。又四百五十年而其教入中國，考其時，則晉武帝泰始元年乙酉⑱。《化胡經》之作，專爲倡導摩尼教而設，所記當不誤。然則，摩尼之創始在西漢之初，而其教之東漸則在司馬（即西晉——編者）之世矣。《涼州衛大雲寺碑》言，寺有造經房翻譯經典，則彼教所譯經典當不少，今僅存此數十行耳，其不至澌滅净盡，亦幸事矣。聞德人在吐魯番得番文摩尼教古經甚多，安得好古而通番文者一詳考之。

張澍《大雲寺唐碑詩》："景雲⑲五年創此寺，貌出覺皇設科律。預修國史劉秀文，神鳥主簿夏侯字。字體遠遜歐柳顏，筆凡文庸亦下駟。茲實疑似重翻刻，原碑定系偷兒秘。李唐開國崇玄元，後乃兼習象教義。金室瑶房偏九埏，衲子紛紛飽飯飼。我昔曾藩大雲經，誰知大雲藏舍利。"

此碑唯讀首行《涼州衛大雲寺古刹功德碑》碑名，即可斷其爲明清時重刻。以明代以前初無"衛"名也，至其脱誤亦不止《萃編》所舉，如三十七品下脱"無以"二字，境控三邊下多"衝要"二字；"右武將軍"唐無此官，或爲"右衛"或爲"右武衛"，必有一誤；"兼水軍副使"則爲"赤水軍"之誤，"北面化"應爲"畫面"，"西化"應爲"西面畫"；"崇草"二字有誤，"列時"應作"列蒔"，"法域之似"中"似"應爲"侣"。至於劉秀職名"前□"二字，蓋爲"前領"之誤。而唐時實無修文閣學士之官，惟弘文館於景龍⑳元年改爲昭文，次年改修文館，見於《唐會要》。張燕公㉒曾爲此官，然是館而非閣，不知何以錯誤若此。《萃編》又謂唐無朝行郎之階，升主簿則當是文林郎。考：唐時九品以上職事皆帶散位。謂之本品職事，則隨才録用，遷徙出入，參差不定職事，高者爲守職事，卑者爲行，仍各帶散位。散位正七品，爲朝請郎從七品，爲朝散郎夏侯湛，或系以朝請郎、朝散郎行神鳥主簿，舊碑殘剥重刻者因而誤刊。且新舊《唐書·地理志》及新出慕容神威墓志，縣名俱作"神鳥"，碑作"神烏"，亦以形似致誤。大抵碑經重刻舛訛，自所時有如此。碑之魯魚滿目，殊爲少見，既非僞作，當時何以疏忽至此，不可解也。（《隴右金石録》）

[作者]

夏侯湛：唐景雲年間（711）曾任武威郡神鳥縣主簿等職，其他不詳。

劉秀：生平不詳。

[注釋]

①張天錫（338—398）：前涼文王張駿少子，桓王張重華、威王張祚的弟弟。363—376年在位。376年，前秦攻涼，張天錫兵敗出降，前涼政權滅亡。前秦滅亡後，張天錫歸順東晉。

②升平：東晉穆帝司馬聃年號，357—361年。前涼奉東晉爲正朔，建國後同時沿用東晉年號至升平二十年（376）滅亡。

③則天大聖皇妃：即武則天。

④赤水軍：據《舊志》，赤水軍在涼州城內，有兵33000人，馬13000匹。成立於唐武德二年（619）。

⑤司馬逸客：唐河內溫縣（今屬河南省）人。能詩文，有經濟才。武周朝，以員外郎嘗從相王李旦北征。中宗景龍四年，任赤水軍大使、涼州都督。

⑥安忠敬：唐涼州武威人。唐初功臣安興貴之孫。時任赤水軍副使，兼赤水、新泉兩軍監牧使，官至鄯州都督。

⑦武德等年號：武德，唐高祖李淵年號，武德三年即620年。總章，唐高宗李治年號，總章元年即668年。神龍，唐中宗李顯年號，神龍元年即705年。長安、天授，唐武周則天皇帝年號。長安五年實爲唐中宗神龍元年（705）。

⑧興寧：東晉哀帝司馬丕年號，興寧元年即363年。永興，西晉惠帝司馬衷年號，304—306年。

⑨開元：唐玄宗李隆基年號，713—741年。

⑩羅振玉（1866—1940）：號雪堂，浙江上虞縣人。中國近代著名學者，教育家，現代農學的開拓者，近代考古學的奠基人，博學多才，對中國科學、文化、學術貢獻頗大，著述宏富。

⑪摩尼教：又稱明教。公元3世紀中葉波斯人摩尼所創立，是一種帶有諾斯底主義色彩的二元論宗教。主要教義爲"二宗三際論"，崇尚光明，受祆教馬茲達教義及基督教影響，摩尼聲稱自己是神的先知，也是最後一位先知。大約在唐代傳入中國。明教一詞實際上是中國化的摩尼教稱謂。

⑫伯希和：法國著名漢學家、探險家。1908年前往中國敦煌一帶探險，購買了大批敦煌文物，帶回法國，今藏法國國家圖書館博物館。

⑬蔣伯斧：又名黼，江蘇吳縣人。清末民初著名金石學家，曾任清學部候補郎中。著書多種，涉獵廣泛，其中對摩尼教流行中國情況進行初步考證。

⑭大曆：唐代宗李豫年號，766—779年。

⑮桑原騭藏（1870—1931）：東京帝國大學（現東京大學）文科大學漢學科畢業，又考取大學院專攻東洋史，曾到中國留學、考察，回國後任大學教授，著述豐碩，是日本近代東洋史學的開拓者之一，京都學派巨頭。

⑯襄王：即周襄王，前651—前619年在位。乙酉爲公元前636年，即周襄王十六年、晉文公元年。

⑰漢高后二年乙卯：高后即呂雉，乙卯爲公元前186年。從公元前636年—前186年，正好450年。

⑱晉武帝泰始元年：即265年。從前186年到265年，正好450年。

⑲景雲：唐睿宗年號，710—711年。景雲五年疑爲景雲二年（711）之誤刻，因碑末標明景雲二年。

⑳景龍：唐中宗李顯年號，707—710年。

㉑張燕公：即張說（667—730），字道濟，一字說之，河南洛陽人。唐朝政治家、文學家。累遷兵部侍郎、中書侍郎、弘文館學士等職。前後3次爲相，執掌文壇30年，爲開元前期一代文宗。封燕國公，追贈太師，諡號文貞。

涼州御山瑞像因緣記

太延①元年，有丹陽僧劉薩訶②者，天生神異，動莫能測，將往天竺觀佛遺迹。行至於此，北面頂禮，弟子怪而問曰。云："此崖當有像現。若靈相圓備，則世樂時康；如其有闕，則世亂之象。"言訖而過。至後魏正光元年③，相去八十有六年，獵師李師仁趕鹿於此山。忽見一寺儼然，宏闊巍峨，寺出一僧，戒勿屠生靈，惶恐有悟。師仁稽首作禮，舉頭不見其僧。竊念常游於兹左，未曾有如是。遂壘石爲記，將擬驗之。行，未越兩載，忽雷震山裂，挺出石像，舉身丈八，形像端嚴，惟無首登。即選石命工，雕鐫別頭，安訖還落，因遂任之。時屬魏末喪亂，生靈塗炭。薩訶之言至是驗焉！師仁於時懷果，走詣所部，言終，出柰，柰化爲石。於是翁嫗嘆此稀有之也。

逮北周孝閔帝④元年，治涼州城之東七里澗，皆聞夜有神光，照燭見像首。衆疑必是御山靈相。捧戴於肩，相去數尺，飛而暗合，無復差殊。於是，四衆悲欣，千里咸聞，太平斯在。北周保定元年，敕使宇文儉⑤檢覆，靈驗不虛，便敕涼、甘、肅三州力役三千人造寺。至三年，功畢。寺僧七十人，置屯三。頃時有燈光流照，鐘聲飛響，皆莫委其來也。建德將廢，首又自落。武帝令齊王往驗，乃安首像項，以兵守之，及明還落如故。至周建德三年，廢三教，敕使將欲毀像。像乃放光溢庭，使人惶怖。具狀聞奏，惟兹一所未毀。有差自涼州行至寺，放火焚燒，應時大雪翳空而下，祥風繚繞，撲滅其焰。焦梁毀棟，今亦見存。又於南岸見一僧人，凌崖飛升，衆大駭匍匐，忽隐然不見，空中聞聲曰："番禾⑥官人，爲我於僧隐處造一龕功德。"今石龕功德見在。

又至開皇九年⑦，涼州總管⑧、燕國公詣寺禮拜，忽像放光。以祥瑞奏上，經像大弘，莊飾尊儀，更崇寺宇。大業初，驃騎將軍、姑臧陰士師⑨携僚屬樊儉⑩等至寺供養，師等見青衣童子八九人堂内灑掃，就視不見。具狀聞奏，駕還幸之，改爲感通寺。

又至武德間，有龍隐然蟠石，飛繞霄閣間，遠之則見，朝看石上依稀有處。至大唐貞觀十年，有鳳凰五色，雙鶴導前，百鳥蔽日，栖於象山。所部以祥瑞具奏，敕命嘉之。又於鳳凰栖處見糞迹，隔天乃穌活。貞觀十（九）年，三藏法師玄奘自五天竺國來，云："天竺大寺有像一雙，彼國老宿云一像忽然不知去處。"玄奘謂此處瑞像，當是天竺大寺所失者，知此土衆生有緣。神龍初，兵部尚書郭元振⑪往任安西都護，曾詣寺禮謁，因畫其像。後奉使入强虜烏折勒⑫，宣聖朝教化。元振即牙帳與計事，目不旁視。是日，大雪深尺餘，元振岳峙，移晷不動。虜狂瞶失神，暴卒於夕。虜五男娑葛之徒，兇悍尤甚，劈面枕戈。將曉，元振素服往吊，道逢娑葛⑬兵。虜不意元振來，遂不敢逼，揚言迎衛。進至其帳，修吊贈禮，哭甚哀，爲留數十日助喪事。娑葛感義，元振遂便。聞奏，中宗令御史霍嗣光持幡花寶器、綉袈裟各一幅，皆長四十餘尺，闊十三。幅詣寺，申敬禮。其時，當天雨花，御谷佛光現。大雲寺僧元明先住彼寺，常聞寺有鼓鐘響，獨恨未聞，恒自投地禮拜，供養勤懇，輒自誓，旬月無徵。幡至，忽聞鼓鐘天響，悲喜交加。御山谷中遠近無泉源，山谷焦涸，獨於瑞像西北二三里，泊然潛出清流，堪激小輪，經過迦藍，灌寺田二三十畝。元明於窟修持。窟近寺四五十里，孤游獨宿，晨去夕還，爰遇蟲豹，秋毫不犯。山中石壁常有鳩鴿群飛，佛殿晝開，曾不敢入。開元元年，隴右防禦副使郭知運⑭、杜賓客⑮共詣一婆羅門，三藏讖曰："不久皆有大厄不可過，宜修福德。"知運惕之，信；賓客即罄舍所有資財，廣修感通寺，軍民至今無急事，俱驗焉。若乃鄉曲賤微之人，遠方羈旅之士，或飄子獨往叩地申冤，或孑爾孤游，瞻顔乞願慈佑，無不遂願矣。

今五涼都會，萬里咸通，徵稅之隘，往來憩時之所，填委戎夷雜處，戕害爲常，不由神變之奇，寧革頑嚚之愚？三藏教化之彰，無微不燭，何異今台山之瑞像，折天竺之慈顔，福於兹方難得而稱者也。且慮人代超忽，傳說差殊，有礙正知正信，故撰瑞像因緣之文，以兹像傳庶黎，勸善之詞，以表大慈之致。

時，天寶元年壬午，徵士、天柱山逸人楊播記。

另，有西方僧某者，初止此地，便以此處爲白馬寺。至宇文滅法⑯，其地僧俗居者多不安，遂復爲感通下寺。時五凉也。

赤水軍使京兆王公倕⑰，同贊靈迹，以傳海内有緣。

[題解] 碑文形成於唐天寶元年（742）。碑殘僅剩下段，高152厘米，寬115厘米，厚37厘米。1979年5月，解放軍第十陸軍醫院修建家屬宿舍時，在城北墙角下出土。今存武威大雲寺。1981年8月，時在武威縣博物館（文廟）工作的邑人于竹山先生在該院住院時，在廢城墙下發現，遂告知文物部門，後被收藏。因斷碑闕文較多，又不能確定字數，故流傳碑文内容多用省略號標出。筆者參考相關資料，將闕文予以補充，雖個别文字有出入，但其義基本通暢。

殘碑講述了涼州番禾縣（今甘肅永昌縣）北御山（今虎頭山）谷中石佛瑞像因緣故事。此故事在《續高僧傳》《廣弘明集》《法苑珠林》等書中都有記載，在敦煌莫高窟壁畫、絹畫中也有表現。北魏太武帝拓跋燾太延元年（435），神僧劉薩訶，西游路經此地，於御山谷中"授記"，預言此山當有像現。北魏正光元年（520），佛像身軀雕刻已成。由於石質松脆，不易雕刻面部，所以未造其首。至北周武帝保定元年（561），於涼州東七里澗（具體位置不詳）天降佛頭，州郡以爲祥瑞，遂運往該處同佛身組裝而成爲一個完整的、達一丈八尺的高大佛像。碑文同時記述了涼州瑞相（像）寺的建立及演變史。北周保定年間，調集"涼、甘、肅三州力役三千人造寺。至三年，功畢"。落成後的寺院，可能就是瑞相寺；隋大業五年（609）七月，隋煬帝結束西巡後，車駕回長安路經此寺時，賜名感通寺，又名感通道場；吐蕃統治時期改名聖容寺；清乾隆年間改名後大寺。今永昌縣城北10公里處有聖容寺遺迹，瑞像身軀依山雕刻於石壁之上，至今綫條清晰。佛像通高6米，其中佛首67厘米，爲另石雕製。佛首現存永昌縣文化館。此碑刻於唐天寶年間（742—755），除其他價值外，歷來是隋煬帝西巡返程路綫的有力佐證（大業五年七月，"駕還幸之，改爲感通寺"）。瑞像及所在寺院，不僅長期受到歷代統治者的重視，而且有許多美麗動人的神話傳說流傳至今，同時也補正了文獻之不足。此碑記載詳盡、具體，其信息量超過了目前能查閱到的其他文獻資料。作者楊播，其生平事迹不詳。

[注釋]

①太延：北魏太武帝拓跋燾年號，435—440年。

②劉薩訶（360—436）：也作劉薩何，俗姓劉，名窣和，釋門僧人慧達。咸陽胡人，一說爲山西離石人，一說爲河北盧龍人。他是中國歷史上第一代赴印度取經（早於唐玄奘230年），并最早歸國弘法度生的高僧慧達大師，被尊稱爲

劉薩訶、劉師佛、劉摩訶，可視為佛教徹底中國化的標志性人物之一。他的涼州瑞相預言和河西流傳的神奇故事神翼超群，靈驗無比，深受家鄉及河西人民的崇拜與愛戴。《梁書·諸夷傳》《高僧傳》《佛國記》《法苑珠林》和《敦煌石窟全集》均有記載。

③後魏正光：即北魏孝明帝年號，正光元年即520年。

④北周孝閔帝元年及保定、建德：孝閔帝元年即557年；保定、建德皆北周武帝年號，保定元年即561年，建德三年即574年。

⑤宇文儉：北周文帝第八子，曾任大將軍、益州總管等職，封譙王。

⑥番禾：古縣名，西漢置，屬武威郡，在今甘肅永昌縣境內。

⑦開皇：隋文帝年號，開皇九年即589年。貞觀，唐太宗年號，貞觀十年即637年。神龍，唐中宗年號，705—707年。

⑧涼州總管：依開皇九年這一時間，應是韓擒虎（538—592）。韓擒虎，隋朝名將，開皇八年（588）率軍伐陳。次年，陳亡。功勳卓著，進位上柱國、大將軍，封壽光縣主。後以行軍總管屯兵金城，旋拜涼州總管。

⑨陰士師：即陰世師（565—617），武威姑臧（今涼州區）人，司空陰壽之子。隋朝大臣，累官至左翊衛大將軍。隋末，留守長安，城破被李淵殺害。

⑩樊儉：陰世師僚屬，隋朝名將。曾任驃騎將軍、左翊衛大將軍。

⑪郭元振（656—713）：名震，字元振，魏州貴鄉（今河北大名縣）人。進士出身，唐朝名將、詩人，曾任涼州都督、宰相等職。

⑫烏折勒：又譯為烏質勒，西突厥十姓部落之一，突騎施首領，游牧於碎葉城一帶，唐朝中葉興起。

⑬娑葛：唐朝突厥別部突騎施汗國第一任可汗，烏折勒之子，後歸降唐朝。

⑭郭知運（667—721）：瓜州人。唐朝將領。官至隴右節度使，追贈涼州都督。曾搜集西域曲譜，進獻朝廷，《涼州曲》即其所獻。

⑮杜賓客：中唐名將，曾任左臨門衛將軍、右衛將軍兼靈州刺史等職，多次參加與吐蕃的戰爭。

⑯宇文滅法：北周武帝宇文邕當政時期（561—578），曾在全國開展以毀像、破塔、焚經和令僧尼還俗的滅法（佛）運動，共還俗僧尼300多萬，退寺塔4萬多座，對社會生產力的發展具有積極的意義。

⑰王倕：京兆（長安）人。曾任赤水軍大使、涼州刺史、河西節度使等職。天寶元年，翻越祁連山，擊敗吐蕃漁海及游弈軍。

贈太尉段秀實①紀功碑

唐德宗 李适

立人之道，曰君與臣；爲臣之義，曰忠與節。忠莫極於衛國，節莫大於忘身。存其誠德，貫乎天地；致其功用，施於社稷。獨斷剿凶慝之命，沈謀安宇宙之危。其智勇足以拯時，其義烈足以宏教。非昊穹錫慶，敷佑皇家，重振紀綱，再激汙俗；何邁迍之會，而獲見斯人。

開府儀同三司、檢校禮部尚書、兼司農卿、上柱國、張掖郡王段氏，名秀實，字成公。應時降生，扶翼唐祚，禀陰陽之粹氣，備剛柔之全德。體正明道，從時卷舒，蓄爲淳和，發爲功烈。朕宅帝位之五載②孟冬十月，賊臣朱泚③，反天悖人，因時多虞，乘我無備，誘聚叛卒，作亂於京師。朕深惟罪己之誠，遠遵避狄之義；駕自中禁，狩於近坰。賊陰謀爲奸，陽言示順，以公嘗任涇帥④，素得士心，采諸衆情，引以自助。公感時悲憤，思定大業。謂復國安人由己，不可以顧私；謂開物變化在權，不可以虛死。略匹夫之褊介，蘊曠代之宏規，內貞其心，外混其迹，且探察元惡情狀，將因而圖之。賊果不疑，委以心腹，遽發凶黨，謀襲我師。公詭説以詞，止之不可，乃竊取官印，假爲兵符，急追寇軍，不遠而復。銷禍紓難，陰陽若神。於時物情危疑，忠邪莫判；卒乘未輯，軍旅未完；微公之謀，吾幾蔑濟。既而密結勇敢，誓殱寇仇，決策克期，中外發應。會賊泚召公計事，引入閣中，露其姦情，言及僭竊。公氣填胸臆，植髮冲冠，仰天大呼："元鑒何昧，孰爲臣子，而忍是心！"語未絶音，奮笏前擊，凶徒敗面，既躓而奔。左右愕然，初未敢動。繼者不至，事遂無成；逆徒交鋒，因而遇害。

嗟乎！天生萬物，惟人最靈。禀元氣之精，鐘五行之秀，是宜守正居順，移孝資忠，君君臣臣，父父子子，各履於達道，同臻於太和。天乎不融，生彼狂悖；神乎不惠，喪我忠貞。静言思之，輟饋忘寐，詳求其理，抑有以焉。兹朕不明，敗德招損，故列聖垂佑，儆戒於予。則泚之亂，所以懲既往，勖將來。禮教陵夷，風俗訛弊，故上帝元鑒，聳動於人，則段公之死，所以勵當今，傳不朽也。

訪彼前史，稽諸昔賢，全大節者不必成功，建大功者或未立節。非節不可以裨教，非功不可以持危。義實相須，事難并備。吉甫⑤以文武翼周室，宣王中興；絳侯⑥以智謀安劉氏，文皇紹立。茂功著矣，而節未可稱。董卓⑦脅國以擅威，伍孚⑧刺之而不畏；王敦⑨擁衆以稱亂，周顗⑩折之而無疑。奇節偉矣，而功竟不就。至若屈伸合變，進退知機，智以遂其謀，勇以決其死；功與時并，節與名偕，中古以還，無公儔比。貞烈之至，通於神明，桀驚聞之而動心，仇讎感之而不怨。死於義而義著，忘其家而家全。行路興悲，懦夫增氣，矧予之慟，其可弭忘。且人之所愛者身也，國之所重者位也。公能殺身徇國，朕得不以重位報之哉？乃詔有司，册贈太尉，謚曰"忠烈"，賜實封五百户，莊宅各一所。嗣子授三品正員官，諸子各授五品正員官。表其閭里，護其喪葬，官立祠宇，史載忠勛。哀榮之典備矣，君臣之義極矣。

公始以天寶四載，奮筆從戎。才爲時生，官爲才達。得司馬戰陣之法，參將軍帷幄之籌。累典方州，更踐台寺，出擁旌節，入爲卿士；位歷十七，歲逾三紀，封王列於异姓，開府比於台司，參職六官，食賦百室。言不伐善，慮常下人，恒持順信之規，罔居疑悔之地。利刃在手，投節皆虛；貞松有心，老而彌勁。吞大憝⑪於方寸之內，定危疑於晷刻⑫之間。力可屈而志不可遷，身可殺而節不可奪；所謂有始有卒，爲臣之極致者歟！日月有期，宅兆云畢；身殁功在，凜然如山；勒名傳芳，終古不滅；以志吾過，且旌善人。

銘曰：浩浩上天，四序唯均。氣或湮鬱，過爲灾氛。否⑬不可終，必復元亨⑭。洗以膏雨，播之祥雲。濟濟蒸人，五常是則。時或迍難⑮，乃生凶慝⑯。亂必有定，允歸皇極。拯以茂勛，輔之明德。勛德克崇，兹惟段公。實天降靈，寧保朕躬。日月蔽虧，宇宙昏蒙。冏然明識，獨誓深忠。豺狼爲群，狺狺逞志。咆哮奔突，乘我未備。公飛尺符，橫制丑類。變化若神，邦家不墜。元惡大憝，誘姦作狂。竊器僭名，反易天常。公獨挺身，奮擊暴強。烈烈英武，殁而彌彰。義振名教，功存社稷。贈極上台，賞延真食。省咎祗畏，懷賢憫惻。刻銘豐碑，昭示萬國。

[題解] 此碑文是唐德宗李适爲褒獎忠烈之士段秀實所下的詔書，目的是"刻銘豐碑，昭示萬國"。約立於段秀實被害之後的建中四年（783），今佚。碑文簡要回顧了段秀實的生平，贊頌其不畏強暴，殺身殉國的英烈壯舉，意在旌表忠節之士，申明君臣大義，鞭撻凶慝之輩。碑文載《全唐文》卷五五，張澍收入《凉州府志備考·藝文卷》。

[作者] 德宗：即唐德宗。見《唐贈揚州大都督故段府君神道之碑》作者。

[注釋]

①段秀實（719—783）：字成公，祖籍涼州姑臧（今武威市涼州區）。唐朝中葉名將。《新唐書·段秀實傳》："本姑臧人。曾祖師濬仕爲隴州刺史，留不歸，更爲汧陽人。"據《唐贈揚州大都督故段府君神道之碑》，段師濬即德濬，爲段行琛曾祖父，那麼就是段秀實的高祖父。段秀實曾任四鎮節度使、檢校禮部尚書、上柱國，封張掖郡王。唐德宗建中四年（783），朱泚借涇原兵變稱帝。國難當頭之際，段秀實趁機打入叛軍，并秘密組織忠勇之士，誓殲叛逆。當朱泚的篡位陰謀暴露之時，他義憤填膺，當衆予以揭發，并當場用朝笏猛擊朱泚頭部，終因寡不敵衆而被害。叛亂平定後，爲嘉獎段秀實的忠勇愛國壯舉，德宗親自下詔，贈太尉，諡忠烈，并封賞其父子，可謂"哀榮之典備矣"。後世對其評價很高，柳宗元撰《段太尉逸事狀》予以褒獎，文天祥的《正氣歌》中以"擊賊笏"典故頌揚其忠烈壯舉。

②帝位之五載：德宗於大曆十四年（779）即位，五載即建中四年（783）。此年十月，朱泚反叛。

③朱泚與朱泚之亂：朱泚（742—784）：幽州昌平（今北京市）人。唐朝中期著名將領、叛臣。曾任隴右節度使、鳳翔節度使等職，加封中書令、太尉。建中四年（783），涇原兵變，被嘩變的士兵擁立爲帝，定國號爲秦。次年，改國號爲漢。不久，李晟等收復長安，朱泚西逃，被部將殺死。

朱泚之亂，史稱涇原兵變。建中四年，涇原地方士兵兵變，叛軍攻陷長安，唐德宗倉皇出逃奉天（今陝西乾縣），被叛軍包圍一月有餘，故又稱奉天之難。此次事件使朝廷威嚴掃地，此後唐朝皇帝又開始重用宦官。

④涇帥：764年，段秀實曾任涇州（今甘肅涇川縣）刺史。這裏以其死後追贈的官名稱呼，以示尊敬。

⑤吉甫：即尹吉甫，又稱兮伯吉父（父一作甫），尹是官名。周宣王時的名臣，歷史上著名的政治家、軍事家和文學家，《詩經》的主要采集者。

⑥絳侯（？—前169）：即周勃，江蘇沛縣人。西漢開國將領。秦末從劉邦起兵反秦，屢建戰功，受封絳侯。繼因討平韓信叛亂有功，升爲太尉。劉邦臨終前預言"安劉氏天下者必勃也"。劉邦死後，呂后專權。呂后死後，周勃與陳平等合謀，一舉謀滅呂氏諸王，擁立文帝。官至右丞相。

⑦董卓（？—192）：字仲穎，隴西臨洮（今甘肅岷縣）人。東漢末年權臣，涼州豪強，曾任并州牧，官至太師，封郿侯。董卓原本屯兵涼州，於靈帝末年的十常侍之亂時受大將軍何進之召率軍進京，旋即掌控朝中大權，興廢立之事，

專斷朝政，後爲王允、吕布所殺。

⑧伍孚（？—約191）：字德瑜，汝南吴房人。官越騎校尉。191年，董卓作亂，伍孚着朝服懷佩刀晋見董卓，欲行刺不中，爲董卓所害。

⑨王敦（266—324）：字處仲，琅琊臨沂（今山東臨沂）人。東晋丞相王導堂兄。王敦出身琅琊王氏，曾與王導一同協助司馬睿建立東晋政權，成爲當時權臣，但一直存有謀反之心。後果然發動政變，史稱王敦之亂。

⑩周顗（yǐ）（269—322）：字伯仁，汝南安成（今河南汝南縣）人。兩晋時期名士。曾任荆州刺史，官至尚書左僕射。因敢進忠言、寬厚仁愛而受朝野敬重。後因支持抑制王氏勢力集團被王敦殺害。

⑪大憝（duì）：極爲人所怨惡的壞人。憝：怨恨，憎惡；壞，惡，奸惡。語出《尚書·康誥》。

⑫晷（guǐ）刻：日晷與漏刻；片刻，時刻。

⑬否（pǐ）：周易六十四卦卦名，代表不好、惡、壞。

⑭元亨：出自《周易·大有》。元，大；亨，通。猶言大通大吉。

⑮迍（zhūn）難：禍亂，災難；指遭逢禍事。迍，處在困難之中，十分不得志。

⑯凶慝（tè）：指兇殘邪惡之人。慝，隱藏，把心隱藏起來，存有邪念。

宋　西夏　元

涼州重修護國寺感通塔碑銘

□□□□□□□□□□□□□□□□□□□□□□根智慧因緣，種種比喻，化□□□，大抵與五常之教多有相似，其實入人深厚，令智愚心服歸向，信重汪洋廣博□□□□□□□□□□□□□□□□□阿育王①起八萬四千寶塔，奉安舍利，報佛恩重。今武威郡塔，即其數也。

自周至晉，千有餘載，中間興廢，經典莫紀。張軌②稱制西涼，治建宮室，適當遺址，□□□□□□□□宮中數多靈瑞，天錫异其事。時有人謂天錫③曰："昔阿育王奉佛舍利，起塔遍世界中，今之宮乃塔之故基之一也。"天錫遂舍其宮爲寺，就其地建塔，適會有□□技類班輪者，來治其事，心計神妙，準繩特異，材用質簡，斤蹤斧迹，極其疏略，視之如容易可及。然歷代工巧，營心役思，終不能度其規矩。茲塔之建，迄今八百二十餘年④矣。大夏⑤開國，奄有西土，涼爲輔郡，亦已百載，塔之感應，不可殫紀。然聽聞詳熟，質之不謬者，云："嘗有欹仄⑥，每欲薦整。至夕，皆風雨大作，四鄰但聞斧鑿聲；質明，塔已正矣。如是者再。"

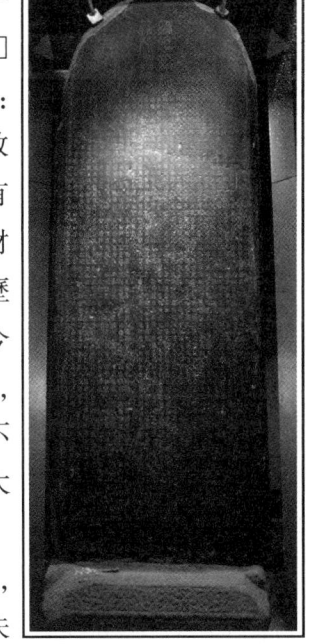

先后之朝，西羌梗邊，寇乎涼土。是夕亦大雷電，於冥晦中上現瑞燈，羌人睹之，駭异而退。頃爲南北失和，乘輿再駕，躬行薄伐，申命王人，稽首潜禱，故天兵累捷，蓋冥祐之者矣。前年冬⑦，涼州地大震，因又欹仄。守臣露章具列厥事，詔命營治；鳩工未集，還復自正。今二聖臨御⑧，述繼先烈，文昭武肅，内外大治，天下禋祀，必莊必敬，宗廟祭享，以時以思。至於釋教，尤所崇奉。近自畿甸，遠及荒要，山林磧谷，村落坊聚，佛宇遺址，只椽片瓦，但仿佛有存者，無不必葺。況名迹顯敞，古今不泯者乎？敕建是塔，旌乎前後靈應，遂命增飾。於是，衆匠率職，百工效技，圬者繪者，是墁是飾；丹艧具設，金碧相間，輝耀日月，焕然如新，麗矣壯矣，莫能名狀。況武威當四衢地⑨，車轍馬迹，輻輳交會，日有千數，故憧憧⑩之人，無不瞻禮隨喜，無不信也。兹我二聖發菩提心，大作佛事，興無邊勝利，接引聾瞽，日有饒益，巍巍堂堂，真所謂慈航巨照者矣。异哉！佛之去世，歲月寖遠，其教散漫，宗尚各异；然奉之者無不尊重贊嘆，雖兇狠庸愚，亦大敬信，況宿習智慧者哉！所以七寶莊嚴，爲塔爲廟者有矣；木石瓴甓，爲塔爲廟者有矣。鎔金彩繪，泥土砂礫，無不爲之。故浮圖梵刹，遍滿天下，然靈應昭然，如是之特异者未之聞也。豈佛之威力獨厚於此耶？豈神靈擁祐有所偏耶？不然，則我大夏植福深厚，二聖誠德誠感之所致也。營飾之事，起癸酉⑪歲六月，至甲戌⑫歲正月，厥功告畢。其月十五日，詔命慶贊。於是用鳴法鼓，廣集有緣，兼啓法筵，普利群品。仍飯僧一大會，度僧三十八人，曲赦殊死罪五十四人，以旌能事。

特賜黄金一十五兩，白金五十兩，衣着羅帛六十段，羅錦雜幡七十對，錢一千緡，用爲佛常住。又賜錢千緡、穀千斛，宫作四户，充番漢僧常住。俾晨昏香火者有所資焉，一時齋宿者有所取焉。至如殿宇、廊廡、僧坊、禪窟，支頒補□，□一物之用者，無不仰給焉。故所須不匱，而福亦無量也。乃詔群臣，俾述梗概。臣等奉詔，辭不獲讓，抽毫抒思，謹爲之銘。

其詞曰：巍巍寶塔，肇基阿育。以因緣故，興無量福。奉安舍利，莊嚴具足。歷載逾千，廢置莫録。西凉稱制，王曰張軌。營治宫室，乃當遺迹。天錫嗣世，靈瑞數起。應感既彰，塔復宫毁。大夏開國，奄有凉土。塔之祥异，不可悉數。嘗聞欻尒，神助風雨。每自正焉，得未曾睹。先后臨朝，羌犯凉境。亦有雷電，暴作昏瞑。燈現煌煌，炳靈彰聖。寇戎駭异，收迹潛屏。南服不庭，乘輿再討。前命星使，恭有祈禱。我武既揚，果聞捷報。蓋資冥祐，助乎有道。况屬前冬，壬申歲直。武威地震，塔又震尒。凌雲勢撓，欲治工億。龍天護持，何假人力！二聖欽崇，再詔營治。圬者繪者，罔有不備。五彩復焕，金碧增麗。舊物維新，所謂勝利。我后我皇，累葉重光，虔奉竺典，必恭必莊。誠因内積，勝果外彰。覺皇妙蔭，萬壽無疆。

天祐民安五年歲次甲戌正月甲戌朔十五日戊子建
書番碑旌訛典集冷批渾嵬名遇，供寫南北章表張政思書并篆額
石匠人員韋移拶崖、任遇子、康狗，慶寺都大勾當銘賽正裏挨黎臣梁行者

乜，慶寺都大勾當卧則羅正兼頂直羅外母羅正律晶、賜緋僧卧屈皆，慶寺監修都大勾當、三司正、右廂孽祖朰介臣埋馬皆，慶寺監修大勾當、行宮三司正兼聖容寺感通塔兩衆提舉律晶、賜緋僧藥乜永詮，修寺準備吳箇，行宮三司正、湊銘臣吳没兜，修塔寺小監、行宮三司正栗銘，臣劉屈栗崖，修塔寺小監、崇聖寺僧正、賜緋僧令介成龐，護國寺感通塔番漢四衆提舉、賜緋僧正那徵遇，修寺諸匠人，監感通塔漢衆僧正、賜緋僧智清，修塔寺監石碑感通塔漢衆僧副、賜緋僧智宣，修塔寺結瓦□土劉狗兒，石匠左支信，鄧三錘、左□□、王真、孫都兒、孫乞都、左□移、左伴兄、孫惹子、殷門雙□□□□□。

（碑陽西夏文未録）

[題解] 此碑簡稱西夏碑，張澍稱爲西夏天佑民安碑，近人亦稱凉州碑；西夏文意思爲"大白上國境凉州感應塔之碑銘"，"大白上國"是西夏的國名之一。爲西夏第四個國王崇宗李乾順在天佑民安五年（即宋哲宗元祐九年，1094）所立。清嘉慶九年（1804），著名學者張澍在武威大雲寺發現，從此，開啓了西夏學研究之門。這是全國現存唯一保存最爲完整的西夏文與漢文對照文字最多的一通碑刻，1961年3月4日被國務院公布爲全國第一批重點文物保護單位。碑原存武威大雲寺。1927年，武威發生大地震，大雲寺古建築大都被震毀，西夏碑亭倒塌。幾年後，地方名士賈壇、唐發科等將西夏碑移至武威文廟保存。21世紀初，武威西夏博物館建成，將此碑移至該館展出。甘肅省博物館、寧夏西夏博物館等皆爲仿碑。碑文收入張澍《凉州府志備考》等金石著作。碑高260厘米，寬100厘米，厚30厘米；碑首呈半圓形，碑正面爲西夏文正文楷書，共28行，每行65字，總字數達到1820個；碑陰是與之相對照的漢文楷書，共26行，每行70字；兩邊陰刻對稱伎樂舞女；碑身兩邊呈殺角，邊上刻忍冬紋。2004年6月，在西夏碑移遷西夏博物館當中，意外發現了深埋地下的碑座。碑座由粗砂岩石整體雕刻而成，長98厘米，寬80厘米，高59厘米，四面分别雕刻獅子、蓮花、天馬、麒麟四幅祥瑞圖案。碑文稱此碑爲嵬名遇供書西夏文，張政思書（漢文）并篆額，并列有許多與碑刻、修寺相關人員，具體情况不詳。此碑發現以來，載録和研究文字汗牛充棟，誤載誤釋之處在所難免，兹不贅述。

碑文記載的故事雖然離奇，却給我們提供了許多寶貴的歷史資料。首先，碑文記載"武威當四衢地，車轍馬迹，輻湊交會，日有千數"，反映了武威當時所處地理位置的重要。其次，碑文稱"昔阿育王奉舍利起塔遍世界中，今之宫乃塔之故基之一也。天錫遂舍宫置寺"。這段記載，與唐景雲二年（711）《凉州衛大雲寺古刹功德碑》中的記載吻合，證明西夏時的護國寺和感通塔，即唐時的大雲寺和七級木浮圖，也即前涼時張天錫所建的宏藏寺和七級木浮圖。這對研究涼州大雲寺的變遷和武威城的歷史，提供了重要資料。第三，碑文中有1092年冬涼州大地震的記載，補充了國內編寫的地震史料的缺失。第四，碑文中"大恒曆院正""內宿神策承旨""中書正""皇城司正""都大勾當"等官職名稱，對研究西夏職官具有參考價值。第五，記載了番漢僧在寺院的活動情況，說明漢族與黨項等少數民族關係密切，共同在這裏從事生產生活和宗教活動。總之，該碑對研究西夏社會經濟、民族宗教、帝后尊號、語言文字、官職、地震等方面，提供了豐富而珍貴的資料。

[注釋]

①阿育王（前303—前232）：古代印度摩揭陀國孔雀王朝的第三代國王，公元前273—前232年在位。他用武力統一了整個南亞次大陸和今阿富汗的部分地區。其早年好戰殺戮，晚年篤信佛教，在全國各地興建佛教建築，據說總共興建84000座奉祀佛骨的佛舍利塔，并整理佛教經典，大力傳播佛教，爲佛教的發展做出了巨大的貢獻。

②張軌：參見《涼造新泉》題解。

③天錫：即張天錫，見《涼州衛大雲寺古刹功德碑》注。

④迄今八百二十餘年：由天佑民安五年（1094）上推，爲西晉（265—316），張天錫在位時間爲363—376年，相差100年，"八百"疑爲"七百"之誤。

⑤大夏：即西夏，是11世紀至13世紀我國西部以黨項羌爲主創建的國家（1038—1227），創建者李元昊。西夏占有今甘肅大部、寧夏全部、陝西北部、青海、新疆、內蒙古和蒙古國的部分地區，方圓二萬餘里。西夏長期和宋、遼、金鼎足，雖表面上稱臣於這些國家，但保持實際的獨立，基本與兩宋相始終。有國190年，傳10主。1003年，黨項族攻占涼州，并於1036年正式建立政權機構西涼府，自此，涼州成爲西夏國的輔郡。1227年被蒙古所滅，長達200多年。時，"西夏不入職方者二百餘年"（張澍語）。

⑥欹（qī）仄：同"欹側"，傾斜、歪斜。

⑦前年冬句：即天佑民安三年（壬申，1092），與後文"況屬前冬，壬申歲直。武威地震，塔有震仄"照應。

⑧二聖臨御：崇宗乾順爲西夏第四位國君，1086年繼位，時年僅3歲，由其母梁太后專權，一直到永安三年（1094）梁太后死後才親政，之前由帝后共同主政，故稱"二聖"。

⑨衢：即大路，四通八達的道路。一作"衝"，意相通。
⑩憧憧：嚮往，仰慕，期望，神往。
⑪癸酉：即宋哲宗元祐八年，西夏崇宗天祐民安四年（1093）。
⑫甲戌：即宋哲宗元祐九年，西夏崇宗天祐民安五年（1094）。

附記：以下是張澍《書西夏天祐民安碑後》及部分著名金石著録的相關記載（引自張維《隴右金石録》），簡述了發現西夏碑的過程以及對西夏碑及其文字的考證，録之供研究者參考。

《書天祐民安碑後》（收入《養素堂文集》卷十九）：此碑在吾武威城內北隅清應寺中（張澍在武威大雲寺一封閉的碑亭中發現西夏碑，但誤記爲清應寺。民國學者林竞、陳萬里的日記糾正了這一誤記。林竞《蒙新甘寧考察記》民國八年二月二十六："今日往拓大雲寺西夏碑。"陳萬里《西行日記》民國十四年四月十九日："往清應寺尋西夏碑不得，詢之居民，謂在大雲寺，始知張澍所記誤……遂至大雲寺……西夏碑赫然在焉……"——編者），有碑亭，前後磚砌，封閉已久，耆老亦不知爲何碑，但言不可啓，啓則必有風雹之災。余於嘉慶甲子年（嘉慶九年，1804年——編者），自貴州玉屏引疾歸家，暇與友游覽，欲拆其封，僧不可，強之，亦不可。乃言"若有禍祟，我輩當之，與住持無預"。乃允。遂呼傭人數輩，啓其前甓，甓剖而碑見。高一丈許，塵土積寸餘。掃之，乍視字皆可識，熟視無一字可識，方整與今楷書無異，額篆書"天祐民安之碑"六字。余曰："碑後必有釋文。"仍命拆其後，拂拭之，乃釋文也。末有銘詞六十四句，文理樸陋。末云："天祐民安五年歲次甲戌，正月甲戌朔十五日戊子建。"末又刻書碑篆額及僧人名數十。

按：史言夏國字，其臣野利仁榮所造；或云元昊作之，未知其審。此碑自余發之，乃始見於天壤，金石家又增一種奇書矣。

《筠清館金石記》：西夏自李繼遷之孫元昊建國，三傳而至乾順。乾順立於宋元祐二年丁卯，改元天儀治平；又三年庚午，改元天祐民安。此碑建於天祐民安五年甲戌之正月，實爲宋之元祐九年，即乾順立之八年也。其年四月，宋始改元紹聖。碑陰番書不可讀。據漢字碑末題名曰："書番碑旌訛典集冷批渾嵬名遇"，知即前碑，以存彼國書體也。

《金石續編》：重修感通塔碑，正書在甘肅武威縣。據《筠清館金石記》補入原書，目錄標題云："大雲寺舍利塔銘"，即此碑也。

《語石》：終宋之世，與遼金南北分疆。此外，惟趙氏父子割據靈武，改元建號，延祚綿長。其石刻惟有感通塔碑，天祐民安五年所立，在今涼州武威縣，土人謂之番字碑，以其一面爲西夏文也。相傳碑陰即釋正面番字。然西夏書僅有二碑，莫能辨之，則亦疑以傳疑已耳。碑後張政思書篆之前一行題曰："書番碑旌訛典集冷批渾嵬名遇"，此亦書番漢文之一例。元時國書碑書蒙古文者，亦往往署名於碑陰。

《西陲石刻錄》：重修護國寺感通塔碑，高一丈，廣三尺四寸，四周已損，存二十六行，行存七十字。正書額篆□□重修□□寺感□□碑銘，三行十二字。碑陰甚完好。廣三尺九寸，西夏書。在甘肅武威。

按：乾順以元祐元年嗣立，其母昭簡文穆皇后梁氏專政，稱曰國母。故碑有二聖之目。是時正以劃界不定，數與宋戰，故有"南北失和，再駕……累勝"云云。此碑碑額爲"涼州重修護國寺感通塔碑銘"，天祐民安則立碑時年號，以爲碑名，自無不可；而碑額實無此六字篆書。張澍不知以何致誤。《新通志稿》遂謂當時立碑"以年號名之"，殊不可解，則又以誤傳誤矣。碑之一面爲西夏文字，凡二十八行，行存六十四字，大體完好；額有篆書"□□□□□□□□"八字（八字爲西夏文——編者），兩傍俱刻佛像，蓋爲西夏篆文，夏篆僅見此刻，殊可珍視。天祐民安五年，則宋之元祐九年也。碑云："前年冬，涼州地大震"；銘文亦言："前冬壬申，武威地震"。其時當元祐七年，而《宋史·五行志》不載。又云："先后臨朝，羌犯涼州"，亦不見於夏國傳，皆可補正史之闕。又考西夏之先出於党項，即所謂党項羌也。碑文一再斥言西羌，而元昊上仁宗疏，自稱"改大漢衣冠，制小番文字"。碑中書西夏文者，即題爲"書番碑"，是羌番必各自爲族類，而西夏不自承爲羌也。至夏之稱番，蓋以唐時吐蕃據有涼、隴，自號大蕃，其餘威或猶存於諸部族間，故因而仍之，以畏諸戎歟！書以俟考。

碑陰世多以爲即前碑番文，惟前碑題額爲"涼州重修護國寺感通塔碑銘"。此額只有番篆八字。前碑今存二十六行，行七十字；此碑存二十八行，行六十四字。頗多漶泐，今取其完整者錄之。宋景祐中，元昊據有西夏，命其臣野利仁榮創造國書，成十二卷，糅雜隸楷，方整繁重，有篆隸草三體。篆字常用於印鉢，草字多見於繕寫，隸字則猶中土，楷書每以作刻、印經籍之用。自元昊迄西夏之亡，通行垂二百年，元時河西隴右猶有用之者。甘肅西夏文碑，僅有二種：一爲元泰定時莫高窟六體文字，碑有西夏文六字；一即此碑，蓋爲西夏文僅存之石刻。至夏文佛經，則世多有之。此碑額即夏文篆書，文則隸書也。

敏公講主①江南求法功德碑

公□敬跋。

敏公諱生，大師之西夏蛻骨②，長□春□□雄壯氣凌雲。漢掣開金□□玄朱文如光□□岸恢吾宗赤□□生濤風□吾教吼石翰金多變豹，從夜習梵，每喧天規布綿綿聲浩浩音哉。且□龍門客去住煩參□□□□□□□□□，春風花雨，溟濤在然，臨□□□□□，隨月天有月遠生西照古照今子，光升維時，丙戌③□□冬後一日。古□紫川福俗□書。

佛法本由西方出，敏公却來南方求。□應王□載將□開學西涼人未休。西涼人者，其佛性列陵□神□□□中間一字涉淯訛一大□□解不盡解得盡萬□森羅自作證。右送敏公講主之西涼西南繼規園中……西涼州敏講主□千里，□江南求贖大藏經文。如謂持決定，志其決定信成，就決定境界中事□□決定信奉。故為大地衆生，塵夢煩惱，泛入生死，苦海中發，為膏盲痼疾。故五千四十八卷□漸權實□落倫園如世醫□，痼病□藥復處，衆生病去藥除，返事號為病，滋□侵道，始後鹿野以□終至跋提河，求其二□□，未嘗說一字，如惜壽藥能也。鎔作金□□，練於□□得□見結□□青道□文字非□□劉□不能解慎勿勒印□打成黃卷赤軸，為壽□宜興□主庫內茹好是□。至元廿三年元宵，浙東雁礚山人精堂□益，書於靈隱西軒。

西涼曾未□□□□藏靈文已放梵具眼宗師輕峰侶珠回玉轉壽吾皇。敏公講主遠奉聖旨及國師法旨，特取大藏經。其忍苦捍夢□知洞山之大藏，只是今之□□。又僧問雲門如何，是一代時教□□，對一說又僧。五祖睦州送一藏教，只是不刉脚，且道刉什麼字，祖云：入羅娘君前，三大者怎麼提持若識得□親，刉處便見大梵如藏，不在內不在外若是。伶利講主聊聞，乘著便乃知，刉大振屯宗竪法幢然法矩，告天祝壽報佛恩，□□綽綽然有餘裕哉。因其行，信筆劃□。

初見敏公講主……□置心取三乘□實聖之恆□貴金言之常住持伴將沉之佛日重使欲滅之惠燈□□□殊勳碩保皇基之永固，以此無□弘正法之流通。雖然如□藏即今在什麼處遠，知道出息入息陰界，衆得百萬億卷文，大隋□□得半藏且可如何得全，髮漂入眼將地出遠游大經卷量等三千界□，一切塵悉然有一聰惠經卷且同何者，是此□眺聽恩議講試辯看，遠涉歸程驛路，長臨忙昔年具禁，雖西域出古杭佮岸如金堤，似錦野花芳情如此去。

碑 陰

通化門　涼州衛④指揮司 立

[題解] 碑文書於元世祖忽必烈至元二十三年（1286）正月。碑高124厘米，寬70厘米，厚13厘米。作者不詳。因碑剝蝕嚴重，脫文較多，雖字迹依稀可辨，但標點斷句及釋意不甚確切。碑陰大書"通化門"三個大字，右側邊緣陰刻一行行書小字"涼州衛指揮司立"。從碑陰文字可知，該碑明代時另做過"通化門"的券石。據此可知，碑陰文字應爲明代時鐫刻。據載，該碑原嵌於武威通化門即北城門，1939年由北城門拆下後移至文廟保存。

碑文記載了元代初期西涼州西夏遺僧敏公講主（禪師），不畏艱辛，奉旨遠赴江南杭州求取大藏經的事迹。"佛法本由西方出，敏公却來南方求"。自佛法東漸以來，杭州歷來爲佛教勝地。尤其自宋代以來，隨着政治經濟中心的南移，江南地區成爲政治、經濟、文化和佛教發展的中心。南宋政權又以杭州爲都，且在杭州雕刻印刷《大藏經》。元朝建立後，佛教得到了空前的發展，特別是藏傳佛教被定爲國教。當時，雖然都城在大都（今北京），但蒙元政府繼續延續在杭州雕刻刊印《大藏經》的傳統，自1277年至1321年，先後多次刊印了《普寧藏》（1277—1290）《大藏經》（西夏文版，1302—1321刊刻）《磧砂藏》（磧砂版，1297—1306刊刻）三部大藏經，向全國寺院施印頒賜。有元一代，杭州成爲全國官方佛經雕刻、印刷、發行中心。因此，西涼敏公講主不辭辛苦遠赴杭州求贖大藏經（《普寧藏》）。

[注釋]
①敏公講主：大致是西夏晚期至元代初期，西涼州（今甘肅武威市）某寺院的一位高僧大德，其講經説法之處爲"西涼西南繼規園"。因他是"奉旨及國師法旨"求取大藏經，肯定其在佛教界的地位比較顯赫。講主，猶禪師。
②蛻骨：脱骨。靈魂升天後遺留的骸骨。此處引申爲遺留物。語出曹植《神龜賦》。
③丙戌：元世祖忽必烈至元廿三年（1286）爲丙戌年，與後文"至元廿三

年元宵"相吻合。

④涼州衛：明代在涼州設置的軍政機構，屬陝西行都司。《明史》：洪武九年（1376）十月，置涼州衛。

孫都思氏①世勳碑

至順②二年四月丙辰，中書省臣言："聖上幸念侍御史建都班③，贈其祖父以官而封之，賜之金幣，俾得以勒碑先塋。其碑之文，請以命奎章閣大學士臣阿榮，侍書學士臣集等；其凡役，請以命甘肅行省屬諸郡縣有司；而攻石之工，請取諸荊王之府。"上可其奏。明日，建都班以其僚治書侍御史、臣馬祖常④所述家世歲月官簿行事之實來告，臣等謹奉詔次第而書之。

維國人之貴者，有孫都思氏。昔在太祖皇帝，龍飛朔方，肇基帝業，時則有大勳勞之臣，實佐興運。最貴重者四人，時爲四杰。其次四，則鎖兒罕世剌子赤老溫八都兒也。初，父子俱事太祖，以忠勇見知。至以衣物相易以締交，相謂曰安答，蓋永以爲好也。上嘗與召赤溫戰，不利。其父子率族黨夜攻之，召赤溫遁，脫太祖于難。自是，凡征討之事，孫都思氏以功多著。上賜之名，而世宥之，曰答剌罕⑤。國家凡宴饗，自天子至親王，舉酒將醹，則相禮者贊之，爲之喝盞⑥。非近臣不得執其政，故以命之。宿衛之士，必有其長爲之怯薛官⑦，亦非貴近臣不得居其職，則以命之。而赤老溫八都兒之子阿剌罕，亦以恭謹事上。上嘗被創甚，阿剌罕百方療之，七日而愈。事具信史。太宗皇帝時，命太子闊端⑧鎮河西，阿剌罕之子鎖兀都從太子。生子曰只必貼木兒王，鎖兀都夫人牟忽黎爲保母。太子薨，只必貼木兒嗣，鎮河西，以鎖兀都之子唐兀觸領怯薛官，及所屬軍匠保馬諸民。五十餘年，內贊府事，外著邊職，積年七十六而歿，葬於西涼州。其夫人忽都觸伯要真氏，能修婦職，以相其夫，年六十而歿，其墓在永昌府。

子男凡幾人，建都班其長子也。領王府怯連口奴都赤、八兒赤、昔保赤、哈赤軍民諸色人匠。至治⑨二年，授朝列大夫、永昌路總管。泰定⑩二年，遷中順大夫，授本路達魯花赤⑪。二年，進亞中大夫、王府府尉。天曆⑫元年，皇帝入正大統。明年，也速也不干邢王入覲，薦其從行者五十人，備太子宿衛，建都班寔居第一人。奏對稱旨，拜奉議大夫。武威孫都思碑考夫，同僉太常禮儀院，尋參議詹事院事，俄拜監察御史、中書省左司員外郎、御史台經歷、治書侍御史，升侍御史。於是，制贈其曾祖父母、祖父母、父母某官封，今立碑於西涼州之先塋。

臣等以爲，深仁厚澤，其加於臣下者，可謂敦篤而不忘者矣。重念孫都思氏之先，以瑰偉杰特之材，佐帝業於方興之日；又以建都班之忠慎才美，踐曆台省，推恩先世而寵榮之，何其盛也？然則，凡在子孫，思上之德意，安有不鞠躬盡力，以報稱於萬一者哉？乃作銘詩以系之。

銘曰：天啓聖元，篤生聖神；誰其相之，有杰其臣。佐其征討，以成大業；萬世是保，□□□□[13]。名臣子孫，固多賢才；聖皇在御，乃進乃來。乃贊省議，乃正台紀；從容入朝，侃侃濟濟。天子曰嬉，維臣之良；自其祖考，積德以昌。水求其源，木循其本；課忠責孝，式彰令聞。大河氾氾，有阡在焉；勒文貞瑉，何千百年。

[題解] 此碑原立於甘肅省武威永昌府孫都思氏家族墓先塋，即今武威市涼州區永昌鎮石碑溝村。今佚。碑文撰於元文宗至順二年（1331）四月，收入虞集《道園學古錄》卷十六。從碑文內容可知，蒙古族孫都思氏的後裔曾跟隨皇子闊端一系在涼州，去世後，葬於涼州永昌府。後世學者不知此碑立於何處，更不知碑文內容，多年來也未見任何碑志及學術研究。1985年4月，臺灣新文豐出版公司編輯出版的《元人文集珍本叢刊》，收錄了此碑的影印件。

從碑文可知，孫都思氏家族從鐵木真（成吉思汗）到元末，一直是蒙古和元朝時期的黃金家族，"維國人之貴者，有孫都思氏。昔在太祖皇帝，龍飛朔方，肇基帝業，時則有大勳勞之臣，實佐興運。""名臣子孫，固多賢才"。而從赤老溫之孫鎖兀都從元太宗之子、西涼王闊端父子鎮守河西開始，就與涼州結下了不解之緣。鎖兀都之子唐兀觸夫婦及其後裔去世後多葬於涼州。赤老溫雖爲蒙元四杰之一，但《元史》無傳，亦有其無後之說。碑文比較完整地記載了孫都思氏家族的世襲相承及功勳偉績，突出了其先祖答救少年鐵木真的事跡、建都班與元文帝及名臣馬祖常的密切關係，同時，特別敘述了建都班父子從闊端鎮守河西（涼州）及建都班父母歸葬涼州的情況。此碑文的發現，可補史之闕，糾史之誤，是研究孫都思氏（赤老溫）家族歷史的珍貴資料，對研究元代及其涼州地方歷史具有重要的價值。

[作者] 虞集：字伯生，號道園，祖籍仁壽（今屬四川省）。元代著名詩人、學者。曾任秘書少監、奎章閣侍書學士、翰林院直學士兼國子祭酒等職。卒謚文靖。

工書法、詩詞，與柳貫、黃溍、揭傒斯被稱爲"儒林四杰"。著有《道園學古錄》，有《虞集全集》傳世。

阿榮（？—1335）：字存初。蒙元怯烈氏，蒙古族人。歷任湖南道宣慰使、中書參知政事、奎章閣大學士、榮祿大夫等職，官至中書省右丞相。

[注釋]

①孫都思氏：即蒙古和元朝時期著名大將"赤老温"家族。赤老温（又稱齊拉袞）與木華黎、博爾術、博爾忽號稱"元初四杰"，是成吉思汗建國初期的四位重要謀士或將領。其父親鎖兒罕失剌，在鐵木真（成吉思汗）早年遭遇不測時得其營救幸免於難，後歸附鐵木真，參加統一蒙古各部的戰爭。因其是救命恩人又建有功勳，建國後封爲千户，享有"九罪而不究"之賞。其子沉白、赤老温皆在統一大業中立下赫赫戰功。赤老温當年曾與妹妹安答（後爲成吉思汗側妃）在少年成吉思汗被泰亦赤兀族追擊之際成功掩護其脱險，後與父親同掌一千户，并代父領軍，驍勇善戰，屢立奇功，世任"怯薛"（禁衛軍）之長，爲十大功臣之一，世襲答剌罕之號。其子阿剌罕，"以恭謹事上。上嘗被創甚，阿剌罕百方療之，七日而愈。"太宗皇帝窩闊台時，太子闊端鎮守河西，阿剌罕之子鎖兀都從太子。鎖兀都夫人牟忽黎爲闊端兒子只必貼木兒的保母。闊端去世後，只必貼木兒嗣位。鎖兀都之子唐兀觸，領王府怯薛官及所屬軍匠保馬諸民五十餘年，内贊府事，外著邊職，七十六歲而卒，葬於涼州永昌府（今永昌鎮）。其夫人去世後，亦葬於涼州。唐兀觸有好幾個兒子，杰出者爲建都班，領王府怯薛官及軍民諸色人匠，歷任永昌路總管、永昌路達魯花赤、王府尉等。天曆二年（1329），薦五十人爲宫中宿衛，以建都班爲第一，曾在僉太常禮儀院、詹事院、中書省、御史臺任職，累擢治書侍御史。根據孫都思氏世勛碑記載，赤老温家族家族輩分爲：鎖兒罕失剌（鐵木真時期）—赤老温（成吉思汗時期）—阿剌罕（太宗窩闊臺時期）—鎖兀都（闊端鎮守河西時期）—唐兀觸（只必貼木兒鎮守河西時期）—建都班（元英宗—元惠宗時期）。縱觀整個家族，作爲元朝四大名族之一，"名臣子孫，固多賢才………從容入朝，侃侃濟濟"，"以瑰偉杰特之材，佐帝業於方興之日"，確實深得皇族信任，極盡權勢。

②至順：元文宗年號，在位時間1330—1332年；二年即1331年。

③建都班：見注①。

④馬祖常（1279—1338）：字伯庸，號石田。元朝著名文學家，延佑至天曆間文壇的活躍人物。出生於光州（今屬河南）。先世爲蒙古雍古部（今新疆一帶），其高祖是金代鳳翔兵馬判官，子孫按照以官爲氏的慣例改姓馬；曾祖月合

乃，從元世祖忽必烈攻宋，留居開封，累官禮部尚書。延佑二年（1315）首科進士，殿試第二。歷任翰林直學士、禮部尚書、御史中丞、樞密副使等職。

⑤答剌罕：蒙古語音譯詞，原意為自由者、不受管轄者。後為蒙元時期的一種崇高封號，位領兵馬事。

⑥舉酒將釂，則相禮者贊之，為之喝盞：釂（jiào），飲酒乾杯。喝盞，金代以後朝宴的一種儀式；泛稱陪飲。

⑦怯薛官：怯薛，蒙古語詞匯。指蒙古時代的禁衛軍，是成吉思汗親自組建的一支軍隊，由貴族、將領等功勛子弟構成，具有嚴明的紀律，同時也享有一定的特權，地位較高，其長官由四大名族中的人物擔任。

⑧闊端：見《亦都護高昌王世勛碑》注。

⑨至治：元英宗年號，在位時間1321—1323年；二年即1322年。

⑩泰定：元泰定帝年號，在位時間1324—1328年；元年即1324年。

⑪達魯花赤：見《亦都護高昌王世勛碑》注。

⑫天曆：元文宗年號，在位時間1328—1330年；二年即1329年。

⑬□□□□：銘文四句一層意思，四句一換韵，比較規整。據此推定，此處疑似遺漏一句（四字）。

亦都護高昌王[①]世勛碑

奎章閣侍讀學士虞集奉敕撰文

奎章閣承制學士 禮部尚書巎巎奉敕書

翰林學士承旨 銀青榮禄大夫 知制誥兼修國史

奎章閣大學士 凉國公趙世延篆額

至順二年九月 日

皇帝若曰："予有世臣帖木兒補花[②]，自其先舉全國以歸，我太祖皇帝，實贊興運，勛在盟府，名著屬籍，世纘令德，以勵相我國家。至帖木兒補花，佐朕理天下，為丞相，為御史大夫，文武忠孝，厥績懋焉。昔其父葬永昌，大夫往上冢，其伐石樹碑，而命國史著文而刻焉。"臣虞集頓首受詔，退而考諸高昌王世家。

蓋畏吾而之地，有和林山，二水出焉，曰禿忽剌，曰薛靈哥。一夕，有天光降於樹，在兩河之間，國人即而候之，樹生癭③，若妊人身然，自是光恒見者。越九月又十日而癭裂，得嬰兒五，收養之。其最稚者，曰兀單卜吉可罕④；既壯，遂能有其民人土田而爲之君長。傳四十餘君，凡五百二十載，是爲阿力秘畢立哥亦都護可罕。亦都護者，其國主號也。數與唐人相攻戰，久之，乃議和親，以息民而罷兵。於是唐以金蓮公主妻可罕之子葛勵的斤，居和林別力跛力答，言其常所居山也。又有山曰天哥里干答哈，言天靈山也；南有石山曰胡的答哈，言福山也。唐使與相地者至其國，曰："和林之盛強，以有此山，盍壞其山以弱之。"乃告諸可罕曰："既爲婚姻，將有求於可罕，其與之乎？福山之石，與上國無所用之，唐則罕見。"遂與之。石大不能動，唐人使烈而焚之，沃以醇酢，碎石而輦去。國中鳥獸爲之

悲號。後七日，（玉倫的斤）可罕薨。自是國多災异，民弗安居，傳位者數亡。乃遷諸交州東別失八里居焉，統交州。交州，今高昌國⑤也，北至阿木河，南接酒泉，東通兀敦石哈兒，西臨西番，凡居是者百七十餘載。

而我太祖皇帝，龍飛於朔漠。當是時，巴爾術阿而忒的斤亦都護在位，知天命之有歸，舉國入朝。太祖嘉之，妻以公主，曰也立安敦，待以子道，列諸第五。與者必那演征罕勉力、鎖潭、回回等國，將部曲⑥萬人以先啓行，紀律嚴明，所向克捷。又從太祖征沙卜兒，征河西，皆有大功；薨。次子玉古倫赤的斤嗣爲亦都護。玉古倫赤亦都護薨，子馬木剌的斤嗣爲亦都護。將探馬赤軍萬人從憲宗皇帝圍宋合州、攻釣魚山有功，還軍火州；薨。至元⑦三年，世祖皇帝命其子火赤哈兒的斤嗣爲亦都護。海都⑧、帖木迭兒之亂，畏吾而之民遭難解散，於是有旨命亦都護收而撫之，其民人在宗王近戚之境者，悉遣還其部，始克安輯。十二年，都哇、卜思巴等率兵十二萬圍火州，揚言曰："阿只吉、奧魯只諸王以三十萬之衆，猶不能抗我而自潰，爾敢以孤城攖吾鋒乎？"亦都護曰："吾聞忠臣不事二主，且吾生以此城爲家，死以此城爲墓，終不能爾從。"城受圍六月不解，都哇系矢以書射城中，曰："我亦太祖皇帝諸孫，何以不我

歸？且爾祖嘗尚主矣。爾能以女歸我，我則休兵；不然，則亟攻爾。"其民相與言曰："城中食且盡，力已困，都哇攻不止，則淪胥而亡。"亦都護曰："吾豈惜一女而不以救民命乎？然吾終不能與之相面也。"以其女也立亦黑迷失別吉，厚載以茵，引繩墜諸城下而與之，都哇解去。其後入朝，上嘉其功，錫以重賞，妻以公主曰巴巴哈兒，定宗皇帝之女也；又賜寶鈔十二萬錠，以賑其民。還鎮火州，屯於州南哈密力之地。兵力尚寡，北方軍猝至，大戰力盡，遂死之。子紐林的斤方幼，詣闕請兵北征，以復父仇。上壯其志，錫金幣鉅萬，妻以公主曰不魯罕，太宗皇帝之孫女也。主薨，又尚其妹曰八卜義公主。有旨師出河西，俟與北征大軍齊發，遂留永昌焉。會吐蕃脫思麻作亂，詔以榮祿大夫、平章政事、吐蕃宣慰使，領本部探馬等軍，鎮吐蕃，威德信明，賊因斂迹，其民亦安。武宗皇帝召還，嗣爲亦都護，賜之金印，後署其部押西護司之官。仁宗皇帝始稽故實，封爲高昌王，別以金印賜之，設王傅之官，王印行諸內郡，亦都護之印則行諸畏吾而之境。八卜義公主薨，尚公主曰兀剌真阿難答，安西王之女也。領兵火州，復立畏吾而城池。延祐五年十一月二十一日薨。子二人，長曰帖木兒補花，次曰籛吉，皆八卜義公主所出也。次曰太平奴，兀剌真公主所出也。帖木兒補花，大德中，尚公主曰朵兒只思蠻，闊端[⑧]太子孫女也。至大中，從父入覲，備宿衛，又侍皇太后於東朝，拜中奉大夫、大都護，升資善大夫；又以資善出爲鞏昌等處都總帥達魯花赤[⑩]。奔父喪於永昌，請以王爵讓其叔父欽察台，不允，嗣爲亦都護高昌王。至治中，與喃答失王同領甘肅諸軍，且治其部。泰定中召還，與寬徹不花威順王、買奴宣靖王、闊不花靖安王分鎮襄陽。尋拜開府儀同三司、湖廣行省平章政事。[今]上皇帝歸正大統，召之至汴，以左丞相留鎮。旋趨至京師，戮力削平大難。鎮湖廣時，左丞相娟而害政，人所弗堪，至是有旨執而戮之。乃更爲申救於上曰："是誠有罪，然不至死。"再三言之得釋。其不念舊惡，以德量贊襄，類如此。天曆元年十月，拜開府儀同三司、上柱國，錄軍國重事，知樞密院事。明年正月，以舊官勳拜中書左丞相；三月，加太子詹事；十月，拜御史大夫。大夫之拜左相也，讓其弟籛吉嗣爲亦都護高昌王。籛吉尚公主曰班進，闊端太子孫女也。主薨，又尚其妹曰補顏忽禮。籛吉薨，弟太平奴嗣爲亦都護高昌王。

臣惟高昌祖之所自出，事甚神异。其子孫相傳數十代至於今，克治其土，豈偶然哉？火赤哈兒亦都護，百戰以從王事，捐骨肉以救其民，後卒死之，其節義卓然如此！至其子與孫，再世三王，盛德之報也。大夫世胄貴王清慎自持，戶庭之間動中禮法，平易以近民，正己以肅物，仁義之功沛如也。及其臨大政、决大议，忧深思远，而声容凝重若泰山，然用能弥纶大经①，以佐成雍熙之盛，可谓社稷之臣也哉！表其碑曰"世勋"为宜，敢再拜。

系以诗曰：维皇太祖，建极定邦。知几先徕，伟兹高昌。列图率赋，宝玉重器。稽首受命，以表诚至。太祖曰嘻，天啓尔衷。有附匪疏，以究尔功。橐鞬介胄，十千维旅。以从四征，斥广疆宇。从我王事，靡懈朝夕。邦之世臣，食其旧邑。旧邑高敞，介乎强藩。为暴突来，虔刘以残。保障捍城，我禦我备。敌为弗顺，我死无二。崇埔言言，寇来实繁。力殚守坚，责我师昏。有齐季女，出女纾难。义有绝爱，皇用咨嘆。寇退民完，天子慨之。辇帛载金，悴斯溉之。城郭室家，既还既复。庶其宁我，皇锡之福。於庐於处，狂嚚掎之。矢尽众殱，执节死之。维时贤嗣，泣血入告。请扬天威，以报无道。天子壮之，俾军於西。抚尔人民，受之鼓鼙。有嚚西羌，弗靖以撓。移节往治，旋就驯擾。武皇缵武，眷尔衮服。节旄印绶，仍护其属。乃稽王封，在时仁宗。旗蠹舒舒，刻章以庸。乃及永昌，幕府斯临。将星宵陨，亦既即远。宰木阴阴，阅历岁时。顾瞻徘徊，邦人之思。大夫嗣德，克敬以让。三命弥恭，世爵用享。佩玉琼琚，靖共以居。躬行孝严，服御不渝。肃肃雍雍，有察有容。亲亲尊尊，允德允恭。天子远归，大义攸征。大夫在行，民性以定。既安既宁，治久告成。大夫司宪，百度孔明。衮裳赤舄，进见退思。儆於无虞，匪泰伊惕。大夫申申，明哲以孚。嘘歔有怀，永昌之墟。天子有诏，大夫省墓。勒文载碑，世勋是祚。维王孙子，永言思之。岂惟子孙，百辟其仪之。

元统二年岁次甲戌十月上旬吉日 立石
大都留守司石局提领杨秀奉敕摹刊成造　　提控谢思聪同造
（碑阴回鹘文未录）

碑 侧

此元亦都护高昌王世勋碑也，为虞仁寿集奉敕撰文，康里文忠巎巎书丹，赵文忠世延篆额。三公皆元代名臣大儒。而康里字体遒劲峻整，在率更清臣之间，洵可宝也。碑文详《道园学古录》及《元文类》。碑则於清季被土湮没之地中，後复凿其半为碾磨。癸酉秋，始於高昌乡石碑沟访得其处，掘出之移置教育馆。夫是碑既遭摧残，又复湮没，不幸甚矣！今得其半，意者犹有鬼神守护欤！抑物之可珍者，显晦有时，不终埋没欤！愿後之学者永护惜之，以存国粹，岂第为一乡荣光哉。

民國二十三年嘉平月　邑人賈壇⑫、唐發科⑬敬跋　趙士達⑭敬觀
石工周兆平鐫字

[題解] 碑殘斷，現僅存碑額和碑身中段。碑額高130厘米，寬180厘米，厚52厘米；碑身殘高182厘米，寬173厘米，厚46厘米。加上碑座，全碑通高在6米以上。碑正面爲漢字，36行，行殘存41字；背面爲回鶻文。碑文比較完整地記述了回鶻高昌王家族的歷史，特別從巴而術阿而忒的斤到帖木兒補花六世效忠蒙古和元室的功勛及定居凉州、"遂留永昌"的背景，是研究維吾爾族歷史及回鶻文演變的重要史料。此碑創立年代，據漢文碑文記載，撰於元文宗至順二年（1331）九月。元順帝元統二年（1334）十月，帖木兒補花前往凉州掃墓，樹立了虞集撰寫的《亦都護高昌王世勛碑》。關於碑文樹立時間，雖然漢文明確説是"至順二年"，但回鶻文則説是"元統二年"，二者相差三年。據推斷，可能是至順二年元文宗下詔，虞集"退而考諸高昌王世家"的歷史和起草階段，元統二年爲兩種文字寫成合刻於同一石碑并樹立於永昌路的時間。該碑在元朝滅亡後的相當一段時間，還保存完好，《五凉全志》《武威縣志》《永昌縣志》都有記載。大約在清末不知何故埋没於地下，後被當地群衆挖出，將上下兩段鑿爲石磨。1933年（癸酉）秋天，在武威市凉州區永昌鎮（位於武威城北約15公里處，元代元昌路所在地）石碑溝村發現此碑；1934年臘月（嘉平月），武威名士賈壇、唐發科、趙士達將其移置縣民衆教育館（當時設在文廟），并在碑側鐫刻此碑的發現情況及碑文出處。虞集此碑漢文部分初稿刊於《道園學古録》卷二十四，又刊於《國朝文類》；張澍收入《凉州府志備考·藝文卷》，又刊於《五凉全志·武威縣志·藝文志》。張維《隴右金石録》："蒙文繁細，已不可拓，其文當爲前碑譯文也。"此碑歷史、藝術價值極大，是研究回鶻史和回鶻文的第一手資料，向爲學界重視。2013年，墓葬及碑刻被國務院公布爲全國重點文物保護單位。

[作者]

虞集（1272—1348）：見前《孫都思氏世勛碑》作者。

康里巎巎（náo）（1295—1345）：字子山，元康里部（西北游牧民族）人。曾任監察御史、翰林學士承旨、禮部尚書等職。最早提出編纂遼、宋、金三史。元代大書法家，書法用鋒靈妙，流暢圓秀，有王獻之、米芾草書遺意。卒諡文忠。

趙世延（1260—1336）：字子敬，甘肅禮縣人，一説四川成都人。梁國公趙國寶之子。其先蒙古雍古部人，數代有功於朝廷。曾任肅政廉訪史、御史中丞、奎章閣大學士、凉國公等職，在任期間頗有善政。卒諡文忠。

[注釋]

①亦都護高昌王：亦都護，7世紀定居今新疆北部吉木薩爾一帶的拔悉密部統治者的稱號。12—13世紀時，高昌回鶻首領也稱亦都護，意爲"幸福之王"或"神聖的陛下"。另一說系借用漢語"都護"，詞首加"亦"而組成。高昌王，高昌回鶻首領的内地封號，一直到元朝滅亡。王府在今武威市涼州區城北金羊鎮松濤村于家槽子，其在武威的後裔到明代改姓張氏，逐步融合於當地民族。

②帖木兒補花（？—1351）：亦譯爲貼睦兒補化，回鶻（今維吾爾）族，永昌路（今武威市）人。元代名相，嗣爲亦都護高昌王。曾任中奉大夫、大都護、開府儀同三司、上柱國、御史大夫、知樞密院事等職，後被丞相脫脫請旨誅殺。

③癭（yǐng）：頸瘤，俗稱大脖子。指生長在樹木外部隆起如瘤者。

④可罕：亦作可汗、可寒、合罕。古代匈奴、柔然、突厥、鮮卑、吐谷渾、回紇、蒙古等北方少數民族最高統治者的稱號。

⑤高昌國：古西域國名，最初是漢族建立的佛教國家，今新疆吐魯番一帶。9世紀中葉回鶻西遷，其中一支占據唐西州地區，建立高昌國，史稱西州回鶻或高昌回鶻。轄境西包庫車，東抵哈密境内，北越天山，南接于闐。居民主要從事農牧業。建都古高昌城（位於今吐魯番市三堡鄉），當時訛作火州，一作和州。13世紀初葉歸附蒙古，後爲元朝直轄地，14世紀20年代後入察合台汗國。

⑥部曲：本爲軍隊編制之稱。後變爲私兵之稱，後又爲家僕之稱。部曲經主人放免，即成平民。

⑦至元等：至元，元世祖忽必烈年號，1264—1394年，共31年；至元三年即1266年。延祐，元仁宗年號，1314—1320年，共7年；延祐五年即1318年。至大，元武宗年號，1308—1311年，共4年。至治，元英宗年號，1321—1323年，共3年。天曆，元文宗年號，1328—1330年，共3年。

⑧海都（？—1301）：蒙古窩闊台汗之孫。封地在塞外嶺北的葉密立河畔。元世祖至元三年舉兵叛變，成宗大德五年（1301）在和林（今蒙古國鄂爾渾河）附近爲元軍所敗，後病死。

⑨闊端（1206—1251）：元太宗窩闊台次子，受西夏故地，封西涼王。因主持"涼州會盟"，使西藏歸屬蒙元王朝而功垂青史。其後裔大多居於涼州，元朝滅亡後逐步融合於當地民族。

⑩達魯花赤：官職名。蒙古語，意爲鎮壓者、蓋印者，轉而有監臨官、總轄官之意。元時漢人不能任正官，多數行政機關及各路、府、州、縣均設置達魯花赤，主要由蒙古人充任，亦常參用色目人，以掌印辦事，把握實權。

⑪彌綸大經：意謂治理國家（社會）。彌綸，統攝，籠蓋；經緯，治理；綜括，貫通。大經，常道，常規，引申爲社會。

⑫賈壇（1862—1941）：字杏卿，武威市城關鎮人。出生於商賈之家。光緒二十八年（1902）中秀才，封文林郎。民國時期，曾任縣參議會參議員、縣商務會會長、文廟管理委員會委員等職。其一生關心地方教育文化事業，對保護武威歷史文物貢獻卓著。

⑬唐發科（1879—1955）：字榴亭，武威市涼州區永昌鎮下源村人。20 歲入武威縣儒學爲生員。1915 年入甘涼道師範學校修業，畢業後長期從事教育事業達 35 年之久。1944 年，任縣參議員。1951 年 6 月任武威縣副縣長。

⑭趙士達（1883—?）：武威市涼州區北鄉人。早年畢業於甘肅高等學校，曾任小學校長、武威中學教員、民勤縣縣長、武威縣文獻委員會委員等職。曾與段永新、唐發科等參與《武威縣志》編纂工作。

鎮國寺碑

[題解]《五涼全志》：鎮國寺碑在武威永昌堡舊城外（《隴右金石錄》）。《舊志》：永昌堡舊城外有葡萄園，園中有鎮國寺（《涼州府志備考》）。寺、碑今已不存，碑文無考。

永昌堡即永昌府城，元代永昌路治所。建於元初，城門上嵌有"大元故路"四個磚雕大字，毀於 1958 年之後。故址在今武威市城北約 15 千米處涼州區永昌鎮政府駐地。

藏文刻石

[題解] 刻石共 2 塊，陰刻藏文。碑文內容不詳，時間約爲元代。1991 年 9 月，武威市涼州區新華鄉亥母洞出土。今存武威市博物館。

明　朝

福壽寺碑

[題解] 福壽寺，亦名百靈寺，遺址在今武威市涼州區古城鎮南 15 千米處。寺內有碑刻 1 通，明成祖永樂年間（1403—1424）立，今佚。碑文大意是：唐玄奘西天取經曾路過福壽寺，住宿四天，并講經說法，弘揚佛法。

西營河纏山沿溝石記

[題解] 明永樂年間（1403—1424），當地百姓開挖纏山沿溝，立有碑石記其事。原存西營河石嘴子石崖山，今佚，碑文內容不詳。

重修羅什寺碑

夫聖迹之廢興者，聞見亦多矣，是乃天地之循環，造化之呵護也，故存則廢而復興。記天地之循環者佛也，造物之呵護者神也。然廢而復興者，非佛天之有循環，地靈之所固守，豈能興焉？是以廢而復興者亦有人力之所造也。

涼州古今，邊城之勝境，州之北隅，有福地浮屠①存焉。其下寺堂基址，瓦礫堆阜，榛莽荒穢，比丘不存，亦不知其寺之名，灰燼久矣。其所廢者，豈非天地循環者乎？永樂元年癸未春，鄱陽善人石洪從軍張掖，以老弱居涼州。洪性善竭誠，欲葺蓋就，命工開浮屠，於頂心得銀牌，鑿字記其額曰："羅什寺"，乃姚秦時三藏法師鳩摩羅什②之所建塔寺也。洪曰："此天地循環，造物呵護。"於是頂木塔，日化緣於市，州之人見其誠善，趨施之。洪乃剪荊棘，拾瓦礫，聚木植，二年甲申秋八月，立木起正殿，至六年戊子殿成，□□□□□□到寺竭力同心，裝像彩壁俱畢。十三年乙未，餘木又起觀音、羅漢二小殿，東西兩廡，彩塑皆完。其所以復興者亦由人之所造，豈非造物之呵護者乎！

洪揖余而言曰："吾一新羅什寺，經營於葺□完，上以福國，下以康民，老願足矣！先生爲作文以刻石。"余辭不獲，洪□□□乃述其本末，請勒於石，并作詩於後，云："□□教主大法王，瞳瞳慧目照八荒；天下聖迹處處昌，拔渡衆生登慈航。鳩摩羅什居西涼，高敬塔寺建道場。□來煨燼真感傷，惟存浮屠摩青蒼。地靈守護歲月長，石洪誠心勢莫當。披髮頂塔如佯狂，日日叫佛化四方。□□趨施布津梁，經營數載成殿堂。塑像彩壁增輝光，願以福國保民康。皇圖永固樂家邦，聖壽萬萬福天疆。"

時，大明永樂十七年歲次己亥春三月己巳朔，越二十日甲子。

善人石洪立　前鄉舉子、浙江□□□□廖處恭撰

凉州衛儒生黃恭篆額　　□□仲書丹

[題解] 碑立於明永樂十七年（1419）三月，已佚，碑文引自《武威縣志稿》。碑文記載了羅什寺在明永樂年間的一次重修工程，可謂羅什寺的一次浴火重生。明永樂元年（1403），鄱陽（今江西鄱陽縣）善人石洪從軍張掖，因老弱退役客居涼州。他在當時已不知其名的遺址中尋得刻有"羅什寺"三字的銀牌，遂斷定這是姚秦（即姚萇所建後秦政權）時爲三藏法師鳩摩羅什所建的寺院遺迹。於是，下決心化緣重修。石洪的這一善舉，得到涼州紳民的大力支持。經過13年的不懈努力，羅什寺終於在永樂十三年（1415）重修完畢。幾年後的永樂十七年春三月，石洪在羅什寺樹立起由舉人廖處撰文記事的碑刻。通過這次重修活動，作者特別強調了人的作用，發出"廢而復興者亦有人力之所造也"，"其所以復興者亦有人之所造，豈非造物之呵護者乎"的感嘆，實際上是在肯定和贊頌石洪對羅什寺的重建之功。

[作者] 廖處：本邑人士，舉人出身，曾任浙江某地官員。

[注釋]

①浮屠：亦作浮圖，佛圖，休屠。浮屠、浮圖，皆佛陀之异譯。佛教爲佛所創，古人因稱佛教徒爲浮屠，佛教爲浮屠道。後也稱佛塔爲浮屠。

②鳩摩羅什與羅什寺：鳩摩羅什（344—413），簡稱"羅什"或"什"。祖籍天竺，出生於西域龜茲國（今新疆庫車）。羅什天資超凡，年少精進，又博聞強記，既通梵語，又嫻漢文，博通小乘大乘，佛學造詣極深。與玄奘、不空、

真諦并稱中國佛教四大譯經家。東晉太元七年（383），呂光出征西域大勝，返回時帶羅什到達涼州。羅什滯留涼州17年，一邊弘揚佛法，一邊學習漢文。後秦弘始三年（401）入長安，一直到去世。與弟子譯成《法華經》《金剛經》《中論》《百論》《十二門論》等共74部、384卷，授徒數千人，為傳播佛教做出了巨大貢獻。鳩摩羅什是世界著名思想家、佛學家、哲學家和翻譯家，是中國佛教八宗之祖。羅什圓寂於長安草堂寺，涼州僧眾懷念其功績，建寺紀念，以其漢名命之，并將其舌舍利葬於塔中。羅什寺位於武威城內北大街，從東晉初建後，數度興廢，明永樂年間重修，敕為陝西涼州大寺院。這是當今世界上唯一以僧人名字命名的佛教名刹，現已基本恢復原貌。明正統年間，英宗敕書賜漢文大藏經一套4000多卷，成為全國名刹。

明敕賜金塔寺碑記

[題解] 金塔寺是藏傳佛教涼州四部寺之一，位於武威城西南15千米處的涼州區金塔鎮金塔村，藏語稱"洛昂格岱"，意為"大自在寺"或"大灌頂寺"。相傳寺內吉祥佛塔內裝有一尺高的純金佛像，故名金塔。始建年代不詳，興盛於元代，康熙年間又稱淨寧寺。寺內金塔（即吉祥佛塔）及主體建築毀於1927年大地震及以後年代。近年來已恢復部分建築，供奉銅制鍍金寶幢、祥麟寶瓶、唐卡壁畫、高1.6米的銅制鍍金薩班坐像等。據《武威縣志稿》載："明敕賜金塔寺碑記"於金塔寺，明宣宗宣德二年（1427）立（《隴右金石錄》）。碑今佚，碑文內容不詳。

重修涼州百塔志

涼州為河西之重鎮，距城東南四十里有故寺，俗名百塔，不知起於何代，原其本乃前元也燀火端王[①]重修，請致帝師撒失加班支答[②]居焉。師後化於本寺，乃建大塔一座，高百餘尺，小塔五十餘座，周匝殿宇非一。元季兵燹，頹毀殆盡，瓦礫僅存。宣德四年，西僧妙善通慧國師鎖南監參[③]因過於寺，憫其無存，乃募緣重修寺塔，請命於朝，賜寺名曰莊嚴。宣德五年六月，塔先成，所費甚重，肅王④殿下捐泥黃金，特命鎖南監參等繕寫《大般若經》一部，凡一十四函，計三百卷。不月而成，施貲無量，仍造小塔十萬，實於大塔之心。及欽鎮甘肅太監王安、平羌將軍都督劉廣、都指揮吳升及諸檀善等，由是書此志於塔中，俾後之君子知其所自，千百載後同善之士幸勿毀之，義與存之，共布福惠，豈不美乎！謹志文。

大明宣德五年歲次庚戌六月吉日

[題解] 碑立於明宣德五年（1430）六月。圓首，通高50厘米，寬29厘米，厚10厘米。碑陽爲漢文，豎排，共15行；碑陰爲藏文，橫排，正文共25行。因風化嚴重，藏文內容難辨其詳。現存武威市涼州區武南鎮百塔村百塔寺。碑文引自王寶元先生《涼州百塔寺考察記》。

涼州城東南20公里有故寺，名百塔寺，亦名白塔寺、幻化寺、莊嚴寺，涼州四寺之一。始建年代不詳，興盛於元代，因在這裏舉行涼州會盟而彪炳史冊。元末毀於兵燹。明宣德四年（1429），西僧妙善通慧國師鎖南監參募緣重修，并爲之繕寫《大般若經》。寺塔俱毀於1927年大地震。現已得到國家項目支持，已修復大塔和108座小塔及"涼州會盟"紀念館等。

[注釋]

①也燀火端王：即蒙古西涼王闊端（1206—1251），又作擴端、庫騰，蒙古汗國宗王、西路軍統帥，元太宗窩闊台次子。1235年蒙古分兵攻宋，他率領西路軍克沔州（今陝西略陽），次年入川，占領成都。其後，以皇子身份鎮守河西及秦隴，其封地爲西夏故地。1247年，吐蕃薩迦派首領薩迦班智達到達涼州，雙方促成"涼州會盟"，并致書西藏僧俗首領歸附蒙古，西藏正式歸順蒙古王朝。

②撒失加班支答：即藏傳佛教薩迦派第四代祖師薩迦班智達，簡稱薩班（1182—1251）。1244年，應西涼王闊端邀請，薩班帶著10歲的八思巴和6歲的恰那多吉兩個侄子，從薩迦寺動身前往涼州。1246年8月抵達涼州，次年，闊端與薩班在涼州舉行了首次會談。通過這次會談，奠定了西藏正式歸順蒙元中央政府進而納入中國版圖進行行政管理的基礎。這就是歷史上著名的"涼州會盟"。薩班在涼州居住5年多，後圓寂於白塔寺。

③鎖南監參：又稱伊爾吉鎖南堅參，或曰伊爾畸，也作鎖南堅贊。西域高僧，稱妙善通慧國師，住涼州天梯山廣善寺，曾募化修繕白塔寺及寺內諸塔。

④肅王：即明太祖朱元璋庶十四子朱楧，始封漢王，後改封肅王（肅莊

王)。洪武二十八年（1395），就藩甘肅甘州；建文元年（1399），内徙蘭州。至明亡，先後傳九世，襲封12個王位。此處肅王應是肅莊王庶子肅康王朱瞻焰，1424—1264年在位。

建塔記

清信奉佛。肅府内臣黄潮宗，法名福聚，感戴四恩①覆蔭，三寶②維持，無由答報，謹發誠心，喜舍貲財，於涼州重興百塔寺内，命工起建菩提寶塔一座。所集福利，專爲祝延聖壽肅王千秋；更祈風調雨順，五穀豐登，國祚綿長，邊疆寧謐，軍民樂業，四恩普報，三有③均資，法界有情，同圓種智者。

大明宣德六年歲次辛亥六月初吉日 立石
肅府内臣黄潮宗、化主妙善通慧國師伊爾吉鎖南監參
(碑陰)
獻陵尊陽生劉碩書丹 古杭儒士沈福鎸字
石工賀進 泥水匠作頭李常

[題解] 明宣德六年（1431），肅王府内臣黄潮宗，法名福聚，誠心向佛，在涼州重修的百塔寺内，建起菩提寶塔一座，塔成，樹此碑。此碑與前《重修涼州百塔志》立於同一時期，所涉人物、背景基本相同，可參照理解。

碑圓首，通高42.5厘米，寬26厘米，厚10厘米。碑陽爲漢文篆額"建塔記"3字，橫排；正文共13行，豎排。碑陰上刻藏文；下刻漢文4行，豎排。碑陰藏文因風化嚴重，難辨其詳。現存武威市涼州區武南鎮百塔村百塔寺。碑文引自王寶元先生《涼州百塔寺考察記》。

[注釋]
①四恩：佛教中指父母恩、衆生恩、國王恩、三寶恩；又指父母恩、國王恩、師友恩、檀越恩（衆生恩）。道教四恩爲天地恩、君恩、親恩、師恩。
②三寶：在佛教中，稱"佛、法、僧"爲三寶。佛寶指已經成就圓滿佛道的本師釋迦牟尼佛及一切諸佛；法寶指諸佛的一切教法，包括三藏十二部經、

八萬四千法門；僧寶指依佛教法如實修行、弘揚佛法、度化衆生的出家沙門。後以三寶指佛教。道教亦有三寶，《道德經》："我有三寶，持而保之。一曰慈，二曰儉，三曰不敢爲天下先。"另，道教内丹學以"精氣神"爲三寶。

③三有：佛教語。謂三界之生死，即欲有，欲界之生死；色有，色界之生死；無色有，無色界之生死。佛教認爲三界之生死境界有因有果，故謂之有。一爲有識、有緣、有情。

涼州衛修文廟暨儒學記

光禄大夫 柱國 少師 工部尚書兼謹身殿大學士
國史總裁 同知經筵事 建安楊榮撰
大中大夫 陝西等處承宣布政使司左參政 汲郡郭堅書丹
中憲大夫 陝西等處提刑按察司副使 淮陽于奎篆額

聖朝統一寰宇，自國都達於郡邑，皆建學立師，教育俊秀，仁義禮樂之化，旁浹海隅檄塞。人才之衆，風俗之美，越漢唐而比隆虞周，猗歟盛哉！涼在西陲，即古雍州之域，在漢爲武威郡，地利物産，視河西諸郡爲美。國朝洪武中，設衛置戍，而戍者多南士謫至，子弟相承，讀書習禮。時訓導張子受命教育之，儒風爲之勃然；歲滿還京，而未有繼者。

今皇帝嗣位，特命行在兵部右侍郎徐君晞①鎮其地。睹將校子弟多明秀好學，而未設學舍以爲講肄之所。遂以請於朝，得命，乃於農隙令軍士取材陶甓而經營之。既畢工，走書京師，告余曰："涼州，河西勝地，初嘗有學，然廢已久矣。晞至，相地鳩工，中爲明倫堂，左右爲存誠、敬德二齋，外建重門，後爲教官之居。續創大成殿於堂之東，殿以崇計二丈有九尺，深幾倍於崇，廣則幾倍於深。東西爲兩廡，前爲靈星門②，中爲泮池③，池之東爲文昌祠。祠之東、池之西俱爲門，外爲崇教門，俾往來出入皆由焉。其捐貲命工塑先聖以下及文昌神像，并繪兩廡，則鎮守甘肅太監王公貴、少監李公貴、總兵寧遠伯任公禮④、定西伯蔣公貴⑤、會川伯趙公安⑥，及都察院僉都御史曹君翼⑦、巡按監察御史馬君昂⑧、陝西參政郭君堅、按察副使于公奎、都指揮使任君啓⑨與凡士庶共成之；其置聖賢以下牌位者，則兵部侍郎柴車⑩；始終督視繕作且有所營助者，則僉都御史羅君亨信⑪；勸勞群工俾樂於趨事者，則監軍行在兵部尚書王公骥⑫。自丁巳夏經始，至落成，凡二載。壯偉閎耀，爲隴右學宮之冠。"衆咸謂宜記於石，庶後之人有所考，見敬以請。

夫學校，政化之本，賢才之所自出也；學校立，則禮義興，風俗美。孟軻氏曰：三代之學，"皆所以明人倫也⑬；人倫明於上，小民親於下。"非政化之本歟！今徐君乃與諸君子同心協誠，建學宮於邊陲之地，嚴嚴翼翼，巍然煥然，使涼之學者升降俯仰於其中，誦聖賢之訓言而仰其道德之光，涵養熏陶，底於成材；居而孝於親，仕而忠於君，則斯宮之作，其功豈淺鮮哉！若徒由此以徼利達，而於臣子之行無所砥礪，則不惟負國家教學之意，而亦爲君子之所共羞。嗚呼！學於斯者，可不知所務哉！用是以復徐君之請，俾勒諸石，庶以爲學者勸云。

大明正統四年歲次己未仲春上吉日 立

[題解] 碑通高266厘米，寬143厘米，厚21厘米。立於明正統四年（1439）二月，今存武威文廟。碑文收入張澍《涼州府志備考·藝文卷》，並參考《隴右金石錄》作了校正。簡要敘述了武威文廟的創建緣起、規模布局、發起人及其身份和文廟所承載的禮制教化作用。涼州雖地處邊陲，卻是軍事重鎮。明洪武年間，國子監訓導張子（先生）受命赴涼州負責戍邊將士子女的教育工作。一年後，他期滿回到京師，無人繼續這一工作。明英宗正統二年（1437），兵部右侍郎徐晞駐守涼州，他在朝廷和地方官吏的大力支持下，利用農閒期間軍士的幫助，經過兩年的努力，建成今天文廟的基本規模，"壯偉閎耀，爲隴右學宮之冠"。從碑文內容看到，在文廟的建設當中，曾得到十多位高級軍政官員的支持，這是其他建築修繕中僅見的。後經過明、清及民國的擴建，成爲今天占地三萬多平方米的古建築群，使當初的駐軍子弟學校，成爲當今的一處文化聖地。

[作者]

楊榮（1371—1440）：原名子榮，字勉仁，建安（今福建建甌）人。進士出身，著名政治家。與楊士奇、楊溥并稱"三楊"。其在文淵閣治事38年，歷任四朝，官居相位20年，謀而能斷，老成持重，尤其擅長謀劃邊防事務，以武略見重，又有文才。卒贈太師，謚號文敏。有著作多種傳世。

郭堅、于奎：時爲陝甘地方官員，其具體事跡不詳。

[注釋]

①徐晞：字孟初，江蘇江陰人。歷工部郎中、兵書侍郎，曾兩次赴西北，

坐鎮涼州，并主持修建武威文廟。後南下雲南平叛，戰績輝煌。官至兵部尚書。

②靈星門：舊時學宮前門名，也是文廟（孔廟）的重要組成部分，是位於中軸綫上的牌樓式木質或石質建築。《宋史·禮志二》：宋仁宗天聖六年，築南郊壇置靈星門，至理宗景定間，移用於聖廟。元劉壎《隱居通議·學宮靈星門制》："州縣學宮舊制，外門曰靈星。"靈星也作欞星，相傳爲天上的文星，用它命名大門，寓意孔子是應天上星宿降生的。同時也包含有人才輩出，爲國家所用的理念。

③泮（pàn）池：又稱泮宮，是位於大成門正前方的半月形水池，意即"泮宮之池"，是官學的標志，也是文廟建築的規制。古代"諸侯不得觀四方，故缺東以南，半天子之學，故曰泮宮。"

④任禮：字尚義，河北臨漳人。早期隨朱棣起兵，因功任山東都指揮使。正統年間鎮守甘肅，多次擊敗入犯之敵，并在邊關使用屯田制度，以穩固邊關。官至平羌將軍、寧遠伯，謚僖武。

⑤蔣貴（1380—1449）：字大富，江蘇江都（今揚州）人。早期隨燕王朱棣起兵，因功任指揮僉事，後鎮守邊關，戰功極多。曾任平虜將軍、甘肅總兵，平定西部邊疆阿台之亂。官至平蠻將軍、定西伯，卒後追贈涇國公，謚武勇。

⑥趙安：隴西狄道（今臨洮）人。永樂年間曾扈從明成祖北征，在西域立有戰功。累進都指揮同知、都督同知、甘肅副總兵，以功封會川伯，後移鎮涼州。有將略，与蔣貴、任禮并稱爲西北良將。

⑦曹翼：浙江東陽人。曾任右僉都御史等職。正統年間，因蒙古殘元勢力首領阿台、朵兒只伯多次侵犯甘涼，曾奉命經理邊防事務。

⑧馬昂（1399—1476）：字景高，其先河南祥符人，後移籍河北滄州。歷任資德大夫、監察御史等職，曾以都察院右副都御史參贊甘肅軍務，官至兵部、户部尚書，贈太子少保，謚恭襄。

⑨任啓（1383—1460）：山東萊州人。曾任錦衣衛指揮使，署陝西行都司指揮使、都督僉事等職，鎮守西北20多年，屢立邊功。

⑩柴車（？—1441）：字叔輿，浙江錢塘人。永樂舉人，歷任兵部員外郎、侍郎，曾於正統年間贊理甘肅軍務。官至兵部尚書。

⑪羅亨信（1377—1457）：字用實，廣東東莞人。永樂進士，明朝鎮邊名臣。曾任監察御史等職。正統年間曾巡撫大同等邊防重鎮，以都察院右僉都御史赴西北邊疆，參贊軍務和統管軍糧。因其在"土木堡之變"後堅守宣府的膽識和謀略成爲他一生的亮點。

⑫王驥（1378—1460）：字尚德，保定府束鹿（今河北辛集）人。永樂進士，明代名將。景泰八年（1457），因參與"奪門之變"，授兵部尚書。去世後，追封靖遠侯，謚忠毅。

⑬皆所以明人倫也句：原文見《孟子·滕文公上》。意思是説，夏、商、周三代的學校，都是使人明白倫理道德的。上面的人明白了倫理道德，下面的平民百姓自然愛戴他們。

重修福壽寺碑記

明正統七年刻，藏漢文合記碑。

[題解] 碑刻於明正統七年（1442），高100厘米，寬130厘米，厚80厘米。碑斷文殘，只剩一排漢文，一排藏文。藏漢文字同排的情形在碑刻中比較少見。原存涼州區古城鎮南15千米處，今佚。

福壽寺，又稱百雲寺、百靈寺，位於古城鎮西南15千米處。寺内建有大佛殿，唐太宗御賜大神樂宮。明正統七年，駐涼州衛太監李貴和藏僧妙善通慧國師鎖南堅贊等重修，竣工後樹碑一通，題名"福壽寺"。據碑文載，唐玄奘西天取經路過時曾在此寺駐留四天；蒙元時期，駐涼州的西藏薩迦派四祖法王薩班曾至此寺講經説法。寺毁於20世紀50年代。

漢藏合記碑

大明正統十二年，欽差鎮守甘□□監□□城□□□□□□□□□□□□□□有古刹□大寺□荆□目□一□□□□□□□□□□□，右列菩薩四尊、金剛二尊。□列□□□□□□□□□□，命工崇其寺宇九八，焕然一新，以成先志。□□□□□□□□，高二丈三尺□立可觀□□□□萬壽，於以保庇兆民，一□有情□□□□□□□□□□□□歲月云。

正統十三年歲次戊辰正月

[題解] 碑立於明正統十三年（1448）正月。通高54厘米，寬31厘米，厚

11厘米。陽面爲漢、藏兩種文字，陰面無文。因是漢藏合記碑，理應立於某藏傳佛教寺院，具體何寺不詳。今存武威市博物館。

重修涼州廣善寺①碑銘

佛之法，本自西域流入中土。中土之人，無男女老少，咸崇信之，迄今千有餘年矣。聖朝之有天下，所在有司，皆設殿宇，以置佛像，擇其徒術精行修者官之，俾領其衆，内而有僧録司，外而有僧綱等司，莫不崇且重也。蓋其法以慈悲爲本，而聖人之治天下，咸欲民之趨於善也；民之奉佛，苟有慈愛之心，則風俗豈有不善者耶？

涼州古武威郡，去西域爲近，而事佛者尤廣。郡東南百三十里②，地名黄羊川，有古刹遺址，中有石佛像，高九丈，爲菩薩者四，金剛者二，諸佛之龕，二十有六。前鎮守官當欲崇修其寺，志未就也。正統③九年，上命御馬監太監大名劉公永誠④，鎮守甘肅。公於城池兵甲米粟之務既畢，乃考圖尋勝，相其舊址，則曰："前人有欲爲之志，而未就，我則承之。"於是出己金，鳩材聚工，鑿山架檻，築宫於其間，凡八層，高十有六丈，有鐘鼓二樓、兩廊三門，與夫諸僧禪誦之室、休宿之廬，瓦壁黝□漆舉以法。又於寺東高阜處，建塔一座，高二丈三尺，壯觀宏大。經始於乙丑年三月□□，而落成戊辰八月望日。郡人争先□之，其□奉佛者，時送日獻，罔有靈日。先時有番僧伊爾畸者，居於此，能以其法勸人，賜號通慧國師，賜寺名曰"廣善"。伊爾畸弟子鎖南黑叭⑤，復嗣國師之號，闡其法焉。□□□□□邊境之冲，去中州數千里，自昔以來，人皆習弓矢戰鬥，爲禦侮計，詩書之數，罕有習者。迨我朝建治立學，而人有士行，況朝夕事佛，漸磨慈愛，其於事親敬長，無不盡力以赴之；習静之暇，又能崇修其宇，則佛之法，其有□□□□人而翊⑥皇明之教也夫。皇明之教，孝弟⑦而已矣。人能孝弟，則親其上，死其長矣，吾見却匈奴有如反掌也。禦侮□乎？承公之命，不敢辭，拜手而爲。

銘曰：於戲！我佛，慈悲爲心。流入中土，歲月惟深。中土之人，不分男女。□□□□，□□□數。況乎武威，國之西陲，奉信佛法，罔不歸依。郡之東南，百三十里。崇修佛宇，嚴殿森邃。石□□高，儼□□標。菩薩金剛，參列雲霄。涼人虔恭，焚香稽首。舍資捐金，朝奔夕走。聖明之教，曰善曰良。佛翊皇度，益振慈祥。豈惟化我，亦以衛我。千載西涼，居民安妥。

內有常住田地四至：東至小坡，西至大山，南至亂冢堆，北至峽口，各有□□。
大明正統十三年歲次戊辰九月吉日

甘肅太監劉永誠，奉御⑧阮和、福保，□□將軍寧遠伯任禮，□□□副都御史馬昂，副都指揮同知劉法貴，協副都指揮使汪壽，署都指揮僉事蕭敬。

湖廣道監察御史牟倫撰　潛江楊廣書丹篆額并鐫

[題解] 此碑立於明正統十三年（1448）九月寺塔修成之時，爲漢藏合記碑。今存甘肅省考古研究所，碑文引自梁新民先生《武威史地綜述》。佛法自兩漢之際從西域經陸路傳入中國後，武威因地處絲綢之路東端，受佛法影響早而廣，事佛敬佛之舉不斷。公元3世紀之後，開鑿石窟成爲事佛敬佛的一種新方式開始在中國興起。天梯山石窟不僅是中國內地開鑿最早的石窟之一，也是我國早起石窟藝術的傑出代表。開鑿之後，多次遭到地震及人爲破壞。明朝正統年間，天梯山石窟尚存26窟。正統十年，鎮守甘肅太監劉永誠牽頭并出資，聯合涼州軍政官員，在軍務政務之餘，集財聚工，在原遺址之上，重修佛寺，并建佛塔一座。經過三年多的努力，於正統十三年中秋節落成，"壯觀宏大"，朝廷賜名廣善寺及主持國師。碑文簡述了廣善寺建造情況以及佛教對當地的影響。

明朝太監是一支重要的政治力量，除在內廷任職外，還能出任各種外差使職，基本上控制着全國的軍政要務。洪熙元年（1425），以王安爲甘肅鎮守太監、鄭和守備南京爲標志，各省皆設鎮守太監（此前名爲鎮守中官，始於永樂元年），以太監總鎮一方始於此。正統間，各省各鎮皆有鎮守太監，其掌本限於軍事（監軍），後推及地方行政、司法等，權力益重。同時又是朝廷耳目，隨時通報各地情況，還負責辦理向朝廷采辦貢品的差事，地位高者達到二品。

[作者]
牟倫：字秉常，四川宜賓人。永樂進士，累官至監察御史。因直諫犯上，被謫戍甘肅。工詩能文。

楊廣：潛江（今湖北潛江市）人。其生平不詳。

[注釋]
①廣善寺：即天梯山石窟，也稱大佛寺。乾隆年間《五涼全志·武威縣志》載："大佛寺，城東南一百里。有石佛像，高九丈，貫樓九層，又名廣善寺。"創建於東晉十六國時期的北涼，約在412—433年間。天梯山山峰巍峨，陡峭峻拔，高入雲霄，山有石階，拾級而上，道路崎嶇，形如懸梯，故稱天梯山。山巔常年積雪，俗稱"天梯積雪"，爲涼州八景之一。

②東南百三十里句：天梯山石窟位於武威城東南張義鎮燈山村，現測定距離爲50公里。黄羊川，包括今天祝、古浪、凉州部分地區。古代將今凉州區的張義鎮包括在黄羊川中。

③正統等：爲明英宗朱祁鎮年號及紀年。九年即1444年；乙丑即正統十年，1445年；戊辰即正統十三年，1448年。

④劉永誠（1391—1472）：別名劉馬兒太監，京師大名（今河北大名縣）人。爲人忠謹，善騎射。曾掌御馬監，扈從成祖北征，率師征兀良哈；後奉命監甘凉、典京營兵。晚辭歸，杜門不出。被後世譽爲明代十大優秀太監之一。

⑤伊爾畸弟子鎖南黑叭：伊爾畸即鎖南堅贊，見《重修凉州百塔志》"鎖南堅參"注。鎖南黑叭，伊爾畸弟子，復嗣爲國師。師徒二人兼理白塔寺和廣善寺（大佛寺）寺務。《明實錄》正統八年二月："命陝西凉州衛莊嚴寺番僧鎖南巴襲妙善通慧國師，賜以誥命。"正統八年九月條中也有類似表述。莊嚴寺即白塔寺，鎖南巴即鎖南黑叭。

⑥翊（yì）：輔助，幫助。

⑦孝弟：即孝悌，古代禮教之一。孝，指兒子善事父母；悌，指弟弟敬愛哥哥。

⑧奉御：官名，奉召進見皇帝之意。隋朝始設，各朝職掌不同。明内宫十二監，設有二十四個衙門，各衙門設令、丞、奉御、内史、典簿等職（四至九品）。此處阮和、福保應爲劉永誠太監屬官。

石燈柱

金剛寺
大明景泰三年歲次壬申

[題解]通高100厘米。今存武威文廟。景泰，明代宗朱祁鈺年號，景泰三年壬申即1452年。

重修涼州衛儒學記

賜進士 中順大夫 陝西等處承宣布政使司右參議崔忠撰文
賜進士 奉政大夫 陝西等處提刑按察使司僉事王瀛篆額
鎮國將軍 陝西都指揮使司都指揮同知倪珍書丹

　　學校政治之本，風化之源，而人才之淵藪也，有國家者所宜興之。涼州古爲匈奴右地，漢唐以來，或郡其名，或府其名，或州其名，未聞有建學焉，是以人皆夷虜，習俗禮義懵然。迨我聖明，育賢圖治，吾道優崇。

　　洪武中，始衛所厥地恒多腹里之人遷戍，相接共處，浹滋日久，而習俗頗醇，既命訓導張子選其明俊以訓之。正統初，復因行在兵部右侍郎徐公晞之請，而學校所由設也。時大成殿、東西廡、門前泮池、習射射圃、文昌祠暨教宮廨①、明倫堂、左右齋之類，咸備置焉。而創始者狃②於定制，或多草草，矧③迄今三十餘年，興廢常理，故土木爲之傾頹，繪塑爲之剝落，凋弊之極，陵夷之甚，求其有能體朝廷建學，育賢之心，而作興之者，曾幾何人！

　　茲幸都察院右僉都御史義陽徐公廷章④，欽承上命，巡撫河西。公廉正持己，才能度人；六七載間夷服兵寢，尤且不遑寧處，歷舉百墜，一旦按節涼城，睹斯學之廢，遂慨然倡。會分鎮涼州監丞陳公善⑤、副總兵都督趙公英⑥、協同副總兵都指揮使劉公晟⑦，乃於務農講武之暇，命工鳩匠而重營之。於殿宇必丹楹耕，以殊戶牗焉，飾墻壁以藻梲桷焉⑧；於聖賢必緣金采色以塑之，置龕垂幕以蔽之；新東西廡，繪群肖像；門則戟⑨與靈星，齋則進德、存誠。舉凡明倫堂、文昌祠、神厨、神庫，莫不易舊增新，席磚布石，向之土覆者今皆以瓦，向之木小者今皆以大。靈星內曰泮池，泮池有橋，橋南有坊扁焉。惟射圃舊混草場之中，遂爲草場所有。乃命所司移草場於南，置射圃於北，築垣堵爲界。構觀德之亭，門對靈星，與學爲一事。學東有道，塞之有年，即令通之，以便往來。公之用心，至矣竭矣。又以爲聖殿既新，久必爲風雨所毀，遂編篷條⑩，并木懸文楹前，名曰遮陽。每來祀謁，則披視廟貌崢嶸，神光焯耀，巍然煥然，誠足以聳人之瞻仰也。曩因邊蓄不給，二丁惟釋菜耳，而公廣詢博訪，得腴畤如千頃，歲斂子粒如千碩，置學倉收貯，以資祭用，綽綽餘裕。又患祭器不備，邊人不陶，喻忠雕木以代之，施之膠漆，加之朱采，至樽與爵則以銅爲。然學也既廢而聿興，祭也昔無而今有，況皆精緻如式，偉麗莫比，匪徒⑪可以冠諸省之學校，而實所以爲千載之盛美也。其賞勤稽怠，使之忻然而效勞者，則任之於都指揮孫君璽、楊君威⑫。董工并役俾之樂然而趨事者，則責之於指揮孫謹、千戶蔡瀅。爰凡所用，悉都憲公⑬多方措置，未嘗有一毫動在官而取在下焉。始戊子，至庚寅⑭成。分鎮三巨公率衆囑予曰："都憲公之興學如此，深有裨益於風教，宜記諸石，以垂悠久。"辭請弗獲。

於乎！三代之隆，自王公國都，以及間巷，莫不有學。學校立，則教化興，風俗美矣。將見凉人革倫薄而敦忠厚，戶禮義而家詩書。夷虜之污，習而爲鄒魯之風⑮；窮荒之境，變而爲文獻之邦。及光明俊秀，願爲弟子員者，濟濟然，雍雍然⑯，優游涵泳，漸染熏陶。而各黽勉向學，以涉獵乎經史，飭躬修行，以飽酣乎道德。居則孝親而敬長，仕則匡君而澤民。予以何地不生材，何材不資世？而誠系乎作興之何如耳？非治化之本源，人材之所自出也歟！若徒藉此謀利祿，徼利達，以違幼學壯行之志，不惟負國家教養之盛德，而亦爲士君子之所恥。不惟士君子之所恥，而抑且有負於列君子作興之意也。學者懋之，姑直述用復所請，且以爲勸。

大明成化六年歲次庚寅仲冬吉日 立

[題解] 碑立於明成化六年（1470）十月儒學修成之時，今存武威文廟。碑文引自《武威縣志稿》。《新通志稿》："《重修凉州儒學記碑》在武威文廟，高九尺，廣三尺餘。明成化六年立，參議崔忠撰文，指揮同知倪珍書丹。"此碑叙述了文廟的維修（重修）情況、建築規模以及文廟（儒學）對地方文化、道德、人才建設等方面的重要作用，是研究武威文廟歷史的重要文獻資料。這是文廟暨儒學興建30多年後的一次大規模修繕工程，相關背景、人物、文廟規制等可參照楊榮《凉州衛修文廟暨儒學記》。

凉州原爲古匈奴之地，地處邊陲，教育文化相對落後。明洪武年間，國子監訓導張子（先生）授命赴凉州教育子弟。正統初年，兵部右侍郎徐晞鎮守凉州，在朝廷和地方的支持下，始設學校，即文廟和儒學。到了成化年間，因年久失修，頗顯殘破之象。時在河西巡查工作的都察院右僉都御史徐廷章倡導下，駐凉州軍政官員陳善、趙英、劉晟等在軍務政務之餘，在正統四年（1439）所修建的基礎上命工重建。從成化四年（1468）至成化六年，用時兩年，將儒學維修一新，使得凉州又一次從"夷虜之污，習而爲鄒魯之風；窮荒之境，變而爲文獻之邦。"

[作者]

崔忠（1427—?）：字誠之，直隸保定府新城縣（今屬高碑店市）人。景泰五年（1454）進士，曾任陝西布政使司右參議、參政等職。

王瀛：進士出身，曾任陝西按察使司僉事等職。

倪珍：曾任鎮國將軍、陝西行都指揮使司指揮同知。

[注釋]

①廨（xiè）：古代官署的通稱。

②狃（niǔ）：因襲，拘泥。

③矧（shěn）：況，況且。

④徐廷章：一作徐廷璋，字公器，明河南羅山人。景泰二年（1451）進士。累擢右僉都御史，後巡撫延綏、寧夏，在寧夏督造長城二百餘里。在巡撫河西期間，創辦肅州學宮，倡導重修涼州衛儒學。

⑤陳善：字敬庵，明靖虜衛（今甘肅靖遠）人。成化至弘治年間歷千戶、指揮僉事、明威將軍，戰功突出，擢游擊將軍，守備涼州等處，封昭勇將軍。

⑥趙英：字廷杰，明狄道（甘肅臨洮縣）人，會川伯、涼州總兵趙安之子，正統七年（1442）襲臨洮衛指揮使，後升陝西都司指揮僉使協守涼州，充都督同知、涼州總兵等職。

⑦劉晟：明正統四年（1439）進士，累擢涼州副總兵、總兵、都指揮使等職。

⑧楹耜（yíngsì）：指殿宇前部的柱子；牖（yǒu）：指窗戶；棁（zhuō）：指梁上的短柱；桷（jué）：指方形的椽子。

⑨戟：即戟門。古代宮門立戟，因稱顯貴之家爲"戟門"。文廟（孔廟）中的戟門指大成門，一般位於欞星門與大成殿之間。

⑩籧條：應爲籧篨（qúchú），指用竹子或葦子編制的粗席。

⑪匪徒：不僅、不但。匪，同"非"，不。徒，只，僅僅。

⑫孫璽、楊威：時任涼州衛軍官。

⑬都憲公：對都察院首官的尊稱，此處指時任都察院右僉都御史、巡撫河西的徐廷章。

⑭戊子、庚寅：分別指明憲宗成化四年（1468）、成化六年（1470）。

⑮鄒魯之風：鄒魯是對文化昌盛的代指。鄒魯是儒學文化發源地，以魯產孔子、鄒產孟子而著稱於世。

⑯濟濟然：衆多貌。出自漢桓寬《鹽鐵論·救匱》。雍雍然，和洽貌。出自《漢書·王莽傳上》。

成化御敕修海藏寺碑記

皇帝敕諭：官員軍民諸色人等，朕惟佛氏之教，其來已遠。其教本空寂，而以普度爲心，故能化導善類，覺悟群迷，上以陰翊皇度，下以利濟生民，功德所及，無間幽顯。涼州城北舊有寺一所，歲久廢弛。今分守都知監太監張睿①，募緣備貲，重新修蓋已完。田莊水磨，恐後被人作踐，攪擾侵占，具奏乞名，及請給扎②僧人道昺、義堅住持，并降護敕。兹特允奏，賜額曰："清化"，仍降敕護持之。後官員軍民諸色人等，毋得於本寺侮慢、欺凌、褻瀆、毀壞，以阻其教。敢有不遵朕命者，論之以法。

欽哉！故諭。
大明成化③二十二年十一月十八日 敕命之寶（印璽）

[題解] 此碑文爲明成化皇帝護持敕書，立於成化二十二年（1486）十一月。碑現存海藏寺，碑文引自《涼州府志備考》。涼州城北海藏寺，初建於宋元間，歲久廢弛。據說藏傳佛教薩迦派首領薩迦班智達曾在這裏講經說法。明成化年間（1465—1487），由駐涼州太監張睿牽頭，在原有遺址基礎上募緣重修，包括田莊水磨等廟產及生活設施一應俱全。修建情況及規模見《重修海藏寺碑記》。恐後人作踐侵占，故而奏報朝廷降旨護持。朝廷賜額名"清化"，於成化二十二年十一月降護持旨，并勒碑永存。碑文作爲成化皇帝詔諭，簡述了重修海藏寺的重要意義，朝廷賜名、主持任命及降旨護持的諸種情形，可以說是依法保護海藏寺的尚方寶劍。海藏爲佛教用語，相傳佛教大乘經典藏在大海内龍宫中。

[注釋]
①張睿：字希聖，福建建安（今建甌市）人。其時以分守都太監身份奉命鎮守涼州。他對海藏寺的修復和保護貢獻頗大。
②扎：通"札"，札子，舊時的一種公文。
③成化：明憲宗朱見深年號，1466—1487年，共23年。

重修海藏寺碑記

賜同進士出身 大中大夫 甘肅行太僕卿 四明梅江居士錢璛撰
賜進士出身 朝請大夫 陝西等處承宣布政使司右參議 銅臺劉賓書丹
賜進士出身 朝請大夫 陝西等處承宣布政使司右參政 榆社常顯篆額

涼州古雍地也，漢武威郡，至我國朝爲涼州衛。攝乎戎羌之門之間，古今號爲巨鉅，守是者恒病之。成化辛丑年①，太監張公②以能聲聞於上，特承簡命，至涼數年，戎羌③不敢輕犯。城之西北相去五里許，有地一區，公詢諸左右，曰："此古海藏寺之遺址也。"公曰："寺以海藏名，將以藏其佛氏之宏且遠也。其教自西而入中國，由貴至賤而崇之禮之也非一日，使其無益於世，何以克此。且寺之興廢，則系乎其人之得與不得耳，非有系乎佛也。雖然，功則難成，時不易得，故《傳》有之曰：'雖有智慧，不如乘勢；雖有鎡基④，不如待時。'是寺之興，我當任之。"遂遣使奉書，達於總鎮甘肅太監覃公禮，即慨助白金若干。

以歸，復議於總戎劉公晟⑤、協副李公寬⑥，僉曰："善。"公乃相其地之廣狹、長短、傾斜之不齊者，盡買空地以補之，俾其方正平坦。進深七十六丈五尺，面闊五十二丈，四面周以垣墻。建山門一間，耳房間各以三。初則天王殿三間，東西鐘鼓二樓，翼然相峙。廊房間各以九，中則重檐殿七間，殿後到座觀音鑽檐挾山卷蓬一間；殿之前輪藏三檐，東西祖師、伽藍二殿，巍然相向。廊房各七，碑亭各一。後殿五間，功德、護法二殿分列東西。廊房之間各以八，法堂五間，東西方丈間各十二，厢房各五。又其後築方臺，高三丈，闊一十四丈，進深十三丈。上建重檐真武殿⑦五間，前龍虎殿三間，左右梓潼、靈官二殿各六間，東西角鐘鼓樓二座，周圍廊房二十三間。臺下禪堂房各五間。垣墻外之東南建龍王廟三間，殿前鑽檐挾山卷蓬一間，東西廊房各三。立莊三所：一則寺東，有屋三間，水磨房五間，田一頃五十畝；一則東南，有屋六間，水磨房五間，田地十畝；其西北莊一所，有屋三間，田地計二頃焉。凡神佛之尊卑，□之大小，靡不具備，丹漆黝堊，金碧輝煌。意者初建之舊規諒不能過也。經始於成化十九年二月十九日，至成化二十三年八月十五日，厥功告成。其鳩匠、構材、置地之費，一出公之己貲，而劉公則補其不及也，他無取焉。以其都剛覺昶僧曰繼澄、曰印鑒、道昺者東堂，重老成也；曰義堅，號守山者爲住持，重能使也。

余以福建右政使謫甘肅行太僕卿，既三載，而考績過凉，時成化丙午端陽之次日也。是日，風和景明，邊塵不飛。公偕劉公邀余過寺，聊以息游焉。余觀夫海藏之勝概也，環四山之秀，帶諸澗之流；樹密鳥繁，而弋者可射；水清魚肥，而漁者可釣；以酌以歌，以行以止，仰焉俯焉，悠悠不知身世之在何地。衆曰："河西叢林，此爲第一；一時盛事，非文何傳？"公乃索余書而記之，余曰："公荷朝廷之厚恩，受邊方之重寄，蟒衣玉帶，大纛高牙，既榮且貴，未嘗專以游樂爲也。志則存乎報主，而計則在乎安邊。是舉也，上以仰祝聖壽於無窮，下以俯保生民於無難而已，非忠而賢者爲之乎！"

公七閩③建安人，名睿，字希聖。

余四明梅江居士，名璡，字廷珍也。是爲記。

大明成化二十三年歲次丁未中秋吉日 立

[題解] 碑立於明成化二十三年（1487），現存海藏寺，碑文引自《凉州府志備考》。成化十七年（1481），太監張睿以能幹被派往鎮守涼州，使少數民族不敢輕易犯邊。邊境安寧後，張睿在凉州城北海藏寺舊址基礎上，在總鎮甘肅太監覃禮的資助下，聯合地方軍政首領劉晟、李寬，購買空閑土地，從成化十九年二月開工，至二十三年八月完工。修建所費多由張睿自己承擔，覃禮慨助，不足部分由劉晟補充。當年重新修葺的寺廟基本上就是今天海藏寺的規模，方正對稱，佛道相間。這篇碑記如實記載了海藏寺的建設工程及規模，也是一篇優美的游記散文。

[作者]

錢璡：字廷珍，自號梅江居士，浙江四明（今寧波）人。明景泰五年（1454）進士，曾任大中大夫、甘肅行太僕卿。

劉賓：銅臺（今廣東清遠市陽山縣）人。明天順四年（1460）進士，曾任陝西布政使司右參議等職。

常顯：山西榆社（今屬晉中市）人。明天順四年進士，曾任陝西布政使司右參議，官至雲南、四川巡撫。

[注釋]

①成化辛丑年：明憲宗成化十七年，即1481年。

②太監張公：即張睿，見《成化御敕修海藏寺碑記》注。

③戎羌：指西戎（戎狄）和羌。泛指西北少數民族。
④錙（ZĪ）基：亦作"錙琪"，原意爲農具大鋤。
⑤劉晟：見《重修涼州衛儒學記》。
⑥李寬：明成化八年（1472）進士，曾任涼州副總兵、都指揮使等職。
⑦真武殿等：真武殿、龍虎殿爲供奉道教神靈之宮殿；梓潼即梓潼神，也稱文昌帝君（文曲星）；靈官爲道教護法神將。明朝皇帝信奉道教，在許多佛寺中都供奉有道教神靈。
⑧七閩：福建在周朝時稱七閩地，唐以後置八州縣，後多稱爲"八閩大地"。

重修善應寺①碑記

涼郡之西三十里，有名山峻嶺，嶝路峻岢②，盤旋曲折，岩壑森然，陟陂其上，形勢坦夷，氣象深窈，八峰環立，名曰"蓮花峰"也。粵自漢唐以來，始建寺於此，名爲"靈岩寺"，至正③間名爲"勝觀寺"。歷年既久，風雨頹敗而基址尚存，間有居民、樵牧往來。憩於此山者，隱然聞有鐘磬之音。人或告諸欽差分守涼州右副總兵、都督同知趙公英，公累遣人默驗之，果如其言。公遂與乃郎游擊將軍鉉④捐貨治材，建前後正殿，左右廊房，塑繪梵像於內，東西院各立僧舍二十餘間，大門之右，甃⑤石數級，又爲禪堂一所。上下相應，棟宇軒昂，金碧光彩，煥然一新，復就乎名山之古刹，允爲山川之幽境，姑臧之雄鎮也。建工於成化乙酉⑥三月，落成於己丑十月。公復原其始末具奏，敕賜爲"善應寺"。未幾，公去任。迄今五十餘載，而山高風猛，剝落益多。有本寺住持淨慧禪師板丹節木，并臧卜⑦嶺占札史寧卜、及鎖南臧卜、舍念臧卜等，白於欽差平羌將軍、鎮守甘肅地方左軍都督府右都督徐公謙⑧，欽差分守涼州等處地方御馬監太監顏公大經，暨前欽差分守涼州等處地方右副總兵柳公涌，與今欽差分守涼州等處地方右副總兵陳公珣，各捐己貨，命工於山巔，又創立文殊殿宇，中間損壞者爲之增飾，殘缺者爲之整葺。新構已成，舊規如故，摹勒於石，以昭永久。來囑余記。

余惟自天地開闢以來，即有此山。其含澤布氣，自然之秀也；環□壁立，自然之勢也；悠久無疆，自然之壽也。豈假人力而爲之也耶！若夫時勢反覆，棟宇傾頹，修舉廢墜，則在乎人力所爲耳。古此峰，今此峰，古今何異？興此寺，廢此寺，興廢無常。昔者吾孔子嘗曰："磨而不磷，涅而不緇⑨。"余竊以爲，磨不磷，譬如山之性也；涅不緇，正猶人之心也。夫山之爲性，磨之而固不能使磷矣；或人心之所染，涅之而有所緇焉。則舉世紛紛，自不知其爲他技之所惑矣。余恐世人忘本逐末，而失其本心之正，以至離道之遠也，故爲書。

時，大明正德⑩十二年歲在己丑夏五月望日　晉陽儒生姚文奎謹撰

[題解]《隴右金石錄》《武威縣志稿》載：《明重修善應寺碑》在蓮花山，明正德十二年（1517）五月立，晉陽姚文奎撰文。涼州城西三十里處，崇山峻嶺間，岩壑森然，八峰環立，名蓮花峰。自漢唐以來，始於此建寺，初名"靈岩寺"。元至正間，更名"勝觀寺"。到了明成化年間，寺廟年久頹敗，時任涼州副總兵趙英與其子游擊將軍趙鉉，捐貲治材，用四年多時間重修寺廟，使之煥然一新，上報朝廷，敕名"善應寺"。五十多年後，昔日風貌不再。經本寺住持淨慧禪師等人多方奔走協調，在地方軍政官員的大力支持和捐資下，又進行了修葺，增加了部分建築，"新構已成，舊規如故"。此功德被"摹勒於石"。碑文簡述了兩次維修（重修）善應寺的背景及基本情況、寺廟規模，具有明顯的觀善教化之意，并警示世人莫忘本逐末而失其本正之心。碑已佚。

[作者] 姚文奎：晉陽（今山西太原）人。生平事跡不詳。

[注釋]

①善應寺：亦即上應寺、蓮花寺，在武威城西南蓮花山。始建年代不詳，明成化年間敕建重修。涼州著名名勝，佛、道宮殿衆多，著名如西竺、彌勒、觀音、准提、無量寺（殿）和靈官、黑虎、玉皇、三清、雷祖殿等。詳見《蓮花山七級磚塔鐵冠》注。

②岢（kě）：山勢險峻巍峨。

③至正：元惠宗年號，1341—1368年間。

④趙鉉：趙英（見《重修涼州衛儒學記》注）之子，字宗器，曾任（世襲）指揮，督洮岷八衛守備涼州，後以游擊將軍鎮永昌。

⑤甃（zhòu）：用磚砌。

⑥成化乙酉：即明憲宗成化元年（1465）；己丑爲成化五年（1469）。

⑦臧卜：也作藏卜，多指藏傳佛教僧人。

⑧徐謙等：徐謙，明武宗時曾任甘肅總兵、都督同知等職。顏大經，曾任涼州、寧夏、宣府等地鎮守太監（中官）。柳涌，武宗時曾任甘肅游擊將軍、副總兵、都指揮僉事等職。陳珣，武宗時曾任甘肅游擊將軍、副總兵等職。

⑨磨而不磷，涅而不緇：磷，薄損；涅（niè），同"湼"，可做黑色染料的

礬石，喻染黑。緇（zī），黑色。整句意思是，磨了以後不變薄，染了以後不變黑，比喻意志堅定的人不會受環境的影響。語出《論語·陽貨》。

⑩正德：明武宗年號，十二年即1517年。此年應是丁丑年，"己丑"系"丁丑"之誤。

涼州衛忠節祠記

昔夏后氏①之王天下也，窮河源，浚弱水②，以叙西戎，聲教被於流沙，故全涼之境，遂屬雍州。後王德薄，威不及遠，獯粥③猾夏，侵敗王略，淪於异域。漢武皇帝始播威靈，雷振西庭，風行塞外，焚右賢④之區落，收三道之戎羌，表河曲而列四郡，芟樓蘭以震百蠻，雖文德未稱，而雄略妙算，巍哉邈乎！謹按漢初置涼部刺史、郡太守、令長、丞官以治民，都尉、護軍、護羌諸校尉、屬國官以捍邊，後復有河西都尉行大將軍權宜諸職。异代因革，雖名稱异宜，真偽淆亂，大抵祖述漢故，要在强兵富民而已。

地既僻遠，衆雜羌胡，犬牙相錯，恃力負强，競銳爭先，人懷賁育之志。喬峰四阻，繚以大河，黄沙白草，迷漫連天，風騎星列，獸屯鳥散，形擬金湯之除。捍禦秦雍，連絡西域，襟帶萬里，控制强胡，勢居必争之最。德隆後服，道汙先叛，周被驪戎之難，漢列河津之營，唐設涇原之戍，宋罷洮河之師；小者稱公侯，大者僭帝王，强弱相噬，互爲雄長，積骸崇丘，流血丹川，代有秦、項之禍。聖明受命：宇内華夷，各奠方位；奉琛效順，惟臣惟妾；弦誦之聲，洋溢四表。然猶建關設戍，彪虎之將，熊羆之師，棋布角張，法罔或渝。時用刀斧，鋤誅鯨鯢；威讓文告，羽檄四馳；故有策勛王府，勒名石室，祚流子孫，聞望無窮，其效端可睹矣。然則升平之世，良臣布德以宣化；搶攘之時，勇夫陳力以除凶；大節既臨，烈士隕身而效義。潤澤流於生民，勤勞在於社稷。五祀之典，禮莫先焉。而今血食靡所，報答未稱，僉以爲歉。嘉靖十一年，皇帝釐定典禮，百神禋祀，或興或革，具如經義。於是，巡撫甘肅都御史趙君載⑤，祗承德意，考據圖籍，質諸見聞，自漢迄於近代卓然可表者，具以爵里姓氏，檄下有司，建忠節祠，以報功崇德。會涼州始興營田，都御史牛君天麟⑥，被命而來，議以協從。遂下。按察副使崔君允⑦，鳩工程作。維敕維冀，益表其尤著者，自孔奮⑧而下，凡十八人。北堂南向，中分左右以差。其次則吳克忠、慕宏義⑨，東序西向；李晟⑩、丁剛⑪，西序東向；兩廡則指揮包翼⑫等八人。主書爵里姓氏具如式，春秋祀事如典制，無或不虔牲將麗。崔君以其碑之文，托諸平涼趙時春。時春惟古之忠臣賢士，没而廟食於其土者，非惟人心有所不忘，且將使後之人見之者，有所勸而興起。今諸君修祀前人之忠節以示後人，安知後之人，不有高諸君之風，復將以繼前人而示後人也。法當爲銘。

銘曰：昆侖西極，實生大河。千里一曲，秦凉是過。惟河萃靈，蛟龍黿龜。其光屬天，寶藏興焉。駿駞名馬，沄沄如泉。國之所重，以制百蠻。基自漢皇，溯乎神禹。右臂既渥，九山實旅。茫茫凉野，遂通諸華。張官置吏，戎夏一家。紛紜五王，陵籍魏晋。凶德參爭，居仁則潤。叔唐衰宋，九州振動。天人濟時，百則咸正。保兹多士，徂維求定。雲雷解屯，旱極而雨。喁喁黎庶，云胡不喜。亦有俊豪，能捍大患。芟柞⑬獍梟⑭，救灾止亂。或勤王家，奉以義勇。有嘉折首，不難不悚。是曰忠節，實惟文武。名垂竹帛，震耀今古。帝眷重臣，來撫來巡。佐以憲使，保厘邊民。既繩徽迹，爰修祀典。佑啓後人，永矢弗諼。爲臣思忠，爲政思賢。佐我升平，於億萬年。

大明嘉靖十四年歲次乙未孟冬吉旦

賜進士出身、前兵部武選司主事、平涼趙時春撰

欽差、分守凉州等處地方右副總兵、都指揮僉事王輔⑮，凉州衛指揮同知張玄，監收判官孫鎧，儒學訓導程應祥 立石

[題解] 碑立於明嘉靖十四年（1535）十月。碑高256厘米，寬100厘米，厚29厘米。今存武威文廟。漢武帝元狩二年（前121）之後，漢朝陸續設立武威等河西四郡及西域都護，河西正式納入中原王朝并行使國家主權進行統治。凉州因其獨特的地理位置及豐饒的物産，一直爲兵家所争，故功臣名將、忠烈賢士層出不窮。明嘉靖十一年（1532），皇帝厘定典禮，禋祀百神。巡撫甘肅都御史趙載，上承聖意，考據典籍，自漢至當代紳然可表者共十八人，具以爵里姓氏，爲其建忠節祠，以報功崇德。忠節祠建成後，忠臣賢士各歸其位，并立碑紀念。碑文由前兵部主事、平涼人趙時春撰寫，以當地軍政官員及儒學訓導名義立碑。其目的是旌表前賢之功德勛績，以前賢的忠節懿行示範後人，後人復以前賢之風範，再示後人，形成代代相繼、輩輩相傳的良好風尚。《五凉全志》題名爲《表典祀忠烈記》，與《武威縣志稿》個別文字有出入，收入本書時參照引用。

[作者]

趙時春（1509—1567）：字景仁，甘肅平涼人。明中葉著名文學家。嘉靖五

年進士,歷吏、户、兵部主事,僉都御史、巡撫山西。其素以將略自命,不屑以詩文名。《明史·趙時春傳》稱其讀書善強記,文章豪肆,時與王慎中、唐順之等稱"嘉靖八才子",在政壇和文壇頗有影響。有詩文集十六卷傳世。

[注釋]

①夏后氏:即夏朝。是我國第一個世襲王朝——夏朝君主的氏稱。夏朝王族以國爲氏,簡稱夏。《説文》曰:"后者君也。"夏后氏爲姒(sì)姓。

②弱水:古水名,此處指發源於祁連山,流經青海、甘肅,北流入内蒙古居延海的黑河。

③獯粥:即獯鬻,亦作"獫狁"。中國古代北方少數民族名。

④右賢:即右賢王,匈奴貴族封號,在匈奴右部諸王中地位最高。西部一帶歸屬於匈奴右地,由右賢王所領。

⑤趙載:山西垣曲縣人。正德六年(1510)進士,曾任户部主事、員外郎,陝西參議、按察使副使等職。嘉靖時任甘肅右僉都御史、巡撫甘肅。

⑥牛天麟:山東東昌府聊城縣人。正德三年(1508)進士,曾任河南武陟縣令、監察御史、巡按甘肅御史等職。

⑦崔允:嘉靖二年(1523)進士,曾任甘肅按察副使。

⑧孔奮:字君魚,扶風茂陵(今陝西西安)人。東漢著名廉吏。河西大將軍竇融治河西時曾任姑臧縣令,賜爵關内侯。後任武都太守,奉母極孝,生活極儉,爲官清廉仁賢,是歷史上著名的廉吏。

⑨吴克忠、慕宏義:吴克思見《明故恭順伯吴公神道碑》相關注解。慕宏義,蒙古人,原名脱歡,明朝吴允誠部將。永樂三年(1405),隨吴允誠歸附明朝,賜名慕宏義,授指揮同知,一直留駐涼州。屢著戰功,加鎮國將軍,後隨駕征虜充前哨。其以功祀名宦。

⑩李晟(729—793):字良器,洮州臨潭人。唐朝宰相,名將李愬的父親。歷神策軍節度使,敗朱泚,收復長安,以功拜司徒、中書令、三鎮節度使,封西平郡王等,卒贈太師,謚忠武。另,明朝都指揮李晟,協鎮涼州,天順年間(1457—1464)在抵禦外敵入侵中犧牲,其以功祀名宦。

⑪丁剛:安徽滁州人。曾任太原衛、陝西行都司都指揮,掌涼州衛印。其以功祀名宦。

⑫包翼:名勝廣,山東德州人。永樂三年(1404)任驍騎右衛指揮使。在征交阯中立功,升陝西行都司指揮使,掌涼州衛印。其以功祀名宦。

⑬芟柞(shānzhà):語出《詩·周頌·載芟》。毛傳:"除草曰芟,除木曰

柞。"後因以此指耕作。引申爲除去。

⑭獍梟（jìngxiāo）：傳説梟鳥食母；獍獸食父，或曰亦食母。常喻不孝或忘恩負義之徒，或指狠毒之人。

⑮王輔等立碑人員：王輔，時任涼州副總兵、都指揮僉事。據《明史·韃靼傳》載，嘉靖年間，北元吉囊部屯賀蘭山，多次入寇莊浪、涼州，被王輔擊敗。擢延綏鎮總兵。張玄、孫鎧，同期駐涼州衛軍官。程應祥，時任涼州儒學訓導。

真武廟碑記

[題解]《隴右金石録》《新通志稿》載：《真武廟碑記》，在武威縣城南街，石（碑）高五尺，寬二尺五寸。明嘉靖二十八年（1549），貢生沈璉撰文。今佚。

[按] 武威真武閣，又稱北門樓子，位於北大街城門之上，三楹九間，横匾爲"大好河山"。始建於明代，毁於1928年兵燹。真武是我國神話傳説中的北方之神，道教尊神之一。依常規，真武廟及碑應在一個城市的北方位置。武威真武廟碑爲何到南街，待考。

明北斗宫新創藏經樓碑記

北斗宫號清應庵，在武威衛之東北隅，大雲寺居左，北斗宫居右，建立於洪熙①元年。棟宇軒豁，金碧輝煌，誠一郡之偉觀，萬民之快睹也。郡之城南有古亥母洞寺，適有比丘桑兒加領占及舍剌僧吉，往來北斗宫，以爲禪定處所。以成化間，受天皇敕命，寵諭特至。奈何浸歷於歲月，撓剥於風雨，圮壞於艱屯。宫兹土者，往往以荒漠芥葉，略不經意。寺雖崩頹，基址尚在。時大參吴天壽②，分兹土，注意邊方，恒以崇尚浮圖爲念，議諸副戎張公世俊，各捐己資，乃於斗刹之南隅，建藏經樓一座，仍命本衛掌印指揮徐公恩，以董③治之。公悉心綜理，遂鳩工僝④材，備器執用。斬板幹、礱柱礎、陶瓴甓⑤、築垣墉，恢度新制爲：崇樓上下各三間，轉角曲樓上下各五間，東西齋房各三間，僧房三間，山門一間。未幾半截而杰棟已成，高宏壯麗，於以塞古刹而狀風景者在是，於以藏寶翰而貯琅函者在是，於以延聖壽而保輿圖者亦在是。耳目焕然一新，其斯以爲一大觀矣。適有比丘尼僧⑥，名岑列藏卜，從藏而來，蓋有年許，頗知經籍，克修性行。涼之宦官巨家，咸供施而敬禮之，乃得托憩於斯，而安岑寂也。衆皆欣悦，以謂盛事不可無述。於是衛伯徐公，徵予爲記，以傳諸後。

余引大雄氏⑦一空之説，而爲之闡焉，則萬起萬滅，萬寂萬感。本吾心之真性，不以有而有，不以無而無。顧世之人，自爲之桎梏，自爲之執滯，自爲之遮礙，目奪於五色，耳奪於五音，口奪於五味，體奪於五官。一念一動，一魔之興也；一事一爲，一障之設也。所謂家家有路透長安者，於是乎千險萬阻莫之由以達矣。斯樓之建，斯言之布，無非欲人迷而悟，昧而覺也哉！方今聖天子在上，以神道設教，治興姚姒⑧之隆，道演丘軻⑨之秘，與大雄氏之教，相背馳矣。噫，糟粕，精液之所出也；土苴，英華之所見也。指空非空，一切有色，皆真空之呈露也；泥空非空，一切有爲，皆真空之顯形也。歸斯受之斯可矣，豈迂浪佛經者耶！樓之成也，托始於嘉靖辛酉，落成於嘉靖壬戌。余不敏，而強爲之記。近以表諸公優於所爲，而傳久遠之制；遠以望後來者，繕葺相繼，無忘作始之功。可也。

太學生雙河沈膺撰文

欽差陝西等處承宣布政使、分守西寧道、右參政吳天壽，巡撫甘肅等處地方、都察院右僉都御史胡如霖⑩，平羌將軍、鎮守甘肅等處地方總兵官都督吕經，陝西等處承宣布政使司、分守西寧道、右參政王光祖。

嘉靖龍集壬戌春三月吉旦 立

[題解] 北斗宫亦名清應寺（庵），位於武威城東北隅，與大雲寺毗鄰，始建年代不詳，重建於明洪熙元年（1425）。時有亥母洞寺僧人往來於北斗宫。百年之後，歲月浸淫，宫寺傾頹破敗。明嘉靖四十年（辛酉，1561），經駐武軍政官員倡導并帶頭捐資，在清應寺内建成藏經樓。由於善於管理，勤於建設，數年後宫寺宏大壯麗，焕然一新，來此修行僧人絡繹不絶，并有雪域藏僧講經弘法。他們爲弘揚佛教而鞠躬盡瘁，加之涼城官宦巨家，供施禮敬，赢得了廣大百姓的"欣悦"。作者於藏經樓建成的次年（壬戌，1562）三月撰文立碑，記載了這一涼州佛教文化的盛事，并援引佛祖一空之説，使世間之人迷者悟、昧者覺，希望以此文能近表諸公之功德，廣泛傳播佛教文化，遠望後來者，代代相繼，爲弘揚佛教不懈努力。碑原存清應寺，今佚。碑文引自《武威縣志稿》。

[作者] 沈膺：安徽六安市人。時爲國子監生員（太學生），後任典史等職。

[注釋]

①洪熙：明仁宗朱高熾年號，在位1年，元年即1425年。

②吴天壽等：吴天壽，北京宛平人，進士，曾任西寧道右參政（駐凉州衛）。張世俊，凉州人，明朝名將張達之子，曾任凉州右副總兵等職。徐恩，曾任凉州衛都指揮使司都指揮（掌印指揮）。

③董：監督管理。

④僝（zhuàn）：具備。

⑤瓴甓（língpì）：指瓦磚等建築材料。

⑥比丘僧尼：佛教受具足戒之出家人通稱爲比丘。比丘尼，女僧，即尼姑；比丘僧，通稱爲出家男子。藏卜，同藏卜、昝卜，多指藏傳佛教僧人。

⑦大雄氏：指佛教創立者釋迦牟尼。大者包含萬有之義，雄者謂攝伏群魔之意。因釋迦牟尼佛具足圓覺智慧，能雄鎮大千世界，故尊稱爲大雄。

⑧姚姒（sì）：上古姓氏。相傳上古時期君主舜爲姚姓，禹爲姒姓。用姚姒借指虞舜和夏禹時代。

⑨丘軻：指孔子（名丘）、孟子（名軻），謂今稱孔孟。

⑩胡如霖等：胡如霖，見《敕贈上柱國光禄大夫左都督謚忠剛張公祠記》作者。吕經（1475—？），寧州（甘肅寧縣）人，正德三年（1508）進士，累官至平羌將軍，固原、甘肅總兵官。王光祖，廣平魏縣（今河北）人，正德十二年（1517）進士，曾任西寧道右參政等職。

敕贈上柱國 光禄大夫 左都督 謚忠剛張公①祠記
欽差 巡撫甘肅等處地方 右副都御史胡汝霖撰

忠剛祠者，有司奉皇上命，以祀死忠之臣也。滎陽祠而祀紀信②，睢陽祠而祀巡③、遠④，康山祠而祀成⑤、祀貴⑥，皆祭義所當重、有司所當敬其事也。忠剛祠既成，嗣子世英徵予爲記，勒之碑石，以記勛烈於不朽也。余撫治河西，仰企忠貞，烏能已於稱述乎？忠剛公諱達，字克明，號雪山，系唐相柬之⑦第三十九代元孫也。公起自行伍，進秩府督，其豐功茂績暨行狀始末，大冢宰虞阪楊公⑧紀之詳矣，余不復贅，特以公之孤忠大節而爲之闡焉。公以百夫長，累功升延綏游擊將軍，始命而鎮守山西，再命而鎮守關中，三命而鎮守宣大⑨。凡戰守攻圍之略，籌之已熟。其掃清沙漠，威鎮華夏，聖天子御屏紀録芳名矣。嘉靖庚戌⑩，大虜猖獗，入寇雲中，烏驚雲合，所向無前，蟻聚蜂屯，其鋒益熾。時雪山張公佩征西前將軍印，躍馬揮戈，迎賊鏖戰。衝鋒刃而必進，冒矢石而不避，乘勝以破其堅，決勝以死其間。戰久，援兵不至，矢盡卒疲，遂遇害。子世英等斂尸扶櫬而還葬焉。其慷慨忠義之氣，可以裂山河而泣鬼神矣。事聞，皇上嗣承大統，憫其忠肝義膽，旌表大節，詔禮部官議襃恤典，復疏：請於大同、涼州俱建神祠；贈左都督，賜謚忠剛；遣分守道石公諭祭，頒賜告文，春秋享祭；蔭二子世俊、世杰世襲指揮僉事。世俊踵雪山公之忠勇，累功累爵，升涼州右副總兵官，威名蓋煊赫矣。

時嘉靖乙卯⑪歲，大中丞王公等移檄，出公帑百金，乃於涼州東關，易民宅之舊者建立祠廟，委衛官以董治之。計劃尺丈，揣度高低，鳩工僝材，斲板幹、築垣埔、崇屹，榱桷⑫嚴翼，堂宇聿新，俎豆⑬告虔。而公之英靈神爽，凜凜一堂之上，儼然如生，足以聳人心目，起人瞻仰。歲時祗薦，表貞以勵忠也。祠之興，始事於嘉靖乙卯，終事於嘉靖壬戌，此記之所以述也。嗚呼！虹之萬丈，不足以方公之義氣；金之百煉，不足以表公之剛腸。其捐軀殉國，白刃如飴，視信、巡諸公，异世而同符，所謂歲寒知松柏、疾風知勁草，信不誣矣！夫忠剛祠烈峙邦域，輝映古今，此威靈之所以振，祀典之所以延也，豈直爲一時之觀美已哉！是爲記。

嘉靖龍集壬戌冬十月上浣吉旦 立

[題解] 涼州張公祠建於東關舊宅，於明嘉靖壬戌年（1562）十月建成并立碑，現祠已毀，碑已佚，碑文引自《涼州府志備考》。此文簡述了張達的身世、殉國前慘烈的戰鬥場景、英勇悲壯的行爲以及朝廷的嘉獎等，作者將其和紀信、張巡、許遠等前輩英烈相伴，襯托出張達"烈山河而泣鬼神"的忠肝義膽。通過張達祠和這篇祠記，使張達忠勇殉國事迹傳之後世而不朽。

[作者] 胡汝霖（1512—1571）：字仲望，號東岩，四川成都府綿州人。嘉靖十四年（1535）進士。曾任禮部員外郎、按察司副使、布政使司左參政、大理寺少卿等職，累遷至都察院右僉都御史，巡撫甘肅。後因嚴嵩事敗被革職。

[注釋]

①張達（1490—1550）：字克明，號雪山，涼州衛（今涼州區）人。起於行伍，以軍功歷官涼州衛指揮使、山西游擊將軍、大同總兵等職，在嘉靖庚戌年（1550）與犯邊的蒙古也先帖木兒部作戰時，因援兵不至而戰死。賜謚忠剛，可謂名符其實，去世後第三年歸葬涼州。祖、父、母、夫人、子俱受奉贈蔭庇，詔命大同、涼州建祠祭祀。

②紀信（前？—前204）：字成，四川西充縣人。秦末隨劉邦起兵，作戰驍

勇，被加封爲將軍，曾參與鴻門宴。因其相貌酷似劉邦，在滎陽城危時假扮劉邦向西楚詐降，被俘。項羽見其忠心，欲招降未成，被處以火刑。後被多地奉爲城隍奉祀。

③張巡（708—757）：蒲州河東（今山西永濟）人。開元進士，歷任太子舍人、縣令。安史之亂時，起兵抵抗叛軍。至德二載（757），叛軍13萬南侵江淮屏障睢陽，張巡率數千人，在內無糧草、外無援兵的情況下死守睢陽，前後交戰四百餘次，有效阻遏了叛軍南犯之勢，保障了東南的安全。終因糧草耗盡、士卒死傷殆盡而被俘遇害。後詔贈揚州大都督、鄧國公，繪像於凌烟閣。

④許遠（709—757）：字令威，杭州新城（今富陽區）人，一說杭州鹽官（今浙江海寧）人。唐高宗時右相許敬宗曾孫，歷侍御史、睢陽太守。在安史之亂中，與張巡協力守城，外援不至，城陷被俘，不屈死。後詔贈荆州大都督，繪像於凌烟閣。睢陽建雙忠廟（祠）奉祀張巡、許遠。

⑤韓成（？—1363）：濠州虹縣（今安徽泗縣）人。從朱元璋起兵，屢立戰功，升帳前總制，親兵左副指揮使，專司宿衛。在朱元璋與陳友諒鄱陽湖康郎山決戰中代朱元璋死，追贈高陽郡侯。康郎山決戰勝利後，朱元璋歷時五年建成康山祠，奉祀韓成等36位英烈及300多位將士。康山祠又稱康山忠臣廟，在今江西上饒市余幹縣境內。

⑥宋貴：朱元璋部將，在1363年的鄱陽湖戰役中被陳友諒部將張定邊斬殺。後被康山祠奉祀爲36位英烈之一。

⑦張柬之（625—706）：字孟將，湖北襄陽人，祖籍陝西同州（今渭南市）。進士出身。曾任監察御史、州刺史等職。後受狄仁杰、姚崇推薦，官至宰相。武則天神龍元年（705）正月，他與桓彦范、敬暉等發動政變，復辟唐朝，因功擢天官尚書，封漢陽王。不久，遭武三思排擠被流放瀧州，憂憤而死。

⑧虞阪楊公：即明朝名臣楊博。見《敕賜上柱國光祿大夫左都督諡忠剛張公墓志銘》注。

⑨宣大：指張達生前任職的宣府（河北宣化）、大同等地，屬明朝北方九邊重鎮，而大同爲九邊重鎮之首。

⑩庚戌：即嘉靖二十九年（1550）。

⑪乙卯：即嘉靖三十四年（1555）。

⑫榱桷（cujué）：榱指椽子，桷指方形的椽子。此處引申爲建築結構。

⑬俎（zǔ）豆：古代祭祀、宴饗的禮器，引申爲祭祀和崇奉之意。

藏經閣碑記

[題解]《武威縣志稿》：《明藏經閣碑記》在文廟藏經閣，明嘉靖壬戌年（1562）立，右僉都御史胡汝霖撰文，右參政王光祖書丹。今佚（《隴右金石錄》），碑文無存。

胡汝霖、王光祖見《明北斗宮新創藏經樓碑記》《敕贈上柱國光祿大夫左都督諡忠剛張公祠記》注。

水神廟碑記

[題解]《宣統甘肅通志》：《明建水神廟碑記》在武威南郭。萬曆二年（1574）吳昌祚撰文。今佚，碑文無存（《隴右金石錄》）。

修涼州城記

涼州衛城原系土築，於萬曆二年九月內，該巡撫廖逢節①、總督石茂華②，議題③用磚包砌，尚未興工。本年十一月內，巡撫侯東萊④至，督率分守道先任參議趙焞⑤，接管參議張九一⑥，副總兵盛愈謙⑦，并各碑陰文武大小官員、匠役，方投燒運磚石，於萬曆四年四月內落成。備記歲時，以俟⑧後之撫茲土者，知所從來，以便修繕云。

萬曆八年歲次庚辰夏六月上旬吉日 建立

碑 陰

陝西布政司使整飭分守涼莊道僉事加三級何廷圭⑨，監督涼州等處屯田倉場事務鞏昌分府加三級蔡名輔，涼州衛儒學教授董元善，涼州鎮標中營游擊路山，涼州鎮標前營游擊王士溫，涼州鎮標左營游擊趙國璽，前任山東即墨縣知縣高上達，涼州鎮標後營游擊吳之晉，涼州城守營都司高錦，涼州鎮標右營游擊房世淳，涼州衛正堂掌印守備薛必顯，涼州衛副堂兼理屯事朱方。

[題解] 碑立於明神宗萬曆八年（1580），已佚，碑文錄自張澍《涼州府志備考·藝文卷十》。簡述了明代萬曆初年，當地官員修築涼州城的情況，主要目的是"以俟後之撫茲土者，知所從來，以便修繕云"。此碑文雖簡短，但對我們今天瞭解涼州城的建設及其發展歷史具有重要的參考價值。

[注釋]

①廖逢節：河南固始縣人。嘉靖三十五年（1556）進士，隆慶五年（1571）任巡撫都御史，巡撫甘肅。

②石茂華（1521—1583）：字君采，號毅庵，山東益都（今青州）人。嘉靖二十三年（1544）進士。曾任知縣、知府、按察使、巡撫甘肅、山西，官至都察院右都御史、總督陝西三邊軍務、兵部尚書，贈太子少保，諡恭襄。

③議題：討論。

④侯東萊：見《敕賜清官禪寺碑記》注。

⑤趙焞（1526—1603）：山東平原縣人，嘉靖四十四年（1565）進士，曾任吏部觀察使、知縣、御史、參議，山西、陝西、福建按察使，陝西布政使參政。

⑥張九一（1534—1599）：字助甫，號周田，河南新蔡縣人。嘉靖三十二年（1553）進士。曾任知縣、參議。累至都察院右僉都御史，巡撫寧夏。

⑦盛愈謙：曾任四川茂州參將，甘肅涼州府總兵等職。

⑧俟（音 sì）：等待。

⑨何廷圭等：該碑立於明朝萬曆八年（1580），但碑陰何廷圭等大多爲清代官員。何廷圭、蔡名輔、董元善、薛必顯、朱方等五人在《五涼全志》中有明確記載，而且官職也吻合。即此可判斷，碑陰官員名單應爲後人補刻。

明楊佑三官神祠碑

[題解]《武威縣志稿》：《明楊佑三官神祠碑》位於楊府街三官祠，萬曆九年（1581）立。通判胡松年撰文，馬玄牝書丹。今佚，碑文無存（《隴右金石錄》《武威縣志稿》）。楊佑（1483—1542），明末武威籍名將楊嘉謨曾祖父，歷甘肅參將、副總兵、都指揮同知等職。去世後入鄉賢祠。

敕賜清應禪寺碑記

　　稽古佛氏曰西方聖人，蓋沙門涅槃莊嚴成就菩提正果者也。其入我中國，則始於漢明帝，甚於梁武帝，而隋唐次之，故天下後世哄然，而中國佛其人也。涼州爲西域襟袵之地，而番僧雜出乎其間。

　　其城之東北隅，舊有北斗宮遺址，相傳始於至正①時，兵火殘燹。永樂間敕爲清應禪寺，殿宇巍峨，廊檻繪絢，世稱古刹，迄今二百有餘祀。暘雨暄濕，瓦毀棟橈，像貌傾頹，殊非所以隆具瞻也。嘉靖辛酉，金臺吳公添壽②，厥後光山王公光祖來莅兹土，目擊心惻，各捐金，置樹植之具。隆慶丁卯，齊南戴公才③、膠東侯公東萊④二節鉞⑤相繩資給。萬曆癸未，三晉賈公仁元⑥又增補天王殿三楹，鐘鼓樓各一，主司晨昏。緣工程頗鉅，修葺雖飭，尚未樂成。今余奉簡命仕優，曾憩息於中，常住比丘舌罄巔末，因請命於今中丞三河曹公子登⑦，中丞公許給以帑藏之羨者。遂鳩工求木，用續諸大夫之羞，於是輪奐堂構，燦然稱一新也。寺前山門一座，次乃增補天王殿、鐘鼓樓也，又次即北斗宮故址。東西檻各列羅漢於內，宮兩隅左祠祖師、右祠伽藍，中爲正殿。畫廊各一十有一間，皆釋迦牟尼脫苦海、登彼崖、參通本來面目，所謂西方聖人者是也。後分兩殿，一名彌陀，一名地藏。中道匾曰"梵王宮"，直抵姑洗塔；而禪堂、僧舍環繞聯絡於左右。一海位於元武⑧，而萬壑潴焉。樂斯成也，敞莊嚴之勝概，壯保障之奇觀，甲西涼之雄鎮也。

　　且天下之道，邪正不兩立，出彼必入此，顧導化之何如耳。釋氏之學，姑不暇論，然就其慈悲之念思，以利天下，究竟使人皈依善果。孟子曰："逃墨必歸楊，逃楊必歸儒。⑨"即今介胄多章縫之士，節鉞必股肱之臣，因而化行蠻貊⑩，膻胡款服，祇事活佛，而逃夷入墨之漸始矣，將來容有艾耶。故無事人其人、盧⑪其居、火其書，而潛銷默運之化，俾日用而不知者。我文祖⑫深謀遠慮，殆舞干羽於階而有苗自格矣，佛也云乎哉！噫嘻！操風紀者，曷思勗諸，敢勒貞瑉，以俟後之君子。時督事官爲監收倉場通判茶陵譚寶乾、本衛指揮掌印朱明翰、管屯徐承業、局捕蔡朝暄⑬也。其餘分功募費咸有攸續者，法當并書碑陰，志不忘云。

　　萬曆十六年歲次戊子六月吉旦

　　賜進士、奉敕分守西寧道兼督理糧儲屯田水利、陝西布政司右布政使　肥鄉

張思忠篆額

奉敕分守西寧道兼督理糧儲屯田水利、陝西等處承宣布政司右參議 曲梁袁宏德撰

欽差、分守涼州等處地方左副總兵 雲中陳霞書

[題解] 碑立於萬曆十六年（1588）六月。佛教自兩漢之際自西域傳入中國，涼州成爲最早受到佛教影響的地區之一，佛教遺迹較多。據碑文記載，涼州城東北隅，有北斗宮遺址，相傳始於元至正年間，部分建築毀於兵燹。永樂年間敕爲清應禪寺，"殿宇巍峨，廊楹繪絢"。到了嘉靖年間，因年久失修已破敗不堪。嘉靖、隆慶、萬曆年間，陸續有地方軍政官員和士紳捐資修建，增修天王殿及鐘樓、鼓樓等建築，規模宏大，燦然一新，發揮着佛教以慈悲心善待蒼生，以利天下，使人皈依善果的教化作用。此碑與《明北斗宮新創藏經樓碑記》參照理解，所涉人物如吳添壽、王光祖應是同一人物，相距時間也不甚遠。碑原存清應寺，今佚。碑文引自《涼州府志備考》。

[作者]

張思忠：河北肥鄉縣人。明嘉靖進士，曾任陝西布政司右布政使、都察院右僉都御史，巡撫遼東。民間流傳有張思忠遇城隍的故事。

袁宏德：直隸曲梁（今屬河北邯鄲市）人。明隆慶進士，曾任分守西寧道（明駐涼州衛）、陝西布政司右參議等職。

陳霞：雲中（今山西大同市境内，或爲内蒙古托克托縣）人。曾任欽差、涼州左副總兵等職。

[注釋]

①至正：元惠宗年號，1341—1368年。

②吳添壽：即吳天壽；與王光祖見《明北斗宮新創藏經樓碑記》注。

③戴才（1514—1586）：字子需，號晉菴，河北滄州人。嘉靖進士，曾巡撫甘肅、陝西、河南等地，官至户部侍郎、兵部尚書。

④侯東萊：山東膠東人。嘉靖進士，曾任陝西布政使司右參議、左布政使、應天府尹等職，官至甘肅巡撫。

⑤節鉞：符節與斧鉞。古代授與官員或將帥，作爲加重權力的標志。

⑥賈仁元：字西池，山西萬泉人。嘉靖進士，曾任知縣、知府、兵部侍郎、陝西西涼左參政，後遷山東按察使、布政使、陝西延綏巡撫等職。

⑦曹子登：河北三河縣人。嘉靖進士，歷任右副都御史、巡撫甘肅御史等職。

⑧元武：即玄武，北方之位，象徵水。

⑨逃墨必歸楊，逃楊必歸儒：出自《孟子·盡心下》。墨、楊分別指春秋思想家墨子、楊朱。

⑩蠻貊（mò）：指少數民族。

⑪盧：同廬，房舍。此處用作動詞。

⑫文祖：疑爲太祖之誤。太祖即明太祖朱元璋。

⑬譚寶乾：湖南茶陵人，隆慶四年（1570）舉人，曾任全州同知，駐涼州監收倉場通判。朱明瀚、徐承業、蔡朝暄皆駐涼州軍政官員。

欽差 督理糧儲屯田水利兼理馬政 分守西寧道 陝西布政司右布政使 北直隸大名滑臺祁公永思碑記

翰林院掌院事 吏部右侍郎兼侍讀學士 教習 庶吉士 耀州王圖撰文

萬曆三十五年歲次丁未，公祖①，欽命大參分守西寧道，莅涼、永、鎮、古浪衛所。逾年，晉陝西布政司右布政使，蓋六載於兹矣。適我國家西顧，甘肅首鎮，尤重得人。四十一年，公又以簡命②擢。涼之士民耆屬，咸攀轅臥轍，不能挽留。相頌公德政，謀予文之勒石，以志不忘，名曰永思碑。

夫士君子，握瑜懷瑾，得志大行，入則周公③、召公④，出則吉甫⑤、方叔⑥，官歷升遷，亦其常耳。夫民何以思？又何以去而永思也？蓋人心至愚亦至神，非風勵激勸，感發興起則不思；非深仁厚澤，淪肌洽髓則不思。自公旄節⑦西來，根宗學海，汲引人倫，誠不難敷以文教，滋以甘露，醍醐春台而衽席之矣。故往者，松山⑧恢復，虜憤日深，窺伺乘釁者，不時竊發。公至，明法審令，簡將練兵，修武備以戒不虞。寇入則堅壁清野，遠遁則掃穴犁庭，令虜不敢南下牧馬而彎弓報怨。今則柝靜烽消⑨，守城者囊弓臥鼓⑩，鎖鑰幹城，孰有如今日者，而誰不思！五涼土曠多寒，額征不下數萬，往者催科無法，追呼之吏四出，而逃亡者十室而九。公至，則知人善任，悉爲區畫調停，俾數十年之逋⑪負，盡行完納。今則民安於業，時和年豐，鬥粟才值數錢，上無煩役，而下無不了之租，雞犬桑麻，帖然安堵，又孰有如今日者，而誰不思！猶未也。往者俗多惰窳⑫，節義未彰。公之來也，風以玉壺冰蘗，素絲羔羊，故自縉紳以至匹夫匹婦，莫不重廉恥而堅勁操，若秦婦⑬之貞節撫孤，孟婦⑭之殉軀全節，尤足異者，非公之德化不至此。又爲表厥宅里，樹之風聲，其培養氣節、易俗移風，又孰如今日者，而誰不思！他如，作興學校，譽髦⑮激昂青雲；訓迪材官，闒茸⑯亦堪器使。至一切精力治辦，若錢谷、若刑名、若城堡之繕修，常平義倉之協創，無非實心實政，嘖嘖在人口碑者，即更僕未易數也。故服公之德如飲河，量腹而止，腹滿而河未始竭也。乃此之行，九重又將以大司馬眷命矣。闔境諸人，固飲河而沾潤者，計不能詣闕借寇，悵然如失所天，懷抱之鬱，此中固一日而九回也，亦千載而一日也，詎容已於思也！

昔召公化行南國，爲歌《甘棠》⑰。夫《甘棠》以志思也，公之"甘棠"，今日已成蔭矣。斯民之心，亦三代之民心也。其感而思，思而不能忘，無疑矣。公何要譽於民，而民曷有私乎公也哉！雖然，公之心計社稷，不計功名，遇之顯晦毋論己，如民心何，如公道何！异日者，聖天子課⑱最明庭，金甌卜相⑲，由勋曹⑳而晋階保傅㉑，照臨波及之餘，曷有極焉！是碑也，且與《甘棠》之咏并傳不朽矣！

祝曰：維兹屹立，卓爾琳琅。羊公峴石㉒，召伯甘棠。楷書隸篆，著績留芳。悠悠千載，永志不忘。

[題解] 碑立於明萬曆四十一年（1613）祁祖離開涼州之後。碑文重點叙述了祁祖在涼州任職期間，實心實政，勤政爲民的良好口碑。他在涼州任職六年當中，一是明法令、修武備、簡將練兵，使北虜（蒙古瓦剌）不敢南下侵犯；二是在徵糧等賦稅時謀劃調停、知人善任，使數年的徵收任務順利完成；三是建學校，培養民人氣節、移風易俗，使民知廉恥有節操。由於他的精心治理，使涼州社會穩定，民風向善，人民安居樂業。涼州百姓得知他要離任的消息時，在百般挽留未果的情况下，聯名懇請吏部右侍郎王圖撰文刻碑，以期永遠銘記他的政績和功德，故碑名爲"永思碑"。碑無考，碑文引自《涼州府志備考》。

[作者] 王圖（1557—1624）：字則之，陝西耀州（今銅川市耀州區）人。萬曆十四年（1586）進士，初授檢討，以右中允掌南京翰林院事。官至禮部尚書，協理詹事府。後遭魏忠賢黨羽彈劾被削籍回鄉，卒於家。崇禎初，贈太子太保。

[注釋]

①祁祖：名光宗，字伯裕（伯玉），明北直隸大名滑臺（今河南滑縣）人。萬曆二十六年（1598）進士，曾督學陝西。萬曆三十五年分守西寧道，鎮守涼州。歷任陝西布政司右布政使、都察院右副都御使巡撫甘肅等。在甘陝18年，政績頗卓。官至兵部尚書，贈太保。著有《關中陵墓志》等。

②簡命：指簡任、選派任命。

③周公：姓姬名旦，周文王姬昌第四子，周武王姬發的弟弟。曾輔佐武王滅商，製作禮樂典章制度，對中國後世產生深遠影響。因其采邑在周，爵爲上公，故稱周公，是中國古代傑出的政治家、軍事家、思想家，被尊爲"元聖"和儒學先驅。

④召公：姓姬名奭，周武王的同姓宗室，曾輔助武王滅商，被封於薊（今北京市），是燕國的始祖。因最初采邑在召（今陝西扶風縣），故稱召公或召伯。成王時，任太保，與周公分陝而治，東歸周公管理，西歸召公管理。支持周公攝政當國并平定叛亂，輔佐成、康兩代君主，開創40年的"成康之治"。

⑤吉甫：即尹吉甫，姓兮，名甲，字伯吉父（父一作甫），尹是官名。曾率師北伐獫狁至太原。周宣王時的名臣，歷史上著名的政治家、軍事家和文學家，《詩經》的主要采集者。

⑥方叔：周宣王時賢臣。曾先後奉命征伐淮夷，擊退北方民族獫狁的侵擾，又率兵車三千討伐楚國取勝，是西周王朝中興一大功臣。《詩經》中《采芑》《方叔》篇述贊其事功。

⑦旌節：古代使節所持的節，以爲憑信。後藉以泛指信符、受命。

⑧松山：位於甘肅天祝的松山灘草原，是烏鞘嶺東側最大的天然牧場，有松山古城遺址保存至今。明萬曆年間，在這裏爆發松山戰役，達雲等甘肅鎮將打敗入寇的蒙古瓦剌部，取得"西陲第一功"。

⑨柝（tuò）靜烽消：柝，打更用的棒子；烽，烽火，古代邊防報警的烟火。是說戰爭消弭，已進入和平時期。

⑩橐（tuó）弓臥鼓：橐，一種口袋，把弓裝入口袋；臥鼓，息鼓。謂戰事停息，藏弓息鼓，天下太平。語出《後漢書·隗囂傳》。

⑪逋（bū）：拖欠賦稅、債務。

⑫惰窳（yǔ）：懶惰。

⑬秦婦：唐末五代詩人韋莊《秦婦吟》中的主人公叫"秦婦"。《秦婦吟》借秦婦之口述說黃巢攻入長安後的種種喪亂漂淪之苦難。這裏泛指貞潔烈女。

⑭孟婦：疑指古代傳說中的孟姜女。因其哭長城被官府抓獲，後恐受辱而蹈海自盡。

⑮譽髦：指有名望的英傑之士。《詩·大雅·思齊》："古之人無斁，譽髦斯士。"

⑯闒茸（tàróng）：指無能、卑賤。

⑰甘棠：即棠梨。此處指《詩經·召南·甘棠》。詩描寫召公巡行南國，有時

在甘棠樹下布文王之政，決獄政事，使官民各得其所。召公卒，民人常思召公之政，懷棠樹不忍伐，歌咏之，作《甘棠》之詩。後以此稱譽循吏的美政和遺愛。

⑱課：占卜。

⑲金甌卜相：金甌，指金的盆盂，比喻疆土完固，亦用以指疆土。卜相，指占卜看相以斷吉凶，選擇相才。古代天子卜相（選相）必書清望官名，納金甌或琉璃瓶中，焚香祝天，以箸挾之，得其名，即拜相，故曰甌卜，又曰枚卜。後世因以"甌卜"爲擇相之稱。

⑳曹：古代分科辦事的官署，也指普通官員；輩，等、類（指人）。

㉑保傅：指太子太保、太子太傅。古代以太師、太傅、太保爲三公，是朝廷中最尊顯的三個職位。大多爲高官勛親加銜，表示恩寵而無實職。

㉒羊公峴石：羊公即羊祜（221—278），字叔子，泰山南城人。政治家、文學家。博學能文，清廉正直。曾坐鎮襄陽多年，都督荆州諸軍事，屯田興學，以德懷柔，深得軍民之心。同時，繕甲訓卒，廣爲戎備，并在吳將陸抗去世後上表奏請伐吳。峴石，湖北襄陽有峴山，峴山有峴石寺、羊祜碑、羊侯廟、峴石亭等，是羊祜生前活動、游憩之地。

增修大雲寺①碑記

涼州大雲古刹，紀其巔末，有唐宋二碑仿佛可考。元末兵燹以後，重爲鼎新，爰復古迹。自皇明洪武十六年始，其募主則日本沙門志滿②也，未有紀者。舊有浮圖五級，未及合尖，至萬曆壬辰歲，本城副將魯光祖③施磚瓦砌補，完前功。薩縱百八十尺，與清應寺塔雙峰插天，稱五凉一奇觀云。是後，時和歲稔，民庶兵疆，遂恢復松疆④數千里，而虜運日衰，兵威日振，雖氣數使然，不可謂非法力所助佑也。

時本鎮總兵達雲⑤，即前恢疆者，酬答神功，乃於塔臺前面創建元帝廟一座，金碧瑩煜，蘄奠此塔於磐石。僧官洪鎧，以公修廟餘材，構小祠於廟左，肖公像而香火之，匪只爲建廟舉，緣公秉鉞開疆，而爲地方圖永報也，亦義舉哉！但臺下正殿孤懸，左右敞闊無制，非增建廊廡無以肅內外而壯觀瞻。談者指畫如式，卒無有肩其任者，以功程繁灝，所需良不貲也。署印比丘信還，倡議修舉，於正殿東西建廊房二十四楹，補移對面羅漢殿三楹，伽藍殿三楹，金裝丹堊，巋然煥然，山門角門，增設如制。又以釋迦之祖修、磨練及赫靈顯異之迹，歷歷圖繪於廊壁間，粲雲霞而耀日星，俾觀者見像會心，恍若親炙，垂教不顯且切哉。材木、磚石、工匠之費，十方所不給者，捐貨接濟，七越歲而工始成。本城參戎達奇策，前總兵公冢嗣，而此時之檀越⑥也，請完璧爲記。

璧念佛氏之現光於周，顯夢於漢，業已膾炙人口，無庸置喙。而地獄輪回之說，儒者每駁爲不經，殊不思古先聖哲其以寓言設詞，昭垂於六經子史内者，豈少也歟。總爲懲頑惕俗，期無軼衆生之性焉耳。至於番夷狼戾之性，誅討難馴，憪不畏死，一諭以中國之佛法，頂經約誓，威於鈇鉞。傳曰："逖矣西胡⑦，天之外區；不率華禮，莫有典屬；若非神道，何恤何拘。"所以邊境禪刹，獨勝於直省内地，且皆御敕修建，若西寧之瞿曇⑧，張掖之寶覺⑨，與吾凉之大雲等寺，窮極土木之妍，崇閎壯麗，務聳觀望而啓敬信焉。蓋亦因性牖民、籠攝异族，而固其志，其崇設誠有爲也。況城中浮圖有三，俱建於東北卑陷處，補闕障空，關一郡之風脉不淺，坐令浸尋傾圮而不時加修葺，可乎！於戲，塔建而凉郡賴之以興，廊院建而塔將賴之以不朽，信還之功不在日本志滿下。

時天啓二年歲在壬戌仲秋吉旦

本衛太學生趙完璧齋沐頓首撰　本衛蔭襲戴應林齋沐書丹

欽差、分守大靖等處地方參將達奇策，欽差、鎮守昌平居庸等關總兵官、後軍都督府都督同知達奇勛，欽差、平羌將軍、鎮守甘肅等處地方總兵官、太子太傅（達）雲，欽差、分守凉州等處地方右副總兵都督魯光祖，欽差、分守鎮番處地地方參將唐世盛，凉州營千總、督指揮同知達奇功，凉州營千總、三科武舉、署指揮趙良璧。

[題解] 碑立於明天啓二年（1622）秋天。通高160厘米，寬80厘米，厚15厘米。原碑已佚。碑文引自《凉州府志備考》《隴右金石録》。1993年5月，武威市文物管理委員會、武威市博物館重鐫後立於武威大雲寺。碑文簡述了大雲寺的數次維修，如日本僧人志滿募化修復、駐軍將領魯光祖補修、僧官洪鎧續修，特別是達雲一家爲"酬答神功"而創建元帝廟（關帝廟）、僧人信還倡議進行擴建等，使大雲寺規模宏大，"崇閎壯麗"，雖地處邊陲，但"獨勝於直省内地"，尤其對信還修寺的功績予以特别襃揚，充分肯定"信還之功，不在日本志滿下。"原碑文由明天啓二年凉州衛太學生趙完璧撰寫，凉州衛蔭襲官員戴應林書丹，本籍軍政官員達雲、魯光祖等立碑。現碑由本邑著名書法家計揚正先生書丹，劉學正先生鐫刻。

[作者]

趙完璧：明涼州衛人，由貢生擢直隸大名府通判。

戴應林：涼州衛襲職官，生平不詳。有些版本作"戴應修"。

[注釋]

①大雲寺：始創於前涼王張天錫升平年間，初名宏藏寺，唐武則天時改名爲大雲寺，西夏時爲護國寺，元末兵燹後，重新修復。有史記載的幾次大修是：明洪武十六年（1383），由日本沙門志滿募修；萬曆壬辰年（1592），涼州副將魯光祖將佛塔補修完工，與毗鄰的清應寺塔雙峰并立；本鎮總兵達雲，在塔臺前建元帝廟一座；萬曆末年，署印比丘信還倡議增建羅漢殿、伽藍殿、山門等建築和東西廊房，并於廊壁間繪製佛畫。以上工程完成後，整個建築群崇宏壯觀，整肅嚴謹。毀於1927年大地震，獨存古鐘樓及大鐘至今。參見《西夏碑》等相關碑刻注釋、題解。

②志滿：日本僧人。日本净土宗十一代弟子，明洪武年間（1368—1398）來到中國，雲游多地，朝拜佛教聖地。當他在涼州瞭解到大雲寺在佛教史上的地位及當時的頹敗情況後，立志重修此寺，以成正果。他募化籌資，歷經千辛萬苦，終使大雲寺得以修復。大雲寺歷經300多年，香火不斷，被傳爲中日友好的一段佳話。1982年6月初，國務院總理趙紫陽訪問日本期間，日本奈良唐招提寺僧人曾向中國客人問及志滿主持維修涼州大雲寺情況，説明志滿主持修復涼州大雲寺的事迹在日本具有一定影響。

③魯光祖：甘青一帶成吉思汗後代魯土司後裔，其封地在甘肅永登連城。明萬曆年間曾任西寧參將、涼州副總兵，後因功升南京大教場總理提督。

④松疆：松山位於甘肅天祝，時被蒙古瓦剌占據，對明朝構成極大威脅。萬曆二十六年（1598），兵部尚書兼三邊總督李汶、大司馬兼甘肅巡撫田樂、甘肅總兵官達雲等奉旨收復松山。從三月二十日開始兵分三路進剿。至九月二十六日，兩河道官兵10萬人會攻大小松山，俘獲880人，獲牛、馬、駝、羊1500多頭（只）。至此，大小松山收復，解除了瓦剌對甘青地區的威脅和騷擾。

⑤達雲（1550—1609）：字騰霄，號東樓。始祖恪納亞，原系哈密畏吾兒（即今維吾爾族），明洪武初年進貢赴京，授試百户，駐扎涼州，落籍爲涼州人。恪納亞生一子，名達里麻答思，承襲父職，繼承父風，後以首字"達"爲家族姓氏。達雲爲其六世孫，勇猛强悍而有謀略。萬曆中，嗣世職指揮僉事，擢守備，進肅州游擊將軍、西寧參將。曾因"松山戰役"之功晋升爲右都督。其鎮守西北邊疆幾十年，每遇戰事悉心籌劃，在戰鬥中身先士卒，惜兵愛民，軍行

所至，紀律嚴明，未嘗受挫，名震西陲，爲一時邊將之冠。後病卒於軍中，贈太子太保，謚英烈武侯。其子奇策、奇勛、奇功多有軍功，襲指揮僉事，擢總兵、都督等職。至達雲以下，達氏一門成爲凉州望族、武將世家。今凉州有達府、達府街、達氏祠堂等。

⑥檀越：指"施主"，即施與僧衆衣食，或出資舉行法會等之信衆。音譯陀那鉢底、陀那婆，梵漢兼舉稱作檀越施主、檀越主、檀那主、檀主。

⑦逖（tì）：遠。西胡：古代對葱嶺内外西域各族的泛稱。

⑧瞿曇：釋迦牟尼的姓，亦作佛的代稱，又指僧人、寺院。此處指青海瞿曇寺，位於海東市樂都縣，始建於明洪武二十五年（1392），是一處藏傳佛教格魯派寺院，也是安多藏區政教合一的大寺。

⑨寶覺：指寶覺寺，即張掖大佛寺。始建於西夏永安元年（1098），原名迦葉如來寺，明永樂九年（1411）敕名寶覺寺，清康熙十七年（1678）敕名宏仁寺。因寺内有巨大的卧佛像故名大佛寺，又名睡佛寺。

修建三皇廟記

蓋廟祀之典所以崇報也，顧功德有鉅細而祀之，廣狹遠近因之又以明稱也。故功德在一時者一時祀之；越代則以功德在一方者一方祀之；越境則以廣狹遠近之故，固功德鉅細之因也。逖稽①三皇②開天治世，迄今不啻萬餘歲，而廟祀處處弗没者，何試？觀宗廟之奉祖先也，親盡則祧祀典罔，忒惟始祖百世而弗遷，蓋謂其爲從出之原，匪可以世代遠近論也。逝波放海鳥容絶源，修幹霄總難□本。三皇，蓋古今之源，本萬世不遷之始祖也，其功德寧可以時地限，而廟祀何日可湮没乎？吾凉肇造此廟，自本城兵憲史公③始。乃其建於醫藥局者，豈因便就簡而無意義於其間哉？蓋謂畫八卦、造書契，自太昊伏羲出；而醫理寓藝五穀、嘗百草，自炎帝神農出；而方藥傳咨岐伯④作《内經》，命俞附⑤、雷公⑥察明堂、究息脉，巫彭⑦、桐君⑧處方耳。自黄帝有熊氏出而人得以盡年，醫理遂昭揭於後世。夫以三皇開物成務，雖不獨爲醫氏祖，而濟世壽民術，醫氏暨祖而述之，則濟世壽民之心，醫氏尤當宗而體之者也。故廟成而題其坊曰："亘古醫宗"，良有意哉！廟中正殿三楹，工列三聖像，傍侍歷代名醫一十二尊。東、西廡中，許、陶二真君⑨塑像在焉；分置木牌五面，臚列⑩古今名醫既本境世醫姓氏，期垂不泯。醫舍碑亭各三楹，二門外左右封列。最前牌坊三架即大門也；門東藥鋪一間，俾便施濟；殿後聖母等祠。局中所宿構者，議設春秋二祭，印官⑪主之。然藥局既古醫學，先年賈兵憲修茸，施藥於内，故名焉。賈公諱仁元⑫，山西萬泉人；史公直隸金壇人，諱樹德。時率衆捐貲，醫公力是賴；至營度屬功後，先拮据十餘載，竟底績⑬焉者，實醫官蔡嘉善等衆也。宜并志之。

　　時，□□崇禎四年辛未孟夏吉旦
　　原任大名府通判、承德郎趙完璧謹撰
　　凉州衛署印醫官蔡嘉善　建立

[題解] 碑立於明崇禎四年（1631）四月。通高246厘米，寬78厘米，厚12厘米。今存武威文廟。碑文引自《武威縣志稿》。三皇爲我國各地崇祀的尊神（祖）。碑文簡述了三皇爲"萬世不遷之始祖"的至偉功勛及三皇廟的規制、建廟之有功之人等，突出其"濟世壽民"之義。

[作者]

趙完璧：見前《增修大雲寺碑記》作者介紹。

蔡嘉善：明凉州衛醫官，精通醫理，詳辨陰陽，醫道高明，并熱心地方文化事業。其一門三代爲凉州衛醫官，醫人甚多，知名河右。子蔡苓，善太素脉，人稱其神。苓子元勛，尤精傷寒，藥不三投，沉疴立起。此碑爲蔡嘉善所立。

[注釋]

①逖稽（tìjī）：逖，遠；稽，核查、稽考。

②三皇：歷來所指不一，主要有天皇、地皇、人皇説和伏羲、燧人、神農説二種。他們都是原始社會中後期出現的爲人類文明進步做出卓越貢獻的人物（部落）或神的代表，歷來被人們所崇敬并供奉。《五凉全志·武威縣志·建置志》："三皇廟，西街。天啓三年建。"據此碑，武威三皇廟建成於明崇禎四年（1631）。建造者認爲，三皇開物成務，其濟世壽民之舉與醫人身體者同樣值得銘記，故在三皇聖像旁侍歷代名醫像十二尊，在東、西廡中供許、陶二真君像及古今名醫、本境世醫姓氏。

③史公：即史樹德，南直隸金壇（今江蘇常州市金壇區）人。萬曆二十六年（1589）進士，曾任陝西西寧道（駐凉州）。

④岐伯：上古時期最有聲望的醫學家，後世尊稱爲"華夏中醫始祖""醫聖"。《帝王世紀》載："岐伯，黄帝臣也，帝使岐伯嘗味草木，典治醫病，經方《本草》《素問》之書咸出焉。"中國傳統醫學俗稱"岐黄"和"岐黄之術"，視岐伯、黄帝爲醫家之祖。

⑤俞附：即俞跗，相傳爲黃帝時的良醫，也是中華俞氏的始祖。

⑥雷公：傳說中的上古醫家，相傳爲黃帝衆多懂醫學的臣子之一。其擅長教授醫學之道，精於望色診斷與針灸，通九針六十篇。《黃帝內經》中的許多篇目，都是以黃帝與雷公討論醫藥問題的形式寫成的。

⑦巫彭：古代神話傳說中的神醫。《山海經·海內西經·開明東有諸巫療窫窳》："開明東有巫彭、巫抵、巫陽……皆操不死之藥以距之。"引文中的巫彭等，皆傳說中的神醫。

⑧桐君：古代最早的藥學家。在富春江畔，有一座桐君山，相傳，黃帝時有老者結廬煉丹於此，懸壺濟世，分文不收，鄉人感念，問其姓名。老者不答，指桐爲名，鄉人遂稱之爲"桐君老人"。後世尊其爲"中藥鼻祖"，稱此山爲藥祖聖地。山以"桐君"名之，縣則稱"桐廬縣"。

⑨許陶真君：指許遜、陶弘景。許遜（239—374），江西南昌人，晋太康元年（280）舉孝廉，出任旌陽（今屬四川德陽市）令，人稱許旌陽、許天師、許真君。道教著名人物，净明道尊奉的祖師，民間信仰的神仙。陶弘景（456—536），字通明，丹陽秣陵（今南京市）人，號華陽隱居。著名的醫藥家、煉丹家、道教思想家、文學家，人稱"山中宰相"。有《本草經注》《真誥》等。

⑩臚（lú）列：陳列、羅列、列舉。

⑪印官：明清時期各級地方官正職因掌管和使用正方印，故稱"正印官"或"印官"。

⑫賈仁元：字西池，山西萬泉人。嘉靖四十一年（1562）進士，歷山東歷城知縣、保定知府、陝西西涼左參政等，因保衛邊疆有功，擢爲山東按察使、右布政使、陝西延綏巡撫、兵部侍郎，蔭世襲錦衣千户等。

⑬底績：獲得成功，取得成績。語出劉勰《文心雕龍·銓賦》。

花寨子大明碑

[題解] 現存碑首，蟠螭2尊，碑文僅存篆書"碑記"字樣，餘無存。立於明朝何時不詳。今存武威文廟。花寨子，即今武威市涼州區松樹鎮槐樹村二組。

清 朝

副總戎劉友元①平逆回碑

沈加顯

　　副戎劉公，榆林人也。慷慨自矢，磊落非凡，未習儒書，舉動悉合。兵法諳白猿，力貫石虎，技藝得之天成，非偶也。我朝定鼎，逆闖②餘孽竄奔關中者，未易更僕數。公爲三邊總督孟③麾下前戎大將軍，每遇寇賊，弗率任所指揮，擒渠射馬如囊中取物，戰功屢著，罄竹難書，當事輩入報彤庭④紀錄者十餘次。

　　戊子⑤之春，河西回逆叛，率十餘萬直抵臨、鞏間。所過，官民莫敢攖之。公單騎日夜走五百餘里，請兵不滿千，公當先擊賊，如穴中之蟻，竹破瓦解，奔潰皋蘭之間，奪城禦賊，陣亡落水者以三萬計。公迅速渡河，倡民兵數萬，突至五凉城下挑壕圍困，賊懼投降。公領兵百騎入城中，拈髯微笑，有古人捫虱談兵⑥之致。民間貿易如初，秋毫不犯，頃刻之間回逆投首以數千計。所謂"民兵合而賊無遁計，王師出而野無荆棘"者，非耶？

　　惟時甘、肅未靖，僅存回逆千餘，安插東關。公任事數月，禁兵騷擾，屏絕民詞，清廉正直，軍伍閭閻，一絲一粒，戒嚴四知。至四月中，大兵凱旋，安插之回，如釜魚之不可逃。公擐甲戴冑三晝夜，矢石如雨，賊半傷於關城，半逃之深山。公躍馬追賊，至永昌界，招安七百餘，剿洗於城西演武場，嗣是河西之患始除。

　　朝廷嘉乃懋績，授公爲專城副戎。迄今五凉軍民官生焚香頂感，不啻華封之祝堯⑦也。屬余爲文，余曰"唯唯"。遂援筆迅書，以志不朽。

　　[題解] 碑立於清順治八年（1651）前後，已佚，碑文引自《五凉全志·武威縣志》。簡述了清初將領劉友元平定李自成關中餘部後，迅速剿滅河西回民反清武裝的歷史。碑文立場分明，在高度評價劉友元才能的同時，對李自成起義軍和回民反清斗爭不無污蔑之詞，而對官軍則多溢美之詞。

[作者] 沈加顯：河內（古稱覃懷，今河南沁陽）人。明崇禎七年（1634）進士，順治五年（1648）任分守西寧道（駐涼州）。

[注釋]

①劉友元：陝西榆林市佳縣人。明末進士，曾任平羌將軍。清朝初年，任三邊總督孟喬芳部前戎大將軍，在關中清剿李自成殘部、在河西平定回民反清鬥爭中戰功顯赫，所率官軍紀律嚴明，一路凱旋。順治七年，任涼州副將。

②逆闖：指明末李自成領導的農民起義軍。李自成號"闖王"，"逆闖"是官軍對其的蔑稱。

③三邊總督孟：即孟喬芳（1595—1654），字心亭，直隸永平（今河北盧龍）人。天聰四年（1630）降清，隸屬漢軍鑲紅旗。清軍入關後，曾任刑部左侍郎、陝西三邊總督，先後平定多起反清武裝，進封兵部尚書，加太子太保。

④彤庭：亦作彤廷，泛指皇宮。因宮廷以朱漆塗飾，故稱。

⑤戊子：指清順治五年，即1648年。

⑥捫虱談兵：前秦大將王猛年少窮苦，好學有大志，不屑細務，聽說征西大將軍桓溫進兵關中後，他去謁見。見面後一面縱談天下大事，一面捻著身上虱子，猶如旁若無人。後比喻談吐從容，侃侃而談，無所顧忌。典出《晉書·王猛傳》。

⑦華封之祝堯：相傳帝堯巡狩於華（今陝西華縣），封人祝頌帝堯多壽、多富、多生男子。帝堯對此奉承一一拒絕。後因用爲祝頌之典。又稱"華封三祝"。典出《莊子·天地》。

陳立三皇廟房課祭典以垂永久碑記

涼州西大街坐南向北，古迹三皇廟並醫學廳共一所。原舊門面藥鋪十間，醫學選醫童十名，在鋪舍藥，施濟軍民，疾病有□。醫學蔡芩父蔡嘉善，先日□醫學時，看得本廟門西窄狹，節次具文呈奉撫院張、守道，馹三公俱批，行涼州衛捐俸改修。正中牌坊大門三楹，以助廟貌瞻觀。開房四間尚存，右房六間民人住坐，每年認納房課銀三兩六錢，比照其鎮祭典，分爲本廟春秋二祭。□雉①、祭品乃本廟之房課，爲本廟之祭祀准有。原日，帖文詳允，勒石碑記；但恐年久，後人泯□不常存，廢祭典。今蔡醫官父子仍具呈分守道沈②，蒙批蔡醫官條陳房課、置辦春秋祀典□盛舉，□□該衛照例遵行，如有官□衛□侵沒房租，致廢祀典者，許醫學諸生執照稟官，依律究治□□等□□衛備行到學，遵奉刻石，所有祭品價數□期備刻於後。

計開：每祭動銀一兩八錢。買猪一口，價銀七錢；羊一隻，價銀四錢；契棹③一張，價銀一錢二分；三牲猪首一付，銀五分；羊胛一方三斤，銀四分；雄雞一隻，銀一分；靠品祭棹一聯，價銀三錢五分；香一斤，銀一分；錢馬一合，銀二分；大蠟三枝，銀一分五；□□錢二杆，銀一分；奠酒一瓶，銀一分；禮生讀祭文公，禮銀一錢；紅紙一張，銀五厘；硬柴二馱，銀五分。春祭在三月三，秋祭在九月九。爲期祭畢，猪羊連肘各一□□□道府、協衛，餘剩醫學酌派分享。住房民人照常交納房課，供祭開銷。本衛發行置辦，永爲定規。特立。

醫學官：蔡苓

門生醫官：□□升、劉永龍、□永福

刊刻匠人：蔡元紹、蔡元佩

辛卯歲菊月④吉旦

闔城醫官醫生：袁登高、蔡□□、閔善學、陳明□、傅子忠、王□□、嚴畏、鄭乃明、王□□、王國雄、張□鳳、蕭王□、□□□、□□、劉興龍、□□□、□□□、馮□春、馮萬春、何壽、楊□□、劉振吉、張文成、程望逵、□□□、劉國□、李國□、唐玉相、劉□□、任朝雲、孟得文、□□□、丁耿□、曹□逵、陳□□、□□朝 建立

涼庠生高天印謹□□

[題解] 碑立於清順治八年（1651）九月。通高156厘米，寬63厘米，厚13厘米。今存武威文廟。碑標明立於"辛卯歲菊月"，但并未標明朝代。結合《修建三皇廟記》參讀，涼州衛醫官蔡嘉善爲此碑中蔡苓的父親，因《修建三皇廟記》碑立於崇禎四年（1631），由此推定，此碑之"辛卯"歲應爲清順治八年。據碑載，涼州城西大街有三皇廟并醫學廳一所，相關情況，已有勒石記載。但恐年久而廢，涼州衛醫官蔡氏父子又呈文審批，以官府名義再次立碑記其事。碑文簡述三皇廟廟產及使用情況，詳細羅列租銀購買的祭品及數量、價錢，以及祭典完畢後祭品的歸屬，反映出古代社會對經濟、文化活動的嚴謹縝密。

碑文由涼州衛儒學庠生（秀才）高天印撰寫，由蔡嘉善之子、涼州衛醫官蔡苓等立碑，并由刻碑匠人蔡元紹、蔡元珮及闔城醫官醫生共39人見證。

[注釋]

①雒（luò）：同"烙"，指印烙，在牲畜或器物上燙火印。此處"雒"前闕

文疑爲"印"。

②分守道沈：即時任分守西寧道沈加顯。見《副總戎劉友元平逆回碑》作者。

③契棹（zhào）：放文書的桌子。

④菊月：即農曆九月。

改建東岳臺①增創廟貌碑記

詳考涼城舊址，東岳聖帝廟貌臺□，自先任協鎮孫公諱加印②者，改建於城北□□焚毀廢□止，建豎正殿、拜殿。公即升任，有岱岳會人張守德、王國禎、劉成章……□吊橋、登道、□欄、牌坊數處，迫於費匱，其聖帝金像未獲金妝繪飾。幸蒙巡撫甘肅臨、鞏等處地方都察院右副都御史劉公③，因公暇謁廟，目睹聖像廟殿未經彩飾金妝，慨然輸貲，委官王元德、徐可升監督工事。金妝……慶贊神臺。公又遍閱臺上臺下風景，勃然興曰：帝廟今雖告竣，尚有岳府王公、宮眷、太保、十王并侍衛、文武曹僚、七十二司、考較□官等衆……公復捐金，仍委官監修興工。除先營造聖帝廟貌已勒碑臺上，備載訖新，增創臺上東西廊房各三間，王公太保列焉；角列各三間，□三官右聖……神庫房各三間，東側構小茶坊三間，鑿井一眼，西構靜房三，臺上西向新增建觀音殿一間；臺下西向增築臺基，建立佛殿三間，拜殿三間，塔二座……三間；□側□□□□殿三間，其正臺甫盡天橋一見，由登道以下東西兩楹增創十王殿各三間，七十二司殿各五間，土地孤魂殿各一間，看守小房三間，井一眼；大門□聞鼓石二面，東西舊門二合，豎牌坊一架，連屏門一合，二門三間；前後看牆、門牆周匝全備，栽植樹株百。餘勒鐫記事石碑二通。其臺上臺下廟宇、神像、繪飾、彩畫媲美，靈臺不日成之，而臺景之鴻敞壯麗，美秀歸隆，上聳雲漢，下□地軸，游觀者禮佛殿，則儼然極樂勝境，趨帝台，森巍岱岳琳官，較昔之小就者，今纏纏④大成矣。美哉盛哉，誠五涼之第一仙境也。茲值工竣，勒石記事，以志不朽云。

是廟也，舊無香火田地，其供奉贍養無所倚賴，撫院內標王元德等捐資五十兩，憑中立二契。（一契）買金塔寺渠左六壩橋兒溝屯民郭升基科地三段，二段在廟後，一段在廟西，約下籽種一石五斗，該納官糧一石一斗八升，草九束半用，使山水□晝夜；一契買本壩屯民郭懷仁科地二段，一段在廟南，一段在廟東，約下籽種二石三斗，納官糧一石八斗，草一十八束，使山水三晝夜。二地四至，各契載明，施與東岳臺住持，□□□□作爲供奉香火贍養之資。勒

石以志永久。時

  涼州衛掌印守備殷士達　康熙四年歲次乙巳李月吉旦

  甲午科武舉徐斌謹撰　諸山散徐俊英書丹　雲峰剞□教人徐守玄篆額

  巡撫甘肅臨鞏等處地方、都察院右副都御史劉斗，撫標內司副將閆際泰，撫院效勞督工委官監修、功德弟子徐可升，撫院效勞官張一標、徐光裕，鎮守陝西甘肅等處地方總兵官、都督孫思克⑤，直隸河澗府仁立縣金妝□畫功德主弟子王元德，整飭分守涼莊道陝西布政司加一級朱衣客，左營游擊董應元，臨洮道、陝西按察司副使張文德，甘肅鎮標中營游擊古承印，甘山道、陝西按察司僉事袁佐州，右營游擊褚光祖，西寧道、陝西布政司副使張安成，永昌參將鄭綏善，肅州道、陝西按察司副使李雨□，鎮番參將王三華，□鎮涼州等處地方副總兵孫加印，甘州等處倉場、鞏昌府同知劉□典，協鎮涼州等處地方副總兵□□□，鞏昌府西寧道□□，協鎮涼州等處地方副總兵王啟勛，鞏昌府漳縣知縣黃，都察院隨任男劉柱，臨洮府正堂許□□。

  在廟誦經眾僧：竟優、妙景、妙煥、廣玉、海清、淨行、清澄、淨岩、玄雲；

  監修完工化主：王國真、張守德、劉成章、孫光喜；

  都綱司：劉經□、楊□伯、陳龍、孫宇彪、閆國翰、閆郡□、張奇□、邵從德、孫克濟、□國鳳；

  僧正司：玄淨、□□、張文英、潘進貴、韓石祖、安九錫、茹必憲、葛汝亮、張顯；

  官紀司：徐從、劉樞、□愛祿、許自寧、張洪亮、□□□、孔三柱、王加璧、曹□龍、□□□、王慶、魏台、李昌榮、□□□、年三桂、范師世、閆具仁、□□□、王加寶、魏昭、李得榮、□□仕、楊善明、張□、張光、王登□、□□舊、閆天福；

  撫院書吏：董文翰、趙之蘭、許秉漢、許國其、王師孔、孫吉、霍種鳳、魯至道、劉從思、紀憲、王修、董建基、劉晃謨、潘相儒、李士美、張榮祿、劉□運、楊文隆、楊明世；

  撫院承差：李昌隆、楊嗣□、楊顯、許榮、朱文辛、董應誠、劉昌輝、劉昌燧、雷鳴鳳、許時緒、吳文煥；

  守道書吏：李思明、郝自奇、張宗英；

  支擺品守道官頭：李四德、位全、楊□德、陳恪心、高山宗、陳我萬、趙光晉、□金斗、閆明十；

  生員：高祿十、于國柱、張鳴鄂、蔡兆吉、□□、張明哲、張士榮、程

□武；

各項匠役：沈雲禄、柳奇鳳；

募化金□道人：劉宗玄、劉汝洪。

[題解] 原碑立於康熙四年（1665），已佚，碑文引自《武威縣志稿》。凉州城舊址原有東岳廟，清朝初年由副總兵孫加印及後繼者陸續進行改建增修。之後，甘肅巡撫劉斗兩次捐資委官，對聖像進行金妝，并增創廊房、佛殿、拜殿等衆多建築，增修後的東岳廟規模宏大，"美哉盛斯，誠五凉之第一仙境"。聖廟修好之後，又有王元德等人捐資買地，以作寺廟香火供養之資。康熙四年，凉州衛掌印守備殷士達等地方官吏及僧官僧衆、儒生、信士等138人共同勒石，記載了歷任官員捐資修建東岳廟的善舉及東岳廟的規模、結構、供養等，以使他們的功績"以志永久"。參與刊刻立碑人員地位之崇、數量之多、範圍之廣，在凉州碑刻中是僅見的。

[作者] 徐斌：凉州人。清順治十四年（1657）武舉人。

[注釋]

①東岳臺：位於武威城東北二里許（今解放軍第十醫院北側一帶），南北長80米，東西寬50米，高7米。相傳系東晋前涼張駿所築靈鈞臺，爲點將臺。清初續築後臺，改爲東岳臺，臺上建東岳大帝廟及配殿等。1958年前後被拆，臺基被毀，今無存。

②孫加印：陝西綏德人。順治初年任凉州副總兵。

③劉公：即劉斗，字耀薇，直隸清苑（今河北清苑縣）人。大約在明崇禎至清康熙前半朝期間在世，先在兵部、宗人府任職，後任國史院學士、甘肅巡撫，直隸、福建總督等職，爲清初重臣。其在凉州任職期間，對名勝古迹和寺廟的增修、創建不遺餘力，除此外，還有斗姥宮、玄真觀、清應寺、安國寺等都有他出資并倡導維修的功績。康熙三年（1664）秋，他曾印造佛教經卷佑民安康。經卷現存於武威市博物館。

④纙纙（lílí）：連續不斷，有次序、條理的樣子。

⑤孫思克、朱衣客：見後《重修清應寺塔記》注。

創建斗姥臺閣記

粵①若有商②以神道設教，後世因之，禋祀勿替，□特敬天勤民也。蓋以禮可以道君子，法可齊小人。事臨上帝，俾屋漏，間存幾希；愓平旦，入廟生敬。又莫若神明之爲政，□徒革面，且以革心，有以夫。

大中丞劉公③，以弘文學士，節鉞④兩河⑤，□歷三載。體天子教養民，一如五辰四時，代天宣化也；爲百姓興除利弊，一如日月九曜，容光必照也。物阜民康，□登春臺，游化域矣。一日公流覽至城北，雷臺後有臺，半圮半峙，高僅數尺。詢諸民，曰："昔賢欲建斗姥⑥閣，工未成也。"公曰："然。涼面高山，負平野，如人式幾而屏坐，云何得安？我其安之。斗姥，妙相法王之師，玄元天姥之主，尊魁七御，位貫九宸，權衡諸真，統馭列曜，大地欽崇，是宜祀。我其成之。"爰捐俸鳩工，因其址而增焉。高三丈，闊百丈。正宇斗姥，兩列擎羊陀羅諸真。閣下塑福祿壽三老，群仙侍焉。迤東角閣，日宮⑦居其上，東華居其下；迤西角閣，月宮居其上，抱朴居其下。東廡列北斗延生，西廡列南斗延生。重門坊表，東西道院，狀若蓬瀛⑧。鑄洪鐘巨磬，設□鼓燈爐。種種備具，洋洋乎表西海一大觀也哉。庀材於甲辰七月，今年秋，良工告竣，諸紳士不遠數千里，走赤號，丐⑨文於予，紀其事。予曰："姥坤，象也。萬物資生，民無夭札⑩，三壽作朋；斗，又賢人之府也。諸紳士魚魚雅雅⑪，賢於上；諸童叟熙熙皞皞⑫，賢於下。公之心庶幾洽乎。子其勉之。"多士曰："敢不勉，如日月之照臨，以保厘⑬我西土，願公共以之。"公鎮西甫四載，民餐芘若百年，凡慶必舉，如東閣之玄真觀，城隅之東岳臺，皆煥然如玉宇，咸公之賜。因記而併及焉。

公諱斗，號耀微，正紅旗籍，北直清苑人。

康熙四年歲在乙巳秋八月上浣之吉

太子太保、工部尚書、內弘文院大學士李霨薰沐敬撰

[題解] 原碑立於康熙四年（1665）八月，已佚，碑文引自《武威縣志稿》。古代以神道設教，目的在於敬天勤民，使君子、小人各司其職，使入廟者人人生敬。康熙初年，劉斗任甘肅巡撫。他在涼州城游覽時，看到雷臺後面有個臺子，如人面幾背屏而坐。遂詢問當地百姓，瞭解到當初欲建斗姥閣的事。於是，

他捐資興建了宮院臺閣，使其成爲涼州的一大景觀。工程歷時一年告竣。碑文簡述了興建斗姥閣的緣起、規模及其在道德教化方面的作用，突出了宗教（神道）在古代社會中的地位。

[作者] 李霨（1625—1684）：字景霱，號坦園，直隸高陽（今河北保定高陽縣）人。順治四年（1647）進士，歷翰林院編修、内秘書院學士、内宏文院大學士，官至工部尚書兼東閣大學士、保和殿大學士兼户部尚書，加太子太保、太傅、太師銜。卒後入祀鄉賢祠。有《閩役紀行略》《心遠堂詩集》等。

[注釋]

①粤：古同"聿""越""曰"。文言助詞，用於句首或句中。

②有商：即商朝。

③劉公：即劉斗，見前《改建東岳臺增創廟貌碑記》注。

④節鉞：符節與斧鉞的合稱，象徵國家權力。掌節鉞的大臣、將軍一般具有較高的權威。

⑤兩河：甘肅又稱河隴地區，黄河以東俗稱河東（或稱隴西、隴右），黄河以西俗稱河西，故稱爲"兩河"。

⑥斗姥：道教信奉的一大女神，又稱斗姆、斗母。斗指北斗衆星，姆即母也，斗姆即北斗衆星之母。相傳她生玉皇大帝、紫微大帝及北斗七星等九子，同時又被視爲西方世界中的"真空妙相法王師，無上玄元天姥主"。

⑦日宫等：日宫指太陽神；東華指東華帝君；月宫指月亮神；抱樸指道教著名著作《抱樸子》的作者葛洪，道教中稱爲葛仙翁。四者皆道教中的神靈。

⑧蓬瀛：即蓬萊和瀛洲。相傳爲仙人所居的神山，位於東洋大海之中。泛指仙境。

⑨丐：乞求。

⑩夭札：遭疫病而早死。夭，短命早死；札，疫病。

⑪魚魚雅雅：威儀整肅的樣子。

⑫熙熙皞皞：光明祥和，怡然自得。亦作"熙皞"。

⑬保厘：治理百姓，保護扶持使之安定。

敕建重修古剎安國寺①功德題名碑記

□西爲秦隴之方，藩厥地置；金城外其封連城，接通近天竺。而涼之安國寺尤稱古刹□□，唐、宋、元以□□暨明代□經重建，經藏森布，法象昭垂，洵五涼□觀也哉。至我朝順治五年二月內，突被逆回猖獗，棟宇焚毀，金像隨泥塵而墜地，囊篋煨爐，寶經化蝴蝶以飛空。前任□□莅茲土者，如覃懷沈公、榆楊劉公②，發心捐資，札③本寺住持。都綱司劉鑒錯，募工程材，建立大佛殿，□□五間尚未告竣。幸逢□都御史公劉公，奉天子簡命，撫治兩河，而鑒錯正逢其盛，遂進而白其事於□。劉公曰："俞④爾其相爾地形，吾資爾土木；正爾方面，吾資爾材料；肅爾莊嚴，吾給爾金色。"更謀及誥命夫人羅與□公子桂，捐金布資，繪塑正殿佛像，施以金粉，重以丹堊，建立東佛殿九間，西佛殿九間，磚瓦彩塑，甲於涼之諸禪林焉。此孰非劉公之布施，因果自以致之而然乎哉？迄於今，而殿宇崢嶸⑤，規模整飭⑥，較昔之固陋者甚不侔矣。時都綱司暨諸父老造良□而屬之曰："厥功之奏，輪哉奐哉，是不可以無記。且良轍地界鄰封於其，經始落終之靖，尤其所耳而目之者。況重以都綱司并諸父老之請，故樂記其事，俾刻石以壽將來云耳。"

時，康熙丁未歲應鐘陰月穀旦

涼州監屯鞏昌府同知王階，涼人、浙江承宣布政司右布政使孟良胤薰沐謹撰

巡撫甘肅寧夏臨鞏等處地方、都察院左副都御史劉斗，信士弟子劉三杰等

[題解] 碑立於康熙六年（1667）十月。通高205厘米，寬74厘米，厚20厘米。碑分碑身、碑座。今存武威文廟。涼州安國寺，蔚爲壯觀，在清順治五年（1648）的回民反清鬥爭中被焚毀。劉友元平叛後，在劉斗等倡導下，官員、僧衆等捐資重修。重修後的安國寺殿宇莊嚴，金碧輝煌，甲於涼州諸寺。這是涼州現存最早的有關安國寺的碑文，對涼州佛教寺院研究具有重要價值。

[作者]

王階：見《重修清應寺碑文》注。

孟良胤：又名良允，字元芳，號淑明，鎮番（今甘肅民勤縣）衛人。明天

啓舉人。歷任知縣、知州，咸有循聲，擢户、兵部主事。順治二年（1645）任河南按察使；四年，爲浙江右布政使。爲官清廉，學問精深。其著作有《最樂篇》《念貪吟》《鎮番衛志》（今佚）。

[注釋]

①安國寺：又稱萬果寺，位於武威城内東大街泰和源後院（今涼州區政府對面區財政局院内）。始建於隋末或唐初，規模宏大壯觀。據傳，唐玄奘去天竺取經，途經涼州受阻，停留月餘，住安國寺（一説大雲寺）講經説法。西夏、元、明、清皆有修葺，至民國晚期，香火仍然旺盛。20世紀50年代後改作他用，佛像無損，一直到1970年拆除。

②覃懷沈公、榆楊劉公：沈公即沈加顯，劉公即劉友元。詳見《副總戎劉友元平逆回碑》注。

③札：信件。此處作动词，致信。

④俞：文言嘆詞，表示允許。

⑤崢嶸：形容山的高峻突兀或建築物的高大聳立。

⑥整飭：端莊，嚴正。

⑦應鐘陰月：指農曆十月。單數爲陽，偶數爲陰，故稱十月爲陰月。

重建清應寺①碑文

慨自人心遞降，王化斷更，德教無窮，扶以法制。法制之壞，輔以明刑，補救愈多，而奸僞愈起。有佛者出，其道以清静□滅爲宗，其教以沉淪鬼獄爲説，總於聖人之道，間有异同，而能使愚者聞其説而不敢爲惡，是□濟民之一術也。故崇臺廟宇，令人入廟而生敬，語曰：□以明民，將以愚之，殆謂斯歟。茲清應寺乃北斗宫遺址，建自永樂間，棟宇巍峨，壇墠廣大，光後戡其事者數家，其間或爲創造，或爲補葺，集數十年之經營而始成。殿宇在前，觀龍顔而拜儀，冠裳以肅；寶塔居後，凌霄漢而鎮海，風氣以開。

歷年既久，檐敗墙頹。會大中丞部院劉公來撫兩河，習儀於斯，因憮然而慨曰："巍哉古塔，而傾頽若此！兆幫家之光，無吏治之耻也。"爰與僚屬輸貲、庀事，缺者補之，壞者易之，舊者新之。堂構莊嚴，棟宇明挚，昔所謂鳥革翬飛者，茲又焕然改觀矣。

予嘗思，大中丞部院劉公，起斗姥閣，竪東岳臺，建玄真觀②，修安國寺③

以及清應寺，捐金數百而不言費，鳩工數載而不言勞，非其事佛之謹，蓋自撫茈此民，無不欲其同心向化。彼賢者既遵乃道路，而又恐愚者，或匿其非心，故不爲督責之術，而陰行利導之權，使兩河百姓，日遷善而不知誰爲者，則補建之舉有焉，又不僅爲目求多福之事也。用勒諸石，以待後之有志者鑒焉。

巡撫甘肅甘寧等處、都察院右副都御史劉斗，鎮守陝西甘肅等處地方總兵官、都督僉事孫思克④，整飭分守涼莊道、陝西布政使右參議朱衣客，監屯涼州等處倉場兼鞏昌府同知王階⑤，原任甘肅等處副總兵劉友元，原任南京提督上下帶江洋孔師軍門、太子太保李栖鳳⑥，原任江西漕運軍門標下副總兵李栖鶚⑦。

康熙八年歲次己酉仲夏吉旦 立

撰文者佚其名

[題解] 原碑立於康熙八年（1669）六月，已佚。據考，碑文由陝西甘肅總兵官孫思克撰寫，引自《武威縣志稿》。由於佛教在社會治理、道德教化中的重要作用，逐漸成爲馭民之術。爲適應其發展，廟宇浮屠應運而生。武威清應寺復建於明永樂年間（1403—1424），後歷經風雨剝蝕，頹敗殘破。康熙初年，甘肅巡撫劉斗與僚屬捐資興建，使清應寺恢復了昔日的風貌。劉斗非常重視寺廟建設，在陝甘爲官期間，涼州由他首倡捐資興建的古迹除清應寺外，還有斗姥閣、東岳臺、玄真觀、安國寺等，"捐金數百而不言費，鳩工數載而不言勞"。他以此教化民衆，引導民衆一心向善。碑文簡述了以上情況，以待後人"有志者鑒焉"。此碑刊刻人員職位之崇之多，在武威碑刻中是不多見的。

[注釋]

①清應寺：亦名北斗宮，位於涼州城東北隅，海子巷南側。始建於東晉前涼，後幾經毀壞，五代時重修，元至正時又遭兵火，明永樂年間敕爲清應禪寺。據《涼州四部寺志》載："涼州城內，有名叫青英寺的十三層佛塔殿，與它比美的有德英寺（大雲寺）"。清應寺姑洗塔，相傳葬佛祖舍利。寺塔毀於1927年大地震，遺址在今涼州區和平街小學院內北牆處。

②玄真觀：亦名玄帝廟，據《五涼全志·武威縣志》載：有三處，一在西瓮城，一在南街，一在東關。現三處皆不存。

③安國寺：見《敕建重修古刹安國寺功德題名碑記》注。

④孫思克、朱衣客：見後《孫思克重修清應寺塔記》注。

⑤王階：字浴青，直隸景州（今河北景縣）人。順治十二年（1655）進士，曾任涼州等處倉場兼鞏昌府（今甘肅隴西）同知。

⑥李栖鳳（？—1664）：字瑞梧，又字彩梧，甘肅武威人。明崇禎末年任甘肅總兵，清順治二年（1645）降清，被編入鑲紅旗漢軍。先後鎮壓抗清武裝，捕獲、招降、俘殺明官軍多人，擊敗明李定國對肇慶的進攻，收復羅定、東安等地。授兵部右侍郎、尚書，官至兩廣總督，加太子太保。

⑦李栖鵾：字耀梧，甘肅武威人。李栖鳳四弟。曾任江南督標漕運副將、總兵等職。

重修清應寺塔記

　　清應寺本名北斗宮。北斗宮之有姑洗塔①，蓋始於晋張重華②舍宫内地，建寺立塔。今此塔與大雲寺塔并峙，鎮塞水口而摩穹礙日，光耀非常，蓋涼州一勝概也。康熙乙巳歲仲春，余從張掖移駐武威，每遇朝賀，輒偕大中丞、今升福建總制恒山劉公耀薇③詣清應寺，率闔屬官員趨蹌舞蹈，以有龍廷在焉。及閑覽前後殿宇并兩廊廡暨塔院，多摧頽傾圮。閱舊碑，知前朝歷經吳、王、戴、侯、賈、曹、許諸君④，及張、袁數節鉞、藩臬諸公，經數十年之久，接續補修，而寺始焕然如舊。近又頽圮，劉公慨然首捐俸資，命工鳩材，殿宇重新，惟是塔院尚未修葺。余因會商參議朱公，復捐資作首創。一時營衛文武屬有同心，闔城善信均修檀行。爰是拆其頽敗之塔院數楹，周圍繞以垣墻，使塔身清潔明顯。於首層加以棟脊，俾塔隅八角玲瓏軒昂；中間復施丹堊，華彩鮮明；梵宫重門，以次修葺。於塔上另制燈磚二百塊，塔燈二百椀。蓋前此點燈，類用石壓，塞上風高，往往吹落，擊壞塔身；今而後得此番重修製作，而塔院與正殿山門前後表裏洞達，游者改觀矣。

　　余因備閱佛藏，知塔乃如來金身，見塔即見如來。故治故塔者，生白身天⑤，其身鮮白，入珊瑚林；掃塔者，生意燦天，其身净潔，猶如明鏡；去塔中草木者，生光音天⑥，衆寶宫殿，光明晃煜，不可計量；以花香供塔者，生兜率天⑦，諸毛孔有旃檀香，具三明六通及八解脱。其他病者能起，攣者能行，瞽者能視，鼻不能聞香氣者得聞香氣，種種諸顯應，歷有明驗，難以悉數。余願與諸檀那⑧善信，請展法多寶品一熟誦之，而知建塔、修塔、禮塔，其功德誠有不可思議者矣。因援筆而爲之記，鎸之石，敢以告後來之同志者！

　　大清康熙十一年歲次壬子六月上浣吉旦
　　鎮守陝西甘肅等處地方總兵官、都督僉事、加一級⑨ 奉天孫思克撰
　　整敕分守涼莊道、陝西布政司右參議、加一級 奉天朱衣客篆額

[題解] 碑立於康熙十一年（1672）六月，已佚，碑文引自《涼州府志備考》。清應寺自創建以來，歷代均有修葺增建。清康熙年間，駐涼州軍政長官劉斗首捐俸資，重修殿宇（事見《重建清應寺碑文》）；孫思克與參議朱衣客，捐資修塔及廟院。因高官首倡，駐涼軍政官員紛紛解囊，闔城信士伸手相助，對清應寺進行了一次徹底的修繕，尤其對姑洗塔的維修頗具匠心。碑文簡述了清應寺的歷史及歷代修繕情況，重點敘述了康熙十一年的這次重修及修葺重點，其主旨落到了修繕寺塔的功德與顯應上，道出了"建塔、修塔、禮塔，其功德，誠有不可思議者矣！"一語點出佛教的社會功能及人們禮佛事佛的功利所在。

[作者]

孫思克（1628—1700）：字藎臣，號復齋，遼寧廣寧人。漢軍正白旗，清朝名將，河西四漢將之一。早年為王府護衛，後隨洪承疇征戰，調任甘肅總兵，駐守涼州，因軍功升任涼州提督、甘肅提督，加太子少保、振武將軍。康熙三十五年（1696），隨御駕參加昭莫多之戰，擊退噶爾丹。卒謚襄武，封一等男。駐涼州期間，非常重視寺廟建設，由他出資建設和倡導、撰寫碑文的主要有清應寺、東岳廟、海藏寺、羅什寺、白塔寺、藏經閣、武廟等。

朱衣客：奉天（今東北）人。曾任西寧總兵，因在建昌（今四川西昌）之戰中戰敗被彈劾入獄。康熙初年任涼莊道陝西布政使右參議等職。

[注釋]

①姑洗塔：在清應寺內，初建於前涼張重華時。塔高13層，呈六角形，角系風鈴，層層有門，從塔入門，可上至塔頂，以觀四城景色。自晉至元，歷經千年有餘，幾經興廢，毀於1927年大地震。相傳印度阿育王建造佛祖舍利塔8.4萬座，其中在中國造16座（一說19座），此塔即其一，因而馳名佛教界。

②張重華（327—353）：字泰臨，安定烏氏（今甘肅涇川）人。前涼文王張駿第二子，十六國時期前涼政權的君主。在位八年，卒謚昭公，後改謚桓公。

③劉公耀薇：即劉斗，字耀薇。詳見《改建東岳臺增創廟貌碑記》注。

④吳、王、戴等：指對清應寺修繕做出貢獻的歷任官員。據考，吳指吳天壽，王指王光祖，戴指戴才，侯指侯東萊，賈指賈仁元，曹指曹子登，許指徐恩（徐誤為許），張指張世俊，袁指袁宏德。皆當時在涼州任職的軍政官員。詳見《明北斗宮新創藏經閣碑記》《敕賜清應禪寺碑記》等。

⑤白身天：《諸經要集》第二十卷載……白身天。其身鮮白入珊瑚林，與諸天女五欲自娛。業盡還退。若生人中，其身鮮白。

⑥光音天：佛教術語。佛教把六道中的天道分爲欲界、色界、無色界，統稱三界，共有二十八層天，其中欲界六天，色界十八天，無色界四天。光音天爲色界第六層天。

⑦兜率（心）天：爲欲界六天的第四層天。在佛教典籍中，此天的內院即是彌勒菩薩的弘法度生之處。

⑧檀那：意譯布施，即給與、施捨的意思。引申爲施主，即施與僧衆衣食，或出資舉行法會等的信衆。

⑨加一級：清代碑刻官員前面的常見用語。這屬於清代的"議叙制度"，源於清代對官員的考評制度。據《清會典·吏部》卷十一記載："凡議叙之法有二：一曰紀録，其等三（計以'次'，有紀録一次、二次、三次之別）；二曰加級（計以'級'，有加一級、二級、三級之別），合之，其等十有二"。對官員的通常獎賞叫做"議叙"，分成"紀録"和"加級"兩種，各有三等。最低的是"紀録一次"，累積三次，便算"加一級"，再上爲"加一級紀録一次"，到"加一級紀録三次"晋升爲"加二級"，依此類推累進，直到"加三級"爲止，共有十二等。官員得到議叙，遇有升遷可隨帶以示榮譽，對於考核也是具有評定優劣等次的依據。官員因過受降級、罰俸處分時，可以本人所得之"加級、紀録"抵消。如紀録一次抵消罰俸六個月；軍功紀録一次，抵消罰俸一年，紀録四次，可抵消降一級等等類推。但若是大過，必須實降實罰時，則不准抵消。所以，在清代碑刻或文獻中，常見某某官員加若干級、紀録若干次的記載。一句話，紀録和加級都是用於議叙官員的，有政績才能紀録，有紀録才能加級，有紀録、加級才能加銜，如某官員是"加十級紀録十次"，説明這位官員政績卓著，對朝廷貢獻較大。

重修白塔碑記

昔阿育王①造塔八萬四千，而震旦②國中止有塔十六座，甘州之萬壽塔與凉州之姑洗塔居其二焉。若白塔不知創自何代，近翻譯番經，知系果誕王③從烏斯藏④敦請神僧名板只達⑤者來凉，即供奉於白塔寺，時年已六旬矣。後六載即涅槃，沐浴焚化，空中見祥雲五色，霞光萬道。於口上坎骨顯出西天□字，即"啞"字也；於頂骨顯出文殊菩薩、喜金剛佛二尊；於顖門骨顯出典勺佛；於後腦骨顯出釋迦佛像；於兩耳上顯出尊勝塔二座；於兩膝蓋顯出觀音菩薩、救度佛母二尊；於手指上顯出彌勒佛、不動怒佛；於胸前顯出金剛杵；於中間顯出西天□字，即"吽"字也。兼舍利無數，光彩照耀。王與衆等靡不踴躍贊嘆，合掌恭敬。緣建白塔，將板只達金身靈骨裝入在大塔内。其餘衆塔，俱有舍利。緣板只達原系金剛上師化現流傳，經二十五轉身，故顯化靈異一至於此。此予於康熙十一年間，延請净寧寺⑥法台魏舍喇輪真同弘濟寺⑦羅漢僧羅旦净，從番經譯出而始知白塔之源流也。兼此塔攝受極大，據經典云：若有人觀想或手摸眼觀，并繞道一轉，添泥一把，培土一塊，贊談經咒真言，功德無量，永不墮三途之苦。即塔土或落在飛禽走獸身上，亦得解脱。在我中土，衆生或未深知。若西番之喇嘛高僧來繞塔者，絡繹弗絕。誠知此塔之功德，實與阿育王所造之姑洗、萬壽兩塔等，而我中國之人，特未知耳！粤考河西自漢武帝元狩二年始行開闢，而前此周爲西戎地，秦初爲月氏國，後爲匈奴渾邪、休屠二王所據。若果誕王則在渾邪、休屠王之前，毋論周秦即夏商亦不可得而考也。此塔之創建不知經幾千年，而重修加土添灰，經此番才四次。大塔無甚剥落，惟小塔大多淋漓坍塌。今得三韓都督復齋孫公⑧，與蓮花山彌陀院綽爾只顧屈鑒璨，首先捐資，合力繕修。而予得率男芳聯，親董其役。經今八載，工始告成。亦以知前人締造之艱難，而後來之修葺者，亦非易事也。其塔院三楹，即供奉板只達與寶貝尚師并達賴喇嘛；外僧寮三間，系予新建，重其所自始也。蓋河西未入版圖，原系西藏。若凉州之西蓮花寺與南之金塔寺、北之海藏寺，并東之白塔寺，俱系聖僧板只達所建，以鎮凉州之四維，俾人民安居樂業⑨，永享太平之福，獲免兵革之慘。我佛之慈悲仁覆垂示無窮，而特人蔭受其福庇，而莫知所自始也。予固翻譯經典，爰瑁諸石，要知其塔當與天地同其不朽矣！

靖逆侯、靖逆將軍⑩標下隨征同知、古勾章⑪顔翼超薫沐撰

時，龍集康熙壬戌年菊月上浣吉旦 立

[題解] 碑立於康熙壬戌年（二十一年，1682）九月。圓首，通高2.2米，寬0.78米，厚0.22米；碑座高0.30米，長1.05米，厚0.30米。碑身與碑座以卯相套，碑座埋於底下。現立於武威白塔寺薩班靈骨塔之側。因年久經風雨侵蝕，文字剥落嚴重。碑陽篆額"重修白塔碑記"，正文竪排，共25行。碑陰鐫刻捐刻人姓名，大多數文字已模糊難辨。白塔寺創建年代不詳，據康熙十一年（1672）净寧寺法台魏舍喇嘛輪真與弘濟寺羅漢羅旦净翻譯藏經，始知白塔緣流。蒙古西凉王闊端邀請西藏薩迦派宗教領袖薩班前來凉州，在白塔寺舉行著名的"凉州會盟"，薩班駐錫於此，六年後圓寂，火化時從遺體各部位示顯佛菩薩及塔等瑞像及舍利無數。緣此，闊端建白塔，將薩班靈骨裝入大塔，部分舍

利裝入99座小塔供奉，部分送往後藏薩迦寺供養。清康熙年間，駐涼軍政官員孫思克、蓮花山僧人綽爾只顧屈捐資修繕，許多駐涼官兵也參加修建，歷經八年告成。此碑簡述了這一歷史過程，并表達了對"我佛之慈悲仁覆垂示無窮"，人民"蔭受其福庇"的由衷感激。

[作者] 顏翼超：浙江杭州（古勾章）一帶人。清康熙二十一年任同知，後隨靖逆侯張勇征討吳三桂黨羽陝西提督王輔臣。曾爲孫思克幕僚，喜好佛教。

[注釋]

①阿育王：佛教護法名王，古代印度摩揭陀國孔雀王朝的第三代國王。詳見《涼州重修護國寺感通塔碑銘》注。

②震旦：古代印度對中國的稱呼，日本也有稱我國爲震旦者。

③果誕王：即西涼王闍端。見《重修涼州白塔志》注。

④烏斯藏：即衛藏，指今西藏。

⑤板只達：即薩迦班智達，藏傳佛教薩迦派四祖。見《重修涼州白塔志》注。

⑥淨寧寺：即涼州區金塔寺，位於武威城西南15公里的金塔鎮金塔村。

⑦弘濟寺：位於涼州區西營鎮宏濟村，其規模宏偉，有大雄寶殿、山門、配殿、鐘樓等，始建年代不詳，毀於20世紀50年代。

⑧三韓都督復齋孫公：即孫思克，號復齋。三韓是古代朝鮮半島南部的三個小部落馬韓、辰韓、弁韓。孫思克爲東北漢軍旗人，疑爲朝鮮族人氏。詳見《重修清應寺塔記》注。

⑨鑒璨：同"堅參""堅贊"，對藏傳佛教僧人的稱謂。

⑩靖逆將軍：指清代名將張勇（1616—1684），字非熊，陝西咸寧（今西安）人。河西四漢將之首，曾任甘肅總兵、提督，鎮守甘肅十餘年。因功被封爲靖逆將軍、靖逆侯，加太子太師，卒謚襄壯。

⑪古勾章：即故越國都城，在今浙江寧波市境內。

羅什寺①碑

粵稽②，漢帝夢感，象教③始彰於摩騰④；秦主重佛，釋典復重於羅什。夫羅什祖者童壽，天竺國人也。涼地建塔，始自於秦。苻堅⑤僭號關中，於建元十八年九月遣驍將呂光率師七萬伐龜茲國，而敦請羅什入我中國。比及旋師回涼，而苻堅已爲姚萇⑥所滅，光遂竊號河西，改元太安，建都涼城，而茲寺即爲羅什初入内宫卓錫之所。後羅什被姚興⁷請至關中草堂寺，翻譯經論三百餘卷，佛法於是重暉。法由其廣被，涅槃於宏始十一年八月二十日，即晉義熙五年也。用火焚尸，薪滅形碎，惟舌不灰，今現藏於塔内。塔光倒影，屢顯奇异，歷代相沿，興替不一。明永樂⁸七年，有住持僧石宏⁹重修。逮正統年間，則頒賜藏經全部；於隆慶年間，有河湟上人，俗姓馬，諱法林⁽¹⁰⁾，重修經閣；又於天啓重修殿宇。上人年九十乃涅槃，口放白毫光而始寂滅。後蒙甘肅大都督孫公思克⁽¹¹⁾、總鎮王公用予、柯公彩及闔郡信士等屢加補葺，而定蜀元戎李公⁽¹²⁾子孫亦助貲材，共襄善舉。因勒貞珉，以垂不朽。

康熙二十八年歲在己巳孟冬朔日　邑人劉撰

[題解] 原碑刻於康熙二十八年（1689）十月，已佚，今羅什寺重刻此碑立於寺内。碑文引自《凉州府志備考》。建元十八年（383），前秦大將吕光伐龜兹，取勝後帶着鳩摩羅什東返。由於前秦已亡，吕光在凉州稱帝，史稱後凉。鳩摩羅什在凉州生活約17年，後被後秦姚興請至關中，在草堂寺主持翻譯佛經三百餘卷，為佛教的發展做出了不朽的貢獻。其圓寂後尸體焚化，唯舌不爛，舌舍利被奉葬於凉州羅什寺塔中。碑文簡述了上述情况，特别點出了在歷代重修中貢獻較大的幾位僧人和官員。

[作者] 劉某：凉州人，名號及生平事迹不詳。

[注釋]

①羅什寺：羅什，即鳩摩羅什。詳見《重修羅什寺碑》注。羅什寺，位於武威市凉州城北大街，始建於東晋，為紀念鳩摩羅什所建。羅什在凉州學習漢語，弘揚佛法17年之久，後在長安草堂寺圓寂後，其弟子遵其遺囑，將他的舌舍利供奉於凉州羅什寺内，并造塔一座，即羅什寺塔。羅什寺多次毀於兵火，明代重建為陝西凉州大寺院，英宗敕書頒賜漢文大藏經4000多卷。寺塔俱毁於1927年大地震，現已基本恢復原貌。

②粤稽：考察，考證之意。

③象教：即佛教。釋迦牟尼離世，諸大弟子羡慕不已，刻木為佛，以形象教人，故稱佛教為象教。出自南朝梁元帝"象教東流，化行南國"。

④摩騰：意譯為大象。印度及南亞盛産大象，故以此指代印度。

⑤苻堅（338—385）：字永固，氐族，略陽臨渭（今甘肅秦安）人。前秦君主，357—385年在位。重用漢人王猛，勵精圖治，以軍事力量消滅北方多個獨立政權，成功統一北方，與東晋南北對峙。在383年的淝水之戰中失敗，使國

家陷入混亂，各民族乘機反秦自立。後被羌人姚萇殺害。

⑥姚萇（329—393）：字景茂，南安赤亭（今甘肅隴西）人。世爲羌族首領，後秦開國君主，384—393年在位。淝水之戰後在關中羌人的推戴下自稱萬年秦王，建立後秦，并擒殺苻堅，在長安稱帝。在位時與前秦苻登相攻，最終大敗苻登。其子姚興即位，滅前秦。

⑦姚興（366—416）：字子略。後秦君主，394—416年在位。期間，重視發展經濟，興修水利，關心農事；提倡佛教和儒學，廣建寺院，弘始三年（401）攻滅後涼，迎鳩摩羅什入長安。先後攻滅前秦、西燕、後涼，其統治疆域西至河西走廊，東至徐州，幾乎控制了整個黃河、淮河、漢水流域。

⑧永樂等年號：永樂，明成祖年號，1403—1424年在位；正統，明英宗年號，1436—1449年在位；隆慶，明穆宗年號，1567—1572年在位；天啓，明熹宗年號，1621—1627年在位。

⑨石宏：明鄱陽（今江西鄱陽縣）人。生性善良，篤信佛教，他看到當時的羅什寺瓦礫遍地，荒草叢生，頓生修復之念。通過多年的求募化緣，將收到的銀兩和材料，用於修復羅什寺主要建築。詳見《重修羅什寺碑》及題解。

⑩馬法林：河湟（今青海一帶）名僧。曾於明隆慶年間（1567—1572）重修羅什寺主要經閣；又於天啓年間（1621—1627）主持重修了殿宇。年九十而終，臨終時异相顯現。

⑪孫思克：見《重修清應寺塔記》。王用予、柯彩均爲當時涼州任職官員。

⑫定蜀元戎李公句：李公，指李維新，字小台，涼州人。明朝黔蜀提督，平蜀有功，贈光祿大夫、太子太保。其子李栖鳳、李栖凰等八兄弟及後世子孫，多爲清代高官顯貴。其家族對涼州古迹保護多有貢獻。

重造梵音藏經碑

涼城內東北隅，舊有藏經閣一座。相傳爲西寧静寧寺喬姓國師世代藏貯藏經之所，而閣因而命名焉。余者駐節涼城時，閱士之暇，曾流覽其地。見其樓閣空存，函櫃虛設，問其藏經所在。云："自順治初年，遭叛回之變，將藏經遺失無存矣。"余生存與三寶①結有勝緣，遂不禁止戚戚於中，輒有復興繕造之願，而幕賓四明顏翼超②亦即與予有同心焉。爰超經商諸今襲蔭國師喬鎖南札思巴者。而鎖南札思巴，遂力任其事。即於西寧静寧寺，設立局所，廣延生衆，造寫三藏五大部梵字藏語，共一百零五卷，共計一百零五帙，經始於康熙二十二年春三月，告成於本年秋七月，遂於九月內迎請之涼，安貯於閣中焉。是役也。

予雖量捐薄俸，不過為諸善信士一倡剞③始，至於朝夕之董作費用之浩繁，與夫一切饔飧④供應之需，而國師喬鎖南札思之費較數倍焉。今寺既為喬國師祖代世傳之寺，而經又系喬國師經手繕造之經，其寺乃屬國師部下僧人永遠主持，世奉香火，以為祝國佑民之奧典⑤。誠恐日後世遠人湮，設有貪頑之徒，或以閱藏為名，徙移經帙於別處，希圖侵隱，仍致失遺；或冒充入寺，依強竊取，霸為己物。許主持僧人，具報喬國師，申文地方有司，懲之以法，以勿負予之初念。端有賴於現宰官身而說法，後之大善智識焉。爰樹貞瑉，以歸罪來茲。

時，大清康熙三十二年春二月穀旦

振武將軍、太子少保、左都督、世襲拜他布勒哈番⑥兼陝西甘肅提督事務、加四級三韓孫思克謹識

欽賜西寧靜寧菩提、金塔莊嚴亥母等寺妙勝慧齋灌頂大國師喬鎖喃札思巴

大雲寺塔頂鑄字云：大明萬曆二十五年，重修鑄建。□於大清康熙四十八年九月十二日辰時，地震，搖落塔頂。至五十年五月內，涼城各憲及本郡紳縉士庶、公同重鑄，復建塔頂完功。

[題解] 碑刻於清康熙三十二年（1693）二月，今佚，碑文引自《武威縣志稿》。碑位於涼州城東北隅的清應寺內，舊有藏經閣一所，相傳為西寧靜寧寺（卡地卡哇寺）喬姓國師世代藏經之所，所藏經卷在清順治初年的回民反清斗爭中遺失無存。孫思克任甘肅提督期間，於公務之餘，喜歡尋迹覓舊。當他看到此閣空存經櫃，問明原因後，頓生重造經卷之願。於是由幕賓顏翼超與喬國師相商，在西寧靜寧寺設立局所，廣延僧眾，造寫梵語藏經共105卷。寫經工作從康熙二十二年（1683）三月開始，至三十二年春功成立碑，耗時十年餘。期間，耗費了許多人的心血和財力。為使此經永受香火，使造經者祝國佑民之善舉長久流傳，孫克思親自撰文，立碑紀其事。碑文簡述了上述情況，還特別針對幾種安全隱患提出了行之有效的防範措施。殊不知，200多年後，比他設想的情況更加慘烈，在一次次的政治運動中，藏經難逃厄運，不禁令人扼腕嘆息。

[作者] 三韓孫思克：見前《重修清應寺塔記》作者，《重修白塔碑記》注⑧。

[注釋]

① 三寶：佛教用語，稱佛、法、僧為三寶。後多以三寶指佛教。

② 顏翼超：見《重修白塔碑記》作者。

③剞 (jué)：本意是雕刻用的曲刀。此處指雕版，刻書。

④饕餮 (tāotiè)：原指傳說中的一種貪殘的惡獸，特指貪食者，也指喜好美食之士。此處指飲食、伙食。

⑤奧典：深奧的典籍、經典。

⑥拜他布勒哈番：滿文官職名，漢文譯爲騎都尉。

涼州衛高頭壩與永昌衛烏牛壩之爭水利碑

監督涼州等處倉場、鞏昌分府加三級蔡，爲救七堡之生靈，賠二千餘課照糧，均水息流不朽事。康熙三十九年九月三十日，奉整飭分巡甘山道署理涼莊道事□西按察使司副使龔憲牌。康熙三十九年九月二十一日，奉巡撫甘寧都察院加十級留任守制喀批，據前道呈，據本府呈准涼水衛所呈前事等情到道，據此卷查前案。先於康熙三十五年間，有高頭壩民蔡培德等與烏牛壩民呂復元等互爭水利，遂經前道親詣河干驗明斷案。看得永昌上暖泉、烏牛壩與涼州高頭壩民分兩衛水共一河，上暖泉地居上流，有壩障水入溝灌田。烏牛壩居河北岸，高頭壩居河南岸，同受上流□波之及，而高頭壩又有上泉二處，烏牛壩亦有下泉二處，各□以分河者也，成例已然，久已相安無事矣。康熙三十二年間，因水漲壩沖，上暖泉民朱色明等不循舊址，移壩於下，高堵塞流。在高頭壩，即不得上流之潤，遂閉烏牛壩下泉二眼不與疏通，三鄉構訟由是而起。前經本道親審，若移壩仍舊，則一百六十步之工廢於一旦，非所以恤民力。故酌量於近中南邊向上拆移十步稍疏水勢，復斷下泉二處與烏牛壩澆田。此康熙三十三年九月內斷案也。

孰知民心不古，所拆十步竟在於傍岸極南沙灘之上，水溢則可以遍及，若水涸之時，沙高流難逆上，地成焦土，是有水之名無水之實矣。且本道所斷與烏牛壩者下泉也，而烏牛壩民呂世元等復昌斷，將高頭壩上泉二處亦淹而有之曲防引入己溝，高頭壩民蔡柄等前構爭者平水利耳，今不特無利且有損，所以復有不平之鳴也。本道批令永涼二衛勘審，偏心偏見復成築舍。是以本道親率二衛□□公同赴勘步□河干，相河壩之勢，別上下之泉，除所拆移十步之□□不必紛更，只將河中傍南一溝之水斷與暖泉高頭兩壩平分。其上面兩泉照原斷屬高頭壩，下面兩泉照原斷屬烏牛壩，當即開拆，各歸溝道。罪有不應，俱從寬政不義個等，亦宜體本道均水息爭，相安無事之意，務須同河同井共守耕鑿之常，相友相親無生將來之隙可也。立案在卷，今烏牛壩民徐進等仍然不遵，越控□憲案蒙批查審，隨行涼廳審詳繪圖，前來本道備錄。原日斷案呈請憲台，應否俯照原斷各候批示，以便飭令遵守，永杜紛爭。徐進等貪心健訟，應繩以法，或念邊愚無知，事出大衆，姑開一面，出自□憲台寬等情呈詳。撫憲奉批兩壩水利，該道原斷既屬公平，仰飭令永爲遵守，毋得紛爭。餘如詳行繳圖存照等因到道奉此，擬合就行爲此仰廳官吏查照來文呈詳批示，事理抄錄，詳看備奉憲批給示轉飭永爲遵守。取具遵依報查等因到府奉此，除一面出示飭諭兩造永爲遵守外，今擬高頭壩民蔡之潤等訴爲"祈天備錄，詳看憲批，賞給印照，永爲遵守。事切！"

緣身等水利一案，前蒙道老爺陳□勘審明目定案。奈人心不古，刁玩不遵，越控撫院大老爺案下，今蒙陳道老爺備情詳覆批示，永爲遵守，如不討照，惟恐日後奸民從中生枝，違越斷案，小民仍受其害，不得不祈懇案下□給印照，永杜爭端。□恩無□□緣由前來合行給照，爲此高頭壩民蔡之潤等知悉，即將烏牛壩民徐進等控爭水利一案，遵奉撫憲批示□依備錄，道憲陳□前申，赴河看鑿情節，永爲遵照。嗣後再不得恃强紛爭，如有奸民不遵，違越斷案，許爾執此具控，以憑呈詳，重究不貸，須至執照者。

康熙三十九年十一月廿日

右執照給高頭壩民：蔡裕署、蔡允吉、蔡柄、蔡之潤、呂國相、蔡振德、蔡先吉、蔡存吉、蔡楹、藺應捷、郝思普、蔡之正。

[題解] 碑立於康熙三十九年（700）十一月二十日，今存武威市涼州區雙城鎮高頭溝。碑文引自《武威市水利志》。通高150厘米，寬70厘米，厚15厘米。永昌上暖泉、烏牛壩（今永昌縣水源鎮境內）與涼州高頭壩（今涼州區雙城鎮境內）三壩村民共用一河水澆地灌田，多年來相安無事。後因洪水下泄，上暖泉村民不循舊例，私自移壩於下，使得高壩塞流。高頭壩得不到上流灌溉，遂閉烏牛壩下泉二眼使其不能疏通，由此引起三方訴訟。其實，涼州高頭壩與永昌烏牛壩水利糾紛由來已久，一直延續到20世紀70年代才得以徹底解決。碑文詳述糾紛之起因，歷任官員爲平息水利之爭，一次次親臨現場勘察、協調、決斷等努力。爲防止以後再起事端，特立碑存照。碑文內容反映了農耕文明時代社會生活、經濟生活之一面，爲今天研究古代社會生活特別的民事調解、矛盾糾紛化解提供了翔實的材料。

清聖祖御制訓飭士子文（碑）

　　國家建立學校，原以興行教化，作育人材，典至渥也。朕臨馭以來，隆重師儒，加意庠序。近復慎簡學使①，厘剔弊端，務期風教修明，賢才蔚起。庶幾械②樸作人之意，乃比來士習未端，儒效罕著。雖因内外臣工，奉行未能盡善，亦由爾諸生積錮已久，猝難改易之故也。兹特親制訓言，再加警飭，爾諸生其敬聽之：

　　從來學者，先立品行，次及文學、學術、事功，源委有叙。爾諸生幼聞庭訓，長列宫墙，朝夕誦讀，寧無講究；必也躬修實踐，砥礪廉隅，敦孝順以事親，秉忠貞以立志。窮經考義，勿雜荒誕之談；取友親師，悉化嬌盈之氣。文章歸於醇雅，毋事浮華；軌度式於規繩，最防蕩軼。子衿佻達，自昔所譏，苟行止有虧，雖讀書何益？若夫宅心弗淑，行已多愆，或蜚語流言，協制官長；或隱糧包訟，出入公門；或唆撥奸滑，欺孤凌弱；或招呼朋類，結社要盟。乃如之人，名教不容，鄉黨弗齒，縱幸逃裭撲，濫竊章縫，返之於里，能無愧乎！况乎鄉會科名，乃掄才大典，關係尤鉅，士子果有真才實學，何患困不逢年？顧乃標榜虚名，暗通聲氣，夤③緣詭遇，罔顧身家；又或改竄鄉貫，希圖進取，囂凌騰沸，綱利營私；種種弊情，深可痛恨。且夫士子出身之始，尤貴以正。若兹厥初拜獻，便已作奸犯科，則异時敗檢逾閑，何所不至！又安望其秉公持正，爲國家宣猷樹績，膺後先疏附之選哉？朕用嘉惠爾等，故不禁反復惓惓④，兹訓言頒列，爾等務共體朕心，恪遵明訓；一切痛加改省，争自濯磨，積行勤學，以圖上進。

　　國家三年登造，束帛弓旌，不特爾身有榮，即爾祖父亦增光寵矣！逢時得志，寧俟他求哉？若仍視爲具文，玩愒⑤弗儆，毁方躍冶，暴弃自甘，則是爾等冥頑無知，終不能率教也！既負栽培，復干咎戾，王章具在，朕亦不能爲爾等寬矣。自兹以往，内而國學，外而直省、鄉校，凡學臣師長，皆有司鐸之責者，并宜傳集諸生，多方董勸，以副朕懷。否則職業弗修，咎亦難逭⑥，勿謂朕言之不預也！爾多士尚敬聽之哉。

　　康熙四十一年正月□日

[題解] 碑立於康熙四十一年（1702）正月。通高280厘米，寬104厘米，

厚28.5厘米；碑座高82厘米。今存武威文廟。據《清史稿·聖祖本紀》記載："康熙四十一年，上制《訓飭士子文》頒發直省，勒石學宮。"《聖祖實錄》全文記載。清朝爲培養一支合格的治理國家的官僚隊伍，於康熙四十一年頒行直省各學校。各地爲貫徹聖訓，紛紛將《士子文》刻碑於縣學中。但《士子文》頒布後又諭禮部："若令各府州縣學宮一體勒石，恐有不産石州縣地方，或致藉端擾派。應俟國子監勒石，以拓本匯頒各省，轉發所屬學宮一體遵行。"可謂考慮周到，避免了勞民傷財的形式主義。

　　碑文指出，國家建立學校的目的，就是教化民衆和爲國家培養人才。從來學者，必須先立品行，先修身養性，然後才是從事文學、學術和事功。如果行止有虧，讀書也無益處，將來即便做官，也不可能秉公持正，造福於國家。所以學校除教授學生文化知識外，品行的培養是非常重要的。康熙皇帝的教育理念對我們今天的教育改革亦很有借鑑意義。據悉，該碑文在全國少有發現，另外幾通分别發現於北京國子監、山西平遥文廟、山東水滸碑林等地。

[注釋]

　　①學使：即學政，是提督學政的簡稱，又叫督學使者。清中葉以後，派往各省，按期至所屬各府、廳考試童生及生員。均從翰林院或進士出身的官吏中指派，三年一任。在充任學政期間，不問本人原任官階大小，均與巡撫、巡按等平行，都是三品衙門。

　　②棫（yù）：古書上説的一種植物。

　　③夤（yín）：意爲敬畏。

　　④惓惓（quán）：懇切誠摯。

　　⑤玩愒（kài）：指荒廢時間。

　　⑥逭（huàn）：逃避、免除。

涼莊道憲武廷適①創建書院碑

　　粵稽，漢武帝初設河西五郡，而武威其一焉。生其地者，固多剛毅雄杰之士，往往以武功顯。然前賢如陰仲達②、余青陽③諸君子，或修國史，或第巍科，而文章節義，尤彪炳史册。以是知才不擇地，治不問俗，總視乎分藩者之振興何如耳。此余於武公之事院，有足志焉。

　　公籍雲中，少沉酣經史，筮仕以來，循循籍籍。辛巳④歲以粵撫彭公⑤薦，特簡涼莊監司。下車視廟，即以鼓勵人文爲諄諄。無何以前任事遽致解綬，彼時人方幸得沐公治，又不幸而不獲久沐公治。駭恐若狂，遂合數百人走京師呼號挽留。聖天子允民請，諭："朕知若好官，朕其留而任撫爾涼州民。"一時，公名震海内。余方居木天，幸吾秦之有良吏，而手額不已也。

癸未歲，公修聖廟，六閱月而工竣，肅穆改觀。嗣即卜涼之北廂舊址，捐資親督繕修，創爲書院。地勢高敞，規模巍焕。工畢擇日開衡文之堂、朋來之亭，延師友、萃諸生，群聚肄業。閫屬之士，莫不望風褰裳⑥。此公兩大政，卓卓耳目聞者也。

且夫天下之大勢在關陝，關陝之保障在河西，河西有善治，則保障固而關陝安。今公之莅涼也，以用武之地，而以文治治之，蓋欲化剛勁之氣，敦禮讓之風，講經術以崇實修，育人才以儲國用，是則上報主知，下移民俗，重本培源之至意也。公之爲涼人計者，豈淺鮮哉？

余籍南安，治鄰子民，遠被沐風。因士民之請，欲勒之貞珉，用垂永久，遂樂記其事如此。願涼士其肆力於學，上之希志聖賢，次之奮志科名，庶幾英賢輩出，與陰、余諸公後先繼美，則書院之設，歷久彌光，余亦附公不朽矣。至若整綱飭紀，興利除奸，公籌邊有素，掀髯治之裕如矣。此在民自有口碑，固已彰彰衆著也。余不瑣贅。

清康熙四十三年　宋朝楠撰

[題解] 碑立於康熙四十三年（1704），已佚，碑文引自《五凉全志·武威縣志》。涼州地處漢族與少數民族爭奪的前沿，邊境爭戰不斷，民風剽悍，雖有前賢陰仲達、余闕等，但教育仍爲重中之重。武廷適開辦書院，志在重本培源，教化民風，爲國儲備人才。武威歷史上有習武重文的傳統，武廷適任道憲後尤重文化，而修繕文廟、創建書院是他"卓卓""兩大政"同時。作者認爲，河西是國家屏障，文武兼治，則"保障固而關陝安"，并對涼州士人提出希望，惟願"英賢輩出"。

[作者] 宋朝楠（1655—1709）：字于蕃，號拙庵。甘肅隴西人。康熙進士，歷任翰林院庶吉士、廣西道御史、太僕寺少卿、通政使司正卿、僉都御史等職，一生勤奮求學，居官謹慎廉潔，剛正不阿。

[注釋]

①武廷適（1651—1725）：字周南，原籍雲中（今山西大同），後遷居浚縣。曾任知縣、知府，康熙四十一年（1702），任陝西涼莊道。重視文教，捐資創立

成章書院,修葺文廟;判斷水利,永成鐵案;賑濟災民,多著勤勞。升山東濟東道、廣東按察使,官至廣西布政使。入涼州名宦祠。

②陰仲達:涼州名士。出身名門,祖、父皆涼州官宦世家。北涼亡,仲達到平城(今山西大同),得到北魏重臣崔浩推薦,任秘書著作郎,同修國史。

③余青陽(1303—1358):即余闕。見《余忠宣公死節記碑》。

④辛巳:即康熙四十年(1701)。

⑤粵撫彭公:即彭鵬(1635—1704),字奮斯,號九峰,福建莆田人。曾任知縣、知府、御史等職,因爲官清廉、政績卓著而被稱爲彭青天,又因直言敢諫、奮力抗爭而幾遭貶黜。康熙三十九年(1700)擢升爲廣東巡撫。終因積勞成疾而卒於任所。小説《彭公案》中的彭公之人物原型。

⑥褰裳(qiāncháng):出自《詩·鄭風·褰裳》。意爲不辭勞苦,急於爲國事奔波。

重修文廟碑記

涼郡聖廟,歷有年所,不知幾經修葺矣。順治初道憲蘇公銑①,甫臨茲土,以殿宇狹小,規模未備,從而增廓之,一時美壯麗焉。獨尊經閣尚仍舊,墻垣未極丹雘,而公以擢去。

越五十載,曩制漸至圮損,則修廢舉墜,不無俟於將來。歲壬午適聖天子以嚴疆重任,特簡武公廷適,藩憲五涼。下車日,恭謁聖廟,惻然於風雨剝落,鳥鼠所摧殘,即一意修舉,捐俸庀材,雖王事鞅掌,而此事獨先爲督畫,不憚勞瘁。分府趙公世謙②,亦樂爲捐俸,共勷厥事。郡之縉紳士庶,向風從義,不數月而告竣,金碧輝煌,丹霞焯耀。且尊經閣荒頹殆甚,前殿尤難措置,公多方設施,畢蘇公之有志未建者,輒爾并躋偉麗,猗歟盛哉!洵足以甲諸郡而聳瞻仰也。微公之力,曷克致此。

於戲!宮牆之峻,肆外閎中;美富之觀,照星麗日。兼以書院之設,人才蔚起,其所以培養學校,鼓勵休明者,何一非仰答,盛朝右文之雅化也。儀羽王家,干城名教,其公之謂歟!永矢勿諼,因爲之泐③於石。

康熙四十三年歲次甲申桂月吉旦日

清宮起居注翰林院侍講學士張延樞撰文　庚辰科進士孫克書丹

原任鑾儀衛正堂韓弼,鎮守涼州等處地方挂印總兵官魏勛,涼州衛千總朱方，涼州衛掌印守備兼理屯事薛必顯④；督工生員王修己。

[題解] 碑立於康熙四十三年（1704），已佚，碑文引自《武威縣志稿》。涼州聖廟，即文廟，歷代都有修葺。武廷適貢獻頗大，地方許多軍政官員和涼州縉紳士民亦不甘落後，紛紛解囊相助。修復後的文廟"金碧輝煌，丹霞焯耀"。同時，創設書院（參見《涼莊道憲武廷適創建書院碑》）。從此，涼州文風改觀，人才蔚起。

[作者]
張延樞（？—1728）：字景峰，陝西韓城人。康熙六年（1667）進士，曾任翰林院侍講學士、內閣學士提督江南學政，官至刑部尚書。

孫克：查閱清代進士名錄，無孫克。疑爲孫克明。孫克明，字鑒涵，鎮番（今甘肅民勤縣）人。康熙三十九年（1700）庚辰科進士，清代河西甲第之首。曾任湖廣武昌府通城縣知縣。

[注釋]
①蘇銑：直隸河間府交河縣（今河北交河縣）人。順治三年進士，歷衛輝府推官、山東道御史、陝西布政使司參議分守西寧道、陝西按察使司副使、廣東布政使司參政分守嶺東道、江西按察使等職。在涼州任職期間，修文廟、編郡志、減差徭，政績突出，百姓信賴。入涼州名宦祠。

②趙世謙：康熙年間廕生，曾任鞏昌分府監屯同知。

③泐（lè）：同"勒"。銘刻，用刻刀書寫。

④韓弼：康熙時任陝西西寧總兵官（孫思克部下）、鑾儀衛鑾儀使等職。魏勳：甘州人，康熙時曾任甘肅副將、涼州總兵官。朱方：直隸（今河北）人，時任涼州衛千總。薛必顯：江寧府上元縣（今南京市江寧區）人，康熙六年（1667）武進士，曾任涼州掌印守備。

創建李氏家廟蔭善庵碑記

蓋聞佛居靈鷲，慈悲遐敷於恒沙；真棲簫臺，應感遍周乎法界。是以十地三途，咸仰慈雲而皈德；四生六趣，共望幢蓋而瞻依。其所以默扶世運，潛維人心者，蓋歷百劫於兹矣。即間有習俗無知或肆虐玄之□誚，庸流莫辨因滋空有之疑究，不知尋聲現度，色相常輝，赴感稱名；祥烟時擁，是虛者，正所謂真空者，終豈成妄耶？故夫預誠正教，恢隆大品，從未有不求被其福蔭者也。

維我涼郡之陳太夫人者，乃升遐①都督李公之内子，方今侍衛公子之慈君也。夫人之賢淑，性成孝慈夙□，其才其識之克敦婦道而無遺者，始亦勿論。獨是夫人之誕毓名門，頻繁宦□，久享貴富之榮，永絶繁華之累。至若敬崇釋典早焉，凝慧於優曇；禮信玄靈久矣，持行於正一。此或有本於靈根之固有，而固能獨契乎妙覺哉？兹緣都督公府，日所置胡楊二莊，舊有大士、三官、玄天之像，因其時序多□，遂至金容掩色。故我夫人仰彼威靈，已秉積誠，於自昔睹，兹頽址更增浩嘆於終朝，爰爲因故，增新創兹家廟一所，中建觀音閣、三元殿、玉虚闕，列聖廊以爲"蔭善庵"。蔭善者何益？欲世蔭斯善於無窮也。嗟乎！祥林梵刹，真觀仙宮，不僅一二而足矣。大千彌真如之品，十洲輝億萬之光，迨若此庵之啓建，亦何足以爲有無而但有所以不朽者，在也。

初，夫人之鳩工興願也，小地城南獲云其吉，度材莊比俱葉允臧始焉。土木亦繁，興，似若獨力之難竣嗣，而匠作省易不啻神助，以爲功及。夫輪奂開圖，壯嚴啓像，禪堂映水月之清華，蓮室澄松雲之翠響。水遥山環，遠移祇園②之秀；景姸物麗，遥接閬苑之春。他若夕梵宣音，堪引法流於業海；晨鐘度響，能燭慧炬於迷途。壯麗若斯，洵不獨爲李氏一家之香火，足爲涼郡十方之勝概也。又，烏可以不志求之而著無窮哉，是以洪舉告竣之日，欲勒石以述功。因囑余而爲記。余也何知，亦足以鳴其功而頌其勝耶。第以崇善之家多以善崇，而福植積行之士恒因行積而慶綿。

李氏之在涼郡，素稱一方之望族。數傳至都督公，提軍百粤，位極人臣，望重尤重，澤被黎庶，斯亦有所由來矣。而我夫人復能廣兹般若，啓斯福蔭。觀今公子扈從輦轂③憂隆，宸卷④可卜。他日之克紹前烈，丕振家聲者何，莫非積善之家，必有餘慶乎？故知是庵，覆庇之無方，當同乾坤而上下。李氏麻澤之弗替，亦偕寒暑而往來矣。是爲記。

涼郡庠生弟子何昌治薰沐叩撰　後學弟子辛綿宗薰沐叩書

誥封一品夫人信女弟子李門陳氏；

錄名慶德：涼州衛道紀司兼理陰陽學事馮希舜；贊書工務：雷訓、趙國珍、劉國祥、李子元、雷義、李霄、郭忠、張起英；

誥封一品夫人信女弟子李門方氏、孟氏；

隨緣家下信衆：李逢春、牛福智、李元、雷起虎、牛福信、孫福德、朱虎、雷現□、段有、周柱、郭起雲、李成。

吏部候銓州同　男李宗侗，媳張氏，孫男允材；

御前侍衛　男李宗膺，媳王氏，孫女寶華。

書士唐遇隆，木匠劉正禮，泥水匠劉君弼，石匠周自俊，塑工王友聰，油匠趙有德，磚瓦匠李至□，鐫字□□□。

康熙四十七年歲次戊子七月上浣穀旦 創建立

[題解] 碑立於康熙四十七年（1708）七月。通高200厘米，寬75厘米，厚20厘米。1990年4月從武威市涼州區高壩鎮徵集，今存武威文廟。涼州陳太夫人者，已故都督李公之妻。夫人出身名門，兩個兒子在京任職，早年敬崇佛教，於康熙四十七年在府第大院建家廟"蔭善庵"。碑文對佛教之功用、李氏家廟成因、蔭善庵規模氣象（"不獨爲李氏一家之香火，足爲涼郡十方之勝概"）做了比較詳盡的叙述，并對李氏一門對地方的影響、一心向佛的舉動、後世子弟的作爲大加贊譽，真可謂"鳴其功而頌其勝也"。據碑文"誥封一品夫人"（陳氏、方氏、孟氏）"李氏在涼郡，素稱一方之望族，數傳至都督公，提軍百粵，位極人臣……"之語，以及建廟立碑的規模、時間綜合分析，碑文所稱"都督李公"疑爲李栖鷟三子李鎮鼎（參見《皇清誥封一品李母雷太夫人墓志銘》）。"李氏家廟"爲李栖鳳家族祠堂，這對研究李氏家族歷史與淵源具有重要價值。

[作者] 何昌治：貢生。在此碑和《大方伯戴德碑記》《始置名宦祠祭田碑記》中都有他參加，或撰文、或勒碑、或協調，是一位熱心地方教育文化的士人。

[注釋]

①升遐：升天死亡的婉辭，或謂離世隱居學道修仙。

②祇（qí）園：印度佛教聖地之一，與王舍城的竹林精舍并稱爲佛教兩大精舍，相傳如來居此宣揚佛教達二十餘年。

③輦轂（niǎngǔ）：皇帝的車輿，代指皇帝。

④宸卷：宸，北極星所在，後借指帝王所居，又引申爲王位、帝王的代稱。宸卷意爲皇帝的文書。

重修高溝堡廟①碑（日月華嚴龍碑）

原昔戊子年逆回變亂，焚者無存。於辛卯歲榆楊僧海清雲游到此，募化創修大殿、中殿、山門、前後厢廊，其功未周。本寺四至：東至月城，南至官街，西至李天惠房墻，北至月城，四至分明。後蒙淵白和尚引衆塑像，金裝丹麗巴周②。次，康熙四十四年，比丘性覺創建彌勒閣中拜殿三間、韋陀殿一間、兩廊六間；繪塑金妝，重補山門，丹麗巴周大殿、拜殿、兩廊一十五間、依廊兩間；拓西方丈一處、小園一處、東西廊房七間、山門西小房三間半；外有坐西向東鋪面兩間；贖鋪小房價銀一十六兩七錢，修補鋪面小房功銀三十六兩，外修寺費六百二十一兩三錢整。四十八年九月告竣。

新置所遺等項開列於後：一座金佛像，七軸檀香菩薩鏡一座，瓔珞一項，寶幡四首，黃綾幡四首，廣鐵銅供器二副，堂魚一個，銅磬一圓，鐘鼓三堂，鐵磬二圓，銅鉢一圓，五大部經五經一部，法華經六部，梁皇懺二部，華嚴普賢懺八部，千佛懺、百佛懺共十部，楞嚴、梵網、圓覺、金剛諸部慧解疏抄共計六部，道德寶訓、燈篇韵各一部，祖燈通要一部，百佛懺、童子經、路引戒牒各一副，大鐘、靜鐘、大枚各一個，大黃門簾三副，獻桌六張，大方桌六張，條桌六張，小方桌八張，黃炕桌五張，禪床二座，床一頂，椅座三把，春凳四條，板凳大小二十條，大長桌六張，大鐵鍋三口，中小荷葉大小鍋四口，櫥櫃五個。各項器物衆具俱全。③

本城南街信士李占元同子李宗、李宏，將原與南街侯晋接坐東向西鋪面三間，典剝價銀一百兩；外修地窖一座，功銀二十兩，并文約舍送本寺，以爲香火之費，共成莫大因果。

無量功德，勒之碑記，永爲不磨。

隨緣信士……净士會信女……勒石

[題解] 高溝堡廟始建年代不詳，在順治戊子年（1648）回民反清鬥爭中被毁，後由雲游僧人海清及本地僧人淵白、性覺分別募化重修，工程巨大，歷時數年，於康熙四十八年（1709）告竣。此碑對幾次重修後的規模、新置所遺等項及收支情况，叙述完整具體，是今天恢復修建高溝堡廟的重要依據。

另據武威市凉州區長城鎮人氏、地方文化愛好者李德春先生經考察提供的資料顯示，此碑眉題處鎸刻有"日月華嚴龍碑"六字，碑名應是"日月華嚴龍碑"無疑；碑文所記内容都是關於佛教方面的，與"廟"無關，應是寺院碑而非神廟碑，且寺與廟所處位置不在同一地方，"廟有遺址無碑，寺有碑而無遺址"；碑文是全文，不存在前半部已毁而只存在後半部的情况。他的記載和探析，解決了此碑文在流傳中的許多疑點，給我們提供了一通具有完整意義的碑刻内容，對研究高溝堡歷史及其周邊寺廟變遷沿革具有重要的價值。爲方便研究，兹將兩種觀點并録。碑文中"新置所遺等項"往後一段内容爲李德春先生提供，其他引自王寶元先生《凉州百塔寺考察記》。

[注釋]

①高溝堡廟（寺）：位於武威城東25千米處的長城鎮沙漠之中的高溝堡古城遺址中。據考，始建於明洪武十四年（1381），時鑄鐵鐘一口，上有修廟（寺）規模及所費銀兩，於1958年大煉鋼鐵時被毀。廟（寺）於清順治五年（1648）被焚，後歷經數次維修，於康熙四十八年（1709）恢復，毀於1927年大地震（《涼州百塔寺考察記》）。

②巴周：即巴周活佛（1590—1647），伊拉古克三呼圖克圖色欽曲杰，法名金巴嘉措。生於新疆蒙古衛特拉部落，四世班禪弟子，曾多次奉命赴藏、蒙和東北傳播佛教。曾向皇太極預言清將代明入主中原而得到清廷尊崇，封爲灌頂國師。其爲清朝統一藏、新、青和格魯派（黃教）傳播起到了非常關鍵的作用。傳至七世而終，後被章嘉活佛取代其地位。

③此段資料爲李德春先生提供，在此之前的版本中皆無此段內容。

判發武威高頭壩與永昌烏牛壩用水執照水利碑

涼州衛掌印守備兼理屯事、世襲拖沙喇哈番①孟，蒙監督涼州等處倉場、鞏昌分府加三級蔡，照會案奉陝西布政使司、整飭分守涼莊道僉事加三級何，爲勒碑事：查得烏牛壩地連七堡，戶盈數千，村落富庶，爲永屬之最稱豪强者。而高頭與（壩）之爲鄰，計其戶不滿三十家，核其人不過五六十。烏牛壩眈眈視此泉水如乾魚作貓枕，垂涎朵頤，必圖大嚼而後快。故構訟自康熙三十三年起，迄今十有七載，疊告不休。經前撫憲喀、前撫憲齊、前道陳參議、武副使、署涼莊道事甘寧驛傳道王副使、甘山道龔副使以及廳、衛、所等官不可枚舉，或親行踏勘，或批委驗審，俱明白斷結立案，幾如南山之不可移矣。乃烏牛壩民人王復振、吕復元、曹績賢等，更番迭做狀頭，翻久定之成案，作新起之風波。一則曰邀截水利；再則曰按糧分水。今年結案，明年復告；舊官結案，新官復告；道、廳、衛衙門結案，督撫衙門復告；前官將烏牛壩審虛責懲枷示已非一次，而仍然憫不畏法，恣肆誣控，狀內不曰不分皂白，則曰蒙混結案。豈此十七年之內，撫院以及道、廳、衛、所定案，各衙門俱不公不明，偏衷左袒高頭溝者，蓋其意原不在訟之勝負，明欺高頭溝懦弱，使其歲歲兵連禍結，廢農荒業，自然支持不足，則高頭溝之水利田土，將來自可吞并。今生員蔡允吉等來就質者，不過十餘人，言詞皆呐呐不能出口。而烏牛壩則千百成群，唇槍舌劍，鼓其鋼鋭之鋒，布其坑人之陣，使十七年來，高頭溝忠厚良民疲於拖累，情形實爲可憐。兹奉批查審，本道兩次親至河干，詳加踏勘，并查閲歷審舊卷，俱極公極明，相應仍照原卷斷定：將柳樹下、南岸上二泉斷給高頭溝，草灘口北岸下二泉斷給烏牛壩；至於原壩原溝，兩村照舊各守，於上二泉則立小碑一座，鐫"高頭溝"字樣；下二泉立小碑一座，鐫"烏牛壩"字樣。而於沙河口高堤上，統立大石碑分定界限，如有違斷，再敢控告者，立即枷責重懲。再照烏牛壩，已具"永不興訟"輸服甘結，但查前卷限，烏牛壩俱曾具結，仍誣告不已，拖累良善。兹值憲台廉明正直，人人欽服，若成鐵案，後人無敢再行審理者；合無詳情，撫憲台立案并批令本道通報，撫憲移咨兩司通爲立案。至本道則立案勒石衙門首，而廳、衛、所俱通飭遵照，使烏牛壩自此之後無處橫膽誣控，則弱肉不致强食；而高頭壩民人自今得各安農業，均仰沐憲台之德威於不朽矣！

奉總督四川陝西等處地方軍務兼理糧餉、兵部右侍郎兼都察院右都御史，世襲拖沙喇哈番殷批："烏牛壩倚恃人衆，强奪高頭溝水利，更番疊告，積案如鱗，尚不悛改，誠如該道所云，明欺高頭溝勢力不及也。如詳行立案，曹績賢等，本應按律究處，姑念農忙，概從寬免。日後再敢違斷争告，加等坐罪不恕也。此檄。"

又奉總督部院批本道詳："烏牛壩桑陽景等，斂錢派車，假扮逃荒緣由，奉批據詳；烏牛壩七堡奸棍，科斂民錢，勒派車輛，詐作搬移情狀，挾制官府，謀占水利，大干法紀。仰將爲首奸棍嚴拿究，擬通報，毋得牽累良善。"

又奉巡撫甘肅寧夏平慶臨鞏等處地方贊理軍務兼理茶馬、都察院右副都御史、世襲一等阿達哈哈番②加三級紀録十四次鄂批："同前事，奉批如詳，勒石永遠遵守。至曹績賢、桑陽景等恃强逞訟，罔遵官斷，後在烏牛壩科斂民錢，勒派車輛，挾制官府，刁惡至極。仰該道勒緝，務獲嚴審究，擬通報"等因，俱批行到道，奉此合行勒碑。爲此，仰③烏牛壩、高頭壩兩壩民人遵照督撫兩院批示，永爲遵守施行，須至勒石者。

康熙四十九年十一月□日
涼州衛高頭壩民人：蔡允吉、蔡綸、蔡生植、曹岳
永昌衛烏牛壩民人：曹績賢、桑陽景、王復振、吕復元等
勒碑永遠爲志

[題解] 碑立於康熙四十九年（1710）十一月，已佚，碑文引自《武威市水

利志》。武威高頭壩與永昌烏牛壩兩村彼此相鄰，共用一河水澆地灌田。自康熙三十二年（1693）漲水冲毀堤壩，兩村訴訟不斷，十七年來，前任撫憲、道以及廳、衛、所多次前往協調，或親行踏勘，或批委驗審，明白斷案結案，總因烏牛壩戶大人多，欺高頭壩人單力薄，欲强占水利爲己有，故此案屢結屢告。康熙四十年（1710），凉州地方官接到本案的上報批示，兩次親至河干現場，詳加踏勘，又查閱了前審舊卷，認爲原判公正明瞭，故仍照原判。爲進一步勘定村界，又在二村所守泉水旁立碑界定；爲防止烏牛壩村民再行誣告，按照督、撫兩院批示，兩村村民共同勒石（即此碑）爲記，承諾永不爲此再起訴訟，如有違反，按律究處；并對烏牛壩嚴重滋事村民另行審理，從嚴審究。碑文詳述這期水利糾紛案由及處理意見，對烏牛壩村民無理纏訪并構成違法犯罪的案情，脉絡清楚，歷任官員的批示也很明瞭，在今天的信訪處理中具有較强的借鑒意義。此碑與康熙三十九年《凉州衛高頭壩與永昌衛烏牛壩之爭水利碑》中涉案人員基本相同，應參照互證理解。

[注釋]

①拖沙喇哈番：清爵名。漢稱舊名爲外所千總，順治四年（1647），定名爲"拖沙喇哈番"。乾隆元年（1736），定漢字爲雲騎尉，滿文如舊。

②阿達哈哈番：清爵名。順治四年定名。乾隆元年，定漢字爲輕車都尉，滿文如舊。

③仰：舊時公文用語。上行文中用在"請、祈、懇"等字之前，表示恭敬；下行文中表示命令。

重修清應寺塔頂碑記

蓋聞寺乃佛舍也，非瓊宫瑶室，不足以形其美；塔本佛身也，非逼雲干霄，不足以仰其高。世之修寺建塔，非止爲崇揚妙像也，能使人入廟而思敬，見像而皈依，良有以也。

吾凉有清應寺，即古北斗宫。元末，兵火殘燹。永樂間，敕建爲清應禪林。前後殿宇巍峨，金碧輝煌，塑繪莊嚴，丹霞焯耀，誠凉境之一大勝概也。嘗考古志，城之東北隅艮寅方，地勢卑陷，潮水涌漲，築填崇臺，上建浮圖一座，高一百八十餘尺，其身一十三層，重檐叠翠，八面玲瓏。其初創難稽，重建於嘉靖壬戌歲，與大雲寺塔相仿，工鑿猶壯麗焉。至今幾二百餘年，其間之興廢，不知凡幾，未暇悉述。偶於康熙四十八年秋，地中雷聲轟動，從乾而巽，覆地翻天，震落塔頂，擊碎磚瓦，一時破落一載之久。凡仰其上者，誰無補救之心，胥畏難而無所措置。

功德化主某慨然以爲己任，先各捐資財，接引十方，散給佛帖，隨緣募化。果其一呼百諾，輸布施者填門；聞風慕義，供齋米者擁道。則木架千杆，賴輪工之巧；爐冶百煉，仗風胡之靈。千鈞之頂，循級而升，何畏難之有。不旬月之間，補殘葺缺，換舊更新，是人之誠心歟，抑佛天之助佑耶。是其廊楹繪彩，肆外閎中，金像莊嚴，燦星麗日。竭半載之焦勞，滿衆信之願力，則義冠人天，福禔中外，其曷有極焉。所願者天地清寧，歷千劫而不朽；皇圖永固，綿百世而常新。是可鑱石，以垂後鑒云。

康熙五十年歲次辛卯暑月上浣吉旦 立

涼庠生李如蔭撰　張敏書

鎮守陝西涼州等處地方總兵、都督僉事、帶功給拖沙喇哈番袁鈐

鎮守陝西布政司分守涼莊道何廷圭

[題解] 碑立於康熙五十年（1711）六月，已佚，碑文引自《涼州府志備考》，又名《李如蔭重修清應寺塔頂碑記》。涼州清應寺，明永樂年間敕建爲清應禪寺。相傳清應寺姑洗塔藏有佛祖舍利。清康熙四十八年秋，塔頂遭地震損毀。據《五涼全志·地理志·祥異》：四十八年九月十二日，地震如雷。二者記載吻合。第二年，有一功德化主首先捐資，并隨緣募化，一時衆人回應。不及一月，塔頂即修復如新。碑文簡述了以上情況，表達了對佛的美好祝願和敬意。

[作者]

李如蔭、張敏：涼州人。康熙年間庠生。生平事迹不詳。

袁鈐：清江蘇徐州銅山人。康熙年間進士，曾任中衛副將、涼州總兵、都督僉事等職。

何廷圭：字覲皇，浙江蕭山人。康熙四十八年（1709）任涼莊道。爲人光明磊落，對部屬要求嚴格。其間籌謀經費，資助鄉試生員資費，士子感德。茬任三年，頌聲載道。後升江常鎮道（今江蘇），繼留甘肅辦理軍務，調度有方，與民讓利，深受百姓擁戴。入武威名宦祠。

大方伯 整飭分守涼莊道 恩憲何大宗師 優崇學校設立鄉會路費垂遠戴德碑記

大宗師分藩茲土，閱四載矣，以實心行實政，美績嘉猷，難更僕數。至於培植士子，尤所港港焉，其良法美意，有驗之於今者，有遺之於後者。涼州地處邊末，士子翹首而思奮起者，得諸當事培養之力居多。自前任武道宗師，創立書院，而肄業有地矣；大宗師旌節抵涼，視學之初，即以奮興科名，作養庠士，拔識儒童，已在觀風所錄生員優等童子前茅，衡鑒精當；學憲朱宗師臨涼校士，案發□針芥之投，蓋其識高，其志公，兩賢如操左券也。既而叨鄉薦者，即其所首拔，是歲捷南宮，與詞林者，亦其所藻鑒；作一時之士類，收兩闈之人才，一若有潛而驅之，畢而集之，以彰作士之盛者，雖曰天意，豈非人事哉？此其驗之於今者也。而且尊先師，崇祀典，朔望謁廟，補設丁祭太牢，牲必親省，缺典漸次修舉，而俎豆維新矣。

涼州距省二千餘里①，每逢鄉試，苦於資斧②，舊動雜項稅銀後其□□寢。今大宗師加意籌度，因涼州舊例，街市、道口、北鋪及村野水磨賦地租於官者，乃捐而公諸學宮，令爲應試士子路費，用垂久遠。□□□□涼士何幸而沐此曠典也。況繼此之惠我涼士者，尚未有艾乎，此其遺於後者也。噫嘻！歧地作人，恩流奕世，盧陵愛士，感及百年。因述其梗概，志之貞瑉，所以銘德亦以云報也。若其治務沉靜，行操清潔，勤民而不憚勞，惠民而不務名，推重上憲，聲稱洋溢，此在縉紳先生，閭里百姓，別有公頌，非吾儕所敢旁贅也。謹記。

　　候選中書乙酉舉人王化行、候選訓導王國輔撰文

　　稟膳生員賈漢英書丹　廩膳生員田鐘瑞篆額

　　監督涼鎮等處倉場、鞏昌分府蔡名輔，涼州衛掌印守備兼理屯事鄭瑞，辛卯舉人尹誥，涼州衛儒學教授馮紹商，涼州衛千總朱方，賜同進士出身翰林院庶吉士孫詔③，國學生員段華瑜、羅象鼎、何昌治、徐壽松、韓生忠等公勒。

　　康熙五十一年壬辰菊月吉旦　立

[題解] 碑立於康熙五十一年（1712）九月，已佚，碑文引自《武威縣志稿》。涼州地處邊垂，自明代創辦學校、清代創立書院以來，文化教育得到了歷任地方官員的重視，文風改觀，人才蔚起。康熙年間，何廷圭（見《重修清應

寺塔頂碑記》作者）任涼莊道後，與學憲傾力配合，興辦教育事業，爲培育人才傾心竭力。爲解決涼州士子赴省上京考試的資費問題，他將街市鋪面等租金收入捐於學宮，作爲應試士子路費。涼州士子感恩戴德，立此碑永爲紀念。碑文所述内容，表現出古代官員開明惠民的一面，理應受到百姓擁戴；參與立碑者後來大都取得功名，在《五涼全志·武威縣志》中可以看到他們的踪迹。

[作者]

王化行：字被南，涼州人。康熙四十四年（1705）舉人，曾任福建莆田、甌寧知縣。居家孝友，爲人温文爾雅，在官清廉，後辭官歸田。

王國輔：字介臣，涼州人。國子監貢生，候選儒學訓導。

賈漢英：字仲儒，涼州人。貢生。少年具老成望，性孝謹。精研理學，勤奮好學，學術成就突出。

田鐘瑞：字亦藍，涼州人。貢生。

[注釋]

①清朝前期，沿襲明制，實行衛所制度，今甘肅全省屬陝西布政司管轄，涼州距府治西安約1000千米。康熙五年（1666），陝甘分治，但鄉試仍在西安舉行。雍正二年（1724），涼州等地改衛爲府縣，直到光緒元年（1875），甘肅貢院（蘭州）落成，甘肅士子才能就近在蘭州參加鄉試。

②資斧：利斧。借指旅費、盤纏。

③蔡名輔、鄭瑞，皆爲涼州地方軍政官員，生平事迹不詳。尹詰，字紫來，涼州人。康熙辛卯（1711）舉人，任四川渠縣知縣。居官清干，所得廉俸，周濟夫役士卒。卒於任上，貧不能歸葬，兒子思任借款方歸。入涼州鄉賢祠。馮紹商，陝西寶雞人。監生保舉，康熙五十一年（1712）任涼州衛儒學教授。朱方，直隸（今河北）人，時任涼州衛千總。孫詔，字鳳書，號友石，武威人。康熙五十一年吉士，翰林院庶吉士，曾任寧波知府、寧紹台道、兩浙鹽運使、江西按察使。雍正十一年（1733），升任湖北布政使，未抵任，卒於南昌。

始置名宦祠祭田碑記

先王父通議公，巡陝西茶馬之後，（康熙）四十年，先府君觀察五涼。而江都范公，適爲司馬。皆清廉慈惠，愛士養民。歲己亥，先府君與范公，後先捐館①，涼人氏世蒙澤者，前數秋既爲先王父請入名宦矣。是冬，又爲先府君與范公，同請督學，并祀黌宮②，其切於報德，意甚厚也。但涼郡備犧牲，春秋祀典之應獻文廟者，竟半爲武廟分去，而名宦、鄉賢祭多，郡庠諸君子私設法辦焉。不孝隆照聞之，竊思先人生庇涼人，歿護涼土，神無所不之，以郡庠諸君子之誠敬，格我先人無弗享者。第諸君子歲祀先人，而爲先人後者，指日扶柩歸里，不能長隨諸君子之後，瞻拜先人於祠下，親陳粢③盛則爲人子之心，深有所不安。

先人清操介節，生未嘗一介取人，今爲祀品而歲累諸君子費經營，在諸君子固樂輸誠，而仁人在天之心或又有所不忍。不孝隆照於是請之四伯父諱光來，謀之范公子嘉年，同捐資，新其祠宇，潤其規模；又買田於城東凡若干畝，新關修房若干間，每歲所取租共若干數，契印聽衛，案存儒學，托在庠諸君子取其租以辦祭物，於諸君子不累。不孝等常如親侑，雖先人其亦欣然樂享也乎。因錄其地契，圖其尺丈，刊之碑陰。夫武威爲西陲要地，聖天子多選英賢，其步武召杜者，將指不勝屈，倘諒微忱，而廣布弘仁，捐奉增田，積少成多，更可助寒儒燈火之費。以祭田之餘爲學田④，使涼州從此有學田，教養之恩正長也。記此亦以望後來者，若謂日久弊生，恐於祭田有侵漁隱蔽之患，涼人士必不出此，不孝等亦不敢以不肖之念待涼人士矣。

康熙五十九年歲次庚子仲夏月壬午望後五日丙戌 立石

不孝孤子王隆照、范嘉年謹識

碑 陰

原買地契丈尺畝數以及四至，并原中姓名，并列於後：立永遠絕賣祭田文契人馬俊。今將承頂置買到雜渠六壩劉畦溝宋地科田一份，約下市斗子種五石，承納官糧三石三斗二升五合，官束正草一十五束，使用劉畦溝泉水三十畝，山水一晝夜，差徭照水應當隨地菜園一處，小莊一處，內小杏樹五株，白楊樹十二株，芍藥花三十本，井一眼，莊內上房三間，東北廈房六間，糞圈一處，牛畜馬圈二處。其地東至本人地界，西至官路地界，南至李林地界，北至退水官溝，四至分明。因無力耕種，央中齋長生員何昌治、劉漢璧說合，情願立契絕賣與前任道憲大老爺王、府憲大老爺范兩府名下，永遠作名宦祠春秋祭田，當中得受過賣價系銀一百六十兩正，銀地兩交無欠。自絕賣之後，土木相連，道路通行，若有房戶族地鄰人等生端爭言者，馬俊一面承當。恐後無憑，立此永遠絕賣祭田契書存照。

康熙五十八年十二月十三日 立

永遠絕賣契書人馬俊，同子馬承基，同中鄰人張寵德、張寅、劉祥、崔保，説合中人齋長何昌治、劉漢璧，同闈學生員張綬、郭甲觀、徐壽松等。

府正堂管理涼鎮監督府事加二級張批：名宦祠祭祀，本有額銀。因涼州設立武學，遂將額銀分支，未免涼薄。今王、范兩宅子姓，公捐買產，供辦祭祀，誠義舉也。每年學博暨齋長，公同照驗，務須世世遵守，永遠毋□。倘有私相買賣及侵隱者，據此契以證究，着該房粘契存案，并准飭知衛學可也。

其地共二段。南一段，東西畛⑤東寬一百七十六步，西寬一百七十步，南長八十四步，北長八十六步。路北一段，東西畛西寬七十四步，東寬三十二步，南長七十四步，北長七十四步。二共地七十七畝八分四厘。

[題解] 碑立於康熙五十九年（1720）五月，已佚，碑文引自《武威縣志稿》。涼州文廟設有名宦、鄉賢祠，祭祀或紀念對當地有貢獻的官員和社會賢達，分春秋兩次祀典。但由於祭祀錢物大大減少，在外地做官而先父被供奉於名宦祠的王隆照和范嘉年，主動捐資維修名宦祠。他倆還買田建房，將房地產租金收入既用於其父和名宦祠的祭祀，又用來資助貧困學子的燈火之費，實爲一舉兩得。爲防止日久生變，故立碑記事，并在碑陰繪出地契及面積、四至範圍、買賣雙方人員、中人等。此舉是武威有學田之始，可謂功在當代，利在千秋。碑文內容既反映出古代良臣孝子的一種道德情懷，同時，也不失爲一種依規辦事、謀劃長遠的規範行爲，具有道德與法律的雙重示範效應。

[作者] 王隆照、范嘉年：二人皆爲涼州名宦之後，其生平事迹不詳。據《五涼全志·武威縣志·師官志》和此碑相關內容參照考查，王隆照父親似爲王光奭，康熙五十五年（1716）任涼莊道，去世後入名宦。范嘉年父親即江都范公，可確定爲范仕佳，揚州人，康熙五十三年任鞏昌分府監屯同知（駐涼州），去世後入武威名宦祠。今武威文廟"萬世文宗"匾爲范仕佳書寫。詳見《范公祠記》。

[注釋]

① 捐館：指官員去世的比較委婉的説法。捐，放弃；館，官邸。

② 黌（hóng）宮：古代稱學校。

③ 粢（zī）：穀物名，即稷。泛指穀物，特指祭祀用的穀物。

④ 學田：指辦學用的公田，以田地收益作爲學校經費（基金）。學田的經營方式采用租田制，收益一般作爲祭祀、薪俸及補助讀書人的開支。

⑤ 畛（zhěn）：田地間的小路。此處謂界限。

判發武威高頭壩與永昌烏牛壩用水執照水利碑

特授分署涼州府武威縣正堂紀錄三次傅，爲"勒碑"事，雍正十二年十一月十一日奉陝西涼州府正堂加一級紀錄四次鄭信牌、雍正十二年十月初七日蒙署陝西整飭分守涼莊道加一級紀錄二次菩憲牌、雍正十二年十月初二日准署布政司楊關、雍正十二年九月二十九日蒙巡撫甘肅都察院許批：

據本署司呈前事，該本署司審得武威縣屬高頭壩民，與永昌縣屬烏牛壩民控爭泉水一案。自康熙三十三年、四十年、四十一年、四十六年、四十九年、五十四年、五十九年、六十一年、雍正元年，歷經各官詳審酌斷，而旋結旋控，於雍正十年又爭控至今也。緣武、永交界之處有泉四眼，於高頭壩爲近，系高頭壩藉以灌溉，每被接壤之烏牛壩恃强爭奪，高頭壩弱難抗衡。於康熙三十三年間，經前任陳涼莊道①，因兩壩之强弱，審四泉之源流，以柳樹下近南之上二泉，仍斷給高頭壩資用；於草灘下倚北之下二泉，則分給烏牛壩資用。是高頭壩於向有四泉之中，已分出二泉與烏牛壩矣。□詎意，烏牛壩地廣人强，視高頭壩如釜魚幾肉。於陳道斷給之後，又於康熙四十、四十一、四十六等年，烏牛壩爭奪如故。經前任王涼莊道②、武涼莊道，并蒙前撫憲喀、齊及趙涼廳，俱以陳道所斷爲公允，將烏牛壩民枷責完結。無如③烏牛壩民以歷審不能翻案，於四十九年間作搬逃④計挾制官長，可以并踞四泉。經何涼莊道訪拿首惡，細勘河形，亦以陳道所斷爲不可易，詳蒙前督撫憲殷、鄂批："照前斷以柳樹下之上二泉留給高頭壩，以草灘下之下二泉分給烏牛壩，將烏牛壩爭泉爲首之人，嚴加處治，勒碑立案。"

相安數載，烏牛壩民故志復萌，又於康熙五十四年、五十九年、六十一年、雍正元年屢行爭奪。經范涼廳、前任蔣涼莊道，并蒙前撫憲傅批，令涼莊二廳審勘，亦具照前斷詳蒙批結。乃烏牛壩民始終恃强欺弱，貪心無已，每至需水之時，即掘壩奪水。於雍正十年間又訐訟至今，意必欲獨占四泉，使高頭壩無涓滴可資始爲稱快，致地方官亦因每年控爭，不得不以前斷爲變通。此涼莊道府有合流建閘，按日分水之詳，蒙憲台批司查議，趙署司以示悉泉源之形勢，雖該道府僉謂建閘爲是，究難懸定。是以詳委前任趙平慶道，會同地方官查勘酌議。經趙平慶道勘明，議於高頭壩上二泉之内，再分出一泉與烏牛壩，是與該道府建閘分水之議，迹似不同，亦總欲烏牛壩民知足息事。但建閘分水恐於兩壩俱值需水之時，孰肯坐視枯槁，勢必相爭，爭則強得其利，弱受其害，始定兩壩均沾，終致烏牛壩獨占；如再於上二泉之內分出一泉與烏牛壩，兩泉相距不遠，築壩愈難，爭奪更易。且系高頭壩原有之四泉而又去其三，又安能僅存其一。是以趙署司終不以兩議爲孰是，但云委勘委審已非一日，分水分泉議有兩歧，詳情鈞斷。

旋蒙憲以水利關係民生，必須毫無疑議，批令提審，具詳行據該府縣，將兩造及證佐批解前來。經本署司查前案，研訊各供，并閱趙僉事同地方官繪填地圖，益知烏牛壩民惡不可恕，高頭壩民弱實可憐。除案情供詞俱已備案，但據圖形而論，原陳道之初斷，本欲息此紛爭；何道之勒碑，殆欲垂諸久遠。前官籌畫已周，無庸再爲更易。查高頭壩田地坐於東南，烏牛壩田坐於東北；高頭壩地高水低，烏牛壩水多地廣；高頭壩之上二泉流入沙河，必須築壩以蓄，其勢方能由東南入地，否則難於引灌；其烏牛壩之下二泉，則由朱家地順流而下，兼有響水溝、長溝、大泉腦、暖泉等河暢流廣潤，盡足其用。且上二泉原屬天然之界限，而烏牛壩不忘情於高頭壩之涓涓二泉者，實以人強地多，田漸開墾，惟恐水不敷用；又明欺高頭壩人少且弱，任意爭持，分班疊訟。比其控告，而水已到地；待至批斷，而田已拋荒；且狀首以此獲利，以此邀功。所以年年控告，年年爭奪，欲待高頭壩無可如何，便可獨踞其利。以此處心積慮，實難從其所爲。

今庭訊之下，據烏牛壩民供稱，以前立過石碑，被高頭壩打毀，現有碑文爲證，及取驗，即將何道斷明勒石之碑文執爲打碑據，適成抗斷之憑，應即照碑定案。仍以柳樹下之上二泉留給高頭壩資用，草灘下之下二泉分給烏牛壩資用。於原舊立碑之處重立石碑，於兩面鎸刻，前、今兩次審詳，并聽各於定界之內築壩引水，至接近高頭壩之回子地畝，亦聽其於原使水處照舊引用。其烏牛壩首惡高尚文、蔣獻朝，應各重責三十板，嗣後如再有抗斷以及故作搬逃，把持官長情狀，即將爲首之人提解省城監禁，從重究治，爲強橫者戒。再查此事斷案，具取有輸服結狀，無如刁民今日始服明日復控，又屢稱勒逼所迫。今以所迫之輸服，爲告狀之張本。今既照案斷明，有犯即究，無庸取其輸服結狀以資口實。緣奉飭審事理，各將碑文地圖一并申賫，伏候憲台申查詳示，以便遵行。蒙批"如詳行"，仍令作速建立石碑，取具碑模，并發落過，蒙申報查，并候署督部院批示："繳碑文地圖存。"蒙此又於本年十月二十二日，蒙吏部尚書署督部堂劉批："據本署司呈審，涼屬高頭、烏牛壩民，爭告水利一案詳由，蒙批如詳發落，永爲定案。高尚文、蔣獻朝倘再恃強爭持，定當從重究。"擬仍候甘撫督院批示："繳等因到司，蒙此。除解到人犯，原批點發解役帶回外，擬合就移，爲此合移貴道，煩照來移審詳。批示水利知照，即飭令該府，於原舊立碑之處，作速重立石碑，將此案先今兩次，前道何暨本署司審詳，并院憲批示，於兩面鐫刻，并聽各於界限之内築壩引水，以垂永久，以杜争端。并飭將烏牛壩首惡高尚文、蔣獻朝各重責三十板發落，倘再有抗斷以及故作搬逃，把持官長情狀，即將爲首之人提解省城監禁，從重究治。仍令將發落過，緣由同，重立石碑，取具碑模一樣三張，一并賫報，以憑轉報，幸勿任其遲違，望切速速等因到道，轉行到府，備行到縣。"奉此合行勒碑，爲此仰高頭壩、烏牛壩民人遵督撫兩院批示：各於原舊立碑之處，重立石碑，築壩引水，以垂永久，以杜争端。如再有抗斷情狀，即將爲首之人解省監禁，從重究治。各宜永爲遵守施行，須至勒石者。

雍正十二年十二月 日

武威縣高頭壩民人：李國玉、蔡生相、藺蔚、嚴瑪、蔡文科勒石爲志

[題解] 碑立於雍正十二年（1734）十二月，已佚，碑文引自《武威市水利志》。武威縣高頭壩與永昌縣烏牛壩水利糾紛，由來已久，經由前任官府多次踏勘詳察，協調處理并定案立碑。但由於烏牛壩民恃強争奪，處心積慮，欲據四泉爲已有爲快。故雙方訴訟不斷。訴訟結果終因烏牛壩民不遵守判決而年年控告，年年争奪，纏仿不斷，屢結屢告。雍正十年（1732），訴訟又起。現任官員經勘查及翻檢前任審判結果，認爲"水利關係民生，必須毫無疑議"，前任審判公允合理，應維持原判。爲防止烏牛壩民再生事端，經報督府兩院同意批示：一是將烏牛壩首惡各重責三十板并予以警告；二是重立石碑，取具碑模一樣三張存查，以防毁碑滋事。并將此次審判結果永爲定案。

此碑與前《涼州衛高頭壩與永昌衛烏牛壩之争水利碑》《判發武威高頭壩與永昌烏牛壩用水執照水利碑》所陳述案件内容一致，涉案事由具有因果聯繫，應參照理解。碑文當爲官府文件，依此案判決"高頭壩、烏牛壩民人遵督撫兩院批示：各於原舊立碑之處，重立石碑，築壩引水，以垂永久，以杜争端"内容，高頭壩民人李國玉等人勒石爲志，希望雙方"永爲遵守施行"。

[注釋]

①陳涼莊道：即陳子威，字其畏，福建人。曾獻計破海寇，歷著戰功。康熙三十三年（1694）任涼莊道。

②王涼莊道等：即歷任涼莊道武廷適、何廷圭、王光奭、范仕佳（范涼

廳）、蔣泂等，康熙四十一年至雍正初年在任，在此案中都作了許多有益的工作，其生平事迹參見本書相關碑刻。

③無如：哪里想到。

④搬逃：猶搬弄，搬挑。意謂挑撥離間，挑事弄非。

乾隆御祭總兵張烈文碑

皇帝御祭陝西寧夏總兵官、都督僉事管事、加一級張烈之靈曰：鞠躬盡瘁，臣子之芳蹤；賜恤報勤，國家之盛典。爾張烈性行純良，才能稱職，方冀遐齡，忽聞長逝。朕用悼焉，特頒祭葬，以慰幽魂。嗚呼！寵錫重壚，庶沐匪躬之報；名垂信史，聿昭不朽之榮。爾如有知，尚克歆享。

巡撫甘肅寧夏臨鞏等處地方兼理茶馬、兵部右侍郎兼都察院右副都御史、加一級莽鵠立，陝西平慶臨鞏等處承宣布政使司布政使、加三級紀錄三次孔毓璞，欽授文林郎、涼州府知武威縣事、紀錄四次鄭松齡。

《御祭碑》後張君熹題跋（碑）

後裔張君熹，爲名錄仕，欲展馨香之薦，稍酬蔭庇之恩。不辭食苦，歷諸艱四十餘年。詎意馳驅王事，致缺烝嘗①，事與情違，願難遽慰。於軍務之暇，披覽古典，每見古人立業建勛，邀聖朝之龍章②，追述明德；功成身退，藉先進之驪翰③；用志前徽④，思忠孝原非二理，臣子要在自立，未嘗不掩卷流涕，有志未逮也。幸熹兄烈，前鎮朔方，熹繼參戎巴蜀，屢蒙綸綍⑤於明庭，并施珠璣於鄉哲。熹惟日夜祗懼⑥，報稱無地，何敢妄自張惶，誇耀閭里。但以熹壯歲違墳墓而遠去，暮年辭簪笏⑦而歸來，中心戚戚，寔⑧有不能已於言者。爰迨殘喘，備錄始末，勒石隴下，以明其去來之故，靈爽有憑，必鑒苦衷耳。

熹從緇髮以來，稍知自愛，不甘匏落⑨，貽祖父憂，特授國學，以爲進身之基。恨賦性□愚，碌碌無成。竊思古人經營四方，必須膂力方剛之日，是以曲爲遷就，舍國學而備列戎行。食我祖功宗德，於康熙乙未⑩，拔補天津寧津縣汛把總。循分稱職，蒙督憲拔識；值縣令承辦大差，遠出二次，委理縣篆⑪，不敢隕越貽羞⑫。至雍正丙午⑬，升補河間千總。此際不敢自信居官之易，益兢兢自持，練習武政。己酉，會北醜竊發，亂我邊疆，天子臨軒，策拜世職傅公⑭爲大將軍，舉兵前往征剿，奉派在內，蒙恩賜宴賞物，祇受之下，夙夜憂惶，恐不勝任，惟竭盡駑駘，冀圖報效。壬子，蒙靖邊大將軍和碩順成親王⑮題補四川峨邊營守備。甲寅，蒙定邊大將軍多羅平郡王⑯題補陝西鎮羌堡都司。幸而軍實無虧，尤賴天威遠震，諸羌竄伏荒落，奉檄班師，議敘軍功頭等。乾隆丁巳⑰歲，蒙恩特授江南壽春游擊。夫閱歷愈多，中藏⑱愈怯，其訓練較前倍加謹飭。幸上游器重，兩蒙江督尹⑲預保舉陸路游擊，人員揀選送部陞見，蒙恩准保註冊，復賞緞疋，徑發川陝，交與總督張⑳酌量補用。既抵川，正值逆苗跳梁，歷委副參印務，并無貽誤。己巳，蒙公憲題補綏寧參將。會忠勇公傅㉑來川經略，奉令前驅，勷事左右。及憲轅甫臨，大振天威，逆苗怖伏，輸誠請罪。熹承令回任，竭蹶供職。

邇來年近古稀，筋疲骨衰，難效犬馬之力。回思哀哀祖父，教養劬勞，不勝烏烏之情。尚自貪榮慕寵，虛糜厚糈㉒，久廢嘗祀，孝既缺於前，忠又虧於後，兩無所處也。因念長子機，現任江南壽春鎮千總，從事戎行，冀酬未報之國恩。熹率季子國學基與孫，聯璧致仕歸里，泥首荒墟，聊伸其未盡之孝思。歲時伏臘，期功畢會，少長咸集，或講德藝，或課桑麻，或業詩書，或習弧矢㉓，雖才分不同，智力攸異，俾爲士爲農，莫非有恒之子，在國在野，不作無藝之人。庶幾弓冶㉔長昭，箕裘不墜㉕，世世子孫，作忠作孝。將述生平所未能全者，不無有補於方來之願也。是以泣血陳詞，述其去來，降鑒在茲，其不許熹乎？其或許熹乎？

不孝後裔君熹敬勒　乾隆十九年歲次甲戌清和上浣吉旦

[題解] 碑陰（跋）刻立於乾隆十九年（1754）；碑陽刻立時間不詳，應在莽鵠立去世之前的乾隆元年（1736）。鄭松齡任武威縣知縣在雍正四年至十年間（1726—1732），乾隆元年在任涼州知府，但碑文以"知縣"署名，二者顯然不合，待考。疑此碑主人張烈（君烈）與孫詔《誥授榮禄大夫陝西寧夏等處地方挂印總兵官都督僉事加一級承武張公墓誌銘》（見本書涼州卷墓誌部分）主人張君烈爲同一人，待考。據《涼州府志備考》載，此二碑原存滿城東門，今佚。碑文引自《涼州府志備考》。碑文內容除人名、官職外，與康熙五十八年（1719）諭祭一等公、議政大臣、舅父佟國維和禮部右侍郎兼翰林院學士胡作梅等人的祭文內容完全相同，可見，這可能是禮部慣用的一種文體或表達方式。

張烈，亦名張君烈，字懷遠，甘肅武威人。雍正時歷任四川川北總兵官、陝西寧夏總兵官、都督僉事等職，後病逝於任所。乾隆皇帝聽聞其死訊後御賜祭文予以褒獎（或是對之前有功於國的功臣名將的一次褒獎性御祭）。《御祭碑》碑陰刻有張烈之弟張君熹題跋碑。張君熹是張烈胞弟，從戎四十多年，先後在巴蜀、天津、河間、西北、江南等地駐守，從訊把總升至參將（正三品），參加過多次戰役，任職多而閱歷廣，帶兵謹慎，練兵有素，老歸故里。晚年，他回顧一生，思及先輩教誨，感慨良多，寫下這篇題跋。作者通過大量的戰爭生活題材和自己在各地、各個崗位的體驗，闡述了對"忠孝"思想道德的深刻認識，并提出"在國之野，不作無藝之人"的真知灼見，這種"泣血陳詞"在今天仍然具有現實意義。從題跋看，他雖然是一名軍人，但"於軍務之暇，披覽古典"，對"古人立功建勛"之追求非常重視，在四十多年的軍旅生涯中，既積累了豐富的軍事、政治生活經驗，也積累了厚重的歷史文化知識。這篇題跋，既是回憶錄，也是啓思錄。

補記：據《涼州府志備考·張氏世譜序》載，張氏始祖張遇，江南鳳陽府懷遠人，元末從朱元璋起兵有功，授世襲指揮僉事使，洪武五年病逝。二世祖襲父職，從宋國公馮勝平河西，授涼州掌印指揮使，始家於涼州，爲軍人世家。至十一世分別爲張君寵，封明遠將軍；張君烈，官至寧夏總兵；張君熹，官至參將。

[作者]

莽鵠立（1672—1736）：字樹本，滿洲鑲黃旗人。事康熙、雍正兩朝，曾任兵部侍郎、甘肅巡撫、署工部尚書、正藍旗滿洲都統等職。工西洋繪畫。

孔毓璞：山東曲阜人。曾任甘肅、浙江布政使，都察院左副都御史等職。

鄭松齡：直隸豐潤（今河北豐潤）人。雍正四年（1726）任武威知縣，雍正十一年至乾隆元年（1736）任涼州知府。

[注釋]

①烝嘗：本指秋冬二祭，後泛指祭祀。

②龍章：原指龍紋、龍形、龍旗等，亦指皇帝。此處指皇帝的表彰詔書、敕令等。

③驪翰：黑色與白色。古代夏朝和商朝分別崇尚黑色和白色。典出《禮記·檀弓上》。

④前徽：前人美好的德行。

⑤綸綍（lúnfú）：《禮記·緇衣》："王言如絲，其出如綸；王言如綸，其出如綍。"後因稱皇帝的詔令爲"綸綍"。

⑥祇（zhī）懼：敬懼，小心謹慎。

⑦簪笏（zānhù）：指冠簪和手版。古代仕宦所用，比喻官員和官職。

⑧寔：通"實"。

⑨匏（páo）落：匏，俗稱葫蘆。匏落，同"瓠（hù）落"。意謂潦倒失意的樣子，猶落拓、淪落。

⑩康熙乙未：即康熙五十四年，1715年。

⑪縣篆：知縣。古代印章多用篆文，故爲官印的代稱。

⑫隕越貽羞：由於工作失職而使自己蒙羞。隕越，猶顛墜，喪失，比喻敗績、失職；貽羞，使蒙受羞辱。

⑬雍正丙午等：丙午，即雍正四年，1726年；己酉，即雍正七年，1726年；壬子，即雍正十年，1734年；甲寅，即雍正十二年，1734年。

⑭傅公：指傅爾丹（1680—1752），滿洲旗人。開國五大臣費英東曾孫，清中期重臣、名將，任侍衛內大臣、吏部尚書等職。雍正七年（1729）以靖邊大將軍出師西征失利，晚年協助傅恒參贊軍務。

⑮靖邊大將軍和碩順成親王：指錫保（1686—1742），滿洲旗人。雍乾朝名將，曾任靖邊大將軍等職，參加平定准噶爾之役，後因罪削爵。

⑯定邊大將軍多羅平郡王：指福彭（1709—1748），滿洲旗人。曾參加平定准噶爾之役，接替錫保駐守烏里雅蘇台。受康雍乾三朝皇帝賞識，曾任軍機大臣等職，英年早逝。

⑰乾隆丁巳：即乾隆二年，1737年；己巳爲乾隆十四年，1749年。

⑱中藏：指內心情感或腹中才學。

⑲江督尹：指兩江總督尹繼善（1695—1771），滿洲旗人。雍正元年進士，清代名臣，歷官編修，雲貴、川陝、兩江總督等職。

⑳總督張：指時任川陝總督張廣泗（？—1748），甘肅景泰人。雍乾時期名將，曾任湖廣、川陝總督，參加平定准噶爾、大小金川戰役。後獲罪被殺。

㉑忠勇公傅：指乾隆時重臣傅恒（約1720—1770），滿洲旗人。曾任內務府大臣、户部尚書、軍機大臣等職，乾隆十四年（1749）督師平定四川金川之亂，封一等忠勇公。一生戰功赫赫，深受朝廷重用。

㉒糈（xǔ）：糧，精米（用來祭祀）。

㉓弧矢：弓箭。引申爲軍事技術。

㉔弓冶：指善於造弓、冶金的人。此處指祖上傳承的事業。

㉕箕裘不墜：意謂子弟由於耳濡目染，往往繼承父兄之業。後因以"箕裘"比喻祖上的事業。不墜，不辱、不失。

海藏寺藏經閣記

　　武郡城北五里爲海藏寺。按碑刻，涼治北有招提焉，不知創自何代，蓋古刹也。宋季河西五郡爲夏元昊所據，車書不及，歲久湮沒，不可考其從來。明成化間，太監張睿①因其舊而庀材鳩工，規模宏大。年久傾頹，榛莽荒穢。康熙三十六年，少保孫公②來莅五涼，悲廟貌之凌夷，捐資而葺之，頓還舊觀矣。有際善法師③者，瞻金容之輝煥，慨妙法之無聞，於是發弘願：一盂一鉢，策杖孤征，南探越海，北涉燕都，冲風冒雪，八載於茲。前任觀察蔣公諱洄④者，心鑒其誠，先容於阿叔中堂，廷錫公⑤玉成周旋，祈請三藏真文凡六千八百二十卷。證果有因，一任黃塵撲面；善緣不偶，好令白馬馱歸。行自如之視非夢。微言廣被，醒衆姓於迷途；遺訓遐宣，布天花於邊末。爰藏寶閣，祖邱重光。朝祚山右庸愚，濫膺觀察，瞻盛事之難逢，喜福緣之有慶。將見茲經流布，與日月而齊光；大衆心資，并河山而俱永。至若琳宮巍焕，不□祇園；古木森陰，同翻貝葉。環溪流於襟帶，披雪嶺於雲霞，此又梵宮之勝概也。後之覺者，瞻慧日於東來，駐慈雲於西塞，亦將有所典載焉。爰勒貞珉，以垂不朽。

　　際善法師字文機，河湟人，臨濟正宗。副派祖明徹師實印，傳法弟子了通、了道、了□、了□、了世、了聞、了相、達藝、達蕲，并書以志。

　　時，乾隆元年歲次丙辰十月

　　奉政大夫、分守陝西甘肅涼莊道、前湖廣湖南提刑按察使司按察使 汾州郭朝祚撰并書

[題解] 碑立於乾隆元年（1736）十月。通高158厘米，寬76厘米，厚17厘米。今存武威市海藏寺。海藏寺創建年代久遠，後經明成化年間張睿捐資重修、清康熙年間孫思克捐資修葺，海藏寺光鮮如舊。當主持際善法師發宏願求取真經以充實寺廟時，郭朝祚任涼莊道，曾親臨其境，同觀經卷。作者受其感動，揮筆撰文以記其事并勒石。碑文簡述了海藏寺創建及幾次大的修葺活動，重點叙述了際善法師歷時八年，千辛萬苦，赴京求經的盛舉，贊揚其爲實現宏願善舉而不畏艱險的精神。

[作者] 郭朝祚：號碩齋，清長洲（今江蘇蘇州）人，祖籍山西汾州（今汾陽市）。歷仕康、雍、乾三朝，曾官陝西甘肅涼莊道、湖廣湖南按察使、國子監

祭酒。爲政清廉，建樹頗豐。善書畫，精於書法。其在涼州任職時在海藏寺書寫"藏經閣"匾額。

[注釋]

①張睿：見《成化御敕海藏寺碑記》《重修海藏寺碑記》。

②少保孫公：即孫思克，見《重修清應寺塔記》。

③際善法師：青海河湟人。佛教臨濟正宗，時任海藏寺住持。雍正年間，看到修葺一新的寺院無真經供奉，遂發弘願，赴京求經。他拄杖奉鉢，乞齋東行，歷經八年到京。此舉受到曾在涼州任過職的蔣洞的支持，通過他叔父蔣廷錫的協調疏通，朝廷賜給明版《北藏》共6820卷，同時發給執照。雍正還令川陝等地資助施銀920兩，保證其安全歸寺。法師用白馬馱經回到海藏寺，供奉在靈鈞臺無量殿中，此殿遂改名爲"藏經閣"。

④蔣洞：字愷思，雲貴總督蔣陳錫次子，江蘇常熟人。少以諸生隨父任，究習經世之務。康熙五十二年（1713）進士，授工部營繕司員外郎，五十九年任涼莊道，後以協助平定諸番功升山西按察使，轉布政使。雍正十年（1732）以戶部侍郎銜協辦軍需，留屯肅州兩年，墾田30餘萬畝，得糧10餘萬石，人稱"屯田侍郎"。入平番（今甘肅永登縣）名宦祠。

⑤廷錫公：即蔣廷錫（1669—1732），字酉君，號南沙，又號青桐居士。江蘇常熟人。清朝重要的宮廷畫家之一。康熙四十二年（1703）進士，雍正年間任禮部侍郎、戶部尚書、文華殿大學士，加太子太傅等職。

石城山石盆

[注釋] 石盆内徑110厘米，外徑130厘米，盆深30厘米。今存武威市西營鎮石城山頂。文字殘缺不辨，僅有"會長""乾隆元年"清晰可識。由此可知，石盆製作於乾隆元年（1736）。

雷臺觀碑記

粤稽①雷臺觀之設，歷年久遠，無可考證。惟查大明天順年間，冰雹傷禾，敕建重修，培助風脉，辛鄧二神，降筆於墙。自此冰雹永息，物阜民豐，人文啓發，蒙神默祐，誠五涼之一大觀也。至順治初年，逆回變亂，燒毀廟宇。劉總戎重建，立太白會，給照經理。又於康熙初年，劉撫台創建斗閣，耆約督工，立斗姆會，經理存焉。不意近年以來，遭被附近居民□周二姓伐樹占地。兩會八社人等確查，古碑內載用價增買地土、栽樹等語。無奈，控告道憲劉、府憲菩、本縣鄭，蒙會審斷，伐樹賠價，地歸聖宮，發給執照。豈知周姓等貪心不足，不交地土，曾於乾隆元年復控。道憲高、郭，府憲鄭，本縣傅②，親履臺觀前後，踏勘明白，即批本縣，責懲交地交價。至此地界清楚，又給執照。是以勒石，永垂不朽云。爾後無侵占之害，并將四至開列於後。

一、臺觀周圍香火地數十餘畝，用使泉水一晝夜，遇輪澆灌，設無糧草，不當雜差。

一、山門前神路三道，自石橋起，至頭架牌坊倚樹止，以樹東面橫至東墙，官尺三丈一尺；以樹西面橫至西墙，官尺三丈二尺。

一、山門前西面周文敏小莊，原日莊門面向西開。因爲希圖侵占官地，築打猪圈，改挖水溝，門向東開。奉憲公差，拆毀圈落，平去水溝。現存執照并文敏私約，今自文敏莊門墙根，南至小墙莊角，北至廟墙。又山門前牌坊東角下向西，香火鋪面一間。

一、斗閣下三豐、丘祖道院二處；斗閣西臺下常住道房屋一所；臺下東、西道院二所。

一、斗閣臺下東角官溝內大樹二棵；又西湖邊古樹二棵。奉憲批：道正司王驗明官地官樹。其餘臺前周圍大小樹株，俱屬聖宮。神樹古照可查，毋容備載。

陝西涼州府正堂加三級紀錄二次鄭松齡，涼州府武威縣督補廳加一級陳良智，署涼州府武威縣正堂加一級何世寵，國學生王宗文、何兆琳，斗姆、太白兩會功德主張廷瑜、何大美、何沛世、張自榮、黃國民、王洪簡、蕭蔭、程士超、陳國柱、朱振聲、管參、岳之峻等。

吏部揀選府經歷張廷瑜薰沐敬撰　涼州府武威縣儒學生員李繼宗薰沐敬書

乾隆三年歲次戊午四月朔日吉旦

[題解] 碑立於乾隆三年（1738）四月。通高178厘米，寬72厘米，厚16厘米。今存武威雷臺。雷臺觀因創建年代久遠，加上天灾人禍而損毀嚴重。後經多次重修復建，并設立管理機構負責觀務。但後來又被附近村民伐樹占地，雖經各級官員協調處理，但成效不大。乾隆初年，涼州府縣官員親臨現場，踏勘

處理，責懲了非法占有者，并劃定地界、頒給執照、勒碑銘記，將臺觀四至及建築物等開列於後，以防再次發生侵占之事。

碑文簡述雷臺觀由重修到損毀，再到重建的過程及歷代官員爲修葺、保護所做的種種努力，最後條分縷析，將臺觀所屬田地、樹木、房屋、門前道路及臺觀四至明白無誤記載清楚，并拆去周圍村民占用臺觀地界建造的猪舍、水溝等，可謂不惜筆墨，認真負責，於理於法有據可依。

[作者] 張廷瑜：曾任吏部揀選府經歷（類似今天的組織員）。

[注釋]

①粵稽：查考，考證之意。

②劉總戎等：經查地方有關文獻資料，劉總戎即甘肅副總兵、平回前戎大將軍劉友元，劉撫台即甘肅巡撫劉斗，道憲劉即凉莊道劉永璜，府憲菩即凉州知府菩薩保，本縣鄭即武威縣知縣鄭松齡，道憲高即凉莊道高夢龍，郭即凉莊道郭朝祚，府憲鄭即凉州知府鄭松齡（由武威知縣升任），本縣傅即武威縣知縣傅樹崇。他們先後任職（駐軍）凉州府、武威縣，在雷臺觀的重建和保護中發揮了重要的作用，武威的許多史料和本書的一些碑刻中都可見到他們的事迹，此處不再贅述。

灣泉湖水租增入書院碑

國家菁莪①之化，首重人材；士子風雲之階，振於有位。五凉夙稱文藪，獨書院一舉，竟成闕典。考之前賢監司武公，首創其制，乃遺址依然，規模宛在，而日復一日，朋來之庭，幾成公廨。余於丁巳春，謬膺觀察，下車之日，他務未遑，惟以振興文教，關係尤鉅，遂捐俸延師。太守亾公②，一體協助。每歲修金養膳，下逮厨役工食，統計百金，然猶慮行於一日，不克繼諸將來。查凉城東北隅，有灣泉湖一區，舊因無水，久成曠地。余以新築滿城，羨餘之水，足供澆灌，詳請撫憲增入書院，每年納租糧二十石外，道署捐銀三十兩，府署捐銀三十兩，以作西賓③之費。爰勒貞珉，垂爲定例。是舉也，以育人才，以儲國器，於斯文或不無小補。至踵事增華，則有待於後之君子焉。

特授陝西整飭分守凉莊道、加二級紀錄四次阿炳安撰

護理陝西整飭分守凉莊道、印務員外郎、管理分府事兼雲騎尉軍功隨帶、加一級又加一級紀錄一次奇書書

署陝西涼州府知府、加一級乜承聖，護理陝西涼州府印務、武威縣知縣、加三級紀錄五次王守曾④

乾隆三年歲次戊午黃鐘月⑤吉旦 立

[題解] 碑立於乾隆三年（1738）十一月，已佚，碑文引自《武威縣志稿》。涼莊道武廷適於清康熙年間創建成章書院，後因年久失修，幾於荒廢。乾隆二年，阿炳安任涼莊道，他以捐俸延師、重開書院、振興文教為首務，得到涼州知府乜承聖的大力支持和配合。為解決經費問題，經調查核實，決定將城東北隅"久成曠地"的灣泉湖（今涼州區中壩鎮境內）一片土地，通過引水澆灌而成良田，每年可收租糧二十石，加上道署、府署每年各捐銀三十兩，足以保證書院的正常運轉。書院乃國家培育人才之地。阿炳安到任伊始，首要之務即是為書院謀劃，并得到同僚的支持。他將此事勒石紀念，以企後之君子效法。碑文通過簡述此事，反映出地方官員對振興文教事業的遠見卓識。

[作者]

阿炳安：滿洲正紅旗人。康熙舉人，歷任涼莊道、寧夏道。乾隆三年（1738）初冬，寧夏發生里氏八級大地震。在災後重建寧夏府城當中，因其貪污巨額白銀被嚴查。

奇書：滿洲鑲紅旗人。監生，乾隆二年任涼州理事同知，四年任涼莊道。

[注釋]

①菁莪（jīng·é）：出自《詩·小雅·菁菁者莪》。引申為培育、養育人才。

②乜（niè）公：即時任涼州知府乜承聖，山東歷城人。蔭生，雍正年間任西寧衛監牧廳。在任涼州知府期間（乾隆元年至六年），發展生產，重視文教。

③西賓：舊時賓位在西，故稱西賓。常用為對家塾教師或幕友的敬稱。

④王守曾：清順天宛平（今北京）人。乾隆二年任武威縣知縣。

⑤黃鐘月：指農曆十一月。古人用十二個長度單位來確定樂音的高低，即十二律。奇數為陽，稱六律，偶數為陰，叫六呂，合稱律呂。同時又把樂律和曆法聯繫起來，依照《禮記·月令》，一年十二月正好和十二律相對應。仲冬之月（十一月）為黃鐘，季冬之月（十二月）為大呂，依次為太簇、夾鐘、姑洗、中呂、蕤賓、林鐘、夷則、南呂、無射、應鐘、黃鐘、大呂。

東岳靈臺續築後臺重建山門碑記

　　武郡之有東岳靈臺，由城中而徙郊外，經始於協鎮孫公，繼成於巡院劉公。旋見殿宇崢嶸，棟構壯麗，都人士女咸覿觀而瞻仰焉。

　　[題解] 碑刻於乾隆六年（1741）。通高180厘米，寬77厘米，厚19厘米。1992年3月出土於解放軍第十陸軍醫院，今存武威文廟。碑文文字雖簡，但透露出一個重要資訊：東岳臺原在城中，後由兩位官員孫公（加印）、劉公（斗）從中協調負責遷往城郊，并進行改建增修；新創建的東岳臺宏大壯麗（參見《改建東岳臺增創廟貌碑記》）。東岳臺，相傳建於東晉前涼張駿時期，清乾隆時遷建郊外。民國以後，廟宇拆除，臺基被毀。遺址在今解放軍第十陸軍醫院北側。

西來寺碑記

　　[題解] 已佚。根據有關資料，由本郡庠生李蘊芳於乾隆六年（1741）四月撰文并書丹。内容簡述西來寺創建、恢復、維修等情況，述及巡撫劉斗，提督、靖逆侯張勇"請諭旨建"和振武將軍孫思克、參議朱衣客"慨然有振興（西來寺）之志"等情況，謂"邊有三异僧，從西域來，越宿而去，故定今名（西來寺）焉。"據相關資料記載，該寺位於今武威十八中院内鳳凰臺西北方向，建於清康熙十年（1671），毁於1927年大地震。

重建蓮花山黑虎財神殿碑

　　山林秘簫①，發之於人而後能顯其奇。敬亭雁蕩②，茂苑臨皋，僅磊磊數峰巒耳。非有拔地掎天之勢，一旦遇濟勝者，鑿險縋幽，□基樹刹，木屐所玉，竦然改觀，□□欲與於嵩華争麗，人謀預也。

　　吾邑天梯山，東趾終南，西枕域外，嶺谷傍溢，往往成异境。從金塔左折而西，穹椒邃麓，秀出山面，望之如菡萏承波，紫□披簪，故曰"蓮花"。紀寔③

也，凡卓錫④此間者，罔不各選勝地，募衆鳩工，玉局琳宮，重環叠抱，迤邐游憩，不任南澗停午之感。而黑虎仙壇，獨當中岩，扼其要脉，爲上下往來者所必及。舊時有殿一，小檻孤立懸崖，圮剥過半。住持文參，清梵其中，目睹夫捫蘿攀石者，浹汗躓步，畏望前途，□與休息，非徒邱壑之不光，恐巨靈贔屭⑤□□笑人以索寞也。

懷此者數年，乃得大檀越李積禄、潘桂、萬宗周、文愷、張肇理、趙賜功、張彝恕等輸貲，倡始於雍正五年二月興工，及諸同志從而和之。□□□金宏拓故址，鏟南陵之巑岏⑥，啓西嶺之翠微，創立連三大殿，廊廡周迴，寮厨畢飾，布置精簡，繪像莊嚴。别舒餘地爲小圃，蒔花藝蔬，頗供流連，乃知曲徑通幽。禪房花木，固不許黄塵滚滚中，勘此清趣也。又復刳木取泉，上接巘巓，下通香積，或高或下，曲折蜿蟺，亘裹許而來，纓貫如一綫，盡日夜涓涓，誠□大勝□久則必新。

佳境愈僻則愈顯，舉向時之所謂金輪玄虎，泯滅荒岩者，倏爾稱盛於三十二峰之際，其不以人歟？北岸俱峭壁，即倚其勢，建斗母閣，與黑虎殿□爲指臂，嶙峋矗峙，尤撮此山之最，中夾深澗，無他路可通，施虹梁十丈，以便游屨躡之，則谽谺⑦轇轕⑧心焉。眼眩悸，遇此迥然宵然，頓與人隔矣。

余嘗住宿於此，每登閣覽眺，見夫初日照林、霞彩漾岫、夜月移岫、露氣横天、烟雨淒迷、雲亂幾榻、霰雪清霽、林表空明、晴朗猿啼、晦陰鳥寐、岩鳴水落、松鄉風來、俯瞰城郭、隱現目前，遥矚沙嶼、平隨掌上，心曠神怡、輒不自禁。因念建斯閣者之大有造於山林也，至今緇衣黄衲，疏簿無虚日，則將來之搜奇索僻，大開生面，以稱極盛者，知必有在，余焉能安於裹足乎哉？稽其竣功以來，稔⑨已十七計，咸欲鎸砆⑩表文，爰略具始末，勒成事於不朽，兼爲此山寫其仿佛，以俟後有永嘉⑪，爲他日追隨之約。

乾隆九年歲次甲子孟夏上浣吉旦 立

凉郡補博士弟子員西岩李藴芳敬撰　凉郡補博士弟子員西匯張發孔敬書

[題解] 碑立於乾隆九年（1744）四月，已佚，碑文引自《武威縣志稿》。凉州蓮花山，山勢雄偉，層巒叠嶂，奇峰環列，望之如菡萏承波，重環叠抱，故曰"蓮花山"。山上佛教、道教建築殿宇相連，規模宏偉，黑虎殿、斗母宫等遠近馳名，又有花圃、流泉等，歷來爲游覽勝地。碑文看似爲黑虎殿、財神殿立碑，實際上全面描繪了蓮花山的勝景，以及從雍正五年（1727）開始歷時17年的一次大修繕，文筆優美，用典較多，不失爲一篇蓮花山游記散文，是我們今

天全面瞭解蓮花山，進而恢復原貌的重要依據。

[作者]

李蘊芳（1717—1755）：字湘洲，號溉愚堂，又號醉雪庵，甘肅武威人。乾隆十七年（1752）春中舉人，秋季連捷中進士。次年春，任江西石城知縣。期間，關注民生，吏才凸現。乾隆二十年二月，因"胡中藻文字獄"，被殺於江西南昌。

張發孔：初與李蘊芳同為儒學生員，具體生平不詳。

[注釋]

①籥（yuè）：古代樂器，形狀像笛。

②敬亭句：敬亭，即敬亭山，在安徽宣城；雁蕩，即雁蕩山，在浙江溫州。嵩華，即嵩山、華山。四山皆天下名山。

③寔：通"實"。

④卓錫：卓，直立；錫，錫杖，僧人外出所用。意為僧人居留。

⑤贔屭（bìxì）：又稱龜趺、霸下，是古代漢族神話中龍生九子之一，排行老大。貌似龜而好負重，有齒，力大無窮，可駄負三山五岳。舊時大石碑的基座多雕成它的形象。

⑥巑岏（cuánwán）：山勢高銳的樣子，高峻的山峰。

⑦谽谺（hānxiā）：山谷險峻貌；山谷空曠貌。

⑧轇轕（jiāogé）：縱橫交錯，廣大深遠；交錯，雜亂；糾葛。

⑨稔（rěn）：年，古代穀物一熟為年。

⑩鐫硍（juānkèn）：鐫，雕刻，鑿；硍，石上有痕迹。意為把文字刻在石頭上（使之有痕迹）。

⑪永嘉：即今浙江溫州。永嘉歷史悠久，山水奇特幽美，文化名人衆多，留有許多名篇佳作。特別是山水詩鼻祖謝靈運遍游永嘉山川，寫下了許多流傳千古的山水詩，成為歷代文人墨客尋找詩魂文脉的勝地，使永嘉成為中國古代山水美、自然美、詩文美的標志。作者意欲通過履迹與頌詞留下與永嘉山川相伴的美景佳作。

判發武威縣高頭壩與永昌縣烏牛壩用水執照水利勒石碑

　　將生員茹萬澤等聚衆情由交縣審擬詳。蒙巡撫甘肅部院黃批：據本司查得，涼州府屬之武威縣高頭壩、永昌縣屬之烏牛壩控告水利一案，前經涼州府梁守以烏牛壩民人又復抗斷，恃强聚衆，挖壩搶水，若不請委人員親勘，無以折服其心。□禀蒙撫台以涼莊道，因承審故道阿參案方調赴省，批司即移甘山道率同涼州府武永二縣，親至渠所，從公勘斷具詳，立石以垂永久。如敢用强不法，即行究拿等因，隨移甘山道及涼州府，逐一遵照。去後，今移准該道移稱道，即率同涼府并永昌令劉付俊親至渠所，逐一確勘，按其糧數之多寡，審其水源之大小，酌議"於高頭壩上二泉之内築成石壩，於石壩之中鑿孔，使之晝夜長流於烏牛壩七堡均潤"等情，前來查此案。

　　自康熙三十三年兩壩控争，屢斷屢違，非止一日。至雍正十二年間烏牛壩始終恃强，每至需水之時，掘壩奪水又復訐訟。經涼莊道府議請建閘分水，而委勘之。趙平慶道又議於高頭壩之上二泉分出一泉與烏牛壩；趙署司以建閘分水於兩壩，需水之時孰肯坐視枯槁，勢必相争，如再於二泉之中分出一泉與烏牛壩，是高頭壩原有之四泉而去其三，又安能僅存其一？是以終不以兩議爲孰是。詳請前撫憲許酌斷，旋蒙批示："水利關係民生，必須毫無疑議。"令司提審具詳。隨經楊署司將兩造及證佐提藍，研訊各供，并按趙平慶道會同地方官繪填地圖，確系高頭壩原有四泉内，除分給烏牛壩二泉之外，高頭壩止存二泉，別無涓滴；而烏牛壩則於分得二泉之外，尚另有響水溝、大泉、腦泉、北小河、長溝，俱暢流廣潤，盡足烏牛壩之用。因以前所斷，各分二泉建立石碑，實籌畫已周，無庸再爲更易，仍令建碑立界，照舊引水。其烏牛壩首惡高尚文等各重責三十板，嗣後如有抗斷以及故作搬逃，把持官長情狀，爲首之人提解省城監禁，以重究治等情，詳蒙前督撫憲劉、許批示："如詳發落，取具碑模，詳報在案。"今該道按糧數、水源，議以築壩鑿孔，使之晝夜長流與烏牛壩，其履勘酌斷必非無見。但該道移稱高頭壩地勢頗高，烏牛壩地勢漸低，高頭壩接引所分之泉，若不築壩水不能入地，盡泄於烏牛壩。仍議令築壩鑿孔使長流於烏牛壩，實既泄勢下注，如何引入於高頭壩？果否，兩壩均沾悦服，實難率爲核定。雖據稱烏牛壩糧多，高頭壩糧少，但烏牛壩已分得二泉之外，尚有響水等四處泉源，是泉數已三倍於高頭壩。總之，兩邑民人互争水利，全賴各該令無存各子其民之意見，悉心開導，秉公會定，道府總成酌轉，庶可垂久不易。

　　詳蒙撫憲批令該道府，率向武永二縣，從公勘斷。茲查，凉莊道、武威李署令承審阿炳安子一案已畢，業俱回凉。應否再令甘山道會同凉莊道府及武永二縣，確勘妥斷，或即令凉莊道率同凉州府暨各該縣，勘斷明白，取具兩造輸服，遵依到日再爲核轉，相應同前斷案一并詳覆，合候憲台核示。蒙批："仰即移令凉莊道，率同該府及武永二縣再加確勘審斷，取具兩造輸服，遵依詳奪等因准。"隨於本年七月十二日，蒙凉莊道憲同本府及武永二縣，親詣挖壩爭水處所，細加勘驗，明確批令武永二縣審斷。茲據該縣會審得，高頭壩地高，烏牛壩地低，高頭壩必築壩，始能收上二泉之水，由東南方能入地，其烏牛壩下二泉之水則順流而下。是以一經挖壩，勢若建瓴，灌注最易。又兩壩民户衆寡貧富大相懸殊，是以歷年挖壩。烏牛之視高頭幾同幾肉，且烏牛壩稱額糧二千餘石，以爲按糧分水，張本而清。田均賦册内，烏牛壩止承糧一千二百餘石，實爲混開虛捏。即使按糧均水，高頭壩承糧二百餘石，亦應分烏牛壩五分之一。况烏牛壩除草灘口下二泉之外，尚有響水泉、長溝泉、大泉、腦泉、北小河泉五處，足資挹注，兼有餘水賣與富家堡。前道陳以高頭壩民原有四泉，烏牛壩已分其二，未便於二泉之外，再行斷給，以厭其吞噬之謀。歷任各官，俱照前斷，亦無异議，准情酌理，洵屬平允，判案如山，似難更易。如將高頭改築石壩鑿孔分注，誠恐盡皆傾泄不留涓滴，仍起爭控之端；莫若遂其所欲，議請將柳樹下上二泉，一并斷給烏牛壩，即再靠泉築堤堵水，以朱家地上開溝引入草灘口，匯歸下二泉，流入響水溝，毋許烏牛壩民再佔大河灘涓滴之水。在高頭壩民自揣强弱不敵，受累難支，業經允服，具結存案：至高頭壩之上二泉，即經斷給烏牛壩，高頭壩聽資以灌漑者，惟暖泉壩下津漏之水與河灘内小泉之水澆灌，如烏牛壩再有覬覦，即行按律重治。亦據烏牛壩民人供認，不敢再啓爭端，自干嚴究，取結存案等情詳，府復加研訊。

　　據高頭壩民供稱受害不過，願將上二泉讓給烏牛壩。質訊烏牛壩民，亦堅供再不敢起爭端等語。該縣所斷，似屬允協。至烏牛壩民叠換狀頭，履行挖壩翻控，其初次挖壩之人趙起龍等究處之後，即行改過，後來并未挖壩。但查茹萬澤、俞聖言、陸翊貴等，業經議給水利，輒敢將高頭壩擅行開挖，恃强肆横，法難輕貸。應如該縣所擬：茹萬澤率衆挖壩，奪取水利，合依故決圩岸坡塘，減故決河防律二等，爲首杖八十、徒二年；俞聖言、陸翊貴、蔣獻朝各供自認同行挖壩，均依爲從，律減一等，各杖七十、徒一年半，統請定地發配至配所，責折發落；蔣獻朝，年已七十，照例收贖；趙伯隆、吕聲鷔審明同行挖壩，杖八十、折責三十板。

再查烏牛壩水，未經告爭之前，向系二十一晝夜依一輪，嗣屢年添水六晝夜。審據楊得隆等，將總出水一晝夜，蔣獻朝賣銀五百兩，呈驗契約無異。查即私相買賣，即行與受，同科是否允協相應？據轉合候道憲轉移藩憲，詳蒙院憲批示："餘如詳行。仍將杖徒之茹萬澤等另詳呈請，定地發配毋違。"繳令已詳，蒙院憲批示："定地分發訖等詳由批同移道行府，轉飭武永二縣遵照。"院批："飭令勒石定案，永爲遵守。如烏牛壩再有覬覦，即行按律究治。"須至勒石者。

乾隆九年十月二十日，具結在案人藺蔚等，系武威縣高頭壩民人。今於具甘結爲遵奉憲斷結案事，依奉結得蔚等高頭壩之水，被烏牛壩之茹萬澤等恃強翻案，糾衆搶水，蔚等奔控。府縣同道憲率武永二縣，三次親臨河所驗看，蔚等弱難抗衡，將高頭壩之上二泉諭令讓給烏牛壩，以武威懷渠朱家地開溝引入草灘口烏牛壩澆灌，定就尺寸，從堵水之堤起，東西至暖泉壩之樹下新橫嶺崗，木經尺一十八丈五尺，南北一十丈，尚有冲斷泉眼，烏牛壩民自己浚修遵守。各勒石碑於縣衙前，以垂永久，以杜爭端。

具結人：藺蔚、蔡生茂、蔡時祚、蔡星祚、嚴瑀、蔡生相、蔡文科、曹可法、李成秀、何尚寶等。

[題解] 碑立於乾隆九年（1744）十月，已佚，碑文引自《武威市水利志》。武威高頭壩與永昌烏牛壩水利糾紛，從康熙三十三年起，官司不斷，屢結屢告，都因烏牛壩人恃強凌弱，欲以霸占原屬於高頭壩的全部泉水爲目的（"吞噬之謀"）。乾隆九年紛爭又起。經道、府兩級和武威、永昌二縣共同研究協商，參照前面多次判決結果，"莫若隨其所欲"，決定將原判給高頭壩的柳樹下上二泉判給烏牛壩，高頭壩澆水另謀出路。雙方均服判決，自認不再翻控滋事，并各自立碑於縣衙前申明。爲維護司法之尊嚴，對之前烏牛壩犯事的村民分別依律處罰。碑文對兩壩糾紛形成的過程及歷代官員的調處做了陳述，條理清楚，案由明白。綜合前面幾通碑的內容來看，此碑的處理結果已近息事寧人的無奈表現。面對烏牛壩的恃強之勢、"吞噬之謀"和高頭壩的"強弱不敵，受累難支"的情勢，官府多次"堪斷具詳""從公堪斷"，歷任官員一致認爲當初陳道（時任凉莊道陳子威）等道府的公允判決應予遵守，也認識到"水利關係民生，必須毫無疑議"的道理，但在烏牛壩人一次次的"又復抗斷"，恃強聚衆的纏訪中，官府和順民最終"隨其所欲"，以犧牲高頭壩居民的利益（四泉盡失）結案。綜合分析相關的這幾通碑可以看出，順民的軟弱、刁民的無行、官府的無奈、司法公正的艱難，表現得淋漓盡致。

敦節儉條約

歐陽永祷

禮有吉凶，已因情而定制；人分貧富，貴損過以就中。故國奢示儉，國儉示禮，權所重也。五涼雖處邊地，而土田之膏腴，人民之輻輳，實河西形勝之區。宜乎家給人足，無復貧窶之嗟。乃富者不足十之一二，而貧者即不下十之八九。揆厥所由，實因俗尚奢侈，不知節儉之所致。而其弊始自紳衿富户：誇多鬥靡，奢泰濫觴。因而中產以下，亦不自量有無，隨聲附影，互相效尤。夫風俗之奢儉，關乎人心之淳漓。本府前令茲土，復守是邦，自反德薄能鮮，無以易俗移風，深爲抱愧！然終不忍斯地人情之日流於僞也，特切舉耳聞目睹一切靡妄無益之弊，酌立條約，尤望紳衿士庶，有心善俗者，加力剔除，去奢就儉，則風俗人心，胥相維於淳厚矣。謹列其條約於左：

一、喪祭之費用宜節也。先聖云："禮，與其奢也，寧儉；喪，與其易也，寧戚。"涼郡風俗，競尚繁文。一遇喪事，多延僧道，盛備聲樂，彩樓臺閣，以耀觀瞻。更無論有服無服，凡吊奠者盡行挂孝。不知此等侈肆，全爲己身沽名，於亡者何益？豈惟無益，而以有限之家貲，供非禮之糜費，富尚能支，貧將累債。況雞蔬不逮夫親存，而牲鼎徒隆於歿後。親身有恙，未聞嘗藥之誠心；一旦歸泉，空作薦亡之佛事。衣衾棺槨，視若具文；哭泣擗踴①，徒爲哀送。此所謂"盡孝不聞甘旨養，哀親空咏《蓼莪篇》②"，亦何裨乎？茲立條約：凡中產以下，勿得破產殯葬；即有力者，亦只於棺槨堅厚，牲醴豐潔，分所應爲，中文而中禮。凡待觀祭親友，惟藉現成祭品，酒止數巡，毋得濫用尊簋，杯盤狼藉。其挂孝服，止按《五服圖》③内宜有服者，始穿孝服。即戴頭孝，亦惟三黨姻婭④，不得濫及鄉鄰。作七送終，只須致祭盡哀，不許搬演戲樂。此實反本追始，黜浮崇樸之要圖也。遵而行之，既得循禮之名，復收節用之實。久之，而風俗人心俱有可觀矣。

一、嫁娶之費用宜減也。婚嫁以時，禮有明訓。男女居室，父母之心。然往往比巨族之華靡，委爲無力，以致標梅興嘆，婚嫁愆期。涼郡素稱都會，豈無守禮之人？但效尤既衆，漸入於奢。如蘇席、靠席艷其名，請東、酬東多其費，一姻之舉，十日不休。有力之家，尚能支持；無力者治辦無措，必致借貸；借貸無門，必致當賣，甚至待客方畢，債主盈門。逼辦妝奩，轉聘抵逋。新婦暗泣於青幃，新郎含羞於紅燭，必至之情也！其始如此，後何以堪？究其故，或因女家爭盛，非華麗無以壯其觀；或因婦人圖榮，若儉樸即以訾其陋。是以面顏告助，挖肉補瘡，拮据百般，喜憂交集，誠何爲哉？再賀客敬禮，亦因主人席豐，故禮數不肯獨薄，嘗有行一禮而預爲措籌，棘手者非借則當。是主既竭其力以往，客復窮其力以來，彼此交損，何所利於奢靡而甘蹈此自困之術也？且男子親迎，載在《昏禮》⑤。奠雁⑥之後，俟著俟堂；施衿之時，命敬命戒。未聞以婦女擺馬，對對艷妝，前引後擁於道路者。涼城豈少讀書之家？素曉禮法，但相沿成風，雖明知書不游庭，爲婦道所必謹，亦拘於俗弊而不顧也。兹立條約：凡遇婚嫁事，無論貧富，其待客肴饌湯飯，務宜合禮適中，毋得再行蘇、靠席桌。且東家定屬己親厚友，萬一執事乏人，亦須酌量請酬，無滋多費。其敬禮儀數，宜照往來常規，不必勉強過厚，以致束手。至親迎之日，除女婿冰人⑦及執事隨從人外，只請内親男客數人，以作迎送，亦不得成聯抬桌，誇耀嫁妝也。如此則禮無或缺，情亦可安，既儉而雅，復樸而淳矣。

一、酬酢之饌飲宜簡也。夫饋送往來，用全交際；飲食宴會，亦樂嘉賓。此情理之不容已者，但宜達其款洽之意，不可侈其肆筵之豐。今涼地會請親友，客至，先用乳茶、爐食、油果，高盤滿桌，是未飲之前，客已飽飫矣。茶畢，復設果肴，巨觥大甌，譁然交錯，是未飯之先，而客又醉酒矣。已而，上以五碗，佐以四盤，而所盛之物又極豐厚，究之客已醉飽，投箸欲行，是名爲敬客，實誇席豐。獨不思一客之用，分之可以食一家；一席之財，留之足以食數日。何故以積之祖宗者，耗之孫子；勞之終歲者，罄之一朝耶？語云："眼前徒好看，日後受饑寒。"誠有味乎其言之也！更有甚者，宴會之日，先設賭具，或父兄登場而子弟點注，或尊卑同博而對面呼盧⑧，即好子弟亦相習爲固然。一入局中，流蕩忘反，而人品因以卑污，財產於焉耗散，誰實使之然哉？兹立條約：凡客至，止用空茶，茶畢飲酒；或用果盤，酒畢即飯。須厚薄相稱，葷素相間，不可多品妄費。而設賭爲歡，尤宜切戒。如此既不同於鄙吝，又曲盡乎情義，主免暴殄，客歌醉飽。家何由而貧、欲何由而侈乎？

[題解] 碑約立於乾隆十年（1745）稍後，已佚，碑文引自《五涼全志·武威縣志》。涼州雖地處邊陲，而土田膏腴，人民輻輳，是河西形勝富裕之地。但因此地老百姓"俗尚奢侈，不知節儉"，故而貧者不下十之八九。歐陽永祎到涼州任職後，發現此地奢侈之風嚴重，且影響到了普通民衆的正常生活，多數人過着"眼前徒好看，日後受饑寒"的生活。於是提倡節儉，剔除惡習，并親自制

訂條例，使老百姓去奢就儉，移風易俗。作者理性提出對日常生活中常見的喪祭、嫁娶、酬酢等方面風俗習慣的觀點和認識，先列舉奢糜的行爲表現及其不良後果，然後訂立條約，倡導紳衿士庶共同遵守，既不使禮儀有失，也不必過分糜費。碑文中還説到了賭博惡習，并提出"尤宜切戒"。這些措施，無疑對倡導健康生活方式和禮儀交往，引導社會風俗方面發揮着積極作用。歐陽永裿先任武威縣知縣數年後，易地爲官，嗣後幾年又到武威任知府。從"本府前令兹土"等語考察，此文應是其任知府期間所做。

[作者] 歐陽永裿（1710—1776）：字德馨，號蘭畦，清廣西柳州馬平縣人。乾隆五年（1740）任武威知縣，十年升涼州知府。期間，爲解決軍屯和農民用水矛盾，撤除軍屯，土地由農民代種，代交租賦；在四鄉分設義學，修葺試士院，爲鄉、會試徵集經費，以解應試者之困；立社倉，勸富户捐粟備荒；設義倉，置留養所，以惠孤平。歷任岷州、蘭州、涼州、平涼、甘州等地知府，浙江按察使、廣東布政使等職。他真正是一位"爲官一任，造福一方"的實幹家，調任之時，士民攀轅流涕，絡繹數十里。認真閲讀、體味這篇《敦節儉條約》，在今天也很有借鑒意義。

[注釋]

①擗踴：擗，捶胸；踴，以脚頓地。形容極度悲哀。

②蓼莪（lù·é）篇：《詩·小雅》篇名。此詩表達了子女追慕雙親撫養之德的情思。後以"蓼莪"指對亡親的悼念。

③五服圖：又稱服製圖。舊指喪服制度，以親疏爲差等，有親至疏依次爲：斬衰、齊衰、大功、小功、緦麻五種服色名稱，各有具體内容和規矩，統稱"五服"。

④姻婭：指親家和連襟，泛指姻親。

⑤昏禮：即婚禮、婚嫁（娶）之禮。古代於黄昏舉行婚禮，故稱。古代婚禮有六：納采、問名、納吉、納徵、請期、親迎。

⑥奠雁：古代婚禮新郎到女家迎親，獻雁爲贄禮，稱"奠雁"。據説大雁一生中只婚配一次，之後便形影不離，以此比喻夫婦堅貞不移。

⑦冰人：古代指媒人。

⑧呼盧：古代的一種游戲，有時也謂賭博。此處指賭博時大呼小叫。

城隍廟甬道學產執照碑記

　　是碑之立，緣前任武威縣知縣歐陽永裿倡衆修厘，以爲鄉、會路費計也。竊惟琢月仙才，端資快斧，凌雲健足，務藉長梯，蓋鵬圖賴培風，豹變先須養霧。夫乃霄騰九萬，水擊三千，廣揚炳蔚之文，大展扶搖之力。我國家文教覃敷①，無遠弗届，是以家弦户誦，争自濯磨，盡人切附翼之思，多士深攀鱗之想。奈緣遥望斗城，徒悲日近；虚瞻馬腹，那得鞭長；皓首窮經，囊錐莫脱；青雲有路，躐履惟艱。此因凡在位仁人所目擊垂憐者也。

　　欣遇歐陽大令，春輝雪案，監燭螢窗，窮日夜以熟籌，合生徒而會議。乃據公呈城隍廟甬道地基，批五所鄉老查覆，審曲面勢，不惜躬親，偃草從風，斯來下應。其時，本廟住持吴興，情願將甬道西道院一處地基還公，移至二山間内居住，得受工價一十九兩五錢。趙友科頂住張威小道院一處，情願還公，得受工價四十三兩。甬道東王建材所住設學房屋二處，前街走道一處，後厠四處，情願還公，得受工價一百八十三兩。貧頭後厠一處，情願還公，得受工錢壹千五百文。山門外東西兩旁貧人沿聚地基二塊，情願還公，得受挪移銀一十六兩。由是鴻基用廓，湫隘②改觀。東至糧食市界，西至火廟界，南至官街，北至二山門外，界址既清，營建乃起。甬道西修鋪面二十七間，後厠一處，鋪後尚有空地；甬道東修貨局三處，共房二十七間，後厠二處，鋪面二十七間。西面除鋪面四間，兩間供本廟香燈，兩間供社祭饗，一切餘積租貨，爲文武鄉、會兩試，并貢監科舉人監路費。其修理工料銀兩，除歐陽大令捐奉五十兩外，俱系闔郡紳矜及盛議耆庶，攢貲合助而成。後因回禄，前道憲張率屬捐俸重修山門，紳士借貸重修鋪舍。嗣蒙署道憲王，現任縣令永捐俸添修鋪面一十二間，又除鋪二間供本廟香燈，東臨街靠王姓鋪修鋪面半間，小房四間，前後始無空地。又念巧婦之炊，釋愁無米；曾孫之稼，矢報貽謀；慈惠之師，固已好倡仁義；栽培之利，尤期善後圖終；樾蔭常濃，愛召棠而勿伐；瀛洲續步，趨劉井以相仍；憑口爲碑，何若玉瑙鑒久！緣心作版，那如梨棗馨香！深荷各憲，贊襄成功，兼賜印照，扛萬斛之龍文，著千秋之鴻業。章程啓後，永開循吏青看；法憲照來，遠杜豪民白占。斯筆嶂同天山而薛業，文瀾與瀚海而瀠洄。非惟銀榜金科，人人感戴，亦且琅函瑶牒，世世留傳矣。敬鐫各憲印照於後。

　　乾隆十五年歲次庚辰四月吉日
　　賜進士出身、原任山西文水縣知縣、加一級蘇暻撰

碑 陰③

乾隆七年九月，蒙凉莊道憲楊批給印照云：捐金倡義，利普後生；積累成高，功開先作。既丕基之式廓，自鴻業之常昭。多才籍以長驅，阮囊勿澀；衆士因而益奮，蘇僑毋庸。巨筆驚人，早禦桂風九萬；奇標命世，捷承桃浪三千；允文允武而咸宜，或遠或近而皆足；誠邊城之善德，恍文士之良田也。事堪垂後，勒石無妨；慮及豪民，此言永載。本道政事殷繁，不暇搦管；多士文章英俊，正可揮毫。條例斑斑，必與天葩競采；規模奕奕，儼然地氣遷靈。公詞真見士心，義舉尤徵秀色。拭目以俟，尚其免旃。

凉州府正堂梁批給印照云：天山挺秀，稽古不乏英華；瀚海凝波，於今更多珠玉。緣有志之士，半出蓬門；而好學之賢，復甘瓢飲。是以才多抱璞，每艱步阻瀛洲；□□□□□□□□□厘繼後將見。凌雲直上，藉此非遥；拔幟先登，盡成健足。青燈爭勵，□□蔚起於將來；雪夜工深，多士雲蒸於异日矣。本府叨守斯邦，樂聞義舉；披閱公詞，已見士風丕振；請施勒石，益徵繼起先聲。合行給照，永爲遵守。

武威縣正堂歐陽批給印照云：邊地途賒，每嘆會城之遠；文風日盛，常嗟行李之艱。非有泉流不竭之資，難供久遠無匱之用。本縣因步廟前甬道，可作臨街市廛，勸衆興工，先捐薄俸。但創新美舉，固須倡率有人；而積累成功，尤賴經營多士。幸施金讓地，既有同心；斯庀材鳩工，遂成恒業。將一葉之影，分千樹以成濃陰；數滴之泉，流百川而爲汪澤。文武均賴，不致屈乎長才；鄉會咸資，寧猶苦其短費。一朝興作，百世宏謀；永作志士良田，豈容豪民强占。印呈爲照，條例永垂。

乾隆二十三年九月，蒙武威縣正堂永，給發印照。二門外牌坊裏外地基，接續添修補舍，永遠遵守。并飭經理齋長，勸慎收貯，暨鋪户人等毋得抗違，各宜凛遵。

須至執照者。右碑給執照四張。

[題解] 碑立於乾隆十五年（1750）四月，已佚，碑文引自《武威縣志稿》。凉州雖地處邊陲，但文風甲於秦隴。由於離省城（當時在西安）、京城較遠，參加鄉、會兩級考試費用不菲，成爲士子們功名路上的攔路虎。入清以來，凉州歷任官員在創辦書院、建立學校、增加生員及解决士子考試資費方面做了許多

努力。歐陽永裪在武威縣和凉州府任職期間，爲解决赴省上京兩級考生的考試費用，倡議并首先捐資擴大城隍廟周圍地界，修建所需費用，由闔城士紳及鄉民捐助，所修建的鋪面租金用做參加鄉、會兩級生員的考試費用。此舉大得人心。碑文對這一善舉進行了比較詳細的叙述，尤其對形成學産的鋪面一一載明。碑陰（與碑陽鎸刻時間不同）附有凉莊道憲、凉州知府和武威縣兩任知縣所批印照四張，作爲時任官員的政績和德政立碑，以垂永久，這既强化了捐資助學的社會效應，也具有法律保護和道德示範的雙重作用；既鞭策官員，也警示世人。

[作者] 蘇暻：字元暉，清凉州府武威縣（今凉州區）人。雍正八年（1730）進士，曾任山西文水縣知縣、《五凉全志·武威縣志》纂修。後辭官從教。

[注釋]

①覃敷：廣布。覃，延伸；敷，布。

②湫隘（jiǎoài）：低濕狹小。

③碑陰凉莊道憲楊等四張印照所涉官員：凉莊道憲楊，即楊秘（bì），滿洲正黄旗漢軍，監生，乾隆七年（1742）任凉莊道。凉州府正堂梁，即梁彬，直隸正定人，蔭生，乾隆七年任凉州知府。武威縣正堂歐陽，即歐陽永裪。武威縣正堂永，即時任武威縣知縣永某。

判發武威高頭壩與永昌烏牛壩用水執照水利碑

特授甘肅凉州府正堂加三級紀録五次何，爲"再行勒碑申禁，以垂久遠遵守事"：案照永昌縣烏牛壩民，控争武威縣高頭壩泉水一案。查武威縣高頭壩有泉四眼，向系該壩居民使水。自康熙三十三年烏牛壩民依强争控，經前道憲陳，按地分水，以草灘口之下二泉，斷給烏牛壩分澆，以柳樹下之上二泉仍給高頭壩引灌，是四泉之水已分其半矣。詎烏牛壩貪得無厭，於康熙四十、四十一、四十六、四十九、五十四、五十九、六十一等年，及雍正元年、十年、十一等年，并乾隆三年旋結旋翻，争奪不已。歷經各官踏勘審詳，以前道憲陳斷案爲不可易。

迨至乾隆七年間，永邑前任劉令①，突有請另立章程之密稟，撫憲黄批飭本府詳議。經前府梁②同武、永二縣親履查勘，即按糧均水，亦已平允，但以高頭壩强弱不敵，隨有諭以上二泉之內讓給，七天之議未果。而烏牛壩突出奸棍革生茹萬澤③、俞聖言，先後煽惑七堡居民，叠换狀首，集衆挖壩。又經前府梁，詳請另委大員親勘；嗣甘山道、凉莊道府及武、永二縣確勘訊斷，議將上二泉一并讓給烏牛壩,而高頭壩因拖累不已,俯首允從。惟勘明形勢,高頭壩地屬高阜,烏牛壩地居低下,着令靠泉築壩堵水,以懷渠朱家地上開溝,引入草灘口,匯入下二泉統入響水溝,聽烏牛壩澆灌。將革生茹萬澤、俞聖言等,擬以枷責徒杖完結。乾隆九年間,詳允勒石在案,使四泉之水已得其全矣。以後宜其永斷葛藤,無復興訟矣!

無如烏牛壩民貪壑難填,譎謀日出。又於乾隆十五年六月內,據烏牛壩民蘇懷信、楊復泰等言,前斷由朱家地開溝引匯,地高難行,請改溝由河灘接引等情稟,蒙升道憲張暨本府批,委員查勘。本府復詣該處逐一履勘明確,現在見此地河深渠高,南上北下,水注烏牛壩勢若建瓴,若使上二泉果從河灘築壩順下,不但高頭壩所有暖泉漏水隨之北流,而河內零星出水之處,也與之俱北。乃知烏牛壩民惟知利己,不顧損人,奸險深謀,類不可測,必使高頭壩不留涓滴而後已。本府相度地形,前守梁斷令,在武威懷渠朱家地開溝接上二泉之水,引入下二泉匯流之處,實爲剩義,隨嚴諭烏牛壩民照舊在朱家地浚溝引水,毋許妄請。至高頭壩民數十年來堤防,亦多疎④虛,查壩勢高而河流深,僅取草根土塊填截其流而逼其上行,姑無論烏牛壩恃強偷挖,設或泛漲,保無冲決。況乎旱澇不時,悍鄰在側,此所以數十年來爭奪不已也。隨諭令高頭壩民采石築壩,則可久遠;而該壩之民甚樂存焉,并取具二壩各遵依存案。詳蒙升道憲張批:"浚開溝渠以裕烏牛壩水利,沙河築堤以別高頭壩疆界,似可息歷年爭端,速催完竣。本道親往觀焉,毋違毋誤!此檄。"等因奉此遵,即督飭建築石壩在案。

茲據高頭壩生員藺蔚,以石堤工竣,并請勒碑前來本府。伏維事非清源,僅塞其流,於事無濟。是以律設大法,原爲人心之大防。查烏牛壩之屢爭高頭壩水利者,批閱原卷,以前之敢於結黨搬逃、挾制官長,繳還糧草、斂錢構訟,聚衆搶水、私毀石碑,其情罪正合山陝刁民定例:爲首者決不待時,爲從者擬以纓首⑤。餘亦分別擬定例,何等禁嚴。奈該壩人民滑不畏死⑥,亦由以前審斷之員過於寬,原議給泉水,且僅以枷責徒杖完結。此不過止塞其流,暫息一時,原非澄本清源之道。是以烏牛壩民,敢玩法違斷者,實有以啓之地。蓋法不可玩!乾隆十二、三等年,叠奉刁聚衆之例,上諭定一面正法,一面具奏,此實大防人心,剪除民蠹,辟以止辟,不得已之苦也。設前查此烏牛壩革生茹萬澤、俞聖言等,於今而犯死無日矣。即若稟請另立章程之前任永邑劉令,袒護其民,肇事寡端,按今例,亦罪不容辭矣!故本府探本清源,特揭嚴例,愷切申明,冀其嗣勿再犯,實望烏牛壩民之有悛心⑦也。至高頭壩民,久着訓良,其亦善體此意，慎勿恃此轉目罹咎⑧。并勒諸石，以垂法守。

其水源溝道開列於後：高頭壩於河灘建築石壩，貯蓄暖泉壩下津漏之水與河灘小泉之水，以資澆灌；烏牛壩水，前府梁斷給高頭壩上二泉，從武威懷渠朱家地開溝引入草灘口，下二泉匯流澆灌。

乾隆十六年六月 日

[題解] 據考，此碑爲涼州知府何德新所撰，時間爲乾隆十六年（1751）六月。碑已佚，碑文引自《武威市水利志》。武威高頭壩與永昌烏牛壩又起爭端。此事歷屆官府"旋結旋翻"，皆因烏牛壩民"依强爭控……貪得無厭"，"貪壑難填，譎謀日出"，高頭壩民良善可欺，受累難支，再加上永昌縣前任劉縣令"偏護其民"和烏牛壩首惡懲治過輕等因。乾隆九年的判決結果，烏牛壩已將原屬於高頭壩的四眼泉水完全據爲己有，即使這樣，他們還是不滿足，"惟知利己，不顧損人；奸險深謀，類不可測。"更不遵守原判，欲繼續蠶食高頭壩民利益，"必使高頭壩不留涓滴而後已"。案情簡單明瞭，如果對多次滋事的烏牛壩違法犯罪者不嚴加懲處，就不足以警戒後來者和威懾違法者。這次判決基本上維護了高頭壩的利益（其實也是高頭壩再也不能喪失的利益），充分認識到了"法不可玩"的現實意義，終於嚴懲了首惡。同時，此碑作者對"以前審斷之員過於寬"而導致的不良後果予以反思。要正確理解這通碑文內容，應結合兩壩爭訟的其他碑文，一并理清綫索及相關官員的判案結果，綜合分析研判。

[作者] 何德新：字暉吉，貴州開州（今開陽縣）人。乾隆十年（1745）進士，選爲庶吉士，曾任翰林院檢討，甘肅涼州、甘州，湖南永州知府等職，所任地方皆有政績。爲《五凉全志》鑒定之一。

[注釋]

①永邑前任劉令：即永昌知縣劉付俊，江西安福人。舉人，乾隆七年任永昌知縣。清代永昌縣屬涼州府轄縣。

②前府梁：即涼州知府梁彬，直隸正定縣人。蔭生，乾隆七年任涼州知府。執法嚴明，懲治匪類，無敢犯者。曾任刑部員外郎、濟南知府等。

③茹萬澤：烏牛壩人。原系儒學生員，因於乾隆九年在兩壩爭訟中被問責治罪，革去生員，故稱"革生"。

④疎（shū）：同"疏"。

⑤纓（huán）首：絞刑，用繩子勒死。

⑥滑不畏死：滑，禍亂。形容強盜惡霸是不怕死的亡命之徒。語出王夫之《讀通鑑論》。

⑦悛（quān）心：悔改之心。

⑧罹咎（líjiù）：遭遇禍患。

重修文廟祭田碑記

聖廟之有祭田始於前明成化六年庚寅，創其事者爲大中丞僉都御史徐公廷章，勷其成者分鎮涼州監丞陳公善，副總兵都督趙公英，都指揮使劉公晟。自是凡值元旦誕辰，豐潔粢盛①，博碩肥腯②，集衣冠之士而告虔焉。蓋於春秋上丁之祀，相爲始終也。

閱百餘年，田鄰率非其舊，於是環祭田者，盡爲馮氏産。復丁有明末造，變起闖寇，佃人星散，附近之家乘寡侵占。國初又有逆回之亂，碑記覆沒無可稽考。磨牙鑿齒③、蠅營蚊嘈④之衆，報墾升科，聖人饗祀之物，公爲民産矣。順治初，道憲蘇公銑重修廟貌於荆棘沙礫之中，起獲原碑所載丘段，項目租數歷歷不爽，乃以褰鋤稂莠⑤之法，行護持城塹之心，又鑒附近之佃，易生侵占，招遠人承耕，而顛隕蕩析⑥之患，庶幾獲免。未幾，原佃煽惑下壩民人紊亂水利。至康熙戊子，前齋長郭子偉觀、段子華瑜、王子國輔、蘇爾卓，呈控道憲武公厘正給之照，乃定。此後佃耕者，不羨得田多收百斛，惟願得水澆灌己田。浸假而鬻田存水，典水存田，蠶食隱匿，復蹈前轍，以故歲無所收，祀事以廢，人皆惜之。己巳八月，闔學公舉周子子蔚、張子大烈、田子畛、王子敷爲齋長，按户稽疇，弊竇叢生。當年環祭田而居，今竟侵祭田而食，祭田之名存而祭田之實亡矣！

爰同府學齋長顧子文光、杜子麟暨兩學諸生，呈請學博劉公⑦易舊更新，厘清田界，而舊佃盤據不吐，甚且霸占强種，如同己業。所謂磨牙鑿齒、蠅營蚊嘈之衆，接踵而起，而聖廟之祀於是斬。衆乃鳴之邑侯李公⑧，牒送學博劉公，酌定條約，革退弊佃，另給印照，招佃承耕。學海還合浦之珠，廟祀完連城之璧。非澈底清查，厘剔奸敝，曷克至此。事既竣，闔學諸公，囑余記其事，以昭來兹。

余竊謂聖廟之有祭田，猶士大夫家之有義莊義田。義莊義田，贍宗睦族，生養死送，同歌哭而長子孫。而聖廟祭田，三百年來，丘段混淆，溝塍屢易，水利湮失，隱匿侵占，不一而足。蓋緣主之者未嘗履畝而覆其實，俾佃耕者得以鯨吞虎噬，不能歷久而弗替也。今既厘清，勿使附近之家垂涎滋弊，則祭田與春秋上丁之祀，乃相永爲始終也。至坐落丘段頃畝租數，載在碑陰，無庸復贅，是爲記。

大清乾隆十六年歲次辛未花朝月之中浣吉旦

中憲大夫、原任廣東巡撫雷瓊兵備道、按察使司副使、紀錄三次 邑人張玿美薰沐敬撰并書丹

特授甘涼分守涼莊道、按察使司副使、今升山西按察使、加三級紀錄五次張之浚⑨、特授甘肅涼州府正堂、加三級紀錄五次何德新，涼州府武威縣正堂、加三級紀錄三次李如瑨。

碑　陰

祭田始末具載原碑，歷年既久；佃户世繼，侵壞挪移之實不免。府縣鄉國學衆，履畝清正，照原區段繪圖如式，以防侵隱。水利、官糧、課租、招佃議有成規，并附後之勸事者，得以覽焉。

乾隆十六年辛未花朝月⑩之吉，乙卯拔貢曾國倈識。

祭田去城東南一十里，在大七渠高壩溝上畦。今查清三段，共三頃三十五畝，約下市斗種二十五石餘。其西一段，東上段至馮堯昌地，下段至官溝，西至楊家溝趙家溝，西北高埂下斜田至馮遐昌地，南至官溝，北至官橫路，西北祭田車路一條。東北漦地一所，許衆共用舊有莊房地基一區，橫路以南曠地一區，舊號荒學地；馮光時等開墾自種多年，今清查祭地，其地與伊并無粘靠，馮光時等情願歸公，立券合符給照存案。其東獨田一段，夾處馮崖頭莊，南馮上莊北東西俱至官溝，南北俱至馮莊墻。又大七壩河崖地十段，東至官河，西至官溝，南至路口，北至崖腰□崖東北下地一區，東至馮棉昌地，溝渠道路通行，周圍交界墩二十座；承納官糧一十六石三斗，無草，亦無雜項差徭，使用大七壩山水三日夜；閘口三尺，每輪開頭澆灌，其水分爲十四分，内應澆祭田水十分與本壩里甲水二分。爲疏通河道，催辦祭田官糧，不准收祭田佃户幫錢。每年輪流更換，俾合霸均沾聖澤，下餘二分，准租壩民課租市斗小麥一石五斗，糜子一石五斗，其地收租市斗小麥一十石，糜子一十石。

租户各給印照一張，限三年換照，六年換地，以防侵吞弊竇。若抗糧負租，立刻革退，另招租户。准循良農民，有力能耕者，妥保具結領照。其租麥限八

月十八，租糜限九月十八全完。須純色幹潔官糧，十月中全完。若逾限不完，革退另招。

監生曾國杰書丹

[題解] 碑立於乾隆十六年（1751）七月。通高235厘米，寬79厘米，厚17厘米。今存武威文廟。武威文廟有祭田始於明成化年間，創制者爲時任都察院僉都御史徐廷章（見《重修涼州衛儒學記》）。之後，凡元旦、聖誕、春秋兩季均進行祭祀活動。後來由於明末清初兵燹四起，祭田佃户四散逃命，祭田逐被周圍住户侵占。後經道憲蘇銑、武廷適等及闔學公舉周子蔚等人屢次努力清繳，成效甚微。但聖廟之祀不能斷。後來，在邑侯李公、學博劉公的努力下，酌定條約，革退弊佃，另給印照，招佃承租。從此，文廟祭祀又恢復正常。

[作者]

張玿美：字昆岩，清朝涼州府武威縣人。廩生。雍正元年（1723）以孝廉方正推舉進入仕途，以文章和品行爲時人所推崇。曾任廣東惠來知縣、廉州知府、廣東雷瓊道。後辭官歸里，從事地方教育文化事業，致力於編纂《五涼考治六德集全志》（簡稱《五涼全志》）。該书於乾隆十四年（1749）完成，這是涼州現存最早的府志。

曾國杰：武威縣人。乾隆時期貢生，以攻讀明經科著名，號稱"曾明經"。禮部候選縣丞。其書法與其兄國俣齊名。

[注釋]

①豐潔粢盛（zīchéng）：豐潔，謂祭祀的俎豆飲食豐盛潔净；粢盛，古代盛在祭器内供祭祀的穀物。粢，穀子，泛指穀物。

②博碩肥腯（tú）：博碩，形容大；腯，肥壯。牛羊曰肥，豕（猪）曰腯。形容六畜肥壯。

③磨牙鑿齒：咬牙切齒。形容兇狠的樣子。

④蠅營蚊噆（zǎn）：營：鑽營；噆，叮咬。比喻爲了追逐利益，不擇手段。

⑤褰（qiān）鋤稂莠（lángyǒu）：褰，揭起；稂和莠都是形狀像莊稼而妨礙莊稼生長的雜草，比喻害群者。意爲通過合適的方式清除害群之人。

⑥顛隕蕩析：顛隕，淪散，覆滅；蕩析，動蕩離散。意爲淪散毀滅。

⑦學博劉公：即劉以璋，陝西周至人。廩生，保舉賢良方正，乾隆七年任武威縣儒學教諭兼任《五涼全志》監修。

⑧邑侯李公：即李如璹，也作李如璉，字汝陽，清浙江山陰（今紹興）人。

监生。乾隆八年（1743）任武威县知县。曾任《五凉全志》鉴定。

⑨张之浚：字治斋，清顺天府大兴县（今属河北）人。雍正八年（1730）进士，乾隆十年（1745）任凉庄道。曾任《五凉全志》首席鉴定，并作序文。

⑩花朝月：指农历二月。因此月百花盛开故名，月中有花朝节。

文昌宫补修彩绘碑记

文昌宫不知创自何代，大约与圣庙并建，其始大殿三楹，戏楼在大门外。康熙辛卯，太史孙公讳诏①，捐赀倡始，募绅缙士庶重修山门，而规模犹未举也。越癸巳，司马范公讳仕佳②莅任，倡绅士段公讳华瑜③、王公讳国辅、贾公讳汉英、田公讳钟瑞等襄其事。乡耆郭公讳镇邦④、苏公讳尔杰□，督工攒赀，改修大殿五楹，东西执事斋各三楹，廊各七楹，二门三楹，移戏楼于内，而重（崇）起之，与大殿迎。始康熙乙未，终雍正癸卯，而规模粗就。缘军需浩繁，其阶砌、彩绘请工缺如，重以制造军器。践踏倾圮，顿异旧观，入廊者时为蒿目。乾隆壬申春，乡国助学攒文昌会，意在锱积铢累，聊为补葺计，太守何公讳德新⑤，嘉其事，捐俸百金；司马傅公讳显⑥，捐俸五十金，面付乡国。宣公讳升彪⑦、刘公讳述武⑧，倡始。府役刘明汉、汪丕湛、张其文等督工，务在刻期。因会阖郡绅衿士庶商客，攒赀兴工修砌阶基、甬道，彩绘庄严，妆演如仪。改戏楼为魁星楼，所以崇正祀而杜亵越也。殿后空地修建书房上五楹，卷棚三楹，两厢各三楹，仪门附厨房五间。起四月二十二日，终九月告竣。大门内小房东西各三，系门斗住。太守何公，饬令那移，且给工力银，别选住持，用将清钦肃，时以香火之费无出。国学生宣公，义施杂木渠暖泉壩自置田地捌石，价银肆百三拾伍两，每年承纳租资市斗壹拾贰石，初夏中停，内抽小麦壹石贰斗，并梓潼台租资，以备帝君圣诞之费，余作香灯资。其地四至水利，附载碑阴，规模备而精微□尽，祀事修而对越弥虔，是大成之集也。谨次颠末，用示来记。

时，乾隆十七年岁次壬申菊月中浣之吉旦

甲寅科拔贡曾国佽薰沐撰　武威儒学生员张大诰敬书

碑 陰

　　監生宣升彪，同侄宣輔朝、子宣立朝，今將目置雜渠暖泉壩鄧林溝田地二處，約下子種捌石，承納官糧貳石陸斗貳升，官草貳拾伍束捌分，用使本溝泉水壹晝夜零肆時三刻，其地四至東并外姓地界，俱載圖內。父子叔侄商議，情願施捨本城文昌宮，永遠備香燈之用，每年招租戶，承納租籽壹拾貳石，秋夏中停，不得拖欠。倘若不前，許住持另招租戶，至於紅契，原主收存。

　　乾隆十七年九月二十日　張大誥識。

　　按碑陰鐫圖，內載其地東至官湖，南至官路，西至官路，北至沙河溝。四至內有外姓田地伍石貳斗。

　　[題解] 碑立於乾隆十七年（1752）九月，已佚，碑文引自《武威縣志稿》。文昌宮是文廟的重要組成部分，自建成後，歷代都有維修和續修改建，地方官員和縉紳積極倡導，出錢出力，貢獻頗大。碑文簡述文昌宮創建及歷代修葺情況，重點記載乾隆十七年的這次修建，突出了監生宣升彪一家對補修彩繪文昌宮的特殊貢獻。碑文敘及三次修建，即康熙辛卯（五十年，1711）和癸巳（五十二年，1713）、乾隆壬申（十七年，1752）及其規模，涉及人物較多，反映出古代官紳對地方文化事業的關心與支持，對研究文廟歷史具有重要價值。

　　[作者]

　　曾國俠：字御遴，武威縣人。雍正十三年（1735）拔貢。曾在乾隆七年（1742）參加西安貢院秀才歲考中奪取第一名，名動西北。著有《離騷補注》。書法與兄弟國杰著名當世。

　　張大誥：武威儒學生員。

　　[注釋]

　　①孫詔、王國輔、賈漢英、田鐘瑞：均見《大方伯整飭分守涼莊道恩憲何大宗師優崇學校設立鄉會路費垂遠戴德碑記》注。

　　②范仕佳：見《始置名宦祠祭田碑記》注。

　　③段華瑜：字昆生，武威人。康熙朝貢生。

　　④郭鎮邦、蘇爾杰：涼州地方鄉賢耆老。

　　⑤何德新：見《判發武威高頭壩與永昌烏牛壩用水執照水利碑》作者介紹。

⑥傅顯：字令宜，滿洲鑲紅旗人。舉人，曾任涼州理事同知（司馬），官至漕運總督。爲《五涼全志》鑒定之一。

⑦宣升彪：武威縣人。國子監生員。曾帶頭捐出許多私產與文昌宮，作爲文昌宮的維修、祭祀和香火之費，在當時影響很大。

⑧劉述武：字丕承，武威縣人。乾隆年間貢生，一生教書爲業。曾參與《五涼全志·武威縣志》編纂工作。

武廟重修碑記

從來名……册……佑民自古不□於□，肅廟貌而……是固酬德報功□□應然而□□尚……不□可方……列九州……建也……系山□□動□賴列聖……隅成乎□歌樂□而廟……臣立□□功……郡城東南□舊府□百……振武將軍孫。武廟□檻□伐……遺其創……之際，能□□□總鎮王公用……十安耶。時華山左徐公……鎮立。春訖□是歲九月，神庥□無矣，公而爲之記。

時，乾隆十八年歲次

命鎮守陝西涼州等處地方……官

授甘南整飭分守涼莊道、布政使司

命協鎮陝西涼州永昌等處地方□將、世襲

授甘肅涼州府知府、加三級紀錄五次

授甘肅涼州理事同知、□功□□紀錄五次

傅顯奉各憲會

□廟内樹株，准其輪流在餘官水内每月……

[題解] 碑立於乾隆十八年（1753），今存武威文廟。通高190厘米，寬75厘米，厚20厘米。碑文雖漫漶難辯，但從現存的文字中仍可理出一些頭緒。碑文簡述了武廟的重要性、規模和重修的一些基本情况，提到了振武將軍孫（思克）、涼州理事同知傅顯等地方軍政官員。最後一句提示相關人員每月不要忘記給廟内的樹木澆水。此碑對研究武廟概貌和規模具有重要價值。

萬緑重新

（重修大雲寺鐘樓碑記）

凉鎮八景，大雲曉鐘其一也。相傳創自前凉王張氏，史乘失載，實據莫考。然細按其形之奇异，徐察其聲之宏亮，若銅、若鐵、若石、若金兼鑄其中，真神物也，釋教乃稱爲吉祥菩薩感應。如響震之，則遠聞數十里，發人深省，而爲郡脉之一大助云。但歷唐宋元明，幾經年歲，或興或廢，難以枚舉，其間補臺建閣者代有偉人。

延至本朝雍正十二年，樓臺將圮，仰賴道憲菩①、府宗鄭②大力飭令五所鄉耆等興工補築，晏安如故。忽於乾隆二十二年秋，爲陰雨淋漓，鐘樓北面傾頹大半，東西兩面勢亦將危。適有本郡國學生李焕彩③者，見其風脉攸關，深爲驚駭，急欲募化締造。奈近爲大雲寺兩廊、塔臺補修浩繁，屢致十方枌檀④，又置軍興，旁午諸物騰貴，實難啓齒。因謀及同方善士楊三益、蔡印爵、張鼎臣、楊三景、韓世麟、周肇鼎、張家璉、白受采、郭瀚源、岳之峻、李楨、趙祉、李錦隆，本寺住持僧思善等，籌畫善策。衆等亦以事難停緩，即推李爲首倡，俱情願協力補助。及破土修理之日，其工浩大非常，所計錙銖落落無多。焕采愈加憂恐，日夜焦勞。爰會合本城紳衿紀元伯、張美、龔爾佩、王睿、左璉、馮縉、李生沅、文國華、梁俊、張鵬、秦丕紳、管愛民、王俊選、郭沐原等，齊心進懇本縣宅門高翰文、丁世續，轉祈正堂老父師永公⑤爲作主。公垂賜宏仁，慨然捐助養廉倉斗小麥三十石。李等獲此，如屋梁楨幹，大有依賴。衆等因各助資囊，以爲十方領袖。又復募會鎮署掌稿聶敏、王備、張伯琦、王允恭、林翰等轉化鎮屬游守副府，助施銀兩。又會五營并城守營提營外委駱士瑜、馬應祥、鄭邦寧、史言、陳其堯、高舉、董繼賢等，募化各兵丁助施糧麥。李同衆等，又化城內四市、當商、山貨、布行、客商、油坊、大街鋪面、糧市并紳衿士庶，俱各隨緣施助。由是日積月累，綽有餘步。遂改念從新，與其循前故轍，土築遺患，不如上下俱用城磚石條包裹之，堅且久也。於是僉謀皆同，決意磚砌石嵌，渾如鐵柱磐石。上仗佛靈之默佑，下賴衆姓之虔誠，未經年而功已告竣。又彩繪樓閣，題額壯威，是以遠瞻近仰，規模十倍從前。不但於李焕彩初願爲之一快，即闔郡紳衿士庶無不歡忻稱善，以爲億萬斯年，永垂不朽。

故際功程完滿之期，敬勒碑石，用志梗概云爾。

　　大清乾隆二十五年歲次庚辰四月上浣吉旦公立

　　凉州府儒學廩膳生員康伯臣敬撰并書

碑　陰

　　總理王宰募化錢糧

　　府縣頭役、巡役、保里：紀元伯、張鼎臣、文中保、張□、趙山、曹鼎、查桐、賈珍、陳吉德、張福山、師克正、張夷、周肇鼎、□璋、秦丕紳、張家璉、楊榮、劉淑元、蔡生珂、郭重光、王表、萬胡貴、李焕彩、左璉、白受采、牛□北、李馥、于錦隆、陳玫、任翮、高應甲、李盛□、齊福、王睿、龔爾佩、云顯祖、藍際、□□、任建翮、祁成偉、殷公翰、白文、常正、蔡印爵、郭瀚源、韓世磷、□三約、馮佩、張景現、李濬、郭良秀、李元智、劉得□、管愛民、楊三景、馮絹、楊三益、岳之峻、閆濟浩。

　　同方善士：楊聯芳、楊景、顧紹功、萬朝棟、蔡亘笑、李維濟、劉瑜。

　　鐫字白杰、王大位；石匠嚴湖、嚴吉顯；泥匠向君敖、李瑞林。

　　凉州府僧綱司梁了相，武威縣僧正董海源，總理□□大雲寺住持思善，使修福理修元徒孫慧悟。

　　敕賜大雲寺東西兩巷房屋院落，俱屬隨寺□□，後爲□僧或典或買，以致湮沒多年。今有寺僧思善立志恢復，刻積十分，貲□陸給，將兩巷房屋贖取入寺，以報國朝，設立供佛香□并寺僧眷給之意。舊有鐘樓□□鐘之人由僧官覓催，每年□給，原系本城各寺幫助，深爲累事。有思善目睹不安，將贖出東寺巷鐘樓臺東南角下土房一小院内房大小三間、□□一處，施捨於鐘樓，交付本縣僧正司經理存案，永爲司□□坐落養給。將歷年擾累各寺之錢，一旦銷際給盍衆僧均沾功德莫大矣。兹因臺閣重修公主碑記，亦復志此以爲後人之鑒。

　　武威縣吏員張家璉謹叙　　國子監監生李馥謹書

　　[題解] 碑立於乾隆二十五年（1760）四月。通高240厘米，寬77厘米，厚18.5厘米。今存武威大雲寺。武威大雲寺，歷史上幾經興廢。清乾隆二十二年（1757）秋，因連綿陰雨使鐘樓北面傾頹大半，鐘樓岌岌可危。鐘樓一旦坍塌，後果不堪設想。但又因維修工程浩大，費用高昂而無法動工。本郡國學生李焕彩，在大雲寺面臨傾覆的危急時刻，憂恐焦慮，積極發起倡議并開展募捐活動。

他與同邑善士楊三益等有識之士及大雲寺主持思善共同籌畫，廣泛發動本邑紳衿士庶和兵丁助施銀兩、糧麥等。由於募捐活動開展得深入廣泛，"日積月累"，終使所有費用"綽有餘步"。他們又經過商議，爲長久計，使原計劃土築的鐘樓臺基改用磚砌石嵌。經過大家的共同努力，在不到一年的時間，就將鐘樓修復完畢，堅如鐵鑄石磬。碑文在記此功德的同時，碑陰還補充記載了募化銀糧者及刻工、匠人姓名及主持思善贖回原被典賣的一些房產等事宜，使這一活動功德圓滿，有始有終。

[作者]

康伯臣：武威人。時爲涼州府儒學生員。

張家璉：武威人。時爲武威縣府吏員。

李馥：武威人。時爲國子監生員，與李煥彩同窗。

[注釋]

①道憲菩：即涼莊道菩薩保，滿洲正白旗蒙古人。舉人。雍正六年（1728）任涼州知府，十一年升任涼莊道。

②府宗鄭：即涼州知府鄭松齡，河北豐潤人。歲貢。雍正四年任武威縣知縣，十一年升任涼州知府。精政治，敢擔當，有才幹。

③李煥彩：武威人。國子監生員。搶救大雲寺鐘樓的功臣。

④枬檀：同栴檀。又名檀香、白檀，是一種古老而神秘的珍稀樹種，收藏價值極高。多與佛和佛教寺院有關。

⑤永公：即時任武威縣知縣永某（參見《城隍廟甬道學產執照碑記》）。

乾隆二十五年碑記

乾隆甲戌之春，張觀光偕子監生朝相、生員朝聘、業儒朝會，以舊所典地價銀壹佰陸拾兩助於文昌宮置業納租，永爲祭祠之費。誠義舉也！吾學因爰其事，爲之勒碑刻瑨，以垂不朽。

乾隆二十五年夏五月吉旦 立

經理齋長：邱向正、趙積澤、吳迪德、劉鑒、段開桂、樊杰、張大烈、王容、陸文耀、李生茂、唐珏、張鐘奇、趙文、史永年

[題解] 碑立於乾隆二十五年（1760）五月。通高160厘米，寬59厘米，厚

13厘米。今存武威文廟。乾隆十九年（甲戌，1754）春，張觀光偕子監生張朝相、生員張朝聘、業儒張朝會，將過去所典地價銀160兩捐贈文昌宮，用於置辦產業及祭祀之用。爲表彰其善舉，乾隆二十五年五月，文昌宮經理齋長邱向正等十四人立碑紀其事。從碑文內容分析，張氏既是有產階層，也是書香門第，其子一爲監生（國子監學生），一爲生員（地方官學學生，即秀才），一爲業儒（以儒學爲業，即正在積極謀取功名的學童）。這樣的家庭，放在今天也是令人羨慕的。張氏助銀，實爲助學，也有祈求文昌帝君保佑其子孫飛黃騰達之意。

魁星閣創典祭田題名記

　　事每難於創立，功嘗收於乘因。倘使創之不善，□創無以持久，無固可乘，又奚望展拓於將來也。郡城東南隅，舊有魁星閣，爲武威丕振文風，洵一大觀。丙戌春，奉旨修補城垣，其閣估工甚約，不過爲粘補之計，而闔邑紳士咸願捐貲而更大之。是年秋七月，工既竣，邑侯黎公，慨捐米俸七百餘金。觀斯閣之成，且諭以紳士捐項存貯老成，另爲培植學校。於是，齋長司永年、王鎬、牛瑾、梁元珍等公議畫□數而爲之，得銀六十兩，典計金渠□□溝于姓科地一石四斗，每年納祭祖秋夏糧二石五斗，永爲魁星誕辰□祭之需。於戲！事總小創，□知不因此而拓大哉。書此以頌黎公之德，且以謹其始也，是爲記。

　　乾隆三十一年歲次丙戌八月十日　闔學公立

　　[題解] 碑立於乾隆三十一年（1766）六月，已佚，碑文引自《武威縣志稿》。涼州城東南隅，舊有魁星閣。碑文簡述魁星閣維修及其知縣黎公"慨捐米俸"并曉諭縉紳捐資助學之事。這"創典祭田"的模式，將會"爲武威丕振文風"產生深遠影響，武威學界共同立碑，意在彰顯其爲教育文化持續發展所做的貢獻。

重修文廟碑

　　本朝統一寰區，崇儒重教，緬道脉之有宗，懷淵源之攸白。其尊崇夫先師孔子者，較歷代帝王而加隆。故闕里聖廟，時加修葺，土木金碧之費，動以數十百萬計。而各省府州縣之文廟，亦時眷眷焉，猗歟盛哉；凡有守土之責者，孰敢不體此意歟。涼城文廟，始有明正統四年，兵侍徐公晞；追成化六年，都御史徐公廷璋，重加廓修。數百年來木石猶是，而金碧乏煒煥之觀；門庭依然，而階址多傾圮之虞。至尊經一閣，飄搖尤甚，莅此土者，每動興修之念，率以工大費繁而中阻。

嗟乎！"莫爲之前，雖美弗彰；莫爲之後，雖盛弗傳①。"重新之與鼎建，厥功一也。我明府章老父台②莅任，初即以興修爲己任，請諸大憲，捐冰俸八百兩，出社糧四百石；并勸紳士，共勸厥功。尊經閣高其瓴脊，大成殿煥其榱題，以及兩廡、二祠、櫺星、戟門、泮池、照牆等處或補其舊，或宏其規，巍然煥然，炳如蔚如。依宮牆者，瞻美富；探學海者，溯淵源。始於辛卯之春，迄於壬辰之夏，計費四千餘金，而大工以竣。

於戲！合明日月，聖道爲昭；并永地天，皇圖永固。今日之殫精竭慮而爲之者，所以報先師啓牖之功於靡已也，又誰非仰體我皇上崇儒重道之淵衷而爲之也哉！

乾隆三十七年歲次壬辰

賜進士出身、授戶部廣東清吏司主事兼署河南司事、加三級 邑人張翽撰文

賜進士出身、翰林院庶吉士、授山東平慶州知州、加五級紀錄五次王化南書丹篆額

[題解] 碑立於乾隆三十七年（1772）夏天。通高184厘米，寬75厘米，厚16厘米。今存武威文廟。武威文廟始建於明英宗正統四年（1439），曾於憲宗成化六年（1470）重加廓修，之後，歷代都有修葺。乾隆中葉，縣令章攀桂莅任武威後，以興修文廟爲己任，捐俸銀八百兩，出社糧四百石，并倡議士紳共成維修大業。文廟重修工程用銀四千餘金，歷時一年多。重修後的文廟規模宏大，"巍然煥然，炳如蔚如"。碑文如實記述了文廟的這次重大修繕工程，并突出其修繕目的——"以報先師啓牖之功"。

[作者]

張翽（huì）（1750—?）：字鳳颺，號桐圃，清涼州府武威縣（今涼州區）人。乾隆三十四年（1769）進士，授戶部主事，累遷戶部郎中，曾任江西吉安、湖北荊州、湖南長沙等地知府。工詩，各體皆備。著有《念初堂詩集》。

王化南：字蔭堂，清涼州府武威縣（今涼州區）人。乾隆四年（1739）進士，入翰林院庶吉士。歷任直隸廣昌、靜海、懷來知縣，山東平度、莒州知州，

任職所在，政績顯著。辭官歸里，以教書爲樂。

[注釋]

①莫爲之前句：出自韓愈《與于襄陽書》。意謂不要做在前頭，雖是好事却無人知曉；不要做在後頭，雖然盛大却不能留傳下去。

②章老父台：即章攀桂，字淮樹，安徽桐城人。乾隆中葉曾任甘肅渭源、武威知縣，後擢鎮江、江寧知府，松太兵備道。爲官正直廉潔，精於風水堪輿之術。

重修安國寺碑記

伏聞巢巔藤膝，無事莊嚴；雪嶺鷲峰，自傳寂滅。雖給孤永留布地之金，而辟支①只說無生之諦。盡本空作空，無色爲所以爲秘密之真，如迦陵②之大覺也。然而寶珞浮光，荒三界以聞鹿苑③；旃檀散馥，空四大亦著雞園④。青鴛作處，蘭若宏開；白馬來時，叢林用建；寺院之設，由來舊已。涼城安國寺碑殘碣杳，未知創自何年，世遠代沿莫識興於誰氏。迨順治戊子，被毀於逆回之變亂，及康熙癸卯，重新於住持之募修。當時總鎮劉公始其事，參議沈公勸其功，都御史劉公視其成，都綱司鑒錯董其務。

游香國者，共染竺馨；仰花天者，群沾法雨。迄今百有餘年，永作三摩福地。但金殘碧剥，靡瞻慧日之輝；瓦碎磚蝕，空說慈雲之覆。乃有善士高應甲、張裕善、王功、鄭納等發菩提心，動檀那念，破開慳穴，廣施捨衛之金；決泄貪泉，共種雙林之樹。仲春興修，季夏竣事。燦然者其金，璀然者其碧；參差而鱗然者其瓦，方正而井然者其磚。而直方丈香續，是處周完；客堂僧寮，一皆齊整。於戲！薪燈不滅，火眉蓮眼共垂青；佛日常昭，羅乎吽⑤胸臍現瑞。八功德水，永溢七寶之池；五衍安車，無礙九根之地。則選佛場，可作化人城；兩聲聞界，何必非歡喜園也哉！

吏部候補直隸州判、己酉拔貢馬開泰撰文

涼州府武威縣儒學廩膳生員王汝礪書丹

時，乾隆三十七年歲次壬辰夷則月⑥吉旦

刻字：王銳

闔郡紳衿士庶捐資重修立碑，但因碑狹不能刻諱，另有匾額題名。

督公曹漢相、陳爾俊、王錫光；住持劉睍暗、韓八咀、張呵哇。

木匠湯芳，石匠賈自友，泥匠徐友信，油匠李瑞齡，塑匠李沛。

[題解] 碑立於乾隆三十七年（1772）七月。通高290厘米，寬62厘米，厚16厘米。分碑帽、碑身、碑座。今存武威大雲寺。涼州安國寺爲河西名刹，規模宏大，雄偉壯麗，相傳唐三藏取經路過曾住寺講經說法，後遭兵火被毀。碑文重點記載了康熙二年（1663），在涼州軍政官員劉友元、沈加顯、劉斗等主持下的一次募化重修和乾隆三十七年善士們主持的一次捐資興修。通過這兩次大規模修繕，安國寺輝煌重顯。參閱《敕建重修古刹安國寺功德題名碑記》。

[作者]

馬開泰：清武威縣人。拔貢，候補直隸州判。

王汝礪：清武威縣人。時爲武威縣儒學生員。

[注釋]

①辟支：佛教語，辟支迦佛陀的略稱，簡稱辟支佛，也稱"獨覺"。

②迦陵：佛教語，即迦陵頻伽。印度古梵文的音譯，意思爲妙聲鳥或美音鳥，是佛國世界裏的一種神鳥。

③鹿苑：即野鹿苑，佛教四大聖地之一，佛祖如來初次布道處。

④雞園：指天竺雞頭摩寺，佛教傳說中的聖地。

⑤卍（wàn）：上古時代許多部落的一種符咒，後來被古代的一些宗教所沿用，普遍作爲一種吉祥標志。畫在佛祖如來胸前被視爲瑞祥，或寓意爲輪回。

⑥夷則月：古代農曆七月的別稱，源於音樂中的十二律與月份的相配。

大清張公碑記

自古同風之盛皆始於一鄉，其□敦任乃之行而精，則及乎禮樂之大矣。古今遙矣，舉世賴以□□□□不絕書者，是皆得志於時之所爲也。求其隱約□間而仁孝聲施□□□爲□於天下後世者□□□□士元張公，昆季①洵足督此，而□□□。

公先世爲武邑望族，迨靜翁先太公則保世滋太平，生與始施興舉夫子四伯，道翁仲、介翁□、頭翁，公其叔子也。公□世豪曠，隱居力田，日偕諸兄弟色養②，無一不本繼述爲兢兢其尤異者。四公克承厥志，既捐□立仕□於而於陳春堡③亦然，允一方春□不足者，咸賴之。時乾隆十二年春也。□□際荒歉，剛然出□□□忽而全活者，更□然不獨此也。夫興學養士，振古美之。静翁先太公念鄉人之頑且愚也，□命外耕，個翁請學於此，業施化雨於前矣。而四公蹈其志而□之，因置學舍田地爲文遠計，迄今戶謂家緒，俾士□長新者，固四公力也，要非善爲義述者不能。今□通□，介翁、頭翁也相繼遠世矣，直□士元翁老而□壯舉，凡教養二者積欠靡倦，匪特如先太公之存也，而亦無減於兄。若第之惕力，雖書必歸諸先正，若不念所有來然先德矣。仰已久如四公者，仁孝性□，初不以隐約稍异心焉，苟得志乘時，其設施爲何如也？久爲可以不傳其德，以之人撫碑鼓□皆興仁人之心，孝子之慕，其有聞於世道人心，可爲天下後世同風，所謂非□□也。鄉人□勒石以□也，久□故能始末如此，而碑陰則□置學舍田地并所施地址以未來者。合并鄉誼公立。

郡學生□□可錯石　張貴撰　甲午歲貢候銓訓導野張瑞書

乾隆四十二年丁酉八月十二日

碑　陰

計開：

張公施義塾學舍伍間，隨房地址半面，典上小溝田地貳石，價銀肆拾捌兩。關帝廟地址以廟內外土地祠東南北周圍俱是，普濟寺東地址半面。以上共價銀貳百兩整。

□聰、王日美、趙士賢、許□欽、黃永顯、李□林、□欽……仝勒建

[題解] 碑立於乾隆四十二年（1777）八月。通高180厘米，寬160厘米，

厚19厘米。分碑帽、碑身、碑座三部分，正、反兩面刻。1989年3月在武威市洪祥鄉陳喜村徵集，今存武威文廟。碑文簡述張公兄弟支持發展地方教育事業的善舉。其先世爲武威望族，先太公静翁念及鄉人冥頑愚昧，教導鄉人除在鄉間耕作并自食其力外，還要讀書明理。張公兄弟繼承先太公遺志，繼續支持教育事業，帶頭施與學舍田地（碑陰），爲教育事業做長遠規劃。其行其德，勒石銘記。

[作者]

張貴：凉州府生員，生平事迹不詳。

張瑞：曾任凉州府候補訓導，生平事迹不詳。

[注釋]

①昆季：兄弟。長爲昆，幼爲季。

②色養：承順父母顏色。後因稱人子和顏悦色奉養父母或承順父母顏色爲色養。語出《論語·爲政》。

③陳春堡：即今武威市凉州區洪祥鎮陳春村。

雜大二壩漏水碑

□□凉州府武威縣正堂、加五級紀録五次沈，爲備陳細情號憲作主□朝□五十五年七月□□□

欽命甘肅整敕分守甘凉等處兵備道、兼管水利驛傳事務、加五級紀録五次……

張伯亨、孫大倫等於乾隆四十八年争控□漏水利，按水老丁爾浩等以大□十二壩□斷將夾河溝□混其結，以致大二壩□□長流□行阻□□□□□戾翻計得津漏而竊正水，因□水而混長□請□夾河清之期，飭令大二壩同番塞石槽小二并紅崖□□清□體……□本道吊（調）查府縣案□□提原復人等到案查訊，集雜渠大二壩執持康熙二十二年公呈，舊制凉莊道□衆□□□□抱以□壩正水之外……明上幾□□俱用石□高□，石隙内□有滲漏之水，成規已久，抄呈康熙三十四年公呈禀討執照，内載石□漏水□則……哉！正永可比惟□□水濃發衝開河□，即遭下壩□心磕砟哺□滋楩。飭令下壩不得以漏水跟找上壩，不得有私河□西□□□永。此二壩所執二雖非鐵券，而漏水名目由來已久，迨因襪渠之四五六壩及大渠之十二壩相距上流較遠，每逢□水□期□于襪渠大二壩……□其時不甚□真名得次漏之水，始而彼時和睦。繼而給者爲繁養者爲例，從此語言相觸，互起爭端，□□□□□□□壩之下……□□漏水□歸大河，是爲既捫其舌復過其喉，使其點不能下流。於四十五年結訟，直至四十八年……雜大二渠漏水十五□□每月襍大二渠□□水，水老鄉□赴河巡水，大二壩農民□藏夏季按水一……漏水□情。此系舊例，相沿已然，并無紊亂，今應循照舊規，不得□行□□。飭令雜大二壩并四五六壩又七渠□□二壩各壩……□□自□□□至五十三年，夾河清□□大二壩搶截正水，復起訟端，繼而爭控漏水。□以從前□訟□□□□□民人食□大二壩……壩名目□然時其□□□□大堤壩以下開□，腰壩復□□壩疊撫□□□查大二壩承漏原……□□□□□正水□□夜之□□□□□□□□□十五□夜，前任□二令斷令：仍給其舊原屬平允惟夏季□水一晝夜……□□以天地自然之水利□□地方□□之□□哺□殊□□協□謂，夾河溝從清穢惡渠具控□□在乾隆四十八年……年，□□正水□湍水真爲□□□□□也。今夾河清正水一晝夜，若令大二壩開托截溝，分其漏水，難不致於有礙，但恐……二壩七十五□□漏水不得亦□此情□水道□□人前址踏勘，實在情形復據委員鎮□□□□勘查□□□□□奉委□原……正值大河溝澆水之期，□抵□崖□□□河□□□□之下并無漏水。次到小二壩查驗，該處□□□河□未築□□，惟堤壩中間……□形跡，但□□開腰壩亦無□□。次至石□□查勘，此溝傍大河□□□□岸二尺，溝高水低，訊之壩成俱□向系……石□溝□近山□，其溝亦傍大河岸邊□□□□□地□河水□□□□□地高水低，現在……壩腰壩一帶俱系生成沙□，并興開□形跡□。總計各堤□水□□次河木□之一，若開腰壩……在之情形也早□。遂加□勘不敢□□等情繪圖□□□□□河□□□用水之期，壩□番寨石□小二大二……心而□大二壩始於康熙年間，□有□□盛規□也，□供啓□秋給十□木□□□乃夾河溝必欲扯開……□□□□結案。□□大二壩同四壩□溝輪澆□水三，巡察外仍澆漏水二十五，□□□過大河等各壩……得□塞土，□亦不許□開腰溝，□□重壩壩下稍有津□，以名引用□查大二壩□□津漏，向來借應……□夜十一□□無賈其漏水元□□□□□□以惟然衆心不□□□□其然取□□□渠中飽□朱……□盤羔只之費發若干，十年之内統計費若干，飭令大二壩出。每年十月，謹言愼行，縣催縣察……平允大二壩既不得抗延不交，變不得。藉此倘各壩或有仍□食即除取兩查悅服……内事理先行示曉喻，即令大二壩孫大倫等據實核算□□□□□公等令黎宗伊等公同勒石，永……查雜大二壩共□正水二十九□□，内除雜大二壩同四壩□正水□□夜、長□畦澆注水一晝夜外，惟大渠夾河沉魚落雁澆渠水……大七壩澆正水□□□，雜□四五六壩澆正水一十三晝夜，正水二十五晝夜。壩□□大二壩民人孫大倫等同澆□下漏水……給□□查檢□錢六百文，秋季按漏水□□□給□□□折錢六百文，統計共折製錢二十千文。詳奉。

憲示：飭令大二壩民人孫大倫等，於每年十月內交府縣庫□入涼郡□□賣糧收□充公，以昭平允大二壩不得抗延，不交銀不得□此……仍前□宿深擾即行□□令行□□以□永久。

乾隆五十年十月十六日 立

[題解] 碑立於乾隆五十年（1785）十月。通高145厘米，寬84厘米。今存武威文廟。正文楷書三十六行，碑下部約二十字剝落嚴重，幾無字存，故不知該碑每行字數。碑圓首，正中一行楷書"雜大二壩漏水碑"。碑文雖剝落嚴重，但內容基本清楚。雜大二渠因上游滲漏水的歸屬和利用"互起爭端"，并引起了長達數年的訴訟，後由主管水利的官員和知縣進行調處。他們根據"舊例相沿""循照舊規"的歷史慣例和現實情況，作出了比較符合實際、雙方能夠接受的判決。爲使雙方共同遵守調處結果，特刻碑記述，以存永久。

清代武威縣四鄉渠系分爲六道，每渠分爲十壩。雜大即雜木渠和大七渠，其他爲金塔渠、永昌渠、懷安渠、黃羊渠。最早由武威學者張澍系統提出，至今民間還在沿用。

修葺碑記
（重修海藏寺碑記）

武邑林泉之美，城北爲最，而海藏迤東尤勝。蓋唐肅、代時安史之亂，涼州沒於吐蕃；宋爲元昊所據；元以地界①高昌②作牧場；凡漢晉六朝以來張軌遺迹及唐初靈鈞臺池，王維、岑參咏歌所及者，皆湮滅無遺，唯此寺巋然獨存。建寺當在宋、元之間。國朝孫公思克規而新之，設影堂以祀，不忘本也。寺僧明徹實印，勤於焚修③，赴京請藏經全部，中途遭凶變，際善踵而成之。善才思橫絕，爲住持時，鄉惡懾伏不敢動，數十年之間，諸務畢集，間啓禪關，延訪善知識爲打七參禪之事，以故僧俗仰服，稱誦不置。其後經理之人風雨飄搖，漸至廢墜。達藝、達苓總寺務，略能就緒，旋即圓寂。寺僧憫其中衰，僉議達莉司田工，悟潭司寺務，僧衆勸助，及補葺修築，十方喜舍，載在木榜。所不敷錢百餘千，糧三十餘石，以常住節省餘資足之。山門外彩繪牌坊，則達莪積數年經資所得四十千，獨力董成。適檀越宋沛助碑一通成其美。

夫段成式④所紀興善汗桐，李岫⑤塑像，王耐兒畫壁之事甚詳；唐相李紳⑥剡溪龍宮修真，預言其因，前緣素定矣。但達摩尊者⑦斥爲人天小果。寒山⑧謂驊騮捕鼠，不及跛猫。假此餘糧，以助焚修開士，勿爲破裙吃殘□□，免似羊公鶴之生𪒱𪒓也⑨。咦！吸盡西江一滴水，蟾光終日滿前川；獻珠龍女來何處，怪得時人識不全。寺僧勉旃。

乾隆五十四年歲己酉春二月吉旦

賜進士出身、原任廣東肇慶府陽江縣知縣 邑人孫俌撰

本邑諸生王錄書

[題解] 碑立於乾隆五十四年（1789）二月，已佚，碑文引自《武威縣志稿》。武威海藏寺自創建以來，歷代都有修葺。特別是雍正年間，際善法師赴京求取三藏真經充實寺院，被傳爲美談（見《海藏寺藏經閣記》）。際善之後，寺院管理不善，中間雖有達藝、達苓極力經營，但因其過早圓寂而復歸於前。寺僧憫其中衰，共議修繕，所用錢糧由常住僧人節省補齊，加上寺僧達莪助資，檀越宋沛助碑，使這次修葺工作更臻完美。碑文簡述海藏寺的興衰和歷代僧俗的鼎力相助，才使其有如此香火之盛。最後引用多處典故勸導人們應多做實事，多做善事。

[作者] 孫俌：字仲山，清武威縣人。乾隆十六年（1751）進士。曾任廣東翁源、陽江等知縣。系清代武威首名進士孫詔（官至湖北布政使）之孫。

[注釋]

①畀（bì）：給予。把田地分給別人家（高昌）。

②高昌：指元代駐牧武威的高昌王。詳見《高昌王世勳碑》。

③焚修：焚香修行。泛指净（靜）修。

④段成式（803—863）：字柯古。山東鄒平人。著名志怪小說家。官至江州刺史。善詩和駢文，與李商隱、溫庭筠齊名。有筆記小說集《酉陽雜俎》傳世。

⑤李岫、王耐兒：皆爲唐代中葉活躍於長安、洛陽一帶的著名畫工、民間藝術家，著名畫家吳道子的門人，善畫（塑）佛教人物。

⑥李紳（772—846）：字公垂，亳州譙（今安徽亳州市）人，生於浙江省湖州市。進士出身，歷任刺史等，官至宰相。著名詩人，與元稹、白居易交游甚密，是新樂府運動的參與者。剡溪龍宮修真事見其《龍宮寺碑》。

⑦達摩尊者：即菩提達摩（？—535），南天竺人。大乘佛教中國禪宗始祖，西天禪宗第二十八祖。北魏時，曾在洛陽、嵩山等地傳授禪宗，對中國文化具有很大影響。

⑧寒山（約691—796）：唐代長安人。著名詩僧。出身於官宦人家，多次投考不第，後出家，三十歲後隱居於浙東天台山，享年100多歲。於詩僧拾得情同手足，俗稱"和合二仙"。相關典故見《寒山詩集》。

⑨羊公鶴句：羊公指晉朝征南大將軍羊祜。原指羊公不舞之鶴，比喻名不副實的人。氃氋（tóngméng），形容羽毛松散，委頓貌。出自南朝宋劉義慶《世說新語·排調》。

大清乾隆政德碑

[題解] 1992年，武威市（今涼州區）豐樂鎮截河村一組農民在參加修建312國道時，在空星墩城壕挖出一通二龍碑首，上撰"大清乾隆政德碑"七字。今佚。

泮池①水利碑記

泮池者，所以疏通風脉，育養英才，采芹采藻②，咸於斯焉。曠典也，亦古制也。五涼爲人才藪，建修文廟，即立泮池；有泮池，即有泮池之水。水取之金渠，溝從城南，邐迤入池。匝月三輪，計日六周；每遇水期，渠頭輪流催送，此其成規，載於涼志，著於鐵牌，固歷歷可考，乃相沿日久。泮池之水，竟爲澆灌園圃之水，舊觀蕪没，罔識遵行。幸逢我道憲劉公太守、沈公縣令、朱公尊聖教，因以重泮水。溯厥源流，力除積弊，出示曉諭外，復給執照，以定成例，一月輪三，水到溝口，營內兵丁不得攔頭截取，宜先盡文廟引滿泮池，澆灌樹株。從此舊規以明，源流以正。

詩曰："思樂泮水。"在此一舉，宜乎學校諸生，踴躍争先；咸樂高翔壁水，蜚聲黌序③；人文蔚起，科第連綿。皆此重新泮水之力也。勒諸貞瑉，永垂久遠。

凉州府儒學正堂教授、加三級趙先甲篆額
凉州府儒學副堂訓導、加三級呂霖撰文
武威縣儒學正堂教諭、加三級李子秀書丹
嘉慶五年歲次庚申六月中浣 立

[題解] 碑立於嘉慶五年（1800）六月。通高147厘米，寬68厘米，厚16厘米。今存武威文廟。碑文簡述了泮池及泮池之水的來源和成規定例，重點記載了地方官員劉公（大懿）等爲保證泮池之水的供給所采取的得力措施，并把這一舉動看作是武威"人文蔚起，科第連綿"的有力保障。

[作者]
趙先甲、呂霖：分別爲凉州府儒學正堂教授、副堂訓導。
李子秀：時任武威縣儒學教諭。

[注釋]
①泮（pàn）池：又稱泮宫，是位於文廟（孔廟）大成門正前方的半月形水池，意即"泮宫之池"，是官學的標志。
②采芹采藻：出自《詩經·魯頌·泮水》"思樂泮水，薄采其芹……"等句。古時學宫有泮水，士子入學則可采水中之芹，插在帽緣上，以示文才，故稱入學爲"采芹""入泮"。後亦指考中秀才，成爲儒學生員。古代喻貢士或有才學之士爲芹藻。有的文廟在泮池畔的磚壁中央嵌"思樂泮水"石刻，即出自這個典故。泮池上一般有石橋，或平或拱，或單座多孔，或三座三洞不等，被稱爲泮橋。科舉考試時，生員過橋去拜孔子（像），稱爲"入泮"。武威文廟將泮橋稱作"狀元橋"，寓一舉高中之美意。
③黌（hóng）序：古代的學校。

重修羅什寺碑文

蓋聞寶鏡花堂，遍禮佛身萬億；玉毫光相，普照世界三千。是以鎔金布地，遙傳祇陀之園①；刻玉爲軀，遠至師子之國②。莫不翦綴天華，濡沾法雨，莊嚴潔飾，頂足皈依。俾善根遍植於恒沙，而慈雲周蔭乎寰域。

凉郡城北門內羅什寺者，乃姚秦三藏法師鳩摩羅什譯經之所也。粵自周室夜明，振雷音於西土；漢庭肇夢，廣象教於東都③。雖心印密微無關文字，而緇流付授猶待聲聞，法師慮音義之訛傳，致演説之异趣，增長邪見墜入迷途。飛錫遥臨，用憑五衍之軾；法筵廣布，仍開八正之門。緇素雲集辯義□生，幽褀無□有如星日。爰建靈塔，玲瓏倒景。天清日霽，八寶纓絡之珠；錦燦霞明，五色流蘇之綱。見之者目眩，聞之者心驚，并嘆奇觀，咸稱稀有。□餘歲不替厥規，永鎮姑臧，福滋河右。然而色相俱超，固有基□勿壞，成毀殊勢亦屢廢而遞興，况乎柱石連雲，詎免傾圮之患，□歷劫寧，無摧剥之憂，倘非翼教之有人，坐見高軌之難嗣。爰有住持僧廣霞，并善信士丁林、李晟、郝子湘、李伯祺，憫古迹之易湮，實相其如在，發心初地作導，群生士庶駢肩，工商摩踵，共勸檀諉，樂□□橐，神工鬼斧，群巧於焉，畢呈繡礎，花梁衆擎，原自易舉。嘉慶八年三月初八日興工，即於次年九月蕆事④，功費數千，靡所支絀，咸□歷覽，煥然一新。

聳蓮座之巍峨，宏聞遠宇；綴珠幢之華勝，洞達長廊。梲桷輝飛，儼金翅其舒翼；奐輪離立，如象齒之生花。則有上國名卿，番夷長勝，因夙具□□□□□□楯之□□游彌陀净域，析妙帝於三乘，遠資古德辯才，蒼蔔曼陀之花，迦陵共命之鳥，無不和雅音而演暢，噴妙香而嚴潔。是知舍離塵界，佛以不住色爲布施，願力宏深衆以不退，轉爲勝果敢緣。兹義用告來者，并起信心，俾垂勿朽。

　　賜進士出身、文林郎、前任河南原武縣知縣郭楷敬撰
　　鞏昌府通渭縣儒學教諭、戊申科舉人郝希夔拜
　　涼州府儒學增廣生楊培元篆額
　　大清嘉慶九年歲次甲子九月初八日甲午　□□梓士⑤白鐘毓、白鐘哲敬刊

重修羅什寺寶塔碑記

（碑　陰）

　　嘗聞造化無私，合萬物而共照；佛教廣布，普慈航而遍度。求其不生不滅，能變能化，福國福民，壽一方以及壽萬方者，今佛是矣。涼州城之北有敕封羅

什寺，上塑佛祖聖像，寶塔數層，自秦漢□代，以迄於今，千餘歲矣。考諸志，我佛產於西域龜茲國，善識天文，能察地理。□東秦之姚氏請諸五涼，惟以慈悲存心，默祐我群黎，陰護我邦國，如金舌長存，萬古猶生，非佛之不生不滅呼？□□吞□祥光，時見之能變能化者，□□冠渝文全城保國，非佛之福國福民者乎？坐禪於西□，神現於長□，非佛之壽一方以及壽萬方乎？是沙門之法，守萬代之師祖也。第時移物換事，遠則□寶塔因而□□府□久而剝落，□我佛□□神□異□度人有□居士劉光□者，□□□蒙□世修善愛心，發願鑿□資□舍，但功成浩大，□力□以任重全□寺……十方檀耶樂心施□聖事於成於一旦，芳名流傳於□□佛像□□至□□塔巍巍，光彩□神之靈……營之不日成之，正一人引□善舉全歸真，沙門之因果□□□□□夫興工於甲午年七月二十□□，成□□□□聖事告竣矣，神人齊慶矣。因書諸石，以志不朽云。

時，順治十一年甲午歲十二月□□□ 立

鎮番舉人□憲忠、關中園州郡□王□福

[題解] 碑刊刻於嘉慶九年（1804）九月。通高155厘米，寬65.5厘米，厚10厘米。碑陽刻"重修羅什寺碑文"，陰刻"重修羅什寺寶塔碑記"。1991年4月武威市公安局院內（今鳩摩羅什寺）出土。今存武威文廟。涼州羅什寺是鳩摩羅什譯經之地，因年代久遠，歷代都有修復。碑陽記述清嘉慶八年（1803）三月重修羅什寺的概況，碑陰記述清順治十一年（1654）重修羅什寺塔的簡況。從重修到刊刻碑文，二者相距150年，是何原因造成這種情況，待考。可能是羅什寺重修之後立碑時將順治年間形成的《寶塔碑記》補刻於碑陰。此碑內容不同於其他碑文，記載工程及修葺情況比較簡略，而對佛教的功用闡述較多，如"永鎮姑臧，福滋河右""非佛之福國福民者乎？""非佛之壽一方以及壽萬方乎？"，揭示了人們信佛、修佛（包括寺院、佛塔等）的動力所在。碑文駢句較多，顯文彩之華美。

[作者]

郭楷：字仲儀，清涼州府武威縣（今涼州區）人。乾隆六十年（1795）進士。曾任河南原武縣知縣，後辭官回鄉，教書為生。工詩。其詩不事雕琢，樸實自然。有《夢香草堂詩稿》。

郝希夔：武威縣人。舉人。曾任通渭縣儒學教諭、階州學正等職。

楊培元：武威縣人。生員，著名鄉紳。曾與楊增思（進士，曾任陝西同官縣知縣）等鄉紳倡導城鄉士庶捐三千金，同立興文社，以所入利息為鄉會士子赴考路資，深受邑人敬佩（見乾隆《武威縣志·節義》）。在本書多通碑刻中有其行迹。

[注釋]

①祇陀（zhītuó）之園：祇陀也作"祇陀""衹陀""只陀"。祇陀園也作讀"祇（qí）園"，是佛教八大聖地之一。相傳佛陀成佛前多住在舍衛國祇園精舍與王舍城竹林精舍，於城內教化多年，後在此大顯神通。後以祇園泛指佛寺。

②師子之國：即獅子國，古名僧伽羅，今斯里蘭卡共和國。

③漢庭句：東漢永平七年（公元64年），相傳漢明帝劉莊做夢夢見佛陀指引，於是派遣使者赴天竺拜佛求經。永平十一年，漢明帝敕令在洛陽建立佛寺。這是中國第一座佛教寺院，爲紀念白馬馱經，取名白馬寺。

④蕆（chǎn）事：蕆，完成，解決。蕆事，事情已辦完。

⑤梓（zǐ）士：古代製造器具或雕刻木板印刷文字的木工，也稱"梓匠"。

武威興文社當商營運生息碑記

武威文風甲於秦隴，而寒士居多。平居刻意歷行，葄枕①經史；值鄉、會試，每以銀與資斧，橐華②不前者有之；即或奮志功名，不憚勞瘁，越隴阪③，逾太行，負籍擔囊，贏縢裹足，總釋蹻登朝④者，歲有其人；而風塵困頓者，殆不少矣。余每思捐廉俸以激揚士氣，而傅濟爲難。時張玉溪⑤先生主講天梯書院，徐與之計。玉溪曰："是有基焉，擴而充之可矣。"

嘉慶十年，紳士楊增思、白之璐、劉丕曾、張琨等，爲鄉、會試并立興文社，義先資助，合邑率從，其得銀三千兩。時有社長李奎標、劉賡元、陳映奎、趙升、李宗義、楊培元，經理張琨，權衡子母，然責在一家，不可以計長久，曷擬照書院膏火之例，散之當商，則責以分任而輕，利以衆出而益，此經久之道也。是說也，余甚是之。計原日本銀并息共存叁仟捌百貳拾貳兩，乃傳集富商貳百柒拾三家，曉以大義，俾各具領，每家領本紋銀壹拾肆兩，每月每兩按本銀出息壹分貳厘。另舉社長劉兆榮、李如棟、侯定遠、武瑤、陳瑛、劉裕亨、董其炎，由道府縣立案以存永遠。當商中有不開設者，許時本利銀兩交付社長，另給新開當商營運。從此應試者，得所藉乎，爭着祖鞭⑥，庶幾幽壑無藏舟，駿足思長阪，而珠光劍氣，常得以炳霄射斗也已。至善作必善成，美始必善終，是所望於後之君子，爰搦管⑦而爲之記。

欽命分守甘涼兵備道、署甘肅按察司按察使、加五級紀錄十次容海撰文
賜進士出身、涼州府知府、前户部福建郎中、加三級紀錄十一次周維垣書丹

[題解] 碑立於清嘉慶十年（1805）。碑文由著名西夏學者、原武威市涼州區博物館副館長孫壽齡先生提供。武威文風甲於秦隴，但貧寒之士居多。每逢鄉試、會試，總有士子因路費無法籌措而放弃應試。時任甘涼兵備道容海與天梯書院主講張玉溪（美如）先生、紳士楊增思等商議後成立興文社，專門爲鄉、會試士子提供資金支持。由於他們帶頭資助，合邑上下積極回應，籌集銀兩三千兩，推舉社長管理。爲使這批資金發揮可持續作用，經興文社成員合議，挑選信譽好的商號273家，將資金平均分配給他們運轉生息。興文社通過這種資本運營的方式增加了本息收入，使鄉、會士子們應試的路費有了保障。此議由道府縣三級立案以存永遠。碑文簡述武威文風之盛、士子奮志功名的情形，筆鋒一轉，"而風塵困頓者，殆不少矣。"於是一批有識之士，同心協力，善作善成，爲武威教育文化事業的可持續發展作出了有益的探索和積極的貢獻。讀此碑文，令人敬仰，令人感佩。

[作者]

容海：滿洲鑲藍旗人。道光帝珍嬪（妃）父。曾任甘涼兵備道、甘肅按察司使、廣東按察使等職。

周維垣：進士出身。曾任户部福建郎中、涼州府知府。

[注釋]

①葄（zuò）枕：葄，墊襯。當做枕頭墊襯。形容陷溺於圖書資料之中。

②橐（tuó）華：橐，盛書的口袋。猶華橐，即華麗的書袋。

③隴阪：即隴山，地處寧夏和甘肅南部、陝西西部，是陝西黄土高原和隴西黄土高原的界山，也是渭河與涇河的分水嶺，曲折險峻。

④釋蹻(qiāo)登朝：釋蹻，脫去草鞋。喻（脫去草鞋）出仕，進用於朝廷。

⑤張玉溪：即張美如。見《城隍廟宫隙地及鋪面入租佐鄉會試碑記》作者。

⑥祖鞭：喻先着、先手。今表勤奮、爭先之意。

⑦搦（nuò）管：握筆、執筆爲文。搦，持、拿；管，毛筆。

文昌宫①敬惜字紙會碑記

粤稽，結繩易爲書契，文字肇興尚矣。其初書象蝌蚪，體制甚古而結構良難；至史籀②變爲大篆，李斯③變爲小篆，而程邈④又減作隸。隸之云者，便於隸佐，即今楷書權輿也；然書雖稱便，猶以漆作字，刻於版簡。《考工記》⑤曰："築氏爲削。"《西京雜記》⑥云："揚雄⑦作《方言》，而懷鉛提槧。"其證明也。自後漢蔡倫⑧用樹皮、麻頭、敝布、魚网如砥石，由是字之鐫石碑，列縑素者，并登紙上，較汗青實爲簡易。顧欲成書册，專賴手繕，或轉相乞假，故班定遠⑨幼曾爲人傭書，河間獻王⑩書猶取資民間。諺所謂有"借書一瓻⑪，還書一瓻"之説。蓋筆墨雖就，而纂印無資故也。

嘗讀《朱子通鑒綱目》，六朝以前，但紀石經，沿至五代，於後《唐書》初刻九經版，於後《周書》九經版成，維時諸子百家之書漸多，刻本印拓可日傳萬紙，而字之用益廣。坡公⑫云，昔之君子，見書頗難；今之學者書多且易致，而有書不讀爲可惜。余爲轉一解曰：讀書而不珍愛其書，更可惜耳。竊思書之有字，先聖昔賢，遞相傳受；酌古准今，幾經變通，乃得便於手而豁於目，是一點一畫，聖明之精思寓焉。字之在紙，由三代而至兩漢，閱二千餘年；賴智巧之士，俾越藤蜀麻，始效能於載籍，故或詔稱先生或拜爲公，并封爲侯，備極推尊，重其紙，實重其有功文字不淺也。乃無知之徒，或以廢書易物，舊册糊窗，抑且覆瓶蓋瓮，裹箋擦盤，甚至紙雖敗而字畫宛然，輕擲道途，往來踐踏，毫不興恤；明爲讀書人，并不思書之由來，是爲大愚且大不敬，其取戾有不可勝言者。

伏查乾隆十八年山右介公調任武威，善政頗多，憂加意斯文。一日見街道有殘廢字紙，停肩輿躬親下拾，更詒文昌帝君惜字十八戒。遂於文昌宫東南隅設立焚化爐，歲登縣倉小麥四斛，雇委妥人，遍爲采拾，化後即投巨流，意誠善也。後乃寢廢。嘉慶三年，闔郡士庶聯會湊金以紹前徽，而儲蓄□基，慮難持久。幸有生員汪雨霖、鄉耆党作霖，於嘉慶四年，將公典金渠小二溝孟姓四地二石一斗，捐入會中；生員劉培榮於嘉慶九年，又將所典永渠石碑溝張姓田地五石七斗，接踵捐輸。共典孟姓地實用厘子三百□十千，典張姓地實用厘□四萬五□仟，日後地主如式贖還，即將原□收入會中，會議生息，久遠爲采拾字紙之資。庶介公善政暨汪劉黨氏士庶雅意，并可永垂不朽。

謹考文昌宫之始建，越今三□餘年，仲春將享，義取入學釋菜之期，先時牲用特儀，尚未備，至乾隆壬申歲，厘舊祭田，租有常額，由是奉牲奉盛奉酒醴，豐潔與大成殿相配，多士之駿奔其側者瞻六府星光[13]，精莩[14]頓開，异於摛埴[15]索塗。且考一十七世之積流，咸思檢押[16]，昭昭冥冥，罔或隕越貽羞[17]，德行道藝，交相砥礪，於以步雲衢而游月窟，俊彥□將蔚起矣。今又念文字由來，而知其成之不易，對簡編如對神明，片紙只字，不敢弃若弁髦，心之敬，即德之所由聚，聖賢根柢在此，豈徒振藻揚葩，爲藝林光歟？是爲記。

赐進士出身、原任安徽直隸泗州知州、□池州府事、辛卯科江南鄉試同考官劉作垣撰文

赐進士出身、原任湖南長沙府知府、庚申科湖南鄉試內監試官、前户部郎中張翺書丹

時，嘉慶十一年歲次丙寅律中蕤賓[18]上浣吉旦 敬立

[題解] 碑立於嘉慶十一年（1806）五月，已佚，碑文引自《武威縣志稿》。中華民族素有敬惜字紙的傳統，實際上就是尊重文化這一優良傳統的具體表現，許多地方的文廟（文昌宮）刻有文昌帝君《惜字功罪律》《惜字寶訓》《敬字五箴》《惜字十八戒》等，文中多有"以字紙爲重，或埋之於土，或焚之於火""見字紙遺墜，必掇拾燒之"等，并設焚化爐（塔）。碑文從文字的起源及演變轉換、書籍載體由金石、縑素（絹帛）到紙的發明，勸誡人們要愛惜字紙，如果隨意丟弃，就是愚蠢而大不敬的行爲。它告訴人們，雖然紙自發明以來已有近二千年的歷史，但排版印書也非易事，有書不讀可惜，讀書而不珍惜更爲可惜，故古聖先賢都非常尊重文字及書籍。乾隆十八年（1753），山右介公（生平事迹不詳）調任武威知縣，其善政頗多，尤其注重斯文。一日，他在街上看見殘廢字紙，下轎親自撿拾敬閱，乃是《文昌帝君惜字十八戒》，深感愧疚。遂於文昌宮東南隅設焚化爐，每年以四斛小麥的代價雇人撿拾被丟弃的字紙予以集中焚化，并形成制度。中華文化源遠流長，厚重廣博，這與敬惜字紙的傳統有著密切的關係。通過碑文內容我們看到，武威在清朝時期迎來了一個教育文化大發展、大繁榮的時期，其重字之情、敬文之意、惜紙之行的文化氛圍，充盈於字裏行間。今天拜讀此碑，對先賢們的嘉言懿行油然而生敬重之情。

[作者]

劉作垣：字星五，清朝凉州府武威縣人（今凉州區）。乾隆二十六年（1761）進士，曾任安徽舒城縣知縣、泗州知州。後辭官歸里，以教書爲業，先後在肅州書院、天梯書院任山長，培養出許多學行兼優之士。

張翩：見《重修文廟碑》作者。

[注釋]

①文昌宮：文廟主體建築之一，供奉文昌帝君。相傳文昌帝君掌管人間功名利祿和文運，在民間影響很大。武威文廟中的文昌宮建築群，宏偉壯觀，自成一體。

②史籀（zhòu）：周宣王時史官。一說太史（官名）名"籀"；又一說"籀"當解作"讀"。相傳史籀作《史籀篇》，是我國古代最早的字書之一，已佚。

③李斯（約前284—前208）：戰國末期楚國上蔡（今屬河南）人。秦朝丞相，著名政治家、文學家和書法家。協助秦始皇帝統一天下，參與制定了法律和統一車軌、文字、度量衡制度。秦始皇死後，與趙高合謀立少子胡亥爲二世皇帝。後爲趙高所忌，被腰斬於市。

④程邈：字元岑，下邽（今陝西渭南縣）人。秦代書法家。相傳他最先將篆書改革爲隸書，對後世文字、書法發展影響巨大。

⑤《考工記》：我國先秦時期手工藝專著，作者不詳。據傳西漢時《周禮》缺《冬官》篇而以此補入，得以流傳至今。全文約7100多字，記述了木工、金工、皮革工、染色工、玉工、陶工等6大類、30個（實存25個）工種的內容。書中分別介紹了車輿、宮室、兵器以及禮樂之器等的製作工藝和檢驗方法，涉及數學、力學、聲學、冶金學、建築學等方面的知識和經驗總結，反映出中國當時所達到的科技及工藝水平。

⑥《西京雜記》：古代歷史筆記小說集，作者不詳，相傳爲漢代劉歆著。《隋書·經籍志》著錄兩卷今本作六卷，不著撰者；《舊唐書·經籍志》題葛洪撰。

⑦揚雄（前53—18）：字子雲，西漢蜀郡成都（今四川郫縣）人。西漢後期著名學者，哲學家、文學家、語言學家。著有《方言》《法言》《太玄》等。

⑧蔡倫（約61—121）：字敬仲，東漢桂陽郡（今湖南耒陽）人。中國古代"四大發明"之一造紙術的發明者。漢明帝永平末年入宮，曾任中常侍、尚方令。他總結以往的造紙經驗，革新工藝，終於製成了"蔡侯紙"。元興元年（105）奏報朝廷，漢和帝下令推廣造紙法。晚年因權力鬥爭自殺。

⑨班定遠（32—102）：即班超，字仲升，扶風平陵（今陝西咸陽）人。東漢時期著名軍事家、外交家。其父班彪、其兄班固、其妹班昭都是著名史學家。爲人有大志，不甘心在官府抄寫文書，遂投筆從戎，隨竇固出擊北匈奴。後奉命出使西域，在31年的時間裏，平定了西域50多個國家，爲西域回歸、促進民族融合做出了巨大貢獻。被拜爲射聲校尉，封定遠侯。

⑩河間獻王（前171—前130）：即漢景帝第三子劉德。著名學者、藏書家。景帝前元二年（前155）受封爲河間（今河北河間縣）王，修學好古，"廣求天下善書"，推崇儒術，立《毛詩》《左傳》博士，聘《詩經》的傳授者毛萇爲博士。

⑪借書一甀（chī）句：甀，古代陶制酒器，"大者容一石，小者五斗"。古時藏書人與借書人之間有一個約定俗成的禮儀，即在借書和還書時分別以一甀酒相酬謝，謂之"借書一甀，還書一甀"。

⑫坡公：對蘇軾（1037—1101）的敬稱。字子瞻，號東坡居士，世稱蘇東坡、蘇仙，眉州眉山（今四川眉山市）人。北宋著名文學家、書畫家。與父蘇洵、弟蘇轍合稱"三蘇"。

⑬六府星光：六府謂文昌宫之六星。又，古以人們物質生活中的水、火、金、木、土、穀六者爲財貨聚斂之所，後將六府引入相學，視爲面相中六個部位的別稱，通過觀察六府光影明暗等預測、決斷人事、世事吉凶。

⑭精莩（fú）：光采。

⑮擿埴（tīzhí）索塗：擿埴，敲地；索，探求；塗，道路。指盲人用杖點地探求道路。比喻暗中摸索，事不易成。

⑯檢押：猶規矩，法度。

⑰隕越貽羞：隕越：顛墜，喪失，敗績，失職。貽羞：使蒙受羞辱。

⑱蕤賓：指農曆五月。詳見《灣泉湖水租增入書院碑》相關注解。

重修節義祠碑記

節義者，天地之正氣也，實風化之大原。往代尊節重義，而旌表之□，屢屢美。而建祠崇祀，未之前聞。我世宗憲皇帝，御極之十年，諭天下州郡，各立忠孝節義兩祠，以爲維持世道，化至渥①也。武威邑侯鄭公凛遵②，明詔於本學署之西偏建節義祠，立坊表如忠孝祠之式，以揚沐風。乾隆三十八年，知府張公，慮其傾圮，於修文廟之明歲，捐金而補葺之。此其不朽之功，均堪銘志矣。乾隆五十二年，祠内牌位失落，户牖凋敝，節婦子孫，宜共睹而情傷。廪生王錄、張玉麟，生員薛永壽等，各助資斧③，造大牌位三座，依縣志所載之節婦，悉爲□列共用祠典，意甚美也。祠後空地一段，王錄等禀□前任□正堂之韓公，批准修齋房三楹，爲節婦子孫齋宿之所。祠西空地丈餘，准蓋小鋪一間，所賃房資爲祠内澆灌樹株之費。嘉慶四年，坊木將頹，節婦子孫高鎔、張文炳等會捐同社，修坊完固，而祠之梁木又將壞也。嘉慶丙寅，貢生林起鵬、生員劉光瀾、舉人王曰慎、候補□同陳珮等，復會同社，各捐鈔票，補修祠宇梁木磚瓦，改立祠門，其於祠後則添立東西土房六間，以固將西補復之短垣。夫節婦矢志柏丹，茹蘗飲冰④，終身艱苦，至不幸也。歷卅年而旌表建坊，青垂彤管⑤，不幸而幸矣。至於蒙恩入祠，配享丁祭，則又不幸中之大幸□！後之子孫苟能世世仰體國家崇獎之恩，交相勸勉，□修此祠，使高曾祖妣之節義，□昭千古，則不惟學□有光，而仁人孝子之心，庶慰秋霜春露之感矣。是爲記。

嘉慶十一年歲次丙寅林鐘月⑥中瀚吉日

凉州府儒學教授、加三級□士憲拜撰

[題解] 碑立於嘉慶十一年（1806）六月，已佚，碑文引自《武威縣志稿》。"節義者，天地之正氣，風化之大原。"中華民族素有尊節重義的優良傳統，而修建節義祠是弘揚這一優秀傳統的具體表現。清世宗雍正皇帝繼位後，諭令天下州縣建立節義忠孝祠，時任武威縣知縣鄭松齡（後升任知府）"凛遵"建祠。之後，各代都有修繕。碑文簡述雍正至嘉慶年間修建節義祠的簡要情況，意在表彰和維護節婦在社會道德建設中的光輝形象。

[注釋]

①渥（wò）：濃厚，豐厚。

②凛遵：嚴格遵循。

③資斧：利斧。借作旅費、盤纏。

④茹蘗（niè）飲冰：指生活清苦。茹，吃，引申爲忍受；蘗，樹木砍去後從殘存莖根上長出的新芽，泛指植物近根處長出的分枝。同"飲冰食蘗"。

⑤彤管：古代女史用以記事的杆身漆朱的筆。指女子文墨之事、史書。

⑥林鐘月：農曆六月的別稱。

武威廣興文社碑記

行者必以賕①，天下之通義也。而士子大比②之年，需之爲尤急。馬平歐陽郡守③凉，因創爲可遍可久之法，令武邑人士，輸財葺市廛④於城隍廟，己□捐廉俸襄之，歲積房租，以給鄉試會試士子資斧，名曰興文社，意至美、法至良也。及余觀察甘凉之六年，武邑紳士陳琨、楊增思等，復念興文社甚裨⑤士子，而所出不足供多士之用，乃糾董城鄉人士，捐資□事，得銀共計三千兩，分給紳士殷寰□，輪流經理生息，以廣歐陽之法，而乞余爲志，勒諸石以經遠。吾聞武威當勝國時，版圖寥僻，文物不彰，及我朝崇學右文，涵濡大化，鄉會與高□□□算。自余下車以來，與計偕成進士登詞曹□，加熾昌□。今復□歐陽君之遺惠，廓而永之，施者不必市流，受者不必圖拓，彈冠而興起者豈有既哉！然而成之者不易，守之者尤難，利之所存，弊必起者，紳士等存任恤之醇風，不爲不懋矣。吾願後之人，更爲日引而月長之。即不然，□幸勿更張而撓敗之。而官斯土者，仍爲加意培植，疏其利源，塞其□竇，以無負積累振興之舉。碑石不磨，此舉無替，尚共勉□。

　　欽命甘肅等處提刑按察使司按察使、兼管通省驛傳事務、加三級紀錄二次、前分守甘涼兵備道劉大懿撰文

　　欽命甘肅整飭分守甘涼等處兵備道、兼管水利驛傳事務、加四級隨帶加一級軍功紀錄二次圖勒炳阿書丹

　　特守涼州府知府、加五級紀錄六次那緒篆額

　　嘉慶十二年歲次丁卯二月上浣吉旦　立

　　[題解] 碑立於嘉慶十二年（1807）二月，已佚，碑文引自《武威縣志稿》。武威興文社，是爲武威士子籌措赴省上京考試路費而舉辦的民間機構，最初由武威知縣（後任涼州知府）歐陽永裿於乾隆初年倡導設立。自設立以來，武邑人士，輸材捐資，加上城隍廟房租收入，切實給武威士子帶來許多實惠。劉大懿任職六年來，瞭解到租費及本郡士紳捐資早已入不敷出，於是動員督促城鄉人士捐資助學，共得銀三千兩，推舉當地紳商輪流經營生息。此事初創不易，堅守更難；利之所存，必有弊患。爲使歐陽公等有識之士振興武威教育的理想發揚光大，使這一善舉延續經遠而不半途而廢，特此勒石銘記，勉勵後輩。碑文立意高遠，情真意切，立諸當代，期冀未來，在今天仍然不失借鑒作用。

　　[作者]

　　劉大懿（1756—1823）：字堅雅，山西洪洞人。乾隆四十二年（1777）舉人，任職雲南、貴州、福建等省，曾以按察使銜，分巡臺灣兵備道。後以事被劾，事白復官，歷安肅道、甘涼道。嘉慶十年（1805），以甘涼道遷甘肅按察使。曾主持解決武威文廟泮池的用水問題，今文廟有他題寫的"聚精揚紀"匾額。

　　圖勒炳阿：滿洲正白旗人。嘉慶年間任甘涼兵備道，後擢升軍機章京、雲南布政使、巡撫，河南布政使、巡撫，貴州巡撫等職。

那繙：旗人，時任凉州知府。

[注釋]

①贐（jìn）：臨別時贈與、贈送或饋贈的財物。

②大比：明清科舉考試每三年舉行一次，鄉試產生舉人，會試和殿試產生進士和狀元。舉行考試的這一年稱爲"大比年"。

③馬平歐陽郡守：即歐陽永裿。因其爲廣西馬平縣人，故名。詳見《敦節儉條約》《城隍廟甬道學產執照碑記》等碑。

④市廛（chán）：廛，古代指平民所住的房屋或街市商店的房屋。此處謂店鋪。

⑤甚裨：裨，益處，輔助。對士子很有益處和説明。

城隍廟宮隙地及鋪面入租佐鄉會試碑記

乾隆甲子歲，邑侯廬陵歐陽公①矜念寒士，以城隍宮隙地創修鋪面數十間，入租佐鄉、會試資斧，其爲作養人才計至深遠也。經理責之兩學齋長，數十年來諸先輩遵守弗替。壬申冬，齋長壽山許公暨同人告余曰：有利必有弊者，勢也；有興必有廢者，時也；酌乎時勢之中而制爲定數者，經久之道也。今統計，三年城隍宮所入房租五百餘金，以二百金供鄉試，至會試之年，每人給銀五兩，遇恩科平分其數不得少減外，二百餘金足備一切祭祀燕會之用。倘經理者浮費耗正項，則公議其罰，以昭炯戒，庶無負歐陽公作養之苦心，與諸先輩遵守之雅意也。余曰：斯言甚善，爰詳叙之；以示美舉，并告來者。

賜進士出身、户部湖廣司主事、前翰林院庶吉士、加一級張美如撰

賜進士出身、翰林院庶吉士尹世衡書

外，劉陞榮所經理字紙會田租三年，共入大錢叁拾陸千文，以作鄉試卷價。

廣平縣知縣、甲午科舉人鄭長年，吳堡縣教諭、辛卯科舉人張希孔，通州知州、癸卯科舉人柯映伊，原武縣知縣、乙卯進士郭楷，禮部員外郎、丙辰進士周泰元，階州學正、戊申科舉人郝希夔，屏山縣知縣、己未進士、前翰林院庶吉士張澍，同官縣知縣、壬戌進士楊增思，江西試用知縣、乙卯科舉人尹世阿，漢中府教授、戊辰進士龔溥，國子監學正、己巳進士李賁生，武宣縣知縣、己巳進士馬廷錫，己巳進士趙廷錫，布政司理問陳琨。

歲貢生：王以涵、李奎標、林起鵬、劉庚元、鄧瞵、田服功、賈培成、趙升、何耀文、李廷楹；

舉人：吳振業、王國祺、吳瑞年、李文藻、白毓華、李映樸、王三益、王述典、韓受生、王德謙、李泂、何建基、侯定遠、趙克俊、臧鳴珂、李德元、潘挹奎、王者彥、李來鳳、彭鶴齡、張兆亨、張景魯；

副貢生：李宗義、郭朴、柏含霖、關志友、張儲文、張橘雲；

拔貢生：馬應選、張夢齡、劉墨莊、牛鑒；

合學紳士：劉陛榮、常盛功、楊培元、白維鏞、王寵、馮齊舟、馬佶、劉兆榮、王國祥、王作霖、武瑤、賈彝、白自清、王存樞、李火喜、柴安、郝子淵、王瑞麟、范純學、尹世棟、劉光潤、葉永潤、張信、孫撥翰、劉培榮、趙思亮、龔學瀛、王浴汾等；

經理齋長：許鶴年、張潤、郝標、王敦倫、王絅、武琚、劉世英、王學隆、李如棟、李炳堂、張定邦、劉思良。

嘉慶十七年歲次壬申小陽月②上浣穀旦 闔學公立

[題解] 碑木質，高73厘米，寬160厘米。刻立於嘉慶十七年（1812）九月，今存武威文廟。乾隆九年（甲子，1744），武威縣令歐陽永裪念及貧寒學子參加鄉試、會試路費無着，倡導將城隍廟空地修成鋪面數十間出租，以租金收入作爲士子參加考試的路費。歷經半個世紀，管理此事的諸位同仁謹遵歐陽公教誨，嚴格租金收益用途，發揮了很好的作用。爲防止時久生弊，嘉慶十七年，經學校和經理人共同對近三年來的收益分配進行分析核算後商定：除保證士子鄉、會兩試費用外，結餘部分用做寺廟祭祀之用，并由官員、鄉紳、儒學生員和管理人員等九十六人簽名，武威學界共同立碑見證。碑文言簡意賅，合規合法，正如碑文所稱"以示美舉，并告來者"。碑文所列人員中有不少前後中舉、中進士，成爲涼州乃至隴上知名人士，如張澍、郭楷、周泰元、楊增思、潘挹奎、李蕡生、馬廷錫、趙廷錫、張兆亨（衡）、牛鑒等，他們對此的感激應當說是發自内心并銘刻於心的。

[作者]

張美如（？—1834）：字尊五，號玉溪，清涼州府武威縣人。嘉慶十三年（1808）進士，選翰林院庶吉士。曾任户部主事、員外郎。一生做官時間較短，但在教育文化事業上成績卓然。曾主講武威、蘭州、西安等地的著名書院，桃李遍布西北；同時也是清代享譽隴原的"詩書畫三絕"的名家。

尹世衡：涼州府武威縣（今涼州區）人。嘉慶十六年（1811）進士，選翰林院庶吉士。曾任户部主事、浙江糧道等職。

[注釋]

①邑侯廬陵歐陽公：即曾任武威縣知縣、涼州知府的歐陽永裿。其本爲廣西馬平人，因宋代大文豪歐陽修系廬陵（今江西吉安市）人，因以廬陵尊稱之。見《敦節儉條約》作者介紹。

②小陽月：也稱陽月，即農曆十月。

……氏三代神位碑記

……宏□今涼□□大幽□歷三十年之風雨，而廟貌翛然減色，合會衆姓人等發願捐金，爲之補葺，而□□□□貌乃焕然一新……三十年而鮮不如是，是亦人情之常無足記也。夫三王之祭川也，先河而後海，或源也，或委①也。故君子……關聖帝君儼然人杰，當春露……等□設……歲時伏臘先祭之，其亦善體關聖之心者，與吾嘉其意而樂。爲之記。

經理：李生義、張宗杰、楊應升、崔琚、李成□、王雲彩

督工：王元朝、陳習成、温中和、張克智、王士榮、白含耀

……律中無射②中浣穀旦

舉人、例贈文林郎、吏部使銓知縣王曰慎撰文并書丹

重泉後學魏國祚監刊

永興昌捐銀二十四兩，全盛鴻捐銀二十四兩，統盛永捐銀二十四兩，新興店捐銀二十四兩，恒順店捐銀二十四兩，通順劉捐銀二十四兩，□順公捐銀二十四兩，澤順張捐銀二十四兩，通順公捐銀二十四兩，恒裕和捐銀二十四兩，通順張捐銀二十四兩，屢盛恒捐銀一十六兩，君盛永捐銀一十六兩，越盛順捐銀一十六兩，萬盛□捐銀一十六兩，新興合捐銀一十六兩，金興恒捐銀一十六兩，全豐永捐銀一十六兩，永順立捐銀一十六兩，隆泰□捐銀一十六兩，永盛和捐銀一十六兩，同盛和捐銀一十六兩，義興隆捐銀一十六兩，大生張捐銀一十六兩，新興東捐銀一十六兩，增順和捐銀一十六兩，源興聚捐銀一十六兩，春育店捐銀一十六兩，順興王捐銀一十六兩，如松和捐銀一十二兩，興順裕捐銀一十二兩，德興店捐銀一十二兩，全成德捐銀一十二兩，恒泰公捐銀一十二

兩，萬成店捐銀一十二兩，永豐善捐銀一十二兩，源隆生捐銀一十二兩，益興張捐銀一十二兩，全興榮捐銀八兩，全興魁捐銀八兩，張盛公捐銀八兩，萬盛正捐銀八兩，全興張捐銀八兩，全盛生捐銀八兩，大全張捐銀八兩，義和永捐銀八兩，新泰恒捐銀八兩，景倫捐銀八兩，順興元捐銀八兩，廣興任捐銀六兩永順豐捐銀六兩，三合黨捐銀六兩，日升店捐銀六兩，希雍成捐銀六兩，天寶德捐銀六兩，興隆行捐銀六兩，新盛雷捐銀六兩，興盛邰捐銀六兩，松鶴合捐銀六兩，長順兆捐銀四兩八錢，興德順捐銀四兩八錢，乾興德捐銀四兩八錢，明德堂捐銀四兩八錢，協盛魏捐銀四兩，□裕堂捐銀三兩六錢，復元店捐銀三兩，□泰堂捐銀三兩六錢，協泰興捐銀三兩六錢，復生堂捐銀三兩六錢，隆慶店捐銀三兩六錢，隆順茶捐銀三兩六錢，萬順東捐銀三兩六錢，莊昌合捐銀三兩六錢，源德恒捐銀三兩六錢，元泰□捐銀三兩六錢，長發合捐銀三兩六錢，四明堂捐銀三兩六錢，道盛裕捐銀三兩六錢，川成合捐銀三兩六錢，盛壽堂捐銀三兩六錢，李幫棟捐銀三兩二錢，源成店捐銀二兩四錢，公信店捐銀二兩四錢，萬安堂捐銀二兩四錢，三合公捐銀二兩四錢東咸壽捐銀一兩二錢，三德堂捐銀一兩二錢，正興合捐銀一兩二錢，萬義合捐銀一兩二錢，天昌合捐銀一兩二錢，惠壽堂捐銀一兩二錢，三益堂捐銀一兩二錢，仁壽堂捐銀一兩二錢，太和堂捐銀一兩二錢，育明□捐銀一兩二錢，永興□捐銀一兩二錢，元和□捐銀一兩二錢，□益源捐銀一兩二錢，益成□捐銀一兩二錢，大生堂捐銀一兩二錢。

　　住持：大祥徒千總榮瑞敦孫普木年桐

　　匠工：邢士俊、賈生賢、王遷士、侯俊、王廷秀、朱麟、何義

　　[題解] 根據作者王曰慎生活年代，碑刻立時間約在嘉慶年間。通高140厘米，寬78厘米。今存武威文廟。由於碑文損毀嚴重，內容不甚清楚，據殘存文字，大致推測為修繕"××氏三代神位"，因"歷三十年之風雨而廟貌脩然減色"而動員合會眾人捐款修葺，修葺後廟貌"煥然一新"，特立碑記之。捐款商號近百家及全額眾多，說明此"合會"影響較大。

　　[作者] 王曰慎：武威人。乾隆五十四年（1789年）舉人，曾銓選為知縣。

　　[注釋]

　　①委：水的下流。上流曰源，下流曰委。

　　②律中無射：律，中國古代審定音樂高低的標準，把聲音分為六律（陽律）和六品（陰律），合稱十二律。無射，十二律中的第十一律，與十二地支對應為戌；古代以十一月為子月，無射為農曆九月（戌月）。

陝西同州府蒲城縣衆姓捐資題名碑記

　　大丈夫忠憤不酬於尺寸，而廟食滴沛乎九州；功名不留於須臾，而義烈感慨乎千古。普天之下，豈第通都大邑遍建靈祠，即蝸蜒①一角，亦不敢虛祀事□。關聖帝君，精英塞宇宙，聲烈煥簡編；端人正士敬其忠，武夫勁卒壯其勇，田畯村嫗懍其神，行旅商賈凜其義；萬古千秋，聲靈赫濯，真可與日月爭光矣。

　　我朝定鼎以來，誅逆蕩寇，屢顯威靈，筆難罄贊。若癸酉滑逆之變②，余在京師曾目見之實，有是昭昭不□者。聖天子崇其號、隆其祀，鉅典煌煌頒告天下，猗歟盛哉！非兩間正氣之浩瀚，充溢曷克臻此。今春視學江西，同鄉有貿易五凉者，馳書於余云：凉郡舊有陝西會，我邑人從乾隆五十八年間，共捐金二百餘兩，以作享祀、香火之資，公存行息爲久遠計焉。第恐積久湮没，有失初舉之微忱，咸謀叙其始末，并將原捐姓名勒之貞瑉，永垂不朽！因丐③文於余，余以爲光！若此者皆帝君之精英聲烈，有以感昭於靡窮也！乃諾其請，遂爲文以記云。

　　賜進士出身、資政大夫、工部左侍郎兼管錢法堂事務提督、江西全省學院、加三級紀録十一次 蒲城王鼎沐手撰文　武邑諸生楊培元沐手書丹

　　隆泰魁捐銀十二兩四錢。温中和捐銀八兩七錢。王順振捐銀七兩二錢。李成孔捐銀六兩三錢。廣興任捐銀六兩。董振元捐銀五兩一錢。三合公、三合党、陳伯長各捐銀四兩八錢。□裕德、陳永儒、李太銀、劉聘驥、張鳳武各捐銀三兩九錢。張永昌捐銀二兩六錢。胡遵福、王振民各捐銀三兩六錢。屈梓捐銀三兩三錢。永順豐、陳秀儒各捐銀三兩。辛表捐銀二兩九錢。張永昌捐銀二兩六錢。義興隆、永興昌、永成隆、王□□、□□、張光勛、□鐘彦、胡志雲、任宏才、党廷玠、陳世杰、恒順貨、德裕店、陳天福、淵樹德、馮永德、張樹各捐銀二兩四錢。楊□□捐銀二兩二錢。王積玉、劉大儒各捐銀一兩八錢。梁鳳岡捐銀一兩七錢。温清和、景允篤、寇尊模、曹興科、李天秩、董□□各捐銀一兩五錢。楊聯芳、齊瑞芝、宋士俊、何九齡、陳遇鳳、韓統□、梁景材、通益禧、王慶長、李子秀、馮大用、霍廷彦、劉大□、齊世杰、振興號、正興秀、楊韵、楊恭止、蔣育娥、陳永祥、賀□□、王映辰、楊振儒、同興合、陳守益、齊世才、陳英澤、王□、董萬積、何九經、臨盛和、張遜、陳孝友、王大成、淵有泉、楊廷聖、孫連登、王士元、趙德義、任廣運、王保源、楊士俊、陳崇□、原湖南、劉致敬、張復興各捐銀一兩二錢。郭鳳鱗、董俊章、景元章、張

恒養、屈承先、張登庸、景凌雲、胡克任、劉志還各捐銀一兩。張桐、張俊德、王大霖、向建顯、李宗孔、淵正清、劉鳴戚、屈玉典、雷應誠、賀開春、寇淹生、屈清廉、張迪、喬德興、齊德裕、黨宏烈、惠新魁、梁宗第、喬德福、陳成賢、楊秉環、張德厚、張善繼、魏國祥、霍廷賢、楊增慰各捐銀陸錢。張立德、史俊山、劉華輝、董□凌、張德修、張善述、董萬盛各捐銀一兩二錢。張翰、董萬宇、陳成學各捐銀一兩一錢。春育店捐銀四兩八錢。順興恒捐銀二兩四錢。

嘉慶二十一年歲次丙子□月丁未朔越九日乙卯

[題解] 碑刻立於嘉慶二十一年（1816）。通高187厘米，寬76厘米，厚15厘米。分碑帽、碑身、碑座三部分。今存武威文廟。三國名將關羽，其忠烈義勇千百年來影響着各行各業的人士，無論是通都大邑，還是蝸蜒一角，都建有關帝廟并供奉祭祀。當時陝西蒲城商人在涼州建有陝西會館，供奉關羽神像（民間認爲，關羽既可以保佑其生意興隆，又是主管財源的神明），祭祀費用由陝西商人自願捐贈。爲保證捐資合理持久用度而不枉生事端，由捐贈者共同立碑銘記。碑文由清代嘉道時期名儒王鼎撰寫，他從政治教化、道德價值、社會風俗的高度肯定關羽在天地間的浩然正氣，意在闡明關羽崇拜的合理性、必要性和重要性。碑陰詳列捐資者商號隆泰魁、溫中和等142家（人），捐銀不等，多者十二兩四錢，少者一兩。從此碑透出一個信息，僅陝西蒲城縣在武威的商人就達一百多人，説明當時的武威商業特別發達。

[作者]
王鼎（1768—1842）：字定九，號省崖，陝西蒲城縣人。清嘉慶元年（1796）進士，曾任禮、户、吏、工、刑等部侍郎，户部尚書、河南巡撫、直隸總督、軍機大臣等職，頗多建樹。此碑爲其任江西學正時撰寫。後因不顧個人安危，苦諫道光皇帝痛斥投降派誤國、力薦留用林則徐（時被革職充軍新疆）無效而自縊於圓明園。"王鼎尸諫"的壯舉流傳後世，一直激勵着國人的愛國激情。

楊培元：見《重修羅什寺碑文》作者介紹。

[注釋]
①蝸蜒：即蝸牛。
②癸酉滑逆之變：或稱天理教起事、八卦教起事。指清朝嘉慶十八年（1813，癸酉年）九月發生的一次天理教軍隊進攻北京紫禁城的事件，其首領爲林清。滑逆，狡猾的逆賊，同"滑賊"。滑，狡詐、不誠實。
③丐：乞求。

補葺雷祖廟碑記

□□□校字

……安。雷壇自有明至今，補葺者屢，未有……所更張。逮嘉慶九年□□□□□□□其間，壇授……明殿考道書雷祖誥曰：

……邑氏馬中驛發願振鐸，有安孝廉□□□□□天倫，叙其事勝於通衢人……□□財，賀廷功等相與贊成之。呈請於……其情，而府憲兆①更加意經度，俾四……縣各捐資有差，遂於道……以象周天之數。三十六戶兩七十……二牖，象一遵古制中……立雷軸，外運雷輪，其鎮物悉。本道……書未可以殫述，又創建大……工竣。幸值前歲告豐，今歲更稔，□□……僉曰：此興復雷壇之功也。□□□□……不可得而名五以歸於□□□□□……三光宣精，□□□五行補序。習習祥風，祁祁甘雨②。

……史科掌印給事中、順天府府尹 邑人牛鑒撰文

丙子科舉人 邑人張啟銘篆額

募捐者：賀廷功、楊德、□□□、李銳、□□□、安天和、張登科、□□□、王楷、周建基、李枝美、王淵、□□□、王椿、□□□、劉興禄、高克興、□□□、劉柱、□□□。

石工：李福

[題解] 碑僅存下半段，字迹漫漶。殘碑高64厘米，寬87厘米，厚17厘米。今存武威雷臺。據碑文作者牛鑒中舉、中進士時間推定，此碑約立於嘉慶二十一年（1816）之後。據僅存碑文內容分析，嘉慶年間，武威人馬氏看到雷祖廟殘破不堪，於是發願修葺。在他的倡導和帶領下，安孝廉、賀廷功等20多人積極參與，并呈請官方支援。在官方和民間的共同努力下，雷祖廟按周天之數和府縣規制，修葺一新。

[作者]

牛鑒（1785—1858）：字鏡堂，號雪樵，清涼州府武威縣（今涼州區）人。嘉慶十九年（1814）進士。曾任翰林院編修、御史、按察使、布政使、河南巡撫等職，官至兩江總督。在鴉片戰爭中因吴淞口失守，參與簽訂《南京條約》，被罷官治罪。後起復委用，病逝於故里洪崖山莊（今高壩鎮牛家花園）。

張啓銘：清涼州府武威縣人。嘉慶二十一年（丙子科，1816）舉人。

[注釋]

①兆：祭壇或墓地的界域。

②習習祥風句：習習、祁祁，風雨和順的樣子。語出《文選·班固·東都賦》。

清重修陝西會館碑記

重繪陝西會館，新建捲棚看臺上主神祠、鐘鼓二樓碑亭、固亭、題名功德碑記。從來宏規之起不起於起之日，□有□由基制度之隆不隆於隆之時，必有所由始其大較也。陝西會館，五涼之名勝也，其創之於前人者，規模也。□馬茲於嘉慶己卯歲，香□陳聖訓、白春燕□□殿宇彫敝，不坐視因□□六時中金成。神庥各□□□，鳩衆公議，將大殿以前至山門重新彩繪，復於戲臺前建捲棚三楹，其帝①建鐘、鼓二樓，六籍聲教而破沈②迷也；又建南北看臺各五間，碑亭各一間，西向東碑亭各一間；且於戲臺南之空地別間三并建立土主神祠二楹。爰采名花异卉、翠竹蒼松植其中，尋幽栖者所憩息，殆欲借祇園③以鋪金，同大地檀越，廣種福田，以結清净。緣入□及一載，巍然壯觀，善果已□，木土工竣，雕曰：人力豈非神佑哉。茲將所募布施，勒諸石以告來者，則興工之□詳諸開銷□額，茲不贅□乎一□一□，無非布地之金一木一椽必籍善姓之力，其所以據前人之規模大後人之觀瞻者，於是乎也。故序之。

萬順梓施銀一百四十兩，永盛□施銀一百一十兩，濟興秀施銀八十兩，濟興亨施銀六十兩，全盛鴻施銀四十八兩，復春堂施銀四十八兩，義典恒施銀四十八兩，復典甲施銀四十八兩，長順兒施銀四十八兩，起盛順施銀四十八兩，新盛店施銀四十八兩，德興店施銀四十八兩，通順劉施銀四十八兩，元順公施銀四十八兩，順興王施銀四十八兩，金盛川施銀四十八兩，廣裕合施銀四十四兩，信裕□、朝邑會、春有店各施銀四十兩，恒昌裕施銀三十六兩，西興□、恒順店、順興元、全興恒、澤順□、全興魁各施銀三十二兩，蒲城會施銀三十兩，德泰恒施銀二十八兩，通順公施銀二十七兩，永興昌、公順□、永慶合、大生張、永盛店、全成德、全興張、信隆忍、恒裕和、天合生各施銀二十四兩，同興合、新興韓、豐□恒、養□店各施銀二十兩，乾泰明、永豐□各施銀一十八兩，太原公、通順張、永順豐、永順豐各施銀一十八兩，大成合、恒昌□、恒泰公、合盛茶、增順和、藥王會各施銀一十六兩，元和□、太原□各施銀一十四兩，隆興正、東四明堂、元興主、大亨祥、咸壽堂、義合永、邠陽會、新興秀、恒昌秀、如松和各施銀一十二兩，永順祥、北四明堂、永慶明、張潽、永盛合、永□德各施銀一十兩，廣興任施銀九兩二錢，天亨通、慶餘章各施銀八兩，孟大成、興順裕、永盛和、□盛老、長春和、隆成店、義盛合、同興成、信成□各施銀八兩，西成□、復興張、日生雷、公□堂、太興寧、□慶伯、公順□各施銀六兩，公義館施銀五兩，永盛魁、元興鮮、□興生、緒誠老、正興合、濟盛永、源泉永各施銀四兩八錢，福壽堂、長春堂、仁壽堂、三德堂、順合裕、李維統、隆興店、義順春各施銀四兩，時潤公、長發銳、川成和、復興秀、大順張、東復興秀、興盛何、復興公、長□堂、正順新、□濟□、通盛裕、□興仁、興盛館、益盛□、益成德、□盛和、同川店、隆成正各施銀三兩六錢，九裳公施銀三兩，正順元施銀二兩五錢，順興恒、復興榮、□泉裕、順源店、齊春堂、世興元、仁和公、同生堂、長順公、復盛公、萬□恒、日新店、正興馬各施銀二兩四錢，萬全、永興成、寧遠店、鵬裕店、四明、恒盛鄭、東盛壽、新盛昌各施銀二兩四錢，敬盛恒施銀二兩，德壽堂、天佑生、永四明、益興公各施銀一兩二錢，武□善施銀一兩六錢。

首事監工：王天瑞、王萬年、韓進榜、韓步贏、郝良武、毛致榮、閆文蔚、張□、王拜良、田敏忠、馮爾興、劉長年

住持：普桐、普訓徒度郡

嘉慶二十五年歲次上章④□徐終皋月⑤之上浣穀旦 立

石匠：賈翩、李福

[題解] 碑立於清嘉慶二十五年（1820）。石質，高220厘米，寬80厘米。圓首，正中篆書"福緣義度"四字，正文楷書。今存武威文廟。陝西會館，乃五涼之名勝，原址在今涼州區東大街會館巷小學，今已不存。碑文簡述重修後的陝西會館，規模宏大，結構嚴謹，并植奇花异草，蒼松翠竹，不愧爲五涼之一大景觀。如此規格的會館修繕，需要巨額的資金。碑文對布施銀兩的商號（個人）及捐銀數額（共157家，2373.1兩）一一勒出，目的在於"以告來者""廣種福田"。

[注釋]

①帝：天神、主神。此處意爲在帝（主神）左右。

②沈：同"沉"。

③祇（qí）園：印度佛教聖地之一，後用爲佛寺的代稱。原爲佛教中"祇樹給孤獨園"的簡稱，即"舍"。意爲祇陀王子的樹，給孤獨長老的院子。參見

《重修羅什寺碑文》相關注釋。

④上章：十天干中"庚"的別稱，用以紀年。依前述嘉慶"己卯"推之，應是"庚辰"，即嘉慶二十五年（1820）。

⑤皐月：指農曆五月。

甘肅凉州府聖廟碑銘

分守甘凉兵備道 前知凉州府事英啓制文并篆額書丹

予奉命知府凉州，歲當辛巳，恭逢今皇帝嗣位，遣禮官祭告孔林，頒宸翰於大成殿。穆章風化，崇闡文教，於時綯髮闉首①之民，罔不鼓舞郅治②；涵泳聖涯③，情義刑仁，以光揚閎休④於無極。夫治不本於道，未世補苴⑤之術也；學不衷於聖，曲士溝留之技也。惟我孔子，開天明道，紹前聖以啓後聖；惟我皇上，正位凝命，法執中以協時中，明明德以新民，其默契於穆穆⑥之表者深也。古者立學，必釋奠⑦於先聖先師，然兩漢壁雍⑧，周孔并祀，自兹而降，代有興革，其典禮靡可紀焉。洎唐貞觀間定先聖之位，而門人暨歷代諸儒之有功於經學者，尊以爲師，陪饗列廡，詔天下州郡，立廟於學。

然則凉州之有文廟，由來舊矣。顧廟與學相表裏，有宮有墙，有室有序，有圓橋，有泮林，有射堂射圃。凡習禮讀書，學於教舞，與夫養老合樂，講經獻捷，皆得有事於其中；使傾圮不修，荒蕪不治，非所以妥神靈而奉宣德意也。

予再莅斯土，每逢春秋仲丁，率諸生肅恭行禮，具言朝廷嘉惠海內士，重道尊師，無有中外遐邇。以生以成，特飭有司，董理所治，苟有廢馳，得以時舉，州之民人，咸歌呼踴躍，感聖德之陶鈞⑨，而樂與太守從事也。爰庀材鳩工，經始於辛巳九月十二日，告竣於癸未九月二日。事既，予適膺甘凉守道之命，喜得長與兹邦士大夫，共相砥礪，以仰副菁莪⑩作人之至意，而并期無愧於門墙。乃勒貞瑉，永垂來祀。

系以銘曰：惟天佑民，篤生我皇；惟皇牖民，以紀以綱。惟其養之，民以得長兮；惟其教之，民以無□兮。學以得心，踐以躬行；尼山木鐸，世用有聲。惟聖如天，我皇則之；惟皇敬學，臣工是式。峨峨宮殿，肅肅威靈；以饗以祀，俾爾訓而型。

惟道光六年青龍在閹茂⑪霜月⑫之靈皇極之日

[題解] 碑立於道光六年（1826）十一月，已佚，碑文引自《武威縣志稿》。自唐貞觀年間定孔子先聖之位以來，歷朝歷代尊以爲師，立廟於學。涼州有文廟由來已久，且歷代均有修葺。道光元年（1821），英啓任涼州府知府。他看到文廟破敗，積極倡議修復。涼城士民踊躍響應，兩年後竣工。碑文借維修文廟之事，闡述"重道尊師"的重要意義，意在勸民"學以得心，踐以躬行"。碑文文采絢爛，用典較多，字裏行間充溢着對皇帝的崇敬，對孔子的仰慕之情。

[作者] 英啓：字子佑，滿洲鑲白旗漢軍。進士出身。曾任翰林院編修、涼州知府、湖北黄岡知府、甘涼兵備道，官至兩廣鹽運使。

[注釋]

①絇（táo）髮閛（sàn）首：絇，意爲用繩索捆綁；閛，意爲覆蓋。合指普通百姓。

②郅（zhì）治：指治理得極好，大治。郅，意爲最、極。

③涵泳聖涯：涵泳，是指像海洋江河那樣包容；聖涯，指各地精彩的文章。合指彙括國内所有精彩的流派文章，即搜羅優秀文化，爲盛世文明添彩。語出《新唐書·文藝傳序》。

④閎（hóng）休：意指大業美德。閎，宏大。

⑤補苴（jū）：補綴，縫補。引申爲彌補缺陷。語出劉向《新序·刺奢》。

⑥穆穆：端莊恭敬，儀容或言語和美。

⑦釋奠：即釋奠禮，古代在學校設置酒食以奠基先聖先師的一種典禮，屬於"三禮"（天、地、人之禮）中的"君師"之禮。語出《禮記·王制》。

⑧壁雍：也作"辟雍""璧雍"，本爲周天子所設大學，東漢以後，歷代皆有辟雍，均爲行鄉飲、大射或祭祀之禮的地方。也指"天子之學"，後泛指學宫。

⑨陶鈞：原指製作陶器用的轉輪，比喻治國的大道，借指聖王。

⑩菁莪：指育才或有才能的人。

⑪閹茂：地支中"戌"的别稱，用以紀年。此語指丙戌年，即道光六年（1826）。

⑫霜月：指農曆十一月。

重修節義祠碑記

國家旌忠襃節，垂爲祀典，特建忠孝節義二祠於學宫之旁，以春秋□祀，所以勵人心、廣教化，典至重也。節義祠自嘉慶癸亥重修後，其規模已視前爲增廣。道光甲申，郡守英公①飾修邑志，闔學以工費無所出，議久不決。惟節義子孫，念先人守節之艱苦，願各自捐貲，補續乾隆十五年至道光五年旌表之節孝；而忠孝子孫，□願捐資補續其先人，請於守土者，允其請，以甲申九月采輯起，至乙酉七月繕刻竣事，另爲一編，附入舊志。是年秋丁，節義子孫謁祠助祭，禮畢，廩生杜裕基等揖同會者而告之曰："捐資修志，所以表揚先德也。今幸竣事，而修志之費，尚餘□一百二十餘金，又若以此爲祠中香火，則不可勝用。今欲改建祠堂，添立齋房，而餘資又不敷用，奈何？惟有各自捐貲，乃可相與以有成也。"衆皆曰："諾。"遂踴躍捐輸，惟恐或後，復得銀二百餘金。又舊存房賃資，并丁祭餘銀一十九金，於道光七年四月十六日，興工移建正祠三楹；於東西正中，視舊址移後一丈許，東西各建齋房三間；東北隅立天棚厨房一間，建立祠門，内爲游廊三楹，將舊房移向祠門外；坊西舊有香火鋪一間，今改爲兩間；舊（正）祠後舊爲一進，有齋房三間，嘉慶癸亥，添建厢房八間。有僦居②此，以其收入賃資，作祠中香火修補之費，今皆一一修葺之。今修築彩繪工竣，共用人力若干，用過銀三百六十餘金，俱載開銷區内，兹不贅。

竊思忠孝、節義二祠，自國朝以來，春秋□祀，以至於今。而忠孝祠歲久傾圮，不聞有修葺之□；獨節義祠，自乾隆至今上御守之七年，前後數十年間，凡三度修□。蓋已祠宇日崇，規模日廓矣。祀之日，凡節義子孫，先期畢集，官來行禮，助祭者嘗不下百餘人。嗚呼！所謂盛矣。今移建正祠外，又添設齋房、厨房、游廊若干間，承事者不患無棲息之所，助祭此得以盡趨蹌③之儀，而因以各念其先人茹蘗飲冰④，完此若節。國家所以褒榮之□，若此其至，然後知同會之捐修祠宇，要追於心之不容已，勉其義之所當爲。今日既不得以祠之重新而居爲成功，他日即不得以祠之傾圮，而袖手坐視，庶斯祠之不朽也夫！

道光七年丁亥七月上瀚⑤之穀旦立　涼州府儒學教授、加三級奚雙璧撰

[題解] 碑立於道光七年（1827）七月，已佚，碑文引自《武威縣志稿》。國家旌忠褒節，特建忠孝、節義二祠於學宫之旁，春秋祭祀，以激勵人心，宣揚教化。道光四年，涼州知府英啓主持續修方志，忠孝、節義後代子孫捐資并親自參與部分方志的資料采編工作。修志結束後，節義祠所供的節義之士子孫又踴躍捐款二百餘金，加上房屋賃資及修志餘銀，於道光七年擴建了節義祠。碑文簡述了忠孝、節義祠在國家道德教化中的積極作用及其後代子孫捐資修志、修祠的情況，重點突出了重修擴建後的規模及其竣工祀典，意在説明懷念先人、慎終追遠是國家道德建設的需要，捐修祠宇重在堅持，既不"居爲成功"，也不

能"袖手坐視","祠之不朽"實際上就是忠孝、節義道德的不朽。

[作者] 奚雙璧：曾任涼州府儒學教授。

[注釋]

①英公：指涼州知府英啓。見《甘肅涼州府聖廟碑銘》作者介紹。

②僦（jiù）居：租賃房屋居住。

③趨蹌（qiāng）：古代朝拜晋謁須依一定的節奏和規則行步。亦指朝拜、進謁。趨，快步。蹌，形容行走合乎禮節。

④茹蘖（niè）飲冰：指生活清苦，爲人清白。茹，吃；蘖，樹木砍去後又長出來的芽子。

⑤上澣：同"上浣"。古代將每月分三旬，上旬或稱上澣（浣）。

蒼夫子①神座祭田記

武威縣儒學生員李如林，將典質金渠左四壩、日畦、頭溝②、劉丙敞科田地二石，用製錢二佰千文。其地四至、水利、糧草、差徭以典約爲據，覓佃户耕種承租，每年承納麥子九斗、糜子九斗，於道光冬季捐入學校以作祭田。

殊龕寺僧月峰姓劉，將典質黃渠頭壩、羊坊溝、李德榮科田地四石五斗，用製錢一佰四十千文。其地四至、水利、糧草、差徭以典約爲據，覓佃户耕種承租，每年承納小麥一石五斗，夥夥③一石五斗，於道光十二年春季捐入學校以作祭田。

以上二項同衆公議肅於蒼夫子神座前，每歲三月廿八誕辰，恭治牲醴④，永爲祭祀之用。庶幾俎豆常新，神庥廣被，李劉二氏之善舉亦不至湮没矣。待後存餘日，增潔粢豐盛首事，諸公諒有同志是爲記。

闔學經理：杜裕基、楊珍德、孫揆翰、韓子智、劉德昶、陳瑛、王建勛、李滋榮、陳宗瀚、王秉如　公立

焚化字紙張文舉　　錢筆李櫺

道光十三年歲次癸巳十一月吉旦

[題解] 碑立於道光十三年（1833）十一月。木質，高73厘米，寬160厘米。今存武威文廟。武威縣儒學生員李如林，殊龕寺僧劉月峰，將每年典租地收入的糧食捐入學校作爲祭祀公産，并將此項收入於每年三月二十八日蒼夫子

華誕之日，置辦牲醴，恭敬地獻於其神座前，并永爲祭祀成例。碑文簡述其典租地地塊、基本情况、收入及用途，閤學經理共同立碑，記其善舉，以彰其績。

[注釋]

①蒼父子：即漢字造字神蒼頡（也作倉頡）。傳説爲黄帝史官，被後世譽爲字聖、蒼父子，農曆三月廿八是其誕辰日。武威蒼父子廟，具體情况不詳。

②左四壩、日畦等地名：武威市凉州區農村地名，大多沿用至今。

③夥夥：也稱禾禾，是豆類、麥類作物的混合物，即不純種的糧食類作物的果實。

④牲醴（lǐ）：古代特指供宴饗祭祀用的家畜（牲口）和甜酒（或甜美的泉水）。

武威武徵君①李孝廉②傳

同里孫揆章撰　同里牛鑒書

徵君名瓚，字用侯，邑諸生。武氏爲凉右族，世饒於貲。父都尉公諱克勤，以武摘進士，游擊臺灣，死海寇蔡牽之難，幾爲當事所抑賴③。天子聖明，覆按④得實，贈恤有加禮，君感激矢報⑤。

少，即自振厲⑥，欲有所建樹，以爲先人光。而屢試報罷，家益落，鬱鬱不得志以死。死前之數月，余游銀夏，從友人書中得病狀，迫欲馳歸而齟齬未果。既歸，而君病已不可爲。床頭握手，欷歔一訣。若忍死須臾，以相待者俾刻，予視疾

臨□，克自盡其生平之積，此張元伯⑦所以謝郅君章、殷子徵而□□於臣卿也。然則，君之神明内照，爲不亂。已所居城南别業，有花竹園亭之勝，每際赤日，當天緑陰滿榻，獨擁所聚書數千卷，雜秦漢唐宋篆刻潦倒其中，自朝至夜漏十餘刻不休，而君不以爲苦、以爲常。君所學既有名，而内行純篤，孚於里。道光建元，朝廷詔舉孝廉方正之士，合郡數百人上其名於觀察使者。觀察使將核轉，先欲面試；君走遷不出，使人具札辭，日三四上。觀察使知不可强愈重之，飭有司給額表其門，欲往一見，且令其友先之，而君亦謝弗應也。君清癯矗立⑧，兩手盛夏不暖，而慮用其精神不自愛惜。母夫人以疾斷葷肉，君自此不與燕會

强之，辄逡巡去而终不自言其所以然。丙戌，余既倦游，侨居郡城之北，相距几一舍；君时念予，绕城行，风日中过予，盘桓一日。持都尉公手状，循发视予曰：昔管公明⑨揽镜，自伤其不永年，而予也种种⑩。然者，脱⑪一旦身先大马阿弥⑫，老先大人节行未彰⑬，则长逝魂魄，恨有穷⑭拯耶。予窃怪其语不祥，许为论次⑮复开，以事亲守身大义，不虞⑯其言之验也。余既受状而卒卒⑰未暇，以为又一年始，节其状语，铭而归之。君斋宿告庙，手泐⑱上石洎成，祭告如初。都尉公若或降临，家人有见之者。而君亦委顿，竟至不起，年五十，时道光辛卯五月十八日也。徵君死逾年，李孝廉夔生自济南归，约予哭诸墓，且赗⑲其遗子焉。

孝廉李姓，名夔生，字典臣，一字谐如，武威人。父讳作宾，处士，喜读宋儒书，持躬笃实。世父⑳讳作枢，诸生，隐居授徒，足不履城市。孝廉幼禀学世父，又承处士公之身教，务自刻苦，举动异常。儿年十四，补学官弟子，颖悟，善为文，清折要眇㉑，思入无闻，能言人之所欲言，并能言人之所不能言。少长，充以问学，纳须弥于芥子㉒，针孔中现无量庄严，楼阁超尘绝迹，真不于地上行者，而时人弗之尚也。予尝语孝廉，宋人有善为不龟手之药者㉓，一以封一，以不免于洴澼絖㉔，非所操之术有工拙，有幸有不幸也；且坚瓠无穷㉕，当以无用眺之耳。今以子之学而尽其所业，以蕲㉖夫世人一日之知，其知之于所业无加也，矧其未必知之耶。今息子业而进，其所学不蕲夫世人一日之知，其不知于所业无损也，矧㉗其未必不知耶。孝廉立感悟，从予于城西之僧楼，相与究学术之源流，考词章之得失，论风气人才之盛衰。纸窗㉘木榻如是者二年，每有所得必举似于予。予间有商榷，辄心契无违言。以故声望日重，足迹半天下，所至倾其贤豪㉙，而孝廉终不予易也。岁癸酉，以优行生贡；戊寅举乡试第四人。自此屡试春官㉚不第。丙戌出都门，由幽燕历齐鲁之维扬，听竹西歌吹泛，京口眺望金焦二山；过嘉兴，访烟雨楼故址；自江而浙登吴山顶上，南望钱塘江，北望西湖，俯仰身世，慷慨不自胜，往往西向恸哭，作为诗歌以怀予。予亦赋秋风㉛高抬之，尔时已觉其遇之蹇㉜而心之悲也。

孝廉性孝友，笃于宗族，拮据三十年，未尝名一钱，耿不绝俗，不轻与人交，苟心许生死以之。少尝与永昌蔡君发甲㉝友善，后蔡成进士，出令山东，因事左迁，旋死。孝廉挈其孤，走告于同官之有力者，清其官，累且集数千金，手载其柩返里；严寒风雪中敝裘一袭，驰驱五六千里。世咸高其义，以比之戴平仲㉞、缪豫公㉟云。孝廉体清羸，怆伤之余，毕历劳瘁而饮食失宜，风寒中于肺腑，水不上养浸淫，以至于失音，无几何竟佗祭㊱以死，年五十，时甲午㊲二月二十八日。死十閱月，而予遠游歸，亦如孝廉之哭徵君者，哭諸孝廉之墓，且以徵君遺子之殤并哭徵君。然孝廉有子，能讀書，拜謝成禮。今徵君無後，而余同之，异日只雞斗酒，欲求如孝廉之哭徵君。余之哭孝廉者，何可得也，而老泪爲之傾盡已。

論曰：二子雖未顯榮於世，而學成行立，年幾中壽，不爲不幸也。況孝廉之後能世其業，食報正復何窮，獨徵君爲可痛矣。俗傳吾鄉風高土薄，其水無源，亂石自相戛擊，以墳人多磊碗⑥，賢杰易磽折。予弗深信其言，理或然歟。

劉恒堂摹勒

[題解] 立碑時間當在道光十四年（甲午，1834）李夔生去世之後。碑四方，每方高32厘米，寬59厘米，今存武威文廟。作者采用史傳筆法，飽含深情和熱泪，爲兩位鄉賢立傳樹碑，概括其身世、學問、際遇、操守和爲人處事，在字裏行間對他倆鬱鬱不得志和英年早逝的不幸際遇表達了深深的遺憾和哀婉。"其遇之蹇而心之悲"的痛感又何嘗不是作者的自悼。孫揆章爲清代凉州首名進士孫詔後裔，到他時家族式微，品嘗了其家世由盛到衰的全過程，今哭徵君、哭孝廉，猶哭自己也。

[作者]
孫揆章：字雲方，又字廣文，甘肅武威人。清代武威首名進士孫詔之孫，孫俌（進士）之子，嘉慶年間秀才，一生未入仕，著有《悟雪齋詩文集》。

牛鑒：見《補茸雷祖廟碑記》作者介紹。

[注釋]
①武徵君（1782—1831）：名瓚，字用侯。父武克勤（禹亭），武進士，於臺灣蔡牽之亂中殉難。其一心希望有所建樹，無奈以高才而屢試不中，加之家道中落，鬱鬱不得志而死，年僅五十。武瓚學有所長，而內行純篤。道光初年，朝廷舉孝廉方正之士，全郡數百人推薦，而他堅辭不受。

②李孝廉（1785—1834）：名夔生，字典臣，武威人。幼承家學，刻苦讀書，究學術源流，考詞章得失，論風氣人才盛衰，學問深奧，不爲世人理解。於嘉慶二十三年（1818）中舉，之後屢試不第。後出門遠游，足迹半天下，對朋友之事盡心竭力，但懷才不遇而內心悲傷，年僅五十去世。

③抑賴：壓制而不承認。抑，壓制，抑制，貶損；賴，不承認，不認賬。

④覆按：同"覆案""覆考"。指復審案件，是古代延續的一種司法制度。

⑤矢報：謂誓報。矢，誓。

⑥振厲：亦作"振勵"。奮勵，振作。

⑦張元伯等：張元伯，名劭，字元伯，汝南（今屬駐馬店市）人。東漢初年在世。少游太學，與山陽范式（巨卿）友善，結爲生死之交（或爲"雞黍之交"）。范式，字巨卿，山陽郡金鄉縣（今山東金鄉縣）人。東漢名士，被舉爲州郡茂才，四次升遷荊州刺史，後遷廬江太守，逝於任所。郅君章，字惲，汝南人。東漢名臣。曾爲長沙太守。殷子徵，汝南人，與郅君章、張元伯同爲好友。元伯病重，二人從早到晚照料看護，但元伯說："你二人是我生之交，山陽范巨卿才是我的死之交。"四人故事詳情見成語"范式守信""雞黍之交"。

⑧清癯齷（qúwù）立：指面容清瘦而內心違逆（與世俗不合）。癯，瘦。齷，違逆，違背。

⑨管公明：即三國時著名術士管輅（209—256），山東德州人。精於《周易》，善卜筮、相術，相傳言輒中，出神入化。

⑩種種：本指頭髮短少，引申爲老邁衰頹之意。

⑪脫：假如。

⑫阿彌：即阿彌陀佛。佛教用語。指大乘佛教所廣爲崇敬和弘揚的諸佛之一，又名無量佛、無量光佛、無量壽佛等。又，表示對人的一種原諒，對世俗的無奈，用以平心靜氣，安慰自己，不與世俗的人計較，表現一種寬大。此處意爲歸命阿彌陀佛，即死去。

⑬老先大人句：指此時父親（武禹亭）爲國捐軀的事還沒有結論，其節行沒有得到彰揚。老先大人，指亡父。

⑭有窮：有窮盡，有止境。

⑮論次：本意爲論定編次。此處是說他把話講得亂七八糟，毫無次序。

⑯不虞：不憂慮，不擔心。

⑰卒卒：匆促急迫的樣子。

⑱泐（lè）：通"勒"。銘刻，雕刻。

⑲賻（fù）：以財助人；拿錢幫人（辦理喪事）；贈遺（贈送財物助人治喪）。

⑳世父：原指大伯父，後用爲伯父的通稱。

㉑要眇：同"要妙"，精深微妙。

㉒納須彌句：須彌爲印度神話中的山名，後爲佛教所用，以此比喻極爲巨大；芥爲蔬菜，子如粟粒，佛教以此比喻爲極小。佛門和世俗社會是相同的，就像須彌山和芥子可以互相包容一樣；小小的針孔中也可顯現出無量莊嚴（大千世界，無始無終）。

㉓不龜手句：龜，通"皸（jūn）"，指皮膚受凍開裂。不使皮膚受凍後開裂的藥，或能治（防治）皮膚受凍開裂的藥。語出《莊子·逍遙游》。

㉔洴澼絖（píngpìkuàng）：指在水上漂洗棉絮。語出《莊子·逍遙游》。

㉕堅瓠（hù）無窮：瓠，葫蘆。指堅硬而巨大的葫蘆。比喻無什麼用的東西。

㉖蘄（qí）：祈求。

㉗矧（shěn）：況且，亦。

㉘紙窗：紙糊的窗子。

㉙賢豪：賢士豪杰。

㉚春官：原指禮部，此處指禮部考試，也稱會試，即鄉試之後第二年由各省舉人參加在京城舉行的考試。考試由禮部主持，合格者再參加殿試，分出三甲名次，產生第一名狀元等。

㉛秋風：詩句典故。源於晋人張翰。張翰在洛陽做官，見秋風起，因思故鄉，便辭官回鄉。

㉜蹇（jiǎn）：不順利；窮固。

㉝蔡發甲（？—1830）：字梅生，涼州府永昌縣人。道光三年（1823）進士。曾任山東費縣縣令、濱州知州，勤政愛，輕徭薄賦，時人稱"蔡青天"。後因事被貶，不久去世。

㉞戴平仲（？—約100）：名封，濟北剛（今屬山東）人。東漢大臣。舉孝廉方正，歷任議郎、西華令、中山相、太常。曾以主動護送師友靈柩至其家鄉和追賊贈物、自焚祈雨、哀遣囚犯探親等賢名揚名天下。

㉟繆豫公：即東漢中期名人繆肜（miàoróng），汝南召陵（今屬河南）人。歷主簿、中弁令等。曾以護送隴西太守靈柩到家，并在動亂中爲其造冢，與兄弟敦睦、仗義爲同僚辨冤遭刑、爲官敢作敢爲而名聞天下。

㊱佗瘵：疑爲"佗瘵（zhài）"，帶着病。佗，負荷，同"馱"；瘵，癆病。一爲"侘傺"（chàchì），失意而神情恍惚的樣子。出自屈原《涉江》。

㊲甲午、道光建元等年號：道光建元，即道光元年，1821年；丙戌，即道光六年，1826年；辛卯，即道光十一年，1831年；戊寅，即嘉慶二十三年，1818年；甲午，即道光十四年，1834年。

㊳磊磈（kuǐ）：謂衆石累積貌。磈又讀wěi，（石）高低不平之義。

重建昭忠祠①碑銘并記

祠名昭忠，闡微也。曷言乎闡微？祠以忠名者多矣。襃忠旌忠恤忠，皆崇祀也。茲獨以昭忠名，蓋有微顯闡幽之意焉。夫以死勤事則祀之，禮也。然赴死非難，就義爲難，人必有盡忠之志存於中，而後轟烈之氣著於外，不惟昭於一時，昭於一代，且昭於萬世，有歷久而常新者。

嘉慶八年，皇上軫念川陝陣亡官兵，特隆崇祀，俾立祠矣，以昭憂恤，誠盛典也。當時建有昭忠祠，規模略具，不數十年寖以頹坍，祠中後嗣雲騎尉武經文、韋福、方棟、白廷佐等，感聖恩之高厚，念先代之忠誠，不忍湮沒，各捐世俸，思爲重建，請其事於鎮憲張、道憲郭、府憲潘、邑侯洪、府儒學正堂張、副堂楊，皆可其請。於是鳩工庀材，於道光廿三年二月起，九月止，越八月而工竣。建正殿三楹，出以卷棚，東西立廊廡各三間，牌樓一座，山門一座，外修齋房一院。氣象宏整，棟宇輝煌。殿之中間暨兩邊間設牌位，以祀川陝陣亡官兵；又添祀，以祀西寧陣亡、西域陣亡、浙江陣亡之官兵，皆所以慰忠魂而廣帝澤也。夫祀死者於前，即以勵生者於後，忠藎②之忱，不且昭如日星也哉。爰系之銘曰：

乃經崇祠，崇祠故址。廟貌既成，鴻規大起。俎豆莘莘，春秋享祀。義魄忠魂，既招格爾。聖春丕昭，施於孫子。萬載千秋，增光古史。

丙子科舉人、前任涇陽縣儒學教諭、即補知縣蔡含輝敬撰
涼州府儒學生員王錦蘭敬書
道光二十三年九月上浣穀旦

[題解] 碑立於道光二十三年（1843）九月，已佚，碑文引自《武威縣志稿》。建立昭忠祠，以昭示忠臣良將爲國死難的意義。清嘉慶八年（1803），涼州建立昭忠祠以紀念川陝陣亡官兵。四十年後，昭忠祠頹塌破敗。其後代感念皇恩高厚和先輩之忠誠衛國，各捐世俸，於道光二十三年二月重建昭忠祠。重建後的昭忠祠"氣象宏整，棟宇輝煌"，并增設牌位，祭祀和紀念在川陝、西寧、西域、浙江等戰事中陣亡的官兵，以告慰忠魂，勉勵後人。碑文簡述國家設立昭忠禮制的意義、涼州昭忠祠的興廢重建情況，意在強調昭忠的目的在於激勵後人，發揚光大先輩"忠藎之忱"，以"增光古史"。

[作者] 蔡含輝：清凉州府武威縣人。嘉慶丙子科（1816）舉人。曾任陝西涇陽縣儒學教諭、知縣。

[注釋]

①昭忠祠：我國古代爲紀念衛國戰爭中陣亡的將士而建立的廟宇或祠堂，以昭示忠良將士之意而命名。許多地方都有昭忠祠，以京師（北京）昭忠祠最著。昭忠，顯示忠信。

②忠藎（jìn）：猶忠誠。藎，古通"進"，後引申爲忠誠。

蓮花山文昌閣重修碑記

吾邑蓮花山文昌閣，頹廢日久，闔學紳士以此地爲文運所關，遂於道光二十二年撥用興文社膏火賬公項銀重修。凡殿宇亭臺悉舉而新之然，廟貌巍峨使不致其禋祀，非特無以答報神庥，而且有負重修之勝舉耶。

兹有本城民人李本枝捐施、吳舉借製錢一佰六十千文，即典吳舉德三壩田地四石，每年承納租糧小麥一石四斗、穀子一石四斗。山西孝義縣人劉隆裕捐施銀，典韓殿魁、韓多魁雜二壩三畦田地一石二斗；隨搭房屋園圃樹株，典價銀一十四兩，每年承納租糧小麥一石二斗。李兆卿捐施錢，典寧元鵬大渠下雙寨田地二石五斗，典價製錢一佰五十千文，每年承納租糧小麥二石、糜子二石。俱有文券爲憑。公議此三項永爲蓮花山文昌閣祭祀之資、看廟之費，庶幾俎豆常昭而文明日盛矣。故特爲之記，願日後毋廢厥事也，并爲世之樂施者勸。

經理監生：王國蘭、周光炯、郭耀先、張詔、段繼儒、司炳泰、胡宗哲、王成憲、趙正、范清鑒、王國儒、王培林 公立

道光二十五年歲次乙巳十月穀旦

[題解] 碑立於道光二十五年（1845）十月。木質，高62厘米，寬143厘米。今存武威文廟。碑文簡述了闔學紳士撥付興文社公項銀用以重修蓮花山文昌閣事宜，其中突出了本城人士李本枝、吳舉德、李兆卿和山西孝義人劉隆裕捐銀典地、納糧，爲蓮花山文昌閣貢獻祭祀、看廟之費的善舉，立碑彰績，以勸勵樂施好善之士。

阜成寺碑記

此寺何始末？始於前明恭順伯吳氏①，舊所謂吳府寺也。鼎革②後廟貌寢頹，主者失守，後嗣吳志同出券施捨。時有高柱，捐地基，衆檀越③助金銖，鳩工庀材，增而廣之。因榜其門曰"轉輪"，此吳府寺所以爲轉輪寺也。自有轉輪以來，喇嘛主之。閱百年，廟貌重頹，喇嘛失守。檀越張福、王璋、蘇培梓、徐崇義、王祉、楊克魁等，倡議捐修，遂請千榮和尚主其寺。千榮命其徒普桐敦匠事，於道光五年興工，創修大殿、左右耳院二、廊房六，創修中殿、捲棚三、左右耳院二、廊房六、廟前義學一；後圃蒔花，前楹種樹。因榜其門曰"阜成"，此轉輪寺所以爲阜成寺也。普桐善治工，與諸檀越手畫，不憚勞瘁。故廟中金碧輝煌，燦然大備。普桐没，其徒度禪等，奉普桐遺命，又於道光二十五年九月二十四日興工，諸檀越武克倉等，創修鐘、鼓樓各一，重修山門，以告功成。嗚呼，勤矣！

予嘗訪前代之遺迹，緬先賢之流風。向段司隷④之戰功，今猶有接武者乎？向段司農⑤之忠烈，今猶有善繼者乎？陰子堅父子⑥之詞章，李太元兄弟⑦之勳業，今猶有縱其聲以鳴盛，□其類以聯芳者，千欲求什一於千百，戛乎難矣！區區一叢林，踵事增華⑧奚爲哉？縱然地以人興，功由勤致，曩使吳氏式微，主者失守，不有人焉？踵而新之，焉知此地不化爲邱墟耶？曩使廟貌重頹，喇嘛失守，不有人焉？踵而新之，又焉知此地不淪⑨爲河，夷爲市，廟又爲田耶？其不淪爲河、夷爲市，變爲田者，晏然⑩事之適然⑪也，人工也。以此建功，何功不成？故榜曰"阜成"，以爲世之修廢舉墜者勸。至若乾隆時，高勇捐寺東地五斗，以爲圃；諸檀越趙天爵、郭四等，買寺前河南土房院落地基，以爲觀音會香火資，皆在重修以前。衆恐久而湮沒，故附書於此，餘不贅叙也。

　　賜進士出身、吏部候銓知府、丁酉科鄉試解元⑫　邑人陳作樞薰沐敬撰
　　賜進士出身、分發陝西即用⑬知府　邑人任國楨薰沐敬書
　　道光二十八年歲次戊申桃月穀旦　立

[題解]　碑立於道光二十八年（1848）桃月（農曆三月），已佚，碑文引自《武威縣志稿》。阜成寺位於今武威市涼州區金沙鎮吳府村，建於明恭順伯吳允誠家族封爲侯伯的鼎盛時期（約1415年左右），屬吳府私寺。後吳氏式微，寺

廟傾頹。吳氏後人吳志同鳩工庀材，增而廣之，更寺名爲"轉輪寺"，有喇嘛主寺。百年之後，寺廟再度傾頹，施主張福等倡議捐修。由主持僧千榮及其弟子普桐負責維修事宜，於道光五年（1825）興工，創修大殿、中殿、廊房、義學等，又進行綠化美化，更名爲"阜成寺"。之後，在道光二十五年又進行了一次重修擴建。自此阜成寺形成較大規模，香火旺盛。阜成寺今已不存，損毀年代不詳。作者從阜成寺的淪替聯想到武威歷史上衆多的文物古迹和先賢，他認爲，先賢是"千欲求什一於千百，夏乎難矣！"而古迹的恢復與重建只要人們努力去做，還是能夠實現的，表達了"踵事增華"的必要性和重要性。

[作者]

陳作樞（？—1870）：字瑶卿，號星樓，清涼州府武威縣人。道光二十四年（1844）進士。曾任知縣、知府，任職所在頗有政績，受民擁戴。

任國楨：武威縣人。道光二十七年進士。曾任知縣，即用（候補）知府。

[注釋]

①明恭順伯吳氏：即明代吳允誠家族。吳允誠（1357—1417），蒙古族，原居亦集乃（今內蒙古額濟納旗），初名把都帖木兒。永樂三年（1405）秋，率所部歸降明朝，明成祖嘉其誠，賜漢名，升右軍都督僉事，守備涼州，多有戰績。後隨駕北征、平叛，論功升右都督、左都督，封恭順伯，給予世襲誥券。去世後，永樂帝親撰文祭之，追贈國公，諡忠壯，葬於涼州金塔寺附近山原。許多史料都載吳允誠有三子，《明故恭順伯吳公神道碑》明確說"子男四人"，即答僞（答蘭）、管者（鎖南咎卜）、克忠、克勤（也兒克台）。其三子克忠襲爵，其餘子孫因功多授高官顯爵，并有兩位女性晉封爲皇妃。允誠夫人楊氏，因計謀破蒙古軍人謀反，受朝廷嘉獎，稱賢德夫人。參見《明故恭順伯吳公神道碑》。

②鼎革：舊特指改朝換代。此處指清朝代替明朝。

③檀越：佛教用語，指施主，即施與（布施）僧衆衣食，或出資舉行法會等之信衆。也作檀越施主、檀越主、檀那主、檀主。

④段司隸：即東漢名將段熲（？—179），字紀明，武威姑臧（今甘肅武威市）人。與皇甫規（字威明）、張奐（字然明）并稱"涼州三明"。歷任中郎將、護羌校尉、并州刺史、破羌將軍，封新豐縣侯，官至司隸校尉、太尉等職。被後世列入設廟享奠的七十二名名將之一。

⑤段司農：即唐代名臣段秀實，因曾任司農卿故名。其事迹見唐德宗《贈太尉段秀實記功碑》。

⑥陰子堅父子：即陰鏗與其父陰子春。陰鏗（約511—約563），字子堅，

祖籍武威姑臧。南北朝時期梁陳著名詩人。尤善五言詩，藝術風格與同期著名詩人何遜相似，後人并稱爲"陰何"。曾仕梁任湘東王法曹參軍，入陳爲始興王府中録事參軍，累遷晉陵太守、散騎常侍。其父陰子春，仕梁，爲梁、秦二州刺史。

⑦李太元兄弟：即李抱真、李抱玉從兄弟。李抱真，字太真，又字太玄。清朝爲辟康熙帝玄燁諱，將"玄"改爲"元"，故稱。其事迹見《相國義陽郡王李公墓志銘》。

⑧踵事增華：指繼承前人事業，使他更美好完善。踵，追隨，繼續。語出蕭統《文選序》。

⑨淪、夷、燮：淪，沉没，没落。夷，使平，鏟平，摧毁。燮（xiè），調和、調理、轉换。三者意思大致相同，有"變爲""變成"之意。

⑩晏然：安寧，安定；安適，安閑。

⑪適然：偶然；當然。

⑫解元：科舉考試中鄉試第一名，即全省三年當中舉人中的首名。

⑬即用：清代銓選官員有"即用"之制，謂遇缺即可補用，類似於今天的後備幹部。出自《清會典·吏部六·文選清吏司》。

范公祠記

縣署東范公祠，康熙中闔邑創修，以祀涼州衛監屯同知廣陵范公者。按縣志，公諱仕佳，康熙五十三年，蒞任多惠政；五十六年冬，準噶爾蒙古侵西藏，大軍自青海禦之，道於涼，飛芻挽粟①，賦役浩繁，公多方調劑，事集而下不擾，民相倚爲命。五十八年，軍方凱旋，公已積勞成疾，以其年卒於官。闔邑士庶，條其政績，既請學憲，祠諸名宦矣；又醵②金立廟於署左，肖像以祀。迄今百三十餘年，堂宇漸圮，旁有市廛一所，其租入本爲歲時牲體之資，或且私有之。去歲冬，甘涼觀察北平李公，閱縣志，得其略。闔學因稟請重修，收回市廛，俾學校辦公生監，董其祀事，歷經久遠，期無湮廢。觀察公深嘉納之，即蒙批准存案道署。夏六月，鳩工庀材，改建堂三楹，廣如舊，深加三之一，門垣唐塗悉修治之，閏八月訖工。因撮記顛末，鐫木版嵌置於壁，使後之瞻禮者，知公之遺愛；久而彌新，即觀察公表章循吏之微意，亦有所考見云。

咸豐元年九月　李銘漢撰

[题解] 碑立於咸豐元年（1851）九月，已佚，碑文引自《武威縣志稿》。范公，即范仕佳，揚州人，康熙五十三年（1714）任涼州監屯同知，在位多惠政。康熙五十六年冬，准噶爾入侵西藏，清軍自青海抵禦，途經涼州，沿途徵糧，賦税浩繁。他多方協調，既不使老百姓負擔過重，又要保證戰爭所需。繁重的工作使他積勞成疾，在官軍凱旋的康熙五十八年（1719）卒於任上。武威合邑士庶，請求官府同意范仕佳進入名宦祠，并在縣衙東建廟塑像祭祀。後因年久失修，堂宇漸圮。咸豐年間，時任甘凉觀察李公，從縣志中得知這一情況後，准許重修范公祠。碑文簡述了以上情況，表達了對良臣循吏的溢美之情（參閱《始置名宦祠祭田碑記》）。

[作者] 李銘漢（1808—1891）：字雲章。祖籍寧夏，其祖上從明末遷居涼州。24歲應鄉試未中，愈加醉心於學問。曾主講涼州雍涼書院、甘州甘泉書院，致力於教授生徒，著書立説。著有《續通鑒紀事本末》《爾雅聲類》《説文諧聲表》《日知齋詩稿》等。一生關心民生，深得紳民敬重。甘肅學使胡景桂薦他爲隴右耆儒之一，朝廷加國子監學正銜。

[注釋]
①飛芻挽粟：飛，很快；芻，飼料；挽，拉車或船；粟，小米，泛指糧食。指迅速運送糧草。典出《漢書·主父偃傳》。
②醵（jù）：泛指凑錢，集資。

嚴禁裁賣田產碑記

即補直隸州署涼州府武威縣正堂加五級紀録五次朱□，爲永遠嚴禁事，同治二年五月十九日，府憲信□蒙署甘涼兵備道奉批，據本縣詳情，嚴禁藉免□□裁賣田產各情立案等因，奉此令，將嚴禁裁賣、勒買田宅，藉端□求剥削并派逆滋□搶拉車牲等情，從重治罪，除勒存案，仍飭令該各自承領□照不得自撰外，所有議□條款開列於後。計開：

一、查武邑置賣田產立存絶賣文契，復行告我告贖私立搜求剥削裁賣等情□□，不一而足，至有剥價□於賣價者，均按平空訛詐律治罪。

一、查武邑積習有種無賴□徒，藉事强拉民間牲畜、車輛派送人口，甚至率領婦女騷辱滋鬧命者，均按凶惡棍□□次生事罪有□據律治罪。

一、查武邑民間凡有已嫁之女及催工夥封因病身死，該尸親并不確切，查明輒敢以尸死不報等情□控□□□□際實在服毒自戕，及禀條□□有實據者，均准其呈驗，照例辦理，其有項情節到案後審出虛誣，均按藉尸□賴律治罪。

以上三條，不拘賣業本人及賣業子孫，□者一律照辦，各民人執此爲據，以憑指控。

同治三年□月

[題解]　碑立於清同治三年（1864）。通高275厘米，寬72厘米，厚14.5厘米，分碑身、碑帽、碑座。今存武威大雲寺。碑文爲縣府的一項通告，由縣令簽批署名，內容爲嚴禁裁賣、勒買田宅及強拉民間牲畜車輛、聚衆鬧事、借尸索財等事，除立案存查外，勒銘永遠嚴禁。碑文逐項記錄所禁條例，并引用對應的法律條款，明確規定觸犯後按律治罪。

馬騰龍[①]等十二人紀功碑

馬騰龍，系四川成都府成都縣人，由陝甘督標中軍副將奉旨升補甘肅涼州鎮總兵，於道光元年三月初七日到任，於道光三年三月內調補陝安鎮總兵。

蔡文瑾[②]，四川寧遠府西昌縣人，由潼關協副將，於道光八年八月內奉上諭調補涼州協副將，十月內到任，於九年二月內奉旨補授漢中鎮總兵。

惠慶[③]，系京都正黃旗滿州人，由湖南永順協副將，於道光二十五年九月內奉上諭，補授甘肅涼州鎮總兵，於道光二十六年閏五月初二日到任，於十月內丁憂回旗。

德克金布[④]，系厢黃旗[⑤]滿州人，由烏鎗護軍歷升副將，於道光三年三月內奉旨補授涼州鎮總兵，於道光六年四月內調補河州鎮總兵。

馬金魁[⑥]，興安府安康縣人，由中衛協副將委署涼州協副將；賴永貴在喀什噶爾出征遺缺，於道光十年十一月內到任，於十年三月內奉旨補授雲南鶴麗鎮總兵。

高明德[⑦]，系山東曲阜縣人，寄籍直隸順天府宛平縣，由世職雲騎尉歷□圓明園副將，於道光六年三月內奉旨補授甘州、涼州鎮總兵，五月內到任；旋於本年八月內復奉上諭，調補浙江處州鎮總兵。

周悅勝[⑧]，系甘肅蘭州府皋蘭縣人，於道光十二年三月內涼州改協復鎮，奉上諭涼州鎮總兵員缺，以四川綏定協副將周補授；未經到任，於十四年八月內調補直隸大名鎮總兵、升補直隸古北口提督，旨升授雲南提督。

哈豐阿⑨，系鑲黄旗滿州人，由浙江處州鎮總兵，於道光六年八月內奉旨調任凉州鎮總兵，本年十一月到任，八年□月署理甘肅提督；八月內奉文：總兵缺，改設喀什噶爾，凉州改鎮爲協補漢中鎮總兵；復授烏魯木齊提督。

長年⑩，系京都鑲白旗漢軍，由雲貴督標中軍副將，於道光十四年九月內奉上諭，補授甘肅凉州鎮總兵，於十月初三日到任；於二十五年六月內進京陛見，奉旨留京，賞給頭等侍衛。

汪桂元⑪，系貴州貴陽府貴定縣學生，投入新添等效力……馬兵，提補外額□□，歷升至貴州松桃協副將；同治六年十一月三十日，旨補授陝西延綏鎮總兵，員缺，奏留貴州剿辦軍務，力克隴西縣城池，後因丁艱，奏請開缺守制，期滿服□奏陛見；十一年三月初二日，奉上諭補授凉州鎮總兵，員缺，是年八月初十日到任接印。視……。

[題解] 碑通高214厘米，寬78厘米，厚7厘米。1987年7月出土於武威西大街原大衙門（今凉州市場院內），今存武威文廟。碑分爲12個小塊，每一小塊記錄一人的升遷任職情況。碑文記載的人員均爲武職，系道光至同治年間鎮守凉州（凉州總兵）或從凉州調任他處任職情況，有馬騰龍、蔡文瑾、惠慶、德克金布、馬金魁、高明德、周悦勝、哈豐阿、長年、汪桂元等10人。第十一和十二人的情況因碑文漫漶已分辨不清。

[注釋]

①馬騰龍：四川成都人。曾任四川松潘鎮、甘肅凉州鎮、陝西陝安鎮總兵，甘肅提督等職。

②蔡文瑾：四川西昌人。曾任凉州協副將、漢中鎮總兵等職。

③惠慶：京都正黄旗人。曾任廣西右江鎮、甘肅凉州鎮總兵，廣西提督等職。

④德克金布：滿洲鑲黄旗人。曾任凉州、河州、天津、直隸大名鎮總兵等職。

⑤厢黄旗：同"鑲黄旗"。

⑥馬金魁：陝西安康人。由鄉勇累加五品頂戴，後隨楊遇春、楊芳遠征叶爾羌，進副將、總兵等職。

⑦高明德：山東曲阜人。曾任圓明園副將，甘州、凉州、處州鎮總兵等職。

⑧周悦勝（1775—1845）：字懋功，甘肅蘭州人。曾任喀什噶爾總兵、凉州總兵，直隸提督、甘肅提督等職。曾隨揚威將軍長齡赴新疆平定張格爾叛亂。

⑨哈豐阿（？—1840）：滿洲鑲黄旗人。曾平定南山餘匪甚力，授貴州定廣協副將，歷貴州威寧、浙江處州、甘肅凉州、陝西漢中諸鎮，烏魯木齊提督，

官至廣西將軍、黑龍江將軍、西安將軍，加太子太保。

⑩長年：滿洲鑲白旗人。曾任雲貴督標軍副將、涼州總兵、大内頭等侍衛等職。

⑪汪桂元：貴州貴陽人。曾任陝西延綏鎮、甘肅涼州鎮總兵等職。

判發永昌烏牛壩武威三岔與鎮番蔡旗用水執照水利碑

欽加運同銜陝西補用清軍府代理涼州府正堂加五級紀録十次李，爲循照舊案、復立碑記、以杜爭壩事。

照得武威之三岔、鎮番之蔡旗各堡，每年自五月初一日寅時起至初八日寅時止，卸放武水屬之高頭、烏牛、徐信、小沙、高廟等壩，全河水七晝夜澆灌田禾。查自前明崇禎年間定案勒石，迨至我朝康熙初年，由本府派差府役監卸水利迄今，并無異議。前於道光年間即有偷卸爭競等事，一經控府，均照舊案斷結。又於同治十一年五月間卸水之期，竟有烏牛壩農民曹興舜等糾衆搶水，經三岔、蔡旗二堡農民王文清等具控到府，當即委員押卸，一面差提爲首之曹興舜、曹世有、李恒元、朱丞先四人從重枷責示懲外，查此案水利前明立有碑記，兹有烏牛等壩早將碑記毀弃無存，自應仍照舊案復立石碑。

兹本府斷：罰烏牛壩補出監立碑記大錢一百串，又造刻石碑二道，一竪烏牛壩，一竪府署大堂，以垂永久。如有截壩水利者，短放一日罰補二日，爲首之人照例治罪，爲此勒石，仰蔡旗、烏牛等壩人等遵照毋違，須至碑者。

同治十三年二月吉旦　立

右仰蔡旗烏牛等壩農民遵照

[題解] 碑立於同治十三年（1874）二月，已佚，碑文引自《武威市水利志》。武威三岔（今涼州區四壩鎮三岔村）、鎮番蔡旗（今民勤縣蔡旗鎮）各堡，每年放水灌溉之事，包括水之來源及放水時間、水量等，自明崇禎年間起就有官府判決并立碑詳加說明，多年以來并無爭議。同治十一年（1872）五月放水之際，烏牛壩（今永昌縣水源鎮境内）人糾衆搶水，三岔、蔡旗二堡農民告到官府。經查明，此系烏牛壩人違規毀碑所致，官府再次做出判決：懲處烏牛壩首犯、判罰烏牛壩人出錢恢復原有碑石，并希望兩壩人士共同遵守。碑文内容涉及歷史依據、放水情況、違規事實、判決結果等，法理清晰，簡明扼要。

懷①六壩磨灣泉源水利碑記

　　從來事之振興，恒藉乎人力，實關乎時運。時運至而無人力，固不能振作有爲；有人力而時運未至，亦不能聿觀厥成。況事關百餘年之久，敝錮已深，而能撥亂反正，更非人力所可及也。

　　若我懷六壩磨灣泉源水利，細閱前據，原系本壩田地，因明朝洪水漲發沖去地面，而淌出泉源數十處，所冲之地糧草無着。本壩先考察紳縉史金成等遂開渠引水，修蓋油磨坊，以每年所出之資完納國課，相傳至今二百餘年矣。前於崇禎十一年，五壩農民張述孔、劉東林等硬行爭奪，當時鳴官②勘驗明確，實系六壩水利，不與五壩相涉；即將伊等笞責，討給執照一張，永遠爲據。後於康熙十九年，五壩農民張述孔、李潤等又復爭奪，鳴官查驗斷與前同，又給紅照一張，至今尚存。不意五壩□□故心侵奪，相沿成習，祖孫相傳，怙惡不悛，百餘年來屢次爭訟。但伊無憑據，未能如願。偶於嘉慶年間，不知如何蒙混作弊，私立執照，魚目混珠，蒙蔽聰聽；於是喧賓奪主，屢受荼毒，兩遭命案，終無完獄。

　　夫水不爭而自流，怨已結而愈甚。且水勢微細，流之磨溝足能打磨澆地，退之大河，不能上溝，五壩人民豈非人情亦何樂而爲此哉！蓋因壩大人衆，賢愚不齊，老成平靜者樂於相安無事，內有好事之徒藉事生端，名爲爭奪水利，實爲索詐錢文；無事則私肥己囊，有事則縻費公項，酒食徵，遂藉此逍遥，多年滋蔓端爲此也。今春又因索詐未遂，挖壩興訟，幸蒙代理縣篆□常公，當堂訊斷，明鏡高懸，妍媸③立斷，銷毀私照，斬斷藤葛，真不啻撥霧而見青天矣！我等冤抑已伸，五壩人民亦心悅誠服，兩造④具結完案，更請給合同新照，彼此永遠遵守，以杜爭端。夫百餘年未完之案一旦了結，雖之人力豈非時運使之然與！

　　欲余特述其梗概，使五、六兩壩人民詳明巔末⑤，更悉利弊。從此氣和心平，相友相助，令好事者自愧故迹，存心向善，再不至安生事端。此余之所厚望也夫。

　　敕授承德郎、欽賜六品頂戴、召試孝廉方正、前任涇州靈臺縣教諭　邑人陳炳奎撰文書丹

　　鄉約王大學，壩長王凱

　　光緒元年歲次己亥小陽月上浣吉旦

　　首事人：陳恒隆、安方順、劉德成、王天順、魯林桂、朱久學　同衆公立

[題解] 碑刻立於光緒元年（1875），已佚，碑文引自《武威市水利志》。懷渠六壩磨灣泉源水利原系武威六壩所有，形成於明朝時期，後經開渠引水，修蓋油磨坊，以每年收入完納國税，二百多年來相安無事。明末清初，五壩人恃強爭奪，因官府查明真相而未能得逞。嘉慶年間，五壩的一些好事之徒蒙混作弊，私立執照，名爲爭奪水利，實爲從中索詐錢物，雙方爲此爭執多年。後經官府秉公斷案，銷毁五壩私照，復發給六壩水利所有權的執照，立碑爲證，以杜爭端。碑文簡述以上内容，并表達了雙方"氣和心平"，"存心向善"的願望。

[作者] 陳炳奎：字蓮樵，約生於嘉慶年間，卒於光緒年間。清涼州府武威縣人。咸豐元年（1851），舉孝廉方正，選授甘肅靈臺縣學教諭，因年老未到職。生平愛好文學詩詞，其詩以抒發情感、描寫景物者居多。自選七百餘首，輯爲八卷，定名《古柏山房詩草》（未刊行）。

[注釋]

①懷：指涼州六渠之一懷安渠，簡稱"懷渠"。

②鳴官：即告官，向官府控告。

③妍媸（yánchī）：表示美醜，美麗和醜陋都顯示出來，比喻事情真相大白。妍，美麗；媸，醜陋。

④兩造：指原告與被告。也作兩槽。

⑤顛末：從開始到末尾，謂事情的全過程。

武威軍各營頻年種樹記碑

在昔，西陲構禍，隴東爲烈，甚至道周樹木存者寥寥，滿目荒涼，不堪回憶。自銀夏河湟①平，人民漸集，土地漸開。制府左侯②相檄各防軍夾道植柳，意爲居民聚材用、庇行人，以復承平景象而暢皇風也。惟時搜采枝幹，越山度壑，負運艱苦。

樹藝伊始，每爲游民竊拔，牲畜踐履，暵③乾枯朽，乃培其根柢，柞其杈材，諭禁之、守護之、灌漑之、補栽之。始於同治十二年，今六載矣！吏士暴露，不知幾費經營。武威分屯初，自涇州瓦雲至瓦亭，隆德至静寧界石鋪。其間，瓦亭至隆德界石，至會寧城東，爲精選中路兩軍分駐。光緒紀元，悉屬余防，復營植之，邇來郵程六百餘里，不下二十萬株。鬱青青已邑茂④，紛冉冉而陸離⑤，已有可觀。慶環路則所部鎮固環捷兩營植馬水鹵，原高多不宜樹，生機亦蔚然間發矣。

噫，萬物本乾坤鍾毓，而成之在人。再越數年，縱不逮淮徐之桐、海岱之松、荊衡之杶幹栝柏⑥、上列貢物積蓄久而菁華發，當亦綠陰夾道，居者行者相與游憩於其間，社稷河山皆為之生色。有問於余者，曰："公樹木亦得樹人之道乎？"余曰："樹人固吾職也。憶自戡亂，招徠以養以教於今十載，其與道合耶？否耶？吾不得而知，聞君言使吾忽然慚復怳然悟。夫樹木亦多術亦，乘時而蒔，不先不後，必順其天也；摶埴而種，勿助勿忘，必致其性也；辨曲直以為弃取，度燥濕以勤變調，審孳息以篤栽培，仿虞衡以嚴防衛，於是人事盡而地靈萃，天道允從，雨日潤暄，風雷散動，則木之碩且茂，壽且蕃，將有不期然而然者。堅韌之質、棟梁之器、廊廟之材，皆於是乎出。雖然胚胎不容或壞，長養尤不容稍疎。倘竭心力締構於前，後人罔知愛惜，其不至於摧折也幾何！"問者笑曰："公言樹木即樹人之道也，獨不見奇⑦姿挺生，其磅礴鬱積於陰崖岓崿⑧之區，其峭竦抉疏於叠巘崚嶒⑨之上，不恃人力而干霄蔽日，迥非群材所可幾及，抑又何也？"余乃為之辯曰："此幽岩邃壑⑩間氣所鍾夫，安得以尋常較視時"。

光緒四年戊寅秋八月

欽加二品頂戴按察使銜、統領武威馬步全軍、分巡甘肅平慶涇固鹽法兵備道、西林巴圖魯　邵陽魏光燾撰書

[題解] 碑刻制於清光緒四年（1878）八月。青石質，高129厘米，寬60厘米，厚12.5厘米，全碑700餘字，今存平涼市博物館。清同治五年（1866）九月，左宗棠由閩浙總督改任陝甘總督。為了轉運軍需糧餉的便利，他督導將士隨處築路架橋，廣植樹木。據《防營承修各工程請敕部備案折》所稱，其屬下甘肅平慶涇固道魏光燾統領武威軍各營及別部，於操防護運之暇，積極植樹。至光緒紀元之始，魏光燾防區中的六百里路段，武威軍各營在五年時間先後種樹不下20萬株，同時架設橋梁40多座。這些恢復民生的措施，受到左宗棠的贊賞，也打開了他的仕宦通道。這些樹木"每為游民竊拔，牲畜踐履。"為了保護樹木免遭破壞，長大成材，魏光燾統轄武威軍各營，采取多種辦法進行管護，并對枯死和遭到破壞的苗木，及時"補栽之"。經過多年的艱苦經營管護，驛道兩旁鬱鬱青青，綠蔭蔽日，成為當時甘肅的一道亮麗風景綫。

碑文對植樹背景和目的予以說明，意在醫治戰爭創傷，為居民聚材、遮陽；

再述及植樹結果，僅六百里防區就植有20萬株，以此推算，從陝甘邊界至新疆三千里驛道兩旁，不下百萬餘株，可謂工程浩大，歷盡艱辛。碑文詳敘植樹方法，延伸出"樹木亦得樹人之道"，既不能揠苗助長，亦不能放任自流，要因材施教，得出"萬物本乾坤鐘毓，而成之在人"的道理，所謂"十年樹木，百年樹人"，其重要性不言而喻。今天讀此碑文，對當今社會生態環境惡化、道德誠信下滑的危機不亦有所感悟嗎？

魏光燾所部軍號稱"武威軍"，這一稱號究竟何時出現，從何而來，與武威有何關係，不得而知。一說武威軍是以涼州人爲主的一支武裝，"武威"既寓地名，又寓威武雄壯之意。魏光燾在平涼時，所部號稱"武威軍"；後來，"武威軍"跟隨他參與了收復新疆的戰鬥。甲午戰爭後，魏光燾丁憂在家，接到朝廷徵召命令，他又招募武威軍舊部3000餘人，血戰牛莊（今屬遼寧省海城市），雖敗猶榮，一時，武威軍名動京師。

[作者] 魏光燾（1837—1915）：名午莊，字光邨，號光燾，晚號湖山老人，世人稱作"武威將軍"。湖南邵陽市隆回縣人。與李鴻章、張之洞、劉坤一等同爲晚清重臣。曾是左宗棠的重要助手，參與收復新疆。歷任甘肅按察使、布政使，新疆巡撫，雲貴、陝甘、兩江總督，南洋大臣、總理各國事務大臣。

[注釋]

①銀夏河湟：銀，古銀川；夏，古夏州。約在今陝甘寧三地交錯地帶。河湟，指黃河、湟水流域，泛指今河西隴東地區。

②制府左侯：指左宗棠（1812—1885），湖南湘陰人，清末洋務派和湘軍首領，曾任陝甘總督等職。1875年以欽差大臣受命督辦新疆軍務，收復新疆。期間，要求官兵在沿途植樹，形成三千里綠蔭官道。

③暵（hàn）：曬；乾枯；熱。

④鬯（chàng）茂：暢茂；旺盛。鬯，通"暢"。

⑤陸離：形容色彩絢麗繁雜。參差錯綜的樣子。

⑥杶（chūn）幹栝（guā）柏：杶，同"椿"，香椿。栝，指檜（guì）樹。

⑦奇（qí）：古同"奇"。

⑧岝崿（zuò è）：山勢高峻的樣子。

⑨敻巘崚嶒（xiòng yǎn léng céng）：山巒起伏陡峭。敻，遠，遼遠。巘，大山上的小山。崚嶒，陡峭不平的樣子。

⑩幽岩邃壑：幽深的高崖深谷。壑，深溝，深谷。

奉憲豁免采買六渠①麥草以除民累勒石永禁碑

吾邑每歲額徵穀草三十萬束，向系供支滿漢兩營馬草及各驛喂馬之用。道光間，因滿營需用麥草，按照時價發價采買添補，爲數無多，原系□時采辦。奈何□久年積年增多至二十萬束，民間繳不足數，甚至隨同額徵糧草比追兼有，□□弊大爲民累，紳民等赴省，稟求藩憲崇行查豁免。奉道府憲鐵、黃檄，前代理縣主虞侯葉公查明，詳請豁免□曉諭，將永遠豁免等情業經在案。本年，邑侯夏公蒞任，憫念民艱，猶恐斯禁之難持久也，准予立碑永禁。紳民等奉諭之下，歡欣鼓舞，感激無既。邑侯甫經□□興利祛弊爲務，即是舉已可見其大概矣。爰述其顛末如左，勒之貞瑉以志。

　　武威縣六渠紳耆士庶等仝公置
　　大清光緒四年歲次龍集著雍攝提格②黃鐘月③中浣吉旦　公立

[題解] 碑刻立於光緒四年（1878）十一月。通高176厘米，寬76厘米，厚13厘米。今存武威文廟。武威縣每年應徵穀草三十萬束，供給滿、漢兩營及各驛站。道光年間，滿營需用麥草不多，多年後數額增大，民間不堪重負。於是推薦紳民代表赴省，請求省府調查并豁免。後經各級政府查明實情，同意豁免六渠麥草，以除民累，并記錄在案。光緒四年，武威縣令夏某非常同情百姓，爲防止此項惠民政策反彈，准予立碑永禁此項徵繳。全縣民衆感激不盡，由紳民代表共同發起刻立此碑，述其原委，以志永久。此碑所述內容簡明，但官府的攤派、紳民的請願、地方官員的作爲等，一一道來，在今天仍有現實意義。

[注釋]
①六渠：清朝時期，武威縣水利畫分爲六渠，即黃羊渠、雜木渠、大七渠、金塔渠、懷安渠和永渠。有時稱爲"武邑六渠"。此處用"六渠"指代全縣。
②著雍攝提格：干支計年法，著雍對應天干戊，攝提格對應地支寅。故"著雍攝提格"即戊寅年，時爲光緒四年（1878）。
③黃鐘月：農曆十一月的別稱。

張掖與山丹攤派芨草及捆草民夫永遠禁革①碑記

　　詳明肅州陋規；張掖縣攤派芨草及捆草民夫永遠禁革，山丹縣攤派芨草及捆草民夫永遠禁革，攤派析價加增車輛全免，攤派驛馬二十匹全免。

　　皇清。欽命，調補西寧道、整飭分守甘涼兵備道、兼管水利驛傳事務加二級紀錄四次鐵，爲勒石示禁永遠裁革事案。查甘涼兩屬采買麥草、麩料、馬匹、柴斤，最爲累民弊政，積習相沿歷有年所。武威於額徵外采買草四十萬束，每束僅給錢五文；後於道光年間前道朱任內減去二十萬束，尚留二十萬束。麥麩驛馬，向不給價；逢差采買木柴無有定數；驛馬八十匹，前縣蘇令減去四十匹，尚留四十匹，亦不給價。張掖每年派交麩子市斗一千一百八十八石一斗，以二完一，向不發價；每年采買號馬二十匹，每匹發價七串五百文。木柴攤派足數，其餘各屬或有陋規，或無陋規，或有派交麩子草料，爲數多寡不等，發價亦各有參差。總之，皆系短價，不及十分之半。本道到任後，即將麥麩草料禁革，其餘以次訪查裁免。但恐日久弊生，兹復禀請督憲立案，申明前令，嚴飭甘涼各屬，將以上麥麩、草料、馬匹、木柴永遠停止采買；只准照市價交易，不准渠②差頭人農約攤買；如有陽奉陰違仍蹈故轍，按因公科斂財物入己，例計贓科罪。恐境內有未周知，特勒石諸垂久遠。

　　今將禁革各項各屬，有無一體除免開列於後：

　　涼州府屬：武威縣前免草二十萬束，今又免二十萬束，全免；麩子四百八十石全免；驛馬前免四十匹，今免四十匹，全免；逢差攤買木柴無定數全免；永遠禁絕巡役拉夫。永昌縣麩子一百一十石全免。鎮番③縣三渠買馬二匹全免。古浪縣糧料全免，麥麩全免，草束全免。平番④縣面料麩草柴薪早經禁革。

　　甘州府屬：張掖縣麩子一千一百八十八石一斗全免；號馬二十匹全免；攤派木柴全免。扶彝⑤麥麩二百石、料豆一百石全免。山丹縣麥麩一千石全免。東樂⑥縣麥麩六十石、采買馬五匹全免；遇差攤派豬羊禁革。以上各項只准照市價隨時交易，不准再令渠差農約頭人經手采買。

　　光緒五年九月十六日　立

　　[題解] 此碑又稱《甘州涼州攤派麥麩草料馬匹永遠禁革碑記》，刻立於光緒五年（1879）九月。碑高162厘米，寬63厘米，厚15厘米。今存武威文廟。

甘州、涼州兩府屬縣采買馬匹、麩子、料草和木柴等，最爲累民弊政，且積習相沿多年。鐵珊道台上任後，立即禁革了采買麥麩、草料的陳規，其餘待調研後逐步裁免。但此事恐日久生弊和反彈，復請上級批准部分永遠禁革的采買事項，并將這些禁革事項一一開列於後，要求各府縣實施采買禁革後，如有需要，按市場價格進行交易，不准再令屬下差人經手采買。此項舉措大大減輕了人民的負擔，取消了中間盤剝等弊政，深受百姓擁護。碑文爲政府通告，在簡述采買陋規弊端的前提下，又逐項載明所禁內容、禁革後的措施，對我們今天進行的簡政放權、減少審批事項改革仍有現實意義。

[注釋]

①禁革：禁止革除。
②渠：大，同"巨"。又，他，他們。
③鎮番：今武威市民勤縣。
④平番：今蘭州市永登縣。
⑤扶彝：今張掖市臨澤縣。
⑥東樂：今張掖市民樂縣。

判武威九墩溝民與鎮番農民控爭石羊河水利一案碑

勘得：武威屬九墩溝民與鎮番縣農民，互相控爭石羊河水利一案，實由武民得隴望蜀所致，幾至隴且不保。本道爲其因地因時調停酌斷，既不悖古，尤准乎今，兩造各無虧損，俾垂久遠。合將當年事勢，此日情形，以及現時所斷之當否是否，略述其概於左，庶他日或有翻異，後我而來者，得清眉目，稍有依據也。

九墩溝即樓兒溝，在郡城東北。石羊大河即達達河，其源來自西南，流經九墩地之右面，而且又近此河，所納西把截之山水，經永、懷各壩輪澆之餘，下注已屬無多。惟賴郡城西北之校尉營、清水河灘、海藏寺、雷臺觀等處泉水，常川匯助，再收洪水河正流，白塔、南、北沙河餘流，迤邐同注，以資灌溉此鎮邑陸仟餘石額糧之地。內除洪水河外，清水河灘尤爲正派①。當年鎮民曾在該處購地立廟，以爲崇報表識。迄今，日遠年湮，滄桑叠交，僅存廟址而已。九墩溝者，志書載明"泉水澆灌"。但附近之東史家湖與零星小泉，涓涓之流，其來甚微。渠西雖有大史家湖，灘闊水旺，而地勢較低，不能搏使過穎，似有若無。所仗白塔河泉水，為之抱注成渠。元、明間初墾時，該處僅共額糧五拾餘石，小泉等莊堡，彼皆尚未墾立，分潤無人，固足贍餘，不待久顧之他。其白塔入水之口，即今所謂上沙溝口，開自前明萬曆四十年春，迄今三百載矣。

本朝定鼎②以來，添墾小泉等地，即九墩一溝，已增額糧一百餘石。續開下沙溝口，再開水磨溝口，均在上溝之西，兩溝下游仍入九墩。然溝雖加多，地域俱增，水止於此，自愈不敷灌溉矣。嘉慶十三年間，溝民禀准墾開東崗官荒，遂籍田；復在白塔、石羊河匯流之東岸，另挑新溝，潛侵大河之水。因而鎮民叠控自府及道，加委永昌孔令，三縣會勘。永、鎮孔、齊二令，勘系新溝應飭堵塞；武威楊令則指為明季所開，應仍其舊。以致官民交哄，兩不相下，案懸六年之久，未能結局。緣地屬綿沙，新舊之痕迹原難辨別真確也。至嘉慶十八年，武威王令接任，始經查明，諭令堵塞。而此溝已為流沙壅閉，不能行水；東崗荒地，亦已久經禁墾。是以鎮民再未復控，亦未來郡互結，遂成不了了之，相安已有年矣。咸豐、同治之交，軍務已興，九墩溝民爰萌故欲。又因前次新溝即為沙平，且河身日刷日低，無能重浚，俯引在於偏坡之下，另挑溝道，雖與前口距僅咫尺，究更侵入河內，迎流多取矣。而鎮民相去一百餘里，尚無知覺，并未過問。追本年春間，偶值偏旱，河水甚小，武民在溝西沙嘴向南又打草壩一道，約長十有餘丈，伸入河身，直截中分，并將白塔河口圈入壩內。於是，鎮民跟巡來武，查明爭奪控理到道。

本道親至履勘，溯本追源，始得根底。蓋孔、王兩令尹，雖能察知此口委系新開，却尚未能指出某乃明季舊溝；楊令尹一味負氣忿爭，未能和衷商辦，故致相持不下。原非案屬疑難，萬難了結耳。兹本道溯查得：萬曆四十年，三岔守備都指揮馬，奉飭挑修之原帖内稱："本府量夫役於三月廿八日親領赴工，從下雙寨相地開修，至王宦寨止，約長廿餘里，於五月三日已經挑挖通完，引水入地"云云。今恰下雙寨距上沙溝口路不及里，此鐵門限也。即以形勢全卷而評，亦無疑義。矧鎮民柄據較多，武民僅止鼓其簧舌耶。惟以事勢制宜，却有不能不為通變之局，使可兩安本分，免其日後復爭者，爰將所以判示於後。庶得水者知意已滿，讓水者知其有因，不作向隅態耳。蓋九墩官荒，自應嚴行禁止，不得任其私開。然而早年已墾之田，亦難遽復令其荒廢，今若泥古不化，不但九墩多少田畝年年缺水，於國賦民生兩有所礙。且大河前橫，踵口而過，鎮民遙遙遠隔，果能遏，其終不對食流涎耶？況王宦一堡，雖屬九墩地界，半屬鎮民，有糧五十餘石，向歸鎮邑交納。則新溝一派，流到九墩，原非盡歸武民受享，九墩武民既稱不得引用石羊之水，彼王宦鎮民獨應分澆白塔之水乎？

似此畛域愈分，恐必訟蔓益滋矣。第一勺之多，彼盈則此絀。既爲武民計將來而通權，亦當爲鎮民計目前於達變。

本道斷令，九墩此次新開之溝免其閉廢，於前次所開新口地方樹立石碣，以爲南頭之准；寬則仍依府斷一丈五尺排栽木樁，以爲西面之界。木樁以東，准武民隨時挑挖，限南河身不許再行深浚，仍將樁首沙嘴斬齊取直。其沙堆貼木樁外首，以資牢固，而明界址，及防後旁偷漏之弊。原築壩址，一律鏟平，勿得稍留餘迹。并由本道賞發木桁五拾根，仰既備車領取，聽後委員前往督辦。九墩渠西大史家湖，在九墩高阜，視之，既難望爲止渴之梅，若挑引下注，自能水到成渠，應將此湖全行斷給鎮民，作爲鎮番泉源。但須三面挑溝以爲界限，而便行水，不許侵近渠幫，致日久或有滲塌。初次開挖，准派武民協力興創，以後增添泉眼，任由鎮民自來料埋。以後委員勘定四至，再行動工。如是以彼易此，不過略爲轉移，遇山水較旺之年，固覺九墩獲益，倘逢亢旱之秋，似反莫若湖水之有把握，故曰兩無虧損也。至於府志所載水規，楊令尹所稟原詞，又不得不略加注釋。逐條指駁於後者，欲俾兩造得各曉然，後來道府兩縣，再閱全卷，免留疑竇，非敢好辯也。

查志書《總說》而載："武威西把截山其渠二，懷安、永，出川分水齊澆，各曰廿九。順流下，懷有頭壩、二壩、三壩、小二壩、大二壩、五壩、六壩；永有上三壩、下三壩、上四壩、下四壩、上五壩。其亂泉徐信、回子、溫台、高姚、達子、九墩、高頭等溝，自熊爪湖③諸處發源泉水澆灌"。此懷、永二渠大略也。後永渠挨水條下，又載"亂泉等溝，俱系泉水澆灌，其源發自熊爪源等處；高頭溝其源發自永昌縣暖泉壩……"等語。以上十二壩俱系專澆山水，以上八溝俱系專澆泉水，志載均已明白瞭亮，毋庸贅說。惟"源發熊爪湖"一語，未能按地聲說，殊屬含混，致啓疑團。閱者要知"諸處"等字樣，内有他湖、他泉業已包羅矣。只將高頭一處指明暖泉者，以其源發永昌地方，故獨提出，餘則皆屬武地，故不枚舉。緣溝名首列亂泉，亂泉應澆熊爪湖水，故泉名亦首稱熊爪耳。查熊爪在永昌堡之北，九墩溝之西，不但相距甚遠，且有大河之隔，其餘流之水歸向沙河，由沙河方入石羊；交匯處所已在九墩之北，三岔以下，於九墩邈不可及，毫無相干。

查高頭溝向澆暖泉、烏牛兩壩泉水，高姚溝向澆沙河兩邊泉水，徐信溝向澆魏家泉，溫台溝向澆陳家壩泉，回子溝向澆茨湖墩泉，達子溝向澆南北兩泉，九墩溝、小泉溝、王宦寨向澆史家湖、史家莊泉、胡家莊泉、張家宣莊泉。其上腦之白塔湖、三條湖發源在滿城東門之東，非其專有專澆熊爪湖者，惟亂泉一溝，兼澆熊爪湖者，惟達子、上下兩溝而已。乃鎮民則以九墩原澆史家、熊爪兩湖之水，石羊非其應澆爲詞；武民則以九墩之水發源熊爪、流入石羊，不從石羊引取，豈能越至九墩爲詞。此皆藉口，志文一則不知熊爪果在何處，一則反因熊爪一語得爲口實，可謂互相刺謬矣。姑無論熊爪原非九墩之湖，熊爪入河餘水能有幾何？而竟大開口岸，任情掘灌乎！況泉入總河，即自稱爲應澆某河之水，豈復倘能劃出某爲熊爪之水哉！楊令尹原禀内稱："石羊河迤東有白塔河一道，其流亦匯歸石羊河，因此名石羊大河。靠大河東岸有沙溝一道，引石羊河水流入九墩。此系歷來引灌水利情形。"又稱"《鎮番志》載，石羊河水東收白塔河餘流，則九墩之分用石羊河水，亦可云分用白塔河餘流也"云云。以爲白塔入於石羊，自應由石羊引入九墩，非侵占石羊之水及鎮番可澆白塔餘流，九墩亦可引澆石羊餘流。殊不知白塔匯入石羊，雖有餘流之說，每值盛夏需水之時，本無多餘，且白塔上游之北岸，已有三溝截水入口，可至九墩，豈有九墩又在河口東岸，再開溝口逆引東行之理？各處餘水，若皆不容一滴下流，有必截還，則鎮城以東沙地向無泉源，爲之官者，皆當聽其一律旱荒乎？九墩乃據其上游，又烏得謂之分澆餘水乎？又稱，"近因報墾東岡官荒，即從九墩本溝之中腰，另開新溝一道，分引九墩之水，澆灌新屯，鎮民王殿一等因而藉此控爭"云云。如果僅在九墩本溝中腰分水，於鎮番有何關涉，而至構訟六年之久，迄不甘休，既不憚煩，亦不惜吝花費耶！惟以武民藉開官荒，又在大河東另行挑溝引水，是以不得不爭耳。又稱"《武威志》載，九墩應澆泉水，其源發自熊爪湖等處"。《鎮番志》載，"熊爪湖水順流至南沙河，由沙河歸入石羊河"。是熊爪湖水既不能匯於白塔，則九墩溝之應澆石羊河水已屬有據。又《志》云，"王宦寨等處，皆仰灌於石羊大河"等語。"王宦寨即在九墩溝地方，即王宦寨應澆石羊河水。九墩溝民以本處源流反不能得沾其潤，非特於理不順，并於鎮番分用武威餘流之語以爲相反"云云。九墩溝本無應澆熊爪情形，前已叙明，毋庸再贅。

茲查《鎮番志》載："王宦寨居蔡旗南二十里，舊例分澆武威白塔河水，其餘統縣境内分上下壩，均仰灌於大河"。又載，"南沙河自熊爪湖起，北沙河自烏牛壩起，此一支也"等語，并無"王宦寨等處俱仰灌於石羊大河，及熊爪湖順流"云云字樣。是以上兩條，楊令尹已將志書原文，全行割裂删改，自不足辯。又查《志》載，"石羊河東收清水、白塔，西收南北沙河各餘流。"又載，"河水大小不等，水既發源於武威，則鎮邑之水乃武威分用之餘流。遇山水充足，可照牌數輪澆；一值亢旱，武威居其上，先行澆灌。下流微細，往往五六月間，水不敷用"。又載，"大河一水，闔邑仰灌"等語。是楊令尹於九墩應澆熊爪一節，既非志載原文，而於其餘各條，亦系截去上下要文，并未全錄。原亦可以無須置辯，然其中情形，尚有不能不駁，不可不剖者。再如《志》內所以指明"王宦寨舊例分用白塔河水"一語，正言其僅於九墩、小泉分用白塔之水，以別其不與其餘俱仰大河水也。王宦之應專澆白塔河者，蓋因爲當年開溝、開墾，均同派夫會創，且其地方原有武民一半也，不然何不指明尚應分澆石羊河水之語。及連年叠控，迄無王宦寨一人出頭扛幫耶？則王宦、九墩之不應澆石羊河水，即此不辯自明。若武威餘水，必僅武民盡與澆足，則小泉堡地在毗連，亦可搶澆石羊之水，不獨九墩矣。下游之九墩，如果例得分澆石羊之水，則何以九墩迆上之校尉營，於雍正三年築堤引水；九墩迆上之羊下壩，於雍正五年開渠引水，均經官斷，拆毀永禁乎？熊爪之水入於沙河，再歸石羊，九墩即應希冀；則洪水河水亦入石羊，何以康熙六十一年、乾隆三年、八年，撫憲道府皆曾嚴禁高溝兵民不許築壩開墾，恐礙鎮民澆灌，并有"鎮番一衛，全賴洪水河澆灌"，及"石羊河既系鎮番水利，何金羊、下壩人民謀欲侵奪，又滋事端，仰武威縣嚴加禁止"之批乎？

　　至鎮番之水，所以謂之餘者，其說有二：一、山水自南山出口，其上游原應永、懷各壩輪澆，下游餘水入於石羊，始屬鎮番。此其謂之"餘"者一也。清水、白塔一帶泉水，就其發源，附近之田地先得澆灌，歸於石羊者，始屬鎮番，所以清水河灘，雖云系屬鎮番源，迄今附近之地，何常并不先澆。此其謂之"餘"者二也。二、"餘"之義，皆鎮番應澆石羊河之證。上游之下九墩，迆上之校尉、羊下，既已不得再澆石羊之水，今在下游之九墩溝，豈得尚以"餘"字爲詞，強欲爭澆石羊大河鎮番應澆之水哉！又稱"王宦寨分用白塔河水"一語，是因武邑小泉溝之上、下溝，俱由白塔河分水，其溝內有九墩溝八晝夜水，故曰"分用"，不言"仰灌"云云。"不知分用者，言彼此分用，并非分用之外又有應用也"。此語系載《鎮志》，若系武威本境，即可不必聲明"分"字矣。若云"分用"與"仰灌"不同，則何不另行注明，尚應"仰灌"某處之水耶？且"仰灌"二字，志書僅此一見，他本他頁，并無似此字樣。至稱"小泉之上下溝"云云，要識上溝初開時，尚無小泉地名，現在上溝之地雖屬小泉，而水期却系五、八晝夜相分，小泉居五，九墩居八。其爲小泉分用九墩之水，非九墩分用小泉，不說可知矣。又稱"若以石羊取水沙溝壩寨，而將磨溝斷歸九墩。磨溝系大渠民人之溝，九墩系永渠所屬，隔渠豈能相混"云云，其言尤謬。磨溝雖在大渠地面，不過引水轉輪，於水毫無虧損，流至九墩，自可仍舊如數灌地。在大渠用勢轉輪，不用其水；九墩用水灌地，不用其磨。有何相混、難行？況甘肅磨溝好少，并無不許他渠澆水之事乎？不過春夏之間，上下兩灌，一律截水，磨溝向來停輪，原無可澆之水，乃實情耳。若曰隔渠之水，既不應澆，則山水自雪山而來，武鎮兩縣皆不得澆矣。上下兩沙溝口，皆在大渠地面，九墩并不得澆，止應僅澆小史家湖一區之水矣。至於所稱"唐元佑等報墾官荒，前經卑職審訊，原與本溝水利無甚關礙，是以准其移丘。王殿一等既藉此興訟，不如仍請銷案，以免争端。"又稱"沙溝緊靠大河，隨挑隨淤，溝形豈有不新之理"云云。則是明知故昧，自作抽薪之計。認屬新溝，已透春光一綫矣。話止於此，不再贅説。

仰④該承照抄五紙，以及本道所繪舊勢新形與現斷地址各圖，一并分發原、被各一張，府、縣各一張，以憑遵守備案可也。此判。

光緒六年□月

民國二十六年閏二月二十日重錄水利照一張

公元一九六二年十一月六日再重抄錄

[題解] 碑已佚，碑文引自《武威市水利志》。碑初刻立於清光緒六年(1880)，民國二十六年重錄，1962年再次抄錄。碑文詳細記載了石羊河水系的來源、武威九墩溝及附近村莊和鎮番的距離、水源關係、明清時期對此水利的判決書分、時任官員的處理方式和判案、武威縣和鎮番縣志對此的記録等。水利是農業和農民的命脉，自古爲此而發生械鬥的事例不勝枚舉。面對兩地農民爲争控水利而發生的糾紛，鐵珊道台既結合舊判，又不泥古，因地因時，因時制宜，使雙方各無虧損，均無异議，并將所判結果制文、繪圖、立碑，使雙方和後來者有據可依、有法可依。鐵道台在涼州任上處理過數起水利糾紛，而這些判案總是尊重事實，脉絡清晰，條分縷析，入情入理，運用法理有據，處理方式得當，尊法而不泥法，同情而不徇情。此文與鐵道台其他的水利判案參照理解，體現出鐵道台嚴謹有序、法理相融的判案風格，既平息了長達數百年的水利糾紛，又切實解決了兩地農民的用水問題。本書《民勤卷》也收録此碑文，個别文字有出入，但基本内容相同。

[作者] 鐵珊：字紹裴，滿洲正白旗人。貢生。同治年間由知縣歷署蘭州道、甘凉道、陝汝道。積勞成疾，去世於任所。爲人清廉而嚴肅，不阿權貴，愛撫百姓，嘉惠士林，所任之處，政聲頗著。在水利糾紛調解中，他實地勘察，有效地處理了武威、永昌、鎮番之間的幾起水事糾紛，并將决斷事項以石碑記述，

以期永志不忘。特別是他調處的光緒六年（1880）《武威九墩溝民與鎮番農民挖争石羊河水利案》、光緒七年（1881）《武鎮兩縣互控洪水河水源案》兩起水利糾紛案，證據確鑿，成爲之後政府判案及調解水利矛盾的依據。

[作者]

①派：水的支流。

②熊爪湖：位於今涼州區北約 25 公里雙城鎮西南一帶。明清以前，由數個大小不等的湖泊組成，樹木參天，緑草茵茵，流泉遍布，湖水面積約 6 平方千米。20 世紀 60 年代以後逐漸乾涸，變爲農田。

③定鼎：指新王朝定都建國的意思。鼎，原指青銅炊具。相傳大禹鑄鼎作爲傳國重寶，此後"鼎"成爲擁有國家政權的象徵。

④仰：古代公文下行文中表示命令。

鐵道①台判武威與鎮番兩縣互控洪水河水源案碑

欽命分守甘涼兵備道鐵，爲勘得郡城東北五十五里即是邊墻，又十五里爲紅水上營，其營堡圍墻尚存。大致堡之正東，西南崖下，有湖泉一段，周圍不及半里，即武、鎮互争之泉源也。瀉水河身，即武志所載之紅水河，鎮志所載洪水河也。此河自東南而注西北，流二百餘里，至蔡旗堡附近始於石羊河匯入大河。其沿河兩旁，到處皆有滲津小泉，涓涓入河。故發源雖微，而愈遠愈涌，積流成河，水到渠成。其河腦第一橫壩謂之頭壩，與二、三、四、五壩，相距僅共一十五里，五壩至六壩却有五里之遥；當年尚有新四一壩，原屬共壩七道。由六壩以下，西北再行十里地方，河岸迤東另有一湖，即鎮志水案内載附邊之督憲湖也。周圍約三里之譜，其中蓄水深處約五六七尺，蒲葦茂生。惜其旁河出水之區，久爲頹崖所蔽，未能流暢。此湖西距邊墻相對不過半里；東南斜向邊内之頭墩營僅二里許，距高溝堡則一十二里，緣高溝堡系在頭墩營南多東少方也。自督憲湖三十里至十七墩，即俗稱五墩子者，洪水自兹流入邊墻，始離高溝地界而達鎮番大河。五壩以上皆系營溝地界，五壩以下皆系高溝地界，五墩以下乃下雙寨地界。營溝即唐溝耳，此邊墻以外之泉河形向也。自十七墩之界碑地方，東西溯行至紅水下營一十五里，下營至紅水頭營，即俗所謂頭墩營者，亦一十五里。頭營紆行至高溝堡一十里，由高溝堡斜行至紅水上營三十里。《武志·村社》②内載："高溝堡，縣東北五十里；紅水下營，縣東北五十里；紅水頭（墩）營，縣東北六十里；紅水上營，縣東北七十里"。此邊墻內之營堡路徑也。

查高溝堡、唐家營兩溝，自明季以來，原澆黑木湖泉水，自南北引始達其地。嗣因地被風沙壅壓，水亦爲沙所阻。康熙六十一年間，遂於邊墻外，官荒地內，討照開墾，以彌額賦。爰截洪河之水，由東西引，逆流濟溉。曾經鎮民以斷絕咽喉申訴，奉憲飭禁。乾隆二年、八年，高溝兵民又各互相私墾。雖經控禁有案，迄未終止。至乾隆三十三年，因武民在河內陸續築壩，增至七道，鎮民又復控。經前府司詳請立案，斷令："武民拆去頭、三、新四、六共壩四道，並將三壩河東之溝渠填塞，地畝禁耕；只留二、四、五壩三道，准其引灌，乃視水勢之大小，開分水壩口，彼此分用"。迨三十九年，鎮番生員任善士等，違斷疊控不休。又經前府司詳稱："開墾築壩，原爲湊補官糧起見，若河水全歸鎮邑，唐高③居民何所依賴，賦糧何出？請將爲首生員任善士，褫革衣頂，究擬完結"。此後九十餘載以來，迄未再起爭端。至去歲光緒六年，鎮民馬培元等，突又以違案截壩等詞，具控到道，批府查訊。經道府商擬，仍依舊案，略爲變通。斷將頭、二兩壩歸并爲一，將六壩全行平毀；四壩地勢平坦，准築迎水斜壩；二、三、五壩三道，立閘定日，按期開閉，每月共遞輪十日，餘日之水，盡歸鎮番。具結申銷。隨經本道轉詳督憲，從立新案。詎意前判之墨未乾，後訟之呈又至。武民以頭墩之督憲湖爲鎮番水源，并借"紅""洪"二字，分別河之上下爲辨。鎮民則以上營之泉腦爲鎮番水源，且指上營爲頭墩，紛紛聚訟，幾亂是非，若不斷其葛藤，此案終無結局。於是，本道府先後親往，逐悉苊勘。始知乾隆三十三年，及本道府去歲所斷，皆緣未嘗親苊勘驗，不悉實在有礙難久遵之勢，以致訟蔓糾滋。兹將大略情形，分述於後，俾知武民之非狡強違背有因也。

蓋此河河身甚陡，武民所築之壩，自上而下，節節橫堵，形如梯磴，除頭壩所截，系屬發源泉水。其餘各壩，均系各聚兩岸津泉之水，游使入渠，各不相牟。頭壩拆去，則水全歸二壩；二壩拆去，則水全歸三壩。但留五壩一道，即涓滴不克下注於河，是減壩即不能行，歸并亦難遵照，且於鎮番獨無毫益也。兼之崖地極高，河身兩岸皆屬沙土，底既不堪承石，闊更將及兩矢；水非鼓積近丈，壩非高出丈餘、厚過兩丈，難期漲入溝渠，以及堅固。每次鼓水，決非數日不積，若稍留缺口，不但水即下溢，無能仰激，且一經滲漏成隙，壩即全行刷頹。故開口分水，立閘啓閉，皆所莫能依從。再查鎮番志書《河源》內載："洪水河發源於武威縣屬之高溝寨北"；《鎮志·水寨》內載："康熙六十一年，武威屬之高溝寨民人，於附邊督憲湖內外，討照開墾，擁據上流"；府置碑文內載："洪水河發源於武威縣屬之高溝寨、頭墩營、督憲湖之腦。"兹乾隆十年，鎮民請立之碑，由是推之，蓋康熙末年、乾隆初年，所爭者只督憲湖下游左近之水；自有乾隆三十三年之斷，遂致牽扯上游三十里外之源矣。今既勘明督憲湖距邊牆僅止半里，又恰在高溝東北，則與志載"附邊""寨北"各語均相符合。而上營泉源，却在高溝東南，又離邊牆一十五里之遠，顧毋庸再煩爭墩矣。

總之，明季國初，邊外尚非内地，所產源頭之水，任流鎮境，自然全爲鎮民所得。嗣經武民開闢成田，境在武屬，自然瓜分其潤。紅水河源，即非鎮民實產，又非鎮民費工挑挖而來，何得翻舊作新，仍欲攘爲獨有。況唐高兩溝居民，在彼業經祖孫遞聚，沿渠樹木均已合抱，延逾百歲，重土久安。一旦必欲使其田地荒廢，三千丁口，遷徙流離，國賦因之無着。今將全河之水，以俾鎮邑獨擅其利，揆④之人情能乎不能？有是道理無是道理乎？即質之鎮民，一厢情願者，亦當啞然而止，況兼轄之道府乎？兹本道再三酌核，爲爾一刀兩斷，俾其垂久。斷："將六壩一律鏟平；五壩仍因其舊；頭、二、三、四壩照前，聽其各引各水；六壩東岸之地二十餘石，准在五壩上首另開小溝，引用五壩應得之水。從此，五壩迤上永爲唐高兩溝泉源，五壩迤下泉水全歸鎮番享受，不許武民再行築壩侵占。着由武威派夫，聽候委員前往董治；并於五壩崖傍立碑爲識，以免日後私行下移。督憲湖泉源，由鎮番派夫，隨同委員指示挑浚，以利暢流。兹後不得仍前故意廢修，希圖混爭上營泉水。"是此葛藤一斷，則武民穩得五道壩水，足資灌溉；鎮民除督憲湖以及下游外，又得五壩以下十五六里之津泉貼幷，實屬兩得其平，兩無向隅矣。仰府官吏即飭速具遵依前來，以憑轉詳督憲，另立新案，早息端爭可也。

此判。

邑廪膳生員張潤生調理水利。紅洪分河，請照有據，永垂不朽。

邑蔭生、世職雲騎尉金成基頓首敬書

督工經理會首：李國華、李芳香、張廷、李楓香、李集雲、馬在廷、孫連科、張勛、金建基、朱魁章、李洪、田得源等同知。

刻字：白鶴年

光緒七年八月二十日，本道燈下鐵手判案。至二十六年夏六月鐫碑，公所立，勿損。紅判在高溝張明遠處存。

[題解] 碑文形成於光緒七年（1881）八月，刻立於光緒二十六年（1900）七月。已佚，碑文引自《武威市水利志》。武威與民勤自然形成的河流俱爲上下游關係，兩縣農民共用河水灌溉爲自然常理。後因氣候及環境影響引起水情變化，雙方都做過修壩引渠等工作。爲此，在上游來水的控制權問題上多次引發

矛盾糾紛。清康熙、乾隆年間已有調處結果或判決，但還是屢判屢訟。光緒年間，紛爭又起。欽命分守甘涼兵備道鐵珊親往查勘。他根據志書及前任判決文書，從源頭上尋找問題形成的癥結，結合兩縣用水現狀進行判決，并將判決結果在武威、民勤立碑標記，以示永久。碑文脉絡清晰，尊重事實，條分縷析，入情入理，不偏不倚，判決公允，不愧爲甘肅水利史上著名的"鐵案"。

[作者] 金成基：秀才出身。世襲雲騎尉（武散官，正五品）。

[注釋]

①鐵道：指鐵珊，見《判武威九墩溝民與鎮番農民控爭石羊河水利一案碑》作者介紹。

②《武志·村社》：即《五凉全志·武威縣志·地理志·村社》。

③唐高：即碑文中多次出現的唐家營、高溝堡。

④揆（kuí）：度，揣測。

大清中堂憲節①捐資養羊濟貧碑記

按察使銜、甘肅整飭分守甘涼等處兵備道、兼管水利驛傳事務、加二級紀錄四次鐵，爲曉諭事照。得中堂憲節過凉，憫念窮民，飭諭前縣夏，今捐錢三千串文。又蒙中堂捐廉賞發銀五百兩，并交本道，督同凉州府設法顧濟。惟通計爲款非多，若登時分散，或添辦衣粥，不過暫博一時之歡，仿非久長之惠；即或發商生息，亦屬得利無幾，顧濟難周。再四籌商，兹將此項錢文，購買乳羊二千五百只，臊羊二百五十只，并大羊羔二百六十只，檢派妥人牧放孳息，庶利廣持久，有伸無縮。悉訪真正鰥寡孤獨老弱殘疾，實在無力營生男婦窮民，先擇四百人造册給牌，各准羊本，由官經理收息，特至冬令，按名發給□資衣食。買羊餘資，作爲本年經費，嗣後孳生蕃衍獲息漸多，或另籌有項，僅可陸續買羊，再行擇人增額，以期由少及衆，由近及遠，用收長流恩溥②之效。除將所擬款納一十七條曉示通衢，傳各周知遵守外，合再照抄，勒石頭門，用垂永久。（以下序號爲編者按現代文序號表述規範所加）

一、查府經歷③公事甚簡，應即委令總司其事。每年羊只之孳生倒斃以及收發出息等件，均着按月按期開呈，簡明清折分報道府，以憑查考。冬令散發生息錢文，時道府親歷監視，并添派委員幫同料理，以期周妥而助繁勞，并永遠不得假手該署胥役④，以免扣挶⑤勒索。

二、派帳胥一名經理⑥帳目，准給乳羊羊本三十只，此羊出息屆期即歸承領。所有孳生只單、剪毛斤兩以及倒斃與出賣獲息羊錢數目，均要隨時登記印薄，按月折報經歷，核明轉報查考，如有疏漏及扶同⑦舞弊情事，從重革究。

三、派牧長兩名專司經營，每名亦各准給乳羊羊本三十只，此羊出息概歸其各人承領。稽查牧童及羊群之孳生倒斃剪毛牧畜，一切事宜統歸料理，如有懶惰偷安以及舞弊情事，察出嚴加究治。

四、招募牧童一十二名，每名准給乳羊羊本二十只，此羊出息永歸各人承領。牧放羊群、收育羊羔是其常年責任，倘有懶惰，准牧長隨時斥責；如群羊孳生有羔以及倒斃，均着登時報知牧長帳胥，以憑登記。報驗倘有舞弊偷匿情事，由牧長稟明經歷究辦。

五、現在訪查入冊之鰥寡孤獨、男女大小窮民共四百人，每名准給乳羊羊本五只，冊內注明姓名住址，蓋用道印，仍各發給印烙木牌一面。屆期以憑執牌報領出息錢文，領錢之期每年男丁定於十月初一日，婦女定於十月初二日，永不更改，庶免傳喚不齊之虞。

六、冊內窮民設有將牌遺失者，准其隨時呈明經歷，仍照原名另繕補給；如有無牌者臨時來局擁擠，希圖幸領，即行責逐。

七、入冊窮民內如有將腰牌賣給別人頂冒者，查出一并從嚴懲究。

八、貧民內，倘有遠出亡故等情，查明後將冊名注銷；另繕新牌發給別人頂補。

九、冊內窮民如有病故者，准其親屬鄉保隨時報明經歷，准給薄材一口，雇夫掩埋；其材價夫工即由死者應得羊息項下提給；俟材價扣清後，再將羊本另准他人。其材由本匠行憑官給價發領，既不准高抬，亦不得少付，以昭公道；并不許胥役經手致滋揩勒。

十、此項畜牧事經創辦，本年尚無出息，可以分給經理之人所有帳胥一名、牧長二名，每日先行准給灰麵二斤，每月給工錢一串文；帳胥另給紙筆錢一百文；牧童每名日給灰麪二斤，月給工錢五百文。俟冬季領有生息，即行停止；倘初次出息較少，再行酌量賞犒。如果經理盡心，牧放無誤，俟孳生蕃衍生息較多，仍再酌量加好，以示獎勵。

十一、此項羊只，現擇南山水草豐便之處，築立圍墻，分圈棚牧豢養，并蓋房數間，制羊毛帳房數架，以便棲止及隨時遷移之需。所得羊毛、羊糞、臊羔皮肉、羯羊售價等項利息錢文，每年統算若干；分別男女定準於十月初一、初二兩日按人按本攤算，照冊憑牌發給，承領以資禦冬衣食。

十二、羊只如有倒斃，夏月剝皮，冬月連肉，着牧長隨時呈由經歷查驗；

帳胥隨時登帳折報，如有捏飾或以乾皮抵混，查出嚴究不貸。

十三、此項羊只，均着割鏨左耳，以爲志記；遇有孳生羊羔，亦即隨時割志，庶免混冒、抵換、偷竊等弊，如違并究。

十四、羊毛向系按期剪取，屆時應由牧長定日，稟請經理前往驗同監收，以免侵蝕。

十五、所有餘羊大羔二百六十只及臊羊二百五十只之毛息，另外存公，以備周濟册外窮黎。但只許由官查訪，不准於散息之日自赴公所求乞，以免混雜難擁擠。

十六、查畜牧群羊，向按九牝一牡。册内窮民每人所准羊本五只，系專以牝羊合給；牡羊則專備生發，并多購之大羊羔，均不在應分羊本之内。牝羊即乳羊，牡羊即臊羊也。

十七、以上各條除詳請立案外，仍勒石道署，以憑督飭，而免日久更張疏懈。

[題解] 碑刻立於清代後期鐵珊任職期間（1883年前），具體時間不詳。通高167厘米，寬72厘米，寬16厘米。今存武威大雲寺。光緒年間，一位高官（中堂憲節）路經涼州，考慮到涼州貧困人口較多的實際，想要做出一些惠及民生的實事，以博取百姓的信任。他首先要求前任夏縣令捐錢三千串文，自己捐銀五百兩，并督促涼州府積極采取措施扶貧濟困。扶貧錢款雖然不多，却是官員們的惠民善舉，如果能使此款生利，則可達到長期濟貧。經官府再三討論議定，用此款購買羊只3010只，以牧放生息和配發給貧困户的方式進行。在入户調查的基礎上，先選擇鰥寡孤獨、老弱病殘、家庭實在無力營生的四百人登記造册，將牧羊所得之息用於這些人的生活救濟。爲使此項扶貧措施長期實施下去，涼州府擬定了十七條措施勒石於道署，使官民周知并遵守。主要内容是：調查摸底、登記造册、貧困户選定及羊只配發、羊只的管理及放養方式、生息的管理及發放、羊毛和羊肉及其副產品的管理與分配、管理人員及牧童的補助、扶貧羊只與其他羊只的區别辦法、羊只的配種及羔羊登記、扶貧户死亡善後、餘款管理及册外扶貧等具體工作和管理措施等。這些舉措符合實際，可謂用心良苦。碑文分析到位，入情入理，措施辦法具體，顯見古代扶貧之斑迹。

[作者] 鐵珊：見《判武威九墩溝民與鎮番農民控争石羊河水利一案碑》作者介紹。

[注釋]

①中堂憲節：中堂，明清一般對大學士、協辦大學士的尊稱。憲節，古代

廉訪使、巡撫等風憲官（御史類）所持的符節。在都察院任過都御史，在地方任過總督、巡撫類官職的人員，一般才能稱此尊號。

②溥（pǔ）：普遍；廣大。

③經歷：官名。明清衙門置經歷，職掌出納文書。

④胥役：同來服役。指在官府衙門中擔任公差的人員。

⑤掯（kèn）：卡；強迫、刁難。

⑥經理：管理；照料，處理。

⑦扶同：符合；附和。伙同。

晉築靈鈞臺①碑

東晉明帝中涼王張茂之古臺。

晉築靈鈞臺

安肅兵備使者攝甘涼道事廷棟②立石

[題解] 碑高108厘米，寬42厘米。由安肅兵備道攝甘涼道事廷棟立於清光緒三十四年（1908），今存武威海藏寺。

[注釋]

①靈鈞臺：《晉書·張軌傳》中有張茂築臺的記載，且不止一處，海藏寺靈鈞臺爲其中之一。東晉大興三年（320），涼州刺史、前涼王張寔被殺，其弟張茂繼位。張茂築靈均臺，"周輪八十餘堵，基高九仞"。《五涼全志·武威縣志·地理志》："靈均臺，城北。晉張茂築。"又《建置志》："東岳臺，城東北二里許，即靈均臺。"靈鈞臺，亦爲靈均臺，武威史料一般說有三處，即海藏寺靈均臺、東岳臺、雷臺。

②廷棟（1866—1918）：號雲浦，鑲黃旗人。舉人。歷任州判、知府、道台等。曾奉命監督斯坦因、伯希和將劫後餘生的敦煌文物東運北京。後因涉嫌復辟，被肅州駐防統領周炳槍殺。

公議建孫氏墓碑記

嘗讀先□潘考功傳武威耆舊①，內收六十餘人，而孫文學②父子祖孫居其三，何其盛也。既而周覽城西，見有高冢累累，豐碑刺天，就而視之，則孫氏佳城也，則又徘徊瞻眺其久之。按墓丙山壬向③，文學以下，凡七碑。其裔孫燮元，貧不能自立。有七世嫡孫燮中者，與燮元爲兄弟行，世居永下石頭溝，歲時修祀甚虔。

丙午十月□，燮中來省墓，見七碑亡其四，迹之得石工黃茂棠家，碑字磨滅盡矣。訟之官，奉諭裁處，已賣者勒令燮中贖回，現在者勒令黃某如數交出，一切刻工，由黃承認，遵諭案結。事隔五年，未獲成立。今夏燮中來，申前議。衆以爲，文學既種流於一門，而其子友石、孫仲山兩先生，又能承其家學，康濟斯民，誘掖後進，俱爲有功學校，有光榮梓。今燮元已死，而燮中獨力堅持，碑去復還，其情可憐，而其事可風④。顧所居去墓甚遠，看守兆域，惟移置公所，可保無虞。燮中深以爲然。擇日興工，共成其事，舊譜總存，碑文參考，今姑大書官階，而綴序於後，以爲孫氏子孫□，并以風世之凡爲人後者。

同里張銑序　宣統庚戌榴月⑤刊

[題解] 碑刊刻於清宣統二年（1911），已佚，碑文引自《武威縣志稿》。潘挹奎所著《武威耆舊傳》所收六十餘名人物當中，孫文學一家父子祖孫就有三人。武威城西孫氏墓葬有墓碑七通，孫氏後裔雖虔誠修祀，但因家貧無力整頓祖塋，其中四通墓碑被石匠黃茂棠盜走。後經官府裁處，損失雖然得到挽回，但名人墓葬的保護被提上日程。由於孫氏一門秉承家學，"康濟斯民，誘掖後進"，有功於學校，爲桑梓爭得了榮譽，其事迹值得邑人發揚光大。經縉紳公議，同意將其墓碑移置公所保存。碑文簡述了其相關情況，目的在於通過這一典型的耕讀傳家家庭，教育感化後學之人，以形成奮發好學氛圍。

[作者] 張銑：武威縣人。光緒二十九年（1903）進士。曾任新疆焉耆府知府等職。著有《焉耆府鄉土志》。

[注釋]

①潘考功句：指潘挹奎及所著《武威耆舊傳》。潘挹奎（1784—1830），字太冲，號石生，武威人。嘉慶年間進士，曾任吏部考功事主事，著有《武威耆

舊傳》等著作。該書爲清初到嘉慶年間的60餘位武威籍名人立傳，簡述了他們的生平和功績，對今人研究武威歷史人物提供了翔實的資料。

②孫文學：名文炳，字元林，武威人。秀才。以教授蒙學爲業，人稱"孫文學"。其淳德至行，謹持禮法，去世後入鄉賢祠。其次子孫詔，字鳳書，號友石，康熙五十一年（1712）進士，選翰林院庶吉士。是清代武威縣第一名進士，曾任知縣、知府、按察使，官至湖北布政使。去世後，著名學者全祖望撰寫誄文，對其學行政績予以高度評價。孫詔子爲璘，舉人。孫詔孫孫俌，字仲雲，乾隆十六年（1751）進士，曾任知縣，後辭官回鄉從事教育工作。其家族道德文章賡續四代，在武威歷史上所僅見。

③丙山壬向：風水學中確定的一種陰陽宅方向。丙居南，壬居北，丙壬正好相對，屬於座北向南的一種方向。

④風：感化，教化。

⑤庚戌榴月：庚戌爲宣統二年（1910）。榴月爲農曆五月的別稱。"五月榴花照眼明"，五月是石榴花盛開時節，故有榴月之名。

尹夫人臺碑

懿夫！蕙質罷芳，尚留桃花之廟①；珠塵未沫，猶傳漆娥之臺②。恭聞故實，此則然矣。

夫人冀人，天水尹文之女。茂德内湛，粹範外昭。幼而清則，長更彬雅。翠琬貞其玉度，碧葉擢其蘭姿。展如之華，含章妙歲；嬪於之節，振烈華宗。至乃選史圖容，修詩賁道；義府③綜其眇覾④，淵藪⑤制其清衷⑥。頌椒⑦咏絮⑧之才，裂素⑨裁紈⑩之什。謝女⑪於焉惡⑫藻，班姬⑬以兹焚硯⑭。

初適扶風馬元正，結縭未幾，倏覯閔凶⑮。新野之婦⑯，殆由天契。時涼主李暠，鳳翼初騫，鴻漸未遂。既白駒生額，赤見龍迹。七景遞華，兩儀開鏡。鄯善效其雉貢，蒙遜⑰曷其鴟峙。遐方既叙，帝號竊以自娱；象服是宜，堯門嗣乃芳軌。鏗惠聲乎珩佩，絢崇章乎組旒。訓贊紫宸，徽播華屋。披三千而匪貴，級十四而稱首矣。

而乃桃李無言，蘼蕪掩泣。羞羊后之再醮⑱，同息嬀之三年。故主之思，久乃不渫；异體之愛，過於所生。懇懇乎，溫溫乎，閫型儀⑲於長秋⑳，淵照㉑徹於椒風㉒焉。

乾蔭俄摧，玄靈㉓寢曜㉔。嗣子不才，乃隕先業。矧㉕乃齊交中絕，秦患方起。既昧息侯度德之義，又乏韓、白㉖先驅之傑。不思蹇叔㉗忠藎之告，兼違威後㉘事大之訓。椎不中轂㉙，鳥能爭巢。葛木之兆忽焉，中堅之宗不祀。酒泉既破，夫人遂入姑臧，茲臺即其游處也。

谷林㉚已遠，何心雙闕㉛之崇；榴環㉜無存，莫問三休㉝之舊。秦穆姬之履薪㉞，但餘簡璧；鄔夫人之不返㉟，猶怨羊羅。登斯臺也，非惟細腰之宮，愴懷小杜；抑亦少姨之廟㊱，待志盈川㊲者已。

今榱桷雖頹，堂皇自昔。停雲在望，重披岑參㊳之詩；高臺未傾，莫誤竇融㊴之迹。苴牲無石，載筆有文。庶幾讀崔鴻㊵之書，可補宮觀；涌舒姑之浪㊶，猶識弦歌爾。

[題解] 碑文引自《李于鍇遺稿輯存》（蘭州大學出版社，1987年12月）。創作時間約在清末民初。作者原擬將此文刻石立於臺上，後因故未果。尹夫人，冀縣（今甘肅甘谷縣）人，天水郡尹文之女。初嫁扶風馬元正，婚後不久，丈夫病死，改嫁李暠。李暠（351—417），隴西成紀（今甘肅秦安縣）人，十六國時期西涼政權的建立者。在創建西涼政權當中，尹夫人起了重要作用，故當時人們將西涼政權稱爲"李尹政權"。李暠卒，其子李歆繼位。李歆急於求成，獨斷專行，不聽勸告，起兵攻打北涼失敗，釀成國破家亡的悲劇。西涼亡後，尹夫人被俘，被北涼國王沮渠蒙遜囚於姑臧（今武威）竇融臺（又稱尹夫人臺，今稱皇娘娘臺）。雖然尹夫人是一位具有謀略和氣節的女性，但西涼滅亡後，她經歷了無數的磨難，最後淪落天涯，魂歸流沙。碑文感情充沛，詞藻華麗，句句用典，貼切自然，將人物事迹與抒情明志、歷史與地理、文學與史學融爲一體，將尹夫人的生平事迹和氣節才智通過大量歷史典故的映襯，濃墨重彩地凸顯在世人面前。

[作者] 李于鍇（1863—1923）：宇叔堅，甘肅武威人。鄉賢李銘漢之子。於光緒二十一年（1895）在北京參與"公車上書"運動，同年中進士，選翰林院庶吉士。曾任山東蓬萊知縣，代理武城、泰安知縣，山東大學堂監督、沂州府知府等職。辛亥革命後返里，民國二年被任命爲甘肅省警察廳長，堅辭不就；後聘爲清史館協修，亦未就。晚年閉戶讀書，終老鄉里。主要著作有《味檗齋遺稿》等。

[注釋]

①桃花之廟：即桃花廟，位於今河南信陽息縣、武漢黃陂等。桃花廟是春秋時期著名美女息媯（又稱息夫人、桃花夫人）的廟宇和葬身之地。杜牧《題桃

花夫人廟》："細腰宮裏露桃新，脉脉無言度幾春。至竟息亡緣底事？可憐金谷墜樓人。"這位絕色美女曾使三個國家（蔡國、息國、楚國）兵禍相接，其中兩個國家分崩離析。儘管有人稱她爲"禍水"，後世却始終把她當作主宰桃花的神仙祭拜。碑文中的息嬀、息侯、細腰之宫、小杜同出一典。

②漆娥之臺：即漆娥臺。漆娥，古代傳說中的美女。

③義府：義理之府藏，常指《詩經》《尚書》。

④眇覿（miǎodí）：指遠觀。

⑤淵藪：比喻人和事集中的地方。

⑥清衷：指純潔的内心。

⑦頌椒：古代農曆正月初一用椒柏酒祭祖，或獻之於尊長以示祝壽拜賀，謂之"頌椒"。晋人劉臻的妻子陳氏，聰慧能文，曾經在正月初一獻《椒花頌》。後遂用爲典，指新年祝詞，也指女子才華。

⑧詠絮：指女子工於吟詠，有非凡的才華。詳見⑪"謝女"注。

⑨裂素：指裁剪白絹以繪畫作文，或指用以繪畫作文的白絹。

⑩裁紈（wán）：指剪裁細絹。紈，很細的絲織品。

⑪謝女：即謝道韞（生卒年不詳），字令姜，東晋女詩人，聰明有才辯。叔父謝安曾讓其比擬白雪，她以"柳絮因風起"作答，深得謝安賞識。其與班昭、蔡琰、李清照等中國古代才女齊名，以"詠絮之才"的故事最爲著名。

⑫恧（nù）藻：恧，自愧，慚愧。謂自愧文彩不如。

⑬班姬：即班昭（約45—約117），字惠班，扶風安陵（今陝西咸陽）人。東漢史學家、文學家，史學家班彪之女、班固之妹。十四歲嫁與同郡曹世叔爲妻，故後世亦稱"曹大家"。其作品《東征賦》《女誡》等對後世影響較大。

⑭焚硯：自愧文不如人而欲自焚其硯，不復寫作。亦作"焚研"。

⑮閔凶：指憂患凶禍，常指親人亡故。

⑯新野之婦：指東漢光武帝劉秀皇后陰麗華，出身南陽新野名門閨秀，被譽爲古代貌美而賢德的皇后，當時就有"娶妻當得陰麗華"之言。

⑰蒙遜：即沮渠蒙遜（368—433），北涼君主。原系匈奴支系盧水胡族首領，依附後涼。397年，擁立段業稱涼州牧，建立北涼政權。401年，殺段業，自稱大都督、大將軍、涼州牧、張掖公，建立北涼，改元永安。412年，遷都姑臧，稱河西王，改元玄始。

⑱羊后之再醮：西晋"八王之亂"，賈后、晋惠帝先後被殺。惠帝皇后羊獻容遭五廢五立。前趙帝劉曜攻陷洛陽，納羊后爲妃。劉曜向羊后說：我與你前

夫誰好？羊后說，你是開國之君，他是亡國之君，怎能相提并論？……自從侍奉你之後，我才知道天下還有真正的男子漢大丈夫。羊后叛夫叛家叛族叛國，違反人倫，被後世所不齒。再醮，專指婦女再嫁。

⑲閫(kǔn)型儀：即閫儀，指婦女的容止。

⑳長秋：原指漢代皇后居住的宮名長秋宮。後以此借指後宮。

㉑淵照：猶洞察。

㉒椒風：漢代宮閣名，為昭儀所居。泛指妃嬪住所，也借指后妃。同"椒房"之義。

㉓玄靈：指神靈。

㉔寢曜：停止光芒。寢，停止、平息。曜，光芒、光明。

㉕矧(shěn)：況且，何況。

㉖韓白：指韓信和白起。韓信，西漢開國功臣，傑出的軍事家。白起，戰國秦國功臣，傑出的軍事家。兩人征戰一生，未嘗失敗，後皆含冤屈死。

㉗蹇叔(約前690—前610)：春秋時宋國銍邑(今安徽淮北市濉溪縣)人。先秦著名的政治家和軍事家，曾任秦國右相，協助秦穆公成就霸業。

㉘威后：趙威后，趙惠文王的王后，又稱孝威太后。趙惠文王去世後，她一度臨朝聽政，期間重視民生，體恤百姓。"齊王使使者問趙威后"的故事就反映了她的政治眼光和治國思想，即"事大之訓"，強調"民為本，君屬末"，不可本末倒置，舍本向末。

㉙椎不中轂：椎，敲打車輛的器具；轂，車輪中心圓木，借指車輪和車。此處用張良博浪沙椎擊秦始皇典。

㉚谷林：上古帝王堯所葬處，位於今山西臨汾市境內，有"谷林堯陵"之說。借指帝王、帝都。

㉛雙闕：建在皇宮門前兩邊供瞭望的城樓，借指帝王的宮殿、朝廷。也稱"觀"。

㉜榴環：指三國時吳國孫權所建榴環臺。

㉝三休：登高之意。典出賈誼《新書·退讓》。

㉞秦穆姬句：語出《左傳》僖公十五年(前645)。秦晉韓原之戰，晉敗，秦穆公獲晉惠公而歸。"穆姬聞晉侯將至，以太子罃、公子弘與女簡璧，登臺而履薪焉。"簡璧是秦穆公的女兒，母親是晉獻公之女穆姬。秦晉韓原之戰，舅舅晉惠公被俘，父親欲加害其性命。懵懂的小簡璧跟著母親穆姬上演了一出欲引火自焚的戲碼，晉惠公因此獲救。

㉟鄅夫人句：語出《左傳》昭公十八年(前524)：六月，鄅君出城到公田

督耕，邦人襲鄾。鄾人將閉門。邦將羊羅殺鄾守門將軍，遂入城，盡俘鄾君夫人和女兒。後來邦君送還鄾夫人而留下其女。

㊱少姨之廟：即少姨廟，在今禹州城南柏塔山上，正殿供奉夏禹王的兩個后妃——女嬌、女攸姊妹倆，故又叫二姨廟。

㊲盈川：指楊炯，華州華陰（今陝西華陰市）人。初唐四杰之一。其於武則天如意元年（692）任盈川（今浙江衢州境內）令。世稱"楊盈川"。有《楊盈川集》十卷。曾作《少室山少姨廟碑》。

㊳岑參（715—770）：唐代著名邊塞詩人，河南南陽人。天寶三載（744）進士。曾入戎幕任職，從軍邊塞，多次往來駐足涼州，登尹臺寺，作《登涼州尹臺寺》詩："胡地三月半，梨花今始開。因從老僧飯，更上夫人臺。清唱雲不去，彈弦風颯來。應須一倒載，還似山公回。"

㊴竇融：見《竇融臺碑》注。

㊵崔鴻（478—525）：齊州清河（今山東臨清市）人。北魏著名史學家。少好讀書，博綜經史，官至散騎常侍等職。著有《十六國春秋》等。

㊶舒姑之浪：即舒姑泉。典出《述異記》："臨城縣南四十里有蓋山，登百許步，有舒姑泉。昔有舒氏女與其父斫薪，於泉處坐，牽挽不動，父還告家。比還，惟見清泉，女母曰：'吾女本好音樂。'及弦歌，泉湧回流，見朱鯉一雙。今作樂嬉戲，泉故湧出。"今為安徽九華山旅游景點。

年代不詳

石城山碑

[題解] 石城山位於武威市涼州區西營鎮二溝村。據相關史料記載，山上有天城寺（天承寺）、三聖殿、黑虎殿、靈官殿等，山下有太寧寺、龍王廟等。據故碑載：石城山歷史上寺廟較多，唐、西夏、元、明、清均有修繕，幾經地震、兵燹浩劫，損毀嚴重，最終毀於1927年武威大地震。1935年重新修繕，1958年寺廟和石碑均毀，碑文無存。參見本書《重修天城寺碑》。

高興寺釋迦牟尼石造像

[題解] 高興寺位於武威市涼州區懷安鎮蘆家溝村九組。寺內存唐釋迦牟尼石造像一尊，底座呈方形，上刻有天王。造像高120厘米，寬70厘米，厚40厘米；底座高59厘米，寬80厘米，厚40厘米；通高179厘米。

蓮花山棋盤石

[題解] 石體量80×70×45厘米，有圖案似棋盤。位於武威市涼州區松樹鎮蓮花山五龍宮。

蓮花山財神殿碑

[題解] 蓮花山財神殿碑，碑文剝蝕嚴重，已不可辨認。

蓮花山天橋石匾

達度。

[題解] 石質。今存武威市涼州區松樹鎮科畦村一組。

善應寺碑

[題解] 碑高162厘米，寬60厘米，厚13厘米。今存武威市涼州區松樹鎮科畦村七組。碑文剝蝕嚴重，殘缺不可辨認。

龍宮坡石龍

[題解] 龍宮坡位於武威市涼州區豐樂鎮境內，坡上有龍王宮遺址，坡下有石室，石門撰有"雪嶺碧水澤梓里，白龍祥瑞裕康寧"對聯。室內有石龍，長190厘米，寬69厘米，高90厘米。20世紀60年代以前，石龍口噴泉水，十分壯觀。今石室已毀，泉水乾涸，石龍不存，僅龍首露於山坡上。

重修雷祖臺士庶姓名碑

涼郡城北重修雷祖臺，上下裏外木料、磚瓦，彩繪、金妝聖像。城鄉士庶姓名開列於後：

道合科、道官班、道映明、道皂均、道夜班、道鼓手、李潔、楊銘桂、洪農中、沈□□、李汶、周專、李□震、□國祥、李伯琴、王標、蔣向沅、于棟、程建業、功漢澤、王延齡、楊之、府合科、府□班、趙樞、謝琇、蔡生棠、劉兆安、何開基、雷升、王永年、鐵昌、陳琇、□成□、□□、李□、朱潤、李普、王立中、戴亨、李世禎、張建齡、陳良德、張紹康、縣合科、縣合班、縣六渠、鐵成、安遂、王輝、陸生柏、蘇倫、王嘉福、王銘、逢勝店、普勝店、德勝東、慶隆當、崇興當、聚茂店、義興店、泰店、忠信店、□柏年、張紋、張綏、金渠上木、金渠下木、永渠上木、永渠下木、大渠上木、大渠下木、雜渠上木、雜渠下木、懷渠上木、懷渠下木、黃渠上木、黃渠下木、金羊頭□、胡宗瑞、趙復通、王合祥、安教祥、趙永年、周永□、趙發祥、□潔、李憲章、張存□、張□□、李俊□、李玉章、李仲祺、王璉、宋希賢、宋希□、宋希釗、朱自林、朱賢、宋自順、宋自權、胡□勛、胡殿爵、宋積業、陳萬升、袁維藩、鄭昌、蔡自□、蔡自祥、蔡自有、邱玉會、蔡文魁、侯斑、郭成鋒、宋□、袁生□、袁生茂、劉升、陳侗、陳丕基、□科、李長錄、范殿存、馬進忠、馬萬選、徐萬年、宋自禎、蔡自福、孫成、陳福、張宗昌、張□福、郭永華、薛有佩、青菜□、張德思、李承先、朱英、陳慶鏞、徐成、薛明、安大年、楊兆湖、劉錢、陳萬言、李潤、李榮、李會、向右魁、馮成智、李存祿、蔡永安、□梅、蔡彪、郭宗華、郭宗倫、唐房衍、許光慶、張作楷、李校貴、大興紙房、公義油房、高添源、李□、陳□、□□、劉生械、劉生榮、張潤源、姜成英、趙發中、高登魁、高登元、蘇中琦、張大正、曹萬貴、萬順琳、田成德、義美局、復成德、何昭、李晟、林福、魏大海、元興店、義和店、王衍廣、陳鎔、天錫木廠、興盛木廠、□裕公、馬發仁、正興隆、田棟、楊禎、趙伏中、張虎、王成、巨盛遠、公益館、萬泰和、天順油、崇興和、成裕源、新盛和、允德成、義元興、興順公、徐鶴年、趙天海、楊美、馮德福、劉德亨、蔣維德、楊生升、任錫祥、李之灼、陳潔、楊潤、趙華、德興永、馬福清、馬福萬、庫積德、楊廷相、楊廷基、孫堯祿、杜尚技、周□、胡銘、高蘭春、朱曉湖、楊榮、胡標、沈育我、陳殿弼、周毓琇、徐作技、許德亨、李義、張舉、張吉汝、高鳶、湯玉、李生禄、李生祥、李源、邱純修、王標、楊春元、李杭、趙泉、賀祥、王振業、靖耀德、寧興店、李兆元、陳浩禮、李鐘林、□成福、李長慶、馮朝宗、梁廷林、張惠興、樊應魁、周□、何□、白文舉、亦春□、楊德□、阜泰興、天豐□、李□、趙□、任□、李兆□、三合興、安殿□、永豐□、永錫□、山成□、醉仙園、榮蠟行、張棟、陳春年、馮康年

[題解]碑爲石質，通高187厘米，寬74厘米，厚22厘米，正文楷書。今存武威文廟。刻立時間不詳，疑爲清末。是清代重修雷臺時，捐資捐物捐功德的士庶姓名碑，其中有商號，有道士，但多爲士庶，共286人（家）。

西把截堡碑

[題解]兩截殘碑，立碑年代不詳，碑文已模糊難辨。今存武威市涼州區西營鎮西把截堡。

藥王泉碑

[題解]又稱西營五溝藥王泉碑，立碑年代不詳。原存武威市涼州區西營鎮五溝村藥王泉旁。今佚，碑文無存。

武威紳民碑

（一）

李保元、劉玉昆、王國祥、鄧國珊、馮善長、王鉅、戴萬壽、張孝祖、馮漸逵、文登階、許衡山、楊光華、王輔賢、王建堂、郭長榮、丁有鑒、李標、丁有納、王承□、胡文運、于華春、寧錫榮、趙生敬、王槐堂、張永泉、嚴攸、

劉品玉、周光孝、□廷駒、吳進保、郝憲文、丁有翰、徐殿文、徐德珏、丁南陽、鄧瑞年、李若水、段槐、于元、胡廷禎、祁贊成、張美全、王吉文、楊伯林、韓景福、顧讓德、王□、徐殿元、顧其貴、張儒、丁廷□、王天恭、李萬發、李明生、張錫齡、魏廷樞、李萬彪、吳澤恒、韓映光、馮萬書、吳澤久、王文品、劉延生、袁成、劉占文、楊興隆、李殿文、張國鈞、牛玉、張銑、陳廷福、甘雲天、袁作禎、張同善、唐柏林、党兆俊、侯殿俊、林向茂、李泉滋、張開科、陸春元、張萬朝、張棠福、李耀三、楊發厚、門伯元、□永全、蔡兆生、陸光耀、馬金堂、□文鬻、李文蔚、蔡源、楊伯多、桑茂昌、齊毓芬、李開鎣、董長安、張長永、齊孟齡、王南泉、張文治、何生瑞、蔡慶榮、俞福基、魯光、魏家孝、孟士達、朱銑、蔡多元、葉萬青、陳繩武、朱魁元、魏元春、周廷佐、趙新齊、魏廷相、袁錫湯、袁希賢、楊樂善、王錫誥、房占魁、金光射、魏致遠、丁生□、劉興讓、王殿侯、郭建勛、樊大壽、秦子芳、辛占魁、王大基、孟德元、趙明武、王學勤、張毓成、蘇懷德、丁漢廷、陳耀祖、郭銘、王憲章、馬世駱

(二)

張翰文……麻釗……劉茂林……陳興榮……張星銓、宋之檔、孫桂、高林、黃中益、□金魁、田耀英、沈孝先、□璋、宋光前、□山、□閣生、趙榮裕、楊田林、□□山、劉登翰、王壽年、劉吉林、趙保泰、樊灝、李毓杰、劉茂林、李宗培、滿多忠、查文銓、趙有年、楊永年、何建鼎、郁霖、齊天爵、汪丕齡、□青山、□□川、周成、周兆年、黃林、李永壽、許光炯、□長才、高其隆、□□基、□□肅、劉銘漢、陳克堯、□□桐、□偉、□□□、胡喬年、張澤義、馮同德、董□□

[題解] 碑共兩通，高157厘米，寬70厘米，厚15厘米。今存武威文廟。記載了當時武威的著名紳縉人士，具體年代不詳。但據有些知名紳士如張銑（清末新疆焉耆府知府）、王大基（民末武威縣教育科長）、孟德元（民國名士）等考察，疑爲清末民初碑。

中華民國

特授上大夫 監督財政司法 調遣警備軍隊
甘涼道道尹馬① 署理古浪縣行政長官兼理司法事務詹②
爲建立石碑以垂久遠事案
（長流壩水利碑）

　　查古浪縣屬長流壩士庶唐國賓等與川七壩馮保元等，因水涉訟，當經委員白會同前縣馬秉公辦理。按，依官定尺式，將川七壩截毀木槽，照舊修復。兩造咸服在案。旋據長流壩唐國賓等，以建立碑記，永絕訟端等情，前來除批狀悉。

　　據稱，長流壩水利與川七壩同一河源，前清康熙五十九年，經黃撫憲③規定：槽幫高肆寸，槽底寬貳尺捌寸，載明縣志。今有二壩馮保元、土頭壩蘇溱、新河壩張文煥、古頭壩馮登例、三壩鄭定國、四壩胡全貴、五壩丁睿才等，糾合各壩謀反舊章，截毀官定木槽，幾釀巨禍。誠恐日久反復，懇請建立石碑，載定尺寸。

　　查水利爲賦命之源，定章爲率由之准。無論時代若何變遷，斷無忽焉更改之理。除立案外，合行刊立石碑。爲此碑，仰④長流壩及川各壩士民人等一體遵照。嗣後，該壩木槽如有損壞，自應按依碑載附刊官定尺式，照依規定，除底幫高肆寸，除幫底寬貳尺捌寸，公同修復，長流壩不得違章加增，川七壩亦不准任意截毀。務宜時常審視，無使損壞。自刊碑之後，川七壩人等倘敢仍蹈前轍，截毀木槽者，一經告發，定即照律嚴辦，決不姑容其咎。周知毋違，須至碑者。

附刊官定尺式（略）

右碑仰古浪縣屬長流、川七壩士庶：唐國賓、楊石勤、秦鳳鳴、馮保元

民國五年十二月 日謹刊

石工：黃茂堂鐫

[題解] 碑刊刻於民國5年（1916年）。通高133厘米，寬81.5厘米，厚17厘米。今存武威文廟。古浪縣長流壩（今定寧鄉）與川七壩（今泗水鎮）屬同一河源，早在清康熙五十九年（1720）就確定了配水尺寸，且在縣志上載明。民國年間，川七壩的民衆違反水規，截毀官定木槽，因而引起訴訟。經官府秉公判決，依例修復木槽。爲免雙方再起事端，除立案外，刊立石碑，并再次申明官定尺寸，要求雙方一體遵守，否則照律嚴辦。碑文作爲法律判案文書，敘事簡明，要件具體，判決及要求明確。

[注釋]

①甘涼道道尹馬：即馬廷勷（1890—1930），字少翰，回族，甘肅河州（今臨夏）人。北洋政府甘肅提督馬安良三子，曾任甘涼道道尹、涼州鎮總兵和鎮守使等職，因"涼州事變"被國民黨逐出涼州。因其反復無常，被馮玉祥槍殺於河南焦作。

②詹：即詹澤霖，湖南益陽縣人，附生，日本某學校畢業，民國五年任古浪縣知事（縣長）。

③黃撫憲：指時任甘肅巡撫黃廷桂（1690—1759），字丹崖，北京人，漢軍鑲黃旗。曾任宣化總兵、四川提督、甘肅巡撫。期間，曾推行勸課務農，鼓勵農耕的耕作之具、培壅之法、水利管護等措施。官至陝甘、兩江、四川總督，吏部尚書、大學士、太子太保。曾三任陝甘總督，爲朝廷督辦軍需。病逝於涼州。

④仰：舊時公文用語。上行文中用在"請、祈、懇"等字之前，表示恭敬；下行文中表示命令。

武威縣—永昌縣界碑

[題解] 碑共有2通。一通佚，今存一殘碑，下款有："□□十二年二月十五日立。"據此碑內容和竪立界碑的時代背景，可推斷爲民國年間所立。現位於武威市涼州區豐樂鎮（原青林鄉）沙城村三組，312國道拐彎處。

維修蓮花山百子觀音閣碑記

　　佳□□□□□□□□□□□□□餘圓不敷募化□□□□參議會參議員、修志委員會分纂□□□□□□□□□祖□至正使吳理德□□，甘肅省公立法政專門學校法律科□□□權愛堂書

　　丹□緞□三幅綱□四幅周全

　　邑西有蓮花山，西鄉名勝區也，山多古廟、名刹，而尤□□□□神像八幅，黑虎、靈官神二幅，□百子觀音閣□最勝。按，觀音爲菩薩名。法華經云，菩薩□□□□一心稱名菩薩。即時觀其音聲，皆得□□□□名"觀世音"，唐人不讀"世"字，但稱"觀音"。□□□用之，然以百子爲名，則無考。或謂詩文□云，大□獄□則百聽男意者大似多男附會□□說，爾未可知。又生民爲云，克禋克祀，以弗□□□門□□初生，即以姜原①出，祀郊□而得世□□□。祀百子觀音，其殆祀郊祺之意歟。蓮花山□□百子觀音閣，建於狹山溪谷，崎嶇攀登維□□。茲有楊□師宗山爲善信，便於祀禱。□□□□募集工員□□進一間於前山，計大殿三楹，□□□精舍六間，殿北齋房一院，是役也。經始於□□□，成於丁巳②。共付工料、國幣六萬餘圓銖□□□不沒檀那之力。屬記諸貞珉，以垂不朽云。

　　□□丁旭載文

　　□□□□劉□□□　□□□

　　玄門楊宗山，從施誠相系劉信德、張信明

　　□□□□□□大中節□□□□□　□□□□□□□一口鐘，一口爐，一座幡杆，一根□□□。

　　[題解] 碑立於民國年間。通高126厘米，寬54厘米，厚8厘米。今存武威市涼州區松樹鎮蓮花山。涼州西鄉蓮花山，風景秀麗，古廟、宮觀、名刹頗多，尤以百子觀音閣爲最勝。因其建於狹山溪谷，道路崎嶇，難以攀登。爲滿足信士弟子封香祀禱之需，募集資金修建了大殿、精舍、齋房等。碑文雖多剝蝕，

但基本內容清楚，爲今人恢復蓮花山景區提供了依據。

[作者]

權愛堂（1889—1965）：原名國仁，武威市涼州區人。甘肅著名中醫。畢業於國立甘肅法政專門學校，無意仕進，立志於中醫學。曾在北京、內蒙古和省內行醫，發起創立甘肅國醫分館，創辦醫刊，一生致力於中醫事業，有醫著傳世。

丁旭載（1905—？）：武威市涼州區人。畢業於國立北京高等工業專門學校，曾在武威青雲中學任教。關心地方教育、文化和社會事業，在任武威縣臨時參議會參議員期間，提出"發展地方教育，提高文化水平"等議案。

[注釋]

①姜原：即姜嫄，上古有邰氏部落之女，帝嚳之妻，周朝祖先後稷之母。傳説她於郊野踩巨人足迹懷孕生子，認爲不祥，便弃之不育，後來孩子受到多方保護，她才將孩子收養，遂起名爲"弃"。弃成人後熱愛農事，成爲堯舜時的農官後稷。後稷教民稼穡的故事即源於此。

②丁巳：據作者年齡和碑文內容推斷爲民國6年（1917）。

四等嘉禾章①國務院存記簡任職武威縣縣長康公②生祠記

武威田制，厥類惟三：一科地，一屯地，一更名地。其賦則屯地較科地倍之，更名地較屯地尤倍之。屯科無論已。更名地者系前明親貴采邑，有王府、吳府、宋府之別。世親之家不貫稽事，居民求之弗得，以爲種若地，可以省却一切徭役且高之乎。民故每畝納租有三四斗、至四五斗不等者。逮明鼎革③，而襲就湮。我大清入主中國，以租徵賦著爲令，并令歷來承種之佃户更名遇割④，即可永以爲己有，此更名地之所繇⑤來也。夫事出當時，僉⑥以爲便宜孰大，於是積久而考其地之肥瘠，原□或異而第其供之高下，大相懸殊。樂歲粒米狼戾，⑦猶恐不贍；一有凶歉，以凍餒死、以敲撲死、以轉徙流離死，鴻嗷鼠泣，慘不忍聞。

鄉先正李公雲章⑧與甘涼觀察使龍公仁陔⑨，前後數上書，卒格於部議不行，此殄⑩也與。嗣君叔堅⑪太史，猶下寧雲會人。民國康陶然邑侯者，蜀之名孝廉也，仁明恬静，所之有聲，四季乙卯莅我武，甫下車，勤求民瘼⑫□□弗至。當是時也，軍書旁午⑬，謡諑繁興⑭。公繕城垣，辦商團，修理四城門扇，木工鐵工焕然一新矣。雖資之於地方而公董勸有方，集事較易。郡城之西有峰曰蓮花，距城三十里而强，每歲夏五，游人如織。公亦忻然，催商會會長王君佑之，趙君小峰亦與焉。其峰之巔有□曰"盒填"，最上頭也。公登臨其上，憑眺者久之而曰："方今赤日熛⑮怒，旱魃⑯爲虐，小民苦矣。如橫亘目際之馮良寨，更名地也，苗既就枯，賦尤繁重，其苦不滋甚乎！"王君稍問更名地云何，公具以告。且曰："頃閱政府公報載，鄂之軍幫糧，玩厥性質與更名地類，彼能去而我獨不能去呼？惡爲若邑宰，責在我也。我不去將疇依⑰，且嘗聞叔堅李太史世世引以爲病者也。"歸而與之課⑱，吾其圖之商之。於太史稱贊者，再并出先大夫之遺稿以見示。於是，聯名請於公。公據以聞，且痛疏其更名病名狀。時皖之張公廣建督⑲甘府，陝之雷公多壽⑳長財政，素念公非市惠㉑者流。委員楊君廷勛覆勘。楊亦廉，得其情而心力以之。公手訂一切核減方案。查更名地向分上中下三等，以屯地上中下例之，上者每畝納糧五升五合，中三升，下一升五合。經畫既定，造具册、結圖説，上之大府。大府韙之，具以請命於中央。令曰："可"。是舉也，除應徵外，共豁免正耗糧千八百石有奇。按《賦役全書》，更名地僅四百八十一頃，即徵糧三千八百四十餘石□多，自今以始，不特田賦懸輕□□，更名之名色一朝而廓清之，其功與解倒懸何殊哉！

夫數百年之宿累，公爲之除；數千家之痛苦，公爲之蘇。其有造於斯邦，厥績甚偉。而於司院應需之辦公費四五百金，又出之於廉泉讓水㉒，絲毫不取之於百姓，殆所謂民之父母者非矣。夫昌黎著積愛於潮州，廟食百世㉓；文翁㉔敷治行於鹵蜀，生佛萬家㉕；買絲繡平原㉖之貌，團扇畫放翁㉗之容。古之人崇德報功，窮形盡相，凡以永紀念而昭肸響㉘也。武邑於公，夫何獨不外。乃者㉙卜地於雷臺，清廉祠莊嚴璀璨，爲一邑冠總；爲之肖像於斯，祝長生，禄位於縣，窮以民意。□工既訖，邑之父老擬文，以勒諸貞瑉，不得不以文辭，爰爲之陳述梗概，并發起斯舉之緣起。□諺曰："吾王不游，吾何以休㉚。"乃倍然□，其□□□。

清□□□□□□□□□□司經歷，庚戌□□一生，邑人胡應瑗頓首撰文
　　□□□□□□□□□□□□□科前甘肅諮議局議員、現督軍公署軍事諮議、衆議院議員　邑人賈壇頓首篆額并書丹
　　中華民國□□三□□□□□□蕤賓月㉛中浣穀旦
　　武威六渠更名地户　公立
　　石工：武威葉樹棠鎸字

[題解]　碑立於民國年間。通高225厘米，寬80厘米，厚17厘米。今存武威雷臺。武威田制有科地、屯地、更名地三種，在賦税的收取上，屯地是科地

的一倍，更名地又是屯地的一倍還多。更名地原是明朝親貴采邑，民人典種納租。明朝後期，由於"盡免其徭"，佃户争搶租種。到了清代，更名地以租徵賦，爲佃户所有，且無論肥瘠，統一徵賦；如遇災年，即使顆粒無收，仍然徵賦，民衆苦不堪言。民國四年，四川名士康陶然任武威縣縣長。他一心爲民，爲地方建設盡心竭力。當他瞭解到更名地已成爲百姓的宿累，又受到武威賢達的啓發和鼓舞，於是不斷向上級反映更名地的積弊，并請求豁免其糧賦。後經中央政府批准，同意免除。同時，在申報當中産生的應上繳的各種費用計四五百金也没有讓百姓掏腰包。此舉從先賢李雲章先生提出、甘凉道龍仁陝"前後數上書"請求減免，到此時正式免除，經歷了近百年時間。這一善舉，從根本上解除了數千個家庭數百年以來的沉重負擔。武威百姓感戴康縣長之恩德，自願爲他建立生祠，塑其肖像，永久紀念。康縣長也因政績突出，被民國政府授予四等嘉禾奬章。作者懷着崇敬的心情寫下這篇碑文，以充沛的感情贊頌了康縣長爲民利民惠民的功績，表達了武威人民對清官良吏的擁戴之情。

[作者] 胡應瑗：武威人。曾任清末官府吏員。民國時期武威名士，熱心社會事業，維修文廟的發起人之一。

[注釋]

①嘉禾章：即嘉禾奬章，創始於民國元年，共九等，授予那些有勛勞於國家或有功績於學問、事業的人，授予等級按授予物件的功勛大小及職位高低確定。古人視嘉禾圖案爲吉祥的象徵。民國政府成立後，用嘉禾圖案取代清代的龍紋，經常出現在貨幣、徽章上，并具有簡易國徽的性質。中華人民共和國成立後，國徽圖案中仍然保留了嘉禾圖案。

②康公：名數鎔，字陶然，四川禮州（今西昌市）人。清末（1903）舉人。曾任青海丹噶爾廳同知、湟源縣知事。民國年間任甘肅武威、靖遠等縣縣長、省參議員、民政廳長等職，後辭官回川。爲官清廉，關心民生，任内多有政績。在武威時，協調各方免除更名地糧賦一事，深得士民感念。精於書畫，著述豐富。有《青海志》《青海地志略》等。

③鼎革：易經中的卦名。鼎，不僅是炊具，也是政權的象徵，周易把鼎卦列爲改革之卦；革爲變革，改革。特指改朝换代。

④遇割：交割，新舊雙方交替時結清手續。割，放弃，捨弃，割斷。

⑤繇（yáo）：遠。又同"徭"，徭役。

⑥僉：都、全。

⑦狼戾：謂散亂堆積。

⑧李雲章：即李銘漢，字雲章。詳見《范公祠記》作者介紹。

⑨龍仁陔：名錫慶，湖南安化人。舉人出身。同治年間曾任涼州、甘州知府、（接替鐵珊）甘涼道，官至浙江布政使。任職涼州期間，數訪李雲章咨商政事，謀劃地方興革，尤以豁免水冲地、更名地糧賦深得民心。水冲地於光緒八年（1882）經户部批准免除，更名地因其調任甘州未獲批。

⑩殄（tiǎn）：斷，斷絕，滅絕。

⑪叔堅：即李于鍇，字叔堅。李銘漢（雲章）次子。詳見《尹夫人臺碑》作者介紹。

⑫瘼（mò）：病，痛苦。

⑬軍書旁午：形容軍事繁忙。旁午，交錯紛繁之意。

⑭謠諑繁興：造謠毀謗的事情很多，一直沒有消停。

⑮熛（biāo）：燃燒，飛迸的火焰。

⑯旱魃（bá）：中國古代神話中引起旱災的怪物，此處指代乾旱。語出《詩·大雅·雲漢》。

⑰疇依：疇，田地；依，依靠，托身。托身田地。引申爲做個耕田人（農民）。南宋詩人王柏有組詩《疇依》。

⑱課：討論研究。

⑲張廣建（1864—1938）：安徽合肥人。曾任山東巡撫，甘肅提督、巡撫等職。

⑳雷多壽：陝西渭南人。光緒三十年進士，民國初年任甘肅省財政廳長。

㉑市惠：以私惠取悦他人；買好。

㉒廉泉讓水：語出《南史·胡諧之傳》："帝言次及廣州貪泉，因問柏年：'卿州復有此水不？'答曰：'梁州唯有文川、武鄉、廉泉、讓水。'"廉泉，又名廉水，源出陝西南鄭縣，流入漢水；讓水，又名遜水，在陝西勉縣。本爲兩水名，巧妙結合，賦予新義。原比喻爲官廉潔，後也比喻風土習俗淳美。

㉓昌黎……廟食百世句：韓愈（768—824），字退之，河南河陽（今孟州市）人，自稱"郡望昌黎"，世稱"昌黎先生"。唐代文學家、思想家、政治家。其任潮州刺史期間，興辦教育，興修水利，選撥優秀人才，傳播中原文明，政績顯著。潮州百姓爲感念其德，江山改姓韓，立廟祭祀，成爲偶像。廟食百世，意思是死後立廟，受人奉祀，享受祭饗。語出蘇軾《潮州韓文公廟碑》。

㉔文翁（前187—前110）：名黨，字仲翁，公學始祖，廬江舒（今安徽舒城縣）人。西漢循吏。漢景帝末年爲蜀郡守，興教育、舉賢能、修水利，政績卓著。

㉕生佛萬家：生佛指化生之佛，比喻德澤廣披的清官、好官，故稱"生佛

万家"或"万家生佛"。

㉖丝绣平原：买来丝线绣平原君像。原表示对平原君极其钦慕，后也表示感激别人的恩惠。平原君，战国四公子之一，赵国贵族，因贤能而闻名天下。李贺《浩歌》："买丝绣作平原君，有酒唯浇赵州士。"

㉗团扇画放翁：宋代画扇之风盛况空前，诗人陆游对此感慨道："吴中近事君知否，团扇家家画放翁"。陆游（1125—1210），字务观，号放翁，浙江绍兴人。南宋著名文学家、诗人。陆游以矢志不渝的爱国激情和博学多才深得民心，民间以"团扇画放翁"，表达对其的热爱。

㉘肸（xī）响：也作"肹（xī）响"。散布，传播。

㉙乃者：从前，往日；近时。

㉚吾王不游句：出自《孟子·梁惠王下》，意思是我王不出来巡游，我们哪会得到休息。

㉛蕤宾月：农历五月的别称。

中央新编陆军骑兵第二师师长马公子云碑

盖闻志安边宇端资不世之才，名扬□□用……中央新编陆军骑兵第二师师长马公步青①，字子云，□故□，青□□□□公阁臣之家君而□，中央陆军第一百师师长马公子香之兄也。北平世□，新息家声，生而泰表。逮年长，玉粲②雷猛，射精猿臂，惟髯称其绝。时相班鸢肩③腾上，卜其正之当锋□露之日，正风云俶扰④之秋。衔命出征，旌旗耀于北塞；剿匪制胜，烽烟靖于东都也。夫统一完成，西还故里，凝吹埙而趋承庭诰，旋奉讳而聊作家居。是时，枢府知名，晋授师于之任。是区设险遂多，分坐镇之符生李晟□。国家无忧西顾，以□准作锁钥，可固北门。其之凉也，父老□胄而争迎，纪网韬弓以示信。爱民如子，时饱饥□之怀；疾恶若仇，无懈澄清之志。抽蹴鞠之余暇，发展交通；变运□而习勤，建修衢道。于是军轮所至，文轨胥同，冠盖便于往来，堪称缩地程期，赖以减短不让飞空。且夫，植树造林，预防水利之灾变；延医设院，待诊□病之沉疴。设电灯而街市大放光明，兴学校而民众普受教育。综此数善，可概百行□。则勒岘山之碑词，固非腴画太室之像，分所应然者已。邑人亲沐洪钧，躬被□惠。灵台甘露，□□咸□其生成；泰岳卿云，鳞羽皆蒙其福荫。是用醵金⑤造塔，以纪丰功；磨石勒铭，籍酬宿领；佥请□□，籍继伟绩。深惭胸無丹篆⑥，莫彰表帶之雍容；夢乏墨龜⑦，難圖神靈之絶德⑧。第念⑨文瀾⑩，雖□，較事獨詳，繞簡而書，里史有責。靡玉壘⑪而興嘆，早服葛亮之才；操金官以揚□，□□然之筆。

　　武威縣修志委員會分纂兼□□□□□□載警⑫鞠躬撰文
　　武威縣□□□□所長□□□□□□□□才鞠躬建□
　　石工：葉錫鐫字

[題解] 碑通高160厘米，寬71.5厘米，高16厘米。今存武威大雲寺。碑文簡述其出身、家世、成長經歷及其戰績、政績，基本上是歌功頌德之詞。但據有關文史資料，其中部分内容基本符合當時實際，應一分爲二認識其客觀價值。據有關史料記載，1932年，蔣介石將馬步青部隊編爲中央新編陸軍騎兵第二師并任命其爲師長，1933年改編爲陸軍騎兵第五師，1935年擴編爲陸軍騎兵第五軍并任命其爲軍長。按此時間推算，此碑應刻於1933年任騎五師師長之前。因文字脱落較多，部分內容和作者不詳。據保存的"武威縣修志委員會分纂……載"文字推斷，作者疑爲涼州名士丁旭載。

[注釋]
①馬步青（1898—1977）：字子雲，回族，甘肅臨夏人。清末民初西北青馬集團核心人物馬麒之子、馬步芳（字子香）之兄。早年隨父加入寧海軍，歷任營長，直至軍長等，1949年經香港去臺灣，病逝於臺北。馬步青於1931年至1941年駐防武威，期間走私鴉片，販買軍火，敲詐勒索，抗擊紅軍；同時參加抗戰，興辦教育，種植樹木，對城市衛生、秩序進行協調管理，主持修築甘新公路。
②玉粲：晶瑩如玉。
③鳶肩：兩肩上聳，象鷗鳥栖止時的樣子。相學上指飛黃騰達之徵兆。
④俶擾：開始擾動；動亂，騷亂。俶：開始。
⑤醵金：聚集、聚斂錢財。醵，聚。
⑥丹篆：原指用朱砂寫的篆文。此處指文采。
⑦墨龜：即烏龜。因烏龜長壽，被視爲瑞獸，是吉祥、仁壽的象徵。
⑧絶德：卓絶的德行。
⑨第念：依次序誦讀。
⑩文瀾：文章波瀾。形容文學作品富有文彩，有激昂、壯闊的意象。
⑪玉壘：指玉壘山，在成都西北。古代多作成都的代稱。同"郁壘"，指門神。
⑫警：告誡（自己）。謙辭，表自謙之意。

重修武威文廟碑記

　　武威自漢武開郡，始見歷史。而文廟創始何代，言人人殊，莫衷一是。今觀其規模宏大，氣象雄壯，知非府縣文廟所及。洎讀《前涼載紀》及《西夏書事》，稱其崇儒術，國中大修孔子廟，復尊爲帝，幷證諸父老傳聞，謂肇建於前涼張氏及元昊割據時者近是。歷元明清三朝，踵事增華，賡續修葺，載在碑志。乾隆時武威縣令章攀桂重修，以曾明經國杰①董其事，迄今已逾百年。

　　民國丁卯大地震②，爲前古未有之奇災，文廟亦因之傾圮。尊經閣坍塌一角，墻壁隨之，使不復建築，則六經不幾掃地乎！大成殿梁木壞，使不增加兩柱，則尼父坐奠兩楹之夢，將焉托乎！東廡全毀，使不即起恢復，則先賢先儒之靈爽，又何所式憑乎？宮墻間倒，若斷若續，使不聯絡補葺，勢必爲雞犬奔逐之場，行人往來之衢。至若甬道鞠爲茂草，泮池亦發鴉音，又爲事實所必至。黍離麥秀之歌③，豈能免乎？

　　此奉祀官賈子壇④所以倡議修復也。斯役開始於戊辰春二月二日起，結束於是年夏六月一日止，共計五月。費洋柒百玖拾貳元，銀柒百捌拾兩，製錢叁百壹拾仟零貳百伍拾文。泐碑內，記實也。

　　惜功未竣，而六月五日匪變起，西官廳遭回祿⑤，戟門幾付之一炬。幸賴軍警督察處長蔣德泉氏，率回教徒數十人撲滅之，其有功名教，爲不可沒。年來民窮財盡，籌款維艱，如被毀之西官廳，搖倒之東西兩碑亭，以及欞星門牌廈之東柱爲蜂所蠹，與周遭墻垣之急待墁飾曁丹者，盡付闕如，使後之君子，有能竟賈子壇未竟之功，急起而興復之，則宗廟之美，百官之富，庶可復見於來茲。他如發起諸人，及布施官商士庶，例書碑陰。

　　民國二十七年，武威修志委員會分纂趙士達撰

　　發起人：李作楨、郭文煒、張光文、趙士達、李景才、劉茂齡、李鼎超⑥、王保元、龔集慶、唐發科⑦、楊萬鈞、徐洪慶、張延亨、張進才、胡應璦等。

　　經理人：文林郎、奉祀官賈壇

碑　陰

　　武威縣長張東瀛⑧捐洋貳百元。祭祀賬捐銀伍百兩。文社捐銀貳百兩。李鼎超捐銀捌拾兩。商會捐洋貳拾元。農會捐洋貳拾元。第五法院主任王久道捐洋壹拾元。稅收局長孟繼思捐洋壹拾元。善後局長王恩溥捐洋壹拾元。保商局長徐傳鈞捐洋壹拾元。電報局長陳海天捐洋壹拾元。師範學校捐洋壹拾元。中學校長田維大捐洋壹拾元。奉祀官賈壇捐錢貳百肆拾仟。典獄長耿光祖捐洋伍元。西北銀行捐洋伍元。平市官錢局捐洋伍元。第四小學校長唐發科捐錢壹拾仟。翰風學校校長張繩武捐錢壹拾貳仟。郵政局捐洋貳元。烟酒局長鄧姓捐洋壹元。

　　以上各機關、學校共捐洋叁百貳拾捌元，銀柒百捌拾兩，錢貳百陸拾貳仟。

　　趙筱峰、徐楊慰祖、杜尚基、陳錫坤、段永膺，以上五名每名捐洋拾元，共捐洋伍拾元。

　　同善公當、永德生、世元昌，以上每名陸元，三名共捐洋壹拾捌元。

　　永記號、郝天舒，以上二名共捐洋拾元。

　　劉瑞泉、乾元永、萬順和、豐泰昌、同義昶、張濮、義興恒、義興盛、天裕生、謙益涌、同興公、德茂源、同順生、興順長、萬鎰魁、同盛明、張海、同積永、郭文煒、魁順店、豐泰店、勤愼店、萬儀成、益豐店、趙士達，以上每名肆元，二十五名共捐洋壹百元。

　　永興元、楊永壽、復興源、同豐張、天裕成、蔚隆章、萬順德、裕豐厚、復興隆、福泰長、四篴明、晋川豐、志成店、許新吾，以上每名叁元，一十四名共捐洋肆拾貳元。

　　光慶成、天順德、王璞、正興隆、同興泉、中和引、光裕成、復興隆、敦裕恒、義興隆、景盛西、永泰謙、德盛和、積慶福、天順和、合盛成、廣茂通、天聚永、餘慶合、祥瑞成、會元號、餘德隆、乾和裕、天成和、公盛涌、同吉慶、達泉涌、興盛隆、同豐益、王保元、興盛店、天順長、蔚泰昌、煤炭廠、復興遠、毓順店、世隆豐、張雲卿、寧萬榮、徐進誠，以上每名貳元，四十名共捐洋捌拾元。

　　元順成、萬生永、協濟堂、裕興魁、復生涌、宋貞元、蔚興合、萬興成、大義魁、永盛和、永慶和、永興公、永興恒、敦信遠、復興亨、天順魁、世泰昌、德興魁、萬泰德、永慶昌、裕泰成、萬裕永、福盛成、永隆昌、永隆厚、天德永、福泰恒、餘慶昌、復盛恒、復興魁、雙成永、元盛興、天順成、正興隆、復成魁、天興隆、復興誠、天興魁、益泰昌、茂盛昌、德盛成、積盛明、世興成、祥興永、段寶亭、聚義德、王培源、永順和、同豐德、泰源和、廣順昌、福成泰、義成慶、福生茂、世豐永、萬盛魁、萬裕堂、同濟成、同成信、泰興魁、郅仁元、裕華興、郅和成、景德成、慶蘭齊、天福成、華昌號、長興元、泰合興、福順德、四美豐、興盛祥、福泰店、德慶豐、益新昌、聚義恒、茂盛德、萬慶德、榮泰當、亨泰西、福成厚、蔚泰德、興茂魁、萬春生、源生茂、萬鎰新、興盛昌、全盛德、泉順永、永和堂、天興隆、王炳榮、永盛誠、天億成、忠益成、永聚當、趙仲堂、趙樹林、權國范、權國仁、趙法義、趙積裕、馮富元、郭延祐、蘇開元、魏樹貞、袁喜、宋科、周廷富、周廷佐、楊發厚、劉鷺卿、王振麒，以上每名壹元，壹百壹拾叁名共捐洋壹百壹拾叁元。

萬興隆、義盛魁、復生永、永盛豐、同興和、全興德、德生永、增盛祥、世豐當、復泰昌、源興昌、慶豐源、玉泰昌、同盛堂、同泰店、長豐泰、萬盛福、福興昌、德興泉、永益成、永興德、通順成，以上每名伍角，二十二名共捐洋壹拾壹元。

丁世光、析炳、顧永清、陸毓芳、安泰堂、趙連城、李宗聖、高積仁、閆金生、楊文銘、徐灝元、張灝年、王鵬年、朱生璞、寧興學、謝興德、張復元、寧興俊、李作文、高象堯、侯殿儦、周殿成、徐殿斌、張萬棋、魏廷同、相魁元、相好元，以上貳拾柒名，共捐錢肆拾捌仟貳百伍拾文。

趙文林捐小麥壹斗。

[題解] 碑立於1938年，已佚，碑文引自《武威縣志稿》。簡述武威文廟"規模宏大，氣象雄壯"，并據此提出武威文廟非一般府縣文廟所及，肇建於前涼張氏或西夏元昊時期的見解，將武威文廟的歷史提前了千年，突出了其的歷史文化價值，爲其修葺作了鋪墊。民國丁卯年（1927）武威大地震，文廟因之傾圮，特別是尊經閣、大成殿、東廡、宮牆等損毀嚴重。在文廟奉祀官賈壇的倡議下，社會各界積極捐款捐物，修復工程於次年二月開始。但又因六月發生"涼州事變"，工程不得不匆匆結束。在這一變亂中，文廟部分建築又遭燹火被毀。碑文作者不無遺憾地呼籲，由於兵荒馬亂，"民窮財盡，籌款維艱"，被毀和未能修復的部分只能亟等來者如賈壇輩等修復了。如果這樣，真是"宗廟之美，百官之富（福）"。捐款名單包括單位、個人和商號名稱。

[作者] 趙士達（1883—？）：武威人。社會賢達。畢業於甘肅省高等學堂，曾任小學校長、武威中學教員、民勤縣長、武威縣文獻委員會委員等職。曾與

段永新、唐發科等參與《武威縣志》編纂工作。

[注釋]

①曾國杰：見《重修文廟祭田碑記》注。

②丁卯年大地震：指1927年5月，武威、古浪發生的里氏八級大地震。

③麥秀之歌：商朝滅亡，商紂王叔父箕子朝周時慨憤而作詩《麥秀歌》，感嘆宮室毀壞而生禾黍。此處用此典意在說明，文廟若不修葺，就免不了會長出綠油油的麥黍。

④貫子壇：即貫壇。見《亦都護高昌王世勳碑》注。

⑤回祿：相傳爲火神之名，引申爲火災。

⑥李鼎超（1894—1931）：武威名士李于鍇之子，清末民初學人，曾任省通志局分纂、蘭州中山大學教授等職。有《隴右方言》等著作。

⑦唐發科：見《亦都護高昌王世勳碑》注。

⑧張東瀛：原屬國民軍代理甘肅督辦劉郁芬部下，1927年5月武威大地震後任武威縣縣長，在1928年7月的涼州事變中被軍閥馬廷勷殺害。

計開東路甘新公路橋梁溝道數目單

至黃雙下起馬號（二二九）。朱家坡橋叫涵空洞橋，寬三尺（二三〇）。楊家扒溝橋叫丙重橋，寬五尺，土厚一丈餘。李家渠溝橋叫丙重橋，寬三尺（二三一）（二三二）。小沙溝橋叫丙重橋，寬五尺，土厚四尺（二三三）。楊家溝橋叫丙重橋，寬五尺，土厚四尺，深三尺（二三四）。王家上崖橋叫丙重橋，寬三尺，下崖橋叫丙重橋，寬三尺（二三五）。李家大深溝橋叫丙重橋，寬五尺。中溝橋叫丙重橋，寬五尺。蘇家溝橋叫丙重橋，寬五尺。牛家東溝橋叫丙重橋，寬三尺。三家西溝橋叫丙重橋，寬三尺。大沙溝河橋叫天梯橋，兩架口上鋪木板，兩橋項欄杆（二三六）。王家東溝橋叫丙重橋，寬三尺。古城溝橋叫丙重橋，寬五尺。王家西溝橋叫丙重橋，寬三尺（二三七）。二壩項溝橋叫丙重橋，寬三尺。土溝橋叫丙重橋，寬十尺。二壩直溝橋叫丙重橋，寬三尺。邊溝橋叫丙重橋，寬三尺（二三八）。東河溝橋叫丙重橋寬，三尺。二壩河橋叫甲重橋，寬一丈，高六尺，兩邦甲柱板。六壩趙溝橋叫木箱式橋，寬三尺，上鋪木板。西溝橋叫甲重橋，寬六尺，上小土坡（二三九）。楊家直溝橋叫丙重橋，寬三尺。婁家溝橋叫丙重橋，寬三尺。劉家深溝橋叫甲重橋，寬六尺。園子溝橋叫丙重橋，寬二尺（二四〇）。謝家直溝橋叫丙重橋，寬二尺。壩河橋叫甲重橋，寬一丈餘，高四尺，兩邦四柱甲板上木板，橋項上大木項。西邊直溝橋叫丙重橋，寬二尺。西河橋叫甲重橋，寬四尺，高五尺。呂家直溝橋叫丙重橋，寬三尺（二四一）。邱家溝橋叫丙重橋，寬三尺。王家溝橋叫木箱式橋，寬二尺。牟家溝橋叫木箱式橋，寬二尺。澇池溝橋叫木箱式橋，寬二尺，上鋪木板（二四二）。夾溝橋叫丙重橋，寬三尺。四壩黃家溝橋叫丙重橋，寬十尺。張家直溝橋叫木箱式橋，寬二尺。張家溝橋叫丙重橋，寬三尺（二四三）。□張家中溝橋叫木箱式橋，寬二尺。滿家深溝橋叫甲重橋，寬四尺，土厚六尺。四壩河橋叫甲重橋，寬□尺，高四尺，兩邦甲柱板。何家溝橋叫丙重橋，寬二尺（二四四）。何家灣橋叫丙重橋，寬三尺。五壩河橋叫甲重橋，寬□丈，高四尺，兩邦甲柱板。張家溝橋叫丙重橋，寬三尺。馬莊溝橋叫丙重橋，寬三尺。張家溝橋叫丙重橋，寬三尺。後深溝橋叫甲重橋，寬六尺，高五尺。李家溝橋叫丙重橋，寬二尺。六壩河橋叫甲重橋，寬四尺，高六尺，兩邦甲柱板。張家夾溝橋叫木箱式橋，寬三尺。祁連溝橋叫甲重橋，寬六尺，高五尺。吳家溝橋叫丙重橋，寬三尺（二四一）。上溝橋叫丙重橋，寬三尺。張家切坡溝橋叫丙重橋，寬二尺。六壩中六畦河橋叫甲重橋，寬□尺，高四尺，兩邊甲柱板。二畦溝橋叫木箱式橋，寬三尺。

[題解] 此碑約立於1940年前後。已佚，碑文引自《武威縣志稿》。根據有關史料，爲抗日前綫提供物資保證和打通國際通道，國民政府決定修築甘新公路，任命駐守武威的騎五軍軍長馬步青兼任督辦。甘新公路於1938年5月動工興建，1939年蘭州至星星峽段全綫完工，共1394公里。其中武威縣境段83公里，有橋樑31座，計59孔380米；涵洞244道。碑文開列了甘新公路東路武威段橋樑名稱、地名、溝道數目及尺寸清單，對研究民國時期的橋梁建造具有一定的參考價值。

涼州公教信友遷葬麥神父并興修公墳碑記

武威正南門之南不二里，阡岡累連，荒冢嚴錯，內有大鐸德麥公之墓焉。□□□□□□□如次。公諱傳世永文泰西[1]，義大利人，聖方濟各會修士，於康熙五十七年來傳天主聖教於蘭、涼。後於一七三七年（乾隆二年丁巳年）代牧大主教，未及赴，以疾終本郡凉州聖堂，時五月十五日，年五十三歲。景教[2]後學立石，中行大書"大鐸德□老先生之墓聖名方濟各"；左下旁書又"二十二年七月仝立"八字。據其文義則知，麥公之來蘭、凉傳教，適繼方□之後。蓋□方公之來敷教於吾教區之永寧堡也，尚在康熙中葉。故老相傳，遺澤未斬，史編集志，有遺迹可循，而獨麥公之豐功偉烈，嘉言懿行，堪稱吾甘北後先。媲美之宗，徒文獻無考，傳述難徵，微寥寥之碣文，幾不知其爲何時人籲，可慨也！

兹者興修公路，武威城周適當其冲，而公之墓正臨道旁，深虞湮没。宜圖久安，況以宣勞天國攻陷□之遺骸，使集處异端亂墳之中，尤屬不宜。忠安秉鐸斯幫每念之而興懷者久矣。聯想所及，因念我信友生前共堂同神敬拜，身後并躋天國永享歡樂；又胡爲以榮望復活之軀，與外教异端之流爲伍，斯信斯望，既爲麥公所，則此身此骸亦宜爲麥工之伴侣。庶群羊隨牧，不惟至一之精神昭著，抑且通功之神效易舉質，諸信衆詢謀僉請命上峰，禀呈遷葬麥公并創修凉州本堂信友公墳之舉。蒙照準，遂經始首由東鄉韓金堂會長慨施水地二，信友樂捐薹款五百餘元，衆志既合，義舉遂興，築垣平土，不日而成。

工既竣，會濮大主教與國籍司鐸來凉避静。國曆八月一日，法駕親臨，率全體男女神修班衆信友同赴墓次，衆謹啓發，髑髏骨骼安全無缺，黄髮金須宛然如巾，聖衣殘片可辨正身無誤，皆大欣慰。移殯既竟，遷葬東堂新塋，悉依聖教典禮，并由濮大主教舉行祝聖公墳焉。嗚呼！後之人有仰先賢而靚斯慕者，當思善牧覓羊之勤勞而肅然起敬，復念永暫升墮之關係而惕然惕勵於神功相通，存亡無聞則斯冢之立，不惟枯骨之安，抑且以勖靈修而廣教澤也。是爲序。

　　蘭州教區宗座、代牧主教濮登傅率□咸公教進行會全體　仝立

　　馬玉汝敬撰　段文奇書丹

　　民國三十年八月一日，凉州總鐸[3]錢忠安　監立

　　進行會□□□□立□

[題解] 碑立於1941年。通高149厘米，寬66厘米，厚14厘米。今存武威

文廟。意大利傳教士麥神父，因其在蘭州、涼州的傳教功績和影響，涼州信眾積極倡導并請示上峰同意，由城南荒冢遷葬於同時創修的涼州本堂信友公墳。在新塋修成之際，蘭州教區大主教濮登傅等參加并主持了麥神父遷葬東堂和新塋落成典禮。碑文簡述其相關情況和涼州本堂信友公墳的創修與落成典禮，是武威天主教傳播的重要實物資料，具有較高的歷史價值。作者馬玉汝、段文奇不詳。

[注釋]

①泰西：泛指西方國家，一般指歐美各國。

②景教：這是早起傳入中國的基督教派，此處指天主教。

③總鐸：天主教聖公會教會行政層級，由多個堂區所構成總鐸區，任命一名神職人員（神父）爲總鐸。

重修文廟創建廟產碑記

吾邑文廟，相傳肇建於前涼張氏，或云爲西夏時所建。代遠年湮，傳聞异辭。惟自明正統、成化以迄，清順治、康熙、乾隆、道光間賡續葺修，歷有碑記可考。

迨民國十六年地震，殿宇墻垣強半傾圮，東廡全毀。翌年，都人士倡議修復，推賈君壇主事，劉君茂齡主計。鳩工庀材，牮正①尊經閣五楹、大成殿二楹，重修東廡七楹、金聲玉振門各一，此外西廡、戟門、泮池、照壁內外宮墻、東西栅門，均經修補，恢復舊觀。二十二年續修東西碑亭；二十六年補葺崇聖祠之大殿兩廊，及先賢名宦兩祠；三十七年又修欞星門大牌坊。此皆屬於文廟工程也。其他歷由文廟會管理之。文昌宮當地震時，東廊房亦毀，土木瓴甓并多隳壞，科與賈君壇督匠重修東廊房七楹，并葺西廊房諸更之殘缺者。嗣由本會先後改修戲樓爲圖書樓，兩廊房爲圖書室；新建東西碑亭各五；并修桂籍殿左之牛公祠、三賢祠，殿右之有恪亭、西厢

房、東兩廊，及補葺大殿山門內外磚瓦。此又文昌宮內工程也。若夫文廟祭田，除先代所有另碑記載外，又於廟西增修房六十一間，節義祠前鋪舍九間，法院門左鋪房一十六間，價置文廟。後與文昌宮東之空地各一塊。統計二十年來所需工料、錢糧叶價②等項，約合銀幣五千餘元，系文廟房產租資及本會籌募支付。

當此歐化盛行，斯文絕續之交，到處文廟多遭毀於兵燹，或改爲辦公處，所甚有一任頹廢爲瓦礫場者。而吾邑文廟獨克修葺完整，如魯靈光③之巋然獨存，夫固邦人君子之熱忱毅力所致，抑亦聖道不終晦於天壤間之一證也。爰述重修增置之始末，俾後之人有所感焉。是爲記。

邑人唐發科撰文　段永新書丹　丁旭載篆額

武威文廟管理委員會委員：段永新、趙士達、趙生謨、孟德元、嚴攸、李科生、唐發科、劉茂齡、丁旭載、郝在中、伊宗尹、徐洪慶。

中華民國三十八年歲次己丑夏五月吉旦　公立

住持：張宗和　石工：黄得元

[題解] 碑立於1949年。通高162厘米，寬69厘米，厚15厘米。今存武威文廟。武威文廟，相傳創建於前凉或西夏。自明正統重建以來，有碑記可考的維修不少於10次。1927年武威大地震，殿宇牆垣損毀過半。第二年，在貫壇等社會知名人士的倡議下，重修尊經閣、大成殿，基本恢復舊觀；之後陸續修葺或改建、改造部分建築，并於廟西等地增修房屋、鋪舍86間作爲廟產。整個修復工程持續到1948年結束，長達20年。期間，全國許多文廟因歐化或其他原因被毀，或改作他用，甚至有變爲瓦礫場的，唯獨武威文廟得到完整的修繕，魯靈光殿，不能不說是一個傳奇。碑文簡要記載文廟重修增置始末和"邦人君子之熱忱毅力"，以使後人有所感念。今日閱其碑文，始知先輩保護修繕文廟之大功德，對激發後輩保護歷史文化遺產、弘揚優秀文化傳統具有積極的作用。

[作者]

唐發科：見《重修武威文廟碑記》注。

段永新（1880—1961）：字鼎丞，武威縣人。清末秀才。曾赴京城應知縣考試考中，任成都造幣廠監造委員。民國年間，先後任國會議員、綏遠實業廳廳長、安徽宣城縣縣長等職。1931年後，先後任永昌縣、古浪縣縣長，省參議員、武威縣銀行董事長、縣參議會議長等職。新中國成立後，被推選爲武威縣各界人民代表，先後任甘肅省監察委員、省人民政府委員、民革武威縣委主任等職。

丁旭載（1905—？）：見《維修蓮花山百子觀音閣碑記》作者。

[注釋]

①伒(jiàn)正：打伒拔正。伒，用木柱支撐傾斜的房屋，使之平正。

②叶價：合價。叶（xié），合。

③魯靈光：即魯靈光殿，漢代著名宮殿名，在山東曲阜。此處指碩果僅存的事物，專指武威文廟。

中華人民共和國

修建武威大禮堂碑記

　　武威昔名涼州，位於河西走廊祁連山麓，是甘新公路必經之地。市街宏敞，貿易興隆；川渠縱橫，灌溉甚便；農産豐饒，有"塞北江南"之稱。
　　一九四九年秋，我人民解放軍以秋風掃落葉之勢，一舉攻下蘭州，繼克武威、張掖。馬步芳匪軍聞風喪膽，狼狽逃竄，致使罪孽昭著、天理難容之馬步芳殘匪終於酒泉全部被殲，甘肅全境遂告解放，人民從此得見曙光，莫不歡欣鼓舞。翌年春，我八師全體指戰員爲響應毛主席生産建設號召，自四月初即全部投入了各種生産戰綫，經過五個多月的艱苦勞動，除修竣了古豐渠全部、黃羊渠大部，并在烏稍嶺開荒一萬餘畝，爲國家增加了財富，爲人民減輕了負擔。特別是爲了武威黨政軍民之需要，徵得政府之同意，政府更以大力贊助大料，我八師以師直警衛連教導隊、平劇隊、宣傳隊、分區獨立營、二十二團一部之人力，在解放市場建築了莊嚴魁偉的大禮堂，題名武威大禮堂。落成後，各鄉群衆前來瞻仰者絡繹不絶。贊曰：誠武威之第一大建築！人民解放軍之功也，將在河西建設事業上永留光輝。
　　中國人民解放軍第一野戰軍第三軍第八師司令部、政治部爲禮堂之修建曾組成建設委員會，以呂佩珊、陳雲亭、張欽明、史奮勇、徐幹忱、荆清河、張心田七同志負責領導建築之進行。歷時七月餘，自四月中旬開始動工，到十一月止。共用木材九百餘根，磚十五萬三千餘塊，石灰六萬斤，拉土二千七百餘車，席子六百二十塊，木椽一千五百八十根；雜工二萬九千八百六十六個：計司令部出車五百五十五次，供給部出車一千零二十八次，汽車隊出汽車四次，衛生部出車一百六十三次；教導隊出人工一萬零二百九十七個，宣傳隊出人工一百六十八個，建設隊出人工一千八百個，警衛連出人工四千三百一十三個，分區獨立營出人工五百一十個，平劇隊出人工一千四百個，二十二團出人工八千一百六十九個，另出車六百七十六次，二十四團出車四次。并聘請楊再生、曹福貴、周鎰、周生海等爲泥木石工。

一并在此感謝，特此立碑爲記。

一九五零年冬十一月

[題解] 碑立於1950年。高160厘米，寬83厘米，厚16厘米。今存武威大雲寺。碑文簡述了武威概況及人民解放軍解放河西及解放後所做的貢獻，重點介紹了武威大禮堂的修建及其組織、用料、出工、建設工期等情況。碑文所稱的解放廣場即現在的大什字西北方樹立城標的文化廣場，原大禮堂位置在廣場的西北位置，20世紀70年代因城市建設而拆除。

革命烈士紀念碑（兩通）

(左側)

四九年春，大軍西進。勢如破竹，痛殲匪軍。西北人民，歌唱翻身。一野三軍，駐鎮河西。軍民團結，剿匪建設。嗟我英烈，公而忘身。爲党爲國，赤膽忠心。剿匪戰鬥，壯烈犧牲。艱苦建設，積勞殞身。浩氣凛冽，萬古長存。

中國共產黨武威地方委員會
甘肅省人民政府
武威區專員公署
甘肅省武威軍分區司令部
一九五二年　立

(右側)

四九年春，大軍西進；鋒向所指，胡馬匪崩。進駐武威，剿匪練兵；全心全意，爲民屏障。革命事業，未竟身亡；萬民痛悼，我輩猶傷。誓繼遺志，鞏固國防；反對侵略，保衛和平。

步兵第八師朱聲達　王寄洋　仲德溢　佟鐵夫暨全體指戰員
一九五二年　立

[題解] 碑高810厘米，呈三足鼎立狀。樹立於今武威市涼州植物園烈士陵園中央。1949年春天，人民解放軍向西挺進，至10月，徹底消滅了統治河西的

國民黨胡宗南部和馬家勢力。武威解放後，部分駐軍又參加了當地的建設事業。在革命和建設進程中，有許多指戰員壯烈犧牲。爲紀念先烈，激勵後人，1952年，地方黨政軍機關立碑永久紀念。碑文簡述了這一情况，希望後來者緬懷先烈，爲鞏固國防、保衛和平而努力工作。

蘇福榮烈士碑

蘇福榮同志參加志願軍，光榮地擔任了抗美援朝重大任務，於一九五一年五月十八日壯烈犧牲。我們爲了永遠紀念最可愛的人，特立此碑。

武威縣第七區松樹鄉全體人民敬立
公元一九五二年四月六日　立

[題解] 碑高150厘米，寬80厘米；碑頭爲圓形，上有五星。今存武威市松樹鎮上三畦村。

王禎年烈士碑

王禎年同志參加志願軍，光榮地擔任了抗美援朝重大任務，於一九五一年四月間壯烈犧牲。我們爲了永遠紀念最可愛的人，特立此碑。

武威縣第七區馮良鄉全體人民敬立
公元一九五二年四月六日　立

[題解] 碑高150厘米，寬60厘米；碑頭爲圓形，上有五星。今存武威市松樹鎮馮良寨村。

武威兒童樂園創建記

　　武威自漢武開郡以來，歷代經營已成爲絲綢之路重鎮。解放以後，社會主義建設業蓬勃發展。一九八四年武威地市兩級婦女聯合會倡議創建兒童樂園，黨政領導大力支持，各界群衆熱心贊助，計捐贈人民幣七萬兩仟餘元，義務勞動八百餘工日。於一九八五年六月一日落成開放。

　　兒童樂園在武威西郊，占地約十六萬平方公尺，北眺海藏烟柳，南望天梯積雪，形勢甚佳。園內綠樹成蔭，清流瀠洄，繁花如繡，鳥啼林端，已建成者有哈鏡館、觀賞温室、游龍戲水、動物狂歡、旱冰場等，每逢假日游人如雲，老人開顏，童稚雀躍。誠兒童之樂園，古城之勝地也！

　　方今"四化"大業正勝利前進，兒童爲祖國未來之建設者，正日益爲社會所重視，將來此園設備必臻完美。昔人云：飲其水者懷其源。創建者親勞實不可没。爰樹此碑以資紀念。

甘肅省婦女聯合會武威地區辦公室
甘肅省武威市婦女聯合會
西北師範學院副教授李鼎文撰文
學生徐萬夫敬書
一九八五年六月一日　立

(碑陰) 兒童樂園捐助單位

　　武威地委、武威地區行署、甘肅省婦女聯合會武威辦事處、市人大常委會、武威市政府、武威市委辦公室、武威市政府辦公室、武威市婦女聯合會、解放軍駐武部隊以及機關、學校、工廠和個人（名單及捐助數額略）

　　[題解] 碑立於1985年6月。碑高150厘米，寬226厘米，厚16厘米。今存城區西郊公園。簡述了武威黨政機關和各界群衆熱心贊助，在城區西郊公園內創建兒童樂園的基本情況及目的意義。西郊公園，亦稱兒童公園，位於武威城區西關，因園內出土國寶級文物西夏木緣塔而馳名。初建於1980年，占地19萬平方米，是一處集兒童游樂、休閒娛樂、賞花觀光、林木栽培、動物觀賞爲

一體的現代游覽勝地。2017年開始進行大規模的升級改造。

[作者]

李鼎文（1919—2014）：字獻甫，武威市人。著名學者。早年就讀於西北師範學院國文系，歷任武威師範學校教師，西北師範大學講師、副教授、教授，著有《甘肅文史叢稿》《夢槐庵叢稿》等，整理校點《續敦煌實錄》《李于鍇遺稿輯存》《隴右方言》等，主編《甘肅古代作家》。晚年定居新西蘭。其祖父李銘漢、父親李于鍇、兄長李鼎超皆隴上卓有成就的學者。李氏三代在傳統史學、文學、語言學諸方面都取得了重要成果。

徐萬夫（1926—2020）：甘肅武威市人。早年就讀於武威師範學校，曾任教師、武威專區文工團團長、秦劇團團長，武威地區文聯專職副主席、書法家協會主席、《紅柳》雜志主編等，曾創作大型秦腔劇《梁紅玉》，出版《徐萬夫詩稿》《徐萬夫書法集》等，是享譽武威，名顯隴上的書法名家。

武威市城標落成記
（一九八六年六月十九日）

城標可展示一座城市各自不同的歷史和風姿。武威市城標，選用一九六九年城郊雷臺東漢墓出土文物銅奔馬，仍以金屬銅仿製而成。馬身高3米，塔形基座高16米，通高19米。於1986年6月19日，武威市成立一周年之際落成。

銅奔馬，長尾翹舉，昂首嘶鳴，作飛奔前進狀。爲了顯示馬的飛馳，作者大膽想像，別具匠心地使支撐馬身全部重量的右後足，放在一隻飛鳥身上，其他三足騰空；既表達了奔馬"風馳電掣"的速度超過飛鳥，又巧妙的利用飛鳥的軀體，擴大了着地的面積，保證了奔馬的穩定，從而賦予了作品以深刻的意境，表現了豐富的浪漫主義色彩。古代藝術家的這一杰作，不僅神態生動，製作精美，想像力豐富，而且藝術造型合乎力學平衡的原理，體現了我國古代勞動人民高度的智慧和創造才能。

銅奔馬，作爲武威市城標，她不僅反映了武威市悠久的歷史和燦爛的文化，同時，也象徵着武威人民，在"四化"建設中騰飛向上，一往無前的精神。

武威市人民政府 立

[題解] 通高19米，塔形基座高16米，馬高3米。城標位於武威城大什字西北文化廣場中央，碑文刻在城標座內通道一側。2015年，爲修建地下人防工程設施（地下商業廣場），對城標進行了加固維修和適當改造。城標是一個城市的標志。1985年4月15日，經國務院批准，武威縣撤縣建市（縣級）；1985年6月19日，市人民政府成立。在建市一周年之際，武威市政府主持修建的城標落成。城標以1969年出土於武威雷臺的東漢銅奔馬爲主體形象，象徵武威人民在各項建設事業中騰飛前進、一往無前的精神面貌。碑文簡述其基本情況，重點突出了作爲武威標志的銅奔馬的藝術形象。

新建文化廣場石雕記（四尊）

读简记

尊老養老，是中華民族的傳統美德，早在漢代，就已形成制度。"讀簡"石雕，取材於武威磨嘴子漢墓群出土文物—木鳩杖王杖詔書令册。從老人安祥地手持天子所賜鳩杖，誦讀皇帝詔書"年七十以上杖王杖，比六百石，入官府不趨，吏民有敢毆辱者，逆不道，弃市"這一雕塑形象，既反映了遠在漢代已實施尊老制度，體現了古城武威的文明傳統。今天要繼承和發揚這種美德。

[題解] 雕記高40厘米，寬60厘米；簡高165厘米。原存武威市文化廣場東南隅，2015年實施廣場改造工程，後去向不明。

童心記

兒童是祖國的未來。以市博物館文物藏品——清代著名畫家関貞的人物畫爲題材的"童心"石雕，通過兩個天真活潑的兒童，圍着魚缸觀魚的場面，表現了魚兒在水中游來游去，悠然自得的飄逸情景，也反映了兒童熱愛生活，嚮往自由的美好願望。

[題解] 雕記高40厘米，寬60厘米；童心高136厘米。原存武威市文化廣場東北隅，2015年實施廣場改造工程，後去向不明。

牧歸記

涼州，土地廣袤，水草豐美，宜畜牧，自古稱：涼州之牧爲天下饒。"牧歸"石雕，選自市博物館明代文物藏品——銅牧童。夕陽西下，牛已懶於采食，牧童笑顏逐開，以手遮陽，遙望村舍，流露出欣然欲歸的神態，可見"涼州畜牧甲天下，谷賤年年盜賊寡""茅蘺幾處炊烟合，稚子驅牛望屋行"的村野生活情景。

[題解] 雕記高40厘米，寬60厘米；牧童高123厘米；牛高116厘米，長190厘米。原存武威市文化廣場西北隅，2015年實施廣場改造工程，後去向不明。

書童記

天梯山下，石羊河濱；絲路重鎮，五涼古城；新建廣場，古城增輝。青年一代，熱愛家鄉；踴躍捐贈，集資數萬；建國有功，流芳萬代；刻石永志，啓迪後來。

[題解] 雕記高40厘米，寬60厘米；書童高165厘米。原存武威市文化廣場西南隅，2015年實施廣場改造工程，後去向不明。

碑 陰

此雕塑系六十四個單位，三十萬青少年捐贈，千元以上的單位：

武威市二輕局團委　　　　武威市商業局團委
武威市皮鞋廠團總支　　　武威市經濟委員會團委
武威市水電局團委　　　　武威市地毯廠團總支
武威市教師進修學校團委　武威市第十中學團委
武威市第九中學團委　　　武威市第八中學團委
捐贈三百元的青年趙軍

共青團武威市委
一九八六年六月十九日

[題解] 以上四尊雕塑作品及簡介石刻原分佈於武威城區大什字文化廣場的四個隅角，與廣場中央的銅奔馬城標構成完整的城市雕塑主體畫面。四尊雕塑的構圖取材於武威優秀燦爛的歷史文化典籍或文物造型，形象逼真，寓意美好，分別象徵童趣世界、農耕文明、讀書上進、尊老養老。2015年實施文化廣場改造工程，四尊雕像移置於別處保存（去向不明），當初設計構思的寓意減弱。碑陰記載了為雕塑捐款的單位和個人（說明：當時工資收入和物價較低，一般工作人員月工資不足百元，"萬元戶"是當時富裕和富豪的代名詞）。

重建革命烈士紀念碑

革命烈士永垂不朽

英烈浩氣，萬古長存；豐功偉業，百世流芳。

中國共產黨武威市委員會　武威市人民政府
一九八七年重建

[題解] 碑通高1060厘米。今存武威市涼州植物園烈士陵園。

三盤磨小學教學樓修建碑記

　　三盤磨村教學樓於公元一九八九年八月十五日破土動工，於公元一九九零年六月一日落成竣工。

　　我村爲貫徹中央和省、地、市集資辦學的精神，動員全村幹群捐資助學，興學重教，把辦教育修學校視爲造福子孫、惠及桑梓的美德。村黨支部、村委會在市教委、金羊鄉政府的資助下，從多方籌措資金十七萬五千多元，村民徐沛、孫萬全、李志忠、杜生祥、蘇同、張其龍、周臻軍、杜生魁、杜生發、張進山、李耀山、張侃、喬志成、蘇長文、喬貴山、張學發、孫萬禮、蘇祥文、董義、李長有、樊忠年、張學堂、喬元山等一百零四人捐資三萬九千多元，集體個人共籌集資金二十一萬四千多元，興建一千二百一十平方米教學樓一幢。幹群慷慨解囊，相助育才興學，爲培養具有現代科學文化知識的無產階級新人奠定基礎。績業永恒，萬世流芳；功歸於國，利歸於民。望後人勤學善讀，發奮進取，立志成才，報效國家。

　　特立此碑，弘揚其功德，昭示於後人。

甘肅省武威市金羊鄉三盤磨村黨支部　村委會
公元一九九零年六月一日　立

　　[題解] 碑高130厘米，寬66厘米。今存武威市涼州區金羊鎮三盤磨小學。碑文簡述村民集資辦學的情況，列舉了集資較多的村民名單，用語基本都是當時的套話。

甘肅涼州曲酒廠建廠碑記

　　風格獨特，具有國內先進釀酒設備和技術的現代化中型企業——甘肅涼州曲酒廠，安家於絲綢之路銅奔馬故鄉，落身在皇娘娘臺遺址。在黨政和業務部門的親切關懷和大力支持下，於公元一九八五年九月十五日破土動工，擴建改造，一九八八年五月竣工。占地一百五十六畝，建築面積四萬一千平方米。張景發、張應謙等一批開拓者負重任，擔風險，貸款一千三百六十萬元，率領八百壯士在亂石遍地的清水河灘，艱苦拼搏，克服難以想像的困難，邊建設、邊生產、邊開發，三年生產八個系列產品，跨入甘肅省一級企業。所產金獎皇娘臺酒、涼州曲酒獲全國兩個第一名，與西涼大麴、涼州特曲等拳頭產品，展示涼州雄風，譽滿隴原，威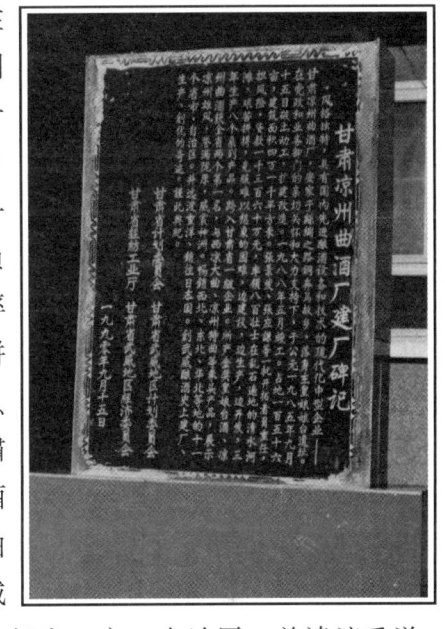震神洲，暢銷西北、東北、華北等地的十一個省、市、自治區，并遠渡重洋、銷往日本國，創武威釀酒史上建廠、生產、創優的奇迹。謹此典紀。

甘肅省計劃委員會　甘肅省武威地區計劃委員會

甘肅省輕紡工業廳　甘肅省武威地區經濟委員會

一九九零年九月十五日

[題解] 碑高184厘米，寬110厘米，厚30厘米。今存甘肅涼州皇臺集團公司（原涼州曲酒廠）院內。涼州曲酒廠（現皇臺集團公司）位於城區西郊金羊鎮皇臺村，由原來位於城區東北隅與武威六中毗鄰的武威酒廠（現普康集團）擴建而來，之後兩廠分離，形成各自獨立的廠區和組織機構。碑文簡述涼州曲酒廠建（新）廠創業和新廠區的規模、產品及樹碑前取得的業績。

騰飛碑序

　　夫立德立功立言，大抵聖賢豪杰之所爲也，吾六中者固不敢望其所配。然師表百餘，俊秀兩千，則無不懷仁人君子之心，英雄豪杰之氣，忠党愛國之節，傳道授業、誨人不倦、業精於勤、學而不厭，志在四化、功垂千秋，是亦聖賢豪杰之舉歟。蓋辦學須全面貫徹黨之教育方針，育人要采取多種措施方法，而環境育人尤不失爲一大法也，所謂地靈然後人杰者是。庚午春三月，微型公園工竣。群議以爲當勒石之碑，以感昭現在，激勵後來。辛未四月落成。碑端：四環象徵四化大業功行圓滿；環前大鳥奮翼扶搖，取中華騰飛之意，故命名曰"騰飛碑"。明其大意，爰以序之。

陳昭撰文　顧振祖書丹
一九九一年五月　立

[題解] 碑通高543厘米，寬114厘米；正面爲"騰飛"二字。寓奮發努力，飛躍進步之意。碑存武威第六中學。

[作者]

　　陳昭（1932—2005）：武威市涼州區金河鎮（原東河鄉）人，西北師大歷史系畢業，畢生從事教育工作。曾任武威三中、武威教師進修學校、武威六中校長，1991年獲全國優秀教師稱號。

　　顧振祖（1954—　）：武威市涼州區大柳鎮人，甘肅教育學院畢業。曾任武威十二中、武威六中教師，武威市博物館副館長等職，後在甘肅省委政研室、省委農業辦公室工作，任正處級調研員。

地動儀模型

張衡（73—139）東漢天文學家，他創制的候風地動儀，比歐洲同類儀器早一千七百年。

一九九二年六月 立

[題解] 模型通高 330 厘米，直徑 120 厘米。今存武威第六中學。

涼州百塔寺簡史碑

涼州百塔寺，始建於元代，藏語稱作謝爾智白代，即東部幻化寺，屬藏傳佛教涼州四大寺院（金塔寺、蓮花山寺、海藏寺、百塔寺）之一，位於武威城東南二十公里武南鎮百塔村劉家臺莊。

根據藏漢史料記載，公元一二四四年，元太宗皇子、西涼王闊端詔請西藏宗教領袖薩迦班智達·貢噶堅贊（尊稱薩班，意爲薩迦派大學者），來涼州共商西藏歸順中原大計。一二四六年，薩班已六十五歲高齡，不顧數千里跋涉之苦，携侄兒八思巴（10歲）、恰那多吉（6歲）到達涼州。薩班代表西藏地方勢力與闊端在涼州會商，達成西藏歸順元朝統治的條款，發表了《薩迦班智達·貢噶堅贊致蕃人書》，從此，結束了西藏長達四百年的混亂局面，納入中國的版圖。一二六〇年，忽必烈即帝位後，封八思巴爲國師，兼領西藏十三萬户。闊端王拜薩班爲上師。會商後，把他留在涼州，建成四大佛寺。

幻化寺爲薩班在涼州卓錫講經處，由闊端親自主持修建，四面築城，開四門，周圍築有八座峰墩拱衛，城牆南北四百四十米，東西四百二十米，面積十八萬四千八百平方米。幻化寺建在城内，占地面積三萬九千九百六十平方米，有山門、鐘樓、鼓樓、金剛殿、三寶殿、大雄寶殿，莊嚴肅穆，金碧輝煌，爲涼州諸寺之冠。薩班在此居住五年，一二五一年十一月十四日圓寂於此，享年七十歲。闊端爲他舉行了盛大的悼祭活動，并建造起周邊六十三米，高三十六米的七級浮屠，將薩班的舍利遺骨大部分供藏於白塔内，一部分送去西藏薩迦地方供養。八思巴時，這裏有僧侶一萬多人。

百塔寺於元末被毀，變爲瓦礫，明宣德五年（一四三〇年），西僧妙善通慧國師鎖南監參募緣重修，肅王捐助黃金，兩年功成，請命於朝，欽賜名曰"莊嚴寺"。清康熙十四年（一六七五年）對塔寺進行了維修，歷時八年竣工。一九二七年涼州大地震，寺院與百塔被震毀，現僅存七米塔基與清康熙二十一年碑。

涼州百塔寺，是薩班與闊端舉行會商和發表致蕃人書的所在，成爲元朝西藏納入中國版圖的歷史見證，對中華民族的團結發展和祖國的領土主權統一完整具有重要歷史地位，昭示着西涼王闊端與法王薩班共同爲祖國統一大業立下的豐功偉績，流芳千古，永垂不朽。

武威五涼文化研究會常務理事 王寶元撰文
公元一九九二年十一月十四日 立

[題解] 碑通高223厘米，寬81厘米，厚23厘米；碑座高40厘米，長122厘米，厚69厘米。碑陽爲漢文，豎排，共17行；碑陰上方刻有藏文，爲百塔寺藏文名"謝爾智白代"，中刻漢文"涼州百塔寺簡史碑"。碑存武威市涼州區武南鎮百塔村劉家臺莊白塔寺內。碑文引自作者《涼州百塔寺考察記》。涼州百塔寺，也稱白塔寺，始建年代不詳，元代屬藏傳佛教涼州四大寺院（金塔寺、蓮花山寺、海藏寺、百塔寺）之一，位於武威城東南20公里武南鎮百塔村劉家臺莊。根據藏漢史料記載，西藏宗教領袖薩迦班智達·貢噶堅贊與蒙古西涼王闊端王在此舉行涼州會盟，達成了西藏歸順蒙元政府的條款。薩班圓寂後，闊端爲他舉行了盛大的悼祭活動，并建造大白塔供藏薩班的舍利靈骨，之後逐步形成"百塔"規模。百塔寺於元末被毀，明宣德五年（1430）重修，兩年功成，欽賜名曰"莊嚴寺"。清康熙十四年（1675）對塔寺進行了維修，歷時8年竣工。1927年涼州大地震，寺院與百塔被震毀，僅存大白塔塔基與清康熙二十一年（1682）碑（見本書）。涼州百塔寺，已成爲西藏納入中國版圖的歷史見證，對中華民族的團結統一和祖國的領土主權完整具有重要歷史地位。碑記簡述了百塔寺的歷史及其在民族團結、國家統一中的重要作用。

[附記] 涼州百塔寺在各級政府的高度重視和文化、文物、民族、宗教等部門及衆多有識之士的支持呼籲下，於2001年6月被國務院公布爲全國重點文物保護單位，并正式立項修復。工程於2002年5月開工建設，完成了薩班靈骨塔遺址加固保護、復原薩班靈塔、99座小白塔修復重建，涼州會盟紀念館工程及綠化、道路等周邊環境建設，成立了百塔寺管理機構等，寺院修復工程正在立

項爭取中。寺内有時任中共中央政治局委員、國務委員李鐵映和省委書記宋照肅、省長陸浩的題詞碑刻。

[作者] 王寶元（1931—2014）：回族，山東泰安人。1952年畢業於北京回民學院，其後一直在武威民政部門工作。1980年以來，從事地名工作，在地名學和五凉文化研究方面頗有建樹。著有《凉城滄桑》《凉州百塔寺考察記》《凉州春秋》和數十篇論文。

增修大雲寺碑記
（據明版同名碑刻重刻）

凉州大雲古刹，紀其巔末，有唐宋二碑，彷彿可考。元末兵燹以後，重爲鼎新，爰復古迹。自皇明洪武十六年始，其募主則曰本沙門志滿也，未有紀者。舊有浮圖五級，未及合尖，至萬曆壬辰歲，本城副將魯光祖施磚瓦砌補，完前功。百八十尺，與清應寺塔雙峰插天，稱五凉一奇觀云。是後，時和歲稔，民庶兵強，遂恢復松疆數千里。而虜運日衰，兵威日振，雖氣數使然，不可謂非法力所助佑也。

時本鎮總兵達雲，即前恢疆者，酬答神功，乃於塔臺前面幷建元帝廟一座，金碧瑩煌，蘄奠此塔於磐石。僧官洪鎧，以公修廟餘材，構小祠於廟左，肖公像而香火之，匪只爲建廟舉，緣公秉鉞開疆，而爲地方圖永報也，亦義舉哉。但臺下正殿孤懸，左右敞闊無制，非增建廊廡，無以肅内外而壯觀瞻。談者指畫如式，卒無有肩其任者，以工程繁灝，所需良不貲也。署印比邱信還倡議修舉，於正殿東西建廊房二十四楹，補移對面羅漢殿三楹，伽藍殿三楹，金裝丹堊，巋然煥然，山門角門，增設如制。又以釋迦之祖修、磨煉及赫靈顯异之迹，歷歷圖繪於廊壁間，粲雲霞而耀日星，俾觀者見像會心，怳若親炙，垂教不顯且切哉。林木、磚石、工匠之費，十方所不給者，捐貲接濟，七越歲而工始成。本城參戎達奇策，前總兵公冢嗣，而此時之檀越也，請完璧爲記。

璧念佛氏之現光於周，顯夢於漢，業已又膾炙人口，無庸置喙。而地獄輪回之說，儒者每駁爲不經，殊不思古先聖哲其以寓言設詞，昭垂於六經子史内者，豈少也歟。總爲懲頑惕俗，期無軼衆生之性焉耳。至於番夷狼戾之性，誅討難馴，憪不畏死，一諭以中國之佛法，頂經約誓，威於斧鉞。傳曰："邈矣西胡，天之外區；不率華禮，莫有典書；若非神道，何恤何拘。"所以邊境禪刹，獨不勝於直省內地，且皆御修敕建，若西寧之瞿曇，張掖之寶覺，與吾涼之大雲等寺，窮極土木之研，崇閎壯麗，務聳觀望而啟敬信焉。蓋亦因性牖民，籠攝异族，而固其志，其崇設誠有爲也。況城中浮圖有三，俱建於東北卑陷處，補闕障空，關一郡之風脉不淺，坐令浸尋傾圮而不時加修葺，可乎？於戲！塔建而涼郡賴之以興，廊院建而塔將賴之以不朽，信還之功不在日本志滿下。

　　時，天啟二年歲在壬戌仲秋吉旦

　　本衛太學生趙完璧齋沐頓首撰　本衛應襲戴應林齋沐書丹

　　欽差、分守大靖等處地方參將達奇策，欽差、鎮守昌平居庸等關總兵官、後軍都督府都督同知達奇勛，欽差、平羌將軍、鎮守甘肅等處地方總兵官、太子太傅（達）雲，欽差、分守涼州等處地方右副總兵都督魯光祖，欽差、分守鎮番等處地方參將唐世盛，涼州營千總、督指揮同知達奇功，涼州營千總、三科武舉、署指揮趙良璧。

　　　　　　　　公元一九九三年五月武威市文物管理委員會　武威市博物館重鐫
　　　　　　　　計揚正書　　劉學正刻

　　[題解]　原碑爲明代版本，部分文字已顯模糊。爲進一步保護大雲寺碑刻，1993年5月，武威市文物管理委員會、武威市博物館重新鐫刻了碑文。碑文內容與原碑相同，個別文字和斷句有出入。題解及相關注釋見明版《增修大雲寺碑記》。計揚正、劉學正系武威當代書法名人。

奠基碑文

　　張家園子建於清朝年間，位於和平鄉大衆村二組，南北長一百九十五點五米，東西長一百八十六米，合畝五十四點四畝。解放後權屬人民政府。一九九五年四月二十一日，武威市人民政府發（九五）十一號文，無償書撥市公安局分期修建看守、戒烟、行政拘役所、收審站、武警中隊五個單位。

　　該工程包括土地折價總投資約五百八十萬元。前期工程於一九九五年六月□日

破土動工，工程由和平建築公司三處承建。

此工程利國利民，千秋萬代。

承辦單位：武威市公安局

局長周全成　政委蔡太山

[題解] 碑高105厘米，寬150厘米，厚10厘米。今存武威市涼州區公安局和平鎮看守所內。1995年，武威市政府將位於和平鄉大衆村二組的張家園子無償畫撥市公安局修建看守所等單位。工程於1995年6月動工。此碑爲工程奠基時樹立。

甘肅涼州皇臺酒廠創業碑（建廠十周年賀詞四篇）

甘肅省人大常委會賀詞

歷史悠久的銀武威，雄關威峙，地靈人杰。涼州美酒，名肇李唐，曾引多少英雄豪杰，笑灑一腔熱血。千古酒史，而今誰主沉浮？

風雲際會，江山易主；滄海桑田，欣逢盛世。值改革開放，波濤洶涌；觀經濟大潮，水拍雲急。張景發[①]雄才大略，審時度勢，獨具慧眼；起宏圖，立壯志，抓機遇；率八百壯士，憑白手起家，頂霜冒雪，櫛風沐雨，嘔心瀝血，披肝傾膽，以勵精圖治之志，引神泉而釀造，泛瓊漿之夜光。最終釀得皇臺美酒，與國酒茅臺比翼雙飛，成爲中華酒苑一枝新奇葩，香飄神州，贏譽滿全球。

百尺竿頭更拓新程，美哉皇臺！壯哉酒廠！二次創業再展宏圖，創資産之倍蓰[②]，争萬噸之産量，樹工貿之雙强，形多元發展之格局，爲民造福，爲國争光！涼州皇臺，一代風流。值此皇臺酒廠建廠10周年之際，特鐫此碑銘記，以彰其績。

甘肅省人大常委會

一九九五年九月十八日

[题解] 碑高115厘米，宽106厘米，厚30厘米。今存甘肅涼州皇臺集團公司院内。武威皇臺酒廠建於1985年，在廠長張景發的領導下，800多名皇臺人乘着改革開放的東風，經過十年的努力，最終釀成皇臺美酒，成爲中華酒苑一枝奇葩。當時的皇臺集團爲省級大型骨幹企業，是擁有資産9億元、累計上繳利税1.5億元的上市公司，在資産、産量、品質、管理和企業文化等方面均走在全省同行業前列。在建廠十周年之際，甘肅省人大常委會、省計委等5部門，武威行署、武威市政府等機關致辭（信）祝賀，并將賀辭鎸碑銘記，以彰其績。

[注釋]

①張景發（1944—2008）：武威市涼州區新華鎮人。畢業於武威師範學校，大學學歷，高級經濟師。曾任職於學校、機關、企業，皇臺酒廠創建者之一，任甘肅皇臺酒業股份有限公司董事長。榮獲全國勞模、全國五一勞動獎章，享受國務院政府特殊津貼。甘肅省八屆、九屆人大代表，武威地區政協工委副主任。

②倍蓰（xǐ）：謂數倍，取得數倍的利益。

甘肅省計委等五部門賀詞

正當全省人民深化改革，鋭意進取，全省政治穩定，經濟發展的大好形勢下，甘肅涼州皇臺酒廠已進入了創業的第10個年頭。值此，甘肅涼州皇臺酒廠10周年慶典之際，省計委、省經貿委、省質量管理局、省輕紡總會、省總工會，向你們表示熱烈的祝賀！向甘肅涼州皇臺酒廠全體職工表示親切的慰問！

從1985年創業以來，甘肅涼州皇臺酒廠已改革成爲擁有3億固定資産的大型釀造企業，累計向國家上繳利税近1億，産品也連續在國際、國内獲得多項大獎。皇臺酒已躋身中國名酒行列，其知名度越來越高，得到廣大消費者的認同和喜愛，爲我省的經濟建設和社會發展做出了杰出貢獻。這些成績的取得，是皇臺酒廠全體員工在廠長張景發同志帶領下，10年艱苦創業，奮力拼搏的結果，是各級領導和全省人民鼓勵支持的結果。特别是在建立社會主義市場經濟體制的過程中，皇臺酒廠堅持以市場爲導向，深化企業内部改造，轉換經營機制，激發企業活力，注重科技投入和技術改造，不斷開發新産品，取得了成功經驗。我們應當推廣和學習皇臺酒廠艱苦創業，勇於改革，開拓前進的精神，促進我省改革和建設事業不斷向前發展。

創業難，守業更難。我們在祝賀甘肅涼州皇臺酒廠10年發展中取得優異成績的同時，真誠地希望皇臺酒廠百尺竿頭更進一步，在鞏固現有成績的基礎上，再接再厲，繼續努力，不斷創新，更好地提高產品品質，鞏固和保持榮譽，以信取民，爲甘肅的經濟發展做出更大貢獻。

甘肅省計劃委員會 甘肅省經濟貿易委員會
甘肅省質量管理局 甘肅省輕紡總會 甘肅省總工會
一九九五年九月十八日

[題解] 碑高106厘米，寬145厘米，厚30厘米。今存甘肅涼州皇臺集團公司院內。

武威地區行政公署賀詞

沐浴改革之春風，把握開放之良機，樹雄心於西涼，創偉業於絲路，建企業於寶地，引神泉於皇臺，奪魁於國際獎臺，躋身於強林之中。與瀘州茅臺同榜，與馬踏飛燕齊名。昔日創業，張景發率八百男兒，衆志成城，頑強拼搏，白手起家，幾經磨難，歷經艱辛創新業，踏平坎坷成大道；今日創優上規模，職工團結奮進，經營獨樹一幟，管理嚴謹求實，技術精益求精，產品屢獲殊榮，爲同業之榜樣，成同行之楷模。皇臺雄風遍中華，驚世奇迹爭榮光。

古有葡萄美酒夜光杯，留美名於青史；今有皇臺美酒瓊漿液，揚武威於神州。爲甘肅涼州皇臺酒廠十周年志。

武威地區行政公署
一九九五年九月十八日

[題解] 碑高160厘米，寬146厘米，厚30厘米。今存甘肅涼州皇臺集團公司院內。

武威市人民政府賀詞

絲綢之路，涼州重鎮，自古多美酒。二十世紀八十年代初，張景發不畏艱險，率領八百涼州兒女戰嚴寒，鬥酷暑，勵精圖治，銳意進取，在清水河皇娘臺畔，建起一座現代化釀造企業。建廠十年，企業科技領先，產品蜚聲中外，跨入國家大型一檔行列，躋身全國飲料製造500強，榮獲美日法巴拿馬等國際國内殊榮上百次。皇臺美酒聲振寰宇，榮膺國家名酒，張景發廠長獲國家、省、地勞模載譽華夏，爲古涼州增添新光彩。

皇臺10年創偉業，形成規模大型化，發展多元化，資金股份化，管理科學化的局面，包涵着中央和省、地、市歷屆領導和部門的鼎力支持，傾注着社會各届人士和人民群衆的厚愛，凝聚着全廠幹部職工的心血。艱苦奮鬥的創業精神，同舟共濟的團結精神，是皇臺事業扎根之基石。值此皇臺酒廠建廠十周年廠慶之際，特鐫此碑銘記，以彰其績。

武威市人民政府
公元一千九百九十五年九月十五日

[題解] 碑高116厘米，寬146厘米，厚30厘米。今存甘肅涼州皇臺集團公司院内。

武威城區東郊窑溝村修建教學樓碑記

教育文化首重啓蒙，各界民族歷來意志皆同。重視普及教育，培養男女兒童，只有廣設學校，才能達到德育、智育、體育全面發展。以小學勤習，逐漸深造爲大專奠定基礎，撫育出大量科技人才，爲國家工農科研國防四個現代化和精神物質兩個文明建設做出貢獻。爲此由本村各家各户集體倡議，共同商定，擴大原有校址，新建教學樓三層，每層設教室四間，并附設教師辦公室在兩側。因工程浩大，花費不少，決定具文申請中共上級黨政和地市有關文教部門輔助支持外，其他多數資金由本村村民各户，熱心教育事業者，一致同意傾囊樂捐，不拘多少全力支援建成。現値工程完竣，已經驗收。造型布局合理，美觀大方，人皆歡喜，可稱桑梓大觀。索余擬文記載，刻碑永志，并將各方各户樂捐資金人名告白於後。

武威市金羊鄉窑溝村黨支部 村委會 立
公元一九九六年六月

碑 陰

資助單位：
武威市人民政府　　武威市金羊鄉人民政府
武威市教育委員會　　武威市新鮮農具廠
武威市殯儀館　　　　武威市新鮮信用社

捐款人名單：丁克禮、蔣興雲、張百海、徐虎、劉志軍、郝生金、李建虎、王德壽、丁萬有、舒萬年、沙希泉、劉文、王生禄、郝生貴、張順年、丁福、郝生玉、王學禮、趙玉興、舒萬紅、趙玉發、丁克玉、蔣作福、方爾喜、方爾軍、徐萬勝、張德、沙斌泉、沙立泉、李柏年、方生、丁寶、趙國紅、趙元年、趙國維、張義明、王新文、郝生國、李智、丁明、楊翠華

設計單位：武威地區建築設計院
施工單位：武威市金羊鄉建築公司一處
開工日期：公元一九九五年六月
竣工時期：公元一九九六年六月
建築面積：一千二百四十四平方米

[題解] 碑高98厘米，寬133厘米，碑厚15厘米。今存武威市涼州區金羊鎮窰溝小學。文化教育重在啓蒙，只有廣設學校，才能爲國家"四化"和"兩個文明建設"做出貢獻。碑文簡述了金羊鎮窰溝村集資修建教學樓的情况。碑陰刻有捐資單位及出資人姓名。當時大興集資辦學之風，窰溝村位於城東郊，農民富裕程度較高，集資辦學響應者衆。碑文所稱"武威市"即今涼州區。

沙漠公園軍民共建碑銘

狼墩灘，不毛之地，昔冬春黄沙漫捲，逆風狂嚎，人迹罕至。

一九七四年來，武威市幹部職工與中國人民解放軍駐武八四八零八、八六零二五、八四五一五部隊數千官兵携手共進，以酷暑揮汗爲豪情，扼狂風黄沙爲壯志，植沙生植物以阻黄沙，扶緑樹迎春點綴山河。异地披緑爲己任，他鄉受益慰親情。二十年來，百萬新花開沙苑，萬樹緑葉繞枝頭，七點五平方公里荒

漠成緑洲，周邊七萬餘畝頑土變桑田。功在當代，父老難忘子弟深情；利在千秋，後輩更應飲水思源。軍民共建，魚水情深；千齡萬祀，永念長懷。謹以碑記。

武威市人民政府　立
一九九六年八月一日

[題解] 碑高100厘米，寬81厘米，厚77厘米。今存武威市沙漠公園大門前東側。位於騰格里沙漠邊緣的狼墩子灘（地跨今涼州區金河鎮、清源鎮、吳家井鎮、長城鎮一帶），自古為不毛之地，每到冬春，黃沙漫捲。1974年以來，武威市幹部職工與中國人民解放軍駐武部隊攜手，育林封沙。二十多年來，終使7.5平方公里的荒漠變為綠洲，7萬餘畝頑土變成桑田，并建成馳名中外而又別具風情的沙漠公園。碑文簡述了沙漠公園的前世今生，永念軍民共建的魚水情誼。

中國人民解放軍八四八零八部隊植樹治沙紀念碑

綠我武威，功在千秋。

武威市人民政府立
一九九六年八月一日

[題解] 碑高166厘米，寬100厘米，厚25厘米。今存武威市沙漠公園牡丹亭側沙丘之上。立碑背景與前碑相同。

南營水庫修建碑記（三通）

武威市南營水庫建設簡史

南營水庫位於南營鄉南營村、金塔河出口處。水庫於一九六八年八月十八日動工（取名八一八水庫），一九七一年九月竣工蓄水。由於建庫時的設計、施工等方面問題，水庫運行存在病險。一九七四年省水電局决定除險加固，同年十月動工，完成主壩混凝土防滲墙；左岸新開輸水發電支洞；新建電站一座；加固了泄洪洞并修築了閘體。一九七七年底完工。

一九八四年"三西"投資進行處理，延長混凝土防滲墙八十米與岩體帷幕灌漿，一九八六年底完工。一九八九年"三西"再次投資除險；進行主壩加高加寬、副壩加固和排沙泄洪洞等，一九九八年八月基本完工。使用"三西"資金一千八百四十一萬二千元。水庫建設和除險加固中，人民群衆投入大量人力物力，國家共投入資金二千九百六十一萬元，使防洪標準達百年一遇、千年校核。總庫容二千萬立米，防汛庫容一千二百零五萬立米。

武威市金塔灌區概况

灌區轄金塔、松樹、和平、南營、新華、高壩、金羊、羊下壩、中壩九個鄉鎮，總面積二百九十九點六平方公里，有水庫和九座電站。水庫是以灌溉爲主、兼顧發電、防汛的中型水庫。水庫主壩長三萬一十四米，壩高四十六米；副壩長三百八十八米，壩高三十一米；輸水洞長二百零二米，泄量二百七十五秒立米；泄洪洞長一百六十四米，泄量二百四十三秒立米；排沙泄洪洞長二百六十米，泄量二百四十九秒立米。有效庫容一千零八十萬立米，有效灌溉面積十三萬八千五百畝。

灌區有幹渠三條，長三十五點六公里；支渠二十一條，長七十點零三公里；計農渠三百八十五條，長二百五十七公里。水庫壩後電站裝機二臺，容量二千瓦；總幹八座梯級電站裝機十六臺，容量二千五百六十瓦；十八臺機組年均發電量一千零八十萬度。

武威市南營水庫

國務院"三西"建設項目標誌

　　武威市人民政府
　　一九九六年八月十八日 立

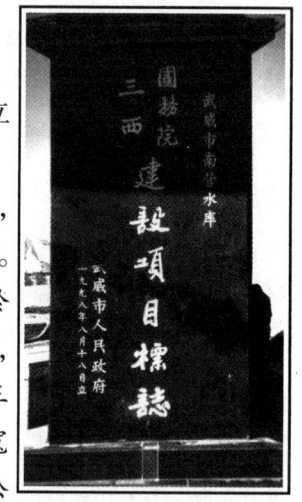

[題解] 碑高196厘米，各寬100厘米；座高74厘米，呈三棱狀；通高274厘米。今存武威南營水庫大壩之上。武威南營水庫位於涼州區南營鄉（今屬新華鎮），建於1968年。由於條件制約，水庫當時即存在病險。1974年，省水電局實施除險加固項目。1984至1998年，爭取"三西"建設資金，又進行了延長混凝土防滲牆、加高、加寬主壩和排沙泄洪等工程。金塔灌區轄今涼州區金塔、松樹、和平、新華、高壩、金羊、羊下壩、中壩八個鄉鎮，總面積299.6平方公里，以灌溉爲主，兼顧發電、防汛，有南營水庫和九座電站，有效灌溉面積138500畝。三通碑立於同時，簡述了南營水庫和金塔灌區項目建設情況。這是當時"三西"建設中的重點項目，立碑銘記，也是項目建設驗收中的組成部分。

[注釋] 三西：甘肅省的河西（含五地市）、定西和寧夏的西海固地區，被稱作"三西"地區。1982年作爲全國第一個區域性扶貧開發實驗地，國家每年投入一定的資金對其進行開發式扶貧，計劃用10年時間使其徹底告別貧困。10年之後，國家繼續支持其扶貧工作。"三西"共47個縣（市、區）、38萬平方公里、1200萬農業人口。

林則徐手迹勒石銘（兩通）

林則徐，字少穆，福建閩候人，余之同鄉也。林公當年虎門銷烟，四裔震動，磐固海防，國人戾幸。無奈清廷腐敗，貶公伊犁，割讓香港。林公戍邊途中，逗留武威九日，所遺詩文墨翰，爲仕民視如玉寶珍藏。武威乃絲路重鎮，物華天寶，人杰地靈。然則早罹鴉片之害，近又烟毒復燃，凡憂國憂民之士，無不痛心疾首。值此香港回歸之日，余解澀囊，特將林公書於武威中軸一幀勒石立之，意在紀念林公，勿忘國恥；根絶毒患，强我武威；奮發進取，振興中華。瞻之勉之，自强自立。

中共武威地委書記王國文撰文并書於香港回歸前

（碑 陰）林則徐手迹

外物以累心不存，神氣以純固獨著，曠然無憂患，泊然無思慮。又守之以一，養之以和，和理日濟，同乎大順。

林則徐

印：①臣林則徐字少穆印
　　②身行萬里半天下

[題解] 碑通高140厘米，寬70厘米，厚5厘米。今存武威文廟。此碑是時任武威地委書記王國文於1997年6月香港回歸祖國前夕所立，一爲紀念香港回歸祖國，二爲紀念林則徐禁烟。當時在文廟舉行隆重的立碑儀式，地市黨政官員、機關幹部、學生共1000多人參加。同時，還舉行了千名學生禁烟簽名活動。碑陰根據林則徐被發配新疆伊犁途經武威所書真迹拓本鎸刻，内容出自三國時期魏國文學家嵇康的《養生論》，個別文字有出入。歷史上宋高宗趙構曾手書《養生論》。

[作者] 王國文（1938— ）：福建惠安縣人。北京大學政治系畢業，曾長期在陝甘一些貧困地區工作，歷任縣委書記、地委副書記、書記等職。1993年3月—1998年4月任武威地委書記。酷愛書法，在蘭州創辦龍文化研究院、龍源書法學院，自任院長。

愛心堂記

武威地區社會福利院創建於一九五二年十月，迄今收養鰥寡老人孤兒殘疾者逾五千人。近年堅持"以養為主，養教結合"之宗旨，基礎設施、改造內部管理、發展院辦經濟、提高服務水平，諸端均有長足進步；變供養型為供養服務型，正向社會化服務及康復型道路邁進，對全區社會福利事業功績大焉。為感謝社會各界鼎力相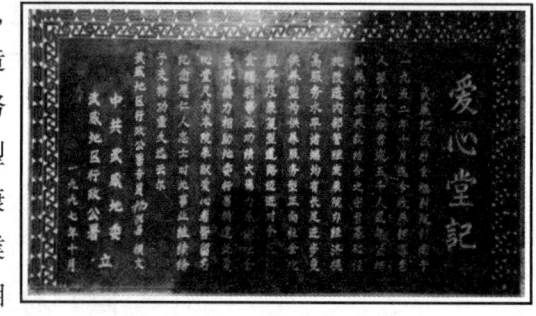助，地委行署特建此"愛心堂"，凡為本院奉獻愛心者，皆留名紀念。願仁人志士對此事業繼續給予支持，功垂久遠云爾。

武威地區行政公署專員楊興昌撰文

中共武威地委　武威地區行政公署　立
一九九七年十月

[題解] 碑高92厘米，寬177厘米，厚10厘米。現存武威市社會福利院。碑文簡述武威社會福利院創建及發展過程、服務對象和地委、行署建"愛心堂"的目的和作用，表達鼓勵和感謝之意，使全社會共同關注鰥寡孤獨之人及社會福利事業發展。

[作者] 楊興昌：甘肅永登人。大學畢業，曾任民勤縣副縣長、副書記，武威地委副書記、武威行署專員、地委書記等職。

孔子二千伍百四十八年行教像

(正面)

孔子二千伍百四十八年。

孔子行教像

香港孔教學院①院長湯恩佳　敬立

(背面)

禮運大同篇

　　大道之行也，天下爲公，選賢與能，講信修睦。故人不獨親其親，不獨子其子；使老有所終，壯有所用，幼有所長，矜寡孤獨廢疾者皆有所養；男有分，女有歸。貨惡其弃於地也，不必藏於己；力惡其不出於身也，不必爲己。是故謀閉而不興，盜竊亂賊而不作，故外户而不閉，是謂大同。

湯恩佳　敬書

孔曆貳仟伍佰肆拾伍年②

[題解] 1997年由香港孔教學院院長湯恩佳先生捐資鑄立，今存武威文廟。銅像高315厘米，座基爲石質，高171厘米。《禮運大同篇》出自《禮記》。《禮記》爲儒家重要典籍，主要記載了先秦的禮制，體現出儒家的哲學思想、教育思想、政治思想和美學思想。《大同篇》爲後世描繪了一個理想世界，即大同世界：天下爲公，和睦相處，豐衣足食，安居樂業。

[作者] 湯恩佳（1934—　）：廣東佛山人。香港孔教學院院長、世界儒商聯合會會長，著名儒學文化名人，愛國商人。出身中醫世家，後到香港創辦實業，被稱爲香港的"染料大王"，業務拓展到金融、化工、倉儲等領域。現致力於儒家思想的研究和傳播。

[注釋]

①香港孔教學院：創辦於1930年，康有爲弟子陳焕章（1880—1933，清末進士，思想家，孔教徒）爲首任院長，以弘揚孔道及興學育才爲宗旨。1992年，

湯恩佳當選爲院長。在宣誓就職典禮上，他提出要在全中國乃至世界每一個角落點燃孔聖之火。爲全國各地的孔廟（文廟）捐獻孔子銅像是其活動内容之一。

②孔曆句：孔子誕生於公元前551年，至1997年爲2548年。

維修魁星閣記

　　魁星閣爲王城堡卧龍廟古建築之一，始建於明洪武四年（公元一三七一年）。因其格局布勢狀似卧龍，故名之。廟内松柏蒼天，疏密交陰，清泉噴溢，繞流其間。有關聖殿、三教殿、無量殿以及斗姆閣、魁星閣等諸多殿閣，規模宏偉，建築嵯峨，曲致參差，形天地山川之勝，占一方風水之靈。

　　滄海桑田，代有興之。卧龍廟歷經六百餘年至今，其他殿閣物隨時逝，蕩然無存，唯獨魁星閣巋然聳立。閣因年久失修，損壞嚴重，危在旦夕。有王城堡人士劉永懷、劉元年、劉國德、劉廷芳、楊勝德、楊永節、楊新年、張生基諸君發起，經市黨政領導、市政協大力支持和關懷，組建了王城堡魁星閣維修委員會，發出呼籲書三千餘份，得到當地父老鄉親及省内外本籍人士熱情支持，慷慨集資六萬六仟餘元，其中武威市人民政府投資一萬元，大柳鄉政府投資兩仟元。於一九九零年六月二十二日開工維修，同年十二月二十六日峻工。又於一九九七年，王城四個村委會投資二仟一百元，六月新修廟門，依期舊制，修葺一新，煥發昔日風采，傳於子孫後代，實乃民心所向，衆望所歸，百代不朽之基業也！

馮天民撰文　楊新年書丹
王城堡魁星閣維修委員會　立

　　[題解] 碑立於1997年。高200厘米，寬90厘米，厚10厘米。碑存大柳鎮王城村王城中學院内的魁星閣小門右側。王城堡位於凉州區東北鄉13千米處，包括同屬井泉灌區的大柳鎮王城、湖沿、東社、西社四個村，武威民間諺語"王城堡的社火重打一上來"即出自這裏。卧龍廟始建於明洪武四年（1371），因其格局布勢狀似卧龍，故名之。清順治十四年（1657）《丁酉重刊涼鎮志》云："王成堡，城北三十六里。"乾隆十四年（1749）《武威縣志》云："王成堡，縣東北二十五里。"王城堡卧龍廟規模宏大，布局別致，造型奇特，名聞遐邇。外有大、小山門，内有魁星閣、道院、三官殿、五聖宮、財神宮、牛王宮、斗姆殿、龍王殿、關聖殿、無量殿、娘娘殿等十餘座建築；山門外的東、西二湖水色清碧，綠柳繞

堤。院内松柏蒼翠，白楊入雲，鳥雀翔集。各宮殿樓閣有匾額楹聯300餘塊（聯），多爲府縣官宦、鄉賢、文士、名流題寫。因時代變遷，幾經天災人禍，大部分建築毀壞，僅存危樓和部分建築遺迹。1989年，由地方鄉賢紳衿發起募捐維修活動，魁星閣等建築修繕一新，現存建築得到保護。2011年12月，魁星閣被甘肅省人民政府公布爲第七批省級文物保護單位。碑文簡述了王城堡魁星閣的概貌及當地父老鄉親及省内外本籍人士熱情支持、慷慨捐資修復的基本情况，對引導群衆保護地方文物遺址、發展鄉村文化旅游産業具有積極意義。

[作者]

馮天民（1948—）：甘肅武威市人。武威文史專家，群衆文化工作活動家。曾任武威市民間文藝家協會主席、作協名譽主席、文聯副主席，涼州區文化局副局長、文化館館長等職，著有《涼州賢孝精選》等。

楊新年：見《重修無量殿碑》作者。

重修無量殿碑

西武當老爺山爲全國道教聖地之一，始建於唐貞觀年間，明朝嘉靖時建關帝廟於頂峰，故名之。廟内松柏繁茂，疏密交蔭，清泉噴溢，奇峰怪石，懸挂陡峭之處。建玉皇閣、無量殿、三官殿等七十二座殿閣。建築嵯峨，規模雄偉，氣象恢弘，雕塑、壁畫造型獨特，栩栩如生，孕天地山川之勝，占一方風水之靈。

滄海桑田，代有興之。西武當老爺山歷經一千三百多年，整個廟宇物隨時失，蕩然無存。黨的十一屆三中全會以後，隨着宗教政策的落實，在武威市人民政府的關懷下，從一九九一年開始，群衆自發捐款捐物，現已建起殿閣十一處。廟内樹木葱蘢，登斯山令人壯懷騁目，浮想聯翩，難忘故土，意氣風發者歟！

邑人張長文及其子女張全年、張春年、張澤年，慷慨投資六萬餘元，重修無量大殿，於一九九七年八月初十開工，同年十一月竣工。西武當老爺山一增舊制，風采重現，實乃政通人和、百廢俱興、民心所向、衆望所歸、百代不朽之基業也！爲表彰其德，市民族宗教事務局、市道教協會決定，以此竪碑記之。時在公元一九九七年農曆十一月。

楊新年撰文并書
武威市民族宗教事務局　武威市道教協會
武威市西武當老爺山道觀管委會　并立

[题解] 碑立於1997年。高180厘米，宽90厘米，厚10厘米。碑存凉州区金塔镇老爷山景区无量殿院内。碑文简述了凉州西武当老爷山的概貌及群众捐资修复的基本情况，突出了张氏父子重修无量殿的义举，对唤起群众保护地方文物遗址、发展文化旅游产业具有积极意义。

[作者] 杨新年（1935— ）：武威市人。曾任教师、武威市工会副主席。毕生热爱书画艺术和群众文化工作，特别是对民间书画艺术造诣颇具功力。

[注释] 老爷山：位於凉州区金塔镇。历史上是武威道教活动的重要场所，宫观殿宇众多，尤以关帝庙为尊，故称"老爷山"。20世纪50年代以後破坏严重，建筑多不存。老爷，旧时对神明的尊称，民间多称关羽为"关老爷"。

荣华公司碑记

欣逢盛世，天顺人和；大业基开，呈瑞焕彩。

荣华公司创建於一九八七年九月。初始以商业经营为主，一九九〇年起，在稳定商业的基础上，逐年新上工业项目。以全国劳模、全国乡镇企业家、全国优秀青年企业家、公司总经理张严德为首的荣华创业者们，艰苦奋斗，励精图治，使公司发展成为"全国大型一档乡镇企业"，先後被国家有关部门评为"全国乡镇企业科技进步先进单位""全国文明乡镇企业"。一九九八年改制组建《甘肃荣华实业（集团）股份有限公司》。

回顾艰难历程，荣华创业者，自力更生，创造辉煌；赫赫功绩，千秋永彰。展望美好前景，荣华伟业，如旭日东升，生机勃发；浩途瀚志，万里鹏程。

刻石铭之，以励後世。

公元一九九八年五月一日 立

[题解] 碑高174厘米，宽218厘米，厚218厘米；碑额星形符号为"荣华创业之星"。原存武威城区东关荣华街（原高坝镇新关村）荣华集团公司院内。2015

年，公司遷建异地，此碑暫擱置。榮華公司創建於1987年，法人代表爲全國勞動模範張嚴德（涼州區高壩鎮人）。經過多年的發展，公司已成爲全國大型一檔鄉鎮企業、農業産業化國家重點龍頭企業，主營玉米澱粉及副産品等的生産、加工、銷售。1998年組建甘肅榮華實業（集團）股份有限公司，2001年6月上市。在組建新公司之際，刻石銘記，以勵後世。

教師新村落成記

重教尊師，教育爲本；廣廈崛起，樂業安居。

武威市"教師新村"於公元一九九七年四月二十七日開工，一九九八年七月三十日竣工。占地三萬六仟六百三十平方米，建築面積六萬平方米，共建住宅樓二十一幢六百六十套。"教師新村"之建設，得益於教育優先發展戰略地位的貫徹落實，省、地領導的熱情關懷和上級教育部門的大力支持，社會各界的真誠援助。

廣大教師熱愛教育，培育人才，無私奉獻，爲武威教育的發展，經濟的繁榮做出了卓越的貢獻，理應得到政府的關懷，人民的擁戴。

值"教師新村"落成之際，刻石銘之，以倡於世。

中共武威市委員會　武威市人民政府

公元一九九八年七月

[題解]　碑高320厘米，寬240厘米，厚24厘米。今存教師新村（武威城區東關榮華街榮華路18號）。武威市"教師新村"是武威市（今涼州區）委、市政府貫徹教育優先發展戰略的標志性工程，於1997年4月開工，1998年7月完工，建築面積6萬平方米，有住宅樓21幢660套。碑文簡述其規模和緣起，意在倡導社會樹立尊師重教之風。

武威市西營河渠首改建工程簡介碑

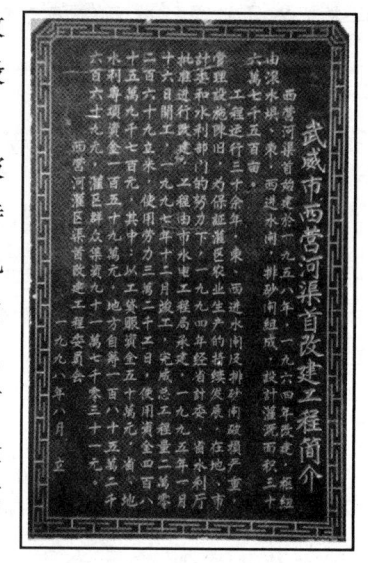

　　西營河渠首始建於一九五八年，一九六四年改建；樞紐由滾水壩、東西進水閘、排砂閘組成，設計灌溉面積三十六萬七千五百畝。

　　工程運行三十餘年，東、西進水閘及排砂閘破損嚴重，管理設施陳舊。爲保證灌區農業生產的持續發展，在地、市計委和水利部門的努力下，一九九四年經省計委、省水利廳批准進行改建。工程由市水電工程局承建，一九九五年一月十六日開工，一九九七年十二月竣工，完成總工程量二萬零二百六十九立方米，使用勞力三萬二千工日，使用資金四百八十五萬九千七百元。其中：以工貸賑五十萬元，省、地水利專項資金一百五十九萬元，地方自籌一百八十五萬二千六百六十九元，灌區群衆集資九十一萬七千零三十一元。

西營河灌區渠首改建工程委員會
一九九八年八月　立

　　[題解] 碑高180厘米，寬80厘米，厚11厘米。今存武威市涼州區西營河渠首。西營河渠首工程始建於1958年，1964年改建。經過30多年的運行，破損嚴重，難以保證灌區農業生產的需要。1994年由省計委、水利廳批准改建。碑文簡述其基本概況，重點記載了工程量及資金、勞力使用情況。

武威酒業集團廠標

　　(碑陽)"涼都老窖"。
　　(碑陰) 建設單位：西安美術學院雅特藝術公司　設計：楊挺　袁玉德
一九九八年十一月

[題解] 標立於1998年11月。高460厘米，呈三棱形，各面寬170厘米；標首爲一鳥飛翔狀。底座高60厘米，六角，正面書一"翔"字。今存普康酒業集團（原武酒集團）院内。凉都老窖是武酒集團繼凉州曲酒、西凉大麯等地方名酒後，爲適應廣大消費者需求而隆重推出的新產品。它在繼承武酒優秀品質的同時，經過科學的釀造工藝，品質進一步提高，成爲當時消費者信賴的名酒，市場供求較爲緊俏。廠標以其冠名，志在樹立市場形象和企業信心。

重修蓮花山黑虎財神殿碑記

甘肅省武威市松樹鄉蓮花山旅游區管理委員會

蓮花山，層巒合抱，叠起如蓮，位於武威城西南十五公里的松樹鄉境内。漢唐以來始建寺廟，原名"靈岩寺"，元改"正光寺"，西藏佛教領袖薩班之妹索巴讓摩以出世行者亦到蓮花山坐禪修行，圓寂之處，相傳爲"金頂"。據《隴右金石錄》記載："明重修上應寺碑，正德二年立，晋陽姚文奎撰文"。另據清乾隆《五凉全志》記載："善應寺在城西蓮花山。成化年敕賜重修，兼有西竺、彌勒、觀音、准提、三官、無量、靈官、黑虎等寺觀。山腹有塔，在諸寺巔。"史載，至清末山上共有寺觀七十二處，亭榭、僧房、樓閣、庭院、堂舍九百九十九間。寺廟依山而建，規模宏偉，殿宇相接，協調壯麗；塑像莊嚴，栩栩如生；壁畫技高精湛，書法挺拔俊秀。因歷史文化藝術價值極高，故而馳名西北。千百年來，蓮花山就是漢、藏民族僧俗朝拜的聖地。可惜這一千古名刹，於一九六零年至一九六二年，被人爲拆毁，現僅存七級浮圖金頂塔、天橋、藥王泉、獸文石。

隨着旅游文化產業的發展，使這沉睡了的聖地，在當地政府和人民群衆的關懷與支持下，逐步恢復建起了黑虎財神、三星、藥王、娘娘、觀音、地母殿、玉皇閣、老母宫、三神宫、接引寺、二天門等人文景點建築。每當端陽節之後，天氣和暖，武威城鄉和周邊省縣的游人，攀崎嶇小道而絡繹不絕，留戀往返。尤其到五月十三蓮花山傳統廟會時，數萬人陟山觀光，熱鬧非凡，成爲武威旅游的一大景點。

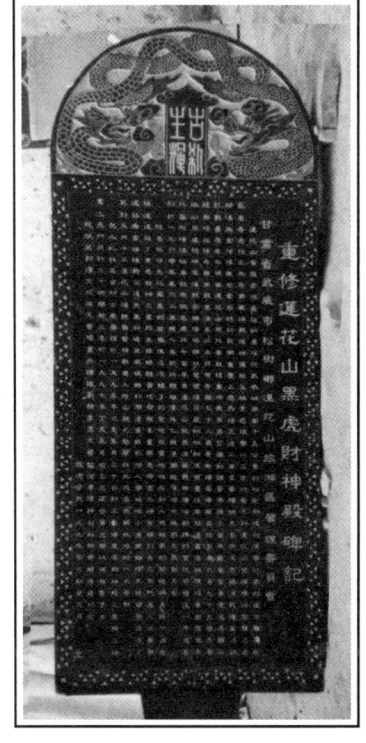

邑人孔鈺籌資和士庶募捐，於一九九五年乙亥五月二十日動工重修黑虎財神殿、三星殿、三神宮、二天門共計三十四間，越三年於一九九七年丁丑五月竣工。并建水窖三眼，以補游客享用。

趙斌策劃　楊文成撰文　賈晹書丹　楊福篆額
李忠文督監　河南偃師石料　陝西姬保健刻石
歲次公元一九九九年乙卯夏五月　立

碑　陰

刻銘流芳（篆額）

（募捐士庶姓名略）

[題解] 碑立於1999年5月。高200厘米，寬80厘米，厚12厘米。今存武威市涼州區松樹鎮蓮花山黑虎財神殿。蓮花山，位於武威城西南15千米處的松樹鎮境內，重巒叠起如蓮，故稱"蓮花山"。漢唐以來始建寺廟，明清均有重建，民國前共有寺觀72處。寺廟依山而建，規模宏偉，塑像莊嚴，一直是漢藏民族僧俗朝拜的聖地。20世紀60年代遭人為破壞，僅存七級浮圖金頂塔、天橋、藥王泉、歠文石等。隨着旅游文化產業的發展，山上逐步恢復建起了黑虎殿、財神殿等數十處人文景點建築。碑文簡述了蓮花山的歷史和規模、價值，突出了孔鈺等籌資重修黑虎殿的功績。

[作者]

孔鈺：武威人。中國人民解放軍第十陸軍醫院職工，已去世。

趙斌：武威人。時任松樹鄉鄉長，現任涼州區政協秘書長。

楊文成：武威人。時任松樹鄉黨委書記，現任涼州區糧食局局長。

賈晹：武威人。時任武威市商業局副局長，已去世。

楊福：武威人。時任武威地區博物館副館長，現市博物館工作。

李忠文：武威人。時任松樹鄉經委主任，現已退休。

西路紅軍紀念碑

西路紅軍紀念碑

[題解] 碑刻於2000年，涼州區永豐鎮黨委、政府立，位於永豐鎮四十里堡村祖師宮院内。祖師宮現已辟爲"涼州戰役紀念館"，展示西路紅軍涼州戰役情況。1936年10月，中國工農紅軍第一、第二、第四方面軍三大主力在甘肅會寧勝利會師，標志着二萬五千里長征基本結束。同年11月，中國工農紅軍第四方面軍總指揮徐向前率領紅西路軍挺進河西。期間，遭遇西北軍閥馬步芳、馬步青全力阻擊。在經過了慘烈的古浪戰役之後，又在武威四十里堡發生激戰，徐向前和紅30軍軍長程世才、政委李先念在祖師宮指揮了這次戰役。四十里堡血戰三天，殲敵2400餘人，衝破馬家軍防綫，繼續向西挺進。西路紅軍紀念碑是涼州戰役紀念館的重要組成部分，和古浪戰役紀念碑東西呼應，以此紀念、緬懷爲中國革命犧牲的先烈。

重修天城寺碑

偉哉！石城山，峰巒叠嶂；絕壁險峻，氣勢磅礴；碧水縈繞，風景秀麗。距城三十公里。斯山乃新石器時代遺址，甘泉溝有岩畫，時稱"石馬踢戰"。古爲軍事要隘，設有暗門栅子，歷代駐兵常守。山後有修仙洞，山巔有石城故址，尚存一石盆。據《五凉全志》載："石城寺在城西九十里。山上有小石城，故名。有溫泉，浴之醫病"。山巔有石城寺，半山有黑虎、靈官殿，山下有太寧寺、龍王廟。太寧寺肇創於東晉太寧年間。相傳唐高宗李治在貞觀年間西征突厥駐蹕過石城山①，其做皇帝後命修石城寺，故又稱"天承寺"。又傳，宋朝名將楊滿堂西征時被西夏兵圍困斯山②，其以"白馬搖鈴""懸羊擂鼓"之疑兵計迷惑對方，自山後千仞絕壁上縋繩而下，以脱離險境。此乃是武威獨具特色的千古名勝與旅游景點。

石城寺故碑載：唐、宋、元、明、清均有修葺。太寧寺於清同治年間毁之(於)兵燹，其山上寺廟因民國十六年大地震乃夷平。民國二十四年，本邑居士魯守璞、李得年從旦馬、祁連、皇城、門源、大通、仙米諸地募化重修三聖、黑虎、靈官殿。可惜其寺廟、石碑皆毀於一九五八年矣！一九九六年，魯忠林等居士倡導籌資重修天城寺。於一九九八年五月，在太寧寺舊址重修此寺大雄寶殿，塑三寶佛、十八羅漢像，并建山門、齋房，歷時六年，於千禧蛇年彩繪竣工。今有律絕二詩頌曰：

(一)

祁連勝景石城山，碧水縈繞惠故園。
文化遺迹廣而厚，半山類型層之巔。
甘泉溝險貽岩畫，北宋女英是智仙。
嶺上梵鐘驚世夢，游人極目米糧川。

(二)

勝景石城建嶺巔，千秋名刹乃承天。
滄桑風雨遭百難，重修此寺更莊嚴！

蓮芝愛、李忠文敬撰　馬雲拜書　王錦、趙以太篆額
天城寺管理委員會會長：魯忠林、陳玉發、程浩、姚長柱、程雄、魯勝林、王莨
監製：劉國發、郭興元、王國治、姚菊英、高宗德、王正基、魯仲斌
　　　　　　　　　武威西營天城寺管理委員會
　　　　　　　　　河南偃師石　陝西鳳翔劉耀飛鐫刻
　　　　　　　　　歲次二〇〇一年

碑　陰

古刹重輝　佛光普照 (篆額)
　立碑士庶：李明文、李玉良、李得文、李禄文、李鳳英、朝陽、王存花、李愛文、李全文、李恒文、高長潤、魯長元、魯仲斌、李永虎、李永禎、李永祥、李永峰　拜立

[題解] 碑立於2001年。高200厘米，寬100厘米，厚10厘米。碑存涼州區西營鎮二溝村石城山天城寺。碑文簡述石城山及其天城寺的前世今生，對修

復和保護地方文物遺址，發展文化旅游産業具有積極意義。

[作者]

蓮芝愛（1932—2004）：民勤縣人。畢業於西北師範大學，曾任中學高級教師、武威七中校長等職，甘肅省園丁獎獲得者。熱心武威地方文史，關心文物保護，發表文章數百篇，整理地域民間文學多種，參編地方文史著作多部。

李忠文：見《李氏家族簡史碑》作者。

[注釋]

①唐高宗李治句：據相關歷史，無李治到武威活動的記載。《唐書·高宗紀》："總章中，（高宗）將幸涼州。"但終被群臣諫止未行。

②宋朝名將楊滿堂西征句：民間傳說楊滿堂是楊家將第九代英雄，有西征到涼州的許多故事。依史書，有宋一代，武威及河西爲西夏腹地，楊家將與遼、西夏的戰事從來没有到達這裏。雖然本地傳說較多，但缺乏歷史依據和記載。

武威南城門廣場地面石刻

[題解] 刻於2002年9月。武威南城門廣場中央太平鼎南北中軸綫上鎸刻着許多石刻文字，內容囊括武威文廟、雷臺漢墓、天梯山石窟等衆多的名勝古迹和人文景觀，形成一道獨特的景觀。太平鼎南的一組石雕由八方石刻組成，2米見方，內容是涼州八景圖，依次爲黃羊秋牧、大雲曉鐘、金塔晴霞、狄臺烟草、鎮西曉角、天梯古雪、平沙夜月、綠野春耕，每幅圖案右下方對應鎸刻清代學者張玿美涼州八景詩。石刻周邊用鐵鏈圍成。鼎北席地而卧的石刻，左側（東邊）是《武威歷史紀要》，右側（西邊）是《武威頌》。《武威歷史紀要》按歷史年代編寫，從新石器時代一直到2001年5月9日國務院批准撤銷武威地區設立地級武威市，銘刻其間的建置沿革、重大歷史事件及歷史名人，演繹着歲月的滄桑和歷史的興衰。《武威頌》在涼州浩若星辰的詩詞中擷取了48首名篇，第一首是漢武帝的《天馬歌》，末首是武威名士李鼎文的《思鄉》詩（故園西望意茫然，車水馬龍散似烟。也識人生如寄耳，最難斬斷是塵緣）。

維修武威白塔寺遺址暨復原薩班靈骨塔碑記

涼州會盟垂千古，祖國統一耀萬世。

於白塔寺　李鐵映

(碑陰) 白塔寺，又名百塔寺，藏語稱夏珠巴第寺，意爲東部幻化寺。位於甘肅省武威市 (古稱涼州) 城東廿公里，始建年代早於夏、金、元之際，蒙古 (西) 涼王闊端重修，爲薩班 (1182—1251) 卓錫之所。一二四四年八月，西涼王闊端代表蒙古汗庭，邀請西藏薩迦派宗教領袖薩迦班智達·貢嘎堅贊 (簡稱薩班) 來涼州會晤。一二四七年，闊端代表蒙古汗庭，薩班代表西藏地方在涼州會盟，發表了《薩迦班智達致蕃人書》，聲明薩迦派率先歸入蒙古汗庭，并受汗庭委托代理西藏事務。元朝對西藏地方行政管理由此奠定，西藏正式納入中國版圖。自此，西藏地方結束了分裂割據狀態，密切了與祖國內地的關系，成爲中國不可分割的一部分。一二五一年，薩班圓寂。爲彰其功德，銘記歷史，闊端時修白塔以珍藏靈骨，白塔寺亦因之而名垂史册。古往今來，白塔寺成爲西藏歸入祖國版圖之歷史見證，成爲中華各民族大融合之象徵。白塔寺及白塔曾先後於元、明、清多次修復，惜於一九二七年毀於大地震，所幸薩迦靈骨塔基尚存。對此歷史文化遺存，黨和國家極爲重視，於二〇〇一年將其列爲全國重點文物保護單位，撥款予以維修。甘肅地方政府徵地集資、規劃鳩工，確保維修事宜如期告成。至此，白塔寺遺址保護維修暨薩班靈骨塔復原工程竣工之際，謹撰文，以志紀念。

二〇〇二年十月八日
李鐵映

[題解] 涼州白塔寺位於甘肅省武威市涼州區東南20千米的武南鎮白塔村，是西藏宗教領袖薩班與蒙古汗國西涼王闊端舉行"涼州會談"的遺址，是西藏歸入中國版圖的歷史見證地，2001年國務院將其公布爲國家重點文物保護單位。白塔寺遺址保護、恢復和建設工程，既是文物工程，又是政治工程。工程建成後，將有效保護祖國文化遺產，促進愛國主義教育基地建設，爲發展地方旅游產業和文化建設注入新的活力和內涵。2000年11月，國家文物局批准立項白塔

寺修復工程，幷列入國家"十五"期間重點文物保護工程；2001年5月，開工建設薩班靈骨塔遺址保護加固維修工程；2002年4月，復原了高35.28米的薩班靈骨塔；2003年建設了白塔寺遺址陳列館，復建佛塔99座，完成景區道路建設、綠化、硬化、輸水管道鋪設及保護區圍墻建設等工程。在白塔寺遺址保護、恢復和建設當中，曾得到各級黨委、政府的大力支持，時任中共中央政治局委員、中國社會科學院院長李鐵映專門題詞幷書寫碑文，甘肅省委書記宋照肅、省長陸浩也爲此題詞。白塔寺景區管委會將以上題詞和碑文刻碑立於涼州會談紀念館兩側。碑質地爲黑色大理石，基座高97厘米，碑刻高163厘米，寬101厘米。李鐵映題詞和碑文依原書體草書刻字。碑刻位於涼州白塔寺涼州會談紀念館左側（東面）。相關歷史、人物等參見白塔寺碑刻注解。

[作者] 李鐵映（1936—）：湖南長沙人。畢業於捷克斯洛伐克卡理士大學物理系。1998—2002年，任中共中央政治局委員，中國社會科學院院長；2002—2003年，任中國社會科學院院長；2003—2008年，任第十屆全國人大常委會副委員長。

維修武威白塔寺遺址暨復原薩班靈骨塔題詞碑（兩通）

（一）

歷史見證，光彩一頁。
賀白塔寺復建

　　　　　　　　　　　　　　　　　宋照肅
　　　　　　　　　　　　　　　　　庚未年

[題解] 基座高97厘米，碑刻高163厘米，寬101厘米。題詞依原書體行楷刻字。位於涼州白塔寺涼州會談紀念館右側（西面）。"庚未年"系"癸未年"之誤，2003年爲農曆癸未年。

[作者] 宋照肅（1941—）：河南南陽人。鄭州大學政治系畢業。1999—2001年，任甘肅省委副書記、省長；2001—2003年，任甘肅省委書記；2003—2008年，任第十屆全國人大環境與資源保護委員會副主任委員。

（二）

繼承優秀文化遺産，弘揚愛國主義精神。

二〇〇三年七月

陸浩

[題解] 基座高97厘米，碑刻高163厘米，寬101厘米。題詞依原書體行楷刻字。位於涼州白塔寺涼州會談紀念館右側（西面）。

[作者] 陸浩（1947—）：河北昌黎人。蘭州大學化學系畢業，中央黨校研究生學歷。2001—2006年，任甘肅省委副書記、省長；2006—2011年，任甘肅省委書記；2011—2018年，先後任十一屆全國人大外事委員會副主任委員、十二屆全國人大環境與資源保護委員會主任委員。

維修松濤寺碑記

松濤寺位於武威市涼州區城北金羊鎮松濤村，建時不詳。從寺内大雄寶殿木梁題記知，在"大明正統己未（一四三九）年九月重建"，"又在大清雍正九年歲次辛亥（一七三一）年三月重建。"距今已有五百七十年歷史。寺院興盛時，樓閣相接，殿宇巍峨，香火興盛，游人如織，是涼州有名的一大古刹。"匝地苔痕古，參天樹影高。何時重砭俗，把酒來聽濤。"這首五言絶句，是清代武威著名詩人陳炳奎①在《松濤寺偶題》一詩中勾勒出的古刹風貌。這樸實自然、清晰明麗的筆觸，使世人對這座松柏蒼天、青苔繞地、把酒臨風、醉聽松濤的場景平添無限遐思。因寺内松柏遍布，微風吹動，一片濤聲，故而得名。那時，善男信女拜佛誦經，文人騷客舞文弄墨，游人飲酒聽濤，相得益彰，各得其所。嘉慶年間，著名學者張澍曾邀約數位文人騷客來此避暑消夏，即興酒醉之際，吟詩聯句，盡展文采，其中有"十人聯玉筝，六月聽濤聲。傾杯溢三百，河朔遜吾曹"等佳句，傳之後世，成爲美談。

松濤寺作爲密宗喇嘛數誦經理（禮）佛的一座重要寺院，自建寺以來，對藏傳佛教在華夏西部的傳播起到了極大作用，并隨着漢傳佛教的廣泛交流，漢傳佛教也在該寺院得到融合傳播，吸引了衆多善男信女誦經拜佛。松濤武僧雲集，武威弘法著名。高僧石彥雲招收弟子習武練拳，當時傳説石師傅的"七星母子八步轉，走盡天下無人欄。"因武功高深莫測，曾多次在河西一帶比武活動中力拔頭籌，東來西往的武士、武僧都莫能贏，高僧石師傅和松濤寺因而名聲著顯。寺南的王府磨街世稱"小凉州"。

二十世紀四十年代後，延續數百年的古刹遭到人爲破壞，配殿以及亭、臺、樓、閣陸續被毁，大雄寶殿當心間門楣板書"潭心印月""烟滅峰臺"，殿内正中懸挂兩塊匾額，"德成現在"和邑人兩江總督牛鑒題寫的"精微機要"匾書，筆力遒勁雄健。一九七四年列爲縣級重點文物保護單位。

一九九四年，劉寶年起草了修復松濤寺的倡議書，意在"保護文物，弘揚文化，發展旅游，振興經濟。"經主持僧人吴耐旦②和劉勝年、劉玉生、劉成年、于志禎、李成仁、劉作武、來成、李成義、劉虎年、劉壽年等人的艱辛努力，得到了社各界人士和劉全生等村委會領導班子的大力支持，還有善男信女，特别是周保年、梁福年、張永鵬、劉平等人多次捐錢、捐物，維修了大殿，重建了娘娘殿、菩薩殿、地藏王菩薩殿、廟門、接待室和僧舍，雕塑鑄造佛像和爐、鐘、獅等供游人賞析，以增其舊制；修復原匾四塊，增做匾額七塊，培植松柏花卉，試圖以使世人昭昭，壯其新（行）色，重現古刹之神采。一九九五年十月十六日，被武威市宗教局批准爲宗教活動場所重點寺院，從而爲發揚"引揚佛法渡衆生，無私奉獻爲祖國"的精神，必將起到積極的促進作用。

凉州區松濤寺民主管理委員會
公元二零零四年十一月廿九日

[題解] 碑立於2004年11月。松濤寺位於武威城北4千米處，始建年代不詳，一説建於唐代。據碑文記載，分别於明正統四年（1439）、清雍正九年（1731）重建。相傳因寺内松柏參天，微風輕拂，濤聲陣陣，清朝狀元、名臣王杰（1725—1805）拜謁時即興題名爲"松濤寺"（明代重修時名爲觀音堂）。寺内原有大雄寶殿、三大菩薩殿等建築，在天灾人禍中大部分被毁，僅存大雄寶殿。近年來，住持僧人吴耐旦歷經多年的慘淡經營，先後重修山門、菩薩殿、地藏殿、娘娘殿、護法殿、僧舍等，使千年名刹焕發青春。該寺與海藏寺遥遥相望，海藏河穿流其間，寺前林泉茂密，緑樹成蔭，河水清澈，景色宜人；寺旁稼禾鋪地，農舍點點，花紅柳緑，碧水藍天；周圍有大東湖、小東湖、南磨湖、孟家柳湖和梁家灣等天然濕地，碧草如茵，蘆葦叢生，楊柳遍布，是善男信女和游人經常的謁游之處。

松濤寺另有：1.松濤寺鐵爐。爐腹鑄"松濤寺"三個大字，另鑄住持吳耐旦暨布施信士功德芳名60多人，鑄於二〇〇一年六月。2.修復松濤寺功德碑9通。分別刻於二〇〇九年正月（3通），二〇一〇年四月，二〇一二年五月，二〇一三年冬月，二〇一五年冬月（2通），二〇一六年八月。由松濤寺民主管理委員會暨住持釋旦增（道增）等鐫刻，簡述信士弟子發起倡議、捐款捐物、維修寺院的概況以及大額捐款信士貢獻數額、全體捐款布施信士名單等。3.匾額多方。主要有嘉慶十三年（1808）涼州名士趙升題寫的"法闢三垂""真垂六度"，當代書法家鄭鐵林題寫的"松濤寺"和市內外當代名士題寫的"松濤寺""大雄寶殿""觀音大殿""濤聲依舊""徹悟禪機"等。

[注釋]

①陳炳奎（1811—?）：字蓮樵，武威人。清嘉道年間詩人，存詩《古柏山房詩草》八百多首。

②吳耐旦（?—2006）：少年出家，傳承純正，戒律精嚴。其師石彥雲，法名釋達吉，世稱石和尚，得藏傳佛教諸多傳承，又是著名的武林高手，於1962年圓寂。耐旦承其衣鉢，雖受盡磨難，但不改初志。改革開放後，發願重建寺院。歷經多年的慘淡經營，松濤寺爲之一新。2006年9月，圓寂於涼州。其弟子旦增法師繼承衣鉢，現爲松濤寺住持。

武威歷代進士名錄碑

文進士

唐　李　益　唐代宗大曆四年進士，禮部尚書。
　　段平仲　唐德宗時進士，太子左庶子。
元　余　闕　元惠宗元統元年進士，淮南行省左丞。
明　李　銳　明英宗天順四年進士，汀州知府。
清　孫克明　康熙三十九年進士，湖廣武昌府通城縣知縣。
　　孫　詔　康熙五十一年進士，翰林院庶吉士，湖北布政使。
　　盧生薰　雍正元年進士，翰林院庶吉士。
　　蘇　璟　雍正八年進士，山西文水縣知縣。
　　王有德　雍正八年進士，先後任山西榆次、湖南湘縣知縣。

盧生蓮	雍正十一年進士,江西廣信府弋陽縣知縣。
劉樹堂	乾隆元年進士,初授刑部山西司額外主事,後任陝西保安縣知縣。
王化南	乾隆四年進士,翰林院庶吉士,山東知州。
孫 俌	乾隆十六年進士,廣東翁源揭陽知縣。
李蘊芳	乾隆十七年進士,江西石城縣知縣。
王宏善	乾隆十七年進士,同州府教授。
劉作垣	乾隆廿六年進士,安徽知州。
張 翮	乾隆三十四年進士,戶部主事,長沙府知府。
蕭士雙	乾隆五十二年進士。
郭 楷	乾隆六十年進士,河南原武知縣。
周泰元	嘉慶元年進士,禮部郎中。
張 澍	嘉慶四年進士,翰林院庶吉士,四川、貴州知縣。
楊增思	嘉慶七年進士,陝西同官知縣。
何承先	嘉慶十年進士,翰林院庶吉士,福建知縣。
龔 溥	嘉慶十三年進士。
張美如	嘉慶十三年進士,翰林院庶吉士,戶部員外郎。
趙廷錫	嘉慶十四年進士,直隸獲鹿知縣。
李賁生	嘉慶十四年進士,國子監學正。
馬廷錫	嘉慶十四年進士,廣西知縣。
尹世衡	嘉慶十六年進士,翰林院庶吉士,浙江糧道。
牛 鑒	嘉慶十九年進士,翰林院庶吉士,兩江總督。
潘挹奎	嘉慶廿四年進士,吏部考功司主事。
王于烈	嘉慶廿四年進士。
張兆衡	嘉慶廿五年進士,翰林院庶吉士,朔州知州。
丁 鎧	道光三年進士,翰林院庶吉士,四川知州。
蔡發甲	道光三年進士。
陳作樞	道光廿四年進士,陝西知縣。

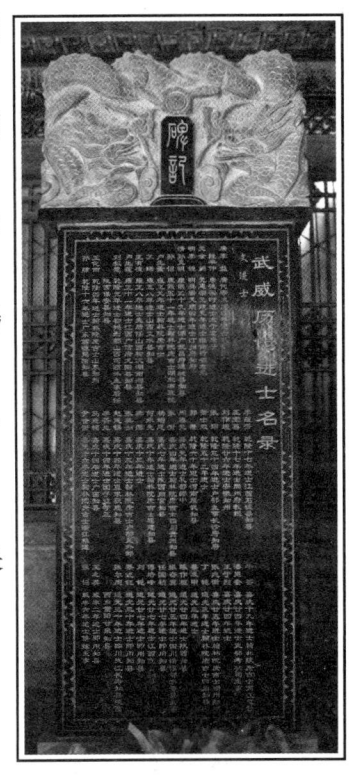

張奮翼　道光廿五年進士，四川清溪、鄰水等縣知縣。
任國禎　道光廿七進士，即用知縣。
傅培鋒　道光廿七年進士，江西宜黃知縣。
劉　鎧　道光年七年進士，即用知縣。
蔡式鈺　道光三十年進士，即用知縣。
張爾周　道光三十年進士，四川夾江、長壽知縣，陝西西鄉、紫陽、甘泉知縣。
王之英　咸豐二年進士，即用知縣。
張　詔　咸豐六年進士，候銓主事。
張景福　咸豐六年進士，陝西孝義廳同知。
袁輝山　咸豐六年進士，廣東東安縣知縣。
周光炯　咸豐九年進士，吏部主事。
劉開第　同治元年進士，陝西醴泉縣知縣。
馬明義　同治四年進士，湖北枝江縣知縣。
許　楫　同治十年進士，刑部主事。
馬　侃　光緒三年進士，山東汶上縣知縣。
倫肇紀　光緒六年進士，陝西三水縣知縣。
張　澂　光緒六年進士，翰林院庶吉士，授編修，後任福建泉州知府。
任于正　光緒十六年進士，內閣中書。
李于鍇　光緒廿一年進士，翰林院庶吉士，山東沂州府知府。
權尚忠　光緒廿四年進士，山西崞縣知縣。
張　銑　光緒二十九年進士，新疆焉耆府知府。

武進士

王允泰　嘉靖三十四年進士，參將。
王允恭　嘉靖三十七年進士，延綏游擊。
王國靖　萬曆四十一年進士，山西大同總兵，挂征西前將軍印。
孫明爽　崇禎四年進士，湖廣游擊。
陳良金　順治三年進士，福建興化游擊。
于俊杰　順治九年進士。
何孔成　順治九年進士，直隸龍泉關守備，山西偏關游擊。
李　清　順治十八年進士，壽張守備。
段可第　順治十八年進士。

張瑞鳳　順治十八年進士，廣西守備。
李鎮鼎　康熙三年進士，廣東提督。
李承先　康熙三年進士，河州衛守備。
陳守清　康熙廿三年進士。
達　先　康熙三十年進士，副將。
賀　杰　康熙三十九年進士，副將。
達　澤　康熙三十九年進士。
段學南　乾隆三十四年進士，直隸三屯營副將，封懷遠將軍。

武威市博物館　二〇〇六年五月二十日吉旦　立

[題解] 碑刻立於2006年6月。通高168厘米，寬79.5厘米，厚16厘米。現立於武威文廟文昌宮文昌殿門前左側。碑文内容爲武威（現有行政區域）自唐朝至清代期間的文武進士共74人，其中文進士57人，武進士17人，并勒刻中式時間及主要或最高官職。這是武威市當代刻錄的第一通進士碑（或進士名錄），意在宣傳和展示武威人文薈萃、英華輩出的歷史文化。但認真參校，存在幾個問題。一是對所錄人物的職務表述不規範。如有的用某某縣（府）知縣（知府）表述，有的用某某知縣（知府）表述；有的用具體地名表述，有的用模糊概念表述；有的列舉較多，有的没有列舉；有的用"初授""授"表述，大多没有用此表述。二是存在一些錯訛。如"孫俌"訛爲"孫脯""楊增恩"訛爲"楊曾恩""龔溥"訛爲"龔薄"；"弋陽"訛爲"戈陽"等。對此，編者已作訂正，以免以訛傳訛。三是挖掘不深入全面。如"蔡發甲"爲甘肅永昌縣人氏，屬清代涼州府而不屬於今武威市，若按清代涼州府計，永昌縣、永登縣進士皆可列入；而對本市在臺灣海域犧牲的武進士武克勤（禹亭）則未錄入。據《武威市志》《武威地區志》《民勤縣志》等資料，可能還有一些未臚列的人士。製作碑刻，古人有很成熟的經驗和實例，文字表述也有成例，準確、簡潔、全面、規範應是基本的要求。

張清堡古槐寺記

　　張清堡古槐，地處武威市城東9.6公里的張清村。古槐胸徑6.9米，樹高15米，樹冠繁茂，蒼勁挺拔，至今已有一千三百八十年的歷史，被甘肅省文化廳註冊名列二級文物。一九八七年五月，被武威市政府公布爲重點保護古樹名木。傳説此樹曾是唐朝名將尉遲敬德的系馬樁，故有唐槐、將軍槐之稱。二○○六年四月，鄉民集資三十六萬，在古槐東南方向，修建面闊五間、進深三間的古槐寺大雄寶殿一座，同年九月落成，爲前往參觀和祭祀神樹者提供進香和叩拜環境。古槐情系村民之根脉，凝聚村里之地氣，是張清堡的歷史見證，是生命的活化石，它在經濟、歷史、觀賞、科研和文化等方面有很高的價值。

張清村古槐寺籌建委員會
於二千零九年四月

　　[題解] 碑立於2009年4月。簡述了張清堡古槐的基本情況、傳説和修建古槐寺的緣起及目的意義。張清堡古槐，位於城東武長公路10公里處的清水鎮張清堡村。古槐胸圍6.9米，樹高15米，樹冠高大，枝葉繁茂，每年都有新枝抽發，是涼州有名的古樹，被省文化廳註册爲二級文物。民間傳説此樹是唐朝名將尉遲敬德的系馬樁，故此樹有"唐槐"之名。亦説古槐與山西大槐樹密切相關，是明代移民實邊的歷史見證。武威市槐蔭蔽日，嘉樹葱郁。1989年4月21日，武威市二届一次人民代表大會作出决定，確定國槐爲武威市市樹，充分體現了武威人民熱愛國槐、緬懷先輩的心願。

武威南城門樓碑記

　　武威南城門樓，又名昭武樓，始建於隋代，完善於明代。據傳每在寂静晴朗之夜，樓内清晰可聞雨打頂瓦之聲——是爲著名涼州内八景之"夜雨打瓦"。歷經歲月風雨，人爲毀損，及至20世紀末葉，城樓原狀盡失，僅餘高長不足10米之殘垣。時武威市（今涼州區）政府籌措并動員全市民衆捐資共1048.57萬元重修，自1999年5月9日動工，至2001年12月20日告竣。

新修城樓占地2907平方米，建築面積4825.85平方米，總高39.60米，由上下兩部分組成。上部爲三層重檐歇山頂仿明建築，每層由56根巨型立柱支撐，象徵中國56個民族的團結；下部爲由仿古青磚砌成的底座。原城樓遺址被包裹在底座之内。

　　南城門樓雄踞市區中軸綫，位置優越，崇峻巍峨，古樸莊重，大氣堂皇。會當登臨，則居高眺遠，極目遼闊，襟風袖雲，追古撫今，蒼茫古涼州，繁盛新武威，一覽無餘，盡收眼底。

武威市民俗博物館
2010年11月　立

　　[題解]　碑文鑲嵌於南城門樓北面右側，由武威市民俗博物館刻立，簡述了武威南城門樓的興衰及恢復重建的概況。武威南城門，又名昭武門，始建於隋代，毀於近代，20世紀末恢復重建。城樓正面懸挂着時任中共中央總書記、國家主席江澤民於1992年8月12日視察武威時題寫的"銀武威"匾額，背面則是全國政協副主席趙樸初先生於1992年9月14日在武威活動時題寫的"神馳天馬"匾額。城門樓上是武威市民俗博物館，展示本市民俗文化作品，是弘揚武威歷史文化，促進文化藝術交流，宣傳推介武威的一個窗口。共有兩層，一層是綜合廳書畫展，二層以大量的民俗文物和老照片爲主題，反映不同時期的武威歷史風貌，具有濃郁的地方風土人情。城樓前面是4萬多平方米的廣場。廣場南北較長，東西稍短，東西兩側各有一條馬路從城門洞口經過與市區相通，中間是一條觀景路，中央是太平鼎，太平鼎南北中軸綫上鐫刻着許多石刻文字。

　　補記：城門樓上現已闢爲武威市五涼文化博物館。於2020年10月19日正式開館。共展出三層，陳列面積2290平方米。

鳩摩羅什舌舍利塔修繕記

　　鳩摩羅什舌舍利塔，位於甘肅武威市北大街鳩摩羅什寺内，始建於公元四世紀，是爲安奉中國著名佛經翻譯家鳩摩羅什舌舍利而建立之寶塔，距今已有一千六百餘年，爲國家級重點文物保護單位。

　　相傳鳩摩羅什爲七佛譯師，於東晉建元元年出生於龜兹，弱冠時隨同其母剃髮染衣，專心修道，曾遍游五印，參訪明師，日誦千偈，過目不忘。及至成年，游心法海，得悟真詮，遂出廣長舌相，聲震五印。前秦符堅聞鳩摩羅什大名，遣吕光率軍赴龜茲迎請。回程至凉州，逢姚萇篡秦，光遂自稱凉王，鳩摩羅什亦隨吕光駐錫凉州一十七載。後秦姚興登位，迎請鳩摩羅什爲國師至長安草堂寺，開始翻譯佛典。據文獻所載，鳩摩羅什一生翻譯佛經七十五部三百八十多卷，培養弟子數千人，弘傳聖教不遺餘力，開創中國大乘佛教全新局面。及其圓寂，循例大葬，唯舌不化，遂建舌舍利寶塔於凉州以爲封藏。其後千百年間，此塔屢修屢圮者凡有四次。現所存者爲清朝嘉慶年間重修，雖歷經百年春秋，依然屹立。唯塔頂塔刹，光澤減弱；塔身塔梯，古木内腐；塔基塔座，磚剥土落，裂縫叢生。

今逢盛世，國泰民安，社會和諧，經濟騰飛，百業振興，籍此因緣，鳩摩羅什寺住持理方法師發起修繕鳩摩羅什舌舍利塔倡議。經四處呼籲，多方奔波，獲各級黨政領導及社會各界鼎力支持。經甘肅省文物局批准，邀請浙江臨海古建公司依蘭州交通大學所設計之修繕方案施工，山東檀越齊素萍居士布施修繕經費，王木嬌、劉艷霞、李開永等善信人士發心捐助善款，二零一二年農曆五月初六日開工修繕，十月初五日竣工。動工之時，天降相，虹光萬丈，現場睹者，莫不敬仰。在修繕中，對塔基塔座重新加固，塔身塔刹抛光加彩，塔鈴塔梯按型更替，對原四邊形之底座加固爲八邊形，原銅質之塔刹貼真金以增光。内裝五層紅木玄梯外挂九十六件銅質風鈴，唯對塔底珍藏羅什大師舌舍利室保持舊制，對塔基腐朽裂縫青磚替以青石，周邊增大，外加欄循，俾使聖地愈爲宏大，寶塔更加莊嚴。即今修繕寶塔竣工之時，特記此言，永耀當來。

凉州區佛教協會會長、鳩摩羅什寺住持理方撰文
佛曆二五五七年 公元二零一三年五月初二日
凉州區鳩摩羅什寺民主管理委員會 立

[題解] 碑立於2013農曆五月，位於鳩摩羅什寺羅什塔北面一帶。高290厘米，寬90厘米，厚18厘米。其中碑身高165厘米，寬90厘米，厚18厘米；碑蓋高65厘米，寬100厘米，厚255厘米；碑座高60厘米，寬100厘米。碑陽正文繁體楷書豎排。碑文簡述了鳩摩羅什的生平事迹和羅什塔的生存情況，重點記載了2012年羅什寺的一次修繕活動。

[作者] 理方（1970— ），甘肅武威人。1988年剃度出家，1998年畢業於中國佛學院，後赴斯里蘭卡深造，獲佛學碩士、博士學位。現任甘肅省佛教協會副秘書長、凉州區政協副主席、武威鳩摩羅什寺住持等職。

修建鳩摩羅什寺捐資碑（三通）

（一）

修建武威鳩摩羅什寺
福建商會莊銘模先生捐大雄寶殿琉璃瓦功德無量
二〇一六年　鳩摩羅什寺方丈理方　敬立

[題解] 碑長 160 厘米，寬 60 厘米，鑲嵌於大經堂北門右下方牆內。

（二）

香港樂善基金有限公司捐資人民幣貳拾萬元
二〇一六年二月十九日　鳩摩羅什寺方丈理方　敬立

[題解] 碑長 160 厘米，寬 60 厘米，鑲嵌於大經堂北門左下方牆內。

（三）

武威金蘋果農業股份有限公司捐資 20 萬元
二〇一六年　鳩摩羅什寺方丈理方　敬立

[題解] 碑長 160 厘米，寬 60 厘米，鑲嵌於羅什法師紀念堂右下方牆內。

重修羅什寺碑文（重刻）

（碑文略）

重修羅什寺寶塔碑記（重刻）

（碑文略）

[題解] 以上兩碑原碑為清代版本，刻於清嘉慶九年九月。碑陽刻"重修羅什寺碑文"，碑陰刻"重修羅什寺寶塔碑記"，今存武威文廟。2016年，涼州區鳩摩羅什寺管理委員會及方丈理方，根據清代版同名碑刻重刻二碑立於鳩摩羅什寺。碑文及相關注釋見本書清代同名碑刻。

第四編 墓 志

魏晉 南北朝

前秦①梁舒墓表

凉故中郎、中督護公、國中尉、晉昌太守、安定郡烏氏縣梁舒②，字爲仁；夫人故三府録事、掌軍中侯、京兆宋延女，名華③，字成子。以建元十二年十一月卅日，葬城西十七里楊墓④東百步，深五丈。

[題解] 墓表通稱爲"前秦梁舒墓表"，又稱"前秦宋華墓表"，刻於十六國前秦苻堅建元十二年（376）十一月。是年，前秦滅前凉，故墓表説"凉故中郎"。1975年3月出土於武威縣金沙鄉趙家磨村，今存武威文廟。墓表上圓下方，高37厘米，寬27厘米，厚5厘米；碑座高10厘米，寬40厘米。這是目前武威市出土的十六國時期唯一的、也是年代最早的一通夫婦合葬墓表，表文寥寥72字，言簡意賅，介紹了志主夫婦簡要情况。但給後人提供了重要的歷史研究資料，如梁氏在河西的勢力、"楊墓"的綫索、十六國書法藝術等。墓表猶墓碑，因其豎於墓前或墓道内，刻載死者生平，表彰其功德，故稱。墓表屬於小型墓碑，出現於漢魏之際，其功能與神道碑相同，流行於十六國時

期。此墓表只介紹了志主夫婦身份而未評價之詞，與一般墓表有所不同。

[注釋]

①前秦（350—394），東晉十六國政權之一。350年，氐族人苻洪占據關中，稱三秦王。352年苻健稱帝，定都長安，國號"秦"。盛時疆域東至海，西抵葱嶺，南控越雟，北極大漠，東南以淮、漢與東晉爲界。共歷六主，享國44年。後被西秦或後秦所滅。

②安定郡烏氏縣梁舒：安定，今甘肅省平凉市；烏氏，古縣名，在今平凉市西北（涇川縣境內），原爲古代西部少數民族。烏氏縣爲西北大族梁氏的郡望。梁氏從西漢末梁統（曾任酒泉太守）開始，到漢桓帝時100多年間，出過許多高官，是東漢外戚中最大的專權者，以梁冀爲最。梁冀被誅殺後遭滅門之災，梁氏一門分散各地。梁氏在武威及河西擁有相當勢力。梁舒，字爲仁，一説叔仁，曾任西晉凉州晉昌（今酒泉市瓜州縣）太守，在前凉朝中兼任中郎、中督護公、國中尉等職，居家姑臧（今武威）。關於梁舒，史書無傳，此墓表的出土，補充了史書記載的不足。

③宋華：字成子，凉故晉昌太守、安定烏氏人梁舒夫人，去世後於前秦建元十二年十一月葬於武威城西十七里楊墓東百步。其父宋延曾任三府錄事、掌中軍侯。這一年七月，前秦滅前凉。

④楊墓：不詳。依墓表內容，當爲規模較大而氣派的名人墓葬區。據隴上學者李鼎文先生考證，當爲前凉沙州、凉州刺史楊宣之墓。

賈思伯①碑

夫璿□□□因方祇以□緒□因既啟廉□□□□德□□□□□風□□□□□□□□□□□□使君靈源遐緬睿業崇深識照天璣。冲光警智，冰清玉映，有夷齊之操。苾政□化□□之□□□剖竹□□□□作捍青番，流愛屋之歌；垂芳河濟，欣來蘇之詠。可謂動衆化□□□□□□盛□□綿□□□□化□刊方來何述。前治中從事史、東平內史、須昌伯、東平畢祖髦長，治中從事史、泰山羊敦□□□□□□□□揚威將軍、治中從事史、吳興沈預民□徐貞思等鏤石鎸□□。徽萬□□□□□□□□□。

君諱思伯，字士休，武威姑臧人也。晉太師賈他②之後，□□太傅誼③□□□□□□□□□□□□□九世祖璣，前魏青龍④中爲幽州刺史，行達冀州廣川界，因患喪亡，遂爲□□□□□□□□□□□□幽州刺史。高祖騰，□事燕州别駕、宜都王司馬。曾祖宏，少有令譽，未宦早喪。祖□□□□□□□□□□□□□青州。父，道，録本州□中正、州主簿，齊郡太守。君童齓之中，卓然岐嶷，親鄰紈綺□得親□生善文賦，慷慨□志，□紹張良□□超悵致□□太和⑤中，起家爲奉朝請。尊□質得優游雅素，逍遥集□□教□□高誼□文□□□□□雖年始弱冠，便□然公輔之□□稍遷揚烈將軍、步兵校尉、□前軍將軍，□君仍授輔國將軍□□□□□□□□左□□□□夜勤王，匪躬斯著。遐邇欽風，縉紳引領，除河内太守。以親老辭□復除□□□□□□尋□□□將□一載□召拜滎陽太守，辭不獲，己遂恭所授官。任未期，風教逮化□□□□□□不□□□□□□澤漸□年方之我君□有慚德矣。尋除持節督南青州諸軍事、征虜將軍、南青州刺史，□□□□□□□□□之□□□□所。頃之，丁父憂。復召拜光禄少卿、將軍如故。君諒暗在躬，宿昔皓髮，繼□□幾從毁□□□哀□□永嘗□□□流光割財賑施，親疏周給，門侄長幼，靡不瞻恤，等其榮悴，均其豐約，士□□□除持節督兖州諸軍事、左將軍、兖州刺史。於時，州土荒饉，連歲不登，又境上之民，好懷去就，君按之以□□之□□□□在優平賦□悉其爲□□□□歲稔，倉廩既實，禮義用興，關境懷仁，外鄰□附，民庶欣歌，士女□咏，仰□□徽□□□□□□□□□□□□□□□□□□照灼，英徽蟬聯，□□德楷世，□仁惟□矩聲溢遐，□芳流遠，□功□□□化該□□朝□□謨資□韶氣繪藻，□□華綺續雕思。三齊推辯，淄澠别味，思澤二省□心而□内績既□□□□乃良海沂换□□鄭懷芳□□□□義彰。

咏兼絲管，□戾甘棠。撫莅河濟，飾光□服。治隆王趙，才超張陸。化湛烟翔，風□□屬。□□既領，憲□以穆。寬猛相資，惠和并布。威厲秋霜，澤孚春露。岩栖以空，邱園知慕。异域銜恩，外鄰繩附。載歌載舞，聲教□□。□若□□，民庶未融。敬惟德化，於此知隆。□□睿響，永馥芳風。

神龜⑥二年歲次己亥四月戊辰朔廿日丁亥訖功

大義主翟旭仁，□義主□人令曹安都，義主姜甫德右賈思伯碑云："諱思伯,字士休,武威姑臧人也。太和中,召拜榮陽太守,辭不獲。"又云"青龍中,出爲幽州刺史、齊郡太守"。其前後已磨滅不可盡識。

[題解] 此碑又名《兗州刺史賈思伯碑》《賈使君碑》,刻於北魏孝明帝神龜二年(519)四月,現存山東曲阜孔廟。碑文引自《涼州府志備考》。碑高215厘米,寬84厘米,厚20厘米。碑文雖然剝蝕嚴重,但基本內容清楚,重點叙述了其身世、資望、功業政績及贊頌詞。此碑非墓志,爲方便讀者特置於此,與後《賈君墓志銘》一起參讀,是研究武威及中華賈氏流源的重要資料。

此碑流傳過程複雜,現將有關情況照錄如下,供金石愛好者研究。

太原溫益禹弼題: 余昔嘗見此碑墨本於鼓城劉希道家,希道語余曰:我先君與石曼卿善,曼卿酷愛此字,謂其行筆似褚遂良,疑褚書得此筆法。余來兗州即仿此碑於州人,無有知者。及余重修相悦堂,親爲經度行堂下庌舍中,忽見此碑卧灶後,爲膳夫壓肉石矣。余使人出之於淤泥中,積水濯滌,久之始可讀此。昔時所見墨本雖斑斑有剝缺處而加有古氣,尤爲可愛。因募工取石爲座,剜其中以上承下,立堂之西,偏以備好事之觀,既安固矣,庶可久無虞也。紹聖三年内丙子歲中元日(紹聖,宋哲宗年號,紹聖三年即1096年)。

武威張澍按: 趙氏錄《賈思同碑》跋云:思同與其兄思伯,《後魏書》皆有傳,爲青州益都人。今其墓乃在壽光縣,而思伯之碑亡矣。此碑官秩與傳合,青龍年號則三國之魏,非拓跋氏也。前魏有賈詡,爲姑臧人,豈即思伯之高曾列在此,碑以殘泐而無考耶?德父云:"碑已亡,而尚存於數百年後,又一奇也。"但勸進、受禪、大饗諸碑皆作漢隸,此碑忽開隸楷之漸,直似褚河南《三龕記》筆意,乃正書之始歟?《金石錄補》:右兗州賈思伯碑,文多殘,失立碑之歲月。趙明誠云:"神龜二年四月",今不可考矣。碑云"思伯字士林",而《魏書》《北史》作"仕休",當從石刻。其書"休"爲"林",與司馬元興墓志同。晋人草書"休"下多一畫,亦以此。碑云:"晋太師賈他之後",即賈佗也。又云"九世祖□,魏青龍中爲幽州刺史"。按《唐書·宰相世系表》"賈詡,魏太尉、肅侯。生璣,駙馬都尉關内侯,又徙長樂"。此碑"九世祖"下似是"璣"字,又有因忠喪亡之語,官位亦與《唐表》不合,未審其是否也。《潛研堂金石文跋尾》。(《涼州府志備考》)

[注釋]

①賈思伯(468—525):字士休。《北史·賈思伯傳》:"齊郡益都人,其先自武威徙焉。"但《北史·曹世表傳》及本碑均説是武威姑臧人。因賈氏一門長

期在山東一帶爲官，入籍青州益都（今山東壽光市）。思伯20歲時被選入朝，累遷北魏中書侍郎、輔國將軍、兗州刺史等職。曾入宮爲孝明帝講授杜注《左氏春秋》，成爲名副其實的帝師。卒後，贈鎮東將軍、青州刺史、尚書右僕射，謚文貞。著有《春秋杜氏辨》。碑文作者不詳。

②賈他：即賈佗，春秋時期晉國大夫，跟隨公子重耳（晉文公）流亡的五賢士之一。歸國後，在晉靈公時期任太師等職，被視爲賈氏始祖。

③太傅誼：即賈誼（前200—前168），西漢思想家、文學家、政治家。洛陽人。時稱賈生。漢文帝時任博士，遷太中大夫，因遭排擠，爲長沙王太傅，後爲梁懷王太傅。後世尊稱爲賈太傅、太傅。

④青龍：三國魏明帝年號，233—237年，共5年。

⑤太和：北魏孝文帝年號，477—499年，共23年。

⑥神龜：北魏孝明帝年號，518—520年，二年即519年。

魏故散騎常侍 尚書右僕射 使持節 鎮東將軍
青州使君賈君墓誌銘

君諱思伯，字士休，齊郡益都縣釣臺里人也。其先乃武威之冠族。遠祖誼①，英情高邁，才峻漢朝。十世祖文和②，佐命黃運，經綸魏道。九世祖璣，作牧幽前，中途值亂，避地東徙，遂宅中齊，爲四履冠冕。考道，最州主簿、州中正、本郡太守。伯父元壽，中書侍郎，追贈青州刺史。自太傅已降，賢明間出。

君之生也，海岱③萃靈，含章④式載。十歲能誦書詩，成童敦悅禮傳，備閱流略之書，多識前古之載。工草隸、善辭賦，文苑儒宗，遐邇歸屬，學優來士，游宦北都。年廿一，釋褐奉朝請。時齊使繼好來聘上國，以君造次清機，有端木⑤之辨，命對南客，應西華⑥之選。稍遷步兵校尉，轉中書郎，如綸之詔，擅美□時。太和廿三年⑦，高祖躬總六軍，五牛南指。時扈行間，參謀帷幕。凱旋之交，文皇不預，革輅奄次，大漸彌流。唯機之際，執筆記言，導揚末命，顧托宣於君子。宮車晏駕，武皇繼統，以君事往奉居，忠照大節，除輔國將軍、河內太守。非其好也，改授鴻臚少卿。正始三年，丁母憂，去職。服闋⑧，除滎陽太守。歲序云周，策授持節征虜將軍、南青州刺史，莅政未期，遭父艱⑨離任。君性純孝，善執喪，四載之間，再集荼蓼⑩，哀毀骨立，未曾見齒。終喪，除光祿少卿、遷左將軍、兗州刺史。班條鄒魯，化行如神。徵給事黃門侍郎轉凉州刺史，未拜，除太尉公、清河府長史；俄遷廷尉卿，轉衛尉，遷太常兼度支尚書，攝都官七兵二局、真殿中尚書。司管帝閣，邀巡警柝①；克諧金石，禮暢樂和；獻替莫違，敷奏無隱。元凱潤世弘多，號稱武庫；子□直道不回，未旬三陟。撫績籌人，千載非二。加安東將軍、青州大中正，斟酌鄉部，氏□區分，抑揚昌替，污隆唯允。俄除侍讀，講《杜氏春秋》②於顯陽前殿。接筵御座，東面揮塵；討論經傳，博舉宗致；言約義敷，辭高旨遠。在己斯逸，帝功伊倍；愛業尊師，日隆其敬。雖營丘之訓周王，安昌之師漢主③，禮顧隆崇，亦不是過。

方當服袞臺階，位窮三吏，奉文思之君，陪升中之禮，而降年不永，春秋五十八，以孝昌元年七月甲辰朔十六日，薨於洛陽懷仁里。一人慟情，百寮軫泣。齊桓之追仲父，況此非酸；漢明之悼子良，方茲未切。

惟君稟承明之略，載詢直之姿；含利主之道，負經國之器。忠以奉帝，孝以承親，守虛嘿以藏聲，不浮能而求譽。凡典二郡、牧兩州、歷五隸、邅三省，莫不廉白持身，平恕宰物，加以溫倸冬日，潤等春雲，穆若清風，淡如白水，厥德可依，其人可仰。不幸早逝，呼可悲矣！即以其年十一月歸葬於青州，追贈散騎常侍、尚書右僕射，使持節鎮東將軍、青州刺史。雖歌頌被於管弦，容像存於圖畫，但縑彩無弗朽之姿，玄石有永全之質，撰載芳獻，貽之九泉。

其辭曰：惟君篤生，命世抽英。岐嶷初載，氣秀神清。行高童稚，業□□□。體無明□，遒駿有聲。文極詞宗，學窮替古。懷女引系，鐘鳴齊魯。運屬飛龍，時乘九五。□潛入仕，利見高祖。釋褐素樞，衣冠象闕。陟降承明，負映日月。類彼騰□，易麟化骨。位緣德至，勞無一代。列隸驟升，納言亟踐。飽恩飫澤，豐榮醉顯。作守登州，目青徂兗。愛結民恩，黎歌勿煎。訓商者伊，師周唯呂。道貴名尊，阿衡尚父。允穆具瞻，乃膺斯舉。東面曠□，□來入□。陰陽絟熒，□實修□。垂乘臺路，將□黃扉。可言天道，福善如疑。□焉沒世，武□□□。□川瀉海，翻潮不息。浮□□濟，埋靈鄉域。蕭瑟松聲，蒼茫雲色。將同萬古，丘陵誰識！

[題解] 簡稱《賈思伯墓志》，青石質，刻於北魏孝明帝孝昌元年（525）十一月。現存山東省壽光市博物館。高57.2厘米，寬58厘米。志蓋頂，無字，出土後遺失。志文魏碑33行，滿行33字，另有一行文字刻於志石左側面，共1114字，均刻在方形界格內。碑文簡要概括了賈思伯先祖及本人仕宦、生平事迹等情況，尤對賈思伯的品行、德望、才具予以高度評價。碑文作者不詳。

[注釋]

①遠祖誼：賈誼（前200—前168），西漢文學家、政治家，被視爲賈氏遠祖。曾任長沙王太傅，後世亦稱賈長沙、賈太傅。後文"太傅"即指賈誼。

②文和：即三國魏政治家、軍事戰略家、開國功臣賈詡（147—223），字文和，武威姑臧人。賈誼後裔，被視爲武威賈氏郡望之祖。

③海岱：今指山東省渤海至泰山之間的地帶。海，渤海；岱，泰山。

④含章：含，藏；章，美。意思是有美德而不顯耀，懷才華而不顯露。

⑤端木：即端木賜，字子貢，孔子的得意門生，十哲之一。他在孔門弟子中以言語聞名，利口巧辭，善於雄辯，且有幹才，善於經商，爲孔門弟子中的首富。

⑥西華：即公西華，字子華，孔子弟子，七十二賢人之一。他在孔門弟子中以長於祭祀之禮、賓客之禮著稱，具有優秀的外交才能。

⑦太和廿三年等：太和，北魏孝文帝年號，廿三年即499年。正始，北魏宣武帝年號，三年即506年。孝昌即北魏孝明帝年號，元年即525年。

⑧服闋：守喪期滿除服。闋，終了。與"除服"同義。

⑨父艱：猶父憂，即丁父憂。

⑩荼蓼（túliǎo）：泛指田野沼澤間的雜草。荼，一種苦菜，味苦；蓼，水草，味辛。比喻艱難困苦。

⑪警柝（tuò）：警夜時敲擊以報更的木梆。柝，打更用的梆子。

⑫杜氏春秋：即由西晉著名政治家、軍事家和學者杜預注解的《春秋左氏經傳集解》及《春秋釋例》。杜預平生特別喜歡讀《左傳》，自稱有《左傳》癖，所注《左傳》是流傳至今最早、最廣的一種，對後世影響頗大。

⑬營丘句：營丘，在今山東臨淄市，周朝開國勛臣姜尚始受封地。安昌，在今河南確山縣，漢成帝師張禹位至宰相，封安昌侯。此句的意思是，周朝的姜尚和漢朝的張禹，雖然位極人臣帝師，但所受到的崇隆禮遇也不過如此。借此襯托賈思伯的帝師崇望不亞於姜尚、張禹。

魏故武威太守賈君墓志銘

君諱祥，字延慶，武威姑臧人也。武威太守之孫，濟州刺史之子。望表河右，衣纓世襲，崇基峻舉，層構陵雲。

君起家奉朝請，本州別駕，本州長史。直己當官，深閑治道，毗贊之美，驟聞朝聽。帝嘉其能，又除本郡太守。春秋三十七，以孝昌二年二月十日卒於洛陽肅民鄉德宮里。其月二十七日，葬於芒山之陽。

乃作銘曰：賈伯蕃周，壽鄉贊魏。慶緒連綿，焕乎傳記。若人誕靈，實禀冲氣。譽發韶年，幼挺英志。升高能賦，臨池展思。行成名立，釋巾登仕。曳錦盡游，具瞻斯美。蕙性雲浮，蘭衿風靡。乃茌別駕，亦職長史。帝曰唯良，共治是倚。出守本邦，操刀制綺。竿有短長，命故罕言。當春摧茂，殲此良根。禮數云及，將即松門。孀孤泣血，僚友悲奔。泉庭夜切，寒隴盡昏。鏤兹玄石，徽猷永存。

妻，鎮南府默曹參軍、積射將軍武威段靈念之女。息元良，年十一。

[題解] 碑簡稱《賈祥墓志》，刻於北魏孝明帝孝昌二年（526）二月。志文引自《賈氏春秋》。簡要概括了武威姑臧人賈祥（488—526）的出身、仕宦、從政等情况，尤對其"譽發韶年，幼挺英志。升高能賦，臨池展思"的才具和"乃茌別駕，亦職長史。帝曰唯良，共治是倚"的行政能力予以高度評價。此碑對研究武威賈氏的流源散播具有重要價值。志主及作者具體情况不詳。

墓志為魏碑體，具有較高的書法藝術價值，2015年江西美術出版社出版了由姚建杭、吳滌生編著的《賈祥墓志·魏碑集珍》。

齊故大司馬 武威昭景王段君①墓志

王諱榮，字子茂，武威姑臧人。昔鳳司之帝，資大皇②而克産；馬喙③之臣，感休雲而致育。别有氣通關，令德邁玄天，道勝文侯，義光厚地。所以峻構，與概日而争隆；浩淼長原，共疏河而辟遠。

祖，征西將軍、敦煌鎮將信，神姿杰出，志思横飛，鵲起來朝，龍光載委。父，立節將軍、安北府司馬連，金精外發，水德傍潭，言滿四方，行高一世。而鳳凰斯誕，多從鳳穴；麒麐④所出，并自麐洲。王禀資秀氣，降維岳。□落胸懷，深瀋⑤墻宇⑥。洞曉兵機，弗勞玄女之術；生知將略，未假黄公之紀。

正光⑦之後，禍興邊朔。南瞻帝縣⑧昏沉，遂擁王忠爲令，德義感神明，果自扶攜，載飛廖廓。時大都督爾朱榮⑨將夷巨患，式加優寵，以王爲法曹參軍。續以世途紛擾，神州蕩析，假地稱天，裂冠毁冕。太祖獻武皇帝⑩，受靈雀之苻，收寶雞之命，將欲弭飛浪於東海，撲熾火於西昆。以王爲大行台右丞，尋加大都督。王闡弘經略,董轄戎機;光影未遷,聲明以振。轉鎮遠將軍、顯州刺史,出爲西北道大行台慰勞大使。唯鄴城湯池□繞,太祖憤然作色,親事攻圍,以王爲四面大都督,於信都留守,尋除使持節、都督定州諸軍、鎮北將軍、定州刺史。於時,鄴城不下,靡費實多,轉輸之勞,我其稱。乃封姑臧縣開國侯,食邑八百户。尋轉車騎將軍、聖光禄大夫,復除定州刺史。始則群童策竹,悦我來頻;末則□老攀車,恨其去數。轉授瀛州刺史,數往陳辭,竟不述職。又爲大都督、大行台,鎮撫梁郡;未幾,行相州事,尋除濟州刺史。屬陳豨肆逆樂,大稱妖王,乃懷之以文,聾⑪之以武。然砥柱之北,龍津以南,乃上國之西門,誠偏境之東面。仍除泰州刺史,俄轉山東大行臺,領六州流民大都督,加儀同三司。

方當任鐘一相,扈金輅於宗山第處,三真上玉,名於仙籍。此途不遂,抑唯命也。以元象⑫元年六月薨於中山,時年六十一。贈使持節、侍中、都督定冀瀛滄四州諸軍事、大將軍、定州刺史、太尉公、尚書左僕射。以大齊大寧元年十一月癸卯朔十九日辛酉,改葬於鄴城東北一百五十里,斥章⑬城西南三里。皇上眇想前朝,追遠未洽,爰發中詔,特加殊禮,贈使持節、侍中、都督恒朔雲燕冀瀛滄定八州諸軍事、驃騎大將軍、定州刺史、大司馬、尚書令、武威王,諡曰昭景。惟王體道經世,秉德緯民。孤抽積雪之岩,獨立終風之穴。及翼贊曹武,光啓晉文,業盡一心,功成四目。而槐路⑭未殫,松崩奄至。若乃滕公之馬⑮,驗佳城之欲開;令威之鵠,嗟舊郭之虛是⑯。大海有揚塵之日,名都有奔浪之期⑰。而不述美三泉,孰可飛芬萬葉?

乃作銘云:冑啓金天⑱,虹星⑲照爲。緣爲大理⑳,聃爲上仙㉑。兹焉以降,何世無賢。誕生奇士,邁後光前。兼□龍散,文同豹別。奮迅英規,縱横膽烈。才堪國棟,藝爲人杰。猛則兼寬,剛不可折。玄精中圮,幽都告釁。果不同惡,排雲高引。世難未已,妖徒繼進。望關抽戈,瞻釁舉刃。爰扶首霸,是贊興王。拂翮鸞矯,刷羽鷹揚。運仗三略,成兹一匡。海寧飛浪,河浮瑞光。管樂㉓非遥,良平㉔可匹。窮恩極寵,騰聲播實。郭冕屢彰㉕,賈帷頻出。回車降雨,張旗蔽日。公望斯在,合儀載加。榮均鄧騭㉖,府類張華㉗。東流忽往,西暉驟斜。棟梁焉托,殄悴㉘空嗟。詔葬如何,哀榮具表。日臨丹旐,風縈素旒。壟徑無晨,泉門詎曉㉙。一辭照世,萬春長了。

[題解] 碑簡稱《段榮墓誌》,約刻於北齊武成帝高湛大寧元年(561)十一月("大寧"或作"太寧")。墓誌出土於1994年河北曲周縣白寨鄉北油村,爲正方形,邊長84厘米。碑文共32行,滿34行,空字6處,共1059字。同時

出土的還有段榮王妃婁氏（皇太后之長姊）墓志、郡君梁氏墓志和陶甬百餘件，現存河北曲周縣文化館。碑文簡述了段榮祖上三代仕宦情況，重點介紹了段榮一生的爲官履歷和軍事生涯，雖多歌功頌德之詞，但史書對他的評價確也不低。墓志對研究北齊的政治、經濟、社會習俗、書法藝術和武威段氏源流、仕宦都具有重要價值。

[注釋]

①段君：即墓主人段榮（477—538），字子茂，姑臧（今甘肅武威市）人。少時愛好曆術、天象，參加過六鎮起義，後投靠爾朱榮麾下，積極爲高歡在山東起兵出謀劃策，予以贊助。因其妻婁氏是高歡之妻的長姐，深得高歡信任。在軍旅中立下很多戰功，曾任姑臧縣侯，相、濟、秦三州刺史，大都督、太尉等職，政聲尚好，史書稱他能"勤政愛民"。去世後諡昭景。北齊取代東魏後，因他是孝昭帝的大姨丈，加上長子段韶位居朝首，官高位顯，晋級配享神武帝高歡神廟，重贈大司馬、尚書令、武威王，并重新營造墓室。

②大皇：亦作太皇。意爲天。

③馬喙（huì）之臣：指賢能之臣。馬喙，即馬口，骨相用語，指人的嘴像馬的嘴，是帝王聖賢的特徵之一。

④麒麐（lín）：即麒麟。

⑤深瀋（shěn）："瀋"今簡爲"沈（shěn）"，意同"沉"。深瀋即深沉。

⑥墻宇：原指房屋，引申爲庇蔭。語出北齊·顏之推《顏氏家訓·名實》。此處喻風範，氣度。語出晋·袁宏《三國名臣序贊》。

⑦正光：魏孝明帝元詡年號，520—525年。

⑧帝縣：帝，君主。縣，古代天子所治之地，在京都周圍千里之内，即王畿。引申爲朝廷。

⑨爾朱榮（493—530）：字天寶，梁郡北秀容（今山西朔州）人。先世爲契胡（或稱羯胡）部首長，疑爲鮮卑化的羯人。祖先因居於爾朱川（今山西西北部之朱家川），故以"爾朱"爲姓氏。北魏末年權臣、軍事家。

⑩太祖獻武皇帝：即北齊王朝奠基人高歡（496—547），原籍渤海蓨縣（今河北景縣），出身於懷朔鎮（今内蒙古固陽西南）兵户之家。東魏權臣。其子高洋建立北齊後，追尊高歡爲獻武皇帝，後被改尊爲神武皇帝。

⑪讋（zhé）：懼怕、震懾。語出《漢書·張湯傳》。

⑫元象：魏孝靜帝元善見年號，538—539年在位。

⑬斥章：古縣名，西漢武帝建元四年（前137）置，治今河北曲周縣。

⑭槐路：指京城槐蔭大道。語出南朝·梁元帝《長安道》詩。

⑮滕公之馬，驗佳城之欲開：即"滕公佳城"典故。據葛洪《西京雜記》卷四：有一次夏侯嬰（西漢開國功臣之一，又稱滕公）乘車外出，走到長安東門時，馬嘶鳴不肯前進，并不停地用蹄刨地。他感到奇怪，命令士卒掘馬所刨之地，挖到三尺深時發現一石槨。舉火燭照看，發現槨中有銘，於是用水洗净，把上面的銘文抄錄下來。銘文字體很古怪，夏侯嬰及隨從無人認識，於是去問博士叔孫通。叔孫通説："這是古代的蝌蚪文，用今文寫出就是'佳城鬱鬱，三千年見白日，籲嗟滕公居此室！'"夏侯嬰聽後感嘆道："天啊！我死後就安葬在這裏嗎？"其死後果然葬於此處。

⑯令威之鵠，嗟舊郭之虛是：令威，即丁令威，傳説中的神仙名。陶潛《搜神後記·丁令威》："丁令威，本遼東人，學道於靈虛山。後化鶴歸遼，集城門華表柱。時有少年，舉弓欲射之。鶴乃飛，徘徊空中而言曰：'有鳥有鳥丁令威，去家千年今始歸。城郭如故人民非，何不學仙冢壘壘。'遂高上沖天。"亦見《搜神記》卷一。鵠（gǔ）又音hè，通"鶴"。

⑰此句形容滄海桑田之意。

⑱金天：西方之天。五行中金於方位屬西。此處或指西北（涼州）。

⑲虹星：猶明星。

⑳繇（yáo）爲大理：繇，即皋繇，亦作皋陶，中國傳説中與堯、舜、禹并稱爲"上古四聖"之一，曾被任命爲掌管刑法的官員，幫助堯舜定刑法、教育，執法公正，刑教兼施，以正直聞名天下，被史學界和司法界公認爲中國司法鼻祖。大理，職官名。古代掌刑法的官。

㉑聃（dān）爲上仙：聃，即老聃，老子，姓李名耳，春秋末年思想家、哲學家、道家創始人，被尊爲道教始祖，稱爲"太上老君"。道家將仙人分爲九個等級，第一等稱爲"上仙"。

㉒轝（yú）：古同"輿"。多指車厢，泛指車。

㉓管樂：是春秋時齊國名相管仲與戰國時燕國名將樂毅的并稱。出自晉朝袁宏的散文《三國名臣序贊》。

㉔良平：是西漢張良、陳平的并稱。二人皆爲劉邦的謀臣。後世常用於比喻足智多謀之人。出自《漢書·刑法志》。

㉕郭冕屢彰，賈帷頻出：晉郭彰和賈謐并稱爲"賈郭"，二人皆爲當時權門貴族。郭彰是賈后的堂舅，與賈充一向相互親善，歷任尚書、衛將軍等職，賈后專權時，郭彰參預，人心歸附，賓客盈門。賈謐是賈后的親姪子，又承襲其

外祖賈充之爵,權過人主,威福無比。

㉖鄧騭(？—121):字昭伯,南陽郡新野縣(今河南新野南)人。東漢外戚、名將,曾任虎賁中郎將、車騎將軍、儀同三司、上蔡侯、大將軍等職。曾倡節儉,并辟召楊震等名士。

㉗張華(232—300):字茂先,范陽方城(今河北固安)人。魏晉時期政治家、文學家、藏書家。累官開府儀同三司、侍中、中書監,皇后賈南風亂政,張華盡忠輔佐,使天下仍然保持相對安寧。

㉘殄悴(tiǎncuì):凋謝;枯萎。

㉙泉門:指墓門。

隋 朝

周驃騎將軍 右光禄大夫 雲陽縣開國男鞏君墓誌銘

公諱賓①，字客卿，張掖永平人也。自壽丘之山，卿雲照三星之色；襄城之野，童子爲七聖之師；繼哲傳賢，肇終古而長懋；垂陰擢本，歷寒暑而流芳。曾祖澄，西河鼎望，行滿鄉閭，後涼詔拜中書侍郎、建威將軍、玉門太守。屬涼王無諱②，擁户北遷，士女波流，生民塗炭，乃與敦煌公李寶③立義歸誠。魏太武皇帝深加禮辟，授使持節、大鴻臚、散騎常侍，高昌、張掖二郡太守，封永平侯，贈涼州刺史。祖幼文，西平鎮將。考天慶，汝南太守。政修奇績，世襲茅土，州閭畏憚，豪右敬推；家享孝子之名，朝揚良臣之譽；門稱通德，里號歸仁。

公惟岳惟神④，克岐克嶷⑤；幼而卓爾，爽慧生智；長則風雲，英聲自遠。永安二年，從隴西王爾朱天光入關，任中兵參軍，內決機籌，外總軍要，除平東將軍、大中大夫。周太祖龕定⑥關河，公則功參草創，沙苑苦戰，勳冠三軍，封雲陽縣南，邑五百户。大統十七年，除岐州陳倉令。周二年，除敷州中部郡守。歷居宰苙，民慶來蘇，野有三異之祥，朝承九里之潤。保定二年，授司士上士。四年，遷下大夫。濟濟鏘鏘⑦，允具瞻⑧之望；兢兢謇謇⑨，見匪躬⑩之節。天和二年，授驃騎將軍、右光禄大夫。四年，任豫州長史別駕。駸駸驥足⑪，起千里之清塵；鬱鬱鳳林，灑三春之惠澤。君子仰其風猷⑫，小人懲其威化，諒人物之指南，實明君之魚水。俄以其年十二月遘疾⑬，薨於京第，春秋五十有五。

夫人許昌陳氏，開府儀同、金紫光禄大夫、岐州使君、西都公豐德之長女也。鵾翔飛鳳，則四世其昌；天聚德星，則三君顯號。清音麗響，與金石而□鏘；秀嶺奇峰，隨風雲而縈鬱。夫人資光婺采，禀教嚴閨；淑慎内和，容言外皎；高門儷德，君子好逑。保定元年，先從朝露⑭，春秋卅十五。

爲仁難恃，天無蠲善之徵；樹德遂孤，神闕聰明之鑒。唱隨俄頃，相繼云亡；逝者如斯，嗚呼何已。公夫人之即世也，時鐘金革，齊秦交争，車軌未并，主祭幼沖，且隨權瘞⑮。今世子營州總管司馬、武陽男志；次子右勳衛大都督、上洪男寧。運屬昌朝，宦成名立。思起蓼莪，心纏霜露。攀風枝而永慟，哀二親之不待；陟岵屺⑯而長號，痛百身之罔贖。乃以今開皇十五年歲次乙卯十月丙戌朔二十四日己酉，奉厝於雍州始平縣孝義鄉永豐里。高岸爲谷，愚公啓王屋之山；深谷爲陵，三州塞長河之水。懼此貿遷，故以陳諸石鏡。

銘曰：白帝朱宣，寶粵金天；西河良將，張掖開邊。承輝接響，世挺英賢；賢哉上哲，時之人杰。夏雨春風，松心竹節；肅等霜嚴，清同冰潔。司戎幕府，作守敷陽；湟歸河朔，寶見陳倉。大夫濟濟，士實鏘鏘；文龜玉印，紫綬金章。首僚驥足，曜此龍光；必齊之姜，必宋之子。儷德高門，家榮桃李；行滿婦箴，聲揚女史。春秋代序，春非昔春；閱人成世，世不常人。精華已矣，空想芳塵；疇日怛逝，時屬屯窮。蒿里尚隔，黃泉未通；孝子惟孝，追遠追終。卜茲玄宅，穴此幽宮；山浮苦霧，樹勛悲風。流冰噎水，上月凝空；悠悠自古，冥冥皆塵。

[題解] 碑簡稱《辇賓墓志》，刻於隋開皇十五年（595），引自《涼州府志備考》。碑文系辇賓子辇志、辇寧爲父親撰寫的悼文。首先簡述了其先輩家世，說明其出身於世家大族；接著詳述其父的主要經歷、勳績，贊頌其高才美德，并略述其母親的出身并頌揚其"淑慎內和"的風範；最後表達對父母的懷念之情，兼及自己身份和奉厝的時間、地點。銘詞則進一步高度概括以上內容，表達贊頌永懷之意。碑文文辭藻麗，用典較多，感情真摯，不無溢美之詞。

[附錄] 張澍按：嘉慶己卯四月，武功大令、偃師段嘉謨得此碑於武功縣之南鄉。又按：此張掖非漢之張掖郡也。後涼呂光於漢蒼松縣置昌松郡，尋改爲張掖郡永平縣。隋改永平爲永世。昌松即今之古浪縣。辇賓爲永平人，是古浪縣人也。（《涼州府志備考》）

今按：嘉慶乙卯，即嘉慶二十四年（1819）。碑出土後，初爲段嘉謨收藏，後歸端方，今人趙萬里《漢魏南北朝墓志集釋》中有著錄。今有碑帖出版。

[注釋]

①辇賓（514—569）：字客卿，張掖郡永平（今古浪縣）人。曾祖曾任後涼高官，封永平侯，贈涼州刺史；祖父爲西平鎮（今西寧市）將軍；父親爲汝南太守。辇賓從軍入關，歷北魏、西魏、北周三朝，曾任郡守、驃騎將軍、右光祿大夫等職，封雲陽縣男；去世於京都長安，隋開皇十五年（595）遷葬於雍州始平縣（今陝西興平縣）。長子辇志，曾官營州（今遼寧遼陽市）總管司馬，封武陽男爵；次子辇寧，曾官勳衛大都督，封上洪男爵。辇氏一門，五世其昌，

號稱"西河鼎望"。

②涼王無諱（？—444）：北涼王沮渠蒙遜之子，酒泉太守。北涼滅亡後，與其弟在西域建立高昌北涼政權，不久病逝。

③李寶（？—459）：西涼王李暠之孫，酒泉太守李翻之子，西涼後主李歆之侄。西涼滅亡後建立後西涼政權，之後歸順北魏，任鎮北將軍。其幼子李冲曾任北魏中書令、輔國大將軍，爲一時名臣。

④惟岳惟神：出自《詩·大雅·崧高》："惟岳降神，生甫及神。"後用"岳降"稱頌誕生或誕辰。

⑤克岐克嶷：出自《詩·大雅·生民》。岐：知意也；嶷：識也。後謂幼年聰慧爲"岐嶷"。

⑥龕定：謂戰勝、平定之意。龕同"戡"，勝也。

⑦濟濟鏘鏘：濟濟，莊重恭敬的樣子；鏘鏘，美好的樣子。

⑧具瞻：爲衆人所瞻望。語出《詩·小雅·節南山》。

⑨兢兢謇謇：兢兢，精勤的樣子；謇謇，忠貞、正直的樣子。

⑩匪躬：忠心耿耿，不顧自身。語出《易·蹇》。

⑪駸（qīn）駸驥足：駸駸，馬跑很快的樣子；驥足，比喻高才。

⑫風猷：風采品格，風範道德。

⑬遘（gòu）疾：墓志常用語，原意是遇到疾病，碰上生病。遘，遇，遭遇。古同"構"，構成。

⑭先從朝露：指身體比早晨的露水消失還快。比喻丈夫在前面去世。

⑮瘞（yì）：掩埋、埋葬。

⑯岵屺（hùqǐ）：岵，多草木的山；屺，没有草木的山。原意爲思念父母之作。後以"屺岵"代指父母。

王賢①墓志銘

君諱賢，并州太原人也。仰承帝嚳之苗裔，右□之□王季之□胤。祖樂，平東將軍，蒲州主簿，立性清純，授安邑縣令。君起家出士魏朝，蒙授□軍，少年武毅，尋加殄寇將軍，左銀青光祿□轉河右，宅住姑臧。大隋光有天下，家□授己西②張掖二郡。守鄉居，敬其信，邑里稱其仁。歸心三寶，意存十善。未□歲年之顛，春秋八十有九，卒於家。親南陽白水張雍周女。上天不□，年逾八十，奄徙遷□□。以大隋開皇十八年歲次戊午朔廿三日庚申，合葬於建昌鄉③甘泉里。孝子舉號，□不滅性，寧賓追慕，鄰里哀悼。懼陵谷無常，丘壟難定，鐫石泉門。

乃爲銘曰：藉胄開東，蟠居河右。千人之統，詔保二守。識古知今，稱其榮秀。歲持三長，六齋未聞。忽從風燭，火宅難越。二鼠侵年，終同浩月。凡雞未叫，王犬難鳴。住□窆岁，去似流螢。泉門既閉，永就乾城。

[題解] 墓志青石質，刻於隋開皇十八年（598）。志蓋高、寬各49.5厘米，中間陰刻楷書三行六字"王府君之墓志"；志高、寬各48厘米，厚7.5厘米，陰刻楷書17行，行17字。2005年出土於武威城西二環北路河西成功學校（今屬涼州區金羊鎮），今存武威市文物考古研究所。志文簡述王賢家世及其事迹、晚年生活、夫妻歸葬時間及地點，贊頌其業績和德行。碑文作者不詳。

[注釋]

①王賢（511—598）：隋并州（今山西）太原人。祖父王樂，平東將軍、蒲州主簿。王賢少年武毅，出仕魏朝，加殄寇將軍，居家武威。入隋後遷居張掖。他敬信愛民，皈依三寶（佛教），卒於家中，享年89歲。

②己酉：隋文帝開皇九年，即589年。戊午：隋文帝開皇十八年，即598年。

③建昌鄉：隋屬武威郡姑臧縣（今涼州區）。

隋故成公府君①墓志銘序

君諱蒙，字永錫，東郡人也。世誕才子，偃仰茂林之中；族出仙人，飛翔華岳之上。豈直常山誓旅，方識英賢；魚嶺逢車，始知神女而已。祖康長，都督，州主簿；父標，涼城郡平正。君少而聰敏，禀自生知，志氣縱橫，蓋資天性。彎弧寫月，雲間落雁之功；撫劍如霜，竹林遇猿之術。釋褐皂服從事，轉户曹參軍事，復從法曹參軍。魁岸雄杰，爰登卿望之官；風力高明，乃踐蕃僚之位。俄遷武威郡，尋除大城②、力乾③二令。恤民以惠，神雀來儀；布政以勤，嘉禾滋蔓。兼該深六度，洞曉三乘，大啓信心，弘斯憘捨。而驚波易逝，隙影難□。春秋七十有四，開皇④四年歲次甲辰三月五日卒。夫人諱世暉，隴西李氏；祖造，涼州長史；父善，武安軍主。夫人剋宣令淑，貞質幽閑；德被公官，聲流彤管⑤；天道茫昧，與善無徵。粤廿年十二月廿四月薨，時年七十。以大隋仁壽元年太歲辛酉三月甲申朔廿六日己酉，合葬於姑臧縣顯美鄉之藥水里。天地長久，陵谷遷移；述此芳徽，揚名不朽。

其詞曰：宗源渺渺⑥，苽蓏⑦綿綿。風流譽望，世有仁賢。顯允夫子，芳潔華鮮。溫慈孝友，玉潤□□。□□□賦，民吏歌傳。室家貞吉，柔順姝妍。如何不淑，共□□□。□□□首，月照松帷。佳城鬱鬱，三千有期。

[題解] 簡稱《成蒙墓志》，於隋仁壽元年（601）夫妻合葬時所刻。青石質，共兩方，志蓋高、寬各50厘米，厚5.5厘米；志身高、寬各48.5厘米，厚6厘米。1975年出土於武威市金羊鄉宋家園村，1988年宋家園村民劉德禮交武威市博物館收藏。碑文簡述成蒙家世、任職情況、政績及夫人的出身門第，兼及夫妻去世及合葬時間、地點，頌揚其嘉行美德。碑文作者不詳。

[注釋]

①成公府君：即成蒙（511—584），字永錫，隋東郡（今河南滑縣）人。一説成公爲複姓。出身於官宦之家，武功高强。曾任户曹參軍、縣令等職，勤於政事，惠及百姓。夫婦合葬於姑臧縣顯美鄉藥水里（今涼州區金羊鎮宋家園村）。

②大城：不詳，今河北大城設於後周顯德六年（959），與碑文時間不符。又《十六國疆域志》卷七，涼州刺史張軌任職期間，在姑臧西北置武興郡，領八縣，大城即其一。約在今涼州區西北方向，與今永昌縣接壤。

③力乾：即驪靬，始建於西漢，隋改爲力乾，後并入番和縣（今永昌縣）。

④開皇等：開皇、仁壽皆隋文帝年號。開皇四年即584年；仁壽元年即601年。

⑤彤（tóng）管：見《重修節義祠碑記》注。

⑥渺渺：幽遠，悠遠的樣子。

⑦苽蓏（gūluǒ）：苽，同"菰"，一種糧、菜兼用的作物，多指茭白；蓏，草木植物的果實。

周故儀同大將軍府參軍段君墓志

　　君諱摸①，字神光，其先出西涼，後居雁門②，今爲河南洛陽人也。自周適晉，蕃魏析秦。世有通賢③，其聲不殞。祖道倫，磐陽鎮將、清河郡太守，薨，贈北四州刺史。父凝，儀同三司、太子中庶子。君周儀同大將軍，以隋大業④六年太歲庚午八月十五日寢疾，終於洛陽縣之懷仁里宅，春秋六十有八。即以其年十二月五日，窆於北邙之上爾其山原。其子森仁、君操、師仁、玄義等。

　　[題解] 碑簡稱《段摸墓志》，約刻於隋朝大業六年（610）十二月。出土於1923年洛陽城北鳳凰臺南，現存洛陽市博物館。碑文簡述了段摸家族遷徙的情況及祖上三代仕宦情況，對研究武威段氏源流、仕宦都具有參考價值。
　　[注釋]
　　①段摸（543—610）：祖籍西涼（今甘肅武威市），出生於河南洛陽世家大族，官至北周儀同大將軍府參軍。
　　②雁門：位於今山西省代縣。
　　③通賢：通達賢能之人。
　　④大業：隋煬帝楊廣年號，605—618年。六年即610年。

隋故左屯衛大將軍 左光祿大夫姚恭公墓誌銘并序
內史侍郎虞世基撰文　太常博士歐陽詢書丹

　　公姓姚，諱辯①，字思辯，武威人也。導清源於嬀汭②，肇崇構於軒丘③，世隸斯土。五世祖泓，爲晉所滅，子孫播越，居於武威。曾祖贊，撫軍左軍將軍、武威太守，以碩量偉才，佐時匡國。父寶，散騎常侍。公鍾孕山川，降神象緯，幼而風韻開爽，志節通亮，弓殫百步之奇，劍敵萬人之氣馳名，遂以材官入選。
　　周保定④四年，起家宗侍下士。天和二年，伐敵虜勝，群帥見囚，公頻進奇謀，竟弗能用，乃以舟師先濟。朝廷攸賴統營校。公撫養士卒，勸課農桑，莫不家實廩食，人知禮節。保定五年。從周武平定晉州⑤，摧殄高壁。十二月，進屠并州，既陷。公獨爲後拒，轉戰不衰，皇輿獲安，公之力也。頻蒙優賞。六年，從定相州，以前後功授大都督，封安養縣開國子，邑四百户，檢校武侯兵事。又命公隨上柱國拓跋崇於武陟合戰；又於野馬相濟，實繁有徒。公建旄旋征，攝弓言邁，推鋒接戰，允著奇功。

開皇元年，授上開府儀同三司，進爵爲公，增邑爲一千户。自治所屆，即事戎車。公誠勇奮發，義同閫外，屢出奇兵，頻摧醜虜，建勛天府。凡厥賞賜，散之士卒。二年，匈奴復入涼州，詔以公爲行軍都督，前後衝擊，晝夜攻圍。校尉之井既枯，將軍之泉又竭。空有思梅之鞅，以亡爲存，策勛命賞，理在不次。五年，授右武衛、驃騎將軍，霍去病之功蔑如也。六年，授雲州道水軍總管。戈船淹渚，巨艦浮川，河涘肅整，匪曰崇墉⑥，棋峙⑦聳堞⑧相望，邊柝⑨弗驚，控弦遠逝。其年，授使持節，河北化若神明。十年，檢校疊州總管、河州刺史，行疊州刺史事。公才略俊敏，寬弘政教，安民和衆，於是乎在。十二年，轉授左武侯將軍，尋爲涼州總管、涼州牧。邊烽寢候⑩，毳幕⑪旃裘⑫，望風斂迹。十六年，使持節靈州總管諸軍事。公傾俗易風，移政成期月。十八年，授原州道行軍總管。十九年，授環州道行軍總管。公屢總戎律，特精邊事，每秋風起塞，胡騎揚塵，折衝之任，非公莫能。

大業二年，授左武侯大將軍，進爵蔡陽郡開國公，食邑一千五百户。大啓皇丘，欽明御籙，睿聖纂圖，特荷天眷，恩遇隆重，密勿禁候，知無不爲。乃與子威等同進位大將軍，左武侯大將軍如故。三年，以母憂去官。其年，有警。公孝性自天，幾於毀滅，黽勉王事，杖而後起。四年，以官方草創，授金紫光禄大夫，上光禄大夫如故。車駕北巡，諸番朝朔，以舊典糾察，整肅軍容。乃令公建節，旍門洞張，内外肅然，事嚴細柳⑬。吐谷渾大保五期尼樂周等率衆歸附，鑾蹕西幸，底定渾國，以公爲郁卑道將軍。旗鼓所振，莫不摧殄俘獻。授右光禄大夫，左屯衛大將軍如故。乃獻凱廟廷，禮崇備物六軍之長。車駕南巡江都，以公爲京師留守。職居爪牙，任惟心膂，出處崇重，朝野榮之。大業七年三月遘疾，十九日薨於京兆郡，春秋六十有六。

惟公體量宏達，倡仁興義，造次弗違，虛己推賢，始終同致。加以雄圖恢廓，奇略宏遠，氣有餘勇，莫之與敵；善於御撫，得士卒之心；長於政術，致廉平之美。自入統禁旅，出總戎旃，夙夜匪懈，簡在帝心。至於敬友穆親，輕財貴義，家禀誠孝，奉以周旋，訓與不善，遽此歸全。知與不知，莫不流涕。粵以其年十月癸丑朔二十一日葬。有詔："故左屯衛大將軍、右光禄大夫姚思辯，性理和謹，秉心恭慎，歷仕無玷，式表哀榮，可贈左光禄大夫。"又蒙賜物八百段，粟麥一千石，謚曰"恭公"，乃爲之銘。

銘曰：長瀾若水，遠馥熏風。時賢繼及，世德攸隆。勤王成務，啟霸垂功。炳靈不已，玄宮冥照。落雁窮能，通猿盡妙。蹶張選勇，期門待詔。職分七萃，官聯五營。入登陪衛，出擁高旌。氾水兵略，常山陳勢。卓犖明謀，沉深節制。功有必取，算無遺計。累膺恩寵，顯赫身名。執恭履慎，守滿持盈。方陪祀岳，遽掩佳城。游魂不歸，逝川何既。春秋遞代，徽猷永遠。

萬文韶刻字

[題解] 此碑又稱《姚辯墓志》《姚恭公墓志銘》《左光禄大夫姚辯墓志》《左屯衛大將軍姚辯墓志》，引自《涼州府志備考》。碑文見清人嚴可均《全隋文》卷十四（《全上古三代秦漢三國六朝文》）。著錄首見北宋朱長文《墨池編》卷十七，清王昶《金石萃編》（卷四十）、宋趙明誠《金石錄目記》（第五百三十）等亦收錄此碑。姚辯其人《隋書》無傳，僅《隋書·煬帝紀》記載數語，此碑可補史料之闕失。碑刻於隋大業七年（611）十月，爲隋唐鏨字名手萬文韶所刻，出土於西安。但并不是原碑，屬北宋元祐三年（1088）翻刻，但翻刻技術極好，能看到歐書小楷風格，字體方整，極有六朝風致。碑文實際上就是一篇姚辯傳記，内容有家世概略、個人簡歷與功績、朝野評價及贊語（銘詞），綫索清晰，結構完整，語言平實，具有史傳文字的基本特點和風格。碑文由書法大家撰文書丹，是難得的書法碑帖。同時也是研究武威姚氏流源的重要資料。現將張澍對此碑的考證照錄，供研究者參考。

張澍按：《志銘》云："五世祖泓爲晋所滅，子孫播越，居於武威。"《晋書·姚弋仲傳》載："弋仲，南安赤亭羌人。萇字景茂，弋仲第二十四子，太元十一年，僭即皇帝位於長安，改元建初，國號大秦。"《載記》云："興字子略，萇長子，太元十九年，僭即帝位，改元皇初。泓字元子，興長子，義熙十二年，僭即帝位，改元永和。義熙十三年，晋遣劉裕率師，會於石橋，泓詣壘門而降，宗室子弟百餘人亦降於裕，裕盡殺之，餘宗遷於江南。"此碑云"子孫播越，居於武威"者，殆是從江南播遷於武威也。泓爲辯之五世祖。辯薨於大業七年辛未，春秋六十有六。推其生，在西魏大統十二年，上距義熙十三年姚秦之亡，計一百九十三年。中間更歷北朝，不一其王。碑缺高祖及祖，但有曾祖贊及寶。辯由周起家，則贊、寶所歷之官，當在西魏、北齊之世矣。辯以保定四年起家，時年十九。官保侍下士。碑云："天和二年，伐敵虧勝，群帥見囚，公乃以舟師先濟。"《周武帝紀》云："天和二年六月，南伐。九月，衛國公直等與陳將淳于量、吳明徹戰於沌口，王師失利。元定以步騎數千先度，遂投江南，即其事也。"碑云："保定五年，從周武帝平定晉州，摧殄高壁。十二月，進屠并州。既陷，公獨爲後拒，轉戰不衰。"《周武帝紀》云："建德五年十月，總戎東伐，至晉州，屯於汾曲，克晉州。十一月，復發京師。十二月，次於晉州，齊主遣其丞相高阿那肱守高壁。帝麾軍直進，那肱望風退散。"此乃建德五年事，碑誤作保定五年六月入鄴平齊。碑叙從"定相州"與史合。惟"車駕南巡江都"，乃大業元年八月事，而碑記於四年，則其誤顯然。蓋碑爲重摹本，或因缺泐，後人意爲改竄，未可知也。《煬帝本紀》"大業七年三月丁亥，右光禄大夫、左屯衛大將軍姚辯卒。"碑稱"三月遘疾，十九日薨於京兆郡"，不著干支，史又不著月朔。然據碑，是年十月癸丑朔，逆推至三月丁亥是朔日，非十九日，此又不知孰誤也。銘詞用韻不齊，首與風叶者三韻，次與照叶者三韻，次與營叶者二韻，次與勢叶者三韻，次與名叶者三韻，末則既遠二韻不叶。恐二韻者尚有脱誤，不至於不叶已也。博士歐陽詢書丹，"禀軍"或疑是"領軍"。《隋書·百官志》有左右領軍府之官。然《隋書·虞世基傳》"世基字茂世，會稽餘姚人。煬帝即位，遷内史侍郎。"不云爲領軍。《新唐書·歐陽詢傳》："詢字信本，潭州臨湘人。仕隋，爲太常博士。"與碑合。又據海寧吳騫《拜經樓碑貼跋》尾云："隋姚恭公碑全文，載在《金薤琳琅》，世不聞有第二本。余嘗當收得一舊拓本，第有志而無銘，凡七百餘字。其撰書人名悉與原碑合，所述事迹間多互異，原碑稱辯之卒在大業十三年，薨於軍幕。此又其迥然不同者，意或是元明好事者摹集歐迹，竄改原碑，雜之翻刻中以欺世，未可知也。附采武虚谷、王蘭泉之説而著之於後，然武氏止引《隋書》姚辯卒一條，以爲前此無一語及者，非也。"《北史·煬帝本紀》云："大業三年三月壬子，以大將軍姚辯爲右屯衛將軍。"又《隋書·突厥傳》有"大將軍姚辯擊都蘭事。"（《涼州府志備考》）

[作者]

虞世基（？—618）：字懋世，會稽餘姚（今浙江慈溪市）人。著名書法家、文學家、政治家虞世南的哥哥，書法家、文學家，《北史》卷八三及《隋書》卷六七之本傳稱其"博學有高才，兼善草隸"。

歐陽詢（557—641）：字信本，唐朝潭州臨湘（今湖南長沙市）人。曾任侍中、銀青光禄大夫、弘文館學士等職，封渤海縣男。與虞世南、褚遂良、薛稷并稱初唐四大書法家。後人以其書於平正中見險絕，最便於初學者，號爲"歐體"。代表作有《九成宫醴泉銘》《行書千字文》等。

[注釋]

①姚辯（545—611）：字思辯，隋朝武威人。原爲後秦王室後裔，羌族。"恭公"是其死後所贈謚號。東晉義熙十三年（417），劉裕殺姚泓（姚辯五世祖），滅後秦，後世子孫播遷於武威。姚辯一生，東征西討，屢立戰功，爲周、隋的江山穩固立下了汗馬功勞，尤其在隋朝，加官進爵，屢有封賞，官至涼州牧、右光禄大夫、左屯衛大將軍等職，封蔡陽郡公。爲官期間，寬弘政教，安民和衆，"性理和謹，秉心恭慎；歷仕無玷，式表哀榮"。

②嬀汭（guīruì）：上古虞舜居嬀汭，因以爲氏（《説文》）。在今山西省永濟市蒲州南。虞舜爲黄帝八世孫，姚姓，嬀氏，名重華。

③軒丘：即軒轅丘，相傳爲軒轅黄帝所居之處，在今河南省新鄭市。

④保定等：保定，北周武帝年號，四年即564年。天和，北周武帝年號，二年即567年。開皇，隋文帝年號，元年即581年。大業，隋煬帝年號，二年即606年。

⑤晋州等地名：晋州，今河北晋州市；并州，今山西太原市；相州，今河北臨漳縣（古鄴城）、河南安陽市一帶；涼州，今甘肅武威市；雲州，亦名雲中，今山西大同市；疊州，今甘肅迭部縣一帶；河州，今甘肅臨夏州；靈州，今寧夏吴忠市；原州，今寧夏固原市；環州，今甘肅環縣一帶；蔡陽，今湖北棗陽市一帶；江都，今江蘇揚州市。但所轄範圍古今不完全一致。

⑥崇墉：高墙、高城。

⑦棋崎：亦作"棋跱"（qízhì）。謂雙方處相持之勢，如弈棋之交互對峙。

⑧堞（dié）：城上女垣。亦謂之陴，或陴倪（pīní）。

⑨邊柝：邊地軍營巡夜打更的棒子聲。

⑩寢候：守望，偵察。

⑪毳（cuì）幕：指遊牧民族居住的氈帳。毳，獸細毛（《説文》）。

⑫旃（zhān）裘：旃同"氈"。古代北方游牧民族用獸毛等製成的衣服。

⑬細柳：即細柳營，西漢時周亞夫在此駐扎部隊。後謂軍旅嚴整、軍令威嚴、恪盡職守、不畏强權的代名詞。

大隋故銀青光禄大夫 始扶汴蔡①四州刺史段使君墓志

　　君諱濟②，字德堪，武威姑臧人也。自夫漢朝都尉，名揚於京輔；晋室議郎，聲著於宛洛③。自時厥後，代有人焉。曾祖連，魏立節將軍、安北司馬，建康、晋昌二郡太守，賜爵姑臧子……祖榮，魏六州刺史、姑臧侯……武威王，贈左丞相……謚熙景王……父孝先，齊左丞相、司空公、大將軍、平原王，謚忠武王……公則平原王之第七子也。（武平）六年，其年，周武帝④親禦六戎，掃平東夏。於時，齊主⑤遁逃，唯公一人經營輦轂⑥。公竭誠所事，興有勛焉。隆化之處，授上郡王。建德⑦六年，周武引見，特以明德之胤，誠孝著聞，乃授開府儀同大將軍。大業三年，以例改授銀青光禄大夫。於是，新都草創，卜食伊瀍⑧。大業十一年九月二日奄然薨逝，十二年正月二十二日權葬⑨於洛陽東北馬安山西鳳臺鄉界。

　　[題解] 碑簡稱《段濟墓志》，約刻於隋朝大業十二年（616）正月。出土於1920年洛陽城北鳳凰臺，現存洛陽市博物館。碑文簡述了段濟祖上四代的仕宦情況，簡介了北周攻取北齊後，段濟獨自"經營輦轂"的義舉及入隋後爲隋朝擇地建都的事迹，對研究武威段氏源流、平原王段韶（孝先）後裔具有重要價值。

[注釋]

①始扶汴蔡：始州，今四川廣元市劍閣縣；扶州，今四川九寨溝一帶；汴州，今河北開封市；蔡州，今湖北棗陽西南部。

②段濟（？—615）：亦名段亮，字德堪，武威姑臧（今甘肅武威市）人。段榮之孫，段韶第七子。北周上郡王，隋大業初年，任始扶汴蔡四州刺史，官至開府儀同大將軍、銀青光禄大夫，卒於汝南郡守任上。

③宛洛：今河南南陽、洛陽的簡稱。東漢時，洛陽爲政治首都，南陽爲經濟首都。宛，南陽市的古稱。

④周武帝：即北周武帝宇文邕，北周第三位皇帝，560—578年在位。期間，擺脫鮮卑舊俗，整頓吏治，使北周政治清明，百姓生活安定，國勢強盛。

⑤齊主：即北齊後主高緯，北齊第五位皇帝，565—576年在位。是南北朝時期有名的昏君。北周來攻，齊軍大敗，高緯慌忙將皇位傳於8歲的兒子，欲投降陳朝，途中被北周俘虜。

⑥輦轂（niǎngǔ）：皇帝的車輿，代指京城；亦代指皇帝。

⑦建德：北周武帝宇文邕的年號，572—578年。六年即577年。

⑧新都句：指隋煬帝計劃新建都城，讓段濟選擇建都的地方卜算。食，即指擇地建都。伊瀍（chán），即伊水、瀍水，位於河南，均入洛水。

⑨權葬：又稱權厝，即權且葬於祖塋之外的地方。有的在權葬之後又要歸葬祖塋，即遷厝。段濟乃段榮之孫，段韶之子，祖塋在河北省曲周縣。

凉故儀同三司 尚藥奉御劉君墓志并序

君諱和①，字善□，彭城沛縣人，楚元王交②之後也。世祖回官龍城，仍居凉部。宗原蓊鬱，從靈幹於兩京；族胤禪聯，挺芳枝於吳蜀。千齡不朽，萬紀猶傳。祖璋，陰部郡守。父真，開府儀同三司，封沛縣開國公。君幼而聰敏，早有聲名。矜節自持，不交非類，志好懷藉，尤工騎射，能使鳥落虛弦，猿鳴高樹。年在弱冠，授帥都督，轉授親王。爰衣冠俗表，當世楷模。皇帝履端③，遷儀同三司，除尚藥奉御。值國境未寧，群凶致寇，乃命將出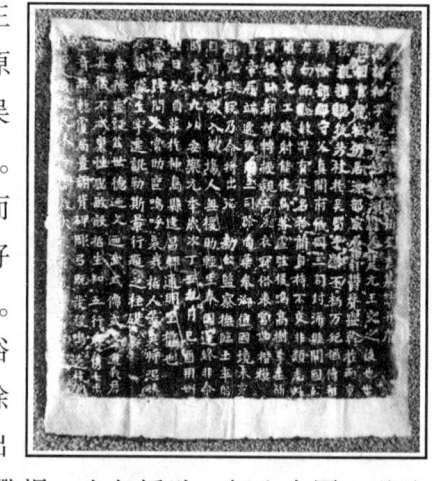征。敕公監察，撫臨士卒；躬自前鋒，深入戰場；人無援助，輕生奉國；遂終非命，時年廿九。以安樂④元年歲次丁丑九月己酉朔廿四日癸酉葬於神鳥縣⑤建昌鄉通明里，禮也。皇帝降問，太常助區。嗚呼哀哉，哲人萎矣！將恐迹谷頹徙，土宇遷訛，勒斯景行，題之柱礎。

赤帝降靈，誕茲世德。乃文乃武，或儒或墨。速我君侯，其儀不忒。稟性聰敏，敢哲生知。五行衣雋，七出呈奇。無慚覆局，豈謝背碑。雕弓既發，猿鳴遠枝。□□哲人，壞彼良木。聊番徽秋，芳傳後矣。

[題解] 刻於隋大業十三年九月，即大涼安樂元年丁丑（617）九月。共兩方，呈正方形。志蓋高、寬各48厘米；志身高49厘米，寬46厘米。今存武威文廟。碑文簡述墓主人劉和的出身和功績，突出其少年英武，騎射冠絕的武功和英勇頑強、"輕生奉國"的獻身精神。其不幸於英年戰死沙場，樹此碑以"勒斯

景行""芳傳後矣"。墓志作者不詳。

[注釋]

①劉和（590—618）：彭城沛縣（今江蘇徐州市沛縣）人。出身官宦世家，工騎射，少年時成名，曾任儀同三司、尚藥奉御等職。不幸於邊境保衛戰中捐軀，年僅二十九歲。

②劉交（？—前179）：徐州豐縣人。漢高祖劉邦异母弟，封爲楚王，謚元王。

③履端：指帝王初即位改元。

④安樂：大涼王李軌的年號。大涼是隋末在涼州（包括今甘肅河西地區）建立的地方政權。有些歷史年表或文章在表述其年號時從618年11月開始使用至619年5月結束。但以碑文"安樂元年歲次丁丑"來看，其年號已從隋煬帝大業十三年，即617年（丁丑）開始。碑題中的"涼"和碑文中的"皇帝""敕"都指大涼王李軌政權。此碑是確定大涼政權建元稱帝時間的有力佐證。

⑤神鳥縣：唐時涼州所領縣之一，武德三年（620）置，治所在今武威市涼州區境內。隋唐时與姑臧同城分治，神鳥理西，姑臧治東。亦作"神烏"。

唐　朝

大唐上儀同　故康莫覃息阿達墓志銘

公諱阿達①，西域康國人也，其先蓋出自造化之初藤苗。大唐之始，公即皇帝之胄胤也。盤根萬頃，王葉千尋；宗繼皇基，枝連帝業。祖拔達②，梁使持節、驃騎大將軍、開府儀同三司，涼、甘、瓜三州諸軍事，涼州薩保③。當官處任，水鏡元以近其懷；處逝公途，石廓④不之方其志。詔贈武威太守。父莫覃，同葬安樂里。嗚呼哀哉！

乃爲銘曰：哀哉夭壽，喪此勳功。傷茲英哲，往投瓊銀⑤。生形易圮，夢影難通。闍⑥城獨立，野馬衆屯。河圻⑦桂隐，月落雲昏。一辭冠冕，永閉泉門。

[題解] 此碑又稱《康阿達墓志》，志名中的"莫覃"一作"莫鼻""莫量"。志、蓋各一方，邊長46厘米，蓋鐫"康君墓志"四字。20世紀30年代出土於武威，現存武威文廟。這是河西地區出土的粟特裔康氏唯一的一方墓志銘。碑文雖不足200字，但信息量較大，簡述了阿達三代情況，是研究唐朝與西域諸國關係和武威康姓及粟特商胡源流的重要資料。

據隴人張維（1889—1950，號鴻汀，民國年間曾任甘肅財政廳長、甘涼道尹等職）《隴右金石録》考訂：此碑新出於武威城外，高廣各尺有四寸。凡十三行，行十七字至十五字，第一行低一格，文爲《大唐上儀同故康莫覃息阿達墓志銘》，其蓋僅有"康君墓志"四字，無年月及書撰人名。以銘詞考之，阿達之祖既被封於南朝梁，其父又爲唐之儀同，則阿達必爲唐初人，墓志似應刻於唐初。文中"薩保""處逝""瓊銀"等字，俱似可疑，而拓本如是，莫可詳也。

[注釋]

①阿達：西域康國人，以國爲姓。據碑文"祖拔達，梁使持節、驃騎大將軍等職……父莫覃"推算，墓志銘中雖無年月及書撰人名，但已明確告訴人們，阿達去世後與其父莫覃同葬於涼州安樂里。

②拔達：阿達祖父，居涼州。碑中所列職務爲南朝梁政權任命，實際上并未去梁朝上任。當時是南北朝時期，雙方各懷政治目的。拔達向相對安定的梁朝尋求支持，以圖後計，而梁朝又乘機在涼州布一棋子，屆時可資互相利用。拔達在涼州被當地康居胡人（即來自西域粟特國的商胡）推爲首領，并兼任管理祆教事務的教職薩保，擁有軍事、行政、宗教和商業大權。

③薩保：也作"薩寶"，祆（xiān）教管理者首領。西域粟特商胡聚居區設薩保祠（祆神祠），唐朝設有管理祆教事務的官方機構薩保府，其首領爲薩保。祆教，也稱拜火教、火教，創立於公元前六世紀。古代以西域波斯商胡爲主要媒體傳入中國，隋唐時期在昭武九姓中廣爲流傳，涼州是主要的傳播區之一。唐代之後逐漸消亡。

④石簾（dài）：石席。簾，席。

⑤瓊銀：祆教中稱冥府爲"瓊銀"（音譯）。一說"瓊根"比喻出身高貴。

⑥闍（dū）：城門上的臺。

⑦坻（dǐ）：古同"坻""柢"。

大唐綿州萬安縣令故毛府君①墓志銘

君諱祐，字千相，安定鶉觚人也。纂冑承基，則毛公②之玄裔。祖貴和，羔泉鎮主，入贊中台③，授內直司馬。父寶成，帥都督。周太祖盛開府望，廣名英謀，憑軾勵機，樹爲方策，玉門鳴鏑，氛□尚淫，朔塞胡塵，犬羊猶暴，揮戈薄指，似傾之陣，先披戎羽，裁臨如山，之鈚可聚。詔加大都督，授撫軍司馬，宣暢方部，事合神規，尋遷東涇郡④太守。君則府公之世子，幼承家重，早據漢轍，義稟風威，資容籍甚。武德四年，授萬安縣令。池臺之際與邦里而沈浮，風月之間任天時以消息，時

圖不述仁之云亡。貞觀四年九月十四日，終於私第，春秋八十有二。夫人張氏，令淑矜莊，夙恭禮典，靈草未加，先從物變，粵以其年十一月十二日合葬於姑臧縣方亭里。

勒石記功，乃爲銘曰：君子挺生，懷仁秀出；托靈因道，禀氣由質。隴留結霧，雲浮翳日；一別華堂，千秋永异。

[題解] 簡稱《毛祐墓志》，刻於唐貞觀四年（630）十一月墓主人夫婦合葬之時。志蓋、志各一方，呈正方形，邊長46厘米。今存武威文廟。《新通志稿》云："毛祐墓志出武威，今存武威孔廟。"原石方尺有四寸冣，十七行，行十八字，其前題"大唐綿州萬安縣令故毛府君墓志銘"。碑文概述其家世及個人和夫人情况，贊其嘉行。碑文作者不詳。

[注釋]
①毛府君：即志主毛祐（549—630），一作毛佑，字千相，安定鶉觚（今甘肅平凉市靈臺縣）人。唐武德年間任萬安（今屬四川德陽市羅江縣）縣令，去世後，與夫人張氏合葬於姑臧縣（今凉州區）。綿州，隋開皇五年（585）置，以綿水得名，唐朝劍南道所轄35州之一，領九縣，萬安縣即其一。
②毛公：大毛公毛亨或小毛公毛萇的代稱，二人傳承的《詩經》——毛詩流傳至今。二人爲叔侄關係。
③入贊中台：中台，官署名，即尚書省。秦漢時稱中台，魏晋時稱尚書台，隋稱尚書省。唐時一度更名中台，後又改爲尚書省。贊，輔佐，佐助；選拔。
④東涇郡：後魏凉州十一郡之一，見《魏書·地形志》。其地疑在今武威以東（《隴右金石録》）。

隋故燕山府鷹擊郎將曹府君墓志銘

君諱慶珍①，字元瑒，沛國譙人。自陶丘啓姓，播美春秋；沛國開都，傳芳魏史。植②則離經萬卷，丹③乃連騎八千。文武紛綸，光輝載籍。十四世祖晃，漢太中大夫、鎮西大將軍、凉州刺史，遭吕□之亂，因居凉州姑臧縣焉。君其後也。祖達，禀慈辰象，素梃仁英。蓄水鏡於生年，藴美玉於當世。周天和二年，除甘州西安縣令。皎如白璧，清若流泉。伯起④慚其讓金，仲華⑤恧其贈絹。父渾，建德四年，授大都督、黄石鎮將。居邊作捍，亭鄣無虞；盡力關河，亡身殉國。君生居戎馬之間，長習韜奇之略。投筆擲硯，志在立功。起家領統軍，後除別將，又任都督。褰旗玉塞，斬將金微⑥，日逐亡魂，月氏喪膽。以功授旅帥，尋遷校尉兼府司馬。撫軍若子，體國如家，趣事戎行，必同甘苦。隋敕進授鷹擊郎將。河右地接莎車⑦，境鄰蒲海。朔風既動，虜馬嘶鳴，桂月初困，胡笳忉思。君控桃花之馬，歷陣衝營；彎明月之弓，飲梁穿札。勁草疾風，歲寒彌厲。方願申威葱

領（嶺），宣力居延，而壽類浮泡，命同風燭，以大唐貞觀四年十一月十日奄歸長夜，春秋七十有三，以五年二月六日遷窆於武威郡城之南。信知伯牙懷舊，悽愴於絕弦；子期傷友，悲深於聞笛⑧。嗚呼哀哉！

乃爲銘曰：洪源浩浩，茂緒綿綿。播斯盛烈，邁後光前。將門赫弈，相第嬋（蟬）聯。萬年君子，百代仁賢。逮茲保葉，世擅奇名。楊開馳譽，玉塞流聲。連旗絕漠，建節龍庭。生涯忽盡，泉路言歸。夜臺將奄，帳冷揪衣。騰芳無歇，獨有音徽。

[題解] 簡稱《曹慶珍墓志》，刻於唐貞觀五年（631）二月。志蓋長、寬均爲51厘米，厚5.5厘米；志身長、寬均56.5厘米，厚8厘米。1977年10月，武威城南和平鎮棗園村石油庫修建時出土，今存武威市博物館。碑文簡述曹慶珍出身"將門赫弈"的家世及個人"投筆擲硯，志在立功"的戎馬生涯，贊其英勇殺敵、保家衛國的精神和"撫軍若子，體國如家"的品質。此碑爲研究武威曹姓流源提供了重要資料。墓志作者不詳。

[注釋]

①曹慶珍（558—630）：字元瑒，沛國譙縣（今安徽亳州市）人。世居涼州姑臧縣。曾任別將、都督、校尉兼府司馬、鷹擊郎將等職。去世後遷葬於武威城南（今和平鎮棗園村）。一說曹慶珍爲曹珍，即隋末割據河西的大涼國皇帝李軌的首要謀臣。

②植：即曹操的兒子曹植（192—232），字子建，沛國譙縣（今安徽亳州市）人。著名文學家，建安文學的代表人物與集大成者，在魏晋南北朝時期，被推崇到文章典範的地位。

③丹：即曹操族子曹真（？—231），字子丹，三國名將，曾任鎮西將軍等職，

④伯起：即楊震（？—124），字伯起，弘農華陰（今陝西華陰市）人。東漢名臣。其"暮夜却金"的故事流傳千古，因所言"天知、神知、我知、你知"，號稱"四知先生"。

⑤仲華：即鄧禹（2—58），字仲華，河南南陽新野人。東漢軍事家、政治家，開國功臣。其不爭權勢、不謀富貴、孝敬老母、教育子女的品質爲後世稱道。

⑥金微：古山名，即今阿爾泰山，在今蒙古國境内。古代詩文中常見地名，借指到很遠的邊疆去征戰。

⑦莎車句：莎車，地處新疆西南邊陲的喀什地區，是古代西域三十六國之一，多民族爭奪的重點地區。蒲海，即蒲昌海，古湖泊名，即今新疆東部的羅布泊。

⑧伯牙句：引用"伯牙絕弦"，即"高山流水"的典故。俞伯牙，春秋時楚國音樂家，但真正能聽懂或理解他曲子的人很少。後遇鍾子期，遂結爲知音。子期死，伯牙摔琴絕弦，終生不再鼓琴。

唐故銀青光禄大夫 行睦州刺史 上柱國 開國侯 南安公張琮①碑

銀青光禄大夫 行太子左庶子 黎陽公于志寧 撰

夫霞蔚雲蒸，龍興豹變，補天立極，夷難開基，莫不總多士以經綸，駕群雄以戡翦。然則，輕車飛將，靡刺舉之方；擁節寨帷，無折冲之略。其能入陪乘石，戎章肅於鈎陳；出撫名藩，文德被於江水；總英謀以挺秀，敷善政以遐征，見之使君南安公矣。君諱琮，字文瑾，武威姑臧人也。夫運籌帷幄，名處三杰之先；立效井陘，功居八王之首。屬金行不競，宇縣分崩，凉王建定亂之勛，成割地之業。洪源將導江而俱遠，層構與干雲而共高。龜組相暉，青紫交映，備在簡牒，可略言焉。曾祖誼②，魏驃騎將軍、凉州刺史、黃門侍郎、散騎常侍、武威郡公。剖符作牧，恩重璽書，執戟從官，榮

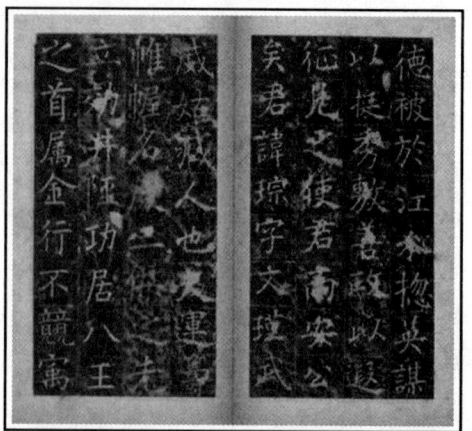

隆夕拜。祖晷③，周驃騎將軍、鄜城郡太守，死王事，贈上柱國、瀛州總管、河北壯公。分竹宰民，化光露冕，臨難隕命，節重結纓。父辯④，隋上柱國、使持節秦州諸軍事、秦州總管、潭州總管、左武衛大將軍、河北郡開國公。建碑⑤江表，恩結湘流，橫劍禁中，聲高文陛。

惟公總烟霞之秀氣，秉川岳之淑精，器寓深沉，風調爽逸。文昌葉上將之略，大樹表將軍之威。幼挺縱橫，綴幡爲戲；少懷慷慨，聚米成圖。超武安⑥以振威，邁淮陰⑦以賈勇。加以琢磨道德，黼藻仁義，砥名勵行，聞諸鄉黨，資孝爲忠，形乎家國。少習文史，尤工騎射。沉沙減竈，既練之於兵書；持短入長，亦精之於劍術。公釋褐⑧隋奮武尉，於時東夷未賓，阻遼水以爲固，頻擾黃龍之戍，亟侵玄菟⑨之城。隋煬帝親禦貔貅，以誅梟獍⑩。公壯逾投石，捷類搴旗。命賞疇庸，以居其最，特蒙標異，授朝散大夫，尋除新鄭縣令。公濟以寬猛，施以韋絃，遂使單父興謠，萑蒲⑪息盜。善政既著，俄遷穎川郡丞。此乃魏室之舊都，胡公⑫之故國，元冠成列，朱輪接軫。公綏之以淳化，肅之以嚴威，千里揚風，百城仰德。時屬隋人委馭，海縣沸騰，或裂壤而鴟張，或分星而□視。丹野塗地，漂杵溺驂，徒懷王允⑬之心，空軫賈生⑭之哭。既而，晉野降白雲之瑞，秦川開赤玉之圖，稷契⑮於是遷虞，張陳⑯所以歸漢。高祖太武皇帝，御紫極⑰而統天，坐玄扈⑱而則地。文爲治本，資德教以化民；武以除殘，籍干戈以靖難。擇賢分職，量器授官，除公驃騎將軍，仍加上開府。昔霍氏⑲勳高沙塞，任重中權；黃君⑳望亞鼎司㉑，寵光莫府㉒。以今方古，彼何足云？尋改授左衛中郎將。劉武周㉓稱兵馬邑，結援龍城，挺禍汾陰，連橫河曲。今上龔行天討，公陪從戎麾，蒙授左三總管。公智包三略，勇冠六軍，運奇謀以抗千里，舞勁劍而摧八陣。凶徒既殄，反旆還京，除左衛長史，其中郎將如故。王世充㉔早事隋室，委以戎旃，曾無勤王之心，翻肆問鼎之志，莽卓未足方其罪，澆羿豈得比其□，遂使宗社淪胥，懷生板蕩。竇建德㉕同惡相濟，共爲犄角。王師運九變之謀，總□□之士，風馳電掃，拉朽摧枯。公預官度㉖之助，參崤陵㉗之捷，校功追賞，超絕等倫。劉黑闥㉘、竇建德餘孽，尚蓄狼心，擁兵趙魏，構難漳滏，騁其豕突，未革鴞音。今上纂比一戎，遂清九宇。於是稽天息浸，飛岳鎖塵，飲至策勳，蒙授上柱國，封南安縣開國侯，食邑七百戶。又檢校參旗軍副，又檢校左領左右中郎將，儲闈□□，衛率近臣，侍奉委之以正人，爪牙寄之以心膂。貞觀元年，授太子左衛率，又檢校右武衛將軍、左領軍將軍。四年，蒙授雲麾將軍，行左衛率如故。於是警□春坊，恪勤晨夕，標羽儀於甲觀，擅風流於望苑。十年，授銀青光祿大夫、行睦州刺史。方當班六條於勁越，哥兩岐於全吳，望俗變文身，風移鑿齒。紹還珠於合浦，追降鳳於潁川，豈謂日車難翻，閱川不息，忽感何祇之夢，遂同聲伯之悲。貞觀十一年十二月之任，在道寢疾，薨於宋州館舍，春秋五十有五。痛結寮寀，□□行人，考行受名，謚曰"懿公"，禮也。即以十三年二月十一日，遷厝於始平㉒之原。

惟公德方琬琰，照荆岫而騰暉；材挺棟梁，茂鄧林而聳幹。破楚入郢之略，平□翠齊之謀，彈壓六奇，籠蓋十策。陳力草昧之始，立功雲雷之初。功著升陑㉓，勛高戰牧。執戟武帳，八舍禀其軍容；受律戎軒，四校仡其神算。加以地居右戚，望□□卿，帝鄉近親，莫之比盛。祖母李，景皇帝㉛之女，贈信都郡大長公主。母竇，隋文帝之甥。夫人長孫，文德皇后㉜之姊。尚主賓王，光華帝戚。魚軒鶴□，掩映濯龍。未嘗富貴嬌人，恆以盛滿爲戒。方應駿八駿之駕，高宴瑶池；陪七佐之游，問道襄野。豈謂九轉之方莫效，十枝之景難留。奄切頹山，忽悲幽壤。子□及子振等，恐炎涼迭代，星紀迴圈，海變三山，谷遷九地，所以鎸金勒石，播美騰芳。譬東都之前，永識滕公㉝之墓；潼亭之側，長標太尉㉞之墳。

乃爲銘曰：□□茂緒，眇眇長瀾。七葉輔漢，五世相韓。績參經啓，業預艱難。代總衡轡，世襲衣冠。山瀆降靈，烟霞誕祉。比德圭璧，齊芳蘭芷。冲斗浮光，照車蘊美。縱橫韜略，□□圖史。運屬交喪，時逢屯剥。爭竊寶符，競窺帝籙。禮廢禋祀，□毀龜玉。凶甚拔山，暴逾比角。天地初辟，光華方旦。破袁奇策，滅項神算。受脈㉟除殘，執柯靖難。□□三杰，績鄰十亂。霧徹雲銷，功成治定。屢典交戟，頻膺寵命。裂壤恩隆，分麾禮盛。儲坊述職，江皐從政。歲月易度，生涯若浮。夕峰隱景，夜壑遷舟。雕龍轉斾，□□回輈。式鎸翠石，永樹芳猷。

[題解] 碑簡稱《張琮碑》，又稱《南安懿公碑》，刻於唐貞觀十三年（639）二月。碑文引自《涼州府志備考》，又《全唐文》卷145收錄此文於于志寧名下。張琮出身將門官宦世家，又是皇族姻親，且有從征大功，官位貴顯，但新舊《唐書》無傳，此碑可補史料之闕失。碑文實際上就是一篇張琮傳記，有家世概略、個人簡歷與功績、家庭概況、評價及贊語，綫索清晰，結構完整，語言平實，具有史傳文字的基本特點和風格。根據作者于志寧任職經歷和墓志所署官銜考察，應作於唐高宗永徽元年（650）于志寧加銀青光禄大夫之後、進封燕國公之前，此距張琮去世（637）已過了整整十三年，這對理解古代喪葬禮制具有重要意義。碑原在陝西省咸陽市秦都區雙照村，1940年移至周陵中學。碑

身碑首分兩處嵌壁保存。碑身上小下大，通高307厘米，上寬87厘米，下寬99厘米，1963年移存咸陽市博物館；碑首仍在學校保存。康有爲評價此碑："結體必密，運筆必峻，上可臨古，下可應制"。據考，碑文由唐初大書法家歐陽詢書丹，端莊俊美，被譽爲唐代書法上品，是研習歐體的常用範本。2013年，重慶出版社出版了《張琮碑》。

[作者] 于志寧（588—665）：字仲謐，雍州高陵（今陝西高陵縣）人。唐朝宰相。原爲隋朝官員，入唐後位列秦王府十八學士，曾任太子左庶子、黎陽縣公、侍中、尚書左僕射等職，進封燕國公。著有文集四十卷，部分收入《全唐文》卷144、145。此碑文收錄於145卷，缺文較多。

[注釋]

① 張琮（583—637）：字文瑾，武威姑臧人。出生於官宦世家，又是唐太宗李世民長孫皇后的姐夫，"少習文史，尤工騎射。"隋朝任新鄭縣令，入唐後，任驃騎將軍、上柱國、銀青光祿大夫、睦州刺史等職，封南安縣開國侯。曾參加隋唐時期的多次戰役，智勇雙全，深得皇室信任。

② 張誼：張琮曾祖，曾任北魏驃騎將軍、涼州刺史等職，封武威郡公。

③ 張嵩：張琮祖父，曾任北周驃騎將軍、鄜城郡太守等職，卒於北周滅北齊的晉陽之戰。卒贈上國柱、河北壯公。

④ 張辯：張琮父親，曾任隋上柱國、秦州總管、左武衛大將軍等職，封河北郡開國公。

⑤ 嶼（yù）：同"嶼"，嵁、岩。

⑥ 武安：古代封爲"武安侯（君）"的名人較多，如戰國秦國白起等。

⑦ 淮陰：指漢初開國功臣淮陰侯韓信。

⑧ 釋褐：脫去布衣，換上官服。張琮最初的官職是隋奮武尉（從六品）。

⑨ 玄菟（tú）：古郡名。漢武帝置，轄境相當於今遼東及朝鮮半島一帶。後泛指邊塞要地。

⑩ 梟獍（xiāojìng）：舊說梟爲惡鳥，生而食母；獍爲惡獸，生而食父。比喻忘恩負義之徒或狠毒的人，不孝的人。

⑪ 萑浦（huánpǔ）：原指兩種蘆類植物，引申爲盜賊聚集、出沒之處。

⑫ 胡公：周武王滅商後，封舜帝後裔爲陳國（今河南東部一帶），首任君主爲胡公滿，胡公即爲陳國始祖。

⑬ 王允：東漢末大臣。他設計誅殺董卓，欲創清明政治、天下安定局面。不料，董卓死後，其餘黨作亂屠城，王允被殺。

⑭贾生：即西汉初年政论家、文学家贾谊。他曾上《治安策》陈述政事，文中有"痛哭流涕""太息"句，后世遂以"贾生涕（哭）"表达忧国忧民的心情。

⑮稷契（jìqì）：稷和契的并称，尧舜时著名贤臣。稷是后稷，姬姓，传说在舜时教民稼穑，被尊为农业始祖，奉祀为谷神，周朝国君的先祖。契，子姓，传说是舜时掌管民政的大臣，商族部落的祖先，也是商朝国君的先祖。

⑯张陈：指张耳、陈余。初二人为刎颈之交，一同参加陈胜吴广起义，后降汉。最终二人反目绝交，陈余被韩信杀害。

⑰紫极：星名。借指帝王的宫殿。

⑱玄扈：山名。在陕西省雒南县，洛水之南。据《太平寰宇记》引《皇帝录》称，黄帝于此山拜受凤鸟衔来之图。指符瑞之地。

⑲霍氏：指西汉名将霍去病、霍光兄弟及霍氏一族。曾因战功显赫，权倾朝野。后霍氏一门惨遭灭族。

⑳黄君：指战国四公子之一的楚国丞相（春申君）黄歇。曾为楚相二十多年，权高位显。后命丧棘门，满门抄斩。

㉑鼎司：指重臣之职位。

㉒莫府：即幕府。

㉓刘武周（？—620）：祖籍河北，迁居马邑（今山西朔州）。隋末割据首领之一，后为李世民所败，被突厥杀害。

㉔王世充（？—621）：原西域胡人，寄居陕西临潼。隋末起兵群雄之一。曾为隋朝官员，后自立称帝，为李世民所败，被仇人所杀。

㉕窦建德（573—621）：河北故城人。隋末起兵群雄之一。曾为隋朝官员，后举兵反隋，建立夏国，为李世民击败被虏，处死于长安。

㉖官度：同官渡，位于河南中牟县。东汉末年"三大战役"之一的官渡之战，是中国历史上著名的以弱胜强的战役之一，奠定了曹操统一中国北方的基础。

㉗崤陵：即崤山，位于河南洛宁县境内。春秋时期曾在这里发生秦晋争霸的一场决定性战役，晋国取胜。

㉘刘黑闼（？—623）：河北故城人。与窦建德为好友，窦建德死后，召集旧部起兵并称王，后败被杀。

㉙始平：古县名。唐贞观年间属关内道京兆府，今陕西兴平县。

㉚升陑（ér）：古地名。在山西省永济县南，一说在山东济南市。"升陑"为创业之始的典故。

㉛景皇帝：即李虎，唐高祖李渊祖父，西魏八柱国之一，官至太尉，北周

追封爲唐國公。李淵稱帝建唐後，追封爲景皇帝，廟號太祖。

㉜文德皇后：即長孫皇后，唐朝宰相長孫無忌同母妹，唐太宗李世民皇后。

㉝滕公：即西漢開國功臣夏侯嬰。因其曾擔任山東藤縣令"滕令奉車"官職，楚人稱令爲公，故名。其墓葬在長安城東郊。

㉞太尉：此處指東漢名臣、太尉楊震，其墓葬在渭河岸邊的華陰潼亭。

㉟受脤（shèn）：脤，古代王侯祭社稷所用的肉。古代出兵祭社，其名爲宜。祭畢，以社肉頒賜衆人，謂之受脤。此處指受命統軍。

大唐故左光禄大夫段公①墓志

公諱瑗，字子玉，武威人也。鴻緒②配天，玄丘構其遠葉。崇基③就日，邢國注其長源。若夫！峻峙④之風，岩崖⑤之業，遺芳餘烈，曩册爛然。曾祖壽，魏龍驤將軍、南北部二曹尚書；器宇澄深，風神洞察。祖威，周使持節、驃騎大將軍、洮河渭甘四州刺史、新陽公；識量宏遠，英姿挺拔。父總，隋諫議大夫；神儀瑰杰，天資秀异，德冠囗囗，才超雅俗。

月穴之岫，靈鳳恒翔。平與之川，神龍每出。囗囗囗囗髦彦，惟公挺生。縱德自天，禀靈誕昂。囗囗囗聳，謇謇⑥不群。孝敬著於寰中，仁義囗於海外。囗囗史諜⑦，篤志縑緗⑧。耽味⑨五千之言，沉湎一乘之說。雕龍囗列範掞，碧雞翔乎舌端。玉潤藍田，珠囗明水。日者隨囗失馭，宇宙崩隳。荼毒備於氓黎，膏肓⑩流於原野。囗囗囗囗龍興晋水，鳳舉咸陽。公識鑒遐深，早知天命。爰背唐囗，囗義京都。武帝創屆長安，欣兹歸附。延升共席，述以親姻之情。相對話言，語以經綸之事。遂授公銀青光禄大夫，任之軍副，仍遣於域南討擊。囗妙善六韜之方，尤精六奇之術。烏號⑪一發，七札⑫俱通。龍泉⑬一揮，方人無擬。嘉謀已出，矢石躬當。曾未浹辰⑭，城尋糜潰。公囗幟先登，揮戈獨進。勛居第一，受賞無雙。轉囗右光禄大夫，賜物五千段，囗米囗囗；又授左驍衛驃騎將囗。皇業權囗，囗難斯任。尋令其兄紀國公入蜀招慰。岷嶓⑮憙其來蘇，囗囗囗囗相慶。於一畿雖静，四表猶塵。馴俗調風，實資明囗。武德二年，都督鄧國囗斑乃屈公爲益州清城令，并檢囗囗囗囗新津等四縣。治絲不繁，囗囗必囗囗囗風囗囗囗囗八月之閑，風移俗易，雖囗囗復。母號邵信，父名囗囗。

[題解] 碑簡稱《段瑗墓志》，碑文引自甘肅隴西石錫銘編《甘肅金石錄》。

簡述了段瑗祖上三代仕官情況，重點叙述墓主人的履歷、功績和才德。此志不同於他志之處是未述墓主人生卒年及壽夭情況。據志主經歷和碑文"武德二年……屈公爲益州清城令"句理解，約刻於唐貞觀年間。

[注釋]

①段公：即志主段瑗，字子玉，武威人。約生活於北周、隋、唐時期。出身於段氏官宦世家，曾任銀青光禄大夫、左驍衛驃騎將軍、益州清城令等職。

②鴻緒：指祖先的基業。多指帝王世傳的大業。鴻，大；緒，世系，即朝代的脉絡。出自《後漢書·順帝紀》。

③崇基：指建築物的高大基座，也指高壇。出自《文選·潘岳〈藉田賦〉》。

④峻峙：高聳，聳立。出自南朝沈約《齊故安陸昭王碑文》。

⑤岩崖：山崖。引申爲高大，高聳。出自南朝徐陵《在北齊與宗室書》。

⑥謇謇（jiǎn）：指忠貞、正直。出自《楚辭·離騷》。

⑦史諜：猶史册。出自《晋書·隱逸傳·辛謐》。

⑧縑（jiān）緗：供書寫用的淺黄色細絹。此處指書册。

⑨耽（dān）味：意思是深切體味。出自晋·陸雲《與兄平原書》。

⑩膏胾（zì）：指腐爛的尸體。

⑪烏號：原指良弓，指代傳説爲黄帝所用過的弓。典出《淮南子·原道訓》《史記·封禪書》。

⑫七札：七層鎧甲。札，甲的葉片。出自《左傳·成公十六年》。

⑬龍泉：中國古代名劍名，又名龍淵劍，始於春秋戰國時期，距今有二千六百多年。傳説是由歐冶子和干將兩大劍師聯手所鑄。

⑭浹辰：古代以干支紀日，稱自子至亥一周十二日爲"浹辰"。出自《左傳·成公九年》。

⑮岷嶓（bō）：岷山與嶓冢山的并稱。約在四川、甘肅兩省交界的地方。

晁大明①墓志

君諱大明，河東汾陰人也，□□□□□晁錯②之後。君禀性自天，資靈□立。初，標令□早著，英才起家，任麗水府隊正。□□□□公□翻譖逆，授上開府，尋除武安府兵曹，轉任倉曹。風神秀英，攬鏡照臨。又遷沙州敦煌縣主簿，俄轉效谷府長史。經文緯武，萬仞千尋；□在六□，心尋三略，乃擢爲虞俠校尉。執弦鷹落，矯矢吟□；雄略縱橫，神情翼翼。方□天聰，輔德靈鑒；哲人豈期，蘭敗秋風；蘊□□□。以貞觀十七年十月十三日卒於私第，春秋五十有三。即以是月廿□□葬於城東□焦坉里，禮也。長子文哲等將恐來日□易□谷處，遷勒此金，銘記之玄壤。

其詞曰：惟公載誕，實稟良賢。百畝樹蕙，九菀滋田。身照日月，意閟山泉；素德粹遠，清風自然。嗚乎！不樹，曷云能久。靈哲弗居，奄同遍墦。永葉瑩□，長辭竺□。勒紀佳□，傳芳不朽！

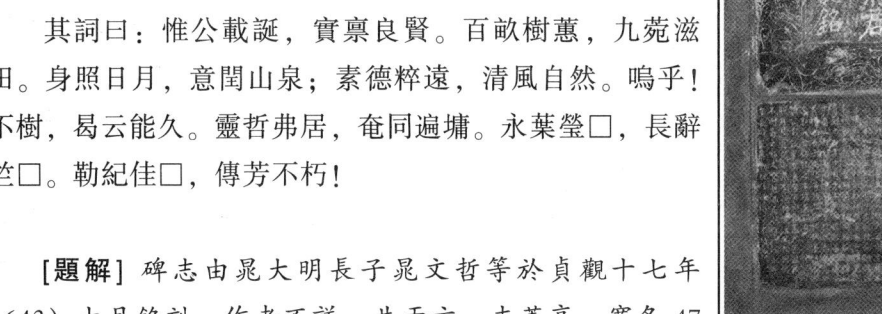

[題解] 碑志由晁大明長子晁文哲等於貞觀十七年（643）十月銘刻，作者不詳。共兩方。志蓋高、寬各47厘米；志高47厘米，寬44厘米。今存武威市博物館。內容簡述主人簡歷，贊頌其功績。

[注釋]

①晁大明（591—643）：河東汾陰（今山西運城市萬榮縣）人。漢代名臣晁錯之後。曾任敦煌縣主簿、效谷府長史等職。

②晁錯（前200—前154）：潁川（今河南禹縣）人。西漢政治家、文學家。漢文帝時，曾任太子舍人、博士等職；漢景帝時任內史、御史大夫。強調重農貴粟、移民實邊、削藩等主張，後因七國之亂被腰斬於西安東市。

隋燕王①府錄事②段夫人之志銘并序

夫人姓段，隴西武威人也。其先出於有周鄭共叔③之後。引派天潢④，分枝閬苑；瓊峰百丈，驪泉千仞。仰之者未識其終，窺之者眇然無際。或富仁寵義，偃息於西河⑤；或乘危殉節，亡身於北地⑥。紀明⑦秀出，實東漢之宗臣；龜龍⑧英跱⑨，乃西涼之文府。聲華⑩映於遙篆⑪，弈葉⑫煥於錦圖⑬，世不乏賢，同夫蘭菊。祖安，魏華州長史。父龍，隋定州行唐令；并道高州里，望重⑭一時，脫落⑮榮寵，沉冥⑯儒素⑰。

夫人承積德之餘祉，稟慈訓⑱於閨庭⑲。少而貞慧⑳，長逾明淑㉑；風範韶令㉒，姿望端詳；語必中規，動無違禮。鼓鐘易響，蘭幽更芳；甫應三星，言歸百兩㉓。

年十七，適於高平竺氏。望同王謝㉔，睦等潘楊㉕，德禮既齊，和鳴斯遠。君諱讓，字道遜，隋燕王府錄事參軍。屬大業㉖之初，營都瀍洛㉗，衣冠□族，多有遷移。君既策名㉘英府，陪隋藩邸，席卷桑梓，因即家焉。今爲洛陽人也。俄而隋運奔騰，關河蕩析㉙，屛弃榮禄，終老於家。夫人屬此時屯㉚，嬰斯不造㉛，携□孤幼，備歷艱危，經今卅餘載矣。方欲享兹遐壽㉜，永保無疆，福善無徵，奄從遷化㉝，嗚呼哀哉！春秋七十有三。即以永徽㉞之元五月廿三日，遷葬於北芒㉟谷城之南原也。墳塋□啓，楸櫬㊱成行，白日不晨，玄台㊲無曉。長子嗣宗，□劬勞□罔極，痛陳馴㊳之遄征㊴，泣血累旬，絶漿十日。恐陵谷虧貿，桑海推移，迨□芳猷，勒之幽壤，嗚呼哀哉！

乃爲銘曰：藹藹遥源，昭昭遠胄。閟苑飛芳，瓊枝層構。盛德不朽，遠而彌茂。干木㊵藩魏，紀明匡漢。德用止戈，威能静難。弈世芬芳，英華藹爛。門鐘積慶，久而逾盛。降生貞淑，端詳柔令。閫送靡逾㊶，閭言斯正㊷。□星既曜，百兩斯聘。之子言歸，鳳凰於飛。出言有則，率禮無違。良人不永，早世潛暉。悲城窆室，恤緯孀機。昔離世季，今屬時平。惟孫惟子，定省昏明。温席扇枕，蒸蒸至情。如何不祜，即是幽冥。玄台已掩，白日無光。墳楸方樹，隴柏成行。泪枝夏落，泣筍冬長。勒兹貞石，永永無疆。嗚呼哀哉！

[題解] 碑刻於唐高宗永徽元年（650）五月，現藏河南洛陽千唐志齋，碑文録自《唐代墓志彙編》。簡述志主郡望、段氏淵源和段夫人祖上兩代仕宦情况，贊揚了志主"少而貞慧……姿望端詳，語必中規，動無違禮"的風範懿德，兼及志主丈夫竺讓（曾任隋燕王府録事參軍）的生平事略及家庭遭遇的離亂之苦。此碑對研究武威段氏家族具有參考價值。作者不詳。

[注釋]
①隋燕王：即楊倓（603—618），字仁安，隋煬帝楊廣長孫。
②録事：職官名，舊時指各官署繕寫文件的官員。
③周鄭共叔：即東周鄭國的共叔段（前754—？），姬姓，名段（一説名叔段），春秋鄭武公少子，鄭莊公同母弟。
④天潢：古時稱皇室爲"天潢"。
⑤西河：地名。在陝西省華陰縣一帶。因位於黄河之西，故稱。春秋時子夏居西河，戰國時吴起爲西河守，即此地。
⑥北地：指中國古代地名北地郡，其地域大致在今陝西、甘肅、寧夏一帶。
⑦紀明：即段熲，字紀明。武威姑臧人，東漢時期名將，官至太尉，與皇

甫規（字威明）、張奐（字然明）并稱涼州三明。

⑧龜龍：即段龜龍，武威人，北涼時任著作郎，著有《涼州記》。

⑨英跱：猶英峙。指才智特出。

⑩聲華：美名，美好的聲譽。

⑪遙篆：遙，遠。篆，漢書的一種書體。指官職，歷代爲官。

⑫弈葉：累世、代代。弈世。

⑬錦圖：指錦字圖文。喻華美的文辭。錦，原意爲精緻的絲織品，多有美麗圖案或彩色花紋。引申爲人才。

⑭望重：指名望大。

⑮脫落：猶輕慢；疏闊。

⑯沉冥：謂幽居匿迹。指隱居的人。

⑰儒素：指儒者的素質，謂符合儒家思想的品格德行。或言宿儒、名儒。泛指儒士，或讀書人家。

⑱慈訓：指母親或父親的教誨。

⑲閨庭：舊時指女子居住的内室。泛指家庭。

⑳貞慧：端方正直而聰明。

㉑明淑：賢明和淑。淑，善，美。語出《後漢書·馮衍傳上》。

㉒韶令：聰慧；美好。韶，美好，美。令，美好。語出《宋書·謝莊傳》。

㉓百兩：即百輛車。特指結婚時所用的車輛。亦泛言車輛多。借指隆重迎娶。

㉔王謝：六朝望族王氏和謝氏的合稱。後成爲顯赫世家的代名詞。

㉕潘楊：西晉潘安之妻楊氏早亡，潘安終生未娶，後因以爲典，代指姻親交好關係。典出《昭明文選》卷五十六潘岳《楊仲武誄》。

㉖大業：隋煬帝楊廣年號，605—618在位，共14年。

㉗瀍洛：即瀍水和洛水的合稱。瀍水在洛陽注入洛水。代指洛陽。

㉘策名：意爲出仕、任官。亦爲科場及第。

㉙關河蕩析：關河，關塞，關防。泛指山河、國家。蕩析，動蕩離散。

㉚時屯：此時遇到困難。屯，易卦名。艱難、困頓。

㉛嬰斯不造：遭受這種不幸。嬰，遭受、遇；不造，不幸。

㉜遐壽：高齡之壽。

㉝奄從遷化：突然間死亡。奄，突然。遷化，變化，指人死。

㉞永徽：唐高宗李治年號，650—655年在位，共6年。

㉟北芒：即北邙山。在洛陽之北，東漢、魏、晉王侯公卿多葬於此。

㊱楸檟（qiūjiǎ）：樹。檟，一名山楸，古人多植於墓前。
㊲玄台：猶泉台，指陰間。
㊳隟駉：比喻易逝的光陰。隟，同"隙"。
㊴遄（chuán）征：急行；迅速趕路。
㊵干木：指段干木，春秋末战国初魏國名士，本姓李，名克，封于段干，後世以封邑爲姓。
㊶閾（yù）送靡逾：指出嫁後也不會有違背禮教的言行。閾，門檻；界限，範圍。靡，無，沒有。逾，越規矩行事。
㊷聞言斯正：形容婦女言行舉止是那樣的規正端正，符合禮教。

郭長生①墓志銘

君諱長生，字遐齡，并州太原人也，軒轅氏之苗裔。昔通儒之風高珍席，握禮施文；太守之聲譽晋陽，依仁處信。豈直感黃金而稱臣孝，對明詔而逸宏才。代有威靈，英賢間矣！君即河東郡丞禕之孫，郡博士達之子。懷貞抱義，幼樹嘉名；負雪含霜，夙彰令軌。起家授宣惠尉，俄遷武安府隊正。七擒之策，思若泉流；三略之謀，智同海逸。豈期奠楹②在夢，奄從風燭③，時年卅有四。夫人許氏，穎川人也，即姑臧承慎之第二女。葳蕤令淑，容與嫻華；立德立功，惟貞惟潔。粵以永徽二年④七月九日終於私寢，春秋五十有八。以三年正月十五日合窆州西顯美鄉，禮也。嗚呼哀哉！

乃爲銘曰：洪源浩汧，湍流皎潔；山川降靈，誕兹英哲。琴瑟亮諧，松蘿盛烈；淑問榮輝，清風詎滅。寒野蕭條，荒郊颮颮⑤；霧暗雲昏，風驚飆疾。幽璲雙沉，玄肩⑥奄質；惻愴佳城，嗚呼永畢！

[題解] 墓志立於唐永徽三年（652）正月夫婦合葬之時。共兩方，石蓋高、寬各47厘米，厚4厘米；石身高、寬各47厘米，厚5厘米。1988年12月出土於武威市金羊鄉宋家園村，今存武威市博物館。碑文簡述郭長生家世及夫婦簡

歷，贊揚其嘉名美德，感嘆其智勇化爲夢想。作者不詳。

[注釋]

①郭長生：字遲齡，并州太原（今山西太原）人。出身於名宦之家，幼承家訓，早有嘉名，曾任宣惠尉、隊正。英年早逝，年僅34歲。與夫人許氏合葬於姑臧（今涼州區）顯美鄉。

②奠楹：死亡的婉詞。

③奄從風燭：突然間成爲風中之燭（行將滅亡）。奄，忽然、突然。

④永徽：唐高宗年號，永徽二年即651年。

⑤颭颭（sèyù）：亦作"颭颭（héngyù）"。風的樣子，暴風。也單作"颭"。

⑥玄扃（jiōng）：墓門，墓室。泛指墳墓。也作"幽扃"。

□□劉府君墓志銘

君諱意，字悟靈，彭城沛人也。則物初夢曰之□□□是□之緒所從來尚矣，史□群而修焉。祖，卿□□□，號爲領袖。父，人物水鏡□□□揩君籍□□□□□膏腴極自然之一時，澄清波之萬頃。洋洋也莫測其風，汪汪也難名其德。莫不應期伏命，立效當時；何期柱美難全，奄從風燭。春秋二十有九，隋大業十三年六月終於私第。夫人扶風馬氏，素受氤氳之粹氣，□慧自然；家承蟬聯之盛宗，蔚爲女則。是以□□□□□家人於异離□□連山悟歸妹於處充享期。煙□慘慘，風月芒芒，忽伴仙娥，奄奔桂月。春秋六十有□，永徽三年二月卒於閨宇。粵以其年歲次壬子八月景戌朔二十四日己酉，合葬州南涼城鄉，禮也。嗚呼哀哉！

乃爲銘曰：彭城杞梓，沛國琳琅；弈葉冠□，□□傳世。家承羔鷹，代龍珪璋；武則肅烈，文則時□。高門有□，鎮□哲人；雅量溫粹，器寓貞淳。擾之不濁，□□□磷；稷下爲寶，席上□□。□漸登□，□行復道；□□□纓，揚名□涼。□幸□□，永則難考；何期福盡，□□□草。靈即□飛，□路素蓋；漢雲朱……

[題解] 刻於唐永徽三年（652）八月墓主人夫婦合葬之時。共兩方，呈正方形。志蓋高、寬各47厘米，志身高、寬各50厘米。今存武威文廟。碑文概述劉府君夫婦家世及人品、爲人，并予以贊頌。因碑文脫落較多，其意難達準確。作者不詳。

志主劉意（589—617），字悟靈，彭城沛縣（今江蘇徐州沛縣）人。隨父遷來涼州，29歲而終。夫人扶風人馬氏，唐高宗永徽三年（652）去世。夫妻於當年八月合葬於涼州南鄉。

唐故上開府上大將軍安府君墓志銘并序

君諱延①，字貴薛，河西武威人也。靈源濬沼，浪發昆峰；茂林森蔚，華敷積石。躍銀鞍而得俊，飛白羽而稱雄。故得冠冕酋豪，因家洛俟。祖，真健，後周大都督。父，比失，隋上儀同平南將軍。并睿哲②早聞，雄豪夙著，□高列將，名冠通侯。君連跗③茂族④，疏幹⑤華宗⑥，挺特⑦幼彰，仁孝天性。不疇⑧弓矢，百中之妙逸群⑨；無意詩書，四詩⑩之義宏達。及皇運伊始，宣力⑪義旗⑫，授上開府上大將軍，振迹五營⑬，功逾四校⑭，雖奉誠⑮以著，名未上聞，何誤中曦，奄然⑯落照⑰，以貞觀十六年七月廿日終於私第，春秋八十四。夫人劉氏，望高西楚，作婦東周，嬪德既彰，母儀斯則。桃源尚遠，俄見遷舟⑱，以永徽四年四月七日終於弘敬里私第，春秋八十三。以其月廿八日合窆於北邙之陽，禮也。曉撤樽俎⑲，夙駕靈輀⑳，蓋飄飄兮北上，魂恍恍㉑兮南移。刊德音於玄石㉒，庶彌久而無遺。

詞曰：望重玉關，族高昆岳。俊哲齊穎，英髦㉓挺珏㉔。連芳茂族，分萼華宗。仁標㉕早歲，孝積唯童。立志鄉閭，功流秘閣。蘭菊傳芳，光景西落。碧霧起兮昏泉扃㉖，清風吟兮悲白楊。去昭昭之華屋，處寂寞之玄堂。

[題解] 碑簡稱《安延墓志》，刻於唐高宗永徽四年（653）四月，出土於河南洛陽市，碑文錄自《唐代墓志匯編》。記述了安延祖上兩代仕宦情況及安延生平事迹和德行、操守，兼及其夫人劉氏的嬪德風範。對研究武威安氏家族流源具有重要價值。作者不詳。

[注釋]

①安延（569—642）：字貴薛，武威人，官至上開府上大將軍。
②睿哲：意爲聖明，明智。
③連跗：跗，花萼；跗萼（花萼與子房）。謂跗萼聯芳，喻兄弟均顯榮耀。
④茂族：猶貴族。
⑤疏幹：與上流社會疏通關係。疏，去掉阻塞使通暢。

⑥華宗：對同族或同姓者的美稱。猶貴族。
⑦挺特：超群特出。
⑧疇：同"籌"。籌劃，謀劃。
⑨逸群：超群，出衆。
⑩四詩：指《詩經》中的國風、小雅、大雅、頌。
⑪宣力：效力、盡力。
⑫義旗：爲正義而戰。義軍的旗幟，借指義軍。
⑬五營：指屯騎、越騎、步兵、長水、射聲五校尉所領部隊。
⑭四校：指天子射獵時的四支扈從部隊。謂軍隊衆多。
⑮奉誠：指奉誠尉，隋置軍事散官。此處指代軍功。
⑯奄然：忽然。指死亡。
⑰落照：落日餘暉。同"夕照"。
⑱遷舟：比喻出殯安葬。
⑲樽俎：古代盛酒肉的器皿。樽以盛酒，俎以盛肉。後來常用做宴席的代稱。
⑳靈輀（ér）：指靈車。
㉑恍恍（huǎng）：模模糊糊，仿佛。
㉒玄石：黑色的石頭，指石碑或墓碑。
㉓英髦（máo）：俊秀杰出的人。
㉔挺珏（jué）：象雙玉那樣突出挺拔。珏，合在一起的兩塊玉。
㉕仁標：仁孝的風範。用於贊譽人的風度。
㉖泉扃：地下、陰間。

大唐故李君夫人孟氏墓志并序

夫人諱秤①，字大娘，武威人也。昔待客三千②，稱謡七善③，感天至孝，冬筍爲生，豈不萬代傳名，千齡著矣，蟬聯弈葉④，冠蓋縑緗⑤。夫人體質容華，淑姿琬琰⑥，六行⑦不闕，四德⑧有聞，好客賓迎，□曾虧禮。至於婦儀嬪則⑨，帷教家風，豈軌度於閨門，抑貽□於邦族。巧笑⑩似梁國之妻，守志如衛子之婦，□落恒娥⑪之影，星收婺女⑫之光。既而積善無徵，輔仁虛説，梁木斯壞，哲人其萎，以顯慶⑬元年六月六日卒於福善里之私第，春秋有六十。其月廿八□窆於邙山之陽，禮也。恐陵谷無常，丘壟磨滅，紀兹玄石，永志泉門。嗚呼哀哉！乃爲銘曰：

三星始夕，百兩⑭言歸。容華窈窕，婦法無虧。門傳好客，孝感何違。魂兮一去，此逝長飛。其一。

恒娥落影，婺女收光。忽離代俗，歸湊亡堂。紅顔歇孝，白髮無方。隟駒難駐，倏爾何常。其二。

暑來寒往，遞代⑮相迎。日從西没，水流東行。山丘無定，恐畏□平。□鐫玄石，□保長生。其三。

[題解] 碑刻於唐高宗顯慶四年（656）六月，出土於河南洛陽市，現藏北京圖書館，碑文録自《唐代墓志彙編》。簡述了李君夫人孟秆的高貴出身，突出其"六行不闕，四德有聞""婦儀嬪則，帷教家風"的懿德風範。作者不詳。

[注釋]

①孟秆（597—656）：字大娘，武威人。嫁於李君（不詳），去世後葬於洛陽北邙山。

②待客三千：用孟嘗君待客典故，強調交友待客注重平等與寬容。

③七善：指道家七善。具體包括居善地，心善淵，與善仁，言善信，正善治，事善能，動善時。

④弈葉：弈世。謂累世，世世代代。

⑤縑緗：供書寫用的淺黄色細絹。多指書册。

⑥琬琰：指琬圭、琰圭。泛指美玉。比喻君子的德性。

⑦六行：指六種善行。即：孝、友、睦、婣、任、恤，是古代教民的六項行爲標準。

⑧四德：指婦女應尊從的四種德行，即婦德、婦言、婦容、婦功。

⑨嬪則：爲婦的準則。

⑩巧笑：指女子笑得美。泛指姿容表情美好。

⑪恒娥：即嫦娥。中國神話人物，后羿之妻。也泛指美女。

⑫婺女：星宿名，即女宿。又名須女、織女、務女。二十八宿之一。

⑬顯慶：唐高宗李治年號。顯慶元年即656年。

⑭百兩：兩同"輛"。一百輛車子。形容婚娶的鋪張奢侈。

⑮遞代：依次替代；輪换。

大唐故將仕郎段府君墓誌銘

　　君諱洽①，字孝該，武威姑臧人也。西域宣威，始基華於五府②；東京游俠，終顯譽於三明③。炳發緗圖④，可略言矣。君玉山孤秀⑤，映直上之秇松⑥；瑤巘⑦分光，叠聯暉之潘璧⑧。聞詩聞禮，早洽趨庭⑨之訓；如珪如璋，幼警入榛⑩之詩。祖光，隋承蔭任城王府記室參軍，尋除幽州兵曹參軍事。父玄義，高蹈風雲，道配貞吉⑪，早游函谷，真人之氣夙彰；曉映少微⑫，隱士之星先表。

　　君地惟膏潤，門乃桂芳，映昆嶺以騰輝，指鄧林⑬而掩秀。忠孝之德，因心必踐；仁義之道，率由斯至。授將仕郎。俄而慶善匪忱⑭，殲良奄及⑮。道該令德⑯，遂飛傳於皇華⑰；義烈致身，遽驚悲於丹旐⑱。遂使長沙怪鳥⑲，因賈誼以興祅；建鄴災廬，爲應生而作沴⑳。粵以龍朔元年歲次辛酉七月甲午朔十五日戊申感疾，途次江州，卒於逆旅，是爲王事，春秋卌。即以其年十一月壬辰朔十一日壬寅卜空於北芒之山，禮也。二子元珪、元環。中和共淳粹并凝，仁孝與義方俱洽。情深三失，恨極千鐘。痛罔極以因心，殆傷生而滅性。悲夫！金壺易盡，川閱水以東滔；玉燭難停，景迅日而西騖。恐溟波變壑，俄化成桑之田；高岸淪峰，遽嗟爲谷之野。敬刊砝礤㉑，式旌文雅。

　　其詞曰：岩岩峻趾，綿綿遠系。干木相侯，子松輔帝。載誕英哲，式光前裔。氣淑風蘭，華騰月桂。飛卸洛浦㉒，投傳漢東。吉塗輒邁，凶衛儼容。晨開奮羨，暮掩新封。霜凝宿草，風悲故松。水諧歌管，樹靡咸陽。挽臨風而自忉，縵陵空而獨揚。佳城窅鬱㉓，丘隴荒芒。月明泉暗，地久天長。

[題解] 碑簡稱《段洽墓誌》，刻於唐高宗龍朔元年（661）十一月，出土於河南洛陽市，現藏河南洛陽千唐誌齋，碑文錄自《唐代墓誌彙編》。簡述段洽祖上累世功名勛業和墓主人段洽"忠孝""仁義"的品行和殉身王事的壯舉，兼及段洽之子段元珪、段元環的相關情況，對研究武威段世家族具有一定的參考價值。作者不詳。

[注釋]

①段洽（621—661）：字孝該，武威姑臧人。曾官將仕郎（文散官名稱）。

②五府：古代官職。各朝所指不同，西漢指丞相、御史大夫、車騎將軍、前將軍、後將軍府；東漢指太傅、太尉、司徒、司空、大將軍。

③三明：指漢朝"涼州三明"，即皇甫規字威明，張奂字然明，段熲字紀明。

④炳發緗圖：炳發，指煥發或發揚光大。緗圖，淺黃色的書卷。

⑤孤秀：意爲孤拔秀麗，優异特出。

⑥嵇松：嵇康有琴曲《風如松》。他的朋友山濤形容嵇康清醒時站如松，坐如鐘……儀表堂堂，氣質非凡。後以"嵇松"指代文人風骨，或男子儀表。

⑦瑶巘(yǎn)：謂玉山。瑶，美玉。巘，指大山上的小山。

⑧潘璧：用潘安典。《世説新語·容止》：潘安仁、夏侯湛并有美容，喜同行，時人謂之"連璧"。連璧，并聯的兩塊璧玉，比喻兩物并美。

⑨趨庭：爲早年承受父教的代稱。也作"趍庭"。

⑩入榛：接受過多方面的教育。榛，草木雜亂叢生；榛子，皮堅肉可食。

⑪貞吉：指純正美好。

⑫少微：星座名。共四星，在太微垣西南。

⑬鄧林：古代神話傳説中的樹林。比喻薈萃之地。

⑭慶善匪忱：慶善，猶吉祥。匪忱，不講信用。

⑮殲良奄及：殲良，誅殺好人。奄及，忽然、突然，指死亡。

⑯令德：指美德。令，美好。

⑰皇華：贊頌奉命出使或出使者。

⑱丹旐(zhào)：猶丹旌。舊時出喪所用的紅色錦旌。

⑲怪鳥：即鵬鳥，似鴞，不祥之鳥。

⑳建鄴灾廬句：建鄴古稱金陵、建康，今南京市。廬，同"盧"，房屋。應生，應時而生，或往生。沴(lì)，灾害。建鄴歷史上是六朝古都，從東晋到南朝宋齊梁陳，兩百年間，在改朝换代中發生過無數次的腥風血雨的大灾難，特别是令人髪指的"侯景之亂"，生靈塗炭，房舍焚毀，這是否就是人的靈魂爲獲得新生而遭受的一次大灾難。

㉑碔砆(wǔfū)：似玉之石，同珷玞。

㉒洛浦：洛水之濱，借指洛神。

㉓佳城窅(yǎo)鬱：佳城，指墓地；窅鬱，指深遠而繁茂；窅，喻深遠；鬱，繁盛、美好。也作"佳城鬱鬱"。

大唐故段府君夫人墓誌銘并序

　　君諱蹟①，字義玄，武威姑臧人也。西河處士②，藩魏抗秦；北岳將軍，據燕崇晉。猶繁景牒，可略風流。祖凝，齊豫州刺史。父光，隋襲蔭文成王府記室參軍事；并崇墉③桀立④，神機⑤特秀，風搖袁扇⑥，質勁稽松⑦。君玉潤昆山⑧，珠明漢水；桂峰含月，蘭室薰飆。方騰絕電⑨之姿，欲矯排霄⑩之翰。屬以有隋失御，君子道消；洎寶歷⑪有歸，金墉⑫尚梗，公乃誠歸化，識變從風，授都督，非其志也。君素植淹和，玄托夷遠，守約爲泰，立言逾默。載郁游真之氣，還彰聚德之星，徒摽⑬入洛之雄，遂嗟歸岱之魄。以貞觀三年十二月廿五日奄捐⑭里第，春秋卅一；以其年十二月卅日窆於北芒之山。

　　夫人河南蘭氏，幼彰婦道，蘊四德⑮以流芳；夙稟母儀，著七篇⑯而擅美。而陽臺⑰仙質，隨行雨而不歸；洛浦⑱靈姿，共流風而長往。以麟德元年六月十八日卒於里第，時年六十有一；以其年十一月乙巳朔五日己酉合葬於舊塋，禮也。佳城鬱鬱，泣想平陵⑲之東；壟樹蒼蒼，悲睇芒山⑳之北。嗣子孝德，迷心集蓼㉑，染泪凋松，玄龜襲吉，青鳥㉒雲相，感蓬山之淪岳，恐桑海之移田，紀玄㊀㉓之昭烈，寄丹籒㉔以冥筌㉕。

　　錦錦返胄，翹翹遠新。顯晦周史，偃息魏君。裕流前烈，慶滋後昆。盼響㉖無昧，英靈有存。其一。

　　慶鐘餘德，義誕崇基。方龍并臥，比虎齊飛。顏鬢纔颯，鄒霜遽霏。百齡長謝，九轉徒依。其二。

　　婉彼淑德，歸於好仇。潘楊㉗戴穆，蘋藻㉘克修。悲驚減瑟，誓守泛舟。英徽如在，芳靈若休。其三。

　　洛城西望，芒山北迴。青鳥已相，百馬行來。草衰霜積，松古風哀。徒旋容衛，永閉泉臺。其四。

　　[題解] 碑簡稱《段蹟夫人（蘭氏）墓誌》，刻於唐高宗麟德元年（664）十一月，出土於河南洛陽市，現藏河南開封博物館，碑文錄自《唐代墓誌彙編》。簡述了段蹟及其家世功名和品行，感歎其年僅31歲而英年早逝之痛。同時，簡述了夫人蘭氏"幼彰婦道，蘊四德以流芳；夙稟母儀，著七篇而擅美"的風範懿德，兼及嗣子失去父母的巨大悲痛和立碑的意義。作者不詳。

[注釋]

①段賾（zé）（598—629）：字義玄，武威姑臧人，官至都督。夫人蘭氏（604—664），河南人。

②處士：指有才學而隱居不做官的人。

③崇墉：謂高墻；高城。

④桀立：桀，古通"杰"。指杰出、卓立的人。

⑤神機：驚人的機智。神，高明；機，推測。

⑥袁扇：東晉袁宏，少有逸才，文章艷美。曾爲謝安的參軍，桓溫的記室，後爲東陽太守。臨行前，謝安贈送他一把扇子，說："聊以贈行。"後以"袁扇""扬风仁政"，比喻爲官清廉。

⑦嵇松：參見《大唐故將仕郎段府君墓志銘》。

⑧昆山：即昆侖山。

⑨絶電：比喻速度極快。語出南朝鮑照《拟行路难》诗之十一。

⑩排霄：排動九霄，比喻文采強勁。語出郭璞《游仙詩》之六。

⑪寶曆：指國祚；皇位。

⑫金墉：西方的城池。猶金城，即堅固的城墙。

⑬摽（biāo）：古同"標"。指標榜。

⑭奋捐：忽然間獻出自己的身體。比喻死亡。

⑮四德：即婦德、婦言、婦容、婦功。

⑯七篇：七篇文章。特指《孟子》，該書七篇，故稱。另，西漢劉向著《古列女傳》，該書分《母儀》《賢明》等七門，亦即七篇，七大類，共記載古代105位婦女的事迹，歌頌其尚德，體現了儒家對婦女的看法。此處應指後者。

⑰陽臺：指男女歡會之所。語出宋玉《高唐賦》。也指王屋山，道家名山，位於河南、山西之間。

⑱洛浦：洛指洛河，也稱"洛水"，有洛神仙女的傳説；浦指水濱。傳説是洛神出没活動處。張衡《思玄賦》：召洛浦之宓妃。

⑲平陵：漢昭帝之陵，位於咸陽城西。

⑳芒山：即邙山、北芒，位於洛陽東北。古代帝王理想中的埋骨處，周秦以後，形成宏大的邙山陵墓群。

㉑集蓼：謂遭於苦難。

㉒青鳥：亦作"青鳥"。神話傳説中爲西王母取食傳信的神鳥。

㉓玄兮（xī）：指墳墓。

㉔丹籀：用丹砂書寫的大篆。
㉕冥筌：指道中的微妙之處。冥，幽冥。筌，捕魚的竹器。
㉖肸（xī）響：散布、傳播。
㉗潘楊：代指姻親交好的關係。典出潘岳《楊仲武誄》。
㉘蘋藻：一種水草名，古人常采作祭祀之用。後因以"蘋藻"借指婦女的美德。

唐故隋奉車都尉姑臧段君瑋墓誌銘并序

君諱瑋①，字文欽，武威姑臧人也。若夫迥郁望宗②，敷道括於三極③；緬疏賢□，富義光其四海。暨乎太尉④匡燮，負日月而增耀；將軍馳算，擁星旄以遐指。雖金河⑤森森，喻昌原以韜浚；玉壘⑥峨峨，比靈基而失險。高祖緣，魏驃騎大將軍、通直散騎常侍、司空、雁門郡公；虎石標奇，雁峰疏瑞。曾祖嚴，周右衛大將軍、開府儀同三司、左光祿大夫、朔州刺史、襄垣縣簡穆公；授鉞翔英，隨輪瀰渥。祖達，隋右驍衛大將軍、襄垣縣公；清鳳闕之九城，肅龍荒於萬里。父師，隋左千牛、東宮左內率、太常卿、殷州刺史；承明紫禁⑦，擢寀青宮⑧；結芳實於棘林⑨，竦貞凝⑩以分竹。

惟君韋珠寫耀，鏡驪囚⑪之夜輝；衛玉開華，朗虹屺之晨色。宅和天發，佩道冥符。翔翠鷗⑫於詞條⑬，孕蒼虬⑭於文海。隋大業⑮十年，解巾⑯建節尉⑰。風騏始鷙，雲鶴初騫；賁德逾沖，鳴謙戴穆；杖□奇邁，倏踐華司。至十二年，授奉車都尉。祗衛宸居⑱，侍玄極⑲而星拱；承輝馳道，陪翠輦⑳以大行㉑。俄而運喪玉羊㉒，時亡金虎㉓；王充㉔鵲起，竊憑龜汭㉕。君之大父，連據小平。暨夫唐日開輝，圭野賴昌明之運；鄭氛奄撤，台宗落纓黻㉖之緒。君已彫青紫㉗，栖襟㉘玄白㉙；□恬取逸，削智乘貞。庶期德水澄華，長清萬頃；不謂仁山迥聳，遽摧千仞。以咸亨元年八月卅日，遘疾卒於私第，享年七十有二。則以其年歲次庚午十一月庚子朔十日己酉，窆於邙山之陽，禮也。嗣子懷節，芝華引馥，銑鑒韜明。潰魄霞晨，崩心火夕。恐鰲峰㉚落仞，鯨壑遷波，式紀素猷，鎸芳紺琬㉛。其詞曰：

浮關景族，式間昌胄。槐庭擅美，棘門㉜標秀。疊灼青綢㉝，連光紫綬。瓊嶼疏阯，璿波弘溜。其一。

烈祖韶邁，顯考溫芳。陳星聚彩，闕月㉞流光。分茅㉟五色，牽絲一方。振華少海，銘勛太常㊱。其二。

聯暉載德，誕生材令。賁玄遙舉，毓清孤映。神虛牝鑒㊲，心懸堂鏡。鶴鶱承宗，鳳門從政。其三。

麟傷掩日，龍戰騰氛。白波驚浪，烏陣連群。俄開堯景，署引虞薰㊳。圭躔㊴蕩祲㊵，構落㊶承雲㊷。其四。

簪黻㊸既替，聲華㊹遂屏。落塵遺雜，栖閑任靜。霞酌陶靈，雪絃□□。紫芝㊺方秀，青梧㊻摧穎。其五。

馬轅齊白，旆影㊷飄丹。行悲奠桂㊸，永絕游蘭。□□風急，山空月寒。式旌幽壤，明德斯刊。其六。

[題解] 碑簡稱《段瑋墓志》，刻於唐高宗咸亨元年（670）十一月，出土於河南洛陽市，現藏河南洛陽千唐志齋，碑文錄自《唐代墓志彙編》。簡述了段瑋祖上家世淵源和蓋世功名，突出其"祗衛宸居，侍玄極而星拱；承輝馳道，陪翠華以大行"的功勛，嘆其"運喪玉羊，時亡金虎"的不濟時運，贊美其才華仁德。作者不詳。

[注釋]
①段瑋（599—670）：字文欽，武威姑臧人。曾任建節尉，官至奉車都尉（掌管皇帝車輛的官員）。

②望宗：指望族。

③三極：指天、地、人。亦稱爲"三才"。

④太尉：指東漢名將段熲，字紀明，武威姑臧人，曾兩次出任太尉。

⑤金河：屬額爾古納河水系，是激流河一級支流，發源於內蒙古根河市。

⑥玉壘：即玉壘山，在四川省理縣東南。

⑦紫禁：皇宮。古以紫微垣比喻皇帝的居處，因稱宮禁爲"紫禁"。

⑧青宮：比喻太子所居的東宮。

⑨棘林：古代指九卿之位。

⑩貞凝：端莊凝重。也指嬪妃。

⑪驪囦（yuān）：古同"淵"。指藏麗珠的深淵，比喻才思文辭的淵源。

⑫翠鷃（yǎn）：猶翠鳳。鷃，鳳凰的別稱。

⑬詞條：猶詞章。

⑭蒼虯（qiú）：指青色的龍。

⑮大業：隋煬帝楊廣年號。大業十年即614年。

⑯解巾：原意是除去頭巾，謂出任官職。

⑰建節尉：隋散官名，爲正六品。

⑱宸居：指帝王居住之處。借指帝王或帝位。

⑲玄極：指天空，代指帝王。

⑳翠輦：指有翠羽的帝王車駕，代指帝王。

㉑大行：指遠行；行大事。

㉒玉羊：天狼星的別稱。古天狼星象徵"主侵略之北"的惡星。

㉓金虎：指西方。語出《淮南子》。西方七宿的通稱。也指金星和昴星，古人以爲二星相近聚兵亂之象。

㉔王充（27—97）：字仲任，會稽上虞（今浙江紹興上虞）人。東漢唯物主義哲學家、無神論者。

㉕龜汭（ruì）：龜，龜甲，可預測吉凶禍福。汭，指河流回合或彎曲之地。風水學認爲的形勝之地。龜、汭均爲祥瑞之物。

㉖纓紱：同"纓綍"，指官位。

㉗青紫：本爲古時公卿綬帶之色，借指高官顯爵，亦指顯貴之服。

㉘栖襟：謂栖心，寄心。指寄托心意。

㉙玄白：指黑白世界。

㉚鰲峰：指翰林院。

㉛紺琬：指青色的美玉。

㉜棘門：古代帝王外出，在止宿處插戟爲門，稱"棘門"，亦稱"戟門"。

㉝青緺（guā）：紫青色的綬帶。

㉞闞月：比喻人才名著稱於世。據《太平御覽》卷三九八引三國・吳・謝承《會稽先賢傳》載，闞澤十三歲時，夢見自己的名字懸在月中，後遂升進。

㉟分茅：分封王侯。古代分封諸侯，用白茅裹着泥土授予被封者，象徵授予土地和權力，謂之"分茅"。

㊱太常：官名。秦置，原名奉常，掌宗廟禮儀。

㊲牝壑：山丘的幽靜深處。

㊳虞薰：虞，古代帝王舜，引申爲感化；薰，香草，香氣。大舜作五弦琴，演奏南風，用以教育感化臣民。

㊴圭躔（chán）：圭，古代側日影的器具。躔，指天體的運行。

㊵蕩祲：蕩除不祥之氣。祲，不祥之氣，妖氛。

㊶構落：房屋（宮室）落成。構，房屋，屋宇。

㊷承雲：傳説爲黄帝時期的樂曲。

㊸簪黻（fú）：簪，指古代的冠簪；黻，指古代禮服上黑與青相間的花紋。借指出仕，做官。

㊹聲華：聲譽榮耀。謂美好的聲譽、名聲。

㊺紫芝：原指似靈芝的瑞草、香草。比喻賢人。

㊻青梧：樹皮色青的梧桐。比喻人才。

㊼斾（pèi）影：指旗幟，泛指旌旗。

㊽奠桂：祭奠桂酒。奠：祭奠，用祭品向死者致祭。桂，用玉桂浸制的美酒。泛指美德。

大唐故上柱國邊君墓志銘并序

君諱真①，字行感，西凉人也。若夫括地毓靈②，運鯨波③而曳緒④；極天標峻⑤，駕梁首⑥以開宗⑦。茂族磐根，崇基自遠。曾祖清，隋任和州司馬。澄波萬頃，竦枝幹於千尋⑧；落落⑨懷遠□之規，昂昂⑩有逸群⑪之操。佩犢⑫移風之教，諭滿江濱；褰帷⑬人境之歌，聲超淮海。視端⑭宿丹墀⑮而警衛，捧曹劍以申誠⑯；望極寵章⑰，垂則後代。

君三河⑱炳耀，九市騰輝，湛秋月之光華，縟春林之秀彩。往以三韓⑲作逆，九種不賓⑳，轂㉑月騎㉒以長驅，指霜戈㉓而獨遠；忠烈概世㉔，志勇三軍；封□之前勳既彰，便授之以上柱國。不爲栖鵉㉕告霽，止鵬㉖延灾；碎玉樹於庭陰，掩芳蘭於户蓊㉗。以咸亨四年六月五日卒於私第，春秋五十有四；以其年六月廿六日葬於邙山之陽平樂鄉，禮也。嗣子仁則，茹荼飲痛，泣血銜恩，陟屺岵㉘而長號，攀日月而何及。於是勒銘神道，鏤主㉙鎸圖，知陵谷之貿遷㉚，表蘭蓀㉛於終古。乃爲頌曰：

莪莪㉜茂族，藹藹㉝鴻勛。桂華芳歇，桐枯半昏。令問令望，惟君道存。琴懸牙室㉞，萬古傳芬。其一。

露晞朝薤，壑徙昏舟。芝焚蕙嘆㉟，柳變蒲秋。先後迭謝，幽明再流。松門一駕，桂户㊱長幽。其二。

泉扉寂寞，文物將終。百年已極，萬事皆空。寒松凝影，宿草摇風。圖名紀德，播美無窮。

[題解] 碑簡稱《邊真墓志》，刻於唐高宗咸亨四年（673）六月，河南洛陽出土，現藏河南開封市博物館，碑文錄自《唐代墓志彙編》。簡述了邊真曾祖"望極寵章，垂則後代"的功名、品行，及其墓主人"三河炳耀，九市騰輝"的蓋世功勳，兼及嗣子"泣血銜恩"的後事。作者不詳。

[注釋]
①邊真（620—673）：字行感，唐西涼(今甘肅武威) 人。曾授上柱國。
②括地毓靈：括地，意為包容大地；毓靈，意為凝聚了天地間的靈氣。
③鯨波：猶言驚濤駭浪。
④曳續：連接，繼續，接下去。曳，拖，拉，牽引。
⑤極天標峻：極天，指至天；達於天。標峻，崇高，特出。
⑥梁首：即棟梁，傳統木結構的建築中的一種骨架，用以支撐屋面的重量。亦以喻能負重任的人才。
⑦開宗：猶開頭，開創，創立。
⑧千尋：古以八尺為一尋。"千尋"，形容極高或極長。
⑨落落：形容舉止瀟灑自然；儀態疏朗端莊。
⑩昂昂：形容精神振奮，很有氣魄。也指器宇軒昂、氣度不凡的樣子。
⑪逸群：超越常人，出眾超群。
⑫佩犢：喻棄官務農。
⑬褰帷（qiānwéi）：意為官吏體察民情。
⑭視端：目光端正。謂正直坦誠之相。
⑮丹墀：皇宮的臺階，代指皇宮，皇帝。
⑯捧曹劍句：意為手握權力向天下曉諭官方的意圖。曹，指官署或部門，借指官方、官員。申，表明、表達。誠，真實，信。
⑰寵章：指高官顯爵的章服。
⑱三河：泛指江河，指代全國。九市，泛指熱鬧的街市。三、九，泛指多。
⑲三韓：古代指朝鮮半島。
⑳九種不賓：九種，泛指多個民族部落。不賓，意不臣服，不歸順。
㉑彀：使勁張弓，張滿弓。
㉒月騎：疑為越騎。泛指能騎善射勁勇的騎兵。
㉓霜戈：明亮鋒利的戈戟。借指用兵，軍事行動。
㉔概世：猶蓋世，謂才能功績高出當代之上。
㉕栖鵀（rén）：謂死亡的預兆。鵀，即戴勝鳥。

㉖鵩（fú）：古書上説的一種不吉祥的鳥，形似猫頭鷹。

㉗蘱：即艾蒿；蔭。

㉘屺岵（qǐhù）：指父母。

㉙鏤主：疑爲"鏤玉"之誤。

㉚貿遷：變更，改換。

㉛蘭蓀：一種香草。喻佳子弟。

㉜莪莪：草木茂盛的樣子。比喻繁盛。

㉝藹藹：亦指草木茂盛的樣子；衆多，盛多貌。

㉞牙室：亦爲牙帳，古代軍中長官的住所。

㉟芝焚蕙嘆：意爲芝草被焚，蕙草傷嘆。比喻因同類遭到不幸而悲傷。芝、蕙，皆爲香草名。

㊱桂户：指桂木造的門。言其華貴。

唐維州刺史安侯①神道碑

夫招摇②東指，寰區③識天下之春；溟漲④北臨，川谷有朝宗之地。況乎皇明⑤發而萬物睹，天衢亨而四隩⑥宅，故以驟險浮深，同文協軌者也。若乃壤鄰驕子，家號名王。握葱野之瑰奇，漱蒲源之粹液。井蛙自許，既累嗤乎越子；風鴻且遇，仍嗣美於秺侯⑦。則大將軍安侯其人矣。

侯諱附國，其先出自安息，以國爲姓。有隋失馭，中原無何；突厥乘時，籍雄沙漠。侯祖烏唤，爲頡利吐發，番中官品，稱爲第二。王庭雖局，方冠射雕之勇；帝鄉何遠？空鬱衛牛之氣。父朏汗，望日月於中衢，奮羽毛於邊服。勢同鵲起，功隨豹變。貞觀初，率所部五千餘入朝，詔置維州，即以朏汗爲刺史，拜左武衛將軍，累授左衛右監門衛二大將軍，封定襄郡公。寄等連城，榮超合壘，析圭胙土⑧，時議稱之。侯運偶千年，才標一日，服太阿⑨而善斷，覽介石⑩以知機。有顧鶉籠⑪，實懷先覺；乃心鳳扆⑫，奚嘆後予。於是拔迹泥沙，翻飛霄漢，亦以貞觀四年，與父俱詣闕下，時年一十有八。太宗見而異之，即擢爲左領軍府左郎將，尋令與鴻臚丞趙德楷諭旨於吐谷渾。虜安□□之巢，敢恃螳螂之斧，旅拒成命，逼迫行人，遇困加威脅，舉步逢艱阻。侯以命有所係，静以體之，節不可失，貞以守之。雖弦矢屢移，而鐵石無改。既而加兵一蕩，凶氛四徹，竟獲全歸，僉以爲蘇武⑬鄭衆⑭，不獨高於前代矣。璽書嘆述，遷本府中郎將，齎布帛五百段，又加秩爲忠武將軍行本職。十九年，太宗揚鑒暫撫，清海俗於三韓；駐蹕聊庲，駭天聲於六漢。侯功參末將，續預元戎，詔論功授上柱國，封驪虞縣開國男，食邑三百户。永徽[15]元年拜右領軍將軍，餘如故。荷元天之廣運，承湛露以晞陽，蒲璧開南面之尊，蘭錡盛北軍之寵。門驅四馬，匣紐雙䨲。薄暮歸來，輝光不獨於三子；辨色而入，前後方參於五侯。叠蓋流軒，徽枝炭業，足以震輝都鄙，謳謡岷庶。尋丁定襄公憂，執喪無替於少連，讓爵自先於季札。及其字人按部，和風布政，使幼艾不懷，酋渠不驚。非樹其長，莫諳其俗。以此高乎，兼本官，復拜爲使持節維州諸軍事維州刺史。朝咨良牧之能，物喜吾君之子。入虔戎政，緂共宿於星廬；出變夷歌，扇重暉於日域。龍朔中隨府易名，改爲左戎衛將軍，總章年進爲右戎衛大將軍，刺史勛封并如故。日觀崇岩，雲封峻霄。三五之聲已邈，八九之迹難追。天子潔壇場，疏圭璧，報功崇德，騰茂實於石間。侯亦勵熊羆，從金鼓，前清後御，馨忠勤於玉帳。咸亨初追封斯閥，仍本封進爵爲子，加邑四百户。方當降錫上樽，行升右地，嘯洪崖而自狎，挹浮邱以曾舉。而殷相肇夢，晉寢成妖。古謝今形，仙禽致是非之難；寒凝暑退，大椿屬摇落之期。哀哉！奄以調露二年二月十八日，寢疾終於神都，春秋八十有三。永隆二年二月二十三日，葬於雍州長安縣孝悌鄉之原。禮也。

惟侯緒茂青梁，基循鼎胄。絳河潛潤，每孕傾都之寶；丹野成章，必矯冠群之翼。弱便英邁，長實宏遠，劍連三術，道蒙史以前驅；德包五善，揖楚臣於下席。從吾所好，方盡鋭於戈予；在物或遺，故無資於筆硯。加以動會規楷，性非因習，泣書象於離宫，真資孝敬；感飛泉於异域，雅蹈忠誠。利以義通，功以濟物。故能夙攀閶闔，亟奉鉤鈐；效心膂於中年，享高明於暮景。左右深率從之奇，始終無纖芥之隙。行師則訓兵以律，受任則執禮無違。非才優體二，道恭感一，惟微惟熙，至公至平者，疇能與於此哉？

悲夫！琴心輟奏，去高堂而不留；筮氏觀䨲，創幽穸而期兆。鼓秋風於古樹，誰識將軍？思白日於荒鄰，空懷中散。賓御旋兮寒野暮，池館静兮浮雲陰。可作無時，與歸何想？長子，故右玉鈴衛將軍、北平縣公思祇，藻身淑慎，流聲奕葉，繁滋遽委，危露先飄。次子，魯州刺史思恭等，趨表闕以擗心，涉禮庭而收泗，薦蘭之誠徒切，集蓼之哀永萃。思所以仿佛形容，揄揚清懿；托問詞於廣陌，播雄名於大隧。

乃爲銘曰：閬風[16]秀迥，河氣靈長。於昭化毓，實延英芳。棱飛玉塞[17]，勢軼沙場。家承有土，祚歷無疆。分源何從，揚飆南入。削衽荒庭，殺凶大邑。

孝乎何取？忠焉是襲。花綬⑱遙遙，雲冠岌岌。敷命河首，逢羈海裔。雲天變色，鄉關無際。虎噬徒交，壯心益勵。卒延哀廉，豈嗟拘滯。作固蘭陛，仍分竹符。盟申帶礪，禮盛傳呼。岩廊夕警，秘宇晨趨。還便後殿，出必前驅。本枝隐蔽，宣條求瘼。惠起人謠，清惟主諾。野乃聞勞，門非藉惡。是聽夏聲，諳知戎落。旋增厚秩，亦追崇封。逸豫斯邑，車服以庸。庭紛舞篱，室韵歌鐘。寧悲昃景，遽落高峰。梁木應悲，大星俄殞。廣川去楫，修途廢軫。倏兮已喪，蕭兮而盡。神乎不測，天乎何忍？永背青皋，即安元夜。泉台構壤，山門反駕。野吹方喧，榮輝不借。德雖隆於九原，神豈奄於萬化。

[題解] 簡稱《安附國碑》，立於唐高宗永隆二年（681）二月。碑無存，碑文引自《全唐文》卷零四三五。簡述了安附國家族淵源、祖上三代仕宦情況，重點介紹了安附國一生的為官履歷和軍事生涯，雖多歌功頌德之詞，但對研究武威安氏源流、仕宦具有重要價值。

[作者] 李至遠：名鵬，趙州高邑人。少秀晤，能治《尚書》《左氏春秋》，復撰《周書》，令狐德棻許為良史。唐高宗時制策高第，歷司勳吏部員外郎中；武則天時遷天官侍郎，知選事。後出任壁州刺史。

[注釋]

①安侯：即安附國（598—680），唐朝官員。原籍安息（今伊朗一帶）。出身於涼州安氏望族。貞觀初年（627），父朏汗率衆5千餘朝唐，被置於維州（今四川茂縣），拜為刺史，封定襄郡公。四年（630），隨父赴長安朝見唐太宗，擢左領軍府左郎將，尋受命偕鴻臚丞趙德楷出使吐谷渾。後以軍功晉秩為忠武將軍，授上柱國，封驪虞縣開國男。永徽元年（650），拜右領軍將軍，歷遷維州刺史、左戍衛將軍、右戍衛大將軍，維州刺史，晉為子爵。

②招搖：星名。即北斗第七星搖光。亦借指北斗。出自《禮記·曲禮上》："行，前朱雀而後玄武，左青龍而右白虎，招搖在上，急繕其怒。"鄭玄注："招搖星在北斗杓端主指者。"孔穎達疏："招搖，北斗七星也。"

③寰區：全國、天下、人世間。

④溟漲：溟海與漲海。泛指大海。

⑤皇明：皇和明，都有光明的意思，還有歌頌皇帝聖明的意思。

⑥四隩：亦作"四奥"。四方的邊遠地區，引申為四方的鄰國。

⑦秺（dù）侯：西漢名臣金日磾曾被漢昭帝封為秺侯。

⑧析圭胙（zuò）土：析珪，古代帝王按爵位高低分頒玉圭，泛指封王、封

⑨太阿：古寶劍名。相傳爲春秋時歐冶子、干將所鑄。

⑩介石：指操守堅貞；也指碑石。

⑪鶉籠：關養鶉鳥的籠子。

⑫鳳扆（yǐ）：皇帝宮殿上繪有鳳凰圖飾的屏風。借指朝廷和皇帝。

⑬蘇武（前140—前60）：字子卿，陝西西安人。武帝天漢元年（前100）奉命出使匈奴被扣留，威脅利誘欲使其投降，持節不屈。後被流放到北海（今貝加爾湖）邊牧羊。留居匈奴十九年，歷盡艱辛，後獲釋回漢。

⑭鄭衆（？—83），字仲師，河南開封人。東漢經學家、名臣。漢明帝永平八年（64），持節出使北匈奴，拒絕向北匈奴單于下拜，保全氣節。回朝後，建議朝廷置大將防止南北匈奴互相聯絡，促成度遼將軍的設置。歷官武威太守等。

⑮永徽等年號：永徽（650—655）、龍朔（661—663）、總章（668—670）、咸亨（670—674）、調露（679—680）、永隆（680—681）皆唐高宗李治年號。

⑯閬風：山名。傳説中神仙居住的地方，在昆侖之巔。

⑰玉塞：玉門關的別稱。

⑱花綬：系官印用的織有花彩的絲帶。

大唐徐州長史 朝請大夫 上護軍故王府君墓志

竊聞紫氣纔飛，龍府□□□銃黃雲□起寶□之質斯彰物既□代□奇人亦□時聞出□□。公諱義康①，字孝友，太原人也。曾祖德，周司馬。祖貴，皇朝太原縣令。父□，玉門縣令。并□茂淹中聲馳□下廉財勇氣，雪白霜清，三里飛□，四□先慎。公稟川岳之秀氣，資星象之精靈，器宇與滇渤同深，志調共烟雲俱遠。幼而風範貞閑有异常，童紱綺□車之間夙有成德，談天□日之歲，卓而不群。既小開超，庠資訓斷，□爰在志□來傳，自曉單倪寬頻經於事路代編□於牧野，以古□今，嘗何等級暨車師背誕朝觀，有愆天子慮，□聞聲□行□伐。貞觀十四年②，兼吏部尚書陳國公③平高昌起家，授儒林郎守、安西都護府參軍。事恪勤莅職，清譽有聞，六藝④□通，五射⑤穿枊，以敬石城。二十一年，恩詔授上護軍。其年遭祖父憂解職，喪□逾制殆將減性。廿三年，丁丙難□情切□我悲纏風樹□溢過禮毁□。逾年，親□見者誰不下泪□。昔曾參⑥七日不食，高諸往□；子春⑦數月不出，著在前經。以類推之，固無慚德，以先公早享，未建宅兆，植松營墓合葬盡儀。吏部尚書河間公李義府⑧，文鋒壯麗，名重一時，爲制碑文以傳不朽。至孝寔感，墓側服終，雖麻葛外除，心嬰荼□，因欲祥榮，無心入仕，季父讓□，固請不免。永徽三年，選任通直郎，行韓王府法曹參軍事，譽冠寮采，夙夜在公。顯慶二年，轉任奉義郎，行靈州都督府君曹參軍事。龍朔二年，應詔被舉射柒甲材。然則詞林筆海，陣方□之，三冬傳涉，藝文嗤公，孫□□□。三年，恩擢授朝散大夫，行岐州麟游縣令。於時，駕幸九宮百司，臻三□□腴之地，人物殷繁，自非英才俊悟詎當斯任，又能精通五聽⑨，不枉□□之書，幽圄圓扉競比□□之設，遂使耕人有讓班白，不提女□粒姿土無游乎。是以一同□□□襀興哥。麟德元年，恩詔遷任滕州都督府司馬，□務□倏，百城仰得，所以王祥⑩高謝，龐統⑪遠慚。國家六茲五帝四彼三皇⑫，封曰觀□禪梁山，勒鴻名而榮徽號，慶覃率土⑬澤被遐方。乾封元年，蒙恩詔加授朝請大夫，從班例也。總章二年，恩詔遷任徐州長史。既而憂公忘私，劬勞日勤，迴兹邁疾，解任歸家。豈期福縺蘿堅縈□曾育名□盡綠帙之工，上樂窮丹彩之妙，如何不愁大漸⑭不單。永隆二年三月十三日卒於私第，春秋六十有五。

惟公含章，迥秀藻掞，天庭森森，標染棟□，材琅以懷，禮樂之器，升堂睹奧宇量無□，孝性純深□。樹先落之木，發於篤睦，非因枯□之□，揚名顯新，斯之謂矣。逝川閱水，俄歸於東□□□□□□墜於西山。夫人，隴西牛□□□□之女，夙智早成，無芳傳母之訓□合規矩，不待□□□□及結□□□□人英□琴瑟□克和在閨門□□睦□偕老，莫從老秋罷秀。咸享□□□□十四日寢疾，終於徐州□公館，春秋四十有八。即以永隆二年歲次辛巳十月□□□，合葬於先公之塋，禮也。□承□□儉等并絶漿立□孝合典儀□□□□□□□□敬□遺范式族□戶。其詞曰：

蒼運降祥，岐山□起。丹書入户，赤□龐正。都鎬邑酆，誠□□□。□□□□，□□□□。□□□□，分爰達祖。父惟一岳，降神生申。□甫司馬，方□大□哥□□□□德□□□□公之□□□俱在□□□□珪璋□佩□□□雕善價。斯□□□□□石鄰稱□□□優入仕譽高鄉□□贊蕃維闡化成俗多□□□□松宣欲萬頃□□□□□足□□□□□輔仁空設松□□□先秋蘭威各□□□□廷夜刻。永志幽扃，傳芳不絕。其五。

[題解] 簡稱《王義康墓志》，灰砂岩石質，刻於唐高宗永隆二年（681）十月。又稱《唐王義康墓志銘》。志蓋高、寬各78厘米，厚11厘米，中間陽刻篆書"大唐故王府君墓志銘"三行九字，周邊飾花草圖案；志身高、寬各78厘

米，厚11厘米，陰刻楷書35行，行36字。2006年8月出土於武威市涼州區金沙鎮趙家磨趙莊村，今存武威市考古研究所。碑文先述其家世出身，列舉其任職簡歷，贊揚其"恪勤莅職""憂公忘私"的品行，基本上是一篇人物傳記。由於脱文嚴重，其義不能完解。作者不詳。

[注釋]

①王義康（617—681）：字孝友，太原人。曾任上護軍、縣令、都督府司馬、徐州長史等職，後因病歸家，卒於私第。爲官期間，恪勤職守。其夫人是隴西人，先公而卒。夫妻合葬於涼州先公之瑩。

②貞觀等年號：貞觀，唐太宗年號，十四年即640年。永徽、顯慶、龍朔、麟德、乾封、總章、咸亨、永隆皆唐高宗年號，在位時間650—683年。

③陳國公：指唐朝名將侯君集（？—643），官至吏部尚書，封陳國公。曾於貞觀十四年率師平定高昌，後參與太子謀反受牽連被殺。

④六藝：古代教育必須學習的禮、樂、射、御、書、數六門功課（技能）。

⑤五射：古代的五種射法（技），分別爲白矢、參連、剡注、襄尺、井儀，各有具體的標準和要求。

⑥曾參：春秋時魯國人。孔子弟子，儒學學派代表人物，後世奉爲宗聖，配享孔廟。曾參三十一歲時，父親病故，他"泪如涌泉，水漿不入口者七日"。

⑦子春：即樂正子春，春秋時魯國人。曾參弟子。其下堂傷足，數月不起，獨有憂色（因傷足而不能盡孝）。

⑧李義府（614—666）：瀛洲饒陽（今河北饒陽）人。唐高宗、武后時官至宰相，武則天心腹，進爵河間郡公。後死於流放途中。

⑨五聽：指中國古代司法官吏在審理案件時觀察當事人心理活動的五種方法：辭聽、色聽、氣聽、耳聽、目聽。

⑩王祥（180—268）：魏晉時琅琊臨沂（今山東臨沂）人。中國歷史上著名的孝子，二十四孝之"卧冰求鯉"的主人公，他以89歲高齡謝世。

⑪龐統（179—214）：字士元，漢荆州襄陽人（今湖北襄陽）人。三國時劉備帳下的重要謀士。在率衆攻城當中中流矢而亡，年僅36歲。

⑫六兹五帝四彼三皇：指秦始皇與五帝三皇并列，就是六個帝、四個皇。

⑬㕰（tǔ）：古同"土"。

⑭大漸：病危。

大唐故右威衛將軍 上柱國安府君①墓志銘并序
國子監祭酒郭正一 撰

蓋天分景宿②，文昌③垂列將之名；地括群流④，師貞建丈人之號⑤。故隆周⑥啓統，掌兵屬於司武⑦；炎劉御歷⑧，制衆在於將軍。然則簡材以任爪牙⑨，選士而爲心膂⑩。

稽⑪之舊典，代有其人。君諱元壽，字茂齡，涼州姑臧人也。川橫玉塞，人多剛悍之風；地枕金方，俗負堅貞之氣。關西騎士，武賢⑫之代習兵符；隴右良家，充國⑬之門傳劍術。曾祖弼，周朝服侯⑭；幼挺人英，夙標時望，丹山綷羽⑮，響振朝陽，紫闕騰鱗，光流下稷⑯。祖羅，周開府儀同三司⑰，隋石州刺史、貴鄉縣開國公；質表珪璋⑱，器惟瑚璉⑲，衣冠佐夏，道叶調梅⑳，鐘鼎㉑遷周，化□分竹。父興貴，皇朝右驍衛將軍、左武衛將軍、冠軍將軍、上柱國、涼公，別食綿、歸二州，實封六百戶克施㉒在封，六百戶克施在操㉓，匪躬成節㉔。以功詔爵，爰頒錫壤㉕之榮；以德命官，載啓銜珠㉖之秩。

公慶㉗門貽祉，華宗誕秀。踐忠信以立身，執恭謙而待物。博通才術，備閑道藝。星飛楚劍，見水裔之浮蛟；月上燕弧，睹雲衢之落雁。聚壤爲陣，少懷軍伍之心；裂帛成旗，早習兵戈之用。年始弱冠，時屬經綸。效款㉘河西，同竇融㉙之歸國；韜光隴右，等葛亮㉚之須期。武德五年，奉秦王教，追入幕府，即授右庫真。托身鳳邸㉛，澤厚命車；飛名菟園㉜，恩均置醴。於時，皇基肇建，二凶㉝構逆。公特蒙驅使，委以腹心，奉敕被甲於嘉猷門㉞宿衛。既而內難克除，太宗踐極㉟。爵祿攸設，先酬環甲之勞；賞命所加，用答披荊之勳。特拜公右千牛備身。貞觀元年，突厥頡利可汗㊱擁徒卅萬衆來寇便橋，太宗親率精兵出討。吉利遣使乞降，請屏左右，太宗獨將公一人於帳中自衛。其所親信，多類此也。至三年，涼公以河右初賓㊲，家業殷重，表請公歸貫檢校，有詔聽許。公優游㊳鄉曲十有餘年，後奉恩敕，遣公充使西域，册拜東羅可汗。皇華遠邁，聲浹於殊荒；天節高麾，威加於絕域。使還，詔授左領軍衛嫣泉府果毅都尉。任參五校，允屬於典戎；職縱千夫，實資於御侮。尋丁涼公憂，去職。茹荼泣血，殆將滅性。服闋，轉授左屯衛蘄川府果毅。公以太夫人年老，請解職歸侍，恩敕以公藩府舊寮，特令帶官就養。復丁內憂解任。灰琯㊴未周，墨縗㊵旋及，奪情㊶蒙授益州武威府果毅。至永徽年中，賀魯㊷叛常，驚擾沙塞。貳師振旅，將蕩甀裘㊸

之孽；五道㊹分麾，實藉偏裨之伍。別敕差公充蔥河道檢校軍馬使。賊平軍迴，加授右武衛義仁府折冲都尉。押玉同貞，壺冰比潔。明以察政，黠吏無以匿其情；直以當官，邪人不能撓其法。肅戈紫掖，惟才是寄；司戟王階，任人尤切。龍朔㊺三年，遷授右驍衛郎將。麟德元年，又加授左監門衛中郎將。二年，告禪雲郊，升中岱岳，公親於壇上供奉，恩詔加授忠武將軍。咸亨元年，又加雲麾將軍。董兵欄錡㊻，先佇於幹能。掌衛宸軒㊼，必資於忠勇。三年，加拜右驍衛將軍。上元元年，又遷授右威衛將軍。竭誠莅政，勤著於六戎；勵節當官，功宜於八校。然以逝川不駐，藏壑易遷，方延刻玉之期，奄邁盈瑰之釁。以永淳二年八月四日遇疾，薨於東都河南里之私第，春秋七十有七。天不興善，嘆軫簪裾㊽；人之云亡，悲感行路。恩詔以公藩朝左右，備立勛庸，特令陪葬昭陵，以申惟舊。葬事所須，并宜官給。晋臣疏隧，自居芒阜㊾之前；漢將開墳，終依茂陵㊿之側。胤子右武衛良社府果毅神感等，充窮剡思，孺慕嬰心。掰地無追，號天罔極。龍璋筮宅，俾安厝㉑於千古；鳳篆㉒圖銘，庶騰芳於萬葉。銘曰：

媯水㉓導源，涼土開國，星垂獸象，地分龍勒。家挺异人，門傳令德，曠野崇訓，儀台闡則。其一。

運鐘標季，時逢會昌，天臨萬宇，雲羅八荒。顯考投袂，爰歸聖皇，惟君奮節，亦奉興王。其二。

帝圖肇創，國步猶阻，十角外侵，二凶內侮。任參戈戟，寄同心膂，玉帳斯衛，金門載御。其三。

繼明登歷，儀乾纘構，逐菟論功，攀鱗錄舊。賞緜恩治，榮因寵授，白羽肅兵，青旗蕩寇。其四。

武賁務總，鷹揚望華，力能禁暴，威足閑邪。電發銅首，星飛莫邪，宏謀聚石，妙算□沙。其五。

紫綬升班，金章列位，長衢曜戟，高門納駟。愛士分車，傾寶輟饋，弃玉成寶，遺財立義。其六。

虞谷馳輝，魯川閱水，道飆易減，夜河難恃。大樹雲摧，哲人其萎，悼深捐織，悲逾罷市。其七。

聽鞞㉔興感，撫屢傷情，澤均詔葬，恩俾賜塋。祁山構象，夏屋成形，道被存沒，禮極哀榮。其八。

生也有涯，死而不作，繽車宵警，銅池曉躍。橋陽是寓，狄陰攸托，路轉悲慘，隆窀吊鶴。其九。

誕生厥胤，至性純深，循陔㉕茹泣，望屺㉖崩心。規墳月岫，架隴雲岑。敬勒銘於金石，庶永播於徽音。其十。

光宅元年歲次甲申十月己卯朔廿四日壬寅奄葬。

[題解] 碑簡稱《安元壽墓誌》，刻於唐武則天光宅元年（684）十月，現存西安昭陵博物館，碑文録自《昭陵碑石》。簡述了安元壽祖上三代的功名和其生平、戎旅、仕宦生涯，以及去世後所享有的"特令陪葬昭陵"的寵遇，贊頌其"踐忠信以立身，執恭謙而待物"的修爲和"仁於幹能""資於忠勇""竭誠莅政""勵節當官"的才幹。墓誌中記載了玄武門之變、渭橋退兵的内幕。由於安元壽是唐初"玄武門之變"的參與者，也是武威安氏集團中進入最高層的成員，對研究武威安氏歷史和家族盛衰具有重要的歷史價值。

[作者] 郭正一（？—689）：定州鼓城（今屬河北省）人。進士出身，曾任弘文館學士、中書侍郎、同中書門下平章事，封潁川縣男。執政頗久，明習故事，文辭詔敕，多出其手。武后稱制，罷爲國子祭酒，出檢校陝州刺史。後被周興所誣構，被殺。

[注釋]

①安府君：即安元壽（607—683），涼州姑臧（今甘肅武威）人。安興貴之子。青年時期曉勇非常，十六歲入秦王府，負責守衛、陪從、鞍馬事宜。在玄武門政變中，負責宿衛嘉猷門（長安城西門）。同年八月，突厥入侵兵至渭河，李世民同突厥首領頡利可汗在便橋刑白馬設盟時，只有他隻身一人於帳中護衛。貞觀三年，回歸故里。十多年後出使西域，又輾轉歷任益州武威府果毅都尉等職。高宗時，參加平息賀魯反叛，累遷左監門衛中郎將；參與高宗封禪泰山，并親於壇上供奉。後歷任雲麾將軍、右驍衛將軍、威衛將軍、夏州群牧使。卒後陪葬昭陵。

②景宿：指星列。語出左思《吴都賦》。

③文昌句：文昌，星名，古時認爲是主持文運、功名的星宿。垂，傳下去。

④群流：猶同輩。

⑤師貞句：師貞，指軍隊；丈人，主人，家長。《易·師》："師貞，丈人，吉，無咎。"孔穎達疏："師，衆也。貞，正也。丈人謂嚴莊尊重之人。言爲師之正，唯得嚴莊丈人監臨主領，乃得吉，無咎。"意思是出兵正義會使主帥吉利。

⑥隆周：强盛的周朝。語出《漢書·揚雄卷上》。

⑦司武：司馬的別稱。古代掌管軍隊和軍賦的職官。各朝各代略有不同，隋唐以後爲兵部尚書的别稱。

⑧炎劉御歷：炎劉，舊指以火德王的劉氏漢朝。趙岐《〈孟子〉題辭》："遭蒼姬之訖録，值炎劉之未奮。"御歷，指皇帝登位，君臨天下。

⑨爪牙：古代指勇士，武臣；得力的幫手，羽翼，一般指武將。今多作貶義。

⑩心膂(lǚ)：心與脊骨，都是人體中重要的部分。比喻親信的人。

⑪稽：考查、考核、核查。

⑫武賢：指漢朝名臣辛武賢，隴西郡狄道（今甘肅臨洮）人。曾任酒泉（今甘肅酒泉）太守、破羌將軍，破西羌取勝，征烏孫至敦煌。

⑬充國：即趙充國（前137—前52），字翁孫，隴西上邽（今甘肅天水）人，後移居湟中（今青海西寧市）。其爲人有勇略，熟悉匈奴和氐羌習性。歷任大將軍都尉、中郎將、水衡都尉、蒲類將軍、後將軍等職，封營平侯，爲西漢麒麟閣十一功臣之一。他提出并踐行的留兵屯田之策影響深遠。

⑭服侯：即侯府。周制稱王城周圍方千里以外的方五百里的地區。《周禮·夏官·職方氏》："乃辨九服之邦國，方千里曰王畿，其外方五百里曰侯服，又其外方五百里曰甸服。"鄭玄注："服，服事天子也。"碑文中的周朝當指北周。

⑮綷羽：五彩繽紛的羽毛。綷，無色雜合的絲織品。

⑯下稷：即下昃。下昃謂申時。

⑰開府儀同三司：官名。開府，指以自己的名義自置幕府與幕僚部屬的行爲。得授儀同三司加號者可以得到與三公一樣的待遇。這是魏晉至元朝時，朝廷對有功大臣功勞的重賜。

⑱珪璋：原指玉制的禮器。此處比喻人品高潔。

⑲瑚璉：原指宗廟裏盛黍稷的祭器。此處比喻治國的才能。

⑳調梅：謂用鹽梅調味，使食物味美。喻指宰相執掌政柄，治理國家。梅，味酸，古代調味品。語出《書·説命下》。

㉑鐘鼎：原指禮器鐘和鼎，比喻富貴榮華。也指高官重任。也比喻從政爲官。

㉒克施：謂能够施加，能够給予。

㉓操：謂操職（任事）；駕馭，掌握。

㉔匪躬成節：不顧自身利益而盡忠王室的節操。

㉕錫壤：分封土地；指分封的土地。

㉖銜珠：其本意爲含着珠子，形容繁華富貵。其典故多用於報恩。

㉗慶門：謂福慶之家。語出宋梅堯臣詩。

㉘效款：指效忠，投誠。語出司馬遷《報任安書》。

㉙竇融（前16—62年）：見本書《竇公臺碑》題解。

㉚葛亮：指三國名臣諸葛亮。

㉛鳳邸：帝王即位前的舊居。

㉜莬園：園囿名。也叫梁園、兔園、睢園、修竹園，爲西漢梁孝王劉武在都城睢陽城内所營建的游賞宴賓之所，故址在今河南省商丘市睢陽區境内。

㉝二凶：指李世民兄弟李建成、李元吉。

㉞嘉猷門：唐長安城西面的城門之一。

㉟踐極：即登帝位、即位。

㊱頡利可汗（579—634）：突厥族，姓阿史那氏。初承父兄基業，兵馬强盛，阻撓唐朝統一；其後又連年侵唐邊地，殺掠吏民，劫奪財物。唐初定中原，無力征討。其於626年再度入侵，唐太宗親臨渭水，與他隔水而語，結渭水便橋之盟，東突厥軍隊方退。629年，太宗派李靖、李績出兵與薛延陀可汗夷男等夾攻，敗頡利於陰山，被擒送長安。太宗賜以田宅，授右衛大將軍。卒於長安。

㊲賓：服從、歸順。

㊳優游：意思是生活得十分閒適、從容，悠閒自得。

㊴灰琯（guǎn）：亦作"灰管"。原指古代候驗節氣變化的器具。此處指時序，節候；或指時序；節候。

㊵縑墨：猶紙墨。此處指書信、文書。

㊶奪情：中國古代禮俗。官員遭父母喪應辭官家居守制，稱"丁憂"，服滿再行補職。奪情是丁憂制度的延伸，意思是爲國家奪去了孝親之情，可不必辭官去職，或召出任職，或命其不着公服，素服治事，不預慶賀，祭祀、宴會等由佐貳代理。奪情常常發生在戰場上的將士身上或戰争期間。

㊷賀魯：即阿史那賀魯（？—659），西突厥汗國大將。646年，乙毗射匱就任西突厥可汗，擊敗原可汗乙毗咄陸。賀魯原爲乙毗咄陸一黨，遂率3000部衆降唐。是時唐軍正征討龜兹，即封賀魯爲昆丘道行軍總管，進軍龜兹。之後，被封爲瑶池都督府都督。高宗即位後叛唐自立，被蘇定方率軍平定并獻俘昭陵。

㊸氈裘：原指北方游牧民族以皮毛製作的衣服，此處借指北方游牧民族。

㊹五道：五路，五個方面。

㊺龍朔等年號：墓志中的龍朔、麟德、咸亨、上元、永淳，皆唐高宗年號。649—683年高宗在位，共34年。

㊻欄錡：古代同"蘭錡"，兵器架。引申指顯赫的門第。

㊼宸軒：古代帝王所居宫室。

㊽簪裾（zānjū）：指古代顯貴者的服飾，借指顯貴。

㊾芒阜：也作邙阜，山名，在今河南省洛陽市北。山上多古代帝王陵墓。

㊿茂陵：漢武帝劉徹陵墓。

(51)安厝：因待葬或要改葬而暫將靈柩停放某處。

(52)鳳篆：道家所用的文字。也稱雲篆、鳳文。

(53)嬀（guī）水：阿姆河的古稱。源出興都庫什山脉北坡，流經土庫曼斯坦及烏兹别克斯坦，注入咸海。《史記》《漢書》作嬀水，《隋書》和新舊《唐書》作烏滸水。安元壽之安姓源於昭武九姓，出自中亞的昭武九國，屬漢化改姓爲氏；也包括到中國定居的安息國（今伊朗）的王族後代（以國爲姓）。嬀水是安姓及昭武九姓的母親河。

(54)鞞（pí）：古通“鼙”，鼓名。

(55)陔（gāi）：指古樂章《陔夏》。

(56)屺：没有草木的山。

唐故明威府[1]隊正[2]紇單府君[3]墓志銘

君諱端，陰山人也，出自國族。拓跋歸晋，因而命氏，所以載於竹帛，傳之終古。曾顯，隋[4]凉、益、蒲、廣四州刺史、大都督、武威郡守、永平郡開國公，食邑二千六百石。門業克昌，衣纓相襲，家傳冠冕，弈代蟬聯。祖貴，襲爵同揆，餘官如故，立言立行，流芳籍素。君稟性倜儻，忠簡自持，武略超倫，名班群儕。汪汪焉，有大士之風；滔滔焉，懷志仁之雅亮。故得名稱朝野，威振遐端。諒難稱載，起家，授明威府隊正。終於私第，春秋五十八。夫人牛氏，以垂拱元年[5]六月十六日終於寢室，合葬於州南十八里第五山之原胡村之界，禮也。

嗚呼哀哉！嗣子萬福，乃爲銘記。

[題解] 簡稱《紇單墓志》，刻於唐武則天垂拱元年（685）六月墓主人夫婦合葬之時。共兩方，志蓋高、寬各42厘米，志身高、寬各48厘米。今存武威文

廟。碑文簡述其顯貴之門第和個人之素質聲望及任職、去世、葬處等情況，是研究鮮卑族人物及姓氏流變的重要依據，也可能是凉州單姓的族源。作者不詳。

[注釋]

①明威府：唐初置明威府、明威戍，在今民勤縣境内。

②隊正：唐代府兵中最基層的軍官，品階爲正七品上階。其稱號（職務）猶今日之隊長。

③紇單府君：名端，陰山（今内蒙古中部一帶）人。拓跋鮮卑族，出生於官宦世家，曾任明威府隊正。去世後與婦人牛氏合葬於凉州南山。紇單，北魏鮮卑拓跋氏姓氏。張澍《姓氏尋源》卷四十一："紇氏，音鶻。後魏《官氏志》云，紇單氏改爲紇氏……後改爲單氏。"

④隋：隋朝。

⑤垂拱：唐武則天年號，於685年正月，改元垂拱。

唐故凉州長史元仁惠①石柱銘并序

公諱仁惠，字某，河南洛陽人也。昔帝軒命子，爰宅幽都，天神降祚，遂荒北岳。其後日月運行，雲雷經始，壇塲鄭洛，據天地之圖，帶礪山河，建王侯之國。公即魏昭成皇帝②之十代孫，中書令濮陽王順之曾孫也。大父雄，魏濮陽王，後改封武陵王。昆吾伯嗣，越在濮陽之墟；琅琊王子，別封武陵之郡。宇文朝降爲武陵公、太府卿、秦州總管。微子去國，不替舊章③；薛侯來朝，於焉降等④。父胄，隋濠、豫二州刺史、右衛大將軍，襲封武陵公。翼亮隋室，宏濟王基，有佐命之元勛，承異朝之延賞，文武籍甚，貽燕深長。

公受金行之正性，承冠代之隆烈，幼見岐嶷⑤，夙聞聲器。靈臺雲秀，繩墨之宰無施；雅韵天成，金石之師何力？屬隋綱弛紊，神葉不歆，卿族衣冠，日失其序。獨寐寤宿，永懷盤澗之人；藏器待時，未射高墉之隼。唐祖龍飛天宇，鶴版岩林，授公右千牛録事，釁闉⑥之恩舊也。高皇邑子，既與盧綰⑦同衣；光武學徒，則有嚴陵⑧共宿。久之，以公事免爲雟州法曹，又歷循州河源、滑州靈昌二縣令。克己爲政，蠻貊化忠信之言；直道與人，仕己無喜慍之色。永徽⑨在歷，碩真構難，群凶既翦，江界蕭條，帝念疲氓，疇兹俾乂，乃授公睦州雉山縣令。乘馴而往，下車作則，江通海盗，革面來威。然後簡綱鳩人，峻策羈吏。閒田盡辟，鰥寡委犬彘之餘；絕澗無游，豪猾屛鼉漁之氣。我有禮樂，達於山川鬼神；物應休禎，孚於鳥獸草木。朝廷异之，拜朝散大夫，行隆州閬中令。未至，改授雍州渭南令。觀人設教，异邑同風。遷隆州司馬，尋加朝散大夫，授涼州都督府長史。分乘兩蕃，人康頌作。化澄巴濮，無侵桔柚之園；教溢河湟，不飲葡萄之酒。離歌就昊，歲夢臨辰，命躓修途，榮慚厚德。總章⑨二年，終於官舍，春秋七十有三。

夫人安定梁氏。文伯⑩之妻，君子以爲知禮；孟軻之母，良史稱其能賢。齊德茂於昭塗，合祔⑪期於幽隧⑫。有子懷貞，斧藻詩禮，佩踐義方，承家有馥，芝蘭如也。歷官右司員外郎、太子舍人，而罹事徒居，復歸舊土，履霜露於三紀，無改素冠之行；違桑梓於十載，還守青門之田。勤孝在乎追遠，豐感思乎備物。武陵公之塋域，今順陵柏城之内也。山園有禁，奉瞻靡及。粵以聖曆二年歲次月朔，別卜宅於咸陽縣肺浮原合葬焉。公孝友純深，風標峻起，門無雜客，家有嚴君。而佐郡爲幫，宏風邁德，執法不撓，去邪勿疑。仲由⑬之政事，叔向⑭之遺直，豈稱論之典有闕，范則之容將墜。仰惟代姻，恭承哀托。郭有道⑮之故事，無愧蔡邕⑯；趙文子⑰之將游，永懷隨會⑱。寓詞楹石，式題賢壟。

其銘曰：大哉乾元，我族資始。有國伊魏，曰天之子。皇羲姓風，帝姬氏水。創業垂統，郁乎舊史。崇德象賢，允也重軌。貞涵玉性，潤結璿源。武公之子，平王之孫。川流長直，光氣熊渾。孝深柏頻，義重荆璠。白圭比節，黃金敵言。行實剛簡，游無諂黷。學妙神教，書能鬼哭。避彼屯運，盤桓空谷。四海有王，一旦明目。佩此芳草，遷於喬木。亦既從政，淑問克宣。秉心如水，臨事如弦。歷宰四邑，高芬屬天。元僚兩郡，汪化流泉。江河秦蜀，嘉聲在焉。三光西没，百川東度。天道運回，人隨代故。倏忽三紀，悲涼千露。帝葬橋山，傍堨祖墓。天斷舊域，地開新路。路即咸陽，阡惟京兆。坤氣雲蠹，長岡龍抱。空掩銅人，塋留石鳥。塵歇徑滅，山飛海少。篆刻揚名，亭亭華表。

[題解] 簡稱《元仁惠碑》，立於唐武周聖曆二年（699）墓主人夫婦合葬之時。碑佚，碑文引自《涼州府志備考》，又據《全唐文》清董誥等纂修卷〇二三二張說（十二）校改。此碑文系盛唐大文豪、政治家張說撰寫。元仁惠系北魏皇族貴冑，出身高門，資歷豐富，又政績突出，後卒於任所，可謂鞠躬盡瘁。其夫人賢能知禮，其子秉承祖訓，皆稱優秀。作爲元仁惠嫡孫婿的張說，滿懷深情，用較多的篇幅贊頌仁惠家族及其功績，表達對先輩忠臣的懷念與哀思。

[作者] 張說（667—730）：字道濟，一字說之，河南洛陽人。曾官兵部侍郎、中書侍郎、中書令等職，三次拜相，封燕國公。張說夫人爲武陵公元懷景之女。

[注釋]

①元仁惠（597—669）：河南洛陽人。系北魏皇族，北魏武陵王元雄之孫，隋武陵公元冑之子，武陵公元懷景之父。曾任縣令、涼州都督府長史等職。任職期間，多有作爲。

②魏昭成皇帝：即十六國時期代國（338—376，北魏的前身）的創建人拓跋什翼犍，北魏開國皇帝道武帝拓跋珪的祖父，後世追諡爲昭成皇帝。

③微子句：微子即微子啓，殷商貴族，紂王庶兄。因紂王不聽微子勸告，曾離開紂王。後降周，爲周朝宋國始祖，後世稱宋微子。

④薛侯句：公元前712年，姬姓的滕侯和任姓的薛侯前來朝見魯君，滕侯與薛爭長，後經協調，薛侯同意讓滕侯先行朝禮魯君。成語"滕薛爭長"即説此事。引申爲争奪尊位或首位。

⑤歧嶷：見《翟賓墓志銘》注。

⑥黌閈（hónghàn）：巷門、宫門，指朝廷。黌，學校校門，指學校；閈，里巷的大門。也作"閈閎"。

⑦盧綰（前256—前194）：沛豐邑（今江蘇豐縣）人。與劉邦是同鄉好友，且二人是同一天生日。少時一起讀書，友好相處，親密無間，入漢後官至太尉，被封爲燕王。漢十一年（前196年）同陳豨叛亂，劉邦以樊噲、周勃攻打，盧綰携家人奔走匈奴，後死於匈奴。

⑧嚴陵：即嚴子陵（前39—41），名光，字子陵，會稽余姚（今浙江余姚市）人。東漢著名隱士。少有高名，與劉秀是同學，曾積極幫助劉秀起兵，事成後歸隱著述，設館授徒。劉秀即位後，多次延聘嚴光。有一次二人同牀共宿，懇求他出仕。但嚴陵不爲所動，退居富春山至去世。

⑨永徽等年號：永徽，唐高宗年號，共六年，即650—655年。總章，唐高宗年號，總章二年即669年。聖曆，周武則天年號，聖曆二年即698年。

⑩文伯：文章宗師。對著名文人的敬稱。

⑪合祔：合葬。祔，泛指配享、附祭、合葬。

⑫幽隧：幽静深遠。指陰間、地府。

⑬仲由：即孔子弟子子路，孔門十哲之一。其以政事見稱，爲人伉直，好勇尚武，曾隨孔子周游列國。

⑭叔向：即羊舌肸（xī），字叔向，春秋時期晉國大夫。性格耿直，爲人正直。當時，他以維護禮制傳統和社會秩序的言行及耿直的品格聞名於諸侯間，受到傳統勢力派人士的尊敬。

⑮郭有道：即郭泰（128—169），字林宗，山西介休人。東漢末太學生首領，人稱有道先生。因看到東漢腐朽將滅，不應征召，歸鄉執教，弟子達數千人。不慕高爵顯位，樂與士人爲伍，被世人視爲楷模。

⑯蔡邕（133—192），字伯喈，東漢陳留（今河南開封）人。著名文學家、書法家。避亂江湖多年，董卓掌權，強召爲官，任中郎將。董卓被誅殺後被王允下獄，死於獄中。蔡邕生前曾爲郭泰撰寫碑文，內容真實，感情真摯，是公認的名碑，有"郭碑"之典故。

⑰趙文子（？—前541）：名武，世稱趙孟。春秋時期晉國卿大夫，政治家、外交家，著名的賢臣，《趙氏孤兒》之歷史原型。晉國趙氏復興的關鍵人物，執掌國政數十年，力主諸侯和睦，曾主持晉楚弭兵之盟。

⑱隨會：祁姓，隨氏，范氏，史稱范武子、隋武子、士會、世季等。春稱晉國大夫，政治家，先秦時代賢良的典範，被譽爲治世能臣、亂世智者。多年後，趙文子與叔向同游晉國墓地，趙文子唯隨會爲尊。

大周故弘化大長公主①李氏 賜姓曰武 改封西平大長公主墓志銘并序

成均進士 雲騎尉吳興姚畧 撰

公主隴西成紀人也，即大唐太宗文武聖皇帝之女也。家聲祖德，造天地而運陰陽；履翼握袞②，禮神祇而懸日月。大長公主，誕靈帝女，秀奇質於蓮波；托體王姬，湛清儀於桂魄。公宮稟訓，沐胎教之宸猷；姒娌承規，挺璿闈之睿敏。以貞觀十七年出降於青海國王勤豆可汗慕容諾賀鉢③。其人也，帝文命之靈苗，尌尋氏之洪胤；同日磾④之入侍，獻款歸誠；類去病⑤之辭家，懷忠奮節。我大周以曾沙紐地，練石張天，萬物於是惟新，三光以之再朗。

主乃賜同聖族，改號西平，光寵盛於厘媯⑥，徽猷高於乙妹⑦。豈謂巽風清急，馳陳駟⑧之晨光；閬水分流；徒藏舟之夜壑。以聖曆元年五月三日寢疾，薨於靈州東衙之私第，春秋七十有六。既而延平水竭，惜龍劍之孤

飛；秦氏樓傾，隨鳳蕭而長往。以聖曆二年三月十八日，葬於涼州南陽暉谷冶城之山崗，禮也。

吾王亦先時啓殯，主乃別建陵垣，异周公合葬之儀，非詩人同穴之咏。嗣第五子右鷹揚衛大將軍、宣王萬等，痛深欒棘，願宅兆而斯安；情切蓼莪，慚陟屺而無逮。撫幽埏而掩泗，更益充窮；奉遺澤而增哀，彌深眷戀。以爲德音無沫，思載筆而垂榮；蘭桂有芬，資紀言而方遠。庶乎千秋萬歲，無慚節女之陵；九原三壤，不謝貞姬之墓。其銘曰：

瑤水誕德，巫山挺神。帝女爰降，王姬下姻。燕筐含王，門牖題銀。珈珩梯爲，軒佩莊鱗。其一。

與善乖驗，竟欺遐壽。返魂無徵，神香徒有。婓彩潜翳，電光非久。瞼碎芙蓉，茹悽楊柳。其二。

牛崗辟壤，馬鬣開墳。黛柏含霧，蒼松起雲。立言載筆，紀德垂薰。願承榮於不朽，庶傳芳於未聞。其三。

[題解] 碑刻於武周聖曆二年（699）三月。志蓋有三行九字篆書"大周故西平公主墓志"，簡稱弘化公主碑。原碑文中有武后所造新字，爲便於排版和今人閱讀，在編輯時已改過。另據《隴右金石錄》載，碑出於武威縣（今涼州區）南，共兩方，石蓋高、寬各60厘米，石身高寬各56厘米，文字25行，滿行24字。今存武威市博物館。

唐代吐谷渾王族墓群，位於武威市城南15千米處的新華鎮青嘴喇嘛灣（現武威南營水庫對面及南面的山崗上，古今有些記載稱爲武威南山）。從清代同治年間以來，這裡先後發現唐代吐谷渾墓志銘9通，（按時間順序）即大周西平公主（弘化公主）、青海國王慕容忠、政樂王慕容煞鬼、安樂王慕容神威、元王慕容若夫人李氏、大唐金城縣主（慕容忠妻）、燕王慕容義光夫人武氏、代樂王慕容明、燕王慕容曦光。1944年春，西北科學考察團歷史考古組赴河西考察，夏鼐先生對當時出土的7通墓志進行了研究。9通墓志中的7通現存武威市博物館，另2通於民國年間由夏鼐運存於南京中央研究院歷史語言研究所（簡稱史語所，現南京博物院）。9通墓志分別介紹了墓主人的出身、簡歷、功績、操行和生卒時間、壽夭、葬期等，是目前國內出土的比較完整的吐谷渾民族碑刻，對研究吐谷渾及西北民族關係史具有重要的史料價值。在這些碑刻的出土及其保護當中，民國武威知縣康敷鎔和地方名士賈壇功不可没。除弘化公主墓志外，其餘8通作者不詳。

吐谷渾是我國古老民族之一，屬鮮卑族的一支，最初發迹於我國東北地區（今河北昌黎、遼西一帶），後徙居西北。其於西晉永嘉之亂後興起，最盛時勢力據有今甘、青、蒙、新部分地區，轄境東西長達數千里，存在時間長達350年，最後被興起於青藏高原的吐蕃所滅。唐朝爲了穩定西部邊疆，曾以弘化公主等多位公主下嫁吐谷渾王室成員和親。甘肅武威涼州青嘴喇嘛灣吐谷渾王族墓地是其政權滅亡後才形成的。唐龍朔三年（663），吐谷渾滅亡後，國王諾曷鉢及妻弘化公主率千帳逃至涼州。唐朝曾於咸亨元年（670）派大將薛仁貴率兵擊吐蕃，并護送諾曷鉢回本土建國。後薛仁貴被吐蕃大敗於大非川（今青海境内），幾乎全軍覆没，吐谷渾建國的希望落空。後來，唐朝先後將諾曷鉢王族安置到鄯州（今青海樂都）浩門河（今大通河）一帶和靈州（今寧夏吴忠市）、涼州。吐谷渾王族成員在涼州居住只有9年，死後大都葬於或遷葬於涼州南山（即青嘴灣和喇嘛灣），由此在這裏形成一個比較完整的吐谷渾王族墓葬群。已出土的9通墓志是研究吐谷渾歷史的珍貴實物資料。爲便於閱讀和研究，兹將9通墓志編排在一起，并收錄寧夏吴忠市出土的《大唐故左領軍衛大將軍慕容神威君墓志銘并序》，共10通，其中的相關人物、歷史事件等可參照理解，以使人們對此又一個比較完整的認識。

　　補記：據2019年11月25日《中國文物報》載，今年9月25日，在甘肅省天祝縣祁連鎮岔山村北的山崗上，發現武周時期吐谷渾王室墓葬，墓葬保存完整，出土墓志及金、銀、銅、鐵、石、陶、木器、絲麻製品等220餘件組。墓志篆書"大周故慕容府君墓志"，志文内容顯示，墓主爲"大周雲麾將軍守左玉鈐衛大將軍員外置喜王"，系青海國王慕容諾曷鉢第三子慕容智，因病去世於武周天授二年（691），終年42歲，按照禮制遷葬於涼州大可汗陵。墓志現存甘肅省考古研究所，志文尚未正式公布。

　　此墓葬距涼州青嘴喇嘛灣弘化公主墓約15千米，可能預示着涼州南山一帶將有一批吐谷渾王室墓葬，真正使這裏形成規模宏大的吐谷渾王室墓葬群。

　　[作者] 姚詈：浙江吴興人。成均進士（國子監生員），曾任雲騎尉。

　　[注釋]

　　①弘化公主（623—698）：隴西成紀（今甘肅天水市秦安縣）人。唐宗室淮陽王李道明之女，貞觀十七年（643年；按：《舊唐書》表述爲貞觀十四年）以大唐公主身份嫁於青海國王勤豆可汗慕容諾曷鉢，從此遠離皇宫和親人，來到偏遠的湟水河畔，爲民族團結和西北邊疆的安定奉獻了一生。因她的和親，占據青海的吐谷渾從此和唐朝關係密切，再無戰事，使唐朝西部邊境安寧。武則

天稱帝後封她爲"西平大長公主"，賜姓"武"。於武則天聖曆元年（698）去世於靈州（今寧夏吳忠市）私第，歸葬於涼州南山。

②裒（póu）：聚集。

③慕容諾賀鉢：即慕容諾曷鉢（？—688），吐谷渾汗國末代國王，慕容順之子。幼年嗣位時，大臣爭權，國中大亂。唐太宗遣軍援之，并封爲河源郡王，授烏地也拔勤豆可汗。貞觀年間，尚弘化公主。其丞相宣王專權，欲劫其奔吐蕃，遂逃奔鄯州（今青海樂都）城。唐鄯州刺史杜鳳祥與其威信王合軍擊破宣王。唐高宗時，拜駙馬都尉。龍朔三年（664），其地爲吐蕃吞并，遂與弘化公主奔涼州。唐徙其部衆於靈州之地，置安樂州，以其爲刺史。

④日磾：即漢武帝時出身於匈奴的大臣金日磾。

⑤去病：即漢武帝時征戰河西的驃騎將軍霍去病。

⑥釐媯（guī）：釐，即釐降，下嫁；媯，上古八大姓之一，虞舜姓氏。

⑦乙妹：當指古代皇室之女。

⑧隟駟："隟"同"隙"，縫隙；駟，馬，神馬。隟駟，比喻易逝的光陰，亦作"郤駟"。意同成語"白駒過隙"。

周故鎮軍大將軍 行左豹韜衛大將軍 青海國王 烏地也拔勤豆可汗墓志銘并序

王諱忠①，陰山人也。自雲雷降雹，開大國之王基；日月成文，握中原之帝業。天啓鬥馬，率衆西遷；地據伏龍，稱孤南面。祖，特麗度許符別可汗。父，諾遏鉢，青海國王、駙馬都尉、烏地也拔勤豆可汗；并軍國爪牙，乾坤柱石，忠勤克著，异姓封王，寵渥彌隆，和親尚主。王丕承顯烈，特稟英奇。至若蘭台芸閣之微言，丘山泉海；豹略龍韜之秘策，長短縱橫。莫不披卷而究五車，運籌而決千里。逸才天假，休德日新。接物盡君子之心，事親備文王之道。年十八授左威衛將軍。戚承銀牓②，弱歲求郎，寵溢金貂，童年入侍。後加鎮軍大將軍、行左豹韜衛大將軍，襲青海國王、烏地也拔勤豆可汗。象賢開國，策固誓河，拜將登壇，任隆分閫③。坐金方而作鎮，出玉塞而臨軍；朝廷無西顧之憂，獫狁罷南郊之祭。將軍有勇，期勝氣於千年；壯士云亡，惜寒風之一去。粵聖曆元年五月三日，薨於靈州城南渾牙之私第，春秋五十有一。棟梁折矣，遠近淒然。以聖曆二年三月十八日歸葬於涼州城南之山崗，禮也。孤子等痛昊天之莫訴，恐離岸之行遷；冀披文而頌德，刊翠石於黃泉。其銘曰：

壽邱茂緒，黎邑雄藩。龍興北盛，馬關西奔。代傳龜紐，□降魚軒。積慶隆矣，生賢在焉。其一。

自家形國，資孝爲忠。爰辭柳塞，入衛蘭宮。青海蓁④業，西隅畢通。玄郊坐鎮，北漠恒空。其二。

夷夏經安，搢紳之望。樹善無忒，輔仁何曠！營罷真軍，日亡上將。義深悼往，恩隆洽葬。其三。

青烏剋兆，輴⑤駕言回。墳崇馬鬣⑥，地據鼉堆。雲愁壟樹，月釣泉台。式刻翠琬，永播清埃。其四。

[題解] 簡稱《慕容忠墓志》，刻於武周聖曆二年（699）三月，與其母同年同月同日去世，又同時歸葬并立碑。碑刻蓋、志各一方，邊長53厘米。蓋書三行九字篆書"大周故青海王墓志銘"。出土於武威市涼州區新華鎮南營喇嘛灣，今存武威市博物館。原碑文中用到了許多武后所造新字，如國、人、地、日、月等，爲了便於今人閱讀和編排，在編輯時改過。

據《隴右金石録》按：此石亦出武威縣南去城六十里之山，今移存孔廟。石高廣俱尺有六寸，蓋書"大周故青海王墓志銘"九個篆字。志前題："周故鎮軍大將軍、行左豹韜衛大將軍、青海國王烏地也拔勤豆可汗墓志銘并序。"凡二十三行，行二十四字。考"忠"即諾曷鉢之子，以銘文證之，蓋即西平公主所生。初爲侍子，後遂嗣其父職，而《吐谷渾傳》敘忠事極略，僅云："垂拱四年諾曷鉢卒，子忠嗣。"忠卒，子宣趙嗣。得此志可補史之闕文。蓋忠嗣職，自垂拱四年至聖曆二年，凡歷十一年矣。顧有不可解者，西平公主以聖曆元年五月三日薨，以二年三月十八日葬，而忠之薨、葬，皆與同日；同日而葬事所恒有，乃母子同日而死，此事之未必有，殊可疑也。又忠爲諾曷鉢子，爲慕容順孫。《吐谷渾傳》順爲西平郡王，仍授赳（jué）胡呂烏甘豆可汗；此志云："祖，特麗度許符別可汗。"以譯音求之，亦不近似若公主志，以諾曷鉢爲賀鉢，此爲過鉢，則一音之轉，字异而音不异者也。

[注釋]

①慕容忠（648—699）：陰山人，吐谷渾青海國王慕容諾曷鉢與唐弘化公主（即西平公主）之子，被封爲青海國王、駙馬都尉、烏地也拔勤豆可汗。其18歲即被授左威衛將軍，後襲青海國王，"坐金方而作鎮，出玉塞而臨軍"，殺敵衛國，英勇無比，使朝廷無西顧之憂。於武則天聖曆元年（698）去世於靈州

（今寧夏吳忠市）私第，歸葬於涼州南山。其爲後世留下疑問的是他與母親弘化公主同爲聖曆元年五月三日去世，次年三月十八日葬，即母子同年同月同日去世於私第，又是同年同月同日葬於同地。

②牓：古通"榜"。

③分閫（kǔn）：閫，特指城郭的門檻。指出任將帥或封疆大吏。典出《史記·張釋之馮唐列傳》。

④纂（zuǎn）：古通"纂"，繼承。

⑤輤（qiàn）：古代柩車上裝飾用的覆蓋。也指載柩車。

⑥鬣（liè）：馬、獅子等頸上的長毛。

大唐故政樂王慕容君墓誌銘并序

王諱煞鬼①，字宣昌，陰山人也。曾祖融，吐渾可汗，隋尚②東化公主，拜駙馬都尉。祖諾何拔，制封河源郡王，尚大長公主，薨贈兆國王。父成王忠，尚金城縣主，青海國王可汗，并莔③在帝心，襲嗣王位。欽明异域，藻鏡殊方；諒藩屏之任隆，寔邊維之寄重；庶諧捌表，光贊萬邦。忠貞沐奉國之恩，孝悌烈家聲之譽。爰婚帝子，媛以王孫。金柯弈葉於宗盟，瓊萼舒花於戚里。王子維城作固，磐石開基。五潢④分派於堯年，九族流芳於舜日。等山河而作鎮，同嵩嶠而銘祈。寔謂冠蓋明時⑤，領袖當代。頃年⑥未一紀，封爲政樂王。屬聖道昌期，明王馭曆。皇圖啓錄，表唐化而中興；紫極君臨，廓乾坤而重洽。恩制司帙，澤及萬方。九重懷忭躍之歡，百姓喜謳謠之頌。惟王夙承帝戚，朝賀申誠，表謝闕庭，恩加賞錫，內崇奉宸⑦，外授君儲。企望保錄餘年，不意俄嬰疲疣瘵⑧，忽焉傾逝，奄棄⑨所天，權殯於京三輔，春秋廿有六。別敕雍州，遷奉涼府。粵以神龍二年九月十五日，葬於涼州神鳥縣天梯山野城里陽暉谷之原，禮也。王稟質溫恭，素懷貞操；綏強以禮，撫弱

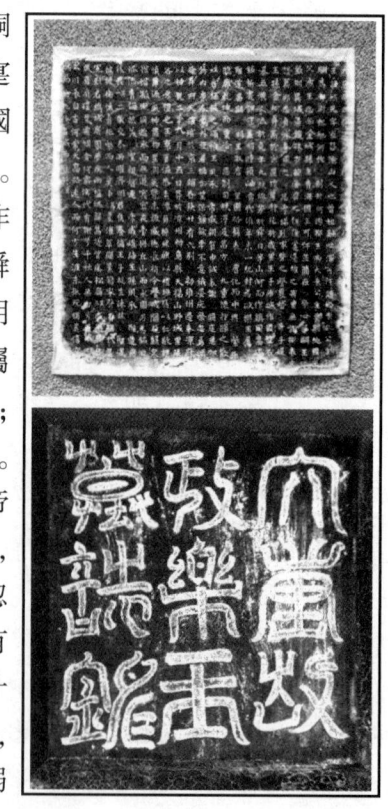

以仁。敬謂清慎覃流，風神肅物；豈期英聲未振，盛德長捐。令譽滅聞，奄歸泉壤。茫茫孤壠，同逝水而無追；冥冥夜台，與山丘而永固。乃爲銘曰：

派流青海，族茂皇親。婚連帝戚，媛結王孫。夙承聖造，垂裕後昆。其一。

二儀交泰，兩曜齊明。君侯養德，王子挺生。沐茲聖澤，鏡彼提衡。懷青拖紫，而人莫争。其二。

爰濯草纓，素籍家聲。簪裾代襲，軒冕烈名。維城靡固，夢疾兩楹。魂歸蒿璲，質瘞松扃。其三。

盛德無依，雄夙靡扇。瓊萼霜凋，金柯露泫。代有謝兮千秋，人無由兮百戰。其四。

地久川長，自古何常。天高路遠，人而何方。生涯未極，死獨奚傷。空游魂而無托，終名滅而靡彰。其五。

[題解] 簡稱《慕容煞鬼墓志》，刻於唐中宗神龍二年（706）九月。共兩方，志蓋高、寬各58厘米，志身高、寬各60厘米。蓋三行九字篆書"大唐故政樂王墓志銘"。出土於涼州區南營青嘴喇嘛灣，今存武威市博物館。

[注釋]

①慕容煞鬼（681—706）：字宣昌，陰山人。慕容忠之子，其忠貞奉國，孝悌家聲，封政樂王。不幸因病英年早逝，歸葬於涼州神鳥縣天梯山（今屬武威市涼州區）一帶原野。

②尚：仰攀婚姻。語出《漢書·司馬相如傳下》。

③蕑（jiān）：蘭草；蓮子。

④五潢：星宿名。又名"五車"，共有五星，位於畢宿東北，在今御夫座。

⑤明時：闡明天時的變化；指政治清明的時代。

⑥頃年：今年；往年。

⑦奉宸（yǐ）：即奉宸局，唐官署名，由尚舍局而改置，主官爲大夫，掌管宮廷祭祀、皇帝湯沐、燈燭、雜使等。

⑧疢瘵（chénzhài）：疢同"瘨（chén）"，病名，多指腹病。瘵，病名，多指癆病。

⑨奄弃：忽然捨弃。指永別，死亡。

河東陰山郡安樂王慕容神威遷奉墓志并序

若夫勞喜休悲，孰免歸天之魄？浮形幻影，誰蠲瘞地之魂？真金玉之可消，況英奇之能久？降年不永，遽逝東流；寂寂山丘，怓怓①壟路。祖，駙馬都尉、青海國王烏地可汗，諱諾褐拔。武苞七德，業冠三冬；開穎不羈，神謀獨斷；溢從風燭，早遷奉畢。祖婆，唐姑光化公主，隴西李氏。孕彩椒房，含輝蘭闈；入洛川而回雪，遡巫嶺以行雲；不爲修短懸夭，芳姿掩彩，早定安厝，又遷奉畢。父忠，德比貞昆，誕俸惟岳，落落聳長與之榦，汪汪澄叔度之陂；追遠慎終，早遷奉畢。左領軍大將軍慕容諱宣徹②，擢秀清流，風塵不雜；光五侯之封，傳萬石之榮；夙奉忠貞，承芳帝戚；朝參鸞駕，夕衛丹墀；不爲曇③起，兩楹梁摧。奄棄，以景龍三年四月十一日奉於涼州神鳥縣界。吉辰擇兆，喪禮具儀。嗚呼哀哉！

式爲銘曰：朝露旋晞，夜台何酷。九泉幽壤，埋茲盛德。不朽飛聲，昭章望族。詎勒燕岑，流芳聖牘。古之遺愛，方斯令則。何以銘勳，樹茲鐫勒。

景龍三年歲次己酉四月丁亥朔十一日丁酉

[題解] 簡稱《慕容宣徹墓志》，刻立於唐中宗景龍三年（709）四月。蓋、志各一方，邊長26.5厘米。蓋三行九字篆書"大唐故輔國王慕容志"。1929年出土於武威南山，今存武威文廟。此碑爲慕容宣徹遷墓之志，志內并無封王時間及葬期，也無生卒年等的記載。

據《隴右金石錄》：此石以民國十八年，出於武威縣南之山，今移存孔廟。石方只有八寸，文蓋完好，蓋有"大唐故輔國王慕容志"九篆字，志前題："河東陰山郡安樂王慕容神威遷奉墓志并序。"正文二十行，行二十字，末書景龍三年歲次己酉四月丁亥朔十一日丁酉，即志內葬期也。宣徹，即慕容忠之子，《唐書·吐谷渾傳》：忠卒，子宣趙嗣。聖曆三年，授宣趙左豹韜衛員外大將軍，仍襲父烏地也拔勤豆可汗；宣趙卒，子曦皓嗣。與志文題銜不同，或系後有封移，而史文省略，其以"宣徹"爲"宣趙"，當爲史誤，"神威"則疑爲"宣徹"字也，弘化公主改作光化，蓋爲避李弘太子諱爾。

[注釋]

①恾恾（máng）：同"茫茫"。又，怖，害怕；驚恐，驚懼。

②慕容宣徹：字神威，慕容忠之子，慕容諾曷鉢與弘化公主之孫。曾任左領軍大將軍。《唐書·吐谷渾傳》載：大周聖曆三年（700），授宣徹左豹韜衛員外大將軍，仍襲父烏地也拔勤豆可汗（《隴右金石錄》）。景龍三年（709）遷葬於涼州神鳥縣界（今屬武威市涼州區）。

③亹（wěi）：勤勉不倦。

大唐隴西郡夫人李氏墓誌銘

夫人諱彩①，隴西成紀人也。祖，正明，任靈、原兩州都督，永康郡開國公。父，志貞，朝議大夫，延州司馬。夫人幼稱女範，兼循婦儀，年廿二出適元王慕容若。乃居貴能降，處尊勞謙，忽及崦嵫②，既夜兼葭夙秋。以景雲元年五月五日奄從風燭，春秋卅③有三。今乃吉晨，遷措墳塋，故勒斯銘，嗚呼哀哉！

開元六年歲次戊午十二月庚申朔二十六日乙酉

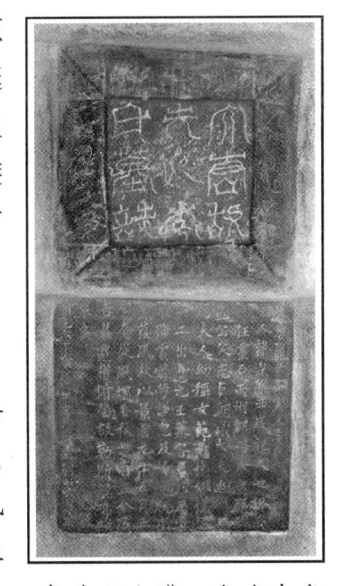

[題解] 碑刻於唐玄宗開元六年（718）十二月。共兩方，志蓋高、寬各42厘米，志身高、寬各48厘米，厚2厘米。志蓋中央三行九字篆書"大唐故夫人李氏墓誌"，周圍刻"子丑寅卯辰巳午未申酉戌亥"十二生肖。1958年5月出土於武威南營（今屬涼州區新華鎮）青嘴喇嘛灣，今存武威市博物館。

[注釋]

①李彩（668—710）：一作李深，隴西成紀人。唐宗室女，出身官宦世家，自幼受到良好的教育，22歲出嫁元王慕容若。於唐睿宗景雲元年（710）去世，歸葬於涼州南山吐谷渾王族祖塋。

②崦嵫（yānzī）：山名。一説在甘肅省天水市西，一説在河西走廊。古代常用來指日落的地方，喻指人的暮年。

③卌（xì）：四十。

大唐金城縣主墓志銘

縣主諱季英①，隴西人也。七代祖瀛州刺史，宣簡公；六代祖唐宣皇帝；高祖唐光皇帝；曾祖定州刺史乞豆；祖，開化郡王文；父，交州大都督、會稽郡王道恩。縣主即王之第三女也。幼聞令淑，早敦詩禮。永徽中，有敕簡②宗女用適吐谷渾。天子見縣主體德敦謹，仁孝有聞，詔曰：會稽郡王道恩第三女可封金城縣主，食邑四千户；出降吐谷渾國王慕容諾曷鉢男成王忠爲妻。永徽三年四月出降，春秋廿有二。撫臨渾國五十餘年，上副所寄，下安戎落。年七十有六，開元六年歲次壬午正月十七日薨於部落，至七年八月十七日合葬於涼州南陽暉谷北崗，禮也。恐山移海變，故勒芳銘。

[題解] 碑刻於唐玄宗開元七年（719）夫婦合葬之時。志蓋篆"大唐金城縣主墓志銘"，四周刻"子丑寅卯辰巳午未申酉戌亥"十二生肖。其於民國年間出土於甘肅武威南山，原存武威文廟。民國年間運存於南京中央研究院歷史語言研究所，今藏南京博物院。

[按] 碑文説縣主於永徽三年（652）出降（帝王之女出嫁），時年22歲，按此推算應生於貞觀五年（631）。又，縣主以76歲高齡去世，時爲開元六年（718），按此推算應生於貞觀十七年（643）。碑文中所述時間前後不一，此記。

[注釋]
①李季英（？—718）：隴西人。唐宗室女，封金城縣主，於唐高宗永徽三年（652），奉詔下嫁吐谷渾國王慕容諾曷鉢之子成王忠。她在吐谷渾五十多年，上爲朝廷安撫邊疆，下爲民族（部落）團結盡心竭力。開元六年（718）去世，次年與其夫合葬於涼州南山吐谷渾王族祖塋。

②簡：選拔。

唐朔方軍節度副使 金紫光禄大夫 行光禄卿 上柱國 五原公 燕王慕容公故妻 太原郡夫人武氏①墓志銘并序

夫人太原人也，則天大聖皇后之侄孫女。簪極天孫，分輝若木；峻岳疏趾，長源演流。祖承嗣，周朝中書令、魏王。父延壽，□皇朝衛尉卿。夫人生自崇闈，長承明訓；女德柔順，韶姿婉淑；十有九載，移天貴門。三星備於禮容，百兩燧乎盈室。言無出閫，動不逾誡；秋霜潔操，春旭齊華。才克媲於金夫，邑爰封於石窌。而靈根宿植，法性潛明；高猒②塵樊，屏絶聲味；心念口演，誦真經而靡倦；焚香散花，繞尊容而不息。然猛風欻③至，幻體難留；紅顏落於薤華④，素景墜於嶒谷。以開元廿三年十月二日，薨於京兆長安延福里第，春秋卅有三。琴瑟愴斷，館舍悲凉。紅閨閴⑤其遂空，翠羽慘其無色。即以廿四年景子歲十月三日己酉，遷窆⑥於凉城南卅里神鳥縣陽暉谷之西原，禮也。嗣子右金吾衛、沁州安樂府果毅都尉兆，擗摽棘心，哀哉荼思！追攀罔極，載割於襟靈；岸谷難常，用刊於玉石。

銘曰：南雪山兮北鳥城⑦，邦媛殂兮此瘗靈；寒草初凋兮哀挽聲，幽泉已閴⑧兮幾時明！

[題解] 簡稱《太原郡夫人武氏墓志》，刻於唐玄宗開元二十四年（736）十月。蓋、志各一方，正方形，邊長56厘米，厚5厘米。志蓋三行九字篆書"大唐故武氏墓志之銘"，四邊殺面上雕刻纏枝卷葉花紋。1978年出土於武威南營青嘴灣（今凉州區新華鎮境内）。今存武威市博物館。

[注釋]

①武氏（703—735）：太原人。武則天之侄魏王武承嗣孫女，燕公武延壽之女，封太原郡夫人。十九歲進入皇宫，受到良好的教育；篤信佛教。下嫁燕王慕容曦光為妻，於唐玄宗開元二十三年（735）十月去世於長安，次年十月歸葬於凉州南山吐谷渾王族祖塋。

②猒（yàn）：吃飽；滿足。同"饜"義。

③欻（xū）：忽然，迅速。

④蕣（shùn）：木槿花，朝開暮謝。

⑤闃（qù）：空；寂靜。

⑥窆（biǎn）：墓穴。

⑦鳥城：涼州治所姑臧，又稱神鳥。因城址不呈方形，東西三里，南北七里，有頭尾兩翅，形狀像鳥，故稱"鳥城"。又像龍，所以又稱"卧龍城"。

⑧閟（bì）：閉塞；掩閉。

押渾副使　忠武將軍　右監門衛中郎將　員外置同正員　檢校閤甄府都督　攝左威衛將軍　借紫金魚袋　代樂王　上柱國慕容明墓誌銘

王諱明①，字坦，昌黎鮮卑人也。粵以唐永隆元年歲次庚辰七月廿七日，生於靈州之南衙。年五歲，以本蕃號代樂王。至唐祚再興，神龍二年四月五日，制云：沙朔雄姿，穹廬貴種；遠暨聲教，式被恩榮。可左屯衛翊府左郎將員外，置同正員。至景雲二年三月卅日，敕攝左屯衛將軍、借紫金魚袋，仍充押渾副使。至開元元年十二月廿一日，制云：鳳柱馳聲，獸貢標帙②；赤墀③近侍，紫極分暉；既覃邦惠，宜峻戎章。可上柱國。至開元十年正月十一日，制云：夙申誠款，久職戎旃；勤效既深，授茲戎寵。可右監門衛中郎將員外，置同正員，餘如故。以大唐開元廿六年十一月十三日薨於本衙，春秋五十有九，歸葬於涼州先塋。

志性敦質，淳和孝友。能簡能易，勿□勿親。宗族推噓，是稱名行。嗚呼哀哉！以名銘記。

大唐開元廿六年歲次戊寅十二日甲子朔七日庚午功就

[題解] 簡稱《慕容明墓誌》，刻於唐玄宗開元二十六年（738）十二月。蓋、誌各一方，邊長46厘米。志蓋篆書"大唐故代樂王上柱國慕容明墓誌銘" 15

字。出土於武威南營青嘴喇嘛灣，今存武威市博物館。據《新通志稿》載：慕容明墓志，今存武威孔廟。石方一尺四寸，文十九行，行二十三字。

[注釋]

①慕容明（680—738）：字坦，昌黎（今河北昌黎縣）人。因其吐谷渾王室貴胄身份，五歲時即襲封爲代樂王。又因祖上爲唐守邊，有功於國，曾任左屯衛將軍等職，封上柱國。唐玄宗開元二十六年十一月去世，歸葬於涼州南山吐谷渾王族祖塋。

②帙（zhì）：包書的套子，用布帛製成。

③赤墀：皇宮中的臺階，因以赤丹漆塗飾故稱，借指宮廷。

大唐故朔方軍節度副使兼知部落使
金紫光禄大夫 行光禄卿 員外置同正員
五原郡開國公 燕王 上柱國慕容曦光墓志銘

王諱曦光①，字晟，昌黎鮮卑人也。粵以周載初元年歲次戊寅七月八日，生於靈州之南衙。年甫三歲，以本蕃嫡孫號觀樂王；年十歲，以本蕃嫡子號燕王；年十四，去長安。四年十月廿九日，授游擊將軍、守左豹韜衛翊府左郎將。至唐神龍二年七月廿六日，轉明威將軍、行左屯衛翊府左郎將。至景雲元年九月廿五日，轉忠武將軍、行右衛翊二府左郎將。開元二年三月十六日，封五原郡開國公；其年八月十一日，加雲麾將軍。至開元九年，六州叛，復領所部兵馬，摧破凶胡；至其年二月十四日，加授左威衛翊中府郎將。至開元十年，胡賊再叛，立功授左威衛將軍，以功高賞輕，尋加冠軍大將軍、行左金吾衛將軍。至開元十一年五月廿八日，加金紫光禄大夫、行光禄卿。至開元十八年，敕差充朔方軍節度副使。以大唐開元廿六年七月廿三日薨於本衙。其年閏八月五日，贈持節涼州都督，歸葬於涼州先塋，春秋卌②有九。

性惟謹慎，觸事平均。部落嘆惜，如喪考妣。嗚呼哀哉！以爲銘記。

大唐開元廿六年十二月九日記

叔，銀青光禄大夫、將作大匠、上柱國承福，傷猶子之盛，時，述悲詞於志後。

詞曰：我之猶子③，降德自天。氣含星宿，量包山川。列位於卿，分茅於燕。爲人之杰，爲國之賢。純和禀性，孝道自然。何工不習，何藝不專。射御稱善，博弈推先。其生始貴，其没何遄。名山玉折，大海珠捐。嗚呼昊穹！悲哉逝水！輔仁不祐，喪吾千里。撫膺下泣，骨驚心死。銘石記之，傳乎萬祀！

[題解] 簡稱《慕容曦光墓志》，刻於唐玄宗開元二十六年（738）十二月。1945年出土於武威南營鄉喇嘛灣。共兩方，志高、寬各61厘米，蓋篆書"大唐慕容府君墓志銘"9字，四面刻十二辰相屬，另刻有卷草花紋。民國年間與《大唐金城縣主墓志銘》一起運存於南京中央研究院歷史語言研究所，今藏南京博物院。此志不同於其他墓志的地方是在正文之後，附有其叔父承福的悲詞（悼詞），增加了墓主人的分量。

[注釋]
①慕容曦光（689—738）：字晟，昌黎鮮卑人。因其吐谷渾部落王室貴胄身份，三歲時即襲封爲觀樂王，十歲時轉封燕王，後封五原郡開國公，加雲麾將軍，尚太原郡夫人武氏。因破敵有功，曾任左威衛將軍、金紫光禄大夫行光禄卿、朔方軍節度副使等職，於唐玄宗開元二十六年七月去世於公所，歸葬於涼州南山吐谷渾王族先塋。
②卌（xì）：四十。
③猶子：謂如同兒子。指侄子或侄女。

大唐故左領軍衛大將軍①慕容神威②君墓志銘并序
原州都督府功曹參軍趙恒 撰

君諱威，字神威，其先昌黎人也，即前燕□□武宣皇帝庹□□。君以瓌才，□通過奕荒，濟美盛德，不墜榮勛。惟賢曾祖鉢，尚太宗文武皇女弘化公主，拜駙馬都尉，封河源郡王，食邑三千户，尋進封青海國王，食邑一萬户。姻連戚里，寵錫桐珪，燕□□於子孫，衣冠盛於門閥。祖忠，特襲封青海國王，拜右武衛大將軍，封成王，降金城縣主，即隴西郡王之長女也。承家赫奕，繼業曾高時秀，有開國華誕寶。父宣徹，封輔國王，聖曆初拜領軍衛大將軍，匡贊社稷，翌載聖明，著定業之功，當建侯之會。夫人博陵崔氏，特承恩制，封博陵郡太夫人。家傳典則，天錫榮號，慶流胤嗣，義闡閨庭。君□人倫，性禀□嶷，孝友内行，盡忠外節，文可緯俗，武足以經邦，以樸略聞天，特承恩獎，解褐拜左武衛郎將。□高制勝，氣逸清邊，舉必合權，智無□榮，遷左領軍衛大將軍，仍充長樂州游弈副使。將統戎旅，輯寧沙塞，弋人務於東作，虜馬聾於南向。由是息奸屏□，靜以懷仁，委□輸深，靄其從化。虞衡得順時之利，綱罟無□令之采。君以藝超衛霍③，識□孫吳④，矛戟森然，俎豆斯在，風姿耿介，有難犯之色；禮樂閑和，□好賢譽，弱歲慕奇術，壯年益書劍；雖發於間奇，卓立杰心，不外物學常師，器宇苞借籌之能，功名得搴旗之掖。須歲，天子嘉之，朝廷聞之，士林師之，兄弟愛之。君子以多得賢繼縈，君克似其先矢，方將侍丹禁趨紫宸，出□，乘朱輪，是同蕭曹⑤之位，豈居絳灌⑥之列。於戲！昊穹不惜哲人，其萎以至德元年正月五日嬰疾，春秋六十有二，終於長樂州私館。

夫人武氏，封平陽郡夫人，武周魏王承嗣之孫，太僕卿燕國公延壽之女。學冠曹室⑦，文推謝庭⑧。嬬幼成居，冰雪其操。勤念齋潔，自捐形生；專心真如，不息晝夜，俄而遘疾，享年乾元元年七月十日，終於私第。長子全，襲左領軍衛大將軍；次子億，拜信王。□季子造種，幼未仕，唯而不識禮各節。

哀集蓼莪，慟深龜兆⑨，逾曹參之紵漿，類高柴⑩之血存沒；永隔空悲，穗悵虛懸，孤弱相依，盡爲鴒原⑪所育，僉謂孝感天地；儀通神明，爰徵古禮，是托塋域，即以乾元元年十月庚子朔十日己酉，同葬於州南之原，禮也。靈車告行，曉挽將發；天慘隴霧，風悲松月；邑人以之罷市，過客由其停驂。僕素欽仁賢，作椽鄰境，昭仰遺愛，直書斯文，用傳不朽，以志貞石。

詞曰：錫姓命氏，茂德其昌。以封以襲，爲侯爲王。慶承寶系，姻美銀璜。朝列舊德，邦家寵光。間出仁賢，才兼文武。艱危著節，社稷匡主。凛凛冠軍，英英幕府。軒墀入衛，戎夏宣撫。夙承榮獎，初拜虎賁。赫弈入望，聲名後昆。時稱壯勇，天降殊恩。茅土□□，光華一門。火豈傳薪，人從逝火。送終祔葬，奠酌禋祀。慢慢⑫行徹，哀哀胤子。

埋志石於泉途，頌德音之不已。乾元元年十月朔日己酉

[題解] 簡稱《慕容神威墓志》，青石質，刻於唐肅宗乾元元年（758）十月夫婦合葬之時。高81厘米，寬87厘米，厚15厘米。行書，正文33行。據碑文，刻於唐肅宗乾元元年（758），由原州（今寧夏固原市）都督府功曹參軍趙恒撰文。1974年出土於寧夏自治區吳忠市同心縣韋州鎮一座唐墓中，今存寧夏博物館。碑文內容引自鍾侃撰《唐代慕容威墓志淺釋》（《考古與文物》1983年第2期）。此墓志不出土於涼州，因與涼州出土的9通慕容氏王室墓志關係密切，故收錄，以提供目前國內比較完整的吐谷渾王室墓志資料。

[按] （一）此碑内容與《唐朔方郡節度副使金紫光禄大夫行光禄卿上柱國五原公燕王慕容公故妻太原郡夫人武氏墓志銘并序》相參照，二碑中所述墓主人夫人武氏，輩分相同，同爲武承嗣之孫女、武延壽之女，且信仰佛教。但前碑中武夫人去世於唐玄宗開元二十三年（735）十月，享年33歲；此碑中武夫人去世於肅宗乾元元年（758）七月，相錯23年，壽命不詳。

（二）此碑與《河東陰山郡安樂王慕容神威遷奉墓志并序》相參照，慕容曦光是青海國王諾褐拔即諾曷鉢與弘化公主之孫，慕容忠之子，職務爲左領軍大將軍，去世年月不詳，於唐中宗景龍三年（709）四月十一日遷葬於凉州，依常規其至遲去世於709年三月之前。此碑中輩分下降了一輩，變爲諾曷鉢與弘化公主之曾孫、慕容忠之孫、宣徹的兒子，并明確記載其去世於唐肅宗至德元年（756）正月，相差至少47年。

竊疑此碑中的慕容威當爲前碑中慕容神威之子。即父名慕容宣徹，字神威，曾任左領軍（衛）大將軍，去世於景龍三年（709）之際。其子慕容威，字神威，曾任左領軍衛大將軍等職，去世於至德元年（756）。產生誤判的主要原因在於二人的字都是"神威"，且都曾任左領軍衛大將軍。

（三）经參照分析，竊以为慕容曦光不是宣徹，宣徹是他的叔父輩。宣徹、宣趙（曦光之父）、宣昌三弟兄都是慕容忠之子。

以上校改所見，僅供參考。

[注釋]

① 左領軍衛大將軍：隋唐十六衛府兵之一，是衛府制的高級階段，各衛均設大將軍。

② 慕容威（695—756）：字神威，慕容宣徹之子，世居長樂州（今寧夏同心縣韋州鎮）。其孝友内行，盡忠外節，曾任左武衛郎將、左領軍衛大將軍、長樂州游奕副使。當時吐蕃勢力強大，隴右、河西已被吐蕃占領，慕容威去世後已不可歸葬凉州先塋，只能葬於州南之原。其夫人武氏，封平陽郡夫人，與慕容曦光夫人武氏（封太原郡夫人）同爲武承嗣孫女、武延壽之女。

③ 衛霍：指西漢著名將領衛青、霍去病，二人皆以武功著稱於後世。

④ 孫吳：指春秋時期著名的軍事家孫武、吳起，二人皆以軍事理論、軍事謀略和武功著稱於後世。

⑤ 蕭曹：指西漢著名文臣賢相、開國功臣蕭何、曹參，二人都擔任過相國之職，在西漢建立和立國的制度建設、國家治理上發揮了重要作用。

⑥ 絳灌：指西漢著名將領絳侯周勃和潁陰侯灌嬰，二人均輔佐劉邦平定天

下，建功封侯；後來相繼參加平叛、擁立文帝有功於國。

⑦學冠曹室：東漢建安年間，曹氏家族涌現出曹操、曹丕、曹植等著名文學家，成爲建安文學的領軍人物，對後世影響較大。

⑧文推謝庭：東晋謝安家族一時涌現出謝安、謝玄、謝石等文臣武將和名士，及著名詩人謝道韞（女）、謝靈運、謝惠連、謝朓等，對後世影響較大。

⑨龜兆：古代占卜用語。比喻物體的裂痕。

⑩高柴（前521—前393）：孔子弟子，與子路友善，憨直忠厚，爲官清廉，能守孝道。據傳他居母喪，"泣血三年，未嘗見齒"，被後世稱爲仁孝的典範。

⑪鴒（líng）原：兄弟的代稱。

⑫慘慘：愁苦的樣子。

直秘書省韋君妻賈氏①玄堂志②

夫人姓賈氏，武威姑臧人。懷州刺史贈秘書監潁川公之孫，秘書少監壽安□膺福之長女也。生而韶秀③，幼而淳潔④。□規外暢，柔範⑤內凝，婉娩⑥盡懿淑⑦之容，幽閑叶⑧圖史之訓。年十有七，出適韋氏。禮已成於他族，猶待年於本宗。晨昏展就養之方⑨，琴瑟⑩叶移天⑪之契。歡流三族，慶緒二宗，何圖降此鞠凶⑫，邁兹灾厲。以景龍四年二月廿二日寢疾終於萬年安興里第，春秋□九。粵以其月廿八日遷殯於長樂鄉之北原，禮也。歸於其居，方合周人之禮；飾棺以輴⑬，權依杜氏之階。

嗚呼哀哉！余識慚季子，達愧東門。未得忘情之幾，徒切傷心之痛。故勒斯志，爰寄哀辭。

[題解] 碑刻於唐中宗景龍四年（710）二月，已佚，碑文録自《隋唐五代墓志彙編（陝西卷第三册）》。碑文簡述了賈氏"生而韶秀，幼而淳潔""懿淑""幽閑""晨昏展就養之方，琴瑟叶移天之契"的品行。作者不詳。

[注釋]

①賈氏：唐武威姑臧（今甘肅武威）人。疑爲賈膺福之女。賈膺福，曾任著作郎、崇文館直學士、秘書少監、散騎常侍。先天二年（713），因參與太平公主謀反失敗被誅殺。善文工書，筆法精妙，尤工小楷。

②玄堂：指墳墓。玄堂志，即墓志。

③韶秀：清秀美麗。

④淳潔：淳厚清白。

⑤柔範：猶閨範、閫範。指對閨房婦女的約束。亦指婦女的道德規範。

⑥婉娩：儀容柔順。

⑦懿淑：謂婦女貞順的德行。多指女子的嘉言懿行。

⑧叶（xié）：同"協"。和洽，合。

⑨晨昏：早晨和晚上；就養：奉侍父母。指朝夕慰問奉侍父母。

⑩琴瑟：樂器，琴和瑟。也指琴瑟之聲，古人以之爲雅樂正聲。比喻朋友的融洽情誼。此處比喻夫妻感情和睦，情深和美。

⑪移天：猶出嫁。古代封建禮法以爲女子在家尊父爲天，出嫁則尊夫爲天。語出《隋書·王誼傳》。特指丈夫。

⑫鞠凶：極大的災禍。

⑬飾棺以輤（qiàn）：古人按等級以不同織物裝飾覆蓋棺柩。輤，柩車上裝飾用的覆蓋物。

大唐左屯衛將軍 皋蘭州都督渾公夫人①契苾氏墓志銘并序

夫人諱，姓契苾氏，其先陰山人也。軒皇析胤②，苗龍③爲赤狄之先；夏后分源④，谷蠡⑤啓烏珠之冑。代雄邊朔，人多桀驁。同盟諾水，韓昌立約於寶刀⑥；入侍甘泉，漢主流恩於王劍。或推誠於保塞，或結好於和親。祖德家風，芳凝前史，議能相質，豈俟言揚。

曾祖㧒，隋右武衛大將軍、賀蘭州都督。祖何力，唐輔國大將軍、右金吾衛將軍、駙馬都尉、賀蘭州都督、申國公。父明，唐鎮軍大將軍、行左屯衛將軍、賀蘭州都督、涼國公。并位列銜珠，榮摽⑦佩玉。有大功於天下，聞重名於域中。高飛八門⑧，寵命光乎連率⑨；擁旄⑩千里，威武盛於元戎⑪。亦由烏孫款誠，環佩鳴於主第⑫；稺侯⑬忠孝，冠冕襲於公門。

夫人貞吉含章，淑慎清懿。閨風肅穆，閫德柔明。妙極緣情，揜⑭妍詞於柳絮；精窮體物，摘⑮雅頌於樹花。爰自初笄⑯，式歌遷賵⑰；鍾妃得配⑱，禮洽同衾。憮氏待年⑲，情欣偕老⑳。嗚呼！生涯何淺，與善無徵。龍門之桐，俄驚半死；虹梁之燕，忽嘆孤飛。想鸞鏡之朝妝，空留粉匣；搖鳳樓之春怨，永絕簫聲。神龍二年十月廿六日，遘疾，終於皋蘭州之官舍，春秋廿有四。粵以景雲二年四月九日，遷窆於賀蘭山之南原，祔先塋，禮也。長河界其南，崇峰峙其北。窮泉一閉，古隧千秋。勒此松扃，期於不朽。銘曰：

峨峨陰山，千仞雲間。悠悠大漠，萬里烟廓。翖侯嗣興，賢王繼作。韞彼忠孝，懷來正朔。其一。

登壇禮盛，分閫實隆。代承鐘鼎，人擅材雄。誕兹貞淑，肅彼閨風。潔志中饋，含章内融。其二。

朝瞰不留，夜壑藏舟。墓隧千古，松門幾秋。樹寒風哭，隴暗雲愁。勒頌泉户，恒照懿猷。其三。

[題解] 簡稱《渾公夫人墓志》，刻於唐睿宗景雲二年（711）四月。出土於寧夏青銅峽市邵崗鄉東方紅村，現存青銅峽市文管所。碑青石材質，方形，邊長56厘米，厚1.8厘米。楷字行書，豎向鎸刻，以方格相間，字體俊秀，共23行，行滿23字，共530字。志文引自余軍、衛忠合撰《唐皋蘭州都督渾公夫人墓志考釋》（《寧夏考古文集》1994年）。志文簡述了渾公夫人契苾氏家世上溯三代，即曾祖㪶、祖何力、父明的功勳及渾公夫人的才華和懿德風範。志文内容可補史乘之闕，不僅是研究唐代契苾氏家族世系的重要材料，同時也是研究渾氏阿貪支家族承襲、活動範圍以及兩個部族關係的新材料。作者不詳。

[注釋]

①渾公夫人（683—706）：凉州契苾家族後裔，鐵勒名將契苾何力嫡孫女，契苾明之女。其家族顯赫，下嫁於皋蘭州都督渾大壽，不幸享年24歲便英年早逝。丈夫渾公（大壽），曾任唐左屯衛將軍、皋蘭州都督。

②軒皇析胤：軒皇，指黄帝軒轅氏。析胤，分開後代，即開枝散葉。胤，後嗣，後代。

③苗龍：苗龍，指苗族的龍文化淵源。泛指南方少數民族。

④夏后分源：夏后，指夏朝君主。"后"爲夏朝最高統治者的意思，與"君主""王"同義。分源，分開後代，即開枝散葉。

⑤谷蠡：谷蠡王的省稱。谷蠡爲匈奴藩王封號。《史記·匈奴列傳》："置左右賢王，左右谷蠡王。"此處泛指北方少數民族。

⑥韓昌：西漢名將，累官車騎都尉。曾多次奉詔迎送匈奴呼韓邪單于。漢元帝時，他又奉詔與呼韓邪單于訂立和好的盟約。此处借指漢族與邊塞民族結好。

⑦摽（biāo）：通"標"，標志。

⑧八門：指八門遁甲。出自中國古代易學奇術《奇門遁甲》，指周易八卦中以八個方向而區分的八門，即開門、休門、生門、傷門、杜門、景門、驚門和死門。八門可辨吉凶分陰陽，是中國古代堪輿術和陰陽術的重要組成部分。

⑨連率：同"連帥"，原指古代十國諸侯之長；又指統帥，盟主。後亦泛稱地方長官。又，新朝官職名，相當於漢代太守，王莽好仿古，官制多依照典籍更改名稱。

⑩擁旄：古代武官持旄節專制一方。借指統率軍隊。

⑪元戎：主將，統帥。

⑫主第：公主的住宅。泛稱貴族之家。

⑬秺（dù）侯：即西漢名臣金日磾，武威籍匈奴人。曾被漢昭帝封爲秺侯。其與子孫以忠孝顯名後世，被視爲古代官場的典範。

⑭掞（shàn）：舒展；鋪張。

⑮摛（chī）：形容舒展；鋪陳（辭藻）。

⑯爰自初笄（jī）：爰爲助詞，放在句首或句中、句尾，起調節語氣的作用。笄，古代女子用以裝飾髮耳的一種簪子，用來插住挽起的頭髮。初笄，古代女子十五歲始加笄，稱爲"及笄""笄年"，即結髮。後因以"初笄"指女子成年。

⑰式歌遷賄：指唱着歌、帶上財物嫁人。式，語助詞，無實義。遷賄，即賄遷，贈送財物，搬運財物。賄，指嫁妝；遷，指接走。

⑱鍾姁（jù）得配：鍾，鍾情，感情專注。姁，形容姿態優雅的女子。得配，匹配，謂德行可與之相比配。

⑲憮（wǔ）氏待年：憮，愛撫。待年，謂女子待年長而聘。

⑳情欣偕老：開心快樂并白首到老。

大周故鎮軍大將軍 行左鷹揚衛大將軍兼賀蘭州都督 上柱國 涼國公契苾府君之碑銘并序

肅政御史 上柱國婁師德制文　左肅政御史殷元祚書

原夫哲後時乘，聖人貞觀，必俟風雲之應，以光朝列；尤資棟幹之材，式隆王道。若乃杰出文武，挺生才俊，道符忠孝，性與清白，高視於段賈①之前，獨步於韓彭②之上。□響名教，蟬聯簪組，許史③焉可儔，金張④莫能匹。四海慕其風範，千里仰其談柄，玉質金相，探賾索隱，没而不朽，其惟賀蘭都督涼國公之謂哉。君諱明，字若水，本出武威，姑臧人也。聖期爰始，賜貫神京，而香逐芝蘭，辛隨姜桂，今屬洛州永昌⑤縣，以光盛業焉。原夫仙窟延祉，吞黿昭慶。因白鹿而上騰，事光圖諜；遇奇峰而南逝，義隆謙簡。邑怛於是喪精，鮮卑由其褫魄；祧廟允於前涼之境，茂族於洪源之地。良史載焉，此可略而志也。曾祖哥論易勿施莫賀可汗，遞襲圭璜，夙傳弓冶，共栖梧而比翼，與良玉而齊價；濯如春柳，勁逾霜竹，英名振白山，雄圖光紫塞。祖繼莫賀特勒，積代爲英傑之先，光圖絢史；保家爲名教之首，□今超昔。宏材膠葛，洪源浩汗。映竹史而騰芬，綴綿書而擅響。父河力，鎮軍大將軍、行左衛大將軍、檢校鴻臚卿、檢校左羽林大將軍、上柱國、涼國公，贈輔國大將軍，使持節并、汾、箕、嵐四州諸軍事、并州大都督，謚曰"毅公"。

地積膏腴，門標英偉。發言會規矩，動容成楷則。學該流略，文超賈馬⑥。威青海而安白道⑦，光三部而截九夷。揆務機司，爲群僚之宗匠；膺榮蘭錡，成五戎之准的。而鐘漏斯盡，天贈崇班，聿加千里之榮，俄處六條之位。哀榮之禮既洽，朝野式瞻；送終之典更隆，縉紳翹德。公赤野生姿，青田矯翰，家蓄古賢之操，門傳高士之節。年甫一歲，起家授上柱國，封漁陽縣開國公，食邑一千户；八歲起家授太子左千牛；十一授朝散大夫、太子通事舍人，里行；十二授奉輦大夫。若夫紫禁青規之所，必擇賢而方授；玉階金闕之前，實高門之能處。所以榮加髦兒，澤及綺紈，鳴玉鏘金，光前映後，乃人物之儀表，實衣冠之領袖。重以河山險要，惟賢是居，爪牙任功，非親莫委。麟德年中，授左武衛大將軍、賀蘭州都督。自非承家奕葉，累代衣纓，焉可內奉鉤陳，外膺刺舉者矣。相府在藩，爲涼州道元帥，以公爲左□軍總管。侍中姜恪⑧爲涼州鎮守大使，以公爲副。然則朝端妙選，實仕异能，望重材高，允膺僉屬。後以鱉海未清，蛇川尚阻，戎車所及，尤俟英將。從中書令李敬元⑨征吐蕃，公爲北海道經略使。於是南討吐蕃，北征突厥，累摧凶醜，勳績居多。後狼山及單于餘黨復相聚結，奉制討擊，應時平殄，前後賞勞，不可勝紀。改授左驍衛大將軍，襲爵涼國公，食邑三千户，賜錦袍寶帶、金銀器物、雜采錦綾等數千件，授長男揔三品，以酬功也。仍改爲燕然道⑩鎮守大使、檢校九姓及契苾部落。公俶裝遵遠，望赤水而前驅；勁騎騰空，指白蘭而長騖；左縈右拂，八校於是爭先；斬將搴旗，三軍以之作氣。遂得降絲言以隆爵命，自天府而錫珍奇；金貝咸紆，繒錦交集；列鼎而光祖禰，分茅以惠子孫。策勳居最，又授雞田道⑪大總管，自烏德鞬山南招降二萬餘帳。縱使李牧⑫寧部，充國⑬和戎，推昔揆今，當年罔二。尋授右豹韜衛大將軍。未幾，復改授左豹韜衛將軍，并充懷遠軍經略大使，又依舊知燕然道大使。功高望重，亟膺獎擢；得人之譽，聞於朝野。惟大周革命⑭，重懸□□，擢授鎮軍大將軍、行左鷹揚衛大將軍，餘并如故。

有制曰：鎮軍大將軍、行左鷹揚衛大將軍兼賀蘭州都督契苾明妻涼國夫人李，柔順成姿，幽閑植性，聿修婦德，每勤於□□葉贊，夫家必存於忠義，既竭由衷之請，宜覃賜族之恩，并及母臨洮縣主，并蒙賜姓武氏。公侯必復，河洛胄賢，屬寶運之開基，接仙潢而錫派。惠貞無替，聲振金氏，表里承恩，勛高石窌。後授朔方道總管兼涼、甘、肅、瓜、沙五州經略使。度玉關而去張掖，棄置一生；瞰弱水而望沙場，橫行萬里。幄中有策，閫外宣威；豈直操履冰霜，固亦心符筠玉；名高一代，氣逸九霄者矣。既而司寇逝川，俄結頹山之恨；將軍大樹，行聞斷石之嗟。悲夫！以證聖元年臘月廿三日，遘疾薨於涼州姑臧縣之里第，春秋四十有六。

制曰：悼往贈榮，經邦之懿典；飾終加等，列代之徽猷。諒以褒德勸能，念勞追舊者也。故鎮軍大將軍、行左鷹揚衛大將軍兼賀蘭州都督、上柱國、涼國公契苾明，理識開舉，局量沉雄；家著勤誠，代彰忠懇；早膺朝寵，夙紹庭規；秩峻銜珠，寄隆賜鉞。入參巡警，淑慎之譽必聞；出綏藩落，威惠之聲兼濟。日轡不留，夜舟俄徙；未窮遠略，奄謝昭途；載想嘉庸，良深矜嘆；宜申殊澤，式旌幽壤。可贈使持節都督涼州諸軍事、涼州刺史，餘如故。賜物三百段，便於涼州給付。所緣葬一事，以上并令官供。仍差涼州都督府長史元仁儼監護，仍令朝散大夫、通事舍人、內供奉邊懷秀吊祭。既而居諸易遠，宅兆攸資；金鳧泛泉，玉雞伺旦。粵以大周萬歲通天元年歲次丙申八月庚午朔十五日甲申，葬於咸陽縣之先塋，禮也。禮司諡曰：公，夙承門閥，早踐通班。茂績昭宣，聲望顯著。學該流略，藝總兵鈐。以孝安親，以忠奉國。終始如一，存沒不渝。旌善易名，宜憑典實。按諡法：寬樂令終曰"靖"，請諡曰"靖公"。

惟公，降淳粹而蓄懷奇，稟清忠而挺才望；韶儀淹雅，難窺於得失；逸調清通，不測其涯涘。抑揚人杰，雕績士林；等桃李之無言，若朱藍之在性；先人而後己，鄙利而尚賢。亭亭有千丈之幹，其高非易仰；汪汪如萬頃之陂，其深不可測。有碩學焉，有令聞焉。擅班馬⑮之雄辯，蓄靈蛇之雅作；逸氣上烟霞之表，高名振朝野之際。五公七侯之盛，僅可執鞭；曜蟬鳴玉之榮，才堪捧轂。如楊彪⑯之承伯起⑰，若班固之嗣叔皮⑱。加以懸榻翹賢，分庭接士，衣裘鞍馬，朝成夕廢，兼濟之性，光映人物，乃構廈之良材，映車之名寶者矣。

夫人，唐膠西公孝義之長女也。齊輝婺彩，擢幹瓊枝。莊敬率由於自然，抑揚女史；溫柔稟之於本性，光輝內則。既而雄劍潛鋒，崩城起恨；毀瘠逾於大禮，攀號泊乎翦髮；夷夏足其悲哀，縉紳增其慘慼；屈己而遵女誡，飭躬而宣婦道。可謂承家禀訓，執仁組行者歟。長子，左豹韜衛大將軍兼賀蘭州都督、上柱國、涼國公嵬；次子，右武威衛郎將、上柱國、姑臧縣開國子嵩；右玉鈐衛郎將、上柱國、番禾縣開國子崇等。并早涉義方，夙延庭訓；孝心冥獎，至德純深。仍候氣纏憂，先嘗空□；充窮盈感，孺慕增悲；棘兒由乎絶□，柴毀幾於滅性，可謂至道冠幽明，窮途傷骨髓。哀號擗踴，獨超前輩；雖罔極之誠，踐霜露而逾感；相質之重，映今古而垂裕。是用傍求翠琬，式樹豐碑；家風祖德，居然在斯。用以光士行，用以芳枝本；歷千秋兮無斁，經百代兮無虧。銘曰：

東井蒼蒼，西土茫茫；天開分野，地列封疆。門多英毅，代產忠良；偉哉人物，紛乎典章。其一。

前涼後涼，乃祖乃父；赫奕冠蓋，蟬聯文武。金相玉質，光台映輔；至德符孝，貞心翼主。其二。

可汗嗣立，抑揚流輩；業盛後昆，道隆前載。遐邇欽挹，夷夏欣戴；四海英髦，共推貞概。其三。

特勤垂裕，搏風振翼；孔席申歡，稽松比直。智水游泳，仁山止息；討本尋源，斯標岐嶷。其四。

毅公雅節，莫之與京；既忠且孝，王佐人英。研精流略，指□良平[19]；昭昭餘慶，恤廟膺榮。其五。

挺生异材，韶年振響；未盈小學，亟承恩獎。門閥易隆，墙仞難仰；學行無斁，名實逾廣。其六。

露冕關河，式清邊徼；遽宣威德，聿敷名教。爾彼夷落，鎮兹襟要；人揚德宇，窮微盡妙。其七。

綏邊寄重，尤資望族；顯允奇材，悠然嗣福。外清荒憬，内膺榮禄；總戎之寄，聲連秘牘。其八。

詵詵於鬩，屢警邊城；侵□躍馬，概□揚旌。橫雲列陣，背水開營；未經千日，俄夢兩楹。其九。

□駕難留，居諸易促；旋悲□珮，遽傷埋玉。松蔭隴兮均青，草縈墳兮吐緑。式鎸貞琬，以光勝躅。其十。

孤子息、特進、上柱國、凉國公嵩　立
先天元年歲次壬子十二月十六日辛亥

[題解] 簡稱《契苾明碑》，爲次子契苾嵩於玄宗先天元年（712）十二月所

立。碑高370厘米，寬135厘米，碑文楷書，36行，行77字。有額，篆書，題"大唐故大將軍涼國公契苾府君之碑"15字。現存陝西省咸陽市博物館。碑文錄自《涼州府志備考》，個別文字和闕文據《全唐文》卷一八七校改補充。

碑文內容叙述的是涼州歷史上一位少數民族族傑出人物——契苾何力家族的行述。契苾何力（？—677），唐朝著名戰將，鐵勒族契苾部人。契苾氏，原是鐵勒可汗之孫，駐牧於青海高原沿祁連山一帶，貞觀六年（632）率部歸順唐朝，定居涼州，授左領軍將軍。貞觀九年，他與李大亮、薛萬徹等率軍大敗吐谷渾。高宗乾封元年（666），奉命與李勣率軍50萬進攻高句麗，攻克數城，直抵平壤城下，俘獲高句麗國王，因功升鎮軍大將軍，封涼國公。儀鳳二年（677）病逝，追贈輔國大將軍、并州大都督，陪葬昭陵，謚號烈（一作毅）。契苾明（650—695），字若水，何力長子。他"南討吐蕃，北征突厥，累摧兇醜，勛績居多"，官至左鷹揚衛大將軍兼賀蘭都督、上柱國，封涼國公。武周證聖元年（695）因病去世於涼州姑臧家中，追贈涼州刺史，謚號靖。長子契苾嵸（音zǒng），左豹韜衛大將軍兼賀蘭州都督、上柱國，襲爵涼國公；次子契苾嵩，右武威衛郎將、上柱國、姑臧縣開國子；三子契苾崇，右玉鈐衛郎將、上柱國，番禾縣開國子。契苾何力子孫數代為官，顯名於唐。

[作者]

婁師德（630—699）：字宗仁，鄭州原武（今河南原陽縣）人。進士出身，由江都縣尉累遷至監察御史。後從軍，西征吐蕃，立有戰功，被授為殿中侍御史兼河源軍司馬，主持屯田。後歷任左金吾將軍、豐州都督、夏官侍郎、秋官尚書等，官至宰相，去世後追贈涼州都督，謚號貞。

殷元祚：陳郡長平（今河南西華縣）人。殷仲容之子，殷令名之孫，祖孫三代俱有書名。其家學淵源，工書畫，是唐高宗、武則天時代著名書法家，也是官宦世家。

[注釋]

①段貫：指東漢名將段熲、三國名臣貫詡，二人皆是武威名門望族。

②韓彭：指漢初名將韓信、彭越，二人後皆遭劉邦殺戮。

③許史：許，指許廣漢，為漢宣帝許皇后之父；史，指史恭及其長子史高。史恭為漢宣帝祖母史良娣之兄，宣帝即位，恭已死，封史高為樂陵侯。許史兩家當時皆極寵貴。

④金張：指西漢名臣金日磾、張安世二人。漢時，金日磾、張安世并為顯官，兩家皆極寵貴。後以"許史金張"四姓并稱，借指權門貴族。

⑤洛州永昌：據《唐朝的道州縣資料》河南道載，洛陽縣，垂拱四年（688）七月一日，析置永昌。永昌縣，長安二年（702）六月二日廢。神龍二年（706）十一月二日，改洛陽縣爲永昌縣。甘肅永昌縣，元世祖至元九年（1272）"賜名永昌府"，明洪武十五年（1382）置永昌衛，清雍正三年（1725）改永昌衛爲永昌縣，隸凉州府。甘肅永昌縣縣名沿用至今。

⑥賈馬：指賈誼、馬融。賈誼，西漢初年著名政論家、文學家，世稱賈生。馬融，東漢時期著名經學家，一生著述甚多，注《論語》《詩》《周易》《尚書》《老子》《離騷》等，皆已散佚。

⑦白道：唐朝地名，在今内蒙古呼和浩特市西北。

⑧姜恪（？—672）：唐朝秦州上邽（今甘肅天水）人。姜維後裔，曾任凉州道行軍大總管、侍中。

⑨李敬元（615—682）：字敬玄，安徽亳州人。唐高宗時任中書令（宰相）。曾爲洮河道行軍大總管率軍征討吐蕃。

⑩燕然道：唐朝曾在燕然山（今内蒙古杭愛山）一帶回紇居住區置燕然都護府、燕然道行軍大總管等軍政機構。

⑪雞田道：雞田爲古代西北塞外地名，設驛站，故址在今寧夏靈武市境内。唐代由歸附中央政權的突厥人居住，置雞田州、雞田道等軍政機構。

⑫李牧（？—前229）：趙國柏仁（今河北隆堯縣）人。戰國時期趙國軍事家，著名將領，與白起、王翦、廉頗并稱戰國四大名將。

⑬充國：即西漢名將趙充國（前137—前52），隴西上邽（今甘肅天水）人。西漢著名將領，封營平侯。其和戎、屯田之策對後世影響深遠。

⑭大周革命：也稱武周革命，指唐高宗李治皇后武則天自立皇帝，改唐爲周，史稱武周王朝。

⑮班馬：指漢代著名史學家、文學家班固、司馬遷。班固（32—92），字孟堅，扶風安陵（今陝西咸陽東北）人，著有《漢書》等。司馬遷（前145—?），字子長，夏陽（今陝西韓城）人，著有《史記》。

⑯楊彪（142—225）：字文先，弘農郡華陰縣（今陝西華陰市）人。東漢末年名臣，太尉楊賜之子、名士楊修之父。有《答曹公書》傳世。

⑰伯起：即東漢名臣楊震，字伯起，弘農華陰人。係楊彪之曾祖父。

⑱叔皮：即西漢史學家班彪，字叔皮。班固的父親。

⑲良平：指張良、陳平。張良，字子房，潁川城父（今河南寶豐）人。與韓信、蕭何并稱爲"漢初三傑"，後世稱爲"謀聖"。陳平，陽武户牖鄉（今河

南原陽）人。西漢開國功臣之一，因功先後受封爲户牖侯和曲逆侯。

[按]《契苾明碑》中存在一些矛盾，如立碑者，碑文中爲其子崇，而文後則爲嵩，等等。清代學者張澍《凉州府志備考》中録有《父碑》，并有詳細考證和説明（引文中個別地方使用了武則天所制文字，今因方便排版，以今字代替）。現兹録如下：

父 碑

《石墨鐫華》云：明，契苾何力子也。婁師德制文，殷元祚書，筆法亦瘦勁可觀。碑中"契苾何力"作"河力"，史謚曰"毅"，疑史爲誤。碑中叙明子，前曰"長男縱"，後曰"聳"，二字自相牴牾。且明長子縱襲封凉國公，而後云"孤子息凉國公嵩立"，又何也？明葬於萬歲通天元年，碑立於先天元年，仍稱"大周革命"，仍用武氏制字，都不可曉。

《金石文字記》：此碑立於先天元年十二月，乃元宗（即唐玄宗。清朝爲避康熙玄燁之諱，故稱——編者）受禪之後。其中"特勤"字再見，皆"特勒"之訛。按《北史·突厥傳》："大官有葉護，次特勒。"《唐書·突厥傳》："可汗者，猶古之單于。其子弟謂之特勒。"《通典》同。温公或作"敕勒"。今《通鑒考異》曰："諸書從新舊二《唐書》。"《回紇傳》："依託高車，臣屬特厥，近謂之特勒，無君長。"《契苾何力傳》："父葛，隋大業中繼爲莫賀咄特勒。"《隋書·高祖紀》："突厥雍虞閭可汗遣其特勒來朝。"《李崇傳》："突厥遣使謂崇曰：'若來降者，封爲特勒。'"史傳中稱特勒者甚多，此乃作特勤。又柳公權《神策軍碑》亦云"大特勤嘔没斯"。此皆書者之誤。若其中有云"玉質金相"作"箱"，"鷹揚"字前從木，後從才，又其小失也。

《咸陽金石遺文》：按史，"何力十二遷爲本輦大夫"，碑作"奉輦大夫"，當以碑爲正。碑云"公三子，長曰縱，次曰嵩，次曰崇"。史云"聳襲爵"。碑稱"凉國公縱立父碑"固矣，碑末又云凉國公嵩立父碑"，何也？且從古碑文無"父碑"二字，考開元改元在先天二年之十一月，立碑在前，猶稱二年，題云大周者，明蓋葬於萬歲通天之元年，必葬時制文及書，故云大周革命，并用武后所制之字也。《金石録補》："石碑在縣北五里雙泉洞微東北上崖，字近下面碎落，僅可意會識之，上面則猶初然也。"

《雍州金石記》：按《唐書·契苾明傳》悉與碑合。《石墨鐫華》云，長子襲封凉國公，而後云孤子息凉國公嵩立，明葬於萬歲通天元年，碑立於先天元年，仍稱大周革命，仍用武后制字，都不可曉。《金石文字記》亦以此爲疑。愚謂，此蓋明葬時，婁爲之制文，殷爲之書，是以稱大周，用武后所制之字。其碑中稱李孝義爲唐膠西公，以在周時，不得不稱唐也。碑文已書而未立，至先天元年始立耳。不然，婁師德卒於聖曆元年，至先天元年已十餘年矣，焉能起而爲之制文。其先天元年數行書法似別出一手，且所書俱不用武后字，可爲明驗。至立碑乃次子嵩，或制文書碑時三子無恙，至先天時嵹已故焉，知非次子嵩襲爵？葬時嵩與崇不過子爵，今嵩稱涼國公，涼爲契苾氏世爵，此亦一明驗。史止言嵹襲爵，不言嵩又襲爵，何知非史之闕耶。

《潛研堂金石跋》尾文碑文稱：長子左豹韜衛大將軍兼賀蘭州都督、涼國公，名已漫漶，然上半嵹字猶依稀可辨。據《唐書》本傳云"子聳襲爵"，則是"聳"字。但此碑前云"授長男嵹三品"，而次子嵩、崇，爵名皆從"山"，又疑當爲"嵹"字，蓋即"嵹"而移其"山"於下耳。末題石距制文之時已十有六年，長子沒而更以嵩襲公爵，亦史所失載也。碑用武后新制字，惟府君之君，聖人貞觀之聖，仍書本字。

《關中金石記》：唐時單于稱可汗，其次謂之特勒，又或作敕勒，亦謂之特勤。按《北魏書》有"宿勤明達"，《北史》作"宿勒"，其誤與此同。

《授堂金石跋》：余近得拓本，僅得其半，就文內與史有可參校者。《新唐書》明本傳"年十二，遷本輦大夫"，今碑作"□奉輦大夫"。"受"即"授"字（碑文已改）。《百官志》："掌輦四十二人，奉輦十五人。"然則"本輦"亦以碑作"奉輦"。而史云"擢嫡子三品官"，下云"子聳襲爵"。今以碑證之，有云"授長男嵹三品"，與《傳》同。下文列"明子嵩、崇等"，并以行次從"山"，而史但作"聳"，誤也。明父，史作"何力"，此碑"何"作"河"，蓋漢碑"何"多作"河"，如《吳公碑》《逢盛碑》，"奈何"字皆作"河"，則"何"與"河"古用之亦可通也。碑立於先天元年十二月，爲元宗受禪已後，故碑首行云"式隆王道"，"隆"字闕中畫，又有"永聖元年"。"永"即"證"，唐君臣正論"武后改易新字"，以"永主久王"爲證，此又以"永主人王"爲證。

[張澍按] 契苾明爲何力之子。《李義山詩集》有《贈別前蔚州契苾使君詩》，原注云："使君遠祖，國初功臣。"蓋指何力父子也。義山爲文宗時人，距國初二百餘年，則與義山同時者，必是何力之八世孫玩。義山詩云："夜掩牙旗千帳雪，朝飛羽騎一河冰。"則亦有戰功可紀，即其高曾之世，亦似有勤王之功，著於實錄。詩故又有"奕世勤王，國史稱之"語。惜兩書不載其文，故附記於此。澍按，蔚州刺史，契苾通也。

大唐故徐州長史 太原王君夫人馮氏①墓志銘并序

　　夫人諱伍，趙郡人也，漢車騎都尉、唐二十六代孫、隋翼州司功護祚第二女之子。洲質自天爲，和寔性嚴，父异其高德，所以配君子。年未三五，居室有行，肅穆閨門，含章貞吉。咸亨②之歲，公在徐州，緣昆季云亡，獨坐愁苦，哭泣無度，遂至纏疴③。於時又奉墨制，命公佐□大將軍除雞林道④副。大摠⑤管爲患恐違軍限，密王具狀奏聞，恩敕哀矜⑥，降使賜藥。爲彭城⑦□濕，就京地訪醫十數年間不能痊損。夫人朝夕侍奉，形容憔悴，迄至薨日，終不解衣，誓等□舟同□塞。自□天之後，即轉法花經月。六年，三齊心洗行，珍奇錦繡拒佩於身，無服餘資皆持布施。何期天不報德□，積善無徵，病起膏肓，奄至沉痾。開元元年癸丑十二月辛卯一十六日景午薨於私第，春秋六十有七。□子礦曉，泣有高柴⑧之血，形有何曾⑨之毀。即以二年甲寅閏二月乙未二日庚申，合葬於天台⑩舊塋，禮也。乃爲銘曰：

　　□國市義，漢朝獻忠。苗□寔子，德行備躬。閨門□穆，親戚和融。待疾盡心，□天誓已。何期令善，忽終辰巳。霧填咽於松門，烟斷絶於蒿里。

　　[題解] 墓碑灰砂石質，刻於唐玄宗開元二年（714）二月夫婦合葬之時。志蓋高、寬各59.3厘米，厚7厘米，中間陰刻篆書"大唐故馮夫人墓志銘"三行九字，周邊飾十二生肖及花草飛鳥圖案。志身高、寬各59.3，厚6厘米，陰刻楷書20行，行20字。2006年8月出土於武威市涼州區金沙鄉趙家磨趙家村，今存武威市文物考古研究所。

　　[注釋]

　　①馮氏：即馮伍，唐趙郡（今河北贊皇縣）人。故徐州長史、太原王君之妻。其先，丈夫在徐州身染重病，她衣不解帶，朝夕侍奉，不着錦衣，布施餘資。去世後與其夫合葬於天台舊塋。

　　②咸亨：唐高宗年號，670—674年，共四年多。

　　③疴：病。

　　④雞林道：唐朝在新羅（今朝鮮半島）領土上設立的羈縻都督府，都督由新羅王擔任，歷時200餘年。

　　⑤摠（zǒng）：同"總"。

⑥哀矜：哀憐，憐憫。指對遭遇灾禍的人的憐憫。

⑦彭城：今江蘇徐州的古名。

⑧高柴：見《大唐故左領軍衛大將軍慕容神威君墓志銘并序》注。

⑨何曾（199—278）：字穎考，陳郡陽夏（今河南太康）人。魏晉名臣，官至司徒、太傅，進爵爲公。爲人至孝仁慈，遵禮守法，深得時人好評。但豪奢華侈，外寬内忌，爲正直所非。

⑩天台：不詳。但據墓志出土地可證，其似應在涼州。據墓志內容，墓主人無葬涼州之由，但又爲何葬於此，待考。

唐故契苾夫人①墓志銘并序

夫人，姓契苾氏，本陰山②貴族，今爲涼州姑臧人也。地則二涼繼軌，人則十族分源。通蒲類③之大澤，接不周④之天柱。父何力，鎮軍大將軍、涼國公。料敵制勝，算無遺策；平遼之功，公乃稱最。夫人，夫人即公之第六女也。幼而閑婉⑤，長無矜貴⑥；穆如蘭蕙，騫若鴻龍⑦。并受自天資，非因外獎。以妙年⑧歸我右金吾將軍、常山縣開國公史氏⑨。環珮有則，迤盪無懈。覽彼櫻木，執心以自持；於以采蘋，恭勤不失職，可謂思弘君子矣。及其比翼將雛，和鳴乎椅梧⑩；家與其黷，寧過乎嚴肅，又積星歲矣。豈期府君先霄⑪，雙飛遽只。藐是諸孤，子焉無怙⑫。夫人以斷織垂訓⑬，折荻⑭示嚴，禁其浮蕩，至於成立。以開元八年五月廿二日遘疾，終於居德里私第，春秋六十有六。嗚呼哀哉！夫人涓潔⑮助容，禕禕⑯合禮。宜爾振振⑰，被之祁祁⑱。老萊以童戲承顔⑲，期於眉壽⑳；仲由以負米興念㉑，遽切風枝㉒。痛深樂棘，煢煢㉓在疚。仰惟同穴之義，敬遵合祔之典。即以九年二月廿五日歸厝，陪於昭陵舊塋，從先禮也。女床之鳥㉔，雖存亡而暫隔㉕；延平之劍㉖，竟先後而俱沉。恐慮城陷山移，故勒銘於貞石。

彼蒼者悠悠，運天關㉗兮不休。人寓世兮如浮，世送人兮如流。何徒自矜兮固若嵩丘㉘，曾不知有力者以負其舟。一從委質空山幽，唯聞風樹日颼颼，天長地久千萬秋。

[題解] 簡稱《契苾夫人墓志》，刻於唐玄宗開元九年（721）二月，現存西安昭陵博物館，碑文錄自《唐代墓志彙編（續集)》。碑文簡述了契苾夫人的身

世及品德操守，兼及契苾何力家族的淵源，贊美其"幼而閑婉，長無矜貴；穆如蘭蕙，騫若鴻龍""涓潔助容，禕禕合禮"的優秀品質和良好家風。此碑反映了南北朝以來西北少數民族的變遷與融合，對研究契苾何力家族及其親緣關係具有重要價值。作者不詳。

[注釋]

①契苾夫人（656—721）：契苾何力第六女，常山開國公史氏夫人。因父親和丈夫都是唐朝少數民族裔重臣，卒後同丈夫陪葬昭陵。其夫爵爲常山縣開國公，從夫秩，從二品外命婦。

②陰山：崑崙山的北支。自漢武帝伐匈奴得此山後，爲中國歷代北方的遮罩。

③蒲類：即蒲類澤（海），古湖泊名。西域古國，在今新疆東部巴里坤湖附近。

④不周：即不周山，神話傳說中的山名。上古時代，共工與顓頊爲爭奪帝位，一怒之下，擊壞天柱，致此山缺壞不周，故稱不周山。

⑤閑婉：指閑雅婉轉。

⑥矜貴：以地位高貴而倨傲自大。

⑦騫若鴻龍：騫，飛起。鴻龍，傳說中的守天門的神獸。

⑧妙年：指少壯時期。

⑨常山開國公史氏：此處史氏源於突厥族，出自唐朝時期突厥族阿史那部，屬於漢化改姓爲氏，與契苾氏（鐵勒）屬於統一族源。或爲昭武九姓中的史氏。常山即古代的常山郡，在今河北省石家莊一帶。

⑩椅梧：是指椅樹和梧桐樹。

⑪先宵：謂先於她去世。

⑫無怙：沒有依靠。怙，依仗，仗恃。

⑬斷織：典出《列女傳》。相傳孟軻少時，廢學歸家，孟母方績，因引刀斷其機織，曰："子之廢學，若吾斷斯織也。"軻因勤學自奮，終成大家。後來，人們用斷織表示賢婦勸學。

⑭折葼（shézōng）：葼，細樹枝。指折取細樹枝。亦以指鞭笞。

⑮涓潔：清潔。

⑯禕禕(yī)：庄敬貌。

⑰振振：仁厚的樣子。

⑱祁祁：舒緩閑靜的樣子。

⑲老萊：指《二十四孝》老萊娛親（亦稱戲彩娛親）典故。"老萊子孝養二親，行年七直，嬰兒自娛，着五色彩衣……"說的是春秋時楚國隱士老萊子，

他非常孝順父母，對父母體貼入微，千方百計討父母的歡心。

⑳眉壽：長壽。人年老時，眉毛會長出幾根特別長的毫毛，爲長壽的象徵，故稱爲"眉壽"。

㉑仲由：指《二十四孝》百里負米典故。"仲由，字子路。家貧，常食藜藿之食，爲親負米百里之外。"是説孔子的學生子路，非常孝敬父母。但因家境貧寒，經常吃野菜度日。他怕父母身體不好，就從百里之外負米回家侍奉雙親。

㉒風枝：喻父母死亡，不得奉養。

㉓煢煢：孤獨無依的樣子。

㉔女床之舄（xì）：女床，星座名。指帝王衆妻妾居住的宮室，此處轉指尊貴女性所居之處。舄，即鞋子。也指重木底鞋（古時最尊貴的鞋，多爲帝王大臣穿用）。

㉕暫：暫時，暫且；猝然，突然。

㉖延平之劍：龍泉、太阿二名劍的合稱。語出《晉書·張華傳》。據臺灣《中文大辭典》載："延平劍，指龍泉、太阿二名劍合稱。"延平劍又稱雌雄寶劍，傳説干將鑄劍。

㉗天闕：猶天門，天上的宮闕。亦指朝廷或京都。

㉘嵩丘：即五岳之一中岳嵩山，位於河南省登封市西北部。

撥川郡王①碑奉敕撰

珠玉無遠而登輦輅②之飾，寶也；松栝無幽而入殿堂之構，才也；物貴其用，人亦如之。

撥川王論弓仁者，源出於匹末③城，吐蕃贊普之王族也。曾祖贊，祖尊，父陵，代相蕃國，號爲東贊，戎言謂宰曰論，因而氏焉。公有由余④之深識，日磾⑤之先見，陋偏荒之韋毳⑥，慕上國之衣冠。聖曆⑦二年，以所統吐渾⑧七千帳歸於我。是歲，吐蕃大下，公勒兵境上，縱諜招之。其吐渾以論家世恩，又曰仁人東矣，從之者七千人。朝嘉大勛，授左玉鈐衛將軍，封酒泉郡開國公，食邑二千户。《周語》曰："犬戎樹敦，守終純固。"今其俗獷而輕死，其法折而不撓，故前代無降人，中土無僮僕。自公拔身向化，首變華風，澤潞之間，始見戎州矣。若夫河南胡苑，坰牧⑨所利，每歲冰合，虜騎是虞，中軍必謀於元老，亞將固選於時杰。神龍三年以爲朔方軍前鋒游奕使，景龍⑩二年換右驍騎將軍，開元⑪五年兼歸德州都督，使皆如故。八年遷本衛大將軍，改朔方節度副大使。公之理兵也，堅三革，利五刃，偶拳勇，齊足力，信賞罰，分甘苦，六轡如手，千夫一心。接玁狁⑫猶蚊蚋⑬，卧沙塞如衽席，薦居露食，垂二十年。雨畢而成師，冰泮而休卒，寒風入於肌骨，夜霜出於須鬢，人不堪其勤，公不改其節。

韓公⑭之建三城也，公洗兵諸真之水，刷馬草心之山，以爲外斥，而版徒安堵；鄭卿之和默啜⑮也。公授館李陵之臺，致饗⑯光祿之塞，以爲内侯，而賓至如歸。九姓之亂單于⑰也，公四月度磧，過白檉林，收火拔部帳，納多真種落，彌川滿野，懷惠忘亡，漢南諸軍，韙其計也；降户之叛河曲也，公千騎奮擊，萬虜奔走，戡剪略定，師旅方旋。而延陁⑱□跌復相嘯聚，上軍敗於青剛嶺，元帥没於赤柳澗。公越自新堡，奔命冠塲，贏糧之徒，不滿五百，凶醜四合，衆寡萬倍，公殺牛爲壘，唊⑲寇爲餉，決命再宿，冲潰重圍，連兵躡踵⑳，千里轉戰，合薛訥㉑於河外，反知運㉒於寇手，朔方諸軍，壯其戰矣。斫摩之奔也，邀於黑山口，覆其精銳；布思之背也，追至紅桃帳，掩其輜重。乳泊之會，刺蘭池之狂胡；木盤之役，縲方渠之逋寇。凡前後大戰數十，小戰數百，算無遺策，兵有全勝。是以六狄逃遁，三垂乂寧㉓；聲暴露於天下，業光華於代載；信皇威之所加，亦武臣之力也。

故錦衣寶玉，允答戎功；甲第良田，丕承錫命；語其智效，未甚優寵；黄頭黑齒，比價齊名。積戰多瘡，累勞生疹；恩命尚藥，馳往診之；晉竪㉔已深，秦醫㉕無及。十一年四月五日，薨於位，享年六十。制贈爲撥川王，稱故國，志其本也；太常議謚曰忠，由舊典，昭其行也。長子盧，襲官封，繼事業；次子舊久，特拜郎將。十二年四月，詔葬於京城之南，懷遠人也。太常鼓吹，介士龍斾，虎帳貔裘，封鄻殉馬，吉凶之儀舉，夷夏之物備。長安令總徒以護事，鴻臚卿序賓以觀禮，哀榮之道極矣，君臣之義厚矣。有命國史，立碑表墓，吾嘗同僚，敢昧遺烈。

銘曰：黄河接天，青海殊壤。舉世安俗，拔俗誰放？倬哉論侯，利有攸往。奮飛横絶，搏空直上。以衆欵塞，因敵立勛。吐蕃萬户，吟嘯成群。精感天地，氣合風雲。既封酒泉，乃位將軍。朔方陰塞，直彼玁虜。帝命先鋒，闞如虓虎。山北加籠，漢南擊鼓。十數年閑，耀國威武。我有師旅，將軍鞠之。我有邊氓，將軍育之。柳澗亡師，一劍復之。蘭池叛胡，三戰覆之。武節方壯，朝露不待。王爵送終，宿恩未改。時來世去，人物如在。銘勛謚忠，以告四海。

[題解] 簡稱《撥川郡王碑》《論弓仁碑》，立於唐玄宗開元十二年（724）四月。碑文引自《全唐文》卷零二二七。簡述了論氏家族淵源和論弓仁戎馬一生的仕宦經歷，突出其"凡前後大戰數十，小戰數百，算無遺策，兵有全勝"的壯美人生。碑文對研究吐蕃民族中具有舉足輕重地位的門閥世家噶爾世家（漢姓爲論氏）和論姓歷史淵源、武威論氏家族具有重要價值。

[作者] 張説（667—730）：字道濟，一字説之。洛陽人。唐文學家。武后時授太子校書，曾流放欽州。中宗時任黄門侍郎等職，玄宗時任中書令，封燕國公。與當時許國公蘇頲齊名，并稱爲"燕許大手筆"。著作有《張燕公集》。

[注釋]

①撥川郡王：即論弓仁（663—723），出身於吐蕃噶爾氏家族。其父論欽陵，祖父禄東贊，皆爲吐蕃大相。武則天聖曆二年（699），吐蕃贊普都松芒布結假借狩獵之名，大肆逮捕誅殺噶爾氏家族成員，論欽陵被殺。論弓仁隨叔父論贊婆，率七千帳歸附武周，授左玉鈐衛將軍，封酒泉郡公，所轄軍隊被安置在凉州興源谷。累遷朔方軍前鋒游弈使、左驍衛大將軍、朔方副大使。一生經歷戰鬥數百次，未曾敗績。病卒後，贈撥川郡王，謚曰忠。其在中原生活達24年，成爲中原王朝中最早的藏族高級將領。長子論誠節，襲父郡王爵，任朔方節度副使、開府儀同三司、鴻臚卿，進封武威郡王、太子太傅；次子論誠信，官拜大將軍。從論弓仁起，後世子孫皆以"論"爲姓，居家凉州（今甘肅武威市）。論氏始自吐蕃"因官立姓"，後漢化稱論（倫）氏。

②輦輅（niǎnlù）：指皇帝的車輿。

③匹末：疑爲匹播，古城名，在今西藏窮結。一作跋布川。《新唐書·吐蕃傳》："其贊普居跋布川或邏娑川。"吐蕃前都城，後遷至邏些（拉薩）。

④由余：周武王後裔，春秋時期晉國人，後流亡戎地。戎王派他到秦國考察，秦穆公用計拜其爲上卿。由余爲之出謀畫策，幫助秦國攻伐西戎，并國十二，開地千里，稱霸西戎。

⑤日磾：即金日磾（mìdī），西漢時期政治家。原是駐牧武威的匈奴休屠王太子，後兵敗被霍去病俘獲，漢武帝賜姓金。

⑥韋毳（cuì）：韋，熟皮，去毛熟治的皮革。毳，獸細毛，也指獸毛皮，或鳥獸毛經過加工而製成的毛製品。特指游牧民族的衣飾，借指游牧民族。

⑦聖曆：武則天年號，698—700年。二年即699年。

⑧吐渾：即吐谷渾，中國古代西北民族及其所建國名。

⑨垌牧：猶垌外，荒郊，遠野之意。亦指牧場。

⑩神龍、景龍：唐中宗李顯年號。神龍，705—707年；景龍，707—710年。

⑪開元：唐玄宗年號，713—741。五年即717年，十一年即723年。

⑫獯猃（xūnxiǎn）：即獯鬻，指中國古代北方的一個民族，居地在周王朝之西北一帶。也是匈奴在夏朝時的名稱。

⑬蚊蜹（wénruì）：蚊子。食植物汁的蚊子叫蚊，食人血的蚊子叫蜹。

⑭韓公：即張仁願（？—714），華州下邽（今陝西渭南）人，唐朝宰相、名將。曾任檢校幽州都督，擊退突厥默啜可汗的進犯。中宗時，任朔方軍大總管，为防禦突厥侵擾，修築塞北三座受降城，極大的削弱了後突厥汗國的國力。官至同中書門下三品，封韓國公，加鎮軍大將軍，追贈太子少傅。

⑮默啜（？—716）：唐時東突厥可汗，姓阿史那氏。曾助唐平契丹，受封爲立功報國可汗。自唐取得河曲六州突厥降戶及種子、農具、生鐵等，勢力日盛，屢擾唐境，又攻擊周邊諸部，拓地至黑海以東。後被潰卒所殺。

⑯致饔（yōng）：古代諸侯朝聘，入居館舍後，主國向來賓贈送食品。饔，熟食，早飯。

⑰九姓之亂單于：指唐玄宗開元初年的突厥九姓內亂與大規模降唐事件。

⑱延陁：即薛延陀，中國北方古代民族，亦爲汗國名。原爲鐵勒諸部之一，由薛、延陀兩部合并而成。最初在漠北土拉河流域，從事游牧，役屬於突厥，後勢力強大，終爲唐朝所滅。延陁氏乃薛延陀部族首長之胄。

⑲啖（dàn）：意爲吃或給人吃。

⑳躡踵（nièzhǒng）：猶接踵。

㉑薛訥（649—720）：字慎言，絳州萬泉（今山西新絳）人。唐朝名將薛仁貴長子。早年爲城門郎、藍田縣令等職，以剛正秉直而聞名。累官并州大都督府長史、檢校左衛大將軍、左羽林大將軍等職，鎮守邊疆，屢立戰功，封平陽郡公。曾任涼州鎮軍大總管，統領赤水諸軍駐守武威。

㉒知運：即張知運（？—716）。早年爲涼州都督裴行儉裨將，累官上柱國、長平郡開國公、朔方道後軍副大總管、安北副大都護等職。開元四年，在青剛嶺（今甘肅環縣境內）大意失防遭突厥降戶攻擊戰敗，後又在赤柳澗（在肅州境內）被俘，唐軍擊潰突厥被釋放，以喪師辱國被斬首示衆。

㉓乂（yì）寧：安寧。

㉔晉豎：指病魔。

㉕秦醫：指扁鵲（前407—前310），姓秦，名緩，字越人，號盧醫。戰國時著名醫學家。泛指良醫。

大唐上柱國翟公墓誌銘并序

公諱舍集①，姑臧人也。代禀粹氣，人包靈精，西平膏壤，右地名族。曾祖呼末，周歷内散都督，隋贈甘州刺史；祖文殊、父沙，并上柱國。公生蘊奇志，長負大才。國家命金方之師，征鐵闕之右。公躬擐甲胄，率先艱苦，授上柱國。於是樂道知命，居常待終，而竈疾彌留，游魂莫返。久視②年五月八日卒於私第，年六十四。夫人安氏，涼國公之孫也。出自名家，宜於貴室。夫也先卒，心乎靡他，義忉恭姜，訓成諸子。三從一德，良不媿於金夫；子貴母尊，竟登榮於石茆。湟川叛逆，青海紛拿③。元子勇冠三軍，功加五品，因授姑臧縣太君。開元十四年八月廿八日卒，年七十六。其歲景寅子月十一日，合葬涼東南七里志公鄉原塋，禮也。長子游擊將軍、安善府果毅④元節，刪丹⑤之役，死於王事；次子徵士元哲、柱國元開、翊衛元瑈，并早卒；季子翊衛元禮。嫡孫勛、衛、瓊、環等，家寶國珍，聞詩習禮。茹荼⑥興慕，至性崇於二連；剪棘開塋，遺烈旌於九壤。托銘於僕，掌□拙爲。詞云：

　　金方望冑，兌野淳精。爰曾爰孝，令德令名。育才奉國，奮勇遄征。進有榮秩，居而退耕。夫殁妻志，母因數貴。慶緒藩滋，僉階祿位。彼蒼如何，吞恨逾多。藏舟遂蕩，陳駟仍過。幽壙寂寂，高墳峨峨。埋銘地户，托體山阿。

[題解] 簡稱《翟舍集墓誌》，刻於開元十四年（726）十一月。青石質，兩方，正方形，誌蓋、身高、寬皆爲48.5厘米，厚7厘米。蓋三行六字篆書"大唐故翟君銘"。1997年5月11日出土於武威高壩鎮高壩村2組，今存武威市博物館。墓誌概括了墓主人夫婦的家世、生平、業績和子孫情况，是研究武威翟氏及西域胡人歷史的重要資料。作者不詳。

[注釋]

①翟舍集（637—700）：武威姑臧（今涼州區）人。出生於官宦顯貴之家，

曾繼承先世遺烈，披甲從戎，爲國立功，授上柱國之職。夫人安氏，凉國公安興貴孫女，出自名門，丈夫去世後獨自承擔起教育子女的重任。夫婦合葬於凉州東南七里志公鄉（今凉州區高壩鎮境內）。

②久視：武則天稱帝後的第十一個年號，700—701年正月。
③紛拏：混亂的樣子。
④果毅：果毅都尉的簡稱，軍職，從六品至五品。游擊將軍爲從五品下。
⑤刪丹：今甘肅山丹縣的原名。
⑥茹荼（rútú）：比喻受盡苦難。荼，苦菜。

大唐故右威衛將軍 武威安公故妻 新息郡夫人下邳翟氏（六娘）①墓志銘并序

粵若②仙家夭桃③，三章④詎宣其精義；靈山⑤美玉，五德⑥未盡其對揚。斯可以竊比碩人⑦、興言高媛⑧，其則夫人者矣。夫人諱六娘，字六娘，隋開府儀同公之第六女也。盛德内融，好仇外著，韵諧家室，行自仁賢。舅姑⑨終其孝恭，姻戚宗其令問。蘭儀肅穆，富春秋之清芬；菊服齊壯，致烝嘗⑩之歆饗⑪。鳲鳩⑫七子，君子攸宜⑬；鳳皇九雛，賢母是屬。夫人體斯律唱，贊厥呂和。相敬形於二人，誕懿存於九子。兄弟出處，忠孝榮門；父母庭闈，昧爽⑭咸列。無方左右，特禀少微之星⑮；取類琳琅，咸爲大國之寶。誠家國之餘慶，感天地之中和。

然而日月居諸，岸谷遷易。憂喜多故，年考易侵。夫人以聖曆元年十月十六日薨於京懷遠里第之小寢，春秋八十有九。嗚呼哀哉！天不憖遺⑯，人之云亡。自兹厥後，子息□□，唯各有短長之命，而代迫存歿之艱，歌哭之堂，俄然空闋⑰。遷窆窀穸⑱，臣子慎修。考薨之辰，企及昭陵陪葬；妣喪之月，伏深在殯之虞。赤龍之典是遵，青鳥⑲之經有所。伏惟衣冠臣葬，誠賴威靈；山陵帝鄉，具嚴兆域。紆輴綍⑳而歲卜，候商徵之時宜。從違卅餘年，龜筮今兹協吉。季子神機㉑，尋已疾終。孫奉義郎、前行絳州參軍事日欽，特奉於考臨終之命，伏惟於考平生之志，爰以開元十五年歲次丁卯二月甲辰朔廿九日壬申，敢奉遷祖妣神柩，式窆於祖考墓之玄堂，禮也。

厚德謀孫，多材幹父。陳情聞於幼敏，泣惠逮於從官。合葬秦崗，告哀楚挽。夜臺行路，輴旐逶遲㉒。春序川原，縞素凄心。菶青㉓露泣，楊白風悲。嗚呼哀哉！夫人以梅實盛年，顔如皓日；孀居晚歲，閨起清風。琴瑟喪於嫠憂㉔，臺館傾其榮樂。神物終當重合，誓心固以塞泉。山陽水陽，百二國之勝地；青松翠柏，三千年之佳城㉕。龍馬發揮之期，將軍寵靈之所。其詞曰：

翟氏賢媛，安門碩人，紫玉毓德，白水降神。容華潔朗，志性純真，似桂不晦，如李恒春。其一。

孝敬舅姑，甘旨晨晡，蘭芬玉美，充堂自廚。進奉餘暇，幽閑令圖，三從四德，歷代楷模。其二。

節義通微，宅兆斯歸，塋如月望，墳若星睎。上表松柏，下志庭闈，三葉謀厝㉖，萬古依依。其三。

[題解] 簡稱《翟六娘墓志》《唐故新息夫人墓志》，刻於唐玄宗開元十五年（727）二月，現存西安昭陵博物館，碑文錄自《唐代墓志彙編（續集）》。簡述了安元壽夫人翟六娘的出身、修養、德操等，樹立了一位"盛德內融，好仇外著，韵循家室，行自仁賢"的命婦形象。墓志對研究安氏家族及其婚配和武威粟特胡人的關係具有重要價值。作者不詳。

[注釋]

①新息郡夫人下邳翟氏：即安元壽夫人翟六娘。安元壽官至右武衛將軍，從三品；勛至上柱國，正二品。夫人翟氏，封新息郡夫人，從夫秩，正二品外命婦。新息，古地名，位於今河南息縣西南。下邳，即今江蘇省睢寧縣古邳鎮。下邳別稱邳國、下邳郡。此處下邳應是翟氏郡望或先祖之地。

②粵若：發語詞，用於句首以起下文。

③夭桃：比喻少女容顏美麗。出自《詩·周南·桃夭》。

④三章：典出《史記·高祖本紀》。指三條法律，即漢高祖劉邦率兵進入咸陽時，與父老約法三章：殺人者死，傷人及盜抵罪。

⑤靈山：靈秀奇异的山岳。

⑥五德：玉有五德，即仁、智、義、禮、信五德。

⑦碩人：指美人；賢德之人。碩，高大。

⑧高媛：指美人。媛，美女。

⑨舅姑：岳父母；也指公婆。這是依父系親屬觀念來表達的一種姻親關係。

⑩烝嘗：本指秋冬二季。後亦泛指祭祀。

⑪歆饗：祭祀時神靈享受的祭品、香火。通"歆享"。

⑫鳲鳩：即布穀，亦作尸鳩，常把卵產於別的鳥巢中為它孵化。

⑬攸宜：攸，所；宜，適合。很適合優秀人士（的舉止、儀容、風範）。

⑭昧爽：指天將曉而尚暗之時。猶佛曉。

⑮少微之星：喻指處士、隱士。

⑯憖（yìn）遺：不願留下。憖，寧願。語出《詩·小雅·十月之交》。

⑰空闃（qù）：空虛而寂靜。

⑱遷窆窀穸（qiānbiǎnzhūnxī）：遷窆，猶遷葬。窆，墓穴、墳塋。窀穸，有墓穴、埋葬、逝世之意。穸，在黃昏時下葬。

⑲青鳥：傳説中西王母的使者。

⑳紖輀綍（chúnfú）：紖，指行動緩慢。輀，指靈車。綍，古代出殯時拉棺材用的大繩。古同"紼"。

㉑季子神機：即安神機，安元壽三子，早卒。

㉒輀旐（érzhào）逶遲：輀旐，亦作"輀兆"。是指柩車前的魂幡。輀，古代運送棺材的車。旐，指引魂幡。逶遲，指徐行的樣子。

㉓蕘（yáo）青：即蕘草。《山海經》："姑媱之山，女尸化爲蕘草。"相傳蕘草服之媚於人，是說食用此草的女子會得到萬般寵愛。

㉔嫠（lí）憂：喻憂國。嫠，指寡婦。

㉕佳城：典出《西京雜記》卷四"佳城鬱鬱，三千年見白日。籲嗟滕公居此室。"後遂以佳城喻指墓地。

㉖厝：停柩，把棺材停放待葬，或淺埋以待改葬。

大唐故特進 涼國公 行道州別駕契苾公墓志銘并序

公諱嵩①，字儀節，先祖海女之子，出於漠北，住烏德建山②焉。祖何力③。蒼天不徵，年幼偏露。母謂公曰："觀汝志大，在此荒隅，非是養德。比聞大唐聖君，六合④歸之，四夷⑤慕義，將汝歸附，汝意如何？"公跪而言曰："實有誠心，若至中華，死而不恨。"將⑥部落入朝，姑臧安置，後移京兆，望乃萬年。授右領軍衞將軍。高昌不賓⑦，授公葱嶺道總管，破國虜王。尚臨洮縣主，封張掖郡公。燕頷⑧為將，班超酬西域之侯；麟閣圖形，公建勳誠之節。高麗逆命，王師問罪，先鋒直進，斬首數千。苦戰被傷，通中者七。主上親問，入帳敷藥。太宗晏駕⑨，陵側割耳。爲下過禮，奉制追入，屯營檢校。龍朔元年，詔爲遼東道行軍大總管。於時九月，水陸兩軍，大會平壤。兵至鴨綠，波濤浩瀚，無舟可濟，恐失王期，仰天而嚚，具申忠志。寒風四起，流澌⑩立合，軍衆纔渡⑪，冰隨後銷，高麗謂神。耿恭拜井⑫，魯揚麾戈，精誠所感，信非謬也。旋師⑬錄功，賜甲第一區，加涼國公，拜長子明⑭朝散大夫、太子舍人。

北蕃公子，歸帝京而得名；南陽武侯，懼中華而不入。授公父明爲都督，檢校部落；南擊鮮零⑮，北防凶虜，征戰不息，遷至右鷹衛大將軍。授公兄縱爲都督；狼星角怒，群羊虜雲，不夕即朝，時無可識。凶奴大下⑯，公兄頻勝，短兵接戰，爲虜所擒；荒外身亡，骸留不返，主上矜念⑰，褒贈榮官。部落有餘，授公爲都督，檢校征戰，累功遷至右領軍衛大將軍、赤水軍副持節。吐蕃頻擾，領兵不千，輕入青海，破軍斬將。叙錄功績，授公爲特進。表請入朝侍奉，留子檢校部落。輕兵陷陣，耿第□可同年；坐指白麾，謝艾⑱方應可匹。爲子嬌逸⑲，言誤侍臣。衆口非金石，浮⑳被謫□□連州別駕。南觀冬柳，愁傷葉乃寒生；北望春梅，嘆惡花兮半發。結氣成疾，虐□相仍，自壽不長，還來服鳥㉑。遷至道州別駕。兩住炎中，連綿四載，望居坎北，放至山南。既濟有文，終正則亂，其道窮也。開元十八年歲次庚午六月辛未，薨於任所。□洋從得，歿後難申；至金香來，無由再起。天命已畢，大數而歸；二萬七千，同盟而至。其年十一月廿二日，葬於咸陽洪瀆原先塋之側。嗚呼哀哉！孀妻慟哭，傷於杞□城崩；孝子悲深，表上圖形厲俗。

乃爲銘曰：張倉被法㉒，王陵見祺。身没之後，福及妻兒。三代爲將，道家忌之㉓。捐殣賢良，誠之□思。劉寔㉔性儉，子□情非。殘林被類，謫逝魂歸。柏靡西顧，白楊風悲。從今永往，唯□葛虆㉕。

[題解] 簡稱《契苾嵩墓志》，刻於唐玄宗開元十八年（730）十一月，現藏於河南洛陽千唐志齋，碑文錄自《唐代墓志彙編》。簡述了契苾何力和其孫契苾嵩的生平事迹和仕宦功勳，兼及契苾家族和契苾嵩被貶相關情况，有贊頌，亦有惋惜。這是契苾家族人物墓志中記載比較完整的人物傳記，對研究契苾家族具有重要價值。

[注釋]

①契苾嵩（？—730），字儀節，契苾何力之孫，何力長子契苾明次子，歷官右武威衛郎將、上柱國、都督、右領軍衛大將軍、赤水軍持節、特進，封涼國公。後因與回紇通婚，被貶爲連州（今屬廣東清遠市）別駕、道州（今屬湖南永州市）別駕，去世於道州任所。

②烏德建山：即今蒙古杭愛山。

③何力：即契苾何力，見《契苾明碑》題解。

④六合：指上下和四方，泛指天地或宇宙。

⑤四夷：東夷、西戎、南蠻、北狄的總稱。古代對中土以外各民族的泛稱。

⑥將：帶領；統帥，指揮。

⑦不賓：不服從、不歸順。

⑧燕頷：形容相貌威武。頷，下巴。為封侯之相。

⑨晏駕：古時帝王死亡的諱稱。

⑩流澌：指江河，流水。

⑪纔（cái）：方，始；僅僅。

⑫耿恭拜井，魯揚麾戈：耿恭，字伯宗，扶風茂陵（今陝西興平）人。據《後漢書·耿弇列傳》載：東漢明帝永平十八年（75），北匈奴在疏勒城攻打耿恭，并堵絕漢軍的水源。漢軍在城中掘井十五丈，仍不出水。官兵焦渴困乏，甚至擠榨馬糞汁飲用。耿恭整理衣服向井拜了兩拜，替將士祈禱。不久，泉水涌出，眾人齊呼萬歲。耿恭命人在城上潑水給北匈奴人看。北匈奴人以為有神明在幫助漢軍，於是領兵撤退。魯揚，即魯陽。傳説武王伐紂，戰鬥異常激烈，武王部將魯陽愈戰愈勇，敵人望風披靡，眼看天色已晚，魯陽揮戈向着太陽揮舞，吼聲如雷，太陽後退了三個星座，回復了光明，終於全殲敵軍。出自《淮南子·覽冥訓》。麾，同"揮"。

⑬旋師：即回師。

⑭明：即契苾明。

⑮鮮零：即先零。古代羌人部落之一。

⑯凶奴大下：凶奴，即匈奴；大下，即大夏，古代西域民族。

⑰矜念：思念，關懷。

⑱謝艾（301—353）：涼州敦煌人，前涼將領，官至酒泉太守、福禄縣侯。史載其文武兼備，曾三次以少勝多，擊敗後趙名將麻秋。著有《謝艾集》。

⑲嬌逸：嬌美文雅。

⑳浮：暫時。

㉑鵬：即鵬鳥。指貓頭鷹一類的鳥。舊傳為不祥之鳥。比喻奸佞。

㉒張倉（前256—前152）：原為秦國小吏，後因得罪秦王準備問罪。後參加劉邦起義軍，因不按計劃行事而違反軍令，劉邦派王陵負責審訊，決定將其腰斬，王陵向劉邦説情，赦免其死罪。後任丞相，封北平侯。

㉓三代為將：古人認為，為將超過三代，因殺伐太多，後代子孫將承受其不祥之運。道家以恩愛為本，忌諱爭鬥厮殺。

㉔劉寔（220—310）：西晉重臣、學者。官至尚書。後因數劉夏受賄獲罪，被免官。後被起用至太保、太傅。

㉕葛藟：亦作"葛虆"。借指流亡他鄉者的怨詩。藟，一種像葛的植物。

大唐故代國夫人①史氏墓誌銘并序

夫人族本河南人也，繼先儲之寶，胤承婺女②之靈苗。籍慶高門，貽芳遠裔；幼懷聰敏，自得神襟；長達母儀，非由師訓；加以蘭容表質，蕙絮飛文；楊笄③之年，六行④儲備；公宮未教，四德⑤圓明；保婦道之清，負賢夫之惠；渥白珪舞玷，丹桂流芬；采蘋⑥之禮，克全庭院。袵之化餘，列入大□請義，坐鎮高延，與小郎解圍獨朗。可謂朝雲靄靄，貫峽□以長存；豈期雨霏霏散，□湘波而永逝。寢疾不瘳，終於涼州泰清坊⑦之私第，春秋六十有六，以開元二十一年十月十六日葬於涼州東七十里天授鄉之原，禮也。息大鼎等并孝扶游，閔道洽曾柴⑧，痛徹神祇，毀逾滅性。廬陵遷谷，戀夫人盛範湮沉，爰勒銘，式彰不朽。詞曰：

高族傳芳，長波不竭。載誕淋媛，是應明哲。王韻珠暉，蘭芳桂烈。惠絮擎飛，菊花飄雪。其一。

母儀內朗，婦德外全。承奉君子，執饌敷延。蘋蘩蘊澡，禮樂周旋。白珪無玷，丹桂流鮮。其二。

霜□逐侵，日車⑨俄□。北堂⑩半空，東原長□。子泣寒泉，家嚴淚希。白日而弃臨，勒玄石而鐫。其三。

[題解] 碑刻於唐開元二十一年（733）十月。上下兩合，誌蓋篆書三行九字"大唐故夫人史氏墓誌"，誌身楷書。出土於武威黃羊河農場十隊，今佚。碑文由發現者提供。碑文點明代國夫人出身，極贊其母儀風範。作者不詳。

[注釋]

①代國夫人（668—733）：祖籍河南。幼時聰慧，長成後才德兼備，去世於涼州私第，葬於涼州東鄉。具體情況待考。代國公，不詳。經查閱相關史料，唐代封為代國公，且年齡、經歷關聯度較大者是郭元振（656—713），曾任涼州都督、宰相等職。

②婺女：星宿名，即女宿，又名須女、務女，二十八宿玄武七宿之第三宿。

相傳其賢慧有才德，能解人間災厄。

③楊笄(jī)：同"揚笄"，謂女子成年。笄，古代女子用以裝飾髮耳的一種簪子。古代女子十五歲即可以盤髮插笄，稱爲"及笄"，意謂進入成年。

④六行：指六種善行，即孝、友、睦、姻、任、恤。

⑤四德：指婦德、婦言、婦工（功）、婦容，是女子應具備的道德、行爲、能力、修養等方面的規範要求。

⑥采蘋：采集浮萍。《詩·風·召南》中的詩篇，描寫女子采摘蘋草、水藻，置辦祭祀祖先等活動，真實地記載了女子出嫁前的一種風俗。據文獻可知，古代貴族之女出嫁前須到宗廟去祭祀祖先，同時學習有關婚後的禮節。後以"采蘋"贊美女子德行。

⑦泰清坊：唐時涼州城的居住區之一。

⑧曾柴：即孔子弟子曾參、高柴，被後世稱爲仁孝的典範。

⑨日車：指太陽。太陽每天運行不息，故以"日車"喻之。亦指神話中太陽所乘的六龍駕的車。後亦引申爲時光。典出《莊子·雜篇·徐無鬼》。

⑩北堂：古代居室東房的後部爲婦女盥洗之所。也指母親的居室，代指母親。

邠王①府長史陰府君碑

張 均

公諱某，字某，武威姑臧人也。昔恭王之裔，別封於管。有夷吾②者，能霸桓公，則平周辭上卿之禮，適楚踐大夫之職，以地命氏，授於陰城。新野之涼，皆爲著族③。貴則重族二後，榮則一門四侯，道則山紀神仙，行則里題忠義。建名崇德，世有其人。

公高祖，湘東內史鏗④，梁州⑤之子，屬詞比事，天下宗之。曾祖，江州刺史、通道館學士顥。祖，朝請大夫、國子博士宏道。考，某官景明，貽範清白，纂列文史，累善所徵，及公而盛。公承禮樂之峻胄，稟清明之異姿；天生粹靈，氣合真素；下帷專思，重席擅業。至人藏用，有道德之鄉；君子爲儒，無榮辱之境。尚東郭以自逸，與南容之不廢。調補陳州司倉，徵其志也，以爲非足利時，不容終秩。遂優游初服，述祖移年，嘿志元言，洞心清律。常手操經籍，耳練宮商⑥，澹有怡神，坦無嬰慮。是可忘機造化，豈徒屑意公卿而已哉！故德充以外形，才全以內濟，委懷從運，與道無名。尋拜命宜城公主府記室參軍。

退一隅而無悶，進三府而交辟，署宰長河，屈資而往，曰："惠人無小，吾所從之。"其至也，去惡如救焚，急賢如濟渴，遇物風偃，推心理裕。平其志而异物不遷，一其誠而萬情咸括。清猷美績，克存餘詠，飛狐之地，戎馬生郊。俾公爲蔚州別駕，則惠化所存，勇且知方，肇建天人，戀官靈器。入爲慶王友，轉太子中允，又拜國子司業，邠王府長史。或舉德以進，或尚閑而退，不失其正，達識推高。某年日月，寢疾東都，終於永豐第，春秋七十有五。惟公率心經於德義，檢口絶於臧否，秉禮樂而視正直，蘊文藻而含清真，可不謂才全而蹈道者歟！位不兼濟，惜也！

夫人范陽縣君張氏，丞相燕公⑦之妹。元師妙德，嬪風女師，梁氏義輕於前志，曹門克貽於後範。府君之喪，紀繶將縞，晝哭成疾，恐流年之易除，慟累月而雲逝，没而不朽者，非禮節絶倫之謂乎！春秋若干，以某年月日，合葬於龍門南陵原，禮也。公無子，有二女，咸以淑行，著於通門，喪葬克家，感戚行路。子婿吏部郎中吴興張珦、度支員外郎隴西李愷，永德清冰，緬托貞石。庶乎時遷陵谷，猶徵少女之詞；道在宗親，不昧諸姑之德。大人爲頌，俾小子序焉。

[題解] 此碑約立於唐玄宗開元年間（713—741），碑文見《全唐文》卷四〇八。碑佚。張澍收入《凉州府志備考》藝文卷，在其人物卷"陰行充"條亦載。陰府君，武威姑臧人，其姓名及事迹不詳。從碑文内容看，應是南朝梁陳時期著名詩人陰鏗之後，世代爲官，屬凉州陰氏世家大族。陰府君曾任蔚州別駕、太子中允、國子司業、邠王府長史，是燕國公張説的妹夫，碑文作者張均的姑丈。據張澍考證陰府君爲陰行充："碑不言名、字，而末有云'夫人張氏，丞相燕公之妹'，是陰行充也。見《元和姓纂》"（《凉州府志備考·人物卷》）。《中國歷代人名大辭典》："陰行先，唐武威姑臧人，張説妹婿……爲宜城公主府記室參軍，遷長河令……官至國子司業，邠王府長史。"行先即行充也。"允""先"形近而誤。

[作者] 張均：張説之子，唐開元中曾任刑部尚書、大理卿，襲爵燕國公。"安史之亂"時受安禄山僞官爲中書令。肅宗立，免死，長流合浦（今廣西）。有集二十卷，今存詩七首。

[注釋]

①邠王（672—741）：唐高宗李治之孫、章懷太子李賢次子李守禮（玄宗堂兄），別名李光仁。景龍四年（710）中宗駕崩，遺詔進封守禮爲邠王。其去世

後陪葬乾陵。

②夷吾：即管仲（前719—前645），名夷吾，周穆王後裔。春秋時期法家代表人物，著名政治家、軍事家、思想家。曾輔佐齊桓公改革，富國強兵，使齊國成爲春秋五霸之首。有《管子》傳世。

③新野之涼，皆爲著族：據有關史料，陰氏望出南陽，系周穆王後人管仲後裔。重族二后，指東漢光武帝皇后陰麗華和漢和帝皇后陰氏。一門四侯，指光武帝皇后陰麗華兄陰識，封陰德侯；兄陰興，封關內侯；弟陰就，封信陽侯；陰興子陰慶，封鮦陽侯。以上皆南陽新野人氏。涼州之陰，皆新野之陰後裔，南北朝時期，武威陰氏顯赫一時，形成陰氏武威郡望。

④陰鏗（約511—約563）：字子堅，祖籍武威姑臧。南朝梁陳著名詩人。其詩開啓唐風，是隋唐格律詩的源頭，對後世影響較大。有《陰常侍集》傳世。

⑤梁州：疑爲"涼州"之誤。涼州位於河西，梁州位於川陝，屬於不同的區域，但史書上常有混淆或訛誤。如唐教坊大曲《涼州令》，後訛稱爲《梁州令》。對此，後人已有定論，如南宋王灼《碧雞漫志》："涼州即梁州……"

⑥宮商：古代音律中的宮音與商音，後人用其泛指音樂、樂曲。

⑦燕公：即張說（667—730），唐朝名相，著名詩人，封燕國公。

故九姓突厥契苾李中郎① 贈右領軍衛大將軍墓誌文

大唐故九姓突厥贈右領軍衛大將軍李中郎者，西北蕃突厥渠帥②之子也。家承聲朔③之教，身奉朝宗之禮。解其左衽④，萬里入臣。由余⑤事秦，彼有慚色；日磾⑥歸漢，何能加此。天寶三載九月廿二日遘疾，終於槁街。聖恩軫悼⑦，贈右領軍衛大將軍。以其載十一月七日安厝於長樂原，禮也。鴻臚獲葬，庶事官給；著作司銘，遺芬⑧是記；哀榮之禮，國典存焉。

其詞曰：懷音展誠，寵三申命，夷夏哀榮，於茲耳盛。厚賵⑨朝賜，長阡⑩官卜，紀銘芳琚⑪，敢告陵谷⑫。

[題解] 碑簡稱《契苾貞墓誌》，刻於唐玄宗天寶三載（744）十一月，已佚，碑文錄自《隋唐五代墓誌彙編（陝西卷第一冊）》。簡述"西北蕃突厥渠帥"之子契苾李中郎，"家承聲朔之教，身奉朝宗之禮"，由少數民族入漢歸唐，建功立業，去世後，唐玄宗非常悲痛，追贈爲右領軍衛大將軍事宜。此碑對研究契

苾何力家族歷史具有補遺作用。作者不詳。

[注釋]

①契苾李中郎：即墓主人契苾何力三子契苾貞，賜姓李。曾接替其兄契苾明爲賀蘭都督，後任司膳少卿（即光禄寺少卿），卒後追贈爲右領軍衛大將軍。

②渠帥：指大帥。渠，大。

③聲朔：聲教正朔的簡稱。指帝王之治。

④左袵：指少數民族。原指古代少數民族或是漢族死者所着的服裝，前襟向左掩，不同於中原一帶的右袵。袵，指衣襟。語出《論語·憲問》。

⑤由余：周武王少子唐叔虞後裔，晋國人，流亡戎地。戎王聽説秦穆公賢能，派他到秦國考察。穆公用計拜他爲上卿，爲其出謀劃策。由余幫助秦國攻伐西戎，并國十二，開地千里，稱霸西戎，使秦穆公位列春秋五霸之一。

⑥日碑：見《撥川郡王碑奉敕撰》注解。

⑦軫悼：指痛切哀悼。

⑧遺芬：比喻前人留下的盛德芳名。猶餘香。

⑨賵（fèng）：古代指用車馬幫人辦喪事。也指助人辦喪事的財物。

⑩長阡：指通往墳墓的漫長道路。

⑪瑶：指像玉的石頭。一種美玉。

⑫陵谷：山嶺與深谷。比喻世事變遷，高下易位。

唐故壯武將軍 右龍武軍翊府中郎將
武威郡史府君①墓志銘并序

集賢院校理主史 陳留郡申屠泚 撰文并書

君諱思禮，字伯珪，武威人也。其先輔周克殷，展九鼎②之寶；佐魏理鄴，綰百里之印③。自是以來，含章④間出，柔嘉挺生⑤。西漢全盛之時，月以外戚居寵；東京陵夷之日，彌以直臣見知。代不絶賢，門休厥德。曾祖爽，皇任翊麾校尉、右衛中候；安卑守道，從謙效官；禄位逾微，名實彌著。祖感，皇任昭武副尉、右衛司戈，□□□肩，習武繼踵⑥，侍以嚴更⑦之署，巡以周廬之區。父岳，皇贈青州司馬，□錫殊私，寵加存没。萊夷上佐之郡，海岱⑧半刻之城，可謂政及幽靈，化霑朽骨，□□公陰德而高其門，張賀⑨行仁而尊其家。方諸聖代，未可同年而語哉！

君蓋右衛司戈之元孫，青州司馬之長子也。素多奇節，罕拘小謹，臨難不易其潔，見危不顧其身。志在雄飛，豈能雌伏？屬唐元初載六月廿日，巨猾⑩開釁，邪孽如聚，戮褒姒⑪於周京，斬呂祿⑫於漢闕。班賜獲級，俾勤賞功。至七月十三日，恩敕授君平陽郡仁壽府左果毅都尉，借緋⑬，以旌社稷之勳，用表河山之績也。考滿，授馮翊郡唐安府左果毅都尉，重任兩政。考滿，又選授伏龍、洪泉二府折衝。考滿，加游擊將軍，授京兆神鼎府折衝都尉。訓兵養士，秣馬脂車⑭，計不□時，算無遺策。尋加寧遠將軍、守左武衛翊府右郎將，賜紫金魚袋，又轉右龍武軍翊府右郎將，累遷明威將軍。無何又選壯武將軍、右龍武軍翊府中郎將、上柱國。北軍開壁壘之營，南宮列鈎陳⑮之衛。君以爪牙王室，羽翼聖明，同韓彭⑯而推高，方耿寇⑰而見重。至若傾心於下，接物於衆，寮友⑱取則，雅望⑲攸歸。生也有涯，彼蒼不憖⑳。嗚呼哀哉！以天寶三載歲在甲申八月辛卯朔廿日庚戌，終於興寧里之私第，春秋七十有七焉。君尊賢慕道，好德善鄰；以廉正居官，以忠勇報國。壯志未弭，良圖忽諸。夫人武功郡君蘇氏之女也。母以子貴，妻以夫榮，悲龍劍而一存，傷鳳梧之半死。以其載十一月庚申朔廿三日壬午，遷窆於京兆府萬年縣滻川鄉白鹿之原，禮也。水臨灞岸，山接芷陽。風傳長樂之鐘，日下新豐之樹。嗣子元柬，宣節副尉、長上宿衛，仍委檢校閑廐脩造使；次子元亮，御侮校尉、右武衛絳郡神泉府別將；次子元忠，翊麾校尉、右武衛仁壽府別將等。哀不勝喪，毀幾滅性，能舉孝道，咸遵令儀，勒其精瑉，紀夫幽壤㉑。銘曰：

□□之才，武威之寶，出逢大運，以興王道。其一。
國章優渥㉒，寵命頻繁，□□□府，擢波期門㉓。其二。
天奚不仁，於茲明哲，長河未幹，大樹先折。其三。
孤墳閉迹，□□□□，□生到此，□□何書。其四。

[題解] 簡稱《史思禮墓志》，刻於唐玄宗天寶三載（744）十一月，已佚，碑文錄自《隋唐五代墓志彙編（陝西卷第一冊）》。史氏源於周文王之子伯邑考之子史佚，後人把他作爲史官的楷模，與太公、周公、召公并稱爲四聖。來自西域的史氏往往以追溯其祖爲榮耀。碑文簡述了史思禮家族淵源、祖上三代功名及其生平事迹、仕宦生涯，兼及史思禮妻子蘇氏和三個兒子任職等情況，盛讚他"志在雄飛，豈能雌伏"的志向和"尊賢慕道，好德善鄰；以廉正居官，以忠勇報國"的高尚品行。此志對研究昭武九姓及長安郊區的地理景觀具有重要的史料價值，一向被學術界重視。

[作者] 申屠泚：生平事迹不詳。

[注釋]

①史府君：即史思禮，唐武威人。出身於昭武九姓史氏武將世家，從中下級軍官因功累加壯武將軍、右龍武軍翊府中郎將、上柱國。

②九鼎：傳說夏禹鑄九鼎，成爲夏、商、周三代傳國的寶物。後用以象徵國家政權。又以九鼎象徵九州，成爲中國的代名詞。

③綰（wǎn）百里之印：綰，控制。百里，古時諸侯封地範圍。古代一縣的轄區約百里，後轉稱縣宰爲"百里"；亦爲縣的代稱。

④含章：指行文含有文采和美質。含，藏也；章，美也。

⑤柔嘉挺生：柔嘉，指美善；挺生，杰出。

⑥繼踵：緊接着前人的脚後跟。比喻接連不斷。踵，脚後跟；追隨，繼承。

⑦嚴更：警夜行的更鼓。

⑧海岱：地名。《尚書·禹貢》稱青州、徐州之地爲"海岱"。

⑨張賀：杜陵（今屬西安市）人，漢武帝著名酷吏張湯之子。巫蠱之禍受牽涉，被處以腐刑。後出任掖廷令，曾盡心保護幼年的漢宣帝。宣帝即位後，追念其恩惠，追封其爲陽都侯，并對其後代恩寵有加。

⑩巨猾：非常奸惡狡猾的人。

⑪褒姒（bāosì）：周幽王第二任王后，周平王後母。幽王爲寵愛褒姒，廢黜申后和太子。前771年，申后之父申侯聯合鄫國、犬戎攻周，周幽王被殺，褒姒下落不明，西周滅亡。據說周幽王在驪山烽火臺舉火戲諸侯，以博褒姒一笑，導致西周滅亡。此處借指李隆基於景龍四年（710）七月平定韋后之亂，史思禮在這次平亂中立有軍功，爲以後擢升奠定了基礎。

⑫呂禄（？—前180）：漢高祖皇后呂雉的侄子。前180年七月，呂后病重，任命趙王呂禄爲上將軍，統領北軍；又命呂産統領南軍；臨終時又以呂禄之女爲少帝劉弘的皇后。諸呂集團擅權，打算叛亂，但因怯於灌嬰、周勃等大臣而未行。後謀劃入宮作亂，被周勃等設計捕殺，諸呂勢力被剷除。此處借指李隆基平定韋后之亂，誅殺韋后黨羽。

⑬借緋：唐、宋官階五品以上着緋衣，未及五品而特許服緋者稱借緋。

⑭秣馬脂車：秣馬，指喂馬；脂車，油塗車軸，以利運轉。借指駕車出行。

⑮鈎陳：亦作勾陳。一種用於防衛的儀仗。此處指御林軍。

⑯韓彭：漢代名將淮陰侯韓信與建成侯彭越的并稱。二人都是漢高祖麾下著名將帥。

⑰耿寇：指東漢開國名將、雲台二十八將之一的耿弇、寇恂及其家族。耿弇、寇恂原爲新朝官員，後一起投奔劉秀，建功立業，拜將封侯，名垂青史，子孫後代中成就功名者衆多，成爲當時顯赫的家族。

⑱寮友：謂同僚。

⑲雅望：清高的名望。也指儀表美好。

⑳彼蒼不憖（yìn）：彼蒼，蒼天。憖，寧願。蒼天不願留下他。謂去世。

㉑幽壤：猶地下；九泉之下。

㉒優渥：原指雨水充足。引申爲優厚，豐厚；優厚的待遇。

㉓期門：職官名。漢代設置，職掌皇帝出入護衛之事。

大唐故朝議大夫 行晉陵郡長史 護軍段府君墓志銘并序

著作郎孔崇道 撰

君諱承宗①，字承宗，恭叔②之後也。命姓之始，肇於魏封，封於段干，因以爲氏。避地之後，世居武威，今爲京兆人也。高祖偃師，皇衛尉卿、左常侍兼禮部尚書、加光禄大夫、益都縣開國公，謚曰忠信；公掌宮御衛，猶遵馬叔之風；典禮儀曹，尚著揚雄之政。曾祖志玄，輔國大將軍、褒國公、食封九百户，謚曰忠烈；公陪葬昭陵，松檟成□；□□烟閣，形神儼然。大父③瑾，朝散大夫、符璽郎。父懷昶，□梓潼郡參軍；絳冠朝服，自楚而行，參謀國章，乃秦而有。

公即參軍之嗣子也。入仕綿州參軍，參卿有則，軍事必資。次授越府倉曹廩④，是司尤稱出納之吝⑤；庖廚攸掌，頗有君子之嫌。朝聖憂人⑥，情存撫子，遂轉蘇州長洲縣令。有子路之三善⑦，人也不偷；類君魚⑧之一同，膏也寧潤。轉授桑□縣令。彈琴自理，制錦⑨無爲。三異豈謝於中牟⑩，雙鳧乃同於葉縣⑪。時選良佐，遷授余姚郡司馬。既未雄飛，且從雌伏⑫，身仍就列，名已聞天。又遷晉陵郡長史。治中之任，佐理惟賢；帝⑬下之官，贊揚公命。於戲！府君性與淳深⑭，識禀弘泰⑮，照有心鏡，不妍蚩⑯於萬物；智若涌泉，齊是非於一指。雖出身榮蔭，而入仕异能，隨手衆妙，應權因心，而所爲合度，績茂百越，名聞九天。江路逶迤，千尋見底；蜀門孤峻，數仞難窺；在邦必聞，所理皆化。□□□冀門積可久之虹，家傳必復之業，□才申知。已而，命屈當時。嘆隙駒之若流，泣梁木而將壞。以天寶十二載六月十六日寢疾，終於晉陵官舍，時春秋六十八。以天寶十三載閏十一月十一日葬於洛陽原，禮也。嗚呼！卧龍未起，薤藄⑰先雕⑱，舞鳳猶栖，桐華已逝。第二子銑，泣血居喪，形消氣竭。嗷嗷烏鳥，何處依林？皎皎白駒，空悲過隙。篆刻遺美，庶存斯文。

銘曰：昔哉夫子，忠孝竭□。先人後己，懷貞抱直。顔敏之行，臧文之德。物是人非，哀哀异域。

[題解] 簡稱《段府君墓志銘》《段承宗墓志》（天寶碑），刻於於唐玄宗天寶十三載（754）十一月，碑文録自《唐代墓志彙編》。簡述了段承宗祖上四代仕宦功名，特别是曾祖段志玄，早年與父親段偃師隨唐高祖起兵太原，深得李世民識拔，建有大功，後英年早逝，獲陪葬昭陵和畫像凌烟閣之殊榮。通過對段承宗仕宦生涯的介紹，突出了段承宗"雖出身榮蔭……名聞九天"的才幹茂績和"性與淳深，識禀弘泰"的卓識和品行，贊其"智若涌泉，齊是非於一指"的識見。

[作者] 孔崇道：生平事迹不詳，曾任著作郎。

[注釋]

①段承宗（686—753），字承宗，武威人。唐初名將段志玄曾孫，曾任錦州參軍、縣令，餘姚郡司馬、晉陵郡（今鎮江、常州、無錫、蘇州一帶）長史等職。

②恭叔：即共叔段，春秋時鄭國人，姬姓，段姓公認的始祖。

③大父：即祖父。

④廪：本義是米倉，泛指糧食倉庫。也指管理糧倉的官吏。

⑤出納之吝：捨不得拿出去，出手小氣。

⑥憂人：憂慮他人；心情憂傷的人。

⑦子路之三善句：又稱蒲邑三善。蒲邑，蒲縣，在河南長垣。孔子弟子子路治理蒲邑，孔子稱贊他有三善：恭敬、忠信、明察。偷，淺薄；不厚道。苟且。

⑧君魚：孔奮，字君魚，東漢扶風茂陵（今西安）人。曾任姑臧令、武都太守。清廉仁賢，注重節操，身處膏脂，不能自潤，是古代官員的楷模。

⑨制錦：比喻賢者出任縣令。

⑩三异：指東漢中牟令魯恭行德政而出現的三種奇迹（蝗蟲不入境，化及禽獸，竪子有仁心）。後泛指德政。

⑪此处用"王喬鳧烏"典。王喬爲葉縣縣令，用神術將尚方賜給郎官的鞋子變爲兩隻野鴨，每月朔望都飛到京城朝見皇帝。後遂用仙鳧、仙烏、葉縣鳧、王喬烏、王喬履、尚方鳧、尚書烏等，多言地方官足迹所至。亦借指地方官。

⑫雄飛：比喻意志昂揚，奮發有爲。雌伏：比喻屈居下位，無所作爲，或謂退藏不進。

⑬帟（yì）：小帳幕；亦指幄中座上的帳子。

⑭性與淳深：指性格敦厚精深。

⑮識禀弘泰：指見識超前，弘遠。禀，賦予，給予。

⑯妍蚩：美好和醜陋。

⑰蕣萼：木槿，夏季開花，早開晚落，僅榮一瞬。

⑱雕：同"凋"。凋謝，衰落。

雲麾將軍①郭公②神道碑

楊 炎

　　山之西出將，地之右主兵。故前有辛李之雄，後稱周郭之盛③，四族者，貔虎其人，風雲其氣，出入千載，戎狄憂之。皇唐一宇宙之初，數蠻夷之罪。太白上而天兵利，陰精盛而神將出。於是郭氏之室，世并五侯，丹華轂者三十人，分埰地者三千户。劍騎鼎食，氣蓋關山；開閣而珠履成行，宴享而山元滿座。中興之俊，鴻臚④間出；始以一劍，而震清海；年未三十，名冠雲台。位爲國之長城，身主人之大命。銘旗羽葆⑤，小韓侯⑥之故事；龍旂青社，增召伯⑦之舊封。則祖宗之盛，未始聞也。鴻臚即世，關隴不震，天其永思戡定之代，故盛業集於金吾。金吾⑧名千里，即鴻臚之孫。出於荆藍之中，長於松柏之下。虎頭駢協，曲踴雷聲；猿臂過挾輈⑨之材，鷹揚表下韝⑩之志，始以將門子往還隴上。開元中，西討石國⑪，負羽先登，特拜游擊將軍、折冲都尉。駕龍媒於殷輅，舞雙劍於前席。二十六載，詔公與中使劉元⑫，復開葱嶺，以功勝虜，不能軍。班師，授左武衛將軍，特賜甲一副，超才也。後五載，有苑門之役，走射雕之群，拜左衛大將軍。嶺岩入陣，既成列而破；石城天險，不待戰而降。累遷左金吾衛大將軍，驟兼玉門軍使，未行而遘疾。嗟乎！病生刮骨，志屈唊肝，累喉白刃之中，垂翅青雲之上。以天寶十一載二月，薨於武威之地，春秋若干。夫人弘農郡君楊氏，絳郡長史某之孫，臨洮軍使雲之女。河華名宗，齊姜盛族；和於鳴鳳而外姻致駕，宜爾幹母而君子好逑；始於龍劍雙飛，中而雲虹獨感。春秋若干。有子一人，曰某，果毅都尉。山西將種，塞下雄兒，周郎⑬之豪勇冠軍，終子⑭之精魂先返。年二十一，先公而夭。

郭氏本自周王之穆，其在昔也，漢有司徒、司空，魏有車騎、驃騎，或竹馬垂信，或金玉稱豪。世後佐漢以補天，賢王築館而爲道。其在今也：一門三戟，六葉七侯；伊吾反昭於前，鴻臚特伴於後。長河萬里，敵國四方，每賓祭往來，搜除大閱，望帶裳者知宗廟之盛，執金鼓者成父子之軍，世德後來，公其濟美，則勛配祀典，中乏主祭之名；哀及路人，內無朝哭之位。此窈窕之數，熟可問哉？猶子子鷟，善達禮以繼門族，樂主辨以濟險難，苟令君爲不亡，趙將軍其有子？以十三載某月，葬我公於武威東原，非緩也，實卜年也。龍蟠天井，岡伏山形，閟⑮星象於元宮，起風烟於松闕。將軍鼓吹，回過細柳之營；天子輅車，出祖茂陵之道。

銘曰：壯哉强魂，凜然風雨，一劍刳⑯鯨，空拳搏虎。錫以翻⑰鼓，觿軜瑲瑲⑱。騂騎佩組，華彼莊姜。□□□□，揄狄珩璜。言念君子，乃心無忘。精返太白，魂歸故鄉。雙墳巍然，流水湯湯。秦雲如牛，澗石如羊。二龍於此，父子同岡。

[題解] 簡稱《郭千里碑》，刻立於唐玄宗天寶十三年（754）某月，碑文見《全唐文》卷四二二。碑佚。張澍收入《涼州府志備考·藝文卷》，在其人物卷中亦收入"郭千里"，但基本内容與碑文相同。碑文講述郭千里及祖上的武功軍威，贊譽之情充盈其間。郭千里是唐時征伐突厥等犯邊少數民族的著名將領。其祖父曾爲鴻臚寺卿，家族爲官宦世家，"世并五侯……氣蓋關山……則祖宗之盛，未始聞也。"但《唐書》記載不多，此碑可謂郭氏家族傳略。

[作者] 楊炎（727—781）：字公南，陝西鳳翔人。中唐宰相，政治家。在中國歷史上，他以其杰出的財政管理才能和卓越的歷史眼光創立并推行"兩稅法"。"安史之亂"給社會經濟帶來了極大的破壞，楊炎的財稅改革爲這個時期唐朝經濟的復蘇注入了活力。其早負文名，有詩文存世。

[注釋]

①雲麾將軍：始置於南朝梁，陳、隋沿設，唐宋定爲武散階，從三品上，唐爲武官第七級。

②郭千里（？—752）：武威郡人，唐朝名將。開元年間，西討石國，復開葱嶺，征戰無數，敵不能勝，因功拜左衛大將軍，累遷左金吾大將軍，兼玉門軍使。在赴玉門任前因病在武威去世。郭氏累世爲國家屢立戰功，名垂青史。而《唐書》無傳。李白作於天寶三載（744）的《贈郭將軍》詩："將軍少年出武威，入掌銀台護紫薇。"所述經歷與之相符，可爲佐證。

③辛李……周郭：歷史上關西地區名人輩出，特別是抗禦戎狄武將俱多，如辛慶忌、辛武賢、李信、李廣、周慗、周似、郭子儀、郭千里等。

④鴻臚：即鴻臚寺，官署名，爲掌管禮儀、外事接待、民族事務的中央機構，設卿1人，左右少卿各1人。這裏用鴻臚代指曾任鴻臚寺卿的郭千里祖父。

⑤羽葆：帝王儀仗中以鳥羽聯綴爲飾的華蓋。

⑥韓侯：即漢淮陰侯韓信（約前231—前196）。西漢開國功臣，杰出的軍事家。後被呂后、蕭何設計處死。

⑦召伯：即周召公姬奭。西周宗室大臣，輔佐周武王滅商，受封於燕國。歷史上有名的賢臣，與周公并稱爲"周召"，是中國歷史上共和行政的奠基者。

⑧金吾：即郭千里。唐代金吾大將軍爲十六衛長官之一，正三品，位居上將軍（從二品）之下。金吾大將軍掌管宮中及京城治安、警衛。

⑨輈（zhōu）：車轅。

⑩韝（gōu）：古代射箭時戴的皮制袖套。

⑪石國：西域古國，唐昭武九姓之一，位於今烏茲別克斯坦共和國境內。

⑫中使劉元：中使，宮中派出的使者，多指宦官。劉元，不詳。

⑬周郎：即周瑜（175—210），字公瑾，安徽廬江舒縣人。著名政治家、軍事家。少年成名，文采風流，精通音律。建安十三年（208），率江東孫氏集團軍隊與劉備軍隊聯合，在赤壁之戰中大敗曹軍，由此奠定了三分天下的格局。

⑭終子：即終軍（約前133—前112）。西漢著名政治家、外交家，曾成功出使匈奴、南越，"請纓"典故即出自他出使南越的故事。後被南越相呂嘉殺害，年僅20多歲，時人成爲"終童"。

⑮閟（bì）：掩蔽；閉塞。

⑯刳（kū）：殺，割。

⑰翿（dào）：古代羽舞或葬禮所用的旌旗。

⑱轙軜瑲瑲（juénàcāng）：轙軜，古代的駕車之具。瑲瑲，玉相擊的聲音，泛指清越的聲音。意謂車輛轉飾華美莊重。

唐故相王①府隊正②段公墓志銘并序

君諱子③，字守謙，其先出自武威，因官河北，今爲陽安縣人也。氏何由命？因京邑④而開家；望何由興，自都護⑤而著族。曾祖侃，隋左衛率；龍栖曉闕，陳武旅⑥而司階；鶴鑰宵岩，清蘭堙⑦而執戟。祖普慈，皇朝長樂府別將；雄情動俗，峻節⑧驚人，雖韞异於當年，竟沉淪於下位。父□珪，上柱國、吏部□選；山川器局⑨，鐵石心神，鴻飛發漸陸之資，繁谷□遷喬之望。

　　君□靈玉潤，□粹珠明，妙譽夙彰，得自□玄□日奇志早□□□□之年□□□□□齋郎容台合□幸供奉□□□□□□□□□□□王府隊正□別□勒漁□□□□□□□□□□□□□□□□□□□□□□□□□□□□□□□□九月三日□□於□□□□□□□□□□□□□蔚□□□□□□□□□□□□□不足扶□□士□□□□□□□□□□□□□□金之珍殆□□□□君□□□□□□□□□□越以二年十一月十九日□□□□□□□□□□□□泉台重壤异□窟□□□□□□□□之□有子徵□□□□陶匍匐之□厚歾□哀□□□□□□□□□□碎惜庭玉之俄□思圖□□□□□□□□□□□□當□深懷有動之悲，爰旌不朽。

　　□□：□□□□瀾瀾⑩汪榮，□□□□□□□□服，□□西冥，家□□□貽厥⑪有經。其一。

　　□朝□□□□□□□□□□允膺⑫嘉辟。□□□侍，天渙俄錫，□□□□□□□□□清易，黃泉易沒，□□長違，掌珠落影。□□□□□□□□□□□幽□□□年劍飛。

[題解] 碑簡稱《段守謙墓志》，約刻於唐玄宗時期，已佚，碑文錄自《唐代墓志彙編》。簡述了段守謙祖上三代功勛仕宦情況。因闕文較多，墓主人段守謙生平記錄較少。作者不詳。

[注釋]
①相王：唐睿宗李旦於武則天聖曆二年（699）被封爲相王，領太子右衛率。
②隊正：隋煬帝時將軍府中的都督（正五品）改稱隊正，唐代沿置。为正七品上階，是府兵軍府中最基層的軍官。
③段子：字守謙，祖籍武威，後落籍陽安（今四川簡陽縣）。出身官宦世家，曾任隊正。
④京邑：指春秋時的鄭地，在今河南省滎陽市區一帶。鄭莊公奉其地於叔段，叔段由此地發迹，被後世認爲是段姓受姓始祖。
⑤都護：指段會宗。其於西漢元帝時曾任西域都護府，對西北邊境安寧功

勳頗大，段氏家族也因他而顯名於世。

⑥武旅：武師，軍隊。

⑦蘭墀：古代經過殿堂的地面或臺階。墀，專指宮殿前的臺階，借指朝廷。

⑧峻節：高尚的節操。

⑨器局：器量，度量。謂才識氣度。

⑩瀰瀰（mǐ）：水盈滿的樣子。語出《詩·邶風·新臺》。

⑪貽厥：指留傳、遺留；也指子孫後嗣。

⑫允膺：承當。

唐故贊善大夫 贈使持節 都督原州諸軍事 原州刺史 賜紫金魚袋 上柱國周府君①墓志銘并序

公諱曉，字善，本先農後稷之裔②。文王爲西伯也，初分有周之地；平王既東遷也，爰啓汝川之封。後十九代孫邕爲廣城侯，至秦失侯。家於汝南，因而著姓，世爲汝南人也。帝王之後，載籍所詳，英姿偉才，何代蔑有③？曾祖行謇，坊、成二州刺史，衛尉卿。大父以悌，宕、岷州刺史，四鎮經略使，右屯衛將軍，西平縣開國男，贈特進。先考仳，河西節度使、開府儀同三司、鴻臚卿、兼御史大夫、上柱國、真陽縣開國男、贈涼州都督。公即涼州府君之第三也。

公幼而穎悟，自有成人之量；動合禮則，不爲世禄所驕。敦尚節義，博聞強學。四科之内，卜商④可與言詩；六藝之中，夫子能兼執射。初，涼州府君之爲節制也，公亦隨侍河西。終童⑤英妙⑥之年，吕蒙⑦即戎⑧之歲。或坐籌以制勝，或問絹以崇德。其所匡益，無慚古人。天子聞之，召拜贊善大夫，兼賜金印紫綬。仍許從其温清，隨所任使。至德二年，五涼之間，九姓⑨謀叛，州閭⑩崩散，公府合圍。賊衆若林，我徒則寡，事起倉卒，計無從生，坐而待之，則以肉餧虎矣。公勇能致命，義欲安親，壯髮指冠，憤氣凌敵，誓不苟免，挺身力戰。彼應弦而斃者衆矣。於是凶黨大駭，更爲詭謀，詐欲歸降，請公爲質。初謂不信，刺血以盟。公以其必誠，乃隨之而往。豈圖醜虜⑪之約，素不由衷，盟且莫從，質又奚取？竟以其年正月十九日爲胡賊所害，春秋一十有七。痛矣！夫生爲人子也，能愛其親；死於王事也，不忘其國。彼緹縈⑫請贖，汪踦⑬奮身，比年或同，論義則遠。今公之不殤也，宜乎哉！有詔贈使持節都督原州諸軍事、原州刺史，仍與一子出身，且旌善人也。以乾元二年七月十八日葬於萬年縣鳳栖原之西，先塋之右地，禮也。長兄特進、光祿卿、汝南郡開國公皓，次兄朝議郎、守太子僕昉，皆國之良也。痛深手足，哀結顏色，撫琴聲之靡遺，追雁影而奚可。乃邀墨客，召石工，識諸泉門，以永餘烈。

銘曰：有周之興兮亦既有年，正氣雖微兮間氣鬱焉。聖人之後兮實生我賢，敦詩門禮兮令間曰宣。自家刑國兮忠孝必全，戎夷猾夏兮往古所傳。不自我後兮不自我先，罹此戮辱兮疇能問天。天之報施兮何其則然？

[題解] 簡稱《周曉墓志》，刻於唐肅宗乾元二年（759）七月，碑文錄自《隋唐五代墓志彙編（陝西卷第四冊）》。簡述了唐代涼州都督周佖家族的淵源，重點記述了周佖三子周曉"幼而穎晤……敦尚節義，博聞強學"，少年英武的不凡經歷，和因九姓胡商在涼州發動叛亂時，年僅17歲的他"壯髮指冠，憤氣凌敵，誓不苟免，挺身力戰"而終被害的英雄事迹，贊揚其"生爲人子也，能愛其親；死於王事也，不忘其國"的義舉，兼及周家封贈餘烈，對研究中唐時期武威九姓商胡集團勢力與影響及其當時的叛亂情況具有重要價值。作者不詳。

[注釋]
①周府君：即周曉（741—757），唐隴西人，河西節度使周佖第三子。出身於歷代官宦世家，少年出衆，博聞強學，文武兼備。在涼州之亂中挺身力戰，後被叛軍以詐所謀害，年僅17歲。朝廷追贈其使持節都督原州諸軍事、原州刺史。其長兄周皓爲著名將領，二哥周昉爲唐代著名畫家。其父周佖（？—757），玄宗天寶中爲隴右節度使哥舒翰押衙。以功累遷河西兵馬使。肅宗至德元年，擢河西節度使。次年正月，武威郡九姓商胡安門物等叛，被害。

②後稷之裔：後稷，傳說中最先發明農業的人，開創了光輝燦爛的農耕文明，被後世尊爲農神。亦是周朝始祖，姬姓，名弃，出生於稷山（今山西稷山縣），被尊稱爲稷王（也作稷神）。是歷史上公認的周姓始祖。

③蔑：無，没有。

④卜商（前507—前420）：字子夏，春秋時晋國人，一說衛國人。孔子的學生，以文學著稱，孔門十哲之一。曾任魯國太宰。孔子去世後，前往魏國西河（今山西河津）講學，授徒三百，史稱"西河設教"。

⑤終童：即西漢著名政治家、外交家終軍（約前133—前112），字子雲，濟南人。少好學，18歲被選爲博士弟子，受到漢武帝賞識，曾先後成功出使匈奴、南越。後被南越相呂嘉殺害，年僅20歲，時人稱爲"終童"。"請纓"的

⑥英妙：年少而才華出衆的人。

⑦吕蒙（179—220）：字子明，汝南富陂（今安徽阜南）人。三國名將。魯肅去世後，代守陸口，設計襲取荆州，擊敗關羽，拜南郡太守，封屏陵侯，受勛殊隆。其發憤勤學的事迹，成爲中國古代將領以勤補拙、篤志勵學的代表。

⑧即戎：用兵；作戰。語出《易·夬卦》。

⑨九姓謀反：九姓，此處指來自中亞粟特地區主要定居武威等地的昭武九姓。唐肅宗至德二載（757）正月，河西兵馬使蓋庭倫與武威九姓商胡安門物等殺河西節度使周泌，聚衆六萬叛亂。"武威大城之中，小城有七，胡居其五"（《通鑒》卷219至德二載），不久被官軍平定。

⑩州閭：舊時地方行政區域州和閭的合稱，後泛指鄉里。

⑪醜虜：稱衆多的敵人。是對敵人的一種蔑稱。

⑫緹（tí）縈：漢文帝時的孝女。文帝四年，太倉令淳于意有罪當處肉刑，系獄長安。小女緹縈隨父入長安，上書願爲官婢，以贖父罪。文帝惻然感念其孝心，遂免其父肉刑，同時廢除了這種酷刑罰。緹縈救父的故事影響深遠。

⑬汪踦：春秋時期魯國的一名兒童，在參加抗擊齊國的戰鬥中犧牲。魯國破格以成年之禮葬之。事見《左傳·哀公十一年》和《禮記·檀弓下》。後以"汪踦衛國"作爲兒童救國的典型事例。

大唐若干君①墓志銘

君諱元，字忠，武威郡人也。曾祖仁甫君，銀青光禄大夫，帝之捍城②也。祖智山甫君，崇儒府果毅，因官而宅彼汾也。父大方甫君，清機③不仕。君素節④相循，揮揚⑤不忘，其好陰流水，每吟於川逝。以開元十九年二月七日，歿於私第，春秋卌八矣。人皆曰：沉我玉山於重泉也。夫人太原郭氏，素質俄俄⑥，四德⑦不闕，紅顏專美，百行皆聞。守志□秋，行年二萬日，忽流涕而謂長子勃海曰：吾聞汝之父言，生事以禮，死葬以禮。吾今白髮如絲，□又明文孫局小子則擾亂河北，群女盡禮娉高門，吾又欲親觀之，汝豈無葬乎。子遂拂衣昌言再拜。慈順曰：子之孝，母之教也，敢不敬從。遂乞墨靈龜起攻穿於平陸，尸蘭李女求必敬於蘋藻⑧。樟於是，棺於是，不愧於乾坤；車如雲，馬如雲，無慚於拜送。以寶應元年歲次壬寅十一月景子朔廿七日壬寅，葬於平遥城西二里新塋，禮也。子勃海等，痛長夜之不曙，哀明月之長苦，將神不語，唯小子當何述焉？因立志銘以爲不朽。

前長道兮後孤墳，樹森森兮烟不分。神不語兮寂無聞，有子孫兮徒若雲。雖鶴聲遼戾，終龍氣氛氲。

[題解] 簡稱《若干元墓志》，立於唐代宗寶應元年（762）十一月，已佚，碑文錄自《隋唐五代墓志彙編（山西卷第一册）》。簡述了若干元家族顯赫的背景和其"素節相循，揖揚不忘"的高尚品行及其妻子郭氏的涵養德行，兼及立碑、移靈的場面。碑文對研究武威鮮卑族的流源和若干姓氏的播遷具有重要的價值。作者不詳。

[注釋]
①若干元（684—731）：字忠，唐武威人。出身於鮮卑貴族，英年早逝。
若干，複姓，出自鮮卑，以部族爲姓。據《北史》記載：北魏恭帝皇后若干氏，司空長樂正公惠之女也。若干是詑今保存的鮮卑民族姓氏之一。《通志·卷二十九·氏族略五》："若干氏出自代北，以國爲氏。"鮮卑族最早活動於我國東北興安嶺一帶，東漢之後空前發展，形成多個部落，先後建立北魏等多個政權。隨着民族部落的西遷、南遷，大量鮮卑族進入河西地區，史稱"河西鮮卑"。從魏晉至隋朝，鮮卑是駐牧武威的主體民族之一，至今武威還保存着不少鮮卑語地名。唐代以後，鮮卑不再作爲民族實體和政治實體存在，基本上融合於漢族等民族之中。若干是保存的鮮卑族姓氏之一，後改爲漢姓，多爲苟姓。
②捍（hàn）城：保衛疆土的將帥。捍同"捍"。語出《左傳·成公十二年》。
③清機：清净的心機。語出晉·葛洪《抱樸子·行品》。
④素節：謂清白的操守。
⑤揖揚：比喻有禮有節，平等相待。揖，古代的一種見面（拱手）禮；讓出，謙讓。揚，向上，高興；稱頌。
⑥素質俄俄：形容氣質高雅、莊重。俄俄，莊嚴貌。俄，通"峨"。
⑦四德：謂婦德、婦言、婦功、婦容。
⑧蘋藻：水草名。古人常采作祭祀之用。

大唐故朝議大夫 行晉陵郡長史段府君墓誌銘并序

將仕郎 前守 青州北海縣尉張諷 撰

兼山①者艮，層峰巍峨而千仞；洊水者坎，澄陂瀲灧而萬頃。慶流崇濬②，有自來矣。公諱承宗，河西武威人也。其先鄭武公之子共叔段之後，諸侯以字爲氏，因以爲族。食邑受姓，多歷年代，或偃息以蕃魏，或勤勞而屏唐，繼世策勳，咸載國史，言方更僕，不可略而詳焉。皇③，鎮軍大將軍、行右衛大將軍、上柱國、褒國公，食邑九百户，贈輔國大將軍，揚、和、宣、滁、潤、常、歙七州諸軍事、七州刺史，揚州大都督，諡曰忠壯。

公諱志玄，府君④之曾孫。在昔有隋，滅德作威，天奪神器，群雄竊命，萬姓毒痛⑤。我太宗文武皇帝，是以有陝東之師。府君義賈穹蒼⑥，謀深巨海，愍身⑦徇忠貞之節，奮勇著干城⑧之勳。較而論功，與日月爭明可矣。皇，鸞臺符璽郎，諱瑾，府君之孫；皇，梓州參軍，諱懷昶，府君之元子。俱以弱齡從宦，微禄早亡，雖卜偃⑨知畢萬⑩之數終，仲尼嘆顔淵之命，餘慶亹亹⑪，及公而隆。公體道玄默⑫，性理明敏，多識前賢之哲行，先聖之微言，遵而行諸，終顯令譽。解褐⑬授綿州參軍，後調補越府掾，次宰二縣，又佐兩郡，凡所至之邦，必聞其政；所去之邑，必頌其德。享年六十有八，終於晉陵之官舍。嗚呼！禄維純嘏⑭而天運忽傾，位正緝熙⑮而梁木斯壞。

夫人姑臧縣君契苾氏。皇雲麾將軍、守左威衛大將軍、武威郡開國公崟⑯之季女。禀性溫惠，秉心塞淵⑰，靜執⑱謙和，勗爲柔範。當府君朱紱之歲，則受封邑，更能檢身節用，親事組績，手成朝祭之服，躬采蘋藻之薦，内則充乎茂行，外姻暢乎佳聲。暨梧桐半枯，鳳鳥將殞；再期晝哭，能持穆伯之喪⑲；三徙其居，終成孟子之教。後公而殁，今乃祔焉。第三子銑，前懷州河内縣尉；第四子全交，試太僕卿；第五子鎮。皆當世賢良，節義攸著。行參顔閔⑳，孝列參柴㉑；號彼有旻，泣報恩之罔極㉒；啓兹宅兆，將安窆之可期。粵以大曆十三年歲次戊午五月景午朔十五日庚申，遷祔於雒陽北邙山南先君之舊塋，禮有終也。靈柩既駕，痛危旐㉓之偏偏；荒璲重開，納神躬於窅窅。夜臺㉔此閉，無復春秋，玄寢永安，邈終天地。式旌往行，敢綴斯文，刻右幽泉，亦云不朽。銘曰：

維德屆天，厥生大賢，慶流後裔，於萬斯年。赫赫冠蓋，一門攸傳，雍雍㉕禮容，百世攸全。其一。

節彼邙山，有櫬依依，鬱彼荒丘，萬族攸歸㉖。精靈雙謝，身世兩違，蕣華㉗朝落，薤露㉘晨晞。其二。

維岩之下，有烈孤墳，黃泉靡晝，白日如曛。柏暗山嶽，松昏隴雲，千齡兮萬代，永瘞兮夫君。其三。

[題解] 簡稱《段承宗墓志》（大曆碑），刻於唐代宗大曆十三年（778）五月，出土於河南洛陽市，現藏江蘇博物館，碑文錄自《唐代墓志彙編》。簡述了段氏淵源及段承宗仕宦、才德等情況，同時記述了其夫人的出身、品行及三個兒子的簡況。此碑和立於天寶年間的同名墓志比較，不同之處有：一是出生地，前爲"世居武威，今爲京兆人也"，後碑爲"河西武威人也"。二是前碑從高祖述及，後碑從曾祖述及，除列職務有別外，其謚號不同，前曰"忠烈"，後曰"忠壯"。三是任職，前碑詳細，後碑簡略。四是官德人品高尚，表述不一，但基本內容相同。前碑用"茂績百越，名聞九天"，後碑用"凡所至之邦必聞其政，所去之邑必頌其德"。說明其官德公認。五是後嗣，前碑只說"第二子銑"，後碑銑變爲"第三子"，又有"四子""五子"。二碑時間相隔25年，所述事略有異當在情理之中。

[作者] 張諷：生平事迹不詳。曾任將仕郎、前守、青州北海縣尉。

[注釋]
①兼山：指兩山重疊，形容靜止，比喻應安於所處的地位。
②慶流崇濬：慶流，吉慶，福澤是可以傳播下去的。崇濬，大而深浚，疏通。意謂宏大而深遠的福澤是代代積累下來的，還要傳下去。
③皇：對先代的敬稱。或爲對已去世的父母或祖父母的尊稱。
④府君：此處和此後的"府君"，當指段承宗曾祖段玄志。
⑤毒痡（pú）：毒害，殘害；痛苦。
⑥義貫蒼穹：義貫（gǔ），"義不行賈"（有義氣講道義的人不做商人）的縮語。穹蒼，天空、蒼穹。義同"義薄雲天"。
⑦毖身：謂毖慎，謹慎。或謂忘身。
⑧干城：比喻保衛國土的將士。干，盾牌。城，城牆。兩者均起防衛作用。
⑨卜偃：春秋時晉國大夫郭偃，也是當時著名的占卜高手。
⑩畢萬：魏國先祖，周文王子畢公高之後，春秋時期晉國大臣。
⑪亹亹（wěi）：意思較多，此處謂不絕貌。
⑫玄默：謂清靜无爲。

⑬解褐：原意是脫去粗布衣服。謂出仕，做官。義同"解巾"。
⑭純嘏：大福。
⑮緝熙：指光明。又引申爲光輝。
⑯䥕（yín）：即契苾何力之孫契苾䥕（契苾光長子），曾任雲麾將軍、開國公。其小女嫁於段承宗。
⑰塞淵：謂篤厚誠實，見識深遠。
⑱靜執：閑雅并保持安靜。靜，閑雅、恬淡。執，堅持，操持，保持。
⑲穆伯之喪：謂埋骨桑梓之地的意思。
⑳行參顏閔：象顏淵、閔損那樣參見問候。行參，即行參見問候之禮。顏即顏淵，閔即閔損，皆孔子弟子。
㉑孝列參柴：參，即曾參；柴，即高柴。皆孔子弟子，以尊老孝親著稱。
㉒罔極：無極，無窮盡。指人子對父母的無窮哀思。
㉓危旐（zhào）：高高的引魂幡隨風飄揚。危，高；旐，引魂幡。
㉔夜台：墳墓。因閉於墳墓，不見光明，故稱爲"夜台"。也指代陰間。
㉕雍雍：指聲音和諧。
㉖萬族攸歸：人類所歸。萬族，即人類。這是所有人都要去的地方（歸所）。
㉗蕣華：木槿花，朝開晚落。
㉘薤（xiè）露：古代的挽歌。也指薤葉上的露水。

唐贈揚州大都督段府君①神道碑銘并序

唐德宗 李适

巨唐大曆②己未歲春正月，段府君之子，四鎮、北庭、涇、原、鄭、穎等州節度使、開府儀同三司、御史大夫、張掖郡王曰秀實③，追琢貞石，光昭先考，展孝思，旌休烈也。夫流浚者其源長，德充者其後大。更八姓而丕膺五福，府君其人焉。君諱行琛，字行琛。宗周柱史垂其裔，前漢都尉昌其業，太尉之威懷戎落，驃騎之光啓冀方。四燕兩魏④，高位碩德，扶疏於史牒者，向二百人。以至高門平原忠武王孝先⑤，弼亮北齊，奄荒東夏，恢武經而抗衡西帝，揆文教而師尹南宮。曾祖德濬⑥，初罹否運，播遷隴坻，度地肯堂，郡爲望姓。在周辟奉朝請，入隋值文林館，靖共厥位，獲沒先朝。大父操，握機未發，早齡即世。考達，從調夏官，藝極龍豹，致果爲毅，職統熊羆，皆保家之良主。府君生知六行之美，學究三經之奧，既齒鄉賦，高標甲科，簡修獨耀於錦衣，從事仍屈於黃授。學有著位，我實當之；郡有子弟，我實誨之。自隴及岐，鼎新儒行，雖東里子產⑦、西蜀文翁⑧，誠存物應，蓋未之比。厥有成績，聞於家邦，厭名位而知止，賁邱園而用晦。

我國家雖右斷匈奴之臂，時修大刑於絕漠之表，旁求百夫之特，永清萬里之外。府君顧謂子張掖王曰："爾居能服勤，性成惟孝，出可承命，游且有方。虎穴不探，龜組何獲？爾之元昆介弟，可以拱指使；我之先人遺業，可以終餘齒。忠不擇事，安實敗名。因割慈以激昂，俾宣力以勤遠。"君子謂府君知有愛子之道矣。王投筆占募，馳驛徂征，籌必勝之略，獲前禽之利。洎王宦登通貴，佐律副軍，銀章已綰，玉關未入。府君溫其在邑，樂且有儀。九流百氏，經目輒誦；四憂十義，因心必達。然猶深居自琛，與物為春，希言中倫，知幾其神。內葆光以恬真，外行簡以倚仁。子獲奉親之祿，欲養而不待；身寄有涯之生，遷化而無怛。

天寶九載⑨，夏之季序，遘疾於汧陽⑩御史里之第。乙酉，奄歸無物，其年於斯七十五稔。夫人樂平狄氏，吳山縣丞哲第六女。心婉志柔，靜專動直。承筐而繁衍其實，主奠而敬恭無忒。下壽初登，先時永逝，門子祥穎、仲子秀成、季子同穎等，柴立長號，稽謀宅兆。明年春孟序辛亥，遷皇祖及諸父之無後者，偕葬於隴山東麓柏谷掌。次列五墳，同施一域，送終之禮備矣。屬歲旅天朔，塵驚薊門，征會沙場之右，殄殲鐵額之醜。王飛郵及國，擗地崩心，夷凶難遂於情理，哭墓復隨於軍正。既清海裔，又牧回中，一茇疲人，薦彰丕績。廣德⑪二年秋九月乙未，詔追贈府君秘書省著作郎，夫人太原縣太君。恩深沒後之寵，慶表生前之訓。上又以王翊亮三節，綏御七戎，致位崇獨坐之班，成軍雪多壘之恥。大曆十年夏五月，詔加贈府君婺州刺史，夫人太原郡太夫人。十一年冬，舊使、尚書左僕射、扶風郡王馬璘⑫遘疾彌留，表王請貞師律，詔仍遷御史大夫。既操二重之權，克施五利之策。平涼安定，曲荷其亭育；先零⑬罕开⑭，遙服其威信。四封無聳，三務有成。十三年五月，命朝丹禁，面疆戎索。帝曰："朕，翁孫也。俾寫真麟閣。"稿秡而遣焉。及季夏壬寅，又贈府君揚州大都督，夫人忻國太夫人。榮親揚名，二美兼著。《傳》曰："子之能任，父教之忠。"《詩》曰："惟其有之，是以似之。"見於府君矣。雖封植無改，而銘頌未刊，過聽謬采於芻蕘，修詞愧陳於質要。

銘曰：於穆端士，神所勞矣。貞惠資身，義方訓子。育德無倦，徇名知止。宜其後昆，式是繁祉。繁祉伊何，後昆則然。西服戎胡，東定幽燕。殊績克著，湛恩上延。贈光三錫，慶洽重泉。熊軾增寵，牛崗啟兆。北控汧原，西憑隴岫。

列塋如始，紀石增舊。淑德清婉，終矢永茂。

大曆十四年閏五月庚午朔十三日壬午建

朝請郎、檢校尚書、刑部員外郎兼鳳翔少尹、侍御史、賜緋魚袋張增書

朝議郎、行鳳翔府天興縣尉李同系篆額

[題解] 此碑又名《段府君神道碑》《唐段行琛碑》，唐德宗李适撰文，鳳翔府官員、書法家張增書，李同系篆額，唐代宗大曆十四年（779）閏五月立。立碑時德宗已即位，但還未改年號。碑文載《全唐文》卷四四五。

碑在今陝西千陽縣草碧鎮上店村的馮灣嶺下。碑首一石鑿成，通高3.5米；圓首，首高1.3米，寬1.3米，厚0.35米，高浮雕六蚪盤繞，主額，篆書"唐贈揚州大都督故段府君神道之碑" 15字。碑陰楷書，但風化嚴重，大多數字迹已經模糊不清，無從辨識。張澍《涼州府志備考》收入藝文卷，題名爲《大唐賜揚州大都督段府君行琛神道碑銘》。現有宋拓本存世，原爲何紹基舊藏，現流入日本，藏於三井文庫。碑文回顧段世家族的榮耀與輝煌，簡述其生前的亮點及家庭情況，列舉了朝廷的一次次封贈，并對其予以高度贊揚。撰此文時秀實執掌四鎮節度使，正值國家用人之際。德宗此舉，名爲表彰故人，實爲籠絡人心之舉。三、四年前的這一舉動，成就了秀實以忠節殉國的不世壯舉。

[作者] 唐德宗：名李适（742—805），唐朝第9位皇帝。大曆十四年（779）即位，次年改元建中，在位26年，使用建中、興元、貞元三個年號，其中貞元二十一年。期間爆發"涇原兵變"，出逃奉天，後因李晟等平叛後重返長安。

[注釋]

①段府君（676—750）：即段行琛，段秀實之父。府君是古代對已故者的敬稱。行琛少年鄉試，即中甲科，一生教書育人，尤重子女忠君愛國教育。生前曾任洮州司馬，死後因兒子段秀實的關係，朝廷對他及其夫人追贈不斷，可謂身後揚名，恩榮賡續，對後世影響極大。

②大曆：唐代宗年號（766—799）。大曆己未年即大曆十四年（779），唐代宗於此年五年去世，德宗即位，次年改元建中。

③段秀實：見《德宗贈太尉段秀實紀功碑》注。

④四燕兩魏：四燕指北方十六國政權中的前燕、後燕、南燕、北燕；兩魏指三國曹魏、北魏（後魏），或指北魏之後的東魏、西魏。

⑤平原忠武王孝先：即段韶（？—517），字孝先，武威姑臧人。北齊開國功臣。歷任司空、司徒、大將軍、尚書令，贈太子太傅，被封爲平原君王。段

韶父親段榮官至州刺史，封姑臧縣侯，死後贈太尉；其三個兒子和兄弟皆官高位顯，開武威段氏世家大族之先河。

⑥段德濬：段行琛曾祖父，亦名師濬，武威姑臧人。曾任隴州刺史，後因官舉家遷至陝西千陽而入籍，并成爲千陽大族。

⑦子產：鄭國大夫，春秋時期政治家、思想家。東里：地名，在今鄭州市，子產所居之地。

⑧文翁（前187—前110）：名党，字仲翁，廬江舒縣（今屬安徽省）人。西漢教育家。漢景帝末年爲蜀郡守，興教育、舉賢能、修水利，政績卓著。曾在成都創辦官學，培養了一批人才，使蜀地民風得到教化，蜀地爲他建祠紀念。

⑨天寶九載：唐玄宗天寶九年，即750年。

⑩汧陽：即今陝西千陽縣。北周天和五年（570），於今千陽縣馬牢故城設汧陽縣。

⑪廣德：唐代宗年號（763—764），廣德二年即764年。這一年，武威及河西、隴右諸地盡陷吐蕃。

⑫馬璘（721—777）：字仁杰，陝西扶風人。唐代名將。在平定安史之亂和對吐蕃的戰爭當中功勛卓著，官至四鎮北庭行營節度使、宰相，封扶風郡王。

⑬先零：古代羌人部落之一，原居住在甘、青一帶的湟水流域，後漸與西北各族融合。

⑭罕开（jiān）：即罕开羌，古代羌族的一支。也指罕和开兩個部落的聯盟體，分布較廣，多駐牧於青海湟水流域、甘肅臨夏一帶，與先零羌錯居。後降漢，與西北各族融合。

唐故寶應①功臣 開府儀同三司 試太常卿 上柱國 隴西郡開國公兼射生使李府君②墓志銘并序

鄉貢進士李休甫 撰并書

鈞天③廣樂，奇麗何窮；帝室皇居，瓊瑤④匪一。所以勛賢并用，綱紀攸張。非文不足濟其時，非武不足戡其難。公將門令族，本姓安氏，諱暐，字暐，武威郡人也。天寶中，以忠勇見進，武藝知名，莅職有恪勤之勞，理行爲時輩所範。及燕虜犯闕，二聖蒙塵⑤，公奉肅宗，以爪牙從事。由是得罄其肝膽，稍沐洪恩，特賜嘉名，改氏皇姓。出生入死，實爲士卒之先；執銳被堅，頗歷日月之久。其改諱曰國珍，則有以見寵渥器重之義矣。肅宗升遐⑥，大宗即聖，初奸臣嬖女，構禍宸衷⑦。公於危急之時，共定其難，故有寶應功臣之號。累遷卿監，屢接光輝。而志莫苟求，位不充量。嘗時麾下偏將，亦有持節連帥者。而公優游自若，豈非德能守謙哉。嗚呼！逝川流景之不可駐也，以興元元年九月四日，薨於長安縣光德里。

朋友出涕，鄰里罷舂，知生者弔其非年，知厄者傷其不祿。去歲朱泚⑧大逆，俶亂⑨京華。公時寢疾綿綿，且乖出從羈靮⑩，撫床慟哭，籲天⑪見志。比疾有間，爲賊征求，托卧沉痾，尋又困重，懷忠飲恨，乃中膏肓。皇上尅復後而終焉。公春秋六十有二。其年十一月十二日，葬於萬年縣長安鄉，而備禮焉。夫人河南獨孤氏，高門淑德，中年入道，以是不祔⑫。嗣子有四。繼室弘農楊氏。長男秀容，次曰秀逸、秀奇、秀貞，皆雍睦⑬天質，雅有父風。容最知名，既孝且友；居喪每過乎禮，檢身必近乎仁。君子謂李氏其後□矣。慮父德闕戴，山形易忘，命余刻石以文，式爲厥訓。

銘曰：公之美兮可崇，赳赳其雄，名以守信，節以全忠，有定難之功。公之盛兮可尚，烈烈爲將，君錫名氏，人欽弘量，實當時之望。公之武兮邦國之良，嘉猷⑭孔彰，持弧發矢，撒札穿楊，爲羽林之強。嗚呼！沒有遺風，生備方正；勁節立身，懷忠絕命。而感悼於明聖。天運有數，代不永居；掩瘞⑮芳藹，長樂丘墟⑯。令室愛子，寢苫⑰在廬；松柏既植，日月其除。誰不痛哲人之所如。

[題解] 碑亦名《李國珍墓志》，簡稱《李暐墓志》，刻於唐德宗興元元年（784）十一月，已佚，碑文錄自《隋唐五代墓志彙編》（陝西卷第四冊）。簡述了本爲武威粟特胡人安氏後裔的安暐（即李國珍），在安史之亂中，因其"罄其肝膽，稍沐洪恩"，擁立唐肅宗登位被賜姓爲"李"；唐代宗時，因"奸臣嬖女，構禍宸衷"，他"於危急之時，共定其難"，因而享有"寶應功臣"的美名和封賞。碑文兼及李暐生病、去世、葬埋和妻子、兒子等家庭基本情況；同時，還突出地描寫了其在重病其間，密切關注時局變化，"撫床慟哭，籲天見志……懷忠飲恨"的情節，凸顯其忠臣良將的風範。

[作者] 李休甫：生平事迹不詳。

[注釋]

①寶應：唐代宗年號，762—763年，共兩年。寶應二年（763）正月，安史之亂平息，朝廷封賞有功之臣。

②李府君：即李暐（723—784）。原爲武威粟特胡人安氏後裔，在安史之亂中，他擁立唐肅宗登位被賜姓李氏，改名國珍。曾任開府儀同三司、上柱國等職，是平定安史之亂的寶應功臣。

③鈞天：九天之一。指天的中央。後亦泛指天空。

④瓊瑶：美麗的寶石；美玉。也指仙宮。

⑤燕虜犯闕，二聖蒙塵：指玄宗、肅宗父子由於安史之亂（燕虜犯闕）逃離長安，蒙受風塵之苦。蒙塵，古代多指帝王失位，離京逃亡在外，蒙受災難。

⑥升遐：是帝王死去的婉辭。

⑦宸衷（chénzhōng）：帝王的心意。

⑧朱泚（742—784）：幽州昌平（今北京昌平南）人。唐朝中期將領。建中四年（783），涇原兵變，朱泚被嘩變的士兵擁立爲帝，國號秦，年號應天。

⑨俶（chù）亂：謂詭奇雜亂，作亂。俶，作。

⑩羈靮（jīdí）：馬絡頭和馬韁繩。泛指馭馬之物。比喻束縛。

⑪籲天：向上天呼告、呼冤訴苦。形容悲痛訴説的樣子。

⑫不祔（fù）：不配享，不合葬。

⑬雍睦：團結，和諧。亦作"雍穆"。

⑭嘉猷（yóu）：治國的好規劃。

⑮瘞（yì）：掩埋，埋葬。也指墳墓。

⑯丘墟：墳墓；陵墓。泛指大地。

⑰寢苫（shān）：苫，草簾子，草墊子。古代居喪時，孝子睡的草簾子。古禮，父母死後，兒子要睡草墊子，枕土塊。

相國 義陽郡王李公①墓志銘

穆員

皇唐九葉，天啓元聖，運并中否。蓋有苗不恭，舜德於是乎盛；獫狁②孔熾，周道於是乎興。而我相國太保、義陽王文武命代，經綸應期，柱石將傾，舟楫未濟，腹心王略，爪牙天罰，芟夷大憨③，覆冒生人。公諱抱真，字太真，本姓安氏，世爲涼州盛族。高祖修仁④，佐太宗征伐，益大其家，寵位本州，啓封申國。曾祖永達，開府儀同三司、左驍衛大將軍。祖懷恪，陳州司馬，贈兵部尚書。考齊管，贈太子太保。或才光於時，或道屈於命。從父兄，司徒、涼国公抱玉⑤，事肃宗、代宗，勋著王室，赐以天姓⑥。

代宗之初，仆固怀恩⑦怙兵犯顺，公时再命汾州别驾。随州陷焉。怀恩雅奇公才，而惧公之不同，所以待公与卫公者偕切。公竟以智勇自脱，投身京师。上方以怀恩为忧，不啻于禄山⑧、思明⑨之难，遣公进讨。公曰："郭子仪⑩领朔方之众，人多思之。怀恩因人之心，以邀其势，绐⑪其众曰'子仪为鱼朝恩⑫所戮'，劫而用之。今若复子仪之位，可不战而克。"上嘉而纳之。其后怀恩父子皆败。朔方有众，洎⑬西北两蕃，望子仪而顿伏，皆如公策。拜殿中少监，擢缨清列，泽盛当时，卿大夫贤者从之游。朝论美价，于斯为重。

大驾幸陕，欲遂都洛阳，公入陈娄敬⑭、子房⑮之说，且曰："臣见犬戎今已遁去。"翌日，长安告至，如公之言。代宗器公之才，将试其用，诏兼御史中丞，充陈、郑、泽、潞节度留后。公以所奉之主，则从父兄司徒公，乃深惟大雅明哲之义，罢请留府，愿效列郡。优诏从之，拜泽州，换覃怀⑯，二邦之人，得公失公，皆如父母。未几，复统留府之政，累加御史中丞、右散骑常侍，并领磁、邢二州，增秩加邑，国之报也。今上即位，用聪明神武照临不庭，命方叔⑰、召虎⑱镇卫四国，是用授以黄钺，俾以专征。而亡命之徒，畏威先举。田悦⑲以暴兵五万寇我东鄙，劫邢州，围临洺。守将乘城，如山不拔，忿志且耻，既悉索境内，且乞师于邻，掘地干云，壕垒数合，上绝飞鸟，下及黄泉。公躬执钲鼓，屡挫其锐。诏命太原节度使、今侍中马公⑳与公合从㉑，且曰尽敌。由是摧坚阵于双冈，释重围于二城，殄逆徒于洹水，凡三战三北，退伏于魏，窘如囚拘。逆将朱滔㉒，诱今司徒王公㉓，合范阳、恒山之众，来为悦援。公与马公洎群帅，屯于魏桥，相持卒岁。无何，京师有朱泚㉔之乱，銮舆外次。群帅失图，仓黄㉕还师，惟恐在后。公徐统士马，退次洺州。旋奉诏书，俾勤所职。于时将卒倦成久矣，及其还也，如川壅而溃，势不可遏。公以至诚大义，发为号令，俾四郊激勤王之志，三军忘思归之心，进师漳河，独压强寇。先是，与公戮力太原、朔方、盟津㉖，洎神策四帅十万之旅，一朝雨散，孤军特立，天下危之。公忠贯天地，机先鬼神，动如雷霆，峙若山岳；销难于未朕㉗，成功于无战。氛祲㉘四廓，豺狼坐驯。上在奉天㉙，躬禹、汤勃兴之德，曰："万方有罪，罪予一人。"发号改元，与人更始。公奉扬天泽，浃于四鄙，增日月之明，广云雨之施。由公而复爵位者，今司徒王公洎魏博、青、齐三帅，凡三道数十州百万旅，旋归于圣，理公之功也。朱滔以幽燕劲卒、猃虏骁骑，将欲横行咸、洛，崛强中原，辅其兄泚，窥伺神器。公以奇谋正义，间说成德㉚。成德与滔，契重婚姻，事同艰阻，与公交锋对垒，积为敌仇。乃为国为公，忿滔如响，将欲自竭，先誠於公，投我以可疑，報之以必信。公與王公之相見也，王公旌旆車騎，亘如長雲，晦日蔽天，風驅而至。公以數騎徑造其前，王公叱去左右，躍鞍而下，交臂號呼，聲聞昊天。即日，兩軍億萬之師，悉如兄弟。公遂入其壘，授之以畫。明日合勢，大破滔軍於洺城之西。滔鼠竄舊巢，至死不振。逆泚折臂，群凶奪魄，諸將聞風益壯，踵武獻功。既而妖彗滅，星疆復，鯨鯢戮，海水清；而振曜靈威，興復昌運，自我而始，其天啓與！

公使將如臂，使卒如指，決勝於千里之外者，則河中拔，淮夷殄，分彼成功，什三四焉。初臨洺之解，遷工部尚書。洹水之勝，轉兵部。魏橋之勤，加右僕射。漳濱之固，轉左僕射、同中書門下平章事。朱滔之敗，遷司空，食實封五百户。貞元初，上有事於上帝列祖，公得請會朝，宣室受釐，明堂布政，對揚丕顯，錫命蕃庶；方寄股肱而藩屏是切，方屬周、召而桓、文是賴。數月，受命還鎮。公之鎮於潞也，垂三十年，撫五郡四封之人，作之醫，作之師，生成之，富庶之。耆老詣闕，願刊金石，詔俾時宰，揚其頌聲。乃者大梁東平，二帥交惡，僉使上介，質正於公。公以天道助順，神明與直，裁而辨之。司徒王公以不二心合公一德，資禀明略，有如元龜㉛。議者謂上黨之俗，地狹尚力，氣寒堅冰，蓋戰國武卒之餘也，故長於步；冀之北土，馬之所生，故長於騎。而公與王公，天下之杰也，各因其俗之所長，以伯諸侯。

嗚呼！使公將步，王公將騎，以征四方，以獎王室，亂臣賊子，誰敢萌心。上天爲何而降公疾？願守謙損，固辭崇高，請罷三公，拜章七還㉜。天子重違宗臣之請，又迫蒼生之望，退授僕射，而安危注意之任，猶以煩之。十年六月一日，薨於位，春秋六十有二。皇上震悼，輟朝三日。所以贈襚㉝之品，禮極數彌，中貴護喪，達於洛泗。冬十月九日，葬於澠池，祔㉞先君太保之塋，禮也。

公自生勳門，幼被儒術，長覽太史公㉟、班孟堅㊱書，服從衡㊲之言。至於兵法，尤其天性。而體乾之剛，利坤之貞，煦春之仁，厲秋之義，蹈禮之節，包樂之和，是以文昭扶翊，武著戡清，行備九德，政成百度。忠與勳偕，業與時幷。兵符相印，與身終始。開國傳家，與國無窮，盛矣哉！公再娶於鄭，華宗令德，其偶如一。前夫人滎陽郡夫人，皇洛陽令伋之子也，不幸早逝。後夫人沂國夫人，皇洛州壺關令鞏之子也。昔以賢輔貴，今以哀報榮，既大公門，且肥公室。初公之弃三軍也，嗣子前殿中侍御史緘，爲墮泪所迫，俾嗣公位。緘曰："爲先人之嗣者，苟生非忠，冒死非孝。"深惟自免之計，既而忠孝全焉。次子幼成，季子幼清。次女適清河崔宏，雅有干父裕母之美。長女、幼女幷從西方之教㊳，各得其旨。緘等以公成功盛德，列於史策，流於歌頌，傳於故老之口。巍巍乎，其不朽矣！若邱壑遷化，歲序超忽，則貞石是賴，不可以不識焉。爰假菲詞，俾鋪元壤。

銘曰：陰陽成歲，百物以生。聖賢撫運，天下以平。神武嗣統，朝陽啓明。照臨萬邦，震曜不庭。蠢彼昏迷，乃命徂征。風行王化，雷動天聲。靡守不固，何攻不傾。獫狁㊳豸武，率訓忠貞。茫茫氛侵，於變廓清。入覲於王，惟周之楨。帝念藩翰，復我長城。宜錫難老，以主夏盟。奈何昊穹，夭柭㊵壯齡。善積存没，報穹哀榮。勒勳㊶王府，遺業生靈。歸我真宅，封山表塋。永閉泉户，與天壤并。

[題解] 簡稱《李抱真墓志》，刻於唐德宗貞元十年（794）十月。碑文引自《涼州府志備考》，并據《全唐文》卷七百八十四穆員文作了補缺和校正。碑文比較詳細地叙述了李抱真的家世及其一生中的重大事件、重要戰功、任職升遷等，并高度贊揚其功德懿行。

[作者] 穆員（750？—810？）：字與直，唐懷州河内（今河南焦作市）人。德宗貞元九年（793）進士。工文辭，尚節義。杜亞爲京都留守，辟爲從事檢校員外郎。著有文集十卷傳於世。

[注釋]

①義陽郡王李公：即李抱真（733—794），字太真，又字太玄，本姓安，世爲涼州盛族。唐朝中期名將。申國公安修仁玄孫。被賜姓李，司徒李抱玉從弟。爲人沉毅善斷，多謀略，曾任多地、多府要職，官至同中書門下平章事，封義陽郡王，在平定安史之亂、消除藩鎮割據、中興大唐的功業中功勳顯赫。去世後，唐德宗爲其輟朝三日哀悼，追贈太保。

②獫狁（xiǎnyǔn）：中國古代北方的一個民族，春秋時稱"戎""狄"，戰國後稱"匈奴"。後指异族侵略者。

③憝（duì）：壞，惡。指奸惡之人。

④安修仁：昭武九姓胡人，世居武威姑臧。涼國公安興貴弟弟，唐初平定涼州大涼政權功臣，唐高祖以其平定李軌有功，授爲左武侯大將軍，封申國公。

⑤李抱玉（704—777）：初名安重璋，中唐名將。涼國公安興貴裔孫、河西節度副大使安忠敬之子。安史之亂後，因耻與安祿山同姓被肅宗賜姓李氏。曾任兵部尚書等職，封涼國公。卒於任上，代宗罷朝三日，追贈太保，謚昭武。

⑥天姓：歷代帝王一直鼓吹"君權神授"，故稱帝王爲天子。唐朝皇帝爲李姓，賜李姓即爲天姓（意爲天子之姓）。

⑦僕固懷恩（？—765）：鐵勒人。中唐名將。安史之亂後，隨郭子儀作戰，

骁勇果敢，屡立战功，又曾出使回纥借兵平叛。安史之乱中，其家族中有46人为国殉难，可谓满门忠烈。後被宦官骆奉先陷害，举兵叛唐，不久病死。

⑧安禄山（703—757）：营州（今辽宁朝阳）胡人，本姓康。唐代藩镇割据势力的最初建立者，安史之乱的最大祸首。曾一身兼任平卢、范阳、河东三镇节度使，深得唐玄宗信任。起兵叛乱後，僭越称帝，国号大燕。後被部下杀害。

⑨史思明（703—761）：突厥人。居营州柳城，与安禄山为同乡。安史之乱的最大祸首之一。天宝初年，累功至将军、知平卢军事。与安禄山起兵後，被任命为范阳节度使。反复无常，曾称帝，国号大燕，後被部将谋杀。

⑩郭子仪（697—781）：华州郑县（今陕西渭南市）人。唐代政治家、军事家，平叛重臣。早年以武举高第入仕从军。安史之乱爆发後，曾任朔方节度使，率军勤王，收复多地，拜兵部尚书、同中书门下平章事，以功加司徒，封代国公、汾阳王，尊为"尚父"，进位太尉、中书令。去世後追赠太师，谥忠武。

⑪绐（dài）：欺骗、欺诈。

⑫鱼朝恩（722—770）：泸州泸川（今四川泸县）人。擅权宦官。唐玄宗时入宫为太监。安史之乱爆发後，随玄宗出逃，侍奉太子李亨，颇得信用，历任三宫检责使、左监门卫将军，主管内侍省，统率神策军。後被宰相元载设计缢死。

⑬洎：到、及。

⑭娄敬：西汉初齐国卢县（今山东济南长清区）人。当时作为齐国的戍卒，曾力陈刘邦建都关中，并得到张良的支持。赐姓刘，拜为郎中。後因反对出兵匈奴，建议与匈奴和亲、移民关中受刘邦信任，先後封为建信侯、关内侯。

⑮子房：即张良（约前250—前186），字子房，颍川城父人。韩国贵族，秦末汉初杰出的谋士，与韩信、萧何并称为"汉初三杰"。协助刘邦夺取天下，建立汉朝後，被封为留侯，去世後谥为文成侯。後世敬其谋略出众，称其为"谋圣"。

⑯覃怀：地名，又称河内，今河南焦作一带。

⑰方叔：西周周宣王时卿士，曾率兵车三千辆南征荆楚，北伐猃狁，为周室中兴一大功臣。

⑱召虎：即召穆公。周朝诸侯国召国君主之一，周宣王重臣贤相。

⑲田悦（751—784）：平州卢龙（今河北卢龙）人。中唐军阀，魏博节度使田承嗣之侄。曾联合多路军阀反叛，自立为魏王。唐德宗派兵镇压，引起连年战祸。最终削除王号，归顺朝廷。後被堂弟田绪杀害。

⑳马公：即马燧（726—795），字洵美，汝州郏城（今河南郏县）人。中唐名将，岳麓山道林精舍创建人。曾任节度使、司徒兼侍中等职，在平定藩镇割

據中功績卓著，獲繪像凌烟閣。病逝後追贈太尉，謚莊武。

㉑合從：謂合縱。

㉒朱滔（746—785年）：幽州昌平（今北京昌平）人。中唐軍閥，朱泚之弟。任幽州節度使等職，曾聯合田悦等反叛朝廷，自稱冀王。後歸順朝廷。

㉓王公：即王武俊（735—801），契丹人。中唐軍閥。曾任成德軍先鋒兵馬使、維川郡王。曾聯合朱滔舉兵叛亂，自稱趙王。後歸降朝廷，任成德軍節度使等職。曾與李抱真聯軍擊敗朱滔，累官檢校太尉兼中書令。

㉔朱泚（742—784）：幽州昌平（今北京昌平）人。中唐軍閥。曾任節度使、中書令、太尉等要職。建中四年（783），涇原兵變，被嘩變的士兵擁立爲帝。次年，李晟收復長安，朱泚在逃往涇州途中被部將殺死。

㉕倉黄：即"倉皇"，亦作"倉遑"，匆忙急迫。

㉖盟津：即孟津，古黄河渡口名，歷代爲會盟興兵的要地。在今河南孟津縣東北、孟縣西南。

㉗未朕：無朕，意指没有迹象或先兆。

㉘氛祲（jìn）：比喻戰亂、叛亂。

㉙上在奉天：上，指唐德宗。藩鎮叛亂，唐德宗被迫逃往奉天（陝西乾縣）。此事件史稱"奉天之難""四鎮之亂""涇原兵變"。

㉚成德：指成德軍節度使。王武俊時任成德軍節度使，此處指王武俊。

㉛元龜：古代用於占卜的大龜。比喻可資借鑒的往事，借指謀士。

㉜拜章七還：李抱真曾七次上奏章，欲辭去司空之職，重新擔任檢校左僕射。

㉝贈禭（suì）：贈給死者的衣物車馬。

㉞祔：泛指配享、附祭、合葬。

㉟太史公：即司馬遷（前145—?），字子長，夏陽（今陝西韓城市）人。西漢史學家、散文家。曾任太史令。所著《史記》，對中國歷史編纂產生重大影響，被後世尊稱爲史遷、太史公。

㊱班孟堅：即班固（32—92），字孟堅，扶風安陵（今陝西咸陽）人。東漢史學家、文學家。出身史學世家，其著《漢書》和散文《兩都賦》對後世影響很大。

㊲從衡：猶縱横，指戰國時期的縱橫家。

㊳并從西方之教：西方之教即佛教。意謂二女皆皈依了佛教。

㊴狺狺（yín）：犬吠聲。狗爭相叫的樣子，或为（狗）狂吠之貌。

㊵夭椓（zhuó）：災害，夭殺。

㊶勒勳：記載功勳。勒：刻，引申爲記載。

昭義軍節度 度支營田 兼澤潞磁邢洛等州 觀察處置等使 光禄大夫 檢校司空 同中書門下平章事 兼潞州大都督府長史 上柱國 義陽郡王李公德政碑銘并序

銀青光禄大夫 守門下侍郎 中書門下平章事
上柱國 隴西縣開國伯董晋 奉敕撰
銀青光禄大夫 守戸部尚書□度支及諸道鹽鐵轉運等副使
上柱國 扶風郡開國公班宏 奉敕書
朝散大夫 守□□府長□□陽縣開國男韓秀弼 奉敕篆額

　　唐之元臣，曰義陽郡王抱真，字太元，皇開府儀同三司、涼州都督、河蘭鄯廓瓜沙甘肅九州大總管、申國公修仁之元孫，開府儀同三司、左武衛大將軍永達之曾孫，兵部尚書懷恪之孫，贈太子太保齊管之子。蓄河岳之秀，業祖考之慶，克生鴻才，以佐元後，殊勛茂績，可得而稱也。

　　公體仁執中，抱素專直，威厲霜雪，氣凌雲霓，沈毅足以建功，寬裕足以安衆。召公相武之智，申伯翊宣之籌，尚父六韜之奇，夷吾九合之業①。未及弱冠，公皆達之，果爲從父兄故相國抱玉所重，期以遠大，薦於肅宗，授汾州別駕。僕固懷恩之平史盜也，伐虔劉②之功，恣暴虐之性，不率朝典，潛懷异圖。公髮沖危冠，憤激忠節，間道詣闕③，潰其奸謀；而渠魁疾顚，汾澮底定。代宗嘉之，拜殿中少監。永泰初又兼御史中丞，充陳、鄭、懷、澤、潞等五州節度留後。恩光薦及，輝耀當時，謙不奉詔，累有陳説。上大器之，改澤州刺史兼侍御史，充節度副使巡内五州都團練使。澤人欣欣，如戴父母。公虔奉聖旨，專精吏職，一年而流民復田壤辟，二年而軍給人阜，風淳俗義。時，屬散卒聚鐘鼓山，肆其倡狂，逞以驅劫，議者請兵逐之。公謂之曰："夫人禀元和以生，奉五常以立，無不思順，無不懼逆。理亂之道，實由於政。政和則禮讓興、仁義著，政否則刑罰滋、盜賊起。使其叛亂，是德之不修也。姑務自咎，豈可加兵？"乃申以禍福之門，引以開泰之路，投戈箙矢④，塵簸岩蕩，撫勞加等，仁風載揚。遂遷懷州刺史。澤人去思之憤，凝爲秋□；懷人來蘇之慶，需若霖雨。爲政未幾，懷如澤焉。天子寵文翁⑤之能，旌龔遂⑥之美，以節度使、司徒公備戎於西，乃授檢校秘書監兼侍御史、權知行軍司馬、充澤潞節度、度支營田、观察处置使留后,乃知潞州大都督府事。公以殊恩倚任,留务浩穰,徘徊化源,独舆心计。乃约故实,财成庶政。禁暴以安物,薄赋以养农,省徭以息孤茕,均调以资士卒。孝悌闻于乡党,学校兴于里间,刑戮废于戎行,鞭扑弛于官署,阖境之内,不日而教化焉。建中⑦元年,特授节制、并廉察本道兼领潞州大都督府长史,练勤王之师,修守土之备,内劝耕食,外扬武威,布大君之诚以睦藩镇,导圣朝之化以释危疑。由是上泽得以下流,下情得以上达,君臣无间,臻于太和,公之力也。属军戎之后,蝗旱为灾,公请罪神祇,忧见于色。精感而飞蝗越境,诚恳而霖雨应期,稼穑获全,异于他郡,古之循吏,何以加焉?

公前后历官以一十八政,再为侍御史、中丞、尚书、常侍,三领郡守,一登亚相,两践端揆⑧,封义阳郡王,食实封六百户,命为丞弼,同平章事,俾平水土,兼领司空。量宏而深,智达而朗,常执谦而惊宠,不求援而取贵。起题舆⑨,登补衮⑩;简自皇极,爵为元臣。非德及苍生,忠贯白日,则何以臻此?潞之缁黄耆艾,诣阙陈请,愿勒贞石。帝嘉乃诚,诏门下侍郎、平章事董晋撰文,以昭其功。

铭曰:皇矣上帝,降祚有唐。蕴粹孕灵,克生义阳。明明天子,贤能是奖。乃命义阳,镇于上党。烈烈义阳,惟国之祯。屹若崇山,稳如长城。用极于正,性根于忠。英风外驰,明谟内融。王度克遵,惠此众人。以德代刑,散漓为淳。军以威凶,雄以定慑。恢振皇纲,辅弼天业。帝曰抱真,允文允武。俾登鼎铉,锡之茅土。名高方召⑪,道贯申甫⑫。刊石纪功,用驾终古。

监工,上党县□郭□仁。

有元至正五年冬至日,奉议大夫、潞州知州张野仙布化得斯断碑于岱岳庙瓦砾中,重建于此,故记之耳。

[题解] 此碑简称《义阳郡王李抱真德政碑》,引自张澍《凉州府志备考》,据《全唐文》卷四百十六董晋文作了补阙和校正。为方便参读,特打破编排体例,和穆员《相国义阳郡王李公墓志铭》编排在一起。李抱真出生于五代仕官之家和军人世家,又是勋臣,官高位显。为官期间,"上泽得以下流,下情得以上达,君臣无间,臻于太和",深受朝野好评,确实是封建时代难得的廉官能臣。特别是任职潞州时间较长,潞人"耆老诣阙,愿刊金石"(《墓志铭》)、"诣阙陈请,愿勒贞石"(《德政碑》)。此碑颂扬了李抱真任职期间的政绩。二碑内容和新旧《唐书》本传结合起来,就是一篇完整的李抱真传记,也是研究粟特民族源流及凉州安氏家族的重要史料。

此碑未説明李抱真生卒年，也未説及碑刻樹立時間。據穆員《相國義陽郡王李公墓志銘》記載，抱真於唐德宗貞元十年（794）六月一日去世於任上，時年62歲。皇帝爲之哀悼，輟朝三日。冬十月九日，葬於河南澠池，配享先府君之塋。此碑爲紀功碑，樹立時間一般應早於墓志銘，大約在潞州任職期間。因久不傳於世，後世看到者不多。一直到元末，元惠宗至正五年（1345）冬至日，奉議大夫、潞州（今山西長治市）知州張野仙布化得此斷碑於岱岳廟瓦礫中，重建碑記，此碑始聞於世。現立於長治市長治一中校園内。碑座已毁，碑首、碑身共高3.96米，寬1.78米，厚0.56米。現將有關資料照錄，供讀者參考。

　　《涼州府志備考》按：《潛研堂金石跋尾》：右李抱真德政碑，考新舊《唐書·地理志》《五代職方考》，"磁州"字無從心者。此碑"磁"字點畫分明。又天祐十一年，《澤州開元寺神鐘記》亦作此"磁"字。州縣之名，當從其時本稱，史臣秉筆，任意更易，非得石刻，何由決其然否？此金石之有益於史學也。

　　《金石粹編》：按此碑無歲月。《金石録》繫於貞元九年，云有碑陰行書，今失拓也。碑爲董晉撰，班宏書，韓秀弼篆額，而皆云"奉敕"，文亦云"帝嘉乃誠，詔門下侍郎、平章事董晉撰文，以昭其功。"而兩《唐書·德宗紀》及《李抱真傳》皆不書其事。《舊唐書·德宗紀》："貞元十年正月己亥，昭義節度使、檢校司空、平章事李抱真請降官，乃授檢校左僕射。六月壬寅，李抱真卒。"舊《傳》亦云十年六月卒。《新唐書·本紀》不書抱真卒，《本傳》不書卒年，而於《宰相表》則誤書卒於九年。此碑所紀，皆抱真未卒以前之語，則《金石録》以爲九年，當必有據也。撰文者董晉，字混成，河中虞鄉人。結銜爲門下平章事。《宰相表》載其罷相爲禮部尚書，在九年五月《本紀》同。碑不署禮部尚書，在九年五月以前矣。書碑者班宏，衛州汲人。《傳》載貞元八年以宏轉判度支使，而無守户部尚書之官。碑書扶風郡公，《傳》所未及。其卒也，在八年七月。據此，則書碑又在八年七月以前矣。今不能確定，姑從《金石録》，附於九年。篆額者韓秀弼，與秀實、秀榮兄弟并以八分擅名，諸書皆無可考。此碑署銜曰"朝散大夫□□府長□□陽縣開國男"。據廣德二年書《臧希晏碑》題曰"朝議郎守衛尉少卿淮陽縣開國男"，則此所泐封縣乃淮陽也。《墨池編》載其所書有《元待聘碑》《李齊物碑》《鄭叔清碑》《裴曠改葬碑》《李元諒功德頌》《李晟光廟碑》，而不及此碑之篆額，則此碑久不傳於世矣。《抱真碑》泐其字，《新唐書》《傳》云字太元，碑載其高祖修仁，曾祖永、祖懷恪、父齊管，皆無傳。所載抱真歷官，兩書稍略。惟《新唐書·本傳》云"繇倪國公進義陽郡王"，碑則略其公爵。《傳》又稱抱真自貞元、元和初朝京師，還鎮。會天下無事，乃好方士，有孫季長爲冶丹，因讓司空，還爲左僕射。餌丹二萬三千九而卒。讓司空是貞元十年正月事，此碑尚是在潞鎮時所立也。

[作者]

董晉（723—799）：字混成，唐河中虞鄉（今山西永濟市）人。天寶年間明經及第，官至宰相，死後贈太傅。新舊《唐書》有傳。

班宏（720—792）：唐衛州汲（今河南衛輝市）人。天寶年間進士，德宗時官至戶部尚書，封蕭國公。工書。新舊《唐書》有傳。

韓秀弼：生卒年不詳，唐昌黎（今遼寧義縣）人。中唐著名書法家，尤工八分書，與其父韓擇木及兄弟秀實、秀榮齊名。

[注釋]

①召公：周武王同姓宗室，燕國始祖。申伯：申國開國君主，謝氏始祖。尚父：即姜子牙，齊國始祖。夷吾：即管仲，春秋名相。四人皆古代著名政治家、思想家、軍事家，名臣賢相。

②虔劉：劫掠，殺戮。出自《左傳·成公十三年》。

③詣闕（yìquè）：謂赴朝堂，或謂赴京都。詣，至，前往；闕，皇宮、朝堂。

④箙矢（fúshǐ）：指箭囊（袋），一般用竹木或獸皮製成。箙，箭袋。矢，箭。

⑤文翁（前187—前110）：名黨，字仲翁，廬江舒人。公學始祖，西漢循吏。漢景帝末年爲蜀郡守，興教育、舉賢能、修水利，政績卓著。

⑥龔遂：字少卿，山陽郡南平陽縣（今山東鄒城市）人。初爲漢昌邑王劉賀郎中令。劉賀行爲不端，他多次勸諫不聽，後繼位27天遭廢，其臣屬二百多人遭誅，龔遂免死，但仍被判刑四年。宣帝繼位後，任渤海太守，頗有政績。

⑦建中：唐德宗年號，780—783年，共4年。

⑧端揆：指相位。宰相居百官之首，總攬國政，故稱。端，端正；揆，管理，掌管。

⑨題輿：指景仰賢達，望其出仕。典出《後漢書》。

⑩裒（póu）：彙聚、聚集。

⑪方召：即方叔、召公，皆西周賢臣。

⑫申甫：即申伯、尹吉甫，皆西周賢臣。

唐故華州潼關鎮國軍 隴右節度 支度營田 觀察處置洮軍等使 開府儀同三司 檢校尚書 左僕射兼華州刺史 御史大夫 武康郡王 贈司空李公墓志銘并序

朝議大夫 守國子司業 上輕車都尉杜確 纂

公本安姓，諱元光①，其先安息王之胄也。軒轅氏廿五子在四裔者，此其一焉。立國傳祚，歷祀綿遠。乃歸中土，猶宅西垂，家於涼州，代爲著姓。三明盛族，每聯姻媾；五涼霸圖，累分珪組②。曾祖羡，皇左驍衛將軍。祖延，左武衛翊府中郎將，贈代州都督。考塞多，易州遂城府折冲，贈幽州大都督。武習將門，文傳儒行，載德不隕，貽慶無疆。

公神爽氣雄，量弘識遠，鶚立其峻，鷹揚其威。瓌奇拓落③之才，感激縱橫之志；燒牛爇④馬之變，沉船破釜之決。動必合宜，舉無遺算。實惟天假，匡我王國。少居幽薊，歷職塞垣，否傾泰授⑤，方歸京邑。以才幹見推，列在環衛；以將校是選，爰副戎昭。遷太子詹事，充潼關鎮國軍防御副使。元戎在州，實總留事；訓練綏撫，俾知向方。凡十數歲矣。建中末，賊沘僞署何望之⑥等輕騎奄至，陷我郡城。公糾合師徒，鼓行電擊，撲滅收復，曾不崇朝，深惟遠圖，莫若持久是用，大蒐卒乘，創立城池。被練盈於萬人，登陴⑦逾於百雉。詔加御史中丞，尋遷御史大夫、華州刺史、潼關防御使、鎮國軍使，又加工部尚書，庸勳⑧且使能也。夏五月，詔公與副元帥李晟⑨，進收上都，師次滻川，壘堞未設，賊衆悉出，以逸待勞。□公成列先馳，所向皆靡。是日之捷，獨冠諸軍。進次苑東，公又前合，凌峻巖隥，繚垣⑩騎翼，舒步雲會，凶黨決死，既精且堅。公以小利啗之⑪，奇陣誤之，鼓儳⑫疾驅，旗靡毒逐⑬。曾未晌息⑭，雜然奔潰，元惡突走，脅從降附。宮省已靜，都人未知。清帝座於太階，候皇輿於平道。秋七月，大駕還宮，詔加尚書右射，實封九百户，錫以甲第，申之女樂，旌殊效也。懷光攜貳⑮，蒲津⑯阻絶，相府東討，俾公副之。累建長策，竟殲大憝⑰。盟戎之役，實領後軍。戎以惡來，我以整待，賊不敢躙，全師以歸。尋丁内艱，毀瘠過甚，詔旨頻降，起令視事，累表陳乞，天心莫從。加右金吾衛上將軍，復領舊職。尋又賜姓李氏，同屬籍也；改名元諒，昭誠節也。四年春，詔加隴右節度支度營田觀察處置臨洮軍等使。良原古城，隴東要塞。虜騎入寇，於焉中休。詔公移鎮，以遏侵軼⑱，遷尚書左僕射。諸侯戎兵，爰俾總統。規李牧⑲守邊之議，擇充國⑳屯田之謀。驅狐狸，剪榛棘，補殘堞，浚舊隍㉑，築新臺，轂連弩撲，斸陶旐㉒，墾發耕耘，歲收甫田數十萬斛。尋又進據便地，更營新城，辟土開疆，日引月長。賊來寇抄，師輒擊却。由是豳涇汧隴，人獲按堵㉓矣。

歲月逾邁㉔，霜露雲侵。美疢發於生瘍，凶灾成於夢豎。太醫御藥，頻降自天，有加無瘳，嗚呼不淑㉕。貞元癸酉歲十有一月十五日，薨於良原鎮之公館，享年六十七。詔贈司空，褒有功也。聖情震悼，廢朝追念。爰命使臣，宣制臨弔，賻贈粟帛，加於常等，歸於上都開化里之正寢。其明年十一月廿八日，靈輤啓路㉖，祔葬㉗于華陰縣潼鄉原之新塋，禮也。笳簫鼓吹，羧瞿干卤㉘，騎士介夫，夾道衛轂，哀榮之典，於焉畢備。生惟徇節，歿也歸全，忠孝并矣。油幢㉙榮戟㉚，胙㉛土命氏，功業茂矣。參佐皆當時之選，偏裨亦百夫之特。殊俗讋㉜其威聲，部人懷其惠愛，皆名臣之大節也。周曰申甫㉝，漢惟耿賈㉞，异時共貫，我何謝焉。

夫人河南阿史那氏，北海郡夫人，代北著姓也。建國沙朔，爲漢藩輔。言德工容，克遵典禮，蘋蘩沼沚㉟，允叶南風㊱。以大曆六年十月廿七日先公早終。謀於蓍龜，乃建兆域。遺命祔葬，勿令改遷。長子朝散大夫、前太子右贊善大夫平；次子朝請郎、前將作監主簿莘。令德孝恭，有聞於代。虔卜遠日，復啓舊埏，爰命不才，式銘洪烈。

詞曰：天祚聖代，挺生良臣。俾蘊明略，以康時屯。建中之難，狂寇竊發。天臨下都，盜入北闕。能以衆正，肅將九伐。推鋒決機，既晝亦月。克復本郡，增修外城。葉力渭汭，進圖上京。擊敗凶黨，前臨賊營。壞垣突入，敦陣駢衡。沴氣㊲席捲，泰階砥平。河東險澀，承制誅討。勝在戰前，師臨電掃。隴外猶梗，授公擁旄。東連折撴，西盡臨洮。增修保郡，芟薙㊳蓬蒿。戎馬遷迹，興徒不勞。在鎮累載，休有成績。董領衆軍，師長百辟。寒暑外侵，勤勞中積。遠圖未申，大限俄迫。將星墜耀，關月復魄。聖心震悼，邦人痛惜。天子三吏，實爲司空。優詔追贈，以酬茂功。鬱鬱佳城，式昭令終。巍巍太華，長與比崇。頌我遺烈，凜然清風。貞石不朽，嘉名無窮。

孤子平書。

[題解] 簡稱《李元諒墓志》，刻於唐德宗貞元十年（794）十一月，碑文錄自《隋唐五代墓志彙編（陝西卷第四冊）》。簡述了李元光（即李元諒）家族的淵源和祖上三代的功名，比較完整地記述了李元光的生平事迹和仕宦軍旅生涯及功業封贈，兼及妻子和兩個兒子的基本情況。碑文對其的功業給予高度肯定

與贊美，起到了證史和補史的作用，爲後人研究唐代這一時期的歷史和安氏家族的繁衍發展提供了重要的史料。

另有《李元諒碑》，今存陝西省華縣政府大門東側，是唐朝華州百姓紀念李元諒而立，保存完整。碑高4.45米，寬1.57米，厚0.41米，碑頭爲六螭首，碑側雕刻蔓草花紋。碑文共計2000餘字，除介紹李元諒功績外，還比較詳細地記載了唐史記載不詳的"朱泚之亂"。據本書收錄的李元諒長子李平撰寫的《李准墓志銘》可知，李元諒有三子，長曰李平，次曰李准（早卒），三曰李萃，可補李元諒家族相關史料不足，可參照研讀。

[作者]

杜確：曾任朝議大夫、國子監司業、輕車都尉等職。著有《岑嘉州集》及《序》，是今人研究岑參生平的唯一重要資料。

李平：李元諒長子，曾任朝散大夫、前太子右贊善大夫等。

[注釋]

①安元光：即李元諒（725—793）。祖籍安息（今伊朗），武威安氏集團著名將領，中唐名將。本姓安，因幼時爲宦官駱奉先所養，遂改姓駱，名元光。早年從軍，累官至華州刺史兼鎮國軍節度使、隴右節度使。興元元年（784），參加收復長安的戰鬥，授檢校尚書右僕射。平涼劫盟時，力救副元帥渾瑊出險。唐德宗爲此勳勞，賜姓李，改名元諒。卒後追贈司空，諡號莊威。

②珪組：玉圭與印綬。引申指爵位、官職。

③拓落：放蕩曠達，性情豁達，不拘小節。比喻大才當以重用。

④爇（ruò）：燒。《説文》：爇，燒也。

⑤否（pǐ）傾泰授：謂官運時順時不順。否、泰，六十四卦名。否爲不順利，泰爲順利。後常以指世事的盛衰，命運的順逆。

⑥何望之：叛臣朱泚部將，曾被李元諒擊敗。

⑦登陴（pī）逾於百雉：陴，城上的矮墻。逾，同"逾"。百雉，古時用以計量城牆大小的單位。

⑧庸勛：酬賞有功的人。功勛。

⑨李晟（727—793）：字良器，洮州臨潭（今甘肅臨潭縣）人。唐代軍事家。在討伐反叛的河朔三鎮、涇原兵變中奉天勤王、收復長安、平定朱泚之亂中功勛卓著，累遷至右金吾大將軍、開府儀同三司、涇原四鎮北庭都知兵馬使，封西平郡王。後任太尉，加尚書左僕射等職。卒後追贈太師，諡號忠武。

⑩繚垣：圍墻。

⑪啖（dàn）：吃或給人吃。拿利益引誘人。

⑫鼓儳（chán）：乘敵方陣列不整齊時，即鳴鼓進擊。儳，不整齊。

⑬毒逐：猶激戰。

⑭眴（xuàn）息：眼花，看不清。

⑮懷光攜貳：謂懷有離心的人李懷光。李懷光（729—785），本姓茹，以功賜姓李氏。歷任檢校刑部尚書、節度使。曾奉命抵禦吐蕃，討伐田悦、朱泚，因功進副元帥、中書令。德宗聽信盧杞等人挑唆，不讓他入朝，他聯合朱泚反叛，迫使德宗逃往漢中。後兵敗自殺。攜貳，離心，有二心。

⑯蒲津：古黃河津渡名。亦稱蒲阪津，以東岸在蒲阪得名。蒲阪即今山西永濟西蒲州。古代凡秦晉間兵事，往往濟自蒲津，爲戰守必爭之地。

⑰大憝（duì）：憝，怨恨，憎惡；壞，惡。極爲人所怨惡。

⑱侵軼：亦作"侵佚"。侵犯襲擊。亦謂越權行事。隍，沒有水的城壕。

⑲李牧（？—前229），柏仁（今河北隆堯縣）人，戰國時期趙國軍事家，與白起、王翦、廉頗并稱戰國四大名將。其先在趙國北部邊境，抗擊匈奴；後以抵禦秦國爲主。因重創秦軍，封武安君。後趙王中秦國離間計將其殺害。

⑳充國：即西漢名將趙充國。

㉑浚舊隍：疏通舊的城壕。浚，疏通，挖深。隍，沒有水的城壕。

㉒陶瓬（fǎng）：指燒制簋（guǐ）、豆等陶器器皿。亦指燒陶器的工人。

㉓按堵：安居；安定。形容秩序良好，百姓和原來一樣安居樂業。

㉔逾邁：亦作"踰邁"。過去；消逝。

㉕不淑：吊問之詞。猶言不幸。

㉖靈輴（chūn）：載運靈柩的車子。輴，灵车。

㉗祔（fù）葬：即合葬之意。中國古代多用於夫妻之間的葬儀。通常是丈夫先逝，等妻子亡故之時，將先前丈夫的墳墓掘開，另置棺椁葬妻。祔，合。

㉘戣瞿（kuíqú）干鹵：戣瞿，古代戟一類的兵器。干鹵，盾牌。指兵器。

㉙油幢：油布帳幕。多指將帥幕府。

㉚棨（qǐ）戟：指打仗的人或者有繒衣或油漆的木戟。古代官吏所用的儀仗，出行時作爲前導，後亦列於門庭。棨，有繒衣或油漆的木戟。

㉛胙（zuò）：原指古代祭祀時供的肉。此處指福佑，賜予。

㉜慹（zhé）：懼怕，震懾；忌憚。

㉝申甫：周代名臣申伯和仲山甫的并稱。借指賢能的輔佐之臣。

㉞耿賈：東漢名臣耿弇和賈復的并稱。二人皆爲開國功臣，封侯拜將，列

㉟蘋蘩沼沚：蘋，多年生水生蕨類植物。蘩，白蒿。蘋蘩是可以食用的水草，古代常用來祭祀。也泛指祭品。《詩·召南》有《采蘋》《采蘩》篇。沼，池子。沚，水中的小塊陸地。沼沚中生長的蘋蘩，都是古代用於祭祀的水草。此處喻夫人謹遵禮教，奉祀先祖。

㊱允叶南風：允叶，和洽。南風，古代樂曲名，相傳爲虞舜所作。也指溫暖和煦的南風。比喻就象優美的南風（樂）一樣和洽。

㊲沴（lì）氣：爲災害不祥之氣。沴，陰陽之氣不協調。

㊳芟薙（shāntì）：意思爲刈除，斬殺。芟，割草，引申爲除去。薙，同"剃"，用刀刮去毛髮。

唐故朝議郎 行太子通事舍人 賜緋魚袋李君墓志銘并序

兄平 撰文

君諱准①，字玄則，本姓安氏，其先黃帝軒轅氏之胤，軒轅帝孫曰安，封於安，號其國曰安息，遂爲氏焉。自西漢以還，或居河右，故爲涼州姑臧人也。曾祖，皇朝左武衛翊府中郎將、贈代州都督，諱延；行義守謙，道全名著，進而知止，位不充材。烈祖，皇朝易州遂城府折冲、贈幽州大都督，諱塞多；澤潤本枝，慶流來葉；河隍擾亂，因適薊門；燕土材賢，畢瞻風彩；弘仁匪倦，積德有徵；曄曄輝輝，榮華不絶。烈考，皇朝華州潼關鎮國軍、隴右兩道節度度支營田觀察處置臨洮軍等使、開府儀同三司、檢校尚書左僕射、兼華州刺史、御史大夫、武康郡王、贈司空，諱元諒；珪璋特達，河岳英靈；經百戰以安君，推一心而奉國；事與時并，名與功偕；丹青有輝，竹帛無點；不然者，焉得胙土命氏，分閫擁旄②，茂績休聲，不泯於千載矣。

君即僕射之次子，故雲麾將軍守右武衛大將軍兼隴右副節度、襲左賢王、贈代州都督河南阿史那公義方之外孫也。生而瑰美③，有岐嶷④之姿；幼而聰明，禀純孝之性；長而沉毅，蘊寬大之懷。天降禍殃，豐嬰所恃，雖在繦褓，而容色瞿然，日夜哀啼，乳哺頓鮮，六親奇嘆，保念彌深。既長，號天痛乎不逮。僕射潛其偏露，撫視增悲，乃訪宿儒，樞衣就學⑤。入聞詩禮之訓，出觀俎豆之儀。年十五，郡舉孝廉，爲鄉貢之俊，以年齒尚幼，故不趣京師，退而研精，自強不息。明年冬，賊臣朱泚潛構⑥凶謀，僕射總潼華之師，龔行天伐。每經險阻，常侍晨昏，克殄妖氛，再清宫闕，令君馳往慶賀，奉表南行，冒炎暑赫曦之辰，登巴梁峭絶之路，懸車束馬，晝夜兼程，累日之間，至行在所。對揚⑦敷奏，披省表章，上以宗社剋復，獻欷良久，迴睠顧問，嘉嘆重疊，庶事詳明，特加優獎，即日授同州參軍，賜以金帛衣服。謝恩之際，詔令先赴上都。俯聽綸言，至皆宣諭。承歡膝下，拜省增榮。然後萬乘天旋，六龍雲降，君臣交泰，遐邇欣欣。李懷光竊據蒲同，尚勞師律，復命僕射躬往討除。君每被堅執戈，餘勇可賈⑧，摧鋒破敵，所向無前。逆竪梟夷，策勛飲至，加右衛兵曹參軍，賜緋魚袋，及銀器、匹帛、金帶等物。天庭服拜，孰不榮之。日者蕃寇請盟，王師撤警，登壇將歃（chuī），虜以合圍，日翳塵昏，人各亂潰。君部曲悉散，單車獨馳。突戈矛之鋒，出虎狼之口；越川谷之隘，歸父母之邦。既至，號泣拜伏，若已再生。僕射撫背悲酸，有如天至。聖上知其驍勇，召對器之，改太子通事舍人，仍加錫賚。咸謂艱險備矣，屯蹇⑨已矣。而年逾弱冠，器質弘深，必當騁千里以高驤⑩，望青雲而一舉。豈意夫春秋鼎盛，疾疢所嬰，涉歷寒溫，沉綿枕席。皇上以僕射勛庸冠古，惜君材武過人，亟令中使、御醫視其所疾，并賜絹一百段，充藥物之資。身不能興，手舞足蹈，仿偟匍匐，嗚咽涕流。僕射荷天澤曲，垂王事有限，聞君之未廖也，積憂成疾。或矯云痊也，常膳載加，心如懸旌，寤寐⑪不舍，父子天性，誠哉是言。醫術既究，膏肓日甚，以貞元八年五月廿六日，終於長安宣陽里之私第，享年廿四。嗚呼哀哉！君孝若曾參⑫，行如顔子⑬，勇齊季路⑭，藝等冉求⑮，四者克兼，而年壽不永，禄位不崇，悲夫！主上聞其殞喪，傷嘆久之，乃賜絹一百段，以給喪事。君親長隔，臣子永辭，恩及幽冥，感深窀穸。

　　僕射遠承凶訃，言發慟絶，哀過常情，痛深遐想。兄弟等泣天倫之中缺，悲手足之先凋。藐爾遺孤，彼蒼何虐。乃□先遠，權厝從宜。歲未再周，僕射薨背。朝傾儀表，國喪棟梁。君兄曰平，弟曰莘，泣血絶漿，幾於滅性。卜遵遷祔，龜筮葉從。以十年十一月一日侍葬於華陰縣僮鄉原之新塋。丹旐首途，靈輀⑯前導，痛哉！君生也，偏侍左右；其歿也，今亦如之。存亡若斯，觀者咸嘆。夫人河南屈突氏，故絳州别駕鄾之次女也。蘭蕙有芳，先君而夭。有男一人，曰翁子，天資敏悟，年尚幼冲。繢經⑰執喪，不資人教。於戲！雙棺同穴，幽隧長扃。人世已空，山河未改。撫存悲往，灑泪何言。刊石勒銘，以旌家範。

　　其詞曰：英英令冑，鬱鬱華宗。洪波清派，靈粹斯鐘。乃夢熊羆⑱，寔生君子。淑問莫儔，芳猷難比。射兼五善，學綜六經。風姿杰出，才器早成。銀印有輝，彩衣⑲增慶。伯仲雁行，棣華相映⑳。膺兹厚祉，宜享遐年。忽辭昭代㉑，詎隔幽泉。敬姜②之墓，言袥言旋。侍葬哀榮，人誰不傳。

[題解] 簡稱《李准墓志》，刻於唐德宗貞元十年（794）十一月，碑文錄自《隋唐五代墓志彙編（陝西卷第二册）》。簡述了李元諒之子李准的生平事迹，重點叙述其仕宦生涯和其"孝若曾參，行如顔子，勇齊季路，藝等冉求"的品質和才能，表達了父子兄弟"泣天倫之中缺，悲手足之先凋""言發慟絶，哀過常情，痛深遐想"的悲痛之情。同時，也兼及家族功名及其妻子屈突氏"蘭蕙有芳"、兒子"天資敏悟"等情況。與《李元諒墓志》參讀，對考察和研究唐代武威安氏家族的歷史淵源具有重要價值。

[作者] 李平：武威安氏集團著名將領、中唐名將李元諒長子，李准長兄，曾任朝散大夫、前太子右贊善大夫等。

[注釋]

①李准：中唐名將李元諒次子。"幼而聰明，稟純孝之性；長而沉毅，蘊寬大之懷"。早年從軍，勇敢善戰，不幸早卒，年僅24歲。賜緋魚袋。

②分閫（kǔn）擁旄（máo）：分閫，指統兵在外的將軍或封疆大吏。擁旄，古代武官持旄節專制一方。借指統率軍隊。旄，古代用犛牛尾裝飾的旗子。

③瑰美：贊頌卓越超人的思想和行爲。

④岐嶷（qíyí）：形容小孩才智出衆、聰明特异。

⑤樞衣：樞，又稱天樞，北斗七星第一星。北斗七星也稱魁星，是中國古代神話中主宰文章興衰的神，在儒士學子心目中具有至高無上的地位。指學校。

⑥潛構：暗害。

⑦對揚：古代常用語。凡臣受君賜時多用之，兼有答謝、頌揚之意。

⑧餘勇可賈（gǔ）：比喻剩下的勇氣和力量很足，還有勇氣可以使出來。賈，賣。原意是說，我還有餘力可賣，誰要就可以來買。

⑨屯蹇：《易經》《屯》卦和《蹇》卦的并稱。意謂艱難困苦,不順利。

⑩高驤：騰越；騰飛。驤，後右蹄白色的馬。

⑪寤寐（wùmèi）：表示無時無刻。引申指日夜思念、渴望。寤，醒；寐，睡。

⑫曾參（前505—前435）：字子輿，春秋末年魯國武城（今山東嘉祥縣）人。與其父曾點同師孔子，是儒家學派的重要代表人物。其事母至孝，是古代躬行孝道的楷模。被後世尊奉爲"宗聖"，孔廟四配之一。

⑬顔子：即顔淵（前521—前481），名回，字子淵。春秋末魯國人。十四歲拜孔子爲師，終生師事之。在孔門弟子中以德行著稱。孔子對其稱贊最多，

⑭季路：即仲由（前542—前480），字子路。魯國卞（今山東泗水縣）人。其以政事見稱，且爲人伉直好勇，跟隨孔子周游列國。孔門十哲之一。

⑮冉求：即冉有（前522—？）：字子有，尊稱冉子。魯國陶（今山東菏澤市定陶區）人。其以政事見稱，多才多藝，尤擅理財。孔門十哲之一。

⑯靈輀（ér）：指靈車。

⑰縗絰（cuīdié）：用麻布做成的喪服。亦指服喪。

⑱熊羆：原指熊和羆，皆爲猛獸，因以喻勇士或雄師勁旅。比喻勇士。

⑲彩衣：用彩色綢子做成的衣服。也指戲曲表演的服裝。亦指老萊子彩衣娛親典故，用"彩衣"指孝養父母。

⑳棣華相映（yìng）：棣華，謂兄弟。

㉑昭代：政治清明的時代。常用以稱頌本朝或當今時代。

㉒敬姜：春秋時期齊侯之女，姜姓，諡曰敬。敬姜是令人尊敬的女子的意思。她是魯國大夫穆伯的妻子，文伯的母親，博古通今，知書達禮。穆伯早卒，她守寡未嫁，匡子過失，教以法理。其事迹散見於《國語》《列女傳》等。

唐檢校尚書 考功郎中兼御史中丞李君夫人范陽盧氏①墓志銘

益自篆文　表甥王宗輔書

夫人諱媚，字文嬺。其先涿人也，常州江陰主簿諱集之長女，外祖趙郡李公諱選。江陰早世，誓不違親，故既笄十四年而歸於我。痛不逮事先舅姑②，故盡力於啓護。勞憂成疾，歿於澤州旅館，享年三十七。有子五人。嗚呼！容爲德之表，孝爲行之首，總百藝，承六姻③。自結褵暨④貞元十九年七月一日長逝，殆十年矣！以二十年八月十八日，權窆於洛陽城東高阪原，俟通歲而遷也。

銘曰：德門生德，母儀嬪則⑤。正位於我，室子⑥神奪。爾年新松，舊阡姑俟。時之告子。

[題解] 簡稱《盧氏墓志銘》，亦稱《李益夫人盧氏墓志》，刻於唐德宗貞元二十年（804）八月。2008年，在河南偃師出土，現藏河南洛陽孟津縣某農家。

爲正方形，文字部分長寬皆52厘米，15×15字排列。碑文錄自李氏網·全球李氏論壇等網文，并參照相關文章對校。這是李益爲第一任夫人盧氏寫的墓志銘。根據墓志得知，盧氏夫人小於李益21歲，盧氏夫人於既笄之後十四年出嫁，也就是説在她29歲後嫁於李益。可能是盧氏的父親常州江陰主簿早世，她不願意過早離開母親，所以才耽擱了婚嫁時間。《盧夫人墓志銘》中説"有子五人"，而《李益墓志》則説前夫人盧氏"有子二人"，這説明盧氏夫人親生子二人，非親生者三人。墓志説"痛不逮事先舅姑，故盡力於啓護"，説明盧氏夫人嫁到李家時，李益的父母已去世，盧夫人對非己出的孩子愛護如同己出。李益和盧氏共同生活了不足十年，他對於盧夫人的孝行、慈愛極力贊揚，對她操持家務、勞憂成疾、中年早逝極爲悲痛，二人感情頗爲深厚。

[作者]

李益：見《李益墓志銘》注。

王宗輔：墓志銘書寫者，李益表甥。表甥，即表姊妹的孩子，也即姑母的外孫兒或舅父的外孫兒。有時也指姨母、叔父、伯父的外孫兒。

[注釋]

①盧氏（767—803）：李益第一任夫人。名婣（yīn），字文嫄。祖籍涿郡（今河北涿州市），常州江陰主簿盧集長女。其28歲時與49歲的李益結婚，共同生活10年後去世。

②痛不逮事先舅姑：痛，痛感，痛惜；遺憾。逮事，謂侍奉的意思。逮，趕上，到，及。先，對死去的人的尊稱。舅姑，古代指公婆。

③六姻：此處指六親。

④曁：及，到，至。

⑤嬪則：謂爲婦的準則。

⑥室子：謂妻子。

驃騎大將軍論公①神道碑銘并序

公諱惟賢，字惟賢，其先西土人也。高祖諱東贊，作相於西戎，因官立姓，遂爲論氏。貞觀中，威懷四夷，翦滅北虜，蕃戎款附②，萬里獻琛③，慕響華風，欲爲和親，延頸企踵④，心馳闕下。太宗皇帝覽其誠至，遂許之公主。時，戎王遣相東贊⑤爲使來迎，不忒其義，不愆於素，召見顧問，進退合旨，詔以琅琊公主外孫女妻之。東贊自陳以本國有妻，又以贊普未謁公主，陪臣不敢先受殊寵。太宗嘉之，又奇其對，撫以厚恩，遂有歸化之心。曾祖陵，與祖躬仁同總衆於東，至高宗朝，拔部落七千餘帳歸國，拜特進、左玉鈐衞大將軍，封歸懷郡王，哀忠獎誠，寵錫殊厚，子孫因家，自銀州至於京兆。祖躬仁，朔方副大總管、雲麾將軍、行左驍衞大將軍、酒泉郡開國公，贈撥川郡王，謚曰忠。自高曾至大父，皆有勳烈，著於當時。父誠節，朔方節度副大使、開府儀同三司、右金吾衞大將軍、知階州事、武威郡王，賜太子太傅。天寶季年，安禄山作逆，塵起山東，上皇省方於巴蜀，肅宗巡狩於朔陲，危亂之時，見其臣節，帥子弟及家僮，以牧馬千駟，罄其財用，以奉禁旅。

公少有志尚，奮身轅門，隨先父統其士馬，與元帥哥舒翰掎角⑥盾寇，鋒刃既接，大小數十戰，摧陷堅陣。洎王帥失御，以智信保全所領之軍，馳於靈武，扈從肅宗，與先父洎乎昆弟，立勳成效，不可備述。至德⑦中，授壽府典軍，次授左衞郎將，賜紫金魚袋，俄轉左監門率，又遷左領軍衞將軍；又特進、右領軍衞大將軍、西平郡開國公，食邑三千户，元勳之允，受玆光寵。先時代宗皇帝爲天下元帥。求武勇之士，公與兄懷義、惟真同爲先鋒討擊使，又領部落數千人鎮岐陽縣，披堅執銳，一月三捷，洎除凶清亂。至上元二年，授特進、行大光禄、兼右領軍衞大將軍，充鳳翔節度副使、馬軍兵馬使。寶應中，丁艱茹荼，朝廷以金革從權，由斯奪禮。廣德二年授開府儀同三司殿中監，充劍南節度副使。大曆中受開府儀同三司、太常卿、上柱國，進封成國，食邑三千户，旋受渭川節度、都知兵馬使。

公以從戎歲久，雖齒髮未衰，而疾疢屢作，代宗寵其勳舊，詔許還京，仍全禄賜同大將軍，俾其優閑。建中末，德宗遷幸巴梁，公以所疾沉⑧綿，不獲扈蹕。逆臣朱泚，迫以凶威，不變其志，雖積年之疾，累日而瘳。貞元十五年，授驃騎大將軍、行左武威衞將軍、上柱國，公斯實朝廷獎舊勳矣。止足求退，俄以本官致仕。中使就問，寵秩有光。元和四年七月十日，寢疾終於靜恭里之私第，以某年十月一日，葬於萬年縣洪固鄉之古原。故夫人太原王氏祔焉。詔給鹵簿⑨鼓吹，所衰寵也。嗣子輔鼎，同州白水縣丞；次曰侗，常州江陰縣尉；次曰俶，右領軍衞騎曹參軍。泣血茹荼⑩，存無改之義。公之季弟惟明，爲時英髦，文武備用，建中興元之際，仗義討逆，摧殄凶徒，勳彰險艱，謀著忠益；貞元初，以太常伯、執金吾授鉞渭北，八座⑪互相崇獎忠功。元膺獲佐戎幕，備閱忠義，由是盡知公之世業勳德矣。

銘曰：大忠之允，本自西土。奕世崇勳，既明且武。在太宗時，有道攸睹。

洎夫撥川，緒業光輝。天寶季年，塵起幽燕。自興其家，殄寇功全。乃拜公侯，寵榮無替。用表豐碑，昭於東裔。

[題解] 簡稱《論惟賢神道碑》，立於唐憲宗元和四年（809）七月。碑文引自《全唐文》第零五部卷四百七十九。作者以親歷者的身份簡述了論氏家族淵源和墓主人祖上三代的功勳業績、仕宦經歷，重點記述了論惟賢的生平、履歷、勳業、封贈及家庭成員的簡況，向世人昭示了"公之世業勳德"，是今天研究吐蕃門閥世家噶爾家族和論姓淵源、武威論氏流源的重要歷史文獻。

[作者] 呂元膺（749—820）：字景夫，鄆州東平（今山東東平縣）人。唐代大臣。姿秀儀美，才華出衆。唐德宗建中初策賢良高第，歷任安邑尉、殿中侍御史、右司員外郎，出爲蘄州刺史，憲宗朝累擢給事中、同州刺史、御史中丞、吏部侍郎、太子賓客等職。追贈吏部尚書。

[注釋]

①論公：即墓主人論惟賢（？—809），論弓仁之孫，論誠節之子。因功歷官特進、右領軍衛大將軍、西平郡開國公、鳳翔節度副使、開府儀同三司、劍南節度副使、太常卿、驃騎大將軍、行左武威衛將軍、上柱國、成國公等職。與論懷義（惟清）、論惟良、論惟真（貞）、論惟明五兄弟，效忠於唐朝，在平定安史之亂的戰爭之中馳騁疆場，屢立戰功。

②款（kuǎn）附：誠心歸附。款，誠懇。

③獻琛：進獻珍寶。表示臣服。

④延頸企踵：延頸，伸長頭頸。引申爲仰慕，渴望。語出《史記·游俠列傳》。企踵，踮起腳跟。多形容急切仰望之狀。

⑤東贊：即噶爾·東贊（？—667），漢文史籍常以祿東贊、論東贊、大論東贊出現。吐蕃著名政治家、軍事家和外交家，曾任大論（相當於宰相）之職，期間在建立吐蕃政治、經濟制度方面多有建樹。貞觀十四年（640），松贊干布以他爲正使，出使唐朝，成功地促使唐蕃和親，文成公主入蕃。唐朝名畫《步輦圖》所繪內容即是祿東贊朝見唐太宗時的場景。參見《撥川郡王碑奉敕撰》及相關注釋。

⑥掎（jǐ）角：分兵牽制或夾擊敵人。

⑦至德等年號：墓志中的至德（756—758）、上元（760—761）是唐肅宗的年號；寶應（762—763）、廣德（763—764）、大曆（766—779）是唐代宗年號；建中（780—783）、興元（784）、貞元（785—805）是唐德宗年號；元和

（806—820）是唐憲宗年號。

⑧疢疾（chèn）：疢，熱病，亦作疹。泛指疾病。

⑨鹵簿（lǔbù）鼓吹：鹵簿，古代帝王出行時扈從的儀仗隊，出行之目的不同，儀式亦各別。自漢代以後亦用於後妃、太子、王公大臣。鼓吹，漢代列於殿庭的樂隊，宴群臣及君上餐食時所用。大駕出游，有黄門前後部鼓吹，則用於儀仗之間；又賞賜有功之臣時，即是臣下受特賜之例。

⑩茹荼（tú）：比喻受盡苦難。荼，苦菜。

⑪八座：亦作"八坐"。封建時代中央政府的八種高級官員。歷朝制度不一，所指不同。後世文學作品多以此指稱尚書之類的高官。

唐左千牛①韋佩母段氏墓志銘

元 稹

唐少保、贈僕射韋公幼子左千牛佩，母曰武威段氏，故衢州司田參軍岌之第二女也。其四代祖褒國公、揚州都督、贈輔國大將軍；生曾祖宣州長史，諱宏圭；生大父鄜州刺史，諱懷本。先是，僕射裴夫人早世②，女抱子幼，思所以仁之者，命主養之。始長安令，至於都留守，持門户主婚嫁者殆十五歲。當貴大之家，處謙謙之勢，然而不怨不德，禮得其宜，信難矣！今僕射喪，益不失禮，非盛勛烈之後，其孰能如此哉！

元和四年九月十九日，暴疾，終於履信第，享年四十。定其年十二月二日，葬於河南縣龍門鄉之午橋村。凡韋氏之族姻，聞其喪，莫不親者悲，疏者嘆，不亦善處其身哉！故僕射諸子泪諸女，皆服兄弟之母服③，而哀有加焉！

始，予亡妻生不月而先夫人殁。免水火之灾，成習柔之性，用至於妝櫛④、針組、書誡、琴瑟之事無遺訓，誠有以賴焉！是以予妻之言於予曰："離則思，思則夢，夢則悲，疾則泣，戀戀焉，予不知其異所親矣！"訣予之際，切以始終於敬爲托焉！今日之志其終乎？

銘曰：母以子貴，貴必因人。人本乎祖，祖盛厥勛。昔我稚室，没懷其仁。仁莫之報，没而有雲。今復泯矣！報之斯文。

[題解] 段氏，武威人，元和四年（809）暴疾而死，同年十二月下葬并刻碑。她是太子少保韋夏卿之側室，生子韋佩，時在左千牛衛任職。元稹之妻韋

叢是韋夏卿與夫人裴氏所生，裴氏死後，由庶母段氏撫養。據《韋叢志》載，韋叢於元和四年七月九日先於庶母段氏卒。元稹在這篇爲庶岳母寫的墓誌銘中，除對段氏的懷念之外，也寄托了對亡妻的思念，甚至直接引用了其妻的留言"離則思，思則夢，夢則悲……"20世紀末，在洛陽出土《有唐武威段夫人墓誌銘》，作者署名"監察御史元稹"。但兩篇碑文文字出入較大（參閱江蘇古籍出版社編審吳偉斌文《元稹〈有唐武威段夫人墓誌銘〉新解》，載於《西夏研究》2014.04）。碑文引自張澍《涼州府志備考》，收錄時作了參校。此文收入元稹《元氏長慶集》卷五八篇中。

[作者] 元稹（779—831）：字微之，河南洛陽人。北魏皇族後裔。著名詩人，政治家，官至宰相。與白居易同科及第，并結爲終生詩友，二人共同倡導"新樂府"運動，世人稱"元白"。著述豐富，有《元氏長慶集》。

[注釋]

①左千牛：即左千牛衛，唐代十六衛府兵之一，主要職責爲皇帝貼身侍衛。

②早世：意同"早逝"，即過早死去。

③母服：服喪制度之一。古制，父在母死，服喪一年。自唐垂拱年間始，改爲三年。此處指段氏死後，（她雖爲庶母）但晚輩的兄弟姐妹們皆以嫡母的禮遇爲其服喪。

④狀櫛：梳洗打扮。狀，打扮用的物品或式樣，謂修飾、打扮。櫛，梳子和篦子的總稱，謂梳頭。

□□□武軍節度 征馬將 雲麾將軍 守左金吾衛大將軍 守殿中監 封太原縣開國男 食邑三百户 王公故夫人武威段氏墓誌銘并序

夫人其先鄭恭叔①之後，洎武威得氏，簪冕②連綿，故西秦有海侯深，南有征君懿，玉葉茂盛，虛源派深，清華一門，忠義百□。定州刺史崇簡，即夫人五代祖也。食萊於博陵，子孫因而家焉。今爲義豐人也。皇祖③曰新，碩門傳慶，克生哲人，天與聰明，郁爲時秀；志好耽玩，學富留書；養閑丘園，三徵不仕。父庭佺，襲先人之風，脱略冠冕；宇量沉遠，□鑒通明；修禮義以資身，履謙和而秉志。

夫人即處士之長女也。柔順婉約，穠李敷榮。嚴訓不墜於閨庭，芳風尤彰於內則。標梅④之歲，作嬪□門。主饋宜家，益見如賓之敬；明詩閱禮，庶弘淑媛之賢。豈謂風燭不停，以元和八年三月廿七日，終於崇仙里之私第，春秋卅有九。嗚呼哀哉！

春蘭寢茂，月桂□榮；宗姻懷仁，里閈⑤揮涕。即以其年四月廿一日葬於府城西北四里永定之原，禮也。

夫人有子六人，男四人：長曰再德，仲曰再茂，次曰再立、再晟；女二人：十娘、十一娘。年俱幼冲，遽鐘偏罰⑥。泣血相視，荼蓼⑦居□。孺慕哀號，感深罷社。外王公禮同廬杖⑧，哀异鼓盆⑨，稱家有無，竭營葬事，追其主祀之貴，備崇飾終之儀。紀諸遺芳，勒石玄壤。

銘曰：昭昭淑姬，穆穆令儀，既配君子，實曰良□。主祀宜家，閱禮明詩，珪璋比德，容祉成規。逝水東流，落景西馳，九原長夜，終古傷悲。

[題解] 簡稱《故夫人武威段氏墓志》，刻於唐元和八年（812）三月。碑文引自《唐代墓志彙編續集》。簡述了段氏姓氏的歷史淵源、段夫人家世及祖上仕宦情況，贊頌了段夫人的懿德家風及其子女的基本情況。

[注釋]

①鄭恭叔：即春秋時期鄭國共叔段（前754—?），名段，先祖出自姬姓周王族支系，源於姬姓鄭氏。這是段姓的受姓始祖。

②簪冕：冠簪和禮帽。古代達官貴人的冠飾，後遂藉以指高官顯宦。

③皇祖：尊稱已逝世的祖父。

④標梅：指女子已到結婚年齡。

⑤里閈（hàn）：原指閭里的門，泛指里閈、里巷、鄉里。

⑥遽（jù）鐘偏罰：遽，匆忙；急，鐘，遭逢。偏罰，指喪母。出自唐駱賓王《靈泉頌序》："幼丁偏罰，早喪慈親。"

⑦荼蓼（túliǎo）：荼和蓼。泛指田野沼澤間的雜草。荼味苦，蓼味辛。比喻生活艱難困苦。

⑧廬杖：古代的一種守喪禮節。廬，爲守喪而構築在墓旁的小屋；杖，指居喪時所執的喪棒。

⑨鼓盆：即鼓盆而歌，表示對生死的樂觀態度，也表示喪失親人的悲哀。

唐故朝議郎 內供奉 守慶州司馬 上柱國 賜紫金魚袋賈公故夫人潁川縣太君陳氏墓誌銘并序

承務郎 前太常寺協律郎李參 撰

公諱光，其先武威人也。皇考諱仲素，不仕。公江山秀氣，閑①生爲人，風神散朗，德義資身。性惟忠直，言必三思，清慎居心，與物無競。在官克勤②，志理有襦裤③之風；在私克儉④，於家實盈於倉廩。訓子弟，習之以禮樂，教之以義方⑤；與朋友交，言而必信。實可以爲人之師也！豈謂中宵⑥墜露，勛⑦且收光。大厦折其棟梁，江海沉乎舟楫。

夫人潁川縣太君陳氏，四德咸備，六行無虧，婦禮母儀，殊過前史，三從之義，九族皆知。仿⑧之者如雲，教之者如雨。何期逝川不息，落日難留。倏忽之間，恩慈永隔。子有數人，且奔亡之外，唯有一存，即存者溫⑨也。

至孝用心，苦憑佛力，錯磨貞石，鋼⑩寫經文尊勝⑪真言，立於墳側。輟哀就禮，孝道克全；竭產罄資，用修喪事。以寶曆二年十月十五日遷葬於京兆府萬年縣滻川鄉鄭村。奇哉！孝子時當孝理，無計報於劬勞，空志之於墳邃。

銘曰：公惠納資用，雄聲未解，內之供奉，外之司馬。勤事於公，餐飲無暇，君子人與，君子人也！夫人德爲婦首，行可母師，擇鄰訓子，所見皆奇。可觀兮奋止，不忒兮其儀。

[題解] 簡稱《大唐故賈公之銘》（志蓋）、《賈光夫人陳氏墓誌》，刻於唐敬宗寶曆二年（826）十月，已佚，碑文錄自《隋唐五代墓誌彙編（陝西卷第二册）》。簡述了賈光"清慎居心，與物無競。在官克勤……在私克儉……與朋友交，言而必信"的高尚品行，以及夫人陳氏"四德咸備，六行無虧""行可母師，擇鄰訓子"的懿德。從內容所述，名爲陳氏墓誌，實爲賈光和陳氏夫婦墓誌。賈光系武威賈氏後裔。可參讀本書《大唐故賈溫墓誌》理解其內容。

[作者] 李參：生平事迹不詳。

[注釋]

①閑：安靜，清靜；悠閑，雍容嫻雅。

②克勤：指勤勞。

③襦裤（rúkù）：也稱襦裙。古代漢服的一種，上身穿短衣，下身束裙子，合稱襦裙，是典型的"上衣下裳"衣制，即上曰襦，下曰裙。亦泛指衣服。喻稱頌地方官吏的善政，古有歌謡《襦裤歌》頌之。

④克儉：指節儉。

⑤義方：指行事應遵守的規矩和法度，規範和道理。後多指家教。

⑥中宵：指半夜，中夜。

⑦勗（xù）：古同勉力，勉勵。《説文》：勗，勉也。

⑧仿：效法，照様做；相似，好像，類似。

⑨温：指賈光與陳氏之子賈温。詳見本書《大唐故賈温墓志》。

⑩鋼：古同"雕"，雕刻。

⑪尊勝：指佛教中的尊勝佛母。

賈氏中殤室女第廿娘墓志

唐大和三年歲次己酉正月十有三日，武威賈氏中殤室女①第廿娘，夭於東都康俗里之私第。嗚呼惜乎！吾見其聰明仁孝，温和令淑，器度閑雅，智識淵默②。宜其成人，大享榮貴。胡然脆促③，十四而没。嗚呼哀哉！

自唐叔分國受氏二千餘年，公侯賢哲、簪纓禮樂，備諸古今史牒④。汝五代祖洛州長史，永徽中與汝五代伯祖，前後爲洛州，休績似績，東京并棠棣之碑⑤。四代祖夏官郎中。曾祖丹徒縣丞。祖，徐州録事參軍，贈工部侍郎；祖妣，京兆杜氏，贈扶風郡夫人。

宗族以汝幼稟女德，先靈降祉。汝父汝叔，視之如傷，恩愛慈念，特異於諸子。愛而去我，甚痛何居？蒼蒼嘿嘿，惋毒冥訴。以儒家通理，修短定分；以釋氏真觀，泡幻不住。强以抑哀，哀可抑乎？以明月廿二日，窆於龍門伊汭鄉中梁里之西原，禮也。臨穴撫棺，肝腸幾絶；晦冥千秋，父子永訣。

父，秘書省著作佐郎。竦，抆血銜酸⑥，哽咽爲志。

[題解]墓志刻於唐文宗大和三年（829）二月，爲唐朝詩人賈竦爲女兒寫的墓志銘。志文引自《賈氏春秋》。簡述愛女"聰明仁孝，温和令淑，器度閑雅，智識淵默"的品德風範和出身於世家大族的貴族身份，以及宗族和"汝父汝叔""恩愛慈念，特異於諸子"的厚望，但命運不濟，不幸於十四歲中殤。作爲父親

的賈𬟁，悲痛欲絕，親自撰寫墓志，表達父女情長。志文雖然簡練，但情感真摯，感人肺腑，讀之不禁唏噓不已。

[作者] 賈𬟁：涼州姑臧（今武威市）人，世居河南洛陽。工詩，善書，曾官著作郎。唐文宗時宰相賈餗（sù）之兄。墓志中的"汝父汝叔"的叔即賈餗，時任太常少卿、知制誥。

[注釋]

①中殤室女：中殤，未成年而死叫殤。古代謂十二至十五歲死亡爲"中殤"。室女，舊時指未婚女子。

②淵默：深沉、不説話；沉默不言。

③胡然脆促：胡然，爲何；突然；謂不知何故。脆促，謂生命脆弱而短暫。

④史牒：亦作"史谍"。猶史册。

⑤似續：繼承，繼續。棠棣之碑，謂兄弟碑。歌頌志主五代祖洺州長史賈敦實與五代伯祖賈敦頤兄弟功德的石碑。見《舊唐書·良史傳上·賈敦實》。

⑥抆（wěn）血銜酸：擦拭血泪，悲痛深藏於心中。表示極其哀痛。抆，常用於舊時訃文中。列名的親屬有抆血、拭泪之別，以示親疏。抆血較拭泪爲重。酸，悲痛；傷心。

唐故銀青光禄大夫 守禮部尚書致仕 上輕車都尉 安城縣開國伯 食邑七百户 贈太子少師 隴西李府君①墓志銘并序

銀青光禄大夫 行尚書 兵部侍郎 上柱國 武城縣開國侯
食邑一千户 清河崔鄲 撰

洪鐘撞而大音起，清詞逸而重名震，況望高隴右，族冠山東。生以述作耀於時，殁以諷咏傳於世。千古如在，斯爲不朽，即少師其人也。

公諱益，字君虞，隴西狄道②人，涼武昭王十二代孫。爾後龍驤列郡於滎陽③，學士顯名於秦府，中允翱翔於宫署，給事論駁於黄門④，皆重芳累葉，迭代輝焯，焕乎史策，爲時休光⑤。給事、贈兵部尚書，諱亶，即公之曾王父也；皇朝虞部郎中，諱成績，即公之大父也；列考諱存，皇大理司直，贈太子少師。皇朝户部員外郎，范陽盧諭即公外王父也。蟬聯配盛，中外叠映，總會和粹，克鐘令人。地望清華，推鼎甲之族；天才秀出，爲文章之杰。尤以緣情綺靡、吟咏情性爲意。自典謨絶，風雅缺□，作者之制，稍稍而變。公未嘗不根六律、正五聲，以古之比興，合今之律度，涵孕風騷，憲章顔謝⑥，一賦一咏，必勝於衆口。大曆四年，始弱冠，進士登第。其年，聯中超絶科。間歲，天子坐明庭，策賢俊，臨軒試問，以主文譎諫⑦爲目，公詞藻清麗，入第三等，授河南府參軍。府司籍公盛名，命典貢士，掄次差等，所獎者八人。其年，皆擢太常第。精鑒朗識⑧，遝迻攸伏。轉華州鄭縣主簿，郡守器仰，延於賓階。秩滿赴調，判入等第，爲渭南縣尉。考天官科選之務，弘聖代得人之盛，問望休洽⑨，弓旌⑩屢招。首爲盧龍軍觀察支使，假霜棱，錫朱紱⑪，以地非樂土，辭不就命。後山南東道洎廊時、邠郊，皆以管記之任請焉。由監察、殿中，歷侍御史；自書記、參謀，爲節度判官。四擅郤詵⑫之美，三領元瑜⑬之任。周旋累祀，再丁家難，哀號孺慕，殆不終制。雖喪期有數，而茹毒無窮。

德宗皇帝統臨萬方，注意六義，詔徵公制述，令詞臣編録。閱覽終夕，精微動天，遂以副本藏於天禄石渠⑭之署。及制使馬宇奉命東夷，又見公雅什⑮爲夷人所寶，則中華之内，斷可知矣！復爲幽州營田副使、檢校吏部員外郎，遷檢校考功郎中，加御史中丞，以金印紫綬副焉。始以幽燕氣雄，蛇豕⑯作固，雖大君⑰有命，尚守正不行。後密旨敦諭，往踐乃職，卒使逆流再順，寒谷⑱生和。元師推奉國之誠，列校有勤王之績。繄⑲是毗贊⑳，致其功庸㉑。

章武皇帝㉒嗣統元年，徵拜都官郎中，入考制試。克協匯徵㉓之吉，雅符則哲㉔之能。洎參掌綸綍㉕、潤色王度，不虚美，不隱惡，文含奇律而直在其中。未及真拜，出爲河南少尹，歷秘書少監兼集賢學士。盡哀矜、雪疑獄，有于公㉖之陰德；正編簡、緝遺文，極劉向㉗之美事。輔相春宮之重，自右庶子爲左庶子；言語侍從之貴，由右常侍爲左常侍。再登望苑，一歷卿寺㉘，竭忠力以更踐，盡平生之職業。元和中，因張廣樂、賞麗曲，問其所自，知公屬詞，又兩徵文集，一見別殿。子虚入聽，喜相如同時㉙；宣室延召，恨賈生來晚㉚。由是有衛尉之命。

今天子即位之始，公被鶴髮，珥貂㉛冠，辭榮盛。時，抗疏長往，優詔特許，由是有大宗伯㉜之拜。

嗚呼！公直清而和，簡易而厚，不恃才以傲物，不矯時以干進。著嘉詞，享重譽，逾甲子矣。洎出都門、登祖席，脱漢庭之軒冕，樂東周之放曠。壽位咸備，始終得禮。星歲再換，光音遂沉。以大和三年八月廿一日，全歸㉝於東都宜教里之私第，享壽八十四。天子稱悼，廢朝一日，詔贈太子少師。其年十二月十四日，歸葬於偃師縣亳邑鄉邇先少師之塋，禮也。

寵贈繼師傅之尊，哀榮極人倫之盛；姻族交感，衣冠罕儔。前夫人范陽盧氏祔焉。常山江陰縣主簿集之息女㉞。門風光大，坤儀弘播，音徽早謝，而懿範猶傳。有子二人。今夫人隴西縣君范陽盧氏，太子校書舒之女也。行週四德，化被六姻，有光輔佐之勤，克奉蘋蘩之薦。生一女，始笄。長子元翊，前弘文館明經。嗣子棠，早學詩禮。次子當，文紹弓裘㉟，譽高鄉里，擢春闈之上第，流裕蠱㊱之嘉聲。公之盛業，可謂不泯矣。以鄢班行㊲，嘗忝其後塵，中外又參其末屬，見托銘撰，刻於貞珉，誠慚闕遺，敢附大略。

其辭曰：元氣之精，孕和毓靈。慶鐘高門，才動文星。於惟少師，德茂天經。雅韵藻思，通幽洞冥。累擅殊科，以文從吏。出佐藩服，入居郎位。運偶開泰，朝慎名器。俾掌王言，寔符公議。貳尹河洛，亞職蘭台。春宮再入，望苑重開。肅肅卿寺，警巡爲貴。煌煌帝庭，貂蟬列侍。邁德時久，辭榮禮備。曳履還鄉，揮金樂志。哲人雲逝，天道如何？學海息浪，詞源絕波。師保位尊，哀榮思多。寵贈昭昭，丘墳峨峨。唯余令範，長流咏歌。

五從侄、前安南經略判官、承奉郎、監察御史里行行方書

處士襄陽習緩篆額

[題解] 簡稱《李益墓志銘》，刻於唐文宗大和三年（829）十二月。2008年出土於河南偃師，現藏河南洛陽孟津縣某農家。文字部分基本爲正方形，長96厘米，寬92厘米，以41×40字排列，共1763字。碑文引自李氏網·全球李氏論壇、《新發現的崔郾佚文〈李益墓志銘〉及其文獻價值》等網文，并參照相關文章對校。碑文簡述了李益家族出身、本人功名仕宦經歷、詩歌成就和家庭成員等基本情況，突出其"著嘉詞，享重譽，逾甲子"的詩歌創作被君主和外國文人珍愛的情形：德宗皇帝"詔徵公制述，令詞臣編錄，閱覽終夕，精微動天，遂以副本藏於天禄石渠之署……則中華之內，斷可知矣！"贊揚其"天才秀出，爲文章之杰""直清而和，簡易而厚，不恃才以傲物，不矯時以干進""不虛美，不隱惡""寵贈繼師傅之尊，哀榮極人倫之盛；姻族交感，衣冠罕儔"的輝煌人生。墓志的發現，對李益研究具有多方面的重要價值，對進一步全面認識李益及其詩文成就、解決一些懸而難決的問題提供了第一手資料。

[作者]

崔郾（768—836）：字廣略。清河武城（屬山東德州市）人。進士出身，授集賢殿校書郎，歷監察御史、中書舍人，刑部、吏部員外郎，禮部、兵部侍郎等職，贈銀青光禄大夫、上柱國。資質秀偉，神情重雅，銓叙之美，爲時所稱。

卒後贈吏部尚書、武城縣開國侯。

里行行方：李益五從侄，曾任安南經略判官、承奉郎、監察御史。生平不詳。一説爲李行方，晚唐名士，隴西人。大和八年（834）至開成元年（836），與裴夷直、趙皙等爲宣歙觀察使王質幕僚。

習綬：生平不詳。

[注釋]

①李府君：即墓主人李益（746—829），唐代詩人。字君虞。祖籍涼州姑臧（今甘肅武威市），後遷河南鄭州。大曆四年（769）進士。歷河南府參軍等。因仕途失意，客游燕趙一帶漫游。元和後入朝，歷秘書少監、集賢殿學士、秘書監、太子賓客、右散騎常侍等職，以禮部尚書致仕，贈銀青光祿大夫，封安城縣開國伯，卒後贈太子少師。其詩音律和美，爲當時樂工所傳唱。長於七絶，以寫邊塞詩知名。今存《李益集》二卷。李益生年學術界多認同天寶七年（748）之説，今按墓志"享壽八十四"推，應爲天寶五年（746）。

②狄道：古地名，今甘肅臨洮縣。古代爲狄人所居，故名狄道。是"隴西李氏"祖籍地，爲"李唐故里"。

③《北史》卷一百序傳第八十八："承字伯業，少有謀略……以散侯出爲龍驤將軍、滎陽太守。" 李承（431—475），北魏大臣，鎮北將軍李寶長子，李益九世祖。少有策略，方正從容，深得道武帝器重，封姑臧侯，出任滎陽太守，執法嚴明，政績卓著。卒後贈龍驤將軍，諡號穆，是隴西李氏姑臧房始祖（一世）。

④學士、中允、給事皆古代官職名，秦府、宮署、黃門皆古代官署名。此句是説李益的祖先曾在中央官署任過顯赫的職位。

⑤休光：盛美的光華。亦比喻美德或勳業。

⑥顏謝：指南朝時期顏延之、謝靈運，當時二人在詩壇上聲望很高，并稱"顏謝"。

⑦譎諫（juéjiàn）：意思是以旁敲側擊的方式對君主或尊長進行勸諫。即委婉地規諫。譎，欺詐。諫，對君主、尊長的言行提出批評或勸告。

⑧精鑒朗識：指明於鑒別，亦指高明的識別力。朗識，明敏的識見。

⑨休洽：廣博、周遍的意思。

⑩弓旌：泛指招聘賢者的信物。古代徵聘之禮，用弓招士，用旌招大夫。借指延聘。

⑪假霜棱，錫朱綬：霜棱，意思是寒威，喻官吏的威勢。朱綬，古代禮服上的紅色蔽膝，後多借指官服。

⑫郤詵：字廣基，晉代濟陰單父（今山東單縣）人，歷官征東參軍、尚書左丞、雍州刺史等。學問淵博，很有才幹，爲官廉潔，事母至孝，勵精圖治，鞠躬盡瘁。

⑬元瑜：漢魏文學家、建安七子之一阮瑀，字元瑜，陳留尉氏（今河南尉氏縣）人。阮籍之父。他所作章表書記非常出色，當時軍國書檄文字，多爲阮瑀與陳琳所擬。

⑭天禄石渠：天禄、石渠、麒麟三閣是西漢皇家圖書典藏與編校機構，同時兼有"處賢才"之功能，漢代很多學者都曾在其中查閱資料或編校圖書。後以石渠、天禄爲皇家藏書之別稱。

⑮雅什：指高雅、優美的詩文。常用作對他人詩文的美稱。古時文章以十篇爲一卷，名曰"什"；借指詩文篇章。

⑯蛇豕（shǐ）：比喻貪殘害人者。

⑰大君：本義爲稱道德、文章受人尊仰或地位高的人。又，對別人父親的尊稱。此處指幕府將軍。

⑱寒谷：常用以自比爲對別人提攜獎掖的謝詞。也指陰冷的山谷。

⑲繄（yī）：文言助詞，用在句首。

⑳毗（pí）贊：指輔佐，襄助。

㉑功庸：功勞；業績。

㉒章武皇帝：指唐憲宗李純（805—820年在位），年號元和，謚號昭文章武大聖至神孝皇帝。

㉓克協匯徵：克協，能够諧和；符合；統一。語出三國魏·曹植《帝舜贊》。匯徵，引申指進用賢者。

㉔雅符則哲：雅符，指正確的、合乎規範的。則哲，謂知人。

㉕綸綍（lúnfú）：指皇帝的詔令。

㉖于公：東海郡郯縣（今山東郯城）人。曾任縣獄吏、郡決曹。精通法律，治獄勤謹，以善於決獄而成名，無論大小案件，他都詳細查訪，認真審理，因觸犯法網而被依法判刑的人，沒有因不服而心懷怨恨的。"于公治獄"被視爲執法公正的典範。

㉗劉向（前77—前6）：劉邦宗室，世居長安。西漢官吏，文學家，我國目錄學之祖。曾官光禄大夫、中壘校尉。奉命領校秘書，所撰《別錄》，是我國最早的圖書分類目錄，也是當時的國家藏書總目，同時開創了世界上最早的圖書目錄工作的先例。

㉘望苑：即博望苑，漢宮苑名，後亦泛指太子之宮。卿寺：九卿的官署，指李益曾任太子賓客及中央政府高級官員。

㉙子虛：指漢代辭賦家司馬相如所作《子虛賦》，爲漢武帝所賞識。相如：指西漢辭賦家司馬相如（約前179—前118），字長卿，蜀郡成都人。

㉚宣室：指漢代未央宫中之宣室殿。賈生：即賈誼（前200—前168），西漢政論家、文學家，曾任博士、太中大夫，長沙王、梁懷王太傅。

㉛珥貂（ěrdiāo）：插戴貂尾。珥，插。指貴官顯宦，後借指皇帝近臣。漢代侍中、中常侍於冠上插貂尾爲飾。李益曾爲右散騎常侍，與漢代的中常侍職能相近。

㉜大宗伯：《周禮》謂春官之長爲大宗伯，掌禮制。《唐六典》謂大宗伯相當於禮部尚書，小宗伯相當於太常少卿。後以大宗伯爲禮部尚書的别稱，少宗伯爲禮部侍郎的别稱。李益曾官禮部尚書，故稱大宗伯。

㉝全歸：謂保身而得善名以終。

㉞息女：古時在别人面前稱自己的女兒，即親生女兒子。

㉟蘋蘩：兩種可供食用的水草，古代常用於祭祀。蘋，淺水中生長的植物，即浮萍。蘩，白蒿。泛指祭品。借指能遵祭祀之儀或婦職等。

㊱弓裘：謂父子世代相傳的事業。

㊲裕蠱（gǔ）：謂光大父業。

㊳班行：朝班的行列；朝官的位次。泛指行輩。也指官位或官階。

大唐故銀青光祿大夫 檢校太子賓客 上柱國 陽武縣開國子充右神策軍衙前正將 專知兩市回易 武威賈公①墓志銘并序

鄉貢進士李抱一文　鄉貢進士周啓 書并篆

一氣分，三才形，能高能固，尚幾乎息。矧②我公負坤抱陽，範尊模親③，隨缺□運，區嘘寢道，而能貞以質，清以骨，則前聞未之有歟。曾晁；祖仲謙，咸高道林泉，貞尚沉逸，不仕於代，時靡之稱；皇考光，任慶州司馬，紆朱④飾銀。

公即司馬中子，諱溫，武威人。生而奇，幼而惠，邑傳靈骨，家慶弄璋，志學之年，琴書静愜，古之端藝，靡不默通，冠壯之間，魁梧骯髒⑤。公之姊適党氏；党之表妹王氏，適前護軍中尉開府馬公⑥。當權左校之日，薦公以能默紀群貨，心計百利，俾之總雙鄽賈貿⑦。未幾，裨軍實十五萬貫。酬以衙前正將，奏以陽武國子。公之義兄常侍吕公，襃之曰：昔鄭侯馬不汗，刃不血，而書勲稱首，惟公有之。是以累政戎統，靡不思獎擢，僉以所代，傳班三品，指公之效，必繼乎踵。暨壯歲，娶張氏，早卒；次娶張氏，復卒；三娶王氏，即今之夫人也。懿範淑順，令美有聞，竹不讓堅，冰惟共潔。喪所天瘠骨，撫提孩以駭神。長男元楚，陟岵⑧無見，號天必聞，雖喪注盡，哀罷筠綏任，而毁不滅性，就軍戎職，充兗州曲阜縣尉，署右軍衙前正將。次男元集、元爽，俱髫齓⑨年。長男娶魏氏，長女適張氏。并四德自京，三從有婦。外生党惟誠，嘗覽詩，感渭陽之義，無不三復。乃飭躬子事。公亦父視一稔，侍疾勞恙疚懷，迨公終天，斬苫畢。其親識者無不重焉。公以大和八年二月十日寢疾，終於萬年縣永興里之私第，享年五十有三。至九年二月十五日，歸葬於本縣龍首原之塋，禮也。存殁之志，党之所稱，得紀於石。

銘曰：乾孕坤毓，享福壽禄。長齡謂卜，大夜何促。霜凝寒竹，久毁昆玉。於□孝子永悲陵谷寒，巘籲孰爲君多惟。

[題解] 簡稱《賈温墓志》《大唐故賈公墓志之銘》（志蓋），刻於唐文宗大和九年（835）二月，現存西安碑林，碑文錄自《唐代墓志彙編（續集）》。簡述了賈温祖上道德功名，重點述其突出的經商助軍功績與姻親方面的基本情况，贊其"範尊模親""魁梧骯髒"的品行，兼及妻子、子女婚配等情况。

《舊唐書·職官志》記載："京師有東西兩市，東都有南北兩市。"可知墓志中的兩市即長安東西兩市。"專知兩市回易"職務不詳，疑爲神策軍中掌管長安東西兩市貨物交易、以盈利供軍爲目的的一個重要職務，并且以此立功受爵。以此説明，唐代禁軍有從事經濟活動的職能，且形成一定的規模。墓志中關於墓主人賈光以神策軍高級將領身份專知（主管）長安東西兩市的信息，對研究唐代禁軍的經濟活動具有重要價值。

[作者]

李抱一：鄉貢進士出身，生平事迹不詳。

周啓：鄉貢進士出身，生平事迹不詳。

[注釋]

①賈公：即志主賈温（782—834），武威人。賈光與陳氏之子（見《賈公夫人陳氏墓志》），曾任神策軍衙前正將，專知兩市回易，以經商助軍功績突出，

被授以銀青光祿大夫、檢校太子賓客、上柱國、陽武縣開國子。

②矧（shěn）：有況且、另外、何況和也的意思。

③範尊模親：指在合族當中受人尊重而爲後人應當效法的楷模。

④紆朱飾銀：形容地位顯貴。朱、銀指高官所佩印綬之顏色。借指官爵。與成語"紆朱曳紫"義同。

⑤骯髒（kǎngzǎng）：不屈不厄,高亢剛直的樣子。

⑥馬公：當爲馬存亮（774—836），字季明。唐河中（今山西永濟縣）人。歷任左神策軍副使、左監門衛將軍知內侍省事、淮南監軍、內飛龍使等職，晚年以開府儀同三司、右領軍衛上將軍銜致仕，封岐國公。卒後贈揚州大都督。歷仕六朝，以忠謹著稱，中唐著名賢宦。

⑦廛（chán）：古同"廛（chán）"，本意是古代城市平民的房地，也指店鋪、商店。貿貿：買賣；交易。

⑧陟岵（zhìhù）：陟，登上。岵，有草木的山。

⑨髫齔（tiáochèn）：謂幼年，也指幼童。髫謂兒童下垂之髮，齔謂兒童換牙。故髫齔謂幼年。

唐姑臧李氏故第二女墓誌銘并序

父 汴宋亳等州觀察判官 監察御史李行胤之 撰

余次女十八娘，字國娘，大中三年正月七日，沒於東京彰善坊，年十四。其月廿四日，殯於河南縣龍門鄉孫村，從權①也。曾祖惇，皇太原士曹；妣②河南源氏，繼范陽盧氏。祖玕，皇懷州司馬；妣滎陽鄭氏。親清河崔氏；所親邢氏。開成元年③，因余從事。七月廿二日生於華州官舍。後余佐廣，職戶部；佐襄，貶分司衛佐，尉萬年。迨今迴環數萬里，綿歷百餘州，與汝憂懼未嘗暫問。去春京師遘疾，洎夏旋復瘦損④。歲杪⑤，余從汴復與東□；廿四日，次稠桑⑥。腹疾發，痛及□，其苦益侵，百藥無□，俄訣古今。痛毒肺肝，如橫鋒刃。

況天與和柔，生知孝義，始自提幼，便識物情，愛惡不萌於心，喜慍不形於色。同氣十一人，自小戲弄，未省忿爭⑦，饒奉慈愛，獨若成人。親族姑叔，皆所憐異。余每省疾，必假寬言，用安余意，其明敏如此。方期⑧作嬪君子，以授吾宗。遽茲凋零，痛可言耶？同出姊弟娘，妹阿越，弟朗兒、小朗、倅兒洎左賓等，哀動路岐；邢氏叫號，所不忍道。有故未祔先塋，更俟通歲⑨。且書貞石，用記日時。

詞曰：嗚呼天道，常助善人。此女之善，其誰與鄰？如何夭落？曾不逡巡[10]。天不可問，空傷我神。號叫不及，唯知斷魂。

[題解] 簡稱《十八娘墓志》，刻於唐宣宗大中三年（849）正月，已佚，碑文録自《洛陽出土歷代墓志輯繩》，收入周紹良編《唐代墓志彙編》。記述了李行胤之次女李國娘即十八娘（836—849）患病、去世的過程和生前的一些感人情景，叙寫出親人們深深的悲痛之情。同時，也簡述了作者祖上三代功名、個人婚配仕宦等情況。可參讀作者《唐隴西李氏女十七娘墓志銘并序》理解。

[作者]
李行胤（？—741）：字胤之，祖籍武威姑臧。進士出身，唐朝宗室。曾任汴、宋、亳等州觀察判官（僚佐）、縣令、監察御史等職。墓主人十八娘父親。

[注釋]
①從權：指采用權宜變通的辦法。此處意爲十八娘權且葬在孫村，待以後擇吉日良辰歸葬先塋。

②妣（bǐ）：原指母親，是慈母的代名詞。古代社會對母親的通稱。《爾雅·釋親》：“父爲考，母爲妣。”有時也稱已故的母親，典出《尚書·虞書》。也指祖母和祖母輩以上女性祖先。

③開成元年：開成是唐文宗年號（836—840）。開成元年即836年。

④瘻損：瘻，中醫多指因鬱怒憂思過度、情志內傷、飲食及水土失宜而引起的氣鬱痰凝血瘀結於頸部的一種病症。損，損耗；使失去原來的效能。

⑤歲杪（miǎo）：杪，樹枝的細梢。指年月或四季的末尾。後謂年底爲歲杪。

⑥次稠桑：次，旅行時停留的處所。稠桑，地名，在今陝西省銅川市耀州區境內。是著名書法家柳公權的出生地。

⑦忿爭：因忿怒而爭辯或爭奪。亦作“忿諍”。

⑧方期：剛剛，正在，將要。

⑨更俟通歲：再等待到年底。通歲，全年，一年從頭到尾。此句對應前面“殯於河南縣龍門鄉孫村，從權也”理解。因種種原因十八娘死後還不能葬於家族先塋，只能暫時葬於別處（孫村），這是家人因她不能進入先塋的一種變通（從權）。家人將其權葬於孫村，并在志文中保證：待以後選擇吉日良辰一定讓你歸葬先塋。實際上，即使是權葬，家人也是儘量讓她與亡故的親人們葬在一起（孫村可能有李氏墳塋）。這些權葬在外的室女（未出嫁的女性）們後來是否

歸葬先塋不得而知，不過他們的家人在主觀上是希望最終讓她們歸葬祖塋的。

⑩逡巡（qūnxún）：頃刻之間；一刹那。因爲有所顧慮而徘徊不前或退却。

唐故朝議郎 守殿中省尚藥奉御 翰林供奉
上柱國 賜緋魚袋段府君墓志銘并序

國子監三史張舜公 撰并書

府君諱文絢①，字禮成，其先武威人，長於京兆。得姓自周朝柱下史伯陽甫②之後，夏封於段干，故因姓焉。當魏文侯禮下賢者時，有段干木③爲文侯師。文侯厚禮之，每過其閭，未嘗不式④。厥後，胤嗣歷漢、魏、晋、宋、齊、梁、陳、隋，咸居卿大夫位不斷。逮國朝，府君曾大父諱簡，太常寺協律；大父諱鍠，常州長史；皇考諱元度，梓州涪城縣令。居位皆以禮教化人，通明吏治，寬猛得衆，變俗移風，誠與古賢同心，异代而談也。

府君蔭第出身，少即慕道，性敏而和，孝於家，信於友，究遠祖之遺文，根越人之深旨。至於佐王經國，字人⑤之策畫，君皆蘊之。元和⑥中，釋褐⑦授均王府參軍。開成初，授右武衛兵曹參軍。洎武皇御極，乃選府君待詔翰林，拜許州司戶參軍。知者相謂曰：君將應募。帝貴得仁，再授河中府戶曹參軍。今上龍飛，擢徙府君待詔宣徽，遷殿中省尚藥奉御，賜緋魚袋。爵位彌盛，密地轉升。奉上勤公，夙夜無怠。恩渥屢降，同列莫侔⑧。嗚戲！府君心知止足，將退林泉，志與願違，俄遘斯疹。大中三年二月廿二日，終於永樂里之私第，享年止乎五十有六。其年八月十五日，祔於萬年縣滻川鄉西先大塋也。

仲弟二人，長曰振，左清道率府録事參軍；清廉自守，蒞事唯能，大位未居，旋歸泉壤。次曰淙，饒州餘干縣主簿；氣略當時，知鑒遼迥；理家有慈惠之譽，任官絶奸猾之儔；况明代急賢，即期超擢。

府君娶廬江何氏女，有男子一，女子一。男曰璇，年纔⑨弱冠，奄隨逝波。女適濮陽仲氏，子曰師可。懿德清規，莫能備紀。再娶上谷寇氏女。有男子一，曰白澤。緼褓未離，學語學步。二夫人皆柔順風姿，敬上慈□，并先殁於府君。後娶范陽張氏女。肅慎⑩承家，孤貞秉操，母儀婦道，九族咸稱。府君遺言，以姪璲前右内率府兵曹參軍承嗣。

居喪軌範，備合禮經，瘠毀不形，言寧見齒。舜公沐仇香中外之分，感府君生平之知，寄迹明庭⑪，已逾星歲⑫，常洽共語，具閱風儀，見托爲文，敢不從命。自惡⑬菲薄，刊於貞石。

銘曰：倚岳降靈兮生哲人，少而慕道兮全其真。窮越人術兮侍紫宸⑭，九天恩澤兮誰可與倫。雍門⑮之東兮瀍之瀕，森森松檟兮上齊蒼旻⑯。中有君墳兮知者傷心，泉門⑰一掩兮莫知□□。

[題解] 簡稱《段文絢墓志》，刻於唐宣宗大中三年（849）八月，已佚，碑文錄自《隋唐五代墓志彙編（陝西卷第二册）》。簡述了段文絢家族淵源及祖上三代功名，重點述其"孝於家，信於友"的高尚品行及仕宦生涯，兼及弟弟、妻子、子女情況和作者的感念之情。

[作者] 張舜公：生平事迹不詳。

[注釋]

①段文絢（794—849）：武威姑臧人。曾任王府參軍、尚藥奉御（皇室高級醫官，正五品）等職，卒於長安。

②柱下史伯陽甫：即我國古代哲學家、思想家老子，姓李名耳，字伯陽，世稱伯陽甫。約生於前571—前471年，楚國人。曾任周守藏史，也稱柱下史，著有《道德經》。柱下史，掌管中央奏章、檔案、圖書典籍等的官員。

③段干與段干木：段干，春秋時期的地名。據《史記》記載，春秋時道家鼻祖老子之子李宗，任魏國大將，先後被封"段""干"兩地（今山西境内），其子孫遂以段干作爲姓氏，稱段干氏。段干木（約前475—前396），姓李，名克，戰國初年魏國名士，師子夏，爲魏文侯師，開創魏國史上輝煌時代。封於段，爲干木大夫，故稱段干木。其後代取"段"去"干"，爲段姓的一支。西漢以後，再無"段干"一姓。

④不式：同"不軾"。軾，指古代車厢前面用作扶手的橫木；憑軾致敬。

⑤字人：撫治百姓。

⑥元和：唐憲宗年號，806—820年在位。開成：唐文宗年號，836—846年在位。大中：唐宣宗年號，847—860年在位。

⑦釋褐：舊制，新進士必在太學行釋褐禮，即脱去布衣而换穿官服。後用來比喻做官或進士及第授官。

⑧莫侔（móu）：没有跟他相匹的。侔，相等，齊。

⑨纔（cái）：方，始；僅僅，剛剛的意思。

⑩肅慎：謹慎嚴肅。肅，恭敬，嚴正，認真。慎，小心，謹慎，慎重言。

⑪明庭：古代帝王祭祀神靈之地。此處指聖明的朝廷。

⑫星歲：代指歲月。

⑬恧（nǜ）：一般的意思是自愧，慚愧。許慎《說文》：恧，慚也。

⑭紫宸：皇宮的雅稱。代指皇帝。也指唐時皇帝接見百官或外國使臣的內朝正殿。紫是古代帝王的專用顏色；宸，屋宇。借指帝所居，也指帝王。

⑮雍門：城門名。春秋齊國城門。漢長安西城門。

⑯蒼旻（mín）：指蒼天。旻，天、天空；又特指秋季的天。

⑰泉門：墓門。泉，也稱泉下，舊時稱人死後所在的地方。

唐故銀青光祿大夫 檢校左散騎常侍兼安北都護御史大夫 充振武麟勝等軍州節度觀察處置蕃落兼權充度支 河東振武營田等使 上柱國 北海縣開國侯食邑五百戶契苾府君墓誌銘并叙

朝議大夫 守京兆尹 上柱國 賜紫金魚袋柳喜 撰

公諱通①，字周物，姓契苾氏。其族系源流，載在國史。五代祖諱何力，在貞觀初，髮齒尚幼，率部落千□□効內附。太宗嘉之，授左領軍將軍。後以征討有勞，尚臨洮縣主，爲蔥嶺道副大總管，忠□義勇，存乎本傳。時，有司修蓬萊宮，樹以白楊。烈公吟古詩以諷主事者，喻其□立，命代□之。其敏識精裁，爲時所推。曾祖諱峰，皇雲麾將軍、左武衛大將軍、襲武威郡公，贈武威郡太守。祖諱嘉賓，皇雲麾將軍、左金吾衛大將軍、兼盧州郡太守，襲涼國公，食邑三千戶，贈涼州都督。父諱漪，皇持節都督勝州諸軍事，勝州刺史，充本州押蕃落義勇軍等使，兼侍御史，贈鴻臚卿。

公少習韜鈐②，閑練軍志，以氣義自任，而齊之以沖和，推誠於人，有善不伐。始效職於單于府，即居上介，仍檢校秘書監兼監察御史、都督賀蘭府事。後以□□著，遷都押衙、馬步都知兵馬使官、兼殿中，封北海郡開國侯，食邑五百戶。次授東受降城使，知國子祭酒。後歷勝、蔚、儀、丹四郡守。所至千里，大布六條③，皆多襦袴之謠，無謝龔黃④之理。其恤隱⑤求瘼之心，勤勤然如不及。暨升朝序，因拜右衛將軍兼御史中丞、宣諭突厥使。時部落攜貳，不安土疆，邊帥莫能懷柔，朝廷慮其侵軼⑥，上命公以招撫之。至，則公喻以朝旨，制其野心，如風之偃草，身之使臂，火未改木，虜還故居。功成上聞，授左金吾衛將軍。未幾，又以突厥驚擾，重令□□□□。復命之日，上念其勤勞忠盡，當報以好爵，用示寵光，乃授左貂，仍加左憲⑦，遽轉大將軍，充衙使。分宵警夜，嚴衛皇居，統騎執金，榮當環列。上以公備詳邊事，盡得戎心，遂授振武、麟、勝等州節度觀察處置等使，仍加度支河東振武營田使。寵遇既隆，委寄⑧斯極。公撫綏士馬，葺理⑨疲羸⑩，對食忘餐，當宵忘寢。不使己以害物，每推公以律人。時，稱邊氓⑪亦既蘇息⑫。無何，膝理生疾，風燭興悲。以大中八年八月九日奄捐官舍，春秋七十。嗚呼哀哉！

公娶廬江何氏。夫人之世，累服纓冕⑬，先公弃世，凡九年。長男公文，任銀青光禄大夫、前鄂王府司馬、兼監察御史。次男公應，前河東節度押衙、左驍雄兵馬使、銀青光禄大夫、檢校太子賓客、兼監察御史。次男公瑜，前靈武節度押衙、決勝六將都知兵馬使、銀青光禄大夫、檢校太子賓客。次男公武，前滄州節度押衙、銀青光禄大夫、檢校太子賓客。次男公約，前邠寧節度押衙、銀青光禄大夫、檢校太子賓客。次男公綏，前河中衙前兵馬使、銀青光禄大夫、檢校太子賓客。次男公廙。皆習武尚義，不墜弓裘，□孝□恭，克紹堂構。女六人，并已從人，盡獲良配。公文以喜嘗副公銜命，熟□公望，實以日月有期，須有銘志，泣血觸地，來請撰文。

辭既不從，乃爲銘曰：忠臣□冑，命代茂器。聞禮敦詩，戴仁抱義。累服戎職，屢佩郡符。升朝鳴玉，受詔衛□。□擁旌幄，遠綏邊鄙。七萃⑭既和，百姓方理。昊天不惠，梁木遽毀。隙駟莫留，□鳴斯止。陰山色愁，□鼓聲死。井邑輟□，旗亭罷市。蒼蒼新植，鬱鬱新阡。公居於是，永矣千年。

度支推官、徵事郎、試大理評事李袞書

[題解] 簡稱《契苾通墓志》，刻於唐宣宗大中八年（854）八月。1979年從陝西咸陽市北郊雙泉村農民家徵集，現存咸陽市博物館。志爲正方形，邊長82厘米，厚14厘米。志文楷書33行，其中上款3行，下款1行，正文29行，行36字。凡1065字。志石四側綫刻壺門及十二生肖圖像。志蓋爲覆斗形，中部篆書題蓋"大唐契苾府君墓志銘"9字；四面斜殺刻四神紋飾。1990年收入《咸陽碑石》。碑文録自《隋唐五代墓志彙編（陝西卷第二冊）》。簡述了蕃將世家契苾何力第五代孫契苾通的家世淵源、生平事迹和仕宦生涯，贊頌其"勤勞忠盡"、廢寢忘食，"不使己以害物，每推公以律人"的品行，兼述其妻子、兒女的功名行狀。

契苾家族自何力於貞觀年間率部内附，其家族先後七代人爲唐王朝做出了重要貢獻。契苾部落內附，太宗將其安置於甘、涼二州，契苾沙門與其母居住於此，遂以武威姑臧爲籍貫；契苾何力入京，受將軍，尚臨洮縣主，貫籍京兆萬年，家族成員又在陰山和京兆萬年（今屬西安市）建立了家族墓地；高宗和武后時期，契苾明憑藉軍功獲得武則天賜籍洛州永昌（今屬洛陽市）的榮耀，更是一人身兼三個籍貫（武威姑臧、京兆萬年、洛州永昌），使契苾家族達到鼎盛階段。這是契苾家族進入唐朝之後官僚化和中原化相互作用的結果。但隨着契苾家族成員和契苾部落活動地域及政治社會環境的變化，武威姑臧逐漸沒落，洛州永昌也無人提及。安史之亂後，契苾家族曾返遷漠北，契苾何力四世孫契苾漪（契苾通父親）再次率部內附。五世孫契苾通死後，其後人不遠千里歸葬京兆萬年祖塋，仍以京兆萬年爲籍貫。從官爵封贈來看，契苾何力及子、孫三代，基本都襲爵武威郡公或贈涼州都督，但從第四代契苾漪、第五代契苾通父子開始，已不再兼任或奉贈武威或涼州的任何職務，這標志着契苾家族已不在與武威或涼州發生關係。此墓志對研究契苾家族的盛衰變遷具有重要意義。

[作者]

柳喜：出身河東世家大族，其父爲睦州刺史柳齊物。曾任朝議大夫、京兆尹，贈上柱國，賜紫金魚袋。

李袞：曾任度支推官、徵事郎、試大理評事等職。

[注釋]

①契苾通（785—854）：唐朝少數民族裔重臣契苾何力的玄孫，曾任銀青光祿大夫、檢校左散騎常侍兼安北都護、御史大夫、充振武麟勝等軍州節度觀察處置蕃落兼權充度支、河東振武營田等使、上柱國、北海縣開國侯，食邑五百户。

②韜鈐（tāoqián）：古代兵書《六韜》《玉鈐篇》的并稱。後因以泛指兵書。借指用兵謀略，有時也借指武將。

③六條：漢制，刺史班行六條詔書，以考察官吏。後因以指考察官吏的職務和職權。典出《漢書》卷十九上《百官公卿表上》。

④龔黃：泛指循吏。龔遂（？—前62），字少卿，山陽郡南平陽縣（今山東鄒城）人。曾任渤海太守等職，卒於任上。黃霸（？—前51），字次公，淮陽陽夏（今河南太康）人，事漢武帝、昭帝、宣帝三朝，官至丞相，封建成侯。他倆作爲官員，善於治理郡縣，爲官清廉正直，政績突出，受到百姓的擁戴和朝廷的表彰，後世常以"龔黃"并稱，作爲"循吏"的代表。

⑤恤（xù）隱：指憂念百姓疾苦。對別人表同情，憐憫。

⑥侵軼：亦作"侵佚"。侵犯，襲擊。也謂越權行事。

⑦大憲：舊時府吏和地方官員對上司或高官的稱呼。
⑧委寄：謂委任付托。委，任，派，把事交給人辦。寄，托付，寄托。
⑨茸理：整治，修理。
⑩疲羸（léi）：衰弱。羸，瘦弱。
⑪邊氓（méng）：即邊民。指農村居民。《說文》：氓，田民也。
⑫蘇息：指休養生息；復活，蘇醒；猶休息；謂更生，恢復。
⑬纓冕：仕宦的代稱。
⑭七萃：原指周天子的禁衛軍。泛指天子的禁衛軍或精銳的部隊。

唐故清河郡張府君夫人 武威郡石氏墓誌銘并序

夫大道興廢，運數有期。萬物致乎盛衰，日月有乎盈縮，乃天地之常度，況人倫生歿者哉！爰有清河張公，即黃石公之胤緒①也。公諱懷清。皇父希進公，夙從戎伍，名列上軍，孝悌承家，芳蘭垂嗣，轅門②仰德，閭里推仁。自元和中，因王事從邊，沉殤③矢石。時，稚子公勉，未分懷抱，孀幼何依。夫人石氏，年華尚早，治行才成，方施令淑之儀，忽墜雙鸞之影。乃守貞姿於松竹，四序難侵；立節行於遺魂，星霜不變。孤養嗣子，教之以義方，撫之以慈愛。至於成立，道行果全，備忠信於鄉閭，標三端④於上府，位列使宅親軍，輔□旌幢之肘腋。今至孝公勉者也。奈何夫人不保甘膳，忽染沉疾，以傾背⑤於大中七祀八月五日，享年八十。今啓新壙⑥於九原，備周儀於阡陌，招府君之遺魂，同處窀穸，冀其永安。以大中九年歲次乙亥二月庚戌朔廿三日壬申，改卜於縣城北百步之原，禮也。嗚呼！忠烈成節，行義流名，曷神道之寡識，掩雙美於泉庭，魂兮魄兮，孰不悲盈。其銘曰：

神道兮何茫茫，掩葉瓊⑦兮折忠良。弃甘旨兮離北堂⑧，辭白日兮歸夜長。

又曰：悽悽原野，裊裊⑨芳春。花悲露泣，烟淡風勻。憧憧來往，誰不霑巾。掩隨泉壤，巨肯⑩同塵。昭昭令德，穆穆無名。輸忠赴難，盡節邊城。星劍沉沒，山岳頹傾。行路遠近，滅總悲盈。遙奠邅裔⑪，招請遺魂。禮備旌兆，啓祔九原。砂封瑩玉，草没蘭蓀⑫。哀哉哀哉，冥冥銜冤。

其塋地於任初處買准，布午三端，契云九畝，麻田內任揀⑬二畝充，四面并至地主。

[題解] 碑刻於唐宣宗大中九年（855）二月，已佚，碑文錄自《隋唐五代墓志彙編（山西卷第一冊）》。簡述了張懷清家世淵源及其"孝悌承家，芳蘭垂嗣。轅門仰德，閭里推仁"的品行，重點叙述其夫人石氏在丈夫"因王事從邊，沉殤矢石"後，"守貞姿於松竹""立節行於遺魂""孤養嗣子，教之以義方，撫之以慈愛"，終將兒子培養成才的風範懿德。作者不詳。

[注釋]

①胤緒：指後代。
②轅門：指古代將帥的營門或衙署的外門。
③沉殤（shāng）：死亡，犧牲。殤，爲國戰死者。
④三端：指文士之筆鋒，武士之劍鋒，辯士之舌鋒。
⑤傾背：逝世，去世。多指長輩去世。
⑥壙（kuàng）：墓穴，亦指墳墓；曠野。
⑦蕖瓊（qúqióng）：蕖，芙蓉。瓊，一種美玉。代指美好的東西。
⑧北堂：古代居室東房的後部，爲主婦的居處或盥洗之所。後代指母親。
⑨裊裊：形容微風吹拂，姿態或情狀柔美的樣子。也指烟霧繚繞升騰，形容細長柔軟的東西隨風擺動。
⑩巨肯：巨大的身軀。肯，本意爲骨頭上附着的肉，借指身體。
⑪遐裔：意爲後裔、遠裔；遠方、邊遠之地。
⑫蘭蓀，指菖蒲，是一種香草；指佳子弟，此處指亡者。
⑬揀（jiǎn）：挑選、選擇，拾取。

唐隴西李氏女十七娘墓志銘并序

父 守河南府陸渾縣令胤之 撰

隴西李氏十七娘，曾祖惇，皇太原府士曹。祖玕，皇懷州司馬；祖妣，滎陽鄭氏。父胤之，陸渾縣令；親清河崔氏。家承軒冕①，世爲甲族，備載圖諜，可得而詳。汝名第娘，即余之元女。所生邢氏，入吾家卅年，恭盡勤敬，終始如一。享年廿四，大中十一年十一月十一日，終於東都政平坊路家宅中院，其年十二月廿七日，祔葬於河南縣龍門鄉孫村親妹之塋，從權也②。

余大和八年登春官第，其冬生汝。故以第字之。生未數月，余入京從職，俄佐華州。未幾，復佐廣州。四年還京，又徙襄陽。住四年，左官③衛佐分司，後授萬年尉，復參宣武軍。二年府罷，歸洛陽。自汝繩褓，迨至成長，廿年間，吾南北宦游，綿歷萬里，辛勤道路，羈苦兩京，必自携持，未嘗一日離間④。汝往廣州，即三四歲。南中山水萬狀，菓藥千品，奇禽异獸，怪草名花，已能遍識，歷歷在□。又能洞察是非，盡知情僞，周深敏晤，無與比倫。尤好文籍，善筆札。兄弟讀詩書，一闋聽聞，莫不記覽。當代篇什，名人詞藻，皆能手寫；動盈箱帙，商較文賦，皆盡妍蚩⑤。刀尺女工，裁縫綉畫，不習而妙。吾自中途，即罹憂患，中外累多，常自窘困。汝尚幼稚，未曾介意，慰安吾心，盡忘窘厄之苦，實汝之由。常以榮辱一致，不以得失系懷，真賢人之心，非女子之志。由是使吾鍾愛日切。加之孝慈明敏，聰辯溫惠，皆自生知。友愛弟妹，恭順母兄，鍾自天性。必謂□大，福壽長年；何圖一朝，遽兹夭落？追冤痛毒，胡可勝言！頃⑥，余與姊妹弟兄四五院聚居襄州，生侄數十人，長幼數百口，爾未十歲，皆能承侍敬奉，曲盡殷勤。姑叔姊妹所闕，必爲陳請，人人滿愜，咸愛重焉。爾來家道有無，費用豐儉，悉與籌之，無不得所。咸謂必配賢良，極享富貴。由是選擇益難其人，前後親族求者不少，竟無良敵⑦，遂未克從。近歲屬吾窮廢，衣食多闕，日期禄秩⑧，共爾歡娱。不幸中疾，方冀痊和。神理不明，忽至大病。當吾窮空，萬不如意，終身痛恨，倍切肺肝。是後十日，吾除官⑨，便有禄食，獨爾不及。重重悲冤，心摧骨碎。汝次妹十八娘，先九年而殁，以年月未通，未克便歸大塋，故權窆於妹之墓側。兄鐵陁⑩，弟佐兒、寶兒、朗兒、小朗、倅兒已下七人，妹阿越已下四人，皆痛恨悲辛，哀慟道路。下感使令，悉行哭失聲。吾之哀傷，叙述失次，聊記年月耳。

銘曰：嗚呼！生知至仁，天鍾和氣。才識絶倫，孝慈難擬。宜壽而昌，宜富而貴。不富不年，曷知其以？悠悠昊天，高不可恃。仁者之壽無徵，福善之言徒爾。良玉不堅，芳蘭早墜。憤填胸襟，痛深骨髓。負此哀冤，以永終世。

兄鄉貢進士滁書

[題解] 簡稱《李十七娘墓志》，又稱《唐故隴西李氏女墓志》（志蓋），刻於唐宣宗大中十一年（857）十二月，已佚，碑文録自《洛陽出土歷代墓志輯繩》。作者以家世淵源和自己功名、仕宦經歷中所聞所見所能所好作鋪陳，極力渲染其家族生活的温馨和諧，突出十七娘（834—857）的所作所爲所愛所長，一位出身於世宦大家庭的"孝慈明敏，聰辯温惠""友愛弟妹，恭順母兄"的淑女形象躍然紙上。而其"良玉不堅，芳蘭早墜"，怎不叫人"憤填胸襟，痛深骨髓"？同時，作者也叙寫了十七娘去世後親人們"皆痛恨悲辛，哀慟道路"的

悲痛之情，讀來感人至深，令人迴腸蕩氣，淒婉難平。可參讀本書《唐姑臧李氏故第二女墓誌銘并序》理解。值得注意的是，作者李胤之親自撰寫的兩通悼念女兒的墓誌，十八娘以"姑臧李氏"、十七娘用"隴西李氏"相區別，是在說明武威姑臧李氏與隴西李氏的關係密切，難以區分，還是另有深意？

[作者]

李胤之：見《唐姑臧李氏故第二女墓誌銘并序》（《李十八娘墓誌》）作者。

李潾：進士出身，生平事迹不詳。疑是李胤之之子，李十七娘兄長，即文中提到的"兄鐵陁"。

[注釋]

①軒冕：古時大夫以上官員的車乘和冕服，借指官位爵祿。也指爲官或顯貴者。軒，一種有圍棚或帷幕的車子。冕，古代帝王及地位在大夫以上的官員們的禮帽，後專指帝王的皇冠。

②祔葬……從權：見《唐姑臧李氏故第二女墓誌銘并序》相關注釋。

③左官：原指官職，此處指貶官、降職。

④離間：從中挑撥，造成分離；使疏遠；使不和睦。此處指分離、分隔。

⑤妍蚩（yánchī）：美好和醜陋。喻好壞、優劣。語出陸機《文賦》。

⑥頃：在短時間里，不久以前、剛才的意思。

⑦良敵：好伴侶，好配偶；志同道合之人。敵，匹配；相敵，比得上。

⑧日期祿秩：天天盼望加祿授官。日，天天；期，希望，盼望；祿，古代官吏的俸給；秩，古代官吏的官職級別。祿秩，官吏的品級，猶祿位、俸祿。

⑨除官：授官；免官。此處指授官。除，宮殿的臺階，階梯。

⑩陁（tuó）：同"陀"。山坡；險阻。

唐故容管經略押衙 銀青光禄大夫 檢校太子賓客 上柱國 武威安府君①墓誌銘

鄉貢進士顔欽 撰

夫士之處世，各有其志，或藝文以取榮達，或講武以建功名，然後移孝資忠，自家形國，積善餘慶，豈□□哉！公諱玄朗，字子遠，其先武威人也。其命氏啓胤，則國史家諜之所詳焉，今可得而略也。曾祖□，奉天定難功臣、華州鎮國軍同關鎮遏使；大父靖，朝散大夫、檢校秘書監、使持節潘州諸軍事、守潘州刺史、兼監察御史；烈考貫言，守容州普寧縣令，又招討巡官、知順州軍州事。皆宗彝②重器，崇構③宏材；或竭股肱之力，以夷天步④；或居牧守之位，以著人謠。慶靈湮鬱，光啟後嗣。

公幼挺節操，夙礪鋒芒，氣蘊風雲，志懷霜雪。稟穰苴⑤之法令，敦郤縠⑥之詩書。爰自弱齡，乃登戎秩，機謀屢中，班序浸加，頻預偏俾，亟彰勳績。屬者地連溪洞，境接交邕⑦，蠻蜑⑧類繁，烽鼓歲警。藉其式遏⑨，必在良能。前政廉問，以公負統眾之才，出於流輩，委帥師之任，允謂得人。乃命公充海門防戍軍都知兵馬使。公深圖密慮，物莫能窺，潔己勵躬，眾皆攸仰。至於繕兒戈甲，訓練師徒，故得士識廉平，人知禮信。方期慰薦⑩，以被寵榮。竟□與□，欻焉遘疾，醫筮⑪不乏，藥禱無徵，俄鍾夢楹⑫，奄嘆游岱。以乾符二年八月廿三日，終於海門軍營官舍，享年四十有七。以其年十一月廿三日，歸祔於普寧縣安育鄉思傳里綠啓原之大塋，禮也。

夫人河東柳氏。簪裾茂族，珪璋貞姿，德叶禮經，言契詩教，居室亟聞其義讓，宜家將極其顯榮。婦道既敦，母儀且勵，誓舟⑬之後，擇鄰有□，必能享以貴之榮，躋期頤之壽。有男一人曰圖，年方髫齔⑭，志已孤高，天爵聿脩⑮，家搆當克，必復之慶，其在茲乎？有女三人，長未及笄，幼仍繈褓，蘭薰玉瑩，鐘美儲休，於歸之期，必獲其所。嗚呼！逝日何長？生年何淺？曾未□□，□逝閱川。將銘令猷⑯，宜篆幽礎。

其辭曰：於休府君，生德自天。儲精武備，委□□□。謙和附眾，諒直親賢。忠壯之烈，克紹其先。殆逾二紀，猶佩雙鞬⑰。颭聲夷落，防戍海壖⑱。□□□□，忽殞中年。輀車⑲歸祔，葬宅荒阡。容山峨峨⑳，容水漣漣。舊塋斯在，新隴建焉。□虎成列，□□□□。□容永閉，令問長傳。

衙前虞候楊遵書　散將洗亞鑴

[題解] 簡稱《安玄朗墓誌》，刻於唐僖宗乾符二年（875）十一月，現藏廣西壯族自治區博物館，碑文錄自《隋唐五代墓誌彙編》（北京大學卷第二冊）。簡述了安玄朗家族仕宦情況和其"幼挺節操，夙礪鋒芒，氣蘊風雲，志懷霜雪""負統眾之才，出於流輩"的才幹、"潔己勵躬，眾皆攸仰"的品行，兼記妻子柳氏"簪裾茂族……言契詩教"的懿德和子女的基本情況。此墓誌是研究武威安氏家族及粟特集團歷史淵源的重要材料。

[作者]
顏欽：琅琊臨沂人。進士出身。生平事迹不詳。

楊遵：曾任衙前虞候。生平事迹不詳。

冼亞：曾任散將。生平事迹不詳。

[注釋]

①安府君：即安玄朗（829—875），字子遠。其先武威人，後家容州普寧縣（今廣西容縣）。曾任海門防戍軍都兵馬使等，贈銀青光祿大夫、上柱國等。

②宗彝（yí）：宗廟用來祭祀的彝器（酒器）。也指天子祭服上所繡虎與蜼（wèi）的圖像。此處借指國家、朝廷。

③崇構：猶言高築。此處借指國家、朝廷。

④天步：天之行步。指時運、國運等。

⑤穰且：即司馬穰苴，又稱田穰苴，春秋末期齊國人。著名軍事家。曾率齊軍擊退晉、燕入侵之軍，因功被封爲大司馬，子孫後世稱司馬氏。其軍事思想影響深遠，被後世奉爲武廟十哲，著作《司馬法》入選武經七書。

⑥郤谷：字伯禄，春秋時期晉國大夫。其通禮樂，敦詩書，懂兵法，晉文公時曾出任中軍元帥，以文治軍取勝。郤，通"隙（xì）"。作姓氏時讀què、kè，也讀qí、qiè。讀xì時也作"隙"。

⑦交邕：指唐代的交州和邕州。範圍約今廣東、廣西和越南北部一帶。

⑧蠻蜑（mándàn）：先秦時期為非華夏民族的泛稱，後指古代南方少數民族。字面有粗野、兇惡，不通情理的意思。

⑨式遏：遏制，制止；防衛，抵御。

⑩慰薦：慰藉；推薦。

⑪醫筮：醫療和占卜。上古時期醫或源於巫，故作"醫（毉）"。筮，古代用筮草占卜。從字面看，醫（毉）筮同源於巫。

⑫夢楹：借指死亡。又名"兩楹夢"。孔子夢見自己坐在兩楹之間而見饋食，知道自己不久人世，寢疾七日而没。後因以"兩楹夢"借指孔子之死。

⑬誓舟：柏舟之誓的簡稱。意謂婦女喪夫後守節不嫁。亦作"柏舟之節"。

⑭髫齓（tiáochèn）：謂幼年，也指幼童。髫謂兒童下垂之發，齓謂兒童換牙。故髫齓謂幼年。

⑮聿脩（yùxiū）：指繼承發揚先人的德業。

⑯令猷（yóu）：指遠大的志向、抱負；美好的業績。

⑰鞬（jiàn）：指馬上的盛弓器。

⑱海壖（ruán）：海邊地。亦泛指沿海地區。

⑲輤（qiàn）車：柩車。

⑳容山峨峨，容水漣漣：指家居之地容州普寧縣山高水長，是亡靈安居的上好去處。

亡室姑臧李氏墓志銘并序

進士 清河崔曄 撰并書

　　亡室姓李氏，諱道因①，其先隴西成紀人。德邁於庭堅②，氏望顯於姑臧公③，派分清源，照灼④群族。曾王父僑，官終相州成安令，娶清河崔庭曜女；王父應，官終岳州巴陵長，累贈戶部尚書，娶清河崔少通女；顯考騭，自中書舍人、翰林學士出拜江西觀察使，薨於位，贈工部尚書。夫人清河崔氏之出，外王父名郾，終於浙西觀察使。夫人曾外大父於余爲諸老姑，余於夫人先尚書爲諸從甥。重以石城之舊，弈世之親，故咸通壬午歲⑤歸於我。奉采蘩⑥之職，修中饋⑦之道，而能勤敬精潔，動循禮法。先太夫人沉痼逾紀⑧，足不履地，夫人就養，服勤無離幾席，連宵不褫帶⑨，積歲無墮容⑩。洎丁艱疢，毀瘠加等，晨哺哀號，感徹穹昊。欲報罔極⑪，誓閱藏經，永日中齋，寒暑無替。性簡素雅澹，薄於浮榮，深味禪悅⑫，視珠細繡績與簪蒿衣弊不殊焉。嗚呼！高行全德，如此臻極⑬，天報何薄，而人壽何促？不食下士之祿，終爲旅人之妻，孰謂蒼蒼⑭有知，聖謨⑮可信哉？以乾符三年丙申邁疾經時，秋七月九日終於上都靖安里第。問龜未葉，從權近郊。丁酉歲冬十二月辛巳，泣命長子儲護帷裳⑯，自東郊侯宋村歸於東洛，以戊戌歲正月六日安兆於邙原平樂鄉，祔大塋也。夫人生二子：男曰召兒，女曰小贊，皆及勝衣⑰，孺慕⑱成禮。召兒曰嵩，贊姊曰夔，夫人撫鞠⑲之至，見推姻黨⑳。曄以蹇滯㉑不才，多乖㉒始望，願違偕老，義重承家，哀恨萬途，莫能彈述，銜悲志壙，痛不成文。以夫人行在孝經，志宗釋教，故參用爲銘焉。

　　婉彼令德，秀於華宗。性通玄筏㉓，教備公宮。道緣道侶，婦德婦容。相視莫逆，十一年中。多生眷習，一夢相逢。萬期同盡，三有㉔本空。得其趣者，出沒虛通。衍婦㉕何貴？萊妻㉖何窮？銜悲染翰㉗兮銘此德風，玄堂㉘虛□兮异日相從。

[題解] 碑亦名《崔曄妻李氏墓志》，刻於唐僖宗乾符五年（878）正月，已佚，碑文錄自《唐代墓志彙編》。簡述崔曄夫人李道因祖上（包括外曾祖父）數代功名及唐代高門望族清河崔氏有關情況，比較詳細地記述了李道因的生平事迹，贊頌其"勤敬精潔，動循禮法"的"高行全德"，兼及子女及撫育等情況。

[作者] 崔曄：清河（今屬河北邢臺市轄縣）人。進士出身，生平事迹不詳。

[注釋]

①李道因（？—876）：武威姑臧人。崔曄夫人，出身於世代官宦世家。

②庭堅：皋陶，字庭堅，中國上古傳說中的人物，司法鼻祖。相傳爲上古時期高陽氏八位才德之士之一。李唐皇朝奉皋陶爲李姓始祖。

③姑臧公：即西凉王李暠曾孫李承，北魏太武帝時贈爵姑臧侯。

④照灼：閃耀；光芒四射。

⑤咸通壬午歲：咸通爲唐懿宗年號，860—874年在位，壬午即咸通三年。

⑥采蘩：《詩經·召南》的篇名。見《李益墓志銘》注。

⑦中饋：婦女在家中職司飲食的事。指酒食；亦指妻室。

⑧沉痼逾紀：積久不愈的病。逾紀，超過十二年。

⑨褫（chǐ）帶：意爲解下鞶（pán）帶。謂辭官。亦爲解衣帶。謂脱衣安睡。

⑩墮容：精神不振，有怠墮之色。墮，同"惰"。

⑪罔極：無極，無窮盡。指子女對父母的無窮盡的哀思。

⑫禪悦：指佛教修行使心情安樂輕快。

⑬臻極：即"臻於極致"，意謂達到最佳的意境、境界。

⑭蒼蒼：無邊無際。指天。

⑮謨：策略、計謀。

⑯帷裳：古代朝祭的服裝。用整幅布製成，不加裁剪。

⑰勝衣：謂兒童稍長，能穿起成人的衣服。

⑱孺慕：指幼童愛慕父母之情。引申爲對老師長輩的尊重和愛慕的親切之感。

⑲撫鞠：指撫育。撫，撫愛，保護。鞠，養育，撫養。

⑳姻黨：亦作"婣黨"。猶姻族。

㉑寒滯：不順利，不吉利；困窘。

㉒多乖：多不順利。乖，指背離、違背、不順。

㉓玄筏：指捨弃渡人的船筏。謂佛法如筏，既已渡人到彼岸，法便無用，不可再執着。亦作"舍伐"。

㉔三有：佛教謂三界，即欲界、色界、無色界。

㉕衍婦：衍，豐富的，種類多、數量大的。引申爲富足的婦人。

㉖萊妻：春秋老萊子之妻，曾勸阻其夫接受楚王官爵。"賢婦"的代稱。

㉗染翰：指作詩文、繪畫等。

㉘玄堂：指墳墓。

唐故□翰林供奉 朝散大夫 □守右千牛衛將軍上柱國 賜紫金魚袋殷府君墓志銘并序

鄉貢進士牛延翰 撰

府君諱瓊①，字德光。其先武威人也。世族冠冕，已具圖諜，代有其人，不可刊紀。曾祖，常州長史鍠；鍠生大父，梓州涪城令元度；度生先父，左清道率府録事參軍振。皆抱材蘊氣，納粹融和，任命而昌，故莫登顯位而已。

始，先大夫夫人清河縣君張氏，有三子，皆禀令秀。府君即第二子也。爰自羈卯②，穎悟學術，探和扁③之情，挺張吴④之譽。神聖工巧，莫可而倫，豈與夫末俗淺學，論其勝負哉！纔逾壯室⑤，榮入禁林⑥，供奉天庭，首出盡瘁。與元昆季弟⑦齊名於時，而府君避德讓賢，每全其道。始任果州西充主簿，纔罷，轉金州西城丞；稍遷太僕丞，又轉殿中省尚衣、尚輦奉御。乾符首歲六月，以能擢居列侍⑧，專承睿旨⑨，密奉皇躬。於是尤异禄秩，便蕃錫賚⑩，發能效用，益副帝俞。其年九月，榮賜銀章。二年八月，又寵金紫，繼遷廣王府長史，授右千牛衛將軍。與夫皆級勛資，莫不兼盛。自起家至乎環衛，逾十五年，其間茂德芳塵，可爲播於遠近。會同列疾以獨异⑪，爲其排斥。上意不悟，暫移散秩⑫。府君亦弘止足⑬之分，久求退免。於是優游⑭卒歲，寄傲⑮雲表。不料微痾⑯纏腠，藥餌無徵，久而莫瘳⑰，奄至游岱。以乾符六年正月十日終於長安招國里之私第，享年五十三。驚駭四鄰，痛傷知友，豈天命何？豈天命何？府君率性勤厚，寬弘濟物，孝於上，義於昆，穆於親，愛於衆。興居燕息，未嘗不系於安否動静，舒慘存亡，稍乖常程，莫遑寢食。禦小恤下，必本寒暄，寬猛恩威，無或失所。少有酒德，不辜風月，嘗連霄接晝，百榼⑱千鐘，有定國之益明，無檀鄉之悟亂。兢兢業業，不怠於愛敬仁和。可謂器量天資，慈良神授，或者似欲遠大其程也！何賦性之優而賦命之劣？不登上壽，奄謝明時而已哉！其告逝之日，少大親族及有識來吊，莫不長號惋痛，感義悲仁，其報施之道，未可知也。

元昆，鴻臚少卿致仕。瑂，明時杰出，間代挺生，頃建捧日之榮，嘗備捵天⑲之藝，而能方崇恩异，退苾懼全。存賢哲之所，高古今之難。并季弟秋浦丞球，即世父之子，早由門業，榮列内庭，名德寵光，差以爲盛。粵自髫齓，托體同堂，故有善急難，恩義無二。而方息姪蕃衆，門户興隆，繼我祖宗，豈將陵替㉒。始娶夫人黃氏，即皇蘄二府司馬、御史大夫守則之長女，無子。次娶夫人周氏，即皇獻陵丞册之長女，生一男，小字阿師。二夫人并推容德，皆早殁世。後娶夫人張氏，即皇太常寺協律郎景之長女，生一男，字曰豐曾。夫人體性弘厚，禀質端貞，四德無忿，三從不怠，宜家之道，冠乎人倫。故府君雅重，待如賓敬。二子皆羈丱。夫人忍斯不天，撫視如一，存孤成嗣，勉喻喪禮，月日所利，遽擇先遠。以乾符六年六月廿四日，卜筮於萬年縣滻川鄉鄭村始娶夫人黃氏之次，吉也。延翰幸因親懿，早熟門庭，世德行名，備聞始末。而伯仲猶子㉑，皆推茂實，見請宣揚，用率荒詞，以勉遵命，刻於貞石，志之下庭。

其文曰：五緯㉒毓靈，三世㉓爲名。農皇㉔啓秘，盧扁㉕融情。秩秩素風，英英端士。侍聖親君，腰金拖紫㉖。仁能恕己，義可睦親。天道福善，翻降禍因。既兆阡原，既銘令德。已矣休哉，永安真宅。

[題解] 簡稱《殷瓊墓志》，刻於唐僖宗乾符六年（879）六月，已佚，今陝西省文管會藏其拓片，碑文録自《唐代墓志彙編》（續集）。簡述了殷瓊家族淵源及祖上三代功名，重點記述了殷瓊仕宦生涯、恩寵經歷和其"率性勤厚，寬弘濟物，孝於上，義於昆，穆於親，愛於衆"的品行，兼及其去世後"少大親族及有識來吊"的悲痛情景和夫人、婚配及子嗣等情況。此碑對研究武威殷氏家族的流源具有重要價值。

[作者]
牛延翰：進士出身。生平事迹不詳。

[注釋]
①殷瓊（827—879）：字德光。其先武威人，後落籍唐京兆萬年縣（今屬西安市）。工於醫術，曾任主簿、縣丞、太僕丞、殿中省尚衣尚輦奉御、翰林供奉、廣王府長史等職，至右千牛衛將軍，贈上柱國，賜紫金魚袋。時與兄殷璲（鴻臚少卿）、弟弟殷球（秋浦縣丞）齊名於當世。

②羈丱（jīguàn）：猶羈角。丱，兒童髮髻的樣式。因以代指童年。

③和扁：和，奉和；扁，扁鵲。皆先秦名醫。"和扁"代指名醫、良醫。

④張吴：據上文推測，疑指古代名醫張仲景、吴普。

⑤壯室：男子三十稱壯年，又值當娶妻室之歲，故稱壯室。

⑥禁林：翰林院的別稱。也指皇家園林。

⑦元昆季弟：兄弟。元昆，指長兄。季弟，指最小的弟弟。

⑧列侍：排列侍立（宮門）。指直接爲皇帝服務。

⑨睿旨：聖人的意旨。後稱皇帝的詔令。

⑩錫賚（lài）：賜予，給予。錫，賞賜。賚，賜予，給予。

⑪獨异：謂與衆不同，標新立异，獨特而出衆。

⑫散秩：指閑散而無一定職守的官位。秩，古代官吏的官職級别。

⑬止足：指凡事知止知足，不貪得無厭或是停止步伐。

⑭優游：意思是生活得十分閑適、從容，悠閑自得。

⑮寄傲：寄托曠放高傲的情懷。

⑯微痾（kē）：小病。痾，同"疴"，病。

⑰莫瘳（chōu）：并没有痊癒。瘳，病癒。

⑱榼（kē）：古代盛酒的器具。泛指盒一類的器物。

⑲掞（yàn）天：光芒照天。掞，光照。

⑳陵替：願意爲陵谷遷變。引申爲衰敗。也指綱紀廢弛，上下無序，社會秩序混亂。

㉑猶子：指兄弟的兒子，即侄子或侄女。謂如同兒子。

㉒五緯：亦稱五星，即金木水火土星。古人將太白、歲星、辰星、熒惑、鎮星這五顆行星合起來的稱呼，五星與日、月合稱七曜。在中國古代星占學上，五星與五方、五行、五色、五德、五音、五獸等分别一一對應

㉓三世：指夏商周三代，常見於古文。又指祖孫三代。也指起源於古代春秋《公羊傳》的一種社會歷史學説，即三世説，是公羊學歷史哲學的核心，認爲人類社會是沿着據亂世、升平世、太平世順次進化的過程。佛教中指三世諸佛，即過去、現在、未來等三世的一切諸佛。

㉔農皇：後人對神農氏的尊稱。神農即炎帝，踞今約5500年前，姜姓，被世人尊稱爲藥祖、五穀先帝、地皇等。他是傳説中農業和醫藥的發明者，遍嘗百草，教民醫療與農耕，又是掌管醫藥及農業的神祇。

㉕盧扁：古代名醫扁鵲，因家於盧國（今山東濟南市一帶），故又名"盧扁"。後以此代指名醫。

㉖腰金拖紫：比喻身居高官。金，金印或金魚袋；紫，紫綬。古代朝官的腰帶，按品級鑲以不同的金飾，品級高者亦以純金製成。後因以泛指身居顯要。

唐故大同軍防御使 金紫光禄大夫
檢校吏部尚書兼御史大夫 上柱國 武威郡開國伯
食邑七百户段公墓志銘并序

將仕郎 前守 江陵府司録參軍崔彭年 譔

外甥 鄉貢進士張奥 書

乾符五年①二月七日，武威段公遇害於雲州②，享年六十四。廣明元年③歲庚子四月十四日，嫡孫扶護冠劍，葬於京兆府萬年縣尚書鄉細柳原，從先塋，禮也。

公武威人，諱文楚，字永錫，其先鄭叔段之後，爲著姓尚矣。洮州司馬、贈司空，諱行琛，即公大父④也。司農卿、檢校禮部尚書、贈太尉，諱秀實，諡忠烈，即公王父⑤也。當德宗朝，逆賊朱泚僭位，乘輿西幸，社稷若綴旒。公忠勇奮發，遂以司農司印印兵符，緩賊軍，保皇帝於千秋，復僞獻誠款，賊泚信然之；公於是批虜頰，終以笏擊其首，以快天子意，然後慷慨就死。雖紀信解滎陽之危，無以過也。天子聞之，諡曰忠烈，期山河於帶礪也。滑州節度使、檢校禮部尚書兼御史大夫、贈太尉，諱巘，即公烈考⑥也。雁門郡⑦夫人田氏，即公先太夫人也。

公幼以一子出身，授京兆府參軍。一考，丁先公之憂，哀毀過禮，杖不能起。除服，授河南府參軍，次任萬年尉，復任長安丞，旋遷京兆府倉曹參軍。時屬園陵藉材，方難其選，公遂爲棘店都巡，指揮之下，鮮或依違，職修事舉，靡不悦從。事畢日，特敕授咸陽令，以酬勞勳⑧。咸鎬故都，邇皇城三十里，居是邑者，靡貴必勢，宰邑者，規隨不暇。豈能守其故，分均賦，役於罷人。公到縣，不畏强御，徵斂如一，邑人賴之，幼艾感如慈父母。宣皇帝勞農渭濱，公以本縣令進食於馬前，上嘉之，以其勛伐之嗣，能克己從政，縣務是理，賜銀章朱紱⑨，次任殿中丞，復任鴻臚少卿。雖清袟務簡，必振官常。執政知之，擢授邕管經略使、兼御史中丞，賜紫金魚袋。間歲，移天德防御使。公所至稱職，詔授右金吾衛將軍，與同列更大內，禁署肅如也。復任殿中監，充邕管制置使，在道拜邕管經略使，加右散騎常侍，次任左威衛將軍，分務洛師。改左衛大將軍，總皇城留務，轉天德防御使，加御史大夫。公到官，戎務修整，訓練無虧，邊塵無北顧之憂，胡馬決南牧之患。詔加工部尚書，轉户部尚書，改大同軍使，加兵部尚書，復轉吏部尚書。詔在道而公遇害。公歷官一十八任，食禄四十六年，自參軍事而至防御使，自騎省而至天官，自中丞而至大夫，自黄綬⑩而至紫服⑪，儒素之榮，無以加此。公未嘗以喜濫賞一卒，未嘗以怒恣罰一夫。既居侯伯方將，已志答君知。而犬羊狠戾，不識恩信，撫循益勤，而禍患竟至，訖不脱於虎口，悲哉！天子聞之，罷聽朝政，□□忠貞毅勇，代不乏賢。昔人理獄，有陰德，尚大其門，謂子孫必有昌者。而况於爲縣施惠，利及邑人，作鎮布恩，信於殊俗，勛伐昭著，炳若丹青，宜其享福壽於無壃，保嗣續於遠大。豈圖與善無徵，奄羅患難，訖不諭天之降禍福，竟如何哉！

夫人趙郡李氏，封趙郡夫人，令淑有聞，早配君子，婦德姆儀，冠絶人表。嗣子景融，太原少尹，忠孝得父祖風烈，聞公之禍，嘔血而卒。娶京兆韓公絢女，姻戚之内，輝赫當世，世爲士林之圭表。彭年乏禁臠之譽，無噉炙之名，濫齒東床，彌慚玉潤。嗚呼！豈天不仁耶！豈神蒙昧耶！不然者，何禍釁萃集於善人也！若是，今者卜宅崗原，葉從龜筮，輀車脂轄，丹旐摇風，痛塋樹於松楸，慘悲歌於薤露。公之嫡孝孫扶，早擅家聲，夙揚令譽，年纔弱冠，志已老成。以彭年昔忝賓階，曾參幕畫，今居門館，獲在懿親，請叙斯文，庶無遺美。彭年報不得讓，愧不能詳，聊刻貞瑉，以俟陵谷。

銘曰：孝著於家，忠嗣於國。爲子爲臣，咸誦其德。用之則出，舍之則藏。當職當權，若有其光。剛亦不吐，柔亦不茹。臨難臨危，其道彌著。桑田將變，陵谷將移。吾道吾師，始見發揮。

[題解] 碑簡稱《段文楚墓志》，約刻於唐僖宗廣明元年（880），碑文録自隴西石錫銘整理《甘肅金石録》和百度百科"段文楚條"。段文楚（815—878），字永錫，武威人，段秀實之孫，懿宗時出任雲州防御使。時沙陀國李國昌鎮振武（今內蒙古和林格爾），其子李克用欲得雲中（今大同市）。乾符五年（878），被李克用殺害。碑文記述了段文楚祖上三代仕宦情况及其戎馬一生的經歷，贊其政績惠政。同時，簡述了段文楚夫人李氏的懿德及其子女的基本情况。

[作者]

崔彭年：曾任將仕郎、江陵府司録參軍等職；志主女婿生平事迹不詳。

張奥：鄉貢進士，段文楚外甥。生平事迹不詳。

[注釋]

①乾符五年：乾符，唐僖宗李儇年號，874—879年在位。五年即879年。

②雲州：即山西平城，今大同市。

③廣明元年：广明，唐僖宗李儇年號，共2年。元年即880年。
④大父：即曾祖父。此處指段行琛。
⑤王父：即祖父。此處指段秀實。
⑥烈考：即父親。此處指段嶷，曾任滑州節度使等。
⑦雁門郡：戰國趙地。秦置郡。今山西北部皆其地。
⑧勞勳：功勞、功績。
⑨朱綍：古代禮服上的紅色蔽膝。後多借指官服。
⑩黃綬：本意是黃色的印帶，有時用來代指秩比六百石以下、二百石以上的官員，因爲這一級別的官員皆銅印黃綬。借指官員或官位。
⑪紫服：貴官朝服。紫服官員高於黃綬官員。

唐武安府校尉楊君碑

[題解] 碑今佚。《涼州府志備考·古迹》：碑載，（楊君）名文才，字德茂，宏（弘）農華陰人，漢太尉震之裔。墓在永豐鄉，碑記甚悉。《五涼志·武威縣志·地理志·古迹》：唐武安府校尉楊君墓。（楊君）弘農華陰人，漢太尉震裔，名文才，字德茂。墓在永豐鄉，碑記甚悉。《隴右金石錄》：唐武安校尉楊君碑，在武威永豐鄉。楊君諱文才，字德茂，弘農華陰人，漢太尉震裔，碑甚悉。以上三書皆言："碑記甚悉"，但實際情況是碑記已佚，碑文無存，志主生平不詳。

宋 金 元

大金故武威段公①墓表

平倉事 飛騎尉□□□ 開國男 食邑三百户
賜紫金魚袋裴國器 書丹并篆額
上護軍 隴西郡開國侯 食邑一千户
實封一百户 賜紫金魚袋李愈 撰

段氏之興，其來遠矣。世居武威，在漢則北地都尉印，在魏則晉興太守汾。至於有唐，尤爲顯焕，身居將相，公望岩岩②，則文昌③其人也；笏擊奸邪，英烈匀匀，則秀實④其人也。其餘特書史籍乃署周行者亦不縷數。

降及前宋，則我司理參軍⑤出焉。參軍諱應規，鄉於絳之稷山，門族蕃大，連甍接閈⑥，相望屹然，邑人號司理莊，以別之爾。後埋光種德⑦，疆畎⑧相承，不替其緒者累葉矣！四世孫季良，字公善，仍故中奉大夫、武威郡侯矩之父也，故華州防御使鐸之祖也。昆季⑨五人，兄曰季先、季亨，弟曰季昌、季連；侄五：整、徹、衡、術、衍，量才授事，各有所主。或私門幹□，或□宇治經，俾皆不失其性分。

公生而敦敏，不喜兒嬉，長而厚重，不悦紛華，壯而負長材，遠度耻爲齦齪，近步以尊常守故而已。人有勸其仕進者，笑而不答，私謂所親曰："丈夫居世，豈能乙太倉一粒爲人所役哉？姑山之陽，汾水之曲，世有善田數頃許，足以馨祭祀、奉甘旨，備歲時伏臘之禮，給子孫詩書之費，孝乎惟孝友於兄弟，善於鄉里，是亦爲政，奚其爲爲政哉！"勸者知，退。事兄季亨尤爲盡禮。季亨之子整，與賓貢⑩之書升於太學，絳之距汴，不啻千里。始我往矣，琴書僕馬，無不畢備；乃至之日，津遣以時，俾忘倦游。整亦不負叔父之志，曉窗夜燭，克終其業，爲時聞人。娶故洗馬楊君孫女，天資仁淑，司我中饋。其侄整，後以文藝擢知太平縣事，人皆歸美賢叔之致。居無何，昆弟中有求异⑪者，公拒而不諾者，再三至，不得已泣而告曰："一斗粟，尚可舂；一尺布，尚可縫；同枝連氣，何遽如是。中外資產，任君等所取，一無所爭。吾主張門閥，培樹德積善有年矣，天實有之，其肯貧我？"嗚呼！公之言其仁人之言哉，如其敦好本業，不務外飾，輕財重義，樂善好施，求之古人中，十無二三。享年六十有五，實天眷⑫元年七月十七日也。松區已剪矣，壞厦已安矣，孝孫之心猶以為不足，遠采它山之石，樹立豐碑，圖不朽計，愈晚生詢之耆舊，參以耳目之所接，猶得詳言之而為銘。

銘曰：姬姓分封，鄭武公子；段氏之興，自茲伊始。枝葉相承，多歷年所；乃武乃文，或出或處。厥惟我公，稷山巨族；樂守農田，恥修邊幅。孝弟睦姻，得之自然；朋友稱信，族黨稱賢。昆季之間，有求異爨⑬；推肥取瘠，曾無競畔。哀此哲人，生而有死；天監孔明，子孫受祉。

[題解] 碑亦稱《段季良墓表》，約立於金熙宗天眷元年（1138）。碑文引自段志海《段氏名人墓志銘》。簡述了段氏之顯赫歷史、段季良三代仕宦及兄弟子侄的基本情況，重點介紹了墓主人"生而敦敏，不喜兒嬉，長而厚重，不悅紛華""敦好本業，不務外飾，輕財重義，樂善好施"的美德。

[作者]
裴國器：生平事迹不詳。曾任平倉事、飛騎尉等職，賜紫金魚袋。
李愈：生平事迹不詳。曾任上護軍等職，賜紫金魚袋。

[注釋]
①段公：即段季良（1130—1201），字公善，祖籍武威，出生於山西稷山。不喜仕進，樂守農田，昆季和睦，輕財重義，樂善好施，終老鄉里。
②岩岩：威嚴。
③文昌：即段文昌（773—835），字墨卿，西河（今山西汾陽）人。唐朝宰相段志玄玄孫。歷任縣尉、監察御史、翰林學士等職。穆宗時拜相，後任刑部、兵部尚書，淮南、荊南節度使，封鄒平郡公。去世於西川節度使任上，追贈太尉。
④秀實：即段秀實。見《唐贈揚州大都督故段府君神道之碑》注。
⑤司理參軍：官名，北宋太宗太平興國四年（979）改諸州司寇參軍置，掌本州訟獄勘鞫之事。段季良曾祖父段應規曾任此職。
⑥連甍（méng）接閈（hàn）：形容房屋、里巷連延成片。甍，屋脊。閈，原指閭里的門，泛指里閭、里巷、鄉里。
⑦埋光種德：埋光，猶韜光，收斂光芒，比喻隱藏才能。種德，猶布德，

施恩德於人。

　　⑧疆畎（jiāngquǎn）：疆，地域，邊界；畎，田地中間的溝，泛指溝渠。指田地，壟畝溝渠；也指田野。

　　⑨昆季：指兄弟。長爲昆，幼爲季。

　　⑩賓貢：古代地方向朝廷推舉人才時，待以賓禮，貢於京師。

　　⑪求異：要求分家。異，分開。

　　⑫天眷：金熙宗年號，元年即1138年。

　　⑬異爨（cuàn）：指親屬分家各起爐灶。爨，燒火做飯，灶。

武威郡侯段鐸墓表

張萬公 撰

　　公諱鐸①，字文仲，少孤，事太夫人，以孝謹聞。師事②長兄鈞，專心嗜學，行吟坐誦，聲滿鄰舍，方其得意，雖暴雨漂麥亦不之覺也。積數年間，經籍子史，無不該貫。少有大志，嘗於簡策自書曰："韓愈自比孟軻，曾西不爲管仲，況魁天下乎！苟有其志，亦無難矣。"所蘊概可知。已，與兄鈞同游場屋③，并驅爭先，振華發藻，難弟難兄矣，都人呼"稷山二段"。登正隆④二年丁丑進士第五人。

　　第調長安簿，未期丁太夫人憂，哀毀喻制。服除，守絳州絳縣簿，蓋戀戀松楸⑤不能遠去也。至是應門蔭之賞不問諸子，首及兄鏞，是亦人之難能者。秩滿，除天德軍節度判官。郡在北陲，官置互市，公監督之，兩盡其平，邊人賴以安。移宰耀州美原縣，以仁政撫民，以智術馭吏，吏莫摇予而民將歡，心□□藹然。是歲，以葬事在告，歸葬先郡侯而下於參軍之故塋，會葬者不啻千人，邦人榮之。繼宰涇陽。陝西之民先是困於和糴，公素知其利害，量入爲出，權其輕重，抑甚貴甚賤之弊，而官私具瞻。瓜期⑥將至，斯民□泪以狀聞。有司願挽留者或及萬人。改克尚書兵部主事，奉命省山西等路旱災，爲除租税，民迄小康。世宗皇帝駕幸上京，兼主六部事，以扈從之，馳驛應辦，往無不給，以勞授同知棣州防御使事。時河決滑衛間，故相劉瑋辟公督役，工省費輕，人忘其勞。復授命審決河北路刑獄事，濟以平恕，咸得平理。朝議改中都都曲務，累政不舉，無補國用，遴選能幹，俾公服職，鞭筭⑦心計，增餘數倍。優，詔褒加贈錢鉅萬，超授大名府治中兼本路兵馬副都總管。時，旱魃爲虐，民饑睃死，嘯聚緑林。公惻然垂憫，徧加賑濟，民由是免害而盜亦潛息。尋授曹州刺史，增邑三百户，提舉河防事。方夏淫潦，黄流氾濫。公躬率僚屬，露宿堤上，風號浪激，傍觀膽悸，公安然不動。河神感誠，徐復故道。遣鎮平定是邦，居壽陽井陘半山之間。歲苦，繁霜降旱，害及秋成；下車以來，禾稼屢豐，百姓歸公和氣致。然泪典吉州誥詞，謂眷彼吉鄉，隣於晋甸，既往分符而守，何殊衣錦之榮？公領詔音，蔚來拜掃，五馬騑騑⑧，觀者如堵，雖買臣⑨之適吳、長卿⑩之還蜀，亦未遠過也，稽古之力一至於是。未幾，徙節授華州防禦使，過家上塚，重光里社，到官歲餘，謂然嘆曰："吾本書生，致身至此，知進而不知退，古人之所深戒也。"自草章疏，懇求致政，朝庭勉從，躐進⑪兩階，授中奉大夫加護軍，封武威郡開國侯，增邑三百户，實封一百户，俸禄仍給其半。

初娶張氏，再娶張氏，三娶故通奉大夫馬公女，并封武威夫人。泰和⑫元年五月得報，言還故里。是年十一月二十一日，以微疾卒於稷第之正寢，享年七十有二。嗚呼！如公之勤於學問，篤於孝友，官常之克成其美，進退之不失其正，亦絶無而僅有也。五子汝楫、汝霖、汝明皆早世，惟忠、惟孝并襲父爵。謹卜宅兆，以泰和二年四月二十日具禮歸葬，請於壽陽公張萬公爲撰《武威郡侯段鐸墓表》，刻諸堅石，庶足傳信於後。

其銘曰：堂堂段公，萬夫之特。四歲而孤，已知好德。學問惟勤，三餘不輟。董氏之帷⑬，孫生之雪⑭。作爲詞章，挺特豪邁。桂林一枝，如拾地芥。分符杖鉞，出長四州。有脚陽春，與物咸休。立身揚名，以顯父母。求之古人，張仲孝友。既明且哲，知止不辱。駟馬安車，歸於鄉曲。公之名節，善始令終。寫之琬琰，穆如清風。

[題解] 簡稱《段鐸墓表》，立於金章宗泰和二年（1202）四月。碑文引自《金文最》卷九十1309頁。簡述了段鐸家世、秉性及與兄段鈞"同游場屋，并驅爭先，振華發藻"的事迹，重點介紹了墓主人的仕宦經歷及爲官期間實施的惠民政策，贊頌其"既明且哲，知止不辱"的品格。

[作者] 張萬公（？—1207）：字良輔，今山東東阿人。金大臣。金海陵王正隆二年（1157）登進士第，歷任新鄭主簿、長山令、侍御史等，官至刑部侍郎。

[注釋]

①段鐸（1130—1201）：字文仲，祖籍甘肅武威，生於山西稷山。少孤，事太夫人，以孝謹聞。金海陵王正隆二年（1157）進士。與兄段鈞（字仲珪，又字平仲）同登進士，稱河東二段，人號其里曰"雙桂"。歷官主簿、縣宰、天德

军节度判官、曹州刺史、华州防御使、中奉大夫加护军等职，封武威郡开国侯。

②师事：以师礼相待。

③场屋：原是指盖在打谷场上或场院里供人休息或存放农具的小屋子，此处指科举时代考试的地方，又称科场。出自宋·王禹偁《谪居感事》、欧阳修《送徐生之渑池》诗。

④正隆：金朝海陵王完颜亮年号。二年，即1157年。

⑤松楸：为松树与楸树。墓地多植，因以代称坟墓。特指父母坟茔。

⑥瓜期：指任职期满换人接替的日期。

⑦筭（suàn）：计算时所用的筹码。同"算"，计算。

⑧骓骓（fēi）：驾在车辕两旁的马。古代驾车的马，在中间的叫服，在两旁的叫骓，也叫骖。骓骓，谓马行走不止貌。

⑨买臣：即朱买臣，字翁子，西汉吴县（今属江苏）人。汉武帝时，为中大夫，累官至会稽太守、主爵都尉，位列九卿。其家贫好学，靠卖柴生活，《三字经》中"如负薪"即用他发愤读书的典故。

⑩长卿：即司马相如（约前179—前118），字长卿，蜀郡成都人，西汉辞赋家。曾任武骑常侍、中郎将建节使。其历史上留下的轶事典故较多。

⑪躐进：不依循次序而越级擢升。

⑫泰和：金章宗完颜璟年号。元年，即1201年。

⑬董氏之帷：西汉思想家董仲舒在30岁时开始招收了大批学生，精心讲授。他讲学时在课堂上挂上一幅帷幔，他在帷幔里面讲，学生在帷幔外面听。

⑭孙生之雪：即勤学苦读典故囊萤映雪。《初学记》卷二引《宋齐语》："孙康家贫，常映雪读书。"孙康，晋代京兆（今河南洛阳）人，为孙氏映雪堂始祖。

宗亲之记

大元西凉东街高契郎，伏为故妣马氏丙子年六十一岁，于十二月二十六日辞世，过丁丑孟春上旬日，埋身形在南郊，隐亲灵住荒野，葬之。大理棺椁，宅兆卜之大吉，阳明之地居家。

荣昌谨记　岁次丁丑新正四日建

[题解] 碑高40厘米，宽25厘米，厚5厘米。今存武威市博物馆。此碑是

高契郎母親去世後所立，簡述了其母享年及殯葬等相關情況。碑文内容極簡，但通過普通百姓葬事，反映了當時的民俗民風。據碑中丙子、丁丑考訂，其母去世於元順帝至元二年（丙子，1336年）十二月，次年（丁丑）正月葬埋并立碑。

大元敕賜追封西寧王忻都①公神道碑銘

通奉大夫 中書參知政事 同知經筵事 提調
四方獻言詳定使司事 臣危素奉敕撰文
光禄大夫 滕國公 集賢大學士 臣張瑺奉敕書丹
榮禄大夫 中書右丞 同知經筵事 提調
國子監大都府學 臣陳敬伯奉敕篆額

惟我皇元，受天明命。太祖皇帝起兵之四年，畏兀氏國主巴而術阿亦都護舉國來附，從征四方，有大勳勞於王室。列聖御極，嘉其效順，世爲婚姻，富貴不絕。論者以爲，其國之君臣，明炳幾先，以能若此。今考諸中書平章政事臣斡欒②之先世，蓋可知其大略焉。至正③十八年四月己亥，臣素承詔，銘其先塋神道之碑，未遑有所論著。監察御史上疏言："臣斡欒之忠勤，請加封其先以王爵。"於是，其考忻都公得封西寧王。二十二年六月丙子，申命述銘，仍敕臣瑺書丹，臣敬伯篆額。

臣素嘗聞，臣斡欒，世爲北庭名族。其曾大父諱哈剌，仕其國，爲哈剌罕里朶朶之官。哈剌罕里者，捍衛御患之稱；朶朶者，國老之職。國初，實輔翼其主，來歸我朝，居官治民，克盡乃職，興利去害，屢獻嘉謨，贈中奉大夫、嶺北等處行中書省參知政事、護軍，追封范陽郡公。今贈資善大夫、陝西等處行中書省右丞、上護軍，仍故封。娶夫人塔海渾主於都罕忽思之地，受其國封阿納帖臨，今追封范陽郡夫人。大父諱阿台不花，氣剛力勇，臨難不變。初，右丞公疾甚，屬之以恆加謹慎，勿墜先業，凡右丞公所欲爲之事，皆力爲之。厥

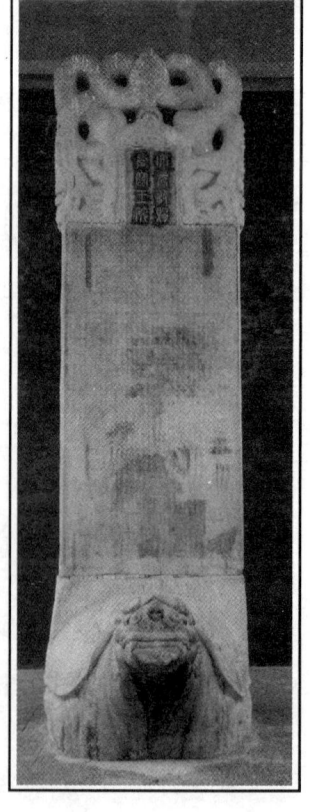

後，親王都瓦、不思麻□，從亦都護火赤哈兒宣力靖難。已而，北庭多故，民弗獲安，乃遷國火州，增城浚池，壹志堅守。都瓦等將兵十二萬逼城下，因親冒矢石，以建奇功，遂授持節儀衛之官，仍封答剌罕之號。亦都護來朝，挈家以從，跋履險阻，行次永昌，相其土地沃饒，歲多豐稔，以為樂土，因定居焉。既没之後，初贈亞中大夫、集賢直學士、輕車都尉，追封范陽郡侯；進正奉大夫、甘肅等處行中書省參知政事、護軍，追封范陽郡公；再進資善大夫、陝西等處行中書省右丞、上護軍，依前范陽郡公；又進榮禄大夫、甘肅等處行中書省平章政事、柱國，追封秦國公。夫人諱書麻，初封同其姑，今追封秦國太夫人。子男三人：曰帖孔不華，曰阿憐不華，曰忻都，俱受答剌罕之號。

忻都，則臣斡欒之父也，生於至元九年十月。常訓諸子曰："若曹年少，不知稼穡之艱難，宜務農治田。當力行善事，毋染惡習。思父母生成養育之恩。與人交，毋挾貴勢，毋侮卑賤，擇勝己者而友之。出而仕也，必廉慎自持，盡忠於君，愛民如子，不陷刑辟，名垂後世。若曹其思之。"蓋其為人篤實，自將不自表襮④，故州里咸知敬仰云。至順三年正月庚寅卒，享年六十，葬永昌之在成里。初封奉訓大夫、禮部郎中、飛騎尉、大興縣男；贈中順大夫、禮部侍郎、上騎都尉，追封范陽郡伯；再贈嘉議大夫、禮部尚書、上輕車都尉，追封范陽郡侯；又贈資德大夫、陝西等處行中書省右丞、上護軍，追封范陽郡公；又贈榮禄大夫、甘肅等處行中書省平章政事、柱國，追封薊國公。至是，追升王爵，命詞臣為制詞。夫人諱卜顏真，大王之師兀哈里之女，受封大興縣君、范陽郡君、郡夫人、郡太夫人、薊國太夫人，而殁，今追封西寧王夫人。生於至元十九年九月，殁於至正十八年六月辛巳，享年七十有七。子男六人：曰字羅不華；曰卜顏；曰伯顏，汴梁⑤路同知汝州事；曰禿魯，亦集乃⑥路總管；曰迭禮彌實，僉書樞密院事。孫男五人：曰不華，甘州路總管府判官；曰明理不華；曰拜住，甘肅行省左右司郎中；曰岳魯不華，監修國史府參軍；曰札木赤。

臣斡欒則第二子也。繇⑦直省舍人歷大司農司經歷、監察御史、吏部員外郎、兵部郎中，升侍郎，湖南、浙西、江東三道肅政廉訪副使、大都路達魯花赤、中書左司郎中、吏部尚書、參議中書省事、大都留守、雲南行省參知政事、同知宣政院事；再為大都路達魯花赤、御史台治書侍御史、同知樞密院事、中書右丞；遂為平章政事。三升其位，進階銀青榮禄大夫，尋換金紫、被玉印、只孫衣、金束帶之賜。臣素叨陪⑧。臣斡欒久在政府，觀其聰明典重，通達政務，揚歷中外，令聞孔昭，以故位登極品，受知皇上，賜爵受封，寵榮褒大，誠非一日之積。況顯被明詔，推求本源，刻在金石，式勸臣僚。臣素不佞，嘗職史官，弗敢以固陋辭，乃拜手稽首，爲之銘詞，表於神道，以侈上恩，昭示厥後。

其詞曰：畏兀有國，久在北庭。藎臣孔武，可以干城。折冲禦侮，壯氣憑陵。轉徙姑臧，胤緒繩繩。蔚彼喬木，盤根九京。氿氿流泉，發原泓渟。維我西寧，葆厥幽貞。克篤於善，先民是程。繄爾嗣人，早仕大廷。翼翼自持，弗暴弗矜。忠孝之訓，夙夜服膺。錫命便蕃，奕世光榮。在成之里，有歸先塋。執政承詔，刻詞幽扃。積善彌遠，曄其雲仍。烈烈終古，載揚休聲。

至正二十二年歲次壬寅十月吉日立石

（碑陰系回鶻文字未錄）

[題解] 碑立於至正二十二年（1362）十月。現存武威市涼州區永昌鎮石碑溝村。碑通高580厘米，寬150厘米，厚45厘米，分碑座、碑身、碑首三部分。碑座爲龜趺，製作十分精緻，高140厘米，長240厘米，寬160厘米；碑身高280厘米，寬150厘米，厚40厘米；碑首刻透雕蟠螭，高160厘米，寬160厘米，厚45厘米，上刻陳敬伯篆書"大元敕賜西寧王碑"八字。碑陽爲漢文，共32行，滿行63字；碑陰爲回鶻文字。

元太祖鐵木真（成吉思汗）起兵第四年，畏吾兒國主巴爾術阿亦都護舉國歸附，後隨太祖征戰，有大功於蒙古和元室。當時，忻都公之父一行離開他們的政治中心火州（今吐魯番），行至甘肅武威北鄉一帶，"相其土地沃饒，歲多豐稔，以爲樂土，因定居焉。"因其地繁榮昌盛，故名"永昌"。爲嘉其功業，皇帝以公主妻之。後與皇族世爲婚姻，且富貴不絕。元順帝至正十八年（1358），危素奉詔爲斡欒的先塋撰寫神道碑銘（其父忻都公被追封爲西寧王）。碑文簡述了以上情況及忻都父子的主要經歷和事迹。碑文收入《涼州府志備考》《隴右金石錄》。碑中的部分人物如都瓦、不思麻、火赤哈兒與《亦都護高昌王世勳碑》中之都哇、卜思巴、火赤哈兒應是同一人，所叙述的歷史事實也基本相同，二碑內容可參照理解。2013年，墓葬及碑刻被國務院公布爲全國重點文物保護單位。此碑對研究我國古代少數民族歷史，特別是回鶻族的起源流派，漢、蒙古、回鶻族之間的關係，以及元代文學、書法、雕刻藝術等具有重要價值，是我國古代多民族團結融合的歷史見證。

[作者] 危素（1303—1372）：字太樸，江西金溪縣人。曾負責主編宋、遼、金三朝歷史，并注釋《爾雅》。歷任翰林編修、監察御史、禮部尚書等職，累官至參知

政事。入明後與宋濂同修《元史》。著有《吳草廬年譜》《危學士集》等。

張瑱（qí）：元至正年間任光祿大夫、集賢殿大學士，後封滕國公。

陳敬伯：元朝大臣陳顥次子。至正年間任中書參知政事、左丞、右丞，累官至中書平章政事。

[注釋]

①西寧王忻都（1272—1331）：回鶻族，北庭名族。祖上幾代曾爲高昌國顯官，入元後歷官奉訓大夫、禮部尚書，封范陽郡公，追封薊國公、西寧王。

②斡欒：西寧王忻都之子。曾任樞密同知、中書右丞、中書平章政事、左丞相等職。期間，恰逢元末農民起義，天下大亂，其事迹難以稽考。

③至正等：元朝最後一位皇帝元惠宗年號（1341—1368）。至正十八年即1358年；己亥爲十九年（1359）。至順，元文宗年號，1330—1333年。

④表襮（bó）：亦作"表暴"，自炫、暴露。

⑤汴梁：又稱汴京、東京，是開封在金、元、明時的稱呼。

⑥亦集乃：即居延，今内蒙古額濟納旗。

⑦繇（yóu）：同"由"，從，自。

⑧叨陪：謙稱，陪侍或追隨。

凉都公搭搭父西臺中丞遠都巴兒墓刻

[題解] 據有關材料記載，墓地除碑刻外，還刻立有石人、石羊、石駱駝等。碑文無存，碑刻下落不明。"西臺中丞"疑爲"行臺中丞"。

余忠宣公①死節記碑

有元設科取士，中外文武著功社稷之臣，歷歷可紀。至正辛卯②，兵起淮潁，城邑盡廢，江漢之間能捍禦大郡，全盡名節者，守舒③帥余公廷心一人而已。

公家世河西，自擢高科、登要職，以浙東僉憲④來鎮舒郡。始至舒時，國門之外數十里之地皆盜柵也。公身率壯士，累戰而勝，盜遂退。乃爲攘剔⑤傍近之地，令民耕之。大築城壘、修矛戟、募勇士，以圖克復。

癸巳⑥秋，國朝命太師右丞相脫脫⑦討征江漢。使至舒，公即奉命率兵出境，戰潰群寇，遂平樅陽盜柵。維時湖廣陳友諒⑧據上流，雙刀趙⑨據池陽。公常具戰艦數百艘，借糴江西，往來皆爲二寇邀遮⑩，然與戰無不克捷。或誘至城下而設奇，俘獲尤多，盜爲股栗⑪慨嘆。舒屬六邑，皆爲盜所據。民有逃亡至郡者，乏絕糧餉。公捐祿米二百石以賑恤，民乃安。凡盜至，民亦爲力戰。

時，予自閩海還舒，謁公於館下。公延予門塾，俾教授子弟。翌日，侍公於城之南樓，語及國家，顧謂予曰："余荷國恩，以進士及第，歷省憲，居館閣，每愧無報。今國家多難，授予以兵戎重寄，豈余所堪？然古人有言，'爲子死孝，爲臣死忠'，萬一不幸，吾知盡吾忠而已。"

丁酉⑫冬十月，上流陳寇至郡城，圍及兩月。公累出奇兵以戰，陳寇死者甚衆。其屬邑逃難之民，悉思效義以報，且戰且守，盜兵遂弱，城柵益堅。盜思不能獨勝，乃會趙雙刀水寇，上下交攻，戰艦萬艘，鼙鼓震動，炮石鏗鏑⑬。公勵將士，民亦無懼色。

十一月，趙寇急攻城南門，陳寇攻城東門，戰數十合，士氣頗怠。公駐甲於城東之練樹灣。有二寇挑戈度濠來戰，公持刃躬自殺之，俱墜死於濠池。一賊又登岸，公復奮兵急殺之。陳寇望而嘆曰："詩書之帥，有如是乎？使天下皆余公也，何患城守之不固哉！"有頃，諸將復集，皆愧。私相謂曰："元帥躬自奮勇，吾生何爲？"皆踴躍思戰。陳寇見兵勢復盛，遂皆退。

十二月，趙寇復攻城東。公誓將士曰："今城守孤危，汝等當爲國宣力，有功當以吾爵授汝，不然則戮以殉。"將士受命，亦皆以死自效。血戰至暮，兵稍不利，公被矢傷其左目，神思昏惑。將士遂衛公還，暨至閨內，蘇而驚愕，謂左右曰："全忠報國，吾分内事，使我死得其地，吾瞑目無憾。汝奚以我歸耶？"於是將士復衛公出。

戊戌⑭春正月，盜整兵大合。舳艫延亘，旗幟焰焰。公率將士及城之居民，戰於城西門，力敵至午，城遂陷。公北面仰天嘆曰："吾守孤城七年，今兵疲力竭，不能滅寇雪恥恨，願以死報國。"乃拔劍自刎，墮濠西清水灣而死。陳氏以金購求得之，具棺椁衣衾，葬於城外。

公之夫人蔣氏，聞公仗節，即率女安安竟赴井死。長子名得臣，時年十八，能熟記諸經書，慟曰："吾父死於忠，吾何以生爲！"乃溺死於後園之深池。甥名福童，善戰有勇力，亦戰死於城濠之間。姪婿花李，爲義兵萬户，自城外馳單騎回，其家人勸之降。李怒曰："吾受元帥節制，平日甘苦，元帥與吾共之。元帥已死，吾降，异日何以見元帥於地下！"且曰："爾等亦當隨我盡忠，毋爲人所魚肉。"乃盡驅之一室，大小咸殪殺。然後坐取巨觥以飲，拔劍自刎而死。賊衆入見，斷其首而去。其餘將士，若萬户紀守忠、金勝宗，鎮撫陳彬，千户那海，經歷段玉等俱不肯降，咸戰死於鋒鏑之下。

噫！自古天下有盛必有衰，然以予觀之，三代而下，漢唐及宋，未有如元運之盛者。奈何承平日久，武備不修，一旦兵起淮漢，爲臣子者，或擁兵自衛，或望風而降，於是中原失守，而忠臣義士幾何人斯？稽之史册，自古忠烈烜赫者，唐巡、遠⑮，宋文天祥而已。若吾余公廷心，鍾光岳之靈氣，有文武之全才，方氣運之盛，黼黻大猷⑯，焕然可述；當多難之秋，戰守之功，鮮有儷者。及夫援絶城陷，竟能秉節不屈，視死如歸，尤人之所不能及。先民有云："疾風知勁草，世亂識忠臣。"其此之謂歟！然公之忠節，固職之所當爲，而公之夫人，若子若女，一門之節義，又世之所無者。

余素居公之館下，凡公之政績，不及枚舉。而公之大節，敢不紀之，以傳之後！故爲之記。

乃贊曰：於赫元運，篤生名臣。識宗今古，學究天人。捍此大邦，戎備整飭。允文允武，克著厥迹。古有巡遠，公實邁之。猗與忠節，敢揚頌詩。

至正戊戌八月太原賈伯良爲記

[題解] 簡稱《余闕碑》，撰於元惠宗至正十八年（1358）八月。碑文以《康熙安慶府志·卷二十六·碑記》《安慶碑刻輯録》（又見康熙年間刊《懷寧縣志》卷三十一）爲底本，結合《党項與西夏資料彙編》引《余忠宣青陽山房集·忠節附録》校改，并參照相關文章對校。碑的形制及何時立碑、立於安慶城何處不詳。碑文簡述余闕出身、本人功名及相關經歷，詳盡叙述其安慶保衛戰中的突出表現及全家死節的壯舉，高度評價其"有元設科取士，中外文武著功社稷之臣……能捍禦大郡全盡名節者，守舒帥余公廷心一人而已。""忠臣義士幾何人斯？稽之史册，自古忠烈烜赫者，唐巡、遠，宋文天祥而已。若吾余公廷心，鍾光岳之靈氣，有文武之全才……當多難之秋，戰守之功，鮮有儷者……秉節不屈，視死如歸，尤人之所不能及……而公之夫人，若子若女，一門之節義，又世之所無者。"碑記對全面認識余闕及其詩文成就、殉節意義具有重要價值。

[作者] 賈良：一作賈伯良，元代宿松（今屬安徽）人，祖籍太原。至正年間曾任六門縣教諭，余闕曾請他訓戒其子弟（作孩子的家庭教師）。余闕殉節後，賈良爲文紀其事。

[注釋]

①余忠宣公：即余闕（1303—1358），字廷心，一字天心。先世爲唐兀

(党項族）人，世居河西武威，生於廬州（今安徽合肥市）。元統元年（1333）進士。歷泗州同知、刑部主事、翰林修撰等，曾參加宋、遼、金三史編修工作。後歷監察御史、禮部員外郎、湖廣行省郎中、浙東僉憲。至正十二年，以淮西宣慰副使、都元帥、江淮行省參知政事等職分守安慶。至正十七年（1357），爲陳友諒所圍，次年正月城破自殺，妻、子、女皆投井而死。元廷追封豳國公，謚忠宣。明朝開國伊始，朱元璋詔令表彰，著名文學家宋濂、朱善、楊維楨等分別爲其立傳。其經學基礎雄厚，詩文、書法俱佳。有《青陽集》傳世。

②至正辛卯：即元惠宗至正十一年，公元1351年。

③舒：今舒州，古地名，今安徽省安慶市一帶。

④僉憲：對僉都御史的尊稱。僉都御史是元代監察機構御史台的官員。

⑤攘剔（rǎngtī）：謂剪除繁冗部分。

⑥癸巳：即元惠宗至正十三年，公元1353年。

⑦脫脫（1314—1356）：亦作脫脫帖木兒，字大用，蒙古族蔑兒乞人。元朝末年政治家、軍事家。歷任同知宣政院事、同知樞密院事、御史大夫、中書右丞相，曾主編《遼史》《宋史》《金史》，後復出爲中書左丞相、中書右丞相，鎮壓抗元紅巾軍。後被革職流放雲南，遭人毒害致死。

⑧陳友諒（1320—1363）：湖北沔陽（今仙桃市）人。元朝末年群雄之一。參加徐壽輝、趙普勝、倪文俊等人領導的天完紅巾軍，以功升元帥。後襲殺趙、倪，挾持徐壽輝，自立爲漢王；又殺害徐壽輝，自立爲帝。至正二十三年，率60萬水軍進攻朱元璋，在鄱陽湖大敗，突圍時中流箭而死。

⑨雙刀趙：即趙普勝（？—1359），安徽廬江人。元末紅巾軍將領。善用雙刀，故號"雙刀趙"。陳友諒忌其戰功顯赫，以圖謀不軌名義殺之。

⑩邀遮：謂攔阻。

⑪股栗：指因緊張、害怕而兩腿發抖。

⑫丁酉：即元惠宗至正十七年，1357年。

⑬鏗鍧（kēnghōng）：形容聲音洪亮。

⑭戊戌：即元惠宗至正十八年，1358年。

⑮唐巡、遠，宋文天祥而已：巡遠，唐代名臣張巡、許遠的并稱。安史之亂中，二人在內無糧草、外無援兵的情況下協力死守睢陽，前後交戰四百餘次，使叛軍損失慘重，有效阻遏了叛軍南犯之勢，保障了唐朝東南的安全。終因外援不至、糧草耗盡、士卒死傷殆盡而被俘遇害。後詔贈大都督，圖像於凌烟閣，并敕建雙忠廟於睢陽，歲時致祭。

文天祥（1236—1283），道號浮休道人、文山。吉州廬陵（今江西吉安市）人，南宋末政治家、文學家，愛國詩人，抗元名臣，與陸秀夫、張世杰并稱爲"宋末三杰"。著有《文山詩集》《指南録》等。

⑯黼黻（fǔfú）大猷：黼黻，泛指禮服上所繡的華美花紋。古代衣服邊上有規律的"黑白""黑青"相間的花紋。多指官服，借指爵禄。又借指華美的文辭，象徵文章好，才華横溢。大猷，謂治國大道。

明　朝

故推誠輔運宣忠效力武臣
柱國　後軍都督府左都督　西寧侯宋公①神道碑銘

　　永樂五年七月某日，推誠輔運宣忠效力武臣、柱國、後軍都督府左都督、西寧侯宋公終於肅州。訃聞，天子悼嘆，遣官賜祭，敕有司給傳，還其喪。明年夏，至京師，葬聚寶門外其考之塋之次。

　　公諱晟，洪武中所賜名，其字景暘。宋世家鳳陽之定遠。元季我太祖皇帝龍興，歲壬辰②，公隋父朝用、兄國興來歸。明年，從克濠州，又從戰敗賈魯③，父兄并以功授萬戶。甲午，從張天佑④克五河、泗州、盱眙，又并進總管。乙未，從上克和州，渡江下采石、太平。總管邵榮等潛有异謀，國興察知以聞，榮等伏誅。從克溧陽，進攻南臺，國興戰没，命公襲兄職。丙申，從攻陳也先⑤水寨，克之，遂從克南臺，公父陞廣德元帥。丁酉，隨廣德公克宣州還，改廣德公天寧翼元帥，以老，留建康。公從鄧愈⑥克徽州，受功賞。

　　戊戌，召入侍衛。己亥，襲天寧翼元帥。庚子，調征饒州及江西諸郡，以次平。賜襲衣文綺，命充統兵官，平諸山寨。洪武元年，克建寧，遂留守禦。新定官制實授武德將軍、建寧衛正千戶。四年⑦，升懷遠將軍、建寧都指揮使司都指揮同知。冬，召還，升江西都指揮使。九年，調大同，授龍虎將軍。十一年，調陝西，所至治兵撫民，不嚴而肅。十二年，掌涼州衛。十三年，逐北虜至白城，獲其人馬甚衆。十五年，父病，詔公還侍。又三年，父没。既襄事，復鎮涼州。虜時數爲邊患，公率兵討之，追至亦集乃之地，斬其凶渠也速兒監等及其衆無算，餘悉生縶送京師。又招降虜僞國公吳把都等萬八千人，而送其酋長工不答兒等百五十人詣京師，簡其壯者傅卒伍，餘悉處之善地，俾耕牧自便。驛召公還京，獎諭再四，賜齎甚厚，復鎮涼州。十九年，召還，升驃騎將軍、右軍都督府都督僉事，賜鈔文綺，以其官贈其三代，仍鎮涼州。廿三年夏，遣中使就賜白金及鈔；至秋，復三遣賜鈔文綺，授制諭充總兵官，征哈密里，破之。哈密者，去肅州千餘里，虜所城也。誅其偽王子別列怯等三十餘人，獲虜衆千三百人及金印一、銀印二，悉送京師，所獲馬牛羊咸給將士。二十五年，復充總兵官，征罕東西番叛寇，誅擒七千五百餘人，獲馬二千五百，牛羊十萬，遂還京師。二十七年，調中軍都督府。是歲，虜寇遼東，命充副總兵，率兵討之，遇戰腦溫江，獲虜衆千餘，馬倍之。明年，廣西骿㟒諸寨連結爲亂，命充右副總兵，往征之，誅擒七千餘人，賊平，還京。又明年，總羽林八衛兵往平五開龍里十三洞之寇。三十一年，率師城萬全諸衛。歸二年，出鎮甘肅。

太宗皇帝初臨御，公朝京師，升後軍都督府左都督。永樂元年，授平羌將軍充總兵官，仍鎮甘肅。三年，虜日益聚近邊，公遣人諭以朝廷德意，其酋長把都帖都帖木兒、倫篤兒灰⑧率部衆五千，馬駝萬六千來歸，邊境底寧。事聞，賜敕獎諭，命都督徐膺緒⑨、尚書趙羾⑩持節，即軍中封西寧侯，賜推誠輔運宣忠效力武臣、柱國，仍後軍都督府左都督，食祿千一百石，加賜田若干頃。又二年，以疾終，享年若干。

公曾祖某贈某官，妣某氏贈某官夫人；祖一公及考皆再贈某官，祖妣朱氏、妣陳氏皆再贈某官夫人；公之配丁氏、許氏皆封西寧侯夫人。子男幾，某某：瑄，府軍右衛指揮使，先公卒；琥，駙馬都尉，尚安成公主；瑛，駙馬都尉，尚咸寧公主。永樂中，琥襲西寧侯；仁宗皇帝嗣位，琥坐事，改命瑛襲西寧侯。孫男幾，某某：杰，金吾左衛指揮使；偉，羽林左衛指揮同知；俊，天策衛指揮僉事；儼，旗手衛正千戶；佐，襲驍衛正千戶。

嗚呼！公勛著國家，貴聯戚里，慶澤被於後嗣，名聲施於無窮，固本於際遇聖明，千載之幸會，亦必其忠義之行，閎遠之材，克勤始終，有以迓承⑪之矣。故既述其事於碑，又系之銘曰：

天建皇明，龍興淮土，魁智杰能，如雲從附。定遠密比，猶漢沛豐，父兄偕來，有偉宋公。義旗所向，仗劍先驅，神武不殺，迎降讙呼。長江飛渡，金陵定鼎，分命股肱，出綏四境。於宣於歙，於番於閩，公從總戎，聲威日振。甌寧既靖，公留奠之，進奠藩垣，大江之西。雲中在左，分陝在右，公來鎮撫，煌煌旌旟。虜窺西陲，公往遏之，斬馘其渠，招懷其餘。系胡遼陽，薙孽嶺表，如燎滅枯，如鐵摧朽。馬迹所歷，幾周四遐，桓桓之志，無康於家。文皇臨御，親任舊老，自西來朝，蒼顏白首。天子曰"嘻！卿宜在廷，紓予西顧，孰乎愈卿？"公曰："臣職，及臣未衰。"西人忻忻，迓公復來。鞠躬盡瘁，遑敢怠寧，邊人恃公，屹然長城。宣上德恩，洽於遐外，耄倪畢歸，如川赴海。天子曰：

"嘻！維時茂勛，崇爵豐祿，予慰乃勤。"維公遭際，實多父兄，偉績賢稱，晚而益閎。存没榮哀，歸從先兆，來世莫京，繇公所肇。墓道有石，其崇九尺，太史述銘，永耀無極。

  榮祿大夫、少傅、工部尚書兼華蓋殿大學士 廬陵楊士奇撰文

  資政大夫、工部尚書楊榮書丹 文林郎、監察御史 毗陵□□篆額

  [題解] 簡稱《宋晟神道碑》。宋晟去世後賜葬南京雷家山西麓的宋氏家族墓地（今雨花臺區雨花西路），碑立於宋晟第六子駙馬都尉宋瑛襲父西寧侯爵後的洪熙元年（1425）。碑通高510厘米，碑高289厘米、寬114厘米、厚31厘米。碑額圓首，雕飾雙龍雲紋，鐫刻篆書"明故特進榮祿大夫柱國西寧侯宋公神道碑"，由名臣楊士奇撰文、楊榮書丹。碑文主要記述了志主隨父兄投奔紅巾軍，參加抗元起義及明朝立國後四十餘年所建立的顯赫功績，兼及家庭成員功名，特別突出了其四次鎮守涼州、對保衛西北邊疆做出的杰出貢獻。以紀年叙事，清晰明瞭，可補正史闕佚。

  [作者]

  楊士奇（1366—1444）：名寓，號東里，江西吉安府泰和縣人。明代宰相，著名學者。少時喪父，游學四方。參與修撰《明太祖實錄》，進入官場，累官禮部侍郎，拜少師、華蓋殿大學士，兼兵部尚書。先後歷經五朝，擔任首輔二十一年，與楊榮、楊溥一同輔政，并稱"三楊"。去世後，贈左柱國、太師，謚文貞。

  楊榮：見《涼州衛修文廟暨儒學記》作者介紹。

  [注釋]

  ①宋晟（？—1407），字景陽。安徽定遠人。明初名將。早年隨父宋朝用、兄長宋國興投奔紅巾軍，參加抗元起義，累功至天寧翼元帥、總兵官等職。明朝建立後，曾任職江西、大同、陝西等地，四次出鎮涼州，爲官四十餘年，顯赫一時。期間，屢敗北元及西番進犯，"威著西鄙"，又南下討平諸苗叛亂。官至甘肅總兵、後軍都督府左都督、平羌將軍，封西寧侯。病逝於肅州，追封鄆國公。

  宋晟從洪武"十二年，掌涼州衛"，到永樂三年，四次鎮守涼州，前後二十餘年，在邊疆威信極高，晚年仍"出鎮甘肅"，招降了蒙古族將領吴允誠部，成爲他鎮守西北邊防的一大亮點。同時，朱棣還命宋晟經營河西牧地，規劃出塞方略。朱棣以其有大將才，專任以邊事，并授予他在邊疆方便行事的權力。期間，他對武威城進行了大規模的增修，在原有東南北三門的基礎上增辟西城門，修建了東、南、北三大城門樓和4座吊橋，挖了深6米多的城壕，在城牆四周

修建箭樓、邏鋪共36座，在北城墻的西邊獨建一高樓，用來眺望遠方，警報敵情。宋晟生前封西寧侯，終明一朝，共傳11代，先後有14人襲爵，聯姻帝室，是明代著名世家之一。涼州區金羊鎮有宋家園村、宋家莊，武南鎮有宋府村，是其鎮守涼州時的花園和府邸。入武威名宦祠。

②壬辰等：壬辰，元惠宗至正十二年，即1352年。甲午、乙未、丙申、丁酉、戊戌、己亥、庚子，指元惠宗至正十四年至二十年，即1354至1360年。

③貫魯（1297—1353）：字友恒，元代高平（今屬山西晋城）人，著名河防大臣、水利學家。歷儒學教授、行都水監等，官至工部尚書、總治河防使。曾多次領導治河工作，親自率人修築黃河，後在鎮壓紅巾軍的戰鬥中去世。

④張天佑（1314—1356）：安徽宿州人，元朝末年江淮地區紅巾軍將領。從郭子興起兵濠州（今安徽鳳陽縣），以功封右副元帥，在進攻集慶路（今南京市）時，因降將陳也先勾結集慶守將福壽被俘殺。

⑤陳也先（？—1355）：即陳野先，元朝集慶地區的民兵元帥。至正十五年六月，率衆攻打太平城，被朱元璋大敗後投降。後在郭天叙、張天佑率軍攻打集慶時臨陣叛變，與元軍合兵拒戰，郭、張戰敗身亡，陳被地主武裝誤殺。

⑥鄧愈（1337—1377）：字伯顏，泗州虹縣（今安徽泗縣）人。明朝開國名將。早年起兵抗元，率部萬餘人投奔朱元璋，渡長江，克集慶，直取鎮江，轉戰浙西，屢立戰功。智勇兼備，嚴於治軍，善撫降者。曾隨徐達遠征甘肅，招降吐蕃、烏斯藏諸部。歷湖廣平章、右御史大夫等，晋榮禄大夫、右柱國，封衛國公，卒後追封爲寧河王。

⑦四年以下各年份，皆朱元璋洪武年號，共三十一年。四年，即1371年；三十一年，即1398年。

⑧把都帖都帖木兒：亦作把都帖木兒，即永樂年間歸降明朝的蒙古族將領吳允誠。倫篤兒灰，亦作倫都兒灰，即吳允誠部將柴秉誠。參見明楊榮《明故恭順伯吳公神道碑》。

⑨徐膺緒（約1372—1416）：濠州鐘離（今安徽鳳陽市）人，明初開國大將魏國公徐達第二子。曾任尚寶司卿、中軍都督僉事，世襲指揮使。

⑩趙肱（1364—1436）：字雲翰，山西夏縣人，後徙河南祥符縣。歷兵部主事、員外郎、浙江參政，官至兵部尚書。

⑪迓承：迎受。

明故恭順伯吳公①神道碑

光禄大夫 柱國 少師 工部尚書兼謹身殿大學士
國史總裁 同知經筵事 建安楊榮 撰
賜進士出身前 湖廣道監察御史 蜀人羊俞 書丹
賜同進士 朝列大夫 陝西等處承宣布政使司右參議李奈 篆額

　　皇明之興，受天景運。太祖高皇帝②開創洪圖，混一華夷；太宗文皇帝③嗣承大統，德教宏敷，四海粢寧④，萬方臣服。於是之時，遐方絕域之士，能識天命，致身歸附，依托風雲，樹立勳績，薦膺封爵，俾聲光著於當時，慶澤延於後嗣者，豈非豪邁杰特之士哉！

　　若故恭順伯吳公允誠其人也。公本河西大族，居亦集乃，仕元受深封，其族位侯伯者，累累有之。初名把都帖木耳，永樂乙酉秋，率所部來歸。太宗嘉其款誠，賞賚優厚，遂賜名，擢右軍都督僉事，錫以誥命，俾居於凉。公性剛直，誓欲殫心報國。歲已丑，虜出沒而爲寇者，公乃率百騎深入卜哈思地，生獲寇首哈剌乞台等。捷奏，升都督同知，賜敕獎諭，有"智謀深遠，才識超邁"之語。是冬，召之京。明年春，從駕北征，至元冥河⑤，追本雅失里⑥，繼攻靜虜⑦，廣漢戍之地，敗阿魯台⑧之黨。論功，升右都督。辛卯，轉左都督，屢受白金楮幣⑨之賜。既而，凉州轄官都指揮闊台赤叛去，公追之，敗其衆，獲輜重以歸。敕封恭順伯，歲食禄千二百石，復賜誥命。未幾，同豐城侯⑩征石灰禿，擒闊台赤還。尋追叛賊奧列禿阿剌乞八等，斬獲之功居多。歲甲午，又扈從出塞，敗胡寇於紅崖⑪，歸受賞賚，還居於凉。丁酉四月二十七日，得病卒，享年六十有一。

　　訃聞，太宗深爲悼嘆，親撰文祭之，賻予優厚，仍命所司治葬事。是歲秋九月十九日，葬於凉州金塔寺山之原。子克忠⑫繼襲前爵。辛丑歲，奉敕移家於京。配夫人楊氏，淑善有謀智，克相夫子。凉州轄官嘗以公從征於外，遣衆謀叛，欲劫其母子以行。夫人伺知之，潛與次子管者以計擒其人，戮之，衆皆帖息。事聞，太宗嘉之，賜白金采幣，稱爲"賢德夫人"。仍賜敕獎諭公曰："爾妻能忠以報國，智以脱患，婦人而秉丈夫之節，雖古亦罕有焉。"後公五年卒，朝廷遣祭治喪具，葬北京順天府房山縣之北。次子鎖南昝卜，留居武威守墳。

板達⑬受都指揮同知；者藍受都指揮僉事；把敦賜名守義，受都督僉事。子男四人。長答僞，指揮同知。次管者，仁宗皇帝嗣位，以功封廣義伯，歲食祿千石。次克忠，端謹信實，多效勞勛，加封恭順侯，賜誥券；正統甲子歲征東有功，又加太子太保，歲食祿二千一百石。次也兒克台，賜名克勤，擢進左軍都督。女三人。長適右軍都督柴別里華⑭，次適都指揮楊完者禿⑮，其三爲太宗皇帝妃。侄滿哥文質、阿顔台、文彬，俱襲指揮使。文質從征，擒僞畚卜少師，授正千户；阿顔台授都督僉事。孫男七人：瑾、璘、瑛、玘、瓚、琮、琪。瑾襲侯爵，璘指揮使，玘襲封廣義伯。孫女一，爲宣宗皇帝妃。公既葬三十有二年，而墓碑未立。克忠以狀固請，乃叙述如右，而系以詩也。

　　詩曰：赫赫皇明，天眷維隆。太祖創業，聿成大功。繼乙太宗，嗣承大統。萬方率土，如星拱辰。顯顯吳公，漠朔偉人。奮軀來歸，誓竭忠勤。回敕甲⑯胄，乃奮弓矢。如鷹斯揚，所至風靡。蹂於窮荒，殱厥豺豕。懋績殊勛，太常是紀。天寵薦隆，伯爵斯封。曷昭其誠，曰順曰恭。恭則有禮，順則克從。帝命褒寵，天下之公。始終恩榮，邈焉寡及。誰其承之，詵詵後嗣。紹厥休光，咸有名字。豎石刻銘，昭公勛績。仰懷國恩，其永勿替。惟孝惟忠，公祀百世。

　　[題解] 據《隴右金石錄》《武威縣志稿》載：《恭順伯吳公神道碑》，在金塔寺吳公墓側。明正統十三年（1448）立，大學士楊榮撰文，書篆人名俱泐。碑無存，文見張澍《涼州府志備考·藝文卷》，《隴右金石錄》有補正。據《明史·吳允誠傳》記載：允誠，蒙古人，居甘肅塞外塔溝，以部落來歸，領所部居涼州耕牧，以軍功封恭順伯，卒追贈國公，謚忠壯……子克忠、克勤，土木之變，俱殁於陣，克忠贈邠國公，謚忠勇；克勤贈遵化伯，謚僖敏……蓋世代以忠節顯。此碑是吳允誠死後32年由其子吳克忠所立。碑文主要記述了吳允誠家族的顯赫功績，可補正史闕佚。

　　[作者]

　　楊榮：見《涼州衛修文廟暨儒學記》作者介紹。

　　羊俞、李奈：生平事迹皆不詳。

　　[注釋]

　　①吳公：即吳允誠（1357—1417），見《阜成寺碑記》注。

　　②太祖高皇帝：即明太祖朱元璋，1368—1398年在位，年號洪武。

　　③太宗文皇帝：即明成祖朱棣，初廟號太宗，明世宗朱厚熜（嘉靖）改爲成祖。1403—1424年在位，年號永樂。

④敉（mǐ）寧：安撫、安定。

⑤元冥河：即玄冥河、玄冥池，今內蒙古東北部呼倫貝爾湖的別名。

⑥本雅失里（1378—1412）：蒙古帝國第22位大汗，忽必烈後裔，尊號完者貼木耳（圖）汗，元末明初北元韃靼領導人之一，在位三年，被瓦剌部首領所殺。

⑦靜虜：地名，亦名靜虜鎮，在今內蒙古東北呼倫貝爾地區額爾古納河一帶。明成祖曾在靜虜鎮大敗阿魯台。

⑧阿魯台（？—1434）：韃靼人，北元太師。1403—1434年間，先後擁立鬼力赤、本雅失里、阿台爲可汗，自稱大元朝太師，專權擅政，多次襲擾明朝邊境，後被明成祖擊潰。永樂十一年（1413）受封和寧王，與瓦剌對立。宣德九年（1434），被瓦剌部首領脫歡攻殺。

⑨楮（chǔ）幣：也稱楮券。指宋、金、元時發行的"會子""寶券"等紙幣的別稱。因其多用楮皮紙製成，故名。後亦泛指一般的紙幣。

⑩豐城侯：即李彬（1361—1422），字質文，鳳陽人。早期承襲父職出塞征戰，朱棣起兵時歸附，并爲其前鋒。後率軍平定多地反叛勢力，戰功累累，官至征夷將軍、豐城侯。後病死任上，追贈茂國公，謚剛毅。

⑪紅崖：全國稱紅崖的地方較多，綜合分析，此處所指紅崖疑爲今山西北部至蒙古一帶。

⑫吳克忠等：吳克忠，吳允誠三子（一說爲長子），隨父征瓦剌，師還，襲伯爵，後因功加封恭順侯、太子太保；正統十四年（1449）土木堡之變，與弟克勤力戰犧牲，贈邠國公，謚忠勇。管者，即吳允誠次子吳管者，蒙古名爲鎖南咎卜，與其母楊氏留居涼州，因功升都指揮同知，封爲廣義伯。答僞（答蘭），吳允誠長子，任指揮同知，其他不詳。也兒克台，即吳允誠四子吳克勤，曾任左軍都督，在土木堡之變中與克忠戰死，贈遵化伯，謚僖敏。

⑬板達、者藍、把敦：皆吳允誠部將，其中把敦賜名吳守義，曾任涼州衛指揮同知，官至左軍都督僉事，卒後追贈西和伯。

⑭柴別里華：吳允誠部將柴秉誠之子，曾任右軍都督。柴秉誠原名倫都兒灰，與吳允誠一起率部歸降明朝，授後軍都督僉事，賜名柴秉誠。

⑮楊完者禿：吳允誠部將保住之子，曾任都指揮使。保住於永樂三年隨吳允誠一起歸附明朝，授陝西行都司都指揮僉事，賜名楊效誠。

⑯敹（liáo）甲：謂整修軍事裝備。敹，縫綴。

故昭勇將軍蘇公壙志①

公諱敬②，先世古沛人。父以洪武初從戎□□昌府。公代父勞，以英武之賢，自□□□□三使絶域，備歷□□，授百户，繼授副千户、正千户，折揮命□。公生於洪武八年九月初八日寅時，景泰五年十二月二十八日酉時卒，享壽八十歲。□□□□氏陳氏，生子男二，曰行，承其職□□□陝西行都指揮使事□□氏□□□。

贊曰：□□安氏□□□□□□□□□□十□□□願。嗚呼！□□□□是石之□□□□。

[題解] 壙志約刻於明代宗景泰六年（1455）初。共兩方，志身、蓋均高39厘米，寬35厘米，厚5.5厘米。文物工作者於1957年從武威縣清源鄉收集，今存武威市博物館。作者不詳。

[注釋]

①壙（kuàng）志：即墓志。《大明會典》：五品以上許用碑，六品以下許用壙志。但也有親王、公主墓志銘稱爲"壙志"的，如《監國魯王壙志》《福清公主壙志》等。

②蘇敬（1373—1454）：先世古沛（今江蘇沛縣）人。代父從軍，官至正千户（正五品），去世後追贈爲昭勇將軍（明代正三品武官）。

明故驃騎將軍徐公壙志

按狀，公諱廉①，字克慎，世爲北畿順天府東安望族。厥祖奕世，相傳至大父源，累歷戰功，官至都指揮僉事，守備涼州，因而家至焉。先公謹代爵授昭勇將軍，指揮使，涼州視篆②三十載，政聲著於當時，後以疾卒於官。母太夫人郭氏，生公及弟節，偉人也。

公自幼器量過人，才藝超衆，比承先職，亦推涼州視篆③。後任永昌操守，建功居多。累官至驃騎將軍都指揮使，守備西寧，威德咸施，夷夏悅服。正宜享高年、膺大爵，柱石邦家可也，奈何天不假年，乃於正德④三年戊辰三月朔旦卒於任，擇夏六月之七日歸葬武威城北先塋。娶夫人夏氏，先卒。媵李氏生子一人，曰威，娶婦孫氏。次媵孫氏生子三，曰武、昶、憲，俱幼未婚；女一人，適甘州指揮使巫俊。公生於辛巳⑤年九月二十六日，享年四十有八。其子威，持狀請爲志，以掩諸幽，恐异時陵谷變遷，俾仁人君子見而憫之，幸爲瘞⑥焉。

大明正德三年夏六月朔旦書，孝子威泣血立石。

[題解] 壙志刻於明正德三年（1508）六月。共兩方，志蓋高、寬各54厘米，志身高、寬各52厘米。今存武威文廟。碑文簡述墓主人家世、任職及家庭情况，對研究武威徐姓的流源具有重要價值。作者不詳。

[注釋]

①徐廉（1461—1508）：字克慎，世爲北黴順天府東安（今河北廊坊市安次區）望族。因祖父在凉州做官，遂舉家遷至。官至驃騎將軍都指揮使，守備西寧。去世於任所，葬於武威城北先塋。

②視蒙：管理百姓。視，監視；蒙，蒙昧、愚昧。

③視篆：掌印視事。官印例用篆文，故稱。

④正德：明武宗年號。正德三年即1508年。

⑤辛巳：即明英宗天順五年，1461年。

⑥瘞（yì）：掩埋、埋葬、安葬。

敕賜上柱國 光禄大夫 左都督 諡忠剛張公墓志銘

賜進士第 通議大夫 都察院右副都御史
奉敕巡撫甘肅等處地方兼屯政 今兵部尚書 虞坡楊博 撰

嘉靖庚戌夏六月，虜衆入寇大同。時，雪山張公①佩征西前將軍印，總兵事。聞報，即貫甲馳馬而去，與虜戰於塞上，手刃數十人，虜氣以奪。久之，援兵不至，遂遇害。事聞，天子深加嗟悼。既特進左都督，賜諡"忠剛"，蔭二子；復敕所司，祭葬如禮；大同、凉州各建祠祀之。恩遇稠叠，可爲人臣之極榮矣。

公初起自行伍，以功績官涼州衛指揮使。已而守備洪水②，改守鎮番。庚子，遷延綏游擊將軍。嘗引兵東援山西，遇虜於嵐縣。公與仲子世雄奮身血戰，世雄竟力竭而死。由是公名益重，晉都督僉事，充總兵官，鎮守山西。壬寅，會虜大掠山西，乃系公於獄。公曰："與其死於此，恨不早死邊陲爾！"余時為職方司郎中，言於司馬吉水毛公③，上疏申救。大意謂，公與李蓁俱稱宿將，不可以一眚④永弃。於後，台諫諸君又交相論薦，公始得釋。乙巳，虜犯宣大，勢甚猖獗。公率其子世俊、世杰追至鐵里門，力戰數十餘合，殺傷無算，虜眾大挫而歸。總督、侍郎、揭陽翁公⑤言於上曰："臣達感朝廷再生之恩，父子戮力，以死報稱，微達則山後之民悉魚肉矣。達當受上賞。"於是，復都督僉事。丙午歲，充總兵官，協守宣府。七月，鎮守陝西。未幾，即平徽州之亂。戊申歲，改鎮延綏。己酉歲，改鎮守大同總兵官。明年，死綏之役。余巡撫甘、涼時，嘗往來公家，環堵蕭然，不蔽風雨，薄田數頃，僅給饘⑥粥。事伯兄連⑦，友愛篤至，一錢寸帛，未嘗輕入私室。公被逮時，連任河南陝縣丞，弃官徑歸，為公陳訴，人或留之。連曰："吾弟在水火之中，吾死且不顧，況此升斗之祿耶！"嗟乎，亦可觀公孝廉之略矣。

公諱達，字克明，號雪山，同州白水縣唐賢柬之⑧之後也。國初，有名充住者，以事戍涼州，今遂家涼州。大父溫，父原，以公貴，俱贈左都督。母司氏，配王氏，俱褒封一品夫人。再娶朱氏，子四人：世英由邑庠生襲授指揮使；世雄陣亡嵐縣；世俊、世杰俱蔭指揮僉事。孫男昆、侖、嵐。公之生在弘治庚戌，其卒在嘉靖庚戌，其葬在嘉靖壬子⑨。世英扶公之櫬歸葬涼州，道經蒲阪下，執余友國學生涑渠席越，出公行狀，屬為銘。余謂公之精忠大節，國史自當大書，何俟余之贅言哉。然余素知公義，不可不銘。

銘曰：烈烈張公，能安而止。歲在庚子，子為爾死。歲在庚戌，爾為國死。人孰無死，（原缺四字）。忠臣孝子，死有餘光。我銘載石，萬古攸藏。

[題解]《隴右金石錄》載：據《武威縣志稿》，"張忠剛公達墓碑"在涼州城東門外五里墩（東）溝。明嘉靖壬子年（1552）立，甘肅巡撫、兵部尚書楊博撰文。碑文引自《涼州府志備考》，同時還收錄了《楊博敕贈上柱國光祿大夫左都督諡忠剛張公祠記》《部議恤典》《明諭都督張達敕命三道》。以上文章對張達功勳、封贈祀典、撫恤及其所需經費列支以及對貽誤戰機官員的追責等都進行了安排和諭示，對研究明朝軍人撫恤、榮譽制度具有重要價值。《五涼全志·人物志·先賢》："張達由行伍屢有軍功，歷任大同總兵。嘉靖二十八年秋，

也先帖木兒入寇，戰死，諡'忠剛'，祠祀之。"《明史·韃靼傳》："嘉靖二十四年秋，俺答犯，大同總兵張達拒却之。二十九年春，俺答移駐威寧海子；夏犯，大同總兵張達、林椿死之。"《世宗紀》："逝在庚戌二十九年六月。"所記殉國時間與此碑同。庚戌年即嘉靖二十九年（1550）。此碑對張達的軍功偉績予以重點敘述，兼及個人品德、家庭及朝廷封贈撫恤等情況，高度贊頌其父子慷慨赴死、爲國捐軀的英雄精神。

[作者] 楊博（1509—1574）見本書民勤卷《奏請添築西關疏》作者。

[注釋]

①張達：見本書涼州卷《敕贈上柱國光祿大夫左都督諡忠剛張公祠記》注。

②洪水：亦謂紅水，涼州東北五十里爲洪水下營，東北七十里爲洪水上營。

③毛公：即明兵部尚書、著名將領毛伯溫（1482—1545），江西吉水人。嘉靖年間任兵部尚書，封太子太保，曾平定安南，對明朝邊防鞏固有較大貢獻。

④眚（shěng）：過錯、過失。

⑤翁公：即明朝名將、詩人翁萬達（1498—1552），潮州揭陽（今汕頭市金平區）人，曾官知府、布政使、兵部尚書、左都御史等職，在平定安南、北擊蒙古中屢立戰功。贈太子太保。

⑥饘（zhān）粥：稠粥。

⑦連：連襟，姐妹的丈夫之間的親戚關係，也指姊妹之夫的互稱或合稱。

⑧柬之：即唐朝宰相張柬之。

⑨弘治庚戌：即明孝宗弘治三年，1490年。嘉靖庚戌：嘉靖二十九年。嘉靖壬子：嘉靖三十一年。

故驃騎將軍 鎮守寧夏地方總兵官
左軍都督府都督同知 誥贈光祿大夫 洪崖李公墓表

公諱義①，字時宜，姓李氏。居武威郡洪崖溝，因號洪崖，人稱洪崖將軍。先世順天府通州武清縣邱家莊人。有諱貴者，爲公高祖，洪武二十年從戍武城，歷戰有功，授百夫長；曾祖榮，襲前職，改陝西行都司涼州衛左所，遂爲涼人；祖諱貞，仍襲前職；生昂，從征北虜，戰於紅水大沙窩黃羊川抹兒山，斬獲首虜，升本衛正千户，娶王氏，實公父也。

弘治②十七年，公襲父職。正德③二年，以父功升本衛指揮僉事，隨副總兵蘇泰、參將魯經，與虜賊戰於尖塔兒、羅羅墩、安塔兒、白土坡、白石頭川地方，俱獲首虜，升指揮使。八年四月，欽授守備紅城子地方。十六年八月，奉敕充甘肅游擊將軍。十二月，復奉敕充左副總兵，協守甘州地方，加升都指揮僉事。嘉靖三年五月，內行職京營，管理神機左掖營。四年六月，復充甘肅游擊將軍。是年十月，仍升左副總兵協守寧夏地方。五年，統兵防禦黑城子堡，遇虜於細溝，督兵大戰，連破賊壘，斬首虜三百七十餘級，奪獲達馬夷器④無算。總督、兵部尚書王公⑤上其功，聖天子嗟嘆良久，且曰："數十年來，無有此捷。"欽賜金幣以旌異⑥之。是年七月，仍改甘肅協守副總兵，升陝西行都司都指揮同知。九年十一月，得告養疾回衛。十六年八月，以撫按屢薦復起，奉敕充左參將，分守莊浪地方。十七年，海寇薄境⑦，公統漢土官軍，設伏鎮羌，迎戰大通河，斬首十四級，獲達馬夷器數千。幕府上功，加升驃騎將軍，給世襲誥命一通。十八年十月，奉敕充挂征西將軍印、充總兵官，鎮守寧夏地方。二十年正月，虜由歸德口侵我邊境，公統兵馳至蘆溝，與賊遇，督軍奮擊，賊披靡，獲首虜四十九級，達馬夷器若干。捷報，欽升左軍都督府都督僉事。修邊事竣，欽賜白金、文綺，錫璽書以勞之。二十七年十二月，公以年老，精力漸耗，艱於騎射，且重聽⑧，頓首乞骸骨⑨。天子軫念勞勛，重違其志⑩，特允諭之。歸田里，以疾告終。誥贈光祿大夫、左軍都督府都督同知、右柱國。

公壯，性氣勇悍，精騎射，有膽略，善撫士卒，故士卒樂為之用，戰陣皆有成算，若倉卒遇敵，亦能隨機應變。結髮從戎四十餘年，未嘗敗北也。公娶都督徐公諱謙⑪長女，贈夫人。丈夫子一，曰朔方，襲公職涼州衛指揮使，娶蘇氏，指揮蘇世英之女；女子四，分守蘭靖參將王允亨、涼州將軍唐勇、錦衣衛指揮僉事魯經、涼州衛千戶周虎其婿也。生於成化丙申正月初二日卯時，卒於嘉靖辛亥十二月十五日酉時，壽七十六歲。次年二月二十六日，其子朔方已葬公於城南十里先塋之次。茲以蘭靖參將君狀，乞余為文，上石以表公行。參將軍素與余交歡，余故不辭而為之詞。

詞曰：猗歟將軍，鐘靈北鄙。龍韜虎略，身形雄偉。天佑我明，虜運適否。將軍臨邊，厥功亹亹⑫。糾糾桓桓，直搗賊壘。萬夫之特，干城之軌。燕然勒銘，祁連作誄。壽考令終，福祿偕美。埋玉山邱，化精神鬼。行路翹企，式奏浮靡。

公謚曰"忠勇"，配祀鄉賢祠。

賜進士出身、中憲大夫、山東按察司副使、前雲南道監察御史、金城段續拜撰
大明嘉靖三十三年歲次甲寅七月乙亥朔越十有五日吉旦　立石

[題解] 碑刻於嘉靖三十三年（1554）七月。已佚，碑文引自《涼州府志備考》。據《涼州府志備考》載，碑原在涼州光明寺門首，乾隆年間移於壇院內。碑文概述李義上四代從軍及落籍涼州緣由，重點敘述了其襲職以來四十多年沉穩而不敗的軍旅生涯和立功封賞情況，兼及家庭成員狀況，并對其功德予以高度褒揚。綫索清晰，語言淺顯易懂，是一篇完整的人物傳記。武威博物館保存一件明嘉靖二十年（1541）的聖旨，對其在寧夏總兵任上的職責進行諭示。

補記：涼州區高壩鎮牛家花園出土《明故征西將軍左軍都督李公壙志》，為"嘉靖三十一年歲次壬子三月十五日刻石，"正方形，見方約80厘米，保存完整，今存牛家花園露天地上，開發商用玻璃罩予以保護，字跡基本清晰。碑載："公諱義，字時宜，號洪崖。其先順天府通州武清縣人……"其內容和《墓表》基本一致，可相互補充。

[作者] 段續：字紹先，號東川，蘭州市段家灘人。明嘉靖二年（1523）進士。歷任中憲大夫、山東按察司副使、雲南道御史、湖廣布政使司參議、密雲兵備道副使等職，爲官卓有政聲。辭官回蘭州後，首次創制黃河水車。

[注釋]

①李義（1476—1551）：字時宜，因居武威洪崖溝（今武威市涼州區高壩鎮，一說懷安鎮），號洪崖，世稱洪崖將軍。先世順天府通州武清縣（今天津市武清區）人，其曾祖任涼州衛左所，遂家涼州，四世皆有戰功。李義戎馬一生，長期在甘肅、京師、寧夏、陝西鎮守，"結髮從戎，四十餘年未嘗敗北也。"戰功卓著，升遷有加，官至總兵、左軍都督府都督僉事，死後誥贈光祿大夫、左軍都督府都督同知、右柱國。葬於城南十里先塋之次（今牛家花園一帶）。

②弘治：明孝宗年號，共18年，1488—1505年。

③正德：明武宗年號，共16年，1506—1521年。

④達馬夷器：達馬，蒙古馬；夷器，外族或外國的器械。

⑤王公：即王憲（1464—1537），字維綱，山東東平州（今東平縣）人。進士出身，曾任陝西巡撫等職，官至兵部尚書、太子太保。

⑥旌異：旌表；褒獎。

⑦薄境：迫境。薄，迫近、接近。

⑧重聽：指聽力下降，聽音失真，爲耳聾之輕症。

⑨乞骸骨：自請退職，意爲請求皇帝使骸骨歸葬故鄉，回老家安度晚年。古代官員年老退休的一種謙詞。

⑩重違其志：難於違反其意而勉強同意。重違，猶難違。

⑪徐謙：明朝成化五年（1469）進士，曾任陝西游擊等職，官至都督。
⑫亹亹（wěi）：不絕的樣子。又，勤勉不倦的樣子。

明故上柱國 光祿大夫 鎮守永寧蘭州等處地方總兵
□□□都督府左都督楊公①墓志

公世籍蜀，始祖□□□□。太祖以善戰□□□□□計功，封錫指揮同知。傳二世□武加□都指揮僉事，後調□西涼，歷□曾至□世□□□任□州左副總□□□□□令公□祖也，□任延綏參將，□□□子長四□六四□又□□□□□計四□□□父。母戴氏生公，離繈褓既赴□邁□□□□□□□□孤父□亦□□□□祖暨□畏□□拯字□任□承蔭□□次□功初任推□松山守備，敕能□□□□□，爰升游擊將軍，轉任寧夏游兵方□□，轉任衛泉營游擊，守□平宮城□將時□□□□□□□□□，擢公□□□□□兵部標下通兵項，又西□□人推公鎮守甘肅，挂平□將軍印。方抵任，值□寇。王征寇，歷四年，征剿勞茂□□□□鎮守永、平、蘭州。□□□□尾，身親矢石驅，驅戎馬□幾四十年。前在任時，荷皇上嘉其績，□恩褒寵。追贈若祖、若父、若考妣□如其官，明倫津□幽隊永輝。丁丑歲，公忽遭疾，乞骸得允，歸里調□□□僅四□□秋，茲於崇禎十五年五月二十四日寅時，因疾捐逝。公生於萬曆丁丑年十二月初九日子時，計歿之年，生於丁丑②，卒於壬午，享壽六十有六。

公諱嘉謨，號明宇，系魁之子，鰲之孫，實初授職，始祖勝八世孫也。元配丁氏，賢淑，方諧伉儷，乃先公而卒，荷恩□贈一品夫人。□公父弟畏叔育有群材濟濟，其盛，自能承宗祧③、纘④祖功，亦倖免於無後之慮焉！渴茲歲之三月二十八日，卜吉□啓夫人丁氏□合葬於東野佳城之區。恐以世久無指，故記於左。崇禎十六年歲次癸未春三月二十八日吉旦。

右春坊司□□□□□翰林院侍讀王錫袞謹志

[題解] 碑刻於明崇禎十六年（1643）三月夫婦合葬之時。高45厘米，寬59厘米。今存武威市博物館。市博物館還藏有兩件明天啓六年（1626）和崇禎五年（1632）頒發的嘉獎楊嘉謨的誥命詔書（聖旨），是20世紀60年代從楊氏後裔中徵集到的。因楊嘉謨克敵有功，實授驃騎將軍、總兵等職。為嘉獎其功，

詔書諭示在涼州城內修建楊府，今東大街楊府巷即楊府所在之地。碑文內容和以上材料參讀，我們就可以對楊氏家世有一個比較清晰的認識。

[作者] 王錫袞（1598—1647）：字龍藻，雲南祿豐人。天啟二年（1622）進士。曾任翰林院侍讀，禮部侍郎、尚書等。明亡後，先後在南明隆武、永曆政權任職。南明永曆元年（1647）四月，被雲南王弄土司沙定洲所執殺。

[注釋]

①楊公：即志主楊嘉謨（1577—1642），號明宇，祖籍重慶長壽縣（今長壽區），因祖上在涼州任職而落籍涼州。其起於行伍，早年襲職涼州衛指揮僉事，歷守備、游擊將軍、參將、副總兵、總兵、驃騎將軍、平羌將軍等職，征戰沙場四十年，屢建功勳。去世後與夫人丁氏合葬於涼州東郊。楊嘉謨《明史》無傳，但《明史紀事本末》、相關人物傳記、《綏寇紀略》及有關明代歷史演義小說中散見其事跡。

②丁丑等：崇禎丁丑年，即崇禎十年（1637）；萬曆丁丑年，即萬曆五年（1577）；壬午即崇禎十五年（1642）。

③宗祧（tiāo）：宗廟。祧，古代稱元祖的廟。繼承祖業。

④纘（zuǎn）：繼承。

清　朝

張希顏墓碑

予家南京應天府人也。始祖景，因從戎籍涼焉，歷二世。曾祖諱榮生；予祖諱炳，號如煥。敏异孝友，得補邑庠，復先業，振家聲，於樂安堡南又創新居，規模宏敞，優與縉紳，游郎今業，立父母塋者是。生子五：希曾、希孔、希孟、希閔。長郎先君諱希顏，號仁宇，易儒業而事仁術。娶母王氏，生予兄弟四：長俊德；次俊才，遺幼子，謹耕祖地，以繼嗣祀；四弟少亡，止遺女一。母生女四：長適①經緯陳生員，次適菖蔡生員，三適生梧田生員，四適爾立乃鎮番衛之康千戶也。予行三，甫十六而背父，離祖時才十齡耳。憶祖於諸孫中以光顯為予望，臨終郎以無誤，讀書為予父囑。予不才，由明年經選膺。今職會章。聖帝統一告成，大封群臣，奈予官卑，不能榮祖奉父母，得沐褒封典。予期凜四知②，歸囊不足，仁族敢冀撰文乎？惟遵循典章，建墓碑、石坊、供器等件，用光祖父母積善之徵，垂子若孫。耕讀之籍，豈曰侈大美觀云哉！為年月是記。同塋者亦勒名述遺於左。

長兄德，生子我惠，孫耀辰；次兄才，生子我聲、我澤。叔閔，生子俊魁，生員；孫我猷，生員；玄孫詡辰。

康熙十一年壬子桂月吉，任河南開封府督理漕糧通判俊哲謹志

[題解] 碑砂石質，立於康熙十一年（1672）八月。通高2米，寬0.71米，厚0.2米；碑首高0.7米，半圓形，正面中間篆書"誥封"二字，背面中間刻"勒碑記略"兩行四字。碑身正面中間刻楷書"承德郎河南開封府通判張公諱希顏，號仁宇；安人王氏之墓"兩行字。背面楷書碑文15行，滿行26字。碑座矩形，長0.75米，寬0.6米，厚0.3米，四面浮雕圖案。今存武威市涼州區謝河鎮張俊哲家族墓地。碑文簡述了祖上從南京遷入武威的因由、家族在武威的繁衍情況，勾畫了張氏子孫圖譜。同時，表達了對自己學業無成而辜負祖上期望

的愧疚之意，情真意切，讀之令人動容。

[作者] 張俊哲（1601—1680）：字穎我，號樂庵，祖籍南京，祖上因從軍遂落籍凉州。其家貧，十歲時祖父去世，十六歲時父親去世，在子孫當中，安貧篤學，侍奉長輩，被祖父寄予厚望。後由貢生被徵調，做過旗學教師，曾任河南開封府督理漕糧通判，期間先後代理延津、祥符縣令，政績突出。辭官回家後以教育子孫爲務，卒於家中。

[注釋]

①適：往，到。舊指女子出嫁。

②四知：《後漢書·楊震傳》，王密向楊震行賄，楊震拒絶，王密説："送金的事在夜裏誰也不知道。"楊震説："上天知道、神明知道、我知你知，怎麽説没有人知道？"後以"四知"爲廉潔自律的典範。

張俊哲墓碑

皇清。誥封。承德郎、河南開封府通判樂庵張老先生墓碑。

玉韞山而林茂，珠含淵而水明。蓋毓靈不偶，則登進斯珍。惟人亦然，德積厥躬，名芳於世，在家稱孝，在國爲楨，莅民社則號神君，居里閈則推祭酒。余於汴與樂庵張老先生見之。先生祖籍秣陵，大王父諱炳，始遷武威，洎爲凉庠衿士。王父諱希顔，以儒業種杏舉，男嗣三，先生其季也。總角時，大王父器之，謂光顯門閭者千里駒乎！既而，王父云殂。先生事母至孝，安貧篤學，弱冠游□，以舌耕承歡，比食饘定，省有資，令聞日著，凉之秀杰半出門墻。先生秉慈訓，□祖業，精行誼。大母□□病，侍湯藥，無聞他務，終營殯殮，罔不竭力。遵遺命遷父柩合葬，以盡子道。巡案王公、郡守喬君、協鎮徐君，見其母節子孝，咸表其閭，云無可伯仲繼隕。先生撫孤□，行動告誡，畢婚嫁，均財産，弗異近子。

鄉有義舉，輒以身任之如頻。業師爲楚宦，高年乏嗣，於其卒也，倡諸後備殮，葬豐禮祭。明季，闖賊犯境，則稱貸市馬，置器械，率親朋子弟爲堵截□，洎我國家，疆域河西。嗣有逆回作難，先生集鄉党，陳大義，協心圖圍，逆回不得肆掠。王師克成掃蕩，先生與有力焉，官吏欲上其功，泊然恬退。

乃兩赴棘闈，數奇未遇，竟以歲貢入雍教爲正藍旗教習，端師範，使貴介如禮。乙亥春，除授開封別駕，督運漕糧，折冗費，剔陋規。總漕朱公首騰薦剡①，撫軍賈公重加獎賜。值屬邑延津缺令，當事者調先生攝之。民方苦旱，致禱即霖，隨請弊，蘇民困、修學宮、勸課藝、興截運。辛丑春，又值祥符缺令，復調先生攝之，興利除害，譽頌籍於延津。二邑紳衿四民，俱有歌恩實錄。厥後，許州乏牧，士民慕其慈惠，效二邑上請，先生堅意□□。

既賦歸來，課督兒孫，選文撰記，未嘗踐迹公庭。暇則嘯咏林泉，頤養情性，雖大□如耆年也。予嘗有"藏宰相於山中，行神仙於地上"文句以贈之。忽於庚申歲間□月二十五日乘槎奄逝，辛酉九月下浣，祔葬於樂安堡祖塋側。其男嗣我道、我僕、我紳輩，皆予拔取士也，以行狀請墓碑於余。余在典郡，悉先生素履，恭期宦迹，若期安得不亟來諸貞瑉，使彼諸人士有所觀感焉。而景行維賢，使其文子文孫有所繩武焉。而箕裘克紹，於以作禎，皇國是予之職也。

先生諱俊哲，字穎我，號樂庵，諡文惠，以開封別駕致仕②。男嗣四，男孫九，曾孫二，孫女六，俱詳在志銘中。

頌曰：山岳降神，實維於民。天民如何？兒孝□仁。里揚孝子，國籍能臣。卓哉樂庵，德音熇熇。尋趣孔顏，自號曰樂。行藏特達，貽謀式穀。

康熙二十一年歲次壬戌，署整飭分守涼莊道事、監督涼州等處倉場同知、加三級、陝關文武分考、前明廣衡州府理刑推官黃肇熙頓首拜撰

[題解] 碑砂石質，立於康熙二十一年（1682）。通高2.9米。碑首高0.7米，寬0.75米，厚0.2米；碑身高1.9米，寬0.75米，厚0.2米。正面楷書三行，内容爲"承德郎任河南開封府督理漕糧通判，諱俊哲，字穎我，號樂庵，私諡文惠張公，正六品；安人張氏之墓"。背面楷書碑文16行，行63字，雕二龍戲珠圖案。正面篆書"誥封"二字，背面楷書"皇清"二字。碑座矩形，高0.3米，長0.78米，寬0.6米，四面浮雕圖案。今存武威市涼州區謝河鎮張俊哲家族墓地。碑文内容概述了張俊哲的生平經歷，作者爲福建名士，曾爲本邑長官，與張俊哲交往頗深，又敬慕其爲人，故對其的出身、學業、政績和德操給予較爲翔實的記叙并作出客觀評價。

[作者] 黃肇熙：福建人。曾任涼州知府、鞏昌分府監屯同知。憐才愛士，勤政恤民。張俊哲辭官回武威後，二人多有交往。

[注釋]
①薦剡：指推薦人的文書。引伸爲推薦。
②致仕：交還官職，即退休。

誥封一品李母①雷太夫人墓志銘

皇清。皇帝御極三十有三年秋九月，余以簡命視咸駐節天津衛地。天津於古爲渤海，國朝定鼎燕薊，近在三輔，實重咽喉管鑰之寄，爰是特置。太師以都督專閫，非才猷碩望，簡在帝心②，莫預斯任焉。冬十一月，大總戎隴西李公持節來統是軍。時，公居母雷太夫人喪，服未闋，用金革奪情③視事。越明年夏五月，公乃拜疏，陳情乞假西歸營窀穸④，奏上得請。公乃出太夫人行狀示余，以遂石志銘爲□余舊史也，且□□城，又夙聞太夫人之芳烈，義不敢辭。

據狀，太夫人姓雷氏，世家蜀省瀘邑，爲簪纓望族。幼明慧有至性，長嫻姆訓，習禮明詩，雅忠貞淑，不苟言笑，宗黨咸愛重之，笄年而歸翔梧李公。李氏先世居廣陵江都，明時特進⑤。公禄，以軍功顯河西，官富保⑥，世授涼州衛指揮使，由是遠家於涼。禄生一陽，授洪水游戎⑦。生四子，長維新⑧，總兵陝西，旋拜四川大都督，贈尚方，討平安奢二酋⑨，璽言褒寵。維新生六子，俱以勛勞致大位。其第五子棲鸞⑩即翔梧公也。翔梧任密雲副總戎，有威望，早歿，勛葉未憲，三子俱幼穉⑪。時，太夫人方盛年，矢節扶孤，遭時多難，艱苦備嘗。龍興初，大業始建河西，僻在邊塞，俗強悍多反側。順治三年，有回寇之變，焚略郡邑。太夫人以孀母携弱息支持門户，意保孤以濟教育。三□夫子成偉器，享有令名，蟬聯鵲起，克振家聲，非直才智過人，其精誠□有感召之者。睹其平居庭訓，勤勤懇懇，必以大禹惜寸陰爲勖，此即魯敬姜記□□□□伯仲保膚揚繩武⑫而季子⑬。總戎公⑭乃以甲辰進士，歷貴顯受知聖天子優□，賜御書制承天語，紫泥金軸，龍光焕□。太夫人四十八年，齧水茹蘗⑮，食報勿爽。而李氏累世勛膚，亦以有光前列，雖迎養思恩，告必言合，人子猶抱風水之痛，而太夫人則已□入九涼矣。夫人參□□□生惟是，忠孝節義，凛凛正氣，爲能比曜日星，列位河岳，卓然不朽。閨中女士，實鬚眉男子，初無毫髮异也。而太夫人獨能以柏舟荼苦之身，當陽九百□之□造，嗣子以功名顯身，亦兒齒黄髮享大年被恩，命□操左券而得之者，天之報施固如是也。□如羔嘗祠祀之□問視巾□之誠，處姊姒稟族，敦以□御婢僕臧□肅以息，此在彤管徽音，諸賢媛咸能之，而太夫人之所爲，有古賢母所勿建者。嗚呼！太夫人爲不死矣。

太夫人生萬曆丁巳三月二十二日丑時，卒於康熙壬申五月二十四日丑時，享年七十有六。子三人。長鎮華，甘肅提標將官，早卒；娶參戎李公威武長女。

次鎮域，三梓武舉，□任江南崇明水師游擊；娶參戎徐公丞業孫女。次鎮鼎，任直隸天津總兵；娶參戎吉公丞印次女。孫六人。長宗聖，娶楊氏，華出；宗禹娶蔡氏，宗清未娶，俱域出；宗侗娶張氏，宗膺、宗綱未娶，俱鼎出。以康熙甲戌年八月二十三日葬太夫人於凉邑之原，既以志其載，乃爲之。

銘曰：坤順而貞，孤芳斯烈。矢節保孤，蘭馨冰冽。凛凛正氣，此惟與宅。我銘其載，母儀是式。勿謂天高，勿謂地厚。貫日凌霄，久而益茂。陵谷可頹，滄濱可徙。太君之德，於千秋祀。

賜進士出身、河南道監察御史、巡按長盧□康熙政堂□南道事□登聞侍經筵翰林院庶吉士、年家眷⑯余泰來頓首拜撰

康熙歲次甲戌八月二十三日，孝男鎮域、鎮鼎丞重孫宗聖，孫宗禹、宗侗、宗綱、宗膺，曾孫兒賜光棟稽頭拜立石

[題解] 碑刻於康熙三十三年（1694）八月。墓志高92厘米，寬73厘米。今存武威市博物館。碑文高度贊揚了雷太夫人早年喪偶，在亂世之中培養孩子成器的風範懿德。内容包括志主出身、簡歷、子孫、歸葬等，道出了凉州高官顯族李氏一門的相關信息，是最能説明"兩河巨室"李維新、李栖鳳家族在武威活動的一通碑刻，對近人研究李氏家世提供了原始的資料佐證。

[作者] 余泰來：浙江山陰（今紹興市）人。康熙年間進士，選翰林院庶起士，曾任河南道監察御史，官至奉天府尹。

[注釋]

①李母：姓雷氏（1617—1692），四川瀘邑（今瀘州市）人。李鎮鼎母親，李栖鷲夫人。雷太夫人與丈夫育有三子，夫殁時，三子俱幼，夫人獨自承擔起教育子女的重任。三子均成器。長子鎮華，時任甘肅提標將官；次子鎮域，武舉人，時任江南崇明水師游擊；三子鎮鼎，武進士，時任直隸天津總兵。她既爲國培養人才，又光顯門楣，成爲後代女子的楷模，誥封一品太夫人，以76歲高齡辭世，葬於凉州李氏先塋。

②簡在帝心：原指被天帝所察知，後演變爲被皇帝所瞭解（知曉）。

③金革奪情：金革指戰爭、戰場。奪情是古代丁憂制度的延伸，意思是爲國家利益奪取孝親之情。一般而言，官員遇父母喪，應予辭職丁憂，但遇戰爭之事可不去職，以素服辦公。又稱"金革之事不避"。

④窀穸（zhūnxī）：埋葬；墓穴。

⑤特進：官職名。一般授予列侯中有特殊地位的人，位在三公之下。明代

以特進光禄大夫爲正一品。

⑥富保：疑爲"傅保"。中國古代以三公即太子太師、太子太傅、太子太保爲最尊顯的官職。傅保表示官職已做到最高（頂頭）。

⑦洪水游戎：明時在涼州東北五十里設洪水下營，七十里設洪水上營。游戎即游擊將軍，從三品，位在參將（正三品）下。

⑧李維新：字小台，祖籍廣陵江都（今江蘇揚州）。祖父李禄，以軍功顯河西，官高位顯，累授世職并落籍涼州。父李陽，曾任涼州洪水游擊將軍，生四子。長子李維新，明末四川總兵、黔蜀提督，因平定西南"奢安之亂"，贈光禄大夫，太子太保。有子六人（一説八人），孫數十名，大多爲清代顯官，其家族被稱爲"兩河巨室"（康熙題匾）。武威市涼州區古城鎮長流村有李關王家族墓（因其二子李栖鳳貌似關公，人稱"李關王"，故名）。

⑨安奢二酋：指明朝天啓年間四川永寧宣撫司奢崇明、貴州水西宣尉司安位叔父安邦彦，均系四川、貴州大土司，二人先後於重慶、貴州起兵叛亂，史稱"奢安之亂"。後被朝廷調重兵鎮壓。

⑩李栖鷺：字翔梧，李維新第五子，即雷太夫人丈夫。蔭生，曾任清直隸密雲副將、密雲總兵。

⑪稚：幼小，孩童。

⑫膺揚繩武：膺揚，同"鷹揚"，威武的樣子，逞威，引申爲大展雄才。繩武，繼承祖先業績。

⑬季子（前576—前484）：姓姬名札，春秋時期吳王壽夢的第四子，封於延陵（今江蘇丹陽）。曾爲躲避繼承王位，兩次歸隱山林，躬耕勞作。他是中國古代品德高尚而又具有遠見卓識的政治家、外交家，被譽爲中華文明史上禮儀和誠信的代表人物。

⑭總戎公：即前面所述大總戎，指李鎮鼎（？—1697），字奠原，康熙甲辰（1664）武進士。歷任天津總兵、廣東提督，以功加太子太保銜。卒於任所。

⑮嚙（niè）水茹蘗（bò）：同"飲水茹蘗"，指生活清苦，爲人清白。嚙，咬；蘗，樹皮。

⑯年家眷：清代稱呼用語。一般用在交情不深的人之間的客套稱呼。"年家"，即同年（科舉時代稱同榜或同一年考中者）。清代無論有無科第，稱呼時概寫年家。

唐國寵碑記

大清正一品光禄大夫
康熙三十六年

[題解] 碑立於康熙三十六年（1697）。通高200厘米，寬100厘米，厚30厘米。現存武威市涼州區古城鎮唐家灣山谷中。碑文剝蝕嚴重，內容已模糊難辨。志主唐國寵，具體不詳。相傳曾在南方為官，卒後葬於他鄉，武威墓葬為衣冠冢。墓區原有石碑、石柱、石羊等。20世紀80年代武威文物部門曾對此碑進行勘察，欲將此碑移至文廟，因唐家後人不允，仍在卧睡原處。目前除碑體外，碑頭與碑基已嚴重風化。

誥授榮禄大夫 陝西寧夏等處地方挂印總兵官 都督僉事 加一級承武張公①墓志銘

雍正五年歲次丁未秋月朔越翼日②

皇清。誥授榮禄大夫、欽命陝西寧夏等處挂印總兵官承武張公，歿於寧夏之官署。時，陝督岳公③馳奏以聞，上閱其疏奏，黯然神傷者久之，特加恤典，命歸葬涼州。是年秋，公之二子扶柩旋里，卜葬於郡城之東。因介言於余，用昭來兹，余愧不文，誼忝兩世，爰為之志。

公諱君烈，字承武，武威人也。先世舊族，多有隱德，雅為閭里所稱慕。自曾、大王父而下，皆以公之貴，追贈如其官。公生有異姿，魁梧奇偉，與人交，然諾不欺，精騎射，諳韜略。當弱冠時，即慨然有志於用世。聖祖仁皇帝④三十五年，有事北漠，公從總兵董公⑤遠征異域，萬里懸絶，克立奇功，題叙守備職銜。引見日，上顧問再四，遂補授石匣⑥守備，尋調涿州營守備。屏翰畿甸⑦，留為異日大用地也。公膺兹專城，賢聲丕著，當事交章推薦，升補玉田都司，既而調天津城守營。甲午⑧春，丁太夫人艱，歸葬。余見公，營葬修祀，情文俱至。服除，授松江左營游擊。歷五載，勋猷愈懋，松江提督某公益加倚重，題補中軍參將，任大事劇，恢恢乎游刃有餘。雍正元年，皇帝鑒別賢員，大學士高公①首以公薦。蓋高相帥松江時識公也，命下專閫沂水。是時，余牧邳州，治雖隔省，境壤相接，遙聽公之風聲，心焉景慕，干城之望，重於青齊。甫一載，保送陛見，天顏大喜，頻加獎譽，賜克食龍蝦并御制《朋黨論》、滿州書籍。以副將得邀天眷，洵异數也。旋奉旨升授川北總兵。得微疾，引見圓明園，上深加惻念，命食於光祿，賜藥於太醫，賜宴，賜孔雀翎，賜上諭四幅、紫金錠，御佩小刀，克食等物，温旨詳切。公荷榮寵，益加兢惕，抑抑自損，毫無驕盈，卓然有大臣風規。暨任川北，甫月餘，即膺移鎮寧夏之命。蓋朔方控賀蘭之襟帶，扼河套之咽喉，倚公鎖鑰，庶免西顧。公星馳就任，肅官箴，勵士卒，戢人民，和夷戎，所以仰體聖訓而竭忠藎也。睿嘉勳勞，特賚優諭詩章、唐人疏奏，賜白金五百以勵清操。公益潔己奉公，以酬國恩。

夫何昊天不吊，而不佑公以永其年。悲夫！公生於康熙壬子三月初五日丑時，卒於雍正五年丁未五月初三日申時。誥授榮祿大夫；元配楊氏，誥封一品夫人。男二，長堂，入國學；次台，幼。嗚呼！公自壯歲從戎，受知兩朝，其汗馬殊勳，固已載青史、銘太常②矣！余何能盡道其詳，聊取梗概，繫銘以志。

銘曰：皇清天造，景運無疆。篤生宿將，效命疆場。猗歟將軍，起家戎行。虎頭燕頷，鵬舉鷹揚。隨征漠北，天討用張。膚功既奏，陛覲宸光。歷任大鎮，名重帝鄉。彤弓御服，頒自尚方。階進榮祿，奕祀馨香。丁未之夏，太白掩芒。訃音上聞，聖主悲愴。賜祭賜葬，生榮死傷。涼郡之東，窀穸深藏。佳城鬱鬱，縢公之祥。矗碑嶙峋，璽書輝煌。二子英邁，餘慶未央。鐫銘壙石，百世流芳。

賜進士出身、翰林院庶吉士、特授浙江寧波府知府、加一級同邑孫詔頓首拜撰

[題解] 碑刻於雍正五年（1727）夏天。已佚，碑文引自《涼州府志備考》。簡述張承武的軍旅生涯，因其隨軍遠征漠北，克立奇功，政績顯著，名聞青齊，數年間多次升遷，成爲皇帝鑒別的賢員之一，并受命鎮守寧夏。作者通過其在各個軍事崗位上的杰出功績和上司的簡拔、皇帝的陛見及所受到的禮遇恩寵，高度評價其一生的功績情操。參見《乾隆御祭總兵張烈碑》及題跋。

[作者] 孫詔（？—1733）：字鳳書，號友石，甘肅武威人。清康熙五十一年（1712）進士，選翰林院庶吉士，曾任知縣、知府、道台、江西按察使、湖北布政使（未就任）等職。卒於南昌任所。

[注釋]

①張公：即志主張君烈（1672—1727），又名張烈，字承武，武威人。行伍

出身，曾任守備、游擊、參將、總兵等職，轉戰西域、陝甘、京畿、江南、四川等地，"賢聲丕著"，"潔己奉公"，"卓然有大臣風規"。去世後誥授榮禄大夫，歸葬涼州城東。

②翼日：明日，次日。同"翌日"。

③岳公：即岳鐘琪（1686—1754），字東美，號容齋，原籍涼州莊浪（今甘肅永登），生於成都。四川提督岳升龍之子，清代康雍乾時期名將，累官至陝甘總督，封三等威信公，屢平邊地叛亂。其以漢人而手握重兵，位高權重，爲清代（太平天國前）所僅見。著有《姜園集》等。

④聖祖仁皇帝：即康熙皇帝。

⑤董公：即時任涼州總兵董大成，寧夏固原人，康熙三十五年（1696）御駕親征噶爾丹時，为振武將軍孫思克屬下陝甘精銳。後升任鑾儀衛鑾儀使。

⑥石匣：地名，位於今北京密雲縣東北部，今密雲水庫之北。傳說，城中有石如匣，故名。

⑦畿甸：畿，國都附近的地方；甸，郊外。指京師週邊；也指京城地區。

⑧甲午：此處甲午指康熙五十三年（1714）。

⑨高公：即高其位（1647—1727），漢軍鑲黃旗人。曾從征討伐噶爾丹，授甘肅永昌副將，歷官提督、署理兩江總督、禮部尚書、文淵閣大學士等。

⑩太常：中國古代掌朝廷宗廟禮儀之官名，也稱"奉常"，爲九卿之一。也稱掌管禮樂的行政機構太常寺。此處是說可列入國家旌表的人物名單。

烈女鳳姐墓碑

歐陽永禕

烈女鳳姐，雙樹溝高氏之僕女也。生有慧質，舉止端方，主母潘絕愛憐之，不忍沉埋儕輩，并其父母開户卜居郡城之東隅。女年及笄，許字①於喬姓之子，將偕伉儷。會高母奄逝，鳳姐奔喪，居其室。僕人孫貴，鬼蜮爲心，聚麀成性，見他僕女春姐有姿色，強逼求合。女堅拒之。貴蓄恨不滅。二月初三日深夜，乘醉持刀潛入内室，欲殺春姐泄忿。時春姐與鳳姐、冬姐同侍二幼主母。貴直入喪次，主母王詈其寅夜擅入中堂，大不遜。貴揮刀亂砍，鳳姐直前以身蔽主。曰："若無禮至此！倘傷主母粉骨，何價？"貴觸怒，遂推刃於鳳姐，身負重創而死。

夫古今來，奮不顧身，忠於其主，如嵇紹②、辛賓③、陸秀夫④輩，皆烈丈夫之所爲。今鳳姐三角女子，出身微賤，非同閨閣之儲，有文史之訓，亦能以身衛主，至死而不知懼，豈非正氣鐘於閨門，爲烈丈夫之所爲而無愧哉？死如是，死重於泰山，未可以僮僕所出而少之也。余重女之義烈，勒貞瑉以表其墓，復爲之銘。

銘曰：梯峰巀嶭⑤，瀚水瀛溟⑥。是融是結，巾幗鐘靈。慷慨赴義，捐軀幼齡。既活其主，家室復寧。日月爭耀，天地委形。有女若此，彤史常青。

[題解] 碑約立於作者任武威知縣期間（1740—1745），已佚，碑文引自《五凉全志》。鳳姐，雙樹溝（今凉州區發放鎮雙樹村）高氏僕女。因其聰慧能幹且舉止端莊得體，深得主人喜愛。後因保護主母被作惡未遂的僕人孫貴殺害。時任知縣歐陽永祹親自爲其撰寫碑文，對其面對歹徒毫不畏懼，忠心護主的烈丈夫精神贊頌有加，認爲其死重於泰山。

[作者] 歐陽永祹：見《敦節儉條約》注。

[注釋]

①許字：把女子許配於人。

②嵇紹（253—304）：字延祖，西晋譙國銍（今安徽省濉溪縣）人，嵇康之子。永興初，河間王顒、成都王穎舉兵，嵇紹從帝戰於蕩陰，侍衛皆潰，惟嵇紹以身捍衛，飛箭羽集，遂被害於帝側，血濺帝衣。元帝即位，賜謚忠穆。

③辛賓：隴西狄道（今甘肅臨洮縣）人。晋湣帝時爲尚書郎。及帝蒙塵於平陽，劉聰使帝行酒洗爵，欲觀察晋臣在朝者意圖。這時，辛賓毅然起身抱着皇帝大哭，遂被加害。

④陸秀夫（1236—1279）：字君實，別號東江，楚州鹽城（今江蘇省建湖縣）人。南宋左丞相，抗元名臣，與文天祥、張世傑并稱爲"宋末三杰"。崖山海戰兵敗，身負宋衛王趙昺赴海而死。

⑤巀嶭（jiénniè）：指高聳的山峰。

⑥瀛溟：也作"溟瀛"。指大海。

嚴氏墓誌銘

　　嚴氏先世乃亳人也。有祖諱真勝者，從明太宗文皇帝北征，升涼州衛中千户所百户。子諱進者，襲職，調署雙塔所事，因家焉。其孫諱璽，字朝玉，以功升前職。智勇過人，動皆合義，故當道推署古浪所事。因治古有良將風，遂升甘州奇兵營千把總、行都指揮使，後復改守古浪地方兼管所事。此固有雙塔堡之勸忠祠可考，碑可稽也。但世遠年湮，家譜已失。越至隆慶①年，有祖諱佐輩等，至今已七世矣。其次世②諱國輔者，以武舉人而擢第③。其下雖有先圖可識，在□處而湮没者亦孔多矣。

　　嗟呼！家之盛也，人聚而名譽愈隆；家之衰也，人散而姓字不著。故嚴氏自渡河以來，既家於彼，復插標於此，因姓命地嚴家溝，至今名焉。然寄迹不一，托足不常，離合聚散之間，令人感慨系之矣。何者明禮雖有在，而各家其家，因各塋其塋，斯承祧者多而會祭者少矣！且斯塋舊有碑碣，年遠而字形不真，隱約之中有"昭信校尉嚴公之墓"八字，但年月不著，名字不傳，又何從知其事實之始終也！使爲之後者無志修明，將自今以往更不知祖籍何方，先代何人矣。以故族中有七世、八世、九世孫等，心念祖功宗德，志切報本追遠。爰聚族公議，敬建碑銘，欲後來知其祖貫，明其系派也。今者未有顯宦與先人齊名，而農桑爲業，詩禮傳家，游泮入雍者，亦往上而多興，不可爲非先靈之默佑也。噫！世系如斯，可謂源遠流長矣。於此知卜，葬得亦安厝合位，而鐘靈毓秀，其後之發祥更未可量也。是爲序。

　　乾隆十六年辛未三月上浣吉旦　侯銓訓導、復授功加守備唐作極拜撰

　　郡庠生員楊生連拜書　郡庠生員張繼騫、田毓瑗篆額

　　本家會七世嗣孫：可奉、可壽、可秀、可忠、可敬、可襲；八世：國學、思敬、思友、思熙、思表、思杰、思林、思重、思勉、思價、思緒、思鋭、思璋、思明、思愷、思英、思仲、思開、思奇、思威、思敬，武生思倫；九世：珠、德、瑚、我璉、環、其聖　仝建

　　[題解] 刻於乾隆十六年（1751）三月。志高230厘米，寬80厘米，厚70厘米。今存武威市涼州區高壩鎮柏樹村嚴家溝。嚴氏先世爲安徽亳州人。其祖嚴真勝，從明太宗（即明成祖朱棣）北征，升涼州衛中千户，因其子孫在涼州

任職而落籍。但世遠年湮，家譜已失，加之家道中落，故無稽可考，唯家族自古住涼州嚴家溝而傳自後世。乾隆年間，嚴氏後裔當中，"有七世、八世、九世孫等，心念祖功宗德，志切報本追遠，爰聚族公議，敬建碑銘，欲後來知其祖貫，明其系派。"此碑綫索清晰，感情真摯，敘功記事，不卑不亢，對研究涼州嚴姓流源提供了實物佐證。

[作者] 唐作極等人生平事迹不詳。

[注釋]

①隆慶：明穆宗年號，在位時間1566—1572年。

②次世：猶累世。

③《五涼全志·武威縣志·人物志》載：嚴毓明，天啓甲子科（1624）武解元；嚴慰，清順治辛卯（1651）武舉人。

本塋土主之神位

沈氏宮音丁山癸向①。
乾隆歲在甲戌端月②吉旦　立

[題解] 碑立於乾隆十九年（1754）正月。通高105厘米，寬42厘米，厚10厘米。今存武威市博物館。此碑是本邑人士的神位（相當於神主）碑，因文字很少，難覓其主人行迹。

[注釋]

①丁山癸向：風水學中確定的一種陰陽宅方向。丙丁居南，壬癸居北，丁癸正好相對，屬於座北向南的一種方向。

②甲戌端月：甲戌爲乾隆十九年，端月爲農曆正月。

趙開府①碑

大將一星主之者太白②，河圖九陣總之者元武③。蓋有山岳精含，風雲氣凝，志凌山西，豪灌隴右；晉鄭之頭畢白④，莫邪無爭其峰；胡代之群不驕，麒麟猶奮其億。桓桓濺濺⑤，洸洸言言⑥，漢武謂國之爪牙，世祖曰朕之御侮，誰或得之，則都督趙公宜有述焉。

公諱某，西凉人也。家守儒緒，壯尚武略，甘蠅⑦更羸之射，曾從蒯聵⑧之劍，中黃⑨五音之術，滋泉⑩翟鳥⑪之秘，莫不成誦在口，從習得師。龍鳥翔於握中，風雲屯於帳底；淮南奇材三百，勾吳君子六千；一人當之，彼未云衆；有碩福之魁狀，無不侯之奇數。闊達慕郭汾陽⑫，乃從武韜之選；勁毅等張萬福⑬，遂登翹關⑭之科。明策殿廷，擢美鉅甲。若夫列宿垂象羽林⑮，所以備非常；周廬衛環勾陳，所以奉太乙⑯。公豹冠錦衣，緋紽繡裲⑰，居則郎將騎都，行則千牛虎士；挽殳稍⑱，夾俾倪⑲，從甘泉⑳，經回中㉑，獵陳倉㉒，絕領隊㉓，率奔戎七萃之士㉔，嚴太常九旒之伍㉕，承侍華蓋畢罕㉖之下，往來雞翹㉗雀毛之側；果銳軒特㉘，英麋彩髮，負牙旌玉帳之望，固已久矣。出自禁近，授游擊將軍，宣府永寧都司㉙。旗鼓佐中軍，戈戟耀絕塞。荒漠積雪，孤城界天，穿帳㉚橇落，羝駝水牧，以時驛至，族布關下，撫之彈之，桔皋㉛火平，甌脫㉜無事。屬王師西討荒落，元舅大將軍八都統，駐師境上，治軍甲士，械其大師，委備於公，不鞭一貫三，而終旬以畢。上言：請自率一隊，鏖戰皋蘭間，鼓少卿㉝敢死之奇，奮舞陽㉞橫行之氣。廷論以防守要陲壯而弗許。甲戌㉟，遷參戎閩隅領臺灣南路㊱。島郡卉船，孤懸海中，波浪迷没，蛇涎鼉腥，夷獠雜桀，弛則易蠢，驗亦召西，因剛因柔，制其俗姓，惠不窮惠。威建大將麞纂㊲，開府於高凉㊳。南越武王㊴之餘壤，石龍夫人㊵之舊風。則領糾互㊶，阻究深毒，硐賊㊷梟户，苦弩利銑。乘間則狙聚出劫，捕討則蜂散比匿。乃方略既設，而居人夜寧。又以爲縵胡㊸之徒，袥革㊹之士，性托於弦刃，習成於强凌，夫必令其知方，然可使之有勇。於是，開講肆㊺於馬隊，投壺㊻矢於軍中，給其廩粟㊼，親爲指説，然後貅武羆擲者㊽，始知有《孝經》《論語》《書》與尊君親上之義。旋以服去官，起鎮嶺海。裨員偏校及荷役坐笯者，先聞指揮，皆戟束自振。至之日，幕下肅然。海濱黠凶，或思狂嘯㊾。公察先孤鳴，羞沃熒火㊿，懸渠首㈴於轅門，焚名書而不怡。在鎮七載，時當懸車㈵，遂乞致仕。庚戌㈶之歲，仲春之朔，數齒八十，循化大歸㈷。

公慷慨明略，本乎心懷，服官五十年，由期門㈸散騎至都督，統三軍位一品，而功尤著於辰州㈹。方位副將時，值蠻獠㊀亂，大司馬某受振，帥禁卒㊁會黔、楚、廣右三督府征之，笆青黑合，炎氛癘蒸，鳥首絕於烏籠，鬼門危於人作，機雨炮石，鬥驅象犀，進者偏觸，拒不可拔。公身當前矛，掩躋險㊂壁，奪天星之寨，破龍蛟之洞，大師克人，鹹㊃其雄酋，環耳鳥言之種，上船竹節之裔，咸稽頭割面，乞其餘生。以是見遇國家，洊㉖用崇任，前後被賜良金之甲，良材之弓，文貂之裘，文綺之服，恩渥屬繹㉚，以爲昭榮。某年月日，孤子某等，筮葬梁山之原，舉駿行之所崇，序景烈而揚煥。既美刊脅之鹿，將示生金之碑。夫據鞍投筆，終始於功名；綬帶輕裘，從容於詩禮。鼓擊聽而可寄，風飆聞而足矜。是贊嘉名，爰書神表，罄其華寵，用紹前式。

銘曰：趙世名將，雄於馬服㉝。壯侯㉞如山，永昌威蜀。人武空桐，風高代北。羆麗遂騰，億居笠轂。鬼方㉟西南，槃瓠㊱遺族。濛濛㊲未視，群吠相嗾㊳。頓傲星翻，授旗電蹴。銳我前鋒，剔其虺蝮㊴。庚鈴鏻鏻，鎮捍㊵南隩。雅歌圍棋，射場踏鞠。麒麟之袍，白獸之玉。矢則蘆矢，錫戈於項。憤以雲章，爲被勛錄。啓我家光，慶乃天福。平原阡阡，邱如高屋。樂茂松寒，岡回川伏。惟跖㊶者龜，澤瑺隆告。有辭中存，更世留矚。

[題解] 碑刻形制不詳，刻立時間約在乾隆二十三年（1758）前。碑文引自張澍《涼州府志備考》。簡述了墓主人趙開府的生平經歷、仕宦生涯和卓越功勛，贊其"家守儒緒，壯尚武略""果銳軒特""慷慨明略""據鞍投筆，終始於功名；綬帶輕裘，從容於詩禮"的風範。後人評價胡文"奇崛奧峭，往往不可句讀""《趙開府碑》等文斷句已是不易，讀懂尤難"。因之，此碑因缺少參照文本，有不少詞語和斷句很難把握。

[作者] 胡天游（1696—1758）：名騤，字稚威，號雲持，山陰（今浙江紹興）人。清中葉駢文大家、詩人。乾隆年間（1736）舉博學鴻詞、又舉經學，皆因病作罷。後客死山西。其文格調高古，整飭雅潔，構思精密獨造，行文奇崛奧峭，在雍乾時期獨領風騷。著有《石笥山房集》。

[注釋]
①趙開府：西涼（今甘肅武威）人。名、字、號不詳。"開府"應是官名，古代指高級官員，清人習稱任督撫者爲開府。依碑文，"庚戌之歲，仲春之朔，數齒八十，循化大歸"，生卒年應在1650—1730年之間。其"家守儒緒，壯尚武略"，曾任郎將、游擊將軍、宣府永寧都司、參將領臺灣南路，曾開府高涼（今廣東高州市），建功南國，"服官五十年，由期門散騎至都督，統三軍位一品，而功尤著於辰州（今湖南懷化市）。"尤爲值得稱道的是他在所帶領的軍隊中講授儒家經典，使之"始知有《孝經》《論語》《書》與尊君親上之義。"由此看來，他是一位功略兼備的儒將。

②太白：在陰陽家學說中，太白金星是掌管戰爭、主殺伐的武神，只要金

星在特殊時間、區域出現，就是"變天"的象徵，是暴發革命或政府變异的前兆。《漢書·天文志》："太白經天，乃天下革，民更王。"古代詩文中多以此比喻兵戎。

③河圖句：河圖，上古傳説中伏羲通過黄河中浮出龍馬身上的圖案與自己的觀察，畫出了"八卦"，而龍馬身上的圖案就叫做"河圖"。元武，即玄武，古代神話中的北方之神，其形或説爲龜，或説爲龜蛇合體，爲水神。此句是説元武乃水神之尊。

④晋鄭之頭畢白，莫邪無争其峰：典出《史記》《越絶書》《吴越春秋》等。是説楚王請歐冶子和干將兩大劍師聯手鑄造鐵劍三枚：一曰龍淵，二曰泰阿，三曰工布。晋鄭王聞而求之，不得，興師圍楚，一困三年。楚國糧草告罄，兵革無存，危在旦夕。在這危急關頭，楚王拔劍出鞘，引泰阿之劍直指敵軍。片刻之間，晋國兵馬大亂，旌旗僕地，流血千里，全軍覆没，晋鄭王一夜白頭。泰阿、莫邪是中國上古傳説中的十大名劍。

⑤桓桓濺濺：桓桓，本意爲威武的樣子，引申爲高大的樣子；又，寬廣、坦然的樣子。濺濺，水急速流動的樣子。

⑥洸洸（guāng）言言：洸洸，威武的樣子，表現或顯示出有很大權力或很有力氣。言言，高大的樣子。

⑦甘蠅：古代善射者，傳説射箭時，射動物應聲而倒。

⑧蒯聵（kuǎikuì）：姬姓，春秋時期衛國第三十任國君，前480—前478年在位，衛靈公之子，衛出公的父親。史稱"後莊公"。

⑨中黄：指黄帝。時樂官伶倫取谷之竹以作簫管，定五音十二律，成爲中國音樂的始祖。

⑩兹泉：泉名。相傳爲姜太公遇周文王時的釣魚處。

⑪翟（zhái）鳥：鳥名，亦名玄鳥，是古代中國神話傳説中的神鳥，出自《山海經》。玄鳥的初始形象類似燕子，有學者認爲是鳳凰。傳説中商始祖契之母簡翟，因是有娀氏女，又稱娀簡，相傳她偶出行浴，吞燕卵而生契。所以玄鳥生商，當由夷族鳥圖騰推衍而來。

⑫郭汾陽：即郭子儀（697—781），華州鄭縣（今陝西渭南市）人，唐代名將、政治家、軍事家。早年以武舉高第入仕從軍，至九原太守。安史之亂爆發後，任朔方節度使，率軍勤王，收復河北、河東，拜兵部尚書、同中書門下平章事，以功加司徒，封代國公、汾陽王，尊爲"尚父"，進位太尉、中書令。

⑬張萬福（717—806）：魏州元城（今河北大名縣）人，唐代將領。以儒業

不顯，乃學騎射，以別校從征遼東有功。累攝壽州刺史、淮南節度副使、和州刺史兼行營防禦使、左金吾將軍等職。因直言敢諫，天下益重其名。

⑭翹關：武試科目名。

⑮羽林：漢代禁衛軍。西漢武帝時選拔隴西、天水、安定、北地、上郡、西河等六郡之良家子，守衛建章宮，隸屬光祿勳，爲皇帝之護衛。其意爲國羽翼，如林之盛。後代禁衛軍亦常有羽林之名。

⑯勾陳：北極星，亦稱北辰。太乙：即帝星，又名北極。

⑰緋紽（tuó）繡裲（liǎng）：泛指華貴的衣飾。緋，泛指紅色或深紅色（帛）。紽，本義爲白絲卷，亦用爲原料絲的計量單位。裲，古代將坎肩兒、背心兒爲稱裲襠。

⑱鈸槊（bóshuò）：唐衛仗名。槊，古兵器名，同"矟"，即長矛。

⑲俾倪（bǐní）：城上短墻。

⑳甘泉：宮名。故址在今陝西淳化西北甘泉山。本秦宮。漢武帝增築擴建，在此朝諸侯王，饗外國客；夏日亦作避暑之處。代指宮廷侍衛。

㉑回中：古代地名。古道路名，南起汧水河谷，北出蕭關，因途經回中得名，爲關中平原與隴東高原間的交通要道。秦宮名，故址在今陝西隴縣西北。漢文帝時，匈奴從蕭關（今寧夏固原東南）深入，燒毀此宮。

㉒陳倉：戰國秦置陳倉縣，今屬陝西省寶雞市東。劉邦將從漢中出兵攻項羽時，韓信故意明修棧道，迷惑對方，暗中繞道奔襲陳倉，取得勝利。後用"明修棧道，暗度陳倉"比喻用假像迷惑對方以達到某種目的。

㉓領隊：指帶領隊伍或率領隊伍的人。

㉔奔戎：古族名。七萃：原指周天子的禁衛軍，泛指天子的禁衛軍或精銳部隊。

㉕太常：古代掌宗廟禮儀之官，九卿之一。九旒：古時官冕上的九串垂珠，亦指旌旗上的九條絲織垂飾。

㉖華蓋畢罕：華蓋，中國天文中的星官之一，屬紫微垣。畢，星宿名，二十八宿之一；罕，畢宿的別名。《史記·天官書》畢曰罕車，爲邊兵，主弋獵。又，亦名罕畢，旌旗名；古代帝王儀仗之旗。

㉗雞翹：亦名鸞旗，古代帝王儀仗之一。

㉘果銳：果斷敏銳。軒特：軒昂卓异。

㉙宣府永寧都司：宣府即宣府鎮，是明初設立的九邊鎮之一，因鎮總兵駐宣化府得名。永寧，明清縣治，宣府東路的一座軍事重鎮，是長城防禦體系的

重要組成部分。都司，是都指揮使司的簡稱，後用作武職官員的簡稱，始於明朝，位階約爲中級軍官。清朝沿襲，正式定爲正四品綠營武官。

㉚穹帳：即穹廬，古代游牧民族居住的氈帳。泛指北方少數民族。

㉛桔槔（jiégāo）：也叫吊杆。中國傳統提水工具。一根横杆中間吊起，一端系水桶，另一端系石頭，利用杠杆原理，使提水省力。

㉜甌脱（ōutuō）：古代少數民族屯戍或守望的土室。又，邊地；邊境荒地。亦指兩國分界的緩衝地帶。

㉝少卿：即李陵（前134—前74），字少卿，隴西成紀（今甘肅秦安縣）人。西漢名將，飛將軍李廣長孫。善騎射，愛士卒，頗得美名。武帝天漢二年（前99），奉命出征匈奴，率五千步兵與八萬匈奴兵戰於浚稽山，連戰八晝夜，後因寡不敵衆兵敗投降。其傳奇經歷使他成爲後世文藝作品的創作對象及原型。

㉞舞陽：即秦舞陽（約前239—約前227），亦作秦武陽，燕國勇士。年十二殺人，人不敢忤視。後被燕太子丹所用，隨荆軻赴咸陽刺秦王，後來事敗，荆軻被殺，秦舞陽不知所終。

㉟甲戌：依碑文内容和作者生卒年，當爲康熙三十三年（甲戌年），即公元1694年。時年趙開府約44歲。

㊱参戎閩隅領臺灣南路：参戎，明清武官參將。清朝兵制，分駐各省的最高統軍官叫提督，下設鎮（總兵）、協（副將）、營（參將、游擊、都司、守備）、汛（千總、把總等）四級，參將是"營"的主官，秩爲三品。臺灣南路，清治時期的臺灣最高軍事單位稱福建臺灣鎮，初設於1684年，主官爲臺灣鎮總兵，初期統轄鎮標中營兼轄臺灣北路協、水師協和城守營、臺灣南路營等營。

㊲麾纂（huīzuǎn）：麾，軍旗與車蓋，古代供指揮用的旌旗。泛指軍隊。纂，古代指紅色或彩色絲帶、綬帶。亦泛指精美的織錦。

㊳高涼：古代嶺南郡縣，開設於漢武帝元鼎六年（前111），是合浦郡五個屬縣之一，縣治址在今廣東高州市長坡鎮一帶。

㊴南越武王：即趙佗（約前240—前137），秦朝恒山郡真定縣（今河北正定縣）人，秦朝著名將領，南越國創建者。他是南越國第一代王和皇帝，前204年至前137年在位。去世後葬於廣州番禺。

㊵石龍夫人：即冼珍，又稱冼夫人（522—602），廣東高涼(今高州市）人。558年，丈夫高涼太守馮寶卒，嶺南大亂，她平定亂局，被册封爲石龍郡太夫人。後率領嶺南民衆歸附隋朝，被加封譙國夫人。她善於結識英雄豪杰，歷經梁、陳、隋三朝，世爲南越首領，先後被七朝君王敕封，被尊稱爲嶺南"聖母"。

㊶糾互：纏繞交錯。

㊷硐（dòng）賊：山洞裏的土匪、盗匪。硐，山洞、窑洞或礦坑。

㊸縵胡：粗而没有文理的帽帶，武士冠纓。借指兵卒。

㊹衽(rèn）革：形容戰事頻繁，生活不安定 。衽，古代睡覺時用的草席。

㊺講肆：講舍，講堂。

㊻投壺：是從先秦延續至清末的傳統禮儀和宴飲游戲，源於射禮。投壺是把箭向壺裏投，投中多的爲勝，負者按照規定的杯數喝酒。

㊼廪粟（lǐnsù)：公家庫藏之糧。特指公家供給官吏和在學生員的糧食。

㊽貅武羆摲者：貅、羆即羆貅（píxiū)，古代傳説中的猛獸。喻勇猛的士卒。

㊾狂嘯：狂狡嘯聚。指聚衆作亂。

㊿熒火：指螢火蟲閃着的微光。謂見微知著，見到事情的苗頭，就能知道它的實質和發展趨勢。比喻小中見大、以小見大。

(51)渠首：渠魁。渠，大。指首領，頭領；大頭目。

(52)懸車：致仕。古人一般至七十歲辭官家居，廢車不用，故云。借指七十歲。

(53)庚戌：依碑文内容和作者生卒年，當爲雍正八年（庚戌年)，即公元 1730 年。時年趙開府約 80 歲。

(54)大歸：謂最終的歸宿，必然的趨向。指死亡。

(55)期門：西漢護衛禁軍名稱，亦爲官稱。武帝建元三年（前 138）置，地位近乎郎官，執武器，隨從皇帝出行。武帝微行，這些衛士執兵器護衛，因“期諸殿門”，故稱期門。

(56)辰州：隋開皇九年（589）始置，治所位於今湖南懷化市沅陵縣。

(57)蠻獠（mánliáo)：是古代北方人對古代南方少數民族的蔑稱。

(58)禁卒：禁軍中的兵卒。

(59)躋（jī）險：登上高險處。

(60)馘（guó)：原意爲古代戰爭中與敵國交戰時割掉敵軍的左耳朵計數獻功，後泛指取得敵人首級。

(61)洊（jiàn)：再，屢次。

(62)屬繹（yì)：繼續，連續不斷。繹，大也。

(63)馬服：即趙奢，趙國邯鄲人，戰國後期趙國名將，趙武靈王之子，封爵馬服君。亦名戰國趙地，在今河北省邯鄲市西北，趙封其名將趙奢於馬服。

(64)壯侯：古代封壯侯的很多，漢有許倩、趙充國，三國有徐晃、曹休、龐德、文聘、張領、許褚、鄧艾等。

(65)鬼方：史載，鬼方是商周時居於我國西北方的部落，其活動載於《易經》《山海經》《史記·殷本紀》等。

(66)槃瓠（pánhù）：中國古代神話中的人物。泛指南方少數民族。

(67)濛濛：濛濛，指茂盛貌。又，細雨迷蒙貌。

(68)嗾（sǒu）：指使狗時發出的聲音。

(69)虺蝮（huǐfù）：謂毒蛇之意。虺，古代傳説中的一種毒蛇。蝮，蝮蛇，毒蛇的一種。武則天將起兵反對其稱帝的越王李貞、琅琊王李冲及受牽連的諸王貶爲“虺”姓；將其侄兒武維良、武懷運殺死，賜其後人姓“蝮”。

(70)捍：自衛，保護，保衛；抵禦，抵抗。

(71)跖（zhí）：指脚面上接近脚趾的部分；脚掌。

大襄政楊老太翁德壽神道之碑

永下 三壩 石碑 劉魁 梧桐 馬珣等溝衿紳親誼奉勒

皇清。誥授修□□耶。楊公，諱□恭，字子敬。墓碑記□子孫而贊揚前徽，後人而傳述先代，凡在縉紳之家莫不皆然，獨難乎鄉黨？其銘志之也，鄉黨曷銘志乎公？蓋公之盛德有以深入乎人心而不能忘，足以坊表乎一鄉而不可泯也□。

公少時，即其踔然之姿，雖生隴畝，不屑與齊□□□人□□□刀革精，案牘才華，能識大體。上□每依爲左右手，凡所建□切□時務，以故在公□□□□庇蔭乎一方□□□□□者實未易□□既而勒□□請偕……慕席者……方教子計……綸者不述於……之半，後前……在人耳目間。此……

銘曰：後靠□□，前□泉□……

時，乾隆三十三年歲次戊子秋九月下浣穀旦 奉立

歲莅任候補□□内孫康伯臣頓首拜撰

儒學博士弟子□□侄□□□頓首拜書

[題解] 碑立於乾隆三十三年（1768）九月。通高202厘米，寬70厘米，厚12厘米。1999年武威市永昌鎮石碑溝發現，因水浸而字迹漫漶難辯。今存武威市博物館。從現存部分文字分析，該碑主人楊老太翁爲地方縉紳，去世後永昌一帶的下源（永下）、三壩（疑爲今沙壩）、石碑、劉魁（劉沛）、梧桐、馬珣等溝（村、莊）親誼和地方頭面人物聯合爲之樹碑，以表彰他的功績和對地方的

貢獻。碑文作者爲原涼州府儒學生員、現候補官員康伯臣（屬楊老太爺親眷，《重修大雲寺鐘鼓樓碑記》作者）。

敕封奉國將軍唐公墓志

　　[題解]據有關媒體報導，2011年3月，涼州區張義鎮沙溝村唐姓村民在清明節整理祖塋時，發現"敕封奉國將軍唐公墓志"，刻於清嘉慶四年（1800）。墓志全文未予刊載，形制及下落不清。據披露的部分墓志內容初步考證，志主系清代武威籍名將唐希順玄孫唐文瀚（？—1800）。文瀚，字西園，武舉出身。"弱冠入武"，早年"兼鸞儀衛"。在乾隆年間平定大小金川之戰期間，署理涼州鎮鎮標左營游擊，因功補授烏魯木齊左營游擊。乾隆四十九年（1784），任陝西西鳳營參將，後遷潼關協主將。乾隆五十五年，入疆任烏什屯政。嘉慶元年（1796），授西安軍標中軍副將，後調往新疆任西域將軍，去世於任所，追贈奉國將軍。墓志系涼州府儒學、古浪縣儒學所立。奉國將軍在明清兩代一般爲宗室封爵，或爲武散官，秩從二品。該墓志的發現，爲考察唐希順家族流源提供了實證。

　　唐希順（？—1708），《清史稿·列傳》："唐希順，武威人，自行伍補涼州鎮標把總。"康熙十三年（1674），王輔臣叛清，希順從孫思克進剿有功，曾任參將、千總、守備。康熙十九年（1680）遷四川川北鎮標游擊，從趙良棟征四川、平雲南，敗吳世璠，賜左都督。康熙三十一年（1692）任臺灣水師協副將，次年升貴州威寧鎮總兵。三十五年，隨康熙帝征討噶爾丹，擢四川提督。病逝於四川，子唐際盛襲職，其子孫入籍四川。

敕封武顯將軍韓自昌①之神道碑

　　皇清。壬戌②春二月朔四，進征□匪陣亡總兵，敕建雙烈祠，加賞養母資子嗣，俱送部。欽□春秋祭。世驃騎都尉，丞③襲永□。
　　嘉慶七年九月十五日

　　[題解]碑立於嘉慶七年（1802）九月。通高235厘米，寬80厘米，厚14

厘米。1986年武威市金羊鎮皇娘娘臺出土，今存武威文廟。碑文簡述韓自昌戰死的時間和得到的功勛榮譽及獎賞。

[注釋]

①韓自昌：字勤庵，清涼州府武威縣（今涼州區）人。振武將軍（追贈）韓增壽（任鎮標千總，1773年在征四川金川戰鬥中犧牲）長子，累著戰功，升莊浪副將。征川陝教匪，號令嚴明。於嘉慶七年，戰歿於陝西周至，追贈武顯將軍（清武散館，正二品），謚忠烈。與弟弟韓加業（哈密副將，1799年在征川陝教匪戰鬥中犧牲，追贈振武將軍，謚武烈）敕建雙烈祠，歲時祭祀。

②壬戌：即嘉慶七年，1802年。

③丞：通"承"。繼承，承襲。

武禹亭①碑記

清道光己丑九年五月　武瓚　撰章

故武義都尉、禹亭武公陣亡後二十五年，道光己丑五月甲辰朔，其子瓚始持公狀詣撰章再拜曰：府君之死事安平，在嘉慶九年夏四月廿八日丙戌。

先是己卯，洋匪蔡牽②以四十二艘犯安平鹿耳門之北汕，總兵愛新泰③聞亂，以水師副將游擊等出巡洋；而陸管將并無可倚托者，乃委府君。府君亦慷慨請往，顧深慮兵少不足以衛守，泰許為刻期④調兵至，則應援。乃與守備王維光帥百二十人先往。凡七日，夜雨沮⑤援絕，身被十七創而亡，時年五十有七。府君之至北汕也，賊適他竄，乃以其部備炮臺木柵。越三日，辛巳而賊大至。府君從臺上望見賊艘蔽海而來，遂飭維光督臺卒疾具彈藥，燃火機以待。伺賊進岸，猝發三大炮，碎其四艘，賊紛紛落海千餘人，而餘賊猶不可數計。自是賊或日三、四至，或日一、二至；幸東南風阻，不獲近岸。然而，府君益憂迫甚，望救援益急切。日與維光登臺偵伺，夜則令守卒更迭眠息；而獨周步柵城外，彳亍泥淖中數十百匝，天平明乃已。二十八日丙戌，日方中而賊復大至，府君既使理炮具，益手書目前急狀，使巡海千總翁榮桂求救府城。日落時天忽反風，黑雲如墨，水盡立臺上，白光如絹練，雨濺入炮唇，唇臍盡滿腹，藥成泥沙。賊於是跳乘風力，而益知炮不能燃發，遂薄⑥柵。是時，府君已兩中箭傷，而猶力呼維光等守柵。事急下臺立潮中，猶各拼死力，手刃賊首十餘人，乃同遇害。

洎雨息，賊縱火燒柵，火光燭城上，而總兵以下益懾伏不敢出，所謂救援終亦不至。

明日，有故書吏李繼曾者，未及黎明，慟哭而入，叱不孝玢、瑗⑦往求尸。繼曾汀州人，聰穎有識，夙善事府君，因倚重之，常呼"李先生"而不名。至是聞難馳來，拽玢、瑗求尸海上，出北門里許，得之北壇僧寺。僧言疇昔夜有四五人，駕蘆橋自載是以來，舁⑧入佛殿。玢、瑗與繼曾蒲伏入寺，望見果是府君，乃各奉手足號慟，擗踴⑨至以頭搶階，血涔涔下，已不能任其聲。遠近村民歔欷嗚噎而來者，數十里不絕。繼曾於是手具湯爲熏濯創痕，細書分記。曰："刃創十一也，項左偏三、頸右偏二、左手二、右脛骨二、腹左右各一；曰：箭創三也，胸一、左腰脅二；曰：長戟創三也，右足二、右脅一。"書訖貼札上，使玢、瑗黻䙀衣縫。曰："大人之難，爲無援以陷於死，若當事者自諉罪，恐奏議不實而轉坐大人爲失律，二子亦將有罪，則札附創單可用也。"又明日，總兵以下千餘人來吊，玢、瑗哭受吊，愛新等善撫慰之，爲視⑩治棺殮而去。事聞廷議，以情事不符，命廈門道朱公察情覆奏。朱渡海來北壇惠吊府君，玢、瑗稽顙⑪號慟，持創單札附以呈，朱乃以實奏。詔賜府君及維光恤蔭如例，而罪總兵、道府及水師官有差。

府君之死事安平，顚末⑫如此，今距二十餘年矣。顧猶竊竊，嗇當年得失，未之甘心。夫由北汕南十里達鹿耳門，又東北八里即安平；安平東至府西門七里，此其形勢原非甚遼闊也。己卯聞寇，辛巳大破之，閱四日，及暮，始遭風雨，其持守時日亦非甚倉猝也。然則府君之亡，人耶！天耶！時不孝瑤、琚、瓚還鄉省墓，安平之役竟不獲執⑬，羈勒⑭從侍絕纓⑮，劗⑯血刃於仇虜之胸，以身分難，痛何如哉！道光壬午⑰，不孝瑤已病死；乙酉，不孝琚繼死。今不孝瓚雖未即死，而顚毛種種⑱脫，一旦溘先朝露⑲，將府君大節久而就湮矣。辱與吾子爲昆季交最，以麗牲⑳之，後請爲案狀。

公武威人，諱克勤，字勉庵，號曰禹亭。年二十有四，以乾隆辛卯進士守備山東高唐州，累遷都司游擊，最後遷臺灣陣亡，馳驛歸葬金渠㉑里別業之東百步。公曾祖略，祖承印，父俊，悉贈如公官，妣皆淑人。五子：瑤、琚元配司宜人㉒出；瓚、玢、瑗繼配王淑人出。孫十人：經文、緯文、絧文、籒文、鴻文、綜文、繹文、綏文、世斑、世榮；曾孫二人：鈬、鑒。於戲！閫門者御此之大權也，死生者人臣之大節也。昔孫文正公承宗㉓，盧忠烈公象升㉔，拼命幾輔，厄於周延儒㉕、楊嗣昌㉖之奸，久而始明。今公以裨將海疆效死，雖其忠足以感李書吏、朱觀察，而非睿皇帝睿哲天擅，爲能辨情僞於數萬里外，纖悉若斯此明。所以一遇流寇，中原遂潰爛不可救。我朝法制修明，即間有一、二匪徒，竊弄潢池之貳㉗者，不□踵而誅滅殆盡，斯義尤不可不明於世，乃不辭而爲之。

銘曰：以爲可以死而死，則公之所以報國者，其心固不止於此；以爲不必死而死，則聖主之所以矜恤者，其恩方淪浹㉘而未已。後駛音之，易言□疇則喻於死生之紀。惟公魂之耿耿兮，常臨此矗㉙眉之首□□□哆。

碑 陰

武威孫廣文，名揆章，字雲方，十有五萬，爲公作傳。
前翰林院庶吉士張君，名兆衡，字雪槎，三萬，察書。
武德騎尉陳君，名瑛，爲采石。
王鏡山□，二萬四千。
戊辰鄉薦㉚李君，名德示，字在春，萬，爲公別著論略。
奉直大夫、靈州牧、前武威令梁直繩，企雲，萬五千。
中憲大夫、前涼州太守，天津習貽桂，鄉樵，萬二千。
鳳翔太守、故涼州太守，吉安程戀采，萬有二千。
監茶同知、前武威縣令，安徽標，倬奎，五千四百。
户部郎中、前庶吉士張美如，十萬；公女夫，其子拴住。
浙江糧道、前翰林庶吉士，武威尹世衡，仲平，五萬。
吏部給事中、前翰林院編修，武威牛鑒，鏡唐，二萬。
縣儒學增廣生員，李君，名炳堂，字在廷，三萬五千。
兗州費縣令、癸未進士，永昌蔡發甲，梅生，萬四千。
察舉孝廉、寧遠儒學訓導、辛酉鄉薦白育華，萬二千。
吳□縣儒學教諭、辛酉鄉薦王三益，字友堂，千。
國子監學生張濬，巨川，萬二千；真子嘉楷，附生，百。
國子監學生，武威張定邦，字茂武，三萬二千。
國子監學生，武威楊士豫，字樂堂，二萬；真人善醫。
文林郎、戊寅鄉薦，武威李夔生，字諧如，千二百。
奉直大夫、武威陳璵鳴，王子宗海、宗子、宗澤，四萬。
縣選拔貢生、武威馬應選，伯青，五千；子曜邦，附生。
文林郎、己卯鄉薦，武威張沆，字鏊如，四千五百。
陝西富平張世春，字煦菴，四萬五千；真人處。

郡儒學增廣生員，武威王達，字始泉，二百四千。

縣處士，武威馬燾，字伯卯，百；公女夫其子銅柱，以是年生。

縣處士，武威張洲，字鳴睢，百；公女夫其子嘉植，兄子嘉楚。

丁卯鄉薦、前□州儒學學正，侯定遠，字仲班，二百。

寧州訓導、戊寅鄉薦，武威楊士履，禮堂，二萬，其弟土窖。

候補訓導、□縣儒學歲貢生王恩湛，字芝露，五千二百。

陝西三原縣儒學附生李應運，字青菴，四萬八千。

平番連城土番、世襲指麾使，蒙古魯紀勳，字汝嘉，八千。

武翼都尉陳宗洙，萬；其徒弟宗瀚、宗潮、宗淇、宗渤、宗汭，萬。

承德郎、縣學附生，武威張鶴齡，百。

府學生，武威張篋子孫，儒學增廣生員、武威王鳳燾，儀伯，千。

學者王鳳岐，千。

武威處士白育芸，翰甫，千；其兄子廷楷，子西寧，歸德稟生。

武德郎，武威孟兆享，字宗嘉，三千。

學者，武威任向□，千。

候補訓導、郡歲貢生，武威徐修祀，字運長，千；其諸弟略。

涼州府儒學稟生，武威張兆元，字雪□，千；雪槎太史諸弟。

郡稟生，武威孫楠，字曉江，百；其徒弟醫士棟，百；皆雲方侄。

涼州府乙酉選拔貢生，武威李德良，字韭夫，百；在春諸弟。

涼州府學增廣生員，武威孫燮友，字濟□，百。

雲方廣文孫、縣儒學增廣生員，武威陳宗溥，字博宗，百。

武德騎尉族子、候補訓導、縣歲貢生，武威劉德暲，字□堂，千。

候補訓導、郡歲貢生，武威李國棟，四千；其子澄、濟，各百。

候補訓導、古浪縣學歲貢生楊映三，字彙川，一千二百。

古浪韓勃紀，字肇修，二萬；其人武生兄勃倫，弟勃敏、勃道。

華陰處士王袷川，字厚□，三千；其孫萬春，字聖年，千。

學者，江陰處士韓□洲，字咏霓，二千。

武威處士張鏞，在廷，百。

候補訓導、縣貢生，武威孟林，字翰雲，千。

壬午科鄉薦，武威曾誠，字元魯，二百。

乙未科鄉薦，武威詔鏳，字□□，二百。

乙酉古浪縣選拔貢生席世恩，光奕，二百。

縣增廣生，武威李鐘靈，字淑清，二百。
涼州府儒學廩生，武威華進儒，字師魯，百。
國子監學生，武威王克順，字德從，千二百。
縣庫曹史，武威楊發茂，千；其人習古篆□。
縣儒學附生，武威楊發源，字呈汪，千二百。
國子監學生，武威劉承先，二千；劉緒千。
郡增廣生，武威劉學海，字虛月，五千四百。
涼州府儒學附生，武威王春，一千二百。
涼州武生，武威王薦生，字厚甫，千；始宗侄。
歸德學增生張西銘，萬；其徒弟諸縣附生。
乙酉科鄉薦，金城劉世系，二萬；劉紱千。
迪化州儒學廩生，武威張宗文，子遠，三千。
涼州處士祁志日，字大觀，二千；其兄光曾。
山西太原程掌文，字汝衡，四千，其人處士。
山西夏縣牛集雲，字千祥，八千，其人處士。
學者張嘉祥，千；公長女子劉繹，千；□女子。
武威梁尚忠，字元夏，二百；其同母弟尚文。
武威故處士趙鶴，字子和，三萬；其侄盛□□。
藝士任發祥、孟宗、堯浮屠、趙藏惜，各□□。
白木、和利字、李福、賈惠遠、楊日費，各□□。

[題解] 碑立於道光九年（1829）五月。通高188厘米，寬96厘米，厚18厘米。今存武威文廟。碑文對"四·二八"海戰進行了比較詳細的敘述，并對海戰之後官府的調查過程及當時的複雜情況予以陳述。武禹亭於嘉慶九年（1804）陣亡，事隔25年後的道光九年（1829），才將此事件的始末徹底調查清楚，"天子聖明，覆按得實"（《武威武徵君李孝廉傳》）。而此時，武禹亭五個兒子中已有二人去世，武瓚也已病情危重，於兩年後的1831年5月去世。在這篇碑記中，作者表達了一種沉重而複雜的思想感情。事件發生在嘉慶九年（1804）夏四月，海盜蔡牽以四十二艘戰船犯安平，總兵愛新泰調遣武禹亭和守備王維光率一百二十人前往鎮守。因敵我力量懸殊，在苦苦堅守七日後，因援兵不至，武公等官兵與敵展開肉搏，身受十七處創傷，與王維光同時遇害。之後，朝廷派員對失敗原因進行調查。因當事人大多犧牲，增加了調查的複雜性。但公道

自在人心，武禹亭之死和"四·二八"海戰的真相最終大白，犧牲官兵受到朝廷的嘉獎。其時，武瓚百感交集，爲使其父的大忠大節發揚光大，親自撰文并立碑銘記。時武威士紳100多位自願參加捐資紀念活動，其中有許多官員和名人，盛況空前，也算是對英烈在天之靈和後代的一種慰籍。碑陰爲涼州（包括寓籍）士紳捐資題名及數額。

[作者] 武瓚（1782—1831）：字用侯，武威人。武禹亭之子。生員舉孝廉，書法家，以隸書最爲有名。其傳記見本書孫揆章《武威武徵君李孝廉傳》。

[注釋]

①武禹亭（1748—1804）：名克勤，字勉庵，號禹亭，武威人。乾隆三十六年（1771）武進士。歷任山東高唐州守備、福建省臺灣都司游擊。嘉慶九年（1804）在臺灣安平之役中陣亡，遺骨歸葬家鄉金渠里。贈武義都尉（正三品）。

②蔡牽（1761—1809）：福建同安人。出身貧寒，後下海爲盜，與官府對抗，後入臺灣建立據點，聚戰船百餘艘，轉戰海上，嘉慶十四年敗亡。

③愛新泰：滿洲人。嘉慶年間任臺灣總兵，安平之戰後被追責。

④刻期：在嚴格規定的期限內。同"克期"。

⑤沮（jǔ）：阻止。

⑥薄：迫近，靠近。

⑦不孝玢、瑗（bīn yuàn）：與後文的瑶、琚、瓚（本文作者），皆系武禹亭之子。

⑧舁（yú）：抬。

⑨擗踊（pǐyǒng）：擗，捶胸；踊，以脚頓地。意捶胸頓地，形容極度悲哀。

⑩視：看，觀看，察看。

⑪稽顙（qǐsǎng）：古代的一種禮節，屈膝下跪，雙手朝前，表示極度的虔誠。後世稱爲"五體投地"。

⑫顛末：始末，事情自始至終的過程。

⑬獲執：也作執獲、捕獲、被捕。意爲對武禹亭殉難的安平之役的調查還沒有完成，獲罪人員還沒有受到懲處。

⑭羈勒：原指馬絡頭。引申爲束縛，管束。

⑮絕纓：原意爲扯斷結冠的帶子，後來用此典表達寬宏大量之義。

⑯剚（zì）：刺入，插入。

⑰道光壬午等：壬午即道光二年，1822年；乙酉即道光五年，1825年。武禹亭五個兒子在此四年當中已死去二人。

⑱顛毛種種：指衰老。"顛毛"指頭髮；"種種"重言，形容頭髮少。

⑲溘先朝露：指生命比朝霞消失得還快。形容死的過早。溘，忽然，突然。

⑳麗牲：古代祭祀時將所用的牲口系在石碑上。借指碑石。麗，系，拴。

㉑金渠：清代武威縣農村按水系分爲六渠，金渠是"金塔渠"的簡稱，其範圍爲今武威城區西南鄉一帶。

㉒淑人、宜人：古代的命婦封號，各朝各代不盡相同。一般而言，二品以上官員的母親、妻爲夫人，三品官員的母親、妻子爲淑人，四品官員之妻爲恭人，五品官員之妻爲宜人，六品官員之妻爲安人。武禹亭生前官職爲都司游擊，秩为從三品。

㉓孫承宗（1563—1638）：字稚繩，河北高陽人。進士出身，明熹宗老師。在任薊遼督師時，修築寧錦二百里防綫，恢復失地四百餘里，功勳卓著。官至兵部尚書兼東閣大學士等。後幾起幾落，辭官回鄉。崇禎十一年，清軍進兵關內路過高陽，他率全城軍民守城，城破被擒，自縊而死，全家四十多人遇難。

㉔盧象升（1600—1639）：字建斗，江蘇宜興人。進士出身。曾總理冀魯豫鄂川數省軍務，兼湖廣巡撫，官至總督、兵部尚書，擊潰張獻忠、高迎祥、李自成農民軍。力主抗清，守衛京師，連戰皆捷。崇禎十二年，所部在巨鹿賈莊被清軍包圍，終因炮盡矢絕，戰死疆場。

㉕周延儒（1593—1643）：字玉繩，江蘇宜興人。萬曆狀元，官至禮部尚書兼東閣大學士、太子太保、內閣首輔。1643年4月，清兵入關，他假傳捷報蒙騙崇禎，特進太師。後被疏揭發真相遭彈劾，獲罪流放戍邊。不久，詔令自盡。

㉖楊嗣昌（1588—1641）：字文弱，湖南武陵（今常德）人。進士出身，明朝後期名臣、詩人。曾任兵部侍郎兼宣大山西三鎮總督，官至兵部尚書、禮部尚書兼東閣大學士。提出并實施剿匪戰略，去世於督師圍剿農民軍任上。

㉗潢池之貳：潢池，積水塘，池塘。舊指農民起義，也指發動兵變。典出《漢書·龔遂傳》。參見成語"潢池弄兵"。

㉘淪浹：深入，滲透。指感受深切或受影響重大。

㉙贔：即贔屭（bìxì），傳說中的一種動物，像龜。舊時大石碑的基座多雕成它的形狀。

㉚鄉薦：即推薦進學。唐宋應試進士，由州縣舉薦，稱"鄉薦"。

敕授儒林郎 晉封武翼都尉陳君貢禹墓表
賜進士出身 戶部員外郎 前翰林院庶吉士張美如 篆額書丹

君諱琨，字貢禹，武威人。陳氏為涼大族，自君父北梓公世，其業而張之，衣冠之盛，甲於一郡。君即北梓公之仲子也。幼隨父入市肆，舉止端重，目不左右視。先娶韓氏；繼高氏，以子職封淑人；又繼孫氏，以本生子職封宜人。男四人，長宗洙，嗣其伯兄珽，援例授游擊；次宗瀚，貢生；次宗海，育於弟珮即後焉，援例授員外郎；次宗瀛，業儒①而夭。年六十有五，卒於海池里第。又十年，乃為文刻諸埏道②之石。

君嘗自語：吾父同懷三人，吾父起家。吾叔父所與共勞苦者，不幸皆先吾父而卒，遺茲藐孤，皆少於吾，吾與之同食共寢；吾愛吾弟，所以事吾叔父也。吾同懷二人，吾兄病瘵③，所與吾事吾父者，不幸又先吾而卒，吾以長子繼大宗。吾為之慎起居，勤訓迪，吾教吾子所以事吾兄也。吾宗近支二，所與吾共功緦④者，不幸而摻行⑤不同，群從相視，恐如行路。吾為之建宗祠，置祭田，春秋令節，序尊卑，共酒脯。吾收吾宗，所以事吾高曾也！夫大功同財，先王因民立法，不以所難責人也。然盡禮以致愛者，吾未嘗數數覯⑥焉。服制以高曾相屬，至後世有祭而無齊布筵奉薦，雖父母有不相接者，推而至於遠祖，益覺分之難滿，所謂薄於德而於禮為虛也。君於所不逮事者，如此則其能盡於所事可知矣。君之報其先者，如此則其食報於後，正未可量矣。古之有名位者，即受之冊歸，必銘其器。論述其祖宗之德善功烈，以明示後世，此敕誥之所由昉⑦也。然禮爵不上，逮自南北朝，以至於唐，始有封贈祖父之典；而自身以上官以遞降。郭令公⑧二十四考中書，父止贈太保；權文公⑨官宰相，父止贈郎中。我朝以孝治天下，受封之崇卑，視其所封之人，且破常例以待急公報效者，下得以時，請於上而盡其孝思之誠；上得以時，頒於下而作其忠盡之氣。如君之父子、兄弟，疊沐恩綸，天章炳曜，斯亦足以慰仁孝之心，光昭世德，而庇蔭子孫於無窮也！

道光十二年歲在壬辰秋七月

同里孫揆章謹表　富平仇文法鐫字

陳君貢禹墓表碑陰書事

古者封建之世，死徙無出，是以周禮有族葬之文，吾家自旌表節孝。太高祖母楊太儒人守志撫孤；高祖君運公克承母志，以勤儉起家，爲一鄉右族⑩。而太高祖母歸骨之地，無從考核，惜乎，其無聊曼父之母⑪也！自高曾以下皆葬此土，世次無紊，昭穆可稽。而世澤延長，叠膺丹誥，埏道立石，略爲表識，百歲之後，歸於室處，則體魄安矣。他日，宗祠建，祭田立，不但有以慰吾祖宗在天之靈，即吾父未竟之志，實式憑焉。俾子孫食其德者，春霜秋露，撫茲杯棬⑫，感念松楸⑬，宜何如立身修行，懋勉而弗替也。

道光十三年癸巳四月吉日　裔孫⑭男宗瀚謹識

[題解] 墓表刻立於道光十二年（1832）初秋。高173厘米，寬96厘米，厚18厘米，正、反兩面刻文。今存武威市博物館。陳琨，字貢禹，武威人，世爲涼州大族。其父輩三人，伯、叔均先其父死；兄弟二人，兄又先行去世。其生子四人，長嗣其兄陳珽，三子過繼於弟陳珮爲後嗣。陳貢禹擔負起振興家族大業和培養子侄們的重任，建宗祠、置祭田、睦家族，使生者有所養，逝者有所祭，享年65歲而終。其卒後十年，即道光十二年，由地方名人張美如、孫揆章謹表刻碑，述其德善功澤，以明示後世。次年，在國子監讀書的陳貢禹次子陳宗瀚（貢生）撰文書事，志不忘其先之事，勤勉自警，立身修行，并刻於碑陰，使其形成完整的陳氏家族記事述功碑刻。此碑對研究清代的封贈制度及武威世族宗祧繼承制度具有重要價值，同時也是難得的書法精品。

[作者]

張美如（？—1834）：字尊五，號玉溪，甘肅武威人。嘉慶十三年（1808）進士，選翰林院庶吉士，官至戶部員外郎。其一生做官時間較短，但在教育事業上成績卓然，曾主講武威、蘭州、西安等地書院，所講之處，人文蔚起。著名書畫家、詩人，世人稱其詩、書、畫三絕。

孫揆章：見《武威武徵君李孝廉傳》作者介紹。

仇文法：陝西富平人，清末著名刻工。

[注釋]

①業儒：以儒學爲業。

②埏（yán）道：墓道，通入墓穴的路。

③瘵（zhài）：病，多指癆病。

④功緦（sī）：古代喪禮中大功、小功和緦麻三種喪服的通稱。意謂屬於五服之內的親族。

⑤掺行：謂操守。

⑥覯（gòu）：遇見，看見。

⑦昉（fǎng）：早晨日初明時。引申爲起始、起源。

⑧郭令公：即唐朝名臣郭子儀。其任中書令甚久，主持官吏考績達24次，後遂以"二十四考中書令"借稱郭子儀，後用以稱頌秉政大臣位高權重任久的典故。詳見《相國義陽郡王李公墓誌銘》。

⑨權文公：即唐朝文學家、宰相權德輿（759—818），字載之，甘肅秦安人。其掌誥九年，三知貢舉，位歷卿相，在貞元、元和年間名重一時。

⑩右族：豪門大族。古代稱等級高的爲"右"。

⑪聊曼父之母：孔子在母親死後欲與父親合葬，但因其父死時年幼（三歲），不知父親葬於何處，就四處詢問打聽。後來一位陬邑（聊）曼父（也作"挽父"）的母親告訴了他，孔子才依照周禮的規定將父母合葬。

⑫杯棬（bēiquān）：原指曲木做的飲器，後謂木質的飲器。後將不雕不飾的杯器通名爲"棬"。

⑬松楸（qiū）：松樹和楸樹。墓道多植，因此代稱墳墓。特指父母墳塋，也代指亡故的親人。

⑭裔孫：指遠代子孫，後人。陳宗瀚爲陳貢禹次子，此處"裔孫"是從陳氏家族而言，猶陳氏後人。

賜進士出身 戶部員外郎張玉溪先生墓表

張美如①，字尊五，別署玉溪，義號第五山樵。少豪邁倜儻，有大志，嘗以陳同甫②自況。喜氣蓋人，人多不堪，久之乃見，謂爲直諒。詩文如宿構③，洋洋灑灑，下筆數千言，頃刻立就，清隽超拔，迥出异常。然不屑以此爭名於時，而好談時務，凡兵制、錢谷、吏治、民風之得失，罔不講求其源流，視并世之士蔑如也。嘉慶丁卯舉人。戊辰成進士，選翰林院庶吉士。明年散館，改授戶部主事，因親老告歸終養。道光二年④始入都補官，升員外郎。以失察捐納事左遷，時，同寅⑤有欲保留以使自效者，而美如決計旋里，無幾微系戀。未三年，有開復原官之命，中外知交，殷殷企望。美如則優游林下，耽翰墨，悅琴書，引掖後進，以爲名教自有至樂。主講天梯、蘭山各書院者有年，到處人文蔚起。十二年，聘主關中書院。越二載，歿於講舍。所作詩文書畫，多被門人携去，至今遺武威者，幾如鳳毛麟角，尺幅寸縑，得之者珍若拱璧⑥焉。

[題解] 立碑時間當在道光十四年（1834）張美如去世之後。碑不詳，碑文引自《隴上學人文存·李鼎文卷》。據作者言，該墓表轉錄於民國重修《武威縣志稿》，原稿只摘錄部分內容，表明墓表內容不完整。墓表簡述了志主的基本情況，用粗綫條勾畫出了張美如的精神面貌。

[作者] 孫揆章：見《武威武徵君李孝廉傳》作者。

[注釋]

①張美如：見《敕授儒林郎晉封武翼都尉陳君貢禹墓表》作者。

②陳同甫（1143—1194）：名亮，字同甫，世稱龍川先生。婺州永康（今屬浙江）人。南宋思想家、文學家。其爲人才氣超邁，喜談兵，議論風生。學術以經世濟用爲本，王霸雜用，爲永康學派的代表。力主抗金，反對議和。光宗紹熙四年（1193）狀元及第，授建康府判官廳公事，未到任而卒。有《龍川文集》《龍川詞》傳世。其政論氣勢縱橫，詞風慷慨豪雄，爲著名的辛派詞人。

③宿構：多指詩文預先構思、草擬。

④嘉慶丁卯，即嘉慶十二年（1804）。戊辰，即嘉慶十三年（1805）。道光二年，即1822年。

⑤同寅：猶同僚。

⑥拱璧：指大塊的璧。喻極其珍貴之物。拱通"珙"，古代玉器，大璧。璧，平圓形中間有孔的玉，古代在典禮時用作禮器，亦可作飾物。

張介侯墓志銘

錢儀吉

武威張君，諱澍①，字伯瀹，自號介侯。考諱應舉，涼州府學增廣生。君仕封如其官，上世具余所爲封君墓志銘中。母張氏，元駙馬高昌王②之裔，至明而易姓。君九齡失母，讀書過目輒記，文章巨麗傾一時。乾隆甲寅③，我世父侍講，府君④偕漢軍蔣公⑤典陝西鄉試⑥得君，驚嘆目爲异人。時，君未弱冠。余年小於君，君弟呼余，相愛也。君性亢直，疾惡如仇，好責善，朋友閑人多畏君。

會試滯留久，貧甚，而館⑦鉅公⑧家。主人出，其内人夜捋蒱⑨，君使其戚譙讓⑩之，卒以讒去。又館臧家橋，主人召優娱客，君怒，又去之。最後，南昌熊侍郎枚⑪請教其孫常淳。是歲，第進士，入翰林院，充實録館纂修，嘉慶四年己未也。辛酉，散館改外，選黔之玉屏，自是爲縣宰三十年。處己廉，與人忠而剛介特立；論事屹然，少可亦時時責善於上官；守其直，終身不易也。在黔時，滇撫初公彭齡⑫過縣，從者索金，則抶⑬之。百文敏公⑭异焉。使署遵義，治盗徒當盡。文敏公贈詩，君和答，諷⑮以獎拔廉吏。退，語其儕曰："爲上官，惟此最急⑯。"旋以思親引疾⑰歸。

數年，起爲蜀之屏山，調署興文。回本任，屏山民迎於境，訴署令獄有私。君遽窮治，發其所受金貯庫，而言於行省。總督先公難之。緩其事，署令亦訟。君乃爲一奏，以上皆聽勘。君所執持牢⑱，而訟君者無有也，則遷延不决，以固君。會蔣公代至事乃白。蔣公問蜀事，對曰："公入境，即舉劾，屬吏震動，然如所舉，某守賕⑲、某令但佞佛耳，豈爲賢乎？"蔣公默然。退又上書，其狂直如此。旋署大足、銅梁、南溪。丁父艱，歸。再起爲江西之永新，署通判臨江。以上漕銀緩，去官。尋開復⑳，補瀘溪。又丁繼母袁氏艱，歸，遂不出。君治事簡易而聰察，持法嚴，胥役惕息㉑，不敢犯。所至，令行禁止。蜀歲饑，爲振法甚周而祛蔽絶，民乃大飽。君謂余曰："吾始聽訟，好以數言决，欲其無留也，不能媾媾㉒；與爲家人語，民多畏余。既振，民乃甚親余。上下相信，訟益易了，懸日㉓以無事。"余喟然嘆曰："介侯，如君言，可爲民監矣。"君好言振事，嘗主講蘭州，大旱，書與那文毅㉔，戒遲緩，戒拘方，戒遣使云。

君著《世本姓氏五書》《續黔書》；自定詩集二十六卷、文集三十五卷；補輯《漢皇德傳》《魏周生列子》；以下關隴著述數十種及《風俗通》諸書、《諸葛忠武集》皆已刻；《詩小序翼》《三古人苑》《五凉舊聞》《秦音》《蜀典》等稿藏於家。

娶楊氏，繼室何氏、李氏、某氏。子五人：延壽早卒，次振均、不疑、去疾、長卿。孫三人：南仲、南季、南金。君以道光丁未五月丙戌病没於西安城中和樂巷之居，振均等將以十月某日葬君某原。期迫，不及具行狀，以余知君久，而郵訃請銘。

銘曰：其文也，衆謂卿雲㉕復生；其志也，思與李杜齊名；其仕也，既已登天禄，侍承明㉖，忽去爲吏，亦自以孤行一意，而師表百城；其節屬、其才明，以濟其直，故雖爲流俗所曹惡㉗，而理美之莫傾。退著書，以没齒㉘揚藝苑之芳聲，其藏㉙也。嗟！五十年之老友，悉乎君之行事，而泣爲斯銘。

[題解] 墓志刻於張澍去世後的道光二十七年（1847）十月，已佚，引自錢儀吉《衎石齋紀事續稿》。簡述了張澍少年早慧，人們"驚嘆目爲异人"，及中式後在貴州、四川、江西等地的仕宦經歷，兼及家庭情况和與作者的情誼，突出其秉公辦事、不阿權貴的行政風格，并用三兩個事例表現出其"性亢直，疾惡如仇"的性格和"處己廉，與人忠而剛介特立；論事屹然，少可亦時時責善於上官；守其直，終身不易"的操守，這也是他"爲縣宰三十年"而得不到升遷的致命之處。同時，還記載了張澍的學術活動和編纂的學術著作。作者與張澍是"五十年之老友，悉乎君之行事"，這對考察張澍的生平和性格、爲人、操守及仕宦生涯具有重要價值。

[作者] 錢儀吉（1783—1850）：字藹人，號衎（kàn）石。浙江嘉興人。嘉慶十三年（1808）進士。歷任户部主事、刑科給事中，累遷工科給事中。任職清廉耿正，秉公辦理。曾主講粵東學海堂、河南大梁書院。博通群籍，工文章，治經講求故訓，讀史長於地理，尤精史學。著有《衎石齋紀事稿》等。

[注釋]
①張澍（1781—1847）：字介侯，凉州府武威縣（今凉州區）人。清代著名學者。嘉慶四年（1799）進士，曾在貴州、四川、江西等地任知縣，後弃官講學，致力學術。長於考證輿地及姓氏譜牒，搜集地方文獻頗多，一生著述宏富，有《二酉堂叢書》《凉州府志備考》《姓氏五書》《養素堂詩集》等傳世。他是著名碑刻《西夏碑》的發現者，也是敦煌學、西夏學的發軔之人。

②高昌王：詳見《亦都護高昌王世勛碑》。

③甲寅：即乾隆五十九年（1794）。後文嘉慶四年己未即1799年；辛酉即嘉慶六年（1801）；道光丁未即道光二十七年（1847）。

④君府：此處指錢儀吉伯父錢開仕。錢開仕，字補之，號漆林，嘉興人。乾隆己酉（1789）進士，授檢討，歷官侍講等。著有《漆林集》。

⑤蔣公：即蔣攸銛（1766—1830），字穎芳，號礪堂，遼東襄平人。先世由浙江奉化遷入，隸漢軍鑲紅旗。乾隆進士。歷官學政、按察使、布政使、巡撫、江南河道總督、兩廣、四川、直隸、兩江總督，刑部尚書、體仁閣大學士、軍機大臣，加太子太保、太傅等。著有《繩枻齋集》《黔軺紀行集》等。

⑥典陝西鄉試：典，主持，主管。鄉試，明清兩代在省城舉行每三年一次

的考試,考中的稱舉人。清代光緒元年（1875）之前，甘肅舉子都在陝西貢院（西安）參加考試；之後陝甘分設舉院，兩省正式分闈。

⑦館：住宿。私塾。此處指家館，即家塾，舊指延請老師到家裏來教授自己的子弟的私塾（學校）。

⑧鉅公：指王公大臣。

⑨摴蒲（chūpú）：亦作"摴蒱"。古代博戲名。漢代即有之，晉時尤盛行。以擲骰决勝負，得采有盧、雉、犢、白等稱，視擲出的骰色而定。其術久廢。後爲擲骰的泛稱。

⑩譙讓：譴責，責怪，責備。《師古注》：以辭相責也。譙同"誚"。

⑪熊侍郎枚：即熊枚（1734—1808），字存甫，江西鉛山人。乾隆進士。歷任知府、按察使、布政使等職，官至直隸總督、刑部尚書、左都御史等職。

⑫初彭齡（1749—1825）：字紹祖，號頤園，山東萊陽人。乾隆進士。歷官編修、御史、巡撫、侍郎、内閣學士等職，道光年擢兵部尚書。

⑬扶（chì）：用鞭、杖或竹板之類的東西打。

⑭百文敏公：即百齡（1748—1816），字菊溪，漢軍正黄旗人。乾隆進士。歷官編修、按察使、布政使、巡撫等職，官至湖廣、兩廣總督，謚號文敏。

⑮諷：指下級對上級以委婉曲折的言語進行規勸。

⑯急：迫切，緊急；重要，要緊；氣惱，惱怒。

⑰引疾：託辭有病以求退。

⑱持牢：把穩固守。

⑲賕（qiú）：賄賂；意爲以財物枉法相謝。

⑳開復：受降職或革職的官員恢復原有官銜。

㉑胥役惕息：胥役，胥吏和差役，此處指小官吏。惕息，謂心跳氣喘，指戰兢恐懼而喘息，形容害怕到了極點。

㉒媾媾：講和，交好，和好；遷就，通融，迂回。

㉓懸日：隔了一段時間。

㉔那文毅：即那彦成（1763—1833），章佳氏，字繹堂，满洲正白旗人。乾隆進士。歷任内閣學士、内務府大臣、翰林院掌院學士，工部、禮部、吏部、刑部、理藩院尚書，陝甘、直隸總督等職，加太子少保，謚文毅。

㉕卿雲、李杜：卿雲，指漢代著名辭賦家司馬相如（字長卿）、揚雄（字子雲）。李杜，指唐代大詩人李白、杜甫。

㉖天禄、承明：天禄，漢代閣名，後亦通稱皇家藏書之所。承明，漢代未央

宫有承明殿，後亦通稱皇宫中的宫殿建築。常指代皇宫或皇帝。

㉗曹惡：衆人所厭惡。

㉘没齒：指一輩子，終身。

㉙藏：寶藏，財富；才學淵博。

誥授奉直大夫 山西朔州知州 前翰林院庶吉士張公①墓表

賜進士出身 通奉大夫 六部主事 用前兩江總督
翰林院編修 國史館纂修 同里牛鑒 撰并書

道光二十有八年，龍集戊申夏四月，雪槎先生啓手足②於里第，其同館友牛鑒與邦之賢士大夫哭於其次③。日月有時，窀穸襄事，公之孤俌匔請表墓之文。余從史館後與君游，久知君深，則不獲辭，乃臚實位，叙其凡④。

公諱兆衡，字仲嘉，號雪槎，姓張氏，武威人，世爲凉州望族。勝國⑤世廟，時官大同總兵，謚"忠剛"⑥者，其十一世祖也。簪纓奕葉，世其家聲，遭國變中微⑦。考耀文，太封翁，增懷閥閱⑧，勤念繼承，生公昆季四人。公其長，撫猶子⑨二，如己出。咸命之學，督課維嚴。公歧嶷⑩夙成，服訓克肖⑪，覃精⑫墳籍⑬，騰實⑭蜚聲，以嘉慶庚午舉於鄉；庚辰成進士，選庶吉士；壬午散館，改知縣。需次銓部⑮請假，歸覲上游。傾風⑯延主，五泉書院制府楊忠武侯，重公碩學，復聘主蘭山書院。公以其時束脩⑰色養⑱，盡歡二人，累茵列鼎⑲，樂不易此。壬午，丁馬太安人憂；丁亥，太封翁弃養。⑳公哀毁骨，立誠信如禮。服闋㉑，謁選得山西和順縣，調繁曲沃，充乙未、己亥同考試官；擢升朔州視事，匝月㉒，移疾告歸，大府慰留不得。

公爲治明練，敦大體，不尚苛細，而剔弊鋤奸，不少姑息。其莅和順也，甫下車，見道旁隙地，屋敗垣頹，問爲書院故址，以經費無出，鞠爲茂草㉓。公慨然唱捐，聞者竟勸墻屋，既修膏火充給，延師講授，蔚然成風。邑額徵折，色舊歸傾；銷匠包納，倚勢勒收；浮於市估者幾倍，官利其便，民苦無訴。公爲復，自封投匱㉔之制。宿困頓蘇，歡聲震野；爲立生祠，禁之不得。二漳㉕抱城，倉廠易霉變，藉地需板，舊輸諸民，吏胥因緣爲奸，歲輒一更。公簿借其數，令民自經理，領舊易新，失落坐監守，宿弊以絕。土產何首烏，大如栲栳㉖，權貴人珍爲大藥，下令誅求，耕充饋餉，懸崖峭壁，民不堪命。有風以意者，公輒曰："地力幾何而不告匱，以長成即當持獻耳。"歲乙未，邑大旱，公奉檄入籌㉒。權篆者㉘博上官歡，以六分收報。公徹棘還㉙，心念民困，如此糠核㉚不能自存，顧重以敲逼迫死溝壑耶！乃令安堵㉛毋恐，緩俟來年，而文書依限報完。吏語："藉耕㉜，爲公危。"民勃然相謂曰："公活我，公以官活，我所不急公之急者，非人也。"逾年雨暘適時，衆爭輸無後者。循聲大著，斯有曲沃之調。

曲沃繁庶，邑人龐雜，號難治；積案稠叠，連年不決，訟師蠢役，調唆魚肉。公推詳省釋，刻限拘提，剖判如流，兩造㉝輸服，期月無留。牘役以需索不稱，折簽反誣；立破其奸，登加重懲，衆皆股立㉞。王三娃者，邑之巨猾，結黨出沒，肆暴村墟，人不敢問。公不動聲色，突令健役掩㉟執。觀者如堵，歷數其罪，斃之杖下，闔境稱快。一日，單騎出，簡壯丁尾馬後，不命所之。奄至一所喧闐㊱城市，見公至，群相驚竄，分捕無得脫。地爲古城壕僻，在一隅積匪穴據，誆誘淫賭，破家蕩產，往往而是吏役爲耳目，無由發覆㊲。至是肅清，規其地爲考院。紳士踴躍勸成，頌神明焉。其除莠安良皆此類也。

公勤能見事，風發而聞變不擾。趙城曹順之亂㊳，各屬議徵調爲備禦計。公曰："無庸，烏合勢難久，大兵至當鳥獸散耳。吾遼㊴在萬山中，正恐兔脫游魂，藉爲逃死之所飭，各隘口嚴爲盤志。"其後直隸、山東擒獲匪黨，果望風畏遁，由平定路逸去，人服其識。己亥揭曉，吏唱第三十九名。監臨目司道以下相視笑，而主考驚相詰，則爲季春華宿學知名屢見躓者。張蘭沚㊵方伯㊶遽顧吏曰："房考㊷爲和順縣否？"吏激應曰："然。"舉座嘆服，傳爲佳話。公舉業稱三，折肱蘭山、五泉，親詣授者，無不翹楚一時。至今春秋榜上，可指數以故針芥之契如此。

公素開口，喜交游，寶朋選勝，詩酒流連呼杯，傳殘漏數下不休。入官，後顧不而。公燕酬，勸三爵，告不勝，從無繼燭宴。嘗語余曰："憶吾改官後，侍先君子㊸於蘭山。曾從容詔衡曰，'吾初望汝科第起家，薦歷清要，有所表見，無忝㊹前人光；今作令㊺，令不易作也！昔人所云'一家飽暖千家怨，半世功名數世冤'，吾心惕焉，汝慎爲之。"每念斯言心築築㊻，汗沾兩握也。然則公之矢勤、矢慎、潔己、愛民，而畏壘尸祝㊼於無窮者。夫固有所自來而此，不忍一日死其親之心，尤足令人嘆息流涕不能自已也已。

道光二十九年歲次己酉五月吉旦　富平仇星乙、仇志立刻

張公墓表碑陰書事

余讀雪樵先生所爲公墓表，據事直書，不爲藻飾，名德立言，信今傳後，公可不死矣。而以余親見公行事，有爲人所艷稱而未得其深，徒令有識者觀之。目爲一節之長，無足爲公重輕而其實所全甚鉅，則若斷曲沃周氏爭產一事。

周氏豐於財，甲乙析居。甲死留遺腹子二；乙無子，後死，甲少子當爲後。甲後妻主析甲產，以益少，其長爭執，遂告忤逆。長因以繼母不容，情願出繼[48]；申訴中間宵小[49]媒孽[50]各出萬金居閒[51]。當是時，天適旱，公方齋戒，步禱停訟系廉知。憮然曰："遲則被賺，是家禍結矣。"刻拘至坐，堂皇叱二子曰："長者承祧[52]，不當出繼；少者出繼，不當携財。理允事均，兩無所礙。爾母以偏溺之私致此紛紜，骨肉傷殘，徒爲他人魚肉；是爾先人所辛苦居積，以長子孫者竟階[53]，爾等不慈、不孝、不友、不弟之戾，泉下之人無泪可揮矣！"二子涕洟被面，聲嗚咽，不能仰祝。公曰："止止所爲如此，猶敢以不義污官，官樂以清白遺子孫，肯使如爾等慘罹此變耶！頭上青天，一心可鑒。"因作勢欲刑，咸叩頭引罪，固求釋訟去。是夕，雨如注，父老咨嗟，以爲數十年來多有此案，從無此判。嘖嘖然，頌公之明而嘆公之廉，爲不可及。夫明，則固然若第云廉也，廉特一身之事，爲當官守職之常。使二子禍心未死，則方受人調唆，拼其重賄，以冀一當，亦安能禁其不他往者，而母子兄弟之蔓延，固結不可復解矣。天下惟天性之良，雖殘忍刻薄不容盡泯。公以愷惻[54]之懷，直發其覆，而大動其不忍。二子平日充耳填膺，一切計謀仇恚[55]之私，不知消歸何有！頓覺神明在上，刺骨疚心，不堪回首也。仁人之言，其利溥[56]哉！或者曰：此亦服善則然耳，如其頑梗則奈何？是又不然。孟子曰："至誠而不動者，未之有也；不誠，未有能動者也。"[57]

余與公同里，□對宇居。憶少時數過公家，見公兄弟六人，依依愛悅如左右手，衣服食飲無彼此。太封翁時有譴謫，則相代引服[58]，婉轉博親歡。太安人從旁伺封翁，顏色爲緩頰，封翁尋知亦笑置之。而時，心直謂六人同出，輒嘆其難，後與人言，乃知其三則與公異母也，其二則與公同祖也。而太安人則公之繼母，公固先太安人所出，早失恃[59]也。嗟夫也！以同父異母，蘇氏所謂一人之身者，猶或恣睢[60]忿戾[61]，各不相能，而群從同堂和樂無間，如公六人者，其至性過人爲何如哉！本仁孝之，素處人骨肉紛難之際，其纏綿悱惻必有流溢於語言之表者。而二子涕洟嗚咽非偶然也，又何頑梗㉒之有焉。公弟兆燕、兆祥太學生、兆銘，堂弟兆學、兆鏞歲貢生，候選訓導告歸，後昆仲存者太學及廣文㉓而。三白首相對，淒慘增懷，因出所積俸餘置幾上，呼諸子行，十有一人。至前，謂之曰："吾兄弟相依，今已半歸泉路，座止相看，知復幾時，正爲爾輩不能忘情耳。君恩波及，視曩時稱苟完㉔，門户之尤，於此方大。昔人所云：'財相靡，事相諉；儉者不復儉，勤者不復勤。'㉕興言及此，使人悵惘。計吾所有爲爾均分，勤則可以自資，惰則勢將坐困，後事任爾，不復關吾。"陸賈㉖作達，初非本頗。嗚呼！別籍异財，爲朱子厲禁而。本朝李穆堂㉗謂爲未盡善，其説切中事情，蓋即末俗之私情，斟酌通變，使無害先王之公義，而相稽相尤，預絶未萌，此則仁人君子，長慮却顧，曲爲保全，不肯膠柱養癰，何其明也。而平如鶺鴒㉘，尤第五氏㉙所審量焉，而不敢易言者矣。

公以癸巳謁選，癸卯告歸，居林下㉚者凡六年，春秋六十有一。有五子，琴居長，仲氏出，太封翁鍾愛，念公艱，嗣命子之即嗣焉；廩貢生，候選教諭，從余游，爲小友㉛。次璘、次瑢、次玥俱及門從余學；次瑀幼。余愧德薄，無能爲諸孤模範。而以公行事，所積甚厚，其後必昌，且皆聰穎識大義，稱其家兒，其爲肯堂構㉜無疑。雖然名父之子衆所指目，負荷良不易，諸子勉乎哉！

道光歲次戊申嘉平之月同里蔡舍輝　富平仇志立、仇星乙刻

（碑側附刻賈壇、唐發科所記此碑流傳經過如下——編者）

雪槎太史學術政績，洵堪垂世。其裔式微㉝，不克保守是碑，以二百金售之秦君鐘生。唐、壇勸鐘生慨捐文社，永爲保存。亦乙太史之人格，鏡唐之文若㉞，書旭東之跋，後堪稱"三善"。爰樹之，以爲後學矜式㉟云。

中華民國二十年七月既望，後學賈壇、唐發科 謹識

[題解] 碑立於道光二十九年（1849）五月墓主人去世一周年之後。通高177厘米，寬101厘米，厚19厘米。今存武威文廟。墓表簡述了墓主人的死訊及家世出身，憶及學業、家庭往事，重點叙述了官場生活，突出其幹才績效和愛民情懷。碑陰刻有同里蔡舍輝於道光二十八年（1848）寫的記事：一爲判曲沃周氏爭產一事，法理、人情兩依，當事人心服口服，民衆稱頌不已；二是對待兄弟如手足，并不因親疏而生間隙。張兆衡五子中，除小兒子年幼外，其他四子均從蔡舍輝讀書。兩篇碑文参讀，比較詳細地叙述了張兆衡爲官做事和爲師、爲子、爲人的行狀操守，體現出他"矢勤、矢慎、潔己、愛民"的胸懷。今人

讀之，未嘗不受感動。碑側文字雖簡，但可補墓碑之流傳過程及地方名士對武威文物保護的貢獻等事宜。

[作者]

牛鑒（1785—1858）：字鏡堂（鏡唐），號雪樵，甘肅武威人。嘉慶十九年（1814）進士，選庶吉士，歷任糧道、按察使、布政使、巡撫等職，官至兩江總督。在任河南巡撫時，對治理黃河水患、發展教育、整頓吏治等方面政績頗顯。後由於在署兩江總督期間參與簽訂《南京條約》被追責。

蔡舍輝：字旭東，武威人。時為武威北鄉塾師。

賈壇、唐發科：見《亦都護高昌王世勳碑》注。

[注釋]

①張公：即張兆衡（1788—1848），字仲嘉，號雪槎，甘肅武威人，世為涼州望族。嘉慶二十五年（1820）進士，選翰林院庶吉士。歷任山西和順、曲沃知縣，朔州知府。為官期間，興利除弊，除莠安良，深得地方紳民信賴。曾主講蘭州蘭山、五泉書院。

②啓手足：善終的代稱。啓，開，離開。

③其次：其（他）住宿的地方。指他地或家鄉（里第）以外的地方。次，住宿地（間）、房舍。

④臚：陳述、陳列。凡：大概，要略。

⑤勝國：被滅亡的國家，此處指明朝。謂已亡之國是為今國所勝，故稱"勝國"。後因以指前朝。

⑥忠剛：指明代著名將領張達。其生平事迹見《敕賜上柱國光祿大夫左都督謚忠剛張公墓志銘》。

⑦中微：中道衰微。微，衰落，低下。

⑧閥閱：指有功勳的世家、巨室。閥，指功勞；閱，指經歷。

⑨猶子：謂如同兒子。指姪子或姪女。

⑩岐嶷（qíyí）：幼年聰慧。

⑪克肖：相似或謂能繼承前人。

⑫覃精：謂潛心，深入鑽研。也作"覃研"。覃，深廣。

⑬墳籍：指古代典籍。伏羲、神農、黃帝之書謂之《三墳》。泛指古書。

⑭騰實：謂功績傳揚。

⑮銓部：指吏部。銓，衡量輕重；量才授官，選拔官吏。

⑯傾風：欽慕別人的風采。

⑰束脩：古代學生與教師初次見面時，必先奉贈禮物表示敬意，名曰"束脩"。早在孔子時代已經實行。後泛指學費。

⑱色養：子女和顏悅色奉養父母和承順父母。

⑲累茵列鼎：形容過着優裕的貴族生活。

⑳壬午：即道光二年（1822），張兆衡因母親去世，在家丁憂。丁亥：即道光七年（1827），因父親去世，丁憂在家。太安人，封建時代六品官員之母受封稱爲太安人，妻子稱爲安人。弃養：父母去世的婉辭。

㉑服闋：指守喪期滿除服。闋：終了。

㉒匝月：滿一個月。匝，周，繞一圈。

㉓鞠爲茂草：指雜草塞道。形容衰敗荒蕪的景色。鞠通"鞫"，窮盡。

㉔投匱（guì）：亦作"投匭（guǐ）"，原指臣民向皇帝上書，後借指民間向官府言事。匭，小匣子、小箱子；匱，古同"櫃"。

㉕二漳：指漳河的兩條支流。

㉖栲栳（kǎolǎo）：由柳條編成的容器，形狀像斗。

㉗入簾：古代擔任科舉考試閱卷官，或指閱卷官進入試院履職。

㉘權篆者：意謂代理知縣。

㉙公徹棘還：公務結束後就急切回來。徹，結束；棘，通"急"，急切。

㉚糠核：同"糠籺（hé）"，指粗劣食物。

㉛安堵：安定、安居。

㉜藉耕：亦作"耕藉"。古代天子、諸侯徵用民力耕種的田。每逢春耕前，天子、諸侯躬耕藉田，以示對農業的重視。藉，同"籍"，徵收。此處指張兆衡爲使農民度過難關，允許農民將當年的徵糧額延遲至來年繳納。這無異於借用了國庫當年的糧食，如果農民在來年不能如數繳納，將會危及自身。

㉝兩造：指原告與被告。也作"兩曹"。

㉞股立：同"孤立"。

㉟掩：乘人不備而襲擊或捉拿。

㊱喧闐（tián）：也作"喧填"，喧嘩熱鬧。

㊲無由發覆：沒有門徑和機會揭除蔽障。無由，沒有辦法；覆，蔽障。

㊳曹順之亂：曹順，山東曹州人，後遷山西趙成縣（今洪洞縣境內）。他以治病爲民，傳習先天教，爲教主。其傳教結衆，準備起事，被趙城知縣楊延亮偵知，派兵緝捕，事泄。道光十五年（1835）三月，曹順率衆入城，焚衙署、殺縣令、劫監獄、搶驛馬。後被山西巡撫調兵鎮壓，曹順等數百人被俘遇害。

㊴遼：遠。

㊵張蘭沚（？—1848）：名澧中，字蘭沚，清代閿鄉（今屬河南靈寶市）人。嘉慶年間進士，歷任刑部右侍郎，直隸按察使、山西布政使、巡撫等職。

㊶方伯：原指一方諸侯之長，後用於對地方長官的尊稱。

㊷房考：明清時期鄉試時分房閱卷的考官。亦稱“房官”，同“考官”。

㊸先君子：父親。一般指對已故父親的稱呼。

㊹忝（tiǎn）：辱，有愧於。常用作謙詞。

㊺令：指縣令、知縣。

㊻築築：脉跳動急速貌；上下搖動。

㊼畏壘尸祝：畏壘，山名，借指鄉野。尸祝，尸，牌位，神主；祝，祝壽，贊頌。古代祭祀時對神主掌祝的人，或主祭人；也指祭祀、崇拜。這句話的意思是由於他爲民辦實事、行善政，人們理應爲他設立牌位祭祀他、頌揚他。

㊽出繼：指過繼給别人作兒子。

㊾宵小：指小人、僞君子，泛指壞人。

㊿媒孽：比喻藉端誣罔構陷，釀成其罪。

(51)居閑：亦作“居間”。指出於雙方之間調解或説合。

(52)承祧（tiāo）：指承繼爲後嗣。祧，元祖的廟。

(53)竟階：同“境界”。竟，“境”的古字。

(54)愷測：和樂惻隐。愷，快樂，和樂；測，悲痛。

(55)仇恚（huì）：仇恨。恚，恨，怒。

(56)溥（pǔ）：廣大，普遍。

(57)孟子曰句：出自《孟子·離婁上》。意爲極端的真誠而不能使别人感動，這是未曾有過的事；不真誠，是不能感動别人的。

(58)引服：亦作“引伏”。認罪，服罪。

(59)失恃：指死了母親。

(60)恣睢（zìsuī）：放縱，任意做壞事。形容兇殘横暴，想怎麼幹就怎麼幹。

(61)忿戾（fènlì）：蠻横無理，動輒發怒。

(62)頑梗：愚頑而不順服；非常固執。

(63)廣文：唐朝設廣文館，設博士、助教等主持國學。明清時稱教館爲廣文。

(64)苟完：大致完備。

(65)語出清代名臣、學者李穆堂《别籍异財議》。

(66)陸賈（約前240—前170）：漢初楚國人。思想家、政治家。早年隨劉邦平定天下，曾參與誅滅諸呂集團、兩次出使南越而譽滿天下。他是一位既取得輝煌事功而又生活得從容暇豫的士人，其立身處世、思想言行具有一種雅正而通達的氣度。有"陸賈分金"典故流傳。

⑥⑦李穆堂（1675—1750）：名紱（fú），字巨來，江西臨川人。進士出身。清代名臣，著名學者。曾任內閣學士、巡撫、總督等職。有著作多種傳世。

⑥⑧鶌鳩：即杜鵑，亦名布谷鳥。傳說它哺育幼鳥時能做到平均如一。比喻有德的君子（或國君）總是一視同仁對待子女（或臣民）。

⑥⑨第五氏：即第五姓。原指複姓第五。這是中國古代的一個顯姓，曾出過許多名人，後衍化稱第五姓、第姓、五（伍）姓，《百家姓》中收錄"第五"姓。猶言百姓。一說為古代的五個門閥士族。

⑦⓪癸巳為道光十三年（1833），癸卯為道光二十三年（1843）。此句是說張兆衡從參加選官到告歸，直至退隱的具體時間。林下，本指山林田野幽僻之境，引申為退隱或退隱之處。

⑦①小友：指年長者對所敬佩的年輕者的稱呼。也指科舉時代有科名者對未進學童生的稱呼。

⑦②肯堂構：指修繕房屋，用來比喻子承父業。構，蓋房。

⑦③式微：指事物由興盛而衰落。《詩·邶風》篇名，借指國家或世族衰落。

⑦④文若：文化內涵豐富的文章。

⑦⑤矜式：敬重和取法，猶示範、楷模。

欽命大法國傳教士節□照公

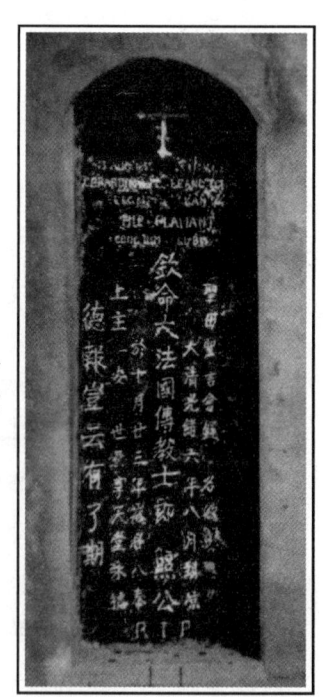

□□□□□日

聖母聖言會鐸□名□□□□□，大清光緒六年八月到涼。□於十月廿三，年歲廿八。奉上主□安□世□□享天堂永德。

德報豈云有了期。

……（多處文字殘缺不清）

CERAFD（文字不清）TLEAC（文字不清）

（文字不清）PELCRI（文字不清）

（文字不清）HICFLANANT（文字不清）

（文字不清）CONCWM（文字不清）LUB（文字不清）
R I P

[注釋] 碑高80厘米，寬50厘米。約立於清光緒六年（1880）。今存武威市涼州區松樹鎮天主堂。碑文多處文字漫漶不清。

安濟貧

比國①人，生於咸豐九年。光緒十年晉升鐸德②。光緒十一年來甘肅，二十二年安逝於涼城。

RPEUCDELEUSE
安　濟　貧
SAC CONC·IMM·CORD·B·M·V
NATUS IN BEICIO 1859
APPULIT SINAS 1885
OBIIT LEAACTCIIEOU 1896
R·I·P
所安止息

[題解] 墓碑高100厘米，寬50厘米。碑約立於清光緒二十二年（1896）。今存武威市涼州區松樹鎮松樹莊天主堂。

[注釋]
①比國：即比利時。
②鐸德：天主教神父的正式品位職稱，也稱司祭、司鐸。譯自拉丁文。中國天主教最初音譯"撒賣爾鐸德"，簡稱"鐸德"，後來用儒家關於"施政教時振木鐸"的說法，改爲"司鐸"。司鐸被尊稱爲神父，通常是一個教堂的負責人。

葛天民

比國人，生於光緒四年。光緒二十八年升鐸德。光緒二十九年到甘肅，三十四年逝於西鄉。

RP·LEO KERKHOFS

葛　天　民

Sac. Cong. Ym. Cora.B.M.V

natils MEEUWEN（leodii）1878

pervenil KANSOU mod 1903

obil SiSiang.25.maet 1908

IN.PACE.

所安止息

[題解] 墓碑高80厘米，寬50厘米。碑約立於清光緒三十四年（1908）。今存武威市涼州區松樹鎮天主堂。

中華民國

施樂習

比國人，生於光緒八年。光緒三十二年晋升鐸德。光緒三十三年到甘肅，民國四年安逝於涼州。

RP.ALB.SELOSSE
施樂習
sac.CongbnCBMV
natusMouscron1882
pevvenit 涼 州 1907
uli oliit 18 Julu 1915
in.pace

[題解] 墓碑高 80 厘米，寬 50 厘米。碑約立於民國 4 年（1915）。今存武威市涼州區松樹鎮天主堂。

伊司鐸保禄之墓

公諱亮道，德國人氏，明德其號也，生於西曆一九○五年。自幼弃卷修道，静默寡言。□□□齡晋升鐸德來華，於民國十□年十□月□安□□□西鄉會堂學□□言，次□□□□□西鄉教務，旋委河南壩教堂本堂，□□□復□任西鄉總鐸□正本堂，視□□□□月。偶染沈疴，醫□□□，卧床□□□□，遂與世長辭焉。□

□間者，莫□□之，享年三十有三歲。

Hic

dormltin Ghrislo

fraler ✝ noslei

P.Paril.Ehlort SVD

nat.LauenLourg.Pomm.25.5.1905

saccrdos ordin.25.5.1933

venit Sinas Lanc.11.11.1933

grluus Sihian gr23.5.1938

B.I.P

[題解] 墓碑高120厘米，寬50厘米。碑約立於1938年。今存武威市涼州區松樹鎮天主堂。

祁進修

比國人，生於光緒五年。二十九年升鐸德。光緒三十年到涼州，民國二十四年安逝於西鄉。

R.P.loseph.SPRONKEN

祁進修

Sac.Congk.Ym.Cor.B.M.V

nalus.ANTWERPIAE.1879

lievveu.IJANG.13.Jam.1904

ohiil.SiSiamg.26.marl.1908

INPACE

[題解] 墓碑高80厘米，寬50厘米。碑約立於1935年。今存武威市涼州區松樹鎮天主堂。

步司鐸保祿之墓

公諱天衢，號心齊，德國人，生於一九零二年。其為人也，沉思寡言，行慎篤敬，榮主愛人，工作為其一生志願。年二十五齡，發終身宏願，次年晉升鐸品，即來中國，在甘肅武威西鄉紀堂學習華語，越年任甘州四號本堂。五年後調升涼州西鄉總鐸。四年，以其操勞過度，患神經症，雖赴蘭州調診，終未其痊；復來西鄉會院養，竟於一九四四年十一月與世長辭，享年四十二歲，聞者莫不為惜。公且逝焉，其芳言懿行，尤堪為式。故志之，以示不忘云爾。

HiC

dormit in Chrislo

frater 十 nosler

P Pal C BuhC.S.V.D

nat Winau Breslau 12.8.1902

SacCaos ordin 12.5.1928

Venit Sinas 12.9.1928

ouujs Sihsiang 11.12.1944

B.I.P

[題解] 墓碑高120厘米，寬50厘米，立於1944年。今存武威市涼州區松樹鎮松樹莊天主堂。

中華人民共和國

理智法師[①]功德碑

　　理智法師者，佛門高僧，法門龍象。祖籍武威，生於黃羊，俗姓于氏，名號善海。生於一九六六年，寂於二零零七年，游歷人間四十二年，慈心化俗二十四載。足迹遍十方，度人無量數；中興海藏古刹，修復羅什道場；心量廣大，智慧充盈，承佛祖印，説法利生，解行[②]雙圓，得大總持，培養僧才，續佛慧命。於諸弟子中，嗣法繼業者，爲理方法師。

　　理智法師，德相莊嚴，聰慧超群，事理通達，顯密圓通，才及弱冠，便悟無常；於蘭州五泉山禮諦禪上人剃度出家，之後參訪名師，廣學經論，先後就學於中國佛學院蘇州靈岩山分院與北京大學宗教研究所，徹法源底，得佛真傳；蘭州融開大和尚爲其傳授法印，爲法幢正宗第四世傳人；廣東本焕老禪師爲其付法印可，爲臨濟正宗第四十五世禪師。

　　理智法師，才華出衆，筆耕不綴，於教内外刊物上發表論文數十篇，專著二部，尤以《三藏法師鳩摩羅什與武威羅什寺》最爲得力，盡其所思，詳述譯經大師鳩摩羅什之悲心切願與武威羅什寺之歷史淵源，爲鳩摩羅什寺之復興提供了歷史依據。

　　理智法師，願力宏深，行力堅强。見武威海藏古刹四壁凋零，便發願中興，歷時五載，才見香火鼎盛，一切圓成。又睹羅什古寺淹没紅塵，臨近崩潰，故發廣大道心，重修羅什古寺。爲籌資金，四處奔波，内外宣揚，歷經十年，終得寶殿梵宮，拔地涌現，古刹重輝，法輪續轉。

理智法師，愛國愛教，心系眾生，以大慈悲心，拔濟世間苦，凡足迹所到之處，見苦難民眾，總是傾囊相助。回首凝望，僅慈善教育所施，累計高達數十萬元。一介僧侶，能行如此，雖巨富名流，莫能望其項背。

理智法師，應化人間，普度眾生，所行所言，後學典範，黨和政府，莫不敬仰。自上而下，歷任中國佛教協會常務理事，甘肅省佛教協會副會長，武威市佛教協會會長，武威海藏寺方丈，鳩摩羅什寺籌建處主任等職，協助黨和政府落實宗教信仰政策，開放凉州區内十八座佛教寺院。緇素③咸欽，同倫共贊。

千古凉州聖地，千古理智法師。其壽有限，其神無量，其功蓋世，其德遠揚，其學淵博，其修圓滿。雖有筆墨，無以言詮，謹以此文，永資紀念。

鳩摩羅什寺住持理方撰文　伴荷齋主人趙長軍焚香書之

佛曆二五五二年（公元二零零八年）秋月立

碑　陰

永懷祖德

[題解] 碑立於2008秋，位於鳩摩羅什寺大雄寶殿右側碑亭。高280厘米，寬85厘米，厚12厘米。其中碑身高100厘米，寬80厘米，厚12厘米；碑蓋高90厘米，寬85厘米，厚15厘米；碑座高90厘米，寬85厘米，厚25厘米。碑陽正文繁體楷書竪排；碑陰竪排行楷四個大字。碑文簡述了武威當代佛門高僧理智法師的生平業績和功德，特別突出其對武威佛教的貢獻和影響。

[作者]

理方（1970— ）：甘肅武威人。見《鳩摩羅什舌舍利塔修繕記》作者。

趙長軍（1966— ）：字得之，號伴荷齋主人。武威人，群衆文化研究館員。現任武威市書協副主席，凉州書畫院院長、凉州美術館館長。

[注釋]

①理智法師（1966—2007）：俗姓于氏。甘肅武威人。1986年出家，師從諦禪長老，一生愛國愛教，弘法利生，行解并重。曾任凉州區佛教協會會長、鳩摩羅什寺籌建委員會主任、海藏寺方丈、凉州區政協副主席、甘肅省佛教協會副會長、中國佛教協會常務理事等職，爲武威佛教發展和鳩摩羅什寺的修復重建做出過突出貢獻。著有《三藏法師鳩摩羅什與武威羅什寺》（敦煌文藝出版

②解行：知解與修正。解理行事也。解是通理，行是修正。

③緇（zī）素：緇，黑色；素，白色。意思是黑和白。此處指僧俗。僧徒衣緇，俗衆服素，故稱。

李氏墓志暨家族簡史碑

（上方橫批）永遠懷念。

（右、左兩側對聯）祖訓銘記勤懇耕耘，祖先厚德垂教後嗣。

（正中）顯考李翁諱生湘、（顯）妣李母魯福秀大人之墓。

先父生於大清光緒三十三年。厚德淳樸，孝敬父母，兄弟和諧，勤懇耕耘，助人爲樂，常誦佛陀。於一九七四年農曆正月二十歿。慈母生於大清宣統元年。生前懿行賢慧，孝順公婆，妯娌和睦，鄰居相處，心地善良，操持家務，撫育兒孫，積勞成疾。於一九七二年農曆六月初五歿。不孝男明文、得文、禄文、忠文、愛文；女福存、玉良、鳳英、文英。公元二〇一五年清明，李氏子孫拜立。

碑 陰

（上方橫批）廣種福田。

（右、左兩側對聯）明心見性尋根問祖，上繼祖德積善福世。

李氏先世居廣陵江都。明時，梓進公禄以軍功顯河西，官富保，世授涼州衛指揮使、洪水游戎。生四子。維新，總兵陝西，四川大都督，贈光禄大夫、太子太保；維坤，江寧國府；維世，本衛守備。維新後嗣：栖鳳，明時任甘肅總兵，歸順大清，功績顯著，清世祖御賜"知方略"褒獎。順治十五年三月，晋兵部尚書；六月，升兩廣總督。封太子少保、廣東總督。康熙三年正月歿。栖凰，官至漕運總督，封太子太保，世稱"關王"。栖鴻，任雲南路南州，升臨安府知府、兵部武選司員外郎。栖鷗，督標漕運副將、江南總兵。栖鸞，密雲副將、直隸總兵。栖鵬，峽口都司。栖鳴，廣東瓊州總兵、鎮海將軍、廣東提督，陣亡。栖鷫，泉州副將。栖鳳後嗣：鎮鼎，康熙甲辰武進士，任廣東提督、都督同知、直隸總兵，封太子太保；鎮邦，嘉興副將；鎮圻，任山西寧化守備；

鎮域，江南崇明衛守備、副將；鎮國，雲南維摩州知州；鎮基，河南禹州知州；鎮華，甘肅提標將官，早卒；鎮威、鎮垓、鎮坤。孫：宗侗，吏部候；宗膺，御前侍衛；宗禹，廣東潮陽；宗舜，寧夏新武營；宗清、宗綱、宗聖。先世明清兩朝官吏，以"循吏"著稱。一門顯貴，古今罕見。

曾祖壽元，系維新涼州西鄉懷渠後新溝大房支系後嗣，生於清咸豐年間。德厚淳樸，貢納國課不誤；受皇恩浩蕩，賜皇命老太爺銜，賞花翎黃馬褂；生子得年。祖父得年，清光緒二年生，民國三十八年農曆十一月往生；祖母吳氏德英，清光緒元年生，民國三十七年農曆七月往生。夫婦恩惠，賢德樸實，子孫滿堂，嚴謹教養，慈善積德，拜佛誦經，廣種福田，雙雙同登彼岸，坐化往生，同享七旬有三。生六子，生沛、生海、生湘、生澍、生治、生蒲；五女，魯李氏、朱李氏、高李氏、張李氏、王李氏。三代食祿自耕，人丁興旺，子孫昌盛。勒石垂教，後嗣銘記。

後嗣山川熏沐叩撰

[題解] 立於2015年清明節，位於涼州區西營鎮後興溝村李氏墳塋。高160厘米，寬90厘米，厚10厘米。碑陽碑陰皆豎排，上、右、左分別鐫刻繁體大字（對聯），正文簡體小楷漢字。碑陽正文爲墓志部分，簡述其父母名諱、生卒時間、稱頌詞、子女姓名（包括立碑時已故子女）等。碑陰簡述了武威李氏一門四代的顯赫歷史（主要以任職官銜體現）。碑文作者爲李栖鳳家族後裔，平時留意地方文史，對李氏在武威的分布情況瞭解掌握較多，此碑對研究李維新、李栖鳳家族的發迹興衰和子孫繁衍情況具有參考意義。從墓碑的形式到內容，都是當地比較典型的一種規制，對考察當地民間喪葬風俗具有一定的參考價值。碑文所言"栖鳳後嗣：鎮鼎……"似不妥，綜合考察，鎮鼎系李栖鷟三子，其他也不全是栖鳳後嗣。"富保"疑爲"傅保"之誤，是太子太傅、太子太保的合稱，連同太子太師并稱三公，是古代最尊顯的官職。因作者的李氏後裔身份，在客觀敘述當中，不無尊崇溢美之情。可參閱本書《誥封一品李母雷太夫人墓志銘》《創建李氏家廟蔭善庵碑記》。

[作者] 山川，即李忠文（1947— ），筆名朝陽，涼州區西營鎮人。一直在武威市涼州區鄉鎮工作至退休，受到多次表彰獎勵，榮獲省、國家級先進工作者。熱心地方文史，曾自發考察文化、文物遺址多處，爲文化部門提供了許多文物綫索。發表文章數十篇，參編地方文獻多部，編著《涼州岩畫》（內部刊印）。

[附録]

李氏一門爲武威望族，清世祖康熙題爲"兩河巨室"，還有歷代御賜的"都督第"等匾額。武威城區東大街現涼州區政府後首縣府巷原稱李府巷，有李府大宅，其府第在清末還作爲涼莊理事通判衙署（現區政府大院）；民國年間李氏宅門還有懸挂御賜"都督第"等匾額的人家。李氏在涼州西鄉、南鄉的宅第通稱李府，如新華鎮、廟山鄉（今屬謝河鎮）有李府村，校尉鄉（今屬古城鎮）有李關王家族墓葬群，高壩鎮有李氏家廟蔭善庵；康寧鎮洪溝（李氏祖塋）、西營鎮後興溝村、松樹鎮等地皆有李氏後裔分布并形成村落。現將《五凉全志·武威縣志·人物志》《武威耆舊傳》及相關史料有關李氏四代人物的記載綜合編寫抄録如下，供研究者參考。

李維新，字小台。歷任明朝陝西四川總兵、黔蜀提督。因平定西南奢崇明、安邦彦武裝叛亂（史稱"奢安之亂"），贈光禄大夫、太子太保。

李維坤，字承乾。貢生，曾任江西寧國府。

李維世，曾任涼州衛守備。

李栖鳳（1594—1664）：字彩梧，又字瑞梧。明朝生員，後歸降皇太極。一説其爲明末甘肅總兵，後奉調江淮抗清，順治二年（1645）降清，被編入鑲紅旗漢軍營。歷任秘書院副理事、山東東昌道、湖廣荆南道、湖廣布政使、安徽巡撫、兵部尚書、兩廣總督等職，贈太子太保。

李栖凰，字光梧。世襲。歷任主管漕運的操江總督，贈太子太保。多爾袞見他貌似關羽，稱之爲"關王"，後世稱"李關王"。

李栖鴻，字輝梧。監生。歷任雲南路南知州、臨安府知府、南京兵部武選司員外郎。

李栖鶌，字耀梧。歷任江南督標漕運副將、江南總兵。

李栖鷥，字翔梧。蔭生。歷任直隸密雲副將、密雲總兵。

李栖鵬，字燦梧。蔭生。曾任峽口都司。

李栖鳴，字祥梧。歷任廣東瓊州總兵，挂鎮海將軍印，官至廣東提督。陣亡。

李栖鸜，字□梧。功加福建泉州副將。

李鎮華，曾任甘肅提標將官。早卒。

李鎮域，（順治）丁酉（1657）武舉。曾任江南崇明衛守備、副將。

李鎮圻，（順治）庚子（1660）武舉。曾任山西寧化衛守備。

李鎮鼎，康熙甲辰（1664）武進士。歷任廣東提督、都督同知，以功加太子太保銜。

李鎮邦，字寧之。功加福建嘉興副將。

李鎮國，貢生。曾任雲南維摩州知州。

李鎮坤，曾任廣西梧州同知。

李鎮垓，曾任山東青州同知。

李鎮基，字定遠。曾任河南禹州州判、知州。

李宗禹，功加廣東潮陽游擊。

李宗侗，吏部候選。

李宗膺，曾任侍衛、雲南劍州副將。

李宗舜，功加寧夏新武營游擊。

李宗聖、李宗清、李宗綱。

第五編　匾額選粹

　　牌匾是我國獨有的一種語言、文化符號，歷史悠久，精彩紛呈。我國古代牌匾可以説是融文學藝術、傳統建築、工匠技巧於一體，集思想性、藝術性於一身的綜合藝術作品。如果按照所要表達的内容來劃分，有名稱匾、身份匾、頌恩匾、警世匾、祝賀匾和姓氏堂號匾等。匾文凝聚中華人文要義，濃縮聖賢學養精髓，承載書寫者的信仰、名節、擔當，體現出濃濃的家國情懷，可謂字字源典，句句據史，是中國故事與哲理知識的寶庫。牌匾上除了主文之外，左右的小字大多撰寫捐贈人及頭銜和落款时间。現如今，許多古代寺廟就是通過牌匾上的資料信息確定其創建年代。武威人文薈萃，文化遺産豐富。僅就文人墨客遺留的牌匾，其歷史之久遠，數量之衆多，雕飾之精美，書法之絶倫，足可"輝增西垣"。在衆多的牌匾裏，懸挂在武威文廟桂籍殿前廊檐下的四十多塊木質横匾，猶如一斛璀璨爛漫的珠璣，觀之令人贊嘆不已。

　　這些歷經滄桑、風流藴藉的牌匾，上起清康熙五十七年（1718）的"萬世文宗"，下訖中華民國二十八年（1939）的"文教開宗"，再到1992年趙樸初先生書寫的"頂禮文宗"，時間跨度二百七十多年，但保存完好，且懸挂集中，堪稱武威文廟一絶，是地方官員、社會名流、文章能手、書法大家、雕刻名家匠心獨運的杰作。其匾文，用典絶妙，寓意深刻，富有啓迪性，對文昌、孔子禮樂教化導民之峻德偉業，至誠至敬，贊頌之至，以此激勵萬民學子以"書城不夜"的勤奮，升騰"月殿騰輝"的憧憬，創造"經天緯地"的輝煌，實現"天下文明"的理想。其書法，飄逸瀟灑，樸拙雄健，遒勁俊美，豪邁奔放，字裏行間，透射着潑墨抒懷、蟾宫折桂的豪情壯志，真實地反映了武威"孝友文章""文明長晝"的昌盛文風。有清一代，武威五十多位文武進士"科第連綿"，既是文昌"陰騭下民""桂籙垂青"之見愛，也是武威"光聯奎壁""書城不夜"的結果。不少匾額的四周、邊緣，繞飾以雕刻精美的花鳥、龍鳳、山水、人物、花紋等，色彩艷麗，形象逼真，有的還題刻詩聯，文筆生動，刀法精湛，堪稱藝術珍寶。這些牌匾，融文學、書法、繪畫、雕刻和學子心志爲一體，交相輝映，渾然天成，流光溢彩，美不勝收。

所收錄的這些匾額，除另注明者外，都懸挂於武威文廟文昌宫桂籍殿前廊檐（卷棚）下，質地皆爲木質。

一、武威文廟匾額薈萃

萬世文宗①

康熙五十七年歲次戊戌陽月上浣穀旦之吉工竣慶謹立

監督涼州等處倉場鞏昌府、加五次紀録　廣陵范仕佳謹獻

[題解] 匾製作於康熙五十七年（1718）九月，懸於文昌宫桂籍殿門正上方。匾文對文昌帝君贊頌至極，將他奉爲千秋萬代受人尊崇的文教祖師。

[作者] 范仕佳：見本書涼州卷《始置名宦祠祭田碑記》《范公祠記》注。兩側其他作者等情况已模糊難辨。

[注釋] ①文宗：本稱祖師；指善能文章和評點文字，爲衆人所師法敬仰的宗師。此處指執掌文運、以禮樂教化導民而功德無量的文昌帝君。

化峻①天樞②

康熙己亥歲③二月朏④日恭逢聖壽⑤獻，國學弟子王承舉等叩

（匾文下方國學弟子名單從略）

[題解] 匾製作於康熙五十八年（1719年）二月。匾文謳歌文昌帝君政教無私，以禮樂化民，選拔人才之大德，可謂高山仰止，輝耀北斗！

[作者] 王承舉：武威人。時爲官學生。

[注釋]

①化峻：化，教化，感化。峻，本意指高而陡峭，借指高大。

②天樞：北斗七星第一星。

③己亥歲：即康熙五十八年，1719年。有些注本將"己亥"誤作"乙亥"（康熙三十四年，1695年）。

④朏（fěi）：新月開始發光。亦爲陰曆每月初三日的代稱。

⑤恭逢聖壽：據記載，康熙生日爲農曆三月十八日。據此時間和朏日理解，匾文中的"二月"似應是"三月"之誤。

陽春①一曲

雍正元年歲次癸卯聖壽前一日立，乾隆二十二年丁丑二月朏日重刊并繪

（匾文兩側及下方隨署人員名單已模糊不清，從略）

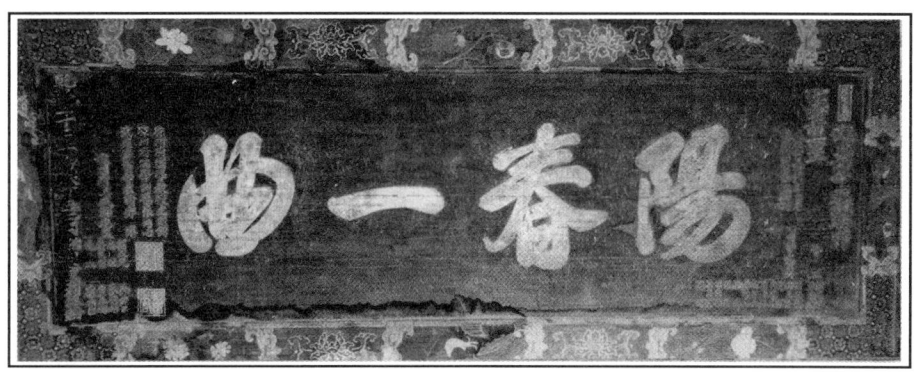

[題解] 匾製作於雍正元年（1723），乾隆二十二年（1757）重刊并繪。匾文比喻文昌帝君主宰文運、施行禮樂教化、遴選才俊的豐功偉績，猶如高雅深沉、優美精湛的《陽春》之曲那樣悅耳動聽，猶如春風駘蕩，令人拍案叫絕。

[注釋] ①陽春：語出楚辭《宋玉對楚王問》。當歌者唱《陽春》《白雪》時，國中隨和者不過數十人，即曲高和寡之意。原爲春秋時晉國人師曠所作。"陽春"取萬物知春、和風淡蕩之意；"白雪"取凛然清潔、雪竹琳琅之音。後傳入楚國，成爲高雅樂曲的代表。泛指高深典雅而不夠通俗易懂的文藝作品。

彩徹①樞衡②

雍正元年歲次癸卯瓜月③中澣④穀旦獻，國學弟子劉大海、鄉學弟子劉大源等謹叩（匾文右下方隨署人員名單從略）

[題解] 匾製作於雍正元年（1723）七月。匾文意爲人間天上相貫通，士子們的文彩通射北斗樞衡，文星長曜，科考興盛，俊才萬千。參見"彩振臺衡"。

[作者] 劉大海、劉大源：武威人。前者爲官學生，後者爲地方學校學生。

[注釋]

①彩徹：彩，文彩，文章才華。徹，通達，貫通或透徹。

②樞衡：樞，指北斗七星第一星，即天樞星；衡，指北斗第五星，即玉衡星。指中央行政機關，也指行政中樞的職權，亦指宰輔之位。

③瓜月：即農曆七月。

④中澣（huàn）：通中浣（huàn），意同今日中旬。中國唐代定制，官吏十天一次休息沐浴，每月分爲上、中、下浣，後借作上旬、中旬、下旬的別稱。

德盛①化神②

雍正九年歲次辛亥花月③上浣吉旦，文昌會衆姓信士弟子聖壽獻

（匾文下方文昌會衆姓信士弟子名單從略）

[題解] 匾製作於雍正九年（1731）二月。匾文贊頌了文昌帝君行禮樂教化導民，使普天下得到感化，由野蠻走向文明、智慧、理智、理想的盛德。

[注釋]

①德盛：指具有最高智慧和道德高尚的人。

②化神：化，以德使人感化。神，原指天神，神靈。引申爲不平凡的，特别高超的；也指創造萬物的能力，經常用來代指擁有創造萬物能力的神靈。陽之精氣曰神。

③花月：即花朝節，簡稱花朝，俗稱"花神節""百花生日""花神生日"等，是漢族傳統節日。農曆二月初二舉行，也有二月十二、二月十五花朝節的。

司文章命①

乾隆四年歲次己未二月上浣②吉旦，信士弟子潘榮貴等叩獻
賜進士出身、同知、管涼州府水利屯田通判、加一級紀錄三次傅樹崇撰
特簡文林郎、知武威縣事、加一級紀錄三次　宛平王守曾書
（匾文下方信士弟子名單從略）

[題解] 匾製作於乾隆四年（1739）二月。匾文意指文昌帝君的職能權力，即主宰天下文運、文教、禮儀和功名。

[作者]

潘榮貴：武威人。地方名士。

傅樹崇：河南登封人。進士，雍正年間任武威知縣，後遷鎮番柳林湖廳通判。

王守曾：順天宛平（今北京市）人。附生，乾隆二年（1737）任武威知縣。

[注釋]

①司文章命：指掌管命運和主宰文運的神。世稱文昌帝君輔天行化，掌管文教、禮儀，開科遴才選俊，評點天下文章，文人的前途命運，皆由他裁決。

②上浣：每月分上、中、下三浣，上浣即上旬。

掌①仙②桂籍③

乾隆四年歲次己未二月上浣吉旦，信士弟子叩獻
中憲大夫、知涼州府事、加二級紀錄四次鄭松齡撰書
（匾文下方信士弟子名單從略）

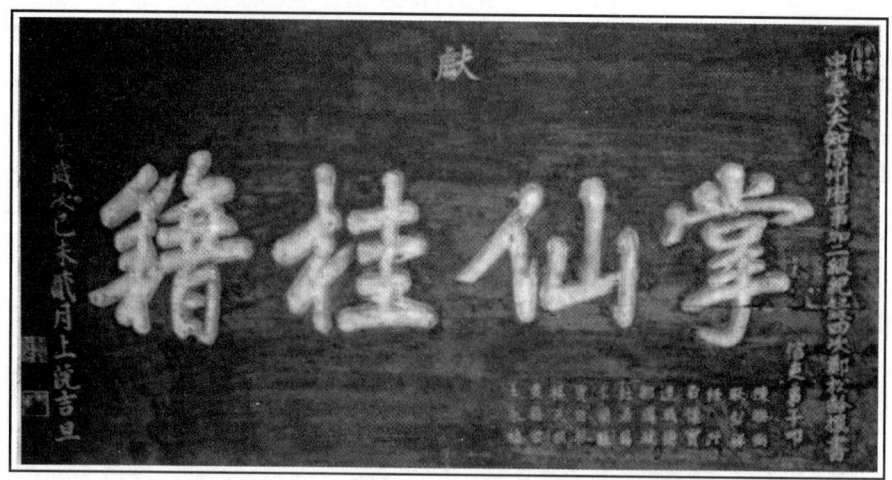

[題解] 匾製作於乾隆四年（1739）二月。匾文意指文昌帝君掌管仙、人、鬼的生死爵祿。

[作者] 鄭松齡：見本卷《萬綠重新（重修大雲寺鐘樓碑記）》注。

[注釋]

①掌：掌握，執掌，主管。

②仙：指傳說中的仙人。文昌帝君掌管仙、人、鬼的生死爵祿。

③桂籍：謂科舉登第人員的名籍（名冊）。文昌帝君坐鎮桂籍殿，主管天下學士、應試者的花名冊，說明讀書人高貴，功名祿位來自不平凡。也是讓天下文人放心，桂籍由學宗親管，天聾地啞值班絕不會泄露天機，徇私舞弊。

文明①長晝②

特授陝西甘肅涼州知府、紀錄二次歐陽永禕，陝西甘肅涼州府武威縣知縣李如璉謹獻；乾隆十一年歲次丙寅花月上浣吉旦，甲寅科拔貢曾國倎敬書

（**匾額左右附聯**）揚紀聚精戴匡斡斗，籙檢金函衡平玉紐。

（兩側八字聯語下方人員名單模糊不清，從略）

[題解] 匾製作於乾隆十一年（1746）二月。匾文意爲文昌帝君如日月普照大地，將落後野蠻的世界化爲一個文化發達、教育興盛、經濟繁榮、國泰民安的文明世界。

[作者]

歐陽永祎：見本書涼州卷《敦節儉條約》作者。

李如璜：見本書涼州卷《重修文廟祭田碑記》注。

[注釋]

①文明：猶文化，也指物質文明和精神文明的綜合。在現代漢語中，文明指一種社會進步狀態，與"野蠻"一詞相對立。主要指文化已開發，人們知書達理、講究禮儀，社會風氣良好，經濟繁榮，知法守法護法等。

②長：長遠，永遠。晝：白天。

彩①振②台衡③

賜進士出身、翰林院檢討、加一級、監察御史、知甘肅涼州府事何德新，特授甘肅涼州理事同知兼攝武威縣事、軍功議叙加三級紀錄傅顯敬

乾隆十七年歲次壬申菊月中浣吉旦補修彩繪工竣立

住持僧明珍

(左右附聯) 文壁突成天作柱，靈光搖聳筆爲椽。

(兩側刻錄人員名單不清，從略)

[題解] 匾製作於乾隆十七年（1752）九月。匾文意爲士子們的文章才華震撼着宰輔大臣；或士子們得了好運（中舉、進士及第），連在朝的宰輔大臣也受到震撼。以激勵天下學子樹雄心，立壯志，奮起奪魁，讓宰輔大臣刮目相看。

[作者]

何德新：見本書涼州卷《文昌宮補修彩繪碑記》注。

傅顯：即富顯，滿洲鑲黃旗人。時任涼州理事同知。

[註釋]

①彩：文彩，文章才華。有得好運之義。

②振：有搖動、振動、奮起之意。亦同"震"，震撼、震驚。

③台衡：喻宰輔大臣。台，三台星；衡，玉衡，北斗杓三星。皆位於紫微宮帝座前。

文昌帝君贊

恭題文昌帝君贊

遙開碧落①，高蠹青烟②。文章翊運③，寶錄④增妍。遴才選俊，絜度衡權⑤。耿光德教，佑啟⑥英賢。昭應於今，爲烈合符⑦，自昔已然⑧。欽惟⑨：

帝君敷文⑩下土⑪，闡化⑫九天⑬。出現本帝廷之命，始元分太乙之玄。爲大夫者世延一十七⑭，司命脉者統計億萬千！洋洋大訓，穆穆⑮遺篇。生民利賴，舟濟巨川。無偏無党，齊聖⑯廣淵⑰。錫功名於陰騭⑱，顯福報於青錢⑲。煥乎，金光之普照！允矣，藜杖⑳之深燃！伏願：

文星長曜，奎宿高懸。人才鵲起㉑，科第㉒蟬聯㉓。得時則駕㉔，騁步登先。扶斯文於奕世㉕，永鰲㉖祝於千年！

乾隆貳拾壹年歲次丙子蒲月上浣吉旦

信士李焕彩等誠敬，涼庠廩膳生員㉗康伯臣薰沐敬撰并書

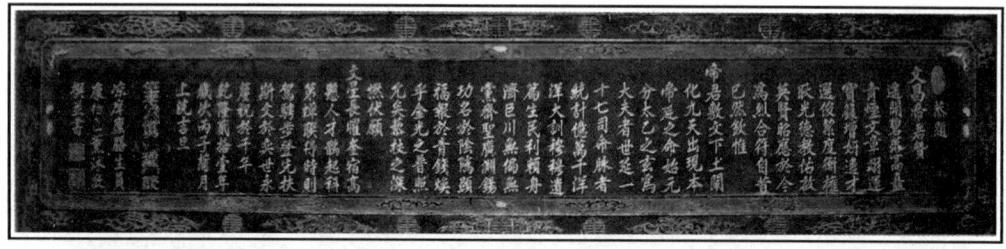

[題解] 匾製作於乾隆二十一年（1756）五月。匾文贊頌文昌帝君行禮樂教化，使普天下得到感化，由野蠻走向文明的盛德偉業，"無偏無党，齊聖廣淵；錫功名於陰騭，顯福報於青錢"的風範，勉勵學子多積陰功善德，發奮努力，"得時則駕，騁步登先"，爲武威"扶斯文於奕世，永鰲祝於千年"作出貢獻。

[作者]

李焕彩：武威人。熱心地方文化事業，曾倡導發起維修大雲寺古鐘樓。

康伯臣：武威人。廩膳生員，地方名士。

[註釋]

①碧落：道家稱東方第一層天碧霞滿空，叫做"碧落"。這裏泛指天上，青天。

②青烟：一種風水說法。是一種大吉之兆，預示將有大好事，如中舉、升官。

③翊（yì）運：護衛國運。

④寶籙（lù）：指道家的符籙。《丹經》："說玉皇寶籙，三洞秘文。"

⑤絜度衡權：絜（xié），用繩度量圍長，量物體的周圍長度。泛指衡量，引申為法度、規則。度，估量。衡權，稱物之具。

⑥耿光：光明；光輝；光榮。佑啟：佑助啟發。

⑦為烈合符：烈，功業；建功立業。合符，是中國流傳久遠的一項合盟信物制度，在文字發明之前常用於重大的政治、行政、慶典、軍事等活動。符又稱符節、符信，多以竹、木、獸皮、玉、骨或金石等為材料，上書文字或圖形，製成後一分為二，供持有者雙方相互印證，也就是合符。

⑧已然：有既成事實；已經如此的意思。欽，敬重，恭敬。

⑨欽惟：發語詞。猶言敬思，欽，敬重，恭敬。

⑩敷文：鋪敘文辭。指作文章。

⑪下土：土，古通"土"。下土謂大地，四方，天下；指人間。

⑫闡化：指開創教化。

⑬九天：指天之極高處。泛指中央及四方四隅、九方之天。

⑭為大夫者世延一十七：《陰騭文》："帝君曰：吾一十七世為士大夫身，未嘗虐民酷吏；救人之難，濟人之急，憫人之孤，容人之過……"文昌帝君曾十七次（九生八化）作一個地方官，七十三次化生人間，為官清廉，廣行陰騭。

⑮穆穆：端莊恭敬。此處指言語和美。

⑯齊聖：聰明睿智；聰明聖哲。

⑰廣淵：廣大深遠。多指德行。

⑱陰騭（zhì）：陰后作"蔭"，庇蔭，受人庇護的恩德，指古代子孫因先輩官爵而受封；騭，定，安排。原指上蒼默默地使下民安定，轉指陰德。後引申為默默行善的德行，亦作"陰德""陰功"。《尚書·洪範》："惟天陰騭下民"，意謂冥冥之天在暗中保定人們。道教重要典籍《文昌帝君陰騭文》，簡稱《陰騭文》，勸人多積陰功陰德，為善不揚名，獨處不作惡。以此為條件，洞察一切的文昌帝君就會暗暗保佑你，賜給你福祿壽。"陰騭"還具有天人感應的含義。

⑲青錢：質地為銅、鉛、錫合金。《辭源》："以紅銅五成，白鉛四成一分半，黑鉛六分半，錫二分四者配鑄者，謂之青錢。比喻有才學的人。

⑳藜杖：指用藜的老莖做的手杖，質輕而堅實。後指夜讀照明的燈燭。

㉑鵲起：意為像鵲鳥（喜鵲）一樣飛起。指崛起，趁機行動或乘勢奮起。

㉒科第：原指根據條規，考核確定次第等級，是漢代選拔、考核官吏的一種制度。此處指科舉考試或科考及第。

㉓蟬聯：指連續相承、連續不斷獲得；綿延不斷。亦作"蟬連"。

㉔得時則駕：君子在時運來臨時就應當駕車外出（泛指做官）。典出《史記·老子韓非列傳》。老子對孔子說："君子得其時則駕，不得其時則蓬累而行。"意爲有機會就大展宏圖，沒機會就修養自己。人在時運不佳時像一株蓬草，由不得自己。駕，車子，駕車。引申爲做官。

㉕奕（yì）世：累世，世世代代。

㉖釐：吉祥，幸福。又同"僖"，喜樂。

㉗涼庠廩（xiánglǐn）膳生員：庠，古代的鄉學，泛指學校。廩，糧倉；糧食。廩膳生員，又稱廩膳生、廩生。古時科舉考試中成績名列一等的秀才稱爲廩生，廩生可獲官府廩米津貼。明清兩代稱由公家給以膳食的生員。

陰騭下民①

乾隆二十二年歲次丁丑孟冬月上浣吉旦獻，廩膳生員康伯臣敬書

（匾文下方及兩側相關人員、功名已模糊難辨，從略）

[題解] 匾製作於乾隆二十二年（1757）十月。匾文意爲文昌帝君默默地爲天下萬民做好事，如春風化雨，桃李滿人間，天下人無不感恩戴德。

[作者] 康伯臣：見前《文昌帝君贊》匾作者。

[注釋]

①下民：百姓，人民。

帝德廣運①

乾隆二十二年歲次丁丑孟冬月上浣吉旦，康伯臣敬書

（匾文下方及兩側相關人員、功名已模糊難辨，從略）

[題解] 匾製作於乾隆二十二年（1757）十月。匾文意爲文昌帝君代天行禮樂教化之峻德，如日月之光照耀天下，如春風時雨澤及八方，惠潤寰球，廣達無邊。

[作者] 康伯臣：見前《文昌帝君贊》匾作者。

[注釋]

①帝德廣運：源自《書經·大禹謨》："帝德廣運，乃聖乃神，乃文乃武。"其注曰："廣爲所覆者大，運爲所及者遠，東西爲廣，南北爲運。"

學宗①衍聖②

乾隆二十五年歲次庚辰夾鐘③朔旦敬立，郡庠廩膳生員康伯臣敬書
文林郎、知甘肅涼州府武威縣事、軍功加三級紀錄七次永寧敬撰
（匾兩側鐫刻的文昌會人員名單已模糊難辨，從略）

[題解] 匾製作於乾隆二十五年（1760）二月。匾文稱頌衍聖（孔子）猶如學宗，"萬世師表"和"萬世文宗"相媲美，功德與日月共長存。

[作者]

永寧：滿洲旗人。時爲涼州府武威縣知縣。

康伯臣：見前《文昌帝君贊》匾作者。

[注釋]

①學宗：指主宰文教和文人學者所敬仰的文昌帝君。

②衍聖：即衍聖公，爲孔子嫡長子孫的世襲封號，始於宋仁宗至和二年

（1055）。此封號得益於先祖孔子榮耀，成爲中國歷史上經久不衰、世代騰黃、地位顯赫的特殊封爵。衍，如水廣布，如陽光普照。亦有展延盛多之意，寓意聖裔及其儒家思想持續衍展，世代繁衍無止境。武威文廟西有大成殿，象徵孔子及衍聖公；東有桂籍殿，象徵文昌帝君。二者同處一廟，相得益彰。

③夾鐘：即農曆二月。

炳①呈②斗③上

乾隆三十四年歲次己丑桂月之吉敬立，予告合水教景瑞沐手敬書

（匾額左右附聯）玉燕石麟④禄命從陰騭培起，潘江陸海⑤文名自桂籍傳來。
乾隆己丑桂月之吉，廩膳弟子孫大經沐手敬書

[題解] 匾製作於乾隆三十四年（1769）八月。匾文稱頌文昌的聖輝和教化之文炳呈現於星斗之上，天地輝映，星斗呈祥，前景美好。

[作者]

景瑞：生平事迹不詳。

孫大經：武威人。時爲廩膳生員。

[注釋]

①炳：光明，顯著，炳煥。

②呈：呈現。

③斗：指北斗星、三台星座和文昌星宫。

④玉燕石麟：出自宋代詞人吴泳的《摸魚兒》等，謂祈降祥瑞之意。又，對新生兒的祝福語。玉燕，即玉燕投懷。典出五代·王仁裕《開元天寶遺事·夢玉燕投懷》。唐朝宰相張説的母親曾夢見一隻玉燕投入懷中，後懷孕生張説。後世遂以"玉燕投懷"作賀人生貴子的頌語。石麟，即天賜石麒。舊時稱人生了一個聰明有文采的兒子。

⑤潘江陸海：潘，晋代詩人潘岳；陸，晋代詩人陸機。形容人詩文方面的才華橫溢。

曜①握②斯文③

乾隆三十五年又五月吉旦

鄉國闔學補修工竣薰沐叩，涼州府儒學訓導石渡賢敬書

（匾額左右附聯）櫺祀因隆，彩綴西園凝藤翰；星垣并照，光輝北極耀文明。

（兩側詩聯及人員、功名已模糊難辨，從略）

[題解] 匾製作於乾隆三十五年（1770）閏五月。意為文昌帝君掌管天下斯文，他以禮樂法度教化民眾，如同天上日月五星之光輝照耀人間，無處不在。

[作者] 石渡賢：時為涼州府儒學訓導。

[注釋]

①曜：日光，照耀。《素問》："日月五星，謂之七曜"。

②握：把握、掌管。

③斯文：指古代禮樂典章制度，泛指文化。

光①接②三台③

乾隆三十五年又五月吉旦，鄉國闔學補修工竣薰沐叩

武威縣儒學教諭葛善應敬撰，吏部候選縣丞曾國傑敬書

（匾額左右附聯） 朗豈惟周久煥天章遙射斗，炳非在宋專開文運預占星。

（兩側人員名單已模糊難辨，從略）

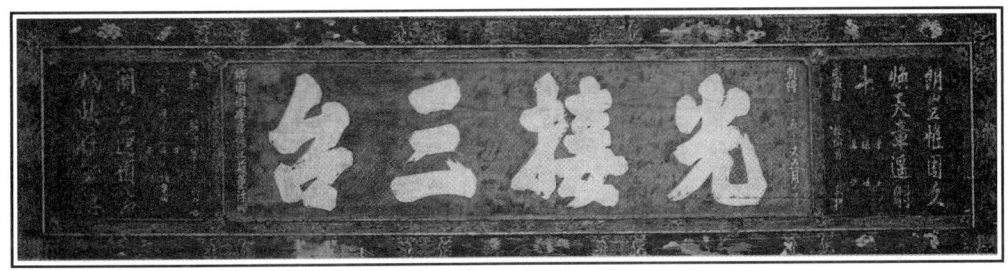

[題解] 匾製作於乾隆三十五年（1770）閏五月。匾文意為文昌帝君之光輝

如同天上的三台星相互映照。即天上與人間是相同的，人間文教事業振興，人才濟濟，乃天意所爲。

[作者] 曾國杰：武威人。乾隆時吏部候選縣丞。善書法，與其兄曾國侯齊名。

[注釋]

①光：文昌帝君文章之光輝；自身光輝和以禮樂教化導民功德之光輝。

②接：接觸，連接；連續、繼續、繼承。

③三台：即三台星，共六星，屬太微垣，分上台、中台、下台。按上中下三台各二星順次爲大熊座。亦稱三能，主貴，爲吉星。

瑞預①化成②

乾隆三十七年壬辰桂月吉旦，文昌香燈敬惜字紙會衆姓叩

國學生曾國杰撰，拔貢生馬開泰書

（匾額下方人員名單、兩側詩聯及文昌香燈敬惜字紙會人員名單已模糊難辨，從略）

[題解] 匾製作於乾隆三十七年（1772）八月。匾文意爲文昌帝君代天行化，德被萬民，人文鼎盛，學術昌明，如春風化雨，滋潤人間。其功至大至偉，上天會垂下瑞祥。

[作者]

曾國杰：見前《光接三台》匾。

馬開泰：武威人。時爲拔貢生。

[注釋]

①瑞預：瑞，祥瑞，吉祥。預，預兆，預示；贊許。

②化成：如春風化雨滋潤萬物，世界出現一派鮮活的生機。

③拔貢：科舉制度中由地方貢入國子監生員之一種。清朝制度，初定六年一次，乾隆中改爲逢酉一選，即十二年考一次，優選者以小京官用，次選以教

谕用。每府学二名，州、县学各一名，由各省学政从生员中考选，保送入京，经过朝考合格，可以充任京官、知县或教职。

先天①炳蔚②

乾隆三十七年壬辰桂月吉旦，文昌香燈敬惜字紙會衆姓叩

國學生曾國杰撰，拔貢生馬開泰書

（匾額下方及兩側人員名單已模糊難辨，從略）

[題解] 匾製作於乾隆三十七年（1772）八月。匾文稱頌文昌帝君夙興夜寐，替天行道，他所從事的文化教育工作，是他與生俱來的神聖事業。涼州學子當奮發向上，煥發文采，以報文昌之德。

[作者] 曾國杰、馬開泰。見前《瑞預化成》匾。

[注釋]

①先天：自出生即存在的，謂與生俱來的。

②炳蔚：意為光明顯著，文采華美。炳，煥發、光明；蔚，茂盛、文采。

輝騰①七曲②

乾隆四十年歲次乙未清和月③上浣穀旦獻，特領涼州府武威縣知縣王汝地敬

[題解] 匾製作於乾隆四十年（1775）四月。匾文稱頌文昌帝君的家鄉七曲山因誕生"萬世文宗"而名揚四海，光芒萬丈。

[作者] 王汝地：時爲涼州府武威縣知縣。

[注釋]

①輝騰：即騰輝，閃耀光輝（光芒）。此乃文昌帝君自家鄉七曲山發射出來的吉祥飛騰的聖光。

②七曲：即民間傳說文昌帝君張亞子出生之地七曲山，位於四川梓潼縣城北，爲道教名山。

③清和月：農曆四月的別稱。

天象①人文②

乾隆歲次癸卯如月叩獻，國學弟子王安棟偕男作

繪、仁、進、垣、切③

[題解] 匾製作於乾隆四十八年（癸卯年，1783）二月。意思是仰觀天象，萬方清明，星光燦爛，日月同輝，真是一派好景象！它象徵着風調雨順，國泰民安，文星炳曜，人文振興，天下多少學子金榜題名，這是上天之垂憐賜愛啊！期望武威的莘莘學子，蒙受和仰賴這大好時光與文昌帝君的福音，奮起奪魁。

[作者] 王安棟：武威人。時爲官學生。

[注釋]

①天象：古代中國星占家對天空發生的各種自然現象的泛稱。現代通常指發生在地球大氣層外的現象。天，指天帝，人們想像中的萬事萬物的主宰者。象，即天之氣象，景象，星象，如日月星辰的運行等。此當呈現、垂憐、象徵講。

②人文：人類文化的簡稱。《辭海》：人文指人類社會的各種文化現象。也指禮樂教化。《易·賁》："觀乎天文以察時變，觀乎人文以化成天下。"孔穎達

疏："言聖人觀察人文，則詩書禮樂之謂，當法此教而化成天下也。"今天多指人類文化中的先進的、科學的、優秀的、健康的部分。參見《文明長晝》注。

③繪、仁、進、垣、切：這是作者王安棟五個兒子的名號。

光聯①奎壁②

乾隆四十八年黃鐘月穀旦，癸卯科舉人王惇典敬獻

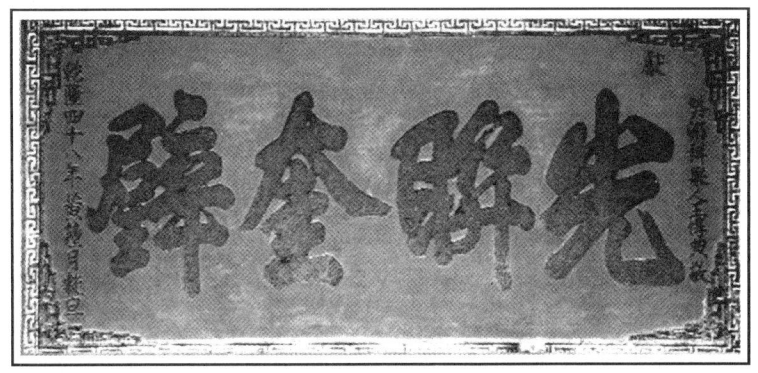

[題解] 匾製作於乾隆四十八年（1783）十一月。匾文隱喻武威文運興旺，人文薈萃，科第聯錦。看那耀眼的北斗七星、三台星和文昌星，它們的光輝同奎壁二星的光芒交相輝映，猶如日月五星合壁連珠一樣美麗輝煌。作者期望武威科舉考試連連及第，鄉試、會試、殿試皆榜上有名，創造"三登科"佳績。

[作者] 王惇典：武威人。乾隆四十八年（1783）舉人。

[注釋]

①光聯：光，乃北斗星、文昌星、三台星座之光輝。聯，連合。

②奎壁：星名，二十八宿中奎宿與壁宿的并稱，都是吉星。舊謂二宿主文運，故常用以比喻文苑。具體而言，奎是西方白虎宮的七宿之首，主宰天下文運，民間信仰中是主文章興衰的神靈。壁是北方玄武宮的七宿之尾，是天下圖書之秘府。

桂宮①傳清②

嘉慶二年歲次丁巳八月中浣穀旦

士庶公建牌坊叩獻，泗州知州劉作垣敬書

[題解] 匾製作於嘉慶二年（1797）八月，爲桂籍殿牌坊走馬板陽面橫批。匾文稱頌文昌帝君坐鎮桂籍殿主持遴才選賢工作，傳遞出清正廉明，公正無私的清風，勉勵士子勤奮學習，發憤進取，不要辜負家鄉父老的期望。

[作者] 劉作垣：見本書涼州卷《文昌宮敬惜字紙會碑記》注。

[注釋]

①桂宮：即月宮，也比喻登科做官。這裏指文昌帝君取士選賢的桂籍殿。

②傳清：傳遞清正廉潔之風氣。清，表達公正、清正、清白、清明、廉潔、純潔、高潔、高尚之意。

綱①維②名教③

嘉慶三年歲次戊午二月上浣穀旦，鄉國學信士弟子叩獻

（匾文下方人員名單從略）

[題解] 匾製作於嘉慶三年（1798）二月。匾文歌頌文昌帝君行禮樂教化導民和維護名教綱常的至偉厥功。

[注釋]

①綱：指事物的主要部分，即綱紀、法度、法紀或治理。

②維：維繫，準則。

③名教：此處指儒教，也指道教。名：著名，聞名。

聚精①揚紀②

嘉慶十一年歲在丙寅春正月穀旦

甘肅按察使司按察使、前分守甘涼兵備道劉大懿薰沐敬題

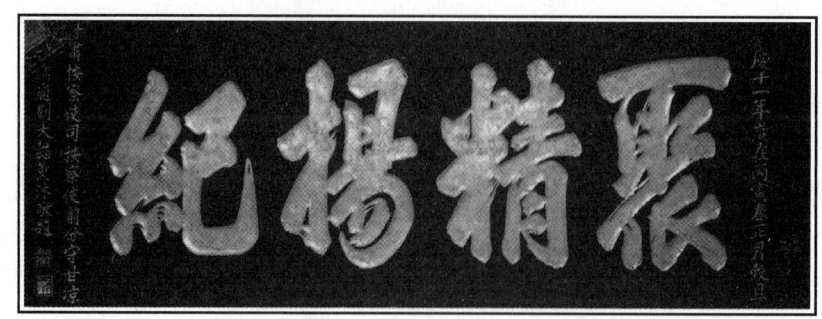

[题解] 匾製作於嘉慶十一年（1806）正月。匾文謳歌文昌帝君招賢納才，彙聚天下英才，弘揚和維護法紀，以禮樂教化治國安邦的德政，激勵後學者以撫民強國爲已任，勤奮讀書折桂枝。

另，聚精揚紀既指文昌帝君本身，也指其弘揚和維護法紀的職能。《孝經·援神契》："文者，精所聚；昌者，揚天紀……"道教吸收此種信仰後，稱爲"帝君司命之神"。《春秋緯·元命包》："文者，精所聚。"按此意，"聚精揚紀"即是"文昌"之意，也是其職能之一。

[作者] 劉大懿：山西省洪洞縣人。曾任甘肅按察使、分守甘涼兵備道、按察使銜分巡臺灣兵備道。其子劉青園，在武威發現"涼州造新泉"和西夏錢幣，是西夏文和西夏錢幣的拓荒者。

[注釋]

①聚精：聚，積聚、彙聚。精，精華、精英、精粹。

②揚紀：揚，弘揚。紀，綱紀，即法治、法度和治理、管理等。

書城①不夜②

嘉慶戊辰春三月穀旦，鄉國學弟子叩獻

（匾文下方人員名單從略）

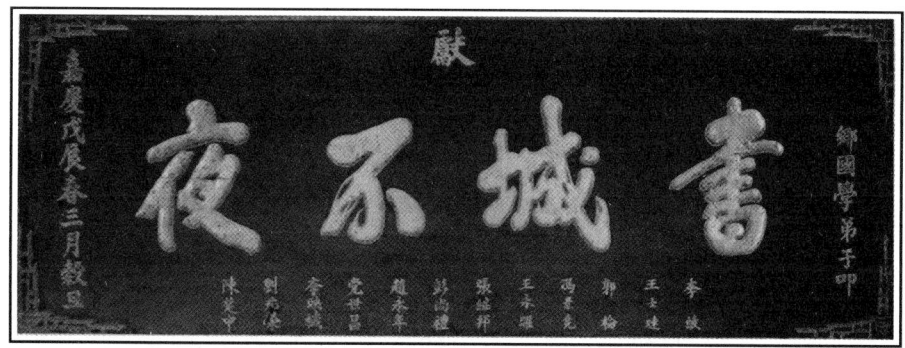

[題解] 匾製作於嘉慶十三年（1808）三月。匾文盛贊武威學風之濃厚純正，激勵學子珍惜光陰，刻苦讀書，春風得意折桂枝。

[注釋]

①書城：表示書多，讀書人多，文化發達，整個城市充滿濃厚的讀書學習氛圍。據有關資料，清代的涼州學校辦得多，"居河西之冠"；且學風濃厚，燈火輝煌不夜天，書聲琅琅"甲秦隴"。

②不夜：沒有黑夜。形容月光或燈火照耀如同白天。

雲漢①天章②

道光元年辛巳五月，邑人張美如敬書

（匾文下方人員名單從略）

[題解] 匾製作於道光元年（1821）五月。匾文贊美和比喻文昌帝君的文章如彩雲織成的雲錦那樣華美，是書寫在蒼穹中的好文章，以此彰顯文昌帝君的盛德如銀河那樣崇高浩瀚顯明，可謂雲漢仰止。

[作者] 張美如：見《城隍廟宮隙地及鋪面入租佐鄉會試碑記》注。

[注釋]

①雲漢：指銀河。

②天章：天道運行之章程（規則），亦指日月星辰分布景象。又指帝王的詩文。亦泛指好文章。

輝增①西垣②

道光七年歲次丁亥仲秋月穀旦，鄉國學信士弟子獻

（匾文下方人員名單從略）

[題解] 匾製作於道光七年（1827）五月。匾文意爲上天垂憐厚愛涼州，太白高照，文星騰耀，日月增輝，昭示涼州文教興盛，人才濟濟。

[注釋]

①輝增：輝，指文昌星、魁星和三台星發出的光輝。增，比先前有所添加。

②西垣：指涼州或整個西部的地域。或指西方長庚星，即金星，亦名太白，因其十分明亮，昏夜照得西部天地格外輝煌。垣，中國古代畫分星空的一個單位，天空星次與九州地域相對應。

貴相①太常②

道光十年庚寅陽月上澣吉旦，鄉國學弟子叩獻，趙永年敬書

（匾文下方人員名單從略）

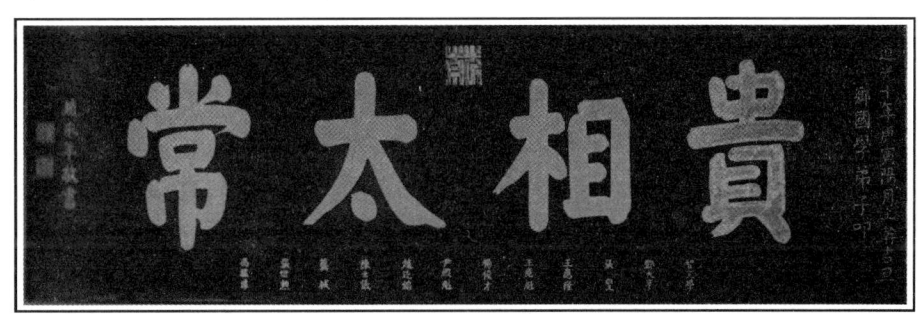

[題解] 匾製作於道光十年（1830）十月。匾文意爲文昌帝君是掌管天下文運，主宰功名、禄位、壽夭的神靈，貴相（天上）太常（人間），天人合一，爲天地共尊。

[作者] 趙永年：清代涼州名士，著名書法家。

[注釋]

①貴相：星名。據《史記·天官書》："斗魁戴匡六星曰文昌宫，一曰上將，二曰次將，三曰貴相，四曰司命，五曰司中，六曰司禄。"司馬貞索隱引《春秋·元命包》："貴相理文緒。"據此，貴相是文昌宫中"理文緒"的文星。

②太常：也稱奉常，主管宗廟、禮儀及祭祀，拔擢教化之官，漢列九卿之首。稱文昌爲"貴相太常"，可謂天上於地上相映照，說明文昌地位之顯赫尊榮和禮樂教化之重要。

孝友①文章②

道光十年歲次庚寅仲秋月穀旦，鄉國學信士弟子敬叩

（匾文下方人員名單從略）

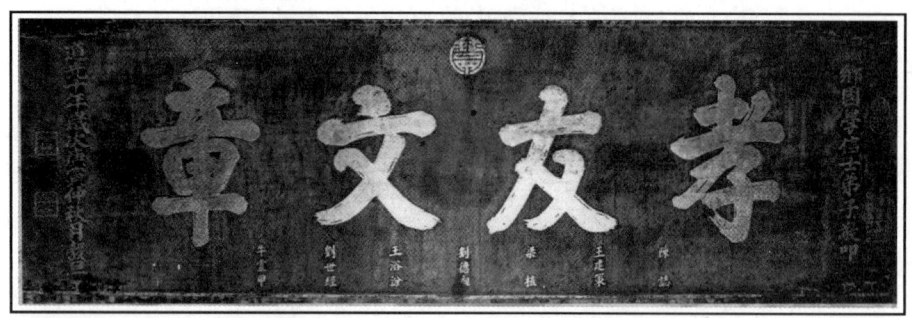

[題解] 匾製作於道光十年（1830）八月。匾文意爲文昌帝君是崇善禮樂教化、維護國家法度的典範，寄期望於天下的讀書人做"孝友文章"的表率，崇教化、興學校、選人才，"文以安邦，武能定國"，努力實現自己的政治理想。

[注釋]

①孝友：指事父母孝順，對兄弟友愛。

②文章：通常指文采、文辭、學問、奧秘。泛指著作。這裏指禮樂法度。

人文化成①

道光乙未仲春上浣穀旦獻，郡人王三益薰沐書

（匾文下方人員名單從略）

[題解] 匾製作於道光十五年（乙未年，1835）八月。匾文歌頌文昌帝君掌管天下禮樂教化，使普天下民衆得到感化，如春風化雨，由野蠻走向文明。同時，暗喻武威是一方人文發達、俊杰鵲起的文明之地。

[作者] 王三益：武威人。嘉慶六年舉人。

[注釋]

①化成：指教化成功。

桂籙①垂青②

道光丙申中秋月叩獻，賜進士及第、光禄大夫、都察院左都御史李宗昉書

（匾文下方人員名單從略）

[題解] 匾製作於道光十六年（1836）中秋月。匾文喻示文昌帝君會見愛（看重）每一位奮發進取的學子，只要發憤努力，桂籙簿上一定會有你們的名字。用以激勵學子發憤圖強，努力進取，必能取得功名和禄位。

[作者] 李宗昉（1779—1846）：字芝齡，江蘇山陽人。嘉慶七年進士，授編修，典陝甘鄉試，歷貴州、浙江學政，禮部、吏部侍郎等，官至督察院左都御史、禮部尚書。

[注釋]

①桂籙：又稱桂籍，即科舉考試錄取者的名冊。

②垂青：即看重，謂以青眼相看，表示重視或見愛。青，青眼，黑眼珠。

天下①文明

道光十九年歲次己亥九月穀旦獻

賜進士出身、兵部侍郎兼都察院右副都御史、巡撫河南等處兼理提督軍務、前翰林院編修、國史館纂修　邑人牛鑒沐手敬書

（匾文下方人員名單從略）

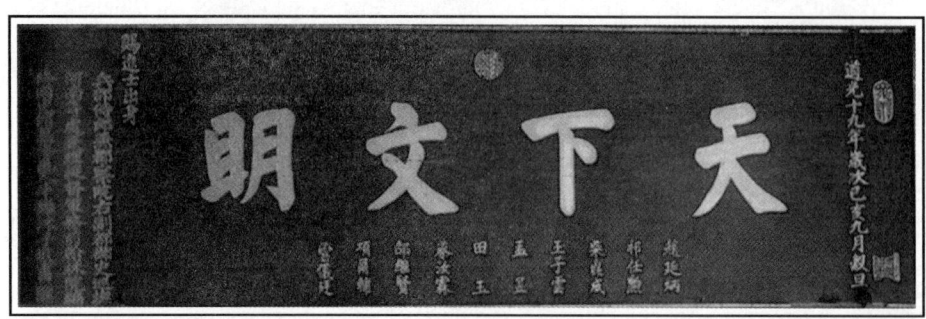

[題解] 匾製作於道光十九年（1839）九月。匾文稱頌文昌帝君以實現天下文明爲目的，廣行禮樂教化，以此激勵學子要以天下爲己任，奮發讀書，獨占鰲頭。匾中將"明"字寫成"目"和"月"的合成，這并非古人的誤寫，而是清朝忌諱人們提到前朝明朝，實際上就是避諱。

[作者] 牛鑒：見本書涼州卷《張兆衡墓表》作者。

[注釋]

①天下：即指整個世界或者一個國家。

誕敷①文德

道光壬寅陽月穀旦獻，邑人劉澄原敬書

（匾文下方人員名單從略）

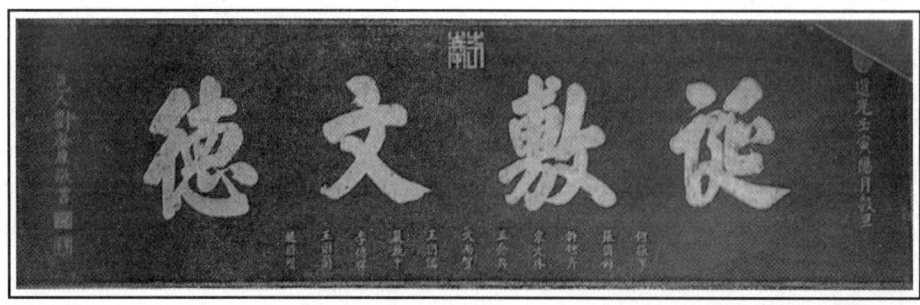

[題解] 匾製作於道光二十二年（壬寅年，1842）十月。匾文意爲要廣布文德，以政教之力使普天之下感化，由野蠻走向文明。實際上這就是文昌的功德與職分。

[作者] 劉澄原：生平事迹不詳。

[注釋]

①誕敷：誕，大，闊。敷，布化，普遍，足夠。意为遍布。

經天緯地①

咸豐七年歲次丁巳重陽月上浣穀旦敬獻，鄉國學信士弟子敬叩獻

（匾文下方人員名單從略）

[題解] 匾製作於咸豐七年（1857）重陽月。匾文謳歌文昌帝君無上教化之功德，期冀後學者奮發向上，成爲治國安邦之才。

[注釋]

①經緯：紡織物的竪綫叫經，橫綫叫緯，即編織；再如方位，南北爲經，東西爲緯；以天爲經，以地爲緯。比喻規劃治理（天地）。其語形容人的才能極大，具有治理天下的雄才大略。

輝暎①梯峰②

咸豐十年庚申孟冬③穀旦敬獻，鄉國學敬叩

（匾文下方人員名單從略）

[題解] 匾製作於咸豐十年（1860）十月。匾文意爲文昌聖輝普照宇宙大地，天梯雪水澤潤着武威的萬頃良田，文昌星輝與天梯山的雪光交相輝映，文昌恩澤與天梯山共存，真可謂"天梯雪峰摩雲漢，帝君聖輝沐凉州"。

[注釋]

①輝暎：即輝映，光輝映照。指文昌星輝和禮樂教化之光輝，互相映照，普照武威大地。暎，"映"之异体字，照射。

②梯峰：即武威名山天梯山，位於武威城東南50千米處的張義鎮燈山村。此處泛指武威的最高峰大雪山，屬祁連山的一部分，山上終年積雪，夏季融化，匯成許多河流，灌溉山北綠洲。引申爲天梯山的雪水澤潤着武威的萬頃良田。

③孟冬：謂冬季的首月，即陰曆十月。

牖啓①人文

同治十二年陬月②闔學信士叩，邑人趙國璽敬書

（匾文下方人員名單從略）

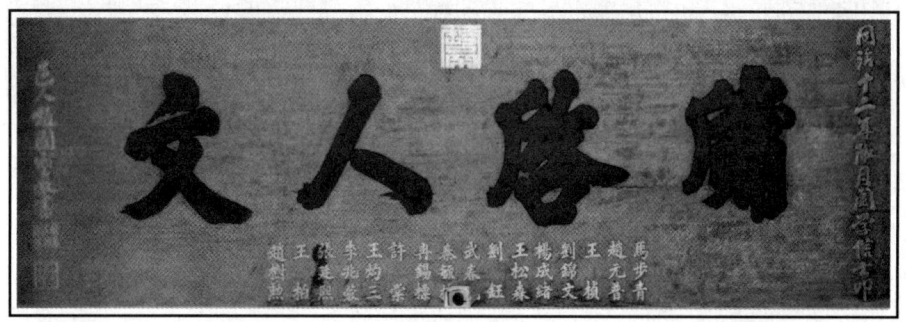

[題解] 匾製作於同治十二年（1873）正月。匾文説文昌帝君和孔子打開了人類文明的天窗，爲人類社會的發展作出了巨大貢獻，是"牖啓人文"的典範。期冀後學者緊步追隨，爲社會進步作出貢獻。

[作者] 趙國璽：不詳。

[注釋]

①牖（yǒu）啓：牖，窗子。上古的"窗"專指開在屋頂上的天窗，開在牆壁上的窗叫"牖"。啓，打開，開導。以"牖啓"作比喻，意謂打開人們智慧之窗，與今日開發智力之説相似，即促進文化教育發展普及，引導人類走向文明世界。

②陬月：農曆正月的別稱。

文以載①道②

宣統建元己酉季秋，賜進士出身、知涼州府事　鄠縣王步瀛謹題

（匾文下方人員名單從略）

[題解] 匾製作於宣統元年（1909）九月秋。匾文語出宋代理學家周敦頤《通書·文辭》，由荀子"文以明道"、韓愈"文以貫道"發展而來。文昌帝君是禮樂政教化民的萬世典範，冀後學者必須重視禮樂政教，讀書爲文都要思想領先，弘揚精神，不忘闡明文學（文章）的社會功能。

[作者] 王步瀛（1852—1927）：陝西鄠縣（今眉縣）人。字仙洲。進士出身。曾任户部主事、員外郎、御史。在涼州知府兼甘涼兵備道任上，革除官場陋習、注重教育發展、提倡種桑養殖，政績突出。離任時，府屬八縣送帖挽留，贈"清廉第一"匾額以表敬仰。學品兼優，見識極廣。書法蒼勁有力，别具風格。

[注釋]

①載：裝載，承載。引申爲闡明。

②道：道理，真理。泛指思想，思想學説或宗教教義。

輔元①開化②

中華民國三年歲次甲寅六月下浣穀旦，邑人權尚忠薰沐敬書

（匾文下方人員名單從略）

[題解] 匾製作於中華民國三年（1914）六月。匾文意爲從開天闢地到如今，

文昌帝君就是代天斡旋文運、輔佐歷代國君、以禮樂教化導民，從野蠻落後走向文明的第一神人。

[作者] 權尚忠：武威人。光緒二十四年（1898）進士。曾任山西嶧縣知縣。

[注釋]

①輔：輔佐，匡扶。元：頭、首、始也。

②開化：開闢，開導。即由原始落後的野蠻狀態導入文明狀態。

神①有鑒②衡③

中華民國四年歲次乙卯孟秋穀旦，經理齋社長叩

（匾文下方人員名單從略）

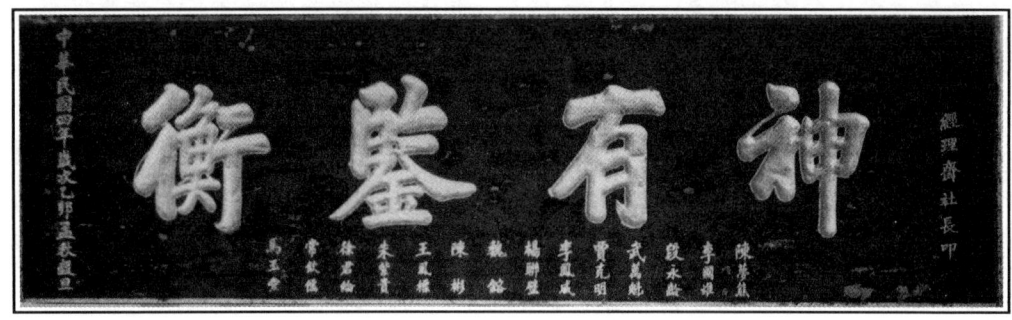

[題解] 匾製作於中華民國四年（1915）六月。匾文意為文昌帝君是主宰天下文化教育事業和功名爵祿的神人，他明鏡高懸，以公正公平的尺度考量天下學士的文才德性，權衡選才選俊，可謂天聾地啞無私情，野無遺才有神鑒。

[注釋]

①神：指天神，神靈。這裏指文昌帝君。

②鑒：鏡子，引申為照、審察之意。

③衡：星名，即玉衡星。衡量，稱量；法度、標準、權力；或權衡得失。

文明以正

民國六年黃鐘月穀旦，武邑學款管理所各員敬叩

（匾文下方人員名單從略）

[題解] 匾製作於中華民國六年（1917）十一月。匾文稱道文昌帝君以禮樂教化、綱常法度爲手段，以文明爲目的，建設文明社會，使國風正、民族興、人心美、經濟好。

斡旋①文運②

中華民國十二年歲次癸亥榴月③穀旦獻，高自卑敬書

（匾文下方人員名單從略）

[題解] 匾製作於中華民國十二年（1923）五月。匾文稱頌文昌帝君掌管并運籌着文化教育事業的運轉和發展，也是天下學士功名、祿位的主宰者，爲人類文明開闢了新紀元。

[作者] 高自卑：生平事迹不詳。

[注釋]

①斡（wò）旋：運轉、扭轉，調解、調停。

②文運：指文學或文化盛衰之運氣。也指科舉應試的運氣。

③榴月：指農曆五月。五月是石榴花盛開時節，故有榴月之名。

爲①斯文②宰③

中華民國二十一年四月吉日立
武威學款保管委員會敬叩，邑人賈壇薰沐敬書
（匾文下方人員名單從略）

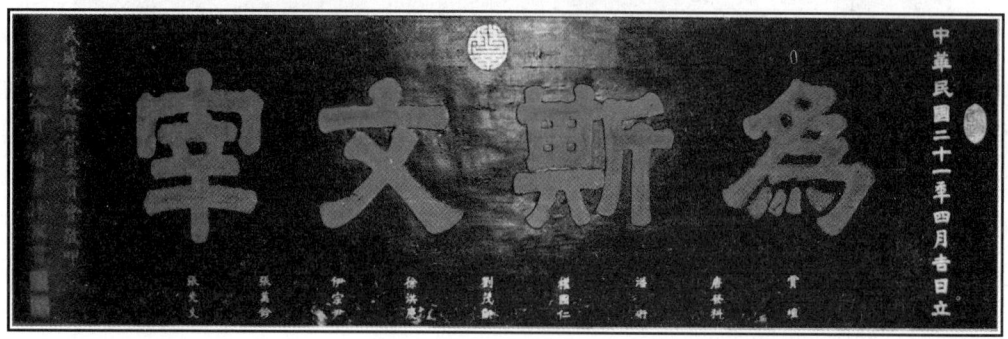

[題解] 匾製作於中華民國二十一年（1932）四月。匾文稱頌文昌帝君是維護禮樂綱常制度、掌管天下文運、力行導民教化的最高主宰者。

[作者] 賈壇：武威人。地方名士。見《高昌王世勳碑》注。

[注釋]

①爲：作，成爲，掌管。
②斯文：指古代禮樂制度和教化，亦指儒道、文人、文化。
③宰：古代官名，一般指輔佐國君的最高官員，引申爲主管、主持、掌握。

文教①開宗②

中華民國二十八年秋八月，教育經費保管委員會叩獻，邑人段永新敬書
（匾文下方人員名單從略）

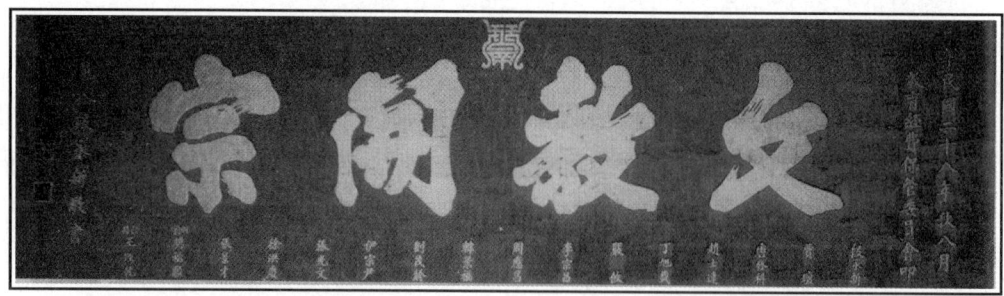

[題解] 匾製作於中華民國二十八年（1939）八月。匾文歌頌文昌帝君是禮樂教化的創始者和開拓者，須世世代代奉祀，以禮樂法度、文章教化作爲治國安民的根本。

[作者] 段永新：武威人。見本書涼州卷《重修文廟創建廟産碑記》作者。

[注釋]

①文教：一般指文化和教育，也指儒學，包括諸子百家等國學。這裏指禮樂法度、文章教化，也可釋爲"政教風化，教育感化"。

②開宗：開，開始，展拓，開闢。宗，本也，祖師，宗旨。

斯文主宰

[題解] 此匾是文昌宮山門的橫批，爲文昌宮主題。製作年代、作者不詳。其義同前"爲斯文宰"。

月殿①騰輝

[題解] 此匾是桂籍殿牌坊走馬板陰面的橫批，製作年代、作者不詳。匾文歌頌文昌帝君坐鎮桂籍殿開科取士、遴才選賢而名揚四海，光芒萬丈。後世企盼桂宮月殿，聖輝長騰，培養和造就衆多的俊秀才德之士。

[注釋]

①月殿：即月宫、桂宮，原指嫦娥居住的月宫，因上面有桂花樹故名。月殿與月宫、桂宫，乃名异意同，既取天上月宫之典故，又取桂籍殿之意（文昌坐鎮桂籍殿取士選賢）。

天衢

[题解]此匾是文昌宫过殿西侧门横批，制作年代、作者不详。"天衢(qú)"一词出自《楚辞》，王逸《九思·遭厄》："躔天衢兮长驱，踵九阳兮戏荡。"天空广阔，任意通行，如世之广衢，故称天衢。本意指天上的道路，引申为京都或京都的道路。就是说文昌垂青，魁星点额，那些"十年寒窗"的学子，一朝金榜题名，春风得意，就可漫步京都，竞折桂枝，通往仕途的道路可谓四通八达。歌曰：一朝及第登蟾宫，大鹏展翅嫌天低！

云路

[题解]此匾是文昌宫过殿东侧门横批，制作年代、作者不详。"云路"一词意为天上、云间；也指通向上天之路、升仙之路；比喻仕途、高位。但云路并不是平坦之路，乃是极高极险极远之路。此处指通往桂籍殿的路。天下学士，一旦科举及第，身登龙门，举步青云，跳魁舞星，歌鹿鸣诗："苦读圣贤志青云，何日方称男儿心？他日大鹏羽毛齐，直上青云九万里。""云路通天从兹

始,月殿騰輝謝帝君!"與"天衢"相對,其義相同。東嶽泰山經石峪有北宋政和年間題書的"雲路"摩崖題刻。

櫺星門

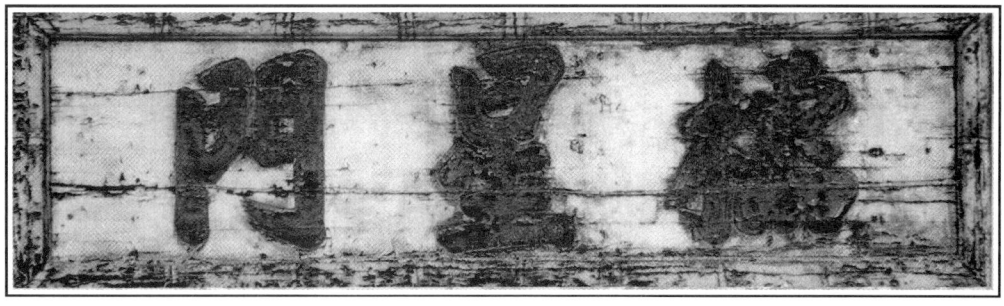

[題解] 此匾是文廟泮池、狀元橋北,大成殿南面的牌樓走馬板陽面橫批,製作年代、作者不詳。牌樓門爲三楹,四柱通天,高聳入雲,飛檐雀躍,雄偉壯觀。櫺星是二十八宿中的天田星,後來人們又將櫺星解釋爲天鎮星、文曲星、魁星。《龍魚河圖》:"天鎮星得士之慶,其精下爲靈星之神。"故稱"靈星門"。因門形如窗櫺,遂改"靈"爲"櫺"。櫺星爲天上的文星,用它命名孔廟的大門,寓意孔子是應天上星宿降生的,而且古代天子祭天先祭櫺星,喻祭孔子如同祭天一樣;同時也包含有人才輩出,爲國家所用的思想。歷代在學宮(文廟、孔廟)前建有櫺星門,寓識拔俊秀人才之意,同時也是天下文廟建築的規制。

太和①元氣②

[題解] 此匾是文廟櫺星門牌樓走馬板陰面橫批,製作年代、作者不詳。匾文意爲人類社會能夠得以生存和發展,其根本原因就在於有一種生生不息的"太和元氣",它即表現爲人的精神力量,也表現爲人類創造的物質文明和精神文明。其風調雨順,國泰民安,山河錦繡,經濟繁榮,聖人教化,人文鼎盛,正是天地正氣之結晶。

[注釋]

①太和：亦作"大和"。《易經·乾》："保和太和，乃利貞。"所謂天地同和，乃天之瑞氣，地之靈氣，匯成陰陽相合之氣，名曰"太和"。亦爲人的精神、元氣，或平和的心理狀態。

②元氣：道家哲學術語，即構成萬物的原始物質。元，是開始的意思。也謂天之正氣。從人來講，謂人之精氣或元氣，即人的精神；從國家來講，爲不可動搖之根本，即得以生存和發展的物質力量和精神力量。

義路

[題解] 此匾是文廟狀元橋西側門橫批，製作年代、作者不詳。"義路"與對應的"禮門"皆出自《孟子·萬章下》："夫義，路也；禮，門也。惟君子能由是路，出入是門也。"意爲"義"好比是大路，"禮"好比是門，只有那些人格高尚、道德品行兼好的君子才能從這條大路行走，由這扇門出入。在文廟門口置"義路""禮門"，有兩層意思，一是維護斯文，推行禮儀教化；二是走興學讀書之路，循行君子之道。

禮門

[題解] 此匾是文廟狀元橋東側門橫批，製作年代、作者不詳。出處同"義路"。禮，乃古代選用人才的依據，也是開科取士評量文字的主要標準。新生員入學宮，必須拜孔子、謁文昌、敬師長，先知禮後知書，做到知書達理。在此設"禮門"，表示學子平日進出，不能忘記禮儀規範。

頂禮文宗

1992年9月14日，趙樸初敬題

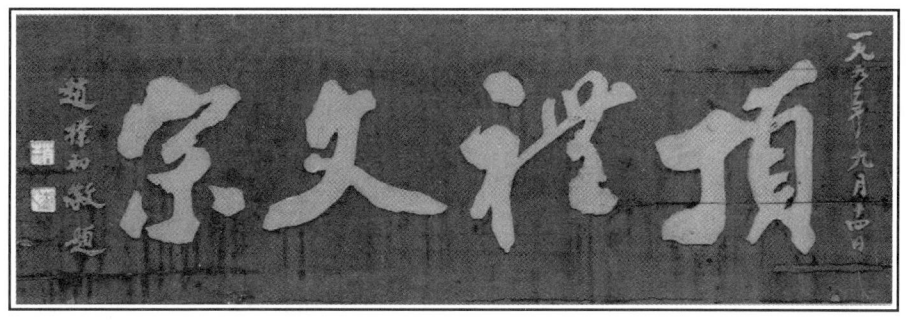

[題解] 此匾爲作者在武威活動時題寫，後刻匾懸於武威文廟尊經閣。作者以佛家膜拜佛祖的虔誠崇敬來歌頌儒教鼻祖孔子，或道教尊神文昌帝君，他們興教育，布文明，以禮樂教化導民而功德無量，值得後世師法敬仰。

[作者] 趙樸初（1907—2000）：出生於安徽省安慶市。中國民主促進會創始人之一，卓越的愛國宗教領袖，著名書法家、社會活動家。曾任中國佛教協會會長，中國佛學院院長，中國民主促進會副主席、名譽主席，西泠印社第五任社長，第六、七、八、九屆全國政協副主席。

[注釋]

①頂禮：向佛、菩薩或上座行此禮。就是雙膝下跪地上，雙手伏地，以頭頂着尊者之足。這是佛教徒最高的敬禮。引申爲敬禮，致敬；朝拜，瞻仰；崇拜，敬佩。今人多用"頂禮膜拜"表示極端恭敬或畏服。

②文宗：備受衆人師法敬仰的文章宗師、大家。這裏指孔子，或指執掌文運、以禮樂教化導民而功德無量的文昌帝君。

二、武威鳩摩羅什寺匾額攟英

大雄寶殿
趙樸初題

[題解] 此匾由趙樸初於1992年題寫。匾長480厘米，寬180厘米，現懸於羅什寺大雄寶殿正上方。

[作者] 趙樸初，見文廟"頂禮文宗"匾注。

羅什法師紀念堂
趙樸初題

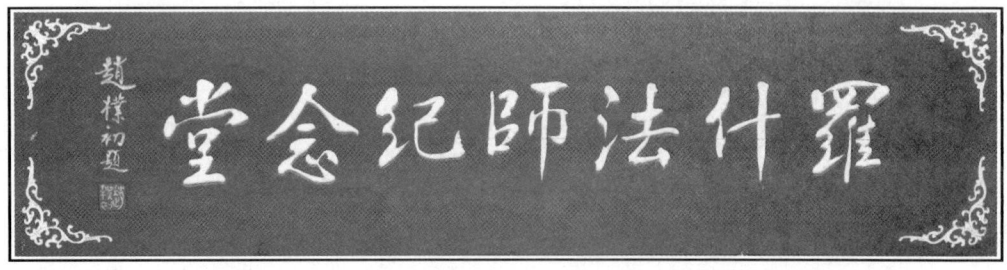

[題解] 此匾由趙樸初於1999年題寫。匾長460厘米，寬90厘米，現懸於寺院羅什法師紀念堂正上方。

羅什塔院
傳印敬題

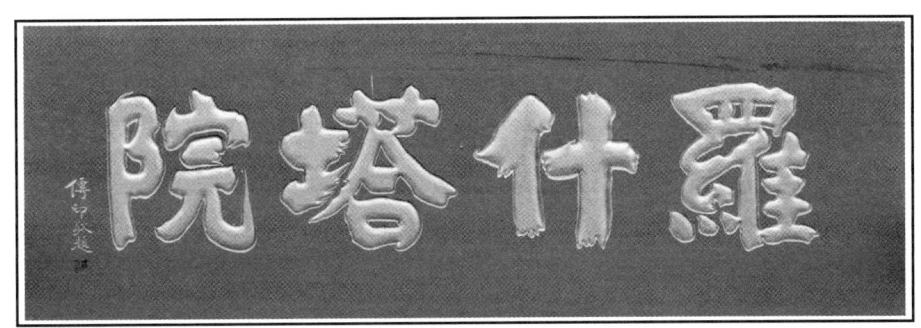

[題解] 此匾由傳印法師於2012年題寫。匾長360厘米，寬120厘米，現懸於寺院東門羅什塔院入口上方。

[作者] 傳印（1927—）：字月川，名毓岱，俗姓呂，原籍遼寧省莊河縣。1954年於江西雲居山出家。現任中國佛教協會名譽會長、中國佛學院名譽院長、研究生導師。曾任中國佛學院教務長、副院長、江西廬山東林寺住持、北京市佛教協會會長。2010年2月—2015年4月，任中國佛教協會會長。

鳩摩羅什寺

選堂題

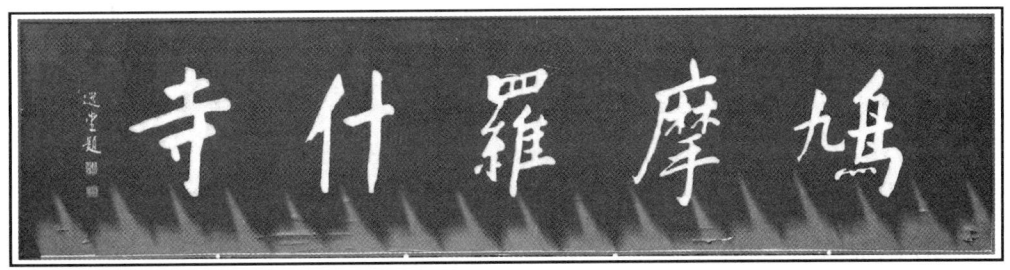

[題解] 此匾由饒宗頤於2012年題寫。匾長480厘米，寬113厘米，現懸於大雄寶殿正上方二層。

[作者] 饒宗頤（1917—2018）：字伯濂、伯子，號選堂，又號固庵，廣東省潮州市人。著名國學大師，香港中文大學、南京大學等學校名譽教授，西泠印社社長。精通梵文，其學問幾乎涵蓋國學的各個方面，且都取得顯著成就。

人間净土

理方敬書

[題解] 此匾由理方法師於2013年題寫。匾長460厘米，寬130厘米，現懸於寺院東門上方。

[作者] 理方（1970—）：見本書涼州卷《鳩摩羅什舌舍利塔修繕記》作者。

大光明藏

鳩摩羅什寺理方大和尚方丈升座大典，張山題

（匾文下方人員名單從略）

[題解] 此匾由張山於2016年5月題寫。匾長360厘米，寬90厘米，現懸於羅什法師紀念堂。

[作者] 張山（1956—）：字新志，齋號涵虛堂。陝西鳳翔人。著名書畫家、詩人。現任陝西省書協駐會副主席、陝西省文史館館員、陝西長城書畫院院長、華西大學教授、西安工業大學特聘教授。

理化十方

理方大和尚印可，報恩寺普正恭賀

[題解] 此匾由照誠法師於2016年6月題寫。匾長460厘米，寬130厘米，現懸於大雄寶殿上方二層。印可，佛家謂經印證而被認可，禪宗多用之。亦泛指同意。《維摩詰經·弟子品》："若能如是宴坐者，佛所印可。"此報恩寺爲蘭州報恩寺。

[作者] 照誠法師（1967—）：俗姓王，遼寧省大連市人。1984年春出家。1989年畢業於中國佛學院靈岩山分院。現任上海市佛教協會副會長，上海龍華寺、遼寧營口楞嚴禪寺方丈，上海圓明講堂、遼寧大連正覺講寺等寺院住持。

法相莊嚴

祝賀理方法師榮任武威鳩摩羅什寺方丈

蘭州佛教弟子敬獻，丙申年仲夏張永清書

[題解] 此匾由張永清於2016年6月題寫。匾長360厘米，寬90厘米，現懸於觀音殿正門上方。

[作者] 張永清：重慶文理學院美術學院院長、教授，國家一級美術師。現爲中國美協會員、中國版畫家協會理事、文化部特聘版畫（藝術家）學科帶頭人。

慧日高懸

理方法師升座志慶，香港觀宗寺、香港正覺蓮社賀

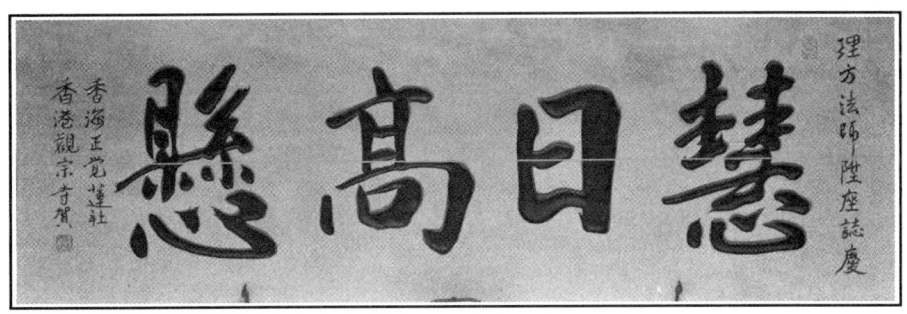

[題解] 此匾由香港觀宗寺宏明法師於2016年6月題寫。匾長360厘米，寬90厘米，現懸於大雄寶殿正上方。

[作者] 宏明法師（1971—）：原籍浙江。1989年皈依佛教，畢業於嶺東佛學院。曾任開元寺後堂兼監院、嶺東佛學院教務長、珠海普陀寺監院等。2002年後應香港佛教聯合會聘請常住香港，現任香港佛教聯合會執行副會長、香海正覺蓮社副社長、香港觀宗寺住持等。

高樹法幢

賀理方大和尚升座，丙申仲夏金陵里海

[題解] 此匾由里海法師於2016年6月題寫。匾長420厘米，寬130厘米，現懸於大雄寶殿背面正上方。

[作者] 里海法師（1968—）：甘肅省武威市人。1986年剃度出家。1994年畢業於中國佛學院，在中國佛學院棲霞山分院任教，爲佛教界培養了一大批優秀的僧才。現任中國佛學院棲霞山分院副院長兼教務長等職。

愛國愛教

中共武威市委統戰部 武威市民族宗教事務委員會，涼州人翟相永書

[題解] 此匾由翟相永於 2016 年 6 月題寫。匾長 400 厘米，寬 120 厘米，現懸於寺院大雄寶殿正上方。

[作者] 翟相永（1969—），甘肅省武威市人，涼州區青年巷小學教師，中國書協會員，甘肅省書協副主席。

普照十方

理方法師升座大典，蘭州脱浩東敬獻，張改琴書

[題解] 此匾由張改琴於 2016 年 6 月題寫。匾長 400 厘米，寬 120 厘米，現懸於寺院羅什法師紀念堂內。脱浩東，蘭州民營企業家。

[作者] 張改琴（1948—），甘肅省慶陽市人，現任政協甘肅省科教文體衛委員會副主任、中國書協副主席、甘肅省文史館館員、甘肅省書法家協會名譽主席。

無上法門

理方上人升座之慶，福州開元寺方丈本性領衆書賀

[題解] 此匾由本性法師於 2016 年 6 月題寫。匾長 460 厘米，寬 130 厘米，現懸於大雄寶殿背面正上方。

[作者] 本性法師（1965—）：祖籍福建省霞浦縣，出家於常熟興福寺。畢業於南京棲霞山佛學院、中國佛學院、科倫坡巴厘語國際佛教大學和科倫坡凱拉尼亞大學研究生院。現爲中國佛教協會常務理事、福建省佛教協會副會長兼秘書長、福州開元寺方丈等。

圓融無礙

法師榮任鳩摩羅什寺方丈升座，蘭山普照寺理旭率兩序大衆敬賀

[題解] 此匾由理旭法師於 2016 年 6 月敬賀，書者不詳。匾長 460 厘米，寬 130 厘米，現懸於大雄寶殿背面正上方。理旭，現任蘭州市佛教協會副會長、蘭州城關區佛教協會會長、兰州普照寺住持。

升無上堂

武威羅什寺理方大和尚方丈升座志慶，天台山國清寺住持允觀敬賀

[題解] 此匾由允觀法師於 2016 年 6 月題寫。匾長 300 厘米，寬 90 厘米，現懸於大雄寶殿正上方。

[作者] 允觀法師（1967—）：浙江省天台縣人。1983 年在天台山國清寺出

家,1990年畢業於中國佛學院。現任中國佛教協會常務理事、浙江省佛教協會副會長、浙江台州市佛教協會會長、天台山國清寺方丈等職。

弘範三界

理方法師升座之禧,丙申夏月敬亞題

(匾文下方人員名單從略)

[題解] 此匾由徐敬亞於2016年6月題寫。匾長420厘米,寬130厘米,現懸於大雄寶殿背面上方二層。

[作者] 徐敬亞(1949—):吉林省長春市人。當代著名詩人、文學批評家。1982年畢業於吉林大學中文系,後遷居深圳。著有詩歌評論《崛起的詩群》《圭臬之死》及散文隨筆集《不原諒歷史》等。

三、其他著名匾額存目

除武威文廟、鳩摩羅什寺外,在大雲寺古鐘樓上高懸的匾額較多:"大棒喝"(清·曾國佽)、"聲震蒲牢"(清·蘇璟)、"慈海鯨音"(清·郭朝祚)、"秀挹天山"(近人武湞)、"古鐘樓"(近人李鐘美)、"金奏高宣"(近人陳克堯)、"聲震隴右"(今人王維德)、"玉塞清聲"(今人徐萬夫)。

此外,在城門樓、雷臺等名勝古迹和會館、學校都有不少匾額,比較著名的有:時任中共中央總書記、國家主席、中央軍委主席江澤民於1992年8月12日視察武威時題寫的"銀武威"(今存武威南城門樓);時任中共中央書記處書記、國務院副總理方毅於1980年7月在武威調研時題寫的"涼州重鎮""西北要衝"(分別保存在今武威城區西涼市場南牌樓、北牌樓);時任全國政協副主

席趙樸初於1992年9月14日在武威活動時題寫的"神馳天馬"（今存南城門樓）"大慈大悲"（今存海藏寺大雄寶殿）等。

　　根据有关资料记载，武威最早的匾額，當爲元代永昌路南門鑲嵌的磚雕"大元故路"。此額沒有落款，但字迹蒼勁有力，氣勢雄健，當爲名家手筆。比較著名的匾額還有：清凉莊道顧光旭"天梯書院"（原存天梯書院），道光皇帝"夫子博學"（原存牛鑒府第），清代將軍孫思克"海藏禪林"（今存海藏寺牌樓），清代學者張澍"烟滅烽臺"（今存松濤寺），清代名臣林則徐"浩氣凌霄"（原存武威陕西會館），清代名臣牛鑒"日在天上"（原存武威陕西會館），清代書法家姚元之"忠剛遺澤""古雪山方"（原存張兆衡府第），清代書法家曾國杰"中原耆舊"、無名氏"隴西望族"（原存李銘漢故居），清代書法家趙永年"琴鶴遺址""琴鶴堂"（趙永年宅第），清代凉州知府王步瀛"望重長沙"（賈壇宅第）；無名氏題寫的"翹映天梯""壽比南山"（以上原存武威南城門樓）"遥接玉關"（原存武威西城門樓）"筆點青雲"（原存武威城東南魁星閣）"心存漢室""威震中華"（以上原存關帝廟）"赤帝昭靈""赤帝司衡"（以上原存火神廟）"皓首群經"（原存斗母宫）"潭心印月"（今存松濤寺）"派衍金谿""誼重分金"（陸家大院）等等。近人楊成緒"河西保障"（原存武威東城門樓）"大好河山"（原存武威北城門樓），于右仁"陕西會館"（原存武威陕西會館），趙壽山"啓橥樓"（原存武威廣場戲樓）等，皆是武威匾額中的精華，其中或高懸於名勝樓閣，或收藏於民間，或已經遺失，但都有一段膾炙人口的故事。

武威金石志

民勤卷

本卷目录

第一编　金　文/(0649)
第二编　碑　石/(0654)
第三编　墓　志/(0779)

第一編　金　文

中華人民共和國

聖容寺大雄寶殿門前鐘

[題解] 鐘銅質，鑄造於1987年。高約86厘米，口徑68厘米，鐘壁厚3厘米。口沿爲蓮花形。現懸挂於民勤縣聖容寺大雄寶殿左側。鐘共分爲五層八格，皆布滿八卦吉祥圖案和瑞草芳花。鐘中間橫排書寫"啼、囉、伽、唵、訶、婆、娑、耶"八字，第四層竪排書寫鐘名和鑄造時間"民勤縣聖容寺金鐘一口，公元一九八七年丁卯五月吉日"。

[注釋] 聖容寺：位於民勤縣城西南隅，始建於明洪武九年（1376），成化初年由縣城東北隅移建今址。寺院坐北向南，東西寬50米，南北長125米，占地面積6250平方米，1981年9月10日公布爲省級文物保護單位。民勤縣博物館、民勤縣佛教協會住寺内。現爲國家重點文物保護單位（第七批公布）。

聖容寺觀音堂鐘
(《摩訶般若波羅蜜多心經》)

觀自在菩薩，行深般若波羅蜜多時，照見五蘊皆空，度一切苦厄。舍利子，色不異空，空不異色；色即是空，空即是色。受想行識，亦復如是。舍利子，是諸法空相，不生不滅，不垢不净，不增不減。是故空中無色，無受想行識，無眼耳鼻舌身意，無色聲香味觸法，無眼界，乃至無意識界，無無明，亦無無明盡。乃至無老死，亦無老死盡。無苦集滅道，無智亦無得。以無所得故，菩提薩埵。依般若波羅蜜多故，心無挂礙；無挂礙故，無有恐怖；遠離顛倒夢想，究竟涅盤，三世諸佛，依般若波羅蜜多故，得阿耨（nòu）多羅三藐三菩提。故知般若波羅蜜多，是大神咒，是大明咒，是無上咒，是無等等咒，能除一切苦，真實不虛。故說般若波羅蜜多咒，即說咒曰："揭諦！揭諦！波羅揭諦！波羅僧揭諦！菩提薩婆訶！"

永靖縣劉家峽古城興隆法器鑄造廠
公元一九九九年孟夏鑄造　甘肅省民勤縣
觀音堂沙門弟子釋昌隆　釋昌慧

[題解] 鐘銅質，鑄造於1999年。高約35厘米，口徑100厘米，鐘壁厚40厘米。鐘共分五層8格。上層爲鐘鈕。二層爲鐘頂。三層橫排書寫"佛日增輝，法輪常轉"8個楷書大字。四層分爲8格，分別由《摩訶般若波羅蜜多心經》、鐘名、鑄造時間、鑄造人、二龍戲珠圖案等組成，其中《摩訶般若波羅蜜多心經》占4格半，竪排楷書，每格8行，每行8字；鑄造廠家半格；鐘名1格，沙門弟子1格，二龍戲珠1格。第五層口沿爲蓮花形。現懸挂於民勤縣聖容寺觀音堂門前。

《心經》由編者根據人民文學出版社2001年重印《西游記》第十九回所引內容標點、訂正。

聖容寺吉祥鐘
(《千手千眼無礙大悲心陀羅尼經》)

　　千手千眼無礙大悲心陀羅尼。南無喝囉怛那哆囉夜耶。南無阿唎耶。婆盧羯帝爍鉢囉耶。菩提薩埵婆耶。摩訶薩埵婆耶。摩訶迦盧尼迦耶。唵。薩皤囉罰曳。數怛那怛寫。南無悉吉栗埵伊蒙阿唎耶。婆盧吉帝室佛囉。楞馱婆。南無那囉謹墀。醯唎。摩訶皤哆沙咩。薩婆阿他。豆輸朋。阿逝孕。薩婆薩哆。那摩婆薩多。那摩婆伽摩罰特豆。怛姪他。唵。阿婆盧醯。盧迦帝。迦羅帝。夷醯唎。摩訶菩提薩埵。薩婆薩婆。摩囉摩囉。摩醯摩醯唎馱孕。俱盧俱盧羯蒙。度盧度盧罰闍耶帝。摩訶罰闍耶帝。陀囉陀囉。地唎尼。室佛囉耶。遮囉遮囉。麼麼罰摩囉。穆帝隸。伊醯伊醯。室那室那。阿囉參佛囉舍利。罰沙罰參。佛囉舍耶。呼盧呼盧摩囉。呼盧呼盧醯利。娑囉娑囉。悉唎悉唎。蘇嚧蘇嚧。菩提夜。菩提夜。菩馱夜。菩馱夜。彌帝唎夜。那囉謹墀。地利瑟尼那。婆夜摩那。娑婆訶。悉陀夜。娑婆訶。摩訶悉陀夜。娑婆訶。悉陀喻藝室皤囉夜。娑婆訶。那囉謹墀。娑婆訶。摩囉那囉。娑婆訶。悉囉僧阿穆佉耶。娑婆訶。娑婆摩訶阿悉陀夜。娑婆訶。者吉囉阿悉陀夜。娑婆訶。波陀摩羯悉哆夜。娑婆訶。那囉謹墀皤伽囉耶。娑婆訶。摩婆利勝羯囉夜。娑婆訶。南無喝囉怛那哆囉夜耶。南無阿利耶婆羅吉帝爍皤囉夜。娑婆訶。唵。悉殿都。漫多囉。跋陀耶。娑婆訶。

　　沙門弟子：釋本廣 釋覺信 釋圓智 高立科 馬繼平 許楨成 馬述融 魏興吉 黃發新 李理英 唐桂英 委桂林 願以此功德普及於一切,我等與衆生皆共成佛道。

公元二〇〇八年歲次戊子年四月初八日
甘肅省永靖縣劉家峽興隆法器鑄造廠
公元二〇〇八年歲次戊子年四月鑄造

[題解] 鐘銅質，鑄造於2008年。高約180厘米，口徑120厘米，鐘壁厚50厘米。鐘共分四層8格。上層爲鐘鈕、鐘頂。二層分爲8格，橫排書寫"佛日增輝，法輪常轉"8個隸書大字。三層亦分爲8格，分別由《千手千眼無礙大悲心陀羅尼經》、鐘名、鑄造時間、鑄造人等組成，其中《千手千眼無礙大悲心陀羅尼經》占5格，每格豎排10行，每行10字；鐘名1格，鑄造人1格，鑄造廠家1格。第四層爲鐘口沿，爲蓮花形，上纏繞着蓮花等法器祥瑞圖案。現懸掛於民勤縣聖容寺院內山門牆處。

生態警鐘（銘辭）

生態警鐘（銘辭）
中共民勤縣委　民勤縣人民政府 制
上善若水，萬物本源；源清流潔，本盛木榮。
歌曰：善哉斯水，禎利綠洲；厚德載物，庶民歌謳；亦當委頓，點滴難求；樹枯草死，災民奔走；重點治理，開源節流；調整結構，稼穡豐收。關井壓田，治本良謀；舉國行動，恢復何愁；愛吾聖河，譬如眼眸；生命乳漿，養育群儔；沙漠明珠，碧波輕舟；造福吾縣，洪蕩千秋。

生態警鐘（銘辭）
中共民勤縣委　民勤縣人民政府 制
地球乃生命之空間，人類之家園。追求天人和諧，嚮往環境美好，共襄藍天碧水，同享清風明月，此乃人類共同之夢想，天下一體之福祉。唯我民勤，三面環沙，位處石羊河下游。曾幾何時，乾旱籠罩大地，風沙侵襲莊園。溫家寶總理莊嚴宣告，絕不能讓民勤成爲第二個羅布泊。石羊河流域重點治理已被列爲國家工程。治理尚在繼續，前景無限光明。茲於2010年冬月吉日，中共民勤縣委、民勤縣人民政府特鑄造生態警鐘以警示縣人，關注生

態，唯緊唯迫，保護環境，至極至切。石羊蕩蕩，萬古奔騰。情殷殷以哺育，意蕩蕩而恩隆。潤禹甸之豐稔，澤神州而振興，時在庚寅，人和政通，民勤各界，順天時地利，擇吉地建鐘樓，鑄生態警鐘。是鐘高逾二米，重約千鈞，庶幾以雄大而警愚憒。鐘成日，鳴鐘慶典，縣人自茲而省放任之疚，從此而知軌約之誠。此殊千古盛事也，焉無頌乎！

[題解] 鐘銅質，鑄造於2010年冬天。高約200厘米，口徑160厘米，鐘壁厚5厘米。鐘共分上下兩層，左右4大格，4小格，共分八大格4小長格。書寫銘文，每行字數不一。現懸挂於民勤縣生態園中。銘文簡述了民勤縣生態現狀、治理生態的必要性及鑄造生態警鐘的重要意義，意在警示社會，愛我民勤，護我生態，造福子孫。

第二编 碑 石

明 朝

蘇武山銘

高山仰止，勒石岩然。上多美景，下有飛泉。名花勃勃，芳草綿綿。古祠高樹，黃河盤旋。吞氈啗雪，皓首蒼顔。羊歸隴上，雁斷雲邊。持旄節而不遺，嘆帛書之難傳。回日原非甲帳，去時乃是丁年。老骨浸胡月，孤忠吊南天。白亭留芳名，麟閣表雲烟。一生事業，誰敢争先？

[題解] 明永樂七年（1409），鎮撫司李名募資創修蘇公祠，刻"蘇武山銘"，民間又稱"百字銘"。碑佚。銘文引自《武威地區志·藝文》。

蘇武（前140—前60），字子卿，杜陵（今陝西西安）人。代郡太守蘇建之子。天漢元年（前100），奉命以中郎將持節出使匈奴被扣留。匈奴威脅利誘，欲使其降，不從，遷其北海（今俄羅斯貝加爾湖）邊牧羊。至始元六年（前81年），獲釋回漢。蘇武歷盡艱辛，留居匈奴十九年持節不屈，去世後，漢宣帝將其列爲麒麟閣十一功臣之一，以彰顯其節操。今民勤縣城東南有蘇武山，相傳是蘇武牧羊之處，這里流傳着許多有關蘇武的動人傳說。

□□□記

佚 名

……上□同事于正……

……都司都指揮僉事安□□□□胡□王加級□年□□□□阿台□□鋒擒……

於九年甲子九月十一日辰時卒。□公生於洪武二十四年□□四月亥時，享年五十六歲。生子男一十人，長曰□，次曰悛，□□□□女六人□有□德而子孫□龍□衍□□鎮番先塋之側。嗚呼！天道之常，□公□□於□地間，□死猶爲未死也。□則徒生於□哉！然其德固不□□□□自□□子竹□□□世，況有其子□方進用於時其所□□□□□□□未父也。余故勒於碑，表於墓□日焉。

□□成化三年歲在丁亥□□□□書 立

昔我祖之建此起也，自成化以至今，歷年多矣，其字迹模糊，有□□□仁等，共□□□□□之□□□□自云。

□□□□元年仲夏□□□□ 立

上策，斯亨、斯招、斯厚、斯金、斯都、斯□、斯□、上□、□□、上□、斯杰、斯忠、斯□、斯啓、斯榮、斯聖、上琪、兆□、上□、斯行、斯臣、上璉、斯□、斯環、斯瑞、斯亮、斯讓、斯雲、□□、□□、斯□、斯□，生員斯佳、斯盛、斯□；述□紹宗、繼宗、□□、□宗、宣宗、□宗、中宗、守仁、□□□、復宗、□宗、緒宗、仍宗，生員御輦寧宗、定宗、□宗、述宗、賓宗、義宗；後龍、成龍、□龍、文龍、爲龍、□龍、呂宗、泮宗、中元、文宗；顯宗、永宗、大元、□□、□□、□□、□□、□□、□宗、德宗、後宗、貴宗、光宗、聖宗、篤宗、和龍、從龍、□□□；天□、天□、天佑、天佐、天賜、天佐、天良、□□、天民，生員□□、天□、天愛、天□、田春、樂群、□□、天□、□□、□群、□群、天□，生員天□、天聰、天中、天□、天□、天□、天□、天□、天□、天□、天□、天□、天□。

[題解] 碑立於明成化三年（1467）。殘高105厘米，寬65厘米，厚12厘米。名稱已毀，碑額只剩一個"記"字，爲橫排楷書。碑爲砂石岩質，磨損嚴重。

此碑共18行，每行25個字，前6行無一字可識。因正文中存有"成化三年歲在丁亥"8個字清晰可辨，其餘文字模糊難辨。《民勤縣志》稱爲"成化殘碑"。據可辨文字內容推測，碑文分兩部分，前一部分爲"成化三年"書立，後一部分應爲成化三年之後"□□元年"書立，當時即有"歷年多矣，其字迹模糊"的表述。據現存文字，墓主人"公生於洪武二十四年""九年……卒""享年五十六歲"推斷，其生卒年應爲1391—1444，享年54歲。碑系後人爲紀念祖先之功德所立，并附有後輩子孫名號。現存民勤縣博物館。作者情況不詳。

又，引《民勤縣志（1986—2005）》：馬昭墓志銘，1994年版《民勤縣志》載爲"成化殘碑"，後確定爲馬昭墓志銘。殘高107厘米，寬64厘米，厚14厘米。"成化三年歲在丁亥"8個字清晰可辨，其餘文字模糊難辨。

重修麗澤寶塔寺①記

洪惟我

太祖高皇帝龍飛淮甸②之初，内設録司，外置院刹，其甚備其道大典。釋教之盛，一旦□唯有也。寶塔古刹，衛治西域之原肇。自建邦啓土，其來尚矣。正統辛酉，鎮守都□□□鉉□□暨僧録司、承檄住持印智，乃舊址損其親，董其事，首建大殿，廊甲□廡，以表其位，次立山門法堂以壯其觀。圖塑聖容諸相，金碧輝煌，焕然一新。百餘年來，民安物阜，四境無虞。

既而天順③間，歷歲滋久，殿宇傾頽，圖像崩墮，惟寶塔存焉。弘治戊午，守備都司李公杰④廷弼同本院住持義堅、義會，思前人鼎建之功□，然奮重修之志，欲擇勝境而改作之。遂卜吉於郡南廓外，風氣攸萃，土壤秀麗，以□建古刹，乃謀於官屬及善信士，大施金帛，易地鳩工，輪材礱石，躬詣奬勵，協力以相其成。未幾，規模制度嚴嚴翼翼，巍然焕然。於正殿重塑佛像、法相、山門，東西立四大天王，廊廡左右塑伽藍祖，禪院之前後樹"金聲華振"之坊，復建觀音□閣，閣後爲禪堂，堂側爲方丈，以致僧舍、庖屋次第畢。舉其宏遠，倍加於昔，由是教化誕敷⑤，緇流⑥益增，足以爲一方之所庇，依仰經營。於弘治十一年季春，落成於十六仲秋。所以修廢舉墜，由二公只順德意，以倡率之四方善士傾心感化，亦皆翕然樂從爲之相焉。此雖佛德之所以能使人歸鄉，如此而堅會之流，亦豈非□然自立而興起其教者於是，豈不爲斯。

刹，美盛矣乎！然時移事往，歲久必演□，無以示後來傳之來世。住持本刹祖浩來徵文爲記，予觀其所自，蓋可久可固□。利益於世者，不小心皆所當書於是。叙其始末，建寺之由，俾勒諸石，庶幾後之來□來觀於斯者皆知，所以勒得亦有所考焉。

弘治十六年歲次癸亥中秋吉 立
國生鳳陽陶德、文華撰

酒泉晚學冠源□

陝西行都司致仕都指揮同知李杰，欽差、分守鎮番地方右參將何忠；

聖容寺住持□本源、義堅、義連、義進，買地那移住持義堅、祖浩，寶塔寺住持開山印智，城南開山寺住持義惠，興佛寺庵住持净滿、净淵，迎恩寺住持義□、□深、□□；

致仕鎮撫李措、劉登，致仕百户黄昊，歷□知事□□□；

夫人□□□、王大□、潘大姐、□□、盛□主、許三姐；

凉州衛僧錄司都□□□，甘州中護衛百户，衛鎮撫李□、劉恒，凉州布政司委官知事王韜、朱□，河州衛指揮周鳳、王□、許瑄、吳□、彭□、王源、馬□、劉□、李鳳、王□，盛相隊長張佑、曾喜、朱宣、朱定、楊文、陳□、楊□、廖安、楊□、盛□、薛鎧；

庠生劉機、楊實、□□；

陰陽官張□、□□、□□；

義官張□、□洪、□□、□□、武原、□□、黄□、□□、張連、朱□；

百户劉宣、黄□、羅忠、□□、張□、□□、□□、王□、□□、張通、□□、高玥、祖□、祖買、□□、祖洪、祖空、祖亮、祖武、祖政、祖浣、□□、祖秀、祖□、祖□、祖□、祖□、祖□、祖原、祖順、祖□、祖□、祖澤、祖成、祖□、祖□、祖□、祖□、道秀、祖□、道榮、道□、道□、□□、普敬、普能、普明、普劍、普銳、普幻；

功德生彭全、陳□、肖□、曹全、王□、高滄、陶□、許欽、景演、景諒、劉濟、劉見、景玉、張英、于春、小清、□□、□成、姚安、張玘、柳秀、孟亨、張杰、袁洪、于志、張佐、張俊、景謙、范洪、劉欽、張□、孟憲、盛益、彭會、彭庶、馬□、張潤、劉佐、方□、許瑛、王楫、李聰、岳龍、景政、□□、佰庶、孟□、徐□、徐洪、徐海、徐宣、馬謙、呂□□、□天明、胡謙、□□、劉原、朱見、沈見、高□、周□、劉鑒、孟鉉、□懷、劉□、朱□、□鉞、張福、張宣、張□、張□、□□、□□、劉杰、劉清、□□、□□、安□、景公、□□、□□、劉真、楊林、楊縈、楊政、劉□、□□、□□、□□、□柱；

　　衛吏孟鎧、□□、白□、苟彪、李增、何□、□□、大春、□□、李□、于庭章、李鎧、魏祀、黃成、□□、□□、□□、□□、張□、趙□；

　　隊長楊成、大權、秦良、張□□、□□、張□、張□和、張虎、鄭忠、喬廣、周廷主、趙鉞、□□□、□竹、張紀；

　　木匠李景春、梁□、王本、王能、辛位、嚴全、何□、何□、□貴、于□、張勝、朱文、唐□、張連、朱全、□□、陳義、張□、楊林、張□、□成、朱□、李文、吳□、唐芯、王□、穆廉、張□；

　　鐵匠何□、□□；

　　敕署本春、□林、□□、□□、王□、□文、王成、陳鐸、任□、馬貴；

　　拾財趙柱、□□□、張□能、白□得、彭壹□、薛妙貴、□妙成、許妙蓮、□三姐、□□貴、□□□、何如真、□□貴、劉妙□、□三姐、崔妙全、張妙志、石妙元、□□□、崔妙能、□妙玉、高妙能、□妙成、王妙□、宋妙□、王妙□、李妙□、黃妙忠、□□□；

　　信女黃□□、岳□□、□□□、□□□、□□□、□□□、陳□□、劉□。

（碑右側文字三行）

　　□□□□□實衛城西寶塔

　　□□□□□□銀三兩，買到富貴地九畝，東至寺墻，南至官路，西至小二壩溝，北至馬家口墻。四至明白，永遠常駐□□□。

　　□□□□□□年七月二十日

　　立契人：付廣押　付寬押　見人：孔貴押　柴旗押　代書人：□道謙押

（碑左側文字五行）

　　立賣地人：鎮番衛□□□劉□□□□□□見□今□要錢使用□無藉口今……十五步□地□南，西□至□□□，北至城南□。四至分明，土木相連，願賣。□□衛城西寶塔寺住持僧人義啓、義□□。孫□議本寺□□古刹寺院，今入□，風吹沙淤□□□□□今□□□□損□□□有住持今……當即指揮吳□寺□□□

□□□□□蓋今義堅□□□□□三兩七錢通買出路，壹女七尺抵大路，爲本寺地基并□□□□值，恐後無憑，故立契書，徒孫永遠爲照。

弘治七年十一月十六日 立

賣地文字人：沈兼二□子 沈鈺三奇子　見人：沈杰 孟二

□□　成文：□□人

[題解] 碑刻於明弘治十六年（1503）秋。高130厘米，寬67厘米，厚15厘米。陰刻二龍戲珠碑帽，篆額"重修鎮邊寶塔寺記"8字，豎排4行，每行2字，爲篆書。全碑前後左右都有字，正面20行，每行30字，豎排。正文部分簡述寶塔寺修建始末及規模，重點記載了弘治十一年（1498）的一次重修工程及其建築結構、規模。背面碑帽部分陰刻雲紋即佛弟子像。碑身刻功德主職名、姓名。兩側亦有銘文，其內容大致爲寺院四至。現存民勤縣博物館。

[作者]

陶德：祖籍安徽鳳陽，弘治七年（1494）歲貢，曾任四川保寧府訓導。

文華：祖籍安徽鳳陽，國子監生員。

[注釋]

①寶塔寺：在民勤縣城西門邊，創建於明正統年間（1436—1449），清康熙年間重修，後經多次維修。

②淮甸：指淮河流域。明太祖朱元璋，安徽鳳陽人。鳳陽，古稱濠州，位於淮河中游南岸，故稱。

③天順等年號：天順，明英宗年號，共8年，1457—1464年。弘治戊午，明孝宗十一年（1498）；弘治十六年，即1503年。

④李杰：明弘治年間（1488—1505）任鎮番城守備、陝西行都司指揮同知等職。

⑤誕敷：遍布。

⑥緇（zī）流：僧徒。因僧尼多穿黑衣，故稱。緇，黑色。

奏請添築西關疏

楊 博

　　鎮番地方，北出涼州二百餘里，曠遠寥廓，實與宣府獨石馬營①相類。昔人謂，於涼州北境磧中，建置城垣，控其衝要，自是寇不敢復至涼州城下，即此地也。乃今風沙壅積，幾與城埒②。萬一猾虜突至，因沙乘城，豈惟涼、永坐撤藩籬，實甘肅全鎮安危所系。雖嘗屢議修築，祇緣無人任事，旋議旋罷。

　　今右參政張璽，欲於鎮番添築關廂，一則消除沙患，一則增置重險。謀之父老，咸謂可行；質之官僚，殊無异議。急當整理，疏上，允其請。博即飭璽同涼州副總兵蕭漢、守備蔡旗勛等，督理修築，鎮邑恃以保障焉。

　　[題解] 碑約立於明嘉靖二十五年（1546）作者巡撫甘肅期間。已佚，碑文引自《民勤縣志》（1994）。簡述了鎮番在涼州乃至甘肅全鎮對外安全戰略中的地位和作用，及添修關廂的過程和意義。

　　[作者] 楊博（1509—1574）：字惟約，號虞坡，蒲州（今山西永濟市）人。明朝名臣。嘉靖八年（1529）進士。嘉靖二十五年，任右僉都御史，巡撫甘肅。期間，大興屯田，修水利，築屯堡，并奏請朝廷募民墾田，永不徵租，使百姓安居樂業，境內肅然。官至兵部、吏部尚書，贈太子太保、太師，卒贈太傅。

　　[注釋]
　　①宣府獨石馬營：宣府，即明宣府鎮，北方邊防九鎮之一，總兵駐地為宣化（今屬河北張家口市）。設分守參將七人，北路為獨石馬營參將。
　　②埒（liè）：同等，相等。

補修聖容寺碑記

邑人　柳子玠

　　鎮番，古休屠澤也。自漢武斥逐匈奴，降其王歸我函夏①，漸成文治。唐李陷於吐蕃，宋為趙元昊所據。民物胥而為夷，至胡元為極。我朝聖祖，殄殲元憝，廓清環宇，遣宋國公馮勝②統兵下河西，餘孽殆盡，爰設爲衛，徙內地民戍之。數百年之腥膻一時泛掃，億萬載之謨業於斯肇造矣。

時，遵化馬公得③，從戎武征討，履成克復大功，歷升指揮同知。已而，選調於此以拒胡。繼而，公麟征剿，多克，進階都指揮使，鎮番賴以守固。又繼而，公昭累功陞都閫，再守茲土。事事造端，有古名將經略。開拓舊城，以廣民居。禦外侮，疆域既固矣；修馬車，備器械，戎事具舉矣；添設馬營墩塘，籌牌絡繹，斥堠則嚴矣；城樓、角樓、學宮、公廨、鋪舍、倉廠，與夫城市牌坊、閭巷相繼建立，經營規制若備矣。乃慮夫，習儀無所，晨昏無節也。爲之，卜地④建一寺院，題曰："聖容"。創鐘鼓樓於寺前，兩臺對峙；殿宇門廊，經畫維備，屹然一巨觀。就中設皇帝萬歲金座，爲咫尺天威之所。以邊俗崇尚巫釋，信因果感應之說。事神謹於事官，乃擇所敦信者，爲之地而習儀禮。庶幾瞻者起敬，而生忠信誠愨之心。所以治教修明，彝倫攸敘，百蠻效順，王風大同，皆外攘內治所致。在今一統之有鎮番，非馬公孰開其始？非馬公孰成其終？真可社稷臣也。祭法曰："以勞定國則祀之。"宜其配享蘇（武）、金（日磾）二公，報功之無盡矣。

三世孫馬君恩⑤，克承厥志，脫穎於衛，爲酒泉參戎，諸羌警服。歸來，顧瞻茲寺，有傾圮之甚者，捐己資而葺之，蓋不忘先人之遺澤也。君子曰："肇基棟宇，非以邀福，所以萃人心而成禮教，有默化邊人之機，是故可以觀忠；修復梵宮，不惟好異，不忘前人之事業淪胥，以至於敝，是故可以觀孝。"然建之修之，皆未有記。雖弼成疆理諸務，亦無刻以傳，非固昧之，不欲彰之也。君子之世勛，再蔭榮施，即補石徵文以記。

夫莫爲於前，雖美弗彰；莫爲於後，雖盛弗傳⑥。昔公守土二十餘年，鴻功駿業，具在人心，著於口碑，至今頌之不衰。固不止此，公之子孫，麟趾振振⑦餘慶，沛流固非，緣此遂揚其盛。然仁孝之至，萃於一門，此可推類已盡其餘矣。議者謂，公忠貞蓋世，有安攘偉績。今日之世德無忝，家聲丕振，固垂裕致然，天其亦有以報之也，佛力云乎哉？

是則斯舉也，非移心淫祀，可以助禮教之所不及；非福其家，所以福吾國吾民於大順。此固非作者之微意乎？丐詞⑧以記，且無樂乎。建寺之後，余因其補碑而原其大意，豈敢曰記。

[題解] 碑記爲明嘉靖三十年（1551）柳子玠所做。已佚，碑文引自《民勤縣志》（1994年）。簡述了鎮番歸復中原王朝特別是明朝的情況，頌揚了明將馬

得祖孫三代拒胡征剿、開拓邊疆，肇建聖容寺的功績以及其三世孫馬恩捐資修繕寺院的善舉。

[作者] 柳子玠：明鎮番衛（民勤縣）人。嘉靖二十一年（1542）貢生，曾任雲南河迷州州同、楚雄府通判。好學博學，手不釋卷，時有"書淫"之稱。

[注釋]

①函夏：謂諸夏，即包涵諸夏之意，後以其泛指全國。語出《漢書·揚雄傳上》："以函夏大漢兮……"

②馮勝（？—1395）：安徽定遠人。明朝開國名將。喜讀書，通兵法，元末與其兄國用結寨自保，後歸朱元璋，屢立戰功，遷右都督。洪武五年（1372），率師西征，平定河西諸路。洪武二十年，與傅友德、藍玉等率兵遠征遼東，肅清元朝在遼東的勢力。累功受封宋國公，後以功高遭太祖猜忌，賜死。

③馬得等：馬得，順天遵化（今河北遵化縣）人。以渡江功升指揮同知。永樂三年（1405），調鎮番，任都司。後禦寇白鹽地（今寧夏境內）陣亡，封懷遠將軍，世職鎮番。馬得子馬麟，字應祥，幼習武韜，勇略過人，任職鎮番時，修繕城垣，開疆拓土，抵禦蒙古，連戰皆捷，以功升都指揮使、肅州參將。馬麟之子馬昭，曾任鎮番守備、都司等職，在與入犯蒙古戰鬥中陣亡，封鎮國將軍。

④卜（bǔ）地：選擇居地。

⑤馬恩：馬得三世孫，襲世職，屢立戰功，官至肅州參將，功業顯時，封金吾將軍等。

⑥莫爲於前句：語出韓愈《與于襄陽書》，意思是說：如果沒有前輩的引薦，布衣才士即便滿腹經綸也難以出頭；而如果沒有後輩的傳承宣揚，一個人即便功業鼎盛一時，後世也會湮沒無聞。

⑦麟趾振振：喻爲有仁德、有才智的賢人。麟趾，麟足。振振，信實仁厚。

⑧丐詞：丐，拙劣。表示謙詞。

彭公忠勇祠碑記

建脩。欽依碾伯操守、明威將軍、鎮番衛僉事彭公忠勇祠碑記。公諱汝爲①，字舜舉，別號□□，□將任郊□□□□縣主簿。誥封明威將軍。□□□□□騎將軍，前鎮守三關總兵彭廉佐也。少備□□□子，□□□□□就□□唷然嘆曰："昔班超投呂戎□□□□之□□□□□明將鎮□□文就，武以

□□國家名竹□□□備□□□□□。"監總鎮後□監戰陣□□□□□□□□□而□之□公涼州征剿扒沙□□□斬强虜一□□百户職英名□□□。□空群守備諸公□□先鋒也。□□□□□□□□馬□□石所嚮無敵，節次斬虜□五□□指揮僉事□□□□□。御史□公□公涼營千總□□□□□千總累徑□□□□□□□□巡按御史宋公上疏□□□□□□。□指揮事公上任外□斥□内□□□禁交□之□嚴剋敵之方□眾□□□□□公□□□□□□□□□□不行。部落憚公□□，不敢輕犯碾②封域、碾人用□□生也。歲丁巳六月初四日，惡番□公設下之□□行師之裔變□。不得肆□以討誘□相傾，驟從西番□突出，公殊□□□□尤加奮烈，直□趙家□我師□□□北，公幹揘能，眾初無能。□番眾□□脅之□公屬整而□曰："吾受□朝廷明綸，豈敢縱□操□爲盜耶？今日此事，□□俱生。"□詞倍力斫□。諸番僕者過多，且又□□一番昏沉。番眾忿□，齊聲吶喊，并齊□當傷二十七處，肢解而□，聞者□之。碾邑監生王永春，□□分巡道副使李公處，以公□□□□，形骸畢處，相應建祠祭報，或立□□鎮番□□□□□□□給銀二十兩二□□□□□之。聞王廟餘十八兩□□鎮番衛□□□處脩祠□，不敷者爲男彭九疇□□□，指揮□□保内□脅事尚□。歲壬戌□□□毫□憫公本□□□□□□忠節而□□，亦自於巡按御史耿公處□爲建祠，以風邊俗時可□□□行。

分守參政王公，準動本院銀三兩，送本像，助祠置大書"忠勇"二字。三牲祭品三棹，率領通衛官員，盛張鼓樂□□祠□祭祀□□九疇□□地，於衛前門寶塔寺之西側，通癸□□□三月，徑始甲子歲六月落成。□建神祠一所，四圍以垣，面峙一坊，洞開□門，□中有殿，殿後有盛□，列坐□□□主，東西内外廡圖繪歷履征戰監□□元功也。現□狀聖製度完□□者一□□□。祠成，九疇□□爲之記。□以□之建祠，所以崇德報功也。而來大義聖德，名教發墮乃者，視國家事□不□尚且支吾□功名富貴爲己私，而且□□保以眾生無□於時庇無□於後者，天下皆是也。公獨見□□真守□□之正上□□□□□□而儘忠效力千眾□□□□而殺身成仁，情誠貫日月，正氣塞兩間，百世之下，雖死猶生。將□子□，巡、遠③□同其□□。豈隨血食而已哉！是舉也，奔走服勞，雖翼子之孝思，而鳩工命匠矢心玉成。朝夕刻期就緒者，則分□□□□大□翁□□□隨其辦也。希不敏，□工於識，又不敢不承其托。謹□公行狀，備祿公勳之始末，用以記歲月之□□氏。

明嘉靖四十三年歲次甲子五月穀旦

郡人周庭揚、楊孟希謹撰　郡掾王□書

陝西□□處丞□布政使□□□□右參政王先，巡按陝西監察御史，欽差、巡撫□□□□地方都察□□都御史□□□□，欽差、欽陝西□□□□衛陝西□處相按察司□□，欽定協守甘肅□處地方左□總兵劉□葆，賜進士、營鎮鎮番衛掌印守備兼理□事王□□。

春秋二祭，一猪，一羊，祭品全設定。

[題解] 碑青石質。立於明嘉靖四十三年（1564）五月，1993年7月2日發現於縣城南大街。高140厘米，寬68厘米，厚16厘米。碑額"碑記"2字橫排，爲篆書。陽刻雲紋，正面刻"建修欽依碾伯操守明威將軍鎮番衛指揮事彭公忠勇祠記"。正面24行文字，每行46—48字不等。背面刻奉獻者職官、姓名。整個碑刻字跡已漫漶難辨。現存民勤縣博物館。簡述了彭公（汝爲）的英雄事迹并兼及子孫，以及建祠、立碑（寫碑記）及其社會道德價值。此碑與本書收錄的《彭公忠勇祠碑》出自同一作者，內容基本一致，可參照理解。

[作者]

周庭揚：其生平事迹不詳。

楊孟希：明鎮番衛（今民勤縣）人。嘉靖四十年（1561）貢生，曾任四川大竹縣主簿、秦府紀善。一生多著述，兼工書法。

[注釋]

①彭汝爲：字舜舉，祖籍安徽鳳陽，世襲鎮番守備。世職鎮番衛指揮僉使彭鉉玄孫，鎮守山西兼代州三關、征西將軍彭廉侄，以戰功升指揮僉事，任碾伯操守。嘉靖二十四年（1545），番夷劫餉，挺戈逐之，爲番衆所圍，脅之使屈。他聲色壯厲，孤身死戰，中傷二十七處，仍躍馬橫戈。番怒，被肢解。奉旨建祠致祭。

②碾：即碾伯。明洪武十一年（1378）置碾伯衛，清雍正三年（1725）置碾伯縣。1929年，青海正式建省，改碾伯縣爲樂都縣，即今青海海東市樂都區。

③巡、遠：即唐代名臣張巡和許遠。張巡，蒲州河東（今山西永濟市）人。開元進士，曾任縣令、御史中丞。安史之亂時，起兵守雍丘，抵抗叛軍。至德二載（757），安慶緒部將尹子琦率軍十三萬南侵江淮屏障睢陽，與許遠等數千人在內無糧草、外無援兵的情況下死守睢陽，有效阻遏了叛軍南犯之勢，保障了東南的安全。終因糧草耗盡、士卒死傷殆盡而被俘遇害。贈揚州大都督、鄧國公，繪像凌烟閣。許遠，字令威，杭州人。開元進士，歷仕侍御史、睢陽太守。與張巡以數千兵卒協力固守睢陽，終因外援不至，城破被執送至洛陽，被安慶緒殺害。贈荊州大都督，繪像凌烟閣。敕建雙忠廟於睢陽，歲時致祭。

彭公忠勇祠①碑

周庭揚 楊孟希

公諱汝爲，字舜舉，別號東材，河南湯陰縣主簿廣之子，前鎮守三關總兵官廉之侄也。少補郡庠，專意弓矢，隨補總旗。副戎王公徵征剿扒沙，虜衆，立斬強虜，升百户，英明漸著。凡遇敵，公所向無前。歷升指揮僉事。嘉靖甲寅②，巡按御史宋公疏薦，升碾伯操守、行都司指揮事。公外謹斥堠，內練卒武，禁交通之弊，嚴克敵之方。番衆間有剽黠者，公除率兵窮追外，仍按法鈐治，假貸不行。部落憚公威名，不敢侵犯。

丁巳歲六月，惡番嫉公設守過嚴，謀以計。誘從西番溝突出，公追逐直抵趙家寺，我師漸北③。公初無難色，番衆蟻集，脅之屈。公厲聲曰："吾受朝廷明命，豈縱爾操虜爲盜耶？今日之事，誓不俱生。"益奮力砍射。諸番忿怒攻刺，當傷二十七處，肢解而殞。

時，碾邑監生王永春，具呈分巡道副使李，以公志節堅貞，形骸異處，相應建祠祭報。分守參政王公，卜地於南門寶塔寺之西。癸亥歲三月經始，甲子歲六月落成。創建神祠一所，四圍以垣，面峙一坊，居中有殿，殿後有宮，塑列生像；東西內外有廡，繪歷戰於壁。祠成，公嗣子九疇囑希爲記。

希以古之建祠，所以崇德報功也。公獨見理真，守義正，上不負君父之托，而宣忠效力；下不愧子臣之分，而殺身成仁。至誠貫日月，正氣塞兩間，雖死猶生。將與子卿④、定遠⑤輩同其芳躅矣，豈止血食而已哉！

是舉也，奔走服勞，雖翼子之孝思，而命匠玉成。刻期就緒者，則分守鎮番大參劉公深預其力也。希不敏，不工於文。謹按公形狀，備錄公勛庸始末，以垂久遠云。

[題解] 碑已佚，碑文引自《五涼全志·鎮番縣志》。相關內容和形成時間參見前《彭公忠勇祠碑記》。

[注釋]

①彭公忠勇祠：據《五涼全志·鎮番縣志》載，在鎮番（今民勤）縣城南門外，今已不存。

②嘉靖甲寅等年號：甲寅，嘉靖三十三年，1554年；丁巳，嘉靖三十六年，

1557年；癸亥，嘉靖四十二年，1563年；甲子，嘉靖四十三年，1564年。

③北：即敗，敗逃；打了敗戰往回（相反方向）逃。

④子卿：蘇武，字子卿，西漢大臣。詳見《蘇武山銘》題解。

⑤定遠：指班超，字仲升，扶風平陵（今陝西咸陽）人。東漢軍事家、外交家。班超投筆從戎，出使西域，爲西域回歸、促進民族融合做出了巨大貢獻。因功被封定遠侯，史上多稱譽爲"班定遠"。

磚砌城垣記

劉道揆

今寓（宇）内設形勝必首秦。秦四鎮①皆扼塞外，而甘肅爲最。鎮番地最平，漫延無崇嶺深谷之險。上御極②二年，遴耆碩以義五郡。進東海掖公侯夫子③於闕下，手持中丞節授之。公拜命西轅，宣於衆曰："余屈首受書，誓以此身報國家。今待罪行間，奉揚明威，兹非時乎？"乃夙夜殫厥精力，以計長策。按部問夷險。

至吾邑，視其城僅二三仞，實以鹵④土。四顧川原，求待虜停（亭）障，百不得能十一。公爲之憮然曰："設險守國，古王公所不廢，此何以哉？"即上疏條便宜事："鎮番爲蔽凉、永，地當甌脫⑤，埔垣之綢繆，不可須臾懈。虜今且備屬國，我得以餘日善治。"報曰："可。"乃敕封人，慮計量功。命曰："石取於山，木取於林，力取於久逸之健兒，憂慮時或得代以去。"自請留丰，觀成事朝，爲晋秩大司馬，七年不移鎮。易吾城以陶，高三丈有奇。又爲防虜，城三百里起中沙，連綿永昌。

相與協相良謀者，先後藩伯爲平原趙公焞⑥、新蔡張公九一⑦、任邱李公汶⑧。張、李二公，居鎮各計二年，往來躬親，勞勩實倍。其櫛沐風雨，躬環版築者，副帥汪公廷佐⑨之專力也。同知鹽山趙公行可⑩、萊州張公柏、通判真定晏公欽、武定胡公松年，督役轉餉，績均先後。經始於萬曆三年，告竣於六年。

今年秋，虜三帥控弦十萬由海西歸，過我城垣下，叮叮咋舌，轉相告語："此胡以翼如歸如！"竟退三十舍而去。邑人都督何君淮⑪、李君震⑫，謂劉生道揆曰："公莅吾土，其明見秋毫，而惠溥春雨，七年猶如一日。今爲吾興城垣，不上先登之伐，汗馬之勤，坐令胡遠徙，使吾免於被髮左衽⑬者，吾與爾享賜於未艾也，何以涌茂德哉？"道揆曰："我聞樂道只君子，民之父母；小人樂利，沒世不忘。請礱石銘之，以告後人。"諸君曰："善。"因不辭蕪陋，敘其事而系之銘。

[題解] 碑約立於明萬曆六年（1578）工程竣工後。已佚，碑文引自《民勤縣志》（1994年）。《五涼全志》題名爲《侯東萊磚包鎮番城垣碑》。簡述了鎮番衛在"蔽涼永（涼州、永昌）地"中的戰略意義，甘肅巡撫侯東萊及地方軍政官員趙焞、張九一、李汶、汪廷佐等在修築城垣中的貢獻以及修建後在抵禦外寇（胡虜）中的巨大作用，以事實說明鎮番城垣所發揮的"鎮番"作用。

[作者] 劉道揆：字信甫，鎮番衛（今民勤縣）人。萬曆四年（1576）舉人。以詩文聞名，熱心地方文化，曾於崇禎年間與地方名士楊大烈等募資整修蘇武廟。

[注釋]

① 秦四鎮：明朝在北部邊塞設立九個軍事要鎮，簡稱九邊，其中在秦地（陝甘寧）設四鎮，即延綏（榆林）、寧夏、甘肅、固原鎮。

② 御極：謂皇帝登基、即位。

③ 東海掖公侯夫子：即時任甘肅巡撫侯東萊，山東膠東人。見涼州卷《敕賜清應禪寺碑記》注釋。

④ 舄鹵（xìlǔ）：含有鹽鹼的瘠土。

⑤ 甌脫：匈奴語，意爲邊境屯戍或守望之處。也指邊地，邊境。

⑥ 趙焞（tūn）（1526—1603）：字子明，山東平原人。嘉靖四十四年（1565）進士，萬曆二年（1574）任西寧道（駐涼州）。累官陝西按察使等。

⑦ 張九一（1534—1599）：字助甫，號周田，河南新蔡人。嘉靖三十二年（1553）進士。累官涼州副使、右僉都御史，巡撫寧夏，貴州巡撫。

⑧ 李汶（1535—1609）：字宗齊，號次溪，明直隸任丘人。嘉靖四十一年（1562）進士，曾任西寧道（駐涼州）、陝西布政使、都察院右都御史巡撫陝西、三邊總督、兵部尚書等職，在持節陝西軍務期間，多次擊敗來犯之敵。

⑨ 汪廷佐：明朝將領，曾任甘州指揮。隆慶元年（1567）任鎮番參將。萬曆三年（1575），用磚加固鎮番衛城有功。後升甘州副總兵。

⑩ 趙行可等：趙行可、張柏、晏欽、胡松年四人，曾任西寧道、鎮番衛軍政官員，具體不詳。

⑪ 何淮：鎮番衛人。嘉靖年間生員，曾任副千戶、守備、參將，修築西關，操練民丁，治衛如家。官至昌平總兵，政績突出，年九十餘卒。昌平建祠祭祀。

⑫ 李震：字印泉，鎮番衛人。曾任鎮番衛掌印守備、寧夏副總兵官。隆慶

年間，受三邊總督王崇古調遣，出長城二百里，在白城殲敵勁旅。因白城之捷晋甘肅鎮總兵，挂平羌將軍印。

⑬被髮左衽：被髮，散髮不作髻；左衽：瓣襟向左掩。指古代中原地區以外少數民族的裝束，也指淪爲夷狄。

創建水神廟①碑記

我朝先皇隆慶後，萬曆二年，四海升平，獨我邑灾异頻仍。若五穀則枯槁，而歲不豐登矣；若火灾則時發，而民不康樂矣；若邊釁則日開，而國不奠安矣。

時，有原任直隸河間府景州儒學學正邱耀②，來游觀，於火神廟中謁神像，乃喟然嘆曰："火，南方之陽也；水，北方之陰也。必水火既濟，然後陰陽和、福澤降、灾异寢矣。有火神而無水神，可乎？"耀於是詢謀於欽差、分守鎮番參將王孟夏③，與諸會首李世明、高譚、馬廷章、張文韜、方儒、張邦政等，再三揆度，欲建水神廟焉。衆僉曰："可"。

於是，遂擇地於城南外火神廟東，各捐金幣，命匠鳩工。首建大殿，次建閣，而龍王宮、真宮祠，隨次建焉。不數月，形色繪彩，輝輝煌煌，焕然爲之一新焉。時萬曆丁酉④歲，鄉紳馬應鶯又與會首廷章等言曰："凡神，必有所肇生。若徒作廟以事水神，而不推原水神之所肇生，是缺典也。"於是應鶯獨焦勞拮据，督令會中諸友復捐金幣，修建聖公、聖母殿一處，彩塑土木之功，視昔更稱勝矣。

於戲！是廟也，非耀無以創其始，非應鶯無以成其終，非諸會友之贊襄無以共成厥事也。至是而陰陽協和，五穀豐登，火灾澌滅，邊境不聳者，雖神庇佑之力，實耀等感格之所致也。

廟落成日，廷章同會有欲勒諸石，以彰盛美，乃命昌祚爲文以記。不敢辭，故備述巔末之由。同有勞迹勛伐者，并載之碑陰，以垂永久，俾後之來游來觀者，知有所自耳。

[題解] 碑約立於明萬曆二十五年（1597），已佚，碑文引自《民勤縣水利志》。碑文概述了明萬曆年間（1573—1620）創建水神廟的緣起及其規模、效用。

[作者] 昌祚：疑爲李昌祚。明鎮番衛（今民勤縣）人。明萬曆四十一年（1613）歲貢，歷任陝西邠州訓導、雒南教諭、莊浪衛教授。

[注釋]

①水神廟：據《五涼全志·鎮番縣志》載，在鎮番（今民勤）縣城南郭內，創建於明萬曆年間。今已不存。

②邱耀：明鎮番衛（今民勤縣）人。嘉靖三十三年（1554）歲貢。歷任山西蔚州（今河北省蔚縣）訓導、直隸景州（今河北景縣）學正、山西寧化府教授。通數術，善陰陽。

③王孟夏：山西寧武人。明朝著名將領，曾任鎮番參將、陝西總兵官、薊鎮長城總兵官等職。

④萬曆丁酉：即明神宗萬曆二十五年，1597年。

清 朝

重建關帝廟①碑

邑人 何孔述

衛治真武祠，西有關帝廟，英靈顯赫。凡有禱祈，靡不回應。自明崇正（禎）七年，孟公良允②，偕晉客韓一魁等重新。越大清順治戊子③歲，土回作亂。鄉士民誓祝帝前，推述同原任參戎馬公玘④者，倡義盟討賊。奪門奮戰，醜渠⑤遙見旌戟森列市巷城堞上，俱鼠竄廟中，一似神驅之者。須臾廟毀，丑類立盡。曾讀帝《辭曹歸漢書》云："千里追隨，當不計利害謀生死。"今豈惜栖檻，拯庶萬生靈哉？

爰是，偕邑中善士路直、闾⑥統緒等，重修廟貌。雖由眾勸，陰籍神扶。又廟宇重新，得之革，革之義，取於火⑦。已事焚，如匪緣薪盡。且帝一生，不可及處在秉燭一節⑧。非獨千百世前，潛以襪如鬼之奸；更於千百世後，直以撲幾張之熖。帝其善讀《春秋》，而精於《易》者歟！

時，述家嚴自翼令賦歸來，額手鐫石，聊志樂事勸功，不日告成之盛。為此事者，借神佑以蘇眾、萃眾，虔以報神，天人其胥慶乎！

[題解] 碑約立於清順治年間（1644—1661）。已佚，碑文引自《五涼全志》。簡述了孟良允等"邑中善士"重建關帝廟的背景，并贊揚了關羽的功勳操守。

[作者] 何孔述：字述古，號鴻軒，鎮番衛（今民勤縣）人。清順治辛卯（1651）舉人。順治五年（1648），與參將馬玘組織鄉紳民兵抗擊米喇印、丁國棟率領的抗清武裝獲勝，因功受陝西三邊總督孟喬芳嘉獎，升任鎮番營參將。

[注釋]

①關帝廟：據《五涼全志·鎮番縣志》載，在縣城南街，今已不存。
②孟良允：見後《重修學宮記》作者介紹。

③順治戊子：即順治四年（1647）。

④馬玘：北直隸（今京津冀一帶）人，順治初年任鎮番參將。

⑤醜渠：渠，通"鉅"，大。指武裝反抗者的首領。

⑥闇（yín）：姓氏。

⑦革之義取於火：《易·革》：象曰："澤中有火，革。"孔穎達疏："火在澤中，二性相違，必相改變，故為革象也。"

⑧秉燭一節：相傳關羽寄身曹操麾下時，曹操只給他破屋一間，欲"亂其君臣上下之禮"。結果關羽奉二嫂入住，自己卻在院中秉燭夜讀《春秋》，令曹操感慨萬千。這表明關羽具有堅貞不渝的節操和毫不動搖的信念，這是他被後世譽為"聖人"的重要原因之一。

重修學宮①記
邑人 孟良允

吾邑學宮，創自成化己未②，歷二百年。天啓③中，孝廉何公、孟公迭為修葺，乞今四十餘祀。因地基卑濕，年久傾圮。庠生王君慎修④，目擊心傷，恐鐘簴⑤將墜，自思年逾七旬，老於庠而不為修建圖，遑問諸後人。乃謀於同儕，銳意重修。其時守土王公、印君張公，即闔邑紳衿，各助俸捐資。興工於孟秋之初。君不辭衰髦，日夜焦勞，三閱月竣役。凡殿基、齋廡、户扇、墙垣，黝堊⑥楹宇，煥然改觀矣。爰勒片石，裨後之有志整飭宮墻者，庶有感於斯言云。

[題解] 碑立於清康熙三年（1664）學宮竣工後，已佚，碑文引自《五涼全志》。簡述了重修學宮的緣起和重修後的"煥然改觀"，突出了縉紳何孔述、孟良允、王慎修等在重修中的作用、貢獻。

[作者] 孟良允：又名良胤，字元芳，號淑明，鎮番衛（今民勤縣）人。明天啓年間舉人。歷任知縣、知州，咸有循聲，擢户、兵部主事。順治二年（1645），為河南按察使；四年為浙江右布政使。為官清廉，學問精深。代表作有《最樂篇》《念貧吟》等，曾編纂《鎮番衛志》（今佚）。

[注釋]

①學宮：據《五涼全志》載，在縣治東，今已不存。

②成化己未：疑為成化乙未（十一年，1475）之誤。因前一"己未"為正

統四年（1439），後一"己未"爲弘治十二年（1499），成化間不存在己未年。

③天啓：明熹宗年號，共七年（1621—1627）。

④王慎修：鎮番人。庠生。康熙三年（1664），"年逾七旬"的王慎修老人，聯絡鄉紳倡修學宮，三月竣工。

⑤鐘簴（jù）：古代懸挂鐘磬的架子兩旁的柱子。

⑥黝垩（yǒuè）：塗以黑色和白色。黝，黑色；垩，白色。

重修玄真閣碑

[題解] 立於清康熙八年（1669）中秋，位於青松堡（今薛百鎮宋和村），篆額"重修青松堡玄真閣"，碑殘，字迹風蝕難辨。殘高126厘米，寬60厘米，厚13厘米。碑額陰刻雲、龍鳳紋。引自《民勤縣志》（1986—2005）。

重修城隍廟碑記
邑人 李映棠

昔先王之神道設教也，大要正人心，綱維世道，佐彰瘅①刑賞之不逮。而聖賢勸懲之大義微言，亦因之神。其鼓舞，通變以宜民。明則有禮樂，幽則有鬼神。

此城隍廟之創建，奠皇圖，佑民生，所由來遠矣。修殘補缺，代有成勞。迄今數十年，廟貌傾圮久矣，其怨恫②滋懼也。功德化主張思文、李永清、曹允廉、金善信、王經世、方四維等，目擊其狀，爰集衆僉謀修葺，而倡先捐輸，不遺餘力。竊喟然嘆興，曰：千金之裘，匪一狐之腋也；臺榭之榱，匪一木之支也。向十萬檀越，持鉢延門，以共證善果。雖術鮮金磚布地，擲米成珠，乃十室八九，隨願捐貲。萃千百人之歡心，襄神功之赫奕。由是，早作夜思，鳩厥工，庀厥材，量度而經營之。首法相，則金妝玉飾；次殿廡檐廊，則畫棟飛雲，彩椽映日；次牖戶，次垣墉，塗墍茨矣，則勤丹腹垩黝；次隸卒僕馬，則儼若傳呼奔騰；次云廚，則創別廈，潔齋供。種種維新，焕然改觀。興工於甲子歲③之初夏，逾年而始竣。

嗟嗟！憶憶！會善信之，不惜金錢也如此，勤董率也如此，拮据不遑寧處也如此，猗歟休哉！雖然，尤有進扶翼淳風，惟恃剛之大氣，光明直正之人心，常伸萬類之上，而防維今古，若猶未也。陽慕施捨之名，且畫所爲，不可以告天。生平之行，實機巧百出，不堪對人言。縱詡詡然，施維千百，舍維萬億，揆諸福善之天心，果允當焉否？吉人爲善，維日不足。願持茲同善之情，遍告同人。外修其善矣，復勵其善於內；目前修善矣，更篤其善於將來。俾後先修建者，共有感於斯云。是爲記。

[題解] 碑立於清康熙二十四年（1684），今佚，碑文引自道光《重修鎮番縣志》。簡述了重修城隍廟的緣起、意義和重修的發動、捐資、經過、規模等，并通過重修城隍廟，希望人們"願持茲同善之情，遍告同人。外修其善矣，復勵其善於內；目前修善矣，更篤其善於將來。"城隍廟，在鎮番縣城南街，重修時"興工於甲子歲之初夏"，次年（1684）告竣并立碑。今廟、碑已不存。

[作者] 李映棠：康熙九年（1670）歲貢。餘不詳。

[注釋]

①彰癉（dān）：彰，表明，顯揚；癉，憎恨。意爲彰善癉惡（即表揚好的，憎恨壞的）、愛憎之義。

②怨恫：同怨痛，怨恨，哀痛。

③甲子歲：按此碑產生時間推算應是康熙二十三年（1683）。

總龍王廟①碑記

鎮番額糧六千餘石，舊賴大河澆灌。大河之水，合石羊、洪水二支而東北注焉。洪水一支，發源於武威縣屬高溝堡，詳載府縣公署碑記。石羊河即達達河是也，自蔡旗堡逆溯而上，西收三岔堡南北沙河之滲漏，東收白塔河之餘流，更溯而上，則校尉、深溝等堡諸水，觀音堂、三盤磨、雷臺觀、海藏寺亂泉，交匯而下十餘里，遂成河。而窮源溯本，則以郡城西北清水河灘，爲吾鎮大河之星宿。

初設鎮番時，鎮人於此建龍王廟，置地八畝，糧三斗，上納鎮倉，界屬武威，糧歸鎮邑。故先後相傳，名之曰鎮番龍王廟。順治初，營衛總戎王公萬成②，印主劉公篤生③，捐資重修，而鎮邑紳衿壩民，歷有匾額。道士胡宗諭焚修主持，三世於茲。但地遠年沿，碑記剝落，基址地畝，半爲鄰民蠶食。茲日，因洪水河水利，蒙本縣詳府，府憲審詳鎮、道各憲，勒石公署，挪贏餘資，重鐫碑記，使後之人有所觀感云。

其廟正殿三間，東廊房五間，西廊房五間，山門、二門各一。合牆垣四圍，環廟可耕田四畝有奇。東西闊四十五步，南北長八十二步。廟內原塑龍王像一尊，胡道士募塑土地、禹王像二尊。鐘鼓俱全。并附志之，以垂不朽。

[題解] 據《五涼全志》，涼州衛於清雍正二年（1724）改府，隸武威、鎮番等五縣。據碑文"武威縣"考查，此碑應立於1724年之後。碑佚，碑文引自《民勤縣水利志》。碑文先述鎮番縣的水利情況，再述龍王廟的形成與重修以及廟的規模和四至範圍，以示後人不忘"大河澆灌"之功，突出了鎮番參將王萬成、鎮番衛掌印守備劉篤生"捐資重修"總龍王的善舉。

[注釋]
①總龍王廟：在涼州城北二里許（今涼州區金羊鎮境內）。因民勤縣水源發於此，"以郡城西北清水河灘爲吾鎮大河之星宿"，故民勤人士於此建廟。環廟可耕地四畝多，東西闊45步，南北長82步（《五涼全志·鎮番縣志·建置志》）。
②王萬成：陝西定邊人。行伍出身。順治五年（1648），隨督憲孟喬芳平叛，授鎮番參將。勇敢禦敵，多處受創。官至浙江寧波副將。
③劉篤生：江南宣城（今安徽宣城市）人。武進士出身。順治六年（1649），任鎮番衛掌印守備。任職期間，豁免荒糧，勸民墾荒，百姓感之。

移建藥王宮①碑

邑人 盧生華

藥王宮，始於天啓間，邑方伯孟公良允未仕時所建，址在東郭外。國朝順治二年置，參戎王公學寧與邑紳何公斯美②，移建於城內東北隅三官殿之後。但地勢上沙下城，又逼城垣，風沙之沿堞而下者，若水之流；環廟而擁者，若水之瀦。

先君子③少業儒，游藝於醫，每與醫士歲時駿奔其宇。然斫楹桷於鹼土，塗舟艣④於沙丘，勞而無補，不待智者知也。爾時即有改建之議而未果。癸卯⑤冬，逆夷告警，棟宇檐廊，半爲守埤者薪火之供。東魯醫士劉公興業、庠生孫公枝苙收輯梁木，移請聖像於真觀殿寓居，凡三載，衆以軍需力綿爲怯。孫、劉二公乃大聲疾呼曰："鶺鴒尚有一枝之托庇，民壽世如聖，而坐視其風雨淫淫乎？"由是，神應所感，人人回應。農官許君廷陳，首倡義舉，而梁君棟、馬君正元，舉欣欣然將伯之助⑥。卜建於關帝之南，三閱年而次第就理。雖規模尚隘，而營構頗精，較昔之塵沙滿面，露處霜棲者，遠勝矣。

工峻，丐⑦余紀之。余唯唯敬諾曰："神爲生靈司命，居妥則功鬯⑧。默釀太和之運，潛消沴厲之氣者，其在是舉乎！惟是以廟言，則先君子之宿債也。藉手諸公，以遂余小子肯堂⑨之志，余不勝愧。"爰述其濟世之懷，後先一轍，勒之金石，以見善念之大同云。

[題解] 碑立於清雍正年間。已佚，碑文引自《五涼全志》。簡述了藥王宫的變遷和移建的相關情况及完成"先君子之宿債"（"肯堂之志"）的由衷之喜。

[作者] 盧生華：字文錦，明驃騎將軍盧鑛後裔，名醫盧全昌之子。出身於鎮番名士世家。性聰慧好學，博通經史，尤工詩文。於清康熙五十九年（1720）登鄉榜；弟生蓮、生薰中進士；生茨中舉人。兄弟四人文聲顯著，傾動河西；合著《蘭言齋詩抄》。其一生未仕，善啓後學，桃李天下，多所造就。享年70卒於家。著有《鎮番縣志》10卷。

[注釋]

①藥王宫：據《五涼全志》載，在縣城東局街口。

②何斯美：字雲韶，鎮番衛（今民勤縣）人。萬曆十三年（1585）舉人，三任縣令，咸有政績，山西翼城建祠祀之。官至河南開封府同知。

③先君子：對已故父親的稱呼。

④舟艧（huò）：小舟，水上的小船。

⑤癸卯：清雍正元年，即1723年。

⑥將伯之助：將，請求；伯，長者。請求長者幫助。指別人對自己的幫助。

⑦丐：拙劣。表示謙詞。

⑧鬯（chàng）：古代祭祀時使用的一種香酒，其氣味芬芳濃郁。

⑨肯堂：修繕房子。用來比喻子承父業。

屯壩水利碑

特授甘肅涼州府柳林湖①水利屯田分府、加一級紀錄二次劉，鎮番縣正堂、加一級紀錄二次江，爲"再墾天恩，查案立碑；均平水利，內外相安"事：乾隆十三年六月二十八日，蒙特授甘肅整飭分守涼莊道、按察使副使、加三級紀錄張憲牌，據柳林廳詳據三渠屯民曹君廷、何德先等稟，前事蒙批："仰侯行府，移飭遵照繳□。准特授甘肅整飭分守涼莊道、副使、加三級紀錄三次張憲牌，前事爲此行府，該吏查照來文事理，即移柳林廳并行鎮番縣，公同羅查各案，確據户屯壩用水清醒，妥議善後，由府詳報，以憑章核毋違等因，蒙批。又據貴廳牒請前事等情，准此合行移查，爲此合關，貴廳查照來移事理，即將移請水利章程，公同鎮番縣秉公細查原案確情，務令户屯壩民，均無違礙，而收水泄水起止日期，俱各酌量，屯壩需水緩急情形，妥文移覆，毋致延遲。望□迅速□等因，當即會同鎮番縣妥議詳覆在案。"

乾隆十三年十一月二十一日，特准授甘肅整飭分守涼莊道兼攝涼州府事務張關。乾隆十三年十一月十七日，蒙特授甘肅爭持分守涼莊道、按察使副使、加三級紀錄三次張批："據本府詳准，據屯務廳、鎮番縣詳前事等情，移詳到府。據此，查屯户與壩民互爭水利□□□□，該廳□會議如屯民所稱，立冬日水歸柳湖，至穀雨日止水歸川内，則部堂②蔣③題定章程，業已遺失，因不足以服壩民之心。但壩民所稱立冬後十日水歸柳湖，至清明前十日水歸川内，只系前府乜④斷案，而蔣部堂牌□則系立冬後五日，且無閉水日期，亦難塞屯户之口。查壩民冬水澆足，則春耕自不虞其乾旱，屯户春水澆過，田禾庶可耐久。職等俯詢民情，於屯壩互爭從中酌量調劑，於每年冬水改自小雪次日歸柳湖，每年春水改至清明次日歸川内，則緩急相濟，水利均平，而屯壩民人，俱各悦服，情願永遠遵守。各且依結會詳前來，可否允行？相應轉請憲台⑤，俯賜鑒核批示，以便移行該廳、縣刊石勒碑，以垂永久。"蒙批："仰即移行廳、縣勒石，使永爲遵守。仍仰刷碑，奉呈賷備查繳甘結存等因，批行到府，移行廳、縣，擬令勒石立碑，仰屯壩民人永遠遵守可也。"再查，屯壩民人春冬澆灌起至日期，已詳奉屈⑥，尤勒石垂久外，有六壩移丘地畝，居四壩之末。據各壩水老⑦、保正⑧王有業、許子有、吴大明等公議，春水四壩以清明次日起，六壩亦以清明次日起；冬水四壩以立冬第五日止，六壩自第六日起，至小雪日止。相應附勒碑内，并垂不朽云爾。

乾隆十四年四月十九日屯壩士民 公立

[題解] 碑立於清乾隆十四年（1749）四月。已佚，碑文引自《民勤縣水利志》。碑文比較明確地記載了甘肅涼州府柳林湖水利屯田分府所屬屯壩鄉民，爲"再墾天恩，查案立碑；均平水利，内外相安"而立碑的情況，尤對分水時間、

用水調劑、勒碑共守叙述周詳。

[注釋]

①柳林湖：據《五凉全志》載，在今民勤縣城東北60公里處。雍正十二年（1734），部堂蔣洞題准屯墾，浚五渠，書地2498頃50畝，有屯田户2498户。官方在柳林湖設屯務廳（柳林廳），專門管理屯田事宜。

②部堂：明清時六部正堂官尚書、副堂官侍郎雅稱爲部堂。因總督例兼兵部尚書銜，因此也稱總督爲部堂。

③蔣：即蔣洞（也作蔣泂），江蘇常熟人。進士，康熙五十九年（1720）任凉莊道，屯田柳林湖。恬雅忠厚，崇尚斯文。雍正元年（1723），番夷猖獗，其團練鄉勇，率衆剿除有功，遷山西布政使，官至户部侍郎。爲饞人誣陷，卒於蘭州（參見本書凉州卷《海藏寺藏經閣記》注）。

④前府乜：即凉州知府乜承聖。見《凉州卷·灣泉湖水租增入書院碑》注。

⑤憲台：舊時對上官的尊稱。一般用爲地方官吏對知府以上長官的尊稱。漢時稱御史所居官署爲憲台，也用爲御史官職的通稱。

⑥奉屈：屈尊。奉，敬辭。猶言屈駕，請受委屈。

⑦水老：民間根據渠系推薦的管理并負責興修水利事務的鄉紳，也稱"水佬""水利佬人""水利通判""龍官"等，無衙署，分駐於各渠。

⑧保正：古代農村爲十户一保，設保長；每五十户設一大保，設大保長；每十大保（即五百户）設都保，都保首領稱保正。約相當於今鄉長職位。

首四壩水利碑

鎮番縣正堂江①，爲籲天俯准曲體民艱事，乾隆十四年二月二十六日，奉特授甘肅凉州府正堂、加三級紀録三次文②信牌，乾隆十四年二月二十日，蒙特授甘肅整飭分守凉莊道、按察使副使、加三級紀録三次張③憲④牌，"前事爲此仰縣官吏查照來文事理，即將四壩下截議搭橙槽行水之處，試勘已有一截，曾否穩妥？如果并無阻礙情弊，作速詳報本府，以憑轉請，毋得延遲。速速"等因，到縣奉此速□查。據四壩下截紅沙堡士民胡永熙、王述堯、王進昌等，以"橙槽⑤試行多累，懇恩轉請酌更，以便民生，以全國賦"等情，具呈前來；而四壩狼湖二溝士民王修己、李舒、馬文福、何挺等，亦以"合同新河分牌行水，照糧按立坪口，以安衆姓"等情，具呈到縣。卑職因關水利，恐有干礙各壩之處，擬仰示各壩水老、保正等，秉公確查，有無違礙，據實速覆。

嗣據四渠壩保正許自有、江元功、甄其佐等水老，吳大民、馬華錦、李元等覆呈："有狼湖二溝，歸隨新河一牌行水一案，蒙批，仰小的等會同上中、二截、更名、五六等壩水老楊其風、張顯學、楊丕禄、王元甫等入廟公議。議得下截修搭橙槽，實系沙河無底，難以相立，今同衆確議，情願將狼湖二溝二百有零錢糧水利，亦從新河一牌使水，事屬兩全，并無違礙。小的各壩暨千一糧之水利，而國稅民生得全，即下截寓民，亦得以息累矣。不得不實情禀明，裁酌施行"等情，據此，卑職覆親請詣該地踏看。緣四壩下截、紅沙堡處各壩之末，其老河從西南角發源，折於東而直達於北，分東西兩岔澆灌下截、紅沙堡地畝。據狼湖二溝地畝，在老河西南，實局紅沙堡之上，從河身西面安設坪口分灌。今紅沙堡老河，沙淤成嶺，無力疏浚，□於新河行水。而新河口岸在老河南面稍偏於西，及在狼湖二溝之上，必由狼湖二溝之渠冲渡而過，恐礙二溝渠道，故前署令有建搭橙槽之議。卑職細□沙河，散漫無涯，若水勢微弱之時，尚可從橙槽接引澆灌，一遇山水驟漲，山水氾濫，難免衝失之虞。覆查憲臺勘覆道憲案内，原有"雖今歲橙槽試行穩，然未值山水驟漲，俟來歲再試一年，如果功效顯著，行之可經以久，然後詳細立案，勒石垂遠"等因，仰見憲慮精詳，盞已洞燭其隐弊，不待事後而□□。既據禀，去秋山水猛發，橙槽衝失，不特下截土瘠民貧，較他處爲尤甚，現在無力修建，累修累衝，亦非經久之道。然當日下截士民願搭橙槽者，由其不能回分牌之議，故爲指勒之舉。

兹狼湖二溝士民，亦年下截窮苦，實難修搭橙槽，將二百餘糧水結歸新河一牌，按立坪口二個，由西面澆灌，比於老河原口行水更覺捷便。下截仍由東面坪口澆灌，不必渡越狼湖二溝，其使水日時及修築皇壩外河，□照糧額均勻，是可永息爭端。除取結存案外，卑職繪圖貼説，禀請憲示。蒙批："四壩下截同狼湖二溝，改於新□分牌行水事，屬可行使，轉請道憲酌定□理"等因，奉此，卑職覆請詣新河地方，分同四壩下截、狼湖、高溝士民胡永熙、王修己等踏看折中地方，按立坪口。四壩下截實在額糧五百三十一石零，□□糧按立坪口三尺二寸，共立坪寬一丈七尺；狼槽溝實在額糧一百二十一石零，每百石糧按立坪口三尺二寸，共立坪口寬三尺八寸七分；湖溝實在額糧一百零八石，每百石糧按立坪口三尺二寸，共應立坪口三尺五寸外，有籍田水時，坪口一尺二寸，共立坪口寬四尺七寸，仍照紅牌原定四壩下截□□水時兩晝夜零時一個四分，該分配搭頭壩水時兩個六分，又沙糧水時三個六分，三項共分水時兩晝夜零時七個六分。狼槽溝該正水時五個八刻，□□分配搭頭壩水時六刻，又沙糧水時八刻，三項共該水時七個二刻四分。湖溝正水時五個二刻，該分配搭頭壩水時五刻，又分沙糧水時七刻，又該籍田水時兩個，共該水時八個四刻。通計四壩下截、狼槽二溝該水時三晝夜零時十一個二刻四分，潤河水在外。其狼湖二溝舊河口岸，概行閉塞，自修築□皇壩外河，悉照原議，按糧均派，如此不特四壩下截永免橙槽之累，而狼湖二溝亦覺得水之捷，誠屬有利無弊。

原奉飭查，擬合繪圖一樣四紙，具文詳賫憲台，俯賜查核，轉請批飭定案，勒碑垂久，具詳在案。嗣以乾隆十四年六月初三日，奉特授甘肅涼州府正堂、加三級紀錄三次文信牌，"乾隆十四年五月二十五日蒙涼莊道張批，據本府詳據該縣詳議：狼湖二溝，按糧分水，按立坪口一案，詳由蒙批。此案該府與該縣所辦極慎重周詳，昨本道躬詣查勘，各壩士民亦歡忻稱便，除稟明督、撫兩憲，并達藩司外，仰即轉飭，照議刊石，以垂永遠。□□存案繳圖存等因，批行到府，飭行到縣，擬令遵照勒碑。仰四壩下截，狼湖二溝士民，永遠遵守可也。"再查狼湖二溝，隨入四壩下截，新河按立坪口，一牌行水，已詳，奉批允刊勒碑石，永遠遵守。其原有潤河水三晝夜零時四個，向無定例，原詳內亦未經分定，絡玆訟葛。今據各壩水老、保正李常美、馬華錦、許自有、□其仁、陳俊等公議，四壩下截狼湖二溝，糧額雖共止七百六十餘石，但自重興堡、黑山堡一帶接水，路程遙遠，上中、二截、更名、五六壩等分潤河水時一晝夜零時二個外，各渠壩攤加四壩、下截、狼湖二溝水時七個，眾議會同而千一糧等眾亦名輸服，各具無礙甘結存卷外，相應附勒碑內，并垂不朽云。

乾隆十四年八月□日

此碑創於乾隆十四年，鎮番縣正堂江，定案立碑，以垂久遠，迄今一百四十餘年。因當年碑是木碑，年多日久，漸有憋壞之處。今光緒二十一年，狼湖二溝會眾商議，欲改爲石碑，永垂不朽。稟鎮番縣正堂黃，蒙批："事有利無弊，准改爲石碑。歷久不變，永遠遵守可也。"

光緒二十一年三月□日

[題解] 碑原爲木碑，初創於乾隆十四年（1749），出自鎮番縣知縣江鯤。碑已佚，碑文引自《民勤縣水利志》。至光緒二十一年（1895），因年久多有損壞之處，經鄉紳公議并報知縣批准，改立爲石碑。碑文內容詳述了首四壩水系分水、配水以及納糧等情況，是一套切合當地實際的水規民約，對公平用水、減少水事糾紛發揮了重要作用。

[注釋]

①正堂江：指時任鎮番縣知縣江鯤，字起鵬，直隸天津（今天津市）人。雍正四年（1726）舉人。在職期間，於民勤水利建設多有貢獻，并組織編寫《五凉全志·鎮番縣志》。

②凉州府正堂：指時任凉州府知府文綬（？—1784），滿洲鑲白旗人。監生，歷內閣中書、侍讀等，乾隆十二年（1747）任凉州知府。累擢山西布政使、河南巡撫、陝甘總督等職。

③凉莊道：指時任凉莊道張之浚，字治齋，順天府大興（今屬北京市）人。雍正八年（1730）進士，乾隆十年（1745）任凉莊道，官至山西按察使。

④憲：舊時屬官對上司的美稱。

⑤橙槽：古代的一種水利工程設施，其作用是行水、蓄水、調節等。

⑥蚤：通"早"。

重修蘇公祠①記

蘇公使單于②，秉節十九年不屈，蓋列夫③也。明初建祠，崇祀以金公④配享，褒忠旌節，風勵臣工也。我三世祖昭⑤襲指揮職，其邊諸達節，詳載邑志，□池□□，上曰配享□忠烈報也，將榮宗顯赫哉！

蘇公祠，其壹舍容□蘇公座，金公與我祖昭僅本主。自明成化□三百餘年□，事隨舉而祠宇仍□□與宰□衛，并王公瀚⑥心切，締造以我馬氏系昭公後□□。修建義落成，勒□并載裔名於碑□勸代也。□□□□未枋頹宇傾廊，□拆毀無存，又□□□。我宗裔天扶先率族中，展墊西側地，王氏□乃□□□□□，配享。雍正癸丑⑦□，主於□故□□。東側地王氏□□□焉，丙戌□□□□金□□□□□□協爲同修。正乃祖位，丁亥書□□宇舟□□亞書□□□五十□□王氏□□人□□。我馬氏助加六十千，我馬氏又建西院廊□八。王氏又建東側□房□□□□千，八月造并祠，又視昔增廊焉。

夫春秋之祭，百代常新。而宇或有時而故，倘

歷經風雨，不□□以修葺，月圮日壞，漸成丘墟，丁祭未必不因之而廢。然則，修葺之所□□矣！可□□□□，以示後之攢修者。□□書。

乾隆三十四年己丑秋八月上浣穀旦 立

癸酉拔貢十一世裔瑞邦沐手謹撰　邑庠生高爾泉書丹

裔名載列碑陰，經理刊石後。

文翌、宜拜、錫祥、錫邦、緒□、顯龍、文蕩、文藻、永盛、國□、功德、華陽、朝文、錫正、錫□、康邦、朝揣、職、錫薦、助□。

[題解] 碑立於清乾隆三十四年（1769）八月。高140厘米，寬68厘米，厚15厘米。青石質，碑頭已斷，額部殘損，無法讀出名稱。共16行，每行36字。現存民勤縣博物館。碑文爲鎮番忠義之士馬昭之孫馬瑞邦撰寫，簡述了重修蘇武祠的意義和祠堂的規模格局，并借此表達對先祖及先輩英雄義士的崇敬之情。

[作者]

馬瑞邦：鎮番（今民勤縣）人。馬昭之孫，乾隆十八年（1753）拔貢。

高爾泉：鎮番（今民勤縣）人。庠生。

[注釋]

①蘇公祠：據《五凉全志》載，在縣城内西北，供奉西漢武帝時的名臣蘇武。今已不存。蘇公，即蘇武。見本書民勤卷《蘇武山銘》題解。

②單于：是匈奴人對自己部落聯盟首領（君主）的專稱。意爲廣大之貌。之後，有鮮卑等民族部落也使用這個稱號。

③列夫：列，同"烈"，剛正行義之士。

④金公：即金日磾（mìdī）（前134—前86年），字翁叔，是駐牧武威的匈奴休屠王太子，漢武帝因獲休屠王祭天金人故賜其姓爲金。后元二年（前87年），武帝病重，托霍光與金日磾輔佐太子，并遺詔封秺侯。昭帝即位後，輔佐少主，鞠躬盡瘁，死後被封爲敬侯，陪葬茂陵。

⑤昭：即馬昭，馬得之孫，馬麟之子。襲鎮番守備，後升都司，勇而善戰。在與入犯蒙古戰鬥中陣亡，敕封鎮國將軍。兄弟十人皆杰士。馬昭白眉，大教場曾繪其像，以嚇虜。民勤縣東下五壩有廟，人謂之"昭爺廟"（見《五凉全志》）。

⑥王瀚：清山東鄆城人。武進士，曾任鎮番衛守備等職。

⑦癸丑等年號：癸丑，雍正十一年（1733）；丙戌，乾隆三十一年（1766）；丁亥，乾隆三十二年（1767）。

重修雷臺記

邑人 謝鰲

　　縣治西郭外雷祖臺，創自嘉靖八年。矩度規模，歷久殘缺。乾隆壬午①，合邑紳衿士庶，咸議重修。維時，邑侯黎公②是其議。遂發公項銀兩，并捐己貲，而重修之舉肇此。第興工伊始，止建雷祖大殿，風師、伯兩廡，其餘未遑計及。丁亥春、乃建三皇殿、龍王宮、土地祠、山門、神道。越年己丑，各楹上下，俱一甃磚砌瓦③，其工亦漸繁矣。工繁斯費大。塑畫諸節，彼時不能猝辦，觀者每苦繼美之難。

　　歲壬辰，邑侯那公④來蒞茲土，目擊斯工之沉擱，捐俸倡先，重加修葺。委老練諸紳督工。不數月間，凡金身法像，埏埴⑤森森。今歲接踵妝顏，更擴寶塔、戲樓、碑亭、書齋等所，則重修之舉，皆煥然可觀矣。

　　其後先首事諸君，俱有勤勞；其遠近隨緣信士，一粟一絲，無非善果；而集厥成者，實邑侯那公之力也。經營多年，告成此日。行見請靈耀彩，四壁騰輝，五風十雨之徵，一穗兩歧之端，胥於是舉以後卜之。因泐貞瑉，以垂不朽。

[題解] 碑立於清乾隆三十八年（1773），今佚，碑文引自道光《重修鎮番縣志》。簡述了重修雷臺的緣起、捐資、經過、規模等，特別突出了兩任知縣黎珠、那禮善的作用和貢獻，并通過重修雷臺，表達了"一粟一絲，無非善果"的理念。雷祖廟，在鎮番縣城西郭外。嘉靖八年（1529），由守備甘正創建，到重修時，已過二百多年，廟貌已經"歷久殘缺"。從乾隆二十七年（1762）"合邑紳衿士庶，咸議重修"，至乾隆三十八年工程告竣并立碑，歷時12年，重修後的雷臺"煥然可觀""四壁騰輝"。今臺、碑俱不存。

[作者] 謝鰲（1717—1800）：字文三，清凉州府鎮番（今民勤）縣人。多次應試不中，在家鄉設館授徒為生。晚年授隆德縣儒學訓導，因年老未就。晉封奉政大夫。其長子謝葆澍、長孫謝集成有文名。

[注釋]

①乾隆壬午等：壬午，乾隆二十七年（1762）；丁亥，乾隆三十二年（1767）；己丑，乾隆三十四年（1769）；壬辰，乾隆三十七年（1772）。

②邑侯黎公：即時任鎮番知縣黎珠，鑲白旗，舉人出身。官至靈州知州。

③甃磚砌瓦：垒磚砌瓦。謂用磚瓦砌墙。甃（zhòu），砌。

④邑侯那公：即那禮善，鑲白旗人，歷筆帖式，山東萊蕪，甘肅鎮番、靖遠知縣，官至固原知州。因涉王亶望貪污案被殺。

⑤埏埴（shānzhí）：和泥製作陶器。陶器。語出《道德經》。

紅沙梁水利碑

特授鎮番縣正堂加三級紀錄楊①，爲懇請刊立石碑，以垂久遠事。乾隆四十年十二月初六日，奉署甘肅涼州府正堂、加五級紀錄六次又軍功紀錄三次崧②批。據頭壩紅沙梁士民王之翰等，控紅柳墩雷寬等□□□詳報。嗣於乾隆四十一年八月十九日，奉特授甘肅涼州府正堂、加四級紀錄六次吴③批：前事蒙批，即如詳立案，仍立石禁約，印取碑墓，同遵結一□□□□□因批行到縣。奉此，竊查鎮邑紅沙梁先年原在頭壩納糧種地額澆夏水，長行三口，嗣因頭壩地被風沙，額賦□□□□十五年，四渠壩士民水老任秀士、馬朝文、郭良□□□□□緊秋水非所急需，因將頭壩長行三口夏水給各壩分澆，情願換給牌隙，秋水三十晝夜自白露時起，至寒露時止，各壩頭人，且有甘結在案。後大二壩人民復争秋水，以致兩造互控不休。至三十九年，紅沙梁士庶王晋等復控，□□□□□□□□□郡憲④蒙批飭審⑤。經前縣王細查卷案備悉，歷任各官，俱照初案判斷，屢判屢控，争論不已。因酌量斷給紅沙梁秋水二十五晝夜，至白露第六日起，至寒露時止，其餘五晝夜，今大二壩與各壩均匀澆灌，永爲定案，以息争端。兩造均各□□□□壩頭人遵依附卷，備録供情具詳。郡憲并請在該處竪碑垂遠，蒙批允准。此誠因時制宜，調劑允協之至意也。詎意有頭壩紅柳溝民人雷寬等，移丘在前，本有伊春水四晝夜，清明次日同小新等溝澆灌，乃欲蒙混於紅沙梁秋水内争澆，以致士民王之翰等復控，郡憲奉批飭審。本縣細查原牘，審悉前情，飭雷寬等仍灌春水，毋亂舊規，除取遵依附卷外，并詳明立案勒碑，以垂永久。各守原案，以享樂利云。

乾隆四十二年六月十五日 立

[題解] 此碑爲乾隆四十二年（1777），知縣楊有澳所立。碑高135厘米，寬63厘米，厚16厘米。青石質，碑文竪排，碑額"永遠遵守"篆書横排；正文部

分字迹磨損嚴重，辨識不清。碑文引自《民勤縣水利志》，現存民勤縣博物館。碑文簡述了紅沙梁所屬鄉民在澆灌用水方面的幾次訴訟調處情况及立碑禁約、"毋亂舊規"之緣由和規矩，也是處理古代水事糾紛方面的依據。

[注釋]

①即時任知縣楊有澳，江西青江縣人。舉人出身，乾隆四十二年（1777）任鎮番知縣。因涉乾隆四十六年的甘肅官場腐敗大案被殺。

②滿洲鑲藍旗人，瓜爾佳氏，時任涼州知府。

③指時任涼州知府吳鼎新，江蘇如皋人。拔貢，歷任蘭州皋蘭知縣、涼州知府。後因涉腐被殺。

④郡憲：憲，舊時屬吏對上司的尊稱。郡憲，指郡府長官。

⑤飭審：嚴加審訊。

建置書院碑記

邑令　王賜均

自古教孝作忠，必以學虞、夏、商、周四代之學。無論已，漢唐英主，莫不以視學釋奠①爲先務。而書院之設，肇自唐元和②間衡州士李寬創"石鼓書院③"。時，又有少室山人李渤④，讀書於江西之李家山。南唐時，即以其地爲"白鹿書院⑤"。後，朱文公⑥作齋規及《白鹿洞賦》以示學者，外此而濂溪⑦、横渠⑧、伊川⑨諸先賢。迨元明，儒者莫不因其讀書講學之地爲書院。其見於邑乘⑩地志者，亦不能指屈⑪焉。

國朝重熙累洽⑫，文教蒸蒸日上，絃頌之聲遍海隅矣。余以譾陋⑬，於辛丑季冬，選授鎮邑。地雖貧瘠，而嗜學之風聞於五凉，登南宫而膺鄉薦者，後光輝映焉。余始以沙塞苦寒，邊方風土疑之。暇日，偕諸紳士升蘇山而眺望。拜子卿⑭之遺像，瞻廟貌而徘徊，慨然想見其爲人。昔，子卿以丁年來此，流離播遷，餐天上雪，飲月窟冰，持漢節十九年，節旄盡落，始終無二心。幼讀其與李陵⑮《河梁贈答》⑯諸篇，爲後人五言之祖。此可謂大節不虧，而文采足傳於後世者也。昌黎不云乎："莫爲之前，雖美不彰；莫爲之後，雖盛不傳⑰"。

因與諸紳士謀建書院，以綿忠孝之氣，沐大雅之餘烈焉。而邑人亦踴躍樂輸，其捐製錢二千串零五十千文，交商營運，每月一分二厘行息，月朔呈交。并設義田四處，得租麥九十六石五斗。以城内司馬舊治，改作門堂廬室，大小共四十二間。因題其額曰："蘇山書院"。於前歲延師聚徒，廩餼⑱膏火⑲，可以粗備。

吾願諸生由文辭以顧躬行，因講說以宏器識，深之在性命精微之間，大之在禮義廉恥之防，銳志琢磨，以卓然自立。异時之捍大難、決大策，爲孝子、爲良臣，風俗美而人才衆多，寧不於是有望乎？若徒以鍊時藝，僥倖科名，矜浮化，何以繼先哲之沐光，樹典型於來許也哉？吾猶有望焉。

以區區鎮邑，余不憚勞瘁，幾期年而後成。已詳明上憲，存案備入，交代官吏紳士，概不得侵漁假貸。後之莅斯土者，以余之心爲心，念創造之維艱，俾遵循於勿墜，則蘇山之遺蹤，與書院之化雨，庶其并垂永久云。

[題解] 碑立於清乾隆四十八年（1783）。已佚，碑文引自《民勤縣志》（1994年）。碑文從書院的起源談起，叙述了創建蘇山書院的緣起、募捐及教化諸生的重要意義，有勉勵、有期望、有交心，娓娓道來，反映出一位爲地方政治教化貢獻力量的士大夫的道德情懷。據《民勤縣志》載，乾隆四十七年（1782），知縣王賜均倡建蘇山書院，募捐二千金，除建設費用外，餘銀助生童膏火之需。次年，書院建成開學，王賜均撰碑記之，并題書院匾額。自有斯後，生徒若雲，品學兼優之士絡繹不絕，學風砥礪儒林，聲望光氣振人，士林戴德，成就斐然，把民勤文風推向熾盛，在河隴地區大出風頭。此風延續至今，與此不無關係。

[作者] 王賜均：字台齋、桐封，陜西神木（今榆林）人。清乾隆四十六年（1781），以舉人選授鎮番知縣，1784年去職。歷任静寧、秦州知州，寧夏、慶陽知府，年82歲終。天水伏羲廟匾額"文明肇啓"是其任秦州知府時所題。

[注釋]

①釋奠：古代在學校設置酒食以奠祭先聖先師的一種典禮。《禮記·王制》："出征執有罪，反釋奠於學，以訊馘（guó）告。"《禮記·文王世子》："凡學，春官釋奠於其先師，秋冬亦如之。凡始立學者，必釋奠於先聖先師。"鄭玄注："釋奠者，設薦饌酌奠而已。"

②元和：唐憲宗年號，806—820年在位，共15年。

③李寬與石鼓書院：李寬又名寬中，字裕卿，中唐處士。自幼飽讀詩書，滿腹經綸，却無意仕途。裴垍欲薦其入朝，遭拒。爲避免朝廷延攬，遂决意遠走他鄉，步李泌後塵而奔南岳。時正值韓愈途經衡陽，游覽石鼓山、吟下千古絶唱《合江亭序》。不久，受韓詩感染和吸引到石鼓山賞游，見江山旖旎，林木

蔥郁，湘江、蒸水、耒水三江環繞，千里煙波盡收眼底，頓覺心胸爲之一振，再也不忍離去，遂結廬讀書其上，創建中國古代最早的書院。時爲唐元和五年（810）。宋太宗趙匡義賜名"石鼓書院"，後與嵩陽書院、白鹿洞書院、岳麓書院并稱四大書院。

④李渤（772—831）：字澹之，成紀（今甘肅秦安）人，一説洛陽人。中唐詩人。曾與兄李涉偕隱廬山讀書，勵志詩文，博學多才。更徙少室，創建白鹿洞書院。歷諫議大夫、州刺史、觀察使、太子賓客等職。工詩文、書畫。

⑤白麓書院：亦名白鹿洞書院，始於唐，盛於宋，延於明清。唐貞元年間（785—805），李渤隱居這里讀書，養一白鹿自娱，人稱白鹿先生。長慶間（821—943），李渤任江州（今九江）刺史，在白鹿洞增築臺榭，廣植花木，并建造宅舍、書院，名重一時。南唐升元四年（940），朝延在此設廬山國學，亦稱白鹿國庠、白鹿國學、匡山國子監，與金陵國子監齊名。後歷經滄桑，屢興屢廢。直到南宋朱熹知南康軍（今江西贛州市），興復書院，自任洞主，置學田、訂學規，使白鹿洞書院達到鼎盛時期，成爲辦學楷模。

⑥朱文公：即朱熹（1130—1200），字元晦，號晦庵，尊稱朱子。祖籍徽州府婺源縣（今屬江西）。十九歲中進士，曾任知府、巡撫、侍講等職。一生著述豐富，是中國古代著名的思想家、哲學家、教育家、詩人，閩學派的代表人物，孔孟之後儒學集大成者。由於他是"二程"（程顥、程頤）的三傳弟子李侗的學生，其思想體系與二程合稱"程朱學派"。其理學思想對元、明、清三朝影響巨大，成爲三朝的官方哲學。

⑦濂溪：指周敦頤（1017—1073），原名周敦實，字茂叔，謚元公，號濂溪先生。北宋道州（今湖南道縣）人。曾任縣令、大理寺丞、國子監博士、江南東道南康軍刑獄等職。儒家理學思想鼻祖，文學家、哲學家。程顥、程頤的業師，著有《周元公集》《太極圖説》《通書》等。

⑧橫渠：指張載（1020—1077），字子厚，鳳翔郿縣（今陝西眉縣）橫渠鎮人。北宋思想家、教育家，理學創始人之一，尊稱張子。青年時喜論兵法，後求之於儒家"六經"。嘉祐二年（1057）進士，歷任縣令、著作郎、軍事判官、崇文院校書等職。後辭歸，講學關中，故其學派稱爲"關學"。其與周敦頤、邵雍、程頤、程顥合稱"北宋五子"。有《正蒙》《橫渠易説》等著述傳世。

⑨伊川：指程顥、程頤兄弟，洛陽伊川（今伊川縣）人，北宋著名理學家、教育家。程頤（1033—1107），字正叔，嘉祐四年（1059）賜進士，曾任縣令、團練推官、國子監教授等職。後辭官，在洛陽講學。世稱"伊川先生"。程顥

（1032—1085），字伯淳，世稱"明道先生"，習稱爲"大程"。進士出身，曾任太子中允等職。兄弟二人共同創立"洛學"，成爲宋代理學的創立者之一。有《二程全書》傳世。

⑩邑乘：縣志；地方志。

⑪指屈：猶言屈指可數。

⑫重熙累洽：重熙，古時用以稱頌君主累世聖明。累洽，謂太平相承。語出東漢班固《東都賦》。

⑬謭（jiǎn）陋：謂淺薄。

⑭子卿：指蘇武，字子卿。見《重修蘇公祠記》注。

⑮李陵（前134—前74年）：字少卿，隴西成紀（今甘肅秦安縣）人。西漢名將李廣之孫。初爲西漢將領，善騎射，愛士卒，頗得美名。天漢二年（前99）奉漢武帝之命出征匈奴，率五千步兵與八萬匈奴戰於浚稽山（約在今蒙古國土拉河、鄂爾渾河上源以南一帶，阿爾泰山脉中段），後因寡不敵衆兵敗投降。

⑯河梁贈答：相傳蘇武與李陵曾在匈奴相見多次，并相互贈答五言詩諸篇，後人將蘇李詩稱作《梁河贈答（詩）》，被視爲古代五言詩之祖。

⑰莫爲之前句：語出韓愈《與于襄陽書》，意思是说：如果没有前輩的引薦，布衣才士即便满腹經綸也難以出頭；而如果没有後輩的傳承宣揚，一個人即便功業鼎盛一時，後世也會湮没無聞。

⑱廩餼（lǐnxì）：指科舉時代由公家發給在學生員的膳食津貼。泛指薪給。

⑲膏火：特指夜間讀書用的燈火，多指求學的費用。

各壩水利碑

□□□□□正堂、加五級紀録十四次又軍功加一次軍功紀録二次張，特受涼州府鎮番縣正堂、加五級紀録五次文①，爲"籲天投生"等事案，蒙欽命署理甘肅等監承宣布政使司事、按察使司、加五級紀録十次鄭，蒙太子太保、兵部尚書兼都察院右都御史、總督陝甘等處地方軍務、兼理糧餉并兼官甘南巡撫事、兼理茶馬勒批：據鎮番縣大路壩民人汪守庫等，控小二壩魏龍光等爭添水利，并紅沙梁多占秋水、六壩湖多占冬水一案，蒙批"飭鎮番縣會同永昌縣親詣勘訊具詳"等因，當即會同，親詣刊訊。

查：鎮邑舊額，正糧七千餘石，除歷年各壩開報沙壓移丘地糧外止，實徵糧五千二百六十餘石。內：移丘之紅柳、小新溝、腰井湖、中六壩、河東八案四處，共承糧二百六十二石三斗五合八勺，一年止澆清明次日春水十晝夜四時。四壩渠內，首次四壩、小二壩、更名壩、大二壩、宋寺溝、河東新溝、大路，共分春水十五晝夜八時；又移丘之北新溝、紅沙梁子、大灘三處，共承糧六百五十七石九斗八升四合，共分澆秋水三十九晝夜三時；六壩湖澆冬水十晝夜。以上各處，共分澆春、秋、冬三輪水利，晝夜並無爭端，應仍照舊規，各按節氣澆灌，無庸置議外，惟查澆夏水之四渠壩、首次四壩、小二、更名、大二壩、宋寺溝、河東新溝、大路壩七處外，自立夏前四日起至小滿第八日止，共分小紅牌夏水二十七晝夜；又自小滿第八日起，至白露前一日止，大紅牌三牌，每牌三十五晝夜零五時。各壩俱照舊規，按時分澆。

前據小二壩魏龍光等具控，經本縣查明，按糧均水，減去大路、大二壩水時，以致楊永清、安體貞等於五十四年奔控道轅，蒙委府縣，飭發武威縣審訊供查核。按糧均水，乃不易成規。當即調取各壩承糧實徵紅冊查核：頭壩、華音溝承糧二十石二斗五合二勺，隨四渠壩常行口案澆灌，不再控爭之內。至四渠各壩，共承糧四千三百四十五石七斗六升六合二勺五抄，小紅牌夏水二十七晝夜，按糧攤算，每糧一百石，應分水七時三刻六分；大紅牌夏水三牌，每牌三十五晝夜五時，內除潤河水並籍田水六晝夜二時外，止剩水二十九晝夜三時，每糧一百石，應分水八時，按照實徵糧數核定分水晝夜時刻。

惟查大路、大二壩，離河彎遠②，風沙較重，前斷潤河水三時四刻，實有不敷。通盤籌酌，在首四壩潤河水內劃出三時六刻，小二壩潤河水內於前斷出水三時四刻外，再劃出水二時二刻；更名壩潤河水內劃出水□時二刻；次四壩、中截、六壩湖潤河水內劃出水四時六刻。共劃出水十四時四刻，內斷給大二壩潤河水五時，大路壩潤河水九時四刻。於按糧均水之中，量風沙輕重，水途遠近，通融調劑，以杜爭端。各壩士民，各願具結，並請勒石，詳經道憲批飭結案。

間，又經大路壩民人汪守庫、杜鼇等奔控督憲行轅，蒙批道憲："飭同永昌縣刊訊妥議具詳"。今本縣等細加查勘，該壩並無"私墾官地"及"欺隱田糧、挪移貢賦、以高作下"等弊。該壩大路實系風沙較重，溝淤道遠，爭控有因，隨飭諭各壩水老公同酌議。小二壩溝堅柳密，不致停沙，將存留潤河一時二刻讓出；首四壩於冬水潤河內再劃出六時，紅沙梁於秋水潤河內讓出四時，六壩湖於應分冬水牌內讓出六時，共讓出水一晝夜九時，添給大路五牌分澆。其輪流次序：自清明次一日起，至立夏前五日止，春水二十六晝夜，內有移丘之紅柳、小新溝、河東等五處分澆春水十晝夜四時，與柳林湖配搭澆灌不計外，其餘春水十五晝夜八時，四渠壩公分澆灌。

小紅牌夏水，自立夏前四日起，至小滿第八日止，二十七晝夜，其中，按糧攤算，每糧一百石，應分水七時三刻六分。首四壩共承糧八百一十五石八斗一升二合，應分水五晝夜零五刻；次四壩共承糧七百零七石六斗，應分水四晝夜四時；小二壩共承糧一千零七十二石四斗三升五合八勺，應分水六晝夜七時六分；更名壩共承糧三百三十三石八斗三合，應分水二晝夜五刻；大二壩共承糧九百九十五石二斗六升一合五勺，應分水六晝夜一時四刻；宋寺溝共承糧一百零一石，應分水七時三刻；河東新溝共承糧四十石二斗九升五合五勺，應分水三時；大路壩共承糧二百八十石三斗六升三勺，共分水二晝夜。系小紅牌，俱無潤河。

大紅牌夏水二牌，每牌三十五晝夜五時。內：首四壩每牌按糧應分水五晝夜五時四刻，潤河水二晝夜四時四刻，籍田水二時；次四壩按糧應分水四晝夜八時五刻，潤河水十時；小二壩按糧應分水七晝夜一時六刻七分；更名壩按糧應分水二晝夜二時六刻，潤河水一時六刻；大二壩按糧應分水六晝夜七時六刻，潤河水一晝夜八時；宋寺溝按糧應分水八時，潤河水一時；河東新溝按糧應分水三時二刻；大路壩按糧應分水一晝夜十時三刻，外加潤河水一晝夜一時五刻。

第四牌共水二十六晝夜五時，俱遵照前牌定例均澆，毋許紊亂。

又秋水三十九晝夜三時內，紅沙梁應澆秋水二十二晝夜八時，義田水二晝夜；北新溝應澆秋水三晝夜四時，義田水二晝夜，自下而上，隨紅沙梁水尾接引澆灌；大灘澆秋水九晝夜三時。

冬水一牌，自寒露後九日起至立冬後五日止，共二十五晝夜七時，均各遵例分澆，不得紊亂。自立冬後六日起至小雪日止，六壩冬水九晝夜，義田冬水一晝夜。

本縣等仍照前詳，於按糧均水之中酌為調劑，寧人之意，所結議詳，各壩士民俱皆悅服。詳蒙督憲批示："如詳勒碑，永遠遵守澆灌，以息訟端，以垂久遠。須至勒石者。"

乾隆五十八年六月□日 立

[題解] 碑為知縣文楠於乾隆五十八年（1793）所立。已佚，碑文引自《民勤縣水利志》。他根據當地水利問題頻發、水事糾紛繁複的情況，經過認真調查研究，制定出一套符合當地實際的水規水法，使"各壩士民俱皆悅服"，對"永遠遵守澆灌，以息訟端"起到了十分顯著的效果。

[注釋]

①文：即文楠：四川涪州（今重慶涪陵）人。進士出身，歷任甘肅鎮番、廣東陸豐知縣。在任鎮番知縣（1786）時，針對水利問題頻發，訴訟糾紛繁複的情況，謀圖長遠，經數年的調查勘察和醞釀，得出"按糧均水，乃不易成規"的判斷，於乾隆五十八年（1793）制定出一套水規方案：將河水分爲六牌分澆次序，以牌定時，以時分水；以糧均水，以地調劑。此方案被遵爲定制，後人稱之爲"文公定案"。他還提出"要得民富，先興水利"的口號，在蔡旗堡、柳林湖設義學兩處，對民勤水利、農業、教育貢獻頗卓。離任時賦："河水向東流，黃河壓城頭。人無三輩福，清官不到頭"詩。頗具啓迪意義。

②窵（diào）遠：指距離遙遠。

重修二郎廟記

邑人 謝葆澍

余嘗讀《江表傳》，有二郎神之名。土人祀之，名曰"石印"。巫祝有言："石印昭焕，天下太平。"如是，則神之爲靈昭昭，不獨富一鄉，而康庶物也，明矣。鎮邑之有二郎神廟，不知創始何年。嘗重修於有明天啓甲子歲，或於設衛時，與社稷并建。高其前殿後樓，與南門相峙，以鎮吾邑之風脉者歟？自前明以迄我朝數百年間，興廢不時，修葺亦屢，前人既額而志之矣。獨是斯廟，基址逼近沙瀾，土咸易墾①，不勝堂密②。自乾隆四十六年，經榆枌③父老捐貲繕葺以來，雖殿宇稍完，墻垣塗塈，旋以經費不支，諸工遂寢，迄今又二十餘載矣。邇以旁風上雨，鳥剥鼠穿，廟貌巍然，神栖閴若④。登斯樓者，亦幾幾有棟析榱崩之慮焉。

嘉慶七年，歲在壬戌，本街紳士等各矢宏願，圖究厥工。竊謂：裘以集腋而成，塔以聚沙而建。爰協四街布、當兩行諸公，共締善緣，以襄斯舉。皆謂無量爲陀天教主，二郎爲福世財神，不有以妥侑⑤之神，其德我乎？况斯廟爲吾邑巨鎮，風脉攸關，而願聽其傾圮可乎！議僉同而工始興焉。願當土木初動，欲駕瓦⑥之一新，擬蜂房之盡撤。非棟梁無以資乎大壯，非丹艧⑦無以麗乎觀瞻。其難其慎者，久之幸乎！首事諸君，共發葵誠⑧，廣爲勸募。除兩行捐貲外，凡本邑士民，以及遠方信善，靡不捐金助粟，共襄厥成。於是完者仍之，缺者增之。棟桷之殘朽者，易而新之；垣墉之頽委者，密而甃之。更新建山門一座以宏敞之，實與後樓相映，巍峨聳秀，以壯大觀。噫！此真耳目一新，而頓還榮觀矣。

是役也，其募緣則解囊之助也，其雕刻則剞劂⑧之良也，其庀材程能則日省月度之勤也。不數月間，而樓，而殿，而兩廡，而四圍，以及山門、神道、庖廚、青豆之房，次第以舉。逮建瓴甓塓，而後露冷霜寒，百工告輟。越甲子春三月，復繪像於周阿，朱丹其楹棟。諸靈耀彩，四壁騰輝，以視向之粗具規模者，不且大爲巍煥也哉。

是工，經始於嘉慶八年三月，落成於九年五月，今以六月吉旦，行薦福禮。董其事者，徵序於余。余曰：吾嘗觀於斯廟之植基，而知北門之鎖鑰，其在斯乎？諸公此舉，是培風脈之深心也，是扶輿脈之遠見也。行見瀚海黃沙，頻添秀色；樓臺烟雨，色壯邊陲。黎庶樂利之休，人文科第之盛，未必不由斯舉果也。豈第神功默佑，興財錫福已哉！因爲揭其崖略於額，以志諸君子之功德云。

[題解] 碑立於清嘉慶八年（1803），今佚，碑文引自道光《重修鎮番縣志》。簡述了重修二郎廟的緣起、捐資、經過、規模等，特別突出了社會各界的捐款，表達了"黎庶樂利之休，人文科第之盛，未必不由斯舉果也"的願望。重修後的二郎廟"諸靈耀彩，四壁騰輝"。鎮番二郎廟，亦稱清源觀，創建年代、具體位置不詳。"嘗重修於有明天啓甲子歲（1642）"，期間，"修葺亦屢"，清嘉慶八年又進行重修。今廟、碑俱不存。

[作者] 謝葆澍（1745—1810）：字雨甘，清涼州府鎮番（今民勤）縣人。鎮番名士謝鰲長子。乾隆舉人，早年在家鄉教書爲業，對維修蘇山書院貢獻頗大。歷山東臨朐、益都、安丘知縣，勤於民事，興利除弊，除暴安良，倡修學宮，多有政績。其長子謝集成，官至商州知州，有德政文名。

[注釋]
①璺（wèn）：裂紋，開裂。
②堂密：指平緩之山。亦指堂與室，比喻距離極近。此處謂墙壁不宜修的過高過密。
③榆枌（yúfén）：枌，白榆。指榆樹。借指故鄉。
④闃若（qùruò）：亦作"閴若"。寂靜的樣子。
⑤妥侑（yòu）：妥，安坐也；侑，勸也。謂勸酒。
⑥鴛瓦：即鴛鴦瓦。
⑦丹雘（huò）：指可供塗飾的紅色顔料，或塗飾的色彩。猶言藻飾。

⑧葵誠：忠誠；赤誠。葵性向日，古人多用以比喻下對上赤心趨向。
⑨剞劂（jījué）：原指刻鏤的刀具。謂雕琢刻鏤。

重修學宮記

國家治安視文教，文教之興視學校。學校之制，宮殿巍峨，以供先聖先賢。每歲春秋上丁，有司如期致祀，凡與於祭者，莫不循循於籩簠豆登①之旁，非由廟宇修而祀典明哉。鎮邑學宮，創始於成化乙未②。但地處卑濕，隨壞隨整，難以經久。嘉慶癸酉，余家居守制，仰見廟貌漫患失色，廊廡門墻，蓋瓦半傾，級磚橫斷。其後，崇聖祠、文昌閣等所類垣露柱，危如累卵。嗚呼！以釋菜③視禮之地，竟為沙磧蔓草之場，心竊戚焉。爰商同邑宰，會集闔學，公議重修。衆皆踴躍樂輸，共襄厥事，所由知事之有濟也。

夫善計事者，未事圖厥成，蕆事④又圖可久往，嘗懲衆志難協。塗澤卒工，金碧聖彩，外觀有耀。曾幾寒暑，每為風雨飄搖，不堪觸目。而今無慮之者，則合一邑之人心，趨承恐後；即合一邑之人力，鼓舞爭先。於是鳩工庀⑤材，不數月而厥工告竣。向之漫漶傾危，一旦煥然聿新矣。以章聖教，以宣王化。胥於是乎⑥？在至大道莫名極於化。初，韓昌黎作處州碑⑦，不及至聖一言，兹何敢譽天地、褒日月，貽柳子非愚，則惑之譏哉。從經始，癸酉孟夏，落成仲秋。同事諸君子，以余之董⑧其成也，乞識以余言，因敬述其事而為之記。

所有督工捐緡姓氏，則例附如後。

[題解] 碑立於清嘉慶十八年（1813）秋。已佚，碑文引自《民勤縣志》。(1994年)。碑文從國家治理的高度（"國家治安視文教，文教之興視學校"）出發，闡述了學校的重要性。先述學宮創建數百年"漫患失色""危如累卵"的現狀，再述"公議重修"的"踴躍樂輸"和"卒工"後的"煥然聿新"，最後闡述建廟及立碑的深遠意義，即"以章聖教，以宣王化"。

[作者] 謝集成：字振之。清嘉慶三年（1798）舉人，鎮番名士謝葆澍長子。為文本於經史，自成一家，曾主講蘇山書院。道光五年（1825），與弟謝集梧編成《鎮番縣志》。歷任陝西富州州同、商州知州等職，所到之處，皆有政聲。升任陝西漢陰廳通判，未履任即卒，士民揮泪，樹德政碑。

[註釋]

①簠簋（fǔguǐ）豆登：簠簋，兩種盛黍稷稻粱之禮器。借指禮儀，亦指酒食、筵席。豆登，古代盛器，亦用作祭器。登似豆而較淺。

②成化乙未等：乙未即明成化十一年（1475）；嘉慶癸酉，即清嘉慶十八年（1813）；癸酉孟夏，即嘉慶十八年（1813）初夏。

③釋菜：亦作"祭菜""釋采"，古代入學時祭祀先聖先師的一種典禮。也指祭祀、祭奠。

④蕆（chǎn）事：事情已辦完。蕆，完成、解決。

⑤庀（pǐ）：具備，備辦。

⑥胥於是乎：胥，全、都。疑問句，全部是這樣嗎？

⑦韓昌黎作處州碑：唐憲宗元和十五年（820），時任處州（今浙江麗水市）刺史李繁捐俸新建孔子廟，并置學宮，邀請大文豪、時任袁州（今江西宜春市）刺史的韓愈作《處州孔子廟碑文》。碑文寫成還未勒石，李繁調往他郡，直到文宗太和三年（829），才由新任刺史立碑於孔廟。

⑧董：監督管理。

建置崇文社碑記

署邑令 李師唐

嘉慶丁丑①之首夏，余以州牧攝白亭篆。即下車，整飭庶務，百廢漸興。公餘，披閱志乘。鎮邑在國初，賢良接踵，科第蟬聯，文運之盛，甲於河西。後雖繼起有人，未免今不逮古。揆厥②由來，實緣自鎮至陝相距二千餘里，制科之士，往往限於資斧，足不前。致使皓首窮經，終老牖下者，指不勝屈。余爲之惻然，謀所以作興之策。

適邑紳別駕謝柳溪同年，以文社之説進曰"此吾邑孝廉馬君栖梧義舉也。先是，孝廉爲諸生時，力以捐置文社爲己任，爰偕同志，各解私囊。惜九仞之山，功虧一簣，事輒終止，迄今已十有餘載矣。望我侯玉成之。"余聞而心竊喜焉。因即公庭治具，宴集樂善諸君，克襄義舉，而都人士果不余違，破慳樂輸，計捐銀一千五百兩有奇。未幾，東越謝載亭明府③選授茲土，余旋卸縣篆。新舊之交，他務未遑，首以此事爲惓惓。而謝明府亦歡忻從事，先後共勸捐二千數百餘兩，實貯崇文社銀兩千兩整。即令盈實大家，分具領狀，營運生息，用佐鄉會資斧之需。議舉公正社長二人，專司出入，以重責成。下餘銀兩，備修邑乘④。嗚呼，邑之有志決科者，可以奮然興矣。

余嘗考《宋史·選舉志》，熙寧中，上垂意文學，歲賜緡錢兩萬五千有奇，復詔令州郡，取田租屋，課增爲學費。凡上舍生，自川廣入貢過二千里者，給券續食，謂之"學錢"。又咸平三年，親試進士陳堯咨⑤等百四十人，其下第者，試武藝量材録用，餘則賜錢遣還，謂之"裝錢"。斯二者，非惠周寒畯，與我朝崇儒重道，稽古右文，屬在邊陲，遇春秋闈試，例得乘傳觀光，湛恩汪濊⑥，覃及儒林，甚盛典也。今體此而行於一郡，由一郡而行於一邑，佇見文運日興，科名益盛，胥於斯焉基之。雖然，法積久而大備，亦積久而弊生。利益所在，覬覦易盟，熏心染指，勢所必有。諸君勉旃，毋爲官吏所侵溴，毋爲公私所挪用，庶文社長此終古⑦！余行矣，惜不能爲之月要而歲會也。特記以言，以詔來者。

首事馬奧圖、謝集成、馬而誠、馬起鳳、毛鳴岡、李鳳儀、羅起會、曹秀彥、路彩雲、馬思義、馬仲、李霈、謝華、高映桂、甘太和、趙毓榮、毛建翎、李世潤、段世芳。

[題解] 碑立於清嘉慶二十二年（1817），今佚，碑文引自道光《重修鎮番縣志》。簡述了創建崇文社的背景、動員、捐資及所捐數額、營運管理等事項，特別突出了兩任知縣李師唐、謝載亭"爰偕同志，各解私囊"，捐銀、勸捐的善舉，表達了"文運日興，科名益盛"、希望再創"賢良接踵，科第蟬聯，文運之盛，甲於河西"盛舉的願望。崇文社，創建於嘉慶二十二年，由時任知縣李師唐倡建，闔邑士庶"破慳樂輸"捐置，繼任知縣謝載亭"歡忻從事"，所捐銀兩"營運生息，用佐鄉會資斧之需。"

[作者] 李師唐（1745—？）：河南濟源縣人，舉人出身。嘉慶二十二年（1817）兼署鎮番縣知縣。期間，倡建崇文社，積金取息，以供鄉會試資需，士林戴德。後補雲南寧州知州。

[注釋]

①嘉慶丁丑：即嘉慶二十二年（1817）。

②揆厥：揆，揣測。厥，其，他的。猶"揆諸"，謂審查度量其中的意思。

③謝載亭明府：謝載亭即謝培，浙江上虞縣人，舉人出身。嘉慶二十二年接任李師唐爲鎮番縣知縣。明府，猶言大府、官府。唐以後多用以專稱縣令，後世相沿不改。

④邑乘（yìchéng）：縣志；地方志。

⑤陳堯咨（970—1034）：字嘉謨，北宋閬州閬中人。宋代官員、書法家。宋真宗咸平三年（1000）進士第一，狀元。官至龍圖閣直學士知永興軍、尚書工部侍郎權知開封府、武信軍節度使、知天雄軍。卒贈太尉官銜。

⑥汪濊（huì）：亦作"汪穢"。深廣。

⑦終古：謂久遠，永遠。

生員碑①

順治九年，奉頒刊立卧碑置明倫堂②左，曉示生員。

朝廷建立學校，選取生員，免其丁糧，厚以廩膳，設學院、學道、學官以教之。各衙門官以禮相待，全要養成賢才，以供朝廷之用。諸生皆當上報國恩，下立人品。所有教條，開列於後：

（一）生員之家，父母賢智者，子當受教；父母愚魯或有非爲者，子即讀書明理，當再三懇告，使父母不陷於危亡。

（二）生員立志，當學爲忠臣清官。史書所載忠靖事迹，務須互相講究。凡利國愛民之事，更宜留心。

（三）生員居心忠厚正直，讀書方有實用，出仕必作良吏。若心術邪惡，讀書必無成就，爲官必取禍患。行害人之事者，往往自殺其身，常宜思省。

（四）生員不可干求官長，交結勢要，希圖進身。若果心善德全，上天知之，必加以福。

（五）生員當受身忍性。凡有司官衙門，不可輕入。即有切己之事，止許家人代告。不許干與他人詞訟，他人亦不許生員作證。

（六）爲學當尊敬先生。若講說，皆須誠心聽受，如有未明，從容再問，毋妄行辯難。爲師亦當盡心教訓，勿致怠惰。

（七）軍民一切利病，不須生員上書陳言。如有一言建白，以違制論，黜革治罪。

（八）生員不許糾黨多人，立盟結社，把持官府，武斷鄉曲。所作文字，不許妄行刊刻。違者，聽提調官治罪。

嘉慶二十四年己卯孟夏穀旦日　立

[題解] 碑立於清嘉慶二十四年（1819）夏，亦稱臥碑，最早刊刻於順治九年（1652）。高75厘米，寬185厘米，厚14厘米。碑頭及文字爲楷書，豎排。現存民勤縣博物館。此碑名爲"生員碑"，實則是對生員的一種律條準則，要求其在道德行爲方面當好表率，"養成賢才"，"上報國恩，下立人品"。

[注釋]

①生員：明、清兩代指經本省各級考試入府、州、縣學者，通名生員，習稱秀才，亦稱諸生。生員受本地教官（包括府縣教授、學正、教諭、訓導等）及學政（明稱學道）監督考核。生員的名目分廩膳生、增廣生、附生等。初入學者爲附學生員；廩、增有定額，據歲考、科試成績遞補。廩生給廩米，故名；增廣生亦名增生，因於廩生外增額，故名。

②明倫堂：字面意思爲"明人倫的講學廳"。至遲從宋代開始，多設於文廟、書院、太學、學宮的正殿，是社會精英們讀書、講學、弘道、研究學問的場所，同時也承載着傳播文化與學術研究的功能。

吳志齋德政碑

恭紀。武信寳唯忠齊吳大老爺德政

鎮番營額設營，馬六十八匹。夏□六分□□廠父□□六分□□□□豆，各獻五六十石，總營交□不滿。豐收按豆壹斗發□□二十文，每麩壹斗發制錢六十文，歷年久遠不加。始於前，時兵丁□前任特公廉，知其弊稟請，上寧蒙批，每豆壹斗發給小麥壹斗，□斗發給小麥壹斗，永遠遵行等因，自此賠貼較少問□□□德□□。

吳大老爺到任之始，閱案及此謂，夫麥換麩豆，雖若相敵，然備不齊畢，總不如因物論值，隨時給價之爲平也。爰革舊規，公費公用，□□上寧，永遠遵行。凡我闔營之戴德者，不銘心刻志，且願□□□不朽也。用是實紀其事，圖之堂，以上告來者。

　　正署鎮番營千把外委李樹南、李樹昌、潘殿英、霍爾保、段吉祥暨總領書

　　傳旗隊公立　王國龍刻石

　　大清咸豐五年歲次乙卯菊月上浣穀旦　立

[題解] 碑爲吳老太爺屬下所書，清咸豐五年（1855）九月公立。高112厘米，寬71厘米，厚10厘米，粗砂石質地。剥落嚴重，碑頭字迹模糊不清。共15行，每行26字。現存民勤縣博物館。簡述了吳老太爺到任後，革除軍營弊政的政績。菊月，農曆九月。

中華民國

洮沙灣水利碑

　　六等嘉禾章署鎮番縣知事劉，爲布告勘定界址，勒碑遵守，以垂久遠事。照得鎮番縣屬洮沙灣地方，前經户民因該處流出泉源，雖水勢微小，尚能灌溉地畝。該户民等，禀請自願承糧試種，業經前任允准在案。正開墾間，乃永邑户民覬覦爭占，迭次興訟上控。當蒙甘凉道尹馬①，親履查勘，前經該處立有劃定鎮、永分界界碑，載明"黑水墩迤北爲鎮番界，迤南爲永昌界"。而洮沙灣確屬鎮地，毫無疑義。斷令："永民不得爭占，鎮民自應領照開墾，以實邊圉，并由道憲發給執照試種。"亦在案。嗣經該處紳士面懇，該處系屬新開，與永邑户民屢興訟端，推原其故，良由漫無規程可守所致。嗣將該處承糧灌水各節，厘定規程，勒碑遵行，庶訟端可弭。本知事即飭該紳等酌情呈縣。兹繁去後，旋據該紳田毓炳、楊集鵬、王步雲、丁博文等呈稱，爲酌定規程，懇請修改，批示遵行，實爲□□□□并呈條呈一本等情前來。據此，查所呈該條程本，知□遂加核閱，均屬妥當，應准立碑，以垂久遠，而資遵守。爲此，仰洮沙灣户民知照一體遵，切切毋違，特此布告。

　　訂定洮沙灣墾户，永遠遵行規程如左：

　　甲、計開徵糧例：一、洮沙灣新出泉源，水勢微小，量水承糧，只以現納八石八斗二升四合，此外再不得招户挂注，致他地畝有干擱之虞。二、洮沙灣額糧八石八斗二升四合，早經官廳定爲文廟香火之資，墾户無論收穫豐歉，應隨科糧開徵，時向縣主指定徵收地點，踴躍輸將，不得拖欠顆粒。三、洮沙灣墾户納糧，以徵收科糧之倉斗完清，惟不若科糧之完納草束。四、各墾户完納額糧，應向徵收處扯去户照，以爲憑證，應與徵收處每斗糧繳出紙筆費錢一百五十文。

　　乙、水例：一、水爲墾户命脉攸關，自應酌定牌期，以弭爭端。二、屢試洮沙灣泉水一晝一夜，只灌三斗糧之地畝，應即定三斗糧爲一分，按額糧八石八斗二升四合，劃爲二十九分有奇。三、每糧三斗，只灌水一晝一夜，間有二三户合爲一分者，當照納糧多少，焚香計分。四、每逢一分灌水，餘分户民，當各閉口岸，不得垂涎分潤。五、無論春夏秋冬，灌水當自上而下，順次輪流，至三十天一周復始。六、在一周內若某分遭風沙障塞，或嚴冬淤溢，致地畝干擱時，該分户民只得早報本處農民，查勘果屬實在，着該農民即刻會同各户商酌匀挪補給。

丙、渠工：一、引水灌田，全賴人力，應照二十九分勒派人夫，若某分缺欠人夫，俟渠工告竣後，即令以財力加重抵償。二、以財力抵償人工，人工按時估價，被抵償者加增一倍。三、每年開辦渠工，當先舉有經理一人，以督促人夫，并經管帳目。但經理人應由二十九分户中輪流充任。四、各分界溝，統歸各該户民挑挖，不與他分户民相干。五、牧放牛羊，最易踏塞溝渠，若在春耕秋收時期以內，無論何人，不得縱放牛羊踐踏。

丁、守界：一、洮沙灣毗連永邑，前兩邑户民爭持屢起訟端，經甘涼道尹馬親履查勘界碑，載明：黑水墩迤北爲鎮番界，迤南爲永昌界，而洮沙灣之爲鎮屬，從無疑竇，遂斷令鎮民領照墾地，自今以往，我户民應恪遵甘涼道尹暨本縣縣長所給執照，內注四至景觀，不得逾越界限，任意爭占，致釀訟端。二、洮沙灣户民，有以個人意見越界開挖，釀成訟端時，不得索連餘户，餘亦不得糾衆打邦。三、洮沙灣地處極邊，流沙環繞，全籍蒿草遮蔽，始得耕作，每年應按執照注明四至內嚴加禁止，不惟外户不得夠芟②，即本處户民亦不得私行芟刈③。四、田畝周圍蒿草，有應行鏟挖之處，適當應行；鏟挖之時，必傳集户民商妥，照糧公分，不得有彼此多寡之嫌。

戊、自治：一、洮沙灣應公舉老成練達之人，專請縣長狀委爲本處農民，以催辦糧石，并提挈一切事宜。二、上項規定，原爲化爭息訟起見，本處户民均應恪遵，如有強頑不訓之徒，反抗乙項第四條，丙項第三條、第五條，丁項第一條、第三條之規定時，當有該管農民，分別輕重，輕則就地處罰，重者稟官律罪，以儆效尤。三、祈年報賽，爲農家祀事攸關，本處户民亦應公同舉行過會，以重祀典，兼敦信睦。四、本處户民，如有些許爭端，得報告會衆到場，公同評處。五、與會人數，過會期限得由會成立時商定之。本規程如有未妥及未盡事宜，得商同該處農民，稟請縣長修正之。六、本規程自立碑之日施行。

大中華民國九歲次庚申孟秋月上浣。

[題解] 碑立於1920年秋。今佚，碑文引自《民勤縣水利志》。簡述了永昌、

鎮番邊界桃沙灣一帶發生的水事糾紛及政府的處理意見，并提出今後從五個方面進行規範約定，包括徵糧、配水、務工、界内耕作、自治自律等，具體明確，合情合理合法，具有很强的操作性和規定性。約定條款曾獲得民國政府六等嘉禾勛章。

[作者] 劉朝陛：安徽合肥人，1919—1920年任鎮番縣知事（縣長）。

[注釋]

①甘涼道尹馬：民國初期，在武威置甘涼道，轄武威、永登、民勤、古浪、永昌、張掖、民樂、臨澤八縣。行政長官稱道尹，管理所轄各縣的行政事務。馬，當指時任甘涼道尹馬廷勤。參見《古浪分卷·長流壩水利碑》注。

②芻菼（chúshān）：拔草、割草。引申爲除去。

③菼刈（shānyì）：割（草、禾稼）。

圖書館碑

圖書館
民國二十三年，教育局。

[題解] 碑爲卧碑，1934年民勤縣教育局立。高60厘米，寬140厘米，厚13厘米。正面楷刻"圖書館"三個大字，背面豎向亦刻有文字，字迹大多漫漶不辨。現存於民勤縣博物館。

年代不詳

重修碑記

重修玄真閣⋯⋯⋯⋯之地，僅容⋯⋯⋯⋯巨觀⋯⋯⋯⋯馬君⋯⋯⋯⋯柱⋯⋯

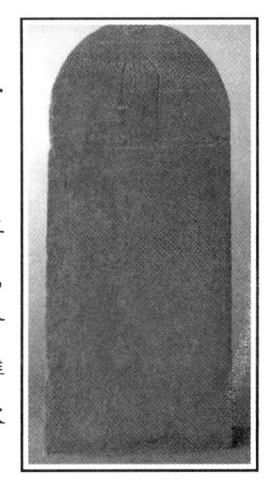

[題解] 碑鐫刻時間不詳。高130厘米，寬60厘米，厚13厘米。石質較好，但文字剝蝕嚴重，現僅剩幾字可識，内容不清。全碑約有15行，每行26字，碑頭豎排"重修碑記"4個楷書大字。因存字不多，碑文所述内容不詳，推測爲重修玄真閣之緣起及重修後的基本狀況、主持和捐款人名號等。碑額陰刻雲紋、鳳紋。現存民勤縣博物館。

漢中郎將蘇武牧羝處碑

[題解] 碑高130厘米，寬5厘米，厚17厘米。碑座無存。碑正面豎排楷書"漢中郎將蘇武牧羝處"9字，在此9字左右皆有文字，但剝蝕嚴重，無法辨識。據考，分別爲楷刻主持刊立者職官、姓名及刊立時間。刊立時間初步斷爲明崇禎十二年（1639）冬。現存於民勤縣博物館。

依史書，蘇武没有在民勤活動的記載，但民勤有不少相關遺址、傳説、廟宇、詩文等。對此，我們可以看作是地處游牧民族與漢民族爭奪前沿的當地人民崇文尚武、尊崇英雄的一種情愫，正如清代乾隆年間甘州詩人任己任《蘇武牧羊場》詩所言："到處忠臣人盡護，由來杰士地爭艷。"

□□將□□公□忠記

　　國家崇德報功之舉，推重忠臣烈士，其能得牧園靖封疆，以死勤事者，皆得鼎祀千秋□以□□風化，振起忍心，義男之忠者，典至渥①也。吾邑蘇公②祠即忠烈祠也。蘇公使匈奴伏漢節牧羝③此地，艱辛萬狀，卒能不辱君命，故至今廟食不湮④。金公⑤者，休屠王子。邑產也，沒入宮，終為漢庭托孤終之臣，忠□□□史冊□得□并祀焉。浚□守禦邊陲，□捐軀報國者皆得奉，命禮祀以典。蘇公配……

　　有明以來，邊鋒屢警。宣德乙卯⑥秋，北虜阿台⑦等犯塞，搖動王土，國家長姚勢趨，賊犯無敢攖⑧其鋒者。時，吾祖諱為本衛千戶使，與指揮僉事張玉⑨，副千戶王⑩□□□□□□□□顧謂□將曰忠□□□危以苟免。烈士不毀節□□□□吾□□返志之□也□□□□□□□□□□光復□□戈深入兇殘之動直□□□□□□□□□□□□□十人當□□□□□□□□□□□醜□□□驚□餘衆……

　　修廟宇金妝，蘇公、金公剛□金身共費□□□□□□。

　　十一世：李禄、李⑪佛、李周；

　　十二世：□□、□備、啓忠、中□、□化、合文□、□□、黎□秀、呂庠、豹貝、八□、□□、□佐；

　　□□□：呂庠、鵬麒、申候監、耕□、唐志、紹光、載曠、□陽、威備、□□、□□、□□□；

　　□□裔：宏圖、宏志、宏贊、仕□、存□庠、存忠庠、存禮、宏器庠、有仁庠、存寬、宏□、存忠、存□、存□、存□、存□、存□、存□、□、存□、存□、存美、存舉、存紳、□□、存達、宏忠、宏權、宏本、宏位、存男、存簡、存第、宏□、□□、宏臣、□□、□□、存□、存□、存□、存厚、存□庠、存□、存□、宏□、宏彥、發禄、發甲、存紀、存讓、存□、□□、□□、□□、□□、□□、□□、□□、宏守、宏□、宏魁、□□、宏□、宏功、宏朋、宏明、宏昌、昭鳳、和鳳、超鳳、鳴鳳、□鳳、□□、□□、□□、□□、□□、□□、□□、□□、存宗、存局、存誠、□□、□□、□□、□□、□□、□□、癸元、癸松、癸□、宏恒、宏忠、存忍、存悅、存榮、宏苑、宏□、□□、□□、□□、□□、□□、□國、宏立、宏傳；

十四世：□□、□□、□□、□□、化□、化新、化西、化伸、化英、化成、化□、化□、之□、之□、之元、之英、之□、之□、□□、□□、□□、□□、□□、□□、介元、□□、□□、英士、杰士、俊士、保士、愕士、列士、名士、□士、化文、化□、之玉、之章、之□、之□、之代、□士、□士、□士、□□、□□、□□、□□、治邦、之師、之潭、慕士、□士、成邦、德邦、之屏、之坦、都邦、存邦、之玠、之□、之湖、□士、□士、□□、□□、□□、□□、偉□、之□、之□、□□、□□、□□、□□、□□、□□、天培、必□、必咸、□□、□□、□□、□□、□□。

[題解] 碑高160厘米，寬66厘米，厚14厘米。青石質，碑頭剝蝕嚴重，無一字。共16行，每行39字，豎排，楷書。現存民勤縣博物館。碑文作者爲某將軍後代，他以頌揚蘇武、金日磾這些永彪史册的忠臣烈士爲出發點，概述了前輩禦敵保國的功勛。碑陰詳列後代募捐者的名單。依古代一世（輩）按二十五年推算，從明宣德年間（1426—1435）算起，十四世約到清乾隆年間（1736—1795）。據此，該碑約立於乾隆年間前後。

[注釋]
①渥：重，豐厚，隆盛。
②蘇公：指蘇武。見本書民勤卷《蘇武山銘》題解。
③牧羝（dī）：羝，公羊。匈奴認爲蘇武神奇，就把他遷置到北海邊没有人居住的地方放牧公羊，答應等到公羊生了羊仔就放他回漢朝。
④湮（yān）：埋没。
⑤金公：指金日磾。見本書民勤卷《重修蘇公祠記》注。
⑥乙卯宣德：宣德，明宣宗年號；乙卯即宣德十年（1435）。
⑦阿台：即阿台汗，也譯作"阿岱汗"，北元蒙古族首領。曾多次侵犯明朝西北邊境，比較著名的一次是明朝宣德十年（1435）入犯明境而被打敗的"阿台之戰"。後被蒙古瓦剌部首領脱歡（也先之父）俘殺。
⑧攖（yīng）：觸犯。
⑨張玉：明灤州（今河北唐山市灤縣）人。宣德年間曾任鎮番城守守備、指揮僉事等職。宣德十年（1435），在"阿台之戰"中陣亡，賜祭葬，配享蘇公祠，襲職鎮番。
⑩副千户王：疑爲時任副千户王雄，安定（今甘肅定西市）人。時與指揮僉事張玉一同禦敵，同時陣亡，賜祭葬。

⑪斈:"學"的異體字,多用於碑刻。

青麻石高碑

[題解] 碑高190厘米,寬72厘米,厚14厘米。碑文竪排,碑額已佚。青石質。正面斑駁如蜂窩,字迹剥蝕嚴重,無法辨識,内容不詳。《民勤縣志》稱爲"無名碑"。現存民勤縣博物館。

雷臺廟碑

[題解] 1995年出土於在民勤縣廣播電視局家屬院,青石質地,高175厘米,寬68厘米,厚15厘米。碑文字迹大多漫漶不辨,碑文舊志有載。引自《民勤縣志》(1986—2005)。

皇清碑

[題解] 立於民勤縣園藝場北園子槐蔭閣,20世紀80年代,邑人王多福募資在東樓子遺址重建。碑額有"皇清"二字,碑文中間左面有"封"等字,右面有"授""調署口城縣事西安康縣知縣","朝議大夫花口候補直款直州"等字。引自《民勤縣志》(1986—2005)。

中國人民共和國

紅崖山水庫碑

建庫三十五周年紀念
紅崖山水庫
民勤縣人民政府 立

碑 陰

紅崖山水庫因建於紅崖山下而得名。大漠環拱，故又稱沙漠水庫。始建於一九五八年，分三期施工。第一期工程歷時六年，基本完成大壩建設任務，蓄水受益。第二期工程一九七三年開工，一九八零年竣工。對大壩進行加高加寬，并新建輸水涵洞和非常溢洪道。第三期工程自一九八九年開始，進一步加高大壩，加固防浪層。三十四年間，耗資兩千餘萬元，投入勞動工日一千一百多萬個，總工程量達八百二十六萬立方米。水庫總庫容一億二千五百萬立方米，興利庫容九千八百萬立方米。大壩長八千三百六十米，高十四點五米。輸水洞三孔六米，泄洪閘七孔二十一米，非常溢洪道八孔五十四點八米。最大蓄水面積二十五平方公里，設計灌漑面積九十八

萬畝。是世界上最大的一座以灌溉爲主,兼以防洪、養殖、旅游等綜合效能的沙漠水庫。

初建伊始,縣上唐德壽等領導全面決策;原張掖專署水利局工程師王建文勘察設計,爲水庫建設打了基礎。建設中,總工程師左風章自始至終擔任技術負責人,幾十年如一日,嚴謹指導各期工程,在群衆中留下了深刻的印象。全縣人民以愚公移山精神,戰天鬥地,爲完成這一浩大工程付出了艱辛勞動。水庫自投入運行以來,合理分配水資源,調劑灌溉農田,有力地促進了民勤工農業生產的發展。

紅崖山水庫是民勤人民勤勞智慧的結晶,是民勤人民賴以生存的命脈。民勤人民對關心、支援、支援水庫建設的各級領導、人民解放軍、工程技術人員及河南支邊青年竭誠感謝,永志不忘!

公元一九九二年八月十日

[題解] 碑立於1992年8月。高192.5厘米,寬90厘米,厚11.5厘米。碑陽由民勤書法家馬玉浩書寫,碑陰爲路有義書寫。現立於紅崖山水庫臥龍亭內。碑文概述了洪崖山水庫的概況及修建的相關情況。文中的唐德壽爲時任民勤縣縣長、縣委第一書記。

[作者] 馬玉浩(1921—1997):字志超,號金沙,別署蘇山老人,民勤縣昌寧鎮人。武威師範學校畢業,歷任民勤一中教師、縣文化館副研究館員;曾任武威地區書法家協會名譽主席,武威地區文聯副主席、民勤縣政協副主席。

瀚海明珠碑

瀚海明珠
　　民勤縣人民政府 立

碑 陰

民勤,古謂臨河、鎮番,因人民勤勞而易今名。地處石羊河下游,騰格里和巴丹吉林兩大沙漠之間。周代,人們

就在這里繁衍生息。西漢置縣，明時屯墾，大力發展。繼清、民數百年，直至今日繁榮昌盛。全縣面積一萬六千平方公里。土地遼闊，農業發達，爲河西商品糧基地之一。大漠戈壁連亘，牧草萋萋，牛羊被野。煤炭石墨藏量可觀，石膏芒硝儲存豐富。工礦企業，方興未艾。大電網爲工農業生產提供了非常充足的動力資源。交通便利，民武公路與歐亞大陸橋相銜接，民昌公路經鎳都①直接甘新鐵路大動脉，民湖、民西公路越沙漠可抵寧夏、内蒙。郵政電訊，暢通全國。信息靈通，商業興旺。

四季分明，氣候宜人，日照長，溫差大，特別適宜農作物生長。所產小麥粉質優良；白蘭瓜、黃河蜜，瓤厚汁甜，譽享中外；糖菜含糖量高；茴香籽實味濃；棉花潔白如雪，絮長柔韌；蘋果、紅棗，色麗質優，爲營養佳品。特別是黑瓜籽，板大、仁飽、香甜可口。民勤人民俗樸風醇，躬耕苦讀，古往今來，人才輩出。漢時金日磾，有口皆碑；至今各路人才遍布全國，俗有"文化縣"之美稱。

民勤，亦爲旅游勝地。沙井文化②世人仰慕；漢明長城迤邐蜿蜒；元明鎮國塔，朝輝夕映；明代聖容寺，雄奇古樸；瑞安堡堪稱一絶；沙漠水庫，舉世聞名；沙生植物園，奇花异木，令人嘆服。昔日，勤勞勇敢智慧的民勤人民用汗水譜寫了自己輝煌的歷史；現在，又用科學和毅力描繪着沙鄉錦繡藍圖！

公元一九九二年八月

[題解] 碑立於1992年8月。寬180厘米，高91厘米，厚12.5厘米。"翰海明珠"4個大字由民勤書法家馬玉浩手書。現立於民勤紅崖山水庫。碑文概述了民勤縣的歷史、地理和工農業、礦產資源、優質農產品、交通通信、文化遺產等，可以說是民勤的名片。

[注釋]

①鎳都：甘肅省金昌市的別稱，因境内有國内最大的鎳礦藏基地故名。

②沙井文化：中國青銅時代末期的一種文化，最初發現於甘肅民勤沙井，故名。大體相當於中原地區東周時期，距今約3000年至2500年，是我國最晚的含有彩陶的古文化。1923年，瑞典考古學家安特生的助手在民勤縣徵集到一

批彩陶和銅器，并在沙井東墓地發掘到陶器和銅器。1924年夏，安特生結束了洮河流域的考古調查之後，爲了尋找仰韶文化與青銅文化的缺環又繼續西行，在民勤柳湖村、沙井子、黄蒿井和永昌三角城等地進行了詳細的考古調查，并在沙井南發掘了53座墓葬，出土彩陶雙耳圜底罐等器物，其中的連續水鳥紋尤爲獨特，不見於其他彩陶文化，安特生將它列爲甘肅遠古文化"六期"之末，稱爲沙井期。1948年，著名考古學家裴文中先生帶領西北地質考察隊調查了上述遺址，新發現了一些同類遺存，并首次提出"沙井文化"的命名。

沙漠公園照壁碑

　　北國風光，千里冰封，萬里雪飄。望長城内外，惟餘莽莽；大河上下，頓失滔滔。山舞銀蛇，原馳蠟象，欲與天公試比高。須晴日，看紅裝素裏，分外妖嬈。　江山如此多嬌，引無數英雄竞折腰。惜秦皇漢武，略輸文采；唐宗宋祖，稍遜風騷。一代天驕，成吉思汗，只識彎弓射大雕。俱往矣，數風流人物，還看今朝。

　　一九九五年十月二十八日晚，重寫毛澤東《沁園春·雪》這首偉大詩篇，被毛主席紀念堂正式珍藏。丁丑夏　王國文

碑 陰

瀚海明珠

　　王國文　沙漠公園　贈民勤　丁丑年夏月

[題解] 碑立於1997年（丁丑）夏。高108厘米，寬460厘米，厚3厘米。

碑正面是原武威市委書記王國文的草書書法，背面亦是王國文橫排楷書。碑現立於民勤縣沙漠公園。

[作者] 王國文（1938— ）：福建省惠安縣人。1965年畢業於北京大學政治系。長期工作於陝甘一些貧困地區，歷任縣委書記、地委副書記、陝西省紀委副書記、甘肅省武威地委書記、甘肅省人大財經委副主任等職務。愛好書法藝術，現任蘭州龍文化研究院院長。

宋和治沙紀念碑

宋和位於民勤縣城南十公里處，三面環沙，原爲民勤西綫風口之一，明代曾築青松堡屯卒二千，拓耕斯土越四百年，沙進人退，唯存殘垣斷壁。迨五十年前流落异地者，十有二三。解放後村民響應國家號召，在石述柱帶領下奮起治沙，先戰於村東大沙河，再戰於村南張家大灣，歷時八年，愈挫愈奮。後定規立約，三十六年如一日，連片植綠，步步爲營。并借科技之力艱苦探索，創造出黏土沙障與林木封育相結合的宋和樣板，終於在村西風沙綫上建起一條長九千米、寬二千五百米的綠色屛障。於風口楊洪莊灘種植白楊沙棗一千五百畝、沙生植物五千五百畝、經濟林一千五百畝，使二千四百畝弃耕地復耕，營造出一個林糧間作的萬畝林場，村民獲利近百萬元。賴其滾動發展，打井架電，興學築路，實施節水樣板工程，并建成紅棗林網三千畝，走上富裕文明之路。宋和乃一縮影，藉此可見全縣治沙之役。半個世紀以來，國家大力支持，歷屆政府堅持不懈，全縣人民瀝血鏖戰於四百公里風沙綫，封閉風口，連營築壘，造林保存面積達一百一十五萬畝。屛遏兩大沙漠，翼蔽河西走廊，社會經濟生態效益顯著，一部治沙史可謂驚天地泣鬼神。建此塔立是碑，意在歷古今嬗變，知民氣精神，警生態危機。於環望間，西驚黃漠，東悅綠園，南睹紅崖，北極白海，沉吟慷慨於黃綠一綫，感人沙違逐，嘆重造之工，以爲西部開發張旗鼓，壯行色。

民勤縣人民政府
二〇〇一年七月

[題解] 碑大理石質，2001年7月立於民勤縣薛百鄉宋和村觀景塔左側。碑文引自《民勤縣志》（1986—2005）。簡述宋和村的生態歷史和在石述柱帶領下奮起治沙的顯著成效，以昭示人們"知民氣精神，警生態危機"，共同關注家鄉

的建設發展與生態保護。

石述柱（1936—）：民勤縣薛百鎮宋和村人，宋和綜合治沙示範區管委會主任。1955年，組建"青年治沙突擊隊"以來，栽植防風固沙林7500畝，經濟林1500畝，壓設各類沙障80多萬米，固定流沙800畝，建起了一條長9千米、寬2.5千米的防沙林帶。2001年7月，被甘肅省委評爲"優秀共產黨員"。2002年6月，被國家綠化委、中宣部、人事部、國家林業局聯合授予"防沙治沙標兵個人"。2004年底，甘肅省委號召全省黨員幹部向石述柱學習。2005年4月，榮獲全國勞動模範榮譽稱號。

中國道教生態林建設基地碑

民勤位於河西走廊東端、石羊河下游。西、北、東三面被巴丹吉林和騰格里沙漠包圍，是我國荒漠化防治的前沿地帶，在全國生態格局中具有舉足輕重的戰略地位。國務院總理溫家寶就此指示："石羊河流域生態綜合治理應提上議程。""決不能讓民勤成爲第二個羅布泊"。

爲落實總理指示，遏制風沙侵襲，保護、興建綠洲，保障千里河西走廊和歐亞大陸橋的暢通，民勤各界人民進行了不懈努力。其聲勢之浩大前所有，其成效之顯著有目共睹。民勤縣道教協會發揚古老道教崇尚自然、和諧共生的優良傳統，積極參與綠洲建設。縣境內蘇武山，相傳爲牧草豐美的天然牧場，漢中郎將蘇武曾在這里仗節牧羊。後人敬仰蘇武堅貞不屈的民族氣節，於明成祖永樂七年創建蘇武廟以志紀念，從此這里便成了著名的道教活動場所。一九九六年，民勤縣政府將山之西麓一千五百畝荒漠沙丘書撥縣道教協會，用於生態林建設并已初見成效。中國道教協會獲悉，響應國家實施西部大開發之號召，倡議海內外道教界同仁，共襄保護環境、濟世利人之善舉，在民勤蘇武山創建中國道教生態林建設基地，以期改善民勤生態，支持西部發展。爲促成此善舉，甘肅省宗教事務局、甘肅省道教協會多方面聯繫協調，值本年植樹季節，邀請中國道教協會攜海內外道教界知名人士於蘇武山舉行捐資揭碑儀式，宣布中國道教生態林建設基地在此啓動。爲昭示來者踵斯事而增其華，特立是碑以志之。是爲記。

民勤縣人民政府
二〇〇三年四月二十二日

[題解] 碑大理石質。2003年4月立於民勤縣蘇武山蘇武廟南50米處，碑文引自《民勤縣志》（1986—2005）。簡述了民勤在國家生態戰略中的地位和中國道教生態林建設基地落户民勤的來龍去脈，高度評價了中國道教協會攜海内外道教界知名人士捐資創建道教生態林，"以期改善民勤生態，支持西部發展"的善舉。

"緑洲魂"雕塑碑座碑文

(基座正面) 決不能讓民勤成爲第二個羅布泊！

温家寶

創意：民勤縣城鄉建設局
設計：北京補天文化發展有限公司
創作：河北曲陽石明工藝雕塑廠

二〇〇六年七月三日 立

[題解] 碑立於2006年7月。碑座高76厘米，寬711厘米，厚1厘米。字體新魏，横排2行。雕塑坐落在民勤縣文化廣場南北中軸綫上，旨在反映民勤人民興水治沙之歷史和"決不能讓民勤成爲第二個羅布泊"之決心。基座按民勤地域十萬分之一比例用黄砂岩縮置。青銅鑄造6米高的老農高舉沙井文化遺址中出土的陶罐，脚踩騰格里和巴丹吉林沙漠，象徵征服兩漠；河流以傳説青土湖中能在春夏之季吐納風雲、布施雨露的金水牛，寓意接天上之水澆灌民勤緑洲，造福蒼生百姓。2001年以來，温家寶總理先後多次批示，"決不能讓民勤成爲第二個羅布泊"。此後，他一直關注石羊河流域治理和民勤縣防風治沙工作。雕塑形象地表現了民勤人民"決不能讓民勤成爲第二個羅布泊"的決心和信心。

"綠洲魂"沙漠兩面碑文

石破天驚奇迹開，靈犬雙現吉祥來。八字圖讖報佳訊，綠洲大發喜心懷。丙戌蠧雕起祥雲，甘霖降落潤民勤。足踏兩漠抒壯志，興水治沙載富根。

[題解] 碑立於2006年7月。分別坐落於"綠洲魂"雕塑中的兩大沙模之上。碑爲長方形，兩方左右對稱，大小一致，高62厘米，寬41厘米，字體爲魏碑。每方碑文竪排，4行，每行7字，共28字。碑文表達了民勤人民不辜負總理囑託，矢志保護綠洲的雄心壯志。丙戌，即2006年。

蘇武廣場碑記

民勤，居石羊河下游，處騰格里與巴丹吉林沙漠之間，沙井文化發祥地，漢中郎將蘇武牧羊故地也。漢設郡縣，唐置白亭，明稱鎮番，民國以其民風朴而易民勤。

洪荒之年，《禹貢》①以爲瀦野②。漢開河西四郡，墾殖漸熾，生齒日繁，下游民勤遂成塞上奧區。方州有土沃澤饒之頌，周朝唱可耕可漁之歌。然愈趨晚近，河水漸微，澤梁亦涸；土沃澤饒，遍成往事；十地九沙，釀爲禍端。延及近代，風沙肆虐，綠洲顛危；世人注目，政府牽心。温家寶總理多次批示："決不能讓民勤成爲第二個羅布泊"。春風化雨，綠洲頓顯生機；党恩國澤，縣人感佩莫名。縣委政府抓根治本，與時俱進；興水治沙辦教育，關井壓田調結構，強工活商促發展。生態以退耕爲要務，農業以節水爲根本。集腋成裘，衆志成城；綠洲再造，民勤巋然。

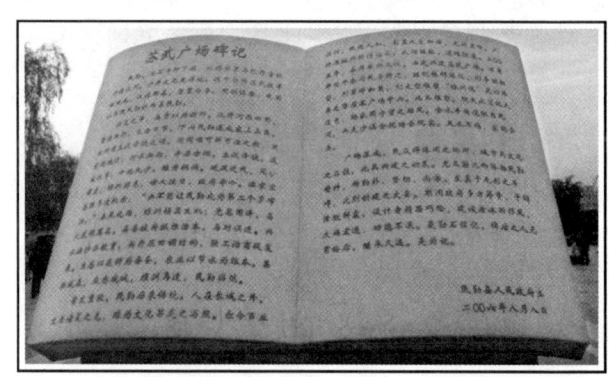

崇文重教，民勤歷來傳統。人在長城之外，文居諸夏之先，殊爲文化昌盛之寫照。爾今百業俱興，政通人和，彰顯人文

和諧，尤爲至盼。廣場原址爲排污站區，人煙輻輳，道路阻塞，二〇〇五年，縣府采納衆議，決定興建蘇武廣場。不半年而千餘間民房拆遷，繼則樓群崛起，則亭榭相望，則草坪如茵，則大型雕塑"綠洲魂"更以舉鼎之勢座落廣場中央。此其雕塑，取天水灌漑之俊意，揚國家守望之雄風。金水牛傳說取之民間，兩大沙漠合攏暗合現實。天水不竭，家園金湯。

廣場落成，民衆得休閑之場所，城市具文化之品位。此其興建之初衷，尤且藉此而張揚民勤精神，鑄勤樸、堅韌、尚學、求真於無形之豐碑。此則創建之大要。期間，政府多方籌資，幹群慷慨解囊；設計者精思巧繪，建設者沐浴櫛風。大端宏造，功德不泯。爰勒石銘記，俾後人之光前裕後，繼承久遠。是爲記。

民勤縣人民政府 立
二〇〇六年八月八日

[題解] 碑立於2006年8月。漢白玉質，形狀爲打開的書本，高140厘米，寬220厘米，厚37厘米。字體爲新魏，分兩頁排列，共37行，每行21字，共663字。碑背面爲漢白玉"蘇武牧羝浮雕圖"，高132厘米，寬180厘米，厚4.5厘米。現立於民勤縣文化廣場。碑文以渾厚的歷史文化積澱，聯繫民勤生態現實，概述了修建蘇武廣場的現實意義和歷史意義。

[注釋]

①《禹貢》：《尚書》中的一篇，相傳爲大禹所著。全篇一千多字，以自然地理實體爲標志，將全國書分爲九個區域（即九州），對每州的疆域、山川、河流、物產、貢賦等作了簡要的叙述，是我國古代歷史地理方面的重要文獻。

②潴野：也作豬野、都野。《禹貢》將全國分爲九州，西北地區爲雍州。在雍州的內容中，記載了西北地區從陝西到潴野的水利工程。據專家考證，潴野即潴野澤，在武威東北100多公里處的民勤縣境內，現已枯竭。《水經注》："都野澤在武威縣東北。"注云："縣在姑臧城北三百里，東北即休屠澤也。古文以爲潴野。"古代文獻中所稱的潴野澤、休屠澤、白亭海（白海）當指同一湖澤，也泛指民勤綠洲平原。

防沙治沙紀念碑（一）

　　民勤地處河西走廊東端，石羊河流域下游，東西北三面被騰格里和巴丹吉林兩大沙漠包圍，全縣總面積一萬六千平方公里，荒漠和荒漠化土地面積占總面積的百分之九十四點五。防沙治沙是維護民勤綠洲生存和經濟社會可持續發展的戰略抉擇。中華人民共和國成立以來，在中共路綫方針政策指引下，在中央省市的親切關懷和正確領導下，歷屆縣委政府團結和帶領全縣人民植樹造林，防沙治沙，興修水利，保護環境，爲遏制兩大沙漠合攏、維護綠洲生態安全付出了艱苦的努力。近年來，面對水資源日趨短缺的嚴峻形勢，堅持以節水爲根本，提出生態立縣戰略，大力調整經濟結構，强化水資源科學配置和依法管理，轉變經濟增長方式，實施了灌區生態移民、節水改造、退耕還林、天然草原保護等專案，落實了縣境内禁止放牧樵采、禁止打井開荒、禁止超采地下水的"三禁"政策，全縣生態環境惡化加劇的趨勢得到遏制，局部地區得到有效治理。民勤沙漠化治理不僅是一個地區問題，而且是關係國家發展和民族生存的長遠大計。形勢嚴峻，任重道遠。在民勤綠洲與沙漠邊緣製作此標記，旨在全面貫徹温家寶總理的重要批示、指示精神，傳承和弘揚全縣人民千百年來同風沙和乾旱作鬥争中形成的民勤精，堅定"决不能讓民勤成爲第二個羅布泊"的决心和信心。同時警示後人，世世代代艱苦奮鬥，節水治沙，不讓沙漠南侵。

中共民勤縣委　民勤縣人民政府
二〇〇六年八月十八日

防沙治沙紀念碑（二）

　　青土湖位於民勤緑洲的北緣，是石羊河流域的終端湖泊，歷史上曾是土沃澤饒、可耕可漁的地方。史料記載，湖區積水面積最大時有四百平方公里，晚清時仍有一百二十平方公里。一九二四年後因無較大洪水匯入而逐漸萎縮。到二十世紀五十年代末，完全乾涸，逐漸沙化。青土湖的乾涸和兩大沙漠的南侵導致了湖區荒漠化加劇。水是民勤緑洲賴以生存和發展的基礎，民勤特殊的自然地理條件决定了有水就是緑洲，無水便是沙漠。近幾十年來，民勤人民以防沙治沙、保護生態爲已任，立足節水，綜合治理，延緩了綠洲沙漠化的進程。但隨着大氣環境的變化、人口的增長、生產規模的擴大，石羊河進入民勤的地表水逐年銳減，導致了縣境內地下水的過量開采和地下水位下降、水質變壞，生態環境局部治理但整體惡化的趨勢尚未逆轉。青土湖的演變是民勤綠洲荒漠化的縮影，也是人與自然關係嚴重失衡的歷史見證。

中共民勤縣委　民勤縣人民政府
二〇〇六年八月十八日

[題解] 碑爲混凝土結構，立於2006年8月，碑文引自《民勤縣志》(1986—2005)。位於青土湖腹地，由兩座塔式碑體組成，分別代表巴丹吉林沙漠和騰格里沙漠，碑體向內合抱，顯示兩大沙漠對民勤綠洲形成的合圍之勢。整座建築佇立於邊長16米的方形基座上，代表民勤1.6萬平方公里的縣域面積。左碑底寬4.43米，右碑底寬4.27米，分別代表4.43萬平方公里的巴丹吉林沙漠和4.27萬平方公里的騰格里沙漠。碑高18.1米，以沙紅色爲主色，象徵兩大沙漠合攏對人們發出的警示。左碑鑲刻仿溫總理"絕不能讓民勤成爲第二個羅布泊"的批示手跡，右碑鑲刻民勤生態治理的總體思路和奮鬥目標："關鍵在節水，民勤變民富"，背面鑲刻碑文與青土湖的簡介。兩座碑體中間用30個鋼構方格連接，代表民勤30萬人民團結一心、植樹造林、防沙治沙、興修水利、保護環境、建設家園的艱辛努力和不屈精神。鐫刻碑文2篇。第一篇簡述了民勤概況和新中國成立以來在生態治理、保護綠洲安全方面付出的艱苦努力。第二篇簡述了青土湖的歷史演變，旨在告訴並警示人們，生態環境形勢日趨嚴峻。整個碑文表達了民勤人民不辜負總理囑托，將節水治沙、不讓沙漠南侵作爲一種歷史責任，矢志保護民勤綠洲的雄心壯志。

陽光產業碑

民勤縣是全省乃至全國荒漠化危害最嚴重的縣份之一，全縣荒漠化面積占總面積的百分之九十四點五，沙漠面積占總面積的百分之五十點二五。多年來，我們堅持以科學發展觀爲指導，全面貫徹溫家寶總理的重要指示精神，在各級黨委政府的正確領導和社會各界的大力支持下，繼承和發揚歷屆縣委政府的優良傳統和作風，帶領民勤人民抗擊風沙，保衛綠洲。全縣人工造林一百八十三萬畝，封育管護荒漠區沙生植被五百八十八萬畝，在四百零八公里的風沙綫上構築了長達三百四十二公里的防護林帶，創出了荒漠化治理的新路子，阻止了風沙對綠洲的侵襲。爲了探索在乾旱荒漠地區生態治理和經濟社會又好又快發展的新途徑，按照"多采光、少用水、新技術、高效益"發展思路和產業化發展的新模式，實現了把陽光變成產業、荒漠變成綠洲、科技變成效益的目標，在民勤西綫最大的風沙口勤鋒灘建成了沙產業示範園區。在園區的示範帶動下，陽光產業、節水農業、生態林業、現代畜牧業等新型產業在全縣快速發展，荒漠化的治理技術、高效節水灌溉技術、日光温室栽培技術、光熱資源利用等技術得到普遍推廣應用，初步顯現了良好的生態、經濟和社會效益。在此製作標記，就是要弘揚"勤樸、堅韌、尚學、求真"的民勤精神，落實"興水治沙辦教育，關井壓田調結構，強工活商促發展"的重大舉措，堅定"決不能讓民勤成爲第二個羅布泊"的信心和決心，開創陽光產業發展的新局面，建設富裕文明和諧的新民勤。

中共民勤縣委　民勤縣人民政府
二〇〇六年八月十八日

[題解] 碑爲鋼混結構，立於2006年8月，位於勤鋒灘西北一帶。碑文引自《民勤縣志》(1986—2005)。簡述了民勤在治理荒漠化危害方面的巨大成果和發展陽光產業的背景、意義、前景，旨在弘揚民勤精神，堅定"決不能讓民勤成爲第二個羅布泊"的信心和決心，開創陽光產業發展的新局面。

惠民碑

決不能讓民勤成爲"第二個羅布泊"。

温家寶

永遠的豐碑（碑陰）

三面環沙的民勤縣，是中國西北角一塊狹長的綠洲，由於缺水，竟成了四大沙塵暴策源地之一。然而正是它的存在，阻止了騰格里和巴丹吉林兩大沙漠的合攏，可見它在中國生態格局中具有何等重要的地位。

民勤綠洲的存亡，成爲人們深切關注的焦點，尤其引起黨和國家領導人的高度重視。自二〇〇一年以來，溫家寶總理一直關注着民勤綠洲的生態問題，曾多次批示："決不能讓民勤成爲第二個羅布泊。"并鄭重指出："決不能讓民勤成爲第二個羅布泊，這不僅是個決心，而是一定要實現的目標。這也不僅是一個地區的問題，而是關係國家發展和民族生存的大計。"這是一個十三億人口大國的總理對遼闊的國土上一個內陸河水系變遷教訓的深刻總結，是對人與自然和諧相處的深切關注，是對民勤人民生存發展的深情關懷和對歷史的高度負責，也是對各級黨委政府的諄諄告誡和殷切希望。像一縷和煦的春風，吹暖綠洲大地；是震聾發聵的綠色誓言，帶給民勤希望和生機。在總理批示精神鼓舞下，民勤縣委縣政府帶領全縣人民以科學發展觀爲指導，確立生態立縣戰略，堅持興水治沙辦教育，關井壓田調結構，強工活商促發展，努力實現生態、經濟、社會全面協調與可持續發展。決不能讓民勤成爲第二個羅布泊，這是民勤人民的響亮回答。

多少年來，民勤人在風沙中挺立，在風沙中抗爭；多少年來，民勤人在風沙中堅守，在風沙中前仆後繼。

一部抗風斗沙史！一首民勤大風歌！

民勤縣人民政府
公元二〇〇六年十月 立

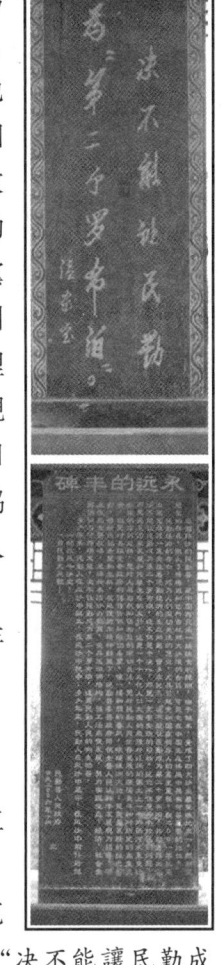

[題解] 碑大理石質，立於2006年10月。高185厘米，寬80厘米，厚9厘米。碑陽鎸刻時任國務院總理溫家寶手書的"決不能讓民勤成爲第二個羅布泊"14個大字，碑陰文字爲時任民勤縣文聯主席李玉壽所撰。現立於民勤縣紅崖山水庫之山巔。碑文以溫家寶總理批示爲背景和主旨，表達了民勤人民保護生態，實現總理願望的豪情壯志。亦稱"永遠的豐碑"。

甘肅民勤連古城國家級自然保護區碑

甘肅民勤連古城國家級自然保護區是在原連古城省級自然保護區面積擴大後，於2002年7月經國務院批准晋升爲國家級自然保護區，2005年8月經省編委辦、省林業廳批准成立甘肅民勤連古城國家級自然保護區管理局，縣級建制，隸屬省林業廳。管理局內設辦公室、組織人事科、計劃財務科、保護監測科、科研管理科、產業開發中心，下設紅崖山、花兒園、勤鋒、連古城、三角城、黃嶺、南湖7個保護站。

保護區位於民勤縣境內的荒漠區域內，東北被騰格里沙漠包圍，西北有巴丹吉林沙漠環繞，北、西、南三面遮罩着民勤綠洲，其地理位置在北緯38°05'~39°06'，東經103°02'~104°02'。南北寬約90公里，東西長6.5~125公里不等。以民武公路爲界，保護區分東南半區和西北半區，總面積爲389882.5公頃，占民勤國土面積的四分之一，是全國面積最大的荒漠生態類型家級自然保護區。

保護區分爲核心區、緩衝區和實驗區三個功能區，其中核心區面積121058.5公頃，占31.05%，緩衝區面積151664.3公頃，占38.9%，實驗區面積117159.7公頃，占30.05%。保護區以保護荒漠天然植被群落、珍希瀕危動植物、古人類文化遺址和極端脆弱的荒漠生態系統爲主要物件。

保護區現有天然林面積234104.6公頃，依次爲白刺群落、貓頭刺群落、鹽爪爪群落、沙拐棗群落、檸條林群落、綿刺群落、霸王群落、麻黃群落、檉柳群落、紅砂群落、胡楊群落等；保護區共有種子植物64科227屬474種，有國家重點保護植物13種，其中，國家一級有裸果木、錦刺、髮菜等3種，國家二級有蒙古扁桃、沙冬青、肉蓯蓉、草麻黃、斑子麻黃、沙拐棗、朝天委陵菜、甘草、沙蘆草、短芒披鹼草等10種；有陸生野生動物約24目43科89種，有國家重點保護動物12種，其中，國家一級有金雕1種，國家二級有鳶、蒼鷹、雀鷹、白頭鷂、游隼、灰背隼、縱紋腹小鴞、長耳鴞、短耳鴞、荒漠貓、鵝喉羚等11種；保護區有沙井文化遺址（柳湖墩遺址、火石灘遺址和小井子灘遺址）、古城遺址（連城遺址、古城遺址、三角城遺址）、驛鋪遺址（寧邊驛、黑山驛遺址）、古墓葬、古建築（漢明代長城、烽隧）等古人類文化遺址。

保護區屬重要荒漠生態系統和典型荒漠野生動植物分布區，具有地帶典型性、生物多樣性、稀有物種的特殊性、自然生態的完整性等特徵，生態品質較高，具有較高的學術和科研價值。保護區呈半環狀屏障着民勤綠洲，在風沙綫前沿，扼守住民勤綠洲和河西走廊的腰部，生態區位十分重要。保護區的建立和發展對防治荒漠化，特別是在減少和防治沙塵暴危害及遏制兩大沙漠合攏方面具有重要的戰略意義。

保護區的籌建和成立，得到了國家和省、市、縣各級政府、業務主管部門及社會各界的大力支持和廣泛關注，對此我們永志不忘，以此志之！

甘肅民勤連古城國家級自然保護區管理局 立
公元二〇〇七年八月

[題解] 碑爲鋼混結構，立於 2007 年 8 月，碑文引自《民勤縣志》（1986—2005）。位於紅崖山水庫東側，由基座、兩個長方形尖碑和區徽組成，高 9.9 米。綠色區徽約占建築物的十分之一，意爲綠洲占民勤國土面積的比例；兩個長方形尖碑猶如保護區東南和西北兩大半區；黑色基石象徵意志堅定、默默奉獻的保護區人；9.9 米的區碑高度，意爲保護區任重道遠，爲實現溫家寶總理"決不能讓民勤成爲第二個羅布泊"的莊嚴承諾，保護區人與時俱進，堅韌不拔，竭盡全力保護自然，造福人類，守護民勤綠洲。碑文簡述了民勤連古城國家級自然保護區的形成、機構、範圍、面積、生物資源、文化遺址及其功能和作用，對正確認識保護區、加強生態保護具有重要價值。

望海亭碑

（仿檯曆）左 頁

　　發揚胡楊精神，做好恢復生態、結構調整、脫貧致富三件大事。百折不撓，艱苦奮鬥，有決心、有信心、有勇氣、有韌勁，打好三套組合拳，打贏綠洲保衛戰，把民勤建設成爲全國節水模範縣和防沙、治沙示範縣。決不能讓民勤成爲第二個羅布泊！

——摘自溫家寶總理視察民勤時的講話

（仿檯曆）右 頁

2007 年 10 月 1 日 丁亥年八月大二十一日 星期一

[題解] 碑立於 2007 年 12 月。碑狀爲一本打開的檯曆，通寬 128 厘米，厚 52 厘米，高 91 厘米。現立於民勤縣紅崖山水庫山巔望海亭內。2007 年 10 月 1 日，時任中共中央政治局常委、國務院總理溫家寶來到甘肅省民勤縣，考察並

調研石羊河流域綜合治理。他深入騰格里沙漠和巴丹吉林沙漠交會處，察看防沙治沙情况，進入村莊走訪農戶，與幹部群衆座談，研究民勤生態保護、沙漠治理的根本大計。碑文鎸刻温家寶總理對民勤生態建設的講話要點，表達了民勤人民衆志成城，打贏緑洲保衛戰的决心和信心。

民勤賦

夫民勤，古稱白亭，前號鎮番，黑子彈丸，邊陲下邑也。

其形勝，南蔽姑臧，西援張掖，翼帶河隴，控臨絶塞。兵家必争之地，胡羌戎馬之場。大禹治水，至於豬野，遂成水鄉澤國；瀚海緑洲，物産豐盛，喻爲"塞上奥區"；人文匯萃，重教尚學，堪稱"文化大邑"；防風固沙，節水采光，名曰"生態民勤"。一萬六千平方公里之國土，三十一萬口勤勞之人民。惠風東來，緑洲添緑，餐秀色之旖旎；千柳弄情，百卉争艷，啜花露之未晞；大河上下，水汽氤氲，展清流之漣漪；田野葱蘢，碧障千繞，奏和諧之嚦嚦。蘇峰聳翠，紅  崖泛波；百鳥啁啾，牧歌遠傳；春播瀟灑，楊柳婆娑；夏濡得意，葦葉連連。冬雪結白而遼闊，秋枝染霜而散香。看不完大漠緑洲好景色，望不盡田園人家大畫圖。

其水利，一河貫境，四季流淌，古稱谷水，今名石羊。發端祁連，寫山水之性靈；落拓大漠，抒天地之華章。層巒叠嶂，聳奇峰之秀色；怪石嶙峋，凸懸崖之乖張。高山或阻，洪水或怒；激流跌宕，嚴灘起伏。險裏含情，危中有機；野馬脱繮，誰人可馭？民勤一邑，地介沙漠，民生之惠，全賴水利。草澤因水源而獨廣，人丁因水利而見增。人增而擴地，地廣而争水，水枯而草衰，無草而沙揚。人地與水，如切如磋；風沙與水，如琢如磨。文公[①]定案，五牌分水而澆灌有章；鐵道[②]判案，設旁刊石而俾垂久遠。播種之多寡，恒視灌溉之廣狭以爲衡；壩渠之閘瀉，必按額糧之輕重以分水。水有定規，萬家資濟；均水長流，利民大焉。大河湯湯，野馬任我由繮；石羊蕩蕩，蒼龍助我追陽。承天自然，生態百里山川；秉地靈异，輝耀綠洲神奇。千山萬弄，列錦繡之畫屏；一花一草，發沁脾之芬芳。常聞花語，竊言水利之不濟；幾聽鳥唱，妙囀洪波之澤響。黄河調水，党恩國澤永感佩；四方援手，鼎力扶貧豈敢忘。横亘邊陲，守望走廊，雄風浩蕩，源遠流長。噫籲嘻，石羊河母！哺我蒸民，大德無疆。

　　其沿革，紅崖恐龍，述説古今嬗變；馬營魚堆，演繹物竞天擇。第一塊舊石器，闡釋亘古春秋；數百個紅彩陶，書寫久遠文化。漢武開邊，導水潤沃土千里；魏晋重農，辟荒屯良田萬頃。長城逶迤，鎮鎖遠山；烽燧如砥，控臨絶塞。三角城頭，羌管悠悠猶在耳；紅崖關隘，鐵馬錚錚竞馳騁。党項牙帳，見證胡漢紛争；太子③行宫，銘記民族和盟。吊蘇子④之忠烈，邑人常吟牧羊曲；贊日碑⑤之忠勇，祁連悲歌千古吟。明屬邊衛，軍墾初興；鋒鏑鋤犁，征戍所從。柳林湖硝烟蔽日，白亭海烽火漫天。馮勝⑥大戰别篤山，元軍糧罄而貪夜逃遁；王興⑦始設鎮番營，戰士屯墾而五穀豐登。阿魯台⑧乘間竊發，王指揮⑨策馬窮追。金鞭凱奏，王剛運奇謀於北塞；銀鎧揚威，馬昭⑩抒妙策於祁連。李印泉⑪三千輕騎破堅陣，殺敵如快刀斬麻；李士達⑫一具病身隨君征，斬首猶草鐮割韭。鎮人挂印，彭廉⑬爲始，推爲一代名將；捨生取義，昌齡⑭挺身，方州詡爲忠臣。更有何斯盛⑮桐城殺寇，無責而保城社；傅蘇麓⑯宜黄盡忠，殺身而奠民生。王國靖⑰臨危授命，鞠躬盡瘁，死而後已；趙興體抵禦外侮，名揚域外，功表麟烟。馬虎⑱驍勇，金川寇聞風喪膽；李蘭⑲重義，抱死志望北叩親。况復萬千駝户，無數平民，豪情震朔漠，异邦揚聲名。赴國難，禦敵寇，大戰瑪納斯⑳；走沙漠，跨戈壁，征討噶爾丹㉑。援藏平叛，犁庭掃穴；入疆戡亂，北戰南征。羊裘一襲，擔社稷大業；明駝千里，做國家幹城。茂盛源㉒駝走北漠，富可敵國；馬合盛㉓商通西域，御筆大行。歐亞重走絲綢路，莫斯科列寧接見；雪域挺進唐古拉，布達拉班禪盛贊。淹至近代，彪虎倡狂，匪患兵禍，波靡梓鄉。日月黯黯兮，血肉横飛於閭巷；正氣浩浩乎，士子淪爲國殤。

　　其人文，承天載地，應物孕魂；爝火傳薪，文風昌盛。人在長城之外，文居諸夏之先。一方水土，一方人文。蘇武山積生精氣，石羊河增長靈光。文脉人脉相濟，翰華物華齊昌。沙井文化，餘燼燧影，初顯遠祖繁衍生息之蹤迹；柳湖遺址，陶藝焜然，閃耀先民拓啓文明之光芒。儘管偏居一隅，尚學之風聞於五凉；雖然獨處邊塞，重教之俗蒙啓百代。人文浸潤，熔中原文化之博大精深；地脉相接，糅异域風俗之斑斕瑰麗。

民風淳樸，似平疇之坦蕩；俊杰輩出，若星空之燦爛。窮鄉僻壤，鐘情翰墨丹青；山野村夫，崇尚禮儀文章。蘇山書院，文社寒暑不綴；鄉村私塾，書聲晝夜可聞。登南宮而膺鄉薦貢，後先輝映；蟬科甲而蔭學勵優，啓後承前。盧氏出翰林[24]，文苑縱橫；謝門三知縣[25]，政壇馳騁。才子俊彦，出我鐘靈毓秀之地；耆英逸士，集此崇文尚武之鄉。賢良接踵，科第蟬聯，文選之盛，甲於河西。修文廟，建學署，立義學，設書院，浚功名之淵藪，辟教化之津梁，而數百年來，雄奇瑰異之材飛騰發越，清音絶響之器揚聲中國。孫克明[26]首入禮闈，從此文章彪炳，永誇勝地於鵝湖；楊孟希[27]行看科第蟬聯，即是題名之雁塔。楊大烈[28]卿銜洛中，才名久擅於關西；孟良胤[29]香班艷宋，聲譽遠播於江東。王扶朱[30]隱居高臺，憤世著三違之論；盧生華領軍文壇，揮毫寫錦繡之文。謝家父子妙筆生花，一枝筆大有神通；藍氏兄弟[31]著述盈篋，兩本書能令鬼哭。聶景陽[32]八代文章，千金駿骨；楊文耕[33]一腔星斗，萬斛珠璣。康來慶[34]設教蔡旗，聖人乃其大號；白彰明[35]滿園桃李，夫子確系美稱。何開淑[36]杏林漫步，醫案殊爲金貴；張舍兒[37]梨園奮身，才藝尤稱雙絶。張樸卿[38]翰墨遺香，銀勾鐵畫；馬玉浩[39]品高行潔，鳳姿龍章。

承地域人文之利，興學之風歷久不衰；得時代風氣之先，一脉師德薪火相傳。集萬民之力辦教育，此乃躋身教育強縣；聚八方之才育人才，庶其真正人才搖籃。上承先人之潛德幽光，遞傳千年盛名；下啓來者之聰明睿智，譜寫萬世華章。殷殷嚴師，督責教導與慈愛風範融於一體；莘莘學子，高山景行與學識涵養并於一身。尚德善學，慕先聖之德行；誓比鴻鵠，望宗愨[40]之長風；砥礪意志，學泰山之堅韌；明心見性，似名泉之秀靈。

其物産，天蒼蒼兮雲卷雲舒，野茫茫兮雁去雁來。清流注而土沃澤饒，嘉禾秀而果香糧豐。春花爭繁盛，秋果泛紅黄；樹掩半城綠，草映十里香。綠色蔬菜之區，中國蜜瓜之鄉；現代肉羊基地，能源勢勁風強。天上多無窮光照，地下富烏金蘊藏。千疇棉田，譜寫富裕之歌；萬頃林果，高奏節水之曲。小茴花香，香過八桂大地；油葵色艷，艷遍五涼山水。紅沙梁棉白如雲，雙茨科椒紅賽玉，薛百鄉棗香似飴，收成鄉瓜甜勝蜜。鎖陽苁蓉甘草，草藥中堪稱珍品；沙米沙葱沙棗，沙鄉里確屬"三寶"。民勤陳醋，香遍五萬里沙漠駝路；鎮番老布，名蓋十三個北方省區。手工碱面，誘人食興，興趣全在芹菜醋鹵；發麵蒸饃，別具風味，味道净在酵母糟子。漿水一甌，炎夏不知暑熱；涼粉半盆，宴客權當珍饈。駱駝蹄筋，譽爲沙漠熊掌；葫蘆雜碎，勝過長安白腸。酸胖茴香茶，解渴亦復健身；蘇武葡萄酒，消食兼能美容。水庫魚蝦肥，南湖六畜旺，王氏沙葱鮮，胡家豬蹄香。品頭道湖水煮全羊，賞千一糧柳林風光；喝騰格里系列美酒，吼一曲小放牛土腔。

其風俗，南風北俗，禮儀相浸；西曲東韵，水乳交融。蒙古風習長期濡染，移民文化至今留痕。前明不靖，重在武功；清後雍和，尚學成風。民風樸茂，服食以温飽爲足；義節敦厚，酬賓以至誠是尊。端午朝山，重陽飲酒；明船祈福，社火鬧春；教場賽駝，河梁放燈；殺羊祀龍，斬牛祭風。中秋月餅大如磨，過年油果勝過船。家富儲醋三巨缸，年饉沙棗當米糧。兩間茅屋一間炕，紡車嗡嗡到天亮。一領羊裘冬夏着，半棚牛糞陰晴燒。待嘉賓以羊肉，香氣貫頰；酬勝友以烈酒，至酣方休。娶新婦迎酒客，四五十桌；送亡人吹嗩吶，三五成群。移風化俗信仰科學，求進步講文明擇善而行。民俗文化綿延不絶，新時代新風尚推陳出新。

其生態，萬物蕃衍，以水爲根；一地繁盛，以水爲魂。蓋民勤緑洲，勃興端賴水利，隱患尤在風沙。有水則得發展之命脉，無水即失興盛之源基。成化軍屯，尚稱水鄉澤國；雍正辟荒，湖沼演爲灘塗。飛沙流走，沃壤忽成丘墟；水案爭訟，鄰里竟成陌路。祭風表對天呼號：黑霧滔天，刮盡田間籽粒；黃沙卷地，飛來塞外丘山。盧生薰和泪哭訴：鬻女賣兒，半是被灾之輩；離家蕩産，盡爲沙壓之民。歷史老人提醒：水火濟以成治，陰陽和而化行；道通天地而天下文明，師法自然而萬物化育。明應王[41]驚嘆：水托載而主沉浮，天意豈可違哉；天行道而定興替，人心至民所盼焉。

星移斗轉，天地蒼黃。待紅旗漫捲，日月重光。天地再清明，緑洲重興旺。大漠胡楊舉臂兮，歡呼共和麗日；石羊河水揚波兮，謳歌青史華章。君不見毛迎時[42]振臂一呼，四路大軍開赴治沙戰場；曾記否薛萬祥[43]沙井一搏，毛主席周總理北京接見表揚。當其時也，紅旗招展，鑼鼓鏗鏘，全縣會戰，萬人共勷。氣勢如猛虎下山，熱浪似黃河入江。麥草猶萬隻金盾，鐵鍬似千杆長槍。金盾令黃沙失色，長槍叫長風乞降。風墻新植，綿延千百數里；柴灣重整，分據二三十鄉。楊柳依依，的是水鄉景色；沙棗累累，確屬緑洲風光。生態改善而風和日麗，環境整治而米糧滿倉。於是乎都人士如夢驚醒：初之有生，繼而有態；順心順性，生命長命之源；順天順時，生態常態之本。

最堪憶水庫建設，有史來煌煌巨篇。何曾忘凛冽寒風，獵獵大旗，打夯號子撼動山岳；人如潮涌，車似游龍，躍進歌聲響徹天地。挑燈夜戰忍饑渴，赤膊揮鍬汗如雨。開火車，牽駱駝，工農商學皆戰士；肩挑擔，手推車，老幼婦孺爭模範。鐵鎬起，冰渣飛，恰似銀河决堤堰；石礅落，凍土接，猶如雪山大崩裂。衣衫薄，飲食缺，勒緊腰帶不言説；行李單，工棚破，風霜摧不垮志如鐵。子想母，娘想兒，工程完竣回家時；天地寒，人疲倦，民勤人何曾輕流泪？咬緊牙，再堅持，東方紅日噴薄出。數十年奮鬥功成日，翰海升起亮明珠。

方其時也，澤被日月光華兮，萬物生輝；汲取山川靈氣兮，群英薈萃；秉承久遠文明兮，雄風再起；譜寫世紀華章兮，展翅騰飛。改革開放，響春雷而驚大地；西部開發，來時雨而潤良田。新世紀萬馬奮蹄，我民勤着其先鞭。聯產承包，喚發農民冲天幹勁；多種經營，汗水換得無數金錢。

惜哉！有人爲利益所誘而方向迷失；痛也！有人被風潮驅趕而誤入險境。打井開荒，幾令綠洲風雲變色；亂砍亂伐，險致民勤大地不毛。風雨滄桑，石羊涓涓兮不再；日居月諸，綠洲滴滴乎何存？舉頭望兮天灰灰，黑風厲厲迷人眼；低首見兮沙漠漠，枯草萋萋哭無泪。風沙肆虐，生存維艱；沙進人退，舉家外遷。天地不仁，風沙笑謔；人謀不臧，天灾頻仍。歷史發出嚴正之警告，現實敲響沉重之警鐘。

百姓翹首，天降甘霖；舉國關注，斗柄指東。温總理親臨沙鄉，揮臂高呼：決不能讓民勤成爲第二個羅布泊！十四個大字擲地有聲。立之以決心，重整河山；鼓之以信心，再鑄平衡；奮之以勇氣，構建和諧；籍之以韌勁，保衛家園。打好三套"組合拳[⑭]"，打贏民勤保衛戰。重點治理齊抓共管，上中下游携手共存。重點治理，綠洲生態見成效；兩縣建設，民勤環境改舊顔。以人爲本，生態立縣，奏天人和諧之曲；以綠爲基，以水爲脉，走科學發展之路。

窮則思變，變則思進；進而尊道，道通而能久遠。爲人之福，感恩自然；爲政之行，興利除弊。撫古思今，閱興悖之史是謂咀英嚼華；辨是識非，究盛衰之理方能改過遷善。回眸往昔，歲月崢嶸，熠熠光輝耀青史；矚目當下，任重道遠，生態富民續新篇。吾其何爲哉？查殺風妖沙怪，攔截天灾人患；儲存綠色生態，芟除荒漠碱灘；點擊信心希望，涮新碧水藍天；收藏東西風沙綫，四百里雍雍整肅；啓動三北防護林，數十年穆穆森嚴。

欣逢嶄新世紀，豈敢勒馬躑躅；呈獻千年祥瑞，自當揚鞭奮蹄。退耕還林，重現秀美山川；禁牧圈養，再育草湖柴灣。水權改革，喚醒節水意識；關井壓田，確保生態安全。設施農業，穩步推進；林果產業，節水必行。地方工業，步伐鏗鏗；特色資源，影響日增。產業振興，風生水起；城鄉建設，氣勢如虹。農副產品加工，富裕千家百姓；石油煤炭開發，正當風强勢勁。城市崛起樓群，油路鋪進鄉村。當年小河灘，爾今不夜城。高樓如笋，街衢縱横；人烟輻輳，車水馬龍；今日民勤，從陣痛中站起；明天綠洲，在太陽裏奮飛。

美哉民勤！壯哉緑洲！

李玉壽撰文 辛卯季夏上浣穀旦

[題解] 碑刻於2011年（辛卯）夏。《民勤賦》長牆高310厘米，長3500厘米，厚42厘米，位於民勤縣生態園内。碑文以賦的形式概述了民勤的歷史沿革、地理形勝、軍墾戍征、物産水利、民風鄉俗、生態演化及名人賢士，關涉衆多的歷史人物、事件、掌故，字裏行間洋溢着民勤人民戰天鬥地、改造自然，在十分險惡的環境中爲生存、爲發展、爲生態等負重拼搏的豪情壯志，是一曲熱愛家鄉、建設家鄉的頌歌和高亢激昂的戰歌。

[作者] 李玉壽：甘肅民勤人，從事民勤地域文化研究創作多年，深諳民勤歷史，是最早用文學作品反映民勤生態的作家。先後創作了《紅崖水韵》《山水有情》《滄桑樓蘭》等30餘部電視專題片，其中《飄逝的柳林》被評爲央視精品，《綠色豐碑》獲得中組部三等獎；發表報告文學、論文、雜記等百餘篇，其中《綠色在他脚下延伸》獲得《人民文學》"全國報告文學獎"優秀獎。代表作有《天下民勤》《民勤大屠殺》等。

[注釋]

①文公：指文楠。見本書民勤卷《各壩水利碑》《文公定案碑記》注。

②鐵道：指鐵珊（？—1890），字紹裝，滿洲正白旗人，貢生。歷知縣、署蘭州道、甘凉道、河陝汝道等職。爲官清廉，不阿權貴，愛撫百姓，嘉惠士林，所任之處，政聲頗著。特别是在水利糾紛調解中，他實地勘察，認真分析，有效地處理了武威、永昌、鎮番之間的幾起水事糾紛，并將决斷事項以石碑銘記。他所調處的幾起水利糾紛案，事理清楚，證據確鑿，成爲判案經典。

③太子：指闊端，蒙古國太宗窩闊台次子。在駐屯凉州期間，因主持"凉州會盟"使西藏歸屬中原王朝而名垂後世。

④蘇子：指蘇武。見本書民勤卷《重修蘇公祠記》注。

⑤日碑：指金日碑。見本書民勤卷《重修蘇公祠記》注。

⑥馮勝：見本書民勤卷《補修聖容寺碑記》注。

⑦王興：江南滁州（今安徽滁州市）人。原爲徐達部將，明初任臨河衛（鎮番衛前身）掌印指揮。期間，率領軍民屯墾造田，并多次打敗殘元勢力的入侵。後家居鎮番，爲鎮番王氏始祖。其子王義、孫王剛皆襲千户，以軍功顯名。

⑧阿魯台：韃靼首領。1403年至1434年間，先後擁立鬼力赤、本雅失里、阿台爲可汗，自稱大元朝太師。永樂十一年（1413）受封和寧王，與瓦剌對立。

宣德九年（1434），受到瓦剌首領的多次攻擊，戰敗被殺。

⑨王指揮：即王剛，祖籍江南滁州。王興之孫，世襲千戶。宣德十年（1435），蒙古首領阿台率眾寇邊，王剛同千戶王雄躍馬當先拒敵，陣亡。贈武德將軍。

⑩馬昭：見本書民勤卷《補修聖容寺碑記》注。

⑪李印泉：即李霎，見本書民勤卷《磚砌城垣記》注。

⑫李士達：鎮番衛人。清康熙年間爲鎮武將軍孫思克部將，多次隨征立功，擢天津總兵、甘肅鎮總兵。康熙三十六年（1647），於征剿噶爾丹途中去世，追贈榮祿大夫。

⑬彭廉：字小河，鎮番衛人。由指揮僉事屢以禦虜有功，歷升山西三關總兵。是鎮邑第一個掛印將軍。參見《彭公忠勇祠碑記》。

⑭昌齡：指李昌齡，名將李霎之孫。以世職升榆林總兵，掛征西將軍印。因剛直不阿，不附於時，辭職居榆林。後被李自成部俘獲，寧死不降被害於西安。

⑮何斯盛：鎮番衛人。何斯美之弟。由百戶升密雲都司，後升任山海關鐵旗營都司。後在山西翼城保衛戰中犧牲。

⑯傅蘇麓（1805—1858）：名培峰，字南山，因家居蘇武山之麓，號蘇麓。鎮番人。道光二十七年（1847）進士。曾兩任江西宜黃縣知縣，在與太平天國起義軍戰鬥中被俘遇害。任職前，曾主講蘇山書院。富有氣節，關注民生。

⑰王國靖：字靈台，鎮番人。明萬曆四十一年（1613）武進士。歷任大同總兵，掛征西前將軍印。洞達戎機，精通韜略，制火器，著陣圖，練鐵騎七千調京師欽閱。賜紵旌獎，書名御屏，爲一代名將。

⑱馬虎：原名永錫，鎮番衛人。從軍累功升西寧守備、南川都司、慶陽協副將、湖北襄陽鎮總兵。乾隆三年（1773），在四川征剿金川叛亂中陣亡，贈光祿大夫，世襲騎都尉。

⑲李蘭：字心言，鎮番衛人。由武解元歷升新城堡守備。康熙五十七年（1718），征西藏，至哈喇無素（今青海都蘭縣境內），與賊對敵，兵盡矢窮，望闕（京城）稽首而殞。

⑳趙興體（約1825—1905）：祖籍甘肅民勤縣。其祖上於清乾隆初葉遷居今新疆瑪納斯。同治年間，他率領民團與入侵新疆的阿古柏侵略軍血戰瑪納斯，大獲全勝。後受清軍節制，授予守備銜。其在抗擊阿古柏、收復新疆的戰鬥中屢建奇功。瑪納斯縣，位於新疆腹地，隸屬昌吉州。

㉑噶爾丹（1644—1697）：17世紀厄魯特蒙古（衛拉特）准噶爾部首領，也

先的後裔。早年被五世達賴喇嘛認定爲溫薩活佛轉世，入西藏學佛。1670年，其兄僧格琿台吉在准噶爾貴族内訌中被殺，他得到達賴允許還俗，自西藏返回，擊敗政敵，成爲准噶爾部首領。因向外擴張，進軍内蒙古，威逼北京，康熙曾三征噶爾丹將其部擊潰，後自殺。

㉒茂盛源：清代鎮番著名大商號，以駝運爲主營業務，資金雄厚，業務廣泛，所走路綫主要由新疆、内蒙、天津等。

㉓馬合盛：清代大茶商。祖籍山西，遷陝西，明末清初入甘，定居鎮番。以經營西北茶葉爲主，兼營駝運業，總棧設在蘭州，在清代中葉達到鼎盛，號稱百萬富翁，受到皇帝誥封。

㉔盧氏出翰林：指盧生華、盧生蓮、盧生薰、盧生莢兄弟四人，鎮番人。參見《移建藥王宮碑》注。

㉕謝門三知縣：指謝葆澍及長子謝集成、次子謝集梧。葆澍，舉人，曾任山東臨朐、益都、安丘等縣知縣。集成，舉人，曾任陝西富州州同、商州知州。集梧，舉人，曾任陝西渭南縣教諭。參見《重修學宮記》注。

㉖孫克明：字鑒涵，鎮番人。康熙三十九年（1700）進士，河西甲第之首。曾任湖廣武昌府通城縣知縣，卒於任。鵝湖：即江西省鉛山縣鵝湖寺。南宋時，朱熹曾寓居於此，并在這裏發生了中國哲學史上著名的"鵝湖之會"，鵝湖遂聞名天下。孫克明任職的通城縣雖靠近江西，但離鵝湖還較遠。

㉗楊孟希：見本書民勤卷《彭公忠勇祠碑記》注。

㉘楊大烈：字靜野，鎮番衛人。萬曆十三年（1585）舉人，歷河南商丘縣教諭、湖廣衡州府通判。從征四川播州，押運糧草，病卒於軍中。文筆沉練，學力深厚，時人稱爲"河西楊夫子"。

㉙孟良胤：參見本書民勤卷《重修學宮記》注。

㉚王扶朱：字翊宸，鎮番人。舉人，王國靖之子。世襲指揮，辭不就職。舉鄉薦，不仕進，徵召絡繹，稱疾不起。性高潔，不交俗人，不履城市。著有《三笑草》《憂遑草》等詩稿。

㉛藍氏兄弟：藍毓青，字雲峰，鎮番人。舉人出身。曾任新疆奇臺、寧夏固原等縣教諭，後擢同知，在同治六年回民兵變中犧牲。藍佩青，字海峰，由貢生舉孝廉方正，曾官隨州知州。著述豐富，大多散佚。

㉜聶景陽（1875—1936）：名守仁，民勤縣新河鄉（今屬蘇武鎮）人。清末廩生，民國初年畢業於甘肅公立法政專門學校。同盟會員。曾任《大河日報》主筆，《新隴日報》《甘肅民國日報》主編，甘肅出版局局長，參與《甘肅通

志》編修工作。其學識淵博，著述豐富，著有《甘肅省三十年事略》等多種。

㉝楊文耕（1915—1953）：字志春，民勤縣羊路鄉（今屬蘇武鎮）人。畢業於武威師範，任青雲小學教師。因號召學生打倒土豪劣紳，被騎五軍軍法處捕押。出獄後，先後任《大陸新聞》《甘肅民國日報》編輯，主辦《杭州青年報》。新中國成立後回鄉任民勤中學教員。其一生辛勤筆耕，創作豐富。

㉞康來慶：字茨如，清雍正歲貢，言行有法，善啓後學。曾在蔡旗學校爲師，教授二十餘載，培養學生二百餘名，多有成就。

㉟白彰明：字著卿，清末民國間鎮番名士。少時，就學雍涼書院，後在家鄉設帳收徒，聞名遐邇。其學問淵博，不計名利，深受學生敬愛。

㊱何開淑：字叔玉，民勤縣雙茨科鎮人。清末秀才，後投其叔何步雲學醫。晚年，邊教書邊行醫，名噪當時。其書法亦很有名。

㊲張舍兒：即張汲三（1893—1956），自幼喜愛戲曲，訪師求藝，博采衆長，終成一代名伶。先後在民勤、武威從藝40年。

㊳張樸卿：即張從城（1837—1899），民勤縣薛百鎮人。清末副貢生，著名書法家。生於名門之後，幼承庭訓，酷愛書法，孜孜以求，終身不怠，書名噪甚，士林欽重，其作品蜚聲甘、陝、川多地。

㊴馬玉浩：見本書民勤卷《紅崖山水庫碑》注。

㊵宗愨（què）：字元幹，河南南陽人。南北朝時期南朝宋著名將領。成語"乘風破浪"典故即出自《宋書·宗愨傳》。

㊶明應王：即水神。有些地方將祭祀水神的水神廟稱爲明應王廟。

㊷毛迎時：1949年8月—1954年4月任中共民勤縣委（第一任）書記；期間，曾兼任民勤縣縣長。

㊸薛萬祥（1906—1976）：民勤縣薛百鄉造林積極分子，多次出席省地及西北地方勞模代表大會，曾當選全國人大代表，出席全國第一、二屆人民代表大會。

㊹組合拳：這是2007年10月1日，時任國務院總理溫家寶在考察民勤期間提出的治理民勤沙漠化的科學方法。一是石羊河上中下游的治理。上游要涵養水源，保護祁連山冰川；中游要加强管理調度，科學合理用水；下游要關井調水，恢復生態。二是通過實施工程、生物、灌溉等措施，兼顧生態、生產、生活，節約用水。三是植樹造林，因地制宜，多栽種沙生植物。

明清兩代綠洲農業開發

朱明政權定鼎，河西復歸華夏。爲了保疆守土，皇帝令凡邊以衛腹之民勤，遂設鎮番衛，并實行以軍代農的軍屯。據史料，明代勢力首先鞭及民勤者是一個掌兵不足五千的江南滁州人，他叫王興①。此人領守邊攘外之責，奉命於白亭地方設鎮番營，他即守衛該營掌印指揮。其時境内居民稀少，王興之師本屬徐達②麾下的一支勁旅，其部衆多系江南子弟，他們駐守黑子彈丸的白亭古地，一面在谷水兩岸開荒種地，一面在麗澤環園巡邏守邊。"真想回到江南故鄉啊。"他們說。可他們回得去嗎？"該殺的長官擋住我們南下的去路，我們只有在此繼續爲朝廷效力，直到馬革裹尸的那一天。"所幸朝廷體恤軍墾將士們的苦楚，爲了使他們安心，朝廷頒旨凡家有妻奴者，概徙遷守留之地。由此一來，區内人口迅速增加，加之伴隨軍眷而來的陝西、河南等地民人二千餘衆的遷入，開墾的隊伍頓時壯大起來。這些遷來的民人被安置在蔡旗堡和青松堡一帶，雖然給他們的任務是耕種，但一經遷入軍事管制的邊衛，按照朝廷規定，他們無一例外的被編入邊軍的後備軍行列。務農之餘，還要進行軍事訓練，而一旦烽烟再起，他們便責無旁貸的應征入伍開赴戰場。

洪武二十四年③二月，就曾有過一次規模較大的擴軍征兵行動。時值邊警，本衛營屬人員被編入行伍者共四千五十名，編入馬兵一千五十名，分置各隘口，晝夜巡邏。明代前期以王保保④爲代表的蒙元殘餘勢力不時侵擾邊土鎮番衛，在一百多年的時間裏一直籠罩在戰火硝烟之中。不過雖然如此，并沒有影響到農業的繼續開發。相反邊氛愈緊，拓墾的步伐愈快。至洪武二十九年，由於鎮番營改置爲衛，境内人口有了較大幅度的增加，屯墾的規模也迅速擴大了。而到成化五年⑤，民屯開始以後，人口一下子有了成倍的增長，每年自全國各地遷移而來的墾荒農民絡繹不絕，使這個沉睡了數百年之久的沙漠綠洲頓時沸騰起來。此後，移民的隊伍不斷開進這片綠洲，耕地自南向北卷席般的滾動着，從小壩口到青松堡，從小河灘到瞭江石墩一綫，接近百里的原始荒灘，不出數十年全部變成了連疇的莊稼地，而柳林湖的全面開墾更使民勤綠洲不堪重負。開墾之初，浚五渠晝地二千四百九十八頃五十二畝，按千字文編號，共編號一百三十三，每號二十户或十餘户，每户地一頃，官給牛車宅舍銀二十兩。正是如此，完善而優惠的移民政策吸引了大批墾荒者不遠千里來此領地。墾種使得柳林湖的開墾從一開始顯露出高歌猛進的勢頭。

清代中葉，石羊河流域農墾業進入全盛時期，人口猛增，開墾面積迅速擴大，一時呈現繁榮景象。但正是這種一時的繁榮，致北部綠洲缺水問題日益嚴重，尤其使地處綠州北部東端的柳林湖幾近枯竭，面臨生存危機，上游來水既不能及時補充，勢必要影響到下游墾殖業的發展和新屯民的生存。分五渠澆灌的二千四百九十八頃耕地，如果沒有水源的保證，要獲得好的收成是辦不到的。因此，當時的墾殖情況很不景氣，屯民的生活十分困難，面臨此種情況，人們頓時感到了問題的嚴重性，雖然其後的水利灌溉有了水利章程的嚴格約束，但是綠洲生態惡化的趨勢已不可逆轉，水鄉澤國的美景逐漸成爲民勤人的夢中景象了。

[題解] 碑刻於2011年7月。位於民勤生態文化園大型石雕"耕牛圖"底座右側。耕牛圖長720厘米，寬150厘米，底座厚50厘米；碑長950厘米，寬80厘米，厚2厘米。共有96行，滿行爲13字，楷書，竪排。碑文簡述了明清兩朝民勤綠洲農業開發的基本狀況，從中可以理出其水利、土地（開墾）、人口及生態變化的基本綫索。

[注釋]

①王興：見本書民勤卷《民勤賦》注。

②徐達（1332—1385）：字天德，濠州鐘離（今安徽鳳陽縣）人。明朝開國重臣。元末，參加朱元璋起義軍，英勇善戰，謀略超群，大敗陳友諒，消滅張士誠等地方割據勢力。任征虜大將軍，與副將軍常遇春一起揮師北伐。1368年攻入大都（今北京），元朝滅亡。官至右丞相，封魏國公，辛贈中山王。

③洪武二十九年：洪武爲明太祖朱元璋年號，二十九年即1396年。

④王保保（？—1375）：擴廓帖木兒的漢名，蒙古伯也台部人，生於光州固始縣（今屬河南信陽市）。其父是元朝太尉，自幼被舅父察罕帖木兒收爲養子。元末，從察罕組織地方武裝，鎮壓紅巾軍。察罕死後，代爲統帥，被封爲河南王，任中書左丞相。元亡後，自山西退至甘肅，後北奔和林，輔佐北元力圖恢

復元朝。曾多次擊敗明軍於漠北，拒絕招降。

⑤成化五年：成化爲明憲宗年號，五年即1469年。

胡楊頌

千年胡楊

宿先之年，縣境內多胡楊，俗人以爲梧桐。適逢三月，新綠如雲，嫩脆欲滴；尤到深秋，一派金色蒼茫，醉心奪魄，令人不禁陶陶然。有句頌之云："格清貌古，儲億萬年之記憶；包嚴氣毅，歷百千劫之滄桑。遠送絲路商旅，平遮古城殘墻；拂散龜茲樂舞，催眠樓蘭麗娘。鑒水鄉澤國之繁華，掃鐵馬金戈之悲愴；吐英雄瀝酒之豪氣，顯俠士亮劍之陽剛。直讓宿敵尊敬，懦夫慨慷，金雕振遠，頹思消亡。尊嚴無價，豈眈海市蜃景；氣節有恒，儼然雲起龍驤。金風曳彩，將血色潑染天穹；絕域棲精，任軀幹歷洗風霜"。或曰："千年不死大漠魂，千古還留不倒身，千載猶存傲世骨，千秋不朽是龍根"。

[題解] 碑刻於2011年7月。位於民勤生態園假山雕塑群中間。高約200厘米，寬160厘米，含標題共10行，每行26字，正文字體爲行草，"千年胡楊"爲隸書。通過對胡楊的生存狀況與氣節的描述，頌揚了胡楊"一千年不死，死了一千年不倒，倒了一千年不朽"的傲然風骨。

生態文化園雕塑長廊前言

史料記載，史前時期民勤境內是一片汪洋湖海。新石期時代，大月氏等民族在潴野澤周圍環湖放牧，從而創造了震古鑠今的沙井文化。漢武帝攻占河西，谷水①河畔開始有了拓荒者的踪影。自此而後，開發的勢頭一發而不可收，從建郡武威到立縣宣威，從改置武安到創設鎮番，期間越二千餘年，歷數十朝代，城郭滄桑，魚龍嬗變②。

民勤人民因長期遭受風沙侵害，爲了生存，爲了保住家園，從移民開墾那一天起，他們就開始了與風沙的鬥爭。隨着生境條件的日益惡化，這種鬥爭在不斷升級，不斷擴大，特別是新中國成立以來的六十年裏，幾代人艱苦奮鬥，拼死抗争，用心血和汗水，赢得了治沙史上一個又一個偉大勝利，在北中國風沙綫上矗立起一座永垂不朽的歷史豐碑。

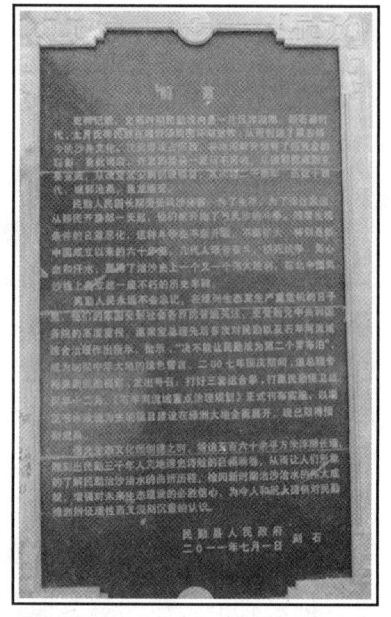

民勤人們永遠不會忘記，在綠洲生態發生嚴重危機的日子裏，他們的家園受到社會各界的普遍關注，更受到黨中央和國務院的高度重視。溫家寶總理先後多次對民勤以及石羊河流域綜合治理作出指示、批示，"決不能讓民勤成爲第二個羅布泊"，成爲響徹中華大地的綠色誓言。二〇〇七年國慶期間，溫總理專程來到民勤視察，發出號召：打好三套組合拳，打赢民勤保衛戰。同年十二月，《石羊河流域重點治理規劃》正式刊布實施，以灌區節水改造爲主的項目建設在綠洲大地全面展開，現已取得預期成果。

值此生態文化園創建之時，特造五百六十餘平方米浮雕長墙，雕刻出民勤三千年人文地理史詩般的巨幅畫卷，從而讓人民形象的瞭解民勤治沙治水的曲折歷程，檢閱新時期治沙治水的偉大成就，增强對未來生態建設的必勝信心，爲今人和後人提供對民勤綠洲辨證理性而又深刻沉重的認識。

民勤縣人民政府 刻石
二〇一一年七月一日

[題解] 碑高292厘米，寬162厘米。横排，共28行，每行28字。碑文是"生態文化園雕塑長廊前言"，簡介了建立長廊的背景及相關情況，表明了當地政府的堅定立場和必勝信念。碑位於民勤縣生態園大型雕塑前。

[注釋]

①谷水：是石羊河的古稱，也稱馬城河、大河、達達河。發源於祁連山東段冷龍嶺北側的大雪山，全長250公里，全水系自東而西，主要支流有大景（靖）河、古浪河、黃羊河、金塔河、西營河、東大河等。河系以雨水補給爲

主，兼有冰雪融水成分，年徑流量約15.91億立方米，流經武威市、金昌市。

②嬗（shàn）變：更替、變遷。

祭風表

邇來狂風肆虐，陰霾爲在，黑霧滔天，刮盡田間籽粒。黃沙卷地，飛來塞外丘山。鬻女賣兒，半是被災之輩；離家蕩產，盡爲沙壓之民。此日之播種，無資將來之供賦，安出此誠？上帝陛下天心仁愛，帝德好生；念民以食爲天，時沐桃花之雨；思國以民爲本，永回黍穀之春；履秦階而調太平，順八風以齊八政。願叱風伯①於南北，永不鳴條②欲可雨；師於西東，時爲灑道③。水火濟以成治，陰陽和而化行。井鬼④分星何勞箕，公再管乾兌⑤畫地焉。

[題解] 碑文爲清代鎮番名士盧生蕙（作者簡介見《移建藥王宮碑》）撰寫，於2011年7月刻於民勤生態園浮雕長墻中間。豎排，繁體楷書，標題爲隸書，共18行，每行11字。風爲雨師塔伴（故多稱風伯雨師），通過祭風神而達到求雨，進而實現風調雨順的目的，這是許多缺水乾旱地區人們的共同追求和祭祀功用。鎮番"狂風肆虐"，因風災使百姓"鬻女賣兒""離家蕩產"。祭風就是祈求風神"念民以食爲天""順八風以齊八政"，爲百姓造福。

[注釋]

①風伯：指風神，是人面鳥身的天神。東漢蔡邕《獨斷》："風伯神，箕星也。其象在天，能興風。""掌八風消息，通五運之氣候。"箕星，風伯之職，二十八宿中東方青龍七宿的末一宿，有星四顆；屬水，爲龍擺動所引發之旋風。故箕星亦謂風神。箕好風，一旦特別明亮就是起風的預兆。《風俗通義·祀典》稱，風伯"鼓之以雷霆，潤之以風雨，養成萬物，有功於人。王者祀以報功也。"唐以後，因風伯的主要職能是配合雷神、雨神幫助萬物生長，所以受到歷代君主的虔誠祭祀。然而風伯也常以颶風過境，毀壞屋舍，傷害生靈，形成自然災害，因此也被視爲凶神。讓風伯到南北位上，等於是讓其失位；失位就不能行使職權，風災也就自然沒有了。

②鳴條：風吹樹枝時發出的聲音。

③師：指雨師。蔡邕《獨斷》稱"雨師神，畢星也。其象在天，能興雨。"畢宿，二十八宿中西方白虎七星第五宿，屬金牛座，有八星，爲雨星，主陰雨，

天之雨師。在祭祀的廟中，雨師塑像常作一烏髯壯漢，左手執盂，內盛一龍，右手若灑水狀。灑，清掃道路。

④井鬼：星名。井宿，二十八宿中南方朱雀七宿的第一宿，也稱"東井""鶉首"，有星八顆，屬雙子座，主水事；鬼宿，二十八宿中南方七宿之一，有星四，屬巨蟹座，主驚嚇，故多凶。井鬼在地上的分野爲秦、雍二州，即西北地區，涼州皆屬。

⑤乾兑：八卦卦名。乾，代表天，西北位；兑，代表沼澤，西方位。

鎮番縣歷史志

聶守仁

鎮番，古雍州域內地也。古名都野，即《禹貢》①所謂至於豬野。是春秋戰國時爲西戎地，秦爲小月氏，匈奴休屠王據之。傳曰："秦穆共霸西戎，固秦之屬地矣。"漢武帝元狩二年②，霍去病敗匈奴。秋，匈奴渾邪王殺休屠王，以其衆降。元鼎六年，置武威、宣威二縣。武威在郡城北一百八十里，隸武威郡，是爲立縣之始，後漢因之屬涼州，設文武官職，是爲鎮番命名之始。

我朝開國伊始，因明之舊設衛。雍正三年改設縣，五年柳林湖開屯。乾隆二十八年，柳林湖陞科。迄道、咸間，漸富庶焉。同治中，兵荒疾疫相仍者殆，十年而彫敝已甚。光緒紀元以來，休養生息三十有二年矣。生齒之多，倍於道、咸；而水冲沙淤，田畝漸滅。故小民終歲勤動，不敢少休，僅可資事畜③云。

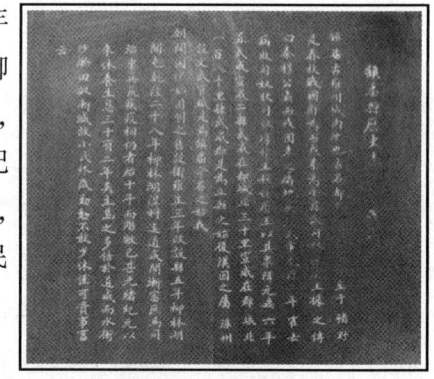

[題解] 碑刻於2011年7月。高120厘米，寬120厘米，厚14厘米。行楷，繁體，共14行，滿行23~22字。碑文是一篇鎮番簡介，勾畫了鎮番建置以來的興衰榮歇，從"民終歲勤動，不敢少休"之句中，已含有今名"民勤"之義。碑位於民勤生態園丹墀北。

[作者] 聶守仁：即聶景陽，見《民勤縣賦》注。據文中"光緒紀元以來，休養生息三十二年矣"句推斷，此碑文約撰於1906年。

[注釋]

①禹貢：指《尚書》禹貢篇。詳見《蘇武廣場碑記》注。

②漢武帝元狩二年段：元狩二年即前121年，這一年，霍去病大敗匈奴。漢武帝元鼎六年，即前111年，這一年，武威置郡設縣。但河西四郡設置時間學術界存在較大分歧，對武威置郡時間主要有元狩二年、元鼎六年、太初四年（前101年）、地節三年（前67年）等說法。雍正三年，即1725年，這一年，由鎮番衛正式改爲鎮番縣，隸涼州府。乾隆二十八年，即1763年，柳林湖開墾起科，歸屬鎮番縣管理。道咸，即清道光和咸豐皇帝，道光共30年（1821—1850），咸豐共11年（1851—1861）；同治皇帝共13年（1862—1874），光緒皇帝共三十四年（1875—1908）。這80多年間，鎮番經濟社會曲折發展。

③畜：積聚，儲蓄；養育。

綠洲壯歌

刻在石頭上的壯歌

民勤作爲河西走廊與阿拉善高原相銜接的沙漠綠洲，在我國地理和環境梯度上向來處於十分重要的前沿位置，是北中國風沙綫上的一座橋頭堡。綠洲演繹了中國數十個王朝的興衰更替，從三千多年前的沙井文化，到漢武時代的張騫出使、蘇武牧羊的歷史啓承；從唐宋元三代的白亭軍①駐守、突厥人游牧、闊端太子築城，到明清王朝的移民開荒、水利建設、文教中興、駝運崛起的歷史嬗變；從民國的灾荒戰亂、經濟衰微，到新中國建立後的生態治理、百業振興的薪火相傳，風雲際會……

這個被稱作綠洲壯歌的大型組雕以寫意和寫實相結合的手法，雕刻出民勤三千年人文地理史詩般的巨幅畫卷。一個個栩栩如生的人物，一幅幅蕩氣回腸的歷史畫圖，形象逼真的刻繪出民勤人民自强不息、建設家園的偉大力量和無與倫比的磅礴氣勢。從政治、經濟、軍事、文化各個方面與發生在這個歷史長廊裏的葱蘢②故事相融合，集中反映出綠洲文明張力所孕育出來的偉大氣魄和膽識；從立體和多元的角度，審視石像背後的輝煌歷史，從而爲民勤，更爲後人留下一抹永不凋謝的綠洲文明的光輝與燦爛，并使人們對這個頗具蒼凉意味的動感地帶，油然而生欽敬之情。

三千年，這片土地大起大落風起雲涌；六十年，民勤綠洲生龍活虎激情燃燒。

浮雕總長一百六十二米，四百五十平方米，雕刻古今人物近三百人，耗費石料七十餘立方米。

公元二〇一一年七月一日 刊石

[題解] 碑刻於2011年7月。高73厘米，寬130厘米，正面刻"寫三千年滄桑巨變，繪六十載偉大成就。綠洲壯歌"。碑文實際上是這組大型組雕的前言和內容提要，用洗練的語言概括了民勤輝煌而悠久的歷史及其世世代代生活在這裡的偉大人民，給人以歷史的啟迪和美感的陶冶。碑立於民勤生態文化園內。

[注釋]
①白亭軍：唐大足元年（701），於民勤縣東北境置白亭軍，後降為白亭守捉，因白亭海故名。據唐人李吉甫《元和志》載："白亭軍在姑臧縣北三百里，馬城河東岸。舊置守捉，天寶十年，哥舒翰改置軍。"
②蔥蘢：形容草木青翠而茂盛。此處引申為濃厚、旺盛、美好。

節水賦

水乃天地間之血液，發自高原山峰，輸於江河，聚於湖海。蕩泥沙，除塵垢，不惜清白；穿山嶺，越大漠，不舍晝夜；造千里平原，灌萬頃良田，不求功名；隱真龍之形，藏魚蝦之眾，不圖恩惠。或鹹或淡或濁或清，無論涓涓溪流或汪洋浩瀚，皆生命之源，萬物之母也。水之於世也，生於環宇之間，澤於天地之中。山川賴其而鮮活，乾坤因其而繁榮；光照而蒸發遂成雲雨，風吹而冷凍便成雪冰。春雨如酥，夏雷震驚，秋雨蕭瑟，冬雪晶瑩，水乃彰顯季節輪回，演繹歲月變更。涓涓細流匯江河而顯浩瀚，條條溪水入山川而成奔騰；穿古越嶺可做瀑布之壯觀，閱世潤疇乃成太平之盛世。莊周①有慧，著《秋水》之篇，借河伯與海若而言道；司馬長卿②聰穎，撰《上林》之賦，頌天子獵雲夢以邀寵。嗟夫！流水有情，萬事依憑，恭而敬之，愛而護之，方得濟世之利也。

嘗聞上古之時，水神共工③與顓頊④爭而不勝，怒觸不周山⑤，振濤洪水以博空桑，天柱折，地維絕，江淮泛，四洋渾潦，水漫天也，民皆上丘陵，赴樹木，九死餘一。而後，鯀⑥盜息壤，誤行堙不成而害天下，帝舜⑦斬之於羽山，誠可悲乎！至若禹⑧王治澇，李冰⑨築堰，則其善可陳矣。塵世有水方有生命，萬物有水方有根莖。山川因水而綠，田疇因水而青。水如人之血脈，縱橫廣袤而成生命之網；雲乃水之神韵，仙游碧空而做雲之鶯。滾滾黃河譜寫民族之曲，浩浩長江奏響華夏之情。

水之無力，滴水而穿其石；水之無狀，隨物而成其形。柔時則弱風拂柳，婀娜多姿；怒時則翻江倒海，异常迅猛。於是老子稱道，上善若水，水善利萬物而不爭矣；於國則治，於官則清，於民則忠，於家則興。太宗感言，水能載舟，亦能覆舟；於史則鑒於世、則警於上、則銘於下，則誠耳。

壯哉！石羊出祁連而□，洪荒奔蒼茫而流。浩蕩接天河而彰氣度，通地脉而露鋒芒；臂挽大漠高低而顯錯落，海納衆水起伏而構跌宕。卷泥帶沙，或借火雲之色彩；挾風驅浪，或通彩虹之光芒。泱泱大河，源遠流長；蕩蕩石羊，綠洲保障。曾幾何時，河干水枯，千里赤地，綿延城鄉。

人之於水重哉要矣！過度開發，必竭澤而漁；超量提取，洵殺雞取卵。退耕則還林還草，返青則綠水綠山。水之有限，濫用則河流中斷；水之寶貴，珍惜則重現。急功近利，標榜政績，必招水患無窮；敬畏自然，信仰科學，必使水利中興。國治則水治，江河惠及民衆；政亂則水亂，江河危機生靈。故而人人惜水，方能民富國強，天下太平；人人節水，始可永緒發展，和諧安定。

美乎哉！水也，營造天地旖旎之景，揭示自然法則之禪，譜寫萬物生命之章，賜惠庶民富裕之年耳。歌曰："吾有石羊，其水湯湯；吾有漠壤，赤地茫茫。石羊涓涓兮，綠洲興旺；綠洲興旺兮，庇吾家鄉。"

[題解] 碑刻於2011年7月。長320厘米，寬200厘米，厚22厘米。碑文以節水爲主題，述寫了水之品格、水之功績、水之力量和水在保障生態安全、治國理政、構建和諧社會中的重要作用，警示人們節約用水，科學用水，保護石羊河，實現綠洲興旺，永續發展。碑位於民勤生態文化園南門西邊。

[注釋]

①莊周：即莊子，宋國蒙人。戰國中期著名的思想家、哲學家和文學家。創立了哲學學派莊學，是繼老子之後，戰國時期道家學派的主要代表人物之一。其著作爲《莊子》。《秋水》選自《莊子·外篇》。

②司馬長卿：即司馬相如，蜀郡成都人。西漢辭賦家。景帝時曾爲武騎常侍。工辭賦，其作品詞藻富麗，結構宏大，是漢賦的代表作家，後人稱爲賦聖和辭宗。代表作品有《子虛賦》《上林賦》《長門賦》等。

③共工：氏族名，上古神話傳說中的水神，掌控洪水。據中國上古奇書《列子》記載，共工素來與火神祝融不合，因"水火不相容"而發生驚天動地的

大戰，最後以共工失敗而怒觸不周山，造成天崩地裂，因而產生女媧補天的神話。

④顓頊：相傳爲上古部落聯盟首領，"五帝"之一，黄帝之孫，昌意之子。因其佐少昊有功，被封於高陽（今河南杞縣）。少昊死後，共工氏與顓頊爭奪帝位，顓頊打敗共工，繼少昊主政，號高陽氏，成爲天下共主。在中華民族發展史上，他是前承炎黄，後啓堯舜的共同人文始祖。

⑤不周山：中國上古神話傳說中的名山，最早見於《山海經·大荒西經》："西北海之外，大荒之隅，有山而不合，名曰不周。"據王逸注《離騷》、高誘注《淮南子》，均考其山在昆侖山西北。相傳它是人界唯一能夠到達天界的路徑。

⑥鯀（gǔn）：上古神話傳說人物，姓姒，夏后氏，顓頊之子、大禹之父。被堯封於崇地（河南登封），號崇伯，奉堯命治水。後因治水失敗，被舜殺於羽山（位於江蘇東海縣和山東臨沭縣交界處）。鯀禹治水是中國最著名的神話。

⑦舜：相傳爲上古時代氏族社會後期的部落領袖，姓姚媯（guī）氏，名重華，顓頊帝的六世孫。出生於今山東菏澤市鄄城縣，建立虞國，治都蒲阪（今山西永濟市），史稱虞舜。被後世尊爲帝，列入"五帝"。

⑧禹：姓姒，史稱大禹、夏禹、戎禹，爲夏后氏首領、夏朝開國君王。相傳是黄帝之玄孫、顓頊之孫、鯀之子。因禹奉舜命治理黄河有功，受舜禪讓而繼承帝位。相傳曾劃分天下爲九州，鑄九鼎。其子啓建立夏朝。

⑨李冰（約前302—前235）：秦國人。戰國時期著名的水利工程專家。前256—前251年被秦昭王任爲蜀郡（今成都一帶）太守。期間，他徵發民工在岷江流域興辦許多水利工程，創建治水奇功，其中最爲著名的是都江堰水利工程。該工程爲成都平原成爲天府之國奠定堅實的基礎，是世界上唯一留存并仍在發揮作用的無壩引水水利工程。

生態文化園記

二十一世紀，民勤奮起飛，生態重整之日，都人士有建園之議，以爲於文化負弘揚之力，於生態領警示之功，遂於東郊辟地百六十畝，歷一載鳩材庀工，今已初見規模矣。是園也，居縣城東處，躍進之右，禁帶兩大沙漠，遥接百丈蘇峰。入其園，清風拂面，吸一口春秋氣爽；花香撲鼻，走一回地老天荒。看不完大漠綠洲小景色，仿佛霧裡賞月；望不盡湖光山色大圖畫，猶如鏡中看盆花。由是喟然嘆之曰："沙漠一隅得此園，小城一大幸事也。"入園緩行，縱目四顧，松柏搖北國之風，楊柳吐水鄉之氣，黃沙引瀚海之秀，碧草鋪綠洲之春。繞園左行，雲淡淡兮天藍藍，風輕輕兮柳青青，波漾漾兮萬籟静，草茵茵兮千蟲鳴。山雀輕飛只爲觀影，黃鸝百囀唯因舒心。烟柳百葉隨風舞，塑樹假山偕水青。入園登高，眺列山聳翠，則有得氣韵之沉；雄顧大河環流，則有得詞源之充溢。

俯瞰園中，咫尺間花團錦簇，歷落如畫，於以拓心胸長識，力有若神助者，然亦游斯園之一大快事也。

此洵乎民勤綠洲之閬苑耶！君不見，仙氣頻來，當蓬島之海市；天風時起，迤瀛洲之蜃樓。匠石斫木，班輪運斤，繪陶刻石，再現古今。百幅面孔，繪江淮之色；千載衣冠，鑿鄒魯之痕。水利碑廊，世代人民記教訓；蘇山書院，百千學子緒弦歌。浮雕墻，刻繪出三千年綠洲文明；警鐘樓，敲醒了一代人生存夢魘。青土湖，縮影一行白鷺上青天，直是夢裏氣象；老民勤，回望幾聲樵歌傳山外，恰是當年風景。絲路驛站，駝鈴叮咚搖過磧；成化開墾，江東弟子遍綠洲；沙井文化，陶罐裡噴灑乳酪香氣；蘇武牧羊，節鞭上揮舞漢家雄風。綠洲魂，寫就治沙英雄不朽偉業；胡楊樹，妝成民勤人民頑強精神。縱覽斯園，雖無幽池聳翠，却有飛翼流金；縱少嶙峋怪石，庶幾鳴沙瀉銀。水山無意，籠青紗而增麗；風月多情，沐晚色如轉矜。於是都人絡繹，游客紛紜，尋園林之野趣，聆泉石之山音，悟肇造之誓願，知怵惕於己心。

園邊，一村村民自得其樂。村後即城沿，右行即得一土丘，只見青松低，緑樹碧，草如燕絲。不僅遥想：短松岡上，東坡①定然把酒；紫荆業中，摩詰②必會長嘯。此情此景，孰能不悵然而神往之也哉！由是贊之曰："城東新園生態永昌，嘉木凌虛，百卉竞芳，馳天地之俊彩，聚物華之無雙。"城園相依，天人相將。清風澄自爽籟，衡生態而昌盛；發展源於科學，慰鎮邑以輝煌。御改革以長風，騰蛟起鳳；納五凉之英氣，强縣富邦。構圖獨具匠心，順應天然景觀；立意尊重自然，崇尚人文精神。此其建園之要旨也。

是爲記。

[題解] 碑刻於 2011 年 7 月。爲圓形，直徑 177 厘米，厚 24.5 厘米，鑲嵌於一輪彎月的石造型中。底座寬 372 厘米，高 358 厘米，厚 132 厘米。民勤縣生

態園占地7.1萬平方米,位於縣城東大街彩門處,是一處集生態警示、文化展示和群衆休閒於一體的大型文化園區。碑文以歷史文化傳承、記憶文脉爲基礎,以生態演變爲重點,集中反映了民勤人民傳承文化和生態變遷的歷程。同時,對其内小橋流水、綠草茵茵、樹木叢生、游客紛紜等情景也作了如實描繪,文字優美,情景交融。

[注釋]

①東坡:即蘇軾(1037—1101),字子瞻,號東坡居士,眉州眉山(今四川眉山市)人,祖籍河北欒城。北宋著名文學家、書畫家。嘉祐二年(1057)進士,歷官杭州等州刺史、翰林學士、禮部尚書等職。其學博才高,建樹頗多。

②摩詰:即王維(701—761),字摩詰,號摩詰居士。河東蒲州(今山西運城)人,祖籍山西祁縣。唐朝著名詩人、畫家。開元十九年(731)狀元及第,歷官右拾遺、監察御史、河西節度使判官等職。其多種才藝具兼,藝術造詣深湛。

明清兩朝進士碑

鎮番縣明清兩朝進士:

孫克明　清康熙三十九年庚辰會試第八十七名,殿試第三甲第十名;

盧生薰　清雍正元年癸卯聯捷會試第十七名,殿試第二甲第五十四名,欽點翰林院庶吉士;

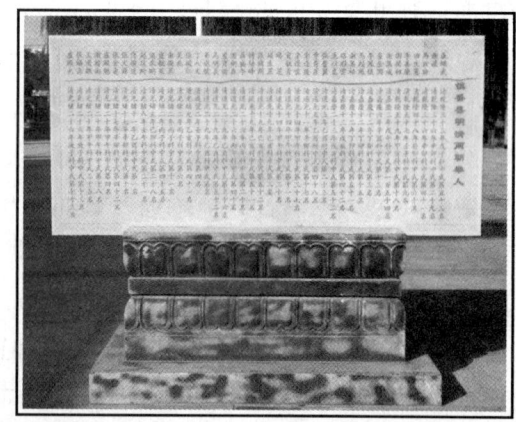

王有德　清雍正八年庚戌會試第十四名,殿試第三甲第十名;

盧生蓮　清雍正十一年癸丑會試第二百一十四名,殿試第三甲第一百三十四名;

劉叔堂　清乾隆元年丙辰聯捷會試第一百六十名,殿試第三甲第七十三名;

王宏善　清乾隆十七年壬申會試第五十七名,殿試第三甲第□名;

張奮翼　清道光二十四年甲辰會試第□名;

馬明義　清同治元年壬戌會試第一百七十名。

[題解]　碑刻於2011年7月。長143厘米,寬65厘米,厚8厘米;底座寬

90厘米,長39厘米,高40厘米。漢白玉質,現立於民勤生態文化園。此碑名爲"明清兩朝進士碑",實際上只是清朝,且都是文進士。據相關資料,有清一代,民勤共有文進士10名,除以上8名外,另有傅培鋒(道光二十七年三甲第九十四名)、張爾周(道光三十年三甲第七十六名)。從明朝嘉靖至清朝乾隆年間,另有王國靖等12名武進士。

明清兩朝舉人碑

鎮番明清兩朝舉人:

文　朴　明成化四年戊子科中式第三十五名;

李　相　明嘉靖七年戊子科中式第五十三名;

劉道揆　明萬曆四年丙子科中式第六名;

李養中　明萬曆七年己卯科中式第四十名;

楊大烈　明萬曆十三年乙酉科中式第二十九名;

何斯美　明萬曆四十三年乙卯科中式第五十一名;

張若龔　明萬曆四十六年戊午科中式第一十八名;

孟良允　明天啓元年辛酉科中式第六十九名;

王扶朱　明崇禎九年丙子科中式第二十八名;

朱英識　清順治三年丙戌科中式第四十八名;

何孔述　清順治八年辛卯科中式第八十名;

楊端憲　清順治十四年丁酉科中式第三十五名;

劉蔭芝　清順治十七年庚子科中式第三十九名;

張奇兵　清康熙五年丙午科中式第三十三名;

孫克恭　清康熙八年己酉科中式第十名;

李一元　清康熙二十年辛酉科中式第四十名;

孫克明　清康熙二十三年甲子科中式第四十二名;

吴仲儀　清康熙二十六年丁卯科中式第四十名；
王克興　清康熙二十九年庚午科中式第二名；
閻錫璜　清康熙三十二年癸酉科中式第十三名；
張九錫　清康熙三十五年丙子科中式第十五名；
侍彤清　清康熙四十四年乙酉科中式第五名；
盧生蓮　清康熙五十三年甲午科中式第三十七名；
盧生華　清康熙五十九年庚子科中式第四十九名；
盧生薰　清雍正元年癸卯科中式第十三名；
盧生莢　清雍正元年癸卯科中式第四十一名；
王有德　清雍正二年甲辰科中式第四十七名；
劉叔堂　清雍正十三年乙卯科中式第十一名；
盧　竪　清乾隆六年辛卯科中式第二十名；
潘仲吉　清乾隆九年甲子科中式第□名；
王宏善　清乾隆十二年丁卯科中式第二十九名；
嚴克和　清乾隆十七年壬申科中式第四十九名；
王衣德　清乾隆二十七年壬午科中式第九名；
康繩武　清乾隆三十年戊子科中式第五十三名；
謝葆澍　清乾隆三十六年辛卯科中式第二十九名；
馬世玢　清乾隆三十六年辛卯科中式第四十一名；
田生惠　清乾隆四十八年辛卯科中式第六十名；
李養廉　清乾隆五十七年癸卯科中式第九名；
謝葆初　清乾隆五十九年甲寅科中式第十八名；
謝集成　清嘉慶三年戊午科中式第一百五十四名；
盧金潤　清嘉慶六年辛酉科中式第十三名；
李鳳儀　清嘉慶十二年丁卯科中式第三名；
馬起鳳　清嘉慶十二年丁卯科中式第十五名；
謝集梧　清嘉慶十二年丁卯科中式第五十一名；
路彩雲　清嘉慶十三年戊辰科中式第四十二名；
康以直　清嘉慶二十三年戊寅科中式第五十二名；
張奮翼　清道光五年乙酉科中式第二十三名；
曹秀彥　清道光五年乙酉科中式第四十八名；
李逢慶　清道光十一年辛卯科中式第十七名；

李逢雲　清道光十四年甲午科中式第三十七名；
藍毓青　清道光十四年甲午科中式第十一名；
路育芝　清道光十四年甲午科中式第三十名；
趙生庶　清道光十九年己亥科中式第二名；
張爾周　清道光十九年己亥科中式第五十二名；
傅培峰　清道光十九年己亥科中式第五十一名；
聶勝年　清道光二十六年丙午科中式第二十名；
謝樹森　清道光二十六年丙午科中式第四十名；
盧寶倫　清道光二十九年己酉科中式第三十六名；
馬明義　清道光二十九年己酉科中式第五十二名；
華進儒　清道光二十九年己酉科中式第□名；
丁人文　清咸豐二年壬子科中式第四名；
張從仁　清光緒元年乙亥科中式第四十一名；
吳兆煛　清光緒二年丙子科中式第六名；
謝擬蕙　清光緒二年丙子科中式第十一名；
盧毓萊　清光緒二年丙子科中式第四十五名；
梁來鵬　清光緒五年己卯科中式第二十八名；
趙延齡　清光緒八年壬午科中式第三十一名；
傅揆遠　清光緒十一年乙酉科中式第一名；
張文源　清光緒十七年辛卯科中式第十名；
張金壽　清光緒十七年辛卯科中式第四十二名；
盧殿魁　清光緒二十年甲午科中式第四名；
謝翰南　清光緒二十年甲午科中式第十八名；
王國麒　清光緒二十年甲午科中式第三十五名；
張錫壽　清光緒二十六年庚子科中式第十三名；
盧殿元　清光緒二十六年庚子科中式第七十三名。

[題解]　碑刻於 2011 年 7 月。長 143 厘米，寬 65 厘米，厚 8 厘米；底座寬 90 厘米，長 39 厘米，高 40 厘米。漢白玉質，現立於民勤生態園。此碑名爲舉人碑，但其中不包括武舉人。據相關資料，民勤在明清兩朝考取的武舉人很多，數量不亞於文舉人。以上兩碑內容據《民勤縣志》《民勤縣教育志》參校訂正。

文公定案碑記

　　文楠，四川涪州人。乾隆五十一年以進士兩任鎮番。察民所重，首在水利。楠親爲勘驗，相地置坪，計糧均水，皆得其平。

　　春水自清明次一日子時起，至立夏前四日卯時止，共水二十六晝夜。內：除紅柳、小新溝、腰井湖、中六壩、河東八案五處，共承糧二百六十八石三斗五合八勺，按五牌，總計每百石糧改分春水四十八時，共分春水一晝夜四時，扣至清明第十一日卯時，止於柳林湖，配搭澆灌外，共除水十五晝夜八時，四渠壩共分澆灌。查四渠壩除移丘不澆牌水外，共實徵糧四千三百四十五石七斗六升六合二勺五抄。

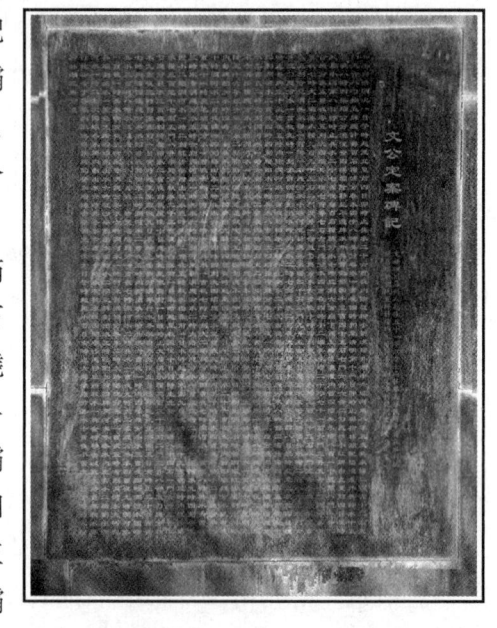

　　小紅牌自立夏前四日辰時起，至小滿第八日卯時止，共水二十七晝夜，每百石糧該分水七時三刻六分，自下而上輪流澆灌。內：首四壩共承糧八百一十五石八斗一升二合，應分水五晝夜零五刻；次四壩共承糧七百零七石六斗，應分水四晝夜四時；小二壩共承糧二千零七十一石六斗三升五合八勺，應分水六晝夜七時；大二壩共承糧九百九十五石二斗六升一合五勺，應分水六晝夜十時四刻；更名壩共承糧三百三十三石八斗三合零，應分水二晝夜五刻；兒溝共承糧一百零一石，應分水十時；河東新溝共承糧四十石二斗九升五合五勺，應分水三時；大路壩共承糧二百八十石三斗六升三勺，共分水一晝夜九時一刻，於首四壩劃出水時內加水二時七刻，共兩晝夜。

　　大紅牌夏水二牌，自小滿節八日辰時起，至立秋前四日丑時止，每牌三十五晝夜五時。內：除潤河水六晝夜、籍田水二時外止，剩水二十九晝夜，每糧一百石，應分水八時。首四壩每牌按糧應分水五晝夜五時四刻，潤河水二晝夜四時四刻，籍田水二時，共水八晝夜；次四壩按糧應分水七晝夜一時六刻七分，附近河岸不應分澆潤河；更名壩按糧應分水二晝夜二時六刻，潤河水一時六刻，共水二昼夜二时四刻；大二坝按粮应分水六昼夜七时六刻，润河水一昼夜八时，共水八昼夜三时六刻；宋寺沟按粮应分水八时，润河水一时，共水九时；河东新沟按粮应分水三时二刻，地近河岸，毋庸润河；大路坝按粮应分水一昼夜十时三刻。乾隆五十六年控争，奉武、永二县勘断，因沟道遥远，拟定水□□□刻，复不控争。又拟定小二坝附近口岸，划出润河水时。首四坝、红沙梁划出水时内，每牌酌加水时四时一刻，共水三昼夜。

第四牌自立秋第四日寅时起，至白露前一日午时止，共水二十六昼夜五时。内：首四坝应分水三昼夜十时，润河二昼夜四时四刻，籍田水二时，共水六昼夜四时四刻；次四坝应分水三昼夜三时，润河水十时，共水四昼夜一时；小二坝应分水四昼夜十一时；更名坝应分水一昼夜六时，润河水一时六刻，共水一时七时六刻；大二坝应分水四昼夜七时，润河水一昼夜八时，共水六昼夜三时；宋寺沟应分水五时六刻，润河水一时，共水六时六刻；河东新沟应分水二时；大路坝应分水一昼夜三时二刻，前加润河水九时四刻，今又拨小二坝润河水一时二刻，红沙梁拨出秋水三时，共水二昼夜五时。

秋水自白露前一日未时起，至寒露丑时止，三十九昼夜三时。内：红沙梁应承粮三百三十七石五斗八升零，应分秋水二十二昼夜，自白露前一日未时起至秋风后十日酉时止；北新沟应承粮八十四石一斗六升五合二勺，应分秋水三昼夜四时，自寒露前一日寅时起，至寒露后九日辰时止，由新河沟岸行水。

冬水自寒露后九日巳时起，至立冬后五日亥时止，二十六昼夜七时。内：首四坝应分冬水四昼夜，籍田水二时，润河水二昼夜五时，内划出水六时，共水六昼夜一时；次四坝应分冬水三昼夜四时，润河水四时，共水三昼夜八时；小二坝应分冬水五昼夜一时；更名坝应分一昼夜七时，润河水二时，共水一昼夜九时；大二坝应分冬水四昼夜九时，润河水一昼夜一时，共水六昼夜五时；宋寺沟应分冬水六时，润河水一时；河东新沟应分冬水二时；大路坝应分冬水一昼夜五时六刻，润河水九时。自各坝划出水一昼夜九时，四坝划出水六时，红沙梁划出水四时，小二坝三牌划出水三时，已酌加前四牌润河水外，冬水内只有小二坝划出润河水一时二刻，次四坝冬水牌内划出六时，共冬水六昼夜十时。原有秋水后因头坝沙患移丘，将秋水一牌全行移去，以致大路坝无秋水，屡行控诉。今于各坝内取水时，按牌酌量加增，理合登明。

立冬后六日子时起，至小雪日亥时止，六坝湖应分冬水十昼夜。小雪次一日子时起，水归柳林湖，三渠分灌。

[題解] 碑重刻於 2011 年 7 月，嵌於"治水人物"石雕基座上。碑原名《鎮番縣水利章程》，刊於乾隆五十七年（1792）。今碑高 160 厘米，寬 240 厘米，厚 115 厘米，立於民勤縣生態園。此碑爲時任知縣文楠所立。他在認真調查研究的基礎上，制定出一套符合當地實際的水規，在合理分水用水、減少訴端方面起到了顯著的效果。因此，文楠也成爲民勤人民心中的"好官"。文楠及其事迹等參見前《各壩水利碑》。

鎮番水利圖説

邑人　楊大烈

鎮番水源有二。一發於武威縣之石羊河，一發於武威高溝堡之洪水河。石羊河東收清水、白塔，西收南北沙河各餘流，匯入東北。洪水河自東迤邐西注，俱抵本縣之蔡旗堡南里許，二河合流爲一。東北流入鎮番名曰大河，此水之源也。

蔡旗、潴野二堡，舊例分用永昌烏牛壩水。按，蔡旗堡居南、北沙河下游。舊有大溝一道，久經淤塞。前令設法開疏，引南、北沙河餘細灌溉，旋以人工不繼中止。乾隆十四年，邑令江①，捐俸，倡率士民，溝道疏通，所、驛各得資利益，於大河牌水時刻，并無分礙。

王宦寨居蔡旗南二十里，舊例分用武威白塔河水。其餘統縣境内，分上下

壩，俱仰灌於大河。各壩照糧分水，遵縣紅牌額定晝夜時刻，自下而上輪流澆灌。

先四壩居大河之尾，離河口百里。迤洞爲外河，乃柳林湖水路，通常三十里，屬溝三十二道，渠口四。三壩與五、六兩壩俱統其中，其額水一十二晝夜零時，八個爲一牌。按，大河由西南東北行各壩渠口，澆灌則南北之行，故有四壩尾至四壩渠口，南北直計通長止三十里。三、五、六等壩俱與四壩東西相連，故水時俱統在四壩中，而渠口較多於各壩，後凡通長仗此。

四壩西五里爲新河，緣紅沙堡一帶，居四壩之末，兼被沙患，舊壩水多淤遏，不能直達，故另立新河口，以便下截澆灌。其水時仍統在四壩一十二晝夜內。

　　由四壩口上十里爲小二壩，通長三十里，屬溝一十五道，渠口二，額水五晝夜零時，四個爲一牌。由小二壩口上六里許爲更名壩，通長十餘里，屬溝三道，渠口二，額水二晝夜零時，六個爲一牌。由更名壩口上十里爲大二壩，通長三十里，屬溝二十七道，渠口二，額水九晝夜零時，十個爲一牌。由大二壩口上十里爲頭壩，通長二十餘里，屬溝一十一道，渠口一，額水兩晝夜零時，二個。但各壩水例，閉此開彼，按牌輪流。惟頭壩溝多沙患，限定時刻，反致不敷，故互相酌濟，不拘夏秋，分大、二、四各壩之水而爲一，常行渠口例，不再分晝夜時刻。其應分兩晝夜零時二刻之水，仍照大、二、四各壩糧數多寡，按時均添於各壩中。蓋以應得之時刻，而易爲常行，亦因地變通之法也。

　　由頭壩以上，河分東西。河東至廟臺五十里，河西至重興堡六十里，俱爲上壩，沿河渠口四，通長七十里，屬溝一十一道，額水三晝夜零時，十個爲一牌。

　　共計一歲，自清明次日起，至小雪次日至，除春、秋水不在分牌例上，上下各壩輪流四周。但章程雖有一定，河水大小不等。水既發源武威，則鎮邑之水，乃武威分用之餘流，遇山水充足，可照牌數輪澆。一值亢旱，武威居其上流，先行澆灌，下流細微，往往五、六月間水不敷用。再其中溝壩，有無沙患不一。無沙溝道，水可捷行，不失時刻；被沙溝渠，中多淤塞，遇風旋挑旋覆，水到亦細，故不能照牌得水之地所在多有。且新開柳林屯田，自小雪後水由外河悉入柳林湖，至清明後歸川，亦不無冬水未澆，春水不接之地。凡此，皆水利之未盡也。

　　蓋鎮邑地本沙漠，無深山大澤蓄水。雖有九眼諸泉，勢非淵渟，不足灌溉。維恃大河一水，閤邑仰灌。乃水源窵遠，上流分泄，每歲至夏，不足之日多，有餘之時少。故蕞爾一隅，草澤視糞田獨廣，沙碱較沃壤頗寬，皆以額糧正水且慮不敷，故不能多方灌溉，盡食地德。即前之莅茲土者，每加意經畫，厘定章程，究難使不足之水轉而有餘，所處之地勢然也。

　　謹詳著於篇，庶長民者留意焉。

　　[題解] 碑已佚，重刻於 2011 年 7 月。碑文引自乾隆《鎮番縣志》。簡述了鎮番水利源頭、各壩之聯繫及基本情況，爲調水分水用水的基本依據。

　　[作者] 楊大烈：見本卷《民勤賦》注。

[注釋]

①邑令江：指鎮番知縣江鯤。參見本卷《首四壩水利碑》注。

[説明] 從此碑《鎮番水利圖説》至《民勤縣河井水統一分配方案即各灌區配水量碑》，共有碑刻32方，鐫刻碑文14篇，於2011年7月樹立於民勤縣生態園東側水利碑廊中。碑文記載民勤從有文字記載以來的治水治沙内容和制度法規等。這些碑刻體量大小一致，均高160厘米，寬70厘米，厚9厘米，皆正面鐫刻文字。順序依生態園水利碑廊爲主，個别按碑刻（或奏摺）年代前後排列。

鎮番水例

縣治内，除蔡旗堡①、野潴灣，分灌永昌之烏牛壩，自沿大路之重興、王宦、黑山、亂沙窩、新溝爲上壩，本川之頭壩、大二壩、更名壩、小二壩、四壩爲下壩，俱仰灌於石羊大河，其例以照糧使水爲券，遵縣紅牌，輪流倒壩。自下而上，先四壩，次小二壩，次更名壩，次大二壩，次沿大路。惟頭壩以沙患，溝渠夏秋常行，不分晝夜時刻，每歲自清明次日起，上下各壩開放河口，安布春種，不在分牌之例。

自立夏前四日，至小滿第八日爲出河水，共二十七晝夜，每糧二百六十八石分水一晝夜，爲小倒壩，上下各壩輪流一次，名頭牌水。自小滿第八日額時刻三十五晝夜零，每糧二百五十石分水一晝夜，爲大倒壩，上下各壩輪流一次，名二牌水。大倒畢，又額時刻三十五晝夜零，上下各壩輪流一次，名三牌水。例至三牌，時已七月，再額時刻三十五晝夜零，上下各壩輪流一次，名四牌水。至八月，各壩開放河口，澆灌冬水，至小雪次日，水歸柳湖。共計一歲，除春、秋水不在分牌例外，上下壩水各四周。康熙四十一年，衛守備童振②立大倒壩碑；雍正五年，知縣杜振宜③立小倒壩碑。俱在縣屬。按，原額糧除移并武威停徵中壓（减）外，現徵之數較少於原額者一千餘石。照現糧分水，則小倒壩每糧二百一十五石，該水一晝夜；大倒壩仍二百五十石，該水一晝夜。但各壩晝夜，小倒則加，大倒則減耳。各壩潤河水在外，俱分注於後條中。

然東岸決枯於川，可潤於湖，即西岸決於山北，萬一橫流難堵，雖川爲涸轍；若從東岸上游數口通融開放，湖猶能接濟，偏注冀沾餘波，至決於山南，則大河一竭，川湖俱渴。是修築之法，西岸較重於東岸，山南尤急於山北，且西岸自沙山嘴至蒲楊口，上下五六十里，無論何處冲決，皆會入西河。從西南上下，沙井迤邐蜿蜒，勢如弧形，越盧溝、井泉兩墩之東稍折，經三角城，越無用之地，爲患已屬甚鉅。加之歷年浸灌，竟成巨壑，周圍浩蕩，遥在百里，每經大風吹蕩，波濤洶涌，反以無用之水，漂没居民田廬。東渠下號爲露附月，爲節餘廢，諸溝皆受其虐。丁糧前經報銷，其害尤不可言，故修河工。費合三渠四壩，歲計不下萬餘金。官民協辦，雖竭力提防，然旋築旋潰，迄無長策，良可惜也！夫鎮邑十地九沙，水微則滯，水漲則溢。況河形東高西下，高者避之，下者就之，水之刷沙翻騰，往往奪岸而直走西河者，其弊皆在於此。噫！以蕞爾一邑沙漠，業難使河流順軌，按時澆灌，糞田猶不免荒蕪，若屢經倒失，尚欲辟田野、廣種植，沙碱之變爲膏壤，詎可得耶！惟賴長民者，相度形勢，統川湖之力於河岸沙堤，則增卑倍薄，移栽樹柳，以厚固其基，擇地段堅硬，仿古人置閘之法，量水之大小，以時蓄泄，庶傾圮無虞，狂瀾可挽，一勞永逸，其或在是乎。

[題解] 原碑已佚，重刻於 2011 年 7 月。碑文前半部分引自《五凉全志·鎮番縣志·地理志》。簡述了鎮番分水的基本情況及水患的成因防治，意在爲後人提供必要的借鑒。作者不詳。

[注釋]

①蔡旗堡：據《五凉全志》載，蔡旗堡在縣城西南 60 公里，建置年份無考。有公署、倉場、門第，有紳士、兵民、工商，乃鎮番之首鎮。

②童振：京衛（今北京市）人。康熙三十八年（1699）授鎮番守備，繼前任守備張宏亮復修衛署，與鎮番水利等著有勞績。

③杜振宜：字自牧，江蘇揚州人。清雍正三年（1725），鎮番衛改縣時任第一任知縣。親士恤民，廉明闊達，爲官數年，兩袖清風，去世於民勤。生前無子無蓄，葬於鎮番東郊。葬之日，士民填塞街道，莫不哀之。入名宦。

水利源流説

邑人 盧殿元

鎮邑全境割爲兩區，曰川曰湖。河源自涼州城西達達河、城北清水河，匯左右海藏寺、觀音堂、雷臺、鎮番龍王廟諸支流。迤北至深溝堡，各岔水尾束爲河干下復，東收白塔河，西收石橋堡，各岔泉溝及三岔上下。熊爪湖發源之南沙河，烏牛壩發源之北沙河者，爲石羊河。自武威縣屬高溝寨之北，經五里界墩，至蔡旗堡，入石羊河者，爲洪水河二水交會，總名大河。輸灌川湖渠壩，支分派別，凡水道、渠口，灌略牌期水額，俱載舊志，無甚變更；惟水勢無常，地亦失險，潰冒衝突，大河兩岸，幾無完堤。東岸除南河口，爲歸湖正道，餘如黑水槽、大小截河、磨溝、楊家拐彎等處，皆屬三渠外，河西岸由黑山南若李家大泉、張家大墳、孟家河、燕沙窩、沙山嘴與山北茨道子、豚泥溝、丁家壩、僵泥壩、柴路口、鴿子墩、黃蒿道、牛路口、大小西河，糜爛缺漏，觸處橫溢，滄桑變迭，可孰甚焉。

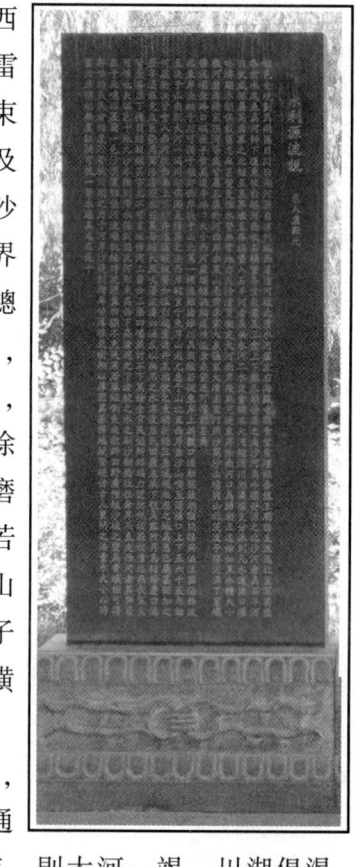

然東岸決枯於川，可潤於湖，即西岸決於山北，萬一橫流難堵，雖川爲涸轍；若從東岸上游，數口通融開放，湖猶能接濟，偏注冀沾餘波，至決於山南，則大河一竭，川湖俱渴。是修築之法，西岸較重於東岸，山南尤急於山北，且西岸自沙山嘴至蒲陽口，上下五六十里，無論何處冲決，皆會入西河。從西南上下，沙井迤邐蜿蜒，勢如孤形，越蘆溝、井泉兩墩之東稍折，經三角城，越無用之地，爲患已屬甚鉅。加之歷年浸灌，竟成巨壑，周圍浩蕩，遥在百里，每經大風吹蕩，波濤洶涌，反以無用之水，漂没居民田廬。東渠下號爲露附月，爲節餘廢，諸溝皆受其虐。丁糧前經報銷，其害尤不可言，故修河工。費合三渠四壩，歲計不下萬餘金。官民協辦，雖竭力提防，然旋築旋潰，迄無長策，良可惜也！夫鎮邑十地九沙，水微則滯，水漲則溢。況河形東高西下，高者避之，下者就之，水之刷沙翻騰，往往奪岸而直走西河者，其弊皆是在於此。噫！以蕞爾一邑沙漠，業難使河流順軌，按時澆灌，糞田尤不免荒蕪，若屢經倒失，尚欲辟田野、廣種植，沙碱之變爲膏壤，詎可得耶！惟賴長民者，相度形勢，統川湖之力於河岸沙堤，則增卑倍薄，移栽樹柳，以厚固其基，擇地段堅硬，仿古人置閘之法，量水大小以蓄泄，庶傾圮無虞，狂瀾可挽，一勞永逸，其或在是乎。

[題解] 原碑已佚，重刻於 2011 年 7 月。簡述了鎮番分水的基本情況及水患的成因防治。第二段與《鎮番水例》碑相同。可參照《鎮番水利圖説》等碑理解相關水事情況。

[作者] 盧殿元：清鎮番（今民勤）縣人。光緒二十六年（1900）舉人，曾爲新疆某縣知事（縣長）。

縣署碑記

訊查鎮番縣大路壩民人汪守庫等，控小二壩魏龍光争添水利，并紅沙梁多占秋水、六壩湖多占冬水一案，蒙批"飭鎮番縣會同永昌縣親詣刊訊具詳"等因，當即會同，親詣勘訊。

查：鎮邑舊額，正糧七千餘石，除歷年各壩開報沙壓移丘地糧外止，實徵糧五千二百六十餘石。內：移丘之紅柳、小新溝、腰井湖、中六壩、河東八案四處，共承糧二百六十二石三斗五合八勺，一年止澆清明次日春水十晝夜四時。四渠壩內，首次四壩、小二壩、更名壩、大二壩、宋寺溝、河東新溝、大路，共分春水十五晝夜八時；又移丘之北新溝、紅沙梁子、大灘三處，共承糧六百五十七石九斗八升四合，共分澆秋水三十九晝夜三時；六壩湖澆冬水十晝夜。以上各處，共分澆春、秋、冬三輪水利，晝夜并無争端，應仍照舊規，各按節氣澆灌，毋庸置疑外，惟查澆夏水之四渠壩、首次四壩、小二、更名、大二壩、宋寺溝、河東新溝、大路壩七處外，自立夏前四

日起至小滿第八日止，共分小紅牌夏水二十七晝夜；又自小滿第八日起，至白露前一日止，大紅牌三牌，每牌三十五晝夜零五時。各壩仍照舊規，按時分澆。

前據小二壩魏龍光等具控，經本縣查明，按糧均水，減去大路、大二壩水時，以致楊永清、安體貞等，於五十四年奔控道轅，蒙委府縣飭發武威縣審訊供查核。按糧均水，乃不易成規。當即調取各壩承糧實徵紅冊查核：頭壩、華音溝承糧二十石二斗五合二勺，隨四渠壩常行口案澆灌，不在控爭之內。至四渠各壩，共承糧四千三百四十五石七斗六升六合二勺五抄，小紅牌夏水二十七晝夜，按糧攤算，每糧一百石，應分水七時三刻六分；大紅牌夏水三牌，每牌三十五晝夜五時，內除潤河水并籍田水六晝夜二時外，止剩水二十九晝夜三時，每糧一百石，應分水八時，按照實徵糧數核定分水晝夜時刻。

惟查大路、大二壩離河彎遠，風沙較重，前斷潤河水三時四刻，實有不敷。通盤籌酌，在首四壩潤河水內割出水三時六刻、小二壩潤河水內於前斷出水三時四刻外，再割出水二時二刻；更名壩潤河水內割出水□時二刻；次四壩、中截、六壩湖潤河水內割出水四時六刻。共割出水十四時四刻，內斷給大二壩潤河水五時，大路壩潤河水九時四刻。於按糧均水之中，量風沙輕重，水途遠近，通融調劑，以杜爭端。各壩士民，各願具結，并請勒石，詳經道憲批飭結案。

間，又經大路壩民人汪守庫、杜鼇等奔控督憲行轅，蒙批道憲："飭同永昌縣勘訊妥議具詳。"今本縣等細加查勘，該壩并無"私墾官地"及"欺隱天糧、挪移貢賦、以高作下"等弊。該壩大路實系風沙較重，溝淤道遠，爭控有因，隨飭諭各壩水老公同酌議。小二壩溝堅柳密，不致停沙，將存留潤河水一時二刻讓出；首四壩於冬水潤河內再割出六時，紅沙梁於秋水潤河內讓出四時，六壩湖於應分冬水牌內讓出六時，共讓出水一晝夜九時，添給大路五牌分澆。其輪流次序：自清明次一日起，至立夏前五日止，春水二十六晝夜，內有移丘之紅柳、小新溝、河東等五處分澆春水十晝夜四時，與柳林湖配搭澆灌不計外，其餘春水十五晝夜八時，四渠壩公分澆灌。

小紅牌夏水，自立夏前四日起，至小滿第八日止，二十七晝夜。其中，按糧攤算，每糧一百石，應分水七時三刻六分。首四壩共承糧八百一十五石八斗一升，應分水五晝夜零五刻；次四壩共承糧七百零七石六斗，應分水四晝夜四時；小二壩共承糧一千零七十二石四斗三升五合八勺，應分水六晝夜七時六分；更名壩共承糧三百三十三石八斗三合，應分水二晝夜五刻；大二壩共承糧九百九十五石二斗六升一合五勺，應分水六晝夜一時四刻；宋寺溝共承糧一百零一石，應分水七時三刻；河東新溝共承糧四十石二斗九升五合五勺，應分水三時；

大路壩共承糧二百八十石三斗六升三勺，共分水二晝夜。系小紅牌，俱無潤河。

大紅牌夏水二牌，每牌三十五晝夜五時。內：首四壩每牌按糧分水五晝夜五時四刻，潤河水二晝夜四時四刻，籍田水二時；次四壩按糧應分水四晝夜八時五刻，潤河水十時；小二壩按糧應分水七晝夜一時六刻七分；更名壩按糧應分水二晝夜二時六刻，潤河水一時六刻；大二壩按糧應分水六晝夜七時六刻，潤河水一晝夜八時；宋寺溝按糧應分水八時，潤河水一時；河東新溝按糧應分水三時二刻；大路壩按糧應分水一晝夜十時三刻，外加潤河水一晝夜一時五刻。

第四牌共水二十六晝夜五時，俱均照前牌定例均澆，毋須紊亂。

又秋水三十九晝夜三時。內：紅沙梁應澆秋水二十二晝夜八時，義田水二晝夜；北新溝應澆秋水三晝夜四時，義田水二晝夜，自下而上隨紅沙梁水尾接引澆灌；大灘澆秋水九晝夜三時。

冬水一牌，自寒露後九日起至立冬後五日止，共二十五晝夜七時，均各遵例分澆，不得紊亂。自立冬後六日起至小雪日止，六壩冬水九晝夜，義田冬水一晝夜。

本縣等仍照前詳，於按糧均水之中酌爲調劑。寧人之意，所結議詳，各壩士民俱皆悅服。詳蒙督憲批示："如詳勒碑，永遠遵守澆灌，以息訟端，以垂久遠。須至勒石者。"

[題解] 此碑重刻於2011年7月，主要內容與乾隆五十八年《各壩水利碑》相同。其六牌分水方案與《文公定案碑記》相同，但個別數據有差異。原立於鎮番縣署院內，是作爲檔案保存幷供民人查詢。同時，"須至勒碑者"，意謂今天"抄送當事人"云云。題解、作者簡介等參見前《各壩水利碑》。個別文字與《各壩水利碑》（如首尾）有出入。

鎮番龍王廟碑記

鎮番額糧六千餘石，舊賴大河澆灌。大河之水，合石羊、洪水二支，而東北注焉。洪水一支，發源於武威縣屬高溝堡，詳載府縣公署碑記。石羊河即達達河是也，自蔡旗堡逆溯而上，西收三岔堡南北沙河之滲漏，東收白塔河之餘流，更溯而上，則校尉、深溝等堡諸水，觀音堂、三盤磨、雷臺觀、海藏寺亂泉，交匯而下十餘里，遂成河。而窮源溯本，則以郡城①西北清水河灘爲吾鎮大河之星宿。初設鎮番時，鎮人於此建龍王廟，置地八畝，糧三斗，上納鎮倉，界屬武威，糧歸鎮邑。故先後相傳，名之曰鎮番龍王廟。順治初，營衛總戎王公萬成②，印主劉公篤生，捐資重修，而鎮邑紳衿壩民，歷有匾額。道士胡宗諭焚修主持，三世於茲。但地遠年沿，碑記剝落，基址地畝，半為鄰民鹽食。茲日，因洪水河水利，蒙本縣詳府，府憲審詳鎮道各憲，勒石公署，挪贏餘資，重鎸碑記，使後之人有所觀感云。

[題解] 碑重刻於 2011 年 7 月。鎮番水源出涼州，故在涼州水源之地建龍王廟，也稱總龍王廟，并有碑記。原碑記載有廟的規模，題名為"總龍王廟"；此碑記為"龍王廟"。二者略有不同。參見本卷《總龍王廟碑記》。

[注釋]
①郡城：即涼州城，是為涼州府（郡）治所。
②王萬成、劉篤生：見本書民勤卷《總龍王廟碑記》注。

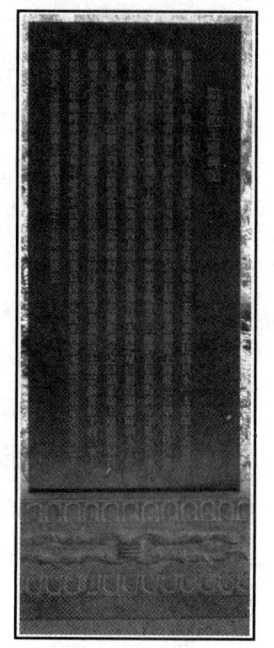

甘肅巡撫元展成爲昌寧湖地方乾旱請停試種事奏摺

乾隆五年三月十九日

甘肅巡撫臣元展成謹奏，為奏聞請旨事。

查涼州府永昌縣屬昌寧湖，屯田一千六百畝，地處邊外，向無水利。於雍正十二年，經原任侍郎臣蔣洞①奏明，飭令效力貢監生等自備人工牛具，暫行試種。此時因冬雪淤冰，藉以澆灌，收穫平分糧三百餘石。雍正十三年，土性不能如初，更兼雨澤缺少，只獲平分糧一百二十餘石。迨乾隆元、二兩年，冬暖無雪，地實乾燥，難以試種。經臣委員查勘確實，據詳資請，停其試種，嗣准部復行令，自行具奏。遂復飭司委員，再加詳勘，取結資報。去後，茲據布政使徐杞②呈，據涼州府知府乜承聖③轉委鎮番縣知縣張能第④，會同永昌縣知縣鄭鐸⑤查勘，得昌寧湖地方向系邊外，沙鹼荒區，水乾土燥，實在難於播種。呈請停止試種，并取據。并

無捏飾印結前來相應，據實具奏。

仰懇聖恩，准其停止試種。除印結送部外，伏祈皇上睿鑒，敕部施行。謹奏。朱批：該部議奏⑥。

[題解] 碑刻於 2011 年 7 月。碑文爲甘肅巡撫元展成因昌寧湖屯田乾旱缺水，致使糧產逐年下降事宜，於乾隆五年（1740）奏請皇帝停止試種，反映出一位地方官員重視調查研究，敢於負責的擔當精神。

[作者] 元展成（？—1744）：清直隸靜海（今天津靜海區）人。由貢生捐納知州，雍正間累擢貴州巡撫，因苗民起義奪職。乾隆年間起爲山西按察使，擢甘肅巡撫（1737—1741），復以匿灾奪職。

[注釋]
①蔣洞：也作"蔣泂。"見本書涼州卷《海藏寺藏經閣記》注。
②徐杞：見《甘肅布政使徐杞爲請免柳林湖等地屯户借欠錢糧事奏摺》作者。
③乜承聖：見本書涼州卷《灣泉湖水租增收入書院碑》注。
④張能第：四川閬中人。進士，乾隆五年（1736）任鎮番知縣。
⑤鄭鐸：山西萬泉人。進士，乾隆二年（1733）任永昌知縣。
⑥清制，皇帝在臣僚奉章上以朱砂紅筆所作批示稱朱批，亦稱"朱批奏摺"或"朱批諭旨"，習稱"宮中檔"。"該部議奏"是皇帝批閱大臣奏摺的常用語，表示所奏之事（朕）知道了，相關部門提請議定吧！

甘肅布政使徐杞爲請免柳林湖等地屯户借欠錢糧事奏摺

乾隆七年四月二十六日

甘肅布政使司布政使革職留任臣徐杞謹奏，爲貢懇天恩事。

竊查甘肅涼州府屬之柳林湖，肅州所屬之三清灣、柔遠堡、毛目城、雙樹墩、九壩等處，仰蒙皇恩，動撥帑金，開渠築埧，借給牛具，招户屯種，俾無業之民得承恒產，積荒之土，悉爲良田。計自雍正十一、十二兩年開墾至今，屯民感激聖澤，盡力田疇，各處屯田，共計收過官分糧三十一萬餘石。此實國家養育邊氓，周恤靡遺，是以小民咸思報效聖上之功也。惟查各屯民，舊借牛具、口食，共銀八萬一千八百七十餘兩，原請自乾隆二年起，分作五年待徵，迄今年限已滿。除已完外，查柳林湖尚未完牛具、口糧銀二萬七千七百八十餘兩；三清灣、柔遠堡未完牛具銀八千六百一十餘兩；毛目城尚未完牛具、口糧銀五千八百二十餘兩；雙樹墩、九壩尚未完牛具、工價銀二百七十餘兩，粟米一十五石二斗零，白麵五千四百九十九斤零。理應如數催徵，但此等屯户原系招徠窮民，素無積蓄。

從前開墾之始，地屬初辟，收成豐稔，尚可勉力陸續嘗完。迨後耕種數年，地氣漸薄，收成亦減，且原置牛具，歲需填補。每年秋後，平分除扣，還春借籽種、口糧及官分糧石外，民間所剩已屬無多，而一歲所需耕作之外，別無生息糊口，尚屬維艱。前項借欠原系製備牛具，用諸公田，非若民户所借籽糧，專謀己業。且邊地出産有限，得糧最難，即如駐涼滿兵，歲需糧餉采買、撥運既多，經費借極艱難。而小麥一項，全賴柳林湖平分，頻年供支無缺，則是屯田之利，大有裨於邊儲，而借欠無償，尤宜倍加體恤。況查所借，均在雍正十三年以前，正與民借、豁免之恩旨相符，用敢仰體皇上，一視同仁，至意借情奏懇。倘蒙聖恩俯鑒，特賜免徵，則邊地屯民當必愈加感激，益思報效矣。再查口外之安西、柳溝、布隆吉、沙州等處，於雍正四、五、六等年開墾，屯種遠處塞外，更與内地不同，民力艱難，尤堪憐惜，雖所種之地，已於雍正十一年入碩升科，不在平分糧石之列。而原借牛具、口糧，共銀五萬七百八十餘兩，糧二萬一千四百四十餘石，除已完成外，查安西衛尚未完牛具銀一千二百六十餘兩；柳溝、布隆吉尚未完牛具銀八十餘兩，糧二百七十餘石；沙州衛尚未完牛具銀三萬五千五百四十餘兩，糧八千三百一十餘石。迄今二十餘載，屢經展縣分徵，無如均屬赤貧，雖有催徵之名，實無補於公項。

可否，仰邀聖慈，并予特恩豁免，理和一并恭祈奏，懇俯乞皇上睿鑒施行。臣謹奏。

朱批：大學士等密議具奏。

[題解] 碑刻於2011年7月。碑文爲甘肅布政使徐杞於乾隆七年（1742）上給皇帝的奏摺。作者對柳林湖等處屯民所欠國家錢糧的情況進行了如實的分析，提出了豁免的理由。爲達到目的，作者反復陳述屯民生活困難、"素無積蓄"，如豁免後屯民將"感激聖恩，盡力田疇""愈加感激，益思報效"的情感，以

打動皇帝開恩并"睿鑒施行"。從這篇奏摺中，體現出一位封建士大夫"爲民請命"的情懷和敢於擔當的精神。

[作者] 徐杞，字集功。浙江錢塘（今杭州市）人。户部尚書徐潮之子。康熙後期進士，任編修。歷官甘肅布政使、陝西巡撫、宗人府府丞等。

甘肅布政使吳紹詩爲請將柳林湖地方屯田升科事奏摺

乾隆二十七年五月十三日

甘肅布政使臣吳紹詩謹奏，爲奏請屯田升科①以求久遠、以利民生，仰祈聖鑒事。

竊照則三壤成賦，乃千古不易之常經；按糧分收，系一時權宜之區畫。查甘肅涼州府鎮番縣屬之柳林湖地方，散處邊外，地多荒蕪。經前署督臣劉于義②於雍正十二年奏請，招民開墾屯種，共成疏曰：一千九百八十九頃七十三畝零，歲給老農口食銀五百四十兩，并借給工本、牛具、籽種，以資耕作。本年分收糧二萬六千餘石，迨雍正十三年，乾隆元、二、三、四等年，除扣還工本、牛具、籽種外，分收糧石，較前漸減。如乾隆二十二、三、四、五、六等年統計，五年平分京斗糧八萬七千六百七石九斗零，均匀攤等，每年僅豐收京斗糧一萬七千五百二十一石零。雖屢經駁查，咸以地脉日就磽薄③、豐欠不齊等情中復臣。細加查訪，實緣民情，勤惰不一。視官田非同己業，不過借籽播種，既爲了事，既無深耕、亦蓐之勤，復少糞土壅培之力，及至秀實之時，又不赴田看

守，或至損傷，甚且私自刈獲，乘機影射種種流弊，不可枚舉，雖地方官亦隨時查究，無如屯民二千四百餘户之衆，散處一百六十餘里之遠。知縣一官，耳目勢難，周遍若不立定科，則將見收穫之糧，必致逸年減少，徒有分收之虛名，殊鮮屯種之實效，而且天地日就磽薄或致，無益於民生。

俯查安西、瓜州④一帶屯田，尚系招民承種，官民平分。業於乾隆二十四年經督臣楊應琚⑤奏明，改照民地不分上中下，則升科納賦并將應納穀草，改折徵糧，奉旨諭允，欽遵在案。今柳林湖地隸鎮番，該縣額賦：上則屯田，每畝徵

糧六升五合，草六分五厘；中則屯田，每畝徵糧四升四合，草四分四厘；下則屯田，每畝徵糧二升二合六勺，草二分二厘六毫。而瓜州則除額糧外，每畝應徵收五分八毫零，改徵京斗糧三升。竊思柳林湖與瓜州同一屯田，似應將柳林湖屯地，按鎮番縣科則比照瓜州升科之例一體定爲額徵，并將應徵穀草按上中下分別改徵糧石，以垂永久，而收實效。查柳林湖，上則地六百九十八頃八畝四分，計每畝額徵倉斗糧六升五合，再加折草倉斗糧二升五合，共徵糧六千二百八十二石七斗五升六合。中則地一千二百九十一頃六十四畝七分一厘，計每畝徵倉斗糧四合四升，再加折草倉斗糧二升，共徵糧八千二百六十六石五斗四升一合四勺四抄。其緒墾下則地三百七十五頃一十七畝，計每畝徵倉斗糧二合二升六勺，再加折草倉斗糧一升，共徵糧一千二百二十三石五升四合二勺。三則共應徵糧一萬五千七百七十二石三斗五升一合六勺四抄，又隨徵一五，耗糧二千三百六十五石八斗五升二合七勺四抄六撮。正耗共徵收倉斗糧一萬八千一百三十八石二斗四合三勺八抄六撮，折京斗糧二萬五千九百一十一石七斗二升五勺五抄一撮。較之五年，均勻攤開，每歲僅分收京斗糧一萬五千九百餘石，計多收糧八千三百九十餘石。既已有益無細且給照升科，俾成民業。其歲需老農口食銀五百四十兩，毋庸再給。而農民各世其業，自必盡心耕蓐，加力培植，磽薄盡成膏腴，實於國計民生，均有裨益。

臣愚昧之見，是否可行，理合據實恭折具奏，俯候聖主訓示。議奏。

朱批：該部議奏。

[題解] 碑刻於2011年7月。碑文爲甘肅布政使吳紹詩於乾隆二十七年（1762）上給皇帝的奏摺。其內容是對鎮番柳林湖地方屯田逐年下降等收糧納糧情況進行陳述，并比照相同條件的安西、瓜州，提出切合實際的改官田爲民地及其徵糧方案，以使"農民各世其業""盡心耕蓐"。如此，此議將"均有裨益"於"國計民生"。作者認爲，如果這樣，表面上可能要減少納糧額，但將土地變官田爲民營，實則調動了農民的積極性，也減少了政府的費用。由此，表現出一位封建士大夫善於調查研究、關心民生疾苦的情懷和敢於擔當、認真負責的精神。

[作者] 吳紹詩（1699—1776）：字二南，清山東海豐（今濱州市無棣縣）人。貢生。歷任知縣、知府、督糧道、甘肅按察使、布政使、刑部侍郎、江西巡撫、禮部尚書等職。在任期間，關注民生，多次就爲民減租、緩徵歲賦、饑民就食、官田變民田上疏乾隆，多有准行。

[注釋]

①升科：徵收賦稅。明清定制，謂開墾荒地，滿規定年限後，就按普通田地徵收賦稅。科，科稅。

②劉與義（1675—1748）：字喻旂，江蘇武進（今屬常州市）人。康熙進士。歷任山西學政、直隸河道總督、甘肅巡撫、刑部尚書兼署陝甘總督、吏部尚書兼協辦大學士等。屢次上疏論時政，請貯糧濟賑，籌辦甘涼農墾、水利等，多得准行。在甘肅任職期間，曾重修蘭州浮橋，設甘涼馬廠，屯田、築堡、安置流民、輸送軍糧戰馬等，頗有政績。

③磽（qiāo）薄：土地堅硬，不肥沃。

④安西、瓜州：即今甘肅酒泉市瓜州縣。原爲敦煌郡所轄，唐初改稱瓜州，至清雍正間設安西衛，民國二年改爲安西縣，2006年改爲瓜州縣。

⑤楊應琚（1696—1776）：字佩之，號松門，青海西寧人，祖籍遼海漢軍正白旗。雍正七年（1729）由蔭生授户部員外郎，歷任山西河東道、甘肅西寧道（駐涼州），兩廣、閩浙、陝甘總督，拜東閣大學士。任雲貴總督期間，滇緬土司屢與緬人衝突，督師攻緬。因戰敗且虛報戰功，被削籍逮問，賜自盡。

鐵道判武威九墩溝民與鎮番農民控争石羊河水利案碑

勘得：武威屬九墩溝民與鎮番縣農民互相控争石羊河水利一案，實由武民得隴望蜀所致，幾至隴且不保。本道爲其因地因時調停酌斷，既不悖古，尤准乎今，兩造各無虧損，俾垂久遠。略將當年事勢，此日情形，以及現時所斷之當否，略述其概於右，庶他日或有翻異，後我而來者，得清眉目，稍有依據也。

九墩溝即樓兒溝，在郡城東北。石羊河即達達河，其源來自西南，流經九墩地之右面，而且又近此河，所納西把截之山水，經永、懷①各壩輪澆之餘，下注已屬無多。惟賴郡城西北之校尉營、清水河灘、海藏寺、

雷臺觀等處泉水，常川匯助，再收洪水河正流、白塔、南、北沙河餘流，迤邐同注，以資灌溉此鎮邑陸仟餘石額糧之地。內除洪水河外，清水河灘尤爲正派。當年鎮民曾在該處購地立廟，以爲崇報表識。迄今，日遠年湮，滄桑疊變，僅存廟址而已。九墩溝者，志書載明"泉水澆灌"。但附近之東史家湖與另星小泉，涓涓之流，其來甚微。渠西雖有大史家湖，灘闊水旺，而地勢較低，不能搏使過顙，似有若無。所仗白塔河泉水，爲之把注成渠。元、明間初墾時，該處僅共額糧五拾餘石，小泉等莊堡，彼皆尚未墾立，分潤無人，固足鬠②餘，不待久顧之他。其白塔入水之口，即今所謂上沙溝口，開自前明萬曆四十年春，迄今三百載矣。

本朝定鼎以來，添墾小泉等地，即九墩一溝，已增額糧一百餘石。續開下沙溝口，再開水磨溝口，均在上溝之西，兩溝下游仍入九墩。然溝雖加多，地域俱增，水止於此，自愈不敷灌溉矣。嘉慶十三年間，溝民稟准墾開東崗官荒，遂藉田；復在白塔、石羊河匯流之東岸，另挑新溝，潛侵大河之水。因而鎮民疊控，自府及道，加委永昌孔令，三縣會勘。永、鎮孔、齊二令，勘系新溝應飭堵塞；武威楊令則指爲明季所開，應仍其舊。以致官民交哄，兩不相下，案懸六年之久，未能結局。緣地屬綿沙，新舊之痕迹原難辨別真確也。至嘉慶十八年，武威王令接任，始經查明，諭令堵塞。而此溝已爲流沙壅閉，不能行水；東崗荒地，亦已久經禁墾。是以鎮民再未復控，亦未來郡互結，遂成不了了之，相安已有年矣。咸豐、同治之交，軍務已興，九墩溝民爰萌故欲。又因前次新溝既爲沙平，且河身日刷日低，無能重浚，俯引在於偏坡之下，另挑溝道，雖與前口距僅咫尺，究更浸入河內，迎流多取矣。而鎮民相去一百餘里，尚無知覺，并未過問。迨本年春間，偶值偏旱，河水甚少，武民在溝西沙咀向南又打草壩一道，約長十有餘丈，伸入河身，直截中分，并將白塔河口圈入壩內。於是，鎮民跟巡來武，查明爭奪，控理到道。本道親詣履勘，溯本追源，始得根底。蓋孔、王兩令尹，雖能察知此口委系新開，却尚未能指出某乃明季舊溝；楊令尹一味負氣忿爭，未能和衷商辦，故致相持不下。原非案屬疑難，萬難了結耳。

茲本道溯查得：萬曆四十年，三岔守備都指揮馬，奉飭挑修之原帖內稱："本府量夫役於三月二十八日親領赴工，從下雙寨③相地開修，至王宦寨④止，約長二十餘里，於五月三日已經挑挖通完，引水入地"云云。今恰下雙寨距上沙溝口路不及里，此鐵門限也。即以形勢全卷而評，亦無疑義。矧⑤鎮民柄據較多，武民僅止鼓其簧舌耶。惟以事勢制宜，確有不能不爲通變之局，使可兩安本分，免其日後復爭者，爰將所以判示於後。應得水者，知意已滿；讓水者，知其有因，不作向隅態耳。九墩官荒，自應嚴行禁止，不得任其私開。然而早年已墾之田，亦難遽復令其荒廢，今若泥古不化，不但九墩多少田畝年年缺水，於國賦民生兩有所礙。且大河前橫，踵⑥口而過，鎮民遥遥遠隔，果能遏，其終不對食流涎耶？況王宦一堡，雖屬九墩地界，半屬鎮民，有糧五十餘石，向歸鎮邑交納。則新溝一派，流到九墩，原非盡歸武民受享，九墩武民既稱不得引用石羊之水，彼王宦鎮民獨應分澆白塔之水乎？似此畛域愈分，恐必訟蔓益滋矣。第一勺之多，彼盈則此絀。既爲武民計將來而通權，亦當爲鎮民計目前於達變。

本道斷令：九墩此次新開之溝免其閉廢，於前次所開新口地方樹立石碣，以爲南頭之准；寬則仍依府斷一丈五尺排截木椿，以爲西面之界。木椿以東，准武民隨時挑挖，限南河身不許再行深竣，仍將椿首沙嘴裁齊取直。其沙堆貼木椿外首，以資牢固，而明界址，及防後旁偷漏之弊。原築壩址一律鏟平，勿得稍留餘迹。并有本道賞發木桁五十根，仰即備車領取，聽後委員前往督辦。九墩渠西大史家湖，在九墩高阜，視之，既難望爲止渴之梅，若挑引下注，自能水到成渠，應將此湖全行斷給鎮民，作爲鎮番泉源。但須三面挑溝以爲界限，而便行水，不許侵近渠幫，致日久或有滲塌。初次開挖，准派武民協力興創，以後增添泉眼，任由鎮民自來料理。以後委員勘定四至，再行動工。如是以彼易此，不過略爲轉移，遇山水較旺之年，固覺九墩獲益，倘逢亢旱之秋，似反莫若湖水之有把握，故曰兩無虧損也。至於府志所載水規，楊令尹所禀原詞，又不得不略加注釋。逐條指駁於後者，欲俾兩造各得曉然，後來道府兩縣再閱全卷，免留疑竇，非敢好辯也。

查志書《總説》而載："武威西把截山其渠二，懷安、永，出川分水齊澆，各曰廿九。順流下，懷有頭壩、二壩、三壩、小二壩、大二壩、五壩、六壩；永有上三壩、下三壩、上四壩、下四壩、上五壩。其亂泉、徐信、回子、温臺、高姚、達子、九墩、高頭等溝，自熊爪湖⑦諸處發源泉水澆灌。"此懷、永二渠大略也。後永渠挨水條下，又載"亂泉等溝，俱系泉水澆灌，其源發自熊爪湖等處；高頭溝其源發自永昌縣暖泉壩……"等語。以上十二壩俱系專澆山水，以上八溝俱系專澆泉水，志載均已明白瞭亮，毋庸贅説，惟"源發熊爪湖"一語未能按地聲説，殊屬含混，致啓疑團。閲者要知"諸處"等字樣，內有他湖他泉業已包羅矣。只將高頭一處指明暖泉者，以其源發永昌地方，故獨提出，餘則皆屬武地，故不枚舉。緣溝名首列亂泉，亂泉應澆熊爪湖水，故泉名亦首稱熊爪耳。查熊爪在永昌堡之北，九墩溝之西，不但相距甚遠，且有大河之隔，其餘流之水歸向沙河，由沙河方入石羊；交匯處所已在九墩之北，三岔以下，於九墩邈不可及，毫無相干。

　　查高頭溝向澆暖泉、烏牛兩壩泉水，高姚溝向澆沙河兩邊泉水，徐信溝向澆魏家泉，温臺溝向澆陳家壩泉，回子溝向澆茨湖墩泉，達子溝向澆南北兩泉，九墩溝、小泉溝、王宦寨向澆史家湖、史家莊泉、胡家莊泉、張家宣莊泉。其上腦之白塔湖、三條湖發源在滿城東門之東，非其專有專澆。熊爪湖者，惟亂泉一溝；兼澆熊爪湖者，惟達子上下兩溝而已。乃鎮民則以九墩原澆史家、熊爪兩湖之水，石羊非其應澆爲詞；武民則以九墩之水發源熊爪、流入石羊，不從石羊引取，豈能越至九墩爲詞。此皆藉口。志文一則不知熊爪果在何處，一則反因熊爪一語得爲口實，可謂互相刺謬矣。姑無論熊爪原非九墩之湖，熊爪入河餘水能有幾何？而竟大開口岸，任情掘灌乎？況泉入總河，即自稱爲應澆某河之水，豈復尚能劃出某爲熊爪之水哉？楊令尹原禀内稱："石羊河迤東有白塔河一道，其流亦匯歸石羊河，因此名石羊大河。靠大河東岸有沙溝一道，引石羊河水流入九墩，此系歷來引灌水利情形。"又稱："《鎮番志》載，石羊河水東收白塔河餘流，則九墩之分用石羊河水，亦可云分用白塔河餘流也"云云。以爲白塔入於石羊，自應由石羊引入九墩，非浸占石羊之水及鎮番可澆白塔餘流，九墩亦可引澆石羊餘流。殊不知白塔匯入石羊，雖有餘流之説，每值盛夏需水之時，本無多餘，且白塔上游之北岸，已有三溝截水入口，可至九墩，豈有九墩又在河口東岸，再開溝口逆引東行之理？各處餘水，若皆不容一滴下流，有必截還，則鎮城以東沙地向無泉源，爲之官者，皆當聽其一律旱荒乎？九墩乃據其上游，又烏得謂之分澆餘水乎？又稱，"近因報墾東岡官荒，即從九墩本溝之中腰，另開新溝一道，分引九墩之水，澆灌新地，鎮民王殿一等因而藉此控争"云云。如果僅在九墩本溝中腰分水，於鎮番有何關涉，而至構訟六年之久，迄不甘休，既不憚煩，亦不惜吝花費耶！惟以武民藉開官荒，又在大河東岸另行挑溝引水，是以不得不争耳。又稱，"《武威志》載，九墩應澆泉水，其源發自熊爪湖等處。《鎮番志》載，熊爪湖水順流至南沙河，由沙河歸入石羊河。是熊爪湖水既不能匯於白塔，則九墩溝之應澆石羊河水"已屬有據。又，《志》云，"王宦寨等處，皆仰灌於石羊大河"等語。"王宦寨即在九墩溝地方，既王宦寨應澆石羊河水，九墩溝民以本處源流反不能得沾其潤，非特於理不順，并於鎮番分用武威餘流之語，以爲相反"云云。九墩溝本無應澆熊爪情形，前已叙明，毋庸再贅。

　　兹查《鎮番志》載："王宦寨居蔡旗南廿里，舊例分澆武威白塔河水，其餘統縣境內分上下壩，均仰灌於大河"。又載，"南沙河自熊爪湖起，北沙河自烏牛壩起，此一支也"等語，并無"王宦寨等處，俱仰灌於石羊大河，及熊爪湖順流"云云字樣。是以上兩條，楊令尹已將志書原文全行割裂刪改，自不足辯。又查《志》載，"石羊河東收清水、白塔，西收南、北沙河各餘流"；又載，"河水大小不等，水既發源於武威，則鎮邑之水乃武威分用之餘流。遇山水充足，可照牌數輪澆；一值亢旱，武威居其上，先行澆灌。下流微細，往往五六月間，水不敷用。"又載，"大河一水，閤邑仰灌"等語。是楊令尹於九墩應澆熊爪一節，既非志載原文，而於其餘各條，亦系截去上下要文，并未全錄。原亦可以無須置辯，然其中情形，尚有不能不駁、不可不剖者。再如志內所以指明"王宦寨舊例分用白塔河水"一語，正言其僅於九墩、小泉分用白塔之水，以別其不與其餘俱仰大河水也。王宦之應專澆白塔河者，蓋因為當年開溝、開墾，均同派夫會創，且其地方原有武民一半也，不然何不指明尚應分澆石羊河水之語。及連年疊控，迄無王宦寨一人出頭扛幫耶？則王宦、九墩之不應澆石羊河水，即此不辯自明。若武威餘水，必僅武民盡與澆足，則小泉堡地在毗連，亦可搶澆石羊之水，不獨九墩矣。下游之九墩，如果例得分澆石羊之水，則何以九墩迤上之校尉營，於雍正三年築堤引水；九墩迤上之羊下壩，於雍正五年開渠引水，均經官斷，拆毀永禁乎？熊爪之水入於沙河，再歸石羊，九墩即應希冀；則洪水河水亦入石羊，何以康熙六十一年、乾隆三年、八年，撫憲道府皆曾嚴禁高溝兵民不許築壩開墾，恐礙鎮民澆灌，并有"鎮番一衛，全賴洪水河澆灌"，及"石羊河既系鎮番水利，何金羊、下壩人民謀欲侵奪，又滋事争端，仰武威縣嚴加禁止"之批乎？

　　至鎮番之水，所以謂之餘者，其說有二：一、山水自南山出口，其上游原應永、懷各壩輪澆，下游餘水入於石羊，始屬鎮番，此其謂之"餘"者一也；清水、白塔一帶泉水，就其發源，附近之田地先得澆灌，歸入石羊者，始屬鎮番，所以清水河灘雖云系屬鎮番泉源，迄今附近之地，何常并不先澆，其此謂之"餘"者二也。二、"餘"之義，皆鎮番應澆石羊河水之證。上游之下九墩，迤上之校尉、羊下，既已不得再澆石羊之水，今在下游之九墩溝，豈得尚以"餘"字為詞，強欲争澆石羊大河鎮番應澆之水哉？又稱"王宦寨分用白塔河"水一語，是因武邑小泉溝之上、下溝，俱由白塔河分水，其溝內有九墩溝八晝夜水，故曰"分用"，不言"仰灌"云云。"不知分用者，言彼此分用，并非分用之外又有應用也"。此語系載《鎮志》，若系武威本境，即可不聲明"分"字矣。若云"分用"與"仰灌"不同，則何不另行注明，尚應"仰灌"某處之水耶？且

"仰灌"二字,志書僅此一見,他本他頁并無似此字樣。至稱"小泉子上下溝"云云,要識上溝初開時,尚無小泉地名。現在上溝之地雖屬小泉,而水期却系五、八晝夜相分,小泉居五,九墩居八。其爲小泉分用九墩之水,非九墩分用小泉,不説可知矣。又稱,"若以石羊取水沙溝壩寨,而將磨溝斷歸九墩。磨溝系大渠民人之溝,九墩系永渠所屬,隔渠豈能相混"云云,其言尤謬。磨溝雖在大渠地,而不過引水轉輪,於水毫無虧損,流至九墩,自可仍舊如數灌地。在大渠用勢轉輪,不用其水;九墩用水灌地,不用其磨。有何相混、難行?況甘肅磨溝好少,并無不許他渠澆水之事乎?不過春夏之間,上下兩灌,一律截水,磨溝想來停輪,原無可澆之水,乃實情耳。若曰隔渠之水既不應澆,則山水自雪山而來,武鎮兩縣皆不得澆矣。上下兩沙溝口,皆在大渠地面,九墩并不得水,止應僅澆小史家湖一區之水矣。至於所稱"唐元佑等報墾官荒,"前經卑職審訊,原與本溝水利無甚關礙,是以准其移丘。王殿一等既藉此興訟,不如仍請銷案,以免爭端;又稱"沙溝緊靠大河,隨挑隨淤,溝形豈有不新之理"云云,則是明知故昧,自做抽薪之計。認屬新溝,已透春光一綫矣。話止於此,不再贅説。

仰該承照抄五紙,以及本道所繪舊勢新形與現斷地址各圖,一并分發原、被各一張,府、縣各一張,以憑遵守備案可也。

此判

[題解] 碑重刻於2011年7月,此碑簡稱"鐵道判案(碑)",與"文公定案(碑)"齊名。案判結於清光緒六年(1880),碑文載於武威及涼州、永昌、民勤的許多水利文獻中,是涼州府各縣調處水利矛盾的判案依據。

[作者] 鐵道:即鐵珊。見本卷《民勤賦》注。

[注釋]

①永、懷:指清代武威縣(今涼州區)六渠之永昌渠、懷安渠,其他爲黃羊渠、雜木渠、大七渠、金塔渠。

②饜(yàn):吃飽、滿足。

③下雙寨:即今涼州區下雙鎮下雙村。

④王宦寨:即今涼州區九墩鎮光明村。

⑤矧(shen):况、况且。

⑥踵(zhǒng):走到。

⑦熊爪湖:位於今涼州區雙城鎮西南一带,現已乾涸。

鐵道判洪水河案碑

抄發武、鎮，互控洪水河水源判發交高、營兩溝百姓，以憑執守。

欽命分守甘凉兵備道鐵，爲勘得郡城東北五十五里即是邊墻，又十五里爲紅水上營，其營堡圍墻尚存。大致堡之正東，西南崖下有湖泉一段，周圍不及半里，即武、鎮互争之泉源也。瀉水河身，即武志所載之紅水河，鎮志所載洪水河也。此河自東南而注西北，流二百餘里，至蔡旗堡附近始於石羊河匯入大河。其沿河兩旁，到處皆有滲津小泉，涓涓入河。故發源雖微，而愈遠愈涌，積流成河，水到渠成。其河腦第一橫壩謂之頭壩，與二、三、四、五壩相距僅共

一十五里，五壩至六壩却又五里之遥；當年尚有新四一壩，原屬共壩七道。由六壩以下西北再行十里地方，河岸迤東另有一湖，即鎮志水案内載附邊之督憲湖也。周圍約三里之譜，其中蓄水深處約五六七尺，蒲葦茂生。惜其傍河出水之區，久爲頹崖所蔽，未能暢流。此湖西距邊墻，相對不過半里，東南斜向邊内之頭墩營僅二里許，距高溝堡則一十二里，緣高溝堡系在頭墩營南多東少方也。自督憲湖三十里至十七墩，即俗稱五墩子者，洪水自兹流入邊墻，始離高溝地界而達鎮番大河。五壩以上皆系營溝地，五壩以下皆系高溝地界，五墩以下乃下雙寨地界。營溝即唐溝耳，此邊墻以外之泉河形向也。自十七墩之界碑地方，向東溯行至紅水下營一十五里，下營至紅水頭營，即俗所謂頭墩營者，亦一十五里。頭營紆行至高溝堡一十里，由高溝堡斜行至紅水上營三十里。《武志·村社》内載："高溝堡，縣東北五十里；紅水下營，縣東北五十里；紅水頭（墩）營，縣東北六十里；紅水上營，縣東北七十里"。此邊墻内之營堡路徑也。查高溝堡、唐家營兩溝，自明季以來，原澆黑木湖泉水，自南北引始達其地。嗣因地被風沙壅壓，水亦爲沙所阻。康熙六十一年間，遂於邊墻外官荒

地内討照開墾，以彌額賦。爰截洪河之水，由東西引，逆流濟灌。曾經鎮民以斷絕咽喉申訴，奉憲飭禁。乾隆二年、八年，高溝兵民又各互相私墾，雖經控禁有案，迄未終止。至乾隆三十三年，因武民在河內陸續築壩，增至七道，鎮民又復控。經前府司詳立案，斷令："武民拆去頭、三、新四、六共壩四道，并將三壩河東之溝渠填塞，地畝禁耕；只留二、四、五壩三道，准其引灌。乃視水勢之大小，開分水壩口，彼此分用。"

迨三十九年，鎮番生員任善士等違斷，叠控不休，又經前府司詳稱："開墾築壩，原為湊補官糧起見，若河水全歸鎮邑，唐高居民何所依賴，賦糧何出？請將為首生員任善士褫革衣頂，究擬完結。"此後九十餘載以來，迄未再起爭端。至去歲光緒六年，鎮民馬培元等，突又以違案壩截等詞具控到道，批府查訊。經道府商擬，仍依舊案，略為變通。斷："將頭、二兩壩歸并為一，將六壩全行平毀。四壩地勢平坦，准築迎水斜壩；二、三、五壩三道，立閘定日，按期開閉。每月共遞輪十日，餘日之水盡歸鎮番。具結申銷，隨經本道轉詳督憲，從立新案。"詎意前判之墨未乾，後訟之呈又至。武民以頭墩之督憲湖為鎮番水源，并借"紅""洪"二字分別河之上下為辯。鎮民，則以上營之泉腦為鎮番水源，且指上營為頭墩。紛紛聚訟，幾亂是非，若不斷其葛藤，此案終無結局。於是本道府先後親往，逐悉茌勘，始知乾隆三十三年及本道府去歲所斷，皆緣未嘗親茌勘驗，不悉實有礙難久遵之勢，以致訟蔓糾滋。茲將大略情形分述於後，俾知武民之非狡強違背有因也。

蓋此河河身甚陡，武民所築之壩，自上而下節節橫堵，形如梯蹬，除頭所截，系屬發源泉水，其餘各壩均系各聚兩岸津泉之水，游使入渠，各不相牟。頭壩拆去，則水全歸二壩；二壩拆去，則水全歸三壩；但留五壩一道，即涓滴不克下注於河。是減壩既不能行，歸并亦難遵照，且於鎮番獨無毫益也。兼之崖地極高，河身兩岸皆屬沙土，底既不堪承石，闊更將及兩矢；水非鼓積近丈，壩非高出丈餘、厚過兩丈，難期漲入溝渠，以期堅固。每次鼓水，決非數日不積，若稍留缺口，不但水即下溢，無能仰激，且一經滲漏成隙，壩即全行刷頹。故開口分水，立閘啓閉，皆所莫能依從。再查鎮番志書《河源》內載："洪水河發源於武威縣屬之高溝寨北。"《鎮志·水寨》內載："康熙六十一年，武威屬之高溝寨民人，於附邊督憲湖內外討照開墾，擁據上流。"府署碑文內在："洪水河發源於武威縣屬之高溝寨、頭墩營、督憲湖之腦。"茲乾隆十年鎮民請立之碑。由是推之，蓋康熙末年、乾隆初年所爭者，只督憲湖下游左近之水，自有乾隆三十三年之斷，遂致牽扯上游三十里外之源矣。今既勘明督憲湖距邊墻僅止半里，又恰在高溝東北，則與志載"附邊""寨北"各語均相符合。而上營泉源却在高溝東南，又離邊墻一十五里之遠，顧毋庸再煩争墩矣。

總之，明季、國初，邊外尚非内地，所産源頭之水，任流鎮境，自然全爲鎮民所得。嗣經武民開闢戌田，境在武屬，自應瓜分其潤。紅水河源，即非鎮民買産，又非鎮民費工挑挖而來，何得翻舊作新，仍欲攘爲獨有。況唐、高兩溝居民，在彼業經祖孫遞聚，沿渠樹木均已合抱，延逾百歲，重土久安。一旦必欲使其田地荒廢，三千丁口遷徙流離，國賦因之無着，今將全河之水以俾鎮邑獨擅其利，揆之人情能乎不能？有是道理，無是道理乎？即質之鎮民一相情願者，亦當啞然而止，況兼轄之到府乎？兹本道再三酌核，爲爾一刀兩斷，俾其垂久。斷："將六壩一律鏟平；五壩仍因其舊；頭、二、三、四壩照前，聽其各引各水；六壩東岸之地二十餘石，准在五壩上首另開一小溝，引用五壩應得之水。從此，五壩迤上永爲唐、高兩溝泉源，五壩迤下泉水全歸鎮番享受，不許武民再行築壩侵占。着由武威派夫，聽候委員前往董治；并於五壩崖旁立碑爲識，以免日後私行下移。督憲湖泉源，由鎮番派夫，隨同委員指示挑浚，以利暢流。兹後不得仍前故意廢修，希圖混争上營泉水。"是此葛藤一斷，則武民穩得五道壩水，足資灌溉；鎮民除督憲湖以及下游外，又得五壩以下十五六里之津泉貼并，實屬兩得其平，兩無向隅矣。仰府官吏即飭速具遵依前來，以憑轉詳督憲，另立新案，早息端争可也。

此判

邑廩膳生員張潤生調理水利。紅洪分河，請照有據，永垂不朽。

邑蔭生、世職雲騎尉金成基頓首敬書

督工經理會首：李國華、李楓香、張廷、馬在廷、李集雲、李洪、孫連科、張勛、李芳香、牛魁章、金建基、田得源等同知。

刻字：白鶴年

光緒七年八月二十日，本道燈下鐵手判案。

至二十六年夏六月鐫碑，公所立，勿損。

[題解] 此碑形成於光緒七年（1881）八月，光緒二十六年（1900）重刻，2011年7月又刻，立於民勤生態園。其内容也是"鐵道判案（碑）"的重要組成部分，案判結於光緒七年（1881），碑文載於武威及涼州、永昌、民勤的許多水利文獻中，是涼州府各縣調處水利矛盾的判案依據。可與"鐵道判案（碑）"等相關水利碑刻參照理解。本書涼州卷中亦載此碑文，個别文字有出入，相關題

解、注釋參看涼州卷同名碑文後。鐵道，即鐵珊，見本卷《民勤賦》注。

[注釋] 頭墩營等地名：頭墩營位於今涼州區吳家井鎮；高溝堡、唐家營、五墩在今涼州區長城鎮境內；唐溝即營溝，在今涼州區黃羊鎮（原七里鄉）境內；五壩在今涼州區謝河鎮境內；下雙寨在今涼州區下雙鎮境內。

甘肅鎮番縣民柴彪奏請移民碑

甘肅鎮番縣民柴彪奏請移民　乾隆四十三年閏六月初四日
奴才索諾穆策凌跪奏　為奏聞事

竊查烏魯木齊所屬鎮西府迪化州并各縣，地土肥沃，水泉暢足。內地無業貧民仰蒙皇上鴻慈，賞給盤纏口糧，資送到屯，復給房間地畝、農具馬匹、口糧籽種，俾得安居耕種。歷年以來，俱獲豐收，咸有蓋藏①。此等貧民一經移駐新疆，俱得飽食暖衣，安居樂業，此實聖主普濟深恩。因此，內地貧民節年②搬眷前來者，已有一萬一千八百五十四户。

今歲三月間，奴才前赴奇臺縣查勘城房工程，途次接據甘肅鎮番縣民柴彪等呈，稱"該處連年被災，地畝瘠薄，度日艱難。近見內地無業之人仰蒙皇上重恩，移民烏魯木齊，賞借各項，安置耕種，年獲豐收，俱各得所。我等一百一十四户，連眷八百七十五口，情願前來認墾。因人多無力前來，造具户口花名清册，商令我等五人先來，呈請移眷安插"等語。奴才查閱情詞雖屬懇切，但查向例，烏魯木齊商民貿易人等有願搬眷者，俱在烏魯木齊具呈，移咨內地，查明資送眷口，其內地願赴烏魯木齊認户之民，俱由本縣呈請督臣，資送烏魯木齊查收安插。今柴彪等一百一十四户前來具呈，雖與辦理之例未符，但該户等俱係鄉愚小民，不諳事例，迫於饑寒，遽即跋涉，遠來具呈，情殊可憫。自應仰體聖慈，妥為查辦。但據呈稱"伊等一百一十四户，連眷八百七十五口"是否屬實，其中有無別故，亦應查明，方覺周詳。是以奴才將原呈户口抄册，移咨督臣勒爾謹③查辦在案。再目今已屆六月，其所需地畝房間各項，必須預為查明備辦，庶免秋冬天氣寒凍，趕辦周章④，是以咨明勒爾謹。將此項户民今歲共可移送若干，先為咨會，以便乘時早為備辦，期免臨時歧誤。

[題解] 碑刻於2011年7月。碑文為轉呈奏摺，簡述鎮番縣民柴彪等人，移居新疆某處，因所處地方"連年被災，地畝瘠薄，度日艱難"，請求官府將其

114户875人，安置在"地土肥沃，水泉暢足"的烏魯木齊各縣。因前無先例，且"與辦理之例未符"，但又考慮到其"鄉愚小民，不諳事例，迫於饑寒"，官府表示將特事特辦，并提出辦理的程序等項。從這篇碑文中可以瞭解到清朝移民的一些歷史，對甘肅、新疆移民史研究具有一定的參考意義。

[作者] 索諾穆策凌（？—1782）：蒙古鑲黃旗。曾任乾隆侍衛，後遷烏魯木齊參贊大臣、都統、盛京將軍等。乾隆四十七年（1782），因甘肅冒賑案發被賜自盡。

[注釋]

①蓋藏：儲藏；指儲藏的財物。

②節年：歷年。

③勒爾謹（？—1781）：滿洲鑲白旗人。乾隆進士。官至陝甘總督。他提出的移西安、寧夏滿洲兵各千人駐新疆巴里坤，撥京兵分補西安、寧夏，在烏魯木齊等地增設鎮西府、在昌吉縣等地加強甘新防務的建議，均被朝廷采納。乾隆四十六年，率部鎮壓甘肅臨夏伊斯蘭新教蘇四十三起義，兵敗革職下獄。後受甘肅冒賑案牽連被賜死。

④周章：周折、波折。

張掖專區一九六〇年灌溉用水示範規章碑

張掖專區一九六〇年灌溉用水示範規章（摘錄）
石羊河系流域配水

1.武威西營、金塔、雜木各河，從五月十八日上午十時至五月二十四日上午十時，全部閉口給民勤放水六晝夜；武威泉水灌區，從五月十五日上午十時到五月二十四日上午十時，全部閉口給民勤放水九晝夜。

2.從七月二日上午十時到七月十日上午十時，武威西營、金塔、雜木等山水河系，全部閉口給民勤放水八晝夜。武威有關泉水渠口，事先要自動測定水量，設立水尺，固定水位，不得引用上游均水，否則要追查責任，并退清多引水量。

3.武威西營、金塔、雜木等山水河系及泉水灌區，從九月二十一日上午十時，到十月六日上午十時，全部閉口給民勤放水十五晝夜。

4.武威泉水灌區，在十二月一日以前，要全部澆完秋、冬泡地，從十二月一日上午十時起，到次年三月十日上午十時止，將全部水量放給民勤一百天。

5.永昌清河灌區，原灌民勤蔡旗公社的耕地，全部列入清河全年配水計劃之內，負責配水，小西農場五萬畝新開荒地，由清河負責配給一次泡地水，并配給兩萬畝地的兩次苗水，其餘用水由小西農場挑泉、打井自行解決。西營河給民勤放水期，清河灌區有關渠口要固定原水位，不得多引均水，否則要追查責任，并退清多引水量。

6.白楊墩農場耕地，除自己打井、利用地下水灌溉外，其餘不足部分由永昌東大河負責全年配水。武威西營河按本年四月二十三日雙方協商意見分別配水。武威豐樂公社原澆東大河水的耕地，仍列入東大河配水計劃之內，全年負責配水。

7.肅南皇城灘平時從東大河引水 0.5 秒立方米，從五月二十日到六月五日加大 0.5 秒立方米水，共引水 1.0 秒立方米，從七月一日至七月十五日和九月二十日至十月五日，加大 1.5 秒立方米水，共引水兩秒立方米。

[題解] 碑刻於 2011 年 7 月。碑文所述內容是張掖專區灌溉用水規範文件中的相關內容（摘錄），具體規定了上游武威、永昌等地給下游民勤放水的時間、流量等要求，是石羊河水系配水當中所遵循的規章。

張掖專區：1949 年置，治所在張掖縣（今甘州區）。1955 年 10 月，經國務院批准，武威專區、張掖專區、酒泉專區合并置張掖專區，轄武威、民勤、永昌、張掖等河西各縣市，治所爲張掖縣。1961 年撤銷，恢復武威、張掖、酒泉專區。1981 年 2 月，經國務院批准設立金昌市，將武威地區所轄永昌縣劃歸金昌市。

關於解決武威民勤永昌三縣用水問題的報告碑

關於解決武威民勤永昌三縣用水問題的報告（摘錄）
一九六三年武威專員公署

第一、泉水地區

一、洪水河的問題。主要是泉水使用界綫劃分問題。根據清朝光緒七年甘凉兵備道台判決①：五壩以下由民勤縣引水，五壩以上武威縣所屬的六壩引水口，令其在五壩以上引水。從此，五壩以上爲武威泉源，五壩以下爲民勤泉源。但因事過年久，原五壩壩址，因河床淘刷，引水困難，節節上移，目前已無痕迹可查，成爲兩縣互相爭執的焦點。原甘涼兵備道台判決剷除六壩，未予執行，至今仍繼續引水。武威縣長城公社并在六壩以下，於一九五七年又新建新五壩一處，灌溉原五壩耕地一千九百九十六畝。民勤縣認爲多引了該縣水量，與武威爭執不解。根據上述情況，通過翻查歷史檔案材料，召集當地老年社員座談和實地勘測，確認以武威縣長城公社張家地灣的石田地爲原五壩的壩址，作爲武、民兩縣使用水源的分界綫，界椿西偏南距張家莊九十二點五公尺，南偏西距金家莊五百一十一點五公尺；石田地以上的河水由武威縣引用，石田地以下

的河水由民勤縣引用。今後如因河床變遷引水困難時，武威縣可以在石田地以上的河道內增設壩口，加固河岸，民勤縣不得干涉。但武威縣不許修建水庫、攔蓄洪水和按洩水日期應給民勤縣的水量。今後民勤縣在石田地以下河道內挑泉時，在不影響武威縣輸水管道和壩基安全的條件下進行，武威縣不得干涉，并積極予以協助。一九五七年武威縣長城公社羣衆在五壩下游新開的五壩新溝，因多引了民勤縣的水量，決定予以剷除。剷除後的用水，仍由五壩輸水灌溉，其不足部分在五壩與原五壩之間和四壩節約一部分水量調劑解決。武威在石田地以下，河右岸開的六壩引水口，本應剷除，但該壩因地形、水源等自然條件的限制，壩址不能向上伸延，如予拆除，勢必造成這部分羣衆搬家遷移，影響很大。因此，經武威、民勤兩縣雙方協商，確定保留六壩引水口，但再不能增加引水量。

二、九墩溝引水口和泉湖使用問題。這是武、民兩縣發生爭執最突出的地方。武威縣九墩公社七個大隊原有耕地一萬零五百畝，據歷史記載爲泉水灌溉。後因耕地增加，在白塔河上引水，但仍因河水不足，於清朝嘉慶十三年，九墩羣衆又在石羊河上開口引水。當時民勤縣羣衆認爲占用了民勤的水量，即上告到官。經判斷：限定石羊河上所開渠口寬度爲一丈五尺，并不許在河中堵壩。但由於舊社會水利設施少，河床冲刷破壞嚴重，引水量無法控制。解放以後，兩縣在此因用水又發生爭執。原武威專署於一九五一年七月四日，會同武威、民勤兩縣代表，共同協商決定："九墩溝在石羊河水口所引用的水，不論流量

的大小，以耕種地畝澆過爲原則"。但目前九墩溝渠有兩個引水口，冬季在白塔河引水，夏季在石羊河引水，其引水口據一九六二年七月實測約寬爲七米，幷在引水口下游築沙堤一條，斜向上游，伸入河內，長約一百零八米。這樣，引水量較多，影響民勤縣農業用水。鑒於上述情況，爲了使九墩溝灌區現有耕地一萬一千畝，在平常年份保證夠灌的條件下，九墩溝石羊河和白塔河兩個引水口應予保留，繼續使用。但要嚴格控制水量，合理用水，確定九墩溝引水流量爲零點七五秒立米。由專署水利局會同武威、民勤縣在九墩溝引水口下游幹渠上，建築控制輸水涵洞和溢水口，以控制引水量。這樣處理以後，將九墩溝地區的蓋爾湖、上大湖、史家大湖、兩套灣湖、崗上湖、青草灣湖、馬營莊湖等七個泉湖的水源歸民勤挑挖使用，排水入石羊河，武威在中途不能引用和堵塞，湖內草場仍由武威使用，民勤挑泉時應保護草場。

　　三、北沙河的泉水使用問題。北沙河發源於武威縣洪祥公社陳春堡地區的河槽中，在四壩公社三岔梢地與石羊河匯合。河南爲武威地界，河北爲永昌、民勤地界。三縣有關社隊，在河槽內節節堵壩，開溝引水，灌漑農田。目前較大的溝壩十一條，其中澆灌武威耕地的有高頭壩、徐信壩和三岔壩；澆灌民勤耕地的有上下蘆溝壩和蔡旗壩；灌漑永昌耕地的有暖泉壩、新溝壩和小沙壩；灌漑永昌和民勤縣耕地的有烏牛壩和梅杞壩；灌漑永昌及武威耕地的有中溝壩。現在問題突出的是中溝壩、高頭壩和烏牛壩三處。（按：以下有一段文字因不涉及民勤水利問題，故省略）

　　四、南沙河用水爭執較多的是三岔新溝、劉家磨溝、白家磨溝、王家磨溝、黃金灣湖等五處。這些問題，一九五一年原武威專署、省水利局會同武威、民勤兩縣代表，已作過處理，當時議定：三岔新溝壩仍然保留，由武威引灌，至於多用民勤的水量，則以張家灣湖和九墩的馬營莊湖水量頂替。劉家、白家、王家磨溝，一九五一年原武威專署調解民勤蔡旗堡和武威縣三岔、九墩、四壩溝水利糾紛時規定"在三岔新溝壩以下，除原有磨壩外，再不得築壩及新開溝渠"。經調查，當時這三條磨溝就已存在，因而繼續使用不動。黃金灣湖，一九五一年決定："武威雙城區五鄉人民將地澆過後，即將水放入南沙河，不得堵塞。一九五一年由蔡旗挑泉，以後每年由雙方輪流挑挖。"應照此繼續貫徹執行。武威縣四壩公社，在南沙河三岔新溝壩以下的河道中，安裝六十馬力抽水機一臺，影響民勤水量，應予拆除。

　　五、白塔河的問題。該河據歷史記載，爲民勤縣餘流，民勤縣反映由於上游修建水庫三座，部分山水地改爲泉水地，幷新增溝壩，或將活壩改死壩等，影響餘流下泄。經過調查，三座水庫蓄水，對民勤用水確有影響，確定調整控制蓄水時間，或全部停蓄。至於武威羊下壩公社上雙寨大隊有二千八百畝耕地，原來灌溉雜木河的山水，一九五四年後改由澆灌王城壩泉水節約的水量，對民勤放水影響不大，應維持現狀不變。民勤反映武威新增溝壩五條，多引民勤水量的問題，經實地調查，除武威師範學校一九六〇年在白塔河新開有一條溝道應予填平外，其餘均爲解放前舊有溝道，應保留使用。反映活壩改死壩，經對溝壩現狀察看分析和歷史記載，不符合事實，應予否定。

六、清水河的問題。武威群衆將清水河源至海藏寺公路橋以南叫清水河、海藏寺公路橋以北至紅柳灣河叫海藏河，而民勤群衆則將這段河流統稱清水河，并認爲泉水都屬民勤縣的。一九五一年原武威專署會同兩縣幹部和群衆代表協商決定：海藏寺公路橋以北的泉源由民勤縣引用，橋南九市丈以南的泉源由武威引用，而橋南九市丈範圍內的泉源，武威不能堵壩，民勤不能挖泉。協議後沒有發生過大的爭執。但近年來武威縣在海藏寺橋以南九市丈範圍內，築壩一條，引水入七條溝的新溝，并在橋北海藏寺河上新開崔家灣溝一條，澆灌武威縣機關農場耕地八十畝，利用文家獨磨子溝的轉磨水灌地一百多畝。經過這次實地調查，認爲一九五一年的協議，既參考了歷史，也結合了現實情況，應繼續執行不變。武威縣在橋北新開崔家灣溝一條，應停止引水；文家獨磨子今後只能轉磨，不能澆地，原澆地水量由武威縣自行調劑解決；七條新溝應予保留使用，但橋南九市丈範圍內築的壩，應遷移至九市丈範圍以南，利用管子或管道輸水入七條新溝。清水河腦東南發源的皇娘娘臺泉水，根據歷史記載和現實情況仍歸武威使用。

七、楊家壩河現有羊上壩、羊中壩、羊下壩三條管道，民勤反映羊上壩、羊中壩原來都是山水灌區，羊下壩是半山半泉水灌區，現均爲泉水灌溉，多引了民勤的水。據歷史記載，羊下壩爲泉水溝壩，羊上壩、羊中壩歷史文件沒有記載，但經調查，也是老溝。結合現實用水情況，楊家壩河水源的畫分應以羊下壩爲界，壩上游的水源，由武威使用，今後武威在這段河道上增溝增壩，按設提水機具，民勤不得干涉。但不能修建水庫，攔蓄冬季給民勤放水期間的水量。羊下壩下游的水源由民勤縣挑挖使用，武威不得截引。但民勤挑泉時，不能影響武威溝、壩和耕地的安全。武威縣在民、武公路白疙瘩橋下大西溝安設的八十馬力抽水機一臺，准予保留使用。

八、東岳臺的泉水問題。解放前由武威縣七條溝引灌，解放後調劑給中壩公社澆灌。但民勤反映該泉水源是民勤的。因查無根據，按照現實用水情況，仍由武威縣使用。

九、雷臺湖的泉水使用問題。根據現有歷史材料看，系武、民兩縣水源。因歷史資料殘缺不全，對於泉源使用範圍，目前很難畫分。為了妥善解決這一問題，經過討論決定：今後武、民兩縣分期使用雷臺湖泉水。即自每年四月五日起至十一月三十日止，共二百四十天的水量，全部由武威縣使用；自十二月一日起至翌年四月四日止，共一百二十五天的水量，全部由民勤縣使用。

第二、泉水地區幾個具體問題

一、關於放水時間。歷年均有規定，但執行時很不統一，錯前錯後比較普遍，給計劃配水造成很大困難，同時，也是發生水利糾紛的直接原因之一。為了分別情況，區別對待，上、下游兼顧，合理解決三縣用水問題，經協商決定：

1.武威泉水給民勤放水時間，從小雪與大雪節之間開始，至次年清明節停止，放水一百二十五天（閏年放水一百二十六天），即從十二月一日起至次年四月四日至（武威少量的蔬菜灌區春灌時間，也可適當提前引水灌地），這樣對武威夏秋灌溉沒有影響，民勤比原規定放水時間一百天，增加二十五天。2.北沙河放水，因該河地處武、民、永三縣交錯地區，用水比較緊張，給民勤放水時間仍維持一九六二年規定，即從十二月十日起至次年三月二十日，放水一百天不變。3.隨着泉源界綫的劃分和放水時間的延長，今後武威、永昌兩縣夏秋灌溉季節的泉水，一律不再給民勤下放。

二、關於泉水地區的小型水庫。武威縣某些泉水地區，夏秋用水比較緊張，一九五八年以來先後修建水庫八座，設計總庫容四百五十萬立米，一九六二年實際蓄水量約為一百五十萬立米，對當地調劑用水，解決用水緊張季節的矛盾，起了一定作用。但是，對民勤泄放冬水有一定影響。為了發揮這些水庫的作用，并且不影響給民勤冬季放水，經討論決定：

1.四壩、吳家磨、三溝、深溝、校西、校東、北倉等七座水庫，調整蓄水時間後仍予保留，准予繼續使用。但今後從十二月一日至次年三月十日止，給民勤放水一百天的時間內，不能蓄水。2.五一水庫系張府河上的連續水庫，該河來水量小，僅吳家磨水庫就已夠蓄，因而，五一水庫，應全部停止蓄水。3.今後武威縣泉水地區，不經專署批准，不得新建小型水庫。

三、關於水磨問題。據這次調查，武威在海藏寺、楊家壩河、紅柳灣河民勤水源上安設水磨二十八座八十六盤，均為解放前修建。經逐個勘察，對泉眼出水量和流速無影響的有十座；對泉眼出水量沒有影響，但對流速稍有影響者七座；對泉眼出水量和流速影響嚴重者有六座。據此作如下處理：屬於第一種情況者應予保留，照常使用。屬於第二種情況者，應疏通、加固整修輸水道後，照常使用。對壅水壓泉影響出水嚴重者，結合地形情況，分別改造遷移，限制使用時間或拆除。其中文家獨磨、紙廠磨，將磨溝裁灣取直，改造疏通後，照常使用；張家獨磨子因受地形限制，磨溝無法改造，拆除後當地群衆麵粉加工又有困難，應在每年五至七月農業用水緊張時間，停止轉磨，其他時間照常使用；于家上磨、于家下磨、邊家磨，壅水壓泉嚴重，不許使用，應予拆除。

四、今後泉水地區新建改建抬高水位的小型攔河工程時，應本着全面規劃、上下游兼顧、就地取材、經濟實用的原則，以修建土壩爲宜。個別需要建築漿砌混凝土石壩時，必須報專署批准，不經批准，不許修建。

五、凡因在泉源地區內開荒種地，填壓泉眼，減少水量，影響河道輸水者，不論集體或個人，一律從今年起弃耕，植樹育草，恢復泉源，具體由武威縣人委②負責，認真檢查，貫徹執行。今後嚴格禁止泉源地區開荒種地，填壓泉眼，濫伐護泉樹木。

六、上述有些需要拆除、改建、遷移的工程費用，一般應由社隊自理。個別工程如投資大、花工多、社隊負擔確有困難時，可按困難情況，由各縣在農田水利事業費中，給予適當補助。九墩溝引水控制工程，海藏寺河與楊家壩河匯流處的測流站，由國家投資興建。

第三、山水河問題

一、武威縣山水河給民勤放水，於一九五五年開始，當年放水兩次十一晝夜。一九五六年增加爲十六晝夜；一九五八年改爲西營河、雜木河給民勤放水三次，二十八至三十天；一九六二年爲三次二十七天。幾年來，由於天旱，水量變化异常，用水關係緊張，給放水工作帶來很大困難。根據現有水文資料和歷年放水實際情況，經多次討論決定：將過去規定給民勤放水三次，改爲兩次二十七天。五月份因山水很小，上游作物用水緊張，不再給民勤放水。至於民勤縣壩區夏禾作物頭輪苗水，在冬春季多放的二十五天泉水內節約一部分，儲蓄紅崖山水庫內調劑解決。第一次放水時間：七月一日至七月十日；放水量：平水年三百八十萬立米，豐水年四百六十萬立米，中等乾旱年三百一十萬立米，乾旱年二百二十萬立米。第二次放水時間：九月十四日至九月三十日；放水量：平水年六百二十萬立米，豐水年七百四十萬立米，中等乾旱年四百九十萬立米，乾旱年三百八十萬立米。這兩次放水，均以水量作爲控制，在規定放水時間內，如提前將規定水量放够，則放水時間可以縮短。今後在楊家壩河與海藏寺河的匯合處，建立固定的測流站，由石羊河管理處與兩縣共同測量流量，計算放水量。今後以改建後的西營河二幹渠，做爲給民勤縣的放水管道，不再修建專用放水管道。

二、關於民勤縣要求在永昌金川河和東大河給民勤縣放水問題。因該兩河系工農業用水，負擔較重，無餘水下放。民勤縣昌寧地區地下水源豐富，應以打井爲主，安裝抽水機具，充分利用地下水源，解決農業用水的不足。

爲了切實保證以上決定的貫徹執行，各縣必須認真的做好群衆、基層幹部的政治思想教育工作，對於爭執較大、標志不够明顯、水源界綫不清楚的地區，專署責成三縣用水工作組，明確劃分水源界綫，樹立永久性標志，以保證用水決定的執行。

[題解] 碑刻於 2011 年 7 月。碑文所述內容是武威專署關於解決武威、民勤、永昌用水問題的報告（文件），對三縣境內用水問題進行了具體界定，內容包括水源地書界、挑挖、引水、使用，向下游地區的放水時間、次數、水量，上游地區修建水庫（攔河工程）和蓄水、放水、水磨處理、泉源區開墾種地等水利矛盾糾紛處理的強制性要求（措施）等，規定具體明確，是有效調解三縣水利矛盾、解決配水問題的規範性文件。

[注釋]

①甘凉兵備道台判決：即"鐵道判案"，見本書相關碑刻。

②人委：全稱爲人民委員會，是根據1954年《中華人民共和國憲法》規定設立的地方各級國家行政機關，即地方各級人民政府。1967年2月以後被革命委員會替代，1979年開始逐步取消"革命委員會"名稱，改爲地方各級人民政府。

民勤縣河井水統一分配方案即各灌區配水量碑

1982 年制定　1983 年實行

1. 綜合多方面的情况，依據去年全縣水利工作會議決定，除昌寧、環河外，水庫以下今年按照壩區23%、泉山27%、湖區50%的分水比例和調整後的配水定額，安排安種水灌溉後，通過一年的實踐，不論從渠系之間或者社隊之間看，基本是合適的。唯獨紅沙梁公社今春出現土壤墒情差，部分耕地又進行二次井水淫灌播種。從配水定額和灌水時間看，均無大的問題。支渠口定額 280 至 290 立米/畝，居於全縣最高；10月5日開始灌溉，比歷史上白露節推遲近一個月。恐怕與去冬今春的氣候和地下水位下降等有很大關係，有待進一步實踐。根據上述情況，今後不論水情年份豐欠，安種水繼續執行去年改革後的分水比例和配水定額爲宜。按其水情年分析預計，83年度安種水灌期（明年4月10日前）供水總量爲1.372億立方米，各灌區應配水量是：壩區3155萬方，配水面積129500畝，人均配地1.42畝；泉山配水3704萬方，配水面積102200畝，人均配地2.1畝；湖區配水6860萬方，配水面積156600畝，人均配地2.25畝。

2. 夏天苗水灌期來水（4月10日至7月10日）。由於五月份以後河水流量相當微小，有時候還不到一秒立米。爲把少量的河水使用得更加適時合理，充分發揮灌溉效益，今後應分階段供灌區引用。6月10日前，輸入湖區地下水礦化度大於6克/升的渠系和社隊解決人畜引用和灌苗，遇有好的水情年份相應擴大到4至5克/升的地方；6月10日至7月10日，一個月來水700萬立米上下，由壩區和泉山各渠輪流配澆部分苗水，一則促進當年增產，再則以緩和井水水位急劇下降的嚴重局勢。按照水情預算，83年度夏灌苗水的安排是：

湖區分配出庫水量1440萬方，計劃灌地43000畝，灌水日期5月10日至6月10日；壩區分配出庫水量200萬方，計劃灌地12000畝，灌水日期6月10日至6月18日；泉山分配出庫水量500萬方，計劃灌地20000畝，灌水日期6月19日至7月10日。

3. 根據省水文地質部門提供的鑽孔、觀測資料，水利化區劃分析成因和調查統計多方面的文字及資料證明，我縣地下水的補給來源主要是河水灌溉的回歸和來自上游的地下潛流兩個方面，總的年補給量爲2.29億立米左右，除去陸面蒸發、苦咸水等不能開采利用外，實際可供開采的地下水量只有1.29億立米/年，而目前全縣年提取高達3.44億立米。入不敷出，赤字過大，造成地下水位的急劇下降、水質趨於惡化的嚴重後果，連年如此，越來越緊張，灌溉成本逐年增大。爲了加快改變這種緊張被動的局面，地下水必須實行限量開采使用，在現階段一下子限到可供開采的水平還是難以辦到的事情，但不限是不行的。爲此，我們的初步意見是：全縣年提取量由目前的3.44億立米限制到2.5億立米，平均減少27.3%。主要辦法應從合理用水、減少灌水次數、堵絕浪費的漏洞、控制播種面積和復套種面積等方面做過細的工作。依據井河水統一平衡和統一核算分配的計劃，要求各灌區井水年提取量分配如下：昌寧灌區限開采井水量1587萬方，環河灌區限開采井水量2614萬方，壩區灌區限開采井水量10200萬方，泉山灌區限開采井水量5900萬方，湖區灌區限開采井水量4700萬方，合計限開采井水量2.5億方。

[題解] 碑刻於2011年7月。碑文爲全縣配水方案，內容一目了然。值得注意的是，從20世紀80年代初，民勤縣已認識到過量開采地下水的嚴重惡果，從政策層面做到了自覺限量開采。政府通過提倡合理用水、杜絕浪費、控制播種面積等措施，從理論上節約（限量）開采地下水近1億方。但作爲配水方案，條理性欠佳，口語化過重，用詞前後不統一。

第三編 墓 志

清 朝

烈婦楊氏墓碑
邑令 江鯤

烈婦楊氏，鎮番民家女也，年十八，于歸①縣民高日勇。高貧無依，挈傭於馮。時氏年二十，馮承明冀漁色之。每媒②以語，弗聽；餌以食，弗受。一月之間，誘惑多端。氏已誓有死志矣。曾以兄來，告之故，勸以少待，早完工他逝。

越月，中元後三日，承明乘高在田，求淫。氏正色力拒，終不可犯。承明遂遁去。夫歸，羞語涕泣唏噓，詎③聲息已聞於明嫂韓氏。韓子大連知其事，以爲我强於叔。遂於二十日，窺氏獨處，逾垣而入。氏適晚炊，力抵甫脱。大連以氏聲揚，一手塞口，一手釋裙。氏且正且罵。大連頓萌殺機，拾堅土投之，中其左肋，倒地殞命。大連懼禍，及舉尸作自經狀，而外鍵④其門。

是氏靈之不昧也。乃猶自謂得計，趨田間招高。紿⑤以入室尋物望見，并語逾垣及門鍵狀。高不察，信爲傭主⑥。主利集多人，并通氏兄賄乞和，高寢⑦其事。氏兄玉章告之姑嬋⑧，同訴⑨於縣。大連走匿。余反覆研訊，承明但服罪，不知傷痕之所自也。予思大連潛迹可疑，拘而詰之。至兩晝夜，始得其實。告之上官，令發棺視尸，顔色如生，傷痕顯著，免檢。大連亦泥首⑩無辭。逾年審訖伏罪。

憲府以强暴相侵，寧死不辱聞於朝，得旌⑪，准入節孝祠。乾隆十六年七月十六日，鼓吹彩杖，鄉之紳士、耄老送氏於祠。余率拜奠焉，以爲風化之勸。

先是，高請移葬高原。余於縣之西南，擇土而丘，樹碑而銘之曰："哀哉少婦，行芳志烈。勉隨夫傭，謹持素節。力拒二凶，寧死不屈。貧而有躬，堅經百折。泥坯茅索，覆盆以雪。巾幗鬚眉，永懷純潔。"

今奉旨旌揚，爰補載於志，以勵貞守云。

[題解] 碑立於清乾隆十六年（1751）。已佚，碑文引自《五涼全志·鎮番縣志》。這是作爲審判定罪主審官的知縣江鯤爲烈婦楊氏撰寫的墓碑（志）。簡述了楊氏的出身和在馮承明家打工受辱及被害的經過，贊揚其"行芳志烈……寧死不屈"的貞烈品質。

[作者] 江鯤：見《首四壩水利碑》注。

[注釋]
① 于歸：指子女出嫁。
② 媟（xiè）：輕侮，不恭敬，過於親昵而不莊重。
③ 詎（jù）：豈，怎；不料，哪知。
④ 鍵：插在門上關鎖門户的金屬棍子。鍵門即關閉門户。
⑤ 紿（dài）：欺騙、哄騙。
⑥ 傭主：受雇用人（傭工）的主人，此處指雇主馮承明。
⑦ 寢（qǐn）：停止，平息。
⑧ 姑嫜：指姐（妹）夫的母親和父親。
⑨ 訴：上訴，控告。
⑩ 泥首：以泥塗首，表示自辱服罪。也指頓首至地。
⑪ 得旌（jīng）：旌，表揚，表彰。得到官方（朝廷）的表彰。

高節婦墓志銘

翰林院檢討 知涼州府事 何德新

節婦姓楊氏，鎮番編氓①之媳也。字②同邑高氏子，年二九于歸，操勤井臼③，頗克婦道。里有渠户馮承明者，闞氏少艾④，意將漁之。爰覓傭作。氏夫以貧寠無聊⑤，偕氏就傭於馮。時戊辰春末，氏年才二十也。馮乘高出作，屢以媟語挑氏，氏輒莊顏以拒。如是，已非一日矣。其未殉之先，氏兄過存，氏泣語故。且言將偕婿去此，否則無生還也。兄爲慰喻再四，乃去。

迨至夏中，馮以禾稼將登，慮有竊損，遣高出守。蓋陽爲防守計，實欲伺間圖氏耳。及時值麥秋，高獲於田。馮遂潛入氏室，復爲甘言調之。氏遽大聲以斥，馮懼而逸。詎意馮侄名大連者，壁聽而知。因萌邪，乘隙逾垣過氏，強以相与。氏固堅貞自抱，力拒狂且⑥。而大連情暴方張，即拾塊擊中要害，遂殞命。復懼罪及，乃以繩系氏項，示若自經，意在嫁禍於承明也。

逮經縣理，廉⑦得情實，二凶服辜，分別成讞⑧。而邑侯江君，以氏節堪矜⑨，即捐俸扦⑩葬於城西之隴，且爲文勒石，以紀其事。上憲疏請於朝，於辛未秋七月十六日，欽奉恩旨，旌顯幽潛⑪。而凶犯馮大連即於是日斬決，馮承明亦擬流發遣。嗚呼！氏於今日，乃可以報貧寠無聊之夫子矣。若古所稱斷臂投崖者，於氏以何讓哉？邊隅得此，亦可以風⑫矣。

銘曰：天山雪，氏方潔。渠水清，氏比貞。山之陽，蘇中郎。水之西，金日碑。山水鐘靈昭史册，節婦於中隆兆宅，文章千古垂金石。

挽言四絶

其一

寒露淒淒泣野墳，芳魂地下耻文君。
當塗駐馬悲遺事，秋塞天山吐碧雲。

其二

兩拒狂且泪有痕，投崖斷臂敢相論。
可憐昏夜承恩者，羞見寒泉一女魂。

其三

木拔沙飛怒未平，道旁高冢氣如生。
丹心長寄天山月，夜夜清光入鎮城。

其四

荒丘憑吊足生哀，邊地丹書日下來。
信有胡兒重死節，悲歌不到李陵臺。

"邊地"句自注：辛未（乾隆十六年，1751）秋七月十六日，欽奉恩旨，旌表烈婦。凶犯馮大連亦於是日斬決。

[題解] 碑立於清乾隆十六年（1751）。今佚，碑文引自《五凉全志》。這是

凉州知府何德新爲節婦楊氏撰寫的墓碑（志）。簡述了節婦楊氏的出身及被馮承明、馮大連叔侄猥褻謀害的過程，贊揚了她的貞潔品行。内容與江鯤《烈婦楊氏墓碑》基本相同，此碑增加挽詩四首，更具典型教化的社會意義。

[作者] 何德新：字暉吉，貴州開州（今開陽縣）人。乾隆十年（1745）進士。歷任甘肅凉州、甘州、湖南永州知府，皆有政績，是一位勤政愛民的地方官。後在永州冒暑賑灾，以身殉職。著有《雲台山詩選》等，其詩穩重深沉，與其人品格相稱。

[注釋]

① 編氓：編入户籍的平民。氓，同"民"。

② 字：女子許嫁；嫁給。

③ 井臼（jiù）：水井和石臼，借指汲水舂米，泛指操持家務。

④ 矙（kàn）氏少艾：矙，同"瞰"，遠望，窺看。少艾，年輕美貌，也指年輕美貌的女子。意爲看着她年輕美貌。

⑤ 貧窶（jù）無聊：窶，貧窮。無聊，生活貧困，無所依賴。

⑥ 狂且：指行爲輕狂的人。

⑦ 廉：考察，訪查。

⑧ 讞（yàn）：定罪，審判。

⑨ 堪矜：表示值得（足以）憐憫、憐惜。

⑩ 扦（qiān）：插入。

⑪ 幽潜：隐伏，隐居。此處指楊氏。

⑫ 風：感化、教化（百姓）。

武威金石志

古浪卷

本卷目录

第一编　岩　畫/(0785)
第二编　金　文/(0791)
第三编　碑　石/(0802)
第四编　墓　志/(0889)
第五编　匾額選粹/(0899)

第一編 岩 畫

昭子山岩畫

　　岩畫位於河西走廊東端的古浪縣大靖鎮圈城村昭子山東麓、大溝峽谷西岸，於 2017 年 6 月發現。岩畫分布於長約 30 米，高約 10 米的黑色石壁上，面積約 4 平方米，有羊、狗、人面等圖案，初步推測爲新石器時代至春秋時期的人類先民留下的文化遺産。岩畫是一種石刻文化，人類祖先以石器爲工具，用粗獷、古樸、自然的方法——石刻，在岩石上通過磨刻和塗畫，來描繪、記録他們的生産方式和生活内容，以及他們的想像和願望。昭子山岩畫中的各種圖像，構成了文字發明以前，河西先民最早的"文獻"，不僅涉及原始先民的經濟和社會生活，同時也是他們的精神産品，以藝術語言再現了當時的社會生活。

古浪縣大靖鎮昭子山岩畫考察記

一、昭子山地理位置與人文環境

　　古浪縣大靖南部爲淺山區，中部爲走廊平原，北部爲沙漠。昭子山位於大靖鎮圈城村東南 2 公里處，距離古浪縣城 83 公里。地表覆蓋約 1 米厚的黄土層，其下爲沉積岩和火山岩，黑色岩石

和青色板岩分佈於昭子山東麓河谷兩岸，交界十分清晰，地質構造獨特，地貌複雜壯觀。海拔2020米，屬河西冷溫乾旱區氣候，日照時間長，晝夜溫差大，乾燥少雨。地表植物有針茅、山蒿、貓頭刺等。

大靖歷史悠久，文化積澱深厚，早在4千多年前的新石器時代，就有人文初化的原始部落在這裏狩獵、游牧，先後有西戎、氐羌、月氏、匈奴、吐蕃、突厥、党項、蒙古等民族駐牧。漢設樸環縣，唐爲昌松縣，元稱扒沙，明萬曆二十六年（1598）松山戰役後稱大靖，沿用至今。在昭子山附近，分佈有新石器時代遺址，周邊的大靖峽、三角城，有馬家窑文化馬廠期、半山、辛店遺址和齊家文化遺址，出土有彩陶、紅陶、玉器等。

二、昭子山岩畫發現經過與基本情況

2017年3月，古浪三中美術教師趙佰昌到昭子山一帶寫生，他在與當地牧羊老人的閑聊中，獲悉在大靖鎮東圈城村附近昭子山的石頭上，有一些看似繪畫和文字的圖案。牧羊老人還説，他們從小就見過，周圍的人也知道，但没有人識别這些圖案。趙佰昌老師以美術專業的知識功底，敏鋭的感覺到應該是岩畫。2017年5月28日，他和大靖中學的張福友老師結伴前去昭子山考察，初步判斷是岩畫，遂向古浪縣文廣局作了彙報。2017年6月1日，武威市考古研究所張振華、沈全喜，古浪縣文廣局楊文科、俞學金和古浪縣大靖鎮張興艷，經考察確認了昭子山岩畫。考察人員從大溝峽谷北口沿峽谷南行4公里，到達岩畫所在地。岩畫分佈於昭子山東麓、大溝峽谷西岸的黑色石壁上，石壁對面有平坦臺地，海拔1820米。此處暫編爲1號岩畫所在地。

2018年1月21日，蘭州財經大學教授高啓安、龐穎在進行考察時，又分别在1號岩畫東面山坡、南側約50米處、

向南約 100 米處 3 處均發現岩畫，1號岩畫東面山坡暫編爲 2 號，南側 50 米處暫編爲 3 號，再向南 100 米處暫編爲 4 號。2019 年 5 月 1 日，四川大學李永憲經教授和高啓安、龐穎教授又考察了昭子山岩畫。現將考察情況簡述如下。

1 號石壁岩畫概況 所在石壁寬 30 米，高 10 米，共有 7 組岩畫，約有 11 幅圖案組成。岩畫從西向東依次是：

第一組位於西面岩壁，距離河谷底部 5 米。磨刻，上下不規則排列 3 個人臉形圖案，共 3 幅，總面積約 3 平方米。第一幅位於畫面頂部，圖案 0.18×0.18 米，方臉，中刻竪綫，左右各刻 3 個圓點縱向裝飾；左面略下磨刻一圓形，圖案剝落不清。第二幅位於畫面中間略靠右，圖案 0.11×0.10 米，圓臉，中刻竪綫，穿出下頜，向右略拐，臉中左右各刻 1 個圓點裝飾，方頜；緊靠人面左上部磨刻一圓形圖案，左下部又磨刻一橢圓形圖案，0.23×0.25 厘米見方，上下略長。第三幅圖案 0.22×0.19 米，圓臉，中刻竪綫，左右各刻 2 個圓點縱向裝飾。上述圖案磨痕陳舊。

第二組位於岩壁中部，距離河谷底部 4 米。并排 2 幅圖案，左面 0.15×0.29 米，爲人

臉狀，中刻豎綫，左右各刻2個圓點縱向裝飾，中間豎綫上下出頭，上面左拐。右面圖案亦爲人臉狀，中刻豎綫，左右各刻1個圓點裝飾，中間豎綫上下出頭，上面左拐，下面左右各有弧綫1道。

第三組位於第二組西面約4米處，距河谷底部約4米，圖案0.1×0.8米。磨刻，畫面左面刻一人臉，與第一、二組類似，圓形，中刻豎綫，上面出頭左拐，左右各刻3個圓點縱向裝飾。左旁有一人形圖案，面部略呈方形，下刻四肢，有尾飾。畫面中刻一人形圖案，方臉，下刻四肢，有尾飾；右上磨刻蛇形圖案，右下刻有圓圈，內刻井字形綫條。這組畫面磨痕較其他圖案較淺細，相對較爲粗放。

第四組位於第三組上方，磨刻不清，其畫面漫漶不清。

第五組爲動物圖案，位於二組左下部石壁，距離河谷底部2米，圖案0.26×0.28米。磨刻，有2幅圖案，上下排列，上爲四足動物，下有一只山羊。

第六組以山羊圖案爲主，位於一組左上角石壁，圖案0.65×1.58米。磨刻，羊頭向東，分散排列，共6只；羊頭、身、足粗勒磨刻，左上角刻一鳥形圖案。

第七組以山羊圖案爲主，緊靠東側石崖，距離河谷底部4米，圖案0.61×0.60米。磨刻，分散排列，共4只，羊頭向東，頭、身、足粗勒磨刻，似未完工。

2號岩畫概况 位於1號岩畫石壁東面山坡上，有羊、狗、人臉等圖案；圖案較小，

不易發現。

3 號岩畫概況 位於 2 號岩畫所在地南約 50 米處，靠近地面，圖案爲圓圈內刻畫十字。其北面石壁頂部，似有岩畫，漫漶不清。

4 號岩畫概況 從 3 號岩畫再向南約 100 米的石壁上，有幾個人臉形圖案，右上角有梅花鹿圖案。

三、昭子山岩畫的分期和年代

岩畫很難斷代，從昭子山岩畫內容，結合磨刻痕迹陳舊程度等，初步考察認爲，昭子山岩畫大體分爲四期。一期爲神祇圖案，包括第一、三組中人臉圖案，痕迹極爲陳舊。二期爲除人臉外，有蛇形、人形、圓圈紋圖案的第三組、四組圖案，其中，圓圈內有"井"字圖案，出現於新石器時代晚期馬家窯文化馬廠期。三期爲有四足動物、羊群的第五組圖案，有粗略勾勒出羊形狀的第七組圖案。四期爲有和文字類似的 2 個人面圖案的第二組，有羊、犬的第五組。初步確定昭子山岩畫年代上限爲新石器時代，下限或至元明時期，其創作者疑爲游牧民族。

四、昭子山岩畫的文化內涵

昭子山岩畫反映的內容主要是太陽神崇拜和圖騰崇拜，從時間上看似應是新石器時代及以後游牧民族的創作；從地形上看，1 號岩畫石壁對面，有一平坦的臺地，可判斷爲一處祭祀遺址。歸納起來，它的文化內涵有以下幾方面。

（一）反映了原始的神祇崇拜。

1. 神祇崇拜 第一組岩畫，爲 3 張人臉，屬於自然崇拜內容的神祇圖案。第二組岩畫，左面一幅人臉，與第一組對比，也屬於神祇。第三組中的人臉圖案也屬於神祇圖案。

2. 圖騰崇拜 除第三組人形圖案外，其他都是動物圖案。其中，羊、犬、鳥、蛇形等圖案，反映了不同部落的圖騰崇拜。這些圖案雖然出現在同一壁岩畫中，但不同部落的作品，時間上有先有後。羊形圖案，是羌族的圖騰。《說文》：羌，牧羊人也。歷史上游牧於河西走廊的西戎就包含以羊爲圖騰的氐羌部落。鳥圖騰崇拜在原始人的圖騰崇拜中比較普遍，在史前人類中，黃河流域和長江流域的原始遺存中都有普遍發現，越人的圖騰標志主要是鳥，東夷人最初的圖騰崇拜也是鳥。遠古民族多崇拜蛇，往往將蛇繪於岩畫上，如家喻戶曉的女媧伏羲人首蛇身神話故事。

3. 巫神崇拜 第二、三組中的人形圖案，屬於巫的形象，與半坡彩陶人面魚紋鉢上的人面相似。原始先民認爲，巫可以通神靈。巫往往也是部落酋長，在部落中享有很高的威信，所以刻畫其上。

4. **自然崇拜** 人類離不開大自然，生産力水平決定了人類對大自然的依賴程度，大自然的日月運轉、草木枯榮、山川移位、氣候變化等，對人類的生産生活帶來重要影響，有時會發生一些特殊現象，當時的部落認爲大自然護佑着他們，不同的需求産生了不同的自然崇拜。

（二）反映了原始的經濟發展形態。

羊、犬、鹿形等反映了當事的經濟發展形態是以狩獵爲主，圓圈内井字紋的出現，與彩陶罐圖案類似，反映出兼有農業；同時也反映了不同氏族間的經濟水平的差异。岩畫的面積大小、刻工深淺和磨刻水平，與不同氏族的原始生産力發展水平和製作時間長短有關。

（三）反映了太陽變化及氣候、生態環境。

我們是否可以這樣理解，第一幅岩畫記録了一天内太陽變化的過程。最上第一幅，人臉之外的大圓圈，代表天空，太陽和太陽神注視着大地，反映的是早晨的太陽；第二幅人臉處於畫面中間，頭頂和左面都有一個太陽，表示中午；第三幅處於最下面，圓圈輪廓之内，橢圓形人臉，處於圓圈上部，畫面之下是水和土地，代表夕陽西下。三幅畫面的外圓輪廓，第一幅大於第三幅，第二幅居中；由此看來，三張人臉和圓圈圖案，從上往下，分别代表早上、中午、傍晚三個時間段，太陽落到水和土地上，表示已到夜晚；再從下第一幅循環反復，代表了日復一日。三個圖形的變化明顯源於視覺變化，或與陰晴變化有關。這些或爲太陽神的神祇圖案，反映了太陽神或神祇主宰一切的觀念，鑿刻出的圓形岩面也或反映了原始先民天圓地方的模糊意識。鹿、羊、犬、蟒蛇圖案，反映出這一地區當時氣候温暖濕潤，水草豐茂。

五、結語

昭子山岩畫時間跨度長，初步推測從新石器時代早期至元明時期，内容豐富，由不同的古代民族部落先後磨刻，1號岩畫所在地有着明顯的祭祀特徵，其中部分神祇形象在全國岩畫中所罕見。從岩畫内容看，昭子山岩畫與景泰姜窩子、嘉峪關黑山岩畫、阿右旗曼德拉山岩畫、寧夏賀蘭山岩畫等可能有著淵源關係。昭子山岩畫雖然數量有限，但内容豐富，是北方岩畫的重要組成部分，它與涼州區蓮花山、甘泉溝岩畫，共同填補了河西走廊東端岩畫的空白，是研究河西地區新石器時代、青銅時代等社會生活和原始宗教活動的重要實物資料。

第二編　金　文

古　代

大司農①平斛②銘文

大司農平斛，建武十一年正月造。

[題解] 此斛青銅質，圓筒形，是東漢光武帝建武十一年（35）大司農頒發的標準量器。斛高24.7厘米，外徑34厘米，內徑32.8厘米，深23.8厘米，容積爲19.6升。腹左右有對稱短柄，一柄有銘文，字體爲小篆。1953年出土於古浪縣黑松驛鎮黑松驛村陳家河沿子，現藏於中國國家博物館（原中國歷史博物館）。東漢時大司農掌管各郡國的錢穀金帛，凡中央官府制定的標準量器與衡器，都由大司農頒發。

[注釋]

①大司農：東漢官職，爲九卿之一，掌管國家租、稅、錢、穀、鹽、鐵等主要財政收入。

②平斛：平，指官府檢定的標準量值。平斛，即爲標準之斛。

王府營鐵鐘銘文

(肩部) 神威遠震天尊 三界伏魔大帝

大清國陝西省涼州府東鄉古浪縣屬土門堡二壩王府營地方住户，奉佛叩天，鑄爐祈豐，保境裕安。□一方信人等，是日叩天獻鐘爐，祈一方清平，五穀豐登，保境裕安事。

竊念眾生等生居塵世，耕牧爲營，賴關聖、媽祖化育之恩，火祖默佑、生感之德。茲二壩王府居民，各輸丹誠，虔祝鐘爐成功，迎獻二聖神殿，以展報答之義。心用鳴覆，載之宏度。

所有眾姓，徵收謹列於左：

會長徐國榜，會收陳萬善、唐鎮基、唐奉基、王起鳳，富平縣客人辛承忠、劉繼印、李作榮、王起福、劉繼雨、李天壽、祁敬賓、徐魁榜、祁應賓、祁欸賓、李天良、唐朝公、唐朝俊、唐朝榜、唐朝定、劉漢文、劉漢鼎、劉漢臣、王紹孟、王紹湯、徐富，每人會千六百三十文；張文華、李天銀、張進壽、祁相賓，每位會千一百二十文；于朝龍、胡家邊□成禮、王琮、王明月、胡萬□、劉吉舜、劉漢寶、徐成榜、富平縣客人辛□典、徐玉榜、田有良、劉俊、金萬選，每人會千一百二十六文。

隨會信友陳門張氏、王門杜氏、王門張氏、劉門童氏、王門王氏、唐門党氏、唐門王氏、李門嚴氏、李門張氏、祁門尹氏、劉門陳氏、劉門鄭氏、劉門牛氏、徐門李氏族，每人會千二百四十文。

富平縣信女辛門冉氏、唐門朱氏、唐門吳氏，胡家邊信女許門王氏、祁門賈氏、祁門劉氏、王門馬氏、徐門豆氏、劉門徐氏、劉門李氏、劉門金氏、李門陳氏、徐門何氏、李門劉氏、王門呂氏、于門蔣氏、張門趙氏、王門金氏、劉門何氏、劉門盛氏、祁門郭氏，每人助千一百廿文。

徐門王氏、李門李氏、主持河湟縣彌陀寺釋迦牟尼弟子僧海空，助千六百三十文。

隨緣弟子李尚仁、李尚義每人千一百二十文。

金火匠蔣永春、蔣永林、蔣琮、蘇自德、蔣瓊、蘇英魁、徐克恭、王十八、蘇梅、蘇克垚、壽禄保。

雍正六年某月某日鑄造神鐘壹口，爐壹座，衆信弟子叩獻。

[題解] 鐘鐵質，鑄造於清雍正六年（1728）。高120厘米，口徑80厘米。肩部周飾"神威遠震天尊，三界伏魔大帝"八字。現存古浪縣王府營小學。

中華人民共和國

龍泉寺鐵鼎

（鼎腹）萬年寶鼎

鐘帶潮音騰佛座，日同陌眼照天心。

皈命滿日界，法道救人天；慈悲宏誓廣，因中十二願。

雲霞擁地靈，風靜月長明；日月光天德，千山紫氣臨。

盛世康平

張發顯書　技師韓祥鑄

（塔基）佛

香焚升極樂，佛光頭上照；六道輪回轉，天地自相保。

佛經灑人間，心燈明闇室；香徑白雲飛，八方甘雨布。

（一層聯）

風調雨順。光中華佛無數億，化菩薩衆已無邊。

國泰民安。風調雨順民安樂，國界安寧兵戈消。

普熏法界　佛光呈瑞　妙香雅宜　天寶呈祥

（二層聯）

普渡迷津。閉塞諸惡道，通達善趣門。

隆德昭順。奉事萬億佛，飛化遍諸刹。

衆善奉行　太運承平　康樂毓秀　隆德昭順

(三層聯)
心燈閣室。爇在金爐上，免難消灾障。
金龍獻瑞。古刹燃香鼎，青燈放妙光。
紛紜徑香　佛光普照　日曜月明　心燈閣室

[題解] 鼎鐵質，铸造於1994年。高4米，由鼎和三層塔組成，鼎腹、塔基和三層塔上皆有銘文。現存古浪縣龍泉寺。龍泉寺，位於古浪縣城西南，寺後有塔七級，高七丈。寺前、左皆有泉，故名龍泉寺。

青山寺鐵鐘銘文

法輪常轉　佛光增輝
敬獻古浪縣大靖鎮青山寺金鐘
法師釋萬恒　主持釋理慈
願此鐘聲超法界，鐵圍幽暗悉皆聞；聞座清净證圓通，一切衆生成正覺。
聞鐘聲，煩惱輕；智慧長，菩提生；離地獄，出火坑；願成佛，度衆生。
唵加羅帝耶娑婆訶
永靖縣劉家峽鄉下古村第四社王正杰鑄造
□□□□□□□□敬叩
公元一九九四年　佛曆二五三八年　古七月十二日

[題解] 鐵鐘铸造於1994年農曆七月。口徑86厘米，高96厘米。肩部鑄"佛光增輝"，間飾萬字紋；鐘身分六區，四區鑄文字，二區鑄菊花、經卷等圖案；文字下方周飾水波紋，鐘口外沿周飾雷雲紋。現存古浪縣大靖鎮青山寺。青山寺，位於古浪縣大靖鎮北郊，始建於南北朝，後來被毀。20世紀90年代在原址重建大雄寶殿一座及厢房、齋房兩院等。

龍泉寺鐵磬[1]

法輪[2]常轉
□□古浪縣龍泉寺玉磬一口，聊表寸心
一九九四甲戌年九月吉日

[題解] 磬鐵質，鑄造於1994年農曆九月。高19.3厘米，口徑17.8厘米。器身底部四面有對稱圓洞，除銘文外，還飾有牡丹、寶壺等圖案。現存古浪縣龍泉寺。

[注釋]

①磬：古代的一種打擊樂器。佛寺中使用的一種鉢狀物，一般用銅鐵鑄造，既可作念經時的打擊樂器，亦可敲響集合寺衆。

②法輪：佛教辭彙，又譯作正法之輪。在藏傳佛教中又稱金輪。謂佛說法，圓通無礙，運轉無息，能摧破衆生的煩惱。

羅漢樓鐵鐘銘文

重修羅漢樓，再現古文物。韓達仁題，馬洋閱
□□□□萬里秋，楊柳蒼翠似汀州。黃沙遠望日沉碧，古橋近園□長樓。鳥飛原野漢中興，雁鳴悠揚胡笛愁。欲問羅漢當年事，□□□中烽烟留。

甘肅省文化廳、武威地區文物局、古浪縣政府文化局，縣博物館館長俞浩、古浪縣土門鎮羅漢樓助委會總指揮 會長馬洋；

羅漢樓助資會長：郭延芳、陳征、劉應鐸、胡登奎、王金國、韓國輝、鄭延明、陳

剛、隆福源、王一□、張延□、康自成；

　　羅漢樓助資會長：車政剛、張德林、王發偉、趙萬和、黨永孝、鄭開基、賈岐山、郭延福、邢成義、張松林、鄭成輝、陳保國。

　　妙火長青　瑞庭鑄造

　　副會長：王發、鄭鴻基。

　　地方群眾全體維修會會長馬洋。

　　丙子年二月二十二日　立

　　[題解] 鐵鐘鑄造於1996年農曆二月。口徑87.5厘米，高84厘米。肩部周飾壽字紋，下端周飾雷雲紋。古浪縣土門鎮群眾集資修繕羅漢樓時鑄鐘紀念，現懸挂於古浪縣土門鎮羅漢樓。羅漢樓，《五涼全志·古浪縣志》載，原名菩薩樓，位於古浪縣土門堡東城門上，清康熙九年（1670）建。高20米，單檐、歇山頂；底部寬3間，進深2間；中間四層置繞廊，邊設近1米高的圍欄；室內兩側開一門，內設登頂階梯。

龍泉寺香爐（兩件）

（一）

　　龍泉寺

　　瓶中甘露常遍灑，手內楊枝不計秋。千處祈求千處應，苦海常作渡人舟。化閻浮①百千萬周，塵刹三十二應。累劫修清净莊妙難酬。觀音菩薩　普熏法界

　　佛曆□□□□

（二）

　　香熱玉爐，心存帝前。

　　歲在丁丑孟夏四月中浣作

[題解] 香爐鐵質，鑄造於1997年夏。高19.3厘米，口徑17.8厘米。底部四面有對稱圓洞，除銘文外，還飾有牡丹、寶壺等圖案。現存古浪縣龍泉寺。

[注釋]

①閻浮：也作"閻扶"。梵語的音譯，大樹名。亦稱"閻浮提""南閻浮提"，爲須彌山四方的四洲之一，即位於南方的南瞻部洲，上面生長着許多閻浮(樹)。後泛指人間世界。

龍泉寺鐵鐘

古浪縣龍泉寺金鐘一口
主持妙法法師 敬叩
佛曆二五四二年 公元一九九八年 歲在戊寅 九月十九日
永靖縣劉家峽鄉下古城古典法器製造廠
王正杰暨四子來、才、亨、吉 鑄造

[題解] 鐘鐵質，鑄造於1998年農曆九月。口徑94厘米，高90厘米。鐘肩部文字爲"佛日增輝，法輪常轉"。鐘周身裝飾牡丹、二龍戲珠、菊花、竹子等圖案。現存古浪縣龍泉寺。

青山寺鐵鼎（兩件）

（一）

(鼎腹) 萬年寶鼎
寧夏中衛縣保安寺釋宗相大和尚贈甘肅古浪青山寺
公元一九九九年春
釋萬恒、釋萬福、釋萬信、釋萬昌、釋萬空、釋如□、釋湛濟、釋宣徹、釋圓雲、釋圓因、釋圓光、釋圓照、釋圓明、釋圓勝、釋圓□、釋果□、釋果忍、釋如□……

(鼎塔基) 青山寺 揚善懲惡

雲峰妙韵。建人間净土，爲眾生安樂。

十方共仰。國運正方興，佛法大弘揚。

上宏佛道 慈雲普渡 道冠古今 □□□□

禮敬諸佛。古刹重會光，諸佛龍天喜。

國基永固 西方極樂 阿彌陀佛

大法重興 刹益人茂 莊嚴净土 共悟妙理

[題解] 鐵鼎铸造於1999年春。高約340厘米，鼎上有二層塔。鼎腹部裝飾雲紋、雷紋、浮雕二龍戲珠等圖案。現存古浪縣青山寺。

（二）

(鼎腹) 敬獻釋迦牟尼佛

寶鼎贊：寶鼎真名香，焚起冲天一；弟子虔誠意，爇在金爐放。

釋果印、釋果忍全家敬獻

公元二零零三年十一月

爐香偈：頃刻氤氳起，即遍於十方；昔日耶輸盡，難免消灾障。

劉家峽鑄造廠廠長王業興

設計王小進　敬書張蘭芳　鐵筆李成賢

癸未年十一月吉日

(鼎塔基) 國泰民安 揚善懲惡

續佛慧命。真誠做人到達西方極樂世界，潛心念佛走出世間迷途。

□□□□。以真誠爲本稱曰仙教，以清净爲本稱曰佛教。

攝必爲戒 □□□□ 心存妙道 持齋念佛

揚佛之光。法門無重誓願，佛道無上普願。

善爲之寶。世味不如道法，人心怎比佛心。

山門常開 上宏佛道 善爲之寶 慈雲普渡 佛光普照 禮敬諸佛 南無彌勒 愛國愛教 莊嚴净土 禮敬諸佛 佑我一方 刹益人茂 禮敬諸佛 愛國愛教 佛光普照 南無彌勒 萬德齊彰 佛光普照 國泰民安 法傳千古 三界導師 揚善懲惡 佛日增輝 三界導師 揚善懲惡 佛光普照 國泰人安 法傳千古

[題解] 鐵鼎鑄造於 2003 年 11 月。高約 560 厘米，由鼎和六層塔組成。現存古浪縣青山寺。

玉祖臺鐵鐘銘文

古浪縣土門鎮 玉祖臺 金鐘一口
鐘聲敲破鐵圍城，金錫震開地獄門；救苦救難無數化，功德無量智慧生。
（肩部）風調雨順 國泰民安
會長：袁興泰、馬福德、張德林、馬洋、柴聞林、賈岐山、高萬隆、唐有祿、馬雲山
甘肅省永靖縣太極鎮劉家峽鑄造廠廠長王業興　設計王小進
公元二〇〇五年古曆二月吉日鑄造

[題解] 鐵鐘鑄造於 2005 年農曆二月。肩部爲"風調雨順，國泰民安"；中間有 3 方文字，并有 2 條龍、一方如意圖案；文字下端周飾暗八仙圖案；鐘下端周飾雷雲紋。古浪縣土門鎮群衆集資修繕玉祖臺時鑄鐘紀念，現懸挂於古浪縣土門鎮玉祖臺。《五涼全志》載，玉祖臺，又名玉皇臺，是玉皇殿的組成部分。建於明崇禎十年（1637），位於古浪縣土門鎮。臺高 1 丈，南北 24 米，東西 27 米，南建小山門，懸"郁羅瀟臺"匾。

裴家營觀音寺吉祥鐘

吉祥鐘
愛國愛教 振興中華 佛光普照 萬事如意
（肩部）風調雨順 國泰民安
古浪縣龍泉寺金鐘一口。
公元二〇〇六年歲次古四月吉日

[題解] 鐵鐘鑄造於 2006 年農曆四月。口

徑 56 釐米，高 70 釐米。鐘身分四區，三區鑄文字，一區鑄菊花圖案；肩部、口部外沿周飾雷雲紋，肩部文字爲"風調雨順，國泰民安"。現存古浪縣裴家營鎮觀音寺。觀音寺，位於古浪縣裴家營鎮，建於清代。

裴家營觀音寺吉祥鼎

(鼎腹) 吉祥鼎 觀音古寺

裴家營觀音古寺上下釋示相長老釋萬恒，大和尚釋元亮、釋圓通、王永恒、李光泉。

裴家營鐵合金廠

佛曆二五五五年水月十九日監製

(塔基) 南無阿彌陀佛 法輪常轉

甘肅劉家峽中華盛大古典鑄造廠 廠長王業財

(塔身) 教化衆生。一柱真香本自然，黃庭爐内起香烟。

普度衆生。虔説真靈威倫道，妙有法力無邊一。

風調雨順 國泰民安 功德無量 慈慧萬民 高真垂慈

慈航萬民 國土清平 法務興隆 一□資理 普濟衆生

[題解] 鼎鐵質，鑄造於 2011 年。高 4 米，由鼎和塔兩部分組成。最下層爲鼎腹，鼎上方爲三層塔，塔基與鼎相連。現存古浪縣裴家營鎮觀音寺。

第三編 碑 石

唐 朝

城隍廟①石造像碑

□□□□□□□□□□□□□□□□□□□□□□
聖曆②元年□□戊戌弟子□□□□□□□□

[題解] 碑刻於武周聖曆元年（698），發現於古浪縣城城隍廟廢墟中，現藏甘肅省博物館。白砂石質，圓額方座，通高94厘米，寬34厘米。正面浮雕立佛一尊，兩面邊沿各刻一小佛像。立佛頭部兩側各刻一飛天；底座正面兩邊鑿小龕及供養人；背面上部居中鑿小龕，內刻佛像一，龕下刻楷書《金剛經》；底座四面刻發願文，大多不清，僅正面存有"聖曆元年……戊戌弟子……"字樣。作者不詳。

[注釋]
①城隍廟：在古浪縣城東北隅，今已不存。
②聖曆：武則天年號，公元698年正月—700年五月，共計3年。

明 朝

勸忠祠碑記

勸忠祠胡爲而建？撫軍李公爲陣亡千户嚴公①建也。公諱璽，字朝玉。其先世亳人，祖真勝從文皇帝②北征，升涼州衛中千户所百户；父進襲職，調署雙塔所事，因家焉。公以功擢前職。童時輒有大志，既冠，體貌魁梧，智勇過人，善騎射，習孫武兵法，當道器重之。署古浪所事，克盡厥職，愛恤軍士，教練武勇，人樂於戰鬥，屹然爲一方保障。

古浪密邇③番族，先時恒出入爲患，田多荒蕪，公私匱乏。公曰："足食，然後足兵；食不足，何以作士氣也？"始墾荒田以給軍餉，鑿河渠以通水利。三年之後，人皆足食。更遠偵探，嚴斥堠，斬溪隧，掘陷井，俾番人不得近我境。公屢立戰功，番族畏服。且周貧恤孤，婚姻相助，凡有益於地方者，靡不爲之。正德庚午④，北套入寇，逼近本所，駐牧搶掠。公晝夜不解甲，往來提督防禦。賊覘知有備，不敢薄城。公募敢死士，夜入賊營，乘怠掩擊，斬馘⑤級，奪回馬牛，遂以遁去，一方保全。由是智勇著聞，當道交章薦舉，以爲堪任將領之重。其詞曰："勇謀兼優，號令明肅；撫下有恩而軍士服，卻敵有勇而番人懼。位卑而名顯，兵寡而功多。"遂拔爲甘州奇兵營千總、行都指揮事。

公既爲當道所知，益展布心力，修整戎務。後因魯番⑥爲患，安遠一帶道路梗澀。當道會議，非公不足以保禦。遂改爲古浪操

守兼管所事。公稔知地方險夷，伏兵要害之處，以邀擊番族，自茲不敢肆毒，商旅得通，耕牧有賴。丙子秋，因防送行客，追剿賊番，力戰而死。當道咸痛惜之，命所司致祭營葬，厚恤其家。後會東岡李公巡撫河西，職崙⑦激揚，聞公忠義，命度地於本堡南門外建祠，捐金助之。顏其額曰："勸忠祠"。時，余謫官陝藩，分守河西，命爰筆作記。是舉也，考之祀典，既無不宜，而激勸之下，有關風教，豈小補哉！

　　正德戊寅正月吉旦
　　賜進士出身、承宣布政使司晉城孟春 撰

[題解] 碑刻於明正德十三年（1518）正月，現立於古浪縣泗水鎮雙塔村嚴家園子。砂石質，通高186厘米，寬94厘米，厚16厘米。圓額，上刻"嚴公祠記"四字。碑身周刻卷草紋，碑座爲覆斗形，正面上寬106厘米，下寬116厘米；出土部分高22厘米，側面上寬49厘米，下寬60厘米。原有二碑，一碑已佚，存一碑座。碑座爲覆斗形，出土部分正面上寬98厘米，下寬102厘米，高22厘米；側面上寬46厘米，下寬58厘米。《五涼全志·古浪縣志·文藝志》載其文。碑文簡述了古浪操守兼管所事千户嚴璽智勇善戰，追剿賊番戰死事，歌頌其忠勇任事，以身殉國的精神。

[作者] 孟春：明山西澤州（今晉城市）人。明孝宗弘治九年（1496）進士。曾任布政使、吏部侍郎等職。明代澤州孟氏家族是科舉世家，從明中葉至清初，科第連綿，其中七人中進士。

[注釋]
①嚴璽（？—1516）：字朝玉，祖籍安徽亳縣。從祖、父襲軍職，定居古浪。曾任甘州奇兵營千總、行都指揮，古浪操守兼管衛所事。正德十一年（1516）秋，在追剿寇賊中犧牲。
②文皇帝：即明成祖朱棣。
③密邇：亦作密爾，指很接近、靠近。出自《國語·吳語》。
④正德庚午：正德即明武宗年號，庚年即正德五年（1510）。
⑤馘（guó）：古代戰爭中割取敵人的左耳以計數獻功。
⑥魯番：指元朝滅亡後北逃的殘元勢力，以瓦剌爲首領。特指西部蒙古族。其勢力強大，經常侵擾明朝西北部邊疆，是當時明朝的主要敵人。
⑦耑（duān）：同"端"。

孝行碑記

　　嘉靖丁未冬，山丹衛儒學訓導石公①，卒於官。時撫軍楊公博②重其無忝③乃職，助白金，給驛遞夫馬，舁④喪以歸。且素聞其孝行，命璉作文以記之。

　　先生諱韞璧，字德輝。其先本浙東鄞人，曾祖官茂，從戎和戎⑤，因家焉。先生六歲而孤，鞠⑥於母張氏。生而穎秀，少長即知向學。後更負笈⑦游湟中，擇師事之，得授《尚書》。越數載還凉，補博士弟子員，益勵學。事母至孝，遭庶母喪，於西山下園內停柩三載，孤身廬守。猛虎時夜入，未嘗遇害，以爲孝感所致。性剛毅，有氣概，至恤窮拯患，諸事無不爲之。尤善剖析是非，鄉人推服。博覽載藉，見前哲格言，必興慨慕，屬文悉抒獨見，發揮無蹈陳言。徙居凉十餘載，朋儕樂與游，戶外受業者恒滿。後復來和戎卜居，其舍旁手植奇花异卉。每出游，放情山水。累試省院不利，以嘉靖癸卯貢禮部，始授前職。至山丹，以作人勵俗爲念，立程限，嚴考課，始終不倦。生徒初憚其條教之密，既而人人樂從其化，屢爲當道所稱。和戎地處小隅，人多尚武。自先生崛起尋常，以讀書起家，鄉之人皆感奮，就業至數百人，和戎文學自此始。昔子輿氏曰："豪杰之士，雖無文王猶興。"⑧先生內無庭訓，外無漸染，乃能立身，以揚其名，斯亦豪杰也哉！是爲記。

　　時，嘉靖戊申仲春，後學胡璉 撰

[題解] 碑刻於明嘉靖二十七年（1548）仲春。碑佚，碑文引自乾隆《古浪縣志》。簡述了山丹衛儒學訓導石韞璧教書誨人的事迹，贊頌其孝親、好學、嚴教、育人的優良品質。

[作者] 胡璉：地方名士，其具體事迹不詳。

[注釋]

①石韞璧（？—1547）：字德輝，古浪人，祖籍浙江鄞縣。嘉靖二十二年（1543）歲貢，曾任山丹衛儒學訓導。事母至孝，博覽載藉，以教書爲業，對古浪文化教育影響較大。卒於山丹任所。

②楊博：見本書民勤卷《奏請添築西關疏》作者。

③無忝：不玷辱；不羞愧。

④舁（yú）：抬；帶，載。

⑤和戎：即和戎城，位於今古浪縣峽谷當中。唐長安元年（701）十一月，郭震（字元振）任涼州大都督、隴右諸軍大使時，在古浪南峽口置和戎城。

⑥鞠：養育，撫養。

⑦負笈：背着書籍。形容所讀書之多。也指游學外地。笈，書籍。

⑧昔子輿氏曰句：子輿氏，即孟子，名軻，字子輿。"豪杰之士……猶興"句出自《孟子·盡心章句上》。意思是"至於豪杰之士，即使沒有象周文王那樣的人出現，自己也能奮發有爲。"用以激勵人們奮發向上，有所作爲。

甘酒石石刻

甘酒石
□□丙戌年□□

[題解] 似刻於明萬曆丙戌年（1586）。原位於古浪縣十八里堡鄉十八里堡村居民區西北約1000米處，國道312綫北，2010年9月12日，移至縣城金三角廣場。此即唐代昌松瑞石（參見本書《昌松瑞石碑》），當地稱釀（酸）酒石，也稱育嬰石、催生石。明刑部郎中陳棐命名爲甘酒石，并題刻於石上。現文字風化難辨。石刻爲青白巨石，長6.6米，寬6.5米，高5米，占地面積42.25平方米；約重369噸。題刻處寬60厘米，高142厘米，字體爲楷書，3厘米見方。題刻右側，在寬30厘米、高50厘米的平面上，有陰刻"□□丙戌年□□"等字，字6厘米見方，題刻時間不詳。嘉靖五年（1526）爲丙戌年，萬曆十四年（1586）亦爲丙戌年。根據陳棐活動時間，似應爲1586年。

[作者] 陳棐：字文岡，鄢陵（今河南許昌市鄢陵縣）人，嘉靖十四年（1535）進士。曾任刑部郎中、寧夏巡撫，官至甘肅巡撫。其於嘉靖壬子（1552）作《甘酒石頌》，收錄於《五涼全志·古浪縣志》。精於書法，在甘肅等地留有多處書法題刻。有文集《文風集》20卷傳世。

涼莊保障石額

（中）涼莊保障
（右）□□分□道右參議李際春[①] 書
（左）萬曆癸巳游擊將軍趙希雲[②] 立

[題解] 石額爲灰白砂石質地，刻於明萬曆二十一年（1593）。原鑲嵌於黑松驛南城門，1927年大地震中震落；1968年3月，群衆在村西北路壕上面修建渡槽涵橋時，從南城門下挖出，鑲嵌到渡槽涵橋西支墩内側。2017年10月28日取出，保存於黑松驛鎮政府。高71厘米，寬164厘米，厚19厘米。

中間陰刻行書"涼莊保障"四個大字，大字每個37厘米見方，左右小字每個4厘米見方。均爲陰刻，行書。周飾卷雲紋。右上角有一斜向裂紋。

[注釋]

①李際春：字和元，號鑒池，蘄州（今湖北蘄春縣）人。萬曆五年（1577）進士。歷官户部郎中、陝西布政司右參議分守西寧、雲南副使提調學政、河南副使分巡汝南道等。積勞成疾，卒於任上。去世時，"橐中無一錢"。

②趙希雲：香河（今河北廊坊）人。以善射著名，尤嫻吏治。萬曆初年，任永昌指揮僉事，掌衛印，不擾不苛，後升涼莊游擊，遷西寧參將。萬曆二十六年（1598）五月，會同劉敏寬、達雲在青海督兵剿匪中犧牲。

松山平魯碑

明萬曆二十六年春三月，兔魯既平，松山底定。涼州右參議張蒲爲之碑，肅州兵備右布政司崔鵬爲之序曰：

翊廟堂者必修文德，任疆場者必奮武功。武以濟文，乃盛世不得已而用之者也。鷲酉阿赤兔，倚松山爲三窟，糾合宰僧寇五涼，自擅宜討之罪久矣。今熒惑①愈甚，早識逆魯之衰。戊戌②正統年，又犯秦關之險。時總制、太子太傅李公汶，運籌玉幄；巡撫、兵部尚書田公樂，借著金符；西寧兵備右布政使劉敏寬，揮戈青海之南；又屬莊浪兵備按察使梁雲龍，控弦烏嶺之北；屬甘州副使李景元，率兩河壯士由黃羊川；又屬甘肅總兵都督同知，提五郡官將於黑馬圈；屬西寧同知龍應堅，振軍旅在前；又屬涼州通判使王倫，挽芻粟在後。於是田公秉鉞揚麾，自發令公之騎，鵬等鳴弓環甲，重列冠軍之營，督七校以順天機，統六師而搖地軸。叱吒則風雲是陣，張我虎隊之威；戰鬥則草木皆兵，奪彼犬戎之魄。誅悍酉赤哈等八百級，投降番夷黃金等九千人。渾邪③懸頭，不啻絕居延之漠；先零④膽寒，豈徒留湟野之屯。三軍奏凱而還，二公露布⑤以進。朝廷嘉丕績，賜圭封龍驤之侯；邊塞勒奇勛，載筆效燕然之椽。祇賴軍威遠暢，敢云臣力遐宣。此文征武戰之功，二百年來不數見者也。

鵬，敬賦詩數首，用以傳信八絃已爾。

其一

李牧安邊臨上郡，田丹移節鎮甘州。
人來趙壘閑金虎，地轉秦城縱火牛。
仗鉞擁旄春寂寂，投膠挾纊日悠悠。
謾言青海長傳箭，遥指黃河幷運籌。

其二

都尉春耕隴麥閑，胡兒烽起大松山。
若非睥睨燕支塞，便是憑陵駱谷關。
霧集戈矛屯岔口，風傳鼙鼓振軍顏。
從來玉帳饒奇策，不遺匈奴匹馬還。

其三

建牙吹角過邊疆，積雪驚風冷戰場。

元老指揮白羽扇，中軍超距綠沉槍。
劍冲月窟西追兔，弓挽天弧北逐狼。
獨倚轅門聽號令，馬前先伏左賢王。
其四
桓桓虎隊出車期，漠漠龍沙奏凱時。
魯滅全收唐土地，兵回爭擁漢旌旗。
葡萄酒冷征人醉，苜蓿花深戍馬遲。
聽取琵琶彈夜月，短簫長笛咽涼圻。

[題解] 此碑亦名《松山平虜碑》，刻於明萬曆二十六年（1598）春。原存古浪縣大靖察院內，今佚。碑文引自《甘肅新通志》《五涼全志》。萬曆二十六年，朝廷派兵剿除蒙古邊患，收復松山，立碑記事。相關史實和人物介紹參見《蕩空松山碑記》《定松山碑》。

[作者]

崔鵬：時任肅州兵備道、陝西布政使，收復松山之役的五道將領之一。

張蒲：河南偃師人。明萬曆二十四年（1596）任陝西參議，二十六年任西寧道（駐涼州），官至陝西布政使。曾參加明朝收復松山之役。入古浪名宦祠。

[注釋]

①熒惑：古代指火星。因隱現不定，令人迷惑，故名。火星無論在中國或是西方，都被認為是戰爭的代表，主災異。

②戊戌：即萬曆二十六年（1598），此年松山戰役爆發。

③渾邪：指匈奴渾邪王。秦漢時期，駐牧於河西走廊，漢武帝元狩年間，被霍去病擊敗降漢。

④先零：亦稱先零羌。西漢時期活動於甘青地區的羌人部落，多次被漢朝擊敗，後融合於當地民族之中。

⑤露布：指捷報、檄文、告示等。

蕩空松山①碑記

大明萬曆二十六年秋九月，大司馬田公②再計於制府李公③，犁掃松窟既空矣。公會諸文武，經畫邊垣，蓐食扒沙④七晝夜，從容問及松山所以致虜與今日所以蕩空。雲龍爲對狀頗悉，命志之。

夫松山之虜，豈其國初然哉？慶曆⑤間始也。蓋松爲漢武所開，以斷匈奴右臂，唐因而稍慎封守，宋失而淪入於夷。迨我二祖，逐虜開疆，始克復。時雖地廣人稀，未暇垣禦。然而，胡虜既逐之於三受降城⑥外，則河套、賀蘭皆無王庭。松山固耕牧沃區也。成化初，火篩⑦擄套，雖或不無西訌，然或間歲一至，松山亦非甌脫⑧也。惟隆慶之末，五單于解辮，自上古雲中，以至榆翔，皆爲開市稱藩。謂河西同一邊鎮，安可無市？於是，招致賓酋⑨，携弟着力兔、宰僧子阿赤兔、額勒革麻記，西移松山，而作之窠穴，開大小市於寧、衛、莊、涼，又成一西河套。此松虜之所由也。

夫松虜既款市而護儲胥，則款之可矣，而又奚必於空之也？蓋松山左擁蘭、靖，右護涼、古，前逼莊浪，兩河則腹心，甘鎮則咽喉，安能容得一虜！山以西扒沙，爲涼、古屯地；山以東蘆塘，爲靖虜膏地；山以南隆答石炭以至紅井，皆莊浪屯牧墳地，安可棄以於虜？即使群酋歸順，胡越一家，猶將疑其夷類。況陽順陰逆，東市西剽，毋論跨有蘆沙，既近境屯牧，三層墩臺被其侵軼，一切棄之。而縮築邊墻，僅通一綫，且別鎮之市，夷外我內，大防固未決裂。今則糾而東虜到我內地，建剎聚膻於青、永、火⑩連爲三窟，而莊浪、昌都之南北，悉爲市場，掠漢搶番，爲其耕種。其耳目、爪牙陵夷，至於犯洮河，陷朔方，孰非松山貽之厲，又安可以市自愚也。

夫松虜信當逐，而向來譚款決戰，見謂難於登天，何以空之若承蜩也？蓋松虜所羽翼青、永，所憑依山險，所哮雄⑪番族，誰不謂其爲負隅之虎？乃公則自壬辰夏持節渡河，周覽西塞，視之真釜魚穴鼠，第芟刈驅除，自有次第。以故搜承簡卒，不二年得勝兵一萬。公曰："可橫行匈奴中矣！"一試於昌湖，而青酋破；再試於湟海，而永酋破；屢試於南北，稀去而零酋破。折首無慮二十，狡醜且聚挾寇鈔。公與李公計曰："青、永既挫，若醜易與耳。只用河西兵，由泗水，由黃羊，由莊浪，亦足剪覆。但恐其西潰東奔，必須會合河東，由蘭、由靖、由中衛分路協剿，鶴唳風聲，始克一鼓而殲。"於是，我方約日會兵，彼乃悉銳先犯，抗莊兵於隆答、孤頭，直欲逆顏行也者。忽被公出一奇兵，從泗水間道搗扒沙；又出一奇兵，從黃羊間道搗魚溝，攻其腹背，遂潰敗奔遁。馘斬千餘，俘獲萬餘，則三月廿日也。勢既奔敗，晝夜驚疑，匪直番僧柴隆等歸之若流，既虜首着什吉等，亦投之如赴。旋即以此歸附番夷，還擾之益不寧，而且乘雨挖邊，欲由鎮剎入海，又被公密檄太師，伏殲其領兵五酋首，則七月三日也。彼知西海不能飛渡，東山不能久居，著宰駞喙⑫山後，賓男屏息流沙矣。公猶曰："戎心叵測，能無潛匿螫毒？"復於九月廿之四日，躬率諸道將，遍歷扒沙、魚溝，窮其腥窟，選遣驍騎追擊之。逾大漠，馘俘葛爾晚卜等八百有奇，而松山始信無一虜。誰不服公之神武也！

夫松山犁空既復漢唐之舊，而有欲築塞沙漠中，脫⑬守禦一不利，將無貽後以艱乎？噫嘻！此非多事也。虜既戀棧，又復深憤，逐之去而不及。為堤備，則旋逐旋回，螫毒必甚。惟是蘆塘、扒沙設將屯兵，而又修垣列障，將豐泉沃地一概括之於內。而邊以外，悉是鹵績沙灘，虜既數十騎不能來，來不能牧，牧不能久，何況衆多。且西起泗水，東抵靖河，橫亙不過三百四五十里，其邊易築。自今冬以至明夏，虜馬方弱，其工易興。邊即修而延袤不長，其險易守。蕩空松山，必如是而局斯結矣。漢霍驃姚戰取胭脂、祁連，而匈奴歌曰"奪我胭脂山，使我婦女無顏色；奪我祁連山，使我六畜不蕃息"者，安知今不復哭也？唐張仁愿⑭乘虜隙，跨河外築三受降城，而匈奴一望見即哭者，安知今不復哭也！

是役也，於莊浪無哽咽之虞，於涼、古、蘭、靖無剝膚之患，於寧夏無疥癬之疾，於安、會、關隴無震鄰之恐；於我軍民大收屯牧之利，於彼海套無復糾合之菑⑮。而首議定策者，田公樂；運籌制勝者，李公汶；協力矢猷者，陝西撫院賈公待問⑯；整飭度敕憲者，甘陝按院許公聞造⑰、唐公一鵬⑱；震耀威武，圖維大定，以善後而克成厥終，則新任甘肅撫院徐公三畏⑲矣。是皆天生元老，以為社稷，而田公與李、徐二公，又皆北直任兵，則奇之奇矣。雲龍因率官若民勒之石耳。

銘曰：赫赫我祖，迅掃雷霆。來賓通道，受降築城。踏破賀蘭，拱護神京。蠢茲松虜，冥頑不靈。趁市西徙，蜂聚實多。掠番自雄，虎視誰何？交結海虜，日尋矛戈。抄及五郡，毒遍兩河。上干帝怒，肅行天討。三月會師，六路協掃。用正用奇，虛批吭搗。草雉禽獮，勢如震槁。號聲震谷，殺氣橫霄。咸驚地拆，誰說天驕？胡為瞶眩，尚爾咆哮。七月乘雨，欲度海礁。忽被伏擊，始遁沙灘。戎心叵測，戀棧復還。乃乘秋抄，大出搜山。犁空腥窟，修築邊垣。西起泗水，東徂河岸。四百餘里，為陵為漢。漢唐故疆，屹然天塹。且屯且守，匈奴臂斷。以若奇勳，問誰定計？田公造謀，李公持議。賈公矢宥，徐公保乂。許唐二公，持斧飭厲。後先露布，歡動九重。諸臣曰嘻，天子之功。天子曰諭，諸臣之功。君臣不有，歸之太空。功在山河，何以稱空。松故無虜，原是真空。逐盡松虜，適返元空。安攘掀揭，浮雲過空。斂却寂若，是謂太空。

[題解] 碑刻於明萬曆二十六年（1598）九月，原存甘肅平番縣（今永登

縣），今佚。碑文引自《隴右金石錄》《五涼全志》。明朝立國後，蒙古退守漠朔，實力依然很強。明初國富力強，蒙古不敢南下牧馬。正統以後，政治腐敗，邊防漸弛，蒙古諸部乘機南下河套，西進青海，駐屯松山，釀成明代中晚期陝西（明代陝西行省包括今陝西、甘肅、寧夏、青海）蒙古"三大寇"邊患。當時，明朝無力收復，乃修邊築堡，以長城為界，南北對峙。萬曆二十六年（1598），兵部尚書田樂、三邊總督李汶等兵分五道，一舉擊潰占據松山的蒙古賓兔部落，剿除蒙古邊患，恢復松山，拓邊數百里。此碑作者回望歷史，以親身經歷，比較詳細地分析了松山蒙古勢力形成的歷史過程，記載了收復松山戰役全貌，是一篇難得的記史碑文。

[作者] 梁雲龍（1528—1606）：字會可，海南瓊山（今屬海口市）人。明萬曆十一年（1583）進士，官至湖廣巡撫、兵部左侍郎等職。萬曆二十六年，任莊浪（今永登、天祝等）兵備按察使，與田樂等兵分五道，剿除蒙古邊寇，恢復松山，收復失地千里。為此作《蕩空松山》一文，勒石於平番縣（今永登縣）。

[注釋]

①松山：指天祝松山鎮及永登坪城鄉等地，正北依毛毛山、東大灘鄉、古浪縣幹城鄉，東連景泰縣，西接華藏寺鎮，南鄰永登。因城北大山多松而名。明時藏語稱米哈山，意為肉食之地。古代為松山古道和軍事要塞，明清時為松山堡，駐扎有官兵。

②大司馬田公：大司馬，古代官職名，明朝時為兵部尚書的別稱。田公，即巡撫甘肅兵部尚書田樂，字東洲，直隸任丘（今河北任丘縣）人。隆慶二年（1568）進士。松山戰役的主要組織發動者。曾任甘肅巡撫，經略兩河松山，官至三邊總督、太子太保、特進光祿大夫、松山伯等。入古浪、平番名宦祠。

③制府李公：制府，也稱制台，明清兩代對總督的尊稱。李公，即都察院右都御史兼兵部尚書李汶（1535—1609），字宗齊，西寧衛人。嘉靖四十一年（1562）進士。松山戰役的主要組織發動者。曾任按察使、布政使、持節都陝西軍務，官至三邊總督，特進銀青光祿大夫、太子太師等。入古浪名宦祠。

④扒沙：即今古浪縣大靖鎮。蒙古語意為天市，屬小松山範圍。萬曆二十七年（1599），明軍打敗蒙古阿赤兔，收復失地後，取非常安定之意，改名為"大靖"。

⑤慶曆："慶"為隆慶，明穆宗年號（1567—1572）；"曆"為萬曆，明神宗年號（1573—1620）。此處勿誤為北宋仁宗年號。

⑥三受降城：亦稱河外三城。唐中宗景龍年間，時任朔方道大總管張仁願在黃河以北、陰山以南築東、中、西三座受降城，并置烽堠一千八百座，截斷

突厥南侵之路。東城在勝州，中城在朔州，西城在靈州。

⑦火篩：明朝中葉蒙古韃靼郭勒津旗旗主。在15世紀蒙古北元時期，被稱爲中興烈祖的達延汗，統一了漠南蒙古各部，迅速發展并強盛，而火篩部是其統一蒙古的主要依靠力量。時，駐牧於青海貴德一帶。

⑧甌脱：匈奴語，意爲少數民族屯戍或守望之處。或指邊地，邊境。

⑨賓冑：即阿赤兔父親賓兔，蒙古韃靼部首領。

⑩青、永、火：青，指駐牧於昌寧湖（今民勤縣境内）之蒙古族青把都部；永，爲游牧於青海的蒙古永邵卜部；火，即蒙古火篩部。

⑪哮雄：同"枭雄"，驍悍雄杰之人，多指強橫之徒。也指雄長、魁首。

⑫駾喙（tuìhuì）：形容驚恐逃竄而極度疲困。

⑬脫：倘若。

⑭張仁愿（？—714）：華州下邽（今陕西渭南市）人。唐朝宰相、名將。文武兼備，出將入相。封韓國公，加鎮軍大將。追贈太子少傅。参見注⑥。

⑮菑（zāi）：通"灾"。

⑯賈待問（1533—1602）：字學叔，河北邢臺人。進士。在任甘、陕巡撫期間，大力整飭邊防，收復了許多失地。官至兵部尚書、太子太保。

⑰許聞造：浙江海寧人。曾任河間府推官、監察御史、甘陕按察使等職。

⑱唐一鵬：湖廣蘄州人。進士。曾任御史、甘陕按察使等職。

⑲徐三畏（？—1608）：字子敬，浙江錢塘人。進士。曾任右僉都御史、巡撫甘肅等職，萬曆三十四年接替李汶任陕西三邊總督。官至兵部尚書、太子少保。

定松山碑

松山延亘兩河，爲阿赤兔①等所竊據者百十年矣。明萬曆二十六年秋九月，巡撫甘肅兵部尚書田公，謀諧帝戺，師應天弧，屬鵬與西寧兵備右布政劉敏寬②、莊浪兵備按察使梁雲龍、甘州兵糧分巡副使李景元、涼州糧儲分守右參議張蒲，分厄五道；又署甘肅總兵都督同知達雲、甘肅副總兵馬應龍、涼州副總兵王鐵塊、鎮番參將萬賴③、洪水鎮夷涼莊游擊保定徐龍、朱啓來、張守信等，帶甲萬人，剿除兔虜，恢復松山。宣廟略於河西，靖邊烽於漠北；奏龍沙之捷，屯虎城之田；業與方召④争流，名與天壤俱永。遂相與勒之琬琰⑤，以記歲月云。

整飭肅州兵備、陝西承宣布政使司右布政司使崔鵬謹書,樹石於大靖察院。

[題解] 碑刻於明萬曆二十六年(1598)九月,原存古浪縣大靖察院內,今佚。碑文引自《甘肅新通志》《五涼全志》。萬曆二十六年,明朝派兵剿除蒙古邊患,收復松山,立碑記事。此碑重點記載了參加松山戰役的主要將領,而"又署甘肅總兵都督同知達雲"句,解決了《松山平虜碑》中"又屬甘肅總兵都督同知,提五郡官將於黑馬圈"一句中有官銜無姓名之闕疑,確鑿記載了達雲參戰的歷史事實。參見前《松山平虜碑》《蕩空松山碑記》等相關碑刻。

[作者] 崔鵬:見《松山平虜碑》作者。

[注釋]

①阿赤兔:蒙古韃靼部首領,賓兔長子。松山戰役前曾駐牧於松山一帶。

②劉敏寬等將領:皆為收復松山的軍事將領。其中劉敏寬、梁雲龍、達雲為明萬曆年間名將。劉敏寬,山西運城人。萬曆五年進士,官至陝西三邊總督、兵部右侍郎兼右僉都御史,加少保。梁雲龍,見《蕩空松山碑記》作者。達雲,見涼州卷《增修大雲寺碑記》注。

③萬賴:據《甘肅新通志》,"萬賴"為"葛賴"。

④方召:指國之重臣。原指西周時期曾輔佐周宣王中興之賢臣方叔和召虎的并稱。

⑤琬琰:泛指美玉。亦比喻君子的德性或文詞之美。

三眼井堡記

三眼井堡①,在州北五百里,與紅水、蘆塘等堡棋布星列,皆新復地也。爰我太祖驅逐殘元,再造寰區,此地已入版圖。迨後正統己巳之變②,淪入於异域百五十年。索罕、定大諸城遺址尚存,而大小松山莽為虜藪矣。虜恃地利,東寇延綏、寧夏,南犯固、靖、蘭州,西侵武威、張掖,往往飲馬黃河,邊民踈息,沿邊將吏莫敢誰何,未聞有窺穿廬一矢相加者。

今天子神武天授,御極之初,虜即款貢二十餘年,乃復寒盟③,天子震怒,益飭武備,專任督撫大臣,嚴勵各邊將士,直搗巢穴,一時斬馘招降以數萬計,松山氈幕為之一空。時大司馬田公撫治甘涼,慨然興恢復之計。區畫已定,圖上方略,天子可其奏。於是劃界築邊,工役大起。予方承乏臬憲備兵金城,同靖虜兵憲李公，偕蕭、孫二總戎，督率隴上郡吏材官，運諸禦悍，各盡乃職。起工於二十七年三月，至六月事竣，凡築邊自烏蘭哈思吉至大靖、泗水堡，延袤四百里，建堡十有二，而三眼井其一也，分屬蘭州衛，移軍守之，慎擇材官，得百戶苗守榮領其事。榮故將家子，體貌強健，智勇兼資，當築工時，任總提調，一時鮮儷，既受任乃能遵予指授，披棘斬茅，采松山之木，儗爲公署、倉場、營房，俾軍有所依。城建樓櫓，門設月城，挑壕二層，足可禦侮。建元帝、官王、馬祖、山神諸廟，足可徼福。居三年，虜無入寇之警，而有招降獲馬之績，榮固不負斯任哉。今且命工礱石丏，予文以記歲月。

夫夷狄之爲中國患，自古有之，而方叔④振旅薄收太原之功，漢祖開基漫遺白登之誚⑤，至如充國⑥屯田金城艷羨。然史之所稱，不過先零罕开⑦之坐困而已。若乃掃其穴、犁其庭、開拓其疆土者，一見於國初，在見於今日，豐功偉績，超軼千古。卑後人有所憑籍，爲國家萬世不拔之業者，端有賴聖天子之威靈，群工之效力，豈忍泯泯無傳。乃勉爲文，述其巓末，庶後之讀斯文者，知堡之所由建。

[題解] 碑刻於明萬曆二十七年（1599），已佚，碑文引自《甘肅新通志》。記載了兵部尚書田樂收復松山後劃界築邊、修建堡寨三眼井之事，同時盛贊了松山大捷在國家開疆拓土中的重要貢獻。

[作者] 荊州俊（1560—1624）：字章甫，山西猗氏（今臨猗縣）人。萬曆十一年（1583）進士。曾任長安令、御史、參議、兵備副使、鎮守等職，官至左布政使、甘肅巡撫、刑部侍郎。萬曆二十六年（1598），參加松山戰役；二十七年，督建烏蘭哈思吉至老城等長城約200公里。工詩賦，祀鄉賢祠。

[注釋]

①三眼井堡等地名：三眼井堡，舊名汜水關，系蒙古韃靼東來西往之要道。位於今景泰縣草窩鎮三眼井村。明萬曆二十七年（1599），兵備副使荊州俊建成。建堡時在城中龍王廟前掘井一眼，井中有三眼（泉）出水，故名。紅水、蘆塘、索罕（亦名鎖罕、速罕）、定大、烏蘭哈思吉等皆新築邊牆沿綫營堡，位於今景泰縣境內；大靖、泗水在今古浪縣。

②正統己巳之變：明英宗正統十四年（己巳年，1449）發生土木堡之變，亦稱己巳之變，英宗北征瓦剌慘敗，被俘，兵部尚書等66位大臣戰死。土木堡是位於河北張家口市懷來縣境內的一座城堡，坐落於居庸關至大同長城一綫的內側，是長城防禦系統的組成部分。

③款貢……寒盟：款歸，歸附進貢。寒盟，指背棄或忘却盟約。

④方叔：周宣王時賢臣，曾率兵南征北戰，擊退周邊民族對朝廷的威脅，爲周室中興一大功臣。有恭賀用語"望隆方叔"，謂其名望與聲譽極高。

⑤漢祖……白登之誚：指漢高祖劉邦曾於高祖七年（前200年）率大軍親征匈奴，被圍困於白登山（今大同境内）七天七夜。後采用陳平之計議和脱險，給後世留下許多疑團。誚（qiào），責備，譏笑。

⑥充國：指趙充國（前137—前52），字翁孫，隴西上邽（今甘肅天水）人，後移居湟中（今青海西寧）。西漢名臣名將。爲人有勇略，熟悉匈奴、氐羌習性，在反擊匈奴和羌族侵擾中戰功卓著，封營平侯。他在西北屯田，不僅在當時具有重大戰略意義，亦對後世產生深遠影響。

⑦罕开（jiān）：罕、开初爲兩支羌族部落，曾同居於湟中及鮮水（今青海湖）一帶。其地有罕开谷（今甘肅臨夏市西南），後遂爲地名。

大明碑

欽差、巡撫甘肅地方、贊理①軍務、都察院右僉都御史徐②，批允。

又，同欽差、巡撫甘肅地方、贊理軍務、都察院右都御史□□□□，會欽差、總督陝西三邊軍務、兼理糧餉□□□□□□□題過新邊扒沙、土門二處新務戍軍，凡軍民新開田畝，永不起科。

欽差、督理糧儲屯田水利、陝西布政使、分守西寧□□□□張蒲③，南京湖廣道監察御史□□□立石。

萬曆二十八年二月二十五日

碑　陰

萬曆二十七年三月，欽差、平羌將軍□□□□□□□□□□統領大兵收復□□□□□□□□一丈五尺□□不等，築打土門城一座□□□□□□□□二道□□一丈□□築墙六尺□□□□□□□□開倉場一處。公□□所舉□□□□□□□□容□四百□□□□□名木□□□□□□□□□□扒沙八十里啓築□□一□□□□□□□□□□□丈將□□□□□□□□□守備給地六十五畝，中軍給地□□

□□□□□□□□四□，百守所名分地三十五畝，共□□□□□□□□五十五畝，使古浪二壩河水澆灌□□□□□□□□□□□石碑記。

欽使

守備土門堡地方□□□□□□□□鎮番衛人，中軍副千戶□□□□□□□鎮番衛人，把總、試百戶□□□□□□□鎮番衛人。

萬曆二十八年二月二十五日

[題解] 碑白色砂石質，刻於明萬曆二十八年（1600）二月。通高173厘米，分兩部分。碑身高128厘米，寬57厘米，厚18厘米，楷書。碑座爲覆斗形，高44厘米。正面上寬73厘米，底寬84厘米，浮雕火珠紋；側面上寬40厘米，底寬78厘米，浮雕蓮花紋。原立於古浪縣土門鎮羅漢樓門西，現移立於門東側。碑文記載了萬曆二十八年二月，朝廷派陝西三邊總督李汶、甘肅巡撫徐三畏等要員巡視新邊工程的歷史事件。碑陰漫漶不清，殘存文字記錄了萬曆二十七年三月，平羌將軍達雲在收復松山後，築打土門城、開荒種地、引水灌溉等事宜。碑由時任土門守備所立。該碑對研究明朝時期甘肅鎮的邊防、屯田和閱視制度具有重要價值。（參見《絲綢之路》2016年第16期《古浪土門〈大明碑〉校補》）

[注釋]
①贊理：代理；助理。贊，輔佐，佐助。
②徐：即時任甘肅巡撫徐三畏。見《蕩空松山碑記》注。
③張蒲：見《松山平虜碑》作者介紹。

山川險絶石刻

山川險絶

[題解] 約刻於明萬曆三十一年（1603）左右。位於古浪峽跌落崖石壁。今佚，文字引自《古浪縣志》（1938年）。

[作者] 王國泰：字福台，明鎮番衛（今民勤縣）人。萬曆三十年（1602）由武舉任（古浪）水泉營守備，後因功擢升涼州衛指揮。善書法。

關帝顯聖碑

關帝顯聖處

帝君顯聖實迹載廟宇記，兹不贅述。

大明萬曆己未年安遠營都司朱竟創建；大清嘉慶辛酉年護岔口營都司韓建功重修。

公元一九九四年甲戌年　賢士庶人趙玉堂三次重修

[題解] 碑初刻於明萬曆四十七年（己未年，1619），記載修建關聖帝君廟宇事宜。相傳安远營都司朱竟在古浪峽與敵鏖戰，忽見關羽顯神助戰，始得大勝，遂勒石記事。清嘉慶六年（辛酉年，1801）重修；1994年（甲戌）第三次重修廟宇時在原碑補刻記事。碑為砂石質，文字為楷書。通高230厘米，寬88厘米，厚13厘米。雙龍碑首，碑座為覆斗形，高60厘米，底部寬120厘米，厚15厘米。現立於古浪縣十八里堡鎮十八里堡村關帝廟。

參戎王公碑記

竊聞人臣析圭①擔爵，世膺朝命，當馬革裹尸，以圖報效於萬一。予自垂髫②時，習弓矢韜略事，從戎二十餘年，叨沐簡命，承乏大靖參將。然才埒鼫鼠③，性同鳩拙④，膺茲分守帥師之任，殊抱短綆深汲⑤之虞。大都時政之所先，惟宜務實之為上。民力竭矣！深惟繭絲之難，河波厄爾，敢昧衣袽⑥之戒？大靖，何地也？一牆之外，豺虎叢噑之區。山光黯淡，雲氣蒼茫，幽窈荒凉，石田沙磧，蓋西南一絕域也。不佞⑦於崇禎九年十二月內莅任，目擊黃沙撲面，塞草驚心。荷戈守邊之士，菜色⑧骨立；鶉衣⑨桴腹⑩之軍，稱貸⑪無門。其困憊景象，何敢悠悠忽忽，任其踵敝習陋，而不思所以整頓之耶？用是數年之內，唯守一切，痴腸認真實作。今故將任內已行事款，勒之於石，後之同袍君子，勿揶揄云。

本府蒞任，營馬僅存六十匹。請會府、道汰軍二百名，每月貯餉買馬一十四匹。共計三年，買過馬三百餘匹，解驗騎征。

營軍老弱充伍，不堪禦敵。逐一查罷黜，節次更補壯丁七百餘名，不致靡費糧餉，得以實充營伍。

魯番竊掠，為患匪小。親赴各水頭踏看地理，議築堡寨二十六處，以便收斂人畜，使番魯不敢窺視。

議開西門一座，打甕城一處，以興地利，從此內外有備。

開墾酸茨溝荒地，請道院安民撥軍，駐防布種，增糧百石，以資課稅。

城中日用之水，搬運甚艱。厢井三眼，引河水入聚，可備魯患。夾山堡離水三十餘里，往返勞苦。督修水窖三處，一遇雨雪收藏，可以足用。

建蓋墩房一十一間，以便守兵棲住，不受風寒，瞭望有賴。

修猛雨冲倒邊柞水口百十餘丈，堪以阻魯。

年來北魯犯邊，提兵對壘，大挫賊氣，斬級奪馬，魯自是不敢垂涎，地方可保無虞。

統兵勤王，留薊鎮共保無虞。具呈題請，頒降河西五鎮參、游、都、守官員⑫印信四十四顆，并本府欽印一顆。

捐俸修建玉皇閣、城隍廟、衙東馬王殿塑像，裝飾地方，永仗默佑，邊疆乂安⑬。

崇禎十三年歲次庚辰臘月朔八日　分守大靖副總兵官神木王孟顏 立石

[題解] 此碑亦稱《王孟顏行事碑》，刻於明崇禎十三年（1640）臘月。原存古浪縣大靖城內，今佚。碑文引自《甘肅新通志》《五涼全志》。崇禎九年（1636），王孟顏任大靖參將。他在任期間，將整肅地方、革除陋規的若干件事自立石碑於大靖堡，以自警自勵、整軍撫民。

[作者] 王孟顏：陝西神木人。歷大靖參將、分守大靖副總兵官。

[注釋]

①析圭：亦作"析珪"。古代帝王按爵位高低分頒玉圭。泛指朝廷封官授爵。

②垂髫（tiáo）：古時兒童不束髮，頭髮自然下垂。因以垂髫指兒童或童年。

③鼯（wú）鼠：松鼠科下的一個族種。自謙詞，猶輕微卑賤。

④鳩拙：自謙語，猶愚昧、拙笨、笨拙。

⑤短縆（biàn）深汲：縆，用麻、麥草等辮成的帶子；也作"綆"（gěng），汲水用的繩子。意指井深而吊繩短。比喻力不勝任。也作"綆短汲深""汲深綆短"。

⑥袽（rú）：破舊的棉絮或衣服。
⑦不佞：自謙語，指沒有才能，猶言不才。
⑧菜色：因主要用菜充饑而營養不良的臉色。指受饑挨餓。
⑨鶉（chún）衣：補綴的破舊衣物。
⑩枵（xiāo）腹：空腹，謂饑餓；指饑餓的人。自謙之詞，猶輕微卑賤。
⑪稱貸：指舉債，向人告貸。
⑫参、游、都、守官員：是明代武官參將、游擊、都司、守备的合稱。
⑬乂（yì）安：意謂太平、安定。乂，安定，治理。

清　朝

重修奶子佛①碑

□囊日，丙吉、丙兔②酋帶領部隊神帳，住牧約有水頭十三處，而此寺原名扒沙。萬曆二十六年間，巡撫田翁名樂與總鎮達公名雲者，并又議興兵，恢復松山，驅逐外番。□，入寺，見喇嘛聖僧巍然端坐不起。觸怒被害，白氣冲天，血成白乳，并無紅色。系一屬彝③無故立死，用彰報果。後改設大靖營，屯扎兵馬。城內往往失火，延燒無皆。妄害喇嘛聖僧之過，故寺今鬱結未散，化爲火徵。急置裝塑，供奉懺悔，火患息、火災止。寺所以有喇嘛聖像也。其事年代未遠，傳聞頗衆，予初抵甘肅詢諸，故予心志之。迨康熙十四年春間，滇黔告變，西羌叛亂，河東郡縣望風淪陷。予時隨索橋渡河，恢復靖遠衛，師旅屯宿大靖四日，予因親詣慈寺瞻禮。

廊廡間昧不顯，金身大多剝落，予惻然心動。因與守府戴君諱加義、監廳予君創建殿宇，重妝金身，以志崇奉香火。今運典未已，輸挽④維艱，軍民力役，不得休息。中營署參將戴君諱玉者，以署事赴大靖營，鳩土庀材，朝夕拮据，且挽塑彩畫，悉君子力居多焉，於蒲月⑤朔日穀旦諷經拜潛，以完成善事。是役也，始藉守府戴君以樂觀厥成。要知二戴君其與喇嘛聖僧前世蓋有夙緣也，不然何與相遇湊合於其成功也。特請命於都督孫公，爰筆立石，以爲之記，庶幾垂示與不朽云。

凉庠生：郭三佐、唐建勳、吳大受、高選
主持僧：縱林　撰
功德主：董正宦、趙華、惠善文、李吉明、俞登隆、□心謹、王大漠、王玉佩暨大靖軍民 同立

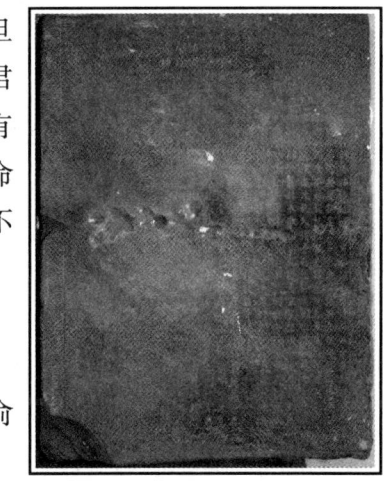

經理：傅存仁、□自祥、陳發海、王仲南

[題解] 碑刻於清康熙十四年（1675）。原立於大靖奶子佛寺，現存古浪縣博物館。碑砂石質，高74.5厘米，寬57厘米，厚17厘米。碑身周框刻單綫、卷雲紋，碑額、碑座已佚。奶子佛寺原名壽國寺，亦名青山寺。萬曆二十六年間，巡撫田樂與總兵達雲興兵收復松山，趕走了蒙古阿赤兔。之後的某一天，他們來到青山寺，見喇嘛端坐不起，二公怒其倨傲無禮，遂命手下斬殺。聖僧將亡時，其體内白氣冲天，血成白乳，操刀的兵丁當即猝死。此後，城内火災不斷，延燒無數，當地人都説是妄殺聖僧之過。於是邑人自發修寺塑像，供奉聖僧，虔誠悔改。此後，再未發生火災。後人以碑記事，簡述重修事略。作者情況不詳。

[注釋]
①奶子佛：爲扒沙寺（大靖）喇嘛，明萬曆二十九年（1601）松山戰役勝利後被枉殺。《五凉全志》有相關記載。
②丙吉丙兔：殘元蒙古土默特部首領俺答汗（1507—1582）的後嗣，當時明朝在西北的主要對手。
③屬彝：同"屬役"，即僕役、僕從。
④輸挽：運輸物資。
⑤蒲月：即農曆五月。舊俗端午節，懸菖蒲艾葉等於門首，用以辟邪驅溫。故稱五月爲"蒲月"。

大靖參戎邊公①德政碑記

大靖舊爲夷牧地。明萬曆中，大司馬②田公始恢復爲内境。因設官兵若干員名，而以參戎統之。蓋此地控賀蘭之隘，扼北海之喉，用以獨當一面，而使凉鎮無東北之慮者，不啻泰山之倚也。康熙十一年，當事者忽持臆議，以大靖一軍移駐安遠。時，識者籍籍③，以爲不便。未幾，麗澤④遭創，烽火延漫，樵蘇俱廢。幸賴張大將軍會疏入告，復遷其兵於大靖。時康熙十九年也。

我參戎邊老副台，適即苫鎮於兹。公汗馬血戰，屢著奇功，由騎尉晋守戎，由守戎晋游府。民力資其寬恤，流亡賴以復業。至於給散官田、均分水利一事，尤爲高出前人。蓋官田舊爲參戎養廉之資，取水於衆壩，而賦税不與焉。而公竟以田散民間，水歸衆壩，永杜屬民之階。如此，靖之人能不尸祝⑤也哉！用是，記公功德，垂諸貞瑉，以示不忘。公諱永昌，榆林人，後家武威，自公始。

　　歲進士王宏蔭 書

　　[題解] 碑刻於清康熙十九年（1680）。已佚，碑文引自《甘肅新通志》《五涼全志》。簡述并頌揚了古浪大靖參將邊永昌的戰功政績及散官田、均水利、減賦稅等惠民德政。

　　[作者] 王宏蔭：一作王宏廕、王洪蔭，古浪衛人。清康熙丙寅（1868）歲貢。

　　[注釋]

　　①邊公：即時任大靖營參將邊永昌，陝西榆林人。他和子孫後代落籍武威，似應是武威邊姓的始祖。

　　②大司馬：古代官名。明清時用作兵部尚書的別稱。

　　③籍籍：形容喧嘩紛亂的樣子。猶議論紛紛。

　　④麗澤：謂兩個沼澤相連。指家園、家國。

　　⑤尸祝：古代祭祀時對神主掌祝的人（主祭人）；也指祭祀，崇拜。

道批勘驗地界碑

　　道批：分防大靖監牧、金縣縣丞林①。

　　奉整飭分守涼莊道壽②批：仰③大靖監牧查照。前碑將各官公同勘驗地場界，限立行釘立石柱。地侵占房屋基址，即爲拆毀驅逐。其互相越界播種，照依原界清還，以杜葛藤。北至劉國禎，南至唐開基。繳④。

　　石城子糧頭李尚君，打喇水糧頭毛杰，小林子糧頭王一順。

　　康熙二十三年四月廿四日 立

　　[題解] 碑花崗岩石質，呈不規則形狀，刻於康熙二十三年（1684）四月。文字鏨刻在一塊完整的天然石頭上，上小下大，石面低凹，高1.5米，寬0.22—0.68米不等，厚0.06~0.46米不等，上端陰刻楷書橫題"道批"二字，字徑10厘米見方。正文楷書豎排，字徑3—5厘米不等，周無紋飾。位於古浪縣黃羊川鎮周家莊村東北100米處，保存基本完整。這是一件上級（涼莊道）給下級的批文，記載樹立勘驗地場界碑的背景、限期恢復要求及四至範圍等。

[注解]

①林：即林夢鼇，福建人。時任大靖監牧兼金縣（今蘭州榆中縣）縣丞。

②壽：即壽以仁（？—1685），字靜肯，浙江餘杭人，順治六年（1649）進士，康熙二十三年任涼莊道，官至雲南學政、廣西按察使。

③仰：舊時公文用語。上行文中用在"請、祈、懇"等字之前，表示恭敬；下行文中表示命令。

④繳：即"繳文"，古代官府下發的強制性文書，下級必須無條件執行。

渠壩水利碑文

古浪處在山谷，土脊風高。其平原之地，賴水滋灌，各壩稱利。向例使水之家，但立水簿，開載額糧暨用水時刻。如有坍塌淤塞，即據此以派修浚。無論紳衿士庶，俱按糧出夫，并無優免之例。歷年以來，雖亦無甚爭端，然猶未得經久之道也。茲蒙撫憲大人黄①，衿恤民瘼，加意水利，飭令各分水渠口，俱立石碣，用垂久遠，以防偏枯②兼併之弊。良法美意，所以爲群黎計者，至詳且盡。凡茲士庶，莫不踴躍樂從，歡欣載道矣！

茲遵憲示，將各壩額糧、額水并分水閘口長闊，以及流灌備由，刊刻於後。

——各壩渠口廣狹不等，各載於後。

——各壩糧草多寡不一，各載於後。

——各壩各使水花戶冊，一樣二本，鈐印。一本存縣，一本管水鄉老收執。稍有不均，據簿查對。

——各壩水利鄉老，務於管道上下不時巡視。倘被山水漲發冲壞，或因天雨坍塌，以及淤塞淺窄，催令急爲修整，不得漠視。

——各壩水利鄉老，務要不時勸諭，化導農民，若非己水，不得強行邀截混爭。如違，禀縣處治。

——各壩修浚管道，紳衿士庶，俱按糧派夫。如有管水鄉老派夫不均，致有偏枯受累之家，禀縣拿究。

乾隆八年四月十八日邑令安泰 勒石

[題解] 碑刻於清乾隆八年（1743）四月。已佚，碑文引自《甘肅新通志》《五涼全志》。主要記載清朝時期古浪縣各渠壩額糧、額水及水閘口尺寸等水政

情況，是合理用水，依法治水，調解水利矛盾的法規依據。

[作者] 安泰：山西代州（今沂州代縣）人。乾隆元年（1736）進士，乾隆七年任古浪縣令。

[注釋]

①撫憲大人黃：指時任甘肅巡撫黃廷桂（1690—1759），字丹崖，北京人。漢軍鑲黃旗。在任甘肅巡撫期間，推行勸課務農，鼓勵農耕的耕作之具、培壅之法、水利管護等措施。官至陝甘、兩江、四川總督，吏部尚書、大學士、太子太保等職。曾三任陝甘總督，爲朝廷督辦軍需。病逝於涼州。

②偏枯：偏於一方，照顧不均，失去平衡。

倡捐社倉①記

邑令 徐思靖

古浪社倉，前之蒞是邑者，亦行之屢矣。按其籍僅得谷二石，余覽而异之。以身先之，捐麥七十餘石。由是士民輻輳②，有捐至二十餘石，或十餘石并數石者，即減至升斗，亦聽其輸納，無苛求勒取之患，且聽其就近藏貯。揀一二老成殷實者董之，其爲數約至三千石有零，散列四鄉，總其出納。余於是愾然而言於衆曰："此非創之難也，守之實難。"因立五家相保之法，一家貸而不歸，則四家并償。其有終不克償者，自後不得復貸。社長或一歲，或二歲而更其交相代也，與有司授受等。由是春散秋斂，省其耕，則籽種可以無虞；省其斂，則口糧可以不乏。且水旱有備，不待發倉賑粟，有往返控告、羈滯不及時之患。於是，書諸壩各貯多寡之數於右，以示來兹云。

[題解] 碑刻於清乾隆九至十一年（1744—1746）間。已佚，碑文引自《甘肅新通志》《五涼全志》。碑文簡述自己帶頭倡捐（"以身先之"）的效果和建立行之有效的管理制度的功用，使社倉口糧不乏，水旱有備，表現出一位封建士大夫爲民辦實事的情懷。

[作者] 徐思靖：字哲次，清常州府荆溪縣（今屬江蘇宜興縣）人。雍正十三年（1735）舉人，乾隆九年（1744）任古浪縣知縣。他在古浪任職的短短三年中，深入山川，瞭解民情，興利除弊，多辦實事，深受百姓擁戴。善詩文，修縣志，給古浪留下一筆文化遺產。此碑和《禁革老人記》《增建義學記》可

參照理解，從中窺見其爲民情懷與擔當精神。

[注釋]

①社倉：古代爲防荒年而在鄉社設置的糧倉。又叫"義倉"。始於隋代，糧食的來源是勸捐或募捐，其管理、發放等體制歷代不一。

②輻輳：形容人或物聚集像車輻集中於車轂一樣。也作輻湊。輻，連結車輞和車轂的直條。出自《管子·任法》。

禁革老人①記

邑令 徐思靖

晉稱絳縣老人②紀年也，漢有壺關三老③記職也。孰有職同興隸年非耄耋，而稱爲老人者，乃入關以來在在④有之，至軍興而後爲尤甚。凡采買挽輸之役，無不隸焉。按田公派，共歷十二時之水地，以充一年之役；有不能充者，則斂錢伙助⑤之。一壩之地，共出錢三十餘貫。古邑二十餘壩，則出錢將六七百貫矣。彈丸小邑，何以堪諸！且一遇采買，則領官銀若干，今歲出，明歲尚不果納，窮民利其緩也，趨之若鶩，老人則更立其求之急也。雖屢屢扣剋而不以爲病，及其納也，又往往假手於老人，輒私收以果其腹，官事大沮。思靖下車之始，未之悉也。驟值供支，若非老人無以辦者，迨事甫竣而深知其奸。喟然嘆曰："是官蠹也，是民賊也，尚可一日留哉？"爰稟諸憲革之，勒諸石以示永禁焉。

[題解] 碑刻於清乾隆九至十一年（1744—1746）間。已佚，碑文引自《甘肅新通志》《五凉全志》。簡述了"老人制"的弊害。他認爲這是"官蠹""民賊"的源頭，應予毅然革除，并勒石永禁，以示決心。

[注釋]

①老人：即老人制，這是一個沿襲已久的介於官府與百姓兩個層面中間的一個所謂"和事老人"制度。如凡縣衙所需之人夫、車馬等差役，不論時日，不論多少，均由"老人""按田公派"。朝廷一開始設計這一制度的初衷是好的，但發展到後期成爲官吏榨取民財的一種途徑和手段。

②絳縣老人：指高壽之人。典出《左傳·襄公三十年》。簡稱"絳人""絳老""絳生"。絳縣，史稱故絳，隸屬今山西運城市。

③壺關三老：漢武帝征和年間（前92—前89），江充專權，太子劉據被殺。

住在山西壺關（今屬長治市）的三老（古代掌管教化的鄉官）令狐茂，冒死上書武帝，力陳是非，爲太子伸冤。武帝讀後悔恨不已，誅殺江充全族，封令狐茂爲壺關三老，賜其所在村爲"崇賢"，沿襲至今。後以"壺關老"借指地方上德高望重的長者。

④在在：處處，到處。

⑤佽（cì）助：幫助，資助。

增建義學①記

邑令 徐思靖

古者黨庠②家塾，莫不擇有德行者爲之師。其事灑掃應對，其業禮樂詩書，其行孝友睦姻任恤。自八歲即入小學，至十有五歲而後入大學焉。蓋養之於童稚之年，其天良未雕未琢，故善言易入，耰鋤③之子成譽髦④也。

古浪舊有義學一所，在邑之東北郭。蓋因有訟田者，度勢不可得，以田爲學資，歲入不多，供一學而未足也。余覽而心動焉，擇其勤業者，益以膏火。而四鄉之士，如黑松、安遠則去邑或三四十里，或七八十里；如土門、大靖，則相距并七八十里，更百有五六十里。如是而欲其以總角⑤之年，擔簦負笈⑥，以從事於邑廛城關中，難矣！余故曰："學不可以不廣也。"於是乎捐俸資、聘賢士，於土門建學，於大靖建學，於安遠、黑松建學。蓋嘗於課桑視稼之餘，單車簡從，進弟子而導之，示以禮讓，諏以課程。其稍通文藝者，則爲之講解論說，授以讀書親師之旨，彬彬然可觀者，亦時有其一二焉。嗚呼，何其難也！

《記》⑦云："時過後學，則勤苦難成"；又云："獨學無友，則寡聞孤陋。"余之設是學也，夫亦願諸弟子之胥及其時，更得便於其地，群萃州處，互相觀摩，庶幾不至於燕僻廢學，則士風之盛，雅化之成，未必不基於此也。是爲記。

[題解] 碑刻於清乾隆九至十一年（1744—1746）間。已佚，碑文引自《甘肅新通志》《五凉全志》。主要記載縣令徐思靖在土門、大靖、安遠、黑松驛建立義學之事，闡述其辦學宗旨、學校管理、辦學理念，切合實際而又富有見地。

[注釋]

①義學：也稱"義塾"。舊時由個人集資或由官款、地方公款（公益金）、地租收入等設立的蒙學。對象多爲貧寒子弟，可免費上學。

②黨庠（xiáng）：家塾。指古代鄉學。黨，古代地方户籍編制單位，户族數量各代不同；指鄉里、家鄉。庠，古代稱學校。

③耰（yōu）鋤：猶耡耰。鋤和耰都是農具。泛指農具，也指耕種。

④譽髦（máo）：指有名望的英杰之士。

⑤總角：古時少年男未冠、女未笄時的髮型。頭髮梳成兩個髮髻，如頭頂兩角。後來用此指兒童時代。

⑥擔簦負笈：扛着笠，背着書箱，奔走求學。簦（dēng），古代有柄的笠，形似傘；笈（jí），書箱。

⑦記：即《禮記·學記》，儒家經典《禮記》中的一篇，是古代教育思想、教育方法方面的重要典籍。

裴堡池塘水利碑

水爲一方生靈之命脉，其所系固非淺矣。如裴堡池塘，兵民口水由大靖數十里之遥遠引流非易，是以疏溝浚池，隔數載而舉行焉。今幸得農官王公諱悦字兑之者，輕財好義人也，堡衆舉爲水老，督率經理，不憚勞瘁，輪派人夫，自用乾糇①饋饈②以佐其令。公竟不吝己囊爲資助焉，且乘公水難濟，必須溝深暢達欲速，下流而大水至，池塘俱滿。是意氣之感天，亦爲之巧施也。雖在點水之濟人，莫不被其澤。因勒石以志旌，更俟後之君子有能如公好義者取法焉，是爲之頌。

曰：佩公之德，服公之功；天光雲影，永照池中。

时，乾隆四十五年歲在庚子陽月③穀旦刊勒

鄉進士、吏部即選教諭

光緒二十三年歲在丁酉嘉平月④穀旦闔邑重刊

五品軍功、涼州府平番縣儒學增廣生員、五世族孫王錫桐穀旦重録

[題解] 碑刻於清乾隆四十五年（1780）十月，光緒二十三年（1897）臘月重刻。碑爲砂石質，通高197厘米。碑身高155厘米，寬63厘米，厚16.5厘米；碑座爲覆斗形；碑額淺刻水晶宫樓閣圖。牌樓門額刻楷書

"水晶宫"三字。原樹立於古浪縣裴家營澇池邊，現立於裴家營鎮裴家營村王氏祠堂。碑文簡述了農官（水老）王悅出資并督率民衆修浚裴家營池塘的事迹，贊頌其輕財好義、樂於助人的善舉。作者不詳。

[注釋]

①糇（hóu）：乾糧。

②饋饁（yè）：饋，贈送，進獻。饁，給田間耕作的人送飯。意爲給正在幹農活的人進食送飯。

③陽月：農曆十月的別稱。

④嘉平月：即農曆十二月。

土門關帝廟廟產碑

計開

廟内有富平縣①惠澤廓、惠生玉典到李姓□□□，旱□壹□，草原日典價厘錢三佰千整，施捨廟内以□香糧田□，其每年租糧多寡，日後廟内限時酌收，俱有文約可憑。廟左靠廟墻新修鋪面二間，廟右靠廟墻鋪面壹間，系廟□道何姓之鋪。廟右水道西，有鞦韆②、鋪面壹大間，通後棚道小院壹處。以上鋪面四間，板凳、架板、鋪軌俱全，其每年房賃香費刊捌□，納租糧秋□。碑後載明每年教場溝溝頭暖泉壩所轄下教場溝□輸水地四畝。

乾隆五十三年歲次戊申榴月③中浣□□謹志

石工劉五

[題解] 碑砂石質，刻於清乾隆五十三年（1788）五月。圓額，覆斗座，通高180厘米。碑身正面爲文字，周飾雷雲紋，高105厘米，寬72厘米，厚10厘米。碑座正面上寬73厘米，下寬85厘米，高75厘米；側面上寬22厘米，下寬41厘米。碑載明土門關帝廟廟產詳情。現立於古浪縣土門鎮衛生院家屬院内（原關帝廟）。另有一殘碑，高167厘米，寬約80厘米，厚17厘米。作者不詳。

[注釋]

①富平縣：今屬陝西渭南市，位於陝西中部。

②鞦韆：一種體育、游戲用具，古代民間非常流行。今作"秋千"。

③榴月：即農曆五月。

長流川六壩水利碑記

　　古浪報耕開渠，由來久矣。案：自乾隆八年，蒙撫憲黃①，設法定制，刊勒碑記，照糧撥水。長流承糧貳百九十餘石，川六壩承糧三千七百餘石。同一總河分水。因長流壩纏山仰溝，漏沙懸崖，於斷崖處設木槽一通，除底幫高四寸，除底幫寬二尺八寸。引水澆灌，定以成規，刊勒碑記，不容紊亂，并載志書，迄今七十餘載，相安無事。無如今年以來，林木漸敗，微河水細，澆灌俱艱，川壩之水各壩分散，更兼潤下窵遠，若無陰雨，其涸立待。

　　長流離河甚近，水之所流無有不到之處。茲因水夫經理不善，於嘉慶二十年兩造爭訟，蒙縣主唐②堂判，按糧均水，固數公允。有長流壩楊振川等控稟在府，蒙府憲馬大老爺堂斷，仍遵乾隆八年碑刊舊制，木槽寬高尺寸相符，定立合同，各執一張。但木槽首高尾底，平陡不一。於二十一年，川六壩賈朝選等稟明，府縣移文本縣主陳③看驗，飭令首高尾底之處，令其下平，府縣案下各具遵結，以息爭端。不意於二十二年春，長流壩魏光甲等，將川壩河口填塞，木槽又復陡安，川六壩胡國璽等控稟在案。蒙縣主陳准就看驗堂判，飭令拆毀陡安之木槽，首位俱平，填塞之河口草石盡去。嗣後無論河水巨細，聽其自然。倘渠口淤塞，同工疏浚，不得私行挑挖。木槽日久損壞者，川六壩水利鄉老眼同補修。兩造悅服，具結在案。倘該壩仍蹈前轍，不遵合同碑記者，鳴官糾治，庶可安農業而杜爭源。川壩恐長流反復滋事，復稟縣主設立碑記。蒙批准，如所稟令設石碣，以示永垂不朽云。

　　嘉慶二十二年歲次丁丑六月中浣穀旦立碑在縣署大堂

[題解] 碑刻於清嘉慶二十二年（1817）六月。已佚，碑文引自《甘肅新通志》。簡述縣府判斷古浪長流壩與川六壩水利爭訟之前因後果，從中窺見出歷任官員均能秉公調解水利矛盾，減少了許多民事糾紛。

[注釋]
①撫憲黃：即巡撫黃延桂，見《渠壩水利碑文》注。
②縣主唐：即時任古浪縣令唐錢。
③縣主陳：即時任縣令陳佳瑛。

創設古浪龍山書院①碑記

　　從來文運之興，雖由氣數，而人才所出，端賴栽培。聖天子大化翔洽②，文教覃敷③，凡通都大邑以及窮鄉僻壤，無不家誦戶弦。此各縣郡所以皆□□無。

　　考之縣志，古浪舊屬衛所，雍正三年④始改為縣。地近西戎，俗尚武健，讀書之士，咸欲建興而未果。嘉慶丙子歲，新寧陳公⑤權篆⑥斯邑，捐廉二百金為闔縣倡。闔縣士民共□□資，乃卜吉於城西建書院焉。遠望天梯、筆架諸山，隱然環列；近則岡巒起伏，如龍逶迤，□□松柏。因錫⑦之嘉名曰龍山書院，志勝概也。而束脩⑧膏火⑨之需，獨未籌及，無不遺憾。丁丑□□，而肄業乏人，為慨然者久之。廣文王公亦屢以為言，謂創於前不可不繼於後也。因與□□士民咸踴躍捐輸，集有成數，即付之當商生息，為膏火束脩等項之資。自是行之永久，□□不虛矣。异日人文蔚起，科第聯翩，斯邑之幸，亦守土者之光也。然非闔邑諸君子襄助□。

　　敕授文林郎、知古浪縣事、戊寅科陝甘鄉試同考官，前署涇州直隸州靖遠、安定、靈臺城縣事□□□

　　敕授修職郎、涼州府儒學、復設訓導加一級韓城玉

碑　陰

　　主講龍山書院山長，必延名師，歲訂束脩大錢一百二十千文，聘銀四兩。本學監院，每歲公費大錢一十千文。每年經理首士二人，在公項內交使大錢四千文。肄業生童膏火歲額十六名，自二月起至十一月止，每名月支大錢五百文，共大錢八十千文。禮房每年紙工大錢八千文。院夫一名，工食大錢六千文。每月官課一次，所需內外課生童獎賞并修補書院房屋等費隨時動用。

　　嘉慶二十五年歲次庚辰六月吉日

　　[題解] 碑刻於清嘉慶二十五年（1820）六月。已佚，碑文引自《甘肅新通志》。簡述了邑人捐資創建古浪龍山書院的緣起，突出了師資和資金管理使用情況。作者情況不詳。

[注釋]

①龍山書院：清嘉慶二十一年（1816），時任古浪知縣陳佳瑛帶頭捐款"二百金"，并倡導士民集資，創辦了龍山書院。書院位於縣城西隅（今縣公安局院内），因"遠望天梯……如龍迤逦……名曰龍山書院。"這是古浪縣歷史上第一所書院。光緒三十一年（1905），改爲官立高等小學堂（今城關完全小學前身）。

②翔洽：周遍；和洽。謂上下祥和融洽。

③覃敷：廣布。覃，深廣；敷，鋪開。

④雍正三年等：雍正三年即1725年，武威正式設涼州府并改衛爲縣。嘉慶丙子，即嘉慶二十一年（1816），丁丑即嘉慶二十二年。

⑤新寧陳公：即時任古浪知縣陳佳瑛，字雪盧，新寧縣（今湖南邵陽市新寧縣）人。拔貢。任職期間，因帶頭倡捐創辦龍山書院，深得古浪士民擁戴。

⑥權篆：謂權且署某一官職。篆，官印。

⑦錫：同"賜"，賜給賞賜。

⑧束脩：古代學生與教師初見面時，必先奉贈禮物，表示敬意。後來基本上就是拜師費，也可以理解爲學費。脩，原指乾肉。

⑨膏火：原指照明用的油火，特指夜間讀書用的燈火，這裏指學習用的津貼。多指求學費用。

興文社碑記

皇上御極①之元年，特開恩榜，廣額名數士生，其間靡不踴躍觀光仰副②，聖天子作人之意真昌會也。時明府③李公④宰古邑五稔⑤矣，本經術以致之，簡政刑清，知無不爲，爲無不盡。古邑地瘠民貧，而公爲省徭役、寬徵催、捐粥場、散防花，種種善績，固無日不以民生爲念。而於學校，尤加意栽培。往歲勸諭闔邑士民，共捐製錢一千八百五十文，發給當商生息，爲書院束脩膏火之費。既又軫念⑥士之寒俊者，有志撥科，而囊底羞澀，猶不能以無憾。於是集闔邑紳耆，設立興文社。紳耆等覓得負郭水地二處，需價若干，以請於公。公即慨然捐廉一千金，促使成之，可謂樂善不倦者矣。先是，邑人樊明府立夫⑦者，於嘉慶十六年捐銀四百兩整，置地出租，爲鄉會試之需，已歷有年。今李公增其經費，一時聞風慕義者，遂勃然而起。若張明府平山暨明經張公倬、國學張公□□、武庠張公潔、國學董公以正、庠文馬公理章、吏員寧公國樞、文庠石公東元、國學張公爾範，各捐資不等，皆將置地以爲興文社助，行見鄉會兩試資斧⑧有餘，而萬里雲程不至窘步而返。將來人文蔚起，科甲聯翩，其所以儲國家楨幹⑨之選者，即其體李公與諸鄉紳栽培之意也，豈不懿哉。故列叙其事，并題條款於左，以垂不朽。

社內舉品行端方、家道殷實齋長四人，學師各給札付經管社事。每逢鄉試之年，七月內替換，將出入銀糧算□□□。倘舊齋長經手有虧缺之處，新齋長即禀明學師并縣主押追治罪。如新齋長徇⑩情接受，即惟接受之人是問。不得□行籍口推諉□□□□□□。

社內租糧，務須乾圓潔净，每年秋收後租戶送到學署，用市斗平面量交。該年齋長封鎖本學齋房內，及聞□□□□□石作爲看守之費。

社糧於鄉試年四五月內變價，以三分之二爲西安鄉試子盤費，着入闈老成之人帶至西安分散；□□□□□分，爲會試人物士子盤費。若無會試之人，此項留爲下屆會試之用，或積存生息，仍增置田地，填補公項，以爲擴充地步。

道光元年歲次辛巳八月吉日

武威舉人瀹渠張啓銘撰文　武庠生漪泉姚殿元書丹

[題解] 碑刻於清道光元年（1821）八月。已佚，碑文引自《甘肅新通志》。簡述古浪興文社發起、捐納、運營、管理等事宜，突出了縣令李焜的作用和功績。

[作者] 張啓銘：字瀹渠，武威人。嘉慶二十一年（1816）舉人。

[注釋]

①御極：指新皇帝登基、即位。此處指道光皇帝元年（1821）。

②仰副：古時奏對用詞。凡對皇上所陳，必用"仰"字。副是相符、相乘之意。

③明府：猶言大府、官府。漢魏以來對郡守牧尹知府的尊稱，唐以後多用以專稱縣令（知縣）。

④李公：指時任古浪縣令李焜（kūn），四川墊江人。舉人。曾兩任古浪縣令，任期五年餘。期間，立教勸農，諸事躬親，頗多善政，紳民感戴。

⑤稔（rěn）：原意爲莊稼成熟。因穀一熟爲一年，引申爲年。

⑥軫（zhěn）念：傷痛。深深的思念。

⑦邑人樊明府立夫者：指古浪人樊于禮，字立夫，乾隆甲午科（1774）舉人。曾任湖南長沙、清泉知縣，政績卓著，深受百姓愛戴。他提倡設立興文社，并首先捐銀，對古浪學子學業成長貢獻頗大。

⑧資斧：利斧。今借作旅費、盤纏。資，利。

⑨楨幹：古代築墻時所用的木柱，豎在兩端的叫"楨"，豎在兩旁的叫"幹"。比喻骨幹人員。

⑩徇：曲從私情；順從。

吕氏碑記

聞之《記》云①，三王祭川，先河後海。河，源也；海，委也。無忘前人，則憑乎其知本者矣。□祖□，陜西凉州府平番縣高城邑吕家也。曾祖諱秀，初貿易而至古郡於大□南鄉莊浪溝，寨土□數聞哲□□，尋意欲復歸原籍，不意日復一日，年復年來，南人也而竟爲北人焉。天乎？人也？向先曾祖□□此延留最久，因顯親妣朱氏生祖諱應河，生祖當其弱冠，煢煢子立。及其壯也，耕田□□□□。考妣李氏，生□伯君諱朝，仲君諱臣，叔君諱清，季君諱倉，次君諱良，至後雖屬各居，俱□□□□，克振家聲，□力耕田，勤儉是箴，是使吕氏之□□克昌。先人之原源弗替者，無非生祖□□□□□賜也，□生不量，材偉列俊秀之□，敢忘提携之恩。因於辛丑歲②，敬尊父命，垂訓斯銘，此□□□□前而□意於後世哉！亦誠恐世與世遁，烟風愈微，而人愈遠，年與年相續，人益生而代益□，□□筆記之云，□示後之子孫，明源委之所自出，本之所由來云爾。是爲序。

堂兄弟：吕顯德、吕顯明、吕顯元、吕顯伯、吕顯甲、吕顯杰、吕顯之、潤保子、元哇子；

□□生員：吕顯勛、吕顯燾；

國子監太學生：吕顯峻、吕顯義；

孫：吕大□、吕大□、吕大□、吕大□、吕大□、吕大□奉祀

庚寅年□明月上浣吉旦

碑 陰

山環水繞千年□，祖公宗德百世□。

[題解] 碑砂石質，刻於清道光十年（1830）。通高167厘米，圓額，正中刻篆書"碑記"二字，兩側陰刻二龍紋。碑身高130厘米，寬73厘米，厚18厘米，周刻卷雲紋。碑座爲覆斗形，出土部分高33厘米；正面上寬86厘米，下寬88厘米；側面上寬37厘米，下寬48厘米；刻海馬等紋飾。碑兩側樹立石桅杆各1個。現立於古浪縣橫梁鄉莊浪溝村直溝組北約800米處沙河西南岸呂氏家族墓地。碑文簡記呂氏譜系事，與後文《呂氏明堂碑》參照理解，可瞭解古浪呂氏之流源。作者情況不詳。

[注釋]

①《記》云句：記，即《禮記·學記》。委，水的下流。全句的意思是要搞清楚事物本來的原委或源委。比喻治學或做事要弄清楚源流。"原委（源委）"一詞即源於此典。

②辛丑歲：據碑文上下文及子孫繁衍情況考訂，應爲乾隆四十六年辛丑（1781），下一個辛丑則爲道光二十一年（1841）。

呂氏明堂碑

皇清誥贈 呂氏明堂

碑 陰

竊謂禮建及自始，道重從生，故萬物本乎天人，本乎祖。追遠報本，義於是乎在焉，如我呂氏一族，湮述者恐鑒而弗序。高祖家之興也，肇基於平番①高城邑，傳一世而及我曾祖應河，飲賈燕市②，東遷□邑焉，貿易而躬□，肯堂肯獲，家聲丕振。迨辭世，安厝邑北山之陽，而爲□始祖焉。當時也，似續者，我伯祖曰朝、曰臣、曰清，叔祖曰良，枝葉蕃衍，不可□極。惟我祖倉，□行居四垂，統而至我父考，巍然步武其中。我胞兄運昌，□□其□歷則之，蓋三世。□嘉慶癸酉③秋，我叔妣張孺人仙游，卜葬直溝之□□。□後我母親王孺人，與我叔考，挺然繼叔妣蕭孺人，相繼安厝，而復立□□焉。蓋人道以親己爲貴。故道光辛卯，余與同堂兄弟，欲及其所自始，推其□□終極。爰勒諸石，謹志始末，以昭□來許云。

丙午科武舉：男 吕克昌、吕大成、吕大興、吕大魁、吕大□、吕大名、吕大□；

孫：□□□□□□□□□□；

曾孫：吕□□、□□、□□、□□。

道光十二年南吕月④上浣穀旦 立

[題解] 碑砂石質，刻於清道光十二年（1832）八月。通高203厘米，方額，正中豎刻篆書"皇清誥贈"四字，兩側雕刻蟠龍，70厘米見方。碑身高130厘米，寬70厘米，厚13厘米，周刻卷雲紋。碑座爲覆斗形，出土部分高36厘米；正面上寬78厘米，下寬83厘米；側面上寬35厘米，下寬40厘米。碑兩側立石桅杆各1個。現立於古浪縣橫梁鄉莊浪溝村直溝組西南約500米處沙河西岸吕氏家族墓地。碑文簡記吕氏譜系事，可與前《吕氏碑記》參照理解。

[注釋]

①平番：今甘肅永登縣，清屬涼州府轄縣。

②燕市：指戰國燕國國都，也指燕京（今北京市）。

③嘉慶癸酉等：嘉慶癸酉即清嘉慶十八年（1813），道光辛卯即道光十一年（1831），丙午即乾隆五十一年（1786）。

④南吕月：即農曆八月。

朱氏明堂碑

明堂碑

禮及自始，道重從生。明烟之舉，用享不忒。

東陽先生肇興酸茨，生前嘖嘖人口，歿後芳型□□。地爲人靈，人爲地杰，伉儷之好，作緣天合。如□張太君四德俱全，夫婦倡隨，枝成連理，誕育佳男，

□茂燕山，傳泐石譜，昭兹來許。
　　古浪縣儒學增廣生員張鴻翔謹撰并書
　　孝男：朱殿才、朱殿器、朱殿華、朱殿勛 奉祀
　　道光十五年桃月上浣穀旦 立

[題解] 碑爲白砂石質，刻於清道光十五年（1835）。位於古浪縣橫梁鄉朱家墩村東面山梁上。碑身高150厘米，寬68厘米，厚34厘米。碑座出土部分高27厘米，寬66厘米，厚48厘米。正面碑額刻二龍戲珠陰綫圖案，下橫向淺浮雕楷書"明堂碑"三字，碑文爲楷書，周刻雷雲紋。背面碑額橫刻刻淺浮雕"大清"二字，碑身竪刻"丙山壬向"四字，周飾卷雲紋。碑座爲四方石條。

旌表席氏九世同居碑

特授古浪縣知縣加三級記録五次沈①爲奉旨旌表
席氏九世同居碑
乙酉科選拔、候選教諭席世恩② 敬立
龍飛大清道光十九年八月中浣吉旦

[題解] 刻於清道光十九年（1839）八月。白砂石質，通高170厘米，寬80厘米，厚16厘米。碑額爲圓形，正中刻一"旨"字，字體爲楷書，正中字10厘米見方，兩側小字6厘米見方。碑座已佚。原立於古浪縣黑松驛鎮黑松驛村紅裏坡下100米處蘭凉大路東側石碑灘，現立於古浪縣黑松驛鎮蘆草溝村羊圈溝組東道路南側。席氏家族九世同居，時任古浪縣令沈泰淶，奉旨旌表其九世同居睦族敦宗之風（即地方官員傳達落實朝廷的某項表彰決定），并勒石銘記。

[注釋]
①沈：即沈泰淶，浙江人。舉人，道光十五年（1835）任古浪知縣。
②席世恩：古浪縣黑松驛鎮羊圈溝人。道光五年乙酉科（1825）拔貢，曾任縣學教諭，擅長書法。

老城道光轎樓石刻

道光二十年□□□

[題解] 碑白沙岩質，刻於清道光二十年（1840）。通高130厘米，長100厘米，寬60厘米。由底座和樓閣兩部分對接而成，單檐硬山頂；正面開門，門兩側有文字，雕"壽"字紋；右側殘存陰文楷體"道光"二字；下刻花朵和蘭花紋。因形體小而似轎，便於當地群衆在節日抬轎（石刻）繞村巡游，以圖吉祥，故稱轎樓。現位於古浪縣直灘鄉老城村老城東北角。

年氏碑志序

皇清。蓋聞建祠所以報本，亦所以崇德也。故古者世家巨族，莫不修宗祠，敦本支，俾後世子孫咸知祖功宗德於不衰，相與敦宗睦族以成風。

癸巳①春，余舌耕②貴邑，與年親敬宗等□，古證今談，暨宗祠一事。敬宗遂以建祠之由，慨然有請曰：我始祖原系臨洮北鄉人，既而徙居，爰立室家，即今之平番一撮毛③，是已越百年、歷六世矣。始祖原姓莊或曰嚴，乃漢明帝④之諱，宜避改。然孟子云："諱名不諱姓⑤。"況漢帝已屬往古，尤非本朝聖□□，擬改姓之説，似亦無據。第以邑近邊鄙，少識詩書，誤寫"嚴"爲"閆"已三世矣。近又□□□語，訛讀"閆"爲"年"姓者，迄今未改。或亦取《爾雅》⑥云："周曰年"之義歟。抑取《靈寶經》⑦云："□□□，轉與天齊年"之義歟？未可知也。

念我祖力農傳家，本支漸以蕃衍，敬與兄欲建宗祠□□，敦本睦族，有志而未逮者。不意道光壬辰歲，時在伏臘⑧，闔族咸集，敬對少長而議曰：□□□以怡雍睦，聖諭列爲第二條而篤之，條中不外夫立家廟以薦蒸嘗⑨，修族譜□□□遠者。誠以祖宗之木主，奉於私室，最易失次，設爲公祠，咸知愛敬，春露秋霜之□，□□之輩入是祠者，宗派之支庶無不明且晰焉。敦睦之志，無不感而生焉。《戴禮》⑩云：昔者"尊祖故敬宗，敬宗故收族。"道在是耳，闔族欣然有志焉。敬遂將置買岳姓地址、輸屋木□□爲捐助，闔族更爲捐助以建斯業，原以勒諸石而昭來茲焉。余遜謝不敏，情不容□，固辭也。爰染翰⑪而志曰：公等之修宗祠、薦時食，其志可謂大矣。敢不謹陳其淺言，以便公等念昔先人，示諸後世之意云爾！

明經博士蘭□眷弟馮世瑄頓首拜撰

碑 陰

年松柏助大錢二串文，年大忠助大錢十一串八百文，年大玉助大錢十串文，年大孝助大錢三串五百文，年希宗助大錢十一串文，年榮宗助大錢五串九百文，年秀宗助大錢五串七百文，年述宗助大錢□串三百文，年昌宗助大錢十二串□百文，有早年所存大錢八串三百文，誠心照管建修；六世孫年述宗、年希宗、年昌宗，誠心捐施□川地一段，永爲祠堂香□□□；祠大門匠工、本族鐵石，年希宗、年耀宗、年昌宗誠心許立；祠地址田地、官糧四合，闔族承納；總運、石碑琢磨匠工，年九齡、年萬齡誠心許立；攻石，親友閆世俊。

高威鳳頓首拜勒　七世孫婿高登岱頓首拜撰

咸豐八年戊午歲姑洗月⑫穀旦　立

[題解] 碑白砂石質，刻於清咸豐八年（1858）三月。通高186厘米，由碑額、碑身和碑座組成。碑額爲圓形，正中刻"皇清"，下刻"永言孝思"，兩側刻龍紋；背面刻"壽"字篆文，下刻楷書"百世其昌"，兩側刻龍紋。碑身高146厘米，寬70厘米，厚11.5厘米；正面刻年氏碑志序，17行，滿行33字，共561字，周飾單綫紋；碑陰刻資助名單，周飾雷雲紋。碑座高30厘米，長88厘米，寬50厘米，四面浮雕松樹、佛手、靈芝、銅錢等花紋。碑由年氏家族樹立。1990年4月，古浪縣人民政府公佈爲縣級文物保護單位。2002年，年氏家族修建磚房保護，位於古浪縣新堡鄉一座磨村西上組年氏祠堂舊址。碑文簡述了年氏一門建祠立碑之緣起、功用，（碑陰）兼及贊助人員及款額等，是研究古浪年氏流源的重要文獻和實物資料。

[作者] 馮世瑄（碑陽文撰者）、高登岱（碑陰文撰者）皆不詳。

[注釋]

①癸巳：即道光十三年（1833）。道光壬辰即道光十二年（1832）。

②舌耕：舊時指以授徒（教書）講學謀生。

③一撮毛：今古浪縣新堡鄉的一座磨村，民國以前屬平番（今永登）縣管轄。

④漢明帝：名劉莊，後世爲避諱多將"莊"改爲"嚴"。

⑤諱名不諱姓：在中國古代無論是死是活，要爲尊者、親者、賢者避諱。但姓氏不在避免之列。

⑥爾雅：中國古代典籍之一，也是古代的辭書，被稱爲辭書之祖。

⑦靈寶經：道教經典之一，成書於南朝·宋·元嘉十四年（437），其中心思想是救世度人。

⑧伏臘：古代兩種祭祀的名稱。"伏"在夏季伏日，"臘"在農曆十二月。也指伏祭和臘祭之日，或泛指節日。

⑨烝嘗：本指秋冬二祭，後泛指祭祀。

⑩戴禮：古代典籍《禮記》有《小戴禮記》（戴聖所編）和《大戴禮記》（戴德所編），簡稱爲《戴記》。戴德與戴聖是兄弟，西漢梁國睢陽（今屬河南商丘市）人，著名經學家。

⑪染翰：以筆蘸墨，指作文、寫字。翰，筆。

⑫姑洗月：古代指農曆三月。

毛侯①墓地恢復碑

□□之縣志，黃羊川□有毛侯墓焉。□□□□□□□諱忠，□□奇功，爵伏羌伯。至成化十年，固原土達②滿四③□□□□，奉命征討□視死，明廷追錄功勳，建祠甘州，蔭子孫以指揮□□□□□□匾額是□□□□公以恢復松山之師□□□□□赤兔阿④大肆狙獗。爾時，翁隨田樂二□□□□□□□□□助之，且獎賜匾額。於是士馬騰飽，赤兔阿聞風警竄。布讀□□□□黃羊川之地，以耕耘樂業焉，亦以便守先墓也。厥後世□□□，因墓地被人攪越⑤，央訟不訣，有瀛川、榮川二翁發光前裕後呈稟，蒙陶縣主⑥明鏡高懸，諭令鄉耆石美、魏服古等秉公□□□□□□地。毛氏合族之人極口稱贊，踴躍存□，識者以爲允誠翁希□□□□□□□□□□□□□。

族人：毛業、毛□、毛□、毛□□、毛有□、毛常□、□□□□□□□□□□□□□□□□□□候補千總、通家袁公輔拜□，丙午科□□游擊王承綱拜。

增廣生員通家趙星五撰（刻"帖村氏書"印章）　邑眷晚侻生魏承恩拜書

咸豐十年歲次庚申應鐘月⑦上浣穀旦

毛毓有、毓泰、□□□□□□毛氏闔族公立

[題解] 碑砂石質，刻於清咸豐十年（1860）十月。碑額爲半圓形；碑身高136厘米，寬76厘米，厚17厘米，正面文字爲楷書，周飾雷雲紋；碑座已佚。原立於古浪縣黃羊川鎮毛家大莊東面墳灣毛氏家族墓（祖墳），現存於古浪縣博物館。記載了毛忠墓地變遷恢復事宜。作者情况不詳。

另有碑刻二通，20世紀80年代，被毛氏後裔埋於墓地附近。

[注釋]

①毛侯：即毛忠（1393—1468），字允誠，蒙古族，扒里扒沙（今古浪縣大靖鎮）人。出身行伍世家，因戰功封伏羌伯。成化四年（1468），討滿四叛亂，陣亡於炮架山，賜伏羌侯，謚武勇，在蘭州、張掖建祠紀念。碑中所記"成化十年"，與田樂征討阿赤兔、恢復松山之事有誤。松山戰役發生在萬曆二十六年（1598），時毛忠已殉國一百多年。可能是毛忠後代或當地人以訛傳訛所致。

②土達：爲故元降衆，與蒙古及西北諸土著族群在歷史淵源、血緣及文化上都有密切聯繫。明代土達主要分布於甘青寧地區的河州、涼州、甘州、臨洮、慶陽、西寧、固原、銀川等地。

③滿四（？—1469），本名滿俊，因排行老四，俗稱"滿四"。出身於固原蒙古族，時任明朝陝西固原開城土官。成化三年（1467），聚衆數萬起事，自稱招降王。明廷派兵征剿，毛忠等殉國。後被誘俘，凌遲處死。

④赤兔阿：即阿赤兔，蒙古韃靼首領賓兔長子，松山戰役的主要對手。

⑤擾越：越出本分，如越職、越權。

⑥陶縣主：即陶斯咏，浙江人。咸豐七年（1857）至十一年任古浪縣知縣。

⑦應鐘月：農曆十一月的别稱。

裴家堡水利雨源池塘碑記

蓋我邑泉水發源出自大灘池塘。灌池塘、澆田園，輪流接派，按時澆灌，已歷年矣。如我處及花莊堡通計時刻水四十八晝夜，合時辰五百七十六個。惟裴堡計灌時水三百一十五個、内沙河壩派時辰水一百二十個、駝嶺壩派時辰水一百二十三個、中川壩派時辰水七十二個不計外，惟灌池塘時不定數。向系人物啜飲、塘號驛馬，皆賴池塘之水，不定時刻者是此故也。每歲二月初吉，派水爲期，無論花莊、我邑時水，先灌池塘，後澆地畝，倘池塘十日充實十日足，月半盈溢月半止，此一定不移之規也。

迨至咸豐初年，彼此私議曰："已有山下泉源，不虞涌竭之苦，池塘水准其三晝夜，以多而減少者由此而評也。"洄溯道光中葉，在邑南之陳家山畔角之下，掘一泉源，挑溝修至湯房路巷，被伊阻擾、損脉等語，隨而興訟。蒙前縣陳①斷令繞道而過，名爲玉帶水。勸劉兩眼過水泉以作兩便之人情，遵斷息訟，有案可考。迨後功竣十年之久，費錢六千餘串，屢屢鉅款，非易擔當。

適貢生王公諱瑊，字瑜卿，先生興仁講讓，急公好義，不啻昔日彥方②而復見於今日也。況先生家道殷實，意氣慷慨，念池水之久積，臭污不堪，嘆川流之莫接，饑渴有害。而先生觀其流泉，度其里南，惟挹彼而注茲，欲利用而厚生，無如相距遥遠，爲之恐不易也。然而，先生磊磊落落，果敢有爲，而正身以率，督責經營。於是約我同人，和衷共濟，富者捐貨，貧者納工，無不相應，以心相投，以氣何論乎！功之大，費之鉅，矻矻孜孜③，成而後安。乃闔邑欣欣然而相告曰："先生任重道遠，不辭勞瘁，今果決其源泉，混混不舍晝夜，儼如八功德水，既甘且美，而世世均受其福者，皆先生移山倒海之力歟！噫，微先生其誰與歸！"

憶自同治乙丑④兵燹而後，百事俱廢，是以輯主孝廉先生，弟繼兄而仍舊貫溝渠，補其缺陷，泉流復其池塘。先生不憚勞怨，首倡修補，俟⑤馬無殊於當初，是兩先生之創於前，因於後，徽德齊芳，聲譽并隆，浹髓淪肌⑥，豈淺顯哉！能不追溯水利雨源？公頌緣由，刊石永垂，以志其不忘也夫！

分省選用典史、愚晚李垚欽頓首拜撰丹書

閤堡王萬安、吳榮、李嶧陽、徐開甲、王猷□、吳進德 謹刊

光緒二十三年十月穀旦 立

[題解] 碑砂石質，刻於清光緒二十三年（1897）十月。碑額正中刻"聖旨"二字。通高193厘米，碑身高148厘米，寬60厘米，厚15厘米。原樹立於古浪縣裴家營澇池邊，現立於古浪縣裴家營鎮裴家營村王氏祠堂。記載了王瑊出資并率衆修浚裴家營池塘的事迹，兼及王孝廉先生"首倡修補"溝渠事，贊揚其"矻矻孜孜""急公好義""不辭勞瘁""不憚勞怨"的精神，他們"徽德

齊芳，聲譽并隆"，應"刊石永垂"。作者情況不詳。

[注釋]

①前縣陳：即前古浪知縣陳佳瑛。見《創設古浪龍山書院碑記》注。

②彥方：即東漢王烈（141—219），字彥方。今山東平原縣人。青年時在陳寔門下學習，品德高尚，以義行著稱鄉里，被後世視爲以德感人的榜樣。

③矻矻（kū）孜孜：勤勉不懈的樣子。矻矻，辛勤勞作的樣子；孜孜，勤奮不懈。亦作"孜孜矻矻"。語出韓愈《爭臣論》。

④同治乙丑：即同治四年（1865）。

⑤倏：疾速，忽然。

⑥浹髓淪肌：浸透肌肉，深入骨髓。比喻感受極深。浹，透；淪，陷入。

旌表張門節孝三世碑

皇清。旌表張門節孝。故處士維寅之妻、職員育琳之母唐孺人①，處士育瑶之妻、翰林編修澂②之母王孺人，處士灝之妻、增廣生員耀祖之母李孺人；三世同操合建碑。

光緒三十二年三月上旬吉日 立

李孺人之子張耀祖，述祖率孫崇德、崇儒、崇仁、崇智、崇信、崇勛，曾孫啓銘、東銘 建。

[題解] 碑刻於清光緒三十二年（1906）三月。白沙石質，通高260厘米，寬76厘米，厚約14厘米。碑圓額形，高79厘米，浮雕雙龍圖案，正中下方陰刻豎行楷書"聖旨"二字；碑身四周刻卷雲紋；碑座爲覆斗形，上寬77厘米，下寬87厘米，出土部分高31厘米，正面中間刻浮雕花朵，邊緣刻雙綫紋。現立於古浪縣古浪鎮小橋村南路口。碑文簡記旌表張氏三世節孝事宜。

[注釋]

①孺人：古時稱大夫的妻子，明清時爲七品官的母親或妻子的封號。也用以對婦人的尊稱。

②澂（chéng）：指張澂，字雁初，甘肅省古浪縣人。天津道台張起鵷之孫。光緒十五年（1889）己丑科進士，選翰林院庶吉士，授編修，歷任福建福寧、漳州、興化、泉州、建寧府知府等職。工書畫。

年代不詳

三義殿瑞獸碑

[題解] 碑白色砂石質，年代不詳，通高75厘米，正面上寬73厘米、下寬85厘米，側面上寬22厘米、下寬41厘米。正面雕一瑞獸，背面雕蓮花海水，兩側均雕蓮花圖案。

《五涼全志》載，三義殿，東郭外，即柏臺。位於古浪縣土門鎮東北隅的柏臺，建於清順治五年（1648）。臺高5米，南北寬15米，東西長16米。因院內柏樹蒼翠，故名柏臺，爲古浪八景之一。原建築較多，毀於1927年大地震。三義殿坐北向南，面寬3間，進深1間，重檐歇山頂。因殿內塑劉備、關羽、張飛像，故稱。

土門關帝廟碑

□□□□□忠義□□□□□□□□□□□□□□□□□□□□□□□□□□□。

[題解] 碑白砂石質，年代不詳。通高140厘米，寬60厘米，厚16厘米。正面文字大多漫漶不清，惟"忠義"二字可辨；背面爲捐修土門關帝廟功德主名單，字體爲楷書，多剝蝕。原立於古浪縣土門鎮關帝廟，2009年遷移至古浪縣土門第一完全小學校院內。《五涼全志·古浪縣志》載，關帝廟，東郊外，順治五年（1648）建。

老城雙喜碑

囍

[題解] 碑白沙岩質，時代不詳。通高52厘米，殘寬42厘米，厚8厘米。今殘存右半部分。現存於古浪縣直灘鄉老城村老城内。

狀元崖石刻

狀元□

[題解] 石刻年代不詳。高約4米，寬約1.8米。文字鐫刻於豎向長方形框内，因風化漫漶不清。位於古浪縣黑松驛鎮龍溝小學西北約80米處龍溝河西岸的紅色山崖上。崖爲紅色砂石質，高約20米，下有洞穴一個，洞穴前建有牌坊一座。原文爲"𤉖"，爲"狀"之異體字。

蟠龍額無字碑

[題解] 碑砂石質，年代不詳，通高329厘米。碑額爲方形，高80厘米，寬80厘米，浮雕二龍。碑身高173厘米，寬64.5厘米，厚17.5厘米。無文字，周飾雷雲紋。碑座爲覆斗形，高76厘米；正面上寬85厘米，底寬95厘米；側面上寬32厘米，側底寬46厘米。原鑲嵌於古浪鎮逢泉村張莊組西面水渠閘口，2013年9月拆除，現存古浪縣博物館。

橐籥石刻

橐籥石

[題解] 碑爲青石質自然石塊，年代不詳。上端窄，下端寬。通高13厘米，底寬120厘米，上寬60厘米，厚40—60厘米不等。正面陰刻楷書"橐籥石"三字，字14厘米見方，書法方整遒勁；背面無文字。現立於古浪縣黃羊川鎮周家莊村西北100米處山脚下。

橐籥（tuóyuè），即風箱，由兩部分組成。橐，裝氣的口袋；籥，通氣的竹管。形容虛空狀態。

千骨碑

（碑額）千骨碑
（碑身）□□□□□□□□□□□□□□□已□□□□□□□□
□□□□□□□□□□□□□□□□□□□□□□不忍□
□□□□□□□□□□四十千文，整□□□地，春秋祭祀□□□
□□□□□□□□□□□□□□□□□□□□千古不朽云。

大靖堡□□□□人薛全□　□□□　□□□　□□□　□□□　□□□
□□六年三月二十日 公立

[題解] 碑白色砂石質，年代不詳。據"大清堡"三字推斷，約立於明萬曆二十六年（1598）收復松山之後。通高160厘米，寬45厘米，厚14厘米。碑額爲半圓形，橫向陰刻"千骨碑"三字；碑身正面文字爲豎行楷書八行，周飾卷雲紋；背面無文字。碑座已佚。現立於古浪縣大靖鎮樊家灘井莊組。舊時，當地紳民在清明節前，出資收集荒野尸骨，集中填埋并祭祀，後立碑記事。

昌靈山百子洞磚雕對聯

百子洞

普渡赤子佑蒼生，苦海永脫；慈航洞天駕彼岸，壽域同登。

[題解] 刻制年代不詳。對聯上下飾仙鶴、牡丹等圖案。現保存於古浪縣直灘鄉昌靈山百子洞。

中華民國

長流壩水利碑

特授上大夫、監督財政司法、調遣警備軍隊、甘凉道道尹馬①

署理古浪縣行政長官兼理司法事務詹②

爲建立石碑，以垂久遠事案。查古浪縣署長流壩士庶唐國賓等與川七壩馮保元等，因水涉訟，當經委員白會同前縣馬秉公辦理。按，依官定尺式，將川七壩截毀木槽，照舊修復。兩造咸服在案。旋據長流壩唐國賓等，以建立石碑，永絕訟端等情，前來除批狀悉。

據稱，長流壩水利與川七壩同一河源，前清康熙五十九年，經黃撫憲③規定：槽幫高肆寸，槽底寬貳尺捌寸，載明縣志。今有二壩馮保元、土頭壩蘇溙、新河壩張文煥、古頭壩馮登例、三壩鄭定國、四壩胡全貴、五壩丁睿才等，糾合各壩謀反舊章，截毀官定木槽，幾釀巨禍。誠恐日久反覆，懇請建立石碑，載定尺式。

查水利爲賦命之源，定章爲率由之准。無論時代若何變遷，斷無忽焉更改之理。除立案外，合行刊立石碑。爲此碑，仰長流壩及川各壩士民人等一體遵照。嗣後，該壩木槽如有損壞，自應按依碑載附刊官定尺式，照依規定，除底幫高肆寸，除幫底寬貳尺捌寸，公同修復，長流壩不得違章加增，川七壩亦不准任意截毀。務宜時常審視，無使損壞。自刊碑之後，川七壩人等倘敢仍蹈前轍，截毀木槽者，一經告發，定即照律嚴辦，絕不姑容其咎。周知毋違，須至碑者。

附刊官定尺式（略）

長流壩士庶：唐國賓、秦鳳鳴、張炳蔚、王友仁、俞進南、楊石勤、丁祖武、陳正廷、王祝堯、張啓明；

川七壩士庶：馮保元、鄭定國、蘇溙、張文煥、胡全貴、丁睿才。

民國五年十二月 日，立此碑在道署。

[题解] 碑立於民國5年（1916）12月。碑文爲官方文書，引自民國27年（1938）重修《古浪縣志》。碑高133厘米，寬81.5厘米，厚17厘米。現藏於武威市博物館。記載了甘凉道尹馬廷勳、古浪行政長官詹澤霖判斷古浪縣長流壩、川七壩水利爭訟事宜。可參照前《渠壩水利碑文》《長流川六壩水利碑記》理解其内容。作者不詳。本書凉州卷中亦收録此碑，標題和個别文字有出入。

[注釋]
①甘凉道道尹馬：即馬廷勳。見本書凉州卷《長流壩水利碑》注。
②詹：即詹澤霖，湖南益陽縣人。民國5年（1916）任古浪縣知事（縣長）。
③黄撫憲：即甘肅巡撫黄廷桂，見本書古浪卷《渠壩水利碑文》注。

邑侯張公德政碑

[題解] 碑原立於古浪縣舊縣門街，記載縣知事張慶瑜的政績。毁於民國16年（1927）大地震。引自民國27年重修《古浪縣志》。

張公即張慶瑜，字皖白，安徽合肥人。法政學校畢業。民國七年（1918）任古浪縣知事（縣長）。

邑侯梁公德政碑

[題解] 碑原立於古浪縣城南門外，記載縣知事梁鎮濤的政績。毁於民國16年（1927）大地震。引自民國27年重修《古浪縣志》。

梁公即梁鎮濤，字少侯，安徽合肥人。民國8年（1919）任縣知事（縣長），恤民隱，有善政。

邑侯王公德政碑

[題解] 碑原立於古浪縣上城街道旁，記載縣知事王鈺的善政。毀於民國16年（1927）大地震。引自民國27年重修《古浪縣志》。

王公即王鈺，字威之，甘肅臨夏人。民國11（1922）任縣知事（縣長），性孝友，長析獄，興利除弊，頗多善政。1926年任武威縣縣長，在民國16年大地震中與其弟王鈞因負老母外出，母子三人同壓斃於武威縣府內。王鈺去任後，古浪士人勒石於縣城通衢，以頌德政。

當坊土主碑

當坊土主益農護國福德　奠
中華民國十四年五月吉日　立

[題解] 碑砂石質，圓額。通高180厘米，寬80厘米，厚11厘米。字體爲陰刻魏體，碑額爲半圓形。現立於古浪縣幹城鄉東大灘村史家寺溝組西800米處的大碑臺山頂上。

青女[1]使者碑

供奉青女使者肅殺霜神之位
中華民國二十六年桂月[2]中浣[3]衆姓　公立

[題解] 碑砂石質，圓額。通高153厘米，寬67厘米，厚9厘米。字體爲陰刻魏體。現立於古浪縣幹城鄉東大灘村史家寺溝組西800米處的大碑臺山頂上。

[注釋]

①青女：即霜神。《淮南子·天文》："青女乃出，以降霜雪。"
②桂月：即農曆八月。
③中浣：原指古代官吏每月中旬的休沐日，後泛指每月中旬。

陸軍騎兵第五軍軍長 甘新公路甘段督辦馬公子雲①暨騎五師第二旅旅長韓公受天②建修古浪段公路功德碑記

蓋聞不有碩望之督責，雖善政無以舉行；更不有賢能之精勤，雖美舉難奏實效。我古浪地當西北孔道，且蜿蜒崎嶇，懸崖墜石，依山夾河，誠鳥道羊腸之天險也，交通實感困難。幸雲公馬督辦奉命修築，知才善任，爲事擇人，特派精勤耐勞之受公韓旅長，督率三團馬子清團長、四團馬春山團長暨全部官兵，指導闔縣民衆，戴月披星，沐風櫛雨，幕天席地，踏雪臥冰，躬親操作，不辭寒苦。自烏沙嶺③起貫至雙塔堡止，計百數十里，不數月而大功厥成。以萬山環疊、磐石臥險之區，一變而爲坦然大道，造成地平天成之象。建橋梁則根堅基固，開石峽則界地寬廣，不圖刪繁就簡，只謀一勞永逸。從此轉瞬萬里，遐爾一息，行旅賴以便利，邊城藉以鞏固者，皆諸公之所賜也。紳民等深感功德，建碑泐績，永垂萬世，以志不朽耳。

清俊士④，歷任武、永、民、永、古各縣政府科長、秘書等職唐海瀛撰

清增廣生⑤，現任騎兵第五軍駐古軍糧采買局局長魏耀書

中華民國二十七年二月 立

[題解] 碑簡稱"甘新公路古浪段功德碑"，原立於古浪舊縣城北門外道路東。今佚。碑文引自民國27年重修《古浪縣志》。簡述馬步青與韓受天修建甘新公路古浪段的事迹及相關情況。

[作者]

唐海瀛：古浪縣上城人。清末名士唐國楫侄子，叔侄二人具爲清末貢生（號稱"一門兩貢生"），善詩文書法。曾任民國政府武威等縣科長。

魏耀：清末增廣生員，曾任國民軍騎兵第五軍駐古浪軍糧采買局局長。

[注釋]

①馬公子雲：即馬步青（1901—1977），字子雲，回族，甘肅臨夏人。西北軍閥馬麒長子，馬步芳之兄。早年在其父寧海軍任職，後升任國民軍騎兵第五軍軍長、第40集團軍副總司令、甘新公路督辦等職。曾駐軍武威長達10年。1949年後逃往臺灣，直至病逝。

②韓受天：名起祿，撒拉族，青海循化人。時任國民軍騎五軍第二旅少將旅長、西寧市市長等職。1949年9月在青海投誠解放軍，後叛變，又被迫投誠。

③烏沙嶺：即烏鞘嶺，亦稱洪池嶺、烏稍嶺、烏梢嶺。位於天祝縣境中部，西接古浪山嶺，方圓十多千米，海拔3562米，自古爲河西走廊的門户和咽喉。

④俊士：指科舉時代選取入太學者。《新唐書·選舉志上》："其科之目，有秀才，有明經，有俊士，有明法……此歲舉之常選也。""久之，又取其甚秀者爲俊士……"實際上就是取得的一種功名。

⑤增廣生：亦稱"增生""增廣生員"。明清兩代由公家給予膳食的生員，稱爲廩膳生員，簡稱廩生。但生員有定額，後又在正額之外增加人數，即爲增生，其地位和待遇次於廩生。

督修古浪段公路德政碑

蓋聞太上立德、立功、立言，謂之三不朽。吾觀夫馬督辦雲公奉命建修甘新公路也，信矣乎！子雲公三世元勳，一代人杰，槃才①錦囊，知人善任，遂委韓旅長受天公爲古凉段總督工。公賦性梗介，事無或苟，銜命之日，率部來古。自念②六年古九月既望，鳩工伊始，軍民合作，弗少或懈，而公測書既周，指揮盡善。其督工也，立則仗鍬，坐則席簀；其耐勞也，雨雪載塗，頭不箸笠，身不重裘；其修工也，遇山劈石，逢水架橋。古浪峽險峻天成，鳥道羊腸，未及五月鉅工告成。今則化險爲夷，大道康莊，四輪分馳，暢行無阻，生命路綫完成一斑，利國便民莫逾於斯，抗日救國惟此是依，此所謂建亘古未有之功，立萬世不朽之德也！組長等追隨數月，公馭之如家人子弟焉。德之所至，義不容泯。爰留貞瑉，垂諸久遠，是爲序。

贊曰：大哉雲公，善任智勇。猗歟受公，不辱使命。險道崎嶇，化爲坦平。德被萬姓，功高五丁。勞心勞力，爲國爲民。留芳百世，頌德歌功。

前凉州府古浪縣儒學增廣生員治弟海臣李濱敬撰

中央政治博士、前任安徽黟縣縣長、長治晚崔清川敬書
民衆督工組組長毛順國等頌
中華民國二十七年二月 立

[題解] 碑原立於古浪舊縣城南門外道路旁。今佚。碑文引自民國27年重修《古浪縣志》。記載韓受天旅長修建古浪段公路事宜，突出其在修路中的表現。與前碑立於同一時期，所述背景基本相同，可參照理解。作者不詳。

[注釋]
①槃才：指有大才幹的人。成語"大才槃槃"的簡語。
②念："廿"的大寫，意爲二十。念六年即民國26年（1927）。

中華人民共和國

古豐渠落成紀念碑
(工程紀要)

　　古豐渠在柳條河取水，河源牛心山，初名橫溝，流山峽中長三十餘公里，出峽始稱此名。峽口最小流率爲零點七秒立公方，惟出山後，流經砂礫河床，東北五公里至西山堡，滲漏盡净，治水洪於縣城外匯入古浪河。

　　柳條川西南起峽口，東北抵縣城，長十九公里，最寬處一公里半，總面積二萬三千畝。地勢向東北傾斜，海拔高程二六四八公尺降至二〇八二公尺。西山堡下，地勢較平，耕地一萬五千畝，原無水灌溉，除下寺窪及冰溝墩有小泉外，居民飲水，亦賴蓄水維持。

　　幹渠於峽口關家臺下左岸引水，閘口寬一點六公尺，進水流率一點二秒立公方，過上毛家至二點三四公里渡河至右岸，再經下毛家、西山堡、下寺窪、銀家莊、張家槽子至唐家莊，尾水如山溝轉泄淺柳條河，總長一四點六二公里。縱坡一比三〇至一比一〇，渠槽橫斷面采寬淺圓弧形，水面寬一點二九至三點五三公尺，零點二三至零點五一公尺，下鋪黃膠泥防漏，上砌大卵石防涮，更用混泥土嵌填縫隙，表面特使粗糙，最大流量爲一點八秒公尺，共挖填土方九萬四千立公方，襯砌卵石五萬平公方。建築物計攔河壩、引水道、進水閘、冲刷閘、渠水渡槽、過水涵洞、溢水道各兩座，倒虹管三座，泄水閘四座，渠水涵洞入水口及石涵橋各五座，分水閘一二座，木橋一三座，跌水四〇座，急水槽四四座，共一四三座。

　　支渠用梯形土渠，輸水至灌區，再以小渠補水於耕地，除尾幹渠澆地一千九百畝外，全渠共分九道，詳列如下：

編號 分水地點	一 郭家上莊	二 下毛家	三 下昌窪	四 西山堡上	五 西山堡下	六 下寺窪	七 銀家莊	八 白楊溝上	九 張家槽子
灌溉地畝（市畝）	430	360	1600	860	1020	1730	2070	2930	2100
分水流率（秒立公方）	0.027	0.023	0.101	0.054	0.065	0.110	0.122	0.187	0.135
縱坡度	1/100	1/100	1/100	1/100	1/100	1/100	1/100	1/100	1/100
水面寬（公尺）	0.750	0.736	1.200	1.040	1.064	1.220	1.250	1.430	1.280
水深（公尺）	0.255	0.245	0.327	0.340	0.270	0.270	0.300	0.280	0.250
流速（秒立公方）	0.572	0.493	0.501	0.493	0.524	0.572	0.525	0.520	0.540

一九五〇年七月

碑　陰

　　古豐水渠，原由國民黨反動政府於一九四二年前，即進行查勘測量設計，於四五年六月從事修建，總□□□□□□□□。只知壓迫群衆，不肯爲民謀利，雖費時十四月，僅完成工程百分之二十八。

　　古浪縣解放後，人民政府相繼成立，甘肅省人民政府奉中央人民政府命令，決定重建。中國人民解放軍第三軍八師二十三團，在一九五〇年，響應軍隊投入生產建設的號召，當與甘肅水利局協議，成立河西水利各級領導機構，恢復工程建設，由水利局負責執行。河西水利武威區分會負責領導及供應材料工具，武威分區專員公署負責招技工、動員馬車，八師二十三團全體參加修建，遂於一九五〇年四月六日正式開工。全渠長一四點六二公里，工程分三段□□□□。由於共產黨的正確領導，人民政府的努力建設，武威、古浪群衆的積極幫助，工程處工作人員的日夜忙碌，克服了技術幹部和機械工具的缺少，調劑了交通聯絡的困難，加以第二十三團全體幹部戰士認真爲人民服務的精神，發揮了愛國熱情，發揚了人民軍隊艱苦勞動的優良傳統，創造出各種辦法，增加了工作效率，照原定計劃提前兩個月完成。在勞動過程中，特別是共產黨員，處處起了帶頭作用，出現了不少勞動英雄模範，并有些單位創造了工作的最高紀錄，如：

一、三連八班十二人，集體抬運卵石，在六五〇公尺距離，八小時完成一四點四立公方。一連徐生福，邵丑子二人，在八〇〇公尺距離抬運七十四框，往返行程一一八里。

二、三連五十四人集體挖土平均每工完成一四點七九立公方，五班戰士鄧士和、丁生保二人，每工完成一五點三九公立方。

三、一營七連，改良工具後，每工以〇點八立公方增加至三立公方。

四、八連九班十三人，八小時嵌填管道卵石縫隙四九八平公方。

五、一營後炮連七班十人，八小時砌管道石三四四平公方。

六、因此，全部工程，至今三個月半（實際工作七五天）修建，用工款折合小麥三百二十萬斤，共作普通二五〇八四三工，石工五五〇〇工，武威大車工四六〇〇日輛，古浪大車工四二〇〇日輛，用洋灰八六〇桶，木材三七五根，石灰一百四十萬斤，於七月二十三日竣工放水。從此，柳條川一萬五千畝旱地，得以灌溉，荒涼田野變爲樂園。謹勒碑記。

一九五〇年七月 建立

[題解] 碑爲水泥澆築，其內容爲官方文書。原立於古浪縣古豐鄉柳條河村古豐水渠旁，今佚。碑文引自《古浪名勝古迹選編》。記載了中國人民解放軍三軍八師二十三團官兵修建古豐渠事宜，包括地理位置、走向、工程量（用工、用料）、參與人員等。

石俊文烈士紀念碑

石俊文烈士永垂不朽！
中國人民解放軍八一四二部隊
石俊文烈士，系黑龍江省五常縣人，生於1945年，家庭出身貧農，本人成分工人，1965年3月入伍，同年8月加入中國共產主義青年團，歷任戰士、學員、汽車司機助手。1966年7月12日，在執行運輸任務中，臨危不懼，爲搶救國家機器,光榮犧牲。

石俊文烈士無產階級立場最堅定,最分明,他對人民無限忠誠,對階級敵人無比仇恨,在無產階級文化大革命中,他堅定的站在以毛主席爲代表的革命路綫一邊,用自己的實際行動支持革命左派,部隊黨委給他追記一等功。

石俊文烈士時刻無限

忠於毛主席,立志苦讀毛主席的書。他説,一個人不學習毛主席的著作,就等於停止革命工作步伐。他是毛澤東思想的好學生,他的行動是毛澤東偉大思想教育的結果。部隊黨委根據石俊文烈士生前要求,追認他爲中國共產黨正式黨員。

[題解] 碑刻於1966年7月。由座基、三面錐體碑身和頂部一鐵質五角星組成,碑身高5.8米,下端面寬1.2米。碑座基礎爲長方體,長3.3米,寬3.4米,高1.1米。現立於古浪縣十八里堡鄉十八里堡村關帝廟組南國道312綫西山脚。簡記石俊文烈士生平事迹。

石坡子渡槽題刻

(渡槽頂部兩側)　保護工程 人人有責
(渡槽南面正中)　爲人民服務
(兩側)　團結緊張 嚴肅活潑
(渡槽北面正中)　石坡自渡槽
(兩側)　自力更生 奮發圖强
(渡槽東面橋墩南側底部)　一九六七年
(西側)　發展農業　(東側)　五一五□

[題解] 題刻位於古浪縣土門鎮清萍村西南石坡子河。文字題刻在鋼筋水泥

澆築的渡槽身上。渡槽長34.7米，寬1.5米，高3.8米，占地面積777.28平方米。文字由古浪書法名家石林山書寫。

石節水庫題刻

反修水庫

[題解] 題刻於1972年，系混凝土砌築。題刻高50厘米，寬80厘米。位於古浪縣西靖鄉平原村嚴家窩鋪組居民區西200米處石節水庫壩南側東端輸水洞。當時，中國視蘇聯（已解體，今俄羅斯等獨聯體國家）爲修正主義者，簡稱"蘇修"，處於敵對狀態。"反修"爲當時的政治口號，即反對蘇聯修正主義。

源遠流長碑

源遠流長
中國人民解放軍五三八七部隊七十三分隊
□□紀念
　　　　冰溝墩大隊貧下中農
　　　　一九七四年八月 立

[題解] 碑爲水泥質，方額。通高130厘米，寬40厘米，厚10厘米。位於古浪縣古豐鄉冰溝墩村西南水井邊，爲紀念中國人民解放軍某部幫助山區群衆解決飲水問題而開鑿水井所立。

西路紅軍紀念碑

紅军西路军烈士永远活在我们心中！

李先念
一九八七年二月二十日

[題解] 碑刻於1991年。水泥質，步槍狀，以紅、黑、白爲主色調。碑身高19.36米，底部寬3.08米，厚0.65米。碑座爲5級臺階式，高1.44米，底層長9.8米，寬5.86米。由步槍、梭鏢造型組成。碑文内容爲時任中華人民共和國主席李先念於1987年2月20日題寫，字體爲行書。現立於古浪戰役紀念館西路紅軍墓前。李先念曾任紅軍西路軍軍政委員會委員、三十軍政委，參與了西路軍的所有重大軍事行動。

古浪縣抗震救灾重建家園紀念碑

　　公元一九九〇年十月二十日十六時七分，在古浪、天祝、景泰三縣交界處發生了六點二級强烈地震，古浪縣之新堡、幹城兩鄉十二村、二千九百一十二戶、一萬四千一百二十四名群衆生命財産遭受嚴重損失，死亡一人，重傷七人、輕傷九人，經濟損失五千餘萬元。

　　震後，黨中央、國務院和甘肅省地黨政領導機關對灾區人民關懷備至，撥款九百九十二萬元，社會捐助八十餘萬元，幫助灾民重建家園。全縣各級黨政組織與灾區幹部、群衆齊心合力，艱苦奮戰，兩年建成民房及公用設施共二萬三千五百四十四平方米；其他地震破壞的房屋和設施全部進行了加固維修。同時，鄉鎮企業、水利、電力建設得到了很大發展。

　　重灾區高嶺墩村的二百零八戶、一千零五十九人，搬遷到黄灌區定居，建成磚木結構民房七百四十間，完全小學、衛生所、文化室、村委會、園林場各一處，機井兩眼。爲表其功，永懷党恩，啓迪後代，碑以永記。

中共古浪縣委　古浪縣人民政府
一九九二年十月二十日　立

[題解] 碑爲黑色大理石質。通高120厘米，寬140厘米，厚18厘米。碑文引自《古浪灌區志》。碑樹立於古浪縣龍泉公園碑廊。簡記古浪縣抗震救災事宜。

財神閣保護碑

甘肅省省級文物保護單位
財神閣
　　　　甘肅省人民政府
　　　　一九九三年三月二十九日公布
　　　　甘肅省文物局　立

[題解] 碑爲黑色大理石質。通高78厘米，寬100厘米，厚85厘米。現鑲嵌於古浪縣大靖鎮財神閣一樓牆壁。

[注釋] 財神閣：位於大靖鎮什字中心，建於清康熙五十七年（1718）。總高21米，周長30米，上下三層。底層爲磚基，二、三層爲木樓；單檐歇山頂；進深1間，周有繞廊。內設階梯，可以登上樓頂。1987年進行過一次大規模維修。

三義殿保護碑

甘肅省省級文物保護單位
三義殿
　　　　甘肅省人民政府
　　　　一九九三年三月二十九日公布
　　　　甘肅省文物局　立

[題解]碑爲黑色大理石質。通高78厘米，寬100厘米，厚85厘。現立於古浪縣土門鎮三義殿大殿前。"三義殿"見《三義殿瑞獸碑》注。

橫梁山紅軍烈士紀念碑

紅軍革命烈士永垂不朽！

碑 陰

一九三六年十月，中國工農紅軍在會寧勝利會師後，爲執行黨中央"平、大、古、涼"戰役計劃，紅九軍由軍長孫玉清、政委程海松率領，西渡黃河，沿蘭州、幹城於十一月十二日進駐橫梁山。紅軍將士英勇苦戰，機智靈活，迅速占領倪家山嶺、司家梁、廟窪後溝、倒仰溝等制高點，鏖戰一晝夜，殲敵官兵六百余人，紅軍將士也付出了慘重代價。紅軍先烈的熱血灑遍了疆場。廣大將士不畏艱險、堅強不屈的革命精神，在各族人民心中鑄造了一座不朽的豐碑。

公元一九九三年五月一日 謹立

[題解]碑爲黑色大理石，方額。碑身高128厘米，寬57厘米，厚13厘米。字體爲隸書，正面紅漆勾字，背面白漆書寫。現立於古浪縣橫梁鄉橫梁村土地廟東北50米處的空地上。碑文中的"平大古涼"分別指平番（今永登縣）、大靖（今古浪縣大靖鎮）、古浪（今古浪縣）、涼州（今武威市涼州區）。

乾柴窪紅九軍烈士紀念碑（兩通）

（一）

（正面正中書）中國工農紅軍四方面九軍乾柴窪戰役烈士忠魂紀念碑
（兩側書對聯）為國捐軀推翻三座山留得丹青照汗青，
　　　　　　　造福鄉里實現先烈願繼承大業有後人。
（下端橫向書）幹城全體民眾於兩千年清明節 敬立

（二）

人民英雄永垂不朽！

　　　　毛澤東

[題解] 碑刻於1993年。碑一為水泥質，圓額，碑座為三層長方形臺階座。通高1.59米，碑身高2.24米，寬0.91米，厚0.15米。正面繪有金色旗幟和白雲圖案，文字為繁體楷書，紅漆勾字；背面記敘乾柴窪戰役經過。碑二為磚砌，位於碑一北側15米處，仿北京人民英雄紀念碑樣式。通高約20米，文字為鎏金陰刻毛體字。現立於古浪縣幹城鄉幹城村東北、乾柴窪南麓。

青山寺大雄寶殿碑記

　　青山寺之青山，原名孤山，亦名金山，乃本邑勝景之一，明人有"孤山晚照生紫烟"之句，可資其實。擁黃沙呈黃龍鎖鑰之勢，故先稱其名金山寺，後因山石黼黻①如青虬盤山而衍，稱爲青山寺。據傳寺初建於元代，寺因山而得名，山依寺而靈秀。明朝末年戰火復燃，剎宇罹於兵燹。清時在原址上築起帝廟，後毁於五十年代。歲月滄桑，星移斗轉，今逢盛世，國有大賚，百業俱興，惠及庶黎。經縣政府批准，予以恢復。一九九零年，有釋萬恒者返鄉駐錫，發菩提心，鑿石辟土，起茅墉爲寺。翌年得同緣□，從緬甸請來玉佛，遠近鄉親莫不焚香頂禮。然湫隘②庫陋，實不足以安神靈而迓佛庥。一九九□年，居蘭鄉士王九禎觸目心憫，欣然傾囊，率先捐資五萬餘元。上宗下相大和尚慈悲爲懷，鼎力相助。本邑張銘成、王文顯、陳義等仁人賢士慨然相繼，偕衆僧俗重修大雄寶殿。由是輸金納粟，檀越咸集，勼③土庀材，工料綽裕。鄉民自願助工者，更是不計其數。孟夏奠基，季秋告竣，不及半載，五楹大殿拔地而起。□飛焕彩，彩繪雕塑，神態栩栩，衆緣紛至□附，如逢法會，集衆萬餘，夫民衆之力，勢如□□。

余觀盛狀，感嘆不已。晨鐘暮鼓，蒲牢歡呼。烟斜霧橫，狻猊起舞。佛光普照，僧衆額首。父老善信，俱言□事。□之功理，不該泯力。囑爲文甄，俾揚□善。弘法濟生，以褒其功。茲緣厥功告竣，固不辭，固陋記□□始末，俾侯來者，有所觀感而奮興也。是爲記。

安亨昌沐手敬撰　王龍德沐手拜書　楊建軍、翟艷霞鐫刻
公元一九九九年五月　日　立

[題解] 碑刻於1999年5月，現樹立於古浪縣大靖青山寺大雄寶殿西北側。碑爲黑色大理石質，水泥方座。高1.6米，寬0.58米，厚0.08米。圓額，碑身陰刻碑文，15行，滿行40字，字體爲楷書，碑額及碑身無裝飾圖案。作者不詳。

[注釋]

①黼黻 (fǔfú)：原指禮服上所繡的華美花紋，或繡有華美花紋的禮服。此處借指山勢秀美峻拔。

②湫隘 (jiǎoài)：低窪狹小，如街巷湫隘。《春秋傳》曰："晏子之宅湫隘。"

③勼 (jiū)：聚集。

蒼松潤澤碑

蒼松潤澤

　　古浪縣土地礦產管理局
　　公元一九九九年六月二十五日 建

　　[題解] 碑為黑色大理石質。通高60厘米，寬120厘米，厚6厘米。現立於古浪縣龍泉公園。

八步沙治沙造林碑記

　　昔騰格里沙漠南緣，古浪縣境東北之八步沙，大漠連綿，風沙肆虐，危及交通，侵蝕田園，沙進人退，生態失衡。

　　一九八一年，年逾半百的土門鎮農民石滿、賀發林、張潤源、郭朝明、羅元奎、程海組建林場，聯戶承包，立志治理沙患。風霜染華髮，書綠八步沙。後石滿、賀發林病逝，郭朝明病退。三人之子石銀山、賀中祥、郭萬剛繼承父業，與張潤源、羅元奎、程海一道矢志不移，治沙不止。歷經十八載不懈努力，植樹逾千萬株，治沙四萬餘畝，亘古荒漠呈現一片綠洲，不毛之地煥發盎然生機。他們用生命和汗水鑄造光輝業績，受到林業部和省委省政府表彰獎勵，贏得社會各界交口稱讚，被譽為"當代愚公"。石滿榮膺全國治沙造林模範。

　　為弘揚六位老人自強不息、改造河山、戰天鬥地的豪邁氣魄，心系沙海、以苦為樂、無私奉獻的高尚道德，不畏艱險、鍥而不捨、頑強拼搏的創業精神，特立此碑，以展

昭英模，彰其功業，佑啓後人，繼序不忘。

甘肅省綠化委員會 甘肅省林業廳

中共古浪縣委 古浪縣人民政府

公元一九九九年七月十五日 立

[題解] 碑爲黑色大理石，現立於古浪縣土門鎮八步沙林場院内。簡記八步沙六位老人石滿、賀發林、張潤源（元）、郭朝明、羅元奎、程海治沙造林的英雄事迹。1981年，六老漢以聯户的形式，組建八步沙林場，從此走上了艱苦卓絶的治沙路。之後，六老漢第二代郭萬剛、賀中祥、石銀山、羅興全、程生學及張潤元女婿王志鵬相繼接過父輩的班，成爲八步沙第二代治沙人；2017年，郭萬剛之子郭璽加入林場，八步沙有了第三代治沙人。至2018年，完成治沙造林21.7萬畝，植樹4000萬株，形成牢固的緑色防護林，成功阻擋了風沙的侵襲。2019年3月29日，中共中央宣傳部授予八步沙六老漢三代人治沙造林先進群體"時代楷模"稱號。2019年8月21日，中共中央總書記、中華人民共和國主席習近平考察八步沙林場，實地察看調研治沙造林、生態保護情况，并與三代治沙人一同揮鍬治沙。

作者朱應昌，古浪人。曾任古浪縣政府辦公室主任、古浪縣政協秘書長、古浪一中黨支部書記、《古浪縣志》（1996）主編等職務。

隍廟重建碑記

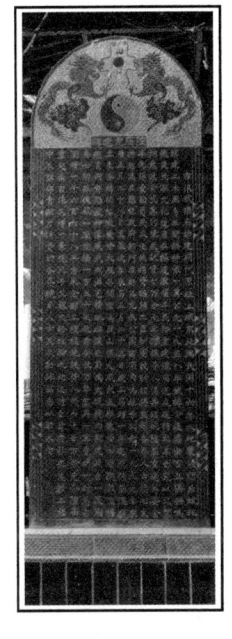

古浪城隍廟，始建明代，原址上城東北隅，民國十六年大地震頃頽。後城北臨建土木廊坊三間，供神像一尊，公元一九五八年被拆。今逢盛世，百業俱興。爲恢復民族文化遺産，弘揚道教，順豐民俗，重建隍廟。道衆乃待大旱雲霓以衆望，擁戴遐齡①優尊的侯發，獻資七萬餘元，李萬棟等人倡導組成隍廟重建籌委會，率先解囊；動員民衆化縁捐資，招聘工匠，製圖設計，相得益彰；各界人士熱心支持，勉爲其難。經政府部門准許，在龍泉公園西南角爲址，於公元一九九九年農曆五月二十八日奠基，次年五月二十三日竣工，歷時一年，建成鋼筋混凝土主體結構、松木裝修大殿三間，型爲歇山頂，龍鳳大五彩裝修，四面繞廊，飛檐翹角，内飾雕塑，神像威武，刻畫藝精，琳琅鑲嵌，蔚爲大觀。院内附建戲臺一座，厢房七間，孤魂殿一座，院墻一百二十米；殿前安放萬年寶鼎一尊，香爐一對。總占地面積一千六百六十八平方米，全部工程設施耗資人民幣十七萬餘元。今隍廟重起，爲古浪又增一景觀。至於工程大輅椎輪②之處，還待後賢者補之。爲彰工程中盡職守責、獻力捐資的各界城鄉人士，民衆勒碑銘志，以勵永念。

[題解] 碑刻於2000年5月，現樹立於古浪縣龍泉公園城隍廟大殿北側。碑爲黑色大理石質，高1.67米，寬0.62米，厚0.1米。圓額，淺浮雕二龍戲珠、太極圖圖案，下面正中橫向陰刻"隍廟重建碑"五字，字體爲隸書。碑身陰刻碑文，字體爲楷書，兩側刻帶狀紋飾。

[注釋]

①遐齡：老年人高壽的敬語；高齡。遐，長久。語出《魏書·常景傳》。

②大輅椎輪：也作椎輪大輅。大輅，古代大車；椎輪，無輻原始車輪。華美的大車是從無輻車輪的原始車開始的。比喻事物的進化是從簡到繁，從粗到精。語出南朝·梁·蕭統《文選序》。

古浪縣捐資助學碑

古浪雖地處偏壤，但歷來崇文禮賢，尊師重教。在實施科教興縣戰略中，爲了儘快改善陳舊簡陋的辦學條件，全縣各級領導、人民群衆、教育工作者，發揚自力更生、艱苦創業精神，依靠財政撥，運用政策徵，動員社會集、致富能人捐、勤工儉學創、建築單位墊、争取上級扶等多種渠道籌措教育經費。經過多年努力，全縣各級各類學校面貌焕然一新，教學設備日臻齊全。

國運興衰，系於教育，教育

振興，全民有責。在教育事業發展的進程中，全縣人民節衣縮食，集資辦學；致富能人慷慨解囊，惠及桑梓；旅外游子心系故土，情注教育；社會賢達出謀獻策，殫精竭慮；自公元一九九一年至一九九九年底，社會各界捐資人民幣共二千五百三十二萬元，新建和維修校舍八萬三千平方米。其中，個人捐資在十萬元以上的有楊開山、楊春生、段鴻、唐有祿、李克棟、胡登奎等。他們熱愛家鄉、捐資助學的高風義舉，對全縣教育事業的發展做出了突出貢獻。爲表彰所有捐資者的功德，進一步激勵全縣人民同心同德、群策群力、集資辦學、發展教育；鼓勵全體教育工作者振奮精神、埋頭苦幹、無私奉獻、回報人民；勉勵莘莘學子刻苦攻讀、立志成才、建設家鄉、報效祖國。特立此碑，以示永志。

古浪縣教育局
二〇〇〇年十月 立

[題解] 碑爲黑色大理石，紅色大理石鑲邊。通高129.5厘米，寬139厘米，厚18厘米。現立於古浪縣城龍泉公園碑廊。簡記古浪縣捐資助學事宜。

古浪縣抗震救灾碑

古浪是地震多發區。據史料記載，從公元前一八六年到公元一九九六年的二千一百八十二年間，共發生里氏四級以上地震二百六十多次。其中一九二七年農曆四月二十三日發生的里氏八級地震，震中烈度十一度，縣城周圍五十里內震爲廢墟，壓死居民三千八百人，牲畜二萬八千五百六十頭。人民流離失所。

一九九〇年十月二十日，新堡、幹城等十一個鄉鎮發生里氏六點二級地震，倒塌房屋、棚圈一萬四千八百七十多間，窰洞一千五百一十九孔，造成危房一千二百六十七間，死傷居民十七人，大牲畜五百二十八頭，羊四百二十只，直接經濟損失五千二

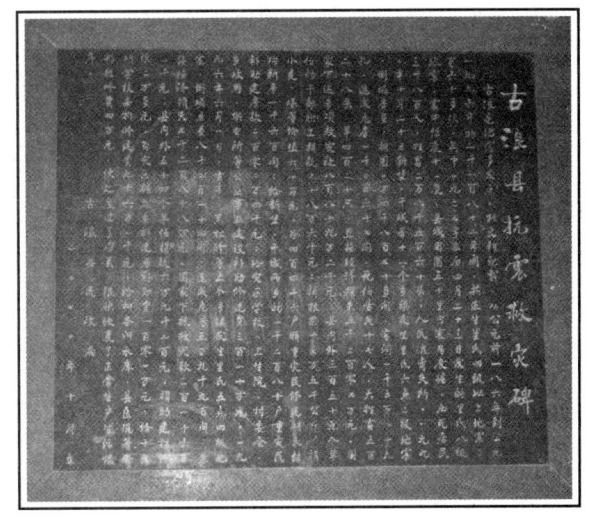

百零七萬元。國家下達專項救災款八百八十九萬二千元；縣內外三百五十九個單位的幹部職工捐款二十八萬六千元；捐糧票十七萬五千公斤；捐小麥、煤等價值六十萬元。為四百四十六戶重災民修建磚木結構新房一千六百間，給新堡、幹城兩鄉的一千二百八十戶重災民補助建房款二百零二萬四千元，給災區學校、衛生院、村委會、鄉政府、供電所等公益事業建設補助修建費三百一十萬元。

一九九六年六月一日，古豐、黑松驛等五個鄉鎮發生里氏五點四級地震，倒塌房屋八千四百一十四間，造成危房五萬五千九百間，直接經濟損失七千二百八十八萬元。國家下撥救災款二百一十六萬一千元，縣內外五十四個單位捐款六萬九千七百元，捐助建材價值二萬多元。為災區群眾安排建房補助費一百零一萬元，給十九所學校安排修建費九十六萬一千元，給六條河水庫、縣醫院等安排維修費四萬元，使之度過了難關，很快恢復了正常生產生活秩序。

古浪縣人民政府
二〇〇〇年十月 立

[題解] 碑為黑色大理石，紅色大理石鑲邊。通高129.5厘米，寬139厘米，厚18厘米。現立於古浪縣城龍泉公園碑廊。簡記古浪抗震救災事宜。

古浪縣農電建設碑

古浪昔日無電，真正意義上的用電始於中華人民共和國建國初期。從公元一九五八年起，先後建設小水電站十四座，裝機五百一十三千瓦，年發電量三十六萬千瓦時。由於電量有限，僅供縣城、集鎮照明和部分工農業生產之用。其他方面的用電主要靠數量很少的柴油發電機供給。二十世紀七十年代，劉家峽電廠大電網入縣，農村電氣化事業開始起步。中共十一屆三中全會後，國家給予大量資金扶持，特別是一九九八年以來實施的農網建設（改造）工程，省電力公司安排古浪縣資金六千六

百五十萬元，使古浪農電建設滯後的狀況在短期內得到很大改觀。至一九九九年，全縣擁有一百一十千伏變電站一座，主變容量一萬六千千伏安；架設三十五千伏變電綫路七條二百三十五千米，十千伏配電綫路二十八條二千二百七十三千米；低壓綫路一千九百三十千米；挂網運行配電變壓器二千二百五十臺，容量九萬九千五百千伏安；年購售電量超過一億千瓦時。全縣二十四個鄉鎮、二百四十八個村委會通電，八萬多户城鄉居民用電，用電可靠率達百分之九十五以上。

電力是人類文明的顯著標志，是推動社會進步的巨大杠杆。古浪縣電氣化事業的迅速發展，大大改善了全縣工農業生産基本條件，引起了經濟社會的深刻變化。經濟發展，電力先行，爲彰功業，刻碑永志。

古浪縣農電局
二〇〇〇年十月 立

[題解] 碑爲黑色大理石，紅色大理石鑲邊。通高 129.5 厘米，寬 139 厘米，厚 18 厘米。現立於古浪縣城龍泉公園碑廊。簡記古浪農電建設事宜。

古浪縣情碑

古浪爲河西走廊門户，東靠景泰，南依天祝，西北接武威，東北鄰内蒙古阿拉善右旗。漢武帝元狩二年（公元前 121 年）始置縣，屬武威郡。自古以來，就是由内地通往西域連接亞歐的重要通道，素有"金關銀鎖"、絲綢之路要衝之鄉。歷史悠久，源遠流長。全縣轄六鎮、十八鄉，二百五十五個村（居）委會，一千九百個村民小組；居住着漢、回、藏等十多個民族，總人口爲三十八萬多人；總面積五千二百八十七平方公里，横跨黄河、石羊河兩個流域。從南到北，依次爲山區、緑州平原區、荒漠區。年降水量三百毫米，年均氣温攝氏五點五七度。現有耕地面積一百一十萬畝，水地面積五

十六萬畝,宜農荒地四十八萬畝。礦産資源以石灰石最爲豐富,煤炭、石膏、花崗岩、鐵、銅、高嶺土、粘土、重晶石、沙金等也有可觀的儲量和較高的開採價值。境内蘭新鐵路、三一二國道縱穿南北,乾武鐵路、三〇八省道橫貫東西。馬家窰、齊家文化遺址、漢明長城、烽燧、明代水陸畫等省地保護文物飲譽四方。

伴隨着共和國成長的步伐,古浪人民以抗旱興水爲主題,以富民强縣爲目標,發揚"自信、自立、自强"的精神,和"實抓、實幫、實幹"的作風,建成了以引黄入古爲代表的一批骨幹水利工程,開發了新型糧油、林果、蔬菜、畜牧和農副産品加工及建材化工等主導産業。全縣呈現出社會穩定,經濟繁榮,各項事業協調發展,人民安居樂業的蓬勃生機。

西部開發春潮涌,蒼松大地换新顔。古浪正以嶄新的姿態,描繪着山川秀美、富裕文明的宏偉藍圖,闊步邁向新世紀。

中共古浪縣委 古浪縣人民政府
二〇〇〇年十月 立

[題解] 碑爲黑色大理石,紅色大理石鑲邊。通高129.5厘米,寬139厘米,厚18厘米。現立於古浪縣城龍泉公園碑廊。簡述古浪基本縣情,是新世紀的縣情實録。

古浪縣三西建設成就碑

古浪是全省十八個乾旱縣之一,一九八三年被國務院列爲"三西"建設範圍,實施開發式扶貧。國務院先後投資人民幣二億八千萬元,重點扶持了農業水電、科技教育、移民開發、鄉鎮企業等項目建設。十多年中,全縣人民借助歷史機遇,艱苦創業,頑强拼搏,以國家直接投資或以獎代補、群衆投工投勞等形式,建成引黄灌區近三十萬畝,

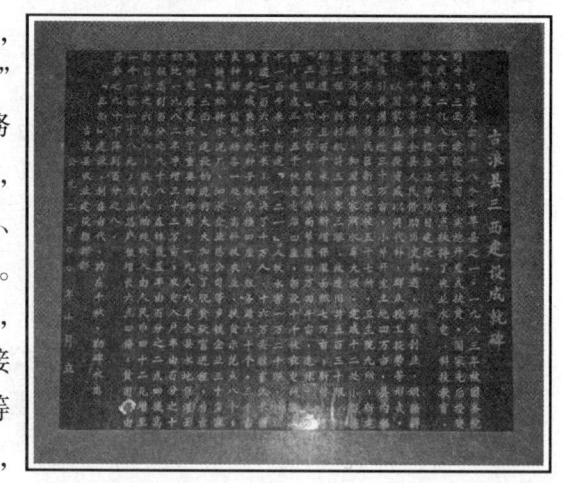

小片開發土地近四萬畝，縣内移民十萬人。移民區新建學校五十七所，衛生院九所；新建古浪河總幹渠，加固曹家湖水庫大壩，建成十二處小型提灌工程，新打機井三百零三眼，改造舊井五百三十眼，襯砌管道一千五百千米，共新增保灌面積七萬畝；新修山區"三田"六萬畝，發展集雨節灌四萬四千畝，造林七萬畝；建成三十五千伏變電站四座，架設十千伏農電綫路一千一百千米；新建"一二一"人飲水窖一萬二千眼，鋪設管道一百六十千米，解決了十萬人、十六萬頭牲畜飲水困難；建成農林牧種子服務樓四座、服務站六十個，三千畝良種場、園藝場各一處，高科技農業、扶貧示範點八個；扶持黑松驛水泥廠、泗水企業總公司等鄉鎮企業三十多家。

"三西"建設的進行，大大加快了脱貧致富進程，爲古浪的發展發揮了重要的作用。一九九九年全縣水地保灌面積比一九八二年净增三十三萬畝，農電入户率由百分之十六提高到百分之九十八，森林覆蓋率由百分之二點四提高到百分之六點八；農民人均純收入由人民幣四十二元增至一千一百一十八元；農業總產值增長六點四倍，貧困面由百分之九十下降到百分之八。"三西"建設，利在當代，功在千秋，勒碑永志。

古浪縣農業建設指揮部
公元二〇〇〇年十月 立

[題解] 碑爲黑色大理石，紅色大理石鑲邊。通高129.5厘米，寬139厘米，厚18厘米。現樹立於古浪縣城龍泉公園碑廊。簡記古浪"三西"建設事宜。

"三西"建設："三西"指甘肅的河西、定西和寧夏的西海固。因受自然條件及多種因素的限制，"三西"地區長期依靠國家救濟，是歷史上著名的乾旱、缺水、貧窮、落後的地區。爲從根本上改變"三西"的貧困落後面貌，1982年，中央作出開展"三西"建設的重大決策，從此開啟了有計劃、有組織的大規模扶貧開發歷程。

古浪縣水利建設碑

乾旱缺水是古浪縣的基本縣情。抗旱興水乃古浪發展的永恒主題。長期以來，全縣人民發揚自力更生、艱苦奮鬥的精神，始終把水利放在基礎設施建設首位，蓄引提并舉，大中小結合，建塘壩、修水庫、攔截地表水，築水窖、修雨場，積蓄天雨水，打機井、搞開發，利用地下水，建成了初具規模的農田灌溉體系和水保人飲工程，爲改變古浪乾旱面貌打下了堅實基礎。從公元一九五〇年至一九九九年的五十年中，共建成小型水庫六座，塘壩二十七座，總庫容三千二百萬立方米；高揚程泵站十三座，襯砌高標準干支柒道一千三百七十九千米，田間配套斗渠七千三百七十千米，水川灌區基本實現了無土渠灌溉的目標；埋設低壓管道三十八千米，新打或改造提灌機井九百一十八眼，平整條田五十七萬畝；新建人畜飲水窖三萬眼，埋設人畜飲水管道二百三十七千米，安衛生用水手動泵四百三十五臺；

修建梯田十萬畝，砂田八萬畝，溝壩地七萬畝；新增集雨節灌面積六萬畝，治理水土保持面積三百九十一平方千米，其中小流域治理面積二十平方千米。這些水利工程的建設，使全縣水地有效面積由一九五〇年的十一萬畝，發展到一九九九年的六十一萬畝，保灌面積達到五十四萬畝，并初步解決了二十八萬人、二十五萬頭牲畜的飲水困難。水利興，則農業興；水利興，則百業興。水利基礎設施建設的不斷強化，初步顯現了較好的社會效益、生態效益和經濟效益，爲古浪的更快發展發揮着日益强大的支撑作用，也促進了全縣各項事業的進步。

古浪縣水務局
二〇〇〇年十月 立

[題解] 碑爲黑色大理石，紅色大理石鑲邊。通高129.5厘米，寬139厘米，厚18厘米。現立於古浪縣城龍泉公園碑廊。簡記古浪興修水利事宜。

景電二期古浪灌區碑

乾旱貧困，爲古浪千載之憂；引黃灌溉，乃人民世代渴求。甘肅省委、省政府，體察民情，興水濟古。繼景電一期工程建成之後，於一九七六年續建二期工程。一九七七年冬緩建，一九八四年七月國家計委批准復建，一九八八年十月送水到古浪，一九九四年十月竣工。工程從景泰縣五佛鄉沿寺電力提取黃河水每秒十八立方米，灌溉面積五十萬畝，最高揚程六百零二米。總幹渠長九十九點六一八千米，設南北幹渠總分水閘，稱"黃金分水閘"。古浪灌區受益面積三十萬畝，建成幹渠兩條，南幹渠長七點三一千米，北幹渠長六點一三千米。設泵站十三座，支渠三十條，長二百二十五點三八千米，斗渠七百二十六千米，農渠五千四百千米，灌區道路八百多千米，人畜飲水工程二處，引水管道長四十三千米，挖填土石方七百六十九萬立方米，砼十七萬立方米。投工五百三十九萬工日。

　　景電二期工程建設，深蒙中央、甘肅省地縣關懷支持，國家投資人民幣四億八千八百萬元。工程建設中，建設施工單位特別是古浪廣大幹部群衆竭盡全力，頑強拼搏，住地窩，頂風沙，戰酷暑，鬥嚴寒，衆志成城，艱苦創業，實現了引黃入古、造福子孫的夙願。灌區年產糧食六萬噸，植樹三萬多畝。文教衛生、交通通信、商貿流通同步發展。昔日大漠荒原，如今沃野平疇，阡陌縱橫，林網如織，瓜果飄香，十二萬居民一舉脱貧致富。

　　景電二期工程已榮列"中華之最"。古浪黃灌區堪稱古浪發展史上一座豐碑。

景電工程古浪指揮部 立
公元二〇〇〇年十月

　　[題解] 碑爲黑色大理石。通高120厘米，寬140厘米，厚18厘米。立於古浪縣龍泉公園碑廊。碑文引自《古浪灌區志》，簡記景電二期工程古浪灌區事宜。

以工代賑建設碑

　　二十世紀八十年代後期，國家爲改善貧困地區基礎條件，促進經濟發展，進行以工代賑建設，古浪爲重點受益縣之一。自公元一九八七年開始，先後實施以工代賑項目一百一十餘項，總投資七千六百九十五萬元。其中國家以工代賑資金四千八百一十四萬元，省、地配套資金一千零九十六萬元，縣鄉自籌一千七百八十五萬元；僅水利建設投資三千六百零二萬元。建成曹家湖水庫大壩加固加高、大靖自來水供應、大靖河渠首及截引、古浪河東幹渠改建等一批骨幹工程；交通投資二千四百八十九萬元，完成大靖至冰草灣公路建設鋪油、武威至古浪永胡段改建鋪油，新建馬路灘之永豐灘公路，改建大靖至小山子、曹家湖至西大灘公路及部分鄉村道路；農村支柱產業及農電、郵電、教育等行業投資一千六百零四萬元，完成馬路灘林場萬畝滴灌工程和部分國營林場改造，架通部分鄉村農電綫路和鄉鎮電話，配套了直灘、新井、西靖三所小學綠色希望工程。以工代賑建設，使全縣新增有效灌溉面積二萬四千畝，新增水庫庫容一百九十萬立方米，治理水土流失面積三十平方千米，解

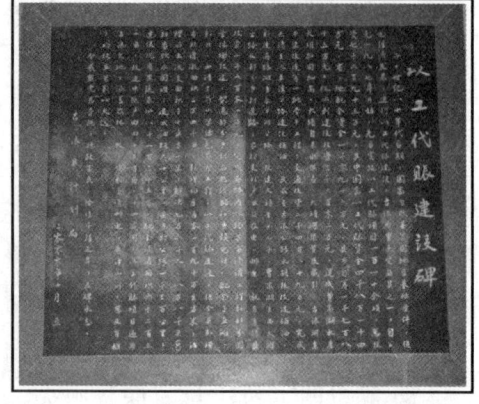

決七萬六千人、八萬八千頭（只）牲畜飲水困難；建成油路六十公里，縣鄉村公里一千三百公里；建設優質國家蔬菜基地八千一百三十五畝，配套滴管面積六千二百五十畝，改造中低產田四十五萬畝。十四年間，以工代賑項目遍布古浪大地，涵蓋農林水牧，輻射交通郵電，惠澤山川，恩及百姓，功效卓著，影響久遠。今感戴党恩普施，德政富民，恰值千禧之年，立碑永志。

古浪縣計劃局
二零零零年十月 立

[題解] 碑爲黑色大理石，紅色大理石鑲邊。通高129.5厘米，寬139厘米，厚18厘米。現立於古浪縣城龍泉公園碑廊。簡記古浪縣20世紀80年代以工代賑建設事宜。以工代賑即"以務工代替賑濟"之意。

通津橋碑

通津橋
俞浩 書

[題解] 碑刻於2000年。碑爲黑色大理石質地，扇形。通高32厘米，上寬160厘米，下寬140厘米。現立於古浪縣城龍泉公園石橋。

[作者] 俞浩：曾任古浪縣文化館副館長、博物館館長，酷愛書法藝術。

重建龍泉寺功德碑序二

龍泉寺重建工程，自公元一九九二年七月十五日啓動，沐普照之佛光，喜人心之向善，承盛世之清平，賴信衆之盡力，歷時十載，建成大雄寶殿一座，觀音殿一座，山門一座，厢房五間，畫廊五間，僧舍齋房十八間，寺臺階二百五十六級等；在大雄寶殿和觀音殿內彩塑佛、菩薩、羅漢聖像三十六尊。寺院工程共用木料二百五十七立方米，紅磚三十五萬二千塊，彩瓦七萬一千塊，水泥三百一十噸，鋼材十五噸，砂石一千二百立方米，投工三萬三千個，折合人民幣七十九萬元，彩塑繪畫及內部設施費用十二萬元，總計耗資九十一萬元。均爲當地民衆各方人士、社會團體捐助奉獻。修建期間，四衆弟子、善男信女不顧年老體弱，不避嚴寒酷暑，背磚扛木，拉砂抱石，晝夜操勞，不辭辛苦，爲寺院建設流汗瀝血，終使寶刹重輝昭垂。後世爲彰其功，將獻料捐資者的芳名樹碑鐫刻，永頌其德。

古浪縣龍泉寺管理委員會
香山朱芳華敬撰　蘭亭張積學敬書　王嶸鐫刻
整稿：于青年、田國治、王增堂、王發明

佛曆二千五百四十六年九月十九日
公元二〇〇二年古九月十九日　立

[題解] 碑爲黑色大理石質。通高169.6厘米，寬75厘米，厚96厘米。碑額陰綫刻二飛天及卷雲，碑身周飾卷雲紋，碑文字體爲行楷。現立於古浪縣龍泉寺大雄寶殿東側。簡記修建龍泉寺事宜。

另有形制、大小相同功德錄碑三方，刻於2006年農曆九月十九日，記錄贊助寺廟、贊助單位、贊助法師、布施名錄及贊助金額等。

重建龍泉寺功德碑序三

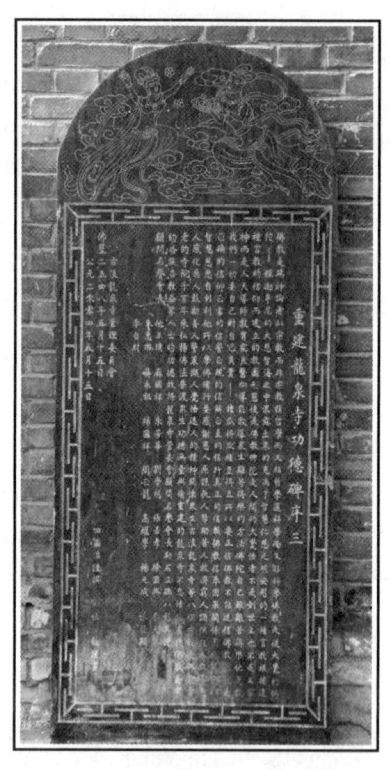

佛教是無神論者，似宗教而非宗教，類哲學而又非哲學，通科學而又非科學。佛教是從大覺的佛陀——釋迦牟尼的大悲智海之中流露出來的，充滿了智慧仁慈光明安慰的一種言教。根據這種言教的信仰而建立的教團形態，便是佛教。佛陀是人間的大覺悟者，不是創世主，也不是主宰神，而是人天導師、教育家、良醫、嚮導，能教導眾生離苦得樂的方法。佛陀自己雖離苦得樂，他是教我們一切要自己對自己負責——種瓜得瓜，種豆得豆。所以要正信佛教，不能迷信佛教，也就是正確的信仰，正當的信誓，正規的信解，正直的信行，真正的信賴。佛教信奉因果關係，姻緣觀念，以智慧慈悲自利利他。所以，學佛修行要以感謝恩人、原諒仇人、幫助苦人、救濟窮人、調伏狂人、啓導愚人、感化惡人、鼓勵善人、警策懶人、覺悟迷人的精神，關懷眾生。古浪龍泉寺等八個寺院是佛教古老的寺院，千百年來，弘揚佛法，普渡眾生，功德無量。興修重建的龍泉寺，不忘積極支持佛教善業的各族各教各界人士的功德，故將龍泉寺管委會顧問、會長勒石立碑，以彰其德。

　　顧問、名譽會長：他玉璞、麻國祥、朱芳華、劉學明、張若孝、徐國興、秦天才、朱惠琳、蔣永祖、楊國祥、周正龍、高耀學、楊元成、張發顯、李子財

古浪縣龍泉寺管理委員會
佛曆二五四八年五月十五日
公元二零零四年五月十五日
田國治謹撰　張銓謹書

　　[題解] 碑爲黑色大理石質。通高175厘米，寬75厘米，厚95厘米。碑額陰綫刻二飛天及卷雲，碑身以陰刻單綫勾邊，碑文字體爲楷書。現存古浪縣城

南龍泉寺內。簡記修建龍泉寺事宜。

另有形制相同功德錄碑一方，刻於2004年農曆五月十五日。記錄布施名錄、贊助金額等。

昌松瑞石①碑

據《新唐書·太宗》載：唐貞觀十七年（643年）十一月，涼州刺史李襲譽②上書，昌松縣洪池谷（古浪峽）天降瑞石，上書"高皇海出多子李元王③八十年太平天子李世民千年太子李治書燕山人士樂太國主尚汪譚獎文仁邁千古大王五王六王七王十王鳳毛才子七佛八菩薩及上果佛田天子文武貞觀昌大聖延四方上下萬治忠孝爲善"八十八字。唐太宗以爲"天有成名"，下詔立李治爲太子。

此石又名"甘州石""催生石""釀酒石""支山石""祥瑞石"。

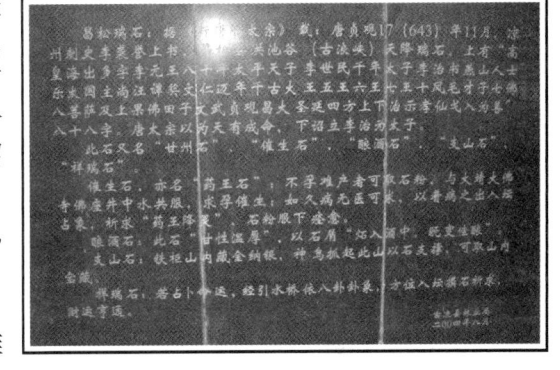

催生石，亦名藥王石。不孕難產者可取石粉與大靖大佛寺佛座井中水共飲，求孕催生；如久病無醫可求，以着病之出處求占向，祈求"藥王降臨"，石粉服下痊癒。

釀酒石，此石"甘性溫厚"，以石屑"入酒中，即變佳釀"。

支山石，鐵櫃山內藏金納銀，神鳥抓起此山，以石支山，可取山中寶藏。

祥瑞石，若占卜命運，經引水橋依八卦卦象、方位入壇抹石祈求，財運亨通。

古浪縣林業局

二零零四年八月

[題解]碑爲黑色大理石質，原樹立於古浪縣十八里堡鄉312國道北。2010年9月12日，移至縣城金三角廣場。簡記昌松瑞石事（參見《甘酒石刻》題解）。"昌松瑞石"文出自唐上官儀《爲朝臣賀涼州瑞石表》。清朝學者張澍《涼州府志備考·藝文卷》收錄此文，但標題爲《張説爲朝臣賀涼州瑞石表》，并在《涼州府志備考·祥异古迹卷》中也收錄此文。參照三處原文略有出入。上官儀稱"昌松瑞石，合百一十字"；張澍文稱"成字八十八。"此瑞石文字出現後，

上官儀上表稱頌，李世民敕遣禮部郎中柳逞"馳驛檢覆，并同所奏。"柳逞速到涼州"檢覆"後回京呈報，太宗大喜，以爲"天有成名，表瑞貞石。"命人寫好祭文，於當年十一月前往涼州昌松縣祭奠。《新唐書·太宗本紀》十七年載："十一月壬午（日），賜酺三日，以涼州獲瑞石，赦涼州。"《舊唐書》也有類似記載。說明當時的"涼州瑞石"事件朝野皆知。由於瑞石文中有"太平太子李世民千年太子李治"等語，順利解決了多年懸而未決的接班人問題，可謂一石定乾坤。張澍文標爲張說顯然是誤記，或爲後人誤刻，因貞觀十七年（643）張說還未出生。現將參校後的"昌松瑞石"文收錄如下，供研究者參考。

昌松瑞石文："高皇海出多子李九王八千太平天子李世民王八千年太子李治書燕山人士樂太國主尚注諤獎文仁邁千古大王五王六王七王十王鳳尾才子七佛八菩薩及上果佛田天子文武貞觀昌大聖延四方上下萬治忠孝爲善"共八十八字。此文經柳逞"檢覆"并呈報後，唐太宗以爲"天有成名"，下詔立李治爲太子。

[注釋]

①昌松瑞石：唐代文獻稱"涼州瑞石"。因昌松系涼州轄縣故名。

②李襲譽：字茂實，金州安康（今陝西安康）人。由隋朝官員入唐，曾任潞州總管、揚州大都督府長史等職，官至涼州都督、同州刺史。後獲罪被貶爲平民，流放泉州。

③李元王：一作李九王、李久王。

狀元崖碑

狀元崖
陳石 書

碑 陰

狀元崖碑記

狀元崖，在今古浪縣黑松驛鎮龍溝堡蕎菜坡界。相傳有乞討爲生夫婦，曾居於此，因厭嗟來之食，便以野菜獵物爲度。後生子男，聰明伶俐，少有壯志，勸父母務禾稼，營畜牧，自己亦渴求讀詩書，習禮儀。父母從其言，創立農牧，艱苦經營，并送其入塾課讀。十年寒窗，會試帝都，金榜題名，狀元及第，遂省親祭祖，拜望鄉里，感戴皇恩之浩蕩，答謝桑梓之養育，同樂鄉里。時人感其榮，在其出生洞穴之石壁上，鐫"狀元崖"三字，以垂永念。詩曰："岩洞生狀元，寒門出貴子；世人刮目看，徹悟其中理；乾坤滄桑變，莘莘賴啓迪；有志事竟成，勤奮終成器。"

朱應昌 撰文
古浪縣人民政府
公元二〇〇四年八月二十二日

[題解] 碑為黑色大理石質，圓額，無紋飾。通高196厘米，寬96厘米，厚9.5厘米。現立於古浪縣黑松驛鎮龍溝小學狀元崖下。簡記狀元崖來由。

作者為古浪人朱應昌。見《八步沙治沙造林碑記》作者。

重建龍泉寺功德碑

捐款二萬元者遼寧省丹東市趙學剛
捐款一萬二千元者浙江省溫州市潘愛月
公元二千零六年 佛曆二五五零年中秋

[題解] 碑黑色大理石質，刻於2006年中秋。通高168.2厘米，寬69.2厘米，厚96厘米。碑額刻"功德碑""佛"字及蓮花；碑身周刻雷雲紋。現立於古浪縣龍泉寺大雄寶殿東側。

另有形制、大小相同的功德主芳名錄碑1塊。

長城遺址保護碑（兩通）

（一）

甘肅省省級文物保護單位　明代長城遺址

　　　　　　　　　　　　甘肅省人民政府
　　　　　　　　　　　　一九八一年九月十日公布
　　　　　　　　　　　　古浪縣人民政府 立

（二）

全國重點文物保護單位　明代長城

　　　　　　　　　　　　中華人民共和國國務院
　　　　　　　　　　　　二〇〇六年五月二十五日公布
　　　　　　　　　　　　甘肅省人民政府二〇一〇年四月 立

[題解] 碑立於古浪縣土門鎮臺子新村馬圈旮旯南面明長城一側。碑一爲黑色大理石質，高62厘米，寬99厘米，厚11厘米。"明代長城遺址"字體爲隸書，其餘文字爲宋體。碑二爲水泥質，通高112米，碑身高60厘米，寬90厘米，厚8厘米。碑座爲覆斗形，高52厘米，上寬97厘米，底寬100厘米，側面上寬18厘米，側底寬24厘米。文字爲宋體。

凉州葡萄詩酒賦（碑）

楊才年

西戎①游牧，拓一方錦繡；漢武開疆，釀千古風流。於是，古道走廊，葡萄枝蔓千年；西凉故土，詩酒飄香萬里。沃野風暢，廣漠日照，祁連雪霽，石羊水急；緑洲綿延，人烟撲地，商侣往來，酒客雲集。人間樂土，葡萄玲瓏，濁醪妙理，詩酒芬馨。

夫凉州葡萄，得自西域而植於凉州，釀以成酒而傳之中原②。與天馬兮俱來，隨苜蓿兮皆鬱③。覆蔭百里，翠簾千重，串串驪珠，累累爍目。凉州葡萄酒，集天地之靈氣，聚葡萄之精華，其色澄明，其味芳馨，飲之甘冽，品之厚醇；銜杯漱醪，舉樽縱情；醉而易醒，酣之盡興。對此豪杰把盞而傳奇，尊者舉觴而軼聞；乃有文魁酌酒而抒懷，詩仙品醪而流韵。

凉州葡萄酒，盛名起於兩漢，美譽溢乎魏晋。詩酒聯姻，相映成輝，肇端於初唐，奠業於盛唐。涵醖芳馨，與聲律兮共欣；凝合玉液，同詩賦兮齊芳。昔穆天子西征，赤烏氏獻美酒千觚④；博望侯東歸⑤，姑臧人釀葡萄萬觴。孟佗以酒換刺史，留笑柄於千古⑥；曹丕頒詔贊美釀，播盛名於四方⑦。夢隨驂駕觴凉州，玄宗置酒鐵如意⑧；笑看君王酌葡萄，太真暈妝霓裳舞⑨。高歌一曲《凉州詞》，壯大唐將士之聲威⑩；醉吟三首《清平調》，入梨園子弟之絲竹⑪。帳下飲蒲萄，鐵馬嘶雲⑫；沙場彈琵琶⑬，劍鋒酣歌。達夫一醉，泛舟靈雲池⑭；嘉州鬥酒，倒載尹臺寺。城頭月出，相逢須醉⑮；玉壺瀉漿，樂舞襯悲。抛下葡萄盞，胡兒醉却胡騰舞⑯；醉觀西凉伎，卓女當壚伴客愜⑰。胡人善吹觱篥歌，美酒一杯聲一曲⑱；邊關常吟塞下曲，孤城一片酒萬斛⑲。俠客擎盅，飲天山兮不倒；詩人爽咏，品絲路兮悠長。漢魏風骨，浸入醒酬；大唐氣象，飛出詩藪。凉州佳釀，香飄廣寒；塞上豪情，充斥紙翰。

西夏據凉州，葡萄價重⑳；中國嬗兩宋，醽渌㉑彌珍。葡萄不鄰，千金難酬㉒。千篇索價，未抵凉州㉓。真味不知，何處潑醅㉔。齋釀蒲萄，對客酌醪。小槽壓就，斗酒堪醉㉕；笑凉州之葡萄，東坡鋪賦㉖；感斗酒之無價，劍南觴咏㉗。狄臺醉眠，風月凄然㉘；葡萄滴血，吹斷羌管。醴甘如飴而嘆凉州若天外，餘瀝不到則嗟葡萄似漢江㉙。迄於元代，凉州美酒衰而又興；至於明清，葡萄佳釀盛而延續。葡萄新釀，瓮封香透，如掃愁帚，似釣詩鈎，又引風月三千首㉚。大好紅醪，依然醉人，詩酒相映，仍舊生輝。對樽懷古，雄心一片；橫吹新曲，高調五涼㉛！

詩酒文化，隨國興而暢，逢時盛則醇，運敗則滯，代衰則敝。一壺美酒，濃縮五涼古都之浩繁歷史；千首觴咏，蕩漾西部民族之興衰時運。

悠悠乎千古酒香，陶陶然萬鐘詩情。唐情宋意，獨鐘情於葡萄酒；酒興麗辭，蓋炫耀在涼州詞。酒聖雅士，流觴曲水，觴屢至而不拒；詩豪文擘，信意高吟，詩欲成而起舞。帳中將帥，豪興暢逸，醉裏挑燈看劍㉜；邊關武臣，劍吟觴咏，塞上賞將犒士。丹青高手，焦墨皺藤，微醺以揮毫寫意；翰墨名家，醉酒狂書，胸酣而落墨縱筆。情痴歌伎，流情縱臆，淺斟低唱撫琴瑟；俊彥優伶，飲酒獻藝，以醉解愁吹羌笛。豪富巨賈，推杯舉盞以遣興；名賢達貴，迎來送往而酬酢。高朋勝友，狂侃雄辯，究壺中之乾坤；至親袍澤，敘情話誼，亮杯底之明月。文人對樽唱清歌，紅顏縱酒舞雲裳。胡姬當壚笑春風，酒客傾壺醉滄桑。智子酌則盈才情，武夫飲而長膽氣；將士酣而卧沙場，詩人醉而賦華章。過客傾囊質寶刀㉝，飲者置酒典鸂鶒㉞。雅興倏至詩作酒，豪情一去醉當歌；膽氣忽來跨天馬，酒興驟起揮利劍。筆端醉墨，只將詩思入涼州；劍鋒酣情，敢教一箭定天山㉟。琴裏新聲，盡讓酒腸堆紅醪；頰上紅暈，但使年華醉葡萄。詩情激越，如奏黃鐘大呂；酒意醇正，似仰高山流水。

對酒吟詩千行，當歌人生幾何？美酒飄香，沁人心脾；詩意飛揚，令人神怡。天地有靈，山舞水吟；歲月無涯，情醉神馳。酒以縱情，醉舞狂歌王侯輕；詩以言志，揮毫潑墨涼州重。酒以成詩，詩藪詞苑飄酒香；詩以助酒，壚頭酒肆懸麗詞。詩意昂然，謳歌琥珀之澤；酒興酣暢，賦詩杯盞之事。酒醉詩情，詩借酒神采飛揚；詩美酒醉，酒借詩雅情飄逸。詩乃水中酒，酒即文中詩。千古絕句，無伊怎顯英雄氣；萬世華章，缺爾豈能异彩放。酒席歌筵，詩才同酒香一起流光溢彩，同醉天地；詩國醉鄉，翰墨共醍醐千古飄香逸情，盡抒胸意！煮酒賦詩頌人生，豈酒史之瑰麗奇光；醉舞狂歌話涼州，亦詩壇之醇美韵事。

方今涼州葡萄酒，回眸於歷史遺韵，聞名於絲路走廊。遠呈葡萄之甘美，重鑒涼州之欣榮。涼州不涼，醉鄉意酣；酒海不乾，詩才難量。酒予詩思，詩助酒名；冰杯勿停，熏風解醒㊱。葛地綿綿，酒業方興而未艾；詩國悠悠，才情漸濃而正漲。放眼涼州大地，葡萄逶迤，酒坊林立，一帶流霞，千軸圖畫，醉何以在酒？漫品葡萄美酒，文質兼備，品牌相映，千家風味，萬種情調，酒何不是詩？有悟於兹，於品醪之時，微醺之後，不揣淺陋，拾韵遣興，聊發涼州葡萄詩酒相生相長之願。

[题解] 此赋原载于2007年6月29日《武威日报》，拟刊刻于甘肃天赐酒业有限公司（原古浪杨家烧房，1999年建古浪龙泉酒厂，后在甘肃天源酒业的基础上重组而成）的迎宾石上。初步设计碑身高2.8米，宽1.6米，厚0.4米。凉州是中国葡萄酒的故乡，也是边塞诗的都会。凉州是诗酒文化的高地，显示着凉州文化的创造力和诗酒交融的酒神精神。一首诗一杯酒，诗在酒中，酒在诗中；诗从酒出，酒助诗兴；诗情如酒，酒意如诗；诗借酒文采飞扬，酒伴诗醇香飘溢；诗酒相伴，交相辉映，构成一幅绚烂的凉州葡萄诗酒文化景观。2012年10月，武威市被中国食品工业协会授予全国第一家"中国葡萄酒城"称号。

赋是中国古代的一种文体，讲究文采、韵律，兼具诗歌和散文性质。作者熟稔凉州掌故，用典频繁，但无堆砌之感；典故多取材于凉州诗酒，构思奇妙，词采壮丽，将景与情、酒与诗史与地、文与史融为一体，充满奇思异想，饱含勃郁之气，在怀古中颂今，咏史中寄怀，两境交融，慨叹人生，具有传统大赋"铺采摛文，体物写志"的特点，体现出作者通过文学形式彰显时代精神的一种追求。历史上的凉州，酒楼馆舍遍布城乡，文人雅士不绝闾里，美酒飘香，歌吹纵横，这是凉州盛产诗词歌赋的渊薮。此赋意境开阔，情景交融，大气磅礴，文采飞扬，盛赞凉州历史辉煌，诗酒飘溢，启迪后世传承发扬，谱写盛世华章，将成为凉州"葡萄诗酒文化"的亮丽名片。

[作者] 杨才年（1967— ）：武威市凉州区人，研究生学历。历凉州区委办、区政府办副主任，区文化体育局党委书记、副局长，现任区人大常委会办公室主任。工作之余，热心文艺创作和凉州历史文化研究，发表诗词歌赋、音乐作品及学术文章100多篇，出版个人著述多部，歌曲《武威为你喝彩》获甘肃省第四届敦煌文艺奖。

[注释]

①西戎：我国古代对西北众多部族、部落的通称。古代西部的羌、氐都属戎，后来逐渐融入华夏民族。

②清朝康熙年间，曾任陕西学使的合肥人许孙荃，曾作《凉州紫葡萄》诗，内有"闻说凉州种，遥从西域传"句。

③天马，指西域大宛国所产大宛马。汉代把甘肃玉门关和阳关以西，即今新疆和更远的地方称为"西域"。汉武帝时，张骞通西域，加强了内地同西域之间的经济文化交流，大宛马、苜蓿、葡萄等开始由西域传入中原地区。武威从西汉时开始栽植葡萄，并酿出了葡萄酒，这在史书中有明确记载。《史记·大宛

列傳》：" 宛左右以蒲陶爲酒，富人藏酒至萬餘石，久者數十歲不敗。俗嗜酒，馬嗜苜蓿。漢使取其實來，於是天子始種苜蓿、蒲陶肥饒也。" 晉張華《博物志》卷五："西域有蒲萄酒，積年不敗。"李時珍《本草綱目》：葡萄，"《漢書》作蒲桃，可造酒，人醋飲之，則酺然而醉，故有是名。"王維《送劉司直赴安西》："苜蓿隨天馬，葡萄逐漢臣。"

④《穆天子傳》載：周穆王西巡至赤烏，赤烏酋長獻酒千斛。赤烏，即赤烏鎮，在甘肅武威一帶（《唐會要》卷78記載，"赤水軍，置在涼州西城，本赤烏鎮，有泉水赤，因以爲名"）。赤烏酋長，即當時駐牧武威的烏孫首領。相傳烏孫、月氏駐牧時期，采當地特産及祁連山神泉水釀酒，其酒香享譽河西。

⑤張騫（前164—前114），陝西城固縣人。曾奉漢武帝之命，兩次出使西域，打通了漢朝通往西域的道路，漢武帝以其功封爲博望侯，被後世譽爲"絲綢之路的開拓者"。

⑥漢·趙岐《三輔決録》載：孟佗"以蒲桃酒一斛遺讓，即拜涼州刺史"。東漢時期，中常侍張讓專權朝政，孟佗用一斗涼州葡萄酒賄賂張讓，因而得到涼州刺史一職。後遂用"斗酒博涼州、一斗博（得、取、勝）涼州"等謂以賄賂得官，以此譽涼州葡萄酒之美。劉禹錫"爲君持一斗，往取涼州牧"（《葡萄歌》）；蘇軾"自言酒中趣，一斗勝涼州"（《和劉長安題薛周逸老亭》）；"將軍百戰竟不侯，伯郎一斛得涼州"（《次韻秦觀秀才見贈》）；陸游"君不見，葡萄一斗換得西涼州，不如將軍告身供一醉"（《凌雲醉歸作》）；辛棄疾"笑千篇索價，未抵葡萄，五斗涼州"（《雨中花慢·吳子似見和再用韻爲別》）；等等，皆取此典。

⑦魏文帝曹丕曾作《涼州葡萄詔》，贊譽涼州葡萄和葡萄酒；在《與吳質書》《詔群醫》篇中也有類似贊譽："中國珍果甚多，且復爲葡萄説。當其朱夏涉秋，尚有餘暑。醉酒宿醒（chéng），掩露而食，甘而不饀（yuàn），酸而不酢，冷而不寒，味長汁多，除煩解渴。又釀以爲酒，甘於麴糵，善醉而易醒。道之固已流涎咽唾，況親食之邪！他方之果，寧有匹之者？"涼州葡萄和葡萄酒美名遠揚，在三國時期是一種非常名貴的貢品。

⑧唐人筆記《廣德神異録》記載了唐玄宗在涼州街頭用如意換酒的逸聞："玄宗於正月望夜，上陽宮大陳影燈……有道士葉法善……謂上曰：'影燈之盛，天下固無與比，惟涼州信爲亞匹。'"法善作法，玄宗至涼州，"既視，燈燭連亘十數里，車馬駢闐，士女紛雜，上稱其善……法善至西涼州，將鐵如意質酒肆。异日，上命中官托以他事使涼州，因求如意以還。"

⑨《李翰林別集序·朝散大夫行尚書職方員外郎直史館上柱國》載："遽命龜年持金花箋宣賜翰林供奉李白，立進《清平調詞》三章……其三曰：名花傾國兩相歡，長得君王帶笑看……上命梨園弟子略約調撫絲竹，遂促龜年以歌之。太真妃持頗梨（玻璃）七寶杯，酌西涼州蒲萄酒，笑領歌辭，意甚厚。"

⑩此處指唐朝詩人王翰《涼州詞》："葡萄美酒夜光杯，欲飲琵琶馬上催。醉臥沙場君莫笑，古來征戰幾人回？"

⑪見本文注⑨。

⑫唐朝詩人李頎《塞下曲》："……金笳吹朔雪，鐵馬嘶雲水。帳下飲蒲萄，平生寸心是"。

⑬見本文注⑩。

⑭唐朝詩人高適，字達夫。高適在武威河西節度使幕府任職期間，與同僚陪同朝廷前來武威的監察官竇侍御一行泛舟靈雲池并設宴款待，作《陪竇侍御泛靈雲池》《陪竇侍御泛靈雲南亭宴詩》。靈雲池，即靈淵池，古涼州王室園林，著名的旅游觀光勝地。故址在今武威大雲寺、海子巷一帶，一說爲雷臺湖或海藏南湖。

⑮唐朝詩人岑參兩任嘉州刺史，其詩集稱《岑嘉州集》，後人因以"嘉州"稱之。他在安西節度使、北庭節度使（駐新疆）幕府任職期間，曾多次過往武威并駐足。其《登涼州尹臺寺》："因從老僧飯，更上夫人臺……應須一倒載，還似山公回。"描繪了春游涼州尹臺寺的醉態風流。《涼州館中與諸判官夜集》："彎彎月出挂城頭，城頭月出照涼州……一生大笑能幾回，鬥酒相逢須醉倒。"通過抒寫在河西幕府與朋友們的一次興會淋漓、豪氣縱橫的歡聚宴飲，反映出盛唐時期讀書人豪邁樂觀、奮發有爲的人生態度。

⑯《後漢書·方術傳下》載，費長房欲求仙，見市中有老翁懸一壺賣藥，市畢即入壺中。費拜叩，隨老翁入壺。但見玉堂富麗，酒食俱備，後知翁乃神仙。後遂用以指仙境；也指酒壺。李白《待酒不至》："玉壺系青絲，沽酒來何遲。"辛棄疾《感皇恩·壽范倅》："一醉何妨玉壺倒。"唐代詩人劉言史《王中丞宅夜觀舞胡騰》："石國胡兒人見少，蹲舞尊前急如鳥……手中拋下蒲萄盞，西顧忽思鄉路遠……酒闌舞罷絲管絕，木槿花西見殘月。"王中丞，即成德軍節度使王武俊。胡騰舞是從西域傳入中原的一種男子獨舞，流行於北朝至唐代，深得中原貴族喜愛，風靡一時。此詩生動逼真地記述了胡騰舞的演出盛況，以此襯托舞者遠離故國之悲嘆。

⑰唐代詩人白居易、元稹、李端有同名詩作《西涼伎》。元稹《西涼伎》有

"樓下當壚稱卓女，樓頭伴客名莫愁"詩句。西涼伎，即涼州獅子舞，是古代西域音樂、歌舞進入玉門關後，在河西走廊長期流傳并吸收了漢文化而定型的一種極富地域特色的民間藝術，其內容包括音樂、舞蹈、雜技等，也是中國獅舞文化的源頭。卓女當壚，用西漢卓文君當壚賣酒典故。

⑱唐·李頎《聽安萬善吹觱篥歌》："南山截竹爲觱篥，此樂本自龜茲出。流傳漢地曲轉奇，涼州胡人爲我吹……歲夜高堂列明燭，美酒一杯聲一曲。"觱篥（bìlì），亦作"篳篥"，屬簧管古樂器，似嗩呐，以竹爲主，上開八孔（前七後一），管口插有蘆葦制的哨子而發音。漢代由西域傳入，今已失傳。全詩寫胡人樂師安萬善吹奏觱篥，稱贊他高超的演技，同時寫到觱篥之聲凄清，聞者悲凉之情景。

⑲《塞下曲》是以描寫邊塞風光和邊塞戰爭爲題材的新樂府辭，唐代不少詩人都曾創作《塞下曲》。王之渙《涼州詞》："黃河遠上白雲間，一片孤城萬仞山。"韓翃《送戴迪赴鳳翔幕府》："當歌酒萬斛，看獵馬千蹄。"

⑳中原人士品評葡萄酒，按傳統慣例垂意於涼州所釀。北宋初，西夏崛起，隔斷關隴通道，涼州與中原失之交臂。於是，中原人開始崇尚自己釀造的葡萄醅，以代葡萄酒。劉敞《蒲萄》："蒲萄本自涼州域，漢使移根植中國。涼州路絕無遺民，蒲萄更爲中國珍。九月肅霜初熟時，寶珰碌碌珠累累。凍如玉醴甘如飴，江南萍實聊等夷。漢時曾用酒一斛，便能用得涼州牧。漢薄涼州絕可怪，今看涼州若天外。"涼州遠隔，葡萄酒香難覓，只好自己釀造。南宋所產葡萄酒，其口感味道更是無法和涼州葡萄酒相媲美。

㉑醽淥（línglù）：指美酒。晉·葛洪《抱樸子·嘉遁》："藜藿嘉於八珍，寒泉旨於醽淥。"王安石《寄酬曹伯玉因以招之》："思君异日投朱紱，過我何時載淥醽？"

㉒南宋偏安一隅，臨安雖然繁華，但葡萄酒却因涼州葡萄產區淪陷，顯得特別稀罕名貴。陸游《夜寒與客撓乾柴取暖戲作》："如傾潋潋蒲萄酒，似擁重重貂鼠裘。一睡策勛殊可喜，千金論價恐難酬。"他把葡萄酒與貂裘相提并論，可見當時涼州葡萄酒的名貴。陸游尤愛涼州葡萄酒，以此作爲激發詩歌創作的靈感。《凌雲醉歸作》："玻璃春滿琉璃鍾，宦情苦薄酒興濃……君不見蒲萄一斗換得西涼州，不如將軍告身供一醉"。他贊美涼州葡萄酒醇厚勝却宦海聲色，在閱盡世間紛爭後，他願以將軍頭銜換取美酒，只求一醉。

㉓辛弃疾《雨中花慢》："笑千篇索價，未抵蒲萄，五斗涼州。"

㉔元·許有壬《和明初蒲萄酒韵》："漢家西域一朝開，萬斛珠璣作酒材。

真味不知醛曲藥，歷年無敗冠尊□。殊方尤物宜充賦，何處春江更潑醅。"王安石"舍南舍北皆春水，恰似蒲萄初撥醅"（《懷元度四首》），蘇軾"萬頃葡萄漲綠醅"（《南鄉子》），"春江漲綠葡萄醅"（《武昌西山》），晁公溯"玻璃江盡不受垢，葡萄酒濃初酸醅"（《東津》）等，如此大氣的比喻，說明宋人喝不到涼州葡萄酒時更看重自己的釀制，也從另一側面反映出宋人釀制葡萄酒之廣泛普遍。

㉕宋·趙崇嶓《進酒行》："玉槽夜壓葡萄碧，石溜寒泉響凌歷。水精壺中澈琥珀，醉呼酒星下瑤席。"宋·張鎡《鷓鴣天·咏二色葡萄》："……小槽壓就西涼酒，風月無邊是醉鄉。"宋人這種自釀的葡萄酒顏色是綠色的，難與"大好紅醪噴鼻香"的涼州葡萄酒相搏。這裏小槽壓就的"西涼酒"指張鎡用西涼葡萄或用西涼釀制葡萄酒的方法釀造的葡萄酒。

㉖蘇軾《老饕賦》："引南海之玻黎，酌涼州之蒲萄。願先生之耆壽，分餘瀝於兩髦。"餘瀝：本指酒的餘滴，剩酒。他曾在《中山松醪賦》裏發出長嘆："味甘餘而小苦，嘆幽姿之獨高。知甘酸之易壞，笑涼州之葡萄。"

㉗劍南，陸游曾留蜀約十年，喜蜀道風土，因題其生平所創詩曰《劍南詩稿》，後人因以"劍南"稱之。參見注㉒。

㉘明·丁昂《狄臺》："招討臺荒四百年，涼州風月幾淒然……至今冷落空遺址，不見游人一醉眠。"狄臺，即狄青臺。相傳武威有狄青臺，故址不詳，"狄臺烟草"爲武威八景之一，張玿美曾作詩咏之。狄青，北宋名將，曾在北宋對西夏的戰爭中屢立戰功，封招討使。

㉙宋·晁補之《和顏隨飲酒》："西池何似漢江長，誰使蒲萄變新沚。"

㉚元曲《李太白匹配金錢記》："這的是葡萄新釀出涼州……方知道汝陽角涎流，那裏有翰林風月三千首"。歐陽修《贈王介甫》："翰林風月三千首，吏部文章二百年。"

㉛張澍《涼州葡萄酒（其三）》云："大好紅醪噴鼻香，潏潏入口洗愁腸。琵琶且攏彈新曲，高調依然在五涼"。

㉜辛棄疾《破陣子·爲陳同甫賦壯詞以寄之》："醉裏挑燈看劍，夢回吹角連營。"

㉝清·張澍《涼州葡萄酒"（其一）》云："涼州美酒說葡萄，過客傾囊質寶刀。不願封侯縣斗印，聊拼一醉臥亭皋。"

㉞晉·葛洪《西京雜記》卷二："司馬相如初與卓文君還成都，居貧愁懣，以所着鶡鶹裘就市人陽昌貰（shi）酒，與文君爲歡。"陸游《與青城道人飲酒

作》："有酒不換西涼州，無酒不典鷫鸘裘。"元好問《芳華怨》："不然典取鷫鸘裘，四壁相如堪白頭"；《王子文琴齋》："相如四壁消何物？直要文君典鷫鸘"。

㉟李益《邊思》："莫笑關西將家子，只將詩思入涼州"；《塞下曲》："伏波惟願裹尸還，定遠何需生入關。莫遣只輪歸海窟，仍留一箭定天山。"

㊱解酲（chéng）：醒酒；消除酒病。酲，酒醒後神志不清，有如患病的感覺。

第四编 墓志

古 代

大周大都督 同州①萨保②安君③墓志铭

君讳伽，字大伽，姑臧昌松④人。其先黄帝之苗裔分族，因居命氏，世济门风，代增家庆。父突建，冠军将军、眉州刺史。幼擅嘉声，长标望实，履仁蹈义，忠君信友。母杜氏，昌松县君。婉慈四德，弘此三从，肃睦闺闱，师仪乡邑。君诞之宿祉，蔚其早令，不同流俗，不杂嚣尘，绩宣朝野，见推里閈(hàn)。遂除同州萨保。君政抚闲合，远迈祉恩，德盛位隆，於义斯在。俄除大都督，董兹戎政，肃是军容，志效鸡鸣，身期马革。而芒芒天道，杳杳神祇，福善之言，一何无验。周大象元年五月，遘疾终於家，春秋六十二。其岁次己亥十月己未朔，厝⑤於长安之东，距城七里。但陵谷易徙，居诸难息，佳城有数，镌勒□无虧。

其词曰：基遥转固，派久弥清。光逾照廉，价重连城。方鸿节鹜，辟骥齐征。如何天道，奄既泉扃。寒原寂寞，旷野萧条。岱山终砺，拱木俄樵。佳城郁郁⑥，陇月昭昭；縑⑦绢易□，金石难销。

[题解] 碑刻於北周静帝大象元年（579）五月。2000年出土於西安市未央區大明宫鄉炕底寨村，現存西安市考古研究所。碑爲青石質，47厘米見方，厚7.5米，志蓋盝頂篆書"大周同州薩保安君墓志記"。碑文簡述了安伽的才德功績，兼及家世家庭，爲研究涼州安氏家族的來源及遷徙提供了重要資料。詳見陝西省考古研究所《西安發現的北周安伽墓》（載《文物》2001年1期）。

[注釋]

①同州：今陝西渭南市大荔縣一帶。

②薩保：又譯薩寶。關於它的名稱的來源，是近百年來中外學者一直爭論的問題。學者楊憲益認爲是梵天神名。《元和姓纂》："後魏安難陀至孫盤娑羅代居涼州爲薩寶。"據陳國燦先生推斷："北魏時，涼州已有固定的薩保官職。"一般認爲薩保是管理祆（xiān）教事務的官員，或爲一種教職。

③安君：即安伽（518—579），字大伽，武威昌松（今古浪縣）人。曾任同州薩保、大都督。其先居安息國（今烏茲别克斯坦境内），古月氏族，後爲粟特人。東遷後以國爲姓，世居涼州，爲武威豪族，并掌管涼州火祆教爲薩保（管理拜火教事務的教職）。安氏一族後世名人衆多。

④姑臧昌松：姑臧，古武威郡轄縣之一，今武威市涼州區；昌松，亦名蒼松、倉松，古武威郡轄縣之一，今武威市古浪縣。古代姑臧、昌松從西漢設郡置縣以來，一直爲兩個同級别的縣，基本不存在互轄隸屬關係。

⑤厝（cuò）：停柩，把棺材停放待葬，或淺埋以待改葬。

⑥鬱（yù）：茂盛的樣子。

⑦縑（jiān）：雙絲的細絹。

周驃騎將軍 右光禄大夫 雲陽縣開國男鞏君①墓志銘

公諱賓，字客卿，張掖永平人也。曾祖澄，西河鼎望，行滿鄉間。後凉召拜中書侍郎、建成將軍、玉門太守。屬凉王無諱②，擁户北遷，士女波流，生民塗炭，乃與敦煌公李保③立義歸誠。魏太武皇帝深加禮辟，授使持節大鴻臚、散騎常侍，高昌、張掖二郡太守，封永平侯，贈凉州刺史。祖幼文，西平鎮將。考天慶，汝南太守，政修奇績，世襲茅土。

公幼而卓爾，長則風雲。永安④二年，從隴西王爾朱天光入關，任中兵參軍，內決機籌，外總軍要，除平東將軍、太中大夫。周太祖龕定關河，公沙苑⑤苦戰，勳冠三軍，封雲陽縣男，邑五百戶。大統十七年，除歧州陳倉令。周二年，除敷州中部郡守，歷居宰莅，民慶來蘇。保定二年，授司土上士。四年，遷下大夫。天和二年，授驃騎將軍、右光祿大夫。四年，任豫州長史別駕。俄以其年十二月遘病，薨於京第，春秋五十有五。夫人許昌陳氏，開府儀同金紫光祿大夫、歧州使君、西都公豐

德之長女也。保定元年，先從朝露，春秋四十五。今世子營州總管司馬、武陽男志，次子右勳衛大都督、上洪男寧，開皇十五年歲次乙卯十月丙戌朔廿四日己酉，奉厝於雍州始平縣孝義鄉永豐里。

[題解] 碑刻於隋開皇十五年（595）。碑文有刪節，部分內容與《涼州府志備考》所收內容相同。記載了北周驃騎將軍辇賓戎馬倥傯的生平事迹，兼及家世、家庭。作者不詳。墓志全文詳見本書涼州卷同名墓志及題解注釋。

[注釋]

①辇賓（514—569）：字客卿，東張掖郡永平（今古浪縣，後涼呂光改昌松縣爲東張掖郡永平縣）人。出生於將門之家，曾祖、祖、父皆高官顯爵。辇賓歷仕北魏、西魏、北周，官至驃騎將軍、右光祿大夫，封雲陽縣南，卒於長安。

②涼王無諱：即沮渠無諱（？—444），北涼王沮渠蒙遜之子，高昌北涼政權的建立者，442—444年在位。

③李寶（？—459）：西涼王李暠之孫，酒泉太守李翻之子。十六國時期後西涼君王，後歸順北魏，任鎮北將軍、并州刺史。歸順前被北魏太武帝封爲敦煌公。

④永安等年號：永安，北魏孝莊帝年號，永安二年即529年；大統，西魏文帝年號，大統十七年即552年；保定，西魏武帝年號，保定二年即562年；天和，北周武帝年號，天和二年即567年；開皇，隋文帝年號，開皇十五年即595年。

⑤沙苑等地名：沙苑，今陝西大荔縣南。歧州陳倉，今陝西寶雞市。敷州中部郡，今陝西黃陵縣。豫州，今河南汝縣一帶。雍州，今陝西咸陽西北。

明故恩榮壽官 雙河胡公 始配劉孺人 繼配胡孺人合葬墓誌銘

直隸廣平府廣平縣知縣 碧泉李賓題蓋并撰　涼庠生 雲岡徐諫書

嘗謂天之生人，繼之者善，成之者性。同被此生，則同具此理，本善而無惡也。但形生神之俊，知誘物化，失其正者多矣。予親家胡翁，諱文迅，字純夫，號雙河，原籍直隸寧國府宣城縣。

國初，名隆保者，因事謫涼，遂為涼州雙塔所人。保生宣，宣生鎮，累立軍功，受職為千夫長①，至今世襲。鎮生紀，配俞孺人，生二子，長文通，次郎翁焉。存心至性理，皆善良，無一言一行之失。予犬子時化為其婿，其所扶摩誨育誨愛亦既深矣。茲歲夏，不意獲疾，屢醫罔效，於盡月初六告終。卜音一至，家無不傷悼，余趨奠之餘，俟子諒、詔等匍匐於所，跪而言曰："吾父存日，立德深重，世所共知。然知之深者莫公若也，請為誌銘，以闡其□光，則存歿感德。"辭不獲。乃曰："君子之論人也，貴紀其實而其敘事也，毋泛其美。翁之為人，外雖質樸，若無可觀，內實聰慧，有過人焉。"承父家教，始讀儒書，繼宗醫道，明脉理，試藥性，察沉疴，惟以利濟為心，無一毫規利態。富貴貧賤，遠近親疏，一視同仁，凡鄉之疾病呻吟，咸賴公以有生矣。且孝父母，友兄弟，睦族屬，和鄰里，教子孫，治生業，無一事不盡善哉。可謂無忝於繼善成性之良，而仁人君子不多也。由是家道豐裕，田畝廣潤，如此如渠，宅舍光明，美侖美奂，德洋洋乎。一郡以故朝廷優老之政，一布翁以高年有德，首被冠服之榮，非幸致也。嗚呼異哉！初配劉孺人，貞靜幽閑，端誠莊一，翁之內助，劉實以之爭，甫艾壽②而卒。繼娶胡氏，亦佳配也，數年亦卒。翁不復再娶，與側室王氏相優游以樂天真。夫翁之德如是，宜鲞耄③期頤④，古上壽未艾也，何遽至是。

我翁公生於正德辛未十月初九未時，卒萬曆壬午十二月初六亥時，享壽七十有二。劉亦生辛

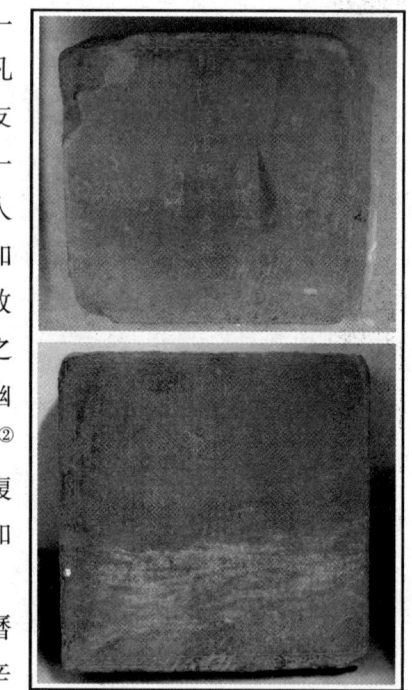

未九月十八酉時，卒嘉靖辛酉九月初八未時。胡亦生辛未七月十三戌時，卒隆慶庚午二月二十三日。⑤劉生子二：長郎諒，爲侯門伴讀，娶白氏；次郎詔，授太醫院吏，娶宋氏。生女三：一適指揮戴世勛，一適舍人周世隆，一適監生李時化。王生子二：曰誥，娶鄭氏；訥，定李氏，尚未聘。生女三，俱幼。諒生子三：曰久貢，娶唐氏，生孫；二曰久獻，定張氏，尚未聘；一尚幼。生女三：一適舍人張檻，一適户侯周國卿，一尚幼。詔生子一女一，俱幼。

嗚呼！家富子貴孫枝滿眼，族屬姻親盛大如此，天之報施可謂厚矣。但以壽止古稀，不滿人子之原，不能痛恨於終天也。雖然，葬祭貴乎以禮，不可久於暴露，謹擇是年二月二日，歸葬於先塋之次，以布孝恩之萬一，因系之銘。

銘曰：於彼我翁，天地鐘英。生之者厚，付之者隆。不雜以僞，醫道是崇。不規以利，惟仁是行。始終一德，不喪厥秉。皇天春□，家道□具。開仍相城，子孫繩繩。親疏致敬，遠近馳名。胡爲一疾，送殯福星。視之不見，聽之無聲。魂歸紫府，魄度南宮。子孫者世，無所儀刑。我思千載，遺恨無窮。

孝子：諒、詔、誥、訥；孝孫：久貢、久獻衆泣血上。

石工王孟夏 鐫

[題解] 碑刻於明萬曆十年（1582），現存於古浪縣博物館。墓志爲砂石質，正方形，縱52.5厘米，橫53.2厘米，厚10.5厘米，四剎陰刻單綫蔓草紋。志蓋陰刻豎向楷書三行，文字爲"明故壽官胡公、劉孺人、胡孺人合葬之柩"。志文爲陰刻楷書，豎34行，滿行33字。記載了墓主人胡文迅生平事迹、道德情操及子孫繁衍情况。

[作者] 李賓：碧泉人（湖南湘潭縣西南七十里有名泉稱碧泉）。時任直隸廣平府廣平縣（今河北永年縣廣府鎮）知縣，系墓主人之親家翁。

[注釋]

①千夫長：職官名，統率千人的將領。

②艾壽：古代對死者的稱呼，五十曰艾壽。一般指41—50歲之間死者的稱謂。

③耄耋（màodié）：指高壽的老人。多指八九十歲的老年人。

④期頤：指百歲及百歲以上的老人。

⑤正德辛未爲明武宗正德六年，即1511年；萬曆壬午爲神宗萬曆六年，即1582年；辛未，即正德辛未；嘉靖辛酉爲世宗嘉靖四十年，即1561年；隆慶庚午年爲穆宗隆慶四年，即1570年。

左公墓碑

明刑部侍郎左公墓碑

[題解] 刻於明代。原立於古浪縣城北二十里許（今古浪縣泗水鎮雙塔村北）甘新公路東。碑已佚，碑文引自《甘肅新通志》《五凉全志》。明刑部侍郎左公名號、里居無考。

王經①家族墓碑

自古孝子賢孫，能光前裕後者，□□先人□□樹德，務滋之行致要，非後人爲行誼；□□克振家聲者，則先人之□□，□□磨滅不傳者是也。

若我世有，元王翁者，繼世簪纓②。曾祖愷，原籍山西平陽人氏，於洪武年間，欽授河南歸德衛千户，傳襲子孫；生子三，於萬曆年。長翁諱守節，字□□。昆仲□□來凉，營產於古渠四壩大莊，至今爲開創之智人也。四祖翁諱守貢，字炎莊，原任古浪守御，不餘年，而軍民戴德，載道口碑巷議。乃祖翁諱陸卓，□□□有康衢③之高風，鄉人稱爲隱君子也。生子二，長即翁父也，諱弘毅；次諱弘範，承嗣四祖卓□□，欽轉□□□□□。父秉性慷慨，心胸豁達好施，廣爲結交，終年慤真④，樂善不倦，鄉里皆有所敬服；生子者三。長兄統世翁，□□□□□寬厚有容，協力同居，老練多識，治家以勤，處事和平，德行素著，語言服人，道所知而有德，爲鄉耆⑤，夙夕奉爲，正心誠意，齊家治國之人也。生子永熙，新選廣學；次子永壽。翁仲弟忠世，孝友天成，耕讀爲務。生長永興，新授□□□□；次子永明。翁季弟名平世，先入國學，素行忠厚，練達老成。生子二，長永懷，次永仁。子□念光前裕後，克振家聲，以至不朽云。

歲貢生、候銓教諭李如玉頓首拜撰　庠學生周之璠頓首拜書

嫡男：平世、忠世、統世；孫：永懷、永仁、永智、永敬、永明、永熙、永興　敬立

大清康熙六十一年歲次壬寅十月癸丑朔日謁

[題解] 碑立於康熙六十一年（1722）十月，位於古浪縣泗水鎮上四壩王家大莊泗水中心小學東側王家墳。該墓群爲明代安遠千户王經後裔家族墓，墓群内有封土堆10行，99座。碑爲砂石質，通高180厘米。碑額爲半圓形，中陰刻"王氏祖塋"四字，左右陰刻仙鶴、折綫紋、卷雲紋；碑身高140厘米，寬72厘米，厚13厘米，正面刻碑文，爲楷書；碑座爲覆斗形，高40厘米，底寬77厘米。簡述了王氏家族子孫繁衍傳承的歷史及其良好的家風傳統。

[作者] 李如玉：古浪縣人。康熙六十一年（1722）歲貢，改雍正元年（1723）恩貢，曾任縣學候銓教諭。

[注釋]

①王經：祖籍山西平陽，曾祖王愷，曾任河南歸德衛千户，傳襲子孫。後世子孫以軍職落籍古浪。嘉靖二十四年（1545）防守安遠堡，嘉靖四十年（1561）改駐靖邊。官至千户，後陣亡。入古浪忠孝祠。

②簪纓（zānyīng）：指世代做官的人家。原指古代達官顯人的冠飾，後遂借指高官顯貴。

③康衢（qú）：原指四通八達的道路。喻指賢才未遇時所唱之歌。

④愨（què）真：真誠、厚道。也作"真愨"。

⑤鄉耆：指鄉里有名望的老年人。

張仲杰神道碑

皇清。授進義校尉張公神道。

張仲杰，字俊吾，本郡人，原任雙井堡①把總②。

道光十年二月初六日衆户人等建立碑

匠人車天寳

[題解] 碑刻立於清道光十年（1830）二月。砂石質，通高118厘米，寬50厘米，厚13厘米。正面邊緣刻卷雲紋，背面刻蓮花、花瓶、金錢、日月等圖案。碑座爲覆斗形，高28厘米，底部寬64厘米，厚45厘米；刻淺雙環、浮雕太極圖、犀牛

望月、鹿鶴等圖案。現立於古浪縣新堡鄉崖頭村雙井子組西約1000米處沙河北側張氏家族墓地。

[注釋]

①雙井堡：在今甘肅張掖市高臺縣。

②把總：明清兩代鎮守某地的武官，職位次於千總，秩比正七品。

順天府尹張公神道碑

皇清。誥授通奉大夫、賞戴花翎、布政使銜、順天府府尹張公之神道。

[題解] 碑刻於清咸豐八年（1858）後，砂石質。通高249厘米，寬92厘米，厚約20厘米。碑額爲圓形，碑邊緣刻雙綫卷雲紋。現立於古浪縣古浪鎮小橋村西溝組東。

張公，即張起鵷（1806—1858），字子斑，甘肅省古浪縣人。舉人張進南次子。歷任永定河道、順天府府尹、直隸天津道道台、按察使等職。尚氣節，崇禮儀，士民擁戴，河北知名。

張將軍神道碑

□□將軍張公神道

[題解] 碑砂石質，年代、人物不詳。殘高110厘米，寬64.5厘米，厚17.5厘米。碑額、碑座已佚，殘存下半部。原立於古浪鎮舊大路西側、逢泉小學南石碑壋。20世紀80年代，村民將其移至古浪鎮逢泉村張莊組西面水渠邊。

中華人民共和國

紅九軍烈士墓誌銘

公元一九三六年十一月九日，中國共產黨領導的紅西路軍二萬一千八百多人，分左、右翼進入古浪縣境。十日，左翼九軍六千餘人衝破馬步芳部大魚溝防綫；十一日激戰乾柴窪；十二日進攻橫梁山，鏖戰一晝夜，得勝西進；十四日攻克古浪縣城。敵失城後，調兵遣將，圖謀合圍，於十六日展開激烈交戰。全軍將士血戰苦鬥三晝夜，打退了敵人的無數次進攻，殲敵二千餘名。九軍亦傷亡慘重，軍參謀長陳伯稚、二十五師師長王海青、二十七師政委易漢文、李明德，騎兵團長黃高宏等二千四百多名將士壯烈犧牲。

古浪人民為烈士們英勇頑強、獻身革命的精神和愛護人民的崇高品德所感動，戰後收屍合葬於此。今立此碑，銘記悲壯業績。願烈士同大地共眠，願革命精神與日月同昭。

九軍烈士永垂不朽！

中共古浪縣委 古浪縣人民政府

八七六七四部隊

一九九一年八月一日 立

[題解] 碑立於古浪縣城西南角古浪戰役紀念館西路紅軍墓前。水泥質。碑文引自《古浪名勝古迹選編》。

中國工農紅軍西路軍九軍烈士墓

中國工農紅軍西路軍九軍烈士墓

中共古浪縣委員會 古浪縣人民政府
八七六七四部隊
一九九一年八月六日

[題解] 碑立於古浪戰役紀念館西路紅軍墓前,黑色大理石質。通高226厘米,寬19厘米,厚27厘米。碑座爲二級臺階式,高38厘米。

第五編　匾額選粹

古　代

土門三義殿題記

康熙四十三年始建

[題解] 題記作於清康熙四十三年（1704），用墨題寫於古浪縣土門鎮三義殿中樑上。

大靖火廟大殿題記

建於乾隆元年

[題解] 題記作於清乾隆元年（1736），用墨題寫於古浪縣大靖鎮火廟中樑上。

土門山陝會館馬祖廟題記

道光元年歲次辛巳午月，山西汾州府汾陽縣廣貞里四甲弟子□□□□

[題解] 題記作於清道光元年(1821)，用墨和朱砂題寫於古浪縣土門鎮山陝會館西側馬祖廟中檁上。爲修建山陝會館馬祖廟時山西出資人題寫。

《五凉全志》載，馬神廟，明萬曆四十四年建，在參將署東。今已不存。

循環今錫福匾

循環今錫福
縣儒學增廣弟子康宗海熏沐敬撰并書
道光三十年歲次庚戌桂月中浣之吉旦

張鴻禧、唐堯、張天禧、趙憲文、唐緒、買全、李成、吳明、張元國、張奇謀、齊保、李正倫、劉延世、李蔚文、何有成、張瑞 叩

[題解] 匾木質，製作於清道光三十年（1850）。高約1米，寬2.6米。字40厘米見方，木匾上下分別雕有梅蘭菊竹、牡丹、荷花等花紋。原懸挂於古浪縣土門鎮財神樓，20世紀60年代財神樓被拆，此匾被當

地學校當床板使用。經過40年的風雨侵蝕，烟薰火燎，油漆彩畫雖已脫落，但字迹清晰，保存完好。經修繕後現懸挂於古浪縣土門鎮山陝會館。

中華人民共和國

古浪縣土門東壁橋修復序言匾

眾志成城

修橋以便人行，造舟以濟人渡，此乃利國便民之善舉。考之東壁橋，約建於明末清初，原爲土門集市中心，縣志所載河橋夜月、三步兩道橋均指此橋而言，故東壁橋爲土門勝景之一。原橋體爲木石結構，既窄又矮，曾數次毀於洪水，最後一次，毀於一九六六年農曆六月二十六日夜間。每次沖毀後，皆由募化集資修復，唯有最後一次修復，是群眾倡議，黨政支持，以民辦公助而修復。這次橋形設計鋼筋水泥雙曲拱式樣。橋長爲二十米，寬九米，高六米，鐵管圍欄，鋼筋花窗。於一九八一年晚秋動工，於嚴冬動工，於除夕竣工。大部分施工時間在攝氏零度以下。爲保證品質，以麥草圍底邊，以棚布護橋體；棚內生煤火，架電燈，晝夜不息，使氣溫上升。終於，人力戰勝自然，天塹變爲通途。其間，模範事迹，比比皆是，好人好事，層出不窮。現將貢獻較大者鳴謝如下：

中共古浪縣委書記齊康然多次親臨工地視察，在物質上、精神上給予了極大的幫助與鼓舞。中共土門公社黨委書記王志勇、副書記黃學福動員全民投料集資，全力支持土門鄉黨總支書記李鴻林與臺子王生才、楊海，土門柴文新、李興倉，漪泉曹開禎夜以繼日，組織民工，親自施工。甘肅古浪公路段、峴子公社、永豐灘公社、土門公社電站給以帳篷、鋼筋等物質上的極大援助；土門公社所屬各大隊朱兆璞、陸萬善、沈福才、羅正武、吳雲、馬有禮、唐善倉、楊萬芳、朵振福等帶領民工投資獻料。現借公布賬目開銷之際，爰作此序，以期有志之士爲公益事業多獻才能。此匾因橋頭無處懸挂，謹借三義殿一隅之地公布於眾。

古浪縣土門完小前教員鶴齡程邅年
古浪縣土門完小前校長義丞王存學 謹撰
古浪縣土門完小前教員介秀侯槐林 謹書

[題解] 匾木質，製作於1982年。高約1米，寬3.7米。現懸挂於土門三義殿。簡記修繕古浪縣土門鎮東壁橋事。作者情况不詳。

古浪縣修復東壁橋賬目公布匾

福蔭往來

古浪縣土門修復東壁橋賬目公布：

古浪縣水電局、公交局支援水泥陸拾伍噸。

地方集資共柒仟零柒拾柒元。其單位是：臺子玖佰柒拾叁元，土門捌佰元，峴子公社伍佰元，漪泉陸佰陸拾柒元，新勝陸佰元，土門醫院伍佰元，食品收購組伍佰元，和樂肆佰元，古浪二中壹佰元，土門稅務所貳佰元，教場叁佰元，永豐貳佰貳拾元，土門農具廠貳佰元，大灣貳佰元，土門機站壹佰元，土門糧管所壹佰元，二墩壹佰元，青萍壹佰伍拾元，土門被服廠壹佰伍拾元，保和壹佰元，三官壹佰伍拾元，水泥款壹佰零柒元，陳光普拾元，新華書店伍拾元。

地方集砂石料伍佰玖拾陸立方。其單位是：新勝陸拾捌方，土門陸拾壹方，臺子捌佰元，漪泉伍拾玖方，臺子伍拾伍方，三官伍拾叁方，二墩伍拾壹方，胡邊肆拾玖方，大灣肆拾伍方，教場叁拾捌方，和樂叁拾壹方，西灘貳拾陸方，青萍貳拾貳方，保和壹拾柒方，永豐壹拾伍方，王府陸方。

永豐灘公社支援鋼筋壹噸，西灘小麥三佰伍拾斤。

橋體共用工日三仟柒佰伍拾個。投工單位：土門壹仟伍佰個，臺子壹仟伍佰個，漪泉柒佰伍拾個。

橋體用水泥陸十陸噸半，剩餘支援橋南水渠。

柏臺維修用水泥陸噸，羅漢樓水泥方磚貳佰餘塊，售給土門社中水泥壹噸，凈結餘水泥壹噸。

工程總支出柒仟叁佰貳拾貳元玖角捌分：

支圓螺紋、扁角鋼、鋼管款叁仟零陸拾柒元五角，支伍佰號水泥玖噸半款陸佰肆拾陸元伍角捌分，支塊煤、沫煤、烟煤等價款肆佰伍拾貳元柒角柒分，支油漆、紅旗、手套等項款叁佰貳拾肆元壹角壹分，支鐵、木、焊、油匠工資款壹仟貳佰陸拾肆元，支各種材料搬運及運費捌佰叁拾貳元柒角伍分，支各種電器及其他器材貳佰零壹元伍角捌分；支購材料出差補助費款壹佰壹拾捌元肆角陸分，支夜間加班補助費用款肆佰壹拾伍元貳角叄分。現金結算超支貳佰肆拾伍元玖角捌分。

永豐灘變電所供焊接用電，土門供銷社、新勝、和樂、大灣、青萍等給予煤、水泥、運輸支援。順以致謝！

設計：侯得安、張得源、白清

施工：張得源、侯德安、付占義

油工：楊清

土門東壁橋橋工會張得源、王存學、侯得安、王興才、李國成、宋景山 石滿、袁良璽、趙永年、王鳳和主辦。

古浪縣土門東壁橋橋工會會長張得源 謹校

古浪縣土門青萍小學原校長袁良璽 謹書

公元一九八二年歲在壬戌十二月二十四日 立

[題解] 匾木質，製作於1982年12月。高約1米，寬3.7米。現懸挂於古浪縣土門鎮三義殿。簡記修繕東壁橋所用經費、材料、投工等情況賬目事宜。作者情況不詳。

財神閣節榮金管匾

節榮金管

時在辛未年冬

黎泉 書

[題解] 匾木質，製作於1991年冬天。寬2.1米，高約1米。懸挂於古浪縣大靖鎮財神閣二樓東側。財神閣原有"節榮金管""恩施澤沛""永錫純嘏""峻極天市"4塊木匾，在"文化大革命"運動中因破"四舊"時被損壞。1991年，維修財神閣時，延請省內書法家題匾。

節榮金管釋義：節，氣節，節操；榮：榮耀；金管，金制的筆管。《太平廣記》卷二百引孫光憲《壯夢瑣言》："梁元帝為湘東王時……筆有三品，或以金銀雕飾，或用斑竹爲管。忠孝全者用金管書之；德行清粹者，以銀管書之；文章贍麗者，以斑竹管書之。"意即這裏出過許多有氣節的人物，他們的事迹值得用金管大書特書。

[作者] 黎泉（1937—2006）：原名趙正，甘肅山丹縣人。著名書法家，曾任甘肅省博物館副館長、甘肅畫院院長、省文史館館員、甘肅書協名譽主席等職。

財神閣匾

財神閣

[題解] 匾木質，製作於1992年。寬約0.6米，高約2米。現懸挂於古浪縣大靖鎮財神閣北面二層檐下。作者不詳。

《五凉全志·古浪縣志》載：財神閣，關内，康熙五十七年（1718）建。1987年進行過一次大規模維修。現爲省級文物保護單位。

財神閣修繕記事匾

大靖財神閣，建於明代，清時維修，現升高樓臺，依原貌重修。原閣上下兩層，上層高七尺二寸，下層高一丈三尺二寸，總高二丈零四寸。此次重修，加水泥框架磚墩二丈一尺，將原閣坐落其上，總高四丈一尺四寸。

大靖原有古建築群布城内外，其餘由於歷史原因已蕩然無存，現唯存此閣。然經四百年風雨，已凋敝不堪。爲保地方古迹，一九八七年，由大靖鎮王立殿、朱成德、黄學福、趙沂、甘好善、徐登良、李延俊等領導同志發起重修此閣，只因政府財力不足，承蒙地方仁人志士深懷桑梓之情，慷慨解囊資助，使其焕然一新。一九九二年新春正月，又由大靖镇杜國選、單登湖、王者仰、廖開華、華岱、張樹元等領導同志將原財神閣四面匾額復製重懸。至此，財神閣復修之舉，可謂盡善盡美矣。

重修財神閣，先後共耗資人民幣一十四萬餘元，除國家撥款四萬元，另有各界職工群衆集捐二萬一千餘元。現將復修時捐資五十元以上及懸匾期間捐資百元以上者留名匾上，永志紀念。

安亨昌撰　姚開元協助　李彦廷書

計開

捐款百元以上者：□□□、王立殿、朱成德、黄學福、甘好善、徐登良、趙沂、安亨昌、李延俊、華岱、杜國選、單登湖、孟憲章、楊彩雲、劉好文、趙連璧、朱全仁、劉興漢、馬學詩、劉巨德、封天雲、唐觀文、劉存國、張樹寅、嚴述善、白文兵、陳伯忠、王振剛、王樹槐、袁學厚、崔文弟、李國典、吴永華、張文德；

捐款五十元以上者：他玉璞、陶發春、崔文選、高守成、陳光顯、張玉、劉興才、褚興順、李沂、羅世明、馬維國、劉宗亮、楊桂科、周登玉、周光輝、周成貴、王仁澤、丁宗會、楊凌珍、韓國武、陳學功、張廷杰、徐國武、高尚連、黄宗奎、嚴惠義、趙林普。

大靖鎮人民政府

公元一九九二年歲次壬申正月十五日　立

[題解] 匾木質，製作於1992年春。寬1.9米，高1.03米。現懸挂於財神閣二樓西側。簡記修繕古浪縣大靖鎮財神閣事宜及捐款情況。作者情況不詳。

財神閣永錫純嘏匾

永錫純嘏

壬申年立春

漢卿 題

[題解] 匾木質，製作於1992年春。寬2.2米，高約1米。"永錫純嘏"4字爲行書，尾刻"黄氏□□"陽文印章2方。現懸挂於古浪縣大靖鎮財神閣二

樓西側檐下。

永錫純嘏（gǔ）釋義：意爲永遠會得到上天賜予的福報。錫，通賜，賜給；嘏，福。典出《詩·小雅·賓之初筵》："錫爾純嘏，子孫甚湛。"

[作者] 漢卿（1938—2012）：即黃漢卿，浙江剡溪黃澤人。著名書畫家、詩人。曾任甘肅省書畫研究院副院長、省文史館研究員等職。

裴家營觀音寺南海如來匾

南海如來
民國十四年歲次乙丑重陽月中浣穀旦
觀音善會眾信弟子虔誠敬仰
鄭宗湯敬書
一九九三年三月二十六日 重獻

[題解] 匾木質，原製作於民國14年（1925），1993年3月重獻。高約0.9米，寬3米。現懸挂於古浪縣裴家營鎮裴家營街觀音寺。作者情況不詳。

三義殿風雲際會匾

風雲際會
公元一九九五年歲次乙亥仲秋修復立
陳石 書

[題解] 匾爲木質，高約0.8米，寬4.04米。1995年秋復立。現懸挂於古浪縣土門鎮三義殿正中塑像上面。

[作者] 陳石（1959— ）：本名孔憲勇，甘肅成縣人。曾任武威市群眾藝術館副館長、武威書畫院院長、武威市書法家協會主席。

三義殿大臣風匾

大臣風
二兵 書

[題解] 匾製作於 1995 年。木質，高約 0.5 米，寬 1.4 米。現懸挂於古浪縣土門鎮三義殿內"風雲際會"匾西。

[作者] 二兵：即丁二兵（1927—2006），甘肅省武威市涼州區人。武威著名書畫藝術家。曾任武威市書協名譽主席。

三義殿王者佐匾

王者佐
萬夫 書

[題解] 匾製作於 1995 年。木質，高約 0.5 米，寬 1.4 米。現懸挂於古浪縣土門鎮三義殿內"風雲際會"匾東。

[作者] 萬夫：即徐萬夫（1926—2020），甘肅省武威市人。曾任武威地區文聯專職副主席、武威地區書協主席。著名書法家。

羅漢樓匾

羅漢樓
鳳岐賈乃信 書

[題解] 匾木質，高 1.6 米，寬 0.6 米。賈乃信於 1996 年 2 月 26 日維修古浪

縣土門鎮羅漢樓時題寫。

[作者] 賈乃信：陝西寶鷄市人。擅長古建築維修和書法。

羅漢樓彌倫天地匾

彌倫天地

[題解] 匾木質，高1.6米，寬0.6米。馬文治於1996年2月26日維修古浪縣土門鎮羅漢樓時題寫。

彌倫天地釋義：彌倫，統攝，經緯，綜括，貫通。語出《易·系辭上》。朱熹《朱子語類》卷九八："彌倫天地，賅括古今。"

[作者] 馬文治（1942— 2019）：甘肅靖遠縣人。曾任甘肅省文化廳副廳長，時任省文物局局長。

三義殿義普雲天匾

義普雲天
公元一九九七年歲次丁丑林鐘月吉旦 獻
鶴齡程遇年撰　介秀侯槐林校　漢三張世杰 書

[題解] 匾木質，製作於1997年農曆六月（林鐘月）。高約1米，寬3.7米。現懸挂於古浪縣土門鎮三義殿門上方。作者情況不詳。

三義殿風英絕世匾

風英絕世
公元一九九七年歲次丁丑林鐘月上浣 獻
賈麒山撰　晏浩賓校　侯槐林書

[题解]匾木質，製作於1997年農曆六月（林鐘月）。高約0.8米，寬2.5米。現懸挂於古浪縣土門鎮三義殿外廊。作者情况不詳。

三義殿匾

三義殿
善卿 書

[题解]匾木質，製作於1997年。高約1.2米，寬0.4米。現懸挂於古浪縣土門鎮三義殿山門。作者情况不詳

修復柏臺三義殿志匾

盛貌維新
修復柏臺三義殿志
柏臺三義殿，乃土門之名勝古迹，重檐叠翠，巍峨壯觀。處長城之麓，映南屏之瑞，背墳衍之沙洲，瀕漪泉之沃流，居坎向離羡，莊嚴之具足。臨壑據險，爲塞上之燕山，雲靄靄，柏森森，崇臺高閣，暮色蒼朦。三義殿居高凌河，英風烈烈，此則柏臺因之而名勝也。柏臺春暮，漪泉流飲，河橋夜月，構成土門得天獨厚之勝概，豈偶然哉！

考資史册，土門隸雍州，久涵塞外，歷經羌胡回羯等部族之争奪與割據，狼烟迷漫，荒草蔓淹。明洪武初，宋國公馮勝，平定河西，駐哨馬營。至萬曆廿七年，增築新邊，建修堡郭，土門乃城大同於塞内。於是徙耕氓，立教化，辟土地，樹桑麻，勃勃然成崛起之新秀，塞上之金花。沿至清順治五年，壘築柏臺，廣植松柏。至康熙四十三年始建三義殿，迄今三百年矣。滄海桑田，經戰争之硝烟，地震之摧撼，雖幾遭傷損，不失修葺，足以鑒證土門人民對柏臺三義殿之愛戴與敬仰也。

逮逢盛世，沐浴清華。爲維護民族傳統，弘揚中華文化，公元一九九三年，柏臺三義殿列爲省級保護文物。然年遠代遐，廟貌頹圮，賜雨暄濕，瓦毁棟橈，

凡仰其上者，雖有善葺之心，胥爲難而無所措置。土門鎮政府目睹文物之傾頹，有責在身，鎮長岳培基首倡修復，邀聘社會賢達，相繩資助，并成立修復會。然資金籌措，幾經周折。至九五年，省文物廳撥款二萬八千元，與社會募資七千餘元，於當年七月，鳩匠構材，開典動工。以馬安昌、王一、袁興泰、晏浩賓、高延芳、張世珍、羅正武、馬有信、賈麒山、馬奎德等會長，運籌謀劃，戮力苦身，至九七年四月底告止。其修葺事項如左：一、補修大殿殘缺磚瓦；二、加固臺體墻身；三、修復臺端四周圍墻；四、全部新裝大殿格子門扇、佛龕與軒口；五、新建小山門一座，琉璃瓦蓋頂；六、一切粉刷油漆彩繪裝綴，不失古風，煥發新顏。

樂斯成也！鞏固文物莊嚴，活躍人民文化生活。逢年過節，前來觀光游覽者摩肩接踵，外地旅客游人，慕名前來者絡繹不絕。欣哉！柏臺之維修，即時代之興盛，亦土門之興盛也。至若農閑耕餘，燈彩會戲，亦足以供盛世黎民之樂游也已矣。因以爲志。

南坪蘇相齡撰　鶴齡程遐年校　介秀侯槐林閱　繼周袁良瑜正

善卿周積德書

公元一九九七年歲次丁丑林鐘月上浣吉旦

[題解] 匾木質，製作於1997年農曆六月（林鐘月）。高1米，寬3.7米。現懸挂於古浪縣土門鎮三義殿廊下。簡記修繕柏臺三義殿事宜。作者情況不詳。

柏臺三義殿修繕工程事項公布匾

積流成海

柏臺三義殿維修工程歷三年之久，已基本結束。承蒙省文物局撥款資助，社會賢達慷慨解囊，當地政府大力支持，以及主管工程工作人員精卓，匠工的辛勤操作和妥善安排，使柏臺三義殿原貌健全，巍峨壯觀，爲土門人民的文化生活增添了光彩。現將政府資助和社會募捐懸額旌彰梓里，以及工程收項和支出公布於後。

一、現金收入部分

甘肅省文物局撥款貳萬捌仟元。

群衆資助如左：

王生才叁仟壹佰元，崔福川貳佰伍拾元，郭萬剛貳佰伍拾元，袁興泰貳佰元，胡登奎貳佰元，賈麒山貳佰元，張潤元貳佰元，張建海貳佰元，李維國貳佰元，袁興忠貳佰元，郭泰山壹佰元，郭其年壹佰元，楊祥芳壹佰元，岳培基壹佰元，田玉和壹佰元，晏浩賓壹佰元，馬有信壹佰元，馬安昌壹佰元，高延芳壹佰元，張世珍壹佰元，馬奎德壹佰元，高萬隆壹佰元，侯得全壹佰元，胡耀德壹佰元，姚鳳才壹佰元，王三福壹佰元，楊永才壹佰元，王登山壹佰元，郭萬隆壹佰元，安文寬壹佰元，宋承賢壹佰元，張多祥壹佰元，朵滿海壹佰元，韓雲壹佰元，季百奎壹佰元，胡繼武壹佰元，張全生壹佰元，于得年壹佰元，王永國壹佰元，王其邦壹佰元，郭萬年壹佰元，郭永年壹佰元，于俊山壹佰元，郭廷俊壹佰元，郭廷秀壹佰元，郭漢章壹佰元，于銀山壹佰元，鄭鵬林五十元，王鎮五十元，張禎三十元，馬泰元三十元，程天玉三十元，張世同三十元，柴文孝三十元，韓廷元三十元，寧鵬起二十元，王鏵二十元，郭治明二十元，柴文岳二十元，張萬寶二十元，牛文章二十元，吳世文二十元，王萬海二十元，郭治賢二十元，朱兆旭二十元，馬漢臣二十元，甘永年二十元，甘永才二十元，石光元二十元，石光岩二十元，付占人二十元，程剛二十元，于嘉會二十元，李興杰二十元，郭生槐二十元，馬立國二十元，韓興禮二十元，劉致富二十元，胡生海二十元，葉興才二十元，張梅香壹十元，張建新壹十元，丁守忠壹十元，楊才林壹十元，劉玉澤壹十元，李培璽壹十元，張武善壹十元，郭浩年壹十元，季占奎壹十元，鄭梅林壹十元，金生容壹十元，宋梅香壹十元，党玉江壹十元，胡大海壹十元，程國平壹十元，高嵩山壹十元，馬雲山壹十元，何天讓壹圓。募捐合計柒仟壹佰貳拾柒元，現金收入總計：叁萬陸仟零伍拾叁元。

二、現金支出部分

木料開支壹萬壹仟貳佰玖拾貳元，水泥、沙開支陸仟肆佰零肆元伍角伍分，全油漆開支陸仟零陸拾陸元肆角貳分，匠人工資開支捌仟伍佰陸拾元伍角伍分，拉運裝卸開支壹仟陸佰柒拾叁元伍角肆分，旅差費用開支壹仟貳佰柒拾元零伍角，購桌子一個壹佰貳拾元，立小山門開支伍佰陸拾元，九七年春節架彩燈開支柒佰貳拾元，其他費用開支肆佰叁拾叁元柒角玖分；懸匾開支柒佰叁拾柒元。現金支出總計：三萬陸仟零伍拾叁元。

識途馬安昌校核　善卿周積德謹書

公元一九九七年歲次丁丑林鐘月之上浣吉旦

三義殿修復會　立

[題解] 匾木質，製作於1997年農曆六月（林鐘月）。高1米，寬3.7米。現懸挂於古浪縣土門鎮三義殿廊下。簡記修繕柏臺三義殿工程事宜，重點是經費收支特別是群衆集資情况。作者情况不詳。

三義殿弘揚道教匾

弘揚道教
古浪縣道教協會成立贈三義殿紀念
博學楊法仕撰　國學袁良璽書
公元一九九八年歲次戊寅菊月二十二日

[題解] 匾木質，製作於1998年農曆九月（菊月）。高約0.8米，寬2.5米。現懸挂於古浪縣土門鎮三義殿大殿檐下。作者情况不詳。

維修羅漢樓功德志匾

夫有非常之事，即有非常之人。有非常之人，然後才能順天地、應人情、成大功、建大業者也。土門羅漢樓建於清康熙七年，乃七星劍第三位高樓，亦乃原土門堡東城門箭樓也。結構謹嚴，巍峨壯觀，層樓三級，上層殿陛宏敞，殿内有十八羅漢塑像；下層古爐鼎峙，爲行人之通道。此則樓之概觀也。至若雕口鏤角，飛檐斗拱，窮極土木之研，足以具瞻仰也。

巍乎！高樓坐鎮一方。硯山屹於南，文星高照；戈壁亘於北，黄龍吐金。位居雄關，虎視羌虜。歷三朝而不衰，經萬劫而不摧。賴神天之護佑，保地方之安寧，爲衆信所皈依也。嗟乎！歲月不留，年代邈遠，晹雨暄濕，瓦毁棟橈，佛像迭遭破壞，門窗拆伐不全，晚露晨霜，岌岌可危。凡仰其上者，無不臨風嗟嘆，無所措置。

吾邑信士馬洋，宿植善因，樂善施人，目擊心惻，慨然以爲己任。即上呈政府，募資修葺，自己首捐巨額，以啟迪衆信，倡議維修。會同維修會長十一人，涉水跋山，登門化緣。蒙社會仁人之大力緣募，於公元一九九六年三月十日，鳩匠構材，開典動工，其維修如左：

一、加固樓基，僅砼澆灌，大卅立方；二、添補大梁二、斜梁二、檁柱各五；三、新裝格子門扇共五十六頁，上層木樓梯，下層砼踏步樓梯各一；四、補換西樓角，翻修脊瓦；五、蓮臺供座，佛龕軒口，盡善無遺。最感人者，於河南洛陽請來十八位磁雕羅漢，誠心可嘉。然後圬者、雕塑藝者，彩繪輪奐，堂構煥然一新，廊楹輝彩，肆外閎中，金像莊嚴，燦星麗日，俾三百年滄桑文物再換新顏。

此則諸公嘔心瀝血之功德，歷千秋而不朽也。亦乃一時之盛世，非文何傳！值普天同慶、大功告成之日，故以此志，傳諸於世，永葆長春。

南坪蘇相齡謹撰并書

公元二千年歲次庚辰黃鐘月上浣吉旦

[題解] 匾木質，製作於2000年農曆十一月（黃鐘月）。高約0.8米，寬約2.4米。現懸挂於古浪縣土門鎮羅漢樓。簡記維修羅漢樓事宜。作者情況不詳。

財神閣招財納福匾

招財納福

壬午春末

王明壽 書

[題解] 匾木質，製作於2002年春。寬2.8米，高約1.2米。尾刻篆書"王明壽書印"陰文章一方。現懸挂於古浪縣大靖鎮財神閣二樓北側檐下。

[作者] 王明壽（1964— ）：甘肅民勤縣人。曾任古浪縣委副書記、縣長，蘭州市紅古區、城關區委書記，定西市副市長等，現任省發展集團董事長。

青山寺懸匾記

爲落實黨的宗教信仰政策，青山寺法師釋萬恒，依託本邑賢達王久禎等修建大雄寶殿，於一九九六年五月奠基。承蒙各界檀越捐款資助，歷時三載，現已莊嚴告竣。爲啓迪優良傳統，净化人心，法水長流，彰其功德，永垂芳名，千秋不朽，卑作記志。

　　大殿布施功德芳名排列（略）

　　邸得奎撰　顧自新書　梁玉川校

　　佛曆二五四六年　公曆二零零二年六月初一日

[題解] 匾木質，刻於2002年6月。寬約2.4米，高約0.8米。現懸挂於古浪縣大靖鎮北青山寺内。簡記修建大靖鎮青山寺事宜。作者情况不詳。

財神閣集金添彩匾

　　集金添彩

　　大靖學區、水管處捐款壹萬貳仟伍佰元

　　壬午年八月　大靖財神閣修繕委員會

[題解] 匾木質，製作於2002年農曆八月。寬2.2米，高約1米。"集金添彩"4字爲楷書。現懸挂於古浪縣大靖鎮財神閣二樓殿内。作者不詳。

青山寺大雄寶殿匾

　　大雄寶殿

　　甘肅省古浪縣大靖青山寺

　　趙樸初　敬書

　　寧夏中衛高廟保安寺贈

[題解] 匾木質，刻制於2003年。寬約3米，高約1米。字體爲楷書，尾刻篆書"趙樸初"印一方。現懸挂於古浪縣大靖鎮北青山寺内。

[作者] 趙樸初（1907—2000）：安徽安慶市人。卓越的佛教領袖，著名的社會活動家，杰出的書法家、詩人。曾任中國佛教協會會長、全國政協副主席等職。

青山寺主持正法匾

主持正法
恭賀古浪縣青山寺萬恒法師榮膺方丈升座之慶
釋萬空 釋萬净 釋圓照
佛曆二五四七年九月

[題解] 匾木質，刻作於2003年。寬約2.4米，高約0.8米，字體爲楷書。現懸挂於古浪縣大靖鎮北青山寺内。作者不詳。

青山寺萬法禪思匾

萬法禪思
賀古浪縣青山寺萬恒法師榮升方丈
蘭州五泉山濬源寺
佛曆二五四七年九月

[題解] 匾木質，刻作於2003年。寬約2.4米，高約0.8米，楷書。現懸挂於古浪縣大靖鎮北青山寺内。作者不詳。

青山寺續佛慧命匾

續佛慧命
賀古浪縣青山寺萬恒法師榮升方丈
陝西省西安草堂寺方丈宏林 監院諦性 贈

[題解] 匾木質，刻於2003年。寬約2.4米，高約0.8米，字體爲隸書。現懸挂於古浪縣大靖鎮北青山寺内。作者不詳。

裴家營觀音寺修繕記事匾

觀音寺恢復爲弘揚民族宗教文化場所，是裴家營人民夢寐以求的心願。黨的十一屆三中全會後，社會各界人士自發組織座談討論會，提出了要回觀音寺請求。采取派代表上訪和與有關單位登門協商等辦法，經過不懈的努力，終於在一九九八年七月三日得到了上級主管部門的批准。

回歸後的觀音大殿，已成破爛不堪，面臨倒塌危險。人民群衆看在眼裏，急在心中。爲了搶修觀音大殿殘局，自覺自願的開展了人人捐款捐物，個個投工獻料的活動。同時，將觀音大殿從上到下，由内到外進行了全面維修，於一九九九年十二月竣工，呈現出昔日的殿宇巍峨、彩梁畫棟、金碧輝煌的觀音大殿。

爲恭頌觀音寺回歸，大殿全面維修做出無私奉獻的社會各界人士，勒銘垂志，永沾佛光。

衆居士一千零四十五元，李光全五百二十五元，趙占元四百八十元，張志甫三百元，李作棟三百元，白善慶三百元，王之斌二百六十五元，王永恒二百五十元，張培元二百元，□玉平二百元，□玉珍貴二百元，毛懷文二百元，毛永寬一百二十元，張延奎一百二十元，鄭宗榮一百一十元，紀存孝一百元，王永遠一百元，張登賢一百元，王重賢一百元，哈全平一百元，田荆蒲一百元，李宗寧一百元，李奮武一百元，張全榮九十元，于國龍九十元，楊茂林九十元，哈全貴九十元，侯占寶八十五元，吕成志七十元，王維七十元，趙正元七十元，祁志福七十元，關平七十元，吳建良七十元，李發海七十元，李仁六十五元，徐錦雲六十元，石國祥六十元，哈全泰六十元，鄭宗武六十元，張百榮六十元，于加福六十元，王榮六十元，劉梅蘭六十元，苟有智五十五元，趙太和五十元，丁國柱五十元，朱永興五十元，李秀華五十元，張登堂五十元，吳學明五十元，劉永年五十元，朱興軍五十元，郭玉琳五十元，王玉賢五十元，董江善五十元，李彪五十元，張世清五十元，白玉珊五十元，白玉倉五十元，韓立龍五十元，郭連官五十元，祁維山五十元，趙威山五十元，雷萬貴五十元，任廣德五十元，袁澤芳五十元，白玉泉五十元，劉禮五十元，王清輝五十元，蔣月基五十元，盧文義五十元，高梅香五十元，楊登銀五十元。

在贊助活動中，人數衆多、不足五十元者一千五百零七人，現金一萬六千九百四十七元七角。由於匾面所限，不再逐一列登。

裴家營觀音寺修建委員會

公元兩千零三年四月八日

[題解] 匾木質，製作於2003年4月。高約1.4米，寬3米。懸挂於古浪縣裴家營鎮觀音寺。簡記集資修繕觀音寺事宜及信衆捐款數額。作者不詳。

山陝會館乾坤正氣匾

乾坤正氣

歲在辛卯年夏

翟相永 書

馬雲山、張德林、蘇煜、藺占奎、袁興泰、于海年、王永忠、王泓瑜、任玉民、張海泉、冉占河、沈立國、羅玉文、張長慶、康國瑞、邢萬才、祁軍、韓玉春 獻

[題解] 匾木質，刻於2011年夏。高約0.9米，寬2.2米。現懸挂於古浪縣土門鎮山陝會館。時爲維修山陝會館時制匾紀念。

[作者] 翟相永（1969— ）：武威市人。武威市涼州區青年巷小學教師，現任武威市书协主席、甘肅省書協副主席。

山陝會館春仁秋義匾

春仁秋義

歲在辛卯年秋

趙千之 書

張振華、王子琦、張新明、張奮武、馬有信、高萬隆、王三福、沈鈺、岳培基、侯德安、郭泰山、馬才元、陳永貴、陳琳、陳恭、張開福、董竹林、郭志普 獻

[題解] 匾木質，刻於2011年秋。高約0.9米，寬2.2米。現懸挂於古浪縣土門鎮山陝會館。時爲維修山陝會館時制匾紀念。作者不詳。

土門修繕山陝會館匾銘贊

歲次辛卯孟夏清和月上浣吉旦 恭題土門修繕山陝會館匾銘贊

土門古鎮，漢唐辟疆。屯墾戍邊，農牧并舉。塞上商埠，貿易市廛。商賈雲集，店鋪林立。誠信公平，經濟繁榮。民風淳樸，安居樂業。晉商秦客，貿易興隆。祀神明聯，桑梓於清。

康熙元年，聯手出資，在絲路古鎮土門興修山陝會館，建正堂大殿、東西演藝廳、鐘樓鼓樓、兩廊厢房；大殿內奉武聖關羽。且於清道光元年建馬祖殿，內奉馬祖。整體構築，融儒釋道三家思想於一體，氣勢宏麗壯觀。

黃河水滔滔，映帶華夏脈源；泰山峰巍巍，造就文武二聖。山左孔子而仁德天下，山右關羽而義冠古今。護國佑民，聖文雄武功蓋環宇；仁義禮智信，孕毓華夏文明。

山陝會館歷經滄桑三百五十年矣，乾坤輪換，歲月變更，風雨侵蝕，地震人禍，殿堂房屋破損不堪，雕塑無存，昔日雄姿今幾泯焉。一九八四年及二〇〇五年被定爲縣市二級文保單位。二〇〇九年，土門地區有識之士，籌組管委會，報請鎮縣市有關部門；同年，武威市文物考古研究所實地勘察測繪，制定修繕方案。各界賢達踴躍捐款捐物集資，上級部門高度重視，大力支持。歷時

兩年，修繕維新大殿、演藝廳、鐘鼓樓、馬祖殿、廂房，雕塑聖像，山門圍墻修繕基本復原狀。人文古迹得保存，雄姿重現焕彩□；浩氣千秋昭日月，英靈萬古振綱常。將爲人文經濟帶來福祉。

　　　武威市詩聯社副社長郭嶸年熏沐 敬撰
　　　武威市書法家協會會員陳恭沐手 敬書
　　　武威市考古研究所所長張振華沐手 敬校
　　　古浪縣文化館館長張新明沐手 敬閱
　　　武威市老年書協會員高萬隆沐手 敬讀
　　　公元二〇一一年歲次辛卯孟秋吉旦 敬立

　　[題解] 匾木質，製作於2011年秋。高約0.9米，寬2.4米。現懸挂於古浪縣土門鎮山陝會館。山陝會館修繕完工時制匾紀念，匾文簡記修繕事宜。另有名譽會長匾一塊（見後），大小形制、制匾時間於此匾相同，公布維修山陝會館名譽會長、籌建委員會會長名單。土門文風鼎盛，百姓愛護文物，曾自籌資金先後修復柏臺三義殿、羅漢樓、玉祖臺、山陝會館等古建築。作者情况不詳。

繕修土門山陝會館名譽會長芳名録匾

　　土門山陝會館建於清康熙年間，歷時三百五十餘年。
　　物换星移，世代變遷。風吹日曬，逢劫遭灾。人爲破壞，殿房傾頹。垃圾滿院，穢不堪言。時逢盛世，政通和諧。國富民强，前景輝煌。弘揚文化，保護遺産。當地仁人，外界賢達。上級政府，給予支持。倡導發起，繕修此館。組建修委會，民衆同奮起。精心籌劃，保護原貌。慷慨解囊，捐物集資。各行工匠，竭力盡心。男女志願者，老少皆誠心。時届逾兩年，一期工程竣；二期開，三期以待再施工。文化遺産物，務求更完美。
　　名譽會長：付占禮、胡生永、張家駿、沈興國、張學龍、張振華、王子琦、馬永翠、王成延、田玉和、張長慶、孟占祖、鄭金奎、程林、王泓瑜、劉慧忠、田閱、張新明、朱兆瑧、張奮武、馬雲山、蘇煜、劉占鼇、張德林、羅振武、馬有信、高萬隆、胡登奎、賈麒山、曾國才、康國瑞、祁軍、袁興虎、邢萬才、韓玉春、郭延賦、崔培林、王泓奎、王三福、郭泰山、楊開仁、張平、郭萬剛、王永忠、董竹林、王發祥、高柏山、馬福德、程恭、許開宏、馬立學、甘生學、冉興華、胡萬年、胡松山、張福慶、周秀英、張春梅、馬玉蘭、王金花、郭慧英、張文煥、袁杰、王克功、柴玉寶、袁德全、陳寶山、王克龍、李永祥、王忠魁、郭廷俊、袁興壽、楊文芳、高延虎、王竹蘭。

　　修建籌委會會長：袁興泰、任玉民、張海泉、冉占河、王永忠、藺占奎、沈立國、魯克榮、于海年。

　　土門北隅景壯觀，山陝會館偉名傳；華夏文明史悠久，關聖帝君位至尊；忠義仁勇貫乾坤，永爲世人賜福音。

　　武威市書法家協會會員陳琳沐手　謹校
　　武威市書法家協會會員王三福沐手　謹閱
　　武威市老年書法家協會會員高萬隆謹撰　拜書
　　公元二〇一一年歲次辛卯孟秋吉旦　敬立

　　[題解]　匾木質，製作於2011年秋天。高約0.9米，寬2.4米。現懸挂於古浪縣土門鎮山陝會館。簡記修繕山陝會館事宜。作者情況不詳。

財神閣恩施澤沐匾

恩施澤沐
壬辰孟陬①穀旦②
陳伯希　題

　　[題解]　匾木質，製作於2012年孟春。高約1米，寬2米。"恩施澤沐"4字爲篆書，"壬辰孟陬穀旦"爲行書，尾刻"陳""伯希"陽文篆章2方。現懸挂於古浪縣大靖鎮財神閣二樓南側檐下。

　　[作者]　陳伯希（1922—2016）：山東濰坊人。著名書畫家。曾任甘肅省美協主席、甘肅省書畫研究院院長、甘肅省文聯副主席等職。

　　[注釋]
　　①孟陬：農曆正月爲陬，又爲孟春月。
　　②穀旦：晴朗美好的日子。常用於吉日良辰的代稱，多書於碑、匾。

財神閣峻極天市匾

峻極天市
壬辰春旹①重書
尹建鼎

[題解] 匾木質，製作於2012年春。高約1米，寬2.2米。"峻極天市"4字爲行書，尾刻陽文印章2方。現懸挂於財神閣二樓北側殿内。

[作者] 尹建鼎（1922—1997）：陝西渭南人。字半坡，別號半坡書房主人，著名書法家。曾任中國書法家協會名譽理事，甘肅省書法家協會名譽主席。

[注釋] ①旹："時"之异體字。

武威金石志

天祝卷

本卷目录

第一编　碑　石/(0925)
第二编　匾額選粹/(0958)

第一編 碑 石

古 代

石門寺峽口石壁彌勒佛石刻像銘

唐卍展召郎（藏文）
唵嘛呢叭咪吽（藏文）
見聞思脫聖地

[題解] 彌勒佛石刻像位於石門寺東面峽口石壁北側，刻於明朝永樂十五年（1417）。石刻像在離地面約20多米高的石壁上，佛像高6.5米，寬3.2米，雕刻深度0.20米。佛像左側刻有兩行藏文，一行爲"唐卍展召郎"，一行爲"唵嘛呢叭咪吽"；另刻有一行漢文，爲"見聞思脫聖地"，即"唐卍展召郎"的漢譯。佛像在"文革"中雖然遭到嚴重破壞，但基本保存完好。但在1984年1月3日的一次采石中却遭到滅頂之災，被當場炸毀。資料來源於乔高才让主編《天祝藏傳佛教寺院》一書。

石門寺，位於天祝縣城西北13千米的石門鎮，初建於明崇禎年間。相傳達賴六世倉央嘉措主持重建并任堪布（方丈）。

光明女佛石佛像銘

光明女佛（藏文）。
刻於明永樂十七年

[題解] 佛像刻於明永樂十七年（1419），刻在一塊高75厘米、寬64厘米、厚24厘米的青沙石板上。光明女佛裸足，半披肩袈裟，右臂自然下垂置於右膝上，左手執蓮花枝於胸前，頭戴嵌珠寶冠，端坐蓮花座上，乘小猪拉車。龕壁圍以雲紋，左上角雕月亮，右上角雕太陽。佛龕壁下面用藏文刻佛名，漢文譯爲"光明女佛"。背刻漢文"刻於明永樂十七年"。發現於天祝縣石門寺舊寺院墙壁內，現保存完好。

光明女佛，藏傳佛教人物，亦名金剛亥母、光明天女、積光天母，梵名爲摩利支，或摩利支提婆。在藏傳佛教密宗裏爲勝樂金剛明妃，空行主母。據說她的丈夫有24處住所，涼州金剛亥母洞即其一。在有的傳說中她乘着一架由猪（數量不等）拉的車子跟着太陽奔走。

百靈寺碑（敕賜普福寺紀功德碑）

神通爲用普及群倫明真去……
度僧追古以倍時爲盛哉凉乃古……
所創也年既兹久有山環四……
仝弘華夏□騰達歷之皆禪宗……
當□伏然而□□□□莫寸……
捐舍資財督夫匠剪茅鳩工石……
餘則臺建佛經二閣鐘鼓……

眾尼兩廡神像列護昭然南有……
□騎將軍都指揮使朱君通……
鎖南堅參住持答里麻室利十……
（依照今存殘碑文字按行排列）

[題解] 百靈寺，藏語稱噶瑪崗寺院、噶瑪日朝。約建於隋唐年間，明正統年間（1436—1449）重建後，朝廷賜名爲"普福寺"，後訛傳爲"福壽廟"。位於天祝縣大紅溝鄉西頂村，距縣城西北約120千米處，座落在靠近山頂的一個坪臺上。核心建築1.5畝，包括僧舍等附屬建築占地約5畝。坐西向東，北靠神仙山（也叫神仙窰），南有旗杆嶺，北倚石佛山，照山是五座窰。寺院靠山背後有一處佛塔遺址。

越過照山遠望，武威城南的廣闊沃野盡收眼底。毀於清道光年間火災。

現存百靈寺碑系明正統年間重建後刻立的石碑，由部分石碑殘片拼合而成。清同治年間，寺院焚毀，石碑斷爲三塊，後於1954年重修寺院時拼接樹立。1958年石碑再次倒地破碎，致使部分殘碑文字消失。現存的石碑由5塊碑身殘片和一個完整的碑座構成。其中3塊是碑頭，1塊中段，1小塊左下段。碑頭上面鐫刻着完整的碑名："敕賜普福寺紀功德碑"。碑頂呈半圓狀，碑文兩邊有浮雕二龍戲珠紋飾。碑名位於60×40厘米扁長方形單綫條方框內，文字爲雙綫條空心字篆書；9字分3行，每行3字；字呈竪長方形，每字寬約8厘米，長10至12厘米不等，書寫規正，鐫刻清晰。

碑名方框下面是正文，以2厘米見方的楷書鐫刻，字爲陰文。因石碑破損，字不成句，文不成章。碑頭下面僅有"……寺紀功……""……教以慈悲……""……廣大無窮……""……聖朝統一……""……大業正□"等字迹。中段最長處約35厘米，上下大體齊整，左右未破損，碑面有多處砸傷，個別字無法辨認。目前僅存的幾行碑文，因脫文太多，難以排列，更難斷句。

另一三角形的殘塊上正面僅有一個"七"字清楚。碑陰是單綫楷書藏文，格式爲横排。藏文因筆劃細密複雜，殘損較多，基本看不出成句的文字，碑身兩側光潔平整，無文飾。整個碑高無法得知，寬度爲80厘米，厚30厘米。碑座長120厘米，寬50厘米，高60厘米，上部有安放碑身的凹槽。

殘碑文字所稱"□騎將軍……朱君通"不詳；鎖南堅贊（索南堅贊）爲明朝國師、涼州高僧，涼州廣善寺、白塔寺碑刻中有其行迹。

附：相關文獻對百靈寺的記載

《安多政教史》："……在此以下，有漢族稱爲白蓮寺的噶瑪巴進修處。這裏原是一處頗爲靈異的進修地，後有噶瑪噶舉派的許多大喇嘛參禪修行，由於曾是幾個民族的栖止之處，因而獲得了這個名稱。曾有這樣的傳說：有四位瑜伽師在此長期修行，最後都飛上了天，據說其中的一位瑜伽師沒有飛很遠便落到附近的一座岩石上。從前，每逢節日就能聽到各種悅耳的音樂。唐朝的第二位皇帝太宗譽爲大樂神宮，明代第三代皇帝永樂曾加以維修。正統七年（1442），太監李貴、妙善通慧國師索南堅贊、釋加比丘索巴華、沙彌大日瑪室利等修建了三間佛殿，兩條環形路，左右各二十間廂房，天王殿、釋尊涅槃殿，三座佛塔及鼓房、鐘房等，題名爲福壽廟，其修建歷史樹有石碑。至清道光二十九年，十四勝生的土雞年（1849，己酉），已經一百零二年。"這裏所說的"瑜伽"藏語稱"南厥哇"，是佛教中的密宗功法，而非現在在印度等地流行的瑜伽功法。

民間一直流傳着百靈寺有寶藏的傳說。《安多政教史》中對百靈寺所在的西頂有這樣的記載："大佛像（指天梯山石窟大佛）右側的角丹日山（又名覺旦崗，藏語意爲聚富山，即今西頂）上有許多銀礦石，從前曾開設煉銀場，是產生寶物的地方"。從山腰煉銀、煉銅的遺址和寺院照山"五座窑"的名稱證明，這個記載無誤。依此可以證明老百姓在百靈寺遺址尋挖寶藏并不是沒有一點因由。孰不知，寺廟乃公共場所，不會有人在這裏埋金藏銀的。寺中僧人既或有積蓄，也會財隨人去，不會象世俗人家一樣埋入祖宅，以圖傳諸子孫。

《涼州四部寺道路指南》對百靈寺所在的西頂的記載："從西頂到噶瑪日朝是三十里。據說從前五百羅漢曾在此處住過，有四位瑜伽師在百靈修行獲得飛行成就，其中有一位落在石崖上。早年，每逢佛教節日時會聽到各種奇妙的天界音樂。此寺主要供奉的聖物是塔心裝有薩班（貢嘎堅贊）的體内舍利、袈裟、衣物、經夾等物的噶瑪寶塔。若病人虔誠朝拜和夜間繞塔轉經，能看到寶塔的奇光異彩，具有驅散病魔和妖邪的奇效。在此塔的左邊還有一個較小的靈塔，其内安置有修煉高僧敦珠嘉措的五色遺體舍利。從此地下行五里路有著名高僧賽康大師的修行禪堂，内有慈悲觀音、度母等塑像。"

蕩空松山碑記

大明萬曆二十六年秋九月，大司馬田公再計於制府李公，犁掃松窟既空矣。公會諸文武，經畫邊垣，蓐食扒沙七晝夜，從容問及松山所以致虜與今日所以蕩空。雲龍爲對狀頗悉，命志之……

[題解] 此碑與《松山平虜碑》《定松山碑》三碑皆見乾隆《平番縣志》，簡述明萬曆二十六年（1598），朝廷派兵剿除蒙古邊患，收復松山事略。歷史上，天祝於獨立建縣置前分屬平番（今永登縣）、武威、古浪三地所轄，其碑刻散見於三地。以上碑文及題解見本書《古浪卷》。

報恩寺界碑座

報恩寺界碑座

[題解] 碑座砂石質，立於清康熙年間（1662—1721），現藏於天祝縣松山鎮達隆寺院内。碑座呈長方形，保存基本完好，正楷"報恩寺界碑座"六字清晰可見。康熙皇帝曾爲松

山達隆寺御筆親賜"報恩寺"横匾，達隆寺刻碑紀念。今匾與碑被毁，僅存石刻"報恩寺界碑座"。雖然如此，但仍然是達隆寺歷史輝煌的標識。

達隆寺，創建於明崇禎年間。曾因康熙皇帝賜匾和藏有藏文版大藏經《甘露爾》《丹珠爾》等珍貴經卷聞名藏區。

古城村番漢交界碑

　　管束莊浪土官土軍世□□□□□□□□涼州府平番縣正堂何□□□□□□調□前縣程□移交西□□□□□□署涼州府正堂田。信□蒙□□□□□□藩憲尹憲牌據□番民□□□□□漢交錯界域□清□乾隆十年間□□□□前府憲□陽□親勘定界，將古城溝□□□各憲□光火經遵奉在案尚□良□登□□尚元良□轍萌覬覦於前□□越遇下□□界□□占地阻種等詞□經越□。涼州府正堂田并控藩憲□□蒙□前陸縣葉□調署皋蘭縣□下之分自定界以來二十餘年，漢民從來□□其爲漢□番界無疑，乃該犯等訐訟□□□批發落番民且令多爾只并無越境□已致年□滋訟，并請將該犯等□存執。

　　一、王祿原承額糧二石丈給□四□□□野狐川嶺爲界。

　　一、巨鵬等原承額糧四□□野狐川嶺脊爲界。

　　兹奉□□□□□□上憲令其仍照原斷勒石定界，永遠遵□□啓爭端者三尺具在，不能稍貸□各□□。

　　乾隆三十九年六月

　　[題解] 碑青石質，立於清乾隆三十九年（1774）六月。分爲碑額、碑身兩部分。碑額呈梯形，高94厘米，寬117厘米，厚14厘米；碑身呈長方形，已斷爲兩截，上半部分長107厘米，下半部分長25厘米，寬111厘米，厚14厘米，青石座。正面陰刻楷書文字。該碑是當時涼州府與莊浪軍爲劃定番漢地界而刊立的，記載了劃界及雙方訴訟、糾紛調解等相關情況，是研究清代天祝藏區邊界劃分的重要實物資料。2007年，當地修建鄉村公路，村民在移動該碑刻時將其損壞，斷爲兩截，之後將碑額、碑身堆放於公路南側。現位於天祝縣賽什斯鎮（與永登縣毗鄰）上古城村北500米道路南側。

　　莊浪，古縣名，即今甘肅省蘭州市永登縣。永登古稱令居、廣武、莊浪等，天祝於1950年設區（縣）以前，大部分地方屬永登縣所轄。元世祖忽必烈至元元年（1264），在今永登縣置莊浪縣，明爲莊浪衛，清雍正三年（1725）設平番縣，隸涼州府。

馬廠番地界碑文

東自界頭起，向西照直□二墩後止；東西計寬二□三分。南爲馬廠，北爲阿蓋族番地。

咸豐元年六月二十八日

[題解] 碑砂石質，立於清咸豐元年（1851）六月。碑額呈半圓形，碑身長160厘米，寬59厘米，厚22厘米；碑身兩面均鐫刻文字，碑陰文字已漫漶不清。碑文記載了界址範圍，對研究清代松山草原地界劃分提供了重要的實物資料。現立於天祝縣松山鎮政府北10千米華芨芨灘村新圈組西北2000米處公路東側草原上。松山灘草原即松山草原，位於天祝縣城東南部30多千米處，總面積約1000平方千米，屬乾旱草原植被，主要爲草本植物和灌木。地勢開闊平緩，氣候宜人，水草豐美，景色秀麗，爲天祝最大的草原盆地。草原上有明代松山古城遺址，位於松山灘黑馬圈河口，建於明朝收復大小松山之後的萬曆二十七年（1599），成爲明朝西北邊境的一座重要軍事堡壘。松山城經歷了400多年的風風雨雨，保存基本完整。

阿蓋族，歷史上天祝屬安多藏區，是華銳藏區的主體部分。1950年設區（縣）以前，有36個錯哇（藏區基層單位，即部落之意，其實這是一個比部落更小的家族單位），隨之有36族。阿蓋族爲36族中東山八族之一，分布於今東大灘鄉一帶。

重修莊浪茶馬廳①衙署碑記

嘗考茶馬廳設自國朝，衙廨建於明季，規模閎敞，氣象光昌，洵足壯中國之威儀，而爲番氓所景仰者也。乾隆三十三年，富司馬克濟來茌斯士，曾捐廉修葺，迄今未及百年，而不堪令人仰視矣。門闌坍塌，墀廡欹斜；燕麥禽芝蔓延屋宇，鳴翎埔糞堆滿堂坳；廳事雖有數椽，莫蔽風雨；退寢僅存兩架，難設櫥床。三徑就荒却無松菊，四縈俱具儘是泥塗；擬邵垚夫②之行窩固所不及，比劉禹錫③之陋室對曰未能。試思亟其乘屋，小民尚懷宵晝之勤；相厥攸居，古人不廢經營之事。敢謂官舍等於客舍，毫不關心；若令前人諉諸後人，盡皆袖手。余是以於蒞任之初，從公之暇，金分鶴俸，匠集鳩工。可任者重加苫蓋，率由舊章；特起者格外創成，增其式廓。觀其外也，榱題數尺，始可以蒞民等而上焉，暖閣數重亦可以迎養。而且東開隙地，爲兒輩讀書之堂；西列明窗，設賓從論心之榻。藝花種菜，小有半畝之園；移竹載松，且樹百年之木。費用二千多金，築室八十餘所。噫嘻！日省月試後至者，焉知以往之勞；繕宇葺牆去此者，曷勝將來之望。

咸豐三年仲春間之裕文識并書

[題解] 碑立於清咸豐三年（1853）仲春，位於莊浪（今永登縣）城内。碑已佚，碑文引自《永登縣志》（1997）和《天祝縣志》（1904），記載了重修莊浪茶馬廳衙署的概況（包括歷史沿革、邊界四至等），滿含着創業的艱辛和快樂。

[作者] 裕文：滿人，監生。咸豐元年（1851）任莊浪茶馬同知。

[注釋]

①莊浪茶馬廳：清順治至康熙初年，置莊浪茶馬司，設茶馬同知等職。清康熙十八年（1753）爲莊浪茶馬廳，設莊浪茶馬理番同知（後改爲莊浪茶馬理番委員），由平番知縣兼任，管理屬於今天祝的36個部族、14座寺院。

②邵垚夫：即邵雍（1011—1077），字堯夫，河南洛陽人。北宋著名理學家、數學家、詩人。其一生研究學問，過着自耕自種、自給自足的生活，并爲自宅起名爲"安樂窩"。時有熱心好事之人，仿造安樂窩的樣式，建起新的別苑，取名爲"行窩"，等候邵雍的光臨。

③劉禹錫（772—842）：字夢得，河南洛陽人。唐朝文學家、詩人、思想家，曾任御史、刺史、太子賓客等職。他半生磨難，但矢志不渝。其宅名"陋室"，因其散文《陋室銘》馳名古今。

莊浪屬署題名碑記

且史志必載仕官，誠以其人而賢也，載之以爲後世法；其人而不肖也，載之以爲後世戒。即或其人庸庸碌碌無所短長，必鱗次魚貫而載之不缺者，以爲□官。必有其人，存其人者，存其官也。

考莊浪之設官，非遠自漢魏晉唐之遙，元至元元年①始立莊浪衛，而蒞斯任者皆閑寂無稱。至我國朝康熙二年改設鞏昌分府，乾隆十八年改設莊浪茶馬同知，相去僅二百餘年，其間之名氏不彰、里居無考者已不勝指屈。自是而後，愈遠愈湮，愈難參考。文於公政之暇，檢閱《五涼考治》②，并於積卷中細加詳察，將設官之源委與莅任之後，先臚列③於左，以備將來修志之一助焉。或有姓而亡其名、字，或有名、字而亡其里居者，亦必按其年月備載之，以待有識者之添補云。

一、考莊浪，古雍州西戎地也，漢設枝陽縣，唐陷於吐蕃，元至元元年改莊浪衛，明洪武年改縣，永樂年仍改莊浪衛。我國朝康熙二年改衛爲所，設鞏昌分府監屯同知。雍正三年，裁所設平番縣，改莊浪監屯廳。乾隆十八年，設莊司茶務，歸廳管理，改莊浪茶馬同知兼，轄熟番三十四族，與平番縣同城，歸涼州府屬。

一、考四至，東至皋蘭縣界，南至苦水界，西至碾伯縣界，北至古浪縣界，東南至紅水界，西南至連城土司界，西北至武威縣上古城界，東北至中衛縣界。

鞏昌分府監屯同知歷任名銜：

徐自礦　山東濟南府人，進士，順治元年任。

陳翼明　直隸元城縣，舉人，順治五年任。

俞惟斌　浙江金華人，廩監，順治八年任。

劉源湛　河南新鄉縣人，順治十一年任。

王　階　里居未詳，順治八年任。

黄肇熙　里居未詳，康熙五年任。

張思房　里居未詳。

吳　熙　里居未詳。

王家棟　里居未詳。

張可立　福建福清縣人，康熙十五年任。

蔡　昆　里居未詳。

蔡名輔　里居未詳。

林　升　福建莆田縣人，監生，康熙三十六年任。

金人望　江南淮安府人，有政聲。康熙四十二年任。

范士佳　揚州甘泉人，監生，康熙五十二年任。

王廷松　順天大興人，例貢，有功於民。康熙五十七年任。

張　梅　滿洲正藍旗人，監生，康熙五十八年任。

遲　英　滿洲正白旗人，蔭生，雍正元年任。

吴　章　江南蘭陵縣人，貢生，雍正二年任。
祝壽石　浙江海寧州人，進士，雍正四年任。
傅樹堂　河南登封人，進士，雍正四年任。
王之枚　浙江海鹽縣人，監生，雍正六年任。
張國樞　陝西榆林人，蔭生，雍正七年署。
乜承聖　山東歷城縣人，蔭生，雍正七年任。
楊纘緒　廣東澄海人，進士，乾隆元年任。
張爾德　陝西葭州人，進士，乾隆元年任。
李青雲　福建安溪人，舉人，乾隆五年任。
蕭　璸　江蘇儀征人，例貢，乾隆九年任。
梅士仁　廣東順德人，例貢，乾隆十一年任。
柏　超　滿洲正黃旗人，監生，乾隆十三年任。

莊浪茶馬同知歷任名銜：

富　安　旗人，里居未詳，乾隆十八年任。
啓成額　滿洲正藍旗人，乾隆二十二年任。
陳　銛　浙江海鹽人，舉人，乾隆二十二年任。
富克濟　滿洲鑲黃旗人，乾隆二十七年任。
葉　義　平番縣知縣兼署，乾隆三十一年任。
伍　格　蒙古正紅旗人，乾隆三十六年任。
李本楠　山東惠民人，拔貢，乾隆四十一年任。
何汝楠　平番縣知縣兼署，乾隆四十一年任。
諾明阿　旗人，後補同知署理，乾隆四十二年任。
吳文炳　浙江烏程人，監生，乾隆四十六年任。
洪　彬　安徽祁門人，乾隆四十七年署。
王曾翼　江蘇江寧人，進士，乾隆四十九年任。
吳文炳　里居未詳，乾隆五十年任。
陳科錕　里居未詳，乾隆五十一年任。
斐英阿　蒙古正黃旗人，舉人，乾隆五十二年任。
張師升　署平番縣知縣護理，乾隆五十三年任。
托　金　滿洲鑲白旗人，生員，乾隆五十三年任。
盛　露　旗人，乾隆五十五年署。
傅全岱　旗人，涼莊理事通判，乾隆五十八年任。

李祖瑞　里居未詳，監生，乾隆六十年任。
張　桐　江蘇上元人，監生，嘉慶年任。
吳　灼　湖南湘陰人，進士，嘉慶十一年任。
潘總勛　里居未詳，嘉慶二十年任。
吳　灼　里居詳前，升榆林府，嘉慶二十一年任。
德克進奉　滿洲鑲黃旗人，嘉慶二十三年任。
潘承炘　巴燕戎格通判署，嘉慶二十四年任。
格根園　蒙古正黃旗人，嘉慶二十四年任。
王鳳山　山西靈石人，貢生，道光元年任。
席存澄　平番縣知縣署理，道光二年任。
張循徽　山東海寧縣人，監生，道光三年任。
寶　瑛　滿洲正藍旗人，□□□，道光三年任。
貴　保　滿洲正紅旗人，生員，道光六年任。
龔　均　江蘇上元縣人，道光七年任。
克興額　伊犁蒙古正白旗人，道光九年任。
額爾興蒙額　伊犁正白旗人，道光十一年任。
克興額　前詳，道光十三年任。
徐保寧　浙江歸安縣人，舉人，道光十四年任。
張作霖　湖南長沙人，□□，道光十五年署。
常　興　伊犁鑲黃旗人，道光十五年任。
松　齡　滿洲旗人，道光十九年署。
林祀材　安徽潛山人，道光二十六年任。
包拉本　伊犁正紅旗人，道光二十九年任。
陳　墉　浙江進士，道光三十年任。
胡嵩年　江南進士，署平番縣，道光三十年任。
陳　□　□□□□□，□□□□□□□。
多　齡　蒙古人，咸豐元年任。
裕　文　滿人，監生，咸豐元年任。
裕文識并書　咸豐三年仲春長白間之氏

[題解] 碑立於清咸豐三年（1853）仲春。碑已佚，碑文引自《永登縣志》（1997年）《天祝縣志》（1994）。簡述了莊浪（今永登）縣的歷史沿革、歷代

稱謂變化及四界方位，并臚列歷任名銜77人（次）姓名、里居（籍貫或住址）、出身、任職時間等。

[作者]裕文：見《重修莊浪茶馬廳衙署碑記》作者。

[注釋]

①至元元年：至元，元世祖忽必烈年號；至元元年爲1264年，忽必烈於至元八年（1271）改國號爲"大元"，始有元朝，其前身是成吉思汗建立的大蒙古國。由於統治者都是蒙古人，前後兩段歷史又稱"蒙元"。

②五涼考治：即武威著名學者張玿美於清乾隆十四年（1749）編成的《五涼全志》，全稱爲《五涼考治六德集全志》，亦稱乾隆《五涼全志》。

③臚列：羅列、陳列、列舉。臚，傳語，陳述。

韓祖廟①碑文

平番古浪之交有烏沙嶺焉，上接祁連，下起賀蘭。嶺東麓曰鎮羌驛，其西曰龍溝堡，相距六十里。嶺高而寒，時有怪風雪，行者雖盛暑必衣皮。余兩度隴逾嶺者四，而皆晴和。巔有廟，鄉人奉昌黎伯②從孫湘子，以時致祭，不知始於何時。今更曰韓祖廟，歲久失修，益以兵燹廟圮。余以光緒十九年春出巡兩路營伍，時苦旱，謁廟禱於神，乞甘霖以蘇民困。行抵涼州大雨，抵甘州又雨，轉歉爲豐，民大悅，則神造福，於是拜者誠非淺也。神事迹書不多見，惟送文公至秦嶺，事載《潛確類書》③，韓集有示侄孫湘詩，今秦嶺藍橋有湘子洞，林木蒼翠也。三人多以養其修道之學，歸美於神，玆不具論。惟靈迹在秦，今隆於斯邦，人賴人斯亦奇矣。東坡嘗云："神之在天猶水之在地，故無往而不在乎"。昔昌黎禱於衡岳而雲開，今禱於斯而雨降，余誠不敢上擬昌黎而神之。上承家學，用興垂橋之苗活芸芸之衆，其理固有，確然無疑者。神之功德若此，而妥侑④之地碩凌替⑤，若彼是大不可。爰亟籌資，飭鎮羌營游擊黄文新，新神之廟以光緒二十年冬落成。文新以碑文請，遂濡筆而爲之記。

　　總制陝甘使者、湘鄉楊昌濬謹撰

　　賞戴花翎副將銜、以恭將盡光補用、小南岳石泉堂陶成謹書

　　署理甘肅涼州鎮屬鎮、羌營游擊、噶晉什香阿巴圖魯⑥李鳴鸞敬立

[題解]碑立於清光緒二十年（1894）冬。通高203厘米，寬93厘米，厚17

厘米。已佚，碑文引自《天祝縣志》（1994年）。光緒十九年春，時任陝甘總督楊昌濬出巡新疆，過烏鞘嶺。碑文簡述了韓廟所在地烏沙嶺（即烏鞘嶺）的地理氣候及廟祭情況，重點敘及作者謁廟祈神靈驗之事，而聯想到當年韓愈及湘子遺事，在敬畏之中感嘆神靈之功德。

[作者]

楊昌濬（1826—1897）：字石泉，號鏡涵，別號壺天老人，湖南湘鄉縣（今屬婁底市）人。曾任左宗棠戎幕，歷仕浙江巡撫、陝甘總督、閩浙總督等，官至太子太保。工詩詞書畫，博學多才。有《平浙紀略》《平定關隴紀略》等。

陶成、李鳴鷟不詳。

[注釋]

①韓祖廟：亦名湘子廟，位於天祝境內烏鞘嶺脊上，約建於明代，祀八仙之一的韓湘子，香火甚旺。民間傳說，馮勝進軍河西時在此與元軍激戰，因韓湘子遣烏鴉兵相助獲勝而敕建湘子廟。約毀於1958年。

②昌黎伯及相關詩詞：昌黎伯即韓愈（768—824），字退之，河南河陽（今孟州市）人，祖籍河北昌黎，世稱"昌黎先生"。唐代文學家、思想家、政治家。卒謚文，故稱韓文公。宋神宗元豐年間追封昌黎伯。湘子，即韓湘子，中國古代民間傳說中的八仙之一。據《新唐書·宰相世系表》載，湘子是韓愈的姪孫，因其幼喪父母，由叔祖韓愈撫養成人。傳說湘子後得鐘離權、呂洞賓傳授仙術，在終南山得道成仙，名列八仙之一。後來，韓愈因諫迎佛骨，被唐憲宗貶到潮州（今屬廣東省），過秦嶺，經藍關，值大雪，有生命之虞。時湘子忽至，護韓愈抵潮州。韓愈詩《左遷至藍關示姪孫湘》中"雲橫秦嶺家何在？雪擁藍關馬不前"即述其事。

③潛確類書：書名。明代官員、學者陳仁錫撰。共120卷，內容分13部，引書達1500多種，內容豐富，并有神話傳說資料等。

④妥侑（yòu）：妥，安坐；侑，勸。謂勸酒。

⑤凌替：衰落，衰敗。

⑥巴圖魯：滿語中"英雄""勇士"一詞的音譯，與蒙古語中的"巴特爾"同源，亦譯作"拔都"。爲滿洲傳統封號之一，獲贈者多爲滿洲武將，後擴大至其他民族，文人亦有獲贈者。

中華民國

甘青劃界碑（一）

呈奉

國民政府核准，甘肅、青海兩省分界處：自此向東至沙金溝口界碑止，以大通河中心爲界，北岸屬甘肅永登縣界，南岸屬青海互助縣界。

甘肅永登縣長 梁大奇

青海互助縣長 趙　瓏

民國三十年十月十二日

[題解] 碑立於1941年10月。碑文引自《天祝藏族自治縣志》（1989—2005）。現將《天祝藏族自治縣志》附錄的李占忠先生《金沙峽口甘青界碑發現紀實》一文載錄，供參閱。

《甘肅省志·概述》中記載：自西漢武帝時期，霍去病開河西，張騫通西域，置河西四郡，今甘肅全境全部進入中央王朝版圖。後累經"五凉"、西夏政權統治，"元代建立大一統帝國後，創立行省制度，分全國11個行中書省。元世祖至元十八年（1281）取甘州（今張掖）、肅州（今酒泉）首字，設甘肅行中書省，治所設在張掖。除轄今甘肅大部地區外，兼領今青海、寧夏、新疆、內蒙古的部分地區。從此，中國歷史上第一次出現了甘肅省的區劃。清康熙六年（1667）改陝西布政使司爲鞏昌布政使司，次年又改爲甘肅布政使司，將治所從鞏昌移至蘭州，奠定了今日甘肅省的基礎。1928年，國民政府將原屬甘肅的西寧等7縣劃出建青海省，寧夏等8縣劃出建寧夏省，至此，形成了今日之甘肅省。"當時，大通河雖從甘青兩省的土地上流過，但尚未形成界河，河西的浪什當溝、甲塘灘、朵卜一帶屬甘肅今天祝轄區的莫科措哇，河東的朱岔、麻科屬青海互助縣管轄。後於1941年以大通河爲界，劃定了甘青兩省的邊界。劃界的成因和過程及較詳細的情況，張樹棟先生在本叢書第六輯《民國時期的天祝鄉》一文中已做了記述，無須重復。但文中所錄碑文據知情并提供者說是在烟洞溝的石崖上，後已不存，他只提供了碑文的抄件。

1998年冬，縣政協東文郁副主席從連城文管會朋友處得知，他們在陪客人游覽金沙峽風光時，無意間發現在金沙峽口石崖上有記述甘青兩省省界的碑文。東文郁副主席便將這一消息告知筆者，要求對其進行落實。後因事務繁忙，無暇前往。直到1999年5月，因編寫《天祝土族》一書，前去采訪土族《格薩爾》演唱藝人更登什加（王永福），得便去考證這一問題。19日中午，筆者和哈守德、張輝（司機）告別更登什加，驅車從朱岔峽口跨大通河橋直下金沙峽口。金沙峽口屬炭山嶺鎮菜子灣村金沙峽口組。我們到組裏詢問了幾家人家，都不知有什麽界碑。後有一婦女說：這種事，問問賴爺也許知道。我們問明了賴爺的院子，徑直找到了他。賴爺叫賴占彪，是年68歲，尚在勞作。當時他正在修猪圈，聽了我們的詢問後說是有這麽個地方。當即拍拍身上的土，坐進我們的車，就帶我們去看。從峽口村溯河在崎嶇不平的山道上行駛了約2公里，便見一座石崖。賴爺讓停車，下車後，帶我們步行爬上一段陡坡，就到了石崖根裏，石崖下有6米左右寬的一個稍稍平正的臺子。賴爺說這個山灣叫鷂子灣，這座石崖叫小臺子拉排，石崖頂部向外突出，下部內收且崖壁比較平正。在一塊不規則的最爲平正一點的崖壁上鑿刻着的正是我們想要尋找的界碑碑文。這時候正是下午3時整，偏西的太陽光正照在石壁上。因石壁不規則，文字鑿刻得也就不整齊，字爲單綫條，書寫亦欠功力和美觀，僅能表意。原文爲繁體竪寫，現爲排印閱讀方便，按原格式用簡體字橫排抄錄於下（碑文見前）。

其中趙瓏的"瓏"字因岩石破損，"王"部清晰，"龍"部（繁體）難以辨認。筆者閱讀再三後抄錄了碑文，又拍了照，順路將賴占彪老人送回家，向他再三致謝。後經請青海省互助縣政協文史委同仁幫助查閱資料，才弄清楚互助縣長的名子。（原載《天祝文史》第七輯）

甘青劃界碑（二）

奉

　　國民政府核准，甘肅、青海兩省分界處：自北向西至青崗峽烟洞山界碑止，以大通河中心爲界，北岸屬甘肅永登縣，西岸屬青海互助縣。

甘肅青海兩省分界處
民國三十年十月

[題解] 碑立於 1941 年 10 月。碑文引自《天祝藏族自治縣志》（1989—2005）。現將《天祝藏族自治縣志》附錄的張樹棟先生《民國時期的天祝鄉》一文中"關於浪什當溝、甲塘灘書歸青海互助縣的情況"選錄，供參閱。

　　甘青原本一個省，民國十八年（1929）一月分省。民國十九年（1930）八月初八日互助縣成立，特別是民國二十七年（1938）三月馬步芳擔任青海省主席後，對天祝的一些地方便已垂涎。哈溪雙龍溝、抓喜秀龍灘的人莊溝、大小科什旦等地的金礦開采者，多系青海人。馬步芳派員駐守，徵收課金，據說產量非常可觀，只因金礦全部被客商操縱，天祝鄉難以偵悉。嗣後，馬步芳看到天祝煤炭資源豐富，土地肥沃，又強行霸占原天堂寺院管轄的炭山嶺煤礦（據說只給了 300 元僞幣），并派部隊到業土溝大肆墾荒。同時，兩地常因邊界草原山林糾紛，爭訟不斷。面對這種情況，天祝鄉多次寫報告向縣、省反映。從民國二十七年（1938）開始，經甘青兩省派員會同反復協商談判，於民國三十年（1941）在天堂寺開會，國民政府派員主持，永登、互助縣長及天祝鄉鄉長、莫科措哇頭人等甘、青兩省有關人士參加的劃界會議，確定以大通河爲界，這樣就將大通河西岸原爲莫科措哇的浪什當溝和甲塘灘劃給了青海省互助縣（浪什當溝、甲塘灘、朵卜倉一帶共約 150 多戶，400 多口人）。將原爲大通河北岸屬青海省互助縣朵倉措哇的朱岔、瑪科劃給甘肅省永登縣天祝鄉。爲了防止以後發生邊界糾紛，當時還在兩縣交接處立了界碑，并請石工在石山上刻了界址（當時的天祝縣屬永登縣轄鄉，故稱天祝鄉——編者）。

汪益堃紀念碑（兩通）

主　碑

陸軍軍需監汪公益堃紀念碑
　　　　中華民國三十二年
　　　　　于右任題

副　碑

杜唱初：浩浩其氣，奕奕其神。儒曰正命，道曰返真。
何柱國：東倭狂狉[①]，敢齮[②]我疆。義師斧鉞，誓掃攙搶[③]。
　　　　練組西北，尤賴輸將。饋餉弗間，籌算周詳。
　　　　邊疆奉使，機隕與亡。人思典則，國喪循良。
　　　　鵑燕月白，悼念神傷。
李家鈺：扶搖直上御風行，險生不測措斯人。
　　　　碧落有恨墮壯志，黃土無情斂英靈。
　　　　因果佛言不可讜，德捸孔曰乃其仁。
　　　　我欲問天頻搖首，蒼茫西顧失賢能。
薩鎮冰：爲國捐軀。
谷正倫：英靈常存。
曾萬鐘：國喪英才。
劉茂恩：于飛垂翼厄明夷，逝者如斯咄咄奇。
　　　　萬里乘風殉使命，一生清節耐遐思。
　　　　才長經理君無忝，身後榮哀禮亦宜。
　　　　得道遼東應化鶴，人民城郭莽淒其。
聶玉清：性孝友，貌端莊，敦品行，能文章。羽儕鸞鳳，
　　　　國家棟梁。壯懷未酬乎萬一，空留遺範於邊疆。
　　　　嗚呼！此人弗壽，我恨欲狂。

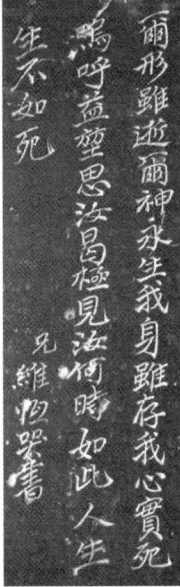

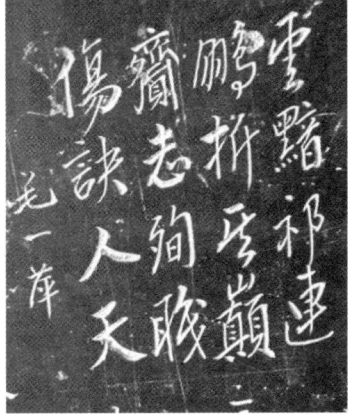
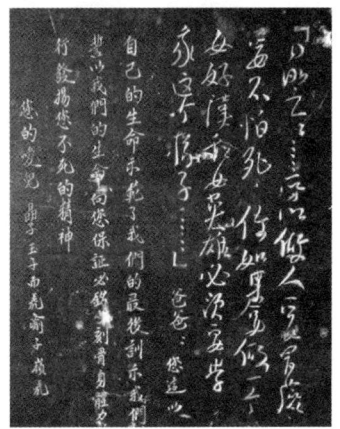

陳九如：無有勤者不及君醇，無有清者不及君真。
　　　　忠行義舉悉出至誠，烏鞘勒石垂示後人。
孫作人：爲國捐軀。
何清有：壯志未酬。
孫蔚如：卓卓汪君，越東之彥。學業佚修，長才幹練。
　　　　盡忠職責，孜孜弗倦。見重上游，定膺鶚薦。
　　　　張掖治事，精勤彌見。奉使邊疆，宏規仁建。
　　　　飇翰擘更，遽痛捐軀。經綸未竟，袍澤嘆籲。
　　　　恒幹雖亡，精神不死。金刀卷鉅，哀此俊士。
李宗仁：壯猷未展。
張　繼：爲國捐軀。
蔣鼎文：英才早世。
端木杰：畏道叱馭，秉職不回。貞石圖像，良朋悠邈。思深哉！
吳忠林：壯志冲霄，捐軀殉職。瞻仰英姿，愴懷曷極！
胡公冕：血浣山河。
玉　甫：壯志未酬身先死！
郭維楨：雲迷星落。
墨林翰：忠實英俊，玉樹瓊枝。惟天生才，惟天厄之。
　　　　扶搖鍛羽，天道寧知。我瞻遺像，揮泪綴詞。
蔣恩綍：形可滅，神常存。地維立，天柱尊。
陳　良：同聲一哭。
張叙忠：奮機殉職，忠勇獨標。賓友仰徽，泪痕難消。
徐　律：劫歷烏鞘悲此日，恨埋黃土忽經年。
　　　　臨風信切人琴感，遙吊忠魂涕泪漣。
李甲三：赴新過隴，奠君周年。魂消烏鞘，雪涕陽關。
　　　　舊約難期，夫復何言。矢竭愚忠，無負晴暄。
絡壽勛：爲國捐軀懷六一，烏鞘嶺上吊忠魂。
　　　　哭君此際真凄絕，忍看隱然舊血痕。
白子鶴：我們十五年的友誼會和你不朽的精神永恒存在。
汪奇柏：離生死海，登涅槃岸。
周天儵：身騎箕尾，氣作山河。
巵天魁：千古遺恨！

趙慕南：鋭意籌邊，橫飛萬里。折翼雲衢，此恨終古。

張從仁：我真從小兵當起，君已盡歷史航程。題碑先教泪墮碑。

王　勤、喬積翔：仰承遺軌。

樓佩勛：萬里投邊，志行卓絶。斯君遐舉，嘆君壯烈。
　　　　大翼點雲，傷殘一蹶。烏蘇可擴，君台不滅。

王典章：壯志薄風雲，萬里鵬程驚折翼；深情關手足，一行雁序痛離群。

伯　英：永範人間。

蔣士亦：平身友輩聲君豪，斫地摩天倚寶刀。
　　　　一别山城千古恨，烏鞘嶺上月輪高。

王漢生：健翮摩天，雲程鍛羽；壯氣英風，可以不死。

張興國：踏着忠烈的血迹，完成開發大西北、建設新中華的任務。

顧徹平：霓爲衣，風爲馬，精魂夜夜烏鞘下。

金　堅：壯志未伸身先死。

朱邁滄：國失良材。

潘廷俊：手裹忠骸，心痛故人。

周拮夫：凌雲扶翼壯志未伸，金濤范蠡精神不泯。

張本植：君成仁去，我來此間，感事懷人復泪漣；
　　　　雖竭駑鈍，（願）以規隨，終恐有愧夫前賢。

吴天健：典型永在。

毛一萍：雲黯祁連，鵬折其巔。齎志殉職，傷訣人天。

石玉珍：忠勇殉職，誠懇對天。追念英烈，涕泪沾襟。

王　晋：名垂河西。

葉　成：英風如在。

楊杰科：未酬萬里志，竟隕百年身。

夏建宗：精神不死。

何其偉：成功成仁。

孔我岳：名垂不朽。

吴毓靈：烏稍星隕。

金在冶：祁連皚皚，黑水湯湯。我思故人，山高水長。

羅　列：凌雲竟折沖霄翼，方感凄然吊國殤。

劉　鵬：軾轍弟昆美，秦徐伉儷敦。風摧鶯鳳翼，夢斷鶺鴒原。
　　　　弱態方離乳，衰親尚倚門。知君九泉下，猶自訟煩冤。

羅中寬：載道以殉。

段永新：永資矜國，百世流徽。

孫述舜：浩氣常存。

郭展雄：精誠永結。

應駿彪：軍而之光。

楊　顯：男兒死身恨未平虜，沙埋忠骨名垂千古。

何昌榮：鴻飛入冥忽隕將星，千秋萬民同悼此君。

張文海：經理界先鋒，同學中楷模。

扈季甫：死重泰山。

李　驥：赫赫益公，開發先鋒。緬懷遺型，使我何從？

楊鐘堯：血濺烏鞘，公軀長眠。志同定遠，浩氣永存。

華　林：疾風知勁草，亂世哭忠魂。

李耀祖：山岳永嘆。

金克仁、林安庭、王勤春、樓翔：籌邊功豐，遽失導師。

楊韵竹：爲革命奮鬥而生，爲革命奮鬥而死。

兄維恒哭書：爾形雖逝，爾神永生。我身雖存，我心實死。嗚呼！益堃，思汝曷極，見汝何時？如此人生，生不如死。

妻育鸞：瞑目難忘未了事。

來　琴：小哥，我們永遠懷念着你的一切。

晶　子："……所以做人要冒險，要不怕死。你如果要做一個女好漢和女英雄，必須要學我這個樣子……"

爸　爸：您這以自己的生命示範了（對）我們的最後訓示，我們誓以我們的生命向您保證：必銘心刻骨，身體力行，發揚您不（怕）死的精神。

您的愛兒：晶子、玉子、而虎、渝子、嶺虎

紉　蘭："嫂嫂我行矣，不能送您……" 堃弟，這驚人心魂的聲音啊，我似永遠在高荒冷寞的野山上聽你叫喚着，我的肝腸斷了！

叔　叔：你賜與我們無限摯烈的愛護啊，如今在這荒山上如何尋找！空剩了你偉大的志願，待誰替你去完成？踏着你的血迹，争取世界光明，我們誓必這樣的給你報答。祈禱着你的神靈永遠呵護着我們。

你的侄兒：天均、文均、晶予、伯羊、放予、小羊、小流

（補充説明：部分挽詞因字體較小，已模糊難辨，難以録入）

[題解] 汪益堃紀念碑共有兩通，刻立於1943年。2004年5月20日，天祝藏族自治縣安遠鎮安遠小學師生在平整校園時，挖出兩通石碑，保存完好，其中一通刻有于右任先生的印章。據縣文物部門有關人員初步鑒定爲于右任先生真迹。2006年，移至天祝縣博物館。現立於天祝縣文化大廈大廳。兩塊碑均是長方形，高224厘米，寬75厘米，厚23厘米，鐫刻工藝很高。

第一通碑爲主碑，爲于右任先生所題。正中上方爲兩行小字：陸軍軍需監（"陸軍"二字一行，"軍需監"三字一行）；其下是正文：汪公益堃紀念碑。上款：中華民國三十二年；下款：于右任題。字體猷勁豪放，莊重大方。書寫皆豎排。

第二通碑爲副碑，碑上方自右向左用篆書刻"汪益堃先生遺象"七個大字。上部占全碑三分之一的位置鐫刻有14幅肖像，居中是汪益堃的胸像。汪益堃身着中山裝，髮式爲偏分頭，濃眉大眼，鼻直口闊，儀表堂堂；其像占居肖像部分的三分之一強。汪益堃像左右共有小肖像13幅，右邊7幅，左邊6幅，分別是其母、其哥汪維恒、其妻、其嫂、其妹和7位友人的頭像。按豎行排列從右至左依次署爲：①志，②伯英，③天僇，④玉清，⑤（無名），⑥登，⑦玉珍，⑧母親，⑨維恒，⑩育鷟，⑪紋蘭，⑫素球，⑬素琴。肖像以下是對汪益堃殉職的挽言題詞，刻有杜唱初、何柱國、李家鈺、薩鎮冰、谷正倫、蔣鼎文、陳良等國民政府高官、高級將領和汪益堃先生的夫人、兄妹、嫂子、子侄等親屬及同事、朋友、社會賢達的悼念詞。字體包括行、楷、隸、草、篆，大小有別，錯落有致，時隔60多年仍能清晰辨認。根據字體各異、筆迹不同的書法特點，可以看出是悼念者親筆題詞，後由家人鐫刻於碑上。左下角鐫刻有"郭希安刻"字樣。碑文（挽言題詞）依從右到左、從上到下的順序抄錄，橫排并予標點。據當地老人回憶，紀念碑共四通，分別爲于右任先生題名紀念碑、汪益堃頭像和親友懷念詞碑、汪益堃遇難經過碑和汪益堃功德碑。已出土二通，其餘二通還在尋找中。碑文及相關資料引自李占忠《時輪遺轍》。

附：汪益堃其人及紀念碑修建記

1943年，全國的抗日戰爭進行得如火如荼。但遠離前綫的河西却顯得相對平静。6月的首日，烏鞘嶺上空烏雲密布，濃霧彌漫，一場大雨將至。忽然一陣隆隆的飛機聲打破了安遠鎮長嶺村的寧静，緊接着是一聲巨響。人們循着聲響的方向找去，發現一架支離破碎的飛機墜落在山間。幾天後，一群軍官和士兵來到了安遠，在村民們的帶領下找到了失事的飛機。這時，人們才知道與飛機一起支離破碎的還有國軍少將、新疆軍需處處長汪益塈和飛機駕駛員。

汪益塈（1906—1943），浙江諸暨人，畢業於杭州安定中學（今杭州七中）。系中共地下黨員，曾潛伏國民黨陣營15年，歷任國民政府重慶軍需署人事科科長、軍政部張掖辦事處少將處長、國民政府駐新疆軍需處少將處長；同時，他又是曾潛伏國民黨陣營21年的原上海市房地產管理局局長汪維恒的弟弟。1943年春，汪益塈調往新疆任軍需處處長。當年6月1日，他在西安參加關於抗日救亡的工作會議後乘機返新途中，因氣候突變，不幸在甘肅天祝烏鞘嶺墜機身亡。據該校2008年4月30日致學生家長的公開信中記載，汪益塈爲"中共地下黨員，革命烈士"。根據龍飛霄《安遠小學的前身——私立安遠益塈小學》一文（載《天祝文史》第二輯）記載："汪益塈三十年代到陝北在共產黨領導下進行過學習，但因過不慣艱苦生活又偷偷跑回內地投入其兄汪維恒（時任西北五省軍需局少將局長）麾下，爲國民黨效力。"可以想見，龍先生在撰寫該文時所走訪的知情人并不知道汪益塈共產黨員的身份，他把汪益塈從延安到國民黨軍隊的原因猜想成"過不慣艱苦生活"而跑到國民黨軍隊裏了。應該說，汪益塈是在延安學習了一段時間并秘密加入了中國共產黨，受黨的派遣，以"過不慣艱苦生活"爲由，銜着重要使命投奔到其兄的麾下，從事黨的地下工作。

汪維恒作爲國民黨軍少將局長，爲何對從延安來的弟弟如此輕信，不但不加提防，反而委以重任呢？這裏不能不簡單地對汪維恒作一介紹。汪維恒原名汪益增，是汪益塈的長兄。1924年1月加入中國共產黨，1927年組織諸暨起義計劃泄露後，經黨組織同意逃往南京，改名汪維恒，從此與黨組織失去了聯繫。但他不忘自己共產黨員身份，多次直接或間接地向黨的地下組織最高領導人之一的潘漢年提供過有關國民黨的重要情報。就在汪益塈出事的前不久，他和汪益塈根據黨組織的指示收集了關於國民黨在西北地方軍事政治方面的重要情報，兄弟倆親自到重慶周公館面交周恩來。1949年，已經到臺灣擔任臺灣供應局局長、第十補給區少將副司令的汪維恒，以"回滬養病"爲名來到上海，又被迫擔任上海市財政局長兼上海銀行董事長。上海解放前夕，他拒絕去臺灣，并巧妙地保護了上海的部分資金，未能使其轉移到臺灣。新中國成立後他被當作起義人員留用，當選爲上海市一、二、三、四、五屆人民代表，歷任上海市直接稅局、地政局、房地產管理局副局長、局長等職。由於事隔多年，人事變遷，他的黨籍一直調查不清，也就恢復不了。直到1971年去世前的彌留之際，他還在念叨："黨……黨籍……"1984年，經組織反復查證，恢復了汪維恒的黨籍，并以省部級幹部規格安放了他的骨灰。

汪益堃殉職後，包括胡宗南、祝紹周等在内的國民黨高級將領前往吊唁，蔣介石還頒發了"榮哀獎狀"，各界人士和單位捐助了很多錢物。汪維恒帶領部屬和家人在甘肅天祝安遠（鎮）長嶺墩飛機失事地反復搜尋，最後只找到了汪益堃的右臂。他含着熱淚説："三弟留下右臂是用來兄弟間最後一握的。"最後，他們決定就地安葬汪益堃遺肢。

爲紀念因公殉職的抗日軍官、自己的同志、三弟汪益堃，汪維恒將各界人士和單位爲汪益堃的捐款用來爲他建立了兩座紀念性建築——益堃小學，一座建在汪益堃曾經工作過的張掖市（現已無存），一座就是現在的天祝安遠第一小學前身。學校從建造的所有工程款到教工工資，全部都從這筆捐款中支出，只有這樣，他才覺得這就是弟弟的心願。這實際上就是中國最早的希望小學。天祝的益堃小學於1943年6月1日奠基（實際時間應該在此後一段，以此特定時間確定爲奠基日，含有紀念烈士之意），次年建成。建有紀念堂一幢，呈飛機形狀，機身爲紀念室，兩翼爲辦公室和會議室。紀念室裏挂着汪益堃的大幅肖像。還修建了呈飛機形狀的教室及宿舍一幢。另外還鎸刻了四通石碑，四面相圍而立，組成一座小紀念塔，樹立在校園中央。正面北向碑爲于右任題寫的"汪公益堃紀念碑"；背面南向碑上半部爲汪益堃和親屬、好友的肖像，下半部爲挽詞；東向碑刻着遇難經過；西向碑刻着汪益堃簡歷及其主要功績（功德碑）。爲了紀念汪益堃，學校把6月1日定爲校慶日。後因學校數次改擴建，汪益堃的四通紀念碑被埋入地下。20世紀70年代，在修建學校時挖出了兩通，一通已折，一通被天祝中學抬去搭在南校門外的水溝上當橋板用，後均不知去向。這遺失的分別應該就是向東和向西的那兩通。

部分碑刻題詞者簡介：

于右任（1878—1964）：名伯循，字右任。陝西三原縣人。政治家、詩人、書法家。清末舉人，1906年加入同盟會，追隨孫中山從事革命活動。曾創辦《神州日報》《民立報》等宣傳民主革命思想。歷任國民聯軍駐陝總司令、國民政府交通部部長、審計院院長、監察院院長等職。南社早期詩人，影響深遠的"標準草書"創立者。著有《于右任文存》等。

杜唱初（1904—?）：又名杜茂林，貴州貴陽人。曾任黃埔軍校會計科長、國民政府聯勤經理署少將辦公室主任、中央軍校瀋陽分校校長等職。抗戰時期夫人鄭英曾在周恩來、鄧穎超的直接領導下從事婦女工作，其給予理解和支持。

何柱國（1897—1987）：廣西容縣人。曾任東北軍軍長等職，參與西安事變；

抗戰時期任國民軍第十五集團軍總司令、第十戰區副總司令等職，參加了忻口會戰、長沙會戰、豫中會戰等。新中國成立後任全國政協常委、民革中央常委。

李家鈺（1892—1944）：四川蒲江縣人。川軍將領，曾任川軍陸軍第一師師長、四川邊防軍總司令等職；1937年率部出川赴山西抗戰，屢建戰功，升任第三十六軍團總司令兼44軍軍長，在河南秦家坡犧牲，國民政府追贈爲上將。

薩鎮冰（1859—1952）：山西代縣人。國民軍海軍上將。歷清朝、民國和中華人民共和國三個不同歷史時期，是中國海軍史上的一位卓越人物。光緒二年赴英留學，參加過甲午戰爭。曾任清廷廣東提督，民國海軍總長兼代國務院總理；新中國成立後，任全國政協委員。

谷正倫（1889—1953）：貴州安順人。早年加入同盟會，參加了辛亥革命、護國戰爭、北伐戰爭。曾任民國首都衛戍副司令、憲兵司令兼南京警備司令、甘肅省政府主席、憲兵司令、糧食部長、貴州省主席等職。

曾萬鐘（1894—1964）：雲南大關縣人。參加過辛亥革命、北伐戰爭，曾任國民軍師長、軍長；抗戰時期任第二集團軍第三軍軍長、第五集團軍總司令、第一戰區副司令長官。新中國成立後任雲南省政協委員。

劉茂恩（1898—1981）：河南鞏縣人。早年畢業於保定軍官學校，曾任國民軍第二集團軍第四軍軍長、第十一路軍總指揮兼十五軍軍長、十三軍團軍團長；抗戰時期任第一戰區第十四集團軍總司令、河南省主席兼警備總司令等職。

聶玉清：曾任國民軍聯勤總司令部下屬經理署司長（軍需監）。

陳九如：國民黨陸軍少將，行政院國家安全局駐亞洲特派員。新中國成立後，任湖南軍區軍政幹部學校校長。

孫作人：曾任國民政府國防部署長。

孫蔚如（1894—1979）：西安市人。曾參加反袁、反段戰爭，後追隨楊虎城。西安事變時任戒嚴司令、陝西省主席兼三十八軍軍長；抗戰期間任一戰區副總司令、第六战区司令长官等。新中國成立後任陝西省副省長等職。

李宗仁（1891—1969）：廣西桂林人。國民軍一級上將，桂系軍隊首領，抗日名將。抗戰時期任第五戰區司令長官，指揮了著名的臺兒莊戰役。曾任中華民國副總統、代總統。1949年出走美國，1965年回到祖國大陸。病逝於北京。

張繼（1882—1947）：河北倉縣人。清末留學日本，與黃興創立華興會，後加入同盟會。1912年任中華民國參議員，曾介紹李大釗等中共領袖加入國民黨。曾任國民黨宣傳部部長、國民政府司法院副院長、國史館館長等職。

蔣鼎文（1895—1974）：浙江諸暨人。國民軍"五虎上將"之一。參加過北伐、蔣桂、蔣馮閻戰爭及對紅軍的圍剿；抗戰期間歷任第四集團軍總司令、西安行營主任和第十、第一戰區司令長官，因所部被日軍擊敗引咎辭職。

端木傑（1897—1972）：回族，安徽懷寧縣人。歷任國民政府軍需總監、軍政部後勤總司令部副總司令、交通部長。曾積極支持"兩航"起義，爲爭取"兩航"財產回歸新中國作出了重要貢獻。1950年回到大陸，任全國政協委員。

胡公冕（1887—1979）：浙江永嘉縣人。早年加入中國共產黨。曾參加黃埔軍校籌建工作，任校衛兵司令等職。1929年在浙南組織農民起義，建立紅軍第十三軍，任軍長。抗戰期間爲抗日民族統一戰綫奔波。新中國成立後任國務院參事。

陳良（1896—1971）：浙江臨海市人。曾任職於黃埔軍校、中央軍校、國防部、軍政部，後任聯勤總司令部副總司令兼糧食部次長、財政部次長兼糧食署署長、上海市市長等職。

張叙忠：湖北枝江縣人。1912被孫中山任命爲軍需學校（中央軍政大學前身）首任校長至1935年。曾任國民黨軍陸軍中將、軍需總監等職。

[注釋]

①狨：本爲"侏"，即侏儒，身材异常矮小的人。代指小日本。作者將"人"偏旁書寫爲"犬"，帶有輕蔑、侮辱之意。

②齮（yǐ）：原意爲咬、啃，引申爲侵犯。

③攙搶：亦作"攙槍"。彗星名。即天攙，天搶。古人以攙槍爲妖星，主兵禍，故引申爲凶渠。

軍政部永登軍牧場①紀念碑

本場之創設系軍政部於民國三十年十一月間，爲求解決西北各場所場界糾紛及探求馬匹損耗之主因與促進馬匹生產起見，特派馬政司副司長劉公榮紱②組織西北牧政視察團，會同甘青兩省政府派員勘定場界，提出改善意見。於三十二年元月，以原有山丹軍牧場改爲三獨立場及一分場（即山丹、洮岷、永登及馬啣山分場）。調任庭桂爲本場場長，遵於同年二月隨同部派監交委員會到場視事。緣本場場地系前山丹軍牧場總場所在地之松山堡，創設於民國二十四年春。系於三十三年秋，奉部長何③電轉奉委員長蔣中正及贛電令，籌設青海牧場，并指定山丹縣之大馬營爲場址，同時派宋濤④爲籌備主任。旋以該場址糾紛甚多，暫在蘭籌設。於三十四年春，部派軍牧科長余玉瓊莅甘視察牧區，乃以永登北約六十公里之松山堡一帶官荒甚多，水草豐美，東至蘆靖，西跨古浪，南連莊蘭，北通沙磧，爲四方往來孔道；歷唐、宋、明、清各代，向爲屯軍牧馬之區，且距省會兼顧其生活計，乃制定混牧條約呈請曾峰⑤備案。中經天災之變，匪患三擾，經費不足，人事不健，致成績不著，乃改設三獨立場。此本場成立之概況也。

　　軍政部爲指揮西北各場所便利，計改組之。同年春二月，乃設馬政司駐甘辦事處於蘭州，劉公奉令兼該處主任，常行駐蘭辦公。翌年春，本場奉令爲西北重點建設牧場，建築房舍，購置器材。兩年以來，規模粗具。本年三月，又奉令接受本部永登軍馬育成所，并派員接運洮岷軍牧場馬匹，範圍日廣。計現有面積東至老虎山頂，西至龍潭河西岸木井子，長約六十公里，全面積約爲一千八百平方公里，跨永登、古浪、景泰三縣交界，地多起伏，海拔在三千公尺左右，風勁氣寒，爲天然畜牧地帶。而本場成立之宗旨，原以改良馬種、繁殖軍馬及促進民間產馬事業爲歸宿。庭桂任職三年來，上秉承劉公之指示，下得袍澤之協助，本設場宗旨向前邁進。苟他日馬種改良成功，產馬事業發達，國計民生兩利賴之，此皆劉公領導之功與各袍澤忠勤效民之勞，豈忍泯泯無傳？兹值本場建設就緒，抗戰勝利來臨之際，乃勉爲之述其顛末，庶後之莅斯土者讀斯文而知本場所由來也。

　　舞陽石庭桂 撰
　　中華民國三十四年九月三日

　　[題解] 碑立於1945年9月。碑文引自《天祝縣志》（1994）。簡述了山丹軍馬場的建置沿革、興衰變化、界址範圍等，是研究山丹軍馬場歷史的第一手資料。

　　[作者] 石庭桂：河南舞陽（今屬漯河市）人，曾任國民黨山丹軍馬場少將場長。任職期間，撰寫《軍政部永登軍牧場紀念碑》一文。1949年9月，在倉惶出逃途中遭遇車禍身亡。

　　[注釋]
　　①永登軍牧場：山丹軍馬場的組成部分，全稱爲西北馬政局駐蘭辦事處永登軍牧場。山丹軍馬場創設於1935年，時由何應欽奉蔣介石令籌建甘青牧場，指定山丹大馬營爲場址，定名爲軍政部山丹牧場，任命宋濤爲場長。由於山丹距

蘭州較遠，決定將山丹軍牧場總場設在永登松山，將山丹大馬營爲第一分場。後將大馬營分場改爲山丹軍牧場，松山分場爲永登軍牧場，其他場爲獨立場，直屬軍政部管轄。至1945年冬全部完成。1949年9月，遵照中共中央主席毛澤東"要完整無缺地把玉門油礦和大馬營軍馬場接收下來"的電示，派中國人民解放軍第二兵團王果三、王文森等率部，在國際友人路易·艾黎派山丹培黎學校汽車的援助下，迅速接管了山丹軍馬場。

②劉榮綬：時任國民政府軍政部軍務署馬政司副司長，兼馬政司駐甘辦事處主任。

③部長何：即何應欽（1890—1987），字敬之，貴州興義人。早年留學日本陸軍士官學校，後爲國民黨軍政要員，曾任軍政部長、國防部長、行政院院長等職。卒於臺灣。

④宋濤（1899—1971）：湖北隨縣人。早年留學日本帝國大學，曾任甘肅建設廳技正，1935—1945年任軍政部山丹軍牧場少將場長、國防部高級參謀等職。系蔣介石兄蔣介卿女婿。卒於臺灣。

⑤曾峰（1892—1968）：字廣麟，遼寧昌圖人。保定陸軍軍官學校畢業，曾任團長、旅長、東北講武堂大隊長等職，授少將銜。抗戰期間任軍政部軍務署馬政司司長。

中華人民共和國

松山古城遺址保護碑

甘肅省省級文物保護單位　松山古城

　　　　　　　　　　　　　　　甘肅省人民政府
　　　　　　　　　　　　　　　一九九三年三月二十九日公布
　　　　　　　　　　　　　　　甘肅省文物局立

[題解] 碑立於1993年3月。通高70厘米，寬100厘米，厚16厘米。位於天祝縣松山鎮松山村松山古城內城門口。"松山古城"四字爲行楷，其餘文字爲宋體。松山古城，又叫牧羊城，建於明萬曆二十七年（1599）。坐北朝南，分內外二垣，平面呈"回"字形。外城東西長350米，南北寬320米，墻高約8米，四周有護城河。

天堂寺雕像

和睦四瑞

[題解] 2008年，天堂寺修建寺院廣場，其中心位置是高8.68米的主題鍛銅雕塑"和睦四瑞"，另有觀禮臺、白塔、花崗岩護欄等。雕塑八角基座共有六幅浮雕。東面三幅分別爲法王降龍、朝天堂、神山聖湖。第一幅所表現的內容是

四世法王噶瑪巴施展法力，降伏惡龍的場景；第二幅所表現的是百塔鎮龍，吉祥"朝天堂"景象；第三幅描繪的是馬牙雪山的神山聖湖。西面三幅浮雕為一個連貫的畫面，內容為和諧安詳的朝天堂景象。整個浮雕描繪了華銳藏區民眾的世俗生活和精神家園。

"和睦四瑞"出自佛經的一個寓言故事。很久以前，一方美麗的净土上生活着大象、猴子、兔子和鷓鴣鳥四隻祥瑞動物。一天，鷓鴣鳥從遠方銜來一粒尼卓達（涅卓達）樹種，兔子把種子埋進了土地，猴子用樹枝將其圍了起來，大象用長鼻吸來泉水澆灌樹苗。在它們的精心呵護下，小樹苗長成了枝繁葉茂、果實累累的參天大樹。從此，它們栖居在樹下，避雨乘凉，分享果實，幸福而快樂的生活着。出行時，大象駄着猴子，猴子背着兔子，兔子頭頂鷓鴣鳥。另一種説法是，當菩提樹上的累累果實成熟時，生息在一方美麗净土的大象、猴子、兔子和鷓鴣鳥為了分享果實，在摘果時，大象上站立猴子，猴子上站立兔子，兔子身上的鳥在采摘果實，從而實現了各自的美好意願。和睦四瑞寓意眾生相與尊敬、和睦共處，同時也蘊含着各族人民團結和諧、共謀發展的美好願望。（資料來源於喬高才让主編《天祝藏傳佛教寺院》一書）

天堂寺，位於天祝縣西部的天堂鎮，自唐代中叶初建到今天，其間曾數度被毀又多次重修扩建，規模宏大，是华锐藏传佛教活动的主要场所。

祝藏口三官廟碑暨修繕三官廟碑銘記

祝藏口三官廟

公元一九八九年被定爲縣級文物保護單位
公元一九九五年被定爲市級文物保護單位
二零一二年十月一日

（碑陰） 修繕三官廟碑銘記

三官聖樓，遐邇聞名，祝藏聖地，物華天寶。奉祀天地水三官而久負盛名，歷史悠久。樓前青山，羅漢獻瑞，樓後雄嶺，萬笏朝天，腳下青龍波動，護法白虎騰躍。明末清初，神明點化此地，地方信衆，籌材集工，修建神廟。廟內供奉天官、地官、水官三位天神。天官賜福，地官赦罪，水官解厄。地因神喜，神因地靈，香火旺盛。祈佑國泰民安，風調雨順，五穀豐登，六畜興旺。

歷經百年，年久失修。神尊剝落，檐牆坍塌。今逢盛世，政通人和。爲保護文物，修繕神廟。政府出資，單位捐款，個人募資，共募修繕資金45萬元；其外，村民募捐義務工786人/次，沙石256方，水泥64噸，木材8方。於二零一二年六月六日開工，二零一二年十月一日竣工。歷經數月，衆志成城，神廟偉姿再現。占地729平方米，主樓上下兩層共六間，二架七檁；東西廂房各三間，磚木結構；山門一間，飛檐瓦棱。古典精雕細刻，栩栩如生。氣勢雄偉，金壁（碧）輝煌。

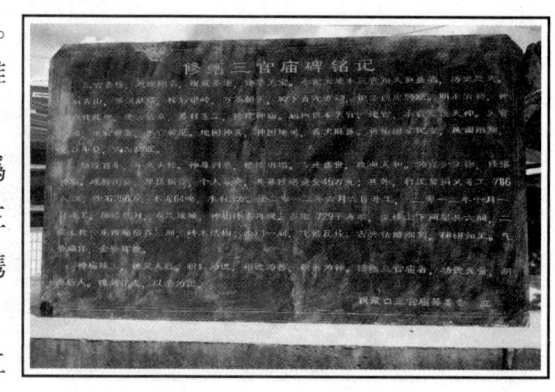

神廟竣工，神靈人旺。積仁爲德，積德爲善，積善爲神。修繕三官廟者，功德無量，陰德後人。鐫刻碑志，以示爲記。

祝藏口三官廟籌委會 立

[題解] 碑立於2012年10月。通高100厘米，寬140厘米，厚18厘米。位於天祝縣炭山嶺鎮祝藏溝村三官廟門左側。祝藏溝三官廟，屬清代建築，後經多次修繕，保存基本完好。簡述了祝藏口三官廟的歷史、位置、功用及修繕的背景、費用、規模等基本情況，表達積德勸善之義。

佛教造像等

[題解] 天祝藏傳佛教寺院衆多，各寺院中都有爲數較多、規模不同、大小不等的佛造像、佛塔、經幢、金印、銅印、法器、雕刻等金石藝術作品，佛造像有金、銀、銅、鐵、玉、石質和鍍金銅像等。這些金石藝術品數量衆多，精彩紛呈，但銘文情況不詳，亟需調查整理。

第二編　匾額選粹

東大寺魯迦堪布囊謙經堂題記

大清道光二十五年修

[題解] 題記作於清道光二十五年（1845），用墨題寫於東大寺魯迦堪布囊謙（藏族地區寺院大活佛府邸）經堂脊檁。爲修建時題寫，以作紀念或記載。（資料來源於《天祝藏傳佛教寺院》一書）

堪布，原爲藏傳佛教中主持授戒者之稱號，相當於漢傳佛教寺院中的方丈。其後舉凡深通經典之喇嘛，而爲寺院或扎倉（藏僧學習經典之學校）之主持者，皆稱堪布。擔任堪布的僧人大都是獲得拉然巴格西學位的高僧。又爲西藏地方政府僧官系統之職稱，如達賴、班禪之高級侍從，亦稱堪布。

東大寺，位於天祝縣城西南的賽什斯鎮東大寺村，初建於明萬曆四十七年（1619）。2019年10月16日，國務院公布爲第八批全國重點文物保護單位。

柔丹噶擦寺匾

柔丹噶擦（藏文）
班禪口授命名，馬迦倉書寫

[題解] 匾文爲十世班禪大師於1987年2月28日在北京口授，後由天祝佛協副會長馬迦倉書寫刻匾，懸挂於寺院經堂大門正中。"柔丹噶擦"意爲法胤樂園。柔丹噶擦寺位於天祝縣城西部41公里處的抓喜秀龍鎮。

1984年9月14—17日，全國人大常委會副委員長、十世班禪大師參觀訪問天祝，期間在抓喜秀龍草原舉行盛大的佛事活動。爲紀念班禪大師在這裏坐禪誦經，天祝縣於1985年修建了一座寺院，擬名爲班禪寺。後天祝佛協負責人在北京開會期間請班禪大師賜寺院名，因班禪脱口説出"柔丹噶擦"，秘書用藏文寫在紙上交與馬迦倉，故寺院命名爲"柔丹噶擦寺"。（資料來源於《天祝藏傳佛教寺院》一書）

天堂寺匾（六塊）

1. 賀千佛殿開光
   春滿天堂
   盧克儉題寫
2. 宗師頌（藏文）
   洛桑·靈智多杰書（藏文）題寫
3. 慈航普度
   韓正卿題寫
4. 千佛殿
   韓正卿題寫
5. 宗師見脱（藏漢文）
   多識題寫
6. 遍知文殊（藏漢文）
   多識題寫

[題解] 匾木質，刻制於2002年。2002年8月16日，天堂寺宗喀巴大典舉行開光典禮，時任甘肅省人大常委會主任盧克儉、副省長洛桑·靈智多杰、省政協副主席韓正卿，著名藏學家、藏傳佛教學者多識教授，分别題寫匾文。之前，韓正卿題寫"千佛殿"匾文；之後，多識題寫"遍知文殊"藏漢文匾文。以上匾額分别懸挂於殿内外。（資料來源於《天祝藏傳佛教寺院》一書）

武威金石志

考證札記卷

本卷目录

一、姓氏探源/（0963）

二、清官良吏/（1033）

三、群英忠烈/（1049）

四、良女傳芳/（1072）

五、寺廟春秋/（1082）

六、民族宗教/（1129）

七、金石傳奇/（1144）

八、世事變遷/（1155）

九、惠民善政/（1180）

十、民風鄉俗/（1202）

十一、專題研討/（1229）

題記

　　哪一座城市，把自己幾千年的印記濃縮於衆多的金石碑刻中？哪一座城市，最能喚起本地民衆關於武威歷史的記憶？武威金石，數量衆多，形制多樣，内容豐富，洵然可觀。或記事，或頌功，或傳述，或展現，文字優美，形象感人。時代之縮影，社會之百相，官員之楷模，道德之矜式，盡在其中矣。可表旌鄉里，傳承後世；有補史乘，足徵文獻；書體咸備，風神各異。歷史久遠，可洞察社會幽微；金石生輝，可守護精神家園。讀碑猶如讀史，讀碑猶如讀城。或登樓賞碑，或開卷讀文，誠感恩家國，膜拜先人。放眼中華，數百座名城冉冉升起；聚焦金石，數千年文明歷歷在目。此時此刻，誠邀您翻閱金石著録，閲覽武威舊事，體悟對這座古城的輝煌與敬意！

一、姓氏探源

段秀實與武威段姓流源述略

　　段姓，大理國國姓，先祖出自周王族支系，源於姬姓鄭氏共叔段。雲南白族，根源於段思平。唐宋時期，在今雲南大理白族自治州一帶，白蠻（白族）出身的段思平，建立大理王朝，延續317年（737—1053）。今日大理，段姓位居第一大姓。金庸在《射雕英雄傳》等小説中多次説到段氏祖先原本是武威。《唐書·世系表》："段姓出武威。"范文瀾在《中國通史簡編》中也説："段氏自稱先世是武威郡（涼州）人。"那麽，段氏家族是怎樣繁衍生息并遷徙到武威的？這些要從段姓源頭談起。

　　據《史記·鄭世家》記載，鄭武王妃武姜生有兩個兒子，一個是後來的鄭莊公，一個是叔段。鄭武王死後，鄭莊公繼位，叔段因造反被鄭莊公打敗，逃到河南，改姓段。這就是段氏的來源。段氏族人最早一直生活在河南一帶，後來不斷向外遷徙，并流入西北。《元和姓纂》記載：漢文帝時段印爲北地都尉，曾孫段招，生會宗、貞。段會宗，西域都護、外交家；段貞，武威太守，子孫始居武威。西漢時期，西北邊境經常被匈奴侵擾。據《史記·孝文本紀》載：（文帝）十四年冬，匈奴入邊爲寇，攻朝那塞，殺北地都尉段印。段印成爲與匈奴交戰中最早陣亡的邊將。段印的玄孫段貞被任命爲武威太守，段氏始居武威，子孫開始繁衍，至九世段熲，成爲涼州大姓，段貞成爲武威段氏的開基始祖。自此，段氏子孫在涼州大地上不斷開創祖業，"仕官累累，簪纓不絶"，造就了一批青史留名的家族精英，如段熲、段熅、段承根、段榮、段韶、段秀實等，在中國歷史上建立了可歌可泣的豐功偉業。武威段氏聲名赫赫，名揚八方。

北朝時期，段氏的一支散播到雲南。清朝著名學者張澍在《姓氏尋源》中説："段氏有出遼西者，本鮮卑檀石槐之後，晋將段匹磾也。雲南蠻段氏，魏末段延没蠻，代爲酋帥，裔孫憑入朝拜爲雲南刺史，本出武威。"清人馮蘇在《滇考·段氏大理始末》一文中説："段氏之先爲武威郡人。唐天寶末，段儉魏佐南詔王蒙氏有功，賜名忠國，擢清平官（相當於宰相）。六傳生思平。"從以上段氏歷史可以看出，雲南大理國段氏出自武威，雲南段姓始祖段延是出自武威的地道的漢人，是共叔段子孫西遷武威的後裔，同河南段氏本是同根生。由此看來，金庸武俠小説中對段氏來歷的説法是有歷史依據的。

段氏是中國歷史上有名的大姓之一，堂號爲"武威堂"等，郡望爲"武威郡"等。武威和全國出土的段姓墓志較多，僅明確志主爲武威人者就不下二三十通。這些墓志，對研究當時的政治、經濟、社會習俗、書法藝術和武威段氏源流、仕宦、後裔播遷等都具有重要價值。現將本書收録不盡全面的武威郡望段姓墓志19通及其志主歸納簡述，供相關人士參考。

《齊故大司馬武威昭景王段君墓志》，簡稱《段榮墓志》，約刻於北齊武成帝大寧元年（561）。簡述了段榮祖上三代仕宦情況，重點介紹了段榮一生的爲官履歷和輝煌的軍事生涯。志主段榮（477—538），字子茂，姑臧（今武威市）人。南北朝時期北齊開國功臣。因其妻婁氏是高歡皇后的長姐，深得高歡信任，曾任姑臧縣侯，相、濟、秦三州刺史，大都督、太尉等職，史書稱其能"勤政愛民"。去世後謚昭景，後重贈大司馬、尚書令、武威王。長子段韶（？—571），字孝先。深得高歡器重，視爲心腹。戎馬一生，外統軍旅，内參朝政，出將入相，功勛卓著。封樂陵郡公，謚號忠武。次子段孝言，北齊以勛戚歷中書黄門侍郎、吏部尚書；齊亡入周，官至開府儀同大將軍，後加上開府。《北齊書·列傳》卷十六對段氏家族總的評價是："榮發其源，韶大其門。位因功顯，望以德尊。"

《周故儀同大將軍府參軍段君墓志》，約刻於隋朝大業六年（610）。簡述了段摸家族遷徙的情況及祖上三代仕宦情況。志主段摸（543—610），祖籍西涼(今武威市)，生於河南洛陽。出生於世家大族，官至周儀同大將軍府參軍。

《大隋故銀青光祿大夫始扶汴蔡四州刺史段使君墓志》，約刻於隋朝大業十二年（616）。簡述了段濟祖上四代的仕宦情況，簡介了北周攻取北齊後，段濟獨自"經營輂轂"的義舉及入隋後為隋朝擇地建都的事跡。志主段濟（？—615），亦名段亮，字德堪，段榮之孫，段韶第七子。北周上郡王，隋大業初年，任始、扶、汴、蔡四州刺史，官至開府儀同大將軍、銀青光祿大夫，卒於汝南郡守任上。

《隋燕王府錄事段夫人之志銘并序》，刻於唐高宗永徽元年（650）。簡述段夫人郡望、段氏淵源和段夫人祖上兩代仕宦情況，贊揚了段夫人的風範懿德，兼及其丈夫竺讓的生平事略。

《大唐故左光祿大夫段公墓志》，簡稱《段瑗墓志》。簡述了祖上三代仕宦情況及志主的履歷、功績和才德。志主段瑗，生卒年不詳。字子玉，出身於段氏官宦世家，曾任銀青光祿大夫、左驍衛驃騎將軍、益州清城令等職。

《大唐故將仕郎段府君墓志銘》，刻於唐高宗龍朔元年（661）。簡述段洽祖上累世功名勳業和志主"忠孝""仁義"的品行及殉身王事的壯舉，兼及段洽之子元珪、元璟的相關情況。志主段洽（621—661），字孝諧，曾官將仕郎。

《大唐故段府君夫人墓志銘并序》，刻於唐高宗麟德元年（664）。簡述了段蹟及其家世功名和品行，感嘆其英年早逝之痛，兼及夫人蘭氏的風範懿德等。段蹟（zé）（598—629），字義玄。官至都督。夫人蘭氏（604—664），河南人。

《唐故隋奉車都尉姑臧段君瑋志銘并序》，刻於唐高宗咸亨元年（670）。簡述了段瑋祖上家世淵源和蓋世功名，嘆其"運喪玉羊，時亡金虎"的不濟時運，贊美其才華仁德。志主段瑋（599—670），字文欽。曾任建節尉，官至奉車都尉（掌管皇帝車輛的官員）。

《大唐故朝議大夫行晉陵郡長史護軍段府君墓志銘并序》，簡稱《段承宗墓志》（天寶碑），刻於唐玄宗天寶十三載（754）。簡述了段承宗祖上四代仕宦功名，特別是曾祖段志玄早年與父親段偃師隨唐高祖起兵太原，深得李世民識拔，建有大功，後英年早逝，獲陪葬昭陵和畫像凌烟閣之殊榮。通過對段承宗仕宦生涯的介紹，突出其才幹茂績和卓識品行。志主段承宗（686—753），曾任錦州參軍、縣令，余姚郡司馬、晉陵郡（今無錫、蘇州一帶）長史等職。

《唐故相王府隊正段公墓志銘并序》，約刻於唐玄宗時期。簡述了段守謙祖上三代功勳仕宦情況。因闕文較多，對志主生平記錄較少。志主段守謙，祖籍武威，後落籍陽安（今四川簡陽縣）。出身官宦世家，曾任隊正。

《大唐故朝議大夫行晉陵郡長史段府君墓志銘并序》，簡稱《段承宗墓志》（大曆碑），刻於唐代宗大曆十三年（778）。簡述了段氏淵源及志主仕宦、才德等情況，兼及其夫人的出身、品行及三個兒子的簡況。其夫人是契苾何力次子契苾光孫女，"夫人姑臧縣君契苾氏。皇雲麾將軍、守左威衛大將軍、武威郡開國公崟之季女。禀性温惠……更能檢身節用……三徙其居，終成孟子之教。"此碑和立於天寶年間的同名墓志相隔25年，相較也有幾處明顯的不同之處。

《唐贈揚州大都督故段府君神道之碑》，又名《唐段行琛碑》，唐德宗李适撰，唐代宗大曆十四年（779）立，碑在今陝西千陽縣草碧鎮。碑文回顧段氏家族的榮耀與輝煌，簡述其生前的亮點及家庭情況，列舉了朝廷的一次次封贈，對其功德予以高度贊揚。德宗此舉，名爲表彰故人，實爲籠絡人心之舉。殊不知三四年前的這一舉動，成就了秀實忠節殉國的不世壯舉。段秀實之父段行琛（676—750），少年鄉試，即中甲科，一生教書育人，尤重子女忠君愛國教育。生前曾任洮州司馬，死後因兒子段秀實的關係，而獲唐代宗追贈揚州大都督，夫人、父親、祖父一并追贈。李适（德宗）即位，親自撰銘并序，立於墓前。朝廷對他及其夫人追贈不斷，可謂身後揚名，恩榮賡續，對後世影響極大。

《贈太尉段秀實紀功碑》，是唐德宗李适爲褒獎忠烈之士段秀實所下的詔書，約立於段秀實被害之後的建中四年（783）。碑文簡述段秀實生平，贊頌其不畏強暴，以身殉國的英烈壯舉，意在旌表忠節之士、申明君臣大義、鞭撻凶慝之輩，目的是"刻銘豐碑，昭示萬國"。志主段秀實（719—783），字成公，祖籍涼州姑臧（今武威市）。《新唐書·本傳》：段秀實父親段行琛，"本姑臧人。曾祖師濬仕爲隴州刺史，留不歸，更爲汧陽人。" 祖父段達、父親段行琛皆唐朝官員。段秀實用朝笏猛擊叛將朱泚頭部被害的壯舉，受到朝廷旌表，德宗下詔贈太尉，謚曰忠烈。同時，贏得了柳宗元、文天祥、王夫之、趙翼等名人的褒揚。

《唐左千牛韋佩母段氏墓志銘》，志主段氏，武威人。段氏是著名詩人、政治家元稹之妻韋叢的庶母，元和四年（809）暴疾而死，同年下葬并立碑。因有恩於韋叢，作者元稹在追思段氏的同時，也表達了對亡妻的懷念。

《□□□武軍節度征馬將雲麾將軍守左金吾衛大將軍守殿中監封太原縣開國男食邑三百户王公故夫人武威段氏墓志》，簡稱《故夫人武威段氏墓志》，刻於唐元和八年（812）。簡述了段姓的歷史淵源、段夫人家世及祖上仕宦情況，贊頌了段夫人的懿德家風及子女的基本情況。

《唐故朝議郎守殿中省尚藥奉御翰林供奉上柱國賜緋魚袋段府君墓志銘并序》，簡稱《段文絢墓志》，刻於唐宣宗大中三年（849）。簡述了段文絢家族淵源及祖上三代功名，重點述其"孝於家，信於友"的高尚品行及仕宦生涯，兼及弟弟、妻子、子女情況和作者的感念之情。志主段文絢（794—849），曾任王府參軍、尚藥奉御（高級醫官）、翰林供奉等職，贈上柱國，賜緋魚袋，卒於長安。

《唐故大同軍防禦使金紫光祿大夫檢校吏部尚書兼御史大夫上柱國武威郡開國伯食邑七百户段公墓誌銘并序》，碑簡稱《段文楚碑》。誌主段文楚是段秀實之孫。記述了其祖上三代仕宦情況及戎馬一生的經歷，兼及夫人李氏的懿德及其子女的基本情況。

《大金故武威段公墓表》，簡稱《段季良墓表》，約刻於金熙宗天眷元年（1138）。簡述了段氏之顯赫歷史、段季良三代仕宦及兄弟子姪的基本情況，重點介紹了誌主的美德嘉行。段季良（1130—1201），字公善，祖籍武威，出生於山西稷山。不喜仕進，樂守農田，昆季和睦，輕財重義，樂善好施，終老鄉里。

《武威郡侯段鐸墓表》，簡稱《段鐸墓表》，刻於金章宗泰和二年（1202）。簡述了段鐸家世、秉性及與兄段鈞事跡，重點介紹了誌主的仕宦經歷及爲官期間實施的惠民政策，贊頌其"既明且哲，知止不辱"的品格。段鐸（1130—1201），字文仲，祖籍武威，生於山西稷山。金海陵王正隆二年（1157）進士。與兄段鈞同登進士，稱河東"二段"，號其里曰"雙桂"。歷官主簿、縣宰、天德軍節度判官、曹州刺史、華州防禦使、中奉大夫加護軍等職，封武威郡開國侯。

賈思伯與武威賈姓流源述略

賈姓是黄帝後裔，其形成的兩個主要源頭是以國爲氏和以邑爲氏，均出自古代的"賈"地，這就是賈氏宗族的發祥地今山西襄汾縣。據《新唐書·宰相世系》載："賈氏出自姬姓。唐叔虞少子公明，康王封之於賈，爲賈伯……爲晉所滅，以國爲氏。晉公族狐偃之子射姑爲晉太師，食邑於賈，字季他，亦號賈季。"周康王封武王之子晉國君唐叔虞的小兒子公明於賈，建立賈國，號爲賈伯；晉襄公把原賈國之地封給狐偃的兒子射姑作爲封邑，人稱賈季，後代以封邑名爲姓氏。此後，賈氏繁衍昌盛，人丁興旺，又衍生出許多支派。漢朝時期，賈姓已播遷至今陝甘一帶。武威賈氏遠祖爲西漢政論家、文學家賈誼，河南洛陽人，漢文帝時任博士。據《新唐書》宰相世系表、《賈氏武威郡宗譜》和《賈思伯碑》《賈思伯墓誌銘》及張澍考證，賈誼九世孫賈秀玉，東漢時任武威太守，賈氏始居武威，子孫開始繁衍，並成爲大姓，在武威等地發展爲望族，世稱武威望，堂號有武威堂等，賈秀玉成爲武威賈氏的開基始祖。自此，賈氏子孫在武威大地上不斷開創祖業，歷代英才輩出，造就了一批青史留名的家族精英。賈秀玉子賈衍任兗州刺史；賈衍子賈龔爲輕騎將軍，居武威；龔生二子，長子賈彩，次子賈詡。賈詡長子賈穆，歷駙馬都尉、郡守，承繼賈詡爵位；次子賈訪，得父親八百户食邑中之二百户，受封列侯；三子賈璣，魏駙馬都尉、關内侯，後徙居長樂。賈璣是賈思伯九世祖，魏明帝青龍年間任幽州刺史，從武威徙居長樂（魏置在今河南安陽）。武威賈氏開基始祖賈秀玉曾孫賈詡，東漢末年至三國初年著名謀士、軍事戰略家，曹魏開國功臣；從武威郡遷徙到齊郡的賈思伯、賈思同兄弟，曾任青州刺史等職，號稱"雙鳳帝師"；賈思勰，曾任高陽郡太守，北魏農學家，著有農學巨著《齊民要術》。他們在中國歷史上建立了不朽業績，使武威賈氏聲名赫赫，青史煌煌。武威是賈氏郡望所在，本書收録的 7 通賈氏碑刻，是研究武威及中華賈氏流源的重要資料。

《賈思伯碑》，又名《兗州刺史賈思伯碑》，刻於北魏孝明帝神龜二年（519）。碑文雖剥蝕嚴重，但基本内容清楚，重點叙述了其身世、資望、功業及贊頌詞等。《魏故散騎常侍尚書右僕射使持節鎮東將軍青州使君賈君墓志銘》，簡稱《賈思伯墓志》，刻於北魏孝明帝孝昌元年（525）。簡要概括了志主先祖及本人仕宦、生平事迹等情況，尤對賈思伯的品行、德望、才具予以高度評價。碑云：遠祖誼，即西漢政治家賈誼，被視爲賈氏遠祖。碑文"太傅"即指賈誼。文和，即三國魏政治家賈詡，字文和。賈誼後裔，爲武威賈氏郡望之祖。

《賈思伯碑》與《賈思伯墓志》，是探析武威及中華賈氏流源的重要碑刻。張澍《涼州府志備考·藝文》："按，趙氏録《賈思同碑》跋云：思同與其兄思伯，《後魏書》皆有傳，爲青州益都人……前魏有賈詡，爲姑臧人，豈即思伯之高曾列在此……碑云：'九世祖□，魏青龍中爲幽州刺史'。按，《唐書·宰相世系表》：'賈詡，魏太尉、肅侯。生璣，駙馬都尉，關内侯，又徙長樂'。"賈思伯（468—525），字士休。《北史·賈思伯傳》："齊郡益都人，其先自武威徙焉。"《賈思伯墓志》："齊郡益都縣釣臺里人也。其先乃武威之冠族。遠祖誼，英情高邁，才峻漢朝。十世祖文和，佐命黄運，經綸魏道。九世祖璣……自太傅已降，賢明間出。"而《北史·曹世表傳》及《賈思伯碑》均説是武威姑臧人："君諱思伯，字士休，武威姑臧人也。"《賈思伯墓志》又言："九世祖璣，作牧幽前，中途值亂，避地東徙，遂宅中齊，爲四履冠冕"。因賈氏一門長期在河北、山東一帶爲官，子孫後代入籍青州（今山東壽光市）。思伯 20 歲時被選入朝，累遷北魏中書侍郎、輔國將軍、兗州刺史等職。曾入宫爲孝明帝講授杜注《左氏春秋》，成爲名副其實的帝師。卒後，贈鎮東將軍、青州刺史、尚書右僕射，謚文貞。著有《春秋杜氏辨》。據《魏晉世語》，賈氏一族於晋惠帝時皆至高官顯爵，於晋初時尤爲顯貴。

《魏故武威太守賈君墓志銘》，刻於北魏孝明帝孝昌二年（526）二月。簡述志主賈祥的出身、仕宦、從政等情況，尤其對其的才能和行政能力予以高度評價。

《直秘書省韋君妻賈氏玄堂志》，刻於唐中宗景龍四年（710）。簡述了賈氏的品行懿範。志主賈氏，武威姑臧人。疑爲賈福膺之女。賈福膺，曾任著作郎、崇文館直學士、秘書少監、散騎常侍。先天二年（713），因參與太平公主謀反失敗被誅殺。

《賈氏中殤室女第廿娘墓志》，刻於唐文宗大和三年（829）二月，著名詩人賈餗爲十四歲中殤的愛女撰寫。簡述其品德風範和宗族厚愛，表達了真摯而令人唏噓不已的父女情長。

《大唐故銀青光祿大夫檢校太子賓客上柱國陽武縣開國子充右神策軍衙前正將專知兩市回易武威賈公墓志銘并序》，簡稱《賈溫墓志》，刻於唐文宗大和九年（835）。簡述了賈溫祖上道德功名，重點述其突出的經商助軍功績與姻親方面的基本情況，贊其品行操守，兼及妻子、子女婚配等情況。志主賈溫（782—834），武威人。曾任神策軍衙前正將，專知兩市迴易，以經商助軍功績突出，被授以銀青光祿大夫、檢校太子賓客、上柱國、陽武縣開國子。

《唐故朝議郎內供奉守慶州司馬上柱國賜紫金魚袋賈公故夫人潁川縣太君陳氏墓志銘并序》，簡稱《賈公夫人陳氏墓志》，刻於唐敬宗寶曆二年（826）。簡述了賈光的高尚品行及夫人陳氏的懿德風範。從墓志銘內容所述，名爲陳氏墓志，實爲賈光和陳氏夫婦墓志。賈光系武威賈氏後裔。

陰鏗與武威陰姓流源拾零

《邠王府長史陰府君碑》，約刻於唐玄宗開元年間（713—741），碑佚，碑文見《全唐文》卷408，張澍收入《涼州府志備考·藝文卷》，在其人物卷"陰行充"條亦載。陰府君，武威姑臧人，其姓名及事迹不詳。從碑文勾勒出了陰氏流源及散播的脉絡及其顯赫家族："新野之涼，皆爲著族。貴則重族二後，榮則一門四侯，道則山紀神仙，行則里題忠義。建名崇德，世有其人。"據有關史料，陰姓源於姬姓，出自西周王族，是周穆王後裔管仲的後裔。春秋末年，管仲的第七世孫管修從齊國逃到楚國避難，被楚王封爲大夫，封地在陰，後代以封地名作爲姓氏，稱爲陰氏，是今天陰姓的一支主要來源。後來陰氏在河南南陽發展爲一個大家族，形成南陽郡望，子孫陸續向全國各地播遷。陰氏望出南陽，重族二后，指的是東漢光武帝皇后陰麗華和汉和帝皇后陰氏（陰識曾孫女）

均出自南陽。一門四侯，指光武帝后陰麗華兄陰識，封陰德侯；兄陰興，封關內侯；弟陰就，封信陽侯；陰興子陰慶，封鯛陽侯。以上皆南陽新野人氏。凉州之陰，皆新野之陰後裔。南北朝時期，武威陰氏顯赫一時，形成陰氏武威郡望，名人有陰鏗、陰仲達等，是全國各地陰氏散播的一個重要源頭。《邠王府長史陰府君碑》，志主應是南朝梁陳時期著名詩人陰鏗之後，世代爲官，屬凉州陰氏世家大族，曾任蔚州別駕、太子中允、國子司業、邠王府長史，又是燕國公張説的妹夫，碑文作者張均的姑丈。據張澍考證，陰府君即爲陰行充。《中國歷代人名大辭典》："陰行先，唐武威姑臧人，張説妹婿……爲宜城公主府記室參軍，遷長河令……官至國子司業，邠王府長史。"據此，陰行先即陰行充也，"允""先"形近而誤。張均爲唐朝名臣張説之子，曾任官刑部尚書、大理卿，襲爵燕國公。

武威陰氏爲河西望族，始於東漢時期。後漢衛尉陰綱孫陰常，徙居武威姑臧；八代孫陰襲，隨宋武帝南遷；北周陰嵩，亦"狀稱本武威人。"由此可知，東漢陰常西徙武威，逐漸形成了武威郡望。陰氏一門在前凉前期勢力極盛，有衆多陰氏名人。南北朝時期著名詩人陰鏗（約511—563)，字子堅，累官遷晋陵太守、散騎常侍。但實際上陰鏗一門從高祖陰襲起就隨宋武帝南遷，落籍南方。祖父智伯與梁武帝友善；父親陰子春善詩，仕梁，以廉潔著稱。因數代長期在南朝爲官，曾顯赫一時的武威陰氏不復存在。這一時期，武威陰氏另有陰仲達一支比較顯赫，成爲"西州德望"。一直到北周至隋朝，武威陰氏出了陰壽、陰世師父子兩位青史留名的大人物，之後，武威陰氏一門幾無名人出現。難怪張澍對武威陰氏一代名人世家的衰落發出由衷感嘆："吾凉陰氏……自前、後、西、南、北凉以至魏、齊、梁、周、隋、唐，多有顯著，功業、文章、節義均可師法，今則寥寂矣。噫！"（《凉州府志備考·人物》）今天的武威，陰姓人口并不多。不管怎樣，陰氏在武威歷史上曾寫下過濃墨重彩的一筆，這是武威陰氏家族的輝煌，也是武威的輝煌，一位曾給中國詩壇產生較大影響的詩人陰鏗，是武威永遠的名片。

武威王姓流源拾零

中華姓氏王姓，源頭衆多，分布廣泛，人丁蕃盛，終成中國巨姓。王姓主要源自姬姓、子姓、嬀姓和少數民族改姓。周靈王太子晋，亦稱王子晋，爲王姓始祖。《潛夫論·志氏姓》云：王子晋"其嗣避周難於晋，家於平陽，因氏王氏。"平陽在今山西臨汾市堯都區西南部一帶。姬晋族人以王爲氏，世代繁衍生息，後爲避戰亂分別遷徙至山東琅琊、山西太原，最終發展爲琅琊和太原兩大王姓望族。姬姓王還有三個分支，即周文王之子畢公高、周平王、西周桓公的部分後裔，因是王者之後，被稱爲王家，自稱爲王姓，後世沿襲不變，漸成大姓。還有源出子姓的比干後裔、以虞舜爲祖先的媯姓後裔、燕國太子丹之後裔等他族改姓賜姓爲王姓者不在少數；許多少數民族改姓，爲王姓大家族融入了大量的新鮮血液，匈奴、月氏、氐羌、高麗、鮮卑、回紇、契丹、女真、党項、蒙古、滿洲等北方少數民族都有改用或同化爲王姓的；由不少複姓簡化爲王姓，據統計至少有14個，即王子、王父、王官、王人、王史、王叔、王孫、王周、成王、威王、五王、西王、小王、樂王。王姓在先秦、漢晋時期一直以華北地區爲主要的活動地區，發展十分迅猛。隋朝時期，王姓各支派已播遷全國各地。王姓郡望有太原郡、琅琊郡、北海郡、金城郡等21個，總堂號是太原堂，另有三槐堂、槐南堂等分堂號90個。武威王姓播遷年代難以稽考，但從武威現存的三通碑刻證實，隋朝之前，太原王氏成員已落籍武威。後來又有王氏成員從不同地區遷入，形成今天多流源的武威王氏。現將有關武威王姓碑刻給我們提供的王姓信息簡述如下。

《王賢墓誌銘》，刻於隋開皇十八年（598），2005年出土於武威城西二環北路河西成功學校（即碑文所稱建昌鄉甘泉里）。誌文簡述王賢家世及其事迹、晚年生活、夫妻歸葬時間及地點，贊頌其業績和德行。碑文作者不詳。王賢（511—598），隋并州（今山西）太原人。祖父王樂，平東將軍、蒲州主簿。王賢少年武毅，出仕西魏，加殄寇將軍、左銀青光禄大夫（爲正三品散官），居家武威，入隋後遷居張掖。他敬信愛民，皈依三寶（佛教），以89歲高齡卒於家中，夫妻"合葬於建昌鄉甘泉里"（墓誌出土地）。

《大唐徐州長史朝請大夫上護軍故王府君墓誌》，又稱《唐王義康墓誌》，刻於唐高宗永隆二年（681），2006年8月出土於武威市金沙鄉趙家磨村。誌主王義康（617—681），字孝友，太原人。出身官宦世家，曾任安西都護府參軍、上護軍、縣令、都督府司馬、朝請大夫、徐州長史等職。爲官期間，"恪勤茌職"，"憂公忘私，劬勞日勤，回兹遘疾，解任歸家"，卒於私第，夫妻"合葬於先公之塋"。

《唐故夫人馮伍墓誌銘》，刻於唐玄宗開元二年（714）。2006年8月出土於武威市金沙鄉趙家磨村。馮伍出身名門，具有良好的教養和修爲，年方十五歲即嫁於王君。王君，太原人，任徐州長史。期間，身染重病，"十數年間不能痊損"而去世。馮伍去世後，夫妻"合葬於天台舊塋"（金沙鄉趙家磨村）。

三通墓志信息歸納如下：1.都是夫婦合葬墓；2.志主王姓人物皆爲太原人；3.葬處基本在同一地方，王義康葬於"先公之塋"，王君葬於"天台舊塋"，實際上就在一起；4.據"先公之塋"和"天台舊塋"推測，此前，王氏墓葬已經形成，至少已有王氏幾輩人葬在這裏；5.從碑文內容似乎看不出他們死後葬在武威的理由，只能説明他們的祖輩早已落籍武威。毫無疑問，武威王姓源自王姓郡望太原郡，三通王氏墓志對研究武威王姓的流源具有重要價值。

又，《王經家族墓碑》，立於清康熙六十一年（1722），位於古浪縣泗水鎮上四壩王家大莊王家墳。該墓群爲明代安遠千户王經後裔家族墓"王氏祖塋"，墓群內有封土堆10行，99座。從墓群規模可以看出王經家族在古浪繁衍的概況。墓志簡述了王氏家族子孫繁衍傳承的歷史及其良好的家風傳統。王經，祖籍山西平陽（今臨汾市）。平陽是王子晋"其嗣避周難於晋"的祖庭所在。王經祖上於明萬曆年間從平陽來到涼州，後世子孫或以軍職落籍古浪。嘉靖二十四年（1545）防守安遠堡，嘉靖四十年（1561）改駐靖邊。官至千户，後陣亡。入古浪忠孝祠。

《裴堡池塘水利碑》，原刻於清乾隆四十五年（1780），現立於古浪縣裴家營村王氏祠堂。簡述了農官（水老）王悦出資并督率民衆修浚裴家營池塘的事迹。《裴家堡水利雨源池塘碑記》，原刻於清光緒二十三年（1897），現立於古浪縣裴家營村王氏祠堂。記載了王瑊出資并率衆修浚裴家營池塘的事迹。從以上二碑記載事迹看，古浪裴家營王氏爲影響較大的縉紳，王氏祠堂由來已久。泗水鎮王家與裴家營王家是否同宗難以稽考。

又，在民勤《重修蘇公祠記》《民勤賦》等碑刻中多次提到武將世家王剛一門的功績和對教育的貢獻。明洪武五年（1372），徐達部將、江南鳳陽滁州人王興，率官兵2500進駐鎮番，任臨河衛（鎮番衛前身）掌印指揮，率領軍民屯墾造田，并多次打敗殘元勢力的入侵，後陣亡於山西大同，追贈武略將軍，後人世代承襲千户。其子王義襲職，率軍駐守永平（今河北省盧龍縣），英勇善戰，升爲武略將軍，永樂年間調防鎮番衛主持軍政工作，遂落籍鎮番；其孫王剛，承襲祖父職務，以戰功升遷鎮番爲千户，在宣德十年（1435）隨都指揮同知馬麟出征追剿蒙古阿魯台的戰鬥中陣亡，追贈武德將軍，配享蘇（武）公祠。王剛子王賢，襲職千户，因功升指揮僉事、鎮番衛守備，他在任期間，於成化十三年（1477）設立學校，爲後來的教育文化昌盛奠定了基礎，去世後贈明威將軍。王賢長子王銘，曾任鎮番衛守備、都指揮僉事、都指揮同知，去世後贈奉國將軍。王賢次子王錄，陣亡，贈懷遠將軍，塑像蘇公祠。王剛八世孫王國靖，萬曆四十一年（1613）武進士，一代名將，著名的軍事發明家和軍事理論家，曾任山西大同府總兵，掌管征西前將軍印璽。王扶朱，明崇禎九年（1636）舉人，終身不仕。鎮番舊志記載："王扶朱，字翊宸，總兵國靖子，世襲指揮，辭不就……國朝定鼎，扶朱絕意功名。徵召絡繹，稱疾不起。"他性情孤傲，恬淡寡欲，不喜交往，但學問功底深厚，著有詩文集《三笑草》《憂違草》等。鎮番王氏，從江南遷徙鎮番，有明一朝，為邑巨族。現歷經600多年二十多世，名人輩出，成為民勤的大姓和著姓。

從以上已知碑刻看出，武威王氏除源於山西太原、平陽外，還應有江南鳳陽等源頭。明代移民，洪洞縣屬平陽府，平陽府又是山西各府州中人口總量最大的地區，在向外的移民當中，除却各地匯聚洪洞的移民外，肯定少不了平陽王姓人士。

武威李姓流源述略

中國李姓源遠流長，有關李姓的流源較多，有嬴姓說、圖騰說或指李為姓說、老姓說、姬姓說、改姓賜姓說等。源出嬴姓，始於堯舜時東夷族首領皋陶曾擔任掌管刑獄的官職大理，其子伯益被賜為嬴姓，子孫以官為氏，稱理氏（"理""李"古字相通），得姓始祖為李利貞，李耳為十一世。也有人認為李姓以李樹為圖騰，起源於圖騰崇拜，凡李氏子孫，常於宅旁種李以為象徵。春秋時期的哲學家，道家的創始人李耳，是正史中立傳的第一位李姓人物。

秦漢時期是李姓向各地遷移的重要階段。李耳後裔進入甘肅，發展為隴西李姓的望族，居河北的李氏成為趙郡李姓的名家。唐朝是李姓發展的鼎盛時期，李姓貴為國姓，唐太宗修《氏族志》，將李姓置於諸士族姓氏之首，更將有功於國家的大臣或武將賜（改）姓李氏；鮮卑、沙陀、氐、回紇、契丹、吐蕃以及猶太、安息、高麗、党項等外來少數族裔因功或者內附後賜（改）姓李氏。唐初，有16個姓氏因戰功被皇帝賜姓李，從此隴西李氏由一個血緣系統的宗族演變成為一個"多元一體"的龐大世族，趙郡李氏、隴西李氏、賜姓李氏、宗室達官貴人等李姓族群迅速膨脹，并播遷到全國各地。其中隴西李氏以四房子孫最為興旺發達，即武陽、姑臧、敦煌、丹陽李氏。明朝開始，已有李氏遷徙海外。李氏郡望主要有趙郡、隴西郡、武威郡、中山郡等，以隴西堂、青蓮堂、姑臧堂最為出名。李氏在歷史的長河中表現不凡，單單稱帝并建立政權的就有西凉、唐、後唐、南唐、西夏等，從道家學派創始人李耳爲始，李姓英才輩出。

綜觀文獻史料，武威李姓源出主要有五支：一爲唐《姓氏譜》所云"十三郡望"之一"武威李氏"，即姑臧大房後裔；二爲安史之亂時，唐肅宗於至德二年（757）賜武威安重璋姓李氏，改名李抱玉等一批"安"姓被賜"李"氏；三爲西夏李氏後裔融合；四爲明末清初李栖鳳家族進入武威并迅速崛起；五爲明朝從山西洪洞縣大槐樹移民之李姓後裔。

一、姑臧大房後裔。李暠（351—417），字玄盛，祖籍隴西成紀（今甘肅秦安），自稱西漢將領李廣後裔，出身凉州大族。李暠原爲北凉官員，曾任效谷縣令、敦煌太守，後建立西凉政權（304—439）稱帝，去世後謚號武昭王。唐玄宗天寶二年（753），李暠十一世孫李隆基追尊他爲興聖皇帝。李暠次子李歆，西凉後主；三子李翻，晋昌郡太守。李翻子李寶，北魏鎮南將軍，并州刺史。李寶子李承，字伯業，北魏滎陽太守，封姑臧侯，去世後贈龍驤將軍、雍州刺史，爲隴西李氏姑臧房始祖，從此隴西李氏有姑臧房一説。實際上，姑臧房源自凉州。據李氏老譜記載，隴西李氏，又稱"成紀李氏"，起於武威，望出隴西，故有"姑臧大房"乃隴西（成紀）李氏之祖的説法。因李暠家族世代都是豪門大族，其高祖父李雍、曾祖父李柔都在晋朝做官，祖父李弇（原名李良）則在前凉張軌幕下擔任武衛將軍；父親李昶，生於凉州，從小有美名，道德學問很好，但去世較早。李暠一族從他祖父李弇起就已落籍凉州，李暠自然生於凉州，長於凉州，初任職務也在凉州。所以，李暠念念不忘凉州，建立西凉政權後，他追尊祖父李弇爲凉景公，父親李昶爲凉簡公，用"凉"而不用"隴"，顯然是把自己視爲凉州人。雖然家族已居凉州三代，但古代對籍貫的要求比今天要嚴格得多。籍貫，又名祖居地或原籍，是一個家族族群的某一時期的某一位祖先的長久居住地。當代公民的籍貫，公安部文件要求是本人出生時祖父的居住地，古代指的是曾祖父及以上父系祖先的長久居住地或出生地。一些已經離開了祖先的出生地或離開了家鄉的人，他們的後代，仍然要追溯祖先的出生地或祖先的家鄉（即祖籍）來作爲自己的籍貫。所以，李暠雖然從祖父起已落籍凉州，但籍貫仍然是隴西成紀。這一支李氏至少從前凉起就定居凉州，而且地位較高，應是凉州李氏的主流。

與武威直接有關的名人是唐朝著名詩人李益。2008年出土於河南偃師的《唐故銀青光禄大夫守禮部尚書致仕上輕車都尉安城縣開國伯食邑七百户贈太子少師隴西李府君墓誌銘并序》，簡稱《李益墓誌銘》，刻於唐文宗大和三年（829）。簡述了李益家族出身、本人功名仕宦經歷、詩歌成就與影響以及家庭成員等基本情況，贊揚其"天才秀出，爲文章之杰"的輝煌人生。對李益的籍貫，碑文稱"望高隴右，族冠山東……隴西狄道人，涼武昭王十二代孫。"碑文中沒有有關武威的只言片語。此碑對李益研究具有多方面的重要價值。

武威李銘漢家族，祖籍寧夏衛門城驛，明末遷居涼州衛，到李銘漢出生時約有160年。李銘漢爲隴上耆儒，其子李于鍇，其孫李鼎超、李鼎文皆隴上著名學者。高壩鎮紅崖村李家莊之李義將軍，祖籍順天府通州武清縣（今屬天津市），其曾祖任職涼州衛，遂家涼州。李義戎馬一生，長期在甘肅、寧夏等地鎮守，官至總兵，去世後贈光祿大夫、右柱國，葬於城南先塋（見《李義墓表》）。

二、朝廷賜姓李氏。據《新唐書》卷七五《宰相世系表》載："武威李氏，本安氏，出自姬姓。黃帝生昌意，昌意次子安，居於西方，自號安息國……居涼州武威爲薩寶，生興貴、修仁。至抱玉賜姓李。"中國安姓主要有三支不同的族源組成。一支出自姬姓，爲黃帝之子昌意的次子安的後代。第二支出自帝王賜姓或由他姓他族改姓而來。第三支來源是以西域昭武九姓之一的安國國名漢化爲氏，先後歸附內地，大量人口遷居河西和中原地區，其族人遂以國名爲氏，成爲安姓的重要支系。隋唐時期，安姓已在涼州、姑臧發展爲望族，世稱姑臧望。安姓中的軍事將領較多，且部分安姓將領因平定安史之亂有功，被賜姓"李"。

安史之亂爆發後，安元壽孫安忠敬之子安重璋在李光弼麾下抗擊叛軍。乾元二年（759），在據守河陽之役中立功，遷澤州刺史。代宗即位，升任澤潞節度使、潞州大都督府長史兼御史大夫，加領陳、鄭二州，遷兵部尚書。《舊唐書》卷132《李抱玉傳》記載：此時李抱玉（即安重璋）"上言：'臣貫屬涼州，本姓安氏，以祿山構禍，恥與同姓，至德二年五月，蒙恩賜姓李氏，今請割貫屬京兆府長安縣。'許之，因是舉宗并賜國姓。"安祿山叛亂後，武威安氏家族成員并沒有受到朝廷的排斥或猜忌，而且受到太尉李光弼的信任。此時，安重璋又乘立功之際請求改姓，并被肅宗賜予皇家姓氏。從此，安重璋家族闔族改姓爲"李"。這說明"安"姓被賜姓與改姓均發生在唐朝至德二年（757）。到乾元二年，安重璋又借立功之機，請求徙籍京兆。從此，離開涼州，成爲地道的長安人了。武威安氏是唐初以來的大姓，這一家族的改姓李氏和徙籍京兆，在胡人中具有表率和示範作用，因此具有相當重要的意義。我們從部分保存至今的碑刻文獻中仍然可以窺見"安"姓轉化爲"李"姓的一些歷史綫索。

刻於北周靜帝大象元年（579）的《大周大都督同州薩保安君墓志銘》表明，武威昌松（今古浪縣）人安伽（518—579），其先爲粟特人，東遷後以國爲姓，世居涼州，爲武威豪族，曾任同州薩保、大都督，并掌管涼州火祆教爲薩保（管理拜火教事務的教職）。《唐故上開府上大將軍安府君墓志銘并序》《唐維州刺史安侯神道碑》《安元壽墓志》《翟六娘墓志》等墓志的志主都是武威安姓人物。

同出武威的安暐家族也獲得改氏皇姓的榮耀。刻於唐德宗興元元年（784）的《李國珍墓志》，志主爲武威粟特胡人安氏後裔安暐（即李國珍）。"公將門令族，本姓安氏。諱暐，字暐，武威郡人也。天寶中，以忠勇見進，武藝知名。及燕虜犯闕，二聖蒙塵，公奉肅宗，以爪牙從事。由是磐其肝膽，稍沐洪恩。特賜嘉名，改氏皇姓。出生入死，實爲士卒之先；執銳被堅，頗歷日月之久。其改諱曰國珍，則有以見寵渥器重之義矣。"因他在安史之亂中擁立肅宗登位、代宗時"於危急之時，共定其難"而享有"寶應功臣"的美名和封賞，被肅宗賜姓"李"氏，改名國珍，曾任開府儀同三司、上柱國等職。這裏只説安暐爲武威安氏，不難推斷他也是武威的粟特安國後裔。碑文中没有舉出祖先名諱與耀眼的職務，可能與安重璋（李抱玉）不是同一家族。墓志對安暐改姓的時間没有明確記載，可能與安重璋請求改姓的時間基本一致。

刻於唐德宗貞元十年（794）的《相國義陽郡王李公墓志銘》，比較詳細地叙述了李抱真的家世及其一生中的重大事件、重要戰功、任職升遷及功德懿行等。李抱真（733—794），字太真，本姓安，涼州人，左武侯大將軍、申國公安修仁裔孫，被賜姓李。爲人沉毅善斷，多謀略，曾任多地、多府要職，官至同中書門下平章事，封義陽郡王，追贈太保。從兄李抱玉（704—777），初名安重璋，右武侯大將軍、涼國公安興貴裔孫。安史之亂後，因恥與安禄山同姓被賜姓李氏。曾任兵部尚書等職，封涼國公，卒贈太保。兄弟二人在平定安史之亂、消除藩鎮割據、中興大唐的功業中功勛顯赫。

刻於唐德宗貞元十年（794）的《李元諒墓志》，比較完整地記述了李元諒的生平事迹和仕宦軍旅生涯及功業奉贈，兼及家族淵源和祖上三代功名。李元諒（725—793），祖籍安息（今伊朗），武威安氏集團著名將領。本姓安，"公本安姓，諱元光，其先安息王之胄也。家於涼州，代爲著姓。"早年從軍，累官至華州刺史兼鎮國軍節度使，因參加收復長安的戰鬥，授檢校尚書右僕射。平涼劫盟時，力救副元帥渾瑊脱險，唐德宗爲此勛勞，"賜姓李氏，同屬籍也；改名元諒，昭誠節也。"安元光通過自己的奮鬥，最後被賜予國姓，歸入皇族屬籍，可謂榮幸之至。安元光之賜姓李，也可能是因爲他同屬涼州的安氏粟特人。

刻於唐德宗貞元十年（794）的《李准墓志》，簡述了李元諒之子李准的仕宦生涯和品質才華。李元諒長子李平，武威安氏集團著名將領、中唐名將；次子李准，早年從軍，勇敢善戰，不幸早卒，年僅24歲。

李國臣（生卒年不詳），本姓安，武威粟特胡人，唐朝中期名將。曾參與河陽之戰，又成功抵禦吐蕃入侵，官至鹽州刺史，累功雲麾大將軍，封臨川郡王，被朝廷賜姓爲"李"，卒贈揚州大都督。

武威是"昭武九姓"的重要聚居地之一，安姓尤其居多，而安姓中又以被賜李姓者居多，如李抱玉、李抱真、李國珍、李元諒、李國臣等，他們出身於數代仕宦之家，又是勛臣名將，官高位顯，子孫後代及部族衆多，與當地民族融合，是武威李氏的重要淵源之一。武威和全國出土的安姓被賜姓爲李氏者的墓志較多，這些墓志，對考察和研究武威粟特胡人及其安姓被賜姓爲李氏前後的家族源流、功名仕宦、婚姻關係及其家族播遷演變等都具有重要價值。

三、西夏王族後裔融入李姓。西夏（1038—1227）是中國歷史上由党項族人在中國西北建立的一個朝代，立國190年，傳10代帝王，先後與宋、遼、金鼎足而立，後被蒙古成吉思汗所滅。西夏景宗李元昊（1003—1048），党項族，於公元1038年10月稱帝，建國號大夏。其遠祖拓跋思恭，因幫助唐僖宗平定黃巢起義，賜爲李姓，封西平王。李元昊在繼西平王之位後，放弃了李姓，十年後（1047）又恢復李姓，其後世子孫沿襲不變。涼州是西夏王朝在西部的統治中心，有陪都、輔郡之稱，留下的歷史文物衆多。説到武威李姓，"西夏李姓"是繞不開的一個話題，不難斷定：迄今武威李姓中有不少"西夏李姓"後裔。

四、明末清初李栖鳳家族崛起武威。説李栖鳳家族有必要從他父親李維新説起。李維新，字小台，祖籍廣陵江都（今江蘇揚州），一説遼東。其祖父李禄，以軍功顯河西，官高位顯，累授世職并落籍涼州。父李陽，曾任涼州洪水游擊將軍，生四子，李維新爲其長子。據《涼州府志備考·藝文·楊家謨楊氏家譜序》載，李維新曾於明萬曆三十年（1602）任涼州衛副千户，後官至四川總兵、黔蜀提督，因平定西南"奢安之亂"有功，贈光禄大夫，太子太保。《五涼全志·武威縣志》將李維新列入"鄉賢"篇，并有近20名家族成員進入"選舉""武宦"篇。李維新有子八人，孫輩數十名，大多爲清代顯官。從明末始，李氏一門已爲武威望族，以一門三代四宮保（李維新及其子李栖鳳、李栖凰兄弟，李栖鶯之子李鎮鼎四人被授予太子太保銜）的顯赫地位馳名河西，其家族被清世祖康熙題匾爲"兩河巨室"。至清代中葉，李氏家族居四品以上官職者就達30多名。之後，子孫後代散播各地，難以詳考。

李栖鳳（？—1664），字瑞梧，李維新長子。明崇禎末年任甘肅總兵，後降清，隸漢軍鑲紅旗，累官至兵部尚書、兩廣總督，加太子太保。武威現存《重建清應寺碑文》《羅什寺碑》《雷太夫人墓志》《創建李氏家廟蔭善庵碑記》《李氏墓志暨家族簡史碑》等碑刻資料，記載其家族的相關情況和助資修繕寺廟的信息，尤以《雷太夫人墓志》記載最爲全面完整。《五涼全志・人物志》《武威耆舊傳》及地方文獻資料多載有李氏後裔情況。武威東大街現涼州區政府後首縣府巷原稱李府巷，有李府大宅；在涼州西鄉、南鄉、北鄉都有稱李府的地名；武威市古城鎮長流村有李關王（李栖鳳貌似關公，人稱"李關王"，故名）家族墓葬群，高壩鎮有李氏家廟蔭善庵；還有歷代御賜的"都督第"等匾額，但大多不存。

五、明朝以後移民之李姓後裔。關於明朝移民及山西大槐樹移民的歷史和傳説，因史料較多，恕不贅述。

另外還有明朝從順天府武清縣遷居涼州的李義家族、從寧夏遷居涼州的李銘漢家族。李義戎馬一生，官至總兵。李銘漢及子李于鍇，孫李鼎超和李鼎文以渾厚的學養傳統馳名隴上，爲武威衆多的李氏武將世家注入了一泓文化清泉。

李氏之裔，代代相傳，子孫繁衍而名盛華夏。斗轉星移，朝代更迭，隴西李氏之後裔開枝散葉，其中一支播遷武威，之後又有數支"李"氏隊伍融入武威李姓的洪流，形成今天龐大的武威李姓集團。如果沒有確鑿的歷史和家譜資料，每位李姓成員都難以確定自己是源自李氏的哪一枝哪一葉，這或許是中國每個姓氏每個家族都會遇到或面對的現實。但有一點是共同的，即我們都是中華民族大家庭的一分子，大家都在爲這個大家庭而效力盡力，不問趙錢孫李。

武威張姓流源拾零

張姓是一個典型的多民族、多源流姓氏，主要源自姬姓及少數民族改姓、賜姓等。張氏郡望堂號較多，僅甘肅就有武威郡、敦煌郡、安定郡。武威保存的張氏碑刻較多，志主多爲本邑名人，説明武威是張氏播遷較早的地區之一。歷史上，安定望族張軌在武威建立前涼國，五代九傳，立國76年，大量安定籍張氏成員在武威做官，子孫落籍武威，爲張姓的繁衍奠定了基礎。但有兩通張氏墓志，提供了張氏的另外一種流源，這就是《張希顔墓碑》和《張俊哲墓碑》。

《張希顔墓碑》，刻於康熙十一年（1672），今存武威市涼州區謝河鎮張俊哲家族墓地。碑文簡述了祖上從南京遷入武威的因由、家族在武威的繁衍情況，勾畫了張氏子孫圖譜。作者張俊哲（1601—1680）爲志主之子，祖籍南京，祖父時因從軍遂落籍涼州。後由貢生被徵調，做過旗學教師，曾任河南開封府督理漕糧通判，期間先後代理延津、祥符縣令，政績突出。辭官回武威後以教育子孫爲務，卒於家中。《張俊哲墓碑》，刻於康熙二十一年（1682），今存武威市涼州區謝河鎮張俊哲家族墓地。碑文概述了張俊哲的生平經歷。作者黄肇熙爲福建名士，曾任涼州知府，與張俊哲交往頗深，又敬慕其爲人，故對其的出身、學業、政績和德操給予較爲翔實的記叙并作出客觀評價。

以上兩通墓志明確指出，志主張氏祖上來自南京，這給繁衍生息上千年的本土張氏注入新鮮血液。根據這兩通墓志出土地點，今武威市涼州區謝河鎮及周邊地區包括古浪縣的一部分張姓成員，可能就是這一支張姓（南京）的後裔。這是對本書收録的張氏墓志的一點考察成果，具體而言，張氏播遷武威的情況可能會更複雜一些。蒙元時期的武威高昌王家族原是畏兀兒人，即今維吾爾族，在元朝一直是地位顯赫的貴族，到了明朝，逐漸漢化，改姓張。著名學者張澍的母親張氏就是高昌王的後裔，他在《養素堂文集·先安人母氏遺事述》中有詳細記載，説明武威張姓中有源自維吾爾族的改姓。

兹將志主爲本土的張氏墓志歸納簡述如下：

《唐故銀青光禄大夫行睦州刺史上柱國開國侯南安公張琮碑》，簡稱《張琮碑》，刻於唐貞觀十三年（639）。張琮出身將門官宦世家，又是皇族姻親，且有從征大功，官位貴顯，但新舊《唐書》無傳，此碑可補其闕漏。碑文由唐初名臣于志寧撰文，大書法家歐陽詢書丹，康有爲評價此碑："結體必密，運筆必峻，上可臨古，下可應制"。張琮（583—637），字文瑾，武威姑臧人。出生於官宦世家，又是唐太宗李世民長孫皇后的姐夫，"少習文史，尤工騎射。"入唐後，任驃騎將軍、上柱國、銀青光禄大夫、睦州刺史等職，封南安縣開國侯。曾參加過多次戰役，智勇雙全，深得皇室信任。曾祖張誼，曾任北魏涼州刺史，封武威郡公；祖父張曷，曾任北周驃騎將軍、鄜城郡太守等職；父親張辯，曾任隋上柱國、秦州總管、左武衛大將軍等職，封河北郡開國公。

《敕賜上柱國光禄大夫左都督謚忠剛張公墓志銘》，簡稱《張達墓志》，刻於明嘉靖壬子年（1552），甘肅巡撫、兵部尚書楊博撰文。張達血染沙場，馬革裹尸，大明名臣奉敕撰文，記功立碑，可謂生榮死哀。此碑重點叙述了張達的軍功偉績，兼及個人品德、家庭及朝廷封贈撫恤等情況，高度贊頌其父子慷慨赴死、爲國捐軀的英雄精神。張達（1490—1549），字克明，號雪山，涼州衛（今涼州區）人。起於行伍，以軍功歷官涼州衛指揮使、山西游擊將軍、大同總兵等職，在嘉靖二十八年（1549）與犯邊的蒙古也先帖木兒部作戰時，因援兵不至而戰死。賜謚忠剛，歸葬涼州，詔命大同、涼州建祠祭祀，祖、父、母、夫人、子俱受奉贈蔭庇。《敕贈上柱國光禄大夫左都督諡忠剛張公祠記》，簡稱《張達祠記》。涼州張公祠建於明嘉靖壬戌年（1562）十月東關舊宅并立碑，現祠碑俱毀。碑文簡述了張達的身世、殉國前慘烈的戰鬥場景、英勇悲壯的行爲及朝廷的嘉獎等，作者將其和紀信、張巡、許遠等前輩英烈相伴，襯托出張達"烈山河而泣鬼神"的忠肝義膽。

《誥授榮禄大夫陝西寧夏等處地方挂印總兵官都督僉事加一級承武張公墓志銘》，刻於雍正五年（1727）夏。簡述張承武在各個軍事崗位上的杰出功勣，高度評價其一生的功勛情操。作者爲涼州名宦孫詔。《乾隆御祭總兵張烈文碑》，刻立時間不詳，碑陰（跋）刻於乾隆十九年（1754）。張烈，字承武，武威人。雍正時歷任四川川北、陝西寧夏總兵官，都督僉事等職，病逝於任所，乾隆皇帝曾御賜祭文予以褒獎。碑陰刻有張烈胞弟張君熹題跋，自述四十多年的從戎經歷，晚年，老歸故里，回顧一生，感慨良多，寫下這篇題跋，通過大量的戰爭生活題材和自己的體驗，闡述了對"忠孝"思想道德的深刻認識，提出"在國之野，不作無藝之人"的真知灼見，既是回憶錄，也是啓思錄，在今天仍然具有現實意義。

《大清張公碑記》，立於乾隆四十二年（1777），簡述張公兄弟支持發展地方教育事業的善舉。其先世爲武威望族，曾教導鄉人讀書明理。張公兄弟繼承先人遺志，帶頭施與學舍田地，以實際行動支持教育事業。

《張介侯墓志銘》，刻於道光二十七年（1847），已佚，志文引自錢儀吉《衎石齋紀事續稿》。簡述了張澍的少年、中式及仕宦經歷、學術活動和編纂的學術著作，兼及家庭情況等，突出其秉公辦事、不阿權貴的行政風格，對研究張澍的生平和性格、爲人、操守、仕宦生涯及其學術成就具有重要價值。

《張仲杰神道碑》，刻於清道光十年（1830）。現存古浪縣新堡鄉崖頭村張氏家族墓地。志主字俊吾，古浪人，曾任雙井堡把總。

《誥授奉直大夫山西朔州知州前翰林院庶吉士張公墓表》，簡稱《張兆衡墓表》，刻於道光二十九年（1849），由武威名士牛鑒撰文。簡述了志主的家世學業、家庭往事、官場生活，突出其幹才績效和愛民情懷。志主張兆衡（1788—1848），號雪槎，世爲涼州望族，選翰林院庶吉士。曾任知縣、知府，期間，興利除弊，除莠安良，深得地方紳民信賴。曾主講蘭州蘭山、五泉書院。

《順天府尹張公神道碑》，刻於清咸豐八年（1858）後，現存古浪鎮小橋村。志主張起鵷（1806—1858），古浪縣人。舉人張進南次子。歷任永定河道、順天府府尹、直隸天津道道台、按察使等職。尚氣節，崇禮儀，士民擁戴，河北知名。

《張將軍神道碑》，碑殘，內容不詳。現存古浪鎮逢泉村。

《旌表張門節孝三世碑》，刻於清光緒三十二年（1906）。簡記旌表張氏三世節孝事。墓主人之一張澂，古浪人，天津道台張起鵷之孫。光緒進士，選翰林院庶吉士，歷任福建漳州、泉州等地知府。工書畫。

武威梁姓流源拾零

梁氏源於黃帝後裔，大多出自嬴姓或姬姓，部分出自少數民族。由於梁氏族人能征善戰，後來被朝廷遷往隴東和寧夏一帶，逐漸形成梁姓歷史上最大的郡望安定郡，即安定烏氏梁氏，堂號"安定堂"。梁姓最顯赫的家族是東漢時以梁統（前5—62）、梁竦父子爲首的安定烏氏梁氏。東漢初年，遠在涼州的酒泉太守梁統和張掖屬國都尉竇融及河西諸郡太守起兵保境，共謀立帥。論資排輩，推梁統爲帥，而梁統堅辭不就，遂共推竇融爲河西大將軍，梁統任武威太守。後遂竇融歸附光武帝被封侯拜官。漢章帝時，梁統次子梁竦有兩女，都被封爲貴人。小貴人生漢和帝。其孫梁商，漢順帝時任大將軍，總管朝政，死後由子梁冀繼位。梁冀（88—159）的一個妹妹梁妠爲漢順帝皇后，稱梁太后；另一個妹妹是漢桓帝皇后。梁氏一門前後九人封侯，三位皇后，六位貴人，兩位大將軍，其餘任卿、將、尹、校的共五十七人，可謂滿門顯貴。

《前秦梁舒墓表》，又稱《前秦宋華墓表》，刻於十六國前秦苻堅建元十二年（376），1975年3月出土於武威縣金沙鄉趙家磨村。這是目前武威出土的十六國時期唯一的、也是年代最早的一通墓表。梁舒，安定烏氏人，安定烏氏梁氏後裔。梁氏從西漢末梁統開始，到漢桓帝時100多年間，出過許多高官，是東漢外戚中最大的專權者。梁冀被誅殺後遭滅門之災，梁氏一門分散各地。梁氏在武威及河西擁有相當勢力。梁舒，字爲仁（一説叔仁），曾任西晉涼州晉昌（今甘肅瓜州縣）太守，在前涼朝中兼任中郎、中督護公、國中尉等職，居家姑臧（今武威）。關於梁舒，史書無傳，此墓表的出土，補充了史書記載的不足，表文雖寥寥72字，但給後人提供了重要的歷史資料，如梁氏在河西的勢力、"楊墓"的綫索、姑臧城的具體位置及規模、十六國書法藝術等，同時也爲梁氏散播武威提供了第一手資料。

武威晁姓流源拾零

晁姓是一個多源流、多民族的古老姓氏，主要源自姬姓及蒙古族等少數民族漢化改姓。周景王庶長子朝（王子朝）的子孫以朝爲姓，稱爲朝氏，"晁"與"朝"在古代音同意通，可以通用，其後代子孫以王子朝爲得姓始祖。晁姓最早如何流入武威難以稽考，但今存武威市博物館的《晁大明墓志》給我們提供了一些信息。

《晁大明墓志》由志主長子晁文哲等於唐貞觀十七年（643）鎸刻，內容簡述志主簡歷，贊頌其功績。"君諱大明，河東汾陰人也……英才起家，任麗水府隊正……尋除武安府兵曹，轉任倉曹……又遷沙州敦煌縣主簿，俄轉效谷府長史。"我們在這裏只要弄清楚幾個地名，對晁氏在武威的流源也就基本上迎刃而解了。唐憲宗元和年間（806—820），李吉甫撰《元和郡縣圖志·卷第四十·隴石道下》載：武威昌松縣"本漢蒼松縣，屬武威郡……隋開皇三年改昌松爲永年縣，後以重名，復爲昌松。金山，在縣南一百八十里。麗水出焉……麗水府，在縣城中。"蒼松縣，西漢置，後涼改爲昌松縣，唐代屬武威郡，位於今古浪縣；效谷府，西漢置效谷縣，西魏置效谷郡，唐代屬瓜州郡，位於今瓜州縣、敦煌市境內；金山、麗水在昌松縣境內；麗水府，在昌松縣城內；武安郡，北魏置，西魏廢，在今民勤縣境內。以上地方在唐代均屬於涼州（都督府、總管府、河西節度使）轄境。晁大明（589—643），河東汾陰（今山西運城市萬榮縣）人。歷兵曹、倉曹、麗水府隊正、敦煌縣主簿、效谷府長史、校尉等職，職位都不高。雖説是漢代名臣晁錯之後，但已相隔七八百年，只是抬高郡望而已。

晁大明遠祖晁錯（前200—前154）是潁川（今河南禹縣）人，西漢政治家、文學家，漢文帝時曾任太子舍人等職，漢景帝時任御史大夫。他強調重農貴粟、移民實邊、削藩等主張，後因七國之亂被殺。說晁大明帶出晁錯，但籍貫却是河東汾陰。這説明晁氏家族的一支很早以前已從潁川播遷到汾陰，之後至少在晁大明曾祖父一代又播遷到了武威。晁大明任職的所有地方都沒有離開唐代的涼州，第一個職務是麗水府隊正，麗水府在今古浪縣，隊正是唐代府兵中最基層的軍官，相當於今天的隊長。他去世後葬於武威，説明他的家鄉是武威。晁姓雖不是大姓，但在唐代以前已播遷武威，晁大明家族應是武威晁氏之源頭。

武威成姓流源拾零

　　成姓雖非大姓，但姓源古老，枝派衆多。據相關資料，成姓在隋代以前已在河北、河南一帶形成較大的聚落和東郡、弘農、上谷郡望，并已進入甘肅、江南等地。《隋故成公府君墓志銘并序》碑刻於隋仁壽元年（601），1975年出土於武威市金羊鄉宋家園村，今存武威市博物館。碑文簡述成蒙家世、任職情況、政績及夫人的出身門第，兼及夫妻去世及合葬時間、地點，頌揚其嘉行美德。志主成蒙（511—584），字永錫，隋東郡（今河南滑縣）人。出身官宦之家，其武功高强，曾任户曹參軍、法曹參軍，武威郡大城（今屬凉州區）、力乾（今屬永昌縣）二縣縣令，勤於政事，惠及百姓。其父任職武威，其妻李氏祖、父也曾任職武威。毫無疑問，由於成、李兩家早年落籍武威，武威已是他們的家園，故夫婦去世後合葬於姑臧縣。這似應説明武威成姓的一個源頭，也可能是武威成姓的得姓始祖。一説"成公"爲複姓，但早以融入成姓。

武威徐姓流源拾零

　　今存於武威文廟的《明故驃騎將軍徐公壙志》，刻於明正德三年（1508）。碑文簡述志主家世、任職及家庭情況，尤其對祖先及落籍原因有明確的表述：徐廉家族"世爲北畿順天府東安望族。厥祖奕世，相傳至大父源，累歷戰功，官至都指揮僉事，守備凉州，因而家至焉。先公謹代爵授昭勇將軍、指揮使，凉州視蒙三十載，政聲著於當時，後以疾卒於官。"這段表述，對研究武威徐姓的流源具有重要價值。

　　徐廉（1461—1508），字克慎，世爲順天府東安（今河北廊坊市安次區）望族。因"大父"（祖父）徐源在凉州做正三品的"都指揮僉事"，遂舉家遷居武威。其父任凉州衛指揮使，授昭勇將軍。按明代軍職，指揮使爲衛最高軍事長官，秩正三品，昭勇將軍是正三品的武散官階。明代地方軍政機構實行衛所制，今凉州區明代爲凉州衛，徐父不僅是凉州衛的最高軍事長官，而且任職長達30年之久，因病去世於任上。志主徐廉官至驃騎將軍、都指揮使（正二品），去世於西寧任所，歸葬於武威城北徐家先塋。徐廉一門從祖父起落籍武威，祖墳也選在武威，祖孫三代都是地方軍政高官，在武威經營數十年，想必是樹大根深，人丁興旺，而且對武威也是特有感情，將"武威"二字作爲其子名號（一子曰威，一子曰武）巧妙嵌入。

徐姓，是一個典型的多民族、多源流姓氏，主要源自嬴姓及少數民族改姓等。大禹賢臣伯益之子嬴若木首封徐國（今江蘇宿遷市境内），其後代以國爲氏，稱爲徐氏，若木爲得姓始祖。明朝時期，徐姓已分布全國各地，但主要集中於南方，在西北和西南地區仍爲罕見姓氏。據有關人口統計資料，武威市是當代徐姓人口覆蓋率較高的地區之一。從徐廉祖父落籍武威算起，500多年間後嗣超過20代，留在武威的徐姓人口少説也是成千上萬。臆測徐廉家族是較早進入武威地區的徐姓之一，至少在武威較高的徐姓分布中名列前茅。

武威嚴姓流源拾零

刻於明正德十三年（1518）、現立於古浪縣泗水鎮雙塔村嚴家園子的《勸忠祠碑記》，簡述了古浪操守兼管所事千户嚴璽"勇謀兼優，號令明肅；撫下有恩而軍士服，却敵有勇而番人懼；位卑而名顯，兵寡而功多。"歌頌其忠勇任事，以身殉國的精神。

碑文稱："公諱璽，字朝玉。其先世亳人，祖真勝從文皇帝北征，升涼州衛中千户所百户；父進，襲職，調署雙塔所事，因家焉。公以功擢前職。" 這段文字雖簡，却給我們勾勒出了志主祖孫三代簡況：祖父嚴真勝，安徽亳縣人，從軍後升爲涼州衛中千户所百户（明代爲世襲軍職，正六品），任職崗位在涼州；父親嚴進，襲父職爲百户，任職崗位在古浪雙塔所，從他開始舉家落籍古浪。志主嚴璽（？—1516），字朝玉，初襲父親百户軍職，定居古浪。因嚴璽"童時輒有大志，既冠，體貌魁梧，智勇過人，善騎射，習孫武兵法，當道器重之。" 襲父職後在古浪任職的嚴璽"克盡厥職，愛恤軍士，教練武勇，人樂於戰鬥，屹然爲一方保障。"因"屢立戰功，番族畏服"，"智勇著聞，當道交章薦舉"，遂擢拔爲甘州奇兵營千總、行都指揮事。鑒於當時"魯番爲患，安遠一帶道路梗澀"的嚴峻形勢，上級認爲"非公不足以保禦。遂改爲古浪操守兼管所事。"嚴璽没有辜負上級和地方軍民對他的信賴，"邀擊番族，自兹不敢肆毒，商旅得通，耕牧有賴。"但不幸的是，在正德十一年（1516）的秋天，在追剿寇賊中犧牲。碑文中的嚴璽，是一位智勇過人，忠藎任事，勤理民事，周貧恤孤，以身殉國的軍人形象，爲武威歷代嚴姓成員所尊崇，亦深受民衆愛戴，其事迹"有關風教"，故爲"勸忠"，入古浪忠孝祠，并建祠刻碑，紀其功勛。

立於清乾隆十六年（1751），今存涼州區高壩鎮柏樹村嚴家溝的《嚴氏墓志銘》，對嚴真勝祖孫三代從軍、任職及落籍涼州之事，與古浪《勸忠祠碑記》表述如一。從碑文透露，在嚴氏後世子孫中，有"以武舉人而擢第"者，有封爲"昭信校尉"（正六品）者。乾隆《武威縣志·人物志》載：嚴毓明，天啓甲子（1624）武科解元；嚴慰，清順治辛卯（1651）科武舉人。這可能就是涼州嚴氏後裔中可載、可表的優秀人物。

另外，涼州區武南鎮花盛村嚴家大莊保存的《嚴氏家譜》，最早編纂於清乾隆三十六年（1771），之後又進行過多次續修。據家譜記載，陝西朝邑縣（今屬渭南市大荔縣）人嚴尚榮、嚴尚信兄弟在明嘉靖初年（1522）來到武威，并娶妻生子，陸續修築大莊、中莊、下莊，遂在武威繁衍生息，代代相傳，他倆被尊爲這一支嚴氏的始祖。這支嚴氏與安徽亳縣人嚴真勝在時間上遲了一百多年，顯然是同姓不同宗，但可視爲武威嚴氏的另一支系。

嚴姓源於莊姓，出自芈姓的楚莊王。東漢時，爲避諱明帝劉莊改"莊"爲"嚴"，奉西漢詞賦家嚴忌（原名莊忌）爲始祖。魏晋時期，部分嚴姓恢復莊姓，於是形成莊、嚴兩姓，實際上莊、嚴實爲一姓（家）。嚴姓中也有源於嬴姓和蒙古族、滿族、土族、朝鮮族等少數民族中的漢化爲氏。武威嚴氏從何處而播遷至此，以上兩通碑刻清晰地記載了嚴氏一支的遷徙路徑。碑刻表明，古浪縣泗水鎮雙塔村嚴家園子和涼州區高壩鎮柏樹村嚴家溝兩地之"嚴"實爲一姓（家）。但後來之事因"世遠年湮，家譜已失，加之家道中落，故無稽可考，唯家族自古住涼州嚴家溝而傳自後世。"乾隆年間，嚴氏後裔"心念祖功宗德，志切報本追遠，爰聚族公議，敬建碑銘"，終於使嚴氏一門"知其祖貫，明其系派。"兩碑綫索清晰，感情真摯，叙功記事，不卑不亢，表達了"鐘靈毓秀，其後之發祥更未可量也"的期望。兩通嚴氏碑刻，對研究古浪、涼州兩地嚴姓一族流源播遷提供了實物佐證；嚴家園子，嚴家溝，兩個地名中蘊藏的歷史文化基因，使血緣與親情融爲一體，成爲今天武威嚴氏家族認祖歸宗的標志和紐帶——這是武威嚴氏之幸，上可告慰祖宗，下可密切宗族。

"噫！世系如斯，可謂源遠流長矣。"

（此"嚴"姓與古浪縣新堡鄉由"嚴"姓而演變爲"年"姓者非同源也。見本卷另文《古浪年姓源流拾零》）。

武威殷姓流源拾零

殷氏是一個古老的姓氏群體，以帝嚳之子契爲始祖。契因佐大禹治水有功，被封於商（今河南商丘），賜子姓，其裔孫成湯建立商朝。成湯十傳至盤庚時將國都從奄（今山東曲阜）遷於殷（今河南安陽），史稱"殷"或"殷商"。殷商滅亡後，大部分遺民以國名爲姓，稱殷氏，尊契爲得姓始祖。到明朝時期，殷姓已散播到全國各地。殷姓除少量滿族等少數民族漢化改姓爲氏外，基本上屬於單一的族群。

《唐故□翰林供奉朝散大夫□守右千牛衛將上柱國賜紫金魚袋殷府君墓誌銘并序》，簡稱《殷瓊墓誌》，立於唐僖宗乾符六年（879）。誌主殷瓊（827—879），字德光。碑文稱"其先武威人，"說明早在唐代，殷姓已散播到武威，并成爲高門大族。而此時的殷瓊家族，由於祖上三代長期在异地的仕宦生涯，已落籍於長安，祖塋在京兆萬年縣（今屬西安市）。殷瓊精於醫術，曾任主簿、縣丞、太僕丞、尚衣尚輦奉御、翰林供奉、廣王府長史等職，官至右千牛衛將軍，贈上柱國，賜紫金魚袋，與擔任鴻臚少卿的兄長殷璒、秋浦縣丞的堂弟殷球齊名於當世，被譽爲"門户興隆，繼我祖宗"的楷模。碑文簡述了殷瓊家族淵源及祖上三代功名，重點記述了殷瓊的仕宦生涯、恩寵經歷和其"率性勤厚，寬弘濟物，孝於上，義於昆，穆於親，愛於衆"的品行，兼記其去世後"少大親族及有識來吊"的悲痛情景和夫人、婚配及子嗣等情況。此碑對研究武威殷氏家族的流源具有重要價值。

李白《贈郭將軍》詩與凉州雲麾將軍郭公神道碑
——兼議武威郭姓流源

李白《贈郭將軍》："將軍少年出武威，入掌銀臺護紫微。平明拂劍朝天去，薄暮垂鞭醉酒歸。愛子臨風吹玉笛，美人向月舞羅衣。疇昔雄豪如夢裏，相逢且欲醉春暉。"大意是説郭將軍少年時即從武威發迹，又晉升到宫廷擔任護衛皇帝的重任，功勛卓著而又位高權重。早上佩着寶劍上朝朝見天子，晚上便騎馬垂鞭醉酒而歸，不僅工作順利而且生活愜意，自然聯想到自己曾奉詔翰林時受到玄宗禮遇的那種滿足與自得。將軍的愛子玉樹臨風，瀟灑地吹着玉笛，姬妾們在月下翩翩起舞，家庭生活是那樣的美滿。唉，過去的那些雄姿豪氣和愜意生活宛如夢中，且與君趁這大好春光醉飲一場吧！詩的前六句回憶郭將軍入衛宫廷之得意情狀，塑造了一位功高得寵、生活愜意、瀟灑豪放的將軍形象；後二句寫自己願與郭將軍共飲取醉藉以消愁。全詩生動地刻畫了一位功勛顯赫而志滿得意的將軍形象，藴含了懷才不遇之感嘆。有專家考證，此詩當是唐玄宗天寶三載（744）李白辭去翰林後將要離開長安時所作，雖已去職但還是忘不了那一段浪漫的宮廷生活。

關於此詩中的郭將軍，有人說是郭元振，也有人說是郭子儀。郭元振（656—713），名震，字元振，魏州貴鄉（今河北大名縣）人，唐朝名將、宰相。郭元振曾任涼州都督、隴右諸軍州大使，政績顯赫。但其去世時，李白（701—762）才13歲，還未入長安，二人不存在交往。郭子儀（697—781），華州鄭縣（今陝西華縣）人，入京供職前，曾任左衛長史、單于副都護、振武軍使、九原太守等，均與武威其地不相屬。可見，詩中之"郭將軍"并非郭元振和郭子儀，顯系另一位郭將軍。

說到涼州詞，不能不說郭知運。郭知運（667—721），字逢時，瓜州晉昌（今甘肅瓜州縣鎖陽城）人，唐朝著名將領。少年壯勇善射，頗有膽略，從軍後屢立戰功。曾隨從安西都護、同族郭虔瓘，伏殺突厥默啜可汗之子同俄特勒，受封介休縣公；并多次擊敗吐蕃入寇，平定六州突厥降户叛亂，累遷冠軍大將軍、隴右節度使領鄯州都督、左武衛大將軍、鴻臚卿兼攝御史中丞，進封太原郡公。薨於軍中，追贈上柱國、涼州都督，配享太公廟。他在任期間，搜集一批西域曲譜進獻唐玄宗，其中便有著名的《涼州曲》。玄宗交給教坊翻成中國曲譜，并配上新詞演唱。後來許多詩人喜歡這個曲調，爲它填寫新詞，《涼州曲》從此風行天下。郭知運爲太原郭氏著姓後裔，先祖郭友從太原到隴西，而後西寧，發展爲名門望族。郭友之昆孫郭憲，魏晉時期曾任武威太守。郭憲猶子（侄子）郭芝，西晉散騎常侍。郭知運曾祖郭欽（郭芝之子），瓜州大黄府統軍、上柱國；祖父郭才，朝議郎、瓜州常樂縣令、上柱國；父親郭師，朝散大夫、上柱國，贈伊州刺史。兒子郭英杰，河西節度副使；郭英奇，朝散大夫、尚輦奉御；郭英協，游擊將軍；郭英彦，朝議郎。可見，郭知運祖先由太原而西寧，又從西寧播遷武威及河西，"晉昌諸宗，散騎之後也"（唐·張說《郭知運碑》）。這個郭氏，不僅是武威郭氏的一個源頭，也是瓜州郭氏的源頭。

《雲麾將軍郭公神道碑》，立於唐玄宗天寶十三載（754），碑文收入《全唐文》卷422。張澍《涼州府志備考》收入其文，在其人物卷中亦有"郭千里"條，基本内容與碑文相同。碑文講述郭千里及祖上的武功軍威，贊譽之情充盈其間。其祖父曾爲鴻臚寺卿，家族爲官宦世家，"世并五侯……氣蓋關山……則祖宗之盛，未始聞也。"但新舊《唐書》記載不多，碑文可謂郭千里及郭氏家族傳略。

郭千里（？—752），唐代征伐突厥等犯邊少數民族的著名將領。早年，他"以將門子往還隴上"，開元年間，曾"西討石國，負羽先登"，"復開蔥嶺，以功勝虜"，征戰無數，敵不能勝，因功拜游擊將軍、折冲都尉、左武衛將軍、左衛大將軍，累遷左金吾大將軍，兼玉門軍使。在赴玉門任前因病去世於武威。郭千里爲國家屢立戰功，名垂青史，而《唐書》無傳。張澍按語"千里官尊顯，而《唐書》無傳"，不無遺憾之情。

楊炎（727—781），字公南，陝西鳳翔人。中唐宰相，政治家。其早負文名，有詩文存世。在中國歷史上，他以其杰出的財政管理才能和卓越的歷史眼光創立并推行"兩稅法"，爲安史之亂後的唐朝經濟復蘇注入了活力。依古代慣例，碑文作者的身份決定着志主的地位。唐朝名相、著名文學家張説曾奉敕撰寫《郭知運碑》。作爲歷史上的名相楊炎，能爲郭千里撰寫神道碑銘本身就是郭氏家族莫大的榮幸，而且贊譽之情充盈全文，如多次使用"公"相稱，對其才能以"超才也"贊賞，引用許多歷史名人如辛李周郭、韓侯、召伯、周郎、終子相襯托，對其去世稱爲"薨"等等，無不説明志主的地位之高和影響之大。

郭千里在長安所任職務如折冲都尉、左武衛將軍、左衛大將軍、左金吾大將軍，其職能職責都是掌管宫中及京城日夜宿衛、巡查、警戒，隨從皇帝外出警衛、護駕等，李白《贈郭將軍》詩所述經歷與郭千里完全相符，此碑可爲佐證。至於詩的最後兩句，字面上也看不出什麼"失意""失寵""失落"，或爲郭千里在仕途上的偶有不順，正好與李白從奉詔翰林到賜金放還的懷才不遇相侔，從高峰跌落，深有"同是天涯淪落人"的意味。《雲麾將軍郭公神道碑》，這是一篇戰功顯赫的武威籍大將軍的碑刻傳略，也是李白《贈郭將軍》詩的人物注脚，可補史書之不足，可證人物之來歷。

綜合分析，李白詩中的"郭將軍"疑爲郭知運孫輩中的一位，與郭千里籍貫（涼州）相同，活動時間相符，其祖父曾爲鴻臚卿及官宦世家的出身完全相同。

郭姓是一個典型的多民族、多源流姓氏，主要源自姬姓、任姓及少數民族漢化改姓。西周時期，武王封其叔虢仲於陝西寶雞，稱西虢國（虢古通"郭"）。之後，世事多變，形成西虢、東虢、南虢和北虢，其後裔均有郭姓，其中北虢郭公（郭序）後裔中，尤以晉陽郭氏最爲出名，發展成爲著姓，形成太原郡望，并成爲後來郭姓人口繁衍播遷的主要來源。唐朝中葉，郭子儀平定安史之亂，被封爲汾陽王，中興之功帶來了姓族的興旺，達到鼎盛時期，許多郭姓敬奉郭子儀爲始祖。明清時期，郭姓人已散播全國各地。郭姓郡望較多，尤以太原郡爲最早最顯。河西敦煌（包括瓜州）郭姓，源自西平（今西寧）郭氏分支，而西平郭氏又爲太原郭氏分支，其始祖是魏晉時期武威太守郭憲猶子（侄子）郭芝。郭憲是武威乃至河西郭氏的一個源頭，之後，子孫散播河西等地，形成望族，主要名人有郭芝、郭瑀、郭知運及其兒子英杰、英奇、英協、英乂（英彥）等。

立於唐永徽三年（652），1988年12月出土於武威市金羊鎮宋家園村的《郭長生墓誌銘》提供了有力的佐證。碑文云："君諱長生，字遐齡，并州太原人也，軒轅氏之苗裔。"郭長生出身於名宦之家，任職武威，不幸英年早逝，葬於姑臧。從碑文內容看不出他死後葬在武威的理由，只能說明他們的祖輩已經落籍武威多年。毫無疑問，武威郭姓源自太原郡，兩通郭氏墓誌對研究武威郭姓的流源具有重要價值。

另，西晉時太原人郭綏，在朝爲侍中，後轉任涼州刺史；唐朝名將郭虔瓘（643—726），祖籍太原，歷任北庭都護、冠軍大將軍、四鎮經略安撫使等，進封太原郡公、上柱國、潞國公，遷涼州刺史、河西節度大使、同平章事等，卒贈左衛大將軍、涼州都督。他們是否有子孫留居武威并繁衍，待考。

武威邊姓流源拾零

邊氏是一個多民族、多源流的姓氏群體，出自子姓，是商湯的後裔。商朝諸侯國邊國（今河南商丘一帶）因有伯爵封號而稱爲邊伯，其後裔以邊爲氏，世代相傳，邊氏後人多尊邊伯爲得姓始祖。後世也有滿族、蒙古族、達斡爾族等少數民族漢化爲邊姓者。漢朝末年的涼州金城人邊章，已是當時有一定影響的軍閥之一。表明邊姓已經在甘肅落籍，金城郡望初具規模。魏晉南北朝，邊姓金城郡望昌盛浩大，人丁興旺，并移居到與之相鄰的隴西郡，使邊姓後來在隴西郡形成大族，甘肅也成爲邊姓人口繁衍的中心之一。武威邊姓散播，估計直接與此相關。清朝時期，邊姓已散播到全國各地。邊姓雖爲小姓，但很早以前已播遷武威，隋朝時已有武威籍的邊姓官員。

《大唐故上柱國邊君墓誌銘并序》，簡稱《邊真墓誌》，立於唐高宗咸亨四年（673）。誌主邊真（620—674），字行感，唐西涼（今甘肅武威）人，曾授上柱國。碑文簡述了邊真曾祖"望極寵章，垂則後代"的功名、品行，及其墓主人"三河炳耀，九市騰輝"的蓋世功勛。按照一般墓誌的慣例，還應接著簡述祖、父行狀、功名，但此碑缺少這方面的信息，而對曾祖及誌主的經歷、功名也很概括，缺乏具體時間、地點、戰例和任職名稱，對誌主"授之以上柱國"這樣高的勛級缺乏職級上的連續性。唐代的官分爲職事官、散階、勛官、爵位等，"上柱國"屬於勛官，是對功勛的一種榮譽稱號，即對作戰有功人員的特別表彰；榮獲"上柱國"勛級的人，不論官職大小，都可以享受正二品的待遇。雖然如此，一位普通的下級軍官是不會得到最高勳級的。這篇墓誌相較於其他墓誌，對誌主的敘述和贊頌缺乏充足的事實依據，也看不出對邊姓流源、郡望方面的諸多信息。墓誌稱誌主爲"西涼人也，"雖然僅有四個字，但信息含量較大，說明邊姓播遷到武威的時間較早，邊姓雖爲小姓，但在唐代已成高門。邊真去世後，葬於洛陽邙山，說明已成高門士族的這一支邊姓又遷居并落籍洛陽，這對本來就不繁盛的武威邊氏造成大量的人口流失，這可能就是今天武威邊姓人口不多的原因之一。此碑對研究武威邊姓流源具有重要價值。

刻於清康熙十九年（1680）的古浪縣《大靖參戎邊公德政碑記》，簡述并頌揚了古浪大靖參將邊永昌的戰功政績及散官田、均水利、減賦稅等惠民德政。邊永昌爲陝西榆林人，從軍後，"汗馬血戰，屢著奇功"，歷騎尉、守備、游擊，官至大靖營參將（正三品高級軍官）。碑文"公諱永昌，榆林人，後家武威，自公始"句，明確告訴人們，他在大靖任職退休後，沒有回到原籍，而是留居武威，自他以後，子孫們也落籍武威，在武威衆多的姓氏當中，又新增一支來自陝西榆林的"邊"姓，邊永昌似應是古浪邊姓的始祖。今天，邊姓仍然是陝西榆林的主要姓氏之一。從邊永昌至今 300 多年，加上武威固有的邊姓，邊姓已遍布武威各地。

達雲與武威達姓流源述略

達氏是一個多民族、多源流的姓氏群體，分布較廣，主要源於姬姓和回族，部分源於蒙古族、滿族、土族、裕固族、維吾爾族等少數民族，有皇帝賜姓和漢化改姓爲氏。姬姓高陽氏，出自顓頊帝之後叔達，世代相傳至今，稱爲達氏正宗。另一支達姓代表人物是明朝萬曆年間的西北名將達雲。

達雲（1551—1609），字騰霄，號東樓，出身於涼州衛（今甘肅武威市）武將世家。始祖恪納牙，系哈密畏兀城人，祖上爲蒙元皇族後裔。明洪武初年從哈密進貢赴京，忠義恭順，屢建功績，欽授試百戶，駐扎涼州，落籍爲涼州人，成爲達氏在涼州的第一代祖先。明英宗先後遷徙涼州、甘州寄居回回 1749 人於江南各衛，遷徙涼州的歸屬回回 702 人於浙江，這些人原來都是畏兀兒人，後來基本上成爲回族。達雲家族本爲畏兀兒人，後融入回族。恪納牙生一子，名達里麻答思，承襲父職，學習漢族文化，生活習俗同漢族日益融洽，遂確定以首字"達"爲自己家族姓氏，達雲爲其六世孫。達雲於明嘉靖四十五年（1566）襲百戶，勇猛强悍而有謀略，開疆擴土，屢建功績。萬曆年間，歷指揮僉事等，官至甘肅總兵，累功封特進、光祿大夫、上柱國、太子太傅，挂平羌將軍印，鎮守延綏、甘肅等地。其鎮守西北邊疆幾十年，每遇戰事悉心籌畫，身先士卒，惜兵愛民，戰功顯赫，名震西陲，爲一時邊將之冠。後卒於軍中，贈太子太保，諡英烈武侯，誥封四代；入武威鄉賢祠、古浪名宦祠。

武威達氏後代顯榮者頗多，多爲軍事將領。長子達奇策，大靖參將。次子達奇勛，官至昌平、居庸關總兵，加太子太傅。三子達奇功，恩蔭世襲指揮使。他們均以戰功著稱於世，以賢名流芳後代，爲保衛邊疆，維護祖國統一立下了豐功偉績。入清以後，達氏淪爲平民，但尚武精神不息，在逆境中奮發有爲。達雲重孫達全體有子三人，長子達先，康熙三十年（1691）武進士，官至浙江台州、紹興協副將，統轄水陸軍務，加封榮祿大夫，榮封三代；次子達澤，康熙三十九年武進士，曾任廣東惠州守備、湖南衡州協標中軍都司；三子達聰，康熙五十二年武舉。一門三人同登科舉榜，民間稱之爲"一門三甲"。達氏家族原由畏兀兒融入回族，後又完全融合於漢族之中，從一個小小的百戶之家，一躍而成爲涼州名門望族，武將世家，今涼州有達府街。武威達氏一族既是中國達姓的主要淵源之一，也是達氏郡望之地，其後裔主要居住在西北各省，尤以蘭州、河西居多。今武威乃至西北達氏，多爲達雲後裔。

武威碑刻中，目前沒有發現達雲墓志，其他記載也散見於相關碑刻中。刻於明萬曆二十六年（1598）的《松山平虜碑》《蕩空松山碑記》《定松山碑》，萬曆二十七年的《三眼井堡記》、萬曆二十八年的《大明碑》，在記載明萬曆二十六年明軍兵分五道，一舉擊潰占據松山的蒙古賓兔部落，剿除邊患，恢復松山，拓邊數百里的松山大捷中，直接或間接提到了達雲，但他不是主角。而刻於清康熙十四年（1675）的《重修奶子佛碑》，在敘述萬曆二十六年的松山大捷時，則表述爲"萬曆二十六年間，巡撫田翁名樂與總鎮達公名雲者，并又議興兵，恢復松山，驅逐外番。"即巡撫田樂與總兵達雲興兵恢復松山，趕走了蒙古阿赤兔，達雲變爲主角之一（以上碑刻見本書古浪卷）。立於明天啓二年（1622）的《增修大雲寺碑記》，記載了甘肅總兵達雲及達奇策、達奇勛、達奇功等軍政官員及僧官捐資增修大雲寺的相關情況，同時記載了達雲爲感謝神靈"助佑"而取得松山大捷，爲"酬答神功"，在大雲寺內創建了元帝廟（關帝廟）；僧官洪鎧爲表彰和紀念達雲收復松山之功，又在寺內構建了達公祠。由於達雲等官員們慷慨捐資，增修後的大雲寺規模宏大，崇宏壯觀，雖地處邊陲，但"獨勝於直省內地"。達雲及其達氏家族乃武威名人，雖然目前未發現其墓志，但其功績不可避免地彰顯於武威碑刻中，這與他們的貢獻和功績相得益彰。

余闕與武威余姓流源述略

余姓是一個多民族、多源流的姓氏群體，分布較廣，不僅是漢族大姓，而且也是蒙古、滿、藏、回、土、裕固、維吾爾族等許多少數民族所使用的姓氏，其中有皇帝賜姓和漢化改姓爲氏。主要起源於姬姓，出自春秋時期秦國宰相由余（源於姒姓的夏禹有余氏後裔）之後。由余助秦穆公稱霸西戎，其後代尊其爲余姓的得姓始祖。到了宋代，余姓基本上遍布全國各地，而且人才濟濟。另一支源於党項羌人的余姓，屬於漢化改姓，因元末死節將領、諡"忠宣"之余闕而名聞天下，其子孫播遷各地皆以余闕爲得姓始祖。明洪武年間山西洪洞大槐樹遷民之後，余姓不僅遍及大江南北，而且又有移居海外者。余姓郡望堂號主要有新安郡、下邳郡、武威郡等，合肥是余闕生長之地，武威是余闕先輩世居之地，以望立堂，合肥因余氏望祖余闕諡"忠宣"而有忠宣堂。

余闕是公認的中華余氏望祖，先世爲党項人。党項人最初生活在松潘草原上，唐代遷至河西走廊和寧夏一帶。西夏時期，党項貴族和大户分布在靈州和西涼府。1226年秋，蒙古破西涼府，守臣將領率父老啓門出降。因此，蒙古軍隊沒有對西涼府百姓進行大規模殺戮，居住在此的党項族大户保全了家業。余闕的先人是生活在武威的唐兀人，高祖父是"銑節"一族的首領，以族名爲姓名，代代承襲。元統元年（1333），余闕殿試朱卷右上角填寫的就是"銑節"。

余闕（1303—1358），生於廬州（今安徽合肥），祖先爲西夏唐兀氏，即世居涼州的党項族。宋濂《余左丞傳》："余闕，字廷心，一字天心，唐兀氏。世居武威。父沙剌藏卜，官合肥，遂爲合肥人。"余闕祖父輩時，蒙古軍隊擴充兵源，把西涼州的唐兀人編爲軍户，開撥到內地與南宋軍隊作戰。余闕的父親在戰爭中因功賜官，被元朝賜以蒙古名字"沙喇藏卜"，派往廬州駐守。沙喇藏卜在廬州生子五人，全部改漢姓余，爲合肥余氏的始祖。第四子余闕，少年時和在廬州做官的父親一起生活多年。父親去世後，家道中落，爲奉養老母，受聘到學宮教書。期間，結交了著名理學家吳澄的弟子張恒，互相切磋，研究學問，學業大有進步。元惠宗帝元統元年（1333）進士及第，出任泗州同知，後入朝爲翰林應奉，又轉任刑部主事。因不願巴結權貴，棄官回家。不久，受元惠宗徵召任翰林院修撰等職，參加宋、遼、金三史編修工作。之後任監察御史，出任湖廣行省左右司郎中。至正十二年（1352），農民義軍遍布江淮，陳友諒占據兩湖地區。朝廷任命余闕爲淮西宣尉副史、僉都元帥府事，分兵駐守安慶。期間，他除了抓緊軍隊訓練、修繕城防外，還實行墾荒屯田，補充軍糧，減輕了百姓負擔。地方上發生灾荒，他捐出自己的俸禄買米救濟窮困灾民，并籌措錢鈔3萬錠，幫助灾民生產自救，恢復生產。後升任都元帥、淮南行省左丞，駐安慶。至正十七年十月，陳友諒率軍沿江東下，敗元軍伯顏於小孤山，一直追到安慶，數次攻城，均被余闕擊退。陳友諒遂調集全部兵力，四面環攻。余闕與諸將分兵把守，日夜督戰，受傷十多處。他前後扼守安慶七年，歷經大小數十戰，當時淮東淮西盡由紅巾軍占據，唯安慶爲完城。朝庭授余闕爲都元帥，轉淮南行省參知政事，賜二品服。至正十八年（1358）正月初七日城破，余闕因不堪被俘受辱，引刃自刎，自沉於安慶西門外清水塘中，妻妾、子女皆投井而死。陳友諒感其義，厚葬於安慶城西門外。元順帝詔贈淮南等處行中書省平章政事，追封爲豳國公，謚忠宣。明朝開國伊始，朱元璋詔令表彰，敕有司建祠肖像，歲時祭祀。今安慶市余闕墓側的大觀亭，或稱大觀樓，號稱"皖省第一名勝"，歷代文人墨客留有大量詩詞、楹聯，緬懷忠宣公之忠烈義舉。余闕與北宋包拯、明代周璽，并稱爲"廬陽三賢"。

余闕出身於仕宦之家，經學基礎雄厚，五經皆有傳注，又有良好的文學修養，詩文、書法俱佳，文章氣魄深厚，篆隸書藝古雅，留有許多優秀詩篇，後人評價其有鮑照、陰鏗遺風。有文集《青陽集》傳世，收入《四庫全書》。余闕本是文人，但領兵打仗號令嚴明，軍紀整肅，能和部下同甘共苦，出生入死，深得士兵愛戴和信任，是難得的儒將，其英烈之風和道德文章受到後世衆多名人的敬仰。元人賈伯良作《余忠宣公死節記》紀其事，著名文學家宋濂爲其立傳；劉基、王冕、袁枚、趙翼、曾國藩、左宗棠、彭玉麟等或立傳作文（祠記、碑文），或賦詩作詞，以示緬懷憑弔。因之，忠宣闕公被合肥余氏追認爲始祖，堂號忠宣堂，武威亦爲余氏公認的世居地（郡望）。

《余忠宣公死節記碑》，簡稱《余闕碑》，元人賈伯良撰寫於余闕殉國後的當年八月，簡述余闕出身、本人功名及相關經歷，詳盡叙述其安慶保衛戰中的突出表現及全家死節的壯舉。作者認爲，"有元設科取士，中外文武著功社稷之臣，歷歷可記……能捍禦大郡全盡名節者，守舒帥余公廷心一人而已。""稽之史册，自古忠烈烜赫者，唐巡、遠，宋文天祥而已。若吾余公廷心，鍾光岳之靈氣，有文武之全才……當多難之秋，戰守之功，鮮有儷者……秉節不屈，視死如歸，尤人之所不能及……而公之夫人，若子若女，一門之節義，又世之所無者。"碑記對全面認識余闕及其詩文成就、殉節意義具有重要價值。

1981年3月，著名西夏學學者史金波、吳峰雲到廬州青陽山一帶就元代唐兀人的後裔進行調查尋訪，找到了余闕後裔，看到了1940年重修的《余氏宗譜》，扉頁上印着"忠宣公""涼州府"字樣。通過調查尋訪確認，武威西夏人曾輾轉遷移到江南，余闕祖籍系西夏時的甘肅涼州，其父沙剌藏卜於元代自涼州隨軍來到廬州。當代文化名人余秋雨，1946年出生在浙江餘姚縣，從上海戲劇學院畢業後從事戲劇文化事業，後發表了《文化苦旅》等許多著名的散文。他在一些散文作品和演講中多次説道，自己的祖先是一位武威人。2010年5月，在散文《我等不到了》中寫道："憑一種難以表述的直覺，我猜我家應該是余闕、余淵之後……我的祖先是發端於古代羌族的唐兀人，即使僅僅從在甘肅武威一帶的蹤迹算起，從他們到我們，一路生死經歷，也真稱得上動天地、泣鬼神。"2013年10月9日，在蘭州"絲綢之路高峰文化論壇"演講伊始，他説："我的先祖的老家，經過我的考證，是在甘肅武威。"2017年9月16日，在"涼州文化論壇"演講時再次説到，他的"余脉"和武威有關，生命基因一定是和涼州有關。

余闕殉國後，其幼子余淵於明洪武二十九年（1396）中舉人，授密雲縣教諭（見《嘉慶合肥縣志·選舉表上》），其後裔在安徽合肥等地繁衍成爲望族，其後裔流寓浙江等地，余秋雨就是浙江余氏的後人，後世名人如余光中、余英時、余漢謀、余嘉錫、余秋里等。武威是余氏公認的世居地（郡望），余闕確爲武威西夏人，但其後裔主要繁衍散播於江南各地，當然不排除江南各地的余姓人士回流西北各地。所以，武威余姓中既有余闕後裔，也有源自其他漢族余姓支系後裔和少數民族的余姓人士。

武威契苾氏流源及其部族述略

契苾，歷史上代北地區複姓，亦作契苾羽、契弊、契宓，出自鐵勒，亦爲回鶻族。《鄭通志·氏族略》注："九姓回鶻，匈奴苗裔，後魏謂之'高車'，亦曰'勅勒'；周隋又曰'鐵勒'，居金山之陰，獨洛河北，其一曰契苾，居焉耆西北鷹沙川，多濫葛之南。"有唐一代，契苾家族爲唐王朝做出了重要貢獻。契苾原本是以族稱爲源的複姓，後來慢慢演變成了單姓契氏或苾氏，後來又融入漢、回族等民族，現今分布不詳。相傳也有演變爲七（柒）姓的。陝西乾縣有七家莊，原名契家莊，莊民多姓馬，自稱契姓後人。祖輩以看守乾陵爲己任，不管朝代如何更換，一直堅守不弃，民風樸實剽悍。鐵勒中的契苾部族，以契苾何力爲典型代表，并延及七代子孫。

契苾何力（？—677），鐵勒族契苾部人，唐朝名將。本是鐵勒可汗，駐牧於青海高原沿祁連山一帶，貞觀六年（632）率部歸順唐朝，安置於甘、涼二州之間，授何力爲左領軍將軍，封其母爲姑臧夫人，家居涼州。貞觀九年（635），隨軍大敗吐谷渾，娶臨洮縣主李氏爲妻。後參與滅高昌國、敗龜兹、西擊西突厥之役，任左驍衛大將軍，封郕國公。此後安撫鐵勒九姓叛亂，多次率軍擊敗高句麗。總章元年（668），與李勣破平壤，擒獲高句麗國王，滅高句麗，升鎮軍大將軍等，改封涼國公。病逝後追贈輔國大將軍、并州大都督，陪葬昭陵，謚號烈（一作毅）。長子契苾明，官至左鷹揚衛大將軍，襲爵涼國公；次子契苾光，官至右豹韜衛將軍，後爲酷吏所殺；三子契苾貞，官至司膳少卿。孫子契苾簹（契苾樅），契苾明之子，襲爵涼國公。

契苾家族自何力於貞觀年間率部内附，其家族先後七代人爲唐王朝做出了重要貢獻。契苾部落内附，唐太宗將其安置於甘、涼二州，契苾沙門與其母居住於此，遂以武威姑臧爲籍貫；契苾何力入京，授將軍，尚臨洮縣主李氏，生子契苾明，貫籍京兆萬年（今屬西安市），家族成員又在陰山和京兆萬年建立了家族墓地；高宗和武后時期，契苾明憑藉軍功獲得武則天賜籍洛州永昌（今屬洛陽市）的榮耀，更是一人身兼三個籍貫（武威姑臧、京兆萬年、洛州永昌），使契苾家族達到鼎盛階段。這是契苾家族進入唐朝之後官僚化和中原化相互作用的結果。但隨着契苾家族成員和契苾部落活動地域及政治社會環境的變化，武威姑臧逐漸没落，洛州永昌也無人提及。安史之亂後，契苾家族曾返遷漠北，何力四世孫契苾漪（契苾通父親）再次率部内附。五世孫契苾通死後，其後人不遠千里歸葬京兆萬年祖塋，仍以京兆萬年爲籍貫。從官爵封贈來看，契苾何力及子、孫三代，基本都襲爵武威郡公（涼國公）或贈涼州都督，但從第四代契苾漪、第五代契苾通父子開始，已不再兼任或封贈武威或涼州的任何職務，這標志着契苾家族已不在與武威或涼州發生關係。本書收録的這些契苾家族墓志，是考證唐代契苾家族活動範圍、親緣關係、世系貫籍、盛衰變遷、部族關係的重要資料，對研究其家族的歷史和河西地區的民族關係極具重要價值。

《大周故鎮軍大將軍行左鷹揚衛大將軍兼賀蘭州都督上柱國涼國公契苾府君之碑銘》，簡稱《契苾明碑》，爲何力次子契苾嵩於玄宗先天元年（712）所立，名臣婁師德撰文，著名書法家殷元祚刻字。内容叙述的是涼州歷史上的杰出人物契苾何力家族的行述。志主契苾明（650—695），字若水，何力長子。他"南討吐蕃，北征突厥，累摧凶醜，勛績居多"，官至左鷹揚衛大將軍兼賀蘭都督、上柱國，封涼國公。因病去世於姑臧家中，追贈涼州刺史，謚號靖。其長子契苾㨂（音 zǒng），左豹韜衛大將軍兼賀蘭州都督、上柱國，襲爵涼國公；次子契苾嵩，右武威衛郎將、上柱國、姑臧縣開國子，襲涼國公；三子契苾崇，右玉鈐衛郎將、上柱國，番禾縣開國子。

《大唐左屯衛將軍皋蘭州都督渾公夫人契苾氏墓誌銘并序》，簡稱《渾公夫人墓誌銘》。誌文簡述了渾公夫人契苾氏家世上溯三代，即曾祖硌、祖何力、父明皆爲名將的功勛，記述了誌主渾公夫人的懿德。

《唐故契苾夫人墓誌銘并序》，刻於唐玄宗開元九年（721）。碑文簡述了契苾夫人的身世及品德操守，兼及契苾何力家族的淵源，贊美其優秀的品質和良好家風。誌主契苾夫人（656—721），契苾何力第六女，常山開國公史氏夫人。因父親和丈夫都是唐朝少數民族勳重臣，卒後同丈夫陪葬昭陵。

《大唐故特進涼國公行道州別駕契苾公墓誌銘并序》，簡稱《契苾嵩墓誌》，刻於唐玄宗開元十八年（730）。簡述了契苾何力和其孫契苾嵩的生平事迹和仕宦功勛，兼及契苾家族和契苾嵩被貶相關情況，有贊頌，亦有惋惜，是契苾家族墓誌中記載比較完整的一篇人物傳記。誌主契苾嵩（？—730），字儀節，何力之孫，長子契苾明次子，曾任右領軍衛大將軍、赤水軍持節等，授特進、上柱國，贈涼國公。後因與回紇通婚，被貶爲連州（今屬廣東清遠市）別駕、道州（今屬湖南永州市）別駕，去世於道州任所。

《故九姓突厥契苾李中郎贈右領軍衛大將軍墓誌文》，簡稱《契苾貞墓誌》，刻於唐玄宗天寶三載（744）。簡述了契苾李中郎由少數民族歸唐入漢、建功立業，去世後玄宗悲痛、追贈高官事宜。誌主契苾李中郎，即何力三子契苾貞，賜姓李，曾接替其兄契苾明爲賀蘭都督，後任司膳少卿。

《契苾通墓誌》，刻於唐宣宗大中八年（854）。簡述了蕃將世家何力第五代孫契苾通的家世淵源、生平事迹和仕宦生涯，贊頌其品行，并兼述其妻子、兒女的功名行狀。契苾通（785—854），契苾何力玄孫，曾任銀青光祿大夫、檢校左散騎常侍兼安北都護御史大夫、充振武麟勝等軍州節度觀察處置蕃落兼權充度支河東振武營田等使、上柱國、北海縣開國侯，食邑五百户。

另有《段承宗墓誌》（大曆碑），述及段承宗夫人姑臧縣君契苾氏事宜。

姚辯與武威姚姓流源述略

姚姓起源於母系氏族社會，是中華姓氏中歷史最悠久的姓氏之一，出自五帝之一的虞舜，世代相傳至今，其後裔以姚姓爲主脉，史稱姚氏正宗。舜帝從小雖屢經磨難，但孝敬父母，和善相對，因品德高尚，深得百姓贊譽，是中國道德文化的創始人和垂範者。姚氏是一個多民族、多源流的姓氏群體。舜帝後裔歷經數千年繁衍播遷，蔚爲望族，并從中派生出60多姓，其中多爲中華大姓，除姚、陳、田、胡姓外，在中華100大姓之内的還有王、孫、袁、夏、陸等。

出自西羌燒當羌部首領姚弋仲，自稱舜帝後裔，改姓姚。他的後裔子孫皆以首領所改爲姓氏，通稱姚氏，世代相傳至今。384年，姚弋仲子姚萇在長安建立了後秦政權（384—417），爲十六國之一。後秦先後滅後涼，降西秦、南涼、北涼和西涼，占據西北重鎮姑臧，極盛時轄有今陝西、甘肅、寧夏及山西、河南的部分地區，成爲十六國後期的強國。姚萇卒，子姚興繼位。姚興崇信佛教，從姑臧迎取鳩摩羅什至長安。417年，劉裕大軍攻破長安，姚泓舉國投降。後秦傳三世共三帝，歷經三十四年。姚氏因爲有了這支來自西北姚姓的興起和進入中原而壯大起來。後秦滅亡後，劉裕將姚姓餘宗遷於江南。之後姚姓繁衍的速度更快，播遷的範圍更廣，到唐代以前，已經成爲浙江、甘肅一帶的望族。

《隋故左屯衛大將軍左光禄大夫姚恭公墓志銘并序》，又稱《姚辯墓志》，立於隋大業七年（611），出土於西安。姚辯其人《隋書》無傳，僅《隋書·煬帝紀》記載數語，此碑可補無傳之漏。這篇碑文實際上就是一篇姚辯傳記，同時也是武威姚氏家族的家譜文獻。內容有家世概略、個人簡歷與功績、朝野評價及讚語（銘詞），綫索清晰，結構完整，語言平實，具有史傳文字的基本特點和風格。

姚辯（545—611），字思辯，隋朝武威人，系後秦王室後裔。"恭公"是其死後所贈諡號。東晉義熙十三年（417），後秦滅亡，姚辯"五世祖泓爲晉所滅，子孫播越，居於武威。" 姚辯曾祖姚贊，曾任撫軍左軍將軍、武威太守。説明姚氏一門在武威樹大根深，既是貴族，又是望族。姚辯少年時以志向高遠、武功卓絶而聞名當世，并入選爲官。一生東征西討，屢立戰功，爲周、隋的江山穩固立下了汗馬功勞，尤其在隋朝，加官進爵，屢有封賞，官至涼州牧、右光禄大夫、左屯衛大將軍等職，進爵爲公。由於其"功有必取，算無遺計。累膺恩寵，顯赫身名"，後世論者以爲其功不在霍去病之下。爲官期間，寬弘政教，安民和衆，朝廷的評價是"性理和謹，秉心恭慎；歷仕無玷，式表哀榮"。從碑文由虞世基撰文、歐陽詢書丹來看，志主的地位、聲望當不同凡響，不然就够不上由當世超一流名人爲他撰文書丹。

虞世基（？—618），字懋世，會稽余姚（今浙江慈溪市）人。著名書法家、文學家、政治家虞世南的哥哥，《北史》《隋書》本傳稱其"博學有高才，兼善草隸"，著名書法家、文學家。歐陽詢（557—641），字信本，潭州臨湘（今湖南長沙市）人。曾任侍中、銀青光禄大夫、弘文館學士等職。與虞世南、褚遂良、薛稷并稱初唐四大書法家，後人將其書法號爲"歐體"。

姚辯一族當爲武威姚姓的重要一支，後融入漢族當中。武威姚姓之中有後秦姚氏貴族的血統，同時武威漢族當中又有姚氏羌族的血統。順便補充一句，《姚辯墓志》不僅是武威姚氏的傳記和家譜提綱，同時也是一篇難得的書法精品，是中國書法史上享有極高聲譽的"歐體"摹本。

武威單姓流源拾零

單（shàn）姓源出主要有二。一是出自多支姬姓。最早的一支出自周文王族弟；影響大的一支是周成王少子臻被封於單邑（今河南孟津縣）爲畿内侯，子孫便以封地單爲姓，世代相傳，後世大多尊姬臻爲得姓始祖。二是由北方少數民族複姓改單姓而來。據《魏書·官氏志》記載，南北朝時，北魏鮮卑族有複姓可單氏、阿單氏、紇單氏、渴單氏，在北魏孝文帝遷都洛陽後，大力推行漢化改革政策，一并將這些部落氏族的姓氏改爲漢字單姓爲單氏，逐漸融入漢族，世代相傳至今。古代匈奴王族首領稱爲"單于"，在歷代匈奴王族的後裔子孫中，凡是爲王者便以"單（chán）于"爲姓，其族人因之，世代相傳，後有融入漢族者，省文簡改爲漢字單姓單氏，後世逐漸將"shàn""chán"混淆不分。另外，蒙古族、滿族、回族也有單姓。以上都屬於漢化改姓爲氏。單族歷史悠久，繁衍播遷於中原，如今分布於全國各地

《唐故明威府隊正紇單府君墓志銘》，刻於唐武則天垂拱元年（685）。志主紇單，名端，陰山（今内蒙古中部一帶）人，拓跋鮮卑族，出生於官宦世家，曾任明威府（在今民勤縣）隊正，去世後與婦人牛氏合葬於涼州南山。紇單，北魏鮮卑拓跋氏複姓，與文獻記載中的可單氏、阿單氏、渴單氏義同，後在孝文帝漢化改革中，一并改爲漢字單姓單氏，逐漸融入漢族。張澍《姓氏尋源》卷四十一："紇氏，音鶻。後魏《官氏志》云，紇單氏改爲紇氏……後改爲單氏。"可見，武威單姓在歷史演變和姓氏繁衍播遷中，有相當的少數民族成分。《紇單墓志》簡述了志主顯赫的門第和個人的素質、聲望、任職、去世、葬處等情況，是研究鮮卑族貴族紇單家族及其姓氏流源的重要依據，竊臆測可能也是武威單姓的主要族源所在。

武威帖、鐵、脫、火等姓氏流源拾零

　　帖姓，源自元代回回人自取或賜給的蒙古名"帖木爾"之首音。元代，蒙古帖木兒帝國征服了歐亞非地區的一些國家後，大批阿拉伯人和信仰伊斯蘭教的歐亞人隨之進入中國，其中的一些人便取（或被賜給）了蒙古族的名"帖木兒"。另外，從西域來的一些回回人中本身就有帖、鐵、妥、朵、脫、火等姓氏。部分蒙古族和漢化帖姓源自"帖木兒"。如明初蒙古族降將、被明朝封爲恭順伯、定居於武威的吳允誠，初名叫"把都帖木耳"。由於"帖木兒"又可譯爲"鐵木兒"，故鐵姓又與帖姓有着一定的關係。帖姓主要分布於西北地方。

　　鐵姓，本源於春秋時期衛國的商朝子姓遺民，部分出自匈奴鐵弗部。出自蒙古族和其他少數民族的鐵姓屬於漢化改姓。蒙古族鐵氏，多與蒙古族名字鐵木耳、帖木耳、脫不花等改漢姓有關，爲漢蒙等民族融合後出現的姓氏。也有一部分蒙古族鐵姓源自鐵木真（即元太祖成吉思汗）後裔，取其漢字"鐵"。

　　在蒙古及元朝統治武威的100多年間，有高昌王、西寧王兩大回鶻族閥閱家族駐牧，蒙古皇族西涼王闊端家族、蒙古族黃金家族成員孫都思氏坐鎮，之後又有蒙古族降將、高官顯爵吳允成家族定居繁衍。此外，還有蒙古族將領毛忠家族、蒙古族後裔將領達雲家族、蒙古族貴族魯土司家族（駐永登連城）等在武威的開枝散葉。這些高官顯爵家族，在數百年間繁衍的人口是很多的，但今天的人口普查中又是微不足道的。因此，武威的漢民族成分中融入的蒙古族血液是很濃的，還有回鶻（今維吾爾）族、回族等民族成分，帖、鐵等就是典型的這種姓氏。

　　公元12—13世紀時，定居今新疆吐魯番一帶的高昌回鶻首領稱爲"亦都護"，意爲"幸福之王"或"神聖的陛下"，一說系借用漢語"都護"一詞。高昌王是高昌回鶻首領的内地封號，王府在今武威城北的金羊鎮松濤村于家槽子。《亦都護高昌王世勳碑》的漢文碑文由大文豪虞集撰於元文宗至順二年（1331），比較完整地記述了回鶻高昌王家族的歷史，特別從巴而術阿而忒的斤到帖木兒補花六世效忠蒙古和元室的功勳及定居涼州、"遂留永昌"的背景，是研究維吾爾族歷史及回鶻文演變的第一手資料，歷史、科學價值極大，向爲學界重視。

　　帖木兒補花六世祖巴而術阿而忒的斤"知天命之有歸，舉國入朝"，歸順蒙古成吉思汗。"太祖嘉之，妻以公主。"一直到其父紐林的斤，"有旨師出河西，俟與北征大軍齊發，遂留永昌焉。" 帖木兒補花（？—1351），亦譯爲貼睦兒補化，回鶻（今維吾爾）族，生於永昌路（今武威市），嗣爲亦都護高昌王。曾任中奉大夫、大都護、開府儀同三司、上柱國、御史大夫、知樞密院事等職，後被丞相脫脫請旨誅殺。元順帝元統二年（1334）十月，帖木兒補花前往涼州掃墓，樹立了《亦都護高昌王世勛碑》。

帖木兒補花襲爵其父紐林的斤爲亦都護高昌王，後將爵位讓與二弟籛吉。"籛吉薨，弟太平奴嗣爲亦都護高昌王。" 他後來遭到殺戮，子孫又未襲爵，其後代留於涼州者不在少數，其姓氏臆測爲帖姓或鐵姓，逐步融於漢族或其他民族之中。另，西涼王闊端鎮守涼州，去世後由三子只必帖木兒及闊端後嗣襲爵，一直到1368年元朝滅亡和明朝建立；闊端家族與帖木兒補花家族互有通婚情況。100多年間闊端後裔至少有數百上千人居於涼州，他們在武威的後裔逐步融合於當地民族（主要是漢族），其姓氏除一部分改姓張氏外，估計大部分會是"帖""鐵"姓。除以上外，武威永昌鎮有多處元代墓葬，如東坡村涼國公搭搭父西台中丞遠都巴兒墓、張英村元代墓葬群、劉沛村墓葬群等，葬有蒙古族貴族和軍政人員。可以説，今天武威的漢族和其他民族中，姓"帖""鐵"的人群中似有回鶻（今維吾爾）族、蒙古族成分。

在武威姓氏中，與"帖""鐵"關係密切的妥、朵、脫、火、魯姓，不論是漢族還是其他民族，其中必有蒙古族成分。試簡述如下：

妥姓，本爲商王子孫子姓中的一小部分。大部分妥姓來自蒙元時期在西北地方的蒙古人，後來一部分蒙古人歸依伊斯蘭教後成爲回族姓氏，如脫、妥、帖、他、達、火、薩、合等，後來又有一部分改爲漢姓。

朵姓，源於漢族及以漢化爲氏的党項族、蒙古族、回族。西夏學專家李范文，在昆明尋訪到了西夏國相斡道冲後裔及斡氏家譜，經考察認爲元朝賜斡氏家族爲朵姓，民族成分在元朝之後多改爲漢族或蒙古族。斡道冲爲西夏人，寧夏和河西地區必有後裔傳世。武威《大元敕賜追封西寧王忻都碑銘》中的西寧王忻都（回鶻族，今維吾爾族的前身）卒葬永昌，其子斡欒爲中書平章政事（副宰相），臆測武威朵姓中應有斡欒後裔。

脫姓，在歷史上有很多來源，多爲蒙古族、回族、漢族及漢化族，其中最大的一支源於元代丞相脫脫。甘肅永登連城的魯土司，其始祖爲忽必烈之孫脫歡，元亡後率部降明，被安置於連城，因功被封爲土司。三世失加被賜姓魯，從此家族以魯爲姓。魯土司統治永登及周邊地區長達560多年，家族繁榮，人口衆多，永登大多數魯姓爲其後裔，是甘肅、青海、寧夏一帶蒙古族魯氏的主源。脫歡之弟脫赤，元亡時死於臣節。脫歡之子火石隨脫赤，脫赤死後，火石仍堅持抗明，最終族人盡降明朝，火石之子以"火"爲姓。爲紀念脫赤，火姓中的一支又以"脫"爲姓。因此，永登的魯、火、脫三姓都是同宗，相互從不聯姻結親。

火姓源於遠古時期發明火的燧人氏，部分源於回族、蒙古族、苗族等民族。源於蒙古族的火姓多出自蒙古族郭爾羅斯部族，後改漢字單姓爲火氏、郭氏等。

魯姓本源於姬姓，爲周武王弟弟周公旦嫡長子伯禽之後；部分源於鮮卑族、回族、滿族等漢化改姓爲氏，源於蒙古族的魯姓多出自永登連城的魯土司家族。

武威論姓流源拾零

論姓雖然也是一個多民族、多源流的姓氏群體，但除部分出自地名"論川州"（今四川雅安、滎經一帶）的諸羌民族和金國官位"國論"漢化爲單姓論氏外，主要源於藏族，出自古代吐蕃噶爾世家，屬於以官職稱謂漢化改姓爲氏。

吐蕃噶爾世家，漢姓爲論氏，是藏民族中具有舉足輕重地位之"開國承家，世代相續"的門閥世家。祿東贊（？—667），亦名噶爾·東贊、論東贊、大論東贊，吐蕃著名政治家、軍事家和外交家，曾任大論（相當於宰相）之職，在建立吐蕃政治、經濟制度和軍事謀略方面多有建樹。貞觀十四年（640），松贊干布以他爲正使，出使唐朝，成功地促使唐蕃和親，文成公主入蕃。今仍珍藏在北京故宮博物院的唐朝著名畫家閻立本所繪名畫《步輦圖》，內容即是唐太宗接見吐蕃迎婚使者祿東贊的歷史場景。祿東贊去世後，其子贊業（？—685）、欽陵（？—699）相繼襲大論之職，子嗣掌管吐蕃軍政大權、處理內外事務、助理國政達半個世紀之久。武則天聖曆二年（699），祿東贊之孫論弓仁隨叔父贊婆統領吐谷渾部七千帳歸唐，居家涼州（今甘肅武威），并"以官爲氏"，稱論（倫）氏，其後裔子孫，代以唐皇所賜"論（倫）"爲姓氏。此前，中國沒有論氏，論氏始自吐蕃，以武威爲第一郡望。吐蕃族論氏以祿東贊、論弓仁爲得姓始祖。

唐代的兩通碑刻（墓志）見證了武威論氏的輝煌歷史。

《撥川郡王碑奉敕撰》，簡稱《撥川郡王碑》《論弓仁碑》，立於唐玄宗開元十二年（724）。碑文簡述了論氏家族淵源和論弓仁戎馬一生的仕宦經歷，突出其"凡前後大戰數十，小戰數百，算無遺策，兵有全勝""聲暴露於天下，業光華於代載"的壯美人生。

論弓仁（663—723），出身於吐蕃噶爾氏家族。其父論欽陵，祖父祿東贊，皆爲吐蕃大相。武則天聖曆二年，吐蕃贊普都松芒布結假借狩獵之名，大肆逮捕誅殺噶爾家族成員，欽陵被殺。論弓仁隨叔父贊婆（唐贈右衛大將軍，歸德郡王），率部歸附武周，授左玉鈐衛將軍，封酒泉郡公，所轄軍隊被安置在涼州興源谷（亦名洪谷源，約在今古浪縣西，臨近青海海北州），累遷朔方軍前鋒游弈使、左驍衛大將軍、朔方副大使等。一生經歷戰鬥數百場，未曾敗績。病卒後，贈撥川郡王，諡曰忠。論弓仁逝世後，唐廷爲其舉行了隆重的哀悼儀式，因其事迹突出，"有命國史，立碑表墓"，并由一代名臣、右丞相兼中書令張説奉敕撰寫碑文。碑文寫得情真意切，褒揚之情，溢於言表。論弓仁後代也因此封官襲爵，備受優渥，受封食邑，累世不絶。長子論誠節，襲父郡王爵，任朔方節度副使、開府儀同三司、鴻臚卿，進封武威郡王、太子太傅；次子論誠信，官拜大將軍。從論弓仁起，後世子孫皆以"論"爲姓，居家涼州。從此，論氏以武威（涼州）等爲郡望，并以望立堂，形成武威堂，亦稱涼州堂、姑臧堂。論弓仁在中原生活達24年之久，成爲中原王朝中最早的藏族高級將領。從此，藏族僧侣人士在中央王朝任職受封者代不乏人，他們爲締造中華版圖和捍衛祖國完整做出了不可磨滅的貢獻。

《驃騎大將軍論公神道碑銘并序》，簡稱《論惟賢神道碑》，刻於唐憲宗元和四年（809），由唐代名臣吕元膺撰寫。作者以親歷者的身份簡述了論氏家族淵源和志主祖上三代的功勛業績、仕宦經歷，重點記述了論惟賢的生平、履歷、勛業、封贈及家庭成員的簡況，向世人昭示了"公之世業勛德"。論惟賢（？—809），論弓仁之孫，論誠節之子，因功歷官右領軍衛大將軍、鳳翔節度副使、開府儀同三司、劍南節度副使、驃騎大將軍等職，贈上柱國、成國公。他與論懷義（惟清，官河東節度副使兼觀察等使，贈武威郡王）、論惟良（官鹿州防禦使，贈蕭國公）、論惟真（亦名論瑀，字惟貞，官左領軍衛大將軍，贈成國公）、論惟明（官渭北節度使兼觀察等使，贈建康郡王）五兄弟，效忠於唐朝，在平定安史之亂的戰爭之中馳騁疆場，屢立戰功。其父論誠節，曾任朔方節度副大使、開府儀同三司、右金吾衛大將軍等職，贈武威郡王，賜太子太傅。他"天寶季年，安禄山作逆，塵起山東，上皇省方於巴蜀，肅宗巡狩於朔陲。危亂之時，見其臣節，帥子弟及家僮，以牧馬千駟，罄其財用，以奉禁旅。"充分表現出論氏一門忠而忘私、國而忘家的家風美德，贏得了唐廷的高度信任。

唐代之後，武威論（倫）氏淡出史册。武威進士榜上，清光緒六年進士倫肇紀，曾任陝西三水（今旬邑）縣知縣，當爲近代武威論（倫）氏中的佼佼者。

論姓在當今中國大陸姓氏排行榜上未列入前一千位，分布有限。但作爲歷史、作爲中國論姓的發源之地，有必要瞭解這段姓氏流源史。與武威相關的這兩通碑文對研究吐蕃民族中具有舉足輕重地位的門閥世家噶爾家族和論姓歷史淵源、武威論氏家族具有重要價值，是今天研究論姓流源的重要歷史文獻。

武威吴姓流源及吴允誠家族述略

吴姓是當今中國排在前十位的大姓，起源涉及炎帝、黃帝、顓頊、虞舜和少數民族。目前大多數人公認的吴姓出自姬姓，爲黃帝軒轅氏的直系後裔，屬於以國爲氏，即春秋時期吴國始祖泰伯。泰伯也作太伯，在歷史上名氣最大、對後世影響深遠、人丁也最爲旺盛，是後世吴姓人公認的開氏始祖。仲雍、泰伯二弟，被稱爲吴姓傳代血緣始祖。吴國滅亡後，其子孫後代以國爲氏，稱吴氏。

另外，少數民族與漢族融合或者名字漢譯後產生吴姓。在蒙古族七大姓中，吴姓是大姓，但與姬姓吴氏無關。蒙古吴姓一般由多音節的蒙古部落名或人名演化而來，如朱元璋賜予歸順他的瑪魯蒙古人爲吴名成，朱棣賜予巴都帖木兒爲吴允誠。《續通志·氏族略》記載：明王朝曾賜給許多蒙古人吴姓，如賜"巴圖帖木兒"吴允誠等。在苗族、錫伯族、朝鮮族等民族中均有吴姓，皆漢化而來。

在武威保存的兩通碑刻提供了蒙古族人改爲漢姓吴氏和吴氏家族逐步融合於漢族的實物資料，這就是《明故恭順伯吴公神道碑》和《阜成寺碑記》。

《明故恭順伯吴公神道碑》，據《隴右金石錄》《武威縣志稿》載：在金塔寺吴（允誠）公墓側，由明代名臣、大學士楊榮撰文，正統十三年（1448）由其子吴克忠所立。碑文主要記述了吴允誠家族的顯赫功績，可補正史《明史·吴允誠傳》闕佚。此碑傳遞以下信息：吴氏爲蒙古族歸順將領，一門忠烈，其功至偉；吴夫人很有能力和水平；吴家出了兩位皇妃；多位同僚或部下授官、賜姓，有功於國家。

《阜成寺碑記》碑，立於道光二十八年（1848）。阜成寺位於今武威市涼州區金沙鎮吴府村，建於吴允誠家族封爲侯伯的鼎盛時期（約 1415 年左右），屬吴府私家寺廟。入清以後，吴氏逐漸式微，寺廟傾頹，後人吴志同鳩工庀材，增而廣之，更寺名爲"轉輪寺"，有喇嘛主寺。百年之後，寺廟再度傾頹，於道光五年（1825）由施主張福等倡議捐修，更名爲"阜成寺"。之後，在道光二十五年又進行了一次重修擴建。自此阜成寺形成較大規模，香火旺盛。寺廟今已不存，損毀年代不詳。

吴允誠（1357—1417），蒙古族，原居塞外塔溝（今内蒙古額濟納旗一帶），初名把都帖木兒。永樂三年（1405）秋，他與黨羽率部族5000人，馬、駱駝1.6萬匹（峰）歸降明朝，居涼州耕牧。明成祖永樂皇帝嘉其誠，賜漢名，升右軍都督僉事，守備涼州。後隨駕北征、平叛，多有戰績，論功升右都督、左都督（正一品），封恭順伯，給予世襲誥券。去世後，永樂皇帝親自撰文祭之，追贈國公，謚忠壯，賜祭葬於涼州金塔寺附近山原。允誠有"子男四人"，其三子克忠襲爵。子孫中多有戰死者，也多有因功授高官顯爵者，僅吳允誠和兒孫三代中，生前就封有二侯四伯（恭順侯吳克忠、吳瑾；恭順伯吳允誠，廣義伯吳管者、吳玘，遵化伯吳克勤），去世後追贈有三公（國公吳允誠，邠國公吳克忠，涼國公吳瑾）。世代以忠節顯名，封贈不斷，其恭順侯爵一直延續到清朝順治年間，長達七代。吳允誠有一女為永樂皇帝惠妃，一孫女為宣德皇帝惠妃。夫人楊氏，因計謀破蒙古軍人謀反，受朝廷嘉獎，稱賢德夫人。

　　吳允誠家族是明代武威乃至河西地區歷時最久、影響最大的蒙古族達官顯貴世家，其家族居地雖數次變動，由最初的亦集乃路（今內蒙古額濟納旗）遷往涼州，後來部分世襲和有官爵者定居京畿地區或任職所在地區，但其後裔中的普通人大部分仍然生活在涼州。吳允誠家族顯赫時人丁興旺，賜贈有加，其三公二侯四伯二妃家族，備受朝野重視，氣勢恢宏的吳府及府內寺廟阜成寺的規模、規制儼然《紅樓夢》中的賈府及櫳翠庵。吳允誠墓葬在涼州，按慣例還要有看守、管理塋墓的守墓人。所以，吳氏家族留在涼州的人丁肯定不會少。吳允誠去世到今天已逾600年，後嗣超過20代，按人口繁衍的正常規律至少有數十萬，留在武威的也會是成千上萬，而且這部分人基本上是由原來的蒙古族漢化而來。可見，武威吳姓人口中有不少漢化的蒙古人，特別是涼州區金沙鎮吳府村的吳姓人氏，完全是由蒙古族與漢族融合發展而來的。

武威毛姓流源拾零

　　毛姓是一個典型的多源流、多民族姓氏，主要源自姬姓及蒙古族、氐族、回族、滿族等少數民族漢化改姓。周武王滅商後，封八弟叔鄭於毛國（今陝西岐山、扶風一帶），世稱毛公，著名的毛公鼎就是毛國的遺物。另封九弟伯聃於毛邑（今河南宜陽縣一帶），世稱毛伯聃。其後代子孫以封邑名"毛"為姓，史稱毛氏正宗。毛氏族人多尊奉毛叔鄭為得姓始祖。在毛姓人口的繁衍播遷中，甘肅是聚集區之一。毛姓除姬姓等流源外，多個少數民族的不斷輸入、不斷融合，使毛姓人口基本穩定在第一百名左右。

《大唐綿州萬安縣令故毛府君墓志銘》，簡稱《毛祐墓志》，刻於唐貞觀四年（630）。碑文概述其家世及個人和夫人情況，贊其嘉行。毛祐（549—630），亦稱毛佑，字千相，安定鶉觚（今甘肅平涼市靈臺縣）人。其年輕時即挑起家庭重擔，後於唐武德年間任綿州萬安（今屬四川德陽市）縣令。毛祐祖籍平涼，又在四川做官，去世後怎麼與夫人合葬於姑臧縣（今涼州區）？

　　我們知道，古人非常重視葉落歸根，客居他鄉的人最終要回到本鄉本土；如果不幸死到异鄉，一定要魂歸故里，希望到另一個世界和親人團聚。這是絕大多數中國人的一種情懷，一種歸屬感使然。單從毛祐祖籍和官職看不出什麼，且看他的父親。"父寶成，帥都督。周太祖盛開府望……詔加大都督，授撫軍司馬……尋遷東涇郡太守。"關鍵就在這個"東涇郡太守"職務上。東涇郡太守是毛祐父親毛寶成在北周的最後也是最高的職務。據《魏書·地形志》《二十五史補編》，北魏涼州轄武威、武安、東涇等11郡25縣。武安郡治盛縣，在今民勤縣一帶，東涇郡轄1縣，爲臺城縣。西魏9郡、北周6郡中仍然有東涇郡。經查閱《中國歷史地圖集》及相關資料，東涇郡，北魏置，治所在臺城縣，後廢。臺城縣約在今甘肅武威市東部一帶，具體位置不詳。這說明，毛寶成卸任或退休之後，他和家人就在武威落籍了。一位官員落籍一處，一般有較多的人口家眷，必然對當地的人口繁衍產生一定的影響。不論之前武威有無毛氏，毛祐家族落籍武威，肯定是武威毛氏的一個源頭。

　　800多年後，又一名人家族加入武威毛姓隊伍，成爲武威毛姓的又一源頭。毛忠（1394—1468），字允誠，蒙古族，先世爲四川人。曾祖哈喇歹，行伍出身，明洪武初年由武威歸附，遂落籍扒里扒沙（今古浪縣大靖鎮），官至千戶，殁於戰事，世代承襲。毛忠襲職百戶，因軍功成爲明朝著名將領，英宗爲表彰他特賜姓"毛"，官至左都督（正一品），封伏羌伯，後在征討固原滿四叛亂的戰鬥中陣亡。其子孫多有爲官者，其中嫡孫毛銳（？—1523）襲伯爵，出鎮湖廣、兩廣，加太子太傅。毛忠陣亡後葬於古浪，刻於清咸豐十年（1860）、原立於黄羊川鎮毛家大莊毛氏家族墓、現存於古浪縣博物館的《毛侯墓地恢復碑》，記載了毛忠墓地變遷恢復事宜。據傳另有兩通碑刻，20世紀80年代被毛氏後裔埋於墓地附近。毛忠家族今已完全漢化，大多融入漢族當中。

武威若干複姓與苟姓流源拾零

　　《大唐若干君墓志銘》，簡稱《若干元墓志》，刻於唐代宗寶應元年（762）。

碑文簡述了若干元家族顯赫的背景和其"素節相循,揖揚不忘"的高尚品行及其妻子郭氏的涵養德行,兼及立碑、移靈的場面。這篇碑文是目前保存的涉及鮮卑若干姓氏的難得資料,對研究武威鮮卑族的流源和若干姓氏的播遷具有重要價值。

志主若干元(684—731),字忠,唐代武威人,出身於鮮卑貴族,英年早逝。"若干"爲複姓,出自鮮卑,以部族爲姓。據《北史》等記載:北魏恭帝皇后若干氏,是司空長樂正公若干惠之女。《通志·卷二十九·氏族略五》:"若干氏出自代北,以國爲氏。"鮮卑族最早活動於我國東北興安嶺一帶,東漢之後空前發展壯大,形成多個部落,先後建立北魏等多個政權,在河湟地區興起、曾在武威一度建都的南涼政權就是鮮卑部落禿髮部。隨着民族部落的西遷、南遷,大量鮮卑族進入河西地區,史稱"河西鮮卑"。從魏晉至隋朝,鮮卑是駐牧武威的主體民族之一,至今武威還保存着一些鮮卑語地名。隋唐兩朝繼承北朝政權,其建立者楊、李兩家即是鮮卑化的胡人,皇后、妃嬪中又有不少漢化的鮮卑人。唐代以後,鮮卑不再作爲民族實體和政治實體存在,融入漢族等多民族之中,但其後裔中的許多優秀人物在朝居於重要地位。《魏書·官氏志》載,早在北魏孝文帝改革中,代北若干氏就改爲苟姓。但如《若干元墓志》中的若干元及其家族一直到中唐時期還繼續以"若干"爲姓氏,這説明有個別姓氏避開了當時姓氏漢化改革的潮流而保留了下來。"若干"是迄今保存的鮮卑民族姓氏之一,也是歷史上少見的姓氏。"若干"後來多漢化改爲苟姓。苟姓本爲古代華夏民族古老姓氏,出自黃帝、虞舜等後裔及少數民族漢化改姓,由於部分鮮卑族"若干"姓氏漢化改苟姓後,使得苟姓又多了一個流源。

武威康姓流源拾零

康姓,主要出自周朝王族姬姓,是一個歷史久遠且多民族、多源流的姓氏群體。周武王滅商後,把同母幼弟姬叔封在康,故稱康叔。後又改封衛國,故又稱衛康叔,去世後諡號爲"康",史稱康氏正宗,族人大多尊奉康叔爲得姓始祖。至秦代,康姓開始向西向東繁衍播遷,河西地區是康姓最早分布的地區之一,至唐末宋初,已散居全國大部分地區。康姓除姬姓等多個流源外,西域康國人的不斷加入、不斷融合是康姓人丁繁茂的重要原因。

漢初,匈奴破月氏,迫其西遷,以河西昭武(今甘肅張掖市臨澤昭武)爲故地的月氏部落遂向西逃亡,進入中亞粟特地域(今錫爾河與阿姆河中游一帶），征服當地土著，形成以康國爲首的若干粟特城邦，其中有安、曹、石、米、何、史、穆、畢等國，統稱"昭武九姓"，又稱"九姓（商）胡"。康國位於粟特城邦東部，今烏兹別克斯坦撒馬爾罕附近，中國古代稱之爲康居，是東粟特的中心，唐高宗永徽年間以其地爲康居都督府。康國是昭武九姓的宗主，在昭武九姓之中地位最高，因此來華的九姓胡人中也以康姓最爲多見。康國人好酒，善經商。唐武德年間，康國使者第一次入朝長安，曾獻獅子、金桃、銀桃和胡旋女等。九姓（商）胡是絲綢之路上最善於經商的民族。隨着絲綢之路的暢通和繁榮，康國人不斷擁入中國并定居、通婚，從事商貿等活動，同時逐漸被漢化，他們以國爲姓，成爲中國"康"姓的又一大流源。南北朝和隋唐爲民族大融合的時代，西域康氏完全同化於漢族。康氏也因爲有了這支來自西域、西北康姓的加入而迅速壯大起來。

《大唐上儀同故康莫覃息阿達墓志銘》，又稱《康阿達墓志》。20世紀30年代出土於武威，現存武威文廟。這是河西地區出土的有關粟特裔康氏的唯一一方墓志。碑文雖不足200字，但信息量較大，簡述了阿達三代情況，是研究唐朝與西域諸國關係和武威康姓及粟特商胡源流的重要資料，歷來爲學者所重視。以銘詞考之，阿達之祖既被封於南朝梁，其父又爲唐之儀同，則阿達必爲唐初人，墓志也應刻於唐初。

阿達，西域康國人，以國爲姓。據碑文"祖拔達，梁使持節驃騎大將軍等職……父莫覃"推算，墓志銘中雖無年月及書撰人名，但已明確告訴人們，阿達去世後與其父莫覃同葬涼州安樂里。阿達祖父拔達，居涼州，所列職務爲南朝梁政權任命，但實際上并未去梁朝上任。當時是南北朝時期，雙方各懷政治目的，爭取第三方。而第三方也是脚踏兩隻船，時刻在觀察風向。拔達向相對安定的梁朝尋求支持，以圖後計；而梁朝又乘機在涼州布一棋子，屆時可資互相利用。拔達在涼州被來自西域粟特國的康居胡商推爲首領，并兼任管理祆教事務的教職薩保，擁有軍事、行政、宗教和商業大權。這在當時是一股相當强大的勢力。殊不知，唐初李軌建立的大涼政權就是由安姓粟特胡商顛覆的。

薩保，也作"薩寶"，祆教管理者首領。西域粟特商胡聚居區設薩保祠（祆神祠），唐朝設有管理祆教事務的官方機構薩保府，其首領爲薩保。祆教，也稱拜火教、火教，創立於公元前六世紀，當時以西域粟特商胡爲主要媒體傳入中國，同時也是凝聚粟特商胡的精神支柱，隋唐時期在昭武九姓中廣爲流傳，涼州是主要的傳播區之一，唐代之後逐漸消亡。

作爲昭武九姓宗主的康姓，在武威根深葉茂。《康阿達墓志》中的阿達祖孫三代均爲高官顯位，生居武威，死葬凉州，顯然他們家族已把武威看作是故鄉了。另，河南洛陽出土的《康績墓志》（刻於679年，拓片藏國家圖書館）稱："公諱績，字善，河南人……東晉失圖，康國跨全凉之地。控弦飛鏑，屯萬騎於金城；月滿塵驚，辟千營於沙塞……曾祖德，齊任凉州都督。"康績祖上是康國大族，曾祖康德在北齊時任凉州都督，表明他是廣義凉州的粟特首領，在西晉滅亡、北方群雄爭霸之時已是勢力頗大，號稱"跨全凉之地"。這裏雖有夸大之嫌，但十六國時期確實是粟特人在凉州、金城一帶比較活躍的時期，粟特文古信札即產生於此時（312—313年左右）。康德是否與康阿達有血緣關係不好臆測，但同爲粟特康氏是鐵定的事實。據洛陽出土康磨伽、康留買兄弟墓志（《唐代墓志彙編》永淳013/014號）載，康氏兄弟同爲大唐游擊將軍，去世於永淳元年（682），其先輩自西域遷入，曾祖康感曾任凉州刺史。這些都説明，在唐代的武威，粟特康氏人口衆多，勢力頗强，且逐步融合於漢族當中。

武威位於河西走廊東端，是漢唐時期河西地區最大的軍政機構所在地，十六國時期爲前凉、後凉、南凉、北凉首府，唐朝河西節度使駐地，也是絲綢之路上的重鎮。"凉州爲河西都會，襟帶西蕃、葱右諸國，商侶往來，無有停絕"（《大慈恩寺三藏法師傳》），自然而然就成爲粟特人最爲集中的地方。武威設有宗教機構薩保祠（祆神祠），非常方便粟特人進行宗教活動，可謂長安以西的粟特政教中心，包括康姓在内的粟特胡人選擇武威居住，進行商貿、宗教、政治、文化活動當是合理而又必然的選擇。粟特康國一族當爲武威康姓的重要一支，後融入漢族當中。中華康姓之中有西域粟特康國人的血統，同時武威漢族當中又有粟特康氏的成分。實際上，在昭武九姓中，康、安不必説，曹、石、米、何、史、穆、畢等國（姓），在播遷當中，武威都是一個重要的落脚點，而且人口不在少數。

李抱真與武威安姓流源述略

中國安姓主要有三支不同的族源組成。一支出自姬姓，爲黄帝之孫安的後代，屬於以國名爲氏。黄帝生昌意，昌意的長子顓頊繼承了帝位，次子安被封於西戎，後來建立了安息國（今伊朗高原），其子孫遂以安爲姓。安息國王傳位到太子安清（字世高）時，他不願當國王，出家爲僧，於東漢桓帝建和二年（148）到中國河南洛陽，傳播佛教，并定居中國，其子孫後代以安爲姓。第二支出自帝王賜姓和由他姓他族改姓而來，如唐時安禄山由康姓改爲安姓等，還有許多鮮卑族、滿族等改漢姓而來。第三支大的來源是以西域昭武九姓之一的安國國名漢化爲氏。唐高宗永徽年間，居住在中亞今烏茲別克斯坦境內的康、安等九個小國，即"昭武九姓"先後歸附內地，大量人口遷居河西和中原地區，其族人遂以國名爲氏，世代相傳至今，成爲安姓的重要支系。安姓後來在涼州、姑臧發展爲望族，世稱姑臧望。《元和姓纂》卷四"安姓"條記："出自安國，漢代遣子朝，因居涼土。後魏安難陀至孫盤婆羅，代居涼州，爲薩寶。"《姓譜》云："安氏望出姑臧、河內。"姑臧是今甘肅省武威市，河內指的是河南省黃河以北地區。部分安姓將領因平定安史之亂有功，被賜姓"李"。源自西域的安氏往往以追溯其祖先爲榮耀，武威是隋唐時期"昭武九姓"的重要聚居地之一，安姓尤其居多，且造就了一批青史留名的家族精英，如安興貴、安修仁、安元壽、李抱玉、李抱真、李元諒等，他們爲古代政治社會的穩定和多民族國家的强盛不遺餘力，在武威和中華民族的歷史上留下了光輝業績，子孫後代及部族多與當地民族融合。

早已落籍涼州的武威安氏，其代表人物是幫助唐朝顛覆涼州李軌大涼政權的粟特安國後裔安興貴、安修仁家族。安興貴之子安元壽由李世民秦王府右庫真起家，參與玄武門之變，以後又在唐朝與東西突厥的戰爭中屢立戰功，卒後敕令陪葬昭陵。安元壽孫安忠敬，曾任赤水軍副使兼赤水新泉兩軍監牧使、河西節度副大使、鄯州都督等職，三十年間，爲唐朝抗擊突厥、吐蕃而轉戰西北邊疆，卒後歸葬涼州祖塋。《安元壽墓志》最早提到其家族來自粟特安國，銘詞有"嬀水導源，涼土開國"之語。嬀水即粟特地區的阿姆河，此句表明安氏來自阿姆河一帶。這個家族中的許多人物雖然出仕唐朝爲高官顯爵，但仍然維持着涼州的祖業，包括祖塋。《元和姓纂》"安姓"條明確說涼州安姓出自安國，而且從北魏以來，一直任涼州薩寶。薩寶是從隊商首領發展而來的胡人聚落首領的名稱，表明了這一家族的粟特來歷。但隨着這個家族在中原的長期生活，他們的後人也就慢慢把自己的祖系與黃帝或者漢代來華的著名僧人安世高聯繫起來。《新唐書》卷75下《宰相世系表》說："武威李氏，本安氏，出自姬姓。黃帝生昌意，昌意次子安，居於西方，自號安息國。後漢末遣子世高入朝，因居洛陽。"其實，這可能是安氏因爲久居中國而特別要和中國攀上關係，便與漢人祖先"通譜"，以消除漢人排外的心理，提高自己的地位，這實際上是武威安氏逐漸漢化的表現。

武威和全國出土的安姓（包括被賜姓爲李氏者）墓志較多。這些墓志，對考察和研究當時的政治、經濟、宗教、社會習俗和武威粟特胡人及其安氏家族源流、功名仕宦、宗教信仰、婚姻關係、與李唐皇族之間的關係及安氏家族播遷演變等都具有重要價值。本文擬將本書收録不盡全面的與武威郡望相關的安姓墓志及其志主歸納簡述，供相關人士參考。

《大周大都督同州薩保安君墓志銘》，刻於北周静帝大象元年（579）。碑文簡述了安伽的才德功績，兼及家世家庭情况。安伽（518—579），字大伽，武威昌松（今古浪縣）人。曾擔任同州薩保、大都督。其先爲粟特人，東遷後以國爲姓，世居涼州，爲武威豪族，并任掌管涼州祆教（拜火教）事務的薩保。

《唐故上開府上大將軍安府君墓志銘并序》，刻於唐高宗永徽四年（653）。記述了安延祖上兩代仕宦情况及安延生平事迹和德行、操守，兼及其夫人劉氏的嬪德風範。志主安延（569—642），字貴薛，官至上開府上大將軍。

《唐維州刺史安侯神道碑》，立於唐高宗永隆二年（681）。簡述了安附國家族淵源、祖上三代仕宦情况，重點介紹了志主一生的爲官履歷和輝煌的軍事生涯。安附國（598—680），原籍安息（今伊朗一帶），出身於涼州安氏望族。貞觀四年（630），隨父赴長安朝見唐太宗，擢左領軍府左郎將，尋受命偕鴻臚丞趙德楷出使吐谷渾。以軍功晋秩爲忠武將軍，授上柱國，封驪虞縣開國男，後歷遷左、右衛大將軍，維州刺史，晋爲子爵。

《大唐故右威衛將軍上柱國安府君墓志銘并序》，簡稱《安元壽墓志》，刻於唐武則天光宅元年（684）。簡述了安元壽祖上三代的功名及其生平、戎旅、仕宦生涯，以及去世後所享有的"陪葬昭陵"的寵遇，贊頌其修爲和才幹。志主安元壽（607—683），安興貴之子。十六歲入秦王府，在玄武門政變中，負責宿衛嘉猷門。累遷左監門衛中郎將，參與高宗封禪泰山大典。歷任雲麾將軍、右驍衛將軍、威衛將軍、夏州群牧使等，勛至上柱國。他是唐初"玄武門之變"的參與者，也是武威安氏集團中進入最高層的成員，對研究武威安氏歷史和家族盛衰具有重要價值。

《涼州衛大雲寺古刹功德碑》，立於唐睿宗景雲二年（711），中有"寺主雪獻法師，俗姓安氏，姑臧人，驃騎大將軍安公子孫。高蓋駟馬，平生不屑；宴坐經行，深心自悟。玄該四攝，言絶二邊；營事伽藍，備盡精力。所有營構，悉禀規模"之記載。雪獻法師是涼國公安興貴後代，這説明安氏家族不僅在軍政界居於高位，而且在宗教界也具有較大影響。

《大唐故右威衛將軍武威安公故妻新息郡夫人下邳翟氏（六娘）墓志銘并序》，簡稱《翟六娘墓志》，刻於唐玄宗開元十五年（727）。簡述了志主安元壽夫人翟六娘的出身、修養、德操等，樹立了一位德操高尚的命婦形象。翟六娘，封新息郡夫人，從夫秩爲正二品外命婦。

《唐故寶應功臣開府儀同三司試太常卿上柱國隴西郡開國公兼射生使李府君墓志銘并序》，亦名《李國珍墓志》，簡稱《李暐墓志》，刻於唐德宗興元元年（784）。簡述了本爲武威粟特胡人安氏後裔的安暐（即李國珍），在安史之亂中擁立肅宗登位、代宗時"於危急之時，共定其難"而享有"寶應功臣"的美名和封賞；兼及李暐生病、去世、葬埋和妻子、兒子等家庭基本情况，凸顯其忠臣良將的風範。志主李暐（723—784），原爲武威粟特胡人安氏後裔，在安史之亂中，因擁立唐肅宗登位被賜姓"李"氏，改名國珍。曾任開府儀同三司、上柱國等職，是平定安史之亂的寶應功臣。

《昭義軍節度度支營田兼澤潞磁邢洺等州觀察處置等使光禄大夫檢校司空同中書門下平章事兼潞州大都督府長史上柱國義陽郡王李公德政碑銘并序》，簡稱《李抱真德政碑》，引自張澍《涼州府志備考》，載《全唐文》卷416。此碑爲紀功碑，樹立時間應早於墓志銘，大約在潞州任職期間。

《相國義陽郡王李公墓志銘》，簡稱《李抱真墓志》，刻於唐德宗貞元十年（794）。碑文比較詳細地叙述了李抱真的家世及其一生中的重大事件、重要戰功、任職升遷等，并高度贊揚其功德懿行。志主李抱真（733—794），字太真，本姓安，申國公安修仁裔孫，被賜姓李。爲人沉毅善斷，多謀略，曾任多地、多府要職，官至同中書門下平章事，封義陽郡王，在平定安史之亂、消除藩鎮割據、中興大唐的功業中功勛顯赫，去世後追贈太保。從兄李抱玉（704—777），涼國公安興貴裔孫。安史之亂後，因耻與安禄山同姓被唐肅宗賜姓李氏。曾任兵部尚書等職，封涼國公，卒贈太保。李抱真出生於五代仕宦之家，又是勛臣，官高位顯。爲官期間，深受朝野好評，確實是封建社會難得的廉官能臣。李抱真德政碑和墓志二碑内容和新舊《唐書》本傳結合起來，就是一篇完整的李抱真傳記，是研究西域及涼州安氏家族的重要史料。

《唐故華州潼關鎮國軍隴右節度支度管田觀察處置洮軍等使開府儀同三司檢校尚書左僕射兼華州刺史御史大夫武康郡王贈司空李公墓志銘并序》，簡稱《李元諒墓志》，刻於唐德宗貞元十年（794）。簡述了志主家族的淵源和祖上三代的功名，比較完整地記述了李元光的生平事迹和仕宦軍旅生涯及功業奉贈，兼及妻子和兩個兒子的基本情况，對其的功業給予高度肯定與贊美，起到了證史和補史的作用，爲後人研究唐代這一時期的歷史和安氏家族的繁衍提供了重要的史料。另有《李元諒碑》，今立於陝西省華縣政府大門東側，是唐朝華州百姓爲紀念李元諒而立，保存完整。碑文除介紹李元諒功績外，還比較詳細地記載了唐史記載不詳的"朱泚之亂"。志主李元諒（725—793），祖籍安息（今伊朗），武威安氏集團著名將領，中唐名將。"公本安姓，諱元光，其先安息王之胄也。"早年從軍，累官至華州刺史兼鎮國軍節度使，因參加收復長安的戰鬥，授檢校尚書右僕射。平涼劫盟時，力救副元帥渾瑊脫險。唐德宗爲此勛勞，賜姓"李"，改名"元諒"。卒後追贈司空，謚號莊威。

《唐故朝議郎行太子通事舍人賜緋魚袋李君墓志銘并序》，簡稱《李准墓志》，刻於唐德宗貞元十年（794）。簡述了李元諒之子李准的生平事迹，重點叙述其仕宦生涯和品質才華，表達了父子兄弟"泣天倫之中缺，悲手足之先凋"的悲痛之情；兼及家族功名及其妻子屈突氏"蘭蕙有芳"、兒子"天資敏悟"等情況。李元諒長子李平，武威安氏集團著名將領、中唐名將。次子李准，早年從軍，勇敢善戰，不幸早卒，年僅24歲。

《唐故□容經略押衙銀青光禄大夫檢校太子賓客上柱國武威安府君墓志銘》，簡稱《安玄朗墓志》，刻於唐僖宗乾符二年（875）。簡述了安玄朗家族仕宦情況和其的才幹、品行，兼及妻子柳氏的懿德和子女的基本情況。志主安玄朗（829—875），字子遠。其先武威人，後家容州普寧縣（今廣西容縣）。曾任海門防戍軍都兵馬使等，贈銀青光禄大夫、上柱國。

武威曹姓流源拾零

曹姓源自西周王族支系，爲中國最古老的姓氏之一。周武王姬發同母弟曹叔振鐸受封於曹，建立曹國，建都陶丘（今山東菏澤市定陶區），子孫便以國爲氏。這是曹氏最重要的來源，曹叔振鐸亦被尊奉爲得姓始祖。另一支出自中亞昭武九姓的曹國（今烏兹別克斯坦撒馬爾罕境内）。南北朝至隋唐時期，許多曹國人來到中國并留居，後依漢族人文化習俗，以國名爲姓氏，世代相傳，在民族大融合中同化於漢族。宋代以後，曹姓已經廣布於中國的大部分地區。曹姓的郡望有譙郡（今安徽亳州市）、彭城郡（今江蘇徐州市）等。除以上兩支外，也有源於匈奴、滿族、蒙古族、藏族等少數民族漢化改姓爲氏的。

《隋故燕山府鷹擊郎將曹府君墓志銘》，刻於唐貞觀五年（631）。碑文簡述曹慶珍出身"將門赫弈"的家世及個人"起家統軍"的戎馬生涯，贊其英勇殺敵、保家衛國的精神和"撫軍若子，體國如家"的品質。尤其是對曹慶珍家世的叙述，爲研究武威曹姓流源提供了重要資料。

曹慶珍（558—630），字光瑒，祖籍譙郡（今安徽亳州市），世居涼州姑臧縣，是地地道道的武威人。曾任別將、都督、校尉兼府司馬、鷹擊郎將等職。去世後葬於武威城南（今和平鎮棗園村）。曹慶珍祖先身世顯赫，"十四世祖晃，漢太中大夫、鎮西大將軍、涼州刺史，遭呂□之亂，因居涼州姑臧縣焉。君其後也。祖達……周天和二年除甘州安西縣令……父渾，北周建德四年，授大都督，黃石鎮將。" 漢朝亡於220年，曹慶珍卒於唐貞觀四年（630），説明距曹慶珍去世400多年前的漢朝時期，出自曹姓第一郡望譙郡的漢太中大夫、鎮西大將軍、涼州刺史曹晃，爲避亂舉家遷居武威。這可能就是武威曹氏的得姓始祖，説明武威曹氏是中原播遷河西較早的大族之一，也是今天曹姓在河西地區聚居密度高的重要原因。曹氏後在敦煌形成郡望，在五代十國和北宋初期，歸義軍節度使曹義金及其家族執政長達100多年，爲河西曹氏爭得了顯赫地位。近年來，有學者認爲，曹義金是粟特後裔，曹慶珍就是隋末割據河西的李軌大涼國的首要謀臣曹珍，也是粟特後裔，等等。不管怎樣，他們都是武威乃至河西曹姓的一個源頭，在近兩千年的江山易主、人事代謝中走到今天，使曹姓成爲中國前32位的大姓。

武威史姓流源拾零

《唐故壯武將軍右龍武軍翊府中郎將武威郡史府君墓誌銘并序》，簡稱《史思禮墓誌》，刻於唐玄宗天寶三載（744）。碑文簡述了史思禮家族淵源、祖上三代功名及其生平事迹、仕宦生涯，兼及史思禮妻子蘇氏和三個兒子任職等情況，對武威史氏源流提供了佐證。

史姓是一個多民族、多源流的姓氏。黃帝時的史官倉頡，因造字有功，其後代便以其官職爲氏，史氏族人大多尊奉倉頡爲得姓始祖。西周太史史佚（周文王嫡長子伯邑考之子），爲人嚴正，爲後世史官楷模；史佚及春秋、戰國直到西漢初期的史官後裔子孫多爲世襲，亦多以先祖官職稱謂爲姓氏，世代相傳至今。所以，史姓大多與史官有關。史姓的另一大來源屬西域康國支系史國（今烏茲別克斯坦撒馬爾罕一帶）。史國爲"昭武九姓"諸小國之一，在隋唐時期遭受大食國（古阿拉伯帝國）的擠壓和逼迫，有不少族人遷居中原，其族人遂以國名爲氏，世代相傳至今，爲史姓重要支系。武威是隋唐時期"昭武九姓"的重要聚居地之一，與此相關的墓誌出土較多。來自西域的史氏往往以追溯其祖先爲榮耀，《史思禮墓誌》就是典型。誌主史府君，即史思禮（668—744），唐代武威人。據專家考證，史思禮出身於昭武九姓史氏武將世家，曾祖史爽當仕於唐初，約在隋末唐初舉家遷入武威。他在景龍四年（710）七月李隆基平韋後之亂中立有軍功（"戮褒姒於周京，斬呂禄於漢闕"），之後，從中下級軍官歷果毅都尉、折冲都尉、寧遠將軍、左武衛翊府右郎將、壯武將軍、右龍武軍翊府中郎將、上柱國等。碑文盛讚他"志在雄飛，豈能雌伏"的志向和"尊賢慕道，好德善鄰；以廉正居官，以忠勇報國"的高尚品行。此志對研究昭武九姓、史姓流源及長安郊區的地理景觀具有重要的史料價值，倍受學術界重視。

另外，出土於武威黄羊河農場的《大唐故代國夫人史氏墓志銘并序》，刻於唐開元二十一年（733）。碑文點明代國夫人出身，極贊其母儀風範。代國夫人史氏（668—733），祖籍河南，去世於涼州私第，葬於涼州東鄉。唐代封爲代國公，且年齡、經歷關聯度較大者是郭元振（656—713），曾任涼州都督、宰相等職。作爲代國夫人的史氏，卒後未歸葬先塋而葬於涼州，或許與昭武九姓有關。

武威石姓與石氏郡望拾零

石姓是一個典型的多民族、多源流的姓氏群體，比起其他姓氏來源更爲複雜。關於石氏的起源，一般認爲主要有源於姬姓、子姓、嬴姓的漢族，也有源於羯、鮮卑、突厥、波斯（今伊朗）、蒙古、回、滿、達斡爾族等少數民族的漢化改姓爲氏，還有出自昭武九姓的西域石國國姓石氏等。

關於石氏的郡望，清代學者陳廷煒於道光十一年（1831）編撰的《姓氏考略》云：石氏"望出武威、渤海。"張澍《姓氏尋源》説：《廣韻》（成書於北宋）云：石氏"望出武威、勃海。"張澍按："休屠有石氏，休屠王石武是也。"以望立堂的武威堂號是石氏公認的先祖原居地武威郡，故以郡望爲堂號"武威堂"。

郡望最初的含義，就是指一個郡中的望族。這些宗族世代聚族而居，人才輩出，冠蓋連綿，門第高貴，家世顯赫，爲當地郡人所敬重和仰望，亦名聞天下，爲世所稱頌。石氏郡望渤海郡、平原郡、上黨郡、河南郡都能找到石氏的名門大族、知名人士，而武威郡呢，從史料中是找不到名門大族、知名人士的。没有石氏的名門大族、知名人士，爲何説石氏望出武威呢？又是哪個石氏成爲武威郡的大族呢？《元和姓纂》是中唐以前姓氏、族望的權威性官方著作，言及石氏郡望，只有渤海、平原、上黨、河南四處，不載武威郡。近代許多言及姓氏的著作和文章，談到石氏的郡望，無一不説望出武威郡、渤海郡、平原郡、上黨郡、河南郡，無一不把武威郡列爲石氏郡望的首位。

武威郡何時成爲石氏郡望的？在敦煌遺書中，發現有中唐之後民間人士綜合官私通譜編纂的通俗性著作《新集天下姓望氏族譜一卷并序》載："涼州武威郡出六姓：索、石、賈、安、廖、陰。"成書於宋初的《太平寰宇記》也說"涼州武威郡出六姓：賈、陰、索、安、曹、石"。這從一些唐代墓誌中也得到證實，如：山西五臺縣出土的、遷葬於"唐貞元九年（793）"的《故君石氏墓誌》載，誌主石藝"武威郡"人，"因官歷經代州五臺"；唐宣宗大中九年（855）《唐故清河郡張府君夫人武威郡石氏墓誌銘并序》中的清河郡張府君的夫人爲武威郡石氏；唐懿宗咸通十二年（871）《唐故□州押衙靖邊將中大夫檢校太子詹事□□郡曹公武威石氏夫人合祔墓》中的曹弘立夫人爲武威石氏；唐昭宗年間（900年前後）的《大唐北京太原府朔州興唐軍石（善達）府君墓誌》載："府君善達公。高皇本自涼州武威郡人也。"成書於唐憲宗元和七年（812）的《元和姓纂》之所以不載武威郡，説明武威郡被確立爲石姓郡望已到了中晚唐以後。石延煦爲石敬瑭之孫（石重貴之子），藏於遼寧朝陽市博物館的遼代《大契丹國武威石公墓誌銘》（《石延煦墓誌銘》）云：延煦在晉曾任供奉官，"……歷大將軍……上柱國，武威郡開國伯，食邑七百户……"武威爲石氏郡望，爵位多封於郡望。從現代籍貫、祖籍的觀念看，以上墓誌的誌主沒有一個是生於武威郡的，若説與武威有關的石氏大族和知名人士，抑或是四五代之前或更早以前雲集武威的昭武九姓之一的石國石姓人士。

　　河西乃至西北地方的石姓多與昭武九姓有關。昭武九姓屬於月氏部族，原居於祁連山北的昭武城（今甘肅臨澤），西漢時被匈奴所迫，遂西逾葱嶺，建立了康、安、曹、石等九個國家，故稱昭武九姓，屬於漢化改姓爲氏，唐代又統稱爲粟特胡人。昭武九姓西遷後，居住在中亞的錫爾河與阿姆河流域，其中石國居住在今烏茲別克斯坦的塔什干一帶。石國也叫柘支、柘折、赭時，國王姓石，國人來中土者亦以石爲氏。昭武九姓居民主要以農業爲主，兼營畜牧業，同時善於經商，而且驍勇善戰，在軍事上成爲一股強大的力量。唐高宗永徽年間（650—655），昭武九姓自願歸附唐朝。唐玄宗時大食國（古阿拉伯帝國）侵入石國，許多石國人遷居中原，以國名改漢字單姓爲石氏。唐代的武威是西北地區僅次於長安的通都大邑，商業流通十分發達，爲中原與西域的交通要道，也是中外貿易的集散地之一，成爲善於經商的包括石國在內的昭武九姓雲集地和進入中原的集結地。因此，我們只能説正是昭武九姓中的石國人，在北朝以來不斷由中亞遷居武威，至唐朝時期成爲武威郡的大族，後來他們或他們的子孫在異地建功立業、受到封贈後，都把先祖聚居并繁盛的武威視爲郡望所在，并以望立堂，形成慣例，後來與武威有關的石姓人士，他們不論走到哪里，都把祖先發迹之地武威作爲郡望所在，猶如安、廖、唐等姓之武威堂。

《唐故清河郡張府君夫人武威郡石氏墓誌銘并序》，刻於唐宣宗大中九年（855）。簡述了張懷清家世淵源及"孝悌承家，芳蘭垂嗣。轅門仰德，閭里推仁"的品行，重點叙述了其夫人石氏在丈夫"因王事從邊，沉殤矢石"後，"守貞姿於松竹""立節行於遺魂""孤養嗣子，教之以義方，撫之以慈愛"，終將兒子張公勉培養成才的風範懿德。同時，還點明了墓址相關情況。但墓誌中并没有一句與武威有關的言與事，僅在誌主姓氏前冠以"武威郡石氏"，顯然是在追懷先祖，不忘出身，以郡望提高地位身份。對此，我們在今天要有人同此心、心同此理的認識。另一方面也說明，武威石氏源遠流長，播遷深廣。

2018年7月8日，《武威日報》刊出李林山先生《石氏一門三尚書，梁太祖乃武威人石盛女婿》一文，文章引用刻於後梁開平四年（910）的《大唐故石府君墓誌銘》有關内容，説唐末、後梁初，武威人石盛、石彦辭、石朗出仕朝廷顯官，分别官至尚書，即"一門三尚書"。文章説該墓誌由石府鄰里名人"朝請大夫、尚書司封郎、中柱國"胡裳吉撰寫，1938年出土於河南洛陽，民國名流于右任先生發現後認爲該墓誌有重要價值，呼籲移遷到西安碑林。墓誌記載，誌主石彦辭是武威郡人氏，生活於唐末（853—910），曾祖父石饒、祖父石貞、父親石盛皆爲唐朝顯官。石彦辭爲石盛長子，唐末歷官節度副使、御史大夫、右威衛將軍、檢校户部尚書、台州刺史、右羽林軍大將軍、左金吾將軍等，後梁時曾官右金吾大將軍等，去世并葬於洛陽。石彦辭弟弟石朗，曾官後梁檢校工部尚書。朱温原配新喪，聞石盛有女美艷，強聘爲"二夫人"。石氏"懿淑出人"，知書達禮，自嫁於朱温後，常常勸朱温歸順唐朝，對朱温後來降唐起了很大的作用。唐昭宗乾寧年間（894—898），石氏病故，年僅34歲。朱温時爲唐東平王，石氏以東平王妃身份贈"武威郡君"。唐哀帝天祐四年（907）四月，朱温受唐禪，是爲後梁開國皇帝太祖，改元開平。以上都是拿郡望説事，實際上他們早已落籍异地不知幾世幾代了。

刻於明嘉靖二十七年（1548）的《孝行碑記》，簡述了誌主石韞璧教書誨人的事迹，贊頌其孝親、好學、嚴教、育人的優良品質。石韞璧（？—1547），祖籍浙江鄞縣，因其曾祖從軍和戎城（今古浪縣）遂落籍爲古浪人。石韞璧曾任山丹衛儒學訓導，以教書爲業，卒於任所。因其事迹突出，時任甘肅巡撫楊博囑地方名士胡璉爲其撰文立碑。這是武威石氏一支源自浙江軍户的例證。

武威翟姓流源拾零

翟姓，出自周朝時期官員翟者，屬於以官職稱謂爲氏。翟者即翟人、重翟、厭翟、秉翟、翟閽的統稱，是西周時期設置的一種官名。翟，本義是一種野山雞，有兩支美麗的長尾羽。周王室及諸侯國的貴族常用翟羽來裝飾衣服、車輦；而西北地方的狄人喜歡用來作頭飾，爲勇士的標志，稱爲"狄翟"。翟人、重翟等的後裔，皆以先祖官職稱姓氏，後皆簡爲單姓翟氏，世代相傳至今。翟姓的另一淵源是黃帝後裔祁姓建立的狄翟國，屬於以國名爲氏。祁姓的一支在西北地方以游牧業爲生，在商末周初繁衍壯大，被稱作北狄，也稱北翟。由於各地方言不同，翟氏族人逐漸形成了兩種姓氏讀音，居於長江以北者多讀作 dí，而居於長江以南者多讀 zhái，宋代以後多趨向 zhái 音。狄姓也是一個古老的多民族、多源流姓氏，其中的一支與翟氏同源。翟姓也有源於姬、姜、張姓和白族、蒙古族、滿族等民族的，屬於漢化改姓爲氏。翟姓人尊黃帝爲得姓始祖。

對於魏晉以來關中和河東地區北部的翟（dí）姓，人們一般認爲是出自丁零、高車，爲北方游牧民族後裔，即出自北狄。《資治通鑒》卷94晋成帝咸和五年（330）稱："初，丁零翟斌世居康居，後徙中國，至是入朝於趙。"這透露出翟姓是從康居（粟特地區）遷徙到中國，在丁零强盛的時候，他們進入丁零游牧的北方，同時也逐漸進入中原內地。根據學者研究，中古時期的翟氏有一部分是來自粟特地區的移民，信仰祆教，他們與來自中亞的粟特族通婚，這在出土的墓志中屢見不鮮，出土於武威或與武威相關的墓志提供了有力的證據。

《大唐上柱國翟公墓志銘并序》，簡稱《翟公墓志》，刻於唐開元十四年（726）。志主翟舍集（637—700），武威姑臧（今涼州區）人，出生於官宦顯貴之家，曾繼承先世遺烈，披甲從戎，爲國立功，授上柱國之職。夫人安氏，涼國公安興貴孫女，出自名門。夫婦合葬於涼州東南七里志公鄉（今高壩鎮境內）。墓志概括了志主夫婦的家世、生平、業績和子孫情況。翟舍集夫人安氏的祖父是涼國公安興貴，其父很可能就是安元壽。根據墓志我們看到，姑臧翟氏并非一般的家族，而是"右地名族"，從其曾祖翟呼末開始，就在北周政權中任職；而四代人的名字呼末、文殊、沙、舍集，似乎都是音譯的胡名，說明翟氏家族生活在胡人聚落中。

現存西安昭陵博物館的《大唐故右威衛將軍上柱國安府君墓志銘并序》（簡稱《安元壽墓志》），刻於唐武則天光宅元年（684）；《大唐故右威衛將軍武威安公故妻新息郡夫人下邳翟氏墓志銘并序》（簡稱《翟六娘墓志》），刻於唐玄宗開元十五年（727）。前碑簡述了安元壽祖上三代的功名和其生平、戎旅、仕宦生涯，以及去世後所享有的寵遇，贊頌其"踐忠信以立身，執恭謙而待物"的修爲和"資於忠勇""竭誠莅政"的才幹；後碑簡述了安元壽夫人這位"翟氏賢媛，安門碩人"翟六娘的出身、修養、德操等，樹立了一位"盛德内融，好仇外著，韵循家室，行自仁賢"的命婦形象。

安元壽（607—683），涼州姑臧（今武威市）人，安興貴之子，"玄武門之變"的參與者，也是武威安氏集團中進入最高層的成員，他十六歲入秦王府，負責守衛、陪從、鞍馬事宜，後累遷至右驍衛將軍、威衛將軍等職，曾參與高宗封禪泰山，勛至上柱國，正二品，卒後陪葬昭陵。翟氏六娘，封新息郡夫人，從夫秩爲正二品外命婦。翟舍集夫人爲安氏，而安元壽夫人名翟六娘；翟舍集娶的可能就是安元壽之女，而安元壽夫人翟六娘或許就出自這個翟氏世家。他們的這種婚姻結果表明，武威安氏與翟氏屬於雙向聯姻，即使翟氏不是粟特人，那也會逐漸同化爲粟特人。

隋唐時期，隨着在中原定居時間的延長及受漢族風俗的影響，加之活動區域的不斷擴大，西域胡人的婚姻結構也在不斷改變，除内部之間的正常婚姻外，胡漢之間開始聯姻并逐漸增多，這無疑促進了他們與漢族的同化。許多前來涼州、長安經商、定居的粟特人多爲男子，他們往往在本地娶妻生子，使許多粟特人開始具有漢族血統。即使這些混血兒仍沿用昭武九姓，但他們也不是純粹的胡人了。特别是"安史之亂"後，河隴地區爲吐蕃所占，歸路斷絶，這種情形更爲突出。近年來由於粟特研究的深入，發現許多進入中原的翟姓總是和從中亞來的粟特人生活在一起，本身也具有濃厚的粟特文化特徵，在這些翟姓人中間，除了出自北狄系統者之外，有不少翟姓人士出自中亞粟特地區。翟六娘所出嫁的對象，就是著名的武威安氏。安元壽這位出身名門的粟特貴族迎娶的新娘，應當來自粟特移民非常親近的族群。翟姓在武威也是高門大姓，可以和身爲國公的武威安氏結親，説明翟六娘定然出自粟特名門。所以，學術界把西胡出身的翟姓看做是粟特人是完全可以成立的。

以上三通墓志，是武威翟氏、安氏家族和粟特胡人之間關係及其婚配的重要資料，對研究其歷史具有重要價值。同時，也以無可辯駁的事實説明，定居武威的翟姓（包括部分狄姓）成員，有相當部分是由漢唐時期不斷遷居武威的西域胡人或粟特胡人漢化改姓而來的。

古浪吕姓流源與旗杆石探微

　　現立於古浪縣橫梁鄉莊浪溝村直溝組沙河西南岸的吕氏家族墓地，有《吕氏碑記》《吕氏明堂碑》兩通碑刻，分別刻於清道光十年（1830）、十二年。二碑兩側樹立石桅杆各1個，《吕氏明堂碑》正中竪刻篆書"皇清誥贈"四字，説明志主後代中有取得科舉功名的人物。這在碑文署名中也有體現：《吕氏碑記》署名中有兩位國子監太學生，《吕氏明堂碑》署名中有"丙午科武舉"數名。

　　竪立桅杆（旗杆）是我國科舉制度的産物，興起於宋末元初。杆柱的材質一般爲木質、石質、鐵質等，木桅杆材質易腐，一般不用。石桅杆杆頭像毛筆，故稱"石筆"，相當於現在的"學位證""榮譽證書"。它是古代的讀書人通過科舉，考取了秀才、舉人、進士等功名後，在自家宅院或家族祠堂大門左右或墓前竪一對石桅杆，在上面雕刻其生平事迹，并雕有龍鳳獅虎、祥雲等吉祥物，目的是光宗耀祖，激勵子孫後代成才致仕，流芳後世。立在墓穴旁邊的系後人取得功名後所立，以告慰、追思先人。所以，桅杆是功名的象徵，它在告知後人，在歷史的長河中，這裏曾有人中過舉人進士，或做過官，用它來激勵邑人發揚光大先賢的奮鬥精神。

　　明清兩代，凡家人或家族中有人考取了功名，必在宗祠或墓地竪立桅杆，以青史留名，光宗耀祖，告慰先人，昭示世人，繼往開來，奮發進取。武威在明清兩代考取功名的人數成千上萬，而留下旗杆的却極爲少見。古浪縣吕氏家族墓地保存的石桅杆彌足珍貴，對研究古代科舉功名和榮譽制度具有極爲重要的價值。遺憾的是，這唯一保存下來的科舉時代功名象徵物的石桅杆還没有受到應有的保護，正面臨着失傳的危機。

　　古浪吕氏二碑簡記吕氏譜系事宜，參照理解可瞭解古浪吕氏之流源。吕姓相傳爲上古華夏部落首領炎帝神農氏姓氏，其始祖爲伯夷，夏商周時吕國是諸侯國，周朝時又封太公望吕尚於齊國，故吕氏爲中國古老姓氏之一。甘青地區本爲吕氏（羌族）早期發源地，夏、商朝時從羌族中分出一部分向東遷徙，後幾經播遷，形成幾大郡望堂號。甘肅爲吕姓分佈較多的地區，其中雜以不少氏人吕姓。歷史上，略陽望族氏族人吕光在武威建立後涼國，二代四主，立國18年，大量關中籍吕氏成員在武威做官，子孫落籍武威，爲吕姓的繁衍奠定了基礎。

　　古浪吕姓始祖爲吕秀，原爲"陝西涼州府平番縣高城邑吕家"，"肇基於平番高城邑"，因"初貿易而至古郡於大□南鄉莊浪溝"，後"尋意欲復歸原籍，不意日復一日，年復年來"而不得，遂落籍古浪，開始"煢煢孑立"，其後不斷壯大。從作者"南人也而竟爲北人焉。天乎？人也"的感嘆推測，再早以前，古浪吕姓當爲南方人。此支吕姓"克振家聲，□力耕田，勤儉是箴，是使吕氏之□□克昌"，子孫繁茂，"枝葉蕃衍"，成爲武威吕姓的主力軍。同時，吕姓後代中亦有"巍然步武其中"者，即進入武官行列的子弟。

古浪年姓流源拾零

由年氏家族樹立，現立於古浪縣新堡鄉一座磨村西上組年氏祠堂舊址的《年氏碑志序》，刻於清咸豐八年（1858）三月。通高186厘米，由碑額、碑身和碑座組成，碑文簡述了年氏一門建祠立碑之緣起、功用，（碑陰）兼及贊助人員及款額等，是研究古浪年氏流源的重要文獻和實物資料。

碑文稱"始祖原姓莊或曰嚴，乃漢明帝之諱，宜避改……第以邑近邊鄙，少識詩書，誤寫'嚴'爲'閆'已三世矣。近又□□□語，訛讀'閆'爲'年'姓者，迄今未改。"這段文字說出了年氏由莊——嚴，再到嚴——閆的演變過程，看視有誤，其實未必有誤。

"嚴"與"閆"本來是兩個姓，後來部分嚴姓人將"嚴"誤寫爲"閆"。而"閆"姓來自於"閻"姓，實際上"閆"與"閻"是完全不同的兩個字，後來由於多種原因，"閆""閻"成爲同一姓氏。不過，"閻"姓部分出自姬姓，因周武王將周文王伯父泰伯的曾孫仲奕封於閻鄉（河北易水一帶），後代即以封邑爲氏，奉仲奕爲得姓始祖，奉泰伯爲始祖。"閆"作爲"閻"的異體字出現較早，所以閻姓多簡寫爲"閆"是有一定根據的。閻、閆二姓實爲一姓，同爲姬姓後裔。由於"閻"姓被俗用爲"閆"，就產生了閻、閆二姓。所以在當代《百家姓》裏兩姓并存，古代舊版《百家姓》只有"閻"姓。

據莊姓歷史演變，是爲避諱東漢明帝劉莊，改莊爲嚴，故莊、嚴實爲一姓（家）。莊姓和嚴姓部分源於芈姓，出自楚莊王之後；閻姓部分出自芈姓，年姓部分也出自嚴姓，源自芈姓。就此而言，莊、嚴、閻（閆）、年或改姓氏，或誤寫，或簡寫（俗寫）本質上無大錯，因其得姓始祖相同。依碑文，古浪年氏"我始祖原系臨洮北鄉人，既而徙居，爰立室家，即今之平番一撮毛，是已越百年、歷六世矣。"今平番一撮毛，即今古浪縣新堡鄉一座磨村，民國以前屬平番縣（今永登縣）管轄，故稱。年氏得姓始祖雖爲齊桓公，但歷史上缺乏名人，一直到元末明初，源於芈姓本姓嚴的年遇春隱居於安徽懷遠縣，占籍時訛"嚴"

爲"年"，後世即以懷遠爲年氏郡望所在。該支年氏的代表人物爲明朝名臣年富、清朝名臣年羹堯。年姓數量不多，西北地區青海西寧、寧夏、甘肅皆有少量分布。古浪年氏於清中葉（約1750）從臨洮縣（臨洮年氏可能源於西寧）遷入，到清咸豐八年（1858）已越百年，應是武威年姓之源。

民勤馬姓流源及馬氏功勛人物述略

民勤人口以遷户爲多，而且多在明代以後，其中馬姓是一個重要姓氏，名人較多。依現存碑刻考察，最早見諸碑刻的是馬得、馬麟、馬昭祖孫三代。刻於明嘉靖三十年（1551）、由民勤名士柳子玠撰文的《補修聖容寺碑記》（已佚，碑文見《五涼全志》），簡述了鎮番歸復中原王朝特別是明朝的情況，頌揚了明朝將軍馬得祖孫三代拒胡征剿、開拓邊疆、肇建聖容寺的功績以及其三世孫馬恩捐資修繕寺院的善舉，實際上是一篇鎮番馬氏的功德記。

馬得，順天府遵化（今河北遵化縣）人。以渡江功升指揮同知。永樂三年（1405），調鎮番，任都司。後禦寇白鹽地（今寧夏境內）陣亡，封懷遠將軍，世職鎮番。馬得子馬麟，字應祥，幼習武韜，勇略過人，任職鎮番時，修繕城垣，開疆拓土，抵禦蒙古，連戰皆捷，以功升都指揮同知、肅州參將。馬麟之子馬昭，曾任鎮番守備、都司等職，在與入犯蒙古戰鬥中陣亡，封鎮國將軍。馬恩，馬得三世孫，襲世職，屢立戰功，官至肅州參將，功業顯時，封金吾將軍等。可見，馬得因公犧牲後，世職鎮番，子孫後代也自然落籍鎮番。毫無疑問，馬得就是民勤馬氏的得姓始祖，此類似於"涼州楊家將"楊嘉謨事例。

作者對馬氏三代爲鎮番做出的豐功偉績予以高度評價："鎮番非馬公孰開其始？非馬公孰成其終？真可社稷臣也。法曰：'以勞定國則祀之'。宜其配享蘇（武）、金（日磾）二公，報功之無盡矣。"馬氏三代"守土二十餘年，鴻功駿業具在人心，著於口碑，至今頌之不衰。"由於他們"忠貞蓋世，有安攘偉績"，其家族"家聲丕振，固垂裕致"，子孫後代"麟趾振振餘慶"。這也可能就是馬氏從落籍鎮番至今日仍然人才濟濟的"餘慶"。

另外，刻於清順治年間（1644—1661）的《重建關帝廟碑》中，記載有"原任參戎馬公玘者，倡義盟討賊，奪門奮戰"之事。這位馬玘，順治初年曾任鎮番參將，似應是馬得後人。見諸碑刻的民勤馬姓人物還有馬虎，原名永錫，歷官西寧守備、南川都司、慶陽協副將、湖北襄陽鎮總兵，乾隆三年（1773），在四川征剿金川叛亂中陣亡，贈光禄大夫，世襲騎都尉（見《民勤賦》）。馬瑞邦，馬昭之孫，乾隆十八年（1753）拔貢，曾於乾隆三十四年（1769）撰寫《重修蘇公祠記》碑文，對其馬氏祖先多有記載和贊譽。馬明義，道光二十九年（1849）舉人，同治元年（1862）進士（見《明清兩朝進士碑》）。馬世玢，乾隆三十六年（1771）舉人；馬起鳳，嘉慶十二年（1807）舉人（見《明清兩朝舉人碑》）。現歷經 26 世，名人輩出，殊爲民勤望族。

馬姓是一個典型的多民族、多源流姓氏，得姓始祖爲趙奢（馬服君），河北邯鄲是中華馬姓的祖源地。甘肅、寧夏等西北地區是馬姓分布的主要區域。馬姓（漢族）在歷史上和當代都是名將如雲，名人輩出，如馬援、馬融、馬騰、馬超、馬岱、馬周、馬致遠、馬占山、楊靖宇（原名馬尚德）、馬寅初、馬三立、馬雲、馬化騰等。明清以後，回族馬姓名人增多。

民勤彭姓流源拾零

立於明嘉靖四十三年（1564）、現存民勤縣博物館的《彭公忠勇祠碑記》《彭公忠勇祠碑》，出自同一作者，內容基本一致，簡述了彭汝爲的英雄事迹，以及建祠、立碑及其社會道德價值。

彭汝爲，字舜舉，祖籍安徽鳳陽，以戰功升指揮僉事，任碾伯（原爲青海樂都縣，今改爲海東市樂都區）操守、行都司指揮事。嘉靖二十四年（1545）壯烈殉國，誥封明威將軍，奉旨建祠致祭。這位彭汝爲無異是民勤彭姓中知名度最高的一位。而之前，他的曾祖父彭鉉，世職鎮番衛指揮僉使。"世職"一詞指"世代承襲的職務"，説明至少在彭鉉的上一代曾在鎮番建功立業，取得功名，彭鉉才能"世職"，此應視爲民勤彭姓的得姓始祖。彭汝爲父親彭廣，曾任河南湯陰縣主簿，説明没有襲職；嗣子彭九疇，碑記中未提職務，可能也没有襲職。叔父彭廉，襲鎮番守備，鎮守山西兼代州三關總兵、征西將軍，這應是民勤彭姓中職位最高的武將，他當初是"世職"的，後來因爲軍功獲得較高的地位和榮譽，後代中極有可能要襲職，甚至還要旁及到侄、孫身上。

彭氏是一個典型的多民族、多源流的姓氏群體，最早出自顓頊帝，今江蘇徐州銅山是彭姓的發源地，其後彭姓繁衍播遷大江南北，成爲中國的一個大姓，據説活了八百多歲的彭祖爲得姓始祖。當今姓氏排行榜上，彭姓已成爲超級大姓，名人輩出，各領風騷。民勤彭姓至少從彭鉉父輩開始，從彭氏發源地臨近的鳳陽走出，因軍功"世職"在鎮番爲武將，後世子孫落籍鎮番，開枝散葉，到彭九疇時至少已有六代，發展到今天，成爲民勤的大姓和著姓。

武威楊姓流源與涼州楊家將述略

一、武威楊姓流源

楊姓，據説最早源於春秋時期的楊國（今山西省洪洞縣），是一個典型的多民族、多源流姓氏，主要源自西周王族姬姓，另有源自揚姓和改姓（包括賜姓、收養、避難和少數民族改姓等諸種情形）。得姓始祖爲晋武公之子、晋獻公之弟楊伯僑。周襄王念其先人功勛，封伯僑於楊，爲楊侯，承繼乃祖爵位。楊姓發源地始於山西境内，後世因得罪晋國貴族而遭迫害，春秋時楊國爲晋所滅，子孫隐居華山避難，遂居華陰，以祖宗封地楊爲姓，其後代開基各地，成爲楊氏繁衍發展的主流，史稱楊氏正宗。

楊姓向西發展繁衍，其先遷入陝西，而後繁衍至河南。春秋戰國時期，有楊氏族人遷入江漢地區（今湖北省）。與此同時，又有楊氏族人自山西遷至江蘇和安徽，散布於長江中下游地區。秦漢時期，楊姓已廣泛分布於中國北方地區。之後，因西晋"永嘉之亂"、唐朝"安史之亂"和宋代的"靖康之亂"，中原社會動蕩，楊姓子孫大舉南遷，形成了浙蘇魯、贛閩、晋陝、川湘四大塊楊姓人口聚集地區，重心由西部傳到了東南部。隨後，開始了大規模向海外遷移，移居的主要地區是東南亞一帶。

楊姓郡望主要有弘農郡、天水郡、河内郡等，堂號主要有四知堂、弘農堂、關西堂等。弘農古代爲陝西弘農縣，今爲華陰縣，是楊姓先人杼（zhù）公興旺發祥之地，以望立堂。東漢關西人楊震，博覽群書，時人稱爲"關西孔子"，官至太尉，爲官清廉正直，不屈權貴，在拒賄時曾説過"天知、地知、你知、我知"，後世遂以關西、四知爲堂號。"楊"是太陽的意思，由"木"和"昜"組成。"木"指扶桑，也稱楊樹，生長在東方大海上的湯谷（在今連雲港雲合山，一説在山東日照）；"昜"古同"陽"，是"日升湯谷"的形象描寫。以此爲圖騰的始祖就是古老的楊氏族，由此産生了楊姓族徽，最終形成了姓氏。

楊姓在宋版《百家姓》中位列第16位，目前是中國人口第6大姓，其中四川是楊姓第一大省。楊姓何時播遷武威，目前很難找到可考的史料。查閱武威地方文史資料，本籍人物中明代以前基本没有楊姓人物入選。張澍《涼州府志備考·人物卷》所載西漢至明代涼州人物家族130多個，楊姓人物只有漢末楊定一人；楊嘉謨及其楊姓人物是以家譜收於《藝文卷》而顯名。《武威地區志·人物》中，西漢至明代之前近1500年間，本籍楊姓人物只載楊定1人。楊定是東漢末期人物，董卓部將，官至鎮南將軍、安西將軍，其後裔不詳。唐代詩人高適在武威河西節度使幕府任職期間，曾拜訪楊七山人，并作《武威同諸公過楊七山人》詩。楊七山人是一位隱居不仕的高士，具體不詳。到了明朝，就有楊大烈等楊姓人物10餘人。能夠足以反映地方人物顯達的《五凉全志·選舉》所記載的明代楊姓人物中，武威縣貢生4人，永昌縣貢生6人；鎮番縣文武舉人各1人、貢生（包括優貢）22人，占到明朝鎮番貢生總數178名的12.4%。這說明，武威早在漢代就有楊姓播遷繁衍，但數量不是很多。而從明朝開始，較多的顯達人物見諸史料，這與明代人口遷徙和凉州楊家將於明代落籍并興起於武威是完全吻合的。發展到清代，武威有楊姓進士1人，文舉6名，武舉24名，貢生更多。這既說明楊姓人口繁衍、優秀子弟大量涌現的事實，似乎又與楊氏家族以武功安身立家有一定的傳承關系。《古浪縣志》1991年統計的姓氏排名表中，楊姓在414個姓氏中排名第四。編纂於1981年的《武威縣地名資料匯編》，以"楊"姓命名的楊家莊分布於武威縣許多鄉鎮，除"楊家莊"莊名外，還有楊家亂莊、新莊、老莊、舊莊、前莊、後莊、大莊、小莊、上莊、東莊、西莊、廟莊、塔莊、石莊、柳莊、松樹莊、榆樹莊、墳莊等莊名。這足以說明，明清以後，由於楊姓子孫繁衍增廣，一二個"楊家莊"已不能夠容納人口衆多的楊氏後裔，需要賦予"新""舊""前""後"等莊名相別。另外，還有以"楊"字命名的山、河、溝、壩、灣、坊、磨、堡、寨等。楊姓播遷繁衍武威的流源支脉，目前雖然還不能理出一個清晰的頭緒，但明代楊嘉謨家族即凉州楊家將的落籍并興起，無疑是武威楊姓崛起并迅速繁衍壯大的一支重要生力軍。

二、凉州楊家將支脉述略

北宋楊業祖孫四代保家衛國跨越千年的英雄傳奇，及明朝"凉州楊家將"的赫赫戰功，使我們能夠穿越歷史風雲，零距離接觸綿延千年、婦孺皆知的楊家將後裔。但一個家族的千年信史，若沒有完整的家譜等資料是難以信服的。楊嘉謨在《楊氏家譜序》中說得很明白："吾楊氏所遺家譜多殘缺，今略述行輩，其遠年莫考，無從補綴。"武威文廟保存的刻於明崇禎十六年（1643）的《楊嘉謨墓志銘》和兩件分别爲明天啓六年、崇禎五年頒發的嘉獎楊嘉謨的誥命詔書（聖旨），河北省遷西縣保存的《三屯總府題名碑記》和北京密雲與河北興隆交界之處的《興隆霧靈山清凉界碑》，確鑿地記載了楊嘉謨的軍旅生涯和功勛，加上《凉州府志備考·楊氏家譜》、明史相關人物傳記、演義小說中散見的事略和楊氏後裔提供的許多資料，基本上爲我們揭開了凉州楊家將撲朔迷離的英雄傳奇和武威楊氏播遷的基本情況，爲研究地方歷史、撰寫人物評傳、續寫楊氏宗譜提供了翔實的資料。

楊嘉謨一生戎馬生涯四十年，是明末功德昭著的名將，也是北宋名將、世稱"金刀令公""楊無敵"楊業的後裔。終明一朝，楊嘉謨及其祖宗八代祖先世居凉州，鎮邊守土，保衛大明江山270餘年，立下赫赫戰功。據《凉州府志備考·楊氏家譜》記載，楊嘉謨祖籍爲重慶府長壽縣，那麽，他的祖先又是如何從遥遠的重慶府來到西北大邑武威的呢？

北宋滅亡之後，楊業的部分後裔從山西太原府走出，散播於四川、雲貴、遼東、江淮等地，其中一支落籍四川重慶府長壽縣。此後，部分後裔又輾轉於多地，其中一支落籍并雄起於江淮一帶。伴隨着風起雲涌的元末農民大起義，使江淮地區成爲明代楊家將建功立業的大舞臺和輸出人才的重要源頭，涌現出了一大批杰出將領，後分布於全國各地。據現有資料推測，凉州楊家將即爲江淮楊家將後裔。元朝末年，天下大亂，江淮楊氏後裔中的楊政率領三子二侄（楊璟、楊焕、楊柱、楊鶴、楊芳），從朱元璋起義，拉開了明朝楊家將的序幕。由於其作戰勇敢，被譽爲"一杰五虎"。明朝立國後，"一杰五虎"中的楊柱，生子楊文，楊文又生四個兒子，其中楊税、楊勝均從軍燕山護衛，隸朱元璋第四子燕王朱棣。

洪武三十一年（1398），皇太孫朱允炆繼位，是爲建文帝。建文帝采取一系列削藩措施，准備削除燕王。朱棣深感不安，於1399年起兵揮師南下，史稱"靖難之役"。戰爭歷時四年（1399—1402），戰亂中建文帝下落不明，朱棣即位爲明成祖。其間，楊税、楊勝一直跟隨朱棣征戰。1402年，在小河戰役中，楊税陣亡，其子楊忠於永樂二年（1404）世襲彭城衛右所千户（正五品武官），十五年調防凉州衛任千户，世襲武德將軍（正五品武散官）。從此，楊税這一支在明代世代鎮守凉州。楊勝繼續隨朱棣作戰，封懷遠將軍（從三品武散官）。其子楊斌於永樂二十年（1422）承襲父職，又於宣德六年隨鎮守太監王安巡視甘肅鎮，并要求内調凉州衛。宣德年間（1426—1435），已爲金吾左衛指揮、懷遠大將軍的楊勝隨長子楊斌移防凉州。從時間上看，楊税與楊勝的後裔到凉州鎮守，前後相隔約14年。從此，楊氏後裔分別以楊税、楊勝爲始祖，世居武威，世代爲將，鎮守西北邊陲二百多年，涌現出了幾十位將軍級的人物，見證了大明王朝的輝煌與衰落，留下了可歌可泣的凉州楊家將故事。同時，開啓了有明一代"凉州楊家將"父子并肩、兄弟聯手、兒孫相承的保家衛國光榮傳統。而散居其他地區的楊氏後裔和楊税、楊勝開枝散葉的另支另脉中，同樣産生了許多杰出人物，由於史料闕遺，其流源和支脉難以述明。明朝末年，作爲明朝總兵的楊嘉謨及其子弟，曾經在遼東前綫抵禦滿清；而楊鋭系七世孫楊道顯作爲明代涼州衛世襲指揮、分守西寧道參將（正三品），於崇禎十七年（1644）在與滿清軍隊作戰時"死盡節"。

據《涼州府志備考·藝文·楊氏家譜》和民間涼州楊氏家譜等相關資料，現將武威三支楊氏傳承世襲情况整理如下，供有志者補充完善。

第一支楊勝系：

一世楊勝（1359—1437），祖籍四川重慶府長壽縣。因兄楊雄於洪武五年（1372）在征討元軍的戰鬥中陣亡，將楊勝補充到燕山護衛中所右軍從軍，歷百户、副千户、千户、金吾左衛指揮同知、涼州衛指揮使（正三品）。曾隨朱棣親征漠北五次，戰功卓著。宣德七年（1432），楊勝以73歲高齡隨子楊斌移防涼州。卒後葬於城東十三里堡北唐洪寨，現涼州區高壩鎮蜻蜓村楊家墳莊子。因楊勝軍功，祖父楊覺英，贈懷遠將軍，同知指揮使司事；父楊廷杰，贈懷遠將軍，同知指揮使司事；祖母、母、妻皆獲封贈。涼州楊氏，從楊勝開始拉開了明朝楊家將鎮守河西的序幕。

二世楊斌（1389—1448），承授父職，隨太監王安巡察河西，後奉調涼州衛掌印，官至甘州後衛指揮使司指揮僉事（正四品）。

三世楊威（1423—1472），襲授祖職掌事，官至涼州衛指揮使。

四世楊和，襲授父職涼州衛指揮使。

五世楊佑（1483—1542），襲授祖職，歷參將、都指揮僉事、都指揮同知、甘肅左副總兵。卒後入鄉賢祠。

六世楊鼇（1538—1615）襲授父職，歷守備、都指揮僉事、游擊將軍、參將。

七世楊魁，襲授祖職，21歲卒。

八世楊嘉謨（1576—1642），襲授祖職，歷守備、游擊將軍、參將、副總兵、後軍都督府都督僉事等，官至甘肅總兵挂平羌將軍印、薊鎮總兵，敕授上柱國、光禄大夫。祖弟嘉臣，隨伯兄勤王有功，升守備（正五品）。

九世楊光烈，應襲指揮使管道標中軍守備，任游擊將軍。弟楊光國，隨父征戰有功，升三岔堡守備；楊光裕，隨父出征有功亦升守備。

第二支楊仲玉系：

一世祖楊仲玉，祖籍直隸州宜興（今江蘇宜興市）。早年參加元末農民起義，洪武十三年授陝西西安前衛左所百户（世襲軍職，正六品），後駐守涼州，世襲流官誥命一道。

二世楊達，世襲父職誥命一道，實授涼州衛前所百戶。

三世楊能，授涼州衛後所，實授百戶。因陣亡有功，例升副千戶。

四世楊鑒，授涼州衛所世襲副千戶（從五品）。

五世楊春，授涼州衛所世襲副千戶。

六世楊緼，授父職。乏嗣，去世後由其弟楊經世襲兄職副千戶。

七世楊淮，未襲職即病故。

八世楊添爵，楊淮嫡子，授涼州衛所世襲副千戶。

九世楊愈茂，楊添爵嫡子，襲祖職副千戶，萬曆三十年（1602）擢升右軍都督（正一品）。其兄弟愈盛、愈光、愈彩、愈耀、愈華、愈旺，此後歸農。

第三支楊稅系：

一世楊稅，祖籍直隸州徐州。1366年從軍於徐達義軍，洪武四年（1371）撥彭城衛右所馬軍，後從宋晟（明朝開國功臣，曾四鎮涼州，前後二十多年）克戰有功，於1401年授百戶，次年在小河大戰中陣亡，贈宣武將軍（從四品武散官）、世襲千戶（正五品）。

二世楊忠，於永樂二年（1404）襲父職為彭城衛右所千戶，授武德將軍（正五品武散官），永樂十五年調陝西行都司涼州衛右所，任千戶。

三世楊英，景泰五年（1454）襲授涼州衛右千戶所千戶。

四世楊繼隆，襲授千戶；繼隆乏嗣，其弟楊銘襲職千戶，後以功升指揮僉事。

五世楊潔，楊銘嫡子，襲職千戶。

六世不詳。

七世楊道顯，世襲涼州衛指揮，崇禎十七年（1644）"死盡節"。

1644年，赤膽忠心捍衛有明一朝的涼州楊家將，隨著明朝的滅亡，也褪去了耀眼的光環。當年戰場上的對手滿清，如今入主中原而為當朝天子。涼州楊家將後裔為保全子孫，保全家族，只能低調處世，隱忍不發，甚至不惜毀史滅迹，隱姓埋名，遠走他鄉，遁迹市井，待時而動，以家族中蘊藏豐富的功名價值將迎來涼州楊家將的逆襲。

據有關楊氏宗譜記載，明末清初，楊勝一支，其八世祖楊嘉謨於崇禎十五年（1642）去世後，其子楊光烈應襲指揮使中軍守備、任游擊將軍，楊光國任三岔堡守備，楊光裕亦任守備，其弟楊嘉臣加升守備。楊仲玉系，傳至九世楊愈茂，襲祖職副千戶，官至右軍都督（正一品）。以上兩支，明亡後，後裔不知流落何處。楊稅一支，傳至七世，其中楊道顯於崇禎元年（1628）世襲涼州指揮，崇禎十七年"死盡節"，其子孫或隱姓埋名，或遠走他鄉；而楊道煥、楊道興、楊道昌及其後裔在今涼州區大柳鎮王城堡務農，數代以後，一直團結和睦，在楊氏大家庭中生活，没有分門立户。明朝實行衛所和軍户世襲制度，其家族傳承世襲與歷朝不同。以上三支楊氏，相互間的血緣傳承及輩分還不太清楚，所列各世代表性人物只是按照朝廷規定襲職的軍方人物，而衆多不能襲職的後裔，只能是"歸農"的結局，即其他没有襲職的餘丁，或隨軍或留在原地從事農業或其他經營，與民户無異，這實際上也是所有門閥家族共同的結局和命運。

三、有關武威楊氏和涼州楊家將文物及文化遺産述略

1.蜻蜓村涼州楊家將墓葬及楊氏碑刻。1958年，全國各地進行平墳開荒整地運動，武威六壩鄉蜻蜓村（今屬高壩鎮）同樣如火如荼地開展此項運動。蜻蜓村，原名北唐洪寨，古稱楊家墳莊子，從明代至清，一直是涼州楊嘉謨家族的佳城（祖塋）之地，規模較大。在那次平墳運動中，蜻蜓村楊家墳被無情開掘。村民們掘開了一座古墓，挖出了許多的金、銀、玉器和珠寶等陪葬品（文物），其中最爲珍貴的是刻於崇禎十六年的《楊嘉謨墓志銘》。墓葬雖未進行考古發掘和有效保護，但隨着墓葬的有效保護或將來可能的發掘，出土或發現大量文物是遲早的事。《楊嘉謨墓志銘》和之後從楊氏成員中徵集到的聖旨，它向世人揭開了一代名將楊嘉謨隱藏了數百年的未解之謎（詳見《楊嘉謨墓志銘與武威楊府巷》一文）。另外武威還有幾通楊氏碑刻。

《唐武安府校尉楊君碑》，據《涼州府志備考》《五涼全志·古迹》載：（楊君）名文才，字德茂，宏（弘）農華陰人，漢太尉震之裔。墓在永豐鄉，碑記甚悉。碑佚，碑文無存，志主生平不詳。

《明楊佑三官神祠碑》，於明萬曆九年（1581）立於楊府街三官祠，通判胡松年撰文，碑佚，碑文無存。楊佑爲楊嘉謨曾祖父，官至甘肅副總兵、都指揮同知，去世後入鄉賢祠。

《烈婦楊氏墓碑》《高節婦墓志銘》（楊氏嫁與高氏爲妻，故稱之），二碑立於清乾隆十六年（1751），已佚，碑文載《五涼全志》，内容基本相同。簡述出身貧寒的烈（節）婦楊氏在外打工受辱及被害的過程，贊揚其"行芳志烈……寧死不屈"的貞烈品行。前者爲鎮番知縣江鯤撰寫，後者爲涼州知府何德新撰寫，在當時具有典型教化的社會意義。

2.王城堡楊氏木制屏風與祝壽頌詞。大柳鎮王城堡楊家榆樹莊子村民楊某家藏的一組乾隆三年（1738）制作的18扇木制屏風，進一步揭開了生活於清代前期的涼州楊家將後裔的社會關係。屏風上面藍底金字，周遭刻有花卉人文圖案，内容爲楊家二位老人六十大壽的祝壽頌詞，題目是《大郡佐即伯牧升、安翁昆

玉六泰榮壽雙慶序》。屏風距今已愈280多年，雖有部分破損，但除了祝壽者人名有些字迹模糊不清外，大部分內容清晰完整，足可辨其全貌。二人生日僅相差一月，說明是堂兄弟無疑。大意是楊氏升、安二公德高望重，樂善好施，仁德孝友，親友在他倆六十壽辰之際雙陳獻壽。文中除祝壽之詞外，還提到了楊氏家族的歷史淵源和敦厚和睦的家風族範。

祝壽頌詞撰者爲康熙四十四年（1705）舉人，曾任福建莆田、甌寧知縣王化行；書者爲康熙五十三年（1714）舉人、曾任江西安義縣知縣、浙江安吉州知州高崇徽。祝壽者有雍正制科舉孝廉方正的涼州三徵士張珆美（曾任廣東廉州府知府、雷瓊道，《五涼全志》總修）、張綸（曾任山東濟寧州知州）、張爾戩（曾任兵部主事、陝西同官縣知縣）和雍正八年進士、曾任山西文水縣知縣蘇暻等地方名士及涼州鎮標右營游擊朱國杰、淮安府中協中軍都司高崇韜、涼州鎮蔡旗堡守備楊春澤、蔡旗堡千總周大學等地方官員；還有武威文舉人王道久、王化南（乾隆四年進士，山東知州），武舉朱承愷、劉允龍（隆）、李弘猷以及涼州府、縣儒學訓導、監生、庠生及鄉耆親誼等數百人。

頌詞中雖然指出楊氏兄弟二人九世先祖爲楊稅，十世先祖爲楊忠，并未明確說明所擔任的官職。但從衆多官員、名士爲其祝壽來看，足見其身份、資望之崇。頌詞中有"蕭韍皇猷，馳聲仕路""共垂勛名"等語，當爲兄弟二人曾經爲官的明證。頌詞中又有楊氏家族數世"同堂而居，共灶而食"之說，至少說明楊氏數代在乾隆三年還沒有分門立戶。從"兄及弟兮，如賓如友"等表述說明兄弟二人關係極好，不分彼此。值得一提的是，武威楊氏十世族人楊士藻在嘉慶十九年（1814）所寫的《楊氏家譜序》中指出，楊氏"居數十年，兄友弟恭，雍睦成風，耕讀世繼，宜乎與張公藝仿一二焉。"隋唐之時的張公藝，九輩同居，和睦相處，傳爲美談。楊氏效仿張公藝，可見合族共居之盛況。

清代武威楊氏數世同堂，家風和睦，文德世繼，在修身齊家、道德文章、耕讀相繼方面，皆有傳承，且人才輩出，蔚然成風。乾隆十四年《武威縣志·人物志·節義》記載，時耆壽"楊國正，住西街。事母孝謹，持身端正。壽九十一。申報，贈'五世同堂'額。"這是住在城裏的一支楊氏的情況，與上述王城堡楊氏"同堂而居"可互爲映襯，相得益彰。乾隆中後期，因爲人口增加，楊氏一族開始從王城堡陸續分門立戶遷居各地，其中一部分遷往民勤、古浪和新疆。楊氏在武威的散居地除王城堡外，分佈於四鄉六渠。武威楊氏同堂而居和播遷繁衍，歷經數百年，也從側面反映了清代武威人口增長與經濟發展的總趨勢。

3. 與武威楊氏相關的文物及文化遺產。明代天啓六年（1626）皇帝授贈楊嘉謨聖旨，從楊氏成員中徵集，現收藏於武威文廟；國家級非物質文化遺產涼州攻鼓子、省級非物質文化遺產武威水陸畫，以及涼州楊家將武術、永昌石碑滾燈、王城堡社火、白塔溝舞龍等市縣級非物質文化遺產等，其原創或傳承傳播，或爲武威楊氏獨創，或與武威楊氏關系密切，都是涼州寶貴的財富，對於研究明清武威民風民俗、家譜傳承、詩文書法，具有極高的歷史價值。

其他分布於武威城鄉的楊府巷（街）、楊府、楊家祠堂、四知堂、楊業廟、楊殿廟、白衣寺（相傳楊嘉謨女因所許配的軍人陣亡，終身未嫁，爲其建寺）、清涼寺、楊家壩河、楊府花園、楊家牌樓、楊家臺（堡、寨、場、墩、山、屲、灣、溝等）、楊家燒坊（磨坊、油坊、紙坊）以及衆多的楊家莊等，無不潛藏着涼州楊家將的相關信息。

四、餘思斷想

明朝時期，武威及西北邊境，多次遭到北元勢力的進犯騷擾，給百姓的生產生活和生命財產帶來了極大的危害和破壞。所以，百姓更加追思那些歷史上血戰報國的英雄。於是，蘇武、狄青和楊家將等英雄的傳說得以廣泛流傳。涼州區頌揚狄青的詩詞不絕於書，而且有狄青臺遺址；民勤保存着蘇武的碑刻、祠廟等相關遺址及傳說、詩文、楹聯等；古浪則有楊家將十二寡婦征西及其"滴泪崖"的悲壯傳說。依史書，狄青的主要戰場在陝甘寧一帶，楊家將故事發生在山西雁門關和大同一帶，狄青與楊家將對陣交手的主要對手分別是西夏和遼國；蘇武牧羊的故事則離我們更爲遥遠。這些故事大量出現於明代以後，與"有明以來，邊鋒屢警"的歷史事實是一致的，可以看作是地處游牧民族與漢民族爭奪前沿的武威人民崇文尚武、尊崇英雄、追思血戰保國先烈的一種情懷，創作者并不是無知，而是借古喻今，或表達一種對英雄的傾慕之情，或在國家危亡時期表達一種期望、一種預期。

向爲人們津津樂道的明版《楊家將演義》和《楊家府演義》等英雄傳奇小說，同樣產生於這樣一種宏大的背景之下，它所塑造的北宋著名軍事世家楊家將主要人物楊業、楊延昭、楊文廣一門三代前赴後繼、忠勇衛國的事迹及其英雄群體，表達了人民群衆抵禦外侮，保國安民，表彰忠烈的理想和願望。早在北宋時期，楊家將英雄群體就已經聞名天下，并廣泛傳頌。歐陽修在《供備庫副使楊君墓志銘》中寫到："父子皆爲名將，其智勇號稱無敵，至今天下之士，至於里兒野竪，皆能道之。"《楊家將演義》作者熊大木，號鐘谷，福建省建陽人，明代歷史演義小說的編著者與刊行者；《楊家府演義》作者紀振倫，號秦淮墨客，江蘇南京人，明代著名作家。江淮地區作爲明代楊家將的重要源頭，可以推測，他倆生活於明代中後期，與江淮許多楊氏將領及其後代保持着密切聯繫，在小說創造中，既汲取了北宋楊家將的許多史料和傳說，更融入了明代楊家將的歷史事實。蘇武、狄青和楊家將在武威的被尊崇及其英雄故事的流傳，反映出武威人民對英雄的敬仰和熱愛，凝聚着中華民族前赴後繼、忠心報國的偉大精神，寄託着追求和平美好生活的熱切希望。這些人物和故事，歷史背景相同，相互輝映，充滿着強烈的愛國主義精神，閃耀着理想主義的光芒。相比而言，涼州楊家將的人物與歷史是實實在在的，是楊家將演義等英雄傳奇小說的涼州版本，這與古浪民間傳說的楊家將傳奇故事應區別開來。

"楊氏初微自河西，彎弓馳馬耀邊陲"（歐陽修）。有明一朝270多年，涼州楊家將從江淮地區輾轉於西北邊疆，浩氣枕戈，忠勇愛國，喋血沙場，戍邊屯墾，湧現出無數可歌可泣的歷史人物，譜寫了一部跌宕起伏、波瀾壯闊的英雄壯歌，是楊家將演義的涼州版本，是一部真正意義上的英雄家族史詩。

"山川不老英雄逝，環繞祁連幾戰場"（于右任）。蘇武、狄青、楊家將等英雄人物，他們為中華民族的大融合、大團結、大發展做出了重要貢獻，永遠是中華民族的精神財富。今天，我們要在充分尊重歷史的基礎上，而又不必拘泥於歷史，大力挖掘其閃光的精神價值，塑造出具有時代意義的英雄形象。

附楊才年先生《涼州楊家將賦》

夫涼州楊氏，源於弘農郡望一脈清香，斯為宋將楊業後裔枝蔓。日升湯谷，扶桑沐祥光；崇文尚武，代代譜華章。

先祖楊震，暮夜却金，"四知"氣節美名揚；文帝楊堅，盛世開皇，一統華夏高山仰。隋有衛昭王楊爽公，率軍反擊突厥，被譽"東方戰神"；唐時觀國公恭仁，破賊立功致相，仍領涼州總管。涼州都督楊敬述，獻得《霓裳羽衣曲》；志烈休明兩節度，拒蕃捐軀河西地。宋代楊家將，忠烈馳疆場。破陣守關，冲鋒陷陣，勇字貫三軍，屢敗契丹功赫赫；赤膽立身，灑血拋頭，忠心銘四海，久傳梨園史悠悠。鐵骨錚錚老令公，金刀無敵，長令楊家名萬古；神勇浩浩楊家將，勁節有根，甘教忠義載千秋。

楊家將後世裔孫，宋亡入蜀，如龍潛形。囊中長鋏，猶時發錚錚龍鳴之聲；楊氏英豪，仍不墜拳拳報國之志。元末苛政，天下大亂。巴蜀江淮，燃起烽烟。楊氏族人俱揭竿而起，令公後裔皆克戰各處。大明建國，卓卓有功。"三楊侍朝"，天下治隆。明代楊家將，帶眷舉家，駐防涼州，一腔碧血灑青史；塞上精銳卒，竭心盡力，戍守邊疆，四面黃沙唱挽歌。楊雄和林喋血，楊稅靖難陣亡。

楊忠出使西域，絲路再通暢；楊斌籌建衛學，文德又敷誕。楊佑受供三官神祠，教化後昆，鄉賢拜家廟；楊鼇分守延綏西路，血戰有功，勇士仰孤標。英雄楊嘉謨，拔劍向天山海關；智勇楊衛國，共堅奇伐大松山。道顯死盡節，後代不仕清。武將世家，父子并肩，忠義猛將若星辰，威鎮邊陲；襲承祖職，子孫相繼，驅虜靖邊建殊勛，忠魂永垂。橫槊祁連山，修飭武備，築塞固邊，戰馬蹄驚千古荒；揚旌嘉峪關，南捍諸番，北拒蒙古，河西走廊一劍懸。縱馬大涼州，安撫番夷，羈縻羌戎，茶馬互市通貨暢；血戰河西堡，驅除韃虜，靖邊鎮番，大漠孤烟落日圓。雄關殘陽，浩氣枕戈，威名屢教敵寇膽寒，史乘殷殷留壯烈；古道西風，盡拋碧血，義舉常令國人泪涌，碑文歷歷鎸忠貞。靖平敵戎，戍守邊關，忠義高懸楊府巷；開渠屯田，濟民安邦，清輝盡灑楊家河。功耀千秋，勇武忠誠捍疆土，英名暉日月；名揚四海，忠肝義膽報家國，氣節鑄春秋。涼州楊家將，輩代戍涼州，代代皆有忠勇將才，世世頗具先祖遺風，故有"涼州楊家將"之稱謂。

鱣夢鷹揚萃一家，耀武揚威最堪誇。文經武緯古涼州，托根深處自生芽。涼州楊氏，當銘記嘉謨遺訓："世承宗祧，光前裕後"；"善繼先人之志，克盡人道"；勿慢處世之理，爲賢行孝；"能喜施舍，善根厚植"；"勤讀詩書，博覽群籍"；尋訪明師，親近賢士；勿狂詐恣肆而惺別上進，蘊良善智慧且有品有德。譜牒舒卷，常誦先祖遺訓而教化後昆；優典宜頌，大書楊門家風以活化精神。

追根溯源，往事越千年；繼往開來，宏圖拓萬里。嗟夫！觀古來今往，華夏楊門，輩出英賢，代有俊彥，長盛不衰，世系繁衍。此何以哉？皆賴"四知"高節之魂，弘文崇德，清白傳家，留肅肅之家風，托起弘農楊氏之脊梁；全憑忠勇報國之志，尚武揚威，馳騁沙場，遺昂昂之家聲，高揚世代楊門之尊嚴。喋血沙場，只爲鑄劍爲犁；赤心烈膽，以祈和平永駐。古今一脉，泱泱家族昭示做人之道；家國同懷，册册史書闡釋處事之理。

縱橫千年時空，綺麗八方矚目。一朝醍醐千古毓，百代勤勉萬世昌。方今乾坤朗朗，百業隆隆，國强而家旺，業興而運昌。把酒覽史，英雄豪氣盡在老酒一壺；以德興業，運籌經營更有雄心一片。高懸"楊"字旗，旗開而必勝；敲響攻鼓子，鼓腹而擊壤。弘農裔孫，宜當慎終追遠，祖德高揚，勿忘伯起公"四知"之高風；楊氏族人，更應重振旗鼓，再鑄輝煌，續傳楊家將精神之榮光！

二、清官良吏

武威碑刻中的清官良吏形象

一、祁光宗辦實事贏民"永思"

《祁公永思碑》，立於明萬曆四十一年（1613）祁光宗離開涼州之後。祁祖，名光宗，字伯裕（伯玉），今河南滑縣人。萬曆二十六年（1598）進士，曾督學陝西。萬曆三十五年分守西寧道，鎮守涼州。後歷陝西布政司右布政使、都察院右副都御使、巡撫甘肅等。在甘陝18年，政績卓著。官至兵部尚書，贈太保。著有《關中陵墓志》等。

碑文重點敘述了祁光宗在涼州任職期間，實心實政，勤政爲民的事迹和良好口碑。他在涼州任職六年當中，正值驅除北元勢力、收復松山不久，亟需"實心實政""培養氣節"，以安民心。爲此，一是"明法審令，簡將練兵"，勤修武備，常備不懈，"令虜（蒙古瓦剌）不敢南下牧馬而彎弓報怨。"二是善於謀劃調停，知人善任，使數年的錢糧賦稅徵收任務順利完成，"民安於業，時和年豐。"三是建立學校，注重教化，培養民氣，移風易俗，使百姓知廉恥有節操。由於他的精心治理，使涼州社會穩定，民風向善，人民安居樂業。當涼州的百姓知道他要離任的消息時，"涼之士民耆屬，咸攀轅臥轍。"在百般挽留未果的情況下，只好"相頌公德政"，聯名懇請吏部右侍郎王圖撰文刻碑，以期永遠紀念他的政績和功德，并將碑命名爲"永思碑"。在這裏，作者發出"官歷升遷，亦其常耳。夫民何以思？又何以去而永思也"的疑問，又用上面三個方面的具體德政予以回答，并接連發出三個"孰有如今日者，而誰不思"的設問，意在充分肯定和贊譽祁光宗的政績功德，強調了百姓愛戴挽留的原由。作者引用歷史上周公、召公、吉甫、方叔等賢臣相襯托，又以甘棠之事相喻，"昔召公化行南國，爲歌《甘棠》。夫《甘棠》以志思也，公之'甘棠'，今日已成蔭矣。斯民之心，亦三代之民心也。其感而思，思而不能忘，無疑矣。"再一次稱譽其美政善舉和甘棠遺愛，使祁公的政績功德"悠悠千載，永志不忘。"

碑文作者王圖（1557—1624），陝西耀州（今銅川市耀州區）人。進士出身，官至禮部尚書，後遭魏忠賢黨羽彈劾被削籍回鄉。卒後贈太子太保，謚文肅。

二、武廷適修文廟創建書院

清康熙四十一年（1702），武廷適在廣東巡撫彭鵬的推薦下，來到武威任凉莊道台。武廷適在武威工作八年，於康熙四十八年（1709）升山東濟東道。期間，政績斐然，而修繕文廟、創建書院是他"卓卓""兩大政"，武威人民樹碑紀念。他在武威值得稱道的政績主要是：

一是修繕文廟，創建書院。立於康熙四十三年（1704）的《重修文廟碑記》《凉莊道憲武廷適創建書院碑》記載，武廷適來到武威，"下車日，恭謁聖廟"，"下車視廟，即以鼓勵人文爲諄諄"。當他看到文廟被"風雨剝落，鳥鼠所摧殘"後，心裏"惻然"，便產生了修繕的意圖。他帶頭捐款，并全力謀劃，爲修葺文廟"不憚勞瘁。"在他的帶領下，地方軍政官員和凉州縉紳士民亦不甘落後，紛紛解囊相助。工程竣工，"金碧輝煌，丹霞焯耀""宮墙之竣，肆外閎中；美富之觀，照星麗日。"當文廟煥然一新，肅穆改觀後，他又在"凉之北廳舊址，捐資親督繕修，創爲書院。"即在城區東北隅今和平街小學一帶創建成章書院（乾隆年間改爲天梯書院）。書院"地勢高敞，規模煥然……閫屬之士，莫不望風褰裳。"修繕文廟和創立成章書院，使凉州學風文風改觀，影響巨大，爲凉州人才蔚起奠定了基礎。他"捐資親督繕修"的文廟、書院，被譽爲"此公兩大政，卓卓耳目聞者也。"這與一些官員中飽私囊、嘩衆取寵形成鮮明的對比。一個地方官員何以不惜犧牲個人利益而要全力爲此？凉州地處漢族與少數民族争奪的前沿，邊境争戰不斷，民風剽悍，雖有前賢陰仲達、余闕等，但教育仍爲重中之重。聽聽他不同凡響的認識："河西有善治，則保障固而關陝安……以用武之地，而以文治治之，蓋欲化剛勁之氣，敦禮讓之風，講經術以崇實修，育人才以儲國用……重本培源之至意也。"教化民風，爲國儲才，"重本培源"，這個高度今天的許多官員也未必能够達到。

二是水利定規，化解矛盾。武威各渠在農田水利灌溉方面常有衝突，導致訴訟水案不斷發生。武廷適經過認真考察調研，依據歷史上已經形成的用水慣例，并根據當地實際，制定輪灌用水制度，具體措施是：用水時，簽發執照，以明水權；更立紅牌，以正水規；又選任懂水利善管理的老人進行分渠監管，把這套做法推廣運用於武威已形成的六渠灌溉系統中，做到了"渠口有丈尺，閘壩有分寸，輪澆有次第，期限有時刻，總以舊案紅牌爲斷"，史稱"康熙定案"。對此，乾隆《武威縣志·官師志》用八個字給予高度肯定："判斷水利，永成鐵案"。《判發武威高頭壩與永昌烏牛壩用水執照水利碑》（1710年立）等碑刻，也肯定了他在調處武威與永昌兩壩水利糾紛案中的積極貢獻和作爲。

三是百姓擁戴，皇帝信任。另有一事，從一個側面反映出武威人民對武廷適的厚愛和康熙皇帝的信任。據《涼莊道憲武廷適創建書院碑》記載，武廷適到武威不久，前任突遭免職，武廷適危在旦夕。武威人民害怕失去一位好官，"遂合數百人走京師呼號挽留。"康熙皇帝答應了武威人民的請求，認爲武廷適確實是一位好官，要繼續留任，以安撫涼州人民（"朕知若好官，朕其留而任，撫而涼州民"）。就這樣，武廷適得以繼續在武威爲官。通過這件事，武廷適"一時公名震海内。"

武廷適（1651—1725），字周南，今山西大同人。曾任知縣、知府，康熙四十一年（1702）任陝西涼莊道。期間，重視文教，捐資修葺文廟，創立書院；判斷水利，永成鐵案；賑濟灾民，多著勤勞。他以優良的政績民望入涼州名宦祠。後擢任山東濟東道、廣東按察使、廣西布政使。他每到一地，"禁苛派，均勞役，糗糧不匱，由是寇靖而民安"；"抑豪强，行保甲，民情悦服"；"救荒安民""乃捐俸煮粥，率先賑救，全活以萬計"；"……决獄如神。然精力殫竭，患重聽，去官隱居"（《廣西布政使司布政使周南武公暨元配張夫人合葬墓志》）。從中可以看出，他的政聲是好上加好。

三、范仕佳施惠政榮入名宦

據立於清咸豐元年（1851）由武威名士李銘漢撰寫的《范公祠記》碑載，武威縣署東巷有范公祠，紀念爲國爲民殉職的官員范仕佳。范仕佳，揚州人，康熙五十三年（1714）任涼州衛監屯同知，他"莅任多惠政"。康熙五十六年冬，准噶爾入侵西藏，清軍自青海抵禦，途經涼州，沿途徵糧，賦稅浩繁，百姓苦不堪言。他多方協調，"事集而下不擾，民相倚爲命"，既不使老百姓負擔過重，又要保證戰爭所需。繁重的工作使他積勞成疾，在官軍凱旋的康熙五十八年（1719）卒於任上。武威闔邑士庶念其惠政，請求官府同意范仕佳進入名宦祠，并建廟塑像祭祀（《五涼全志·武威縣志·名宦》）。康熙五十九年（1720），在外做官的涼州名宦王光奭後人王隆照、范仕佳後人范嘉年，主動捐資維修名宦祠，并買田建房，將房地產租金收入的一部分用以名宦祠的祭祀，一部分用來資助貧困學子的燈火之費。此舉是武威有學田之始，可謂功在當代，利在千秋。碑文内容既反映出古代良臣孝子的一種道德情懷，同時，也不失爲一種依規辦事、謀劃長遠的規範行爲，具有道德與法律的雙重示範效應（見《始置名宦祠祭田碑記》）。後因年久失修，"堂宇漸圮"，咸豐年間，重修范公祠。兩篇碑文通過范仕佳爲國爲民而殉職的事迹，表達了武威百姓對良臣循吏的溢美之情。范公祠今已不存，其人其事已湮沒於歷史深處，唯武威文廟范公書寫的

"萬世文宗"匾高懸在上，其樸拙雄健、遒勁俊美的風格，透射着潑墨抒懷、一展風采的豪情壯志。

四、鐵道台判水案鑄就"鐵案"

水利是農業和農民的命脉，自古爲此而發生矛盾糾紛甚至械鬥的事例不勝枚舉。清代武威縣的高頭壩與永昌縣的烏牛壩，處於武威縣與永昌、鎮番縣之間，因水源糾紛，雖經官府數次調解判案，但糾紛連年不斷，持續二百多年，一直延續到中華人民共和國成立後才得以徹底解決。清代調處這類糾紛，留下了許多案例和經驗，保存於碑刻文檔，成爲珍貴的歷史依照。在衆多地方官中，尤以時任甘凉道台鐵珊最爲突出。他勤政爲民，尊重事實，以善於調處水利糾紛、化解民間矛盾著稱，是老百姓心目當中的一位實實在在清官形象。

鐵珊（？—1890），字紹裳，滿洲正白旗人。咸豐年間，由筆帖式議叙知縣，同治年間由知縣歷署蘭州道、甘凉道、河陕汝道，爲人清廉而嚴肅，不阿權貴，愛撫百姓，所任之處，政聲頗著，嘉惠士林。在甘凉道任上，武威水利糾紛頻發，嚴重影響着農業發展和社會穩定。他在調解武威、永昌、鎮番三邑用水矛盾中，實地勘察，尊重事實，運用法理有據，處理方式得當，尊法而不泥法，同情而不徇情，有效地處理了武威、永昌、鎮番之間的幾起水事糾紛，體現出嚴謹有序、法理相融的判案風格，既平息了長達數百年的水利糾紛，又切實解決了兩地農民的用水問題。特別是他調處的光緒六年"武威九墩溝民與鎮番農民挖争石羊河水利案"、光緒七年（1881）"武鎮兩縣互控洪水河水源案"兩起水利糾紛積案，證據確鑿，成爲之後政府判案及調解水利矛盾的依據。

《鐵道判武威九墩溝民與鎮番農民控争石羊河水利案碑》，簡稱"鐵道判案（碑）"，案判於清光緒六年；《鐵道台判武威與鎮番兩縣互控洪水河水源案碑》，爲"鐵道判案（碑）"的組成部分，案判於光緒七年。兩篇碑文載於武威及凉州、永昌、民勤的許多水利文獻中，是凉州府各縣調處水利矛盾的判案依據。面對兩地農民爲争控水利而發生的糾紛，鐵道台既結合舊判，又不泥古，因地製宜，因時制宜，使雙方各無虧損，均無异議，并將所判結果制文、繪圖、立碑，使雙方和後來者有據可查、有法可依。碑文脉絡清晰，尊重事實，條分縷析，入情入理，不偏不倚，判決公允，不愧爲甘肅水利史上著名的"鐵案"。

《大清中堂憲節捐資養羊濟貧碑記》，記載了鐵道台在爲武威百姓扶貧、减負方面的惠民德政。《奉憲豁免采買六渠麥草以除民累勒石永禁碑》《張掖與山丹攤派芨草及捆草民夫永遠禁革碑記》，分別簡述了他爲凉州府、甘州府各屬縣减負、簡政方面的惠政。兩項惠民政策，簡政放權，减少中間環節，發揮市場作用，大大減輕了下級政府和老百姓的負擔。民感其德，建祠祀奉。

鐵珊在蘭州道任上，議建貢院，與陝西分試，自光緒紀元（1875）始，爲甘肅科舉貢獻頗大。光緒十三年（1887），他離開武威，擢河陝汝道。期間，擒巨盜、建書院，文風始振。後在與軍民修建渠道工程中，身親其役，積勞成疾，卒於任所。士民感念其功德，建專祠奉祀，朝廷頒詔賜恤。可以説，他把一生獻給了民衆，是封建社會士大夫的優秀代表。

五、杜振宜定水規貧度餘生

鎮番（民勤）縣地處石羊河下游，與上游的武威、永昌縣的用水矛盾突出，歷史上曾發生過無數的水利糾紛甚至械鬥。就縣內而言，用水矛盾仍然是農業發展和社會穩定的瓶頸。能否善於調處水利糾紛、化解民間用水矛盾，使人民群衆在穩定的社會環境中安心從事農業生産，是衡量一個縣官對縣域治理能力和水平的重要標準。據《鎮番水例》碑記載，"康熙四十一年，衛守備童振立大倒壩碑；雍正五年，知縣杜振宜立小倒壩碑……照現糧分水，則小倒壩每糧二百一十五石，該水一晝夜；大倒壩仍二百五十石，該水一晝夜。"察民所重，首在水利。他爲鎮番水利嘔心瀝血，根據當地水利問題頻發、水事糾紛繁複的情況，經過認真調查研究，親自勘察，謀圖長遠，制定了非常詳備的水利章程，計糧均水，公平合理，深得百姓贊許，爲發展農業生産創造了條件，也爲後任官員特別是文楠、鐵珊解決水利矛盾奠定了制度基礎，是"文公定案"和"鐵道判案"的前驅。乾隆《鎮番縣志·師官志》在"名宦"杜振宜條有"經畫儀制，中慮中倫，親士恤民，廉明闊達"16字的肯定和評價，説明他作出的決定都要經過審慎思考，且行爲符合倫理準則，是一位典型的循吏，也是一位深得民心的父母官。

杜振宜，字自牧，江蘇揚州人。是清雍正三年（1725）鎮番衛改縣後的第一任知縣。他把鎮番作故鄉，把百姓當父母，爲官清正廉明，寬恩厚澤，親士恤民，廉明闊達，愛護百姓。提倡儒業，發展紡織，重視農耕，興修水利；制定水利章程尤爲詳備。雍正六年，代理張掖知縣。後受人牽連，返居鎮番壽終。爲官數年，兩袖清風，布衣蔬食，甘爲清貧，無親眷、無子女、無一文錢積蓄，只身一人安度晚年。雍正十三年（1735）病卒於鎮番，本縣士民卜地葬於縣城東郊。安葬之日，"士民填街塞道，莫不哀之"（《五涼全志·鎮番縣志·師官志》）。鎮邑士民建杜公祠，入名宦，百餘年香火不斷。今民勤縣民間流傳一首《九月祭靈》的歌謠，反映了人民對這位清官的懷念之情："十三年，灾星降，杜公一夢還故鄉。秋日風，秋日雨，秋雨恰來二十五。八月大，九月小，燒紙人兒遍荒郊。祠堂前，臘盤多，供果累累有幾車。祭酒流，如浪翻，六十年心血來者换。"

六、王賜鈞重教育捐修書院

由時任鎮番知縣王賜鈞親自撰文、立於清乾隆四十八年（1783）的《建置書院碑記》，叙述了創建蘇山書院的緣起、募捐及教化諸生的重要意義，有勉勵、有期望、有交心，娓娓道來，反映出一位爲地方政治教化貢獻力量的士大夫的道德情懷。據《民勤縣志》記載，王賜鈞，字台齋，陝西神木縣（今榆林市）人。清乾隆四十六年，以舉人選授鎮番知縣。期間，勤政愛民，千方百計爲民造福。爲便於士子學習，他於履職的次年，即募捐二千餘金，倡建蘇山書院，除建設費用外，剩餘部分用以供給生童的生活、學習之需。四十八年，書院建成開學，他撰寫碑記并題書院匾額。他在政務工作之餘，還親自到書院講課，常常與士子們聚於書院講堂，研究經藝，并咏詩、作文、書畫，既是師長，又是學友，和藹如春，士民敬戴。碑文從書院的起源談起，意在強調書院的重要性。王賜鈞認爲，"漢唐英主，莫不以視學釋奠爲先務。"於是，他與"諸紳士謀建書院"，就是要發揮書院教化民衆的作用，"綿忠孝之氣，沐大雅之餘烈"。當時的鎮番，"地雖貧瘠，而嗜學之風聞於五凉。"正因爲鎮番具有良好的文化教育土壤，所以倡議發出後，"邑人亦踴躍樂輸"。作爲一縣之父母官，他在繁重的工作之外，"不憚勞瘁"，時刻關心書院的建設。書院建成後，爲防止官吏紳士"侵漁假貸"，他親自撰碑記之，并希望"後之莅斯土者，以餘之心爲心，念創造之維艱，俾遵循於勿墜，則蘇山之遺蹤與書院之化雨，庶其并垂永久。"鎮番人民没有辜負王賜鈞的期望。鎮番自有蘇山書院後，春風化雨，生徒若雲，品學兼優之士絡繹不絶，學風砥礪儒林，聲望光氣振人，士林戴德，成就斐然，在長達120多年間，培養出數以百計的舉人和進士，把鎮番文風推向熾盛，在河隴地區大出風頭，博得了"人在長城之外，文居諸夏之先"的美名。這個優良傳統一直傳承至今，使民勤成爲西北地方頗負盛名的教育之鄉、文化之鄉、人才之鄉。

蘇山書院是民勤人民心靈的驛站。書院建成後不久，王賜鈞於乾隆四十九年去職，歷任静寧、秦州知州，寧夏、慶陽知府，年82歲終於家鄉。今存天水伏羲廟匾額"文明肇啓"，是其任秦州知府時所題，以傳承他一貫的重視教化的傳統。民勤在河隴地區大出風頭的熾盛文風，無異肇端於蘇山書院及其創建者王賜鈞，民勤蘇山書院和民勤人民的心目中將永遠銘刻着這位王知縣的功績。

凉州知府歐陽永裪惠政與其社會風俗觀叙議

歐陽永裪（1710—1776），字德馨，號蘭畦，清廣西柳州馬平縣人。早孤，奮發向學，18歲補諸生；雍正十三年（1735）拔貢。乾隆二年（1737），授甘肅合水知縣。五年（1740）任武威知縣，八年易地爲官。嗣後，於乾隆十年又升任凉州知府。他爲官清廉，忠於職守，在武威留下了許多惠民政績，受到武威人民的愛戴。當他離開武威赴任平凉知府時，武威"士民攀轅流涕，絡繹數十里"（乾隆《武威縣志·官師志》）。歐陽永裪歷任合水、武威知縣，岷州、蘭州、凉州、平凉、甘州等地知府，河南鹽驛道、浙江按察使、廣東布政使等職，卒於江西按察使任上。他是一位具有濃厚百姓情懷的官員，所到之處，深入調查研究，興利除弊，廣施惠政，切實解決民生疾苦，禁停地方陋習，又常以官俸救濟貧民；興修書院，助學興教，注重民風教化的培養；待人接物，從無疾言厲色，親自點評學生文章，獎掖後學等。他真正是一位"爲官一任，造福一方"的實幹家，開一代廉吏幹臣之風，受到當地百姓稱道。時人稱他"粹德茂勛，播溢區宇，清望尤著聞""功存於世，德延於後"（清錢時雍《歐陽永裪神道碑》）。他爲武威人民所寫的《敦節儉條約》，所言事實與今天社會現象驚人相似。今天，我們認真閲讀、體味這篇文章的深刻意藴，很有借鑒意義。

歐陽永裪在武威知縣、凉州知府任上可以説是敢於擔當，惠政多多。

一是協調解決軍民用水矛盾。武威黄羊灌區有可以灌溉5000畝農田的灌渠，但長期被駐軍占用，百姓無法使用。當時作爲知縣的歐陽永裪與軍方反復協商，軍方被他爲民辦事的誠心打動，同意撤除軍屯，讓農民利用已有水渠灌溉，屯田由農民代種，代交租賦，解決了長期存在的軍屯和農民耕地及用水之間的矛盾。

二是關心民間疾苦。倡導在武威鄉村設立六個義倉（社倉），在收穫季節向民户徵糧積儲，并動員縉紳和家有餘糧的大户捐糧，以備荒歉年份放賑。設置留養所，收容流浪在外的孤兒和無家可歸的貧民。

三是傾力教育教化。清朝初年，沿襲明制，陝甘爲一省。康熙初年，陝甘分省，但陝甘仍然合闈（試院合二爲一），兩省士子均在西安的陝西舉院參加鄉試。凉州離西安、京城路途遥遠，參加鄉、會兩級考試所需費用更是驚人，成爲士子們功名路上的攔路虎。許多士子皓首窮經，因無能力參加鄉試而飲恨終身。歐陽永裪在武威縣和在凉州府任職期間，爲解決鄉、會兩級考生的實際困難，做了大量工作：修葺凉州府考院，維修治理成章書院，在永昌堡（今永昌鎮）創建北溟書院；倡導并首先捐資在武威城隍廟一帶和一些空地修建義鋪，將所收租費用於参加鄉試會試學子的路費補助，以實際作爲解決了應試學子考試難的問題，對有清一代武威能够考取衆多的舉人、進士功莫大焉；在四鄉分設義學，對有效解決平民子弟就學矛盾和培育民間的文化教育氛圍不言而喻。他説"邊地途賖，每嘆會城之遠；文風日盛，常嗟行李之艱……本縣因步廟前甬道，可作臨街市廛，勸衆興工，先捐薄俸……將一葉之影，分千樹以成濃陰；數滴之泉，流百川而爲汪澤。"（《城隍廟甬道學産執照碑記》）可謂拳拳之心，殷殷之望。《武威廣興文社碑記》《城隍廟宫隙地及鋪面入租佐鄉會試碑記》等多通碑刻記載了他在發展教育、助學惠民方面的德政。

如果説以上這些惠政是許多清官廉吏們都能做到的，那麽他在移風易俗，正確引導社會風氣、匡正時弊方面的貢獻却是武威歷史上少有的，體現了一位封建士大夫與時俱進而又具有前瞻性的社會風俗觀。

一、恢復了廢除已久的鄉飲，倡導尊賢敬老的良好社會風尚

鄉飲，古代嘉禮之一，指鄉飲酒禮。《後漢書·李忠傳》："春秋鄉飲，選用明經，郡中向慕之。"《北史·邢卲傳》："更明古今，重遵鄉飲，敦進郡學，精課經業。"鄉飲是古代的一項慶祝豐收、尊賢敬老的宴飲歡聚的隆重制度。一般鄉飲都要推選德高望重的數名長者作爲鄉飲賓，與當地官員一起主持此項活動。鄉飲酒禮始於周代，最初不過是鄉人的一種聚會方式，儒家在其中注入了尊賢養老的思想，使一鄉之人在宴飲歡聚之時受到教化。秦漢以後，鄉飲酒禮長期爲歷代士大夫所遵用，直到道光二十三年（1843），清政府決定將各地鄉飲酒禮的費用撥充軍餉，鄉飲被正式下令廢止，前後沿襲約三千年之久，在中國歷史上産生過深遠的影響。這種習俗，在當時的社會中起到了敦親睦族、止惡揚善的作用，人們都把能選上鄉飲大賓作爲一種巨大榮耀，在民間具有非常積極的作用。歐陽永裿在涼州恢復了廢除已久的鄉飲，對倡導和培育尊賢敬老的良好社會風尚無疑是進步的、積極的。

二、爲民間烈女撰文立碑，倡導全社會的忠誠義勇精神

歐陽永裿任武威知縣期間（1740—1745），親自撰寫《烈女鳳姐墓碑》一文，爲見義勇爲、挺身而出而獻出生命的民間女子樹碑立傳，實際上他是通過這一典型在向全社會倡導一種忠誠義勇精神，體現了他比較進步的社會風俗觀（参見本卷《爲貞烈民女立傳 倡忠誠義勇精神》一文）。

三、制定《敦節儉條約》并樹碑宣告，倡導儉樸淳厚的生活方式

時任涼州知府歐陽永裿所撰寫的《敦節儉條約》碑，約立於清乾隆十年

（1745）稍後，碑佚，碑文引自乾隆《武威縣志》。涼州雖地處邊陲，而土田膏腴，人民輻輳，是河西形勝富裕之地。但因此地老百姓"俗尚奢侈，不知節儉"，故而貧者不下十之八九。歐陽永禕到涼州任職後，發現此地奢侈之風嚴重，且影響到了普通民眾的正常生活，多數人過着"眼前徒好看，日後受饑寒"的生活。於是提倡節儉，剔除陋習，并親自制訂條例，立碑相告，使老百姓去奢就儉，移風易俗。作者理性提出對日常生活中常見的喪祭、嫁娶、酬酢等方面風俗習慣的觀點和認識，先列舉奢靡浪費的行爲表現及其不良後果，然後訂立條約，倡導紳衿士庶共同遵守，既不使禮儀有失，也不必過分糜費。碑文中還說到了賭博惡習，并提出"尤宜切戒"。這些措施，無疑對倡導節儉實用的生活方式和正常有序的禮儀交往，引導社會風俗的健康、和諧、向上發揮着積極作用。

人生在世，喪祭、婚嫁、酬酢（酬，向客人敬酒；酢，向主人敬酒。泛指交際應酬）是每個人繞不過去的常禮、俗事，往往自己既是客體，又是主體。五凉古都涼州，歷史上是絲綢之路孔道和商埠重鎮，東西文明在此交融，形成了比較獨特的地域文化，既有精華，也存糟粕。在所有文化中，最令外埠人士驚异的當是生活中處處透出的一股奢靡攀比之風，對社會道德、社會風氣、社會導向產生負面影響。

乾隆年間，歐陽永禕有感於涼州地方奢靡攀比之弊而立《敦節儉條約》碑。碑文述及涼州地方在喪祭、婚嫁、酬酢諸方面普遍存在的"糜妄無益之弊"，認爲"風俗之奢儉，關乎人心之淳漓。"他從匡正社會風氣入手，試圖從政府層面對這些行爲和現象予以規範，故勒石宣告并予以推行。從當時情況來說，這些舉措對強化社會移風易俗、去奢就簡而言，具有非常積極的作用。歐陽知府認爲，"五凉雖處邊地，而土田之膏腴，人民之輻輳，實河西形勝之區。宜乎家給人足，無復貧簍之嗟。"而實際情形是，其地"富者不足十之一二，而貧者即不下十之八九。"就此而言，當時涼州百姓還比較貧困，而且貧困面很大。但奢侈之風却極爲盛行，在喪葬嫁娶、禮賓待客、人際交往當中，互相攀比，奢靡浪費，嚴重影響了百姓的日常生活，也導致許多家庭陷入貧困。究其緣由，歐陽永禕經過調查認爲，貧困的原因之一就是"實因俗尚奢侈，不知節儉所致。而其弊始自紳衿富户，誇多斗糜，奢泰濫觴。而中産以下，亦不自量有無，隨聲附影，互相效尤。"大肆攀比，鋪張浪費，形成惡性循環。鑒於以上情形，歐陽知府"不忍斯地人情之日流於僞"，而酌立條約，"尤望紳衿士庶，有心向善者，加力剔除，去奢就儉。爲此，他擺事實講道理，向百姓宣傳奢侈浪費的危害，呼籲人們屬行節儉，擯弃浪費、攀比的不良習俗。

歐陽永裪制定的《敦節儉條約》頒布後，執行力度和效果如何，無從考究，可以肯定，對抑制凉州的奢侈之風起到了積極的作用，民俗民風會有一些實質性的變化，無形中彰顯出一種弘揚社會正氣、倡導健康生活的道德力量和自律約束。

《敦節儉條約》的主要内容主要有三個方面：

一是喪祭之費用，宜節。由於"凉都風俗，竞尚繁文，一遇喪事，多延僧道……"此等奢靡，"富尚能支，貧將累債。"故立條約："凡中産以下，勿得破産殯葬；即有力者亦只於棺椁堅厚。""凡待觀祭親友，惟籍現成祭品，酒止數巡，毋得濫用尊篹，杯盤狼藉。其挂孝服，止按《五服圖》内宜有服者，始穿孝服……作七送終，只須致祭盡哀，不許搬演戲樂。"要求具體明白，尤其對請客範圍 確定爲"亦惟三黨姻婭，不得濫及鄉鄰"的標準，實在是極富有前瞻性。

二是嫁娶之費用，宜减。由於"一姻之舉，十日不休。有力之家，尚能支持；無力者治辦無措，必致借貸……其始如此，後何以堪？"究其原因，"或因女家争盛，非華麗無以壯其觀；或因婦人圖榮，若儉樸即以訾其陋……""賀客敬禮……禮數不肯獨薄，嘗有行一禮而預爲籌措，棘手者非借則當。"故立條約："凡遇婚嫁事，無論貧富，其待客肴饌湯飯，務以合禮適中，毋得再行蘇、靠席桌……其敬禮儀數，宜照往來常規，不必勉強過厚，以致束手。至迎親之日，除女婿冰人及執事隨從以外，只請内親男客數人，以作迎送，亦不得成聯抬桌，誇耀嫁妝也。"可謂言之鑿鑿，對症下藥。

三是酬酢（zuò）之饌飲，宜簡。古代對燕飲有着嚴格的程序規定。《詩經·小雅·瓠葉》曰："君子有酒，酌言獻之……酌言酢之……酌言酬之。"《瓠葉》是一首典型的燕飲之詩，其中的獻、酢、酬都是燕飲禮儀的規定程式。獻是主人向客人敬酒，酢是客人回敬主人，酬是主人飲過客人敬酒，再勸客人同飲。至此禮成，賓主各飲兩爵。如果燕飲人數衆多，主人會按照上下尊卑依次勸酒，這在中國古代燕飲之禮中稱作"旅酬"。在獻、酢、酬、旅酬階段，主賓不但要進行洗爵、洗手、辭降、祭祀等複雜而有序的程式，而且對行酒的次數有着嚴格的規定，對飲酒的爵數也有着明確的計數。旅酬之後，正式的燕禮結束，進入燕飲者互相勸飲階段，至醉方休。但這一階段，要遵守"唯酒無量不及亂"（《論語·鄉黨》）的原則，絕對不允許因醉失禮。但禮節上的規定，在民間未必奏效。看看民間的酬酢習俗："今凉地會請親友，客至，先用乳茶、爐食、油鍋，高盤滿桌，是未飲之前，客已飽飫矣；茶畢，復設果肴……是未飯之先，客又醉酒矣；已而，上以五碗，佐以四盤……是名爲敬客，實誇席豐。"對此，作者深感可惜："獨不思一客之用，分之可以食一家；一席之財，留之足以食數日。"故立條約："凡客至，止用空茶，茶畢飲酒；或用果盤，酒畢即飯。須厚薄相稱，葷素相間，不可多品妄費。"而對宴會之間進行的賭博，"或父兄登場而子弟點注，或尊卑同博而對面呼盧，即好子弟亦相習爲固然。一入局中，流蕩忘反，而人品因以卑污，財產於焉耗散"的賭博陋習更是深惡痛絕，他大聲呼籲："設賭爲歡，尤宜切戒！"

二百多年後回首再看，歐陽知府當年痛斥奢靡并勒石規定婚喪嫁娶及社交儀規，可謂煞費苦心。社會發展到今天，歐陽永裿所列舉的諸種弊端和現象，不僅沒有得到遏制，大有抬頭、彌漫之勢。儉，德之共也；侈，惡之共也。

今天，重讀這篇碑文，良有以也！

清代古浪知縣徐思靖的爲民情懷

徐思靖，字哲次，號鶴沙，清常州府荊溪縣（今江蘇宜興縣）人。雍正朝舉人，曾任内廷教習。乾隆九年（1744）任古浪縣知縣。他在古浪任職的短短三年（1744—1746）中，深入山川，瞭解民情，整頓吏治，興除利弊，爲古浪人民辦了許多好事實事，深受百姓擁戴。修縣志，善詩文，給古浪留下一筆文化遺產。從他親自撰寫的《倡捐社倉記》《禁革老人記》《增建義學記》三通碑記中，可窺見其爲民情懷與擔當精神。

一、倡捐社倉，爲民解憂。社倉，又叫義倉，是古代爲防荒年而在鄉社設置的糧倉，它是用衆人所集之糧，解決衆人所遇困苦的一種民間借貸解困義舉。"古浪社倉，前之莅是邑者，亦行之屢矣。"對於這件利民便民的好事，在徐思靖之前的幾任知縣官，都曾倡導過，但收效甚微，"僅得穀二石（約折合800斤）"。徐思靖到任後，對社倉調查訪問，總結經驗，吸取教訓，"以身先之捐麥七十餘石（約折合2.8萬斤）。"而後深入各壩鄉村，宣傳動員百姓，隨心捐納，"無苛求勒取之患。"春借秋還，早澇有備，爲民解決了春缺籽種、夏短口糧的問題。同時還制定社倉"五家相保之法，一家貸而不歸，則四家并償。其有終不克償者，自後不得復貸。"對於社倉的負責人，也作出了具體規定："揀一二老成殷實者董之""或一歲或二歲而更其交相代也。"如此以來，"士民輻輳，有捐至二十餘石或十餘石并數石者，即減至升斗，亦聽其輸納，無苛求勒取之患，且聽其就近藏貯。"在不長的時間內，就在全縣建立起社倉二十一個，集糧"爲數約至三千石有零（約折合120多萬斤），散到四鄉，總其出納。"《倡捐社倉記》，簡述了自己帶頭倡捐的效果和建立行之有效的管理制度的功用，使社倉口糧不乏，水旱有備，表現出一位封建士大夫爲民辦實事的情懷。

二、增建義學，興辦教育。義學，又名義塾，舊時由個人集資或由官款、地方公款（公益金）、地租收入興辦的免費供學童求學的學校，對象多爲貧寒子弟。當時古浪縣只有一所義學，"在邑之東北廓"（今縣城城關小學東邊一帶）。這所義學是靠因土地糾紛、打官司而得不到者，便捐爲"學田"收入而維持辦學的，"歲入不多，供一學而未足也。"古浪縣地域遼闊，人口較多，徐思靖對文盲充斥、大量兒童不能接受教育的狀況十分憂慮。他認爲，童年接受教育，對人的一生是至關重要的，如果錯過了這個時機，將是莫大的遺憾；幼童八歲入學正好，"蓋養之於童稚之年，其天良未雕未琢。"此時，"善言易入。"如"時過後學，則勤苦難成。"於是，他召集各壩紳士和保甲人等，商討興辦義學之事。他慷慨陳詞：古浪僅一所義學，"擇其勤業者，益以膏火。而四鄉之士，如黑松、安遠，則去邑或三四十里，或七八十里；如土門、大靖，則相距并七八十里，更百有五六十里，如是而欲其以總角之年，擔簦負笈，以從事於邑廬城關中，難矣！"因此，他大聲疾呼："學不可以不廣也。"於是，帶頭"捐俸資、聘賢士"。在他的帶動下，各壩紳士富户紛紛捐助。就這樣，於乾隆九年（1477）前後，在土門、大靖、安遠、黑松驛陸續建起義學各一所，并聘請學行高尚之士爲師。他倡導的義學的辦學宗旨是："其事灑掃應對，其業禮樂詩書，其行孝友睦姻任恤"。他非常注重調查研究，"嘗於課桑視稼至余，單車簡從"，經常到各學校去教導學童，"進弟子而導之，示以禮讓，諏以課程。其稍通文藝者，則爲之講解論説，授以讀書親師之旨，彬彬然可觀者。"他主張各學校之間，要互相觀摩、切磋，交流教學和學習經驗，取長補短。他認爲："獨學無友，則寡聞孤陋"，是不可能造就有用人才的。他深刻地認識到，邊陲僻地的發展，全在於人才，而人才又在於辦好學校，只有這樣才能士風盛，雅化成。《增建義學記》碑文，主要記載了徐思靖在古浪建立義學之事，闡述其辦學宗旨、學校管理、辦學理念，切合實際而又富有見地，在今天仍有借鑒意義。

三、禁革"老人"，剗除官蠹民賊。"老人制"是一個沿襲已久的，介於官府與百姓之間的所謂"和事老人"制度，凡官府的采買、人夫、車馬差役等，不論時日，不論多少，都由"老人""按田公派"。朝廷一開始設計這一制度的初衷是好的，但發展到後期成爲官吏榨取民財的一種途徑和手段。徐思靖到任後，在百姓中瞭解到"老人制"的弊端，認爲這既敗壞了官府形象，又盤剥漁肉了百姓。比如，耕種十二個水（一個水是一個時辰，即兩小時）的農户，就要充當一年的差役，少出或出不了人夫車馬差役者，就要以錢資助。同時，又在各壩農民中，一一收取輪輸差役費用，從中漁利。"一壩之地，共出錢三十餘貫。古邑二十餘壩，則出錢將六七百貫矣。彈丸小邑，何以堪諸！"遇到官府的采買事宜，"老人""則領官銀若干"，"屢屢克扣"侵吞，飽入私囊，却又向百姓攤派，"輒私收以果其腹，官事大沮"。就是這種習以爲常的"老人制"，在徐思靖看來，這是十足的"官蠹""民賊"。《禁革老人記》碑文，簡述了"老人制"的弊害，他認爲這是"官蠹""民賊"的源頭所在，應予堅決革除，并勒石永禁，以示决心。

徐思靖在古浪短短的三年時間裹，除以上惠政外，還有三件事值得稱道。第一件是種桑養蠶。乾隆十一年（1746），他經過反復調查研究，倡導在土門、大靖兩地試驗種桑養蠶，并親自指導，取得成功。次年，當他離任時還留言："邑之試養蠶者，既無殊於江左，後來者其繼之。"另一件是勸説采金農民以務農爲要務。古浪峽有不少采金農民，往往爲采金而耽擱了莊稼。他勸説這些農民不要爲摸得一粒半片沙金而徒勞身心，放松了對莊稼的務心。他對采金問題的看法是"采金不如力"。從他寫的《采金篇》詩可窺見一斑："誰言古浪生黄金，黄金沙邊水淋淋。携囊裹糧通夜掘，不可一得徒勞心……我今額手拜土母，不願多金願多黍。"第三件是修志賦詩，歌頌山川。徐思靖崇尚文化，在他任職後的第三年，就聘請邑人、雍正朝舉人、前四川閬中縣知縣趙璘，編修第一部《古浪縣志》，越年纂成，作爲《五凉全志》的組成部分於乾隆十四年刊刻印行，爲今天留下一筆寶貴的文化財富。徐思靖善詩文，留下了不少咏頌古浪山川風物、名勝古迹的詩文，因其代表作《古浪十景詩》，使古浪始有"十景"之説。

一位封建官吏，能在自己的心目中，有老百姓的位置，能在任期内體察民情，興利除弊，辦幾件老百姓看得見、摸得着、用得上的實事好事，實在是難能可貴！

民國初年的武威縣縣長康陶然的兩大貢獻

在武威歷史上，有許多廉潔奉公、勤政爲民的官員，他們爲武威的發展作出了杰出的貢獻。康陶然就是其中之一。《四等嘉禾章國務院存記簡任職武威縣縣長康公生祠記》碑，立於民國年間，今存武威雷臺。志主康敷鎔，字陶然，四川禮州（今西昌市）人，清末（1903）舉人。曾師從清末巴蜀文壇領袖之一的劉景松，學識淵博，精於書畫，著述豐富。曾任青海丹噶爾廳同知、湟源縣知事。民國年間任甘肅武威、靖遠等縣縣長、省参議員、民政廳長等職，後辭官回川。康陶然爲官清廉，關注民生，發展經濟，興辦教育，任内多有政績，深受百姓愛戴。在武威時，他協調各方免除更名地糧賦一事，深得士民感念；而保護弘化公主等碑刻與墓葬，尤爲後世所稱道。

一、奔走呼籲豁免更名地糧賦。武威田制有科地、屯地、更名地三種，在賦税的收取上，屯地是科地的一倍，更名地又是屯地的一倍還多。更名地原是明朝親貴采邑，分爲王府、吳府、宋府三種，由民人典種納租。明朝後期，由於"盡免其徭"，佃户争搶租種。到了清代，更名地以租徵賦，爲佃户所有，且無論肥瘠，統一徵賦；如遇灾年，即使顆粒無收，仍然徵賦，民衆苦不堪言。民國4年（1915），四川名士康陶然任武威縣縣長。他一心爲民，爲地方建設盡心竭力。當他瞭解到更名地已成爲百姓的宿累，又受到武威賢達的啓發和鼓舞，於是不斷向上級反映更名地的積弊，并多次請求豁免其糧賦。後經民國中央政府批准，同意免除。同時，在申報當中産生的應上繳的各種費用計四五百金也没有讓百姓掏腰包。此舉從先賢李銘漢先生提出、甘涼道龍錫慶"前後數上書"請求減免未果，到此時正式免除，經歷了近百年時間。這一善舉，從根本上解除了數千個家庭數百年以來的沉重負擔，"其功與解倒懸何殊哉！""夫數百年之宿累，公爲之除；數千家之痛苦，公爲之蘇。其有造於斯邦，厥績甚偉。"武威百姓感戴康公之恩德，自願爲他建立生祠，塑其肖像，永久紀念。康陶然也因政績突出，被民國政府授予四等嘉禾獎章。碑文作者胡應瑗，武威名士。他懷着崇敬的心情寫下這篇碑文，以充沛的感情贊頌了康陶然縣長幹實事做好事、爲民利民惠民的政績，表達了武威人民對清官良吏的擁戴之情。

康陶然爲民利民惠民情懷和作爲是一貫的。宣統三年至民國二年，他在青海湟源縣任知事期間，以積極主張并親自主持整修地方道路、平抑糧草市價、建縣立規等惠民善政而頗得民衆擁戴，他離任之時，湟源縣城鄉各族各界人士聚議爲他樹碑，并以"轉危爲安"四字題匾褒揚其政績。他在任甘肅靖遠縣長期間，也多有惠政。康陶然在任期間，不僅政績卓著，深受百姓愛戴，還大力發展文化事業，利用閑暇時間編纂了《青海志》《青海地方志略》《青海調查事略》三部具有代表性的地方志；在任武威縣縣長期間，更是爲保護弘化公主墓葬及碑刻作出了重大的貢獻。

二、保護弘化公主碑刻與墓葬。民國四年四月，康陶然聽説有一户人家藏有一方公主墓志，他便派遣酷愛金石的凉州商會會長賈壇前去查看。賈壇把查看情況彙報後，康陶然大吃一驚。曾在青海任職并編纂地方志書的他認爲，這塊"大周故西平公主"墓志的主人可能就是唐代和親吐谷渾的弘化公主。

清同治年間人們就發現了弘化公主墓，位於武威城南20公里的青嘴喇嘛灣一帶，那是一個層巒疊嶂，水波蕩漾，風景如畫的地方。雖然發現了古墓葬，但人們根本不知道這座墓葬的主人是誰，當時的人們只關注墓中陪葬的金銀器物，鮮有人關注隨葬的墓志，所以這塊墓志才被保存了下來。後來，弘化公主墓再次被盜，墓志因此重見於世。在康陶然的介紹下，人們這才知道這方墓志的主人是來自遠嫁青海的大唐弘化公主。康陶然派賈壇立即前往尋訪，最終將弘化公主墓志運回武威文廟保存。之後，他和當地百姓又用青磚填補了盜墓者挖掘的盜洞，避免了公主墓再次被盜。當地老百姓知道了青嘴喇嘛灣有一位公主長眠於此，便在山崗上修建了一座娘娘廟，四時祭祀。這座娘娘廟毀於1927年大地震。在康陶然的大力支持下，賈壇四處尋訪，又訪得許多珍貴文物，陸續收藏於武威縣民衆教育館（今文廟），這是我們今天能夠在文廟看到很多保存完整的碑刻的重要原因。

康陶然有所不知的是，與弘化公主葬在一起的，還有多座吐谷渾王室的墓葬，後人又陸續發現了8方墓志，除弘化公主外，它們的主人還有青海國王慕容忠及政樂王、安樂王、代樂王、燕王、元王夫人李氏、金城縣主、武氏夫人，現已成爲學術界研究吐谷渾及西北少數民族流源的重要資料。對此，康陶然功不可没。

明朝名臣楊博與武威碑刻軼事

楊博（1509—1574），字惟約，號虞坡，蒲州（今山西運城永濟）人。嘉靖八年（1529）進士，明朝名臣。嘉靖二十五年（1546），他以右僉都御史巡撫甘肅，期間，大興屯田，修水利，築屯堡，并奏請朝廷募民墾田，永不徵租，使百姓安居樂業，境内肅然。同時，還指揮部下在永昌、鎮番、山丹等地接連破敵，斬首一百四十餘級。楊博在甘肅期間，曾撰寫兩通與武威有關的碑刻，另有兩通碑刻提到他在武威的事迹。概括起來有三個方面。

一是督促修築鎮番關廂。《奏請添築西關疏》碑，約撰寫於明嘉靖二十五年（1546）。作者曾於嘉靖十八年，隨大學士翟鑾奉命巡視遼東、薊州、宣府、大同、太原、延綏、寧夏、固原、甘肅等九邊的守備部署，對途中所經過的山川地勢、民情風俗、駐軍人數和戰鬥力强弱，都有比較詳細的瞭解，他認爲，鎮番"曠遠寥廓，實與宣府獨石馬營相類"，乃"甘肅全鎮安危所系。"因此，他站在國防安全戰略的全局，簡述了鎮番在涼州乃至甘肅的地位和作用，及添修關廂的過程和意義。在他的重視和督促下，"督理修築，鎮邑恃以保障焉。"

二是樹立古浪忠孝楷模。《孝行碑記》，刻於明嘉靖二十七年，簡述了石韞璧教書誨人的事迹。石韞璧（？—1547），古浪人，祖籍浙江鄞縣。其"六歲而孤……少長即知向學。後更負笈游湟中，擇師事之……事母至孝……性剛毅，有氣概……博覽載藉，見前哲格言，必興慨慕。"他以教書爲業，"鄉之人皆感奮，就業至數百人，和戎文學自此始。"對古浪文化教育影響很大。嘉靖二十二年（1543）歲貢，任山丹衛儒學訓導，卒於任所，名列古浪忠孝人物。當時巡撫甘肅的楊博，深知石韞璧的品行操守，又擔心可能因家貧無力辦理喪事，便資助銀兩，安排驛所人員馬匹，將其遺體運回家鄉安葬，又讓地方名士胡璉撰文，記其孝親、好學、嚴教、育人的優秀事迹，贊頌其"內無庭訓，外無漸染，乃能立身，以揚其名"的"豪杰"品質，樹立了一位至今令人敬慕的孝親好學、學行兼優的忠孝楷模。

三是亲爲涼州忠烈作傳。明嘉靖二十九年，大同總兵張達殉國，詔命大同、涼州建祠祭祀。之後，楊博撰寫《敕賜上柱國光禄大夫左都督謚忠剛張公墓志銘》，叙述張達軍功偉績，高度贊頌其父子慷慨赴死、爲國捐軀的英雄精神。同時，巡撫甘肅等處都察院右副都御史胡汝霖撰寫《敕贈上柱國光禄大夫左都督謚忠剛張公祠記》，朝廷發布《部議恤典》《明諭都督張達敕命三道》，對張達功勛重加表彰，并對家庭成員撫恤封贈。胡汝霖祠記還特別提到楊博爲張達詳叙"豐功茂績暨行狀始末"的義舉。這一切，都離不開楊博的關心與重視。張達（1490—1550），字克明，涼州衛人。起於行伍，以軍功官至大同總兵，在嘉靖二十九年與犯邊的蒙古也先帖木爾部作戰時，因援兵不至而血染沙場。

楊博離開甘肅後，經略薊州、保定軍務，於嘉靖三十三、三十四年（1555）兩次擊退蒙古首領把都兒和打來孫的進攻，受命總督宣府、大同和山西軍務，造邊墻、修守備，屢受嘉獎。官至兵部尚書、吏部尚書，贈太子太保、太師，去世後贈太傅。其出入朝廷四十多年，始終以兵事著稱，遇事能隨機應變，泰然處之，有膽識、有度量，時人稱爲"天下三才"之一。著有《虞坡集》等。

三、群英忠烈

大唐將門的氣骨
——有關段秀實的兩通皇帝碑刻

一、關於《唐贈揚州大都督故段府君神道之碑》

此碑又名《段府君神道碑》《段行琛碑》，唐德宗李适撰文，立於唐代宗大曆十四年（779）。此時德宗已經即位，但還未改元。碑存陝西千陽縣草碧鎮上店村，文載《全唐文》卷445。張澍收入《涼州府志備考·藝文卷》，題名爲《大唐賜揚州大都督段府君行琛神道碑銘》。

段行琛（676—750），舉人出身，一生教書育人，尤重子女忠君愛國教育。生前曾任洮州司馬，死後因兒子段秀實的關係，朝廷對他及其夫人追贈不斷，可謂身後揚名，恩榮賡續，對後世影響極大。其曾祖父段德濬，亦名師濬，出身於武威世家大族，是北齊開國功臣、平原忠武王、姑臧縣候段韶後裔，原籍武威姑臧，曾任隴州刺史，舉家遷至陝西千陽而入籍，并成爲千陽大族。

唐德宗李适（742—805），唐朝第九位皇帝，大曆十四年（779）即位，次年改元建中。在位期間，爆發"涇原兵變"，出逃奉天，後因李晟等平叛後重返長安。唐朝安史之亂之後，許多駐外將領擁兵自重，在軍事、財政、人事方面不受中央政府控制，出現藩鎮割據的局面。此時，段秀實執掌四鎮節度使，可謂一大"藩鎮"。正值國家用人之際，德宗此舉，名爲表彰故人，實爲籠絡人心之舉。碑文回顧段氏家族的榮耀與輝煌，簡述志主生前功業及家庭情況，并列舉了朝廷的一次次封贈，對其予以高度贊揚，不乏戴高帽子和蓄意懷柔。想不到三四年前的這一舉動，成就了段秀實以忠節殉國的不世壯舉。

二、關於《贈太尉段秀實記功碑》

這是唐德宗爲褒獎忠烈之士段秀實所下的詔書，目的是"刻銘豐碑，昭示萬國"。約立於段秀實被害之後的建中四年（783），碑佚，文載《全唐文》卷55，張澍收入《涼州府志備考·藝文卷》。

段秀實（719—783），字成公，祖籍涼州姑臧（今武威市），唐朝中葉名將。《新唐書·段秀實傳》："本姑臧人。曾祖師濬仕爲隴州刺史，留不歸，更爲汧陽人。"據《唐贈揚州大都督故段府君神道之碑》，段師濬爲段秀實父親段行琛的曾祖父，據此，應是段秀實的高祖父。安史之亂時，段秀實曾任涇州刺史兼御史大夫，四鎮北庭行軍涇原鄭潁節度使，封張掖郡王，總攬西北軍政四年，吐蕃不敢犯境，百姓安居樂業。德宗時，內調任司農卿。建中四年（783），朱泚借涇原兵變稱帝。國難當頭之際，段秀實趁機打入叛軍，秘密組織忠勇之士，誓殲叛逆。當朱泚的篡位陰謀暴露之時，他義憤填膺，當衆予以揭發，當場用朝笏猛擊朱泚頭部，終因寡不敵衆而被害。碑文簡要回顧了段秀實的生平，贊頌其"力可屈而志不可遷，身可殺而節不可奪"的那種不畏強暴、殺身殉國的英烈壯舉，意在旌表忠節之士，申明君臣大義，鞭撻凶慝之輩，以維護"守正居順，移孝資忠，君君臣臣，父父子子"的封建道統，弘揚"身歿功在，凜然如山；勒名傳芳，終古不滅"的英雄主義精神。在特定的歷史時期，由於段公殺身徇國，具有"勵當今，傳不朽"的時代價值，德宗皇帝"以重位報之"，"册贈太尉，謚曰'忠烈'……嗣子授三品正員官，諸子各授五品正員官。表其閭里，護其喪葬，官立祠宇，史載忠勛"，真可謂"哀榮之典備矣，君臣之義極矣。"

段秀實是武威歷史上一位不畏強暴、慷慨赴死的烈士武臣，後世評價極高。柳宗元撰《段太尉逸事狀》，稱"太尉大節，古固無有"；文天祥在《正氣歌》中以"擊賊笏"典故頌揚其忠烈壯舉；蔡東藩則賦詩"拼生一擊報君恩，死後千秋大節存。試覽《唐書》二百卷，段顏同傳表忠魂"予以褒獎。詩中之"顏"，指被叛將安禄山和李希烈分別殺害的名臣顏杲卿、顏真卿兄弟。

楊嘉謨墓志銘與武威楊府巷

武威城有數條以姓氏和官府命名的街巷，其中的"楊府巷（街）"名氣較大，歷經數次政治運動而未改其名。據相關史料考查，楊府乃明末涼州籍名將楊嘉謨府第。

楊嘉謨（mó），明朝上柱國、光禄大夫、總兵、都督府左都督，官階屬正一品銜，但《明史》無傳，對其生平記載散見於其他史傳或史料中。史書給一代名將留下了諸多空白，也給人們帶來許多困惑。武威文廟保存的《楊嘉謨墓志銘》，上面的不少文字已模糊不清，不免有些遺憾。但碑文基本內容可辨可識，整體上給我們勾畫出了楊嘉謨的基本履歷及家族概況。幸運的是，武威市博物館還藏有兩件分別爲明天啓六年（1626）和崇禎五年（1632）頒發的嘉獎楊嘉謨的誥命詔書（聖旨）——這是20世紀60年代從楊氏後裔中徵集到的，加上《涼州府志備考·楊氏家譜》《明史·列傳第一百五十六》《明史紀事本末》《明神宗實錄》《綏寇紀略》和相關人物傳記，以及有關明代歷史演義小說中散見的事略和楊氏後裔提供的許多資料，基本上爲我們揭開了一代名將的身世之謎，也爲研究地方歷史、撰寫人物評傳、續寫楊氏宗譜提供了翔實的資料。

《楊嘉謨墓志銘》碑立於明崇禎十六年癸未（1643）。從墓志可知，楊嘉謨號明宇，祖籍四川，生於萬曆五年（1577）十二月，25歲時襲職涼州衛指揮僉事。他一生戎馬生涯四十年，參加戰鬥（戰役）數十場，建功及封贈無數，於崇禎十五年五月因病去世，享年66歲，夫妻合葬於涼州東野，即楊嘉謨八代祖墳，今高壩鎮蜻蜓村楊家墳莊子。墓葬毀於1958年。

墓志銘由翰林院侍讀王錫袞於嘉謨去世的次年春天撰寫，全稱爲"明故上柱國光祿大夫鎮守永寧蘭州等處地方總兵陝西行都督府左都督楊公墓志"。按慣例，能讓學識淵博、地位尊崇、頗有氣節的王錫袞撰寫碑文，實屬莫大的榮耀。王錫袞（1598—1647），字龍藻，號昆華，雲南祿豐人。天啓二年（1622）進士。曾任翰林院侍讀，官至禮部尚書。爲人有氣節，曾爲袁崇煥辯冤。明亡後，先後在南明隆武、永曆政權任職，拜東閣大學士、總督雲貴湖川廣軍務。1647年4月，因不願爲雲南王弄土司沙定洲起草代黔國公沐天波鎮守雲南的詔書被執殺。

據《涼州府志備考·楊氏家譜》記載，明末，武威《楊氏家譜》撰成，楊嘉謨撰寫了序言。序言特別提到，涼州楊家"先祖相傳爲宋將業之後，宋亡入蜀，居重慶府長壽縣。迨後祖斌以涼州所掌印，居涼州，投葬涼州城東十三里堡北唐洪寨（今蜻蜓村）。"怪不得"楊府巷"之名這麽有名且保存至今，原來武威楊氏子孫乃家喻戶曉的楊家將後代，楊嘉謨等遂有"涼州楊家將"之名。

另有《明楊佑三官神祠碑》，據《武威縣志稿》記載，碑在楊府街三官祠，萬曆九年（1581）立，通判胡松年撰文，今佚。楊佑（1483—1542），楊嘉謨曾祖父，歷甘肅參將、副總兵、都指揮同知等職，入武威鄉賢祠。碑文説明楊府中建有三官祠，反映出府第的規模宏大。

其實，楊嘉謨的經歷和功名在墓志銘中并不全面，只有結合《墓志銘》《家譜》《聖旨》和其他相關楊氏的歷史資料，才能理出楊嘉謨的全部人生。其八世祖楊勝（1359—1437），四川長壽縣人，永樂年間（1403—1424）官至懷遠將軍、金吾左衛指揮同知，年老去職，因其子楊斌在涼州任職遂移居涼州，後世子孫多襲職并落籍涼州。武威楊氏以楊勝爲始祖，嘉謨系楊勝八世孫。嘉謨祖父楊鼇，父親楊魁，皆當世軍官。嘉謨於1601年襲職陝西涼州衛指揮僉事，歷守備、游擊將軍、平虜參將、甘肅副總兵、後軍都督府都督僉事、驃騎將軍、甘肅總兵挂平羌將軍印、陝西總兵、薊鎮總兵等，轉戰甘青、遼東、關中、塞北、河北，曾是達云、孫承宗、袁崇焕等名將麾下的得力將佐，参加了著名的寧錦大捷、京都保衛戰。崇禎三年（1630），因遼東戰事吃緊，詔天下鎮巡官勤王。甘肅總兵楊嘉謨與延綏總兵吳自勉、寧夏總兵尤世禄、固原總兵楊麒、臨洮總兵王承恩等率領長城沿綫的精兵强將前往勤王。崇禎四年，又因關中、隴東一帶民變頻發，洪承疇任陝甘總督，嘉謨等回師入陝平定民變，接連攻破民軍根據地隴安、静寧、平凉、固原、慶陽等地，大小數十戰，所到之處，捷報頻傳，很快平息了民變，穩定了陝甘局勢。其後，任薊鎮總兵，在抗倭名將、杰出的軍事家戚繼光練兵、鎮守的地方獨當一面。因勇猛善戰，功勛卓著，朝廷授贈爲光禄大夫、上柱國，并追贈其父楊魁爲驃騎將軍，其母戴氏爲一品夫人。其子楊光烈、楊光國、楊光裕等楊氏子弟，也因出征有功，升守備（正五品武官）等職。因"凉州楊家將"克敵有功，爲嘉獎其功，皇帝詔書特諭示在凉州城内修建楊府，今武威城東大街之楊府街即當年楊府大門前面的官道，其後面一大片乃楊家府第庭院，規模宏大，據説分南北二府八院，樓閣相叠，另有下馬石、牌坊、演武廳、忠义堂、三官神祠等。在明亡前的崇禎十年丁丑（1637），嘉謨因病請求解甲歸養，朝廷准奏，遂告别薊鎮，回到凉州老家。

總兵一職，始於明朝。明朝末年，總兵已是高級將領，一般爲正二品。而光禄大夫、上柱國爲高級散官一品階。有明一代，能夠授贈上柱國榮譽的官員不多，一代名臣嚴嵩、徐階、張居正固辭不受，常遇春、姚廣孝、張居正卒後獲贈上柱國。楊嘉謨能夠獲此殊榮，説明其資歷、功勛不同凡響。甘肅鎮是明朝九鎮（亦稱九邊）之一，管轄今甘青地區防務，府設甘州。九鎮之中，甘肅鎮位於最西端，因鎮内外複雜的民族關係，使其在九鎮中更具特殊地位。弘治六年（1493），明孝宗對經略甘肅的守臣説："蓋以本朝邊境惟甘肅（鎮）爲最遠，亦惟甘肅爲最重……"明代五朝元老重臣馬文升説："甘凉地方，誠爲西北之重地也。"所以説，甘肅鎮是明朝西北邊疆的戰略要地。凉州楊氏先祖爲北宋楊家將後裔，其中的一支宋亡入蜀。終明一朝，這一支中的一部分又多在凉州任職或鎮守凉州，對武威歷史的影響自然很大，楊府巷、楊家壩河等地名和源於凉州楊家將後裔聚居地四壩鎮楊家寨子楊氏所創的國家級非物質文化遺產攻鼓子，都是"凉州楊家將"留下的文化遺產。

明朝後期，農民起義蜂起，加之北方民族關係和朝野複雜的政治形勢，明朝政權危機四伏。兩朝皇帝頒發的嘉獎楊嘉謨的誥命詔書（聖旨），正反映出最高統治者對國家安危的憂慮、對將帥力挽狂瀾的企盼。正是楊嘉謨及其祖上數代的浴血疆場和建功立業，皇帝才對其委以重任，寄予厚望。只是亡國之音早已奏響，誰人能夠改弦？大廈將傾，幾人能夠支撐？

楊府巷（街），楊嘉謨及其楊氏將領對國家的忠誠之地，貢獻之所，褒獎之府。當你在夕陽下徘徊於楊府街，遥想這位隕落於三百多年前的將星及其楊氏家族的種種悲歡離合傳奇，依然能感受到它散發的一股盛衰榮枯之氣息。

楊嘉謨軍旅生涯碑刻簡記

在本書即將殺青之際，涼州楊家將後裔楊永宏先生等人又提供了楊嘉謨的一些碑刻資料，經參考有關歷史文獻加以整理并收錄，以資加深對武威籍名將楊嘉謨的認識。

一、《三屯總府題名碑記》簡介。三屯營鎮位於河北省唐山市遷西縣西部，爲明代古鎮——薊州鎮府駐地。《三屯總府題名碑記》，現存三屯營城東街。碑首與碑身一體，現已殘缺。碑首高寬厚 96.5×121×26 厘米，碑身高寬厚 113×110.5×26 厘米。碑首刻祥雲紋，篆書"三屯總府題名碑記"。碑陽正文 3 組鐫刻 39 位 41 任薊鎮總兵姓名及其升遷調轉情況，其中蕭如薰、孫祖壽復鎮三屯；第三組只殘存"薛、唐、孔、沈、潘、張"六姓字。碑陰文字已全部磨蝕。此碑可作爲印證戚繼光之後楊嘉謨等歷任總兵及其任職年限的第一手材料，具有重要的歷史文獻價值。該碑內容摘要如下：

三屯總府題名碑記。戚繼光（簡歷略，下同）、楊肆畏、張臣、張邦奇、王保、尤繼先、倪尚忠、杜松、馬棟、王國棟、蕭如薰、張國柱、張承胤、朱國良、李懷信、劉渠、王威、楊茂春、許世臣、孫祖壽、馬世龍、王威、蕭如薰、孫祖壽、尤世威、朱國彥、楊肇基、張國振、王維成、楊嘉謨（簡歷見下）、張天禮、陳國威、孟如虎、白騰蛟、李居正（以上 35 任簡歷略），薛、唐、孔希、沈應、潘、張（以上六人只殘存姓氏）。

碑文對楊嘉謨的簡歷記載："楊嘉謨，號明宇，陝西涼州衛指揮使。崇禎陸年拾月內蒞任，崇禎玖年拾月內回衛。"由此可知，楊嘉謨任薊鎮總兵整整三年，之後，告老還鄉，退休賦閑。

二、《興隆霧靈山清凉界碑》簡介。霧靈山爲燕山主峰，位於北京密雲和河北興隆交界之處，山上有一天然花崗岩巨石，長 31 米，寬 30 米，高 29 米。因爲巨石正面平滑處有明代摩崖石刻文字，當地人稱之爲"大字石"，即霧靈山清凉界碑。石刻位於霧靈山自然保護區海拔 1050 米陰坡，文字爲三次石刻所存留印迹，前後相隔200多年。

相傳明代開國軍師劉伯溫料事如神，號稱"前知五百年後知五百年"。洪武四年（1371），劉伯溫巡視曹家路，在霧靈山看到一塊天然巨石。經劉伯溫觀天象、勘地理、查物象後斷言：此石之上，氣候變涼，農作物不宜生長；此石之下，氣候溫暖，農作物宜生長。此石乃涼熱之界石！他當即題字"霧靈山清涼界" 6個大字，之後刻於巨石正中，每字約4平方米，大字石即得名於此。

隆慶二年（1568），薊遼總督譚綸監造長城，上疏朝廷，將戚繼光調任薊鎮總兵，主持邊境防務。1569年，戚繼光重修長城。地處霧靈山腳下的曹家路既是交通要道，又是邊塞重鎮。1572年，戚繼光在修完部分長城後，組織了一次軍事演習，邀請兵部尚書譚綸、閱視侍郎汪道昆、薊遼總督劉應節、巡撫都御史楊兆等前來視察長城防務，并一同游覽霧靈山，瞻仰大字石，題詩留念。萬曆三年（1575），薊遼總督楊兆命永平（今盧龍）游擊李逢時在大字石左側將出游官員的名諱和日期鎸刻了93個中號字，另有數百字的官員詩作。碑文大都模糊不清。

崇禎年間，長城維修繼續進行。崇禎八年（1635），大溝明長城正鼓樓段修繕完畢，時任薊鎮總兵楊嘉謨在地方官員的陪同下，驗收這段長城修繕工程。其間，驗收官員游覽霧靈山，瞻仰大字石，并仿效第二次刻字，命狀元協守在大字石右側將出游官員的名諱和日期鎸刻了90個中號字："崇禎乙亥歲季春吉旦，鎮守薊鎮總兵楊嘉謨，整飭密雲兵備高斗光，密雲戶部郎中王徵俊，監視西協軍務張升，巡撫順天都院張鵬雲，監視西協軍門鄧希詔，總督薊遼軍門丁魁楚。吉家莊守備、黑谷關都司、曹家路游擊、狀元協守。"

一塊大字石，跨越了洪武帝至崇禎帝之間數百年的崢嶸歲月，反映了薊遼邊關數百年來戰火紛飛的史實，當地遂有"一塊大字石，半部明朝史"的說法。

周曉——一位挺身力戰而被叛軍謀殺的少年英雄

公元755年，中華文明史上前所未有的一次巨大浩劫"安史之亂"爆發，席捲半壁江山的戰火不僅成爲大唐帝國的轉折點，更是整個中華文明由開放轉向保守的拐點。

公元757年，中國農曆丁酉雞年，唐肅宗至德二載。這一年，是安史之亂爆發後的第三個年頭，注定是一個多事之秋，試看：

1.安慶緒殺父安禄山；2.郭子儀平河東；3.李光弼敗叛軍蔡希德；4.永王李

璘敗死；5.郭子儀遣兵攻潼關大敗，攻長安敗於清渠；6.張巡、許遠連敗叛軍大將尹子奇，死守睢陽，諸將擁兵不救；7.唐與回紇聯兵收復長安；8.睢陽陷落，張巡殉國，許遠被俘遇害；9.唐軍收復洛陽及河陽、河內、潁川等地；10.肅宗入長安，厚賞回紇，深謝郭子儀；11.肅宗遣使入蜀請太上皇回京，玄宗返還長安；12.肅宗大賞平叛功臣；13.詩人王昌齡被害……

　　以上都是實打實的國家大事，雖有不盡人意之事，畢竟是安史之亂爆發以來捷報頻傳的一年。另有一件更是直接關乎涼州軍民和國家安危的大事，在此重點爆出：河西兵馬使蓋庭倫在涼州發動兵變謀反。據《資治通鑒·唐紀》卷219載：至德二年正月，河西兵馬使蓋庭倫（一說孟庭倫），聯合武威九姓商胡安門物等，殺節度使周佖（bì），聚衆六萬造反。武威大城之中有七座小城，胡人占據了其中的五座，忠於大唐的軍隊只能憑藉剩餘的兩座小城堅守。支度判官崔稱與中使劉日新，依靠二城兵馬奮力反擊，經過十七天的激烈戰鬥，終於平定了叛亂。此處九姓，指生活在涼州的昭武九姓。昭武九姓是來自中亞粟特地區主要定居在武威等地的商胡集團。當時的涼州，粟特胡商勢力非常強大，其勢力和影響滲透到政治、軍事、商業和宗教等領域。涼州叛亂這件事，放到其他時間肯定是驚天動地的大事件，但在當時，再大的事也大不過平定安史之亂，當時全國又有多少個相當於周佖級別的將軍和高級幹部死於平叛當中，所以周佖的死也就見怪不怪了。儘管如此，朝廷還是蠻重視的。我們可以從"一詩""一碑"中去瞭解涼州叛亂的一些基本情況，來補證歷史之不足。

　　"一詩"　當時，大唐正值平定安史之亂的關鍵時期，前方戰鬥異常激烈，後院絕對不容有失。因此，唐肅宗得知消息，立即任命武部侍郎杜鴻漸（杜甫的族父）爲河西節度使前往武威。杜甫的同事兼朋友長孫九，以節度判官身份隨同前往武威。得知好友即將遠行，杜甫前來送別，揮筆寫下《送長孫九侍御赴武威判官》："驄馬新鑿蹄，銀鞍被來好。繡衣黃白郎，騎向交河道。問君適萬里，取別何草草。天子憂涼州，嚴程到須早。去秋群胡反，不得無電掃。此行收遺氓，風俗方再造。族父領元戎，名聲國中老。奪我同官良，飄搖按城堡。使我不能餐，令我惡懷抱。若人才思闊，溟漲浸絕島。尊前失詩流，塞上得國寶。皇天悲送遠，雲雨白浩浩。東郊尚烽火，朝野色枯槁。西極柱亦傾，如何正穹昊。"詩中的"天子憂涼州""去秋群胡反"，真實地道出了發生在武威的那次軍事叛亂；"草草"指匆忙急促，"嚴程"指期限緊迫的路程，"電掃"極言快速。從這些詞語中，可以看出這次武威之行的重要性和緊迫性。朝廷之所以如此着急，是擔憂此次武威叛亂與安祿山叛軍有關聯，說不定就是回應安史之亂的舉措。安禄山本爲胡人，在他勢力極盛時，就與粟特商胡進行貿易往來，撈取了大量財富，叛亂行動極有可能得到了粟特商胡的經濟支持。而發生在武威的這次叛亂，就是九姓商胡首領安門物策反河西兵馬使蓋庭倫所致，必然會牽扯到安禄山叛軍。因此，凉州的叛亂勢必會引起大唐王朝的高度重視。杜甫的這首詩和他的許多反映安史之亂的詩歌一樣，是那個時期社會生活和社會動蕩的真實記録，具有很高的史學價值，可以佐證歷史，彌補歷史，具有"詩史"的價值。蓋庭倫，唐代詩人岑參曾經寫過一首《玉門關蓋將軍歌》，全詩極寫奢侈豪華的夜宴，在表面的贊賞中寓諷刺調侃，既寫了"蓋將軍，真丈夫……南鄰犬戎北接胡，將軍到來備不虞"的勇武氣概，又揭露了他"軍中無事但歡娛"的驕奢淫逸。據考，詩中的蓋將軍即河西兵馬使蓋庭倫。

"一碑"　立於唐肅宗乾元二年（759）的《唐故贊善大夫贈使持節都督原州諸軍事原州刺史賜紫金魚袋上柱國周府君墓志銘并序》，簡稱《周曉墓志》，簡述了唐代河西節度使周佖家族的淵源，重點記述了周佖三子周曉在凉州叛亂中的不俗表現，對研究中唐時期武威九姓商胡集團勢力與影響及其當時的叛亂情况具有重要價值。

周曉，唐隴西人，河西節度使周佖第三子。出身於歷代官宦世家，少年出衆，博聞强學，通曉四科六藝，文武兼備。"公幼而穎晤，自有成人之量；動合禮則，不爲世禄所驕。敦尚節義，博聞强學。"由於父親在河西任職，他在"終童英妙之年，吕蒙即戎之歲"就隨父親來到武威。官宦世家的忠烈家風、勇猛善戰的武功韜略和累代建功立業的光榮傳統，深深地影響着少年周曉的成長。他"或坐籌以制勝，或問絹以崇德"的精神和作爲，引起朝廷的高度關注，"天子聞之，召拜贊善大夫，兼賜金印紫綬。"據《新唐書·百官四上》：贊善大夫，左、右各置五員，正五品上。金印紫綬，這是古代高官顯爵佩戴的黄金印章和系印的紫色綬帶。不言而喻，還是未成年人的周曉，這時已經是高官顯貴了。這當然有家族的影響，但主要還是他自己的才幹和作爲使然。由於年紀尚輕，朝廷讓他繼續享受父愛，以盡"温情之禮，"并在父親的營帳中聽從指揮，"仍許從其温清，隨所任使。"這種英武瀟灑的日子未過多久，暴風雨即將來臨！至德二載正月，河西兵馬使蓋庭倫在凉州謀反。驟然間，"九姓謀叛，州閭崩散"，雖然"公府合圍"，但當時的形勢是"賊衆若林，我徒則寡，事起倉卒，計無從生。"怎麽辦？如果"坐而待之"，必然是"以肉喂虎"。此時的周曉，與叛軍勢不兩立，果斷地選擇了"挺身力戰"，率部抵抗。年僅17歲的周曉，以"壯髮指冠，憤氣凌敵"的凌厲氣勢和"挺身力戰"的勇猛頑强，叛軍迅速潰敗，"應弦而斃者衆矣"，造成"凶黨大駭"的有力局面。但詭計多端的叛軍不甘心於戰場上的失敗，他們用"詭謀"和詐降的惡毒手段，以"刺血以盟"相迷惑，騙取了周曉的信任。年輕氣盛、善良單純的周曉，在敵人預設的圈套中，"以其必誠，乃隨之而往"，終"爲胡賊所害"。周曉少年英武儒雅的不凡經歷和挺身力戰叛軍的壯烈行爲，實現了其"生爲人子也，能愛其親；死於王事也，不忘其國"的人生價值觀。在這場平叛戰鬥中，其父周佖早於周曉血薦涼州，譜寫了一曲父子同仇敵愾、同赴國難的壯歌。周曉殉難後，朝廷給予很高的榮譽，贈予使持節都督原州諸軍事、原州刺史、上柱國。

周佖家族是唐代歷史上一個官宦世家典型,歷經初唐、盛唐、中唐一百餘年前後傳承五世,依靠事功在地方和中央連續獲得重用，又因其忠烈的家風、長於武功以及處理民族事務方面的經驗，使得家族得以累代建立功勛，獲朝廷嘉獎,其中尤以周佖、周曉父子在安史之亂初期的涼州叛亂中先後殉國并受到朝廷封贈，成爲家族榮耀的頂峰。周佖，隴西人。玄宗天寶年間，爲隴右節度使哥舒翰押衙，以功累遷河西兵馬使。肅宗至德元年，擢河西節度使。次年正月，在武威九姓商叛亂中被害，贈上柱國、涼州都督、真陽縣開國男。其父周以悌，唐中宗神龍年間（705—707）曾爲宕州、岷州刺史，河西經略使、安西都護，後因處理突騎施矛盾失當，獲罪流放白州（今廣西博白縣）。睿宗延和年（712）重新啓用，復爲左威衛將軍，赴東北征討奚人,不幸兵敗犧牲。贈特進、西平縣開國男。周以悌殉國幾十年後，時任河西節度使的兒子周佖及其三子周曉，步其後塵，在涼州之亂中犧牲。周佖家族祖孫三代，血染沙場，可謂一門忠烈，忠孝兩全。

周佖長子周晧，中唐著名將領。受家庭尚武風氣的影響，善於騎馬射箭，早年與其父隨名將哥舒翰西征吐蕃，在攻取石堡城的戰役中，驍勇善戰，因軍功授執金吾,成爲禁軍中的精銳，後又協助代宗和宰相元載誅除權閹魚朝恩。後雖經仕途沉浮，仍被重用。次子周昉（約713—741），唐代著名畫家，曾任越州（今浙江紹興）、宣州（今安徽宣城）長史，能書擅畫，其仕女畫稱絶一時，畫佛像時稱神品，是繼吴道子之後著名的宗教畫家兼人物畫家。

魯滅全收唐土地 兵回爭擁漢旌旗
——明朝收復松山之役碑刻綜述

一、松山大捷與"新邊"修築

松山位於甘肅天祝縣境內，屬於祁連山的餘脉，山系廣闊，山體巍峨，山中草甸、松林密布。在清朝康熙之前，它與昌靈山，分別稱之爲大松山和小松山。這裏，自漢武帝時就已駐牧開墾，是一個十字路口，東抵蘭州，西通河西，南達青海，北連寧夏河套一綫。明清時期設有莊浪茶馬廳，主要管理涼州藏區事務和茶馬貿易。松山灘草原是烏鞘嶺東側最大的天然牧場，在草原上，有一座古老而蒼涼的城池，儘管日蝕風吹，那基本完好的墻體依然挺拔而立，不失當年雄姿，這就是著名的松山古城。松山城因松山而得名，松山因松山城而聞名，又因明代萬曆年間的松山大捷而名聞天下。松山古城的戰略位置非常重要，是通往東大灘、景泰、白銀的必經之路，也是古代通往河西乃至西域的重要驛站，史書稱這條路爲"松山古道"。

元末明初，松山從戰火中逐步恢復、發展。從明初馮勝平定河西到宣德年間（1426—1435）的六十多年中，整個涼州地區平靜而祥和，嗅不到狼烟烽火的氣息，也聽不到金戈鐵馬的喧囂，人們安居樂業。然而，從宣德後期開始，形勢急趨直轉，流亡漠北的蒙古各部不斷侵擾涼州地區，"番人（藏人）失其地，多遷徙"，使這裏的社會和邊防動蕩不安。嘉靖三十八年（1559），蒙古俺答汗（阿勒坦汗）慕青海富饒，以放牧爲油携弟着力兔、宰僧、賓兔、子阿赤兔、丙兔等數萬衆，從河套南下西進，經阿拉善、景泰、古浪、天祝松山、永登襲據青海，一年後東遷，留丙兔據青海，着力兔、宰僧、阿赤兔、賓兔占據大小松山（今天祝、古浪、永登、景泰等地）。於是，蒙古勢力從河套到甘肅松山、青海連成一綫，開大小市於寧夏、中衛、涼州等地，經常出没於蘭州、西寧、中衛、靖遠、涼州，日尋干戈，騷擾百姓。他們盤踞松山、扒里扒沙（今大靖）三十多年，不僅劫奪商旅，甚至揚言飲馬黃河，奪取鎮遠浮橋。雖然明朝的政權已然穩固，但蒙古韃靼勢力仍然不斷地侵擾着西北邊塞。

明萬曆二十六年（1598），奉命持節都陝西軍務兼三邊總督李汶，巡撫甘肅兵部尚書田樂、甘肅總兵達雲等，率兵數萬進剿松山地區蒙古部落。經過六個月的戰鬥，取得松山大捷，收復大小松山，將蒙古勢力趕到漠北地區，割斷了青海蒙古和河套蒙古之間的聯繫，開拓明史所稱的"新疆"而載譽史册。

松山戰役一舉成功，功莫大焉。爲了鞏固松山大捷的戰果，明王朝決定修築新的長城（邊牆）。於萬曆二十七年開始，在天祝修築了松山城，城牆高大，屯兵萬千，從此，松山城變成明朝西北邊境的一座重要軍事堡壘，同時也保障了當地百姓的安全。整座古城在當初建成時，占地280畝，坐北向南，分内外二垣，平面呈"回"字形，外垣南北320米，東西350米，牆高約10米，四角築角墩，官衙、軍營、民居、學堂、糧倉等設施一應俱全，最爲鼎盛時城内還建有寺廟。古城內曾經生活過包括漢、藏、蒙古、土族等在内的多個民族。之後，松山城的軍事作用降低，遂逐漸衰落，成爲人們憑吊之地。雖經400多年的時光打磨，古城內的建築多已湮滅，但古城的城廓保留得相當完整。1933年，軍政部在山丹設軍馬牧場，并於松山設立分場，場部就設在城内。

　　從松山開始，新的長城發端於此，從東部黃河渡口的索橋，向西北綿延，經城北墩和紅墩子，然後折而西行，再經昌靈山北麓、古浪裴家營、大靖和土門墩後抵達涼州，與原來途經蘭州的那條長城匯合。爲別於早期明朝在河西修建的長城，史書上將這條從松山出發的城牆，稱之爲"松山新邊"，當地百姓又叫"新邊牆"。松山城的修築，確實大大增强了對外患的防禦能力。但只此一城，還不足以穩定邊塞。因此，修築新的城池、城牆就成了邊塞安寧最爲重要的保證。古人聰慧，修築城池與城牆，會以天然的高山大河爲依托，憑藉山河形成天塹，再加以軍事防禦，以更好地守衛邊疆。久經沙場的李汶、田樂、達雲諸將軍不會料到，這片讓他們魂牽夢縈的土地上，他們力主築就的松山新邊，將成爲明朝後期修築長城的最大工程。

　　松山戰役之前，甘肅總兵達雲就清醒地認識到修築松山新邊的重要性。明朝原來修築的長城，經蘭州、永登、烏鞘嶺到古浪，繞道耗資不說，要命的是將松山這片沃野置於城牆之外，從而引得外敵屢屢進犯，因此才有了松山戰役。收復松山後，達雲向兵部尚書、暫留甘肅的田樂建議，趁松山犁空之有利時機，動用甘肅軍民之力，修築一段把松山遮隔在邊牆以南的新邊牆，徹底隔絕青海蒙古與河套蒙古之間的聯繫，收一勞永逸的千秋之效。田樂對達雲的建議非常贊同，并正式提出築邊大計。時任兵部尚書兼三邊總督的李汶，在出塞巡邊時發現在景泰索橋渡一綫有一段長城殘迹，經詢問父老後才知道這是漢長城遺迹。他們沿漢長城考察後發現，景泰索橋到古浪土門一綫只有400里，而原先明長城防守的是1400里。於是，奏請朝廷修築甘肅新邊。萬曆皇帝對松山築邊很爲關切。於是，達雲帶人踏勘松山新築邊牆的位置，繪以地圖，并提出工程預算。萬曆二十七年正月，也就是收復松山剛剛跨過年關，修築新邊一事在萬曆皇帝及李汶、田樂等的支持下，正式進入了實施階段。工程從二月啓動，閏四月完工，達雲以右軍都督府右都督之職，在兵部支持下，調動甘肅、固原二鎮軍隊、屯丁六萬多人，從泗水和黃河索橋邊同時興工，僅僅用四個月時間，完成了四百多里的築邊工程，夯築起一道抵禦外敵、守護家園的邊牆。

　　松山新邊東至靖遠縣烏蘭哈思吉黃河吊橋，西止古浪泗水鏵尖灘，共長400里。其中在今古浪境内220里，即從泗水堡北之鏵尖灘漢邊接起，到裴家營鎮之阿巴嶺堡雙墩嶺雙墩止；在今景泰縣境内180里，即從古浪縣裴家營鎮阿巴嶺堡之雙墩起，到靖遠縣烏蘭哈思吉黃河吊橋止。新邊以大靖營、永泰營爲防守要點，各設參將一員，又在甘肅新邊沿綫新建了大量的防禦設施。在收復松山之前，這裏曾是蒙古阿赤兔等部的據點；之後，這裏成了抵禦北方入侵者的一道重要屏障。有了松山及四百里新邊這一天然或人工屏障，明軍屯兵邊塞的範圍便大大擴張了。萬曆三十六年（1608），也就是收復松山的主帥李汶去世的頭一年，永泰龜城正式完工，成爲松山新邊中的又一座重要城池。但爲時已晚，距離明朝滅亡也只有36年了。

　　這條新邊東與黃河東岸的固原鎮裴家川長城隔河相望，西與甘肅鎮古浪所（住所大靖，原名扒沙）、莊浪衛（今甘肅永登縣）舊邊相銜，構築於松山北麓與鹵磧沙灘之間。松山新邊由甘肅、固原二鎮分防，使明王朝該段防綫自黃河沿岸向北推進了三百餘里。中國的邊牆從最東面的遼東鎮開始，到現在的甘肅鎮，沿綫共有遼東、薊州、宣府、大同、山西、延綏、寧夏、固原、甘肅鎮九個軍事重鎮，史稱"九邊"。這九個軍事重鎮，拱衛了大明王朝的安全。其中甘肅鎮所轄邊牆東起景泰縣黃河岸，另有一分支起自蘭州市北河岸，北到景泰縣西北境會合成一綫，斜向西北，經古浪、涼州、民勤、永昌，一直向西延伸，抵達祁連山北麓，到達河西走廊的深處，直到遙遠的塞外大漠，約長一千六百餘里。松山的邊牆像小溪匯入了河流，最終加入到大明王朝"九邊"這一宏大的軍事防衛體系之中。

　　據史料記載，索橋渡口最早以木船和羊皮筏子擺渡。明萬曆二十九年，兩岸修建索橋，在四根鐵鑄"將軍柱"上，用草繩系船成橋。萬曆四十二年(1614)，當地軍民在黃河西岸（景泰）建索橋堡，坐落在高出河面二十多米的小坪之上，以山爲屏作護，以河爲塹是防。依黃河而建的渡口，始建於漢唐，是古絲綢之路北綫的重要渡口，河東是靖遠縣石門鎮的烏蘭哈思堡，河西是景泰縣的蘆陽鎮。

二、松山大捷碑刻概述

武威保存着記載松山戰役的碑刻或碑文5通，比較完整地記載了戰役的基本情況；另有間接反映松山戰役之後相關軍事情況的碑文3通，可以看作是松山戰役的延續或補充。通過這些碑文，結合相關史料，使我們能夠比較全面地認識松山戰役的來龍去脉及其之後的明清涼州鎮的防務情況。同時，這些碑刻又補充了正史記載之不足，是今天全面研究松山大捷及參戰主將之一的武威籍名將達雲的第一手資料。現分別簡述如下。

《松山平虜碑》，刻於明萬曆二十六年（1598）春。此年春天，明朝發起剿除蒙古邊患、收復松山的松山戰役。張蒲撰文立碑，崔鵬作序記事。此碑記載了收復松山的名將，他們是：李汶、田樂和劉敏寬、梁雲龍、李景元、達雲、龍應堅、王倫以及作者崔鵬、張蒲等。整個戰役氣壯山河，戰爭場面異常壯觀："叱咤則風雲是陣，張我虎隊之威；戰鬥則草木皆兵，奪彼犬戎之魄。"取得的戰果也非常輝煌："誅悍酋赤哈等八百級，投降番夷黃金等九千人……三軍奏凱而還，二公露布以進。"松山戰役一掃明朝建國以來在西北長期受蒙古侵擾的被動局面："此文征武戰之功，二百年來不數見者也。"真是"虜滅全收唐土地，兵回争擁漢旌旗。"

張蒲，河南偃師人，時任西寧道，參加了松山之役，後官至陝西布政使，入古浪名宦祠。崔鵬，時任肅州兵備道、陝西布政使，是收復松山之役的六路將領之一。他以勝利者的壯志豪情，欣然撰文并賦詩四首，形象地描寫了當時極爲壯觀的戰鬥場面和官軍兵鋒銳利、所向披靡的情景，其中第四首："桓桓虎隊出車期，漠漠龍沙奏凱時。虜滅全收唐土地，兵回争擁漢旌旗。葡萄酒冷征人醉，苜蓿花深戍馬遲。聽取琵琶彈夜月，短簫長笛咽凉圻。"

《蕩空松山碑記》，刻於明萬曆二十六年（1598）九月。明朝立國後，蒙古退守漠朔，實力依然很強。明初國富力強，蒙古不敢南下牧馬。正統以後，政治腐敗，邊防漸弛，蒙古諸部乘機南下河套，西進青海，駐屯松山，"掠漢搶番，爲其耕種。"釀成明代中晚期陝西（明代陝西行省包括今陝西、甘肅、寧夏、青海）蒙古"三大寇"邊患。當時，明朝無力收復，乃修邊築堡，以長城爲界，南北對峙。萬曆二十六年春天，李汶等發起松山戰役，并取得重大戰果。同年九月，三邊總督李汶、兵部尚書田樂又出奇兵，"分路協剿，鶴唳風聲，始克一鼓而殲。"松虜"遂潰敗奔遁。馘斬千餘，俘獲萬餘……""逾大漠，馘俘葛爾晚卜等八百有奇，而松山始信無一虜。"此役，一舉擊潰占據松山的蒙古賓兔部落，剿除蒙古邊患，恢復松山，拓邊數百里。爲鞏固松山大捷的成果，"松山犁空既復漢唐之舊，而有欲築塞沙漠中。脱守禦一不利，將無貽後以艱乎？"爲長遠謀劃，修築邊墻是當務之急，也是蕩空松山的長遠利益："惟是蘆塘、扒沙設將屯兵，而又修垣列障，將豐泉沃地一概括之於内……且西起泗水，東抵靖河，横亘不過三百四五十里，其邊易築……邊即修而延袤不長，其險易守。蕩空松山，必如是而局斯結矣。"梁雲龍認爲，松山戰役"三月會師，六路協掃。"幾大主要功臣分別是：首議定策者田樂，運籌制勝者李汶，協力矢猷者陝西巡撫賈待問，整飭度敕憲者甘陝按察使許聞造、唐一鵬及其震耀威武、圖維大定、以善後而克成厥終者新任巡撫甘肅徐三畏。

梁雲龍（1528—1606），字會可，海南瓊山（今屬海口市）人。萬曆進士，官至湖廣巡撫、兵部左侍郎。萬曆二十六年（1598），任莊浪兵備道、按察使，是收復松山之役的主要將領之一。在剿除蒙古邊寇，恢復松山後，欣然撰此碑文，勒石於平番縣（今永登縣）。梁雲龍大器晚成，學識淵博，堪稱文武雙全。他回望歷史，并以親身經歷，比較客觀地分析了松山蒙古勢力形成的歷史過程，詳細記載松山戰役全貌，是一篇難得的記史碑文，具有很强的史料價值。

《定松山碑》，刻於明萬曆二十六年（1598）九月。此年，明朝剿除蒙古邊患，徹底收復松山，參加收復松山之役的主要將領之一崔鵬欣然撰寫碑文，記事立碑。此碑記載了收復松山的主要將領，總指揮爲巡撫甘肅、兵部尚書田樂，參戰將領分別爲肅州兵備道、陝西布政使崔鵬，西寧兵備道、右布政使劉敏寬，莊浪兵備道、按察使梁雲龍、甘州兵糧分巡副使李景元，涼州糧儲分守右參議張蒲等"分旄五道"；又，署甘肅總兵都督同知達雲、甘肅副總兵馬應龍、涼州副總兵王鐵塊、鎮番參將萬賴、洪水鎮夷涼莊游擊徐龍、朱啓來、張守信等，"帶甲萬人，剿除兔虜，恢復松山。"這與梁雲龍"六路協掃"相一致。

《三眼井堡記》，刻於明萬曆二十七年（1599）。記載了兵部尚書田樂收復松山後畫界築邊、修建堡寨三眼井之事，"今天子神武天授，御極之初……專任督撫大臣，嚴勵各邊將士，直搗巢穴，一時斬馘招降以數萬計，松山氈幕爲之一空。""時大司馬田公撫治甘涼，慨然興恢復之計。"收復松山的第二年開始，甘肅總兵達雲即築打土門城，開荒種地，引水灌溉；時任寧夏臨鞏兵備副使、皋蘭鎮守荆州俊，督建烏蘭哈思吉至老城等長城（邊墻），建三眼井堡。"予方承乏臬憲備兵金城，同靖虜兵憲李公，偕蕭、孫二總戎，督率隴上郡吏材官，運諸禦悍，各盡乃職……凡築邊自（靖遠）烏蘭哈思吉至（古浪）大靖、泗水堡，延袤四百里，建堡十有二，而三眼井其一也。"作者盛讚松山大捷在國家開疆拓土中的重要貢獻，"豐功偉績，超軼千古。"

作者荊州俊（1560—1724），字章甫，山西猗氏（今臨猗縣）人。萬曆朝進士。曾任長安令、御史、山東參議、寧夏臨鞏兵備副使、皋蘭鎮守等職，官至左布政使、甘肅巡撫、刑部侍郎。萬曆二十六年，參加松山戰役；二十七年，督建烏蘭哈思吉至老城等長城（邊墻）。

《大明碑》刻於明萬曆二十八年（1600）二月。明朝收復松山之後，爲鞏固勝利成果，決定修築新的長城，即"新邊"工程，并與次年年初開始。萬曆二十八年二月，朝廷派陝西三邊總督李汶、甘肅巡撫徐三畏等要員巡視新邊工程。碑陰文字漫漶不清，殘存文字記錄了萬曆二十七年三月，平羌將軍達雲率軍收復松山後，築打土門城、開荒種地、引水灌溉等事宜。

《參戎王公碑記》，亦稱《王孟顏行事碑》，刻於明崇禎十三年（1640）。王孟顏在任大靖參將期間，將整肅地方、革除陋規的若干事項和自己的作法自立石碑於大靖堡任所，要求每一位"荷戈守邊之士"，以高度的責任感做好守邊工作，以此自警自勵、整軍撫民。此時，收復松山已愈四十年，由於大靖處於對敵鬥爭的第一綫，"一墻之外，豺虎叢噑之區。"邊防情況并不樂觀。從"魯番竊掠，爲患匪小。親赴各水頭踏看地理，議築堡寨二十六處，以便收斂人畜，使番魯不敢窺視。""厢井三眼，引河水入聚，可備魯患""修猛雨冲倒邊柞水口百十餘丈，堪以阻魯。年來北魯犯邊，提兵對壘，大挫賊氣，斬級奪馬，魯自是不敢垂涎，地方可保無虞"等碑文内容看，顯見當時的邊患情況仍然十分嚴峻，并非收復松山就可一勞永逸。所以，王孟顏將工作環境及"任内已行事款，勒之於石"，以資激勵後人互相勉勵，共同遵守。

《重修奶子佛碑》，刻於清康熙十四年（1675）。奶子佛寺原名壽國寺，亦名青山寺。此碑说的是巡撫田樂與總兵達雲興兵收復松山後的某一日，他們來到青山寺發生的一次偶然事件而導致的不良後果。碑文部分内容反映了松山戰役之後七十多年間的一些軍事動態和軍政信息："後改設大靖營，屯扎兵馬""迨康熙十四年春間，滇黔告變，西羌叛亂，河東郡縣望風淪陷。予時隨索橋渡河，恢復靖遠衛。"這説明，收復松山，剿除邊患，雖然是"二百年來不數見"的巨大戰果，但并不能保證今後百年邊境無虞。

《大靖參戎邊公德政碑記》，刻於清康熙十九年（1680）。松山戰役之後，大靖因"控賀蘭之隘，扼北海之喉，用以獨當一面，而使凉鎮無東北之慮者，不啻泰山之倚也。"康熙十一年，當事者"以大靖一軍移駐安遠"不久，造成"麗澤遭創，烽火延漫，樵蘇俱廢"的慘劇，結果還是恢復原建置。事實證明，田樂在大靖創設的軍事機構和制度是符合軍事鬥爭形勢的。碑文還簡述并頌揚了大靖參將邊永昌的戰功政績及散官田、均水利、減賦稅等惠民德政。

保家衛國的英烈世家與民勤聖容寺

民勤聖容寺，始建於明洪武九年（1376），當時俗稱"大寺廟"。成化五年（1469），從縣城東北隅移建西南隅。聖容寺占地面積六千多平方米，坐北向南，由山門、大雄寶殿、中殿、藏經閣組成一條中軸綫，分前、中、後、觀音堂、聖母殿五個院落，各院均有陪殿和齋房等。主體建築爲大雄寶殿，面寬五間，進深三間，殿內頂棚由船底式方格天花板構成，其斜面與平面上滿繪佛像彩雲，曰"千佛頂"。其整體建造布局合理，設計精巧，造型別致，巍峨壯觀，是國內罕見的設計有"千佛頂"的寺廟。聖容寺是民勤縣現存建築最早、占地面積最大、殿舍最多、規模最大的寺廟，在佛教發展史上具有里程碑意義，對研究民勤歷史和古代建築藝術具有重要價值。

《補修聖容寺碑記》，刻於明嘉靖三十年（1551），由鎮番名士柳子玠撰文。碑記簡述了鎮番歸復中原王朝特別是明朝的情況，頌揚了明將馬得祖孫三代拒胡征剿、開拓邊疆、肇建聖容寺的功績和馬昭三世孫馬恩捐資修繕寺院的善舉。碑文看似記載聖容寺的創建維修，實爲一篇鎮番馬氏家族功德記。

洪武五年（1372），朱元璋派征西將軍馮勝率師西征，平定河西諸路，明朝在今民勤一帶置臨河衛，江南滁州人王興任掌印指揮。《明史·地理志》："鎮番衛，本臨河衛，洪武中以小河灘城置。三十年正月更名鎮番衛"。臨河者，臨石羊大河也。朱元璋雖然利用農民起義推翻了元朝，但蒙古問題一直沒有得到徹底解決，終明之世，蒙古北元勢力一直對明朝構成嚴重威脅，鎮番衛一直處於戰争前沿。當時，來自河北遵化的馬得跟隨馮勝西征，因功升任指揮同知，永樂三年（1405）調鎮番衛，任都司。後在寧夏白鹽地與殘元勢力的戰鬥中陣亡，封懷遠將軍，世職鎮番。其子馬麟，幼習武韜，勇略過人，任職鎮番時，修繕城垣，克敵制勝，開疆拓土，連戰皆捷，以軍功升指揮同知、肅州參將。

馬麟之子馬昭，精於韜略，頗有古代名將經略之才。明成化年間，曾任鎮番守備、都司等職。期間，對鎮番衛城進行了大規模的擴建和維修。據《補修聖容寺碑記》記載，馬昭運籌帷幄，車馬器械、營墩城樓等軍事裝備和設施未雨綢繆，隨時準備消滅來犯之敵。據乾隆《鎮番縣志》記載，馬昭武藝高强，英勇善戰，他冲入敵陣，用飛撾制敵於百步之外，百發百中，軍中呼爲"馬撾"，且馬昭"兄弟十人皆杰士"。正是由於馬昭的指揮若定，勇猛抵禦外敵入侵，使鎮番得以穩固。在城市建設方面，馬昭率領軍民擴建城池，以廣民居。同時，大力修建學校，育材舉仕；修繕公廨，改善官員辦公條件；整修市容，修建鋪舍、倉廠、牌坊、閭巷，并制定許多經營規制。在軍事上連連取勝、社會生活趨於穩定的情況下，迫切需要精神文化的熏陶。馬昭考慮到鎮番人"習儀無所，晨昏無節"的狀況，將洪武九年（1376）由指揮陳勝在衛城東北隅創建的一座大寺廟移建到衛城西南隅，"卜地建一寺院，題曰'聖容'。"新修後的聖容寺殿宇雕梁畫棟，樓閣巍然，成爲鎮番城的一大景觀。更爲重要的是聖容寺在"習儀禮庶凡瞻起敬，而生忠信誠慤之心。所以治教修明彝倫，攸叙百蠻效順王風"方面發揮了重要作用。

馬昭在鎮番衛的發展中功績卓著，受到了士民的高度贊譽。後來，馬昭在與入犯殘元勢力的戰鬥中陣亡，敕封爲鎮國將軍，入鎮番忠義祠。《補修聖容寺碑記》贊曰："鎮番非馬公孰開其始？非馬公孰成其終？真可謂社稷臣也……宜其配享蘇（武）、金（日磾）二公，報功之無盡矣。"

嘉靖年間，馬昭三世孫馬恩"克承厥志"，世職鎮番，因功升酒泉參將，戰功卓著，外敵懾服。他回到鎮番，看到聖容寺好多建築損壞嚴重，決定捐資修葺，"蓋不忘先人之遺澤也。"聖容寺於嘉靖三十年（1551）維修完畢，完工後，因爲馬恩不想將此事張揚，所以并没有刻石記載其事。但鎮番人認爲，從馬得、馬麟、馬昭再到馬恩，百多年來，馬氏"忠貞蓋世，有安攘偉績"，對鎮番貢獻巨大，尤其馬昭"守土二十餘年，鴻功駿業具在人心，著於口碑，至今頌之不衰。"應予撰文勒石，銘績頌功，遂有名士柳子玠所撰《補修聖容寺碑記》。

此後，聖容寺歷經風雨，經過多次修葺，并增修擴建了部分建築，如觀音堂、韋馱殿、藏經閣、鐘鼓樓等，又分別於1987、1999、2008年鑄造了三口吉祥銅鐘，懸挂於聖容寺大雄寶殿、觀音堂和山門處。至此，歷經六百多年滄桑的聖容寺，以嶄新的面貌屹立於民勤大地。2013年，聖容寺被國務院公布爲全國重點文物保護單位。

歷經二十五年始塵埃落定的海戰調查報告
——武威軍人武禹亭血灑臺灣海峽

清朝乾嘉時期，沿海省份外貿發達，同時海盜活動日益猖獗。這些海盜活動有專門進行走私的，有搶劫商船的，也有通過進擾沿海地區進行反清活動的。其中被嘉慶帝稱爲鄭成功之後"海洋首逆"的蔡牽及其武裝集團，以中國東南沿海海商爲主要襲擊對象，給沿海民衆和往來商隊帶來了災難，致使臺灣海峽的海上貿易陷於停頓，嚴重制約了沿海經濟的發展，并直接威脅到清政府的統治。

在清政府平定蔡牽武裝集團中，雙方曾發生過多次激戰，致使清朝中後期杰出的水師將領、被列入中國歷代名將百人譜的浙江提督李長庚（從一品）殉國，溫州鎮總兵胡振聲（正二品）、游擊將軍武禹亭（從三品）、都司陳廷梅（正四品）、守備王維光（正五品）、千總薛元勛（正六品）、把總馮光升（正七品）等多位高中級將校陣亡。

武禹亭（1748—1804），名克勤，乾隆三十六年（1772）武進士，歷任山東高唐州守備、福建省臺灣游擊。嘉慶九年（1805）四月，蔡牽以四十二艘戰船侵犯臺灣安平府鹿耳門北汕海域，禹亭自告奮勇，向總兵愛新泰慷慨請纓，率120多人前往鎮守。他到北汕之後，構築工事，修繕柵欄。第三天，蔡牽部大舉進犯北汕。當敵人靠近海岸時，禹亭一聲令下，突然之間，槍炮齊發，擊毀敵艦數艘，斃敵千餘人。之後，由於每天的東南風非常有利於官兵還擊，敵艦始終不能前進一步。經過幾天的戰鬥，官兵損失慘重，禹亭心急如焚，日夜盼望援軍到達。他每天都要登上炮臺檢查防務，晚上命令守城士兵輪流放哨，嚴密防守。四天後，蔡牽部借夜晚暴雨大舉進犯，禹亭一面派人向安平府求救，一面組織官兵英勇阻擊。因敵我力量懸殊，在苦苦堅守七日後，因援兵不至，加上大雨浸濕了炮彈不能燃發，禹亭又身中數箭，形勢萬分危急。他毅然跳下炮臺，同官兵在潮水中與敵展開肉搏，殺敵數十人，身受十七處創傷，與守備王維光壯烈犧牲。清閩臺學官鄭兼才在所著《巡城紀事》中也記載了這次戰鬥："嘉慶九年四月十五日，海賊蔡牽泊鹿港。未幾，自鹿港入鹿耳門，乘雨攻北汕；兵潰，游擊武克勤、守備王維光俱死之，傷把總劉焕、外委陳培，兵丁死者一十有四人。燔木城、毀炮臺、搶鐵柵大小計五十有零。此月之二十八日事也。"

蔡牽（1761—1809），福建同安人。少年時父母雙亡，後流落异地爲漁船主打工。乾隆五十九年（1794）下海爲盗寇，被推爲首領，多方響應，實力驟增，率領萬餘衆馳騁於閩、浙、粵海面，劫船越貨，封鎖航道，收"出洋稅"，成爲頗有影響的江洋大盗。嘉慶七年（1802），率船隊攻打廈門海口的大、小擔山，全殲守島清軍。嘉慶九年四月，兵分兩路，先後攻取臺灣鹿港和鹿耳門。二十八日，冒雨突襲北汕清軍據點，擊殺武禹亭、王維光等多人，搗毀炮位，焚毀營房，奪取水師火炮哨船。之後，他又多次戰勝官軍，并擊殺浙江水師溫州鎮總兵胡振聲等將領。從嘉慶九年起，蔡牽先後五次到臺灣，四次進入鹿耳門，并在臺灣本島盤踞和作戰。嘉慶帝派浙江水師提督李長庚專征蔡牽。此後，雙方激戰多次，各有勝負。嘉慶十年，蔡牽自稱鎮海王，率部順利占領鳳山（今高雄市）、淡水（今屬新北市）等地，并迅速向臺灣腹地推進，逼進府城（今臺南市）。臺灣鎮總兵愛新泰、知府馬夔升派兵鎮壓，官軍損失慘重。嘉慶十二年十二月，李長庚和福建水師提督張見升率水師在海上搜尋、尾追蔡牽部到達廣東潮陽黑水洋，激戰中李長庚中彈身亡，清軍水師大亂，退出戰鬥。嘉慶十四年八月，李長庚部將王得祿、邱良功分任福建、浙江提督，相約合兵圍攻蔡牽於浙江台州漁山外洋。蔡牽寡不敵衆，開炮自炸座船，與妻小及部衆數百人沉海而死，餘部冲出包圍後，繼續轉戰東南海域，於嘉慶十五年（1810）被清軍水師全殲。至此，橫行東南沿海十餘年的蔡牽武裝集團被官軍徹底平定。

今存武威文廟的《武禹亭碑記》對"四·二八"海戰進行了比較詳細的叙述，特別記載了北汕戰鬥的慘烈與武禹亭壯烈犧牲的情狀："蔡牽以四十二艘犯安平鹿耳門之北汕，總兵愛新泰聞亂，以水師副將、游擊等出巡洋，而陸管將并無可倚托者，乃委府君……凡七日，夜雨阻援絶，身被十七創而亡。"尤爲感人的是他臨危犧牲時："已兩中箭傷，而猶力呼維光等守柵。事急，下臺立潮中，猶各拼死力，手刃賊首十餘人，乃同遇害。"死後經驗傷，其中刃創十一：項左三、頸右二、左手二、右脛骨二、腹左右各一；箭創三：胸一、左腰脅二；長戟創三：右足二、右脅一。就是這樣一位爲國捐軀的軍人，朝廷的評價和追封却遲遲不下，竟然長達二十餘年，使得家人和親朋憂心如焚：死事安平"二十餘年矣"，但"安平之役竟不獲執。"事實上，官府的調查一直在進行，但由於海戰發生的時間和地點，以及當時複雜的軍情、戰情，加上"幾爲當事所抑賴"（《武威武徵君李孝廉傳》），致使安平之役"顛末"難以"獲執"（對安平之役的調查没有完成，獲罪人員也没有受到相應懲處）。德國軍人約阿西姆·派普說過："歷史是由勝利者書寫的，但事實真相只有親歷者才知道。"武禹亭陣亡25年後的道光九年（1829），朝廷終於將安平之役始末徹底調查清楚，"天子聖明，覆按得實"。而此時，受"老先大人節行未彰"（《武威武徵君李孝廉傳》）之事的困擾和折磨，武禹亭五個兒子中武瑶、武琚已經去世，武瓊病情危重。

在這篇碑記中，作者表達了一種沉重而複雜的思想感情。安平之役後，朝廷派員對失敗原因進行調查。因當事人大多犧牲，增加了調查的複雜性，而部分當事當權者害怕被朝廷追責，篡改真相、壓制調查、拖延推諉理所當然，"幾爲當事所抑賴"，壓制而不承認真相在所難免。但公道自在人心，25年後，禹亭之死和"四·二八"海戰的真相最終大白，犧牲官兵受到朝廷嘉獎，禹亭被追封爲武義都尉（正三品），其祖父母、父母及妻室也獲得封贈，誥命三軸。忍辱負重幾十年而終於義昭後世，此時此刻，武瓚百感交集。他爲使父親的大忠大節發揚光大，親自撰文并立碑銘記。立碑之日，武威士紳張兆衡、張美如、尹世衡、牛鑒等100多位紳衿自願參加捐資悼念活動，盛況空前，其中官員和名人不住少數，也算是對英烈在天之靈和後代的一種慰藉。

兩年後的1831年5月，武瓚，這位烈士的兒子，生員舉孝廉，著名書法家，帶着遺憾，含着慘笑，以50歲的坎坷人生離開了人世，他以血泪寫成的《武禹亭碑記》留名於世。試想，一份歷經二十五年始塵埃落定的海戰調查報告，究竟能給病入膏肓的武瓚帶來多少慰藉；三軸榮耀而帶血的"誥命"，怎能消除武家二十五年來三代人遭受的不公和心靈深處的情感折磨！還有因此而早逝的兩位兄弟……

"人耶！天耶！"

清朝時期在臺灣任職的三位凉州軍人

第一位唐希順。唐希順（？—1708），據《清史稿·列傳》："唐希順，武威人，自行伍補凉州鎮標把總。" 康熙十三年（1674），陝西提督王輔臣叛，希順從總兵孫思克進剿有功，歷參將、千總、守備。康熙十九年遷四川川北鎮標游擊，從勇略將軍趙良棟征四川、平雲南，敗吳世璠，賜左都督。康熙三十一年任臺灣水師協副將，三十二年升貴州威寧鎮總兵。三十五年，隨康熙帝征討噶爾丹，擢爲四川提督（從一品）。康熙四十七年病逝於四川。御賜祭葬，子際盛襲職，子孫入籍四川。

唐希順於康熙三十一年（1692）奉旨任臺灣水師協副將，次年升貴州威寧鎮總兵。臺灣水師協設置於康熙二十三年，爲臺灣海上軍事編制，隸屬於臺灣鎮，是清治時期全臺灣的最高海防軍事層級，相當於臺灣海軍司令員，設有中、左、右三營，掌管全臺海防，約有數千名水師兵勇。該協主管爲副將，所轄各營設有參將、游擊等軍事將領。從1684年設置到1895年日本占領臺灣，期間共有119位水師協副將，唐希順是第三任，任職時間約一年左右。

據媒體報導，2011年3月，武威市凉州區張義鎮沙溝村唐姓村民在整理祖塋時，發現了一通"敕封奉國將軍唐公墓志"，鎸刻於清嘉慶四年（1799）。據墓志"光禄大夫、順公元孫"考證，志主系清代武威籍名將唐希順玄孫唐文瀚（？—1800）。文瀚，字西園，武舉出身。"弱冠入武"，早年"兼鸞儀衛"。在乾隆年間朝廷平定四川大小金川期間，署理涼州鎮鎮標左營游擊，因功補授烏魯木齊左營游擊。乾隆四十九年（1784），任陝西西鳳營參將，不久遷潼關協主將。乾隆五十五年，入疆任烏什屯政，屬行軍屯，爲官軍平定西北反叛勢力提供了充足的後勤保障。嘉慶元年，授西安軍標中軍副將，後調往新疆任西域將軍（正二品），去世於任所，敕贈奉國將軍。墓志系涼州府儒學、古浪縣儒學所立。正文豎排18行，滿行35字，多有缺字。該墓志的發現，爲考察唐希順家族流源提供了實證。

第二位趙開府。據清代文學家、詩人胡天游《趙開府碑》（引自張澍《涼州府志備考》）載，趙氏爲西涼（今甘肅武威）人。因曾開府高涼（今廣東高州市），建功南國，人們尊稱其爲"趙開府"。顯然，"開府"是官名，是指高級官員，清人習稱督撫爲開府。由於習稱官名，趙氏的名、字、號反而不詳。依碑文内容，其生卒年應在1650—1730年之間（康熙、雍正朝），曾任郎將、游擊將軍、宣府永寧都司，累官"由期門散騎至都督，統三軍，位一品。"其中"甲戌，遷參戎閩隅領臺灣南路。島郡卉船，孤懸海中，波浪迷没，蛇涎鼉腥，夷獠雜桀，弛則易蠢，驗亦召西，因剛因柔，制其俗姓，惠不窮惠。"根據這段文字内容，甲戌爲康熙三十三年（1694），趙氏任"參戎閩隅領臺灣南路。"參戎，清代武官參將。依清朝兵制，分駐各省的最高統軍官叫提督，下設鎮（總兵）、協（副將）、營（參將、游擊、都司、守備）、汛（千總、把總等）四級，參將是"營"的主官，秩爲三品。臺灣南路，清治時期的臺灣最高軍事單位稱福建臺灣鎮，初設於1684年，主官爲臺灣鎮總兵，初期統轄鎮標中營兼轄臺灣北路協、臺灣水師協和臺灣城守營、臺灣南路營等。根據這段文字内容，趙氏在"蛇涎鼉腥，夷獠雜桀"的臺灣工作，尚能"因剛因柔，制其俗姓"而獲得成功。

第三位武禹亭。武禹亭（1748—1804），名克勤，乾隆三十六年（1772）武進士，歷任山東高唐州守備、福建省臺灣游擊。嘉慶九年（1805）四月，在與"海洋首逆"蔡牽武裝集團的安平之役中壯烈犧牲。詳見本書《武禹亭碑記》和《歷經二十五年始塵埃落定的海戰調查報告——武威軍人武禹亭血灑臺灣海峽》一文。

三位軍人中，依職位，唐希順時任臺灣水師協副將，秩從二品，位次於總兵；趙開府時任參將兼領臺灣南路，秩正三品，位次於副總兵；武禹亭時任游擊（將軍），秩從三品，位次於參將。明清時期，地方行政長官中，總督爲正二品，巡撫爲從二品，知府從四品，知縣爲正七品（"七品芝麻官"）。可見，三位涼州軍人都屬於高級軍官序列。依科舉功名，武禹亭是武科進士。

民勤的蘇武碑刻和武威的英雄傳說

蘇武（前140—前60年），字子卿，杜陵（今陝西西安）人。西漢代郡太守蘇建之子。武帝天漢元年（前100年），奉命以中郎將持節出使匈奴，被扣留。匈奴威脅利誘，欲使其降，不從，遷其北海（今俄羅斯貝加爾湖）邊牧羊。至始元六年（前81年），獲釋回漢。蘇武歷盡艱辛，留居匈奴十九年持節不屈，去世後，被列爲麒麟閣十一功臣之一。

漢武帝元狩二年（前121），霍去病征戰河西大敗匈奴，河西歸屬漢朝版圖。蘇武牧羊北海之說，自《漢書·李廣蘇建傳》始。蘇武事迹家喻户曉，其流放地早有歷史定論。歷史上，民勤地處多民族爭戰、爭奪的前沿，戰爭較多，特别是"有明以來，邊鋒屢警"（《□□將□□公□忠記》），出於對英烈先賢的尊崇和愛戴，出於"國家崇德報功之舉，推重忠臣烈士"（同上）"褒忠旌節，風勵臣工"（《重修蘇公祠記》）的社會道德建設，民勤縣歷史上建有蘇公祠，刊立《重修蘇公祠記》碑、漢中郎將蘇武牧羝處碑，另有蘇武山、蘇武廟及其題咏詩詞楹聯，當代又修建了蘇武廣場并立碑記，碑陰爲漢白玉蘇武牧羝浮雕圖。乾隆年間，鎮番知縣王賜均撰寫的《建置書院碑記》中也曾提到創建蘇山書院是受到蘇武精神的感染。可見，蘇武及其精神對民勤有着廣泛的影響。

《蘇武山銘》，明永樂七年（1409）鎮撫司李名募資創修蘇公祠，立碑刻銘，盛贊蘇武功績。

蘇公祠，據《五凉全志》記載，在縣城内西北，供奉西漢武帝時的名臣蘇武，今已不存。今存民勤縣博物館的《重修蘇公祠記》，立於清乾隆三十四年（1769），爲馬昭之孫馬瑞邦撰寫，記載了重修後的蘇武祠的規模格局，并借此表達對先祖及先輩英雄義士的崇敬之情。碑文有"明初建祠，崇祀以金公配享，褒忠旌節，風勵臣工"之句，明確説明了蘇公祠的初建時間及其重要意義。

《漢中郎將蘇武牧羝處》碑，刊立時間初步斷爲明崇禎十二年（1639），今存民勤縣博物館。碑高130厘米，正面豎排楷書"漢中郎將蘇武牧羝處"九字清晰可見，左右兩旁的文字剥蝕嚴重，無法辨識，據考分别爲主持刊立者職官、姓名及刊立時間。

《□□將□□公□忠記》，疑爲"中郎將蘇武公□忠記"，刊立時間約爲清雍正年間（1723—1735），今存民勤縣博物館。作者爲張玉將軍後代，他以頌揚蘇武、金日磾這些永彪史册的忠臣烈士爲出發點，概述了前輩禦敵保國的功勳。

張玉爲明宣德年間鎮番城守守備、指揮僉事，在宣德十年（1435）的"阿台之戰"中陣亡，賜祭贈，配享蘇公祠，子孫襲職鎮番。

依史書，蘇武沒有在民勤活動的記載。如果說蘇武真的被流放到民勤，那麼，漢朝乃至中國的歷史將要重寫。實際上，在漢武帝雄才大略指引下，驃騎將軍霍去病奇兵出祁連，使河西盡入中原王朝的版圖，開啓了偉大的絲綢之路時代，這裏怎麼還能是匈奴的棲息地？對民勤現存的關於蘇武的碑刻、祠廟等相關遺址及傳說、詩文、楹聯等，我們可以看作是地處游牧民族與漢民族爭奪前沿的當地人民尊崇英雄的一種情愫，且大量出現於明代以後，這與"有明以來，邊鋒屢警"的歷史事實是一致的。

這一時期，在武威修築有狄青臺（故址不詳），頌揚狄青的詩詞不絕於書。如，明初詩人丁昂的《狄臺》詩，表達狄臺荒蕪、冷落蕭條之傷；明代御史徐廷璋的《狄青臺》詩，表達憑吊英雄、懷古傷今的情懷；清代邑人張玿美的《凉州八景·狄臺烟草》詩展現歷史風雲、抒發人生思考；清代封疆大吏楊應琚的《凉州懷古》詩語涉狄臺，懷古思幽。狄青，北宋名將，在北宋對西夏的戰爭中屢立戰功，其戰場主要在隴東、陝北、寧夏一帶。民間傳說狄青西征到達凉州，凉州有狄青臺（亦稱招討臺），爲練兵、閱兵、點將所築，一說爲紀念狄青所築。《五凉全志》撰修者之一、湖南人曾鈞所撰《凉州賦并序》中也有"其古迹，則臺名寶狄。"《大清一統志》則更爲具體："狄臺，在武威縣東五里，相傳爲宋狄青所築。"不管怎樣，狄青臺是真的，但狄青西征并未到達凉州的歷史事實也是真的。這些作者并不是不知道這段歷史，而是借古喻今，或表達一種對英雄的傾慕之情，或在國家危亡時期表達一種期望、一種預期，這同民勤人民對蘇武的感情是一致的，而且也是大量出現於明代以後。

同樣，古浪則有"滴泪崖"的美麗傳說。說的是楊家將十二寡婦征西，其中十一位戰死於古浪峽，只有楊滿堂一人突破重圍，前去朝廷報告。佘太君聞聽悲痛欲絕，親自前來奔喪祭靈，哭聲震撼山河，山神悲鳴之聲不絕，滴滴泪水化作粒粒碎石，順着山崖滾落而下。從此，人們就將這一山崖叫做"滴泪崖"。不僅如此，故事演義得非常完整，似乎都是真的，可以說是古浪版的楊家將演義。然而，依史書，楊家將故事發生在北宋初年，對陣交手的主要敵人是契丹族建立的遼國，主要戰場在山西雁門關和大同一帶，楊家將的主要人物只有楊業、楊延昭、楊文廣三人有歷史記載，尤其是楊業、楊延昭父子，在當時就聞名天下，其事迹廣爲傳頌，而其他人物却沒有清晰完整的記載，只是戲劇、小說的加工渲染，在明代及之後逐漸形成完整版的"楊家將"故事并流傳全國各地。全國除武威外，再沒有楊家將在古浪活動的任何記載，而有明一代"涼州楊家將"的故事倒是有充分的歷史依據。

明朝時期，武威及西北邊境，多次遭到北元勢力的進犯騷擾，給百姓的生產生活和生命財產帶來了極大的危害和破壞。所以，百姓更加追思那些血戰報國的英雄，於是，蘇武、狄青和楊家將的傳說得以廣泛流傳。在流傳的過程中，民間加入了許多故事情節，創造出了一個個百姓需要和理想的人物形象。蘇武、狄青和楊家將在武威的被尊崇及其英雄故事的流傳，反映出武威人民對中華民族英雄的敬仰，凝聚的是中華民族前赴後繼、忠心報國的偉大精神，寄托的是追求和平美好生活的希望。這些人物和故事，歷史背景相同，相互輝映，充滿着強烈的愛國主義精神，閃耀着理想主義的光芒。對此，我們都可以看作是地處游牧民族與漢民族爭奪前沿的武威人民崇文尚武、尊崇英雄的一種情愫。"蘇武廿年持漢節，嫖姚萬里拓秦疆"（張詔美）"山川不老英雄逝，環繞祁連幾戰場"（于右任）。他們為中華民族的大融合、大團結、大發展做出了重要貢獻，永遠是中華民族的精神財富。今天，我們不必拘泥於歷史的真實，應繼續挖掘其不朽的精神價值和美學品格，塑造出具有歷史價值和時代精神的英雄群像。

四、良女傳芳

武威碑刻中的賢妻良女形象

古代的賢妻良女是個什麼樣子，我們在文學藝術作品中已領略過、欣賞過無數的美好女性形象。武威現存碑刻中，有不少志主為女性者，還有不少女性附着於丈夫的生平當中。閱覽這些碑刻，通過一幅幅女性柔範剪影，一個個閨閣中的賢妻良女形象躍然紙（碑）上。

一、婦儀嬪則，貞慧懿淑的賢妻良女型

《隋燕王府錄事段夫人之志銘并序》，刻於唐高宗永徽元年（650）。在簡述段氏郡望、淵源和仕宦情況的基礎上，贊揚了段夫人"少而貞慧……姿望端詳，語必中規，動無違禮"的風範懿德，特別是對段夫人在家庭遭遇離亂之苦時，"携□孤幼，備歷艱危"的行為予以高度評價。

《大唐故李君夫人孟氏墓志并序》，刻於唐高宗顯慶四年（656）。簡述了李君夫人武威人孟秤的高貴出身，展現其"體質容華，淑姿琬琰"的美貌，突出其"六行不闕,四德有聞""婦儀嬪則,帷教家風"的懿德風範。

《直秘書省韋君妻賈氏玄堂志》,刻於唐中宗景龍四年(710)。簡述并贊揚了賈氏"生而韶秀,幼而淳潔""懿淑""幽閑""晨昏展就養之方,琴瑟叶移天之契"的品行。

《唐故夫人馮伍墓誌銘》,刻於唐玄宗開元二年(714)。馮伍出身名門,具有良好的教養和修爲,"父异其高德",年方十五歲,即嫁於太原王君。王君任徐州長史期間,因自己兄弟的英年早逝,情志抑鬱,身染重病,"十數年間不能痊損"。夫人馮伍"朝夕侍奉,形容憔悴,迄至薨日,終不解衣。"丈夫去世後,她不着錦衣,布施餘資。67歲時去世,與其夫合葬於武威天台舊塋。

二、教子有方,守貞立節的相夫慈母型

《唐故朝議郎內供奉守慶州司馬上柱國賜紫金魚袋賈公故夫人潁川縣太君陳氏墓誌銘并序》,刻於唐敬宗寶曆二年(826)。在簡述賈光"清慎居心,與物無竞。在官克勤……在私克儉……與朋友交,言而必信"的高尚品行的同時,兼及夫人陳氏"四德咸備,六行無虧""行可母師,擇鄰訓子"的懿德。

《亡室姑臧李氏墓誌銘并序》,亦名《崔曄妻李氏墓誌》,刻於唐僖宗乾符五年(878)。簡述志主李道因的生平事迹,贊頌其"勤敬精潔,動循禮法"的"高行全德"及辛勤撫育子女的美德。

《唐故清河郡張府君夫人武威郡石氏墓誌銘并序》,刻於唐宣宗大中九年(855)。在簡述張懷清家世淵源及其品行的同時,重點叙述了其夫人石氏在丈夫"因王事從邊,沉殤矢石"後,"守貞姿於松竹""立節行於遺魂""孤養嗣子,教之以義方,撫之以慈愛",終將兒子張公勉培養成才的風範懿德。

《誥封一品李母雷太夫人墓誌銘》,立於康熙三十三年(1694)。李母雷氏(1617—1692),四川瀘邑(今瀘州市)人,出身於"簪纓望族","習禮明詩,雅忠貞淑",成年後爲李栖鶯夫人。李栖鶯,李維新第五子,官至密雲總兵。雷太夫人育有三子,夫殁時,三子俱幼,夫人獨自承擔起教育子女的重任,三子均成大器。長子鎮華,時任甘肅提標將官;次子鎮域,武舉人,時任江南崇明水師游擊,後升任崇明衛守備、副將;三子鎮鼎,武進士,時任直隸天津總兵,後升任廣東提督,以功加太子太保銜。她既爲國培養人才,又光顯門楣,成爲後代女子的楷模。雷太夫人誥封一品,以76歲高齡辭世,葬於凉州李氏先塋。碑文高度贊揚了雷太夫人早年喪偶,在亂世之中培養孩子成器的風範懿德。

三、才德兼備,出身高門的矜貴命婦型

《唐故契苾夫人墓誌銘并序》,刻於唐玄宗開元九年(721)。簡述了契苾何

力第六女、常山縣開國公契苾夫人的身世及品德操守，贊美其"幼而閑婉，長無矜貴；穆如蘭蕙，騫若鴻龍""涓潔助容，禪禪合禮"的優秀品質和良好家風。

《大唐故朝議大夫行晉陵郡長史段府君墓誌銘并序》，刻於唐代宗大曆十三年（778）。在簡述段氏淵源及誌主段承宗仕宦、才德的同時，兼及其夫人的出身和品行閨範。作爲契苾何力次子契苾光孫女，"姑臧縣君契苾氏"，"稟性溫惠……更能檢身節用……三徙其居，終成孟子之教"。

《大唐故右威衛將軍武威安公故妻新息郡夫人下邳翟氏（六娘）墓誌銘并序》，刻於唐玄宗開元十五年（727）。誌主翟氏，封新息郡夫人，從夫秩，正二品外命婦。碑文通過簡述安元壽夫人翟六娘的出身、修養、德操等，樹立了一位"盛德內融，好仇外著，韵循家室，行自仁賢"的命婦形象。

《大唐故代國夫人史氏墓誌銘并序》，刻於唐開元二十一年（733）。代國夫人（668—733），出身高門，幼時聰慧，長成後才德兼備，"楊笄之年，六行儲備"，"保婦道之清，負賢夫之惠"，66歲時去世於涼州私第，葬於涼州東鄉。碑文極贊其母儀風範。

四、四德流芳，閨風肅穆的玉容早逝型

《大唐故段府君夫人墓誌銘并序》，刻於唐高宗麟德元年（664）。簡述了段勣及其家世功名和品行，感嘆其年僅31歲，英年早逝之痛。突出了夫人蘭氏"幼彰婦道，蘊四德以流芳；夙稟母儀，著七篇而擅美"的風範懿德。

《大唐左屯衛將軍皋蘭州都督渾公夫人契苾氏墓誌銘并序》，刻於景雲二年（711）。簡述了渾公夫人契苾氏家世三代的功勳，贊美了渾公夫人"貞吉含章，淑慎清懿。閨風肅穆，閫德柔明"的懿德風範，感嘆其"生涯何淺，與善無徵"，以24歲芳齡"永絕簫聲"的不幸命運。

《唐檢校尚書考功郎中兼御史中丞李君夫人范陽盧氏墓誌銘》，刻於唐德宗貞元二十年（804）。這是武威籍詩人李益給第一任夫人盧氏寫的墓誌銘。盧氏夫人嫁到李家時，李益的父母已去世，盧夫人對非己出的孩子關愛如同己出。李益和盧氏共同生活了十年，二人感情頗爲深厚。他對盧夫人的孝行、慈愛極力贊揚，對她操持家務、勞憂成疾、中年早逝極爲悲痛。此碑對《霍小玉傳》中詆毀李益形象的做法是一個有力的反擊和否定。

《唐姑臧李氏故第二女墓誌銘并序》（《李十八娘墓誌》），刻於唐宣宗大中三年（849）。作者李胤之通過記述次女李國娘即十八娘（836—849）患病、去世的過程和生前的一些感人情景，寫出了親人們"痛毒肺肝，如橫鋒刃""遽茲凋零，痛可言耶"的悲痛之情，發出痛天徹地,撕心裂肺的呼喊："此女之善，其誰與鄰？如何夭落？曾不逡巡。"《唐隴西李氏女十七娘墓誌銘并序》（《李十七娘墓誌》），刻於唐宣宗大中十一年（857）。作者以家世淵源和自己功名、仕宦經歷中所聞所見所能所好作鋪陳，極力渲染家族生活的温馨和諧，突出十七娘（834—857）的所作所爲所愛所長，及"才識絶倫，孝慈難擬"的"鍾自天性"的一種超常品格，一位出身於世宦大家庭的"孝慈明敏，聰辯温惠""友愛弟妹，恭順母兄"的淑女形象躍然紙上。而其"良玉不堅，芳蘭早墜"，怎不叫人"憤填胸襟，痛深骨髓"？同時，作者也叙寫了十七娘去世後親人們"皆痛恨悲辛，哀慟道路"的悲痛之情，濃濃父女情深，款款親誼悠長，讀來感人至深，令人迴腸蕩氣，淒婉難平。

從849年到857年的九年間，李胤之遭遇了一個13歲女兒和一個24歲女兒"芳蘭早墜"的痛苦煎熬。兩個愛女，撇下悲痛欲絶的雙親及兄弟姊妹等親人，悄無聲息地撒手人寰，乘風而去。面對兩個從小圍在身邊嘰嘰喳喳，小鳥一樣惹人愛憐的愛女不幸夭折，面對接踵而至的災難，讓人感到生命的淒美與哀傷。李胤之的心靈受到重創，他和他的親人們，在痛苦的失眠與哀嘆中，精神支柱可能傾斜。徹骨的淒涼與過度的悲傷和"重重悲冤，心摧骨碎"的打擊，李胤之"叙述失次"，生母"邢氏叫號，所不忍道"，親人們"皆痛恨悲辛，哀慟道路"。作爲父親的李胤之，就在這樣一種"號叫不及，唯知斷魂"的精神狀况下，仍然强打精神，親自撰寫了兩通情真意切的墓誌，述日常家事，皆真情至性，娓娓如訴，表達了對亡女深深的悼念與懷念，感人肺腑。覽此兩篇墓誌，久難平静，深感父女之情深，兄妹之誼長，乃天下之第一情誼，一旦失却，必將是痛天徹地、撕心裂肺的哀傷，當珍之、愛之、護之。

五、抗拒强暴，寧死不辱的烈女節婦型

《烈女鳳姐墓碑》，約立於作者歐陽永祫任武威知縣期間（1740—1745）。鳳姐，雙樹溝高氏僕女。因其"生有慧質，舉止端方"，深得主人喜愛，後因保護主母被作惡未遂的僕人孫貴殺害。歐陽知縣親自撰寫碑文，對鳳姐"奮不顧身，忠於其主"的凛然正氣和烈丈夫精神贊頌有加，認爲其"死重於泰山"，是天下女性的榜樣（參見本卷《爲貞烈民女立傳，倡忠誠義勇精神》一文）。

《烈婦楊氏墓碑》，立於清乾隆十六年（1751）。楊氏，鎮番民家女，爲鄉民高日勇妻子，因家貧在大户馮承明家打工。期間，馮承明多次"求淫"被楊氏"正色力拒，終不可犯。"其後，被馮承明侄子大連强奸未遂殺害。時任鎮番知縣江鯤親自撰寫碑文，簡述了烈婦楊氏的卑微出身和在大户馮承明家打工受辱及被叔侄猥褻謀害的過程，贊揚其"行芳志烈……力拒二凶，寧死不屈；貧而

有躬，堅經百折"的貞烈品質。楊氏的抗暴行爲得到官方的高度評價和表彰："憲府以強暴相侵，寧死不辱聞於朝，得旌，准入節孝祠……以爲風化之勸。""奉旨旌揚，爰補載於志，以勵貞守云"。

刻於同年的《高節婦墓志銘》，爲時任涼州知府何德新撰寫，内容與江鯤碑基本相同，由於墓志增加了挽詩四首，更具典型教化的社會意義，"邊隅得此，亦可以風矣"。

忠孝節義是儒家思想的核心内容，也是中國文化的精神，以此培養人性中光芒四射的愛。要把這些抽象的思想、道德變爲具體的行爲，必須通過一種形象、具體而又可效法、可操作的示範偶像去影響普羅大衆的行爲。明清《會典》及《欽定禮部則例》規定："凡直省、府、州、縣文廟左右……建節孝祠以紀節孝婦女……"武威文廟除主奉文昌帝君、孔子先聖及配享外，還建有祭祀專祠，如節孝祠或節義祠，供奉對鄉里的道德風尚作出貢獻，影響廣泛的當地義士、孝子、節（貞、烈）婦。節義，亦作"節誼"，謂節操與義行。女人在丈夫死後，終身不嫁，堅守貞操，撫養幼孤，侍奉公婆，直到老死就是守節，又稱貞節；或遇到暴徒、流氓猥褻、強暴時而寧死不屈，這樣的婦女稱爲"節婦"或"烈婦"。官方提倡和鼓勵守節行爲，而且還要旌表。歐陽永禧、江鯤、何德新，作爲官方府縣首腦，親自撰文表彰節婦，通過這種具體形象的示範偶像，教化、影響著普羅大衆去踐行，反映了古代社會對道德建設的重視程度。通過這三通碑文，樹立了鳳姐、高節婦兩位"彤史常青"的烈女（婦）形象。

元稹《唐左千牛韋佩母段氏墓志銘》中的段氏，弘化公主、李彩、李季英、武氏四位唐朝公主事迹與品德懿範另文專述。

長眠於涼州大地的四位唐朝公主

武威城南20千米處的青嘴喇嘛灣一帶，層巒叠嶂，峽谷縱橫，大水、冰溝兩條河流湍流急下，兩水匯合處水波蕩漾，風景如畫。清同治年間，民族矛盾激化，當地群衆紛紛上山挖窑洞避難，有個梁姓人家，挖中了一座墓葬，取火一看，見墓中金碧輝煌，壁畫滿牆，隨葬器物琳琅滿目，還有不少金玉珠寶。梁氏行爲詭秘，發了一筆橫財。1915年4月，墓葬又被當地群衆掘開，掘墓者將墓志收藏起來，密不告人。時任武威縣縣長康敷鎔，學識淵博，之前又在青海任職，并有《青海志》等著述。他認爲涼州爲西陲重鎮，又與青海相連，必有先朝石刻埋藏地下，便吩囑商會會長賈壇四處尋訪。賈壇先生酷愛金石，風聞南營墓葬，立即驅車前往，將墓志找回，放置文廟保存。在康縣長的介紹下，人們這才知道這方墓志的主人是來自遠嫁青海的大唐弘化公主。當地老百姓知道了青嘴喇嘛灣有一位公主長眠於此，便在山崗上修建了一座娘娘廟，四時祭祀。在弘化公主墓葬墓志及之後陸續出土的吐谷渾王室墓志的保護當中，民國武威縣縣長康敷鎔和地方名士賈壇功不可没。

吐谷渾是我國古老民族之一，屬鮮卑族的一支，最初發迹於我國東北地區，後徙居西北，於西晉永嘉之亂後興起，最盛時其據有今甘、青、蒙、新部分地區，轄境東西長達數千里，存在時間長達350年，最後被興起於青藏高原的吐蕃所滅。唐朝爲了穩定西部邊疆，曾以弘化公主等多位公主下嫁吐谷渾王室成員和親。凉州青嘴喇嘛灣吐谷渾王族墓地是其政權滅亡後才形成的。唐高宗龍朔三年（663），吐谷渾滅亡後，國王諾曷鉢及妻弘化公主率千帳逃至凉州。唐朝曾於咸亨元年（670）派大將薛仁貴率兵擊吐蕃，并護送諾曷鉢回本土建國。由於薛仁貴敗於青海大非川，幾乎全軍覆没，吐谷渾建國的希望落空。後來，唐朝先後將諾曷鉢王族安置到鄯州（今青海樂都）浩門河（今大通河）一帶和靈州（今寧夏吴忠市）、凉州。吐谷渾王族成員在凉州居住只有9年，死後大都葬於或遷葬於凉州南山（即青嘴灣和喇嘛灣），由此在這裏形成一片比較完整的吐谷渾王族墓葬群。繼弘化公主墓志出土之後，這裏先後又出土唐代吐谷渾墓志銘8通，志主分别爲青海國王慕容忠、政樂王慕容煞鬼、安樂王慕容神威、元王慕容若夫人李氏、金城縣主（成王慕容忠妻）、燕王慕容曦光夫人武氏、代樂王慕容明、燕王慕容曦光，其中有4位是唐朝公主。1944年春，西北科學考察團歷史考古組赴河西考察，著名考古學家夏鼐先生對當時出土的7通墓志進行了研究。9通墓志分别介紹了墓主人的出身、簡歷、功績、操行和生卒時間、壽夭、葬期等，是目前國内出土的比較完整的吐谷渾民族碑刻，對研究吐谷渾及西北民族關係史具有非常重要的史料價值。

弘化公主（623—698），也叫光化公主，唐宗室淮陽王李道明之女，貞觀十四年（640）以大唐公主身份嫁於青海國王慕容諾曷鉢，從此遠離皇宮和親人，來到偏遠的湟水河畔，爲民族團結和西北邊疆的安定奉獻了一生。據史書記載，弘化公主不僅聰明賢慧，而且具有超人的膽略。因她的和親，占據青海的吐谷渾從此和唐朝關係密切，再無戰事，使唐朝西部邊境安寧。武則天稱帝之後封爲"西平大長公主"，賜姓"周"。武周聖曆元年（698），弘化公主與其子慕容忠同月同日去世於靈州（今寧夏吴忠市）私第，又同年同月同日歸葬於凉州南山。弘化公主入吐谷渾，是唐朝公主嫁於外蕃的開端，是中華民族團結史上的一件大事，不僅使唐與吐谷渾的關係很快得到改善，而且也促進了唐朝與西部少數民族的友好往來。弘化公主下嫁的第二年，唐太宗以宗室女文成公主嫁與吐蕃王松贊干布，揭開了唐與吐蕃關係的新篇章（見《弘化公主墓誌銘并序》）。

李彩（668—710），唐宗室女，出身於官宦世家，自幼受到良好的教育，22歲出嫁吐谷渾元王慕容若。於唐睿宗景雲元年（710）去世，歸葬涼州吐谷渾王族祖塋（見《大唐隴西郡夫人李氏墓誌銘》）。

李季英（？—718），唐宗室女，封金城縣主。唐高宗永徽三年（652），奉詔下嫁吐谷渾國王慕容諾曷鉢之子成王忠。她在吐谷渾生活五十多年，上爲朝廷安撫邊疆，下爲民族（部落）團結盡心竭力。於唐玄宗開元十六年（718）去世後與其夫合葬於涼州南山（見《大唐金城縣主墓誌銘》）。

武氏（703—735），太原人。武則天之侄魏王武承嗣孫女，燕公武延壽之女，封太原郡夫人。十九歲進入皇宮，受到良好的教育；篤信佛教。下嫁吐谷渾燕王慕容曦光爲妻，於唐玄宗開元二十三年十月去世於長安，次年十月歸葬涼州吐谷渾王族祖塋（見《大唐故武氏墓誌之銘》）。

和親政策一般都是在一方國家比較弱勢的情況下進行的。和親最早始於漢代，是統治階級的一種外交工具，是國家間在敵強我弱的特殊情況下采取的權宜之計，以有限的犧牲來換取整頓内政、休養生息、發展經濟、積蓄力量的時間。漢朝建立初期，北方的匈奴比較強悍，没有足夠的實力對匈奴進行抗擊，便采取暫時的和親政策，給自己以修養生息的機會。和親政策經過發展，到唐代可以說是達到了高峰，成爲廣泛運用的安邊政策。唐太宗爲了社會穩定，各族友好，大力推行和親政策，他把自己的妹妹衡陽公主嫁與突厥處羅可汗次子阿史那杜爾，把宗室女弘化公主、文成公主分别嫁給吐谷渾可汗、吐蕃王，從而建立了唐朝與突厥、吐谷渾、吐蕃之間的友好關係。唐王朝曾與突厥、吐谷渾、吐蕃、契丹、回紇、南詔等民族（國家）共計和親數十次，爲唐朝的穩定和繁榮起了較大的作用。

長眠於涼州大地的弘化、李彩、李季英、武氏四位公主，爲大唐帝國的穩定和繁榮貢獻了畢生的勤勞和智慧，她們雖然犧牲了個人的幸福，甚至死後也不能如願安葬，但却以自己的行爲方式踐行了國家策略，成爲民族友好的使者。遺憾的是四位公主没有看到收復失地、恢復故國家園的那一天，在希望與失望的煎熬中永離塵世，將自己美麗的儀容依偎於壯麗的涼州南山，她們的靈魂不時地飄逸於高崗山巔之上，翹首遙望日月山的恢宏美景，傾聽浩門河的滔滔流水，在靈與肉的歸宿地涼州青嘴喇嘛灣寄托思鄉望鄉之情。

風流才子元稹的相思與真情

元稹《唐左千牛韋佩母段氏墓志銘》，收入《元氏長慶集》卷58，張澍收入《涼州府志備考·藝文卷》。20世紀末，在洛陽出土《有唐武威段夫人墓志銘》，作者署名"監察御史元稹"，引起學術界關注。兩篇碑文文字出入較大，有同有異，至今仍爲學術界爭論不休的話題。

元稹（779—831），字微之，河南洛陽人。中唐著名詩人，政治家，官至宰相。元稹是北魏皇族後裔，其六世祖元巖，隋代曾官兵部尚書，進爵平昌郡公，後家道中落。元稹聰明過人，少有才名，15歲時以明經及第。及第之初多年，閑居京城，但他没有終止勤奮學習。家庭藏書給他提供了博覽群書的條件，京城的文化環境和他的廣泛興趣，陶冶了他的文化修養。貞元十八年（802），再次參加吏部考試中書判拔萃科，授秘書省校書郎。元和元年（806）又參加制舉考試及第，授左拾遺，進入河中幕府，遷監察御史。後一度拜相，不久出任同州、越州刺史，幾年後入朝爲尚書左丞。大和四年（830年）正月，又被迫出爲檢校户部尚書，兼鄂州刺史、御史大夫、武昌軍節度使。次年七月，暴病去世於鎮署，追贈尚書右僕射，白居易爲其撰寫了墓志。

元稹與白居易同科及第，二人志同道合，情同手足。并結爲生死不渝的好友。二人詩詞成就巨大，著述豐富，并共同倡導了"新樂府"運動，世稱"元白"，形成唐代詩壇著名的"元和體"，開創了一種詩風。

貞元十八年（802），進入仕途的元稹春風得意，不但獲任美差，而且喜結高門。元稹出身破落官僚家庭，門第不高，只有入仕以後，才有結交高門的資本，如今作了校書郎，正值風華正茂，才華橫溢之時，自然就把終身大事提上了日程。這一年，24歲的元稹與20歲的韋叢結婚。韋叢出身於京兆名門韋氏，是太子少保韋夏卿的小女。結婚前後，韋夏卿曾官京兆尹、太子賓客、東都留守，官高位顯。對於中國古代文人來說，人生之大事莫過於婚與宦。當時的元稹地位較低，但韋夏卿欣賞元稹的才華，相信他會有大好前程，而元稹則是借這樁婚姻得到上升的機會。不過兩人婚後却是恩愛百般。韋叢不僅賢慧端莊，通曉詩文，更重要的是出身富貴却不好富貴，不慕虚榮，與元稹一起過着清貧的生活。韋叢從大户人家來到這個清貧之家，却無怨無悔，盡自己最大的努力去關心和體貼丈夫，對於生活的貧困淡然處之。元稹原本以爲這只是一個政治上晋升的途徑，却没想到韋叢是這樣一個温柔的女子、體貼的嬌妻。古話説，百无一用是书生。婚后，元稹忙着科试，家中的家务全由韦丛包办，所以元稹在数年以后，总还是会忍不住想起与他共度清贫岁月的结发妻子韦丛。

唐宪宗元和四年（809）七月，韦丛因病去世，年仅27岁。此时的的元稹已升任监察御史，幸福的生活就要开始，爱妻却驾鹤西去，他无比悲痛。韦丛营葬之时，元稹因事务缠身，无法亲自前往，便事先写了一篇情词痛切的祭文，托人在韦丛灵前代读。即便如此，到了下葬那天，元稹仍情不能已。韦丛盛年而逝，对元稹打击很大，使他常常夜不能寐。由于难遣伤痛，他写下了有名的三首悼亡诗，这就是最负盛名的《三遣悲怀》。韦丛与他同甘共苦七年，却在他即将飞黄腾达的时候离开了他，元稹对妻子的深切思念和无法释怀的悲伤难以自已，只能在诗中写下自己的思念，"曾经沧海难为水，除却巫山不是云。"这千古传诵的佳句，就是元稹悼念亡妻韦丛而作的。对妻子无法释怀的悲伤和深切思念还在继续，两个多月后，又一桩打击降落于元稹的身心。

元和四年九月，韦丛庶母段氏暴疾而亡。段氏，出身于武威世家大族，是太子少保韦夏卿之侧室，生子韦佩，时在左千牛卫（唐代十六卫府兵之一，主要职责为皇帝贴身侍卫）任职。韦丛是韦夏卿与夫人裴氏所生，裴氏死后，由庶母段氏抚养成人，"裴夫人早世，女抱子幼，思所以仁之者，命主养之。"段氏生前"当贵大之家，处谦谦之势，然而不怨不德，礼得其宜"，受到阖家上下欢迎；其去世后，韦氏一门礼节有加："凡韦氏之族姻，闻其丧，莫不亲者悲，疏者叹……诸子泪诸女，皆服兄弟之母服，而哀有加焉！"据《韦丛志》载，韦丛于元和四年七月九日先于庶母段氏卒；段氏于元和四年九月十九日暴疾，元稹亲自撰写《唐左千牛韦佩母段氏墓志铭》，同年十二月刻碑下葬。在这篇为庶岳母写的墓志铭中，除对段氏的深切怀念之外，也寄托了对亡妻的思念，甚至直接引用了其妻的留言"离则思，思则梦，梦则悲，疾则泣，恋恋焉，予不知其异所亲矣！"尽管后世对元稹的私生活多有非议，但他对韦丛的相思，对段氏的怀念还是具有真情实感的。这篇墓志既是悼念段氏，亦是怀念韦丛之作。因为这方碑、这段情，使武威段氏永留世间。

为贞烈民女立传 倡忠诚义勇精神

欧阳永祎任武威知县期间（1740—1745），亲自撰写《烈女凤姐墓碑》文，为见义勇为、挺身而出献出生命的民间女子树碑立传。

事件的原委是这样的：凉州双树沟（今凉州区发放镇双树村）高家有一仆

女名叫鳳姐，因其聰明伶俐，"生有慧質，舉止端方"，深受女主人潘氏喜愛。潘氏十分關心鳳姐的生活和前程，爲不耽誤她的終身，出錢將鳳姐與其父母安置在城東居住。當時鳳姐已經許配給喬家，即將完婚。在這當中，恰巧遇到主人高家母親去世，鳳姐前去奔喪。當時高家還有一位男僕名叫孫貴，此人居心叵測。孫貴看到另一女僕春姐頗有姿色，便不斷對她進行性騷擾，但屢遭春姐的嚴詞拒絕。對此，孫貴懷恨在心，伺機報復。他於高家喪事之夜，乘醉持刀闖入，想要殺掉春姐以泄私憤。當時鳳姐、春姐與女主人住在一起，女主人對孫貴的非禮舉動和犯罪行爲當場予以嚴詞斥責。孫貴氣急敗壞，竟"揮刀亂砍"。鳳姐面對孫貴喪心病狂的危險舉動，勇於面對，挺身而出，"直前以身蔽主"，并指斥孫貴的不仁不義不法的無德行爲。爲了保護主母與春姐的安全，鳳姐竟被孫貴殘忍殺害。

歐陽永裪聽説此事後，親自撰寫了《烈女鳳姐墓碑》，對鳳姐面對歹徒毫不畏懼的凛然正氣和烈丈夫精神贊頌有加，稱贊鳳姐"古今來奮不顧身，忠於其主，如嵇紹、辛賓、陸秀夫輩，皆烈丈夫之所爲。"雖"出身微賤"，"亦能以身衛主，至死而不知懼，豈非正氣鐘於閨門，爲烈丈夫之所爲而無愧哉！"正因爲如此，歐陽知縣認爲，鳳姐之死"重於泰山"，是天下女性的榜樣，"有女若此，彤史常青。"他非常看重"女之義烈"之價值所在，因而"勒貞瑉以表其墓。"

嵇紹，魏晋名士嵇康之子。西晋惠帝永興初年 (304)，河間王司馬顒、成都王司馬穎舉兵，嵇紹從帝戰於蕩陰，侍衛皆潰，惟嵇紹以身捍衛，飛箭羽集，遂被害於帝側。辛賓，西晋湣帝時爲尚書郎。及帝蒙塵於平陽，劉聰使帝行酒洗爵，欲觀察晋臣在朝者意圖。這時，辛賓起身抱着皇帝大哭，遂被加害。陸秀夫，南宋左丞相，抗元名臣，與文天祥、張世杰并稱爲"宋末三杰"。崖山海戰兵敗 (1279)，他身負宋衛王趙昺蹈海而死。鳳姐何許人也，區區一婢女也。而歐陽知縣以嵇紹、辛賓、陸秀夫這些千古傳誦的"烈丈夫"作比，完全打破了傳統門第觀念，鳳姐當含笑九泉矣！看似如此，實際上歐陽永裪在倡導一種忠誠義勇的精神，既是他比較進步的社會風俗觀的集中體現，又反映了古代社會對道德風尚的敬畏和崇尚。

五、寺廟春秋

武威歷史上最早的寺院大雲寺及其演變

　　涼州大雲寺是武威歷史上最古老的一座佛教寺院，位於武威城東北隅，創建於東晉升平年間（357—361），距今已有1600多年的歷史。大雲寺初名宏藏寺，隋朝時爲感通寺，唐武則天時改名爲大雲寺，西夏時爲護國寺，元末兵燹後，重新修復并恢復大雲寺之名。寺內還有一座巍峨壯觀的古鐘樓，雄居在10米多高的磚包臺基上，周有繞廊，建有階梯；樓重檐歇山頂，五彩作斗拱。整個建築挺拔俊秀，高聳入雲，造型獨特，氣勢宏偉，既是武威的一大佛教聖地，也是"涼州八景"之一。大雲寺自創建以來，進行過多次修繕，最終毀於1927年大地震，唯古鐘樓及大鐘安然無恙。武威保存着4通有關大雲寺的碑刻，綜合考察，將對大雲寺的創建、擴建、修繕及易名等基本上有一個比較清晰的輪廓。

一、武威歷史上最早的寺院碑刻——涼州衛大雲寺古刹功德碑

　　此碑原爲唐碑，以碑尾立碑時間"唐景雲二年（711）……"爲證。原碑已佚，現在我們看到的是明代重刻碑，重刻時加入了"涼州衛"等明代痕迹。武威寺廟碑刻較多，目前收集到的約計120多通，唐代僅有3通，而主題爲寺院內容且比較完整的只有此碑。可以説，此碑是武威歷史上最早的一通寺院碑刻，簡述了大雲寺的歷史淵源和基本規制，重點記載了唐景雲年間的一次重大修繕活動及修繕後的宏大規模和富麗堂皇。此碑一是時間早，二是信息量大，對今天研究大雲寺的歷史演變、規制、規模以及大雲寺與地方豪強的關係、大雲寺與摩尼教的關係等方面提供了重要依據，在學術上的價值不言而喻。詳見本書另文《武威歷史上最早的寺院碑刻——涼州衛大雲寺古刹功德碑》。

二、研究西夏文的活字典——涼州重修護國寺感通塔碑銘（西夏碑）

　　明天啓二年（1622）《增修大雲寺碑記》云："涼州大雲寺，記其巔末，有唐、宋二碑，仿佛可考。"唐碑就是指景雲二年（711）的《涼州衛大雲寺古刹功德碑》；宋碑就是指西夏天祐民安五年（宋元祐九年，1094）的西夏碑。這説明唯此二碑，對大雲寺意義重大。大雲寺，西夏時爲護國寺。《涼州重修護國寺感通塔碑銘》，又稱西夏天祐民安碑，簡稱西夏碑，立於西夏天祐民安五年。碑原存大雲寺（即西夏護國寺），清嘉慶九年（1804），著名學者張澍在武威大

雲寺發現，民國年間移至武威文廟保存。武威西夏博物館建成後又移至該館展出。這是全國現存唯一保存最爲完整的西夏文與漢文對照文字最多的一通碑刻，它的發現，開啓了西夏學研究之門，同時對大雲寺的演變提供了第一手資料。碑文記載的故事雖然離奇，却給我們提供了許多寶貴的歷史資料。首先，碑文記載"武威當四衢地，車轍馬迹，輻奏交會，日有千數"，反映了武威當時所處地理位置的重要。其次，碑文稱"昔阿育王奉舍利起塔遍世界中，今之宮乃塔之故基之一也。天錫遂舍宮置寺"。這段記載，與唐景雲二年《涼州大雲寺古刹功德碑》中的記載吻合，證明西夏時的護國寺和感通塔，即唐時的大雲寺和七級木浮圖，也即前涼時張天錫所建的宏藏寺和七級木浮圖。這對研究涼州大雲寺的變遷和武威城的歷史，提供了重要資料。第三，碑文中有1092年冬涼州大地震的記載，補充了國內編寫的地震史料的缺失。第四，碑文中"大恒歷院正""中書正""皇城司正"等官職名稱，對研究西夏職官具有參考價值。第五，記載了番漢僧在寺院的活動情況，説明漢族與党項等少數民族關係密切，共同在這裏從事生産生活和宗教活動。

三、中日佛教文化交流的見證——增修大雲寺碑記

《增修大雲寺碑記》，立於明天啓二年（1622），碑文引自《涼州府志備考》。明版《增修大雲寺碑記》部分文字已模糊難辨，爲保護碑刻，1993年5月，武威市文管會、武威市博物館重鐫後立於大雲寺。碑文簡述了大雲寺有史可稽的幾次大修：明洪武十六年（1383），由日本沙門志滿募化修復；萬曆二十年（1592），駐涼將領魯光祖完成大雲寺塔遺留工程，使之與清應寺塔雙峰并立；涼州總兵達雲一家爲"酬答神功"而在大雲寺内建造了元帝廟（關帝廟）；僧官洪鎧在寺内構建達公祠；萬曆末年，僧人信還倡議增建羅漢殿、伽藍殿、山門等建築和東西廊房，并於廊壁間繪製佛畫。以上工程完成後，大雲寺規模宏大，崇宏壯觀，雖地處邊陲，但"獨勝於直省内地"。這裏特别值得一提的是日本僧人志滿募化修復大雲寺一事。

元末明初，由於地震和戰亂，涼州佛教寺院大都遭到損毀。明萬曆十六年《敕賜清應禪寺碑記》記載："涼州爲西域襟衽之地，而番僧雜出乎其間，其城之東北隅，舊有北斗宫遺址，相傳於至正時，兵火殘燹。"《增修大雲寺碑記》又云：大雲寺"元末兵燹以後，重爲鼎新，爰復古迹。"這些記載説明，元末戰火，大雲寺遭到的損毁極爲嚴重。日本僧人志滿，日本净土宗第十一代弟子。其師父在臨終前鄭重囑咐志滿，要想尋求佛教的真諦，必須不怕困難，不畏艱險，親自實踐，不斷探尋。志滿謹遵師傅教誨，立志尋求佛法真諦。他於明洪

武年間（1368—1398）渡海來到中國，游歷各地，虔誠禮佛。當他在涼州朝拜大雲寺并瞭解到該寺在佛教史上的地位時，爲眼前寺院頹垣斷壁之慘景所震驚，當即立志重修此寺，以成正果。他走遍涼州城鄉，四處募化籌資，歷經千辛萬苦。功夫不負有心人，終於募化銀兩數萬，修復了即將損毀的大雲寺。志滿重新修建大雲寺，究竟修了哪些建築，修建情況如何，碑文未作介紹，但從碑文的前後記載可以看到，志滿對大雲寺及塔進行了全面修復。從明洪武十六年（1383）到明萬曆二十年（1592），在這200多年當中，史料未見修復大雲寺的任何記載，而"重爲鼎新，爰復古迹"八個字，就是對志滿修復大雲寺所作的高度概括。

修復後的大雲寺，規模宏大，面貌一新，香火不斷，重新煥發了容姿。今天，雖然涼州大雲寺原貌不復存在，但志滿募化主持修復大雲寺的功德，早已載入史册，被傳爲中日友好的一段佳話。1982年6月，時任國務院總理趙紫陽訪問日本，參觀了奈良唐招提寺鑒真和尚供養像和新建成的"鑒真和尚陵"，受到了森本孝順長老的熱情接待。期間，日本奈良唐招提寺僧人曾向中國客人問及志滿主持維修涼州大雲寺情況，趙紫陽答應"回去後查核歷史，給貴國以答復。"經武威縣志辦工作人員認真查閱有關資料，終於在張澍的《涼州府志備考·藝文志》中找到了記載，并引用這段史料，由中國外交部及時向日本國給予了答復。這説明，志滿主持修復涼州大雲寺的事迹在日本具有一定的影響。以此爲契機，大雲寺遺址保護受到政府的高度重視。1986年，經武威市文物部門普查，對大雲寺的遺址範圍進行了詳細調查，劃定了保護範圍。1993年3月，甘肅省人民政府將古鐘樓建築群及大雲寺遺址公布爲省級重點文物保護單位。

四、古鐘樓的鳳凰涅槃——重修大雲寺鐘樓碑記（萬緑重新）

此碑立於清乾隆二十五年（1760），今存武威大雲寺。碑載："涼鎮八景，大雲曉鐘其一也。相傳創自前涼王張氏，史乘失載，實據莫考……但歷唐宋元明，幾經年歲，或興或廢，難以枚舉，其間補臺建閣者代有偉人。"歷史上的大雲寺幾經興廢，"延至本朝雍正十二年，樓臺將圮，仰賴道憲菩、府宗鄭大力飭令五所鄉耆等興工補築，晏安如故。"碑文中提到的道憲菩，即涼莊道菩薩保，滿洲正白旗蒙古人，雍正六年（1728）任涼州知府，十一年升任涼莊道；府宗鄭，即涼州知府鄭松齡，雍正四年任武威縣知縣，十一年升任涼州知府。二位官員在涼州任職期間，曾"興工補築"大雲寺鐘樓，使之"晏安如故"。

乾隆二十二年秋，因連綿陰雨使鐘樓北面傾頹大半，鐘樓岌岌可危。鐘樓一旦坍塌，後果不堪設想。但又因維修工程浩大，費用高昂而無法動工。在大雲寺面臨傾覆的危急時刻，本郡國學生李焕彩憂恐焦慮，積極發起倡議并開展募捐活動。他與同邑善士楊三益等有識之士及大雲寺主持思善共同籌畫，廣泛發動本邑紳衿士庶、駐軍官兵及各行各業"助施銀兩""助施糧麥""隨緣施助"，特別是時任武威縣令永某，"垂賜宏仁，慨然捐助養廉倉斗小麥三十石"。由於募捐活動開展得深入廣泛，"日積月累"，終使所有費用"綽有餘步"。在經費寬綽的情況下，李焕彩等又經過商議，爲長久計，使原計劃土築的鐘樓臺基改用磚砌石嵌。經共同努力，不到一年時間，就將鐘樓修復完畢，堅如鐵鑄石磐。碑文如實記載了修復鐘樓的功德，并將所有有功人員名單刻於碑陰。

大雲寺古鐘，高 226 厘米，口徑 115 厘米，厚 12 厘米，重約 6 噸，懸挂於武威大雲寺鐘樓上。其鑄造時代傳說各异，或云前涼張天錫時所鑄，或云爲唐代遺物，而最晚者謂鑄於五代。

另外，形成於唐天寶元年（742）的《涼州御山瑞像因緣記》碑，記述了涼州瑞像寺（隋煬帝賜名感通寺）的建立及演變，有學者認爲此寺即爲大雲寺。

在大雲寺古鐘樓上還高懸有多方匾額："大棒喝"（清·曾國俠）"聲震蒲牢"（清·蘇璟）"慈海鯨音"（清·郭朝祚）"秀挹天山"（近人武湞）"古鐘樓"（近人李鐘美）"金奏高宣"（近人陳克堯）"聲震隴右"（今人王維德）"玉塞清聲"（今人徐萬夫），展現了各個時期的書法藝術水平。

武威歷史上最早的寺院碑刻——涼州衛大雲寺古刹功德碑

涼州大雲寺位於武威城區東北隅，坐北向南。遺址東至鐘樓東圍墻，西臨百家巷，南爲鐘樓巷，北抵海子巷。南北長 190 米，東西寬 177 米，占地面積約 3.3 萬平方米。遺址東南角保存原大雲寺建築古鐘樓，另有從其他地方搬遷來的建築火廟大殿、山陝會館春秋閣及兩廊。大雲寺是武威最早的佛教寺院，在河西乃至西北地區具有重大影響和重要地位，歷來是古絲綢之路上僧侣信士朝拜的重要聖地。歷史上的大雲寺曾經歷了幾度興衰，歷代王朝和地方政府非常重視對大雲寺的修復和保護，目前保存的有關大雲寺碑刻對我們認識、研究大雲寺的歷史及其興衰演變提供了第一手資料。

《涼州衛大雲寺古刹功德碑》原爲唐碑，以碑尾"唐景雲二年（711）（立碑時間）……"爲證。原碑已佚，現在我們看到的是明代重刻碑。在重刻時加入明代痕迹，如"涼州衛"等。"衛"是明代始設的軍政機構名稱。但碑刻的主要內容還是唐代的，故張澍《涼州府志備考》將此碑文收入唐代藝文卷。因原碑文錯訛較多，民國時期，隴上著名學者張維先生在《隴右金石錄》中對此碑進行了系統的分析和考證，并對發現的問題和錯訛予以匡正。

武威寺廟碑刻較多，目前收集到的約計120多通，大多爲明清時期的，唐代僅有3通，而主題爲寺院内容且比較完整的只有此碑。可以説，此碑是武威歷史上最早的一通寺院碑刻，簡述了大雲寺的歷史和概况，重點記載了唐景雲年間的一次重大修繕活動及修繕後的宏大規模和富麗堂皇。此碑一是時間早，二是信息量大，對今天研究大雲寺的歷史演變、規制、規模等提供了重要依據，其重要性不言而喻。就此碑的信息量而言，主要體現在以下方面。

一是關於大雲寺的淵源。碑文云："大雲寺者，晋涼州牧張天錫升平之年所置也，本名宏藏寺，後改爲大雲寺。因則天大聖皇妃臨朝之日，創諸州各置大雲，隨改號爲天賜庵。"特别點出"花樓院有七層木浮圖，即張氏建寺之日造，高一百八十尺，層列周圍二十八間，面列四户八窗，一一相似。"這説明，1."張氏建寺之日造"的"七層木浮圖"，雖然"年代邈遠，其下層微有凋落，"但在唐代還是保存完好的；2.唐代對大雲寺的修繕是在晋代宏藏寺的基礎上進行的；3.今天的大雲寺是武威歷史上最古老的寺院，始建於東晋升平年間（357—361年），距今1600多年。

二是關於大雲寺的基本規制。碑文中有多處説到寺院的位置、規模、布局、佛塔、彩繪佛教人物及園林、琪樹等，整個建築布局是"當陽有花樓重閣，院有三門回廊，依寶林而秀出，干瑶光而直上，洵人天之福地，爲善信所飯依也。""屋巍巍以崇立，殿赫赫以宏敞"。作者認爲，修繕後的大雲寺"誠西極之慈航，而五涼之勝事也。"雖然没有面積之説，但根據木浮圖的規模和"三門回廊"、南北禪院、"崇草園林"，即可估算出整個寺院的規模。

三是關於大雲寺與地方豪强和宗教界的關係。修繕大雲寺的官員級别高，範圍廣，有地方最高軍政長官赤水軍大使、涼州都督司馬逸客，有神烏（鳥）縣令胡宗輔等，而主持雪獻法師的的身份更爲特殊。碑文稱："寺主雪獻法師，俗姓安氏，姑臧人，驃騎大將軍安公子孫。"表明他是涼州安氏貴族的後裔，與當時駐守武威的赤水軍副使安忠敬屬本家。此亦透出武威豪望安氏的顯赫地位和影響不僅在軍政界，亦滲透到佛教界。同時，也足以説明粟特胡商在武威勢力强大，這爲至德二年（757）河西兵馬使蓋庭倫與武威九姓商胡安門物等殺節度使周泌，聚兵六萬反叛埋下伏筆。

四是關於大雲寺與摩尼教的關係。碑文有"大雲寺者……本名宏藏寺，後改爲大雲寺""其後地獄變中，觀音菩薩二、地藏一，齊空放光，久而不滅……比丘翻經譯典，有造經房一所。"北宋史地學家宋敏求在《長安志》中説：長安"懷遠坊東南隅大雲經寺，本名光明寺，隋開皇四年，文帝爲沙門法經所立。"一些學者據此認爲大雲寺就是摩尼寺，摩尼教在北周、隋朝之際就已傳入中國。摩尼教，發源於古代波斯薩珊王朝，爲波斯人摩尼（216—277）所創立。因崇尚光明，在中國又稱明教。一般而言，摩尼教約於6至7世紀傳入中國新疆地區，武后延載元年（694）正式傳入中國。但具體傳入中國的時間，學術界分歧較大。著名學者羅振玉引《長安志》中的上述文字，并以《老子化胡經》《涼州衛大雲寺古刹功德碑》等爲佐證，指出摩尼教傳入中國絕非在唐朝，而應往前推到晉代。他認爲，"其教入中國考其時則在晉武帝泰始元年乙酉。"（羅振玉《摩尼教經跋》，《羅雪堂先生全集》第三編第六册，臺北文華出版社影印，1970年，第2299—2304頁）羅氏將《涼州衛大雲寺古刹功德碑》作爲摩尼教在東晉時期就已傳入涼州的重要佐證之一，可見此碑在學術界的價值。

"隴右學宮之冠"武威文廟的前世今生
—— 武威文廟碑刻綜述

武威文廟，位於城東南隅，座北向南，呈長方形，南北長201米，東西寬153米，占地面積3萬多平方米，由儒學院、孔廟、文昌宮三組建築組成。整個建築布局勻稱，結構嚴謹，廟内古柏參天，嘉樹蔥郁，富有我國古代宫殿式建築古樸典雅、莊嚴雄偉的特點，是西北地區規模最大，保存完整的古建築群。1996年11月，國務院公布爲全國重點文物保護單位。現存武威文廟由三組建築構成。東以文昌宫桂籍殿爲中心，前有山門，後有崇聖詞，中爲過殿和天衢、雲路二門、戲樓，左右爲劉公、牛公祠及東西二廡；中以大成殿爲中心，前有泮池、狀元橋，後有尊經閣，中爲櫺星門、戟門，左右爲名宦、鄉賢二祠和東西二廡，另外還有幾座碑亭；西面爲儒學院，大部分建築已毁，唯忠孝祠、節義祠尚存。據考查，武威現存碑刻中保存了許多有關武威文廟的内容，僅直接記載文廟相關情況的碑刻不下20通，加上數十方匾額，是今天全面瞭解、深入研究武威文廟歷史與現狀的重要實物資料，對考察文廟的肇建、重建、建築布局、歷史演變、歷次修繕、功用等具有不可替代的價值；同時，也必將勾起人們對文昌宫、孔廟、儒學院及其祭田、泮池、魁星閣、崇聖祠、藏經樓和名宦、鄉賢、忠孝、節義、昭忠諸專祠的回憶和遐想。

一、武威文廟肇建時代探源

武威文廟究竟建於何時，目前通行的説法是建於明英宗正統年間（1436—1449），主要根據是立於明正統四年的《涼州衛修文廟暨儒學記》（簡稱楊榮碑）和明成化六年（1470）的《重修涼州衛儒學記》碑。但對此説早已有人提出質疑。楊榮碑記載："涼州，河西勝地，初嘗有學，然廢已久矣。"立於康熙四十三年（1704）的《重修文廟碑記》載："涼郡聖廟，歷有年所，不知幾經修葺矣。"立於道光六年（1826）的《甘肅涼州府聖廟碑銘》云："洎唐貞觀間定先聖之位，而門人暨歷代諸儒之有功於經學者，尊以爲師，陪饗列廡，詔天下州郡，立廟於學。然則，涼州之有文廟，由來舊矣。"從這些記載和表述中可以看出，涼州文廟及其儒學建立較早，只是"廢已久矣"。特別是立於民國27年（1938）的《重修武威文廟碑記》中明確説道："武威自漢武開郡，始見歷史。而文廟創始何代，言人人殊，莫衷一是。今觀其規模宏大，氣象雄壯，知非府縣文廟所及。洎讀《前涼載紀》及《西夏書事》，稱其崇儒術，國中大修孔子廟，復尊爲帝。并證諸父老傳聞，謂肇建於前涼張氏及元昊割據時者近是。"而立於民國38年的《重修文廟創建廟産碑記》中也有類似記載："吾邑文廟，相傳肇建於前涼張氏，或云爲西夏時所建。代遠年湮，傳聞异詞。惟自明正統成化以迄清順治、康熙、乾隆、道光間賡續葺修，歷有碑記可考"。這些記載可謂言之鑿鑿。如果將文廟的肇建歷史確定爲前涼，則提前了約1100多年，若確定爲西夏，則提前了近400年。元代大學士虞集在《西夏相斡公畫像贊》一文中記載了當時西涼州的情況："夏亡，郡縣廢於兵。廟學盡壞，獨甘州僅存其迹。興州有帝廟，門榜及夏主靈芝歌石刻。涼州有殿及廡。"（《道園學古録》）從虞集的這段記載可知，西夏滅亡後，郡城縣府都經受了嚴重的兵禍，幾成廢墟。西夏故地的孔廟經戰亂破壞殆盡，除都城興州和甘州的孔廟留有遺迹外，惟涼州的孔廟還保存有一座大殿及東西兩側的廊房。這説明西夏確有文廟。根據全國現存文廟的情況考察，武威文廟確實具有國家級文廟的規格。武威是前涼都城、西夏陪都，推測其始建於前涼或西夏是有充分根據的。

早在西漢元狩年間，武帝逐匈奴，設郡置縣後，實行"屯墾戍邊"和"徙民實邊"政策，帶來了先進的中原文化。漢平帝元始三年（公元3年），武威已設立官學，還出現了私學，教授學習內容以儒家經學爲主。東漢初期，南陽名儒任延擔任武威太守期間，建立郡國學校，武威郡"遂有儒雅之士"。魏晉十六國時，中原地區戰亂紛爭，河西一帶相對安定，中原儒學逐漸向西北轉移。前涼奠基者張軌，興儒學，建文廟，辦官學，大力支持私人講學授徒。五涼政權曾四度建都涼州，不論是漢族政權，還是少數民族政權，無不重視教育，遂使涼州儒學興盛不衰，許多學有所成者對北魏的政治制度和文化教育產生了很大的影響，正如《資治通鑒》所言："涼州自張氏以來，號爲多士。"隋朝建立科舉制度，有力地促進了教育的發展和人才的公平產生。唐太宗貞觀四年（630），尊孔子先聖之位，下令全國各州縣設孔子廟，立廟於學。涼州爲西北重鎮，高官顯貴和名儒雅士多會於此，孔廟規模自然不會低於其他州縣。西夏據涼州，對黨項族和漢人中學問精深者授以官職，恢復文廟，敕令各地興學授徒。元朝設立州學、社學，逐步推行漢族教育，少數民族人才如昂吉、斡欒等，受到朝廷重用。到了明代，由於官方和民間重視，復建文廟，設立儒學和考院，興辦官學，城鄉普遍設有社學、義學、家館等，涼州教育進入了一個新的發展時期。清代文化教育事業盛於明代。雍正二年（1724），將涼州衛儒學改爲涼州府儒學，擴大了規模，增多了生員，選拔貢生由兩年一貢改爲三年兩貢。設立武威考院，成爲涼州府武威、鎮番、古浪等五縣考取生員（秀才）的場所。之後，各縣陸續創設儒學，書院興起，成爲"賴以造士"的主要場所。清光緒以後，甘肅自設貢院，涼州舉額增加，科舉考試更爲興盛，出現了英華薈萃，人才輩出，"文風甲於秦隴"（《武威興文社當商營運生息碑記》）的喜人局面。據有關資料，涼州府考取的舉人和進士人數分別位居甘肅省第一和第二，其中不乏對社會政治、文學藝術、學術研究和教育文化的發展作出較大貢獻者。

二、武威文廟重建與修繕概述

（一）重建。《涼州衛修文廟暨儒學記》（楊榮碑），立於明正統四年（1439）二月，今存武威文廟。這是目前僅存的關於武威文廟的第一通碑刻，簡要叙述了武威文廟的創建緣起、規模布局、發起人及其身份和文廟所承載的禮制教化作用。涼州爲西陲重鎮，駐軍較多。明洪武年間，國子監訓導張先生受命赴涼州負責戍邊將士子女的教育工作，一年後期滿回京，教育工作一度中斷。因駐軍子弟和地方學子讀書習文的需要，明英宗正統二年，鎮守武威的兵部右侍郎徐晞，目睹"將校子弟多明秀好學，而未設學舍以爲講肄之所。遂以請於朝，得命。"因受命於朝廷，又得到了地方官吏和各界人士的大力支持，并充分利用農閒期間駐軍的幫助，僅用兩年時間即告完成，其基本規模和格局"壯偉宏耀，爲隴右學宮之冠。"這就是我們通常所說的文廟始建於明正統二年至四年的來歷。今天，我們當從碑文中獲取以下信息考察其重要價值。

1. 規模和格局大。共有三部分構成：西面爲明倫堂（儒學）等；中爲大成殿、靈星門、泮池等；東面爲文昌祠。當時的文廟已奠定了與今天基本相一致的規模和格局。

2. 主持肇建者地位高。徐晞，字孟初，江蘇江陰人。歷工部郎中、兵部侍郎，曾兩次赴西北，坐鎮涼州，并主持修建武威文廟。徐晞具有早年參與營建北京紫禁城的經歷和經驗，這爲他主持修建武威文廟打下了堅實的基礎。其後不久，徐晞南下雲南平叛，戰績輝煌，官至兵部尚書。晚年，徐晞告老還鄉，以古稀之年去世，今江陰城内有司馬街，爲其故居。

3. "諸君子""同心協誠"支持修建。期間，得到了十多位高級軍政官員的鼎力支持，"今徐君乃與諸君子協誠，建學宫於邊陲之地。"他們是：王貴，鎮守甘肅太監。李貴，鎮守甘肅少監。任禮，正統年間鎮守甘肅，官至平羌將軍、寧遠伯。蔣貴，平虜將軍、甘肅總兵，官至平蠻將軍、定西伯。趙安，甘肅副總兵，後以功封會川伯，移鎮涼州。曹翼，都察院右僉都御史，正統年間，奉命經理甘涼邊防事務。馬昂，以都察院右副都御史參贊甘肅軍務，官至兵部、户部尚書，贈太子少保。郭堅，陝西等處承宣布政使司左參政。于奎，陝西等處提刑按察司副使。任啓，錦衣衛指揮使，署陝西行都司指揮使、都督僉事，鎮守西北。柴車，兵部侍郎，正統年間贊理甘肅軍務，官至兵部尚書。羅亨信，以都察院右僉都御史赴西北參贊軍務和統管軍糧。王驥，明代名將，時任兵部尚書。支持者和參建者地位之高、範圍之廣，又一個使人不可想像。

4. 名人撰寫碑文。撰碑人楊榮（1371—1440），字勉仁，今福建建甌人。進士出身，著名政治家、文學家，内閣首輔，與楊士奇、楊溥并稱"三楊"。楊榮在文淵閣治事 38 年，歷任四朝，官居相位 20 年，謀而能斷，老成持重，尤其擅長謀劃邊防事務，以武略見重，又有文才，有著作多種傳世。徐晞充分利用自己的人脉關係，懇請當朝大名士楊榮撰寫碑文，使武威文廟名貫古今。

5. 政治站位高認識到位。"夫學校，政化之本，賢才之所自出也；學校立，則禮義興，風俗美。"不得不佩服古人的政治智慧與政治站位，從當初爲駐軍子弟提供就學的一所普通學校，發展到政治教化、人才培養基地和文化聖地，且一直影響到今天。

6. 其他信息。"涼州，河西勝地，初嘗有學，然廢已久矣。"説明過去涼州曾有官學，"然廢已久矣。"乾隆《武威縣志·建置志》載，"學宫自明正統中，職方右司馬徐晞題請復修。"由此看來，正統年間名爲肇建，實爲恢復性重建。

（二）第一次大規模修繕。《重修涼州衛儒學記》碑，立於明成化六年（1470），由陝西布政使司參政崔忠撰寫。簡述了文廟的維修（重修）情况、建築規模以及文廟（儒學）對地方文化、道德、人才建設等方面的重要作用。這是文廟暨儒學興建30多年後的一次大規模修繕工程，相關背景、人物、規制及政治站位与認識高度等可與楊榮碑媲美。這次重修是在河西巡查的都察院右僉都御史徐廷章倡導下，由駐涼州軍政官員陳善、趙英、劉晟等在明正統四年修建的基礎上命工重修，用時兩年，修繕一新，使得涼州又一次從"夷虜之污，習而爲鄒魯之風；窮荒之境，變而爲文獻之邦。"

徐廷章，一作徐廷璋，字公器，河南羅山人。明景泰二年（1451）進士。累擢右僉都御史，曾巡撫延綏、寧夏，在寧夏督造長城二百餘里。在巡撫河西期間，創辦肅州學宮，倡導重修涼州衛儒學。徐廷章是武威文廟發展史上繼徐晞之後的一位重要人物，他"廉正持己，才能度人……按節涼城，睹斯學之廢，遂慨然倡。"不但修繕了文廟和儒學，在"易舊增新"的基礎上，又增建了一些建築。更爲重要的是他首創文廟學田（祭田），協調解決了運行經費問題："公廣詢博訪，得腴畤如千頃，歲斂子粒如千碩，置學倉收貯，以資祭用，綽綽餘裕。"難得的是他在文廟與儒學的修繕當中，沒有動用公家的一分錢，也不搞攤派，完全靠自己想辦法籌措解决："爰凡所用，悉都憲公多方措置，未嘗有一毫動在官而取在下焉。"

（三）蘇銑和武廷適的兩次大規模修繕。《重修文廟碑記》，立於康熙四十三年（1704），由翰林院侍講學士、内閣學士提督江南學政張廷樞撰寫。武威文廟，歷代都有修葺。據碑文記載，在武廷適修繕文廟之前，"順治初道憲蘇公銑，甫臨茲土，以殿宇狹小，規模未備，從而增廓之，一時美壯麗焉。獨尊經閣尚仍舊，墻垣未極丹艧，而公以擢去。"這不僅是文廟自入清以來的第一次大規模修繕，也是"拓地興功"、規模超前的一次增修擴建，蘇銑也因這一善舉載入武威歷史。

蘇銑，今河北交河縣人。順治三年（1646）進士，歷推官、御史、按察使司副使、兵備道、布政使司參政等職，官至江西按察使；順治十二年，任陝西布政使司參議分守西寧道（駐涼州）。期間，修文廟、編郡志、減差徭，政績突出，百姓信賴。有《（順治）西鎮志》傳世，入涼州名宦祠。據乾隆《武威縣志·建置志·學校》載，"我朝順治甲午（1654）秋，觀察蘇銑以廟宇宮墻久圮，集議捐俸，設法勸輸，拓地興功，增殿廡以及櫺星、儀門、泮池、金聲玉振各亭、名宦鄉賢各祠……規模較舊逾數倍。"可見，蘇銑是武威文廟建設史上的一位承前啓後的重要人物。

武廷適，今山西大同市人。康熙四十一年（1702）莅武威任涼莊道，"下車日，恭謁聖廟。"當他看到文廟被"風雨剝落，鳥鼠所摧殘"後，心裏"惻然"，頓生修繕意圖。他帶頭捐款，并全力謀劃，"不憚勞瘁。"在他的帶領下，地方軍政官員和涼州縉紳士民紛紛解囊相助。這是繼50年前蘇銑修繕之後的又一次重大修繕工程，并且"舉蘇公之有志未建者"，完成了蘇銑當年未完成的工程如尊經閣等。修繕後的武威文廟，"金碧輝煌，丹霞焯耀"，"宮牆之竣，肆外閎中；美富之觀，照星麗日"，"洵足以甲諸郡而聳瞻仰也。"茲年，武廷適在修繕文廟煥然一新後，又在今和平街小學一帶創建成章書院，成爲他"卓卓""兩大政"。參見本卷《武威碑刻中的清官良吏形象》一文相關內容。

（四）康乾時期的三次修繕。《文昌宮補修彩繪碑記》，立於乾隆十七年（1752），拔貢曾國倓撰文。文昌宮是文廟的重要組成部分，歷代都有維修和續修改建。碑文重點叙及三次修建，前兩次即康熙五十年（1711）武威縣首名進士孫詔捐資倡修、康熙五十二年鞏昌分府監屯同知范仕佳倡修，許多地方官員和紳縉士庶積極回應，使文昌宮"規模粗就"。乾隆十七年，由文昌會及監生宣升彪、劉述武倡修，涼州知府何德新捐俸百金，涼州理事同知傅顯捐俸五十金，特別是監生宣升彪，將許多田産錢糧"情願施捨本城文昌宮，永遠備香燈之用"，成爲文昌宮維修、祭祀和香火之費的主要來源，在當時影響很大。這次修繕，增加了不少建築，其中"改戲樓爲魁星樓"是一次較大的改動，使文昌宮始有魁星樓。碑文對研究文廟建築布局演變具有重要價值。

（五）乾隆中葉的一次大規模修繕。《重修文廟碑》，立於乾隆三十七年（1772），邑人張翮撰文，王化南撰額。武威文廟始建以來，代有修葺。乾隆中葉，武威縣令章攀桂"以報先師啓牖之功"，以興修文廟爲己任，捐俸銀八百兩，出社糧四百石，并倡議士紳共成維修大業。這次重大修繕工程用銀四千餘金，歷時一年多。重修後的文廟，規模宏大，"尊經閣高其甍脊，大成殿煥其榱題，以及兩廡、二祠、欞星、戟門、泮池、照牆等處或補其舊，或宏其規，巍然煥然，炳如蔚如。"

章攀桂，字淮樹，安徽桐城人。乾隆中葉任武威知縣，累擢江蘇松太兵備道。爲官正直廉潔，有吏才，多術藝，精於風水堪輿之術。

（六）道光年間的一次大規模修繕。《甘肅涼州府聖廟碑銘》，立於道光六年（1826），甘涼兵備道、前涼州知府英啓撰文。"涼州之有文廟，由來舊矣。"道光元年，英啓任涼州府知府。"每逢春秋仲丁，率諸生肅恭行禮……重道尊師。"當他看到文廟"傾圮不修，荒無不治"時，積極倡議修復，涼城士民踴躍回應，兩年後竣工。碑文借維修文廟之事，闡述"重道尊師"的重要意義，意在勸民"學以得心，踐以躬行"。碑文文采絢爛，用典較多，字裏行間充溢着對帝王的崇敬，對孔子的仰慕之情。

（七）**民國年間的持續修繕**。開始於 1927 年武威大地震之後，有兩通碑刻記載了這次長達 20 年的修繕工程。《重修武威文廟碑記》，立於 1938 年，由民國時期的社會賢達趙士達撰寫。簡述武威文廟"規模宏大，氣象雄壯"，并據此提出武威文廟非一般府縣文廟所及，肇建於前涼張氏或西夏元昊時期的見解："文廟創始何代……今觀其規模宏大，氣象雄壯，知非府縣文廟所及。洎讀《前涼載紀》及《西夏書事》，稱其崇儒術，國中大修孔子廟，復尊爲帝，并證諸父老傳聞，謂肇建於前涼張氏及元昊割據時者近是。"將武威文廟的歷史提前了千年，突出其歷史文化價值，爲其重修作鋪墊。1927 年，武威大地震，文廟傾圮，在文廟奉祀官賈壇的倡議下，社會各界積極捐款捐物啓動修復工程。但又因六月發生"涼州事變"，工程匆匆結束，部分建築又遭燹火被毀。作者不無遺憾地呼籲，由於兵荒馬亂，"民窮財盡，籌款維艱"，被損毀和未能修復的部分只能亟等來者如賈壇輩等修復了。碑陰附有闔邑機關、學校、商號和縉紳士庶共二百七十多家捐款捐物名單及數額。

《重修文廟創建廟產碑記》，立於 1949 年，由社會賢達唐發科等撰文。"吾邑文廟，相傳肇建於前涼張氏，或云爲西夏時所建。代遠年湮，傳聞異辭。"自明正統年間重建以來，有碑記可考的修繕不少於 10 次。在 1927 年的大地震中，文廟殿宇墻垣損毀慘重。在賈壇等社會知名人士的倡議下，重修尊經閣、大成殿等，基本恢復舊觀；之後陸續修葺或改建部分建築，增修房屋、鋪舍 86 間作爲廟產。整個修復工程一直到 1948 年結束，持續 20 年。期間，全國許多文廟因歐化或其他原因被毀，或改作他用，甚至有變爲瓦礫場的，唯獨武威文廟得到完整的修繕，時間跨度長達二十年，真是魯靈光殿，不能不說是一個傳奇。碑文簡記文廟重修增置始末和"邦人君子之熱忱毅力"，以使後人有所感念。今日閱其碑文，始知先輩保護修繕文廟之大功德，對激發後輩保護歷史文化遺產、弘揚優秀文化傳統具有積極的作用。

（八）**新中國成立以來的修繕**。新中國成立以來對武威文廟的修繕缺乏碑刻記載，唯在尊經閣一層左邊的石欄杆上簡要刻記着一次維修記錄。根據刻記的張立勝、王金城、徐作雙、馮天民、胡宗秘、金玉治、麻永忠等當事人和"癸酉重陽置"推斷，當爲 1992—1993 年所進行的一次維修和彩繪。1992 年 9 月，武威市舉辦酒文化節。嗣後，節會組委會將節餘資金 30 多萬元撥付文廟。文廟利用這筆資金，對主要建築進行了一次規模較大的維修和彩繪。

三、武威文廟部分建築修繕概況

《涼州衛忠節祠記》碑，立於明嘉靖十四年（1535），由著名文學家、前兵部主事趙時春撰寫。武威從漢武帝元狩二年（前121）正式納入中原王朝之後，一直爲兵家必争之地，功臣名將、忠烈賢士層出不窮。明嘉靖十一年，皇帝釐定典禮，禋祀百神。巡撫甘肅都御史趙載，上承聖意，考據典籍，確定自漢代至明代嘉靖年間卓然可表者東漢著名廉吏、曾任姑臧縣令孔奮等十八人，爲其建忠節祠并立碑紀念。據乾隆《武威縣志·建置志·學校》載，文廟"廟外忠烈祠三楹，節孝祠三楹。"忠烈祠即忠節祠，是文廟的組成部分。由當地軍政官員及儒學訓導聯名立碑，意在借旌表前賢功德勳績之際，以其忠節懿行示範後人，形成世代相傳的良好風尚。

《始置名宦祠祭田碑記》，立於康熙五十九年（1720）。武威文廟有名宦、鄉賢祠，祭祀或紀念對當地有貢獻的官員和社會賢達。雖然"先人生庇涼人，没護涼土。"但經費緊張的現實困擾着管理者。在外地做官而先父被供奉於名宦祠的王隆照和范嘉年，他倆懷着對先父的敬仰和對涼土的熱愛之情，主動捐資維修名宦祠。同時，他們買田建房，將房地產租金收入用於名宦祠的維修、祭祀和資助貧困學子的燈火之費。此舉是武威名宦祠有祭田（學田）之始，既保證了名宦祠的祭祀等費用，又能"助寒儒燈火之費"，可謂功在當代，利在千秋。對此，乾隆《武威縣志·建置志·學校》名宦祠祭田條附有記載。碑文作者王隆照、范嘉年分別爲清康熙年間涼州名宦王光奭（曾任涼莊道）、范仕佳（曾任鞏昌分府監屯同知）之後代，是傳統道德熏陶下的良臣孝子。

《重修文廟祭田碑記》，立於乾隆十六年（1751），由曾任廣東廉州知府、雷瓊道張珆美撰文，涼莊道張之浚、涼州知府何德新、武威縣令李如瑨贊襄。碑陰詳列了祭田的基本情况。武威文廟自明成化年間徐廷章創立祭田以來，凡元旦、聖誕、春秋兩季均進行祭祀活動。明末清初兵燹四起，佃户四散逃亡，祭田逐漸被農户侵占。後經道憲蘇銑、武廷適等及闔學公舉人士屢次釐正給照、按户清繳，成效甚微，"祭田之名存而祭田之實亡矣"。但文廟之祀不能斷停。後來，在縣令李如瑨、儒學教諭劉以璋的努力下"易舊更新，釐清田界"，"酌定條約，革退弊佃，另給印照，招佃承耕"。從此，文廟祭祀又恢復正常。

《魁星閣創典祭田題名記》，立於乾隆三十一年（1766）。簡述魁星閣維修擴建及其知縣黎公"慨捐米俸七百餘金"，并曉諭縉紳士庶捐資助學。這種"創典祭田"模式，"爲武威丕振文風"産生深遠影響，武威學界共同立碑。魁星閣（樓）於乾隆十七年由原文昌宮戲樓改建。

《泮池水利碑記》，立於嘉慶五年（1800），涼州府儒學教授撰文。碑文簡述了泮池及泮池之水的來源和成規定例，突出了甘涼道憲劉公（大懿）等地方官員爲保證泮池之水的供給所做的有效工作，并將泮池供水視爲武威"人文蔚起，科第連綿"的有力保障。

"泮（pàn）池"又稱"泮宮"，是位於孔廟大成門正前方的半月形水池，它是官學的標志。依古禮，太學中央有一座學宮，稱爲"辟雍"，四周環水；而諸侯之學只能南面泮水，故稱"泮宮"。《詩經·魯頌·泮水》有："思樂泮水，薄采其芹……"等句，意指古時士子在學宮可摘采泮池中的水芹，插在帽緣上，以示文才。泮池上一般有石橋，稱爲"泮橋"。武威文廟將泮橋稱作"狀元橋"。科舉考試時，學生過橋去拜孔子，稱爲"入泮"。據碑文"水取之金渠，溝從城南，邐迤入池。匝月三輪，計日六周；每遇水期，渠頭輪流催送，此其成規。"這説明當初是有固定的活水注入泮池，不知何時渠消水斷，殊爲可惜。

《文昌宮敬惜字紙會碑記》，立於嘉慶十一年（1806）。古代有敬惜字紙的傳統。武威文昌宮東南隅設焚化爐，雇人撿拾被丟弃的字紙并集中焚化。同時，成立敬惜字紙會，籌集"采拾字紙之貲"。參見《文明以傳的良好社會文化氛圍》。

《重修節義祠碑記》（嘉慶碑），立於嘉慶十一年。"節義者，天地之正氣，風化之大原。"中華民族素有尊節重義的優良傳統，而節義祠就是弘揚這一優秀傳統的標志。雍正十年（1732），諭令天下州縣建立節義忠孝祠。時任武威知縣鄭松齡（後升涼州知府）"凛遵"建祠，位置在"本學署之西偏"。碑文簡述雍正至嘉慶八十多年間，官府修建、闔邑節婦子孫、紳衿捐資修繕節義祠的簡要情况，意在維護和表彰節婦在社會道德建設中的光輝形象及其作用。

《重修節義祠碑記》（道光碑），立於道光七年（1827）。國家旌忠褒節，"特建忠孝、節義二祠於學宮之旁"，春秋祭祀，以激勵人心，宣揚教化。道光四年，涼州知府英啓續修方志，忠孝、節義後代子孫捐資并參與了方志資料采編工作。修志結束後，節義子孫踴躍捐款二百餘金，加上房屋賃資及修志餘銀，於道光七年擴建了節義祠。碑文簡述了忠孝、節義祠在國家道德教化中的積極作用及其後代子孫捐資修志、修祠的情况，重點突出了重修擴建後的規模及其竣工祀典，意在説明懷念先人、慎終追遠是國家道德建設的需要，"祠之不朽"實際上就是忠孝、節義道德的不朽。此碑與嘉慶碑不同。嘉慶碑重點突出節婦，"夫節婦矢志柏丹，茹蘖飲冰，終身艱苦，至不幸也……蒙恩入祠，配享丁祭，則又不幸中之大幸□！"道光碑節義、忠孝并提，而節義内容又不唯節婦，"惟節義子孫，念先人守節之艱苦，願各自捐貲……""因以各念其先人茹蘖飲冰，完此若節。"乾隆《武威縣志·人物志·節義》所載人物，絕大部分爲節婦，但也有爲國捐軀、仗義疏財、濟困助學的男士。碑文中出現的節義祠、忠孝祠，與今文廟儒學院的忠烈祠、節孝祠名稱雖然有所不同，實際上是不同時期的設置和表達，其意義是相同的。

《蒼夫子神座祭田記》，木質，刻於道光十三年（1833）。武威縣儒學生員李如林，殊貪寺僧劉月峰，將每年典租地收入的糧食捐入學校作爲祭田，并將此項收入於每年蒼夫子華誕之日，置辦牲醴，恭獻於其神座前，并希望永爲祭祀成例。碑文載其典租地基本情况、收入及用途，闔學經理共同立碑，記其善舉，以彰其績。蒼夫子，即倉頡，傳說爲黄帝史官，有雙瞳四個眼睛，天生睿德，他觀察星宿的運動趨勢、鳥獸的足迹，依照其形象首創文字，開創文明之基，被尊奉爲造字聖人、字聖、倉夫子。武威倉夫子神座，具體不詳，推測其可能在文廟文昌宫内。

《重建昭忠祠碑銘并記》，立於道光二十三年（1843）。清嘉慶八年（1803），凉州建立昭忠祠。多年後，昭忠祠頽塌破敗。其後代感念皇恩高厚和先輩之忠誠衛國，各捐世俸，於道光二十三年重建。重建後的昭忠祠"氣象宏整，棟宇輝煌"，并增設牌位，祭祀和紀念在川陝、西寧、西域、浙江等戰事中陣亡的凉州官兵，以告慰忠魂，勉勵後人。碑文簡述國家設立昭忠禮制的意義、凉州昭忠祠的興廢重建，意在强調昭忠的目的在於激勵後人，發揚光大先輩"忠蓋之忱"，以"增光古史"。凉州昭忠祠，具體位置不詳，推測其可能與忠孝、節義祠在一起。

四、武威文廟其他相關碑刻與書院碑刻

《林則徐手迹勒石銘》，爲時任武威地委書記王國文於1997年6月香港回歸祖國前夕所立，一爲紀念香港回歸祖國，二爲紀念林則徐禁烟。碑陰根據林則徐被發配新疆伊犁途經武威時所書真迹（今存文廟）拓本鎸刻，内容出自三國時期魏國文學家嵇康的《養生論》。

《孔子二千伍百四十八年行教像》，1997年由香港孔教學院院長湯恩佳先生捐資鑄立於武威文廟大成殿正前方。像座正面鎸刻"孔子二千伍百四十八年。孔子行教像"等文字，背面鎸刻《禮記》中的《禮運大同篇》。

湯恩佳（1934—），廣東佛山人。世界著名儒學文化名人。出身中醫世家，後在香港創辦實業成功，被稱爲香港的"染料大王"，是多家公司的董事長。多年來，他致力於儒家思想的研究和傳播，捐贈中國和世界各地孔子銅像四百多尊。曾任香港孔教學院院長、世界儒商聯合會會長。

《涼莊道憲武廷適創建書院碑》，立於康熙四十三年（1704），由著名廉吏、通政司正卿宋朝楠撰寫。茲年，武廷適修繕文廟後，他又在"涼之北廳舊址，捐資親督繕修，創爲書院。"即在今鐘樓巷和平街小學一帶創建成章書院。武威歷史上有習武重文的傳統，武廷適修繕文廟、創建書院是他"卓卓""兩大政"。《大方伯整飭分守涼莊道恩憲何大宗師優崇學校設立鄉會路費垂遠戴德碑記》云："自前任武道宗師，創立書院，而肄業有地矣。"創立書院，生員學習有處，學風改觀，影響巨大，爲涼州人才蔚起奠定了基礎。

《灣泉湖水租增入書院碑》，立於乾隆三年（1738），由涼莊道阿炳安撰文。從康熙年間武廷適創建成章書院到乾隆二年，已歷三十多年，後因年久失修，幾於荒廢。阿炳安任涼莊道後，他以捐俸延師、重開書院、振興文教爲首務，并得到涼州知府乜承聖的大力支持和配合。爲解決經費問題，經調查核實，決定將城東北隅"久成曠地"的灣泉湖（今涼州區中壩鎮境内）一片土地，通過引水澆灌而成良田，"增入書院"，將此地每年收入的租糧和道署、府署每年各捐的俸銀，作爲保證書院正常運轉的經費來源。碑文簡述此事，認爲書院乃國家"育人才，儲國器"之地，反映出地方官員對振興文教事業的遠見卓識。

"夫學校，政化之本，賢才之所自出也；學校立，則禮義興，風俗美"（《涼州衛修文廟暨儒學記》）。"學校政治之本，風化之源，而人才之淵藪也，有國家者所宜興之"（《重修涼州衛儒學記》）。文廟的作用是教書育人，宣言禮制德化，同時也承擔着學校（儒學）的職責。因此，古人把廟學的重要性看得十分清楚，因此也就十分重視廟學建設。文廟（包括儒學）及學校、書院是地方教育、文化蔚興的標志，對文廟的重視和呵護，不僅僅是對孔子、文曲星、魁星這些聖人、神靈的頂禮膜拜，還反映出地方有識之士和廣大勞動人民對教育文化事業的重視，對道德禮儀的遵循，道出了廣大人民群衆快出人才、多出人才的心聲，寄托着自己家鄉"人文蔚起，科第連綿"（《泮池水利碑記》）的殷殷期盼。這正是武威文廟及全國1000多座文廟賴以存在的土壤和價值所在。

六百年前羅什寺的一次浴火重生
——武威羅什寺碑刻綜述

鳩摩羅什（344—413），簡稱"羅什"或"什"，祖籍天竺，出生於西域龜茲國（今新疆庫車），家世顯赫，其祖上爲名門。羅什天資超凡，年少精進，又博聞强記，既通梵語，又嫻漢文，博通小乘大乘，佛學造詣極深。東晉太元七年（383），呂光出征西域大勝，返回時帶羅什到達涼州。羅什滯留涼州17年，基本與後涼相始終，一邊弘揚佛法，一邊學習漢文。後秦弘始三年（401）入長安，一直到去世前，與弟子共同譯成《法華經》《金剛經》《中論》《百論》《十二門論》等共94部、425卷，授徒數千人，著名弟子有道生、僧睿、道融、僧肇，合稱"什門四聖"，爲傳播弘揚佛教做出了巨大貢獻。羅什圓寂於長安草堂寺，涼州僧衆懷念其功績，建寺紀念，以其漢名"鳩摩羅什"命之，并造塔一座，其弟子遵其遺囑，將其舌舍利葬於塔中，即今羅什寺寶塔。鳩摩羅什是世界著名思想家、佛學家、哲學家和翻譯家，是中國佛教八宗之祖，與玄奘、不空、真諦并稱中國佛教四大譯經家，被視爲翻譯學鼻祖。

鳩摩羅什寺位於武威城内北大街，這是當今世界上唯一一處以大師之名命名的佛教名刹，是佛教文化與涼州文化高度結合的珍貴遺存。羅什寺從東晉後涼（386—403）初建後，數度興廢，多次毀於兵火，明永樂年間重修，敕爲陝西涼州大寺院。明正統年間，英宗敕書頒賜漢文大藏經4000多卷，成爲全國藏有大藏經的名刹。寺塔俱毀於1927年大地震，現已基本恢復原貌。武威現存有關鳩摩羅什寺碑刻6通、3方鑲嵌刻石，分别保存於武威文廟和鳩摩羅什寺；寺内懸有趙樸初、饒宗頤等名家匾額多方；另有史料記載的鐘、銅鈴、佛造像各一件，已佚。2019年4月，以鳩摩羅什寺爲中心的"羅什寺歷史文化街區"列入武威市重點保護項目，標志着對羅什寺的保護已進入法制化管理軌道。

一、最早的碑碣

《羅什寺位址石碣》，這是一方羅什寺地基四至界碑，現存武威市博物館。石碣雖然只有12個字："羅什寺地址四至臨街。敬德記。"但對研究羅什寺規模具有重要意義。敬德，不詳。相傳爲唐朝名將尉遲敬德，其爲唐朝功臣，一生征南戰北，但史料未記載其在涼州的行迹。

二、最大的一次重修

《重修羅什寺碑》，立於明永樂十七年（1419），已佚，現由涼州鳩摩羅什寺重刻立於大雄寶殿前。碑文記載了羅什寺在明永樂年間的一次重修工程，可謂羅什寺的一次浴火重生。"涼州古今，邊城之勝境，州之北隅，有福地浮屠存焉。"明初，"其下寺堂基址，瓦礫堆阜，榛莽荒穢，比丘不存，亦不知其寺之名，灰燼久矣。"明永樂元年（1403），鄱陽（今江西潘陽縣）善人石洪從軍張掖，因年老退休定居涼州。他在當時已不知其名的遺址中尋得刻有"羅什寺"三字的銀牌，遂斷定這是後秦時期爲三藏法師鳩摩羅什所建的寺院遺迹。於是，下決心化緣重修。石洪的這一善舉，受到涼州紳民的大力支持。經過13年的不懈努力，羅什寺終於在永樂十三年重修完畢。幾年後的永樂十七年春三月，石洪在羅什寺樹立起由舉人廖處撰文記事的碑刻。通過這次重修活動，作者特別強調了人的作用，發出"廢而復興者亦有人力之所造也""其所以復興者亦有人之所造，豈非造物之呵護者乎"的感嘆，實際上是在肯定和贊頌石洪對羅什寺的重建之功。

三、最簡的寺院歷史

《羅什寺碑》，刻於康熙二十八年（1689），已佚，今羅什寺根據《涼州府志備考》所收錄碑文重刻立於寺內。碑文簡述了寺院的歷史和幾次重大修繕活動，特別點出了在歷代重修中貢獻較大的僧人石宏（洪）、馬法林，官員孫思克、王用予、柯彩及本邑高官顯貴李維新子孫等，正是他們的"共襄善舉"，才使羅什寺千年賡續。

四、最動人的教化

《重修羅什寺碑文》，刻於嘉慶九年（1804），今存武威文廟。碑陽記述清嘉慶八年三月重修羅什寺的概況，碑陰《重修羅什寺寶塔碑記》記述清順治十一年（1654）重修羅什寺塔的簡況。從重修到刊刻碑文，二者相距150年。此碑內容不同於其他碑文，記載修葺情況極為簡略，而對佛教的功用闡述較多，如"永鎮姑臧，福滋河右""非佛之福國福民者乎？""非佛之壽一方以及壽萬方乎？"揭示了人們信佛、修佛（包括修建寺院、佛塔等）、禮佛的動力所在。碑文駢句較多，顯文彩之華美。

五、最近的一次修繕

《理智法師功德碑》，立於2008秋，位於鳩摩羅什寺大雄寶殿右側碑亭。簡述了武威當代佛門高僧、羅什寺原住持理智法師的生平業績和功德，特別突出其對武威佛教的貢獻和影響。

《鳩摩羅什舌舍利塔修繕記》碑，立於2013農曆五月，位於鳩摩羅什寺塔北面。簡述了鳩摩羅什的生平事跡和羅什寺塔的相關情況，重點記載了2012年的一次修繕活動。作者為羅什寺方丈、涼州區政協副主席理方（1970—）法師。

六、最近的捐資布施

近年來，鳩摩羅什寺先後收到社會各界的捐資布施，較大的有：2016年，甘肅福建商會莊銘模先生捐大雄寶殿琉璃瓦若干；2016年2月，香港樂善基金有限公司捐資人民幣貳拾萬元；2016年，武威金蘋果農業股份有限公司捐資20萬元。理方法師將以上捐資布施刻碑鑲嵌於寺院牆壁。

七、最多的名家匾額

武威鳩摩羅什寺匾額較多，主要有時任中國佛教協會會長、全國政協副主席趙樸初"大雄寶殿""羅什法師紀念堂"；中國佛教協會會長傳印法師"羅什塔院"；著名國學大師、西泠印社社長、香港中文大學教授饒宗頤"鳩摩羅什寺"；上海市佛教協會副會長、上海龍華寺方丈照誠法師"理化十方"；香港觀宗寺住持宏明法師"慧日高懸"；中國佛學院栖霞山分院副院長兼教務長里海法師"高樹法幢"；福建省佛教協會副會長兼秘書長、福州開元寺方丈本性法師"無上法門"；浙江省佛教協會副會長、天台山國清寺方丈允觀法師"升無上堂"；蘭州市佛教協會副會長、普照寺住持理旭法師"圓融無礙"；中國書法家協會副主席張改琴"普照十方"；當代著名詩人、文學批評家徐敬亞"弘範三界"；著名書畫家、詩人張山"大光明藏"；著名書畫家、教授張永清"法相莊嚴"；甘肅省書協副主席翟相永"愛國愛教"；鳩摩羅什寺方丈、涼州區政協副主席理方法師"人間净土"，等等，分別懸挂於寺院相應位置。

另有羅什寺鐘，鑄於明成祖永樂四年（1406），今佚；羅什塔塔頂銅鈴，明洪熙元年（1425）重鑄，1927年大地震中銅鈴墮地被人盜走；接引佛造像兩尊，明萬曆三年（1575）造，一在羅什寺，銅質，無款識，年代無考，一在縣城東北净土樓，鐵質，俱毀（失）於1927年大地震。以上均見《隴右金石錄》《甘肅金石志》。

西藏納入中原王朝的歷史見證
——武威白塔寺碑刻綜述

涼州白塔寺，也稱百塔寺，亦名幻化寺、莊嚴寺，涼州四寺之一，位於武威城東南20公里處的武南鎮百塔村劉家臺莊。始建年代不詳，興盛於元代，因在這裏舉行"涼州會談"而彪炳史冊。薩班圓寂後，闊端爲他舉行了盛大的悼祭活動，并建造大白塔供藏薩班舍利靈骨，之後逐步形成"百塔"規模。元末毀於兵燹，明宣德四年（1429）重修。寺塔俱毀於1927年大地震，僅存大白塔塔基與康熙二十一年碑刻。2001年6月，被國務院公布爲全國重點文物保護單位，并正式得到國家立項支持。現已完成薩班靈骨塔遺址加固保護、復原薩班靈塔、99座小白塔修復重建和"涼州會談"紀念館及景區環境建設等工程。

闊端（1206—1251），元太宗窩闊台次子，蒙古汗國宗王、西路軍統帥，册封西涼王。1235年，蒙古分兵攻宋，他率領西路軍克沔州（今陝西略陽）。次年入川，占領成都。其後，以皇子身份鎮守河西及秦隴地區，其封地爲西夏故地，并掌控吐蕃地區政治大勢，駐屯涼州（今武威市）。1247年，吐蕃薩迦派首領薩迦班智達應邀到達涼州，雙方促成"涼州會談"，并致書西藏僧俗首領歸附蒙古，西藏正式歸順蒙古汗國。闊端去世後，其後裔居於涼州。

薩迦班智達，簡稱薩班（1182—1251），藏傳佛教薩迦派第四代祖師。1244年，應西涼王闊端邀請，帶着10歲的八思巴和6歲的恰那多吉兩個侄子前往涼州。1247年，闊端代表蒙古汗廷，薩班代表西藏地方，在涼州舉行了歷史上著名的"涼州會談"，亦稱"涼州會盟"。通過這次會談，産生了《薩迦班智達致蕃人書》，奠定了西藏正式歸順蒙元中央政府進而納入中國版圖進行直接管理的基礎。薩班在涼州居住5年多，後圓寂於白塔寺。

涼州白塔寺，已成爲西藏納入中國版圖的歷史見證，對中華民族的團結統一和祖國的領土主權完整具有重要歷史地位。白塔寺現存碑刻5通，及李鐵映、宋照肅、陸浩題詞碑刻3通。這些碑刻，簡述了白塔寺的歷史演變、修繕保護及其在民族團結、國家統一中的重要作用。

《重修涼州百塔志》碑，立於明宣德五年（1430）。碑陽爲漢文，簡述百塔寺的形成、頹毀、重修等；碑陰爲藏文，因風化嚴重，内容難辨其詳。

《建塔記》碑，立於明宣德六年。簡述明朝肅王府内臣黄潮宗在重修的百塔寺内建菩提寶塔，并在塔成時樹碑事宜。碑陽爲漢文篆額"建塔記"3字；碑陰上刻藏文，下刻漢文，藏文因風化嚴重，難辨其詳。此碑與前《重修涼州百塔志》立於同一時期，所涉人物、背景基本相同。

《重修白塔碑記》碑，立於康熙二十一年（1682）。因年久風雨侵蝕，文字剥落嚴重，碑陰文字已模糊難辨。白塔寺創建年代不詳，康熙十一年（1672），净寧寺法台與弘濟寺羅漢翻譯藏經時，始知白塔緣流。"涼州會談"之後，薩班駐錫白塔寺，圓寂後火化時顯佛菩薩、佛塔等瑞像及舍利無數。緣此，闊端建白塔，將薩班靈骨請入大塔，部分舍利裝入99座小塔供奉，部分送往後藏薩迦寺供養。清康熙年間，駐甘軍政官員孫思克、張勇及蓮花山僧人等捐資修繕，歷經八年告成。此碑簡述了這一歷史過程，對考查白塔寺緣流及歷史演變意義重大。

《涼州百塔寺簡史碑》，碑陽爲漢文；碑陰上方刻藏文，爲百塔寺藏文名"謝爾智白代"，中刻漢文"涼州百塔寺簡史碑"。簡述百塔寺歷史淵源，對瞭解、研究百塔寺具有重要價值。作者王寶元（1931—2014），山東泰安人。長期從事民政、地名工作，在地名學和涼州文化研究方面頗有建樹。著有《涼城滄桑》《涼州百塔寺考察記》等。

《維修武威白塔寺遺址暨復原薩班靈骨塔碑記》。在白塔寺遺址保護、恢復和建設當中，曾得到各級黨委、政府的大力支持。2002年，時任中共中央政治局委員、中國社會科學院院長李鐵映專門題詞并書寫碑記，簡記維修遺址、復原靈骨塔事宜。2003年，時任甘肅省委書記宋照肅、甘肅省省長陸浩也爲此題詞。白塔寺景區管委會將李鐵映題詞并書寫碑文和宋照肅、陸浩題詞鐫刻立碑於"涼州會談"紀念館兩側。

河西"梵宮之冠"海藏寺的興衰
——武威海藏寺碑刻綜述

海藏寺，位於武威城西北2.5千米處，占地1.3萬平方米。因寺院周圍林泉茂密，猶如海中藏寺，故名。一說"海藏"爲佛教用語，相傳佛教大乘經典藏在大海龍宮之中，或曰大海龍宮中的寶藏。創建年代無考，一說始建於東晉太興年間，距今已有1700多年歷史。元朝時藏傳佛教薩迦派第四代祖師薩班在涼州傳播佛教期間，擴建修繕了海藏寺，成爲涼州藏傳佛教四部寺之一。明清時期又擴建翻修，殿宇宏偉，佛像莊嚴，寺內山門、大殿、靈鈞臺、天王殿、無量殿等保存完整，被譽爲河西"梵宮之冠"，是全國重點文物保護單位。海藏寺面南而開，紅色宮牆外，一座四柱三間三層的木構牌樓，古樸玲瓏，巧奪天工，頗具民族特色。走馬板上清朝名將孫思克題寫的"海藏禪林"4個大字，蒼遒有力。武威海藏寺現存碑刻5通，簡述了寺院的歷史演變、修繕保護等情況，另有鐵鼎1件，名人匾額2方，是今天考查研究海藏寺的第一手資料。

《成化御敕修海藏寺碑記》，爲明成化皇帝護持敕書，立於成化二十二年。涼州城北海藏寺，歲久廢弛。明成化年間（1465—1487），由駐涼州太監張睿牽頭，駐甘軍政官員大力支持，在原有遺址基礎上募緣重修，包括田莊水磨等廟產及生活設施一應俱全。恐後人作踐侵占，故而奏報朝廷降旨護持。朝廷賜名"清化"（"清化禪寺"的由來），并頒護持聖旨，勒碑永存。碑文簡述了重修海藏寺的重要意義，朝廷賜名、主持任命及降旨護持的諸種情形，可以說是依法保護海藏寺的尚方寶劍。

《重修海藏寺碑記》，立於明成化二十三年。太監張睿以能力超強在朝廷著稱，於成化十七年被派往涼州鎮守，使少數民族不敢輕易犯邊，西部邊境安寧清靖。張睿在涼州城北海藏寺舊址基礎上，在總鎮甘肅太監覃禮的資助下，聯合地方軍政首領劉晟、李寬等，購買空閑土地，歷時四年多完工。修建經費多由張睿自己承擔，覃禮慨助，不足部分由劉晟等補充。因明朝皇帝信奉道教，除佛教建築外，在寺內還建有真武殿、龍虎殿、梓潼殿、靈官殿等道教殿宇，以供奉道教神靈。當年重新修葺的寺廟基本上就是今天海藏寺的規模，方正對稱，佛道相間，"丹漆黝堊，金碧輝煌"。碑記如實記載了海藏寺的建設工程及規模，也是一篇優美的游記散文："是日，風和景明，邊塵不飛……余觀夫海藏之勝概也，環四山之秀，帶諸澗之流；樹密鳥繁，而弋者可射；水清魚肥，而漁者可釣；以酌以歌，以行以止，仰焉俯焉，悠悠不知身世之在何地。衆曰：'河西叢林，此爲第一'……"海藏寺紅墻外有一座木結構牌樓，古樸玲瓏，巧奪天工。每至日出時分，牌樓周圍一縷青烟嫋嫋直上，盤旋於楊柳松柏之間，縹縹緲緲，給海藏古刹增添了一種神奇絕妙的氣氛，被稱作"海藏烟柳"，或曰"日出寒烟"，爲涼州八景之一。

《海藏寺藏經閣記》碑，立於清乾隆元年（1736）。海藏寺創建年代久遠，後經明代張睿捐資重修、清代孫思克捐資修葺，光鮮如舊。當主持際善法師求取真經充實到寺廟時，時任涼莊道的郭朝祚，曾親臨海藏寺，同觀經卷，受其感動，揮筆撰文以記其事并勒石。碑文簡述了海藏寺創建及幾次大的修葺活動，重點叙述了際善法師歷時八年，千辛萬苦，赴京求經的盛舉，贊揚其爲實現宏願善舉而勇於奉獻的精神。際善法師是一位真正的不畏艱難險阻，赴京求取真經的高僧，其精神和價值都是值得銘記的。郭朝祚，祖籍山西汾州（今汾陽市）。歷仕康雍乾三朝，曾官涼莊道、國子監祭酒等職。爲政清廉，精於書法。際善法師，青海河湟人。時任海藏寺主持。雍正年間，發弘願赴京求經，歷時八年到京。此舉受到曾在涼州任過職的蔣洞的支持，并通過他叔父文華殿大學士、户部尚書蔣廷錫的協調疏通，朝廷賜給明版《北藏》共6820卷。法師用白馬馱經回到海藏寺，供奉在靈鈞臺無量殿中，此殿遂改名爲"藏經閣"。

《修葺碑記》（《重修海藏寺碑記》），立於乾隆五十四年（1789），已佚。海藏寺自創建以來，歷代都有修葺，尤其是際善法師赴京求取三藏真經的盛舉被傳爲佳話。碑文簡述了海藏寺的興衰和歷代僧俗的鼎力相助，才使其有如此香火之盛，并引用多處典故勸導人們應多做實事，多做善事。碑文開頭"武邑林泉之美，城北爲最，而海藏迤東尤勝"歷來爲贊美海藏寺的經典名句。作者孫俌，武威縣人。乾隆十六年進士，系清代武威首名進士孫詔（官至湖北布政使）之孫。

《晉築靈鈞臺碑》，由時任安肅兵備道攝甘涼道事廷棟立於清光緒三十四年（1908）。靈鈞臺，據武威史料記載有三處，即海藏寺靈均臺、東岳臺、雷臺。

《海藏寺鐵鼎》，上有銘文。

清代名將孫思克題寫的"海藏禪林"匾，今存海藏寺牌樓上；時任中國佛教協會會長、全國政協副主席趙樸初題寫的"大慈大悲"匾懸於大雄寶殿正上方。

一位明朝太監的佛教情懷
——武威廣善寺碑刻拾零

佛教自兩漢之際從西域經陸路傳入中國後，武威因地處絲綢之路東端，佛教影響歷久廣泛，因此，事佛敬佛之舉綿綿瓜瓞。公元3世紀之後，開鑿石窟成爲事佛敬佛的一種新型方式開始在中國興起。天梯山石窟，又名大佛寺、廣善寺，創建於北凉時期（412—439），它不僅是我國内地開鑿最早的石窟之一，也是我國早起石窟藝術的杰出代表，是雲岡石窟、龍門石窟的源頭。開鑿之後，多次遭到地震及人爲破壞。廣善寺石佛造像，據《隴右金石録》《五凉全志》載：大佛寺在武威南一百里，有石佛像，高九丈，貫樓九層。

《重修凉州廣善寺碑銘》，立於明正統十三年（1448），今存甘肅省考古研究所。碑文用藏漢兩種文字書寫，正面爲漢文，背面爲藏文。漢文内容引自梁新民先生《武威史地綜述》。明朝正統年間，天梯山石窟尚存26窟。正統十年，鎮守甘肅太監劉永誠牽頭并出資，聯合凉州軍政官員，"公於城池兵甲米粟之務既畢，乃考圖尋勝，相其舊址"，"出己金，鳩材聚工，鑿山架楹，築宫於其間"。他在原遺址之上，重修佛寺，并建佛塔一座。經過三年多的努力，於正統十三年中秋節落成，"壯觀宏大"，朝廷賜名"廣善寺"。碑文簡述了劉永誠主持建造廣善寺的情况以及佛教對當地的影響。

一提起太監，没有幾個説好的，尤其是明代。明代是中國歷史上皇權極度化的時代，宦官作爲一支重要的政治力量，干政亦到登峰造極地步。從永樂朝始，宦官漸受重用。永樂十八年（1420）設東廠，成化十三年（1477）另設西廠，之後又設12監4司8局，總稱24衙門，皆以宦官執掌，滲透到政治和社會生活的各個方面，通過加強特務統治以强化皇權地位。明朝太監除在内廷任職外，還能出任各種外差，基本上控制着全國的軍政要務。洪熙元年（1425），以王安爲甘肅鎮守太監、鄭和守備南京爲標志，各省皆設鎮守太監，以太監總鎮一方始於此。正統年間，各省各鎮皆有鎮守太監，一般由皇帝親信擔任，其掌本限於軍事（監軍），後推及地方行政、司法等，權力益重。同時又是朝廷耳目，隨時通報各地情况，還負責辦理向朝廷采辦貢品的差事。明代宦官之禍迭起，王振、汪直、劉瑾、魏忠賢等，都是權傾朝野、勢力顯赫的權宦，飛揚跋宦，勢焰熏天，排斥异己，屢興大獄，加劇了明朝政治的腐敗和政權的瓦解。

出資牽頭修建廣善寺（天梯山石窟）的鎮守甘肅太監劉永誠是太監中的另類，被後世譽爲明代十大優秀太監之一。劉永誠（1391—1472），別名劉馬兒太監，京師大名（今河北大名縣）人。爲人忠謹，善騎射。曾掌御馬監，多次扈從明成祖北征。宣德、正統中，率師征兀良哈；正統時以太監奉命監鎮甘涼，多次出兵鏖戰於沙漠間，屢立戰功。期間，他對蘭州白塔寺、凉州廣善寺修繕做出了重大貢獻。景泰末提督團營，率兵助英宗復位。後典京營兵馬，節制十二營。晚年辭職歸鄉，杜門不出，壽終有令名。

此碑透出的信息量較大，主要有：1.天梯山石窟當時的基本狀況；2."前鎮守官"及太監劉永誠出資倡修情況；3."番僧伊爾畸"及"弟子鎖南黑叭"與藏傳佛教傳播——師徒二人兼理廣善寺和白塔寺寺務（亦見《重修凉州百塔志》）；4.朝廷賜寺名并任命國師——朝廷任命寺院住持制，可視爲我國活佛制的源頭；5.將佛教作爲"翊皇明之教（儒教）"的輔助力量而予以提倡；6.衆多的地方軍政官員參加修建佛寺活動；7.官員親自撰寫碑銘，等等。這些信息對研究天梯山石窟（廣善寺）的歷史和藏傳佛教的傳播具有重要價值。

氣勢恢宏 佛道一體的蓮花山景觀
——武威蓮花山碑刻綜述

武威蓮花山，古稱姑臧山，位於城西15千米的松樹鎮境内，山勢雄偉，奇峰環列，層巒叠嶂，氣象深邃，周圍有8峰環列，宛如一朵盛開的蓮花。山上寺院道觀遍布，始建於西漢，一直興盛不衰。相傳魏晋時西域高僧佛圖澄曾在蓮花山建寺禪修，之後，高僧大德接踵而至。蓮花山歷史上有靈岩寺、蓮花山大寺、開元寺、勝觀寺、正光寺等名稱，蓮花寺是元代藏傳佛教四部寺之一，明代稱善應寺。蓮花山是佛教、道教融合的見證，有自成體系的佛道諸神廟宇，依山而建，殿宇相接，規模宏大，加上山泉秀麗，景色宜人，有園林、別墅和皇家行宮、狩獵場等，歷來爲游覽、休閑、避暑、圍獵勝地。一直到清朝中葉，還保留有完好的佛寺和道觀70多座，毀於清同治戰亂和近世天灾人禍。山脚下的旱灘坡古墓群，是全國重點文物保護單位，規模宏敞，出土的珍貴文物衆多；山脚下的獸文石，古稱"玄石"，青質白文，刻有古代羌人崇拜的動物圖騰。唐朝詩人王維、高適及後世文人戴弁、張珆美、陳炳奎等都有咏贊蓮花山的佳作傳世，著名畫家張大千曾兩次登臨蓮花山，繪有《蓮花山圖》《蓮花山飛瀑圖》。武威蓮花山及周邊老爺山、石城山一帶，現存碑刻11通，簡述了蓮花山及周邊一帶寺廟的歷史演變、修繕保護等情況，另有鐵鐘、鐵冠、鐵像各1件，是今天全面瞭解蓮花山歷史與現狀，進而恢復其原貌的第一手資料。

《重修善應寺碑記》，明正德十二年（1517）立，晉陽姚文奎撰文。涼州城西蓮花山，"氣象深邃，八峰環立"，寺院遍布，香火旺盛。明成化年間，寺廟年久頹敗，時任涼州副總兵趙英父子，捐貲治材，用4年多時間重修寺廟，使之煥然一新，上報朝廷，敕名"善應寺"。五十多年後，善應寺住持净慧禪師在地方軍政官員的支持和捐資下，又進行了修繕，增加了部分建築，"新構已成，舊規如故"。碑文簡述了歷史上兩次維修（重修）善應寺的背景及基本情況、寺廟規模，具有明顯的觀善教化之意，并警示世人莫忘本逐末而失其本正之心。

《重建蓮花山黑虎財神殿碑》，立於乾隆九年（1799）。蓮花山上佛道寺觀依山而建，殿宇相連，規模宏偉，黑虎殿、斗母宮等遠近馳名，又有花圃、流泉等，歷來爲游覽勝地。碑文看似爲黑虎殿、財神殿立碑，實際上全面描繪了蓮花山的勝景，以及從雍正五年（1727）開始歷時17年的一次大修繕，特別是對蓮花山的描寫與贊美尤見功力："佳境愈僻則愈顯"，"余嘗住宿於此，每登閣覽眺，見夫初日照林，霞彩漾岫；夜月移岫，露氣橫天；烟雨淒迷，雲亂幾榻；霰雪清霽，林表空明；晴朗猿啼，晦陰鳥寐；岩鳴水落，松鄉風來；俯瞰城郭，隱現目前；遥矚沙嶼，平隨掌上；心曠神怡，輒不自禁。"文筆優美，用典較多，不失爲一篇蓮花山游記散文，形象地展現出一幅貌若永嘉、美勝五岳的蓮花山優美風光，是我們今天全面認識蓮花山的重要依據。作者李蘊芳（1717—1755），乾隆十七年進士，著名的涼州才子，曾任江西石城知縣。期間，關注民生，吏才凸現。乾隆二十年，因"胡中藻文字獄"，被殺於江西南昌。

《蓮花山文昌閣重修碑記》，立於道光二十五年（1845）。木質，今存武威文廟。碑文簡述了闔學紳士撥付興文社公項銀用以重修"頹廢日久"的蓮花山文昌閣事宜，特別突出了本城人士李本枝、吳舉、李兆卿和山西孝義人劉隆裕捐銀典地、納糧，爲蓮花山文昌閣貢獻祭祀、守廟之費的善舉，以勸勵樂施好善之士"願日後毋廢厥事"。

《善應寺碑》，立碑時間不詳，碑文剥蝕嚴重，殘缺不可辨認。

《維修蓮花山百子觀音閣碑記》，立於民國年間。蓮花山，風景秀麗，古廟、宫觀、名刹頗多，尤以百子觀音閣爲最勝。因其建於"狹山溪谷"，道路崎嶇，難以攀登。爲滿足信士弟子祀禱，募集資金修建了大殿、精舍、齋房等。碑文雖多剥蝕，但基本内容清楚，爲今人恢復蓮花山景區提供了依據。作者權愛堂、丁旭載爲民國時期涼州名士。

《重修無量殿碑》，立於 1997 年。老爺山在蓮花山東南面，同屬一條山脉。關公，俗稱關老爺，因山上建有關公廟，因而得名"老爺山"，又稱"西武當山"。碑文簡述了涼州西武當老爺山的概貌及群衆捐資修復的基本情況，突出了張氏父子重修無量殿的義舉。

《重修蓮花山黑虎財神殿碑記》，立於 1999 年 5 月。隨着旅游業的發展，蓮花山上逐步恢復修建了黑虎殿、財神殿等數十處建築。碑文簡述了蓮花山的歷史和規模、價值，突出了孔鈺等籌資重修黑虎殿的功績。

《重修天城寺碑》，立於 2001 年。石城山，在城西約 30 公里處的蓮花山西北方向，峰巒叠嶂，氣勢磅礴，碧水縈繞，風景秀麗。山巓有石城寺，半山有黑虎、靈官殿，山下有太寧寺、龍王廟等。碑文簡述石城山及其天城寺的前世今生，對修復和保護地方文物遺址，發展文化旅游產業具有積極意義。

《石城山碑》，立碑時間不詳，位於武威市西營鎮二溝村天城寺。記載了石城山歷史上的寺廟及修繕情況。

《蓮花山財神殿碑》，剝蝕嚴重，今已不可辨認。

《蓮花山天橋石匾》，匾文"達度"清晰可見。

蓮花山鐵鐘，清嘉慶七年（1802）鑄造，今存蓮花山娘娘殿。

蓮花山七級磚塔鐵冠，爲八角七級磚塔，建造年代不詳。塔高 21 米，頂有鐵冠，內裝佛經，稱"經頂"，亦名"金頂"。鐵冠在 1927 年大地震中佚失。唐朝詩人高適曾賦詩《和竇侍御登涼州七級浮圖之作》，描寫了該塔的雄偉壯觀及登塔所見所感。

索巴讓摩鐵像，生鐵鑄，今佚。相傳蒙元時期西藏薩迦派四祖薩班的妹妹索巴讓摩，以出行者隨薩班一行來到涼州，在蓮花山寺坐禪修行，圓寂後信士弟子用生鐵鑄塑像 1 尊，供奉在蓮花山寺的佛殿裏。

藏有佛祖真身舍利的華夏名刹涼州清應寺今昔
——武威清應寺（北斗宮）碑刻綜述

清應寺，亦名北斗宮，位於城東北隅，海子巷南側，南鄰大雲寺，今涼州區和平街小學院內北牆一帶。始建於東晉前涼張重華時期，後幾經毀壞，五代時重修，元至正年間又遭兵火，明永樂年間敕建爲清應禪寺。據《涼州四部寺志》載："涼州城內，有名叫青英寺的十三層佛塔殿，與它比美的有德英寺

（大雲寺）"。清應寺姑洗塔，相傳是古印度阿育王所造八萬四千奉祀佛骨的舍利塔之一，藏有佛祖真身舍利——傳說中國只有十六座佛舍利塔，《廣宏明集》《西夏碑》等文獻、碑刻中有類似的記載。立於清康熙二十一年（1682）的《重修白塔碑記》云："昔阿育王造塔八萬四千，而震旦國中立有塔十六座，甘州之萬壽塔與涼州之姑洗塔居其二焉。"可見清應寺及其姑洗塔在華夏佛教中的崇高地位。姑洗塔與大雲寺塔、羅什寺塔三座高層建築像三支立於筆架上的毛筆，號稱武威城内的"文筆三峰"，爲涼州八景之一。寺塔毁於1927年大地震。作爲周敬王時所建的佛舍利塔寺，武威清應寺與姑洗塔在中國佛教史上聲名顯赫。但隨着歲月的流逝，寺院與寶塔早已湮没於塵土之中，只留下幾通碑文和史書的零星記載，人們只能在品讀史書和碑文中瞭解它的歷史與現狀。武威現存清應寺（北斗宮）碑刻7通，簡述了清應寺的歷史演變、修繕保護等情况，是今天全面瞭解清應寺歷史與現狀的第一手資料，必將勾起人們對清應寺、姑洗塔、佛舍利、藏經樓的遐想，在遐想中感受其曾經的輝煌。

《明北斗宮新創藏經樓碑記》，立於明嘉靖四十一年（1562）。北斗宮亦名清應寺（庵），位於武威城東北隅，與大雲寺毗鄰，始建年代不詳，重建於明洪熙元年（1425）。百年之後，宮寺傾頹破敗。明嘉靖四十年，經駐武軍政官員倡導并帶頭捐資，在寺內建成藏經樓，"高宏壯麗"，"耳目焕然一新，其斯以爲一大觀矣。"前來修行的僧人絡繹不絕。碑文記載了這一涼州佛教文化的盛事，并期望人們廣泛傳播佛教文化，爲弘揚佛教不懈努力。碑文所記雪域藏僧在此講經弘法之事，對藏傳佛教在城區寺院的傳播提供了依據。

《藏經閣碑記》，據《武威縣志稿》載，此碑保存於文廟藏經閣，與《明北斗宮新創藏經樓碑記》立於同一年。今佚。

《敕賜清應禪寺碑記》，立於明萬曆十六年（1588）。佛教自兩漢之際從西域傳入中國，涼州成爲最早受到佛教影響的地區之一，遺存的佛教遺迹較多。據碑文記載，涼州城東北隅北斗宮，相傳始建於元至正年間，明永樂年間敕爲"清應禪寺"，"殿宇巍峨，廊楹繪絢"。到嘉靖年間，因年久失修已破敗不堪。此後，在嘉靖、隆慶、萬曆三朝，陸續有地方軍政官員和士紳捐資，進行了大規模的修繕，增修天王殿、鐘樓、鼓樓等建築，規模宏大，燦然一新。清應寺的建成，"敝莊嚴之勝概，壯保障之奇觀，甲西凉之雄鎮也。"此碑對全面瞭解清應寺歷史與規模提供了第一手資料。

《重建清應寺碑文》，立於清康熙八年（1669），碑文由陝西甘肅總兵官孫思克撰寫。由於佛教在社會治理、道德教化中的重要作用，逐漸成爲馭民之術。

武威清應寺歷經風雨，頹敗殘破。康熙初年，甘肅巡撫劉斗與僚屬捐資興建，使清應寺恢復了昔日的風貌。劉斗非常重視寺廟建設，在陝甘爲官期間，涼州由他首倡捐資興建的古迹除清應寺外，還有斗姥閣、東岳臺、玄真觀、安國寺等，"捐金數百而不言費，鳩工數載而不言勞"。他以此教化、引導民衆一心向善。碑文簡述了以上情況，以待後人"有志者鑒焉"。此碑刊刻人員職位之崇之多，在武威碑刻中是不多見的。作者孫思克（1628—1700），遼寧廣寧人。清朝河西四漢將之一，曾任甘肅總兵、涼州提督、甘肅提督等職，加太子少保、振武將軍。駐涼期間，非常重視寺廟建設，由他出資建設和倡導、或撰寫碑文的主要有清應寺、東岳廟、海藏寺、羅什寺、白塔寺、藏經閣、武廟等。

《重修清應寺塔記》，立於康熙十一年（1672）。清應寺自創建以來，歷代均有修葺增建。清康熙年間，駐涼州軍政長官劉斗、孫思克、朱衣客等，帶頭捐資修建，駐涼軍政官員紛紛解囊，闔城信士伸手相助，對清應寺及姑洗塔進行了一次徹底的修繕。碑文簡述了清應寺的歷史及歷代修繕情況，重點叙述了康熙十一年的這次重修，其主旨落到了修繕寺塔的功德與顯應上，道出了"建塔、修塔、禮塔，其功德，誠有不可思議者矣！"一語點出佛教的社會功能及人們禮佛事佛的功利所在。

《重造梵音藏經碑》，刻於清康熙三十二年（1693）。清應寺内舊有藏經閣一所，相傳爲西寧靜寧寺喬國師世代藏經之所，所藏經卷在清順治初年的回民反清鬥爭中遺失無存。孫思克在甘涼任職期間，看到清應寺藏經樓"樓閣空存，函櫃虛設"，頓生重造經卷之願。於是在西寧靜寧寺設立局所，廣延僧衆，耗時十年有餘，造寫梵語藏經共105卷。爲使此經"世奉香火"并長久流傳，孫思克親自撰文，立碑紀其事。碑文簡述了上述情況，還特別針對幾種安全隱患和違法情況提出了行之有效的防範措施。殊不知，200多年後，藏經難逃厄運，不僅令人扼腕嘆息。

《重修清應寺塔頂碑記》，涼州庠生李如蔭撰文，立於康熙五十年（1711）。康熙四十八年秋，清應寺塔頂遭地震損毀。據《五涼全志·地理志·祥异》載："四十八年九月十二日，地震如雷。"碑文與志書二者記載完全吻合。次年，有一功德化主"慨然以爲己任"，首倡捐資，并隨緣募化，"一呼百諾，輸布施者填門"，不及一月，塔頂即修復如新，"金像莊嚴，燦星麗日"。碑文簡述了以上情況，表達了對佛的美好祝願和敬意。

一座湮没於歷史深處的河西名剎安國寺
——武威安國寺碑刻拾零

涼州安國寺，又稱護國寺、萬果寺，坐落於武威城内東大街泰和源後院（今涼州區政府對面區財政局院内），始建於隋末或唐初，規模宏大壯觀。據傳，唐玄奘去天竺取經，途經涼州受阻，停留月餘，住安國寺講經説法。西夏、元、明、清皆有修葺，至民國晚期，香火仍然旺盛。20世紀50年代後改作他用，佛像無損，一直到1970年拆除。目前僅存兩通碑刻，從中可瞭解安國寺的演變與盛衰。

《敕建重修古剎安國寺功德題名碑記》，立於康熙六年（1667）。涼州安國寺規模宏大，雄偉壯麗，"經藏森布，法象昭垂，洵五涼□觀也哉"，在清順治五年（1648）的回民反清鬥争中被焚毁。陝西三邊總督孟喬芳部將劉友元平叛後，在甘肅巡撫劉斗等倡導下，官員、僧衆等捐資重修。重修後的安國寺殿宇莊嚴，金碧輝煌，"甲於涼之諸禪林"。僅從安國寺"敕建"和規模甲於涼州諸寺兩個方面就可看出其在涼州佛教中的地位。這是涼州現存最早的有關安國寺的碑文，對涼州佛教寺院研究具有重要價值。碑文作者孟良胤，鎮番（今民勤縣）衛人。官至河南按察使、浙江右布政使。爲官清廉，學問精深。

《重修安國寺碑記》，立於乾隆三十七年（1772）。碑文重點記載了康熙年間在軍政官員劉友元、劉斗等主持下的一次募化重修和乾隆三十七年善士們主持的一次捐資興修。通過這兩次大規模修繕，安國寺重顯昔日輝煌，"燦然者其金，璀然者其碧；參差而鱗然者其瓦，方正而井然者其磚。"

武威世家盛族的私寺家廟

古代寺院若依創設者而分，可分爲官寺和私寺。官寺由官府所建，私寺由私人營造。"私寺"也稱"民寺"，即民間寺院，在唐代已經存在，它與一般寺院的區別通常爲皇帝敕賜，是皇帝對士大夫的特殊恩典，基本上限於皇族和顯貴勳爵的權力範圍，受到特殊的待遇或特權許可，如可以減免租稅，每年可以度僧尼若干等。

家廟亦稱祠堂，即儒家家族祭祀祖先和先賢的場所，供奉神位，依時祭祀。《禮記·王制》："天子七廟，諸侯五廟，大夫三廟，士一廟，庶人祭於寢。"家廟有多種用途，除祭祀祖先外，還可作爲族親們商議族内重要事務、家族成員辦理婚喪壽喜等的場所。修建家廟有等級之限，古代有官爵者才能建家廟，民間不得立祠。到明代嘉靖時期，朝廷"許民間皆聯宗立廟"，建立家廟才逐步放寬。但只有高官顯爵家族才可以稱"家廟"，其餘一律稱爲宗祠。

歷史上武威世家盛族較多，究竟存在過多少私寺家廟不得而知。根據現存碑刻，武威歷史上曾有三處私寺家廟，分別在吳府、楊府、李府，雖然名稱、規模、氣象、奉祀主體和作用不盡相同，但都與他們的官爵地位是一致的，作爲一種顯貴權力、身份地位的象徵，對家族而言，期望"克紹前烈，丕振家聲""積善之家，必有餘慶"；對社會而言，達到"廣兹般若，啓斯福蔭"的目的（引自《創建李氏家廟蔭善庵碑記》）。

吳允誠家族是明代武威乃至河西地區歷時最久、影響較大的達官顯貴世家。允誠有"子男四人"，子孫中多有戰死者，也多有因功授高官顯爵者，世代以忠節顯名，封贈有加。僅允誠和兒孫三代當中，生前就封有二侯四伯（恭順侯吳克忠、吳瑾；恭順伯吳允誠，廣義伯吳管者、吳玘，遵化伯吳克勤），去世後追贈有三公（國公吳允誠，邠國公吳克忠，涼國公吳瑾），另有二妃（允誠女爲永樂皇帝惠妃，一孫女爲宣德皇帝惠妃）。其家族顯赫時人丁興旺，三公二侯四伯二妃家族，備受朝野重視，氣勢恢宏的吳府及府内寺廟阜成寺的規模、規制，儼然《紅樓夢》中的賈府及其櫳翠庵、鐵檻寺。阜成寺位於今武威市涼州區金沙鎮吳府村，建於吳允誠家族封爲侯伯的鼎盛時期（約1415年前後），屬吳府私家寺廟。入清以後，吳氏逐漸式微，寺廟傾頹，後雖有增修，名爲"轉輪寺"，成爲藏傳佛教寺院。但百年之後，再度傾頹，又分別於道光五年（1825）、二十五年進行重修擴建，更名爲"阜成寺"，形成較大規模，一度香火旺盛（見《阜成寺碑記》）。民國後寺毀碑佚，不知所終。

武威東大街楊府巷（街）名氣較大，從明末以來未改其名。據相關史料考查，楊府乃明末涼州籍名將楊嘉謨府第，其族人"相傳爲宋將（楊）業之後，宋亡入蜀，居重慶府長壽縣。迨後祖斌以涼州所掌印，居涼州。"因楊嘉謨乃家喻户曉的楊家將之後，遂有"涼州楊家將"之名。武威楊氏以楊勝爲始祖，嘉謨系楊勝八世孫。楊勝，明永樂年間官至金吾左衛指揮同知（從三品），年老去職，因其子楊斌在涼州任職遂移居涼州，後世子孫多襲職并落籍涼州，世代爲世襲軍官。嘉謨於1601年襲職涼州衛，歷指揮僉事、守備等，官至總兵，挂平羌將軍印，轉戰甘青、遼東、關中、塞北、河北，曾爲達雲、孫承宗、袁崇焕等名將麾下得力的將佐，參加了著名的寧錦大捷、京都保衛戰等。後任薊鎮總兵，因勇猛善戰，功勳卓著，授贈爲光禄大夫、上柱國，於崇禎十年（1637），解甲歸養，回到涼州老家。因"涼州楊家將"克敵有功，皇帝詔書特諭示在涼州城內修建楊府，以嘉其功。楊府規模宏大，據説有一府八院，另有下馬石、演武廳、牌坊等。據《明楊佑三官神祠碑》，楊府內有三官神祠。據《武威縣志稿》記載，碑在楊府街三官祠，萬曆九年（1581）立，通判胡松年撰文。楊佑爲楊嘉謨曾祖父，歷甘肅參將、副總兵、都指揮同知等職，去世後入武威鄉賢祠。據此推斷，楊府早在楊佑任甘肅副總兵時已初具規模，到楊嘉謨時因有皇帝詔書諭示，又進行了擴建。楊府中還建有三官祠，主奉三官神祇，配享楊氏列祖列宗。這從一個側面反映出楊府規模宏大周詳和楊家地位顯赫一時。

"李氏在涼郡，素稱一方之望族……位極人臣，望重尤重。"李栖鳳一門爲武威望族，一門三代四宮保（李維新、李栖鳳、李栖凰、李鎮鼎祖孫四人皆贈太子太保），五代之內，四品以上官員多達數十名，清世祖康熙題爲"兩河巨室"。武威東大街縣府巷原稱李府巷（亦稱李府背後），有李府大宅，其府第在清末還作爲涼莊理事通判衙署（現區政府大院）。李氏祖塋在康寧鎮洪溝，校尉鄉（今屬古城鎮）有李關王家族墓葬群；在涼州西鄉、南鄉的宅第通稱李府，在高壩鎮的李府大院有家廟蔭善庵。蔭善庵建於康熙四十七年（1708），規模宏大，布局謹嚴，"輪奐開圖，壯嚴啓像，禪堂映水月之清華，蓮室澄松雲之翠響。水遙山環，遠移祇園之秀；景妍物麗，遙接閬苑之春……壯麗若斯，洵不獨爲李氏一家之香火，足爲涼郡十方之勝概也。"李氏一門官高位顯，對地方影響很大，其一心向佛的舉動，普遍受到贊譽，真可謂"鳴其功而頌其勝也"（《創建李氏家廟蔭善庵碑記》）。後廟庵毀弃，碑輾轉保存於武威文廟。"李氏家廟"是李栖鳳家族繁榮昌盛時期的見證，對研究李氏家族歷史與淵源具有重要價值。

另外，涼州總兵達雲與其子奇策、奇勛、奇功，爲酬答收復松山大捷等功績，於大雲寺塔臺前面創建元帝廟一座，金碧輝煌。僧官洪鎧，利用達雲修廟餘材，建一小祠，供奉達雲肖像而存香火，"匪只爲建廟舉，緣公秉鉞開疆，而爲地方圖永報也"（《增修大雲寺碑記》）。此舉和此處祠廟，雖不是家廟而猶似家廟。

涼州名勝靈鈞臺與皇娘娘臺今昔
——武威壇臺碑刻綜述

武威壇臺較多，這與武威作爲四涼古都和州府駐地的地位是分不開的。壇是露天的高臺，亦名靈鈞臺，是古代舉行祭祀、誓師等大典的場所，成語有"登壇拜將"，武威有先農壇、社稷壇、文壇等，現已不存。臺一般是紀念名人或檢閣、點將的地方，武威最有名的臺有靈鈞臺、雷臺、東岳臺、皇娘娘臺（竇融臺、劉林臺、女媧臺）、鳳凰臺（玉女臺）、狄臺、楊家臺等。

靈鈞臺，亦名靈均臺，據武威史料記載有三處，即雷臺、東岳臺、海藏寺靈均臺。雷台是舉世聞名的稀世珍寶、中國旅游標志"馬踏飛燕"的出土地，位於武威城區北關中路，2001年6月，被國務院公布爲全國第五批重點文物保護單位。據有關史料記載，雷臺爲前涼國王張茂所築靈鈞臺。《資治通鑒》載：東晉元帝大興四年（321）始築。現雷臺保存完好，臺上有明清時期的古建築群雷祖殿、三星斗姆殿等，其建築雄偉、規模宏大，周圍古樹參天，湖波蕩漾，是聞名遐邇的旅游觀光勝地。一說爲東岳臺，據《大清一統志·涼州府》記載：靈均臺"在府城內。晋大興中張駿築……"武威東岳臺，位於城東北二里許（今解放軍第十醫院北側一帶），相傳系東晉前涼張駿所築靈鈞臺，時爲點將臺。清初續築後臺，改爲東岳臺，臺上建東岳大帝廟及配殿等。1958年前後拆除，臺基被毀，今無存。東岳廟主祀泰山神東岳大帝及衆神體系。東岳大帝又稱泰山神，是上天與人間溝通的神聖使者，是歷代帝王受命於天，治理天下的保護神。根據中國古老的陰陽五行學説，泰山位居東方，是太陽升起的地方，也是萬物發祥之地，因此泰山神具有主生、主死的重要職能，并由此延伸出許多職能。一説爲海藏寺靈均臺，見本卷《武威海藏寺碑刻綜述》一文。

歸納起來，三種説法只是地點不同，名稱、規模、所築時間完全一致，可能是後人根據政治需要而抬高自身。現將有關靈鈞臺（雷臺，東岳臺）及皇娘娘臺金石碑刻11通（件）簡述，是今天全面瞭解武威壇臺歷史與現狀的第一手資料，以窺見其歷史演變、修繕保護等情況，供關注者參考。

《改建東岳臺增創廟貌碑記》，立於康熙四年（1665）。涼州城東岳廟，清初副總兵孫加印及後繼者陸續進行改建增修。之後，甘肅巡撫劉斗兩次捐資對聖像進行金妝，并增創廊房、佛殿、拜殿等衆多建築，增修後的東岳廟規模宏大，佛道一體，"美哉盛斯，誠五涼之第一仙境"。之後，又有王元德等人捐資買地，以作廟觀香火供養之資。康熙四年，劉斗、孫思克、朱衣客等地方軍政官員及僧官道衆、儒生、信士等138人共同勒石，記載了歷任官員捐資修建東岳廟的善舉及東岳廟的規模、結構、供養等，刊刻立碑人員地位之崇、數量之多、範圍之廣，在武威碑刻中是僅見的。

《創建斗姥臺閣記》碑，立於康熙四年（1665）。古代以神道設教，目的在於敬天勤民，使君子、小人各司其職，使入廟者人人生敬。康熙初年，甘肅巡撫劉斗，瞭解到當初欲建斗姥閣的事後，帶頭捐資，興建了宮院臺閣（即今雷臺三星斗姆殿的前身），使其成爲涼州的一大景觀。工程歷時一年告竣。碑文簡述了興建斗姥閣的緣起、規模及其在道德教化方面的作用，突出了宗教（神道）在古代社會中的地位。作者李霨（1625—1684），直隸高陽人，官至東閣大學士、户部尚書兼保和殿大學士，加太子太保、太傅、太師銜。斗姥，道教信奉的一大女神，即北斗衆星之母，相傳她生玉皇大帝、紫微大帝及北斗七星等九子。

《雷臺觀碑記》，立於乾隆三年（1738）。雷臺因供奉道教神靈雷祖而得名，更因臺下發現東漢大型墓葬和出土國家旅游標志銅奔馬及銅車馬儀仗俑而聞名天下。雷臺觀"誠五涼之一大觀也"，但因創建年代久遠，加上天災人禍而損毀嚴重，後經多次重修復建，但又被附近村民伐樹侵占，雖經官方協調處理，但成效不大。乾隆初年，涼州府縣官員親臨現場，踏勘調處，責懲了非法占有者，并劃定地界、頒發執照、勒碑銘記，將臺觀四至及建築物等開列於後，以防後人作踐侵占。碑文簡述雷臺觀由重修到損毀，再到重建的過程及歷代官員爲修葺、保護所做的種種努力，最後條分縷析，將臺觀所屬田地、樹木、房屋、道路及臺觀四至明白無誤記載清楚，并拆去周圍村民占用臺觀地界建造的猪舍、水溝等，可謂不惜筆墨，認真負責，於理於法有據可依，爲今天雷臺景區建設提供了有益的借鑒。

《東岳靈臺續築後臺重建山門碑記》，刻於乾隆六年（1741）。碑文文字雖簡，但透露出一個重要信息：東岳臺原在城中，後由兩位官員孫公（孫加印）、劉公（劉斗）從中協調負責遷往城郊，并進行改建增修；新創建的東岳臺宏大壯麗。東岳臺，相傳建於東晉前涼張駿時期，清乾隆時遷建郊外。民國以後，廟宇陸續拆除，臺基被毀。遺址在今中國人民解放軍第十陸軍醫院北側。

《補葺雷祖廟碑記》，僅存下半段，字迹漫漶。據碑文作者中舉、中進士時間推定，此碑約立於嘉慶二十一年（1816）之後。據僅存碑文内容分析，嘉慶年間，武威人馬氏看到雷祖廟殘破不堪，於是發願修葺。在他的倡導和帶領下，安孝廉、賀廷功等20多人積極參與，并呈請官方支持。在官方和民間的共同努力下，雷祖廟按周天之數和府縣規制，修葺一新。作者牛鑒（1785—1858），清涼州府武威縣人。嘉慶十九年進士，官至河南巡撫、兩江總督。

《晋築靈鈞臺碑》，由時任安肅兵備道攝甘涼道事廷棟立於清光緒三十四年（1908），今存武威海藏寺。

《重修雷祖臺士庶姓名碑》，刻立時間不詳，疑爲清末，是重修雷臺時，捐資捐物捐功德的士庶姓名碑，其中有商號，有道士，但多爲士庶，共286人（家）。

《尹夫人臺碑》，作者爲武威名士李于鍇，約創作於清末民初。作者原擬將此文刻石立於臺上，後因故未果。尹夫人臺，即今皇娘娘臺，原稱竇融臺，位於武威城西北2.5公里的金羊鎮宋家園村。尹夫人是天水郡尹文的女兒，婚後不久，丈夫病死，隨父移居姑臧（今武威市），改嫁李暠。在李暠創建的西涼政權中，傾注着她的許多心血和智慧。李暠卒，其子李歆繼位，尹氏被尊爲太后。李歆急於求成，獨斷專行，不聽奉勸，悍然起兵攻打北涼，釀成國破家亡的悲劇。西涼滅亡後，尹夫人被俘，被北涼囚於姑臧竇融臺（即今皇娘娘臺）。尹夫人是一位具有謀略和氣節的女性，西涼滅亡後，經歷了無數的磨難，最後淪落天涯，魂歸流沙。唐朝開國皇帝李淵系李暠的十六世子孫。李淵爲了紀念祖先，在姑臧尹夫人臺的基礎上又修建了一座寺院尹臺寺。唐代詩人岑參曾登臨此臺，并賦詩《登涼州尹臺寺》。因尹夫人是西涼皇后，後世以"皇娘娘臺"相稱。碑文感情充沛，詞藻華麗，句句用典，貼切自然，將人物事迹與抒情明志、歷史與地理、文學與史學融爲一體，將尹夫人的生平事迹和氣節才智通過大量歷史典故的映襯，濃墨重彩地凸顯在世人面前。如今臺上建築已不復存在，但遺迹尚存。另有皇娘娘臺遺址，是中國西部地區新石器時代晚期至青銅時代早期重要的齊家文化遺址之一。作者李于鍇（1863—1923），宇叔堅，武威人。曾於光緒二十一年（1895）在北京參加"公車上書"運動，同年中進士，選翰林院庶吉士。曾任山東蓬萊知縣、山東大學堂監督、沂州府知府等職。辛亥革命後返里，謝絕當局任命，以讀書著述爲樂，終老鄉里。主要著作有《味檗齋遺稿》等。

《雷臺漢墓銅器銘》，1969年9月，武威市金羊鎮新鮮村農民在雷臺之下挖地道時發現一座墓葬，出土了200多件文物，其中有被國家旅游局確定爲全國旅游標志的銅奔馬（又名馬踏飛燕）。出土的部分銅器物上有銘文，經專家考證爲東漢張掖郡守張將軍墓葬。

《尹臺寺皇娘娘銅造像》，今存甘肅皇臺集團公司尹臺寺内。原尹臺寺，民間稱皇娘娘臺，位於武威城西北金羊鎮宋家園村，遺迹尚存。今尹臺寺及其造像爲20世紀90年代所造。

《竇公臺碑》，時間不詳。頌東漢涼州牧、安豐侯竇融功德。竇公臺，又名尹夫人臺、劉林臺、皇娘娘臺，遺迹在今武威城西北金羊鎮宋家園村。

玉祖臺，據《五涼全志》載，又名玉皇臺，位於古浪縣土門鎮，建於明崇禎十年（1637）。2005年，土門鎮群衆集資修繕，并鑄鐘紀念。

三義殿（柏臺），據《五涼全志》載，位於古浪縣土門鎮，建於清順治五年（1648）。因院内柏樹蒼翠，故又名柏臺，爲古浪八景之一。原建築較多，毀於

1927年大地震。後由政府投入、群眾集資於1997年完成修繕工程，樹《三義殿保護碑》、制匾記其功德。

古代士大夫的民生情懷和助學情結
——武威城隍廟碑刻拾零

　　城隍廟供奉城隍神。城隍又稱城隍爺，是古代中國宗教文化中普遍崇祀的重要神靈之一，也是中國民間和道教信奉的守護城池的神祇，全國各地都有城隍祭祀。涼州府城隍廟，也稱老城隍廟，位於府門灘（今涼州區文化館、圖書館所在位置），建於明洪武二十年（1387），在1941年6月22日，即農曆五月二十八日的日本飛機大轟炸中炸毀，僅存戲樓，後毀於民國末期。城隍廟有鐘1口，明天啟五年（1625）涼州副總兵宋偉鑄，今佚。在抗戰勝利後的1946年，武威民眾又在王府街（今共和街）中段北側新修了武威縣城隍廟，稱為新城隍廟，1958年被毀。武威現存4通有關城隍廟的碑刻，其中涼州區兩通，內容是地方官員倡導助學興教方面的，為我們提供了地處邊陲的涼州，文風甲於秦隴的根本原因所在；另有古浪城隍廟石造像殘志和民勤《重修城隍廟碑記》。

　　《城隍廟甬道學產執照碑記》，立於乾隆十五年（1750）。涼州離省城（當時在西安）、京城較遠，參加鄉、會兩級考試費用不菲，成為士子們功名路上的攔路虎，可謂"青雲有路，躡履惟艱。"入清以來，涼州歷任官員在創辦書院、建立學校、增加員額及解決士子考試資費方面做了許多努力。歐陽永禟在武威縣、涼州府任職期間，"為文武鄉、會兩試，并貢監科舉人監路費"，"倡眾修厘，以為鄉、會路費"。他為解決鄉、會兩級文武考生的考試費用殫精竭力，首倡并帶頭捐資，以擴大城隍廟周圍的商鋪，建設費用由闔城士紳及鄉民捐助，所建鋪面租金用做鄉、會兩級生員的考試費用。此舉大得人心。碑文對這一善舉進行了比較詳細的敘述，尤其對形成學產的鋪面一一載明。碑陰附有涼莊道憲、涼州知府和武威縣兩任知縣所批印照四張，作為時任官員的政績和德政工程以及業主合法經營的憑證立碑昭示。"邊地途賒，每嘆會城之遠；文風日盛，常嗟行李之艱。"——反映了以歐陽永禟為代表的勤政為民官員和有識之士的深謀遠慮與遠見卓識，這既強化了捐資助學的社會效應，也具有法律保護和道德示範的雙重作用；既鞭策官員，也警示世人。碑文文筆優美，滿懷情感，表達了為民、惠民的士大夫情懷。作者蘇暻，雍正進士，曾任山西文水縣知縣，乾隆《武威縣志》纂修。

《城隍廟宮隙地及鋪面入租佐鄉會試碑記》，木質，刻於嘉慶十七年（1812）。乾隆九年（1744），武威縣令歐陽永禠念及貧寒學子參加鄉試、會試路費無着，倡導將城隍廟空地修成鋪面數十間出租，以租金收入作爲士子參加考試的路費。歷經半個世紀，管事同仁謹遵歐陽公教誨，嚴格租金用途，發揮了助學作用。爲防日久生弊，嘉慶十七年，經學校和經理人共同對近三年來的收益分配進行分析後商定：除保證士子鄉、會兩試費用外，結餘經費用做寺廟祭祀之用，并由官員、鄉紳、儒學生員和管理人員等96人簽名，武威學界共同立碑見證。碑文言簡意賅，合規合法，"以示美舉，并告來者"。碑文所列人員中有不少前後中舉、中進士，成爲涼州乃至隴上知名人士，如張澍、郭楷、周泰元、楊增思、潘挹奎、李蕡生、馬廷錫、趙廷錫、張兆亨（衡）、牛鑒等，他們對此的感激應當說是發自內心并銘刻於心的。碑文作者張美如，嘉慶十三年進士，曾任户部主事、員外郎，主講武威、蘭州、西安等地的著名書院，桃李遍西北，同時也是享譽隴原的"詩書畫三絕"的名家。碑文書丹者尹世衡，嘉慶十六年進士，曾任户部主事、浙江糧道等職。

　　《城隍廟石造像碑》，刻於武周聖曆元年（698），發現於古浪縣城隍廟廢墟中，現藏甘肅省博物館。正面浮雕立佛一尊，頭部兩側各刻一飛天；兩面邊沿各刻一小佛像。龕下刻楷書《金剛經》，底座四面刻發願文。碑文已殘，僅正面存"聖曆元年……戊戌弟子……"字樣。2000年5月，古浪城隍廟重建，立《隍廟重建碑》。民勤《重修城隍廟碑記》，立於清康熙二十四年（1684），今佚。

一座座湮没於歷史深處的名刹古廟
——武威寺廟碑刻拾零

　　武威是佛教東漸的重要地區，也是道教傳播的重要區域，歷史上寺廟宮觀衆多，據2001年出版的《武威金石錄》就收錄涼州區700多座。這是廣大人民群衆進行宗教活動和祭祀祖先、神靈的重要場所，既反映了宗教活動的自由普及和人民群衆的理想追求，同時也是統治者利用神權統治人民的重要形式，而作爲精神文化和物質文化結晶的建築藝術和金石碑刻，無不傾注着勞動人民的智慧，反映了當時的社會狀況和精神風貌，蘊含着豐富的歷史文化價值。本書收錄的只是歷史上全部金石碑刻的一小部分，實際上大多數已損毀、散佚、湮没。本書除重點簡述、綜述外，兹將部分佚失、損毀（包括部分重建）的寺廟碑刻列名提要，以供研究者追尋、參考。

《福壽寺碑》，立於明成祖永樂年間（1403—1424），記載了唐玄奘西天取經時曾路過福壽寺并講經説法的情況。福壽寺，亦名百靈寺，建有大佛殿，唐太宗御賜大神樂宫。遺址在今武威市古城鎮南15千米處。

《明敕賜金塔寺碑記》，明宣德二年（1427）立。碑佚，内容不詳。金塔寺位於武威城南金塔鎮金塔村，元代藏傳佛教涼州四部寺之一。始建年代不詳，興盛於元代，毁於1927年大地震及以後，現已恢復部分建築。

《重修福壽寺碑記》，刻於明正統七年（1442），碑斷文殘，漢文藏文合記。記載了明正統七年駐涼州衛太監李貴和藏僧妙善通慧國師鎖南堅贊等重修福壽寺及唐玄奘西天取經、西藏薩迦派四祖薩班在此寺講經説法等事宜。

《漢藏合記碑》，立於明正統十三年（1448）。漢藏兩種文字合記，似應立於某藏傳佛教寺院，具體何寺不詳。今存武威市博物館。

《重修麗澤寶塔寺記》，立於明弘治十六年（1503），記載了民勤寶塔寺的一次重修及其規模。寶塔寺，在民勤縣城西門邊，創建於明正統年間（1436—1449），後經明清多次維修。今已不存。

《真武廟碑記》，位於武威城南街，明嘉靖二十八年（1549）立，廟碑皆不存。

《補修聖容寺碑記》，立於明嘉靖三十年，已佚。簡述了鎮番歸復中原特別是明朝的情況，頌揚了明朝將領馬得父子拒胡征剿、開拓邊疆、肇建寺院的功績及三世孫馬恩捐資修繕的善舉。聖容寺，位於民勤縣城西南隅，始建於明洪武九年（1376），成化初年由縣城東北隅移建今址。

《水神廟碑記》，據《宣統甘肅通志》載，碑在武威南郭，立於明萬曆二年（1574），今佚。

《明楊佑三官神祠碑》，位於武威城楊府街三官祠，明萬曆九年立，今佚。楊佑，歷甘肅參將、副總兵、都指揮同知等職，去世後入武威鄉賢祠。

《土門關帝廟碑》，多剥蝕，文字大多漫漶不清，惟"忠義"二字可辨。關帝廟，在古浪縣城東郊外，清順治五年（1648）建，現已不存。

羅漢樓，原名菩薩樓，位於古浪縣土門堡東城門上，清康熙九年（1670）建。1996年，土門鎮群衆集資修繕，并鑄鐵鐘一口，有銘文。

《重修奶子佛碑》與青山寺。立於清康熙十四年（1675），現存古浪縣博物館。奶子佛寺原名壽國寺，亦名青山寺，位於古浪縣大靖鎮北郊，初建於元代，後來被毁。20世紀90年代在原址重建大雄寶殿及厢房、齋房等建築。

《重修高溝堡廟碑》，又稱《日月華嚴龍碑》，約立於康熙四十八年，簡述了幾次重修後的規模等情況，是今天重建高溝堡廟的重要依據。高溝堡廟（寺）

位於今涼州區長城鎮沙漠之中的高溝堡古城遺址中，始建年代不詳，在順治五年（1648）的回民反清鬥爭中被毀，後由雲游僧人海清及本地僧人淵白、性覺分別募化重修，歷時數年，於康熙四十八年告竣。毀於1927年大地震。

財神閣，位於大靖鎮什字中心，建於清康熙五十七年（1718）。1987年進行大規模維修，有《財神閣保護碑》記其功。

《西來寺碑記》，本郡庠生李蘊芳於清乾隆六年（1741）四月撰文并書丹。碑軼，碑文散見於有關地方志資料。據相關資料記載，該寺位於今武威十八中院內鳳凰臺西北方，建於清康熙十年，振武將軍孫克思等地方軍政官員捐資支持。毀於1927年大地震。

《武廟重修碑記》，立於清乾隆十八年。碑文雖漫漶難辯，但仍可理出基本綫索，簡述了武廟的重要性、規模和重修的基本情況，點到了振武將軍孫（思克）等地方軍政官員的作爲，對今天瞭解武廟概貌進而恢復武廟具有重要價值。

《阜成寺碑記》，立於武威吳府家廟阜成寺。阜成寺規模較大，香火旺盛，損毀年代不詳。詳見本卷《武威吳姓流源及吳允誠顯貴世家簡述》一文。

《鎮國寺碑》，據《涼州府志備考》載，永昌堡舊城外有葡萄園，園中有碑。寺碑今已不存，故址在今武威城北約15千米處的永昌鎮政府駐地。

《西把截堡碑》，年代不詳，碑斷文殘，今存武威市西營鎮西把截堡。

《藥王泉碑》，年代不詳，原存武威市西營鎮五溝村藥王泉旁。今佚。

洞兒寺鐘，鐘形制身短而口侈，與羅什寺鐘同，鑄於明永樂四年（1406），今佚。洞兒寺，在羅什寺後側，建於明代，毀於1927年大地震。

慈悲庵，位於武威城東北隅，建於明代，毀於1927年大地震。《新通志稿》：慈悲庵有觀音菩薩銅像，庵毀後移慶豐寺。

慶豐寺，位於武威城區東巷子，始建年代不詳，今已不存。寺內原有地藏王菩薩銅像，又從慈悲庵移來觀音銅像，共有造像兩尊。今佚。

白衣寺，有兩處。一在城區大什字西北角，建於明代，毀於清末，寺內原有白衣菩薩銅像一尊，有銘文。一在城北海子巷，建於明代，毀於1927年大地震。

高興寺，位於武威市懷安鎮蘆家溝村，寺內保存有唐釋迦牟尼石造像一尊。始建年代不詳。

龍泉寺，位於古浪縣城西南，寺後有塔七級，高七丈；寺前、左皆有泉，故名。初建年代不詳，後毀壞。1994年鑄龍泉寺鐵鼎、鐵磬、香爐，皆有銘文；2006年，重建龍泉寺，相繼立功德碑。

北涼石塔，北涼時期雕刻的佛教文物，是中國現存最古老的塔例。現存14

座，20世紀陸續發現於武威、酒泉、敦煌、吐魯番等地，其中11座收藏於國內的博物館，三座流向國外。武威市博物館存有北涼石塔1座。

天尊石造像，亦稱"道教天尊石造像"。造像雕刻逼真，文字清晰，寥寥50字，記載了雕像的時間、人物和目的意義。現存武威市博物館。

武威毀弃的寺廟及其碑刻遠不止這些，名氣較大者還有關帝廟、禹王廟、玉皇廟、三官廟、吕祖廟、龍王廟、火神廟、馬祖廟、東竺寺、竹林寺、白馬寺、白衣寺、金剛寺、彌陀寺、亥母洞寺、眼光寺等，另有許多祠廟、壇臺等。

鍾愛并守護凉州名勝古迹及金石碑刻的不世情懷
——武威官民保護修繕文物古迹紀略

武威絶大部分宗教場所即寺廟宫觀，在初創和重修、維修乃至祭祀和日常運行當中的費用，除僧衆、信士捐（募）資外，地方軍政官員倡捐、募捐和自掏腰包捐資者比比皆是，少有使用國家"帑藏"（國庫）重修、維修的。"概捐米奉"（《魁星閣創典祭田題名記》）是當時官場的一種常態，既是古代官員為地方文化、教育和宗教事業的貢獻，也是他們良好操守的一種體現。如果没有他們倡導和主導的重修、增修、維修等保護措施，今天的歷史文化名城將不復存在。根據武威現存碑刻，對歷代官員捐資修繕情况簡述，以銘記他們對武威歷史文化、文物古迹所作出的貢獻和功績，以起到隐惡揚善的作用，鞭撻那些在歷史和現實中肆意糟蹋、侵占、破壞、毁壞、占有文物古迹的醜惡行徑。

一、永恒的碑刻印記

大雲寺。唐景雲年間，由駐凉軍政官員司馬逸客、安忠敬等主持進行修繕（《凉州衛大雲寺古刹功德碑》）。西夏時期，由朝廷主持重修（《西夏碑》）。明洪武年間，日本僧人志滿募修。萬曆年間，凉州副將魯光祖補修，凉州總兵達雲等駐凉官員及僧官洪鎧、比丘信還增修部分建築（《增修大雲寺碑記》）。清雍正年間，凉莊道菩薩寶、凉州知府鄭松齡"飭令五所鄉耆等興工補築。"清乾隆年間，本郡國學生李焕彩、善士楊三益、住持思善等，廣泛發動紳衿士庶、兵丁，助銀施物，募化重修（《萬緑重新·重修大雲寺鐘鼓樓碑記》）。

清應寺，亦名北斗宫。明嘉靖年間，陝西布政使、西寧道吴天壽及地方軍政官員張世俊、徐恩、胡如霖、吕經、王光祖等"各捐己資"，新創北斗宫藏經樓（《明北斗宫新創藏經樓碑記》）。明隆慶、萬曆年間，地方軍政官員戴才、侯東萊、賈仁元、曹子登、袁宏德等捐資修繕，并申請"帑藏之羡"（《敕賜清應禪寺碑記》)。清康熙年間，甘肅巡撫、都察院副都御史劉斗，陝西甘肅總兵、涼州提督孫思克，涼莊道、陝西布政使右參議朱衣客，鞏昌府同知王階，甘肅副總兵王階，南京提督、太子太保李栖鳳，江西漕運副總兵李栖鶚等捐資修繕，特別是劉斗，"起斗姥閣、竪東岳臺、建玄真觀、修安國寺以及清應寺，捐金數百而不言費，鳩工數載而不言勞。"(《重建清應寺碑文》《重修清應寺塔記》)。又，振武將軍、太子少保、甘肅提督孫思克，捐資修繕清應寺梵音藏經樓(《重造梵音藏經碑》)。又，康熙年間，"功德化主某，慨然以爲己任，先各捐貲財……隨緣募化"，重修清應寺塔(《重修清應寺塔頂碑記》)。

羅什寺。明永樂年間，老軍、住持僧石洪化緣重修(《重修羅什寺碑記》)。明隆慶年間，青海僧人馬法林重修經閣殿宇。清康熙年間，甘肅提督孫思克和甘肅總兵王用予、柯彩及闔郡信士等"屢加補葺"，邑人、黔蜀提督李維新子孫李栖鳳等"亦助貲財"(《羅什寺碑》)。嘉慶年間，信士丁林、李晟等發動闔郡紳衿士庶捐資重修(《重修羅什寺碑文》)。

白塔寺。明宣德年間，西僧鎖南堅贊募化重修；肅府內臣黃潮宗，"喜舍貲財"建塔一座(《重修涼州百塔志》《建塔記》)。清康熙年間，甘肅總兵孫思克、提督張勇和蓮花山僧人綽爾只顧屈捐資修繕，許多駐涼官員踴躍參加(《重修白塔碑記》)。

海藏寺。明成化年間，鎮守涼州太監張睿聯合地方官員"募緣備貲，重新修蓋"；張睿承擔大部分費用，總鎮甘肅太監譚禮慨助(《成化御敕修海藏寺碑記》《重修海藏寺碑記》)。清康熙年間，甘肅提督孫思克"捐資而葺之，頓還舊觀矣。"乾隆年間，住持及僧衆捐資、募化修葺(《海藏寺藏經閣記》《修葺碑記·重修海藏寺碑記》)。

廣善寺，即天梯山石窟。明正統年間，太監劉永誠牽頭出資，聯合地方官員重修(《重修涼州廣善寺碑銘》)。

安國寺。清康熙年間，西寧道沈加顯，甘肅巡撫、都察院副都御史劉斗"發心捐資"，官員、僧衆等捐資重修(《敕建重修古刹安國寺功德題名碑記》。乾隆年間，善士高應甲、張裕善等闔郡紳衿士庶捐資重修《重修安國寺碑記》)。

善應寺，即蓮花山寺。明正德年間，涼州副總兵、都督同知趙英，游擊將軍趙鋐父子捐資修繕；之後，又有平羌將軍、左軍都督府右都督徐謙，分守涼州等處御馬監太監顏大經，涼州副總兵柳涌、陳公珣捐資修繕(《重修善應寺碑記》)。清雍正年間，大檀越李積祿、潘桂等輸貲重建(《重建蓮花山黑虎財神殿碑》)。

福壽寺。又稱百靈寺。明正統年間，太監李貴和西僧鎖南堅贊重修(《重修福壽寺碑記》)。

雷臺及其斗姥閣。清康熙初年，甘肅巡撫劉斗，捐資興建斗姥閣(《創建斗姥臺閣記》)。順治年間，凉州總兵劉友元重建。乾隆初年，凉州府縣官員親臨雷臺觀，踏勘調處矛盾糾紛，劃定地界，頒發執照(《雷臺觀碑記》)。嘉慶年間，由邑人馬氏倡導，安孝廉等積極回應，官方與民間共同努力，修葺雷祖廟(《補葺雷祖廟碑記》)。

東岳臺。清初凉州副總兵孫加印，甘肅巡撫劉斗兩次捐資增修，并協調遷往城郊進行改建增修，使之"美哉盛斯"，成爲"五凉之第一仙境"；之後，凉州衛掌印守備殷士達及甘肅巡撫劉斗、甘肅提督孫思克等軍政官員及僧衆、儒生、信士等138人共同勒石記載(《改建東岳臺增創廟貌碑記》《東岳靈臺續築後臺重建山門碑記》)。

城隍廟。清歐陽永禕在任武威縣知縣、凉州知府期間，首倡并帶頭捐資，將城隍廟周圍空地修建商鋪，鋪面租金用做鄉會生員的考試費用(《城隍廟甬道學産執照碑記》《宫隙地及鋪面入租佐鄉會試碑記》)。

武廟。清振武將軍、甘肅提督孫思克等地方官員捐資修繕(《武廟重修碑記》)。

三皇廟。明崇禎年間，西寧道史樹德、西凉左參政賈仁元，"率衆捐貲"修建(《修建三皇廟記》)。

關於文廟，詳見本卷《"隴右學宫之冠"武威文廟的前世今生》一文。

二、永志的護廟群英

古代社會對寺廟宫觀的建設、保護、修繕是非常重視的，既有來自於官方的聖旨及法律法規保護，也有來自於民間的重視和呵護，更有地方官員、紳衿、僧道、信士的支持。但日久天長，對它的破壞、侵占也是不可避免的。破壞本意是摧毀，毀壞，一般包括天灾、兵燹、年久失修(自然壽命到期，但因缺乏經費而無力保護)、官方和民間侵占等原因引起的損壞、毀壞、毀弃、摧毀和擾亂、變亂等。在武威寺廟宫觀的修繕、重修和保護當中，尤以一代名臣良將劉斗、孫思克及地方紳衿賈壇等貢獻巨大。他們通過自捐、倡捐、募捐經費，充分利用政府的公信力和鄉規民約、道德、法律的力量，甚至不惜借助皇權力量，對寺廟宫觀或進行修繕保護，或頒發執照確認四至範圍，或懲治不法行爲，通過多種措施進行建設、保護、修繕，使武威的許多歷史文物古迹能有今天，使今天的政府和官員們有了一個歷史文化名城保護中可以依據的藍本。

孫思克(1628—1700)，字藎臣，號復齋，漢軍正白旗，清朝名將，河西四漢將之一。早年爲王府護衛，後隨洪承疇征戰。康熙二年(1663)，擢升爲甘肅總兵，鎮守涼州。三藩之亂時，他攻克靖遠，又率軍震懾進犯的游牧部落，然後渡河與張勇會師，參與會攻平涼，轉戰西北，多次擊退叛軍，收復多處失地，升涼州提督等職。康熙二十二年，因主張暫緩進兵四川被追責，罷提督，奪世職，留任甘肅總兵。次年復甘肅提督。曾上疏清廷在嘉峪關增設總兵并增兵至三千，并提出在河西要地囤積糧草的建議。三十一年，加太子少保、振武將軍。三十五年，參加昭莫多之戰，擊退噶爾丹。病逝後追贈太子太保，賜諡襄武，封一等男，入祀鄉良祠。孫思克一生，與涼州及河西息息相關。他從康熙二年任甘肅總兵，鎮守涼州，轉戰西北，至三十九年去世，在涼州及河西駐防38年之久，可以說他是爲涼州和西北而生的。期間，除鎮守邊防、保境安民的卓著功勛外，在保護、修復武威文物古迹方面不遺餘力，帶頭捐資、倡捐募資、親臨調處、自撰碑文，其功之大，無人可匹。孫思克與武威寺廟有着極深的緣分，他說"余生存與三寶結有勝緣，遂不禁止戚戚於中，輒有復興繕造之願，而幕賓四明人顏翼超亦即與予有同心焉"（《重造梵音藏經碑》）。目前武威保存的文物古迹，大都有他的貢獻，僅碑文中有記載的就有清應寺及塔、北斗宮（清應寺）藏經樓、海藏寺及藏經閣、白塔寺、羅什寺、西來寺、東岳臺、雷臺斗姥臺、玄真觀、武廟等，可以説他是武威文物古迹的保護神。他久鎮邊關，深得軍民愛戴。當他的靈柩運回京師時，自甘州至潼關，所經之處，軍民無不號哭。"在涼恩威并著，士民感德。"入涼州名宦祠，又建孫公祠於涼州"東門外，祀振武將軍孫思克"（乾隆《武威縣志》）。孫公偉績，永垂青史！

劉斗，字耀薇，直隸清苑（今河北清苑縣）人，約生活於明崇禎至清康熙中葉，歷官兵部、宗人府、國史院等，官至甘肅巡撫、福建總督等職，爲清初重臣。少習滿州國書，能得其精義。順治十八年（1661）任甘肅巡撫，上疏陳邊要、肅郵政、墾荒田、清蕃漢地界，悉荷嘉納。康熙九年（1670），爲福建總督。卒後入祀鄉賢祠。曾邀文學家、戲劇家李漁游陝甘等邊塞地區，創作《涼州》詞等。他在甘十年期間，對涼州文物保護不遺餘力，正如《重建清應寺碑文》所言："起斗姥閣，豎東岳臺，建玄真觀，修安國寺以及清應寺，捐金數百而不言費，鳩工數載而不言勞。"誠如斯言。

張勇（1616—1684），字非熊，陝西咸寧（今西安市）人，清朝名將，河西四漢將之首。清初隨孟喬芳轉戰陝甘，升任甘肅總兵，後又隨洪承疇轉戰西南。康熙二年（1663），因張勇久鎮甘肅，深受番族畏服，改任甘肅提督，此後鎮守甘肅十餘年。三藩之亂時，被封爲靖逆將軍、靖逆侯，切斷甘肅叛軍與吳三桂的聯繫，加少傅兼太子太師。康熙二十三年，到丹山防禦青海蒙古，途中病逝於甘州，追贈少師，謚號襄壯。在甘任職期間，除軍功卓著外，對保護地方文物古迹特別是涼州白塔寺有較大貢獻。

民國初年，武威縣縣長康陶然，以他特有的識見和魄力保護了弘化公主碑刻與墓葬；支持鄉賢賈壇尋訪并找回不少文物藏於武威文廟。

《磚砌城垣記》碑，約立於明萬曆六年（1578），簡述鎮番衛（民勤縣）在"蔽涼永（涼州、永昌）地"中的戰略意義和甘肅巡撫侯東萊及地方軍政官員趙煒、張九一、李汶、汪廷佐等在修築城垣中的重要貢獻。

民勤《重建關帝廟碑》，約立於清順治年間（1644—1661），簡述孟良允等"邑中善士"重建關帝廟的情況。

《重修學宮記》，立於清康熙三年（1664），簡述重修民勤學宮的緣起和官紳何孔述、孟良允、王君慎等在重修中的作用、貢獻等。

《總龍王廟碑記》，立於1724年後，簡述總龍王廟的形成與重修等情況，突出了鎮番參將王萬成、掌印守備劉篤生"捐資重修"的善舉。

《重修蘇公祠記》，立於清乾隆三十四年（1769），簡述鎮番守備馬昭等重修蘇武祠的意義和祠堂的規模格局。

《建置書院碑記》，立於清乾隆四十八年。時任鎮番知縣王賜均募捐二千金，倡建蘇山書院，并撰碑記之，題書院匾額。

《重修學宮記》，立於清嘉慶十八年（1813），闡述了學宮在"慢患失色""危如累卵"時，"爰商同邑宰，會集闔學，公議重修，衆皆踴躍樂輸"的情況。

三、難得的太監情懷

明代是中國歷史上皇權極度化的時代，宦官作爲一支重要的政治力量，干政亦到登峰造極地步。從洪熙元年（1425）開始，以王安爲甘肅鎮守太監、鄭和守備南京爲標志，各省皆設鎮守太監。之後，明代宦官之禍迭起，加劇了明朝政治的腐敗和政權的滅亡。當然，宦官中也不乏正直才具之士。在武威的寺廟修繕保護中，也有一份明朝太監的功勞。

宣德年間（1426—1435），西僧鎖南堅贊募化重修了白塔寺，肅府內臣（即太監）黄潮宗，"喜舍貲財"建塔一座（見《重修涼州百塔志》《建塔記》）。

正統四年（1439），鎮守甘肅太監王貴、少監李貴，"同心協誠"支持徐晞重建涼州衛文廟暨儒學（見《涼州衛修文廟暨儒學記》）。

鎮守甘肅太監劉永誠是太監中的另類，被後世譽爲明代十大優秀太監之一。正統年間（1436—1449），他奉命監鎮甘肅。期間，他對蘭州白塔寺、涼州廣善寺修繕做出了重大貢獻。《重修涼州廣善寺碑銘》記載了劉永誠牽頭出資，聯合地方官員重修廣善寺（天梯山石窟）的事跡。此間，太監李貴和西僧鎖南堅贊還重修了福壽寺（百靈寺）（見《重修福壽寺碑記》）。

成化年間（1465—1487），由鎮守涼州太監張睿牽頭，在總鎮甘肅太監覃禮的慨然相助下，聯合地方軍政首領，購買空閑土地，"募緣備貲，重新修蓋"海藏寺，歷時四年多完工，張睿自己承擔了大部分修繕費用；"其鳩匠、構材、置地之費，一出公之己貲，而劉公則補其不及也，他無取焉。"當年重新修葺的海藏寺基本上就是今天的規模。為防止後人作踐侵占，他還奏報朝廷頒發護持聖旨，并勒碑永存（見《成化御敕修海藏寺碑記》《重修海藏寺碑記》）。

正德年間（1506—1521），分守涼州等處御馬監太監顏大經等捐資修繕上應寺（蓮花寺）（《重修上應寺碑記》）。

四、文廟的護佑功臣

在武威文廟的重建、增修與歷次修繕中，徐晞、徐廷章、蘇銊、武廷適、孫詔、范仕佳、阿炳安、張之浚、何德新、章攀桂、劉大懿、鄭松齡、英啓等一大批軍政官員和武威名士賈壇等功不可沒，可以說，沒有他們的"同心協誠"，沒有他們的承前啓後，就沒有今天的武威文廟。詳見本卷《"隴右學宮之冠"武威文廟的前世今生——武威文廟碑刻綜述》一文。

五、小結

在武威，除歷任軍政官員（包括太監）建寺護廟，還有一批僧道信士加入其中。日本僧人志滿、僧官洪鎧、比丘信還、老軍石洪募修大雲寺，本邑國學生李焕彩、善士楊三益、住持僧思善等廣泛發動紳衿士庶捐資重修大雲寺及鐘樓，青海僧人馬法林修繕羅什寺經閣殿宇；信士丁林、李晟等發動闔郡紳衿士庶捐資重修羅什寺，西域高僧鎖南堅贊募化重修白塔寺、廣善寺、福壽寺，當代名僧釋理智、釋理方等募集資金修繕羅什寺、海藏寺等等，這些有關武威文物古迹保護的人物事跡，在武威歷史上不勝枚舉。民國以來，武威本土又有一批文物古迹的保護者，他們是賈壇、唐發科、段永新、趙士達、劉爾能、党壽山、孫壽齡……梳理着他們鍾愛、守護武威名勝古迹及金石碑刻的這些往事，我們不由得肅然起敬。今天的武威，是全國歷史文化名城、優秀旅游城市和全國旅游標志之都，這些引以為傲的稱譽，是武威歷代軍政官員、紳衿士庶、僧道信士和廣大人民群眾共同創造、共同建設、共同保護的結果。正是他們，武威名勝古迹的保護者，武威文化遺產的護佑功臣，理應為他們樹碑立傳，彰顯偉績。武威眾多的名勝古迹及塔樓觀閣、經卷典籍、金石碑刻、名居府邸，這是武威的文化根脈，這是武威的精神家園。惟願根脈永存，家園長青。

一生致力於武威文物古迹保護的儒商——賈壇

賈壇（1862—1941），字杏卿，武威縣人，祖籍湖南長沙。出身於商賈之家，父親以經商爲生，家境富裕。兄弟三人，哥哥賈坤於光緒二十五年（1899）中舉；弟弟賈垣一生從商，民國初曾任武威縣商會會長。賈壇於1902年中秀才，榮封文林郎（清代正七品文散官）。他能書善畫，酷愛金石文物，在經商和關注社會民生方面表現出色。民國初至20年，曾任甘肅省諮議局議員、督軍公署軍事諮議、衆議院議員，武威縣參議會參議員、縣商會會長、教育館館長。武城城區北大街中心巷34號（羅什寺對面）有其故居，始建於民國4年（1915），2002年因城市建設需要，整體、原貌搬遷於武威六中西側。

賈壇故居，現位於城區東大街古鐘樓東邊，東鄰武威六中，南望凉州醫院，西靠大雲寺，北依武威酒廠。南北長約40米，東西寬約30米，占地面積約1200平方米。故居爲磚木結構，分内外兩個四合院。外院由街門、倒座和東西厢房組成。街門面闊一間，裝板上"望重長沙"四個大字清晰可辨，由時任凉州知府、甘凉兵備道王步瀛於1919年題寫。影壁上的壁畫已漫漶不清，兩側刻有對聯"傳家德誼敦三物，華國文章本六經"；影壁左邊的前院門上有"詩書門第"匾額。裏面的倒座和厢房各面闊三間，進深一間，前出廊。後院有垂花門，裏面由東西厢房和堂屋組成。堂屋面闊五間，進深一間，前出廊，爲兩層樓閣式建築；院内磚雕、木雕非常精緻細膩，代表了當時的雕刻水平及藝術風格。2012年12月，公布爲省級重點文物保護單位。

能讓歷史和武威人民記住賈壇的，并不是其商人身份和萬貫家産，而是他對武威社會事業的關愛特別是對文物古迹保護做出的突出貢獻。民國初年，賈壇創辦凉州實驗農場一處，并擔任農會會長，大力培育果木、花卉、麥種等，爲武威現代農林事業的興起做出了積極貢獻。1928—1929年，武威大旱，莊稼顆粒無收，饑民成群結隊求乞。武威商會積極開展賑灾濟民行動，他協同地方賢達，動員商號、大户募捐糧食，開辦舍場，救濟灾民。民國時期，教育經費捉襟見肘，發展舉步維艱。賈壇作爲商會會長，面對許多學校辦學中的實際困難，帶頭捐款集資，以實際行動爲教育發展貢獻力量。賈壇一生最爲亮點的地方是搶救、保護地方文物古迹。

一是保護《弘化公主墓志》與墓葬等。1915年4月，武威南營青嘴喇嘛灣唐代弘化公主墓被當地群衆掘開，墓志被人藏匿，密不告人。時任武威縣縣長康陶然曾在青海任職多年并編纂過志書，他認爲涼州爲西陲重鎮，埋藏地下的先朝石刻必定很多，聽聞此事後便派賈壇前去尋訪。賈壇酷愛金石文物，得知公主墓志出土，立即乘車前往，經四處尋訪，花錢將公主墓志尋回，保存於文廟。這通墓志就是著名的《弘化公主墓志》，現爲國家一級文物。之後，在這一帶又陸續發現了 8 方墓志，成爲研究吐谷渾及西北少數民族流源的重要資料。在康陶然的大力支持下，賈壇四處尋訪，又訪得許多珍貴文物，如《慕容明墓志》《毛佑墓志》《康阿達墓志》等陸續收藏於縣民衆教育館（今文廟），又將《大雲寺古刹功德碑》《武徵君李孝廉傳碑》《西夏碑》等囑從事教育工作的唐發科（時任萬壽宮小學校長）移置於文廟保存。參見本卷《民國初年的武威縣縣長康陶然的兩大貢獻》一文。

二是發現并保護《張兆衡墓表》石刻。 1931 年，他與唐發科發現并保存了由牛鑒撰寫的《誥授奉直大夫山西朔州知州前翰林院庶吉士張公墓表》（立於清道光二十九年），碑側刻有他與唐發科所記錄的此碑流傳經過。此碑對研究武威著名清官良吏張兆衡及其家族具有重要意義。

三是發現并保護《高昌王世勳碑》。 1933 年秋，賈壇與唐發科在元代永昌路所在地永昌鎮石碑溝村發現《高昌王世勳碑》殘碑，後將其移置縣民衆教育館保存，并與武威名士唐發科、趙士達（時任縣文獻委員會委員）在碑側鎸刻碑文出處及發現情況。此碑正面爲漢文，背面爲回鶻文，歷史、藝術價值極大，是研究回鶻史和回鶻文的第一手資料，向爲學界重視。2013 年，墓葬及碑刻被國務院公布爲全國重點文物保護單位。

四是修繕保護武威文廟。 1927 年，武威發生 8 級大地震，對古迹文物造成空前的破壞。《重修武威文廟碑記》（立於 1938 年），記載了大地震給文廟造成的慘重損失，特別是尊經閣、大成殿、東廡（祠）、宮墻等損毀嚴重。之前，賈壇被武威紳衿推舉爲文廟奉祀官，此時又被公推爲維修文廟主事。身負主事之責的賈壇，積極倡導動員紳衿士庶，多方協調籌資，社會賢達趙士達、劉茂齡、李鼎超、唐發科、胡應瑗等同聲呼籲，武威縣縣長張東瀛和社會各界踴躍捐款捐物，使文廟修復工程順利開展。但又因發生"涼州事變"，工程不得不匆匆結束。在這一變亂中，文廟部分建築又遭燹火被毀。由於兵荒馬亂，"民窮財盡，籌款維艱"，文廟修復工程雖然成效顯著，但成爲賈壇的"未竟之功"。

《重修文廟創建廟產碑記》（立於 1949 年）記載了賈壇的"未竟之功"。武威大地震後的第二年，在賈壇的主持下，文廟尊經閣、大成殿、東廡、金聲玉振門等建築"均經修補，恢復舊觀"；之後陸續修繕或改建、改造部分建築，整個修復工程持續到1948年結束,長達20年,不僅完全恢復了文廟舊觀,并於廟西等地增修房屋、鋪舍86間作爲廟產。"統計二十年來所需工料、錢糧葉價等項,約合銀幣五千餘元,系文廟房產租資及本會籌募支付。""本會"指1931年成立的武威文廟管理委員會,賈壇任委員,并以文廟奉祀官、維修主事主持日常工作。這說明賈壇主持維修期間,經營有方,廟產收入可觀,爲文廟的保護維修提供了資金保障。期間,全國許多文廟因歐化或其他原因被毀,或改作他用,甚至有變爲瓦礫場的,唯獨武威文廟得到完整的修繕,魯靈光殿,不能不說是一個傳奇。賈壇及唐發科、段永新、趙士達、丁旭載、趙生謨、孟德元、劉茂齡、郝在中等社會賢達功不可没,其中賈壇主持文廟重建、修復工程14年之久,直到去世。今日閱覽其碑,始知先輩保護修繕文廟之大功德,對激發後輩保護歷史文化遺產、弘揚優秀文化傳統具有積極的作用。武威文廟保存着1932年由武威學款保管委員會敬獻、賈壇題書的"爲斯文宰"匾,可一睹其書法水平。

　　武威文廟是全國重點文物保護單位,西北地區規模最大、保存最完整的古建築群,也是武威文化薈萃、人文蔚起的標志,能有今天的輝煌和聲望,能有衆多的碑刻等文物收藏,傾注着包括賈壇在内的歷代先賢保護修繕之大功德。

　　賈壇不僅是一位儒商,也是一位義商,同時還是一位富有遠見卓識的社會賢達。試想,他一生中搶救、保護了那麼多的碑刻等文物,絶不是心血來潮,圖名圖利,而是對這些文物的歷史、藝術、文化價值以及其對於武威所具有的特殊重要價值,具備一種超越常人的認識,或者說是一種識見、見地。在武威歷史上,正是有了以孫思克、賈壇分别爲代表的一批軍政官員和社會賢達的機敏和洞見,才使今天的武威在歷史文化傳承、發展旅游產業方面有了底氣,有了資本,有了基礎。

　　梳理着賈壇的這些往事,我們不由得肅然起敬。如今,我們站在賈壇故居面前,放眼凉州古城的變遷,目睹這幢古樸雅致的庭院,感慨萬千。它坐落於古城一隅,總是默默無聞,任憑風吹雨打,冬雪秋霜。七十多年前,這座庭院的主人,以無私的愛心和足量的積蓄,傾注一生心血,爲搶救、保護武威文物古迹不遺餘力,貢獻卓著。這位八十老翁早已遠去,歷史又迎來了又一個八十年。惟願百年故居永存,精神家園永在!

六、民族宗教

武威少數民族金石碑刻綜述

自古迄今，武威一直是多民族繁衍生息、頻繁活動的地區。在漫長的歷史進程中，各民族相互依存，休戚與共，共同促進了武威經濟社會的發展，并創造了輝煌燦爛的涼州文化；各民族文化相互影響，相互交融，共同鑄就了各具特色的民族文化，豐富了中華文化寶庫。語言是民族的主要特徵之一，也是民族文化的載體。武威衆多的金石碑刻中，少數民族内容不在少數。從語言分，有用雙語即漢語和少數民族語言共碑表述的，有用漢語記載少數民族人物和事件的，也有單用少數民族語言表述的。武威保存着党項、回鶻、蒙古、藏等少數民族語言文字標識的金石碑刻，更有記載匈奴、氐羌、鐵勒、吐谷渾、鮮卑、粟特、党項、畏吾兒、蒙古、吐蕃（藏）族等古代民族歷史事件和歷史人物内容的金石碑刻，是研究這些民族起源與傳承演變、民族關係、民族經濟、民族文化、民族語文的第一手實物資料和珍貴文獻，真實地反映了歷史上武威多民族活動及其交流融合的關係，以雄辯的事實說明，武威是多民族融合的大熔爐，充分顯示了它在中國大一統、多民族國家融合中的重要地位，同時也彰顯了武威金石遺存的多樣性和歷史藝術價值、民族文化價值的重要性。

一、錢幣等銘文銅器

青銅鍑及刻字石頭：鍑（fù）兩面均有刀刻痕迹，象似文字，又象記事符號；石頭上刻有文字或符號。經專家初步推斷，這是一件罕見的可能是秦末漢初匈奴鑄造的大型青銅鍑，反映出當時匈奴的經濟發展程度和金屬鑄造工藝水平。

祭天金人：匈奴祭天的銅鑄人像，上刻有符號；又，銅佛像。漢武帝元狩二年，霍去病擊破匈奴休屠王城獲得，置於長安甘泉宫内，漢亡後下落不明。

西夏貨幣和其他：武威出土的西夏貨幣較多，有銅、鐵鑄幣，主要有西夏文、漢文和夏漢兩種文字三種版本；另有鏨刻銘文計量銀錠、西夏文符牌等。西夏鑄幣主要有：福聖寶錢、大安寶錢、天盛元寶、乾祐元寶、乾祐寶錢、天慶元寶、皇建元寶、光定元寶等。西夏鏨刻銘文計量銀錠，正面鏨刻文字、符號，共有 10 塊。另有西夏首領印，銅質，刻篆書西夏文；西夏文符牌，有銅、銀質兩種，兩面鐫西夏文；西夏棋子，銅質，圓形，正面陽刻西夏文，背面陽刻漢文。

元代銅器與貨幣：元代銅器有銘文至元款銅壺、至正款銅壺、至正款銅熏鼎。另有八思巴文錢幣大元通寶、至元通寶、元貞通寶、大德通寶、至正通寶等。

二、 碑刻

武威有多通漢文和少數民族文字兩種文字鐫刻的碑刻，其中《西夏碑》《西寧王碑》《高昌王世勛碑》在國內外影響較大，更有許多反映少數民族內容的碑刻，對研究武威古代民族流源、民族語言、民族融合提供了第一手資料。

安伽墓志：簡述北周時期武威粟特安氏家族人物安伽的才德功績及家世家庭，是研究涼州安氏家族淵源及火祆教傳播的重要資料。

姚辯墓志：簡述隋代後秦王室後裔姚辯的出身、家世及功勛，是研究武威羌族與姚姓流源的重要資料。

康阿達墓志：簡述西域粟特康國人阿達三代情況，是研究唐朝與西域諸國關係和武威康姓及粟特商胡源流的重要資料。

紇單府君墓志：簡述唐代紇單府君顯貴之門第和個人之素質聲望及任職、去世、葬處等情況，是研究鮮卑族人物及姓氏流源的重要資料。

若干元墓志：簡述唐代若干元家族顯赫的背景和志主夫婦的高尚品行，對研究武威鮮卑族的流源和若干姓氏的演變具有重要價值。

弘化公主墓志等唐代吐谷渾墓志10通：分別介紹了墓主人的出身、簡歷、功績、操行和生卒時間、壽夭、葬期等，是目前國內出土的最爲完整的吐谷渾民族碑刻，對研究吐谷渾及西北民族關係史具有重要的史料價值。

契苾明碑等唐代契苾家族墓志7通：分別記載了涼州歷史上鐵勒族杰出人物契苾何力家族的歷史淵源、祖業功勛、品德操守和良好家風，綜合起來就是一組比較完整的契苾家族優秀人物傳記。契苾家族自何力於貞觀年間率部內附，先後有七代人爲唐朝做出了重要貢獻，同時也是一個身兼三個籍貫（武威姑臧、京兆萬年、洛州永昌）的家族。隨着活動地域及政治社會環境的變化，武威姑臧逐漸沒落，当年契苾何力及子、孫三代曾襲爵武威郡公（涼國公）或贈涼州都督，但從第四代開始，已不再封贈武威或涼州的任何職務，這標志着契苾家族已不在與武威或涼州發生關係。這些墓志對研究契苾家族的盛衰變遷具有重要意義。另有《段承宗墓志》，兼及志主夫人契苾何力次子契苾光孫女的出身和品行閨範。

翟舍集墓志：概括了志主與夫人安氏的家世、生平、業績和子孫情況，是研代唐究武威翟氏流源及其與安氏通婚等情況的重要資料。

唐代安氏墓志9通：安延墓志，記述了安延祖上兩代仕宦情況及其生平事迹和德行、操守。安元壽墓志，簡述志主祖上三代的功名和其生平、戎旅、仕宦生涯、寵遇及才幹。翟六娘墓志，簡述安元壽夫人翟六娘的出身、修養、德操等。李公德政碑與李抱真墓志，志主本姓安，是涼州盛族安興貴、安修仁一門的家族傳略。李國珍（李暐）墓志，簡述了本爲武威粟特胡人安氏後裔的李國珍（賜姓李），因在安史之亂中的功勳而享有"寶應功臣"的美名和封賞。李元諒墓志與李准墓志，簡述因功賜姓李姓的武威安氏集團著名將領李元諒的家族淵源和祖上功名，比較完整地記載了志主的生平事迹和軍旅生涯及功業封贈。安附國神道碑，簡述涼州安氏望族安附國家族淵源、祖上三代仕宦情況及其一生的爲官履歷和軍事生涯。安玄朗墓志，簡述安玄朗家族仕宦情況及其才幹品行。這些墓志是涼州粟特安氏家族歷史淵源及其繁衍發展、仕宦婚配、家族盛衰以及與武威粟特胡人關係的重要材料，碑文內容和新舊《唐書》本傳結合參研，具有證史補史的重要價值。

論弓仁碑和論惟賢神道碑：簡述了論氏家族淵源和論弓仁、惟賢神祖孫戎馬一生的仕宦經歷，對研究吐蕃民族中具有舉足輕重地位的門閥世家噶爾世家（漢姓爲論氏）和論姓歷史淵源、武威論氏家族具有重要價值。

史思禮墓志：簡述了唐代粟特胡人史思禮家族淵源、祖上三代功名及其生平事迹、仕宦生涯，兼及志主家庭成員等情況，是研究昭武九姓史姓的重要史料。

西夏碑：碑陽西夏文楷書，共1820個；碑陰是與之相對照的漢文楷書。這是全國現存唯一保存最爲完整的西夏文與漢文對照文字最多的一通碑刻，是研史党項族與西夏歷史的珍貴石刻文獻。

藏文刻石：元代刻石共2方，陰刻藏文。出土於武威市新華鎮亥母洞。

孫都思氏世勳碑：比較完整地記載了元朝時期的蒙古族黃金家族孫都思氏（赤老溫）的世襲傳承及功勳偉績，是研究該家族及涼州地方歷史的珍貴資料。

高昌王世勳碑：碑陽爲漢字，碑陰爲回鶻文，比較完整地記述了回鶻高昌王家族的歷史，特別是帖木兒補花六世效忠元室的功勳及定居涼州的情況，是研究維吾爾族歷史及回鶻文演變的重要史料。

西寧王碑：碑陽爲漢文，碑陰爲回鶻文字。簡述了高昌回鶻西寧王與忻都父子的主要經歷和事迹，對研究我國古代少數民族歷史，特別是回鶻族的起源流派及其與漢、蒙古族之間的關係具有重要價值。

余闕碑：簡述余闕出身、經歷及功名，詳盡記載其安慶保衛戰中的突出表現及全家死節的壯舉，對全面認識余闕及其詩文成就、殉節意義具有重要價值。

光明女佛（金剛亥母）石佛像銘：刻於明代，發現於天祝縣石門寺。佛龕壁下面用藏文鐫刻佛名，漢譯爲"光明女佛"；背鐫"刻於明永樂十七年"漢文銘。

重修涼州百塔志：立於明代。碑陽爲漢文，碑陰爲藏文。

建塔記：立於明代。碑陽爲漢文；碑陰上刻藏文，下刻漢文。

重修福壽寺碑記：立於明代，碑斷文殘，只剩一排漢文，一排藏文。

重修涼州廣善寺碑銘：立於明代。碑陽爲漢文，碑陰爲藏文。

漢藏合記碑：立於明代。碑陽爲漢、藏兩種文字，碑陰無文字。

吳允誠神道碑與皁成寺碑記：前者立於明代，主要記述蒙古族歸降將領吳允誠家族的顯赫功績，可補正史闕佚；後者立於清代，簡述吳府私寺皁成寺的相關情況，反映了吳氏家族的興衰。

毛侯墓地恢復碑：記載了蒙古族將領伏羌侯毛忠的相關情況。

馬公子雲碑：立於民國。簡述駐武中央新編陸軍騎兵第二師師長馬步青（回族）出身、家世、成長經歷及其戰績、政績。

甘新公路古浪段功德碑與督修古浪段公路德政碑：立於民國年間。簡述國民軍馬步青與韓受天修建甘新公路古浪段的事迹及相關情況。

以上這些金石碑刻是古代武威多民族活動、多民族融合的不朽見證和永恒載體。將它們歸納起來，就是有關吐谷渾王族成員歸葬涼州、西藏歸屬中原王朝、粟特活動、西夏治理、回鶻東遷、余闕殉國等方面的專題。在今天回顧民族歷史、發展民族經濟、繁榮民族文化、加強民族團結進步方面，將發揮積極的作用。

安伽墓志所傳遞的粟特信息

《大周大都督同州薩保安君墓志銘》，刻於北周靜帝大象元年（579）五月，2000年出土於西安市未央區大明宮鄉炕底寨村，現存西安市考古研究所。碑文簡述了安伽的才德功績，兼及家世家庭。此志與《康阿達墓志》相類，雖然志文300多字，但信息量較大，對研究中原王朝與西域諸國關係、涼州安氏家族及粟特商胡源流遷徙提供了重要資料，歷來爲學者所重視。

安伽墓及安伽墓志的發現，爲我們研究來華粟特人的社會生活提供了不可多得的資料，可以看到很多粟特人漢化的信息。粟特人源於中亞阿姆河和錫爾河之間的地區，被認爲是古代中亞歷史上最活躍、最神秘的民族。這一地區位於古代印度、伊朗、中國和希臘、羅馬等中西方文明交匯的十字路口，又處於絲綢之路的中樞,因而對於古代中西方文明的交流與傳播,粟特人不但是見證者,而且是最重要的踐行者。但是,歷史上粟特人在本土幾乎没有建立過一個獨立的國家,始終處於外族的統治之下。因此,粟特人不斷地向外遷徙,其中有相當一部分來到了中國。據史書記載,粟特人來華始於漢魏時期,從那時起就與中原地區進行民間或官方的交往。大量來華的粟特人不僅從事商貿活動,一部分還定居中國。在這一過程中,粟特人雖然也將自己民族創造的獨特文化帶到了中國,使中國文化在某些方面受到粟特文化的影響,但更多的是粟特人被中國文化所同化,并最終融入中華民族之中。

我們再看志主的信息。首先,安伽(518—579),字大伽,武威昌松(今古浪縣)人。其先居安息國(今烏兹别克斯坦境内),古月氏族,後爲粟特人。東遷後以國爲姓,世居凉州,爲武威豪族,并掌管凉州火祆教(拜火教)爲薩保。安伽爲昭武九姓之安國後裔,似可無疑。生前曾任同州(今陝西大荔)薩保、大都督,説明他是一位政教合一的地方長官。安伽去世於北周静帝大象元年(579),其生年當在北魏孝明帝神龜元年(518)。安伽籍貫武威昌松,可見昌松應是凉州粟特人比較集中的一個地方。其次,安伽的父親安突建曾任眉州刺史;母親姓杜,漢族,被封爲昌松縣君。這説明當時胡漢通婚已很普遍。再次,安伽的父母早期生活於昌松,安伽本人也可能出生於昌松,受過良好的家庭教育,後離開昌松,被任職到同州等地。去世後葬於長安,説明本人和家族地位很高,在長安已有家族墓葬。

目前有出土資料記載的北魏至隋唐時期的薩寶,幾乎全部屬於"昭武九姓"粟特人,如康阿達、史君、安伽等。薩寶,又譯薩保。《元和姓纂》:"後魏安難陀至孫盤娑羅代居凉州爲薩寶。"據陳國燦先生推斷:"北魏時,凉州已有固定的薩保官職。"薩寶原本是粟特本土所固有的職官,一般認爲是粟特人對首領的一種稱呼,同時又是管理祆教事務的官員,或爲一種教職,出自粟特本土康、安、史等國的王族或貴族。祆教,即古代波斯的瑣羅亞斯德教,由波斯人瑣羅亞斯德於公元前6世紀創建。因爲該教崇拜火,以火光代表至善之神,故又稱拜火教。同時,該教還拜日月星辰,故又名"祆教"。祆教認爲,火是神的兒子,火的清净、活力、光輝象徵着神的絶對和至善。因此,火是人們所見的正義之眼,對火的禮贊也是教徒的首要任務。薩寶的職能主要表現在外交職能和管理職能。外交職能即負責處理與外族之間的關係。作爲粟特首領,既要管理世俗物質生活層面,負責保護、監管、處理商隊的内部事務,也要涉及宗教精神生活層面,參與對祆教活動、祆祠的管理。北齊、北周之時,薩寶分爲"京邑薩寶"和"諸州薩寶"兩類，由政府任命，屬中央鴻臚寺之屬官。及至隋代，雍州爲京畿地區，薩寶地位較高，一般爲從七品，諸州薩寶一般爲正九品。因薩寶多來自粟特本土貴族，其家世可上溯至康、史、安、何氏諸貴族，多分布在涼州、甘州、肅州、并州及洛陽、長安地區，這些地區是粟特胡商聚落所在。經過粟特人於3至8世紀在中國本土的發揚光大，遂使"薩寶"以百人爲規模的胡商體制，逐步成爲十六國、南北朝、隋唐時期中國"賓禮"體制下即鴻臚寺管轄的僑居胡商聚居體制。在唐代律令體制下更成爲一種可以開府的，有僚佐、武官、領民、官品的管理西域胡商裔的行政架構，成爲中國政治制度史上的一種奇迹。這種以納入中國身份體制爲特點的薩寶府制度，從一個側面反映了律令時代的中國禮制文化對外來文化的包容性。

一位涼州禪師（高僧）的南游記

　　武威市博物館藏有一通《敏公講主江南求法功德碑》，根據碑文內容，大意是記載并贊頌元代初期西涼州高僧敏公講主（禪師），不畏艱辛，奉旨遠赴江南杭州求取大藏經的事迹。

　　敏公講主大約生活在西夏晚期至元朝初期，應是西涼州（今甘肅武威市）某寺院的一位高僧大德，也是一位西夏遺僧。碑文多次以"講主"相稱。"講主"一詞爲佛教專用名詞，猶禪師，一般指開壇升座爲衆僧講經説法、演繹佛法、能夠對佛經進行注疏翻譯的高僧。敏公講主講經説法之處爲"西涼西南繼規園"。經對歷史上涼州各寺院進行考察和檢索地方文獻志書，不知繼規園爲何處何寺，實爲遺憾。

　　"佛法本由西方出，敏公却來南方求"。自佛法東漸以來，杭州歷來爲佛教中心。尤其自宋代以來，隨着政治經濟中心的南移，江南地區成爲政治、經濟、文化和佛教發展的中心。南宋政權又以杭州爲首都，且在杭州雕刻印刷《大藏經》。元朝時期，佛教空前發展，特別是藏傳佛教被定爲國教，皇帝、后妃都要接受灌頂。有元一代，雖然都城在大都（今北京），但政府繼續延續在杭州雕刻刊印《大藏經》的傳統，杭州成爲全國官方佛經雕刻、印刷、發行中心。自至元十四年（1277）至至治元年（1321），45年間，先後多次刊印《普寧藏》（1277—1290刊刻）、《磧砂藏》（磧砂版，1297—1306刊刻）、《河西藏》（西夏文版，1293—1302刊刻）三部大藏經，向全國各大寺院施印頒賜。敏公講主奉旨去杭州，就是要求取杭州印製的正版佛經。

敏公講主從涼州出發，不辭辛苦，渡黃河，涉渭水，一路風餐露宿到達長安，在長安稍作停留，禮佛瞻塔後繼續往東，踏上東進南下的取經之路。之後，再渡黃河，過長江，經金陵，沿途拜謁高僧，遍訪名寺，早於至元二十三年（1286）到達杭州。他在杭州游歷了靈隱寺等佛教聖迹名刹，拜訪并結識了了諸多高僧大德，應邀參加了一些佛法活動。因他在涼州佛教界的地位比較顯赫，又是"奉旨及國師法旨"求取大藏經，普遍受到江南高僧的敬佩，浙東雁若山人於至元廿三年元宵，在靈隱寺之西軒，撰文贊頌其赴江南求取佛經的宏圖大願。

此時，元朝皇帝爲忽必烈（1260—1294年在位）。敏公講主去杭州取經，不僅是奉旨，還奉國師法旨，是奉雙重旨意求法取經，規格不謂不高。元朝設立總領全國佛教事務的最高機構宣政院，并統轄藏族地區軍政事務，其長官由帝師兼領。史載，至元元年（1264），忽必烈設總制院，以國師八思巴領之，"掌釋教僧徒及吐蕃之境而隸治之，遇有吐番有事則爲分院往鎮，亦別有印。"至元二十五年，因唐朝皇帝在宣政殿接見吐蕃使臣之例而更名爲宣政院。

八思巴（1235—1280），吐蕃薩斯迦（今西藏薩迦）人。1247年"涼州會談"之後，藏傳佛教薩迦派教主薩班法王在涼州弘法傳教。1251年，薩班圓寂於涼州，17歲的八思巴成爲西藏佛教薩迦派第五代教主。1254年，八思巴離開涼州，追隨忽必烈。忽必烈繼任蒙古汗位後，封八思巴爲國師，後又升號帝師大寶法王，賜玉印，統領諸國釋教。因此，藏傳佛教被定爲元朝國教。從元世祖忽必烈1260年封八思巴爲國師開始，元朝帝師體制沿襲不變，其後歷代皇帝都有帝師，帝師職位一直由薩迦派高僧繼任而延續。八思巴去世後由其弟仁欽堅贊（1238—1279）擔任，第三代帝師由八思巴侄子即恰那多吉之子達瑪帕拉熱噶斯塔（1268—1287）擔任。有元一代，共有十幾位帝師，隨着元朝的滅亡，帝師制壽終正寢。前三代帝師由於"涼州會談"的關係受涼州文化影響較深，與涼州佛教關係密切。按時間推測，向敏公講主發出法旨的國師應是第三代帝師。

元朝時期，藏傳佛教有着廣泛而深刻的影響。由於統治者的大力推崇，涼州原本屬漢傳佛教的寺院也隨時勢變遷，變成了藏傳佛教寺院。武威市博物館及部分寺院，保存了大量的漢藏文經籍，其年代之久遠，數量之巨大，書寫材料之昂貴，在國內實屬罕見。在這批經書中，可能就有敏公講主在杭州求取的正版佛經。元刊西夏文大藏經即《河西藏》的雕版約在至元三十年（1293）至大德六年（1302）完成，先後分五次印刷190部，施於西夏故地寧夏、河西等地的寺院。按時間推測，講主求取的大藏經可能不是《河西藏》和《磧砂藏》，應是《普寧藏》。因此，他不辭辛苦遠赴杭州求取《普寧藏》大藏經。

敏公講主回到涼州後，先後有四位高僧爲其作贊頌功，并勒石刻碑，一直傳到今天。碑刻字迹雖依稀可辨，但因剝蝕嚴重，脱文較多，部分文字漫漶不清，標點斷句及釋意難以把握，很難準確地表達其完整意義，今天我們只能據其大意去理解，同時也懇請方家求解。

揭開西夏王朝神秘面紗的利器——西夏碑

《涼州重修護國寺感通塔碑銘》，簡稱西夏碑，張澍稱爲西夏天佑民安碑，近人亦稱涼州碑；西夏文意思爲"大白上國境涼州感應塔之碑銘"，"大白上國"是西夏的國名之一。碑立於西夏第四位國王崇宗李乾順於天佑民安五年（即宋哲宗元祐九年，1094），清嘉慶九年（1804）張澍在武威大雲寺發現，從此，開啓了西夏學研究之門。碑原存武威大雲寺。1927年，武威發生大地震，大雲寺古建築大都震毀，西夏碑亭倒塌。幾年後，地方名士賈壇、唐發科等將西夏碑移至武威文廟保存。2004年6月，武威西夏博物館建成，又將此碑移至該館展出。在西夏碑移遷西夏博物館當中，又意外發現了深埋地下的碑座。碑座由粗砂岩石整體雕刻而成，四面分別雕刻獅子、蓮花、天馬、麒麟四幅祥瑞圖案。目前，甘肅省博物館、寧夏西夏博物館所展西夏碑皆爲仿碑。碑文收入張澍《涼州府志備考》等國内外著名金石著作。碑正面爲西夏文楷書，背面是與之相對照的漢文楷書，字數達1820個。碑文稱此碑爲嵬名遇供書西夏文，張政思書漢文并撰額，并列有許多與碑刻、修寺相關人員。此碑發現以來，國内外載録和研究文字汗牛充棟，版本衆多，誤載誤讀誤釋之處在所難免。

　　碑文主要記載了當時重修涼州護國寺感通塔的緣起和經過，記載的故事雖然有些離奇，却給我們提供了許多寶貴的歷史資料。首先，碑文"大夏開國，奄有西土；涼爲輔郡，亦已百載。""武威當四衢地，車轍馬迹，輻湊交會，日有千數"的記載，反映了武威當時所處地理位置、經濟地位的重要，不愧爲西夏輔郡（陪都）。其次，據碑文"昔阿育王奉舍利起塔遍世界中，今之宮乃塔之故基之一也。天錫遂舍宮置寺"這段記載，與唐景雲二年（711）《涼州大雲寺古刹功德碑》中的記載吻合，證明西夏時的護國寺和感通塔，即唐代的大雲寺和七級木浮圖，也即前涼時張天錫所建的宏藏寺和七級木浮圖，這爲研究涼州大雲寺的變遷和武威建城史提供了重要資料。碑文"阿育王起八萬四千寶塔，奉安舍利，報佛恩重。今武威郡塔，即其數也……今之宮乃塔之故基之一也"這段文字，歷來是武威保存佛舍利的重要文獻依據。阿育王是古代印度摩揭陀國孔雀王朝的第三代國王，公元前273—前232年在位。他用武力統一了整個南亞次大陸和今阿富汗的部分地區，晚年篤信佛教，在各地興建佛教建築。相傳興建佛舍利塔84000座，其中在中國造塔16座（一説19座），涼州大雲寺（或爲清應寺）塔即其一。第三，碑文中"前年冬，涼州地大震"，記載的即是天祐民安三年冬天涼州發生的一次大地震，補充了國内編寫的地震史料的缺失。第四，碑文中"今二聖臨御，述繼先烈，文昭武肅，内外大治""大恒歷院正""内宿神策承旨""中書正""皇城司正""都大勾當"等帝后和官職名稱，對研究西夏帝后關係和行政職官制度具有重要參考價值。第五，記載了番漢僧在寺院的活動情況，説明漢族與党項族等少數民族關係融洽，共同在這裏從事生産生活和文化、宗教活動，反映出西夏時期比較和諧的社會經濟關係。

西夏是我國少數民族党項羌建立的面積較大、統治時間較長的一個獨立政權，於1038年建立，1227年被蒙古滅亡，建都興慶府（今寧夏銀川市），占有今甘肅大部、寧夏全部、陝西北部和青海、新疆、内蒙及蒙古國的部分地區，方圓二萬餘里。西夏長期和宋、遼、金鼎足，雖表面上稱臣於這些國家，但始終保持實際的獨立，基本與兩宋相始終。因党項族的獨特性而帶有許多神秘色彩，其中最主要的是西夏文字的創造。西夏在開國君主李元昊時創造了自己的文字之後，公私文書都用西夏文字書寫，但漢字仍在通行。西夏鑄造的錢幣，也用西夏文和漢文兩種文字。武威爲河西首府，戰略地位非常重要，又是一個理想的農業和畜牧業基地，西夏占領武威後，因其重要的政治、經濟和軍事地位，成爲西夏王朝在西部的統治中心，有"陪都"之稱。清人吴廣成《西夏書事》則稱：涼州爲天府之國。武威出土的西夏碑是全國現存唯一保存最爲完整的西夏文與漢文對照文字最多的碑刻，不僅對西夏語言文字的研究具有其他文獻資料無法達到的水平和要求，同時對西夏時期的社會經濟、帝后與職官制度、佛教傳播、民族文化、民族關係、書法藝術及其護國寺（大雲寺）的演變、武威在西夏時期的地位等方面，都提供了珍貴而詳實的資料，可謂是破譯西夏這一神秘王朝的一把鑰匙，事實上它已經做到了。所以，對西夏碑給予多高的評價都不過分。隨着人們對西夏歷史的深入研究，一定會揭開西夏王國這個被歷史塵封數百年的神秘面紗。

一曲回鶻民族東遷的壯歌
——高昌王世勳碑與西寧王碑解析

站在永昌府遺址上放眼四望，原統攝河西的大元故路，即元代的永昌府遺址，經過六百多年的風雨滄桑，城内宮殿早已蕩然無存，映入眼簾的只是一片廢墟，連殘垣斷壁的影子都難以尋覓。據老人回憶，20世紀50年代以前，永昌府城垣還基本保存完好，城牆用黄土夯築而成。故城南北約二里，東西一里半，城周七里；坐北向南，開南門一座，城南門額上方鑲嵌着磚雕"大元故路"四個大字，筆迹蒼勁有力。城内元代遺存有正欽宮，東爲碉樓墩，西爲皇姑墩，北爲月墩，南有府城隍廟等。之後，城垣被當地群衆逐步拆除。20世紀80年代初文物普查時，在故城遺址所在地永昌鎮居民住宅區發現了一段僅存幾米長的城牆，殘高5米，厚4米。當年的"大元故路"，只有這段默默肅立的殘垣斷壁，訴説着輝煌和滄桑。元太宗窩闊台在位時，將涼州分封於次子闊端。闊端卒後，其王位和封地由第三子只必帖木兒繼承。只必帖木兒在今永昌鎮地界築新城，於元世祖至元九年（1272）建成，賜名永昌府。至元十五年，元朝在永昌府設立永昌路，降西涼府爲州，所轄範圍包括今涼州、永昌、永登、古浪（含天祝）、民勤等州縣。只必帖木兒鎮守西涼府、永昌路長達60多年，卒後，闊端子孫一直世襲西涼王（永昌王），直至王位無人繼承爲止，但永昌府作爲涼州的中心一直延續到1368年元朝滅亡，歷時近百年。現存全國重點文物保護單位"高昌王和西寧王家族墓"遺址已有政府立碑保護。兩通大碑，見證了回鶻高昌與蒙古元朝的百年滄桑。

一、關於《亦都護高昌王世勳碑》

碑文撰於元文宗至順二年（1331），帖木兒補花於元順帝元統二年（1334）前往涼州掃墓時樹立。碑正面爲漢字，背面爲回鶻文。該碑在元朝滅亡後的相當一段時間，還保存完好，《五涼全志》《武威縣志》《永昌縣志》都有記載。大約在清末不知何故埋没於地下，後被當地群衆挖出，將上下兩段鑿爲石磨，僅存碑額和碑身中段，造成殘斷碑刻，殊爲可惜。1933年秋天，在武威縣永昌鄉石碑溝村發現此碑；次年臘月，武威名士賈壇、唐發科、趙士達將其移置於設在武威文廟的縣民衆教育館。

高昌國爲西域古國，位於今新疆吐魯番盆地一帶，最初是漢族建立的佛教國家。9世紀中葉回鶻西遷，其中一支占據唐西州地區，建立高昌國，史稱"西州回鶻"或"高昌回鶻",居民主要從事農牧業。13世紀初葉,高昌王在經歷了多種變故和洗禮後歸附蒙古,其族裔歷經千難萬險來到涼州永昌定居。正如碑文所言:"自是國多灾异,民弗安居,傳位者數亡。""予有世臣帖木兒補花,自其先舉全國以歸。""巴爾術阿而忒的斤亦都護在位,知天命之有歸,舉國入朝。太祖嘉之,妻以公主。"此後,又從征河西、圍宋合州、攻釣魚山、還軍火州,都哇等率兵十二萬圍火州,最終定居涼州,"遂留永昌"。內附後,歷代亦都護基本上以永昌為治所,朝廷賜給金印,遥領原高昌國,高昌"王印行諸內郡,亦都護之印則行諸畏吾而之境"。高昌國後為元朝直轄地,14世紀20年代後入察合台汗國。碑文比較完整地記述了回鶻高昌王家族的歷史,特別從巴而術阿而忒的斤到帖木兒補花六世效忠蒙古及元室的功勛事跡,充溢着一股英雄豪氣。此碑由元代"儒林四杰"之一的著名詩人、學者虞集撰文,元代大書法家康里巎巎(náo)書寫,奎章閣大學士、涼國公趙世延篆額,號稱"三絕"碑,歷史、藝術價值極高,是研究回鶻流源及維吾爾族歷史、回鶻文和書法藝術的第一手資料,向為學界重視。

亦都護,7世紀定居今新疆北部吉木薩爾一帶的拔悉密部統治者的稱號。12至13世紀時,高昌回鶻首領也稱亦都護,意為"幸福之王"或"神聖的陛下"。一說系借用漢語"都護"一職,詞首加"亦"組成。高昌王是高昌回鶻首領的內地封號,一直延續到元朝滅亡。帖木兒補花(?—1351),回鶻族,永昌路(今武威市)人,元代名相,嗣為亦都護高昌王。天曆元年(1328),元文宗召帖木兒補花至京師,知樞密院事,掌中書左丞相、御史大夫等軍國重事,其高昌王、亦都護一職由其弟籛吉擔任。帖木兒補花後被丞相脫脫請旨誅殺。

二、關於《大元敕賜追封西寧王忻都公神道碑銘》

碑立於元順帝至正二十二年(1362),正面為漢文,背面為回鶻文字。碑存武威市永昌鎮石碑溝村,碑文收入《涼州府志備考》《隴右金石錄》等。

元太祖鐵木真(成吉思汗)起兵的第四年,畏吾兒國主巴爾術阿亦都護舉國歸附,後隨太祖征戰,有大功於蒙古和元室。當時,高昌王的部將、忻都之父阿台不花"氣剛力勇,臨難不變",率部離開政治中心火州(今吐魯番),隨紐林的斤東行至甘肅武威北鄉一帶,"行次永昌,相其土地沃饒,歲多豐稔,以為樂土,因定居焉。"因其地繁榮昌盛,故名"永昌"。為嘉其功業,皇帝以公主妻之;後與皇族世為婚姻,且富貴不絕。該碑敘述了斡欒父親忻都(西寧王)及其先輩"輔翼其主,來歸我朝;居官治世,克盡乃職;興利去害,屢獻嘉謀"的主要事跡和豐功業績,部分人物與《高昌王世勛碑》相一致,所述歷史事實也基本相同，二碑內容可參照理解。此碑由元代名士、中書參知政事危素撰文，集賢殿大學士、滕國公張珪書丹，中書參知政事陳敬伯篆額，學術價值極高，對研究我國古代少數民族歷史，特別是回鶻族的起源流派，漢族與蒙古、回鶻族之間的關係，以及元代文學、書法、雕刻藝術等具有重大意義，是我國古代多民族團結融合的歷史見證。

西寧王忻都（1272—1331），回鶻族，北庭名族。祖上幾代曾爲高昌國顯官，入元後歷官奉訓大夫、禮部尚書，封范陽郡公，追封薊國公、西寧王。忻都之子斡欒，曾任樞密同知、中書右丞、中書平章政事（副宰相）、左丞相等職。期間，恰逢元末農民起義，天下大亂，其家族事迹難以稽考。

關於高昌王、西寧王墓葬位置，學術界紛説不一。墓葬與碑刻，特別是神道碑一般處於同一區域。著名考古學家宿白先生在所著《藏傳佛教寺院考古》中説："永昌路城明清置永昌堡，現名永昌鎮，鎮内王宮城址近代猶存，城南2公里石碑溝，有火州畏兀兒（高昌回鶻）君臣墓葬，墓冢已不顯露。"石碑溝，顧名思義，即石碑所在地，按慣例亦爲墓葬所在也。據有關史料，此處另有《涼都公搭搭父西台中丞遠都巴兒墓刻》《孫都思氏世勛碑》，無異是"火州畏兀兒（高昌回鶻）君臣墓葬"之處。當然，要真正落到實處，必須依據科學的考古發掘及其報告。

"暗淡了刀光劍影，湮没了黄塵古道，荒蕪了烽火邊城……歷史的天空閃爍幾顆星，人間一股英雄氣在馳騁縱横。"一座古城，兩通碑刻，憑吊歷史，往事如烟。兩通石碑，一段城牆，見證着那段遥遠而又近在咫尺的輝煌。歷史的風塵已經湮没了昔日的輝煌，一段充滿英雄豪氣的歷史、一組馳騁縱横的英雄雕像，刻在了一段幾米長的城牆和數通石碑之上。《高昌王世勛碑》《西寧王碑》所記載的那段波瀾壯闊的時代風雲，是一曲回鶻民族東遷的壯歌，也是中華民族的先輩們在金戈鐵馬、刀光劍影下開疆拓土的奮鬥歷程。

元史無傳而樹碑涼州的大元開國功臣赤老溫家族
——孫都思氏世勛碑解析

《孫都思氏世勛碑》，原立於武威永昌府孫都思氏家族墓先塋，即今武威市永昌鎮石碑溝村，由元代著名詩人、學者虞集和中書參知政事、奎章閣大學士阿榮撰文。碑佚，收入虞集《道園學古録》卷16。從碑文内容可知，蒙古族孫都思氏的後裔曾追隨皇子闊端一系在涼州，去世後，葬於涼州永昌府。

孫都思氏家族從鐵木真（成吉思汗）到元末，一直是蒙古和元朝時期的黃金家族，深得皇帝信任，子孫後代極盡權勢。"維國人之貴者，有孫都思氏。昔在太祖皇帝，龍飛朔方，肇基帝業，時則有大勳勞之臣，實佐興運。最貴重者四人，時爲四杰。""名臣子孫，固多賢才"。從赤老溫之孫鎖兀都從元太宗之子、西涼王闊端父子鎮守河西開始，就與涼州結下了不解之緣。鎖兀都之子唐兀觸夫婦及其後裔去世後多葬於涼州。赤老溫雖爲蒙元四杰之一，但《元史》無傳，亦有其無後之說。碑文比較完整地記載了孫都思氏家族的世襲相承及功勳偉績，突出了其先祖答救少年鐵木真的事迹、建都班與元文帝及名臣馬祖常的密切關係，同時，特別叙述了建都班父子從闊端鎮守河西（涼州）及建都班父母歸葬涼州的情况。此通碑文，可補史之闕，糾史之誤，是研究孫都思氏（赤老溫）家族歷史的珍貴資料，對研究元代及其涼州地方歷史具有重要的價值。

孫都思氏，即蒙古和元朝時期著名大將"赤老溫"家族。赤老溫（又稱齊拉衮）與木華黎、博爾術、博爾忽號稱"元初四杰"，是成吉思汗建國初期的四位重要謀士或將領，以驍勇善戰而著稱。在鐵木真早年遭遇不測時，其與父親鎖兒罕失剌、弟弟沉白、妹妹合答安一同幫助鐵木真成功脫險，後又歸附鐵木真，在參加統一蒙古各部的戰爭中立下戰功。宋寧宗開禧二年（1206），成吉思汗建立蒙古帝國，封鎖兒罕失剌、沉白、赤老溫父子三人爲千戶，統領色楞格河地區，與父同掌一千戶，并代父領軍，驍勇善戰，屢立奇功，世任"怯薛"（禁衛軍）之長，爲十大功臣之一，世襲答剌罕（一種崇高封號）之號，享有九次犯罪不罰的特權。其子阿剌罕，"以恭謹事上。上嘗被創甚，阿剌罕百方療之，七日而愈。"太宗皇帝窩闊台時，太子闊端鎮守河西，阿剌罕之子鎖兀都從太子。鎖兀都夫人牟忽黎爲闊端兒子只必貼木兒的保母。闊端去世後，只必貼木兒嗣位。鎖兀都之子唐兀觸，領王府怯薛官及所屬軍匠保馬諸民，五十餘年，內贊府事，外著邊職，卒後葬於涼州永昌府。其夫人去世後，亦葬於涼州。唐兀觸有好幾個兒子，杰出者爲建都班，領王府怯薛官及軍民諸色人匠，歷任永昌路總管、永昌路達魯花赤、王府尉等。天曆二年（1329），只必帖木兒入覲，薦其從臣五十人爲宮中宿衛，以健都班爲第一。奏對稱旨，曾在太常禮儀院、詹事院、中書省、御史台任職，累擢治書侍御史。

根據碑文記載，赤老溫家族輩分爲：鎖兒罕失剌（鐵木真時期）——赤老溫（成吉思汗時期）——阿剌罕（太宗窩闊台時期）——鎖兀都（闊端鎮守河西時期）——唐兀觸（只必帖木兒鎮守河西時期）——建都班（元英宗—元惠宗時期）。縱觀整個家族，作爲元朝四大名族之一，"名臣子孫，固多賢才……從容入朝，侃侃濟濟"，"以瑰偉杰特之材，佐帝業於方興之日"，確實深得皇族信任，極盡權勢。

從保存的天主教碑刻管窺天主教在武威的傳播

　　天主教是基督教三大派別之一。漢開絲綢之路，盛行於南亞和中亞西亞的宗教隨之傳入中國。在中國與西方之間，密布着一張交通網，與中國重要的國際貿易都市相連接，而這張以經濟政治爲中心的交通網，也正是一張宗教網。唐代對外來民族采取寬大懷柔政策，宗教政策寓於民族政策之中，對西域文明相容并蓄，當時僑居長安、洛陽和涼州的西域人很多，宗教信仰也很寬松。天主教的傳播最早可追溯到唐代傳入中國的景教（天主教聶斯托利派），立於唐德宗建中二年（781）的《大秦景教流行中國碑》記述了景教在中國的流行情況。景教從唐朝傳入中國以後，隨着大量的波斯商人往來於絲綢之路，有的定居河西，娶妻生子，其中有不少景教徒。武威是商貿中心和交通孔道，在景教的傳播中，屬於"法流十道……寺滿百城"中的"百城"之一。元朝時期，也里可溫教（元代對基督教各派的總稱）在河西地區廣泛傳播。1294年，意大利方濟各會會士孟德高唯諾來華并獲准在京城設立教堂傳教，這是天主教正式傳入中國之始。16世紀，天主教再度傳入中國，其中以葡萄牙耶穌會勢力最大。明末，耶穌會從西安教區來到武威、張掖等地布道傳教，并修建了教堂。清初，以耶穌會爲主體的傳教士繼承利瑪竇的傳教方針，湯若望、南懷仁等利用爲康熙皇帝進講科學的機會，宣傳天主教，取得很大成功，最終促使官方允准天主教合法化，他們本人也得到清帝的尊重和信任。

　　真正意義上的天主教在武威傳播的歷史約有三百多年，先後有西歐各國的主要修會如耶穌會、方濟各會等十多個傳教組織在武威傳教。清順治十二年（1655），比利時耶穌會會士方玉清自陝西漢中來到涼州西鄉松樹莊（今松樹鎮松樹村）傳教，這是天主教在甘肅最早開始活動的地方。康熙十七年（1678），意大利傳教士麥永公司鐸前來涼州傳播天主教。康熙五十七年，方濟各會麥傳世到蘭州和武威傳教，在武威建堂傳教達十九年，後病逝於涼州。鴉片戰爭之後，西方傳教士依靠不平等條約的保護，通過利用賠款興學、行醫、辦報、出書、興辦慈善事業擴大影響，在中國迅速傳教。光緒八年（1882），比利時聖母會韓默理司鐸來涼州傳播天主教。隨後，各國傳教士接踵而來，都以松樹莊爲基地傳播天主教。天主教甘肅教務原屬陝西教區管理。1878年，脫離陝西教區單獨成立甘北教區，總堂設在涼州松樹莊。1905年，羅馬教皇又將甘肅教區一分爲二，甘肅南部以秦州（今天水）爲總部，北部以涼州爲總部。天主教在武威的本堂分堂主要有松樹莊天主堂（甘北總堂）和城區天主堂、西營鎮雜溝天主堂、金山鎮河南壩天主堂、金羊鎮新城天主堂等。

在武威的外籍傳教士歷史上較多，僅1923—1950年，前來松樹莊的德國傳教士有76人；清代以來殁於武威葬於松樹莊的就有28人，其中修女2人，今存墓碑可考姓名的有7人。天主教在武威開辦的教育、醫療、慈善等事業主要是：創辦教會學校、開設教會診所、舉辦慈幼院和安老院以及其他救濟貧困農民、收容逃難人員的公益事業等。外籍傳教士在武威的其他活動有教會間的交流彙報、科學考察、氣象測量、架設無綫電臺收集情報、查詢文物古迹、采集礦產資源標本、搜集民情資料等，不排除其政治和文化侵略目的。

新中國成立後，天主教界開展了轟轟烈烈的以"三自革新"爲中心的反帝愛國運動。1952年，武威縣、古浪縣分别成立了天主教三自革新愛國運動委員會。自此，武威天主教走上了獨立自主，自辦教會的道路。據1954年調查統計，武威總鐸區共有教堂9座，教徒5503名，神父3名，修士1名，修女15名。1981年3月，成立武威縣天主教松樹公社教堂管理委員會；12月，恢復武威縣天主教愛國會。古浪縣天主教愛國會也隨之恢復。截至2018年，涼州區境内有松樹莊、金羊新城共7座天主教堂，有教徒6000多人；古浪縣有3座教堂，有教徒約2500人。

天主教在武威的傳播，不但歷史悠久，而且規模較大，在中國天主教史和中西文化交流史上有着重要意義，天主教所形成的地方特色更爲中外所矚目。天主教傳入中國後，河西地區就開始有信仰者并逐漸形成信衆聚集區域，這些信衆集中村落主要有武威松樹莊等。天主教信仰一直延續至今，其延續性之一體現於教會墓志石刻當中。目前保存完整的武威天主教8通碑刻，不僅是研究武威乃至西北地方天主教史的重要文獻來源，更是武威多種宗教文化并存的見證。《涼州公教信友遷葬麥神父并興修公墳碑記》，更顯武威宗教文化厚重與信仰傳承。武威文化厚重，各種歷史遺迹比比皆是，武威天主教會亦通過碑刻的形式表彰傳教士的德行與功績，這也是武威天主教的一種地方特色。

武威今存8通天主教碑刻，最早的一通刻於光緒六年（1880），而涉及的天主教傳播歷史可上溯至意大利方濟各會修士麥傳世永文泰西（即麥神父）在武威的傳教活動，是研究天主教在武威傳播的第一手資料。具體是：

1.欽命大法國傳教士節□照公墓碑。約立於清光緒六年（1880），简述法國傳教士事略。

2.**安濟貧墓碑**。約立於清光緒二十二年，簡述比利時傳教士安濟貧事略。

3.**葛天民墓碑**。約立於清光緒三十四年，簡述比利時傳教士葛天民事略。

4.**施樂習墓碑**。約立於 1915 年，簡述比利時傳教士施樂習事略。

5.**伊司鐸保禄之墓碑**。約立於 1938 年，簡述德國傳教士伊司鐸保禄事略。

6.**祁進修墓碑**。約立於 1935 年，簡述比利時傳教士祁進修事略。

7.**步司鐸保録之墓碑**。立於 1944 年，簡述德國傳教士步司鐸保録事略。

8.**凉州公教信友遷葬麥神父并興修公墳碑記**。立於 1941 年，簡述意大利方濟各會修士麥傳世永文泰西（即麥神父，1685—1737）在蘭州、凉州傳教和遷葬情況，兼及凉州天主教本堂信友公墳的創修與落成典禮，是武威天主教傳播的重要實物資料，具有較高的歷史價值。

以上 8 通碑刻除《凉州公教信友遷葬麥神父并興修公墳碑記》存武威市博物館、僅用漢字表述外，其他 7 通碑刻都保存在凉州區松樹鎮松樹莊天主堂，碑文兼用拉丁文和中文合刻。碑刻有圓首和方首，額首或中央部位鎸刻天主聖號十字架，文字有竪排、橫排和竪排橫排結合排列三種形式。

碑文除第 8 通外，非常簡略地反映出傳教士的生平及傳教行略，以此追溯武威天主教傳播歷史的點滴綫索，爲深入研究武威天主教歷史具有重要價值。8 通碑刻具有一定的代表性，天主教能在武威地區扎根發展，與其深入信衆生活是分不開的。武威歷史遺迹、金石碑刻存量較大，天主教會以碑刻的形式記載傳教士的傳教事略，這是武威延續的文化特色，是中西文化融匯的實證，信衆們爲他們樹碑立傳，歌功頌德，彰顯了信徒與傳教士之間互動關係的和諧與圓融。

七、金石傳奇

武威歷史上最早的書法碑刻——澄華井碣

今武威市博物館存一殘缺碑碣，長 133 厘米，寬 36 厘米，厚 27 厘米；碑上字迹早已不存。據傳這就是"草聖"張芝書寫的澄華井碣，也是武威歷史上有史可稽的最早的一通碑碣。

據相關資料記載：清康熙初年，武威凉莊道署内水井即將乾涸，在浚井時偶然得一石碣，其石寬腹瘦足，鎸"澄華井"三字，乃伯英（張芝字伯英）手迹。這個發現轟動了當時清朝的學術界，引起不小的反響，因爲"澄華井"三字是張芝書法作品中舉世僅有的隸書墨蹟。

由於此通碑碣產生的歷史久遠，作者的知名度極高，社會的關注度自然非常廣泛。武威學者張澍於清嘉慶十五年（1810）夏天回鄉閑居，賦《閑居雜咏》，其第五首中記其事："南宮舊井最甘香，安國寺前今冽涼。可惜澄華碑已失，未探修緪一秤量。"作者自注："……凉州道署内有井，康熙初，井中掘得石碣，鎸'澄華井'三字，系張芝隸書，并有銘，某觀察遷任，載之去。"（《養素堂詩集·卷十》）關於"澄華井"碑碣，張澍自己并没有見過，有關情況可能是道聽途說的。作爲金石學家的張澍，既没有親見澄華井碣，又"未探修緪"，深感"可惜"。與張澍同時代的武威籍詩人、書畫家張美如，倒是有幸飽覽了"澄華井"碑碣，這在他的《澄華堂觀張芝古井碑陰殘字》七律四首中有所反映，其第一首曰："斯邈鴻文播藝林，伯英健筆自森森。奇峰怪石雲離合，春蚓秋蛇草淺深。妙道欲仙思漢武，精能入聖憶王愔。二千年後尋遺迹，碑卧古槐數尺陰。"張美如的感受當然要好過張澍許多。

清凉莊道署在今武威市凉州區東大街118號，即今武威市人民政府所在地。據有關資料，此處爲東漢（25—220）武威郡署所在地，距今已有近二千年的歷史。

張芝（？—192?），字伯英，東漢名臣張奂長子。著名書法家，今草的創始人，歷史上稱爲"草聖"。張芝書寫"澄華井"時，當在其父任武威太守期間。

張奂（104—181），字然明。敦煌郡淵泉縣（今甘肅瓜州縣東）人。東漢時期名將、學者，"凉州三明"之一。張奂曾任安定屬國都尉、武威太守、度遼將軍、護匈奴中郎將、大司農等職。他在東漢的對外戰爭中功勛卓著，多次以恩信安撫、招降外族，使得北方寧静一時。後因得罪宦官被誣陷罷官。晚年歸居故鄉，授課著書。162—163年間，張奂任武威太守期間，在官署内修建了小花園，載植凉州奇花异木，因官署内有"澄華堂"，遂命名爲"澄華園"。園内有井一口，井水甘冽，欣然取名"澄華井"，并讓前來探親的長子張芝書寫"澄華井"三字，刻於青石，立於井旁。一時"澄華園""澄華井"聞名凉州，并一直流傳於近代。一百多年前，這裏是凉州府公署衙門，也是凉莊道署大堂，雖歷經滄桑，但基本格局仍然保存着昔日風貌。直到1986年，爲保護古迹，將大堂搬遷至武威城西北海藏公園北湖畔。澄華井位置在現市政府主樓西側的輔樓前面，遺址保護完整，清晰可見，遺憾的是缺一標記或碑刻。原澄華井旁還有一棵古槐，枝葉繁茂，後枯死，古槐根保存在今武威市博物館。惟願有一天，武威的學術界、書法界能够還原這一令無數愛好者着迷的書法石刻勝景！

關於碑碣去向，説法不一。一種説法是"今其石已不存"。原因是"某觀察遷任，載之去。"張澍詩句"可惜澄華碑已失"可證。清代學者倭仁在其《莎車行紀》中也有澄華井碑刻在咸豐元年"今無矣"的記載。一種説法是碑碣遺失後，於清咸豐年間有人補寫"澄華井"三字并刻碑立於井旁。還有人認爲所謂"某觀察遷任，載之去"乃一場誤會，碑并沒有真正遺失。對此，武威籍學者李鼎文、梁新民、党壽山、黎大祥、李林山及著名學者伏俊璉都有文章考述，兹不贅述。但碑碣"澄華井"三字爲張芝題寫則是不爭的事實。一句話，澄華井碣是武威歷史上最早的碑刻。殊爲可惜的是碑上字迹早已不存，今人再也不能目睹"草聖"張芝在武威的書法風采，實在是莫大的遺憾！

匈奴祭天金人猜想

一件神秘的器物，留下的種種謎團，至今依舊無法解開。這件器物就是匈奴祭天金人。公元前121年春天，漢武帝發動河西戰役，驃騎將軍霍去病破匈奴休屠王城，繳獲了一件神秘器物祭天金人，作爲戰利品護送到長安，陳列在長安的甘泉宫。祭天金人究竟爲何物？有人説是一尊金佛像，有人説是蒙古高原的薩滿雕像，也有人説是希臘戰神……

一般而言，祭天金人是由匈奴人所鑄，一種用來祭天的核心道具，但其大小、形狀、符號均不詳。祭天金人放置於陝西淳化縣西北甘泉山的甘泉宫內，漢亡後，下落不明。金日磾（前134—前86年），字翁叔，是駐牧武威的匈奴休屠王子，兵敗後被霍去病俘獲，漢武帝因獲休屠王祭天金人故賜其姓爲金，後來深受漢武帝器重，成爲托孤大臣，西漢時期著名的匈奴裔政治家。説來祭天金人還是中華金姓的媒體，而武威又是金姓的重要源頭之一。

匈奴是生活在中國北方的草原游牧民族，也是稱霸中國北方時間最長的民族之一。據記載，匈奴和華夏族有着相同的起源。公元前16世紀夏朝滅亡，其殘餘勢力四分五裂，向各地逃亡，有一支逃到北方。《史記·匈奴列傳》説，匈奴，其先祖夏后氏之苗裔也。在漫長的歷史歲月中，他們逐漸吞并其他部族之後，形成匈奴族。秦漢之際，河西一帶是匈奴休屠王和渾邪王的領地。

匈奴人每年正月在單于王庭、五月在龍城祭祀天地鬼神，金人是不可缺少的供奉之物。匈奴單于專門把祭天金人交給勢力强大的休屠王保管。休屠王城，在今武威城北約30公里處的四壩鎮三岔村。2100年前，匈奴人的祭天金人或許就曾供奉在這座城內的神廟裏，供部落首領祭祀或信徒頂禮膜拜。在20世紀70

年代以前，休屠王城基遺址清晰可見，南北長約400米，東西長約200米，有裏外兩重，外城厚，裏城薄，城內的大廟等建築遺址基本完好。這是涼州歷史上最早的城市雛形。祭天金人對匈奴人的重要性不言而喻，被漢軍繳獲後，匈奴單于極爲不滿，準備斬殺休屠王、渾邪王，這也成爲他們降漢的主要原因。從另一方面說，休屠王太子後以"金"爲姓，如果是佛像，那麼休屠王太子就應該信奉佛教，而史書上對此則沒有絲毫的記載。

從祭天金人出現於史冊後，對此的爭論就沒有停止。部分學者認爲，祭天金人是匈奴人用來祭天的銅鑄人像，上刻有符號；或認爲，祭天金人就是從中亞地區傳來的金（銅）佛像。這些觀點一直延續到了今天。

祭天金人的來歷大體有三種說法：第一種說法是來自秦人。秦人統一天下後，集中天下兵器鑄造了12尊金人。秦末天下大亂，匈奴人乘機擄走了其中的一個金人。第二種說法是祭天金人原本就是月氏人所有。月氏這個以河西走廊爲家園的民族，勢力一度極其強大。後來，匈奴崛起，月氏被迫西遷，在遷徙過程中，他們的金人爲匈奴所繳獲，成爲祭天的聖物。第三種說法是祭天金人原是希臘戰神。在匈奴控制的巨大範圍內，有多種文化相互影響。隨着中亞的希臘化，希臘戰神自然成爲中亞民族崇拜的對象，匈奴人或從月氏人手中奪取戰神，被冠之以祭天金人。

2006年4月27日，武威市涼州區張義鎮河灣村出土青銅鍑及刻字石頭。經專家初步推斷，該青銅器及刻字石頭的年代應在漢武帝以前，是一件罕見的可能是秦末漢初匈奴鑄造的大型青銅鍑（fù）。如此巨大的青銅器在匈奴駐牧之地出土，反映出當時匈奴的經濟發展程度和金屬鑄造工藝水平之高度。

司馬遷《史記·匈奴列傳》："漢使驃騎將軍去病將萬騎出隴西，過焉支山千餘里，擊匈奴，得胡首虜萬八千餘級，破得休屠王祭天金人。"班固《漢書·霍去病傳》："……收休屠祭天金人。"裴駰《史記集解》引《漢書音義》曰："匈奴祭天處本在雲陽甘泉山下，秦奪其地，後徙之休屠王右地，故休屠有祭天金人像，祭天人也。"司馬貞《史記索隱》引韋昭語："作金人以爲祭天主。"崔浩云："胡祭以金人爲主，今浮圖金人是也。"張守節《史記正義》引李泰《括地志》云："徑路神祠在雍州雲陽縣西北九十里甘泉山下，本匈奴祭天處，秦奪其地，後徙休屠右地。"按：金人即今金佛像，是其遺法，立以爲祭天主也。由此可知，這尊金佛像原本在甘泉山義渠戎神廟內，秦軍擊敗義渠後，隨義渠一起從甘泉山遷到休屠王右地（今甘肅武威市一帶），霍去病很可能是在休屠王宮的宗廟裏得到這尊金人像的。佛家或以爲休屠王金人是最早的佛像，其説存疑。東漢明帝永平七年（64），明帝劉莊因夜夢金人所引，派使者往天竺取經。幾年後，白馬馱經回到洛陽，佛教正式傳入中國。這個記載又似乎與休屠王金人有關。

匈奴人的宗教信仰帶有明顯的薩滿教特點，每年在規定的日子舉行群體性的祭祀。每年三次集會的日期，《史記》説是正月、五月及秋季，《後漢書》説是正月、五月及九月，二者視爲一致。大致上，正月的集會是個小集會，參加的人是匈奴諸長；五月的大會最富宗教色彩，於龍城祭天地、祖先、鬼神，參加的人數很多；秋季的集會則是爲秋天的收成而感謝天神的。龍城又稱龍庭，是匈奴的政治中心，具體位置衆説不一，一説是在今内蒙古赤峰市附近，或説是蒙古人民共和國境内。關於集體祭祀的地點，大致上是在單于所在的地方舉行，雖然都是祭天，同時也有商討國家大計、秋後感謝天神等任務。

匈奴人對其祖宗的墳墓很爲重視，不只相信祖宗死後有神靈，其他人死後也有神靈，也可以降吉凶。同時也相信人死後，需要享用金銀衣裘以及女人。匈奴有巫者，出兵必占吉凶。匈奴敬仰天地日月，有崇拜偶像的習俗。在諸神崇拜中，特別注重天神。認爲天神是諸神的最高主宰，人世間的得失均仰仗於天；如果人的行動能順乎天道，天便賜予人間吉祥。否則，天便給人降臨灾禍。因此每當行事順利時，便稱之爲"天之福"。

從匈奴肇始，在中國北方少數民族中形成了保護自然的優良傳統和意識，從而形成了天地崇拜、山石崇拜、樹木崇拜、水草崇拜、圖騰崇拜等多種崇拜（信仰），這對保護自然生態意義重大而深遠。

公元1—2世紀時的南匈奴内附期間，匈奴作爲一個獨立的民族實體從中國歷史中逐漸黯淡，其後裔逐漸融合於華夏民族并成爲中國居民之後，逐步改爲漢姓，大多以金爲姓氏。除此之外，匈奴的民族特徵和文化傳承也基本不復存在。

流傳千古的佛教傳説——凉州御山瑞像因緣記碑解讀

《凉州御山瑞像因緣記》碑，形成於唐天寶元年（742）。1979年5月，出土於中國人民解放軍陸軍第十醫院院内的武威古城墻脚下，今存凉州大雲寺。作者楊播，自況爲"徵士，天柱山逸人"，其生平事迹不詳。碑殘，闕文較多，流傳版本不盡相同，講述了凉州番禾縣（今甘肅永昌縣）北御山（今虎頭山）谷中石佛瑞像因緣故事，同時記述了凉州瑞像寺的建立及演變史。

劉薩訶（360—436），也作劉薩何，俗姓劉，名窣和，釋門僧人慧達。咸陽匈奴稽胡人，一説爲山西離石人，一説爲河北盧龍人。被尊稱爲劉薩訶、劉師佛、劉摩訶，佛教第22代宗師，被視爲佛教徹底中國化的標志性人物。《梁書·諸夷傳》《高僧傳》《法顯傳》《佛國記》《法苑珠林》和《敦煌石窟全集》等記載了他的不少神异故事。其"天生神异"，少年放蕩，曾從軍鎮守襄陽。31歲因醉酒昏死七日，酒醒後自言罪孽深重，深信因果，毅然出家於五臺山。先後在江南建業、丹陽等地雲游巡禮，後毅然赴天竺孤身取經求法，從印度取得了多部梵文佛經，成爲中國歷史上第一代西行取經并最早歸國弘法的高僧大師（早於唐玄奘230年）。劉薩訶一生備受家鄉及江南、河西民衆崇拜，最大原因是他預言靈驗，他的凉州瑞像預言和河西流傳的許多神奇故事神翼超群，靈驗無比。莫高窟收藏大量有關他的傳説故事，河西各地亦發現大量有關他的文物和石刻，《凉州御山瑞像因緣記》碑就是這方面的代表。

御山瑞像故事版本在《續高僧傳》《廣弘明集》等中都有記載，在敦煌莫高窟五代第72窟南壁的"劉薩訶和尚因緣變相圖"壁畫中也有表現。

北魏太武帝拓跋焘太延年間（435），神僧劉薩訶西游路經凉州番禾（今永昌縣），向御山禮拜，弟子不解，"怪而問曰"。他預言御山山崖將出現大佛瑞像："此崖當有像現。若靈相圓備，則世樂時康；如其有闕，則世亂之象。"説完繼續西行，并於次年圓寂於酒泉一帶。86年（521）後的一天，雷電大作，山崖震動，只聽天崩地裂之巨響，御山石壁澗居然真的出現一尊高丈八的無頭天然大佛像。人們想起劉薩訶的預言，恭敬而謹慎的爲無頭大佛安裝石佛頭，但每次安放必落下，不能成功。當時正值中國歷史上天灾、戰亂最多的南北朝時期。又過了三十多年，即北周閔帝元年（557），於凉州東七里澗（具體位置不詳，大約是今高壩鎮紅中村的大河灘）天降佛頭，州郡以爲祥瑞，即被送入佛寺供奉，再輾轉護送到百里外的凉州御山，安裝在無頭佛像上，竟然身首壁合，儼然一體，同佛身組裝而成爲一尊完整的高大佛像，即時靈光普照，妙音四布。北周武帝保定元年（561），朝廷"敕使宇文儉檢覆，靈驗不虛。"從此，國泰民安，天下太平，"四衆悲欣，千里咸聞，太平斯在"，凉州百姓無不稱慶。北周保定年間，官府調集"凉、甘、肅三州力役三千人造寺。至三年，功畢。"落成後的寺院就是瑞像寺。北周武帝滅佛前，佛頭又無故跌落，無法安上。果然不久，574年，北周武帝下令禁止佛教，佛寺充公，僧尼還俗，直至隋文帝開皇年間，佛教再度復興，佛像於是又能身首合一。之後，又多次出現靈异祥瑞。

凉州瑞像故事，在敦煌壁畫中也有表現，可以相互印證。隋大業五年（609），隋煬帝巡視河西，并在焉支山（今甘肅山丹縣境内）下舉行盛大集會，西域 27 國君王、使者及各路胡商參加，盛況空前，以示中原王朝無可抗拒的强大實力和威望，使阻隔數百年的絲綢之路得以暢通。七月，隋煬帝結束西巡後，車駕回長安路經此地，親臨瑞像寺燒香拜佛，并下旨增修此寺，賜名爲"感通寺"，又名感通道場。這就是凉州瑞像的故事。

劉薩訶對興建敦煌石窟貢獻重大，是對敦煌影響最重要的曠世文化巨人。2003 年 3 月，世界國際宗教藝術建築研討會在印度召開，會徽采用了劉薩訶預言的凉州御山無頭石佛瑞像。佛頭現存金昌市永昌縣文化館，碑存武威市凉州大雲寺。

碑文及碑刻、瑞像及所在寺院，不僅長期受到歷代統治者的重視，而且具有重要的學術價值。碑刻形成於唐天寶年間（742—755），記載詳盡、具體，除瑞像寺演變歷史、著名人物軼事、佛教與社會治亂、唐玄奘取經歸途以及許多流傳至今的美麗動人的神話傳說等價值外，同時也補正了文獻之不足，其信息量超過了目前能查閱到的其他文獻資料。特别是碑文中"駕還幸之，改爲感通寺"極簡 9 個字，歷來是隋煬帝西巡返程路綫的有力佐證。

天祝烏鞘嶺韓湘子廟軼事

烏鞘嶺上有一座韓祖廟，也稱韓湘子廟，約建於明代，香火甚旺。清光緒十九年（1893）春，時任陝甘總督楊昌濬過烏鞘嶺，謁廟祈神，靈驗無比，"爰亟籌資，飭鎮羌營游擊黃文新，新神之廟。"次年冬天落成，親撰《韓祖廟碑文》。20 世紀 30 年代中葉，著名記者范長江在《中國的西北角》中有"過往者皆駐足禮拜（韓祖廟），并求籤語，祈求一路平安"的記載。廟毀於 1958 年，遺址尚存。

烏鞘嶺，藏語稱哈香聶阿，意爲和尚嶺，歷史上亦稱洪池嶺、烏沙嶺、烏梢嶺等，現通稱烏鞘嶺。位於天祝縣中部，爲隴中高原和河西走廊的天然分界，也是半乾旱區向乾旱區過渡的分界綫，東亞季風到達的最西端。烏鞘嶺是一座山峰，主峰海拔 3600 多米，站在山巔峰放眼望去，四周都是山。因其地理、地形、氣候十分複雜，周圍的馬牙雪山、雷公山終年積雪，嚴寒甚烈，年均氣溫-2.2℃，碰上陰天或者雪天，就連影子也没有，天地一片蒼茫。烏鞘嶺是一條蒼凉而神奇的千年官道，是古絲綢之路上經河西走廊通往長安和中原西出西域的重要關隘，也是門户和咽喉，軍事要地，地理位置十分重要。現在的蘭新鐵路、甘新公路都從烏鞘嶺翻山而過，張騫出使西域、玄奘西天取經、林則徐發配新疆、左宗棠收復新疆，都要經過烏鞘嶺。他們一路走來，熱鬧過後，寂寞如初。登嶺遠眺，南望祁連雪峰，北達戈壁大漠，東接隴中大地，西通河西走廊，漢明長城在此相會，蜿蜒西去。有關籠罩於烏鞘嶺的那些離奇的傳說、悲壯的戰事、歷史的風雲，如同烏鞘嶺絢麗多彩的景色和奇崛偉岸的身軀一樣，"萬山環繞獨居崇"（清·楊惟昶《烏嶺參天》），讓所有的經歷者心生敬畏。

作者楊昌濬（1826—1897），字石泉，號鏡涵，別號壺天老人，湖南湘鄉縣（今屬婁底市）人。曾任左宗棠戎幕，歷仕浙江巡撫，陝甘、閩浙總督等，官至太子太保。工詩詞書畫，博學多才。1893年，楊昌濬經過烏鞘嶺，記載了烏鞘嶺的地理氣候情況："嶺高而寒，時有怪風雪，行者雖盛暑必衣裘。"這與《古今圖書集成》"盛夏風起，飛雪彌漫，寒氣砭骨"、祁韵士《萬里行程記》"峻甚，地氣極寒"、林則徐《荷戈紀程》"嶺不甚峻，惟其地氣甚寒"之記載完全一致。烏鞘嶺以其高寒、艱險的姿態橫亘於河西走廊的東大門，被過往行人視為畏途。人們不禁要問，在藏傳佛教盛行的天祝，在奇寒無比的烏鞘嶺山脊，建一所韓湘子廟有何用意？

話說大唐京城長安西面的鳳翔府，有一座著名的法門寺，寺裏有座"護國真身"寶塔，供奉着據說是釋迦牟尼的指骨舍利。法門寺每三十年一開塔門，開啓一次佛骨供人奉養的大型活動，以祈求豐收和太平。每開一次塔門，自然在長安城裏城外引起轟動。元和十四年（819）正月，憲宗皇帝別出心裁，特地派出三十個太監，手捧香花燈燭前去法門寺迎接佛骨。佛骨先在宮裏供養三天，再送往長安各寺廟供奉。由於憲宗以皇帝之尊率先迎奉佛骨，所以上行下效，整個長安刮起了迎奉佛骨的旋風，從王公大臣到黎民百姓，竞相奔走施捨，甚至有廢業破産、燒頂灼臂者，以求迎接并供養佛骨。搶先迎到佛骨的寺院都發了橫財，和尚們笑得合不攏嘴。身爲刑部侍郎的大儒韓愈見舉國瘋狂迎接佛骨，實在是坐立不安。他不顧皇帝正在興頭上，冒險上了一道奏疏，即著名的《諫迎佛骨表》，以歷代王朝的興亡歷史事實，證明佛教并不能保佑蒼生，對從上到下的"佛骨熱"提出嚴厲批評，力勸憲宗不要被佛教的主張迷惑，表明儒家之道才是國家興亡的根本，并懇請皇帝燒掉佛骨，以絶根本。

韓愈不僅没能阻擋憲宗迎接佛骨，還險些丟了性命。憲宗看了奏章，勃然大怒，立即召來宰相裴度等，要議定韓愈死罪。裴度及滿朝大臣爲韓愈苦苦求情，憲宗只好順水推舟，免韓愈一死，貶爲潮州（今廣東潮州）刺史。潮州在東南八千里外的嶺南。韓愈連夜出城，一路東行，不一日來到藍田關時，遇到一場大雪，行路斷絶，凍斃之虞迫在眉睫。這時，正好侄孫韓湘趕來送行。他萬分感慨，吟七律詩一首贈給韓湘："一封朝奏九重天，夕貶潮陽路八千。欲爲聖明除弊事，肯將衰朽惜殘年！雲橫秦嶺家何在？雪擁藍關馬不前。知汝遠來應有意，好收吾骨瘴江邊。"這就是著名的《左遷至藍關示侄孫湘》詩，傳唱千餘年，至今仍爲人們所喜愛。

據《新唐書·宰相世系表》載，湘子是韓愈的侄孫，因其幼喪父母，由叔祖韓愈撫養成人。傳說湘子後得鐘離權、呂洞賓傳授仙術，在終南山得道成仙，名列八仙之一。後來，韓愈因諫迎佛骨，被唐憲宗貶到潮州，過秦嶺，經藍關，值大雪，有生命之憂。時湘子忽至，護韓愈抵潮州。韓愈詩中"雲橫秦嶺家何在？雪擁藍關馬不前"即述其事。到這裏，我們基本清楚了烏鞘嶺山脊建韓湘子廟的用意：祈願湘子象保護韓愈那樣保護每一位過往的行人，使他們解除災厄，平安過境。《韓祖廟碑文》，簡述了韓廟所在地烏鞘嶺的地理氣候及廟祭情況，重點敘及謁廟祈神靈驗之事，進而聯想到當年韓愈及湘子軼事，在敬畏之中感嘆神靈之功德，是對"雲橫秦嶺家何在？雪擁藍關馬不前"的西北注脚，可仿爲"雲橫祁連家何在？雪擁洪池馬不前"。竊以爲這就是韓湘子廟香火甚旺，"過往者皆駐足禮拜"的主要原由。

唐代凉州昌松瑞石與皇位繼承

武威市古浪縣城金三角廣場，沉睡着一塊色澤青白的大石頭，像一頭沉睡的石獅，兀自雄踞在小山丘上，目睹南來北往的過客。此石當地稱釀（酸）酒石，也稱甘州石、育嬰石、催生石、支山石、祥瑞石，雅稱昌松瑞石；唐代文獻稱"凉州瑞石"，因昌松縣系凉州轄縣故名；明陳棐命名爲"甘酒石"，并題刻於石上，後世遂稱"甘酒石石刻"。原石位於古浪縣十八里堡鄉十八里堡村國道312綫北，重約400餘噸，2010年9月12日，耗巨資移至今址。據僅存文字"甘酒石□□丙戌年□□"并根據陳棐活動時間考察，"丙戌年"似爲明萬曆十四年（1586）。陳棐，今河南鄢陵縣人，嘉靖十四年（1535）進士，官至甘肅巡撫。曾多次往返於河西，作《甘酒石頌》（1552年），收於乾隆《古浪縣志》；精於書法，在甘肅等地留有多處書法題刻。

"昌松瑞石"文出自唐上官儀《爲朝臣賀凉州瑞石表》。張澍《五凉府志備考·藝文卷》收錄此文，但標題爲《張說爲朝臣賀凉州瑞石表》，并在《凉州府志備考·祥异古迹卷》中也收錄此文。參照三處原文，略有出入。上官儀稱"昌松瑞石，合百一十字"；張澍文稱"成字八十八。"張澍文標爲張說顯然是誤記，或爲後人誤刻，因貞觀十七年（643）張説還未出生。

據《新唐書》記載，大唐貞觀年間，涼州昌松縣洪池谷天降瑞石，石頭上有88個像裂紋一樣的文字。此瑞石出現後，時任涼州都督李襲譽於貞觀十七年（643）八月初四日上書太宗，大意是：涼州洪池谷顯瑞石五，青質白文，內有成字："高皇海出多子李九王八千太平天子李世民王八千年太子李治書燕山人士樂太國主尚注謣獎文仁邁千古大王五王六王七王十王鳳尾才子七佛八菩薩及上果佛田天子文武貞觀昌大聖延四方上下萬治忠孝爲善"共八十八字。太宗覽表大驚，上官儀上表稱頌，李世民當即派遣禮部郎中柳逞"馳驛檢覆，并同所奏。"經柳逞實地查看驗證，瑞石確鑿無疑，立馬回京復命。太宗聽完呈報大喜，確信"天有成名，表瑞貞石。"命人寫好祭文，於當年十一月初三日，復遣專使前往涼州昌松縣洪池谷進行了非常隆重的祭奠儀式。《新唐書·太宗本紀》十七年載："十一月壬午（日），賜酺三日，以涼州獲瑞石，赦涼州。"《舊唐書》也有類似記載。説明當時的"涼州瑞石"事件朝野皆知。由於瑞石文中有"太平太子李世民王八千年太子李治"等語，順利解決了多年懸而未決的接班人問題，可謂一石定乾坤。

原來這塊石頭的確不是一塊普通的石頭，它的身上竟然承載着唐高宗李治當年艱難曲折的即位故事。唐武德九年（626）八月，李世民即位，世稱太宗。十月，立長子李承乾爲太子。初始，承乾尚能恪盡職守，處理事務井井有條，太宗外出巡視，經常讓他監國。後來不求上進，喜好聲色，無心朝政。大臣們看不慣，對其進行規諫，但他依舊我行我素。太宗心生不悦，認爲當初立太子的行爲有點過於輕率，爲此懊悔不已。承乾不僅自暴自棄，還對父皇逐漸產生了忌恨，甚至動了謀反之心，決定發動宮廷政變。他的陰謀很快暴露，太宗一怒之下廢除承乾的太子之位，發配到黔州。

承乾被廢，太宗想立第四子魏王李泰，也未如願。後在長孫無忌的擅掇下，只好立九子晉王李治爲太子，封其親舅父長孫無忌爲太子太師。雖然如此，選立強者守業的思想一直主導着太宗。因李治懦弱，太宗恐他不能守住江山社稷。在他看來，只要能選擇好一位理想的接班人，什麼事也能做得出來。在太宗反復斟酌當中，又看上了吳王李恪。李恪善騎射，通文武，只因母親是隋煬帝的女兒，遭到長孫無忌的堅決反對。正在唐太宗優柔寡斷、舉棋不定之時，"昌松瑞石"背負着神聖的歷史使命，在唐太宗曾遥領過總管的涼州大地從天而降，像一道閃電照亮太宗君臣混沌的天空。此時，身爲涼州都督的李襲譽既興奮又惶恐，興奮的是在自己管轄的地方天降瑞石，惶恐的是這塊石頭究竟能給自己帶來是禍是福？再三思量，還是決定如實上奏朝廷。這份奏摺馬上引起朝野轟動。要知道在那個極度相信"天命不可違"的年代，一份"天書"就意味着一份高於皇權的"天"的決定和昭示。這八十八字的"奇文"，文義錯亂，隱晦費解，但"太平天子李世民""千年太子李治""聖延四方，上下萬治，忠孝爲善"却是明白易懂。實際上，昌松瑞石乃是唐朝貞觀年間宮廷圍繞皇位繼承權激烈鬥争的產物，但它的出現，徹底打消了太宗的疑慮，李治從此高枕無憂地穩坐在太子寶座上。貞觀二十三年（649），太宗去世，李治登基，廟號高宗，次年改元永徽，開始了他34年的太平盛世，期間，產生了中國歷史上唯一的女皇帝武則天。

《甘酒石石刻》，即甘酒石，原樹立於古浪縣十八里堡鄉312國道北，2010年9月12日，移至縣城金三角廣場。明陳棐命名爲"甘酒石"，并題刻於石上，現文字風化難辨，只有陰刻"丙戌年"三字清晰可見。明嘉靖五年（1526）爲丙戌年，萬曆十四年（1586）亦爲丙戌年。根據陳棐活動時間，似爲1586年。

《昌松瑞石碑》，黑色大理石質，2004年8月，古浪縣林業局重刻。"昌松瑞石"碑文引用文字因出處不同略有出入。碑文還兼述昌松瑞石的別名及其在治療不孕不育、釀酒、探寶、占卜等方面的效用。

昌松瑞石亦名甘州石。傳說是女媧補天剩下的一顆，曾經堵過黑河的洪水，救了許多甘州人。洪池谷連着黃羊川，黃羊川地接石門峽。这里一到秋天，洪水氾濫，灾害不斷，人們盼望着有一塊巨石能堵住石門峽，攔蓄洪水，造福人類。有一年，太白金星路過甘州，找到那塊石頭，就將它祭起飛往石門峽欲截堵洪水。瑞石剛飛到古浪峽洪池谷邊，被一位雲游的甘州道士無意中識破。他驚訝地說，這不就是我們甘州的石頭嗎，怎麼會飛到這裏來了？話音未落，石頭遂落地不動。甘酒石或昌松瑞石，到底是不是從天而降？其餘四塊瑞石都去了哪裡？有没有那些功效？這些疑問在相去1370多年後的今天，已經顯得不怎麼重要了。重要的是，昌松瑞石是一塊祥瑞之石，它所携帶的先天密碼和後天賦予的文化信息應該是一份寶貴的歷史文化遺產！

古浪出土的國家標準量器——大司農平斛

1953年9月，在修建蘭新鐵路時，古浪縣黑松驛村農民在陳家河沿子挖出了一件銹迹斑斑的古物，刮去綠銹，發現是件圓筒形的青銅器，口底相等，斛腹左右有對稱短柄，一柄有補痕，另一柄刻有一行小篆銘文："大司農平斛，建武十一年正月造。"經甘肅省文物部門勘察清理并徵收，後調撥中國歷史博物館（現國家博物館）收藏。根據銘文人們才知道這是一件量器，官方名稱叫"大司農平斛"，金石學上就是"大司農平斛銘文"。

大司農，秦代稱治粟內史，漢稱大農令、大司農、大農。《後漢書·百官三》記載，"大司農，掌錢穀金帛諸貨幣"，爲九卿之一，掌管國家租、稅、錢、穀、鹽、鐵等財政收入，類似於後世戶部尚書，是掌管財政稅務的中央部門。平斛，一種量器。平，公平、均等，指官府檢定的標準量值。《說文》曰："斛，十斗也。"平斛，即爲標準之斛，就是官方頒發的標準量器。凡中央官府制定的標準量器與衡器，都由大司農頒發，由大司農下屬的太倉令管理。對斛的標準各朝各代都有變化。實際上，作爲量器或容器的木制斛，在我國農村普遍使用到了 20 世紀末，個別地方現在還在使用，但標準已不統一。

這件大司農平斛，一柄有"建武十一年正月造"銘文。"建武"是東漢光武帝劉秀的年號，銘文的意思就是這件平斛製造於東漢光武帝建武十一年正月，即公元 35 年正月。其時，河西五郡大將軍、涼州牧竇融歸漢，河西已納入東漢版圖；天水隗囂已平，割據四川的公孫述敗亡在即，全國統一在望。在軍事上步步取得勝利、政治上漸趨統一的同時，光武帝頒布了一系列旨在恢復經濟、發展生產的政策，其中就有統一度量衡。頒發大司農平斛，統一度量衡，既符合老百姓生產生活的需求，也是強化皇權統治的需要，客觀上起到了鞏固政權、發展經濟的作用，其重要性和緊迫性不言而喻。

黑松驛是漢代武威郡蒼松縣治，大司農平斛在此出土，說明當時推行新標準量器斛的力度很大，已經頒發到縣級政權。其一柄有補痕，說明對平斛的使用非常頻繁，已有一柄損壞的痕跡。

八、世事變遷

武威碑刻作者綜述

武威碑刻撰文、書丹、篆額者，通稱爲作者，身份比較廣泛，從當朝皇帝到宰相重臣、封疆大吏、地方軍政高官和學者、文學家、書法名家以及地方名士應有盡有，這從一個方面說明武威在古代政治、軍事格局中所處的重要地位和對文化教育、名人鄉賢的重視，同時也彰顯了武威金石遺存的歷史文化價值。現予以分類簡述。

一、作者爲歷代帝王

《大唐贈揚州大都督故段府君神道碑銘》，唐德宗李适撰文；《贈太尉段秀實紀功碑》，唐德宗李适撰文，太子李誦（後爲唐順宗）書丹。《成化御敕修海藏寺碑記》，明憲宗成化皇帝朱見深敕書。《清聖祖御制訓飭士子文》（碑），清聖祖康熙御制；《乾隆御祭總兵張烈文碑》，清高宗乾隆皇帝御祭文。

二、作者爲國家領導人

武威南城門樓"銀武威"匾，中共中央總書記、國家主席江澤民題寫。古浪《西路紅軍紀念碑》，國家主席李先念題寫。武威西涼市場南、北牌樓"涼州重鎮""西北要衝"匾，中共中央書記處書記、國務院副總理方毅題寫。《維修武威白塔寺遺址暨復原薩班靈骨塔碑記》，中共中央政治局委員、國務委員李鐵映撰文。武威文廟"頂禮文宗"匾、武威南城門樓"神馳天馬"匾、武威鳩摩羅什寺"大雄寶殿"匾與"羅什法師紀念堂"匾、古浪青山寺"大雄寶殿"匾，著名書法家、詩人，中國佛教協會會長、全國政協副主席趙樸初題寫。

三、作者爲中央和地方軍政高官

唐代：《張琮碑》，唐宰相、燕國公于志寧撰。《元仁惠石柱銘》《論弓仁碑》，宰相、燕國公張説撰。《契苾明碑》，宰相、上柱國婁師德撰文，書法家、左肅政御史殷元祚書丹。《安元壽墓志》，國子監祭酒郭正一撰。《陰府君碑》，刑部尚書、襲爵燕國公張均撰。《郭千里神道碑》，中唐宰相、政治家楊炎撰。《李元諒墓志》，國子監司業、輕車都尉杜確撰。《李抱真德政碑》，上柱國、隴西縣開國伯董晉撰文，上柱國、扶風郡開國公班宏書丹，著名書法家、□陽縣開國男韓秀弼篆額。《李益墓志》，兵部侍郎、武城縣開國侯崔郾撰。《論惟賢神道碑》，吏部侍郎、太子賓客呂元膺撰。《契苾通墓志》，京兆尹、上柱國柳喜撰文，大理評事李衮書丹。

金元時期：《段鐸墓表》，金刑部侍郎張萬公撰。《段季良墓表》，金開國男裴國器書丹并篆額，隴西郡開國侯、上護軍李愈撰文。《孫都思氏世勳碑》，元代著名學者、奎章閣侍書學士虞集，奎章閣大學士阿榮撰文。《高昌王世勳碑》，奎章閣侍讀學士虞集撰文，禮部尚書、著名書法家康里巎巎奉書丹，奎章閣大學士、涼國公趙世延篆額。《西寧王碑》，著名學者、中書參知政事危素撰文，集賢大學士、滕國公張瑱書丹，中書右丞、國子監大都府學陳敬伯篆額。

明代：《勸忠祠碑記》，布政使孟春撰。《宋晟神道碑》，內閣首輔、學者楊士奇撰文，楊榮書丹。《涼州衛修文廟暨儒學記》，政治家、文學家、內閣首輔楊榮撰文，陝西布政使司左參政郭堅書丹，陝西提刑按察司副使于奎篆額。

《吳允誠神道碑》，楊榮撰文，湖廣道監察御史羊俞書丹，陝西布政使司右參議李奈篆額。《重修涼州廣善寺碑銘》，監察御史牟倫撰文，湖北潛江人楊廣書丹、篆額并鐫字。《重修涼州衛儒學記》，陝西布政使司右參議崔忠撰文，陝西提刑按察使司僉事王瀛篆額，陝西都指揮同知倪珍書丹。《甘酒石石刻》，巡撫寧夏陳棐題刻。《重修海藏寺碑記》，甘肅行太僕卿錢璡撰文，陝西布政使司右參議劉賓書丹，陝西布政使司右參政常顯篆額。《奏請添築西關疏》《張達墓志》，巡撫甘肅、兵部尚書楊博撰文。《張達祠記》，巡撫甘肅、都察院右副都御史胡汝霖撰文。《李義墓表》，山東按察司副使段續撰文。《楊嘉謨墓志》，吏部尚書王錫袞撰文。《敕賜清應禪寺碑記》，都察院右僉都御史、巡撫遼東張思忠篆額，西寧道、陝西布政司右參議袁宏德撰文，涼州左副總兵陳霞書丹。《祁公永思碑記》，翰林院掌院事、吏部右侍郎兼侍讀學士王圖撰文。

清代：《創建斗姥臺閣記》，清保和殿大學士兼戶部尚書、太子太師李霨撰文。《海藏寺藏經閣記》，涼莊道、湖廣湖南按察使郭朝祚撰文。《陝西同州府蒲城縣眾姓捐資題名碑記》，工部左侍郎、江西學政王鼎撰文，涼州儒學生員楊培元書丹。《雷太夫人墓志》，河南道監察御史、奉天府尹余泰來撰文。《敕建重修古剎安國寺功德題名碑記》，涼州監屯王階、浙江右布政使孟良胤撰。《重修清應寺塔記》，陝西甘肅總兵、都督僉事孫思克撰文，涼莊道、陝西布政司右參議朱衣客篆額。《重修白塔碑記》，孫思克幕僚顏翼超撰。《重造梵音藏經碑》，振武將軍、陝西甘肅提督孫思克撰。《武廷適創建書院碑》，通政使正卿宋朝楠撰。《重修文廟碑記》，內閣學士提督江南學政、刑部尚書張延樞撰文，康熙進士孫克明書丹。《武威軍各營頻年種樹記碑》，按察使、統領武威馬步全軍魏光燾撰文書丹。

当代：《維修武威白塔寺遺址暨復原薩班靈骨塔題詞碑》，中共中央政治局委員李鐵映與中共甘肅省委書記宋照肅、甘肅省省長陸浩分別撰文、書丹。

四、作者爲文學家、詩人、書法名家和高僧

《澄華井碣》，歷史上稱爲"草聖"的東漢著名書法家張芝書寫。《姚恭公墓志》，隋朝書法家、文學家虞世基撰文，初唐四大書法家之一歐陽詢書丹。《唐左千牛韋佩母段氏墓志銘》，詩人、政治家元稹撰。《盧氏墓志銘》，詩人李益撰。《涼州衛忠節祠記》，明代文學家、"嘉靖八才子"之一趙時春撰。《趙開府碑》，清中葉駢文大家、詩人胡天游撰。《張介侯墓志銘》，清代著名學者錢儀吉撰。《鎮番縣歷史志》，民國民勤名士聶守仁撰。《民勤賦》，當代民勤作家李玉壽撰。武威文廟、鐘鼓樓等寺廟名家匾額較多，有清代孫思克、郭朝

祚、蘇璟、張澍、牛鑒、張美如、李宗昉、林則徐和近人楊成緒、于右仁、趙壽山、賈壇、王維德、徐萬夫、丁二兵、鄭鐵林等題寫。參見《匾額選粹》內容。

武威鳩摩羅什寺匾額："羅什塔院"，中國佛教協會會長傳印法師題寫。"鳩摩羅什寺"，國學大師、香港中文大學教授、西泠印社社長饒宗頤題寫。"弘範三界"，當代詩人、文學批評家徐敬亞題寫。"普照十方"，中國書協副主席、甘肅省書協名譽主席張改琴題寫。"理化十方"，上海龍華寺方丈照誠法師題寫。"慧日高懸"，香港觀宗寺住持宏明法師題寫。"高樹法幢"，中國佛學院棲霞山分院副院長里海法師題寫。"無上法門"，福州開元寺方丈本性法師題寫。"升無上堂"，浙江省天台山國清寺方丈允觀法師題寫。

古浪財神閣匾額："永錫純嘏"，書畫家、詩人黃漢卿題寫；"節榮金管"，書法家、甘肅畫院院長黎泉（趙正）題寫；"恩施澤沐"，書畫家、甘肅省美協主席陳伯希題寫；"峻極天市"，書法家、甘肅省書協名譽主席尹建鼎題寫。古浪羅漢樓"彌倫天地"匾，甘肅省文物局局長馬文治題寫。

五、作者爲涼州地方軍政主官

明代：《松山平魯碑》《定松山碑》，肅州兵備道、陝西布政使崔鵬撰。《蕩空松山碑記》，莊浪兵備按察使梁雲龍撰。《三眼井堡記》，皋蘭鎮守荆州俊撰。《參戎王公碑記》，古浪縣大靖參將王孟顏撰。

清代：《劉友元平逆回碑》，西寧道沈加顯撰文。《張俊哲墓碑》，涼莊道黃肇熙撰。《灣泉湖水租增入書院碑》，涼莊道阿炳安撰文，涼莊道奇書書丹。《渠壩水利碑文》，古浪縣令安泰撰。《倡捐社倉記》《禁革老人記》《增建義學記》，古浪縣令徐思靖撰。《建置書院碑記》，鎮番知縣王賜均撰。《烈婦楊氏墓碑》，鎮番知縣江鯤撰。《高節婦墓誌銘》，涼州知府何德新撰。《敦節儉條約》《烈女鳳姐墓碑》，涼州知府歐陽永裿撰。《武威廣興文社碑記》，甘肅等處提刑按察使、前甘涼兵備道劉大懿撰文，甘涼兵備道圖勒炳阿書丹，涼州知府那繕篆額。《武威興文社當商營運生息碑記》，甘涼兵備道、署甘肅按察使容海撰文，涼州知府周維垣書丹。《涼州府聖廟碑銘》，甘涼兵備道、前涼州知府英啓撰文、篆額、書丹。《判武威九墩溝民與鎮番農民控爭石羊河水利一案碑》《大清中堂憲節捐資養羊濟貧碑記》，甘涼道鐵珊撰。

現代：《洮沙灣水利碑》，民國鎮番縣知事劉朝陛撰。《八步沙治沙造林碑記》，甘肅省綠化委員會、林業廳、古浪縣委、縣政府撰。

六、作者爲地方名士

唐代：《涼州衛大雲寺古刹功德碑》，修文閣學士劉秀撰文，武威郡神烏縣主簿夏侯湛篆額。《涼州御山瑞像因緣記》，天寶年間逸人楊播撰。

明代：《孝行碑記》，古浪胡璉撰。《補修聖容寺碑記》，鎮番柳子玠撰。《彭公忠勇祠碑記》《彭公忠勇祠碑》，鎮番周庭揚、楊孟希撰。《磚砌城垣記》，鎮番劉道揆撰。《鎮番水利圖說》，鎮番楊大烈撰。

清代：《重建關帝廟碑》，鎮番何孔述撰文。《重修學宮記》，鎮番孟良允撰。《移建藥王宮碑》，鎮番盧生華撰。《祭風表》，鎮番盧生薰撰。《重修蘇公祠記》，鎮番馬瑞邦撰文，高爾泉書丹。《重修學宮記》，鎮番謝集成撰。《改建東岳臺增創廟貌碑記》，涼州武舉人徐斌撰。《創建李氏家廟蔭善庵碑記》，涼州何昌治撰。《重修清應寺塔頂碑記》，涼州李如蔭撰文，張敏書丹。《何廷圭戴德碑記》，涼州王化行、王國輔撰文，賈漢英書丹，田鐘瑞篆額。《始置名宦祠祭田碑記》，涼州名宦之後王隆照、范嘉年撰文。《重建蓮花山黑虎財神殿碑》，涼州李蘊芳撰文，張發孔書丹。《城隍廟甬道學產執照碑記》，涼州蘇暻撰文。《重修文廟祭田碑記》，張珆美撰文并書丹，曾國杰書丹。《文昌宮補修彩繪碑記》，曾國俠撰文，張大誥書丹。《萬綠重新（重修大雲寺鐘樓碑記）》，康伯臣撰文并書丹。《重修文廟碑》，張翩撰文，王化南書丹并撰額。《重修安國寺碑記》，馬開泰撰文，王汝礪書丹。《修葺碑記（重修海藏寺碑記）》，孫偭撰文，王錄書丹。《泮池水利碑記》，涼州府儒學正堂趙先甲篆額，涼州府儒學訓導呂霖撰文，武威縣儒學正堂李子秀書丹。《張公墓志銘》，孫詔撰。《重修羅什寺碑文》，郭楷撰文，楊培元篆額。《文昌宮敬惜字紙會碑記》，劉作垣撰文，張翩書丹。《城隍廟宮隙地及鋪面入租佐鄉會試碑記》，張美如撰文，尹世衡書丹。《補葺雷祖廟碑記》《張兆衡墓表》，牛鑒撰文并書丹。《重修節義祠碑記》，涼州奚雙璧撰文。《武徵君李孝廉傳》，孫揆章撰文，牛鑒書丹。《陳君貢禹墓表》，孫揆章撰文，張美如篆額并書丹。《武禹亭碑記》，武禹亭子、書法家武瓚撰文。《重建昭忠祠碑銘并記》，涼州蔡含輝撰文，王錦蘭書丹。《阜成寺碑記》，涼州陳作樞撰文，任國楨書丹。《范公祠記》，涼州李銘漢撰。《懷六壩磨灣泉源水利碑記》，涼州陳炳奎撰文并書丹。《公議建孫氏墓碑記》，涼州張銑撰。《尹夫人臺碑》，涼州李于鍇撰。

近代：《維修蓮花山百子觀音閣碑記》，民國涼州名士權愛堂書丹，丁旭載撰文。《康陶然生祠記》，涼州胡應瑗撰文，賈壇篆額并書丹。《重修武威文廟碑記》，涼州趙士達撰文。《重修文廟創建廟產碑記》，涼州唐發科撰文，段永新書丹，丁旭載篆額。

當代：《涼州百塔寺簡史碑》，涼州名士王寶元撰文。《理智法師功德碑》，鳩摩羅什寺住持理方撰文，書法家趙長軍書丹。《李氏墓志暨家族簡史碑》，李栖鳳後裔李忠文撰文。

七、作者身份不詳或無名者

此類碑刻較多，著名者有：北朝《梁舒墓表》《賈思伯碑》《賈思伯墓志銘》；唐代《慕容忠墓志》等吐谷渾王室墓志；北宋《西夏碑》；明代《重修涼州百塔志》；清代《重建清應寺碑文》，高級官員劉斗、孫思克、李栖鳳等署名，撰者佚名，《重修高溝堡廟碑（日月華嚴龍碑）》《重修節義祠碑記》等。

武威碑刻志主綜述

武威碑刻志主身份比較廣泛，有國王（可汗）、公主等皇族成員和世襲罔替家族，有當朝重臣、封疆大吏、地方軍政要員，更多的是清官良吏、文人學者、鄉賢紳衿、忠孝節義之士等，這從一個方面說明武威在古代政治、軍事、文化、地理格局中所處的重要地位和大一統、多民族國家融合中的重要角色，同時也彰顯了武威金石遺存的歷史文化價值。現將其重要者或具有代表性的分類簡述。

一、志主爲皇族成員和世襲家族

唐代：《弘化公主墓志》。志主爲隴西成紀人，唐宗室女，貞觀年間以大唐公主身份嫁於青海吐谷渾國王慕容諾曷鉢，去世後歸葬涼州。《慕容忠墓志》。青海國王慕容諾曷鉢與弘化公主之子，封青海國王、駙馬都尉。《政樂王慕容煞鬼墓志》。慕容忠之子，封政樂王。《安樂王慕容神威墓志》。慕容忠之子，官至左豹韜衛員外大將軍，襲父爵。《隴西郡夫人李氏墓志》。隴西成紀人，唐宗室女，封隴西郡夫人，出嫁元王慕容若。《金城縣主墓志》。隴西人，唐宗室女，封金城縣主，下嫁吐谷渾國王慕容諾曷鉢之子成王忠。《太原郡夫人武氏墓志》。武則天之侄魏王武承嗣孫女，封太原郡夫人，下嫁燕王慕容曦光。《代樂王慕容明墓志》。襲封代樂王，官至左屯衛將軍、上柱國。《燕王慕容曦光墓志》。先後封燕王、五原郡開國公，尚太原郡夫人武氏，官至朔方軍節度副使。

元代：《孫都思氏世勛碑》。其家族從成吉思汗到元末，一直是蒙古和元朝時期的黃金家族；其後裔從闊端一系在涼州任職，去世後葬於涼州永昌府。《高昌王世勛碑》。回鶻高昌王家族，從巴而術阿而忒的斤到帖木兒補花六世效忠蒙古元室，定居涼州永昌，其家族地位顯赫，與蒙元王室世代通婚。《西寧王碑》。西寧王忻都，回鶻族，祖上爲高昌顯官，入元後官至禮部尚書，封范陽郡公，追封薊國公、西寧王；其子斡欒，官至左丞相。

明代：《宋晟神道碑》。宋晟，明初名將，官至甘肅總兵、平羌將軍，封西寧侯。《吳允誠神道碑》。吳允誠，蒙古族，降明後守備涼州，官至左都督，封恭順伯，追贈國公，世襲罔替至清初；子孫中以功授高官顯爵者多人，中有二女爲皇妃。

二、志主爲中央和省部級軍政高官

北朝：《賈思伯碑》《賈思伯墓志》。志主爲北魏武威人，官至輔國將軍、兗州刺史，帝師，追贈鎮東將軍、尚書右僕射。《梁舒墓表》。前涼中郎、中督護公，居家武威。《段榮墓志》。武威人，官至大都督、太尉。

隋代：《段摸墓志》。志主祖籍武威，官至北周儀同大將軍府參軍。《段濟墓志》。武威人，段榮之孫，官至開府儀同大將軍、銀青光祿大夫。《鞏賓墓志》。古浪縣人，歷北魏、西魏、北周三朝，官至驃騎將軍、右光祿大夫，封雲陽縣男。《姚辯墓志》。武威人，官至涼州牧、右光祿大夫、左屯衛大將軍。

唐代：《曹慶珍墓志》。志主爲安徽亳州人，世居涼州，官至隋都督、鷹擊郎將。《段瑗墓志》。武威人，官至銀青光祿大夫、左驍衛驃騎將軍。《安延墓志》。武威人，官至上開府大將軍。《張琮碑》。武威人，唐太宗長孫皇后的姐夫，官至上柱國、睦州刺史，封南安縣開國候。《安元壽墓志》。武威人，安興貴之子，官至右驍衛將軍、威衛將軍、夏州群牧使，陪葬昭陵。《契苾明碑》。契苾何力長子。契苾家族駐牧於祁連山一帶，歸順唐朝後定居涼州。官至左鷹揚衛大將軍兼賀蘭都督、上柱國，封涼國公。《契苾貞墓志》。契苾何力三子契苾貞，賜姓李，官至賀蘭都督、司膳少卿，追贈右領軍衛大將軍。《契苾嵩墓志》。契苾明次子，官至上柱國、右領軍衛大將軍，封涼國公。《史思禮墓志》。武威人，出身於昭武九姓武將世家，官至右龍武軍翊府中郎將、上柱國。《契苾通墓志》。契苾何力玄孫，官至上柱國、北海縣開國侯。《翟舍集墓志》。武威人，官至上柱國；夫人安氏，涼國公安興貴孫女。《陰府君碑》。武威人，曾任國子司業、邠王府長史。《郭千里神道碑》。武威人，唐朝名將，官至左金吾大將軍兼玉門軍使。《邊真墓志》。武威人，授上柱國。《安附國神道碑》。涼州安氏望族，官至維州刺史、右戍衛大將軍，晉爲子爵。《唐段行琛碑》。祖籍武威，段秀實之父，曾任洮州司馬，追贈揚州大都督。《李抱真墓志》《李抱真德政碑》。本姓安，世爲涼州盛族，官至同中書門下平章事，封義陽郡王。《贈太尉段秀實紀功碑》。祖籍武威，曾任四鎮節度使、上柱國，封張掖郡王，追贈太尉。《段瑋墓志》。武威人，官至奉車都尉。《論弓仁碑》。出身於吐蕃噶爾家族，居家涼州，累遷左驍衛大將軍，追贈撥川郡王；長子論誠節，襲父爵，進封武威郡王；次子論誠信，官拜大將軍。《論惟賢神道碑》。論弓仁之孫，論誠節之子，官至開府儀同三司、上柱國、成國公。《李國珍（李暐）墓志》。武威粟特安氏後裔，因功賜姓李氏，官至開府儀同三司、上柱國。《李元諒墓志》。武威安氏集團著名將領，因功賜姓李，官至隴右節度使，追贈司空。《李益墓志》。祖籍武威，唐朝詩人，官至禮部尚書、安城縣開國伯、太子少師。《段文楚墓志》。段秀實之孫，官至檢校吏部尚書兼御史大夫、上柱國、武威郡開國伯。《賈溫墓志》。武威人，官至檢校太子賓客、上柱國、陽武縣開國子。《安玄朗墓志》。祖籍武威，官至海門防戍軍都兵馬使，贈上柱國。《殷瓊墓志》。祖籍武威，官至唐右千牛衛將軍，贈上柱國。

金元時期：《段鐸墓表》。志主祖籍武威，金海陵王正隆進士，官至曹州刺史、封武威郡開國侯。《余闕碑》。世居河西武威，生於廬州，官至淮西宣慰副使、都元帥、江淮行省參知政事，追封豳國公。

明代：《左公墓碑》。志主為明刑部侍郎。《徐廉壙志》。祖籍河北廊坊，官至驃騎將軍、都指揮使。《祁公永思碑記》。祁祖，直隸大名滑臺人，時任陝西右布政使，官至兵部尚書，贈太保。《張達祠記》《張達墓志》。涼州衛人，官至大同總兵，追贈上柱國、光祿大夫、左都督。《李義墓表》。武威人，官至總兵、都督僉事，誥贈光祿大夫、都督同知、右柱國。《楊嘉謨墓志》。武威人，官至山海總兵、驃騎將軍。

清代：《趙開府碑》。志主為武威人，參將領臺灣南路，後開府高涼，建功南國，官至都督。《乾隆御祭總兵張烈文碑》《張承武墓志》。亦名張君烈，武威人，官至陝西寧夏總兵、都督僉事，誥授榮祿大夫，乾隆皇帝御賜祭文褒獎。《唐國寵碑記》。官至正一品光祿大夫。《馬騰龍等十二人紀功碑》。馬騰龍等12名高級軍官，曾任涼州總兵等職。《武禹亭碑記》。武威人，武進士，官至臺灣都司游擊，贈武義都尉。《張起鵃神道碑》。古浪縣人，官至直隸天津道台、按察使。

現代：《馬公子雲碑》《甘新公路古浪段功德碑》《督修古浪段公路德政碑》。志主馬步青，字子雲，臨夏人。官至民國國民軍軍長。

三、志主為地方軍政要員

隋唐：《成蒙墓志》。志主為隋東郡人，曾任縣令。《劉和墓志》。唐彭城沛縣人，曾任儀同三司、尚藥奉御。《毛祐墓志》。安定鶉觚人，曾任萬安縣令。《晁大明墓志》。河東汾陰人，晁錯之後，曾任敦煌縣主簿、效谷府長史。《王義康墓志》。太原人，曾任縣令、徐州長史。《段文絢墓志》。武威人，官至王府參軍、尚藥奉御（高級醫官）。《段承宗墓志》（天寶碑）《段承宗墓志》（大曆碑）。武威人，唐初名將段志玄曾孫，官至余姚郡司馬、晋陵郡長史。《元仁惠石柱銘》。河南洛陽人，北魏皇族，曾任縣令、涼州都督府長史。

明代：《蘇敬壙志》。志主祖籍江蘇沛縣，官至正千户，追贈昭勇將軍。

清代：《劉友元平逆回碑》。志主爲陝西榆林人，清初三邊總督孟喬芳部前戎大將軍，後授涼州副將。《張俊哲墓碑》。祖籍南京，曾任開封府通判，代理延津、祥符縣令。《武廷適創建書院碑》。大同人，時任陝西涼莊道，官至廣西布政使。《何廷圭戴德碑記》。浙江蕭山人，曾任涼莊道、江常鎮道。《范公祠記》。范仕佳，揚州人，時任涼州監屯同知，卒於任上。《韓自昌神道碑》。武威人，莊浪副將，追贈武顯將軍；弟韓加業，哈密副將，追贈振武將軍。兄弟倆由朝廷敕建雙烈祠。

現代：《康陶然生祠記》。志主爲四川禮州人，民國武威縣縣長，官至省民政廳長。精於書畫，著述豐富。

四、志主爲宗教領袖

《敏公講主江南求法功德碑》。志主爲元初西涼州高僧大德。《安伽墓志》。世居涼州的粟特人，曾任同州薩保、大都督。安氏家族掌管涼州火祆教事務。《涼州公教信友遷葬麥神父并興修公墳碑記》。意大利傳教士，去世後葬於涼州。《理智法師功德碑》。武威人，曾任涼州區佛教協會會長、區政協副主席、甘肅省佛教協會副會長、中國佛教協會常務理事。

五、志主爲地方紳衿德望與命婦貞女

《康阿達墓志》。志主爲西域康國人，康國勳望後裔。《大清張公碑記》。先世爲武威望族，北鄉鄉民，曾捐資支持地方教育事業。《陳貢禹墓表》。武威人，世爲涼州大族，以其德善功澤，彰示後世。《張澍墓志》。武威人，清代著名學者，歷官諸縣知縣，著述宏富，《西夏碑》的發現者，敦煌學、西夏學的發軔之人。《張兆衡墓表》。武威人，官至朔州知府，主講蘭州蘭山、五泉書院。《孝行碑記》。石韞璧，明古浪人，曾任山丹衛儒學訓導，事母至孝，博覽載籍，對古浪文化教育影響較大。《武威武徵君李孝廉傳》。武徵君即武禹亭子武瓚，李孝廉即李夔生。武威名士，家道中落，屢試不第，英年早逝。《汪益堃紀念碑》。浙江諸暨人，中共地下黨員，潛伏國民黨陣營15年，任國民政府駐新疆軍需處少將處長，在天祝烏鞘嶺墜機身亡。

《尹夫人臺碑》。志主爲西涼政權的建立者李暠夫人。《翟六娘墓志》。安元壽夫人，從夫秩，正二品外命婦，同丈夫陪葬昭陵。《契苾夫人墓志》。契苾何

力第六女，常山開國公史氏夫人，同丈夫陪葬昭陵。《盧氏墓志銘》。詩人李益第一任夫人。《段氏墓志》。段氏，武威人，太子少保韋夏卿側室，元稹之妻韋叢庶母。《大唐故代國夫人史氏墓志》。祖籍河南，代國公夫人。《馮伍墓志》。趙郡人，故徐州長史、太原王君之妻。《雷太夫人墓志》。雷氏，四川瀘邑人，密雲總兵李栖鸞夫人，廣東提督李鎮鼎母親，誥封一品夫人。《烈女鳳姐墓碑》，邑人高氏僕女，因保護主母被害，贊揚其護主貞烈品行。《烈婦楊氏墓碑》《高節婦墓志銘》。在外打工的民婦楊氏不堪受辱被害，贊揚其"行芳志烈"品質。

從賈温墓志窺探唐代神策軍的商業行爲

《大唐故銀青光禄大夫檢校太子賓客上柱國陽武縣開國子充右神策軍衙前正將專知兩市回易武威賈公墓志銘并序》，簡稱《賈温墓志》，刻於唐文宗大和九年（835），現存西安碑林。碑文簡述了賈温祖上道德功名，重點述其突出的經商助軍功績，兼及姻親、妻子、子女婚配等方面的基本情況。志主賈温（782—834），武威人。曾任神策軍衙前正將，專知兩市回易，以經商助軍功績突出，被授以銀青光禄大夫、檢校太子賓客、上柱國、陽武縣開國子。

《舊唐書·職官志》記載："京師有東西兩市，東都有南北兩市。"由此可知，墓志中的兩市即長安東西兩市。"回易"，本意是交易，貿易，也就是經商。在中唐以後，演變成爲軍隊從事贏利性活動的行爲。"專知兩市回易"職務不詳，疑爲神策軍中掌管長安東西兩市貨物交易、以盈利供軍爲目的的一個重要職務，并且以此立功受爵。這説明唐代禁軍有從事經濟活動的職能，且形成一定的規模。墓志關於賈温以神策軍高級將領身份主管長安東西兩市的信息，可窺探唐代神策軍的商業行爲，對研究唐代禁軍的經濟活動具有重要價值。

神策軍是唐朝中後期中央北衙禁軍的主力。原爲西北的戍邊軍，後進入京師成爲朝廷的一支禁軍，負責保衛京師和宿衛宮廷以及行征伐事，是維持皇權統治的最重要的武裝力量。從天寶十三載（754）哥舒翰在磨環川設立，到天復三年（903）被正式廢除，一共經歷了150年的歷史。神策軍的領導權基本掌握在宦官手中，宦官集團以神策軍爲工具控制皇權，掌握皇帝的生死、廢立大權。自唐穆宗（821—824）以後，共有九帝，除敬宗、哀帝外，其餘均爲宦官所立。穆宗以後，神策軍漸漸腐化，軍紀日益敗壞，戰鬥力下降，其普通軍士也非當年善戰的邊兵，多以工商富豪子弟充任，不堪一戰。神策軍的腐化孕育於其極盛之時擁有許多特權，這些特權又促成了其自身的腐化。神策軍的特權主要表現在：給養三倍於其他軍隊，而且還有經常性的額外賞賜；其將校在遷轉升任方面具有優先權；在法律上享有部分特權，御史不敢前去巡按監察。除此之外，神策軍還有經商的職能，更加劇了其官兵腐敗的進程。

唐德宗建中四年（783），涇原之變，亂兵犯闕，德宗逃往奉天，出現神策軍無法應敵的情況。神策軍成爲禁軍之時，由魚朝恩專典，因其恃權驕橫，於唐代宗於大曆五年（770）誅之，自此神策軍委於武將，直到涇原事發。德宗對統兵的將領始終不大信任，最終沒有恢復武將的神策軍兵權，還是用宦官監神策軍。德宗即位之初，本來對宦官預政十分警惕，但經歷了涇原兵變後，他又開始重用宦官。自此，神策軍成了宦官勢力賴以蓬勃發展的倚仗，形成了唐朝中後期宦官弄權的政局。

中晚唐時期，河北藩鎮局面形成，中央財政收入較開元天寶之際大幅減少，政府財政吃緊，但要維持巨大的軍費支出，只好采取了一些權宜而又不體面的"開源"作法，於是神策軍經商應運而生。神策軍采用了與官府貿易興利，同時也通過多種灰色手段增加收入。在此過程中，神策軍與朝廷要員勾結，詐騙國庫，又與官府在兩市進行商業競爭，更在京畿地區大肆采造、收稅。這些舉措雖在一定程度上滿足了神策軍的軍費需求，但也帶來了一系列政治、軍事、經濟問題，成爲中晚唐時期尤爲突出的社會問題。

《賈溫墓志》記載，賈溫"之姊適党氏；党之表妹王氏，適前護軍中尉開府馬公。當權左校之日，薦公以能默紀群貨，心計百利，俾之總雙鄘賈貿。未幾，裨軍實十五萬貫。酬以衛前正將，奏以陽武國子。"據墓志，賈溫卒於唐文宗太和八年（834）。護軍中尉馬公當是時任左神策軍副使、左監門衛將軍馬存亮（774—836）。當時京師有東西兩市，神策軍掌管長安東西兩市貨物販賣，以盈利供軍費爲目的。賈溫的身份是神策軍將領，而且專知兩市回易，說明唐代禁軍有從事經營活動的職能，并設置了專門機構，形成一定規模。要從事經商活動，神策軍須與市井發生非常密切的關係，隊伍中可能會夾雜大量的市井人員，這與神策軍戰鬥力日益下降有重大干係，此是後話。神策軍常駐長安，窺伺繁榮的東西兩市，開展商業行爲的條件非常成熟，其經營活動的方式可能既有貿易，亦有放貸，抑或其他牟利活動。賈溫"能默紀群貨，心計百利，俾之總雙鄘賈貿"，說明他有經商天賦和能力，所任"專知兩市回易"，既是機構，抑或是職務，是神策軍中專管東西兩市貿易的長官，可謂如魚得水。由此看來，神策軍於長安兩市商業規模不小。神策軍乃皇帝禁軍之一，時由宦官統領，權傾天下，皇帝廢立皆出其可否，經營商業名曰充軍費，實乃飽私囊。據此推測，神策軍經商活動除去商業貿易和高利貸業務以外，可能還有一些重要的經濟獲利渠道，如奴婢買賣、倒賣軍貨等，也不乏欺行霸市、巧取豪奪行徑，這些業務的部分利潤，難免回流入神策軍將領的囊中。墓志中的神策軍官員馬存亮、賈溫屬於唐朝賢官，但這樣的賢官畢竟是鳳毛麟角。

聯想到中國歷史上軍隊經商盈利的幾種手段：利用特權，開設官店禁榷；設卡收稅，侵奪徵稅重權；倒賣軍資，經營特供商品牟利；違法越矩，侵奪政府和百姓土地謀利；率意而爲，利用非財政手段強取豪奪等。神策軍將領多與朝廷要員相勾結，憑藉着神策軍的地位優勢，其利潤恐怕也多爲私占。對神策軍將領的獎懲措施及社會影響在賈溫墓志中也有反映，"未幾，神軍實十五萬貫，酬以衙前正將，奏以陽武國子"。衙前正將可能是護軍中尉馬存亮親自提拔，陽武國子則是朝廷授予的高級爵位。可見，雖然"專知兩市回易"一職并不見諸唐朝典籍，甚至有可能是神策軍內私自設立的機構和職務，但其起到的籌措軍費的作用，還是受到朝廷特別的肯定，因此，賈溫獲得了"衙前正將"和"陽武國子"的特殊獎勵，并獲得銀青光禄大夫、檢校太子賓客、上柱國的奉贈。

神策軍經商，角逐於長安東西兩市，共同與民爭利，開軍人經商之先河，其造成的影響不僅僅是京城的神策軍，其駐外鎮軍也會浸染這種逐利之風。神策軍經商行爲雖然未能寫入典章成爲制度，但憑藉神策軍令人窒息的特權壓制，它日漸成爲中晚唐長安市場經營活動中重要的組成部分。遺憾的是由於缺乏對神策軍及其駐外鎮軍逐利局面的有效控制，隨之產生的多種問題使唐王朝面臨着越來越嚴峻的危機。唐僖宗時，黃巢起義軍入關，僖宗倉皇南逃入蜀，神策軍或潰敗，或爲藩鎮招諭收容，隊伍中夾雜大量的市井人員、工商富豪子弟而缺乏戰鬥力和忠誠度的後果在此暴露無遺。昭宗天復三年（903），宣武節度使朱全忠進入關中，把神策軍全部併入羽林、龍武、神武等六軍，神策軍就此解散。

供應一支龐大的軍隊，軍費固然是頭等大事。唐朝神策軍經商的教訓歷歷在目，宋朝重蹈覆轍的後果又一次敲響了警鐘。爲了養兵養戰，宋朝推行軍隊經商之略，結果是武功荒疏，軍紀渙散，面對金、遼、西夏小國，基本上是屢戰屢敗。金兵入侵時，中央政權失控，徽欽二帝被俘，這就是歷史上著名的"靖康之變"。南宋初期，財政拮据，軍隊經商更加活躍。名將岳飛曾專門任命"回易官"，經營酒庫、典庫、房錢、營田、博易場等，以彌補軍費開支。韓世忠罷兵權時，上繳回易利息等錢100萬貫。可見，軍隊經商所得，已經成爲南宋軍費的重要來源。前事不忘，後事之師。軍隊經商，只能是非常時期的非常作法，不值得效法，更不得妄爲。

由醫藥名醫碑刻兼談武威醫藥文化

　　武威醫藥文化博大精深，一脉相承。旱灘坡漢代墓葬出土的醫藥簡牘（即《武威漢代醫簡》）馳名中外，是武威對祖國醫藥文化所作出的重要貢獻，充分顯示出武威醫藥文化的源遠流長。明代針灸著作《針灸捷徑》，是武威較系統的針灸學專著。清代朱晴雲所著《治喉指掌》，是一部簡明實用的治喉專著。清光緒年間凉州知府慶恕，結合臨床實踐，旁徵博引而編著的《醫學摘粹》曾對武威醫界影響較大；甘凉兵備道鐵珊倡導試種牛痘，重刻《引痘新書》，并親撰《勸信種痘》一文，對宣傳科學新政，防治天花發揮了積極的作用。清人名醫李泉所著《增補醫方直指》、齊鎧所著《醫宗小鑒》和丁鎧重刻的《痘疹不求人》在武威流傳甚廣，對保障人民群衆的健康起到了積極的作用。武威名醫衆多，東漢武威太守劉子南所創"武威丸"被視爲神藥，載於《千金翼方》中。明朝名醫蔡嘉善精通脉理，醫道高明，聞名隴上，其子孫多承祖業，世傳不絕。明末醫師王日興所創"王蛤蟆膏藥"，馳名全國，被國人稱之爲"凉州膏藥"，以此爲基礎精製而成的"凉州祖師麻"膏藥馳名全國。近代名醫李膺基、權愛棠、席梁丞、竇伯清等馳名隴原。武威是得天獨厚的天然藥物園。據《凉州异物志》《隋書》《唐書》記載，武威多種藥物被當做貢品。現已查明并引用的有植物藥、動物藥、礦物藥和其他藥共計 300 多味，其中鹿茸、麝香、牛黄、羌活、鎖陽、蓯蓉、甘草、青木香、麻黄、茴香等馳名全國。公元 609 年，隋煬帝西巡，武威太守樊子蓋獻上本地特産青木香，以防霧露瘴氣。

　　武威自古重視醫學，歷史上名醫、名藥和醫藥名著代不乏人。在武威衆多的碑刻中，有三通碑刻與醫藥、健康有關，另有兩通名醫碑刻，昭示着武威醫藥文化的博大精深。

　　《修建三皇廟記》碑，立於明崇禎四年（1631）。中國醫藥學起源於先民長期與自然和疾病做鬥争的實踐。三皇一般指伏羲、神農、黄帝，他們是原始社會中後期出現的爲人類文明進步做出巨大貢獻的人（部落）或神的代表，同時又是不同時期醫療成果的集大成者。伏羲創陰陽八卦、神農嘗百草、黄帝著内經家喻戶曉，是中國醫學起源、發展的奠基者和主導人物，歷來被人們所崇敬并供奉，成爲我國各地崇祀的尊神（祖）。碑文簡述了三皇爲"萬世不遷之始祖"的至偉功勛及三皇廟的規制、建廟之有功之人等，突出其"濟世壽民"之義。據乾隆《武威縣志·建置志》載："三皇廟，西街。天啓三年建。" 天啓爲明熹宗年號，三年爲1623年。此碑稱："吾凉肇造此廟，自本城兵憲史公始。" 史公即史樹德，南直隸金壇（今屬常州市）人，萬曆年間進士，曾任陝西西寧道。西寧道駐凉州，期間，他不僅肇建三皇廟，還建藥局。由於經費拮据，一直到崇禎四年（1631）方建成。建造者認爲，"三皇開物成務，雖不獨爲醫氏祖，"其"濟世壽民術，醫氏暨祖而述之，""則濟世壽民之心，醫氏尤當宗而體之者也。"在"濟世壽民"的"術"與"心"二者之中，作者更突出了"心"。這說明，在古人的評判標準上，醫德與醫術二者之中更看重醫德。在三皇廟及藥局的創建中，經歷了西寧道賈仁元、史樹德兩任地方軍政官員的鼎力支持，但"竟底績焉者，實醫官蔡嘉善等衆也。"說明在三皇廟的建設中，凉州衛醫官蔡嘉善貢獻頗卓。蔡氏精通醫理，詳辨陰陽，醫道高明，并熱心地方文化事業，是武威歷史上難得的良醫。民間流傳着蔡醫官"見棺血施銀針死者復活""二小子戲弄人立判生死""金城府巧診脉斷定雙胎"的故事，被譽爲"扁鵲復生""世代名醫"，去世後人們在三皇廟側立祠祀之。其一門三代爲凉州衛醫官，醫人甚多，知名河右。子蔡芩，"善太素脉，定人生死窮通，毫無差謬，人稱其神。"芩子元勛，"尤精傷寒，藥不三投，沉疴立起。活人甚多，河右知名。"（乾隆《武威縣志》）此碑爲蔡嘉善所立，貢生趙完璧（後擢直隸大名府通判）撰文，名爲三皇廟碑，實爲蔡氏之傳也。

《陳立三皇廟房課祭典以垂永久碑記》，立於清順治八年（1651），今存武威文廟。據碑載，凉州城西大街有三皇廟并醫學廳（藥局）一所，相關情況，已有《修建三皇廟記》勒石記載。但恐年久而廢，凉州衛醫官蔡嘉善、蔡芩父子又呈文審批，以官府名義再次立碑記其事。碑文簡述了三皇廟廟產及使用情況，特別突出了廟產保護及祭祀禮儀，詳細羅列了由租銀購買的祭品名稱及數量、價格，以及祭典完畢後祭品的歸屬，反映出古代社會對經濟、文化活動的嚴謹縝密，對關乎人類健康之神（聖）的重視。碑文由凉州衛儒學庠生（秀才）高天印撰寫，名醫蔡嘉善之子、凉州衛醫官蔡芩等立碑，并由刻碑名匠蔡元紹、蔡元珮及闔城名醫39人署名。

《移建藥王宮碑》，立於清雍正年間，簡述了藥王宮的變遷和移建的相關情況。民勤藥王宮，始建於明朝天啓年間（1621—1627），與武威縣三皇廟創建於同時，"址在東郭外。"據《五凉全志》記載，藥王宮在縣城東局街口。藥王宮創建後，曾兩易宮址。第一次是順治二年，"移建於城內東北隅三官殿之後"。移建後，由於"地勢上沙下碱，又逼城垣……斫楹桷於碱土，塗丹臒於沙丘，勞而無補"。由於宮址不理想，名醫盧全昌等"爾時即有改建之議而未果"。唯賴地方有識之士和紳衿的傾力支持，第二次"卜建於關帝（廟）之南"，"雖規模尚隘，而營構頗精，較昔之塵沙滿面，露處霜栖者遠勝矣。"第二次移建的順利實施，傾注了盧氏兩代人的心血，對作者而言終於還了"先君子之宿債"，實現了"肯堂之志"，感到由衷的高興。作者盧生華，字文錦，明驃騎將軍盧鑛後裔，名醫盧全昌之子。性聰慧好學，博通經史，尤工詩文，於清康熙五十九年（1720）登鄉榜；弟生蓮、生薰進士；生荄舉人。兄弟四人文聲顯著，傾動河西。盧生華一生未仕，善啓後學，桃李天下，多有造就。

健康乃人生之大事，三皇"濟世壽民"，藥王"庇民壽世"，理應受民祭拜。在三通有關醫藥宮殿的碑刻中，我們看到：名醫倡導，醫家"率衆捐貨"，傾力推動，在武威縣爲蔡嘉善、蔡芩父子，在鎮番縣則爲盧全昌、盧生華父子；地方官員大力支持，"捐俸改修"；紳衿四方奔走，"神應所感，人人回應"。在這樣一種良好的氛圍中，就沒有做不成的事。三通碑刻，反映了古代社會樸素自然的健康理念和淳樸虔誠的道德觀念，對瞭解和理解古代社會風貌、健康理念、名人效應具有積極意義。

兩通名醫碑刻是《段文絢墓志》《殷瓊墓志》。

《段文絢墓志》，刻於唐宣宗大中三年（849）。志主段文絢（794—849），武威姑臧人。"蔭第出身，少即慕道，性敏而和，孝於家，信於友，究遠祖之遺文，根越人之深旨。"越人，即秦越人，是春秋名醫扁鵲的字號。由於他"少即慕道……根越人之深旨"，醫術精湛，被任命爲尚藥奉御（高級醫官）、翰林供奉等職，贈上柱國，賜緋魚袋（五品以上朝官服飾）。

《殷瓊墓志》，刻於唐僖宗乾符六年（879）。志主殷瓊（827—879），字德光，祖籍武威。殷瓊工於醫術，"探和扁之情，挺張吳之譽"，精研奉和、扁鵲、張仲景、吳普等古代名醫，其醫術水平"神聖工巧，莫可而倫"，後"榮入禁林，供奉天庭"，擢拔爲尚衣尚輦奉御、翰林供奉，"以能擢居列侍，專承睿旨，密奉皇躬"，成爲在皇帝御門聽政，直接爲皇帝服務的御醫，官至右千牛衛將軍，贈上柱國，賜紫金魚袋（三品以上朝官的服飾）。

兩通名醫碑刻，反映了古代武威高超的臨床醫療實踐和名醫輩出的真實情況。結合武威出土的漢代醫藥簡和醫療、醫藥、醫著、名醫等資料，對綜合研究武威醫學科學歷史具有重要價值。

武威水利碑刻綜述

"水利是農業的命脉。"古代中國社會是一個典型的農業社會，水無疑是生產生活中最重要的資源。在武威衆多的碑刻中，水利類碑刻占有很大的份額，大量的水規、水案、水源、河道渠例、水利紀事及其糾紛調處等都刊刻於碑石，成爲今天研究水利歷史、探究水源河道演變、調處水利糾紛的重要依據和範例。水是一切生命的源泉，是人類生活和生產活動中必不可少的物質。在人類社會的生存和發展中，需要不斷地適應、利用、改造和保護水環境。在這一過程中，人類與水一直存在着既適應又矛盾的關係。明清時期，各級行政長官，都兼管水利，下面設有農官、渠正、水老等，負責具體事務。此外，鄉村的基層頭目如鄉約、總甲、牌頭等，也兼司當地水利，負責水渠的維護、巡察和水資源的配置以及灌溉時間、數量、次序、糾紛調處、水規宣傳、情況上報等諸多事宜。水利是農業和農民的命脉，自古爲此而發生矛盾糾紛甚至械鬥的事例不勝枚舉。清代武威縣的高頭壩與永昌縣的烏牛壩，因水源糾紛，雖經官府數次調解判案，但糾紛連年不斷，持續二百多年，一直延續到中華人民共和國成立後才得以徹底解決。清代處理水利糾紛，留下了許多判案碑照，也留下了諸多案例和經驗，既解決了當時的水事糾紛，又成爲珍貴的歷史依照。同樣也留下了如武廷適、陳子威、何德新、江鯤、杜振宜、文楠、鐵珊等地方官員，勤政爲民，深入實際，以善於調處水利糾紛、化解民間矛盾著稱的清官形象。武威水利碑刻以爭訟碑刻居多，另有水利源流碑刻、法規碑刻、建設碑刻、寺廟碑刻和文化碑刻。

一、水利爭訟碑刻

水事糾紛指不同的單位或個人因爲對水資源的開發、利用、管理、保護等意見不一致而產生的爭執。府縣斷案即處理水事糾紛的文案一般保存於檔案、碑石、方志等文獻中。武威保存了較多的水利爭訟碑刻文檔，反映了農耕文明時代社會生活、經濟生活之一面，爲今天研究古代社會生活特別是水資源配置、民事調解、矛盾糾紛化解提供了翔實的材料。

《凉州衛高頭壩與永昌衛烏牛壩之爭水利碑》，立於清康熙三十九年（1700）。永昌上暖泉、烏牛壩（今永昌縣水源鎮境內）與凉州高頭壩（今凉州區雙城鎮境內）三壩村民共用一河水澆地灌田，多年來相安無事。後因洪水下泄，上暖泉村民不循舊例，私自移壩於下，使得高壩塞流；高頭壩得不到上流灌溉，遂閉烏牛壩下泉二眼使其不能疏通，由此引起三方訴訟。其實，凉州高頭壩與永昌烏牛壩水利糾紛由來已久，一直延續到20世紀70年代才得以徹底解決。碑文詳述糾紛之起因，歷任官員爲平息水利之爭，一次次親臨現場勘察、協調、決斷等努力。爲防止以後再起事端，特立碑存照。

《判發武威高頭壩與永昌烏牛壩用水執照水利碑》，立於康熙四十九（1710）年。兩村彼此相鄰，共用一河水澆地灌田。自康熙三十二年（1693）漲水冲毀堤壩，兩村訴訟不斷，前任撫憲、道府以及廳、衛、所多次前往協調，或親行踏勘，或批委驗審，斷案結案清楚明白。但總因烏牛壩户大人多，欺負高頭壩人單力薄，欲强占水利爲已有，故此案屢結屢告。碑文詳述這起水利糾紛案由及處理意見，對烏牛壩村民無理纏訪并構成違法犯罪的案情，脈絡清楚，歷任官員的批示也很明瞭，在今天的信訪處理中具有較强的借鑒意義。此碑與上碑中涉案人員基本相同。

《判發武威高頭壩與永昌烏牛壩用水執照水利碑》，立於清雍正十二年（1734）。兩壩水利糾紛，由來已久，經由前任官府多次踏勘詳察，協調處理并定案立碑。但由於烏牛壩民恃强争奪，處心積慮，欲據四泉爲已有爲快。故雙方訴訟不斷。爲防止烏牛壩民再生事端，經報督府兩院同意批示：一是將烏牛壩首惡各重責三十板并予以警告；二是重立石碑，取具碑模一樣三張存查，以防毀碑滋事，并將此次審判結果永爲定案。碑文爲官府文件，各於原舊立碑之處，重立石碑，希望雙方"永爲遵守施行"。

《判發武威縣高頭壩與永昌縣烏牛壩用水執照水利勒石碑》，立於清乾隆九年（1744）。兩壩水利糾紛，從康熙三十三年起，官司不斷，屢結屢告，都因烏牛壩人恃强凌弱，欲以霸占原屬於高頭壩的全部泉水爲目的。碑文對兩壩糾紛形成的過程及歷代官員的調處做了陳述，條理清楚，案由明白，處理結果已近息事寧人的無奈表現。歷任官員認識到"水利關係民生，必須毫無疑議"的道理，但在烏牛壩人一次次的"又復抗斷"，恃强聚衆的纏訪中，官府和順民最終"隨其所欲"，以犧牲高頭壩民的利益（四泉盡失）結案。綜合分析可以看出，順民的軟弱、刁民的無行、官府的無奈、司法公正的艱難，表現得淋漓盡致。

《屯壩水利碑》，立於清乾隆十四年。比較明確地記載了涼州府民勤柳林湖水利屯田分府所屬屯壩鄉民，爲"再墾天恩，查案立碑；均平水利，内外相安"而立碑的情況，尤對分水時間、用水調劑、勒碑共守敘述周詳。

《判發武威高頭壩與永昌烏牛壩用水執照水利碑》，據考，此碑爲涼州知府何德新於清乾隆十六年所撰。兩壩又起争端。案情本來簡單明瞭，如果對多次滋事的烏牛壩違法犯罪者不嚴加懲處，就不足以警戒後來者和威懾違法者。這次判決基本上維護了高頭壩的利益（其實也是高頭壩再也不能喪失的利益），充分認識到了"法不可玩"的現實意義，終於嚴懲了首惡。作者對"以前審斷之員過於寬"而導致的不良後果予以深刻反思。

《雜大二壩漏水碑》，立於清乾隆五十年。碑文雖剝落嚴重，但內容基本清楚。雜大二渠因上游滲漏水的歸屬和利用"互起爭端"，并引起了長達數年的訴訟，後由主管水利的官員和知縣進行調處。他們根據"舊例相沿""循照舊規"的歷史慣例和現實情況，作出了比較符合實際、雙方都能夠接受的判決。清代武威縣四鄉渠系分爲六道，每渠分爲十壩。雜大即雜木渠和大七渠，其他爲金塔渠、永昌渠、懷安渠、黃羊渠。

《長流川六壩水利碑記》，立於清嘉慶二十二年（1817）。簡述古浪縣府判斷長流壩與川六壩水利爭訟之前因後果，從中窺見出歷任官員秉公調解水利矛盾、減少民事糾紛的有效做法。

《判發永昌烏牛壩武威三岔與鎮番蔡旗用水執照水利碑》，立於清同治十三年（1874）。武威三岔（今四壩鎮三岔村）、鎮番蔡旗（今蔡旗鎮）各堡，每年放水灌漑之事，包括水之來源及放水時間、水量等，自明崇禎年間起就有官府判議并立碑詳加說明，多年以來并無爭議。同治十一年五月放水之際，烏牛壩人糾衆搶水，三岔、蔡旗二堡農民告到官府。經查明，此系烏牛壩人違規毀碑所致，官府再次做出判決：懲處烏牛壩首犯、判罰烏牛壩人出錢恢復原有碑石，并希望兩壩人士共同遵守。碑文內容涉及歷史依據、放水情況、違規事實、判決結果等，法理清晰，簡明扼要。

《懷六壩磨灣泉源水利碑記》，刻立於清光緒元年（1875）。懷渠六壩磨灣泉源水利原系武威縣六壩所有，形成於明朝時期，後經開渠引水，修蓋油磨坊，以每年收入完納國稅，二百多年來相安無事。明末清初，五壩人恃強爭奪，因官府查明真相而未能得逞。嘉慶年間，五壩的一些好事之徒蒙混作弊，私立執照，名爲爭奪水利，實爲從中索詐錢物，雙方爲此爭執多年。後經官府秉公斷案，銷毀五壩私照，復發給六壩水利所有權的執照，立碑爲證，以杜爭端。

《判武威九墩溝民與鎮番農民控爭石羊河水利一案碑》。初刻立於清光緒六年（1880），民國26年重錄，1962年再次抄錄。詳細記載了石羊河水系的來源、武威九墩溝及附近村莊和鎮番的距離、水源關係、明清時期對此水利的判決劃分、時任官員的處理方式和判案、武威縣和鎮番縣志對此的記錄等。面對兩地農民爲爭控水利而發生的糾紛，鐵珊道台既結合舊判，又不泥古，因地因時，因時制宜，使雙方各無虧損，均無異議，并將所判結果制文、繪圖、立碑，使雙方和後來者有據可依、有法可依。鐵珊，滿洲正白旗人。同治年間由知縣歷署蘭州道、甘涼道等。爲人清廉而嚴肅，不阿權貴，愛撫百姓，所任之處，政聲頗著。在水利糾紛調解中，他實地勘察，尊重事實，脈絡清晰，條分縷析，入情入理，運用法理有據，處理方式得當，尊法而不泥法，同情而不徇情，有效地處理了武威、永昌、鎮番之間的幾起水事糾紛，體現出他嚴謹有序、法理相融的判案風格，既平息了長達數百年的水利糾紛，又切實解決了兩地農民的用水問題。特別是他調處的光緒六年"武威九墩溝民與鎮番農民控爭石羊河水利案"、光緒七年"武鎮兩縣互控洪水河水源案"兩起水利糾紛案，證據確鑿，成爲之後政府判案及調解水利矛盾的依據，史稱"鐵道判案"。

《鐵道台判武威與鎮番兩縣互控洪水河水源案碑》，碑文形成於光緒七年，刻立於光緒二十六年七月。武威與民勤自然形成的河流俱爲上下游關係，兩縣農民共用河水灌溉爲自然常理。後因氣候及環境影響引起水情變化，雙方都做過修壩引渠等工作。爲此，在上游來水的控制權問題上多次引發矛盾糾紛。光緒年間，紛爭又起，欽命分守甘涼兵備道鐵珊親往查勘。他根據志書及前任判決文書，從源頭上尋找問題形成的症結，結合兩縣用水現狀進行判決，并將判決結果在武威、民勤立碑標記，以示永久。碑文脈絡清晰，尊重事實，條分縷析，入情入理，不偏不倚，判決公允，不愧爲甘肅水利史上著名的"鐵案"。

二、水利源流碑刻

《水利源流說》碑，2011年7月樹立於民勤縣生態園水利碑廊。簡述了鎮番分水的基本情況及水患的成因防治。部分內容與《鎮番水例》碑相同。

《鎮番水利圖說》碑，簡述了鎮番水利源頭、各壩之聯繫及基本情況，是全縣調水、分水、用水的基本依據。2011年7月樹立於民勤縣生態園水利碑廊。

《鎮番水例》碑，2011年7月樹立於民勤縣生態園水利碑廊。簡述了鎮番分水的基本情況及水患的成因防治，意在爲後人提供必要的借鑒。

三、水利法規碑刻

《渠壩水利碑文》，立於清乾隆八年（1743）。主要記載清朝時期古浪縣各渠壩額糧、額水及水閘口尺寸等水政情況，是合理用水、依法治水，有效調解水利矛盾的法規依據。

《首四壩水利碑》，初創於乾隆十四年，原爲木碑，光緒二十一年（1895）改立爲石碑。內容詳述了鎮番首四壩水系分水、配水以及納糧等情況，是一套切合當地實際的水規民約，對公平用水、減少水事糾紛發揮了重要作用。

《紅沙梁水利碑》，立於乾隆四十二年，碑額"永遠遵守"篆書橫排。簡述了鎮番紅沙梁所屬鄉民在澆灌用水方面的幾次訴訟調處情況及立碑禁約、"毋亂舊規"之緣由和規矩，是處理古代水事糾紛方面的依據。

《各壩水利碑》，立於乾隆五十八年。這是時任鎮番縣長文楠根據當地水利問題頻發、水事糾紛繁複的情況，經過認真調查研究，制定出的一套符合當地實際的水規水法（方案），被遵爲定制，後人稱之爲"文公定案"，對"永遠遵守澆灌，以息訟端"起到了十分顯著的效果。又以《縣署碑記》名義，立於縣署院內，作爲石刻檔案保存并供民人查詢。2011年立於民勤縣生態園水利碑廊。

《洮沙灣水利碑》，立於民國9年（1920）。簡述了永昌、鎮番邊界桃沙灣一帶發生的水事糾紛及政府的處理意見，并提出今後從五個方面進行規範約定，包括徵糧、配水、務工、界內耕作、自治自律等，具體明確，合法合情合理，具有很强的操作性和規定性。

《文公定案碑記》，時任鎮番知縣文楠所立。內容同前《各壩水利碑》。刻於2011年，嵌於民勤縣生態園"治水人物"石雕基座上。

《鐵道判武威九墩溝民與鎮番農民控争石羊河水利案碑》，簡稱"鐵道判案"，與"文公定案"齊名。2011年樹立於民勤縣生態園水利碑廊。

《鐵道判洪水河案碑》，爲"鐵道判案"的組成部分，案判審結於光緒七年（1881）。2011年樹立於民勤縣生態園水利碑廊。

《爲建立石碑以垂久遠事案》，又稱《長流壩水利碑》，刊刻於民國5年（1916），碑存武威文廟。古浪縣長流壩（今定寧鄉）與川七壩（今泗水鎮）屬同一河源，早在清康熙五十九年（1720）就確定了配水尺寸，且在縣志上載明。民國年間，川七壩的民衆違反水規，截毀官定木槽，因而引起訴訟。經官府秉公判決，依例修復木槽，刊立石碑，并再次申明官定尺寸。碑文作爲官方法律判案文書，叙事簡明，要件具體，判決及要求明確。

《張掖專區一九六〇年灌溉用水示範規章碑》，爲1960年張掖專區（當時河西地區爲張掖專區）灌溉用水規範文件中的相關內容（摘錄），具體規定了上游武威、永昌等地向下游民勤放水的時間、流量等要求，是石羊河水系配水當中所遵循的規章。2011年樹立於民勤縣生態園水利碑廊。

《關於解決武威民勤永昌三縣用水問題的報告碑》，1963年制定，內容是武威專署關於解決武威、民勤、永昌用水問題的報告，對三縣境內用水問題進行了具體界定，提出了强制性要求（措施），也是有效調解三縣水利矛盾、解決配水問題的規範性文件。2011年7月樹立於民勤縣生態園水利碑廊。

《民勤縣河井水統一分配方案即各灌區配水量碑》，1982年制定。從20世紀

80年代初，民勤縣已認識到過量開采地下水的嚴重惡果，從政策層面做到了自覺限量開采。政府通過提倡合理用水、杜絕浪費、控制播種面積等措施，從政策層面上限量開采地下水近1億方。2011年樹立於民勤縣生態園水利碑廊。

四、水利建設碑刻

《裴堡池塘水利碑》，立於清乾隆四十五年（1780），光緒二十三年（1897）重刻。簡述了農官（水老）王悅出資并督率民衆修浚裴家營池塘的事跡，贊頌其輕財好義、樂於助人的善舉，對研究古代民間水利事業具有重要價值。

《裴家堡水利雨源池塘碑記》，立於清光緒二十三年。記載了王瑊出資并率衆修浚裴家營池塘的事跡，贊揚其"急公好義""不辭勞瘁"的精神。

《古豐渠落成紀念碑（工程紀要）》，立於1950年，內容爲官方文書。詳細記載了中國人民解放軍某部官兵修建古浪古豐渠事宜。

《石坡子渡槽題刻》，題刻於1967年，位於古浪縣土門鎮清萍村石坡子河。內容都是當時的政治口號，比較真實地反映了當時的政治形勢。

《石節水庫題刻》，刻於1972年，位於古浪縣西靖鄉平原村石節水庫壩輸水洞。碑文內容反映了當時中蘇嚴重對峙的政治形勢。

《源遠流長碑》，立於1974年，位於古浪縣古豐鄉冰溝墩村西南水井邊，爲紀念中國人民解放軍某部幫助群衆解決飲水問題而開鑿水井所立。

《紅崖山水庫碑》，立於1992年，位於紅崖山水庫臥龍亭內。概述了洪崖山水庫的概況及其修建的相關情況。

《南營水庫修建碑記》，包括《武威市南營水庫建設簡史》《武威市金塔灌區概況》《武威市南營水庫》三碑，1996年8月立於今南營水庫大壩之上，簡述了南營水庫和金塔灌區項目建設情況。

《古浪縣水利建設碑》，立於2000年10月，位於古浪縣城龍泉公園碑廊。簡記古浪從1950年至1999年50年間在興修水利方面的巨大成就。

《景電二期古浪灌區碑》，立於2000年10月，位於古浪縣城龍泉公園碑廊。簡記榮列"中華之最"的景電工程古浪灌區的建設成就。

五、水利寺廟碑刻

在中國水文化中，通過對水及水的管理者水神的拜祭來祈求農業的收成，構成了古代祭祀活動中的重要組成部分。因此，龍王廟（包括風雨雷電）成爲民間最普遍的廟宇之一，龍王亦成爲中國民間最重要的祭拜神靈之一。

《創建水神廟碑記》，約立於明萬曆二十五年（1597）。概述了明萬曆年間（1573—1620）創建水神廟的緣起及其規模、效用。

《總龍王廟碑記》，約立於清雍正二年（1724）之後。鎮番水源出涼州，故在涼州水源之地建總龍王廟。概述了鎮番縣的水利情況、龍王廟的形成與重修及廟的規模和四至範圍，突出了地方官員"捐資重修"總龍王的善舉。

《鎮番龍王廟碑記》，與《總龍王廟碑記》文字基本相同。2011年7月重刻樹立於民勤縣生態園水利碑廊。

還有不少武威、民勤、古浪及雷臺、龍王廟、水神廟的相關碑刻，茲不贅述。

六、水利文化碑刻

《泮池水利碑記》，立於清嘉慶五年（1800）。簡述了武威文廟泮池及泮池之水的來源和成規定例，重點記載了地方官員爲保證泮池之水的供給所采取的得力措施，并把這一舉動看作是武威"人文蔚起，科第連綿"的有力保障。

《節水賦》碑，刻於2011年，位於民勤生態文化園。以節水爲主題，述寫了水之品格、水之功績、水之力量和水在保障生態安全、治國理政、構建和諧社會中的重要作用，警示人們節約用水，科學用水，保護石羊河，實現綠洲興旺，經濟社會永續發展。

古代名人墓葬保護的困惑

《公議建孫氏墓碑記》，刊刻於清宣統二年（1911），已佚，碑文引自《武威縣志稿》。作者張銑，武威縣人，光緒進士，曾任新疆焉耆府知府等職。涼州名士潘挹奎所著《武威耆舊傳》所收六十餘名年高望重的地方人物當中，孫文學一家父子祖孫就有三人，可見孫氏家族當時在涼州的地位和聲望。

孫文學，名文炳，字元林。秀才。以教授蒙學爲業，以文學見長，人稱"孫文學"。其淳德至行，謹持禮法，去世後入鄉賢祠。其次子孫詔。是清代武威縣第一位進士，官至布政使，曾孫孫俌亦爲進士。武威孫氏家族是涼州歷史上唯一一門兩進士的家族。

孫詔，字鳳書，號友石，康熙五十一年（1712）進士，選翰林院庶吉士，曾任知縣、知府、按察使，官至湖北布政使。雍正元年（1723），孫詔任直隸（今河北省）某縣知縣。一天，雍正皇帝要到盛京（今瀋陽）祭祖，車駕路過縣境。皇帝御駕光臨，孫詔自然不敢怠慢。那一天正好下了大雪，依規矩，清掃皇帝行宮由太監負責。太監因向孫詔索賄未遂乘機想羞辱孫詔，就讓孫詔親自掃雪。孫詔明知就裏，只好從命，以揶揄之態輕松爲之又惹惱太監。太監們老羞成怒，欲群毆孫詔。孫詔畢竟是進士出身的翰林，容不得他們欺人太甚，急令衙役將鬧事的領頭太監五花大綁，然後狠揍一頓。當時候駕的大小官員非常震驚，連忙寫成奏章上報雍正，又是自責又是推卸責任，并請皇上嚴懲孫詔！雍正看罷奏章，欣然一笑，命人將滋事太監依律治罪，并親自召見孫詔，給予褒獎。時隔不久，孫詔被提拔爲浙江寧波知府，很快又改遷爲寧紹台道，再後來成了兩浙鹽運使。孫詔并沒有被這個難得的肥差腐蝕自己的初心，他依然保持着廉潔勤政的本色，竭盡所能爲老百姓辦好事、辦實事，地方史志稱他"惠政令望，至今不沫。"在紹興任職期間，他還積極修復了宋六陵。位於紹興市攢宮山的宋六陵，有宋高宗、孝宗、光宗、寧宗、理宗、度宗的六座陵寢。元至正年間，江南釋教總統領楊璉真伽，率人盜掘六陵，破槨開棺，竊取隨葬珍寶無數。明太祖朱元璋下詔修葺宋六陵，并劃出禁采範圍，設陵戶看守歲供。雍正七年（172），清廷敕令紹興地方政府維護宋六陵。時任地方官孫詔采納了著名學者全祖望建議，修復了宋六陵，春秋祭祀。孫詔去世後，全祖望撰寫《署湖北承宣布政司使武威孫公誄》，對其學行政績予以高度評價。

孫詔子爲璘，舉人。孫詔孫孫俌，字仲雲，乾隆十六年（1751）進士，曾任知縣，後辭官回鄉從事教育工作。

孫詔家族道德文章賡續四代，在武威歷史上所僅見。清末，武威城西孫氏家族墓葬有墓碑七通，孫氏後裔虔誠修祀。但因後世家道中落，家貧而無力整頓祖塋，其中四通墓碑被石匠黃茂棠盜走。後經官府裁處，損失得到挽回，名人墓葬的保護也被提上政府的議事日程。由於孫氏一門秉承家學，"康濟斯民，誘掖後進"，有功於學校，爲桑梓爭得了榮譽，其事迹值得邑人發揚光大。經緇紳公議，同意將其墓碑移置公所保存。碑文簡述了其相關情況，目的在於通過這一典型的耕讀傳家家庭，教育感化後學之人，以營造奮發好學氛圍。同時，也對地方名人墓葬、碑刻及文物保護問題擺上政府的案頭。對此困惑，古代有，當代仍然存在，而且有過之而無不及。從孫氏家族墓志被盜、公議、移置公所保存這件事來看，古代社會對文物保護是相當重視的，同時也有一批熱心的保護者，如賈壇等，正是他們，才有武威衆多的碑刻存世。

民國軍政部永登（松山）軍牧場軼事

馬政是政府行政和國防體系的重要組成部分，我國早在西漢時期就形成了比較完備的馬政制度。明代大臣楊一清"國之大事莫急於兵，兵之大事莫急於馬"一說，道出了馬政在軍事戰略中的重要地位。諺語"涼州畜牧甲天下"

"涼州大馬，横行天下"，充分説明古凉州畜牧業及馬匹在全國的影響和地位。唐朝的河西節度使統兵7.3萬，有戰馬19.4萬匹，占到全國現役軍馬的1/4強。始建於漢代的山丹軍馬場，是中國古代最大的皇家牧馬苑，一直到近代，仍然如此。山丹軍馬場位於河西走廊中部，祁連山冷龍嶺北麓的大馬營草原，地跨甘青兩省，總面積2195平方公里，是目前世界上最大、歷史最悠久的馬場。這裏地勢平坦，水草豐茂，夏季绿草如茵，冬季一片金黄，是馬匹繁衍、生長的理想場所，爲我國的良馬培育做出了重大貢獻。但誰能想到，馬支山下萬馬嘶鳴的山丹軍馬場，一度時期，它的原址是在永登縣的松山灘（今屬武威市天祝縣）。

漢武帝元狩二年（前121），霍去病打敗匈奴，將河西納入漢朝版圖。四年（前119），武帝大敗匈奴，移民70萬實邊，東自朔方、西至令居（今永登縣境内，今天祝縣古代屬令居），設團官，供給移民牛犁穀種，變原始牧場爲農業區。令居地近朔漠，西連羌胡，隴上名將趙充國曾舉家移至令居屯田。他熟悉匈奴、氐羌習性，通曉四夷事略，好學兵法。他以令居爲中心，在湟水流域開展大規模的軍事屯田活動，邊耕邊牧，耕牧結合，取得巨大成效，其屯田法開中國歷史上安邊固疆之新途徑，一直受到後世好評。

在趙充國曾經屯田的天祝松山灘草原，位於縣城東南部，總面積約1000平方公里。自漢武帝時駐牧開墾以來，成爲通往河西的一條孔道，史書上稱爲"松山古道"。這裏長期培育而成的"達隆馬"，耐力好，騎行穩當，是古代騎兵裝備的首選。在離松山灘黑馬圈河口不遠的地方，坐落着一座古老而蒼凉的城池，這就是著名的松山古城，建於松山戰役之後的明萬曆二十七年（1599）。1935年，國民政府軍政部創設軍牧場，"緣本場場地系前山丹軍牧場總場所在地之松山堡，創設於民國二十四年春。"當時的山丹軍牧場總場就在松山古城。1940年7月，場部在松山的山丹軍牧場派課員朱滌新，與省政府委派的技師李懷全到大馬營分場勘定場界。1942年，軍政部、甘肅省政府共同勘定場界。是年春，山丹軍牧場大馬營分場改組爲獨立軍牧場，歸軍牧部直轄。1944年秋，軍政部長何應欽奉蔣介石令，"籌設青海牧場，并指定山丹縣之大馬營爲場址"，定名爲軍政部山丹牧場，任命宋濤爲場長。但由於山丹距蘭州較遠，決定將山丹軍牧場總場設在永登松山（今屬天祝），將山丹大馬營爲第一分場。後將大馬營分場改爲山丹軍牧場，松山分場爲永登軍牧場，其他場爲獨立場，直屬軍政部管轄。永登軍牧場"計現有面積東至老虎山頂，西至龍潭河西岸木井子，長約六十公里，全面積約爲一千八百平方公里，跨永登、古浪、景泰三縣交界……爲天然畜牧地帶"，其"宗旨原以改良馬種、繁殖軍馬及促進民間產馬事業爲歸宿。"

1949年9月21日，中國人民解放軍第一野戰軍遵照毛澤東主席"要完整無缺地把玉門油礦和大馬營軍馬場接收下來"的電示，派出第二兵團王果三、王文森等率部，在國際友人路易·艾黎派山丹培黎學校汽車的援助下，迅速接管了山丹軍牧場。1950年1月，定名爲中國人民解放軍西北軍區後勤軍牧部山丹軍牧場；1953年，更名爲中國人民解放軍西北軍區司令部第一軍馬場；1955年，改名爲中國人民解放軍總後方勤務部山丹軍馬場，歸總後勤部管轄，其主要任務是爲部隊生產輕型乘用騎兵馬匹。後幾經改革演變，加之現代軍事發展的實際，山丹軍馬場進入企業化管理運營。

民國時期主管馬政的官員和山丹軍牧場場長主要是有：宋濤（1899—1971），早年留學日本帝國大學，1935—1945年任軍政部山丹軍牧場少將場長、國防部高級參謀等職；曾峰（1892—1968），保定陸軍軍官學校畢業，抗戰期間任軍政部軍務署馬政司司長，少將銜；劉榮紱，軍政部軍務署馬政司副司長兼馬政司駐甘辦事處主任；石庭桂，國民黨山丹軍馬場少將場長，曾撰寫《軍政部永登軍牧場紀念碑》，1949年9月在倉惶出逃途中遭遇車禍身亡。

據《永登縣志·軍事》（1997）記載，1949年8月，駐坪城（今永登縣坪城鄉）的國民黨聯合勤務總司令、西北馬政局永登軍牧場場長常承楷西逃。8月24日，該牧場馬群被國民黨周嘉彬（張治中女婿）部一二〇軍劫走，場部由牧務科長趙瑄領導。是時，趙瑄派范士成、穆成章二人爲代表到蘭州與中國人民解放軍第一野戰軍後勤部聯繫投誠事宜。9月1日，第一野戰軍後勤部派李貴初接管永登軍牧場，任命趙瑄爲場長，李貴初爲政委，收集散馬，購買羊只等，恢復軍牧場。當時，西北地方的所有軍牧場都歸西北軍區馬政局（處）管理。之後，隨着軍事格局的變化，在一撥又一撥的改革當中進入企業化管理。

立於1945年9月的《軍政部永登軍牧場紀念碑》，簡述了山丹軍馬場及其組成部分的永登軍牧場的建置沿革、興衰變化、界址範圍等，是研究山丹軍馬場及其分場歷史的第一手資料。

九、惠民善政

武威古代碑刻中的扶貧與減負惠政內容

管子説："倉廩實而知禮節，衣食足而知榮辱。"説明物質財富對一個人的重要。中國古代很早就有"大同世界"的美好設想，在這個美好理想的設計中特別强調了對弱勢群體"鰥寡孤獨廢疾者"幫助和救濟的重要性。"治國有常，而利民爲本"（《淮南子·氾論訓》）。重民生、興民德、得民心，一直是明君賢臣畢生追求的理想世界。在古代經濟發展水平相對落後的情况下，現實中嚴重的貧困現象一直影響着理想的實現。儘管任何一個王朝都没能徹底消滅貧困問題，但歷代"扶貧減負"方面的措施和做法還是存在的，有些在今天仍有啓示性作用。武威古代碑刻中有一些反映古代社會利民惠民德政方面的内容，其表現主要在三個方面，一是助學，二是扶貧，三是減負。關於助學内容，將在《從武威碑刻探析清代的送學禮及其助學義舉》專文介紹，本文只根據相關碑刻内容，對清代的扶貧和減負做一些介紹。

一、關於扶貧惠政

武威，地勢平坦，水草肥美，具有發展畜牧業的良好條件。政府出資和社會捐資大力發展養殖產業，是扶貧濟困的重要舉措。由時任甘涼道台鐵珊撰文的《大清中堂憲節捐資養羊濟貧碑記》，就展現了一種非常接近於今天精准扶貧的扶貧方式。

清光緒年間，一位從中央來的高官（中堂憲節）途經涼州，他"憫念窮民"，想要做出一件惠及民生的實事，以博取涼州百姓的信任。他首先"飭諭前縣夏，今捐錢三千串文。"就是要求武威前任夏縣令捐錢三千串文，自己捐銀五百兩，并督促涼州道府積極采取措施，將這筆扶貧款落實到位。扶貧款雖然不多，却是官員們實實在在的惠民善舉。如何將這筆錢發揮最大效益，官員們也是煞費苦心："若登時分散，或添辦衣粥，不過暫博一時之歡，仿非久長之惠；即或發商生息，亦屬得利無幾，顧濟難周。"就是說，如果把這筆錢分發給貧困户，或購買衣物、糧食救濟他們，只能是博取一時之歡，并非長久之計；即使用這筆錢經商生息，也没有多少利潤。經官府再三討論議定，決定用此款購買乳羊（母羊）2500只，羯羊（公羊）250只，大羊羔260只，共3010只，由官方統籌經營，以發展養殖業所得收入配發給貧困户的方式進行。在入户調查的基礎上，先選擇鰥寡孤獨、老弱病殘、家庭實在無力營生的 400 人登記造册，將牧羊所得收入用於對這些人的生活救濟，"以期由少及衆，由近及遠，用收長流恩溥之效。"爲使此項扶貧措施長期實施下去，甘涼道署擬定了十七條措施，"曉示通衢"，以公示制的形式勒石於道署，以利於官民周知并共同遵守。

"精准扶貧"的前提是"精准識别"。因此，首要的工作是確定扶貧對象。相對於因灾荒、戰亂等特殊性原因所引起的大面積貧困，存在於日常生活和社會各個層面的貧困人口是扶貧的重點和難點。《禮記·大同篇》中所提到的"鰥寡孤獨廢疾者"就是對日常生活中貧困人口的基本界定，對於年老的男子没有妻子（鰥）、年老的婦女没有丈夫（寡）、年老而没有子女（獨）、幼年却死去父母親（孤）、身體殘缺（廢）、長期患病（疾）等諸種情况的人或家庭，理應優先得到照顧和幫助，這才是"精准扶貧"的要義。

這次由上級交辦的扶貧工作，其主要内容和程序就確定爲：調查摸底、登記造册、貧困户選定及羊只配發、羊只的管理及放養方式、生息的管理及發放、羊毛和羊肉及其副產品的管理與分配、管理人員及牧童補助、扶貧羊只與其他羊只的區别辦法、羊只的配種及羔羊登記、扶貧户死亡善後、餘款管理及册外扶貧等具體工作和管理措施等。作爲政府文件（碑文），作爲捐資養羊的產業扶貧措施，分析到位，程序合理，具體周詳，符合實際，且極具操作性，可謂用心良苦，顯見古代扶貧之斑迹。

這十七條措施，歸納起來有以下幾方面的内容。

一是組織管理。第一至四條，對捐資養羊的組織機構、委派、聘用的各類管理人員的工資、職責作了明確規定。政府委派經歷（管理者）一名總司其事，其職責是：每年對所生羊羔和死亡羊只及收入情况按月按期簡要分報道府（即甘涼道和涼州府），以備查驗；道府親自檢查監視收支情况，并委派人員幫助處理有關事宜，不得讓官府其他人員參與此事，以免造假和克扣勒索。聘用帳胥經理（財務）一名，牧長兩名，其職責分别是：隨時登記所生和死亡羊只、所剪羊毛數量、收入獲息等項内容，按月及時報送上級，以備核查，如有疏漏和舞弊情况，從重革職究辦；牧長兩名專司經營，經常檢查料理所牧羊群畜牧、生羔、死亡及羊毛等一切事宜，如有偷懶和舞弊情况嚴加究治。招募牧童 12 名，其職責是：以牧放羊群、收育羊羔爲日常工作，對生羔及死亡情况要及時報知牧長和帳胥，以登記報驗，如有偷懶、舞弊、偷匿等情况，給予斥責、究辦處理。帳胥和牧長工資各爲乳羊 30 只，每名牧童工資爲乳羊 20 只。

二是扶貧對象及扶貧款申領。第五至九條，對登記入册的扶貧對象申領扶貧款作了規定。登記入册的扶貧對象共400人，每年准給每人乳羊5只，並注明個人基本信息，蓋上道府印章；每人發給烙印木牌一面，作爲到時領取扶貧款的憑證。領款時間爲每年男十月初一，女十月初二。扶貧對象如將木牌丢失可申請補發；如將木牌倒賣他人冒領扶貧款，查出後從嚴處理；如有外出死亡者，查明後予以注銷，另補他人；如有病故者，有親屬、鄉保隨時查報，給予棺材一口，雇人掩埋，材價及工錢從死者羊只收入中扣除，結清後再將羊本另准他人。

第十條對創辦此項扶貧措施初期，因缺乏經營收入，對經營人員的待遇作了具體規定。帳胥、牧長每人每日灰面二斤，每月工錢一串文，帳胥另給紙筆費100文；牧童每人每日灰麩二斤，每月工錢500文。還可視經營情況給予獎勵。

三是牧羊細節管理。第十一至十六條，對羊群放牧的地點、用房、圈棚等有關具體事項作了規定。在涼州南山水草豐裕處選地，築立圍墻，分圈圈養，並蓋房數間，製作羊毛帳房數架，以便遷移之用。如有羊只死亡，夏天剥皮，冬天連肉，由牧長隨時查驗，帳胥隨時登帳折報。所有羊只均割豁左耳作爲標記，所生羊羔隨時割豁，以免偷竊抵換。按期剪取羊毛，牧長要同購羊毛者，確定時間一同前往收購，以免侵蝕；所餘羊只羊毛要存於公處，以救濟册外貧民。畜牧群羊，按九只乳羊一只臊羊配備。

第十七條對此項政策的立案、公示予以説明。

涼州府的這項捐資養羊扶貧措施，在具體實施過程中，落實情況如何，效果怎樣？不得而知。但就這項措施中的具體規定和作法，不僅爲我們瞭解認識清代官方體察民情、扶貧濟困的惠民德政提供了難得一見的第一手資料，對我們今天的精准扶貧仍有借鑒之處。

第一，通過扶持産業扶貧濟困。扶貧濟困，撫恤鰥寡孤獨，這是數千年來中華民族的傳統美德。清代的涼州府把捐資的這筆款項不直接發給鰥寡孤獨老弱殘疾或貧困户，而是充分利用當地發展畜牧業的有利條件，由政府出面成立非官方機構，委派專人負責參與管理和監督，把這筆錢統一購買羊只，按統一標準分派給扶貧對象，政府創造經營環境，聘用人員獨立經營，每年年底定時將經營收入發給入册的扶貧對象，以達到扶貧救困的目的。這一措施，克服了把救濟款一次發給貧困户而博取眼球的弊端，利用捐資的扶貧款作成一項扶貧産業滚動發展，如果經營好了，將是一項長期的惠民之舉，"以期由少及衆，由近及遠，用收長流恩溥之效。"

第二，形成社會監督機制。爲了提高捐資養羊扶貧濟困工作的透明度，政府制訂了十七條措施，除曉示通衢、告知民衆、登記造冊、認真執行外，還將此規定勒石刻碑，立在甘凉道署，讓民衆照章監督執行，以免日久更改曲解。

第三，務必減少多頭干預。在扶貧工作中，肯定有人要鑽空子，有些官吏利用職權假公濟私。爲克服這種現象，歷朝歷代也有一些辦法加以限制和懲處，力求制度在執行中不走樣。爲了減少政府部門的干預和政府官員的盤剝刁難，碑文第一條中"永遠不得假手該署胥役，以免扣捐勒索"，第九條中"不許胥役經手致滋捐勒"之規定，反復强調不讓政府人員過多參與或干預，以免中間出現胥役（官府中擔任公差的人員）徇私舞弊、盤剝刁難的弊端。

至今還保存在武威市博物館的《大清中堂憲節捐資養羊濟貧碑記》，所散發的精准扶貧方面的理性光澤，特別是惠民舉措及其監督執行中的針對性、操作性和透明度，對我們認識和研究古代的惠民扶貧政策具有重要的價值，在今天仍有許多值得借鑒的地方。

二、關於减負惠政。

《嚴禁裁賣田産碑記》，立於清同治三年（1864）。碑文是縣政府的一項通告，由縣令簽批署名，内容爲嚴禁裁賣、勒買田宅及强拉民間牲畜車輛、聚衆鬧事、借尸索財等事，除立案存查外，勒銘永遠嚴禁。碑文作爲具有法律意義上的通告，措辭嚴厲，多次使用"嚴禁"一詞，逐項列舉所禁事項和表現，并引用對應的法律條款，明確規定觸犯後"均按……律治罪"。并要求凡涉此三項者"一律照辦"，不留餘地。

《奉憲豁免采買六渠麥草以除民累勒石永禁碑》，立於光緒四年（1878）十一月。清代，武威縣每年應徵穀草三十萬束，供給滿、漢兩營及各驛站。道光年間（1821—1850），滿營需用麥草按市價采買并不多，但多年後數額增大，"甚至隨同額徵糧草比追兼有"，民間不堪重負。於是推薦紳民代表赴省，請求省府調查并豁免。後經各級政府查明實情，同意豁免武威四鄉六渠麥草，以除民累，并記録在案。光緒四年，時任武威夏縣令非常同情老百姓，他"憫念民艱"，爲防止此項惠民政策反彈，"猶恐斯禁之難持久也，准予立碑永禁。"當立碑永禁此項徵繳後，全縣民衆"歡欣鼓舞，感激無既。"由紳民代表共同發起刻立此碑，述其原委，以志永久。此碑所述内容簡明，將官府的攤派、紳民的請願和地方官員的積極作爲等一一道來，在今天的扶貧減負中仍有積極意義。

《張掖與山丹攤派芨草及捆草民夫永遠禁革碑記》，又稱《甘州凉州攤派麥麩草料馬匹永遠禁革碑記》，立於光緒五年。甘州、凉州兩府屬縣采買馬匹、麩皮、料草和木柴等，"最爲累民弊政，積習相沿歷有年所。"鐵珊道台上任後，立即禁革了采買麥麩、草料的陳規，其餘逐步裁免。但此事恐怕日久生弊和反彈，他復請上級將已批准部分永遠禁革的采買事項，按涼州府屬縣、甘州府屬縣一一開列於後，要求在各府縣實施采買禁革之後，如有需要，"只准照市價交易，不准渠差頭人農約攤買；如有陽奉陰違仍蹈故轍，按因公科斂財物入己，例計贓科罪。"此項舉措大大減輕了人民的負擔，取消了中間盤剝等弊政，深受百姓擁護。碑文爲政府通告，在簡述采買陋規弊端的前提下，又逐項載明所禁內容、禁革後的措施，對我們今天進行的簡政放權改革仍有現實意義。

武威軍各營頻年種樹記碑與左公柳

清同治十年（1871）七月，俄國軍隊公然武裝侵占伊犁，覬覦整個新疆。光緒元年（1875），清政府命陝甘總督左宗棠爲欽差大臣督辦新疆軍務，出兵西征，收復伊犁。左宗棠的大本營沿絲綢之路重鎮節節西遷，先駐平涼，次遷安定，再上甘州，後達肅州。爲瞭解決軍需糧餉運輸問題，他下令所部從潼關築路，橫穿陝甘，進入新疆。左宗棠在進軍新疆途中，"見西北赤地如剥，塵埃彌空"，遂產生爲客旅戍卒留一片綠蔭之念。於是，在道路築成之後，命令兵勇沿路植樹。當時，一邊浩浩蕩蕩進軍，一邊實實在在植樹，尤其重視在官道兩旁植樹。從陝西省長武縣開始，經甘肅平涼、蘭州、武威、張掖、嘉峪關，一直到烏魯木齊，在這長達三四千里的官道兩旁栽種樹木二百多萬株，楊柳成行，綠蔭蔽日，翠幄連雲，塞柳長青，可阻流沙，可固路基，可藉避暑，可謂工程浩大，成爲當時西北地方一道壯麗的風景綫。其中駐守甘肅平慶涇固道的魏光燾，統領武威軍各營及別部，於操防護運之暇，積極植樹。至光緒紀元之始，魏光燾防區中的六百里路段，武威軍各營在五年時間先後種樹 26 萬多株，受到左宗棠的贊賞。經過多年的艱苦經營管護，驛道兩旁鬱鬱青青，綠蔭蔽日，成爲當時路旁植樹的樣板工程。由於左宗棠下令兵勇嚴加管護，所植樹木成活率極高。左宗棠戎幕兼同鄉好友、即將繼任陝甘總督的楊昌浚，途經甘新大道，一路目睹湘軍所植楊柳成蔭，感慨萬端，遂即景賦詩，欣然寫下一首《涼州詞》："大將籌邊尚未還，湖湘子弟滿天山。新栽楊柳三千里，引得春風度玉關。"對左宗棠沿途造林的功德給予熱烈而深情的禮贊。光緒六年（1880），左宗棠從哈密返京，見路旁榆柳成林，不勝欣慰，他在奏稿中寫道："道旁所植榆柳，也已成林，自嘉峪關至省城蘭州，除鹼地沙磧外，拱把之樹，接續不斷。"這既是自然景觀，更是人文景觀，這就是人們所說的"左公柳"。

20世紀30年代，記者范長江經過河西走廊，目睹此景後寫道："左宗棠……開闢了一條三千多里的寬敞大道，兩旁遍植楊柳，夏日楊柳青茂，夾道以伴行人，蔚爲壯觀。"《武威軍各營頻年種樹記碑》，刻立於清光緒四年八月。全碑700餘字，今存平涼市博物館。碑文先述植樹的背景和目的，意在醫治戰爭創傷，爲民聚材、遮陽；再述及植樹結果，僅六百里防區就植有20多萬株。但日久天長，這些樹木"每爲游民竊拔，牲畜踐履。"爲了保護樹木免遭破壞，長大成材，魏光燾統轄武威軍各營，采取多種辦法進行管護，并對枯死和遭到破壞的苗木，及時"補栽之"。碑文詳叙植樹方法，延伸出"樹木亦得樹人之道"，既不能揠苗助長，亦不能放任自流，要因材施教，得出"萬物本乾坤鐘毓，而成之在人"的道理，所謂"十年樹木，百年樹人"，其重要性不言而喻。今天讀此碑文，對當今社會生態環境惡化、道德誠信下滑的危機不亦有所感悟嗎？

魏光燾所部軍號稱"武威軍"，這一稱號究竟何時出現，從何而來，與武威有何關係，不得而知。一説武威軍是以涼州人爲主的一支武裝，"武威"既寓地名，又寓威武雄壯之意。魏光燾在平涼時，所部號稱"武威軍"，後來，"武威軍"跟隨他參與了收復新疆的戰鬥。甲午戰爭後（1895），魏丁憂在家，接到朝廷征召命令，他又招募武威軍舊部3000餘人，與侵華日軍血戰牛莊（今屬遼寧海城市），雖敗猶榮，一時，武威軍名動京師。

"左公柳"的命運如何？自光緒七年（1881）左宗棠調任兩江總督後，有些無賴之徒便開始盜伐左公柳。楊昌浚繼任陝甘總督後，嚴令各地補植樹木，派兵丁巡守，使左公柳繼續繁盛於道路兩旁。楊昌浚調離後，繼任的官員無暇顧及，河西道旁的左公柳逐年減少。究竟減少到什麼程度？請看以下資料摘要：

1902年，甘肅學政葉昌熾赴任蘭州，發現道旁左公柳被饑民剪伐過半，已不能遮陽。

1905年，原南海縣令裴景福謫戍伊犁，親眼目睹了左公柳遭到砍伐的情況。他還在沿途的一處墻壁上，看到了一張奉勸人們不要砍樹的告示："昆侖之陰，積雪皚皚，杯酒陽關，馬嘶人泣。誰引春風，千里一碧？勿剪勿伐，左公所植。"但他見到的却是盜伐官柳用做柴火的事實，爲此，他惋惜不已。

1930年，著名進步人士宣俠父在《西北遠征記》中寫道：左公柳"數十年來，經樵斧的采斫和牛羊的踐踏，所剩已屬無多。"

1934年春，文學家張恨水漫游西北，進入甘肅，只見沿路左公柳被砍伐殆盡，連樹皮也被剥光充饑。

對此，社會各界反應強烈，呼籲保護左公柳。在此情況下，甘肅省政府兩次行文保護左公柳，并於1935年3月頒布了《保護左公柳辦法》。辦法規定，沿途各縣將左公柳編號挂牌，單號在北，雙號在南，并將總數呈報省政府備查；責成附近鄉保甲長分段保護，落實到人，各縣隨時派員督查；如有枯死者，仍須保留，已被砍伐者，按原位補栽齊全；禁止在樹旁采掘、引火、歇息牲畜，如有違令者，處罰金或工役，保護不力者唯縣長是問等等。此外，第八戰區司令部也向沿綫駐軍下達了嚴禁砍伐左公柳的訓令。雖然如此，對左公柳的保護仍然無濟於事，砍伐剥皮現象仍然十分嚴重。1935年，范長江在《塞上行》一書中寫道："惟時至今日，左公柳已喪亡十之八九。"1939年，旅行家李孤帆在《西行雜記》中感傷道："系左宗棠所植，惜已陸續被伐，致以凋零將盡，殊可痛惜。"1998年8月出版的《甘肅森林》記載，全省境内的左公柳只剩202棵，其中大部分存於平凉柳湖公園，有187棵。

中國近代維新派代表人物梁啟超曾不無感嘆地説，左宗棠是近代中國"五百年以來的第一偉人。"這"第一偉人"之譽，不僅有左公收復新疆維護祖國統一的偉績，也有廣種左公柳的功勞。面對今天的生態灾難，緬懷以實際行動植樹培緑、保護生態環境而産生深遠影響的左宗棠，遥想當年"塞柳長青"的壯觀景象，面對如今愈來愈少的"左公柳"，我們只有掬一把感動的熱泪。多少年來，這些生長在戈壁前沿，面對狂風肆虐、沙塵咆哮、驕陽照射而屹立於戈壁之中，并以它巨大的軀體、茂密的枝葉爲大地染緑，讓戈壁生輝的左公柳，它所綻放着的不就是值得大贊特贊的一種精神嗎？左公植樹，後人乘凉。今天，面對這些古柳，我們有什麽理由不去爲它脱帽致意呢？左公柳走過了曾經的繁華與輝煌，也經歷了後來的無奈和凋零，一百多年的歷史讓我們深深地感受到：緑水青山就是金山銀山，生態保護刻不容緩！

民勤開發史上爲民請命的幾位封疆大吏

魯迅先生説："我們自古以來，就有埋頭苦幹的人，有拼命硬幹的人，有爲民請命的人，有捨身求法的人……雖是等於爲帝王將相作家譜的所謂'正史'，也往往掩不住他們的光耀，這就是中國的脊梁。"（《且介亭雜文·中國人失掉自信力了嗎》）在民勤乃至河西開發史上，時任甘肅省府大員元展成、徐杞、吳紹詩及陝甘總督劉于義、黄廷桂、楊應琚和曾屯田柳林湖的户部侍郎蔣洞，堪稱敢於直言、"爲民請命"的封疆大吏。他們先後向朝廷奏請諸多關於屯田、减负、用兵、筑堡、设防及安置流民饥民就食、运送军马粮草的建议，大多得到皇帝和朝廷认可，对河西地区停止过度开发、保护生态环境，免除屯户借欠钱粮、减轻屯民负担，改革垦荒屯田、变官（兵）屯为民屯等方面发挥了积极的作用，为促进河西经济的持续发展做出了应有的贡献，是河西开发建设的有功之臣。

清代前期，河西屯田的主要目的是满足前綫军粮供给，减轻军粮转输负担。然而，由于受各种自然因素的影响，各地屯田受到了一定影响。由于河西许多区域山高水少，水资源缺乏，所以灌溉条件较差。乾隆元年（1736），由于乾旱，河西各地收成普遍受到影响。据甘肃布政使司徐杞奏："甘省山地十居八九，川地止及一二。川地有渠流泉水灌溉，雨泽即少犹可有收。至于山坡地畝全赖时雨，稍或愆期，即忧歉薄。而甘省雨泽又向来稀少，是以山川种植颇难尽获丰收。"河西地处于西北偏远区域，节气较晚，禾苗生发较迟而又降霜较早。同时，河西地区也是自然灾害频发地区，不仅有水旱风霜灾害，还有鼠虫灾害，加上很多土地肥力较低，所以收成并不很高。但总体而言，河西的屯田成效依然非常明显。雍正十年（1732），清政府正式在安西等地实行民屯。雍正十三年九月，甘肃巡抚刘于义奏称："数年以来，如肃州之九家窑，镇番之柳林湖，高台之三清湾、柔远堡诸处，屯垦地畝，收穫粮石，已有成效。将来，凉州地方，驻扎满兵，每年所需粮料、草束，资屯种粮石供支，是甘、凉、肃屯务，亟须经理得宜。"自乾隆五年（1740）兵屯改民屯以来，到乾隆八年，河西民屯"共增开屯地七千六百余畝，分归积粮六千六百余石。此屯田之成效也"。

河西屯田功不可没，但在具体的实施当中，必然会遇到不少实际问题。今天，我们可从民勤现存的三通碑文中瞭解其原委。

《甘肃巡抚元展成为昌宁湖地方乾旱请停试种事奏摺》，这是甘肃巡抚元展成于乾隆五年上给皇帝的奏摺。乾隆年间，凉州府永昌县属昌宁湖区（今属民勤县），屯田一千六百多畝，但因"地处边外，向无水利"等原因，致使粮食产量逐年下降，难以为继。为减少损失，地方官员决定"暂行试种"。之后，情况愈糟，"更兼雨泽缺少""迨乾隆元、二兩年，冬暖无雪，地实乾燥，难以试种。"经元展成"委员查勘确实"，又"复饬司委员，再加详勘，取结资报"，经过多次的查勘，昌宁湖地方确实属于"沙碱荒区，水乾土燥，实在难于播种"的边外之地，于是下决心奏请皇帝停止试种。在奏摺中，作者强调以上情况"并无捏饰，印结前来相应"，完全是"据实具奏。"最终，朝廷同意停止试种，停止过度开发，使生态得到有效保护。通过奏摺文词及所陈述事实，反映出一位封疆大吏重視調查研究，敢於負責的擔當精神。

元展成（？—1744），清直隸静海（今天津静海區）人。由貢生捐納知州，雍正間累擢貴州巡撫，因苗民起義奪職。乾隆年間起爲山西按察使，擢甘肅巡撫（1737—1741），期間，注重實際，關注民生。

《甘肅布政使徐杞爲請免柳林湖等地屯户借欠錢糧事奏摺》，這是甘肅布政使徐杞於乾隆七年上給皇帝的奏摺。作者對柳林湖等處屯民所欠國家錢糧的情況進行了如實的分析，先述這些地方"仰蒙皇恩，動撥帑金，開渠築埭，借給牛具，招户屯種，俾無業之民得承恒産，積荒之土，悉爲良田……開墾至今，屯民感激聖澤，盡力田疇"的顯著成就，然後繼續戴高帽子："此實國家養育邊氓，周恤靡遺，是以小民咸思報效聖上之功也。"但五年的優惠政策期限已到，"理應如數催徵，但此等屯户原系招徠窮民，素無積蓄。"於是提出了豁免的數條理由。爲達到目的，作者反復陳述屯民生活困難，"素無積蓄""收成亦減""別無生息糊口，尚屬維艱""邊地出産有限，得糧最難"，而且柳林湖屯糧在供應"駐涼滿兵"所需中發揮着重要作用；再説免除他們的借欠錢糧，也與先帝雍正帝"豁免之恩旨相符"。如此等等，懇請"仰體皇上，一視同仁"（持續雍正帝的恩旨），又以豁免後屯民將"愈加感激，益思報效"的情感，繼續打動皇帝開恩并"睿鑒施行"。從這篇奏摺中，體現出一位封建士大夫關心民生疾苦、"爲民請命"的情懷和敢於直言、敢於擔當的精神。從文詞而言，作者緊扣屯民的困難，找出諸多原因，善於以理服人，以情動人，以先皇（雍正）之恩開導打動乾隆，使人之情感層層昇華，最終達到免除柳林湖等地屯户借欠錢糧一事的目的。

徐杞，字集功，號静谷，浙江錢塘（今杭州市）人。户部尚書徐潮之子。康熙後期進士，授編修，歷官甘肅布政使、陝西巡撫、宗人府府丞等。期間，多有惠民善政。

《甘肅布政使吳紹詩爲請將柳林湖地方屯田升科事奏摺》，這是甘肅布政使吳紹詩於乾隆二十七年（1762）上給皇帝的奏摺。吳紹詩（1699—1776），字二南，山東海豐（今濱州市無棣縣）人。貢生。歷任知縣、知府、督糧道，甘肅按察使、布政使等，官至江西巡撫、禮部尚書等職。在任期間，關注民生，多次就爲民減租、緩徵歲賦、饑民就食、官田變民田上疏乾隆，多有准行。這份奏摺對鎮番柳林湖地方屯田逐年下降等收糧納糧情況進行客觀陳述，并比照相同條件的安西、瓜州屯田事例，提出切合實際的改官田爲民地及其徵糧方案，以使"農民各世其業""盡心耕蓐，加力培植，"這樣，"磽薄盡成膏腴，實於國計民生，均有裨益。"吳紹詩認爲，如果這樣，表面上可能要減少納糧數量，但如果將這些土地變官方屯田爲民營，就能極大地調動農民的積極性，也可以減少政府的費用。這些慷慨陳詞，表現出一位士大夫善於調查研究、關心民生疾苦的情懷和敢於擔當、認真負責的精神。這份"屯田升科以求久遠、以利民生"的奏摺，由乾隆批示後，最終交由陝甘總督楊應琚等議行。

綜上可見，河西屯田儘管受到多種不利因素的影響，但這些都是發展中的矛盾。由於當政官員的敢於擔當和善於化解矛盾，成效依然是非常明顯的，不僅有效地支持了西北邊防所需，減輕了軍糧轉輸的負擔，同時也促進了河西地區經濟的持續發展。

從民勤移民碑管窺民勤移民新疆情況

《甘肅鎮番縣民柴彪奏請移民碑》，這是烏魯木齊都統索諾穆策凌於乾隆四十三年（1778）轉呈乾隆皇帝的奏摺。大意是，甘肅鎮番縣民柴彪等人，移居新疆奇臺縣，因所處地方"連年被災，地畝瘠薄，度日艱難"，請求官府將其114戶875人，安置在"地土肥沃，水泉暢足"的烏魯木齊各縣。烏魯木齊都統索諾穆策凌認爲，此事前無先例，且"與辦理之例未符"，但又考慮到其"俱系鄉愚小民，不諳事例，迫於饑寒，遽即跋涉，遠來具呈，情殊可憫"的實際情況，表示將特事特辦，想趕在"秋冬天氣寒凍"之前辦理完畢，并提出了辦理的程序等項，以此咨明陝甘總督勒爾謹并"跪奏"朝廷。從這篇碑文內容可知，甘肅移民新疆從清朝中葉就已開始，當地政府及官員也比較負責，并能善解民意，特事特辦。這篇碑文對移民史研究具有一定的參考價值。

乾隆二十年（1755），清軍平定準噶爾，三年後完成統一，乾隆帝把這片土地命名爲"新疆"，意爲新闢疆土。二十七年，清政府在伊犁惠遠城（今霍城縣南）設立伊犁將軍，統治新疆全境。1884年，新疆建省，行政中心由伊犁東移到烏魯木齊。清王朝統一新疆，意義重大。之後，開始推行以兵屯和民屯爲主要內容的移民實邊措施，政府曾十多次有組織地將河西地區等內地居民向新疆烏魯木齊、昌吉、奇臺、瑪納斯等地移民屯田。根據現今的統計資料，新疆三代以上爲河西人者眾多，其中武威籍遺戶不下百萬。現以新疆瑪納斯爲例簡述新疆與甘肅的移民實邊基本情況。

乾隆三十四年，清政府在瑪納斯實行兵屯已八年，開墾土地兩萬數千畝。但因戍邊需要，瑪納斯屯田官兵350人調赴伊犁，所開7000餘畝兵屯地無人耕种，面临荒芜。招募民户的工作进展缓慢，只有考虑遣犯（在边地服刑的囚犯）"安插为民"来耕种。为此，陕甘总督明山等上奏："玛纳斯一屯地多人少，又系伊犁要冲，每年存贮粮石尚须供支过往官兵口粮，而该处土地宽广，水泉充足，遗剩地亩急拨补耕种……今若仅留兵二百名，究恐地界辽远，兵力稍单，不足以资防护，况垦熟地亩日就荒芜，诚为可惜……玛纳斯屯兵上年拨赴伊犁，该处地宽泉饶，现驻兵丁无几，空出地亩亦经开垦成熟。"三十六年，陕甘总督文绶赴新疆考察屯田，次年正月上奏乾隆："玛纳斯城南一带地肥水足，有地二万余亩；虎图壁城西北二十余里约计有可垦地六千余亩，可敷六百户耕种。"其实，玛纳斯兵屯的耕地经常因换防、调遣等因素而撂荒。几位重臣反映的都是玛纳斯"地肥水足"，"现驻兵丁无几"，"垦熟地亩日就荒芜"的问题。对玛纳斯这样的"要冲"之地，屯田"粮石尚须供支过往官兵口粮"。解决的方案大约有以下几种：

1. 调遣部队继续兵屯。乾隆三十六年，在玛纳斯增添了630名士兵屯田，三十七年调走758名，三十八年又增添820名，三十九年增添163名。至四十二年（1777），屯田士兵达1400人，种地达28200亩。

2. 迁移遣犯、厂徒等"安插为民"种地。从乾隆三十七年到四十一年，在玛纳斯兵屯种地的遣犯"期满"，逐年转入民籍的共有199户，按每户种地30亩，共计5970亩。到嘉庆九年（1804），仅玛纳斯塔西河塔所安插户民就达316户，种地9480亩。

3. 招募邻近省份贫民种地。招募邻近省份贫民以甘肃为主。乾隆四十一年五月，皇帝谕军机大臣等："甘肃地土瘠薄，民间生计本艰。屡经传谕该督等，以乌鲁木齐等处，沃野不啻千里，闲旷未辟者甚多。若贫民前往垦种赡养，较在内地穷苦度日利且数倍。因令地方官劝民自往耕作糊口。"

乾隆四十二年八月，乌鲁木齐都统索诺穆策凌为复甘肃被灾贫民移往新疆屯垦事宜上奏乾隆帝："甘省被灾贫民与其频年周赈，不如送往乌鲁木齐安插。当经奴才查得，乌鲁木齐至巴里坤一带，所属镇西、迪化各州县并吉木萨、玛纳斯、库尔喀喇乌苏各处，地亩颇为宽广……户民若能多多移驻，将来纳粮既多，即可酌量渐次抽撤屯兵，俾边疆营伍得以常川，专事操演，所遗屯地又可安插民户。如此办理，将来日益繁盛，诚一劳永逸之盛举，万古未睹之鸿图。"次年闰六月，他因镇番县民柴彪奏请移民一事，在转呈乾隆皇帝的奏折中又言："窃查乌鲁木齐所属镇西府迪化州并各县，地土肥沃，水泉畅足。内地无业贫民仰蒙皇上鸿慈，赏给盘缠口粮，资送到屯，复给房间地亩、农具马匹、口粮籽種，俾得安居耕種。歷年以來，俱獲豐收，咸有蓋藏。此等貧民一經移駐新疆，俱得飽食暖衣，安居樂業，此實聖主普濟深恩。因此，內地貧民節年搬眷前來者，已有一萬一千八百五十四戶。"（《甘肅鎮番縣民柴彪奏請移民碑》）因他的建議符合當時的實際，陸續爲乾隆帝所采納。

鼓勵新疆民屯的政策是乾隆二十七年制定并推行的，其中也包含了土地權屬及賦稅等制度性規定。《烏魯木齊政略》記載："乾隆二十七年，陝甘總督楊應琚奏准：烏魯木齊地廣水足，請招募內地無業窮民，官爲咨送，前往開墾。經辦事大臣奏准：每戶撥給地三十畝，力能多種者亦聽民便，賞給農具一副，籽種小麥八斗、粟穀一斗、青稞三斗外，借給建房銀二兩，馬一匹作價銀八兩，俟伊等生計充裕之後完交，所墾之田照水田之例六年升科，每畝納細糧八升。又經辦事大臣奏准：各處商民及兵丁子弟親屬准於本處認戶，其眷口在內地者，一體官爲咨送。"（以上部分資料參考何漢民網文《清代瑪納斯民屯考述》）。

歷史上的民勤移民，經歷了大量遷入和遷出兩個階段。遷入是國家主導，遷出則情況各異。民勤人口自清朝中葉開始外流新疆等地，形成了移民的第一次高潮。走西口的民勤人，長途跋涉，在陌生的土地上留守駐扎，開闢新的家園，挑戰生存極限，他們勤勞勇敢，不畏艱難，敢於闖蕩天下的精神一直爲子孫後代所發揚光大。

民勤開發史上影響水利公平公正的兩大鐵案

傳統農業社會，水就是命根子，水就是一切的依據。對於地少沙多，乾旱缺水的河西地區，乃至整個西北旱區，上下游爲爭水而鬧出人命案子的不在少數，訴訟到各級政府的更是司空見慣。河西地區的農田灌溉事業淵源較早。漢代在各地設田官，管理屯田和水事；唐代在各渠設渠長，直接管理水利事業；明代屯墾時，水利有屯田專員監管。清朝早期，水利由知縣襄理，鄉村按渠設有專管水利事務的"水利佬人"，或稱"水佬""龍官""水董"等，與農官并爲地方佐治官吏。自明清大規模移民屯墾之後，各地相繼出現了用水管理的章法和符合實際的工程措施。

石羊河流域下游的民勤，自明代大規模開發以來，水利灌溉逐步納入政府管理。雍正三年（1725），鎮番首任知縣杜振宜始定鎮番用水章程；乾隆十四年（1749），知縣江鯤根據杜振宜的章程，因時勢之變動而改訂爲《屯壩水規》。乾隆五十一年，知縣文楠在前任基礎上，得出"按糧均水，乃不易成規"的正確判斷，制定出一套新的水規方案《各壩水利》，於乾隆五十八年六月爲"以垂久遠"而勒石爲碑，在鎮番廣爲施行——這就是我們今天看到的《各壩水利碑》。由於該方案對鎮番水利影響深遠，後世稱之爲"文公定案"。光緒年間，在處理水事糾紛案件中產生的"鐵道判案"，解決了許多水利積案，對調解水利矛盾產生了積極而廣泛的影響。"文公定案"和"鐵道判案"是特定歷史條件下的產物，散發着理性的光芒，影響着民勤水利的公平公正，受到後世的普遍贊同。

文楠，四川涪州（今重慶涪陵）人。進士出身，歷任甘肅鎮番、廣東陸豐知縣。他兩任鎮番知縣，期間，基於"要得民富，先興水利"，"察民所重，首在水利"的認識，把大力發展水利事業作爲頭等大事抓在手上。他針對水利問題頻發，水事訴訟繁複的情況，爲謀圖長遠，經過數年的調查勘察和醞釀研究，制定出符合當地實際的水規水法《各壩水利》（1793），刻碑立於縣政府院內，使"各壩士民俱皆悦服"，對"永遠遵守澆灌，以息訟端"起到了十分顯著的效果。這套水規方案的核心是將河水分爲六牌分澆次序，以牌定時，以時分水；以糧均水，以地調劑。具體內容是：自清明節次日起，至小雪節止，爲川水時期；自小雪節次日起，至清明節止，爲湖水時期。川水共分六牌灌溉：第一牌春水，自清明次日子時起，至立夏前四日卯時止，共水二十六晝夜；第二小紅牌夏水，自立夏前四日辰時起至小滿第八日卯時止，共水二十七晝夜；第三大紅牌夏水二牌，自小滿節八日辰時起至立秋前四日丑時止，每牌三十五晝夜五時；第四牌秋水自立秋第四日寅時起至白露前一日午時止，共水二十六晝夜五時；第五牌秋水，自白露前一日未時起至寒露丑時止，共水三十九晝夜三時；第六牌冬水，自寒露後九日巳時起至立冬後五日亥時止，共水二十六晝夜七時。同時規定了各壩的具體次序和水額，水額時刻之計算及分配方法主要是看點計時、照糧分水、記畝均水，具體方法依各渠水利細則分別按照習慣之規定進行；還考慮到其他一些因素："於按糧均水之中，量風沙輕重，水途遠近，通融調劑，以杜爭端"；"於按糧均水之中酌爲調劑。"要求各壩"均各遵例分澆，不得紊亂。"文公定案，六牌分水澆灌有章。此方案付諸實施，遂被遵爲定制。文楠對民勤水利、農業貢獻頗卓，還在蔡旗堡、柳林湖設立義學，積極發展教育事業。2011年7月，刻《文公定案碑記》嵌於"治水人物"石雕基座上，立於民勤縣生態園，以此紀念這位民勤歷史上公認的"好官"。

《鐵道判武威九墩溝民與鎮番農民控爭石羊河水利案碑》，簡稱"鐵道判案（碑）"，與"文公定案（碑）"齊名。案判結於清光緒六年（1880）。《鐵道判洪水河案碑》，是"鐵道判案（碑）"的重要組成部分，案判結於光緒七年八月。

兩篇碑文從不同角度詳細記載了石羊河水系的來源、武威沿河附近村莊和鎮番的距離、水源關係、明清時期對此水利的判決書分、時任官員的處理方式和判案、武威縣和鎮番縣志對此的記錄等。面對兩地農民爲爭控水利而發生的糾紛，時任甘凉道鐵珊，實地勘察，尊重事實，既結合舊判，又不泥古，因地制宜，因時制宜，使雙方各無虧損，均無异議，并將所判結果制文、繪圖、立碑，使雙方和後來者有據可依、有法可依。判决脉絡清晰，條分縷析，入情入理，不偏不倚，運用法理有據，處理方式得當，尊法而不泥法，同情而不徇情，有效地處理了武威、永昌、鎮番之間的幾起水事糾紛，體現出他嚴謹有序、實事求是，判决公允、法理相融的判案風格，既平息了長達數百年的水利糾紛，又切實解决了兩地農民的用水問題。兩起水利糾紛案，證據確鑿，法理相融，成爲之後政府判案及調解水利矛盾的依據，甘肅水利史上著名的"鐵案"。兩篇碑文載於武威及凉州、永昌、民勤的許多水利文獻中，直到今天仍具影響力。鐵珊生平事迹見《武威碑刻中的清官良吏形象》一文。

　　河西走廊曾經是歷朝歷代重要的農牧業生産基地，土地肥沃，物産豐富。近代以來，隨着自然環境的變遷，加之社會因素的影響，水利問題逐漸成爲鄉村社會的重要問題。由於水利糾紛頻發，國家政權、地方勢力、普通民衆在水利社會中發揮着不同的作用，形成了各種各樣的糾紛解决機制。其間，各種力量相互聯合、鬥爭、影響，呈現出複雜的互動關係，并由此而形成與水利相關的社會權利關係，他們之間的干預和調整、博弈和制衡，造成了近代河西鄉村社會的重構。新中國成立以來，人民政權的主導、現代司法制度的介入、新型水利技術的運用和現代水庫及新型水利設施的修建等諸多因素，在現代水事管理中的影響和作用無比强大，國家政權、地方勢力、普通民衆等各種利益關係，在以水利爲中心的鄉村事務中有傳承和演變、合作和博弈、制衡和重構，最終使水事管理走上了現代化之路。1960年，《張掖專區一九六〇年灌溉用水示範規章》（即石羊河流域配水方案）發布；1963年，武威專員公署《關於解决武威民勤永昌三縣用水問題的報告》（簡稱"三縣用水决定"）産生，1964年經甘肅省人委（政府）批准執行；以及武威市、省水利廳有關"三縣分水方案"的决議等，對徹底解决區域水事矛盾創造了條件。2006年2月25日，甘肅省政府在凉州區舉行石羊河流域重點治理暨應急項目啓動大會；2007年12月7日，《石羊河流域重點治理規劃》正式施行。從此，石羊河流域重點治理項目全面實施，根據規劃要求，凉州區須每年完成向民勤縣的調水任務，標志着民勤水利進入了一個新時代。

清代古浪教育發展史上的兩件大事

清代古浪教育發展中有兩件大事值得大書特書，一件是創建龍山書院，一件是創設興文社。

創建龍山書院。古浪"地近西戎，俗尚武健，讀書之士，咸欲建興而未果。"嘉慶二十一年（丙子，1816），陳佳瑛任古浪知縣。他任職後，帶頭倡捐，"捐廉二百金"，闔縣士民積極捐款，在城西創辦了古浪歷史上第一所書院。因院址"遠望天梯、筆架諸山，隱然環列；近則崗巒起伏，如龍逶迤"，故名"龍山書院"。之後，因經費緊張，"束修膏火之需，獨未籌及，無不遺憾"。次年（丁丑），在廣文王公的號召下，"士民咸踴躍捐輸，集有成數"，并將捐款"當商生息，爲膏火束修等項之資。"通過這些措施，解決了辦院經費，書院得以"行之永久"，爲今後古浪"人文蔚起，科第聯翩"創造了條件。龍山書院之後，又陸續建起振育書院和瑞泉書院。刻於清嘉慶二十五年的《創設古浪龍山書院碑記》，簡述了知縣陳佳瑛帶頭倡捐、邑人積極捐資創建龍山書院的緣起，突出了師資和資金管理使用情況。碑陰詳列書院山長、監院、經理等管理人員的薪酬和生童學費補助、雜項支出等，使經費支出在陽光下運行，以便於社會監督。

陳佳瑛，字雪廬，湖南新寧縣人，拔貢出身。任職期間，因帶頭倡捐創辦龍山書院和其他惠政，深得古浪士民擁戴。

創建興文社。創建書院，解決了古浪學子上學的問題。爲使古浪"人文蔚起，科甲聯翩"，還要解決學子考學、升學的問題。因此，興文社應運而生。刻於道光元年（1821）的《興文社碑記》記載，"古邑地瘠民貧"，每逢鄉試、會試，總有士子因費用無着而放棄應試。古浪興文社，就是爲本邑士子籌措赴省上京考試費用而舉辦的民間機構。最初由古浪名士，曾任湖南長沙、清泉等縣知縣的樊于禮，"於嘉慶十六年捐銀四百兩整，置地出租，爲鄉會試之需"而設立。道光初年，時任古浪知縣李焜"尤加意栽培"學校。他"勸諭闔邑士民，共捐製錢一千八百五十文，發給當商生息，爲書院束修膏火之費。""又軫念士之寒竣者，有志撥科，而囊底羞澀，猶不能以無憾。於是集闔邑紳耆，設立興文社。"爲使捐款運營生息，"耆等覓得負郭水地二處，需價若干，以請於（李）公。"李焜"慨然捐廉一千金，促使成之。"自興文社設立以來，古邑人士"一時聞風慕義者，遂勃然而起"，許多縉紳士庶"各捐資不等，皆將置地以爲興文社助。"他們的輸財捐資，加上社内租糧、增置田地等收入，保證了"鄉會兩試資斧有餘，而萬里雲程不至窘步而返。"興文社切實給古浪士子帶來了許多實惠，為鄉、會試士子提供了足夠的資金支持。由於縣令、縉紳帶頭資助，合邑上下積極回應，籌銀客觀。為使這批資金發揮可持續作用，推舉"品行端方、家道殷實齋長四人"管理，并通過置地出租、社內租糧等方式增加收入。由於有一批有識之士，同心協力，善作善成，為古浪教育事業的發展作出了有益的探索和積極的貢獻。碑文簡述古浪興文社發起、捐納、運營、管理等事宜，突出了知縣李焜的作用和惠政，在今天仍然不失借鑒作用。

李焜，四川墊江人。舉人。曾兩任古浪知縣五年餘。期間，立教勸農，頗多善政，"省徭役、寬征催、捐粥場、散防花，種種善績，固無日不以民生為念。"正因為他"以民生為念"，所以，贏得了古浪紳民的衷心感戴。

從武威教育類碑刻探析清代的送學禮及其助學義舉

清朝建立後，沿襲明制，陝甘為一省。康熙初年，陝甘分省，省會遷至蘭州。光緒以前，陝甘分省已兩百多年，但陝甘仍然合闈（試院合二為一），兩省士子均在西安的陝西舉院參加鄉試。光緒元年（1875），兩省實現分闈。當時的甘肅省轄今甘肅、寧夏全部，青海河湟地區和新疆東部地區，地廣人稀，交通不便，士子前去西安應試路途遙遠，困難重重，花費巨大，難以承受。離西安最近的隴東士子要走八九百里，蘭州士子要走一千多里，河湟士子要走三四千里，新疆士子要走五六千里。參加一次鄉試，來回少則一兩個月，多則三四個月，許多士子要提前半年出發做準備。所需費用更是驚人，少則數十兩、多則數百兩銀子。交通和經濟的制約，使甘肅有能力參加鄉試的士子，少之又少，絕大多數士子皓首窮經，因無法參加鄉試而飲恨終身。為解決這些問題，時任陝甘總督左宗棠，向朝廷上書要求陝甘分闈。同時，甘肅士紳也聯名上書，以解決參加考試難的問題。

位於蘭州西關什字的蘭大二院內，有兩座百年古建築，這就是清朝的甘肅舉院。甘肅舉院也稱甘肅貢院，是清末全國17座省級貢院中最後建立的，也是中國最西部的一座舉院。顧名思義，舉院就是生員、貢生、監生、蔭生等參加鄉試，考取舉人的場所，各省鄉試都在省城舉院舉行。甘肅舉院建立之前，有3000人在西安參加陝甘鄉試，而甘肅（包括甘寧青新）學子僅600人；光緒元年秋天，在甘肅舉院舉行陝甘分闈後的首次甘肅鄉試，有近3000人參加，左宗棠以監臨身份入闈監察考試。陝甘合闈時共取62名舉人，絕大多數是得天時、地利之便的陝西士子。分闈後，左宗棠奏請甘肅取40名，朝廷只批准30名；

光緒二年追加10名。自此每科鄉試，甘肅可考取40名舉人。陝甘分闈與甘肅舉院的建成，是清代甘肅文化教育史上的重要事件，結束了科舉制度建立一千多年以來河隴子弟赴外省趕考的歷史，爲甘肅文化教育事業的發展創造了條件。

一、清代送學禮的基本內容

送學禮是清代地方官爲官學新生舉行的入學典禮，它所體現的是尊師重道、愛生崇禮的價值觀。清代學校以府（州）、縣爲基本單位，各建一所學校，稱爲"儒學"。在本省學政主持的每三年一次的歲試和科試中，各儒學可以按既定名額，招收新生。在新生入學時，往往會舉行送學禮。乾隆《洛陽縣志·禮樂志》較爲詳細地記載了送學禮的基本程序："每學政歲科試新生紅案到學之後，知縣曉示各生送學日期。至期，各生詣縣署，集寅賓館。知縣公服升堂，各生由東角門進至檐下，行庭參禮……畢，各生面北三揖。具鼓樂，由中門出。知縣親送至文廟殿階下，率行三跪九叩頭禮。畢，詣明倫堂，知縣、教官行交拜禮。諸生拜師，兩拜；謝知縣，兩拜。入座，行酒數巡，肅揖而退。"乾隆《五涼全志·平番縣志·建置志》詳細記載了舉行送學禮時必備的祭器、樂器、舞器、書籍，而且涼州府五縣俱同。

清代送學禮有三個共有的核心環節：地方長官發帖邀集新生，爲其簪挂花紅；地方官率領新生到孔廟大成殿，向孔子聖像行三跪九叩之禮；地方官率領新生到儒學明倫堂，向教官行謁師禮。中國自古是禮儀之邦，學禮是各類學校教化學子的重要途徑。清代各地的儒學主要有釋奠（或爲釋菜，古代生童入學時祭祀先聖先師的一種典禮）、朔望行香、鄉飲酒禮和射禮四種學禮，在京城國子監則有皇帝視學、臨雍講學和新進士釋褐等禮儀。武威現存的教育類碑刻中的許多記載很好的詮釋了以上內容。

立於康熙五十一年（1712）的《大方伯整飭分守涼莊道恩憲何大宗師優崇學校設立鄉會路費垂遠戴德碑記》，有不少送學禮內容：涼莊道何廷圭"大宗師旌節抵涼，視學之初，即以奮興科名，作養庠士，拔識儒童……而且尊先師，崇祀典，朔望謁廟，補設丁祭太牢，牲必親省，缺典漸次修舉，而俎豆維新矣。"嘉慶年間的《文昌宮敬惜字紙會碑記》載："謹考文昌宮之始建，越今三□餘年，仲春將享，義取入學釋菜之期，先時牲用特儀，尚未備，至乾隆壬申歲，厘舊祭田，租有常額，由是奉牲奉盛奉酒醴，豐潔與大成殿相配。"在這裏，地方官員視學（到儒學考察、向教官行謁師禮、勉勵生員等）、朔望謁廟（拜孔子聖像）、丁祭太牢（祭祀孔子的典禮）、入學釋菜（古代的一種尊師禮儀）等都是送學禮的內容。《重修文廟碑記》中，地方官武廷適"下車日，恭謁聖廟。"

《涼莊道憲武廷適創建書院碑》中，武廷適"下車視廟，即以鼓勵人文爲諄諄。"《甘肅涼州府聖廟碑銘》：涼州知府英啓"予再莅斯土，每逢春秋仲丁，率諸生肅恭行禮，具言朝廷嘉惠海内士，重道尊師……"古浪縣令徐思靖"嘗於課桑視稼之餘，單車簡從，進弟子而導之，示以禮讓，諏以課程。"（《增建義學記》）等等，都是在強調送學禮的內容。

送學禮中還有射禮、入泮等。《重修涼州衛儒學記》中"惟射圃舊混草場之中，遂爲草場所有。乃命所司移草場於南，置射圃於北，築垣堵爲界"的記載，就是爲四種學禮之一的"射禮"創造條件。"射"乃中國古代六藝之一，古代重武習射，常舉行射禮。射禮藴涵着華夏特有的人文體育精神，有助於國民國防觀念的塑造，有助於國民開放、勇敢、大氣的氣質與性格的形成，成爲中華禮儀文化的重要形式之一。

所謂"入泮"，指新生入學儀式。在古代，凡是新入學的生員，都需進行稱爲"入泮"的入學儀式。《禮記·王制》記載："學童首先換上學服，拜筆、入泮池、跨壁橋，然後上大成殿，拜孔子，行入學禮。"因此，泮池就成爲文廟的重要組成部分。《泮池水利碑記》："五涼爲人才藪，建修文廟，即立泮池。"《甘肅涼州府聖廟碑銘》："顧廟與學相表裏，有宮有墻，有室有序，有圓橋，有泮林，有射堂射圃。凡習禮讀書，學於教舞，與夫養老合樂，講經獻捷，皆得有事於其中。"

此外，有些府縣還有別具特色的送學禮設計，如在文昌宮或泮池橋前爲新生簪挂花紅，希望新生借此追懷先賢，志存高遠，成就偉業；少數地方還有演劇和酒宴環節，在新生向教官行禮之後，官師、新生共同入席宴飲、觀劇等。

二、主要助學內容和方式

送學禮名爲"送學"，實際上它是地方官員爲發展教育、發揮教化作用而舉行的一種禮儀，必然涉及到一個經費問題。清代教官不像地方官有養廉銀待遇，每年俸禄不到50兩銀子，生活極爲貧困。因此，新生在入學之前需向學師繳納束脩等費用。據乾隆《武威縣志·地理志》載：涼州府學教授歲俸45兩，訓導40兩，門斗（僕役）18兩；武威縣學教諭歲俸40兩，門斗18兩。爲了紓解學師收入微薄的困窘，減少新生入學壓力，各地士紳紛紛捐資捐産，建立公益基金組織，公舉管理首事，議定管理章程，代新生向學師繳納印卷、束脩費，其中較具代表性的有興文社、字紙會、學田（祭田）、廟産收入等，并通過購置田産出租、修建房屋出租、將捐資等收入交商營運生息等多種方式增加收入，每年可收銀數千兩。許多府縣官員、駐軍首領帶頭捐資，并倡導鄉紳、大戶捐資，設置學田等增加收入。武威碑刻中所表現出的助學內容和方式主要有下列幾種。

1. 鄉紳助學。《乾隆二十五年碑記》載，士庶張覲光偕子三子，將地價銀160兩捐贈文昌宮，用於置辦產業及祭祀之用。張氏既是有產階層，也是書香門第，其子張朝相爲國子監學生，張朝聘爲生員，張朝會爲業儒（正在謀取功名的學童）。張氏助銀，實爲助學，也有祈求文昌帝君保佑其子孫飛黃騰達之意。

《大清張公碑記》載，張公先世爲武威望族，先太公静翁念及鄉人冥頑愚昧，教導鄉人除在鄉間耕作并自食其力外，還要讀書明理。張公兄弟四人繼承先太公遺志，帶頭施義塾學舍、田地，"共價銀貳百兩整"，惠及地方教育事業發展。嘉慶年間，"武邑紳士陳琨、楊增思等，復念興文社甚裨士子……得銀共計三千兩……以廣歐陽之法"（《武威廣興文社碑記》）。在清代、民國持續不斷的助學義舉中，地方紳衿、名士發揮了重要作用，涌現出孫詔、楊增思、劉述武、賈壇、唐發科等一大批助學模範，其在捐資助學中的示範效應影響深遠。

2. 生員助學。生員助學實際上也是鄉紳助學的另一種表現形式，不過民間成分更爲突出，包含着生員家庭、家族和士庶這一龐大的社會群體。乾隆年間，國學生宣升彪一家，"義施雜木渠暖泉壩自置田地捌石，價銀肆百三拾伍兩……以備帝君聖誕之費，餘作香燈資"（《文昌宮補修彩繪碑記》）。嘉慶年間，"幸有生員汪雨霖、鄉耆党作霖，於嘉慶四年，將公典金渠小二溝孟姓四地二石一斗，捐入會中；生員劉培榮於嘉慶九年，又將所典永渠石碑溝張姓田地五石七斗，接踵捐輸……會議生息，久遠爲采拾字紙之貲"（《文昌宮敬惜字紙會碑記》）。監生張漢輔，捐房二間，地三石五斗，爲張義堡義學膏火（乾隆《武威縣志·人物志》）。道光年間，"武威縣儒學生員李如林，將典質金渠……田地二石，用製錢二佰千文……於道光冬季捐入學校以作祭田。殊貪寺僧月峰姓劉，將典質黃渠……田地四石五斗，用製錢一佰四十千文……於道光十二年春季捐入學校以作祭田"（《蒼夫子神座祭田記》）。

3. 官員助學。康熙初年，鎮番名士孟良允等"闔邑紳衿，各助俸捐資"（《重修學宮記》）。乾隆中葉，武威知縣黎公"慨捐米俸七百餘金"，并曉諭縉紳士庶捐資助學。這種"創典祭田"模式，將"爲武威丕振文風"產生深遠影響，武威學界共同立碑，彰顯其爲教育文化持續發展所做出的貢獻（《魁星閣創典祭田題名記》）。乾隆年間，鎮番知縣王賜均倡建蘇山書院，募捐二千金，除建設費用外，以助生童膏火之需（《建置書院碑記》）；古浪縣令徐思靖"捐俸資、聘賢士，於土門建學，於大靖建學，於安遠、黑松建學"（《增建義學記》）。嘉慶年間，鎮番學宮"以釋菜視禮之地，竟爲沙磧蔓草之場……爰商同邑宰，會集閭學，公議重修。衆皆踴躍樂輸，共襄厥事"（《重修學宮記》）。

自明代正統年間徐晞等創建武威文廟以來，涼州府（衛、道）、武威縣官員及駐軍首領徐廷章、何廷圭、蘇銑、武廷適、何德新、張之浚、范仕佳、傅顯、阿炳安、乜承聖、鄭松齡、歐陽永裿、劉大懿、李如璔、章攀桂、英啓等都有捐資修繕文廟、資助生員學費的碑刻記錄。在官員助學的同時，一些官員的後代子孫也加入其中。康熙末年，武威名宦之後王隆照、范嘉年，主動捐資維修文廟名宦祠，同時，買田建房，將租金收入用於名宦祠的祭祀和資助貧困學子的燈火之費，"捐奉增田，積少成多，更可助寒儒燈火之費。以祭田之餘爲學田，使涼州從此有學田"（《始置名宦祠祭田碑記》）。

4. 學産助學。祭田（學田）是文廟的組成部分，是學産的主要來源。立於乾隆十六年（1751）的《重修文廟祭田碑記》，比較詳細地叙述了文廟祭田的基本情況及其創立、沿革、管理、收益、祭祀等。另有名宦之後王隆照、范嘉年捐入的學田。除以上外，還有其他學産。這些學産，形成比較可觀的收入，加之管理者的善於運營和其他收入，基本上保證了正常的助學活動。

《城隍廟甬道學産執照碑記》載，涼州離省城西安、京城較遠，不菲的考試費用，成爲士子們功名路上的攔路虎。入清以來，涼州歷任官員在創辦書院、建立學校、增加生員及解決士子考試資費方面做了許多努力。乾隆年間，歐陽永裿任武威縣令和涼州知府期間，爲解決鄉、會兩級考生的費用，倡議并首先捐資擴大城隍廟周圍地界，修建費用由闔城士紳及鄉民捐助，所建鋪面租金收入用於生員的考試費用，此項惠政大得人心。當時的涼莊道、涼州知府和武威縣兩任知縣都發給印照，作爲時任官員的德政惠政，既强化了捐資助學的社會效應，也具有法律保護和道德示範的雙重作用；既鞭策官員，也警示世人。

《灣泉湖水租增入書院碑》記載了乾隆三年，爲解決成章書院的經費問題，涼莊道阿炳安與涼州知府乜承聖，决定將城東北隅"久成曠地"的灣泉湖（今涼州區中壩鎮境内）一片土地，通過引水澆灌改造爲良田，"增入書院"，將每年地塊的糧租收入，加上道署府署每年的捐俸銀兩，作爲保證書院運轉的經費，反映出地方官員"育人才，儲國器"及振興文教事業的遠見卓識。

《城隍廟宫隙地及鋪面入租佐鄉會試碑記》載，乾隆九年（1744），武威縣令歐陽永裿念及貧寒學子參加鄉試、會試路費無着，將城隍廟空地修成鋪面數十間出租，以租金收入作爲士子參加考試的路費。歷經半個多世紀之後，管理此事的諸位同仁謹遵歐陽公教誨，嚴格租金收益用途，發揮了很好的助學作用。嘉慶十七年，學校和經理人共同商定：繼續保證士子鄉、會兩試費用；結餘部分用於祭祀之用；將劉陛榮經營字紙會田租三年所得收入"大錢三拾陸千文，以作鄉試卷價。"同時，將商定內容由官員、鄉紳、儒學生員和管理人員等96人簽名，武威學界共同立碑見證。所列人員中有不少是涼州乃至隴上知名人士，如張澍、郭楷、潘挹奎、張兆亨（衡）、牛鑒等，他們對此的感激應當說是發自內心并銘刻於心的。

《建置書院碑記》載，乾隆四十八年，鎮番創建蘇山書院，知縣王賜均募捐二千金，"而邑人亦踴躍樂輸，其捐製錢二千串零五十千文，交商營運，每月一分五厘行息，月朔呈交。并設義田四處，得租麥九十六石五斗。"

5.基金助學。地方縉紳慷慨解囊，籌設公益基金，議定垂久章程，試圖盡其所能，解決士子赴省上京考試費用。據嘉慶年間的《武威興文社當商營運生息碑記》《武威廣興文社碑記》記載，武威興文社，是爲本邑士子籌措赴省上京考試費用而舉辦的民間機構，最初由武威知縣（後任涼州知府）歐陽永裿於乾隆五年（1740）倡導設立。後"武邑紳士陳琨、楊增思等，復念興文社甚裨士子……得銀共計三千兩……以廣歐陽之法。"自設立以來，武邑人士，輸財捐資，加上城隍廟房租收入，切實給武威士子帶來了許多實惠，但後來一度停運。"武威文風甲於秦隴，而寒士居多。"每逢鄉試、會試，總有士子因費用無着落而放棄應試。時任甘涼兵備道容海與天梯書院主講張玉溪（美如）、紳士楊增思等商議後恢復了興文社，專門爲鄉、會試士子提供資金支持。由於他們的帶頭資助，合邑上下積極回應，籌銀三千兩，推舉社長管理。爲使這批資金發揮可持續作用，經興文社成員合議，將本息3822兩銀子平均分配給信譽好的商號273家運轉生息。興文社通過這種資本運營的方式增加收入，又將收入部分發給參加鄉、會試的士子，作爲他們參加應試的費用保障。之後，知府劉大懿任職涼州期間，瞭解到租費及本郡士紳捐資早已入不敷出，於是動員督促城鄉紳衿士庶捐資助學，共得銀三千兩，推舉當地紳商輪流經營生息。此事初創不易，堅守更難；利之所存，必有弊患。爲使歐陽公等有識之士振興武威教育的理想發揚光大，使這一善舉延續經遠而不半途而廢，特此勒石銘記，勉勵後輩。碑文簡述了武威文風之盛、士子奮志功名的情形，筆鋒一轉，"而風塵困頓者，殆不少矣。"於是一批有識之士，同心協力，善作善成，爲武威教育文化事業的可持續發展作出了有益的探索和積極的貢獻。兩篇碑文立意高遠，情真意切，立諸當代，期冀未來，讀之，令人敬仰，令人感佩，在今天仍然不失借鑒作用。

以上助學的內容和方式，其實也是助學收入的內容。各項收入的主要用途主要有三種。第一是祭祀，即敬神、求神和祭拜祖先、神靈等。儒教的祭祀對象分爲天神、人、鬼和地祇，文廟的祭祀對象還包括先賢、名宦、節義、忠孝等。祭祀是華夏禮典的一部分，是儒家禮儀中的主要內容，其禮節、祭品、祭器都有一定的規範。"禮有五經，莫重於祭"（《禮記·祭統》），是以事神致福。第二是助學，包括生員學費、生活費補助，參加鄉試、會試路費補助，孤貧學童補助等。這是真正意義上的助學舉措，解決了一大批學子在求學、赴考路上的困難，是清代武威"人文蔚起"的物質保證。第三是維修學宮（大型的重建、修繕工程除外）。立於道光二十五年（1845）的《蓮花山文昌閣重修碑記》，記載了閤學紳士撥付興文社公項銀用以重修"頹廢日久"的蓮花山文昌閣事宜，同時突出了邑人李本枝等捐銀、典地、納糧爲蓮花山文昌閣貢獻祭祀、看廟之費的善舉，這對人們瞭解學產收入與支出事項有了一個基本的頭緒。

三、清代送學禮在當代的價值

科舉公益基金的勃興，是清代科舉社會異於此前歷代社會的重要特徵，也是中國教育公益文化發展的重要階段。科舉公益基金，有些職能較爲單一，專爲新生入學階段的考費、規費而設；有些則職能較爲齊備，除資助學童相關費用外，還全面資助生員鄉試、舉人會試或優貢、拔貢朝考等一切與科舉考試有關的費用。興文社等科舉公益基金組織的出現，在一定程度上緩解了新生入學和考生赴考的壓力，提升了清代教育與考試起點的公平性。

時至今日，清代的送學禮早已不存，縉紳士庶自發興起且面廣量大的捐資助學也已罕見，但它對於今天的教育發展仍然具有積極的意義。首先，它是中國古代禮重人才傳統的集中體現。新生在正式入學之前只是一介白丁，在送學禮過程中，他們被官員以禮相待，實現了由平民向紳士的轉變，正式踏上了科舉入仕的青雲之路，向全社會傳遞着尊重知識、禮重人才的信息，從而提高了文化和文化人的社會地位。其次，是中國古代尊師重道傳統的集中體現。在送學禮中，儒學教師被置於重要地位。一方面，教官具有與地方官對等的社會地位；另一方面，新生父母親自帶領生童入學，要與生童一起拜謁教官，通過這一制度安排而形成禮儀養成。尊敬師長，在任何時代都是最基本的禮節，但必須要有儀式感去體現和體驗。英國人類學家維克多·特納認爲，儀式能夠在最深的層次揭示一個群體的價值，表達他們最爲之感動的東西（《文史知識》2017.11期）。再次，是中國古代公益精神與公益傳統的發揚光大。爲了教官的師道尊嚴和新生的青雲夢想，地方縉紳士庶慷慨解囊，籌設公益基金，議定垂久章程，試圖維護社會公平，這種代表中國公益精神的民族傳統應該得到尊重與褒揚，理應成爲當代中國公益文化自信的固有基因。

十、民風鄉俗

康熙皇帝訓飭士子文碑的重要價值

清朝爲培養一支合格的治理國家的官僚隊伍，采取了一系列積極的措施。《訓飭士子文》就是清代康熙帝訓飭太學生和地方府州縣學生員的文告，是帝王培養人才的號令，且具有法律效力。康熙四十一年（1702），特製《訓飭士子文》頒發禮部，令禮部刻於石碑，立於太學，并頒行各直省。太學即國子監，是中國古代隋朝以後的中央官學，爲中國古代教育體系中的最高學府。清朝統治者對國子監的重視使得它的地位有了前所未有的提高，正規而嚴格，系統而完備。據《清史稿·聖祖本紀》記載："康熙四十一年，上制《訓飭士子文》頒發直省，勒石學宮。"《聖祖實錄》予以全文記載。各地爲貫徹聖訓，紛紛刻碑欲立於縣學中。但《訓飭士子文》頒布後又諭禮部："若令各府州縣學宮一體勒石，恐有不產石州縣地方，或致藉端擾派。應俟國子監勒石，以拓本匯頒各省，轉發所屬學宮一體遵行。"可謂考慮周到，避免了一場勞民傷財的形式主義運動。今存武威文廟的《清聖祖御制訓飭士子文》碑，立於康熙四十一年（1702）正月，就是在這種形勢下依據國子監石碑拓片刻制的。但康熙已有上諭，不准地方再刻石立碑。武威雖地處邊陲，但貫徹得雷厲風行，加上文廟與縣學又在一起，此碑刻制後，可能就直接立於文廟。據悉，該碑文在全國少有發現，另外幾通分別發現於北京國子監、山西平遥文廟、山東梁山水滸碑林等地，刻制時間稍有不同。各地發現的這通碑文，雖然都是根據國子監太學石碑拓片刻制的，但仍具有原碑的原貌風格，從刻制到書法、從歷史到藝術都有一定的文物價植。同時，碑文內容對研究清朝的教育制度具有一定價值。

碑文指出，"國家建立學校，原以興行教化，作育人材，典至渥也。"國家建立學校的目的，就是教化民衆和爲國家培養人才。而從來學者，必須先立品行，先修身養性。"士子出身之始，尤貴以正"，在"正"的基礎上，然後才是從事文學、學術和事功。所以，要求士子"先立品行，次及文學學術事功"；要"躬修實踐，砥礪廉隅，敦孝弟以事親，秉忠貞以立志"，在行止上不能有虧。而且不許"挾制官長"，不能"隐糧包訟，出入公門"，不能招呼朋類、結社要盟。如果行止有虧，讀書也無益處，將來即便做官，也不可能秉公持正，造福於國家。所以學校除教授學生文化知識外，品行的培養同樣非常重要。同時，士子也要樹立信心。"士子果有真才實學，何患困不逢年？""國家三年登造，束帛弓旌，不特爾身有榮，即爾祖父亦增光寵矣！逢時得志，寧俟他求哉？"順治皇帝在他爲國子監開列的教條教規中，也明確頒布了清代的教育政策："朝廷建立學校，選取生員，免其丁糧，設祭酒、司業及廳堂等官以教之，各衙門以禮相待，全要養成賢才，以供朝廷之用。諸生皆當上報國恩，下立人品。"這是部門和全社會支持教育、營造良好環境的國家政策，作爲"諸生皆當上報國恩，下立人品。"在《訓飭士子文》中，不惜筆墨，諄諄告誡："朕用嘉惠爾等，故不禁反復惓惓，兹訓言頒列，爾等務共體朕心，恪遵明訓；一切痛加改省，爭自濯磨，積行勤學，以圖上進。"一國之君，把讀書之人如此一般愛護培養，其目的正是爲了异日"作朕股肱耳目"（《尚書·益稷》）。從個別生員"改竄鄉貫，希圖進取，囂凌騰沸，綱利營私"的表現來看，篡改籍貫檔案、囂張氣盛之事，古已有之。

《訓飭士子文》，是清代統治者重視官學及辦學宗旨的最好注解。康熙帝在位60年，是清朝統治時期最長的一位皇帝。在其統治期間，繼承和發展了我國歷史上重視社會教化的傳統，并在新形勢下采取了積極有效的措施，加强對全國的控制。康熙非常重視教育和人才培養，他曾爲國子監題寫"彝倫堂"匾額，并下令重修國子監，又爲官學作《御制學校論》等。這種努力一方面體現爲對官吏教化工作的重視，告誡地方官將教化工作置於重要的位置；另一方面，他又親自制定了《聖諭十六條》《御制訓飭士子文》，并大力推廣，將其頒發到各地學宫，其主要針對目標即士子文人。這些措施，對清代的社會教化工作無疑產生了積極而深刻的影響。這篇《訓飭士子文》，更是强化了他對教育和培養人才的理念，在這裏，有目標，有要求，有告誡，有勉勵，更有現實的利益誘惑，可謂拳拳之心，諄諄教誨，對我們今天的教育改革與發展亦很有借鑒意義。

文明以傳的良好社會文化氛圍
——敬惜字紙碑傳遞出的古老文化傳統

漢字是中華文化的根基和重要組成部分，是承載中華民族精神與情感的重要載體。相傳，漢字是由黃帝史官倉頡創造發明的。《淮南子·本經訓》記載："昔者倉頡作書而天雨粟鬼夜哭。"人類文明開啓，智若神明，令天地鬼神感到驚悚。歷代帝王和平民百姓都非常敬重文字，社會上敬惜字紙蔚然成風。所謂

"敬惜字紙"，就是對文字和文字的載體紙張心存敬畏、珍惜。古時能讀書識字是很不容易的事，書籍在我們老祖宗的心目中是非常神聖的。文以載道，書要愛惜，書破了要修補。因此，對有文字的紙充滿着敬意，不敢褻瀆；所有用過的經史子集，磨損殘破之後，不得隨意丟弃，要先將其供奉一段時間，然後擇良辰吉日行禮祭奠之後，再恭恭敬敬的將它點火焚化。久而久之，古人認爲應當對字紙，即寫有文字的紙張表示尊敬和愛惜。因之，就產生了"敬惜字紙"這一中國文化傳統理念。中華文化源遠流長，厚重廣博，這與敬惜字紙的優良傳統和社會氛圍有着密切的關係。

《文昌宫敬惜字紙會碑記》，簡稱《敬惜字紙碑》，立於清嘉慶十一年（1806），曾任安徽泗州知州、天梯書院山長劉作垣撰文。中華民族素有敬惜字紙的傳統，實際上就是尊重文化的具體表現，許多地方的文廟（文昌宫）刻有文昌帝君《惜字功罪律》《惜字寶訓》《敬字五箴》《惜字十八戒》等，文中多有"以字紙爲重，或埋之於土，或焚之於火""見字紙遺墜，必掇拾燒之"等，并設焚化爐（塔）。碑文從文字的起源及演變轉換、書籍載體由金石、縑素（絹帛）到紙的發明，經歷了不尋常的發展過程，勸誡人們要愛惜字紙，如果隨意丟弃，就是愚蠢而大不敬的行爲。它告訴人們，雖然紙自發明以來已有近二千年的歷史，但排版印書也非易事，有書不讀可惜，讀書而不珍惜更爲可惜，故古聖先賢都非常尊重文字及書籍。乾隆十八年（1753），山右介公（其事迹不詳）調任武威知縣，其善政頗多，尤其注重斯文。一日，他在街上看見殘廢字紙，下轎親自撿拾敬閲，乃是《文昌帝君惜字十八戒》，深感愧疚。遂於文昌宫東南隅設焚化爐，每年以四斛小麥的代價雇人撿拾被丟弃的字紙予以集中焚化。同時，成立敬惜字紙會，通過"闔郡士庶聯會湊金"、捐款等所得的生息收入作爲"采拾字紙之貲"，并形成制度。文昌宫是武威文廟主體建築之一，供奉文昌帝君。相傳文昌帝君掌管人間功名利禄和文運。

字紙，代表的是文化；敬惜字紙，就是要求敬重和愛護文化。敬惜字紙，也就是敬惜有字的紙，在中國具有悠久的傳統。據《燕京舊俗志》記載："污踐字紙，即系污蔑孔聖，罪惡極重；倘敢不惜字紙，幾乎與不敬神佛、不孝父母同科罪。""敬惜字紙"是中國古代文化傳統中的一種良好美德，代表着古人敬重文化的思想。明清時期，惜字、敬字風俗日盛，人們認爲萬物有靈，視書寫文字的字紙爲"聖迹"，更具靈性，敬惜字紙就是積累功德和福德。因此，字紙不得隨意丟弃；又有人想到，萬物皆有靈，有字的紙則更具靈性，不得隨意毀弃，必須集中回收後送往惜字亭內以火焚毀將之送上天界，否則就是大不敬。

於是，在書院、寺廟以及文人雅士聚居的場所，人們建造了惜字亭（塔），有些大户人家則建在自家院裏。亭内多供奉倉頡、文昌、孔子等神位，并配以相應的楹聯、吉祥圖案等，別致精巧。時至今日，有些地方還保存有惜字亭。除此，有些地方還成立"惜字會"，除了自願外，人們義務上街收集字紙，有的由地方政府、大户人家或祠廟宫觀出資雇專人收集。清朝以後，敬惜字紙的傳統中參雜了宗教信仰特別是文昌帝君信仰和士子對功名的追求，顯示出科舉社會中士大夫階層的重要地位。印光大師云："師嚴道專，人倫表率……養我蒙正，教我嘉謨；不敬其師，何能受益。字為至寶，遠勝金珠；人由字智，否則愚癡。世若無字，一事莫成；人與禽獸，所異唯名。"他普勸人們敬惜字紙及尊敬經書，他說："人生世間，所資以成德達才、建功立業，以及一才一藝，養活身家者，皆由文字主持之力而得成就。字為世間至寶，能使凡者聖、愚者智、貧賤者富貴、疾病者康寧……假使世間無文字，則一切事理，皆不成立，而人與禽獸無異矣。既有如是功力，固宜珍重愛惜……字為世間至寶，非金銀、珠玉、爵位可比……字之恩德，說不能盡；敬惜書字，福報甚大（褻瀆字紙，罪業滔天）！宋朝王（曾）文正公之父，極其敬惜字紙。後夢孔夫子以手按其背曰：'汝何惜吾字之勤也！當令曾參來汝家受生，顯大門户。'"後來王曾連中三元，官至同中書門下平章事，封沂國公，為北宋名相。

通過《敬惜字紙碑》我們看到，武威在清朝時期迎來了一個教育文化大發展、大繁榮的時期，其重字之情、敬文之意、惜紙之行的文化氛圍，充盈於字裏行間。今天拜讀此碑，對先賢們的嘉言懿行油然而生敬重之情。

從本質上講，一個社會對待書籍的態度就是對待文字、文化、文明及傳統的態度。我們通常講恭敬，尤其對法寶、神靈最為恭敬。經書屬於法寶之一，雖然現代印刷術發達了，我們仍然要對經書和聖賢、導師之書尊敬有加。恭敬才有福報，褻瀆就是造孽。惜字亭（塔）、惜字會，見證着中華民族敬惜字紙的文化傳統，不僅印證着文化的興盛歷史，傳承着重學崇文之風氣，也反映着人們敬惜字紙的初衷——尊重文化、傳承文化，代表着一種古老的文化傳統，有着深厚的歷史文化底蘊。所以，敬惜字紙的思想內涵，不僅在歷史上發揮過積極作用，在今天仍然有着重要的現實意義，其敬重文化的思想內涵，有助於我們珍惜和弘揚中華文化，增强民族的凝聚力。

從武威文廟專祠暨碑刻管窺古代社會的道德建設
——兼議鄉賢文化建設

一、古代社會道德建設的基本內容

忠、孝、節、義、悌都是儒家思想的核心內容，也是中國文化的精神，以此培養人性中光芒四射的愛。要把這些抽象的思想、道德變爲具體的行爲，必須通過一種形象、具體而又可效法、可操作的示範偶像教化、影響普羅大衆去踐行。居官而名聲地位顯赫的名宦、品學兼優而爲地方所推重的鄉賢，以及一批影響地方道德風尚、引領社會健康發展方向的志士仁人、忠臣義士、孝子節婦無异是人們學習的榜樣。明清《會典》及《欽定禮部則例》規定："凡直、省、府、州、縣文廟左右，建忠義孝悌祠，以祀本地忠臣、義士、孝子、悌弟、順孫，建節孝祠以紀節孝婦女，名宦祠以祀仕於其土有功德者，建鄉賢祠以祀本地德行著聞之士。地方官歲以春、秋致祭。"武威文廟從明代徐晞主持重建時就有以上內容及其建築布局，除主奉文昌帝君、孔子先聖及配享外，還建有祭祀專祠,與文廟共處一院，同被供奉秩祀，後經歷次維修和改擴建，形成今天規模宏大、布局嚴謹的結構特點。

忠孝者，受忠於君國，孝於父母。明人袁可立説："爲親而出，爲親而處。出不負君，移孝作忠；處不負親，忠籍孝崇。"移孝作忠，在"家"和"國"兩級共同體之間建立起溝通橋梁，而且，個體在家的孝行程度也成爲衡量對國的忠誠程度，這樣就大大加强了個體對國的認同，把個體、家和國凝結成一個有機整體，也成爲不同個體之間對"國"産生共同認同的凝結紐帶，這就成爲後世維持大一統中國的認同基礎。孝悌者，還報父母恩愛，友愛兄弟姊妹。簡言之就是孝敬父母、友愛兄弟。儒家非常重視孝悌，認爲這是做人做學問的根本。孝悌的同義詞是孝友，即事父母孝順、對兄弟友愛。忠孝祠，即供奉當地忠君愛國、孝行卓著，對國家或地方作出重大貢獻的忠臣孝友之場所。

節義，亦作"節誼"，謂節操與義行。節，氣節和節操，指一個人在政治上、道德上的堅定性；義，公正、合理而合乎正義或公益的道理或舉動，是最高的道德標準和倫理原則。義士，一般指守義不苟、品行超凡、道德高尚或維護正義、明辨是非、慷慨樂助的人。女人在男人死後，終身不嫁，稱爲守節，又稱貞節。具體而言，丈夫死後，立志不嫁，堅守貞操，撫養幼孤，侍奉公婆，直到老死就是守節，這樣的婦女稱爲"節婦"。宋明理學提倡和鼓勵守節行爲，官方還要表彰，清代更重視婦女守節。官方表彰節婦一直延續到民國初期。節義祠，即供奉對鄉里的道德風尚作出貢獻，影響廣泛的當地義士、節（貞、烈）婦之場所。當今社會上的見義勇爲者，當屬比例。

名宦即政績卓著的官員，相當於現在的優秀公務員或優秀領導幹部。名宦祠即供奉對本地有突出貢獻的官員的場所。在本地任職而勤政愛民，卓有德業之官員，去逝後由當地士民舉薦，經本省總督、巡撫會同學政審核批准，將其牌位入祀於所在府縣名宦祠。舊時，該府縣官員，則於春秋兩季帶領士紳祭祀。武威文廟名宦祠，供祀着歷朝歷代在武威有作爲、有政績的官員。

鄉賢，指本鄉本土有德行、有才能、有聲望而被本地民衆所尊重的賢人，相當於今天的道德模範等杰出貢獻人物。鄉賢祠，即供奉當地德行卓著、對儒學和鄉里作出重大貢獻的鄉紳之場所。鄉賢的選拔以嘉行懿言裨益於世爲標準，明清時凡有品學爲地方所推重者，去世後由大吏題請祀於其鄉。其選拔過程要經公議後，將候選者的職位、姓名、履歷等上奏朝廷，批准後入鄉賢祠，春秋致祭。

二、古代社會道德建設的基本載體

明清時期的名宦、鄉賢、忠孝、節義祠與廟學緊密結合，由國家、地方與民間三者共同構建，突出名宦、鄉賢、忠孝、節義的教化功能和示範作用。爲官一方的名宦、鄉賢和忠孝節義之士，主要通過推廣禮教、宣揚道德、旌德揚善、懲惡規過、身教示範等形式教化本鄉百姓，引導百姓施善避惡，淨化當地社會風俗。祭祀名宦、鄉賢及忠孝、節義之士，具有崇德報功、教化民衆的社會意義。武威，歷史悠久，人杰地靈，孕育了一代又一代的名宦鄉賢、忠孝節義之士，他們以崇高的德行和杰出的才華，贏得了當時和後世家鄉人們的贊美。

據舊縣志和碑刻記載，名宦祠、鄉賢祠在孔廟戟門東西兩側，忠孝祠、節義祠一般建在儒學，始建於明代，後經多次修繕增擴。名宦、鄉賢之士入祠是有嚴格規定的，必經督撫、學政上其事於朝廷，再經旨允方得崇祠，而且必有舊志載明并有列傳，入祠者方爲登記。忠孝、節義之士入祠程序稍遜名宦、鄉賢，但亦有一套嚴格的審核批准程式。從名宦祠、鄉賢祠的名錄來看，入祠對象分別是有功名祿秩的异地或本地名人。成書於乾隆十四年（1749）的《五凉全志》中，武威、永昌、古浪、平番四縣皆列名宦、鄉賢、忠孝、節義條目，分別臚列若干人士；鎮番列名宦、鄉賢、忠義、孝友（節烈）條目及其若干人士，與其他四縣微异其名。通過這一形式，形成了一個社會仰慕、尊崇、效法的榜樣體系。現以《武威縣志》爲例，舉所載例做一概述：

名宦，上起西漢成帝建始三年（前30）的凉州刺史谷永，下訖康熙五十八年（1719）的涼州監屯同知范仕佳，共89人，其中清代4人，多爲在姑臧縣、武威郡、涼州、河西節度使任過職的高官，如竇融、梁統、任延、孔奮、張奐、張既、張軌、劉昞、樊子蓋、李靖、王孝杰、李揆、張義潮、丁惟清、帖木兒不花、宋晟、孫思克等。

鄉賢，上起東漢段熲，下訖清康熙末年賈漢英，共29人，其中清代3人，絕大部分具有高官顯爵，如賈詡、陰子春、陰鏗父子、段榮、段韶父子、陰壽、陰世師父子、李抱玉、李抱真兄弟、吳永誠、吳管者父子、李益、張達、達雲、李維新等，只有兩位鄉野文士。

忠孝，上起三國賈疋，下訖清道光五年（1825）趙丕績共80人，其中清代70人，大多是爲國捐軀或軍功卓著的軍事將校，如段秀實、余闕、吳克忠、韓增壽、武克勤、楊銳等，少部分是受旌表的孝子。

節義，上起清順治五年（1648）劉廣斗，下訖清咸豐年間。節義條下共有423人，構成比較複雜。有勇於抵抗暴亂者，有濟貧興學者，有發起義舉者等，以上皆爲男士，共29人；大多數是受旌表或備案的節（烈、貞、孝）婦（女）共384人；另有忠孝義婦、忠義僕妾、耆壽10人，其中耆壽2男1女，余爲婦女。

綜觀志書中記述的名宦和鄉賢，大都有共同之處，多爲勤政愛民、吏治精練、清廉自守，且受到百姓愛戴的人物。而忠孝人物，其事迹與名宦、鄉賢人物也有許多相同之處，只有孝子、義士、節婦，其事迹相對專一，身份具體。

武威歷史上的名宦、鄉賢、忠孝、節義各專祠，皆依附於廟學，是廟學的重要組成部分。明清祭祀名宦、鄉賢屬於國家祭祀體系中的祭祀先師系列，每年春秋定期舉行祭祀儀式；祭祀忠孝、節義則由地方政府和所屬子孫後代進行。官方通過這種制度設計和儀式，倡導人們紀念、繼承和弘揚他們的精神，使官吏、縉紳、士庶見賢思齊，爲促進地方社會的健康發展和進步做出積極貢獻。對此，武威文廟碑刻都有記載（參見本卷《"隴右學宮之冠"武威文廟的前世今生——武威文廟碑刻綜述》一文）。

立於明嘉靖十四年（1535）的《涼州衛忠節祠記》碑載，明嘉靖十一年，皇帝釐定典禮，禋祀百神。巡撫甘肅都御史趙載，考據典籍，確定自漢代至當代卓然可表者孔奮等十八人，爲其建忠節祠并立碑紀念。乾隆《武威縣志·建置志·學校》載，文廟"廟外忠烈祠三楹，節孝祠三楹。"忠烈祠即忠節祠，是文廟的組成部分。忠義祠，清雍正七年（1729）創建，奉祀歷代忠義死節之人，每年春秋舉行祭祀活動。忠義祠全名爲"忠孝節義祠"，祭祀人物與入祀鄉賢祠者相同，都是本邑人士，籍貫相同，但針對性較強，在"忠義"和"孝悌"方面必須有突出事迹，政府專設忠義祠，就是爲了突出入祀人物的"忠義"本質。

《重修節義祠碑記》（明嘉慶十一年）云："節義者，天地之正氣也，風化之大原。"中華民族素有崇節重義的優良傳統，節義祠就是弘揚這一優秀傳統的標志和載體。雍正皇帝諭令天下州縣建立節義忠孝祠，時任武威知縣鄭松齡"凜遵"建祠，位置在"本學署之西偏"。碑文記載了雍正至嘉慶八十多年間，官府修建、闔邑節婦子孫和紳衿捐資修繕節義祠的簡要情況，意在維護和表彰節婦在社會道德建設中的光輝形象。

國家旌忠褒節，"特建忠孝、節義二祠於學宮之旁"，春秋祭祀，以激勵人心，宣揚教化。清道光七年的《重修節義祠碑記》記載了節義祠重修擴建後的規模及其竣工祀典，意在説明忠孝、節義祠在國家道德教化中的積極作用及其後代子孫懷念先人、慎終追遠的意義。此碑與明嘉慶碑不同。嘉慶碑重點突出節婦，此碑節義、忠孝并提，而節義内容又不唯節婦。乾隆《武威縣志·人物志·節義》所載人物，絶大部分爲節婦，但也有爲國捐軀、疏財助學的男士。碑文中出現的節義祠、忠孝祠，與今儒學院的忠烈祠、節孝祠名稱有所不同，可能屬於不同時期的表達，其意義是基本相同的。

除名宦、鄉賢、忠孝、節義祠外，武威還建有昭忠祠。國家設立昭忠禮制及涼州昭忠祠的重建，目的在於激勵後人，發揚光大先輩"忠藎之忱"，以"增光古史"。立於清道光二十三年（1843）的《重建昭忠祠碑銘并記》記載，清嘉慶八年（1803），涼州建立昭忠祠（位置不詳，推測可能與忠孝、節義祠在一起，同祠異名）。其後代感念皇恩高厚和先輩之忠誠衛國，各捐世俸重建昭忠祠，"氣象宏整，棟宇輝煌"，并增設牌位，祭祀和紀念在川陝等戰事中陣亡的官兵，以告慰忠魂，勉勵後人。多年後，昭忠祠頹塌破敗。另外，在涼州府各縣還建有一些名人專祠，如武威縣之宋公祠、張公祠、范公祠、孫公祠等，分别祀宋晟、張達、范仕佳、孫思克等，其作用和意義和以上是相同的。

三、古代社會道德建設的重要作用

名宦、鄉賢、忠孝、節義之士的作用，主要是道德操守的榜樣作用、對經濟社會發展的助推作用、學識文化的示範作用、社會風尚的引領作用、社會矛盾的化解作用。在我國漫長的歷史進程中，他們在思想品德、個人學識、家庭風範、道德引領、社會貢獻等方面，在影響所及的本鄉本土爲廣大民衆樹立了榜樣，堪稱楷模，其事迹通過鄉賢等祠而世代相傳，由此形成地域性的"鄉賢文化"。鄉賢文化是中華優秀傳統文化的組成部分，是扎根於中國家鄉的母土文化。凡進入鄉賢等祠的人，既要有惠政美德或孝行義舉，又要體現地方民衆的意志。清代，不但建有鄉賢等祠，還把他們列入當地志書紀事立傳。

中國古代社會農村基層長期實行鄉村自治，鄉賢是鄉村自治的主導者，這種治理模式成本低、效果好，體現出古人的政治智慧。《辭源》對"鄉賢"的注釋是："明清時凡有品學爲地方所推重者，死後由大吏題請祀於其鄉，入鄉賢祠，春秋致祭。"不過，明清以前"鄉賢"一詞就有了，最早可以追溯到東漢。鄉賢是由"鄉"和"賢"所構成的，首先要具備地域性，是本鄉本土的人，有濃厚的鄉情，對故土有責任感和歸屬感；其次必須有德行、有才能、有聲望而被本地民衆所尊重和公認的賢人。

五千年中華文化，基本載體主要在鄉村，承載着所有炎黃子孫的美麗鄉愁。農耕文明時代，中國鄉村以自然爲中心，是低效循環且非常平衡的一種狀態。舊時的鄉紳主要由科舉及第未仕的士子、本地有文化的有産階級、退休回鄉或長期賦閑居鄉里頤養天年的中小官吏和本地的宗族首領等群體構成。而鄉賢的身份則更爲廣泛，除品德受到大家認可的鄉紳外，那些雖然沒有權勢和財力，但具有一定文化素養、熱心家鄉事業并獲得鄉人擁護的人都可以歸入鄉賢行列。鄉賢和鄉紳二者具有很高的重合性，但所強調的重點有所不同。鄉紳強調的是權力和地位，而鄉賢則在強調其地域性身份的同時，更多的是品德、學識、能力和聲望。鄉賢土生土長，根植於鄉土，不僅有才德，而且注重鄉情、鄉愁，他們以鄉愁爲基因、以鄉情爲紐帶、以鄉村爲空間，是鄉人之間增進情感聯繫的紐帶，在鄉人中具有不可替代的情感認同。

中國古代士大夫群體崇尚"以天下爲己任"，官員致仕後一般都要返回原籍鄉里，這些人有閱歷、有能力，也有一定威望，他們中的許多人回鄉後積極投身於鄉村建設和治理，成爲鄉賢的主要部分。作爲精英群體，他們游走於官府和市井鄉村，得到官府、地方宗族、鄉間百姓等各方的支持和認同，維繫着社會基本的公平正義與社會穩定。從鄉村走出去的精英，或致仕，或求學，或經商，而回鄉的鄉賢，以自己的經驗、學識、專長、技藝、財富及文化修養參與鄉村建設和治理，他們身上散發出來的文化道德力量可教化鄉民、反哺桑梓、澤被鄉里、溫暖故土，對凝聚人心、促進和諧、重構鄉村傳統文化大有裨益。

四、古代社會道德建設的現實意義

2013年12月，習近平總書記在中央城鎮化工作會議上提出："城鎮建設……要體現尊重自然、順應自然、天人合一的理念，依托現有山水脉絡等獨特風光，讓城市融入大自然，讓居民望得見山，看得見水，記得住鄉愁"。2015年和2016年，中央一號文件兩次將鄉賢文化列入農村思想道德建設中，指出："創新鄉賢文化，弘揚善行義舉，以鄉情鄉愁爲紐帶吸引和凝聚各方人士支持家鄉建設，傳承鄉村文明。"近年來，《政府工作報告》《十三五規劃綱要》等文獻中，都把"推進城鄉協調發展"擺在十分突出的位置，而且還提到了一個熱絡的新詞"新鄉賢文化"。

鄉賢文化是中華優秀傳統文化在鄉野沃土茁壯成長的重要形態。傳統中國的鄉賢，主要指科舉中取得功名而生活在鄉村并有較高威望的人，他們多半由告老還鄉的官員，或者有一定功名而未出仕的社會賢達、名人義士組成。"新鄉賢文化"，即繼承中國傳統的鄉賢文化，讓官員、知識分子和工商界人士"告老還鄉""退職還鄉"，實現人才資源從家鄉流出再到返回家鄉的良性循環，使社會人才分布結構趨於合理，有利於整個社會可持續協調發展，對解決當下中小城市和農村發展不足問題，對緩解大城市過於擁擠、不堪重負的"城市病"具有重大意義。中國古代和如今國際上通行的"告老還鄉"制度實際上就是"鄉賢文化"的具體化。中國古代，特別是唐代至明清時期，制度規定無論哪級官員退休不准留京，必須回到老家生活并安度晚年。經過一千多年的傳承延續，"葉落歸根""告老還鄉"作爲一種理念已深入人心。

在我國歷史上，出現過無數英雄豪杰，他們有的運籌帷幄，決勝千里；有的忠貞報國，視死如歸；有的投筆從戎，馬革裹尸；有的英勇抗敵，壯烈犧牲。歷來人們對他們都抱有崇敬之心，尤其是出生在本鄉本土或在當地留下美名的名宦、鄉賢、忠孝、節義之士，人們永遠不會忘記他們，有的立廟或設專祠（館）祭祀（紀念），有的塑像（雕像，畫像）或立牌位供奉，有的建立紀念碑，有的可以確立紀念日等，以多種方式永遠懷念他們、歌頌他們的業績，發揚他們的精神。《漢書·項籍傳》云："富貴不歸故鄉，如衣錦夜行。"過去對此語多有誤解，認爲是炫富誇貴，實際上它的背後包含着對故鄉的無限眷念。許多高幹、名人、巨賈，從其內心深處也希望衣錦還鄉，爲家鄉做點貢獻，但只是條件和環境并不具備。如何創造條件，營造環境，讓他們心安理得、心情舒暢地回到故鄉創業或安享晚年，是需要認真研究的一個課題。比如說，鄉賢們以其巨大的功業獲得國人尊重，如家鄉爲其立祠建館，包括故（舊）居、紀念館、藝術館、圖書館、書院、科技館、游樂園等，既可以提升家鄉名氣，又可以發揮各"館"不同的作用，實爲雙贏之舉。社會主義新農村，不完全是城鎮化、工業化，而應該包括山水田園化、農耕文化、鄉賢文化。

在當前踐行社會主義核心價值觀，崇尚鄉賢文化的新形勢下，重新審視、發掘和研究鄉賢文化對武威傳統文化的傳承和光大有着重要意義。鄉賢文化的精神底蘊不僅對社會主義核心價值觀落地生根有重要意義，而且就社會價值而言，也有利於促進鄉村治理現代化。新時代的新農村建設呼喚大量新鄉賢出現，使優秀的鄉賢文化在新時代得到新的弘揚。

一篇飽含深情與熱淚的人物碑傳

讀《武威武徵君李孝廉傳》，心情久久不能平靜，在敬仰於二人的道德學問之時，爲他們的不幸遭遇和坎坷人生唏噓不已，讀來感人肺腑。碑文系武徵君與李孝廉二人合傳，約1700多字，由同里孫揆章撰文、牛鑒書寫，今存武威文廟。

武徵君（1782—1831），名瓚。其父武克勤（禹亭），武進士，於臺灣蔡牽之亂中殉難。其一心希望有所建樹，光耀門庭，無奈以高才而屢試不中，又性格倔强，不善逢迎，加之家道中落，25年來爲"老先大人節行未彰"而呼號奔走，鬱鬱寡歡，年僅五十而辭世。在七百多字的武徵君小傳當中，其少立大志，發憤自勵；刻苦勤奮，讀書萬卷；内行純篤，不圖虛名；爲父情傷，内心違逆；久病委頓，英年早逝的形象躍然紙上。武瓚學有所長，"内行純篤，孚於里"。道光初年，朝廷舉孝廉方正之士，全郡數百人推薦他而他却堅辭不受，"觀察使知不可强愈重之"，只能"飭有司給額表其門"。這在今天看來，尤爲世人不可理解，這恰恰是武瓚不同流俗、"内行純篤"的寫真。

李孝廉（1785—1834），名夔生。在李孝廉小傳中，我們看到，其幼承家學，刻苦讀書，聰明好學，善文勤思，與衆不同的是他"能言人之所欲言，并能言人之所不能言。"在做學問上，"究學術之源流，考詞章之得失，論風氣人才之盛衰。"其學問深奥，"聲望日重，足迹半天下，所至傾其賢豪。"就是這樣一位學問淵博，具有獨立學養精神的"優行生貢"，奇才高才，却命運不濟，中舉之後"屢試春官不第"，只好出門遠游，借此遣懷。他雖"拮据三十年，未嘗名一錢，"但對朋友之事却是古道熱腸，盡心竭力，慷慨相助。但最終因懷才不遇而内心悲傷，加之"畢歷勞瘁而飲食失宜"，年僅五十去世。

作者孫揆章，字廣文。嘉慶年間秀才，一生未入仕，著有《悟雪齋詩文集》。其出身於四代書香之家。高祖父孫文炳，字元林，秀才，以教授蒙學爲業，人稱"孫文學"。其淳德至行，謹持禮法，去世後入鄉賢祠。曾祖父孫詔，字鳳書，康熙五十一年（1712）進士，選翰林院庶吉士，是清代武威縣第一個進士，曾任知縣、知府、按察使，官至湖北布政使。去世後，著名學者全祖望撰寫誄文，對其學行政績予以高度評價。祖父孫爲璘，舉人。父親孫俌，字仲雲，乾隆十六年（1751）進士，曾任廣東翁源、揭陽知縣，後辭官回鄉從事教育工作。其家族道德文章賡續四代，在武威歷史上所僅見。曾任吏部主事的武威人潘挹奎，在所著《武威耆舊傳》中，內收武威名人"六十餘人，而孫文學父子祖孫居其三，何其盛也……高冢累累，豐碑刺天，就而視之，則孫氏佳城也"（《公議建孫氏墓碑記》）。到孫揆章一代，家道中落，以至於再往後，連祖宗墳塋也不能守，墓碑被人盜走，成爲一時談資。

作者采用史傳筆法，飽含深情和熱淚，爲兩位鄉賢立傳樹碑，概括其身世、學問、際遇、操守和爲人處事，在字裡行間對他倆鬱鬱不得志和英年早逝的不幸際遇表達了深深的遺憾和哀婉。其實，"其遇之蹇而心之悲"的痛感又何嘗不是作者的自悼。孫揆章爲清代涼州首名進士孫詔後裔，到他時家族式微，品嘗了其家世由盛到衰的全過程，今哭徵君、哭孝廉，猶哭自己也。碑傳形式上爲二人合傳，但事實上還有一位貫穿於全文的人物，這就是作者自己。所以，我們也可以把碑傳看作是一篇三人小傳來品讀。

武瓚雖出身於武將之家，但"獨擁所聚書數千卷，雜秦漢唐宋篆刻"，而且以讀書爲樂，"自朝至夜漏十餘刻不休，而君不以爲苦，以爲常。"李夔生、孫揆章二人出身於書香之家，而且小有成就和功名。就出身和志趣而言，三人有其共性，可謂情投意合。所以，他們以張元伯范巨卿雞黍之交比況。張元伯，名劭，東漢初年汝南人。少游太學，與山陽范式友善，結爲生死之交（或爲"雞黍之交"）。范式，字巨卿，山陽郡金鄉縣人。東漢名士，被舉爲州郡茂才，四次升遷荊州刺史，後遷廬江太守。張元伯去世後其靈柩不肯進入墓穴，等到范式叩拜并牽引靈柩才緩緩向前進入墓穴，參加葬禮的一千多人全都感動得流下眼淚。郅君章，字惲，汝南人。東漢名臣，曾爲長沙太守。殷子征，汝南人，與郅君章、張元伯同爲好友。元伯病重，二人從早到晚悉心照料看護，但元伯說："你二人是我生之交，山陽范巨卿才是我的死之交。"他們一諾千金的守信之交，歷史上留下了"范式守信""雞黍之交"的美名。

碑傳中，武瓚發憤自勵、孜孜以求和不同流俗之品格，李夔生學問精深、質疑問難和解囊相助友人之義舉，孫揆章樂善好施、守望相助和爲朋友立傳之苦心，及其三人互相關心、生死不渝的友情躍然紙上。而作者在無奈之下，只能把這種際遇歸之於命運，歸之於家鄉的風水。碑傳聲情并茂，感情充沛，品讀之，體味之，我們在感受古人真情摯誼的同時，又爲今天的道德淪喪、人情淡漠、世風日下而傷懷不已。

會館文化與武威會館碑刻匾額述略

　　會館，是中國明清時期都市中由同鄉或同業組成的社會團體，類似於今天遍布各地的商會，是明清兩代商人在全國各地所到之處聯合捐資建設的共同聚會、祭祀、議事、娛樂、互助的場所。陝西與山西，山水相連，唇齒相依，自古就有"秦晉之好"的佳話，中國歷史上最漫長的政治制度、經濟制度和文化制度，多數是在這兩個地區經過了早期的實踐。尤爲重要的是這兩個地區曾經在明清時代形成兩大馳名天下的商幫——晉商與秦商，它們的名字往往連在一起，統稱秦晉商人，它們在全國各地的會館也往往落户一地，且互爲鄰里，或叫做"山陝會館"，分布於全國各地。廣義的山陝會館，包括山陝會館、晉商會館、三秦會館、西秦會館、秦晉會館。在這諸多的山陝會館中，有的與山陝商人合建，有的是純粹的陝西會館或山西會館。會館的修建資費，一般由秦晉籍的客商或個人或團體慷慨解囊集腋而成。他們首先請專家規劃設計圖紙，再請能工巧匠精雕細刻，請文壇翹楚撰寫匾額碑記，力求把自己離鄉背井、客居异地、開拓進取、艱苦創業的决心和理想高高懸挂於金碧輝煌的額匾之上，以昭示他們千古不變的精神信仰與不懈追求。

　　武威是古絲綢之路重鎮，地理位置優越，自古以來就是内地物資商品流向新疆、青海、寧夏、内蒙等地的重要驛站，爲西北民族貿易之重鎮，吸引了許多外地商人，特别是秦晉商人實力最爲雄厚。他們致富安家，世代經商，稱爲世家，後在武威分别修建了山西、陝西會館。武威另有河南同鄉會於1938年創辦的河南會館及嵩華小學（原太平巷小學，今武威九中）。會館作爲人們在异地的棲息場所與精神依托，承載着太多的内涵與底藴，那裏有他們的興與衰、成與敗、苦與樂、悲與喜、生與死抑或更多、更深、更遠的歷史記憶。武威的山、陝會館建於何時，迄今無據可考，但比照同處的蘭州、張掖兩地會館和現存碑刻考查，則可大致做出推斷：建成時間當在清雍正、乾隆年間（1723—1796），或更早一些。從清嘉道名臣王鼎《陝西同州府蒲城縣衆姓捐資題名碑記》所言"凉郡舊有陝西會，我邑人從乾隆五十八年間，共捐金二百餘兩，以作享祀、香火之資"來看，這個推斷是成立的。所有的山陝會館，其共同的特徵有二：一是都供拜關公，有關帝廟或關公殿；二是都有戲樓。這從武威現存碑刻、匾額都可得到印證。

　　在武威城區大十字的東南部腹地，有一條南北走向的巷子，巷子不深不直也不寬，但却是武威最著名的小巷之一，它承載着悠久的歷史軌迹和厚重的文化積澱。這條巷子名曰"會館巷"，它的得名，源於巷內坐落着兩個彼此相鄰的著名會館：南邊的陝西會館，北邊的山西會館，兩館之間僅有一墙之隔。

會館將宮廷建築與民間建築融爲一體，形成起伏開闊、疏密相間、錯落有致、層次分明的院落群體。沿一條軸綫依次排列，即山門、戲楼（上下兩層）、牌樓、正殿和後樓，整個建築氣勢恢弘，造型奇特，威嚴肅穆。殿宇樓閣，庭院花木，絢麗不失凝重，多彩不失雅致；木刻、磚雕、彩繪、泥塑遍布全館，楹聯、匾額隨處可見，彼此交相輝映，處處不同凡響。武威秦晋會館的建造風格與喬家大院、渠家大院、王家大院基本上一脉相承。可以想見，在其鼎盛時期，兩個會館一定是"出入皆賢士，往來俱俊杰"，車馬盈門，商賈雲集，名流薈萃，高朋滿座之地。

根據有關記載和老人回憶，武威晋商會館分爲南、北兩個院落。北院主要由照壁、山門、戲樓、左右厢房、關聖殿和春秋閣構成。建築群的基本格局，是由東向西縱深延續、地勢由低到高漸次延伸，大體分爲三個功能區。整個功能區動静結合，親疏分明，即沿中軸綫由外向内、左右對稱、層次分明、依次鋪排開來。前區地勢最低，主要建築是一座類似於今天的戲樓，商界的文化活動、重大集會一般在此進行。戲樓前下方一塊由青石方磚鋪就的空地，便是人們日常集會和休閒嬉戲的所在。再往前走，拾階而上，登上三米高的月臺，穿過三個碩大的石雕牌坊進入第二個平臺小院。這裏的蒼松翠柏遮陽蔽日，環境顯得格外雅静。再往前走，便可登堂入室，進入整個晋商會館中面積最大、形體最高、建築最宏偉、規制最講究的主題建築和中心殿堂——關聖殿了。

關聖殿是客商和信徒們用以祭祀和舉行重大儀式活動的場所，顯得神聖而威嚴。關羽是比肩"文聖"孔子的"武聖"，在民間享有崇高的地位。而他作爲山西籍的身份，自然更被晋籍商人所推崇。他所代表的忠、義、誠、信形象，又與晋商所追求的經商理念與做人原則契合，當然更是他們崇拜、敬仰的緣由。"忠義參天出於至性，宮墙數仞仰之彌高"，"浩氣已吞吴并魏，麻光常蔭晋與秦"，与"正大光明""天地正氣""浩氣冲霄""春秋夫子"等殿堂的楹聯及高懸於大殿之上匾額，表達了鄉黨們對這位絶代聖人的褒獎與仰慕。殿堂正中，塑有關羽秉燭夜讀《春秋》的彩像，形神兼備，色彩絢麗。左右兩側，則是關平執信印、周倉執大刀的塑身。殿堂上方、所有梁柱和四面墻壁上，錯落有致地懸挂着製作精美、書法遒勁、含義深長的楹聯、匾額，每幅匾額均鎸刻有贈匾人的籍貫與姓名，以示他們對同鄉會和關聖帝所抱持的虔誠與敬畏之心。

關聖殿後面的一座小院幽静雅致，别有洞天，拾階再上是整個會館地勢最高之處，建有整個會館中樓層最多（三層）、純木質結構、聞名遐邇的春秋閣（紀念關羽秉燭達旦，夜讀《春秋》之意）。南院的東側，即與北院戲樓平行的地方，也和北院一樣，是全院地勢最低但面積較大的地方，院子正中矗立着一座圓形建築，院子南北兩側有木質長廊，院子西面的平臺上是一處碩大的館舍。

　　作爲"會館"的歷史，終止於20世紀40年代，但又開啓了學校教育的輝煌歷史。隨着經濟的發展和定居於此的族群後裔日漸增多，原本文化程度不高的他們，逐漸認識到了文化對經濟發展的重要性和教育對其後代光大祖業的緊迫性，於是倡導并決定將會館原址改辦成學校，秉承"入高門學習禮儀，遇名師教訓成人"的宗旨，以培育人才造福桑梓。1943年，山西同鄉會率先在山西會館創辦了晋華小學；1946年，陝西同鄉會在山西會館辦起了秦光小學。兩校各取本省簡稱"晋""秦"而名之。1952年，人民政府接管兩校，晋華小學更名爲會館巷第一小學，秦光小學更名爲會館巷第二小學。1955年，兩校合并，是爲今天的會館巷小學。

　　當初的會館學校，是一組恢弘而又精緻、肅穆而又雅静、工整而又華麗的園林式建築群，無一不是秦磚漢瓦、雕梁畫棟、彩繪裹身、書畫滿壁，整個建築巍峨壯麗，錯落有致，布局嚴謹，裝飾華麗，木、磚、石雕精美絶倫，飛檐相錯，斗拱互交。正殿、後殿均用琉璃瓦覆蓋，翠壁輝煌。有堂必有楹聯，凡門必有匾額，不僅爲傳統的宫殿式建築，還充滿了濃郁的人文氣息。

　　在明清兩代五個多世紀裏，山陝商人從鹽業起步，發展到棉、布、糧、油、茶、藥材、皮毛、金融等各個行業都能雄踞一方；他們依托故里，擴展到全國各地的關隘重鎮和商埠都會，從内地貿易開始做起，直到把貿易擴展到外蒙古、俄羅斯、朝鮮等鄰近的國家和地區。清代中葉，西北地區幾無戰事，社會相對穩定，經濟發展較快，西北秦晋商業達到了最爲輝煌的時期。秦晋商人的貿易活動，大大豐富了中國古代的商業文化，把中國的商貿經營推向了一個新的高度。明清時期的山陝商人將先人經商的歷史、經商的智慧、經商的藝術推向了自秦漢、隋唐以後的又一個極致。秦晋商人的魄力之大、足迹之遠、財富之巨讓世人認同了"無西不成商"的歷史事實。秦晋商人群體是特殊歷史條件下產生并發展起來的一個特殊的族群，也是一個值得社會欽佩尊崇的群體。這不僅是因爲他們曾經對國家的財政金融、商品貿易、經濟繁榮等做出過巨大的歷史性貢獻，更在於他們所體現、所代表的那種邁開雙腿走西口，兩隻脚板丈天下，并在人生地疏的异域他鄉開拓商機、落户生根的氣概和勇氣。遍布各地的秦晋會館是秦晉商業帝國的真正見證，是秦晉商業奇迹成就的根本基石，也是歷代秦晉商人走上艱辛之路并創造輝煌業績的象徵與縮影。

《陝西同州府蒲城縣衆姓捐資題名碑記》，立於嘉慶二十一年（1816），今存武威文廟。三國名將關羽，其忠烈義勇千百年來影響着各行各業的人士，無論是通都大邑，還是蝸蜒一角，都建有關帝廟并供奉祭祀。陝西蒲城商人在涼州所建陝西會館，供奉關羽神像，祭祀費用由秦商自願捐贈。爲保證捐資持久而不枉生事端，由捐贈者立碑銘記。碑文由清代嘉道名臣王鼎撰寫，他從政治教化、道德價值、社會風俗的高度，肯定關羽在天地間的浩然正氣，意在闡明關羽崇拜的合理性、必要性和重要性。碑陰詳列捐資者商號及個人共142人（家）所捐銀數額。從碑文中透出一個重要信息：僅陝西蒲城縣在武威的商號商人就達一百多家，説明當時的武威商業發達，秦商實力强大。王鼎（1768—1842），陝西蒲城縣人，嘉慶元年進士，官至户部尚書、直隸總督、軍機大臣，頗多建樹。後因苦諫道光皇帝痛斥投降派誤國、力薦留用林則徐無效而自縊於圓明園，以血醒君，因使"王鼎尸諫"流芳後世。此碑爲其任江西學正時撰寫。

《清重修陝西會館碑記》，立於清嘉慶二十五年。正文楷書，正中篆書"福緣義度"四字，今存武威文廟。"陝西會館，五涼之名勝""巍然壯觀"，原址在今武威會館巷小學，今已不存。碑文簡述重修後的陝西會館，其規模宏大，結構嚴謹，有山門、大殿、鐘鼓二樓、戲樓、看臺、碑亭、題名功德碑、土主神祠等建築組成，并植奇花异草，蒼松翠竹，不愧爲五涼之一大景觀。如此規格的會館建築，需要巨額的資金。碑文對布施銀兩的商號（個人）及捐銀數額（共157家，2373.1兩）一一勒出，目的在於"以告來者""廣種福田"。

據史料記載，林則徐在前往新疆的戍途中惊悉王鼎尸諫的噩耗，悲痛萬分，寫下了"傷心知己千行泪，灑向平沙大漠風"的詩句。1842年9月18日，林則徐到達武威，期間他爲陝西會館題寫"浩氣凌霄"匾文，在頌揚關羽之中藴涵着對王鼎的深切懷念。1941年秋天，民國元老于右仁在視察武威時曾題寫"陝西會館"匾文。這些都使會館文化熠熠生輝，遺憾的是以上匾文皆下落不明。

位於武威市古浪縣土門鎮漪泉村的山陝會館，據《土門修繕山陝會館匾銘贊》載，土門山陝會館始建於清康熙年間，建築群以大殿爲中心，供奉關羽神像，西側爲道光元年所建的馬神廟，另有東西演藝廳、鐘樓、鼓樓、兩廊厢房等。由於風雨侵蝕、地震人禍等原因，"昔日雄姿今幾泯焉"。2009年，地方有識之士，籌組管委會，制定修繕方案，倡導各界捐款捐物集資，歷時兩年，修繕維新大殿、演藝廳、鐘鼓樓、馬祖殿、厢房、雕塑聖像、山門圍墻等，基本恢復原狀，重現當年雄姿。2011年夏秋之際，古浪各界人士製作了《山陝會館乾坤正氣匾》《山陝會館春仁秋義匾》《土門修繕山陝會館匾銘贊》《繕修土門山陝會館名譽會長芳名録匾》4方匾額，懸挂於修葺一新的山陝會館，以資紀念。其中《土門修繕山陝會館匾銘贊》，通過回顧歷史，記述了修繕山陝會館的來龍去脉；《繕修土門山陝會館名譽會長芳名録匾》，簡記修繕事宜，鐫刻維修官紳名單。另有《土門山陝會館馬祖廟題記》，刻於清道光元年（1821），由山西進士用墨和朱砂題寫於山陝會館西側馬祖廟中檁上，文字内容保存至今。

到20世紀初的清朝末期，作爲近代商人新式社團組織的商會應運而生，而明清時期曾興盛一時的商幫，包括晋商、秦商在内，其影響日漸式微。會館作爲舊時代科舉制度和工商業活動的産物，成爲一種獨特的文化現象。武威保存的山陝會館碑刻、題記和匾額，反映了秦晋商人在武威進行商業貿易的輝煌歷史，是清代武威商貿經濟繁榮發達的歷史見證，也是今天研究會館文化、關帝文化的重要實物資料。

蘇山書院——民勤文風熾盛的標志和里程碑
——簡説建置書院碑記及其他

書院名稱始於唐代，最初是官方校書和藏書的場所。書院盛於宋代，石鼓書院、岳麓書院、白鹿洞書院、嵩陽書院號稱宋代四大書院。之後，影響最大的書院莫過於明代的東林書院。清代對書院采取抑制政策，直到雍正十一年（1733）才允許在政府嚴密控制下創建書院。清朝書院數量甚大，除少數仍保留着書院講學的傳統外，多數同官學無大差别。清末，各地書院均改設學堂。書院在中國存了近千年，唐宋期間以私人創辦、私人講學爲主，元明時加强了控制，到了清代完全官學化，這是書院發展的總趨勢。書院對我國教育、學術、建築、藏書等事業的進步，對民風民俗的養成，對中華文明的傳播都做出過重大貢獻。書院在各地的發展中爲地方培養了一批人才。清代武威的四大書院和古浪的龍山書院、鎮番的蘇山書院，可謂涼州人才的淵藪。

刻於清乾隆四十八年（1783）的《建置書院碑記》（碑佚，碑文引自1994年版《民勤縣志》），從書院的起源談起，以蘇武精神自勵，叙述了蘇山書院的創建意圖、經費來源及運作、院址選定、建築規模、開院宗旨、未來展望及教化諸生的重要意義，有説明、有勉勵、有期望、有交心，娓娓道來，反映出一位爲地方政治教化貢獻力量的士大夫的道德情懷。據《民勤縣志》載，乾隆四十七年，知縣王賜均倡建蘇山書院，募捐二千金，除建設費用外，餘款以助生童膏火之需。次年，書院建成開學，王賜均撰碑記之，并題書院匾額。爲防止地方紳商非法占有，特將書院"詳明上憲存案，備入交代，官吏紳士概不得侵漁假貸。"

蘇山書院的創建，在民勤教育史上具有里程碑意義，對"地雖貧瘠，而嗜學之風聞於五凉"的鎮邑子弟來説可謂如虎添翼。作爲書院主要出資人和父母官的王賜均，他衷心期望并鼓勵"諸生……鋭志琢磨，以卓然自立。异時之捍天難、决大策，爲孝子、爲良臣，風俗美而人才衆多，寧不於是有望乎？"鎮番人民没有辜負王賜均的期望，鎮番諸生没有辜負王賜均的教誨。蘇山書院創建之後，生徒若雲，品學兼優之士絡繹不絶，學風砥礪儒林，聲望光氣振人，士林戴德，成就斐然，在長達120多年間，培養出一百多名文武舉人和進士，把鎮番文風推向熾盛，在河隴地區大出風頭，博得了"人在長城之外，文居諸夏之先"的美名。這個優良傳統一直傳承延續至今，使今天的民勤成爲西北地區頗負盛名的教育之鄉、文化之鄉、人才之鄉。從此，蘇山書院成爲民勤人民心靈的驛站，精神的慰藉，人才的淵藪。

碑文作者王賜均，字台齋，陝西神木（今榆林）人。清乾隆四十六年（1781），以舉人選授鎮番縣知縣，1784年去職。後任静寧、秦州知州，寧夏、慶陽知府，年82歲告終。所任之地，帶頭捐銀，重教興學，民感其德。著名的天水伏羲廟即其任秦州知州時重修，先天殿上方的"文明肇啓"匾額即其題書。

民勤具有渾厚的歷史文化積澱，距今約3000年前的沙井文化曾爲民勤的歷史寫下輝煌的一頁，而"嗜學之風聞於五凉"成爲一種文化符號。宋元之前的教育實踐難以稽考，明朝以後的歷史赫然在目。早在明朝成化年間，民勤就創建了學宫，略晚於武威文廟，成爲民勤文風興盛的濫觴。清順治九年（1652），學宫的明倫堂就刊立《生員碑》，以"曉示生員"應該做什麼，不能做什麼。此碑重刻於嘉慶二十四年（1819），現存民勤縣博物館。《生員碑》就其内容來看，是加强生員管理的具體措施和要求，實際上是對生員的一種律條準則，相當於今天的《學生守則》。它明確要求生員要在道德行爲方面當好表率，"生員立志，當學爲忠臣清官……仕必作良吏……生員不可干求官長……爲學當尊敬先生……生員不許結党"等等，目的在於"養成賢才"，"上報國恩，下立人品"。這些措施和要求，放到今天也具有很强的針對性。

立於清康熙三年（1664）、由鎮番名士孟良允撰寫的《重修學宫記》（碑佚，碑文引自《五凉全志》），簡述了學宫的創建（明成化年間）和兩次重修

（明天啓年間和清康熙三年），突出了地方官紳在創修中的重要作用和貢獻。查閲武威教育史，清代民勤歷史上第一位進士孫克明，產生於康熙三十九年；僅康熙一朝鎮番縣就有11名舉人。而清代武威縣（今涼州區）的第一位進士孫詔，產生於康熙五十一年；康熙一朝武威縣有1名進士，8名舉人。比較而言，武威縣的自然條件和人文環境要比民勤好得多。這説明，除鎮番學子勤奮刻苦以外，民勤學宮創建後，對地方教育的發展作用巨大。孟良允，又名良胤，鎮番衛人，明天啓年間舉人，歷任知縣、知州，户、兵部主事，官至河南按察使、浙江右布政使。爲官清廉，學問精深，有詩文傳世，曾編纂《鎮番衛志》（今佚）。

另一通同名碑刻《重修學宮記》碑（已佚，碑文引自1994年版《民勤縣志》），立於清嘉慶十八年（1813），則是民勤學宮建設史上的又一標志。碑文從國家治理的高度（"國家治安視文教，文教之興視學校"）出發，闡述了學校的重要性。作者由學宮創建數百年後的"慢患失色""危如累卵"的現狀，到"公議重修"的"踴躍樂輸"，再到"卒工"後的"焕然聿新"，突出了建廟立碑對"以章聖教，以宣王化"的深遠意義。作者謝集成，嘉慶三年（1798）舉人，鎮番名士謝葆澍長子。曾主講蘇山書院，與弟弟謝集梧編纂《鎮番縣志》，道德文章，自成一家。歷任陝西富州州同、商州知州等職，所到之處，皆有政聲。在升任陝西漢陰廳通判後尚未履任即逝，鎮邑士民揮泪爲其樹德政碑。孟良允、謝集成，都是民勤歷史上具有標志性的人物，由他們撰寫碑文具有權威性。

如果説蘇武書院的創建是民勤文風熾盛的標志和里程碑，那麼對學宮的多次重修，則凸顯其一貫重視教育、崇尚文化的觀念、意識和行爲；《生員碑》則是對生員的一種律條準則，爲生員的健康成長提供了保障；而《明清兩朝進士碑》《明清兩朝舉人碑》（刻於2011年，立於民勤生態文化園）上的8名（實爲10名）進士、75名舉人就是民勤教育的累累碩果，這其中還不包括武進士、武舉人。據《民勤縣教育志》等相關資料，明清時期，民勤共有王國靖等12名武進士，100多名武舉人。崇文重教，乃民勤歷來之傳統；"人在長城之外，文居諸夏之先"，殊爲文化昌盛之寫照。但是，没有強大的國防，没有保家衛國的國防意識和尚武文化傳統，又談何崇文重教！殊不知，尚武精神和尚武文化同樣是中華民族優秀傳統文化的瑰寶，是國家強大、民族自立的根本所在。歷史上的民勤，"人勇而知義，俗樸而風醇"（《五凉全志》）。武進士、武舉人多於文進士、文舉人，這是民勤值得自豪的又一方面。但在立碑時却在《進士碑》《舉人碑》中有"文"而无"武"，這實在是一個不小的遺憾！

情真意切 激勵後人的家族墓志

武威墓志中有數篇家族墓志，通過對祖先的叙功記事和後人的發憤圖强，娓娓道來，情真意切，對今人勤勉自警，立身修行，孝友傳家，不無裨益。

一、叙功記事，勤勉自勵

立於乾隆十六年（1751）的《嚴氏墓志銘》，今存武威市高壩鎮柏樹村嚴家溝。嚴氏先世爲安徽亳州人。其祖嚴真勝，從明成祖朱棣北征，升涼州衛中千户，因後世子孫在涼州、古浪任職做官并建功立業而落籍武威。刻於明正德十三年（1518）的《勸忠祠碑記》，簡述了嚴真勝之孫、古浪操守兼管所事嚴璽智勇兼備，在追剿賊番中戰死的事迹，歌頌其忠勇任事，以身殉國的精神。其後，世遠年湮，家譜已失，加之家道中落，對去世先人無稽可考，唯家族自古住涼州嚴家溝而傳自後世。"家之盛也，人聚而名譽愈隆；家之衰也，人散而姓字不著"——這是萬古不變的常理。乾隆年間，嚴氏後裔"心念祖功宗德，志切報本追遠，爰聚族公議，敬建碑銘。"此時，他們雖然以"農桑爲業"，但恪守"詩禮傳家"的傳統，希望有一天"後之發祥更未可量也"。此碑綫索清晰，感情真摯，叙功記事，不卑不亢，是難得的勤勉自勵教材。

二、敬祖睦宗，孝友傳家

《敕授儒林郎晋封武翼都尉陳君貢禹墓表》，立於道光十二年（1832）。陳琨，字貢禹，武威人，世爲涼州大族。其父輩三人，伯、叔均先其父死；其兄弟二人，兄又先行去世。生子四人，長嗣其伯兄陳珽，三子過繼於弟陳珮爲後嗣。陳貢禹擔負起振興家族大業和培養子侄們的重任，建宗祠、置祭田、睦家族，使生者有所養，逝者有所祭，伯叔、兄弟、子侄和睦相處，香火不絶。其卒後十年，即道光十二年，由地方名人張美如、孫揆章謹表刻碑，述其德善功澤，以明示後世。由於陳貢禹在家族家風建設和道德示範中的表率作用，被敕授儒林郎、晋封武翼都尉（從三品武散官），成爲地方上的道德楷模。在國子監讀書的陳貢禹次子陳宗瀚（貢生）撰文書事，志不忘其祖先之事，勤勉自警，立身修行，并刻於碑陰，使其形成完整的陳氏家族記事述功碑刻。碑文對陳氏家族的記載脉絡清晰，感情真摯，入情入理，情理交融，讀來思緒萬千，感慨系之，如"吾愛吾弟，所以事吾叔父也""吾教吾子，所以事吾兄也""撫兹杯棬，感念松楸"這樣的家庭事理，今天是難以想像和理解的。覽此碑文，我們既驚羡於古人的珍視血緣親情而又驚詫於今天的世道巨變，這對我們認識古代的家族親情關係和清代的封贈制度具有重要價值。

三、戎馬一生，箕裘不墜

張烈，亦名張君烈，字承武，甘肅武威人。雍正時歷任四川川北總兵官、陝西寧夏總兵官、都督僉事等職，後病逝於任所。乾隆皇帝聽聞其死訊後御賜祭文予以褒獎。在乾隆《御祭碑》的碑陰，刻有張烈之弟張君熹題跋碑，刻於乾隆十九年（1754）。張君熹是張烈胞弟，"幸熹兄烈，前鎮朔方，熹繼參戎巴蜀。"雖然出身於國學（教師）家庭，但他步兄後塵，從戎報國，"舍國學而備列戎行"。四十多年來，先後在巴蜀、天津、河間、西北、江南等地駐守，從訊把總升至參將（正三品），參加過多次戰役，任職多而閱歷廣，帶兵謹慎，練兵有素，老歸故里。他於"軍務之暇，披覽古典"，加之他本身具有的文化修養，加深了對"忠孝"思想道德的理解，思之"未嘗不掩卷流涕，有志未逮也"。晚年，他回顧一生，思及先輩教誨，感慨良多，寫下這篇題跋，意在為後人提供成鑒，"爰追殘喘，備錄始末，勒石隴下，以明其去來之故，靈爽有憑，必鑒苦衷耳。"題跋中，作者通過大量的戰爭生活題材和自己在各地、各個崗位上的奮鬥體驗以及與眾多上級、同仁的交往，闡述了對"忠孝"思想道德的深刻認識，并提出"在國之野，不作無藝之人"的真知灼見，這種"泣血陳詞"在今天仍然具有現實意義。從題跋看，他雖然是一名軍人，但"於軍務之暇，披覽古典"，又對"古人立功建勛"之追求非常重視，在四十多年的軍旅生涯中，既積累了豐富的軍事、政治生活經驗，也積累了厚重的歷史文化知識。這篇題跋，既是一部回憶錄和成長史，也是啓思錄和奮鬥史，體現出真正意義上的"箕裘不墜"精神。

四、孝友傳芳，除莠安良

《誥授奉直大夫山西朔州知州前翰林院庶吉士張公墓表》，簡稱《張兆衡墓表》，立於道光二十九年（1849），為志主同窗、官至兩江總督的牛鑒所撰。簡述了志主的家世出身，憶及學業、家庭往事，重點叙述了官場生活，突出其幹才績效和愛民情懷。碑陰刻有志主同里、塾師蔡舍輝寫的紀事：一為判曲沃周氏爭產一事，法理、人情兩依，當事人心服口服，民衆稱頌不已；二是對待兄弟如手足，并不因親疏而生間隙。兩篇碑文參讀，比較詳細地叙述了張兆衡為官做事和為師、為子、為人的行狀操守，體現出他"矢勤、矢慎、潔己、愛民"的胸懷，是一篇"尤足令人嘆息流涕不能自已"的動人碑記。張兆衡（1788—1848），字仲嘉，號雪槎，明代著名將領張達後裔，世為涼州望族。嘉慶年間進士，歷任山西和順、曲沃知縣，朔州知府，曾主講蘭州蘭山、五泉書院。其印象突出的有兩點：

孝友傳芳，承歡膝下。張兆衡從小受到良好的家風熏陶。"見公兄弟六人，依依愛悦如左右手，衣服食飲無彼此。"實際上，"三則與公异母也，其二則與公同祖也。"就是説，他兄弟六人中親兄弟四人，另兩位是父母的侄子，"撫猶子二，如己出"；而親兄弟四人中三人與他是异母兄弟。繼母、异母兄弟、堂兄弟共處的大家庭，在今天很難想像，但他們却"依依愛悦如左右手"。這充分説明張氏家族具有恪守家訓族規，耕讀繼世、孝友傳家的家風傳統，并形成一種良好的家族文化。兆衡進士及第後，曾任知縣。但他不以做官爲目的，而把孝敬父母作爲一種天職，做到了以"色養"父母爲己任，即和顏悦色奉養父母。這在孔子看來都是孝敬父母中最難做到的"色難"，他做到了，而且做得非常好，"公以其時束修色養，盡歡二人，累茵列鼎，樂不易此。"父母去世後，他按例丁憂，"公哀毁骨，立誠信如禮。"他言行舉止謹遵先祖教誨，等於在一筆一書教導人們寫好一個"孝"子。孝友傳家是家族凝聚的根，也是家族興旺的魂。因此，兆衡兄弟六人學業皆有成就。

除莠安良，心系百姓。兆衡爲官期間，"勤能見事，風發而聞變不擾"，"剔弊鋤奸"，"除莠安良"，修撰志書，政績累累。特別是他下車伊始，看到書院"屋敗垣頹"，即"慨然唱捐……延師講授，蔚然成風"的雷厲風行，對地方長期存在的黑惡勢力肆虐的果斷剷除，對官場"權篡者博上官歡"陋習憎惡的鮮明態度，一一都在説明，他的心中唯有百姓冷暖疾苦。他身在官場而心在百姓，對"一家飽暖千家怨，半世功名數世冤"决意不爲。正因爲如此，他與官場不容，發出"今作令，令不易作也"的感喟。他在官場的言行舉措深得地方紳民信賴，"循聲大著"，"爲立生祠，禁之不得。"至此，一位勤謹爲政、潔己爲民的良吏形象躍然紙上。

五、淡泊明志，精勤倍之

《張希顔墓碑》，立於康熙十一年（1672），今存凉州區謝河鎮武家寨村張氏墓地。簡述了祖上從南京遷入武威及家族在武威的繁衍情况，勾畫了張氏子孫圖譜。作者張俊哲（1601—1680）爲志主之子，祖籍南京，因始祖"從戎"至凉州，祖父時正式落籍凉州，其父由秀才改儒從醫，其家居於武威東鄉樂安堡（今謝河鎮武家寨村）。《張俊哲墓碑》，立於康熙二十一年，概述了張俊哲的生平經歷。作者黄肇熙爲福建名士，曾任凉州知府，與張俊哲交往頗深，又敬慕其爲人，墓志對其出身、學業、政績和德操給予翔實的記叙并作出客觀評價。以上兩碑所體現的張俊哲的主要操守和才幹概概括如下：

慷慨赴義，維穩先鋒。明末李自成農民起義軍入河西、清順治年間甘州回民反清隊伍經過涼州時，張俊哲作爲一名知識份子，感到了肩上的責任和義務，"在家稱孝，在國爲楨"，爲維護地方利益和社會穩定，他"集鄉黨，陳大義，協心圖圉"，號召鄉鄰買馬，購置器械，積極組織團練奮力抵抗被當時認爲是"流寇"的起義軍和"作難"的"逆回"，表現了報效國家的遠大志向和忠君愛國的情懷。就是這樣一位"與有力焉"的義勇之士，當"王師克成掃蕩"之後，"官吏欲上其功，泊然恬退。"

孝友傳家，安貧篤學。張俊哲父輩有兄弟五人，他有兄弟四人、子四人、孫九人，是一個典型的大家族。而他又被祖父看好，"於諸孫中以光顯爲予望"，"總角時，大王父器之，謂光顯門閭者千里駒乎，"臨終時再三囑咐要以讀書爲務。他雖然學業不理想，"不能榮祖奉父母，得沐褒封典"。但在祖母有病時，他"侍湯藥，無聞他務。" "事母至孝，安貧篤學，弱冠游□，以舌耕承歡……以盡子道"，"遵循典章"，承當起這個家族應有的責任。因"母節子孝"，他家受到官府的旌表。

勵精圖治，淡泊明志。俊哲由貢生被徵調，做過旗學教師。順治十六年（1659）任河南開封府通判，重點督辦漕運。期間，他廢除了一些陳規陋習，革除了老百姓的不合理負擔。在代理延津、祥符二縣縣令任上，裁減官府攤派，使兩縣大治。期間，主持修復祥符孔廟，纂修《祥符縣志》，使中州文物得以保存。在河南爲官八年，所到之處，政績突出，"隨請弊，蘇民困、修學宮、勸課藝、興截運……興利除害，譽頌籍於延津。二邑紳衿四民，俱有歌恩實錄。"由於政績卓著，上司準備提拔他擔任州牧，他却辭官回鄉，在家鄉謝絕會客，修身養性，以教育子孫讀書爲務，"嘯咏林泉，頤養情性"，過着恬淡、平靜的田園式生活。卒後葬於樂安堡祖塋。碑銘贊其"里揚孝子，國籍能臣……德音熇熇（hèhè），行藏特達。"

以上五個家族的家風以儒家思想爲本，既注重個人修養，又有家國情懷，對族人的思想熏陶與行爲規範影響深遠。耕讀是立身之本，孝友是傳家之本，勤廉是工作之本。他們從個人、家庭和社會三個層面引導和規範着子孫的言行，這與今天倡道的社會主義核心價值觀是一致的，二者融爲一體，共同塑造着家族、民族與國家的精神品格。志文通篇感情真摯，飽含深情，叙功記事，行狀操守，體現出家國情懷，今人讀之，未嘗不受感動和觸及。這些碑刻，都是難得的勤勉自勵、優秀家風傳統教育的好教材，在今天仍然散發着時代光彩。

睦族敦宗 九世同居
——兼說累世同居家族

現立於甘肅古浪縣黑松驛鎮蘆草溝村羊圈溝組的《旌表席氏九世同居碑》，刻於清道光十九年（1839），簡記席氏家族九世同居，縣令沈泰淶奉旨旌表、家長席世恩勒石銘記事宜。

席氏家長席世恩，古浪縣黑松驛羊圈溝人，道光五年（1825）拔貢，曾任教諭，擅長書法。席氏家族至勒石時，已是九世同居或曰九代同堂，就是說九代人居住在一起不分家。按照25年一代計算，其始祖約在勒碑之前的明朝後期（1600年前後）已來到古浪（來歷不詳），到清朝道光年間，已有約240多年的歷史。像這樣歷時久遠而在一起居住和生活的家庭，歷史上稱爲累世同居。累世同居在歷代政府都要提倡、鼓勵、嘉獎，如賜糧帛、免徭役、賞官爵和旌表門閭、敕修牌坊等，其中旌表門閭是最值得榮耀的事。席氏九世同居的睦族敦宗之風，在凉州非常典型，具有宣傳、倡導、鼓勵的意義和作用，地方政府層層申報朝廷，經相關部門審查獲准，道光皇帝下旨旌表，這在當時是一件轟動四鄉八鎮的大事。時任古浪縣令沈泰淶親自前往席世恩家，傳達落實朝廷的表彰決定，并奉送聖旨和匾額。席世恩不忘皇恩浩蕩，敬立此碑，永志紀念。歷代統治者如此大加表彰累世同居，其目的是維護封建秩序和道德綱常；而受到表彰的家族又是如此看重旌表，說明古人非常重視家庭文化傳承和道德倫理建設。

《旌表席氏九世同居碑》文字不多，也沒有多少渲染，但所傳遞的文化信息却很多，可補史料之闕遺。《五凉全志·武威縣志·人物志》記載了武威西街居民楊國正"事母孝謹，持身端正。壽九十一。申報贈'五世同堂'額。"這是見諸地方志的武威累世同居之家的僅見史料。

在農耕社會，累世同居之家不乏其例，一般五世以上同居者少見，九世以上同居者可謂鳳毛麟角。《紅樓夢》展示了賈府大家族的子孫同堂，人口繁多，這其實就是中國累世同居之家的代表。累世同居是中國傳統社會的一種家庭形式，其最基本的特點是同居、共財、合爨，即世代久長，人口衆多；同財共居，家法森嚴；血緣相連，獨立成户。中國歷史上累世同居的大家族被社會稱爲"義門"，起源於漢代并貫穿歷代。趙翼《陔餘叢考》曰："世所傳義門，以唐張公藝九世同居爲最。然不自張氏始也。"自漢代以來，歷代義門傳諸史册，尤以唐代的張公藝最爲著名，并由此出現了一幅中國傳統吉祥圖案——九世同居圖。

《新唐書·孝友傳序》："張公藝九世同居,北齊東安王永樂、隋大使梁子恭躬慰撫,表其門。"《舊唐書》記載:壽張縣(今河南濮陽市臺前縣)張家莊村張藝(577—676),歷經北齊、北周、隋、唐四朝,以"忍、孝"治家,九世同居,和睦相處。麟德三年(666)春,唐高宗李治與武后前往泰山行封禪大禮,路過鄆州(今山東菏澤市)時,地方官前來迎駕。皇帝問起當地的民情風俗,州長官稟告道:"這裏有户張姓人家,祖孫父子叔姪兄弟同居,已歷九世。北齊時,東安王高永樂公親赴其宅旌表;隋朝時,文帝特命邵陽公梁子恭爲使節前往張家慰問旌表;本朝貞觀年間,先皇太宗敕派專使再加旌表。"高宗聽稟後,聯想到自家情況,心靈受到很大觸動,遂決定親自拜訪取經。率領闔家老小數百口迎拜當朝皇帝的張家家長,是一位扶杖的九旬老翁,高宗賜坐并詢問其家族之間和睦之道。老翁提筆寫了一百多個"忍"字。高宗感慨良多,非常贊賞,賜給他縑帛等物,并親書"百忍義門"四個大字。張藝去世後,後人修"百忍堂"永志紀念。并據此史實,繪成九隻鵪鶉嬉於幾叢菊花間的圖案,以"鵪"諧"安",以"菊"諧"居",九數寓九世之意,名之爲《九世同居圖》,可製作成多種工藝品,用作闔家團聚、同堂和睦的祝願、祝頌吉祥禮品。

今天看來,累世同居雖然起到了道德示範作用,但消極方面也是不言而喻的:束縛了家庭成員的個性發展,是典型的吃大鍋飯。隨着社會生産力的發展和傳統文化的式微,累世同居之家在中國已是廖廖無幾,瀕於絶滅。但它所傳遞的和睦相處、孝友親情却是傳統文化中歷久彌新、永貫古今的道德準則。

武威墓志中關於對死亡的表述語詞舉隅

中國古代社會等級制度很嚴,不同階層的人根據其社會地位,對"死亡"的表述須依據其不同的身份地位嚴加區別。《禮記·曲禮下》:"天子死曰崩,諸侯曰薨,大夫曰卒,士曰不禄,庶人曰死。"現結合武威墓志中在對"死"的表述,將有關"死"的稱謂作一簡要叙述。

"崩"本義是山陵崩裂、倒塌。帝王、太后之死,就好象山倒塌了一樣,所以"崩"專用於指帝王、天子、太后之死。諸葛亮《出師表》:"先帝創業未半而中道崩殂。"帝王死亡的婉辭有時用"升遐"。《李國珍墓志》:"肅宗升遐,大宗即聖。"

"薨"是對於諸侯或有爵位的貴族、大官死亡的稱謂。《段榮墓志》:"薨於中山。"《段濟墓志》:"薨,贈北四州刺史。"《安元壽墓志》:"薨於東都河南里之私第。"《弘化公主墓誌》:"薨於靈州東衙之私第。"《論弓仁碑》:"薨於位。"

"卒"是對有官職、有名望的人死亡的稱謂,實際上用"卒"比較普遍。《吳允誠神道碑》:"得病卒,享年六十有一。"《翟舍集墓誌》:"公……卒於私第……夫人安氏……八月廿八日卒……長子……死於王事;次子……早卒。"《雷太夫人墓誌》:"長鎮華……早卒。"《晁大明墓誌》:"十三日卒於私第。"《劉意墓誌》:"永徽三年二月卒於閨宇。"《段瑋墓誌》:"遘疾卒於私第。"《孟秤墓誌》:"卒於福善里之私第。"以上誌主有公侯,有命婦,也有普通官員。也有"卒""薨"共用的。《成蒙墓誌》:成蒙"甲辰三月五日卒……夫人……十二月廿四月薨。"成蒙只是一位縣令,稱"卒"沒有什麽可説的,其夫人稱"薨"按慣例就高了,但既然能寫入墓誌,肯定也是符合慣例的。

"死"按《禮記》的説法是對庶人死亡的表述,實際上也可以看作是對所有人死亡的統稱。《余闕碑》:"乃拔劍自刎,墮濠西清水灣而死。"《武禹亭碑記》:"府君之死事安平。"《烈女鳳姐墓碑》:"身負重創而死。"

漢語詞彙極爲豐富,對死亡的表達絶不限於此,還有很多很多。經考查統計,"終於"一詞用的最多,也是最常用的表示死亡的詞語,既可以用於達官顯貴,也可用於普通官員。《論惟賢神道碑》:"終於静恭里之私第。"《安伽墓誌》:"五月,遘疾終於家。"《段摸墓誌》:"終於洛陽。"《紇單府君墓誌》:"終於私第……夫人牛氏……終於寢室。"《安延墓誌》:"七月廿日終於私第……夫人劉氏……終於弘敬里私第。"一般人正常死亡有時用"遷化"。《隋燕王府録事段夫人墓誌》:"奄從遷化。"

"歿"(没)是古代書面語和民間墓碑常用語。《盧氏墓誌》:"歿於澤州旅館。"《段氏墓誌》:"予亡妻生不月而先夫人歿。"《若干元墓誌》:"歿於私第。"《張介侯墓誌》:"君以道光丁未五月丙戌病没於西安城中和樂巷之居。""往生"的意思是擺脱過往業力的束縛重獲新生,佛教信衆、居士還用此表達一種對死亡的美好寄托。《李氏墓誌暨家族簡史碑》:"祖父得年……農曆十一月往生;祖母……農曆七月往生。"

突發死亡叫"遇難",因被迫害或被殺害或發生意外之事而死亡稱"遇害"。《段文楚墓誌》:"武威段公遇害於雲州。"《周曉墓誌》:周曉"爲胡賊所害……死於王事也。"有時也用"殞命""喪生"等詞。《烈婦楊氏墓碑》:"拾堅土投之,中其左肋,倒地殞命。"《高節婦墓誌》:"拾塊擊中要害,遂殞命。"

在戰鬥中死亡稱"陣亡",也稱"犧牲"。《張達墓誌》:"世雄陣亡嵐縣。"

《武禹亭碑記》：“禹亭武公陣亡後二十五年。”有時用詞更爲含蓄，如《唐故清河郡張府君夫人武威郡石氏墓志》：“因王事從邊，沉殤矢石。”沉殤矢石，指因戰爭而戰死。

未成年人或未婚配的青少年之死稱爲“夭折”、中殤。《雲麾將軍郭公神道碑》：“有子……年二十一，先公而夭。”《賈氏中殤室女第廿娘墓志》：“武威賈氏中殤室女第廿娘，夭於東都……”一般成年人之死多稱爲逝世、去世、謝世。《張俊哲墓碑》：“乘槎奄逝。”《賈思伯墓志》：“不幸早逝，呼可悲矣！”

弃養、弃世是對父母去世的一種婉稱，是説因父母去世，子女不能奉養；或謂要（父母）放弃世俗生活。《張兆衡墓表》：“丁亥，太封翁弃養。”《契苾通墓志》：“先公弃世。”

登仙、作古、百年、傾背等詞，舊時多指長者、長輩去世。《賈思伯墓志》：“忽染沉疾，以傾背於大中七祀八月五日。”

親人或朋友死了一般叫去世、逝世，也可稱永別、啓手足。《張兆衡墓表》：“雪槎先生啓手足於里第。”

寂、圓寂、寂滅、涅盤、示寂、遷化、坐化等詞，表達對佛、菩薩或高僧的去世。《理智法師功德碑》：“寂於二零零七年。”天主教多用“安逝”，如《安濟貧》《施樂習》《祁進修》碑；《步司鐸保録之墓碑》用“與世長辭”，《欽命大法國傳教士即□照公》用“享天堂永德”表述。

還有一些極爲委婉的表述。《賈公夫人陳氏墓志》：“何期逝川不息，落日難留。倏忽之間，恩慈永隔。”《李益墓志》：“全歸於東都宜教里之私第。”《趙開府碑》：“數齒八十，循化大歸。”《唐段行琛碑》：“乙酉，奄歸無物，其年於斯七十五稔。”《曹慶珍墓志》：“以大唐貞觀四年十一月十日奄歸長夜。”《段文絢墓志》：“大位未居，旋歸泉壤。”這裏，“恩慈永隔”“全歸”“大歸”“奄歸”“旋歸”，表達的都是最終的歸宿（死亡）。有的用“奄捐”“捐逝”表達，意爲忽然間獻出了自己的身體，類似今天的“捐軀”。《段磧夫人（蘭氏）墓志》：“奄捐里第。”《十八娘墓志》：“奄捐官舍。”《楊嘉謨墓志》：“因疾捐逝。”死的太突然，使人有些震驚，就加“奄”。《郭長生墓志》：“豈期奠楹在夢，奄從風燭。”奠楹，死亡的婉詞；奄從風燭，突然間成爲風中之燭（行將熄滅）。再如，《政樂王慕容煞鬼墓志》：“不意俄嬰疲瘵，忽焉傾逝奄弃。”《隴西郡夫人李氏墓志》：“五月五日奄從風燭。”《段文絢墓志》：“年纔弱冠，奄隨逝波。”

漢語辭彙最大的特點就是一義多詞，有的竟然多達一百多條，對死亡的用語就極爲豐富。除以上例舉的武威碑刻外，實際使用當中還有很多，試舉數例。爲了正義事業被敵人殺害者稱爲就義，爲了某種目的而犧牲生命稱爲"殉"。如：殉國，爲國家利益而獻出生命；殉道，爲道義或某種主張而獻身；殉難，爲國家危難或爲正義而獻出生命；殉職，職務人員因公務事而死；殉節，爲保全志節而犧牲生命，或指女子因抗拒凌辱或屈從禮教而死；殉情，爲愛情而死。死於外地謂之客死，死於非命謂之凶死，吊死或絞殺而死謂之縊（yì），被射死殺死謂之殪（yì），等等。民間對死的敬稱（禮貌用語），有時借道家的仙逝、返真、登遐、羽化、升天、登仙、西歸、尸解等，有時引用陰陽家就本、星殞，一般多稱辭世（與世長辭）、過世、去世、逝世、作古等；在吊唁時見之於書面的一律稱"千古"，靈牌、引魂幡上一律寫"已故"。民間土語、俏皮話稱死者各地有不同說法，如見閻王爺、上西天、回老家、撂挑子、蹬腿等等，但因非禮貌用語，不能用於喪禮和正式場合。

十一、專題研討

武威碑志的歷史文獻價值

"凡生於天地之間，其必有死"（《吕氏春秋·節喪》）。死亡并不可懼，因爲它意味着另一世界的開端。流芳百世，精神不朽，一直以來都是人類的不懈追求，也是做人的最高境界和人生價值的終極思考。古人將長生的境界提高爲精神的永恒。中國古代向來崇尚立德、立功、立言爲三不朽。"立德"即修養良好，道德標杆；"立功"即有所作爲，建功立業；"立言"即著書立說，流傳後世。說白了，就是我們常說的做人、做事、做學問。但自古以來，真正能做到這樣的人少之又少。於是人們開始借助"不朽"的石頭，試圖在上面刻字來達到"不朽"的目的。從此，樹碑立傳成爲帝王將相和名人的偏好，也成爲墓塋中不可或缺的內容。僅借助於不朽的石頭是不夠的，還必須有不朽的文章來傳承。石頭可以分化毀壞，而一篇不朽的碑文却能傳頌久遠。西方世界用雕塑這種以造型爲主體的石刻形式來塑造審美世界，中國則用碑刻這種以文字爲主體的石刻形式來塑造人文世界。西方文化追求復活，中國文化追求不朽。復活是生命的層面，不朽却是價值的層面。三不朽中，無論哪一種都應有文字、圖像記載，或者口耳相傳，才會更有意義。在簡帛、紙張出現之前，最重要的文字載體就是金石；即使紙張出現之後，金石仍然是重要的載體，我們經常說的口碑、豐碑、里程碑、紀念碑、樹碑立傳、金石爲開、金石之交、金石良言等，就是説金石的重要性和永久性。所以，碑刻一直是紀念功業的重要載體，人類都想通過碑刻去強化歷史記憶，期望永垂不朽。

中國古代石刻文獻與簡帛文獻、紙本文獻共同構成歷史文獻的三大主幹，我國石刻文獻已有三千年的歷史，衆多的碑刻原生態地承載着每一個特定時代的豐富信息，涉及政治、經濟、文化、軍事、歷史、地理、民族、宗教、吏治、語言、文學、藝術、教育、科舉、科技、醫藥、建築、水利以及中外關係與民族融合、宗室家族與姓氏播遷、旅行探險與名勝古迹、民風民俗與社會變遷等方方面面，堪稱石質載體的百科全書。從宋代開始，歷史學家就利用石刻文獻進行輯佚、校訂，補充着紙質文獻記載的不足。而今，碑刻文獻研究已經成爲當代顯學之一。文史泰斗饒宗頤將墓志與碑并稱爲"碑志"，他説："碑志之文，多與史傳相表裏，闡幽表微，補闕正誤，前賢論之詳矣。""墓志可校補世系，與地志、史傳、文集參證，史料價值尤高。"用文獻學家趙萬里的話來説，多是"徵前代之事實"和"匡史文之訛謬。"作爲歷史文化名城的武威，文物資源豐富，碑志遺存衆多，内容非常廣泛，門類比較齊全，涉及歷史上的政治軍事、社會經濟、文化教育、民族宗教、名人鄉賢、家族宗族、名勝古迹、扶貧濟困、鄉村治理、山川地理、對外交往等珍貴信息，從多方面反映出當時的歷史文化現象，由此展現出武威歷史文化的新史料、新視野、新綫索、新視角、新内容，爲武威區域歷史和涼州文化研究提供可信資料或重要補充。本書收錄碑志文獻750多件，其時間上迄東漢，縱貫古今約二千年。從形制上以碑碣、墓志爲主，碑石以清代居多，有100多件，墓志以唐代爲最，有70多件。碑者，悲也。抒發悲傷的情懷自是題中之義。武威碑志，在記述歷史人物功業的同時，更是傳遞一種精神，一種信念。人們透過這些碑文，喚醒崇高的歷史記憶，獲得全新的文化認同，讀出奮進的精神力量。這，或許就是武威碑志最重要的文化價值。以下試以武威碑志内容分述其對歷史文獻方面的價值。

一、發掘地方治理與社會發展的新史料

碑志對研究社會發展具有不可替代的作用，主要在於它是社會發展中不可或缺的歷史文獻。武威碑志中關於地方治理、社會發展、改善民生、維護社會穩定的記載，對今天仍具有現實意義。

1. 水務與矛盾糾紛調處。水利是農業和農民的命脉。明清時期大規模的移民屯墾、經濟發展、人口激增，始終與水利治理息息相關，相繼出現的用水管理章程和符合實際的措施，就是"水利社會"呈現的一種願景，而它的産生有着太多的水利案件的辛酸背景。武威現存數十通水利碑刻，既反映了地方政府作爲水利管理中的主導力量，在維護整個水利系統正常運行中的作用，同時也反映了來自民間的士紳、鄉官、百姓，通過自發的集資維修、建設并配合政府，在用水、分水和調處水利糾紛中所發揮的作用。

清代康熙三十九年的《涼州衛高頭壩與永昌衛烏牛壩之争水利碑》，拉開了高頭壩與烏牛壩水利糾紛的序幕，另有康熙四十九年、雍正十二年、乾隆九年、乾隆十六年碑，案件當事人相同，訴訟内容相同。兩壩水利糾紛由來已久，一直延續到20世紀70年代才得以徹底解决。5通碑刻詳述糾紛之起因及處理意見，案由明白，事實清楚。碑文中，歷任官員爲平息紛争而親臨現場勘察、協調、决斷等努力，按律懲處不法人員、立碑存照等措施；烏牛壩民依强争控、貪得無厭之行徑，高頭壩民良善可欺、受累難支之窘態，永昌劉縣令不講原則、袒護邑民之狹隘，官府對烏牛壩首惡姑息遷就、懲治過寬之原因；以及順民的軟弱、刁民的無行、官府的無奈、司法公正的艱難等等，表現得淋漓盡致。碑文提供了農耕文明時代社會生活、經濟生活的翔實材料，對今天的社會治理仍具有較强的借鑒意義。乾隆五十年《雜大二壩漏水碑》，官府在解决二渠長達數年的訴訟中，按照"舊例相沿""循照舊規"的歷史慣例并結合實際，作出雙方能够接受的判决，這是社會治理中尊重常規、尊重民意的案例。同治十三年《判發永昌烏牛壩武威三岔與鎮番蔡旗用水執照水利碑》，是武威三岔、鎮番蔡旗農民共同告發永昌烏牛壩恣意妄爲、違規毁碑勝訴的案例，碑文所涉歷史依據、放水例規、違法事實、判决結果等，法理清晰，簡明扼要，勝訴的要害是判决公正，依法依規嚴加懲處首犯。

石羊河流域下游的民勤，自明代大規模開發以來，水利灌溉逐步納入政府管理。雍正三年，鎮番首任知縣杜振宜始定鎮番用水章程；乾隆十四年，知縣江鯤根據前定章程，改訂"屯壩水規"（《首四壩水利碑》），依照水系分水、配水、納糧，對公平用水、减少用水糾紛發揮了重要作用。乾隆五十一年，知縣文楠根據當地水事糾紛頻發的實際，經過認真調查研究，得出"按糧均水，乃不易成規"的正確判斷，制定出"按六牌分澆次序，以牌定時，以時分水；以糧均水，以地調劑"的水規方案，勒石爲《各壩水利碑》，在鎮番廣爲施行，影響深遠，效果顯著，後世稱之爲"文公定案"，文楠也成爲公認的"好官"。光緒年間，在處理鎮番與武威縣的水事案件中，産生了兩件影響後世的"鐵道判案"（碑）。鐵珊道台尊重事實，運用法理有據，處理方式得當，尊法而不泥法，同情而不徇情，既平息了長達數百年的水利糾紛，又切實解決了兩地農民的用水問題，對解決水利積案、調解水利矛盾產生了積極而廣泛的影響，不愧是水利史上著名的"鐵案"。"文公定案"和"鐵道判案"是特定歷史條件下的產物，影響着武威水利的公平公正，受到後世的普遍贊同。此外，明代楊大烈《鎮番水利圖説》、乾隆十四年《屯壩水利碑》、乾隆四十二年知縣楊有澳《紅沙梁水利碑》、民國九年知事劉朝陛《洮沙灣水利碑》等，對配水、徵糧、務工、耕作、自治自律等，具體明確，合情合理合規，具有很強的規定性和操作性，也是古代處理水事糾紛的重要參考。

乾隆八年，古浪縣令安泰勒《渠壩水利碑》，記載了清代古浪各渠壩額糧、額水及水閘口尺寸等水政情況，是合理用水、依法治水、調解水利矛盾的法規依據。嘉慶二十二年《長流川六壩水利碑記》記載，在二壩的水利爭訟中，歷任官員秉公調解水利矛盾，減少了許多民事糾紛。乾隆四十五年《裴堡池塘水利碑》和光緒二十三年《裴家堡水利雨源池塘碑記》，簡述了農官、鄉紳、鄉民出資并督率民衆修浚水利設施的事迹，是社會治理中群衆自治水利的佐證。

勒石刻碑在古代社會有着重要意義，也被視爲監督判案結果實現的重要措施。光緒元年《懷六壩磨灣泉源水利碑記》，訴訟經官府斷案，除秉公判決、責令恢復原狀等内容外，強調了立碑爲證。民國五年《長流壩水利碑》，因川七壩民衆違反水規、截毁官槽而引起訴訟，官府判決除責令修復木槽等懲處内容外，也強調了立碑。可見，水利訟訴判決以後，將判決結果勒石刻碑司空見慣，成爲不可或缺的保證措施之一。

以上碑刻都是地方政府圍繞"水"而發布的告示、章程、判決、用水執照、鄉規民約等，這些爲解决水事糾紛、強化水利公平而建章立制的碑石，説明地方政府在水利建設中一直發揮着主導作用，尤其是在解决水利糾紛、化解社會矛盾、維護社會穩定中扮演着重要的仲裁角色。不同於傳統文獻的是，這些碑刻内容再現了圍繞"水"而進行的一系列活動，爲研究古代"水利社會"提供了第一手資料。

2.減負與扶貧濟困。晚清時期官府所立的《嚴禁裁賣田產碑記》《奉憲豁免采買六渠麥草以除民累勒石永禁碑》《甘州凉州攤派麥麩草料馬匹永遠禁革碑記》，是由縣令、道台簽批的通告（規約），内容爲嚴禁裁賣田產、強拉民畜車輛及聚衆鬧事、借尸索財，豁免攤派農民的麥草，禁革屬縣采買麥麩、草料、馬匹等事項，是切切實實打擊不法行徑、維護商業秩序、減輕人民負擔、取消中間盤剥等弊政的有益措施，意在威懾防範危害社會穩定和加重人民負擔的行爲發生，并立碑警示，曉諭百姓，深受百姓擁護。乾隆九年，徐思靖任古浪縣知縣。在所任三年中，深入民間，瞭解民情，興除利弊，多辦實事。《倡捐社倉記》《禁革老人記》《增建義學記》三篇碑文，是他帶頭倡捐、革除弊政、建立義學的大膽實踐，也是社會治理的作爲與效果。民勤《甘肅巡撫元展成爲昌寧湖地方乾旱請停試種事奏摺》《甘肅布政使徐杞爲請免柳林湖等地屯戶借欠錢糧事奏摺》《甘肅布政使吳紹詩爲請將柳林湖地方屯田升科事奏摺》《甘肅鎮番縣民柴彪奏請移民碑》四篇奏摺，立意相同，方式相同，效果相同，他們對所奏事項進行如實分析，反復陳述利國利民的好處，并以"感激聖恩""益思報效"等詞語打動皇帝開恩并"睿鑒施行"，體現出古代的一位士大夫在社會治理當中遇到問題勇於面對、敢於擔當的精神。這些碑刻，爲研究晚清時期民勤社會經濟狀況提供了有價值的史料。

光緒年間《大清中堂憲節捐資養羊濟貧碑記》，記錄了一位途經涼州的京城高官扶貧濟困的實踐。他先捐銀五百兩，并要求地方官員采取積極措施扶貧濟困。後經官府討論議定，用官員捐款購買3010只羊，以牧放生息和配發羊只給貧困户的方式進行。爲此，涼州府擬定了十七條措施，包括調查摸底、登記造冊、貧困户選定、羊只配發、羊只管理、牧養方式、生息管理與發放、羊毛羊肉及副産品管理與分配、管理人員與牧童補助、扶貧羊只與其他羊只的區別辦法、羊只配種與羔羊登記、扶貧户死亡善後、餘款管理及冊外扶貧等具體工作和措施，并勒石於道署，使官民周知并監督。這些舉措條分縷析，符合實際，可謂用心良苦，顯見古代扶貧之斑迹。

中國古代社會追求的是一種法理相融、人情兩依的良好環境，這也是社會治理的應有之義。實現這樣的社會治理，需要一批清正廉明、恪盡職守、敢於擔當的官員隊伍。《段鐸墓表》中的志主，爲官期間實施惠民政策，"遴選能幹"，"以仁政撫民，以智術馭吏"，在治理旱災中"爲除租稅，民迄小康"，在治理水災中"工省費輕，人忘其勞"，在治理黃流泛濫中"躬率僚屬，露宿堤上"；在斷獄中，"濟以平恕，咸得平理。"自古以來，打黑除惡都是保護人民群衆切身利益的有效措施。《張兆衡墓表》中的志主，在打黑斷獄中，以智謀果斷，"不動聲色"一舉打掉了"肆暴村墟，人不敢問"的匪首王三娃等犯罪集團，使得"閫境稱快"，民衆稱頌不已。

3.賦稅徵繳與契約精神。賦稅是中國古代國家實施宏觀管理的重要手段，既是國家治理的應有之義，也是最能體現清官作爲的行爲。明代萬曆中期，松山收復，醫治戰爭創傷，發展社會經濟是地方政府的首要任務。祁祖於萬曆三十五年分守西寧道，鎮守涼州。六年間，他明法令、徵賦税、用人才、建學校、養民氣、移風俗，在社會治理方面政績卓著，百姓刻碑永思。由於統治者的横徵暴斂，人民群衆渴望減輕賦税。武威"更名地"原是明朝親貴采邑，後由民人典種納租。清朝中葉以後，更名地由佃户所有，無論肥瘠或顆粒無收，統一徵賦，民衆苦不堪言。先賢李雲章與甘涼道龍仁陔曾"前後數上書"請求減免未果。民國初年，縣長康陶然受到鄉賢的啓發和鼓舞，不斷向上反映"更名地"問題。後經中央政府批准免除，同時他還免除了本應由百姓負擔的大額申報費用。此善舉從提出到免除，歷經百年，從根本上解除了數千個家庭數百年以來的宿累，百姓感恩戴德，自願爲他建生祠、塑肖像，永久紀念。《祁公永思碑記》《康公生祠記》在反映地方官員社會治理的同時，表達了人民群衆對清官良吏的渴望與擁戴之情。

　　明清時期，由於社會趨於安定，促進了經濟快速增長，商貿流通活躍，到清中葉已趨繁榮。武威地當孔道，歷來商賈薈萃。嘉慶年間《……氏三代神位碑記》，爲修繕××氏三代神位進行捐資的近百家商號及捐資數額，展現了當時"合會"成員的資金狀况。隨着商業貿易日趨繁盛，建章立製成爲保證社會經濟正常運作的需要，在民間則表現爲契約和契約精神。嘉慶二十一年，由嘉道名臣王鼎撰寫的《陝西同州府蒲城縣衆姓捐資題名碑記》，詳列陝西蒲城商人爲涼州陝西會館祭祀關羽自願捐贈者商號及個人達142家。試想，僅蒲城縣在武威的商號（人）就達一百多家，足以説明當時武威的商業不僅特别發達，還具有很强的開放性。嘉慶二十五年，陝西會館重修工程告竣，規模宏大，爲"五涼之名勝"。如此規模的工程，需要巨額資金支持。《清重修陝西會館碑記》開列了施銀商號（個人）157家，捐銀達2373兩。這亦反映出商賈輻輳、經濟繁榮的景况。康熙五十九年《始置名宦祠祭田碑記》，乾隆十六年《重修文廟祭田碑記》等，繪出祭田地契及面積、四至，載明買賣雙方人員、中人等。乾隆十五年《城隍廟甬道學産執照碑記》，對學産的鋪面一一詳載，碑陰刻還有四張印照。所有這些，强化了捐資助公、助學的社會行爲，具有法律保護和道德示範的雙重作用；凡事勒碑記事，在公示中體現出一種社會契約精神。

　　4.移風易俗，尊師重教和鄉賢文化建設。乾隆十年，武威知縣歐陽永禠撰寫《敦節儉條約》，列舉喪祭、嫁娶、酬酢及賭博等日常生活中常見的奢靡行爲，理性提出對這些不良風俗習慣的認識，并訂立條約，倡導紳衿士庶共同遵守。這些見識和措施，無疑對移風易俗，引導社會生活健康發展發揮着積極作用。乾隆十六年，鎮番知縣江鯤和涼州知府何德新分别爲民女楊氏撰寫《烈婦楊氏墓碑》《高節婦墓志銘》，對出身貧困，因打工受辱而被害的楊氏給予深切同情和高度評價，具有典型教化的社會意義。歐陽永褕的《烈女鳳姐墓碑》，具有同樣的教化作用。明正德十三年《勸忠祠碑記》，歌頌古浪操守嚴璽忠勇任事、以身殉國的精神；嘉靖二十七年《孝行碑記》，贊頌山丹衛儒學訓導石韞璧教書誨人及孝親、好學的優良品質；道光十九年《旌表席氏九世同居碑》，旌表席氏家族九世同居、睦族敦宗之風尚，等等，無不在社會治理和社會風俗改造與建設中發揮着積極的引導作用。

忠、孝、節、義、悌，是儒家思想的核心內容，也是中國文化的精神，引領着中國古代社會的健康發展方向。作爲示範偶像的名宦、鄉賢、忠孝、節義之士，他們在操守學識、才能聲望、道德引領、社會貢獻等方面的榜樣力量，從個人、家庭和社會三個層面廣泛影響着本人所及的鄉土，引導和規範着子孫後代的言行，共同塑造着家族、民族與國家的精神品格，其事迹通過各地的鄉賢、節義等祠而世代相傳，由此形成地域性的"鄉賢文化"。中國社會尊重知識、尊師重教、禮重人才的傳統，及其實踐中所體現出的公益精神與公益傳統，對弘揚優秀文化、維護社會公平、增強民族凝聚力，發揮着重要作用，成爲當代中國文化自信的固有基因。武威現存的許多碑志，志主立身修行、勤勉自警、勇於任事、孝友傳家……叙功記事，飽含深情，體現出家國情懷，今人讀之，未嘗不受感動和觸及，在今天仍然散發着時代的光彩。相關內容參見《從武威文廟專祠暨碑刻管窺古代社會的道德建設》《從武威碑刻探析清代的送學禮及其助學義舉》《蘇山書院——民勤文風熾盛的標志和里程碑》《清代古浪教育發展史上的兩件大事》《文明以傳的良好社會文化氛圍》《情真意切激勵後人的家族墓志》等札記。

5. 勘界與文物保護。行政區域界綫勘定，對消除邊界糾紛、減少資源破壞、防止造成人員傷亡和財產損失、保證政令暢通意義重大，有利於社會安定、民族團結和經濟發展。武威現存 8 通勘界碑，是研究行政區域界綫的第一手資料。康熙二十三年《道批勘驗地界碑》，是清代涼莊道給下級的批文，記載了樹立界碑的背景、限期恢復要求及四至範圍。乾隆三十九年《古城村番漢交界碑》，是當時涼州府與莊浪軍爲劃定番漢地界而刊立，記載了書界及雙邊訴訟、糾紛調解等相關情況，是研究清代天祝藏區邊界劃分的重要資料。清咸豐元年《馬廠番地界碑》，是研究清代松山草原地界劃分的實物資料。1945 年的《軍政部永登軍牧場紀念碑》，是研究山丹軍馬場建置沿革、界址範圍的第一手資料。

元世祖至元十八年設甘肅行中書省，除轄今甘肅大部地區外，兼領今青海、寧夏、新疆、内蒙古部分地區，這是中國歷史上第一次出現甘肅省的區劃。清康熙七年設立甘肅布政使司，奠定了今日甘肅省的基礎。1928年，國民政府將原屬甘肅省的西寧等7縣劃出建青海省，寧夏等8縣劃出建寧夏省，形成了今天的甘肅省行政區劃和行政版圖的基礎。當時的大通河雖然從甘青兩省的土地上流過，但尚未形成界河。1941年，正式劃定了以大通河爲界的甘青兩省邊界。兩通《甘青劃界碑》，給我們提供了甘青分省的相關歷史。民國年間所立《武威縣—永昌縣界碑》，見證了勘界的歷史延續傳統。

明成化年間，由駐凉州太監張睿牽頭，在原有遺址基礎上募緣重修了海藏寺。爲防止後人作踐侵占，張睿利用自己的關係，奏報朝廷降旨護持。《成化御敕修海藏寺碑記》是依法保護海藏寺的尚方寶劍，《重修海藏寺碑記》則記載了這次修建及規模。雷臺觀因創建年代久遠，加上天灾人禍而損毀嚴重，又被村民伐樹占地。後經官府多次協調處理，但成效不大。乾隆初年，凉州府縣官員親臨現場辦公，責懲了非法占有者，并劃定地界、頒給執照、勒碑銘記。《雷臺觀碑記》記錄了雷臺觀由重修到損毀再到重建的過程，突出了官府爲修葺、保護所做的種種努力，并條分縷析，將臺觀所屬田産、房屋、樹木、道路及四至詳加記載，連拆除的猪舍、水溝等都一一開列於後，可謂不惜筆墨，於理於法有據可依。武威孫詔家族道德文章賡續四代，一門兩進士，在武威歷史上所僅見。後家道中落，無力保護祖塋，其中四通墓碑被人盜走，由此引發了名人墓葬保護的話題。後經縉紳公議，同意將其墓碑移置公所保存。清宣統二年《公議建孫氏墓碑記》，記載了孫氏墓碑被盜、公議及保存事宜，反映了古代社會的文物保護情況。歷代官員與民間保護文物古迹較多，其人物與事迹詳見本卷《鍾愛并守護凉州名勝古迹及金石碑刻的不世情懷——武威官民保護修繕文物古迹紀略》《一生致力於武威文物古迹保護的儒商——賈壇》札記。

二、開拓寺廟保護與宗教研究的新視野

1. 武威寺廟碑志概述。武威宗教傳播源遠流長，創造了輝煌的宗教文化，本書收錄的120多通寺廟碑刻，記述了寺廟的緣起、損毀、修繕，官員、倡導者、捐資人的樂善好施動因和效果等，對這些碑文的解讀，有助於人們認識武威寺廟變遷與宗教發展的歷史進程，對發展文化旅游産業具有借鑒與啓迪作用。

凉州大雲寺，是武威最早的佛教寺院，創建於東晋，初名宏藏寺，隋朝時爲感通寺，武則天時改名大雲寺，西夏時爲護國寺，元末又恢復大雲寺之名，在河西乃至西北地方具有重要影響，歷來是古絲綢之路上僧侣信士朝拜的聖地。武威大雲寺唐代銅鐘及鐘樓爲大雲寺增添了輝煌而神秘的色彩，另有4通著名

碑刻。原保存在大雲寺的《西夏碑》影響巨大；《增修大雲寺碑記》見證了中日佛教文化交流的歷史淵源；《重修大雲寺鐘樓碑記》記錄了古鐘樓鳳凰涅槃的歷史；《涼州衛大雲寺古刹功德碑》是武威歷史上最早的寺院碑刻。目前，武威保存唐代宗教碑志僅有3通，而主題爲寺院內容且比較完整的只有《涼州衛大雲寺古刹功德碑》。原爲唐碑，明代重刻，信息量大。一是對大雲寺的歷史演變、規制規模記載周詳。二是大雲寺與地方豪強關係密切。修繕大雲寺的領銜官員是赤水軍大使、涼州都督司馬逸客，而主持雪獻法師則是涼州安氏貴族後裔，與駐守武威的赤水軍副使安忠敬屬本家。三是大雲寺有摩尼教身份。北宋史地學家宋敏求在所著《長安志》中云："東南隅大雲經寺，本名光明寺……"一些學者據此認爲大雲寺就是摩尼寺。摩尼教，爲波斯人摩尼所創立，因崇尚光明，在中國又稱明教，於6至7世紀傳入中國。著名學者羅振玉引《長安志》中的上述文字，將此碑作爲摩尼教在東晉時期就已傳入涼州的重要佐證之一。以上內容拓寬了宗教研究的視野，對進一步認識武威佛教發展史具有重要意義。

清應寺，亦名北斗宮，毗鄰大雲寺，始建於前涼，在佛教中具有特殊地位。清應寺姑洗塔，相傳藏有佛祖真身舍利，《廣宏明集》《西夏碑》等文獻、碑刻都有記載。《重修白塔碑記》云："昔阿育王造塔八萬四千，而震旦國中立有塔十六座，甘州之萬壽塔與涼州之姑洗塔居其二焉。"現存碑志7通，簡述了寺院的歷史演變、修繕保護等情況，是今天全面瞭解其歷史與現狀的第一手資料。覽此碑文，必將勾起人們對寺塔、舍利、經閣的遐想，在遐想中感受其古老與輝煌。

羅什寺是當今世界上唯一一處以高僧之名命名的佛教名刹。鳩摩羅什是具有世界影響的佛學家、哲學家，中國佛教八宗之祖。他在涼州生活17年，後圓寂於長安草堂寺。涼州僧衆懷其功德，建寺造塔，藏其舌舍利。羅什寺從後涼初建後，數度興廢，明永樂年間重修，敕爲陝西涼州大寺院。正統年間，明英宗敕賜漢文大藏經4000多卷，成爲全國藏有大藏經的名刹。武威現存有關羅什寺碑志9通，寺內藏有趙樸初、傳印法師、饒宗頤等名家匾額多方。唐代《羅什寺地址石碣》是最早的碑碣，《重修羅什寺碑》記錄了明永樂年間的一次重修，康熙《羅什寺碑》可謂寺院修繕簡史。

天梯山石窟，又名廣善寺，創建於北涼，是我國內地開鑿最早的石窟之一，也是我國早起石窟藝術的杰出代表，雲岡石窟、龍門石窟的源頭和"涼州模式"的代表。涼州佛教教派衆多，尤以禪宗影響巨大。著名史學家范文瀾先生説："涼州自從張軌以來，一向是西北方佛教中心……是禪學最盛行的地方……師賢、曇曜，都是涼州禪師。作爲北朝佛學主流的禪學，以及規模巨大的佛教藝術，都導源於涼州"（《中國通史簡編》）。曇曜是開鑿天梯山石窟、雲岡石窟的主持者。明正統年間《重修涼州廣善寺碑銘》，用藏漢兩種文字書寫，寺院由鎮守甘肅太監劉永誠主持重修，對研究藏傳佛教傳播、明朝的太監制度具有重要價值，特別是朝廷任命的寺院住持制，可視爲我國活佛制的源頭。

涼州白塔寺，因1247年闊端代表蒙古汗廷、薩班代表西藏地方，在涼州舉行"涼州會談"而彪炳史册，奠定了西藏正式歸順蒙元中央政府進而納入中國版圖進行直接管理的基礎，具有畫時代意義。白塔寺現存碑志5通，另有時任中共中央政治局委員李鐵映及甘肅省主要領導題詞碑3通。

海藏寺，現存碑志5通，其中《成化御敕修海藏寺碑記》爲皇帝護寺詔諭；《重修海藏寺碑記》記載了明朝太監張睿聯合地方軍政官員、自己承擔主要費用修寺的情況，寺内還建有道教殿宇，佛道相間，奠定了海藏寺的規模。《海藏寺藏經閣記》記載了住持際善法師歷時八年赴京求取大藏經的盛舉。另有清代名將孫思克、今人趙樸初題寫的匾額。

蓮花寺，明代稱善應寺。蓮花山，峰巒疊嶂，風景秀麗，歷來是游覽勝地，又是佛教、道教融合的見證。山上有自成體系的佛道廟宇宮觀72處，殿宇相接，規模宏大。蓮花山及周邊老爺山、石城山一帶，現存碑志11通，簡述了蓮花山及周邊佛道寺觀的歷史演變、修繕保護等，是今天全面瞭解蓮花山及周邊歷史，進而恢復其原貌的第一手資料。

安國寺，是一座湮没於歷史深處的名刹，現存碑刻兩通。曾經的安國寺，規模宏大，殿宇莊嚴，"甲於涼之諸禪林"。從"敕建""甲於"等詞語足可反映其在涼州佛教界的重要地位。

武威世家盛族較多，據現存碑刻可知，歷史上曾有三處私寺家廟，分别爲吴府（吴允誠）的阜成寺、楊府（楊嘉謨）的三官神祠、李府（李栖鳳）的蔭善庵。雖然名稱、規模、奉祀主體和作用不盡相同，但都是一種權力、身份的象徵。其對家族而言，期望"克紹前烈，丕振家聲"；對社會而言，達到"廣兹般若，啓斯福蔭"的目的。

壇臺是古代舉行祭祀、誓師等大典用的高臺，或爲佛道進行宗教活動的場所。武威壇臺較多，著名的有雷臺、靈鈞臺、東岳臺、皇娘娘臺、鳳凰臺（玉女臺）、狄臺及古浪玉祖臺、柏臺等。其中雷臺是中國旅游標志"馬踏飛燕"的出土地，河西道教聖地。武威現存壇臺金石碑志11通（件）。

城隍廟是祭祀城隍的廟宇。涼州府城隍廟，建於明代，位於今文化廣場西北角涼州區文化館所在位置。1941年6月22日即農曆五月二十八日，被日本飛機投彈炸毀，成爲日本帝國主義狂轟濫炸中國領土、屠殺無辜平民的見證。現存武威城隍廟碑志3通，另有古浪城隍廟石造像殘志和民勤重修城隍廟碑記。

另有中國現存最古老的塔例北涼石塔，武則天時期的天尊石造像和8通天主教碑刻。

在毀弃的大量寺廟中，名氣較大者有關帝廟、火神廟、馬祖廟、東竺寺、白馬寺、亥母洞寺等。隨着一座座古寺廟的消失，許多碑刻也不復存在。

2．武威文廟碑志概述。詳見《"隴右學宮之冠"武威文廟的前世今生——武威文廟碑刻綜述》一文。

3．碑志中的宗教信仰。隋唐是中國佛教發展的鼎盛時期，這在碑志中也有所反映。隋朝的《王賢墓志》《成公墓志》中有志主信仰佛教的記載。唐朝是中國最強盛的時代之一，經濟、文化、藝術具有多元化的特點，宗教信仰奉行三教并立政策，人們可以自由選擇宗教信仰。武則天一度偏尚佛教，使佛教達到極盛。《武氏墓志》中的太原郡夫人武氏與《慕容神威墓志》中的平陽郡夫人武氏，都是武則天侄子魏王武承嗣孫女，二人篤信佛教，前者"心念口演，誦真經而靡倦；焚香散花，繞尊容而不息"；後者"勤念齋潔，自捐形生，專心真如，不息晝夜。"李抱真"長女、幼女并從西方之教，各得其旨"（《李抱真墓志》）。《亡室姑臧李氏墓志》之夫人，"行在孝經，志宗釋教。" 這些碑志，爲研究唐代宗教信仰與佛教傳播提供了有價值的史料。

武威是佛教東漸的重要地區，也是道教傳播的重要區域，歷史上寺廟宮觀衆多，約在千座上下。這是廣大人民群衆進行宗教活動和祭祀祖先、神靈的重要場所，既反映了宗教活動的自由和人民群衆普遍的信仰訴求，同時也是統治者利用神權統治人民的重要載體，而作爲精神文化與物質文化結晶的建築藝術和金石碑刻，無不傾注着勞動人民的智慧，蘊含着豐富的歷史文化價值和社會時代風貌方面的衆多信息。

三、提供人口遷徙與姓氏播遷的新綫索

人口遷移，一般指人口從一地向另一地的空間移動，多爲聚族而遷。引起人口遷移的原因很多，最直接的原因是移民支邊、戰爭和自然灾害。人口遷徙的方式大至有兩種，一是政府組織的移民，主要是因政治、經濟、軍事和天灾人禍等而遷移；二是自行遷徙，主要是逃難、經商、爲官、從軍、投親和因子孫繁衍昌盛而遷移。武威衆多的碑志具體入微地記錄了樁樁件件移民細流經由不同來源匯往武威的活動，爲研究人口遷徙、姓氏源流、重要歷史人物提供了

真實、豐富而又無可替代的第一手資料。

　　姓氏，是標示一個人的家族血緣關係的標志和符號。姓氏的產生，標志着從群婚制到以血緣關係的婚姻制的轉變，是人類文明進步的里程碑。中國姓氏文化歷經五千年延續和發展，它以一種血緣文化的特殊形式記錄了中華民族的形成，在民族文化的同化和國家統一中曾起過獨特的民族凝聚力的作用。

　　段姓先祖出自周王族支系。據《元和姓纂》記載：從西漢段貞任武威太守起，段氏始居武威，子孫開始繁衍，至九世段熲，成爲涼州大姓。自此，"仕官累累，簪纓不絕"，造就了一批青史留名的家族精英，如段熲、段承根、段榮、段韶、段秀實等。雲南大理段氏出自武威，張澍、范文瀾等都有論述，金庸武俠小說有較多的叙述。武威和全國出土的段姓墓志較多，本書收錄19通。

　　賈姓出自姬姓。武威賈氏遠祖爲西漢政論家賈誼。據張澍考證，賈誼九世孫賈秀玉，東漢時任武威太守，子孫始居武威并繁衍發展爲望族。自此，賈氏子孫在武威創家立業，歷代英才輩出，造就了一批家族精英，如賈詡和賈穆、賈訪、賈璣父子，賈思伯、賈思同、賈思勰等大名鼎鼎的人物，使武威賈氏聲名赫赫。本書收錄賈氏碑志7通。

　　陰姓源於西周王族管仲後裔，後在河南南陽發展爲望族。東漢衛尉陰綱之孫陰常徙居武威，南北朝時顯赫一時，有陰鏗、陰仲達等衆多名人，形成武威郡望；北周至隋，有名將陰壽、陰世師父子。之後幾無名人，張澍對此由衷嘆曰："吾涼陰氏……多有顯著，功業、文章、節義均可師法，今則寥寂矣。噫！"雖然如此，詩人陰鏗卻是武威永遠的名片。《邠王府長史陰府君碑》，勾勒出陰氏流源及散播的脉絡及其顯赫家族。

　　王姓源頭衆多，人丁蕃盛，終成中國巨姓，總堂號爲太原堂。武威王姓播遷年代難以稽考，從現存3通碑志證實，隋朝之前太原王氏已落籍武威。明洪武年間，徐達部將、江南鳳陽人王興，率兵2500進駐鎮番，任掌印指揮，子孫後代落籍鎮番，世代承襲千户。十世孫王國靖，萬曆武進士，曾任大同總兵，著名的軍事發明家和軍事理論家。王氏從江南遷徙鎮番，歷經二十多世，名人輩出，成爲今天民勤的大姓和著姓。

　　李姓姓源較多，唐朝是李姓發展的鼎盛時期，賜姓、改姓衆多，族群迅速膨脹。隴西李氏以武陽、武威、敦煌、丹陽四房爲最，英才輩出。綜觀碑志和文獻史料，武威李姓源出主要有五支：姑臧大房武威李；唐朝對平叛有功的武威粟特胡人安氏賜姓李；西夏黨項李氏後裔融入；明末清初揚州籍李栖鳳家族在武威迅速崛起爲顯族；從山西大槐樹移民之李姓。數支"李"氏隊伍融入武威，形成今天龐大的武威李姓。本書收錄多通武威粟特胡人安氏墓志及相關李姓碑志。

張姓源頭和郡望衆多，僅甘肅就有武威、敦煌、安定郡。安定望族張軌在武威建立前涼國，立國76年，爲大量張姓落籍武威并繁盛奠定了基礎。武威保存的張姓碑志較多，如張琮、張達、張烈、張澍、張兆衡、張澂等，皆本邑名人。清代張希顏、張俊哲父子祖上來自南京，給繁衍生息愈千年的本土張氏注入新鮮血液。蒙元時期顯赫如回鶻高昌王家族，元亡後逐漸漢化，部分改姓張氏，如張澍母親。

楊姓何時播遷武威，難以稽考。查閱地方文史，本籍名人中明代以前少有楊姓人物入選。元末，輾轉江淮的北宋楊業後裔多從朱元璋起義。進入明朝，楊勝等三支江淮楊氏軍人世家相繼移防并落籍涼州，後代世居武威，世代爲將，使武威楊姓迅速崛起并繁衍壯大。楊勝八代孫楊嘉謨，立下赫赫戰功，官至總兵，授上柱國，但《明史》無傳。武威《楊嘉謨墓志》、河北等地碑刻和楊氏屏風、聖旨、家譜、史志等，爲武威楊姓及涼州楊家將研究提供了翔實的資料。

梁姓最顯赫的家族是東漢以梁統家族爲首的安定烏氏梁氏。東漢初年，酒泉太守梁統和河西諸郡太守起兵保境，共推竇融爲河西大將軍，梁統任武威太守。後竇融歸漢，梁統入朝爲官。安定梁氏從梁統開始100多年間，前後三位皇后，六位貴人，九人封侯，高官不計其數，成爲東漢外戚中最大的專權者。梁冀遭滅門後，梁氏一門分散各地，武威出土年代最早的墓志《前秦梁舒墓表》，是梁氏散播武威的有力佐證。

武威現存碑志還提供了晁、成、徐、毛、曹、郭、嚴、殷、邊、吴、達、余、吕、年、馬、彭等漢族姓氏流源和播遷的一些綫索。

四、呈現中外關係與民族融合的新視角

碑志在研究古代中外關係史和民族關係史方面呈現出新的視角。武威現存碑志中有許多民族内容，粟特碑志多爲域外來華者之志，羌族、鮮卑族等碑志爲華夏大地固有民族之志，這些碑志記述了他們融入中華民族大家庭的歷史過程，反映了中原王朝以其強盛的國力和厚重的文化，推動實現中華民族多元一體格局的歷史趨勢，爲研究中外關係與民族融合提供了十分珍貴的資料。

1.羌族。姚辯，系後秦王室後裔，既是貴族又是望族。武功卓絶，一生東征西討，屢立戰功，官至涼州牧、左屯衛大將軍，進爵爲公，爲周、隋的江山立下汗馬功勞，後世論者其功不在霍去病之下。但《隋書》無傳，《姚辯墓志》實際上就是一篇姚辯傳記，可補無傳之漏。姚辯一族是武威姚姓的重要源頭之一。

2. 鮮卑族。《紇單墓志》是研究鮮卑族貴族紇單家族及其姓氏流源的重要依據，《若干元墓志》是目前保存的鮮卑貴族若干姓氏的難得資料。"紇單""若干"是歷史上少見的姓氏，後來分別漢化爲單姓、苟姓，使原有的華夏古老姓氏又多了鮮卑族流源。吐谷渾屬鮮卑族一支。武威有吐谷渾王室墓葬群，已出土弘化公主等墓志10通。按照王室墓葬規制和禮制要求，應有許多吐谷渾管理人員。吐谷渾的亡國，使這部分人員融合於當地民族之中。今慕容、慕姓中即有吐谷渾民族成分。

3. 鐵勒族。契苾氏，出自北方鐵勒（勅勒）族。契苾何力，本是鐵勒可汗，駐牧於祁連山一帶，貞觀六年率部歸唐，授官封爵，居涼州。何力功勳卓著，官至鎮軍大將軍，封涼國公，去世後陪葬昭陵。長子契苾明，襲爵涼國公。契苾明長子契苾㮇，襲爵涼國公；次子契苾嵩，封姑臧縣開國子；三子契苾崇，封番禾縣開國子。契苾家族自何力率部內附後，先後七代爲唐王朝做出了重要貢獻，家族達到鼎盛階段，後來融入中原民族。本書收錄6通契苾家族墓志，是其家族歷史演變、興衰代謝的第一手資料。

4. 藏族。論姓主要出自吐蕃門閥世家噶爾家族，吐蕃國相、促使和親的重要人物、名畫《步輦圖》中唐太宗接見的主賓祿東贊是其代表人物。武則天聖曆二年，祿東贊孫論弓仁繼叔父贊婆率部歸唐，被安置於涼州，賜以"論（倫）"姓，從他起子孫皆以論爲姓，封官襲爵，備受優渥，以武威爲第一郡望。論弓仁子論誠節，贈武威郡王、太子太傅。論誠節之子惟賢、懷義、惟良、惟真、惟明五兄弟，皆效忠唐朝，屢立戰功。之後，論氏融入中原民族。清代進士倫肇紀，當爲後世武威倫氏中的佼佼者。《論弓仁碑》《論惟賢碑》見證了論氏的輝煌，是今天研究武威論姓的重要文獻。

5. 党項族。西夏滅亡後，許多党項人融入當地民族。世居武威的党項族人余闕，因元末死節而名聞天下，其子孫播遷各地皆以余闕爲得姓始祖，武威成爲余氏公認的郡望。余闕，生於合肥，進士，官至都元帥、淮南行省參知政事，曾扼守安慶七年，歷經大小數十戰，城破後因不堪被俘受辱自盡。明朝開國後朱元璋詔令表彰，建祠祭祀。元人賈伯良作《余闕碑》紀其事，文學家宋濂爲其立傳。

6. 蒙古和回鶻族。明朝曾賜給許多蒙古人吳姓。蒙古族將領把都帖木兒，永樂三年率部歸順明朝，賜名吳允誠，授官守備涼州，後隨駕北征、平叛，累遷左都督，封恭順伯，追贈國公，賜葬涼州。其三代子孫中，封贈二侯四伯三公，兩位皇妃；多位同僚部將授官賜漢姓。吳允誠家族以忠節顯名，封贈不斷，一直延續到清初，長達七代，是武威乃至河西地區歷時最久、影響最大的蒙古族顯貴世家。氣勢恢宏的吳府及府內阜成寺，儼然《紅樓夢》中的賈府。吳允誠去世到今天已愈 600 年，後嗣超過 20 代，家族已全部漢化，所以武威吳姓人口中有不少蒙古血統。《吳允誠神道碑》《阜成寺碑記》可補正史闕佚。

蒙古人毛忠，祖籍四川，其曾祖歸附明朝，落籍武威古浪大靖，官至千戶，世代承襲。毛忠軍功卓著，為明朝名將，賜姓毛，官至左都督，封伏羌伯，後代多融入漢族，古浪有《毛侯墓地恢復碑》等。《高昌王碑》《西寧王碑》《孫都思氏碑》之回鶻、蒙古人物家族，後亦多融入漢族。今武威姓氏中，與蒙古族關係密切的還有帖、鐵、妥、朵、脫、火、魯等姓。

7. 回族。達雲六世祖系哈密畏兀兒人，明洪武初年落籍涼州，以姓首字"達"為家族姓氏，融入回族。達雲官至甘肅總兵，累功封太子太傅，名震西陲，為一時邊將之冠，誥封四代，入武威鄉賢祠。其子孫顯貴者頗多，多為軍事將領。武威達姓後代多融入漢族之中。《松山平虜碑》《蕩空松山碑記》《定松山碑》《大明碑》《重修奶子佛碑》，直接或間接記錄了達雲在萬曆年間的松山大捷中的作為，《增修大雲寺碑記》則記載了達雲父子的捐資信息。

8. 昭武九姓。漢初，匈奴破月氏，河西昭武月氏部落被迫西遷進入中亞粟特地區（今錫爾河與阿姆河中游一帶），征服當地土著，形成康、安、曹、石、米、何、史、穆、畢等粟特國家，統稱"昭武九姓"。約在 3 世紀之後，他們就以行商著稱，整個歐亞大陸間，處處有粟特人的身影。5 世紀之後，特別是隋唐時期，隨著絲綢之路的暢通和繁榮，九姓胡人大量遷居河西和中原地區，成為中國境內最大的移民團體。他們主要從事商貿活動，與漢人通婚，以國為姓，世代相傳，并逐漸漢化。同時，祆教作為粟特人普遍的信仰也傳入中國。祆教也稱火教，創立於公元前六世紀。武威是漢唐時期河西地區最大的軍政機構所在地，也是昭武九姓的重要聚居地和祆教的主要傳播區，長安以西的粟特政教中心。武威設有宗教管理機構薩保祠（祆神祠），武威的康、安、史氏都做過薩保。武威粟特碑志較多，對考察和研究其家族源流、功名仕宦、宗教信仰、婚姻關係等具有重要價值。

康國是昭武九姓的宗主，來華者最多，成為中國康姓的一大源頭。《康阿達墓志》是河西地區出土的粟特裔康氏的唯一一方墓志，歷來為學者所重視。志主拔達為粟特康氏首領，并兼任薩保管理祆教事務，擁有軍事、行政、宗教和商業大權。粟特康國一族當為武威康姓的重要一支，後融入漢族當中。

武威粟特勢力最大的是安氏，其代表是幫助唐朝顛覆李軌大涼政權的安興貴、安修仁家族。安姓在涼州爲望族，世稱姑臧望。部分安姓將領因平定安史之亂有功，被賜姓"李"。隋唐時期，武威安姓居多，且造就了一批青史留名的家族精英，如安興貴、安修仁、安元壽、李抱玉、李抱真、李元諒等。《新唐書·宰相世系表》："武威李氏，本安氏，出自姬姓……"這裏指的是漢化的粟特安氏。武威和全國出土的安姓墓志較多，本書收錄唐代武威安姓（包括被賜姓爲李者）墓志12通，志主有安伽、安延、安附國、安元壽及夫人翟六娘、李暐（國珍）、李抱真、李元諒、李平、安玄朗等，都是唐朝顯官。碑志所涉雪獻法師，俗姓安，大雲寺寺主，安興貴後代；安忠敬，李抱玉之父，鄯州都督。

《曹慶珍墓志》志主祖籍安徽亳州，世居涼州。有學者認爲他就是大涼國首領李軌的首要謀臣曹珍，亦爲粟特後裔。

《史思禮墓志》志主，昭武九姓，官至右龍武軍翊府中郎將、上柱國。《代國夫人史氏墓志》志主不詳，或與昭武九姓有關。

石敬瑭之孫石延煦《墓志》云：延煦"歷大將軍……上柱國，武威郡開國伯。"《大唐故石府君墓志銘》載，後梁武威人石盛和石彥辭、石朗父子三人出仕朝廷爲顯官。《武威郡石氏墓志》志主也是武威郡人。武威曾是昭武九姓石國人雲集之地，是公認的石姓郡望。爵位多封於郡望，以追懷先祖，不忘出身。明《孝行碑記》志主石韞璧，祖籍浙江鄞縣，因其曾祖從軍和戎城遂落籍古浪，這是武威石氏中一支源自浙江軍戶的例證。

《翟舍集墓志》志主，出生於"右地名族"，繼承先世遺烈，立功授爵爲上柱國。夫人安氏，涼國公安興貴孫女。另據安元壽、翟六娘夫婦《墓志》，翟舍集夫人爲涼州名門安氏，而安元壽夫人爲翟六娘。由於安氏與翟氏的雙向聯姻，學術界把西胡出身的翟姓也視爲粟特人。武威翟姓與狄姓中有相當部分是由遷居武威的西域胡人漢化改姓而來。

五、填補文獻記載與歷史研究中的闕佚

碑志兼具歷史文獻、歷史文本、歷史文物和歷史行爲四種性質，它在記載民俗事象的同時，在文本之外與民間社會產生聯繫，不僅起着增長知識的作用，同時對傳世文獻具有極大的互補性，有考史、補史的作用，可以正史傳之"闕謬"。以二十四史中的紀傳體爲代表的人物傳記，以記言、記行、細節、對比、互見諸法寫人記事，歷史事件清晰，人物形象鮮明。碑志相類人物傳記，不乏優秀篇章，往往能道正史所不能道，以彌補正史記載的不詳或缺漏，可以從不同人物的生平經歷中瞭解當時的社會歷史。碑志在考證歷史事實、補正史籍闕載、糾正史籍舛誤等方面，都具有非常重要的價值。

本書收錄的人物傳記類碑志不少於150篇，包括140通墓志及部分碑刻，比較完整的約有50篇，有賈思伯、段榮、姚辯、張琮、安元壽、弘化公主、段秀實、安附國、契苾明、契苾嵩、契苾通、論弓仁、論惟賢、翟六娘、段承宗、郭千里、李國珍、李抱真、李元諒、李益、余闕、高昌王、西寧王、孫都思氏、宋晟、吳允誠、張達、李義、楊嘉謨、張承武、趙開府、張澍等碑志，碑主多爲區域乃至國家級名人；還有許多碑志涉及到的功勳人物如建造文廟的徐晞、再造羅什寺的石洪、增修大雲寺的志滿、加固鐘樓的李煥彩、保護文物的賈壇等；碑志作者不少出自名家，如虞世基、歐陽詢、于志寧、郭正一、張說、婁師德、殷元祚、唐德宗李适、楊炎、李益、元稹、董晉、班宏、韓秀弼、崔郾、虞集、康里巎巎、趙世延、危素、陳敬伯、楊士奇、楊榮、楊博、趙時春、王錫袞、胡天游、王鼎、牛鑒、魏光燾等文史大家和重臣顯貴。這些碑志，通過對碑主家世家庭、生平事跡、生活閱歷等領域進行比較全面的叙述和記載，抑或深層精神的揭示，反映了歷史和時代的變遷；除少數史書有傳和間或有載記者外，絕大多數史籍闕載，碑志填補了這一空白，爲研究武威歷史和人物世系族譜、闕里郡望、生平事跡、職銜官階、婚姻子嗣等提供了可靠和足資佐證的史料，比如我們把李抱真墓志和德政碑與兩《唐書》本傳結合參讀，就是一篇全面完整的李抱真傳記。

　　直接或間接反映了戰爭生活或戰爭給社會帶來的變化。《松山平虜碑》《蕩空松山碑記》《定松山碑》《三眼井堡記》《大明碑》《重修奶子佛碑》，對明萬曆二十六年官軍剿除邊患的松山大捷以及收復松山善後，記載比較周詳，刻畫了松山戰役的主要組織發動者田樂、李汶和劉敏寬、梁雲龍、達雲等主要將領的英雄群像，補充了許多史料，特別是對武威籍名將達雲在此役中的表現有了直接的戰地記録，既補充了正史之闕佚，也避免了正史之刻板。治理戰爭創傷歷來是社會治理的一大難題。《副總戎劉友元平逆回碑》記載，劉友元在平叛期間，"禁兵騷擾，屏絕民詞，清廉正直，軍伍閭閻，一絲一粒，戒嚴四知。"可以説，大軍所至，秋毫無犯，贏得了交口稱贊。

　　對一些歷史現象留下了想像的空間。大雲寺住持雪獻法師是凉州安氏貴族後裔，和當時駐守武威的赤水軍副使安忠敬（李抱玉之父）是一家。這一細節顯示，武威豪望安氏及粟特胡商在武威的勢力非常强大，其影響力不僅在商界，亦滲透到軍政界、佛教界。展開聯想，就爲之前的粟特胡人安興貴、安修仁顛覆李軌大凉政權和至德二年（757）河西兵馬使蓋庭倫聯合九姓商胡安門物等聚兵反叛這些重大事件找到了一種潛在的聯繫，説明粟特胡商確實是一股相當强大的勢力，有時關係到地區或國家的安危。

其他方面的價值。李益夫婦墓志的發現，將進一步厘清李益研究中許多爭論不休的問題，可填補文學研究中的一些闕佚。東漢書法家張芝書寫的澄華井碣，雖然佚失或字迹脱落，但始終存有一種美好的念想。《前秦梁舒墓表》對研究武威古城變遷和梁氏播遷武威提供了第一手資料。刻於唐天寶年間的《凉州御山瑞像因緣記》，除瑞像預言和神翼超群的神奇故事外，碑文中"駕還幸之，改爲感通寺"，歷來是隋煬帝西巡返程路綫和大雲寺賜名爲感通寺的有力佐證。唐文宗大和九年的《賈温墓志》，志主賈温以神策軍高級將領身份主管長安東西兩市回易，提供了唐代禁軍從事商業活動且形成一定規模的資料。西夏碑對地震的記録，填補了地震史的闕佚；康熙五十年《重修清應寺塔頂碑記》關於清應寺塔頂遭地震損毀的記録，與《五凉全志》記載的一次地震完全吻合。古浪縣吕氏家族墓地保存的清道光年間《吕氏碑記》《吕氏明堂碑》及其石桅杆，對研究古代科舉功名和榮譽制度極具重要價值。還有，如對女性碑志的研究，對探討古代的家庭關係、婚姻制度、社會風尚等提供了新視角。再如，清朝時期在臺灣任職的三位凉州軍人碑志，民勤蘇武廟碑、天祝韓湘子廟碑、古浪奶子佛和昌松瑞石碑及其相關的民間傳説等等，在某一領域的研究和宣傳中都是極有價值的資料佐證。

總之，碑志作爲補史、證史、糾史的思路和工具，其重要性和歷史文獻價值不言而喻。但碑志記述和史料中的任何文本一樣，都有其形成的過程和作者的主觀意識，不能完全等同於史實，存在誇張成分或使用春秋筆法是其不可避免的事實。

石刻的功能在於紀事、銘功、述德、纂言，也只有最值得記載的事功德言才有可能銘之於碑志。許多碑志樹立至今日，歷史滄桑巨變，碑主創造的輝煌早已過去。但碑主的功績和立碑之初所寄予的厚望，只有憑藉碑志傳承。石頭被人鎸刻上文字，豪立於大地，攜帶着記憶，就是爲了留存，爲了記住，爲了重温。因此，碑刻就是巋然不動的文化之根，即使在簡牘、絲帛、紙張等文字介質大行其道的時代，依然不能取代它的特殊地位和實際作用。石刻使語言文字變成了堅固恒久的存在物，雖經風剥雨蝕，日曝寒襲，也遠遠超越了人類個體生命的壽限。中國古代名人，大都與石刻文字結下不解之緣，爲他人樹碑立傳，既是實現"立德、立功、立言"三不朽人生座標的一種作爲，同時也是爲自己"樹碑立傳"的一個途徑。武威碑志作者中有于志寧、歐陽詢、張説、元稹、楊炎、虞集、明朝"三楊"諸大家而增光添彩；同樣，他們也以撰寫凉州碑志獲得榮耀。楊榮以文廟暨儒學記碑與武威文廟同光同輝，歐陽永禧以《敦節儉條約》碑享譽武威，鐵珊以"鐵道判案"碑永載史冊，康敷鎔、賈壇以尋碑、護碑與碑同在，張澍以識碑、考碑、發現西夏碑名揚天下。刻痕把歷史事實凝固成讓人刻骨銘心的文化記憶，滲透在生命的體液中，雖時過境遷也照樣永葆不朽。

武威碑志具有豐富的社會文化內涵，將爲方方面面提供有別於一般歷史文獻的實物資料，爲武威歷史與涼州文化研究提供新的視點和佐證。由於碑志數量衆多、分布廣泛，全面有效的保護機制和措施尚未形成，還有不少散落野外，歷經自然風化和人爲破壞，其軀體和文字還在一天天剝蝕，有些已經難以辨識甚至風化殘損，造成永遠不可挽回的損失。被譽爲"石刻檔案"的碑志，是不可再生的歷史文化資源。保護碑刻實物，整理碑刻文獻，具有繼絕存亡，弘揚民族傳統文化的現實意義，更有着其他歷史文獻不可替代的學術研究意義，讓我們共同努力，保護之，傳承之，弘揚之。

武威碑志的文學藝術價值

碑志不僅是中國文化的一個重要組成部分，也是中國文學的一種表現形式，更是社會時代精神的必然成果。中國文化發展到一定階段，必然有一種可信、可證、可永久保存的質料載體來傳承豐功偉績。碑志在中國傳統文化中具有廣泛的存在空間和高度的文化權威，這也是碑志的文化品質。碑志的功能在於述德、銘功、紀事等，也只有最值得記載的事功才有可能用美文銘之於碑志，成爲中華文明的精華和濃縮，這些"藏之名山，傳之後世"的麗詞美文，就必然會成爲具有文學藝術價值的精神財富被流傳和繼承。中國衆多的石刻銘文中，我們可以看到當時的散文、駢文已達到很高的水平。

碑志的文學價值，主要表現在在敘述與描寫的同時采用多種文學表達手法，如大量使用對偶、誇張、比擬、排比、鋪陳、白描、押韵等，在尊重基本事實的前提下，對描敘素材進行提煉加工，用嚴謹的結構合理安排框架，用凝練的語言加以生動描述，再輔以必要的情節、細節、抒情、形象等藝術手法，使讀者對所要描述的人物和事件有一個具體生動的印象，讀起來抑揚頓挫，琅琅上口，達到所要表達的藝術效果。不少碑志是由當時的著名文人撰文，有些還是當時的文壇泰斗，這就決定了碑志的可讀性和文學價值。碑志作爲一種應用文性質的文學體裁，必然包含基本的文學要素，遵守行文的基本規律。因碑志屬歌頌類文體，本身就帶有功利性，在歌功頌德時必然會大量運用符合傳播規律的文學表達手法和寫作技巧，以增强其文學色彩，提高可讀性和記憶性，以達到流傳久遠的目的。這從作者的心理分析，紙質材料上的文字，比較容易修改，而刻石勒碑則是一次性的終極寫作，一字不能變更又將傳之不朽，豈能掉以輕心？這就是碑文的品質普遍好於紙質文本的原因。

武威現存碑志中，保留了許多文學作品或具有文學價值的作品，不少碑志已達到很高的文學水平，特別是多種文學表達手法的巧妙運用組合，不僅提高了碑志的可讀性，更讓其文采斐然。在多時空、多層次、多元化學科視角中探索石刻文獻的文學價值，擴大文學的研究視野，會使古典文學的研究更爲廣泛、更爲堅實，更爲厚重。

本文擬從武威碑志的一些具體實例談談碑志的文學藝術價值。

一、武威碑志中的傳記文學與史傳散文

古代傳記文學大體上包括兩類，一類是歷史傳記文學即史傳文學，一類是雜體傳記文學即雜傳文學。以二十四史紀傳體爲代表的歷史散文，以記言、記行、細節、對比、互見諸法寫人記事，歷史事件清晰，人物形象鮮明，《史記》中的本紀、世家、列傳，幾乎都是優秀的傳記文學作品，并成爲中國歷代正史的標準文體。雜體傳記文學包括史傳之外的具有傳記性質的作品，包括自傳、他傳、碑志、年譜、學案等多種表述形式。雜傳作品往往能道正史所不能道，作者的感情和傾向更鮮明強烈，也不乏優秀篇章。

墓志是碑志的大類。廣義的墓志，包括墓碑、墓碣、墓表、阡表、墓志、壙志、墓志銘、神道碑等，都是記述和頌揚逝者生平事迹的文章。墓志在寫作上要求叙事概要，語言温和，文字簡約，其特點是概括性和獨創性。中國人講究立德、立言、立行，死後將這些寫入墓志，以求人死留名。武威墓志的全部和部分碑刻皆可視爲傳記文學類型，不僅具有古代散文的基本結構和特點；同時通過細緻生動的描寫，寫出了人物的精神面貌，具有文學散文的一般特點；又通過歷史事件的再現，記載了許多重要的歷史人物，具有歷史散文的基本要素。在形式上以散爲主，散中有駢；有長有短，屈伸自如；文白相融，雅俗自適。在內容上條理清晰，情致兼具；事真情真，言真理真；以真取信，以真感人。只有這樣的碑志，才能有益於社會，傳之久遠。

由清代武威名士孫揆章撰文、牛鑑書寫的《武威武徵君李孝廉傳》，飽含深情與熱淚，讀來感人肺腑，在敬仰二人道德學問之時，爲他倆的坎坷人生唏嘘不已。碑主之一武徵君，名瓚，著名書畫家。他學有專長而內行純篤。道光初年，朝廷舉孝廉方正之士，全郡數百人推薦，而他堅辭不受。一心希望有所建

樹，無奈以高才而屢試不中，加之家道中落，又爲洗雪父冤倍遭打擊，年僅五十抑鬱而死。另一碑主李夔生，幼承家學，刻苦讀書，學問深奧，不爲世人理解。中舉後屢試不第，後出門遠游，足迹半天下，對朋友之事盡心竭力，但懷才不遇而内心悲傷，五十而逝。作者爲兩位鄉賢立傳樹碑，概括其身世、學問、際遇、操守和爲人處事，字裏行間對他倆鬱鬱不得志和英年早逝表達了深深的遺憾和哀婉。但這種痛感又何嘗不是作者的自悼。孫揆章爲清代武威首名進士孫詔後裔，到他時家族式微，品嘗了由盛到衰的全過程，今哭徵君、哭孝廉，猶哭自己也。碑傳形式上是二人合傳，但事實上還有一位貫穿全文的人物，這就是作者。武瓚發憤自勵、孜孜以求和不同流俗之品格，李夔生學問精深、質疑問難和解囊相助友人之義舉，孫揆章樂善好施、守望相助和爲友立傳之苦心，及其三人互相關心、生死不渝的友情躍然紙上，聲情并茂，感情充沛，是武威版的"雞黍之交"。品讀之，體味之，我們在感受古人真情摯誼的同時，又爲今天的人情淡漠、世風日下而傷懷不已。作爲非虛構文本，以史傳筆法，呈現了歷史人物舊迹，夾叙夾議，具有史傳人物的風格和特點，是一篇具有較高文學價值的人物碑傳。

安史之亂後的第三年（757），在西部重鎮涼州，河西兵馬使蓋庭倫聯合武威九姓商胡安門物等發動兵變，河西節度使周佖被害，頃刻之間，河西因"九姓謀叛，州閭崩散。"此時，賊勢凶猛，大有割據河西之勢。在"賊衆若林，我徒則寡"的危難之時，年僅17歲的周佖之子周曉，"壯髮指冠，憤氣凌敵，誓不苟免，挺身力戰"，終致"凶黨大駭"。最終，年輕而單純的周曉被叛軍以詐謀害。《周曉墓志》記述了志主少年英武、崇尚氣節的不凡經歷，描寫了他在涼州之亂中振臂一呼、勇於擔當的作爲，贊揚其"死於王事，不忘其國"的義舉，銘文句句押韵，以《楚辭》式的表達形式概括并頌揚了周曉的短暫人生，是一篇感人的少年英雄傳記。

李平撰寫的《李准墓志》，述寫亡弟李准早年從軍，勇敢善戰，年僅24歲不幸早逝的經歷，表達了父子兄弟"泣天倫之中缺，悲手足之先凋""泣血絶漿，幾於滅性"的悲痛之情。與《周曉墓志》異曲同工，勾勒出一位秉筆從戎、腰佩寶劍、血戰沙場的一代將門之後英武過人的孤膽英雄形象。

唐人李胤之《李十八娘墓志》和《李十七娘墓志》，前碑記述次女十八娘患病、去世的過程和生前的一些感人情景，抒寫了親人們"痛毒肺肝，如橫鋒刃"的悲痛之情，發出痛天徹地、撕心裂肺的呼喊："此女之善，其誰與鄰？如何夭落？"後碑以家世淵源和自己功名、仕宦經歷中所聞所見所能所好作鋪陳，極力渲染家族生活的溫馨和諧，突出十七娘的所作所爲所愛所長，及"才識絕倫，孝慈難擬""鍾自天性"的一種超常品格，一位出身於世宦大家庭的淑女形象躍然紙上。而其"良玉不堅，芳蘭早墜"，怎不叫人"憤填胸襟，痛深骨髓"？這裏，濃濃父女情深，款款親誼悠長，讀來感人至深，令人迴腸蕩氣，凄婉難平。從849年到857年的九年間，李胤之遭遇了13歲女兒和24歲女兒先後"芳蘭早墜"的痛苦煎熬。兩位愛女，撇下親密無間的雙親及兄弟姊妹等親人，悄無聲息地撒手人寰，乘風而去。面對從小圍在身邊嘰嘰喳喳，小鳥依人的愛女不幸夭折，面對接踵而至的打擊，讓人感到生命的凄美與哀傷。李胤之和他的親人們，在"重重悲冤，心摧骨碎"的摧殘中，在痛苦的失眠與哀嘆中，徹骨的凄涼與過度的悲傷，心靈受到重創，精神支柱可能傾斜：生父"敘述失次"，生母"所不忍道"，親人們個個"痛恨悲辛，哀慟道路"。就在這樣一種"號叫不及，唯知斷魂"的精神狀況下，作爲父親，仍然強打精神，爲愛女撰寫了情真意切的墓志，述日常家事，皆真情至性，娓娓如訴，表達了對亡女深深的悼念與懷念。覽此兩篇墓志，感人肺腑，心情久難平静，深感父女之情深，兄妹之誼長，乃天下之第一情誼，一旦失却，必將是痛天徹地、撕心裂肺的哀傷，當珍之、愛之、護之。

《尹夫人臺碑》爲清末民初武威名士李于鍇撰寫。尹夫人，祖籍天水冀縣（今甘谷縣），隨父徙居姑臧。她秀慧聰穎，才思敏捷，足智多謀，善辯而有志節。初嫁扶風馬元正，丈夫病逝後，改嫁李暠。李暠，祖籍隴西成紀，生於武威，十六國時期西凉政權的建立者。在創建西凉政權當中，尹夫人起了重要作用，故當時有"李尹政權"之説。李暠卒，其子李歆繼位。李歆急於求成，不聽勸告，起兵攻打北凉失敗，釀成國破家亡的悲劇。西凉敗亡後，尹夫人被俘，被北凉國王沮渠蒙遜囚於武威寳融臺（即尹夫人臺，今稱皇娘娘臺）。雖然尹夫人是一位具有謀略和氣節的女性，但在西凉滅亡後她經歷了無數的磨難，最後淪落天涯，魂歸流沙。碑文感情充沛，詞藻華麗，句句用典，貼切自然，將人物事迹與抒情明志、歷史與地理、文學與史學融爲一體，使尹夫人的氣節才智和鮮明性格通過大量歷史典故的類比映襯，濃墨重彩地凸顯在世人面前。

乾隆《御祭碑》後刻有一篇張烈胞弟張君熹寫的題跋，很有思想深度。張君熹從戎四十多年，先後在巴蜀、津冀、西北、江南等地駐守，參加過多次戰役，任職多而閱歷廣，帶兵謹慎，練兵有素，官至參將（正三品），老歸故里。他雖然是一名軍人，但"於軍務之暇，披覽古典"，對"古人立功建勛"之追求非常重視，在四十多年的軍旅生涯中，積累了豐富的軍事鬥爭、政治生活經驗和厚重的歷史文化知識。晚年，回顧往事，思及先輩教誨，感慨良多，寫下這篇題跋。作者通過大量的戰爭生活題材和自己在各地、各個崗位的體驗，闡述了對"忠孝"思想道德的深刻認識，并提出"在國之野，不作無藝之人"的真知灼見。這篇題跋，通過"泣血陳詞"，邊叙邊議，將"事、理、情"緊密結合，既是回憶錄，也是啓思錄，在今天仍然具有現實意義。

本書收錄的人物傳記類碑志不少於150篇，包括140通墓志及部分碑刻，比較完整的約有50多篇，碑主如賈思伯、段榮、姚辯、張琮、弘化公主、段秀實、論弓仁、李抱真、李益、余闕、高昌王、西寧王、宋晟、吳允誠、楊嘉謨、張澍等，多爲區域乃至國家級名人，作者如虞世基、歐陽詢、于志寧、張説、婁師德、唐德宗李适、楊炎、元稹、虞集、危素、楊士奇、楊榮、楊博、趙時春、王鼎、牛鑒等，都是文史大家和重臣顯貴。這些碑志，通過對志主家世、生平事迹、生活閱歷等領域進行比較全面的叙述和記載，抑或深層精神的揭示，反映了歷史和時代的變遷。由於古代碑刻對時空的超越性，對公衆的垂範性，對後世的保真性，使得它兼備"事、理、情"緊密結合的文學精神。作者選取了重大的有代表性的最能反映人物特徵的事件，同時在不影響歷史真實性的情況下，加以必要的細節描寫，文彩焕發，文史并茂，人物形象鮮明。碑志雖然是一種應用文，但優秀的碑志堪與文學作品相媲美，不僅文辭典雅，語言優美，善於使用形象化的語言摹物狀情，更爲重要的是繼承了建安散文"以情緯文，以文被質"的範式，是一種藴含着"詩性精神"和史傳性質的傳記文學作品，讀來引人入勝。《姚辯墓志》《張琮碑》《契苾明碑》等，記述了志主和帝室及家族、僚屬之間的關係，有家世概略、個人簡歷與功績、朝野評價及贊語（銘詞），語言平實，情理交融，結構綫索清晰，故事情節完整，人物生動感人，具有史傳文字的基本特點和風格。盛唐文壇領袖張説《元仁惠石柱銘》《論弓仁碑》兩篇碑志，以整肅清麗的文筆，以情寫人，彰顯人物個性；以實寫人，力矯諛美虛妄；以傳奇法寫人，開拓碑志新格局，充分體現了其文思精密，典麗宏贍的審美特徵，具有濃郁的文學氣象，無疑是情文并茂、深切感人的人物傳記。

武威碑志中的人物形象爲後人考察他們形象的經典化及其在後世的影響方面提供了全新的素材，我們今天所熟悉的許多武威歷史人物與此不無關係。隨着人們對碑志人物的的進一步認識，武威歷史人物的範圍將大大拓展，如姚辯、張琮、郭千里、楊嘉謨等史書不載的高官顯貴將進入地方志和文學創作的視野，對已知人物的認識和評價也會更臻全面準確，如賈思伯、李益及武威段氏、賈氏、安氏、契苾氏家族等。

二、武威碑志中的寫景散文與寫景名句

寫景散文就是把自然山水、人工場景、民俗風貌當作主要描寫對象，寫出它們的情態特性、形聲色味，寫出真景真物、真社會、真自然，充分展示其風采魅力，以實現其表情達意的目的。在寫景散文中，情景交融是最高境界。情是景的靈魂，景是情的依托，情景交融，才能構築一篇優秀的散文。一般我們用移步換景或者定點觀察的手法來寫景，這樣可以使景物靈動起來。在記敍文中常常會有景物描寫，描寫時令節候、日月星空、山川湖海、雨雪陰晴、園林花草以及人居環境、風土人情等等，用來交代故事發生的背景、時間、地點，起到渲染氣氛、襯托人物、顯示中心的作用。景物千差萬別，各有姿態，只有抓住景物與衆不同的獨特之處，才能描繪出它特殊的形象，寫出它内在的韵味。

《重建蓮花山黑虎財神殿碑》，出自凉州大文豪李藴芳手筆，撰於清乾隆九年（1799）。武威蓮花山，山勢雄偉，層巒叠嶂，奇峰環列，望之如菡萏承波，故名蓮花山。山上佛教、道教建築殿宇相連，規模宏偉，黑虎殿、財神殿、斗母宫等遠近馳名，又有花圃、流泉等，歷來爲游覽勝地。碑文看似爲二殿立碑，實際上全面描繪了蓮花山的勝景，以及從雍正五年開始歷時17年的一次大修繕，文筆優美，用典較多，融叙事和抒情爲一體，如行雲流水，氣勢恢宏，不失爲一篇優美的游記散文。其狀景曰："蒔花藝蔬，頗供流連，乃知曲徑通幽……又復刳木取泉，上接巘巔，下通香積，或高或下，曲折蜿蟺，亘里許而來，縷貫如一綫……佳境愈僻則愈顯，舉向時之所謂金輪玄虎，泯滅荒岩者，倏爾稱盛於三十二峰之際，其不以人歟？北岸俱峭壁，即倚其勢，建斗母閣，與黑虎殿□爲指臂，嶙峋矗嵂，尤撮此山之最，中夾深澗，無他路可通，施虹梁十丈，以便游屐躡之，則嶔崎轇轕心焉。眼眩悸，遇此迥然窅然，頓與人隔矣。""余嘗住宿於此，每登閣覽眺，見夫初日照林、霞彩漾岫、夜月移岫、露氣横天、烟雨凄迷、雲亂幾榻、霰雪清霽、林表空明、晴朗猿啼、晦陰鳥寐、岩鳴水落、松鄉風來、俯瞰城郭、隐現目前、遥矚沙嶼、平隨掌上、心曠神怡、輒不自禁。"行文散駢結合，典雅工整，藝術成就不遜於古代的優秀駢文，文中描寫的美景絲毫不亞於永嘉山水。實際上，作者也在試圖創造一種永嘉式的山水景色："咸欲鐫碣表文，爰略具始末，勒成事於不朽，兼爲此山寫其仿佛，以俟後有永嘉，爲他日追隨之約。"寫景與抒情是寫作的基本手法。此文是寫景與抒情結合得比較完美的精品力作。在作者筆下，不論是亭臺樓閣、日月雲霞、烟雨霰雪、松林城郭、鳥鳴猿啼，還是視角、觸角、聽覺、知覺，都有一種超凡脱俗的感覺，給人既有一種自然美、藝術美的享受，也有一種歷史、人生的

滄桑感，從而激發人們熱愛家鄉、熱愛自然、熱愛生活的興趣。

《改建東岳臺增創廟貌碑記》："其臺上臺下廟宇、神像、繪飾、彩畫媲美，靈臺不日成之，而臺景之鴻敞壯麗，美秀巋隆，上聳雲漢，下□地軸，游觀者禮佛殿，則儼然極樂勝境……今纚纚大成矣。美哉盛哉，誠五涼之第一仙境也。"善於觀察并捕捉具有地域特色的典型事物，對東岳臺的描寫用語新穎，生動逼真。

《涼州衛忠節祠》，明中葉著名文學家趙時春撰於嘉靖十四年（1535）。涼州區位獨特，地域雄闊，物産豐饒，一直爲兵家所爭，故功臣名將、忠烈賢士層出不窮。"地既僻遠，衆雜羌胡，犬牙相錯，怙力負強，竞鋭争先，人懷賁育之志。喬峰四阻，繚以大河，黃沙白草，迷漫連天，風騎星列，獸屯鳥散，形擬金湯之險。捍禦秦雍，連絡西域，襟帶萬里，控制強胡，勢居必争之最"一段文字，寫景與抒情相結合，簡潔明快，細緻入微，將涼州特有的地理、景物、民族、民風及其戰略地位概覽無餘。

出自清代武威首名進士孫詔之孫孫俌的《修葺碑記》（重修海藏寺碑記），簡述寺院興衰和歷代修葺，引經據典，多所勸導，用筆簡練，是爲海藏寺立傳的一篇散文碑記，其中"武邑林泉之美，城北爲最，而海藏迤東尤勝"是對海藏寺一帶景物簡練而又形象的概括，同時也蘊含了海藏寺香火鼎盛的重要信息。《重修海藏寺碑記》，不僅如實記載了明朝太監張睿主持重修海藏寺的情況，也是一篇優美的游記散文："是日，風和景明，邊塵不飛……余觀夫海藏之勝概也，環四山之秀，帶諸澗之流；樹密鳥繁，而弋者可射；水清魚肥，而漁者可釣；以酌以歌，以行以止，仰焉俯焉，悠悠不知身世之在何地。衆曰：'河西叢林，此爲第一'……"可謂"武邑林泉之美，城北爲最，而海藏迤東尤勝"的形象注脚。其他如《創建李氏家廟蔭善庵碑記》《重修安國寺碑記》《重修羅什寺碑文》等，充分運用視覺、聽覺等手法，描繪出武威名勝雕梁畫棟、古樸靜雅、松柏長青、楊柳依依、翠草如茵的景色，仿佛使人置身其中，是難得的以景傳情、情景交融的佳作，足以使我們飽覽武威風物之美。《涼州御山瑞像因緣記》，既是一篇歷史散文，也是一篇美麗動人的神話傳說。

三、武威碑志中的文學表現手法簡述

碑志是記述死者生平或悼念性的文字，既表達一種哀悼、安慰、褒揚之情，也是一種祭奠、抒情方式，它是中國古代喪葬制度持續發展的產物，更是人類歷史悠久的文化表現形式。碑志通常由志和銘兩部分組成。志文多用散文撰寫，旨在記事，把逝者的家世家庭和生前的德行、學問、技藝、政績、功業、貢獻等，

濃縮爲一份個人歷史檔案，以補家族史、地方志乃至國史的不足。銘文則用韵文概括全篇，旨在頌美，是對逝者一生的評價和贊頌，用語精短活潑，或用騷體，或類五、七言詩歌，或似佛家偈語，或同警世格言，妙語珠璣而不浮華，蘊藏哲理而不晦澀，簡約、優美、用典、押韵是基本特點。志文和銘文雖各有側重，但主旨和語言特色、文體結構基本相同，使二者渾然一體。這樣的結構和書寫形式，非常符合古人尊重歷史和對逝者的緬懷感情，對於後人也具有一定的教育意義，這也是碑志的魅力所在。碑志是對一個具體逝者一生的回顧和概括，充滿着鮮明的個性，但同時也印刻着時代的痕迹，反映着當時普遍的社會心態、價值觀念，既是歷史學家十分看重的第一手史料，同時也是優秀的文學作品，有的則是書法精品。

　　碑志的主要特點是程式化。主要表現爲化用經典詩句、抄撮志文成句和襲用固定範本。這種創作模式雖然使碑志形式單一，結構固定，却有着重要的文學意義。中國文學源遠流長，除詩、詞、曲、賦、駢文等韵文外，碑志的韵文創作在文學發展史上不容忽視，不僅參與面廣、數量衆多，而且成就斐然。作者通過韵律選擇準確地表達複雜多樣的情感，用韵密度成功地構成雅俗各異的格調，韵脚轉換恰當地體現曲折變化的情緒，給讀者帶來審美享受，達到情感與美感的高度統一。大量的碑志韵文，對研究各個時期的用韵情况、押韵組合、韵書比較等具有重要意義。另一方面，漢語韵文之美，除了作者鋭意創新的修辭努力，還在於漢語自身的特點：古漢語以單音節詞佔優勢的事實、語法的靈活性特點、語音的音樂性特質，都是造就漢語韵文之美的重要原因。

　　武威碑志數量多、作者衆、體裁廣、影響大。作者隊伍比較廣泛，既有帝王、軍政大臣和文人，更多的則是志主的親人、同事和普通文人志士。就内容講，既有以叙述見長、頌功記事的人物碑傳，也有許多寺廟碑刻和反映社會生活的碑刻，還有少量的寫景碑刻，大多講究文字錘煉，除史料價值、書法價值外，有不少文學藝術性較强的作品。總體而言，它首先是真實的，事真、理真、情真；不僅是記事的，而且事中有理，事中有情，將記叙、議論、抒情相結合；形式上既有散行也有駢儷，既有長句又有短句；既有作者的言語，又有他人的引語；語言既不古奥，也不俚俗，不文不白，介於二者之間；既文采斐然，又質樸無華，文質彬彬是也；語言的質地既不豐腴，也不枯瘦；在篇幅上長短相宜，結構上層次分明等等。舉凡優秀的碑志需要運用多種文學手法來表現，以達到完美的藝術效果。經初步探討，擬將作者所運用的文學手法簡述如下。

　　1.善於用典，長於類比。運用典故是碑志常用的手法之一，同時，寓類比於用典之中。武威碑志典源多取自歷史故事、神話傳說，多傾向於英雄、名將、名士等偶像崇拜，常見的有張良、韓信、蘇武、金日磾等。《段榮墓志》："翼贊曹武，光啓晉文。" "管樂非遙，良平可匹……榮均鄧騭，府類張華。" 用魏武帝曹操、晉文公重耳，名相管仲、名將樂毅，謀臣張良、陳平，名臣鄧騭、張華作比，襯托"北齊第一貴胄"段榮的政治、軍事才能。"若乃滕公之馬，驗佳城之欲開；令威之鵠，嗟舊郭之虛是。大海有揚塵之日，名都有奔浪之期。"分別用滕公佳城、神仙丁令威、滄海桑田典故，喻世事無常。《張琮碑》："超武安以振威，邁淮陰以賈勇。"用武安侯白起、淮陰侯韓信喻張琮之勇武。"徒懷王允之心，空軫賈生之哭。"用東漢大臣王允設計誅殺董卓、西漢賈誼憂國憂民之事喻張琮之心系國是。"昔霍氏勛高沙塞，任重中權；黃君望亞鼎司，寵光莫府。"用霍去病、霍光兄弟及霍氏一族曾權傾朝野、後慘遭滅族；春申君黃歇位高權重，後命喪棘門、滿門抄斬典故，喻張琮不貪戀權位。《王義康墓志》："王祥高謝，龐統遠慚。" 用魏晉孝子王祥以89歲高齡謝世、三國謀士龐統36歲而亡典故，喻人生無常，寵辱不驚。《慕容神威墓志》："君以藝超衛霍，識□孫吳……是同蕭曹之位，豈居絳灌之列……夫人武氏……學冠曹室，文推謝庭。"用衛青、霍去病、孫武、吳起、蕭何、曹參、周勃、灌嬰及東漢建安文學領軍人物"三曹"，東晉謝安家族著名詩人謝道韞、謝靈運、謝朓等典故比況志主夫婦之功業才能。《契苾明碑》："若乃傑出文武……高視於段賈之前，獨步於韓彭之上……許史焉可儔，金張莫能匹……縱使李牧寧部，充國和戎……擅班馬之雄辯……如楊彪之承伯起，若班固之嗣叔皮。" 用段熲、賈詡、韓信、彭越、許廣漢、史恭、金日磾、張安世、李牧、趙充國、班固、司馬遷、楊彪、楊震（字伯起，楊彪曾祖父）、班彪（字叔皮，班固之父）典故；另"許史金張"指漢代四家高門巨族，借指權門貴族。作者用這些典故喻契苾明功業顯而門第高。《周曉墓志》"終童英妙之年，呂蒙即戎之歲" "緹縈請贖，汪踦奮身"，用終軍少年成才、呂蒙發憤勤學和緹縈救父、汪踦衛國故事襯托周曉少年英武、挺身平叛的壯舉。《烈女鳳姐墓碑》："夫古今來，奮不顧身，忠於其主，如嵇紹、辛賓、陸秀夫輩，皆烈丈夫之所爲。"用蕩陰大戰中嵇紹護衛晉惠帝、晉湣帝蒙塵平陽時辛賓護主、陸秀夫在崖山海戰兵敗後負主蹈海這三位忠君典範比況忠心護主的普通民女鳳姐，塑造了一位烈丈夫形象。《尹夫人臺碑》可以説是句句用典，通過大量用典，表達了對尹夫人的敬慕與慨嘆。善於用典又體現出文化價值的多元化，將儒家的忠孝節義和佛道的價值觀融入其中。

2.對仗工整，駢散結合。對仗，也稱對偶，是文學修辭中最常用的手法。

從形式上看，對仗往往由兩個詞組或句子構成，字數相同、句法相似、均匀整齊、平仄相對、音節和諧、韻律感强。從語句内涵上來講，對仗前後兩句緊密相連，意義相關，集中凝練，概括力極强，獨具藝術特色。碑志中有大量的對仗，看着整齊醒目，聽着鏗鏘悦耳，讀着朗朗上口。武威碑志中對仗工整的句子比比皆是，又以典故疊加對仗居多。《元仁惠石柱銘》："郭有道之故事，無愧蔡邕；趙文子之將游，永懷隨會。"東漢學者蔡邕曾爲被世人視爲楷模的郭有道撰寫碑文，晋國名臣趙文子與叔向同游晋國墓地時曾倍贊晋國大夫隨會。《論弓仁碑》："公有由余之深識，日磾之先見，陋偏荒之韋毳，慕上國之衣冠。"借由余、金日磾兩位曾生活於偏荒之地但富有"深識"與"先見"的政治家的事迹喻吐蕃人論弓仁歸附大唐之識見。《弘化公主墓志》："同日磾之入侍，獻款歸誠；類去病之辭家，懷忠奮節。"用匈奴人金日磾歸附漢朝、霍去病拒絶豪華府邸組成工整的對仗句，喻弘化公主犧牲個人利益和親的重要意義。《契苾明碑》："從中書令李敬元征吐蕃，公爲北海道經略使。於是南討吐蕃，北征突厥，累摧凶醜，勛績居多。後狼山及單于餘黨復相聚結，奉制討擊，應時平殄，前後賞勞，不可勝紀。改授左驍衛大將軍，襲爵凉國公，食邑三千户……公倜裝遵遠，望赤水而前驅；勁騎騰空，指白蘭而長鶩；左縈右拂，八校於是争先；斬將搴旗，三軍以之作氣……"駢散結合，述議并舉，高度概括契苾明的軍功碩勛及封賞。《西夏碑》《高昌王碑》《西寧王碑》等大碑中，運用對仗、比喻和駢散句較多，顯得工麗嚴整而又多姿多彩。

3. 誇張白描，廣泛使用。誇張和白描作爲一種積極而常用的修辭方法，自古以來運用較爲普遍。《文心雕龍·誇飾》説："自天地以降，豫人聲貌，文辭所被，誇飾恒存。"所謂誇張，就是爲了表意的需要，有意識地將客觀事物作擴大或縮小的描述，從而引起人們豐富的聯想，有利於突出事物特徵。運用白描手法，則開門見山，用樸素簡練的文字描摹形象。《李益墓志》："洪鐘撞而大音起，清詞逸而重名震。"開句用濃墨重彩渲染氣氛，寓誇張於比興之中，節奏協調，充滿着詩情畫意，爲李益的登場張本。"地望清華，推鼎甲之族；天才秀出，爲文章之杰。"既是寫實，也是誇張，概括了李益的出身與高才。"四擅邵詵之美，三領元瑜之任。"用"邵詵高第"、阮瑀（字元瑜）雄文相類，誇李益才能遠超二位。"雅韵藻思，通幽洞冥……學海息浪，詞源絶波。"用誇張的手法高度評價李益詩歌的俊雅風格與巨大力量以及去世後對詩壇造成的巨大損失。"泊參掌綸綍、潤色王度，不虚美，不隐惡，文含奇律而直在其中……盡哀矜、雪疑獄，有於公之陰德；正編簡、緝遺文，極劉向之美事……公直清而和，簡易而厚，不恃才以傲物，不矯時以干進。著嘉詞，享重譽，逾甲子矣"一段，則用白描手法概括其文章風格、文學才能、社會影響，兼及政治品格，突出其爲文直、性格直的個性特徵。這些，爲今人正確評價李益具有重要的引導作用。

4. 述議結合，高度概括。敘述與議論同樣是碑志寫作的基本手法。趙時春《涼州衛忠節祠》銘詞："昆侖西極，實生大河……其光屬天，寶藏興焉。駿駝名馬，沄沄如泉。國之所重，以制百蠻。基自漢皇，溯乎神禹……紛紜五王，陵籍魏晋……亦有俊豪，能捍大患。芟柞獍梟，救災止亂。或勤王家，奉以義勇……是曰忠節，實惟文武。名垂竹帛，震耀今古……既繩徽迹，爰修祀典。佑啓後人，永矢弗諼。爲臣思忠，爲政思賢。佐我升平，於億萬年。"用凝練而富有文采的韵文，邊叙邊議，高度概括了涼州的地理、歷史、戰事、物藏、人杰及建立忠節祠的重要意義。《祁公永思碑記》，作者選取祁祖在涼州任職六年的三大政績：明法修武，簡將練兵，使北虜不敢南犯；謀畫調停，知人善任，順利完成糧賦徵收；建學養氣，移風易俗，使百姓知恥有節和涼州百姓爲表達"悠悠千載，永志不忘"之情而建立"永思碑"的事實，加上三個"而誰不思"發問，用平實質樸的語言刻畫了一位實心實政、勤政爲民的官吏形象，具有一定的文學意義和史料價值。如對政績第一件的叙述："自公旌節西來，根宗學海，汲引人倫，誠不難敷以文教，滋以甘露……公至，明法審令，簡將練兵，修武備以戒不虞……今則柝静烽消，守城者橐弓卧鼓，銷鏑干城，孰有如今日者，而誰不思！"爲文叙事嚴謹，寫人生動，用冷静從容的寫實手法，通過人物外柔内剛、勤政見於平易的個性特徵，叙議結合，形象鮮明，在客觀的叙述中隱含着深沉的歌頌之情。武威名士陳作樞所撰《阜成寺碑記》，從阜成寺的興衰淪替聯想到武威歷史上衆多的文物古迹和段熲、段秀實家族，陰子春、陰鏗父子，李抱玉、李抱真兄弟等先賢，卒章顯志，直抒胸臆。作者認爲，古迹的恢復與重建人們易於實現，而先賢却是"千欲求什一於千百，戛乎難矣！"語言直白，切中時弊，表達了"踵事增華"的必要性和重要性。

5. 描寫生動，注重細節。細節描寫是刻畫人物性格，揭示人物内心世界最重要的手法。一篇文章，恰到好處地運用細節描寫，能起到烘托環境氣氛、刻畫人物性格和揭示主題的作用，能起到以一孕萬、即小見大的作用。《李元諒墓志》："夏五月，詔公與副元帥李晟，進收上都。師次滻川，壘堡未設，賊衆悉出，以逸待勞。□公成列先馳，所向皆靡。是日之捷，獨冠諸軍。進次苑東，公又前合……公以小利啖之，奇陣誤之，鼓儳疾驅，旗靡毒逐。曾未晌息，雜然奔潰，元惡突走，協從降附。"以規整的句式，從細節入手，突出李元諒的用兵策略及戰果。"靈輀啟路……笳簫鼓吹，戣瞿干鹵，騎士介夫，夾道衛轂，哀榮之典，於焉畢備"，又從李元諒葬禮之隆盛，突出其功勳茂績。《契苾夫人墓志》："夫人以斷織垂訓，折葼示嚴，禁其浮蕩，至於成立。"以此細節表現出夫人對子女的嚴教。《李國珍墓志》，通過李國珍在重病其間，密切關注時局變化，當他得知"朱泚大逆，俶亂京華"時，"撫床慟哭，籲天見志……懷忠飲恨，乃中膏肓"這一細節描寫，怨憤填膺，不勝感慨，凸顯其忠臣良將的風範。《劉友元平逆碑》："公單騎日夜走五百餘里，請兵不滿千，公當先擊賊，如穴中之蟻，竹破瓦解，奔潰皋蘭之間，奪城禦賊，陣亡落水者以三萬計……公領兵百騎入城中，拈髯微笑，有古人捫虱談兵之致。民間貿易如初，秋毫不犯。"寥寥幾句，從細微處概述了清初名將劉友元勢如破竹、迅速剿平河西叛亂的史實，又將王猛捫虱談兵的典故巧妙嵌入其中，襯托出碑主高超的軍事才能。《李十七娘墓志》："汝往廣州，即三四歲。南中山水萬狀，菓藥千品，奇禽异獸，怪草名花，已能遍識，歷歷在□。又能洞察是非，盡知情偽，周深敏晤，無與比倫。尤好文籍，善筆札。兄弟讀詩書，一關聽聞，莫不記覽。當代篇什，名人詞藻，皆能手寫；動盈箱帙，商較文賦，皆盡妍蚩。刀尺女工，裁縫綉畫，不習而妙……頃，余與姊妹弟兄四五院聚居襄州，生侄數十人，長幼數百口，爾未十歲，皆能承侍敬奉，曲盡殷勤。姑叔姊妹所闕，必爲陳請，人人滿愜，咸愛重焉……"作者就是通過這些娓娓道來的細節，充滿着切膚的沉痛與哀傷，表達了對亡女深深的悼念與懷念，品此細節，心摧骨碎，感人肺腑。

四、填補了文學研究中的一些闕佚

近年來，陸續出土的石刻文獻爲古典文學研究注入了勃勃生機。因碑主和作者大都是著名文人或名人，對碑志的深入研究可填補文學研究中的一些闕佚。

2008年，唐代詩人李益夫婦墓志的發現，讓人們重新審視了李益的婚姻狀況，特別是《霍小玉傳》的可信程度，將進一步厘清李益研究中的家世、籍貫、科舉、婚姻、任職、享年和詩歌成就等爭論不休的問題，對補正文史、解決李益研究中懸而難決的問題價值頗大。《盧氏墓志》是李益爲第一任夫人盧氏所撰，對正確評價李益的婚姻及家庭關係意義重大。《李益墓志》爲中唐名臣崔鄖所撰，志文1760多字，對志主的記載，不僅字數多於兩《唐書》，也是一篇形神兼備的史傳文學作品。作者通過對李益仕宦經歷的敘述和描寫，生動地展現了人物的鮮明個性和理想追求，從中可以看到一個有血有肉的李益形象及其家世家庭背景，爲今人研究李益提供了許多過去從未見諸文獻的新內容。崔鄖與李益都是著名文人，又是多年同朝爲官的同事，歷官資歷基本相同，交往密切，從某種意義上説，他和李益有着共同的理想和追求，并把這種特殊的情感融入筆端，使行文帶有濃郁的感情色彩，從而孕含了文學的感染力。

李白寫過一首《贈郭將軍》詩："將軍少年出武威，入掌銀台護紫微。平明拂劍朝天去，薄暮垂鞭醉酒歸。愛子臨風吹玉笛，美人向月舞羅衣。疇昔雄豪如夢裏，相逢且欲醉春暉。"刻畫了一位功勛顯赫而志滿得意的將軍形象，詩中的郭將軍是誰？歷來争論不休。中唐名相楊炎《雲麾將軍郭公神道碑》，是一篇戰功顯赫的武威籍將軍碑傳，可補志主郭千里史書無傳之憾，又或是李白《贈郭將軍》詩的人物注脚，可證人物之來歷。郭千里，唐代名將，累遷左金吾大將軍兼玉門軍使，但《唐書》無傳。郭氏爲河西望族，有郭芝、郭瑀、郭知運、郭英杰等名人。西晉太原人郭綏，曾任涼州刺史；唐朝太原人郭虔瓘，曾任涼州刺史、河西節度大使，卒贈涼州都督；唐朝名將郭知運，瓜州人，太原望族郭氏後裔，《涼州曲》的進獻者。他們或許與郭千里家族有關，或許就是武威郭氏的源頭。立於唐永徽三年的《郭長生墓志銘》也提供了佐證："君諱長生，字遐齡，并州太原人也。"郭長生出身於名宦之家，英年早逝，葬於武威，説明祖輩已經落籍武威多年。

五、餘言

碑志是中國墓葬禮制的承載者，起着溝通幽明的作用。凡被樹碑立傳的逝者，才有資格獲得進入天國的門票。碑志給了逝者一個升遷的身份和機會，或者説給逝者樹立了一條走向永恒的通道。在生者的世界裏，這條永恒的通道如希望之光一樣，在沉重的石碑中包涵着深刻的生命内藴。一通碑，投注了一個生命獲取無數眼光的崇敬和羡慕，贏得了此生和來生的榮耀與福報。碑志所潛在的價值不僅是形體上的一方石頭，而是一種永不停息的精神追求；它所顯示着的也不僅是鎸刻的文字，而是賦予人們一種精神指引。

唐代是我國歷史上最輝煌燦爛的時期，伴隨着國力的强盛與文化經濟的繁榮，碑志文化進入了巔峰期，使得本屬於應用文範疇的碑志走進文學苑囿，成爲文學苑囿中熠熠生輝的優秀作品。武威碑志中唐碑特别是唐代墓志數量衆多，占到墓志總數的一半。唐代碑志興盛的原因，除社會環境和文化環境外，最主要的是統治者提倡樹碑立傳，并身體力行撰文書碑。唐德宗親撰《贈太尉段秀實紀功碑》，由寫得一手好字的太子李誦（唐順宗）書寫刻碑，使名將典範、良臣楷模段秀實成爲柳宗元、文天祥等後世謳歌的對象，也成爲武威的一個標識。武威碑志中，從唐德宗李括到張説諸大家，他們撰寫的與武威相關的碑志，使得許多武威發生的重大事件或人物成爲全國性的重大事件或人物，如唐朝貞觀年間轟動朝野的"昌松瑞石"（涼州瑞石），可謂一石定乾坤，爲李世民順利解決多年懸而未決的接班人問題下定了決心。

"了却君王天下事，贏得生前身後名"（辛棄疾）。人活在世上，在生命的價值而外，還有一種超越人生、跨越生命的不朽的被稱爲"名"的嚮往和期待，它附體在碑志之上，與之共同流轉而結成人世間永恒的文化慧命。即使時過境遷，只要碑在，它的靈魂便是作爲最高標準和最佳典範的"名"，尤其在中國傳統文化的内核中，名之所系，德之所向也。古代碑志在中國傳統文化中具有廣泛的存在空間和高度的文化權威。正因爲如此，歷代的撰碑者都是竭力將"事、理、情"緊密結合的文學精神滲透在碑文中。對於碑志中的文學史料，我們當體物會心，與古人感同身受，方能獲得事物本真。科學未暢明者，心靈或可通達；技術未昭彰者，思想或可洞悉。中國藝術有境界之説，尤其是詩歌境界往往可以達到"其人雖已殁，千載有餘情"（陶淵明《咏荆客》）的穿梭時空的功效，這正是我們獲得文學史料的一種啓發和借鑒。只要像對待詩歌一樣地對待碑志文獻，涵之咏之，吟之誦之，體之察之，就可捕捉到文學史料，從而爲古典文學的研究和現代文學特别是傳記文學的創作添磚加瓦。

武威碑志的書法藝術價值

歷經中國歷史的累世更迭，漢字構成了中國的文化傳統。漢字作爲這個疆域遼闊、人口衆多而又有着多種方言的國度中的一種交流和教育的共同媒介，爲中華文化的高度凝聚提供了保障，創造了時空意義上的統一。在中國，書寫不僅僅是一種交流手段，而且也是最重要的藝術訓練、藝術鑒賞、藝術陶冶，它與詩歌、繪畫、音樂共同構成藝術教育的根基。一個具備真正文化修養的人，就意味着要成爲掌握漢字的行家里手甚至大師。在信息化社會之前，凡是具有一定經濟文化地位的家庭，從小都要讓孩子學習如何與紙硯筆墨打交道，學習掌握這門藝術的基本技巧和美學原則，并在深層意識上，通過書寫活動體驗到貫穿始終的具有强烈感知力的、塑造個性的内藴和力量。所以，書法藝術在中國有着廣泛的群衆基礎，充滿着無限的生命力和廣闊的實踐性。

書法，不言而喻是指文字的寫法。凡書寫者都想把字寫得美觀好看，因而文字書寫的美化，便成爲傳統的民族藝術。漢代以降，中國書法作爲一門獨立的藝術而得以傳承，并經過諸多著名書法家之手而不斷推陳出新。從前稱得上文人的，文章一定得寫得好。而與文章相比，所謂'書者小道'的字肯定也要好。自隋興科舉，對讀書人來說，想要入仕則不可能避開書法關。唐太宗李世民尤好書法，在翰林院設侍書學士，國子監設書學博士，科舉設書科，以書取仕；他對書法名帖《蘭亭序》推崇備至，將臨摹本分賜貴戚近臣，并以真迹殉葬。這對後世影響很大。對隋唐以後的文人來說，文章、書法都是基本功。許多詩人、文史學家的書法絲毫不亞於當時一流的書法家，反過來，許多書法名人的文章也寫得相當出彩。"舉世文人皆重書法"，這在古代是一種時尚和趨勢。從漢魏到唐宋，漢字的書法藝術達到極高的境界，涌現出一批影響深遠的書法大家，留下了大量精美的書法珍品。

　　碑志，顧名思義就是具有文字内容的石刻。在中華文明長河中，碑志是集文學、歷史、書法、美術、鎸刻爲一體的綜合性藝術形式，具有獨特的歷史文化價值。它作爲探尋歷史的另一張面孔，除了歷史文獻、文學藝術價值以外，在書法發展流變上更有着獨特的藝術價值。古代書法縑素、紙張難以長期保存，流傳下來的真迹少之又少。碑志不僅是保存歷史資料的重要文獻和文物，也是保存書法藝術的重要載體。以形制爲標準，碑志可以分爲碑碣、墓志、塔銘、造像題記、摩崖題刻等類型，它所記錄的内容既有創建事略、功德傳記、官方文書，也有鄉規民約、勸誡訴訟、民間軼事，涉及到政治、經濟、文化、軍事、民族、宗教、教育等廣泛内容，是名符其實的"百科全書"。墓志是碑志的大類，它是我國喪葬習俗的獨特産物。廣義的墓志，包括墓碑、墓碣、墓表、阡表、墓志、壙志、墓志銘、神道碑等，都是記述和頌揚逝者生平事迹的文章，一般包括逝者的姓名、籍貫、郡望、官爵、生平事迹以及標幟用語或贊語等，材質以石頭爲主。墓志在寫作上要求叙事概要，語言温和，文字簡約，其特點是概括性和獨創性。中國人講究立德、立言、立行，死後將這些銘詞刻於石上，用以告慰生人和地下的神靈，以求人死留名。這些文字保存下來，爲後世研究當時的歷史留下了寶貴的信息，成爲珍貴的文物。墓志書寫風格迥異，書法水平較高，爲廣大書法愛好者提供了廣闊的學習空間。試想，能夠邀請到當時當地有名望的人士或名流爲逝者撰文書丹，其家族家庭地位和身份肯定不同尋常。所以，墓志又在選石、鎸刻等方面都與衆不同。大體而言，其選石考究，書寫恭謹，鎸刻精到。正因爲墓主身份的比較尊貴，撰文書丹者的社會影響，因而在書法風格上就表現爲平正、温潤、和諧、典雅、秀逸、美觀，風格多樣，總體上具有一種貴族風範。碑志的字體反映了書寫時的習慣和特殊要求，俗寫字、異體字、避諱字等以及武周時期的新造字，在碑志中都有所反映，爲漢字發展史的研究提供了重要的資料。碑志書法層次不同，通常來說上層人士在綫條、結字、刻工上都要優於民間水平。但許多不爲人們所熟知的書者，其書法雖然只是追求實用，或以生計爲目的，但往往呈現出淳樸之美。今天看來，民間書法家、藝術家的書法碑刻，同樣留下了具有久遠價值的藝術珍品。

一、武威歷代名碑菁華

歷史上，武威擁有大量的碑志，雖然損毀淪佚衆多，但保存下來的大都可視爲書法作品，其中不乏名家和名碑，其中極具代表性的名人和書法刻石不少，歷史價值較高的不下百餘件，從十六國到近代都有，以武威文廟（博物館）保存的最多，大雲寺、海藏寺、羅什寺、雷臺次之，部分收藏於市外著名展館。探討武威碑刻的書法藝術價值，既有助於爲地方史研究者提供第一手資料，也有助於地方文化遺産的搶救性保護。武威現存歷代名家名碑特别是梁舒墓表、姚辯墓志、張琮碑、西夏碑、高昌王碑、西寧王碑等，對於研究中國古代書法藝術具有特殊重要的意義和價值。筆者擇其要者，或簡述或提要列舉如下。

《澄華井碣》。張芝撰書，刻於東漢。張芝，東漢著名書法家，被譽爲"草聖"，"涼州三明"之一張奂之子。其書法精熟神妙，對後世影響很大。碑殘缺，字迹不存，藏武威市博物館。一説被某官員盜走，下落不明。這是武威歷史上最負盛名的刻石。

《梁舒墓表》。刻於十六國前秦建元十二年（376），今存武威文廟。墓表圓首，碑額竪陽文篆書"墓表"二字，表文竪排9行，每行8字。正文楷書，但尚承魏晋隸書遺風，隸變痕迹明顯，屬於隸書向楷書過度書體。字迹清晰可辨，寥寥72字，結體方整，書風渾樸古雅，是我國現知墓表中年代較早且罕見的紀年碑志，在書法碑帖中具有一定影響。收入《蘭州碑林藏甘肅古代碑刻拓片菁華》（甘肅美術出版社，2010年）。

《賈思伯碑》。刻於北魏孝明帝神龜二年（519），現存山東曲阜孔廟。《賈思伯墓志》，刻於北魏孝明帝孝昌元年（525），現存山東省壽光市博物館。賈思伯爲北魏名臣，《北史》《魏書》有傳。二碑乃書法名碑，有學者認爲其書法與北魏名碑《張猛龍碑》絶肖，致有人稱兩碑爲同一人所書。收入《山東石刻藝術選粹·歷代墓志卷》（浙江文藝出版社，1996年）。2000年，吉林文史出版社出版《賈思伯碑》碑帖。

《鞏賓墓志》。鞏賓子鞏志、鞏寧撰文，書者不詳，刻於隋開皇十五年（595）。正文正書，有界格依稀可見，書法精整遒美，郁穆高爽，用筆方圓互參，結體端方謹嚴而不失靈動，被認爲是魏碑與楷書過渡體中的精品。近世金石收藏家段嘉謨評曰："字體高古，有鐘、羊法，篆蓋亦得漢魏遺意，後人不能及也。"(《金石一隅錄》) 收入沙孟海《中國書法史圖錄》(上海書畫出版社，1991年)，另有碑帖出版。

《姚辯墓志》。虞世基撰文，歐陽詢書。刻於隋大業七年(611)。陝西西安出土，但原石已佚，屬北宋元祐三年(1088)重刻，翻刻技術極好，今有宋拓本流傳於世，完全能够看到歐書的小楷風格，字體方整，極有六朝風致。歐陽詢書法遠承魏晉，風格獨特。他用筆從古隸中出，凝重沉着，轉折處乾净利落；結體緊結，方正渾穆，在雍容大度中，又有險勁之趣。故後世常用"險勁"二字概括歐書特色。此碑充分體現了歐體楷書點畫工妙，棱角分明，清峻秀健，奇正方圓，嚴謹韵致，意態精密的特點，是中國書法史上享有極高聲譽的"歐體"摹本，學習歐體的入門法帖。不僅是一篇書法精品，也是武威姚氏家族的傳記和家譜文獻。

《張琮碑》。又稱《南安懿公碑》，于志寧撰文，書者不詳。刻於唐貞觀十三年(639)，現藏陝西咸陽市博物館，中國國家圖書館藏有民國拓本。此碑書風俊朗，結體方正，筆勢沉厚，點畫剛勁，有北碑之遺韵，兼歐褚之意趣。自雍正年間問世以來，著錄不斷，好評如潮，不獨爲補史之闕，其書藝亦多爲著錄者所褒賞。清人毛鳳枝評價此碑："字迹遒勁，頗近歐虞，唐初佳刻也。"康有爲認爲："結體必密，運筆必峻，上可臨古，下可應制"。此碑端莊俊美，筆法嚴謹，被譽爲唐代書法上品，是書法愛好者研習歐體的常用範本。2013年，重慶出版社出版《張琮碑》。

《契苾明碑》。婁師德撰文，殷元祚書，刻於唐玄宗先天元年(712)，現存陝西咸陽市博物館。殷元祚，出身仕宦世家，祖孫三代俱有書名，家學淵源，工書畫，是唐高宗、武則天時代著名書法家。所書此碑，歷代書家皆給予很高的評價。明代著名金石學家趙崡《石墨鐫華》評云："殷元祚書，筆法亦瘦勁可觀。"這種剛健瘦勁的筆法對後世黃庭堅、宋徽宗的書體有一定影響。有《明拓唐契苾府君碑》、清末拓本《契苾明碑/陝西珍稀碑帖》傳世。

《金城縣主墓志》。唐代吐谷渾王室墓群位於武威城南15千米處的新華鎮青嘴喇嘛灣(俗稱武威南山)一帶。從清代以來出土唐代弘化公主等吐谷渾墓志10通，其中7通藏武威市博物館，2通藏南京博物院，2019年天祝縣出土的1通現存於甘肅省考古所。這是目前國內出土完整的吐谷渾民族碑刻，是研究西北民族關係史的珍貴實物資料。除重要的史料價值外，從書法藝術來看，自當出自書法名家，都是難得的書法精品，大多收入《蘭州碑林藏甘肅古代碑刻拓片菁華》。其中《金城縣主墓志》刻於唐玄宗開元七年(719)，現藏南京博物院。墓志爲楷書，在空間布局上多取平整布局，字之重心安排以中軸綫爲主，略向左右擺動，或上下調整，於堅實、渾厚的空間分布格局中富於變化，使行文氣勢流蕩貫通，避免了板滯、單調之感。在結構上多取峻整造型，間有欹側之勢，且中宫内斂，使字體呈現出圓渾勁整、古穆雄深的視覺效果。結體布白受歐書影響，呈中宫緊密而又八面出鋒之勢，從而確立了方嚴、峻整、勁峭的審美意象。用筆上取法豐富，除唐代主流的楷書筆法外，從方筆、圓筆和中鋒用筆上體現出篆隸筆意。無論出鋒、運筆或收束，都深見歐書的用筆特點，雄强勁爽，筆氣深厚，從中表現出北方民族雄豪、剛健、樸厚的精神氣息和文化特徵。通篇呈現出硬挺飽滿、豐潤肥厚的審美風格，從古拙、秀美、豐腴的精神意象中體現出盛唐氣象。

《段行琛碑》。唐德宗李适撰文，唐鳳翔府官員張增書，李同系篆額。現有唯一的宋代拓本存世，原爲民國收藏家何紹基舊藏，後流入日本，藏三井文庫，現由日本二玄社出版，原色法帖。段行琛曾任洮州司馬，後因兒子段秀實執掌四鎮節度，朝廷爲籠絡人心而獲贈揚州大都督。唐德宗建中四年（783），段秀實以笏怒擊叛賊殉國，德宗撰《贈太尉段秀實紀功碑》，據説是太子李誦（唐順宗）書寫。李誦好學，寫得一手好字，每逢德宗做詩賜予大臣時，即命太子書寫。張增，生平不詳，據碑志署名爲唐鳳翔府官員。唐代詩人常衮散文《授張增鳳翔少尹制》云："敕朝議大夫守鳳翔府天興縣令張增……積於政理，擅於文詞。字入晋陽，大變風俗……"楷書《段行琛碑》是傳世的書法名帖，被譽爲唐代書法上品，是書法愛好者研習的常用範本。

《西夏碑》。西夏天祐民安五年（1094）立。這是目前世界上唯一保存最爲完整的西夏文與漢文對照文字最多的碑刻。碑陽爲西夏文正文楷書，碑陰是與之相對照的漢文楷書，總字數達到1820個。1227年，西夏滅亡。由於修宋、遼、金史時，不爲西夏單獨立傳，致使西夏歷史幾乎不被後人所知。清嘉慶九年（1804），著名學者張澍在武威大雲寺發現該碑，開啓了西夏學研究之門。通過西夏碑和之後陸續發現的西夏文物，揭開了西夏文字和歷史之迷。西夏開國皇帝李元昊稱帝前，命大臣野利仁榮創制西夏文字，又稱蕃書或蕃文。《宋史·夏國傳》載，元昊"通蕃漢文字"。西夏皇帝出於政治需要，大都對中原文化有深切理解，這爲西夏書法藝術的發展創造了廣闊的空間。《西夏碑》的西夏文書寫者爲"渾嵬名遇"，具體不詳；漢文和篆額書寫者是"供寫南北章表"的張政思，估計是專門爲西夏政府給宋朝、契丹起草表章的官員，精通書法。西夏文字和漢字都是典型的方塊字，雖然筆劃較爲繁複，但其書寫方法如執筆、運筆、點畫、結構和布局等，和漢字基本相同。西夏字外形方正，結構嚴謹，筆劃匀稱，美觀大方，其筆劃斜筆較多、撇捺豐富、繁而不亂、舒展瀟灑的特點，體現出其异於漢字的韵味。西夏文楷書多見於寫經與碑文，篆書多見於碑額與官印。武威發現的西夏石刻、錢幣、官印、牌符和紙質文書等文物，有不少書法精品，顯示了西夏書法的藝術魅力。楷書是最通用的字體，西夏文物中所見文字以楷書最多，《西夏碑》正文都用楷書。西夏碑是展示西夏書法藝術的重要實物。碑首呈半圓形，兩面正中分別用西夏文和漢文篆額。碑陽西夏文篆書題銘，兩行8字，漢譯爲"敕感通寶塔之碑銘"，字形竪長圓潤，行筆婉轉有力，在形體和用筆方法上相當純熟；正文西夏文楷書。碑陰漢文篆額題銘，3行12字，爲"凉州重修護國寺感通塔碑銘"，字形平正劃一，圓潤流暢，筆力遒勁；正文漢文楷書。題銘上端爲雲頭寶蓋、卷草紋圖案，綫條流暢，刻工精細；題銘兩側陰刻對稱的伎樂舞女，體態豐滿，造型生動；舞女胸和手腕上有飾物，赤露上身、雙肢，下着長裙，婀娜多姿，吸收了敦煌飛天的藝術特點；碑文四周以綫刻卷草文裝飾。西夏文、漢文楷書結構嚴謹，書體工整，是不可多得的書法藝術珍品。西夏碑是揭開西夏歷史文化神秘色彩不可或缺的實物佐證,具有極高的歷史、科學、藝術價值和書法、語言、文學價值。收入《蘭州碑林藏甘肅古代碑刻拓片菁華》。

　　《高昌王碑》。虞集撰文，康里巎巎書，趙世延篆額。立於元順帝元統二年（1334）。碑陽漢字，碑陰回鶻文。碑殘斷，現僅存碑額和碑身中段，保存於武威文廟。康里巎巎（náo），元代少數民族書法家，曾任禮部尚書等職。博通群書，師法鐘王歐虞諸大家，擅楷、行、草等書體，善以懸腕作書，行筆迅捷，綫條流暢，筆法遒媚，俊秀流暢。明代解縉説："子山書如雄劍倚天，長虹駕海。"該碑疏展挺拔，秀逸奔放，功底深厚，風格鮮明，具有勁健清新、純净灑脱的神韵，既有唐晋風度，又深得虞世南筆法，是留給武威的一筆珍貴的精神財富。虞集、趙世延亦是元代書法大家。碑陰回鶻文是研究回鶻文書體的第一手實物資料。收入《蘭州碑林藏甘肅古代碑刻拓片菁華》。

　　《西寧王碑》。危素撰文，張琚書，陳敬伯篆額，三人都是名重一時的高官顯貴。立於元至正二十二年（1362），現存凉州區永昌鎮石碑溝村。碑陽漢文，碑陰回鶻文（蒙文），國家圖書館藏有蒙漢文字拓片。這是甘肅省保存最大的元代蒙漢文字合璧碑，已有600多年的歷史。該碑早在20世紀中葉就引起了國內外學者的重視，對研究我國古代少數民族歷史，特別是回鶻族的起源流派，漢、蒙古、回鶻族之間的關係，以及元代文學、書法、雕刻藝術等具有重要價值，是我國多民族團結融合的歷史見證。碑額"大元敕賜西寧王碑"八字兩行竪排篆書，正文楷書，結體方正，勁健清新，俊秀流暢，嚴謹韵致。收入《蘭州碑林藏甘肅古代碑刻拓片菁華》。

《汪益堃紀念碑》碑兩通，刻於1943年，現存天祝縣文化大廈。主碑爲于右任先生所題，竪排，正中上方兩行小字"陸軍軍需監"；正文"汪公益堃紀念碑"。上款"中華民國三十二年"；下款"于右任題"。字體猷勁豪放，莊重大方。副碑上方自右向左用篆書刻"汪益堃先生遺象"七個大字，鎸刻14幅肖像，居中汪益堃胸像，左右13幅小肖像；肖像以下是挽言題詞，刻有李宗仁、張繼、蔣鼎文、谷正倫、薩鎮冰、劉茂恩、孫蔚如、陳良等國民政府高級官員、將領和碑主親屬的悼念詞。字體有行、楷、隸、草、篆，大小有别，錯落有致。整塊碑文肖像逼真，綫條沉雄，字勢靈動，章法得宜，不失爲書法精品。

二、武威地方書法名家

武威書法源遠流長，代有名人，近世尤以清代張美如、牛鑒影響較大。

張美如，嘉慶十三年（1808）進士，官至户部員外郎。淡泊功名，耽於翰墨，以教育爲樂。書畫詩文俱佳，名望極高，被譽爲"武威的唐伯虎"，是清代享譽隴原的大家。書法攻習王羲之、王獻之，大有蘭亭之遺風，俊秀飄逸，清麗灑脱，猶如閨閣麗人。繪畫以山水景物爲主，畫中有詩，詩中有畫。武威文廟保存其兩通碑刻和一方匾額。一通是由他撰文，尹世衡書寫的《城隍廟宫隙地及鋪面入租佐鄉會試碑記》，刻於嘉慶十七年（1812）；一通是陳宗瀚撰文，由他書丹并篆額的《陳君貢禹墓表》，刻於道光十二年（1832）。收入《蘭州碑林藏甘肅古代碑刻拓片菁華》，武威文廟曾拓片刊印。匾額爲"雲漢天章"，書法端莊俊美，雕飾精美，堪爲藝術珍品。

牛鑒，嘉慶十九年進士，官至河南巡撫、兩江總督。在翰林院和國史館任職期間，以一手"台閣體"的好字和生花妙文，深得國子監大學士的賞識，曾爲道光、咸豐帝師。書法水平極高，相傳會試前曾在北京西山碧雲寺爲皇太后手抄正楷《金剛經》而獲得好評。2009年北京師範大學出版社出版《清代名人書札》，收録牛鑒在內的清代名人來往信札影印件書法精品。牛鑒愛好書法收藏，今中華書局2017年出版的《智永真草千字文》，即選用上海圖書館牛鑒舊藏南宋晚期拓本，有王文治、何紹基、耆英等題跋，是館藏國家一級文物。武威文廟保存他書寫的兩通碑刻，皆收入《蘭州碑林藏甘肅古代碑刻拓片菁華》。一通是孫揆章撰文的《武威武徵君李孝廉傳》，約刻於道光十四年（1834）；一通是他撰文并書寫的《張兆衡墓表》，刻於道光二十九年（1849）。另有"天下文明"匾額一方。碑刻和匾額皆爲楷書，書法圓融俊秀，筆力雄健。

三、武威館藏名碑提要

武威碑志衆多，但刻石佚落較多，很大部分屬於文本文獻。爲方便書法愛好者學習研究，現將市內外館藏和網上流通的部分實體碑刻提要列舉。

收藏於武威市外博物館者：

《段榮墓志》，北齊武成帝高湛大寧元年（561）。存河北曲周縣文化館。

《段濟墓志》，隋朝大業十二年（616）。存洛陽市博物館。

《安元壽墓志》，郭正一撰文，唐武則天光宅元年（684）。存西安昭陵博物館。2011年8月，中國出版集團、世界圖書出版公司出版《大唐墓志書法精選：阿史那忠·安元壽墓志》。

《渾公夫人墓志銘》，唐景雲二年（711）。存寧夏青銅峽市文管所。

《契苾夫人墓志》，唐開元九年（721）。存西安昭陵博物館。

《翟六娘墓志》，唐開元十五年（727）。存西安昭陵博物館。

《契苾嵩墓志》，唐開元十八年（730）。存河南洛陽千唐志齋，原拓本藏中國國家圖書館。

《段承宗墓志》，張諷撰文，唐大曆十三年（778）。存江蘇博物館。

《李元諒墓志》，杜確撰文，李平書，唐貞元十年（794）。孔夫子舊書網有拓本出售。

《李准墓志》，李平撰文，唐貞元十年（794）。孔夫子舊書網有拓本出售。

《契苾通墓志》，柳喜撰文，李袞書，唐大中八年（854）。存咸陽市博物館。

《安玄朗墓志》，顔欽撰文，楊遵書，冼亞鎸，唐乾符二年（875）。存廣西博物館。

《宋晟神道碑》，楊士奇撰文，楊榮書，明洪熙元年（1425）。存南京雨花臺區雨花西路。

《重修涼州廣善寺碑銘》，牟倫撰文，楊廣篆額并書，漢藏合記碑。明正統十三年（1448）。存甘肅省考古研究所。

《武威軍各營頻年種樹記碑》，魏光燾撰文并書，清光緒四年（1878）。存平涼市博物館。

收藏於武威市博物館或武威文廟者：

《毛祐墓志》，唐貞觀四年（630）。

《曹慶珍墓志》，唐貞觀五年（631）。

《翟舍集墓志》，唐開元十四年（726）。

《涼州衛修文廟暨儒學記》，楊榮撰文，郭堅書，于奎篆額，明正統四年（1439）。

《重修涼州衛儒學記》，崔忠撰文，倪珍書，王瀛篆額，明成化六年（1470）。

《涼州衛忠節祠記》，趙時春撰文，明嘉靖十四年（1535）。

《楊嘉謨墓志》，王錫袞撰文，明崇禎十六年（1643）。

《雷太夫人墓志》，余泰來撰文，清康熙三十三年（1694）。

《敕建重修古刹安國寺功德題名碑記》，王階、孟良胤撰文，清康熙六年（1667）。

《創建李氏家廟蔭善庵碑記》，何昌治撰文，辛綿宗書，清康熙四十七年（1708）。

《重修文廟祭田碑記》，張珆美撰文并書，清乾隆十六年（1751）。

《重修文廟碑》，張翩撰文，王化南書并篆額，清乾隆三十七年（1772）。

《重修羅什寺碑文》，郭楷撰文，郝希夔書，楊培元篆額，清嘉慶九年（1804）。

《陝西同州府蒲城縣衆姓捐資題名碑記》，王鼎撰文，楊培元書，清嘉慶二十一年（1816）。

《武禹亭碑記》，武瓚撰文，清道光九年（1829）。

《重修文廟創建廟產碑記》，唐發科撰文，段永新書，丁旭載篆額，1949年。

保存於武威其他地方者：

《重修海藏寺碑記》，錢璀撰文，劉賓書，常顯篆額，明成化二十三年（1487）。存海藏寺。

《重修白塔碑記》，顔翼超撰文，清康熙二十一年（1682）。存白塔寺。收入《蘭州碑林藏甘肅古代碑刻拓片菁華》。

《雷臺觀碑記》，張廷瑜撰文，李繼宗書，清乾隆三年（1738）。存雷臺。

《萬綠重新（重修大雲寺鐘樓碑記）》，康伯臣撰文并書，清乾隆二十五年（1760）。存大雲寺。

《四等嘉禾章國務院存記簡任職武威縣縣長康公生祠記》，胡應瑗撰文，賈壇篆額并書丹，民國年間。存雷臺。

《武威兒童樂園創建記》，李鼎文撰文，徐萬夫書，1985年。存西郊公園。

　　從以上簡述和提要列舉的這些碑志看，武威書法碑刻出自名家的精品不少。由於歷史原因，許多碑志和碑志文獻并未被保存下來，個別還"藏之名山"。現存的碑志主要集中於武威市博物館和文廟等寺廟當中，有的藏於全國著名收藏展館，有些以拓片或出版物流傳於世，這為我們集中保護、研習提供了極大的方便。中國藝術向有境界之說，書法藝術往往可以穿越時空。被譽為書法精品的碑刻，是不可再生的歷史文化資源。保護碑刻實物，整理、出版碑刻書法，具有不可替代的文化傳播和美育功能，對傳播涼州文化、發展文化產業具有不可替代的重要作用。對此，我們當體物會心，體之察之，賞之習之，繼絕存亡，發揚光大。

主要參考文獻

周紹良，趙超主編：唐代墓志彙編　上海：上海古籍出版社，1992.

周紹良，趙超主編：唐代墓志彙編續集　上海：上海古籍出版社，2001.

張克復等校注：五涼全志校注　蘭州：甘肅人民出版社，1999.

（清）張澍：涼州府志備考　陝西省古籍整理辦公室編，周鵬飛，段憲文點校　西安：三秦出版社，1988.

甘肅地方史志編纂委員會，甘肅省志·民族志編纂委員會：甘肅省志·民族志　蘭州：甘肅人民出版社，2003.

甘肅地方史志編纂委員會，甘肅省志·宗教志編纂委員會：甘肅省志·宗教志　蘭州：甘肅人民出版社，2005.

武威市地方史志編纂委員會：武威地區志　北京：方志出版社，2016.

（民國）張維：隴右金石錄　甘肅省文獻徵集委員會校印，1944.甘肅省圖書館藏.

武威市志編纂委員會：武威市志　蘭州：蘭州大學出版社，1998.

中國人民政治協商會議武威市委員會教科文衛體史委員會：武威文史·第一至七輯　武威：內部圖書准印，2003—2015.

武威市涼州區政協文史資料委員會：涼州文史資料第1—13輯　武威：內部圖書准印，1989—2018.

（民國）賈壇，唐發科等：武威縣志稿（手稿）　武威市博物館藏.

武威縣志編纂委員會編：武威簡史　武威：內部圖書准印，1989年.

武威市志編纂委員會，王其英等主編：武威市地方志叢書·民政志等相關專業志　蘭州：蘭州大學出版社等，1998—2010.

王其英主編：武威金石錄　蘭州：蘭州大學出版社，2001.

武威市民族宗教局編：武威市民族宗教志　蘭州：甘肅民族出版社，2002.

民勤縣志編纂委員會編：民勤縣志　蘭州：蘭州大學出版社，1994.

民勤縣志編纂委員會編：民勤縣志（1986—2005）　北京：方志出版社，2015.

民勤縣地方志辦公室，中共民勤縣委黨史資料徵集辦公室：民勤縣志·歷代方志集成　蘭州：甘肅文化出版社，2016.

古浪縣志編纂委員會編：古浪縣志　蘭州：甘肅文化出版社，1996.

永登縣地方史志編纂委員會編：永登縣志　蘭州：甘肅民族出版社，1997.

天祝藏族自治縣志編纂委員會編：天祝縣志　蘭州：甘肅民族出版社，1994.

天祝藏族自治縣志編纂委員會編：天祝藏族自治縣志（1989—2005）　北京：方志出版社，2007.

政協天祝藏族自治縣委員會編，喬高才讓主編：天祝藏傳佛教寺院　蘭州：甘肅民族出版社，2015.

永昌縣志編纂委員會編：永昌縣志　蘭州：甘肅人民出版社，1993.

中華書局有限公司：文史知識雜志　北京：中華書局，1983—2020.

向達：唐代長安與西域文明　石家莊：河北教育出版社，2007.

陳寅恪：隋唐制度淵源略論稿（外二種）　石家莊：河北教育出版社，2002.

呂澂：中國佛學源流略講　北京：中華書局，1979.

任繼愈，杜繼文主編：佛教史　南京：江蘇人民出版社，2006.

唐曉軍：甘肅古代石刻藝術　北京：民族出版社，2007.

劉森：華夏文明之源·歷史文化叢書·尋迹石上·甘肅碑刻摩崖文化　蘭州：甘肅人民美術出版社，2015.

樊保良，水天長主編：闊端與薩班涼州會談　蘭州：甘肅人民出版社，1997.

張克復：甘肅史話叢書　蘭州：甘肅文化出版社，2007.

趙永紅，陳永堅主編：武威歷史文化叢書　蘭州：甘肅文化出版社，2002.

王寶元：涼城滄桑　蘭州：甘肅人民出版社，1992.

黨壽山：武威文物考述　武威：內部圖書准印，2001.

梁新民：武威史地綜述　蘭州：蘭州大學出版社，1997.

王其英：涼州歷史文化散論　北京：大眾文藝出版社，2013.

黎大祥：武威文物研究文集　蘭州：甘肅文化出版社，2002.

黨菊紅：武威文物及其背後的故事　蘭州：甘肅教育出版社，2016.

王繼中：涼州方言詞語考釋　天津：天津古籍出版社，2013.

柴多茂：華夏文明之源·歷史文化叢書·張澍　蘭州：甘肅教育出版社，2016.

賈明，賈纳：賈氏春秋　南京：江苏凤凰文艺出版社，2017.

附錄一　　涼州歷代建置沿革簡表

朝代	州（郡、府）	治所	州（郡、府）轄縣	附記
西漢	涼州刺史部：察天水、安定、隴西、金城、武威、張掖、酒泉、敦煌八郡。	姑臧	武威郡轄姑臧、張掖、武威、休屠、揟次、鸞鳥、樸環、媼圍、蒼松、宣威十縣。	《漢書》：武威郡，故匈奴休屠王地。武帝太初四年（前101）開。
東漢	涼州：領隴西、漢陽、武都、金城、安定、北地、武威、張掖、酒泉、敦煌十郡及張掖屬國、張掖居延屬國。	姑臧	武威郡轄姑臧、張掖、武威、休屠、揟次、鸞鳥、樸環、媼圍、蒼松、宣威、鸇陰、祖厲、顯美十三縣。	《後漢書》：靈帝時州治由隴縣遷至冀縣。獻帝興平元年（194）六月，以河西四郡置雍州，州治姑臧縣。建安十八年（213），撤銷司隸校尉及涼州，以其郡國并入雍州。
三國	涼州：領金城、西平、武威、張掖、酒泉、敦煌、北地、安定、西海九郡。	姑臧	武威郡轄姑臧、宣威、揟次、蒼松、顯美五縣。	《三國志》：魏文帝黃初元年（220）置涼州，州治姑臧縣。
西晉	涼州：領金城、西平、武威、張掖、酒泉、西郡、敦煌、西海八郡。	姑臧	武威郡轄姑臧、宣威、揟次、蒼松、顯美、驪靬、番禾七縣。	《晉書》：州治姑臧，領八郡，四十六縣。
東晉十六國	前涼	涼州：領武威、武興、西平、張掖、酒泉、建康、湟河、西郡、晉興、須武（廣武）十郡。	姑臧	武威郡轄姑臧、宣威、祖厲、揟次、蒼松、顯美、驪靬、番禾、鸇陰九縣。	《十六國疆域志》：治姑臧。

涼州歷代建置沿革簡表（续表）

朝代		州（郡、府）	治所	州（郡、府）轄縣	附記
東晉十六國	前秦	涼州：領武威、西平、張掖、西郡、酒泉、敦煌、涼興、西海、高昌、晉興十郡及中田護軍。	姑臧	武威郡轄姑臧、宣威、祖厲、揖次、蒼松、顯美、驪靬、番禾、鶉陰九縣。	《十六國疆域志》：治姑臧。
	後涼	涼州：領武威、武興、西平、昌松、番禾、金城、西河、樂都、晉興、張掖、西安、西郡、酒泉、敦煌、晉昌、涼興、西海、高昌、建康、祁連、臨松、三河、澆河、湟河、隴西、武始、臨池二十七郡，中田、寧戎、北部三護軍。	姑臧	武威郡轄姑臧、宣威、祖厲、揖次、蒼松、顯美、驪靬、番禾、鶉陰九縣。	《十六國疆域志》：治姑臧。
	後秦	涼州：領西平、武威、武興、張掖、昌松、番禾、敦煌、高昌八郡。	姑臧	武威郡轄姑臧、宣威、祖厲、揖次、蒼松、顯美、驪靬、番禾、鶉陰九縣。	《十六國疆域志》：治姑臧。
	南涼	涼州：領武威、西平、樂都、武興、晉興、昌松、番禾、金城、西郡、晉昌、三河、湟河、澆河、廣武十四郡及邯川護軍。	姑臧	武威郡轄姑臧、宣威、祖厲、揖次、蒼松、顯美、驪靬、番禾、鶉陰九縣。	《十六國疆域志》：治姑臧。

涼州歷代建置沿革簡表（续表）

朝	代	州（郡、府）	治所	州（郡、府）轄縣	附記
	北涼	秦州：領武威、西平、昌松、番禾四郡。	姑臧	武威郡轄姑臧、宣威、祖厲、揖次、蒼松、顯美、驪靬、番禾、鸇陰九縣。	《十六國疆域志》：治姑臧。
南北朝	北魏	武威鎮	姑臧	武威郡轄林中、襄城二縣。	《二十五史補編》：宋文帝元嘉十六年（439），即北魏太武帝太延五年，於河西置鎮，鎮治姑臧。
		涼州：領武威、武安、臨松、建昌、番和、泉城、武興、昌松、東涇、梁寧十郡。	姑臧	武威郡轄林中、襄城二縣。	《二十五史補編》：孝文帝太和十四年（490），復置涼州，治姑臧。
	西魏	涼州：領武威、臨松、建昌、番和、泉城、昌松、魏安、東涇、梁寧九郡。	姑臧	武威郡轄林中、襄城、顯美三縣。	《二十五史補編》：治姑臧。
	北周	涼州總管府：領武威、臨松、建昌、泉城、東涇、梁寧六郡。	姑臧	武威郡轄林中、襄城二縣。	《二十五史補編》：治姑臧。後置涼州總管府，治姑臧。
隋朝		涼州總管府	姑臧	涼州轄姑臧、昌松、番和、允吾四縣。	《隋書》：隋初置涼州總管府，治姑臧。
		武威郡	姑臧	武威郡轄姑臧、昌松、番和、允吾四縣。	《隋書》：大業三年改涼州爲武威郡。
唐朝		涼州總管府：轄涼州、甘州、肅州、瓜州。	姑臧	涼州轄姑臧、神鳥、昌松、番禾四縣。	《舊唐書》：武德二年（619），置涼州總管府，治姑臧。

涼州歷代建置沿革簡表（續表）

朝　　代	州（郡、府）	治所	州（郡、府）轄縣	附記
唐朝	涼州都督府：督涼州、甘州、肅州、沙洲、瓜州、伊州、芳州、文州八州。	姑臧	涼州轄姑臧、神烏、昌松、天寶、嘉麟五縣。	《舊唐書》：武德七年（624），改涼州總管府為涼州都督府。
	河西節度使：領涼州、甘州、肅州、沙洲、瓜州、伊州、西州七州。	姑臧	涼州轄姑臧、神烏、昌松、天寶、嘉麟五縣。	《舊唐書》：景雲元年（710），置河西節度使，治涼州。
	武威郡：領涼州、甘州、肅州、沙洲、瓜州、伊州、西州七州。	姑臧	涼州轄姑臧、神烏、昌松、天寶、嘉麟五縣。	《舊唐書》：天寶元年（742），改涼州為武威郡。
	涼州：領涼州、甘州、肅州三州。	姑臧	涼州轄姑臧、昌松、番禾三縣。	《舊唐書》：乾元元年（758），復武威郡為涼州。廣德二年（764），涼州被吐蕃占領。後一度又被回鶻所據。
五代十國	西涼府	姑臧	轄神烏、嘉麟二縣。	《舊五代史》：治姑臧縣。後梁、後唐、後晉、後漢、後周時，雖曾間置節度使，實際為吐蕃、回鶻占據。
宋朝（西夏）	西涼府	姑臧	轄姑臧、神烏、昌松、番禾、嘉麟五縣。	《宋史》：治姑臧縣。仁宗景祐三年（1036），涼州被西夏占據，置涼州府，治姑臧縣。

凉州歷代建置沿革簡表（续表）

朝　　代	州（郡、府）	治所	州（郡、府）轄縣	附記
元朝	西凉府	姑臧	轄西凉府	《元史》：治姑臧縣。
元朝	永昌路	永昌	轄西凉府	《元史》：至元十五年（1278），降西凉府爲西凉州，屬永昌路。
明朝	凉州衛	凉州	凉州衛	《明史》：洪武九年（1376）十月，置凉州衛。
清朝	凉州府	武威	轄武威、永昌、鎮番、古浪、平番五縣及莊浪廳。	《清史稿》：順治初，因明制。雍正二年（1724）改凉州衛爲武威縣，屬凉州府，治武威縣。
中華民國	甘凉道	武威	轄武威、永登、民勤、永昌、古浪、張掖、山丹、民樂、撫彝九縣。	1912—1927年
中華民國	第六行政督察專員公署	武威	武威、古浪、民勤、永昌、山丹、張掖、民樂、臨澤八縣。	1928—1935年
中華民國	武威專員公署	武威	轄武威、永登、古浪、永昌、民勤、張掖、民樂、山丹、臨澤九縣。	1936—1949年

説明：中國古代行政建制區劃複雜多變，一直處於動態之中。此表所列內容雖然有史可稽，但由於所依據的史料不同，時間節點不同，加上史料記載多疏而不詳，并不能完全涵蓋一個朝代或一個時期的行政建置和區劃情況，僅供參考。

（王其英　柴多茂　編制）

附録二　中國歷史紀年簡表

中國古代史，始於大約 170 萬年前的元謀人，止於 1840 年的鴉片戰争前，是中國原始社會、奴隸社會和封建社會的歷史。

中國近代史的時間爲，從 1840 年鴉片戰争到 1949 年中華人民共和國成立前，這也是中國半殖民地半封建社會的歷史。中國近代史分爲前後兩個階段，從 1840 年鴉片戰争到 1919 年"五四"運動前夕，是舊民主主義革命階段；從 1919 年"五四"運動到 1949 年中華人民共和國成立前夕，是新民主主義革命階段。

1949 年 10 月 1 日中華人民共和國的成立，標志着中國進入了社會主義革命和建設時期。

夏 ………………………………………… 約公元前 2070—約公元前 1600
商 ………………………………………… 約公元前 1600—公元前 1046
周 ………………………………………… 公元前 1046—公元前 256
　　——西周 …………………………… 公元前 1046—公元前 771
　　——東周 …………………………… 公元前 770—前 256
　　——春秋 …………………………… 公元前 770—前 476
　　——戰國 …………………………… 公元前 475—前 221
秦 ………………………………………… 公元前 221—前 207
漢 ………………………………………… 公元前 202—公元 220
　　——西漢 …………………………… 公元前 202—公元 8
　　——東漢 …………………………… 公元 25—220
三國 ……………………………………… 公元 220—280
　　——魏 ……………………………… 公元 220—265
　　——蜀 ……………………………… 公元 221—263
　　——吳 ……………………………… 公元 222—280
晉 ………………………………………… 公元 265—420
　　——西晉 …………………………… 公元 265—316
　　——東晉 …………………………… 公元 317—420
十六國 …………………………………… 公元 304—439

南北朝 ‥‥‥‥‥‥‥‥‥‥‥‥‥‥‥‥‥‥‥‥‥‥‥	公元 386—589
——北朝 ‥‥‥‥‥‥‥‥‥‥‥‥‥‥‥‥‥‥‥	公元 386—581
——南朝 ‥‥‥‥‥‥‥‥‥‥‥‥‥‥‥‥‥‥‥	公元 420—589
隋 ‥‥‥‥‥‥‥‥‥‥‥‥‥‥‥‥‥‥‥‥‥‥‥‥‥	公元 581—618
唐 ‥‥‥‥‥‥‥‥‥‥‥‥‥‥‥‥‥‥‥‥‥‥‥‥‥	公元 618—907
五代十國 ‥‥‥‥‥‥‥‥‥‥‥‥‥‥‥‥‥‥‥‥‥	公元 907—979
宋 ‥‥‥‥‥‥‥‥‥‥‥‥‥‥‥‥‥‥‥‥‥‥‥‥‥	公元 960—1279
——北宋 ‥‥‥‥‥‥‥‥‥‥‥‥‥‥‥‥‥‥‥	公元 960—1127
——南宋 ‥‥‥‥‥‥‥‥‥‥‥‥‥‥‥‥‥‥‥	公元 1127—1279
遼 ‥‥‥‥‥‥‥‥‥‥‥‥‥‥‥‥‥‥‥‥‥‥‥‥‥	公元 916—1125
西夏 ‥‥‥‥‥‥‥‥‥‥‥‥‥‥‥‥‥‥‥‥‥‥‥‥	公元 1038—1227
金 ‥‥‥‥‥‥‥‥‥‥‥‥‥‥‥‥‥‥‥‥‥‥‥‥‥	公元 1115—1234
元 ‥‥‥‥‥‥‥‥‥‥‥‥‥‥‥‥‥‥‥‥‥‥‥‥‥	公元 1271—1368
明 ‥‥‥‥‥‥‥‥‥‥‥‥‥‥‥‥‥‥‥‥‥‥‥‥‥	公元 1368—1644
清 ‥‥‥‥‥‥‥‥‥‥‥‥‥‥‥‥‥‥‥‥‥‥‥‥‥	公元 1644—1911
中華民國 ‥‥‥‥‥‥‥‥‥‥‥‥‥‥‥‥‥‥‥‥‥	公元 1912—1949
中華人民共和國 ‥‥‥‥‥‥‥‥‥‥‥‥‥‥‥	1949 年 10 月 1 日成立

附注：

1.西漢之後是王莽建立的新朝（公元 9—23 年），史稱新莽。

2.十六國（304—439 年）指成（成漢）、漢（前趙）、前涼、後趙（魏）、前燕、前秦、後燕、後秦、西秦、後涼、南涼、北涼、南燕、西涼、夏、北燕。

3.南北朝（420—589 年）是南朝和北朝的統稱。南朝（420—589）指南北朝時期存在於南方、以建康（今南京）爲都城的四個漢人朝代的總稱，包括宋（420—479）、齊（479—502）、梁（502—557）、陳（557—589）；北朝（386—581）指南北朝時期存在於北方、以鮮卑人或鮮卑化漢人在中國北方地區建立的的五個朝代的總稱，包括北魏（386—534）、東魏（534—550）、西魏（535—557）、北齊（550—577）、北周（557—581）。

4.五代十國（907—960 年）是对五代与十國的合稱。五代（907—960）是唐朝滅亡之後，在中原地區相繼建立并定都於開封和洛陽的後梁、後唐、後晉、後漢、後周五個朝代；十國（902—979）是在唐朝之後，與五代幾乎同時存在的十個相對較小的割據政權的統稱，它們是吳、前蜀、吳越、楚、閩、南漢、荆南（南平）、後蜀、南唐、北漢。

後 記

　　武威也稱涼州，自漢武帝開疆拓土、設郡置縣以來，由水草游牧之地一躍而爲漢魏名郡、五涼首府、隋唐大邑、明清重鎮，加上多民族自古以來就生息繁衍於斯，西地宗教自創立以後先於中原教化傳播，素以政局安定、民族和融、物産豐富、交通中外、文風熾盛、名人輩出、文化積澱深厚而稱頌於史册，曾譜寫出無數瑰麗的篇章，創造出了以農耕文明爲基礎的中原傳統文化、以草原文明爲特色的游牧民族文化、以西域文明和宗教文化爲背景的西域文化相融合的多源性的復合文化——涼州文化。作爲一個地地道道的涼州人，一個對涼州文化情有獨鍾、執着地站在涼州文化門檻之前的涼州人，試圖從中國歷史、先輩傳世的古迹、文物、著作中整理發掘優秀文化遺産，窺知其地理、政治、經濟、文化、民族、宗教及社會生活的基本方面，對涼州地域的現代化建設和文化旅游産業發展，盡到察古鑒今的作用，也算是對生我養我的故鄉盡了一份綿薄之力。這正是我不遺餘力編纂本書的初衷和目的。

　　本書的編纂始於1998年。2001年8月，由我主編的《武威金石録》正式出版，在當時的文史界引起較大關注，又因爲它是一部資料匯編，今天看來確實存在着不少缺憾。實際上，當時已經在考慮做一部内容齊全、差錯率較低的金石著録，只是條件還不够具備，但筆者對金石資料的搜集和金石著述的關注從來没有間斷。從2007年12月和2012年6月，兩次《甘肅金石録》編纂座談會之後，才真正進入編纂軌道。在具體的編纂策劃中，涼州區因有《武威金石録》作基礎，將重點放在題解、注釋、作者簡介、校對和資料補充上；民勤、古浪、天祝三縣則要按照編纂規範全面實施。由於筆者不是地方志和文化體制内的人員，又長期在涼州區工作，爲方便編纂工作，落實編寫計劃，我邀請了專業基礎扎實并熱心這一工作的武威市博物館副館長梁繼紅負責三縣組稿及涼州區内容的補充工作。爲使這一工作扎實有效開展，少走彎路，我主持召開了部分編寫人員會議，傳達了省里金石録編纂座談會精神，摘要打印了編纂要求和規範，人手一份，并强調各區縣編寫人員務必按此規範要求編寫，由梁繼紅負責收集整理後與我。2014年1月，梁繼紅提供了初稿：民勤縣6萬多字，穿插有照片，編者周生瑞、周飛飛；古浪縣3萬多字，編者楊文科；涼州區在原《武威金石錄》的基礎上增補了一些金石內容，共23萬多字，編者梁繼紅、高輝。2015年6月，又收到天祝縣初稿近4千字，編者皇甫海。整體而言，收到的初稿以金石資料爲主，題解十分簡略，大都缺少注釋和作者介紹。這是最初兩年組稿的基本情況。但有了這個基礎，就基本具備了再編寫和增補其他內容的條件，開始進入下一個程序。組稿工作完成以後，文字校對、內容編輯、作者簡介、題解注釋及補充完善、新增金石資料、加工潤色和修訂統稿工作，主要由我完成；初期的電子稿輸入、紙質稿打印主要由柴多茂完成。我和多茂配合默契，他還參與了部分文字稿的整理編校、作注和圖片編輯等工作。古浪楊文科、民勤周飛飛配合完成了部分資料的補充、修編工作，楊文科又補充了古浪岩畫內容，提供了比較規範的圖片資料。現任涼州區古城鎮校尉九年制學校校長張學瑞，在涼州區長城、清水學區任教期間，參與了涼州區金石碑刻資料的調查整理和編校工作；西北師範大學歷史文化學院2018級碩士研究生劉詩穎，參與了水利碑刻的調查整理和編校工作。家人王蘊瑾、楊沛欣至始至終參加了本書的編務和部分文字資料的編校工作，尤其是在我不擅長現代化寫作的情況下，至少保證了本書編寫工作的正常運行。

2018年12月，在紙質稿上編輯、修校的第八稿《武威金石志》完成，開始正式進入電子稿的修改階段。在近五六年期間，通過民勤縣常務副縣長魏家仁、民勤縣地方志辦主任孫明遠提供的資料，增補了民勤卷內容；通過書刊等地方文史資料和楊文科的不斷搜集整理，增補了古浪卷內容；因天祝縣內容太少，通過武威市地方史志辦編輯程對山和天祝縣委副書記陳德義提供的資料，增補了天祝縣內容，雖然內容依舊不足，但已經是很盡力了；涼州區退休幹部李忠文一直關心金石志的編纂工作，提供了高溝堡、蓮花山、李氏家族和涼州岩畫等方面的資料。期間，我又購買了諸如《中國歷代人名大辭典》等許多工具書和《唐代墓志彙編》《唐代墓志彙編續集》等碑刻源頭資料，搜集了甘肅、武威及周邊地區的地方志資料，以此搜羅、增補了大量內容，僅補充墓志就達60多通件。同時獲得了海量的注解文字資料依據，以此爲基礎，進行鉤沉索引，并進行考稽札記卷內容的撰寫。在《武威金石志》的成書中，諸位參編者無一不留下他們辛勤的汗水。值此，向他們表示誠摯的感謝！

標點、作注、統稿，廣涉職官、地理、人事、名物、語詞等，棘手之處甚多，很難把握，難免千慮一失。最近看了《文史知識》2019年第10期刊載的關於古籍整理出版方面的一組文章，其中説到20世紀50年代組織全國文史專家點校的《資治通鑒》，出版之後也陸續發現不少錯誤和商榷之處。我深感自己學養不足，真有點班門弄斧之嫌，細思極爲不安。尤其是在簡體字轉化爲繁體字的過程中，新產生的錯別字包括一些异體字和個別異化的詞語，筆者雖然竭盡全力去校改，但仍然不能完全消除（這裏也有計算機軟件方面的問題）——這是簡體字轉化爲繁體字版本當中遇到的一個新問題，也可能是本書的一個硬傷。

《武威金石志》上起新石器時期的岩畫，下至當代，按照"存真、求實、慎改、標注"的原則，以保持原文、原意爲宗旨，結構不采用章節體例，按照現行行政區域分卷編輯。分卷當中，"涼州卷"一般依岩畫、金文、碑石、墓志、匾額順序按編排列，每編篇目按歷史紀元順序排列。民勤、古浪、天祝因金石數量多寡不同，分類不求劃一。另置"考稽札記卷"於行政區域分卷之後，重點是對武威金石的一些綜合性、專業性、學術性的探討或綜述。爲保證全書的科學性、學術性、知識性和可讀性相統一，我們對所掌握的資料進行再審視、再理解、再選擇，不間斷地搜集新材料，力求科學、系統、全面地展現武威金石的歷史文化元素和地域人文景觀。在不斷增補、悉心編校的基礎上，認真分析，仔細推敲，孜孜以求，探微索隱，力求做到追溯有源，考證有據。在整個編纂當中，糾正差錯，彌補缺漏，補充資料，提高原文的准確率和釋文的科學性，一直是我們的最高追求。順便説幾句，這些年來，文章的撰寫和本書的編寫基本上是在工作之餘，且大都在節假日和晚上進行，這和我多年來養成的夜讀習慣基本一致。因爲只有寧静的夜晚，遥望蒼穹，看到眨眼的星宿，看到皎潔的月色，以及常年累月陪伴自己的燈光，才能在讀書和寫作時產生遐想，才能在心靈深處撞出思想的火花。每到集中精力完成某篇文章的那幾個夜晚，一般都到了凌晨。妻子臨睡前泡沏的熱茶早已凉了，時不時又聽到她睡不踏實的自言自語，抑或是請我休息的懇求，我雖然例行公事般地答應，但并不能踐諾，不然會影響我的思路和計劃，只能在心裏默默地感激。有時環顧房前屋後，整個的樓院，只有我擁有的這幾個平方米還在燈光閃爍。苦悶了，困乏了，有時就想放下，但一種執着和追求又鞭策我堅持下來。在一個個凄清寂寞的夜晚，靠得就是這種自勵和自覺，當然有時也能分享到幾分快樂，比如同學、同事、領導的鼓勵和點贊。退休以後，有了閑暇，有了支配自己時間的自由，也就加快了寫作和整理修改的速度。可以説，這些成果基本上就是這樣熬出來的。

在本書的編纂當中，一直得到了著名學者、文史專家，中華詩詞學會副會長，甘肅省文史研究館館員、甘肅省地方史志學會會長、甘肅省詩詞學會會長，原任甘肅省地方史志辦公室副主任張克復先生的大力支持和悉心指導。張先生長期致力於地方史志編纂與研究、文獻整理、歷史文化研究等工作，編審、主編、編著地方志書、文史叢書數百部，發表論文、文章和詩詞、楹聯上千篇，是隴上卓有成效的專家學者和方志界泰斗。張先生對涼州及涼州文化更是情有獨鍾，早在 1999 年，由他牽頭的《五涼全志校注》出版。《武威金石錄》出版後，他給予了熱情支持和鼓勵，并榮獲全省地方史志一等獎。之後，他積極倡導并協調編纂全省金石錄的工作，由他領銜的甘肅省地方史志學會牽頭，分別於 2007 年 12 月和 2012 年 6 月在蘭州召開《甘肅金石錄》編纂座談會，擬定編纂規範和體例，提出出版要求，全面啓動并推動全省金石錄的編纂工作。當時，他破例通知我參加了兩次會議，并明確讓我負責《甘肅金石錄·武威卷》的編寫工作。十多年來，武威及各地分卷的編纂工作成績斐然，陸續進入出版階段，這與張先生的辛勤指導、強力促進是分不開的。曾任西北師範大學中文系教授、主任，古籍整理研究所所長，甘肅省唐代文學學會會長、全國高校古籍整理研究工作委員會委員，大學時的恩師胡大浚先生，畢生從事中國古代文學、古籍整理等教學與研究，碩果累累，獨立完成、合作完成及主編完成學術著作和教材十多部，發表各類學術論文近百篇，是省內外資深的專家學者，有着廣泛的學術影響力。當年《武威金石錄》出版後，他給予了高度關注，并以《讀〈武威金石錄〉——以幾通唐人志爲例》爲題，寫了一篇 7000 字的長文，認爲"《武威金石錄》是我省進入新世紀之際面世的第一部地區金石史志，不但開地縣金石專志的成功先例，也是對武威這個國家歷史文化名城燦爛深厚文化積澱的一次集中的、濃縮的展現……堪稱武威金石文物集大成之力作。它誠然是武威文化界、編纂諸公沉浸濃鬱、含英咀華，焚膏繼晷、精勤勞作之成果，更是武威生機勃勃、富於創造力的文化精神所孕育。""《金石錄》的面世，其歷史價值、其現實意義，不言而喻。"在這熱情洋溢的鼓勵、評價、點贊中，他還對校勘、選文、句讀等方面提出了具體可行、富有見地且極具操作性的意見建議，同時列舉了不少碑志篇目，提示補充完善的目標方向。胡老師用"野老獻芹，微意在焉"之謙辭相勉勵，期待我有"更多優秀之作不斷推出，爲武威市、甘肅省的文化建設做出更大貢獻"。實際上，我就是遵循恩師至囑和指引的目標，補充了許多新內容，完成了本書的編纂，不敢稱什麼"優秀之作"，只是向師長和家鄉父老交上一份答卷。二位先生在甘肅生活、工作五六十年，對隴原大地的歷史文化、風土人情和勤勞質樸的人民，始終懷有深厚的情感，今日《武威金石志》即將殺青付梓，二老功不可没。在本書付梓之時，二老又以專家學者的資望和科學嚴謹的治學態度，對傳統優秀文化特有的鍾愛和深厚的學術造詣，通閱提綱、目錄和部分書稿，提出不少富有見地的指導性意見，并欣然命筆作序，使本書增光添彩，也使我備受鼓舞，在此謹向二位老師誠表謝忱和敬意！

在本書的編纂出版中，得到武威市委、市政府的大力支持，特別是得到了市委書記柳鵬，市委副書記、市長周偉的關懷和支持，他們在百忙當中詢問瞭解書稿的編纂情況，對該書的出版給予了許多幫助；市委常委、市委宣傳部部長、市涼州文化研究院黨組書記、院長梁朝陽，市政府副市長費生雲從多方面給予了關心和支持。武威市委宣傳部、市政府辦、市涼州文化研究院、市文體廣電和旅游局、市博物館、涼州區區志辦及涼州區、民勤縣、古浪縣、天祝縣政府及其市區相關部門、單位，以多種方式給予了無私的關心支持。涼州文化研究院副院長張國才、王守榮以高度的責任感和認真負責的作風，多方協調，積極支持，做了大量工作。武威文史界前輩、專家党壽山、馮天民、孫壽齡、宋振林及李學輝、趙勇忠、釋理凡、黎大祥、李林山、程對山、楊才年、王君、李元輝諸先生，在書稿的形成中，分別以朋友、知音和文化學者的身份，以對涼州文化、家鄉事業特有的感情和深厚的學術素養，積極提供資料和綫索，提出了不少意見建議，匡正了一些錯訛。市內外的一些領導同志和社會有識之士也以不同方式給予支持、鼓勵和指導。武威八中82級高中學生謝治強、王會民、薛威等對本書出版給予積極的關心和支持；唐振濤贈送武威市書協會員徐鍇明先生"武威金石志"書名篆刻一方。山東出版人、《詩意人生》雜志主編、著名詩人趙慶軍，從2012年以來，一直與我保持着良好的關係，是他的熱情與厚愛，協調解決了本書出版中遇到的難題，使之得以順利出版。天津古籍出版社的編輯，以認真負責的態度和扎實的專業知識功底，對本書傾心協力。所有這些都使我深受鼓舞，終生難忘。在此，一并表示真誠的感謝和良好的祝願！

趙以太、連芝愛、王寶元諸先生，生前對《武威金石錄》的編纂竭盡全力，他們是影響我當初進入此道的動因，在此爲他們祈禱冥福。

在編著過程中，參考了國內外學者的有關論著，吸取了不少學術成果。由於我們學淺才疏，限於識見和能力，又工作生活在基層，在搜集挖掘史料和闡述某些觀點方面，可資參閱的資料十分有限，肯定有不少疏漏錯訛、舛誤紕繆之處甚至悖論，敬祈方家和廣大讀者批評指正！

王其英於甘肅涼州

2020 年孟春

图书在版编目（CIP）数据

武威金石志/王其英编著．--天津：天津古籍出版社，2020.8
ISBN 978-7-5528-0981-7

I.①武… II.①王… I.①金石一研究一武威 IV.①K877.24
中國版本圖書館CIP數據核字（2020）第131432號

武威金石志
WUWEI JINSHIZHI

王其英/編著

出　　版	天津古籍出版社
出 版 人	張　瑋
地　　址	天津市和平區西康路35號康岳大廈
郵政編碼	300051
郵購電話	（022）23517902
責任編輯	侯林莉
封面設計	川石品牌
印　　刷	濟南精致印務有限公司
經　　銷	新華書店
開　　本	787毫米×1092毫米 1/16
印　　張	83.25
字　　數	1368千字
版次印次	2020年11月第1版 2020年11月第1次印刷
定　　價	580.00圓

版權所有　侵權必究
圖書如出現印裝質量問題，請致電聯繫調換（022-23517902）